Preis/Sagan (Hrsg.)
Europäisches Arbeitsrecht

Europäisches Arbeitsrecht

Grundlagen · Richtlinien
Folgen für das deutsche Recht

herausgegeben von

Prof. Dr. Dr. h.c. Ulrich Preis
Prof. Dr. Adam Sagan, MJur (Oxon)

2., neu bearbeitete und
erweiterte Auflage

2019

ottoschmidt

(Austausch)

Bearbeiter der 2. Auflage

Prof. Dr. Wiebke Brose, LL.M.
(Köln/Paris)
Universitätsprofessorin, Jena

PD Dr. Matteo Fornasier, LL.M. (Yale)
z. Zt. Lehrstuhlvertreter, Augsburg

Dr. Timon Grau
Rechtsanwalt, Fachanwalt für Arbeitsrecht, Düsseldorf

Prof. Dr. Michael Grünberger, LL.M. (NYU)
Universitätsprofessor, Bayreuth

Prof. Dr. Felix Hartmann, LL.M. (Harvard)
Universitätsprofessor, Berlin

Dr. Johannes Heuschmid
Rechtsanwalt, Berlin

Dr. Tim Husemann
Akademischer Rat, Bochum

Dr. Christian Mehrens
Rechtsanwalt, Fachanwalt für Arbeitsrecht, Essen

Dr. Thomas Müller-Bonnani, LL.M. (NYU)
Rechtsanwalt, Düsseldorf

Dr. Sebastian Naber, LL.B.
Rechtsanwalt, Hamburg

Dr. Stephan Pötters, LL.M. (Cambridge)
Rechtsanwalt, Köln

Prof. Dr. Dr. h.c. Ulrich Preis
Universitätsprofessor, Köln

Dr. Sebastian Roloff
Richter am Bundesarbeitsgericht, Erfurt

Dr. Marc Reuter
Wissenschaftlicher Mitarbeiter, Köln

Prof. Dr. Adam Sagan, MJur (Oxon)
Universitätsprofessor, Bayreuth

Dr. Piero Sansone
Rechtsanwalt, Fachanwalt für Arbeitsrecht, Köln

Florian Schierle
Bundesministerium für Arbeit und Soziales, Berlin

Dr. Maximilian Schmidt
Rechtsanwalt, Köln

Dr. Ulrich Sittard
Rechtsanwalt, Düsseldorf

Prof. Dr. Daniel Ulber
Universitätsprofessor, Halle (Saale)

Dr. Anne Christin Wietfeld
Akademische Rätin, Bielefeld

Dr. Stefan Witschen, MJur (Oxon)
Akademischer Rat, Köln

Zitierempfehlung:
Preis/Sagan/*Verfasser*,
EuArbR, 2. Aufl. 2019, Rz. …

*Bibliografische Information
der Deutschen Nationalbibliothek*

Die Deutsche Nationalbibliothek verzeichnet diese Publikation in der Deutschen Nationalbibliografie; detaillierte bibliografische Daten sind im Internet über http://dnb.d-nb.de abrufbar.

Verlag Dr. Otto Schmidt KG
Gustav-Heinemann-Ufer 58, 50968 Köln
Tel. 02 21/9 37 38-01, Fax 02 21/9 37 38-9 43
info@otto-schmidt.de
www.otto-schmidt.de

ISBN 978-3-504-42066-6

© 2019 by Verlag Dr. Otto Schmidt KG, Köln

Das Werk einschließlich aller seiner Teile ist urheberrechtlich geschützt. Jede Verwertung, die nicht ausdrücklich vom Urheberrechtsgesetz zugelassen ist, bedarf der vorherigen Zustimmung des Verlags. Das gilt insbesondere für Vervielfältigungen, Bearbeitungen, Übersetzungen, Mikroverfilmungen und die Einspeicherung und Verarbeitung in elektronischen Systemen.

Das verwendete Papier ist aus chlorfrei gebleichten Rohstoffen hergestellt, holz- und säurefrei, alterungsbeständig und umweltfreundlich.

Einbandgestaltung: Lichtenford, Mettmann
Satz: Schäper, Bonn
Druck und Verarbeitung: Kösel, Krugzell
Printed in Germany

Vorwort

Die erste Auflage des vorliegenden Werkes ist in Rechtsprechung, Rechtswissenschaft und Rechtspraxis sehr freundlich aufgenommen worden. Das hat Mut gemacht, noch fehlende Aspekte des Europäischen Arbeitsrechts in einer zweiten Auflage zu ergänzen und in relevanten Fragestellungen zu vertiefen.

Das erfolgreiche Konzept des Werkes, primär das europäische Recht zu behandeln (vgl. Vorwort zur 1. Auflage), ist beibehalten worden. Es bleibt mithin dabei, klar die unions- bzw. europarechtlichen und die nationalen Rechtsfragen voneinander abzugrenzen. Die mit grauer Linie gekennzeichneten Absätze betreffen das nationale Recht; im Übrigen liegt der Schwerpunkt im europäischen Recht.

Erfreulich ist, dass neue Bereiche des europäischen Arbeitsrechts erläutert werden konnten. Auch konnte das Autorenteam erweitert werden. Schon bisher zum Autorenteam zählte Frau Professorin *Wiebke Brose* (Universität Jena), die nach ihrem grundlegenden Artikel zum Befristungsrecht zusätzlich das Kapitel zum Mutterschutz übernommen hat, dessen deutsche Rechtsgrundlagen tiefgreifend geändert worden sind. Die zweite, in ihrer Breitenwirkung wohl praktisch wichtigste neue Materie ist – nach Inkrafttreten der Datenschutzgrundverordnung – der Beschäftigtendatenschutz. Dieser Abschnitt wurde von Herrn Dr. *Stefan Pötters* gemeinsam mit Herrn Dr. *Maximilian Schmidt* kompetent verfasst. Drittens war die neue Richtlinie (EU) 2018/957 vom 31.7.2018 zum Entsenderecht einzuarbeiten. Der Beitrag von Herrn Dr. *Johannes Heuschmid* und Herrn *Florian Schierle* wird hilfreich sein bei der Umsetzung der Richtlinie in nationales Recht.

Im Übrigen ist die Gesetzgebung auf Unionsebene weitgehend ins Stocken geraten. Ob das EU-Arbeitsrecht nach dem „Brexit" zu neuer Blüte gelangt, lässt sich zurzeit schwer beurteilen. Stets für neue Überraschungen gut ist dagegen die Rechtsprechung des Europäischen Gerichtshofes und der nationalen Gerichte in Anwendung des Unionsrechts. Die einschlägige Rechtsprechung zum Arbeitsrecht ist umfassend eingearbeitet. Aktuellste Bedeutung hat das kirchliche Arbeitsrecht, das immer stärker in den europäischen Fokus gerät.

Neu hinzugetreten als Autoren sind Herr Privatdozent Dr. *Matteo Fornasier* (z. Zt. Universität Augsburg), der ein neues Kapitel zur europäischen Menschenrechtskonvention verfasst hat. Das ebenfalls neue Kapitel zum Elternurlaub wird von Frau Dr. *Anne Christin Wietfeld* (Universität Bielefeld) erläutert. Herr Dr. *Tim Husemann* (Universität Bochum) führt den umfänglichen Bereich des Nichtdiskriminierungsrechts von Herrn Professor Dr. *Michael Grünberger* (Universität Bayreuth) fort. Im Bereich der Altersdiskriminierung ist Herr Dr. *Marc Reuter* als Co-Autor hinzugekommen. Schließlich hat Herr Dr. *Stefan Witschen* (Universität Köln) – über das von ihm bereits mitkommentierte Kapitel zum Urlaubsrecht hinaus – im Kapitel des europäischen Betriebsverfassungsrechts mitgearbeitet. Die neu aufgenommenen Beiträge machten eine neue Reihung erforderlich.

Möge das Werk weiterhin Rechtsprechung, Wissenschaft und Praxis dienen.

Im Verlag Dr. Otto Schmidt danken wir Frau *Sonja Behrens-Khaled* und ihren Mitarbeiterinnen für die wie immer vorzügliche Lektoratsbetreuung. Die Manuskripte wurden am 15.10.2018 abgeschlossen.

Herausgeber und Autor/innen freuen sich über Anregungen und Kritik, die Sie gern dem Verlag unter lektorat@otto-schmidt.de übermitteln können.

Köln/Bayreuth, im Oktober 2018   Ulrich Preis/Adam Sagan

Vorwort zur 1. Auflage

Es ist ein verbreiteter Allgemeinplatz, dass das Recht der Europäischen Union für das Arbeitsrecht von hoher und zunehmender Bedeutung ist. Entscheidungen des Gerichtshofs der Europäischen Union wie etwa in der Rs. *Junk* haben gezeigt, dass ein einziges Judikat aus Luxemburg eine jahrzehntelange Rechtsprechung des Bundesarbeitsgerichts zu Fall bringen kann. Die Urteile in den Rs. *Mangold* und *Kücükdeveci* haben deutlich gemacht, dass selbst parlamentarische Gesetze vor dem Einfluss des europäischen Arbeitsrechts nicht sicher sind.

Der wachsende Einfluss des europäischen Rechts auf das Arbeitsrecht und in der Folge auch auf die arbeitsrechtliche Beratung in der Praxis spiegelt sich im Schrifttum mit einer zunehmenden Zahl von Beiträgen in juristischen Fachzeitschriften zu Fragen des europäischen Arbeitsrechts wider. Im Gegensatz dazu klafft in der praxisorientierten Kommentar- und Handbuchliteratur insoweit noch eine Lücke, als dass das europäische Arbeitsrecht dort häufig allein aus der Perspektive seiner Einwirkung auf das deutsche Arbeitsrecht betrachtet und nur punktuell danach gefragt wird, ob und inwiefern bestimmte Vorschriften des deutschen Rechts in Übereinstimmung mit unionsrechtlichen Vorgaben zu interpretierten sind. Das europäische Recht erscheint dann – gleichsam wie in *Platons* Höhlengleichnis – lediglich im Widerschein der Auslegung deutscher Rechtsvorschriften und nicht als aus sich selbst heraus zu verstehender Teil der autonomen Unionsrechtsordnung. Das vorliegende Handbuch möchte einen Beitrag dazu leisten, diese Lücke zu schließen, und vor allem der Praxis eine nützliche Hilfe beim (erstmaligen) Umgang mit dem europäischen Arbeitsrecht bieten.

Freilich zählen zum „europäischen Recht" nach einem weiten Begriffsverständnis neben dem Recht der Europäischen Union auch die Grundrechte der im Rahmen des Europarates abgeschlossenen völkerrechtlichen Vereinbarungen, im Einzelnen die Europäische Konvention zum Schutze der Menschenrechte und Grundfreiheiten sowie die Europäische Sozialcharta. Beide gewinnen in der jüngeren Vergangenheit zunehmende Bedeutung für das Arbeitsrecht. Dieses Werk legt dem Begriff des europäischen Rechts im Allgemeinen bzw. dem des europäischen Arbeitsrechts im Besonderen jedoch ein enges Verständnis zugrunde, das sich allein auf das Recht der Europäischen Union bezieht. Soweit nicht anders angegeben, wird zudem allein auf das derzeit geltende Unionsrecht Bezug genommen. Bestimmungen in älteren Fassungen der europäischen Verträge werden nach Maßgabe der amtlichen Übereinstimmungstabellen mit den sie ersetzenden Regelungen der aktuellen Verträge gleichgesetzt (Vertrag von Amsterdam: ABl. Nr. C 340 v. 10.11.1997, S. 85; Vertrag von Lissabon: ABl. Nr. C 83 v. 30.3.2010, S. 361). Das gilt entsprechend für die auf der Grundlage der europäischen Verträge erlassenen Richtlinien und sonstige europäische Vorschriften, die durch nachfolgende Rechtsakte abgelöst wurden, sowie für die zu den jeweiligen Vorfassungen des europäischen Rechts ergangene Rechtsprechung und die sich hierauf beziehende Literatur. Seinem originären Zweck entsprechend bezieht sich dieses Werk in erster Linie auf das europäische Recht und die Ausführungen hierzu lassen – der Rechtsprechungszuständigkeit des EuGH nach Art. 19 Abs. 1 Satz 2 EUV folgend – das deutsche sowie das sonstige mitgliedstaatliche Recht prinzipiell außer Betracht. Soweit die Folgen des Unionsrechts für das deutsche Recht oder sonstige Fragen des nationalen Rechts behandelt werden, ist dies durch das Einrücken des Textes kenntlich gemacht. Hieraus ergibt sich die folgende Zweiteilung: Gegenstand des regulären „Fließtextes" ist das europäische Recht, die eingerückten und mit grauer Randlinie versehenen Passagen betreffen das nationale Recht.

Im Verlag Dr. Otto Schmidt danken wir Frau Dr. *Julia Beck* für ihre ebenso aufmerksame wie kompetente Lektoratsbetreuung sowie Frau *Sonja Behrens-Khaled*, die einen wesentlichen Impuls für die Entstehung des Werkes gegeben und es anfänglich mitbetreut hat.

Die Manuskripte wurden am 6. Oktober 2014 abgeschlossen.

Für Anregungen und Kritik sind wir dankbar (sozrecht@uni-koeln.de).

Köln, im Oktober 2014   Ulrich Preis/Adam Sagan

Geleitwort zur 1. Auflage

Zum Geleit

Die Abfassung und Herausgabe eines Handbuchs zum europäischen Arbeitsrecht ist eine große Aufgabe, die Mut erfordert. Denn der in vielen Jahren in der europäischen Gesetzgebung und Rechtsprechung angesammelte Stoff ist kaum noch übersehbar und schwer durchschaubar. Eine von *Oetker/Preis* herausgegebene Loseblattsammlung Europäisches Arbeits- und Sozialrecht (Rechtsvorschriften, systematische Darstellungen, Entscheidungssammlung) nimmt 180 Regalzentimeter ein. Zudem beschränkt sich das Werk nicht auf das europäische Arbeitsrecht, sondern bezieht das deutsche ein, durch das das europäische hierzulande erst wirksam wird. Das deutsche Arbeitsrecht wird, wie das aller Mitgliedstaaten, flächendeckend vom europäischen überlagert und durchdrungen.

Eins ist klar. Jede Darstellung, die nicht unförmig werden soll, muss sich auf das Wesentliche konzentrieren, multum, non multa bringen. Aber für wen soll sie wesentlich sein und was ist hier wesentlich? Adressat sind die Praktiker des Arbeitslebens, in Unternehmen, Verbänden und Gerichten. Das Handbuch will Vermittler sein zwischen dem, was in Brüssel und Luxemburg bestimmt wird, und den deutschen Stellen, die es umzusetzen haben. Dass das europäische Arbeitsrecht unter Beteiligung der deutschen Regierung, der deutschen EU-Parlamentarier und häufig auch der deutschen Sozialpartner zustande kommt, macht die Vermittlung nicht einfacher, weil supranationales und nationales Recht strukturell verschieden sind und erst einmal zusammengeführt werden müssen.

Das Handbuch will den deutschen Rechtsanwendern auf doppelte Weise helfen. Zunächst in den §§ 1 und 2 durch Erläuterung von System und Methode des europäischen Arbeitsrechts. Schon das System des deutschen Arbeitsrechts ist wie auch das anderer nationaler Arbeitsrechte kompliziert, weil zu den üblichen Gestaltungsfaktoren Verfassung, Gesetz und Einzelvertrag der Tarifvertrag und die Betriebsvereinbarung hinzukommen. Das europäische Arbeitsrecht fügt dem Vierfaches hinzu, Grundrechte, Grundfreiheiten, Verordnungen und – praktisch besonders wichtig – Richtlinien, die einen ausgeprägten supranationalen Charakter haben, weil sie sich unmittelbar nur an die Mitgliedstaaten wenden, nicht an die Parteien des Arbeitslebens, auf die Gefahr hin, dass sie zu ihnen gar nicht durchdringen. Das hat den Europäischen Gerichtshof nicht ruhen lassen, und er hat Wege gefunden, um den Richtlinien doch weitgehende Wirkung auf Private zuschaffen: Unmittelbare Wirkung einiger Grundrechte durch das Medium konkretisierender Richtlinien, das Gebot richtlinienkonformer Auslegung des nationalen Rechts und die Haftung der Mitgliedstaaten, die eine Richtlinie nicht oder nicht fristgerecht umsetzen, für legislatives Unrecht durch Unterlassen. All dies gehört zum Werkzeug eines jeden, der mit Arbeitsrecht zu tun hat, und das Handbuch hilft bei seiner Anwendung.

Der Grundlagenteil wird ergänzt durch die Darstellung des Vorlageverfahrens (§ 13 des Handbuchs), das von jedem Arbeitsgericht an Bundesarbeitsgericht und Bundesverfassungsgericht vorbei direkt zum Europäischen Gerichtshof führen kann und so das europäische Arbeitsrecht auch prozessual eng mit dem deutschen verknüpft. Das Bundesverfassungsgericht hat sich hier auf die Rolle des Antreibers zurückgezogen und greift ein, wenn eine offensichtlich gebotene Vorlage an den Europäischen Gerichtshof unterbleibt.

Diese neuartigen prozessualen Wege lassen sich mit Hilfe des Handbuchs gut und sicher beschreiten.

Auf die Behandlung der materiell-rechtlichen und prozessualen Grundlagen folgt eine Darstellung der Rechtsbereiche, die wohl jeder Praktiker als für ihn besonders bedeutsam bezeichnen würde. Das beginnt in § 3 mit einem besonders umfangreichen und engagierten Beitrag zu den Diskriminierungsverboten, ergänzt in § 4 um das Verbot der Altersdiskriminierung und in § 8 durch die Leiharbeit und den bei ihr geltenden Grundsatz der Gleichbehandlung. Darauf folgt in § 5 die Dienstleistungsfreiheit, in deren Zentrum die Arbeitnehmerentsendung und damit die Quelle des modernen deutschen Mindestlohnrechts steht.

Geleitwort zur 1. Auflage

Von den beiden Hauptleistungen des Arbeitsverhältnisses, Arbeitsleistung und Arbeitsentgelt, werden in §§ 6 und 7 Arbeitszeit und Urlaub umfassend behandelt, während das Arbeitsentgelt im Zusammenhang mit den Diskriminierungsverboten und der Arbeitnehmerentsendung eine große Rolle spielt, im Übrigen aber mangels Kompetenz der Union den Mitgliedstaaten überlassen bleibt.

Mit dem Bestand des Arbeitsverhältnisses, der Voraussetzung für alles Weitere ist, befassen sich § 9 (Befristung), § 10 (Massenentlassung) und § 11 (Betriebsübergang). Aus dem kollektiven Arbeitsrecht wird in § 12 das europäische Betriebsverfassungsrecht behandelt, während Koalitions- Tarifvertrags- und Arbeitskampfrecht kein selbständiger Abschnitt gewidmet wird, da sie wie die Arbeitsentgelte nur im Zusammenhang mit anderen Regelungen in das europarechtliche Blickfeld geraten.

Die Konzentration auf wenige zentrale Schwerpunkte, hat den Vorteil, dass diese umfassend und vollständig behandelt werden konnten, von der Entwicklung über den heutigen Stand zu einem steten Blick in die Zukunft, soweit sie sich heute schon abzeichnet.

Die Autoren sowie *Ulrich Preis* und *Adam Sagan* als Herausgeber, allesamt seit langem im europäischen Recht aktiv, haben es sich nicht leicht gemacht. Sie haben den umfangreichen Stoff nicht einfach abgearbeitet, sondern Wert auf eine gut lesbare und durch Übersichten strukturierte Darstellung gelegt. Mögen der Mut, mit dem sie die schwierige Aufgabe in Angriff genommen haben und ihre Leistung die verdiente Anerkennung finden und zu einer unentbehrlichen Hilfestellung für die Praxis werden.

Köln, im Oktober 2014   Prof. Dr. Dres. h.c. Peter Hanau

Inhaltsübersicht

Ausführliche Inhaltsverzeichnisse finden sich zu Beginn der einzelnen Kapitel.

	Seite
Vorwort	VII
Vorwort zur 1. Auflage	IX
Geleitwort zur 1. Auflage	XI
Abkürzungsverzeichnis	XVII
Verzeichnis der zentralen Richtlinien, Vereinbarungen und Verordnungen	XVIII
Literaturverzeichnis	XIX

§ 1 Grundlagen des europäischen Arbeitsrechts *(Sagan)* 1
    I. Historische Etappen des europäischen Arbeitsrechts 6
   II. Charakteristika der europäischen Rechtsordnung 14
  III. Rechtsetzung im europäischen Arbeitsrecht 21
  IV. Auslegung des Unionsrechts 35
   V. Dogmatik europäischer Richtlinien 49

§ 2 Vorabentscheidungsverfahren *(Roloff)* 77
    I. Aufgaben der Rechtsprechung in der Europäischen Union 79
   II. Zweck und Bedeutung des Verfahrens nach Art. 267 AEUV 79
  III. Vorlageadressat 82
  IV. Vorlagegegenstand 82
   V. Vorlagerecht 85
  VI. Vorlagepflicht 89
 VII. Vorlagefrage, Vorlagebeschluss und Verfahren 100
VIII. Verfahren beim EuGH 106
  IX. Entscheidung des EuGH 111
   X. Wirkung des Urteils 112
  XI. Gerichtsorganisation im Vorabentscheidungsverfahren 115

§ 3 Die Unionsgrundrechte *(Pötters)* 117
    I. Entwicklung und Rechtsquellen 118
   II. Anwendungsbereich der Unionsgrundrechte (Art. 51 GRC) 121
  III. Unmittelbare Wirkung und Unanwendbarkeit unionsrechtswidriger Vorschriften 129
  IV. Drittwirkung (horizontale Direktwirkung) 130
   V. Konkretisierung der Unionsgrundrechte durch Sekundärrecht 134
  VI. Rechtfertigung von Grundrechtsbeeinträchtigungen: Schranken-Schranken (Art. 52 Abs. 1 GRC) 136
 VII. Prozessuale Durchsetzung: Das arbeitsteilige System des Grundrechtsschutzes in der EU 139
VIII. Überblick: Einzelne Grundrechte mit arbeitsrechtlicher Relevanz 147

§ 4 Europäische Menschenrechtskonvention *(Fornasier)* 153
    I. Allgemeine Aspekte 154
   II. Einzelne für das Arbeitsrecht relevante Konventionsrechte 164

XIII

Inhaltsübersicht

	Seite

§ 5 Gleichbehandlung *(Grünberger/Husemann)* 201
    I. Gleichbehandlung und Nichtdiskriminierung 204
    II. Geltungsgründe des Nichtdiskriminierungsrechts 208
    III. Anwendungsbereich des Nichtdiskriminierungsrechts 216
    IV. Diskriminierungsmerkmale 225
    V. Diskriminierungstatbestand 243
    VI. Rechtfertigungsmöglichkeiten von Diskriminierungen 269
    VII. Sanktionen 284
    VIII. Rechtsdurchsetzung 296

§ 6 Verbot der Altersdiskriminierung *(Preis/Reuter)* 305
    I. Einleitung 307
    II. Grundlagen und Rechtsquellen 308
    III. Rechtfertigungsnormen 310
    IV. Prüfungsschema 324
    V. Anbahnung und Begründung des Arbeitsverhältnisses 325
    VI. Durchführung des Arbeitsverhältnisses 328
    VII. Beendigung des Arbeitsverhältnisses 330
    VIII. Sozialpläne 338
    IX. Altersgrenzen 342
    X. Betriebliche Altersversorgung 347
    XI. Fazit 355

§ 7 Arbeitszeit *(Ulber)* 357
    I. Einleitung 359
    II. Ermächtigungsgrundlage für die Arbeitszeitrichtlinie 367
    III. Anwendungsbereich 368
    IV. Mindestruhezeiten und wöchentliche Höchstarbeitszeit 379
    V. Ruhepausen 400
    VI. Nachtarbeit und Schichtarbeit 401
    VII. Abweichungsmöglichkeiten und Ausnahmen 408
    VIII. Ausstrahlungswirkung der Arbeitszeitrichtlinie 431
    IX. Reformvorhaben 434
    X. Umsetzungsdefizite in Deutschland 436

§ 8 Urlaub *(Mehrens/Witschen)* 437
    I. Rechtsgrundlagen 438
    II. Rechtsnatur des Urlaubsanspruchs 441
    III. Voraussetzungen des Urlaubsanspruchs 442
    IV. Urlaubsdauer 448
    V. Festlegung des Urlaubszeitraums 452
    VI. Urlaubsentgelt 455
    VII. Befristung und Übertragung des Urlaubsanspruchs 459
    VIII. Urlaubsabgeltung 462

§ 9 Mutterschutz *(Brose)* 467
    I. Einführung 469
    II. Bedeutung der Grundrechtecharta 470
    III. Verhältnis zu anderen Richtlinien und Verordnungen 472
    IV. Reformbestrebungen 474
    V. Ziel, Reichweite, Verschlechterungsverbot, Art. 1 MuSch-RL 475
    VI. Anwendungsbereich und Definitionen, Art. 2 MuSch-RL 479

Seite

VII. Betriebsbezogener Mutterschutz, Art. 3–7 MuSch-RL 489
VIII. Mutterschaftsurlaub, Art. 8 MuSch-RL 503
IX. Freistellung von der Arbeit für Vorsorgeuntersuchungen, Art. 9 MuSch-RL 506
X. Verbot der Kündigung, Art. 10 MuSch-RL 507
XI. Erhalt der mit dem Arbeitsvertrag verbundenen Rechte, Art. 11 MuSch-RL 513
XII. Rechtsschutz, Art. 12 MuSch-RL 519
XIII. Anpassung der Anhänge, Art. 13 MuSch-RL 520
XIV. Schlussbestimmungen, Art. 14 MuSch-RL 520
XV. Fazit 520

§ 10 **Elternurlaub** *(Wietfeld)* 521
I. Einführung 522
II. Anwendungsbereich der EltUrl-RV 523
III. Das Recht auf Elternurlaub 524
IV. Fernbleiben von der Arbeit aus Gründen höherer Gewalt 549

§ 11 **Beschäftigtendatenschutz** *(Pötters/Schmidt)* 551
I. Entwicklung, Rechtsquellen und Schutzziele 552
II. Grundbegriffe des Datenschutzrechts 557
III. Strukturprinzipien und Grundsätze des Datenschutzrechts 560
IV. Die Einwilligung im Beschäftigungskontext 570
V. Die Öffnungsklausel des Art. 88 DSGVO 572

§ 12 **Leiharbeit** *(Sansone)* 581
I. Einleitung 584
II. Ermächtigungsgrundlage der Richtlinie 586
III. Ziel der Richtlinie 587
IV. Anwendungsbereich und Begriffsbestimmungen 587
V. Überprüfung von Einschränkungen und Verboten 596
VI. Grundsatz der Gleichbehandlung 598
VII. Zugang zu Beschäftigung, Gemeinschaftseinrichtungen und beruflicher Bildung . . . 610
VIII. Vertretung der Leiharbeitnehmer 617
IX. Unterrichtung der Arbeitnehmervertreter 618

§ 13 **Befristungsrecht** *(Brose)* 619
I. Von der Rahmenvereinbarung zur Richtlinie 621
II. Sinn und Zweck 623
III. Schnittstellen mit anderen unionsrechtlichen Regelungen 624
IV. Anwendungsbereich und Wirkung 625
V. Diskriminierungsverbot 635
VI. Maßnahmen zur Missbrauchsvermeidung, § 5 Befr-RV 654
VII. Information und Beschäftigungsmöglichkeiten, § 6 Befr-RV 672
VIII. Information und Konsultation, § 7 Befr-RV 672
IX. Umsetzungsbestimmungen, § 8 Befr-RV 673
X. Fazit 676

§ 14 **Massenentlassungsrecht** *(Naber/Sittard)* 677
I. Entstehungsgeschichte und Zweck 678
II. Anwendungsbereich 681
III. Konsultationsverfahren 696
IV. Anzeigeverfahren 712
V. Ablaufplan 722

Seite

§ 15 Betriebsübergang *(Grau/Hartmann)* 725
    I. Grundlagen 728
   II. Anwendungsbereich der Betriebsübergangsrichtlinie 733
  III. Übergang und Inhaltsschutz der Arbeitsverhältnisse 751
  IV. Schutz vor Kündigung und bei Beendigung des Arbeitsverhältnisses infolge wesentlicher Verschlechterung der Arbeitsbedingungen 775
   V. Betriebsübergang im Rahmen eines Insolvenzverfahrens 780
  VI. Auswirkungen des Betriebsübergangs auf die Rechtsstellung und Funktion der Arbeitnehmervertretungen und ihre Mitglieder 783
 VII. Information und Konsultation 788

§ 16 Dienstleistungsfreiheit und Arbeitnehmerentsendung *(Heuschmid/Schierle)* 799
    I. Dienstleistungsfreiheit 801
   II. Entsendung und Arbeitskollisionsrecht 819
  III. Entsenderichtlinie 825

§ 17 Europäisches Betriebsverfassungsrecht *(Müller-Bonanni/Witschen)* 863
    I. Europäische Betriebsräte-Richtlinie 2009/38/EG 864
   II. Rahmen-Richtlinie über die Unterrichtung und Anhörung der Arbeitnehmer 2002/14/EG 913

Stichwortverzeichnis 921

Abkürzungsverzeichnis

AEUV	Vertrag über die Arbeitsweise der Europäischen Union in der Fassung des Vertrages von Lissabon
ASP	Abkommen über die Sozialpolitik
CEDAW	*Convention on the Elimination of All Forms of Discrimination against Women* (Übereinkommen zur Beseitigung jeder Form der Diskriminierung der Frau)
CMLR	Common Market Law Review
EAG	Europäische Atomgemeinschaft (Euratom)
EEA	Einheitliche Europäische Akte
EG	Europäische Gemeinschaft
EGKS	Europäische Gemeinschaft für Kohle und Stahl
ELJ	European Law Journal
ELR	European Law Reporter
EMRK	Europäische Konvention zum Schutze der Menschenrechte und Grundfreiheiten
ErwGr.	Erwägungsgrund
ESC	Europäische Sozialcharta
EU	Europäische Union
EUV	Vertrag über die Europäische Union in der Fassung des Vertrages von Lissabon
EWCA Civ	England and Wales Court of Appeal (Civil Division)
EWG	Europäische Wirtschaftsgemeinschaft
EWGV	Vertrag zur Gründung der Europäischen Wirtschaftsgemeinschaft
GA	Generalanwalt/Generalanwältin
GRC	Charta der Grundrechte der Europäischen Union
ICERD	*International Convention on the Elimination of All Forms of Racial Discrimination* (Internationales Übereinkommen zur Beseitigung jeder Form der Rassendiskriminierung)
ILJ	Industrial Law Journal
RdJB	Recht der Jugend und des Bildungswesens
RL	Richtlinie
SCE	*Societas Cooperativa Europaea*/Europäische Genossenschaft
SE	*Societas Europaea*/Europäische Gesellschaft
SJZ	Schweizerische Juristenzeitung
VO	Verordnung
YLR	Yale Law Review

Verzeichnis der zentralen Richtlinien, Vereinbarungen und Verordnungen

Abkürzung	Abgekürzter Titel	Nummer
AntiRass-RL	Antirassismusrichtlinie	2000/43/EG
ArbZ-RL	Arbeitszeitrichtlinie	2003/88/EG
Befr-RV	Rahmenvereinbarung über befristete Arbeitsverträge	1999/70/EG
BÜ-RL	Betriebsübergangsrichtlinie	2001/23/EG
DSGVO	Datenschutz-Grundverordnung	VO (EU) 2016/679
EBR-RL	EBR-Richtlinie	2009/38/EG
EltUrl-RV	Rahmenvereinbarung über den Elternurlaub	2010/18/EU
Ents-RL	Entsenderichtlinie (in der Fassung der Richtlinie 2018/957/EU)	96/71/EG
Geschl-RL	Geschlechterrichtlinie	2006/54/EG
Gleichb-RL	Gleichbehandlungsrahmenrichtlinie	2000/78/EG
Leiharb-RL	Leiharbeitsrichtlinie	2008/104/EG
ME-RL	Massenentlassungsrichtlinie	98/59/EG
Musch-RL	Mutterschutzrichtlinie	92/85/EG
SCE-RL	SCE-Richtlinie	2003/72/EG
SE-RL	SE-Richtlinie	2001/86/EG
UuA-RL	Unterrichtungs- und Anhörungsrichtlinie	2002/14/EG
Verschm-RL	Verschmelzungsrichtlinie	2005/56/EG

Literaturverzeichnis

Ales/Bell/Deinert/Robin-Olivier (Hrsg.), International and European Labour Law, 2018 (zit.: Ales/
  Bell/Deinert/Robin-Olivier/*Bearbeiter*)
von Arnauld, Normenhierarchien innerhalb des primären Gemeinschaftsrechts – Gedanken im
  Prozess der Konstitutionalisierung Europas, EuR 2003, 191
Ascheid/Preis/Schmidt (Hrsg.), Kündigungsrecht, 5. Aufl. 2017 (zit.: APS/*Bearbeiter*)

Barnard, EU Employment Law, 4. Aufl. 2012
Bauer/Krieger/Günther, Allgemeines Gleichbehandlungsgesetz, 5. Aufl. 2018
Bercusson, European Labour Law, 2. Aufl. 2009
Bertram, Die AÜG-Reform im Spiegel des EG-Richtlinienentwurfs zur Leiharbeit, ZESAR 2003, 205
Blanpain, European Labour Law, 14. Aufl. 2014
Blanpain/Schmidt/Schweibert, Europäisches Arbeitsrecht, 2. Aufl. 1996
von Bogdandy/Bast (Hrsg.), Europäisches Verfassungsrecht, 2. Aufl. 2009 (zit.: EuVerfR/*Bearbeiter*)

Calliess/Ruffert (Hrsg.), EUV/AEUV, 5. Aufl. 2016 (zit.: Calliess/Ruffert/*Bearbeiter*)

Däubler/Bertzbach (Hrsg.), Allgemeines Gleichbehandlungsgesetz, 4. Aufl. 2018 (zit.: Däubler/
  Bertzbach/*Bearbeiter*)
Dornbusch/Fischermeier/Löwisch (Hrsg.), AR Kommentar zum gesamten Arbeitsrecht, 8. Aufl. 2016
  (zit.: AR/*Bearbeiter*)

Ehlers (Hrsg.), Europäische Grundrechte und Grundfreiheiten, 4. Aufl. 2015 (zit.: Ehlers/*Bearbeiter*)

Fitting/Engels/Schmidt/Trebinger/Linsenmaier, Betriebsverfassungsgesetz, Kommentar, 29. Aufl, 2018
  (zit.: Fitting)
Franzen/Gallner/Oetker (Hrsg.), Kommentar zum europäischen Arbeitsrecht, 2. Aufl. 2018
  (zit. EuArbR/*Bearbeiter*)
Fuchs/Marhold, Europäisches Arbeitsrecht, 5. Aufl. 2017

Gebauer/Wiedmann (Hrsg.), Zivilrecht unter europäischem Einfluss, 2. Aufl. 2010
  (zit.: Gebauer/Wiedmann/*Bearbeiter*)
Grabitz/Hilf/Nettesheim (Hrsg.), Das Recht der Europäischen Union, Loseblatt,
  64. Erg-Lfg. Stand: Mai 2018 (zit.: Grabitz/Hilf/Nettesheim/*Bearbeiter*)
von der Groeben/Schwarze/Hatje, Europäisches Unionsrecht, 7. Aufl. 2015
  (zit.: von der Groeben/Schwarze/Hatje/*Bearbeiter*)

Haltern, Europarecht, Band I und II, 3. Aufl. 2017
Hanau/Steinmeyer/Wank, Handbuch des europäischen Arbeits- und Sozialrechts, 2002
  (zit.: Hanau/Steinmeyer/Wank/*Bearbeiter*)
Hantel, Europäisches Arbeitsrecht, 2016
Haratsch/König/Pechstein, Europarecht, 11. Aufl. 2018
Henssler/Willemsen/Kalb (Hrsg.), Arbeitsrecht Kommentar, 8. Aufl. 2018 (zit.: HWK/*Bearbeiter*)
Herdegen, Europarecht, 19. Aufl. 2017
Heß, Die Umsetzung von EG-Richtlinien im Privatrecht, 1999 (zit.: *Heß*, Die Umsetzung von
  EG-Richtlinien)
Heuschmid/Klauk, Zur Primärrechtswidrigkeit der Leiharbeitsrichtlinie, SR 2012, 84
Hobe, Europarecht, 9. Aufl. 2017

Jarass, Charta der Grundrechte der Europäischen Union, 3. Aufl. 2016
Jarass, Grundfragen der innerstaatlichen Bedeutung des EG-Rechts, 1994

Kocher, Europäisches Arbeitsrecht, 2016
Krimphove, Europäisches Arbeitsrecht, 2. Aufl. 2001

Lenz/Borchardt (Hrsg.), EU-Verträge, 6. Aufl. 2012
Löwisch/Rieble, Tarifvertragsgesetz, Kommentar, 4. Aufl. 2017

Meinel/Heyn/Herms, Allgemeines Gleichbehandlungsgesetz, 2. Aufl. 2010 (zit.: *Meinel/Heyn/Herms*)
Meinel/Heyn/Herms, Teilzeit- und Befristungsgesetz, 5. Aufl. 2015
 (zit.: Meinel/Heyn/Herms/*Bearbeiter*)
Meyer (Hrsg.), Charta der Grundrechte der Europäischen Union, 4. Aufl. 2014
 (zit.: Meyer/*Bearbeiter*)
Müller-Glöge/Preis/Schmidt (Hrsg.), Erfurter Kommentar zum Arbeitsrecht, 18. Aufl. 2018
 (zit.: ErfK/*Bearbeiter*)

Pechstein/Nowak/Häde (Hrsg.), Frankfurter Kommentar zu EUV, GRC und AEUV, 2017
 (zit.: Pechstein/Nowak/Häde/*Bearbeiter*)

Oetker/Preis (Hrsg.), Europäisches Arbeits- und Sozialrecht (EAS), Rechtsvorschriften, Systematische Darstellungen und Entscheidungssammlung, Loseblatt, 200. Erg.-Lfg., Stand: Juli 2018
 (zit.: EAS/*Bearbeiter*)
Oppermann/Classen/Nettesheim, Europarecht, 8. Aufl. 2018

Pötters/Traut, Eskalation oder Burgfrieden: Mangold vor dem BVerfG, ZESAR 2010, 267
Preis (Hrsg.), Der Arbeitsvertrag, 5. Aufl. 2015 (zit.: Preis/*Bearbeiter*)
Preis (Hrsg.), Innovative Arbeitsformen, 2005 (zit.: Preis/*Bearbeiter*)
Preis, Verbot der Altersdiskriminierung als Gemeinschaftsgrundrecht – Der Fall „Mangold" und die Folgen, NZA 2006, 406
Preis/Sagan, Der GmbH-Geschäftsführer in der arbeits- und diskriminierungsrechtlichen Rechtsprechung des EuGH, BGH und BAG, ZGR 2013, 26

Rebmann/Säcker/Rixecker (Hrsg.), Münchener Kommentar zum Bürgerlichen Gesetzbuch, 7. Aufl. 2015 (zit.: MüKoBGB/*Bearbeiter*)
Riesenhuber (Hrsg.), Europäische Methodenlehre, 3. Aufl. 2015 (zit.: Riesenhuber/*Bearbeiter*)
Riesenhuber, Europäisches Arbeitsrecht, 2009
Rolfs/de Groot, Die Befristung von Arbeitsverträgen in der Rechtsprechung des EuGH, ZESAR 2009, 5

Sansone, Gleichstellung von Leiharbeitnehmern nach deutschem und Unionsrecht, 2011
Schaub, Arbeitsrechts-Handbuch, 17. Aufl. 2017
Schiek, Europäisches Arbeitsrecht, 3. Aufl. 2007
Schlachter/Heinig (Hrsg.), Enzyklopädie Europäisches Arbeit- und Sozialrecht Band VII, 2016
 (zit.: Schlachter/Heinig/*Bearbeiter*)
Schmidt, M., Das Arbeitsrecht der Europäischen Gemeinschaft, 2001
Schulze/Zuleeg/Kadelbach (Hrsg.), Europarecht – Handbuch für die deutsche Rechtspraxis, 3. Aufl. 2015 (zit.: Schulze/Zuleeg/Kadelbach/*Bearbeiter*)
Schwarze, J. (Hrsg.), EU-Kommentar, 3. Aufl. 2012 (zit.: Schwarze/*Bearbeiter*)
Stern/Sachs (Hrsg.), Europäische Grundrechte-Charta, 2016 (zit.: Stern/Sachs/*Bearbeiter*)
Streinz (Hrsg.), EUV/AEUV, 3. Aufl. 2018 (zit.: Streinz/*Bearbeiter*)
Streinz, Europarecht, 10. Aufl. 2016

Temming, Altersdiskriminierung im Arbeitsleben, 2008
Tettinger/Stern (Hrsg.), Kölner Gemeinschaftskommentar zur Europäischen Grundrechte-Charta, 2006 (zit.: Tettinger/Stern/*Bearbeiter*)

Thüsing, Europäisches Arbeitsrecht, 3. Aufl. 2017
Thüsing, Arbeitsrechtlicher Diskriminierungsschutz, 2. Aufl. 2013

Vedder/Heintschel von Heinegg (Hrsg.), Europäisches Unionsrecht – EUV, AEUV, Grundrechte-Charta, 2. Aufl. 2018 (zit.: Vedder/Heintschel von Heinegg/*Bearbeiter*)

Wiese/Kreutz/Oetker/Raab/Werner/Franzen/Gutzeit/Jacobs, Gemeinschaftskommentar zum BetrVG, 11. Aufl. 2018 (zit.: GK-BetrVG/*Bearbeiter*)
Willemsen/Sagan, Die Auswirkungen der europäischen Grundrechtecharta auf das deutsche Arbeitsrecht, NZA 2011, 258
Wank, Die personellen Grenzen des Europäischen Arbeitsrechts: Arbeitsrecht für Nicht-Arbeitnehmer?, EuZA 2008, 172
Wlotzke/Preis/Kreft (Hrsg.), Betriebsverfassungsgesetz, 4. Aufl. 2009 (zit.: Wlotzke/Preis/Kreft/*Bearbeiter*)

Ziegler, Arbeitnehmerbegriffe im Europäischen Arbeitsrecht, 2011 (zit.: *Ziegler*, Arbeitnehmerbegriffe)

§ 1
Grundlagen des europäischen Arbeitsrechts

Für seine hilfreiche Unterstützung bei der Überarbeitung dieses Beitrags danke ich Herrn stud. iur. *Matthias Schmid*.

I. Historische Etappen des europäischen Arbeitsrechts 1.1
1. EWG-Vertrag (1957) 1.1
2. Das sozialpolitische Aktionsprogramm (1974) 1.5
3. Einheitliche Europäische Akte (1986) 1.7
4. Vertrag von Maastricht (1992) 1.10
5. Vertrag von Amsterdam (1997) 1.12
6. Vertrag von Nizza (2001) 1.14
7. Vertrag von Lissabon (2007) 1.15
8. Austritt des Vereinigten Königreichs (2017) 1.17a

II. Charakteristika der europäischen Rechtsordnung 1.18
1. Autonomie des Unionsrechts 1.18
2. Rechtsquellen des Unionsrechts ... 1.22
  a) Die Europäischen Verträge 1.22
  b) Allgemeine Rechtsgrundsätze .. 1.23
  c) Sekundäres Unionsrecht 1.27
3. Unmittelbare Anwendung 1.28
4. Anwendungsvorrang 1.31

III. Rechtsetzung im europäischen Arbeitsrecht 1.38
1. Allgemeine Vorgaben 1.38
  a) Grundsatz der beschränkten Einzelermächtigung 1.39
  b) Subsidiaritätsgrundsatz 1.40
  c) Verhältnismäßigkeitsgrundsatz . 1.43
  d) Querschnittsklauseln 1.44
2. Primärrechtliche Kompetenzen und sekundäres Arbeitsrecht 1.45
  a) Grundfreiheiten 1.48
    aa) Arbeitnehmerfreizügigkeit . 1.48
    bb) Dienstleistungsfreiheit 1.50
    cc) Niederlassungsfreiheit 1.51
  b) Sozialpolitik 1.52
    aa) Allgemeine Voraussetzungen . 1.53
    bb) Katalog sozialpolitischer Kompetenzen 1.55
    cc) Bereichsausnahme des Art. 153 Abs. 5 AEUV 1.60
    dd) Anhörung der europäischen Sozialpartner 1.62
  c) Gleichbehandlung 1.63
  d) Rechtsangleichung im Binnenmarkt 1.65
  e) Internationales Arbeitsrecht 1.67
  f) Kompetenzabrundungsklausel ... 1.68
3. Der soziale Dialog 1.71

IV. Auslegung des Unionsrechts 1.76
1. Grundsatz der autonomen Auslegung 1.76
2. Zuständigkeit für die Auslegung des Unionsrechts 1.78
3. Die Methoden zur Auslegung des Unionsrechts 1.81
  a) Wortlaut 1.85
  b) Systematik 1.88
    aa) Systematik des Rechtsaktes .. 1.89
    bb) Vorgaben des Primärrechts .. 1.91
    cc) Enge Auslegung von Ausnahmevorschriften? 1.94
  c) Historische Auslegung 1.96
  d) Normzweck 1.100
4. Rechtsfortbildung 1.103
5. Der Arbeitnehmerbegriff im Unionsrecht 1.107
  a) Autonomer und nationaler Arbeitnehmerbegriff 1.107
  b) Autonomer Arbeitnehmerbegriff . 1.110

V. Dogmatik europäischer Richtlinien 1.113
1. Vorgaben für die Richtlinienumsetzung 1.115
  a) Vorwirkung und Sperrwirkung .. 1.115
  b) Anforderungen an den Umsetzungsakt 1.118
  c) Äquivalenz- und Effektivitätsprinzip 1.120
2. Innerstaatliche Wirkungen europäischer Richtlinien 1.124
  a) Unmittelbare Anwendung 1.125
    aa) Entstehungsgeschichte 1.125
    bb) Unmittelbare Anwendung gegenüber dem Staat 1.130
    cc) Keine unmittelbare Anwendung zwischen Privaten 1.135
  b) Richtlinienkonforme Auslegung .. 1.142
    aa) Grundlagen 1.143
    bb) Reichweite und Grenzen ... 1.145
      (1) Einzelstaatliche Auslegungsmethoden 1.149
      (2) Verbot des Contra-legem-Judizierens 1.151
      (3) Vertrauensschutz 1.155
  c) Staatshaftung wegen fehlerhafter Richtlinienumsetzung 1.160
  d) Grundrechtskonkretisierende Richtlinien 1.163
3. Überschießende Richtlinienumsetzung 1.165

§ 1 | Grundlagen des europäischen Arbeitsrechts

Schrifttum:

Monographien, Lehrbücher, Kommentare: *Baldauf,* Richtlinienverstoß und Verschiebung der Contra-legem-Grenze im Privatrechtsverhältnis, 2013; *Barriga,* Die Entstehung der Grundrechte der Europäischen Union, 2003; *Buck,* Über die Auslegungsmethoden des Gerichtshofs der Europäischen Gemeinschaft, 1998; *Däubler* (Hrsg.), Tarifvertragsgesetz, 4. Aufl. 2016 (zit.: Däubler/*Bearbeiter*); *Dauses* (Hrsg.), Handbuch des EU-Wirtschaftsrechts, Loseblatt, 43. Erg.-Lfg. Stand: Oktober 2017 (zit. Dauses/*Bearbeiter*); *Deinert,* Der europäische Kollektivvertrag, 1999; *Dewald,* Die Anwendung des Unionsrechts auf den deutschen Tarifvertrag, 2012; *Franzen,* Privatrechtsangleichung durch die Europäische Gemeinschaft, 1999; *Funke,* Umsetzungsrecht, 2010; *Gerken/Rieble/G. Roth/Stein/Streinz,* Das Mangold-Urteil des EuGH – „Mangold" als ausbrechender Rechtsakt, 2009; *Greiner,* Rechtsfragen der Koalitions-, Tarif- und Arbeitskampfpluralität, 2. Aufl. 2011; *Grosche,* Rechtsfortbildung im Unionsrecht, 2011; *Grundmann,* Die Auslegung des Gemeinschaftsrechts durch den Europäischen Gerichtshof, 1997; *Hallstein,* Die Europäische Gemeinschaft, 5. Aufl. 1979; *Haltern,* Eine Lanze für Mangold in Haltern/Bergmann (Hrsg.), Der EuGH in der Kritik, 2012, S. 26; *Herresthal,* Rechtsfortbildung im europarechtlichen Bezugsrahmen, 2006; *Heuschmid,* Der Arbeitskampf im EU-Recht in Däubler (Hrsg.), Arbeitskampfrecht, 4. Aufl. 2018, § 11; *Kruis,* Der Anwendungsvorrang des EU-Rechts in Theorie und Praxis, 2013; *Kutscher,* Thesen zu den Methoden der Auslegung des Gemeinschaftsrechts, aus der Sicht eines Richters in Begegnung von Justiz und Hochschule, 1976, S. I-1; *Langenbucher* (Hrsg.), Europäisches Privat- und Wirtschaftsrecht, 4. Aufl. 2017 (zit. Langenbucher/*Bearbeiter*); *Martens,* Methodenlehre des Unionsrechts, 2013; *Merten/Papier* (Hrsg.), Handbuch der Grundrechte, Band VI/1: Europäische Grundrechte I, 2010 (zit. Merten/Papier/*Bearbeiter*, HGR VI/1); *Müller-Graff,* Das wirtschaftsverfassungsrechtliche Profil der EU nach Lissabon in Fastenrath/Nowak (Hrsg.), Der Lissaboner Reformvertrag, 2009, S. 173; *Parpart,* Die unmittelbare Bindung Privater an die Personenverkehrsfreiheiten im europäischen Gemeinschaftsrecht, 2003; *Pottschmidt,* Arbeitnehmerähnliche Personen in Europa, 2006; *Riesenhuber,* Europäisches Arbeitsrecht, 2009; *Roloff,* Das Beschränkungsverbot des Art. 39 EG (Freizügigkeit) und seine Auswirkungen auf die Praxis, 2003; *Rosenkranz,* Die Beschränkung der Rückwirkung von Entscheidungen des Europäischen Gerichtshofs, 2015; *Sagan,* Das Gemeinschaftsgrundrecht auf Kollektivmaßnahmen, 2008; *Schaer,* Rechtssicherheit und Vertrauensschutz als Grenzen rückwirkender Rechtsprechung im europäischen Arbeitsrecht, 2010; *Staudinger,* BGB, Einleitung zu §§ 241 ff.; §§ 241–243, Neubearbeitung 2015; *Staudinger,* Der Widerruf bei Haustürgeschäften: eine unendliche Geschichte?, NJW 2002, 653; *Thüsing/Braun* (Hrsg.), Tarifrecht, 2. Aufl. 2016; *Vogenauer,* Die Auslegung von Gesetzen in England und auf dem Kontinent, Band I, 2001; *Weber,* Grenzen EU-rechtskonformer Auslegung und Rechtsfortbildung, 2010.

Beiträge in Festschriften und Sammelbänden: *Canaris,* Die richtlinienkonforme Auslegung und Rechtsfortbildung im System der juristischen Methodenlehre in Koziol/Rummel (Hrsg.), Im Dienste der Gerechtigkeit – Festschrift für Franz Bydlinski, 2002, S. 47; *Canaris,* Gemeinsamkeiten zwischen verfassungs- und richtlinienkonformer Auslegung in Bauer/Czybulka/Kahl/Voßkuhle (Hrsg.), Wirtschaft im offenen Verfassungsstaat – Festschrift für Reiner Schmidt, 2006, S. 41; *Everling,* Zur direkten innerstaatlichen Wirkung der EG-Richtlinien: Ein Beispiel richterlicher Rechtsfortbildung auf der Basis gemeinsamer Rechtsgrundsätze in Börner/Jahrreiß/Stern (Hrsg.), Einigkeit und Recht und Freiheit – Festschrift für Karl Carstens, Band 1, 1984, S. 95; *Frieling,* Gesetzesmaterialien als Grenze richtlinienkonformer Rechtsfortbildung, JbJZ 2014, 37; *Ipsen,* Richtlinien-Ergebnisse in Hallstein/Schlochauer (Hrsg.), Zur Integration Europas – Festschrift für Carl Friedrich Ophüls, 1965, S. 69; *Käppler,* Beschränkungen der Dienstleistungsfreiheit durch das Arbeitnehmerentsenderecht und das sozialpolitische Prinzip der Mindestharmonisierung in Art. 137 EG in Bauer/Boewer (Hrsg.), Festschrift für Peter Schwerdtner, 2003, S. 751; *Pötters,* Gespaltene Auslegung – Schizophrenie im Mehrebenensystem?, JbJZ 2014, S. 75; *Rebhahn,* Zur Methodenlehre des Unionsrechts in Henssler/Joussen/Maties/Preis (Hrsg.), Moderne Arbeitswelt – Festschrift für Rolf Wank, 2014, S. 431 *Schaub,* EG-Recht und Tarifvertrag in Arbeitsrecht im sozialen Dialog – Festschrift für Hellmut Wißmann, 2005, S. 578; *Schmidt-Preuß,* Die soziale Marktwirtschaft als Wirtschaftsverfassung der Europäischen Union in Joost/Oetker/Paschke (Hrsg.), Festschrift für Franz Jürgen Säcker, 2011, S. 969; *Streinz,* Der „effet utile" in der Rechtsprechung des Gerichtshofs der Europäischen Gemeinschaften in Due/Lutter/Schwarze (Hrsg.), Festschrift für Ulrich Everling, Band II, 1995, S. 1507; *Wank,* Methodische Bemerkungen zu einigen neueren EuGH-Urteilen im Arbeitsrecht, Konzen/Krebber/Raab/Veit/Waas (Hrsg.), Festschrift für Rolf Birk, 2008, S. 929; *Winter,* Das Arbeitsrecht im europäischen Mehrebenensystem ist weiterhin in Bewegung in Creutzfeld/Hanau/Thüsing/Wißmann (Hrsg.), Arbeitsgerichtsbarkeit und Wissenschaft – Festschrift für Klaus Bepler, 2012, S. 633; *Wißmann,* Unionsrechtskonforme Auslegung von Tarifverträgen? in Creutzfeld/Thüsing/Hanau/Wißmann (Hrsg.),

Arbeitsgerichtsbarkeit und Wissenschaft – Festschrift für Klaus Bepler, 2012, S. 649; *Wißmann*, Vertrauensschutz – europäisch und deutsch in Baeck/Hauck/Preis/Rieble/Röder/Schunder (Hrsg.), Festschrift für Jobst-Hubertus Bauer, 2010, S. 1161; *Wißmann*, Neues aus Karlsruhe zur Vorlagepflicht nach Art. 267 Abs. 3 AEUV in Faber/Feldhoff/Nebe/Schmidt/Waßer (Hrsg.), Gesellschaftliche Bewegungen – Festschrift für Wolfhard Kohte, 2016, S. 993; *Zachert*, Europäische Tarifverträge – von korporatistischer zu autonomer Rechtsetzung? in Schlachter/Ascheid/Friedrich (Hrsg.), Tarifautonomie für ein neues Jahrhundert, Festschrift für Günter Schaub, München, 1998, S. 811.

Aufsätze: *Albin*, Das Subsidiaritätsprinzip in der EU – Anspruch und Rechtswirklichkeit, NVwZ 2006, 629; *Auer*, Neues zu Umfang und Grenzen der richtlinienkonformen Auslegung, NJW 2007, 1106; *Bach*, Direkte Wirkung von EG-Richtlinien, JZ 1990, 1108; *Bärenz*, Die Auslegung der überschießenden Umsetzung von Richtlinien am Beispiel des Gesetzes zur Modernisierung des Schuldrechts, DB 2003, 375; *Bauer/Arnold*, Auf „Junk" folgt „Mangold" – Europarecht verdrängt deutsches Arbeitsrecht, NJW 2006, 6; *Bauer/von Medem*, Kücükdeveci = Mangold hoch zwei? Europäische Grundrechte verdrängen deutsches Arbeitsrecht, ZIP 2010, 449; *Birk*, Die Gesetzgebungszuständigkeit der Europäischen Gemeinschaft im Arbeitsrecht, RdA 1992, 68; *Bleckmann*, Zu den Auslegungsmethoden des Europäischen Gerichtshofs, NJW 1982, 1177; *von Bogdandy/Bast/Arndt*, Handlungsformen im Unionsrecht – Empirische Analysen und dogmatische Strukturen in einem vermeintlichen Dschungel, ZaöRV 2002, 77; *Borelli*, Der Arbeitnehmerbegriff im europäischen Recht, AuR 2011, 472; *Brennke*, Europäisierung der Methodik richtlinienkonformer Rechtsfindung, EuR 2015, 440; *Bruun/Bücker*, Der Monti II Verordnungsvorschlag der EU Kommission, NZA 2012, 1136; *Buchner*, Die sozialpolitische Entwicklung der Europäischen Gemeinschaft im Spannungsfeld von hoheitlicher Regelung und tarifautonomer Gestaltung, RdA 1993, 193; *Burmeister/Staebe*, Grenzen des sog. *Gold Plating* bei der Umsetzung europäischer Richtlinien in nationales Recht, EuR 2009, 444; *Calliess*, Grundlagen, Grenzen und Perspektiven europäischen Richterrechts, NJW 2005, 929; *Colneric*, Auslegung des Gemeinschaftsrechts und gemeinschaftskonforme Auslegung, ZEuP 2005, 225; *v. Danwitz*, Rechtswirkungen von Richtlinien in der neueren Rechtsprechung des EuGH, JZ 2007, 697; *v. Danwitz*, Der Einfluss des nationalen Rechts und der Rechtsprechung der Gerichte der Mitgliedstaaten auf die Auslegung des Gemeinschaftsrechts, ZESAR 2008, 57; *v. Danwitz*, Funktionsbedingungen der Rechtsprechung des Europäischen Gerichtshofes, EuR 2008, 769; *Dederer*, Die Grenzen des Vorrangs des Unionsrechts – Zur Vereinheitlichung von Grundrechts-, Ultra-vires- und Identitätskontrolle, JZ 2014, 313; *Dederichs*, Die Methodik des Gerichtshofes der Europäischen Gemeinschaften, EuR 2004, 345; *Deinert*, Partizipation europäischer Sozialpartner an der Gemeinschaftsrechtsetzung, RdA 2004, 211; *Deinert*, Arbeitskampf und anwendbares Recht, ZESAR 2012, 311; *Derleder*, Der Widerruf des Haustürpfandkredits, ZBB 2002, 202; *Dörr*, Der unionsrechtliche Staatshaftungsanspruch in Deutschland – zwanzig Jahre nach Francovich, EuZW 2012, 86; *Ehricke*, Die richtlinienkonforme Auslegung nationalen Rechts vor Ende der Umsetzungsfrist einer Richtlinie, EuZW 1999, 553; *Everling*, Zur Begründung der Urteile des Gerichtshofs der Europäischen Gemeinschaften, EuR 1994, 127; *Everling*, Richterliche Rechtsfortbildung in der Europäischen Gemeinschaft, JZ 2000, 217; *Everling*, Europas Zukunft unter der Kontrolle der nationalen Verfassungsgerichte, EuR 2010, 91; *di Fabio*, Richtlinienkonformität als ranghöchstes Normauslegungsprinzip? – Überlegungen zum Einfluss des indirekten Gemeinschaftsrechts auf die nationale Rechtsordnung, NJW 1990, 947; *Fisahn/Mushoff*, Vorwirkung und unmittelbare Wirkung Europäischer Richtlinien, EuR 2005, 222; *Fischinger*, Europarechtskonformität des § 15 IV AGG?, NZA 2010, 1048; *Franzen*, „Heininger" und die Folgen: Ein Lehrstück zum Gemeinschaftsprivatrecht, JZ 2003, 321; *Freitag*, Privatrechtsangleichung auf Kosten Privater, EuR 2009, 796; *Frenz*, Die Vorwirkung von Richtlinien, EWS 2011, 33; *Frenz*, Soziale Grundlagen in EUV und AEUV, NZS 2011, 81; *Fuchs*, Die Bilanz des Europäischen Arbeitsrechts, ZESAR 2004, 5 und 111; *Fuchs*, Mangold – Kein ausbrechender Rechtsakt, ZESAR 2011, 3; *Gas*, Die unmittelbare Anwendbarkeit von Richtlinien zu Lasten Privater im Urteil „Mangold", EuZW 2006, 737; *Gehlhaar*, Honeywell in der Praxis – Ein Aus- und Überlick, NZA 2010, 1053; *Glaesner*, Die Einheitliche Europäische Akte, EuR 1986, 119; *Grundmann*, Richtlinienkonforme Auslegung im Bereich des Privatrehts – insbesondere: der Kanon der nationalen Auslegungsmethoden als Grenze?, ZEuP 1996, 399; *Gundel*, Neue Grenzlinien für die Direktwirkung nicht umgesetzter EG-Richtlinien unter Privaten, EuZW 2001, 143; *Hailbronner*, Die Unionsbürgerschaft und das Ende rationaler Jurisprudenz durch den EuGH?, NJW 2004, 2185; *Hailbronner*, Hat der EuGH eine Normverwerfungskompetenz?, NZA 2006, 811; *Hakenberg*, Das Gericht für den öffentlichen Dienst der EU – Eine neue Ära in der Gemeinschaftsgerichtsbarkeit, EuZW 2006, 391; *Hamann*, Die Richtlinie Leiharbeit und ihre Auswirkungen auf das nationale Recht der Arbeitnehmerüberlassung, EuZA 2009, 287; *Hanau*, Die Europäische Grundrechtecharta – Schein und Wirklichkeit im Arbeitsrecht, NZA 2010, 1;

Häublein, Erlöschen von verbraucherschützenden Widerrufsrechten nach beiderseits vollständiger Leistungserbringung?, ZIP 2008, 2005; *Heinze*, Die Rechtsgrundlagen des sozialen Dialogs auf Gemeinschaftsebene, ZfA 1997, 505; *Herfs-Röttgen*, Probleme der Arbeitnehmerbeteiligung in der Europäischen Aktiengesellschaft, NZA 2002, 358; *Herresthal*, Voraussetzungen und Grenzen der gemeinschaftsrechtskonformen Rechtsfortbildung, EuZW 2007, 396; *Herresthal*, Die Richtlinienwidrigkeit des Nutzungsersatzes bei Nachlieferung im Verbrauchsgüterkauf, NJW 2008, 2475; *Heß*, Rechtsfragen des Vorabentscheidungsverfahrens, RabelsZ 66 (2002), 470; *Hilf*, Die Richtlinie der EG – ohne Richtung, ohne Linie?, EuR 1993, 1; *Hofmann*, Die zeitliche Dimension der richtlinienkonformen Auslegung, JZ 2006, 2113; *Höland*, Partnerschaftliche Setzung und Durchführung von Recht in der Europäischen Gemeinschaft, ZIAS 1995, 425; *Höpfner*, Anmerkung zum Urteil des BGH v. 26.11.2008 – VIII ZR 200/05, EuZW 2009, 155; *Höpfner*, Altersdiskriminierung und europäische Grundrechte – Einige methodische Bemerkungen zum Richterrecht des EuGH, ZfA 2010, 449; *Höpfner*, Das deutsche Urlaubsrecht in Europa – Zwischen Vollharmonisierung und Koexistenz (Teil 1), RdA 2013, 16; *Höpfner/Rüthers*, Grundlagen einer europäischen Methodenlehre, AcP 209 (2009), 1; *Jacobs*, Grundprobleme des Entschädigungsanspruchs nach § 15 Abs. 2 AGG, RdA 2009, 193; *Jahn*, Europarichter überziehen ihre Kompetenzen, NJW 2008, 1788; *Jarass*, Folgen der innerstaatlichen Wirkung von EG-Richtlinien, NJW 1991, 2665; *Jarass/Beljin*, Unmittelbare Anwendung des EG-Rechts und EG-rechtskonforme Auslegung, JZ 2003, 768; *Jarass/Beljin*, Grenzen der Privatbelastung durch unmittelbar wirkende Richtlinien, EuR 2004, 714; *Junker*, Die Rom II-Verordnung: Neues Internationales Deliktsrecht auf europäischer Grundlage, NJW 2007, 3675; *Junker*, Europa und das deutsche Tarifrecht – Was bewirkt der EuGH?, ZfA 2009, 281; *Junker*, Die Einflüsse des europäischen Rechts auf die personelle Reichweite des Arbeitnehmerschutzes, EuZA 2016, 184; *Junker/Aldea*, Augenmaß im Europäischen Arbeitsrecht – Die Urteile Adeneler und Navas, EuZW 2007, 13; *Kainer*, Privatrecht zwischen Richtlinien und Grundrechten, GPR 2016, 262; *Kainer*, Rückkehr der unmittelbar-horizontalen Grundrechtswirkung aus Luxemburg?, NZA 2018, 894; *Kamanabrou*, Rechtsmissbrauch im europäischen Arbeitsrecht, EuZA 2018, 18; *Kempen*, Subsidiaritätsprinzip, europäisches Gemeinschaftsrecht und Tarifautonomie, KritV 1994, 13; *Kerwer*, Finger weg von der befristeten Einstellung älterer Arbeitnehmer?, NZA 2002, 1316; *Klein/Leist*, Nationales Arbeitsrecht und negative Integration, ZESAR 2017, 468; *Kleinsorge*, Europäische Gesellschaft und Beteiligungsrechte der Arbeitnehmer, RdA 2002, 343; *Knöfel*, Internationales Arbeitskampfrecht nach der Rom II-Verordnung, EuZA 2008, 228; *Koch*, Die Bewältigung von selbst- und fremdbestimmten Rechtsprechungsänderungen durch das BAG, SR 2012, 159; *Konzen*, Der europäische Einfluss auf das deutsche Arbeitsrecht nach dem Vertrag über die Europäische Union, EuZW 1995, 39; *Kreft*, Die Auslegung europäischen oder die Anwendung nationalen Rechts, RdA-Sonderbeil. 2006, 38; *Kubitza*, Die Vorwirkung von Richtlinien, EuZW 2016, 691; *Latzel*, Schutz vor rückwirkendem Recht kraft Unionsrechts, EuR 2015, 415; *Latzel*, Die Anwendungsbereiche des Unionsrechts, EuZW 2015, 658; *Latzel*, Leichtere Rechtsfindung mithilfe des EuGH, ZESAR 2016, 458; *Leenen*, Die Auslegung von Richtlinien und die richtlinienkonforme Auslegung und Fortbildung des nationalen Rechts, Jura 2012, 753; *Leible/Sosnitza*, Richtlinienkonforme Auslegung vor Ablauf der Umsetzungsfrist und vergleichende Werbung, NJW 1998, 2507; *Leisner*, Die subjektiv-historische Auslegung des Gemeinschaftsrechts – Der „Wille des Gesetzgebers" in der Judikatur des EuGH, EuR 2007, 689; *Levits*, Gesetzesbindung und Richterrecht in der Praxis des EuGH, SR 2015, 121; *Lutter*, Die Auslegung angeglichenen Rechts, JZ 1992, 593; *Mayer/Schürnbrand*, Einheitlich oder gespalten? – Zur Auslegung nationalen Rechts bei überschießender Umsetzung von Richtlinien, JZ 2004, 545; *Michael/Payandeh*, Richtlinienkonforme Rechtsfortbildung zwischen Unionsrecht und Verfassungsrecht, NJW 2015, 2392; *Morgenbrodt*, Der Arbeitnehmerbegriff des Massenentlassungsrechts, ZESAR 2017, 17; *Mörsdorf*, Unmittelbare Anwendung von EG-Richtlinien zwischen Privaten in der Rechtsprechung des EuGH, EuR 2009, 219; *Mörsdorf*, Anmerkung zum Urteil des BGH v. 17.10.2012 – VIII ZR 226/11, JZ 2013, 191; *Mosler*, Begriff und Gegenstand des Europarechts, ZaöRV 28 (1968), 481; *Müller-Graff*, Europäisches Gemeinschaftsrecht und Privatrecht – Das Privatrecht in der europäischen Integration, NJW 1993, 13; *Müller-Graff*, Der Raum der Freiheit, der Sicherheit und des Rechts in der Lissabonner Reform, EuR-Beiheft 2009, 105; *Nettesheim*, Normenhierarchien im EU-Recht, EuR 2006, 737; *Nicolaysen*, Richtlinienwirkung und Gleichbehandlung von Männern und Frauen beim Zugang zum Beruf, EuR 1984, 380; *Pernice*, La Rete Europea di Costituzionalità – Der Europäische Verfassungsverbund und die Netzwerktheorie, ZaöRV 2010, 51; *Poiares Maduro*, Der Kontrapunkt im Dienste eines europäischen Verfassungspluralismus, EuR 2007, 3; *Potacs*, Effet utile als Auslegungsgrundsatz, EuR 2009, 465; *Pötters/Christensen*, Richtlinienkonforme Rechtsfortbildung und Wortlautgrenze, JZ 2011, 387; *Pötters/Stiebert*, Neuausrichtung des Urlaubsrechts – Wie weit reichen die Konsequenzen der Rechtsprechung des EuGH?, ZESAR 2012, 23; *Pötters/Traut*, Die *ultra-vires*-Kontrolle des BVerfG nach „Honeywell" – Neues zum Kooperationsverhältnis von BVerfG und EuGH?, EuR 2011, 580; *Preis,* Verbot der Altersdiskriminierung als Gemeinschaftsgrundrecht – Der Fall „Mangold" und die Folgen, NZA 2006, 406; *Preis/Morgenbrodt,* Die Rotkreuzschwester zwischen Arbeitnehmerbegriff und Beschäftigungsverhältnis, EuZA 2017, 418; *Preis/ Temming,* Altersdiskriminierung im Betriebsrentenrecht: Die Abstandsklausel ist angezählt, NZA 2008, 1209; *Proelß,* Zur verfassungsgerichtlichen Kontrolle der Kompetenzmäßigkeit von Maßnahmen der Europäischen Union – Der „ausbrechende Rechtsakt" in der Praxis des BVerfG, EuR 2011, 241; *Raab,* Europäische und nationale Entwicklungen im Recht der Arbeitnehmerüberlassung, ZfA 2003, 389; *Rebhahn,* Die Arbeitnehmerbegriffe des Unionsrechts in der neueren Judikatur des EuGH, EuZA 2012, 3; *Reichold,* Der Fall Mangold: Entdeckung eines europäischen Gleichbehandlungsprinzips?, ZESAR 2006, 55; *Reinfelder,* Arbeitnehmer – Gesellschafter – Geschäftsführer, RdA 2016, 87; *Rieble/Kolbe,* Vom Sozialen Dialog zum europäischen Kollektivvertrag?, EuZA 2008, 453; *Riesenhuber/Domröse,* Richtlinienkonforme Rechtsfindung und nationale Methodenlehre, RIW 2005, 47; *Rödl,* Europäisches Verfassungsziel „soziale Marktwirtschaft", Integration 2005, 150; *Rödl,* Wichtige Einsichten: Territorialanknüpfung des Arbeitsrechts und allseitige Kollisionsnormen mit Unionsrecht, EuZA 2018, 88; *Rodríguez Iglesias,* Der EuGH und die Gerichte der Mitgliedstaaten – Komponenten der richterlichen Gewalt in der Europäischen Union, NJW 2000, 1889; *Röthel,* Vorwirkung von Richtlinien: viel Lärm um Selbstverständliches?, ZEuP 2009, 34; *Sagan,* Europäischer und nationaler Vertrauensschutz bei Rechtsprechungsänderungen im Arbeits- und allgemeinen Privatrecht, Jahrbuch Junger Zivilrechtswissenschaftler 2010, 2011, S. 67; *Sagan,* Die aktuelle Rechtsprechung des EuGH zum Recht der Gleichbehandlung und des Betriebsübergangs, ZESAR 2011, 412; *Sagan,* Nationaler Vertrauensschutz nach Junk: Das Ende eines deutschen Alleingangs, NZA 2015, 341; *Sagan,* Grundfragen des Arbeitsrechts in Europa, NZA 2016, 1252; *Sauer,* Europas Richter Hand in Hand? – Das Kooperationsverhältnis zwischen BVerfG und EuGH nach Honeywell, EuZW 2011, 94; *Sauer,* „Solange" geht in Altersteilzeit, NJW 2016, 1134; *Schanze,* Die Pluralität der Mitbestimmungslösungen in Europa, AG 2017, 573; *Schiek,* Diskriminierung wegen „Rasse" oder „ethnischer Herkunft", AuR 2003, 44; *Schiek,* Auslegung von § 17 KSchG im Lichte der Rechtsprechung des EuGH, AuR 2006, 41; *Schilling,* Singularia non sunt extendenda – Die Auslegung der Ausnahme in der Rechtsprechung des EuGH, EuR 1996, 44; *Schlachter,* Methoden der Rechtsgewinnung zwischen EuGH und der Arbeitsgerichtsbarkeit, ZfA 2007, 249; *Schlachter,* Entwicklungen im Individualarbeitsrecht unter dem Einfluss der Rechtsprechung des EuGH – erforderliche und entbehrliche Veränderungen, RdA-Beilage 2009, 31; *Schlachter,* Die Freizügigkeit der Arbeitnehmer in der Europäischen Union – Wer ist Träger dieses Rechts?, ZESAR 2011, 156; *Schlachter,* Grenzen zulässiger Rechtsfortbildung und Pflicht zur Umsetzung des Unionsrechts, EuZA 2015, 1; *Schnorbus,* Die richtlinienkonforme Rechtsfortbildung im nationalen Privatrecht, AcP 201 (2001), 860; *Schroeder,* Die Auslegung des EU-Rechts, JuS 2004, 180; *C. Schubert,* Europäische Grundfreiheiten und nationales Arbeitskampfrecht im Konflikt, RdA 2008, 289; *Schuhmann,* Das kirchliche Selbstbestimmungsrecht als einfacher Abwägungsfaktor?, ZAT 2017, 179; *Seifert,* Arbeitsrechtliche Sonderregeln für kleine und mittlere Unternehmen, RdA 2004, 200; *Seifert,* Bedeutung des Arbeitsrechts bei der Entstehung der Europäischen Gemeinschaften, AuR 2015, G9; *Skouris,* Die Europäische Grundrechte-Charta in der Rechtsprechung des EuGH, AuR 2015, 294; *Stein,* Zwischenruf – Arrivederci Karlsruhe ..., ZRP 2010, 265; *Steiner,* Das deutsche Arbeitsrecht im Kraftfeld von Grundgesetz und Europäischem Gemeinschaftsrecht, NZA 2008, 73; *Steinmeyer,* Der Vertrag von Amsterdam und seine Bedeutung für das Arbeits- und Sozialrecht, RdA 2001, 10; *Streinz,* Die Auslegung des Gemeinschaftsrechts durch den EuGH, ZEuS 2004, 387; *Streinz/Herrmann,* Der Fall Mangold – eine „kopernikanische Wende im Europarecht"?, RdA 2007, 165; *Sydow,* Die Richtlinie als Instrument zur Entlastung des europäischen Gesetzgebers, JZ 2009, 373; *Teichmann/Knaier,* Brexit – Was nun?, IWRZ 2016; *Temming,* Freie Rechtsschöpfung oder nicht: Der Streit um die EuGH-Entscheidung Mangold spitzt sich zu, NJW 2008, 3404; *Temming,* Systemverschiebungen durch den unionsrechtlichen Arbeitnehmerbegriff, SR 2016, 158; *Thüsing,* Zu den Grenzen richtlinienkonformer Auslegung, ZIP 2004, 2301; *Thym,* Die Reichweite der EU-Grundrechte-Charta, NVwZ 2013, 889; *von Bogdandy,* Was ist Europarecht?, JZ 2009, 589; *Voßkuhle,* Der europäische Verfassungsgerichtsverbund, NVwZ 2010, 1; *Voßkuhle,* Der Rechtsanwalt und das BVerfG – Aktuelle Herausforderungen der Verfassungsrechtsprechung, NJW 2013, 1329; *Wank,* Arbeitsrecht nach Maastricht, RdA 1995, 10; *Wank,* Neues zum Arbeitnehmerbegriff des EuGH, EuZW 2018, 21; *C. Weber/Zimmer,* Fremdgeschäftsführer und Praktikanten als Arbeitnehmer im Sinne der Massenentlassungsrichtlinie, EuZA 2016, 224; *Wendenburg,* Prozesskostenhilfe für juristische Personen – § 116 ZPO auf dem Prüfstand des EuGH, DRiZ 2011, 95; *Wienbracke,* Deutsches Mitbestimmungsgesetz arbeitnehmerfreizügigkeitskonform, NZA 2017, 1036; *Willemsen,* Aktuelle Rechtsprechung des EuGH zum Arbeits- und Sozialrecht – Befristung, Betriebsübergang, RdA 2012, 291; *Willemsen/Sagan,* Der Tatbestand des Betriebsübergangs nach „Klarenberg", ZIP

2010, 1205; *Winter*, Deutliche Worte des EuGH im Grundrechtsbereich, NZA 2013, 473; *Wißmann*, Ein Jahr Lissabon-Vertrag – aus arbeitsrechtlicher Perspektive, JbArbR 48 (2011), 73; *Wißmann*, Europäisches Arbeitsrecht – Sockel oder Deckel?, RdA 2015, 301; *Zachert*, EG-Binnenmarkt und Arbeitsrecht, AuR 1989, 161; *Zimmer/Cox/Inhoffen*, Brexit und die Arbeitswelt, BB 2016; *Zuleeg*, Eine neue Gemeinschaftscharta der sozialen Grundrechte?, AuR 1995, 429.

Fremdsprachiges Schrifttum: *Arnull*, The European Union and its Court of Justice, 2. Aufl. 2006; *Bercusson*, Democratic Legitimacy and European Labour Law, Industrial Law Journal 1999, 153; *Coppel*, Horizontal Effect of Directives, Industrial Law Journal 1997, 69; *Craig*, The legal effect of Directives: policy, rules and exceptions, European Law Review 2009, 349; *Craig/de Búrca*, EU Law, 6. Aufl. 2015; *Davies/Bogg/Costello*, The role of the Court of Justice in labour law in The role of social partners in Bogg/Costellog/Davies (Hrsg.), Research Handbook on EU Labour Law, 2016, S. 114; *Dukes/Cannon*, The role of social partners in Bogg/Costellog/Davies (Hrsg.), Research Handbook on EU Labour Law, 2016, S. 89; *Eleftheriadis*, The Direct Effect of Community Law – Conceptual Issues, Yearbook of European Law 1996, 205; *de la Feria*, Prohibition of Abuse of (Community) Law – The Creation of a new General Principle of EC Law through Tax, Common Market Law Review 2008, 395; *Fornasier*, The Impact of EU Fundamental Rights on Private Relationships: Direct or Indirect Effect?, European Review of Private Law 2015, 29; *Freedland*, Employment Policy in Davies/Lyon-Caen/Sciarra/Simitis (Hrsg.), European Community Labour Law, 1996, S. 275; Van Gerven, Contribution de l'arrêt Defrenne au développement du droit communautaire, Cahiers de Droit Européen 1977, 131; *Guild*, The EC Directive on Race Discrimination: Surprises, Possibilities and Limitations, Industrial Law Journal 2000, 416; *Hepple*, Community Measures for the Protection of Workers Against Dismissal, Common Market Law Review 1977, 489; *Hepple*, The Crisis in EEC Labour Law, Industrial Law Journal 1987, 77; *Hoskyns*, Integrating Gender: Women, Law and Politics in the European Union, 1996; *Kenner*, EU Employment Law: From Rome to Amsterdam and beyond, 2003; *Lenaerts/Corthaut*, Of Birds and Hedges: The Role of Primacy in Invoking Norms of EU law, European Law Review 2006, 287; *Mancini*, The Making of a Constitution for Europe, Common Market Law Review 1989, 595; *Mancini/Keeling*, Democracy and the European Court of Justice, Modern Law Review 1996, 175; *Pescatore*, The Doctrine of „Direct Effect" – An Infant Disease of Community Law, European Law Review 1983, 155; *Prechal*, Directives in EC Law, 2. Aufl. 2005; *Smismans*, The European social dioalogue beteween constitutional and labour law, European Law Review 2007, 341; *Snyder*, The Effectiveness of European Community Law: Institutions, Processes, Tools and Techniques, The Modern Law Review 1993, 19; *Syrpis*, The EU's role in labour law: An overview oft he rationales for EU involvement in the field in Bogg/Costellog/Davies (Hrsg.), Research Handbook on EU Labour Law, 2016, S. 21; *Timmermans*, Directives: Their Effect within the National Legal Systems, Common Market Law Review 1979, 533; *Tridimas*, Black, White, and Shades of Grey: Horizontality of Directives Revisited, Yearbook of European Law 2002, 327; *Vogel-Polsky*, L'article 119 du traité de Rome – peut-Ii être considéré comme *self-executing*?, Journal des Tribunaux 1967, 233; *Weatherill*, Breach of Directives and Breach of Contract, European Law Review 2001, 177; *Weiler/Haltern*, The Autonomy of the Community Legal Order – Through the Looking Glass, Harvard International Law Journal 1996, 411; *de Witte*, Direct Effect, Primacy, and the Nature of the Legal Order in Craig/de Búrca (Hrsg.), The Evolution of EU Law, 2. Aufl. 2011, S. 323.

I. Historische Etappen des europäischen Arbeitsrechts

1. EWG-Vertrag (1957)

1.1 Nach den schrecklichen Verwüstungen, die der Zweite Weltkrieg in Europa hinterlassen hatte, schlugen sechs Staaten, im Einzelnen Belgien, Deutschland, Frankreich, Italien, Luxemburg und die Niederlande, den Weg der europäischen Integration ein, der sich vor allem auf ein Zusammenwachsen auf dem Gebiet der Wirtschaft konzentrierte. In diesem Zuge wurde mit dem Vertrag über die Gründung der Europäischen Gemeinschaft für Kohle und Stahl vom 18.4.1951[1] die sog. Montanunion sowie mit den Römischen Verträgen[2] vom 25.3.1957 die **Europäische Wirtschafts-**

---

[1] Vgl. BGBl. II 1952, 445; hierzu: *Seifert*, AuR 2015, G9.
[2] Vgl. BGBl. II 1957, 753.

gemeinschaft und die Europäische Atomgemeinschaft geschaffen. Die Organe der drei rechtlich selbständigen Gemeinschaften wurden aufgrund gesonderter Abkommen fusioniert.³

Obwohl der EWG-Vertrag ausweislich seiner Präambel das Ziel verfolgte, die Lebens- und Beschäftigungsbedingungen der europäischen Völker stetig zu bessern, beinhaltete er nur wenige arbeitsrechtliche Regelungen und war in seinem Kern auf die Errichtung eines **Gemeinsamen Marktes** gerichtet, in dem der EuGH „den wesentlichen Gegenstand" des Vertrages sah.⁴ Bereits die einflussreichen Vorarbeiten, namentlich der Bericht einer Gruppe von Sachverständigen der Internationalen Arbeitsorganisation unter der Leitung von *Bertil Ohlin*⁵ und der Bericht des Intergouvernementalen Komitees unter dem Vorsitz des damaligen belgischen Außenministers *Paul-Henri Spaak*,⁶ plädierten für Zurückhaltung im Bereich des Arbeitsrechts.⁷ Dieser Empfehlung folgten die Gründungsstaaten der EWG und erklärten sich in Art. 117 EWGV „über die Notwendigkeit einig, auf eine Verbesserung der Lebens- und Arbeitsbedingungen der Arbeitskräfte hinzuwirken und dadurch auf dem Wege des Fortschritts ihre Angleichung zu ermöglichen". Dies sollte jedoch nicht Ergebnis eines obrigkeitlichen Eingriffs sein, sondern sich, wie es in Art. 117 EWGV weiter hieß, „sowohl aus dem eine Abstimmung der Sozialordnungen begünstigenden Wirken des Gemeinsamen Marktes als auch aus den in diesem Vertrag vorgesehenen Verfahren sowie der Angleichung [von] Rechts- und Verwaltungsvorschriften ergeben". Die Verbesserung der Lebens- und Beschäftigungsbedingungen sollte sich als automatische Folge der wirtschaftlichen Prosperität im Gemeinsamen Markt und ganz in der klassisch-liberalen Tradition von *Adam Smith* gleichsam von „unsichtbarer Hand" einstellen.⁸

Für das Arbeitsrecht brachte der EWG-Vertrag gleichwohl zwei nicht unwesentliche Neuerungen mit sich. Zum einen statuierte er in Art. 119 EWGV (jetzt: Art. 157 AEUV) den **Grundsatz gleichen Entgelts für Männer und Frauen**, den der EuGH im Jahr 1976 in der Rs. *Defrenne* zum europäischen Grundrecht erhob.⁹ Hintergrund der Regelung war indes nicht das Anliegen der rechtlichen Gleichstellung der Geschlechter, sondern das Interesse der französischen Industrie, die Männer und Frauen schon nach einzelstaatlichem Recht gleich zu vergüten hatte und deswegen befürchtete, im Gemeinsamen Markt kompetitive Nachteile zu erleiden.¹⁰ Nichtsdestotrotz war der EWG-Vertrag dem deutschen Recht weit voraus, dessen § 1358 BGB (a.F.) den Ehemann noch bis zum Inkrafttreten des Gleichberechtigungsgesetzes vom 18.6.1957¹¹ mit Zustimmung des Vormundschaftsgerichts berechtigte, das Arbeitsverhältnis seiner Ehefrau zu kündigen.

Darüber hinaus gewährleistete Art. 48 EWGV (jetzt: Art. 45 AEUV) die **Arbeitnehmerfreizügigkeit** und verbot grundsätzlich jede an die Staatsangehörigkeit anknüpfende Diskriminierung von Arbeitnehmern aus anderen Mitgliedstaaten. Die Arbeitnehmer eines Mitgliedstaates konnten danach von den anderen Mitgliedstaaten verlangen, grundsätzlich so behandelt zu werden, als seien sie deren Staatsangehörige (vgl. Rz. 1.48). Dieses Recht verstärkte der EuGH schon in seiner frühen

---

3 Abkommen über gemeinsame Organe für die europäischen Gemeinschaften v. 25.3.1957 (BGBl. II 1957, 1156) und Abkommen zur Einsetzung eines gemeinsamen Rates und einer gemeinsamen Kommission der Europäischen Gemeinschaften v. 8.4.1965 (BGBl. II 1965, 1454).
4 EuGH v. 29.9.1987 – 126/86 – Giménez Zaera, Slg. 1987, 3697 Rz. 10.
5 Social Aspects of European Economic Co-operation. Report by a Group of Experts, zusammengefasst in: International Labour Review 74 (1956), 99; dort auf S. 113: „[T]he countries concerned stand to gain from the benefits that result from freer international trade whether they pursue more or less uniform social policies or not."
6 Comité Intergouvernemental, Rapport des Chefs de Délégation, 21.4.1956.
7 Vgl. *Seifert*, AuR 2015, G9 (G10 f.).
8 EAS/*Sagan*, B 1100 Rz. 4; s. ferner *Syrpis*, EU Labour Law, S. 21 (23 f.).
9 EuGH v. 15.6.1978 – 149/77 – Defrenne, Slg. 978, 1365 Rz. 26/29; allg. zur Rolle des EuGH in der Entwicklung des europäischen Arbeitsrechts: *Davies/Bogg/Costello*, EU Labour Law, S. 114 (115 ff.).
10 EuArbR/*Franzen*, Art. 157 AEUV Rz. 3; *Sagan*, NZA 2016, 1252; ausf. Hoskyns, Integrating Gender, S. 52 ff.
11 BGBl. I 1957, 609.

Rechtsprechung, indem er entschied, dass sich Arbeitnehmer vor den Gerichten gegenüber den Mitgliedstaaten unmittelbar auf die Arbeitnehmerfreizügigkeit berufen können.[12] In seinem zum Klassiker der europarechtlichen Literatur avancierten Werk „Die europäische Gemeinschaft" sah *Walter Hallstein*, der erste Präsident der Kommission, in der Arbeitnehmerfreizügigkeit einen „der spektakulärsten Programmpunkte der europäischen Integration erfüllt". Nach seiner Ansicht hätte sich die Gemeinschaft allein um dieses Erfolges willen „Europäische Wirtschafts- und Sozialgemeinschaft" nennen können.[13] Andere Stimmen sehen die Arbeitnehmerfreizügigkeit hingegen kritischer als wirtschaftspolitische Maßnahme zur effizienten Allokation der Ressource „Arbeit" im Gemeinsamen Markt.[14]

2. Das sozialpolitische Aktionsprogramm (1974)

1.5 Auf dem Fundament der Römischen Verträge entwickelte sich kein stringentes und kohärentes System des europäischen Arbeitsrechts. Vielmehr hing der Erlass arbeitsrechtlicher Regelungen insbesondere von den politischen Mehrheitsverhältnissen im Rat ab.[15] Erst nachdem es in den frühen 1970er Jahren in Europa zu einem „Linksruck" gekommen war und in einer Mehrzahl der Mitgliedstaaten, denen mit Wirkung zum 1.1.1973 Dänemark, Irland und das Vereinigte Königreich beigetreten waren,[16] sozialdemokratische Kräfte die Regierung stellten, kam es auf der europäischen Ebene punktuell zu arbeitsrechtlichen Richtlinien.[17] Der Ausgangspunkt für diese Entwicklung war die Schlusserklärung der Staats- und Regierungschefs auf der **Pariser Gipfelkonferenz** vom 19./20.10.1972, in der sie betonten, dass „energischen Maßnahmen im sozialen Bereich die gleiche Bedeutung zukommt" wie der Verwirklichung der wirtschaftlichen Ziele der Gemeinschaft.[18] Als Reaktion hierauf legte die Kommission im Januar 1974 ein **sozialpolitisches Aktionsprogramm**[19] vor. Da der Begriff der „Sozialpolitik" im europäischen Recht nicht nur das Sozial(versicherungs)-, sondern vor allem auch das Arbeitsrecht umfasst, enthielt dieses Programm zahlreiche Initiativen im Bereich des Arbeitsrechts. In der Folge wurden auf diesem Gebiet mehrere bedeutsame Richtlinien erlassen, zu denen die Entgeltgleichheitsrichtlinie 75/117/EWG,[20] die Massenentlassungsrichtlinie 75/129/EWG,[21] die Gleichbehandlungsrichtlinie 76/207/EWG,[22] die Betriebsübergangsrichtlinie 77/187/EWG[23] und die Insolvenzrichtlinie 80/987/EWG[24] gehören. Sie galten nach den entsprechenden Beitritten seit 1981 in Griechenland[25] sowie seit 1986 in Spanien und Portugal.[26]

1.6 Die genannten Rechtsakte wurden auf die damalige Bestimmung des Art. 100 EWGV (jetzt: Art. 115 AEUV) zur Rechtsangleichung im Gemeinsamen Markt gestützt. So wurde etwa zur Massenentlassungsrichtlinie 75/129/EWG bemerkt, dass sie offenkundig in der liberalen Tradition der Verträge stehe, die sich gegen ungleiche Wettbewerbsbedingungen im Gemeinsamen Markt richte.[27] Allerdings setzte die Inanspruchnahme der Angleichungskompetenz Einstimmigkeit im Rat voraus.

---

12 EuGH v. 15.9.1969 – 15/69 – Ugliola, Slg. 1969, 363 Rz. 7.
13 *Hallstein*, Die Europäische Gemeinschaft, S. 204.
14 Vgl. *Barnard*, EU Employment Law, S. 144; *Freedland*, European Community Labour Law, S. 270 (295 f.).
15 Hanau/Steinmeyer/Wank/*Steinmeyer*, § 11 Rz. 10.
16 ABl. Nr. L 73 v. 27.3.1972, S. 1.
17 *Schiek*, Europäisches Arbeitsrecht, S. 60 f.
18 Bulletin der Europäischen Gemeinschaften, Nr. 10/1972, S. 15 (20).
19 ABl. Nr. C 13 v. 12.2.1974, S. 1; näher hierzu: *Zachert*, AuR 1989, 161.
20 ABl. Nr. L 45 v. 19.2.1975, S. 19.
21 ABl. Nr. L 48 v. 22.2.1975, S. 29.
22 ABl. Nr. L 39 v. 14.2.1976, S. 40.
23 ABl. Nr. L 61 v. 5.3.1977, S. 26.
24 ABl. Nr. L 283 v. 28.10.1980, S. 23.
25 ABl. Nr. L 291 v. 19.11.1979, S. 1.
26 ABl. Nr. L 302 v. 15.11.1985, S. 1.
27 *Hepple*, Common Market Law Review 1977, 489 (489 f.); s. auch die Erwägungsgründe zur Richtlinie 75/129/EWG, die sich auf das „Funktionieren des Gemeinsamen Marktes" beziehen.

Deswegen kam diese erste Phase arbeitsrechtlicher Harmonisierung zu einem abrupten Ende als die konservative Partei unter Premierministerin *Margaret Thatcher* im Mai 1979 die Regierungsgeschäfte in London übernahm, die jeglicher Belastung der inländischen Wirtschaft durch arbeitsrechtliche Richtlinien ablehnend gegenüberstand.[28]

3. Einheitliche Europäische Akte (1986)

Mit der Einheitlichen Europäischen Akte[29] (EEA) vom 28.2.1986 kam es zu einer bedeutsamen Revision des EWG-Vertrages, mit dem sich die Mitgliedstaaten nunmehr nach dem neu eingefügten Art. 8a EWGV das Ziel setzten, schrittweise bis zum 31.12.1992 den europäischen **Binnenmarkt** zu verwirklichen. Dieser sollte nach Art. 8a Abs. 2 EWGV (jetzt: Art. 26 Abs. 2 AEUV) einen Raum ohne Binnengrenzen umfassen, in dem der freie Verkehr von Waren, Personen, Dienstleistungen und Kapital gewährleistet ist. Damit sind die sog. **Grundfreiheiten** angesprochen, im Einzelnen die Warenverkehrsfreiheit, die Arbeitnehmerfreizügigkeit, die Niederlassungsfreiheit und die Dienstleistungsfreiheit (jetzt: Art. 34, 45, 49 und 56 AEUV).[30] Zur Verwirklichung des Binnenmarktziels wurde mit Art. 100a EWGV (jetzt: Art. 114 AEUV) eine neue Kompetenz zur Rechtsangleichung geschaffen, die lediglich eine qualifizierte Mehrheit im Rat voraussetzte. Von ihrem Anwendungsbereich wurden aber Bestimmungen über die Rechte und Interessen der Arbeitnehmer ausdrücklich ausgenommen. Im Übrigen wurde die Grundlage für die Errichtung des „Gerichts erster Instanz der Europäischen Gemeinschaften" (EuG; jetzt: „das Gericht") geschaffen, das mit dem Geschäftsjahr 1989/1990 seine Arbeit aufnahm.[31]

1.7

Im Bereich der Sozialpolitik schuf die EEA in Art. 118a EWGV eine Kompetenz der Gemeinschaft, mit qualifizierter Mehrheit im Rat Richtlinien zur **Sicherheit und Gesundheit der Arbeitnehmer** zu erlassen. Dies wurde später u.a. zur Grundlage für die Mutterschutzrichtlinie 92/85/EWG[32] und die Arbeitszeitrichtlinie 93/104/EG[33]. Ferner ermöglichte der neue Art. 118b EWGV (jetzt: Art. 155 AEUV) den Sozialpartnern im Rahmen des **sozialen Dialogs** auf der europäischen Ebene vertragliche Beziehungen aufzunehmen.

1.8

Das liberale und auf die Beseitigung von Handelshemmnissen gerichtete Binnenmarktziel stellte die Gemeinschaft erneut vor die „soziale Frage". Es stand zu befürchten, dass sich die intendierte Marktöffnung und der hierdurch ermöglichte Wettbewerb in bestimmten Regionen oder Wirtschaftszweigen zu Lasten von Arbeitnehmern auswirken würden.[34] *Jacques Delors*, der damalige Präsident der Kommission, plädierte vor diesem Hintergrund dafür, den Binnenmarkt um eine verstärkte Harmonisierung des Arbeits- und Sozialrechts zu ergänzen. Nach seiner Sicht sollte die Gemeinschaft, um den Binnenmarkt zu vollenden, die Schaffung eines **europäischen Sozialraums** anstreben („*l'Espace Sociale Européenne*").[35] Tatsächlich wurde das Binnenmarktziel sozialpolitisch mit der **Gemeinschaftscharta der Sozialen Grundrechte der Arbeitnehmer** flankiert.[36] Sie wurde am 9.12.1989 von den Mitgliedstaaten – mit Ausnahme des Vereinigten Königreichs – jedoch nur feierlich proklamiert und blieb unverbindlich.[37] Sie bekräftigte allerdings die „soziale

1.9

---

28 *Bercusson*, European Labour Law, S. 120 f.; *Kenner*, EU Employment Law, S. 69, 71 ff. und 109 ff.; eingehend: *Hepple*, Industrial Law Journal 1987, 77 (81 f.).
29 ABl. Nr. L 169 v. 29.6.1987, S. 1; hierzu: *Glaesner*, EuR 1986, 119.
30 Zu den Grundfreiheiten: Schulze/Zuleeg/Kadelbach/*Pache*, § 10 Rz. 1 ff.; *Streinz*, Europarecht, Rz. 809 ff.
31 Vgl. Beschluss des Rates 88/591/EGKS/EWG v. 24.10.1988 (ABl. Nr. L 319 v. 25.11.1988, S. 1); Hanau/Steinmeyer/Wank/*Wank*, § 10 Rz. 169 f. Seitdem wird den Aktenzeichen der Rechtssachen des Gerichtshofs ein „C" („*la Court*") und denjenigen des Gerichts ein „T" („*le Tribunal*") vorangestellt.
32 ABl. Nr. L 348 v. 28.11.1992, S. 1.
33 ABl. Nr. L 307 v. 13.12.1993, S. 18.
34 *Barnard*, EU Employment Law, S. 11.
35 EG Bulletin 2/1986, S. 13.
36 Abgedruckt in: EAS, A 1500.
37 Deswegen krit. *Zuleeg*, AuR 1995, 429; abw. *Fuchs*, ZESAR 2004, 5 (11).

Dimension" des Binnenmarktes und ebnete den Weg für ein **Aktionsprogramm** der Kommission, das auf die praktische Verwirklichung der Gemeinschaftscharta gerichtet war.[38] Dies trug u.a. zum Erlass der Entsenderichtlinie 96/71/EG[39] bei (vgl. Rz. 16.69 f.).[40]

4. Vertrag von Maastricht (1992)

1.10 Der Vertrag von Maastricht[41] vom 7.2.1992 stellte nach seiner Eingangsbestimmung „eine neue Stufe bei der Verwirklichung einer immer engeren Union der Völker Europas" dar. Der europäische Zusammenschluss, der seitdem nicht mehr als EWG, sondern als „Europäische Gemeinschaft" firmierte, setzte sich nun die Errichtung einer **Wirtschafts- und Währungsunion** zum Ziel. Zugleich wurden die „Europäischen Gemeinschaften" (EG, EGKS und EAG) zur ersten Säule einer neuen europäischen Architektur. Über ihr und den beiden intergouvernementalen Säulen der Gemeinsamen Außen- und Sicherheitspolitik und der Zusammenarbeit im Bereich Justiz und Inneres (später: Polizeiliche und Justizielle Zusammenarbeit in Strafsachen) wölbte sich nunmehr die **Europäische Union**. Sie bildete nach dem ursprünglichen EU-Vertrag gleichsam das Dach der neuen Rechtskonstruktion.[42] Dabei war sie nach dem Vertrag von Maastricht nunmehr ausdrücklich dazu verpflichtet, die **Grundrechte** zu achten, die sich aus der EMRK und den gemeinsamen Verfassungsüberlieferungen der Mitgliedstaaten ergeben (ursprünglich: Art. F Abs. 2 EU-Vertrag;[43] jetzt: Art. 6 Abs. 3 EUV). Aus diesen beiden Rechtserkenntnisquellen hatte der EuGH schon zuvor genuine Grundrechte des Gemeinschaftsrechts abgeleitet.[44] Diese Rechtsprechung wurde mit dem Vertrag von Maastricht kodifiziert, der damit sichtbar zum Ausdruck brachte, dass der europäische Zusammenschluss nicht nur eine Wirtschafts-, sondern auch eine Wertegemeinschaft ist.

1.11 Keine Einigung konnten die mittlerweile zwölf Mitgliedstaaten in Maastricht über die Zukunft der europäischen Sozialpolitik erreichen, da das Vereinigte Königreich jegliche Ausweitung der europäischen Zuständigkeiten auf diesem Gebiet ablehnte. Aus diesem Grund schlossen die übrigen elf Mitgliedstaaten das **Abkommen über die Sozialpolitik**[45] (ASP) ab, das nach umstrittener Ansicht Teil des Gemeinschaftsrechts war.[46] Es ordnete zahlreiche neue Kompetenzen im Bereich des Arbeitsrechts, die in der Folgezeit u.a. die Schaffung der Europäische Betriebsräte-Richtlinie 94/45/EG ermöglichten.[47] Zudem führte es die Möglichkeit ein, eine im Rahmen des sozialen Dialogs auf der europäischen Ebene abgeschlossene Sozialpartnervereinbarung durch Beschluss des Rates durchzuführen. Auf diesem Weg wurden mit den Richtlinien 97/81/EG[48] und 1999/70/EG[49] die Rahmenvereinbarung über Teilzeitarbeit sowie die Rahmenvereinbarung über befristete Arbeitsverträge durchgeführt.

5. Vertrag von Amsterdam (1997)

1.12 Mit Wirkung zum 1.1.1995 traten drei Staaten der Europäischen Freihandelsassoziation (EFTA/ *European Free Trade Association*), namentlich Finnland, Österreich und Schweden, der EU bei.[50] Da sie auch das ASP akzeptierten, galt der damals auf dem Gebiet der Sozialpolitik erreichte *acquis*

---

38 KOM (1989), 568 endg.
39 ABl. Nr. L 18 v. 21.1.1997, S. 1.
40 *Barnard*, EU Employment Law, S. 13.
41 ABl. Nr. C 191 v. 29.7.1992, S. 1.
42 Vgl. *Hobe*, Europarecht, § 6 Rz. 126.
43 ABl. Nr. C 191 v. 29.7.1992, S. 5.
44 Statt aller: EuGH v. 18.6.1991 – C-260/89 – ERT, Slg. 1991, I-2925 Rz. 41.
45 ABl. Nr. C 224 v. 31.8.1992, S. 127.
46 *Wank*, RdA 1995, 10.
47 ABl. Nr. L 254, 30.9.1994, S. 64.
48 ABl. Nr. L 14 v. 20.1.1998, S. 9; berichtigt: ABl. Nr. L 128 v. 30.4.1998, S. 71.
49 ABl. Nr. L 175 v. 10.7.1999, S. 43.
50 ABl. Nr. C 241 v. 29.8.1994, S. 1.

communautaire, also der sozialpolitische Besitzstand der Gemeinschaft, für alle Mitgliedstaaten mit Ausnahme des Vereinigten Königreichs. Diese Spaltung wurde mit dem Vertrag von Amsterdam vom 2.10.1997[51] überwunden, nachdem die *Labour Party* zuvor im selben Jahr die Wahlen zum britischen Unterhaus für sich entscheiden konnte und *Tony Blair* Premierminister wurde. Der Amsterdamer Vertrag integrierte die Bestimmungen des ASP in den EG-Vertrag, so dass die europäischen Vorschriften zur Sozialpolitik fortan für alle Mitgliedstaaten galten.[52]

Des Weiteren führte der Vertrag von Amsterdam den Titel **„Beschäftigung"** in den EG-Vertrag ein (jetzt: Art. 145 bis 150 AEUV). Dieser enthielt praktisch keine Kompetenzen zugunsten der EG, sondern statuierte im Wesentlichen einen – nach der Methode der offenen Koordinierung ausgestalteten – Prozess zur Abstimmung der mitgliedstaatlichen Beschäftigungspolitiken. Mangels verbindlicher Vorgaben für die inhaltliche Ausgestaltung des nationalen Rechts wird das beschäftigungspolitische Kapitel der Verträge als *soft law* qualifiziert.[53] Bedeutsamer war, dass der Vertrag von Amsterdam mit Art. 13 EG-Vertrag (jetzt: Art. 19 AEUV) eine europäische Kompetenz für den **Diskriminierungsschutz** schuf. Auf dieser Grundlage – und nicht zuletzt unter dem Eindruck der Regierungsbeteiligung der rechtspopulistischen Freiheitlichen Partei Österreichs unter *Jörg Haider* im Jahr 2000 – wurden die Antirassismusrichtlinie 2000/43/EG[54] und die Gleichbehandlungsrahmenrichtlinie 2000/78/EG[55] erlassen.[56] Schließlich wurde der damalige Art. 141 EG-Vertrag (jetzt: Art. 157 AEUV) um eine Kompetenz für die Gleichbehandlung der Geschlechter in Arbeits- und Beschäftigungsfragen und um eine – auf das ASP zurückgehende – Vorschrift zur Anerkennung sog. positiver Maßnahmen erweitert, die tatsächlich bestehende Nachteile wegen des Geschlechts ausgleichen sollen.

1.13

6. Vertrag von Nizza (2001)

Im Rahmen der sog. **Osterweiterung** traten der Union mit Wirkung zum 1.5.2004 insgesamt zehn Staaten bei, im Einzelnen Estland, Lettland, Litauen, Polen, Tschechien, die Slowakei, Ungarn, Slowenien, Malta und Zypern.[57] Der Beitritt Bulgariens und Rumäniens[58] wurde im Jahr 2007, der Beitritt Kroatiens[59] im Jahr 2013 vollzogen. Der Vertrag von Nizza vom 26.2.2001[60] sollte insbesondere die institutionellen Voraussetzungen für die Erweiterung der Union schaffen und die Funktionsfähigkeit ihrer Organe sicherstellen. Daher war mit dieser Vertragsrevision keine bedeutsame Änderung auf dem Gebiet des europäischen Arbeitsrechts verbunden. Beachtlich ist allerdings, dass das Europäische Parlament, der Rat und die Kommission am 7.12.2000 auf dem Gipfel von Nizza die zuvor vom sog. Grundrechtskonvent ausgearbeitete **Charta der Grundrechte der Europäischen Union** „feierlich proklamiert" haben.[61] Die Entscheidung über deren endgültigen Status blieb jedoch dem sog. Post-Nizza-Prozess vorbehalten.[62]

1.14

7. Vertrag von Lissabon (2007)

Nachdem die Ratifikation des Vertrages über eine Verfassung für Europa im Jahr 2005 an ablehnenden Referenden in Frankreich und den Niederlanden gescheitert war, erarbeitete eine Regie-

1.15

---

51 ABl. Nr. C 340 v. 10.11.1997, S. 1.
52 Allg. hierzu *Steinmeyer*, RdA 2001, 10.
53 Fuchs/Marhold/*Fuchs*, Europäisches Arbeitsrecht, S. 39.
54 ABl. Nr. L 180 v. 19.7.2000, S. 22.
55 ABl. Nr. L 303 v. 2.12.2000, S. 16.
56 Vgl. *Guild*, Industrial Law Journal 2000, 416; *Schiek*, AuR 2003, 44.
57 ABl. Nr. L 236 v. 23.9.2003, S. 1.
58 ABl. Nr. L 157 v. 21.6.2005, S. 1.
59 ABl. Nr. L 112 v. 24.4.2012, S. 1.
60 ABl. Nr. C 80 v. 10.3.2001, S. 1.
61 ABl. Nr. C 364 v. 18.12.2000, S. 3; näher zum historischen Hintergrund der GRC: *Barriga*, Die Entstehung der Grundrechte der Europäischen Union, 2003; Tettinger/Stern/*Mombaur*, Kap. B IV Rz. 1 ff.
62 S. „Erklärung zur Zukunft der Union" (ABl. Nr. C 80 v. 10.3.2001, S. 85).

rungskonferenz den am 13.12.2007 geschlossenen Vertrag von Lissabon,[63] der am 1.12.2009 in Kraft trat. Der Vertrag hat in vielerlei Hinsicht die mit dem gescheiterten Verfassungsvertrag vorgesehenen Regelungen übernommen. Insbesondere hat die EU gem. Art. 1 Abs. 3 Satz 3 EUV die **Rechtsnachfolge** der EG angetreten, so dass von dem vormaligen Säulenmodell – neben der EAG – nur noch die EU gleichsam als Monolith übrig geblieben ist. Folgerichtig wurde der bisherige EG-Vertrag umbenannt in „Vertrag über die Arbeitsweise der Europäischen Union", der gleichrangig neben dem Vertrag über die Europäische Union steht. Das bisherige Gemeinschaftsrecht gilt als Unionsrecht fort.[64]

1.16 Aus der Perspektive des Arbeitsrechts ist bedeutsam, dass der Vertrag von Lissabon die **Grundrechtecharta**, einschließlich der in ihr enthaltenen sozialen Grundrechte, mit Art. 6 Abs. 1 EUV zum verbindlichen Teil des europäischen Rechts erhoben und sie mit den europäischen Verträgen auf eine Stufe gestellt hat (vgl. Rz. 3.4). Darüber hinaus strebte die EG nach Art. 4 Abs. 1 EG-Vertrag (a.F.) eine offene Marktwirtschaft mit freiem Wettbewerb an. Diese Vorgabe wird zwar noch als Grundsatz der Wirtschafts- und Währungsunion etwa in Art. 119 Abs. 1 AEUV fortgeführt. In der allgemeineren Bestimmung des Art. 3 Abs. 3 Satz 2 EUV wird die Union hingegen auf das Ziel einer im hohen Maße wettbewerbsfähigen **sozialen Marktwirtschaft** ausgerichtet.[65] Da der Vertrag von Lissabon aber nicht zu wesentlichen Änderungen in den beschäftigungs- oder sozialpolitischen Kapiteln des AEUV geführt hat, bleibt der Inhalt dieser Vorgabe vage. Die wesentlichste Änderung, die der Vertrag im Bereich der europäischen Sozialpolitik mit sich gebracht hat, ist die Gewährleistung der sozialen Grundrechte der Grundrechtecharta. Es ist daher plausibel, dass das Unionsziel der sozialen Marktwirtschaft das in den sozialen Grundrechten verkörperte **europäische Sozialmodell** reflektiert.[66]

1.17 Darüber hinaus statuiert Art. 3 Abs. 3 EUV eine Vielzahl weiterer **sozialer Zielsetzungen** der EU. Sie zielt danach auf Vollbeschäftigung und sozialen Fortschritt ab, bekämpft soziale Ausgrenzung und Diskriminierungen und fördert soziale Gerechtigkeit, sozialen Schutz, die Gleichstellung von Männern und Frauen, die Solidarität zwischen den Generationen sowie den Schutz der Rechte des Kindes.[67] Die Zeit wird zeigen, ob die EU diesen hohen Anforderungen angesichts ihrer begrenzten Zuständigkeiten und den erheblichen Interessengegensätzen der Mitgliedstaaten auf dem Gebiet des Arbeits- und Sozialrechts wird entsprechen können.

8. Austritt des Vereinigten Königreichs (2017)

1.17a Nach einem Referendum am 23.6.2016 hat die britische Regierung gegenüber dem Europäischen Rat am 29.3.2017 nach Art. 50 EUV den Austritt des Vereinigten Königreichs aus der EU erklärt (sog. **Brexit**). Gem. Art. 50 Abs. 3 EUV finden die Verträge grundsätzlich zwei Jahre nach der Austrittserklärung keine Anwendung mehr im Vereinigten Königreich, doch kann die Frist einvernehmlich verlängert werden. Zudem können die Einzelheiten des Austritts in einem Abkommen geregelt werden (Art. 50 Abs. 2 EUV). Greift keine dieser beiden Ausnahmen, endet die Geltung des gesamten Unionsrechts im Vereinigten Königreich mit dem Ablauf des 29.3.2019. Im Bereich des Arbeitsrechts fiele insbesondere die Arbeitnehmerfreizügigkeit nach Art. 45 AEUV (vgl.

---

63 ABl. Nr. C 306 v. 17.12.2007, S. 1 (konsolidierte Fassung 2012: ABl. Nr. C 326 v. 26.10.2012, S. 1).
64 *Wißmann*, JbArbR 48 (2011), 73 (73 f.).
65 Hierzu: *Schmidt-Preuß*, FS Säcker, S. 969.
66 EAS/*Sagan*, B 1100 Rz. 16; ähnl. Calliess/Ruffert/*Ruffert*, Art. 3 EUV Rz. 28; abl. *Rödl*, Integration 2005, 150 (157 f.); vgl. aber EuGH v. 17.2.2011 – C-52/09 – TeliaSonera Sverige, Slg. 2011, I-527 Rz. 20; allg. zur Wirtschaftsverfassung der EU nach Lissabon: Oppermann/Classen/Nettesheim/*Nettesheim*, Europarecht, § 18 (m.w.N.); Fastenrath/Nowak/*Müller-Graff*, Der Lissaboner Reformvertrag, S. 173.
67 Hierzu: *Frenz*, NZS 2011, 81 (82).

Rz. 1.48) ersatzlos fort.[68] Ebenso entfiele die Niederlassungsfreiheit nach Art. 49 AEUV. Die übrigen Mitgliedstaaten wären unionsrechtlich nicht mehr verpflichtet, nach dem Recht des Vereinigten Königreichs gegründete Gesellschaften (z.B. die Limited Company/Ltd.) nach dem Recht des Gründungsstaates zu behandeln (sog. *Gründungstheorie*).[69] Der Austritt hebt hingegen nicht die zur Umsetzung von Richtlinien erlassenen Gesetze auf. Das Vereinigte Königreich kann über ihren Bestand und Inhalt disponieren, sobald die sich aus Art. 288 Abs. 3 AEUV ergebende Bindung an die Richtlinie endet.[70]

Inkrafttreten	Entwicklung der Verträge	Staaten/Beitritt
23.7.1952	**EGKS-Vertrag** (gültig bis 24.7.2002)	Belgien, Deutschland, Frankreich, Italien, Luxemburg und die Niederlande
1.1.1958	**Römische Verträge** Gründung der EWG und EAG	
1.1.1973		Dänemark, Irland und das Vereinigte Königreich
1.1.1981		Griechenland
1.1.1986		Portugal und Spanien
1.1.1987	**Einheitliche Europäische Akte** Einführung des Binnenmarktes und europäischer Kompetenz für den Arbeitnehmerschutz	
1.11.1993	**Vertrag von Maastricht** Gründung der EU, Umbenennung der EWG in EG sowie Ausweitung sozialpolitischer Kompetenzen und des sozialen Dialogs auf der europäischen Ebene im ASP (ohne das Vereinigte Königreich)	
1.1.1995		Finnland, Österreich und Schweden
1.5.1999	**Vertrag von Amsterdam** Übernahme des ASP in den EG-Vertrag, neuer Titel zur Beschäftigungspolitik und Kompetenz für Diskriminierungsschutz	
1.2.2003	**Vertrag von Nizza** Vorbereitung der sog. Osterweiterung	
1.5.2004		Estland, Lettland, Litauen, Polen, Tschechien, Slowakei, Ungarn, Slowenien, Malta und Zypern
1.1.2007		Bulgarien und Rumänien
1.12.2009	**Vertrag von Lissabon** EU wird Rechtsnachfolgerin der EG, Verbindlichkeit der GRC und Unionsziel der sozialen Marktwirtschaft	
1.7.2013		Kroatien
29.3.2017	Austrittserklärung des Vereinigten Königreichs (Art. 50 EUV)	

---

68 Näher *Zimmer/Cox/Inhoffen*, BB 2016, 1781 (1782); s. ferner die Studie „Brexit Implications for Employment and Social Affairs: Facts and Figures", 2017 (abrufbar unter www.europarl.europa.eu/studies).
69 Näher *Teichmann/Knaier*, IWRZ 2016, 243 (244 f.).
70 Vgl. Grabitz/Hilf/Nettesheim/*Dörr*, Art. 50 EUV Rz. 41.

II. Charakteristika der europäischen Rechtsordnung

1. Autonomie des Unionsrechts

1.18 Da das europäische Recht auf einer vertraglichen Übereinkunft zwischen Staaten beruht, läge es bei formeller Betrachtung nahe, das Unionsrecht als Teil des **Völkerrechts** zu verstehen. Das Völkerrecht ist jedoch ganz und gar staatszentriert, so dass das europäische Recht nach diesem Verständnis gleichsam Spielball in den Händen der Nationalstaaten bleiben müsste. Alternativ könnte man den Geltungsgrund der europäischen Verträge in den Zustimmungsgesetzen der **Mitgliedstaaten** erblicken. Das europäische Recht wäre nach diesem Verständnis aber kaum mehr als ein Bündel einzelstaatlicher Ratifikationsakte. Beiden Betrachtungsweisen steht entgegen, dass der europäische Zusammenschluss nach dem Willen seiner Schöpfer zu einer „Föderation" führen soll.[71] Zentral für das Verständnis des europäischen Rechts ist deswegen die Erkenntnis, dass es weder Völkerrecht noch nationales Recht, sondern von diesen beiden Rechtsquellen **unabhängig** ist. Dies hat der EuGH im Jahr 1964 in seinem bahnbrechenden Urteil in der Rs. *Costa* entschieden:

„Zum Unterschied von gewöhnlichen internationalen Verträgen hat der EWG-Vertrag eine **eigene Rechtsordnung** geschaffen, die bei seinem Inkrafttreten in die Rechtsordnungen der Mitgliedstaaten aufgenommen worden (...) ist. Denn durch die Gründung einer Gemeinschaft für unbegrenzte Zeit, die mit eigenen Organen, mit der Rechts- und Geschäftsfähigkeit, mit internationaler Handlungsfähigkeit und insbesondere mit echten, aus der Beschränkung der Zuständigkeit der Mitgliedstaaten oder der Übertragung von Hoheitsrechten der Mitgliedstaaten auf die Gemeinschaft herrührenden Hoheitsrechten ausgestattet ist, haben die Mitgliedstaaten, wenn auch **auf einem begrenzten Gebiet**, ihre Souveränitätsrechte beschränkt und so einen Rechtskörper geschaffen, der für **ihre Angehörigen** und sie selbst verbindlich ist."[72]

1.19 Das Unionsrecht ist eine autonome Rechtsordnung, die unabhängig zwischen dem Völkerrecht und dem mitgliedstaatlichen Recht steht.[73] Das gilt freilich nur im sachlich begrenzten Anwendungsbereich des europäischen Rechts, weswegen dieses lediglich eine **Teilrechtsordnung** darstellt. Zugleich koppelt der EuGH das europäische Recht von den Interpretationsregeln des Völkerrechts und dem Willen der mitgliedstaatlichen Vertragsparteien ab.[74] Denn Träger des europäischen Zusammenschlusses sind seiner Ansicht nach nicht nur die Mitgliedstaaten, sondern auch die europäischen Völker. Danach liegt der *pouvoir constituant* des europäischen Rechts letztlich nicht bei den Mitgliedstaaten, sondern beim demokratischen Souverän in den Mitgliedstaaten.[75] Das löst die europäischen Verträge von ihren formalen Wurzeln im Völkerrecht und rückt sie in die Nähe des Verfassungsrechts.

1.20 Bereits unter der Geltung des EWG-Vertrages hat der EuGH die Ansicht geäußert, dieser stelle, trotz seiner Form als völkerrechtliche Übereinkunft die **Verfassungsurkunde einer Rechtsgemeinschaft** dar.[76] Auch im Schrifttum wird die Auffassung vertreten, das europäische und mitgliedstaatliche Verfassungsrecht ergänzten sich wechselseitig zu einem materiellen Verfassungsverbund.[77]

---

71 Vgl. *Hallstein*, Die Europäische Gemeinschaft, S. 59.
72 EuGH v. 15.7.1964 – 6/64 – Costa, Slg. 1964, 1253 (1269), Hervorhebungen diesseits; zuvor EuGH v. 5.2.1963 – 26/62 – Van Gend & Loos, Slg. 1963, 3 (25): „neue Rechtsordnung des Völkerrechts".
73 Instruktiv hierzu: Craig/de Búrca/*de Witte*, The Evolution of EU Law, S. 323; Oppermann/Classen/Nettesheim/*Nettesheim*, § 9 Rz. 5 ff.
74 Oppermann/Classen/Nettesheim/*Nettesheim*, Europarecht, § 9 Rz. 7.
75 Vgl. Grabitz/Hilf/Nettesheim/*Ohler*, Art. 48 EUV Rz. 11 (str.).
76 EuGH v. 14.12.1991, Gutachten 1/91 – EWR, Slg. 1991, I-6079 Rz. 21; zuvor bereits EuGH v. 23.4.1986 – 294/83 – Les Verts, Slg. 1986, 3335 Rz. 1339; ferner EuGH v. 10.7.2003 – C-15/00 – Niederlande/Europäische Investitionsbank, Slg. 2003, I-7281 Rz. 75.
77 Calliess/Ruffert/*Calliess*, Art. 1 EUV Rz. 46; *Pernice*, ZaöRV 2010, 51; für einen Verfassungspluralismus: *Poires Maduro*, EuR 2007, 3; instruktiv zum Ganzen: *Weiler/Haltern*, Harvard International Law Journal 1996, 411 (417 ff.); ferner *Mancini*, Common Market Law Review 1989, 595 (599 ff.).

Wenig klar ist, ob die Verträge einen „änderungsfesten Kerngehalt" aufweisen, der der Disposition der Mitgliedstaaten entzogen ist.[78] Schon in der Rs. *Costa* hat der EuGH auf die unbefristete Geltung der Verträge hingewiesen, wie sie nunmehr in Art. 53 EUV vorgesehen ist. Deswegen soll jedenfalls eine einvernehmliche Auflösung der Union ausgeschlossen sein.[79]

Ursprünglich ist das BVerfG der Rechtsprechung des EuGH weitgehend gefolgt und hat diese in einer Entscheidung aus dem Jahr 1967 sogar teilweise antizipiert: 1.21

„Die Gemeinschaft ist selbst kein Staat, auch kein Bundesstaat. Sie ist eine im Prozess fortschreitender Integration stehende Gemeinschaft eigener Art (…), auf die die Bundesrepublik Deutschland (…) bestimmte Hoheitsrechte „übertragen" hat. Damit ist eine neue öffentliche Gewalt entstanden, die gegenüber der Staatsgewalt der einzelnen Mitgliedstaaten selbständig und unabhängig ist; (…). Der EWG-Vertrag stellt gewissermaßen die **Verfassung dieser Gemeinschaft** dar. Die von den Gemeinschaftsorganen im Rahmen ihrer vertragsgemäßen Kompetenzen erlassenen Rechtsvorschriften (…) bilden eine **eigene Rechtsordnung**, deren Normen **weder Völkerrecht noch nationales Recht** der Mitgliedstaaten sind. Das Gemeinschaftsrecht und das innerstaatliche Recht der Mitgliedstaaten sind „zwei selbständige, voneinander verschiedene Rechtsordnungen"; das vom EWG-Vertrag geschaffene Recht fließt aus einer „autonomen Rechtsquelle"(…)."[80]

In späteren Entscheidungen erkannte das BVerfG als Grund für die innerstaatliche Geltung des europäischen Rechts jedoch allein das deutsche Zustimmungsgesetz zu den europäischen Verträgen an.[81] Infolgedessen war es der Ansicht, dass die Mitgliedstaaten die Union durch einen „gegenläufigen Akt" aufheben könnten und bezeichnete sie – in konfrontativer Diktion – als „Herren der Verträge".[82] Demgegenüber charakterisiert der EuGH die Mitgliedstaaten als bloße „Rechtssubjekte" der europäischen Rechtsordnung.[83] Deutlicher könnte der Unterschied kaum sein.

2. Rechtsquellen des Unionsrechts

a) Die Europäischen Verträge

Das Unionsrecht ist hierarchisch gegliedert. An der Spitze der Normenhierarchie steht das europäische **Primärrecht**, das insbesondere aus dem Vertrag über die Europäische Union und dem Vertrag über die Arbeitsweise der Europäischen Union besteht, die gem. Art. 1 Abs. 3 Satz 2 EUV gleichrangig sind.[84] Auf der gleichen Stufe steht gem. Art. 6 Abs. 1 EUV die Charta der Grundrechte.[85] Das europäische Vertragsrecht, zu dem im Übrigen auch die Beitrittsabkommen zählen, zeichnet sich vor allem dadurch aus, dass es – ggf. unter Mitwirkung von Unionsorganen – von den Mitgliedstaaten geschaffen wird. 1.22

---

78 Vgl. EuGH v. 14.12.1991 – Gutachten 1/91 – EWR, Slg. 1991, I-6079 Rz. 69 ff.; bejahend: *Herdegen*, Europarecht, § 6 Rz. 2 f.; diff. Schwarze/*Herrnfeld*, Art. 48 EUV Rz. 14; zw. Streinz/*Pechstein*, Art. 48 EUV Rz. 6.
79 Lenz/Borchardt/*Booß*, Art. 53 EUV Rz. 2; a.A. Calliess/Ruffert/*Cremer*, Art. 48 EUV Rz. 20.
80 BVerfG v. 18.12.1967 – 1 BvR 248/63 und 216/67, BVerfGE 22, 293 (295 f.), Hervorhebungen diesseits.
81 BVerfG v. 12.10.1993 – 2 BvR 2134/92, 2 BvR 2159/92, BVerfGE 89, 155 (188).
82 BVerfG v. 12.10.1993 – 2 BvR 2134/92, 2 BvR 2159/92, BVerfGE 89, 155 (188), fortgeführt in: BVerfG v. 30.6.2009 – 2 BvE 2/08 u.a., BVerfGE 123, 267 (231); zu Recht abl. *Everling*, EuR 2010, 91 (95 f.).
83 EuGH v. 14.12.1991 – Gutachten 1/91 – EWR, Slg. 1991, I-6079 Rz. 21.
84 Ausf. auch zu Normenhierarchien innerhalb des Primärrechts: *von Arnauld*, EuR 2003, 191; *Nettesheim*, EuR 2006, 737.
85 Die Grundfreiheiten haben – auch nach EuGH v. 11.12.2007 – C-438/05 – Viking, Slg. 2007, I-10779 und 18.12.2007 – C-341/05 – Laval, Slg. 2007, I-11767 – keinen Vorrang vor den Unionsgrundrechten: zutr. *C. Schubert*, RdA 2008, 289 (293 f.); a.A. *Davies/Bogg/Costello*, EU Labour Law, S. 114 (130 ff.).

b) Allgemeine Rechtsgrundsätze

1.23 Die Unionsverträge vermögen für sich genommen nicht die Erwartungen zu erfüllen, die man landläufig an eine eigenständige Rechtsordnung stellen würde. Insbesondere mangelt es an materiellen Schranken, die die Ausübung der Unionsgewalt begrenzen.[86] Beispielsweise enthielten die Verträge bis zum Vertrag von Lissabon keinen geschriebenen Grundrechtskatalog. Das stellte den EuGH vor die Aufgabe, die **Lücken** in den europäischen Verträgen zu füllen. Freilich konnte er nicht unmittelbar die allgemeinen Grundsätze des Völkerrechts oder die mitgliedstaatlichen Verfassungen anwenden, ohne hierdurch den Anspruch des europäischen Rechts zu desavouieren, eine unabhängige Rechtsordnung zu sein. Er fand jedoch einen Weg, Anleihen beim internationalen und nationalen Recht zu nehmen, ohne die Eigenständigkeit des europäischen Rechts aufzugeben.

1.24 Die Grundlage für die Lückenfüllung im europäischen Primärrecht bot die Bestimmung zur außervertraglichen Haftung der Union. Nach der entsprechenden Regelung, die sich heute in Art. 340 Abs. 2 AEUV findet, haftet die Union nach den „allgemeinen Rechtsgrundsätzen, die den Rechtsordnungen der Mitgliedstaaten gemeinsam sind." Den Rechtsgedanken dieser Vorschrift aufgreifend hat der EuGH insbesondere den mitgliedstaatlichen Rechtsordnungen, aber auch dem Völkerrecht Prinzipien entnommen, die er auf der Ebene des europäischen Primärrechts als **allgemeine Rechtsgrundsätze des Unionsrechts** anerkennt. Dabei handelt sich um eine Rezeption internationaler und nationaler Rechtsprinzipien auf der Ebene des europäischen Rechts. Die allgemeinen Grundsätze des Unionsrechts sind **ungeschriebener Teil des europäischen Primärrechts** und finden in diesem ihre Rechtsquelle.[87] Das nationale und internationale Recht ist demgegenüber eine bloße Rechtserkenntnisquelle der allgemeinen Grundsätze, nicht aber ihr Geltungsgrund. Es dient lediglich als Hilfsmittel bei deren Gewinnung und Auslegung.[88]

1.25 In seiner Rechtsprechung hat der EuGH u.a. als allgemeine Rechtsgrundsätze des Unionsrechts anerkannt:

- die Unionsgrundrechte, wie sie sich aus den gemeinsamen Verfassungsüberlieferungen der Mitgliedstaaten[89] oder internationalen Verträgen zum Schutze der Menschenrechte[90] ergeben (vgl. Rz. 3.1),

- den Verhältnismäßigkeitsgrundsatz,[91]

- den Grundsatz der Rechtssicherheit und das Rückwirkungsverbot,[92]

- den Grundsatz des Vertrauensschutzes,[93]

- den Grundsatz der Solidarität[94] sowie

- das Verbot des Rechtsmissbrauchs.[95]

1.26 Häufig stehen die allgemeinen Rechtsgrundsätze in einem inneren Zusammenhang zu dem in Art. 2 Satz 1 EUV genannten Prinzip der Rechtsstaatlichkeit und betreffen das Verhältnis zwischen

---

86 *Herdegen*, Europarecht, § 8 Rz. 15.
87 Oppermann/Classen/Nettesheim/*Nettesheim*, Europarecht, § 9 Rz. 31 ff.
88 Vgl. Calliess/Ruffert/*Kingreen*, Art. 6 EUV Rz. 7.
89 EuGH v. 17.12.1970 – 11/70 – Internationale Handelsgesellschaft, Slg. 1970, 1125 Rz. 4.
90 EuGH v. 12.6.2003 – C-112/00 – Schmidberger, Slg. 2003, I-5659 Rz. 71 (EMRK); v. 15.6.1978 – 149/77 – Defrenne, Slg. 1978, 1365 Rz. 26/29 (ESC und bestimmte Übereinkommen der Internationalen Arbeitsorganisation); v. 17.2.1998 – C-249/96 – Grant, Slg. 1998, I-621 Rz. 43 f. (Internationaler Pakt über bürgerliche und politische Rechte).
91 EuGH v. 12.7.200 – C-189/01 – Jippes u.a., Slg. 2001, I-5689 Rz. 81.
92 EuGH v. 8.10.1987 – 80/86 – Kolpinghuis Nijmegen, Slg. 1987, 3969 Rz. 13.
93 EuGH v. 6.7.2000 – C-402/98 – Agricola Tabacchi Bonavicina, Slg. 2000, I-5501 Rz. 37.
94 EuGH v. 18.3.1980 – 154/78 u.a. – Ferriera Valsabbia, Slg. 1980, 907 Rz. 59.
95 EuGH v. 5.7.2007 – C-321/05 – Kofoed, Slg. 2007, I-5795 Rz. 38; str., hierzu: *de la Feria*, Common Market Law Review 2008, 395 (433 ff.); ausf. *Kamanabrou*, EuZA 2018, 18.

dem Einzelnen und der Union bzw. den Mitgliedstaaten. Sie sind in der Regel **öffentlich-rechtlicher Rechtsnatur**. In vereinzelten Entscheidungen hat der EuGH jedoch auch allgemeine Rechtsgrundsätze mit zivilrechtlichem Charakter postuliert. So hat er in der Rs. *Acton* entschieden, dass Arbeitnehmern für die Zeit, in der sie sich an einem Streik beteiligen, nach einem „im Arbeitsrecht der Mitgliedstaaten anerkannten Grundsatz" kein Entgeltanspruch zusteht.[96] In einer jüngeren Entscheidung hat er den Standpunkt eingenommen, es entspreche „einem der **allgemeinen Grundsätze des Zivilrechts**, (...) dass sich die vollständige Durchführung eines Vertrags in der Regel aus der Erbringung der gegenseitigen Leistungen der Vertragsparteien und der Beendigung des entsprechenden Vertrags ergibt."[97] Auch der Grundsatz *pacta sunt servanda* ist ein allgemeiner Grundsatz des Zivilrechts.[98]

c) Sekundäres Unionsrecht

Im Rang unterhalb des europäischen Primärrechts stehen die europäischen Rechtsakte, die von den Unionsorganen auf der Grundlage der Verträge geschaffen wurden. Zu diesem abgeleiteten oder **sekundären Unionsrecht** zählen insbesondere die in Art. 288 AEUV genannten Verordnungen und Richtlinien. Das primäre Unionsrecht hat Vorrang gegenüber dem Sekundärrecht. Es ist „Grundlage, Rahmen und Grenze" für das sekundäre Unionsrecht.[99] Verstößt eine Norm des sekundären Unionsrechts gegen Vorgaben der Verträge, ist sie nichtig.[100]

1.27

3. Unmittelbare Anwendung

Völkerrechtliche Verträge gelten zwischen den Staaten, die sie geschlossen haben, und regelmäßig lassen sich aus ihnen keine **einklagbaren Rechte des Einzelnen** ableiten. Auch in dieser Hinsicht unterscheidet sich das Unionsrecht maßgeblich vom Völkerrecht, da der EuGH in der berühmten Rs. *Van Gend & Loos* aus dem Jahr 1963 entschied, dass das europäische Recht dem Einzelnen nicht nur Pflichten auferlegt, sondern auch Rechte verleiht, die vor den staatlichen Gerichten geltend gemacht werden können:

1.28

„Das Ziel des EWG-Vertrages ist die Schaffung eines gemeinsamen Marktes, dessen Funktionieren die der Gemeinschaft angehörigen Einzelnen unmittelbar betrifft; damit ist zugleich gesagt, dass dieser Vertrag mehr ist als ein Abkommen, das nur wechselseitige Verpflichtungen zwischen den vertragsschließenden Staaten begründet. Diese Auffassung wird durch die Präambel des Vertrages bestätigt, die sich nicht nur an die Regierungen, sondern auch an die Völker richtet. Sie findet eine noch augenfälligere Bestätigung in der Schaffung von Organen, welchen Hoheitsrechte übertragen sind, deren Ausübung in gleicher Weise die Mitgliedstaaten wie die Staatsbürger berührt. Zu beachten ist ferner, dass die Staatsangehörigen der in der Gemeinschaft zusammengeschlossenen Staaten dazu berufen sind, durch das Europäische Parlament und den Wirtschafts- und Sozialausschuss zum Funktionieren dieser Gemeinschaft beizutragen. Auch die dem Gerichtshof im Rahmen von Art. 177, der die einheitliche Auslegung des Vertrages durch die nationalen Gerichte gewährleisten soll, zukommende Aufgabe ist ein Beweis dafür, dass die Staaten davon ausgegangen sind, die Bürger müssten sich vor den nationalen Gerichten auf das Gemeinschaftsrecht berufen können."[101]

---

96 EuGH v. 18.3.1975 – 44, 46 und 49/74 – Acton, Slg. 1975, 383 Rz. 11/16; zum Hintergrund: *Sagan*, Das Gemeinschaftsgrundrecht auf Kollektivmaßnahmen, S. 198 ff.; s. ferner EuGH v. 15.6.1976 – 110/75 – Mills, Slg. 1976, 955 Rz. 25, 27.
97 EuGH v. 10.4.2008 – C-412/06 – Hamilton, Slg. 2008, I-2383 Rz. 42, Hervorhebungen diesseits; krit. *Häublein*, ZIP 2008, 2005 (2006); s. ferner EuGH v. 15.4.2010 – C-215/08 – E. Friz, Slg. 2010, I-2947 Rz. 48.
98 EuGH v. 18.7.2007 – C-277/05 – Société thermale d'Eugénie-Les-Bains, Slg. 2007, I-6415 Rz. 24.
99 EuGH v. 5.10.1978 – 26/78 – Viola, Slg. 1978, 1771 Rz. 9, 14.
100 EuGH v. 9.11.2010 – C-92/09 und C-93/09 – Volker und Markus Schecke und Eifert, Slg. 2010, I-11063 Rz. 46 ff.
101 EuGH v. 5.2.1963 – 26/62 – Van Gend & Loos, Slg. 1962, 3 (25 f.).

1.29 Die Grundlage für die sog. **unmittelbare Anwendbarkeit**[102] des europäischen Rechts war weniger eine Frage rechtstechnischer Einzelheiten, sondern vielmehr „*une certaine idée de l'Europe*";[103] die europäischen Richter hatten eine bestimmte Vorstellung davon, wie Europa sein sollte. Ihre Entscheidung war einer der wichtigsten Bausteine in der Rechtsprechung des EuGH, der die Wirksamkeit des europäischen Rechts garantierte.[104] Die Union könnte kaum eines ihrer Ziele effektiv verfolgen oder verwirklichen, wenn Verstöße der Mitgliedstaaten gegen das europäische Recht allein im Wege eines Vertragsverletzungsverfahrens nach den Art. 258 und 259 AEUV sanktioniert werden könnten. In der Tat belegt das Vorabentscheidungsverfahren nach Art. 267 AEUV, dass das europäische Recht auch dem Einzelnen Rechte verleiht, die er vor mitgliedstaatlichen Gerichten geltend machen kann. Andernfalls verbliebe für diese Verfahrensart kein nennenswerter Anwendungsbereich. Die Entscheidung für die unmittelbare Anwendbarkeit ermöglicht hingegen zugleich eine **Kontrolle der Mitgliedstaaten**, die nicht mehr nur bei der Kommission und den Mitgliedstaaten, sondern – unter Einbeziehung der mitgliedstaatlichen Gerichte – auch bei den „an der Wahrung ihrer Rechte interessierten Einzelnen" liegt.[105] Im Unionsrecht können ihnen die Mitgliedstaaten, anders als es vielfach im Völkerrecht der Fall ist, nicht mehr nach der Devise gegenübertreten „*L'Etat, c'est moi.*"[106]

1.30 Eine Vorschrift der europäischen Verträge findet unmittelbar Anwendung, wenn sie **unbedingt, rechtlich vollkommen** und **inhaltlich bestimmt** ist, so dass sie keiner weiteren Ausführungsakte bedarf.[107] Das bedeutet im Kern nichts anderes, als dass eine Primärrechtsnorm unmittelbar anwendbar ist, wenn sie im konkreten Einzelfall unmittelbar angewendet werden kann.[108] Das hat der EuGH beispielsweise für den Grundsatz gleichen Entgelts nach Art. 157 AEUV[109] sowie für die Grundfreiheiten[110] bejaht (zur unmittelbaren Anwendung von Richtlinien vgl. Rz. 1.125 ff.).

4. Anwendungsvorrang

1.31 Nach völkerrechtlichen Grundsätzen kann sich kein Staat auf sein innerstaatliches Recht berufen, um sich von seinen Pflichten zu befreien, die sich aus einem internationalen Vertrag ergeben.[111] Insoweit haben internationale Verträge Vorrang vor einzelstaatlichem Recht. Dies ist jedoch ein Rechtssatz des Völkerrechts, der ausschließlich für das Verhältnis zwischen den vertragsschließenden Staaten gilt. Für das europäische Recht hat der EuGH ebenfalls einen Vorrang vor mitgliedstaatlichem Recht postuliert. Dieser soll aber anders als im Völkerrecht nicht nur zwischen den Mitgliedstaaten gelten. Vielmehr sollen auch die mitgliedstaatlichen Rechtsordnungen den Vorrang des europäischen Rechts anerkennen:[112]

---

102 Synonym „unmittelbare Wirkung"; zur Terminologie: Grabitz/Hilf/Nettesheim/*Nettesheim*, Art. 288 AEUV Rz. 41. Auf eine davon zu unterscheidende „unmittelbare Geltung", die in der Rspr. des EuGH keine Stütze findet, kann m.E. verzichtet werden; vgl. *Haltern*, Europarecht II, Rz. 588; ferner *Eleftheriadis*, Yearbook of European Law 1996, 205; abw. Streinz/*Schroeder*, Art. 288 AEUV Rz. 37.
103 *Pescatore*, European Law Review 1983, 155 (157).
104 *Haltern*, Europarecht II, Rz. 592.
105 EuGH v. 5.2.1963 – 26/62 – Van Gend & Loos, Slg. 1962, 3 (26).
106 Pointiert: *Pescatore*, European Law Review 1983, 155 (158).
107 EuGH v. 5.2.1963 – 26/62 – Van Gend & Loos, Slg. 1962, 3 (25); v. 16.6.1966 – 57/65 – Lütticke, Slg. 1966, 258 (266).
108 GA *van Gerven* v. 27.10.1993 – C-128/92 – Banks, Slg. 1994, I-1209 Rz. 27; Craig/de Búrca/*de Witte*, The Evolution of EU Law, S. 323 (330); vgl. Streinz/*Schroeder*, Art. 288 AEUV Rz. 48.
109 EuGH v. 8.4.1976 – 43/75 – Defrenne, Slg. 1976, 455 Rz. 21, 24.
110 Für die Warenverkehrsfreiheit: EuGH v. 22.3.1977 – 74/76 – Ianelli und Volpi, Slg. 1977, 557 Rz. 13; für die Arbeitnehmerfreizügigkeit: EuGH v. 4.12.1974 – 41/74 – Van Duyn, Slg. 1974, 1337 Rz. 5/7; für die Niederlassungsfreiheit: EuGH v. 21.6.1974 – 2/74 – Reyners, Slg. 1974, 631 Rz. 24 ff.; für die Dienstleistungsfreiheit: EuGH v. 3.12.1974 – 33/74 – Van Binsbergen, Slg. 1974, 1299 Rz. 24/26.
111 S. Art. 27 Satz 1 Wiener Vertragsrechtskonvention (Wiener Übereinkommen über das Recht der Verträge v. 23.5.1969, BGBl. II 1985, 927).
112 Calliess/Ruffert/*Ruffert*, Art. 1 AEUV Rz. 17.

„Aus alledem folgt, dass dem vom Vertrag geschaffenen, somit aus einer autonomen Rechtsquelle fließenden Recht wegen dieser seiner Eigenständigkeit keine wie immer gearteten innerstaatlichen Rechtsvorschriften vorgehen können, wenn ihm nicht sein Charakter als Gemeinschaftsrecht aberkannt und wenn nicht die Rechtsgrundlage der Gemeinschaft selbst in Frage gestellt werden soll."[113]

Weitergehend hat der EuGH in der Rs. *Simmenthal* bekräftigt, dass nationales Recht, das mit europarechtlichen Regelungen kollidiert, ohne weiteres unanwendbar ist. Zudem hat er alle mitgliedstaatlichen Gerichte ermächtigt und verpflichtet, nationale Vorschriften, die gegen unmittelbar anwendbare Bestimmungen des Unionsrechts verstoßen, unangewendet zu lassen. Das soll selbst dann gelten, wenn die Verwerfung nationaler Gesetze nach dem jeweiligen mitgliedstaatlichen Verfassungsrecht einem Verfassungsgericht vorbehalten ist.[114] Die Nichtanwendung europarechtswidriger Vorschriften setzt nicht voraus, dass der EuGH zuvor einen Kollisionsfall festgestellt hat. Die unionsrechtliche Vorrangregel ist auch ohne eine vorhergehende Entscheidung des EuGH anzuwenden.[115] Insgesamt regelt danach allein das europäische Recht den Fall seiner Kollision mit nationalem Recht und gewährt dem Unionsrecht den Vorrang, um auf diese Weise dessen Funktionsfähigkeit zu gewährleisten; sog. **europarechtliche Theorie**.[116] Die einzelstaatlichen Gerichte üben bei der Nichtanwendung unionsrechtswidriger Gesetze eine ihnen vom Unionsrecht verliehene Befugnis aus und werden als „ordentliche Unionsgerichte"[117] tätig.

1.32

Dem EuGH zufolge gilt der Vorrang des Unionsrechts **uneingeschränkt**. Jede Bestimmung des europäischen Primär- und Sekundärrechts geht ausnahmslos jeglicher Norm der Mitgliedstaaten, einschließlich des nationalen Verfassungsrechts, vor.[118] Voraussetzung ist stets, dass die unionsrechtliche Norm unmittelbar anwendbar ist, weil es sonst an einer Kollision mit nationalem Recht fehlt.[119] Unerheblich ist hingegen, in welcher zeitlichen Reihenfolge die kollidierenden Normen geschaffen wurden.[120] Allerdings ist nationales Recht, das gegen Unionsrecht verstößt, nicht nichtig oder unwirksam, sondern lediglich unanwendbar; sog. **Anwendungsvorrang**.[121] Die einzelstaatliche Norm bleibt wirksam und, soweit sie in einem verbleibenden Teilbereich nicht gegen das Unionsrecht verstößt, auch anwendbar. Zudem wird sie in Gänze anwendbar, wenn die unionsrechtliche Norm aufgehoben wird, gegen die sie ursprünglich verstieß.

1.33

Der Vorrang des Unionsrechts ist **nicht kodifiziert**, doch hat die mit der Ausarbeitung des Vertrages von Lissabon befasste Regierungskonferenz in ihrer Erklärung Nr. 17 ausdrücklich auf den Vorrang des Unionsrechts hingewiesen, wie er sich aus der Rechtsprechung des EuGH ergibt. Die Erklärung ist nicht gem. Art. 51 EUV Teil des europäischen Primärrechts, sondern lediglich eine Auslegungshilfe.[122]

1.34

Für die Durchsetzung des von ihm postulierten Vorranges des Unionsrechts ist der EuGH auf die Mitwirkung der nationalen Gerichte angewiesen, da letztlich diese über die Nichtanwendung eu-

1.35

---

113 EuGH v. 15.7.1964 – 6/64 – Costa, Slg. 1964, 1253 (1270).
114 EuGH v. 9.3.1978 – 106/77 – Simmenthal, Slg. 1978, 629 Rz. 17 ff.; vgl. auch *Kreft*, RdA-Sonderbeil. 2006, 38 (42).
115 EuGH v. 19.1.2010 – C-555/07 – Kücükdeveci, Slg. 2010, I-365 Rz. 53; Langenbucher/*Langenbucher*, § 1 Rz. 3; Grabitz/Hilf/Nettesheim/*Nettesheim*, Art. 288 AEUV Rz. 52; krit. *Steiner*, NZA 2008, 73 (74).
116 Vgl. Grabitz/Hilf/Nettesheim/*Nettesheim*, Art. 288 AEUV Rz. 49; *Streinz*, Europarecht, Rz. 207.
117 EuGH (Plenum) v. 8.3.2011 – Gutachten 1/09 – „Patentgerichtssystem", Slg. 2011, I-1137 Rz. 80; ähnl. Streinz/*Huber*, Art. 19 EUV Rz. 50 („funktionale" Unionsgerichte).
118 EuGH v. 11.1.2000 – C-285/98 – Kreil, Slg. 2000, I-69; monographisch zum Ganzen: *Kruis*, Anwendungsvorrang.
119 *v. Danwitz*, JZ 2007, 697 (702); *Schlachter*, ZfA 2007, 249 (255 f.).
120 EuGH v. 9.3.1978 – 106/77 – Simmenthal, Slg. 1978, 629 Rz. 17 f.
121 EuGH v. 22.10.1998 – C-10/97 bis C-22/97 – IN.CO.GE.'90, Slg. 1998, I-6307 Rz. 21.
122 Vgl. Schwarze/*Becker*, Art. 51 EUV Rz. 9 f.

roparechtswidriger Gesetze zu entscheiden haben. Die tatsächliche Verwirklichung des Anwendungsvorrangs hängt davon ab, dass die **mitgliedstaatlichen Gerichte** ihn akzeptieren.[123] Dort ist er jedoch auf ein geteiltes Echo gestoßen. Prinzipiell akzeptieren alle Mitgliedstaaten den Vorrang des Unionsrechts. Die weit überwiegende Mehrzahl formuliert jedoch Vorbehalte gegen einen uneingeschränkten Vorrang des europäischen Rechts gegenüber ihren nationalen Verfassungen bzw. gegenüber bestimmten nationalen Verfassungsprinzipien.[124] Es bestehen mithin konkurrierende Verfassungsordnungen, die jeweils die Spitze der Normenhierarchie für sich in Anspruch nehmen. Deswegen wird mitunter von einem **Verfassungspluralismus** gesprochen, der sich nicht materiell zugunsten einer Seite entscheiden lasse, sondern im Konfliktfall eine Streitbeilegung durch Kooperation zwischen dem EuGH und den nationalen Gerichten erfordere.[125]

1.36 Das BVerfG erkennt den Vorrang des Unionsrechts zwar als Rechtsprinzip des europäischen Rechts an, leitet seine Wirkung jedoch aus dem deutschen Zustimmungsgesetz zu den europäischen Verträgen und dem Grundgesetz ab:

„Rechtsakten des Gemeinschaftsrechts kommt für den Fall eines Widerspruchs zu innerstaatlichem Gesetzesrecht auch vor deutschen Gerichten der Anwendungsvorrang zu. Dieser Anwendungsvorrang gegenüber späterem wie früherem nationalem Gesetzesrecht beruht auf einer ungeschriebenen Norm des primären Gemeinschaftsrechts, der durch die **Zustimmungsgesetze** zu den Gemeinschaftsverträgen i.V.m. Art. **24 Abs. 1 GG** [jetzt: Art. 23 GG] der innerstaatliche Rechtsanwendungsbefehl erteilt worden ist (...)."[126]

1.37 Danach darf der Anwendungsvorrang nicht weiter reichen, als das Grundgesetz es zulässt; sog. **Theorie der verfassungsrechtlichen Ermächtigung**.[127] Auf dieser Grundlage hat sich das BVerfG vorbehalten, unionale Rechtsakte am Maßstab der **Grundrechte** des Grundgesetzes zu überprüfen, doch übt es diese Prüfungskompetenz nicht aus, weil und solange die Unionsorgane „einen wirksamen Schutz der Grundrechte gegenüber der Hoheitsgewalt der [Union] generell gewährleisten, der dem vom Grundgesetz als unabdingbar gebotenen Grundrechtsschutz im Wesentlichen gleich zu achten ist".[128] Es ist praktisch nicht denkbar, dass der unionale Grundrechtsschutz diese Schwelle jemals unterschreiten wird.[129] Ferner überprüft das BVerfG, ob sich europäische Rechtsakte im Rahmen der **Kompetenzen** bewegen, die der Union in den Verträgen übertragen wurden; sog. *Ultra-vires*-Kontrolle.[130] Auch dies hat das BVerfG eingeschränkt und nimmt einen aus den ihr zustehenden Kompetenzen „ausbrechenden Rechtsakt" der Union nur an, wenn das „kompetenzwidrige Handeln der Unionsgewalt offensichtlich ist und der angegriffene Akt im Kompetenzgefüge zu einer strukturell bedeutsamen Verschiebung zu Lasten der Mitgliedstaaten führt."[131] Im Übrigen prüft das BVerfG, ob der „unantastbare Kerngehalt der **Verfassungsidentität**" des Grundgesetzes nach Art. 23 Abs. 1 Satz 3 GG i.V.m. Art. 79 Abs. 3 GG" gewahrt ist.[132]

---

123 Craig/de Búrca/*de Witte*, The Evolution of EU Law, S. 323 (348 ff.).
124 Oppermann/Classen/Nettesheim/*Nettesheim*, Europarecht, § 10 Rz. 28 ff.
125 Vgl. *Poiares Maduro*, EuR 2007, 3 (4 ff.); *Voßkuhle*, NVwZ 2010, 1 (5 f.); *Voßkuhle*, NJW 2012, 1329 (1330).
126 BVerfG v. 8.4.1987 – 2 BvR 687/85, BVerfGE 75, 223 (244), Hervorhebungen diesseits.
127 Vgl. *Streinz*, Europarecht, Rz. 211; krit. *Everling*, JZ 2000, 217 (225 f.); eingehend hierzu: *Kreft*, RdA-Sonderbeil. 2006, 38 (39 f.).
128 BVerfG v. 7.6.2000 – 2 BvL 1/97, BVerfGE 102, 147 (162 f.); zum Ausnahmefall eines singulären Verstoßes gegen Art. 1 GG i.R.d. Identitätskontrolle: BVerfG v. 15.12.2015 – 2 BvR 2735/14, NJW 2016, 1149 Rz. 40 ff. und 48 ff.; krit. *Sauer*, NJW 2016, 1134 (1136 ff.).
129 *Sagan*, NZA 2016, 1252 (1255).
130 BVerfG v. 12.10.1993 – 2 BvR 2134/92, 2 BvR 2159/92, BVerfGE 89, 155 (188).
131 BVerfG v. 6.7.2010 – 2 BvR 2661/06, BVerfGE 126, 286 LS 1.a = ArbRB 2010, 273; ferner BVerfG v. 21.6.2016 – 2 BvE 13/13 u.a., BVerfGE 142, 123 Rz. 143 ff. und 154 ff.
132 BVerfG v. 30.6.2009 – 2 BvE 2/08 u.a., BVerfGE 123, 267 (268), Hervorhebung diesseits.

III. Rechtsetzung im europäischen Arbeitsrecht

1. Allgemeine Vorgaben

Will die Union einen Sekundärrechtsakt, etwa eine arbeitsrechtliche Richtlinie, erlassen, muss sie die Prinzipien des Art. 5 EUV wahren, die für die gesamte Rechtsetzung der Union gelten und das vertikale Verhältnis zwischen ihr und den Mitgliedstaaten betreffen.[133] Hierzu zählen der Grundsatz der beschränkten Einzelermächtigung sowie der Subsidiaritäts- und der Verhältnismäßigkeitsgrundsatz. Art. 5 EUV ist die „Zentralnorm für die Struktur der föderalen Kompetenzordnung" in der Europäischen Union.[134] Für die arbeitsrechtliche Rechtsetzung der Union sind ferner die sog. Querschnittsklauseln in den Art. 8 ff. AEUV von Bedeutung.

1.38

a) Grundsatz der beschränkten Einzelermächtigung

Zum Grundsatz der begrenzten Einzelermächtigung bestimmt Art. 5 Abs. 2 EUV, dass die Union nur innerhalb der Grenzen der Zuständigkeiten tätig wird, die die Mitgliedstaaten ihr in den Verträgen zur Verwirklichung der darin niedergelegten Ziele übertragen haben. Alle der Union nicht in den Verträgen übertragenen Zuständigkeiten verbleiben bei den Mitgliedstaaten. Jegliches Handeln der Union bedarf zu seiner Rechtmäßigkeit einer in den Verträgen enthaltenen oder aus ihnen abgeleiteten Ermächtigungsgrundlage. Die Union hat keine Zuständigkeit, ihre Kompetenzen selbst zu bestimmen, sog. **Kompetenz-Kompetenz**. Insbesondere in dieser Hinsicht unterscheidet sich die Union von einem prinzipiell allzuständigen Staat.[135]

1.39

b) Subsidiaritätsgrundsatz

Art. 2 AEUV unterscheidet zwischen ausschließlichen und **geteilten Zuständigkeiten** der Union. Im Bereich einer geteilten Zuständigkeit können gem. Art. 2 Abs. 2 AEUV die Mitgliedstaaten gesetzgeberisch tätig werden, sofern und soweit die Union ihre Zuständigkeit nicht ausgeübt hat. In diesem Bereich bestehen gleichsam konkurrierende Kompetenzen, wobei eine Ausübung der unionalen gegenüber der nationalen Zuständigkeit Sperrwirkung entfaltet.[136] Wie weit diese reicht, richtet sich nach dem Inhalt des jeweiligen Sekundärrechtsakts.[137] Gemäß Art. 4 Abs. 2 Buchst. a, b und c AEUV handelt es sich bei den für das Arbeitsrecht relevanten Unionskompetenzen in den Bereichen Binnenmarkt, Sozialpolitik und Raum der Freiheit, der Sicherheit und des Rechts um geteilte Zuständigkeiten.

1.40

Für die geteilten Kompetenzen der Union gilt das **Subsidiaritätsprinzip** des Art. 5 Abs. 3 EUV. Danach darf die Union nur tätig werden, sofern und soweit die Ziele der jeweils in Betracht gezogenen Maßnahme von den Mitgliedstaaten nicht ausreichend verwirklicht werden können, sondern wegen ihres Umfangs oder ihrer Wirkungen besser auf der Unionsebene zu verwirklichen sind. Ist ein unionaler Rechtsakt auf die Angleichung mitgliedstaatlicher Rechtsvorschriften gerichtet, kann dieses Ziel notwendigerweise nur auf der Unionsebene verwirklicht werden, so dass ein Verstoß gegen den Subsidiaritätsgrundsatz von vorneherein ausgeschlossen ist. Seine Schwäche als Rechtsprinzip liegt darin, dass es keine Vorgaben für die genuin rechtspolitische Vorfrage enthält, ob eine Rechtsangleichung wünschenswert ist oder nicht.[138]

1.41

In der Praxis beschränkt sich der Richtliniengeber häufig darauf, in den Erwägungsgründen zu der Richtlinie darauf hinzuweisen, dass die mit der Richtlinie beabsichtigte Rechtsangleichung auf der

1.42

---

133 Vgl. Schwarze/*Lienbacher*, Art. 5 EUV Rz. 1.
134 Vgl. Grabitz/Hilf/Nettesheim/*Bast*, Art. 5 EUV Rz. 1.
135 Streinz/*Streinz*, Art. 5 EUV Rz. 5.
136 Calliess/Ruffert/*Calliess*, Art. 2 AEUV Rz. 12 f.
137 Lenz/Borchardt/*Lenski*, Art. 2 AEUV Rz. 9.
138 EAS/*Sagan*, B 1100 Rz. 21; vgl. auch Oppermann/Classen/Nettesheim/*Nettesheim*, Europarecht, § 11 Rz. 31.

Ebene der Mitgliedstaaten nicht ausreichend verwirklicht werden kann.[139] Der EuGH hält dies für ausreichend.[140] Die vor diesem Hintergrund umstrittene Frage, ob das Subsidiaritätsprinzip überhaupt justiziabel ist,[141] hat der Vertrag von Lissabon entschieden, indem Art. 8 des sog. Subsidiaritätsprotokolls[142] eine Subsidiaritätsklage eingeführt hat, die u.a. von einem **mitgliedstaatlichen Parlament** erhoben werden kann. Auch in der politischen Sphäre beziehen Art. 6 und 7 des Subsidiaritätsprotokolls – wie in Art. 12 Buchst. b EUV vorgesehen – die nationalen Parlamente in das unionale Gesetzgebungsverfahren ein. Sie haben das Recht, in einer begründeten Stellungnahme darzulegen, dass der Entwurf eines europäischen Rechtsetzungsaktes mit dem Subsidiaritätsprinzip unvereinbar ist (sog. *Subsidiaritätsrüge*).[143] Von diesem Recht haben sie erstmalig im Fall des Vorschlags der Kommission für eine Verordnung über die Ausübung des Rechts auf Durchführung kollektiver Maßnahmen (sog. Monti II-Verordnung)[144] Gebrauch gemacht. Insgesamt zwölf nationale Parlamente rügten einen Subsidiaritätsverstoß, woraufhin die Kommission ihren Entwurf zurückzog (vgl. Rz. 16.76).[145]

c) Verhältnismäßigkeitsgrundsatz

1.43 Eine weitere Schranke für die Ausübung von Unionskompetenzen ist der Verhältnismäßigkeitsgrundsatz nach Art. 5 Abs. 4 EUV. Er verlangt, dass Maßnahmen der Union sowohl inhaltlich als auch formal nicht über das zur Erreichung der Ziele der Verträge erforderliche Maß hinausgehen. Das soll ausschließlich die Autonomie der Mitgliedstaaten schützen, weswegen Art. 5 Abs. 4 EUV keinen individualschützenden Charakter aufweist und strikt vom grundrechtlichen Verhältnismäßigkeitsgrundsatz zu unterscheiden ist.[146] Hinsichtlich des kompetenzrechtlichen Verhältnismäßigkeitsprinzips wird aus Art. 296 AEUV abgeleitet, dass die Union dem Instrument der Richtlinie gegenüber der Verordnung den Vorzug zu geben habe.[147] Darüber hinaus fallen inhaltliche Konkretisierungen, wie beim Subsidiaritätsgrundsatz, schwer, denn wiederum entscheidet in erster Linie die Festsetzung des rechtspolitischen Ziels darüber, welches Mittel erforderlich ist.[148] Der EuGH billigt dem Unionsgesetzgeber denn auch ein **weites Ermessen** zu, wenn er politische, wirtschaftliche und soziale Entscheidungen trifft, die komplexe Prüfungen verlangen. Unverhältnismäßig soll ein Rechtsakt nur sein, wenn er zur Erreichung des jeweiligen Ziels offensichtlich ungeeignet ist.[149]

d) Querschnittsklauseln

1.44 Wird die Union rechtsetzend tätig, muss sie die sog. Querschnittsklauseln in den Art. 8, 9 und 10 AEUV beachten. Sie beziehen sich auf die Gleichbehandlung der Geschlechter, den sozialen Schutz sowie den Diskriminierungsschutz. Hierin spiegeln sich einige der in Art. 3 Abs. 3 EUV genannten Unionsziele wieder, wenngleich die Querschnittsklauseln keine Zielvorgaben beinhalten, sondern auf die inhaltliche Ausrichtung unionaler Rechtsakte einwirken. Offenbar wegen dieser beschränkenden Tendenz der Querschnittsklauseln bleiben sie in ihrer Formulierung zum Teil hinter den

---

139 So z.B. der 23. Erwägungsgrund zur Leiharbeitsrichtlinie 2008/104/EG (ABl. Nr. L 327 v. 5.12.2008, S. 9).
140 Vgl. EuGH v. 8.6.2010 – C-58/08 – Vodafone, Slg. 2010, I-4999 Rz. 77.
141 Zum Ganzen: *Albin*, NVwZ 2006, 629 (631 ff.).
142 Protokoll (Nr. 2) über die Anwendung der Grundsätze der Subsidiarität und der Verhältnismäßigkeit (ABl. Nr. C 83 v. 30.3.2010, S. 206). Das Protokoll ist gem. Art. 51 EUV Bestandteil der Verträge.
143 Vgl. hierzu: Calliess/Ruffert/*Calliess*, Art. 12 EUV Rz. 11 ff.
144 KOM (2012), 130 endg.
145 Zum Hintergrund: *Bruun/Bücker*, NZA 2012, 1136.
146 Grabitz/Hilf/Nettesheim/*Bast*, Art. 5 EUV Rz. 66 ff.; Streinz/*Streinz*, Art. 5 EUV Rz. 25.
147 Calliess/Ruffert/*Calliess*, Art. 296 AEUV Rz. 6; Streinz/*Streinz*, Art. 5 EUV Rz. 48; a.A. Grabitz/Hilf/ Nettesheim/*Bast*, Art. 5 EUV Rz. 72.
148 EAS/*Sagan*, B 1100 Rz. 22.
149 Statt aller: EuGH v. 10.12.2002 – C-491/01 – British American Tobacco, Slg. 2002, I-11453 Rz. 123.

allgemeinen Unionszielen zurück.[150] Art. 9 AEUV spricht von einem hohen Beschäftigungsniveau, Art. 3 Abs. 3 EUV demgegenüber von Vollbeschäftigung. Anders als in Art. 3 EUV findet sich in Art. 9 AEUV keine Pflicht zur Gewährleistung sozialer Gerechtigkeit, sondern lediglich eines angemessenen sozialen Schutzes. Art. 10 AEUV verpflichtet nicht zur Solidarität zwischen den Generationen, sondern wendet sich gegen Diskriminierungen wegen des Alters. Eine bloße Querschnittsklausel ist auch die Verpflichtung der Union aus Art. 17 AEUV zur Achtung des Status, den Kirchen und religiöse Vereinigungen nach dem Recht der Mitgliedstaaten genießen. Der Kern der Vorschrift ist eine objektiv-rechtliche Verpflichtung der Union zu religiös-weltanschaulicher Neutralität.[151] Subjektiv-rechtlich geht sie weder über das Unionsgrundrecht der Religionsfreiheit nach Art. 10 Abs. 1 GRC hinaus noch erhebt sie jedes mitgliedstaatliche Verständnis von kirchlicher Selbstbestimmung zu Unionsprimärrecht.[152] Insbesondere nimmt Art. 17 AEUV Ungleichbehandlungen, die von der Gleichb-RL erfasst werden, nicht von der Anwendung des Unionsrechts aus (vgl. Rz. 5.208).[153]

2. Primärrechtliche Kompetenzen und sekundäres Arbeitsrecht

Mit großer Weitsicht hat die Kommission in ihrem ersten allgemeinen Bericht über die Aktivitäten der Gemeinschaft im Jahr 1958 ausgeführt, dass die europäische Integration von einem großen Teil der öffentlichen Meinung nach ihrem Erfolg auf dem Gebiet der Sozialpolitik beurteilt würde.[154] Die Bemühungen der europäischen Organe auf diesem Politikfeld hängen nach dem Prinzip der begrenzten Einzelermächtigung von den ihnen zur Verfügung stehenden **Kompetenzen im europäischen Primärrecht** ab. Die Zuständigkeiten der Union auf dem Gebiet des Arbeitsrechts wurden mit den verschiedenen Vertragsrevisionen im Laufe der Zeit zwar stetig ausgeweitet, doch sind diese weder zusammenhängend geregelt, noch fügen sie sich zu einem konzisen Gesamtbild zusammen. Sie ergeben sich aus einer Vielzahl von Vorschriften, die unabhängig voneinander im Vertrag über die EU-Arbeitsweise verstreut sind. Dementsprechend beruhen die auf ihrer Grundlage erlassenen Rechtsakte nicht auf einer systematischen Konzeption, weswegen das **sekundäre Arbeitsrecht** keine in sich geschlossene Einheit bildet. Auch kann es wegen des Subsidiaritätsprinzips kein flächendeckendes EU-Arbeitsrecht geben, da es seiner Funktion nach darauf begrenzt ist, die mitgliedstaatlichen Arbeitsordnungen dort zu ergänzen, wo die nationalen Gesetzgeber an – meist territoriale – Grenzen stoßen. Das EU-Arbeitsrecht ist denn auch nicht darauf gerichtet, die tradierten mitgliedstaatlichen Arbeitsordnungen auf breiter Front zu überlagern oder gar zu verdrängen. Es beruht auch nicht auf einem Koalitionsvertrag einer politisch homogen zusammengesetzten europäischen Regierungskonstellation, sondern setzt einen Kompromiss zwischen den Unionsorganen und den zum Teil erheblich divergierenden Interessen einer Vielzahl von Mitgliedstaaten voraus, in deren Arbeitsrechtsordnungen es sich einfügen (lassen) muss. Das europäische Arbeitsrecht ist daher von Natur aus **fragmentarisch**.[155]

Für das Verständnis des sekundären EU-Arbeitsrechts ist es sinnvoll, sich die **Rechtsgrundlage** zu vergegenwärtigen, auf welcher die jeweiligen Regelungen erlassen wurden. Dies ist für die Bestimmung des Normzwecks und damit für ihre Auslegung von erheblicher Bedeutung (vgl. Rz. 1.92).

Die meisten arbeitsrechtlichen Rechtsetzungskompetenzen der Union sind – häufig unter Anhörung des Wirtschafts- und Sozialausschusses – im **ordentlichen Gesetzgebungsverfahren** nach

---

150 Vgl. EAS/*Sagan*, B 1100 Rz. 23.
151 *Schwarze/F. Schmidt*, Art. 17 AEUV Rz. 2; *Streinz/Streinz*, Art. 17 AEUV Rz. 4.
152 A.A. *Schuhmann*, ZAT 2017, 179 (181 f.).
153 EuGH v. 17.4.2018 – C-414/16 – Egenberger, ArbRB 2018, 131 = NZA 2018, 569 Rz. 58; v. 11.9.2018 – C-68/17 – IR/JQ, NZA 2018, 1187 Rz. 48; zust. *Sagan*, EuZW 2018, 386; krit. *Greiner*, jM 2018, 233 (234 f.: „ultra vires"); allg. Calliess/Ruffert/*Waldhoff*, Art. 17 AEUV Rz. 13.
154 Zit. n. *Barnard*, EU Employment Law, S. 8.
155 *Fuchs*, ZESAR 2004, 111 (112); pointierte Kritik bei *Freedland*, European Community Labour Law, S. 270 (278 f.).

Art. 294 AEUV[156] auszuüben. Dieses wird durch einen Vorschlag der Kommission an das Europäische Parlament und den Rat eingeleitet, der sich aus den Vertretern der Regierungen der Mitgliedstaaten zusammensetzt und seine Beschlüsse grundsätzlich mit qualifizierter Mehrheit fasst.[157] An die Übermittlung des Kommissionsentwurfs schließen sich erforderlichenfalls jeweils zwei Lesungen im Parlament und im Rat an, wobei es nur dann zu einer zweiten Lesung kommt, wenn sich die beiden Unionsorgane nicht schon im Rahmen der ersten Lesung einigen. Kommt es auch nach den zweiten Lesungen nicht zu einem Konsens, kann ein Vermittlungsausschuss angerufen werden, in dem Vertreter des Parlaments und des Rates paritätisch vertreten sind. Wird im Vermittlungsausschuss ein gemeinsamer Entwurf beschlossen, kann dieser anschließend in einer dritten Lesung erlassen werden, wenn das Parlament und der Rat ihn billigen. Notwendig ist also stets die Zustimmung von Parlament und Rat.

a) Grundfreiheiten

aa) Arbeitnehmerfreizügigkeit

1.48 Als eine der EU-Grundfreiheiten wird in Art. 45 AEUV die Arbeitnehmerfreizügigkeit gewährleistet, die gem. Art. 26 AEUV zu den konstituierenden Bestandteilen des Binnenmarktes gehört und einen „fundamentalen Grundsatz" der Union darstellt.[158] Sie gibt den Arbeitnehmern das Recht auf Zugang zu den Arbeitsmärkten anderer Mitgliedstaaten und beinhaltet insbesondere die hierfür erforderlichen Einreise- und Aufenthaltsrechte. Darüber hinaus gewährt sie das Recht, bei einer abhängigen Beschäftigung in einem anderen Mitgliedstaat in Bezug auf Beschäftigung, Entlohnung und sonstige Arbeitsbedingungen weder unmittelbar noch mittelbar wegen der Staatsangehörigkeit ungerechtfertigt benachteiligt zu werden. Dieses **Diskriminierungsverbot** ist unmittelbar anwendbar,[159] so dass sich der einzelne Arbeitnehmer gegenüber der Union[160] und den Mitgliedstaaten,[161] aber auch gegenüber Tarifvertragsparteien[162] und einzelnen Arbeitgebern[163] hierauf berufen kann. Voraussetzung ist stets ein grenzüberschreitender Sachverhalt, weswegen Art. 45 AEUV prinzipiell keine Anwendung findet, wenn ein Mitgliedstaat seine eigenen Staatsangehörigen gegenüber EU-Ausländern benachteiligt.[164] Nicht diskriminierend ist dem EuGH zufolge, dass sich die deutsche Unternehmensmitbestimmung nur auf im Inland beschäftigte Arbeitnehmer erstreckt; die im Ausland beschäftigten Arbeitnehmer fielen nicht in den Anwendungsbereich der Freizügigkeit und inländischen Beschäftigten garantiere Art. 45 AEUV bei einem Umzug ins Ausland nicht die Fortgeltung deutschen Rechts.[165] Dabei war auch maßgeblich, dass die Union in diesem Bereich noch

---

156 Hierzu: *Streinz*, Europarecht, Rz. 553 ff.; Oppermann/Classen/Nettesheim/*Nettesheim*, Europarecht, § 11 Rz. 51 ff.
157 Vgl. Art. 16 EUV und Art. 3 Protokoll (Nr. 36) über die Übergangsbestimmungen zum Vertrag von Lissabon (ABl. Nr. C 83 v. 30.3.2010, S. 322 f.).
158 EuGH v. 7.7.1976 – 118/75 – Watson und Belman, Slg. 1976, 1185 Rz. 16; allg. zur Arbeitnehmerfreizügigkeit: Ehlers/*Becker*, § 9 Rz. 1 ff.; Hanau/Steinmeyer/Wank/*Hanau*, § 15 Rz. 1 ff.; *Riesenhuber*, Europäisches Arbeitsrecht, § 3 Rz. 3 ff.
159 EuGH v. 4.4.1974 – 167/73 – Kommission/Frankreich, Slg. 1974, 359 Rz. 35; v. 4.12.1974 – 41/74 – Van Duyn, Slg. 1974, 1337 Rz. 5/7.
160 Grabitz/Hilf/Nettesheim/*Forsthoff*, Art. 45 AEUV Rz. 131 ff. (m.w.N.).
161 EuGH v. 27.1.2000 – C-190/98 – Graf, Slg. 2000, I-493 Rz. 18.
162 EuGH v. 8.7.1999 – C-234/97 – Fernández de Bobadilla, Slg. 1999, I-4773 Rz. 36; zu Satzungen von Sportverbänden: EuGH v. 15.12.1995 – C-415/93 – Bosman, Slg. 1995, I-4921 Rz. 69 ff.; v. 13.4.2000 – C-176/96 – Lehtonen, Slg. 2000, I-2681 Rz. 47 ff.; zum Ganzen: *Parpart*, Die unmittelbare Bindung Privater an die Personenverkehrsfreiheiten, S. 185 ff.
163 EuGH v. 6.6.2000 – C-281/98 – Angonese, Slg. 2000, I-4139 Rz. 36; zust. Calliess/Ruffert/*Brechmann*, Art. 45 AEUV Rz. 56; krit. *Streinz*, Europarecht, Rz. 875; abl. Streinz/*Franzen*, Art. 45 AEUV Rz. 95 f.
164 EuGH v. 26.1.1999 – C-18/95 – Terhoeve, Slg. 1999, I-345 Rz. 26 (m.w.N.).
165 EuGH v. 18.7.2017 – C-566/15 – Erzberger, NJW 2017, 2603; s. aber EuGH v. 13.7.2016 – C-187/15 – Pöpperl, NVwZ 2016, 1465 Rz. 24; näher *Klein/Leist*, ZESAR 2017, 468 (473 ff.); *Rödl*, EuZA 2018, 88; *Schanze*, AG 2017, 573; *Wienbracke*, NZA 2017, 1036.

keine Harmonisierungsmaßnahmen erlassen hat. Schließlich enthält die Arbeitnehmerfreizügigkeit ein **Beschränkungsverbot**, das sich gegen Bestimmungen richtet, die einen Unionsbürger daran hindern oder davon abhalten, von der Arbeitnehmerfreizügigkeit Gebrauch zu machen. Derartige Bestimmungen beeinträchtigen das Freizügigkeitsrecht auch dann, wenn sie unabhängig von der Staatsangehörigkeit gelten und daher keine Diskriminierung vorliegt.[166]

Art. 46 AEUV verleiht der Union eine weitreichende Kompetenz zur **Herstellung der Arbeitnehmerfreizügigkeit**. Hierauf stützen sich etwa die Freizügigkeitsverordnung (EU) Nr. 492/2011[167] sowie bestimmte Vorschriften der Unionsbürgerrichtlinie 2004/38/EG[168] und der Richtlinie über die Anerkennung von Berufsqualifikationen 2005/36/EG[169]. Darüber hinaus ermächtigt Art. 48 AEUV die Union zur Herstellung der Freizügigkeit der Arbeitnehmer auch rechtsetzend auf dem **Gebiet der sozialen Sicherheit** tätig zu werden. Auf dieser Grundlage wurden die Regelungen des koordinierenden EU-Sozialrechts, insbesondere die Verordnungen (EG) Nr. 883/2004[170] und Nr. 987/2009[171], geschaffen.[172]   1.49

bb) Dienstleistungsfreiheit

Eine mit der Kompetenz zur Rechtsetzung im Bereich der Arbeitnehmerfreizügigkeit vergleichbare Befugnis findet sich für die Dienstleistungsfreiheit in den Art. 53 Abs. 1, 62 AEUV. Danach ist die Union zur Angleichung mitgliedstaatlicher Rechtsvorschriften in Bezug auf den Dienstleistungsverkehr berechtigt. Dies ist die Grundlage für den Erlass der **Entsenderichtlinie** 96/71/EG (vgl. Rz. 16.63).   1.50

cc) Niederlassungsfreiheit

Rechtsakte zur Verwirklichung der Niederlassungsfreiheit können nach Art. 44 AEUV im ordentlichen Gesetzgebungsverfahren erlassen werden. Auf dieser Grundlage erging die **Verschmelzungsrichtlinie** 2005/56/EG,[173] deren Art. 16 die unternehmerische Mitbestimmung in Gesellschaften regelt, die in Ausübung der Niederlassungsfreiheit durch die grenzüberschreitende Fusion von Kapitalgesellschaften entstehen.   1.51

b) Sozialpolitik

Die zentralen Bestimmungen zu den arbeitsrechtlichen Zuständigkeiten der Union finden sich im Titel „Sozialpolitik", der begrifflich nicht nur das Sozial(versicherungs)-, sondern vor allem auch das Arbeitsrecht umfasst. Insbesondere Art. 153 AEUV enthält einen weitreichenden **Kompetenzkatalog**, der geteilte (vgl. Rz. 1.40) und überwiegend arbeitsrechtliche Rechtsetzungskompetenzen enthält.   1.52

aa) Allgemeine Voraussetzungen

Art. 153 AEUV erlaubt allein den Erlass von **Richtlinien**, die gem. Art. 153 Abs. 2 UAbs. 1 Buchst. b Satz 1 AEUV lediglich **Mindestvorschriften** enthalten dürfen. Das bedeutet nach Art. 153 Abs. 4 Spiegelstr. 2 AEUV, dass die sozialpolitischen Richtlinien die Mitgliedstaaten nicht daran hindern dürfen, zugunsten der Arbeitnehmer strengere, aber unionsrechtskonforme Schutz-   1.53

---

166 EuGH v. 15.12.1995 – C-415/93 – Bosman, Slg. 1995, I-4921 Rz. 96; hierzu umfassend: *Roloff*, Das Beschränkungsverbot des Art. 39 EG, S. 27 ff.
167 ABl. Nr. L 414 v. 27.5.2011, S. 1.
168 ABl. Nr. L 158 v. 30.4.2004, S. 77.
169 ABl. Nr. L 255 v. 30.9.2005, S. 22.
170 ABl. Nr. L 166 v. 30.4.2004, S. 1.
171 ABl. Nr. L 284 v. 30.10.2009, S. 1.
172 Hierzu: EAS/*Eichenhofer*, B 1200 Rz. 1 ff.
173 ABl. Nr. L 310 v. 25.11.2005, S. 1.

maßnahmen beizubehalten oder zu treffen.[174] Für den Bereich der Sozialpolitik ist somit das Konzept der Mindestharmonisierung verbindlich vorgeschrieben.[175] Sozialpolitische Richtlinien gestatten deswegen den Mitgliedstaaten in aller Regel ausdrücklich den Erlass von Vorschriften, die für die Arbeitnehmer günstiger sind. Die Union ist indes nicht auf das Niveau des kleinsten gemeinsamen Nenners verpflichtet, der sich aus dem Vergleich der mitgliedstaatlichen Rechtsordnungen ergibt.[176] Die Richtlinien müssen nach Art. 153 Abs. 2 UAbs. 1 Buchst. b Satz 1 AEUV **schrittweise** anzuwenden sein, wofür eine angemessene Umsetzungsfrist bereits genügt.[177] Gemäß Art. 153 Abs. 2 UAbs. 1 Buchst. b Satz 2 AEUV dürfen sie keine verwaltungsmäßigen, finanziellen oder rechtlichen Auflagen vorschreiben, die der Gründung und Entwicklung von **kleineren und mittleren Unternehmen** entgegenstehen. Diese Aussage hat lediglich programmatischen Charakter und enthält kein einklagbares Recht.[178] Die sozialpolitischen Richtlinien müssen auf der nationalen Ebene nicht zwingend von den Mitgliedstaaten umgesetzt werden. Art. 153 Abs. 3 AEUV erlaubt den Mitgliedstaaten, die Durchführung auf **einzelstaatliche Sozialpartner** zu übertragen. Die Umsetzung erfolgt dann durch den Abschluss von Tarifverträgen, doch bleibt der Mitgliedstaat für die ordnungsgemäße Umsetzung verantwortlich.

1.54   Die Umsetzung von Richtlinien durch Tarifvertrag ist in Deutschland praktisch nicht von Bedeutung. Das Unionsrecht verlangt eine flächendeckende Richtlinienumsetzung, die die Tarifvertragsparteien in Deutschland wegen ihrer beschränkten Tarifzuständigkeit und der Begrenzung ihrer Rechtsetzungsbefugnisse auf ihre jeweiligen Mitglieder nicht gewährleisten können.[179]

bb) Katalog sozialpolitischer Kompetenzen

1.55   Innerhalb des Art. 153 AEUV lassen sich **drei Gruppen** von Zuständigkeiten unterscheiden. In der ersten Gruppe ist eine Kompetenz zur Rechtsangleichung ausgeschlossen. Die zweite Gruppe erfordert eine einstimmige Beschlussfassung im Rat. In der dritten Gruppe genügt hingegen ein Ratsbeschluss mit qualifizierter Mehrheit. Für bestimmte Bereiche wird in Art. 153 Abs. 5 AEUV eine Unionszuständigkeit ausgeschlossen.[180]

1.56   Der Union steht **keine Kompetenz für die Angleichung** des mitgliedstaatlichen Rechts auf den Gebieten der sozialen Ausgrenzung und der Modernisierung der Systeme des sozialen Schutzes zu (Art. 153 Abs. 1 Buchst. j und k AEUV). In diesen beiden Bereichen beschränken sich die Zuständigkeiten der Union gem. Art. 153 Abs. 2 UAbs. 1 Buchst. a AEUV auf die Förderung der Zusammenarbeit zwischen den Mitgliedstaaten.

1.57   In einem **besonderen Gesetzgebungsverfahren**, das Einstimmigkeit im Rat erfordert, kann die Union gem. Art. 153 Abs. 2 UAbs. 3 i.V.m. Abs. 1 Buchst. c, d, f und g AEUV Richtlinien zu den folgenden Materien erlassen:

---

174 Schwarze/Rebhahn/*Reiner*, Art. 153 AEUV Rz. 75.
175 S. hierzu: *Käppler*, FS Schwerdtner, S. 751 (761 ff.); Ales/Bell/Deinert/Robin-Oliver/*Ales*, Art. 153 TFEU Rz. 21.
176 EuGH v. 12.11.1996 – C-84/94 – Vereinigtes Königreich/Rat, Slg. 1996, I-5755 Rz. 56; s. auch EAS/*Sagan*, B 1100 Rz. 37; teilw. abw. Streinz/*Eichenhofer*, Art. 153 AEUV Rz. 27; anders Schwarze/Rebhahn/*Reiner*, Art. 153 AEUV Rz. 69.
177 EAS/*Sagan*, B 1100 Rz. 38; strenger Calliess/Ruffert/*Krebber* Art. 153 AEUV Rz. 31.
178 Grabitz/Hilf/Nettesheim/*Benecke*, Art. 153 AEUV Rz. 11; *Buchner*, RdA 1993, 189 (194); Calliess/Ruffert/*Krebber* Art. 153 AEUV Rz. 32; a.A. EuG v. 17.6.1998 – T-135/96 – UEAPME, Slg. 1998, II-2335 Rz. 80; *Seifert*, RdA 2004, 200 (203).
179 Grabitz/Hilf/Nettesheim/*Benecke*, Art. 153 AEUV Rz. 13; Hanau/Steinmeyer/Wank/*Hanau*, § 19 Rz. 18 f.
180 Näher zum Katalog sozialpolitischer Kompetenzen: *Birk*, RdA 1992, 68; *Riesenhuber*, Europäisches Arbeitsrecht, § 4 Rz. 7 ff.; Hanau/Steinmeyer/Wank/*Steinmeyer*, § 12 Rz. 38 ff.; *Wank*, RdA 1995, 10 (18 ff.).

- Soziale Sicherheit und sozialer Schutz der Arbeitnehmer,
- Schutz der Arbeitnehmer bei Beendigung des Arbeitsvertrags,
- Vertretung und kollektive Wahrnehmung der Arbeitnehmer- und Arbeitgeberinteressen, einschließlich der Mitbestimmung, und
- Beschäftigungsbedingungen der Staatsangehörigen dritter Länder, die sich rechtmäßig in der Union aufhalten.

Einer Rechtsetzungszuständigkeit im **ordentlichen Gesetzgebungsverfahren** unterliegen nach Art. 153 Abs. 2 UAbs. 1 Buchst. b Satz 1 i.V.m. Abs. 1 Buchst. a, b, e, h und i AEUV die folgenden Bereiche:

1.58

- Verbesserung insbesondere der Arbeitsumwelt zum Schutz der Gesundheit und der Sicherheit der Arbeitnehmer,
- Arbeitsbedingungen,
- Unterrichtung und Anhörung der Arbeitnehmer,
- berufliche Eingliederung der aus dem Arbeitsmarkt ausgegrenzten Personen sowie
- Chancengleichheit von Männern und Frauen auf dem Arbeitsmarkt und Gleichbehandlung am Arbeitsplatz.

Auf der Grundlage des heutigen Art. 153 AEUV wurden zahlreiche arbeitsrechtliche Richtlinien erlassen, die von erheblicher Bedeutung für die Praxis sind. Zu ihnen zählen u.a.:

1.59

- die allgemeine Unterrichtungs- und Anhörungsrichtlinie 2002/14/EG,[181]
- die Arbeitszeitrichtlinie 2003/88/EG,[182]
- die Insolvenzrichtlinie 2008/94/EG,[183]
- die Leiharbeitsrichtlinie 2008/104/EG,[184]
- die Europäische-Betriebsräte-Richtlinie 2009/38/EG,[185]
- die Arbeitsschutzrahmenrichtlinie 89/391/EWG[186] sowie zahlreiche Einzelrichtlinien zum technischen und sozialen Arbeitsschutz, wie etwa die Mutterschutzrichtlinie 92/85/EWG[187].

cc) Bereichsausnahme des Art. 153 Abs. 5 AEUV

Art. 153 Abs. 5 AEUV schließt eine Zuständigkeit der Union für das **Arbeitsentgelt**, das **Koalitionsrecht**, das **Streikrecht** sowie das **Aussperrungsrecht** aus. Nach dem Wortlaut der Norm gilt dies nur für die sich aus Art. 153 AEUV ergebenden Unionskompetenzen. Nach ihrem Zweck scheint sie bei vordergründiger Betrachtung die Zuständigkeiten der Mitgliedstaaten zu schützen. In den von der Ausschlussklausel erfassten Bereichen haben die meisten Mitgliedstaaten die staatliche Rechtsetzung aber ohnehin weitgehend zugunsten der nationalen Sozialpartner zurückgenommen. Ihr primärer Zweck zielt daher auf den Schutz der Autonomie der einzelstaatlichen

1.60

---

181 ABl. Nr. L 80 v. 23.3.2002, S. 29.
182 ABl. Nr. L 299 v. 18.11.2003, S. 9.
183 ABl. Nr. L 283 v. 28.10.2008, S. 36.
184 ABl. Nr. L 327 v. 5.12.2008, S. 9.
185 ABl. Nr. L 122 v. 16.5.2009, S. 28.
186 ABl. Nr. L 183 v. 29.6.1989, S. 1.
187 ABl. Nr. L 348 v. 28.11.1992, S. 1.

Tarifvertragsparteien.[188] Aus diesem Grund und wegen des engen sachlichen Zusammenhangs zu den in Art. 153 Abs. 5 AEUV aufgezählten Materien ist eine sozialpolitische Kompetenz der Union für das **Tarifvertragsrecht** ebenfalls ausgeschlossen.[189]

1.61 Die Ausnahme des Arbeitsentgelts bezieht sich lediglich auf Regelungen, die **unmittelbar** die Höhe des Entgelts festlegen, nicht aber auf Bestimmungen, die nur mittelbar auf diese einwirken.[190] Zulässig ist etwa die Regelung in Art. 5 Abs. 1, 3 Abs. 1 Buchst. f Nr. ii Leiharb-RL, nach der Leiharbeitnehmern prinzipiell mindestens die Vergütung zustehen muss, die sie bei einer hypothetischen Beschäftigung beim Entleiher erhalten würden.[191]

dd) Anhörung der europäischen Sozialpartner

1.62 Bevor die Kommission einen auf Art. 153 AEUV gestützten Rechtsetzungsvorschlag unterbreitet, ist sie nach Art. 154 Abs. 2 AEUV zur **Anhörung** der europäischen Sozialpartner verpflichtet. Erachtet sie anschließend eine Unionsmaßnahme für zweckmäßig, besteht eine erneute Anhörungspflicht nach Art. 154 Abs. 3 AEUV. Die europäischen Sozialpartner haben bei beiden Anhörungen gem. Art. 154 Abs. 4 AEUV das Recht, in Verhandlungen über eine Vereinbarung zu treten (vgl. Rz. 1.71). In diesem Fall ist die Kommission verpflichtet, ihr Rechtsetzungsverfahren auszusetzen und – grundsätzlich bis zur Dauer von neun Monaten – das Ergebnis der Verhandlungen abzuwarten.[192] Ein unter Verstoß gegen die Anhörungspflichten erlassener Rechtsakt der Union ist prinzipiell nichtig.[193] Damit tritt im Bereich der europäischen Sozialpolitik neben den Grundsatz der vertikalen Subsidiarität in Art. 5 Abs. 3 AEUV der Vorrang der europäischen Sozialpartner hinzu, der als Grundsatz der sozialen Subsidiarität bezeichnet wird.[194]

c) Gleichbehandlung

1.63 Art. 157 AEUV enthält zum einen den unmittelbar anwendbaren **Grundsatz gleichen Entgelts** für Männer und Frauen bei gleicher und gleichwertiger Arbeit.[195] Zum anderen ermächtigt die Vorschrift die Union dazu, im ordentlichen Gesetzgebungsverfahren Maßnahmen zu diesem Grund-

---

188 GAin *Kokott* v. 9.1.2008 – C-268/06 – Impact, Slg. 2008, I-2483 Rz. 172; Däubler/*Heuschmid*, Arbeitskampfrecht, § 11 Rz. 109; EAS/*Sagan*, B 1100 Rz. 45; vgl. auch EuGH v. 13.9.2007 – C-307/05 – Del Cerro Alonso, Slg. 2007, I-7109 Rz. 40.
189 *Greiner*, Rechtsfragen der Koalitions-, Tarif- und Arbeitskampfpluralität, S. 163; Calliess/Ruffert/*Krebber*, Art. 153 AEUV Rz. 12; *Löwisch/Rieble*, TVG, Grundl. Rz. 475; EAS/*Sagan*, B 1100 Rz. 45; a.A. Grabitz/Hilf/Nettesheim/*Benecke*, Art. 153 AEUV Rz. 104; EuArbR/*Franzen*, Art. 153 AEUV Rz. 50; *Thüsing/Traut*, RdA 2012, 65 (67). Für eine „enge" Auslegung des Art. 153 Abs. 5 AEUV: EuGH v. 13.9.2007 – C-307/05 – Del Cerro Alonso, Slg. 2007, I-7109 Rz. 39; zu Recht abl. *Riesenhuber*, Europäisches Arbeitsrecht, § 4 Rz. 8.
190 EuGH v. 13.9.2007 – C-307/05 – Del Cerro Alonso, Slg. 2007, I-7109 Rz. 43 ff.; abw. Calliess/Ruffert/*Krebber*, Art. 153 AEUV Rz. 11.
191 *Hamann*, EuZA 2009, 287 (291 ff.); *Sansone*, Gleichstellung von Leiharbeitnehmern, S. 68 ff.; EAS/*Sagan*, B 1100 Rz. 47; a.A. *Bertram*, ZESAR 2003, 205 (214); Lenz/Borchardt/*Coen*, Art. 153 AEUV Rz. 47; *Raab*, ZfA 2003, 389 (414).
192 KOM (2004), 557 endg., S. 11; Vedder/Heintschel von Heinegg/*Gassner*, Art. 154 AEUV Rz. 8; Schwarze/*Rebhahn*, Art. 154 AEUV Rz. 11; EAS/*R. Schwarze*, B 8100 Rz. 98; a.A. *Höland*, ZIAS 1995, 425 (441).
193 EuG v. 17.6.1998 – T-135/96 – UEAPME, Slg. 1998, II-2335 Rz. 89 f.; näher Streinz/*Eichenhofer*, Art. 154 AEUV Rz. 4.
194 KOM (2002), 341 endg., S. 9; s. ferner *Heinze*, ZfA 1997, 505 (521); EAS/*Sagan*, B 1100 Rz. 48.
195 EuGH v. 8.4.1976 – 43/75 – Defrenne, Slg. 1976, 455 Rz. 21, 24; zum Hintergrund: *Hoskyns*, Integrating Gender, S. 90 ff.; grdl. zur unmittelbaren Anwendung des heutigen Art. 157 AEUV: *Vogel-Polsky*, Journal des Tribunaux 1967, 233; zur verfassungsrechtlichen Bedeutung der Entscheidung: *Van Gerven*, Cahiers de Droit Européen. 1977, 131.

satz sowie zur Chancengleichheit und der Gleichbehandlung der Geschlechter in Arbeits- und Beschäftigungsfragen zu beschließen. Das ermöglicht Rechtsakte der Union etwa in den Bereichen der sozialen Sicherheit, der Vereinbarkeit von Familie und Beruf und der Teilzeitarbeit.[196] Auf diese Ermächtigungsgrundlage stützt sich insbesondere die Geschlechterrichtlinie 2006/54/EG.[197] Die Zuständigkeit zur Regelung sog. positiver Maßnahmen, die bestehende Nachteile eines Geschlechts ausgleichen sollen, weist Art. 157 Abs. 4 AEUV den Mitgliedstaaten zu.[198]

Eine weitere Rechtsgrundlage im Bereich des Gleichbehandlungsrechts ist Art. 19 Abs. 1 AEUV, der Maßnahmen zur Bekämpfung von **Diskriminierungen** aus Gründen des Geschlechts, der Rasse, der ethnischen Herkunft, der Religion oder Weltanschauung, einer Behinderung, des Alters oder der sexuellen Ausrichtung erlaubt. Diese Aufzählung ist abschließend.[199] Zudem setzt die Norm voraus, dass die Diskriminierung in einem Bereich verboten wird, für den der Union nach einer anderen Vorschrift eine Rechtsetzungskompetenz zusteht.[200] Für das Arbeitsrecht kann insoweit insbesondere an die Unionszuständigkeit für die Arbeitsbedingungen nach Art. 153 Abs. 1 Buchst. b AEUV angeknüpft werden. Wiederum werden positive Maßnahmen nicht erfasst, weil Art. 19 Abs. 2 AEUV insoweit eine Angleichung nationalen Rechts *expressis verbis* ausschließt.[201] Die heute in Art. 19 Abs. 1 AEUV befindliche Vorschrift ist die Grundlage für die Antirassismusrichtlinie 2000/43/EG und die Gleichbehandlungsrahmenrichtlinie 2000/78/EG.

1.64

d) Rechtsangleichung im Binnenmarkt

Art. 114 AEUV ermächtigt die Union im ordentlichen Gesetzgebungsverfahren zum Erlass von Vorschriften, die der Errichtung und dem Funktionieren des Binnenmarktes dienen. Hiervon sind gem. Art. 114 Abs. 2 AEUV Bestimmungen über die Rechte und Interessen der Arbeitnehmer ausgenommen. Eine Art. 114 AEUV entsprechende Kompetenz zum Erlass von Richtlinien, für die diese Ausnahme nicht gilt, findet sich in **Art. 115 AEUV**. Diese setzt in einem besonderen Gesetzgebungsverfahren Einstimmigkeit im Rat voraus. Auf dieser Grundlage wurden vor allem die frühen arbeitsrechtlichen Richtlinien geschaffen, bei deren Erlass es noch an sozialpolitischen Kompetenzen der Union fehlte. Wenn auch die ursprünglichen Richtlinien inzwischen ersetzt wurden, stützen sich die Nachfolgeakte gleichwohl auf die heute in Art. 115 AEUV befindliche Reglung. Hierzu gehören insbesondere:

1.65

- die Nachweisrichtlinie 91/533/EWG,[202]
- die Massenentlassungsrichtlinie 98/59/EG[203] und
- die Betriebsübergangsrichtlinie 2001/23/EG[204].

In einem auf Art. 115 AEUV übertragbaren[205] Grundsatzurteil zu Art. 114 AEUV hat der EuGH entschieden, dass ein Rechtsakt zur Rechtsangleichung im Binnenmarkt dazu beitragen muss, spür-

1.66

---

196 Streinz/*Eichenhofer*, Art. 157 AEUV Rz. 23; Grabitz/Hilf/Nettesheim/*Langenfeld*, Art. 157 AEUV Rz. 79.
197 ABl. Nr. L 204 v. 26.7.2006, S. 25.
198 Calliess/Ruffert/*Krebber*, Art. 157 AEUV Rz. 92; Grabitz/Hilf/Nettesheim/*Langenfeld*, Art. 157 AEUV Rz. 82; abw. Streinz/*Eichenhofer*, Art. 157 AEUV Rz. 25 f.
199 EuGH v. 11.7.2006 – C-13/05 – Chacón Navas, Slg. 2006, I-6467 Rz. 56.
200 BGH v. 26.11.2007 – NotZ 23/07, NJW 2008, 1229 (1232); EuArbR/*Franzen*, Art. 19 AEUV Rz. 6; weitergehend: Calliess/Ruffert/*Epiney*, Art. 19 AEUV Rz. 4.
201 Streinz/*Streinz*, Art. 19 AEUV Rz. 21; a.A. Schwarze/*Holoubek*, Art. 19 AEUV Rz. 21.
202 ABl. Nr. L 288 v. 18.10.1991, S. 32.
203 ABl. Nr. L 225 v. 12.8.1998, S. 16.
204 ABl. Nr. L 82 v. 22.3.2001, S. 16.
205 Lenz/Borchardt/*Fischer*, Art. 115 AEUV Rz. 2; Streinz/*Schröder*, Art. 115 AEUV Rz. 8 f.; Grabitz/Hilf/Nettesheim/*Tietje*, Art. 115 AEUV Rz. 7 f.

bare Hindernisse der Grundfreiheiten oder spürbare Wettbewerbsverzerrungen zu beseitigen.[206] Auch die betreffenden Richtlinien im Bereich des Arbeitsrechts müssen folgerichtig so ausgelegt werden, dass sie diesen Anforderungen gerecht werden und sich begünstigend auf das Funktionieren des Binnenmarktes auswirken.[207] Auf Art. 115 AEUV und dessen Vorläufer gestützte Richtlinien können nicht (nachträglich) den sich aus Art. 153 AEUV ergebenden Beschränkungen für die europäische Rechtsetzung, insbesondere nicht dem Gebot der Mindestharmonisierung, unterworfen werden.[208]

e) Internationales Arbeitsrecht

1.67 Zu den allgemeinen Zielen der Union gehört nach Art. 3 Abs. 2 EUV, den Bürgern einen „Raum der Freiheit, der Sicherheit und des Rechts"[209] ohne Binnengrenzen zu bieten. Das umfasst die justizielle Zusammenarbeit in Zivilsachen, in deren Rahmen gem. Art. 81 Abs. 2 Buchst. c AEUV Maßnahmen erlassen werden können, die die Vereinbarkeit der mitgliedstaatlichen Kollisionsnormen und Vorschriften zur Vermeidung von Kompetenzkonflikten sicherstellen. Der Union steht damit eine Kompetenz für das **internationale Arbeitsrecht** zu, von der Dänemark und im Grundsatz auch das Vereinigte Königreich ausgenommen sind.[210] Zum internationalen Arbeitsrecht der Union gehört die **Rom I-Verordnung**,[211] die das internationale Arbeitsvertragsrecht regelt (vgl. Rz. 16.47 ff.), sowie die **Rom II-Verordnung**,[212] die Bestimmungen zum internationalen Arbeitskampfdeliktsrecht enthält. Im Übrigen enthalten die Art. 20 ff. der sog. **EuGVVO**[213] Vorschriften zur internationalen Zuständigkeit für individuelle Arbeitsverträge.

f) Kompetenzabrundungsklausel

1.68 Ist zur Erreichung eines Unionsziels ein Tätigwerden der Union erforderlich, ohne dass ihr die hierfür erforderlichen Befugnisse zustehen, ermächtigt die **Kompetenzabrundungsklausel** des Art. 352 AEUV den Rat, auf Vorschlag der Kommission und nach Zustimmung des Parlaments einstimmig die geeigneten Rechtsvorschriften zu erlassen. Aufgrund der Verzahnung dieser **subsidiären** Kompetenz mit den weitgesteckten Unionszielen könnten hierauf prinzipiell auch Maßnahmen gestützt werden, die beispielsweise der Förderung der sozialen Gerechtigkeit nach Art. 3 Abs. 3 EUV dienen.[214] Um eine unzulässige Aushöhlung mitgliedstaatlicher Kompetenzen und des Grundsatzes der beschränkten Einzelermächtigung zu verhindern, kann Art. 352 AEUV aber „keine Grundlage dafür bieten, den Bereich der [Unionsbefugnisse] über den allgemeinen Rahmen hinaus auszudehnen, der sich aus der Gesamtheit der Vertragsbestimmungen (…) ergibt".[215]

1.69 Für das Arbeitsrecht von besonderer Bedeutung ist die Frage, ob die **Bereichsausnahme** des Art. 153 Abs. 5 AEUV im Rahmen des Art. 352 AEUV zu berücksichtigen ist. Für eine solche

---

206 EuGH v. 5.10.2000 – C-376/98 – Deutschland/Parlament und Rat, Slg. 2000, I-8419 Rz. 84, 97 und 107.
207 So zur Betriebsübergangsrichtlinie 2001/23/EG: EuGH v. 15.12.2005 – C-232/04 und C-233/04 – Güney-Görres, Slg. 2005, I-11237 Rz. 40; GA Maduro v. 16.6.2005 – C-232/04 und C-233/04 – Güney-Görres, Slg. 2005, I-11237 Rz. 30; allg. EAS/Sagan, B 1100 Rz. 54.
208 A.A. Wißmann, RdA 2015, 301 (303).
209 Hierzu: Müller-Graff, EuR-Beiheft 2009, 105.
210 S. Protokoll (Nr. 22) über die Position Dänemarks und Protokoll (Nr. 21) über die Position des Vereinigten Königreichs und Irlands (ABl. Nr. C 83 v. 10.3.2010, S. 295, 299).
211 ABl. Nr. L 177 v. 4.7.2008, S. 6; hierzu: HWK/Tillmanns, Art. 3, 8, 9 Rom-I-VO Rz. 1 ff.
212 ABl. Nr. L 199 v. 31.7.2007, S. 40; hierzu: Deinert, ZESAR 2012, 311; Junker, NJW 2007, 3675; Knöfel, EuZA 2008, 228.
213 ABl. Nr. L 351 v. 20.12.2012, S. 1.
214 Vgl. Calliess/Ruffert/Rossi, Art. 352 AEUV Rz. 33.
215 EuGH v. 23.3.1996 – Gutachten 2/94 – „EMRK-Beitritt", Slg. 1996, I-1759 Rz. 30.

„Fernwirkung" spricht, dass die Kompetenzabrundungsklausel nach Art. 352 Abs. 3 AEUV keine Harmonisierung in einem Bereich gestattet, in dem eine Angleichung von Rechtsvorschriften nach den Verträgen ausgeschlossen ist. Wenn danach aber schon das bloße Harmonisierungsverbot des Art. 153 Abs. 2 UAbs. 1 Buchst. a AEUV zu berücksichtigen ist, muss dies erst recht für die Bereichsausnahme des Art. 153 Abs. 5 AEUV gelten.[216]

Der Rückgriff auf Art. 352 AEUV war etwa für den Erlass der SE-Richtlinie 2001/86/EG[217] erforderlich, weil sie für die unternehmerische Mitbestimmung nicht nur Mindestvorschriften i.S.d. Art. 153 Abs. 2 AEUV enthält, sondern die unternehmerische Mitbestimmung in der SE nach ihrem Art. 13 Abs. 2 abschließend regelt.[218] Ebenfalls auf Art. 352 AEUV stützt sich die SCE-Richtlinie 2003/72/EG.[219]

1.70

3. Der soziale Dialog

Auf der europäischen Ebene bestehen seit langem Zusammenschlüsse mitgliedstaatlicher Arbeitgeber- und Arbeitnehmervereinigungen. Zu diesen **europäischen Sozialpartnern** gehören auf der allgemeinen, branchenübergreifenden Ebene vor allem BusinessEurope[220], als Vertretung der privaten Arbeitgeber, der Europäische Zentralverband der öffentlichen Wirtschaft (CEEP[221]), als Vertretung der öffentlichen Arbeitgeber, sowie auf der Seite der Arbeitnehmer der Europäische Gewerkschaftsbund (EGB[222]). Daneben gibt es zahlreiche sog. branchenspezifische Sozialpartner, die einem bestimmten Wirtschaftssektor zuzuordnen sind.[223] Die europäischen Sozialpartner sind nach Art. 155 AEUV zum **sozialen Dialog auf Unionsebene** berechtigt, vertragliche Beziehungen aufzunehmen und Vereinbarungen abzuschließen. Derartige Sozialpartnervereinbarungen können nach Art. 155 Abs. 2 AEUV auf zwei unterschiedlichen Wegen durchgeführt werden. Zum einen ist eine Umsetzung nach den jeweiligen Gepflogenheiten der Sozialpartner und der Mitgliedstaaten möglich. In diesem Fall sind die Mitgliedstaaten unstreitig nicht zur Umsetzung der Vereinbarung verpflichtet,[224] weswegen von einer **autonomen Sozialpartnervereinbarung** gesprochen wird.[225] Auch kann eine solche nicht unmittelbar Rechtswirkungen für Arbeitsvertragsparteien erzeugen, zumal diese nicht selbst Mitglied der europäischen Verbände sind. Notwendig ist vielmehr eine Umsetzung der europäischen Vereinbarung durch den Abschluss von Tarifverträgen auf der Ebene der Mitgliedstaaten nach nationalem Tarifvertragsrecht; sog. *Modell des mehrstufigen Kollektivvertrages*.[226] Zum anderen kann der Rat die Vereinbarung auf gemeinsamen Antrag der Vertragsparteien und auf Vorschlag der Kommission durch **Beschluss** durchführen. Damit ist kein

1.71

---

216 EuArbR/*Franzen*, Art. 153 AEUV Rz. 46; EAS/*Hergenröder*, B 8400 Rz. 47 und 50; *Rieble/Kolbe*, EuZA 2008, 453 (466); *Sagan*, Gemeinschaftsgrundrecht auf Kollektivmaßnahmen, S. 61 f.; *Thüsing/Traut*, RdA 2012, 65 (68); näher zum Ganzen: EAS/*Sagan*, B 1100 Rz. 62 ff.
217 ABl. Nr. L 294 v. 10.11.2001, S. 22.
218 Str.; *Herfs-Röttgen*, NZA 2002, 358 (358 f.); *Kleinsorge*, RdA 2002, 343 (345 f.).
219 ABl. Nr. L 207 v. 18.8.2003, S. 25.
220 Zuvor: Union der Industrie- und Arbeitgeberverbände Europas/*Union des Industries de la Communauté Européenne* (UNICE).
221 *Centre Européen de l'Entreprise Publique*.
222 Häufig auch „ETUC" (*European Trade Union Congress*).
223 Aufzählung der Kommission unter http://ec.europa.eu/social/BlobServlet?docId=2154&langId=de [per 15.8.2018]; s. ferner Calliess/Ruffert/*Krebber*, Art. 154 AEUV Rz. 20.
224 Statt aller: Schwarze/*Rebhahn*, Art. 155 AEUV Rz. 10.
225 Vgl. KOM (2004), 557 endg., S. 11 f.
226 Grabitz/Hilf/Nettesheim/*Benecke*, Art. 155 AEUV Rz. 4; Lenz/Borchardt/*Coen*, Art. 155 AEUV Rz. 3; Fuchs/Marhold/*Fuchs*, Europäisches Arbeitsrecht, S. 337 f.; *Höland*, ZIAS 1995, S. 425 (440 ff.); *Konzen*, EuZW 1995, 39 (47); Ales/Bell/Deinert/Robin-Oliver/*Lo Faro*, Art. 154, 155 TFEU Rz. 38; *Löwisch/Rieble*, TVG, Grundl. Rz. 447; *Zachert*, FS Schaub, S. 811 (827); a.A. *Deinert*, Der europäische Kollektivvertrag, S. 436 ff. – Modell der parallelen Wirkungsstatute; Däubler/*Schiek*, TVG, Einleitung Rz. 926 – sog. Statuskontraktmodell; *Kempen*, KritV 1994, 13 (51 ff.) – sog. IPR-Modell.

Beschluss i.S.d. Art. 288 AEUV gemeint. Vielmehr ergeht der Ratsbeschluss in Form einer Richtlinie, die die Mitgliedstaaten zur Umsetzung der Sozialpartnervereinbarung verpflichtet.[227]

1.72 Die Rechtsnatur des sozialen Dialogs ist umstritten. An einem Ende des Meinungsspektrums wird die Ansicht vertreten, es handele sich um ein Verfahren **hoheitlicher Rechtsetzung** unter Mitwirkung der Sozialpartner.[228] Das beruht vor allem auf der Annahme, autonome Vereinbarungen würden allenfalls schuldrechtlich zwischen den europäischen Vertragsparteien wirken.[229] Am anderen Ende des Meinungsspektrums findet sich die Auffassung, dass es sich bei den Sozialpartnervereinbarungen i.S.d. Art. 28 Var. 1 GRC um **europäische Tarifverträge** handelt.[230] Hierfür spricht, dass dem Grundrecht kein nationalrechtlicher, sondern ein europäischer Begriff des Tarifvertrages zugrunde liegt, der einen unmittelbaren Durchgriff auf die einzelnen Arbeitsverhältnisse nicht voraussetzt. Es ist auch nicht erklärlich, warum Art. 155 AEUV den Sozialpartnern den Abschluss einer unverbindlichen oder bloß schuldrechtlichen Abrede erlauben sollte. Diese Rechtsmacht stünde ihnen auch ohne die Norm zu. Die effektive Umsetzung autonomer Vereinbarungen muss vor allem im Fall des Art. 154 Abs. 4 AEUV gewährleistet sein, weil sie den Erlass eines unionalen Rechtsakts verhindert.[231] Die Kommission ist jedenfalls nicht ohne Weiteres berechtigt, eine Einigung der europäischen Sozialpartner mit einem eigenen Vorschlag zu konterkarieren. Im Übrigen ordnet Art. 155 Abs. 2 AEUV nach seinem Wortlaut die Durchführung beider Arten von Sozialpartnervereinbarungen gleichermaßen verbindlich an. Wenn nach einem Ratsbeschluss die mitgliedstaatlichen Gesetzgeber zur Durchführung verpflichtet sind, müssen bei autonomen Vereinbarungen folgerichtig die nationalen Mitglieder der europäischen Sozialpartner zur Durchführung verpflichtet sein.

1.73 Eine autonome Vereinbarung löst aus diesen Gründen auf Seiten der nationalen Mitglieder der europäischen Vertragsparteien eine **unionsrechtliche Durchführungspflicht** nach Art. 155 Abs. 2 AEUV aus. Das entspricht der Praxis des sozialen Dialogs; autonome Sozialpartnervereinbarungen sehen regelmäßig Rechtspflichten zur Umsetzung vor.[232] Voraussetzung dieser Verpflichtung ist, dass die nationalen Mitglieder die europäischen Sozialpartner ihrerseits zum Abschluss von Vereinbarungen legitimiert haben. Ein Verstoß gegen die Durchführungspflicht kann zu einer unionsrechtlichen und verschuldensunabhängigen Schadensersatzpflicht der nationalen Verbände gegenüber ihren Mitgliedern führen, die infolge fehlerhafter oder verspäteter Umsetzung einen Schaden erleiden.[233] Wie effektiv die Umsetzung tatsächlich ist, steht auf einem anderen Blatt. Aus diesem

---

227 Streinz/*Eichenhofer*, Art. 155 AEUV Rz. 17.
228 *Löwisch/Rieble*, TVG, Grundl. Rz. 450, die zu Unrecht von „staatlicher" Rechtsetzung sprechen; Calliess/Ruffert/*Krebber*, Art. 28 GRC Rz. 6; Thüsing/Braun/*Reufels*, Tarifrecht, Kap. 13 Rz. 80; *Rieble/Kolbe*, EuZA 2008, 453 (460).
229 EuArbR/*Franzen*, Art. 155 AEUV Rz. 14; Schlachter/Heinig/*Greiner*, § 21 Rz. 113; Pechstein/Nowak/Häde/*Kocher*, Art. 155 AEUV Rz. 38 f.; EAS/*R. Schwarze*, B 8100 Rz. 52.
230 *Sagan*, Gemeinschaftsgrundrecht auf Kollektivmaßahmen, S. 223 ff.; EAS/*Sagan*, B 8100 Rz. 110 (m.w.N.); s. auch *Bercusson*, Industrial Law Journal 1999, 153 (164); *Dukes/Cannon*, EU Labour Law, S. 89 (97 f.); tendenziell EuGH v. 21.9.1999 – C-67/96 – Albany, Slg. 1999, I-5751 Rz. 58 f.; BAG v. 18.11.2003 – 9 AZR 122/03, NZA 2004, 545 (547); v. 19.1.2011 – 3 AZR 29/09, ArbRB 2011, 235 = NZA 2011, 860 Rz. 47. Abl. zum Arbeitskampf im sozialen Dialog: EAS/*Hergenröder*, B 8400 Rz. 51 ff.; Streinz/*Eichenhofer*, Art. 155 AEUV Rz. 9; *Sagan*, Gemeinschaftsgrundrecht auf Kollektivmaßahmen, S. 316 ff.; a.A. EAS/*R. Schwarze*, B 8100 Rz. 39.
231 KOM (2004), 557 endg., S. 11 f.; a.A. Calliess/Ruffert/*Krebber*, Art. 155 AEUV Rz. 19, der in diesem Fall die Vertragsparteien – mit Wortlaut und Zweck des Art. 155 Abs. 2 AEUV unvereinbar – für verpflichtet hält, einen Antrag auf Durchführung ihrer Vereinbarung durch Ratsbeschluss zu stellen.
232 S. etwa Nr. 8 der Vereinbarung über die beruflichen Befähigungsnachweise für Friseure v. 18.6.2009 (Nachw. in der Fn. in Rz. 1.75); weitere Beispiele bei *Sagan*, Gemeinschaftsgrundrecht auf Kollektivmaßahmen, S. 271 ff.; s. auch *Smismans*, European Law Review 2007, 341 (345 f.).
233 *Sagan*, Gemeinschaftsgrundrecht auf Kollektivmaßahmen, S. 283 ff. unter Verweis auf EuGH v. 19.11.1991 – C-6/90 und 9/90 – Francovich u.a., Slg. 1991, I-5357.

Faktum lässt sich aber kein dogmatisches Argument gegen jegliche Durchführungspflicht gewinnen.[234] Dagegen spricht vor allem Art. 153 Abs. 3 AEUV, nach dem sogar die Umsetzung europäischer Richtlinien den mitgliedstaatlichen Sozialpartnern übertragen werden kann (vgl. Rz. 1.53 f.). Allerdings wird die Umsetzungspflicht gem. Art. 155 Abs. 2 AEUV – in Übereinstimmung mit Art. 28 Var. 1 GRC – durch nationale Verfahren und Gepflogenheiten begrenzt. Sie ist insbesondere ausgeschlossen, wenn ein nationaler Mitgliedsverband nicht tariffähig ist. Ferner wird der Umsetzungstarifvertrag häufig keine Geltung für Außenseiter beanspruchen können. Diese Schranken können die europäischen Sozialpartner nur überwinden, wenn der Rat die Durchführung ihrer Vereinbarung anordnet. Versteht man den sozialen Dialog als Ausprägung eines europäischen Kollektivvertragssystems, lässt sich der Ratsbeschluss bruchlos als „europäische Allgemeinverbindlicherklärung" verstehen.[235]

Anfänglich tendierten die europäischen Sozialpartner dazu, ihre Vereinbarungen durch **Ratsbeschluss** durchführen zu lassen. Auf diese Weise sind – neben mehreren sektorspezifischen Vereinbarungen[236] – durchgeführt worden: 1.74

– die Rahmenvereinbarung über Teilzeitarbeit mit der Richtlinie 97/81/EG,[237]

– die Rahmenvereinbarung über befristete Arbeitsverträge mit der Richtlinie 1999/70/EG[238] sowie

– die (überarbeitete) Rahmenvereinbarung über Elternurlaub mit der Richtlinie 2010/18/EU.[239]

In der jüngeren Vergangenheit häufen sich **autonome Vereinbarungen**, zu denen u.a. gehören:[240] 1.75

– die Rahmenvereinbarung über Telearbeit vom 16.7.2002,

– die Vereinbarung über eine europäische Fahrerlaubnis für Zugführer in grenzüberschreitenden interoperablen Verkehrsdiensten vom 27.1.2004,

– die Rahmenvereinbarung über arbeitsbedingten Stress vom 8.10.2004,

– die Rahmenvereinbarung zu Belästigung und Gewalt am Arbeitsplatz vom 27.4.2007,

– die Vereinbarung über die Umsetzung der beruflichen Befähigungsnachweise für Friseure vom 18.6.2009,

– die Vereinbarung zu Mindestanforderungen für Standardspielerverträge im Profifußball vom 19.4.2012 und

– das Framework Agreement on Active Aging and an Inter-generational Approach vom 8.3.2017.

---

234 So aber Schlachter/Heinig/*Greiner*, § 21 Rz. 126.
235 *Deinert*, RdA 2004, 211 (220); EAS/*Sagan*, B 1100 Rz. 110; *Wank*, RdA 1995, 10 (20).
236 Zur Arbeitszeit von Seeleuten: Richtlinie 1999/63/EG (ABl. Nr. L 167 v. 2.7.1999, S. 33); zur Arbeitszeit des fliegenden Personals in der zivilen Luftfahrt: Richtlinie 2000/79/EG (ABl. Nr. L 302 v. 1.12.2000, S. 57); zu Einsatzbedingungen im grenzüberschreitenden Eisenbahnverkehr: Richtlinie 2005/47/EG (ABl. Nr. L 195 v. 27.7.2005, S. 15).
237 ABl. Nr. L 14 v. 20.1.1998, S. 9; berichtigt: ABl. Nr. L 128 v. 30.4.1998, S. 71.
238 ABl. Nr. L 175 v. 10.7.1999, S. 43.
239 ABl. Nr. L 68 v. 18.3.2010, S. 13.
240 Die Vereinbarungen sind in einer Datenbank auf der Internetpräsenz der Kommission abrufbar (http://ec.europa.eu/social/main.jsp?catId=521&langId=de).

Sekundäres EU-Arbeitsrecht nach Kompetenzgrundlagen (im Überblick)			
BINNENMARKT	SOZIALPOLITIK		Sonstiges
Rechtsangleichung im Binnenmarkt - Nachweisrichtlinie 91/533/EWG - Massenentlassungsrichtlinie 98/59/EG - Betriebsübergangsrichtlinie 2001/23/EG	**Unionale Sozialpolitik** - Arbeitsschutzrahmenrichtlinie 89/391/EWG (und besondere Arbeitsschutzrichtlinien) - Mutterschutzrichtlinie 92/85/EWG - Unterrichtungs- und Anhörungsrichtlinie 2002/14/EG - Arbeitszeitrichtlinie 2003/88/EG - Insolvenzrichtlinie 2008/94/EG - Leiharbeitsrichtlinie 2008/104/EG - Europäische-Betriebsräte-Richtlinie 2009/38/EG		**GLEICHBEHANDLUNG** - Geschlechterrichtlinie 2006/54/EG - Antirassismusrichtlinie 2000/43/EG - Gleichbehandlungsrahmenrichtlinie 2000/78/EG
Arbeitnehmerfreizügigkeit - Freizügigkeitsverordnung (EU) Nr. 492/2011 - Unionsbürgerrichtlinie 2004/38/EG - Berufsqualifikationenrichtlinie 2005/36/EG	**Per Ratsbeschluss durchgeführte Sozialpartnervereinbarungen** - Vereinbarung über Teilzeitarbeit (Richtlinie 97/81/EG) - Vereinbarung über befristete Arbeitsverträge (Richtlinie 1999/70/EU) - Rahmenvereinbarung über Elternurlaub (RL 2010/18/EU)		**KOMPETENZABRUNDUNG** - SE-Richtlinie 2001/86/EG - SCE-Richtlinie 2003/72/EG
Niederlassungsfreiheit - Verschmelzungsrichtlinie 2005/56/EG	**Autonome Sozialpartnervereinbarungen** - Rahmenvereinbarung zu Telearbeit - Rahmenvereinbarung zu arbeitsbedingtem Stress - Rahmenvereinbarung zu Belästigung und Gewalt am Arbeitsplatz		**INTERNATIONALES ARBEITSRECHT** - Rom I-Verordnung (EG) Nr. 593/2008 - Rom II-Verordnung (EG) Nr. 864/2007 - EuGVVO (EU) Nr. 1215/2012
Dienstleistungsfreiheit - Entsenderichtlinie 96/71/EG			

IV. Auslegung des Unionsrechts

1. Grundsatz der autonomen Auslegung

Das Unionsrecht ist eine sowohl vom Völkerrecht als auch vom Recht der Mitgliedstaaten unabhängige Rechtsordnung (vgl. Rz. 1.18 ff.). Deswegen ist es notwendig, das Unionsrecht prinzipiell **autonom** und **einheitlich** auszulegen und anzuwenden.[241] Es ist im Grundsatz unabhängig vom mitgliedstaatlichen Recht zu verstehen und hat in allen Mitgliedstaaten denselben Inhalt. Das folgt auch aus der Vorlageverpflichtung der mitgliedstaatlichem Höchstgerichte nach Art. 267 Abs. 3 AEUV, die sich sinnvoll nur dann erklären lässt, wenn das europäische Recht unionsweit einheitlich auszulegen ist.[242]

1.76

Im Unionsrecht verwendete Begriffe können grundsätzlich nicht unter Rückgriff auf mitgliedstaatliche Begriffsverständnisse interpretiert werden. Beispielsweise verbietet die Arbeitnehmerfreizügigkeit nach Art. 45 AEUV den Mitgliedstaaten grundsätzlich die Diskriminierung von Arbeitnehmern aus anderen Mitgliedstaaten wegen ihrer Staatsangehörigkeit (vgl. Rz. 1.48). Es liefe dem Zweck dieses Verbots zuwider, wenn die Mitgliedstaaten selbst entscheiden könnten, wen sie als Arbeitnehmer ansehen und wer infolgedessen in den Genuss des Diskriminierungsschutzes kommt. Der Arbeitnehmerbegriff des Art. 45 AEUV ist deswegen autonom auszulegen.[243] Der Rechtsanwender steht daher vor der durchaus anspruchsvollen Aufgabe, bei der Auslegung des europäischen Rechts, seine vom nationalen Recht geprägten Begriffverständnisse auszublenden. Sie sind für die Interpretation europäischen Rechts ohne Bedeutung. Etwas anderes gilt ausnahmsweise nur dann, wenn das Unionsrecht auf das nationale Recht verweist.[244] Ob eine solche **Verweisung** auf einzelstaatliches Recht vorliegt, ist eine durch Auslegung des Unionsrechts zu beantwortende Frage (vgl. Rz. 1.108).

1.77

2. Zuständigkeit für die Auslegung des Unionsrechts

Zur Auslegung und Anwendung des Unionsrechts sind im Rahmen ihrer jeweiligen Zuständigkeiten alle **mitgliedstaatlichen Gerichte** berufen.[245] Hiervon geht Art. 267 AEUV aus, der voraussetzt, dass die einzelstaatlichen Gerichte Fragen zur **Auslegung** des Unionsrechts selbst zu beantworten haben. Daher ist es missverständlich, von einem Monopol des EuGH für die Auslegung des Unionsrechts zu sprechen.[246] Allerdings können die mitgliedstaatlichen Gerichte nach Art. 267 AEUV verfahrensrechtlich verpflichtet sein, eine Vorabentscheidung des EuGH einzuholen (vgl. Rz. 2.39 ff.). Ferner sind sie zwar berechtigt, in eigener Verantwortung die Rechtmäßigkeit, nicht aber die Rechtswidrigkeit von Unionsrecht festzustellen.[247] Insoweit besteht ein Verwerfungsmonopol des EuGH. Die konkrete **Anwendung** des Unionsrechts auf den jeweiligen Einzelfall ist hingegen sogar vornehmlich Aufgabe der nationalen Gerichte, die insoweit als Richter der Union, mit anderen Worten als „ordentliche Unionsgerichte" tätig werden.[248]

1.78

---

241 St. Rspr., EuGH v. 18.1.1984 – 327/82 – Ekro, Slg. 1984, 107 Rz. 11; v. 11.7.2006 – C-13/05 – Chacón Navas, Slg. 2006, I-6467 Rz. 40; v. 21.2.2008 – C-426/08 – Tele2 Telecommunication, Slg. 2008, I-685 Rz. 26; v. 22.10.2009 – C-116/08 – Meerts, Slg. 2009, I-10063 Rz. 41; weitere Nachweise bei Schwarze/*J. Schwarze*, Art. 19 EUV Rz. 44.
242 EuGH v. 6.10.1982 – 283/81 – CILFIT, Slg. 1982, 3415 Rz. 7.
243 EuGH v. 3.7.1986 – 66/85 – Lawrie Blum, Slg. 1986, 2121 Rz. 16.
244 EuGH v. 22.10.2009 – C-116/08 – Meerts, Slg. 2009, I-10063 Rz. 41.
245 EuGH v. 6.10.1982 – 283/81 – CILFIT, Slg. 1982, 3415 Rz. 7; ferner Streinz/*Huber*, Art. 19 EUV Rz. 55; Riesenhuber/*Pechstein/Drechsler*, Europäische Methodenlehre, § 7 Rz. 15; Schwarze/ *J. Schwarze*, Art. 19 EUV Rz. 39.
246 So etwa: Riesenhuber/*Schmidt-Räntsch*, Europäische Methodenlehre, § 23 Rz. 9; wie hier: *Schroeder*, JuS 2004, 180 (181).
247 EuGH v. 22.10.1987 – 314/85 – Foto-Frost, Slg. 1987, 4199 Rz. 14 ff.
248 EuGH (Plenum) v. 8.3.2011 – Gutachten 1/09 – „Patentgerichtssystem", Slg. 2011, I-1137 Rz. 80; ferner *v. Danwitz*, ZESAR 2008, 57 (58); *Hirsch*, ZRP 2012, 205 (208 f.); *Kutscher*, Begegnung von Justiz und Hochschule – I-1 (I-13); *Rodríguez Iglesias*, NJW 2000, 1889; ErfK/*Wißmann*, Art. 267 AEUV Rz. 1; s. auch BVerfG v. 6.7.2010 – 2 BvR 2661/06, BVerfGE 126, 286 = ArbRB 2010, 273 (316).

1.79 Art. 19 Abs. 1 EUV schreibt dem **Gerichtshof der Europäischen Union**, der den EuGH, das Gericht[249] und etwaige Fachgerichte[250] umfasst, die Aufgabe zu, die Wahrung des Rechts bei der Auslegung und Anwendung des Unionsrechts zu sichern.[251] Gleichwohl hat der EuGH hervorgehoben, dass im Vorabentscheidungsverfahren eine Aufgabenteilung zwischen der europäischen und der einzelstaatlichen Gerichtsbarkeit besteht und die Wahrung des Rechts bei der Anwendung und Auslegung des Unionsrechts beiden als gemeinsame Aufgabe übertragen ist.[252] Anders als den mitgliedstaatlichen Gerichten steht dem EuGH die Zuständigkeit für die **autoritative Auslegung des Unionsrechts** zu.[253] An diese Auslegung sind die mitgliedstaatlichen Gerichte gebunden und dürfen ihren Entscheidungen keine abweichende Auslegung des Unionsrechts zugrunde legen.[254] Umgekehrt steht dem EuGH keine Zuständigkeit für die Auslegung und Anwendung des nationalen Rechts zu,[255] so dass er insoweit an die – etwa in einem Vorlagebeschluss enthaltene – Interpretation der mitgliedstaatlichen Gerichte gebunden ist.[256] Aus diesem Grund stellt der EuGH im Vorabentscheidungsverfahren nicht fest, dass eine bestimmte Norm des einzelstaatlichen Rechts mit dem Unionsrecht unvereinbar wäre. Vielmehr formuliert er beispielsweise, dass eine bestimmte Norm des europäischen Rechts dahin auszulegen ist, dass sie „einer Regelung wie der im Ausgangsverfahren fraglichen entgegensteht".[257] Die Kompetenzverteilung nach Art. 19 EUV zwingt zu diesem sprachlichen Kunstgriff, der jegliche Aussage zur Auslegung des mitgliedstaatlichen Rechts vermeidet.[258]

1.80 Eine „zwielichtige" Rolle kommt den **Schlussanträgen der Generalanwälte** zu. Bei formaler Betrachtung sind sie lediglich unverbindliche Rechtsgutachten, die den EuGH bei der Erfüllung seiner Aufgaben unterstützen.[259] Gleichwohl können sie für das Verständnis der europäischen Rechtsprechung von erheblicher Bedeutung sein.[260] Das gilt sowohl für den Fall, dass sich der EuGH der Argumentation des Generalanwalts – ausdrücklich oder konkludent – anschließt, als auch für den Fall, dass er den Schlussanträgen nicht folgt, weil hieraus ersichtlich wird, dass die vorgebrachten Argumente ihn nicht überzeugt haben.

3. Die Methoden zur Auslegung des Unionsrechts

1.81 Die Auslegung des Völkerrechts beruht neben der Gleichheit der vertragsschließenden Staaten vor allem auch auf dem Grundsatz staatlicher Souveränität. So unterliegen etwa völkerrechtliche Re-

---

249 Dem Gericht können gem. Art. 256 Abs. 3 AEUV Zuständigkeiten für Vorabentscheidungen zugewiesen werden, wovon bislang kein Gebrauch gemacht wurde.
250 Bislang wurde gem. Art. 257 AEUV allein das „Gericht für den öffentlichen Dienst der Europäischen Union" eingerichtet; s. *Hakenberg*, EuZW 2006, 391. Es wurde im September 2016 mit dem EuG zusammengelegt.
251 Zur Arbeitsweise des EuGH: *v. Danwitz*, EuR 2008, 769; *Everling*, EuR 1994, 127.
252 EuGH v. 16.12.1981 – 244/80 – Foglia, Slg. 1981, 3045 Rz. 14 ff.
253 *Kutscher*, Begegnung von Justiz und Hochschule – I-1 (I-14); *Rodríguez Iglesias*, NJW 2000, 1889 (1890 f.).
254 Vgl. BVerfG v. 6.7.2010 – 2 BvR 2661/06, BVerfGE 126, 286 = ArbRB 2010, 273 (304); BAG v. 26.4.2006 – 7 AZR 500/04, NZA 2006, 1162 Rz. 19.
255 EuGH v. 25.7.2002 – C-50/00 P – Unión de Pequeños Agricultores, Slg. 2002, I-6677 Rz. 43; v. 8.9.2009 – C-42/07 – Liga Portuguesa de Futebol Profissional u.a., Slg. 2009, I-7633 Rz. 37; *Schlachter*, ZfA 2007, 249 (250).
256 Schwarze/*J. Schwarze*, Art. 19 EUV Rz. 44.
257 So der Tenor in: EuGH v. 19.1.2010 – C-555/07 – Kücükdeveci, Slg. 2010, I-365.
258 Anders: EuGH v. 10.3.2011 – C-109/09 – Deutsche Lufthansa, Slg. 2011, I-1309; krit. *Sagan*, ZESAR 2011, 412 (416); *Willemsen*, RdA 2012, 291 (296 f.).
259 Vgl. EuGH v. 11.11.2010 – C-229/09 – Hogan Lovells International, Slg. 2010, I-11335 Rz. 26; BVerfG v. 28.10.2009 – 2 BvR 2236/09, BVerfGK 16, 328 (337); Grabitz/Hilf/Nettesheim/*Karpenstein*, Art. 252 AEUV Rz. 13.
260 Vgl. Riesenhuber/*Rebhahn*, Europäische Methodenlehre, § 18 Rz. 9.

gelungen, die die Souveränität der Vertragsstaaten einschränken, dem Gebot restriktiver Interpretation. Das Unionsrecht ist jedoch seinem Zweck nach vor allem auch auf eine Einschränkung der Souveränität der Mitgliedstaaten gerichtet, weswegen für dessen Interpretation der Rückgriff auf **völkerrechtliche Auslegungsgrundsätze** ausscheidet. Auch findet die Wiener Konvention zur Auslegung völkerrechtlicher Verträge[261] keine Anwendung.[262]

Der gewaltenteilige Rechtsstaat mit prinzipiell ganzheitlicher und kodifizierter Rechtsordnung geht notwendigerweise von der **Gesetzesbindung** des Richters aus. Die Regeln zur Auslegung von Gesetzen bilden in diesem Kontext die Demarkationslinie zwischen rechtsetzender und rechtsprechender Gewalt, die bis hin zu einer verfassungsrechtlichen Bindung der Gerichte an die „anerkannten Methoden der Rechtsfindung" reichen kann.[263] Im Gegenzug müssen die Auslegungsregeln dem Postulat der richterlichen Gesetzesbindung gerecht werden. Dies lässt sich nicht ohne weiteres auf die Europäische Union übertragen.[264] Das Unionsrecht ist keine ganzheitliche, sondern eine fragmentarische und chronisch unfertige Teilrechtsordnung. Anders als der in sich ruhende Verfassungsstaat ist es auf einen dynamischen, gar perpetuellen **Integrationsprozess** ausgerichtet, in dem *idealiter* jeder Integrationsschritt den nächsten erforderlich macht.[265] Dabei ist das Recht das hauptsächliche Mittel, mit dem die Integration zu bewirken ist. Das findet seinen sichtbaren Ausdruck darin, dass der europäische Integrationsverband eine „Schöpfung des Rechts" ist und sich zuvörderst als Rechtsgemeinschaft versteht.[266] Ferner zielt Art. 1 EUV auf die „Verwirklichung einer immer engeren Union der Völker Europas" ab und dies ist das „Fundamentalziel"[267] der Union, dem sämtliche Unionsorgane verpflichtet sind und das über das geltende Unionsrecht hinausweist.[268] All dies ist bei der Auslegung des Unionsrechts zu berücksichtigen.[269] Auch sollte nicht übersehen werden, dass das Unionsrecht zwar den Grundsatz des institutionellen Gleichgewichts kennt, der dem Gewaltenteilungsprinzip ähnlich ist.[270] Doch vereinigt der EuGH sowohl fach- als auch verfassungsgerichtliche Funktionen auf sich, so dass er selbst über die Abgrenzung seiner Kompetenz für die Rechtsprechung einerseits und der Rechtsetzungskompetenz des europäischen Gesetzgebers andererseits zu entscheiden hat.[271]

1.82

Die Auslegung des Unionsrechts bedarf vor diesem Hintergrund einer **eigenständigen Methodik**, die sich zwar an den tradierten Auslegungskriterien orientieren kann, aber in erster Linie der Teleologie der europäischen Integration, der Struktur der europäischen Rechtsordnung und den in den

1.83

---

261 Wiener Übereinkommen über das Recht der Verträge v. 23.5.1969 (BGBl. II 1985, 927).
262 Zum Ganzen: *Haltern*, Europarecht II, Rz. 624; teilw. abw. *Bleckmann*, NJW 1982, 1177 (1181); Besonderheiten gelten für die Gemeinsame Außen- und Sicherheitspolitik.
263 Vgl. BVerfG v. 25.1.2011 – 1 BvR 918/10, BVerfGE 128, 193 (210).
264 Abw. *Höpfner/Rüthers*, AcP 209 (2009), 1 (6 ff.).
265 *Hallstein*, Die Europäische Gemeinschaft, S. 22 ff.; näher zu den funktionalistischen Integrationstheorien: Calliess/Ruffert/*Calliess*, Art. 1 EUV Rz. 21 f. (m.w.N.); zur „Integrationstendenz" als begrifflichem Merkmal des europäischen Rechts: *Mosler*, ZaöRV 28 (1968), 481 (500); anders *von Bogdandy*, JZ 2017, 589 (594 ff.).
266 *Hallstein*, Die Europäische Gemeinschaft, S. 53 ff.; vgl. EuGH v. 23.4.1986 – C-294/83 – Les Verts, Slg. 1986, 1339 Rz. 23.
267 Streinz/*Pechstein*, Art. 1 EUV Rz. 19.
268 Grabitz/Hilf/Nettesheim/*Nettesheim*, Art. 1 EUV Rz. 14.
269 *Everling*, JZ 2000, 217 (223); *Kutscher*, Begegnung von Justiz und Hochschule – I-1 (I-41); *Potacs*, EuR 2009, 465 (474); *Schroeder*, JuS 2004, 180 (185 f.); abl. noch BVerfG v. 12.10.1993 – 2 BvR 2134/92, 2 BvR 2159/92, BVerfGE 89, 155 (209); zust. BVerfG v. 6.7.2010 – 2 BvR 2661/06, BVerfGE 126, 286 = ArbRB 2010, 273 (307).
270 Vgl. EuGH v. 30.3.1995 – C-65/93 – Parlament/Rat, Slg. 1995, I-643 Rz. 21; Oppermann/Classen/Nettesheim/*Nettesheim*, Europarecht, § 5 Rz. 15 und 20.
271 Vgl. EuGH v. 22.5.1990 – C-70/88 – Parlament/Rat, Slg. 1991, I-4529 Rz. 23; *Calliess*, NJW 2005, 929.

Verträgen kodifizierten Unionszielen entsprechen muss.[272] Der EuGH greift vor allem auf systematische und teleologische Argumente zurück, um insbesondere die im „großen Plan"[273] des europäischen Rechts bestehenden Lücken füllen zu können. Angesichts der – zum Teil berechtigten, zum Teil überzogenen – Kritik an der **integrationsfreundlichen** Rechtsprechung des EuGH,[274] sollte man nicht aus den Augen verlieren, dass die Präferenz zugunsten der Integration auf dem „genetischen Code" des europäischen Rechts und des EuGH beruht, für den sich die Mitgliedstaaten mit dem Ziel des immer engeren Zusammenschlusses der europäischen Völker bewusst entschieden haben.[275]

1.84 Bei der Auslegung des Unionsrechts ist verschiedentlich zwischen primärem und sekundärem Unionsrecht sowie zwischen unmittelbar anwendbarem Unionsrecht einerseits und grundsätzlich nur mittelbar wirkenden Richtlinien anderseits zu differenzieren. Eine besondere Methode für die Auslegung des europäischen Arbeitsrechts besteht jedoch nicht.[276]

a) Wortlaut

1.85 Die Auslegung des europäischen Rechts nach dessen Wortlaut stellt den Rechtsanwender vor das Problem, dass es gem. Art. 55 Abs. 1 EUV mittlerweile in bis zu 24 verschiedenen **Sprachfassungen** gleichermaßen verbindlich sein kann. Die grammatikalische Auslegung erfordert daher prinzipiell einen Vergleich aller Sprachfassungen.[277] Dieser kann bereits mit erheblichem Gewicht für eine bestimmte Auslegung sprechen. So genügte dem EuGH in der Rs. *Junk* im Kern eine Auslegung der verschiedenen Wortlaute der Massenentlassungsrichtlinie, um geradezu unabweisbar darzulegen, dass sich der dort verwendete Begriff der „Entlassung" nicht auf die tatsächliche Beendigung des Arbeitsverhältnisses nach Ablauf der Kündigungsfrist, sondern auf den arbeitgeberseitigen Ausspruch der Kündigung bezieht.[278] Allerdings darf sich die Auslegung unionsrechtlicher Vorschriften in keinem Fall mit dem Postulat eines eindeutigen Wortlauts begnügen, sondern hat stets auch die Systematik und den Zweck der auszulegenden Vorschrift in den Blick zu nehmen.[279]

1.86 Schwieriger liegen die Dinge, wenn die unterschiedlichen Sprachfassungen voneinander abweichen, wie das Beispiel des Art. 2 ArbZ-RL zeigt. Während der dort definierte Begriff der Arbeitszeit in der deutschen, englischen und niederländischen Fassung voraussetzt, dass der Arbeitnehmer „arbeitet", ist es nach der spanischen, französischen und italienischen Version ausreichend, dass er „bei der Arbeit ist" oder sich dort aufhält.[280] Darüber hinaus stellte der EuGH in der Rs. *Rockfon* zur ursprünglichen Massenentlassungsrichtlinie 75/129/EWG fest, dass der in ihrer deutschen Fassung verwendete Begriff des „Betriebs" in den anderen Sprachfassungen auch Niederlassung, Unternehmen, Arbeitsmittelpunkt, räumliche Einheit oder Arbeitsort bedeuten könne.[281] In solchen

---

272 Vgl. *Colneric*, ZEuP 2005, 225; *Levits*, SR 2015, 121 (124 ff.); Oppermann/Classen/Nettesheim/*Nettesheim*, Europarecht, § 9 Rz. 168; Riesenhuber/*Pechstein/Drechsler*, Europäische Methodenlehre, § 7 Rz. 12; *Streinz*, Europarecht, Rz. 625; Hanau/Steinmeyer/Wank/*Wank*, § 9 Rz. 183; monographisch: *Buck*, Auslegungsmethoden des Gerichtshofs, S. 143 ff.; *Grundmann*, Auslegung des Gemeinschaftsrechts, S. 192 ff.; anders EuArbR/*Höpfner*, Art. 288 AEUV Rz. 5; *Rebhahn*, FS Wank, S. 431.
273 *Kutscher*, Begegnung von Justiz und Hochschule – I-1 (I-38).
274 Vgl. *Bauer/Arnold*, NJW 2006, 6 („Tugendterror"); *Hailbronner*, NJW 2004, 2185 („fehlende Rationalität"); *Jahn*, NJW 2008, 1788 („Methodenwillkür"); *Preis*, NZA 2006, 406 („Superrevisionsinstanz").
275 *Mancini/Keeling*, Modern Law Review 1996, 175 (186); ähnl. *Arnull*, The EU and its Court of Justice, S. 612; krit. *Davies/Bogg/Costello*, EU Labour Law, S. 114 (137).
276 Vgl. Riesenhuber/*Rebhahn*, Europäische Methodenlehre, § 18 Rz. 18 ff.
277 Vgl. EuGH v. 7.2.1985 – 135/83 – Abels, Slg. 1985, 469 Rz. 11.
278 EuGH v. 27.1.2005 – C-188/03 – Junk, Slg. 2005, I-885 Rz. 31 ff.; krit. *Wank*, FS Birk, S. 929 (930 f.).
279 EuGH v. 6.10.1982 – 283/81 – CILFIT, Slg. 1982, 3415 Rz. 20.
280 Vgl. GA *Ruiz-Jarabo Colomer* v. 8.4.2003 – C-151/02 – Jaeger, Slg. 2004, I-8393 Rz. 31.
281 EuGH v. 7.12.1995 – C-449/93 – Rockfon, Slg. 1995, I-4291 Rz. 27.

Fällen setzt sich nicht die mehrheitlich verbreitete Fassung durch. Vielmehr ist eine Auslegung nach Maßgabe der Systematik und dem Zweck der Norm entscheidend.[282]

Insgesamt hat die grammatikalische Auslegung im Unionsrecht eine weitaus geringere Bedeutung als im nationalen Recht.[283] Überspitzt hat Generalanwalt *Lagrange* in den Anfangsjahren der EWG formuliert: „Bekanntlich sind alle vier Sprachen maßgebend, was letzten Endes bedeutet, dass keine maßgebend ist."[284]

1.87

b) Systematik

Jede Vorschrift des europäischen Rechts ist „in ihrem Zusammenhang zu sehen und im Lichte des gesamten Unionsrechts, seiner Ziele und seines Entwicklungsstands zur Zeit der Anwendung der betreffenden Vorschrift" auszulegen.[285] Die damit angesprochene Auslegung nach der Gesetzessystematik, die sich in einem Teilbereich mit einer teleologischen Auslegung überschneidet,[286] beruht im Ausgangspunkt auf dem Gedanken, dass jede Norm Bestandteil einer strukturierten Rechtsordnung ist und ihre Stellung innerhalb dieser über ihren Inhalt Aufschluss gibt. Wenngleich das Unionsrecht im Allgemeinen und das europäische Arbeitsrecht im Besonderen keine ganzheitliche Rechtsordnung, sondern nur eine fragmentarische Teilrechtsordnung darstellt, ist es dennoch einer systematischen Auslegung zugänglich. Denn die Vielzahl der europäischen Regelungen „steht nicht beziehungslos nebeneinander, sondern ist vom Gesetzgeber als ein zusammenhängendes, nach Prinzipien geordnetes widerspruchsfreies Ganzes gewollt".[287] Daher kann für die Auslegung des europäischen Rechts der Grundsatz der Einheit der Rechtsordnung fruchtbar gemacht werden.[288]

1.88

aa) Systematik des Rechtsaktes

Hinweise für die Auslegung einer Norm des europäischen Arbeitsrechts lassen sich aus dem Zusammenhang zu anderen Vorschriften gleichen Ranges, insbesondere **desselben Rechtsaktes** gewinnen.

1.89

Auf der Ebene des Primärrechts hat der EuGH die Anwendung des Kartellverbots nach Art. 101 AEUV auf Tarifverträge insbesondere wegen der sozialpolitischen Ziele der Union, wie etwa der Förderung des sozialen Dialogs nach Art. 152 AEUV, prinzipiell abgelehnt.[289] Ferner weist er zum Urlaubsanspruch aus Art. 7 Abs. 1 ArbZ-RL darauf hin, dass die Mitgliedstaaten von dieser Vorschrift im Gegensatz zu den anderen Bestimmungen der Arbeitszeitrichtlinie keine Ausnahmen vorsehen dürfen. Aus der singulären Stellung der Norm innerhalb der Richtlinie leitet er ihren besonderen Charakter mit der Folge ab, dass die einzelstaatlichen Rechtsvorschriften und Gepflogenheiten, auf die Art. 7 Abs. 1 ArbZ-RL Bezug nimmt, nicht zum Erlass von Vorschriften berechtigen, die die Entstehung oder den Umfang des Urlaubsanspruchs beeinträchtigen.[290]

1.90

---

282 EuGH v. 24.10.1996 – C-75/92 – Kraaijeveld, Slg. 1996, I-5403 Rz. 28; v. 12.11.1998 – C-149/97 – The Institute of the Motor Industry, Slg. 1998, I-7053 Rz. 16; ausf. hierzu *Martens*, Methodenlehre, S. 337 ff.
283 Statt aller: Calliess/Ruffert/*Wegener*, Art. 19 EUV Rz. 13; vgl. EuGH v. 16.12.1960 – 6/60 – Humblet – Slg. 1960, 1165 (1194); abw. *Dederichs*, EuR 2004, 345 (349); diff. Dauses/*Pieper*, B.I. Rz. 11 ff.
284 GA *Lagrange* v. 27.2.1962 – 13/61 – de Geus en Uitdenbogerd, Slg. 1962, 119 (149).
285 EuGH v. 6.10.1982 – 283/81 – CILFIT, Slg. 1982, 3415 Rz. 20; ferner EuGH v. 18.12.2008 – C-306/07 – Andersen, Slg. 2008, I-10279 Rz. 40; v. 3.4.2008 – C-442/05 – Zweckverband zur Trinkwasserversorgung und Abwasserbeseitigung Torgau-Westelbien, Slg. 2008, I-1817 Rz. 30.
286 Vgl. *Colneric*, ZEuP 2005, 225 (227).
287 Riesenhuber/*Riesenhuber*, Europäische Methodenlehre, § 10 Rz. 25.
288 EuGH v. 9.3.2006 – C-499/04 – Werhof, Slg. 2006, I-2397 Rz. 32; näher *Martens*, Methodenlehre, S. 411 ff.; abl. *Höpfner/Rüthers*, AcP 209 (2009), 1 (12).
289 EuGH v. 21.9.1999 – C-67/96 – Albany, Slg. 1999, I-5751 Rz. 54 ff.
290 EuGH v. 26.6.2001 – C-173/99 – BECTU, Slg. 2001, I-4881 Rz. 41 ff.

bb) Vorgaben des Primärrechts

1.91 Aufgrund des Stufenbaus der unionalen Rechtsordnung orientiert sich die Auslegung des Sekundärrechts in verschiedener Weise am höherrangigen Primärrecht. Hierzu gehört ganz allgemein die **primärrechtskonforme Auslegung**, nach der sekundäres Unionsrecht so auszulegen ist, dass es nicht gegen Primärrecht verstößt.[291] Arbeitsrechtliche Richtlinien sind insbesondere im Einklang mit den Unionsgrundrechten, vor allem den sozialen Grundrechten der Art. 27 ff. GRC, zu interpretieren.[292] So hat der EuGH beispielsweise in der Rs. *Werhof* entschieden, dass die Betriebsübergangsrichtlinie im Lichte der negativen Koalitionsfreiheit auszulegen ist und nicht verlange, dass eine arbeitsvertragliche Bezugnahmeklausel nach einem Betriebsübergang dynamisch fortgelte (vgl. Rz. 15.131).[293]

1.92 Einen Sonderfall der primärrechtskonformen Interpretation stellt die **kompetenzkonforme Auslegung** dar.[294] Danach ist ein Sekundärrechtsakt so auszulegen, dass die Voraussetzungen erfüllt werden, die das Primärrecht an seinen Erlass stellt. Ein Beispiel hierfür ist die Betriebsübergangsrichtlinie, die einerseits dem Schutz der Arbeitnehmer und andererseits mit Rücksicht auf ihre Rechtsgrundlage im heutigen Art. 115 AEUV der Verwirklichung des Binnenmarktes dient.[295] Ferner verbietet Art. 19 Abs. 1 AEUV nicht Diskriminierungen wegen einer Krankheit und die Gleichbehandlungsrahmenrichtlinie 2000/78/EG kann daher nicht auf solche ausgedehnt werden.[296]

1.93 Eine Auslegung des Sekundärrechts im Lichte des Primärrechts ist auch dann geboten, wenn es mehrere Auslegungsmöglichkeiten gibt, die mit dem Primärrecht vereinbar sind. In diesem Fall sollte man von einer **primärrechtsorientierten Auslegung** sprechen. So hat der EuGH zu der heute in Art. 151 AEUV befindlichen Vorschrift entschieden, dass sie trotz ihres programmatischen Charakters wichtige Anhaltspunkte für die Auslegung von Rechtsakten der Union auf dem Gebiet der Sozialpolitik liefere.[297] Verallgemeinernd lässt sich sagen, dass für die Auslegung des europäischen Arbeitsrechts die Unionsziele nach Art. 3 EUV, die Querschnittsklauseln der Art. 8, 9 und 10 AEUV sowie bei auf Art. 153 AEUV gestützten Richtlinien die sozialen Ziele der Union nach Art. 151 AEUV zu berücksichtigen sind.

cc) Enge Auslegung von Ausnahmevorschriften?

1.94 In Anlehnung an die Auslegungsmaxime *singularia non sunt extendenda*[298] vertritt der EuGH die Ansicht, dass Ausnahmebestimmungen im Unionsrecht eng auszulegen sind.[299] Die Problematik dieser ständigen Rechtsprechung liegt darin, dass der **Ausnahmecharakter** einer Bestimmung nicht nur aus materiellen, sondern zum Teil aus bloß formellen Gesichtspunkten wie etwa ihrer

---

291 EuGH v. 1.4.2004 – C-1/02 – Borgmann, Slg. 2004, I-3219 Rz. 30; näher Riesenhuber/*Leible*/Domröse, Europäische Methodenlehre, § 8 Rz. 1 ff.
292 *Willemsen/Sagan*, NZA 2011, 258 (260 f.).
293 EuGH v. 9.3.2006 – C-499/04 – Werhof, Slg. 2006, I-2397 Rz. 32 ff.
294 Riesenhuber/*Rebhahn*, Europäische Methodenlehre, § 18 Rz. 68; Langenbucher/*Langenbucher*, § 1 Rz. 17.
295 EuGH v. 15.12.2005 – C-232/04 und C-233/04 – Güney-Görres, Slg. 2005, I-11237 Rz. 40; vgl. GA Maduro v. 16.6.2005 – C-232/04 und C-233/04 – Güney-Görres, Slg. 2005, I-11237 Rz. 30; allg. EAS/*Sagan*, B 1100 Rz. 54.
296 EuGH v. 11.7.2006 – C-13/05 – Chacón Navas, Slg. 2006, I-6467 Rz. 55 f.
297 EuGH v. 17.3.1993 – C-72/91 und C-73/91 – Sloman Neptun, Slg. 1993, I-887 Rz. 26.
298 Zum Völkerrecht: BVerwG v. 21.6.2005 – 2 WD 12/04, NJW 2006, 77 (98).
299 EuGH v. 13.9.2007 – C-307/05 – Del Cerro Alonso, 2007, I-7109 Rz. 39 (Art. 153 Abs. 5 AEUV); v. 18.11.2010 – C-356/09 – Kleist, Slg. 2010, I-11939 Rz. 39 (Geschlechtsdiskriminierung); v. 7.4.2011 – C-519/09 – May, Slg. 2011, I-2761 Rz. 19 (Arbeitsschutzrahmen- und Arbeitszeitrichtlinie); v. 13.9.2011 – C-447/09 – Prigge, NZA 2011, 1039 Rz. 56 (Art. 2 Abs. 5 RL 2000/78/EG); v. 17.11.2011 – C-435/10 – van Ardennen, NZA 2012, 27 Rz. 34 (Insolvenzrichtlinie).

Formulierung abgeleitet wird.³⁰⁰ Deswegen treibt die Rechtsprechung zuweilen eigenartige Blüten, etwa wenn der EuGH behauptet, die Tatbestandsmerkmale eines Betriebsübergangs nach Art. 1 Abs. 1 Buchst. b BÜ-RL müssten eng ausgelegt werden, um den Anwendungsbereich der Richtlinie nach Art. 1 Abs. 1 Buchst. a BÜ-RL nicht einzuschränken.³⁰¹ Hier konstruiert der EuGH den Ausnahmecharakter der Norm, die den tatbestandlichen Anwendungsbereich der Richtlinie definiert.

Noch bedenklicher ist die Annahme, Art. 153 Abs. 5 AEUV sei wegen seines angeblichen Ausnahmecharakters eng auszulegen.³⁰² Damit wird eine Normenhierarchie zwischen den verschiedenen Absätzen des Art. 153 AEUV unterstellt, obwohl die Mitgliedstaaten über den Kompetenzkatalog des Art. 153 Abs. 1 AEUV ohne die Ausschlussklausel des Art. 153 Abs. 5 AEUV sicherlich keine Einigkeit erzielt hätten. Auch in der Sache handelt es sich bei Art. 153 Abs. 5 AEUV nicht um eine Ausnahme, da die Zuständigkeit der Mitgliedstaaten nach dem Grundsatz der beschränkten Einzelermächtigung die Regel, die Zuständigkeit der Union hingegen die begründungsbedürftige Ausnahme ist.³⁰³ Nach vorzugswürdigem Verständnis unterliegen Ausnahmevorschriften den gewöhnlichen Auslegungsmethoden, weswegen eine restriktive Auslegung nicht auf ihren formalen Ausnahmecharakter, sondern auf materiell-telelogische Erwägungen zu stützen ist.³⁰⁴

1.95

c) Historische Auslegung

Für das **Primärrecht** kommt eine Auslegung nach dem Willen des historischen Gesetzgebers häufig nicht in Betracht, da die entsprechenden Materialien und Verhandlungsniederschriften kaum zugänglich sind. Beim Abschluss des EWG-Vertrages entschied man sich bewusst dagegen, die Materialien zu veröffentlichen.³⁰⁵ Daher fragt der EuGH bei der Auslegung der Verträge zu Recht nicht nach ihrer Entstehungsgeschichte.³⁰⁶ Es bleibt abzuwarten, ob er künftig auf die – im Internet leicht verfügbaren – Materialien zu den jüngeren Vertragsrevisionen zurückgreifen wird.³⁰⁷

1.96

Auf der Ebene des **Sekundärrechts** ergeben sich subjektiv-historische Argumente aus den **Erwägungsgründen** zu einer Richtlinie, die ihrem „verfügenden Teil" – in Erfüllung der Begründungspflicht nach Art. 296 Abs. 2 AEUV – vorangestellt werden. Sie finden im nationalen Recht keine Entsprechung, sind aber integraler Bestandteil der Richtlinien und als solcher bei deren Auslegung zu berücksichtigen.³⁰⁸ Problematisch sind Diskrepanzen zwischen den Vorschriften einer Richtlinie und ihren Erwägungsgründen. Ein Beispiel hierfür ist der dritte Satz des 18. Erwägungsgrundes zur SE-Richtlinie 2001/86/EG, der auf „strukturelle Veränderungen einer bereits gegründeten SE" eingeht, die in den Vorschriften der Richtlinie keine Entsprechung findet. Derartige Divergenzen können darauf beruhen, dass man sich nicht einigen konnte, die betreffende Aussage als „harte" Norm in die Richtlinie aufzunehmen und man sie deswegen in die „weichen" Erwägungsgründe verschoben hat. Das mag im Einzelfall notwendig sein, um einen politischen Konsens zu erzielen,³⁰⁹ ändert jedoch nichts an der Unverbindlichkeit der Erwägungsgründe. Deswegen

1.97

---

300 Ähnl. die Kritik von *Schilling*, EuR 1996, 44 (51 ff.).
301 EuGH v. 12.2.2009 – C-466/07 – Klarenberg, Slg. 2009, I-803 Rz. 41; abl. *Willemsen/Sagan*, ZIP 2010, 1205 (1207).
302 EuGH v. 13.9.2007 – C-307/05 – Del Cerro Alonso, 2007, I-7109 Rz. 39.
303 *Riesenhuber*, Europäisches Arbeitsrecht, § 4 Rz. 8.
304 Riesenhuber/*Riesenhuber*, Europäische Methodenlehre, § 10 Rz. 63; ähnl. *Franzen*, Privatrechtsangleichung, S. 449 f. und 456.
305 *Buck*, Auslegungsmethoden des Gerichtshofs, S. 146; Hanau/Steinmeyer/Wank/*Wank*, § 9 Rz. 193.
306 Lenz/Borchardt/*Borchardt*, Art. 19 EUV Rz. 20 f.; Riesenhuber/*Pechstein/Drechsler*, Europäische Methodenlehre, § 7 Rz. 33; Schwarze/*J. Schwarze*, Art. 19 EUV Rz. 37; *Streinz*, ZEuS 2004, 387 (401 f.); abl. *Leisner*, EuR 2007, 689.
307 *Arnull*, The EU and its Court of Justice, S. 615; zum Ganzen: *Martens*, Methodenlehre, S. 389 ff.
308 EuGH v. 15.5.1997 – C-355/95 P – TWD, Slg. 1997, I-2449 Rz. 20; Lenz/Borchardt/*Borchardt*, Art. 19 EUV Rz. 22; zum Ganzen: Riesenhuber/*Köndgen*, Europäische Methodenlehre, § 6 Rz. 48 ff.
309 Vgl. *Hilf*, EuR 1993, 1 (8).

ist im Fall von Widersprüchen ausnahmslos den verbindlichen Normen der Richtlinie der Vorzug zu geben.[310] Allerdings kann ein Erwägungsgrund ein zusätzliches Argument dafür sein, den überschießenden Wortlaut einer Richtliniennorm einschränkend auszulegen.[311]

1.98 Außerhalb der Erwägungsgründe ist eine Erforschung der **gesetzgeberischen Intention** regelmäßig aus praktischen Gründen ausgeschlossen, denn häufig sind nur die Materialien der Kommission und des Parlaments, nicht aber die des Rates zugänglich.[312] Maßgeblich könnte jedoch nur ein einheitlicher Wille aller an der Rechtsetzung beteiligten Organe sein.[313] Zudem beruhen die Entscheidungen des Rates oftmals auf einem politischen Ausgleich unterschiedlicher, wenn nicht sogar gegensätzlicher Interessen. Ein Bündel disparater Partikularinteressen lässt sich für die Auslegung des autonomen Unionsrechts kaum sinnvoll nutzbar machen. Die starre Orientierung auf den ursprünglichen Willen des Gesetzgebers passt auch nicht zum dynamischen Prozess der europäischen Integration.[314] Deswegen berücksichtigt der EuGH den Willen des historischen Gesetzgebers prinzipiell nur dann, wenn sich dieser im Wortlaut der Norm niedergeschlagen hat.[315] Verschiedentlich greift er allerdings auf Änderungen zurück, die im Rechtsetzungsverfahren am ursprünglichen Entwurf vorgenommen wurden.[316] Im Übrigen kann auch die historische Normensituation berücksichtigt werden, die bei Erlass der auszulegenden Vorschrift gegolten hat. Wird der Wortlaut einer Norm geändert, steht zu vermuten, dass sich damit auch ihre Bedeutung ändert.[317]

1.99 Für die Auslegung des geschriebenen Unionsrechts ist der **Rechtsvergleich** der mitgliedstaatlichen Rechtsordnungen nahezu bedeutungslos, und zwar selbst dann, wenn das auszulegende Unionsrecht dem Recht eines Mitgliedstaates nachgebildet wurde.[318] Ein solcher Vergleich widerspräche dem Grundsatz der Autonomie des Unionsrechts und wird vom EuGH praktisch nicht verwendet. Im Übrigen gebietet auch der Grundsatz der Unionstreue keine „mitgliedstaatenkonforme Auslegung" des Unionsrechts.[319] Grundlegend anders ist die Situation im Hinblick auf die Anerkennung der ungeschriebenen allgemeinen Grundsätze des Unionsrechts, die der EuGH – im Wege der Rechtsfortbildung – auf der Unionsebene anhand eines wertenden Rechtsvergleichs der nationalen Rechtsordnungen rezipiert (vgl. Rz. 1.24).

d) Normzweck

1.100 Teleologischen Argumenten kommt bei der Auslegung des europäischen Rechts überragende Bedeutung zu. Es ist insbesondere so zu interpretieren, dass seine Funktionsfähigkeit und die Verwirk-

---

310 Vgl. GA *Stix-Hackl* v. 25.11.2003 – C-222/02 – Paul u.a., Slg. 2004, I-9425 Rz. 132; Schlachter, ZfA 2007, 249 (252).
311 Weitergehend *Höpfner/Rüthers*, AcP 209 (2009), 1 (15).
312 Vgl. zu den Schwierigkeiten beim Zugang zu Ratsdokumenten: EuG v. 22.3.2011 – T-233/09 – Access Info Europe, Slg. 2011, II-1073 sowie nachgehend EuGH v. 17.10.2013 – C-280/11 P – Access Info Europe, ECLI:EU:C:2013:671; s. aber auch Riesenhuber/*Riesenhuber*, Europäische Methodenlehre, § 10 Rz. 36 f.
313 *Leisner*, EuR 2007, 689 (702); so auch *Höpfner/Rüthers*, AcP 209 (2009), 1 (14).
314 Vgl. Riesenhuber/*Baldus*, Europäische Methodenlehre, § 3 Rz. 209 f.; Oppermann/Classen/Nettesheim/*Nettesheim*, Europarecht, § 9 Rz. 174 f.; Vedder/Heintschel von Heinegg/*Pache*, Art. 19 EUV Rz. 18; *Schroeder*, JuS 2004, 180 (183); Calliess/Ruffert/*Wegener*, Art. 19 EUV Rz. 14; allg. Dauses/*Pieper*, B.I Rz. 46 ff.
315 EuGH v. 26.2.1991 – C-292/89 – Antonissen, Slg. 1991, I-745 Rz. 18; v. 13.2.1996 – C-197/94 und C-252/94 – Bautiaa und Société française maritime, Slg. 1996, I-505 Rz. 51.
316 EuGH v. 7.12.1995 – C-449/93 – Rockfon, Slg. 1995, I-4291 Rz. 33.
317 EuGH v. 1.6.1961 – 15/60 – Simon, Slg. 1961, 225 (261); vgl. auch EuGH v. 17.2.2011 – C-78/10 – Berel u.a., Slg. 2011, I-717 Rz. 41.
318 Riesenhuber/*Riesenhuber*, Europäische Methodenlehre, § 10 Rz. 39; vgl. Calliess/Ruffert/*Wegener*, Art. 19 EUV Rz. 14; abw. *Martens*, Methodenlehre, S. 493 ff.
319 A.A. *Martens*, Methodenlehre, S. 451 f.

lichung der unionalen Regelungsziele gewährleistet ist.³²⁰ Die Auslegungsmaxime der **praktischen Wirksamkeit** (*"règle de l'effet utile"*) ist einerseits wegen ihrer Ausrichtung auf die objektiven Unionsinteressen diejenige Auslegungsart, die der Dynamik des europäischen Integrationsprozesses am besten gerecht wird. Anderseits dürfte sie wegen ihrer extensiven Handhabung seitens des EuGH und ihrer völkerrechtlichen Provenienz³²¹ zugleich der wesentlichste Anlass für Irritationen und Kritik beim deutschen Publikum sein.³²² Sie darf jedoch nicht dahin missverstanden werden, dass sie die „größtmögliche Ausschöpfung" der Unionsbefugnisse zum Ziel hätte.³²³ Vielmehr geht es darum, dass unionsrechtliche Normen zum einen nicht jeglichen Sinnes entleert werden³²⁴ und zum anderen das mit ihnen verfolgte Regelungsziel bestmöglich verwirklichen.³²⁵ Zwischen diesen beiden Polen gibt es Abstufungen, die insbesondere vom Gewicht des jeweiligen Unionsziels abhängen.

Im **Arbeitsrecht** finden sich unterschiedlich zu bewertende Anwendungen der teleologischen Auslegung nach der praktischen Wirksamkeit. Überzeugend hat der EuGH etwa in der Rs. *Adeneler* ausgeführt, dass eine nationale Regel, nach der zwei befristete Arbeitsverhältnisse bei einer bloß zwanzigtägigen Unterbrechung nicht mehr als aufeinanderfolgend anzusehen sind, die praktische Wirksamkeit der Rahmenvereinbarung über befristete Arbeitsverträge in Frage stellt (vgl. Rz. 13.178).³²⁶ In der Rs. *Odar* hat sich der EuGH sogar für eine Auslegung des Unionsrechts ausgesprochen, die die praktische Wirksamkeit nationaler Vorschriften (!) schützt.³²⁷ Nicht unproblematisch ist hingegen das Urteil in der Rs. *Coleman*, nach dem eine Arbeitnehmerin auch dann wegen einer Behinderung diskriminiert werden kann, wenn sie Nachteile wegen einer Behinderung ihres Sohnes erleidet. Der EuGH verwies darauf, dass die Gleichbehandlungsrahmenrichtlinie 2000/78/EG anzuwenden sei, weil ihr andernfalls ein großer Teil ihrer praktischen Wirksamkeit genommen würde.³²⁸ Das mag im Ergebnis stimmen, doch ist mit dem Rekurs auf ihre Wirksamkeit noch nicht begründet, dass die Richtlinie diesen Fall erfasst (vgl. Rz. 5.58). Nicht verständlich ist hingegen die Behauptung des EuGH in der Rs. *Scattolon*, die praktische Wirksamkeit der Betriebsübergangsrichtlinie 77/187/EWG (jetzt: 2001/23/EG) würde beeinträchtigt, wenn es infolge eines Betriebsübergangs zu einer Ablösung normativ wirkender Tarifverträge kommt, mit der sich die Arbeitsbedingungen der vom Übergang betroffenen Arbeitnehmer verschlechtern.³²⁹ Der vom EuGH postulierte Kontinuitätsschutz, dessen Wirksamkeit er zu effektuieren gedenkt, lässt sich nicht begründen, weil ein Kollektivvertrag nach Art. 3 Abs. 3 BÜ-RL nur bis „zur Anwendung eines anderen Kollektivvertrags" aufrecht zu erhalten ist (vgl. Rz. 15.122).

1.101

In der Summe sollte die Kritik an der teleologischen Auslegung des Unionsrechts weniger der Methode als solcher, als vielmehr ihrer jeweiligen Anwendung im konkreten Einzelfall gelten.³³⁰ Ihre Überzeugungskraft hängt maßgeblich davon ab, ob sich das jeweils in Anspruch genommene Ziel tatsächlich begründen lässt.³³¹

1.102

---

320 EuGH v. 4.12.1974 – 41/47 – Van Duyn, Slg. 1974, 1337 Rz. 12; v. 6.10.1981 – 246/80 – Broekmeulen, Slg. 1981, 2311 Rz. 16; v. 21.2.1991 – C-143/88 und C-92/89 – Zuckerfabrik Süderdithmarschen u.a., Slg. 1991, I-415 Rz. 31.
321 *Vogenauer*, Die Auslegung von Gesetzen, S. 461 f. m.w.N. auch zu den römischrechtlichen Wurzeln in dem von Julian formulierten Grundsatz *ut res magis valeat quam pereat*.
322 So *Potacs*, EuR 2009, 465 (m.w.N.); teilw. krit. *Streinz*, FS Everling, S. 1507 und *Streinz*, ZEuS 2004, 387.
323 Unrichtig: BVerfG v. 12.10.1993 – 2 BvR 2134/92, 2 BvR 2159/92, BVerfGE 89, 155 (210); korrigiert in: BVerfG v. 30.6.2009 – 2 BvE 2/08 u.a., BVerfGE 123, 267 (351 f.).
324 Vgl. EuGH v. 11.12.2007 – C-438/05 – Viking, Slg. 2007, I-10779 Rz. 69.
325 Hierzu: *v. Danwitz*, ZESAR 2008, 57 (60).
326 EuGH v. 4.7.2006 – C-212/04 – Adeneler u.a., Slg. 2006, I-5057 Rz. 72 ff.; aufgegriffen in EuGH v. 10.3.2011 – C-109/09 – Deutsche Lufthansa, Slg. 2011, I-1309 Rz. 43.
327 EuGH v. 6.12.2012 – C-152/11 – Odar, NZA 2012, 1435 Rz. 67.
328 EuGH v. 17.7.2008 – C-303/06 – Coleman, Slg. 2008, I-5603 Rz. 48.
329 EuGH v. 6.9.2011 – C-108/10 – Scattolon, Slg. 2011, I-7491 Rz. 76.
330 Zutreffend: *Schlachter*, ZfA 2007, 249 (252).
331 Vgl. *Streinz*, ZEuP 2004, 387 (404 f.).

4. Rechtsfortbildung

1.103 Unstreitig ist, dass Art. 19 EUV den EuGH zur Fortbildung des Unionsrechts berechtigt,[332] die sich indes noch weniger trennscharf von der bloßen Auslegung abgrenzen lässt, als dies im nationalen Recht der Fall ist. Das gilt insbesondere für die Anerkennung und Konkretisierung allgemeiner Rechtsgrundsätze des Unionsrechts.[333] Heftig umstritten ist, welchen **Grenzen** der EuGH dabei unterliegt. Kristallisationspunkt dieser Streitfrage war das *Mangold*-Urteil.[334] Ebenso zahlreiche wie namhafte Kritiker warfen dem EuGH vor, er habe das darin postulierte Grundrecht auf Nichtdiskriminierung wegen Alters erfunden und die der Union zustehende Kompetenzen überschritten.[335] Mit der Kodifikation dieses Grundrechts in Art. 21 Abs. 1 GRC ist zwar der konkrete Anlass der Debatte fortgefallen, die generelle Problematik bleibt aber nach wie vor von Interesse.

1.104 Die Schranken der Befugnis des EuGH zur Rechtsfortbildung ergeben sich im Verhältnis zu den Mitgliedstaaten aus der **Verbandskompetenz** der Union. Da das Prinzip der begrenzten Einzelermächtigung auch für den EuGH gilt, darf unionale Rechtsfortbildung nicht die Zuständigkeiten überschreiten, die der Union durch die Verträge übertragen wurden.[336] Eine weitere Schranke folgt aus der **Organkompetenz** des EuGH im Verhältnis zu den Legislativorganen der Union. Unzulässig ist eine richterliche Rechtsfortbildung, die wegen eines Eingriffs in den Zuständigkeitsbereich des europäischen Gesetzgebers gegen den Grundsatz des institutionellen Gleichgewichts verstößt.[337] Folgt man dem EuGH darin, dass das Unionsrecht eine vom mitgliedstaatlichen Recht unabhängige und diesem gegenüber unbedingt vorrangige Rechtsordnung darstellt (vgl. Rz. 1.31 ff.), liegt die Zuständigkeit dafür, letztverbindlich Verstöße gegen die unionalen Verbands- oder Organkompetenzen festzustellen, ausschließlich beim EuGH.[338] Die Frage nach den Grenzen bei der Fortbildung des Unionsrechts kann sich danach nur in der Theorie, nicht aber in der Praxis stellen. Für diese Position spricht immerhin, dass eine nationale Kontrolle von EuGH-Urteilen die einheitliche Geltung des Unionsrechts und die Funktionsfähigkeit der Union in Frage stellte.[339]

1.105 Das BVerfG sieht den Grund für die innerstaatliche Geltung des Unionsrechts hingegen im deutschen Zustimmungsgesetz zu den europäischen Verträgen (vgl. Rz. 1.36 f.). Nach dem *Maastricht*-Urteil wäre eine Fortbildung des Unionsrechts, die vom Zustimmungsgesetz nicht mehr gedeckt ist, im deutschen Hoheitsbereich nicht verbindlich. Die deutschen Staatsorgane seien aus verfassungsrechtlichen Gründen gehindert, einen solchen aus den europäischen Kompetenzen **ausbrechenden Rechtsakt** anzuwenden.[340] Das BVerfG nimmt für sich in Anspruch, auch Entscheidungen des EuGH daraufhin zu überprüfen, ob sie sich in den Grenzen der unionalen Verbandskompetenz halten (sog. *Ultra-vires*-Kontrolle).[341]

---

332 Lenz/Borchardt/*Borchardt*, Art. 19 EUV Rz. 40; Hanau/Steinmeyer/Wank/*Wank*, § 9 Rz. 270; s. auch BVerfG v. 8.4.1987 – 2 BvR 687/85, BVerfGE 75, 223 (243).
333 Zum Ganzen: *Calliess*, NJW 2005, 929; *Everling*, JZ 2000, 217; Riesenhuber/*Neuner*, Europäische Methodenlehre, § 12 Rz. 1 ff.; zum Richterrecht des EuGH: *Levits*, SR 2015, 121 (124 ff.).
334 EuGH v. 22.11.2005 – C-144/04 – Mangold, Slg. 2005, I-9981.
335 *Gerken/Rieble/G. Roth/Stein/Streinz*, „Mangold" als ausbrechender Rechtsakt, S. 29 ff.; ferner *Grosche*, Rechtsfortbildung, S. 277 ff.; *Hailbronner*, NZA 2006, 811; *Preis*, NZA 2006, 401 (410); *Reichold*, ZESAR 2006, 55 (58); abw. *Temming*, NJW 2008, 3404; jetzt auch *Haltern*, Der EuGH in der Kritik, S. 25 ff.; s. auch *Haltern*, Europarecht II, S. 783 ff.
336 Vgl. *Everling*, JZ 2000, 217 (226); zum Ganzen: *Martens*, Methodenlehre, S. 511 ff.
337 Riesenhuber/*Neuner*, Europäische Methodenlehre, § 12 Rz. 14.
338 EuGH v. 22.10.1987 – 314/85 – Foto-Frost, Slg. 1987, 4199 Rz. 15.
339 Calliess/Ruffert/*Wegener*, Art. 19 EUV Rz. 19.
340 BVerfG v. 12.10.1993 – 2 BvR 2134, 2159/92, BVerfGE 89, 155 (188); instruktiv hierzu: *Kreft*, RdA-Sonderbeil. 2006, 38 (40).
341 Mit guten Gründen abl. *Proelß*, EuR 2011, 241 (247 f.).

Das ist im *Honeywell*-Beschluss des BVerfG aktuell geworden, in dem darüber zu befinden war, 1.106
ob das *Mangold*-Urteil einen „ausbrechenden Rechtsakt" darstellte.[342] Das BVerfG hat dies zu
Recht verneint und seine entsprechende **Kompetenzkontrolle** unter Berufung auf den Grundsatz der Europarechtsfreundlichkeit des Grundgesetzes[343] in zweierlei Hinsicht erheblich abgeschwächt. Zum einen respektiert das BVerfG die strukturellen Besonderheiten bei der Auslegung des Unionsrechts und erkennt an, dass es nicht seine Aufgabe ist, seine eigene Interpretation des Unionsrechts an die Stelle derjenigen des EuGH zu setzen.[344] Ein ausbrechender
Rechtsakt soll nur dann vorliegen, wenn ein hinreichend qualifizierter Verstoß gegen die europäische Kompetenzordnung vorliegt und dieser zu einer strukturell bedeutsamen Kompetenzverschiebung zu Lasten der Mitgliedstaaten führt. Damit nähert sich die Prüfungsintensität der
Ultra-vires-Kontrolle an die Überprüfung des Unionsrechts am Maßstab der deutschen Grundrechte an, die das BVerfG auf weiteres generell nicht mehr ausübt (vgl. Rz. 1.37).[345] Zum
anderen hat das BVerfG erklärt, dass dem EuGH vor der Feststellung eines ausbrechenden
Rechtsakts im Wege der Vorabentscheidung Möglichkeit zur Stellungnahme einzuräumen ist.
Solange das BVerfG an den in *Honeywell* aufgestellten Grundsätzen festhält,[346] ist die verfassungsgerichtliche Verwerfung eines EuGH-Urteils jedenfalls im Bereich des Arbeitsrechts wohl
nur ein theoretischer Fall.[347]

5. Der Arbeitnehmerbegriff im Unionsrecht

a) Autonomer und nationaler Arbeitnehmerbegriff

Die komplexen Fragen, die mit der Auslegung des europäischen Arbeitsrechts verbunden sind, lassen sich am Begriff des Arbeitnehmers exemplifizieren.[348] Verwendet eine europäische Norm diesen Begriff, ist in einem ersten Schritt zu klären, ob es sich um einen **autonomen Begriff** handelt
oder ob auf den **nationalen Begriff** verwiesen wird. Im letztgenannten Fall entscheidet das jeweils
anwendbare mitgliedstaatliche Recht darüber, ob eine Person i.S.d. betreffenden Unionsvorschrift
als Arbeitnehmer anzusehen ist.

1.107

Im **Grundsatz** ist davon auszugehen, dass das Unionsrecht einen autonomen Arbeitnehmerbegriff 1.108
zugrunde legt (vgl. Rz. 1.77). Zweifelhaft ist, unter welchen Voraussetzungen eine Ausnahme anzuerkennen ist. Zur Betriebsübergangsrichtlinie 77/187/EWG war der EuGH der Auffassung, dass
sie nur eine Teilharmonisierung auf dem Gebiet des Inhaberwechsels vorsehe. Dieser Zweck sei
nur einschlägig, wenn die betreffende Person schon vor dem Inhaberwechsel nach nationalem
Recht als Arbeitnehmer qualifiziert wurde. Der Richtlinie liege deswegen der nationalrechtliche

---

342 BVerfG v. 6.7.2010 – 2 BvR 2661/06, BVerfGE 126, 286 = ArbRB 2010, 273; zuvor: BAG v. 26.4.2006
 – 7 AZR 500/04, NZA 2006, 1162 Rz. 17 ff.; hierzu: *Fuchs*, ZESAR 2011, 3; *Pötters/Traut*, EuR 2011,
 580; *Proelß*, EuR 2011, 241.
343 Grundlegend: BVerfG v. 30.6.2009 – 2 BvE 2/08 u.a., BVerfGE 123, 267 (346 f.).
344 Zuvor schon: *Pötters/Traut*, ZESAR 2010, 267 (271); zust. *Sauer*, EuZW 2011, 94 (95); polemische
 und verfehlte Kritik bei *Gehlhaar*, NZA 2010, 1053.
345 Vgl. *Proelß*, EuR 2011, 241 (253 f.); für eine Vereinheitlichung der Prüfungsmaßstäbe: *Dederer*, JZ
 2014, 313 (315 ff.).
346 In Reaktion auf EuGH v. 26.2.2013 – C-617/10 – Åkerberg Fransson, NJW 2013, 1415 zwischenzeitlich schärfer: BVerfG v. 24.4.2013 – 1 BvR 1215/07, NJW 2013, 1499 Rz. 91; hierzu: *Thym*,
 NVwZ 2013, 889; *Winter*, NZA 2013, 473; nachfolgend EuGH v. 6.3.2014 – C-206/13 – Siragusa,
 NVwZ 2014, 575; v. 10.7.2014 – C-198/13 – Hernández u.a., NZA 2014, 1325; nunmehr BVerfG v.
 21.6.2016 – 2 BvE 13/13 u.a. – BVerfGE 142, 123 Rz. 147 ff.
347 Vgl. die abw. Meinung des Richters *Landau* in BVerfGE 126, 286 (323); ferner *Sagan*, NZA 2016,
 1252 (1254 f.); *Stein*, ZRP 2010, 265; *Voßkuhle*, NJW 2013, 1329 (1331).
348 Allg. *Borelli*, AuR 2011, 472; *Rebhahn*, EuZA 2012, 3; *Wank*, EuZA 2008, 172; *Ziegler*, Arbeitnehmerbegriffe, S. 124 ff.

Arbeitnehmerbegriff zugrunde.[349] Nach dieser – zwischenzeitlich in Art. 2 Abs. 1 Buchst. d BÜ-RL kodifizierten – Rechtsprechung sollten im Wesentlichen teleologische Erwägungen den Ausschlag zwischen autonomer und nationaler Auslegung des Arbeitnehmerbegriffs geben.[350] Dieses Abgrenzungskriterium erfordert jedoch häufig diffizile Wertungen und hat den Nachteil, dass bis zu einer Entscheidung des EuGH erhebliche Unsicherheit über die zutreffende Auslegung besteht. Zudem kann der Harmonisierungszweck einer Richtlinie maßgeblich davon abhängen, ob sie einen autonomen Arbeitnehmerbegriff verwendet. Dann führt die Zweckbetrachtung unvermeidbar in einen Zirkel. Deswegen ist es im Interesse der Rechtssicherheit zu begrüßen, dass der EuGH in einer vereinzelten Entscheidung allein darauf abstellt, ob das Unionsrecht eine **ausdrückliche Verweisung** auf das nationale Recht enthält.[351] Fehlt es an einer solchen, soll dies bereits für sich genommen gegen eine Ausnahme vom Grundsatz der einheitlichen Geltung des Unionsrechts sprechen.

1.108a In seiner jüngeren Rechtsprechung ist der EuGH weiter gegangen und hat den Arbeitnehmerbegriff trotz ausdrücklicher Verweisung auf nationales Recht unionsrechtlich ausgefüllt. Er hat unionsrechtliche Bindungen für die Entscheidung der Mitgliedstaaten aufgestellt, welche Personen in den Anwendungsbereich des betreffenden Umsetzungsgesetzes einzubeziehen sind. Die Mitgliedstaaten dürften nicht ohne Weiteres eine bestimmte Personengruppe ausnehmen, die nach dem sonstigen nationalen Recht als Arbeitnehmer angesehen wird.[352] Das lässt sich als materieller Ausdruck des bei der Richtlinienumsetzung geltenden Äquivalenzgrundsatzes verstehen (vgl. Rz. 1.121).[353] Darüber hinaus sollen der unionsrechtliche Gleichbehandlungsgrundsatz und die praktische Wirksamkeit der umzusetzenden Richtlinie aber auch dann zur Einbeziehung von Beschäftigten des öffentlichen Dienstes verpflichten, wenn sie im Recht des jeweiligen Mitgliedstaates nicht als Arbeitnehmer qualifiziert werden.[354] Vereinzelt hat der EuGH in diesem Bereich sogar auf einen autonomen Arbeitnehmerbegriff zurückgegriffen.[355] Insgesamt führen die unionsrechtlichen Vorgaben zu einem von der Rechtsprechung des EuGH **autonomisierten Arbeitnehmerbegriff** (vgl. Rz. 13.22: „semi-unionsautonomer Arbeitnehmerbegriff").[356] Dass der EuGH gegen den Wortlaut der ausdrücklichen Verweisung auf das nationale Recht entscheidet, ist auf (teils zu) harsche, aber nicht von der Hand zu weisende Kritik gestoßen.[357] Allerdings ist der Wortlaut nicht allein entscheidend. Problematischer wäre es, wenn der EuGH darauf abzielte, sich an die Stelle des Richtliniengebers zu setzen, nachdem ein Vorstoß der Kommission zur Vereinheitlichung des Arbeitnehmerbegriffs im Sande verlaufen ist.[358] Die richterliche Autonomisierung des Arbeitnehmerbegriffs schafft jedenfalls erhebliche Rechtsunsicherheit, weil sie – ähnlich wie die überkommene Abgrenzung nach dem Harmonisierungszweck – nicht auf das leicht handhabbare Kriterium einer ausdrücklichen Verweisung, sondern auf ein unwägbares Bündel materieller Kriterien abstellt. Dauerhafte Integrationsfortschritte werden sich auf diesem Weg kaum verwirklichen lassen.

---

349 EuGH v. 11.7.1985 – 105/84 – Danmols Inventar, Slg. 1985, 2639 Rz. 18 ff.
350 Hanau/Steinmeyer/Wank/*Wank*, § 14 Rz. 2; weiterführend: *Franzen*, Privatrechtsangleichung, S. 475 ff.; *Ziegler*, Arbeitnehmerbegriffe, S. 408 ff.
351 EuGH v. 14.10.2010 – C-428/09 – Union syndicale Solidaires Isère, Slg. 2010, I-9961 Rz. 27 f.; insoweit zust. *Junker*, EuZA 2016, 184 (188); auch *C. Weber/Zimmer*, EuZA 2016, 224 (229).
352 EuGH v. 18.1.2007 – C-385/05 – Confédération générale du travail u.a., Slg. 2007, I-611 Rz. 45 ff.
353 Ähnl. *Preis/Morgenbrodt*, EuZA 2017, 418 (423 f.); i.E. auch *Junker*, EuZA 2016, 184 (197).
354 EuGH v. 13.9.2007 – C-307/05 – Del Cerro Alonso, Slg. 2007, I-7109 Rz. 29; v. 16.9.2010 – C-149/10 – Chatzi, Slg. 2010, I-8489 Rz. 28 ff.; v. 22.12.2010 – C-444/09 u.a. – Gavieiro Gavieiro, Slg. 2010, I-14031 Rz. 41; v. 1.3.2012 – C-393/10 – O'Brien, NZA 2012, 313 Rz. 42.
355 EuGH v. 9.7.2015 – C-229/14 – Balkaya, ArbRB 2015, 259 = NZA 2015, 861 Rz. 34; v. 17.11.2016 – C-216/15 – Betriebrat der Ruhrlandklinik, ArbRB 2016, 354 = NZA 2017, 41 Rz. 27.
356 S. auch *Junker*, EuZA 2016, 184 (196 f.); *Thüsing/Stiebert*, ZESAR 2011, 124 (126: „Mittelweg").
357 *Junker*, EuZA 2016, 184 (197 f. und 204: „Kompetenzüberschreitung"); *Morgenbrodt*, ZESAR 2017, 17 (19 ff.); *Preis/Morgenbrodt*, EuZA 2017, 418 (423 ff.); *Temming*, SR 2016, 158 (165: „contra legem"); *Wank*, EuZW 2018, 21 (22 f.: „Kompetenzüberschreitung").
358 Vgl. *Temming*, SR 2016, 158 (164 f.) unter Verweis auf KOM(2006), 708 endg., S. 15 f.

Legt man die bisherige Rechtsprechung des EuGH zugrunde, ergibt sich, wenngleich Überschneidungen nun nicht mehr auszuschließen sind, für die Abgrenzung des autonomen bzw. autonomisierten und nationalen Arbeitnehmerbegriffs das folgende Bild:

1.109

Autonomer Arbeitnehmerbegriff	Nationaler Arbeitnehmerbegriff
Arbeitnehmerfreizügigkeit gem. Art. 45 AEUV	Nachweisrichtlinie 91/533/EWG
Soziale Grundrechte gem. Art. 27 ff. GRC	Insolvenzrichtlinie 2008/94/EG
Grundsatz der Entgeltgleichheit gem. Art. 157 AEUV (vgl. Rz. 5.34 ff.)	Entsenderichtlinie 96/71/EG
Geschlechterrichtlinie 2006/54/EG (vgl. Rz. 5.42)	Betriebsübergangsrichtlinie 2001/23/EG (vgl. Rz. 15.56 ff.)
Antirassismusrichtlinie 2000/43/EG (vgl. Rz. 5.42)	Unterrichtungs- und Anhörungsrichtlinie 2002/14/EG
Gleichbehandlungsrahmenrichtlinie 2000/78/EG (vgl. Rz. 5.42)	Europäische Betriebsräte-Richtlinie 2009/38/EG (h.M.; vgl. Rz. 17.42)
Arbeitszeitrichtlinie 2003/88/EG (vgl. Rz. 7.58)	SE-Richtlinie 2001/86/EG
Arbeitsschutzrahmenrichtlinie 89/391/EWG (str.[359])	SCE-Richtlinie 2003/72/EG
Mutterschutzrichtlinie 92/85/EWG[360]	Verschmelzungsrichtlinie 2005/56/EG
Autonomisierter Arbeitnehmerbegriff (EuGH)	
Massenentlassungsrichtlinie 98/59/EG (vgl. Rz. 14.22)	
Rahmenvereinbarung über Teilzeit gem. RL 97/81/EG	
Rahmenvereinbarung über befristete Arbeitsverträge gem. RL 1999/70/EG (vgl. Rz. 13.18 ff.)	
Leiharbeitsrichtlinie 2008/104/EG (vgl. Rz. 12.15 ff.)	
Rahmenvereinbarung über Elternurlaub gem. RL 2010/18/EU	

b) Autonomer Arbeitnehmerbegriff

Ist der **Arbeitnehmerbegriff** in einer Norm des europäischen Rechts autonom auszulegen, ist in einem zweiten Schritt sein konkreter Inhalt zu klären. Nach der älteren Rechtsprechung des EuGH existiert kein einheitlicher Arbeitnehmerbegriff des europäischen Rechts.[361]

1.110

Weitgehend geklärt ist der autonome Arbeitnehmerbegriff der **Arbeitnehmerfreizügigkeit** (Art. 45 AEUV), der weit auszulegen ist. Danach ist Arbeitnehmer, wer eine tatsächliche und echte Tätigkeit in einem Lohn- oder Gehaltsverhältnis ausübt, wobei völlig untergeordnete und unwesentliche Tätigkeiten außer Betracht bleiben. Das wesentliche Merkmal eines Lohn- oder Gehaltsverhältnisses besteht darin, dass jemand während einer bestimmten Zeit für einen anderen nach dessen Wei-

1.111

---

359 Vgl. *Ziegler*, Arbeitnehmerbegriffe, S. 268 ff. (m.w.N.).
360 EuGH v. 20.9.2007 – C-116/06 – Kiiski, Slg. 2007, I-7643 Rz. 24; krit. *Rebhahn*, EuZA 2012, 3 (24 f.); ferner EuGH v. 11.11.2010 – C-232/09 – Danosa, Slg. 2010, I-11405 Rz. 39.
361 EuGH v. 12.5.1998 – C-85/96 – Martínez Sala, Slg. 1998, I-2708 Rz. 31; v. 7.6.2005 – C-543/03 – Dodl und Oberhollenzer, Slg. 2005, I5049, Rz. 27; v. 16.7.2009 – C-208/07 – von Chamier-Glisczinski, Slg. 2009, I-6095 Rz. 68; so auch Schwarze/*Rebhahn/Reiner*, Art. 153 AEUV Rz. 4.

sung Leistungen erbringt, für die er als Gegenleistung eine Vergütung erhält.³⁶² Das Kriterium der **Weisungsgebundenheit** dient der Abgrenzung zu selbständigen Tätigkeiten, die unter die Dienstleistungs- oder Niederlassungsfreiheit fallen.³⁶³ Im Einzelnen hängt diese Abgrenzung „von der Gesamtheit der jeweiligen Faktoren und Umstände ab, die die Beziehungen zwischen den Parteien charakterisieren, wie etwa die Beteiligung an den geschäftlichen Risiken des Unternehmens, die freie Gestaltung der Arbeitszeit und der freie Einsatz eigener Hilfskräfte".³⁶⁴ Nach vereinzelten Entscheidungen des EuGH soll sich die Frage, ob zwischen einer GmbH und ihrem Geschäftsführer eine Weisungsbeziehung besteht, danach richten, ob ein Unterordnungsverhältnis besteht.³⁶⁵ Auch dies wird weit verstanden, so dass Geschäftsführer einer GmbH als Arbeitnehmer i.S.d. Unionsrechts einzuordnen sein können.³⁶⁶ Unerheblich ist, ob das der Tätigkeit zugrunde liegende Rechtsverhältnis privat- oder öffentlich-rechtlicher Rechtsnatur ist,³⁶⁷ so dass auch Beamte, Richter und Soldaten Arbeitnehmer i.S.d. Art. 45 AEUV sind.³⁶⁸

1.112 Soweit dem **sonstigen europäischen Arbeitsrecht** ein autonomer Arbeitnehmerbegriff zugrunde liegt, stimmt er nicht zwingend mit der Rechtsprechung zu Art. 45 AEUV überein. Unter systematischen Gesichtspunkten³⁶⁹ ist es aber vorzugswürdig, den autonomen Arbeitnehmerbegriff der Arbeitnehmerfreizügigkeit jedenfalls grundsätzlich auf andere Normen des Primärrechts, insbesondere die sozialpolitischen Kompetenzen der EU nach Art. 153 AEUV³⁷⁰ und die sozialen Grundrechte in Art. 27 ff. GRC³⁷¹, zu erstrecken. Für den sozialpolitischen Grundsatz gleichen Entgelts für Männer und Frauen (Art. 157 AEUV) hat der EuGH bereits auf den Arbeitnehmerbegriff des Art. 45 AEUV zurückgegriffen.³⁷² Für das Arbeitsschutzrecht definiert hingegen Art. 3 Buchst. a Arbeitsschutzrahmenrichtlinie 89/391/EWG, dass Arbeitnehmer jede Person ist, die von einem Arbeitgeber beschäftigt wird, einschließlich Praktikanten und Lehrlingen, jedoch mit Ausnahme von Hausangestellten. Allerdings setzt sich in der Rechtsprechung mehr und mehr die Tendenz durch, den Arbeitnehmerbegriff der Arbeitnehmerfreizügigkeit auf die übrigen Arbeitnehmerbegriffe im europäischen Arbeitsrecht zu übertragen. Das gilt etwa für die Mutterschutzrichtlinie 92/85/EWG,³⁷³ die Arbeitszeitrichtlinie 2003/88/EG,³⁷⁴ die Massenentlassungsrichtlinie 98/59/EG³⁷⁵ sowie die Leih-

---

362 EuGH v. 3.6.1986 – 139/85 – Kempf, Slg. 1986, 1741 Rz. 13; v. 3.7.1986 – 66/85 – Lawrie-Blum, Slg. 1986, 2121 Rz. 16 f.; v. 12.5.1998 – C-85/96 – Martínez Sala, Slg. 1998, I-2691 Rz. 32; v. 8.6.1999 – C-337/97 – Meeusen, Slg. 1999, I-3289 Rz. 13; v. 23.3.2004 – C-138/02 – Collins, Slg. 2004, I-2703 Rz. 26; v. 7.9.2004 – C-456/02 – Slg. 2004, I-7573 Rz. 15; v. 14.6.2012 – C-542/09 – Kommission/Niederlande, NVwZ-RR 2012, 697 Rz. 68; näher: *Schlachter*, ZESAR 2011, 156.
363 Grabitz/Hilf/Nettesheim/*Forsthoff*, Art. 45 AEUV Rz. 69.
364 EuGH v. 14.12.1989 – C-3/87 – Agegate, Slg. 1989, 4459 Rz. 36; s. auch EuGH v. 6.11.2003 – C-413/01 – Ninni-Orasche, Slg. 2003, I-13187 Rz. 27.
365 EuGH v. 27.6.1996 – C-107/94 – Asscher, Slg. 1996, I-3089 Rz. 26; v. 8.6.1999 – C-337/97 – Meeusen, Slg. 1999, I-3289 Rz. 15.
366 EuGH v. 7.5.1998 – C-350/96 – Clean Car Autoservice, Slg. 1998, I-2521 Rz. 30; vgl. auch EuGH v. 11.11.2010 – C-232/09 – Danosa, Slg. 2010, I-11405 Rz. 38 ff.; ausf. hierzu: *Preis/Sagan*, ZGR 2013, 26; *Reinfelder*, RdA 2016, 87 (94).
367 EuGH v. 12.2.1974 – 152/73 – Sotgiu, Slg. 1974, 153 Rz. 5; v. 3.7.1986 – 66/85 – Lawrie-Blum, Slg. 1986, 2121 Rz. 20.
368 Calliess/Ruffert/*Brechmann*, Art. 45 AEUV Rz. 12 (m.w.N.).
369 Anders *Wank*, EuZW 2018, 21 (28).
370 *Ziegler*, Arbeitnehmerbegriffe, S. 169 ff. und 194; dagegen Pechstein/Nowak/Häde/*Kocher*, Art. 153 AEUV Rz. 60 ff.; Schwarze/Rebhahn/*Reiner*, Art. 153 AEUV Rz. 4; zw. EuArbR/*Franzen*, Art. 153 AEUV Rz. 6 f.; ausf. *Pottschmidt*, Arbeitnehmerähnliche Personen, S. 501 ff.
371 Tend. *Jarass*, Art. 27 GRC Rz. 7; EuArbR/*C. Schubert*, Art. 27 GRC Rz. 18.
372 EuGH v. 13.1.2004 – C-256/01 – Allonby, Slg. 2004, I-873 Rz. 66 f.
373 EuGH v. 11.11.2010 – C-232/09 – Danosa, Slg. 2010, I-11405 Rz. 39.
374 EuGH v. 7.4.2011 – C-519/09 – May, Slg. 2011, I-2761 Rz. 21; v. 3.5.2012 – C-337/10 – Neidel, NVwZ 2012, 688 Rz. 23.
375 EuGH v. 9.7.2015 – C-229/14 – Balkaya, ArbRB 2015, 259 = NZA 2015, 861 Rz. 34.

arbeitsrichtlinie 2008/104/EG[376]. Der EuGH hat sogar die weitrechende These aufgestellt, der Arbeitnehmerbegriff des Art. 45 AEUV gelte ebenfalls für den Arbeitnehmerbegriff, der in Rechtsakten nach Art. 288 AEUV verwendet wird.[377] Demnach ist der weite Begriff der Arbeitnehmerfreizügigkeit auf alle Richtlinien zu erstrecken, denen ein autonomer Arbeitnehmerbegriff zugrunde liegt. Insoweit lässt sich eine deutliche Tendenz zur Vereinheitlichung des Arbeitnehmerbegriffs im europäischen Recht erkennen.[378] Wegen seiner Ausstrahlungswirkung und seiner praktischen Bedeutung kann man den Arbeitnehmerbegriff des Art. 45 AEUV schon als *den* (autonomen) Arbeitnehmerbegriff des europäischen Arbeitsrechts bezeichnen. Das schließt nicht aus, dass im Fall seiner Übertragung auf andere Vorschriften des Unionsrechts nach deren Systematik und Zweck punktuelle Abweichungen angezeigt sein können. Eine ungefilterte Übernahme ist nicht möglich.[379] Auch ist damit nicht gesagt, dass die sekundärrechtlichen Verweisungen auf den nationalen Arbeitnehmerbegriff gegenstandslos wären (vgl. Rz. 1.107 ff.).[380]

Mit § 611a BGB hat der deutsche Gesetzgeber den Arbeitnehmerbegriff für das deutsche Recht normiert. Die Vorschrift enthält keine Aussage zu den Rechtsbereichen, denen der autonome Arbeitnehmerbegriff des EU-Rechts zugrunde liegt. § 611a BGB war deswegen im Grunde schon bei seinem Inkrafttreten am 1.4.2017 veraltet und lückenhaft. Soweit der Arbeitnehmerbegriff einer Richtlinie über § 611a BGB hinausgeht, wird eine richtlinienkonforme Auslegung notwendig und regelmäßig auch möglich sein. Denkbarer Gegenstand einer solchen Auslegung kann allerdings nicht nur § 611a BGB, sondern alternativ der Arbeitnehmerbegriff arbeitsrechtlicher Spezialgesetze sein (z.B. §§ 6 Abs. 1 Satz 1 Nr. 1 AGG, 2 Abs. 2 ArbZG). Das kann eine gespaltene Auslegung von § 611a BGB verhindern, die dazu führen würde, die Norm unterschiedlich danach auszulegen, ob der Anwendungsbereich von Unionsrecht mit abweichendem Arbeitnehmerbegriff eröffnet ist (vgl. Rz. 1.167). Welche gesetzliche Vorschrift richtlinienkonform ausgelegt wird, ist, sofern ein richtlinienkonformes Ergebnis erzielt wird, allein eine Frage des deutschen Rechts. 1.112a

V. Dogmatik europäischer Richtlinien

Art. 288 AEUV enthält die Handlungsformen der Union, zu denen u.a. die Verordnung und die Richtlinie zählen. Die **Verordnung** hat allgemeine Geltung, ist in allen ihren Teilen verbindlich und gilt unmittelbar in jedem Mitgliedstaat. Sie schafft Unionsrecht, das für die Mitgliedstaaten und die Bürger gilt, ohne hierfür eines nationalen Durchführungsaktes zu bedürfen. Die Verordnung entspricht daher der Sache nach einem „europäischen Gesetz"[381] und ist die Standardform europäischer Rechtsetzung.[382] Die **Richtlinie** findet hingegen weder im internationalen noch im nationalen Recht eine Entsprechung.[383] Sie ist nur für die Mitgliedstaaten, an die sie gerichtet ist, und nur hinsichtlich des zu erreichenden Ziels verbindlich, überlässt den Mitgliedstaaten jedoch die Wahl der Form und der Mittel. Anders als die Verordnung setzt die Richtlinie einen zweistufigen Rechtsetzungsprozess in Gang und verpflichtet die Mitgliedstaaten dazu, innerstaatliches Recht zu beseitigen, zu modifizieren, neu zu schaffen oder auch nur beizubehalten.[384] Tat- 1.113

---

376 EuGH v. 17.11.2016 – C-216/15 – Betriebsrat der Ruhrlandklinik, ArbRB 2016, 354 = NZA 2017, 41 Rz. 27.
377 EuGH v. 7.4.2011 – C-519/09 – May, Slg. 2011, I-2761 Rz. 22; s. auch *Borelli*, AuR 2011, 472 (473).
378 *Preis/Sagan*, ZGR 2013, 26 (46 f.); auch ErfK/*Preis*, § 611a BGB Rz. 18.
379 So auch *Wank*, EuZW 2018, 21 (28), der i.Ü. aber für eine Begriffsbildung unter Rückgriff auf die Arbeitnehmerbegriffe der Mitgliedstaaten plädiert (hierzu vgl. Rz. 1.99).
380 Vgl. *Junker*, EuZA 2016, 184 (190 und 197); *Riesenhuber*, Europäisches Arbeitsrecht, § 1 Rz. 5.
381 *Hallstein*, Die Europäische Gemeinschaft, S. 54; Oppermann/Classen/Nettesheim/*Nettesheim*, Europarecht, § 9 Rz. 72; *Streinz*, Europarecht, Rz. 471.
382 *von Bogdandy/Bast/Arndt*, ZaöRV 2002, 77 (92 f.); Streinz/*Schroeder*, Art. 288 AEUV Rz. 38.
383 *Ipsen*, FS Ophüls, S. 69 (71); *Prechal*, Directives in EC Law, S. 1.
384 Grabitz/Hilf/Nettesheim/*Nettesheim*, Art. 288 AEUV Rz. 104.

sächlich ergehen weniger als 10 % aller Rechtsakte der Union in Form der Richtlinie,[385] doch ist sie für das Arbeitsrecht von besonderer Bedeutung, weil dieses auf der Ebene des Sekundärrechts nahezu ausschließlich in Form von Richtlinien geregelt wird (vgl. Rz. 1.45 ff.).

1.114 Über die **rechtspolitische Bewertung** der Richtlinie als Handlungsform herrscht Uneinigkeit. Auf der einen Seite wird hervorgehoben, dass sie weniger intensiv in die Souveränität der Mitgliedstaaten eingreife als die unmittelbar anzuwendende Verordnung und deswegen den kompetenzrechtlichen Prinzipien der Subsidiarität und der Verhältnismäßigkeit entspreche.[386] Die Richtlinie erlaube es den Mitgliedstaaten, das europäische Recht systemkonform in ihre Rechtsordnung einzupassen, wozu die Union mit dem Erlass einer Verordnung nicht in der Lage sei.[387] Auf der anderen Seite wird mit guten Gründen kritisiert, dass die indirekte Rechtsetzung, die mit der Richtlinie verbunden ist, zu Divergenzen zwischen europäischem und nationalem Recht führen kann.[388] Insbesondere die für diesen Fall eintretenden innerstaatlichen Wirkungen der Richtlinie (vgl. Rz. 1.124 ff.) seien kaum noch überschaubar, weswegen eine Reform erforderlich sei.[389] Selbst die Kommission nannte die Richtlinie im Zuge der Vertragsrevision von Maastricht ein „*instrument hybride, et de statut ambigu*", konnte sich mit ihrem Vorschlag für eine Ersetzung durch ein europäisches Gesetz aber nicht durchsetzen.[390]

1. Vorgaben für die Richtlinienumsetzung

a) Vorwirkung und Sperrwirkung

1.115 Arbeitsrechtliche Richtlinien treten gem. Art. 297 AEUV in Ermangelung einer abweichenden Festlegung am zwanzigsten Tag nach ihrer Veröffentlichung im EU-Amtsblatt in Kraft und verpflichten die Mitgliedstaaten zur Umsetzung innerhalb der in ihnen genannten **Frist**. Die Mitgliedstaaten sind nicht verpflichtet, die Richtlinie bereits vor Ablauf der Frist umzusetzen, sie entfaltet jedoch schon vor dem Ablauf der Umsetzungsfrist **Vorwirkung**. In diesem Zeitraum besteht die aus dem Loyalitätsgrundsatz des Art. 4 Abs. 3 EUV und Art. 288 Abs. 3 AEUV abgeleitete Verpflichtung der Mitgliedstaaten, keine Vorschriften zu erlassen, die geeignet sind, das in der Richtlinie vorgeschriebene Ziel ernstlich in Frage zu stellen; sog. **Frustrationsverbot**.[391] Dagegen verstößt aber nicht schon jedweder Erlass einer richtlinienwidrigen Norm. Vielmehr müssen die mitgliedstaatlichen Maßnahmen vermuten lassen, dass das Richtlinienziel nicht erreicht wird, etwa weil der Mitgliedstaat einen richtlinienwidrigen Umsetzungsakt erlassen hat, den er für abschließend hält und nicht mehr fristgerecht ändern kann.[392]

1.116 Im *Mangold*-Urteil hat der EuGH die Vorwirkung der Gleichbehandlungsrahmenrichtlinie 2000/78/EG überspannt, falls er – nach einem umstrittenen Verständnis[393] – angenommen haben sollte, dass richtlinienwidrige Gesetze, die vor dem Ablauf der Umsetzungsfrist erlassen werden, **unanwendbar**

---

385 *von Bogdandy/Bast/Arndt*, ZaöRV 2002, 77 (92 f.); Streinz/*Schroeder*, Art. 288 AEUV Rz. 52.
386 Vgl. Calliess/Ruffert/*Calliess*, Art. 5 EUV Rz. 53; a.A. Grabitz/Hilf/Nettesheim/*Bast*, Art. 5 EUV Rz. 72.
387 *von Danwitz*, JZ 2007, 697 (698); vgl. auch *Schlachter*, ZfA 2007, 249 (257).
388 *Streinz*, Europarecht, Rz. 480.
389 *Hilf*, EuR 1993, 1; Streinz/*Schroeder*, Art. 288 AEUV Rz. 53.
390 Zit. nach *Snyder*, The Modern Law Review 1993, 19 (41).
391 Grundlegend: EuGH v. 18.12.1997 – C-129/96 – Inter-Environnement Wallonie, Slg. 1997, I-7411 Rz. 45; bestätigt in: EuGH v. 8.5.2003 – C-14/02 – ATRAL, Slg. 2003, I-4431 Rz. 58; v. 5.2.2004 – C-157/02 – Rieser, Slg. 2004, I-1477 Rz. 66; allg. hierzu: *Fisahn/Mushoff*, EuR 2005, 222; *Frenz*, EWS 2011, 33; Riesenhuber/*Hofmann*, Europäische Methodenlehre, § 15 Rz. 7 ff.; *Röthel*, ZEuP 2009, 34; s. auch Art. 18 Wiener Vertragsrechtskonvention (Wiener Übereinkommen über das Recht der Verträge v. 23.5.1969, BGBl. II 1985, 927).
392 EuGH v. 18.12.1997 – C-129/96 – Inter-Environnement Wallonie, Slg. 1997, I-7411 Rz. 47 f.
393 Statt aller: Riesenhuber/*Hofmann*, Europäische Methodenlehre, § 15 Rz. 20 (m.w.N.).

sind.³⁹⁴ Eine nachfolgende Entscheidung wies bereits in die Richtung, dass die Vorwirkung einer Richtlinie allenfalls den Anwendungsbereich des Unionsrechts und damit der Unionsgrundrechte eröffnet.³⁹⁵ Schließlich hat der EuGH in den Rs. *Bartsch, Römer* und *Kücükdeveci* klargestellt, dass nationales Recht erst nach dem Ablauf der Umsetzungsfrist in den Anwendungsbereich des Unionsrechts fällt.³⁹⁶ Insoweit hat er das *Mangold*-Urteil aufgegeben.³⁹⁷ Der Verstoß des Mitgliedstaates gegen das Frustrationsverbot führt aus Gründen der Rechtssicherheit lediglich zu einer objektiven Verletzung der Umsetzungspflicht, nicht aber zur Unanwendbarkeit nationaler Gesetze (zu den Folgen für die Auslegung des nationalen Rechts vgl. Rz. 1.147).³⁹⁸

Wurde die Richtlinie ordnungs- und fristgemäß umgesetzt, entfaltet sie nach Ablauf der Umsetzungsfrist **Sperrwirkung**. Der nationale Gesetzgeber ist unionsrechtlich nach Art. 288 Abs. 3 AEUV verpflichtet, das Umsetzungsgesetz nicht aufzuheben oder richtlinienwidrig zu ändern oder sonstiges richtlinienwidriges Recht zu erlassen.³⁹⁹   1.117

b) Anforderungen an den Umsetzungsakt

Bei unbefangener Lektüre des Art. 288 Abs. 3 AEUV, nach dem eine Richtlinie nur hinsichtlich des zu erreichenden „Ziels" verbindlich ist, könnte man meinen, dass Richtlinien den Mitgliedstaaten einen **Umsetzungsspielraum** belassen müssten. Diese Vorstellung wäre irrig. Der EuGH hat zu keinem Zeitpunkt Bedenken gegen inhaltlich nicht ausgestaltungsbedürftige Richtlinien gehegt. Auch nach praktisch einhelliger Ansicht im Schrifttum können Richtlinien so detaillierte Regelungen enthalten, dass den Mitgliedstaaten bei ihrer Umsetzung in der Sache keine Entscheidungsfreiheit verbleibt.⁴⁰⁰   1.118

Die weitere Aussage des Art. 288 Abs. 3 AEUV, dass die Wahl der Form und der Mittel zur Umsetzung den Mitgliedstaaten überlassen bleibt, ist ebenfalls nicht wörtlich zu verstehen. Sofern das nationale Arbeitsrecht im Wesentlichen durch Parlamentsgesetze geregelt ist, erfordert die Umsetzung arbeitsrechtlicher Richtlinien in aller Regel ebenfalls den Erlass eines **Parlamentsgesetzes**. In den seit 1990 erlassenen Richtlinien findet sich die formelle Anforderung, dass bei der Umsetzung die Richtlinie in Bezug zu nehmen oder auf sie hinzuweisen ist; sog. **Zitiergebot**.⁴⁰¹ In inhaltlicher Hinsicht sind die Mitgliedstaaten verpflichtet, die Bestimmungen der Richtlinie vollständig und genau einzuhalten,⁴⁰² nicht aber wörtlich zu übernehmen.⁴⁰³ Den strengeren Anforderungen des   1.119

---

394 EuGH v. 22.11.2005 – C-144/04 – Mangold, Slg. 2005, I-9981 Rz. 67 ff.; insoweit zu Recht krit. *Gas*, EuZW 2006, 737; wegen der Besonderheiten des Art. 18 Gleichb-RL zust. *Röthel*, ZEuP 2009, 34 (38 ff.); ähnl. *von Danwitz*, JZ 2007, 697 (700).
395 EuGH v. 17.1.2008 – C-246/06 – Navarro, Slg. 2008, I-105 Rz. 32.
396 EuGH v. 23.9.2008 – C-427/06 – Bartsch, Slg. 2008, I-7245 Rz. 25; v. 19.1.2010 – C-555/07 – Kücükdeveci, Slg. 2010, I-365 Rz. 24 f.; v. 10.5.2011 – C-147/08 – Römer, ArbRB 2011, 173 = NZA 2011, 557 Rz. 61.
397 Grabitz/Hilf/Nettesheim/*Nettesheim*, Art. 288 AEUV Rz. 118; krit. *Preis/Temming*, NZA 2008, 1209 (1210 f.).
398 Streinz/*Schroeder*, Art. 288 AEUV Rz. 69; vgl. auch EuGH v. 5.2.2004 – C-157/02 – Rieser, Slg. 2004, I-1477 Rz. 67; a.A. Calliess/Ruffert/*Ruffert*, Art. 288 AEUV Rz. 24; diff. *Röthel*, ZEuP 2009, 34 (43 ff.).
399 Oppermann/Classen/Nettesheim/*Nettesheim*, Europarecht, § 9 Rz. 98.
400 GA *Jacobs* v. 27.1.1994 – C-316/93 – Vaneetveld, Slg. 1994, I-763 Rz. 28; Calliess/Ruffert/*Ruffert*, Art. 288 AEUV Rz. 25; von der Groeben/Schwarze/Hatje/*Geismann*, Art. 288 AEUV Rz. 41; Streinz/*Schroeder*, Art. 288 AEUV Rz. 74; Vedder/Heintschel von Heinegg/*Vedder*, Art. 288 AEUV Rz. 23; näher *Sydow*, JZ 2009, 373 (374 f.).
401 Z.B. Art. 11 Abs. 2 Leiharbeitsrichtlinie 2008/104/EG.
402 EuGH v. 18.3.1980 – 91/79 – Kommission/Italien, Slg. 1980, 1099 Rz. 6; v. 3.6.1992 – C-287/91 – Kommission/Italien, Slg. 1992, I-3515 Rz. 7; v. 14.12.1995 – C-16/95 – Kommission/Spanien, Slg. 1995, I-4883 Rz. 8.
403 EuGH v. 9.4.1987 – 363/85 – Kommission/Italien, Slg. 1987, 1733 Rz. 15; v. 20.5.1992 – C-190/90 – Kommission/Niederlande, Slg. 1992, I-3265 Rz. 17.

sog. **Transparenzgebots** unterliegt die Umsetzung von Richtliniennormen, die subjektive Rechte des Einzelnen enthalten. In diesem Fall müssen die Mitgliedstaaten, „um die volle Anwendung der Richtlinie nicht nur in rechtlicher, sondern auch in tatsächlicher Hinsicht zu gewährleisten, (...) Rechtsvorschriften erlassen, die geeignet sind, eine so bestimmte, klare und transparente Lage zu schaffen, dass der Einzelne seine Rechte erkennen und sich vor den nationalen Gerichten auf sie berufen kann".[404]

c) Äquivalenz- und Effektivitätsprinzip

1.120 Häufig enthalten arbeitsrechtliche Richtlinien keine Regelungen zu den Rechtsfolgen, die bei einem Verstoß gegen die in ihnen vorgesehen Bestimmungen eintreten sollen. Auch das Verfahren zur Durchsetzung der Rechte und Pflichten, die in ihnen enthalten sind, wird kaum jemals in den Richtlinien selbst geregelt. Dann obliegt es den Mitgliedstaaten, die materiell-rechtlichen Sanktionen und Verfahrensregelungen in eigener Verantwortung zu regeln; sog. Grundsatz der **Verfahrensautonomie der Mitgliedstaaten**.[405] Die Freiheit der Mitgliedstaaten wird indes durch die primärrechtlichen Grundsätze der Äquivalenz und der Effektivität einschränkt.

1.121 Nach dem **Äquivalenzgrundsatz** müssen die Mitgliedstaaten darauf achten, dass Verstöße gegen das Unionsrecht nach ähnlichen sachlichen und verfahrensrechtlichen Regeln geahndet werden wie nach Art und Schwere gleichartige Verstöße gegen das nationale Recht.[406] Sie sind nicht verpflichtet, die günstigste innerstaatliche Regelung auf die Klagen zu erstrecken, die sich auf das umgesetzte Richtlinienrecht stützen.[407] Die unions- und nationalrechtlichen Vorschriften sind vielmehr objektiv und abstrakt[408] hinsichtlich ihres Gegenstandes, ihres Rechtsgrundes und ihrer wesentlichen Merkmale miteinander zu vergleichen, um festzustellen, ob der Äquivalenzgrundsatz einschlägig ist.[409] Da dem EuGH keine Zuständigkeit für die Auslegung des nationalen Rechts zusteht, ist der betreffende Vergleich von den nationalen Gerichten vorzunehmen.[410] Der EuGH scheint die Vergleichbarkeit aber nicht weit zu verstehen, wie sich in der Rs. *Bulicke* zeigte. Unter der Prämisse, dass es im deutschen Recht vor dem Erlass des AGG keinen Entschädigungsanspruch wegen einer Diskriminierung aus einem in § 1 AGG genannten Grund gab, hielt er die zweimonatige Ausschlussfrist des § 15 Abs. 4 AGG wohl für nicht mit der dreijährigen Verjährungsfrist des § 195 BGB vergleichbar, überließ die abschließende Prüfung aber dem vorlegenden Gericht.[411]

1.122 Im Hinblick auf das **Effektivitätsprinzip** ist zwischen materiell-rechtlichen Rechtsfolgen und Verfahrensregelungen zu unterscheiden. Die nationalrechtlichen **Sanktionen** müssen nicht nur effek-

---

404 St. Rspr., EuGH v. 15.6.1995 – C-220/94 – Kommission/Luxemburg, Slg. 1995, I-1589 Rz. 10; ferner EuGH v. 30.5.1991 – Slg. C-361/88 – Kommission/Deutschland, Slg. 1991, I-2567 Rz. 15; v. 18.1. 2001 – C-162/99 – Kommission/Italien, Slg. 2001, I-541 Rz. 22; v. 18.12.2008 – C-338/06 – Kommission/Spanien, Slg. 2008, I-10139 Rz. 54.
405 St. Rspr., EuGH v. 15.4.2008 – C-268/06 – Impact, Slg. 2008, I-2483 Rz. 44; v. 23.4.2009 – C-378/07 bis C-380/07 – Angelidaki u.a., Slg. 2009, I-3071 Rz. 173; v. 8.9.2011 – C-177/10 – Rosado Santana, Sgl. 2011, I-7907 Rz. 87.
406 EuGH v. 22.4.1997 – C-180/95 – Draehmpaehl, Slg. 1997, I-2195 Rz. 29; v. 11.10.2007 – C-460/06 – Paquay, Slg. 2007, I-8511 Rz. 52; v. 25.11.2010 – C-429/09 – Fuß, Slg. 2010, I-12167 Rz. 62.
407 EuGH v. 15.9.1998 – C-231/96 – Edis, Slg. 1998, I-4951 Rz. 36.
408 EuGH v. 29.10.2009 – C-63/08 – Pontin, Slg. 2009, I-10467 Rz. 46.
409 EuGH v. 1.12.1998 – C-326/96 – Levez, Slg. 1998, I-7835 Rz. 43; v. 16.5.2000 – C-78/98 – Preston u.a., Slg. 2000, I-3201 Rz. 49.
410 EuGH v. 10.7.1997 – C-261/95 – Palmisani, Slg. 1997, I-4025 Rz. 38; v. 29.10.2009 – C-63/08 – Pontin, Slg. 2009, I-10467 Rz. 45.
411 EuGH v. 8.7.2010 – C-246/09 – Bulicke, Slg. 2010, I-7003 Rz. 19 und 31 ff.; i.E. ebenso BAG v. 15.3. 2012 – 8 AZR 37/11, ArbRB 2012, 266 = NZA 2012, 910 Rz. 32 ff.; *Jacobs*, RdA 2009, 193 (200); *Sagan*, ZESAR 2011, 412 (420); a.A. *Fischinger*, NZA 2010, 1048 (1050).

tiv, sondern auch abschreckend und verhältnismäßig sein.[412] Der genaue Inhalt dieser Anforderungen ist nur ansatzweise präzisiert worden, doch dürften die antagonistischen Kriterien der abschreckenden Wirkung einerseits und der Verhältnismäßigkeit andererseits von größerer Bedeutung sein als das Erfordernis einer wirksamen Sanktion. Hierfür wird wohl nur zu verlangen sein, dass die Verhängung der Sanktion nicht praktisch unmöglich gemacht oder übermäßig erschwert wird.[413] Zu der Frage, unter welchen Voraussetzungen eine Sanktion **abschreckend** ist, hat der EuGH entschieden, dass bei der Einräumung eines „Entschädigungsanspruchs" dessen Bemessung in einem angemessenen Verhältnis zum entstandenen Schaden stehen muss und eine „rein symbolische Entschädigung" nicht ausreichend ist.[414] Naturalrestitution, d.h. ein Anspruch, der entstandene Schäden vollständig deckt, kann eine hinreichend abschreckende Rechtsfolge sein; Strafschadenersatzsprüche sind nicht zwingend geboten.[415] Im Gegensatz zu der haftungsverschärfenden Anforderung der abschreckenden Wirkung dient der **Verhältnismäßigkeitsgrundsatz** der Haftungsbegrenzung. Die Mitgliedstaaten dürfen nicht über das hinausgehen, was zur Erreichung des mit der Richtlinie verfolgten Ziels erforderlich ist, und müssen, wenn mehrere geeignete Maßnahmen zur Auswahl stehen, die am wenigsten belastende wählen.[416] Das schließt eine verschuldensunabhängige Haftung nicht aus, doch können pauschale Geldbußen unverhältnismäßig sein, wenn sie nicht hinreichend nach der Schwere der Rechtsverletzung differenzieren.[417]

Mitgliedstaatliche **Verfahrensregelungen** dürfen nach dem Effektivitätsgrundsatz die Ausübung der durch die Unionsrechtsordnung verliehenen Rechte weder praktisch unmöglich machen noch übermäßig erschweren.[418] Dabei müssen zum einen die nationalen Verfahrensvorschriften unter Berücksichtigung ihrer Stellung im gesamten Verfahren, dessen Ablauf und Besonderheiten gewürdigt und zum anderen die Grundsätze berücksichtigt werden, die dem nationalen Rechtsschutzsystem zugrunde liegen, wie etwa der Schutz der Verteidigungsrechte, der Grundsatz der Rechtssicherheit und der ordnungsgemäße Ablauf des Verfahrens.[419] Ein Anwendungsfall des Prinzips der Rechtssicherheit ist die Festsetzung angemessener Ausschlussfristen und auch insoweit hatte der EuGH in der Rs. *Bulicke* gegen die zweimonatige Ausschlussfrist des § 15 Abs. 4 AGG keine durchgreifenden Bedenken.[420] Etwas anderes gilt, wenn schwangeren Arbeitnehmerinnen eine fünfzehntägige Klagefrist für die Geltendmachung des Sonderkündigungsschutzes nach Art. 10 Mutterschutz-RL 92/85/EWG auferlegt wird.[421] Zudem zieht der EuGH das Unionsgrundrecht auf wirksamen gerichtlichen Rechtsschutz nach Art. 47 GRC heran und leitet hieraus Vorgaben für die Gewährung von Prozesskostenhilfe ab.[422]

1.123

---

412 EuGH v. 8.6.1994 – C-383/92 – Kommission/Vereinigtes Königreich, Slg. 1994, I-2479 Rz. 40 (zur Massenentlassungsrichtlinie 75/129/EWG); v. 7.9.2006 – C-53/04 – Marrosu und Sardino, Slg. 2006, I-7213 Rz. 51; v. 23.4.2009 – C-378/07 bis C-380/07 – Angelidaki u.a., Slg. 2009, I-3071 Rz. 158.
413 GAin *Kokott* v. 14.10.2004 – C-387/02 – Berlusconi u.a., Slg. 2005, I-3565 Rz. 88 ff.
414 EuGH v. 10.4.1983 – 14/83 – von Colson und Kamann, Slg. 1984, 1891 Rz. 23 f.
415 EuGH v. 17.12.2015 – C-407/14 – Arjona Camacho, NZA 2016, 471 Rz. 37 ff.; anders GA *Ruiz-Jarabo Colomer* v. 26.5.2005 – C-176/03 – Kommission/Rat, Slg. 2005, I-7879 Rz. 46.
416 EuGH v. 9.3.2010 – C-379/08 und C-380/08 – ERG u.a., Slg. 2010, I-2007 Rz. 86; v. 19.12.2012 – C-577/10 – Kommission/Belgien, EuZW 2013, 234 Rz. 49.
417 EuGH v. 9.2.2012 – C-210/10 – Urbán, ECLI:EU:C:2012:64 Rz. 47 ff.
418 EuGH v. 15.4.2008 – C-268/06 – Impact, Slg. 2008, I-2483 Rz. 46; v. 8.9.2011 – C-177/10 – Rosado Santana, NZA 2011, 1219 Rz. 89.
419 EuGH v. 14.12.1995 – C-312/93 – Peterbroeck, Slg. 1995, I-4599 Rz. 14; v. 13.3.2007 – C-432/05 – Unibet, Slg. 2007, I-2271 Rz. 54.
420 EuGH v. 8.7.2010 – C-246/09 – Bulicke, Slg. 2010, I-7003 Rz. 36 ff.; ferner EuGH v. 15.4.2010 – C-542/08 – Barth, Slg. 2010, I-3189 Rz. 28 ff.; zum unzulässigen Erfordernis, Richtlinienrecht zunächst außergerichtlich geltend zu machen: EuGH v. 25.11.2010 – C-429/09 – Fuß, Slg. 2010, I-12167 Rz. 71 ff.
421 Vgl. EuGH v. 29.10.2009 – C-63/08 – Pontin, Slg. 2009, I-10467 Rz. 60 ff.
422 EuGH v. 22.12.2010 – C-279/09 – DEB, Slg. 2010, I-13849 Rz. 27 ff.; hierzu: *Wendenburg*, DRiZ 2011, 95.

2. Innerstaatliche Wirkungen europäischer Richtlinien

1.124 Im Idealfall scheint es denkbar, dass sich eine Richtlinie nicht auf das nationale Recht und auf Rechtsstreitigkeiten vor den nationalen Gerichten auswirkt. Die Richtlinie bliebe auf ihre Wirkung gegenüber den Mitgliedstaaten begrenzt und innerstaatlich würde allein das ihrer Umsetzung dienende Gesetz angewendet.[423] In der Realität lässt sich eine derart hermetische Trennung der europäischen und der nationalen Rechtssphäre nicht durchführen, weil die Mitgliedstaaten nicht nur in seltenen Einzelfällen gegen ihre Pflicht zur Richtlinienumsetzung verstoßen. Umsetzungsfehler können sich daraus ergeben, dass der nationale Gesetzgeber schuldlos den Inhalt der Richtlinie verfehlt, weil sie unklar formuliert ist und bei Ablauf der Umsetzungsfrist noch keine erläuternde Entscheidung des EuGH vorliegt. Immerhin begegnet auch er der Richtlinie aus der Perspektive eines Rechtsanwenders.[424] Die Umsetzung kann ferner verspätet oder sogar unter einem geradezu absichtlichen Verstoß gegen die Vorgaben der Richtlinie erfolgen, wie das Beispiel des § 2 Abs. 4 AGG zeigt (vgl. Rz. 5.53). Gerät die Richtlinie auf diese Weise in ein Spannungsverhältnis zum nationalen Recht, stellt sich die Frage nach ihren innerstaatlichen Wirkungen. Hierzu besteht eine weitreichende, komplexe und für die Rechtspraxis überaus bedeutsame Rechtsprechung des EuGH, die sich am besten anhand ihrer historischen Entwicklung verstehen lässt.

a) Unmittelbare Anwendung

aa) Entstehungsgeschichte

1.125 Ausgangspunkt der Entwicklung war die Erkenntnis, dass sich der Einzelne vor den nationalen Gerichten unmittelbar auf bestimmte Vorschriften des Primärrechts berufen konnte mit der Folge, dass entgegenstehendes nationales Recht außer Anwendung zu bleiben hat (vgl. Rz. 1.28 ff.). Das warf die Frage auf, ob dies ebenso für die Vorschriften einer Richtlinie gelten konnte. Dies ließ sich mit ernstzunehmenden Gründen verneinen.[425] Der Wortlaut des Art. 288 Abs. 3 AEUV ordnet nur die „unmittelbare Geltung" der Verordnung, nicht aber der Richtlinie an. Deren unmittelbare Anwendung drohte zudem etwaige Umsetzungsspielräume der Mitgliedstaaten auszuhöhlen. Besonders schwer wog der Einwand, dass Richtlinien unter dem Regime des EWG-Vertrages keiner Veröffentlichung im europäischen Amtsblatt bedurften, sondern durch Bekanntgabe gegenüber den Mitgliedstaaten wirksam wurden. An sämtliche Mitgliedstaaten gerichtete Richtlinien wurden aber seit 1960 jedenfalls tatsächlich im Amtsblatt veröffentlicht.

1.126 In der Rs. *van Duyn*[426] entschied sich der EuGH dennoch mit ebenfalls guten Gründen für die unmittelbare Anwendbarkeit von Richtlinien. Die unmittelbare Geltung von Verordnungen lasse nicht darauf schließen, dass eine Richtlinie niemals ähnliche Wirkungen erzeugen könne. Die **nützliche Wirkung** („*effet utile*") und die in Art. 288 Abs. 3 AEUV angeordnete **Verbindlichkeit** der Richtlinie würden abgeschwächt, könnte sich der Einzelne nicht auf sie berufen und die nationalen Gerichte sie unberücksichtigt lassen. Ferner seien die nationalen Gerichte befugt, ihn, den EuGH, im Vorabentscheidungsverfahren nach der Auslegung aller Handlungen der europäischen Organe zu befragen, weswegen sich der Einzelne vor ihnen auch auf Richtlinien berufen können müsse. Damit greift der EuGH eine Überlegung auf, die er zuvor schon zur unmittelbaren Anwendung des Primärrechts entwickelt hat (vgl. Rz. 1.29). Müssten Verstöße der Mitgliedstaaten gegen die Umsetzungspflicht „zentral" von der Kommission im Vertragsverletzungsverfahren geltend gemacht werden, blieben sie häufig ohne Konsequenzen. Die Anerkennung der unmittelbaren Wirkung von Richtlinien ergänzt diese Kontrolle um die Möglichkeit, eine Verletzung der Umsetzungspflicht im „dezentralen" Vorabentscheidungsverfahren festzustellen. Das Zusammenwirken

---

423 Vgl. EuGH v. 15.7.1982 – 270/81 – Felicitas Rickmers-Linie, Slg. 1982, 2771 Rz. 24.
424 *Herresthal*, NJW 2008, 2475 (2477).
425 Zusammenfassend: Hanau/Steinmeyer/Wank/*Wank*, § 10 Rz. 80 ff. (m.w.N.).
426 EuGH v. 4.12.1974 – 41/74 – van Duyn, Slg. 1974, 1337 Rz. 12 f.; bestätigt in: EuGH v. 1.2.1977 – 51/76 – Verbond nederlandse ondernemingen, Slg. 1977, 113 Rz. 20 ff.

der privaten Kläger, der nationalen Gerichte und des EuGH in dieser Verfahrensart dient zugleich der effektiven Überwachung der mitgliedstaatlichen Umsetzungsverpflichtung. Schließlich enthielt die streitgegenständliche Richtlinienbestimmung in der Rs. *van Duyn* eine unbedingte und vorbehaltlose Verpflichtung, die zur ihrer Anwendung keiner weiteren Konkretisierung bedurfte. Auf eine solche Richtlinienvorschrift könne sich der Einzelne, so der EuGH, im **vertikalen Verhältnis** gegenüber einem Mitgliedstaat unmittelbar berufen.

Obwohl sich das Urteil in der Rs. *van Duyn* nahtlos in die Dogmatik des europäischen Rechts einfügte und die unmittelbare Richtlinienwirkung nur unter bestimmten Voraussetzungen zuließ, stieß es bei den mitgliedstaatlichen Gerichten auf erhebliche Skepsis. Mit Argwohn wurde der Rekurs auf den *effet utile* zur Kenntnis genommen, der beim Primärrecht genügt hatte, um dessen unmittelbare Wirkung auch im **horizontalen Verhältnis** zwischen Privaten anzuerkennen.[427] Eine Übertragung dieser Rechtsprechung auf Richtlinien drohte nach Meinung der Kritiker den Unterschied zwischen Verordnungen und Richtlinien einzuebnen. So wurde die *van Duyn*-Entscheidung zu einem „der unpopulärsten Urteile überhaupt".[428] Der französische *Conseil d'État* erklärte kurze Zeit später, dass sich die Bürger nicht auf Richtlinien berufen könnten.[429] Das kam der Negation der *van Duyn*-Entscheidung gleich.

1.127

Das zwang den EuGH dazu, seine Rechtsprechung in der Rs. *Ratti* erheblich einzuschränken, indem er seine Argumentation um den Gesichtspunkt des **Rechtsmissbrauchs** ergänzte.[430] Danach sollen einem Mitgliedstaat, der eine Richtlinie nicht fristgemäß umgesetzt hat, aus seinem Rechtsbruch keine Vorteile erwachsen.[431] Ein solcher Staat könne gegenüber einem Bürger nicht nationales Recht zur Anwendung bringen, das er bei ordnungsgemäßer Richtlinienumsetzung hätte aufheben müssen. Dieses Argument zielte darauf ab, der Kritik den Wind aus den Segeln zu nehmen, weil der staatliche Richtlinienverstoß nicht dem Einzelnen zugerechnet werden kann und die horizontale Anwendung der Richtlinie ihm gegenüber daher ausscheiden musste.[432] Tatsächlich sollte dieses Argument der Rechtsprechung des EuGH in Deutschland letztlich zum Durchbruch verhelfen. Anfänglich folgte der BFH noch dem Vorbild des *Conseil d'État* und verweigerte dem EuGH in mehreren Entscheidungen offen die Gefolgschaft.[433] Erst ein späterer Beschluss des BVerfG glättete die Wogen, legitimierte die unmittelbare Richtlinienwirkung aber nicht mit dem *effet utile* des europäischen Rechts, sondern – in Übereinstimmung mit der Rs. *Ratti* – als neue „Sanktionskategorie" für Verstöße der Mitgliedstaaten gegen ihre Umsetzungsverpflichtung.[434]

1.128

Die Entstehungsgeschichte verdeutlicht, dass die Begrenzung der unmittelbaren Richtlinienwirkung auf vertikale Rechtsverhältnisse, die *de facto* mit der Rs. *Ratti* beschlossen war, aus Sicht des EuGH erforderlich gewesen ist, um die Zustimmung der mitgliedstaatlichen Gerichte zu sichern. Sie folgte weder aus der Dogmatik des europäischen Rechts noch aus der Logik der europäischen Integration, sondern war ein dem EuGH abgerungener **Kompromiss**.[435] Es sollte daher nicht überraschen, dass der EuGH seine Rechtsprechung anschließend nicht konsequent fortgesetzt hat, son-

1.129

---

427 EuGH v. 12.12.1975 – 36/74 – Walrave und Koch, Slg. 1974, 1405 Rz. 28.
428 *Haltern*, Europarecht II, Rz. 701.
429 Conseil d'État v. 22.12.1978 – Nr. 11604 – Cohn-Bendit, EuR 1979, 292 = DVBl. 1980, 126.
430 EuGH v. 5.4.1979 – 148/78 – Ratti, Slg. 1979, 1629 Rz. 22 f.; hierzu: *Haltern*, Europarecht II, Rz. 708 („radikale Wende").
431 Aus deutscher Sicht sind Parallelen zur unredlichen Vereitelung der gegnerischen Rechtsposition (vgl. Staudinger/*Looschelders*/*Olzen*, BGB, Neubearbeitung 2015, § 242 Rz. 245 ff.) oder zum Rechtsgrundsatz *nemo auditur turpitudinem suam allegans* denkbar; s. *Bach*, JZ 1990, 1108 (1114).
432 *Pescatore*, European Law Review 1983, 155 (171); krit. zu diesem Argument: *Müller-Graff*, NJW 1993, 13 (20).
433 BFH v. 16.7.1981 – V B 51/80, BFHE 133, 470; v. 25.4.1985 – V R 123/84, BFHE 143, 383 = NJW 1985, 2103.
434 BVerfG v. 8.4.1987 – 2 BvR 687/85, BVerfGE 75, 223 (241 f.).
435 Vgl. *Nicolaysen*, EuR 1984, 380 (388); ferner *Baldauf*, Richtlinienverstoß, S. 17 ff.; *Prechal*, Directives in EC Law, S. 224; abl. EuArbR/*Höpfner*, Art. 288 AEUV Rz. 23.

dern ganz im Gegenteil bei jeder sich bietender Gelegenheit danach trachtete, andere Mittel und Wege zu finden, um Verstöße der Mitgliedstaaten gegen ihre Umsetzungspflicht unterhalb der Schwelle der unmittelbaren Horizontalwirkung möglichst wirksam zu sanktionieren. Seine nachfolgende Rechtsprechung wirkt wie ein fortgesetzter Versuch, aus der Sackgasse herauszufinden, in die ihn die Rs. *Ratti* geführt hat.[436]

bb) Unmittelbare Anwendung gegenüber dem Staat

1.130 Die unmittelbare Anwendung von Richtlinien gegenüber dem Staat hängt nach inzwischen gefestigter Rechtsprechung des EuGH[437] von **drei Voraussetzungen** ab:

(1) Die Frist zur Umsetzung der Richtlinie ist abgelaufen.

(2) Die Richtlinie wurde nicht ordnungsgemäß umgesetzt.

(3) Die Richtlinienbestimmung ist inhaltlich unbedingt und hinreichend genau.

1.131 Zuweilen formuliert der EuGH, dass Vorschriften einer Richtlinie unmittelbar anzuwenden sind, wenn die Richtlinie „nicht fristgemäß *oder* nur unzulänglich" umgesetzt wurde.[438] Dennoch ist unstreitig, dass eine Richtlinie vor **Fristablauf** keine unmittelbare Wirkung entfaltet.[439] Der streitgegenständliche Sachverhalt muss sich auf die Zeit nach Ablauf der Umsetzungsfrist beziehen.[440] Ferner muss objektiv ein **Verstoß gegen die Umsetzungspflicht** vorliegen. Entspricht das nationale Recht der Richtlinie oder kann es zumindest richtlinienkonform ausgelegt werden, bedarf es der unmittelbaren Anwendung der Richtlinie nicht (vgl. Rz. 1.145).

1.132 Die Richtliniennorm muss geeignet sein, unmittelbar Rechtswirkungen zu entfalten. Das setzt nicht voraus, dass sie ein subjektives Recht einräumt.[441] Ausreichend ist, dass sie inhaltlich unbedingt und hinreichend genau ist (vgl. Rz. 1.30). Sie ist **inhaltlich unbedingt**, wenn sie weder mit einem Vorbehalt noch mit einer Bedingung versehen ist und ihrem Wesen nach keiner weiteren Maßnahmen der Unionsorgane oder der Mitgliedstaaten bedarf.[442] Daran fehlt es, wenn sie den Mitgliedstaaten für ihre Umsetzung – einer Wahlschuld vergleichbar – mehrere Möglichkeiten einräumt. **Hinreichend genau** ist eine Richtliniennorm, wenn sie eine klare und eindeutige Verpflichtung der Mitgliedstaaten enthält.[443] Das wird nicht dadurch ausgeschlossen, dass sie unbestimmte Rechtsbegriffe verwendet, da diese im gerichtlichen Verfahren zu konkretisieren sind.[444] Insgesamt stellt der EuGH keine hohen Anforderungen und hielt beispielsweise das Diskriminierungsverbot in § 4 der Rahmenvereinbarung über befristete Arbeitsverträge für inhaltlich unbedingt und hinreichend genau (vgl. Rz. 13.52 ff.).[445]

---

436 *Arnull*, The EU and its Court of Justice, S. 195.
437 EuGH v. 11.7.2002 – C-62/00 – Marks & Spencer, Slg. 2002, I-6325 Rz. 25; v. 5.10.2004 – C-397/01 bis C-403/01 – Pfeiffer u.a., Slg. 2004, I-8835 Rz. 103; v. 24.1.2012 – C-282/10 – Dominguez, NZA 2012, 139 Rz. 33.
438 Z.B. EuGH v. 1.7.2010 – C-194/08 – Gassmayr, Slg. 2010, I-6281 Rz. 44, Hervorhebung diesseits.
439 EuGH v. 3.3.1994 – C-316/93 – Vaneetveld, Slg. 1994, I-763 Rz. 16; Calliess/Ruffert/*Ruffert*, Art. 288 AEUV Rz. 51.
440 EuGH v. 17.1.2008 – C-246/06 – Navarro, Slg. 2008, I-105 Rz. 28 f.; ErfK/*Wißmann*, Vorb AEUV Rz. 24.
441 *Jarass/Beljin*, JZ 2003, 768 (771); Calliess/Ruffert/*Ruffert*, Art. 288 AEUV Rz. 66 ff.; Streinz/*Schroeder*, Art. 288 AEUV Rz. 95 (m.w.N.); a.A. Hanau/Steinmeyer/Wank/*Wank*, § 10 Rz. 84.
442 EuGH v. 4.12.1974 – 41/74 – van Duyn, Slg. 1974, 1337 Rz. 13/14.
443 EuGH v. 22.9.1983 – 271/82 – Auer, Slg. 1983, 2727 Rz. 16; v. 23.2.1994 – C-236/92 – Comitato di coordinamento per la difesa della cava u.a., Slg. 1994, I-483 Rz. 10.
444 EuGH v. 4.12.1974 – 41/74 – van Duyn, Slg. 1974, 1337 Rz. 13/14; Streinz/*Schroeder*, Art. 288 AEUV Rz. 93.
445 EuGH v. 15.4.2008 – C-268/06 – Imact, Slg. 2008, I-2483 Rz. 59 ff.; krit. *Rolfs/de Groot*, ZESAR 2009, 5 (12 f.).

Auf der Rechtsfolgenseite ist die Richtliniennorm – von Amts wegen[446] – **gegenüber dem Staat** 1.133
anzuwenden. Dem in der Rs. *Ratti* aufgestellten Argument des Rechtsmissbrauchs würde es entsprechen, die unmittelbare Anwendung auf diejenige mitgliedstaatliche Stelle zu beschränken, die
für das jeweilige Umsetzungsdefizit verantwortlich ist. Diese Konsequenz hat der EuGH aber nicht
gezogen, sondern legt den Begriff des Staates extrem weit aus. Hierunter fallen alle staatlichen Organe, einschließlich der Kommunen und öffentlich finanzierter Einrichtungen,[447] und zwar auch
dann, wenn sie nicht hoheitlich, sondern auf der Grundlage eines privaten Vertrages als Arbeitgeber handeln.[448] Das gilt ebenso für privatrechtlich organisierte Unternehmen, die im Eigentum
oder unter der Kontrolle staatlicher Stellen stehen.[449] „Staat" im diesem Sinne sind mithin **alle
öffentlichen Arbeitgeber**.[450] Freilich kann sich in der umgekehrten Situation der Staat gegenüber
dem Einzelnen in keinem Fall auf eine Richtlinie berufen.[451]

Noch nicht abschließend geklärt ist die Wirkung von Richtlinien auf einzelstaatliche **Tarifverträ-** 1.134
ge.[452] Fällt keine der Tarifvertragsparteien unter den Staatsbegriff, müsste eine unmittelbare Anwendung europäischer Richtlinien auf sie ausnahmslos ausscheiden.[453] Allerdings vertritt der EuGH die
Ansicht, dass – auch private – Tarifvertragsparteien im Hinblick auf das Verbot der Diskriminierung wegen Alters die Vorgaben der Gleichbehandlungsrahmenrichtlinie 2000/78/EG einzuhalten
haben.[454] Das begründet er aber damit, dass die Richtlinie das Grundrecht auf Nichtdiskriminierung wegen Alters konkretisiert sowie ferner mit Art. 16 Buchst. b Gleichb-RL. Diese Besonderheiten des Gleichbehandlungsrechts stehen einer Verallgemeinerung dieser Rechtsprechung entgegen.
Andere Maßstäbe gelten, wenn die Tarifvertragspartei auf Arbeitgeberseite zum „Staat" gehört.[455]
Normen eines von ihr geschlossenen Tarifvertrages, die gegen unmittelbar anwendbare Bestimmungen einer Richtlinie verstoßen, bleiben außer Anwendung. Schließlich kann sich ein Arbeitnehmer gegenüber einem „staatlichen" Arbeitgeber darauf berufen, dass eine Tarifnorm unangewendet bleibt, wenn sie gegen eine unmittelbar anwendbare Richtlinienvorschrift verstößt. Das gilt
auch dann, wenn die Tarifnorm zwischen Privaten vereinbart wurde.[456]

cc) Keine unmittelbare Anwendung zwischen Privaten

In der Rs. *Marshall* führte der EuGH den mit der Rs. *Ratti* eingeschlagenen Weg fort und entschied 1.135
nunmehr ausdrücklich, dass eine Richtlinie nicht selbst Verpflichtungen für einen Einzelnen begründen und als solche nicht gegenüber einer derartigen Person in Anspruch genommen werden
kann.[457] Danach war die horizontale Anwendung von Richtlinien zwischen einem Arbeitnehmer

---

446 EuGH v. 24.10.1996 – C-72/95 – Kraaijeveld u.a., Slg. 1996, I-5403 Rz. 55 ff.; Calliess/Ruffert/*Ruffert*,
Art. 288 AEUV Rz. 69.
447 *Schlachter*, ZfA 2007, 249 (258); enger EuArbR/*Höpfner*, Art. 288 AEUV Rz. 36.
448 EuGH v. 15.5.1986 – 222/84 – Johnston, Slg. 1986, 1651 Rz. 56; v. 22.6.1989 – 103/88 – Fratelli
Costanzo, Slg. 1989, 1839 Rz. 30 f.
449 EuGH v. 12.7.1990 – C-188/89 – Foster u.a., Slg. 1990, I-3313 Rz. 20; v. 24.1.2012 – C-282/10 –
Dominguez, NZA 2012, 139 Rz. 39.
450 HWK/*Tillmanns*, Vorb. AEUV Rz. 19; ErfK/*Wißmann*, Vorb AEUV Rz. 25.
451 EuGH v. 8.10.1987 – 80/86 – Kolpinghuis Nijmegen, Slg. 1987, 3969 Rz. 10.
452 Zum Primärrecht: *Junker*, ZfA 2009, 281.
453 ErfK/*Franzen*, § 1 TVG Rz. 9; *Löwisch/Rieble*, TVG, § 1 Rz. 607.
454 EuGH v. 13.9.2011 – C-447/09 – Prigge, ArbRB 2011, 291 = NZA 2011, 1039 Rz. 46 ff.; ebenso zu
Betriebsparteien: EuGH v. 6.12.2012 – C-152/11 – Odar, NZA 2012, 1435 Rz. 34.
455 Vgl. EuGH v. 15.7.2010 – C-271/08 – Kommission/Deutschland, Slg. 2010, I-7091 Rz. 46 ff. (zu Tarifverträgen der Vereinigung der kommunalen Arbeitgeberverbände); allg. *Löwisch/Rieble*, TVG, § 1
Rz. 610.
456 ErfK/*Franzen*, § 1 TVG Rz. 9; *Däubler/Schiek*, TVG, Einl. Rz. 549.
457 EuGH v. 26.2.1986 – 152/84 – Marshall, Slg. 1986, 723 Rz. 48; seitdem st. Rspr. v. 5.10.2004 –
C-397/01 bis C-403/01 – Pfeiffer u.a., Slg. 2004, I-8835 Rz. 108; v. 19.10.2010 – C-555/07 – Kücükdeveci, Slg. 2010, I-365 Rz. 46; v. 24.1.2012 – C-282/10 – Dominguez, NZA 2012, 139 Rz. 37; eben-

und einem **privaten Arbeitgeber** ausgeschlossen. Bezeichnend ist, dass es sich dabei um ein bloßes *obiter dictum* handelte, denn im konkreten Fall stand ein öffentlicher Arbeitgeber auf der Beklagtenseite. Der EuGH konnte sich im Zeitpunkt der Entscheidung aber im Streit mit dem *Conseil d'État* und dem BFH noch nicht der Unterstützung des BVerfG sicher sein. Die Rs. *Marshall* liest sich daher wie ein „Vergleichsvorschlag" des EuGH: Er verzichtet auf die horizontale Richtlinienwirkung und die mitgliedstaatlichen Gerichte akzeptieren im Gegenzug die vertikale Wirkung.[458] Dieses Angebot hat das BVerfG später angenommen (vgl. Rz. 1.128).

1.136 In der Sache hat der EuGH die Ablehnung der horizontalen Richtlinienwirkung vor allem auf den Wortlaut des Art. 288 Abs. 3 AEUV gestützt, nach dem die Richtlinie an die Mitgliedstaaten adressiert ist. Ausdrücklich wies er den Einwand zurück, dass es zu einer willkürlichen Unterscheidung zwischen den Arbeitnehmern des „Staates", die sich auf sie begünstigende Richtlinien berufen können, und denen privater Arbeitgeber komme, denen dies versagt bleibt. Diese Differenzierung hätte sich, so der EuGH, leicht vermeiden lassen, wenn der betreffende Mitgliedstaat die Richtlinie ordnungsgemäß umgesetzt hätte.[459]

1.137 Die Differenzierung zwischen Arbeitnehmern öffentlicher und privater Arbeitgeber rührt zwar vom europäischen Recht her, ist aber, wie der EuGH zu Recht ausführt, von den Mitgliedstaaten zu verantworten. Deswegen muss sie in Deutschland einer Prüfung anhand des allgemeinen Gleichheitssatzes nach **Art. 3 Abs. 1 GG** standhalten. Das BAG handhabt dies großzügig und lässt die beschränkte Richtlinienwirkung nach Art. 288 Abs. 3 AEUV als sachlichen Grund für die Differenzierung ausreichen.[460] Das kaschiert die Verantwortung des deutschen Gesetzgebers für die tatbestandliche Ungleichbehandlung. Nach vorzugswürdigem Verständnis bedarf diese einer sachlichen Rechtfertigung, die über den bloßen Rekurs auf die nach dem europäischen Recht eintretenden Rechtsfolgen hinausgeht. Eine solche wird sich kaum jemals finden lassen, da sich der Gesetzgeber mit der fehlerhaften Richtlinienumsetzung selbst ins Unrecht gesetzt hat.

1.138 Den Grundsatz, dass eine Richtlinie nicht unmittelbar zwischen Privaten anzuwenden ist, versteht der EuGH nicht dahin, dass sie keinerlei **negative Auswirkungen** auf Private haben könnte. Zu einer Beeinträchtigung Privater kann es insbesondere bei der sog. Doppelwirkung in Dreiecksverhältnissen kommen. Diese zeichnet sich dadurch aus, dass sich ein Einzelner gegenüber dem Staat auf ihn begünstigende Vorschriften einer Richtlinie beruft, wodurch zugleich ein anderer Privater belastet wird. Hierzu hat der EuGH klargestellt, dass „bloße negative Auswirkungen auf die Rechte Dritter, selbst wenn sie gewiss sind", dem Einzelnen nicht das Recht nehmen, sich gegenüber dem Staat auf eine fehlerhaft umgesetzte Richtlinie zu berufen.[461] Das betrifft im Arbeitsrecht etwa „starre" Geschlechterquoten im öffentlichen Dienst, die mit Art. 14 Abs. 1 Geschl-RL unvereinbar sind.[462] Die hierdurch benachteiligten Bewerber können von staatlichen Arbeitgebern verlangen, dass die Quotenregelung unangewendet bleibt, wodurch im Gegenzug die von ihr begünstigten Bewerber beeinträchtigt werden.[463] Ebenso kann ein privater Arbeitgeber geltend machen, nicht

---

so: *Hilf*, EuR 1993, 1 (9 f.); *Jarass*, NJW 1991, 2665 (2666); a.A. und für eine Horizontalwirkung: GA *van Gerven* v. 26.1.1993 – C-271/91 – Marshall, Slg. 1993, I-4367 Rz. 12; GA *Jacobs* v. 27.1.1994 – C-316/93 – Vaneetveld, Slg. 1994, I-763 Rz. 29 ff.; GA *Lenz* v. 9.2.1994 – C-91/92 – Faccini Dori, Slg. 1994, I-3325 Rz. 43 ff.; *Arnull*, The EU and its Court of Justice, S. 198 ff.; *Craig*, European Law Review 2009, 349; *Prechal*, Directives in EC Law, S. 255 ff.; *Müller-Graff*, NJW 1993, 13 (20 f.); tendenziell *Hanau*, NZA 2010, 1 (4).
458 *Haltern*, Europarecht II, Rz. 725 f.
459 EuGH v. 26.2.1986 – 152/84 – Marshall, Slg. 1986, 723 Rz. 51.
460 BAG v. 2.4.1996 – 1 ABR 47/95, NZA 1996, 998 (1001); zust. ErfK/*Wißmann*, Vorb AEUV Rz. 24.
461 Allg. EuGH v. 7.1.2004 – C-201/02 – Wells, Slg. 2004, I-723 Rz. 57 (m.w.N.).
462 EuGH v. 17.10.1995 – C-450/93 – Kalanke, Slg. 1995, I-3051 Rz. 24.
463 BAG v. 5.3.1996 – 1 AZR 590/92, NZA 1996, 751 (756).

für den Verstoß gegen ein mitgliedstaatliches Nachtarbeitsverbot für Frauen bestraft zu werden, das mit Art. 14 Abs. 1 Geschl-RL unvereinbar ist.[464]

Besondere Probleme bereiten die Fälle der sog. **inzidenten Horizontalwirkung**, die sich im Zusammenhang mit der Richtlinie 83/189/EWG[465] stellen. Diese Richtlinie schrieb u.a. vor, dass die Mitgliedstaaten der Kommission jeden Entwurf zu bestimmten technischen Vorschriften mitzuteilen hatten. In der Rs. *Unilever* ging der EuGH davon aus, dass unter Verstoß gegen diese Mitteilungspflicht erlassene Normen unanwendbar seien und sich ein Privater hierauf auch berufen könne. An dem Rechtsstreit waren jedoch zwei private Unternehmen beteiligt, so dass eine unmittelbare Anwendung der Richtlinie *strictu sensu* ausscheiden musste. Im Einzelnen machte der Kläger aber geltend, dass ein ihm vom Verkäufer gelieferter Kaufgegenstand mangelhaft sei, da er in Italien wegen Verstoßes gegen technische Normen nicht verkehrsfähig sei. Der beklagte Verkäufer wandte ein, dass die betreffenden Normen gegen die Richtlinie 83/189/EWG verstießen und deswegen unanwendbar seien. Der EuGH gab dem Verkäufer Recht und entschied, dass die Unanwendbarkeit der technischen Normen auch in einem Rechtsstreit zwischen Privaten – und damit inzident bei der Frage nach der Verkehrsfähigkeit des Produkts – beachtet werden müsse.[466] In zahlreichen Stellungnahmen ist versucht worden, diese Entscheidung mit dem Grundsatz in Einklang zu bringen, dass eine Richtlinie als solche zwischen Privaten keine unmittelbare Anwendung findet.[467] Denn immerhin hatte sich etwa auch die Klägerin in der Rs. *Faccini Dori* lediglich auf die Nichtanwendung nationalen Rechts berufen, das gegen eine Richtlinie verstieß, blieb damit aber vor dem EuGH ohne Erfolg.[468] Die unterschiedlichen Rechtsfolgen lassen sich vor allem darauf zurückführen, dass die Richtlinie 83/189/EWG unmittelbar das Verfahren zum Erlass einzelstaatlicher Gesetze regelt, wie sie sich im nationalen Recht in der Regel nur aus der Verfassung ergeben.[469] Diese Besonderheit weisen arbeitsrechtliche Richtlinien nicht auf.

1.139

Die Rechtsprechung zur inzidenten Richtlinienwirkung goss Wasser auf die Mühlen der sog. **Theorie der negativen Richtlinienwirkung**.[470] Danach soll eine Richtlinie zwischen Privaten zwar keine normersetzende Wirkung („*invocabilité de substitution*") dergestalt haben, dass sie positiv an die Stelle nationalen Rechts treten könnte. Sie soll aber stets normkassierende „negative" Wirkung („*invocabilité d'exclusion*") haben, so dass richtlinienwidriges Recht – auch zwischen Privaten – unangewendet zu bleiben hat. Damit ließe sich nicht nur die inzidente Richtlinienwirkung plausibel erklären, sondern wohl auch verallgemeinern. Im deutschen Schrifttum firmiert eine ähnliche Position als „Lehre von der Maßstabsnorm".[471] Gegen diese Lehren, die vor allem mit dem Vorrang der Richtlinie gegenüber einzelstaatlichem Recht argumentieren, spricht der unüberwind-

1.140

---

464 EuGH v. 25.7.1991 – C-345/89 – Stoeckel, 1991, I-4047 Rz. 20.
465 Richtlinie 83/189/EWG (ABl. Nr. L 109 v. 26.4.1983, S. 8); jetzt Richtlinie 98/34/EG (ABl. Nr. L 204 v. 21.7.1998 S. 37).
466 EuGH v. 26.9.2000 – C-443/98 – Unilever, Slg. 2000, I-7535 Rz. 49; zuvor bereits: EuGH v. 30.4. 1996 – C-194/94 – CIA Security International, Slg. 1996, I-2201 Rz. 47 ff.
467 *Gundel*, EuZW 2001, 143; *Jarass/Beljin*, EuR 2004, 714 (722 f.); *Weatherill*, European Law Review 2001, 177.
468 EuGH v. 14.7.1994 – C-91/92 – Faccini Dori, Slg. 1994, I-3325 Rz. 20; zur Abgrenzung zur inzidenten Richtlinienwirkung: *Coppel*, Industrial Law Journal 1997, 69; Langenbucher/*Langenbucher*, § 1 Rz. 81 f.
469 In diese Richtung EuGH v. 26.9.2000 – C-443/98 – Unilever, Slg. 2000, I-7535 Rz. 50; vgl. auch Calliess/Ruffert/*Ruffert*, Art. 288 AEUV Rz. 58.
470 Begründet von: *Timmermans*, Common Market Law Review 1979, 533 (544 ff.); ferner GA *Léger* v. 11.1.2000 – C-287/98 – Linster, Slg. 2000, I-6917 Rz. 43 ff. und GA *Saggio* v. 16.12.1999 – C-240/98 – Océano Grupo Editorial, Slg. 2000, I-4941 Rz. 30 (m.w.N.); beschränkt auf die RL 2000/78/EG: GA *Bot* v. 7.7.2009 – C-555/07 – Kücükdeveci, Slg. 2010, I-365 Rz. 70 ff.; vgl. auch *Lenaerts/Corthout*, European Law Review 2006, 287 (291 f.); *Tridimas*, Yearbook of European Law 2002, 327 (329 ff.); abl. v. *Danwitz*, JZ 2007, 697 (703); *Kerwer*, NZA 2002, 1316 (1319 f.); ErfK/*Wißmann*, Vorb AEUV Rz. 22.
471 Statt aller: *Bach*, JZ 1990, 1108 (1111 ff.).

bare Einwand, dass eine Richtlinienbestimmung, die im Horizontalverhältnis nicht unmittelbar anwendbar ist, nicht mit nationalem Recht kollidiert (vgl. Rz. 1.33).[472] In diesem Fall befindet sich das Richtlinienrecht normhierarchisch nicht in einem höheren „Stockwerk" als das nationale Recht, sondern in der anderen „Doppelhaushälfte".[473] Der EuGH ist der Theorie der negativen Richtlinienwirkung zu Recht nicht gefolgt. Mit nicht zu überbietender Deutlichkeit hat er klargestellt, dass das europäische Recht keinen Mechanismus enthält, der es einem nationalen Gericht erlaubt, „von einer Vorschrift einer nicht umgesetzten Richtlinie abweichende nationale Vorschriften zu eliminieren, wenn diese Richtlinienvorschrift nicht vor dem nationalen Gericht in Anspruch genommen werden kann".[474]

1.141 Vor diesem Hintergrund ist es erstaunlich, dass das BVerfG im *Honeywell*-Beschluss unter Hinweis auf die Rs. *Unilever* ohne nähere Differenzierung ausführt, der EuGH habe anerkannt, „dass richtlinienwidrig erlassene innerstaatliche Normen in einem Rechtsstreit zwischen Privaten unangewendet bleiben müssen". Mit der Mangold-Entscheidung habe der EuGH „eine weitere Fallgruppe für die sog. ‚negative' Wirkung von Richtlinien" geschaffen.[475] Damit wird die Rechtsprechung des EuGH unzutreffend wiedergegeben. Es steht aber nicht zu erwarten, dass der EuGH die „Einladung" aus Karlsruhe, sich der Theorie der negativen Richtlinienwirkung anzuschließen, annehmen wird.[476]

b) Richtlinienkonforme Auslegung

1.142 Nur kurze Zeit nach dem Urteil in der Rs. *Marshall* entwickelte der EuGH in der Rs. *von Colson und Kamann*[477] eine neue Rechtspflicht der Mitgliedstaaten – genauer: der mitgliedstaatlichen Gerichte –, die die fehlende Horizontalwirkung von Richtlinien kompensieren sollte:[478] das **Gebot der richtlinienkonformen Auslegung**. Dieses Gebot musste der EuGH freilich extensiv interpretieren, damit es ähnlich intensiv auf das mitgliedstaatliche Recht einwirkt wie die unmittelbare Richtlinienanwendung. Anders als die heftig umstrittene Direktwirkung wurde die neue Auslegungsregel von den mitgliedstaatlichen Gerichten weitgehend akzeptiert. Der Grund hierfür dürfte nicht zuletzt darin liegen, dass sie die einzelstaatlichen Richter nicht dazu verpflichtet, nationale Gesetze zu ignorieren und stattdessen europäische Richtlinien anzuwenden. Die mitgliedstaatlichen Gerichte behielten das letzte Wort bei der Frage, ob und inwieweit das nationale Recht in Überstimmung mit der jeweiligen Richtlinie ausgelegt werden kann.[479]

aa) Grundlagen

1.143 Nach der Rechtsprechung des EuGH ist das Gebot der unionsrechtskonformen Auslegung des nationalen Rechts dem System des AEU-Vertrages immanent.[480] Die besondere Pflicht zur richtlinienkonformen Auslegung leitet er demgegenüber aus der mitgliedstaatlichen Pflicht zur Umsetzung

---

472 *v. Danwitz*, JZ 2007, 697 (703); *Schlachter*, ZfA 2007, 249 (256).
473 In Anlehnung an *Canaris*, FS Bydlinski, S. 47 (53).
474 EuGH v. 26.9.1996 – C-168/95 – Arcaro, Slg. 1996, I-4705 Rz. 39 f.; dem folgend: BAG v. 18.2.2003 – 1 ABR 2/02, ArbRB 2003, 196 – NZA 2003, 742 (750); v. 17.11.2009 – 9 AZR 844/08, NZA 2010, 1020 Rz. 22.
475 BVerfG v. 6.7.2010 – 2 BvR 2661/06, BVerfGE 126, 286 = ArbRB 2010, 273 (311 f.).
476 *Sagan*, ZESAR 2011, 412 (414 f.).
477 EuGH v. 10.4.1984 – 14/83 – von Colson und Kamann, Slg. 1984, 1891 Rz. 26; seitdem st. Rspr., EuGH v. 13.11.1990 – C-106/89 – Marleasing, Slg. 1990, I-4135 Rz. 8; v. 15.5.2003 – C-160/01 – Mau, Slg. 2003, I-4791 Rz. 35 ff.; v. 5.10.2004 – C-397/01 bis C-403/01 – Pfeiffer u.a., Slg. 2004, I-8835 Rz. 110 ff.; v. 23.4.2009 – C-378/07 bis C-380/07 – Angelidaki u.a., Slg. 2009, I-3071 Rz. 197 ff.; v. 10.3.2011 – C-109/09 – Deutsche Lufthansa, Slg. 2011, I-1309 Rz. 52 ff.
478 *v. Danwitz*, JZ 2007, 697 (700); vgl. *Mörsdorf*, EuR 2009, 219 (222 ff.).
479 *Haltern*, Europarecht, Rz. 759 und 768.
480 EuGH v. 24.1.2012 – C-282/10 – Dominguez, NZA 2012, 139 Rz. 24.

der Richtlinie aus Art. 288 Abs. 3 AEUV und dem allgemeinen Gebot der Erfüllung unionsrechtlicher Pflichten nach Art. 4 Abs. 3 Satz 2 EUV ab.[481] Diese richten sich auch an die **mitgliedstaatlichen Gerichte**.[482] Hieraus folgt zugleich, dass es – trotz des Rubrums der richtlinienkonformen „Auslegung" – nicht um spezifische Methode zur Interpretation nationalrechtlicher Normen, sondern der Sache nach um eine **mittelbare Anwendung** europäischer Richtlinien geht. Schon in seiner frühen Judikatur hat der EuGH keinen Zweifel daran gelassen, dass die richtlinienkonforme Auslegung darauf gerichtet ist, dem in der betreffenden Richtlinie vorgesehenen Ziel zum Durchbruch zu verhelfen.[483] Die englische Rechtsterminologie bringt dies treffend zum Ausdruck, indem sie zwischen *„direct effect"* (unmittelbarer Anwendung) und *„indirect effect"* (richtlinienkonforme Auslegung) differenziert.[484]

Auch aus der Perspektive des deutschen Rechts dient die richtlinienkonforme Auslegung der Effektuierung europäischer Richtlinien. Sie ist dabei nicht nur mit der verfassungskonformen Auslegung vergleichbar,[485] sondern weist auch methodische Parallelen zur Drittwirkung der Grundrechte des Grundgesetzes auf. Auch bei der richtlinienkonformen Auslegung ist – mit den Worten des BVerfG im *Lüth*-Urteil[486] – gleichsam nach einer „Einbruchstelle" im nationalen Recht zu fragen, innerhalb derer die zuvor zu ermittelnden Vorgaben der Richtlinie verwirklicht werden können. Dabei zählen Richtlinien nach zutreffender Ansicht zu den Gesetzen i.S.d. Art. 20 Abs. 3 GG, an die die deutschen Gerichte gebunden sind. Die Rechtsprechung ist demzufolge nicht nur unions-, sondern auch verfassungsrechtlich zur richtlinienkonformen Auslegung verpflichtet.[487]

1.144

bb) Reichweite und Grenzen

Die Pflicht zur richtlinienkonformen Auslegung hängt auf der **europäischen Ebene** nicht von der unmittelbaren Anwendbarkeit der Richtlinie ab und gilt universell sowohl in vertikalen als auch in horizontalen Rechtsverhältnissen.[488] Sie hat sogar Vorrang vor einer unmittelbaren Anwendung der Richtlinie, weil es an dem hierfür erforderlichen Umsetzungsdefizit mangeln kann, wenn das einzelstaatliche Recht einer richtlinienkonformen Auslegung zugänglich ist.[489] Auf der **nationalen Ebene** erstreckt sich die Pflicht zur richtlinienkonformen Auslegung auf das gesamte nationale Recht, unabhängig davon, ob es vor oder nach der Richtlinie erlassen wurde.[490] Das lässt sich nicht auf **Tarifverträge** übertragen, die nicht der Umsetzung von Richtlinien dienen.[491] Zudem steht zwischen der Richtlinie und dem Tarifvertrag das staatliche Gesetzesrecht. Die richtlinienkonforme Auslegung eines nationalen Gesetzes kann mittelbar auf den Tarifvertrag einwirken, weil dieser geltungserhaltend so auszulegen ist, dass er mit dem höherrangigen Gesetzesrecht im Einklang steht.[492]

1.145

---

481 Str., wie hier: Calliess/Ruffert/*Ruffert*, Art. 288 AEUV Rz. 78 (m.w.N. auch zu den Gegenmeinungen).
482 EuGH v. 5.10.2004 – C-397/01 bis C-403/01 – Pfeiffer u.a., Slg. 2004, I-8835 Rz. 110.
483 EuGH v. 13.11.1990 – C-106/89 – Marleasing, Slg. 1990, I-4135 Rz. 8.
484 Z.B. *Craig/de Búrca*, S. 200 ff. und 209 ff.
485 Vgl. BAG v. 18.2.2003 – 1 ABR 2/02, ArbRB 2003, 196 = NZA 2003, 742 (747).
486 BVerfG v. 15.1.1958 – 1 BvR 400/51, BVerfGE 7, 198 (206).
487 Riesenhuber/*W.-H. Roth/Jopen*, Europäische Methodenlehre, § 13 Rz. 39 (m.w.N.); i.E. *Jarass/Beljin*, JZ 2003, 768 (774).
488 *Jarass/Beljin*, JZ 2003, 768 (774); *Schlachter*, ZfA 2007, 249 (259).
489 EuGH v. 25.7.2008 – C-237/07 – Janecek, Slg. 2008, I-6221 Rz. 36; v. 24.1.2012 – C-282/10 – Dominguez, NZA 2012, 139 Rz. 32.
490 EuGH v. 14.7.1994 – C-91/92 – Faccini Dori, Slg. 1994, I-3325 Rz. 26.
491 *Thüsing*, ZIP 2004, 2301 (2304).
492 Vgl. HWK/*Henssler*, § 1 TVG Rz. 81; *Löwisch/Rieble*, TVG, § 1 Rz. 1719; Däubler/*Schiek*, TVG, Einl. Rz. 550; *Wißmann*, FS Bepler, S. 649 (655 ff.); weitergehend *Dewald*, Die Anwendung des Unionsrechts auf den deutschen Tarifvertrag, S. 187 ff.; für eine richtlinienkonforme Auslegung von Tarifverträgen hingegen: EuArbR/*Höpfner*, Art. 288 AEUV Rz. 67; s. ferner *Schaub*, FS Wißmann, S. 578 (580 f.); unklar BAG v. 17.11.2009 – 9 AZR 844/08, NZA 2010, 1020 Rz. 24 ff.

1.146 Die außerordentliche Reichweite der Pflicht zur richtlinienkonformen Auslegung wird dadurch gekennzeichnet, dass sie von den mitgliedstaatlichen Gerichten verlangt, das nationale Recht unter voller Ausschöpfung des ihnen zustehenden Beurteilungsspielraums[493] „so weit wie möglich"[494] im Lichte der Richtlinie auszulegen. Der „positive" **Inhalt** dieser Pflicht erschöpft sich darin, die Vorgaben der Richtlinie im Einzelfall zur Geltung zu bringen. Stehen diese – etwa aufgrund einer Vorabentscheidung des EuGH – fest, stellt sich inhaltlich die weitere Frage, welche Normen des nationalen Rechts einer richtlinienkonformen Auslegung zugänglich sein können und ob einer solchen „negativ" eine Beschränkung entgegensteht.[495]

1.147 Zweifelhaft ist der **zeitliche Beginn** der Pflicht zur richtlinienkonformen Auslegung. In der Rs. *Adeneler* hat der EuGH einerseits entschieden, dass sie erst mit dem Ablauf der Umsetzungsfrist einsetzt.[496] Andererseits hat er ausgeführt, dass das Frustrationsverbot (vgl. Rz. 1.115) auch an die mitgliedstaatlichen Gerichte adressiert sei. Deswegen müssten sie es schon ab Inkrafttreten der Richtlinie „so weit wie möglich unterlassen", das innerstaatliche Recht – nicht nur ein Umsetzungsgesetz (!) – in einer Weise auszulegen, die die rechtzeitige Erreichung des Richtlinienziels ernsthaft gefährden würde.[497] Der Unterschied dieser Unterlassungspflicht zum Gebot richtlinienkonformer Auslegung bleibt unklar.[498] Ebenso unklar ist, unter welchen Umständen ein vor Ablauf der Umsetzungsfrist ergehendes Judikat eine rechtzeitige Umsetzung der Richtlinie durch den Gesetzgeber behindern oder gar ernstlich gefährden sollte. Dafür reicht der Umstand, dass die Rechtskraft der gerichtlichen Entscheidung den Ablauf der Umsetzungsfrist überdauert, jedenfalls dann nicht aus, wenn der Streitgegenstand sich auf die Zeit vor Fristablauf bezieht.[499] Letztlich dürfte eine europarechtliche Pflicht zur richtlinienkonformen Auslegung vor Ablauf der Umsetzungsfrist auf dem Gebiet des Arbeitsrechts ein theoretischer Fall sein.[500]

1.148 Eine andere Frage ist, ob die mitgliedstaatlichen Gerichte vor Ablauf der Umsetzungsfrist **berechtigt** sind, eine „richtlinienkonforme" Auslegung des nationalen Rechts vorzunehmen – genauer: vorwegzunehmen.[501] Der BGH und der österreichische OGH bejahen dies recht großzügig sogar dann, wenn es an einem umsetzenden Legislativakt mangelt, obwohl es in diesem Fall zu Kompetenzkonflikten zwischen einzelstaatlicher Gesetzgebung und Rechtsprechung kommen kann.[502] Unproblematisch und der Sache nach geboten ist eine Auslegung im Lichte der Richtlinie hingegen, wenn der nationale Gesetzgeber sie schon vor Ablauf der Frist umsetzt, um eine unterschiedliche Auslegung vor und nach Fristablauf zu vermeiden.[503] In beiden Fällen besteht jeden-

---

493 EuGH v. 28.9.1994 – C-200/91 – Coloroll Pension Trustees, Slg. 1994, I-4389 Rz. 29.
494 EuGH v. 5.10.2004 – C-397/01 bis C-403/01 – Pfeiffer u.a., Slg. 2004, I-8835 Rz. 113.
495 Vgl. *Canaris*, FS R. Schmidt, S. 41 (51).
496 EuGH v. 4.7.2006 – C-212/04 – Adeneler u.a., Slg. 2006, I-5057 Rz. 115; ebenso die h.M.: Grabitz/Hilf/Nettesheim/*Nettesheim*, Art. 288 AEUV Rz. 133; Calliess/Ruffert/*Ruffert*, Art. 288 AEUV Rz. 80; HWK/*Tillmanns*, Vorb. AEUV Rz. 23; *Streinz*, Europarecht, Rz. 506; a.A. ErfK/*Wißmann*, Vorb AEUV Rz. 36 (vorzeitig bei Inkrafttreten eines ordnungsgemäßen Umsetzungsgesetzes); GAin *Kokott* v. 27.10.2005 – C-212/04 – Adeneler u.a., Slg. 2006, I-6057 Rz. 52 (Inkrafttreten der Richtlinie).
497 EuGH v. 4.7.2006 – C-212/04 – Adeneler u.a., Slg. 2006, I-5057 Rz. 122 f.; fortgesetzt in: EuGH v. 23.4.2009 – C-261/07 und C-299/07 – VTB-VAB Rz. 39.
498 Keinen Unterschied sehen *Haltern*, Der EuGH in der Kritik, S. 25 (47); *Preis/Temming*, NZA 2008, 1209 (1210 f.); wohl auch GA *Tizzano* v. 30.6.2005 – C-144/04 – Mangold, Slg. 2005, I-9981 Rz. 120 ff. Zu dieser Problematik in der Rs. Mangold: *Schlachter*, ZfA 2007, 249 (263).
499 Anders offenbar *Hofmann*, JZ 2006, 2113 (2116).
500 *Junker/Aldea*, EuZW 2007, 13 (15 f.); so auch *Höpfner/Rüthers*, AcP 209 (2009), 1 (28).
501 Zum Ganzen: Riesenhuber/*Hofmann*, Europäische Methodenlehre, § 15 Rz. 26 ff. (m.w.N.).
502 BGH v. 5.2.1998 – I ZR 211/95, BGHZ 138, 55; OGH v. 29.9.1998 – 4 Ob 235/98, GRUR-Int. 1999, 794; zust. *Leible/Sosnitza*, NJW 1998, 2507; abl. *Ehricke*, EuZW 1999, 553 (554 ff.).
503 *Ehricke*, EuZW 1999, 553 (554); EuArbR/*Höpfner*, Art. 288 AEUV Rz. 64; *Schlachter*, ZfA 2007, 249 (264); einschr. *Kubitza*, EuZW 2016, 691 (695 f.).

falls keine unionsrechtliche Verpflichtung, weswegen man insoweit von einer „richtlinienorientierten" Auslegung sprechen sollte.

(1) Einzelstaatliche Auslegungsmethoden

In der Praxis werden die methodischen Regeln für die Auslegung des nationalen Rechts einer richtlinienkonformen Auslegung häufig nicht entgegenstehen.[504] Das gilt insbesondere für **Umsetzungsgesetze**, die speziell der Durchführung einer Richtlinie dienen. Ihr Wortlaut ist der Richtlinie in der Regel zumindest nachempfunden, oftmals wird der Richtlinienwortlaut sogar vollständig übernommen. Der systematische Kontext der nationalen Norm ist wenig bedeutsam. Beispielsweise könnte § 613a Abs. 1 Satz 1 BGB selbst dann noch richtlinienkonform interpretiert werden, wenn die Vorschrift isoliert in das BetrVG, die ZPO oder gar die StPO überführt würde. Ein Umsetzungsgesetz dient sowohl nach dem Willen des Gesetzgebers[505] als auch nach seinem objektiven Zweck der Durchführung der Richtlinie und wird auch aus diesen Gründen in aller Regel in Übereinstimmung mit ihr auszulegen sein. Zudem sind Umsetzungsakte einer verfassungskonformen Auslegung im Lichte der nationalrechtlichen Grundrechte entzogen, soweit sie zwingende Vorgaben der europäischen Richtlinie umsetzen.[506] Wegen der unbedingten Pflicht zur Richtlinienumsetzung gilt dies unabhängig davon, ob die Richtlinie unmittelbar anwendbar ist oder nicht.[507] Etwas anderes ist nur denkbar, wenn die Richtlinie dem einzelstaatlichen Gesetzgeber Ermessensspielräume einräumt. Das gesetzgeberische Ermessen bei der Ausfüllung dieser Spielräume unterliegt nach der Rechtsprechung des BVerfG der Anwendung der Grundrechte des Grundgesetzes.[508] Insgesamt reicht die Pflicht zur richtlinienkonformen Auslegung so weit, dass Umsetzungsgesetze nur ihrer Form nach nationales, materiell aber europäisches Recht sind.[509]

1.149

Das wirft die allgemeine Frage auf, wie sich die richtlinienkonforme Auslegung zum **nationalen Auslegungskanon** verhält. Nach einem restriktiven Verständnis sollen die einzelstaatlichen Auslegungsmethoden lediglich mit der Maßgabe anzuwenden sein, dass bei der **Auswahl** unter den nach ihnen vertretbaren Auslegungsergebnissen einem richtlinienkonformen Ergebnis der Vorzug zu geben ist. Die richtlinienkonforme Auslegung soll nur eingreifen, wenn „die herkömmlichen Auslegungsmethoden noch Zweifel lassen."[510] Diese Ansicht ließ sich ursprünglich darauf stützen, dass der EuGH in der Rs. *von Colson und Kamann* eine richtlinienkonforme Auslegung nur innerhalb des Beurteilungsspielraums verlangte, den das nationale Recht den einzelstaatlichen Gerichten einräumt.[511] Es stellte sich jedoch bald darauf das Problem, dass sich die englischen Gerichte zu einer streng wortlautgetreuen Interpretation nationaler Gesetze verpflichtet sahen. Deswegen hätte die Pflicht zur richtlinienkonformen Auslegung dort praktisch wirkungslos bleiben müssen, wenn sie die einzelstaatlichen Auslegungsregeln nicht modifiziert.[512] Daher entwickelte der EuGH seine Rechtsprechung fort und verlangte, dass das nationale Recht „so weit wie möglich" anhand des

1.150

---

504 *Brenncke*, EuR 2015, 440 (445: „Normallfall").
505 So schon BGH v. 5.12.1974 – II ZB 11/73, NJW 1975, 213 (214); vgl. *Canaris*, FS Bydlinski, S. 47 (49 f.).
506 Weitergehend *Canaris*, FS Bydlinski, S. 47 (80).
507 BVerfG v. 13.3.2007 – 1 BvF 1/05, BVerfGE 118, 79 (95 ff.); *Latzel*, EuZW 2015, 658 (663); *Sagan*, NZA 2016, 1252 (1255); unklar BVerfG v. 15.1.2015 – 1 BvR 2796/13, ArbRB 2015, 131 = ZIP 2015, 445 Rz. 9 ff.
508 Vgl. BVerfG v. 11.3.2008 – 1 BvR 256/08, BVerfGE 121, 1 (15).
509 EAS/*Sagan*, B 1100 Rz. 117.
510 BAG v. 20.7.2004 – 9 AZR 343/03, ArbRB 2005, 45 = NZA 2005, 114 (117); vgl. auch EuArbR/*Höpfner*, Art. 288 AEUV Rz. 46 f.; *Schnorbus*, AcP 201 (2001), 860 (867 ff.); ähnl. *Koch*, SR 2012, 159 (167); *M. Weber*, Grenzen EU-rechtskonformer Auslegung, S. 124 ff.; krit. *Grundmann*, ZEuP 1996, 399 (415 ff.), der zu Recht moniert, dass die nationalen Auslegungsmethoden stets ein eindeutiges Ergebnis hervorbringen; allg. und berechtigte Kritik am „Auswahlmodell" bei *Martens*, Methodenlehre, S. 439.
511 EuGH v. 10.4.1984 – 14/83 – von Colson und Kamann, Slg. 1984, 1891 Rz. 28.
512 Zum Hintergrund: *Prechal*, Directives in EC Law, S. 193 ff.

Wortlauts und des Zwecks der Richtlinie ausgelegt wird.[513] Zudem muss das nationale Gericht bei einem Umsetzungsgesetz davon ausgehen, dass der Gesetzgeber „die Absicht hatte, den sich aus der betreffenden Richtlinie ergebenden Verpflichtungen in vollem Umfang nachzukommen."[514] In einer vereinzelten Entscheidung war der EuGH sogar der Ansicht, Art. 288 Abs. 3 AEUV verpflichte zu einer richtlinienkonformen Auslegung „ungeachtet entgegenstehender Auslegungshinweise, die sich aus den vorbereitenden Arbeiten zu der nationalen Regelung ergeben könnten."[515] Der Wille des Gesetzgebers wird praktisch auf die Absicht zur ordnungsgemäßen Richtlinienumsetzung reduziert.[516] Insgesamt greift die Pflicht zur richtlinienkonformen Auslegung schon unmittelbar in den Auslegungsvorgang und nicht erst in die Auswahl des Auslegungsergebnisses ein.[517] Könnten die nationalen Auslegungsmethoden als solche einer richtlinienkonformen Auslegung entgegenstehen, wäre auch kaum erklärlich, welche Funktion die *Contra-legem*-Grenze haben sollte (vgl. Rz. 1.151 ff.). Deswegen sprechen die besseren Gründe dafür, der richtlinienkonformen Auslegung bis an die Grenze des *Contra-legem*-Judizierens **Vorrang** vor den mitgliedstaatlichen Auslegungsmethoden einzuräumen.[518] Zumindest haben die nationalen Gerichte im Sinne eines **Optimierungsgebots** denjenigen Auslegungskriterien den Vorzug zu geben, die im Einzelfall zu einem richtlinienkonformen Ergebnis führen.[519] Als „Einfallstor" eignet sich insbesondere die teleologische Auslegung.[520] Stehen jedoch mehrere Auslegungen des nationalen Rechts mit der Richtlinie und dem sonstigen Unionsrecht im Einklang, ist innerhalb dieses Umsetzungsspielraums allein anhand nationaler Auslegungsmethoden zu entscheiden.[521]

(2) Verbot des *Contra-legem*-Judizierens

1.151 Seine für die Rechtspraxis bedeutsamste Grenze findet das Gebot der richtlinienkonformen Auslegung darin, dass es die einzelstaatlichen Gerichte nur im Rahmen der ihnen nach dem nationalen Recht zustehenden **Kompetenzen** bindet.[522] Damit sind die verfassungsrechtlichen Prinzipien der richterlichen Gesetzesbindung und der Gewaltenteilung angesprochen, die es den nationalen Gerichten untersagen, an die Stelle des Gesetzgebers zu treten.[523] Konkretisiert wird dies mit dem **unionsrechtlichen Verbot**, die richtlinienkonforme Auslegung zur Grundlage für eine Auslegung

---

513 EuGH v. 13.11.1990 – C-106/89 – Marleasing, Slg. 1990, I-4135 Rz. 8; v. 27.6.2000 – C-240/98 – Océano Grupo Editorial, Slg. 2000, I-4941 Rz. 30; v. 24.6.2008 – C-188/07 – Commune de Mesquer, Slg. 2008, I-4501 Rz. 84. Vereinzelt rekurriert der EuGH noch auf den Beurteilungsspielraum der nationalen Gerichte: EuGH v. 28.9.1994 – C-200/91 – Coloroll Pension Trustees, Slg. 1994, I-4389 Rz. 29; v. 10.6.2010 – C-395/08 und C-396/08 – Bruno und Pettini, Slg. 2010, I-5119 Rz. 74.
514 EuGH v. 16.12.1993 – C-334/92 – Wagner Miret, Slg. 1993, I-6911 Rz. 20; v. 5.10.2004 – C-397/01 bis C-403/01 – Pfeiffer u.a., Slg. 2004, I-8835 Rz. 112; GA *Szpunar* v. 25.2.2016 – C-458/14 und C-67/15 – Promoimpresa, juris Rz. 103; ebenso *Müller-Graff*, NJW 1993, 13 (21); grds. BVerfG v. 26.9.2011 – 2 BvR 2216/06 u.a., NJW 2012, 669 Rz. 51; *di Fabio*, NJW 1990, 947 (953); abl. *Baldauf*, Richtlinienverstoß, S. 213 ff.; EuArbR/*Höpfner*, Art. 288 AEUV Rz. 85; Riesenhuber/*W.-H. Roth/Jopen*, Europäische Methodenlehre, § 13 Rz. 30.
515 EuGH v. 29.4.2004 – C-371/02 – Björnekulla Fruktindustrier, Slg. 2004, I-5791 Rz. 13; abl. EuArbR/*Höpfner*, Art. 288 AEUV Rz. 85.
516 Vgl. Riesenhuber/*W.-H. Roth/Jopen*, Europäische Methodenlehre, § 13 Rz. 28.
517 *Brenncke*, EuR 2015, 440 (446 ff.); *Mörsdorf*, EuR 2009, 219 (226).
518 So die h.M. mit Unterschieden im Detail: *Canaris*, FS Bydlinski, S. 47 (67 ff.); *Everling*, FS Carstens, S. 95 (101); *Franzen*, Privatrechtsangleichung, S. 343 f.; *Herresthal*, EuZW 2007, 396 (397); *Jarass/Beljin*, JZ 2003, 768 (775); Langenbucher/*Langenbucher*, § 1 Rz. 93; *Lutter*, JZ 1992, 593 (604 f.); Riesenhuber/*W.-H. Roth/Jopen*, Europäische Methodenlehre, § 13 Rz. 42 f.; *Schlachter*, ZfA 2007, 249 (260); a.A. *di Fabio*, NJW 1990, 947 (949 ff.).
519 BVerfG v. 26.9.2011 – 2 BvR 2216/06 u.a., NJW 2012, 669 Rz. 46; anders EuArbR/*Höpfner*, Art. 288 AEUV Rz. 45.
520 *Franzen*, Privatrechtsangleichung, S. 352.
521 *Canaris*, FS Bydlinski, S. 47 (77 f.).
522 EuGH v. 5.10.2004 – C-397/01 bis C-403/01 – Pfeiffer u.a., Slg. 2004, I-8835 Rz. 110.
523 *Höpfner*, ZfA 2010, 449 (477).

des nationalen Rechts *contra legem* zu machen.[524] Damit soll sichergestellt werden, dass die Union, die ihrerseits gem. Art. 2 EUV dem Grundsatz der Rechtsstaatlichkeit verpflichtet ist, nicht für eine Auslegung mitgliedstaatlicher Normen verantwortlich gemacht wird, die deren Sinn ins Gegenteil verkehrt. Trotz dieses unionalen Eigeninteresses daran, dass eine *Contra-legem*-Auslegung unterbleibt, hängt die konkrete Reichweite dieses Verbots vom nationalen Recht ab, da dessen Auslegung in Rede steht und der EuGH hierfür nicht zuständig ist. Im Einzelnen richtet sich die *Contra-legem*-Grenze nach den Befugnissen der nationalen Gerichte, die ihnen nach dem jeweiligen Verfassungsrecht zustehen.[525] Nicht einen nach der nationalen Methodenlehre abgesteckten „Auslegungsspielraum", sondern diesen verfassungsrechtlichen „Zuständigkeitsspielraum" müssen die nationalen Gerichte zugunsten der richtlinienkonformen Auslegung voll ausschöpfen.[526]

Weitreichende Konsequenzen für die Praxis hat die überzeugende Rechtsprechung des BAG, nach der die *Contra-legem*-Grenze nicht als Bindung an den Wortlaut des deutschen Rechts, sondern – in Abgrenzung von judikativen zu legislativen Tätigkeiten – **funktionell** zu verstehen ist. Sie bezieht sich auf einen Bereich „in dem eine richterliche Rechtsfindung unzulässig ist, weil sie eine eindeutige Entscheidung des Gesetzgebers aufgrund eigener rechtspolitischer Vorstellungen ändern will und damit – nach deutschem Verfassungsrecht – die Bindung der Gerichte an Recht und Gesetz (Art. 20 Abs. 3 GG) sowie das Gewaltenteilungsprinzip (Art. 20 Abs. 2 Satz 2 GG) verletzt".[527] Diese Grundsätze verbieten es den Gerichten nicht, das Recht fortzuentwickeln, sofern sie sich nicht dem vom Gesetzgeber festgelegten Sinn und Zweck des Gesetzes entziehen. Sie müssen gesetzgeberische Grundentscheidungen respektieren und den **anerkannten Methoden der Gesetzesauslegung** folgen. Verfassungswidrig ist eine Gesetzesauslegung, die „den klaren Wortlaut des Gesetzes hintanstellt, keinen Widerhall im Gesetz findet und vom Gesetzgeber nicht ausdrücklich oder – bei Vorliegen einer erkennbar planwidrigen Gesetzeslücke – stillschweigend gebilligt wird".[528] Nur auf diese mittelbare Art und Weise beschränkt der nationale Auslegungskanon die Pflicht zur richtlinienkonformen Auslegung.[529]

1.152

Aufgrund dieser Weichenstellung verpflichtet das Gebot der richtlinienkonformen Auslegung die deutschen Gerichte auch zur verfassungsgemäßen **Rechtsfortbildung**.[530] Das entspricht der Forderung des EuGH, im Rahmen der richtlinienkonformen Auslegung bei Widersprüchen zwischen einer Richtlinie und dem nationalen Gesetz diejenigen Auslegungsmethoden einzusetzen, die im nationalen Recht für die Auflösung von Normkollisionen dienen.[531] Unklar ist, ob damit nur Widersprüche zwischen verschiedenen Vorschriften des nationalen Rechts gemeint

1.153

---

524 EuGH v. 16.6.2005 – C-105/03 – Pupino, Slg. 2005, I-5285 Rz. 47 (zur „rahmenbeschlusskonformen Auslegung"); v. 4.7.2006 – C-212/04 – Adeneler u.a., Slg. 2006, I-6057 Rz. 110.
525 Vgl. BVerfG v. 26.9.2011 – 2 BvR 2216/06 u.a., NJW 2012, 669 Rz. 47 ff.; *Canaris*, FS R. Schmidt, S. 41 (56).
526 EuGH v. 10.4.1984 – 14/83 – von Colson und Kamann, Slg. 1984, 1891 Rz. 28; v. 28.9.1994 – C-200/91 – Coloroll Pension Trustees, Slg. 1994, I-4389 Rz. 29; v. 10.6.2010 – C-395/08 und C-396/08 – Bruno und Pettini, Slg. 2010, I-5119 Rz. 74.
527 BAG v. 17.11.2009 – 9 AZR 844/08, NZA 2010, 1020 Rz. 29; in diese Richtung zuvor schon: BGH v. 26.11.2008 – VIII ZR 200/05, NJW 2009, 427 Rz. 20 f. im Anschluss an *Canaris*, FS Bydlinski, S. 47 (91); enger: BAG v. 15.3.2012 – 8 AZR 37/11, ArbRB 2012, 266 – NZA 2012, 910 Rz. 58 (eindeutiger Wortlaut und klarer Wille des Gesetzgebers); anders noch: BGH v. 14.10.2003 – XI ZR 134/02, NJW 2004, 154 (klarer Wortlaut); für eine weite Wortlautgrenze: *Pötters/Christensen*, JZ 2011, 387; s. auch GA *Bot* v. 25.11.2015 – C-551/14 – Dansk Industri, BeckRS 2015, 81953 Rz. 68. Ausf. zum Ganzen: *M. Weber*, Grenzen EU-rechtskonformer Auslegung, S. 156 ff.
528 BVerfG v. 25.1.2011 – 1 BvR 918/10, BVerfGE 128, 193 (210).
529 *Canaris*, FS Bydlinski, S. 47 (70 f.).
530 BAG v. 24.3.2009 – 9 AZR 983/07, ArbRB 2009, 159 = NZA 2009, 538 Rz. 65; BGH v. 26.11.2008 – VIII ZR 200/05, NJW 2009, 427 Rz. 21; v. 21.12.2011 – VIII ZR 70/08, NJW 2012, 1073 Rz. 30; ErfK/*Wißmann*, Vorb AEUV Rz. 37.
531 EuGH v. 5.10.2004 – C-397/01 bis C-403/01 – Pfeiffer u.a., Slg. 2004, I-8835 Rz. 116; v. 16.7.2009 – C-12/08 – Mono Car Styling, Slg. 2009, I-6653 Rz. 63.

sind,[532] oder ob der EuGH insoweit von einer Kollision von Richtlinie und nationalem Recht ausgeht. Letzteres wäre keineswegs selbstverständlich, denn die richtlinienkonforme Auslegung setzt nicht die unmittelbare Anwendbarkeit der Richtlinie voraus (vgl. Rz. 1.145). Deswegen liegt nicht notwendigerweise eine „echte" Kollision der Richtlinie mit dem nationalen Recht vor.[533] Wohl aber kollidiert die Pflicht des Staates zur Richtlinienumsetzung aus Art. 288 Abs. 3 AEUV mit der richtlinienwidrigen Vorschrift nationalen Rechts. Dieser Umsetzungsbefehl verlangt auch innerstaatlich Geltung für die Gerichte der Mitgliedstaaten.[534] Hieraus leitet sich die unionsrechtliche Verpflichtung der mitgliedstaatlichen Gerichte zur Anwendung des nationalen „Kollisionsinstrumentariums" ab.[535] Soweit ihnen für die Interpretation des nationalen Rechts die teleologische Reduktion bzw. Extension oder der Analogieschluss zur Verfügung stehen, sind diese Methoden folglich auch zugunsten der richtlinienkonformen Auslegung zum Einsatz zu bringen.[536]

1.154 Umstritten sind die Voraussetzungen, unter denen die für eine Fortbildung des Rechts erforderliche **Regelungslücke** anzunehmen ist. Eine Kernfrage ist, ob die Lücke nur anhand einer isolierten Betrachtung des nationalen Rechts – *enger Lückenbegriff*[537] – oder aber unter Berücksichtigung der Richtlinie(nverletzung) – *weiter Lückenbegriff*[538] – festgestellt werden darf. Der scharfe Gegensatz zwischen diesen beiden Positionen wird dadurch abgemildert, dass sich eine Regelungslücke jeweils aus dem Willen des deutschen Gesetzgebers ergeben kann. Sowohl der BGH als auch das BAG bejahen eine Lücke, wenn der deutsche Gesetzgeber in der Absicht, die Richtlinie ordnungsgemäß umzusetzen, ein Gesetz erlässt – oder auch nur aufrecht erhält – und sich dieses hernach aufgrund einer Entscheidung des EuGH als richtlinienwidrig herausstellt.[539] Der Wille zur ordnungsgemäßen Richtlinienumsetzung ist dabei zu vermuten (vgl. Rz. 1.150) und gegenüber einer unbewusst richtlinienwidrigen Sachentscheidung vorrangig.[540] Hiergegen lässt sich das unionsrechtliche Gebot transparenter Richtlinienumsetzung nicht in Stellung bringen,[541] da es sich auch bei richtlinienkonformer Rechtsfortbildung unverändert an den deutschen Gesetzgeber richtet (vgl. Rz. 1.119).[542] Im Übrigen hat sich der BGH ebenso dezidiert wie überzeugend für den weiten Lückenbegriff ausgesprochen. Eine planwidrige Lücke kann sich danach nicht nur aus Wertungswidersprüchen zweier deutscher Normen ergeben. Vielmehr diene die Richtlinie bei der richtlinienkonformen Rechtsfortbildung „gleichzeitig als Maßstab der Lückenfeststellung sowie

---

532 So *Höpfner*, RdA 2013, 16 (22); ferner *Brennke*, EuR 2015, 440 (450).
533 Zutr. *Mörsdorf*, EuR 2009, 219 (224): „fiktive Normenkollision"; ebenso *Baldauf*, Richtlinienverstoß, S. 96 ff.
534 *Baldauf*, Richtlinienverstoß, S. 37.
535 *Riesenhuber/Domröse*, RIW 2005, 47 (51); abw. *Franzen*, JZ 2003, 321 (327).
536 Riesenhuber/*W.-H. Roth/Jopen*, Europäische Methodenlehre, § 13 Rz. 31; *Schlachter*, ZfA 2007, 249 (260 f.).
537 OLG München v. 20.6.2013 – 14 U 103/13, VersR 2013, 1025 (1028 f.); EuArbR/*Höpfner*, Art. 288 AEUV Rz. 86 f. (m.w.N.); *M. Weber*, Grenzen EU-rechtskonformer Auslegung, S. 132 ff.
538 Zum Ganzen: *Canaris*, FS Bydlinski, S. 47 (84 ff.); *Herresthal*, Rechtsfortbildung, S. 218 ff.; *Herresthal*, EuZW 2007, 396 (398 f.); Langenbucher/*Langenbucher*, § 1 Rz. 100 ff.; *Leenen*, Jura 2012, 753 (760 f.); *Michael/Payandeh*, NJW 2015, 2392 (2396); *Mörsdorf*, EuR 2009, 219 (229); Riesenhuber/*Domröse*, RIW 2005, 47 (51 f.); s. auch Riesenhuber/*W.-H. Roth/Jopen*, Europäische Methodenlehre, § 13 Rz. 51 ff.; einschr. *Auer*, NJW 2007, 1106 (1108); *Schlachter*, ZfA 2007, 249 (261).
539 BAG v. 24.3.2009 – 9 AZR 983/07, ArbRB 2009, 159 = NZA 2009, 538 Rz. 67; BGH v. 26.11.2008 – VIII ZR 200/05, NJW 2009, 427 Rz. 25; v. 21.12.2011 – VIII ZR 70/08, NJW 2012, 1073 Rz. 32; v. 8.1.2014 – V ZB 137/12, NVwZ 2014, 1111 Rz. 11; v. 7.5.2014 – IV ZR 76/11, NJW 2014, 2646 Rz. 23; vgl. BVerfG v. 17.1.2013 – 1 BvR 121/11 u.a., NZG 2013, 464 (466); offenbar soll – ohne erkennbaren Grund – anderes gelten, solange es an einer Entscheidung des EuGH mangelt: BAG v. 17.11.2009 – 9 AZR 844/08, NZA 2010, 1020 Rz. 30 ff.; zust. EuArbR/*Höpfner*, Art. 288 AEUV Rz. 79; zum Ganzen: *Frieling*, JbJZ 2014, 37.
540 *Brennke*, EuR 2015, 440 (447 ff.); *Schlachter*, EuZA 2015, 1 (11 ff.); *Schnorbus*, AcP 201 (2001), 860 (896).
541 So aber EuArbR/*Höpfner*, Art. 288 AEUV Rz. 85.
542 Deswegen krit. zur richtlinienkonformen Auslegung: *Funke*, Umsetzungsrecht, S. 133 ff.

der Lückenschließung".[543] Der weite Lückenbegriff rechtfertigt sich aus der Überlegung, dass die Legislativkompetenzen zwischen der Union und den Mitgliedstaaten aufgeteilt sind. Deswegen kann keiner der Verbände für sich in Anspruch nehmen, seine jeweilige Rechtsordnung gemäß eines eigenen konzisen „Regelungsplans" auszugestalten. Beide können Ingerenzen des jeweils anderen „Regelungsplans" nicht verhindern. Systemgerechtigkeit und Widerspruchsfreiheit können nur auf der Ebene der **Gesamtrechtsordnung** postuliert werden, die sich aus der Summe der europäischen und deutschen Normen zusammensetzt. Sie ist daher der richtige Anknüpfungspunkt für eine in sich stimmige Rechtsfortbildung. Deswegen liegt eine Regelungslücke auch bei dem „systemwidrigen Regelungsdefizit" vor, das sich aus dem Verstoß des Mitgliedstaates gegen seine Pflicht zur Richtlinienumsetzung ergibt.[544] Hierdurch können Divergenzen zwischen Richtlinien und Umsetzungsgesetzen weitgehend verhindert werden. Es lässt sich nicht einwenden, dass der Richtlinie auf diese Weise verordnungsgleiche Wirkungen zugeschrieben würden.[545] Zum einen findet auch bei der richtlinienkonformen Rechtsfortbildung unter Berücksichtigung des Richtlinienverstoßes nur das nationale Recht, nicht die Richtlinie unmittelbare Anwendung. Zum anderen dient die richtlinienkonforme Auslegung gerade dazu, die fehlende Horizontalwirkung von Richtlinien auszugleichen und soll dieser möglichst nahe kommen (vgl. Rz. 1.125 ff.).[546] Auch drohen die nationalen Gerichte anders als im Kontext der herkömmlichen Rechtsfortbildung nicht ihre eigene Wertung an die Stelle des demokratisch legitimierten Gesetzgebers zu setzen; sie folgen vielmehr der Wertung des ebenfalls demokratisch legitimierten Richtliniengebers.[547] Ein nennenswerter Eingriff in die Souveränität der Mitgliedstaaten ist ebenfalls nicht zu erkennen, da diese mit Ablauf der Umsetzungsfrist ohnehin nicht mehr befugt sind, an richtlinienwidrigen Gesetzen festzuhalten.[548] Fehlt es nach Fristablauf an jeglicher Umsetzung der Richtlinie durch den Gesetzgeber, ist das nationale Recht schon deswegen lückenhaft und im Rahmen der verfassungsrechtlichen Grenzen richtlinienkonform fortzubilden.[549] Bestehen hingegen deutliche Anhaltspunkte für die Annahme, der Gesetzgeber habe sich bei der Umsetzung einer Richtlinie bewusst gegen die Vorgaben des europäischen Rechts entschieden, scheidet eine richtlinienkonforme Rechtsfortbildung aus.[550] Maßgeblich ist insoweit, ob die ursprüngliche Wertungsentscheidung des deutschen Gesetzgebers im jeweiligen Anwendungszeitpunkt trotz einer zwischenzeitlichen Entscheidung des EuGH noch aktuell ist, weil er die Umsetzung dieser Entscheidung eindeutig abgelehnt hat.[551] Unzulässig ist ferner die Fortbildung einer nationalen Norm, die ihr jeglichen Anwendungsbereich entzieht.[552] Das kommt ihrer Aufhebung gleich, die dem Gesetzgeber vorbehalten ist.

(3) Vertrauensschutz

Die Pflicht zur richtlinienkonformen Auslegung wird nicht dadurch ausgeschlossen, dass sie mit Nachteilen und sonstigen belastenden Wirkungen für private Rechtssubjekte verbunden ist.[553] Eine

1.155

---

543 BGH v. 7.5.2014 – IV ZR 76/11, NJW 2014, 2646 Rz. 23.
544 *Herresthal*, EuZW 2007, 396 (398 f.).
545 So aber *Höpfner*, RdA 2013, 16 (22).
546 A.A. EuArbR/*Höpfner*, Art. 288 AEUV Rz. 79.
547 *Herresthal*, EuZW 2007, 396 (399).
548 Unberechtigt daher die Kritik von *Höpfner*, EuZW 2009, 155 (160).
549 Riesenhuber/*W.-H. Roth/Jopen*, Europäische Methodenlehre, § 13 Rz. 51.
550 *Herresthal*, EuZW 2007, 396 (400); *Schlachter*, ZfA 2007, 249 (261).
551 *Herresthal*, NJW 2008, 2475 (2477).
552 BAG v. 18.2.2003 – 1 ABR 2/02, ArbRB 2003, 196 = NZA 2003, 742 (748); *Auer*, NJW 2007, 1106 (1108); *Brennke*, EuR 2015, 440 (453 f.); *Canaris*, FS Bydlinski, S. 47 (94); *Canaris*, FS R. Schmidt, S. 41 (57); *Mörsdorf*, EuR 2009, 219 (231); *M. Weber*, Grenzen EU-rechtskonformer Auslegung, S. 171; vgl. auch BVerfG v. 30.6.1964 – 1 BvL 16/62 u.a., BVerfGE 18, 97 (111); a.A. *Herresthal*, EuZW 2007, 396 (400).
553 *Prechal*, Directives in EC Law, S. 211 ff.; Calliess/Ruffert/*Ruffert*, Art. 288 AEUV Rz. 81; Streinz/*Schroeder*, Art. 288 AEUV Rz. 114; vgl. auch EuGH v. 5.10.2004 – C-397/01 bis C-403/01 – Pfeiffer u.a., Slg. 2004, I-8835 Rz. 110 ff.; ausf. hierzu *Jarass/Beljin*, EuR 2004, 714.

besondere Belastung kann sich daraus ergeben, dass Entscheidungen des EuGH im Vorabentscheidungsverfahren lediglich die Auslegung des europäischen Rechts betreffen und diese Auslegung prinzipiell auf den Zeitpunkt zurückwirkt, in dem es in Kraft getreten ist.[554] Aus diesem **Grundsatz der Rückwirkung**[555] folgt, dass die richtlinienkonforme Auslegung des einzelstaatlichen Rechts grundsätzlich auch auf die Zeit vor der Verkündung eines entsprechenden Urteils des EuGH – genauer: auf die Zeit nach Ablauf der Umsetzungsfrist – zurückzubeziehen ist. In diesem Fall können die einzelstaatlichen Gerichte unionsrechtlich verpflichtet sein, eine bislang entgegenstehende Rechtsprechung auch mit Wirkung für die Vergangenheit zu ändern. Deswegen stellt sich die Frage, ob und inwieweit das **Vertrauen in die bisherige Rechtsprechung** der nationalen Gerichte geschützt wird. Dass ein solches Vertrauen schutzwürdig sein kann, folgt aus der Überlegung, dass der Einzelne den Zugang zum EuGH nicht in jedem Fall erzwingen kann. Entscheiden die Höchstgerichte, dass ihre Rechtsprechung so offenkundig mit dem Unionsrecht vereinbar ist, dass ausnahmsweise keine Vorlagepflicht nach Art. 267 Abs. 3 AEUV besteht,[556] kann der Einzelne eine Überprüfung derselben durch den EuGH nicht durchsetzen (vgl. Rz. 2.24 ff., 2.39 ff.). Folgerichtig muss er im Gegenzug darauf vertrauen dürfen, dass die Rechtsprechung der letztinstanzlichen Gerichte tatsächlich mit dem Unionsrecht im Einklang steht.[557] Stellt sich nach einer Entscheidung des EuGH das Gegenteil heraus, kann ihm nicht entgegengehalten werden, er hätte dies vorhersehen müssen. Die Rückwirkungsproblematik rechtfertigt es aber nicht, schon die Vorfrage nach der Möglichkeit einer richtlinienkonformen Auslegung des nationalen Rechts – allgemein und auch für die Zukunft – zu verneinen.[558]

1.156 Der EuGH hat das Problem des Vertrauensschutzes im Kontext der richtlinienkonformen Auslegung längst erkannt. In ständiger Rechtsprechung formuliert er, dass die Pflicht zur richtlinienkonformen Auslegung durch die allgemeinen Rechtsgrundsätze des Unionsrechts sowie insbesondere durch den **Grundsatz der Rechtssicherheit** und das **Rückwirkungsverbot** begrenzt wird.[559] Damit ist nicht der Weg für eine Anwendung einzelstaatlicher Vorgaben zum Vertrauensschutz geebnet.[560] Der EuGH bezieht sich auf unionsprimärrechtliche Rechtsgrundsätze, so dass das Problem der Rückwirkung auf der Ebene des europäischen, nicht des nationalen Rechts zu lösen ist.[561] Der Vorrang der europäischen Rechtsgrundsätze kann auch nicht dadurch umgangen werden, dass man den Vertrauensschutz unter die *Contra-legem*-Grenze subsumiert.[562] Diese tritt vielmehr als eigenständige Schranke zum Grundsatz der Rechtssicherheit und dem Rückwirkungsverbot hinzu, die in der Rechtsprechung des EuGH lange vor dem jüngeren Verbot des *Contra-legem*-Judizierens etabliert waren.[563]

1.157 Unter welchen konkreten Voraussetzungen das europäische Recht eine Beschränkung der rückwirkenden Pflicht zur richtlinienkonformen Auslegung gestattet, ist noch nicht geklärt. Auch dies

---

554 Statt aller EuGH v. 2.2.1988 – 309/85 – Barra, Slg. 1988, 355 Rz. 11.
555 Vgl. *Schlachter*, ZfA 2007, 249 (265); Riesenhuber/*Rosenkranz*, § 16 Rz. 5 ff.
556 EuGH v. 6.10.1982 – C-283/81 – CILFIT, Slg. 1982, 3415 Rz. 16.
557 *Sagan*, ZESAR 2011, 412 (415).
558 A.A. *Canaris*, FS R. Schmidt, S. 41 (58).
559 EuGH v. 15.4.2008 – C-268/06 – Impact, Slg. 2008, I-2483 Rz. 100; v. 23.4.2009 – C-378/07 bis C-380/07 – Angelidaki u.a., Slg. 2009, I-3071 Rz. 199; v. 16.7.2009 – C-12/08 – Mono Car Styling, Slg. 2009, I-6653 Rz. 61; v. 24.6.2010 – C-98/09 – Sorge, Slg. 2010, I-5837 Rz. 52.
560 Zutr. *Latzel*, EuR 2015, 415 (437 f.); s. auch BVerfG v. 10.12.2014 – 2 BvR 1549/07, ArbRB 2015, 77 = NZA 2015, 375 Rz. 31; *Herresthal*, Rechtsfortbildung, S. 301 ff.; a.A. BAG v. 22.3.2007 – 6 AZR 499/05, NZA 2007, 1101 Rz. 18; *Schaer*, Rechtssicherheit und Vertrauensschutz, S. 200 f.; *Wank*, FS Birk, S. 929 (936); diff. *Rosenkranz*, Beschränkung der Rückwirkung, S. 484 ff.
561 *Sagan*, JbJZRWiss 2010, S. 67 (77 ff.); *M. Weber*, Grenzen EU-rechtskonformer Auslegung, S. 142 ff.; i.E. auch *Riesenhuber*, Anm. zu BAG, AP KSchG 1969 § 17 Nr. 21.
562 So aber wohl *Höpfner*, RdA 2013, 16 (26); zutr. hingegen *Rosenkranz*, Beschränkung der Rückwirkung, S. 480 ff.
563 EuGH v. 8.10.1987 – 80/86 – Kolpinghuis Nijmegen, Slg. 1987, 3969 Rz. 13.

rechtfertigt den Rückgriff auf nationale Vorschriften nicht.⁵⁶⁴ Im Streitfall ist eine Vorabentscheidung des EuGH einzuholen. Vertrauensschutz dürfte jedenfalls bei Klagen ausgeschlossen sein, die schon vor der Entscheidung des EuGH anhängig gemacht wurden, aus der sich die Richtlinienwidrigkeit der nationalen Rechtsprechung ergibt.⁵⁶⁵ Besondere Bedeutung kommt der Frage zu, ab welchem **Zeitpunkt** im Übrigen Vertrauensschutz zu versagen ist. Dabei ist nicht darauf abzustellen, ab wann mit hinreichender Sicherheit eine Änderung der nationalen Rechtsprechung zu erwarten ist.⁵⁶⁶ Entscheidend ist, wie lange in die Europarechtskonformität der bisherigen Rechtsprechung vertraut werden darf. Stellt sich diese nach einer Entscheidung des EuGH als richtlinienwidrig dar, besteht kein berechtigter Anlass, sich auf ihren Fortbestand zu verlassen. Das gilt aber auch schon dann, wenn die Europarechtskonformität der bisherigen Rechtsprechung durch eine einschlägige Vorlage nach Art. 267 AEUV in Zweifel gezogen wird.⁵⁶⁷ Mit ihrer Veröffentlichung im europäischen Amtsblatt kann kaum jemals eine Entscheidung des EuGH ausgeschlossen werden, nach der sich die bestehende Rechtsprechung als europarechtswidrig herausstellt. Die materielle Rechtslage hängt insoweit nicht davon ab, welches in- oder ausländische Gericht die Vorlage beschlossen hat.⁵⁶⁸

Das BAG hat zur Frage des Vertrauensschutzes hingegen auf das **nationalverfassungsrechtliche Rückwirkungsverbot** zurückgegriffen, das sich aus dem grundgesetzlichen Rechtsstaatsprinzip und Art. 20 Abs. 3 GG ergibt.⁵⁶⁹ Es hielt insbesondere eine Vorlage an den EuGH mit der Begründung für verzichtbar, dass die richtlinienkonforme Auslegung eine Frage des nationalen und nicht des europäischen Rechts sei.⁵⁷⁰ Dieses formalistische Argument ließ unberücksichtigt, dass die richtlinienkonforme Auslegung zugleich die unionsrechtliche Pflicht der einzelstaatlichen Gerichte aus Art. 288 Abs. 3 AEUV erfüllt und deswegen sehr wohl eine Frage des Unionsrechts ist. Ferner kann das Vertrauen in einen nationalrechtlichen Tatbestand nicht nur nach nationalem Recht geschützt werden. So subsumiert der EuGH sogar das Vertrauen in die Rechtmäßigkeit eines mitgliedstaatlichen Verwaltungsaktes unter den unionsrechtlichen Grundsatz der Rechtssicherheit.⁵⁷¹ Ebenso wie für die Anwendung der nationalen Grundrechte muss für den Vertrauensschutz gelten, dass der Rückgriff auf das Grundgesetz jedenfalls „solange" gesperrt ist, wie die Union nach Maßgabe der allgemeinen Grundsätze des Unionsrechts einen adäquaten Vertrauensschutz bietet. Es wäre daher sehr zu begrüßen, wenn ein Gericht dem EuGH bei nächster Gelegenheit die Frage nach der zutreffenden Rechtsgrundlage für den Vertrauensschutz bei richtlinienkonformer Auslegung vorlegen würde.⁵⁷² 1.158

In der bisherigen Rechtsprechung hat sich noch keine einheitliche Linie zur Reichweite des verfassungsrechtlichen Vertrauensschutzes durchgesetzt. Das BAG versagte Vertrauensschutz nach Ablauf der Umsetzungsfrist der Arbeitszeitrichtlinie 93/104/EG, weil seine nachfolgende Rechtsprechung gleichsam unter dem Vorbehalt einer Überprüfung am Maßstab des europäischen Rechts gestanden habe (vgl. Rz. 8.52).⁵⁷³ Das kommt einer Negation jeglichen Vertrauensschutzes gleich. Dabei wird nicht hinreichend berücksichtigt, dass das BAG bei Zweifeln an der Ver- 1.159

---

564 Vgl. aber *Wißmann*, FS Bauer, S. 1161 (1164).
565 Vgl. EuGH v. 8.4.1976 – 43/75 – Defrenne, Slg. 1976, 455 Rz. 74 f.
566 A.A. *Höpfner*, RdA 2013, 16 (28).
567 Zutr. BAG v. 24.3.2009 – 9 AZR 983/07, ArbRB 2009, 159 = NZA 2009, 538 Rz. 74; zust. *Schlachter*, RdA-Beilage 2009, 31 (36).
568 A.A. EuArbR/*Höpfner*, Art. 288 AEUV Rz. 58.
569 BAG v. 23.3.2006 – 2 AZR 343/05, NZA 2006, 971 Rz. 33; v. 24.3.2009 – 9 AZR 983/07, ArbRB 2009, 159 = NZA 2009, 538 Rz. 69 ff.; zu Recht abl. *Schiek*, AuR 2006, 41 (43).
570 BAG v. 12.7.2007 – 2 AZR 492/05, NZA 2008, 476 Rz. 32.
571 Statt aller: EuGH v. 13.3.2008 – C-383/06 bis C-385/06 – Vereniging Nationaal Overlegorgaan Sociale Werkvoorziening u.a., Slg. 2008, I-1561 Rz. 52.
572 Ebenso *Latzel*, ZESAR 2016, 458 (464 f.) mit praktischen Hinweisen für den Vorlagebeschluss.
573 BAG v. 23.3.2010 – 9 AZR 128/09, ArbRB 2010, 103 = NZA 2010, 810 Rz. 111; zust. *Pötters/Stiebert*, ZESAR 2012, 23 (25); allg. *Koch*, SR 2012, 159 (167).

einbarkeit seiner Rechtsprechung mit der Richtlinie nach Art. 267 Abs. 3 AEUV von Amts wegen eine Vorlage an den EuGH hätte beschließen müssen. Dass es nicht zu einer solchen Vorlage gekommen ist, musste schutzwürdiges Vertrauen darauf begründen, dass seine Rechtsprechung mit der Richtlinie im Einklang stand.[574] Im Bereich des Massenentlassungsrechts sollte das Vertrauen in die bisherige Rechtsprechung hingegen bis zu einer Änderung der Verwaltungspraxis der Bundesagentur für Arbeit selbst dann noch schutzwürdig sein, wenn sie bereits vom EuGH für richtlinienwidrig erklärt wurde.[575] Diese Rechtsprechung des BAG ist inzwischen überholt. Das BVerfG hat die Gewährung von Vertrauensschutz ohne vorherige Vorlage an den EuGH wegen einer objektiv willkürlichen Verletzung des Rechts auf den gesetzlichen Richter (Art. 101 Abs. 1 Satz 2 GG) für verfassungswidrig erklärt.[576] Hält das BAG eine richtlinienkonforme Auslegung des deutschen Rechts für möglich, darf es gegen deren Rückwirkung nicht ohne Vorlage an den EuGH Vertrauensschutz gewähren. In diesem Fall schließt das Urteil des EuGH in der Rs. *Dansk Industri* einen Vertrauensschutz auf unionsrechtlicher Grundlage nicht zwingend aus, da es sich nicht auf eine richtlinienkonforme Auslegung, sondern auf die unmittelbare Anwendung von Art. 21 Abs. 1 GRC bezieht (zum Vertrauensschutz bei primärrechtswidrigen Gesetzen vgl. Rz. 2.117 ff.).[577]

c) Staatshaftung wegen fehlerhafter Richtlinienumsetzung

1.160 Die Rechtsprechung des EuGH zu den innerstaatlichen Wirkungen europäischer Richtlinien fand ihren vorläufigen Schlusspunkt in der Rs. *Francovich*.[578] Scheidet sowohl die richtlinienkonforme Auslegung des nationalen Rechts als auch die unmittelbare Anwendung der europäischen Richtlinie aus, kann der Einzelne nach dieser Entscheidung im Wege der **Staatshaftung** vom jeweiligen Mitgliedstaat Schadenersatz verlangen.

1.161 Gegenstand der Rs. *Francovich* war die Klage eines Arbeitnehmers, dessen privater Arbeitgeber insolvent war. Er wandte sich gegen den italienischen Staat und machte geltend, dass ihm ein Schaden entstanden war, weil dieser die Insolvenzrichtlinie 80/987/EWG nicht rechtzeitig umgesetzt hatte. Eine richtlinienkonforme Auslegung des nationalen Rechts kam nicht in Betracht. Eine unmittelbare Anwendung der Richtlinie schied ebenfalls aus, da sie den Mitgliedstaaten ein Wahlrecht bei der Ausgestaltung der in ihr vorgesehenen „Garantieeinrichtung" einräumte. Dem Einzelnen müsse, so der EuGH, wenn er die ihm nach Unionsrecht zustehenden Rechte nicht vor den nationalen Gerichten geltend machen könne, ein Ersatzanspruch gegen den Staat zustehen. Dabei handelt es sich um einen genuin unionsrechtlichen[579] und prinzipiell verschuldensunabhängigen[580] Anspruch. Dessen Anerkennung durch den EuGH ist darauf gerichtet, die mitgliedstaatlichen Gesetzgeber zu einer ordnungs- und fristgemäßen Umsetzung europäischer Richtlinien anzuhalten. Tatsächlich wirkt er sich aber auch auf die richtlinienkonforme Auslegung aus. Können die einzelstaatlichen Gerichte ein Umsetzungsdefizit mittels richtlinienkonformer Auslegung beheben, scheidet der unionsrechtliche Staatshaftungsanspruch aus. Die weitgehende Auslegung des nationalen Rechts im Lichte europäischer Richtlinien dient nicht zuletzt der Vermeidung der Staatshaftung.[581]

---

574 *Sagan*, JbJZRWiss 2010, S. 67 (89 f.).
575 BAG v. 22.3.2007 – 6 AZR 499/05, NZA 2007, 1101.
576 BVerfG v. 10.12.2014 – 2 BvR 1549/07, ArbRB 2015, 77 = NZA 2015, 375; zust. *Sagan*, NZA 2015, 341; auch *Rosenkranz*, Beschränkung der Rückwirkung, S. 487; abl. EuArbR/*Höpfner*, Art. 288 AEUV Rz. 54; *Wißmann*, FS Kohte, S. 993 (998 ff.).
577 EuGH v. 19.4.2016 – C-441/14 – Dansk Industri, NZA 2016, 537.
578 EuGH v. 19.11.1991 – C-6/90 und C-9/90 – Francovich u.a., Slg. 1991, I-5357 Rz. 31 ff.; zum Ganzen: *Dörr*, EuZW 2012, 86.
579 EuGH v. 19.11.1991 – C-6/90 und C-9/90 – Francovich u.a., Slg. 1991, I-5357 Rz. 41; BGH v. 12.5.2011 – III ZR 59/10, NZG 2011, 837.
580 EuGH v. 5.3.1996 – C-46/93 – Brasserie du pêcheur, Slg. 1996, I-1029 Rz. 79.
581 Vgl. *Freitag*, EuR 2009, 796 (800).

Im Einzelnen besteht der Staatshaftungsanspruch unter drei Voraussetzungen:[582] 1.162

- Die Richtlinie muss die Verleihung eines hinreichend bestimmbaren[583] **subjektiven Rechts** beinhalten, das sich nicht gegen den Staat richten oder unmittelbar anwendbar sein muss.[584] In aller Regel räumen Richtlinien nur Arbeitnehmern Rechte ein, weswegen Arbeitgebern meist schon wegen dieser Voraussetzung kein unionsrechtlicher Staatshaftungsanspruch zusteht.

- Der Einzelne ist wegen eines **hinreichend qualifizierten Verstoßes** des Mitgliedstaats gegen die Umsetzungspflicht aus Art. 288 Abs. 3 AEUV gehindert, sein subjektives Recht vor den einzelstaatlichen Gerichten – im Wege richtlinienkonformer Auslegung oder aufgrund unmittelbarer Richtlinienwirkung – geltend zu machen. Ein solcher Verstoß liegt vor, wenn ein Mitgliedstaat die Grenzen, die ihm das Unionsrecht setzt, offenkundig und erheblich überschritten hat. Dabei ist der Verstoß im Hinblick auf seine Schwere und Vorwerfbarkeit im Einzelfall zu würdigen. Hinreichend qualifiziert ist jedenfalls ein Verstoß gegen die bestehende Rechtsprechung des EuGH[585] und die verspätete Umsetzung einer Richtlinie[586]. Ein entsprechender Verstoß kann auch darin liegen, dass ein mitgliedstaatliches Gericht seiner Vorlagepflicht nach Art. 267 Abs. 3 AEUV nicht nachkommt (vgl. Rz. 2.39 ff.).[587]

- Es muss ein **unmittelbarer Kausalzusammenhang** zwischen dem mitgliedstaatlichen Umsetzungsdefizit und dem entstandenen Schaden bestehen. Im Übrigen bestimmt sich der haftungsausfüllende Tatbestand ebenso wie die gerichtliche Durchsetzung des Anspruchs nach nationalem Recht. Dieses muss aber die europarechtlichen Grundsätze der Äquivalenz und der Effektivität wahren (vgl. Rz. 1.121 ff.).[588]

d) Grundrechtskonkretisierende Richtlinien

Das jüngste Kapitel zur Effektuierung europäischer Richtlinien in horizontalen Rechtsverhältnissen 1.163
hat der EuGH mit den Rs. *Mangold*[589] und *Kücükdeveci*[590] aufgeschlagen. Danach ist ein nationales Gesetz in einem Rechtsstreit zwischen Privaten **unangewendet** zu lassen, wenn es in den Anwendungsbereich der Gleichbehandlungsrahmenrichtlinie 2000/78/EG oder einer anderen Richtlinie fällt, gegen das – nunmehr in Art. 21 Abs. 1 GRC kodifizierte – Grundrecht auf Nichtdiskriminierung wegen Alters verstößt und nicht richtlinienkonform ausgelegt werden kann (vgl. Rz. 3.17 ff.). Die fehlende Horizontalwirkung von Richtlinien soll in dieser Fallgruppe durch die Anwendung der Unionsgrundrechte kompensiert werden, die – im Gegensatz zu Richtlinien – entgegenstehendes nationales Recht auch im Verhältnis zwischen Privatrechtssubjekten zu derogieren vermögen.[591] Damit kommt es zwar nicht zu einer unmittelbaren Anwendung von Richtlinien zwischen Privaten,[592] doch hat der Verstoß des nationalen Rechts gegen die Richtlinie durchaus präjudizielle Bedeutung für die Grundrechtsverletzung, denn die Richtlinie 2000/78/EG soll eine bloße „**Konkre-**

---

582 EuGH v. 25.11.2010 – C-429/09 – Fuß, Slg. 2010, I-12167 Rz. 47; w.N. bei HWK/*Tillmanns*, Vorb. AEUV Rz. 24 f.; ErfK/*Wißmann*, Vorb AEUV Rz. 28 ff.
583 EuGH v. 19.11.1991 – C-6/90 und C-9/90 – Francovich u.a., Slg. 1991, I-5357 Rz. 40.
584 EuGH v. 14.7.1994 – C-91/92 – Faccini Dori, Slg. 1994, I-3325 Rz. 28.
585 EuGH v. 5.3.1996 – C-46/93 – Brasserie du pêcheur, Slg. 1996, I-1029 Rz. 55 ff.
586 Riesenhuber/*Domröse*, RIW 2005, 47 (48).
587 EuGH v. 30.9.2003 – C-224/01 – Köbler, Slg. 2003, I-10239 Rz. 30 ff.; v. 13.6.2006 – C-173/03 – Traghetti del Mediterraneo, Slg. 2006, I-5177 Rz. 30 ff.; EuArbR/*Höpfner*, Art. 267 AEUV Rz. 54.
588 EuGH v. 19.11.1991 – C-6/90 und C-9/90 – Francovich u.a., Slg. 1991, I-5357 Rz. 42 f.
589 EuGH v. 22.11.2005 – C-144/04 – Mangold, Slg. 2005, I-9981.
590 EuGH v. 19.1.2010 – C-555/07 – Kücükdeveci, Slg. 2010, I-365; ferner EuGH v. 19.4.2016 – C-441/14 – Dansk Industri, NZA 2016, 537 Rz. 35.
591 *Haltern*, Der EuGH in der Kritik, S. 25 (38 ff.); zw. *Fornasier*, European Review of Private Law 2015, 29 (44 f.).
592 *Mörsdorf*, EuR 2009, 219 (234); *Streinz/Herrmann*, RdA 2007, 165 (167 f.); abw. *Bauer/Arnold*, NJW 2006, 6 (9); dafür *Kainer*, GPR 2016, 262 (268 ff.); *Kainer*, NZA 2018, 894 (900).

tisierung" des Grundrechts aus Art. 21 Abs. 1 GRC darstellen. Wegen der damit implizit postulierten Identität von Richtlinie und Grundrecht,[593] die mit der europäischen Normenhierarchie nicht zu vereinbaren ist,[594] soll offenbar jeder Richtlinienverstoß notwendigerweise auch eine Grundrechtsverletzung begründen.

1.164 Die Bedeutung dieser Fallgruppe hängt maßgeblich davon ab, für welche Richtlinien und Grundrechte der EuGH ein **Konkretisierungsverhältnis** annehmen wird. Das dürfte neben dem Alter zunächst für alle anderen in der Gleichbehandlungsrahmenrichtlinie 2000/78/EG genannten Diskriminierungsmerkmale gelten, die sich sämtlich in Art. 21 Abs. 1 GRC wiederfinden.[595] Wegen ihrer strukturellen Ähnlichkeit dürfte der EuGH die Konkretisierungsthese auch auf die Antirassismusrichtlinie 2000/43/EG und Art. 21 Abs. 1 GRC sowie auf das Diskriminierungsverbot der Geschlechterrichtlinie 2006/54/EG und Art. 23 GRC übertragen.[596] Im Bereich des Urlaubsrechts hat der EuGH die Klägerin in der Rs. *Dominguez* hingegen für den Fall, dass richtlinienkonforme Auslegung und unmittelbare Anwendung ausscheiden sollten, auf den unionsrechtlichen Staatshaftungsanspruch verwiesen und nicht verlangt, dass das richtlinienwidrige Gesetzesrecht erforderlichenfalls außer Anwendung bleibt.[597] Das lässt darauf schließen, dass der Urlaubsanspruch aus Art. 7 ArbZ-RL keine Konkretisierung des Unionsgrundrechts auf bezahlten Jahresurlaub nach Art. 31 Abs. 2 GRC darstellt (vgl. Rz. 8.3).[598] Ausdrücklich hat der EuGH ein Konkretisierungsverhältnis zwischen Art. 3 Abs. 1 UuA-RL und dem Unionsgrundrecht auf Unterrichtung und Anhörung aus Art. 27 GRC abgelehnt und sich dabei auf die Bezugnahme auf das Unionsrecht und einzelstaatliche Rechtsvorschriften und Gepflogenheiten in Art. 27 GRC berufen.[599] In einem Rechtsstreit zwischen Privaten führt Art. 27 GRC folglich nicht zur Unanwendbarkeit nationaler Normen, die gegen Art. 3 Abs. 1 UuA-RL verstoßen. Setzt sich diese Linie allgemein durch, ist auch eine zur Unanwendbarkeit nationaler Gesetze führende Konkretisierung der Art. 16, 28, 30, 34, 35, 36 GRC durch europäische Richtlinien ausgeschlossen, da diese Bestimmungen der Charta ebenso wie Art. 27 auf das Unionrecht und einzelstaatliche Rechtsvorschriften und Gepflogenheiten Bezug nehmen. Jedenfalls wird für eine Konkretisierung zu verlangen sein, dass sich der Inhalt der jeweils verletzten Richtliniennorm auch aus dem Grundrecht ergibt.[600] Insgesamt wäre es zu begrüßen, wenn die bedenkliche Konkretisierungsthese auf das Gleichbehandlungsrecht beschränkt bliebe.[601]

---

593 Vgl. EuGH v. 19.4.2016 – C-441/14 – Dansk Industri, NZA 2016, 537 Rz. 23; Merten/Papier/*Skouris*, HGR VI/1, § 157 Rz. 24 („Kohärenz" zwischen Grundrecht und Sekundärrecht).
594 *Kainer*, NZA 2018, 894 (895 f.); EAS/*Sagan*, B 1100 Rz. 107; *Willemsen/Sagan*, NZA 2011, 258 (261); ebenfalls krit. GAin Trstenjak v. 8.9.2011 – C-282/10 – Dominguez, BeckRS 2011, 81367 Rz. 154 ff.; *Höpfner*, ZfA 2010, 449 (453).
595 *Preis/Temming*, NZA 2010, 185 (190).
596 Für Art. 20 GRC: *Preis/Temming*, NZA 2010, 185 (190); zum Verhältnis von Art. 20 GRC und der Leiharbeitsrichtlinie 2008/104/EG: *Heuschmid/Klauk*, SR 2012, 84; vgl. zu Religion bzw. Weltanschauung: EuGH v. 17.4.2018 – C-414/16 – Egenberger, NZA 2018, 569 Rz. 76 f.
597 EuGH v. 24.1.2012 – C-282/10 – Dominguez, NZA 2012, 139 Rz. 41 ff.; abw. zuvor: *Pötters/Christensen*, JZ 2011, 387 (393); *Pötters/Stiebert*, ZESAR 2012, 23 (28); in diese Richtung wohl auch BAG v. 7.8.2012 – 9 AZR 353/10, ArbRB 2013, 4 = NZA 2012, 1216 Rz. 29.
598 S. aber GA Bot v. 29.5.2018 – C-569/16 und C-570/16 – Bauer und Willmeroth, BeckRS 2018, 9605 Rz. 88 ff.
599 EuGH v. 15.1.2014 – C-176/12 – Association de médiation sociale, ZIP 2014, 287 Rz. 44 f.; krit. *Syrpis*, EU Labour Law, S. 21 (33).
600 EuGH v. 15.1.2014 – C-176/12 – Association de médiation sociale, ZIP 2014, 287 Rz. 46.
601 So tend. EuGH v. 17.4.2018 – C-414/16 – Egenberger, NZA 2018, 569 Rz. 76 f.; allg. *Sagan*, ZESAR 2011, 412 (413 f.); ebenfalls krit. *Bauer/v. Medem*, ZIP 2010, 449 (452); tend. *Skouris*, AuR 2015, 294 (299); a.A. und für eine Ausdehnung auf Freiheitsrechte der GRC: *Preis/Temming*, NZA 2010, 185 (190); vgl. auch *Winter*, FS Bepler, S. 633 (643 ff.).

3. Überschießende Richtlinienumsetzung

Zuweilen geht der einzelstaatliche Gesetzgeber über die Vorgaben einer Richtlinie hinaus und erstreckt ein Umsetzungsgesetz auf Sachverhalte, die nicht in den – persönlichen, sachlichen oder zeitlichen – **Anwendungsbereich** der umzusetzenden Richtlinie fallen; sog. *überschießende Richtlinienumsetzung*.[602] Ein Beispiel hierfür ist die Pflicht zur Unterrichtung der einzelnen Arbeitnehmer vor einem Betriebsübergang. In Art. 7 Abs. 6 BÜ-RL ist eine solche Unterrichtung nur vorgesehen, wenn es unabhängig vom Willen der Arbeitnehmer im Betrieb oder Unternehmen kein Organ der Arbeitnehmervertretung gibt. Der deutsche Gesetzgeber hat sich hingegen dafür entschieden, die Unterrichtung der einzelnen Arbeitnehmer nach § 613a Abs. 5 BGB für jeden Betriebs- oder Betriebsteilübergang vorzuschreiben und ist damit über den Anwendungsbereich der europäischen Unterrichtungspflicht hinausgegangen (vgl. Rz. 15.210 ff.). Davon abzugrenzen ist der Fall, dass der Gesetzgeber **inhaltlich** über die Anforderungen einer Richtlinie hinausgeht. Das gilt beispielsweise für den Anspruch des Arbeitnehmers auf eine Verringerung seiner Arbeitszeit nach § 8 TzBfG, da der Arbeitgeber nach § 5 Nr. 3 Buchst. a der Rahmenvereinbarung über Teilzeitarbeit lediglich verpflichtet sein soll, den Teilzeitwunsch eines Arbeitnehmers zu „berücksichtigen". In einem solchen Fall hat das europäische Recht für die Auslegung des weitergehenden nationalen Rechts praktisch keine Bedeutung.

1.165

Bei der überschießenden Richtlinienumsetzung ist im Ausgangspunkt klar, dass derjenige Teil der nationalen Vorschrift, der sich im Anwendungsbereich der Richtlinie befindet, vollumfänglich der Bindung nach Art. 288 Abs. 3 AEUV unterliegt und daher richtlinienkonform auszulegen ist. Fraglich ist, was für den übrigen Teil der Norm gilt, der auf der autonomen Entscheidung des einzelstaatlichen Gesetzgebers beruht. In diesem Bereich besteht keine unionsrechtliche Verpflichtung zur richtlinienkonformen Auslegung, so dass sich die Interpretation des „überschießenden" Normbereichs allein nach nationalem Recht richtet.[603] Allerdings sind die einzelstaatlichen Gerichte auch insoweit gem. Art. 267 AEUV zu einer Vorlage an den EuGH berechtigt, aber nicht verpflichtet (vgl. Rz. 2.29 ff.).[604]

1.166

Auf der nationalen Ebene kommen für die Auslegung des überschießenden Normbereichs zwei Alternativen in Betracht. Man kann sich entweder an dem Ergebnis der richtlinienkonformen Auslegung orientieren und die Norm **einheitlich** auslegen (sog. *richtlinienorientierte Auslegung*) oder aber die Norm abhängig vom Anwendungsbereich der betreffenden Richtlinie jeweils **unterschiedlich** auslegen (sog. *gespaltene Auslegung*). Auch aus dem deutschen Recht ergibt sich keine Pflicht zur richtlinienorientierten Auslegung.[605] Für sie spricht aber mit erheblichem Gewicht, dass sich der Gesetzgeber mit der Schaffung einer einheitlichen Vorschrift in aller Regel bewusst für die Erstreckung der Richtlinie über ihren eigentlichen Anwendungsbereich hinaus entschieden hat.[606] Gegen eine gespaltene Auslegung sprechen die Gebote der Normbestimmtheit und Normklarheit, da ein und dieselbe Vorschrift in Abhängigkeit von einer Vorschrift des Unionsrechts unterschiedlich verstanden wird.[607] Nicht zu Unrecht ist die gespaltene Auslegung deswegen als äußerst künstliche und nur dem europarechtlich informierten Juristen verständli-

1.167

---

[602] Zum Ganzen: Riesenhuber/*Habersack/Mayer*, Europäische Methodenlehre, § 14 Rz. 20 ff.; zu den unionsrechtlichen Grenzen: *Burmeister/Staebe*, EuR 2009, 444.
[603] EuGH v. 17.7.1997 – C-28/95 – Leur-Bloem, Slg. 1997, I-4161 Rz. 33; *Mayer/Schürnbrand*, JZ 2004, 545 (548 f.).
[604] Vgl. EuGH v. 17.7.1997 – C-28/95 – Leur-Bloem, Slg. 1997, I-4161 Rz. 33; v. 3.12.1998 – C-247/97 – Schoonbroodt, Slg. 1998, I-8095 Rz. 14; v. 11.1.2001 – C-1/99 – Kofisa Italia, Slg. 2001, I-207 Rz. 32 f.; s. auch BAG v. 18.4.2012 – 4 AZR 168/10 (A), NZA 2013, 386 Rz. 14 ff.; EuArbR/*Höpfner*, Art. 267 AEUV Rz. 75.
[605] *Mörsdorf*, JZ 2013, 191 (192 ff.); abw. *Bärenz*, DB 2003, 375 (376).
[606] Vgl. BGH v. 9.4.2002 – XI ZR 91/99, NJW 2002, 1881 (1884); *Heß*, RabelsZ 66 (2002), 470 (486); *Staudinger*, NJW 2002, 653 (655).
[607] S. BVerfG v. 26.7.2005 – 1 BvR 782/94 u.a., NJW 2005, 2363 (2371); auch EuArbR/*Höpfner*, Art. 267 AEUV Rz. 71.

che Monstrosität bezeichnet worden.⁶⁰⁸ Allenfalls in Ausnahmefällen wird man unter dem Eindruck besonders schwerwiegender Gründe, zu denen etwa das Gebot der verfassungskonformen Auslegung gehört, eine gespaltene Auslegung vornehmen dürfen.⁶⁰⁹ Man kann deswegen von einer widerleglichen Vermutung für eine einheitliche Auslegung sprechen.⁶¹⁰

1.168 Prüfungsschema

I. Vorfrage: Eröffnung des Anwendungsbereichs einer europäischen Richtlinie

II. Richtlinienkonforme Auslegung des nationalen Rechts

- Begründung: Pflicht aller nationalen Gerichte nach Art. 4 Abs. 3 EUV, 288 Abs. 3 AEUV (vgl. Rz. 1.143)
- Inhalt: Auslegung des gesamten nationalen Rechts in Übereinstimmung mit der Richtlinie (vgl. Rz. 1.145)
- Beginn: Ablauf der Umsetzungsfrist (vgl. Rz. 1.147)

  1. Auslegung der Richtlinie
  - Grundsatz: Autonome, d.h. einheitliche und vom nationalen Recht unabhängige Auslegung (vgl. Rz. 1.76 f.)
     a) Wortlaut: alle 24 amtlichen Sprachfassungen (vgl. Rz. 1.85)
     b) Systematik: Innere Systematik der Richtlinie, primärrechts- und kompetenzkonforme Auslegung usw. (vgl. Rz. 1.88 ff.)
     c) Wille des Richtliniengebers: unverbindliche Erwägungsgründe zur Richtlinie (vgl. Rz. 1.97)
     d) Zweck: *effet utile* im Rahmen der europäischen Integration, der allgemeinen Unionsziele nach Art. 3 EUV und ggf. der sozialpolitischen Ziele nach Art. 151 AEUV (vgl. Rz. 1.100)
  - Ausnahme: Nationalrechtliche Auslegung bei Verweis auf das mitgliedstaatliche Recht (vgl. Rz. 1.77)
  - Allgemeine Vorgaben für materiell-rechtliche Sanktionen und das gerichtliche Verfahren
     a) Grundsatz: Verfahrensautonomie der Mitgliedstaaten (vgl. Rz. 1.120)
     Mangelt es an spezialgesetzlichen Vorgaben im Unionsrecht, richtet sich die Sanktion von Verstößen gegen umgesetztes Richtlinienrecht und das Verfahren zur Geltendmachung von Rechten aus einer Richtlinie nach nationalem Recht
     b) Grenzen
        aa) Äquivalenzgrundsatz: Nationale Vorschriften dürfen nicht ungünstiger sein als nach Gegenstand und Rechtsgrund vergleichbare nationale Regelungen (vgl. Rz. 1.121)
        bb) Effektivitätsgrundsatz
           (1) Nationalrechtliche Sanktionen müssen jedenfalls wirksam, abschreckend und verhältnismäßig sein (vgl. Rz. 1.121)
           (2) Durchsetzung der durch Unionsrecht verliehenen Rechte darf nicht praktisch unmöglich gemacht oder übermäßig erschwert werden (vgl. Rz. 1.123)

---

608 *Derleder*, ZBB 2002, 202 (207).
609 Riesenhuber/*Habersack*/*Mayer*, Europäische Methodenlehre, § 14 Rz. 42 ff. (auch zu weiteren Ausnahmen); weitergehend BGH v. 17.10.2012 – VIII ZR 226/11, NJW 2013, 220 Rz. 15 ff. (zu § 439 Abs. 1 BGB).
610 Riesenhuber/*Habersack*/*Mayer*, Europäische Methodenlehre, § 14 Rz. 41; EuArbR/*Höpfner*, Art. 267 AEUV Rz. 74; *Mayer*/*Schürnbrand*, JZ 2004, 545 (550 f.); ebenso und zum Ganzen: *Pötters*, JbJZ 2014, 75 (88 f.); a.A. *Mörsdorf*, JZ 2013, 191 (194).

2. Grenzen der richtlinienkonformen Auslegung

a) Unionsprimärrecht: Vertrauensschutz nach allgemeinen Grundsätzen der Rechtssicherheit und des Rückwirkungsverbots; str. (vgl. Rz. 1.156)

b) Vorrang der richtlinienkonformen Auslegung gegenüber nationalen Auslegungsmethoden (vgl. Rz. 1.150)

Subjektiver und objektiver Zweck des nationalen Rechts ist in aller Regel ordnungsgemäße Richtlinienumsetzung zur Vermeidung der unionsrechtlichen Staatshaftung

c) *Contra-legem*-Grenze

Funktionelles Verständnis: Ausgeschlossen ist nur Auslegung, die gegen die verfassungsrechtliche Gesetzesbindung der Gerichte und das Gewaltenteilungsprinzip verstößt (vgl. Rz. 1.152)

– Keine Beschränkung auf möglichen Wortsinn des nationalen Gesetzes (vgl. Rz. 1.152)

– Erforderlichenfalls richtlinienkonforme Rechtsfortbildung, soweit verfassungsrechtlich zulässig (vgl. Rz. 1.153 f.)

3. *Annex:* Überschießende Umsetzung von Richtlinien

Tatbestand: Nationale Umsetzungsnorm gilt für Sachverhalte, die nicht in den Anwendungsbereich der umzusetzenden Richtlinie fallen (vgl. Rz. 1.165)

– Keine europarechtliche Pflicht zur richtlinienkonformen Auslegung (vgl. Rz. 1.166)

– Bewusste Entscheidung des Gesetzgebers für einheitliche Regelung spricht für einheitliche „richtlinienorientierte" Auslegung der nationalen Norm, die nicht nach dem Anwendungsbereich der Richtlinie differenziert (vgl. Rz. 1.166)

– Vorlage an den EuGH nach Art. 267 AEUV auch zulässig, wenn nur „überschießender" Teil des nationalen Rechts in Rede steht (vgl. Rz. 1.166)

III. Unmittelbare Anwendung von Richtlinien

– Begründung: Nützliche Wirkung und Verbindlichkeit der Richtlinie vs. Verhinderung missbräuchlicher Berufung der Mitgliedstaaten auf Umsetzungsdefizit (vgl. Rz. 1.126 und 1.128)

– Nur erforderlich, wenn richtlinienkonforme Auslegung nicht möglich (vgl. Rz. 1.145)

1. Voraussetzungen

– Ablauf der Umsetzungsfrist (vgl. Rz. 1.131)

– Fehlerhafte Umsetzung der Richtlinie (vgl. Rz. 1.131)

– Richtliniennorm ist inhaltlich unbedingt und hinreichend genau (vgl. Rz. 1.132)

2. Rechtsfolgen

– „Vertikale" Anwendung gegen den Staat, d.h. alle öffentlichen Arbeitgeber und im Eigentum oder unter der Kontrolle des Staates stehende Unternehmen in privater Rechtsform (vgl. Rz. 1.133)

– Keine „horizontale" Anwendung gegenüber privaten Arbeitgebern (vgl. Rz. 1.135)

IV. Unanwendbarkeit nationaler Gesetze

– Begründung: Mitgliedstaatlicher Verstoß gegen Unionsgrundrechte (vgl. Rz. 1.163)

1. Voraussetzungen

a) Richtlinienkonforme Auslegung des nationalen Rechts und unmittelbare Anwendung der Richtlinie nicht möglich (vgl. Rz. 1.163)

b) Nationales Gesetz fällt in den Anwendungsbereich einer Richtlinie, deren Umsetzungsfrist abgelaufen ist (vgl. Rz. 1.115)

c) Nationales Gesetz verstößt gegen Unionsgrundrecht

Insbesondere: Verstoß gegen „grundrechtskonkretisierende" Richtlinie, so dass Richtlinienverstoß zugleich Grundrechtsverletzung begründet (vgl. Rz. 1.163) Konkretisierungsverhältnis besteht (vgl. Rz. 1.164):

- zwischen Gleichb-RL 2000/78/EG und Art. 21 Abs. 1 GRC
- wohl zwischen AntiRass-RL 2000/43/EG und Art. 21 Abs. 1 GRC
- wohl zwischen Geschl-RL 2006/54/EG und Art. 23 GRC
- nicht zwischen Art. 7 ArbZ-RL 2003/88/EG und Art. 31 Abs. 2 GRC
- nicht zwischen Art. 3 Abs. 1 UuA-RL 2002/14/EG und Art. 27 GRC
- wohl nicht bei den Art. 16, 27, 28, 30, 34, 35 und 36 GRC

2. **Rechtsfolge**

- Unanwendbarkeit des nationalen Gesetzes auch zwischen Privaten, aber nicht wegen Richtlinienverstoß, sondern wegen Grundrechtsverletzung (vgl. Rz. 1.163)

V. **Staatshaftung für fehlerhafte oder verspätete Richtlinienumsetzung**

- Unionsrechtlicher und prinzipiell verschuldensunabhängiger Anspruch gegen den Mitgliedstaat (vgl. Rz. 1.161)
- Unionsrechtliche Voraussetzungen (vgl. Rz. 1.162)

  1. Hinreichend bestimmtes subjektives Recht des Einzelnen, das sich nicht gegen den Staat richten muss
  2. Hinreichend qualifizierter Verstoß des Mitgliedstaats gegen die Umsetzungsverpflichtung
  3. Unmittelbarer Kausalzusammenhang zwischen dem Umsetzungsfehler und dem Schaden

- Der haftungsausfüllende Tatbestand im Übrigen und die gerichtliche Durchsetzung richten sich nach nationalem Recht (vgl. Rz. 1.162)

§ 2
Vorabentscheidungsverfahren

I. **Aufgaben der Rechtsprechung in der Europäischen Union** 2.1

II. **Zweck und Bedeutung des Verfahrens nach Art. 267 AEUV** 2.5

III. **Vorlageadressat** 2.14

IV. **Vorlagegegenstand** 2.15
1. Allgemein 2.15
2. Auslegungsfragen 2.16
3. Gültigkeitsentscheidungen 2.23

V. **Vorlagerecht** 2.24
1. Gericht eines Mitgliedstaats i.S.d. Art. 267 AEUV 2.25
2. Erforderlichkeit der Entscheidung durch den EuGH 2.29
3. Ausübung des Vorlageermessens . . 2.34

VI. **Vorlagepflicht** 2.39
1. Fehlende Anfechtbarkeit mit Rechtsmitteln 2.40
2. Vorlagepflicht bei Abweichung? . . 2.46
3. Vorlagepflicht bei Nichtanwendung nationalen Gesetzesrechts? 2.47
4. Entfallen der Vorlagepflicht im Einzelfall 2.48
   a) Kategorien und Meinungsstand . 2.49
   b) Begriff des „acte clair" 2.54
   c) Begriff des „acte éclairé" 2.55
   d) Dritte Kategorie? 2.59
5. Verstoß gegen die Vorlagepflicht . . 2.60
   a) Unionsrechtliche Sanktion – Vertragsverletzungsverfahren . . 2.60
   b) Unionsrechtliche Amtshaftung . 2.61
   c) Verfassungsrechtliche Sanktion – Art. 101 Abs. 1 Satz 2 GG 2.63
   d) Nichtvorlage und EMRK 2.67

VII. **Vorlagefrage, Vorlagebeschluss und Verfahren** 2.68
1. Allgemeines 2.68
2. Vorlagefrage 2.69
3. Vorlagebeschluss 2.75
4. Verfahren beim nationalen Gericht 2.85

VIII. **Verfahren beim EuGH** 2.91
1. Sprachenregelung 2.92
2. Schriftliches Verfahren 2.94
3. Mündliche Verhandlung 2.101
   a) Durchführung der mündlichen Verhandlung 2.101
   b) Zweck der mündlichen Verhandlung 2.102
   c) Gang der mündlichen Verhandlung 2.103
   d) Hinweise des EuGH für die mündliche Verhandlung 2.107

IX. **Entscheidung des EuGH** 2.111

X. **Wirkung des Urteils** 2.114
1. Inhaltliche Bindung 2.114
2. Zeitliche Bindung 2.117
3. Unklarheiten und Ultra-vires-Kontrolle 2.119

XI. **Gerichtsorganisation im Vorabentscheidungsverfahren** 2.120

Schrifttum: *von Arnauld*, Normenhierarchien innerhalb des primären Gemeinschaftsrechts – Gedanken im Prozess der Konstitutionalisierung Europas, EuR 2003, 191; *Baumeister*, Effektiver Individualrechtsschutz im Gemeinschaftsrecht, EuR 2005, 1; *Bechtold*, Anmerkung zu EuGH, Urt. v. 16.7.1992 – Rs. C-67/91, EuZW 1992, 671; *Betz*, Die verfassungsrechtliche Absicherung der Vorlagepflicht, 2013; *Broberg/Fenger*, Das Vorabentscheidungsverfahren vor dem Gerichtshof der Europäischen Union, 2014; *Bussewitz*, Das Vorlageverfahren zum EuGH, FS Etzel, 2011, 119; *Calliess*, Der EuGH als gesetzlicher Richter im Sinne des Grundgesetzes – Auf dem Weg zu einer kohärenten Kontrolle der unionsrechtlichen Vorlagepflicht?, NJW 2013, 1905; *Cremer*, Vorabentscheidungsverfahren und mitgliedstaatliche Verfassungsgerichtsbarkeit, BayVBl. 1999, 266; *Daiber*, Durchsetzung des Gemeinschaftsrechts durch den EGMR?, EuR 2007, 406; *von Danwitz*, Zur Frage der mitgliedstaatlichen Haftung für judikatives Unrecht, JZ 2004, 301; *Dauses*, Das Vorabentscheidungsverfahren nach Art. 177 EG-Vertrag, 2. Aufl. 1995; *Dörr/Mager*, Rechtswahrung und Rechtsschutz nach Amsterdam, AöR 125 (2000), 386; *Düsterhaus*, Es geht auch ohne Karlsruhe: Für eine rechtsschutzorientierte Bestimmung der zeitlichen Wirkungen von Urteilen im Verfahren nach Art. 234 EG, EuZW 2006, 393; *Ehricke*, Die Bindungswirkung von Urteilen des EuGH im Vorabentscheidungsverfahren nach deutschem Zivilprozessrecht und nach Gemeinschaftsrecht, 1997; *Everling*, Die Zukunft der europäischen Gerichtsbarkeit in einer erweiterten Europäischen Union, EuR 1997, 398; *Fastenrath*, BVerfG verweigert willkürlich die Kooperation mit dem EuGH, NJW 2009, 272; *Feige*, BVerfG und Vorabentscheidungskompetenz des Gerichtshofs der Europäischen Gemeinschaften, AöR 100 (1975), 530; *Frenz*, Handbuch Europarecht, Bd. 5, 2009; *Friedrich*, Umfang und Grenzen der Durchsetzung der Vorlagepflicht nach

§ 2 | Vorabentscheidungsverfahren

Art. 267 Abs. 3 AEUV, 2010; *Gas*, Das ist doch ganz einfach. Oder nicht? Befremdliches vom BVerfG zur Gleichbehandlung, EuZW 2008, 385; *Germelmann*, Wie weit reicht die Wirkung von Ungültigkeitserklärungen im Vorabentscheidungsverfahren?, EuR 2009, 254; *Groh*, Die Auslegungsbefugnis des EuGH im Vorabentscheidungsverfahren, 2005; *Habersack/Mayer*, Die überschießende Umsetzung von Richtlinien, JZ 1999, 913; *Haltern*, Verschiebungen im europäischen Rechtsschutzsystem, VerwArch 2005, 311; *Heitsch*, Prüfungspflichten des BVerfG unter dem Staatsziel der europäischen Integration, EuGRZ 1997, 461; *Herrmann*, Die Reichweite der gemeinschaftsrechtlichen Vorlagepflicht in der neueren Rechtsprechung des EuGH, EuZW 2006, 231; *Hess*, Rechtsfragen des Vorabentscheidungsverfahrens, RabelsZ 66 (2002), 470; *Hirsch*, Die deutsche Arbeitsgerichtsbarkeit und der Europäische Gerichtshof, RdA 1999, 48; *Hommelhoff*, Die Rolle der nationalen Gerichte bei der Europäisierung des Privatrechts, in: 50 Jahre BGH, Festgabe aus der Wissenschaft II, 2000, S. 889; *Hummert*, Neubestimmung der acte-clair-Doktrin im Kooperationsverhältnis zwischen EG und Mitgliedstaat, 2006; *Kluth*, Die Haftung der Mitgliedstaaten für gemeinschaftsrechtswidrige höchstrichterliche Entscheidungen – Schlussstein im System der gemeinschaftsrechtlichen Staatshaftung – Zugleich ein Plädoyer für eine zeitgemäße Reform des deutschen Staatshaftungsrechts, DVBl. 2004, 393; *Kohler*, Gemeinschaftsrecht und Privatrecht, zur Rechtsprechung des EuGH im Jahre 1995, ZEuP 1996, 452; *Kokott/Henze/Sobotta*, Die Pflicht zur Vorlage an den Europäischen Gerichtshof und die Folgen ihrer Verletzung, JZ 2006, 633; *Kokott/Dervisopoulos/Henze*, Aktuelle Fragen des effektiven Rechtsschutzes durch die Gemeinschaftsgerichte, EuGRZ 2008, 10; *Kremer*, Staatshaftung für Verstöße gegen Gemeinschaftsrecht durch letztinstanzliche Gerichte, NJW 2004, 480; *Kremer*, Gemeinschaftsrechtliche Grenzen der Rechtskraft, EuR 2007, 470; *Kube*, Verfassungsbeschwerde gegen Gemeinschaftsrecht und Vorlagepflicht des BVerwG nach Art. 234 III EGV, JuS 2001, 858; *Lang*, Die Beschränkung der zeitlichen Wirkung von EuGH-Urteilen im Lichte des Urteils Meilicke, IStR 2007, 235; *Lenaerts*, Kooperation und Spannung im Verhältnis von EuGH und nationalen Verfassungsgerichten, EuR 2015, 3; *Leopold/Reiche*, Zur Vorlageberechtigung mitgliedstaatlicher Wettbewerbsbehörden nach Art. 234 EG, EuZW 2005, 143; *Lieber*, Über die Vorlagepflicht des Art. 177 EWG-Vertrag und deren Missachtung, 1986; *Lohse*, Die „Entscheidungserheblichkeit" gemäß Art. 267 Abs. 1 AEUV als Instrument des BVerfG zur Steuerung von Vorabentscheidungsersuchen, Der Staat 53, 633; *Mächtle*, Das Vorabentscheidungsverfahren, JuS 2015, 314; *Meier*, Zur Einwirkung des Gemeinschaftsrechts auf nationales Verfahrensrecht im Falle höchstrichterlicher Vertragsverletzungen, EuZW 1991, 11; *Müller*, Die Begrenzung der zeitlichen Wirkung von EuGH-Entscheidungen, 2009; *Mutke*, Die unterbliebene Vorlage an den Europäischen Gerichtshof als Revisionsgrund im Verwaltungsprozess, DVBl. 1987, 403; *Obwexer*, Staatshaftung für offenkundig gegen Gemeinschaftsrecht verstoßendes Gerichtsurteil, EuZW 2003, 726; *Pache*, Keine Vorlage ohne Anfechtung?, EuZW 1994, 615; *Pache/Burmeister*, Gemeinschaftsrecht in verwaltungsgerichtlichen Normenkontrollverfahren, NVwZ 1996, 979; *Pache/Knauff*, Wider die Beschränkung der Vorlagebefugnis unterinstanzlicher Gerichte im Vorabentscheidungsverfahren – zugleich ein Beitrag zu Art. 68 I EG, NVwZ 2004, 16; *Pechstein*, EU-Prozessrecht, 2011; *Pescatore*, Das Vorabentscheidungsverfahren nach Art. 177 EWG-Vertrag und die Zusammenarbeit zwischen dem Gerichtshof und den nationalen Gerichten, BayVBl. 1987, 33; *Pfeiffer*, Keine Beschwerde gegen EuGH-Vorlagen?, NJW 1994, 1996; *Rabe*, Nach der Reform ist vor der Reform, FS Zuleeg, 2005, S. 195; *Rodi*, Vorlageentscheidungen, gesetzlicher Richter und Willkür, DÖV 1989, 750; *Rodríguez Iglesias*, Der EuGH und die Gerichte der Mitgliedstaaten – Komponenten der richterlichen Gewalt in der Europäischen Union, NJW 2000, 1889; *Rösler*, Zur Zukunft des Gerichtssystems der EU – Entwicklungstendenzen des EuGH zum Supreme Court Europas, ZRP 2000, 52; *Roth*, Europäisches Recht und nationales Recht, in: 50 Jahre BGH, Festgabe aus der Wissenschaft II, 2000, 847; *Sagan*, Grundfragen des Arbeitsrechts in Europa, NZA 2016, 1252; *Schäfer*, „Weiterhin kein Vorabentscheidungsgesuch privater Schiedsgerichte an den Europäischen Gerichtshof", BB 2014, 723; *Schmira*, Das Vorabentscheidungsverfahren vor dem EuGH, 2. Aufl. 2004; *Schmitz/Krasniqi*, Die Beschränkung der zeitlichen Wirkung von Urteilen in den Mitgliedstaaten der Europäischen Union, EuR 2010, 189; *Schnorbus*, Autonome Harmonisierung in den Mitgliedstaaten durch die Inkorporation von Gemeinschaftsrecht, RabelsZ 65 (2001), 654; *Sellmann/Augsberg*, Entwicklungstendenzen des Vorlageverfahrens nach Art. 234 EGV, DÖV 2006, 533; *Skouris*, Höchste Gerichte an ihren Grenzen, FS Starck, 2007, S. 991; *Skouris*, Stellung und Bedeutung des Vorabentscheidungsverfahrens im europäischen Rechtsschutzsystem, EuGRZ 2008, 343; *Terhechte*, Temporäre Durchbrechung des Vorrangs des europäischen Gemeinschaftsrechts beim Vorliegen „inakzeptabler Regelungslücken"?, EuR 2006, 828; *Thomy*, Individualrechtsschutz durch das Vorabentscheidungsverfahren, 2009; *Tonne*, Effektiver Rechtsschutz durch staatliche Gerichte als Forderung des Europäischen Gemeinschaftsrechts, 1997; *Ullrich*, Internationale Gerichte bzw. Beschwerdeausschüsse und das Vorlageverfahren an den EuGH nach Art. 267 AEUV, EuR 2010, 573; *Vedder*, Ein neuer gesetzlicher Richter?, NJW 1987, 526; *Wägenbaur*, Stolpersteine des Vorabentscheidungsverfahrens, EuZW 2000, 37; *Wagner*, Funktion, praktische Auswirkungen der richterlichen Vorlagen an den EuGH, 2000; *Waldhoff,* Rückwirkung von EuGH-Entscheidungen, Vorträge und Berichte des Zentrums für Europäisches Wirtschaftsrecht, 2006; *Wegener,* Rechtsstaatliche Vorzüge und Mängel des Verfahrens vor den Gemeinschaftsgerichten, EuR 2008, Beiheft 3, 45; *Wegener/Held,* Die Haftung der Mitgliedstaaten für die Verletzung von EG-Recht durch nationale Gerichte, Jura 2004, 479; *Weiß,* Die Einschränkung der zeitlichen Wirkungen von Vorabentscheidungen nach Art. 177 EGV, EuR 1995, 377; *Wiedmann,* Zeitlos wie ungeklärt: Die Beschränkung der zeitlichen Wirkung von Urteilen des EuGH im Vorabentscheidungsverfahren nach Art. 234 EG, EuZW 2007, 692.

I. Aufgaben der Rechtsprechung in der Europäischen Union

Die Europäische Union, ihre Organe und die Mitgliedstaaten unterliegen einer umfassenden **gerichtlichen Kontrolle** auf dem Gebiet des Unionsrechts. Der Gerichtshof und das Gericht erster Instanz sichern nach Art. 19 Abs. 1 Satz 2 EUV im Rahmen ihrer jeweiligen Zuständigkeit die Wahrung des Rechts bei der **Auslegung und Anwendung** der Verträge, wozu auch das sekundäre Unionsrecht zählen kann.[1]   2.1

Die Auslegung und Anwendung des Unionsrechts umfassen dabei auch die Methode der **richterlichen Rechtsfortbildung,** von welcher der EuGH bei seiner Auslegung nach Sinn und Zweck der Verträge Gebrauch macht.[2] Der EuGH hat keine allumfassende Zuständigkeit, er verfügt über die Zuständigkeiten, die ihm im Vertrag eingeräumt werden. Die Rechtsprechung ist damit einer dritten Gewalt im Sinne der Gewaltenteilung angenähert.   2.2

Die Aufgabe des EuGH und der nationalen Gerichte bei der Kontrolle und Anwendung des Unionsrechts ist **aufgeteilt.** Beim indirekten Vollzug des Unionsrechts durch die Mitgliedstaaten sind die nationalen Gerichte zuständig, wobei das nationale Recht unionsrechtskonform anzuwenden ist. Bei Fragen zur Auslegung des Unionsrechts ist nach Art. 267 AEUV zu verfahren. Damit werden die **nationalen Gerichte** jedenfalls inhaltlich zu **europäischen Gerichten** (vgl. Rz. 1.78).[3]   2.3

Maßgebliche Normen für die Tätigkeit des EuGH sind neben dem AEUV die **Satzung** des Gerichtshofs der Europäischen Union (EuGH-Satzung), die auf der Grundlage des Art. 251 Satz 1 AEUV erlassen wurde,[4] sowie die **Verfahrensordnung** (EuGH-VerfO).[5] Die EuGH-VerfO ist abzugrenzen von der Verfahrensordnung des Gerichts. Es besitzt eigene Verfahrensregeln, die bislang aber für das Vorabentscheidungsverfahren ohne Bedeutung sind. Außerdem hat der EuGH **Empfehlungen** an die nationalen Gerichte bezüglich der Vorlage von Vorabentscheidungsersuchen[6] sowie praktische **Anweisungen** für die Parteien in den Rechtssachen vor dem Gerichtshof[7] erlassen. Diese sind mit weiteren Hinweisen zum Verfahren leicht auf der Internetseite des EuGH zu finden.[8]   2.4

II. Zweck und Bedeutung des Verfahrens nach Art. 267 AEUV

Der EuGH sichert die Wahrung des Rechts bei der Auslegung und Anwendung der Verträge, Art. 19 Abs. 1 Satz 2 EUV. Auch das Vorabentscheidungsverfahren dient dieser **Rechtsaufsicht des EuGH.**[9] Um die **Gefahr divergierender Entscheidungen** der europäischen Gerichte der Mitgliedstaaten zum Verständnis des Unionsrechts zu vermeiden, wurde das Vorabentscheidungsver-   2.5

---

1 Art. 267 Abs. 1 Buchst. b AEUV.
2 *Wagner,* Funktion und praktische Auswirkungen der richterlichen Vorlagen an den EuGH, S. 51.
3 *Pechstein,* EU-Prozessrecht, Rz. 741.
4 ABl. Nr. L 228 v. 23.8.2012, S. 1.
5 ABl. Nr. L 265 v. 29.9.2012 in der am 19.7.2016 geänderten Fassung ABl. Nr. L 217 v. 12.8.2016, S. 69.
6 ABl. C 439 v. 25.11.2016.
7 ABl. L 31/1 v. 31.1.2014.
8 http://curia.europa.eu/jcms/jcms/Jo2_7031.
9 *Pechstein,* EU-Prozessrecht, Rz. 742.

fahren eingeführt.[10] Es geht um die Sicherstellung der einheitlichen Auslegung und Anwendung des Unionsrechts durch die nationalen Gerichte sowie um die Gültigkeitskontrolle von Unionsrecht.[11] Die **Einheitlichkeit der Rechtsprechung** ist das Grunderfordernis eines jeden **integrierten Rechtssystems**.[12] Das Vorabentscheidungsverfahren ist nicht ohne Vorbilder und Entsprechungen in der jüngeren Vergangenheit und Gegenwart.[13] Das Verfahren nach Art. 267 AEUV dient auch dem Zusatzprotokoll Nr. 16 beim EGMR als Vorbild, das den Vertragsstaaten der EMRK am 2.10.2013 zur Unterzeichnung aufgelegt wurde. Darin wird vorgeschlagen, dass sich die Verfassungsgerichte und die letztinstanzlichen Gerichte in einem anhängigen Fall an den EGMR mit Fragen zur Auslegung der EMRK für eine Stellungnahme („advisory opinion") wenden können. Das Protokoll ist inzwischen in Kraft getreten, eröffnet aber nur den ratifizierenden Staaten eine Anfragemöglichkeit. Deutschland will das Zusatzprotokoll nicht ratifizieren.

2.6 Der EuGH führt selbst bereits in einer älteren Entscheidung aus, dass das Vorabentscheidungsverfahren von entscheidender Bedeutung dafür ist, dass das vom Vertrag geschaffene Recht wirklich **gemeinsames Recht** bleibt; es soll gewährleisten, dass dieses Recht in allen Mitgliedstaaten der Gemeinschaft immer die gleiche Wirkung hat. Auf diese Weise soll es unterschiedliche Auslegungen des Gemeinschaftsrechts verhindern, das die nationalen Gerichte anzuwenden haben; doch zielt der EuGH auch darauf ab, diese Anwendung selbst zu gewährleisten, da er dem nationalen Richter die Möglichkeit gibt, die Schwierigkeiten auszuräumen, die sich aus der Notwendigkeit ergeben können, dem Gemeinschaftsrecht im Rahmen der Rechtsordnungen der Mitgliedstaaten zur vollen Geltung zu verhelfen. Jede Lücke in dem so geschaffenen System würde daher sogar die Wirksamkeit der Vertragsvorschriften und des abgeleiteten Gemeinschaftsrechts in Frage stellen. In diesem Sinne sind die Vorschriften zu würdigen, nach denen jedes nationale Gericht ohne Unterschied den Gerichtshof um Vorabentscheidung ersuchen kann, wenn es dessen Entscheidung zum Erlass seines Urteils für erforderlich hält.[14]

2.7 Die Auslegung der Verträge im Vorabentscheidungsverfahren hat damit nicht nur einen objektiven, sondern auch einen **einzelrechtsschützenden Charakter**. Es ist ein Ausgleich für den fehlenden Einzelrechtsschutz vor dem EuGH.[15] Der Einzelrechtsschutz ist allerdings begrenzt, da die einzelnen Parteien **kein formelles Antragsrecht** zur Einleitung des Vorabentscheidungsverfahrens besitzen. Letztlich bleibt dann nur der Weg zum BVerfG, das in dem fehlenden Vorabentscheidungsverfahren den Entzug des gesetzlichen Richters sehen kann (vgl. Rz. 2.63 ff.).[16] Daneben besteht nach Art. 258 AEUV die Möglichkeit des **Vertragsverletzungsverfahrens** der Kommission gegen den Mitgliedstaat, dessen Gericht ein Vorabentscheidungsverfahren trotz entsprechender Pflicht nicht eingeleitet hat.[17] Schließlich kann der Verstoß gegen die Vorlagepflicht einen **Amtshaftungsanspruch** gegen den Mitgliedstaat wegen Verstoßes gegen das Unionsrecht auslösen (vgl. Rz. 2.61 f.).[18]

2.8 Der EuGH ist wie das BVerfG **keine Superrevisionsinstanz**.[19] Er gibt dem nationalen Gericht nur Hinweise über die Auslegung des Unionsrechts, nicht aber zur konkreten Auslegung und Anwendung des nationalen Rechts. Das ergibt sich schon aus der Natur des Vorabentscheidungsverfahrens, das als reines Zwischenverfahren ausgestaltet ist.[20] Der EuGH kann auch keine nationalen Bestimmungen etwa wegen Verstoßes gegen das Unionsrecht verwerfen oder für ungültig erklären.

---

10 *Pechstein*, EU-Prozessrecht, Rz. 741.
11 HWK/*Tillmanns*, Art. 267 AEUV Rz. 1.
12 *Dauses*, Vorabentscheidungsverfahren, S. 44.
13 Vgl. ausführlich *Piekenbrock*, EuR 2011, 317.
14 EuGH v. 16.1.1974 – 166/73 – Rheinmühlen, Slg. 1974, 33 Rz. 2.
15 *Pechstein*, EU-Prozessrecht, Rz. 751.
16 Vgl. *Pechstein*, EU-Prozessrecht, Rz. 751.
17 *Pechstein*, EU-Prozessrecht, Rz. 837.
18 *Pechstein*, EU-Prozessrecht, Rz. 837.
19 *Pechstein*, EU-Prozessrecht, Rz. 750; HWK/*Tillmanns*, Art. 267 AEUV Rz. 1.
20 *Pechstein*, EU-Prozessrecht, Rz. 745.

II. Zweck und Bedeutung des Verfahrens nach Art. 267 AEUV | Rz. 2.13 § 2

Er kann allenfalls in bestimmten Fällen den **Anwendungsvorrang** des Unionsrechts vor nationalem Recht feststellen, wenn das nationale Gericht hiernach fragt und es um die Kollision mit unmittelbar anwendbarem Unionsrecht geht: Es obliegt grundsätzlich dem nationalen Gericht, bei dem ein Rechtsstreit anhängig ist, im Rahmen seiner Zuständigkeiten den rechtlichen Schutz, der sich für den Einzelnen aus dem Unionsrecht ergibt, zu gewährleisten und die volle Wirksamkeit des Unionsrechts zu garantieren, indem es jede möglicherweise entgegenstehende Bestimmung des nationalen Rechts unangewendet lässt.[21]

Die Aufgabe des EuGH besteht nicht darin, das ausgelegte Recht auf den Sachverhalt anzuwenden, der dem Ausgangsverfahren zugrunde liegt. Dies ist vielmehr Sache des nationalen Gerichts, und der Gerichtshof hat somit weder über Tatsachenfragen, die im Rahmen des Ausgangsrechtsstreits aufgeworfen werden, noch über etwaige Meinungsverschiedenheiten bezüglich der Auslegung oder Anwendung des nationalen Rechts zu entscheiden. Einiges muss hier noch als **ungeklärt** bezeichnet werden: So ist etwa unklar und später zu untersuchen, wie weit die Prüfungskompetenz des EuGH reicht, wenn es um die Anwendung seiner Rechtsgrundsätze geht. 2.9

Das Vorabentscheidungsverfahren ist damit ein Instrument der **richterlichen Zusammenarbeit zwischen den nationalen Gerichten und dem EuGH**. Nach ständiger Rechtsprechung des Gerichtshofs ist es *das* Instrument der Zusammenarbeit zwischen dem Gerichtshof und den nationalen Gerichten, mit dem der Gerichtshof diesen Gerichten Hinweise zur Auslegung des Unionsrechts gibt, die sie zur Entscheidung des bei ihnen anhängigen Rechtsstreits benötigen.[22] Es ist zudem mittelbar ein Instrument der **richterlichen Zusammenarbeit zwischen den nationalen Gerichten** der Mitgliedstaaten. Die Vorlagen aus anderen Mitgliedstaaten oder von anderen Gerichten klären das Unionsrecht soweit auf, dass sich Vorlagen erübrigen und das Unionsrecht nach der Vorstellung des EuGH berücksichtigt werden kann.[23] 2.10

Das Vorabentscheidungsverfahren ist die bedeutendste Möglichkeit zur Befassung des Gerichtshofs.[24] Über **zwei Drittel** aller neu beim EuGH eingegangenen Verfahren betrafen im Jahr 2016 Vorabentscheidungsverfahren.[25] Die **durchschnittliche Verfahrensdauer** betrug etwa 15 Monate. Für die arbeitsgerichtlichen Verfahren führt die Vorlage damit zu einer erheblichen zeitlichen Verzögerung der richterlichen Entscheidungsfindung und damit zu einer Belastung der Parteien, die stets vor dem Hintergrund des **Beschleunigungsgrundsatzes** des ArbGG zu würdigen ist. 2.11

Deutsche Gerichte nutzen das Vorabentscheidungsverfahren in absoluten Zahlen mit Abstand **am häufigsten** in der Union, umgerechnet auf Vorlagen pro Einwohner – was den besseren Maßstab liefert – liegen jedoch die **Benelux-Staaten und Österreich** vor Deutschland:[26] Insgesamt gab es von 1952 bis 2013 aus Deutschland 2.050 Vorabentscheidungsverfahren. Der BGH leitete 184, das BVerwG 109, der BFH 295, das BAG 26, das Bundessozialgericht 75 und andere Gerichte 1.361 Vorlageverfahren ein.[27] 2.12

Diese Zahl verdeutlicht die **Vorreiterrolle des BFH** bei deutschen Vorlageverfahren. Die Zahlen verdeutlichen auch, dass das BAG nicht zu den besonders vorlagefreudigen Gerichten zählt, obwohl das Arbeitsrecht sicherlich nicht zu den vom Unionsrecht gering durchdrungenen Rechtsmaterien zählt. Die Vorlagepraxis des BAG führt wohl auch dazu, dass wiederholt **Instanzgerichte der Arbeitsgerichtsbarkeit** den EuGH angerufen haben, um die bestehende Rechtsprechung einer 2.13

---

21 EuGH v. 22.11.2005 – C-144/04 – Mangold, Slg. 2005, I-9981 Rz. 77; v. 17.4.2018 – C-414/16 – Egenberger, NZA 2018, 569; v. 11.9.2018 – C-68/17 – IR, NZA 2018, 1187.
22 EuGH v. 27.11.2012 – C-370/12 – Pringle, NJW 2013, 29 Rz. 83; *Pechstein*, EU-Prozessrecht, Rz. 749.
23 acte éclairé; Art. 99 VerfO-EuGH.
24 *Pechstein*, EU-Prozessrecht, Rz. 741.
25 Jahresrückblick des EuGH v. 2016, S. 27.
26 *Rösler*, EuR 2012, 392.
27 Jahresbericht des EuGH v. 2012, S. 119.

unionsrechtskonformen Auslegung nationalen Rechts zuzuführen.[28] Die zurückhaltende Vorlagepraxis steht in erheblichem Widerspruch zu dem Umstand, dass für 79 % der deutschen Arbeitsrichter EuGH-Entscheidungen in ihrer täglichen Arbeit eine große bis sehr große Rolle spielen.[29]

III. Vorlageadressat

2.14 Nach Art. 19 Abs. 3 Buchst. b EUV entscheidet der Gerichtshof der Europäischen Union nach Maßgabe der Verträge im Wege der Vorabentscheidung **auf Antrag** der einzelstaatlichen Gerichte über die **Auslegung** des Unionsrechts oder über die **Gültigkeit** der Handlungen der Organe. Grundsätzlich ist allein der EuGH sachlich zuständig. Der Gerichtshof tagt in Kammern oder als Große Kammer entsprechend den hierfür in der Satzung des Gerichtshofs der Europäischen Union vorgesehenen Regeln. Nach Art. 256 Abs. 3 AEUV kann das Gericht, und nicht der Gerichtshof für Vorabentscheidungen nach Art. 267 AEUV zuständig sein, wenn dies in der Satzung in festgelegten Sachgebieten geregelt ist. Eine solche Regelung fehlt jedoch bislang.

IV. Vorlagegegenstand

1. Allgemein

2.15 Der Gerichtshof der Europäischen Union entscheidet im Wege der Vorabentscheidung über die Auslegung der Verträge und über die Gültigkeit und die Auslegung der Handlungen der Organe, Einrichtungen oder sonstigen Stellen der Union, Art. 267 Abs. 1 AEUV. Auslegungsfragen spielen im Europäischen Arbeits- und Sozialrecht eine bedeutende Rolle, Gültigkeitsfragen noch nicht. Die **Aufzählung ist abschließend**. Damit können sämtliche Bestimmungen in Verträgen, Verordnungen und Richtlinien einer Auslegung durch den EuGH zugeführt werden.[30] Ob das sekundäre Unionsrecht unmittelbare Wirkung entfaltet, ist unerheblich. Zum primären Unionsrecht zählt auch gem. Art. 6 Abs. 1 EUV die Charta der Grundrechte.[31]

2. Auslegungsfragen

2.16 Die Auslegung der Verträge sowie der Handlungen der Organe, Einrichtungen oder sonstigen Stellen der Union ist ein Gegenstand des Vorabentscheidungsverfahrens. Davon ist das **gesamte primäre und sekundäre Unionsrecht** erfasst (vgl. Rz. 1.22 ff.).

2.17 Die Auslegung oder Gültigkeit **(rein) nationalen Rechts kann nicht Gegenstand des Vorabentscheidungsverfahrens** sein.[32] Doch auch bei einem rein auf das Inland beschränkten Sachverhalt kann eine Antwort dem vorlegenden Gericht gleichwohl von Nutzen sein, insbesondere dann, wenn das nationale Recht ihm in Rechtsstreitigkeiten vorschreibt, einem anderen Staatsangehörigen die gleichen Rechte zuzuerkennen, die dem Angehörigen eines anderen Mitgliedstaats in der gleichen Lage aufgrund des Unionsrechts zustünden.[33] Das gilt auch, wenn das nationale Recht das umzusetzende Unionsrecht in zeitlicher oder sachlicher Hinsicht erweiternd umsetzt. In diesen Fällen lässt der EuGH Auslegungsfragen zu, wenn das nationale Recht unionsrechtliche Bestimmungen außerhalb des ursprünglichen unionsrechtlichen Anwendungsbereichs für anwendbar er-

---

28 Vgl. nur LAG Düsseldorf v. 2.8.2006 – 12 Sa 486/06, NZA-RR 2006, 628; EuGH v. 20.1.2009 – verb. C-350/06 und C-520/06 – Schultz-Hoff, Slg. 2009, I-179; zum Vorlageermessen vgl. Rz. 2.35.
29 Vgl. Roland Rechtsreport 2014, S. 36; *Broberg/Fenger*, Das Vorabentscheidungsverfahren vor dem Gerichtshof der Europäischen Union, S. 45 ff., unterscheiden ausführlich die Gründe für die unterschiedliche Vorlagepraxis der einzelnen Gerichte in den einzelnen Mitgliedstaaten.
30 *Pechstein*, EU-Prozessrecht, Rz. 765.
31 *Pechstein*, EU-Prozessrecht, Rz. 770.
32 *Pechstein*, EU-Prozessrecht, Rz. 767.
33 EuGH v. 20.6.2012 – C-84/11 – Susisalo u.a., Rz. 20.

klärt – sog. **überschießende Umsetzung** (vgl. Rz. 1.165 f.).[34] Insoweit besteht nach der Rspr. des Gerichtshofs ein Interesse an der einheitlichen Bestimmung und Auslegung unionsrechtlicher Begriffe.[35] Ob es sich um eine überschießende Umsetzung handelt, ist durch Auslegung des nationalen Rechts zu ermitteln.[36] Wenn das der Fall ist, unterliegen hierauf bezogene unionsrechtliche Auslegungsfragen auch der Anwendung des Art. 267 AEUV. Allerdings besteht **keine Vorlagepflicht** nach Art. 267 Abs. 3 AEUV, da der nationale Gesetzgeber durch seinen Gesetzeswillen nicht die Anwendung des Art. 267 Abs. 3 AEUV herbeiführen kann, die sich allein aus der Anwendung des Unionsrechts ergibt. Für die Begründung eines unionsrechtlichen Staatshaftungsanspruchs ist in einer solchen Konstellation ebenso wenig Raum, da hier keine gegen das Unionsrecht verstoßenden Handlungen oder Unterlassungen eines Mitgliedstaates in Rede stehen können.[37] **Die Anwendung der ausgelegten Unionsrechtsnorm** obliegt allein dem nationalen und vorlegenden Gericht. Dem EuGH ist es verwehrt, den streitgegenständlichen Sachverhalt unter die ausgelegte Norm zu subsumieren.

Die Grenze zwischen der **Rechtsauslegung**, die in die Zuständigkeit des EuGH fällt, und der **Rechtsanwendung**, für die das nationale Gericht zuständig ist, wird als fließend bezeichnet.[38] So kann die Auslegung eines unionsrechtlichen Begriffs so weit in die Einzelheiten gehen, dass dem vorliegenden Richter bei der Subsumtion kein Beurteilungsspielraum mehr verbleibt. Anders ist die Spruchpraxis, wenn **unbestimmte Rechtsbegriffe** im Spiel sind. Diese überlässt der EuGH gerne dem Tatsachengericht.[39]

2.18

Die Gratwanderung zwischen Auslegung und Anwendung kommt schon darin zum Ausdruck, dass der EuGH ohne Beweisaufnahme auf die Akten des nationalen Gerichts konkret Bezug nimmt. Das bringt zum Ausdruck, dass sich der EuGH nicht auf die Auslegung des Unionsrechts beschränkt. Ein Beispiel für die fließenden Grenzen ist die Rechtsprechung des EuGH zum **Begriff der Diskriminierung**. So ist in der Gleichbehandlungsrahmenrichtlinie 2000/78/EG im ErwGr. 15 die Rede davon, dass die Beurteilung von Tatbeständen, die auf eine Diskriminierung schließen lassen, den einzelstaatlichen Gerichten obliegt. Dennoch hat der EuGH insbesondere bei Normen die Benachteiligung oder Diskriminierung auf der Grundlage der vergleichbaren Situation selbst geprüft.[40] Das dürfte jedoch auch an dem Befund liegen, dass es bei dem Begriff der Diskriminierung nicht um einen unbestimmten Rechtsbegriff geht, sondern um die Auslegung eines Rechtsbegriffs, dessen Anwendung nur vor dem Hintergrund der konkreten Tatsachen erfolgen kann.

2.19

Es wird daher vertreten, dass die **Abgrenzung** zwischen den Begriffen Auslegung und Anwendung nicht zielführend ist.[41] Wegen der Ziele des Vorabentscheidungsverfahrens scheint es daher wohl noch zulässig, dem EuGH bei wesentlichen Fragen des Unionsrechts eine **Anwendungskompetenz** zuzubilligen. Dies ist dem Grundsatz der Einheitlichkeit des Rechts, den auch das Vorabentscheidungsverfahren sichern soll, und dem Schutz der individuellen Rechtspositionen geschuldet.[42] Insbesondere bei Ungleichbehandlungen oder Diskriminierungen wäre es schwer vorstellbar, wenn in den unterschiedlichen Mitgliedstaaten ähnliche nationale Maßnahmen nicht an demselben Maßstab der Richtlinie 2000/78/EG gemessen würden. Die Auslegung des Unionsrechts muss daher

2.20

---

34 EuArbR/*Höpfner*, Art. 267 AEUV Rz. 23; *Pechstein*, EU-Prozessrecht, Rz. 768; vgl. ausführlich *Mittwoch*, JuS 2017, 296.
35 *Pechstein*, EU-Prozessrecht, Rz. 768.
36 *Mittwoch*, JuS 2017, 296, 300.
37 Vgl. zum Europäischen Patentamt BVerfG v. 7.12.2017 – 2 BvR 444/17, FA 2018, 83.
38 *Dauses*, Vorabentscheidungsverfahren, S. 82.
39 *Dauses*, Vorabentscheidungsverfahren, S. 82.
40 Vgl. EuGH v. 6.12.2012 – C-152/11 – Odar, NZA 2012, 1435; kritisch der weiterführende Hinweis des BAG v. 23.4.2013 – 1 AZR 916/11, NZA 2013, 980: Der Senat hat offengelassen, ob sich bestimmte Arbeitnehmer in einer vergleichbaren Situation befinden.
41 *Groh*, Die Auslegungsbefugnis des EuGH im Vorabentscheidungsverfahren, S. 39.
42 Vgl. *Groh*, Die Auslegungsbefugnis des EuGH im Vorabentscheidungsverfahren, S. 42 ff.

trotz unserer Methodenvorstellungen dann eine Anwendung auf den Einzelfall umfassen. Das gebietet auch die **Zusammenarbeit des EuGH mit den nationalen Gerichten**. Würde der EuGH wesentliche Fragen als Anwendung im Einzelfall offenlassen, würde dies nur neue Vorlagen provozieren, auf die er dann antworten müsste. Die schwierige Abgrenzung wird auch schon dadurch deutlich, dass die Vorlagefrage in aller Regel dahin lauten wird, ob eine unionsrechtliche Bestimmung dahin auszulegen ist, dass sie bestimmten nationalen Maßnahmen entgegensteht. Die Antwort auf diese Fragen kann nur unter Anwendung des Unionsrechts auf den konkreten Sachverhalt erfolgen.

2.21 Der Begriff der Auslegung deckt jedenfalls auch die **Fortbildung des Unionsrechts** (vgl. Rz. 1.103 ff.).[43] Dabei hat der EuGH freilich Grenzen zu beachten: Rechtsfortbildung ist keine Rechtsetzung mit politischen Gestaltungsfreiräumen, sondern folgt den gesetzlich oder völkervertraglich festgelegten Vorgaben. Sie findet hier Gründe und Grenzen. Anlass zu richterlicher Rechtsfortbildung besteht insbesondere dort, wo **Programme ausgefüllt, Lücken geschlossen, Wertungswidersprüche aufgelöst** werden oder besonderen Umständen des Einzelfalls Rechnung getragen wird. Rechtsfortbildung überschreitet diese Grenzen, wenn sie **deutlich erkennbare, möglicherweise sogar ausdrücklich im Wortlaut dokumentierte (vertrags-)gesetzliche Entscheidungen abändert** oder ohne ausreichende Rückbindung an gesetzliche Aussagen neue Regelungen schafft. Dies ist vor allem dort unzulässig, wo Rechtsprechung über den Einzelfall hinaus politische Grundentscheidungen trifft oder durch die Rechtsfortbildung strukturelle Verschiebungen im System konstitutioneller Macht- und Einflussverteilung stattfinden. Eine wesentliche Grenze richterlicher Rechtsfortbildung auf Unionsebene ist das Prinzip der begrenzten Einzelermächtigung (vgl. Rz. 2.119).[44]

2.22 Dies bedeutet zum einen, dass die unionseigenen Methoden der Rechtsfindung, an die sich der Gerichtshof gebunden sieht und die der „Eigenart" der Verträge und den ihnen eigenen Zielen Rechnung tragen, zu respektieren sind. Zum anderen hat der Gerichtshof **Anspruch auf Fehlertoleranz**. Daher ist es nicht die Aufgabe des BVerfG, bei Auslegungsfragen des Unionsrechts, die bei methodischer Gesetzesauslegung im üblichen rechtswissenschaftlichen Diskussionsrahmen zu verschiedenen Ergebnissen führen können, seine Auslegung an die Stelle derjenigen des Gerichtshofs zu setzen. Hinzunehmen sind auch Interpretationen der vertraglichen Grundlagen, die sich ohne gewichtige Verschiebung im Kompetenzgefüge auf Einzelfälle beschränken und belastende Wirkungen auf Grundrechte entweder nicht entstehen lassen oder einem innerstaatlichen Ausgleich solcher Belastungen nicht entgegenstehen.[45]

3. Gültigkeitsentscheidungen

2.23 Art. 267 AEUV ermöglicht auch Entscheidungen über die Gültigkeit der Handlungen der Organe, Einrichtungen oder sonstigen Stellen der Union. Zu den Handlungen, deren Gültigkeit überprüft werden kann, zählt das gesamte organgeschaffene sekundäre Unionsrecht. Handlungen sind nicht nur Maßnahmen nach Art. 288 AEUV, sondern auch Innenrechtsakte, Programme der Union und völkerrechtliche Verträge der Union. Offen ist die Rechtslage, wenn der **Vorlagegegenstand gleichzeitig Gegenstand einer Nichtigkeitsklage** sein kann. Die unbeschränkte Zulassung von Gültigkeitsvorlagefragen von sekundärem Unionsrecht bei gleichzeitiger Möglichkeit einer Nichtigkeitsklage – nur dort stellt sich das Problem – führte dazu, dass die **Fristenregelung in Art. 263 AEUV** und die besonderen Anforderungen an die Klageberechtigung natürlicher und juristischer Personen aufgeweicht werden könnten.[46] Diese Frage hat im Arbeitsrecht in aller Regel keine Bedeutung, da die normativ wirkenden Handlungen der Organe auf dem Gebiet des Arbeitsrechts nicht Gegenstand einer Nichtigkeitsklage sein können.

---

43 *Wagner*, Funktion und praktische Auswirkungen der richterlichen Vorlagen an den EuGH, S. 56 f. (m.w.N.).
44 BVerfG v. 6.7.2010 – 2 BvR 2661/06, ArbRB 2010, 273 = NZA 2010, 995 Rz. 64 f.
45 BVerfG v. 6.7.2010 – 2 BvR 2661/06, ArbRB 2010, 273 = NZA 2010, 995 Rz. 66.
46 Vgl. hierzu ausführlich *Pechstein*, EU-Prozessrecht, Rz. 779 ff.

V. Vorlagerecht

Nach Art. 267 Abs. 1 Satz 2 AEUV kann ein **Gericht eines Mitgliedstaats** die Frage über die Auslegung oder die Gültigkeit dem Gerichtshof zur Entscheidung vorlegen, wenn ihm eine derartige Frage gestellt wird und es eine Entscheidung darüber zum Erlass seines Urteils **für erforderlich hält**. Der Begriff des „Gerichts eines Mitgliedstaats" hat für die Vorlageberechtigung erhebliche Bedeutung. 2.24

1. Gericht eines Mitgliedstaats i.S.d. Art. 267 AEUV

Nach ständiger Rechtsprechung stellt der Gerichtshof zur Beurteilung der rein unionsrechtlichen Frage, ob es sich bei der vorlegenden Stelle um ein „Gericht" i.S.v. Art. 267 AEUV handelt, auf eine Reihe von Gesichtspunkten ab, wie die gesetzliche Grundlage der Stelle, ihre Dauerhaftigkeit, ihre obligatorische Gerichtsbarkeit, das streitige Verfahren, die Anwendung von Rechtsnormen durch diese Stelle sowie ihre Unabhängigkeit.[47] Der EuGH legt den Begriff „**Gericht**" als **eigenständigen Begriff des Unionsrechts** aus. Dabei ist von besonderer Bedeutung, ob der **Spruchkörper Rechtsprechung** ausübt und daher eine **hinreichend enge Beziehung zur öffentlichen Gewalt** hat, ohne aber als Verwaltungsbehörde tätig zu werden.[48] Dafür ist es erforderlich, die spezifische Natur der gerichtlichen oder verwaltungsrechtlichen Aufgaben zu untersuchen, die sie in dem konkreten normativen Kontext ausübt, in dem sie sich zur Anrufung des Gerichtshofs veranlasst sieht, um zu überprüfen, ob bei der Einrichtung ein Rechtsstreit anhängig ist und sie im Rahmen eines Verfahrens zu entscheiden hat, das auf eine Entscheidung mit Rechtsprechungscharakter abzielt.[49] Zur Bestimmung hat der EuGH einige Kriterien entwickelt, die ein Gericht i.S.d. Art. 267 AEUV ausmachen. Diese sind nicht als kumulative Voraussetzungen zu prüfen. Manche Voraussetzungen können andere verdrängen. Stets ist aber zu kontrollieren, ob die hinreichende Nähe zur staatlichen Gewalt vorliegt. Die Kriterien lauten: 2.25

1. Unabhängigkeit und Unparteilichkeit;

2. durch oder aufgrund Gesetzes eingerichtete Instanz;

3. ständiger Charakter;

4. obligatorische, nicht gewillkürte Zuständigkeit;

5. streitiges Verfahren bzw. Verfahren mit Entscheidung, die Rechtsprechungscharakter hat;

6. bindende Anwendung von Rechtsnormen und nicht allein nach Billigkeit.[50]

Der Begriff der **Unabhängigkeit**, die dem Auftrag des Richters innewohnt, bedeutet vor allem, dass die betreffende Stelle gegenüber der Stelle, die die mit einem Rechtsbehelf angefochtene Entscheidung erlassen hat, die **Eigenschaft eines Dritten** hat.[51] Außerdem umfasst dieser Begriff zwei weitere Aspekte. Der erste, externe, Aspekt setzt voraus, dass die Stelle **vor Interventionen oder Druck von außen geschützt** ist, die die Unabhängigkeit des Urteilens ihrer Mitglieder im Hinblick auf die ihnen unterbreiteten Rechtsstreite gefährden könnten. Diese unerlässliche Freiheit von derartigen äußeren Einflüssen erfordert bestimmte Garantien wie die Unabsetzbarkeit, die geeignet sind, die mit der Aufgabe des Richtens Betrauten in ihrer Person zu schützen. Der zweite, interne, Aspekt steht mit dem Begriff der **Unparteilichkeit** in Zusammenhang und bezieht sich darauf, dass hinsichtlich der Parteien des Rechtsstreits und ihren jeweiligen Interessen an dessen Gegen- 2.26

---
47 EuGH v. 6.2.2017 – C-503/15 – Margarit Panicello Rz. 27; v. 19.12.2012 – C-363/11 – Epitropos tou Elegktikou Synedriou Rz. 18.
48 *Pechstein*, EU-Prozessrecht, Rz. 798.
49 EuGH v. 6.2.2017 – C-503/15 – Margarit Panicello Rz. 28.
50 EuGH v. 6.2.2017 – C-503/15 – Margarit Panicello Rz. 27; v. 19.12.2012 – C-363/11 – Epitropos tou Elegktikou Synedriou Rz. 18 f.
51 EuGH v. 19.12.2012 – C-363/11 – Epitropos tou Elegktikou Synedriou Rz. 20.

stand ein gleicher Abstand gewahrt wird. Dieser Aspekt verlangt, dass Sachlichkeit obwaltet und neben der strikten Anwendung der Rechtsnormen keinerlei Interesse am Ausgang des Rechtsstreits besteht. Diese Garantien der Unabhängigkeit und Unparteilichkeit setzen voraus, dass es Regeln insbesondere für die **Zusammensetzung der Einrichtung, die Ernennung, die Amtsdauer und die Gründe für Enthaltung, Ablehnung und Abberufung** ihrer Mitglieder gibt, die es ermöglichen, bei den Rechtsunterworfenen jeden berechtigten Zweifel an der Unempfänglichkeit der genannten Stelle für Einflussnahmen von außen und an ihrer Neutralität in Bezug auf die einander gegenüberstehenden Interessen auszuräumen.[52]

2.27 **Schiedsgerichte** aufgrund gewillkürt vereinbarter Zuständigkeit sind damit nach der Rechtsprechung des EuGH keine vorlageberechtigten Gerichte.[53] Es treffe zu, dass die Tätigkeit des in Frage stehenden Schiedsgerichts, wie der Schiedsrichter in seiner Frage hervorgehoben hat, insofern eine gewisse Ähnlichkeit mit der gerichtlichen Tätigkeit aufweist, als das Schiedsverfahren gesetzlich ausgestaltet ist, als der Schiedsrichter nach Gesetz und Recht zu entscheiden hat und als seine Entscheidung zwischen den Parteien die Wirkung eines rechtskräftigen Urteils hat und einen Vollstreckungstitel darstellen kann, wenn sie mit der Vollstreckbarerklärung versehen ist. Diese Eigenschaften genügen jedoch nicht, um dem Schiedsrichter die Stellung eines „Gerichts eines Mitgliedstaats" zu verleihen. In erster Linie sei festzustellen, dass es den Vertragsparteien bei Abschluss der Vereinbarung freistand, die Entscheidung von eventuell auftretenden Rechtsstreitigkeiten den ordentlichen Gerichten zu überlassen oder durch die Aufnahme einer diesbezüglichen Klausel in ihre Vereinbarung den Weg des Schiedsverfahrens zu wählen. Aus den Umständen ergibt sich, dass für die Vertragsparteien weder eine rechtliche noch eine tatsächliche Verpflichtung bestand, ihre Streitigkeiten vor ein Schiedsgericht zu bringen. Zweitens sei festzustellen, dass die deutsche öffentliche Gewalt in die Entscheidung, den Weg der Schiedsgerichtsbarkeit zu wählen, nicht einbezogen war und dass sie nicht von Amts wegen in den Ablauf des Verfahrens vor dem Schiedsrichter eingreifen kann.[54] Der EuGH hat Vorlagefragen für zulässig erklärt, die ihm von einem Schiedsgericht mit gesetzlicher Grundlage unterbreitet wurden, dessen Entscheidungen für die Parteien verbindlich waren und dessen Zuständigkeit nicht vom Einvernehmen der Parteien abhing.[55]

2.28 Aus dieser Rechtsprechung wird abgeleitet, **Einigungsstellen** i.S.d. § 76 Abs. 1 BetrVG seien keine Gerichte der Mitgliedstaaten i.S.d. Art. 267 AEUV.[56] An dieser Sichtweise sind im Bereich der zwingenden Mitbestimmung Zweifel angebracht. Auch das Einigungsstellenverfahren ist gesetzlich ausgestaltet. Die Einigungsstelle hat nach Recht und Gesetz zu entscheiden. Sie ist auch Dritte. Der Spruch der Einigungsstelle hat zwischen den Parteien die Wirkung einer Norm. Anders auch als in der Entscheidung des EuGH in der Sache *Nordsee* kann anstelle der Einigungsstelle kein Gericht angerufen werden. Es besteht insoweit gerade keine Freiheit, den Weg die Einigungsstellenverfahrens oder des Gerichts zu wählen. Es besteht eine gesetzliche Verpflichtung, bestimmte Regelungs- und Rechtsstreitigkeiten vor die Einigungsstelle zu bringen. Die öffentliche Gewalt ist zudem in die Einsetzung der Einigungsstelle einbezogen. Können sich die Betriebsarten nicht auf einen Vorsitzenden einigen, wird er vom ArbG eingesetzt, § 100 ArbGG. Zu der gesetzlich bestimmten Regelungsfrage hat die Einigungsstelle auch ständigen Charakter, will man den ständigen Charakter der Einigungsstelle nicht schon aus der gesetzlichen Regelung des § 76 BetrVG ableiten. Das Verfahren vor der Einigungsstelle hat überdies streitigen Charakter und beruht auf der Anwendung von Rechtsnormen, nicht allein auf Billigkeit. Denn die Einigungsstelle muss zwingend – wie auch die Betriebsparteien – die Grundsätze von Recht und Billigkeit achten, § 75 BetrVG. In diesem Bereich hat die Einigungsstelle ihren Regelungsrahmen auszuschöpfen. Gegen die Annahme eines mitgliedstaatlichen Gerichts spricht nicht der fehlende Rechtsprechungscharakter der Einigungs-

---

52 EuGH v. 19.9.2006 – C-506/04 – Wilson, Slg. 2006, I-8613 Rz. 49–53.
53 EuGH v. 23.3.1982 – 102/81 – Nordsee, Slg. 1982, 1095.
54 EuGH v. 23.3.1982 – 102/81 – Nordsee, Slg. 1982, 1095.
55 EuGH v. 13.2.2014 – C-555/13 – Merck Canada Rz. 18.
56 ErfK/*Wißmann*, Art. 267 AEUV Rz. 17; EuArbR/*Höpfner*, Art. 267 AEUV Rz. 19.

stelle, denn sie entscheidet auch in Regelungsstreitigkeiten inzident über Rechtsfragen. Damit ist die Vorlageberechtigung der Einigungsstelle nicht per se ausgeschlossen. Da die Einigungsstelle auch letztinstanzlich über die Regelungsfrage entscheidet, die Gerichte können den Spruch der Einigungsstelle nur kassieren und nicht abändern, kommt sogar eine Vorlagepflicht in Betracht. Dabei ist allerdings zu beachten, dass der Spruch der Einigungsstelle vor den Arbeitsgerichten angefochten werden kann. Einem tarifrechtlichen Schiedsgericht hat der EuGH die Eigenschaft als „Gericht" zuerkannt:[57] Das tarifvertragliche Schiedsgericht konnte den Streit letztinstanzlich entscheiden und von einer der Parteien angerufen werden, ohne dass es hierfür der Zustimmung der anderen bedarf. Die Zuständigkeit des Gerichts hing folglich nicht von dem Einvernehmen der Parteien ab. Das Gesetz legte die Zusammensetzung fest, die Zahl der von den Parteien zu bestellenden Mitglieder sowie die Bestellung des Obmanns, falls die Parteien sich hierüber nicht einigen. Die Parteien konnten somit nicht frei über die Zusammensetzung des Schiedsgerichts bestimmen.

2. Erforderlichkeit der Entscheidung durch den EuGH

Das Vorabentscheidungsverfahren kann eingeleitet werden, wenn das nationale Gericht eine Entscheidung über die Auslegungs- oder Gültigkeitsfrage zum Erlass seines Urteils für erforderlich hält. Die Formulierung verdeutlicht bereits, dass hier ein gewisser **richterlicher Beurteilungsspielraum** besteht. Der EuGH hat diesen noch ausgeweitet, um das Vorabentscheidungsverfahren für die nationalen Gerichte zu vereinfachen und den Individualrechtsschutz zu erhöhen.

2.29

Der Gerichtshof kann ein Vorabentscheidungsersuchen eines nationalen Gerichts nur **zurückweisen**, wenn die erbetene Auslegung des Unionsrechts **offensichtlich in keinem Zusammenhang** mit der Realität oder dem Gegenstand des Ausgangsrechtsstreits steht, wenn das Problem hypothetischer Natur ist oder wenn der Gerichtshof nicht über die tatsächlichen und rechtlichen Angaben verfügt, die für eine zweckdienliche Beantwortung der ihm vorgelegten Fragen erforderlich sind.[58] Der EuGH kann die **Vermutung der Erheblichkeit** der von den nationalen Gerichten zur Vorabentscheidung vorgelegten Fragen nur in Ausnahmefällen entkräften, und zwar dann, wenn die erbetene Auslegung der in diesen Fragen erwähnten Bestimmungen des Unionsrechts offensichtlich in keinem Zusammenhang mit der Realität oder dem Gegenstand des Ausgangsverfahrens steht, wenn das Problem hypothetischer Natur ist oder wenn der Gerichtshof nicht über die tatsächlichen oder rechtlichen Angaben verfügt, die für eine sachdienliche Beantwortung der ihm vorgelegten Fragen erforderlich sind.[59] Folglich spricht eine Vermutung für die Entscheidungserheblichkeit der Fragen zum Unionsrecht.

2.30

Im Grunde kontrolliert der EuGH die Erforderlichkeit nicht, es kommt allein auf die Beurteilung durch das nationale Gericht an, es sei denn, die Fragen sind hypothetisch, etwa weil ein Zusammenhang zwischen der Entscheidung des EuGH und der Realität oder dem Gegenstand des Ausgangsverfahrens ganz offensichtlich nicht besteht. Das kann der Fall sein, wenn sich der Rechtsstreit in der Sache **erledigt** hat (zur prozessualen Erledigung Rz. 2.85) oder der Vorlagebeschluss nicht hinreichend erkennen lässt, welche tatsächlichen und rechtlichen Umstände dem Ausgangsverfahren zugrunde liegen. Die Erforderlichkeit ist aber auch bei der Auslegung rein nationalen Rechts in innerstaatlichen Sachverhalten gegeben, sofern nur auf das Unionsrecht verwiesen wird. Dies soll der einheitlichen Auslegung dienen.

2.31

Der EuGH ist damit wegen der zentralen Bedeutung des Vorabentscheidungsverfahrens zu einer **restriktiven Missbrauchskontrolle** gelangt.[60] Dem Gerichtshof obliegt es, zur Prüfung seiner eige-

2.32

---

57 EuGH v. 17.10.1989 – 109/88 – Handels- og Kontorfunktionærernes Forbund i Danmark, Slg. 1989, 3199.
58 EuGH v. 8.3.2018 – C-64/17 – Saey Home & Garden Rz. 18; v. 19.7.2012 – C-470/11 – Garkalns, NVwZ 2012, 1162 Rz. 18.
59 EuGH v. 28.6.2007 – C-467/05 – Giovanni Dell'Orto – Slg. 2007, I-5557 Rz. 40.
60 *Pechstein*, EU-Prozessrecht, Rz. 822.

nen Zuständigkeit die Umstände zu untersuchen, unter denen er vom nationalen Gericht angerufen wird. Denn der **Geist der Zusammenarbeit**, in dem das Vorabentscheidungsverfahren durchzuführen ist, verlangt auch, dass das nationale Gericht seinerseits auf die dem Gerichtshof übertragene Aufgabe Rücksicht nimmt, die darin besteht, zur Rechtspflege in den Mitgliedstaaten beizutragen, nicht aber darin, Gutachten zu allgemeinen oder hypothetischen Fragen abzugeben. Hierbei sind auch die **erhebliche Belastung** und die **zunehmende Verfahrensdauer** beim EuGH in den Blick zu nehmen. Es genügt, dass sich nicht in Abrede stellen lässt, dass die vom vorlegenden Gericht beantragte Auslegung tatsächlich einem durch die Entscheidung des bei ihm anhängigen Rechtsstreits bedingten objektiven Bedürfnis entspricht. Dafür genügt es etwa, dass ein Arbeitsvertrag tatsächlich durchgeführt worden ist und seine Anwendung eine Frage nach der Auslegung des Unionsrechts aufwirft. Dass sich die Parteien des Ausgangsrechtsstreits über die Auslegung möglicherweise einig sind, ändert nichts daran, dass dieser Rechtsstreit tatsächlich besteht.[61]

2.33 Der Gerichtshof hat aber auch entschieden, dass das Erfordernis einer für das nationale Gericht nützlichen Auslegung des Unionsrechts es gebietet, dass dieses Gericht ein **Mindestmaß an Erläuterungen** zu den Gründen für die Wahl der Bestimmungen des Unionsrechts gibt, um deren Auslegung es ersucht.[62] Diese Anforderungen finden sich im Übrigen auch in den Empfehlungen des EuGH an die nationale Gerichte bezüglich der Vorlage von Vorabentscheidungsersuchen.[63] Dabei genügen **Zweifel** des nationalen Gerichts bei der Auslegung und an der Gültigkeit des Unionsrechts. Eine **Überzeugung** von der Unwirksamkeit oder einer bestimmten Auslegung ist nicht erforderlich. Eine Vorlage ist zudem nur möglich, soweit das vorlegende Gericht eine Vorabentscheidung für sein Urteil **für erforderlich** hält. Es muss nach der Auffassung des Gerichts also auf die Auslegung/Gültigkeit von Unionsrecht ankommen. Die Auslegungsfrage muss entscheidungserheblich sein.[64] Die Entscheidungserheblichkeit entfällt m.E. nicht bereits, wenn eine Richtlinie zwischen den Parteien als Privatpersonen nicht unmittelbar gilt und auch eine richtlinienkonforme Auslegung des nationalen Rechts nicht möglich ist.[65] Zum einen ist nicht ausgeschlossen, dass der EuGH seine Rechtsprechung zur fehlenden unmittelbaren Geltung von Richtlinien aufgibt. Zum anderen eröffnet ein Auslegungsergebnis des EuGH in aller Regel einen erheblich verstärkten Auslegungsbedarf der Norm, der einer verfassungskonformen Auslegung zumindest gleichsteht.[66] Schließlich stattet der Gerichtshof zunehmend die den Richtlinien zugrunde liegenden Grundrechte der GRC mit unmittelbarer Wirkung auch zwischen Privaten aus (Alter, Religion und demnächst Urlaub?).

3. Ausübung des Vorlageermessens

2.34 Die Entscheidung, den Gerichtshof um Vorabentscheidung zu ersuchen, liegt unabhängig davon, ob die Parteien des Ausgangsverfahrens dies angeregt oder „beantragt" haben, allein beim nationalen vorlageberechtigten Gericht. Das nationale Instanzgericht, das nicht nach Art. 267 Abs. 3 AEUV zur Vorlage verpflichtet ist (Rz. 2.39 ff.) hat also ein Ermessen, ob es den EuGH anruft. Dafür spielt es auch keine Rolle, ob die Parteien die unionsrechtliche Frage aufgeworfen oder ausgeschlossen haben.[67] Die Parteien können das Gericht weder dazu zwingen noch es daran hindern, das Vorabentscheidungsverfahren einzuschlagen.[68]

---

61 EuGH v. 22.11.2005 – C-144/04 – Mangold, Slg. 2005, I-9981 Rz. 36, 38.
62 EuGH v. 9.11.2017 – C-306/16 – Maio Marques da Rosa Rz. 54, 55; v. 27.11.2012 – C-370/12 – Pringle, NJW 2013, 29 Rz. 84.
63 Empfehlungen ABl. C 439 v. 25.11.2016, S. 1.
64 *Pechstein*, EU-Prozessrecht, Rz. 819.
65 A.A. BAG v. 18.9.2003 – 2 AZR 79/02, ArbRB 2004, 105 = NZA 2004, 375, 382; EuArbR/*Höpfner*, Art. 267 AEUV Rz. 22; Schwab/Weth/*Kerwer*, ArbGG, 5. Aufl. 2018, Verf. BVerfG/EuGH, Rz. 110.
66 Vgl. in diese Richtung die 2. Vorlagefrage BAG v. 17.3.2016 – 8 AZR 501/14 (A), BAGE 154, 285.
67 *Pechstein*, EU-Prozessrecht, Rz. 816; zur verfassungsrechtlichen Bedeutung der von den Parteien im Verfahren aufgeworfenen Vorlagefrage vgl. Rz. 2.63 ff.
68 *Pechstein*, EU-Prozessrecht, Rz. 817.

Damit muss das nationale Gericht vor der Einleitung des Vorabentscheidungsverfahrens sein Ermessen pflichtgemäß ausüben. Folglich hat es den **Parteien** das Recht zur **Stellungnahme** zu gewähren, ohne den im arbeitsgerichtlichen Verfahren besonderes wichtigen **Beschleunigungsgrundsatz** aus den Augen zu verlieren. Es wird auch berücksichtigen müssen, dass die LAG und das BAG über größere Ressourcen verfügen, um das Vorabentscheidungsverfahren vorzubereiten. Außerdem wird in den höheren Instanzen der Sachverhalt zunehmend geklärt und beim BAG mit der Ausnahme von Verfahrensrügen als feststehend hingenommen, § 559 Abs. 2 ZPO. Dadurch entfällt das Risiko einer erneuten Vorlage im selben Verfahren. Schließlich nimmt die Wahrscheinlichkeit eines das Verfahren erledigenden Vergleichs ab. Nachdem das Gericht einen Vorlagebeschluss gefertigt hat, ist es besonders ärgerlich, wenn sich das Verfahren anderweitig erledigt.

2.35

Der **EuGH empfiehlt** daher zu Recht, dass die Entscheidung über die Vorlage zur Vorabentscheidung erst in einem Verfahrensstadium getroffen wird, in dem das vorlegende Gericht in der Lage ist, den tatsächlichen und rechtlichen Rahmen der Rechtssache zu bestimmen, damit der Gerichtshof über alle Informationen verfügt, die er benötigt, um sich gegebenenfalls davon überzeugen zu können, dass das Unionsrecht auf den Ausgangsrechtsstreit anwendbar ist. Im **Interesse einer geordneten Rechtspflege** kann es außerdem sinnvoll sein, wenn die Vorlage erst nach streitiger Verhandlung erfolgt.[69] Man könnte sogar ergänzen, dass das nationale Gericht in der Lage sein sollte, den tatsächlichen und rechtlichen Rahmen der Rechtssache **abschließend** zu bestimmen.

2.36

Im **Schrifttum** wird im Zweifel wegen des Individualrechtsschutzes eine Vorlage empfohlen.[70] Die Nichtvorlage verzögere die unionsrechtliche Klärung. Außerdem könne man damit eine ständige obergerichtliche Rechtsprechung „überwinden".[71] Zudem bestehe zwischen dem Vorlagerecht und der Vorlagepflicht kein Rangverhältnis.[72] Das soll insbesondere gelten, wenn das BAG in der Vergangenheit eine mögliche Vorlageentscheidung unterlassen hat.[73] Diese Auffassung verkürzt das eingeräumte Ermessen stark und stellt die unionsrechtliche Klärung zu sehr in den Vordergrund.

2.37

Auch der **Zeitpunkt der Vorlage** steht im richterlichen Ermessen. Eine Vorlage ist zwar bereits im Prozesskostenhilfeverfahren zulässig.[74] Jedoch sollte i.d.R. auf eine abschließende Klärung der tatsächlichen Verhältnisse geachtet werden.[75] Ausnahmsweise bietet sich eine frühe Vorlage an, wenn sich das Gericht einen Hinweis des EuGH auf die zu ermittelnden Tatsachen und das ggfs. hierzu gebotene Vorgehen erhofft.[76]

2.38

VI. Vorlagepflicht

Wird eine Frage nach der Auslegung des Unionsrechts in einem schwebenden Verfahren bei einem einzelstaatlichen Gericht gestellt, dessen Entscheidungen selbst nicht mehr mit **Rechtsmitteln des innerstaatlichen Rechts** angefochten werden können, so ist dieses Gericht zur Anrufung des Gerichtshofs verpflichtet, Art. 267 Abs. 3 AEUV. Die Vorlagepflicht nach Art. 267 Abs. 3 AEUV setzt damit wie Art. 267 Abs. 2 AEUV voraus, dass **ein Gericht** entscheidet und **Zweifel an der Auslegung/Gültigkeit** der Norm des Unionsrechts bestehen. Dies ergibt sich aus dem Verweis in Art. 267 Abs. 3 AEUV auf eine „derartige Frage". Die Vorlagefrage muss damit auch **entscheidungserheblich** sein.[77]

2.39

---

69 Nr. 19 der Empfehlungen ABl. C 439 v. 25.11.2016, S. 1.
70 *Latzel/Streinz*, NJOZ 2013, 97 (98).
71 *Latzel/Streinz*, NJOZ 2013, 97 (98).
72 *Latzel/Streinz*, NJOZ 2013, 97 (98).
73 Die Vorlage unterer Instanzen befürwortend *Sagan*, NZA 2016, 1252 (1262); aA EuArbR/*Höpfner*, Art. 267 AEUV Rz. 22a: Vorlage durch das BAG.
74 EuGH v. 22.12.2010 – C-279/09 – DEB, Slg. 2010, I-13849.
75 *Latzel/Streinz*, NJOZ 2013, 97 (100).
76 *Broberg/Fenger*, Das Vorabentscheidungsverfahren vor dem Gerichtshof der Europäischen Union, S. 260 (261).
77 BVerfG v. 29.5.2012 – 1 BvR 3201/11, NZA 2013, 164 Rz. 31.

Die Vorlagepflicht führt dazu, dass das nationale Gericht das Verfahren aussetzen *muss*. Es ist daran gehindert, eine Entscheidung in Kenntnis der Zweifel bei der Auslegung oder der Geltung zu treffen. Übersieht es diese Pflicht, verstößt dies möglicherweise gegen **Art. 101 Abs. 1 Satz 2 GG** und führt zum Entzug des gesetzlichen Richters (Rz. 2.63)

1. Fehlende Anfechtbarkeit mit Rechtsmitteln

2.40 Die Vorlagepflicht besteht nach dem konkret-funktionalen Verständnis des Art. 267 Abs. 3 AEUV, wenn eine Entscheidung nicht mehr mit Rechtsmitteln angefochten werden kann. Dabei ist nach allgemeiner Meinung eine **konkrete Betrachtung** vorzunehmen.[78] Danach kann auch das ArbG letzte Instanz sein, wenn die Berufungssumme von 600 Euro (§ 64 Abs. 2 ArbGG) nicht erreicht ist und das Gericht die Berufung nicht zulassen will,[79] da es keine Nichtzulassungsbeschwerde gibt.[80] Die hiervon abweichende **abstrakt-institutionelle Betrachtungsweise** entlastet zwar den EuGH, da Untergerichte auch bei unanfechtbaren Entscheidungen nie zur Vorlage verpflichtet wären. Diese Annahme verstößt indes gegen den **Sinn und Zweck des Art. 267 Abs. 3 AEUV**, der auf die Wahrung der **Rechtseinheit** und des **Individualrechtsschutzes** gerichtet ist. Das gilt auch, wenn die Rüge des Verstoßes gegen Unionsrecht nach nationalem Prozessrecht etwa wegen Verspätung nicht mehr geltend gemacht werden könnte.

2.41 Zu den **Rechtsmitteln** gehören alle Rechtsbehelfe, mit denen die Überprüfung einer Gerichtsentscheidung durch ein höheres Gericht erreicht werden kann. Es ist unerheblich, wenn das Rechtsmittel der **Zulassung durch das Rechtsmittelgericht** bedarf, sofern letzteres vor der Entscheidung über die Zulassung eine umfassende Prüfung der im Interesse der Einheit des Unionsrechts erheblichen Gesichtspunkte vornehmen kann.[81] Die **Berufung**, die **Revision** sowie im Beschlussverfahren die **Beschwerde** und **Rechtsbeschwerde** sind damit Rechtsmittel im arbeitsgerichtlichen Verfahren.[82]

2.42 Es wurde diskutiert, ob LAG, wenn sie die Revision oder Rechtsbeschwerde nicht zulassen, zur Vorlage verpflichtet sind. Der Sechste Senat des BAG meint unter Bezugnahme auf *Wißmann*, dass nach §§ 72a, 92a ArbGG die **Nichtzulassungsbeschwerde zum BAG** auch auf die **grundsätzliche Bedeutung** einer Frage des Unionsrechts gestützt werden kann. Sie sei damit als Rechtsmittel anzusehen. Die Nichtzulassungsbeschwerde war nur in der bis zum 31.12.2004 geltenden Fassung kein Rechtsmittel i.S.v. Art. 267 Abs. 3 AEUV, weil sie anders als jetzt weder auf die grundsätzliche Bedeutung einer Frage des Unionsrechts noch auf einen Verfahrensmangel gestützt werden konnte und der EuGH nicht zu den divergenzfähigen Gerichten gehört. Die Neuregelung hat der Auffassung, dass LAG, die die Revision bzw. die Rechtsbeschwerde nicht zulassen, zu den vorlagepflichtigen Gerichten gehören, die Grundlage entzogen.[83] Unschädlich sei es, dass der EuGH nicht zu den divergenzfähigen Gerichte gehöre. Weiche das LAG von Rechtssätzen ab, die der EuGH aufgestellt habe, so dürfte sich hieraus die grundsätzliche Bedeutung der zugrunde liegenden Rechtsfrage ergeben.[84]

2.43 Dagegen wird eingewandt, dass es sich bei der Nichtzulassungsbeschwerde nicht um ein Rechtsmittel i.S.d. Art. 267 Abs. 3 AEUV handelt. Vor der Entscheidung über die Zulassung habe **keine umfassende Prüfung** der im Interesse der Einheit des Unionsrechts erheblichen Gesichtspunkte zu erfolgen. So kann das Rechtsmittel **mangels Entscheidungserheblichkeit** im Sinne des ArbGG

---

78 EuGH v. 21.12.2016 – C-119/15 – Biuro podróży „Partner" Rz. 52; v. 16.12.2008 – C-210/06 – Cartesio Rz. 76; v. 4.6.2002 – C-99/00 – Lyckeskog, Slg. 2002, I-4839 Rz. 16.
79 ErfK/*Wißmann*, Art. 267 AEUV Rz. 26; HWK/*Tillmanns*, Art. 267 AEUV Rz. 12.
80 A.A. EuArbR/*Höpfner*, Art. 267 AEUV Rz. 36.
81 Vgl. EuGH v. 4.6.2002 – C-99/00 – Lyckeskog, Slg. 2002, I-4839 Rz. 16.
82 ErfK/*Wißmann*, Art. 267 AEUV Rz. 27.
83 BAG v. 8.12.2011 – 6 AZN 1371/11, ArbRB 2012, 104 = NZA 2012, 286 Rz. 14.
84 BAG v. 8.12.2011 – 6 AZN 1371/11, ArbRB 2012, 104 = NZA 2012, 286 Rz. 14.

nicht zugelassen werden, obwohl die Vorlagepflicht nach Art. 267 Abs. 3 AEUV vorläge. Mit der Begründung der Nichtzulassung begründet das LAG zudem auch seine Pflicht zur Vorlage.[85] Dass das Revisionsgericht die Revision zulassen muss, ändert nichts daran, dass nach einer konkreten Betrachtung das LAG als letzte Instanz entscheidet.

Die **Ausführungen des EuGH** in dieser Frage sind freilich eindeutig: Die Entscheidungen eines nationalen Rechtsmittelgerichts, die von den Parteien bei einem obersten Gericht angefochten werden können, stammen nicht von einem „einzelstaatlichen Gericht, dessen Entscheidungen selbst nicht mehr mit Rechtsmitteln des innerstaatlichen Rechts angefochten werden können", wie es in Art. 267 AEUV heißt. Der Umstand, dass eine solche Anfechtung **nur nach vorheriger Zulassungserklärung** durch das oberste Gericht in der Sache geprüft werden kann, führt nicht dazu, dass den Parteien das Rechtsmittel entzogen wird.[86] Die Einheitlichkeit der Anwendung des Unionsrechts und der Individualrechtsschutz werden damit nicht unzuträglich beeinträchtigt, weil und soweit die Beschwerden wegen grundsätzlicher Bedeutung schon dann für begründet erachtet werden, wenn der Sache nach eine Vorlage zum EuGH angezeigt ist.[87] Prozessuale Hindernisse allgemeiner Natur dürfen der Nichtzulassungsbeschwerde allerdings nicht entgegengehalten werden.[88] **Strenger verlangt das BVerfG** vor dem Hintergrund des Art. 101 Abs. 1 Satz 2 GG und der Subsidiarität der Verfassungsbeschwerde, dass im Zulassungsverfahren die grundsätzliche Bedeutung der Rechtssache und zugleich hinreichend substantiiert jedenfalls die Möglichkeit einer Vorlagepflicht nach Art. 267 AEUV dargelegt wird.[89] Allerdings sieht es eine Verletzung des Gebots des gesetzlichen Richters, wenn weder anhand einer Entscheidungsbegründung noch anderweitig zu erkennen ist, warum das Revisionsgericht bei der Nichtzulassungsentscheidung angenommen hat, dass ein Vorabentscheidungsersuchen an den Gerichtshof nach Art. 267 Abs. 3 AEUV in einem künftigen Revisionsverfahren nicht notwendig sei, wenn die Zulassung des Rechtsmittels wegen der Notwendigkeit eines Vorabentscheidungsersuchens im Revisionsverfahren zumindest nahegelegen hätte.[90] Es ist nicht Aufgabe des BVerfG, mangels Kenntnis und Überprüfbarkeit der Beweggründe des Revisionsgerichts die Erforderlichkeit einer Vorlage nach Art. 267 Abs. 3 AEUV selbst abschließend zu prüfen. Im Rahmen verfassungsgerichtlicher Prüfung lässt sich jedoch feststellen, ob es bei objektiver Betrachtung jedenfalls nahelag, dass sich in einem künftigen Revisionsverfahren die Notwendigkeit einer solchen Vorlage ergeben würde und die Rechtssache damit grundsätzliche Bedeutung hatte.[91]

2.44

Eine Pflicht zur Vorlage besteht auch, wenn das Gericht **sekundäres Unionsrecht** für ungültig hält und es dieses nicht anwenden will.[92] Das gilt nicht im einstweiligen Rechtsschutz. Hat das Gericht im **einstweiligen Rechtsschutz** erhebliche Zweifel an der Gültigkeit des Unionsrechts, kann es die Frage unmittelbar im Anschluss an seine Entscheidung dem EuGH vorlegen. Zudem ist es erforderlich, dass die Entscheidung **dringlich** ist, weil dem Antragsteller ein schwerer und nicht wieder gutzumachender Schaden droht. Dabei ist aber das Interesse der Union an einer effektiven Umsetzung des Unionsrechts angemessen zu berücksichtigen und die Rechtsprechung des EuGH zum vorläufigen Rechtsschutz zu beachten. Jedes nationale Gericht muss somit ein Vorabentscheidungsersuchen an den Gerichtshof richten, wenn es Zweifel an der Gültigkeit eines solchen Rechtsakts hat, und die Gründe angeben, aus denen dieser nach seiner Auffassung ungültig sein könnte.

2.45

---

85 *Dauses*, Vorabentscheidungsverfahren, S. 112.
86 EuGH v. 4.6.2002 – C-99/00 – Lyckeskog, Slg. 2002, I-4839 Rz. 16.
87 Calliess/Ruffert/*Wegener*, Art. 267 AEUV Rz. 27.
88 Vgl. grds. EuGH v. 18.7.2007 – C-119/05 – Lucchini, Slg. 2007, I-6228.
89 BVerfG v. 19.4.2017 – 1 BvR 1994/13; Anm. *Niesler*, jM 2018, 75.
90 BVerfG v. 8.10.2015 – 1 BvR 1320/14 Rz. 17.
91 BVerfG v. 8.10.2015 – 1 BvR 1320/14 Rz. 17.
92 HWK/*Tillmanns*, Art. 267 AEUV Rz. 14.

2. Vorlagepflicht bei Abweichung?

2.46 Auch bei bereits erfolgter Auslegung des Unionsrechts durch den EuGH kann ein anderes Gericht erneut die Vorlagefrage aufwerfen.[93] Unklar ist aber, ob ein Gericht, das nicht letztinstanzlich entscheidet, zur Vorlage verpflichtet ist, wenn es von einer bestehenden Rechtsprechung des EuGH in Auslegungsfragen abweichen möchte. Dagegen kann eingewandt werden, dass das Gericht nicht an die Rechtsprechung des EuGH gebunden ist. Auch wenn eine Vorlage bei Zweifeln an der Richtigkeit einer durch den EuGH entwickelten Auslegung in der Sache anzuraten ist, dürfte eine Pflicht zur Vorlage – trotz der sich daraus ergebenden Einschränkungen der einheitlichen Anwendung des Unionsrechts – mit Rücksicht auf die in Art. 267 Abs. 2 AEUV verankerte **sachliche Unabhängigkeit der Untergerichte** zu verneinen sein. Andererseits könnte die einheitliche Anwendung des Unionsrechts, insbesondere in Fällen, in denen der EuGH bereits eine Auslegung vorgegeben hat, dazu zwingen, die abweichende Rechtsauffassung sofort dem EuGH vorzulegen. Durch die Vorlage allein würde auch der Zweck des Art. 267 AEUV gewahrt. Denn das mitgliedstaatliche Gericht müsste dann im Vorabentscheidungsverfahren begründen, warum es von der Rechtsprechung des EuGH abweichen will. Nur so wird die Zusammenarbeit zwischen dem EuGH und den Gerichten der Mitgliedstaaten gelebt.[94] Das letztinstanzliche Gericht muss in diesem Fall die Frage dem EuGH vorlegen, Art. 267 Abs. 3 AEUV.

3. Vorlagepflicht bei Nichtanwendung nationalen Gesetzesrechts?

2.47 In seiner *Kücükdeveci*-Entscheidung hat der EuGH eine Vorlagepflicht der mitgliedstaatlichen Gerichte im Fall der Unanwendbarkeit nationaler Gesetze verneint und damit Kritik erfahren, weil die eigene „Nichtanwendungskompetenz" in Widerspruch zum innerstaatlichen Verwerfungsmonopol des BVerfG steht.[95] Es wird eingewandt, eine überzeugende Begründung für diesen unnötigen Eingriff in die wohlausgewogene innerstaatliche Kompetenzverteilung fehle.[96]

Der EuGH führt jedoch aus: „Die Notwendigkeit, die volle Wirksamkeit des Verbots der Diskriminierung wegen des Alters in seiner Konkretisierung durch die Richtlinie 2000/78 zu gewährleisten, bedeutet, dass das nationale Gericht eine in den Anwendungsbereich des Unionsrechts fallende nationale Bestimmung, die es für mit diesem Verbot unvereinbar hält und die einer unionsrechtskonformen Auslegung nicht zugänglich ist, unangewendet lassen muss, ohne dass es verpflichtet oder gehindert wäre, zuvor den Gerichtshof um Vorabentscheidung zu ersuchen. Die dem nationalen Gericht mit Art. 267 Abs. 2 AEUV eingeräumte Möglichkeit, den Gerichtshof im Wege der Vorabentscheidung um Auslegung zu ersuchen, bevor es die unionsrechtswidrige nationale Bestimmung unangewendet lässt, kann sich jedoch nicht deshalb in eine Verpflichtung verkehren, weil das nationale Recht es diesem Gericht nicht erlaubt, eine nationale Bestimmung, die es für verfassungswidrig hält, unangewendet zu lassen, wenn sie nicht zuvor vom BVerfG für verfassungswidrig erklärt worden ist. Denn nach dem Grundsatz des Vorrangs des Unionsrechts, der auch dem Verbot der Diskriminierung wegen des Alters zukommt, ist eine unionsrechtswidrige nationale Regelung, die in den Anwendungsbereich des Unionsrechts fällt, unangewendet zu lassen."[97] Ob das auch in Fällen einer möglichen Ultra-vires-Kontrolle durch das BVerfG gilt (Rz. 2.119), ist zweifelhaft. Denn der Gerichtshof kann nicht die ausnahmsweise gebotene verfassungsrechtliche Kontrolle verhindern.

---

93 ErfK/*Wißmann*, Art. 267 AEUV Rz. 24.
94 A.A. ErfK/*Wißmann*, Art. 267 AEUV Rz. 22.
95 EuGH v. 19.1.2010 – C-555/07 – Kücükdeveci, Slg. 2010, I-365 Rz. 53 f.; *Bauer/Krieger*, NZA 2007, 674.
96 *Piekenbrock*, EuR 2011, 317 (340 f.).
97 EuGH v. 19.1.2010 – C-555/07 – Kücükdeveci, Slg. 2010, I-365 Rz. 53 f.

4. Entfallen der Vorlagepflicht im Einzelfall

Ausnahmsweise hat der EuGH eine Vorlagepflicht trotz Vorliegens der Voraussetzungen verneint, wenn er die **Auslegungsfrage bereits entschieden** hat oder die **Auslegung** des Unionsrechts so **offensichtlich** ist, dass der EuGH und die Gerichte der anderen Mitgliedstaaten an dieser Auslegung keinen Zweifel haben.[98] Dabei ist zu beachten, dass der EuGH nur in **seltenen Ausnahmefällen** eine fehlende Vorlagepflicht zum Anlass nimmt, das Vorabentscheidungsverfahren für unzulässig zu erklären.[99] Er prüft das Merkmal der vom nationalen Gericht angenommenen Erforderlichkeit des Vorabentscheidungsverfahren großzügig. Das hängt auch damit zusammen, dass bereits Art. 267 Abs. 2 AEUV auf die Einschätzung durch das nationale Gericht abstellt. Letztlich spricht auch der **Zweck des Vorabentscheidungsverfahrens** für eine **großzügige Prüfung**. Damit gewinnt die ausnahmsweise entfallende Vorlagepflicht ihre Bedeutung vor allem beim Verstoß gegen die Vorlagepflicht nach anderen Kategorien (Entzug des gesetzlichen Richters, Amtshaftung wegen Vertragsverletzung). Denn der EuGH wird sich nicht mit der Nichtvorlage trotz bestehender Vorlagepflicht beschäftigen, da es gegen die Nichtvorlage kein Rechtsmittel des Einzelnen zum EuGH gibt.[100] Dem Einzelnen stehen die später zu beschreibenden Möglichkeiten offen (vgl. Rz. 2.60 ff.). Das Entfallen einer Vorlagepflicht in bestimmten Fallgestaltungen ist auch anderen Verfahrensordnungen nicht fremd. So wird im Bereich des Kartellrechts erörtert, ob trotz der zwingenden Verweisung nach § 87 Satz 2 GWB an die Kartellgerichte ausnahmsweise eine Verweisung in Fällen eines acte clair entfallen kann.[101]

2.48

a) Kategorien und Meinungsstand

Etwas überwiegend werden im **Schrifttum** drei Kategorien unterschieden, in denen eine Vorlagepflicht entfallen soll:[102]

2.49

- die betreffende Rechtsfrage ist durch den EuGH in gesicherter Rechtsprechung gelöst,
- eine gleichgelagerte Frage zu einer identischen Bestimmung ist bereits vom EuGH beantwortet,[103]
- Offenkundigkeit und Zweifelsfreiheit der richtigen Anwendung.[104]

Andere Stimmen unterscheiden **zwei Kategorien:**[105]

2.50

- die betreffende unionsrechtliche Bestimmung war bereits Gegenstand einer erschöpfenden Auslegung durch den EuGH;
- die richtige Auslegung ist derart offenkundig, dass für einen Zweifel keinerlei Raum bleibt.

Eine **weitere Ansicht** fasst die Fälle zusammen und verneint eine Vorlagepflicht, wenn das Auslegungsergebnis auch mit Blick auf die Judikatur des Gerichtshofs nicht ernsthaft zweifelhaft sein kann, es sich also um einen *acte clair ou éclairé* handelt.[106]

2.51

---

98 EuGH v. 9.9.2015 – C-160/14 – Ferreira da Silva e Brito u.a. Rz. 40; v. 15.9.2005 – C-495/03 – Intermodal Transports, Slg. 2005, I-8151; v. 6.10.1982 – 283/81 – C.I.L.F.I.T., Slg. 1982, 3415.
99 Vgl. ErfK/*Wißmann*, Art. 267 AEUV Rz. 21; *Kühling/Drechsler*, NJW 2017, 2950.
100 ErfK/*Wißmann*, Art. 267 AEUV Rz. 23.
101 Immenga/Mestmäcker/*Schmidt*, GWB, 5. Aufl. 2014, § 87 GWB Rz. 32 ff.
102 Vgl. Streinz/*Ehricke*, Art. 267 AEUV Rz. 47; *Fastenrath*, NJW 2009, 272 (273); *Friedrich*, Umfang und Grenzen der Durchsetzung der Vorlagepflicht nach Art. 267 Abs. 3 AEUV, 2010, S. 40 (41); Grabitz/Hilf/Nettesheim/*Karpenstein*, Art. 267 AEUV Rz. 54 ff.
103 „acte éclairé"
104 „acte clair"
105 *Bussewitz*, FS Etzel, S. 119 (127); Calliess/Ruffert/*Wegener*, Art. 267 AEUV Rz. 33; ErfK/*Wißmann*, Art. 267 AEUV Rz. 32 f.; *Roth*, NVwZ 2009, 345 (346 f.).
106 *Piekenbrock*, EuR 2011, 317 (336).

2.52 Eine letzte Ansicht unterscheidet innerhalb des **acte clair** in zwei Gruppen:[107]
- betreffende Rechtsfrage durch den EuGH in gesicherter Rechtsprechung gelöst,
- Offenkundigkeit und Zweifelsfreiheit der richtigen Anwendung.

2.53 Die **Verfahrensordnung des EuGH** gibt ebenfalls eine Richtung vor: Sie unterscheidet in Art. 99 wie folgt: „Wenn eine zur Vorabentscheidung vorgelegte Frage mit einer Frage übereinstimmt, über die der Gerichtshof bereits entschieden hat, wenn die Antwort auf eine solche Frage klar aus der Rechtsprechung abgeleitet werden kann oder wenn die Beantwortung der zur Vorabentscheidung vorgelegten Frage keinen Raum für vernünftige Zweifel lässt, kann der Gerichtshof auf Vorschlag des Berichterstatters und nach Anhörung des Generalanwalts jederzeit die Entscheidung treffen, durch mit Gründen versehenen Beschluss zu entscheiden."

b) Begriff des „acte clair"

2.54 Die verschiedentlich als „acte claire" bezeichnete Kategorie darf sprachlich sauber indes nur als „acte clair" bezeichnet werden, denn das Wort „acte" ist im Französischen männlich. Der „acte clair" hat eine **marginale Bedeutung** in einer wachsenden Union.[108] Entsprechend dieser Doktrin kann ein Vorabentscheidungsersuchen unterbleiben, wenn die richtige Auslegung des Unionsrechts derart offenkundig ist, dass für vernünftige Zweifel keinerlei Raum bleibt.[109] Hierzu muss das nationale Gericht davon überzeugt sein, dass auch für die Gerichte der übrigen Mitgliedstaaten und den EuGH die gleiche Gewissheit besteht. Die richtige Anwendung des Unionsrechts muss derart offenkundig sein, dass für vernünftige Zweifel kein Raum bleibt.[110] Dabei ist zu berücksichtigen, dass von den Normen des Unionsrechts verbindliche, aber möglicherweise unterschiedliche **Fassungen in allen Amtssprachen** der EU bestehen.[111] Der Verzicht der EU-Kommission auf ein Vertragsverletzungsverfahren gegen einen Mitgliedstaat wegen mangelhafter Umsetzung einer Richtlinie, das nur auf eine bestimmte Auslegung dieser Richtlinie gestützt werden könnte, führt jedenfalls nicht zu einem „acte clair".[112] Das Problem liegt damit im Begriff der „Gewissheit" des nationalen Gerichts von der Offenkundigkeit. Hier wird über pragmatische Lösungen bei bloßen Randfragen im Verfahren zum Unionsrecht nachgedacht.[113] Letztlich wirkt es zirkular, wenn ein „acte clair" erst nach einer Entscheidung des EuGH vorliegen kann.[114] Das ist die Kategorie des „acte éclairé".

c) Begriff des „acte éclairé"

2.55 Die gleiche Wirkung kann sich für die Grenzen der in Art. 267 Abs. 3 AEUV aufgestellten Verpflichtung ergeben, wenn bereits eine **gesicherte Rechtsprechung** des Gerichtshofs (oder – selten – des Gerichts[115]) der Europäischen Union vorliegt, durch die die betreffende Rechtsfrage gelöst ist, gleich in welcher Art von Verfahren sich diese Rechtsprechung gebildet hat, und selbst dann, wenn die strittigen Fragen nicht vollkommen identisch sind.[116] Das setzt voraus, dass die unionsrechtliche Bestimmung bereits Gegenstand einer Auslegung durch den Gerichtshof war.[117] Es kommt

---

107 Hailbronner/Wilms/*Kischel*, 12. Lfg., Art. 267 AEUV Rz. 31 f.
108 *Latzel/Streinz*, NJOZ 2013, 97 (99).
109 St. Rspr., z.B. EuGH v. 15.9.2005 – C-495/03 – Intermodal Transports, Slg. 2005, I-8151 Rz. 33.
110 EuGH v. 9.9.2015 – C-160/14 – João Filipe Ferreira da Silva e Brito Rz. 38.
111 EuGH v. 6.10.1982 – 283/81 – C.I.L.F.I.T., Slg. 1982, 3415 Rz. 16.
112 EuGH v. 22.2.2001 – C-393/98 – Valente, Slg. 2001, I-1327 Rz. 16–18.
113 *Broberg/Fenger*, Das Vorabentscheidungsverfahren vor dem Gerichtshof der Europäischen Union, S. 227; eine Öffnung erkennt EuArbR/*Höpfner*, Art. 267 AEUV Rz. 51a.
114 EuArbR/*Höpfner*, Art. 267 AEUV Rz. 50 m.w.N.
115 *Broberg/Fenger*, Das Vorabentscheidungsverfahren vor dem Gerichtshof der Europäischen Union, S. 211.
116 EuGH v. 6.10.1982 – 283/81 – C.I.L.F.I.T., Slg. 1982, 3415 Rz. 14.
117 EuGH v. 15.9.2005 – C-495/03 – Intermodal Transports, Slg. 2005, I-8151 Rz. 33.

darauf an, dass zu **derselben oder einer wortidentischen Unionsvorschrift** die sich in concreto stellende Auslegungsfrage auf der Grundlage eines vergleichbaren Sachverhalts eine Entscheidung des EuGH bereits vorliegt.[118] Angesichts auch überraschender Urteile des EuGH wird man mit der Annahme, dass ein Fall gleichgelagert ist, allerdings vorsichtig sein müssen.[119] Außerdem ist eine erhebliche Abweichung von eigenen Präzedenzentscheidungen des EuGH zu bemerken, was den Anwendungsbereich des „acte éclairé" per se einschränkt.[120] Der Zweck des Vorabentscheidungsverfahrens verlangt dennoch eine handhabbare Definition.

Die Vorlage in einem gleichgelagerten Fall kann, muss aber nicht, wie der EuGH bereits 1997 entschieden hat, **im Rahmen desselben nationalen Rechtsstreits** erfolgt sein. Es kommt allein auf den Gegenstand der vormaligen Vorlage an. Die Vorlagepflicht entfällt erst recht, wenn die gestellte Frage tatsächlich bereits Gegenstand eines Vorabentscheidungsersuchens im Rahmen desselben nationalen Rechtsstreits gewesen ist.[121] Die Anforderungen an den gleichgelagerten Fall lassen sich beliebig schärfen. Hier ist zu beachten, dass bislang weder das BVerfG noch der EuGH konkrete Vorgaben gemacht haben. Unabhängig davon scheint es eine Entwicklung im BVerfG zu geben, bei der Prüfung des Art. 101 Abs. 1 Satz 2 GG stärker auf die Prüfung der Anforderungen des Art. 267 Abs. 3 AEUV zum „acte éclairé" durch das letztinstanzliche Gericht einzugehen.[122]

2.56

Ich schließe mich dem Befund von *Müller*[123] an, dass es weiterhin kein formelles Antragsrecht der Prozessparteien für eine Vorlage zum EuGH und keine voll justiziable Überprüfung der stattdessen von Amts wegen zu treffenden Entscheidung über die Durchführung eines Vorabentscheidungsverfahrens gibt (s. Rz. 2.65 ff.).

2.57

Die Entscheidung der Dritten Kammer des Ersten Senats des BVerfG vom 29.5.2012 begründet keine Verschärfung der Anforderungen an den „acte éclairé".[124] Die bereits erfolgte Vorlage an den EuGH in einem gleichgelagerten Fall schließt weiterhin die Vorlagepflicht nach Art. 267 Abs. 3 AEUV aus:[125] Ein „acte éclairé" ist nur gegeben, wenn eine Vorlagefrage bereits Gegenstand einer Auslegung durch den Gerichtshof der Europäischen Union war. Der Gerichtshof der Europäischen Union hat bislang nicht über die vom Beschwerdeführer aufgeworfenen Fragen entschieden. Das BVerfG hatte am 30.8.2010 noch etwas anders formuliert:[126] „Die aufgeworfene Frage ist auch noch nicht in einem gleichgelagerten Fall Gegenstand einer Vorabentscheidung gewesen."[127] Das sieht auch der EuGH so:[128] „So kann die Wirkung, die von einer durch den Gerichtshof in einem früheren Verfahren gegebenen Auslegung ausgeht, doch im Einzelfall den inneren Grund dieser Verpflichtung entfallen und sie somit sinnlos erscheinen lassen. Dies gilt insbesondere dann, wenn die gestellte Frage tatsächlich bereits in einem gleichgelagerten Fall Gegenstand einer Vorabentscheidung gewesen ist." Der Begriff der „Vorlagefrage" im Beschluss des BVerfG vom 29.5. 2012 ist unscharf, es geht vielmehr um die auszulegende „unionsrechtliche Bestimmung".

2.58

d) Dritte Kategorie?

Neben der Kategorie des „acte clair" und des „acte éclairé" scheint es m.E. noch eine dritte, streng zu trennende und sehr seltene Kategorie zu geben, nämlich der vom EuGH bereits zuvor in **gesicherter Rechtsprechung gelösten Rechtsfrage**. Sie ist ein seltener Sonderfall des „acte éclairé".

2.59

---

118 Grabitz/Hilf/Nettesheim/*Karpenstein*, Art. 267 AEUV Rz. 56.
119 *Schröder*, EuR 2011, 808 Fn. 3.
120 *C. Herrmann*, EuZW 2009, 413 (415).
121 EuGH v. 4.11.1997 – C-337/95 – Parfums Christian Dior, Slg. 1997, I-6013 Rz. 29, 31.
122 S. den Überblick bei *Müller*, EuR 2011, 808 (818, 820).
123 *Müller*, EuR 2011, 808 (826).
124 Vgl. BVerfG v. 29.5.2012 – 1 BvR 3201/11, NZA 2013, 164 Rz. 30.
125 Vgl. BVerfG v. 29.5.2012 – 1 BvR 3201/11, NZA 2013, 164 Rz. 30.
126 BVerfG v. 30.8.2010 – 1 BvR 1631/08, NJW 2011, 288 Rz. 56.
127 „acte éclairé".
128 EuGH v. 27.3.1963 – C-28/62 bis C-30/62 – Da Costa u.a., Slg. 1963, 63, 80 f.

5. Verstoß gegen die Vorlagepflicht

a) Unionsrechtliche Sanktion – Vertragsverletzungsverfahren

2.60 Die **rechtswidrige Nichtvorlage** durch ein nationales Gericht kann eine dem jeweiligen Mitgliedstaat zurechenbare Verletzung des Vertrags darstellen, die von der Kommission oder einem anderen Mitgliedstaat in den **Vertragsverletzungsverfahren** der Art. 258 f. AEUV gerügt werden kann. Die Kommission hat allerdings bislang i.d.R. aus **Opportunitätserwägungen** von einer Klageerhebung wegen unterlassener Vorlage abgesehen.[129] Im Hinblick auf die in allen Mitgliedstaaten garantierte Unabhängigkeit der Gerichte und das in Art. 267 AEUV selbst etablierte System der Zusammenarbeit zwischen nationaler und unionaler Gerichtsbarkeit dürfte sich die auf diesem Wege erreichbare Kontrolle auch rechtlich auf Fälle systematischer, evidenter oder grundsätzlich bedeutsamer Vorlagepflichtverletzungen beschränken. Man kann ebenfalls an ein **Unterlassen des Gesetzgebers** in Fällen der unionsrechtswidrigen Auslegung nationaler Rechtsvorschriften denken. Eine gesetzgeberische Untätigkeit angesichts unionsrechtswidriger Anwendung nationaler Vorschriften durch Gerichte oder Behörden kann eine Vertragsverletzung darstellen.

b) Unionsrechtliche Amtshaftung

2.61 Die unterlassene Vorlage eines Gerichtes trotz bestehender Vorlagepflicht kann Amtshaftungsansprüche des Einzelnen auslösen. Der Gerichtshof hat im Urteil *Köbler* darauf hingewiesen, der Grundsatz, dass ein Mitgliedstaat zum Ersatz der Schäden verpflichtet ist, die dem Einzelnen durch diesem Mitgliedstaat zuzurechnende Verstöße gegen das Unionsrecht entstehen, gelte für jeden Verstoß gegen das Unionsrecht unabhängig davon, welches Organ dieses Staates durch sein Handeln oder Unterlassen den Verstoß begangen hat.[130] Der Gerichtshof hat insbesondere auf die entscheidende Rolle, die die rechtsprechende Gewalt beim Schutz der dem Einzelnen auf Grund unionsrechtlicher Bestimmungen zustehenden Rechte spielt, sowie den Umstand abgestellt, dass ein letztinstanzliches Gericht definitionsgemäß die letzte Instanz ist, vor der der Einzelne die ihm auf Grund des Unionsrechts zustehenden Rechte geltend machen kann; er hat daraus geschlossen, dass der Schutz dieser Rechte gemindert – und die volle Wirksamkeit dieser Bestimmungen beeinträchtigt – wäre, wenn der Einzelne nicht unter bestimmten Voraussetzungen eine **Entschädigung** für die Schäden erlangen könnte, die ihm durch einen Verstoß gegen das Unionsrecht entstanden sind, der einer Entscheidung eines letztinstanzlichen nationalen Gerichts zuzurechnen ist.[131] Die Rechtskraft der maßgeblichen Entscheidung steht dem Anspruch auch nicht entgegen. Die Anerkennung des Grundsatzes der Staatshaftung für Entscheidungen letztinstanzlicher Gerichte stellt die mit einer solchen Entscheidung verknüpfte Rechtskraft nicht in Frage. Ein Verfahren zur Feststellung der Haftung des Staats hat nicht denselben Gegenstand und nicht zwangsläufig dieselben Parteien wie das Verfahren, das zu der rechtskräftigen nationalen Entscheidung geführt hat. Obsiegt nämlich der Kläger mit einer gegen den Staat gerichteten Haftungsklage, so erlangt er dessen Verurteilung zum Ersatz des entstandenen Schadens, aber er erlangt nicht zwangsläufig die Aufhebung der Rechtskraft dieser Gerichtsentscheidung, die den Schaden verursacht hat. Jedenfalls verlangt der der Unionsrechtsordnung innewohnende Grundsatz der Staatshaftung eine solche Entschädigung, nicht aber die Abänderung der schadensbegründenden Gerichtsentscheidung.[132]

2.62 Auf Grund der Besonderheiten der richterlichen Funktion sowie der berechtigten Belange der Rechtssicherheit **haftet der Staat** in einem solchen Fall allerdings nicht unbegrenzt. Wie der Gerichtshof entschieden hat, haftet er nur in dem **Ausnahmefall**, dass das letztinstanzliche nationale Gericht **offenkundig** gegen das geltende Recht verstoßen hat. Bei der Entscheidung darüber, ob

---

129 *Latzel/Streinz*, NJOZ 2013, 97 (99); zu den wenigen Ausnahmen vgl. *Betz*, Die verfassungsrechtliche Absicherung der Vorlagepflicht, S. 14 ff.
130 Vgl. EuGH v. 30.9.2003 – C-224/01 – Köbler, Slg. 2003, I-10239 Rz. 31.
131 Vgl. EuGH v. 30.9.2003 – C-224/01 – Köbler, Slg. 2003, I-10239 Rz. 33–36.
132 EuGH v. 9.9.2015 – C-160/14 – João Filipe Ferreira da Silva e Brito Rz. 55.

diese Voraussetzung erfüllt ist, muss das mit einer Schadensersatzklage befasste nationale Gericht alle Gesichtspunkte des Einzelfalls berücksichtigen, insbesondere das Maß an Klarheit und Präzision der verletzten Vorschrift, die Vorsätzlichkeit des Verstoßes, die Entschuldbarkeit des Rechtsirrtums, gegebenenfalls die Stellungnahme eines Unionsorgans sowie die Verletzung der Vorlagepflicht durch das in Rede stehende Gericht.[133] Daher wird dieses Institut nicht ganz zu Unrecht als stumpfes Schwert bezeichnet.[134]

c) Verfassungsrechtliche Sanktion – Art. 101 Abs. 1 Satz 2 GG

Die pflichtwidrige Nichtvorlage zum EuGH kann den verfassungsrechtlich verbürgten Anspruch des Bürgers auf den gesetzlichen Richter verletzen.[135] Das BVerfG beanstandet die Auslegung und Anwendung von Normen, die die gerichtliche Zuständigkeitsverteilung regeln, jedoch nur unter besonderen Voraussetzungen.[136] Denn auch das BVerfG ist grundgesetzlich gehalten, seinerseits die Kompetenzregeln zu beachten, die den Fachgerichten die Kontrolle über die Befolgung der Zuständigkeitsordnung übertragen.[137] Diese Grundsätze gelten auch für die unionsrechtliche Zuständigkeitsvorschrift des Art. 267 Abs. 3 AEUV. Daher stellt nicht jede Verletzung der unionsrechtlichen Vorlagepflicht zugleich einen Verstoß gegen Art. 101 Abs. 1 Satz 2 GG dar. Das BVerfG überprüft hierzu, ob die Vorlagepflicht in **offensichtlich unhaltbarer Weise** gehandhabt worden ist. Danach stellt nicht jede Verletzung der unionsrechtlichen Vorlagepflicht einen Verstoß gegen Art. 101 Abs. 1 Satz 2 GG dar. Das BVerfG beanstandet die Auslegung und Anwendung von Zuständigkeitsnormen nur, wenn sie bei verständiger Würdigung der das Grundgesetz bestimmenden Gedanken nicht mehr verständlich erscheinen und offensichtlich unhaltbar sind.[138] Durch die zurückgenommene verfassungsrechtliche Prüfung behalten die Fachgerichte bei der Auslegung und Anwendung von Unionsrecht einen Spielraum zu eigener Einschätzung und Beurteilung, der demjenigen bei der Handhabung einfachrechtlicher Bestimmungen der deutschen Rechtsordnung entspricht. Das BVerfG wacht allein über die Einhaltung der Grenzen dieses Spielraums. Ein „oberstes Vorlagenkontrollgericht" ist es nach eigenem Bekunden nicht.[139]

2.63

Das BVerfG nimmt einen **grundrechtswidrigen Verstoß** gegen die Vorlagepflicht an, wenn die unionsrechtliche Rechtsfrage nicht zumindest vertretbar beantwortet wird, wenn also das nationale Gericht eine eigene Lösung entwickelt, die nicht auf die bestehende Rechtsprechung des EuGH zurückgeführt werden kann und auch **nicht einer eindeutigen Rechtslage** entspricht. Dann erscheint die fachgerichtliche Rechtsanwendung des Art. 267 Abs. 3 AEUV nicht mehr verständlich und ist **offensichtlich unhaltbar**.[140] Eine offensichtlich unhaltbare Handhabung der Vorlagepflicht liegt vor, wenn das letztinstanzliche Hauptsachegericht eine Vorlage trotz der – seiner Auffassung nach bestehenden – Entscheidungserheblichkeit der unionsrechtlichen Frage überhaupt nicht in Erwägung zieht, obwohl es selbst Zweifel hinsichtlich der richtigen Beantwortung der Frage hegt und das Unionsrecht somit eigenständig fortbildet.[141] Dies gilt erst recht, wenn sich das Gericht hinsichtlich des (materiellen) Unionsrechts nicht hinreichend kundig macht. Es verkennt dann regelmäßig die Bedingungen für die Vorlagepflicht.[142] Dies gilt auch, wenn es offenkundig einschlägige Rechtsprechung des EuGH nicht auswertet. Um eine Kontrolle am Maßstab des Art. 101 Abs. 1 Satz 2 GG zu ermöglichen, hat es die Gründe für seine Entscheidung über die Vor-

2.64

---

133 EuGH v. 30.9.2003 – C-224/01 – Köbler, Slg. 2003, I-10239 Rz. 53–55.
134 *Latzel/Streinz*, NJOZ 2013, 97 (99).
135 Vgl. *Lange*, DRiZ 2017, 56.
136 BVerfG v. 19.12.2017 – 2 BvR 424/17, NJW 2018, 686 Rz. 39.
137 BVerfG v. 19.12.2017 – 2 BvR 424/17, NJW 2018, 686 Rz. 39.
138 BVerfG v. 19.12.2017 – 2 BvR 424/17, NJW 2018, 686 Rz. 39; v. 12.12.2012 – 1 BvR 69/09, NJW 2013, 1220; v. 15.5.2014 – 2 BvR 324/14, NZA 2014, 838 Rz. 8.
139 BVerfG v. 19.12.2017 – 2 BvR 424/17, NJW 2018, 686 Rz. 40.
140 BVerfG v. 25.2.2010 – 1 BvR 230/09, ArbRB 2010, 103 = NJW 2010, 1268 Rz. 21.
141 BVerfG v. 15.5.2014 – 2 BvR 324/14, NZA 2014, 838 Rz. 9.
142 BVerfG v. 19.12.2017 – 2 BvR 424/17, NJW 2018, 686 Rz. 41.

lagepflicht anzugeben.¹⁴³ Ebenso verstößt ein letztinstanzliches Gericht gegen Art. 101 Abs. 1 Satz 2 GG, wenn es in seiner Entscheidung bewusst von der Rechtsprechung des EuGH zu entscheidungserheblichen Fragen abweicht und gleichwohl nicht oder nicht neuerlich vorlegt – sog. bewusstes Abweichen ohne Vorlagebereitschaft.¹⁴⁴ Das BVerfG lässt i.R.d. Art. 101 Abs. 1 Satz 2 GG die begründete **fehlende Entscheidungserheblichkeit** als solche ausreichen und prüft sie zudem autonom selbst.¹⁴⁵ Die fehlende Entscheidungserheblichkeit mangels Anwendungsbereichs des Unionsrechts ist freilich zu begründen.

2.65 Liegt zu einer entscheidungserheblichen Frage des Unionsrechts **einschlägige Rechtsprechung** des Gerichtshofs noch nicht vor oder hat eine vorliegende Rechtsprechung die entscheidungserhebliche Frage möglicherweise noch nicht erschöpfend beantwortet oder erscheint eine **Fortentwicklung der Rechtsprechung** des Gerichtshofs nicht nur als entfernte Möglichkeit, so wird Art. 101 Abs. 1 Satz 2 GG nur dann verletzt, wenn das letztinstanzliche Gericht der Hauptsache den ihm in solchen Fällen notwendig zukommenden **Beurteilungsrahmen** in unvertretbarer Weise überschritten hat. Dabei kommt es für die Prüfung einer Verletzung von Art. 101 Abs. 1 Satz 2 GG nicht in erster Linie auf die Vertretbarkeit der fachgerichtlichen Auslegung des für den Streitfall maßgeblichen materiellen Unionsrechts an, sondern auf die Vertretbarkeit der **Handhabung der Vorlagepflicht nach Art. 267 Abs. 3 AEUV**.¹⁴⁶ Das Fachgericht hat dabei Gründe anzugeben, die zeigen, ob es sich hinsichtlich des europäischen Rechts ausreichend kundig gemacht hat, und so dem BVerfG eine Kontrolle am Maßstab des Art. 101 Abs. Satz 2 GG ermöglichen.¹⁴⁷ Folglich prüft das BVerfG zunehmend, ob die Anforderungen an einen „acte clair" oder „acte éclairé" vorliegen. In der neuesten Rechtsprechung des BVerfG klingen die Anforderungen an die Fachgerichte **noch etwas schärfer**:¹⁴⁸ Eine Verletzung liegt jedenfalls dann vor, wenn die Fachgerichte das Vorliegen eines „acte clair" oder eines „acte éclairé" willkürlich bejahen. Das Gericht muss sich daher hinsichtlich des materiellen Unionsrechts hinreichend kundig machen, etwaige einschlägige Rechtsprechung des Gerichtshofs auswerten und seine Entscheidung hieran orientieren. Auf dieser Grundlage muss sich das Fachgericht unter Anwendung und Auslegung des materiellen Unionsrechts die vertretbare Überzeugung bilden, dass die Rechtslage entweder eindeutig („acte clair") oder durch die Rechtsprechung in einer Weise geklärt ist, die keinen vernünftigen Zweifel offenlässt („acte éclairé"). Unvertretbar gehandhabt wird Art. 267 Abs. 3 AEUV im Falle der Unvollständigkeit der Rechtsprechung insbesondere dann, wenn das Fachgericht von vornherein das Vorliegen einer eindeutigen oder zweifelsfrei geklärten Rechtslage ohne sachlich einleuchtende Begründung bejaht.¹⁴⁹ Das BVerfG prüft dreistufig: (1.) Hat das Gericht angesichts einer unvollständigen Rechtsprechung des EuGH (2.) mit der Nichtvorlage seinen Beurteilungsrahmen in unvertretbarer Weise überschritten (3.) und damit das grundrechtsgleiche Recht auf den gesetzlichen Richter verletzt?¹⁵⁰ Die Entscheidung des Zweiten Senats des Bundesarbeitsgerichts zum Vertrauensschutz bei der Anwendung des § 17 KSchG hat das BVerfG mit der Begründung kassiert, Art. 267 Abs. 3 AEUV sei in einer **offensichtlich unhaltbaren** und nicht mehr verständlichen Weise ausgelegt bzw. angewendet und dadurch das grundrechtsgleiche Recht des Beschwerdeführers aus Art. 101 Abs. 1 Satz 2 GG verletzt worden. Zwar habe das BAG das Vorliegen einer Vorlagepflicht nach Art. 267 Abs. 3 AEUV geprüft und seine Entscheidung auch begründet. Es habe sie jedoch in nicht mehr vertretbarer Weise verneint.¹⁵¹

---

143 BVerfG v. 19.12.2017 – 2 BvR 424/17, NJW 2018, 686 Rz. 41.
144 BVerfG v. 15.5.2014 – 2 BvR 324/14, NZA 2014, 838 Rz. 9.
145 BVerfG v. 29.5.2012 – 1 BvR 3201/11, NZA 2013, 164 Rz. 31.
146 BVerfG v. 29.5.2012 – 1 BvR 640/11, NVwZ 2012, 1033.
147 BVerfG v. 12.12.2012 – 1 BvR 69/09, NJW 2013, 1220.
148 BVerfG v. 19.12.2017 – 2 BvR 424/17, NJW 2018, 686 Rz. 43.
149 BVerfG v. 15.5.2014 – 2 BvR 324/14, NZA 2014, 838 Rz. 10.
150 BVerfG v. 19.12.2017 – 2 BvR 424/17, NJW 2018, 686 Rz. 44; zum Beispiel des zu gewährenden Vertrauensschutzes und dem Verstoß gegen den gesetzlichen Richter vgl. Rz. 2.117 sowie BVerfG v. 10.12.2014 – 2 BvR 1549/07.
151 BVerfG v. 10.12.2014 – 2 BvR 1549/07, ArbRB 2015, 77 = NZA 2015, 375; kritisch *Wißmann*, Festschrift für Wolfhard Kohte, 2016, S. 993.

Der **Einzelne** kann die Vorlage zum EuGH nicht durch einen eigenständigen Rechtsbehelf erzwingen.[152] Erscheint eine Fortentwicklung der Rechtsprechung des Europäischen Gerichtshofs nicht nur als entfernte Möglichkeit, so wird Art. 101 Abs. 1 Satz 2 GG nach Auffassung des BVerfG dann verletzt, wenn das letztinstanzliche Gericht den ihm in solchen Fällen notwendig zukommenden Beurteilungsrahmen in unvertretbarer Weise überschritten hat. Dies kann insbesondere dann der Fall sein, wenn mögliche Gegenauffassungen zu der entscheidungserheblichen Frage des Unionsrechts gegenüber der vom Gericht vertretenen Meinung eindeutig vorzuziehen sind. Wegen des **Grundsatzes der materiellen Subsidiarität der Verfassungsbeschwerde** muss der Beschwerdeführer einer Verfassungsbeschwerde bereits im fachgerichtlichen Verfahren eine Vorlage an den EuGH „angedeutet" haben.[153]. Er muss vor Erhebung der Verfassungsbeschwerde alle nach Lage der Sache zur Verfügung stehenden prozessualen Möglichkeiten ergreifen, um die geltend gemachte Grundrechtsverletzung in dem unmittelbar mit ihr zusammenhängenden sachnächsten Verfahren zu verhindern oder zu beseitigen. Die Rüge der Verletzung von Verfahrensgrundrechten, insbesondere Art. 101 Abs. 1 Satz 2 und Art. 103 Abs. 1 GG kann nicht mehr im Verfahren der Verfassungsbeschwerde geltend gemacht werden, wenn nicht zuvor alle Mittel des Prozessrechts genutzt wurden, um diesen Verstoß zu verhindern oder zu beseitigen. Im Rahmen einer Rüge der Verletzung von Art. 101 Abs. 1 Satz 2 GG erstreckt sich die damit umschriebene Obliegenheit regelmäßig darauf, durch entsprechende Anträge oder Anregungen an das Fachgericht eine Befassung des gesetzlichen Richters zu erreichen. Handelt es sich beim gesetzlichen Richter um den EuGH, ist ein entsprechender Antrag der Beteiligten auf Vorlage allerdings nicht vorgesehen, vielmehr ist ein letztinstanzliches nationales Gericht unter den Voraussetzungen des Art. 267 Abs. 3 AEUV von Amts wegen gehalten, den EuGH anzurufen. Es genügt daher dem Grundsatz der Subsidiarität, wenn das Vorbringen bei rechtlicher Prüfung durch das Fachgericht eine Vorlage an den EuGH als naheliegend erscheinen lässt.[154] Offen ist allerdings, was das BVerfG damit im Ergebnis meint. Die Vorlage eines Gutachtens u.a. zur Frage der Voll- oder Teilharmonisierung des Verbreitungsrechts durch Art. 4 der Urheberrechtsrichtlinie soll den sich aus dem Grundsatz der Subsidiarität ergebenden Anforderungen noch Genüge tun. Es scheint also auszureichen, auf die möglicherweise maßgeblichen Bestimmungen des Unionsrechts hinzuweisen (zur Nichtzulassungsbeschwerde s. Rz. 2.44).

2.66

d) Nichtvorlage und EMRK

Willkürliche Nichtvorlagen an den EuGH können auch eine **Verletzung von Art. 6 Abs. 1 EMRK** darstellen. Die Nichtvorlage ist aus diesem Grund zu erläutern. Der Anspruch auf ein faires Verfahren nach Art. 6 Abs. 1 EMRK verlangt die Auseinandersetzung mit der EMRK und der GRC und der daraus folgenden Vorlagepflicht nach Art. 267 Abs. 3 AEUV: So hat es der **EGMR** als eine Verletzung des Anspruchs auf ein faires Verfahren gewertet, wenn eine Vorlagepflicht zum EuGH verneint und nicht ausreichend begründet wurde.[155] Die Begründung bezieht sich im Rahmen des Art. 267 Abs. 3 AEUV nach Ansicht des EGMR auf die Begründung der Ausnahme von der Vorlagepflicht. Dazu zählt auch die fehlende Entscheidungserheblichkeit.[156] Noch allgemeiner kann das willkürliche Unterlassen einer Vorlage auch dann konventionswidrig sein, wenn keine Vorlagepflicht nach Art. 267 Abs. 3 AEUV, sondern nur ein Vorlagerecht nach Art. 267 Abs. 2 AEUV bestanden hat.[157] Dies wird wegen des weiten Vorlageermessens jedoch nur sehr selten der Fall sein.

2.67

---

152 A.A. *Betz*, Die verfassungsrechtliche Absicherung der Vorlagepflicht, S. 218 ff.: Nichtvorlagerüge.
153 BVerfG v. 19.7.2011 – 1 BvR 1916/09, NJW 2011, 3427 Rz. 65 f.
154 BVerfG v. 19.7.2011 – 1 BvR 1916/09, NJW 2011, 3427 Rz. 65 f.
155 EGMR v. 20.9.2011 – 3989/07 und 38353/07 – Ullens de Schooten u.a., NJOZ 2012, 2149; vgl. auch *Schilling*, EuGRZ 2012, 133.
156 EGMR v. 20.9.2011 – 3989/07 und 38353/07 – Ullens de Schooten u.a., NJOZ 2012, 2149 Rz. 62.
157 Vgl. EGMR v. 8.12.2009 – 54193/07 – Herma, NJW 2010, 3207, 3208 m.w.N.

VII. Vorlagefrage, Vorlagebeschluss und Verfahren

1. Allgemeines

2.68 Das nationale Gericht muss eine Vorlagefrage und einen Vorlagebeschluss fertigen. Die Bedeutung des Vorlagebeschlusses darf nicht unterschätzt werden. So hat selbst der EuGH **nicht verbindliche Empfehlungen** zum Vorlagebeschluss erlassen.[158] Da das Vorabentscheidungsverfahren auf der Zusammenarbeit zwischen dem Gerichtshof und den mitgliedstaatlichen Gerichten beruht, hält er es im Interesse einer vollen Wirksamkeit dieses Verfahrens für zweckdienlich, den nationalen Gerichten Empfehlungen zu geben.[159] Die Empfehlungen sollen außerdem den dritten Titel der Verfahrensordnung des Gerichtshofs zum Vorabentscheidungsverfahren[160] ergänzen und den mitgliedstaatlichen Gerichten eine Orientierung bieten, wann eine Vorlage zur Vorabentscheidung angebracht ist, und ihnen praktische Hinweise zur Form und zu den Wirkungen einer solchen Vorlage geben.[161]

2. Vorlagefrage

2.69 Die Vorlagefrage ist der Kern des Vorabentscheidungsverfahrens. Die Vorabentscheidungsfragen müssen in einem **gesonderten und klar kenntlich** gemachten Teil der Vorlageentscheidung, vorzugsweise am **Anfang oder Ende**, aufgeführt sein. Sie müssen **aus sich heraus verständlich** sein, ohne dass eine Bezugnahme auf die Begründung des Ersuchens, die den notwendigen Kontext für ein sachgerechtes Verständnis der Tragweite der Rechtssache enthält, erforderlich wäre.[162] Die Bedeutung der Vorlagefrage drängt sich wegen des Zwecks des Vorlageverfahrens auf. Es geht um echte Zusammenarbeit.[163] Dabei hat der EuGH nicht die Aufgabe, den nationalen Rechtsstreit zu entscheiden, sondern die Vorlagefrage zu beantworten.

2.70 Die Vorlagefrage muss sich stets auf Unionsrecht beziehen und darf nie nach der Zulässigkeit einer nationalen Maßnahme fragen. Es genügt, das Unionsrecht eindeutig kurz zu zitieren.[164] Ob es wirklich dienlich ist, bei der Unsicherheit über die anwendbare Norm des Unionsrechts schlicht nach der Auslegung des „Unionsrechts" zu fragen, erscheint zweifelhaft.[165] Der EuGH legt **fehlerhafte Anträge** großzügig aus. Eine **Beispiel** für eine richtige Frage lautet: „Ist Art. 43 II, IV AEUV dahin auszulegen, dass er nationalen Maßnahmen entgegensteht, die anordnen, dass Ausländer keine Beschäftigung in der Rüstungsindustrie aufnehmen dürfen?" oder: „Ist Art. 7 IV VO 1612/68/EWG vom 7.7.1968 rechtsgültig?" Allgemeine und hypothetische Fragen sind ausgeschlossen.

2.71 Es bietet sich an, die Frage(n) in **präziser und fallspezifischer Weise** zu stellen. Denn die Beantwortung einer zu abstrakt gestellten Frage hilft dem vorlegenden Gericht nicht weiter.[166] Die Fragen sind zudem kurz und prägnant zu formulieren, genauso wie der Vorlagebeschluss. Denn er wird in mehrere Sprachen übersetzt und kann bei zu komplizierten Ausführungen und Sätzen zu erheblichen Unklarheiten führen.[167]

2.72 Genügt der Beschluss diesen Anforderungen nicht, wird der EuGH aus der unvollkommen gefassten Frage des vorlegenden Gerichts die Fragen herausschälen, die eine Auslegung des Vertrags betreffen. Nach ständiger Rechtsprechung ist es Sache des Gerichtshofs, im Rahmen des in Art. 267

---

158 ABl. C 439 v. 25.11.2016, S. 1.
159 Empfehlungen ABl. C 439 v. 25.11.2016, S. 1.
160 Art. 93 bis 118 Verfahrensordnung des EuGH.
161 Empfehlungen ABl. C 439 v. 25.11.2016, S. 1.
162 Nr. 18 der Empfehlungen ABl. C 439 v. 25.11.2016, S. 1.
163 *Pechstein*, EU-Prozessrecht, Rz. 844.
164 *Latzel/Streinz*, NJOZ 2013, 97 (102).
165 *Latzel/Streinz*, NJOZ 2013, 97 (102).
166 *Pechstein*, EU-Prozessrecht, Rz. 845 (m.w.N.).
167 *Latzel/Streinz*, NJOZ 2013, 97 (101).

AEUV vorgesehenen Verfahrens der Zusammenarbeit mit den nationalen Gerichten dem vorlegenden Gericht eine für die Entscheidung des bei diesem anhängigen Rechtsstreits **sachdienliche Antwort** zu geben. Hierzu hat der Gerichtshof die ihm vorgelegte Frage gegebenenfalls **umzuformulieren**.[168] Wenn Fragen nicht gefasst oder nicht sinnvoll beantwortet werden können, wird die Vorlage als offensichtlich unzulässig verworfen.[169]

Durch **geschickte Folgefragen** im Vorlagebeschluss lassen sich Unklarheiten, insbesondere hinsichtlich der Rechtsfolgen, vermeiden. Dies ermöglicht dem vorlegenden Gericht vollständige Klarheit, ohne abermals vorlegen zu müssen. Das Gericht kann damit zeigen, dass es die Fragen schon zu Ende gedacht hat. Solche Abläufe sind nur möglich, wenn das nationale Gericht auf Grund früherer Rechtsprechung richtig abgeschätzt hat, wie der EuGH entscheiden dürfte.[170] Mit Folgefragen kann überdies eine bestimmte Antwort des EuGH gefördert werden, etwa wenn die zu vermeidende Folgefrage an offenen Punkten der Rechtsprechung ansetzt.[171] Einen speziellen Weg geht das BVerfG mit seinem ersten Vorabentscheidungsersuchen aus Januar 2014[172]. Es legt das Unionsrecht selbst – „vorbehaltlich" einer Auslegung des EuGH aus. Außerdem stellt es die Folgen einer bestimmten Entscheidung des EuGH klar in den Vordergrund, wohl um die Entscheidung zu steuern. Geboten sind stets **Fragen zum Vertrauensschutz**, da dieser nur in ausdrücklichen Entscheidungen des EuGH anerkannt wird (s. Rz. 2.117 ff.).

2.73

Einem Missverständnis soll hier der Riegel vorgeschoben werden: Der EuGH ist frei darin, die Frage seinen Bedürfnissen anzupassen und auszulegen. Nur Veränderungen des Wesens der Vorlagefrage sind ausgeschlossen. Folgende Vorabentscheidungsersuchen sollen die Fragetechnik verdeutlichen:

2.74

Vorlagebeschluss des Zweiten Senats vom 18.11.2017:[173]

1. Ist Art. 1 Abs. 1 Unterabs. 1 Buchst. a der Richtlinie 98/59/EG des Rates vom 20.7.1998 zur Angleichung der Rechtsvorschriften der Mitgliedstaaten über Massenentlassungen (RL 98/59/EG) dahin auszulegen, dass zur Bestimmung der Zahl der in der Regel in einem Betrieb tätigen Arbeitnehmer auf die Anzahl der im Zeitpunkt der Entlassung bei gewöhnlichem Geschäftsgang beschäftigten Arbeitnehmer abzustellen ist?

2. Ist Art. 1 Abs. 1 Unterabs. 1 Buchst. a RL 98/59/EG dahin auszulegen, dass bei der Bestimmung der Zahl der in der Regel in einem Betrieb eines entleihenden Unternehmens tätigen Arbeitnehmer dort eingesetzte Leiharbeitnehmer mitzählen können?

Sofern die zweite Frage bejaht wird:

3. Welche Voraussetzungen gelten für die Berücksichtigung von Leiharbeitnehmern bei der Bestimmung der Anzahl der in der Regel in einem Betrieb eines entleihenden Unternehmens tätigen Arbeitnehmer?

Vorlagebeschluss des Achten Senats vom 17.3.2016:[174]

1. Ist Art. 4 Abs. 2 der Richtlinie 2000/78/EG dahin auszulegen, dass ein Arbeitgeber, wie der Beklagte des vorliegenden Falles, – bzw. die Kirche für ihn – verbindlich selbst bestimmen kann, ob eine bestimmte Religion eines Bewerbers nach der Art der Tätigkeit oder der Umstände ihrer Ausübung eine wesentliche, rechtmäßige und gerechtfertigte berufliche Anforderung angesichts seines/ihres Ethos darstellt?

2. Sofern die erste Frage verneint wird:

---

168 EuGH v. 28.2.2013 – C-544/11 – Petersen Rz. 23.
169 *Pechstein*, EU-Prozessrecht, Rz. 851.
170 Zu dieser Technik *Latzel/Streinz*, NJOZ 2013, 97 (103).
171 Vgl. *Latzel/Streinz*, NJOZ 2013, 97 (103).
172 BVerfG v. 14.1.2014 – 2 BvR 2728/13, NJW 2014, 907.
173 BAG v. 16.11.2017 – 2 AZR 90/17 (A), NZA 2018, 245; das Vorlageverfahren hat sich durch Rücknahme des Ersuchens durch den 2. Senat erledigt.
174 BAG v. 17.3.2016 – 8 AZR 501/14 (A), BAGE 154, 285.

Muss eine Bestimmung des nationalen Rechts – wie hier § 9 Abs. 1 Alt. 1 AGG –, wonach eine unterschiedliche Behandlung wegen der Religion bei der Beschäftigung durch Religionsgemeinschaften und die ihnen zugeordneten Einrichtungen auch zulässig ist, wenn eine bestimmte Religion unter Beachtung des Selbstverständnisses dieser Religionsgemeinschaft im Hinblick auf ihr Selbstbestimmungsrecht eine gerechtfertigte berufliche Anforderung darstellt, in einem Rechtsstreit wie hier unangewendet bleiben?

3. Sofern die erste Frage verneint wird, zudem:

Welche Anforderungen sind an die Art der Tätigkeit oder die Umstände ihrer Ausübung als wesentliche, rechtmäßige und gerechtfertigte berufliche Anforderung angesichts des Ethos der Organisation gemäß Art. 4 Abs. 2 der Richtlinie 2000/78/EG zu stellen?

3. Vorlagebeschluss

2.75 Damit der Gerichtshof den Gegenstand des Ausgangsrechtsstreits und die darin aufgeworfenen Fragen richtig erfassen kann, sollte das nationale Gericht für jede der vorgelegten Fragen darlegen, inwiefern die erbetene Auslegung zum Erlass seines Urteils **erforderlich** ist. Die Vorlage umfasst insbesondere den Gegenstand des Ausgangsrechtsstreits, die wesentlichen Argumente der Parteien des Ausgangsrechtsstreits, eine kurze Darstellung der Begründung der Vorlage sowie die angeführte Rechtsprechung und die angeführten Vorschriften des nationalen Rechts und des Unionsrechts.

2.76 Art. 94 EuGH-VerfO enthält hier **wichtige Hinweise** zur Vorlageentscheidung: Das Vorabentscheidungsersuchen muss außer den dem Gerichtshof zur Vorabentscheidung vorgelegten Fragen Folgendes enthalten:

a) eine kurze Darstellung des Streitgegenstands und des maßgeblichen Sachverhalts, wie er vom vorlegenden Gericht festgestellt worden ist, oder zumindest eine Darstellung der tatsächlichen Umstände, auf denen die Fragen beruhen;

b) den Wortlaut der möglicherweise auf den Fall anwendbaren nationalen Vorschriften und gegebenenfalls die einschlägige nationale Rechtsprechung;

c) eine Darstellung der Gründe, aus denen das vorlegende Gericht Zweifel bezüglich der Auslegung oder der Gültigkeit bestimmter Vorschriften des Unionsrechts hat, und den Zusammenhang, den es zwischen diesen Vorschriften und dem auf den Ausgangsrechtsstreit anwendbaren nationalen Recht herstellt.

2.77 Im **Schrifttum** wird folgender Aufbau des Vorlagebeschlusses vorgeschlagen:[175]

A. Gegenstand und Sachverhalt des Ausgangsverfahrens

    I. Streitgegenstand

    II. Sachverhalt

    III. Nationaler Rechtsrahmen

B. Vorlagefragen und Entscheidungserheblichkeit

    I. Unionsrechtlicher Rechtsrahmen

    II. Zweifel an Auslegung/Gültigkeit des Unionsrechts

    III. Entscheidungsvorschläge des vorlegenden Gerichts

    IV. Entscheidungserheblichkeit für das Ausgangsverfahren

C. Aussetzung des Verfahrens

2.78 Der Siebte Senat des **BAG** hat seinen Vorlagebeschluss wie folgt gegliedert:[176]

---

[175] *Latzel/Streinz*, NJOZ 2013, 97 (101).
[176] BAG v. 17.11.2010 – 7 AZR 443/09 (A), ArbRB 2013, 4, NZA 2011, 34.

Vorlagefrage

Gründe:

A. Gegenstand und Sachverhalt des Ausgangsverfahrens

B. Nationale Vorschriften

C. Einschlägige Vorschriften des Unionsrechts

D. Nationale Rechtsprechung

E. Entscheidungserheblichkeit und Erläuterung der Vorlagefragen

Die **Form der Entscheidung**, mit der das Gericht eines Mitgliedstaats dem Gerichtshof eine oder mehrere Fragen zur Vorabentscheidung vorlegt, richtet sich nach den Verfahrensregeln des nationalen Rechts.[177] Es ist jedoch zu berücksichtigen, dass das Dokument die Grundlage des Verfahrens vor dem Gerichtshof bilden wird und dass der Gerichtshof über Informationen verfügen muss, die es ihm ermöglichen, dem vorlegenden Gericht eine sachdienliche Antwort zu geben. Außerdem wird nur das Vorabentscheidungsersuchen den Parteien des Ausgangsrechtsstreits und den anderen Beteiligten i.S.d. Art. 23 EuGH-Satzung, insbesondere den Mitgliedstaaten, übermittelt, um ihre etwaigen schriftlichen Erklärungen einzuholen.[178] Da das Vorabentscheidungsersuchen in alle Amtssprachen der Europäischen Union übersetzt werden muss, sollte es **einfach, klar und präzise abgefasst** sein und keine überflüssigen Elemente enthalten.

2.79

Da der EuGH im Vorabentscheidungsverfahren bislang grundsätzlich die in der Vorlageentscheidung enthaltenen Angaben übernommen hat, einschließlich der Namensangaben und **personenbezogenen Daten**, war es Sache des vorlegenden Gerichts, in seinem Vorabentscheidungsersuchen, wenn es dies für erforderlich hielt, bestimmte Angaben unkenntlich zu machen oder die von dem Ausgangsrechtsstreit betroffenen Personen oder Einrichtungen zu anonymisieren.[179] Nach Art. 95 Abs. 1 EuGH-VerfO wahrte der Gerichtshof diese **Anonymität** in dem bei ihm anhängigen Verfahren, wenn vom vorlegenden Gericht Anonymität gewährt worden war. Aufgrund der vom EuGH geübten Praxis, die Verfahren mit den Namen der Parteien zu bezeichnen, war es wegen der abweichenden Praxis vor deutschen ArbG regelmäßig geboten – wenn nicht sogar zwingend –, den Vorlagebeschluss wie eine zur Veröffentlichung bestimmte Entscheidung zu anonymisieren.[180] Es bestand sonst das erhebliche Risiko, dass die in der Vorlage namentlich benannten Beschäftigten nur noch schwer Beschäftigung finden. Im Übrigen bot es sich an, andere persönliche Daten – wie Gehalt oder genaue Tätigkeit – im Vorlagebeschluss zu anonymisieren oder gleich aus dem Beschluss zu lassen. Die Regelung des Art. 95 EuGH-VerfO ist inzwischen in Vorabentscheidungsersuchen weitgehend obsolet. **Seit dem 1.7.2018** wird der Gerichtshof in allen anhängig gemachten Vorabentscheidungssachen in allen seinen veröffentlichten Dokumenten die Namen der an der Rechtssache beteiligten natürlichen Personen **durch Anfangsbuchstaben** ersetzen. Damit sowohl der Schutz der Daten von an Vorabentscheidungssachen beteiligten natürlichen Personen als auch die Information der Bürger und die Öffentlichkeit der Justiz gewährleistet werden, wird der Gerichtshof auch alle ergänzenden Details, anhand derer die Betroffenen identifiziert werden können, weglassen. Zählen in der Rechtssache natürliche und juristische Personen zu den Parteien, wird die Rechtssache den Namen einer der juristischen Personen als Bezeichnung führen. In anderen Fällen wird der Sache ein Unterscheidungsbegriff beigefügt – etwa „Geschlechtsumwandlung

2.80

---

177 *Pechstein*, EU-Prozessrecht, Rz. 857.
178 Empfehlungen ABl. C 439 v. 25.11.2016, S. 1.
179 Nr. 21 der Empfehlungen ABl. C 439 v. 25.11.2016, S. 1.
180 Zutreffend BAG v. 16.11.2017 – 2 AZR 90/17 (A), ArbRB 2018, 66 = NZA 2018, 245, das Verfahren ist wegen der Anonymisierung beim EuGH unter dem Aktenzeichen C-57/18 und dem Namen „AX" anhängig sowie BAG v. 28.7.2016 – 2 AZR 746/14 (A), ArbRB 2017, 67 = NZA 2017, 388, das Verfahren war wegen der Anonymisierung beim EuGH unter dem Aktenzeichen C-68/17 und dem Namen „IR" anhängig; zu eng *Latzel/Streinz*, NJOZ 2013, 97 (104): Minderjährige oder Tatverdächtige.

und Ruhestandsrente".[181] Da jedoch weiterhin die juristische Person genannt wird, wird es sich insoweit weiterhin nach deutschem Rechtsverständnis anbieten, diese zu anonymisieren. Dies müsste dann allerdings weiterhin im Vorlagebeschluss nach Art. 95 EuGH-VerfO erfolgen.

2.81 Der Beschluss sollte nach der Vorstellung des EuGH **nicht mehr als ungefähr zehn Seiten** füllen, um den Rahmen eines Vorabentscheidungsersuchens angemessen darzustellen. Trotz der Knappheit muss das Ersuchen jedoch ausführlich genug sein und alle relevanten Informationen enthalten, damit der Gerichtshof und die zur Einreichung von Erklärungen Berechtigten den tatsächlichen und rechtlichen Rahmen des Ausgangsrechtsstreits richtig erfassen können.[182] Dabei empfiehlt es sich, die Vorlage nicht mit der Wiedergabe des EuGH bekannter Entscheidungen und unionsrechtlicher Normen zu belasten, sondern vielmehr **nationale Umstände und Bestimmungen** sowie die **nationale Rechtsprechung** darzustellen. Die unionsrechtlichen Bestimmungen sind dem EuGH bekannt und bedürfen nur einer konkreten Bezeichnung.

2.82 Es geht im Vorlagebeschluss darum, bei den Richtern des EuGH **Verständnis für die Mechanismen des nationalen Rechts** zu wecken. Die Darstellung sollte sich daher nicht darin erschöpfen, die Rechtsvorschriften im Wortlaut samt Fundstellen anzugeben. Vielmehr sind Zusammenhänge zu erläutern und die rechtspolitischen Ziele des nationalen Rechtes hervorzuheben. Sodann sollte die einschlägige Rechtsprechung samt Fundstellen kurz dargestellt werden. Es kommt vor, dass der EuGH Nebenbemerkungen zum nationalen Recht missversteht und dem nationalen Gericht mehr beantwortet, als es gefragt hat.[183] Es ist zudem stets zu beachten, dass der EuGH nicht dieselben **Recherchemöglichkeiten** hat wie der nationale Richter.

2.83 Das Gericht muss sich außerdem zur **Erforderlichkeit des Vorabentscheidungsverfahrens** äußern. Überdies ist hervorzuheben, dass die Angaben in den Vorlageentscheidungen nicht nur dem Gerichtshof sachdienliche Antworten ermöglichen, sondern auch den Regierungen der Mitgliedstaaten und den anderen Beteiligten die Möglichkeit geben sollen, gem. Art. 23 EuGH-Satzung Erklärungen abzugeben. Der Gerichtshof hat darüber zu wachen, dass diese Möglichkeit gewahrt wird, wobei zu berücksichtigen ist, dass den Beteiligten aufgrund der genannten Vorschrift nur die Vorlageentscheidungen – zusammen mit einer Übersetzung in die Amtssprache oder die Amtssprachen des jeweiligen Mitgliedstaats – zugestellt werden, nicht aber etwaige dem Gerichtshof vom vorlegenden Gericht übermittelte nationale Verfahrensakten.[184]

2.84 Das Vorabentscheidungsersuchen und die relevanten Unterlagen[185] sind dem Gerichtshof unmittelbar vom nationalen Gericht, das ihn anruft, zu übersenden. Die Sendung ist per **Einschreiben an die Kanzlei des Gerichtshofs**[186] zu richten. Bis zur Zustellung der Entscheidung über das Vorabentscheidungsersuchen an das vorlegende Gericht bleibt die Kanzlei des Gerichtshofs mit diesem Gericht in Verbindung und übermittelt ihm Kopien der Verfahrensunterlagen. Der Gerichtshof übermittelt dem vorlegenden Gericht seine Entscheidung. Er begrüßt es, wenn dieses Gericht ihn darüber informiert, wie es auf die Vorabentscheidung im Ausgangsrechtsstreit reagieren wird, und wenn es ihm seine Endentscheidung übermittelt.[187]

4. Verfahren beim nationalen Gericht

2.85 Das nationale Gericht bleibt zwar, insbesondere im Rahmen eines Ersuchens um Prüfung der Gültigkeit, zuständig, **einstweilige Maßnahmen** zu erlassen;[188] die Einreichung eines Vorabentschei-

---

181 Pressemitteilung des Gerichtshofs Nr. 96/18 v. 29.6.2018.
182 Empfehlungen ABl. C 439 v. 25.11.2016, S. 1.
183 *Latzel/Streinz*, NJOZ 2013, 97 (105 m.w.N.).
184 EuGH v. 27.11.2012 – C-370/12 – Pringle, NJW 2013, 29 Rz. 85.
185 Insbesondere gegebenenfalls die Verfahrensakten oder Kopien davon.
186 Rue du Fort Niedergrünewald, L-2925 Luxemburg.
187 ABl. C 439 v. 25.11.2016, S. 1.
188 Nr. 23 der Empfehlungen ABl. C 439 v. 25.11.2016, S. 1.

dungsersuchens führt jedoch in der Hauptsache dazu, dass das nationale **Verfahren bis zur Entscheidung des Gerichtshofs ausgesetzt** ist.[189] Im Interesse eines ordnungsgemäßen Ablaufs des Vorabentscheidungsverfahrens vor dem Gerichtshof und zur Gewährleistung seiner praktischen Wirksamkeit ist das vorlegende Gericht gehalten, den Gerichtshof über alle Verfahrensschritte zu unterrichten, die sich auf die Vorlage auswirken können.[190] Nach Art. 100 EuGH-VerfO bleibt der Gerichtshof mit dem Vorabentscheidungsersuchen befasst, solange das vorlegende Gericht es nicht „zurückgenommen" hat. Die Rücknahme eines Ersuchens kann bis zur Bekanntgabe des Termins der Urteilsverkündung an die in Art. 23 EuGH-Satzung bezeichneten Beteiligten berücksichtigt werden. Eine sog. Rücknahme kommt in Betracht, wenn sich das Verfahren im Mitgliedstaat prozessual – etwa durch gerichtlichen Vergleich oder Anerkenntnis – erledigt. Eine sonstige Rücknahme der Frage wegen vermeintlich besserer unionsrechtlicher Erkenntnis des vorlegenden Gerichtes kommt allenfalls in Betracht, wenn der Gerichtshof die Vorlagefragen in einem anderen Verfahren zwischenzeitlich beantwortet hat.[191]

Das nationale Gericht setzt das Verfahren nach **§ 148 ZPO analog** aus und legt dem EuGH die Frage vor. Die Aussetzung kann im arbeitsgerichtlichen Verfahren durch den Vorsitzenden allein erfolgen, § 55 Abs. 1 Nr. 8 ArbGG. Es empfiehlt sich aber, jedenfalls die Vorlagefrage(n) gemeinsam mit den ehrenamtlichen Richtern zu beraten und zu beschließen. Da zudem eine Anhörung der Parteien geboten ist, liegt es nahe, die Vorlage aus einer mündlichen Verhandlung heraus zu beschließen, § 55 Abs. 1 Eingangssatz ArbGG. Jedenfalls bei der Entscheidungserheblichkeit können die ehrenamtlichen Richter ihren Beitrag leisten. Die Bedeutung der Vorlagefrage geht zudem erheblich über § 53 Abs. 1 Satz 1 ArbGG hinaus. Das **BAG** entscheidet und unterschreibt daher die Vorlageentscheidung auch mit den jeweils bestimmten ehrenamtlichen Richtern des Senats.[192]

2.86

Es ist vor deutschen Gerichten üblich, einen **Vorlage- und Aussetzungsbeschluss** zu fassen.[193] Beide Beschlüsse können auch in einen Beschluss zusammengefasst werden.[194] Die Parteien sind vor dem Aussetzungs- und Vorlagebeschluss jedenfalls im arbeitsgerichtlichen Verfahren **anzuhören**, soweit keine Vorlagepflicht besteht. Denn nur dann kann das nationale Gericht sein Ermessen über eine mögliche Vorlage ausüben. Nach **Art. 103 Abs. 1 GG** haben die Parteien zwar keinen Anspruch auf die vorherige Durchführung einer mündlichen Verhandlung, dennoch ist das Gericht verpflichtet, die Beteiligten des Ausgangsverfahrens über eine von ihm erwogene Aussetzung so rechtzeitig in Kenntnis zu setzen, so dass sie hierzu rechtzeitig Stellung nehmen können. Zwar haben die Parteien die Möglichkeit, sich beim EuGH zu äußern. Es geht aber um die Aussetzung und Vorlage als solche.[195] Vielleicht wollen die Parteien in diesem Fall auch einen Vergleich schließen. Insoweit gilt nichts anderes als bei sonstigen Aussetzungsbeschlüssen. Die Anforderungen des § 148 ZPO treten hinter den Anforderungen des Art. 267 AEUV zurück. Maßgeblich sind allein die dortigen Anforderungen. § 148 ZPO ist nur für das Verfahren, nicht aber die Entscheidungsparameter maßgeblich.

2.87

Hat ein Gericht in einer **ähnlichen Frage** zu entscheiden wie ein anderes vorlegendes Gericht, kann es das Verfahren ebenfalls **nach § 148 ZPO aussetzen**.[196] Eine analoge Anwendung der Norm ist nicht erforderlich, da die Vorabentscheidung in einer anderen Rechtssache ein Rechtsverhältnis im Sinne des Gesetzes ist. Dagegen lässt sich nicht anführen, die Beteiligungsrechte der

2.88

---

189 Nr. 23 der Empfehlungen ABl. C 439 v. 25.11.2016, S. 1.
190 Nr. 24, 25 der Empfehlungen ABl. C 439 v. 25.11.2016, S. 1.
191 Vgl. Schwab/Weth/*Kerwer*, ArbGG, 5. Aufl. 2018, Verf. BVerfG/EuGH, Rz. 139.
192 Vgl. BAG v. 17.11.2010 – 7 AZR 443/09 (A), ArbRB 2013, 4 = NZA 2011, 34.
193 *Pechstein*, EU-Prozessrecht, Rz. 878.
194 Vgl. BAG v. 16.11.2017 – 2 AZR 90/17 (A), ArbRB 2018, 66 = NZA 2018, 245, wo der Aussetzungstenor und seine Begründung nicht wiedergegeben sind.
195 Grabitz/Hilf/Nettesheim/*Karpenstein*, Art. 267 AEUV Rz. 30; kritisch *Pechstein*, EU-Prozessrecht, Rz. 882.
196 BAG v. 20.5.2010 – 6 AZR 481/09 (A), NZA 2011, 710.

einzelnen Partei beim EuGH seien hierdurch gefährdet oder der Sachverhalt bleibe unvollständig.[197] Das Verfahren beim EuGH zur Auslegung des Unionsrechts ist objektiv. Insoweit gelten dieselben **prozessökonomischen Grundsätze** wie bei Art. 100 GG.[198]

2.89 Gegen den Vorlage- und Aussetzungsbeschluss dürfte die **Beschwerde gem. § 252 ZPO** statthaft sein.[199] Sie kann indes nur in **krassen Ausnahmefällen** Erfolg haben, um die allein vom Gericht zu beurteilende Entscheidungserheblichkeit nicht zu konterkarieren. Der Vorlage- und Aussetzungsbeschluss könnte etwa dann aufzuheben sein, wenn das vorlegende Gericht aufgrund einer offensichtlich fehlerhaften materiell-rechtlichen Beurteilung des Streitstoffs zur Annahme der Entscheidungserheblichkeit der Auslegung des Unionsrechts gelangt ist oder die Vorlagefragen aufgrund eines offenkundigen und schwerwiegenden sachlichen Aufklärungsmangels oder sonstigen schweren Verfahrensfehlers gestellt worden sind.[200]

2.90 Der EuGH ist hier noch etwas kritischer: Bei der Anwendung nationaler Rechtsvorschriften über das Recht, gegen eine Entscheidung, mit der ein Vorabentscheidungsersuchen beschlossen wird, Rechtsmittel einzulegen, die dadurch gekennzeichnet sind, dass das Ausgangsverfahren insgesamt beim vorlegenden Gericht anhängig bleibt und nur die Vorlageentscheidung Gegenstand eines beschränkten Rechtsmittels ist, kann die dem erstinstanzlichen Gericht durch Art. 267 AEUV eingeräumte selbständige Befugnis, den EuGH anzurufen, in Frage gestellt sein. Das ist der Fall, wenn das Berufungsgericht dadurch, dass es die Entscheidung, mit der das Vorabentscheidungsersuchen beschlossen wird, abändert, außer Kraft setzt und dem Gericht, das diese Entscheidung erlassen hat, aufgibt, das ausgesetzte Verfahren fortzusetzen, das vorlegende Gericht daran hindern könnte, von der ihm durch den Vertrag eingeräumten Befugnis zur Anrufung des EuGH Gebrauch zu machen.[201] Art. 267 AEUV und Art. 94 EuGH-VerfO sind im Licht von Art. 47 Abs. 2 und Art. 48 Abs. 1 GRC dahin auszulegen, dass sie einer nationalen Rechtsvorschrift entgegenstehen, die so ausgelegt wird, dass sie das vorlegende Gericht verpflichtet, sich in der anhängigen Rechtssache **wegen Befangenheit abzulehnen**, weil es in seinem Vorabentscheidungsersuchen den Sachverhalt und den rechtlichen Rahmen dieser Rechtssache dargelegt hat.[202]

VIII. Verfahren beim EuGH

2.91 Das Verfahren vor dem Gerichtshof gliedert sich in der Regel in ein **schriftliches** und ein nachfolgendes **mündliches Verfahren**.[203] Für beide ist zunächst die Sprachenregelung von Bedeutung.

1. Sprachenregelung

2.92 Es ist deutlich zwischen der Verfahrenssprache, für die die Art. 36 ff. EuGH-VerfO gelten, und der internen Arbeitssprache des Gerichtshofs zu unterscheiden. Bei der **internen Arbeitssprache** des Gerichtshofs handelt es sich um die Sprache, deren sich die Mitglieder des Gerichtshofs sowie dessen Bedienstete für die praktischen Bedürfnisse der internen Verständigung und der gemeinsamen Arbeit bedienen. Derzeit ist dies das **Französische**. Folglich werden Aktenstücke, die in einer anderen Sprache als dem Französischen vorgelegt werden, für die Zwecke der internen Arbeit des Gerichtshofs von dessen Dienststellen ins Französische übersetzt.

2.93 **Verfahrenssprachen sind alle Amtssprachen** der Union. Jedoch hat jede Rechtssache „ihre" eigene Sprache. Es muss eine Sprache als Verfahrenssprache gewählt werden. Eine Ausnahme von

---

197 So aber *Latzel/Streinz*, NJOZ 2013, 97 (98); *Foerster*, EuZW 2011, 901.
198 *Piekenbrock*, EuR 2011, 317 (338).
199 Vgl. Schwab/Weth/*Kerwer*, ArbGG, 5. Aufl. 2018, Verf. BVerfG/EuGH, Rz. 128 m.w.N.
200 Vgl. Grabitz/Hilf/Nettesheim/*Karpenstein*, Art. 267 AEUV Rz. 43.
201 EuGH v. 16.12.2008 – C-210/06 – CARTESIO, Slg. 2008, I-9641.
202 EuGH v. 5.7.2016 – C-614/14 – Ognyanov Rz. 26.
203 Art. 20 Abs. 1 EuGH-Satzung.

diesem Grundsatz besteht in verbundenen Rechtssachen, falls für jede dieser Rechtssachen eine andere Verfahrenssprache gilt. In diesem Fall sind alle fraglichen Sprachen als Verfahrenssprachen zugelassen. Die Wahl der Verfahrenssprache ist in Art. **36 EuGH-VerfO** eingehend geregelt. In **Vorabentscheidungsverfahren** ist Verfahrenssprache immer die **Sprache des nationalen Gerichts**, das den Gerichtshof angerufen hat, Art. 37 Abs. 3 EuGH-VerfO. Auf gebührend begründeten Antrag einer Partei des Ausgangsrechtsstreits kann nach der Anhörung der Gegenpartei des Ausgangsrechtsstreits und des Generalanwalts eine andere der in Art. 36 EuGH-VerfO genannten Sprachen für das mündliche Verfahren zugelassen werden.[204] Das nationale Gericht muss also keine Übersetzungsarbeit leisten.[205] Die Mitgliedstaaten dürfen sich ihrer eigenen Sprache bedienen, wenn sie einem Klage- oder einem Rechtsmittelverfahren als Streithelfer beitreten oder sich an einem Vorabentscheidungsverfahren beteiligen. Die **Richter und Generalanwälte** unterliegen nicht dieser Regelung über die Verfahrenssprache. Es steht ihnen frei, in der Sitzung Fragen in einer Amtssprache der Union zu stellen, die nicht Verfahrenssprache ist.

2. Schriftliches Verfahren

Art. 23 EuGH-Satzung schreibt vor, dass das Gericht des Mitgliedstaats, das ein Verfahren aussetzt und den Gerichtshof anruft, diese Entscheidung dem Gerichtshof zu übermitteln hat. Der Kanzler des Gerichtshofs stellt diese Entscheidung den beteiligten Parteien, den Mitgliedstaaten und der Kommission zu und außerdem den Organen, Einrichtungen und sonstigen Stellen der Union, von denen die Handlung, deren Gültigkeit oder Auslegung streitig ist, ausgegangen ist.

Binnen zwei Monaten nach dieser Zustellung[206] können die Parteien, die Mitgliedstaaten, die Kommission und gegebenenfalls die Organe, Einrichtungen oder sonstigen Stellen der Union, von denen die Handlung, deren Gültigkeit oder Auslegung streitig ist, ausgegangen ist, beim Gerichtshof **Schriftsätze einreichen oder schriftliche Erklärungen abgeben**. Jeder Schriftsatz ist bei der Kanzlei des Gerichtshofs einzureichen, damit er gem. Art. 21 EuGH-VerfO in ein Register eingetragen werden kann. Da das Vorabentscheidungsverfahren kein streitiges Verfahren ist, unterliegt die Einreichung der schriftlichen Erklärungen durch die in Art. 23 EuGH-Satzung genannten Beteiligten keinen besonderen Formerfordernissen. Wird durch den Gerichtshof ein Vorabentscheidungsersuchen zugestellt, können die Beteiligten daher, wenn sie es wünschen, einen Schriftsatz einreichen, in dem sie zum Ersuchen des vorlegenden Gerichts Stellung nehmen. Der **Zweck** dieses Schriftsatzes liegt darin, dem Gerichtshof Aufschluss über die Tragweite dieses Ersuchens und insbesondere darüber zu verschaffen, wie die vom vorlegenden Gericht gestellten Fragen zu beantworten sind. Die sicherste und schnellste Art, ein Verfahrensschriftstück einzureichen, ist die Einreichung im Wege der Anwendung **e-Curia**. Diese Anwendung, die den drei Gerichten, aus denen sich der Gerichtshof der Europäischen Union zusammensetzt, gemeinsam ist, steht seit 2011 zur Verfügung. Sie ermöglicht es, Verfahrensschriftstücke auf ausschließlich elektronischem Weg einzureichen und zuzustellen, ohne dass es einer Erstellung beglaubigter Kopien des dem Gerichtshof übermittelten Schriftstücks oder dessen zusätzlicher Übersendung auf dem Postweg bedarf. Die Modalitäten des Zugangs zur Anwendung e-Curia und die Voraussetzungen für ihre Nutzung sind im Beschluss des Gerichtshofs vom 13. September 2011 über die Einreichung und die Zustellung von Verfahrensschriftstücken im Wege der Anwendung e-Curia sowie in den Voraussetzungen für die Nutzung, auf die der Beschluss verweist, genau beschrieben. Wird ein Verfahrensschriftstück dem Gerichtshof nicht über diese Anwendung übermittelt, kann es auch auf dem Postweg an den Gerichtshof gerichtet werden. Die das Schriftstück enthaltende Sendung ist an die **Kanzlei des Gerichtshofs, Rue du Fort Niedergrünewald – L-2925 Luxemburg**, zu richten. In diesem Zusammenhang ist darauf hinzuweisen, dass nach Art. 57 Abs. 7 der EuGH-VerfO für die Berechnung der Verfahrensfristen allein der Tag und die Uhrzeit des Eingangs

---

204 Art. 37 Abs. 3 Satz 1.
205 *Latzel/Streinz*, NJOZ 2013, 97 (101).
206 Zuzüglich der pauschalen Entfernungsfrist von zehn Tagen.

des Originals bei der Kanzlei maßgebend sind. Um eine Verfristung zu vermeiden, wird daher nachdrücklich empfohlen, die fragliche Sendung einige Tage vor Ablauf der für die Einreichung des Schriftstücks gesetzten Frist per Einschreiben oder per Eilbrief zu versenden.[207]

2.96 In den Fällen nach Art. 267 AEUV stellt der Kanzler des Gerichtshofs die Entscheidung des Gerichts des Mitgliedstaats darüber hinaus den **Vertragsstaaten des Abkommens über den Europäischen Wirtschaftsraum**, die nicht Mitgliedstaaten sind, und der in jenem Abkommen genannten EFTA-Überwachungsbehörde zu, die binnen zwei Monaten nach der Zustellung beim Gerichtshof Schriftsätze einreichen oder schriftliche Erklärungen abgeben können, wenn einer der Anwendungsbereiche des Abkommens betroffen ist, Art. 96 EuGH-VerfO. Sieht ein vom Rat mit einem oder mehreren Drittstaaten über einen bestimmten Bereich geschlossenes Abkommen vor, dass diese Staaten Schriftsätze einreichen oder schriftliche Erklärungen abgeben können, wenn ein Gericht eines Mitgliedstaats dem Gerichtshof eine in den Anwendungsbereich des Abkommens fallende Frage zur Vorabentscheidung vorgelegt hat, so wird die Entscheidung des Gerichts des Mitgliedstaats, die eine solche Frage enthält, auch den betreffenden Drittstaaten zugestellt, die binnen zwei Monaten nach der Zustellung beim Gerichtshof Schriftsätze einreichen oder schriftliche Erklärungen abgeben können.

2.97 Art. 96 EuGH-VerfO sieht vor, dass vor dem Gerichtshof Erklärungen im Wesentlichen abgegeben werden von den Parteien des Ausgangsrechtsstreits, den Mitgliedstaaten, der Europäischen Kommission und den Organen, von denen die Handlung, deren Gültigkeit oder Auslegung streitig ist, ausgegangen ist. Die **Nichtteilnahme am schriftlichen Verfahren** hindert nicht an der Teilnahme am mündlichen Verfahren. Der Präsident des Gerichtshofs kann auf Antrag des vorlegenden Gerichts oder ausnahmsweise von Amts wegen, nach Anhörung des Berichterstatters und des Generalanwalts, entscheiden, eine Vorlage zur Vorabentscheidung einem beschleunigten Verfahren unter Abweichung von den Bestimmungen dieser Verfahrensordnung zu unterwerfen, wenn die Art der Rechtssache ihre rasche Erledigung erfordert. In diesem Fall bestimmt der Präsident umgehend den Termin für die mündliche Verhandlung, der den in Art. 23 EuGH-Satzung bezeichneten Beteiligten mit der Zustellung des Vorabentscheidungsersuchens mitgeteilt wird, Art. 105 EuGH-VerfO.

2.98 Der **Zweck der schriftlichen Erklärungen** besteht darin, Antworten des Gerichtshofs auf die aufgeworfenen Fragen vorzuschlagen und knapp, aber vollständig zu begründen. Es ist wichtig, dass dem Gerichtshof die tatsächlichen Umstände des Ausgangsverfahrens sowie die einschlägigen Vorschriften des fraglichen nationalen Rechts zur Kenntnis gebracht werden. Es ist darauf hinzuweisen, dass kein Betroffener die Möglichkeit hat, schriftlich auf die schriftlichen Erklärungen der anderen Betroffenen zu entgegnen. Auf die schriftlichen Erklärungen der anderen Betroffenen kann in der mündlichen Verhandlung entgegnet werden. Im Hinblick darauf werden die schriftlichen Erklärungen nach Abschluss des schriftlichen Verfahrens und Anfertigung der notwendigen Übersetzungen allen Betroffenen übermittelt. Es wird dringend empfohlen, schriftliche Erklärungen einzureichen, da die **Redezeit** in der mündlichen Verhandlung streng begrenzt ist.[208] Jedoch verbleibt den Betroffenen, die keine schriftlichen Erklärungen abgegeben haben, das Recht, in der mündlichen Verhandlung, sofern eine solche stattfindet, mündliche Ausführungen, insbesondere zur Entgegnung auf schriftlich vorgebrachte Argumente, zu machen.

2.99 Ist der Gerichtshof der Auffassung, dass eine Rechtssache keine neue Rechtsfrage aufwirft, so kann er nach Anhörung des Generalanwalts beschließen, dass **ohne Schlussanträge des Generalanwalts** über die Sache entschieden wird, Art. 20 Abs. 5 EuGH-Satzung. Ansonsten stellt der Generalanwalt Schlussanträge (Rz. 2.104, 2.105). Er wird diese in **völliger Unparteilichkeit und Unabhängigkeit** zu bestimmten dem Gerichtshof unterbreiteten Rechtssachen öffentlich stellen und begründen, um das Gericht bei der Erfüllung seiner Aufgaben zu unterstützen. Die Rolle und Aufgaben der Ge-

---

207 Vgl. die praktischen Anweisungen für die Parteien in den Rechtssachen vor dem Gerichtshof, ABl. L 31/1 v. 31.1.2014.
208 Nr. 51 Anweisungen ABl. L 31/1 v. 31.1.2014.

neralanwälte beschreibt Art. 252 AEUV. Für das Verständnis der Entscheidungen sind die Schlussanträge oft sehr förderlich.[209]

Die **Parteien des Ausgangsrechtsstreits** sind diejenigen, die vom vorlegenden Gericht gemäß den nationalen Verfahrensvorschriften als solche bezeichnet werden. Hinsichtlich der **Vertretung** und des **persönlichen Erscheinens** der Parteien des Ausgangsrechtsstreits trägt der Gerichtshof den vor dem vorlegenden Gericht geltenden Verfahrensvorschriften Rechnung. In Vorabentscheidungsverfahren gilt der Grundsatz des **Anwaltszwangs** in einer etwas modifizierten Form. Jede Person, die im Ausgangsverfahren vor dem vorlegenden Gericht befugt ist, einen Verfahrensbeteiligten zu vertreten und/oder als dessen Beistand aufzutreten, kann dies auch vor dem Gerichtshof tun, Art. 19 EuGH-Satzung. Wenn somit die Verfahrensvorschriften, die auf das Verfahren vor dem vorlegenden Gericht anzuwenden sind, keine Vertretung vorschreiben, können die **Beteiligten** des Ausgangsverfahrens selbst schriftliche und mündliche Ausführungen im Vorabentscheidungsverfahren machen. Bestehen Zweifel, ob eine Person eine Partei des Ausgangsrechtsstreits nach dem nationalen Recht vertreten kann, so kann sich der Gerichtshof beim vorlegenden Gericht über die anwendbaren Verfahrensvorschriften erkundigen.

2.100

3. Mündliche Verhandlung

a) Durchführung der mündlichen Verhandlung

Die mündliche Verhandlung ist nach der neuen Verfahrensordnung **kein Zwang** mehr.[210] Nach der Verfahrensordnung kann der Gerichtshof von einer mündlichen Verhandlung absehen. Ist er der Auffassung, dass eine Rechtssache keine neue Rechtsfrage aufwirft, so kann er gemäß der Satzung nach Anhörung des Generalanwalts beschließen, dass ohne Schlussanträge des Generalanwalts über die Sache entschieden wird.[211] Etwaige mit Gründen versehene Anträge auf die Durchführung einer mündlichen Verhandlung sind innerhalb von drei Wochen, nachdem die Bekanntgabe des Abschlusses des schriftlichen Verfahrens an die Parteien oder die in Art. 23 EuGH-Satzung bezeichneten Beteiligten erfolgt ist, zu stellen. Diese Frist kann vom Präsidenten verlängert werden. Der Gerichtshof kann auf Vorschlag des Berichterstatters und nach Anhörung des Generalanwalts entscheiden, keine mündliche Verhandlung abzuhalten, wenn er sich durch die im schriftlichen Verfahren eingereichten Schriftsätze oder Erklärungen für ausreichend unterrichtet hält, um eine Entscheidung zu erlassen, Art. 76 Abs. 2 EuGH-VerfO. Der vorstehende Absatz findet keine Anwendung, wenn ein mit Gründen versehener Antrag auf mündliche Verhandlung von einem in Art. 23 EuGH-Satzung bezeichneten Beteiligten, der nicht am schriftlichen Verfahren teilgenommen hat, gestellt worden ist.

2.101

b) Zweck der mündlichen Verhandlung

In Vorabentscheidungsverfahren und in anderen Verfahren, in denen das schriftliche Verfahren die Einreichung nur eines Schriftsatzes umfasst, soll die mündliche Verhandlung es den Verfahrensbeteiligten in erster Linie ermöglichen, auf die **Argumente zu entgegnen**, die von anderen Beteiligten in ihren schriftlichen Erklärungen vorgebracht worden sind.

2.102

c) Gang der mündlichen Verhandlung

Nach dem Abschluss des schriftlichen Verfahrens und der Anfertigung der Übersetzungen legt der **Berichterstatter** in der allgemeinen Sitzung, an der alle Mitglieder des Gerichtshofs teilnehmen,

2.103

---

209 Schwab/Weth/*Kerwer*, ArbGG, 5. Aufl. 2018, Verf. BVerfG/EuGH, Rz. 146; Streinz/*Huber*, Art. 252 AEUV Rz. 9: „unverzichtbar".
210 Art. 76 EuGH-VerfO.
211 Art. 20 Abs. 5 EuGH-Satzung.

den **Vorbericht** vor. In diesem Bericht, der den Beteiligten nicht zugänglich ist, schlägt der Berichterstatter in Abstimmung mit dem Generalanwalt die vom Gerichtshof zu treffenden Verfahrensmaßnahmen und/oder vorbereitenden Maßnahmen vor. Der Gerichtshof gibt einem **Vertagungsantrag** nur aus schwerwiegenden Gründen statt. Außer bei der Anhörung im Rahmen des Verfahrens der einstweiligen Anordnung müssen die Prozessvertreter beim Auftreten vor dem Gerichtshof eine **Robe** tragen. Der Gerichtshof hält immer einige Roben für Prozessvertreter zur Verfügung, die ihre Robe vergessen haben.

2.104 Das mündliche Verfahren umfasst u.a. die **mündlichen Ausführungen der Beteiligten** in der Sitzung und die in öffentlicher Sitzung vorgetragenen **Schlussanträge des Generalanwalts**. Die aktive Mitwirkung der Prozessvertreter der Beteiligten am Verfahren endet mit den mündlichen Verhandlungen. Unter Vorbehalt der Möglichkeit, das Verfahren aus außerordentlichen Gründen wieder zu eröffnen, können Erklärungen der Beteiligten im Anschluss an die Schlussanträge nicht zu den Akten genommen werden.

2.105 **Vor Beginn der Sitzung** bittet der Gerichtshof die Prozessvertreter üblicherweise zu einer kurzen Unterredung über die Gestaltung der Sitzung. Eventuell weisen der Berichterstatter und/oder der Generalanwalt dabei auf andere Punkte hin, deren Behandlung in den mündlichen Ausführungen wünschenswert erscheint. Die **Sitzung beginnt** grundsätzlich mit den mündlichen Ausführungen der Prozessvertreter. Daran schließen sich die Fragen der Mitglieder des Gerichtshofs an. Die Sitzung endet erforderlichenfalls mit kurzen Entgegnungen der Prozessvertreter, die dies wünschen.[212] Die **Schlussanträge** werden nach der Schließung der mündlichen Verhandlung gestellt. Der Präsident erklärt nach Stellung der Schlussanträge das mündliche Verfahren für abgeschlossen, Art. 82 EuGH-VerfO.

2.106 Es kommt vor, dass die Mitglieder des Gerichtshofs die Prozessvertreter in ihren mündlichen Ausführungen **unterbrechen**, um bestimmte Punkte klären zu lassen, die ihnen besonders wichtig erscheinen. Der Präsident erklärt nach der Stellung der Schlussanträge des Generalanwalts das mündliche Verfahren für abgeschlossen.

d) Hinweise des EuGH für die mündliche Verhandlung

2.107 In der Regel ist die anfängliche **Redezeit** für jede Partei auf maximal 15 Minuten begrenzt. Soweit die Gleichbehandlung der Parteien gewährleistet ist, kann der Gerichtshof eine **Ausnahme** von dieser Regeldauer bewilligen. Dazu ist ein Antrag an den Kanzler des Gerichtshofs zu richten, der eingehend zu begründen ist und in dem anzugeben ist, wie viel Redezeit für erforderlich gehalten wird. Dieser Antrag muss spätestens zwei Wochen vor der Sitzung beim Gerichtshof eingehen, um berücksichtigt werden zu können.[213]

2.108 Die Mitglieder des Gerichtshofs folgen den mündlichen Ausführungen nicht unbedingt in der Sprache, in der sie vorgetragen werden, sondern oft in einer simultan gedolmetschten Fassung. Aus dem **Simultandolmetschen** ergeben sich Erfordernisse, deren Beachtung im Interesse der Prozessvertreter liegt. Der EuGH hat folgende **Hinweise** für die mündliche Verhandlung gegeben: Die Dolmetscher sollen dabei helfen, die Ausführungen in einem mehrsprachigen Umfeld wie dem des Gerichtshofs klar, natürlich und flüssig den übrigen Teilnehmern an der mündlichen Verhandlung zu vermitteln. Die Dolmetscher bereiten die Sitzung durch gründliches Aktenstudium sorgfältig vor. Es erschwert die Arbeit der Dolmetscher, wenn ein schnell verlesener Text simultan in eine andere Sprache übertragen werden muss. Daher ist es besser, in gemäßigtem Tempo frei und ungezwungen zu sprechen und den Text nicht zu verlesen.[214]

---

212 Höchstens fünf Minuten Dauer; Nr. 55 der Anweisungen ABl. L 31/1 v. 31.1.2014.
213 Nr. 52 der Anweisungen ABl. L 31/1 v. 31.1.2014.
214 Nr. 57 der Anweisungen ABl. L 31/1 v. 31.1.2014.

Wenn ein **schriftlich ausgefertigter Text** verlesen werden soll, empfiehlt es sich, ihn vorab der Direktion Dolmetschen des Gerichtshofs zu übermitteln: per **Fax**[215] oder **E-Mail**.[216] So kann er von den Dolmetschern in die Vorbereitungsarbeit einbezogen werden. Selbstverständlich wird das Plädoyer ausschließlich von den Dolmetschern verwendet; es wird Dritten weder mitgeteilt noch weitergegeben. Es wird in der Sitzung allein das gesprochene Wort übertragen.

2.109

Auch **handschriftliche Notizen** sind hilfreich. Sie sind den Dolmetschern vor der Sitzung in Kopie auszuhändigen. Zitate, Verweise, Zahlen, Namen, Akronyme sollen stets langsam und **deutlich ausgesprochen** werden.

2.110

IX. Entscheidung des EuGH

Die Entscheidung des EuGH im Vorabentscheidungsverfahren ergeht durch **Urteil**,[217] es sei denn, die Antwort auf eine Frage kann klar aus der Rechtsprechung abgeleitet werden oder die Beantwortung der zur Vorabentscheidung vorgelegten Frage lässt keinen Raum für vernünftige Zweifel. Dann kann der Gerichtshof auf Vorschlag des Berichterstatters und nach Anhörung des Generalanwalts jederzeit die Entscheidung treffen, durch mit Gründen versehenen **Beschluss** zu entscheiden.[218] In **Auslegungsfragen** erläutert der EuGH Tatbestand und Rechtsfolge der auszulegenden Norm und die Gründe für oder gegen eine bestimmte Auslegung. Der EuGH äußert sich nicht zum nationalen Recht und auch nicht zu den Auswirkungen seiner Auslegung auf das nationale Recht. In den Gründen legt er detaillierte Auslegungskriterien dar, um dem nationalen Gericht die Prüfung und Anwendung des nationalen Rechts zu erleichtern.[219] Legt das nationale Gericht eine **Gültigkeitsfrage** vor, erklärt der EuGH bestimmte Bestimmungen oder Rechtsakte für gültig oder ungültig. In Gültigkeitsfragen überprüft der EuGH in vollem Umfang die Rechtmäßigkeit des zu überprüfenden Rechtsaktes. Das Urteil ist zu verkünden, die in Art. 23 EuGH-Satzung bezeichneten Beteiligten werden vom Termin der Urteilsverkündung benachrichtigt.[220] Das Urteil wird mit dem Tag seiner **Verkündung** rechtskräftig.[221]

2.111

Das Vorabentscheidungsverfahren vor dem Gerichtshof ist **gerichtskostenfrei**. Der Gerichtshof entscheidet nicht über die Kosten der Parteien des beim vorlegenden Gericht anhängigen Rechtsstreits; diese Entscheidung ist Sache des vorlegenden Gerichts.

2.112

Die **Begründungen des EuGH** werden aus deutscher Sicht vielfach als kryptisch, minimalistisch und unwissenschaftlich bezeichnet. Bei der **Kritik** gilt es freilich zu beachten, dass der EuGH nur so gut entscheiden kann, wie die Vorlagefrage gefasst ist. Fehlen dort wesentliche tatsächliche Aspekte oder eine wesentliche Fragestellung, kann der EuGH nicht von sich aus hierzu Stellung nehmen. Außerdem lassen sich oft den **Schlussanträgen**, auf die der EuGH verweist, wissenschaftliche Äußerungen entnehmen. Schließlich ist zu beachten, dass das Entscheidungsgremium mit Juristen aus den unterschiedlichen Ländern der Union besetzt ist und dass in einem deutschen Vorlagefall kein deutscher Richter mitsitzen muss.

2.113

---

215 Luxemburg + 352 4303 3697.
216 interpret@curia.europa.eu.
217 Art. 36 EuGH-Satzung.
218 Art. 99 EuGH-VerfO.
219 *Pechstein*, EU-Prozessrecht, Rz. 860.
220 Art. 86 EuGH-VerfO.
221 Art. 91 EuGH-VerfO.

X. Wirkung des Urteils

1. Inhaltliche Bindung

2.114 Urteile des EuGH werden am **Tag ihrer Verkündung rechtskräftig**. Das Auslegungsurteil bindet „**inter partes**" die in derselben Sache im Ausgangsstreitverfahren beteiligten Parteien und die entscheidenden Gerichte, neben dem vorlegenden Gericht also auch die Instanzgerichte.[222] Für **andere Gerichte** ist jederzeit eine neue Vorlage mit der gleichen Frage zum EuGH möglich. Das vorlegende Gericht kann in derselben Rechtssache nicht dieselbe Auslegungsfrage erneut vorlegen.[223] Eine erneute Befassung des EuGH in derselben Angelegenheit kommt allein zur Klärung neu aufgekommener Fragen oder zur Aufklärung über Unklarheiten der Vorabentscheidung in Frage.[224] Ob Gerichte, die von der Rechtsprechung abweichen wollen, unabhängig von den Voraussetzungen des Art. 267 Abs. 3 AEUV die Frage vorlegen müssen, ist darüber hinaus umstritten.[225] Soweit die Voraussetzungen einer Vorlagepflicht bestehen, muss vorgelegt werden. Will ein letztinstanzliches Gericht von der Rechtsprechung des EuGH abweichen, muss es natürlich vorlegen.

2.115 Die **Bindungswirkung** der Entscheidung des EuGH bezieht sich allein auf die Auslegung des Unionsrechts.[226] Die Anwendung der ausgelegten Norm auf den konkreten Sachverhalt verbleibt beim nationalen Gericht. Trifft der EuGH dennoch Aussagen zur Anwendung des Unionsrechts oder des unionsrechtskonform ausgelegten nationalen Rechts auf den Einzelfall, muss eine Bindungswirkung ausscheiden. Das gilt auch dann, wenn die Vorlagefrage unklar gestellt worden ist und die Antwort eine Anwendung auf den Einzelfall erfordert. Das **vorlegende Gericht** ist an seine im Vorabentscheidungsersuchen geäußerte Auffassung nicht gebunden.[227] Die Entscheidungen des EuGH bauen insoweit ausschließlich auf der Sachlage, wie sie das vorlegende Gericht dargestellt hat, und auf der vom Gericht vorgenommenen Würdigung der Umstände auf. Nach der Aufgabentrennung zwischen den nationalen Gerichten und dem Gerichtshof der Europäischen Union ist allein das nationale Gericht für die Feststellung und Beurteilung des Sachverhalts des Ausgangsrechtsstreits zuständig.[228] Allerdings sollte von dieser Abweichungsmöglichkeit zurückhaltend Gebrauch gemacht werden, da der EuGH auf einer feststehenden Tatsachengrundlage und nicht nur rein hypothetisch befragt werden darf (vgl. Rz. 2.36 m.w.N.).

2.116 In **Gültigkeitsfragen** entsteht eine allgemeine Bindungswirkung auch für weitere Verfahren, wenn die Ungültigkeit der Norm festgestellt wurde. Das **Verwerfungsmonopol** liegt für das Unionsrecht allein beim EuGH. Bei angenommener Gültigkeit durch den EuGH entsteht jedoch keine Bindungswirkung. Denn der EuGH beschränkt sich auf die Prüfung der vorgebrachten Gründe und einiger Gründe von Amts wegen.[229] Das spiegelt sich auch in der **Tenorierung** wider, wenn der EuGH lediglich auf die Prüfung der vorgelegten Fragen abstellt.[230]

2. Zeitliche Bindung

2.117 Die Entscheidung über Auslegungsfragen im Vorabentscheidungsverfahren hat im Grunde keine zeitlichen Wirkungen, da sie keine gestaltende Rechtswirkung zwischen den Parteien entfaltet, son-

---

222 EuGH v. 24.6.1969 – 29/68 – Milch-, Fett- und Eierkontor, Slg. 1969, 165 – Rz. 3; Callies/Ruffert/Wegener, Art. 267 AEUV – Rz. 449.
223 S. auch Rz. 2.119 sowie EuGH v. 3.6.1992 – C-45/90 – Paletta I, Slg. 1992, I-3423 und 2.5.1996 – C-206/94 – Paletta II, Slg. 1996, I-2357.
224 Calliess/Ruffert/Wegener, Art. 267 AEUV Rz. 49.
225 Vgl. Rz. 2.46; Pechstein, EU-Prozessrecht, Rz. 868.
226 Dauses, Vorabentscheidungsverfahren, S. 149.
227 BAG v. 26.1.2017 – 8 AZR 848/13, Rz. 134, ArbR 2017, 336.
228 BAG v. 26.1.2017 – 8 AZR 848/13, Rz. 134, ArbR 2017, 336.
229 Dauses, Vorabentscheidungsverfahren, S. 156.
230 Pechstein, EU-Prozessrecht, Rz. 867.

dern nur auf die Auslegung des Unionsrechts erkennt.[231] Die Urteile des EuGH wirken damit grundsätzlich auch **für die Vergangenheit** (vgl. Rz. 1.155). Daraus folgt, dass die innerstaatlichen Gerichte die Vorschrift in dieser Auslegung auch auf Rechtsverhältnisse, die vor der fraglichen Entscheidung entstanden sind, anwenden müssen. Der EuGH kann die Möglichkeit, sich auf die Auslegung zu berufen, die er einer unionsrechtlichen Bestimmung gegeben hat, nur ausnahmsweise mit Wirkung für alle Betroffenen zeitlich beschränken. Für die Entscheidung über die zeitliche Begrenzung der Unanwendbarkeit einer gegen Primärrecht verstoßenden Norm ist mit Blick auf den Anwendungsvorrang des Unionsrechts und die nötige einheitliche Anwendung in den Mitgliedstaaten allein der EuGH zuständig. Äußert er sich im Rahmen eines Vorabentscheidungsersuchens zu der Frage der Rückwirkung oder zeitlichen Begrenzung seiner Antwort nicht, schließt er damit **unionsrechtlichen Vertrauensschutz** regelmäßig aus. Dafür spricht auch, wenn das vorlegende Gericht in seinem Vorabentscheidungsersuchen ausdrücklich danach gefragt hat, ob dem Vertrauen der Normunterworfenen in die Anwendung innerstaatlicher Gesetze durch eine zeitliche Begrenzung dieser Folge Rechnung getragen werden kann.[232] Die Einschränkung muss jedoch in dem Urteil selbst enthalten sein, durch das über das Auslegungsersuchen entschieden wird. Aus dem grundlegenden Erfordernis, dass das Unionsrecht in allen Fällen einheitlich anzuwenden ist, folgt, dass es allein Sache des Gerichtshofes ist, darüber zu entscheiden, ob die Geltung der von ihm vorgenommenen Auslegung in zeitlicher Hinsicht eingeschränkt werden soll.[233] Daraus folgt, dass inter partes Vertrauensschutz nur in der ersten Vorabentscheidung gewährt werden kann. Da sich die Frage des Vertrauensschutzes jedoch in Folgeverfahren anderer Parteien stellen kann, scheint eine erneute Vorlage angereichert mit der Rückwirkungsfrage – freilich nur auf den Zeitraum bezogen vor der ersten Vorlageentscheidung – nicht per se ausgeschlossen.[234] Aus der Entscheidungsbefugnis des EuGH gemäß Art. 267 AEUV folgt, dass nationale Gerichte eine Vorschrift des Unionsrechts in der vom EuGH vorgegebenen Auslegung grundsätzlich auch auf solche Rechtsverhältnisse **anwenden können und müssen**, die vor einer Auslegungsentscheidung des EuGH entstanden sind. Sonst verletzt das nationale Gericht den Grundsatz des gesetzlichen Richters, Art. 101 Abs. 1 S. 2 GG.[235] Es ist **allein Sache des EuGH**, darüber zu entscheiden, ob die Geltung der von ihm vorgenommenen Auslegung einer Norm in zeitlicher Hinsicht – entgegen der grundsätzlichen ex-tunc-Wirkung von Entscheidungen gemäß Art. 267 AEUV – ausnahmsweise eingeschränkt werden soll, etwa aufgrund der unionsrechtlichen Grundsätze der Rechtssicherheit und des Vertrauensschutzes.[236]

Bei **Auslegungsurteilen** kann in absoluten Ausnahmefällen eine **Rückwirkung** ausgeschlossen werden.[237] Das soll möglich sein, wenn die Rechtssicherheit[238] oder schwerwiegende Beeinträchtigungen dies erfordern. Es geht dabei um den **Schutz in gutem Glauben begründeter Rechtsverhältnisse**.[239] Die zeitliche Beschränkung muss sich aber unmittelbar aus dem Urteil ergeben. Es besteht die Möglichkeit, bei Ungültigkeitserklärungen die zeitlichen Wirkungen zu begrenzen.[240] Der EuGH führt hierzu aus: „Nur ganz ausnahmsweise kann der Gerichtshof aufgrund des allgemeinen unionsrechtlichen Grundsatzes der Rechtssicherheit die für die Betroffenen bestehende Möglichkeit beschränken, sich auf die Auslegung, die er einer Bestimmung gegeben hat, zu berufen, um in gutem Glauben begründete Rechtsverhältnisse in Frage zu stellen. Eine solche Beschränkung ist nur dann zulässig, wenn **zwei grundlegende Kriterien** erfüllt sind, nämlich **guter Glaube** der Be-

2.118

---

231 ErfK/*Wißmann*, Art. 267 AEUV Rz. 45.
232 BAG v. 9.9.2010 – 2 AZR 714/08, ArbRB 2011, 67 = NZA 2011, 343.
233 EuGH v. 27.3.1980 – 61/79 – Denkavit, Slg. 1980, 1205 Rz. 18.
234 A.A. *Pechstein*, EU-Prozessrecht, Rz. 874.
235 BVerfG v. 10.12.2014 – 2 BvR 1549/07, ArbRB 2015, 77 = NZA 2015, 375.
236 BVerfG v. 10.12.2014 – 2 BvR 1549/07, ArbRB 2015, 77 = NZA 2015, 375; kritisch *Wißmann*, FS für Wolfhard Kohte, 2016, S. 993.
237 *Pechstein*, EU-Prozessrecht, Rz. 873.
238 Vermeidung eines Zustands der Unsicherheit.
239 *Pechstein*, EU-Prozessrecht, Rz. 874.
240 Art. 264 Abs. 2 AEUV analog.

troffenen und die **Gefahr schwerwiegender Störungen**. Der Gerichtshof hat auf diese Lösung nur unter ganz bestimmten Umständen zurückgegriffen, namentlich wenn eine Gefahr schwerwiegender wirtschaftlicher Auswirkungen bestand, die insbesondere mit der großen Zahl von Rechtsverhältnissen zusammenhingen, die gutgläubig auf der Grundlage der als gültig betrachteten Regelung eingegangen worden waren, und wenn sich herausstellte, dass die Einzelnen und die nationalen Behörden zu einem mit dem Unionsrecht unvereinbaren Verhalten veranlasst worden waren, weil eine objektive, bedeutende Unsicherheit hinsichtlich der Tragweite der Unionsbestimmungen bestand, zu der eventuell auch das Verhalten anderer Mitgliedstaaten oder der Kommission beigetragen. Ferner rechtfertigen nach ständiger Rechtsprechung die **finanziellen Konsequenzen**, die sich aus einem im Vorabentscheidungsverfahren ergangenen Urteil für einen Mitgliedstaat ergeben könnten, für sich allein nicht die zeitliche Begrenzung der Wirkungen dieses Urteils."[241]

3. Unklarheiten und Ultra-vires-Kontrolle

2.119 **Unklarheiten** nach der Entscheidung im Vorabentscheidungsverfahren muss das nationale Gericht lösen. Art. 158 EuGH-VerfO und Art. 43 EuGH-Satzung über die Auslegung von Urteilen und Beschlüssen finden keine Anwendung auf Entscheidungen, die in Beantwortung eines Vorabentscheidungsersuchens ergehen. Es ist Sache der nationalen Gerichte, zu beurteilen, ob sie sich durch eine Vorabentscheidung für hinreichend unterrichtet halten oder ob es ihnen erforderlich erscheint, den Gerichtshof erneut anzurufen.[242] Entstehen Zweifel an der **Verfassungskonformität** der Entscheidung des Gerichtshofs bzw. des insoweit ausgelegten Unionsrechts, besteht wohl die Möglichkeit, das BVerfG nach Art. 100 Abs. 1 GG entsprechend anzurufen. Die Konturen dieses Verfahrens sind noch offen, da der Gesetzgeber der Aufforderung aus Karlsruhe nach einem entsprechenden Verfahren bislang nicht nachgekommen ist. Es könnte dann im Rahmen der verfassungsrechtlich gebotenen Identitätskontrolle zu prüfen sein, ob die durch Art. 79 Abs. 3 GG für unantastbar erklärten Grundsätze durch eine Maßnahme der Europäischen Union berührt werden. Demokratische Selbstbestimmung ist nach Auffassung des BVerfG auf die Möglichkeit, sich im eigenen Kulturraum verwirklichen zu können, besonders angewiesen bei Entscheidungen, wie sie insbesondere im Schul- und Bildungssystem, im Familienrecht, bei der Sprache, in Teilbereichen der Medienordnung und zum Status von Kirchen, Religions- und Weltanschauungsgemeinschaften getroffen werden.[243] Diese Prüfung kann – wie der Solange-Vorbehalt oder die Ultra-vires-Kontrolle – im Ergebnis dazu führen, dass Unionsrecht in Deutschland in eng begrenzten Einzelfällen für unanwendbar erklärt werden muss. Um zu verhindern, dass sich deutsche Behörden und Gerichte ohne Weiteres über den Geltungsanspruch des Unionsrechts hinwegsetzen, verlangt die europarechtsfreundliche Anwendung von Art. 79 Abs. 3 GG zum Schutz der Funktionsfähigkeit der unionalen Rechtsordnung und bei Beachtung des in Art. 100 Abs. 1 GG zum Ausdruck kommenden Rechtsgedankens aber, dass die Feststellung einer Verletzung der Verfassungsidentität dem BVerfG vorbehalten bleibt. Dies wird auch durch die Regelung des Art. 100 Abs. 2 GG unterstrichen, nach der bei Zweifeln, ob eine allgemeine Regel des Völkerrechts Rechte und Pflichten für den Einzelnen erzeugt, das BVerfG angerufen werden muss.[244] Das Thema Anwendungsvorrang bzw. unmittelbare Drittwirkung europäischer Grundrechte hat das BVerfG in seinem Beschluss vom 6.7.2010[245] thematisiert und einen Ultra-vires-Verstoß in Bezug auf das Verbot der Altersdiskriminierung verneint. Im Hinblick auf die zugrunde gelegte Rechtsprechung des Gerichtshofs sei eine Rechtsfortbildung ultra vires, die zur – allein vom BVerfG feststellbaren – Unanwendbarkeit der betreffenden Rechtsgrundsätze in Deutschland führen müsste, nicht ersichtlich. Es könne dahinstehen, ob sich die in den Entscheidungen des Gerichtshofs gefundenen Ergebnisse durch anerkannte juristische Auslegungsmethoden noch gewinnen ließen und ob gegebenenfalls beste-

---
241 EuGH v. 18.10.2012 – C-525/11 – Mednis, Rz. 42–44, Hervorhebungen diesseits.
242 Art. 104 EuGH-VerfO.
243 BVerfG v. 30.6.2009 – 2 BvE 2/08 u.a., BVerfGE 123, 267 Rz. 260.
244 BVerfG v. 15.12.2015 – 2 BvR 2735/14, BVerfGE 140, 317 Rz. 43.
245 BVerfG v. 6.7.2010 – 2 BvR 2661/06, NJW 2010, 3422.

hende Mängel offenkundig wären. Jedenfalls handele es sich um keine das Prinzip der begrenzten Einzelermächtigung in offensichtlicher und strukturwirksamer Weise verletzende Überschreitung der durch Zustimmungsgesetz auf die Europäische Union übertragenen Hoheitsrechte.[246] Die Entscheidungen *Egenberger*[247] und *IR*[248] werden vor diesem Hintergrund erheblich in verfassungsrechtlichen Zweifel gezogen.[249]

XI. Gerichtsorganisation im Vorabentscheidungsverfahren

Für das **Verständnis** von Entscheidungen des EuGH auch in Vorabentscheidungsverfahren ist es nicht unerheblich, in welcher **Besetzung** entschieden wurde. Nach Art. 16 EuGH-Satzung bildet der Gerichtshof aus seiner Mitte Kammern mit drei und mit fünf Richtern. Die Richter wählen aus ihrer Mitte die Präsidenten der Kammern. Die Präsidenten der Kammern mit fünf Richtern werden für drei Jahre gewählt.

2.120

Die **Große Kammer** ist mit fünfzehn Richtern besetzt. Den Vorsitz führt der **Präsident des Gerichtshofs**. Der Großen Kammer gehören außerdem der Vizepräsident des Gerichtshofs sowie nach Maßgabe der Verfahrensordnung drei der Präsidenten der Kammern mit fünf Richtern und weitere Richter an. Der Gerichtshof tagt als Große Kammer, wenn ein am Verfahren beteiligter Mitgliedstaat oder ein am Verfahren beteiligtes Unionsorgan dies beantragt. Der Gerichtshof tagt als **Plenum**, wenn er gem. Art. 228 Abs. 2, 245 Abs. 2, 247 oder Art. 286 Abs. 6 AEUV befasst wird. Außerdem kann der Gerichtshof, wenn er zu der Auffassung gelangt, dass eine Rechtssache, mit der er befasst ist, von außergewöhnlicher Bedeutung ist, nach Anhörung des Generalanwalts entscheiden, diese Rechtssache an das Plenum zu verweisen. Aus dieser Aufgliederung folgt, dass Entscheidungen der Kammern mit fünf Richtern eine größere Bedeutung haben und dass Entscheidungen der Großen Kammer eine ganz erhebliche Bedeutung zukommt. So hat in der Sache *Kücükdevici* die Große Kammer entschieden, was der Entscheidung eine große Bedeutung verleiht.[250]

2.121

Der Gerichtshof verweist alle bei ihm anhängigen Rechtssachen an die **Kammern** mit fünf oder mit drei Richtern, sofern nicht die Schwierigkeit oder die Bedeutung der Rechtssache oder besondere Umstände eine Verweisung an die Große Kammer erfordern, es sei denn, eine solche Verweisung ist gem. Art. 16 Abs. 3 EuGH-Satzung von einem am Verfahren beteiligten Mitgliedstaat oder Unionsorgan beantragt worden.[251] Der Spruchkörper, an den eine Rechtssache verwiesen worden ist, kann in jedem Verfahrensstadium beim Gerichtshof anregen, die Rechtssache an einen größeren Spruchkörper zu verweisen.[252]

2.122

Nach Art. 15 EuGH-VerfO bestimmt der **Präsident** des Gerichtshofs nach Eingang des verfahrenseinleitenden Schriftstücks so bald wie möglich den **Berichterstatter** für die Rechtssache. Diese Praxis begegnet im Hinblick auf den Grundsatz des gesetzlichen Richters auf den ersten Blick und vor dem deutschen verfassungsrechtlichen Hintergrund Bedenken.[253] Allerdings bindet Art. 101 Abs. 1 Satz 2 GG nicht die Union. Zudem geht es im Vorabentscheidungsverfahren nicht um die Entscheidung des konkreten Falls, sondern um die generelle Auslegung des Unionsrechts.

2.123

Nach Art. 256 Abs. 3 AEUV ist das **Gericht** in besonderen in der Satzung festgelegten Sachgebieten für Vorabentscheidungen zuständig. Für die Zukunft ist allerdings nicht unmittelbar mit einer

2.124

---

246 Vgl. BVerfG v. 6.7.2010 – 2 BvR 2661/06 Rz. 68, NJW 2010, 3422.
247 EuGH v. 17.4.2018 – C-414/16, NZA 2018, 569.
248 EuGH v. 11.9.2018 – C-68/17, NZA 2018, 1187.
249 *Fremuth*, EuZW 2018, 723; *Greiner*, jM 2018, 233, 235; *Thüsing/Mathy*, RIW 2018, 559; *Weth*, jM 2018, 221; a.A. *Klocke/Wolters*, BB 2018, 1460; *Sagan*, Anm. EuZW 2018, 381.
250 EuGH v. 19.1.2010 – C-555/07 – Kücükdeveci, Slg. 2010, I-2010, 365.
251 Art. 60 Abs. 1 EuGH-VerfO.
252 Art. 60 Abs. 3 EuGH-VerfO.
253 *Pechstein*, EU-Prozessrecht, Rz. 105 m.w.N.

Übertragung von Vorabentscheidungsersuchen auf das EuG zu rechnen.[254] Wenn das Gericht aber der Auffassung ist, dass eine Rechtssache eine Grundsatzentscheidung erfordert, die die Einheit oder die Kohärenz des Unionsrechts berühren könnte, kann es die Rechtssache zur Entscheidung an den Gerichtshof verweisen. Die Entscheidungen des Gerichts über Anträge auf Vorabentscheidung können nach Maßgabe der Bedingungen und innerhalb der Grenzen, die in der Satzung vorgesehen sind, in Ausnahmefällen vom Gerichtshof überprüft werden, wenn die ernste Gefahr besteht, dass die Einheit oder die Kohärenz des Unionsrechts berührt wird.

---

254 Calliess/Ruffert/*Wegener*, Art. 256 AEUV Rz. 29.

§ 3
Die Unionsgrundrechte

I. Entwicklung und Rechtsquellen . . 3.1

II. Anwendungsbereich der Unionsgrundrechte (Art. 51 GRC) 3.8
 1. Bindung der EU-Organe 3.9
 2. Bindung der Mitgliedstaaten 3.12
  a) Das bisherige case law: Begrenzung auf den „Anwendungsbereich des Unionsrechts" 3.13
  b) Die Kücükdeveci-Entscheidung . 3.17
  c) Änderungen durch Art. 51 Abs. 1 Satz 1 GRC („Durchführung des Rechts der Union")? . . 3.19

III. Unmittelbare Wirkung und Unanwendbarkeit unionsrechtswidriger Vorschriften 3.25

IV. Drittwirkung (horizontale Direktwirkung) 3.29

V. Konkretisierung der Unionsgrundrechte durch Sekundärrecht 3.38

VI. Rechtfertigung von Grundrechtsbeeinträchtigungen: Schranken-Schranken (Art. 52 Abs. 1 GRC) . 3.42

 1. Verhältnismäßigkeit und praktische Konkordanz (Art. 52 Abs. 1 Satz 2 GRC) 3.42
 2. Wesensgehaltsgarantie (Art. 52 Abs. 1 Satz 1 GRC) 3.48

VII. Prozessuale Durchsetzung: Das arbeitsteilige System des Grundrechtsschutzes in der EU . . 3.51
 1. Grundrechtsschutz durch den EuGH 3.51
  a) Nichtigkeitsklage nach Art. 263 AEUV als Verfassungsbeschwerde des Unionsrechts? . . 3.51
  b) Vorlageverfahren nach Art. 267 AEUV 3.58
 2. Mitgliedstaatliche Gerichte als „Juge de l'Union" 3.62b
 3. Der EuGH als gesetzlicher Richter i.S.v. Art. 101 Abs. 1 Satz 2 GG . . . 3.63
 4. Das Recht auf einen wirksamen Rechtsbehelf (Art. 47 Abs. 1 GRC) . 3.68

VIII. Überblick: Einzelne Grundrechte mit arbeitsrechtlicher Relevanz . . 3.70
 1. Arbeitnehmerseite 3.71
 2. Arbeitgeberseite 3.79

Schrifttum:

Monografien, Kommentare, Handbücher: *Bergmann/Dienelt*, Ausländerrecht, 12. Aufl. 2018 (zit: *Bearbeiter* in Bergmann/Dienelt); *Calliess/Ruffert*, EUV/AEUV, 5. Aufl. 2016 (zit.: Calliess/Ruffert/*Bearbeiter*); *Ehlers*, Europäische Grundrechte und Grundfreiheiten, 3. Aufl. 2009 (zit.: Ehlers/*Bearbeiter*); *Franzen/Gallner/Oetker*, Kommentar zum europäischen Arbeitsrecht, 2. Aufl. 2018 (zit. Franzen/Gallner/Oetker/*Bearbeiter*); *Grabitz/Hilf/Nettesheim*, Das Recht der Europäischen Union, 64. Ergänzungslieferung, 2018 (zit: Grabitz/Hilf/Nettesheim/*Bearbeiter*); *Jaeckel*, Schutzpflichten im deutschen und europäischen Recht, 2001; *Heselhaus/Nowak*, Handbuch der Europäischen Grundrechte, 2006 (zit.: *Bearbeiter* in Heselhaus/Nowak, HdbEuropGR); *Jarass*, Charta der Grundrechte der Europäischen Union, 3. Aufl. 2016; *Kingreen*, Die Struktur der Grundfreiheiten des Europäischen Gemeinschaftsrechts, 1999; *Kober*, Grundrechtsschutz in der EU, 2009; *Körber*, Grundfreiheiten und Privatrecht, 2004; *Lengauer*, Drittwirkung von Grundfreiheiten, 2010; *Meyer*, Charta der Grundrechte der Europäischen Union, 4. Aufl. 2014 (zit.: Meyer/*Bearbeiter*); *Nusser*, Die Bindung der Mitgliedstaaten an die Unionsgrundrechte, 2011; *Pötters*, Grundrechte und Beschäftigtendatenschutz, 2013; *Preedy*, Die Bindung Privater an die europäischen Grundfreiheiten, 2005; *Rengeling/Szczekalla*, Grundrechte in der Europäischen Union, 2004; *Sagan*, Das Gemeinschaftsgrundrecht auf Kollektivmaßnahmen – Eine dogmatische Analyse des Art. 28 der Europäischen Grundrechtecharta, 2008; *Schwarze/Hatje/Beutler/Schoo*, EU Kommentar, 3. Aufl. 2012 (zit.: Schwarze/*Bearbeiter*); *Stern/Sachs*, Europäische Grundrechte-Charta, 2016 (zit.: Stern/Sachs/*Bearbeiter*); *Vedder/Heintschel-von Heinegg*, Europäisches Unionsrecht, 2. Aufl. 2018 (zit.: Vedder/Heintschel-von Heinegg/*Bearbeiter*).

Aufsätze, Anmerkungen: *Bäcker*, Das Grundgesetz als Implementationsgarant der europäischen Grundrechte, EuR 2015, 389; *Bauer/Arnold*, Verbot der Altersdiskriminierung – Die Bartsch-Entscheidung des EuGH und ihre Folgen, NJW 2008, 3377; *Biltgen*, Die Rechtsprechung des EuGH zu den Grundrechten des Arbeitsrechtes, NZA 2016, 1245; *Coppel/O'Neill*, The European Court of Justice: Taking Rights Seriously?, Common Market Law Review 1992, 669; *Cremer*, Grundrechtsverpflichtete und Grundrechtsdimensionen nach der Charta der Grundrechte der Europäischen Union, EuGRZ 2011, 545; *Denman*, The Charter of Fundamental Rights, European Human Rights Law Review 2010, 351; *Everling*, Die Entstehung einer Europäischen Grundrechtsgemeinschaft, in: Stern (Hrsg.), 40 Jahre Grundgesetz, 1990, S. 167 ff.; *Franzen*, Europäisches Recht und die Beendigung von Arbeitsverhältnissen in Deutschland, NZA – Beilage, 2015, 77; *Huber*, Auslegung und Anwendung der Charta der Grundrechte, NJW 2011, 2385; *Jarass*, Die Bedeutung der Unionsgrundrechte unter Privaten, ZEuP 2017, 310; *Junker*, Europäische Vorschriften zur Kündigung, EuZA 2014, 143; *F. Kirchhof*, Grundrechtsschutz durch europäische und nationale Gerichte, NJW 2011, 3681; *Krebber*, Die Bedeutung der Grundrechtecharta und der EMRK für das deutsche Individualarbeitsrecht, EuZA 2013, 188; *Krebber*, Die Unionsrechts- und Kompetenzakzessorietät des unionsrechtlichen Grundrechtsschutzes im Bereich des Arbeitsrechts: Grundsatz und Ausnahmen, EuZA 2016, 3; *Laenarts*, Kooperation und Spannung im Verhältnis von EuGH und nationalen Verfassungsgerichte, EuR 2015, 3; *Mancini*, The Making of a Constitution for Europe, Common Market Law Review 1989, 595; *Müller-Graff*, Die horizontale Direktwirkung der Grundfreiheiten, EuR 2014, 3; *Ohler*, Grundrechtliche Bindungen der Mitgliedstaaten nach Art. 51 GRCh, NVwZ 2013, 1433; *Pötters*, Arbeitsrecht: Entgeltzahlung im Kündigungsschutzverfahren, EuZW 2014, 795; *Pötters/Traut*, Eskalation oder Burgfrieden: Mangold vor dem BVerfG ZESAR 2010, 267; *Preis*, Verbot der Altersdiskriminierung als Gemeinschaftsgrundrecht – Der Fall „Mangold" und die Folgen, NZA 2006, 401; *Rabe*, Grundrechtsbindung der Mitgliedstaaten, NJW 2013, 1407; *Sagan*, Grundfragen des Arbeitsrechts in Europa, NZA 2016, 1252; *Sagan*, Nationaler Vertrauensschutz nach Junk: das Ende eines deutschen Alleinganges, NZA 2015, 341; *Seifert*, Die horizontale Wirkung von Grundrechten – Europarechtliche und rechtsvergleichende Überlegungen, EuzW 2011, 696; *Seifert*, Zur Horizontalwirkung sozialer Grundrechte, EuZA 2013, 299; *Seifert*, Arbeitszeitrechtlicher Arbeitnehmerbegriff – Horizontalwirkung des Rechts auf bezahlten Jahresurlaub (Art. 31 Abs. 2 GRCh), EuZA 2015, 500; *Simon*, „Whatever it takes" – Selbsterfüllende Prophezeiung am Rande des Unionsrechts, EuR 2015, 107; *Terhechte*, Konstitutionalisierung und Normativität der europäischen Grundrechte, 2011; *Thomale*, Zur subjektivrechtlichen Durchsetzung der Vorlagepflicht beim EuGH, EuR 2016, 510; *Thym*, Die Reichweite der EU-Grundrechte-Charta – Zu viel Grundrechtsschutz?, NVwZ 2013, 889; *Thüsing*, Zur Unanwendbarkeit nationalen Rechts bei Verstoß gegen den europarechtlichen Gleichbehandlungsgrundsatz, ZIP 2010, 199; *Thüsing/Traut*, Zur begrenzten Reichweite der Koalitionsfreiheit im Unionsrecht, RdA 2012, 65; *von Arnauld*, Normenhierarchien innerhalb des primären Gemeinschaftsrechts – Gedanken im Prozess der Konstitutionalisierung Europas, EuR 2003, 191; *Willemsen/Sagan*, Die Auswirkungen der europäischen Grundrechtecharta auf das deutsche Arbeitsrecht, NZA 2011, 258; *Zuleeg*, Zum Verhältnis nationaler und europäischer Grundrechte, EuGRZ 2000, 514.

I. Entwicklung und Rechtsquellen

3.1 Die Grundrechte sind bereits seit rund 40 Jahren als sog. **allgemeine Rechtsgrundsätze des Gemeinschaftsrechts** (jetzt: Unionsrechts) anerkannt und damit ungeschriebener Bestandteil des Primärrechts[1] (vgl. Rz. 1.23 ff.). Über die Jahrzehnte hat der EuGH einen umfassenden Grundrechtekatalog geschaffen.[2] Eine wichtige Quelle sind dabei zunächst die Verfassungstraditionen der Mitgliedstaaten, sofern sie sich in Struktur und Ziele der Union einfügen.[3] Ferner fußt der EuGH die ungeschriebenen Grundrechte auf internationale Verträge zum Schutz der Grund- und Menschenrechte, an die sich die Mitgliedstaaten gebunden haben.[4] Vor allem die **EMRK** ist dabei als eine

---

1 Grundlegend EuGH v. 17.12.1970 – 11/70 – Internationale Handelsgesellschaft, Slg. 1970, 1125; v. 12.11.1969 – 29/69 – Stauder, Slg. 1969, 419; vgl. v. 19.1.2012 – C-555/07 – Kücükdeveci, Slg. 2010, I-365, ArbRB 2010, 35; s. ausführlich *Terhechte*, Konstitutionalisierung und Normativität der europäischen Grundrechte, 2011, S. 25 ff.
2 *Mancini*, Common Market Law Review 1989, 595 (611); kritisch *Coppel/O'Neill*, CMLRev. 1992, 669.
3 EuGH v. 17.12.1970 – 11/70 – Internationale Handelsgesellschaft, Slg. 1970, 1125.
4 Vgl. zu letzterem Aspekt EuGH v. 14.5.1974 – 4/73 – Nold, Slg. 1974, 491 (502): „Der Gerichtshof hat bereits entschieden, dass die Grundrechte zu den allgemeinen Rechtsgrundsätzen gehören, die er zu wahren hat, und dass er bei der Gewährleistung dieser Rechte von den gemeinsamen Verfassungsüberlieferungen der Mitgliedstaaten auszugehen hat. Hiernach kann er keine Maßnahmen als Rech-

wichtige Erkenntnisquelle zu erwähnen.⁵ Ihre besondere Bedeutung für die Entwicklung eines *ius commune* des europäischen Grundrechtsschutzes wird auch durch Art. 6 Abs. 3 EUV verdeutlicht. Ferner können die bis zum Inkrafttreten des Lissabonvertrags nicht verbindliche **Charta der Grundrechte der EU (GRC)**⁶ und weitere internationale Verträge, im arbeitsrechtlichen Kontext etwa die Vereinbarungen im Rahmen der ILO oder die Europäische Sozialcharta, zur Schaffung von allgemeinen Rechtsgrundsätzen herangezogen werden.⁷

In Deutschland wurde dieser Prozess der „Entdeckung" eines Grundrechtekanons durch den EuGH von Seiten des BVerfG aus nationaler, verfassungsrechtlicher Perspektive begleitet.⁸ Mit ihrer sog. *Solange*-**Rechtsprechung** haben die Karlsruher Richter zunächst mangels eines hinreichenden europäischen Grundrechtsschutzes eine eigene Prüfkompetenz für Rechtsakte der Gemeinschaft angenommen (*Solange I*⁹). In *Solange II*¹⁰ änderten sie ihre Rechtsprechung und reagierten auf die zwischenzeitliche Weiterentwicklung des Grundrechtsschutzes durch den EuGH. Nun gilt: Solange der EuGH einen „wirksamen Schutz der Grundrechte gegenüber der Hoheitsgewalt der Gemeinschaften [...], der dem vom Grundgesetz als unabdingbar gebotenen Grundrechtsschutz im wesentlichen gleichzuachten ist, [generell gewährleistet]", übt das BVerfG seine Gerichtsbarkeit nicht mehr aus. In der *Bananenmarkt*-Entscheidung¹¹ konkretisierte das BVerfG seine *Solange II*-Rechtsprechung und errichtete sehr hohe Hürden für die Zulässigkeit von Rechtsbehelfen gegen Unionsrechtsakte: Es müsse dargelegt werden, dass die europäische Rechtsentwicklung einschließlich der Rechtsprechung des EuGH nach Ergehen der *Solange II*-Entscheidung unter den erforderlichen Grundrechtsstandard abgesunken sei, und zwar generell, also nicht nur in einem Einzelfall.

3.2

Weiterentwickelt hat das BVerfG das „Kooperationsverhältnis"¹² zwischen Karlsruhe und Luxemburg im *Lissabon*-**Urteil**.¹³ In dieser Entscheidung hat es verfassungsrechtliche Grenzen für den Integrationsprozess aufgezeigt und außerdem die eigene Befugnis begründet, zu überprüfen, ob Rechtsakte der EU aus dem gesteckten Kompetenzrahmen ausbrechen („**ausbrechender Rechtsakt**"). Ansatzpunkt dieser *Ultra-vires*-Kontrolle durch das BVerfG ist Art. 23 Abs. 1 Satz 2 GG. Aus Sicht des GG beruht die Wirkung des europäischen Rechts in der deutschen Rechtsordnung auf der Übertragung von deutschen Hoheitsrechten auf die Union durch die jeweiligen Zustimmungsgesetze zu den Verträgen.¹⁴ Der Umfang der Kompetenzen der Union kann also nicht über das hinausgehen, was ihr übertragen wurde. Das nationale Zustimmungsgesetz legt somit den äußeren Rahmen der Kompetenzen der Union aus Sicht des deutschen

3.3

---

tens anerkennen, die unvereinbar sind mit den von den Verfassungen dieser Staaten anerkannten und geschützten Grundrechten. Auch die internationalen Verträge über den Schutz der Menschenrechte, an deren Abschluss die Mitgliedstaaten beteiligt waren oder denen sie beigetreten sind, können Hinweise geben, die im Rahmen des Gemeinschaftsrechts zu berücksichtigen sind."

5 S. etwa EuGH v. 18.6.1991 – C-260/89 – ERT, Slg. 1991, I-2925 Rz. 41; v. 18.12.1997 – C-309/96 – Annibaldi, Slg. 1997, I-7493 Rz. 12.
6 ABl. v. 30.3.2010, 2010/C 83/02.
7 So stützte der EuGH etwa die Anerkennung eines Streikgrundrechts auf ein ganzes Bündel von internationalen und nationalen Grundrechtsvorschriften, s. hierzu EuGH v. 11.12.2007 – C-438/05 – Viking, Slg. 2007, I-10779 Rz. 43 f., ArbRB 2008, 79; v. 18.12.2007 – C-341/05 – Laval, Slg. 2007, I-11767, ArbRB 2008, 80.
8 Zusammenfassend zur Entwicklung der Fallpraxis *Haltern*, Europarecht, Rz. 1068 ff.
9 BVerfG v. 29.5.1972 – 2 BvL 52/71, BVerfGE 37, 271.
10 BVerfG v. 22.10.1986 – 2 BvR 197/83, BVerfGE 73, 339.
11 BVerfG v. 7.6.2000 – 2 BvL 1/97, BVerfGE 102, 147.
12 Hierzu *Pötters/Traut*, EuR 2011, 580; *Sauer*, EuZW 2011, 94.
13 BVerfG v. 30.6.2009 – 2 BvE 2, 5/08 u.a., BVerfGE 123, 267.
14 Vgl. BVerfG v. 6.7.2010 – 2 BvR 2661/06, BVerfGE 126, 286 = ArbRB 2010, 273 = NZA 2010, 995 Rz. 53; Maunz/Dürig/Herzog/Scholz/*Scholz*, Art. 23 GG Rz. 68; Sachs/*Streinz*, GG, 8. Aufl. 2018, Art. 23 GG Rz. 60 f.

Rechts fest. Dies korreliert – aus der Warte des Unionsrechts – mit dem Prinzip der begrenzten Einzelermächtigung (Art. 5 Abs. 1 Satz 1 EUV). Den vorläufigen Schlusspunkt in dieser Kette von Entscheidungen bildet der **Mangold-Beschluss**[15] (vgl. Rz. 1.103 ff.). Konkret ging es hierbei um die Frage, ob die extensive Rechtsprechung des EuGH zu Grundfreiheiten und Grundrechten in der Rs. *Mangold* einen ausbrechenden Rechtsakt darstellt. Dies hat das BVerfG verneint. Dem ist schon deshalb zuzustimmen, weil die Rechtsprechung des EuGH zu den Grundfreiheiten und Unionsgrundrechten als Teil des *acquis communautaire* immer wieder durch die nationalen Zustimmungsgesetze zu den einzelnen Reformen der Verträge gebilligt wurde. Das BVerfG betont, dass der EuGH durch die Verträge von den Mitgliedstaaten auch die Befugnis übertragen bekommen habe, das Recht im Wege methodisch gebundener Rechtsprechung fortzubilden.[16] Generell schränkten die Karlsruher Richter die *Ultra-vires*-Kontrolle ein. Ein ausbrechender Rechtsakt komme nur in Betracht, wenn ein Kompetenzverstoß der europäischen Organe hinreichend qualifiziert sei. Das setze voraus, dass das kompetenzwidrige Handeln der Unionsgewalt offensichtlich sei und der angegriffene Akt im Kompetenzgefüge zu einer strukturell bedeutsamen Verschiebung zu Lasten der Mitgliedstaaten führe. Im Hinblick auf Entscheidungen des EuGH sei es nicht Aufgabe des BVerfG, bei Auslegungsfragen des Unionsrechts, die bei methodischer Gesetzesauslegung im üblichen rechtswissenschaftlichen Diskussionsrahmen zu verschiedenen Ergebnissen führen können, seine Auslegung an die Stelle derjenigen des Gerichtshofs zu setzen.[17] Vor der Annahme eines *Utra-vires*-Akts müsse zudem dem EuGH im Rahmen eines Vorabentscheidungsverfahrens nach Art. 267 AEUV die Gelegenheit zur Vertragsauslegung sowie zur Entscheidung über die Gültigkeit und die Auslegung der fraglichen Handlungen gegeben werden.

3.4 Seit Inkrafttreten des **Lissabonvertrages** am 1.12.2009 kommt der GRC verbindliche Wirkung zu. Art. 6 Abs. 1 Halbs. 2 EUV sieht vor, dass „die Charta der Grundrechte und die Verträge […] rechtlich gleichrangig" sind, d.h. die **GRC** ist normenhierarchisch als Teil des Primärrechts anzusehen. Damit verfügt das Unionsrecht nun über einen **geschriebenen Grundrechtekanon**.

3.5 Die verfügbaren Rechtsquellen sind hierdurch zugleich vielschichtiger geworden,[18] denn neben der GRC gelten die richterrechtlich entwickelten Grundrechte als ungeschriebene allgemeine Rechtsgrundsätze weiter (ausdrücklich: Art. 6 Abs. 3 EUV). Gleichwohl dürfte eine **kontinuierliche Entwicklung der Grundrechtsdogmatik** gewährleistet sein. Die zu einzelnen Grundrechten entwickelten Rechtsprechungslinien können auf vergleichbare Rechte der GRC übertragen werden. Aus der Präambel zur Charta wird deutlich, dass diese keine neuen Grundrechte schaffen sollte, sondern lediglich bestehende Gewährleistungen bestätigt und „sichtbarer" macht:[19] „Zu diesem Zweck ist es notwendig, […] den Schutz der Grundrechte zu stärken, indem sie in einer Charta sichtbarer gemacht werden. Diese Charta bekräftigt unter Achtung der Zuständigkeiten und Aufgaben der Union und des Subsidiaritätsprinzips die Rechte, die sich vor allem aus den gemeinsamen Verfassungstraditionen und den gemeinsamen internationalen Verpflichtungen der Mitgliedstaaten, aus der Europäischen Konvention zum Schutz der Menschenrechte und Grundfreiheiten, aus den von der Union und dem Europarat beschlossenen Sozialchartas sowie aus der Rechtsprechung des Gerichtshofs der Europäischen Union und des Europäischen Gerichtshofs für Menschenrechte ergeben."

---

15 BVerfG v. 6.7.2010 – 2 BvR 2661/06, BVerfGE 126, 286 = ArbRB 2010, 273; zustimmend *Hamenstädt*, EuR 2011, 263; *Pötters/Traut*, EuR 2011, 580.
16 BVerfG v. 6.7.2010 – 2 BvR 2661/06, BVerfGE 126, 286 Rz. 62 = ArbRB 2010, 273; vgl. zuvor bereits v. 8.4.1987 – 2 BvR 687/85, NJW 1988, 1459, 1462.
17 BVerfG v. 6.7.2010 – 2 BvR 2661/06, BVerfGE 126, 286 Rz. 66 = ArbRB 2010, 273.
18 Zu problematischen Folgen *F. Kirchhof*, NJW 2011, 3681, 3686; Grabitz/Hilf/Nettesheim/*Schorkopf*, Art. 6 EUV Rz. 56 f.; *Huber*, NJW 2011, 2385.
19 S. auch *Denman*, European Human Rights Law Review 2010, 349 (351); *Zuleeg*, EuGRZ 2000, 514; *Meyer*, GRC, Präambel Rz. 43 ff.; *Jarass*, GRC, Präambel Rz. 9 f.

Die **"Scharniernormen"** der **Art. 52 f. GRC** verzahnen das Grundrechtsregime der GRC mit der EMRK und den Verfassungstraditionen der Mitgliedstaaten und somit mit den beiden Hauptquellen der allgemeinen Rechtsgrundsätze des Unionsrechts. Nach Art. 52 Abs. 3 Satz 1 GRC haben die in der Charta verbrieften Rechte, „die den durch die Europäische Konvention zum Schutz der Menschenrechte und Grundfreiheiten garantierten Rechten entsprechen, [...] die gleiche Bedeutung und Tragweite, wie sie ihnen in der genannten Konvention verliehen wird." Diese Regelung wird durch Art. 53 GRC ergänzt, wonach die Charta ein bereits bestehendes Schutzniveau, das etwa durch die EMRK oder die Verfassungen der Mitgliedstaaten garantiert wird, nicht einschränkt. Kontinuität bei der Interpretation der Unionsgrundrechte wird ferner auch durch Art. 52 Abs. 4 GRC erzielt, wonach diejenigen Grundrechte der Charta, die sich auch aus den gemeinsamen Verfassungsüberlieferungen der Mitgliedstaaten ergeben, „im Einklang mit diesen Überlieferungen" ausgelegt werden. In eine ähnliche Richtung weisen auch die Erklärungen zur Schlussakte zum Lissabonvertrag, wonach die Charta die durch die EMRK garantierten sowie sich aus den Verfassungen der Mitgliedstaaten ergebenden Rechte „bekräftigt".[20]

3.6

In neueren Fällen des EuGH wird deutlich, dass er die Unionsgrundrechte auf all diese Quellen stützt. So verweist er etwa in der Entscheidung in der Rs. *Kücükdeveci* im Hinblick auf den allgemeinen Gleichbehandlungsgrundsatz und das daraus als Unterfall resultierende Verbot der Altersdiskriminierung in erster Linie auf die Leitentscheidung *Mangold*, in der dieser allgemeine Rechtsgrundsatz „entdeckt" worden war.[21] Neben diesem *Case-law*-Ansatz[22] stützen sich die Luxemburger Richter auch auf Art. 21 GRC als Geltungsgrund für das Verbot der Altersdiskriminierung.[23] Ein solches **Zusammenziehen mehrerer Rechtsquellen** und Maßstäbe geht allerdings teilweise zu Lasten der dogmatischen Klarheit der Grundrechtsprüfung. Von GA *Cruz Villalón* wird die GRC daher zu Recht zum primären Maßstab erhoben, denn diese habe die ungeschriebenen Grundrechte „positiviert".[24] Dies ist jedenfalls dann die vorzugswürdige Lösung, wenn die GRC speziellere Vorgaben als die anderen Rechtsquellen – wie insbesondere die EMRK – enthält. So sollte etwa das Grundrecht auf Schutz personenbezogener Daten in erster Linie am Maßstab des Art. 8 GRC geprüft werden; der Schutz der Privatsphäre nach Art. 7 GRC wird verdrängt und Art. 8 EMRK und die hierzu ergangene Rechtsprechung des EGMR sollten lediglich über Art. 52 Abs. 3 GRC Berücksichtigung finden.[25]

3.7

II. Anwendungsbereich der Unionsgrundrechte (Art. 51 GRC)

Anders als die nationalen Grundrechte des GG für Deutschland können die Unionsgrundrechte **keine universale Geltung** in Europa beanspruchen. Sie gelten gem. Art. 51 Abs. 1 Satz 1 GRC nur „für die Organe, Einrichtungen und sonstigen Stellen der Union unter Wahrung des Subsidiaritätsprinzips und für die Mitgliedstaaten ausschließlich bei der Durchführung des Rechts der Union." Rein nationale Sachverhalte sind also nicht vom Anwendungsbereich der Unionsgrundrechte erfasst. Art. 51 Abs. 1 Satz 2, Abs. 2, 52 Abs. 2 GRC stellen insofern klar, dass die Charta den Geltungsbereich des Unionsrechts nicht über die Zuständigkeiten der Union hinaus ausdehnt und **keine neuen Zuständigkeiten** begründet.[26]

3.8

---

20 S. Erklärungen zur Schlussakte der Regierungskonferenz, die den am 13.12.2007 unterzeichneten Vertrag von Lissabon angenommen hat, ABl. C 115 v. 9.5.2008, S. 335 (337) unter A. 1., Erklärung zur Charta der Grundrechte der Europäischen Union.
21 EuGH v. 19.1.2012 – C-555/07 – Kücükdeveci, Slg. 2010, I-365 Rz. 20 f., ArbRB 2010, 35.
22 Ausführlich zur *Case-law*-Dimension des Unionsrechts *Pötters/Christensen*, JZ 2012, 289; *Jacob*, Precedents and Case-based Reasoning in the European Court of Justice, 2014, passim.
23 EuGH v. 19.1.2012 – C-555/07 – Kücükdeveci, Slg. 2010, I-365 Rz. 20 f., ArbRB 2010, 35.
24 GA *Cruz Villalón* v. 19.5.2011 – C-447/09 – Prigge, Slg. 2011, I-8003 Rz. 29.
25 Vgl. *Guckelberger*, EuZW 2011, 126 (127); *Britz*, EuGRZ 2009, 1 (2).
26 Vgl. auch nahezu wortgleich Art. 6 Abs. 1 UAbs. 2 EUV sowie Abs. 5 der Präambel zur GRC; zum klarstellenden Charakter dieser Normen vgl. auch EuGH v. 3.7.2014 – C-92/14 Rz. 45.

1. Bindung der EU-Organe

3.9 In ihrer klassischen Funktion binden die Unionsgrundrechte zunächst die Organe, Einrichtungen und sonstigen Stellen der EU. Dies wird schon in den frühen Entscheidungen des EuGH deutlich: In den Rs. *Nold*[27] und *Internationale Handelsgesellschaft*,[28] in denen die Entwicklung eines ungeschriebenen europäischen Grundrechtekanons angestoßen wurde, ging es um eine Beschränkung der Hoheitsbefugnisse der europäischen Institutionen durch Grundrechte.

3.10 Sofern also **seitens der EU Hoheitsgewalt** ausgeübt wird, ist die **Geltung** der Unionsgrundrechte **umfassend**. Es gibt keinerlei *secteurs exclus* mehr, vielmehr soll ein lückenloser Grundrechtsschutz gewährleistet werden.[29] Somit unterliegen auch die Bereiche der früheren 2. und 3. Säule (Gemeinsame Außen- und Sicherheitspolitik sowie polizeiliche und justizielle Zusammenarbeit in Strafsachen) nunmehr der Geltung der Unionsgrundrechte. Vor allem für die Gemeinsame Außen- und Sicherheitspolitik (heute geregelt in Art. 21–46 EUV) birgt dies erhebliche Sprengkraft.

3.11 Dies illustriert die Leitentscheidung in der Rs. *Kadi*: In diesem Urteil ging es um Nichtigkeitsklagen gegen zwei Verordnungen, die ihrerseits zur Umsetzung mehrerer Resolutionen des UN-Sicherheitsrates erlassen worden waren. Auf Grundlage dieser Resolutionen sollten u.a. Gelder „eingefroren" werden, um die Finanzierung des Terrorismus zu unterbinden. Wer hiervon betroffen ist, ergibt sich aus einer vom Sanktionsausschuss des UN-Sicherheitsrats geführten Liste, an die wiederum der Anhang der entsprechenden EU-Verordnungen angepasst wird. Das EuG entschied erstinstanzlich noch, dass man an die Listen des Sicherheitsrats unionsrechtlich gebunden sei und eine Überprüfung am Maßstab der Grundrechte ausscheiden müsse.[30] Dem ist der EuGH als Rechtsmittelinstanz jedoch zu Recht nicht gefolgt.[31] Die Bindungswirkung des Völkerrechts nach Art. 216 Abs. 2 AEUV könne es keinesfalls erlauben, die systematischen Zusammenhänge in Frage zu stellen, die zu den Grundlagen der Unionsrechtsordnung selbst gehören. Dazu zähle der Schutz der Grundrechte, der die Kontrolle der Rechtmäßigkeit der Unionsrechtsakte im Hinblick auf ihre Vereinbarkeit mit den Grundrechten durch den Unionsrichter einschließt. Der Vorrang des Völkerrechts auf der Ebene des Unionsrechts würde sich nicht auf das Primärrecht und insbesondere die allgemeinen Grundsätze – zu denen die Grundrechte gehören – erstrecken.[32] Bemerkenswert ist in diesem Zusammenhang vor allem auch, dass der EuGH eine Nichtjustiziabilität der Verordnung in *Kadi* mit der Begründung ablehnt, dass auf Ebene der UN kein hinreichender Grundrechtsschutz gewährleistet werde.[33] Insofern bestehen eindeutige Parallelen zur *Solange I*-Entscheidung des BVerfG.[34]

---

27 EuGH v. 14.5.1974 – 4/73 – Nold, Slg. 1974, 491.
28 EuGH v. 17.12.1970 – 11/70 – Internationale Handelsgesellschaft, Slg. 1970, 1125.
29 Meyer/*Borowsky*, Art. 51 GRC Rz. 16, 19.
30 EuG v. 21.9.2005 – T-315/01 – Kadi, Slg. 2005, II-3649 Rz. 181 ff., insb. Rz. 190: „Aus dem Vorstehenden folgt ferner, dass die Mitgliedstaaten sowohl nach den Regeln des allgemeinen Völkerrechts als auch nach den spezifischen Bestimmungen des Vertrages berechtigt und sogar verpflichtet sind, jede Bestimmung des Gemeinschaftsrechts – und wäre es eine Bestimmung des Primärrechts oder ein allgemeiner Grundsatz dieses Rechts – unangewendet zu lassen, die der ordnungsgemäßen Erfüllung ihrer Verpflichtungen aufgrund der Charta der Vereinten Nationen entgegenstehen würde."
31 EuGH v. 3.9.2008 – verb. C-402/05 P und C-415/05 P – Kadi u.a., Slg. 2008, I-6351 insb. Rz. 304 ff.
32 EuGH v. 3.9.2008 – verb. C-402/05 P und C-415/05 P – Kadi u.a., Slg. 2008, I-6351 Rz. 308.
33 EuGH v. 3.9.2008 – verb. C-402/05 P und C-415/05 P – Kadi u.a., Slg. 2008, I-6351 Rz. 322: „Eine solche Nichtjustiziabilität, die eine erhebliche Abweichung von dem im EG-Vertrag vorgesehenen System des gerichtlichen Rechtsschutzes der Grundrechte darstellen würde, erscheint nämlich in Anbetracht dessen, dass das betreffende Verfahren der Überprüfung offenkundig nicht die Garantien eines gerichtlichen Rechtsschutzes bietet, nicht gerechtfertigt."
34 So auch *Sauer*, NJW 2008, 3685 (3686).

2. Bindung der Mitgliedstaaten

Für das Arbeitsrecht ist die Bestimmung der Reichweite der Bindung der Mitgliedstaaten an die Unionsgrundrechte von besonderer Bedeutung. Das **EU-Arbeitsrecht** wird – entsprechend dem allgemeinen Subsidiaritätsprinzip (Art. 5 Abs. 3 EUV; vgl. Rz. 1.41) – **in erster Linie durch die Mitgliedstaaten vollzogen**. Auch im Bereich der Rechtsetzung werden die mitgliedstaatlichen Institutionen als ein „verlängerter Arm" der Union tätig, denn ganz überwiegend ergeht EU-Arbeitsrecht in Form von Richtlinien, die der nationalen Umsetzung bedürfen.

3.12

a) Das bisherige *case law*: Begrenzung auf den „Anwendungsbereich des Unionsrechts"

Bei Erlass eines Umsetzungsaktes üben die Organe der Mitgliedstaaten nicht nur nationale Staatsgewalt aus, sondern eben auch hoheitliche Befugnisse, die im Unionsrecht wurzeln. In einer solchen sog. **Agency-Situation** sind auch die Mitgliedstaaten an die allgemeinen Rechtsgrundsätze des Primärrechts gebunden.[35] Im Leiturteil ***Wachauf***[36] entschied der EuGH dementsprechend, dass der nationale Gesetzgeber die Unionsgrundrechte beachten muss, wenn er EU-Recht durchführt. Die Ratio dieser Rechtsprechung liegt auf der Hand: Durch die Verlagerung von Vollzug oder Rechtsetzung auf die Ebene der Mitgliedstaaten soll der Schutz durch die europäischen Grundrechte nicht verkürzt werden.[37]

3.13

In der Entscheidung *Bostock*[38] stellten die Luxemburger Richter klar, dass eine solche Bindung auch dann besteht, wenn den Mitgliedstaaten – etwa bei der Umsetzung einer Richtlinie – ein Entscheidungsspielraum bei der Durchführung des Unionsrechts verbleibt. Später hatte der EuGH die Möglichkeit, in Rs. *Bartsch*[39] zu präzisieren, dass diese Bindung noch nicht gilt, bevor die Umsetzungsfrist abgelaufen ist. Ein weiterer wesentlicher Schritt war die Entscheidung in der Rs. *ERT*.[40] Der EuGH urteilte, dass bei der Beschränkung von **Grundfreiheiten** die Unionsgrundrechte im Rahmen der Rechtfertigung zu berücksichtigen sein können.

3.14

Trotz dieser schrittweisen Erweiterung des Einflussbereichs der Unionsgrundrechte auf **nationale Sachverhalte** führt die Fallpraxis des EuGH nicht zu einer umfassenden Bindung der nationalen Staatsgewalt an die allgemeinen Rechtsgrundsätze des Primärrechts. Vielmehr verhalten sich die Unionsgrundrechte und die Grundrechtsordnung des GG zueinander wie zwei Kreise, die sich in einem Teilbereich überschneiden, im Übrigen aber unterschiedliche Felder abdecken.[41] So stellte der EuGH in der Rs. *Cinéthèque* klar, dass er „zwar für die Einhaltung der Grundrechte auf dem Gebiet des [Union]srechts zu sorgen" habe, nicht aber prüfen kann, „ob ein nationales Gesetz, das […] zu einem

3.15

---

35 S. bspw. EuGH v. 5.5.1981 – 804/79 – Kommission/Vereinigtes Königreich, Slg. 1981, 1045 Rz. 23 ff.; vgl. ausführlich zur *Agency*-Situation Stern/Sachs/*Ladenburger/Vondung*, Art. 51 GRC Rz. 34; *Haltern*, Europarecht, Rz. 795 ff. sowie Rz. 1565 ff.; vgl. ferner Stern/*Everling*, 40 Jahre Grundgesetz, 1990, S. 167 (176); *Ruffert*, EuGRZ 1995, 518 (521, 528); *Jarass*, EU-Grundrechte, 2005, § 4 Rz. 12; *Jarass/Beljin*, NVwZ 2004, 1 (6); Heselhaus/Nowak/*Nowak*, HdbEuropGR, § 6 Rz. 31.
36 EuGH v. 13.7.1989 – 5/88 – Wachauf, Slg. 1989, 2609 Rz. 19 und 22; vgl. auch Stern/Sachs/*Ladenburger/Vondung*, Art. 51 GRC Rz. 25, 29, 34.
37 Vgl. Stern/Sachs/*Ladenburger/Vondung*, Art. 51 GRC Rz. 34; *Ruffert*, EuGRZ 1995, 518 (521, 523); s. auch GA *Jacobs* v. 27.4.1989 – 5/88 – Wachauf, Slg. 1989, 2609 Rz. 22. *Haltern*, Europarecht, Rz. 1565, 1567, Fn. 53, weist zu Recht darauf hin, dass es sich hierbei letztlich um eine Anwendung des Grundsatzes *nemo plus iure transferre potest quam ipse habet* handelt, denn die europäischen Institutionen hätten selbst auch keine Regelung erlassen können, die gegen Unionsgrundrechte verstößt.
38 EuGH v. 24.3.1994 – C-2/92 – Bostock, Slg. 1994, I-955.
39 EuGH v. 23.9.2008 – C-427/06 – Bartsch, Slg. 2008, I-7245 Rz. 25, ArbRB 2008, 338; s. hierzu *Bauer/Arnold*, NJW 2008, 3377; *Bayreuther*, EuZW 2008, 698.
40 EuGH v. 18.6.1991 – C-260/89 – ERT, Slg. 1991, I-2925 Rz. 41 ff.; zu den weitreichenden Folgen vgl. EuGH v. 11.7.2002 – C-62/00 – Carpenter, Slg. 2002, I-6279. Diese Rechtsprechungslinie fortführend zuletzt etwa die Entscheidung des EuGH v. 30.4.2014 – C-390/12 – Pfleger.
41 *Pötters/Traut*, ZESAR 2010, 267 (270).

Bereich gehört, der in das Ermessen des nationalen Gesetzgebers" fällt, mit Grundrechten vereinbar ist.[42] Zusammenfassend lässt sich damit im Hinblick auf die Bindung der Mitgliedstaaten an die Unionsgrundrechte festhalten, dass diese **nur im Anwendungsbereich des Unionsrechts** besteht.[43]

3.16 In jüngerer Zeit hat sich die Rechtsprechungspraxis weiterentwickelt und Entscheidungen wie *Carpenter*[44] oder *Mangold*[45] wiesen in Richtung eines sehr weiten Ansatzes.[46] Andere Verdikte hingegen schienen dieser Entwicklung nicht zu folgen, so sprachen etwa die Urteile *Palacios de la Villa*[47] und *Bartsch*[48] eher für ein engeres Verständnis. Auf letztere Judikate konnten sich daher Ansichten, die teilweise auch *Mangold* immer schon eng interpretiert hatten, stützen und ein restriktives Verständnis des Anwendungsbereichs der Unionsgrundrechte fordern.[49] Bei richtiger Lesart fügt sich aber auch die *Mangold*-Entscheidung in die klassische Dogmatik des EuGH ein (vgl. Rz. 1.103 ff.).[50] Auch hier beschränkten die Luxemburger Richter den Einflussbereich der Unionsgrundrechte – wenn auch nur recht beiläufig – explizit auf solche Fälle, die in den Anwendungsbereich des Unionsrechts fallen.[51]

b) Die Kücükdeveci-Entscheidung

3.17 Offen geblieben war in *Mangold* die Frage, ob nur solche nationalen Vorschriften vom Anwendungsbereich des Unionsrechts erfasst sind, bei denen der Gesetzgeber bewusst zur Durchführung von Unionsrecht gehandelt hat, oder ob dies auch für „Bestandsnormen" des nationalen Rechts gilt, die ursprünglich nicht zur Durchführung von Unionsrecht erlassen wurden, aber später aufgrund neuer unionsrechtlicher Vorgaben hätten angepasst werden müssen oder das Unionsrecht bereits korrekt „umsetzen". In *Kücükdeveci* entschied der EuGH diese Frage dahingehend, dass jede nationale Rechtsnorm, die einen von einer europäischen Richtlinie geregelten Bereich erfasst, in den Anwendungsbereich des Unionsrechts fällt, denn die Richtlinie hat mit Ablauf ihrer Umsetzungsfrist eine entsprechende Ausweitung des Anwendungsbereichs „bewirkt".[52] Mit Ablauf der Umsetzungsfrist einer Richtlinie führt diese also zu einer automatischen Erweiterung des Anwendungsbereichs des Unionsrechts um die von ihr geregelten Sachverhalte und mithin auch zu einer entsprechenden Ausdehnung des Anwendungsbereichs der Unionsgrundrechte.

3.18 Diesem Ansatz ist prinzipiell **zuzustimmen**.[53] Die Logik, die der vom EuGH vertretenen Lösung zugrunde liegt, ist, dass die Bestimmung des Anwendungsbereichs des Unionsrechts nicht davon

---

42 EuGH v. 11.7.1985 – 60/84 u.a. – Cinéthèque, Slg. 1985, 2605 Rz. 26; vgl. auch EuGH v. 30.9.1987 – 12/86 – Demirel, Slg. 1987, 3719; s. hierzu auch *Mancini*, Common Market Law Review 1989, 595 (611); *Temple Lang*, Legal Issues of European Integration 1991, S. 23 ff.; *Tridimas*, The General Principles of EU Law, 2. Aufl. 2006, S. 36.
43 EuGH v. 18.12.1997 – C-309/96 – Annibaldi, Slg. 1997, I-7493 Rz. 13; v. 18.6.1991 – C-260/89 – ERT, Slg. 1991, I-2925 Rz. 42; v. 12.12.2002 – C-442/00 – Caballero, Slg. 2002, I-11915 Rz. 31; vgl. *Huber*, NJW 2011, 2385 (2386).
44 EuGH v. 11.7.2002 – C-62/00 – Carpenter, Slg. 2002, I-6279.
45 EuGH v. 22.11.2005 – C-144/04 – Mangold, Slg. 2005, I-9981, ArbRB 2006, 3.
46 *Mangold* wurde teilweise als ausbrechender Rechtsakt eingestuft, s. etwa *Gerken/Rieble/Roth/Stein/Streinz*, „Mangold" als ausbrechender Rechtsakt, 2009 m.w.N.; dagegen jedoch zu Recht BVerfG v. 6.7.2010 – 2 BvR 2661/06, BVerfGE 126, 286 = ArbRB 2010, 273.
47 EuGH v. 16.10.2007 – C-411/05 – Palacios de la Villa, Slg. 2007, I-8531, ArbRB 2007, 350.
48 EuGH v. 23.9.2008 – C-427/06 – Bartsch, Slg. 2008, I-7245, ArbRB 2008, 338.
49 *Thüsing*, RdA 2008, 51 (52); *Bauer/Arnold*, NJW 2008, 3377 (3379 f.); GA *Mazák* v. 15.2.2007 – C-411/05 – Palacios de la Villa, Slg. 2007, I-8531 Rz. 136 ff.
50 BVerfG v. 6.7.2010 – 2 BvR 2661/06, BVerfGE 126, 286 = ArbRB 2010, 273; *Thüsing*, RdA 2008, 51 (52); *Pötters/Traut*, ZESAR 2010, 267.
51 EuGH v. 22.11.2005 – C-144/04 – Mangold, Slg. 2005, I-9981 Rz. 75, ArbRB 2006, 3; *Bauer/Arnold*, NJW 2008, 3377 (3378).
52 EuGH v. 19.1.2012 – C-555/07 – Kücükdeveci, Slg. 2010, I-365 Rz. 25, ArbRB 2010, 35.
53 Vgl. ausführlich *Pötters/Traut*, ZESAR 2010, 267 (269); kritisch *Thüsing/Horler*, Common Market Law Review 2010, 1161.

abhängen kann, ob es ein Mitgliedstaat für notwendig befunden hat, zur Umsetzung der unionsrechtlichen Vorgaben tätig zu werden oder nicht. Außerdem würden die Reichweite des Anwendungsbereichs des Unionsrechts und damit die Geltungskraft der Grundrechte in jedem einzelnen Mitgliedstaat divergieren, denn die Anpassungsbedürftigkeit des nationalen Rechts wird je nach Richtlinie und je nach Mitgliedstaat unterschiedlich sein.[54] Überdies leuchtet es ein, dass der EuGH versucht, die Grenzen des Anwendungsbereichs des Unionsrechts einheitlich aus der Warte des Unionsrechts zu bestimmen, da er unionsrechtliche Fragen nur auf Grundlage des (autonom auszulegenden) Unionsrechts beantworten kann. **Jeder Sekundärrechtsakt führt also zu einer automatischen Expansion des Anwendungsbereichs des Unionsrechts insgesamt**, wobei im Falle von Richtlinien freilich der Ablauf der Umsetzungsfrist abzuwarten ist, da sie erst dann Verbindlichkeit beanspruchen können.[55] Insofern besteht eine Parallele zum Gebot der richtlinienkonformen Auslegung, denn auch hier geht der EuGH in ständiger Rechtsprechung davon aus, dass das gesamte nationale Recht hiervon erfasst ist, „unabhängig davon, ob es vor oder nach der Richtlinie, um die es geht, erlassen wurde."[56]

c) Änderungen durch Art. 51 Abs. 1 Satz 1 GRC („Durchführung des Rechts der Union")?

Die dargelegte bisherige Fallpraxis wird durch Art. 51 Abs. 1 Satz 1 GRC nicht korrigiert. Danach gelten die Bestimmungen der GRC für die Mitgliedstaaten ausschließlich bei der „Durchführung des Rechts der Union"[57]. Diese Formulierung macht jedenfalls deutlich, dass mit der GRC keine Erweiterung des Anwendungsbereiches verbunden ist.

3.19

Zu erheblichen Diskussionen hat hier insbesondere die Entscheidung des EuGH in der Rs. *Akerberg Fransson*[58] geführt. Der Sache nach ging es um ein Strafverfahren wegen Steuerhinterziehung. Wären die nationalen Regelungen in Umsetzung der Richtlinie 2006/112/EG (MehrwertsteuerRL) ergangen, wäre eine „Durchführung des Rechts der Union" unzweifelhaft zu bejahen gewesen. Dies war jedoch gerade nicht der Fall. Gleichwohl bejahte der EuGH – entgegen der zuvor geäußerten Auffassungen der Kommission, beteiligter Mitgliedstaaten und des GA *Villalón*[59] – seine Zuständigkeit. Der EuGH sieht seine bisherige Rechtsprechung zum „Anwendungsbereich des Unionsrechts" durch den Wortlaut des Art. 51 Abs. 1 Satz 1 GRC und die dazugehörigen Erläuterungen als ausdrücklich bestätigt an.[60] Die GRC finde immer dann Anwendung, wenn es sich um eine „unionsrechtlich geregelte Fallgestaltung" handele; der zu beurteilende Sachverhalt müsse „in den Geltungsbereich" des Unionsrechts fallen.[61] Ausreichen soll für eine „Durchführung des Rechts der Union", wenn es sich bei der maßgeblichen Norm zwar um eine rein nationalrechtlich geformte handele, deren Umsetzung aber zumindest auch Interessen der Union (im zu beurteilenden Fall: Art. 325 AEUV) diene. Diese extensive Auslegung führte dazu, dass mit Art. 51 Abs. 1 Satz 1 GRC jedenfalls keine Einengung des Anwendungsbereiches der Unionsgrundrechte einhergeht. Zusammenfassend gilt nach dieser Entscheidung: „Wo Unionsrecht hinreicht, gelten die Unionsgrundrechte".[62]

3.19a

---

54 Vgl. *Waltermann*, EuZA 2010, 541 (548 f.).
55 Vgl. zu diesem Aspekt EuGH v. 23.9.2008 – C-427/06 – Bartsch, Slg. 2008, I-7245 Rz. 25, ArbRB 2008, 338; v. 7.9.2006 – C-81/05 – Cordero Alonso, Slg. 2006, I-7569 Rz. 29; v. 23.4.2009 – verb. Rs. C-261/07 und C-299/07 – VTB-VAB NV, Slg. 2009, I-2949.
56 EuGH v. 4.7.2006 – C-212/04 – Adeneler, Slg. 2006, I-6057, ArbRB 2006, 258; v. 24.6.2010 – C-98/09 – Sorge, Slg. 2010, I-5837 Rz. 51; hierzu *Greiner*, EuZA 2011, 74 (81 f.).
57 EN: „only when they are implementing Union law"; FR: „uniquement lorsqu'ils mettent en oeuvre le droit de l'Union".
58 EuGH v. 26.2.2013 – C-617/10 – Akerberg Fransson.
59 GA *Cruz Villalón* v. 6.12.2012 – C-617/10 – Akerberg Fransson.
60 EuGH v. 26.2.2013 – C-617/10 – Akerberg Fransson Rz. 18, 20.
61 EuGH v. 26.2.2013 – C-617/10 – Akerberg Fransson Rz. 19.
62 So zutreffend *Bergmann* in: Bergmann/Dienelt, Art. 51 GRC Rz. 5.

3.19b Diese Entscheidung belebte die **Diskussion** in der Literatur um den (europäischen) Grundrechtsschutz und das damit verbundene Verhältnis von EuGH und BVerfG neu.[63] Unmittelbar nach der Entscheidung in der Rs. *Akerberg Fransson* nutzte das **BVerfG** in seinem Urteil zum Antiterrordateigesetz[64] die Gelegenheit zum Widerspruch. Das Gericht sah ausdrücklich „keinen Anlass" zu einem Vorabentscheidungsverfahren nach Art. 267 AEUV, da die zu beurteilenden Vorschriften nicht durch das Unionsrecht „determiniert" seien und insofern die Voraussetzungen des Art. 51 Abs. 1 Satz 1 GRC nicht vorlägen. Zwar seien zum Teil „Regelungsbereiche des Unionsrechtes" berührt, sodass zu diesem „Anknüpfungspunkte" bestünden. Es fehle aber an einer hinreichenden „Determination" des nationalen Rechts, etwa durch unionsrechtliche Verpflichtungen zur Schaffung einer solchen Datei. Mit ausdrücklichem Verweis auf die Rs. *Akerberg Fransson* betont das Gericht, dass dieser Entscheidung „keine Lesart unterlegt werden (dürfe), nach der diese offensichtlich als Ultra-Vires-Akt zu beurteilen wäre". Insbesondere dürfe die Entscheidung nicht so verstanden werden, dass für die Bindung der Mitgliedstaaten an die Unionsgrundrechte „jeder sachliche Bezug einer Regelung zum abstrakten Anwendungsbereich des Unionsrechts ausreiche". Entscheidend dürfte dabei das Kriterium der hinreichenden „Determination" sein – dieses steht in Widerspruch zu den obigen Maßstäben des EuGH.[65]

3.20 Der EuGH hat zwar unter Verweis auf seine frühere Judikatur in der Rs. *Akerberg Fransson* eine vollständige Akzessorietät der Bindung der Mitgliedstaaten an die GRC zum Anwendungsbereich des europäischen (Sekundär-) Rechts hergestellt, die Kriterien zur genaueren Bestimmung dieses Anwendungsbereichs blieben aber offen. In der Folgezeit nutzte das Gericht die Möglichkeit zu Konkretisierungen. So stellte der EuGH in der Rs. *Cruciano Siragusa* fest, der Begriff der Durchführung des Rechts der Union verlange „einen hinreichenden Zusammenhang von einem gewissen Grad [...], der darüber hinausgeht, dass die fraglichen Sachbereiche benachbart sind oder der eine von ihnen mittelbare Auswirkungen auf den anderen haben kann."[66] Es sei u.a. zu prüfen, ob mit der nationalen Vorschrift „eine Durchführung einer Bestimmung des Unionsrechts bezweckt wird, welchen Charakter diese Regelung hat und ob mit ihr nicht andere als die unter das Unionsrecht fallenden Ziele verfolgt werden, selbst wenn sie das Unionsrecht mittelbar beeinflussen kann, sowie ferner, ob es eine Regelung des Unionsrechts gibt, die für diesen Bereich spezifisch ist oder ihn beeinflussen kann."[67]

3.21 Auch das **BAG** hat bestätigt, dass Streitigkeiten ohne Unionsrechtsbezug nicht in Konformität mit den Unionsgrundrechten ausgestaltet werden müssen.[68] Im Vergleich zu den Grundrechten

---

63 S. hierzu etwa *Winter*, NZA 2013, 473; *Ohler*, NVwZ 2013, 1433; *Thym*, NVwZ 2013, 889; *Rabe*, NJW 2013, 1407; *Krebber*, EuZA 2016, 3. Kritisch etwa Vedder/Heintschel-von Heinegg/*Folz*, Art. 51 GRC Rz. 12 f.
64 BVerfG v. 24.3.2013 – 1 BVR 1215/07, insb. Rz. 88 ff. Interessant ist in diesem Zusammenhang auch, dass das BVerwG in einigen Entscheidungen dazu neigt, die Terminologie des BVerfG unter Auslassung derjenigen des EuGH zu übernehmen. So etwa in der Entscheidung des BVerwG v. 21.9.2016 – 6 C 2/15 Rz. 26 f.
65 Zu möglichen Ausgleichs- oder Reformmodellen in diesem Konflikt s. etwa Calliess/Ruffert/*Kingreen*, Art. 51 GRC Rz. 12 ff. sowie *Bäcker*, EuR 2015, 389. Zum Verhältnis von EuGH und nationalen Verfassungsgerichten umfassend *Laenarts*, EuR 2015, 3.
66 EuGH v. 6.3.2014 – C-206/13 – Cruciano Siragusa, NVwZ 2014, 575 Rz. 24; vgl. in diesem Sinne bereits v. 29.5.1997 – C-299/95 – Kremzow, Slg. 1997, I-2629 Rz. 16; vgl. ferner v. 17.9.2014 – C-562/12 – Liivimaa Lihaveis, BeckRS 2014, 81856 Rz. 62.
67 EuGH v. 6.3.2014 – C-206/13 – Cruciano Siragusa, NVwZ 2014, 575 Rz. 25; v. 18.12.1997 – C-309/96 – Annibaldi, Slg. 1997, I-7493 Rz. 21 ff.; v. 8.5.2013 – C-87/12 – Ymeraga, NVwZ-RR 2013, 620 Rz. 41; v. 10.7.2014 – C-198/13 – Hernández, BeckRS 2014, 81152 Rz. 37. Diese Voraussetzungen nennend auch bereits EuGH v. 8.11.2012 – C-40/11 – Iida Rz. 79. In der Entscheidung in der Rs. *Akerberg Fransson* fehlt es an einer Bezugnahme hierauf.
68 BAG v. 8.12.2011 – 6 AZN 1371/11, ArbRB 2012, 104 = NZA 2012, 286 (287); vgl. zuvor bereits *Willemsen/Sagan*, NZA 2011, 258 (259).

des GG fehlt der GRC ein umfassender und damit auch tendenziell expansiver Charakter. Eine **Kündigung**, die lediglich an §§ 138, 242 BGB zu messen sei, stelle keinen Sachverhalt dar, bei dem die GRC zu berücksichtigen sei. Art. 30 GRC, wonach jede Arbeitnehmerin und jeder Arbeitnehmer nach dem Unionsrecht und den einzelstaatlichen Rechtsvorschriften und Gepflogenheiten Anspruch auf Schutz vor ungerechtfertigter Entlassung hat, ändere somit nichts daran, dass nach dem gegenwärtigen Stand des Unionsrechts die §§ 138, 242 BGB keine Durchführung einer europäischen Richtlinie darstellen und auch keine sonstigen Anknüpfungspunkte an das Unionsrecht aufweisen würden.

In einem jüngeren Judikat zur Befristung von Arbeitsverhältnissen angestellter Hochschulprofessoren entschied das BAG, dass die Erstberufung eines Professors keine Berührung zum Unionsrecht aufweise.[69] Die **erstmalige Befristung** eines Arbeitsverhältnisses werde nicht durch die Rahmenvereinbarung über befristete Arbeitsverträge reguliert. Damit fehle es zugleich an einem unionsrechtlichen Bezug, der nach Art. 51 Abs. 1 Satz 1 GRC die Anwendung der Charta der Grundrechte der Europäischen Union und damit auch des in Art. 30 GRC niedergelegten Grundrechts auf Schutz vor ungerechtfertigter Entlassung begründen könnte.

3.22

Die Entscheidung **Cruciano Siragusa** macht deutlich, dass der EuGH um Kontinuität in seiner Grundrechtsdogmatik bemüht ist. Der Gerichtshof zitiert ausgiebig die eigene Rechtsprechung, und zwar Judikate, die sowohl vor als auch nach Inkrafttreten des Lissabonvertrages und der damit verbundenen Inkorporation der Charta in das Primärrecht ergangen sind. Außerdem verwendet er teilweise die alte Formel von der Begrenzung auf den „Anwendungsbereich des Unionsrechts".[70] Auch synonyme Formulierungen finden sich in neueren Entscheidungen: In der Rs. *J/Parlament* lehnt der EuGH die Anwendbarkeit der Charta ab, da es an einem „engen Zusammenhang mit dem Unionsrecht" fehle.[71] In dem Fall *Association de médiation sociale* bejaht der EuGH die Anwendbarkeit „in allen unionsrechtlich geregelten Fallgestaltungen"[72]. All dies lässt vermuten, dass der EuGH insgesamt seine Fallpraxis fortsetzen wird, dass also mit Art. 51 Abs. 1 GRC weder eine **Einengung** noch eine **Ausweitung des Anwendungsbereichs** der Unionsgrundrechte verbunden ist. Erforderlich ist in jedem Falle, dass der Sachverhalt gegenwärtig vom Anwendungsbereich des Unionsrechts erfasst ist; dass er geregelt werden könnte, reicht hingegen nicht aus.[73]

3.23

Auch die *ERT*-Rechtsprechung dürfte weiterhin gelten.[74] In der Rs. *Chartry*[75] lehnt der EuGH eine Durchführung i.S.v. Art. 51 GRC u.a. mit dem Hinweis darauf ab, dass ein Grundfreiheitenbezug

3.23a

---

69 BAG v. 11.9.2013 – 7 AZR 843/11, ArbRB 2013, 363 = NZA 2013, 1352 (1356).
70 S. etwa EuGH v. 12.11.2010 – C-339/10 – Estov, Slg. 2010, I-11465 Rz. 13 f.; vgl. auch v. 10.7.2014 – C-198/13 – Hernández, EuZW 2014, 795 Rz. 33; ähnlich v. 8.5.2014 – C-329/13 – Stefan, NVwZ 2014, 865 Rz. 30: „wenn eine nationale Rechtsvorschrift in den Geltungsbereich des Unionsrechts fällt".
71 EuGH v. 14.11.2013 – C-550/12 P – J/Parlament, BeckRS 2013, 82220 Rz. 30.
72 EuGH v. 15.1.2014 – C-176/12 – Association de médiation sociale, NZA 2014, 193 Rz. 42.
73 EuGH v. 27.3.2014 – C-265/13 – Marcos Rz. 36.
74 Diese Rechtsprechungslinie bestätigend etwa EuGH v. 30.4.2014 – C-390/12 – Pfleger.
75 EuGH v. 1.3.2011 – C-457/09 – Chartry, Slg. 2011, I-819 Rz. 23 ff.: „Ferner bestimmt Art. 51 Abs. 1 GRC, dass diese „für die Mitgliedstaaten ausschließlich bei der Durchführung des Rechts der Union" gilt. [...] Die Vorlageentscheidung [enthält] keinen konkreten Anhaltspunkt dafür, dass der Gegenstand des Ausgangsrechtsstreits eine Anknüpfung an das Unionsrecht aufweist. Der Ausgangsrechtsstreit, in dem ein belgischer Staatsangehöriger und der belgische Staat über die Besteuerung von Tätigkeiten streiten, die im Hoheitsgebiet dieses Mitgliedstaats ausgeübt wurden, weist keinerlei Bezug zu einem der durch die Bestimmungen des EG-Vertrags über die Freizügigkeit, den freien Dienstleistungs- oder Kapitalverkehr geregelten Sachverhalte auf. Er betrifft auch nicht die Anwendung nationaler Maßnahmen, mit denen der betreffende Mitgliedstaat Unionsrecht durchführt."

fehle. Dies hätte die Anwendbarkeit des Unionsrechts aufgrund der *ERT*-Rechtsprechung ausgelöst, so dass man davon ausgehen kann, dass diese Fallgruppe weiterhin unter Art. 51 GRC fortgilt. In seinem Urteil in der Rs. **Hernández**[76] hat der EuGH sogar ausdrücklich davon gesprochen, dass der Begriff der Durchführung in Art. 51 GRC die vor dem Inkrafttreten der Charta entwickelte Rechtsprechung zur Anwendbarkeit der Unionsgrundrechte als allgemeine Rechtsgrundsätze des Unionsrechts bestätigt. Dabei verweist er u.a. auch auf die *ERT*-Entscheidung.[77] In der Rs. *NS* bejahte der EuGH schließlich die Anwendbarkeit der GRC in einem asylrechtlichen Sachverhalt, bei dem eine Verordnung der EU zur Anwendung kam, die den Mitgliedstaaten bestimmte Ermessensspielräume einräumt. Übt ein Mitgliedstaat dieses Ermessen aus, führt er nach Ansicht des EuGH Unionsrecht durch i.S.v. Art. 51 Abs. 1 GRC.[78]

3.23b Die in den Rs. *Siragusa* und *Hernández* aufgestellten Kriterien entpuppten sich in der **Folgezeit** als dominierend in der Rechtsprechung des EuGH zu Art. 51 Abs. 1 Satz 1 GRC. In der Rs. *Poclava*[79] verneinte das Gericht seine Zuständigkeit für eine spanische arbeitsrechtliche Streitigkeit. Auch hier erfolgte eine genaue Prüfung des Anwendungsbereichs der unionsrechtlichen Regelungen und damit eine folgerichtige Bestätigung der vorherigen Judikate. Zwar bleibt es dabei, dass die Frage des „Anwendungsbereiches des Unionsrechtes" auch unter Geltung des Art. 51 Abs. 1 Satz 1 GRC der zentrale Maßstab bleibt,[80] jedoch scheint es das Gericht mit der Prüfung der Voraussetzung der Entscheidungen *Siragusa* und *Hernández* ernst zu meinen. Diesbezüglich ist eine erste Kontinuität zu erkennen, was auch zu einer gewissen Entschärfung des Konfliktes zwischen dem EuGH und dem BVerfG führt. Die noch vorhandene Unsicherheit illustriert jedoch beispielhaft eine Entscheidung des **BAG** aus dem Jahre 2016.[81] Es verzichtete auf eine Vorlage beim EuGH in einer Entscheidung bezüglich einem als allgemeinverbindlich erklärtem Tarifvertrag, da die Voraussetzungen des Art. 51 Abs. 1 Satz 1 GRC nicht erfüllt seien.[82] Zur Begründung zitiert das BAG die Entscheidungen *Siragusa* und *Hernández*, um sodann aber festzustellen, dass die Entscheidung in der Rs. *Akerberg Fransson* als „möglicherweise weitergehend" zu verstehen sei.[83] „Zum Verständnis dieser Entscheidung" wird dann jedoch wiederum die Entscheidung des BVerfG zum Antiterrordateigesetz[84] herangezogen.

3.23c Zu einer extensiveren Auslegung des Begriffs der „Durchführung" von Unionsrecht tendiert der EuGH hingegen wieder in der Rs. **Berlioz Investment Fund**.[85] Verhänge ein Mitgliedstaat Sanktionen aufgrund einer nationalen Regelung wegen der Verletzung steuerlicher Mitteilungspflichten, handele dieser auch dann in „Durchführung" des Unionsrechts, wenn dieses Gesetz zwar nicht unmittelbar in Umsetzung einer Richtlinie ergangen ist, es aber gleichwohl dazu dient, die in der Richtlinie vorgesehenen Ziele zu erreichen. Die dieser Entscheidung zugrunde liegende Konstellation ist derjenigen der Entscheidung in der Rs. *Akerberg Fransson* sehr ähnlich, sodass auch nur diese Entscheidung ausdrücklich zitiert wird. Im Bereich des Steuerrechts tendiert der EuGH damit weiterhin zu einer extensiven Auslegung ohne Berücksichtigung einschränkender Kriterien, die in anderen Entscheidungen herausgearbeitet wurden.

---

76 EuGH v. 10.7.2014 – C-198/13 – Hernández, EuZW 2014, 795 Rz. 33 ff.
77 EuGH v. 10.7.2014 – C-198/13 – Hernández, EuZW 2014, 795 Rz. 33.
78 EuGH v. 21.12.2011 – verb. Rs. C-411/10 und C-493/10 – NS, NVwZ 2012, 417 Rz. 55 ff., 68.
79 EuGH v. 5.2.2015 – C-117/14 – Poclava.
80 Auf dieser Linie etwa auch die Entscheidungen des EuGH v. 30.6.2016 – C-205/15 – Toma Biroul; v. 1.12.2016 – C-395/15 – Daouidi sowie v. 9.3.2017 – C-406/15 – Milkova.
81 BAG v. 21.9.2016 – 10 ABR 33/15.
82 Die Voraussetzungen des Art. 51 Abs. 1 Satz 1 GRC auch verneinend für die außerordentliche Kündigung eines Fremdgeschäftsführers das ArbG Stuttgart in der Entscheidung v. 21.12.2016 – 26 Ca 725/16 Rz. 134 ff.
83 BAG v. 21.9.2016 – 10 ABR 33/15 Rz. 103.
84 BVerfG v. 24.3.2013 – 1 BvR 1215/07, insb. Rz. 88 ff.
85 EuGH v. 15.5.2017 – C-682/15 – Berlioz Investment Fund.

In der Literatur gibt es **abweichende Stimmen**,[86] die eine Bindung der Mitgliedstaaten an die GRC allein auf die *Wachauf*-Konstellation[87] (vgl. Rz. 3.13), also auf Fälle der Umsetzung von Unionsrecht, begrenzen wollen. Damit wären insbesondere die *ERT*-Rechtsprechung und wohl auch *Mangold* und *Kücükdeveci* korrigiert bzw. eingeschränkt. Trotz des in der Tat recht engen Wortlauts von Art. 51 Abs. 1 GRC[88] ist aber eine weite Auslegung, die das gesamte *case law* des EuGH mit einbezieht, vorzuziehen. Zwar mag es in der Entstehungsgeschichte einige Anhaltspunkte für eine bewusste Einschränkung der EuGH-Rechtsprechung gegeben haben,[89] diese haben sich jedoch nicht in den „gebührend zu berücksichtigenden"[90] Erläuterungen zur GRC niedergeschlagen.[91] Im Gegenteil: Dort wird auf die gesamte Entwicklung der Fallpraxis Bezug genommen, insbesondere die Entscheidung in der Rs. *ERT* wird ausdrücklich zitiert.[92] Für eine kontinuierliche Fortschreibung der bisherigen Fallpraxis spricht, dass nach dem restriktiven Ansatz unklar wäre, ob die geforderte Einschränkung nur für die geschriebenen Grundrechte der GRC gelten soll oder sich auch auf die ungeschriebenen allgemeinen Rechtsgrundsätze erstrecken würde.[93] Für einen möglichst einheitlichen Maßstab streiten auch die „Scharniernormen" der Art. 52 f. GRC. In der Präambel zur GRC ist sogar die Rede davon, dass die Charta „den Schutz der Grundrechte stärken" soll – eine Begrenzung des bisherigen Schutzbereichs ist somit sicherlich nicht intendiert.[94]

3.24

III. Unmittelbare Wirkung und Unanwendbarkeit unionsrechtswidriger Vorschriften

Der Grundsatz der unmittelbaren Wirkung (oder der unmittelbaren Anwendbarkeit bzw. Direktwirkung) des Unionsrechts ermöglicht es Einzelnen, sich unmittelbar vor einem nationalen Gericht auf eine EU-Rechtsvorschrift zu berufen. Das Prinzip der unmittelbaren Wirkung ist seit der Leitentscheidung in der Rs. ***van Gend & Loos***[95] anerkannt. Bedingung hierfür ist, dass die Verpflichtungen eindeutig, klar und uneingeschränkt sein müssen und keine zusätzlichen Maßnahmen auf nationaler oder EU-Ebene erfordern dürfen (vgl. Rz. 1.28 ff.).

3.25

---

86 S. Calliess/Ruffert/*Kingreen*, Art. 51 GRC Rz. 19 f.; Meyer/*Borowsky*, Art. 51 GRC Rz. 24 ff.; wohl auch *Huber*, NJW 2011, 2385 (2387); *Nusser*, Die Bindung der Mitgliedstaaten an die Unionsgrundrechte, 2011, S. 56; vgl. zum gleichlautenden Art. II-51 Abs. 1 Satz 1 des Konventsentwurfs für eine Europäische Verfassung *Cremer*, NVwZ 2003, 1452; ferner *Cremer*, EuGRZ 2011, 545 (551); a.A. die wohl h.M., s. *Di Federico*, The EU Charter of Fundamental Rights – From Declaration to Binding Instrument, 2011, S. 39 f.; *Jarass*, Art. 51 GRC Rz. 19 f., 26 f.; instruktiv auch *Jarass*, NVwZ 2012, 457 (459); ferner *Grabenwarter*, EuGRZ 2004, 564; *Semmelmann*, ELRev 2010, 516 (526); *Shuibhne*, European Law Review 2009, 230 (242); zweifelnd *Chalmers/Monti*, European Union Law: Cases and Materials – Updating Supplement, 2008, S. 73 f.; Schwarze/*Hatje*, Art. 51 GRC Rz. 18; differenzierend Stern/Sachs/*Ladenburger/Vondung*, Art. 51 GRC Rz. 20 ff.
87 EuGH v. 13.7.1989 – 5/88 – Wachauf, Slg. 1989, 2609 Rz. 19 und 22.
88 Die englische Sprachfassung ist ähnlich eng, der Begriff „implement" wird regelmäßig ebenfalls nur im Sinne von Umsetzung oder allenfalls im Sinne von Durchführung verstanden (vgl. *Semmelmann*, European Law Review 2010, 516 (526), die jedoch im Ergebnis zu Recht nicht eine enge Interpretation vertritt; ebenso *Shuibhne*, European Law Review 2009, 230 (242)). Der französische Wortlaut, der als Verb „mettre en œuvre" verwendet, ist hingegen weiter, auch hier dürfte es aber sprachlich schwer fallen, etwa noch die *ERT*-Rechtsprechung unter diesen Begriff zu subsumieren.
89 S. hierzu ausführlich Meyer/*Borowsky*, Art. 51 GRC Rz. 2 ff.; ferner *Huber*, NJW 2011, 2385 (2387).
90 Art. 6 Abs. 1 UAbs. 3 EUV, 52 Abs. 7 GRC.
91 Diesen klaren Widerspruch gestehen auch Anhänger der Gegenansicht ein, s. Meyer/*Borowsky*, Art. 51 GRC Rz. 30 f.
92 Erläuterungen zur Charta der Grundrechte, ABl. C 303 v. 14.12.2007, S. 20, Erläuterung zu Art. 51 GRC.
93 Vgl. *Jarass*, NVwZ 2012, 457 (459).
94 Ebenso *Jarass*, NVwZ 2012, 457 (459).
95 EuGH v. 5.2.1963 – 26/62 – van Gend & Loos, Slg. 1963, 1 (25).

3.26 Eine unmittelbare Wirkung der Grundfreiheiten und unterschiedlicher Unionsgrundrechte ist seit langem anerkannt.[96] Darauf aufbauend dürfte davon auszugehen sein, dass nahezu alle **Grundrechte der GRC unmittelbar anwendbar** sind. Wenn sogar der recht vage formulierte allgemeine Gleichbehandlungsgrundsatz (Art. 20, 21 GRC) unmittelbare Wirkung entfaltet,[97] dürften auch die übrigen Grundrechte „inhaltlich unbedingt und hinreichend bestimmt" sein.[98] Die Unionsgrundrechte sind somit unmittelbar einklagbare Rechte.[99]

3.27 Etwas anderes dürfte hingegen bei den sog. **Grundsätzen der GRC** gelten.[100] Hierbei handelt es sich nicht um „echte" Grundrechte, sondern eher um Staatszielbestimmungen.[101] Sie können gem. Art. 52 Abs. 5 Satz 2 GRC vor Gericht nur bei der Auslegung sie konkretisierender Rechtsakte und bei Entscheidungen über deren Rechtmäßigkeit herangezogen werden. Sie begründen insbesondere **keine direkten Ansprüche** auf den Erlass positiver Maßnahmen durch die Organe der Union oder die Behörden der Mitgliedstaaten.[102] Als Beispiele für Vorschriften der GRC, die lediglich Grundsätze normieren, nennen die Erläuterungen Art. 25 (Rechte älterer Menschen), 26 (Integration von Menschen mit Behinderung) und 37 GRC (Umweltschutz).[103] Es handelt sich dabei eher um (sozial-)politische Ziele, die einer Ausgestaltung durch den (Unions-)Gesetzgeber bedürfen, denn um klassische Grundrechte.

3.28 Vorschriften des nationalen Rechts, die gegen unmittelbar wirkende Unionsgrundrechte verstoßen, sind aufgrund des Vorrangs des Unionsrechts **unanwendbar** (jedoch nicht nichtig).[104] Vorschriften des EU-Sekundärrechts wie insbesondere Richtlinien sind bei einer Verletzung von Unionsgrundrechten aufgrund des Vorrangs des Primärrechts, zu dem die Bestimmungen der GRC ebenso wie die allgemeinen Rechtsgrundsätze uneingeschränkt gehören (Art. 6 EUV), **nichtig**.[105]

IV. Drittwirkung (horizontale Direktwirkung)

3.29 Aus der Unanwendbarkeits- bzw. Nichtigkeitsrechtsfolge resultiert zunächst eine „**negative Drittwirkung**": Auch in Streitigkeiten zwischen Privaten sind Vorschriften, die gegen Unionsgrundrechte verstoßen, unanwendbar oder – im Falle von EU-Sekundärrecht – nichtig. Dies illustriert die Entscheidung in der Rs. *Kücükdeveci*, die zur Unanwendbarkeit von § 622 Abs. 2 Satz 2 BGB

---

96 Zur unmittelbaren Wirkung der Grundfreiheiten s. nur EuGH v. 5.2.1963 – 26/62 – van Gend & Loos, Slg. 1963, 1; v. 15.12.1995 – C-415/93 – Bosman, Slg. 1995, I-4921; zur unmittelbaren Wirkung der Unionsgrundrechte s. v. 12.11.1969 – 29/69 – Stauder, Slg. 1969, 419; v. 22.11.2005 – C-144/04 – Mangold, Slg. 2005, I-9981, ArbRB 2006, 3; v. 19.1.2012 – C-555/07 – Kücükdeveci, Slg. 2010, I-365, ArbRB 2010, 35.
97 EuGH v. 19.1.2012 – C-555/07 – Kücükdeveci, Slg. 2010, I-365, ArbRB 2010, 35; v. 22.11.2005 – C-144/04 – Mangold, Slg. 2005, I-9981, ArbRB 2006, 3.
98 A.A. im Hinblick auf das Recht auf bezahlten Jahresurlaub GAin *Trstenjak* v. 8.9.2011 – C-282/10 – Dominguez, BeckRS 2011, 81367 Rz. 133 ff.
99 *Jarass*, Einl. Rz. 51 f.
100 Franzen/Gallner/Oetker/*Schubert*, Art. 6 EUV Rz. 31; für Art. 27 GRC (Recht auf Unterrichtung und Anhörung der Arbeitnehmerinnen und Arbeitnehmer im Unternehmen) zu Recht ablehnend EuGH v. 15.1.2014 – C-176/12 – Association de médiation sociale, NZA 2014, 193, 195 Rz. 47 ff.
101 Treffend *Seifert*, EuzW 2011, 696 (701); *Seifert*, EuZA 2013, 299 (305).
102 So die Erläuterungen zur Charta der Grundrechte, ABl. 2007 C 303/20, Erläuterung zu Art. 52.
103 Erläuterungen zur Charta der Grundrechte, ABl. C 303 v. 14.12.2007, S. 20, Erläuterung zu Art. 52.
104 S. nur EuGH v. 19.1.2012 – C-555/07 – Kücükdeveci, Slg. 2010, I-365 Rz. 20 f., ArbRB 2010, 35; v. 8.9.2010 – C-409/06 – Winner Wetten, Slg. 2010, I-8015 Rz. 58 ff.
105 Hierzu grundlegend EuGH v. 9.11.2010 – verb. C-92/09 und C-93/09 – Schecke und Eifert, EuZW 2010, 939; vgl. auch das Urteil zur Vorratsdatenspeicherung: EuGH v. 8.4.2014 – verb. Rs. C-293/12 und C-594/12 – Digital Rights Ireland u.a., NVwZ 2014, 709 sowie die diese Rechtsprechung fortführende Entscheidung EuGH v. 6.10.2015 – C-362/14 – Schrems.

IV. Drittwirkung (horizontale Direktwirkung) | Rz. 3.32 § 3

in einem privaten Rechtsstreit zwischen Arbeitgeber und Arbeitnehmerin geführt hat.[106] Dies stellt jedoch keinen Fall einer Drittwirkung der Grundrechte dar, sondern ist schlicht eine Folge des normenhierarchischen Vorrangs des EU-Primärrechts vor nationalem Recht und EU-Sekundärrecht.

Eine Entscheidung des EuGH, die sich ausdrücklich mit der Frage einer echten/**positiven Drittwirkung** der Unionsgrundrechte auseinandersetzt, fehlt bislang. Die Luxemburger Richter scheinen insofern eine ausweichende Strategie zu verfolgen: In der Rs. *Dominguez* hatte die Generalanwältin *Trstenjak* ausführlich (und ablehnend) zur Drittwirkung des Grundrechts auf bezahlten Jahresurlaub (Art. 31 Abs. 2 GRC) Stellung bezogen.[107] Der EuGH griff dies jedoch in seiner Entscheidung nicht auf, sondern beschränkte sich in seinen Ausführungen auf die sekundärrechtliche Verankerung des Urlaubsanspruchs (Art. 7 ArbZ-RL). Die Richter gingen in *Dominguez* von einem staatlichen Arbeitgeber aus, so dass die Richtlinie zur unmittelbaren Anwendung kam und sich eine Diskussion über die Drittwirkung des Primärrechts erübrigte. Sie verwiesen zwar als Alternative nur auf einen Schadensersatzanspruch gegen den Mitgliedstaat (vgl. Rz. 1.160 ff.); man wird jedoch in diese recht knappen Ausführungen – gerade angesichts der sehr ausführlichen Schlussanträge – nicht hineinlesen können, dass der EuGH implizit die Frage der Drittwirkung des Unionsgrundrechts auf Jahresurlaub verneinend beantworten wollte.[108]

3.30

Eine ausführliche dogmatische Stellungnahme des EuGH zur Drittwirkung der Grundrechte – wie etwa seitens des BVerfG im *Lüth*-Urteil[109] – wird indes aller Voraussicht nach auch in Zukunft nicht erfolgen. Dies liegt zum einen an dem unterschiedlichen Urteilsstil des EuGH, der in der Tradition französischer Gerichte steht, die einen eher apodiktischen Duktus pflegen. Zum anderen ist die Drittwirkung eine vor allem im deutschen Recht ausgiebig untersuchte Thematik, die in anderen Mitgliedstaaten nicht vergleichbar problematisiert wird. Im Ergebnis dürfte unstreitig sein, dass eine Vielzahl von Grundrechten Wirkung zwischen Privatpersonen entfaltet, und ebenso ist allgemein anerkannt, dass die Maßstäbe zur Bewältigung von Konflikten in horizontalen Rechtsbeziehungen andere sind als im vertikalen Staat/Bürger-Verhältnis. Der Generalanwalt *Cruz Villalón* bringt es in seinen Schlussanträgen in der Rs. *Association de médiation sociale* auf den Punkt: „Das Problem der häufig mit dem etablierten deutschen Begriff bezeichneten „Drittwirkung" ist nicht so sehr die Idee selbst, ihr Begriff oder ihre Existenz in unserer Verfassungskultur, die schwerlich zu bestreiten ist. Das Problem ist das richtige Verständnis ihrer konkreten Wirkung, ein Problem, das sich in dem Maße vergrößert, in dem diese Wirkung fast zwangsläufig proteisch in dem Sinne ist, dass sie ganz unterschiedliche Erscheinungsformen annimmt."[110] Die in der nationalen Dogmatik geläufigen Schlagwörter unmittelbar und mittelbar sind dabei nur wenig hilfreich.[111]

3.31

Auch bei den Bestimmungen der GRC sollte die Möglichkeit einer Drittwirkung grundsätzlich anerkannt werden. Der **Wortlaut** des Art. 51 GRC spricht zwar *prima facie* eher gegen eine Bindung Privater an Unionsgrundrechte, denn dort sind zunächst nur die Institutionen und die Mitgliedstaaten angesprochen.[112] Daraus kann jedoch nicht zwingend geschlussfolgert werden, dass in jedem Fall eine Drittwirkung ausgeschlossen werden sollte. Der Grundrechtekonvent überließ die

3.32

---

106 EuGH v. 19.1.2012 – C-555/07 – Kücükdeveci, Slg. 2010, I-365, ArbRB 2010, 35; vgl. auch v. 15.1. 2014 – C-176/12 – Association de médiation sociale, NZA 2014, 193.
107 GAin *Trstenjak* v. 8.9.2011 – C-282/10 – Dominguez, BeckRS 2011, 81367 Rz. 80 ff. Diese Frage offenlassend zuletzt auch EuGH v. 26.3.2015 – C-316/13 – Fenoll.
108 Vgl. bereits *Pötters*, EuZW 2012, 345 (346).
109 BVerfG v. 15.1.1958 – 1 BvR 400/51, BVerfGE 7, 198 (200).
110 GA *Cruz Villalón* v. 18.7.2013 – C-176/12 – Association de médiation sociale, BeckRS 2014, 80206 Rz. 36.
111 Ausführlich *Pötters*, Grundrechte und Beschäftigtendatenschutz, 2013, S. 65 ff.
112 Vgl. *Hilson*, European Law Review 2004, 636 (645); Schwarze/Hatje, Art. 51 GRC Rz. 22; GAin *Trstenjak* v. 8.9.2011 – C-282/10 – Dominguez, BeckRS 2011, 81367 Rz. 80.

Entscheidung derartiger Probleme Rechtsprechung und Literatur;[113] auch die Erläuterungen zur Charta klammern diese Thematik aus.[114] Im Ergebnis ist der Wortlaut also kein entscheidendes Argument für oder gegen die Anerkennung einer Drittwirkung. Zieht man eine **Parallele zu den Grundfreiheiten**, so spricht dies für die Anerkennung einer Drittwirkung.[115] Bei der Arbeitnehmerfreizügigkeit hat der EuGH nach der *Angonese*-Rechtsprechung[116] sogar eine unmittelbare Drittwirkung bejaht. Bei einer pauschalen Übertragung der Grundfreiheitenrechtsprechung auf sämtliche Grundrechte ist aber Vorsicht geboten.[117] Andere Grundrechtsregime des Europarechts wie insbesondere die in der **EMRK** verbürgten Rechte binden nur die Mitgliedstaaten, nicht aber Private.[118] Auch die EMRK strahlt jedoch auf Privatrechtsverhältnisse aus, wie etwa die zahlreichen Streitigkeiten zum Schutz des allgemeinen Persönlichkeitsrechts bei deliktischen Haftungsfällen im Bereich des Medienrechts belegen.[119] Ob man eine solche Form der Drittwirkung nun als mittelbar oder unmittelbar bezeichnet, ist von untergeordneter Bedeutung.[120]

3.33 All dies macht deutlich: Es sollte durch **Auslegung der jeweiligen Norm** bestimmt werden, ob und inwiefern einem Grundrecht der GRC Drittwirkung zukommt. Bei manchen Grundrechten – wie etwa dem Schutz bei Abschiebung, Ausweisung und Auslieferung (Art. 19 GRC) – sind eindeutig nur die Mitgliedstaaten und die EU-Organe Adressaten. Gleiches gilt für manche soziale Grundrechte, die eine staatliche Leistung voraussetzen, z.B. das Recht auf Zugang zu einem unentgeltlichen Arbeitsvermittlungsdienst (Art. 29 GRC).[121] Bei vielen anderen Grundrechten wird man – wie auch bei den Grundfreiheiten – unterschiedliche Wege einer Drittwirkung bejahen müssen, sei es durch eine Schutzpflichtkonstruktion[122] oder durch eine **Ausstrahlungswirkung**[123] bei der Auslegung des Sekundärrechts bzw. des vom Anwendungsbereich des Unionsrechts erfassten nationalen Rechts.[124] Bereits auf diese Weise können die Grundrechte weitreichende Wirkungen in Rechtsbeziehungen zwischen Privaten entfalten.[125]

3.34 Dies wird durch die Entscheidungen zum Datenschutzrecht illustriert: Das Recht auf Schutz personenbezogener Daten (Art. 8 GRC) ist auch im Zivilrecht zu beachten, denn der Anwendungsbereich des Unionsrechts erfasst auch Datenverarbeitungen durch private Stellen (vgl. Art. 2 und Art. 4 Nr. 7 DSGVO).[126] Die DSGVO und das jeweilige nationale Recht, soweit es das Unionsrecht

---

113 Stern/Sachs/*Ladenburger/Vondung*, Art. 51 GRC Rz. 11, 14; Heselhaus/Nowak/*Nowak*, HdbEuropGR, § 6 Rz. 58.
114 S. Meyer/*Borowsky*, Art. 51 GRC Rz. 31.
115 Vgl. *Rengeling/Szczekalla*, Grundrechte in der Europäischen Union, Rz. 332 f.; kritisch *Jarass*, Art. 51 GRC Rz. 24, 31 ff.; Ehlers/*Ehlers*, § 14 Rz. 54.
116 EuGH v. 6.6.2000 – C-281/98 – Angonese, Slg. 2000, I-4139.
117 *Jarass*, Art. 51 GRC Rz. 24, 31 ff.; a.A. von der Groeben/Schwarze/Hatje/*Beutler*, Art. 6 EUV Rz. 14 ff. zur Auslegung der GRC.
118 S. hierzu *Grabenwarter/Pabel*, EMRK, 6. Aufl. 2016, § 17 Rz. 6; *Rengeling/Szczekalla*, Grundrechte in der Europäischen Union, Rz. 339; vgl. Calliess/Ruffert/*Kingreen*, Art. 51 GRC Rz. 21; *Jarass*, Art. 51 GRC Rz. 24, 30; *Huber*, NJW 2011, 2385 (2390).
119 Zu denken ist etwa an die *Caroline*-Urteile des EGMR; hierzu zusammenfassend *Jürgens*, NJW 2007, 2517; vgl. auch EGMR v. 10.10.2013 – 64569/09 – Delfi, MMR 2014, 35.
120 Instruktiv und zusammenfassend zu der gesamten Problematik s. auch *Jarass*, ZEuP 2017, 310.
121 *Seifert*, EuZA 2013, 299 (304).
122 *Suerbaum*, EuR 2003, 390; s. auch *Seifert*, EuzW 2011, 696 (701), der zu Recht darauf hinweist, dass vom EGMR im Hinblick auf Grundrechte der EMRK begründete Schutzpflichten schon wegen Art. 52 Abs. 3 GRC bei der Auslegung der Grundrechte der GRC beachtet werden müssen.
123 S. auch *Jarass*, Art. 51 GRC Rz. 30 f.
124 Hierzu etwa EuGH v. 29.1.2008 – C-275/06 – Promusicae, Slg. 2008, I-271 Rz. 62 ff.; v. 24.11.2011 – C-70/10 – Scarlet Extended, MMR 2012, 174 Rz. 43 ff.; v. 13.5.2014 – C-131/12 – Google Spain, NVwZ 2014, 857 (862 f.) = ArbRB 2014, 173; v. 27.3.2014 – C-314/12 – UPC Telekabel Wien, NJW 2014, 1577 Rz. 46 f.
125 Vgl. treffend *Jarass*, Art. 51 Rz. 30 f.
126 Vgl. auch die Entscheidung des EuGH v. 6.10.2015 – C-362/14 – Schrems, ArbRB 2015, 334, welche sich allerdings auf die Vorgängerregelung der Datenschutzrichtlinie 95/46/EG (Art. 3) bezog.

durchführt, müssen daher im Lichte der Unionsgrundrechte ausgelegt werden.[127] Die Generalklausel des Art. 6 Abs. 1 Buchst. f DSGVO schreibt sogar ausdrücklich eine Grundrechts- und Interessenabwägung als Voraussetzung für die Rechtfertigung einer Datenverarbeitung vor. In der Entscheidung in der Rs. *Google Spain*[128] legte der EuGH die Rechte des von einer Datenverarbeitung Betroffenen[129] im Lichte der Unionsgrundrechte sehr weit aus. Danach können Privatpersonen grundsätzlich – gestützt auf nationale Datenschutzvorschriften i.V.m. Art. 8 GRC – von Google die Löschung von Sucheinträgen verlangen, sofern nicht ausnahmsweise die wirtschaftlichen Interessen des (privaten) Suchmaschinenbetreibers oder das öffentliche Informationsinteresse überwiegen.

Darüber hinaus wird man für einige Grundrechte, die erkennbar gerade auf Privatrechtsverhältnisse zugeschnitten sind, eine Drittwirkung bejahen müssen in dem Sinne, dass Private diese Rechte – sofern der jeweilige Sachverhalt vom Anwendungsbereich des Unionsrechts erfasst ist – „unmittelbar" beachten müssen.[130] Dies sind in erster Linie soziale Grundrechte: das Verbot der Zwangsarbeit und des Menschenhandels (Art. 5 GRC)[131], die Koalitionsfreiheit und das damit verbundene Recht auf Kollektivmaßnahmen (Art. 28 GRC), das Verbot der Kinderarbeit (Art. 32 Abs. 1 GRC)[132] und das Recht auf bezahlten Jahresurlaub (Art. 31 Abs. 2 GRC)[133]. All dies sind Vorschriften, die sich auch und gerade gegen andere Privatpersonen und nicht nur gegen Hoheitsträger der EU oder der Mitgliedstaaten richten. Neben dem Wortlaut dieser Vorschriften sprechen hier teleologische Erwägungen für die Anerkennung einer unmittelbaren Drittwirkung, denn typische Grundrechtsgefährdungen entstehen bei diesen Bestimmungen gerade auch durch andere Private. Um die praktische Wirksamkeit (*effet utile*) zu gewährleisten, müssen Privatpersonen bei solchen Grundrechten daher ebenfalls gebunden sein. Bei der Interpretation der jeweiligen Grundrechtsvorschriften wird man ferner ergänzend auf die nationalen Verfassungstraditionen der Mitgliedstaaten zurückgreifen können (Art. 52 Abs. 4 GRC). Wenn etwa in mehreren Mitgliedstaaten der Koalitionsfreiheit unmittelbare Drittwirkung zukommt (s. nur Art. 9 Abs. 3 Satz 2 GG für Deutschland), dann spricht dies dafür, dass Gleiches auch für Art. 28 GRC gilt.

3.35

Die sog. **Grundsätze** der GRC können hingegen gem. Art. 52 Abs. 5 Satz 2 GRC vor Gericht nur bei der Auslegung sie konkretisierender Rechtsakte und bei Entscheidungen über deren Rechtmäßigkeit herangezogen werden. Schon die Annahme einer unmittelbaren Wirkung ist hier abzulehnen (vgl. Rz. 3.27). Aus ihnen konkrete Rechtsfolgen gegenüber Privatpersonen abzuleiten,

3.36

---

127 Vgl. grundlegend EuGH v. 20.5.2003 – verb. Rs. C-465/00, C-138/01 und C-139/91 – Rechnungshof u.a./Österreichischer Rundfunk, Slg. 2003, I-4989 Rz. 68 ff.; ferner v. 29.1.2008 – C-275/06 – Promusicae, Slg. 2008, I-271 Rz. 62 ff.; v. 6.11.2003 – C-101/01 – Lindqvist, Slg. 2003, I-12971 Rz. 87; 17.7. 2014 – C-141/12 u.a. – Y.S., NVwZ-RR 2014, 736 Rz. 54; v. 13.5.2014 – C-131/12 – Google Spain, NVwZ 2014, 857 (862 f.), ArbRB 2014, 173; vgl. ferner GAin *Kokott* v. 8.5.2008 – C-73/07 – Tietosuojavaltuutettu, Slg. 2008, I-9831 Rz. 37.
128 EuGH v. 13.5.2014 – C-131/12 – Google Spain, NVwZ 2014, 857 (862 f.).
129 Konkret ging es um die Rechte auf Auskunft und Widerspruch nach Art. 12 Buchst. b und Art. 14 Abs. 1 Buchst. a RL 95/46/EG.
130 So auch *Jarass*, Art. 51 GRC Rz. 31 ff.; *Magiera*, DÖV 2000, 1023 (1025); vgl. auch Ehlers/*Ehlers*, § 14 Rz. 54, der Art. 5 Abs. 3, 32 Abs. 1 GRC als Beispiele nennt; vgl. ferner *Hilson*, European Law Review 2004, 636 (645 f.); Meyer/*Borowsky*, Art. 51 GRC Rz. 31, der auf Art. 24 Abs. 2 und Abs. 3 GRC verweist; s. auch Heselhaus/Nowak/*Nowak*, HdbEuropGR, § 6 Rz. 58, der auf Art. 24 GRC verweist; anders hingegen Stern/Sachs/*Ladenburger/Vondung*, Art. 51 GRC Rz. 14, der Art. 3 Abs. 2, 5 Abs. 3, 24 Abs. 1 und Abs. 2, 32 Abs. 1 GRC als Beispiele für Bestimmungen nennt, bei denen aufgrund des Wortlauts eine unmittelbare Drittwirkung in Betracht kommt, dies aber i.E. auch für diese Normen ablehnt; vgl. auch *Seifert*, EuzW 2011, 696 (700 f.); *Seifert*, EuZA 2013, 299 (303).
131 S. auch Ehlers/*Ehlers*, § 14 Rz. 54; *Magiera*, DÖV 2000, 1023 (1025); *Seifert*, EuzW 2011, 696 (700).
132 *Seifert*, EuzW 2011, 696 (700).
133 Die Frage einer Drittwirkung von Art. 31 Abs. 2 GRC wurde ausdrücklich offengelassen in der Entscheidung des EuGH v. 26.3.2015 – C-316/13 – Fenoll. Diese Frage verneinend *Seifert*, EuZA 2015, 500 m.w.N.; Franzen/Gallner/Oetker/*Schubert*, Art. 31 GRC Rz. 2a.

verbietet sich mithin erst Recht. So entschied der EuGH in der Rs. *Association de médiation sociale*, dass aus Art. 27 GRC keine unmittelbaren Ansprüche abgeleitet werden können.[134] Das dort geregelte Recht auf Unterrichtung und Anhörung der Arbeitnehmerinnen und Arbeitnehmer im Unternehmen ist schon nach dem klaren Wortlaut konkretisierungsbedürftig („die nach dem Unionsrecht und den einzelstaatlichen Rechtsvorschriften und Gepflogenheiten vorgesehen sind").

3.37 Als ein *caveat* gilt es schließlich stets zu beachten: Die wie auch immer geartete Drittwirkung der Grundrechte der GRC gilt nur im Anwendungsbereich des Unionsrechts bzw. in den Grenzen des Art. 51 GRC.[135] Vor allem begründen die Grundrechtsgewährleistungen **keine neuen Kompetenzen** der EU (Art. 6 Abs. 1 UAbs. 2 EUV sowie Art. 51 Abs. 1 Satz 2, Abs. 2 GRC). So resultiert etwa aus Art. 28 GRC keine Regelungsbefugnis im Bereich des Streikrechts.[136] Somit ist es auch dem EuGH verwehrt, ähnlich wie das BAG eine richterrechtliche Streikordnung zu schaffen. Die prinzipielle Anerkennung der Drittwirkung eines Unionsgrundrechts bedeutet also nicht zwingend, dass dieses sich tatsächlich auf viele Privatrechtsverhältnisse auswirkt. Diese kompetenziell bedingten Einschränkungen sind ein wesentlicher Unterschied nicht nur im Vergleich zu den Grundrechten der nationalen Verfassungen, sondern auch zu den Grundfreiheiten, die umfassend im Rahmen des nationalen Rechts zu beachten sind.[137]

V. Konkretisierung der Unionsgrundrechte durch Sekundärrecht

3.38 Während einerseits bei der Auslegung des Sekundärrechts die Grundrechte im Rahmen der Drittwirkung zu beachten sind, so können andererseits sekundärrechtliche Bestimmungen zur Konkretisierung der Unionsgrundrechte herangezogen werden (vgl. Rz. 1.163 f.). Leitentscheidung ist insofern das Urteil in der Rs. *Kücükdeveci*. Der EuGH rekurrierte dort auf die Gleichbehandlungsrahmenrichtlinie 2000/78/EG, um eine relevante Ungleichbehandlung i.S.d. allgemeinen Gleichbehandlungsgrundsatzes (Art. 21 GRC) festzustellen[138] und zog die Richtlinie außerdem als Maßstab im Rahmen der Rechtfertigung heran.[139] Dadurch wird die fehlende horizontale Direktwirkung von Richtlinien faktisch aufgehoben (vgl. Rz. 1.163). So überraschend das Ergebnis in *Kücükdeveci* auf den ersten Blick gewesen sein mag – die Konkretisierung von Primärrecht durch Sekundärrecht stellt kein Novum dar, welches der EuGH in dieser etwas konstruiert anmutenden Entscheidung erstmalig entwickelt hätte. Vielmehr ist der EuGH bei den Grundfreiheiten bereits mehrfach diesen Weg gegangen. So verwendet er die Maßstäbe der Arbeitnehmerentsenderichtlinie 96/71/EG bei der Prüfung der Rechtfertigung von Grundfreiheitsbeeinträchtigungen.[140] Sie regelt nach Ansicht des EuGH abschließend, welche Mindeststandards von den entsendenden Unternehmen seitens des Zielmitgliedstaats gefordert werden können.[141] Weder durch staatliche Regelungen noch durch kollektive Maßnahmen können höhere Standards verlangt werden.[142] Auch im Vergaberecht konkretisieren die Richtlinien 92/50/EWG und 2004/18/EG die Niederlassungs- und die Dienstleistungsfreiheit.[143]

---

134 EuGH v. 15.1.2014 – C-617/12 – Association de médiation sociale, NZA 2014, 193 Rz. 42 ff.
135 Vgl. *Seifert*, EuzW 2011, 696 (701 f.); *F. Kirchhof*, NJW 2011, 3681 (3684 f.).
136 Vgl. *Thüsing/Traut*, RdA 2012, 65.
137 *F. Kirchhof*, NJW 2011, 3681 (3684 f.).
138 Insofern rekurriert der EuGH auf die Definition in Art. 2 Abs. 2 Buchst. a Gleichb-RL 2000/78/EG, s. EuGH v. 19.1.2012 – C-555/07 – Kücükdeveci, Slg. 2010, I-365 Rz. 28 ff., ArbRB 2010, 35.
139 In Bezug auf Diskriminierungen wegen des Alters stützt sich der EuGH auf Art. 6 Abs. 1 Gleichb-RL 2000/78/EG, s. EuGH v. 19.1.2012 – C-555/07 – Kücükdeveci, Slg. 2010, I-365 Rz. 32 ff., ArbRB 2010, 35.
140 S. EuGH v. 18.12.2007 – C-341/05 – Laval, Slg. 2007, I-11767, ArbRB 2008, 80; vgl. auch EuGH v. 11.12.2007 – C-438/05 – Viking, Slg. 2007, I-10779, ArbRB 2008, 79.
141 EuGH v. 18.12.2007 – C-341/05 – Laval, Slg. 2007, I-11767 Rz. 81 ff., 111, ArbRB 2008, 80; v. 3.4.2008 – C-346/06 – Rüffert, Slg. 2008, I-1989 Rz. 33 ff., ArbRB 2008, 169.
142 EuGH v. 18.12.2007 – C-341/05 – Laval, Slg. 2007, I-11767 Rz. 111, ArbRB 2008, 80.
143 Hierzu GAin *Trstenjak* v. 14.4.2010 – C-271/08 – Kommission/Deutschland, Slg. 2010 I-7091.

V. Konkretisierung der Unionsgrundrechte durch Sekundärrecht | Rz. 3.41 § 3

In der aktuelleren Entscheidung in der Rs. *Association de médiation sociale*[144] hat der EuGH jedoch aufgezeigt, dass die *Kücükdeveci*-Rechtsprechung **nicht ohne weiteres** auf sämtliche Bestimmungen der GRC **übertragbar** ist (vgl. Rz. 1.164). In diesem Urteil ging es um das Recht auf Unterrichtung und Anhörung der Arbeitnehmerinnen und Arbeitnehmer im Unternehmen gem. Art. 27 GRC. Der entscheidende Unterschied im Vergleich zu Art. 21 GRC bestehe darin, dass Art. 27 GRC nicht unmittelbar anwendbar sei und damit kein subjektives Recht verleihen könne. Darüber helfe auch nicht eine konkretisierende Richtlinie hinweg: „Diese Feststellung kann nicht dadurch entkräftet werden, dass Art. 27 der Charta im Zusammenhang mit den Bestimmungen der RL 2002/14/EG betrachtet wird. Da dieser Artikel nämlich für sich allein nicht ausreicht, um dem Einzelnen ein Recht zu verleihen, das dieser als solches geltend machen kann, kann bei einer solchen Zusammenschau nichts anderes gelten."[145] Eine zwingende Prämisse für das sich wechselseitig verstärkende Zusammenspiel von Primär- und Sekundärrecht à la *Kücükdeveci* ist somit die unmittelbare Wirkung der primärrechtlichen Norm. Es bleibt abzuwarten, ob der EuGH weitere einschränkende Voraussetzungen entwickeln wird oder ob *Kücükdeveci* für alle unmittelbar anwendbaren Bestimmungen der GRC gilt. Gegen eine Übertragbarkeit hat sich die Generalanwältin *Trstenjak* ausgesprochen.[146] Sie argumentiert, dass es hierdurch zu einer Vermengung von Rechtsquellen unterschiedlicher Rangordnung komme und dass Bedenken hinsichtlich des Gebots der Rechtssicherheit bestünden, sollte diese Vorgehensweise verallgemeinert werden.

3.39

Bei einigen Grundrechten liegt jedoch eine Übertragung nahe, so etwa beim **Recht auf Schutz personenbezogener Daten** (Art. 8 GRC).[147] Schon die Erläuterungen zur Charta sprechen davon, dass sich dieses Grundrecht u.a. auf die seinerzeit geltende Richtlinie 95/46/EG stützt.[148] Das EU-Datenschutzrecht ist außerdem durch vergleichbare Charakteristika gekennzeichnet, wie sie *Trstenjak* für das Diskriminierungsrecht ausgemacht hat: Wie die Antidiskriminierungsrichtlinien traf auch die Datenschutzrichtlinie 95/46/EG bzw. trifft heute die DSGVO eine umfassende und weitestgehend abschließende Regelung.[149] Ähnlich wie bei dem primärrechtlichen Begriff der Diskriminierung wird man auch im Hinblick auf den Terminus der personenbezogenen Daten annehmen können, dass die DSGVO nur eine detailliertere Ausformulierung des Primärrechts enthält.

3.40

Allgemein gilt es bei der Übertragung des *Kücükdeveci*-Ansatzes jedoch stets zu beachten: Die Konkretisierung von Primärrecht durch Sekundärrecht ist nur zulässig, soweit das Sekundärrecht nicht letztlich Reichweite und Inhalt des Primärrechts verbindlich bestimmt.[150] Kurzum: **Konkretisieren heißt nicht definieren**. Wird dies beachtet und werden die jeweiligen Rechtswirkungen dogmatisch sauber getrennt, kommt es auch nicht zu einer Vermengung der Rechtsquellen.

3.41

---

144 EuGH v. 15.1.2014 – C-176/12 – Association de médiation sociale, NZA 2014, 193 Rz. 47 ff.
145 EuGH v. 15.1.2014 – C-176/12 – Association de médiation sociale, NZA 2014, 193 Rz. 49.
146 GAin *Trstenjak* v. 8.9.2011 – C-282/10 – Dominguez, BeckRS 2011, 81367 Rz. 154 ff. und 164 ff.
147 In diese Richtung wohl EuGH v. 17.7.2014 – C-141/12 u.a. – Y.S., NVwZ-RR 2014, 736 Rz. 55, wonach das Auskunftsrecht des Art. 8 Abs. 2 Satz 2 GRC durch Art. 12 lit. a) Richtlinie 95/46/EG „durchgeführt" wird (EN: „implemented", FR: „mise en œuvre").
148 Erläuterungen zur Charta der Grundrechte, ABl. C 303 v. 14.12.2007, S. 20, Erläuterung zu Art. 8.
149 Vgl. EuGH v. 24.11.2011 – verb. Rs. C-468/10 und C-469/10 – ASNEF, NZA 2011, 1409.
150 Vgl. hierzu zutreffend GA *Bot* v. 7.7.2009 – C-555/07 – Kücükdeveci, Slg. 2010, I-365 = ZIP 2009, 1483 Rz. 82 ff.: „Diese Erwägungen stehen meines Erachtens im Einklang mit der Normenhierarchie innerhalb der Rechtsordnung der [Union]. [...] Da nämlich die Richtlinie 2000/78 ein Instrument ist, das die konkrete Anwendung des Verbots der Altersdiskriminierung erleichtern, insbesondere den Rechtsschutz für Arbeitnehmer bei Verstoß gegen diesen Grundsatz verbessern soll, kann sie die Tragweite dieses Grundsatzes nicht berühren, auch – und vor allem – nicht nach Ablauf der den Mitgliedstaaten für ihre Umsetzung eingeräumten Frist." Vgl. auch die Ausführungen der GAin *Trstenjak* v. 14.4.2010 – C-271/08 – Kommission/Deutschland, BeckEuRS 2010, 511233 Rz. 177; vgl. aus der Rspr. des EuGH v. 3.10.2006 – C-17/05 – Cadman, Slg. 2006, I-9583 Rz. 29, ArbRB 2006, 325; ferner v. 31.3.1981 – 96/80 – Jenkins, Slg. 1981, 911 Rz. 22.

VI. Rechtfertigung von Grundrechtsbeeinträchtigungen: Schranken-Schranken (Art. 52 Abs. 1 GRC)

1. Verhältnismäßigkeit und praktische Konkordanz (Art. 52 Abs. 1 Satz 2 GRC)

3.42 Wie auch im nationalen Verfassungsrecht muss bei jeder Einschränkung von Grundrechten der Verhältnismäßigkeitsgrundsatz beachtet werden. Nach st. Rspr. des EuGH verlangt der Grundsatz der Verhältnismäßigkeit, der zu den allgemeinen Grundsätzen des Unionsrechts gehört (vgl. Rz. 1.23 ff.), dass die von einem Unionsrechtsakt eingesetzten Mittel zur Erreichung des verfolgten Ziels geeignet sind und nicht über das hierzu Erforderliche hinausgehen.[151] Außerdem müssen die durch die fragliche Maßnahme bedingten Nachteile in angemessenem Verhältnis zu den angestrebten Zielen stehen.[152] Die Verhältnismäßigkeit ist nicht nur ein allgemeiner Rechtsgrundsatz,[153] sondern nunmehr auch in Art. 52 Abs. 1 Satz 2 GRC festgeschrieben: „Unter Wahrung des Grundsatzes der Verhältnismäßigkeit dürfen Einschränkungen nur vorgenommen werden, wenn sie erforderlich sind und den von der Union anerkannten dem Gemeinwohl dienenden Zielsetzungen oder den Erfordernissen des Schutzes der Rechte und Freiheiten anderer tatsächlich entsprechen."

3.43 Im Hinblick auf Art. 52 Abs. 1 Satz 2 GRC gilt, was oben (vgl. Rz. 3.5, 3.19 ff.) bereits zu den einzelnen Grundrechten dargelegt wurde: Die in der GRC positivierten allgemeinen Rechtsgrundsätze sind in Kontinuität zur bisherigen Grundrechtsdogmatik weiterzuentwickeln.[154] Es kann also auf das *case law* vor Inkrafttreten des Lissabonvertrages zurückgegriffen werden. Dies bedeutet, dass die Verhältnismäßigkeitsprüfung in vier gedankliche Prüfschritte[155] – wie sie sich auch im nationalen Verfassungsrecht etabliert haben – aufgeteilt werden sollte:

- legitimes Ziel („... von der Union anerkannten dem Gemeinwohl dienenden Zielsetzungen oder den Erfordernissen des Schutzes der Rechte und Freiheiten anderer"),
- Geeignetheit,
- Erforderlichkeit,
- Angemessenheit.

3.44 Was die gerichtliche **Nachprüfbarkeit** der Einhaltung dieser Voraussetzungen betrifft, hat der EuGH dem EU-Gesetzgeber im Rahmen der Ausübung der ihm übertragenen Zuständigkeiten ein weites Ermessen zugebilligt. Dies gilt insbesondere hinsichtlich Geeignetheit und Erforderlichkeit der zur Zielerreichung vorgesehenen Maßnahmen. Die legislative Tätigkeit verlange sowohl politische als auch wirtschaftliche oder soziale Entscheidungen, bei denen der Gesetzgeber komplexe Prüfungen und Beurteilungen vornehmen müsse. Es gehe somit nicht darum, ob eine in diesem Bereich erlassene Maßnahme die einzig mögliche oder die bestmögliche war; ein Rechtsakt sei vielmehr nur dann rechtswidrig, wenn er zur Erreichung des Ziels, das das zuständige Organ verfolgt, offensichtlich ungeeignet ist.[156] Diesen mitgliedstaatlichen Einschätzungsspielraum sah der

---

151 EuGH v. 8.4.2014 – verb. Rs. C-293/12 und C-594/12 – Digital Rights Ireland u.a., NVwZ 2014, 709 = EuZW 2014, 459, 462 Rz. 46; v. 17.10.2013 – C-291/12 – Schwarz, NVwZ 2014, 435 Rz. 34; v. 9.11.2010 – verb. Rs. C-92/09 und C-93/09 – Schecke und Eifert, EuZW 2010, 939, 943 Rz. 74; v. 8.6.2010 – C-58/08 – Vodafone, EuZW 2010, 539 Rz. 51; v. 6.12.2005 – verb. Rs. C-453/03, C-11/04, C-12/04 und C-194/04 – ABNA u.a., Slg. 2005, I-10423 Rz. 68.
152 EuGH v. 8.6.2010 – C-343/09 – Afton Chemical, Slg. 2010, I-7027 Rz. 45; v. 21.7.2011 – C-15/10 – Etimine, BeckRS 2011, 81146 Rz. 124; v. 11.7.1989 – 265/87 – Schräder, Slg. 1989, 2237 Rz. 21.
153 S. nur EuGH v. 9.9.2004 – C-184/02 – Spanien/P, Slg. 2004, I-778 Rz. 52; v. 6.12.2005 – verb. Rs. C-453/03, C-11/04, C-12/04 und C-194/04 – ABNA u.a., Slg. 2005, I-10423 Rz. 87; vgl. auch v. 9.11. 2010 – C-92/09 und C-93/09 – Schecke und Eifert, EuZW 2010, 939 Rz. 74 ff.
154 Vgl. *Jarass*, Art. 52 GRC Rz. 34.; Calliess/Ruffert/*Kingreen*, Art. 52 GRC Rz. 65 ff.
155 Ausführlich Calliess/Ruffert/*Kingreen*, Art. 52 GRC Rz. 65 ff.
156 EuGH v. 8.6.2010 – C-58/08 – Vodafone, EuZW 2010, 539 Rz. 52 f.; v. 10.12.2002 – C-491/01 – British American Tobacco, Slg. 2002, I-11453 Rz. 123.

EuGH jedoch in der Rs. *AGET Iraklis*[157] als überschritten an. Auch im Falle des Schutzes hochrangiger Allgemeininteressen (wie etwa dem Schutz der Arbeitnehmer auf dem Arbeitsmarkt) dürften nationale Regelungen nicht derart weitreichend und unbestimmt sein, dass sie keiner objektiven Kontrolle mehr zugänglich sind.

Diese Rechtsprechung entspricht der ständigen Fallpraxis des BVerfG, das dem nationalen Gesetzgeber ebenfalls eine weite **Einschätzungsprärogative** einräumt. Selbst wenn der Gesetzgeber aber über eine solche Befugnis verfügt, ist er doch verpflichtet, seine Entscheidung auf objektive Kriterien zu stützen.[158]

Die **Prüfdichte** ist außerdem **variabel**: Sie ist umso höher je gewichtiger die Grundrechtsbeeinträchtigung ist.[159] So stellt etwa die Vorratsdatenspeicherung einen schweren Eingriff in das Recht auf Schutz personenbezogener Daten (Art. 8 GRC) und des Grundrechts auf Achtung des Privatlebens (Art. 7 GRC) dar. Hier verlangt der EuGH, dass sich „die Ausnahmen vom Schutz personenbezogener Daten und dessen Einschränkungen auf das absolut Notwendige beschränken müssen."[160] Die Grenzen des „absolut Notwendigen" sah der EuGH in einer Entscheidung zur Vorratsdatenspeicherung[161] als überschritten an. Eine ohne Differenzierung und Einschränkung geltende Speicherung aller durch elektronische Medien entstehenden personenbezogenen Daten könne auch nicht durch gewichtige Strafverfolgungsinteressen gerechtfertigt werden. Fehle jeder, auch nur mittelbare, Bezug zu einer Straftat, sei das Maß überschritten, welches in einer demokratischen Gesellschaft als gerechtfertigt angesehen werden könne. Außerdem müsse die Unionsregelung „klare und präzise Regeln für die Tragweite und die Anwendung der fraglichen Maßnahme vorsehen und Mindestanforderungen aufstellen, so dass die Personen, deren Daten auf Vorrat gespeichert wurden, über ausreichende Garantien verfügen, die einen wirksamen Schutz ihrer personenbezogenen Daten vor Missbrauchsrisiken sowie vor jedem unberechtigten Zugang zu diesen Daten und jeder unberechtigten Nutzung ermöglichen."[162] Sowohl die Anforderungen an die Erforderlichkeit und Angemessenheit einer staatlichen Maßnahme als auch an die Bestimmtheit der fraglichen Normen steigen also mit zunehmender Eingriffsintensität. Diese Grundsätze sind ebenfalls im nationalen Verfassungsrecht bekannt.[163]

3.45

Die vierstufige Verhältnismäßigkeitsprüfung ist bei Interessenkollisionen im Rahmen der **Drittwirkung** der Grundrechte zu modifizieren. Verschiedene Grundrechtspositionen sind im Wege **praktischer Konkordanz** einem möglichst schonenden Ausgleich zuzuführen. An die Stelle des vom Hoheitsträger verfolgten (legitimen) Zwecks treten im horizontalen Verhältnis die Rechte, Interessen und Freiheiten des jeweils anderen Grundrechtsträgers. Da der gesetzgeberische Zweck als Bezugspunkt im horizontalen Verhältnis fehlt, entfallen regelmäßig die klassischen Überlegungen zur Geeignetheit und Erforderlichkeit des Grundrechtseingriffs.[164] Ein weiterer Unterschied, der hinsichtlich der Drittwirkung im Vergleich zur Überprüfung der Verhältnismäßigkeit einer ho-

3.46

---

157 EuGH v. 21.12.2016 – C-201/15 – AGET Iraklis – insb. Rz. 81 ff., 99 ff.
158 EuGH v. 8.6.2010 – C-58/08 – Vodafone, EuZW 2010, 539 Rz. 52 f.; v. 10.12.2002 – C-491/01 – British American Tobacco, Slg. 2002, I-11453 Rz. 123.
159 EuGH v. 8.4.2014 – verb. Rs. C-293/12 und C-594/12 – Digital Rights Ireland u.a., NVwZ 2014, 709 = EuZW 2014, 459 Rz. 47. Vgl. zur gerichtlichen Kontrolldichte auch *Jarass*, Art. 52 GRC Rz. 45 ff.
160 EuGH v. 8.4.2014 – verb. Rs. C-293/12 und C-594/12 – Digital Rights Ireland u.a., NVwZ 2014, 709 = EuZW 2014, 459 Rz. 52 m.w.N.; vgl. auch v. 17.10.2013 – C-291/12 – Schwarz, NVwZ 2014, 435 zur Speicherung biometrischer Daten im Reisepass. Dieses Erfordernis bestätigend EuGH v. 15.2.2016 – C-601/15 – J.N sowie das Gutachten des EuGH zum geplanten Abkommen zwischen der EU und Kanada bezüglich der Übermittlung von Fluggastdatensätzen v. 27.7.2017 – 1/15.
161 EuGH v. 21.12.2016 – C-203/15 und C-698/15.
162 EuGH v. 8.4.2014 – verb. Rs. C-293/12 und C-594/12 – Digital Rights Ireland u.a., NVwZ 2014, 709 = EuZW 2014, 459 Rz. 54 f.
163 S. etwa BVerfG v. 27.2.2008 – 1 BvR 370/07 und 595/07, BVerfGE 120, 274 m.w.N. zur st. Rspr.
164 Vgl. *Böckenförde*, Der Staat 29 (1990), S. 1 (19 f.); Isensee/Kirchhof/*Rüfner*, HandbStR IX, 2011, § 197 Rz. 109.

heitlichen Maßnahme zu berücksichtigen ist, liegt darin, dass es keine Vorrangregel für Zweifelsfälle gibt; der Grundsatz *in dubio pro libertate* gilt mithin nicht.[165] Beide Seiten können sich auf die Ausübung grundrechtlicher Freiheiten berufen, eine feste Rangordnung zwischen den einzelnen Verfassungswerten gibt es nicht.[166]

3.47 Die **Abwägung** zwischen kollidierenden Grundrechten und Interessen kann nur **einzelfallbezogen** erfolgen.[167] Die konkrete Gewichtung der verschiedenen Positionen sollte dabei **den mitgliedstaatlichen Gerichten überlassen** werden. Eine solche Handhabe kann sich auf wichtige Urteile wie *Omega*[168] oder *Familiapress*[169] stützen. Die Entscheidungen in den Rs. *Viking* und *Laval*[170] wiesen zwar eher in eine andere Richtung;[171] aktuellere Verdikte, insbesondere zum Datenschutzrecht, bestätigen jedoch die eher großzügige Linie.[172] Ein Einschätzungsspielraum für die mitgliedstaatlichen Gerichte bedeutet freilich nicht, dass diese befugt wären, konkrete unionsrechtliche Topoi selbständig zu interpretieren. Unionsrechtliche Begriffe sind autonom auszulegen und verbindliche Vorgaben kann insoweit allein der EuGH machen (vgl. Rz. 1.76 ff.). Dies hat zur Folge, dass die Auslegung qualifizierter Schranken Aufgabe des EuGH ist, während den mitgliedstaatlichen Gerichten die Interpretationsarbeit und die Abwägungsvorgänge auf der Ebene der Schranken-Schranken überantwortet ist. Entscheidungen zum Diskriminierungsrecht verdeutlichen diese Arbeitsteilung zwischen EuGH und mitgliedstaatlichen Gerichten:

Eine unmittelbare Diskriminierung ist regelmäßig nur gerechtfertigt, wenn das Merkmal eine „wesentliche und entscheidende berufliche Anforderung" (vgl. Art. 4 Abs. 1 Gleichb-RL) darstellt. Diese qualifizierte Schranke wird vom EuGH selbst geprüft.[173] Eine nur mittelbare Geschlechtsdiskriminierung kann hingegen durch kollidierende legitime Ziele gerechtfertigt sein (vgl. Art. 2 Abs. 2 Buchst. b Gleichb-RL). Hier prüft der EuGH das Vorliegen eines – nach dem Unionsrecht – legitimen Ziels,[174] während die Abwägung von den nationalen Gerichten durchzuführen ist.[175]

2. Wesensgehaltsgarantie (Art. 52 Abs. 1 Satz 1 GRC)

3.48 Jede einschränkende Regelung muss ferner gem. Art. 52 Abs. 1 Satz 1 GRC den Wesensgehalt des betreffenden Grundrechts achten. Dieses Gebot ist vom Verhältnismäßigkeitsgrundsatz zu trennen (**absolute Theorie**).[176] Schon im **Wortlaut** des Art. 51 Abs. 1 GRC wird die selbständige Bedeutung deutlich, denn Verhältnismäßigkeitsprinzip und Wesensgehaltsgarantie sind in unterschiedli-

---

165 Isensee/Kirchhof/*Rüfner*, HandbStR IX, 2011, § 197 Rz. 108.
166 Vgl. hierzu aus dem nationalen Verfassungsrecht BVerfG v. 27.11.1990 – 1 BvR 402/87, BVerfGE 83, 130 (143).
167 EuGH v. 6.11.2003 – C-101/01 – Lindqvist, Slg. 2003, I-12971 Rz. 85; vgl. ferner GAin *Kokott* v. 8.5.2008 – C-73/07 – Tietosuojavaltuutettu, Slg. 2008, I-9831 Rz. 46 ff.
168 EuGH v. 14.10.2004 – C-36/02 – Omega, Slg. 2004, I-9609 Rz. 37 ff.
169 EuGH v. 26.6.1997 – C-368/95 – Familiapress, Slg. 1997, I-3689 Rz. 26.
170 EuGH v. 11.12.2007 – C-438/05 – Viking, Slg. 2007, I-10779 Rz. 43 f., ArbRB 2008, 79; v. 18.12.2007 – C-341/05 – Laval, Slg. 2007, I-11767, ArbRB 2008, 80.
171 Vgl. hierzu *Barnard*, Cambridge Law Journal 2008, 262 (264): „The ECJ then applied the strictest form of the proportionality test, unmitigated by any references to margin of appreciation." Vgl. auch *Zwanziger*, RdA-Beil. 2009, 10 (18).
172 EuGH v. 24.11.2011 – verb. Rs. C-468/10 und C-469/10 – ASNEF und FECEMD, NZA 2011, 1409 Rz. 35 ff.; zuvor bereits EuGH v. 6.11.2003 – C-101/01 – Lindqvist, Slg. 2003, I-12971 Rz. 85; vgl. treffend auch GAin *Kokott* v. 8.5.2008 – C-73/07 – Tietosuojavaltuutettu, Slg. 2008, I-9831 Rz. 46 ff.
173 S. etwa EuGH v. 13.9.2011 – C-447/09 – Prigge, NJW 2011, 3209 Rz. 65–76 = ArbRB 2011, 291; vgl. zuvor bereits 2.2.2010 – C-229/08 – Wolf, Slg. 2010 – I-1 Rz. 35 ff., ArbRB 2010, 35.
174 Vgl. EuGH v. 13.9.2011 – C-447/09 – Prigge, Slg. 2011, I-8003 Rz. 77 ff., ArbRB 2011, 291 = NJW 2011, 3209.
175 Vgl. etwa EuGH v. 16.10.2007 – C-411/05 – Palacios de la Villa, Slg. 2007, I-8531 Rz. 71 ff., ArbRB 2007, 350; ferner v. 23.10.2003 – C-4/02 – Schönheit, Slg. 2003, I-12575 Rz. 82.
176 *Jarass*, Art. 52 GRC Rz. 28; vgl. auch Meyer/*Borowsky*, Art. 52 GRC Rz. 23.

chen Sätzen geregelt. In den Erläuterungen zur GRC findet sich der Hinweis, „dass die Würde des Menschen zum Wesensgehalt der in dieser Charta festgelegten Rechte gehört."[177] Dies deutet darauf hin, dass – ähnlich wie teilweise im nationalen Verfassungsrecht zu Art. 19 Abs. 2 GG vertreten wird – der Wesensgehalt sich mit der **Menschenwürdedimension** deckt.

In der Rechtsprechung des EuGH ging die Wesensgehaltsgarantie hingegen zunächst in der Verhältnismäßigkeitsprüfung auf (**relative Theorie**).[178] Der Wesensgehalt wurde danach bei einem unverhältnismäßigen Grundrechtseingriff verletzt, da in diesem Fall zugleich dessen Wertsetzung verkannt wird.[179] In seiner neueren Judikatur scheint das Gericht hingegen von einer deutlicheren Unterscheidung von Wesensgehaltsgarantie und Verhältnismäßigkeit auszugehen.[180] Die beiden in Art. 52 Abs. 1 GRC angelegten Voraussetzungen kommen nebeneinander zur Anwendung und müssen kumulativ gewahrt sein. So prüft das Gericht zunächst, ob die streitgegenständliche Regelung die Gewährleistung „als solche nicht in Frage stellt", mithin den Wesensgehalt nicht verletzt. Sodann erfolgt eine Prüfung der Verhältnismäßigkeit.[181] Wie der Wesensgehalt genau bestimmt wird und was ihn ausmacht, ist spezifisch für das jeweilige Grundrecht zu bestimmen.[182]

3.49

Es bleibt abzuwarten, ob die Wesensgehaltsgarantie des Art. 52 Abs. 1 Satz 1 GRC künftig weiter an eigenständiger Bedeutung in der Rechtsprechung gewinnen wird. Die in den neueren Urteilen zu Tage tretende Unterscheidung von Wesensgehalt und Verhältnismäßigkeit ist im Hinblick auf die im Wortlaut des Art. 52 Abs. 1 GRC angelegte Trennung dieser beiden Institute jedenfalls zu begrüßen.

3.50

VII. Prozessuale Durchsetzung: Das arbeitsteilige System des Grundrechtsschutzes in der EU

1. Grundrechtsschutz durch den EuGH

a) Nichtigkeitsklage nach Art. 263 AEUV als Verfassungsbeschwerde des Unionsrechts?

Ein wichtiges prozessuales Mittel zur Durchsetzung des materiellen Grundrechtsschutzes ist zunächst die Nichtigkeitsklage, mit der Handlungen der EU-Organe angegriffen werden können. Seit den Römischen Verträgen (damals Art. 173; vgl. Rz. 1.1) bis zum Inkrafttreten des Vertrags von Lissabon blieb der Wortlaut der Regelung zur Nichtigkeitsklage nahezu unverändert. Vor allem die strikte Trennung zwischen **privilegierten Klägern** nach Art. 263 Abs. 2 AEUV, also Mitgliedstaaten, Europäischem Parlament, Rat oder Kommission, und nichtprivilegierten Individualklägern hatte unangetastet über Jahrzehnte Bestand. Erstere konnten und können ohne Weiteres Rechtsakte der Union im Rahmen der Nichtigkeitsklage überprüfen lassen. Individualkläger konnten dagegen nach der Vorgängerregelung des Art. 230 Abs. 4 EG nur gegen an sie adressierte Entscheidungen und gegen solche „Handlungen"[183], die sie unmittelbar und individuell betreffen, vor-

3.51

---

177 Erläuterungen zur Charta der Grundrechte, ABl. C 303 v. 14.12.2007, S. 20, Erläuterung zu Art. 1.
178 Das Gericht suggeriert eine Vermengung mit dem Verhältnismäßigkeitsgrundsatz, s. etwa EuGH v. 3.9.2008 – verb. Rs. C-402/05 P und C-415/05 P – Kadi u.a., Slg. 2008, I-6351 Rz. 183; v. 22.12.2010 – C-279/09 – DEB Deutsche Energiehandels- und Beratungsgesellschaft mbH, Slg. 2010, I-13849 Rz. 47 = EuZW 2011, 137; v. 5.10.1994 – C-280/93 – Deutschland/Rat, Slg. 1994, I-4973.
179 Grabitz/Hilf/Nettesheim/*Mayer*, Nach Art. 6 EUV, Grundrechtsschutz und rechtsstaatliche Grundsätze, Rz. 66.
180 So etwa EuGH v. 15.2.2016 – C-601/15 – J.N.; v. 27.5.2014 – C-129/14 – Spasic sowie v. 8.4.2014 – C-293/12 – Digital Rights.
181 S. hierzu beispielhaft EuGH v. 27.5.2014 – C-129/14 – Spasic Rz. 58 ff.
182 So *Jarass*, Art. 52 GRC Rz. 29.
183 Dies sind alle Maßnahmen der Union, die verbindliche Rechtswirkungen erzeugen, s. EuGH v. 11.11.1981 – 60/81 – IBM, Slg. 1981, 2639 Rz. 9; v. 18.11.2010 – C-322/09 P – NDSHT, Slg. 2010, I-11911 Rz. 45; v. 13.10.2011 – verb. Rs. C-463/10 P und C-475/10 P – Deutsche Post u.a., Slg. 2011, I-9639 Rz. 36 ff. Dieser Begriff umfasst somit Handlungen mit allgemeiner Geltung sowie individuelle Handlungen, EuGH v. 3.10.2013 – C-583/11 P – Inuit Tapiriit Kanatami u.a., NVwZ 2014, 53 Rz. 53.

gehen.[184] Eine der nationalen Verfassungsbeschwerde vergleichbare Rechtsschutzmöglichkeit gab es daher im Unionsrecht nicht.

3.52 Die Rechtsschutzmöglichkeiten von **Individualklägern** nach der weiterhin bestehenden **zweiten Variante des Art. 263 Abs. 4 AEUV** sind vor allem deshalb sehr begrenzt, weil der EuGH die Kriterien „unmittelbar und individuell" äußerst **restriktiv** auslegt.[185] Unmittelbarkeit ist in diesem Kontext so zu verstehen, dass die angefochtene Handlung den Kläger *ipso facto* beeinträchtigen muss; es dürfen also grundsätzlich keine weiteren Umsetzungsakte hinzutreten.[186] Weiter eingegrenzt werden die Klagemöglichkeiten durch das Erfordernis der individuellen Betroffenheit. Nach der berühmten ***Plaumann***-Formel kann eine solche nur dann vom Kläger geltend gemacht werden, „wenn die Entscheidung ihn wegen bestimmter persönlicher Eigenschaften oder besonderer, ihn aus dem Kreis der übrigen Personen heraushebender Umstände berührt und ihn daher in ähnlicher Weise individualisiert wie den Adressaten."[187] Einige Ausnahmen zu dieser strengen Grundhaltung erkannte der EuGH lediglich in Teilrechtsgebieten an, allen voran im europäischen Kartellrecht.[188]

3.53 Vor dem Lissabonvertrag wurde dieser restriktive Ansatz von vielen Seiten kritisiert.[189] Das Gericht erster Instanz[190] wagte schließlich den Vorstoß und versuchte, den Rechtsschutz auszuweiten.[191] Der EuGH blieb in der Entscheidung *Unión de Pequeños Agricultores* jedoch bei seiner Haltung.[192] Angesichts der begrenzten Klagemöglichkeiten auf europäischer Ebene sei es in erster Linie Aufgabe der nationalen Gerichte, für ausreichenden Rechtsschutz zu sorgen. Sie hätten die nationalen Verfahrensvorschriften so anzuwenden, dass die Rechtmäßigkeit europäischer Rechtsakte inzidenter bei der Überprüfung der auf ihnen beruhenden nationalen Umsetzungsakte geltend gemacht werden kann.[193] Der Gerichtshof konzedierte zwar, dass die Zulässigkeit der Nichtigkeitsklagen von Individualklägern im Lichte des Grundsatzes eines effektiven gerichtlichen Rechtsschutzes zu beurteilen sei (vgl. Art. 47 GRC). Auch dieser Grundsatz könne aber nicht über das Erfordernis der individuellen Betroffenheit hinweghelfen.[194] Eine so weitgehende Erweiterung der Klagebefugnis würde sich über den Vertragstext hinwegsetzen und könne nur durch eine Reform erreicht werden.[195]

---

184 Zu diesen Anforderungen vgl. zuletzt EuG v. 7.7.2015 – T-312/14 – Federcoopesca Rz. 33, 61 ff.
185 Vgl. Calliess/Ruffert/*Cremer*, Art. 263 AEUV Rz. 33 ff.; *Craig/de Búrca*, EU Law, 5. Aufl. 2011, Kapitel 14.
186 EuGH v. 13.5.1971 – 41/70 – International Fruit Company, Slg. 1971, 411 Rz. 23 ff. sowie etwa EuG v. 25.10.2011 – T-262/10 – Microban/Kommission Rz. 27; vgl. auch *Borowski*, EuR 2004, 879 (889); Calliess/Ruffert/*Cremer*, Art. 263 AEUV Rz. 36.
187 EuGH v. 15.7.1963 – 25/62 – Plaumann, Slg. 1963, 211 (238).
188 S. etwa EuGH v. 25.10.1977 – 26/76 – Metro-SB-Grossmärkte GmbH, Slg. 1977, 1875; v. 28.1.1986 – 169/84 – COFAZ, Slg. 1986, 391; v. 21.2.1984 – verb. Rs. 239/82 und 273/82 – Allied Corporation u.a., Slg. 1984, 1005; EuG v. 12.12.1996 – T-87/92 – Kruidvat, Slg. 1996, II-1931.
189 S. insb. den eindringlichen Appell des GA *Jacobs* v. 21.3.2002 – C-50/00 P – Unión de Pequeños Agricultores, Slg. 2002, I-6677; nach seiner Ansicht sollte der Kläger bereits dann individuell betroffen sein, „wenn die Handlung aufgrund seiner persönlichen Umstände erhebliche nachteilige Auswirkungen auf seine Interessen hat oder wahrscheinlich haben wird" (Rz. 60).
190 S. etwa EuG v. 3.5.2002 – T-177/01 – Jégo-Quéré, Slg. 2002, II-2365 Rz. 50, ArbRB 2002, 168.
191 *Albors-Llorens*, Cambridge Law Journal 72 (2003), S. 74 ff.
192 EuGH v. 25.7.2002 – C-50/00 P – Unión de Pequeños Agricultores, Slg. 2002, I-6677, ArbRB 2002, 267; zur Entwicklung bis zu dieser Entscheidung s. *Lock*, European Law Review 2010, 777 (788).
193 EuGH v. 25.7.2002 – C-50/00 P – Unión de Pequeños Agricultores, Slg. 2002, I-6677 Rz. 42, ArbRB 2002, 267.
194 EuGH v. 25.7.2002 – C-50/00 P – Unión de Pequeños Agricultores, Slg. 2002, I-6677 Rz. 44, ArbRB 2002, 267.
195 EuGH v. 25.7.2002 – C-50/00 P – Unión de Pequeños Agricultores, Slg. 2002, I-6677 Rz. 45, ArbRB 2002, 267.

Diese Aussage verbunden mit der Tatsache, dass die Situation des Individualrechtsschutzes allgemein als unbefriedigend empfunden wurde[196], mag Anstoß für die Mitgliedstaaten gewesen sein, im **Lissabonvertrag** die Regelung zur Nichtigkeitsklage zu reformieren. Im neu gefassten Art. 263 Abs. 4 AEUV sind zunächst die bisherigen zwei Varianten (Adressatenstellung oder unmittelbare und individuelle Betroffenheit) weiter enthalten. Diese sind genauso auszulegen wie zuvor.[197] Nunmehr können Privatpersonen aber auch gem. Art. 263 Abs. 4, Var. 3 AEUV gegen **Rechtsakte mit Verordnungscharakter**, die sie unmittelbar betreffen und keine Durchführungsmaßnahmen nach sich ziehen, Nichtigkeitsklage erheben. Für diesen Fall ist es somit gerade nicht erforderlich, dass eine individuelle Betroffenheit vorliegt, die strengen Voraussetzungen der *Plaumann*-Rechtsprechung müssen also nicht erfüllt werden. Die Neuregelung findet nach dem Grundsatz *tempus regit actum* auf alle Klagen Anwendung, die seit dem Inkrafttreten dieser Vorschrift eingereicht wurden.[198]

3.54

Was der Gesetzgeber mit dem Begriff der Rechtsakte mit Verordnungscharakter meint, blieb zunächst unklar: Der Vertrag kennt diesen Terminus im Übrigen nicht. Der EuGH hat sich nunmehr in der Rs. *Inuit Tapiriit Kanatami* für eine restriktive Interpretation entschieden. Danach sind Gesetzgebungsakte (insb. Richtlinien und Verordnungen) keine Rechtsakte mit Verordnungscharakter i.S.v. Art. 263 Abs. 4 AEUV.[199] Der EuGH begründet dies im Wesentlichen mit systematischen und genetischen Argumenten. Der Begriff müsse enger verstanden werden als der in den ersten beiden Varianten verwendete Ausdruck der Handlungen.[200] Hinsichtlich der Entstehungsgeschichte sei zu beachten, dass die Neufassung des Art. 263 Abs. 4 AEUV inhaltlich dem gescheiterten Art. III-365 Abs. 4 des Entwurfs eines Vertrags über eine Verfassung für Europa entspreche. Aus den Vorarbeiten zu dieser Norm gehe hervor, dass die Änderung von Art. 230 Abs. 4 EG zwar dazu dienen sollte, die Zulässigkeitsvoraussetzungen für Nichtigkeitsklagen natürlicher und juristischer Personen zu erweitern, doch sollten die in ex-Art. 230 Abs. 4 EG vorgesehenen Zulässigkeitsvoraussetzungen für Gesetzgebungsakte nicht geändert werden.[201]

3.55

Dem ist zuzustimmen.[202] Außerdem kann noch ein weiterer Schluss aus der Systematik der Art. 289 ff. AEUV gezogen werden: Der Begriff der Rechtsakte mit Verordnungscharakter ist nicht nur als Gegenbegriff zu Gesetzgebungsakten zu verstehen, sondern er sollte sogar auf die Rechtsakte der Art. 290 f. AEUV begrenzt werden.[203] In Art. 290 AEUV wird der europäischen Kommission die Befugnis übertragen, den Inhalt von Verordnungen oder Richtlinien im Detail zu ergänzen, in Art. 291 AEUV wird sie zu Maßnahmen ermächtigt, um eine uneinheitliche Umsetzung von Unionsrechtsakten zu verhindern. Korrespondierend dazu wurde mit Art. 263 Abs. 4, Var. 3 AEUV eine Rechtsschutzmöglichkeit gegen solche Rechtsnormen etabliert. Eine weitere Begren-

3.56

---

196 Vgl. *Lenaerts*, International & Comparative Law Quarterly 2010, 255 (265).
197 So ausdrücklich EuGH v. 3.10.2013 – C-583/11 P – Inuit Tapiriit Kanatami u.a., NVwZ 2014, 53 Rz. 55.
198 EuG v. 7.9.2010 – T-532/08 – Norilsk Nickel Harjavalta Oy und Umicore, Slg. 2010, II-3959; v. 7.9. 2010 – T-539/08 – Etimine und Etiproducts, Slg. 2010, II-4017; v. 6.9.2011 – T-18/10 – Inuit Tapiriit Kanatami u.a., Slg. 2011, II-5599 Rz. 34 = EuZW 2012, 395; ausführlich *Werkmeister/Pötters/Traut*, Cambridge Yearbook of European Legal Studies 13 (2010-2011), S. 311 (330).
199 EuGH v. 3.10.2013 – C-583/11 P – Inuit Tapiriit Kanatami u.a., NVwZ 2014, 53 Rz. 50 ff.; zuvor bereits EuG v. 6.9.2011 – T-18/10 – Inuit Tapiriit Kanatami u.a., Slg. 2011, II-5599 = EuZW 2012, 395; vgl. ferner GA *Wathelet* v. 29.5.2013 – C-133/12 P – Stichting Woonlinie, BeckRS 2013, 81087; Grabitz/Hilf/Nettesheim/*Dörr*, Art. 263 AEUV Rz. 31; *Pötters/Werkmeister/Traut*, EuR 2012, 546; *Hatje/Kindt*, NJW 2008, 1761; a.A. *Everling*, EuZW 2010, 572; *Frenz/Distelrath*, NVwZ 2010, 162.
200 EuGH v. 3.10.2013 – C-583/11 P – Inuit Tapiriit Kanatami u.a., NVwZ 2014, 53 Rz. 58.
201 Sekretariat des Europäischen Konvents, Schlussbericht des Arbeitskreises über die Arbeitsweise des Gerichtshofs v. 25.3.2003 – CONV 636/03, Rz. 22.
202 Vgl. ausführlich *Werkmeister/Pötters/Traut*, Cambridge Yearbook of European Legal Studies 13 (2010-2011), S. 311 ff.; *Werkmeister/Pötters/Traut*, EuR 2012, 546.
203 Nach *Hatje/Kindt*, NJW 2008, 1761 (1767) sind sie jedenfalls der „Hauptanwendungsfall" der Rechtsakte mit Verordnungscharakter nach Art. 263 Abs. 4 AEUV.

zung der Klagemöglichkeit liegt darin, dass der angegriffene Rechtsakt den Kläger unmittelbar betreffen muss und **keine Durchführungsmaßnahmen** nach sich ziehen darf.[204]

3.57 Insgesamt ist die Nichtigkeitsklage trotz der Reform durch den Lissabonvertrag weiterhin nicht mit einer Verfassungsbeschwerde vergleichbar.

b) Vorlageverfahren nach Art. 267 AEUV

3.58 Angesichts der begrenzten Klagemöglichkeiten für Privatpersonen nach Art. 263 Abs. 4 AUV wird der Grundrechtsschutz in der Union auch künftig wesentlich durch Vorlageverfahren nach Art. 267 AEUV zu gewährleisten sein. Dieses Verfahren eröffnet zwar keinen Rechtsbehelf für die Parteien eines bei einem innerstaatlichen Gericht anhängigen Rechtsstreits,[205] es dient aber gleichwohl auch dem individuellen Rechtsschutz.[206] Die praktische Bedeutung dieses Verfahrens ist immens: Vorabentscheidungsersuchen machen fast zwei Drittel der beim EuGH eingehenden Rechtssachen aus.[207] Das Verfahren dient dem **Zweck**, im Geist der Zusammenarbeit[208] unterschiedliche Auslegungen des von den nationalen Gerichten anzuwendenden Unionsrechts zu verhindern und die Anwendung dieses Rechts zu gewährleisten, indem Art. 267 AEUV dem nationalen Richter die Möglichkeit gibt, die Schwierigkeiten auszuräumen, die sich aus dem Erfordernis ergeben könnten, dem Unionsrecht im Rahmen der Gerichtssysteme der Mitgliedstaaten zu voller Geltung zu verhelfen.[209]

3.59 Aus diesem Telos lassen sich **formelle Anforderungen** hinsichtlich der gerichtlichen **Vorlage** ableiten: Der EuGH hat mehrfach betont, dass das Erfordernis, zu einer für das nationale Gericht nützlichen Auslegung des Unionsrechts zu gelangen, es gebietet, dass dieses Gericht ein Mindestmaß an **Erläuterungen** zu den Gründen für die Wahl der Bestimmungen des Unionsrechts gibt, um deren Auslegung es ersucht.[210] Überdies sollen die Angaben in den Vorlageentscheidungen nicht nur dem Gerichtshof sachdienliche Antworten ermöglichen, sondern auch den Regierungen der Mitgliedstaaten und den anderen Beteiligten die Gelegenheit geben, gem. Art. 23 Abs. 2 der Satzung des EuGH[211] Erklärungen abzugeben.[212] Dieses Begründungserfordernis bietet zugleich eine Chance für das nationale Gericht, Einfluss auf das Vorlageverfahren zu nehmen.[213] Es kann durch geschickte Formulierung der Vorlagefragen und der entsprechenden Erläuterungen die Antwortmöglichkeiten des EuGH eingrenzen.

3.60 **Voraussetzung** (vgl. Rz. 2.24 ff.) eines Vorabentscheidungsersuchens ist nach Art. 267 Abs. 2 AEUV zunächst, dass in einem Prozess vor einem nationalen Gericht eine **Frage des Unionsrechts** aufgeworfen wird. Die dem EuGH vorgelegte Frage des Unionsrechts muss ferner **entscheidungserheblich** sein (vgl. Rz. 2.29 ff.).[214] Nach ständiger Rechtsprechung des EuGH ist es insofern ausschließlich Sache des mit dem Rechtsstreit befassten nationalen Gerichts, das die Verantwortung

---

204 Hierzu EuGH v. 19.12.2013 – C-274/12 P – Telefónica SA/Kommission, EuZW 2014, 228 Rz. 27 ff. S. umfassend zu Klagebefugnis bei Handlungen mit Verordnungscharakter Calliess/Ruffert/*Cremer*, Art. 263 AEUV Rz. 54 ff.
205 EuGH v. 6.10.1982 – 283/81 – CILFIT, Slg. 1982, 3415 Rz. 9.
206 Grabitz/Hilf/Nettesheim/*Karpenstein*, Art. 267 AEUV Rz. 3.
207 ErfK/*Wißmann*, Art. 267 AEUV Rz. 2.
208 ErfK/*Wißmann*, Art. 267 AEUV Rz. 1.
209 EuGH v. 21.7.2011 – C-104/10 – Kelly, Slg. I-2011, 6817 Rz. 60, ArbRB 2011, 359; v. 27.11.2012 – C-370/12 – Pringle, EuZW 2013, 100 Rz. 83; vgl. Grabitz/Hilf/Nettesheim/*Karpenstein*, Art. 267 AEUV Rz. 2.
210 S. nur EuGH v. 27.11.2012 – C-370/12 – Pringle, EuZW 2013, 100 Rz. 84; v. 3.5.2012 – C-185/12 – Ciampaglia.
211 Protokoll Nr. 3 zum AEUV, ABl. C 83 v. 30.3.2010.
212 EuGH v. 27.11.2012 – C-370/12 – Pringle, EuZW 2013, 100 Rz. 85; v. 23.3.2012 – C-348/11 – Thomson Sales Europe, BeckRS 2012, 81068 Rz. 49 und die dort angeführte Rspr.
213 Vgl. *Pötters*, EuZW 2014, 591.
214 ErfK/*Wißmann*, Art. 267 AEUV Rz. 19.

VII. Prozessuale Durchsetzung: Das arbeitsteilige System des Grundrechtsschutzes | Rz. 3.62 § 3

für die zu erlassende gerichtliche Entscheidung zu übernehmen hat, im Hinblick auf die Besonderheiten des Einzelfalls sowohl zu beurteilen, ob eine Vorabentscheidung erforderlich ist, damit es sein Urteil erlassen kann, als auch, ob die dem Gerichtshof vorgelegten Fragen erheblich sind.[215] Der Gerichtshof ist verpflichtet, über ihm vorgelegte Fragen zu befinden, wenn diese die Auslegung des Unionsrechts betreffen.[216] Der EuGH kann es nur dann ablehnen, über eine von einem nationalen Gericht zur Vorabentscheidung vorgelegte Frage zu befinden, wenn offensichtlich ist, dass die Auslegung oder die Beurteilung der Gültigkeit einer Gemeinschaftsvorschrift, um die das vorlegende Gericht ersucht, in keinem Zusammenhang mit der Realität oder dem Gegenstand des Ausgangsrechtsstreits steht oder wenn das Problem hypothetischer Natur ist.[217] Folglich spricht eine Vermutung für die Entscheidungserheblichkeit der Fragen zum Unionsrecht.[218]

Die Vorlagemöglichkeit verdichtet sich nach Art. 267 Abs. 3 AEUV zu einer **Vorlagepflicht**, wenn 3.61 die Entscheidung des mitgliedstaatlichen Gerichts selbst nicht mehr mit Rechtsmitteln des innerstaatlichen Rechts angefochten werden kann (vgl. Rz. 2.39 ff.). Als **Rechtsmittel** in diesem Sinne sind neben den formellen Rechtsmitteln der Berufung und Revision auch die Beschwerde gegen die Nichtzulassung der Revision sowie die Nichtvorlagebeschwerde anzusehen.[219] Für das arbeitsgerichtliche Verfahren bedeutet dies, dass auch im Falle der Nichtzulassung der Revision keine Vorlagepflicht besteht, da eine Nichtzulassungsbeschwerde möglich ist (§ 72a ArbGG bzw. § 92a ArbGG im Falle der Rechtsbeschwerde).[220] Eine richterrechtlich anerkannte **Ausnahme** von der Vorlagepflicht nach Art. 267 Abs. 3 AEUV ist die sog. **Acte-clair-Doktrin**, die der EuGH in der Entscheidung *C. I. L. F. I. T.* begründet hat (vgl. Rz. 2.54 ff.).[221] Nach dieser Rechtsprechung muss ein nationales letztinstanzliches Gericht seiner Vorlagepflicht nicht nachkommen, wenn die das Unionsrecht betreffende Frage bereits in einem gleichgelagerten Fall Gegenstand einer Auslegung durch den EuGH war. Ebenso besteht keine Vorlagepflicht, wenn bereits eine gesicherte Rechtsprechung des Gerichtshofs vorliegt, durch die die betreffende Rechtsfrage gelöst ist, gleich in welcher Art von Verfahren sich diese Rechtsprechung gebildet hat, und selbst dann, wenn die strittigen Fragen nicht vollkommen identisch sind.[222] Schließlich kann die richtige Anwendung des Unionsrechts derart offenkundig sein, dass für einen vernünftigen Zweifel keinerlei Raum bleibt.[223] Das innerstaatliche Gericht darf jedoch nur dann davon ausgehen, dass ein solcher Fall vorliegt, wenn es überzeugt ist, dass auch für die Gerichte in den anderen Mitgliedstaaten und den Gerichtshof die gleiche Gewissheit bestünde. Nur wenn diese Voraussetzungen erfüllt sind, darf das innerstaatliche Gericht davon absehen, diese Frage dem Gerichtshof vorzulegen, und sie stattdessen in eigener Verantwortung lösen.[224]

In der Rs. *Ferreira da Silva e Brito*[225] bekräftigte und präzisierte der EuGH diese Rechtsprechung. 3.62 Erstmals erklärte er die unterbliebene Vorlage durch ein nationales Gericht wegen Verstoßes gegen

---

215 EuGH v. 15.1.2013 – C-416/10 – Križan, NVwZ 2013, 347 Rz. 53. Zuletzt etwa EuGH v. 26.10.2016 – C-269/15 – Rijksdienst voor Pensioenen Rz. 19.
216 EuGH v. 10.3.2009 – C-169/07 – Hartlauer, Slg. 2009, I-1721 Rz. 24; v. 15.1.2013 – C-416/10 – Križan, NVwZ 2013, 347 Rz. 53.
217 EuGH v. 10.3.2009 – C-169/07 – Hartlauer, Slg. 2009, I-1721 Rz. 25.
218 EuGH v. 15.1.2013 – C-416/10 – Križan, NVwZ 2013, 347 Rz. 54; v. 17.7.2014 – C-141/12 u.a. – Y.S., NVwZ-RR 2014, 736 Rz. 63.
219 Calliess/Ruffert/*Wegener*, Art. 267 AEUV Rz. 26; vgl. EuGH v. 16.12.2008 – C-210/06 – Cartesio, Slg. 2008, I-9641 Rz. 75 ff.
220 Ebenso ErfK/*Wißmann*, Art. 267 AEUV Rz. 28 f.
221 EuGH v. 6.10.1982 – 283/81 – CILFIT, Slg. 1982, 3415 Rz. 12 ff.; vgl. hierzu Calliess/Ruffert/*Wegener*, Art. 267 AEUV Rz. 32 f.
222 EuGH v. 6.10.1982 – 283/81 – CILFIT, Slg. 1982, 3415 Rz. 14.
223 Zu dieser Rechtsprechung s. auch instruktiv *Sagan*, NZA 2015, 1252, 1256 ff.
224 EuGH v. 6.10.1982 – 283/81 – CILFIT, Slg. 1982, 3415 Rz. 16.
225 EuGH v. 9.9.2015 – C-160/14 – Ferreira da Silva e Brito, EuZW 2016, 111 m. Anm. *Wendenburg*. Zu dieser Entscheidung s. auch *Hanau*, EuZA 2016, 499.

Art. 267 Abs. 3 AEUV für unionsrechtswidrig. Überdies bestätigte das Gericht seine seit der Entscheidung in der Rs. *Francovich*[226] bestehende Rechtsprechungslinie zum unionsrechtlichen Staatshaftungsanspruch, welcher von den Mitgliedstaaten unter Wahrung des Effektivitätsgrundsatzes ausgeführt und gewährleistet werden müsse. Insbesondere könne einem solchem Anspruch nicht entgegengehalten werden, er stelle die Rechtskraft der entsprechenden Urteile in Frage; der Staatshaftungsanspruch sei nicht von der Aufhebung des Urteils selbst abhängig.

3.62a Besondere Aufmerksamkeit erlangte das Vorlageverfahren im Zusammenhang mit dem sog. „**OMT – Beschluss**" der Europäischen Zentralbank (EZB). Gegenstand dieser Entscheidung des Rates der EZB war die Ankündigung, die Bank werde (im Notfall) Staatsanleihen von Staaten aus dem Euro-Währungsgebiet in unbegrenzter Höhe auf den Finanzmärkten aufkaufen. Im Verfassungsbeschwerdeverfahren gegen das Unterlassen der Bundesregierung, gegen diesen Beschluss der EZB vorzugehen, setzte das BVerfG das Verfahren aus und legte dem EuGH erstmals selbst eine Frage zur Vorabentscheidung gemäß Art. 267 AEUV vor.[227] Hielt das BVerfG den Beschluss der EZB – „vorbehaltlich der Auslegung durch den Gerichtshof der Europäischen Union" – für unvereinbar mit den Art. 119 und 127 des AEUV[228], folgte der EuGH dieser Argumentation nicht. Dieses erachtete die Maßnahmen der EZB – mit kleinen Einschränkungen – als mit dem Unionsrecht vereinbar.[229] Im anschließend fortgesetzten Verfahren der Verfassungsbeschwerden folgte das BVerfG dann der Linie des EuGH und verwarf diese als unbegründet.[230] Im Hinblick auf das Verfahren nach Art. 267 AEUV bedeutet dies zweierlei: Auch das BVerfG ist „letztinstanzliches Gericht" im Sinne des Art. 267 Abs. 3 AEUV und damit vorlageverpflichtet. Im Übrigen wird deutlich, dass das BVerfG seine selbst aufgestellten Anforderungen an die „Europarechtsfreundlichkeit" seiner *ultra-vires-Kontrolle* auch praktisch wirksam werden lässt. Vor der Annahme eines solchen ausbrechenden Rechtsaktes sei dem Gerichtshof der im Rahmen eines Vorabentscheidungsverfahrens nach Art. 267 AEUV Gelegenheit zur Vertragsauslegung zu geben.[231]

2. Mitgliedstaatliche Gerichte als „Juge de l'Union"

3.62b Aus den dargelegten Begrenzungen der Nichtigkeitsklage und der entsprechend großen Bedeutung des Vorlageverfahrens folgt ein **dezentrales Rechtsschutzsystem**, bei dem die mitgliedstaatlichen Gerichte eine ganz wesentliche Rolle für die Effektivität des Grundrechtsschutzes spielen. Es ist also in erster Linie die Aufgabe der nationalen Richter, als *Juge de l'Union* die Wahrung des Unionsrechts zu sichern (vgl. Rz. 1.78).[232] Dieser Vorrang des Rechtsschutzes auf nationaler Ebene wird auch durch Art. 19 Abs. 1 UAbs. 2 EUV zum Ausdruck gebracht, wonach wirksame Rechtsbehelfe auf nationaler Ebene zur Verfügung gestellt werden müssen.[233] Somit findet der allgemeine Grundsatz der **Subsidiarität** (Art. 5 Abs. 3 UAbs. 1 EUV) eine **justizielle Ausprägung**.

---

226 EuGH v. 19.11.1991 – C-6/90 u. 9/90 – Francovich, NJW 1992, 165. S. aktuell zur unionsrechtlichen Staatshaftung auch etwa EuGH v. 28.7.2016 – C-168/15 – Tomasova.
227 BVerfG v. 14.1.2014 – 2 BvR 2728/13, BVerfGE 134, 366.
228 BVerfG v. 14.1.2014 – 2 BvR 2728/13 Rz. 39, BVerfGE 134, 366.
229 EuGH v. 16.6.2015 – C-62/14 – Gauweiler u.a.; vgl. zu der Frage der Unionsrechtskonformität der OMT – Entscheidung auch auch *Simon*, EuR 2015, 107.
230 BVerfG v. 21.6.2016 – 2 BvR 2728/13, BVerfGE 142, 123.
231 BVerfG v. 6.7.2010 – 2 BvR 2661/06 Rz. 60, BVerfGE 126, 286 = ArbRB 2010, 273. Zurzeit ist erneut eine Anfrage des BVerfG zur Vorabentscheidung beim EuGH anhängig (Vorlagebeschluss des BVerfG v. 18.7.2017 – 2 BvR 1651/15 u.a., NJW 2017, 2894). Gegenstand dieses Verfahrens ist das konkrete Anleihenkaufprogramm der EZB (PSPP). Eine Entscheidung des EuGH steht noch aus.
232 EuGH v. 25.7.2002 – C-50/00P – Unión de Pequeños Agricultores, Slg. 2002, I-6677 Rz. 42, ArbRB 2002, 267; vgl. *Schröder*, DÖV 2009, 61 (64); *Cremer*, Die Verwaltung 2004, 165 (171 ff.).
233 Vgl. *Lenaerts*, International & Comparative Law Quarterly 2010, 255 (265): „The duties of national judges as ‚juge de l'Union' regarding the interpretation and application of EU law continue to be part and parcel of the ‚acquis de l'Union'. In fact, new specific Treaty provisions highlight the importance of the role of national judges in ensuring effective judicial protection of EU rights."

3. Der EuGH als gesetzlicher Richter i.S.v. Art. 101 Abs. 1 Satz 2 GG

Wenn nach alledem der Grundrechtsschutz zu einem wesentlichen Teil durch die Gerichte der Mitgliedstaaten gewährleistet wird, dann ist es für die Gewährleistung eines einheitlichen Schutzstandards erforderlich, dass ein intensiver Dialog zwischen dem EuGH und den nationalen Gerichten stattfindet. Dieser Dialog zwischen Luxemburg und den mitgliedstaatlichen Gerichten wird über das Vorlageverfahren nach Art. 267 AEUV geführt (vgl. Rz. 3.58). Die **Vorlagepflicht** bei letztinstanzlichen Entscheidungen (**Art. 267 Abs. 3 AEUV**) ist auch **verfassungsrechtlich abgesichert**. Bereits seit der berühmten *Solange II*-Entscheidung[234] ist allgemein anerkannt, dass der EuGH gesetzlicher Richter i.S.v. Art. 101 Abs. 1 Satz 2 GG ist. Die Missachtung der Vorlagepflicht kann also von den Parteien eines Rechtsstreits mithilfe einer Verfassungsbeschwerde geltend gemacht werden (vgl. Rz. 13.63 ff.).[235]

3.63

Dabei ist jedoch der **begrenzte Prüfmaßstab** des BVerfG im Rahmen von Urteilsverfassungsbeschwerden zu beachten.[236] Das BVerfG kontrolliert lediglich, ob eine Verletzung spezifischen Verfassungsrechts vorliegt. Für die Verletzung von Normen des Prozessrechts bedeutet dies, dass nur dann eine verfassungswidrige Entziehung des gesetzlichen Richters vorliegt, wenn Auslegung und Anwendung der Zuständigkeitsnorm bei verständiger Würdigung der das Grundgesetz bestimmenden Gedanken nicht mehr verständlich erscheinen und offensichtlich unhaltbar sind.[237] Dieser **bloße Willkürmaßstab** wird auch angelegt, wenn eine Verletzung von Art. 267 Abs. 3 AEUV in Rede steht.[238]

3.64

Wann von einer willkürlichen Missachtung der Vorlagepflicht an den EuGH auszugehen ist, hat das BVerfG in **drei Fallgruppen** konkretisiert.[239] Zunächst wird die Vorlagepflicht offensichtlich unhaltbar gehandhabt, wenn das letztinstanzliche Hauptsachegericht eine Vorlage trotz der Entscheidungserheblichkeit der unionsrechtlichen Frage überhaupt nicht in Erwägung zieht, obwohl es selbst Zweifel hinsichtlich der richtigen Beantwortung der Frage hegt (**grundsätzliche Verkennung der Vorlagepflicht**). Gleiches gilt in den Fällen, in denen das Gericht in seiner Entscheidung bewusst von der Rechtsprechung des EuGH zu entscheidungserheblichen Fragen abweicht und gleichwohl nicht oder nicht neuerlich vorlegt (**bewusstes Abweichen ohne Vorlagebereitschaft**). Liegt zu einer entscheidungserheblichen Frage des Unionsrechts einschlägige Rechtsprechung des EuGH noch nicht vor oder hat eine vorliegende Rechtsprechung die entscheidungserhebliche Frage möglicherweise noch nicht erschöpfend beantwortet oder erscheint eine Fortentwicklung der Rechtsprechung des Europäischen Gerichtshofs nicht nur als entfernte Möglichkeit, wird Art. 101 Abs. 1 Satz 2 GG nur dann verletzt, wenn das nationale Gericht den ihm in solchen Fällen notwendig zukommenden Beurteilungsrahmen in unvertretbarer Weise überschritten hat (**Unvollständigkeit der Rechtsprechung**).

3.65

Problematisch und immer wieder Gegenstand von Entscheidungen ist vor allem die dritte Fallgruppe. Hier kommt es – so zutreffend der Erste Senat des BVerfG – für die Prüfung einer Verletzung von Art. 101 Abs. 1 Satz 2 GG nicht in erster Linie auf die Vertretbarkeit der fachgerichtlichen Auslegung des für den Streitfall maßgeblichen materiellen Unionsrechts an, sondern

3.66

---

234 BVerfG v. 22.10.1986 – 2 BvR 197/83, BVerfGE 73, 339.
235 S. instruktiv zur subjektivrechtlichen Durchsetzung der Vorlagepflicht beim EuGH und für einen weitergehenden Schutz plädierend *Thomale*, EuR 2016, 510.
236 S. etwa bereits BVerfG v. 3.10.1951 – 1 BvR 103/51, BVerfGE 1, 7; vgl. ferner v. 14.3.1967 – 1 BvR 334/61 BVerfGE 21, 209 (216); v. 20.12.1979 – 1 BvR 385/77, BVerfGE 53, 30 (53).
237 So zuletzt das BVerfG im *Mangold*-Beschluss BVerfG v. 6.7.2010 – 2 BvR 2661/06, ArbRB 2010, 273 = NZA 2010, 995.
238 BVerfG v. 6.7.2010 – 2 BvR 2661/06, ArbRB 2010, 273 = NZA 2010, 995; vgl. v. 6.5.2008 – 2 BvR 2419/06, NVwZ-RR 2008, 658 (660).
239 Vgl. bereits BVerfG v. 31.5.1990 – 2 BvL 12/88, BVerfGE 82, 159; vgl. ferner v. 20.9.2007 – 2 BvR 855/06, NJW 2008, 209; v. 25.2.2010 – 1 BvR 230/09, ArbRB 2010, 103 = NJW 2010, 1268.

auf die **Vertretbarkeit der Handhabung der Vorlagepflicht nach Art. 267 Abs. 3 AEUV**.[240] Der *Mangold*-Beschluss des Zweiten Senats des BVerfG schien hingegen von einem großzügigeren Maßstab auszugehen: Es soll genügen, wenn das nationale Gericht die strittige materiellrechtliche Frage des Unionsrechts vertretbar selbst löst.[241] Eine willkürliche Missachtung der Vorlagepflicht könne hingegen nur gegeben sein, wenn mögliche Gegenauffassungen zu der entscheidungserheblichen Frage des Unionsrechts gegenüber der vom Gericht vertretenen Meinung eindeutig vorzuziehen seien. In einer aktuellen Kammerentscheidung werden Unterschiede in der Rechtsprechung jedoch bestritten: „Beide Senate stimmen – unbeschadet zum Teil abweichender Formulierungen – in der Sache überein."[242]

3.67 Unabhängig von den Unstimmigkeiten bei den Formulierungen sollte sich die Prüfung nach Art. 101 Abs. 1 Satz 2 GG bei der dritten Fallgruppe (Unvollständigkeit der Rechtsprechung) an den Voraussetzungen der Vorlagepflicht des Art. 267 Abs. 3 AEUV und der Ausnahme nach der **Acte-clair**-Doktrin[243] orientieren. Es geht darum, ob diese prozessrechtlichen Vorgaben vertretbar subsumiert wurden und nicht, ob die dem Fall zugrunde liegende unionsrechtliche Frage richtig beantwortet wurde. Das Gericht muss einschlägige Rechtsprechung des EuGH auswerten und seine Entscheidung hieran orientieren.[244] Auf dieser Grundlage muss das Fachgericht die vertretbare Überzeugung bilden, dass die Rechtslage entweder von vornherein eindeutig (acte clair) oder durch Rechtsprechung in einer Weise geklärt ist, die keinen vernünftigen Zweifel offenlässt (acte éclairé).[245]

3.67a Das Recht auf den gesetzlichen Richter nach Art. 101 Abs. 1 Satz 2 GG sah das **BVerfG** etwa durch eine nicht erfolgte Vorlage des **BAG** verletzt.[246] Verstand das BAG in ständiger Rechtsprechung unter dem Begriff der „Entlassung" im Sinne der §§ 17, 18 KSchG nicht die Kündigungserklärung selbst, sondern die mit ihr beabsichtigte tatsächliche Beendigung des Arbeitsverhältnisses[247], erfolgte nach der Entscheidung des EuGH in der Rs. *Junk*[248] eine richtlinienkonforme Auslegung dahingehend, dass die Kündigungserklärung selbst das maßgebliche Ereignis ist.[249] Gleichwohl bewertete das BAG eine Kündigung trotz Verstoßes gegen (den nun richtlinienkonform ausgelegten) § 17 Abs. 1 Satz 1 KSchG als rechtswirksam.[250] Der Einordnung der Kündigung als unwirksam stehe der in Art. 20 Abs. 3 GG verankerte Grundsatz des Vertrauensschutzes entgegen. Diese Entscheidung ohne vorherige Anrufung des EuGH im Wege des Vorabentscheidungsverfahrens stellt eine Verletzung des Rechts auf den gesetzlichen Richter im Sinne des Art. 101 Abs. 1 Satz 2 GG dar. Zwar habe das BAG die Voraussetzungen des Art. 267 Abs. 3 AEUV geprüft, dies jedoch in nicht mehr vertretbarer Weise verneint.[251] Insofern wäre es allein Sache des EuGH ge-

---

240 BVerfG v. 19.7.2011 – 1 BvR 1916/09, NJW 2011, 3428 (3434).
241 BVerfG v. 6.7.2010 – 2 BvR 2661/06, ArbRB 2010, 273 = NZA 2010, 995 Rz. 89 f.; zuvor bereits v. 31.5.1990 – 2 BvL 12/88, BVerfGE 82, 159.
242 BVerfG v. 29.4.2014 – 2 BvR 1572/10, BeckRS 2014, 51475 Rz. 24.
243 Grundlegend zur *Acte-clair*-Doktrin EuGH v. 6.10.1982 – 283/81 – CILFIT, Slg. 1982, 3415 (3429) = NJW 1983, 1257.
244 BVerfG v. 31.5.1990 – 2 BvL 12/88 u.a., BVerfGE 82, 159 (196); v. 29.4.2014 – 2 BvR 1572/10, BeckRS 2014, 51475 Rz. 22.
245 So auch zuvor bereits BVerfG v. 28.1.2014 – 2 BvR 1561/12, NVwZ 2014, 646 (657). Vgl. aktuell die Entscheidungen des BVerfG v. 6.10.2017 – 2 BvR 987/16 sowie v. 19.12.2017 – 2 BvR 424/17.
246 BVerfG v. 10.12.2014 – 2 BvR 1549/07. Vgl. auch die Entscheidung des BVerfG v. 8.10.2015 – 1 BvR 137/13 zur Verletzung des Rechtes auf den gesetzlichen Richter durch die Nichtzulassung der Revision durch den BGH, obwohl die Notwendigkeit eines Vorlageverfahrens an den EuGH nahegelegen hätte.
247 St. Rspr. seit der Entscheidung des BAG v. 6.12.1973 – 2 AZR 10/73.
248 EuGH v. 27.1.2005 – C-188/03 – Junk, ArbRB 2005, 75.
249 So etwa im Folgenden BAG v. 23.3.2006 – 2 AZR 343/05.
250 BAG v. 1.2.2007 – 2 AZR 16/06 Rz. 8.
251 BVerfG v. 10.12.2014 – 2 BvR 1549/07 Rz. 37, ArbRB 2015, 77.

wesen, darüber zu entscheiden, ob aufgrund des Grundsatzes des Vertrauensschutzes die Geltung der von ihm vorgenommenen Auslegung der einschlägigen Richtlinie in zeitlicher Hinsicht ausnahmsweise eingeschränkt werden kann und soll. Auch diese Entscheidung verdeutlicht, dass das BVerfG die Verpflichtung aus Art. 267 Abs. 3 AEUV (trotz eingeschränkten Prüfungsmaßstabes) ernst nimmt und ihr zu praktischer Wirksamkeit verhilft. Zu sehen ist die Entscheidung wohl sicherlich auch vor dem Hintergrund der zurückhaltenden Vorlagepraxis des BAG.[252]

4. Das Recht auf einen wirksamen Rechtsbehelf (Art. 47 Abs. 1 GRC)

Nach Art. 47 Abs. 1 GRC hat jede Person, deren durch das Recht der Union garantierte Rechte oder Freiheiten verletzt worden sind, das „Recht, nach Maßgabe der in diesem Artikel vorgesehenen Bedingungen bei einem Gericht einen wirksamen Rechtsbehelf einzulegen."[253] In personeller Hinsicht steht dieses Grundrecht auf effektiven Rechtsschutz nicht nur natürlichen Personen zu, sondern es gilt grundsätzlich auch für juristische Personen.[254] In sachlicher Hinsicht gewährleistet Art. 47 Abs. 1 GRC nicht nur Rechtbehelf bei der Verletzung von Rechtspositionen der GRC, sondern bei allen vom Unionsrecht garantierten „Rechten und Freiheiten". Auch Rechte, die die Mitgliedstaaten gewähren, werden erfasst, sofern diese Regelungen Unionsrecht umsetzen oder durchführen.[255] Art. 47 Abs. 1 GRC fordert indes keine Überprüfung gerichtlicher Entscheidungen durch Rechtsmittel, zwingend garantiert ist also nur eine gerichtliche Instanz.[256] Im Übrigen ist zu beachten, dass ein Verstoß gegen die Vorgaben des Art. 47 GRC die Rechtmäßigkeit der angegriffenen Entscheidung nur dann berührt, wenn nicht ausgeschlossen werden kann, dass der Fehler das Ergebnis beeinflusst haben könnte.[257]

3.68

Das Rechtsschutzsystem der Art. 251 ff. AEUV wird jedoch durch die grundrechtliche Verankerung des Gebots effektiven Rechtsschutzes nicht verändert. Die dargelegten Restriktionen im Rahmen der Nichtigkeitsklage (vgl. Rz. 3.51 ff.) können also nicht unter Hinweis auf Art. 47 Abs. 1 GRC umgangen werden. In den Erläuterungen zur GRC wird ausdrücklich darauf hingewiesen, dass die Norm nicht die Bestimmungen über die Zulässigkeit direkter Klagen beim EuGH ändern soll.[258]

3.69

VIII. Überblick: Einzelne Grundrechte mit arbeitsrechtlicher Relevanz

Abschließend soll ein kursorischer Überblick zu den einzelnen Bestimmungen der GRC, die sich auf arbeitsrechtliche Sachverhalte auswirken können, gegeben werden. Ergänzend sei auf folgende Abschnitte hingewiesen:

3.70

– Zum Diskriminierungsverbot des Art. 21 GRC vgl. Rz. 3.7.

– Zum Grundrecht auf Begrenzung der Höchstarbeitszeit nach Art. 31 Abs. 2 GRC vgl. Rz. 6.38 ff.

– Zum Grundrecht auf bezahlten Jahresurlaub nach Art. 31 Abs. 2 GRC vgl. Rz. 7.3.

---

252 Vgl. hierzu *Sagan*, NZA 2015, 341, 343.
253 Zu den Gewährleistungen des Art. 47 GRC im Zusammenhang mit Amtsermittlungspflichten nationaler Gerichte s. EuGH v. 14.6.2017 – C-685/15 – Online Games Handels GmbH.
254 EuGH v. 22.12.2010 – C-279/09 – DEB Deutsche Energiehandels- und Beratungsgesellschaft mbH, Slg. 2010, I-13849 = EuZW 2011, 137.
255 Zutreffend Calliess/Ruffert/*Blanke*, Art. 47 GRC Rz. 6; der Maßstab der unionsrechtlichen Rechtsschutzgarantie des Art. 47 Abs. 1 GRC muss dabei nicht zwingend deckungsgleich sein mit den nationalrechtlichen Vorgaben nach Art. 19 Abs. 4 GG, vgl. *Werkmeister*, N&R 2014, 30 (34 f.).
256 EuGH v. 28.7.2011 – C-69/10 – Samba Diouf, Rz. 69, NVwZ 2011, 1380; v. 17.7.2014 – C-169/14 – Morcillo u.a., BeckRS 2014, 81585 Rz. 36.
257 EuG v. 16.10.2014 – T-26/14 Rz. 32 ff.
258 Erläuterungen zur Grundrechtecharta, ABl. C 303 v. 14.12.2007, S. 29, Erläuterung zu Art. 47 GRC.

1. Arbeitnehmerseite

3.71 Auf Arbeitnehmerseite sind zunächst **klassische Freiheitsrechte** zu beachten, die im Rahmen der Drittwirkung der unternehmerischen Tätigkeit des Arbeitgebers Grenzen ziehen. Die im nationalen Recht – insbesondere bei der Auslegung des KSchG – besonders wichtige **Berufsfreiheit** (Art. 12 Abs. 1 GG) ist in der Charta in Art. 15 Abs. 1 GRC normiert. Dieses Grundrecht wurde vom EuGH bereits im Rahmen des Diskriminierungsrechts im Zusammenhang mit dem Verbot der Altersdiskriminierung fruchtbar gemacht.[259] Im Kündigungsschutz dürfte die unionsrechtliche Berufsfreiheit indes keine zentrale Rolle spielen, denn zum einen ist der nationale Kündigungsschutz nicht vom Anwendungsbereich des Unionsrechts erfasst und zum anderen enthält Art. 30 GRC eine speziellere Regelung. Weitere zentrale Grundrechte sind etwa die Gedanken-, Gewissens- und **Religionsfreiheit** (Art. 10 Abs. 1 GRC) und die **Meinungsfreiheit** (Art. 11 Abs. 1 Satz 1 GRC). Diese Grundrechte können in den unterschiedlichsten Sachverhalten relevant werden. Der **Schutz von Ehe und Familie** (Art. 9 GRC), der etwa in der Rechtsprechung des EGMR zum kirchlichen Arbeitsrecht[260] relevant geworden ist, dürfte hingegen vorerst nur eine untergeordnete Rolle spielen, denn in diesem Bereich gibt es bis dato – soweit ersichtlich – kaum sekundärrechtliche Regelungen, die den Anwendungsbereich des Unionsrechts eröffnen würden. Ein Bereich, der hingegen ganz überwiegend von den Unionsrechten und immer weniger von den nationalen Grundrechten bestimmt sein wird, ist der Schutz der Persönlichkeitsrechte und der Privatsphäre. Hierzu gewährleistet Art. 7 GRC das Recht auf Achtung des Privat- und Familienlebens, den Schutz der Wohnung sowie die Kommunikationsfreiheit. Zum **Datenschutz** enthält die Charta – anders als das Grundgesetz – mit Art. 8 GRC eine spezielle Vorschrift (vgl. zudem Art. 16 AEUV).

3.72 Ferner sind in der Charta eine Reihe von konkreten **Ausprägungen der Menschenwürdegarantie** (Art. 1 GRC) festgeschrieben, so etwa das Verbot von Sklaverei und Zwangsarbeit sowie des Menschenhandels gem. Art. 5 GRC.

3.73 Detailreicher geregelt und wohl auch stärker ausgeprägt als im nationalen Verfassungsrecht ist der **Diskriminierungsschutz**. Neben dem allgemeinen Gleichbehandlungsgrundsatz (Art. 20 GRC) enthält die Charta in Art. 21 Abs. 1 GRC zahlreiche spezifische Diskriminierungsverbote. Die offene Aufzählung in Art. 21 Abs. 1 GRC macht aber deutlich, dass es sich hierbei letztlich um Ausprägungen eines allgemeinen Diskriminierungsverbotes handelt. Aufgrund der zahlreichen Antidiskriminierungsrichtlinien, die in Deutschland insbesondere im AGG umgesetzt sind, ist der Anwendungsbereich dieser Grundrechte sehr weit. Besonders wichtig ist die Gleichheit von Frauen und Männern. Diese ist in Art. 23 GRC noch einmal eigens geregelt. Danach ist sie „in allen Bereichen, einschließlich der Beschäftigung, der Arbeit und des Arbeitsentgelts" zu gewährleisten (Art. 23 Abs. 1 GRC). Zur Förderung der Gleichberechtigung von Frauen bietet Art. 23 Abs. 2 GRC eine Rechtfertigungsgrundlage für *affirmative action*.

3.74 Auf Arbeitnehmerseite sind neben den Gleichheitsrechten und den klassischen Freiheitsrechten eine **Fülle von sozialen Grundrechten und Grundsätzen** zu beachten, wie sie dem deutschen Verfassungsrecht ganz überwiegend fremd sind. Neben dem Recht auf Bildung sowie auf Zugang zur beruflichen Ausbildung und Weiterbildung (Art. 14 Abs. 1 GRC) und dem Anspruch von Menschen mit Behinderung auf Maßnahmen zur Gewährleistung ihrer beruflichen Eingliederung (Art. 26 GRC) sind dies vor allem die Gewährleistungen der **Art. 27 ff. GRC** unter dem Titel IV der Charta

---

[259] EuGH v. 5.7.2012 – C-141/11 – Hörnfeldt, NZA 2012, 785 Rz. 37: „Daraus folgt, dass auf die Teilnahme älterer Arbeitnehmer am Berufsleben und damit am wirtschaftlichen, kulturellen und sozialen Leben besonderes Augenmerk zu richten ist." S. zuletzt zu Altersgrenzen im gewerblichen Luftverkehr die Entscheidung des EuGH v. 5.7.2017 – C-190/16 – Fries, NZA 2017, 897 sowie die Anmerkung von *Klein*, EuZA 2018, 98. Zu einer anderen Konstellation EuGH v. 19.7.2017 – C-143/16 – Abercrombie & Fitch. S. auch Franzen/Gallner/Oetker/*Schubert*, Art. 15 GRC Rz. 25.

[260] EGMR v. 23.9.2010 – 1620/03 – Schüth, NZA 2011, 279; v. 23.9.2010 – 425/03 – Obst, NZA 2011, 277; v. 3.2.2011 – 18136/02 – Siebenhaar, EzA Nr. 17 zu § 611 BGB 2002 Kirchliche Arbeitnehmer.

("Solidarität").²⁶¹ Diese Bestimmungen sind für das Arbeitsrecht von besonderer Bedeutung, die in Art. 27, 28, 30 und 31 GRC normierten Rechte gelten in personaler Hinsicht sogar ausdrücklich nur für Arbeitnehmerinnen und Arbeitnehmer. Dabei ist zu beachten, dass der **Arbeitnehmerbegriff** der Charta autonom auszulegen ist (vgl. Rz. 1.76 f., 1.108 f.) und von der klassischen nationalen Begrifflichkeit abweicht. Ausgangspunkt dürfte stets die *Lawrie-Blum*-Formel sein, die der EuGH zur Arbeitnehmerfreizügigkeit (Art. 45 AEUV) entwickelt hat. Danach ist Arbeitnehmer jede Person, die während einer bestimmten Zeit für einen anderen nach dessen Weisungen Leistungen erbringt, für die sie als Gegenleistung eine Vergütung erhält.²⁶² Der Schutzbereich erfasst in personaler Hinsicht also nicht allein Unionsbürger. Dies sollte entsprechend auch für den Arbeitnehmerbegriff der Art. 27 ff. GRC gelten,²⁶³ denn die Grundrechte sind strukturell am ehesten mit den Grundfreiheiten vergleichbar. Außerdem beschränkt die Charta in anderen Bestimmungen (insbesondere den Art. 39 ff. GRC unter Titel V) den personalen Schutzbereich ausdrücklich auf Unionsbürgerinnen und Unionsbürger, während die übrigen Rechte unter Titel IV Menschenrechte sind (s. etwa Art. 29 und 35 GRC). Der unionsrechtliche Arbeitnehmerbegriff ist ferner tendenziell weiter als der des nationalen Rechts und erfasst insbesondere auch **Beamte**. Dies illustriert die Entscheidung in der Rechtssache *Neidel*, wonach Beamte auch Arbeitnehmer i.S.d. sekundären Urlaubsrechts sind.²⁶⁴ Dies wird man entsprechend für das Recht auf bezahlten Jahresurlaub gem. Art. 31 Abs. 2 GRC annehmen müssen. Der EuGH weist darauf hin, dass Beamte ohnehin alle wesentlichen Merkmale des europäischen Arbeitnehmerbegriffs erfüllen würden.²⁶⁵ Er bereitet damit den Weg für eine weitere Ausdehnung arbeitsrechtlicher Vorschriften auf den gesamten öffentlichen Dienst.²⁶⁶

Bei den sozialen Bestimmungen ist grundsätzlich **Zurückhaltung** geboten, wenn es darum geht, **konkrete Ansprüche** oder anderweitige unmittelbare Rechtsfolgen im nationalen Recht abzuleiten. Dies ist insbesondere bei den sog. Grundsätzen ausgeschlossen (vgl. Rz. 3.27). Von den Erläuterungen zur GRC werden Art. 25 und 26 GRC als Beispiele für bloße Grundsätze i.S.v. Art. 52 Abs. 5 GRC genannt. Viele Bestimmungen enthalten auch die Wendung, dass ein Recht oder Anspruch nur „nach dem Unionsrecht und den einzelstaatlichen Rechtsvorschriften und Gepflogenheiten" gewährleistet ist (so etwa Art. 27, 28, 30, 34–36 GRC). Diese Formulierung kann ebenfalls einen bloßen Grundsatz indizieren, zumindest liegt lediglich ein normgeprägtes Grundrecht vor. All diese Bestimmungen bedürfen also der gesetzgeberischen Konkretisierung. Ohne entsprechende Sekundärrechtsakte entfalten sie grundsätzliche keine konkreten Wirkungen, sondern können eher als Zielbestimmungen verstanden werden.

3.75

Diese Einschätzung wird durch erste Entscheidungen des **BAG** bestätigt.²⁶⁷ So kann etwa auf Art. 30 GRC (Anspruch auf Schutz vor ungerechtfertigter Entlassung) kein europäisches Kündigungsschutzrecht gestützt werden, denn dies würde die Zuständigkeiten der Union überschreiten und somit gegen Art. 51 Abs. 1 Satz 2, Abs. 2, 52 Abs. 2 GRC verstoßen.²⁶⁸ Bei der

3.76

---

261 S. zur Rechtsprechung des EuGH zu den sozialen Grundrechten instruktiv *Biltgen*, NZA 2016, 1245 m.w.N.
262 EuGH v. 3.7.1986 – 66/85 – Lawrie-Blum, Slg. 1986, 2121 Rz. 16 f.; vgl. ferner v. 26.2.1992 – C-357/89 – Raulin, Slg. 1992, I-1027; v. 12.5.1998 – C-85/96 – Martínez Sala, Slg. 1998, I-2691 Rz. 32; v. 23.3.2004 – C-138/02 – Collins, Slg. 2004, I-2703 Rz. 26.
263 Ebenso *Meyer/Rudolf*, Art. 27 GRC Rz. 20.
264 EuGH v. 3.5.2012 – C-337/10 – Neidel, NVwZ 2012, 688 Rz. 19 ff.; vgl. zuvor bereits v. 12.2.1974 – 152/73 – Sotgiu, Slg. 1974, 153.
265 EuGH v. 3.5.2012 – C-337/10 – Neidel, NVwZ 2012, 688 Rz. 23; vgl. auch v. 10.9.2014 – C-270/13 – Haralambidis Rz. 40 ff. sowie hierzu die Anmerkung von *Pötters*, EuZW 2014, 946.
266 Vgl. bereits *Pötters*, NZA 2014, 704, 705.
267 BAG v. 22.1.2014 – 7 AZR 243/12, NZA 2014, 483 (486); v. 19.3.2014 – 7 AZR 828/12, BeckRS 2014, 68935; v. 8.12.2011 – 6 AZN 1371/11, ArbRB 2012, 104 = NZA 2012, 286 (287); v. 11.9.2013 – 7 AZR 843/11, ArbRB 2013, 363 = NZA 2013, 1352 (1356); vgl. *Willemsen/Sagan*, NZA 2011, 258.
268 BAG v. 8.12.2011 – 6 AZN 1371/11, ArbRB 2012, 104 = NZA 2012, 286 (287).

Auslegung des TzBfG ist hingegen Art. 30 GRC Rechnung zu tragen, denn Befristungen sind, obwohl es sich bei ihnen nicht um einseitige Maßnahmen, sondern um vertragliche Vereinbarungen handelt, „Entlassungen" i.S.v. Art. 30 GRC.[269] Auch bei der Auslegung des Befristungsrechts ist aber der Anwendungsbereich des Unionsrechts genau zu bestimmen (vgl. Rz. 3.20 f.).[270]

3.77 Die wohl bislang für die Auslegung des nationalen Rechts bedeutsamste Vorschrift der Art. 27 ff. GRC ist das **Recht auf bezahlten Jahresurlaub** gem. Art. 31 Abs. 2 GRC. Dieses wird vom EuGH als ein „besonders bedeutsamer Grundsatz des Sozialrechts der Europäischen Union" angesehen.[271] Es kommt über Art. 7 ArbZ-RL im nationalen Urlaubsrecht zur Anwendung. Die zentralen Bestimmungen des nationalen Rechts sind namentlich das BUrlG sowie die entsprechenden urlaubsrechtlichen Regelungen für Beamte. Das Unionsrecht determiniert dabei jedoch ausschließlich den Mindestjahresurlaub von vier Wochen, weitergehende Gewährleistungen wie etwa der Schwerbehindertenzusatzurlaub nach § 125 Abs. 1 Satz 1 SGB IX müssen daher aus unionsrechtlicher Sicht nicht zwingend denselben Maßstäben unterworfen werden.[272]

3.78 Das **Fehlen von sekundärrechtlichen Bestimmungen** bedeutet indes nicht, dass den einschlägigen Unionsgrundrechten keine Bedeutung zukäme. Dies illustriert anschaulich die Rechtsprechung zum **Recht auf Kollektivverhandlungen und Kollektivmaßnahmen (Art. 28 GRC)**[273], welches die Vereinigungsfreiheit und das darin enthaltene Recht, Gewerkschaften zu gründen und ihnen beizutreten (Art. 12 Abs. 1 GRC), ergänzt. Art. 28 GRC kann zum einen über die *ERT*-Rechtsprechung (vgl. Rz. 3.14, 3.23 f.) zur Anwendung kommen, wie die Entscheidungen *Viking* und *Laval*[274] eindrucksvoll gezeigt haben. Diese extensive Rechtsprechung steht nicht im Widerspruch zu Art. 153 Abs. 5 AEUV i.V.m. Art. 51 Abs. 1 Satz 2, Abs. 2, 52 Abs. 2 GRC. Sinn und Zweck des Art. 153 Abs. 5 AEUV zielen allein darauf ab, die verschiedenen nationalen Streikrechte unberührt zu lassen und insofern die (Gesetzgebungs-)Kompetenzen voneinander abzugrenzen (vgl. Rz. 1.60 ff.). Die Mitgliedstaaten haben in diesem Bereich also weiterhin die Kompetenz, müssen aber dennoch bei der Ausübung dieser Kompetenz das Unionsrecht und damit auch die Grundfreiheiten beachten.[275] Zum anderen ist Art. 28 GRC allgemein als Wertentscheidung zugunsten von Kollektivverhandlungen zu berücksichtigen. Dies wirkt sich etwa im (weitestgehend unionsrechtlich determinierten) Diskriminierungsrecht aus: Hier muss die wichtige Rolle der Sozialpartner bei der Umsetzung von Unionsrecht hinreichend berücksichtigt werden. So geht der EuGH davon aus, dass bei Tarifverträgen eine weniger strikte Überprüfung der Rechtfertigungstatbestände des Diskriminierungsrechts als bei einer Umsetzung durch den Gesetzgeber angezeigt ist.[276]

---

269 BAG v. 22.1.2014 – 7 AZR 243/12, NZA 2014, 483 (486); v. 19.3.2014 – 7 AZR 828/12, BeckRS 2014, 68935; vgl. aber auch EuGöD v. 21.2.2013 – Rs F-58/08 – Avogadri, BeckRS 2013, 80462 Rz. 55.
270 Hierzu BAG v. 11.9.2013 – 7 AZR 843/11, ArbRB 2013, 363 = NZA 2013, 1352 (1356). Vgl. zu den Bezugspunkten des europäischen Rechtes und der Beendigung von Arbeitsverhältnissen insgesamt überblicksartig *Franzen*, NZA – Beilage 2015, 77.
271 EuGH v. 12.2.2015 – C-396/13 – Sähköalojen m.w.N. zur bisherigen Rechtsprechung, ArbRB 2015, 67. Vgl. zur Frage einer Drittwirkung von Art. 31 Abs. 2 GRC auch Rz. 3.35.
272 BVerwG v. 31.1.2013 – 2 C 10/12, NVwZ 2013, 1295; vgl. aber BAG v. 23.3.2010 – 9 AZR 128/09, ArbRB 2010, 103 = NZA 2010, 810, wonach für § 7 BUrlG eine gespaltene Auslegung abzulehnen ist.
273 Hierzu ausführlich *Sagan*, Das Gemeinschaftsgrundrecht auf Kollektivmaßnahmen, 2008, passim; *Thüsing/Traut*, RdA 2012, 65; *Brameshuber*, EuZA 2016, 46.
274 EuGH v. 11.12.2007 – C-438/05 – Viking, Slg. 2007, I-10779 Rz. 43 f., ArbRB 2008, 79; v. 18.12.2007 – C-341/05 – Laval, Slg. 2007, I-11767, ArbRB 2008, 80.
275 Vgl. *Pötters/Kalf*, ZESAR 2012, 216 (222); *Joussen*, ZESAR 2008, 333 (334); *Franzen*, FS Buchner, 231 (233 f.); *Junker*, SAE 2008, 209 (214).
276 EuGH v. 12.10.2010 – C-45/09 – Rosenbladt, Slg. 2010, I-9391, ArbRB 2010, 327.

2. Arbeitgeberseite

Auch Arbeitgeber können sich auf Art. 28 GRC berufen, es gelten aber spiegelbildlich die dargelegten Restriktionen. 3.79

Zentrales Grundrecht auf Seiten des Arbeitgebers dürfte regelmäßig die **unternehmerische Freiheit (Art. 16 GRC)** sein. Ein Unternehmen ist jede Einheit, unabhängig von Rechtsform und Finanzierungsart, die eine wirtschaftliche Tätigkeit ausübt, also Güter und Dienstleistungen auf einem Markt anbietet.[277] Das Recht auf unternehmerische Freiheit umfasst das Recht jedes Unternehmens, eine Wirtschafts- oder Geschäftstätigkeit auszuüben und dabei in den Grenzen seiner Verantwortlichkeit für seine eigenen Handlungen frei über seine wirtschaftlichen, technischen und finanziellen Ressourcen verfügen zu können.[278] Ferner garantiert Art. 16 GRC die **Vertragsfreiheit** und den **freien Wettbewerb**.[279] Die unternehmerische Freiheit ist Kontrapunkt zu den sozialen Grundrechten des Titels IV.[280] 3.80

Das **BAG** hat in einer Entscheidung zu § 1 Abs. 1 Satz 2 AÜG, wonach die **Arbeitnehmerüberlassung** auf einen vorübergehenden Zeitraum beschränkt wird, auf das Grundrecht aus Art. 16 GRC rekurriert.[281] Es unterliege keinem Zweifel, dass die unternehmerische Freiheit, einem Verbot der nicht nur vorübergehenden Arbeitnehmerüberlassung nicht entgegenstehe. Dabei könne dahingestellt bleiben, ob die Leiharbeitsrichtlinie eine Regelung zur nicht nur vorübergehenden Arbeitnehmerüberlassung enthalte und damit den für die Anwendung der GRC notwendigen unionsrechtlichen Bezug nach Art. 51 Abs. 1 GRC herstelle. Jedenfalls sei durch ein solches Verbot die durch Art. 16 GRC geschützte Vertragsfreiheit auf verhältnismäßige Weise eingeschränkt.[282] 3.81

Art. 16 GRC verdrängt im Wege der Spezialität die in Art. 15 Abs. 1 GRC geregelte **Berufsfreiheit**, welche auch für unselbständige Tätigkeit gilt.[283] Unklar ist das Verhältnis zu den **Grundfreiheiten**. Der EuGH scheint davon auszugehen, dass diese eine spezielle Ausprägung von Art. 16 GRC darstellen.[284] 3.82

Abzugrenzen ist die unternehmerische Freiheit schließlich vom **Eigentumsrecht** (Art. 17 GRC). Während sich das Eigentumsrecht auf materielle und immaterielle Güter bezieht, schützt die un- 3.83

---

277 *Jarass*, Art. 16 GRC Rz. 7.
278 EuGH v. 27.3.2014 – C-314/12 – UPC Telekabel Wien, NJW 2014, 1577 Rz. 49; vgl. auch v. 24.11. 2011 – C-70/10 – Scarlet Extended, MMR 2012, 174; v. 22.1.2013 – C-283/11 – Sky Österreich, EuZW 2013, 347 – Rz. 42.
279 EuGH v. 17.10.2013 – C-101/12 – Schaible, DÖV 2014, 41 Rz. 25; v. 22.1.2013 – C-283/11 – Sky Österreich, EuZW 2013, 347 Rz. 42. Vgl. auch die Entscheidungen des EuGH v. 21.12.2016 – C-201/15 – AGET Iraklis, NZA 2017, 167 sowie die Anm. v. *Rebhahn*, EuZA 2017, 385 sowie EuGH v. 27.4. 2017 – C-680/15 u. 681/15 – Asklepios.
280 Grabitz/Hilf/Nettesheim/*Mayer*, Nach Art. 6 EUV, Grundrechtsschutz und rechtsstaatliche Grundsätze Rz. 197.
281 BAG v. 10.7.2013 – 7 ABR 91/11, ArbRB 2013, 332 = NJW 2014, 331.
282 BAG v. 10.7.2013 – 7 ABR 91/11, ArbRB 2013, 332 = NJW 2014, 331 Rz. 47.
283 Calliess/Ruffert/*Ruffert*, Art. 15 GRC Rz. 4; a.A. wohl Meyer/*Bernsdorff*, Art. 15 GRC Rz. 12 sowie Vedder/Heintschel-von Heinegg/*Folz*, Art. 16 GRC Rz. 3, der in Art. 16 GRC ein wirtschaftliches Auffangrecht sieht, dem alle Formen wirtschaftlicher Betätigung zuzuordnen sind, die nicht unter Art. 15 oder 17 GRC fallen.
284 EuGH v. 13.2.2014 – C-367/12 – Sokoll-Seebacher, EuZW 2014, 307 Rz. 21 f.: „Zur Bestimmung der Tragweite der unternehmerischen Freiheit verweist [Art. 16 GRC] u.a. auf das Unionsrecht. Diese Verweisung ist so zu verstehen, dass Art. 16 der Charta u.a. auf Art. 49 AEUV verweist, der die Ausübung der Niederlassungsfreiheit, einer Grundfreiheit, garantiert." Ein Abgrenzungskonzept andeutend zuletzt EuGH v. 30.6.2016 – C-134/15 – Lidl Rz. 26 sowie die Anm. v. *Drechsler*, EuR 2016, 691 (693 ff.). Vgl. zu dieser Konkurrenzfrage auch Calliess/Ruffert/*Ruffert*, Art. 15 GRC Rz. 26 f.

ternehmerische Freiheit die wirtschaftliche Initiative und die Handlungsfähigkeit auf einem Markt, nicht aber die konkreten Gewinne, die sich in einem auf diesem Markt erlangten Vermögen äußern.[285] Die Eigentumsgarantie wird man vor allem im EU-Datenschutzrecht und den entsprechenden nationalen Umsetzungsakten fruchtbar machen können, wenn etwa der Arbeitgeber Überwachungsmaßnahmen zur Aufklärung von Straftaten durchführt.

3.84 Die **Religionsfreiheit** (Art. 10 Abs. 1 GRC) ist nicht nur auf Seiten des Arbeitnehmers zu beachten, sondern kann in ihrer kollektiven Ausprägung[286] auch auf Seiten des Arbeitgebers angeführt werden. Dies ist etwa denkbar bei Ungleichbehandlungen wegen einer Religion, die nach der sog. Kirchenklausel des Art. 4 Abs. 2 Gleichb-RL gerechtfertigt sein können. Diese Vorschrift erlaubt nicht nur eine Unterscheidung nach der Religion des Arbeitnehmers, sondern auch eine Benachteiligung wegen der Religion des Arbeitgebers und erfasst damit jedes Diskriminierungsverbot.[287] Über das Diskriminierungsrecht hinaus dürfte jedoch Art. 10 GRC nur wenig Relevanz aufweisen. Regelungen zum Staatskirchenrecht sind Sache der Mitgliedstaaten (vgl. Art. 17 AEUV).

3.85 **Annex: Prüfschema Grundrechtsverletzungen**

I. **Anwendungsbereich der Unionsgrundrechte**

1. Bei allgemeinen Rechtsgrundsätzen: umfassende Bindung der EU-Hoheitsgewalt, für Mitgliedstaaten nur im Anwendungsbereich des Unionsrechts

2. Bei Grundrechten der GRC

   a) Art. 51 Abs. 1 Satz 1 GRC („für die Organe, Einrichtungen und sonstigen Stellen der Union unter Wahrung des Subsidiaritätsprinzips und für die Mitgliedstaaten ausschließlich bei der Durchführung des Rechts der Union")

   b) Zuständigkeitsschranke, Art. 51 Abs. 1 Satz 2, Abs. 2, 52 Abs. 2 GRC

II. **Schutzbereich des jeweiligen Grundrechts**

1. Echtes Grundrecht oder bloßer Grundsatz

2. Personaler Schutzbereich

3. Sachlicher Schutzbereich

4. Zudem zu beachten:

   a) Kein Absinken unter EMRK-Standard und sonstige int. Übereinkünfte zum Schutz der Menschenrechte, Art. 52 Abs. 3, 53 GRC

   b) Verfassungstraditionen der Mitgliedstaaten, Art. 52 Abs. 4 GRC

III. **Eingriff**[288]

IV. **Rechtfertigung**

1. Qualifizierte Schranke?

2. Ansonsten: Art. 52 Abs. 1 GRC – allg. Gesetzesvorbehalt (Art. 52 Abs. 1 Satz 1 GRC) oder verfassungsimmanente Schranken

3. Wesensgehaltsgarantie, Art. 52 Abs. 1 Satz 1 GRC

4. Verhältnismäßigkeit bzw. praktische Konkordanz, Art. 52 Abs. 1 Satz 2 GRC

---

285 GA *Cruz Villalón* v. 19.2.2013 – C-426/11 – Alemo-Herron, BeckRS 2013, 80324 Rz. 51.
286 Hierzu *Jarass*, Art. 10 GRC Rz. 15; *Pötters/Kalf*, ZESAR 2012, 216 (221).
287 MünchKommBGB/*Thüsing*, § 9 AGG Rz. 10.
288 Bei Gleichheitsgrundrechten ist anstelle des Eingriffs in den Schutzbereich eine relevante Ungleichbehandlung bzw. Anknüpfung an dem jeweiligen Diskriminierungsmerkmal zu prüfen.

§ 4
Europäische Menschenrechtskonvention

I. **Allgemeine Aspekte** 4.1
1. Die Europäische Menschenrechtskonvention als völkerrechtlicher Vertrag 4.1
2. Auslegung der EMRK 4.4
3. Verhältnis zu anderen Regelungen . . 4.7
   a) Europäische Sozialcharta 4.7
   b) Recht der Europäischen Union . . 4.10
4. Die Wirkung der Konventionsrechte im Arbeitsverhältnis 4.15
   a) Beschäftigungsverhältnisse im öffentlichen Dienst 4.16
   b) Arbeitsverhältnisse in der Privatwirtschaft 4.17
5. Grundzüge des Rechtsschutzverfahrens 4.20
6. Die Geltung der EMRK in Deutschland 4.26
   a) Rolle und Wirkung der EMRK und der Rspr. des EGMR im nationalen Recht 4.26
   b) Grenzen der Rezeption der EMRK 4.30
   c) Die Einwirkung der EMRK auf das deutsche Recht über Art. 52 Abs. 3 GRC 4.33
7. Beitrag der EMRK zur Harmonisierung der nationalen Arbeitsrechtsordnungen in Europa? 4.34

II. **Einzelne für das Arbeitsrecht relevante Konventionsrechte** 4.38
1. Recht auf Achtung des Privat- und Familienlebens (Art. 8 EMRK) 4.38
   a) Grundlagen 4.38
   b) Schutzbereich 4.40
      aa) Begrenzung der Loyalitätsobliegenheiten im kirchlichen Arbeitsrecht 4.41
      bb) Schutz personenbezogener Daten der Beschäftigten 4.43
      cc) Informationspflichten hinsichtlich berufsbezogener Gesundheitsrisiken 4.45
   c) Eingriff 4.46
   d) Rechtfertigung 4.48
      aa) Allgemeine Gesichtspunkte . . 4.49
      bb) Loyalitätsobliegenheiten im kirchlichen Arbeitsrecht 4.52
      cc) Datenschutz 4.59
      dd) Informationspflichten hinsichtlich berufsbezogener Gesundheitsrisiken 4.63
   e) Ausstrahlung auf das Unionsrecht 4.64
   f) Bedeutung für das innerstaatliche deutsche Recht 4.67
2. Gedanken-, Gewissens- und Religionsfreiheit (Art. 9 EMRK) 4.71
   a) Grundlagen 4.71
   b) Schutzbereich 4.72
      aa) Individuelle Religionsfreiheit . 4.72
      bb) Korporative Religionsfreiheit . 4.74
   c) Eingriff 4.75
      aa) Eingriffe in die individuelle Religionsfreiheit 4.75
      bb) Eingriffe in die korporative Religionsfreiheit 4.76
      cc) Konflikte zwischen individueller und korporativer Religionsfreiheit 4.77
   d) Rechtfertigung 4.80
   e) Einzelfälle 4.83
   f) Ausstrahlung auf das Unionsrecht 4.88
   g) Bedeutung für das innerstaatliche deutsche Recht 4.91
3. Freiheit der Meinungsäußerung (Art. 10 EMRK) 4.96
   a) Grundlagen 4.96
   b) Schutzbereich 4.97
   c) Eingriff 4.100
   d) Rechtfertigung 4.101
      aa) Allgemeine Grundsätze 4.102
      bb) Kritische Meinungsäußerungen am Arbeitsplatz 4.104
      cc) Benachteiligung aufgrund der politischen oder ideologischen Einstellung 4.106
      dd) „Whistleblowing" 4.108
   e) Bedeutung für das innerstaatliche deutsche Recht 4.112
4. Versammlungs- und Vereinigungsfreiheit, insbesondere: Koalitionsfreiheit (Art. 11 EMRK) 4.113
   a) Grundlagen 4.113
   b) Schutzbereich 4.114
      aa) Persönlicher Schutzbereich . . 4.114
      bb) Positive Koalitionsfreiheit . . . 4.117
      cc) Negative Koalitionsfreiheit . . 4.122
   c) Eingriff 4.126
   d) Rechtfertigung 4.128
      aa) Allgemeine Rechtfertigungsgründe 4.129
      bb) Sonderregel für Angehörige der Streitkräfte, der Polizei und der Staatsverwaltung . . . 4.135

e) Bedeutung für das innerstaatliche deutsche Recht 4.140
   aa) Tarifbezogenheit des Arbeitskampfs 4.141
   bb) Kollektivverhandlungs- und Streikrecht für Beamte 4.142
   cc) Modell des „Dritten Weges" im kirchlichen Arbeitsrecht . . 4.146
5. Diskriminierungsverbot (Art. 14 EMRK) 4.149

Schrifttum: *Dorssemont/Lörcher/Schömann* (Hrsg.), The European Convention on Human Rights and the Employment Relation, 2013; *Eichenhofer*, Soziale Menschenrechte im Völker-, europäischen und deutschen Recht, 2012; *Fornasier*, Die Wirkung der europäischen Grundrechte im Arbeitsverhältnis in Latzel/Picker (Hrsg.), Neue Arbeitswelt, 2014, 25; *Höpfner/Richter*, Wiederaufnahme des Verfahrens und Wiedereinstellungsanspruch nach Verstoß gegen die EMRK?, RdA 2016, 149; *Kinsch*, Europäischer Gerichtshof für Menschenrechte in Basedow/Hopt/Zimmermann (Hrsg.), Handwörterbuch des Europäischen Privatrechts, 2009, 516; *Kinsch*, Grund- und Menschenrechte: GRCh und EMRK in Basedow/Hopt/Zimmermann (Hrsg.), Handwörterbuch des Europäischen Privatrechts, 2009, 779; *Junker*, Europäische Grund- und Menschenrechte und das deutsche Arbeitsrecht (unter besonderer Berücksichtigung der Koalitionsfreiheit), ZfA 2013, 91; *Junker*, Kooperation oder Konfrontation der obersten Instanzen in Deutschland und Europa – Dargestellt am Beispiel des Streikrechts und der Kirchenautonomie, EuZA 2018, 304; *Krebber*, Die Bedeutung der Grundrechtecharta und der EMRK für das deutsche Individualarbeitsrecht, EuZA 2013, 188; *Nußberger*, Auswirkungen der Rechtsprechung des Europäischen Gerichtshofs für Menschenrechte auf das deutsche Arbeitsrecht, RdA 2012, 270; *Nußberger*, Die Europäische Menschenrechtskonvention und das Privatrecht, RabelsZ 80 (2016), 817; *Rebhahn*, Zivilrecht und Europäische Menschenrechtskonvention, AcP 210 (2010), 489; *Seifert*, Die Bedeutung von EMRK und GRCh für das deutsche kollektive Arbeitsrecht, EuZA 2013, 205; *Weiß*, Von Paukenschlägen und steten Tropfen – Anmerkungen zur Bedeutung und Wirkung von EGMR-Urteilen aus staats- und völkerrechtlicher Sicht, EuZA 2010, 457.

I. Allgemeine Aspekte

1. Die Europäische Menschenrechtskonvention als völkerrechtlicher Vertrag

4.1 Die **Konvention zum Schutze der Menschenrechte und Grundfreiheiten vom 4.11.1950 (EMRK)**[1] ist ein völkerrechtlicher Vertrag. Darin verpflichten sich die Vertragsstaaten, allen ihrer Hoheitsgewalt unterstehenden Personen bestimmte, im Einzelnen geregelte Grund- und Menschenrechte zuzusichern (Art. 1 EMRK). Die Konvention gilt als das erste völkerrechtliche Übereinkommen, das einen verbindlichen Katalog von politischen und bürgerlichen Freiheitsrechten aufstellte und mit einem gerichtlichen Rechtsschutzsystem ausstattete.[2]

4.2 Die EMRK wurde im Rahmen des **Europarats** ausgearbeitet und trat am 3.9.1953 in Kraft. Vertragsstaaten sind gegenwärtig sämtliche 47 Mitgliedstaaten des Europarats: Neben den Mitgliedstaaten der EU und des Europäischen Wirtschaftsraums gehören hierzu auch die Türkei sowie zahlreiche Nachfolgestaaten der Sowjetunion – darunter insbesondere Russland und die Ukraine. Seit dem Inkrafttreten der Konvention sind insgesamt 16 Zusatzprotokolle verabschiedet worden, mit denen teilweise der Katalog der garantierten Rechte ausgeweitet und teilweise das Rechtsschutzverfahren reformiert wurde.[3]

4.3 Die EMRK wurde als Instrument zum **Schutz politischer und bürgerlicher Rechte** konzipiert. Andere Grundrechte – namentlich wirtschaftliche und soziale Rechte – wurden von den Verfassern

---

1 Convention for the Protection of Human Rights and Fundamental Freedoms, Rome, 4. XI. 1959, 213 UNTS 262.
2 *Weiß*, EuZA 2010, 457, 458.
3 Bei einigen dieser Zusatzprotokolle handelt es sich allerdings um Fakultativprotokolle, die nur für die Vertragsstaaten gelten, die sie ratifiziert haben, s. hierzu *Mayer-Ladewig/Nettesheim* in Meyer-Ladewig/Nettesheim/von Raumer, EMRK, 4. Aufl. 2017, Einleitung Rz. 7.

der Konvention bewusst ausgeklammert. Deren Schutz sollte erst zu einem späteren Zeitpunkt geregelt werden.[4] Die von der Konvention garantierten Grund- und Menschenrechte umfassen u.a. das Recht auf Leben (Art. 2 EMRK), das Verbot von Folter, Sklaverei und Zwangsarbeit (Art. 3 und 4 EMRK), das Recht auf Freiheit (Art. 5 EMRK), das Recht auf ein faires Verfahren (Art. 6 EMRK), den Schutz des Privat- und Familienlebens (Art. 8 EMRK), die Religions- und Meinungsfreiheit (Art. 9 und 10 EMRK) sowie die Versammlungs- und Vereinigungsfreiheit (Art. 11 EMRK). Die Garantie des Eigentumsrechts wurde erst im 1. Zusatzprotokoll zur Konvention geregelt. Die garantierten Rechte werden durch die Konvention und ihre Protokolle mit **unmittelbarer Wirkung** für die berechtigten **Individuen** begründet.[5] Gerichtlicher Rechtsschutz im Fall der Verletzung dieser Rechte durch einen Konventionsstaat steht nicht nur den anderen Vertragsstaaten zu, sondern auch dem betroffenen Individuum selbst (näher zum Rechtsschutzverfahren Rz. 4.20 ff.).

2. Auslegung der EMRK

Als völkerrechtlicher Vertrag unterliegt die EMRK den **Auslegungsregeln der Wiener Vertragsrechtskonvention (Art. 31 bis 33 WVK).**[6] Gemäß der Schlussformel der Konvention sind die **englische** und die **französische Sprachfassung** gleichermaßen **authentisch** und damit für die Wortlautauslegung maßgebend.

4.4

Der EGMR selbst hat im Laufe der Zeit eine Reihe von **Leitprinzipien für die Auslegung** der Konvention entwickelt. Dazu gehört zunächst der Grundsatz der **autonomen Auslegung:**[7] Die Begriffe der EMRK sind nicht aus der Perspektive der einzelnen Konventionsstaaten zu deuten. Geboten ist vielmehr ein von der Vielfalt der nationalen Begrifflichkeiten und Rechtserscheinungen abstrahierendes Verständnis. Nur eine autonome Auslegung stellt nach Ansicht des Gerichtshofs sicher, dass die von der Konvention geschützten Rechte nicht theoretisch oder illusorisch sind (*theoretical or illusory*), sondern praktische Wirksamkeit entfalten (*practical and effective*).[8] Käme es zum Beispiel für die Frage, was eine im Sinne von Art. 11 EMRK geschützte „Vereinigung" ist, allein auf das Verständnis der Konventionsstaaten an, könnten diese den Schutzzweck der Bestimmung faktisch aushöhlen, indem sie in ihrem nationalen Recht bestimmten Zusammenschlüssen den Status einer „Vereinigung" von vornherein verwehren. Hinzu kommt, dass allein eine autonome Interpretation die einheitliche Geltung der Konvention in den Vertragsstaaten sicherzustellen vermag und damit das Ziel eines internationalen Instruments zum Menschenrechtsschutz verwirklichen kann, das ja gerade die Statuierung länderübergreifender Schutzstandards bezweckt.

4.5

Darüber hinaus tritt der Gerichtshof für eine **evolutive** Auslegung der Konvention ein. Nach seiner Auffassung ist die EMRK ein **„lebendes Instrument"** (*living instrument*), das unter Berücksichtigung der sich stetig wandelnden gesellschaftlichen Verhältnisse und ethischen Anschauungen fortentwickelt werden muss.[9] Auf dem Gebiet des Arbeitsrechts zeigt sich dieser dynamische Interpretationsansatz darin, dass sich der Gerichtshof bei der Auslegung der Konvention an aktuellen Entwicklungen im Arbeitsvölkerrecht ebenso orientiert wie an der überwiegenden Rechtspraxis der

4.6

---

4 *Bates*, The Evolution of the European Convention on Human Rights, 2010, S. 65.
5 *Mayer-Ladewig/Nettesheim* in Meyer-Ladewig/Nettesheim/von Raumer, EMRK, 4. Aufl. 2017, Einleitung Rz. 15; vgl. auch *Grabenwarter/Pabel*, EMRK, 6. Aufl. 2016, § 2 Rz. 1.
6 EGMR v. 21.2.1975 – 4451/70 (*Golder/Vereinigtes Königreich*) Rz. 29; EGMR (GK) v. 12.11.2008 – 34503/97 (*Demir und Baykara/Türkei*) Rz. 65.
7 S. bereits EGMR v. 8.6.1976 – 5100/71 u.a. (*Engel u.a./Niederlande*) Rz. 81. Zur Bedeutung der Entscheidung *Bates*, The Evolution of the European Convention on Human Rights, 2010, S. 323.
8 EGMR (GK) v. 25.4.1999 – 25088/94 u.a. (*Chassagnou u.a./Frankreich*) Rz. 100; s. zum Anliegen des EGMR, dass die durch die EMRK begründeten Rechte nicht „theoretisch oder illusorisch" bleiben, bereits EGMR v. 9.10.1979 – 6289/73 (*Airey/Irland*) Rz. 24.
9 Richtungsweisend EGMR v. 25.4.1978 – 5856/72 (*Tyrer/Vereinigtes Königreich*) Rz. 31: „[T]he Convention is a living instrument which [...] must be interpreted in the light of present-day conditions."

Vertragsstaaten.[10] Die – ursprünglich noch abgelehnte – Anerkennung sowohl des Rechts auf Kollektivverhandlungen als auch des Streikrechts als Bestandteile der Vereinigungsfreiheit ist Frucht der evolutiven Auslegung der EMRK (hierzu sowie zur Kritik an diesem methodischen Ansatz Rz. 4.117 ff.).

3. Verhältnis zu anderen Regelungen

a) Europäische Sozialcharta

4.7 Die **Europäische Sozialcharta (ESC)** aus dem Jahr 1961,[11] die 1996 grundlegend revidiert wurde,[12] ist ebenfalls ein im Rahmen des Europarats ausgearbeiteter völkerrechtlicher Vertrag. Die ESC zielt auf den **Schutz sozialer Rechte** und bildet damit ein „**Komplementärinstrument**"[13] **zur EMRK**, da sie eine Materie regelt, die vom Anwendungsbereich der EMRK mit Absicht ausgeschlossen wurde (Rz. 4.3). Das Verhältnis zwischen den beiden Verträgen lässt sich folgendermaßen auf den Punkt bringen: „Die EMRK befähigt den Menschen, in Würde zu leben, und die ESC, in Würde zu arbeiten."[14] Die Sozialcharta verbürgt z.B. ein Recht auf Arbeit (Art. 1 ESC), auf gerechte Arbeitsbedingungen (Art. 2 ESC) und auf Kollektivverhandlungen einschließlich eines Rechts auf kollektive Maßnahmen (Art. 6 ESC).

4.8 Verglichen mit der EMRK ist der **Menschenrechtsschutz der ESC** in verschiedener Hinsicht **schwächer**. Zum einen sind die Vertragsstaaten nicht dazu verpflichtet, sämtliche Bestimmungen der Charta zu ratifizieren, sondern haben eine Auswahlmöglichkeit (Art. 20 ESC).[15] Zweitens begründen die meisten Gewährleistungen der ESC nach überwiegender Auffassung keine individuellsubjektiven Rechte. Die ESC ist mit anderen Worten nicht unmittelbar wirksam (*self-executing*), sondern bedarf innerstaatlicher Umsetzungsakte durch die Vertragsstaaten.[16] Und schließlich verfügt die ESC nicht über ein gerichtliches Durchsetzungssystem. Ihre Einhaltung wird mithilfe eines **Berichtssystems** überwacht. Der für die Kontrolle zuständige **Europäische Ausschuss für soziale Rechte (ECSR)**, ein unabhängiges Expertengremium, kann zwar Rechtsverletzungen feststellen und publik machen, doch ergeben sich aus einer solchen Feststellung keine rechtlichen Pflichten für den verantwortlichen Vertragsstaat.[17]

4.9 Obwohl EMRK und ESC ursprünglich als separate Rechtsinstrumente konzipiert waren, zieht inzwischen der **EGMR** im Rahmen seiner evolutiven Auslegung regelmäßig die **Sozialcharta** und die **Spruchpraxis des ECSR** als Interpretationshilfe für die EMRK heran (Rz. 4.119). Dadurch hebt er nicht nur die Grenze zwischen den bürgerlich-politischen und den sozialen Menschenrechten auf.[18] Er verhilft zugleich den sozialen Rechten der ESC zu einer effektiven Wirksamkeit, die sie allein auf der Grundlage des Durchsetzungssystems der ESC nicht entfalten könnten.

---

10 S. als Beispiele EGMR v. 30.6.1993 – 16130/90 (*Sigurdur A. Sigurjónsson/Island*) Rz. 35; EGMR (GK) v. 11.1.2006 – 52562/99, 52620/99 (*Sørensen und Rasmussen/Dänemark*) Rz. 72 ff.; EGMR (GK) v. 12.11.2008 – 34503/97 (*Demir und Baykara/Türkei*) Rz. 69 ff.
11 European Social Charter, Turin, 18.X.1961, 529 UNTS 89.
12 European Social Charter Revised, Strasbourg, 3.V.1996, ETS 163.
13 *Schlachter*, SR 2013, 77.
14 *Eichenhofer*, Soziale Menschenrechte im Völker-, europäischen und deutschen Recht, S. 149.
15 *Weiß*, EuZA 2010, 457, 460, spricht in diesem Zusammenhang von einem „Gemischtwarenladenprinzip".
16 EuArbR/*Schubert*, ESC Teil I Rz. 24 ff. m.w.N.
17 Für *Nußberger*, RdA 2012, 270 (271) ist der Ausschuss vor diesem Hintergrund ein „zahnloser Tiger" geblieben, differenzierend in der Einschätzung hingegen *Schlachter*, SR 2013, 77 ff.
18 Wegweisend bereits EGMR v. 9.10.1979 – 6289/73 (*Airey/Irland*) Rz. 26: „The Court therefore considers [...] that the mere fact that an interpretation of the Convention may extend into the sphere of social and economic rights should not be a decisive factor against such an interpretation; there is no water-tight division separating that sphere from the field covered by the Convention."

b) Recht der Europäischen Union

Die EMRK ist, wie bereits erwähnt, ein völkerrechtlicher Vertrag im institutionellen Rahmen des Europarats und gehört damit **nicht zum Rechtssystem der Europäischen Union**. Die Konvention gilt im Übrigen auch für zahlreiche Staaten, die nicht Mitglied in der EU sind (Rz. 4.2). Gleichwohl gibt es zwischen der EMRK und dem Unionsrecht verschiedene **Querverbindungen**. 4.10

Art. 6 Abs. 2 EUV verpflichtet die Union zum Beitritt zur EMRK. Ein erster Versuch der EU, der Konvention beizutreten, scheiterte indessen im Jahr 2014 am EuGH. Dieser erklärte in einem Gutachten den Entwurf zum Beitrittsabkommen für unvereinbar mit den Europäischen Verträgen.[19] Nach dieser Entwicklung ist ungewiss, wann die EU der Konvention beitreten wird. 4.11

Doch auch ohne förmlichen Beitritt respektiert die Union die materiellrechtlichen Gewährleistungen der EMRK. **Art. 6 Abs. 3 EUV** bestimmt, dass die in der EMRK garantierten Rechte als **allgemeine Grundsätze Teil des Unionsrechts** sind. Sie stehen somit im **Rang des Primärrechts**. Nach der sog. **Kohärenzklausel des Art. 52 Abs. 3 der EU-Grundrechtecharta (GRC)** dürfen die einzelnen Charta-Grundrechte in ihrem Gewährleistungsgehalt das Schutzniveau der jeweils korrespondierenden[20] Grundrechte aus der Konvention nicht unterschreiten. Die EMRK ist damit **Rechtserkenntnisquelle** für die Auslegung der GRC und stellt dabei einen **Mindeststandard** für den unionsrechtlichen Grundrechtsschutz dar.[21] 4.12

Auf der anderen Seite berücksichtigt der **EGMR** im Rahmen seiner evolutiven Auslegung der Konvention auch die **Entwicklungen im Unionsrecht**. So hat etwa die Große Kammer des Gerichtshofs bei der Anerkennung des Rechts auf Kollektivverhandlungen als Bestandteil der Vereinigungsfreiheit nach Art. 11 EMRK u.a. auf Art. 28 GRC Bezug genommen.[22] Dieser Verweis auf die Charta war in zweifacher Weise bemerkenswert. Zum einen war die GRC zum Zeitpunkt der Entscheidung noch nicht verbindlich. Zum anderen betraf das konkrete Verfahren die Türkei und damit einen Staat, der nicht der EU angehört (näher hierzu Rz. 4.117 ff.). 4.13

Im Übrigen ist der EGMR in der sog. *Bosphorus*-**Entscheidung** davon ausgegangen, dass die EU über einen Grundrechtsschutz verfügt, der materiell- wie verfahrensrechtlich mit den Gewährleistungen der EMRK gleichwertig ist.[23] Diese Feststellung spielt für die Überprüfung von Maßnahmen eine Rolle, die ein Konventionsstaat in Erfüllung seiner Pflichten aus der Mitgliedschaft zur EU durchführt (z.B. beim Vollzug des Unionsrechts). Zwar bleiben die Konventionsstaaten auch bei solchen Handlungen völkerrechtlich zur Einhaltung der EMRK verpflichtet. Der EGMR nimmt allerdings in diesen Fällen „im Interesse der internationalen Kooperation" lediglich eine eingeschränkte grundrechtliche Kontrolle vor, wenn feststeht, dass die EU die Grundrechte in vergleichbarer Weise schützt wie die EMRK.[24] Im Einzelfall kann jedoch der Nachweis erbracht werden, dass der Grundrechtsschutz nicht gleichwertig ist.[25] Dann prüft der Gerichtshof das Handeln des Konventionsstaates in uneingeschränktem Umfang am Maßstab der Konvention. 4.14

4. Die Wirkung der Konventionsrechte im Arbeitsverhältnis

Die EMRK als völkerrechtlicher Vertrag begründet **Pflichten allein für die Vertragsstaaten** (Art. 1 EMRK). Dies wirft die Frage auf, auf welchem Weg die in der Konvention garantierten Rechte und 4.15

---

19 EuGH v. 18.12.2014, Gutachten 2/2013.
20 Dazu, welche Rechte der GRC und der EMRK miteinander korrespondieren, s. die Erläuterungen zur GRCh, ABl. 2007 C 303/17.
21 *Junker*, ZfA 2013, 91 (97); Calliess/Ruffert/*Kingreen*, Art. 6 EUV Rz. 20 f.
22 EGMR (GK) v. 12.11.2008 – 34503/97 (*Demir und Baykara/Türkei*) Rz. 150; vgl. auch EGMR (GK) v. 11.1.2006 – 52562/99, 52620/99 (*Sørensen und Rasmussen/Dänemark*) Rz. 74.
23 EGMR (GK) v. 30.6.2005 – 45036/98 (*Bosphorus Hava Yolları Turizm ve Ticaret Anonim Şirketi/Irland*) Rz. 149 ff.
24 Krit. zu diesem Ansatz *Grabenwarter/Pabel*, EMRK, 6. Aufl. 2016, § 4 Rz. 4.
25 So geschehen in EGMR v. 6.12.2012 – 12323/11 (*Michaud/Frankreich*) Rz. 116.

Freiheiten im Rahmen von – insbesondere privaten – Beschäftigungsverhältnissen Geltung erlangen können. Die Antwort darauf hängt davon ab, ob es sich um ein Beschäftigungsverhältnis mit einem öffentlichen oder einem privaten Arbeitgeber handelt.

a) Beschäftigungsverhältnisse im öffentlichen Dienst

4.16 Weitgehend unproblematisch ist die Geltung der Konventionsrechte in Beschäftigungsverhältnissen des öffentlichen Dienstes. Innerhalb der Konventionsstaaten sind nämlich **sämtliche Träger von Hoheitsgewalt** an die durch die Konvention begründeten Pflichten gebunden.[26] In föderalen Staatssystemen sind Bundesstaat und Gliedstaaten gleichermaßen zur Einhaltung der Konvention verpflichtet. Ebenso verhält es sich mit selbständigen öffentlich-rechtlichen Einrichtungen wie etwa Körperschaften oder Anstalten sowie mit öffentlich kontrollierten Unternehmen.[27] Wie der EGMR klargestellt hat, erfassen die Pflichten aus der Konvention die öffentliche Hand unabhängig davon, ob sie **in Ausübung hoheitlicher Gewalt** oder als **Arbeitgeber** handelt.[28] Irrelevant ist ferner, ob das Beschäftigungsverhältnis öffentlich- oder privatrechtlich ausgestaltet ist.[29] Öffentliche Arbeitgeber bzw. Dienstherren sind also ihren Beschäftigten gegenüber unmittelbar zur Achtung der Konventionsrechte verpflichtet. Dies schließt es freilich nicht aus, dass sich die Beschäftigten im öffentlichen Dienst unter Umständen nicht im gleichen Umfang auf Konventionsrechte berufen können wie Arbeitnehmer in der Privatwirtschaft, etwa weil letztere dem Arbeitgeber weniger weitreichende Loyalitätspflichten schulden.[30] Es bleibt gleichwohl auch in diesen Fällen bei dem Grundsatz, dass der öffentliche Arbeitgeber an die Pflichten aus der Konvention gebunden ist.

b) Arbeitsverhältnisse in der Privatwirtschaft

4.17 Anders stellt sich die Situation bei privaten Arbeitgebern dar. Da für Privatpersonen die völkerrechtlichen Pflichten der EMRK nicht gelten, sind sie ihren Arbeitnehmern gegenüber nicht unmittelbar zur Achtung der Rechte und Freiheiten aus der Konvention verpflichtet. Hier erlangt die Figur der **„positiven Verpflichtungen"** der Konventionsrechte Bedeutung. Schon im Jahr 1979 hat der EGMR in der richtungsweisenden Entscheidung *Marckx/Belgien* im Zusammenhang mit dem Schutz des Familienlebens nach Art. 8 EMRK klargestellt, dass diese Norm für die Konventionsstaaten nicht nur eine **negative Verpflichtung (*negative undertaking*)** begründe, Eingriffe in den Schutzbereich des Konventionsrechts zu unterlassen, sondern darüber hinaus auch **positive Verpflichtungen (*positive obligations*)** statuiere, das Familienleben des Einzelnen aktiv und effektiv zu schützen.[31]

4.18 Die Lehre von den *positive obligations*[32] – die mit dem Konzept der grundrechtlichen Schutzpflichten in der deutschen Grundrechtsdogmatik vergleichbar ist – wurde vom Gerichtshof nach und

---

26 S. zu dieser umfassenden Bindung EGMR (GK) v. 18.2.1999 – 24833/93 (*Matthews/Vereinigtes Königreich*) Rz. 29; s. im Einzelnen *Ladewig/Nettesheim* in Meyer-Ladewig/Nettesheim/von Raumer, EMRK, 4. Aufl. 2017, Art. 1 EMRK Rz. 6 ff.
27 Vgl. zu letzeren EGMR v. 13.8.1981 – 7601/76, 7806/77 (*Young, James und Webster/Vereinigtes Königreich*) Rz. 49.
28 EGMR v. 6.2.1976 – 5614/72 (*Schwedische Lokomotivführergewerkschaft/Schweden*) Rz. 37: „The Convention nowhere makes an express distinction between the functions of a Contracting State as holder of public power and its responsibilities as employer." S. zur Verantwortung des Staates als Arbeitgeber ferner EGMR (GK) v. 12.6.2014 – 56030/07 (*Fernández Martínez/Spanien*) Rz. 115.
29 EGMR v. 21.2.2006 – 28602/95 (*Tüm Haber Sen und Çınar/Türkei*) Rz. 29 (im Zusammenhang mit Art. 11 EMRK).
30 EGMR v. 21.7.2011 – 28274/08 (*Heinisch/Deutschland*) Rz. 64: „While such duty of loyalty may be more pronounced in the event of civil servants and employees in the public sector as compared to employees in private-law employment relationships […]".
31 EGMR v. 13.6.1979 – 6833/74 (*Marckx/Belgien*) Rz. 31.
32 Ausführlich hierzu *Krieger*, ZaöRV 2014, 187.

nach auch auf andere Konventionsrechte übertragen.[33] Bezogen auf arbeitsrechtliche Sachverhalte bedeutet diese Theorie, dass die Vertragsstaaten bei der **Ausgestaltung der Arbeitsgesetze**[34] und deren **(gerichtlicher) Anwendung im Einzelfall**[35] den Konventionsrechten der Arbeitsvertragsparteien Rechnung tragen müssen. Insbesondere müsse sie die von der Konvention geschützten Rechte und Interessen der Arbeitsvertragsparteien vor Beeinträchtigungen durch den jeweiligen Vertragspartner effektiv schützen. Da in den Rechtsbeziehungen zwischen Privaten beide Seiten grundrechtsberechtigt sind, verlangen die *positive obligations* im Ergebnis, einen **angemessenen Ausgleich** zwischen den gegenläufigen konventionsrechtlich geschützten Interessen der Parteien herzustellen.

Die **Abgrenzung** zwischen der **negativen Abwehr-** und der **positiven Schutzpflichtfunktion** der Konventionsrechte kann im Einzelfall schwer zu treffen sein. So kann eine nationale gesetzliche Regelung, die das Streikrecht einschränkt, als direkter staatlicher Eingriff in den Schutzbereich der Vereinigungsfreiheit gemäß Art. 11 EMRK und damit als Verletzung der negativen Verpflichtungen aus diesem Konventionsrecht gewertet werden.[36] Ebenso gut könnte jedoch argumentiert werden, dass es der fragliche Konventionsstaat durch die Anordnung des Streikverbots versäumt hat, den Gewerkschaften die wirksame Durchsetzung der Arbeitnehmerinteressen gegenüber dem Arbeitgeber zu ermöglichen.[37] In diesem Fall wären die positiven Verpflichtungen aus Art. 11 EMRK berührt. Der Gerichtshof sieht diese Abgrenzungsschwierigkeiten selbst und betont, dass für beide Eingriffsarten die **gleichen Grundsätze** gelten.[38] Ob also ein Konventionsstaat gegen seine negativen oder positiven Pflichten verstoßen hat, macht mit Blick auf die materiellrechtlichen Rechtfertigungsanforderungen keinen entscheidenden Unterschied.

4.19

5. Grundzüge des Rechtsschutzverfahrens

Konventionsverstöße eines Vertragsstaats können entweder im Wege der **Staatenbeschwerde** von jedem anderen Vertragsstaat vor dem EGMR geltend gemacht werden (Art. 33 EMRK). Darüber hinaus kann auch das unmittelbar betroffene Individuum den Gerichtshof im Rahmen einer **Individualbeschwerde** anrufen (Art. 34 EMRK). Verglichen mit der Staatenbeschwerde spielt die Individualbeschwerde in der Praxis des Gerichtshofs die weitaus wichtigere Rolle. Auf diesem verfahrensrechtlichen Instrument beruht letztlich der große Erfolg der EMRK, da es den Grundrechtsberechtigten einen effektiven individuellen Rechtsschutz ermöglicht.[39]

4.20

Das Rechtsschutzsystem der EMRK in seiner gegenwärtigen Form geht im Wesentlichen auf das **11. Zusatzprotokoll** zurück.[40] Durch das Protokoll wurde die **Europäische Kommission für Menschenrechte (EKMR)** abgeschafft, die früher in einer Vorprüfung über die Zulässigkeit von Indivi-

4.21

---

33 S. speziell im Zusammenhang mit den für das Arbeitsrecht relevanten Konventionsrechten EGMR v. 26.7.2005 – 73316/01 (*Siliadin/Frankreich*) Rz. 89; EGMR v. 3.2.2011 – 18136/02 (*Siebenhaar/Deutschland*) Rz. 38 (zu Art. 9 EMRK); EGMR (GK) v. 12.9.2011 – 28955/06 u.a. (*Palomo Sánchez u.a./ Spanien*) Rz. 59 (zu Art. 10 EMRK); EGMR v. 2.7.2002 – 30668/96 u.a. (*Wilson, National Journalist Union u.a./Vereinigtes Königreich*) Rz. 41 (zu Art. 11 EMRK).
34 S. z.B. EGMR v. 13.8.1981 – 7601/76, 7806/77 (*Young, James und Webster/Vereinigtes Königreich*) Rz. 49.
35 S. z.B. EGMR v. 23.9.2010 – 1620/03 (*Schüth/Deutschland*) Rz. 74.
36 In diesem Sinne wohl EGMR v. 8.4.2014 – 31045/10 (*National Union of Rail, Maritime and Transport Workers/Vereinigtes Königreich*) Rz. 78.
37 In diesem Sinne wohl – obgleich es nicht um ein Streikverbot ging, sondern um andere gesetzliche Beschränkungen der gewerkschaftlichen Betätigungsfreiheit – EGMR v. 2.7.2002 – 30668/96 u.a. (*Wilson, National Journalist Union u.a./Vereinigtes Königreich*) Rz. 41.
38 EGMR (GK) v. 11.1.2006 – 52562/99, 52620/99 (*Sørensen und Rasmussen/Dänemark*) Rz. 58; EGMR (GK) v. 12.6.2014 – 56030/07 (*Fernández Martínez/Spanien*) Rz. 114.
39 *Kinsch* in Basedow/Hopt/Zimmermann, Handwörterbuch des Europäischen Privatrechts, S. 516.
40 Zur Entwicklung des Rechtsschutzsystems der EMRK *Mayer-Ladewig/Nettesheim* in Meyer-Ladewig/ Nettesheim/von Raumer, EMRK, 4. Aufl. 2017, Einleitung Rz. 8 ff.; *Kinsch* in Basedow/Hopt/Zimmermann, Handwörterbuch des Europäischen Privatrechts, S. 516 f.

dualbeschwerden entschied. Die Rollen der EKMR und des EGMR wurden fusioniert. Der **EGMR** ist nun als ständiger Gerichtshof das **alleinige Entscheidungsorgan** (Art. 19 EMRK). Das **Ministerkomitee des Europarats**, das früher ebenfalls als Entscheidungsorgan fungierte, hat nunmehr lediglich die Aufgabe, die Befolgung der Urteile des EGMR durch die Konventionsstaaten zu überwachen.

4.22 Das Verfahren vor dem EGMR ist in der EMRK selbst sowie in der Verfahrensordnung des Gerichtshofs geregelt. Die Individualbeschwerde ist nur zulässig, wenn der **innerstaatliche Rechtsweg** – einschließlich der Möglichkeit der Verfassungsbeschwerde zum BVerfG[41] – **ausgeschöpft** ist (Art. 35 Abs. 1 EMRK). Unzulässig ist die Beschwerde ferner dann, wenn sie schon einer anderen internationalen Untersuchungs- oder Vergleichsinstanz unterbreitet worden ist und keine neuen Tatsachen enthält (Art. 35 Abs. 2 lit. b EMRK). Diese Regelung ist im arbeitsrechtlichen Kontext namentlich dann relevant, wenn der Beschwerdeführer eine Verletzung der Vereinigungsfreiheit geltend macht und den Ausschuss für Vereinigungsfreiheit der ILO angerufen hat.[42]

4.23 Da sich die Individualbeschwerde immer nur gegen den Konventionsstaat richtet, dem ein Konventionsverstoß vorgeworfen wird, ist bei arbeitsrechtlichen Streitigkeiten der **Gegner im Ausgangsverfahren** vor den nationalen Arbeitsgerichten – meist: der Arbeitgeber – nicht automatisch Verfahrensbeteiligter vor dem EGMR. Er kann jedoch nach Art. 36 Abs. 2 EMRK vom Präsidenten des Gerichtshofs als **Drittbeteiligter** in das Verfahren einbezogen werden.[43]

4.24 Über die Beschwerde entscheidet – je nach Bedeutung und Schwierigkeit des Falls – ein **Einzelrichter**, ein **Richterausschuss**, eine **Kammer** oder eine **Große Kammer** des Gerichtshofs (Art. 26 ff. EMRK). Hat eine Kammer über die Beschwerde entschieden, kann jede Partei „in Ausnahmefällen" die **Verweisung der Rechtssache an die Große Kammer** beantragen (Art. 43 Abs. 1 EMRK). Dem Antrag wird entsprochen, wenn die Rechtssache eine schwerwiegende Frage der Auslegung oder Anwendung der Konvention oder eine schwerwiegende Frage von allgemeiner Bedeutung aufwirft (Art. 43 Abs. 2 EMRK).

4.25 Stellt der Gerichtshof einen Konventionsverstoß fest, kann er der verletzten Partei eine **gerechte Entschädigung** zusprechen, wenn das nationale Recht für die Verletzungsfolgen nur eine unvollkommene Wiedergutmachung vorsieht (Art. 41 EMRK). Die (endgültigen) **Urteile** des Gerichtshofs müssen von den **Verfahrensparteien befolgt** werden (Art. 46 Abs. 1 EMRK). Das Ministerkomitee überwacht die Durchführung der Urteile (Art. 46 Abs. 2 EMRK).

6. Die Geltung der EMRK in Deutschland

a) Rolle und Wirkung der EMRK und der Rspr. des EGMR im nationalen Recht

4.26 Als **völkerrechtlicher Vertrag** gehört die EMRK nicht zu den allgemeinen Regeln des Völkerrechts, die nach Art. 25 GG im Rang zwischen der Verfassung und dem einfachen Bundesrecht stehen.[44] Vielmehr hat der Bundesgesetzgeber mit dem förmlichen Zustimmungsgesetz[45] gemäß Art. 59 Abs. 2 GG den innerstaatlichen Rechtsanwendungsbefehl für die Konvention erteilt, die somit in der Normenhierarchie auf der **Stufe eines Bundesgesetzes** steht.[46] Rechtsprechung und vollziehende Gewalt sind somit nach Art. 20 Abs. 3 GG an sie gebunden.

---

41 EGMR v. 4.12.2008 – 44036/02 (*Adam/Deutschland*) Rz. 85 f.
42 Vgl. EGMR v. 8.4.2014 – 31045/10 (*National Union of Rail, Maritime and Transport Workers/Vereinigtes Königreich*) Rz. 48.
43 Zu Recht Bedenken gegen die bloß fakultative Drittbeteiligung des ursprünglichen Verfahrensgegners erhebend *Höpfner/Richter*, RdA 2016, 149 (152); *Nußberger*, RabelsZ 80 (2016), 817 (825).
44 BVerfG v. 13.5.1996 – 2 BvL 33/93, NJW 1996, 2717 (2718) (zu B II 1).
45 Gesetz über die Konvention zum Schutze der Menschenrechte und Grundfreiheiten vom 7.8.1952, BGBl II 1952, S. 685.
46 BVerfG v. 26.3.1987 – 2 BvR 589/79, NJW 1987, 2427 (zu C I 1 a); v. 12.6.2018 – 2 BvR 1738/12 u.a., NJW 2018, 2695 Rz. 127.

Geht man allein von der normenhierarchischen Stellung aus, ist der Einfluss der EMRK auf das nationale Recht freilich begrenzt, da sie lediglich vor dem untergesetzlichen Bundesrecht sowie dem Landesrecht Vorrang genießt,[47] während sie nach dem Grundsatz der lex posterior derogat legi priori Bundesgesetzen weichen müsste, die nach dem Zustimmungsgesetz in Kraft getreten sind.[48] Das BVerfG wertet allerdings die Rolle der Konvention dadurch erheblich auf, dass es nach dem **Grundsatz der völkerrechtsfreundlichen Auslegung der Verfassung** den Konventionstext und die Rspr. des EGMR als „**Auslegungshilfen für die Bestimmung von Inhalt und Reichweite von Grundrechten und rechtsstaatlichen Grundsätzen des Grundgesetzes**" heranzieht.[49] Die EMRK erlangt damit verfassungsrechtliche Bedeutung.

4.27

Was die Wirkung speziell der **Judikatur des EGMR** anbelangt, ist im Einzelnen zu differenzieren. Nach **Art. 46 Abs. 1 EMRK** binden die Entscheidungen des Gerichtshofs allein die **Verfahrensparteien**. Ergeht ein Urteil gegen die Bundesrepublik, sind alle staatlichen Organe im Rahmen ihrer Zuständigkeit zur Befolgung verpflichtet.[50] Beruht der festgestellte Konventionsverstoß auf einem arbeitsgerichtlichen Urteil, kann die betroffene Partei im Wege der **Restitutionsklage** nach § 580 Nr. 8 ZPO i.V.m. § 79 Satz 1 ArbGG das konventionswidrige rechtskräftige Endurteil des Ausgangsverfahrens aufheben lassen und eine neue gerichtliche Entscheidung des Rechtsstreits herbeiführen.

4.28

Über die auf den Streitgegenstand beschränkte Bindungswirkung des Art. 46 Abs. 1 EMRK hinaus kommt den Entscheidungen des EGMR noch eine weitergehende Bedeutung zu. Nach Auffassung des BVerfG erfüllt die Judikatur des Gerichtshofs eine „**faktische Orientierungs- und Leitfunktion**" für die **Auslegung der Konvention** auch jenseits des konkret entschiedenen Einzelfalls.[51] Daraus folgt, dass aus deutscher Sicht das gesamte Korpus der Rspr. des Gerichtshofs bei der Interpretation des Konventionstexts Berücksichtigung findet, auch wenn es sich dabei um Entscheidungen handelt, die in Verfahren gegen andere Vertragsstaaten ergangen sind. Wie das BVerfG allerdings betont, muss im Fall der Orientierung an der Judikatur des EGMR jenseits des Anwendungsbereiches des Art. 46 EMRK stets den konkreten Umstände des Falles Rechnung getragen werden.[52]

4.29

b) Grenzen der Rezeption der EMRK

Die Rezeption der EMRK und der Rspr. des EGMR im deutschen Recht unterliegt allerdings Grenzen. Nach der Judikatur des BVerfG enden die Möglichkeiten einer **konventionsfreundlichen Auslegung** dort, wo diese nach den anerkannten **Methoden der Gesetzesauslegung und Verfassungsinterpretation nicht mehr vertretbar** erscheint.[53] So hat das BVerfG in seiner Entscheidung zum Beamtenstreikverbot in einem obiter dictum angedeutet, dass das Streikverbot aufgrund seiner festen verfassungsrechtlichen Verankerung nur durch Verfassungsänderung, nicht jedoch im Wege einer konventionskonformen Auslegung des Grundgesetzes aufgehoben werden könne.[54]

4.30

---

47 Bei landesrechtlichen Regelungen (z.B. über ein Kopftuchverbot für Lehrkräfte an öffentlichen Schulen) findet die EMRK über Art. 31 GG Eingang in den Prüfungsmaßstab der verfassungsrechtlichen Kontrolle, s. BVerfG v. 27.1.2015 – 1 BvR 471/10, 1 BvR 1181/10, NJW 2015, 1359 Rz. 149.
48 Vgl. *Höpfner/Richter*, RdA 2016, 149 (155).
49 BVerfG v. 14.10.2004 – 2 BvR 1481/04, NJW 2004, 3407 Rz. 32; v. 12.6.2018 – 2 BvR 1738/12 u.a., NJW 2018, 2695 Rz. 128.
50 BVerfG v. 14.10.2004 – 2 BvR 1481/04, NJW 2004, 3407 Rz. 30.
51 BVerfG v. 4.5.2011 – 2 BvR 2365/09 u.a., NJW 2011, 1931 Rz. 89; v. 12.6.2018 – 2 BvR 1738/12 u.a., NJW 2018, 2695 Rz. 129.
52 BVerfG v. 12.6.2018 – 2 BvR 1738/12 u.a., NJW 2018, 2695 Rz. 132 (Erfordernis einer „Kontextualisierung" der rezipierten Judikatur).
53 BVerfG v. 4.5.2011 – 2 BvR 2365/09 u.a., NJW 2011, 1931 Rz. 93; v. 12.6.2018 – 2 BvR 1738/12 u.a., NJW 2018, 2695 Rz. 133.
54 BVerfG v. 12.6.2018 – 2 BvR 1738/12 u.a., NJW 2018, 2695 Rz. 172 (die Frage war aus Sicht des BVerfG nicht entscheidungserheblich, da das Beamtenstreikverbot seiner Einschätzung nach nicht im Widerspruch zu Art. 11 EMRK steht, was allerdings strittig ist).

Ebenso hat das BAG im Fall einer konventionswidrigen Kündigung entschieden, dass dem betroffenen Arbeitnehmer kein Wiedereinstellungsanspruch auf Grundlage einer konventionskonformen Auslegung der arbeitsrechtlichen Vorschriften zusteht.[55] Die richterrechtliche Herleitung eines solchen Anspruchs würde die anerkannten Grenzen der Gesetzesauslegung sprengen.

4.31 Ein weiteres **„Rezeptionshemmnis"** sieht das BVerfG in **Art. 53 EMRK**.[56] Nach dieser Bestimmung darf die Anwendung der EMRK zu keiner Abschwächung des auf nationaler Ebene garantierten Grundrechtsschutzes führen. Wie das BVerfG hervorhebt, ist der Grundsatz des Art. 53 EMRK vor allem für **„mehrpolige Grundrechtsverhältnisse"** relevant und damit auch für das private Arbeitsverhältnis, bei dem auf beiden Seiten grundrechtsberechtigte Parteien stehen.[57] In solchen Konstellationen bedeute das „Mehr" an Freiheit für einen Grundrechtsträger zugleich ein „Weniger" für einen anderen. Im Ergebnis hat diese Rspr. des BVerfG zur Folge, dass bei mehrpoligen Grundrechtsverhältnissen **kaum Spielräume für eine konventionskonforme Auslegung** des Grundgesetzes bestehen. Jede Auflösung einer Grundrechtskollision durch den EGMR, die nicht mit der entsprechenden Lösung im System der nationalen Grundrechte kongruent ist, weil sie den Interessen einer Partei stärker Rechnung trägt, darf nach der Logik des BVerfG nicht in das nationale Recht übernommen werden, da sie zwangsläufig den Grundrechtsschutz der anderen Partei abschwächt. Der Einfluss der EMRK auf private Arbeitsverhältnisse wäre damit auf Null reduziert, da sie nie zu einer vom nationalen Grundrechtsschutz abweichenden Gewichtung der kollidierenden Freiheitsrechte führen könnte.

4.32 Es ist indessen zweifelhaft, ob die Anwendung des Art. 53 EMRK auf mehrpolige Grundrechtsverhältnisse sinnvoll ist.[58] Die Vorschrift ist – wie sämtliche Bestimmungen der Konvention – in erster Linie auf das **vertikale Verhältnis zwischen Bürger und Staat** zugeschnitten. Den Verfassern der Konvention dürfte kaum vor Augen gestanden sein, dass der EGMR den Konventionsrechten durch die „Erfindung" der *positive obligations* auch im Verhältnis zwischen Privaten Wirkung verleihen würde. Im vertikalen Verhältnis zwischen Bürger und Staat eröffnet Art. 53 EMRK den Konventionsstaaten die Möglichkeit, den Bürger weitergehend zu schützen, als dies nach der Konvention geboten ist. Übertragen auf mehrpolige Grundrechtsverhältnisse könnte das in Art. 53 EMRK niedergelegte **Prinzip des Mindestschutzes** bedeuten, dass der EGMR bei der Auflösung von Grundrechtskollisionen immer nur die **äußerste Grenze** aufzeigen darf, bis zu der jedes Konventionsrecht zugunsten des anderen zurückweichen darf. Auf diese Weise entstünden für die Konventionsstaaten **„Entscheidungskorridore"**, innerhalb derer sie frei wären zu bestimmen, wo im Einzelnen die Grenze zwischen den kollidierenden Grundrechtssphären verlaufen soll.[59] Der Grundrechtsschutz, den dann jede Partei genießt, läge in jedem Fall über dem vom EGMR vorgegeben Mindeststandard.

c) Die Einwirkung der EMRK auf das deutsche Recht über Art. 52 Abs. 3 GRC

4.33 Schließlich bleibt daran zu erinnern, dass zwar nicht die Konvention als solche, dafür jedoch ihre **materiellen Gewährleistungen** über die Brücke des Unionsrechts auf das nationale deutsche Recht einwirken können. Wie erwähnt (Rz. 4.12), dienen die Grundrechte der EMRK als **Rechtserkenntnisquelle** für die Konkretisierung der entsprechenden grundrechtlichen Garantien der **GRC**. Die **Kohärenzklausel des Art. 52 Abs. 3 GRC** schreibt insbesondere vor, dass die Unionsgrundrechte

---

55 BAG v. 20.10.2015 – 9 AZR 743/14, NZA 2016, 299 Rz. 16 ff.; hierzu näher *Klumpp*, EuZA 2017, 114.
56 BVerfG v. 4.5.2011 – 2 BvR 2365/09 u.a., NJW 2011, 1931 Rz. 93; v. 22.10.2014 – 2 BvR 661/12, NZA 2014, 1387 Rz. 129; v. 12.6.2018 – 2 BvR 1738/12 u.a., NJW 2018, 2695 Rz. 134.
57 S. konkret zur Anwendung im arbeitsrechtlichen Zusammenhang BVerfG v. 22.10.2014 – 2 BvR 661/12, NZA 2014, 1387 Rz. 129.
58 Ebenfalls kritisch *Buchholtz*, NJW 2016, 1038.
59 In diesem Sinne *Sagan* in Boecken/Düwell/Diller/Hanau, Gesamtes Arbeitsrecht, 2016, Art. 8 EMRK Rz. 14; ähnlich *Klein*, NVwZ 2010, 221, 223; s. ferner *Nußberger*, RabelsZ 80 (2016), 817 (832), sowie allgemein zur „Korridorlösung" bei Grundrechtskollisionen *Lübbe-Wolff*, FS Murswiek, 2010, 193.

das Schutzniveau der korrespondierenden Konventionsrechte nicht unterschreiten dürfen. Soweit also die Gewährleistungen der EMRK über Art. 52 Abs. 3 GRC in die Unionsgrundrechte einfließen, stehen sie aus der Sicht der EU-Mitgliedstaaten in der Normenhierarchie **im Rang europäischen Primärrechts**. Ihre Einwirkung auf die nationale Rechtsordnung ist somit ungleich stärker als im Fall ihrer genuinen völkervertragsrechtlichen Geltung. Diese „verstärkte" Geltung bleibt aber auf den Anwendungsbereich der Unionsgrundrechte beschränkt (Rz. 2.8 ff.).[60]

7. Beitrag der EMRK zur Harmonisierung der nationalen Arbeitsrechtsordnungen in Europa?

Es stellt sich die Frage, inwieweit der **einheitliche grundrechtliche Mindeststandard**, den die EMRK gewährleistet, zu einer **Harmonisierung der nationalen Arbeitsrechtsordnungen** in den Konventionsstaaten beiträgt. Für eine vertiefte Erörterung dieser vielschichtigen Problematik ist hier freilich kein Raum. Deshalb können nur ein paar Grundmuster angedeutet werden.

Da in (privaten) Arbeitsbeziehungen Arbeitnehmer und Arbeitgeber gleichermaßen grundrechtsberechtigt sind, ist der Gesetzgeber bei der Regelung des Arbeitsverhältnisses gezwungen, die gegenläufigen grundrechtlich geschützten Interessen der Parteien gegeneinander abzuwägen und zu einem fairen Ausgleich zu bringen. Gleiches gilt für die Arbeitsgerichte, wenn sie arbeitsrechtliche Streitigkeiten beizulegen haben. Der EGMR betont in seiner st. Rspr., dass die Konventionsstaaten **weite Ermessensspielräume** genießen, wenn es darum geht, Kollisionen zwischen Konventionsrechten aufzulösen.[61] Die Gewährung großzügiger Gestaltungsspielräume an die Vertragsstaaten mindert zwar zunächst das Harmonisierungspotential der EMRK für das nationale Recht. Allerdings unterwirft der Gerichtshof das Gestaltungsermessen der Konventionsstaaten einer **„europäischen Kontrolle"** (*European supervision*).[62]

Diese „europäische Kontrolle" stellt zum Teil rein **prozedurale Anforderungen** an die Konventionsstaaten und verzichtet auf die Statuierung materieller Schutzstandards für die betroffenen Konventionsrechte. Gefordert wird von den Vertragsstaaten eine **verfahrensmäßige Absicherung der Konventionsrechte**.[63] Der Einzelne muss die effektive Möglichkeit besitzen, seine von der Konvention geschützten Interessen in einem geordneten (gerichtlichen) Verfahren geltend zu machen. Die Gerichte (oder sonstigen Behörden) müssen diese Interessen bei ihrer Entscheidung zur Kenntnis nehmen.[64]

4.34

4.35

4.36

---

60 Ein konkretes Beispiel für eine solche – durch die GRC vermittelte – Einwirkung der EMRK auf das deutsche Recht findet sich bei *Seifert*, EuZA 2018, 502 (508 f.): Die Rspr. des EGMR zum Beschäftigtendatenschutz im Rahmen von Art. 8 EMRK „sickert" in Art. 7 und 8 GRC ein und beeinflusst auf diesem Weg die Auslegung von § 26 BDSG n.F., da diese Vorschrift auf Art. 88 Abs. 1 der EU-Datenschutzgrundverordnung beruht und damit nach Art. 51 Abs. 1 GRC in den Geltungsbereich der Unionsgrundrechte fällt.
61 EGMR (GK) v. 10.4.2007 – 6339/05 (*Evans/Vereinigtes Königreich*) Rz. 77: „There will also usually be a wide margin if the State is required to strike a balance between competing private and public interests or Convention rights"; ebenso EGMR (GK) v. 9.7.2013 – 2330/09 (*Sindicatul Păstorul cel Bun/Rumänien*) Rz. 160; EGMR (GK) v. 12.6.2014 – 56030/07 (*Fernández Martínez/Spanien*) Rz. 114 und 123.
62 S. z.B. EGMR v. 15.1.2013 – 48420/10 u.a. (*Eweida u.a./Vereinigtes Königreich*), Rz. 84: „This margin of appreciation goes hand in hand with European supervision embracing both the law and the decisions applying it."
63 Instruktiv zu diesem Aspekt *Nußberger*, RabelsZ 80 (2016), 817 (824 f.) („Normierung verfahrensrechtlicher Erfordernisse durch den Gerichtshof").
64 S. in diesem Sinne EGMR v. 23.9.2010 – 1620/03 (*Schüth/Deutschland*) Rz. 59: „The Court would first note that, by putting in place both a system of employment tribunals and a constitutional court having jurisdiction to review their decisions, Germany has in theory complied with its positive obligations towards citizens in the area of labour law [...]"; s. zu den prozeduralen Anforderungen an ein Bewerbungsverfahren EGMR v. 20.10.2009 – 39128/05 (*Lombardi Vallauri/Italien*) Rz. 46.

In eine ähnliche Richtung geht es, wenn der EGMR zum Schutz des Rechts auf Achtung des Privatlebens von den Vertragsstaaten **regulatorische Maßnahmen** in Gestalt **gesetzlicher Regelungen** zum Umgang mit personenbezogenen Daten verlangt, ohne zugleich inhaltliche Vorgaben für eine solche Gesetzgebung zu machen.[65] In diesen Fällen kann davon gesprochen werden, dass die Konvention allein eine „**prozedurale Harmonisierung**" der nationalen Rechtsordnungen bewirkt.

4.37 Teilweise lässt sich auch beobachten, dass die *European supervision* durch den EGMR mit der Festlegung **materieller Standards** für den Grundrechtsschutz einhergeht und so zu einem gewissen Grad eine **inhaltliche Harmonisierung der nationalen Arbeitsrechtsordnungen** zur Folge hat. Da die Konvention stets nur einen grundrechtlichen Mindestschutz normiert (Art. 53 EMRK), bewirkt sie in diesen Fällen eine „Mindestharmonisierung" des nationalen Rechts. **Materielle Vorgaben** zur Konkretisierung des Grundrechtsschutzes bietet der Gerichtshof vor allem in solchen Bereichen, wo sich unter der Mehrheit der Vertragsstaaten bereits gemeinsame Rechts- und Werteüberzeugungen herausgebildet haben.[66] So hat der Gerichtshof eine dänische gesetzliche Regelung, die unter bestimmten Voraussetzungen den Abschluss von *closed-shop*-Vereinbarungen gestattete, u.a. mit dem Argument als konventionswidrig beurteilt, dass die ganz überwiegende Zahl von Vertragsstaaten derartige Klauseln als Verletzung der negativen Vereinigungsfreiheit betrachteten (Rz. 4.122; 4.133).[67] Hier zeigt sich, dass die EMRK in ihrer evolutiven Auslegung durch den Gerichtshof in erster Linie eine „**harmonisierungsverstärkende**" Wirkung entfaltet. Der EGMR knüpft nämlich an **Konvergenzen in der Rechtsentwicklung einzelner Konventionsstaaten** an und zwingt im Ergebnis andere Vertragsstaaten zur Befolgung dieser „Trends". Auf der anderen Seite ist der Gerichtshof bei der Formulierung materieller Kriterien zur Konkretisierung der konventionsrechtlichen Gewährleistungen äußerst zurückhaltend, wenn das nationale **Recht der Vertragsstaaten in hohem Maße uneinheitlich** ist. Dies trifft etwa auf das Arbeitskampfrecht zu. In der RMT-Entscheidung hat der EGMR folglich das englische gesetzliche Verbot des Solidaritätsstreiks auch deswegen für konventionskonform gehalten, weil die Frage der Zulässigkeit solcher Arbeitskampfmaßnahmen in Europa gegenwärtig sehr unterschiedlich beurteilt wird.[68]

II. Einzelne für das Arbeitsrecht relevante Konventionsrechte

1. Recht auf Achtung des Privat- und Familienlebens (Art. 8 EMRK)

a) Grundlagen

4.38 Art. 8 EMRK gewährt jeder Person das Recht auf Achtung ihres Privat- und Familienlebens, ihrer Wohnung und ihrer Korrespondenz. Unter den aufgezählten Schutzgütern bildet das „**Privatleben**" den Oberbegriff, während mit „**Familienleben**" und „**Wohnung**" einzelne wichtige Teilbereiche der Privatsphäre exemplarisch genannt sind. Die „**Korrespondenz**" als Schutzobjekt nimmt wiederum eine Sonderstellung ein, da sie nach dem Wortlaut des Art. 8 EMRK ohne Rücksicht darauf geschützt wird, ob sie privaten oder geschäftlichen Inhalts ist.[69]

---

65 EGMR (GK) v. 5.9.2017 – 61496/08 (*Bărbulescu/Rumänien*) Rz. 115: „[T]he State's positive obligations under Article 8 of the Convention are not adequately fulfilled unless it secures respect for private life in the relations between individuals by setting up a legislative framework taking into consideration the various interests to be protected in a particular context."

66 S. hierzu EGMR v. 8.4.2014 – 31045/10 (*National Union of Rail, Maritime and Transport Workers/ Vereinigtes Königreich*) Rz. 86, wo es zu der Frage, welchen Grenzen die Beurteilungsspielräume der Vertragsstaaten unterliegen, heißt: „The degree of common ground between the member States of the Council of Europe in relation to the issue arising in the case may also be relevant."

67 EGMR (GK) v. 11.1.2006 – 52562/99, 52620/99 (*Sørensen und Rasmussen/Dänemark*) Rz. 70.

68 EGMR v. 8.4.2014 – 31045/10 (*National Union of Rail, Maritime and Transport Workers/Vereinigtes Königreich*) Rz. 91.

69 EGMR (GK) v. 5.9.2017 – 61496/08 (*Bărbulescu/Rumänien*) Rz. 72.

Der EGMR betont, dass der Begriff des Privatlebens weit zu verstehen und einer erschöpfenden Definition nicht zugänglich ist.[70] Er schließt – so die st. Rspr. des Gerichtshofs – die physische und moralische Integrität einer Person ein und erfasst mitunter Aspekte ihrer physischen und sozialen Identität, darunter das Recht, Beziehungen zu anderen Personen herzustellen und zu entwickeln, das Recht auf „Entwicklung der Persönlichkeit" (*personal development*) und das Recht auf **Selbstbestimmung**. Mitunter spricht der EGMR in diesem Zusammenhang auch vom Recht auf „Selbstverwirklichung" (*self-fulfilment*).[71] Durch Art. 8 EMRK geschützte Teilbereiche sind etwa die geschlechtliche Identität, der Name, die sexuelle Orientierung und das Sexualleben.[72] Darüber hinaus erstreckt sich der Schutz auch auf die **berufliche Sphäre**, soweit das Berufsleben für die Selbstverwirklichung und für die Eingehung sozialer Beziehungen eine Rolle spielt.[73]

4.39

b) Schutzbereich

Wie eben angedeutet, ist der Schutzbereich des Art. 8 EMRK denkbar weit und erfasst eine große Vielfalt an Lebensbereichen und -sachverhalten. Im arbeitsrechtlichen Kontext kommt Art. 8 EMRK vor allem in folgendem Zusammenhang Bedeutung zu: aa) als begrenzendes Prinzip für die **Loyalitätsobliegenheiten kirchlicher Mitarbeiter,** bb) ferner beim **Datenschutz** der Beschäftigten sowie schließlich cc) zur Begründung von **Informationspflichten** bei berufsbezogenen Gesundheitsrisiken.

4.40

aa) Begrenzung der Loyalitätsobliegenheiten im kirchlichen Arbeitsrecht

Religionsgemeinschaften können im Interesse ihres äußeren Erscheinungsbildes und zur Wahrung ihrer Glaubwürdigkeit besondere Loyalitätspflichten für ihre Mitarbeiter statuieren. Die EMRK selbst schützt diese Befugnis als Ausfluss des **Selbstorganisationsrechts** der Religionsgemeinschaften gemäß Art. 9 i.V.m. Art. 11 EMRK (Rz. 4.74). Die Loyalitätsanforderungen reichen regelmäßig in den Bereich der **privaten Lebensführung** der kirchlichen Mitarbeiter hinein: Von ihnen wird erwartet, dass sie sich in ihrem beruflichen und privaten Wirken an die Morallehre und religiösen Verhaltensregeln der jeweiligen Konfession halten. Nach der Rspr. des EGMR ist das Recht der betroffenen Arbeitnehmer auf Achtung des Privat- und Familienlebens gemäß Art. 8 EMRK dann berührt, wenn sich die Loyalitätserwartungen auf die private Lebensgestaltung beziehen und der kirchliche Arbeitgeber Verstöße gegen diese Verhaltensobliegenheiten arbeitsrechtlich **sanktionieren** darf.[74]

4.41

Ein Beispiel für Loyalitätsanforderungen, die in dem eben genannten Sinn den Schutzbereich des Art. 8 EMRK berühren, liefern Art. 4 und 5 der **Grundordnung der Katholischen Kirche** für kirchliche Arbeitsverhältnisse.[75] Nach Art. 4 Abs. 1 der Grundordnung wird von katholischen Mitarbeitern in bestimmten Schlüsselpositionen „das persönliche Lebenszeugnis im Sinne der Grundsätze der Glaubens- und Sittenlehre" verlangt; Art. 4 Abs. 3 verlangt zudem von allen kirchlichen Mitarbeitern, unabhängig von ihrer Konfession, dass sie „in ihrer persönlichen Lebensführung und

4.42

---

70 EGMR v. 23.9.2010 – 425/03 (*Obst/Deutschland*) Rz. 39; v. 23.9.2010 – 1620/03 (*Schüth/Deutschland*) Rz. 53.
71 EGMR (GK) v. 12.6.2014 – 56030/07 (*Fernández Martínez/Spanien*) Rz. 126.
72 EGMR (GK) v. 22.1.2008 – 43546/02 (*E.B./Frankreich*) Rz. 43.
73 EGMR v. 12.6.2014 – 56030/07 (*Fernández Martínez/Spanien*) Rz. 110; v. 21.10.2104 – 38162/07 (*Naidin/Rumänien*) Rz. 32.
74 S. in diesem Sinne EGMR v. 3.10.2013 – 552/10 (*I.B./Griechenland*) Rz. 69 (Art. 8 EMRK ist berührt im Fall eines „dismissal of employees on account of their private activities"); vgl. auch EGMR (GK) v. 12.6.2014 – 56030/07 (*Fernández Martínez/Spanien*) Rz. 113 (Art. 8 EMRK ist berührt im Fall einer Nichtverlängerung eines Arbeitsverhältnisses aufgrund von „events mainly relating to personal choices he had made in the context of his private and family life").
75 Grundordnung des kirchlichen Dienstes im Rahmen kirchlicher Arbeitsverhältnisse i.d.F. des Beschlusses der Vollversammlung des Verbandes der Diözesen Deutschlands vom 27.4.2015.

in ihrem dienstlichen Verhalten" die Glaubwürdigkeit der Kirche nicht gefährden. Nach Art. 5 Abs. 2 Nr. 2 lit. c und d der Grundordnung stellt bei katholischen Mitarbeitern u.a. der kirchenrechtlich unzulässige Abschluss einer Zivilehe (etwa im Fall einer Wiederverheiratung) oder das Eingehen einer eingetragenen Lebenspartnerschaft einen schwerwiegenden Verstoß gegen Loyalitätsobliegenheiten dar, der den kirchlichen Arbeitgeber zu einer Kündigung des Arbeitsverhältnisses berechtigt.

bb) Schutz personenbezogener Daten der Beschäftigten

4.43 Ein weiterer wichtiger Anwendungsbereich des Art. 8 EMRK im arbeitsrechtlichen Kontext betrifft den Schutz personenbezogener Daten der Beschäftigten. Geschützt wird zum einen die **Kommunikation der Beschäftigten**, gleich ob sie **zuhause** oder am **Arbeitsplatz** stattfindet.[76] Irrelevant ist auch das verwendete Kommunikationsmittel, so dass neben der brieflichen Korrespondenz auch Telefongespräche und elektronische Medien (E-Mail, Messaging-Dienste etc.) erfasst werden.[77] Die räumliche Erstreckung des Schutzbereichs auf den betrieblichen Arbeitsplatz begründet der EGMR mit seiner st. Rspr., wonach sich die Achtung des „Privatlebens" gemäß Art. 8 EMRK nicht allein auf den privat-häuslichen Bereich beschränkt, sondern auch das Berufsleben erfassen kann (Rz. 4.39). Ob der Arbeitnehmer am Arbeitsplatz vernünftigerweise mit dem Schutz der Privatsphäre rechnen kann, ist nach Auffassung des Gerichtshofs nicht entscheidend. Art. 8 EMRK greift also auch dann ein, wenn dem Arbeitnehmer die private Nutzung des dienstlichen Computers oder Telefons untersagt ist.[78] Die Kommunikation des Beschäftigten am Arbeitsplatz lässt sich darüber hinaus regelmäßig unter den Begriff der „Korrespondenz" subsumieren, die nach dem Wortlaut des Art. 8 EMRK unabhängig von ihrem privaten oder dienstlichen Charakter geschützt wird (Rz. 4.38).

4.44 Art. 8 EMRK ist ferner berührt, wenn der Arbeitgeber die **Internetzugriffe** des Arbeitnehmers protokolliert.[79] In den Schutzbereich fallen ferner **private Dateien**, die der Arbeitnehmer auf dem dienstlichen Computer speichert.[80] Das Konventionsrecht ist außerdem im Fall der **Videoüberwachung** am Arbeitsplatz betroffen, und zwar ohne Rücksicht darauf, ob sie heimlich erfolgt oder nicht.[81] Ein Eingriff in das Konventionsrecht liegt schließlich vor, wenn sich der Arbeitgeber Zugang zu den **Krankenakten** des Arbeitnehmers verschafft.[82]

cc) Informationspflichten hinsichtlich berufsbezogener Gesundheitsrisiken

4.45 Schließlich ist Art. 8 EMRK – ebenso wie das in Art. 2 EMRK garantierte Recht auf Leben – für den **Arbeitsschutz** von Bedeutung. Vor dem Hintergrund, dass Art. 8 EMRK die individuelle Selbstbestimmung schützt (Rz. 4.39), leitet der EGMR aus dem Grundrecht eine Pflicht der Konventionsstaaten ab, den Bürgern wesentliche Informationen zur Beurteilung von **Lebens- und Gesundheitsgefahren** zugänglich zu machen.[83] Diese Aufklärungspflicht gilt auch für Risiken im

---

76 EGMR v. 25.6.1997 – 20605/92 (Halford/Vereinigtes Königreich) Rz. 44; EGMR (GK) v. 16.2.2000 – 27798/95 (Amann/Schweiz); v. 5.9.2017 – 61496/08 (Bărbulescu/Rumänien) Rz. 73.
77 EGMR v. 3.4.2007 – 62617/00 (Copland/Vereinigtes Königreich) Rz. 41; EGMR (GK) v. 5.9.2017 – 61496/08 (Bărbulescu/Rumänien) Rz. 74.
78 EGMR (GK) v. 5.9.2017 – 61496/08 (Bărbulescu/Rumänien) Rz. 73 ff.
79 EGMR v. 3.4.2007 – 62617/00 (Copland/Vereinigtes Königreich) Rz. 41.
80 EGMR v. 22.2.2018 – 588/13 (Libert/Frankreich) Rz. 24.
81 EGMR v. 5.10.2010 – 420/07 (Köpke/Deutschland); v. 28.11.2017 – 70838/13 (Antović und Mirković/Montenegro) Rz. 44.
82 EGMR v. 15.4.2017 – 50073/07 (Radu/Moldawien) Rz. 27; vgl. auch EGMR v. 27.3.2012 – 20041/10 (Eternit/France) Rz. 37.
83 EGMR (GK) v. 19.2.1998 – 14967/89 (Guerra u.a./Italien) Rz. 57 ff.; klarstellend zum Umfang dieser Pflicht EGMR v. 24.7.2014 – 60908/11 u.a. (Brincat u.a./Malta) Rz. 102: Konventionsstaaten müssen nicht nur den Zugang zu den Informationen gewährleisten, sondern unter Umständen selbst die Bürger informieren.

Rahmen der Beschäftigung.[84] Im Einzelnen hat der Gerichtshof derartige Informationspflichten im Zusammenhang mit den Gesundheitsgefahren für Tiefseetaucher[85] sowie für Arbeiter angenommen, die mit Asbest in Berührung kommen.[86]

c) Eingriff

Für die Beurteilung, ob ein Eingriff in den Schutzbereich eines Konventionsrechts vorliegt, gelten für sämtliche von der EMRK garantierten Freiheitsrechte ähnliche Grundsätze. Ein Eingriff liegt demnach vor, wenn an ein konventionsrechtlich geschütztes Verhalten rechtliche oder faktische Nachteile geknüpft werden. Im hier interessierenden arbeitsrechtlichen Kontext geht es in der Praxis meist um Eingriffe in Rechte des Arbeitnehmers. Typische Eingriffe sind hier etwa die **Nichteinstellung**,[87] die **Kündigung**[88] bzw. **Nichtverlängerung**[89] des Arbeitsverhältnisses durch den Arbeitgeber, die **vorübergehende Freistellung** von der Arbeit unter Zurückhaltung des Lohns[90] oder andere Formen von **Sanktionen**,[91] soweit diese Maßnahmen an ein Verhalten des Arbeitnehmers anknüpfen, das in den Schutzbereich eines Konventionsrechts fällt. Ist die betroffene Person im öffentlichen Dienst beschäftigt und wurde die belastende Maßnahme von einer staatlichen Institution als Arbeitgeber ergriffen, ist das fragliche Konventionsrecht in seiner **negativen Abwehrfunktion** berührt. Handelt es sich hingegen um ein privates Arbeitsverhältnis, erlangt die **positive Schutzpflichtfunktion** der Konventionsrechte Bedeutung (Rz. 4.17 f.): Anknüpfungspunkt für die Begründung eines Konventionsverstoßes ist in diesem Fall die Versäumnis des beklagten Konventionsstaates, bei der Ausgestaltung bzw. Anwendung der Arbeitsgesetze die von der Konvention verbürgten Rechte des Arbeitnehmers nicht hinreichend vor Beeinträchtigungen durch den Arbeitgeber geschützt zu haben.

4.46

Im Zusammenhang mit den **Loyalitätsobliegenheiten** kirchlicher Bediensteter liegt ein Eingriff in das Recht auf Achtung des Privat- und Familienlebens nach Art. 8 EMRK vor, wenn der kirchliche Arbeitgeber ein privates Verhalten des Mitarbeiters als Loyalitätsverstoß wertet und sanktioniert (Rz. 4.41). Auf dem Gebiet des **Datenschutzes** bejaht der EGMR einen Eingriff in das Konventionsrecht insbesondere dann, wenn personenbezogene Daten erhoben, gespeichert oder an Dritte weitergegeben werden.[92]

4.47

---

84 EGMR v. 5.12.1013 – 52806/09 u.a. (*Vilnes/Norwegen*) Rz. 235; v. 24.7.2014 – 60908/11 u.a. (*Brincat u.a./Malta*) Rz. 102.
85 EGMR v. 5.12.1013 – 52806/09 u.a. (*Vilnes/Norwegen*).
86 EGMR v. 24.7.2014 – 60908/11 u.a. (*Brincat u.a./Malta*).
87 EGMR v. 21.10.2014 – 38162/07 (*Naidin/Rumänien*) Rz. 32 (in Einschränkung des Grundsatzes, dass die EMRK kein Recht auf Zugang zum öffentlichen Dienst gewährt).
88 EGMR v. 23.9.2010 – 425/03 (*Obst/Deutschland*) Rz. 43; v. 23.9.2010 – 1620/03 (*Schüth/Deutschland*) Rz. 57.
89 EGMR (GK) v. 12.6.2014 – 56030/07 (*Fernández Martínez/Spanien*) Rz. 112; EGMR v. 20.10.2009 – 39128/05 (*Lombardi Vallauri/Italien*) Rz. 38 (im Zusammenhang mit Art. 10 EMRK); v. 26.11.2015 – 64846/11 (*Ebrahimian/Frankreich*) Rz. 47 (im Zusammenhang mit Art. 9 EMRK).
90 EGMR v. 15.1.2013 – 48420/10 u.a. (*Eweida u.a./Vereinigtes Königreich*) Rz. 12, 91 (im Zusammenhang mit Art. 9 EMRK).
91 EGMR v. 21.4.2009 – 68959/01 (*Enerji Yapı-Yol Sen/Türkei*) Rz. 24 (im Zusammenhang mit Art. 11 EMRK).
92 S. EGMR v. 3.4.2007 – 62617/00 (*Copland/Vereinigtes Königreich*) Rz. 44 (zur Erhebung und Speicherung); s. auch EGMR v. 5.10.2010 – 420/07 (*Köpke/Deutschland*) sowie EGMR (GK) v. 5.9.2017 – 61496/08 (*Bărbulescu/Rumänien*) Rz. 121, wonach die Frage, welchen und wie vielen Personen der Arbeitgeber Zugang zu den erhobenen Daten des Arbeitnehmers gewährt, für die Beurteilung des Eingriffs eine maßgebende Rolle spielt.

d) Rechtfertigung

4.48 Nach Art. 8 Abs. 2 EMRK sind Eingriffe in das Recht auf Achtung des Privat- und Familienlebens gerechtfertigt, wenn sie **gesetzlich vorgesehen** und für die Erreichung bestimmter **legitimer Ziele** in einer **demokratischen Gesellschaft notwendig** sind. Im Einzelnen werden als legitime Ziele anerkannt: die nationale oder öffentliche Sicherheit, das wirtschaftliche Wohl des Landes, die Aufrechterhaltung der Ordnung, die Verhütung von Straftaten, der Schutz der Gesundheit oder der Moral oder der Schutz der Rechte und Freiheiten anderer.

aa) Allgemeine Gesichtspunkte

4.49 Die Rechtfertigungsanforderungen für Rechtseingriffe folgen bei allen Freiheitsrechten der Konvention einem ähnlichen Muster.[93] Generell neigt der EGMR zu einer **restriktiven Interpretation** der Rechtfertigungstatbestände, um den von der Konvention intendierten Schutz der Menschenrechte nicht auszuhöhlen.[94]

4.50 Zunächst bedarf der Eingriff einer **gesetzlichen Grundlage** im Recht des Konventionsstaates. Der EGMR versteht den Gesetzesbegriff (*law*) weit und beschränkt ihn nicht nur auf Gesetze im formellen Sinn. Auch vom Gesetzgeber delegierte Rechtssetzungsakte,[95] richterrechtliche Grundsätze,[96] staatsvertragliche Regelungen[97] sowie die von den Religionsgemeinschaften im Rahmen ihres Selbstverwaltungsrechts erlassenen Statute[98] erfüllen die Merkmale eines Gesetzes im Sinne der Konvention. Nicht erfasst werden hingegen Verwaltungsrichtlinien oder eine gefestigte Verwaltungspraxis, die keine Außenwirkung gegenüber dem Bürger entfaltet.[99] Die gesetzliche Grundlage muss nach st. Rspr. des Gerichtshofs zwei inhaltlichen Anforderungen genügen: Sie muss für die Normbetroffenen hinreichend **zugänglich** und in ihren rechtlichen Wirkungen **vorhersehbar** sein.[100] Enthält das Gesetz unbestimmte Rechtsbegriffe oder Generalklauseln, verletzt dies das Erfordernis der Vorhersehbarkeit regelmäßig nicht.[101]

4.51 Zweitens muss der Eingriff einem von der Konvention anerkannten legitimen Ziel dienen und zur Erreichung dieses Ziels „in einer demokratischen Gesellschaft notwendig" sein. In Anknüpfung an das Notwendigkeitskriterium unterzieht der Gerichtshof die eingreifende Maßnahme einer **Verhältnismäßigkeitsprüfung**.[102] „Notwendig" im Sinne der Konvention ist eine Maßnahme, die einem **„zwingenden sozialen Bedürfnis"** (*pressing social need*) entspringt. Für die Beurteilung, ob ein solcher Handlungsbedarf besteht, wird den Konventionsstaaten eine gewisse Einschätzungsprärogative eingeräumt. Allerdings behält sich der Gerichtshof eine **„europäische Kontrolle"** (*European supervision*) über die Ermessensausübung durch die Konventionsstaaten vor und prüft ins-

---

93 S. hierzu den Überblick bei *Grabenwarter/Pabel*, EMRK, 6. Aufl. 2016, § 18 Rz. 7 ff.
94 S. speziell im Zusammenhang mit Art. 8 EMRK EGMR (GK) v. 4.5.2000 – 28341/95 (*Rotaru/Rumänien*) Rz. 47; s. ferner EGMR (GK) v. 26.9.1995 – 17851/91 (*Vogt/Deutschland*) Rz. 52 (zu Art. 10 EMRK); EGMR v. 5.12.2017 – 57792/15 (*Hamidović/Bosnien Herzegowina*) Rz. 34 (zu Art. 9 EMRK); EGMR v. 21.2.2006 – 28602/95 (*Tüm Haber Sen und Çınar/Türkei*) Rz. 35 (zu Art. 11 EMRK).
95 EGMR v. 21.4.2009 – 68959/01 (*Enerji Yapı-Yol Sen/Türkei*) Rz. 26.
96 EGMR v. 6.11.2008 – 58911/00 (*Leela Förderkreis e.V. u.a./Deutschland*) Rz. 87; v. 26.11.2015 – 64846/11 (*Ebrahimian/Frankreich*) Rz. 51.
97 EGMR (GK) v. 12.6.2014 – 56030/07 (*Fernández Martínez/Spanien*) Rz. 118; EGMR v. 4.10.2016 – 75581/13 (*Travaš/Kroatien*) Rz. 79.
98 EGMR v. 9.7.2013 – 2330/09 (*Sindicatul Păstorul cel Bun/Rumänien*) Rz. 157.
99 Vgl. EGMR v. 26.3.1987 – 9248/81 (*Leander/Schweden*) Rz. 51.
100 EGMR v. 26.4.1979 – 6538/74 (*Sunday Times/Vereinigtes Königreich [Nr. 1]*) Rz. 49; EGMR (GK) v. 9.7.2013 – 2330/09 (*Sindicatul Păstorul cel Bun/Rumänien*) Rz. 153.
101 EGMR v. 12.1.2001 – 42393/98 (*Dahlab/Schweiz*); v. 21.7.2001 – 28274/08 (*Heinisch/Deutschland*) Rz. 47 f.
102 Zu den wesentlichen Kriterien dieser Prüfung EGMR v. 26.11.1991 – 13166/87 (*Sunday Times/Vereinigtes Königreich [Nr. 2]*) Rz. 50.

besondere, ob die fragliche Maßnahme „mit Blick auf das verfolgte legitime Ziel verhältnismäßig" ist und ob die zur Rechtfertigung des Rechtseingriffs vorgebrachten Gründe „relevant und ausreichend" sind. Die Prüfungsintensität der „europäischen Kontrolle" durch den Gerichtshof hängt von zahlreichen Faktoren des Einzelfalls ab. Maßgebend sind beispielsweise die Schwere des Rechtseingriffs, die Bedeutung des betroffenen Menschenrechts oder die Tatsache, dass sich in der zu beurteilenden Rechtsfrage bereits eine einheitliche Praxis unter den meisten Konventionsstaaten herausgebildet hat.[103]

bb) Loyalitätsobliegenheiten im kirchlichen Arbeitsrecht

Wie bereits gesehen, ist der Schutzbereich des Art. 8 EMRK berührt, wenn ein kirchlicher Arbeitgeber Loyalitätsanforderungen an seine Beschäftigten stellt, die in den Bereich der privaten Lebensführung hineinreichen, und Verletzungen dieser Verhaltensregeln arbeitsrechtlich sanktioniert (Rz. 4.41). Um die Rechtmäßigkeit des Eingriffs zu beurteilen, ist das Recht des betroffenen Arbeitnehmers auf Achtung seines Privatlebens gegen das **Autonomierecht des kirchlichen Arbeitgebers** abzuwägen, das wiederum durch Art. 9 i.V.m. Art. 11 EMRK geschützt wird (Rz. 4.74). 4.52

Der EGMR hebt im Ausgangspunkt hervor, dass die Konventionsstaaten einen **weiten Ermessensspielraum** genießen, wenn es darum geht, einen Ausgleich zwischen widerstreitenden Konventionsrechten herzustellen.[104] Grundsätzlich kämen sie ihren Schutzpflichten (*positive obligations*) aus der EMRK nach, wenn sie über **prozedurale Mechanismen** wie etwa gerichtliche Kündigungsschutzverfahren verfügten, mit denen die konfligierenden Interessen angemessen berücksichtigt und miteinander in Ausgleich gebracht werden könnten.[105] 4.53

Im Rahmen seiner „europäischen Kontrolle" (*European supervision*) der Ermessensausübung durch die Konventionsstaaten hat der Gerichtshof verschiedene **Leitkriterien** für die Interessenabwägung im Einzelfall formuliert. Demzufolge sind Religionsgemeinschaften aufgrund ihres Autonomierechts prinzipiell dazu berechtigt, von ihren Mitarbeitern ein bestimmtes Maß an Loyalität einzufordern, um substantielle Gefahren für den Zusammenhalt, die Glaubwürdigkeit oder die Einheit der Gemeinschaft abzuwenden.[106] Wie weit die Loyalitätsanforderungen im Einzelnen reichen dürfen, hängt insbesondere von der **Funktion** (*specific mission*) ab, die der Beschäftigte innerhalb der kirchlichen Einrichtung bekleidet:[107] Gesteigerte Loyalitätspflichten dürfen demnach nur solchen Bediensteten auferlegt werden, deren Tätigkeit in unmittelbarem Zusammenhang zum Verkündigungsauftrag der Kirche steht. Für Mitarbeiter in „verkündigungsfernen" Positionen müssen hingegen weniger strenge Loyalitätsanforderungen gelten. 4.54

Ein weiterer wichtiger Abwägungsgesichtspunkt ist die Frage, ob für den Beschäftigten bei Eingehung des Arbeitsverhältnisses **erkennbar** ist, welches Verhalten von ihm erwartet wird und welche Konsequenzen im Fall eines Pflichtverstoßes drohen.[108] Nur wenn die Erkennbarkeit 4.55

---

103 Vgl. z.B. EGMR (GK) v. 12.6.2014 – 56030/07 (*Fernández Martínez/Spanien*) Rz. 125.
104 EGMR (GK) v. 12.6.2014 – 56030/07 (*Fernández Martínez/Spanien*) Rz. 123 ff.; EGMR v. 23.9.2010 – 1620/03 (*Schüth/Deutschland*) Rz. 56; v. 23.9.2010 – 425/03 (*Obst/Deutschland*) Rz. 42.
105 EGMR v. 23.9.2010 – 1620/03 (*Schüth/Deutschland*) Rz. 59; v. 23.9.2010 – 425/03 (*Obst/Deutschland*) Rz. 45; entsprechend im Zusammenhang mit Art. 9 EMRK EGMR v. 3.2.2011 – 18136/02 (*Siebenhaar/Deutschland*) Rz. 42.
106 EGMR (GK) v. 12.6.2014 – 56030/07 (*Fernández Martínez/Spanien*) Rz. 132; EGMR v. 23.9.2010 – 425/03 (*Obst/Deutschland*) Rz. 51; vgl. bereits EKMR v. 6.9.1989 – 12242/86 (*Rommelfänger/Deutschland*).
107 EGMR (GK) v. 12.6.2014 – 56030/07 (*Fernández Martínez/Spanien*) Rz. 131; EGMR v. 23.9.2010 – 1620/03 (*Schüth/Deutschland*) Rz. 66; v. 23.9.2010 – 425/03 (*Obst/Deutschland*) Rz. 48; v. 4.10.2016 – 75581/13 (*Travaš/Kroatien*) Rz. 93.
108 EGMR v. 23.9.2010 – 1620/03 (*Schüth/Deutschland*) Rz. 71; vgl. auch EGMR (GK) v. 12.6.2014 – 56030/07 (*Fernández Martínez/Spanien*) Rz. 119, 135.

zu bejahen ist, kann davon ausgegangen werden, dass der Beschäftigte sich freiwillig den Loyalitätspflichten unterworfen hat und folglich weniger schutzbedürftig ist. Darüber hinaus ist im Rahmen der Interessenabwägung zu berücksichtigen, inwieweit das vom kirchlichen Arbeitgeber sanktionierte Verhalten **Aufmerksamkeit in der Öffentlichkeit** erfahren hat.[109] Grundsätzlich sind nämlich nur „öffentlichkeitswirksame" Loyalitätsverstöße dazu geeignet, die Glaubwürdigkeit der Religionsgemeinschaft ernsthaft zu gefährden. Und schließlich misst der EGMR den Interessen des Bediensteten umso größeres Gewicht bei, je stärker dieser auf die **Fortsetzung seines Arbeitsverhältnisses** mit dem kirchlichen Arbeitgeber angewiesen ist, weil er aufgrund seiner Qualifikationen außerhalb des kirchlichen Bereichs keine oder nur geringe berufliche Chancen hat.[110]

4.56 In **prozeduraler Hinsicht** verlangt der Gerichtshof von den nationalen (Arbeits-)Gerichten eine **objektive und gründliche Überprüfung (*in-depth examination*)** der Loyalitätsobliegenheiten des betroffenen Mitarbeiters im konkreten Fall.[111] Die nationalen Gerichte müssen insbesondere beurteilen, ob die Kirche – mit Blick auf die vom Mitarbeiter ausgeführte Tätigkeit – nachvollziehbare Gründe für die zur Rede stehenden Loyalitätserwartungen geltend machen kann und ob die ergriffenen Sanktionsmaßnahmen zur Wahrung der Glaubwürdigkeit der Religionsgemeinschaft erforderlich sind.[112] Der EGMR hebt dabei hervor, dass sich die nationalen Gerichte in diesen Fragen nicht einfach die Einschätzung der dienstgebenden Religionsgemeinschaft ungeprüft zu Eigen machen dürfen (zum abweichenden Ansatz des BVerfG Rz. 4.67 ff.).[113]

4.57 Den vorstehenden Grundsätzen folgend hat der EGMR in der viel beachteten Entscheidung *Schüth/Deutschland* die Entlassung eines Chorleiters in einer katholischen Kirchengemeinde wegen Ehebruchs als konventionswidrig beurteilt. Der Gerichtshof befand, dass die Arbeitsgerichte im Kündigungsschutzverfahren dem Recht des betroffenen Kirchenmusikers auf Achtung seines Privat- und Familienlebens nicht hinreichend Rechnung getragen und dem Autonomierecht des kirchlichen Arbeitgebers zu viel Gewicht beigemessen hätten.[114] Insbesondere wurde beanstandet, dass die Arbeitsgerichte die **Nähe der Tätigkeit des Beschäftigten zum Verkündigungsauftrag der Kirche** nicht selbst geprüft, sondern ohne nähere Untersuchung die Auffassung der Kirche übernommen hätten. Darüber hinaus sei im Kündigungsschutzverfahren nicht berücksichtigt worden, dass der Chorleiter mit der neuen Partnerin eine Familie gegründet habe und dieses faktische Familienleben ebenfalls durch Art. 8 EMRK geschützt sei.

4.58 Anders fiel die Entscheidung des EGMR im Verfahren *Obst/Deutschland* aus, das die Kündigung eines Mitarbeiters der Mormonenkirche ebenfalls wegen Ehebruchs betraf. Im Gegensatz zum Fall *Schüth* hatte der entlassene Mitarbeiter wichtige Funktionen innerhalb der Kirche innegehabt und war zuletzt als Gebietsdirektor Europa in der Abteilung Öffentlichkeitsarbeit tätig gewesen. Der Gerichtshof gelangte zu dem Schluss, dass das BAG im Kündigungsschutzprozess die widerstreitenden Interessen der Parteien in angemessener Weise gegeneinander abgewogen habe.[115] Insbesondere habe das BAG kritisch geprüft, ob die gesteigerten Loyalitätsanforderungen an den be-

---

109 EGMR v. 23.9.2010 – 1620/03 (*Schüth/Deutschland*) Rz. 67, 72; EGMR (GK) v. 12.6.2014 – 56030/07 (*Fernández Martínez/Spanien*) Rz. 136 ff.
110 EGMR (GK) v. 12.6.2014 – 56030/07 (*Fernández Martínez/Spanien*) Rz. 144; EGMR v. 23.9.2010 – 1620/03 (*Schüth/Deutschland*) Rz. 73.
111 EGMR (GK) v. 12.6.2014 – 56030/07 (*Fernández Martínez/Spanien*) Rz. 132; vgl. auch EGMR v. 4.10.2016 – 75581/13 (*Travaš/Kroatien*) Rz. 108 ff., 113; s. ferner zu den Anforderungen an den gerichtlichen Rechtsschutz im Fall einer Kollision zwischen Art. 10 EMRK und dem Autonomierecht der Kirchen EGMR v. 20.10.2009 – 39128/05 (*Lombardi Vallauri/Italien*) Rz. 50 ff.; s. ferner bei Konflikten mit Art. 9 EMRK EGMR v. 3.2.2011 – 18136/02 (*Siebenhaar/Deutschland*) Rz. 45.
112 Vgl. EGMR v. 23.9.2010 – 425/03 (*Obst/Deutschland*) Rz. 48.
113 EGMR v. 23.9.2010 – 1620/03 (*Schüth/Deutschland*) Rz. 69.
114 EGMR v. 23.9.2010 – 1620/03 (*Schüth/Deutschland*) Rz. 66 ff.
115 EGMR v. 23.9.2010 – 425/03 (*Obst/Deutschland*) Rz. 47 ff.

troffenen Mitarbeiter und die Kündigung als Reaktion auf den Loyalitätsverstoß tatsächlich zur **Wahrung der Glaubwürdigkeit der Glaubensgemeinschaft** notwendig waren.[116]

cc) Datenschutz

Auf dem Gebiet des Datenschutzes verlangt der EGMR bei Überwachungsmaßnahmen durch den Arbeitgeber von den Konventionsstaaten eine sorgsame Abwägung zwischen dem **Aufklärungsinteresse des Arbeitgebers** und den entgegenstehenden Rechten des Arbeitnehmers aus Art. 8 EMRK. Das Aufklärungsinteresse des Arbeitgebers kann beispielsweise durch dessen Eigentumsrecht gemäß Art. 1 des 1. Zusatzprotokolls zur EMRK gedeckt sein – etwa wenn die Überwachung des Arbeitnehmers Vermögensdelikte zulasten des Arbeitgebers verhindern soll.[117] Geht es dem Arbeitgeber hingegen darum, betriebliche Störungen z.B. infolge des privaten Gebrauchs des dienstlichen Computers oder Telefons zu unterbinden, erkennt der Gerichtshof ein Recht des Arbeitgebers an, Kontrollmaßnahmen zu ergreifen, um einen reibungslosen Betrieb des Unternehmens zu gewährleisten (*right to engage in monitoring [...] in order to ensure the smooth running of the company*).[118] Bei diesem Überwachungsrecht handelt es sich um das „**Recht eines anderen**" im Sinne von Art. 8 Abs. 2 EMRK, zu dessen Schutz Eingriffe in das Recht auf Achtung des Privatlebens gerechtfertigt sein können. 4.59

Wie bei anderen Grundrechten (Rz. 4.36) verlangt der EGMR von den Konventionsstaaten zunächst eine **regulatorische bzw. prozedurale Absicherung** der Rechte aus Art. 8 EMRK: Ob und inwieweit ein Arbeitgeber mit Überwachungsmaßnahmen am Arbeitsplatz in die Privatsphäre des Arbeitnehmers eindringen darf, ist von den Vertragsstaaten **gesetzlich** zu regeln. Insbesondere müssen angemessene und effektive Vorkehrungen gegen Missbrauch getroffen werden (*adequate and sufficient safeguards against abuse*).[119] Dabei steht es im Ermessen des nationalen Gesetzgebers, mit welchen regulatorischen Mitteln er seiner Schutzpflicht nachkommt: Er kann sich beispielsweise des Straf-, Zivil- oder Arbeitsrechts bedienen. Dem Regulierungserfordernis kann bereits dadurch Genüge getan sein, dass die **Rechtsprechung** klare Grundsätze über die Zulässigkeit von Überwachungsmaßnahmen aufstellt.[120] Fehlt ein solcher spezifischer Rechtsrahmen, stellt dies bereits für sich genommen eine Schutzpflichtverletzung durch den Konventionsstaat dar.[121] Hat der Konventionsstaat hingegen gesetzliche Regelungen erlassen und verstößt die Überwachungsmaßnahme dagegen, indiziert dies ebenfalls eine Verletzung von Art. 8 EMRK.[122] 4.60

Über diese regulatorischen und verfahrensmäßigen Vorgaben hinaus formuliert der Gerichtshof auch **materielle Leitlinien** für die Abwägung der widerstreitenden Interessen. Mit Blick auf die **Überwachung der privaten Kommunikation** des Beschäftigten hat die Große Kammer des EGMR im Verfahren *Bărbulescu/Rumänien* einen Katalog von sechs Kriterien aufgestellt, die für die Beurteilung der Verhältnismäßigkeit der Kontrollmaßnahmen maßgebend sind.[123] So kommt es darauf an, (1) ob der Arbeitnehmer im Voraus über die Möglichkeit einer Überwachung infor- 4.61

---

116 S. in diesem Zusammenhang auch die Verfahren EGMR (GK) v. 12.6.2014 – 56030/07 (*Fernández Martínez/Spanien*), und EGMR v. 4.10.2016 – 75581/13 (*Travaš/Kroatien*) zu den Loyalitätsanforderungen an katholische Religionslehrer im Schuldienst.
117 S. z.B. EGMR v. 5.10.2010 – 420/07 (*Köpke/Deutschland*).
118 EGMR (GK) v. 5.9.2017 – 61496/08 (*Bărbulescu/Rumänien*) Rz. 124.
119 EGMR v. 5.10.2010 – 420/07 (*Köpke/Deutschland*); EGMR (GK) v. 5.9.2017 – 61496/08 (*Bărbulescu/Rumänien*) Rz. 115 ff., 120 (im konkreten Fall wurde dem beklagten Staat allerdings angesichts der uneinheitlichen Rechtslage in den Konventionsstaaten ein weiter Beurteilungsspielraum in der Frage gewährt, ob die Überwachung der Kommunikation des Arbeitnehmers am Arbeitsplatz im Einzelnen gesetzlich zu regeln ist, s. Rz. 119 der Entscheidung); s. in diesem Sinne auch bereits EGMR v. 26.3.1987 – 9248/81 (*Leander/Schweden*) Rz. 60.
120 EGMR v. 5.10.2010 – 420/07 (*Köpke/Deutschland*).
121 EGMR v. 3.4.2007 – 62617/00 (*Copland/Vereinigtes Königreich*) Rz. 45 ff.
122 EGMR v. 28.11.2017 – 70838/13 (*Antović und Mirković/Montenegro*) Rz. 60; v. 9.1.2018 – 1874/13 u.a. (*López Ribalda u.a./Spanien*) Rz. 67 ff.
123 EGMR (GK) v. 5.9.2017 – 61496/08 (*Bărbulescu/Rumänien*) Rz. 121.

miert worden ist,[124] (2) wie weit die Überwachung in die Privatsphäre des Arbeitnehmers eindringt (z.B. ob nur die einzelnen Kommunikationsverbindungen oder auch der Kommunikationsinhalt erfasst wurden), (3) ob der Arbeitgeber legitime Gründe für die Überwachung geltend machen konnte, (4) ob die Einrichtung eines Überwachungssystems möglich gewesen wäre, das weniger stark in die Rechte des Arbeitnehmers eingreift als der direkte Zugriff auf dessen Kommunikation, (5) welche Folgen die Überwachung für den Arbeitnehmer nach sich zieht und zu welchem Zweck der Arbeitgeber die Ergebnisse verwendet und schließlich (6) ob gegenüber dem Arbeitnehmer angemessene Garantien abgegeben wurden, etwa dahingehend, dass der Arbeitgeber nicht auf den Inhalt der Kommunikation zugreifen kann, sofern der Arbeitnehmer nicht im Vorfeld über die Überwachung informiert worden ist. Darüber hinaus müssen die Konventionsstaaten sicherstellen, dass dem betroffenen Arbeitnehmer ein effektiver gerichtlicher Rechtsschutz zur Überprüfung der Überwachungsmaßnahmen zur Verfügung steht.

4.62 Bei der **geheimen Videoüberwachung** am Arbeitsplatz ist der Rspr. des Gerichtshofs zu entnehmen, dass derartige Kontrollmaßnahmen keinen unverhältnismäßigen Eingriff in Art. 8 EMRK darstellen, wenn sie aufgrund eines konkreten Verdachts eines strafbaren Verhaltens durch den überwachten Arbeitnehmer ergriffen werden und zudem zeitlich und räumlich beschränkt sind.[125] Der Gerichtshof hält es in diesen Fällen nicht für erforderlich, dass die betroffenen Arbeitnehmer im Vorfeld über die Möglichkeit der Überwachung informiert werden.[126]

dd) Informationspflichten hinsichtlich berufsbezogener Gesundheitsrisiken

4.63 Im Zusammenhang mit der aus Art. 8 EMRK folgenden Pflicht, Beschäftigte über Gesundheitsgefahren aufzuklären (Rz. 4.45), betont der EGMR, dass den Konventionsstaaten ein Ermessensspielraum in der Frage zusteht, mit welchen regulatorischen Mitteln sie dieser Verpflichtung nachkommen.[127] Für die Beurteilung, ob die Aufklärungspflicht im Einzelfall verletzt wurde, ist maßgebend, inwiefern nach dem **Stand der Wissenschaft** die konkreten Gesundheitsrisiken bekannt und erheblich waren.

e) Ausstrahlung auf das Unionsrecht

4.64 Die Rspr. des EGMR zu den Loyalitätspflichten kirchlicher Mitarbeiter hat in jüngerer Zeit einen gewissen Widerhall in der **Judikatur des EuGH** zur Rahmenrichtlinie 2000/78/EG[128] über die Gleichbehandlung in Beschäftigung und Beruf gefunden. In der Rechtssache *Egenberger* musste sich die Große Kammer des EuGH mit der Frage befassen, unter welchen Voraussetzungen kirchliche Arbeitgeber die Vergabe von Stellen davon abhängig machen dürfen, dass der Bewerber einer bestimmten Konfession angehört.[129] Im Verfahren *IR* wiederum musste ebenfalls die Große Kammer klären, inwieweit ein kirchlicher Arbeitgeber an seine leitenden Mitarbeiter je nach Konfessionszugehörigkeit unterschiedlich strenge Loyalitätsanforderungen stellen kann.[130] Beide Entscheidungen drehten sich um die Auslegung des Art. 4 Abs. 2 RL 2000/78/EG, der religiösen Tendenzbetrieben

---

124 Krit. *Seifert*, EuZA 2018, 502 (507), der in methodischer Hinsicht das Fehlen einer ausführlicheren Begründung für dieses Abwägungskriterium moniert.
125 EGMR v. 5.10.2010 – 420/07 (*Köpke/Deutschland*); v. 9.1.2018 – 1874/13 u.a. (*López Ribalda u.a./Spanien*) Rz. 68.
126 So auch die Einschätzung von *Seifert*, EuZA 2018, 502 (509 f.); vgl. aber auch *Oberthür*, RdA 2018, 286 (296), die es nicht für ausgeschlossen hält, dass der EGMR zumindest eine abstrakte Information der Arbeitnehmer im Vorfeld über mögliche Kontrollmaßnahmen sowie über deren Umfang, Dauer und Voraussetzungen für erforderlich halten könnte.
127 EGMR v. 5.12.1013 – 52806/09 u.a. (*Vilnes/Norwegen*) Rz. 220; v. 24.7.2014, 60908/11 u.a. (*Brincat u.a./Malta*) Rz. 101, 116.
128 Richtlinie 2000/78/EG des Rates vom 27.11.2000 zur Festlegung eines allgemeinen Rahmens für die Verwirklichung der Gleichbehandlung in Beschäftigung und Beruf.
129 EuGH (GK) v. 17.4.2018 – C-414/16 (*Egenberger*).
130 EuGH (GK) v. 11.9.2018 – C-68/17 (*IR*).

die Ungleichbehandlung von Beschäftigten aufgrund der Religion erlaubt, sofern die Religion der Person eine „wesentliche, rechtmäßige und gerechtfertigte berufliche Anforderung" darstellt.

Der EuGH betont, dass die Frage, ob es sich bei der Konfession einer Person um eine berufliche Anforderung im Sinne der vorgenannten Vorschrift handelt, einer **uneingeschränkten gerichtlichen Überprüfung** unterliegt.[131] Das Selbstverständnis des kirchlichen Arbeitgebers sei demgegenüber nicht ausschlaggebend. Als maßgebende Kriterien zur Bestimmung, ob die Religion im Einzelfall als berufliche Anforderung anzusehen ist und damit eine Ungleichbehandlung rechtfertigt, nennt der EuGH insbesondere die **Nähe der konkreten Tätigkeit zum Verkündigungsauftrag** der Religionsgemeinschaft sowie deren Interesse, ihre **Glaubwürdigkeit** nach außen zu wahren.[132]

4.65

Auch wenn der EuGH in den beiden Entscheidungen – von einer Ausnahme abgesehen[133] – nicht ausdrücklich auf den EGMR Bezug nimmt, ist seine Anlehnung an die Straßburger Judikatur, sogar in der Formulierung,[134] auffällig. Dieser Befund verwundert nicht, da sich der Generalanwalt im Verfahren *Egenberger* in seinen Schlussanträgen eingehend mit der Rspr. des EGMR zu den Loyalitätsobliegenheiten kirchlicher Bediensteter auseinandergesetzt hatte.[135]

4.66

f) Bedeutung für das innerstaatliche deutsche Recht

Aus deutscher Sicht treten Friktionen zwischen Konvention und innerstaatlichem Recht in Zusammenhang mit Art. 8 EMRK vor allem auf dem Gebiet des kirchlichen Arbeitsrechts auf. Die Judikatur des EGMR zur Kontrolle der Loyalitätsobliegenheiten kirchlicher Mitarbeiter steht in einem unverkennbaren Spannungsverhältnis zur entsprechenden **Rspr. des BVerfG**. Anders als der EGMR erlaubt das BVerfG aus Rücksicht vor dem Selbstbestimmungsrecht der Religionsgemeinschaften nur eine **eingeschränkte gerichtliche Überprüfung** der Loyalitätsanforderungen an kirchliche Beschäftigte. Schon in seiner Grundsatzentscheidung aus dem Jahr 1985 hatte das Gericht ausgeführt, es bleibe grundsätzlich „den verfassten Kirchen überlassen, verbindlich zu bestimmen, was ‚die Glaubwürdigkeit der Kirche und ihrer Verkündigung erfordert', was ‚spezifisch kirchliche Aufgaben' sind, was ‚Nähe' zu ihnen bedeutet, welches die ‚wesentlichen Grundsätze der Glaubens- und Sittenlehre' sind und was als – gegebenenfalls schwerer – Verstoß gegen diese anzusehen ist."[136] Gleiches gelte für mögliche Abstufungen der Loyalitätsobliegenheiten zwischen Bediensteten, die unterschiedliche Tätigkeiten wahrnehmen. Die staatlichen Gerichte seien in diesen Fragen an die Auffassung der Kirchen gebunden, sofern sie dabei nicht gegen „Grundprinzipien der Rechtsordnung" verstießen, namentlich gegen das Willkürverbot, die guten Sitten oder den ordre public.[137]

4.67

An dieser Linie hält das BVerfG nach wie vor fest, auch nachdem der EGMR u.a. in den Verfahren *Schüth/Deutschland* und *Fernández Martínez/Spanien* eine strenge und objektive gerichtliche Kontrolle der Loyalitätsobliegenheiten im Einzelfall gefordert hat (Rz. 4.56). Nach Auffassung des BVerfG ist es den staatlichen Gerichten „verwehrt, die eigene Einschätzung über die Nähe der von einem Arbeitnehmer bekleideten Stelle zum Heilsauftrag und die Notwendigkeit der auferlegten Loyalitätsobliegenheit im Hinblick auf Glaubwürdigkeit oder Vorbildfunktion innerhalb der Dienstgemeinschaft an die Stelle der durch die verfasste Kirche getroffenen Einschätzung zu stellen."[138]

4.68

---

131 EuGH (GK) v. 17.4.2018 – C-414/16 (*Egenberger*) Rz. 46 ff.; v. 11.9.2018 – C-68/17 (*IR*) Rz. 43 ff.
132 EuGH (GK) v. 17.4.2018 – C-414/16 (*Egenberger*) Rz. 63; v. 11.9.2018, C-68/17 (*IR*), Rz. 50.
133 EuGH (GK) v. 17.4.2018 – C-414/16 (*Egenberger*) Rz. 61.
134 Vgl. z.B. EuGH (GK) v. 17.4.2018 – C-414/16 (*Egenberger*) Rz. 67 einerseits und EGMR (GK) v. 12.6.2014 – 56030/07 (*Fernández Martínez/Spanien*) Rz. 132 andererseits.
135 Schlussanträge des GA *Tanchev* v. 9.11.2017 – C-414/16 (*Egenberger*) Rz. 53 ff., 68 ff. S. hierzu *Junker*, EuZA 2018, 304 (322).
136 BVerfG v. 4.6.1985 – 2 BvR 1703/83 u.a., NJW 1986, 367 (zu B II 2 a).
137 Zur (fehlerhaften) Rezeption dieser Entscheidung durch die Fachgerichte und die Literatur, die im Ergebnis zur einer Überbewertung des Autonomierechts der Kirchen geführt hat, *Joussen*, RdA 2011, 173 (174 f.).
138 BVerfG v. 22.10.2014 – 2 BvR 661/12, NZA 2014, 1387 Rz. 119.

Die Aufgabe der staatlichen Gerichte beschränke sich auf eine „**Plausibilitätskontrolle** auf der Grundlage des **glaubensdefinierten Selbstverständnisses der Kirche**".[139]

4.69 Die Position des BVerfG steht in **offenem Widerspruch zur Judikatur des EGMR**.[140] Dieser hatte im Fall *Schüth* die Praxis der deutschen Arbeitsgerichte beanstandet, bei der Beurteilung der Loyalitätsobliegenheiten die Auffassung der Religionsgemeinschaft unreflektiert zu übernehmen. Darüber hinaus hatte er einer eingeschränkten gerichtlichen Prüfung (*limited judicial scrutiny*) eine klare Absage erteilt.[141] Das BVerfG selbst sieht seine eigene Haltung im Einklang mit der Straßburger Rspr.[142] – freilich in teilweise recht verzerrter Wahrnehmung der Rspr. des EGMR.[143]

4.70 Inzwischen ist die Position des BVerfG auch in **Konflikt mit der Judikatur des EuGH** geraten, der bei der Frage, inwieweit kirchliche Arbeitgeber ihre Mitarbeiter aus Gründen der Religion ungleich behandeln dürfen, der kirchlichen Selbstbestimmung ähnlich enge Grenzen zieht wie der EGMR (Rz. 4.65). Da das Unionsrecht ungleich stärker als die EMRK auf die innerstaatliche Rechtsordnung einwirkt, hat sich der europarechtliche Druck auf das BVerfG erhöht, seine bisherigen Grundsätze zum kirchlichen Arbeitsrecht zu revidieren.[144]

2. Gedanken-, Gewissens- und Religionsfreiheit (Art. 9 EMRK)

a) Grundlagen

4.71 Art. 9 EMRK schützt die **Gedanken-, Gewissens- und Religionsfreiheit**. Aus Art. 9 Abs. 1 Halbs. 2 EMRK geht zudem hervor, dass auch die **Freiheit der Weltanschauung** gewährleistet wird. Wie der EGMR betont, schützt die Bestimmung auch die Überzeugungen von Atheisten, Agnostikern, Skeptikern und solcher Personen, die religiösen und weltanschaulichen Fragen gleichgültig gegenüberstehen.[145] Sie stellt einen Grundpfeiler einer demokratischen Gesellschaft im Sinne der Konvention dar und ist eine unverzichtbare Voraussetzung für ein pluralistisch ausgerichtetes Gemeinwesen.[146]

---

139 Rz. 113 der Entscheidung.
140 Ähnlich, jedoch zurückhaltender *Fremuth*, EuZW 2018, 723 (727), der von einem „(potenziellen) Konflikt" zwischen den Positionen des EGMR und des BVerfG spricht; *Sagan* in Boecken/Düwell/Diller/Hanau, Gesamtes Arbeitsrecht, Art. 8 Rz. 13 f.
141 EGMR v. 23.9.2010 – 1620/03 (*Schüth/Deutschland*) Rz. 69.
142 BVerfG v. 22.10.2014 – 2 BvR 661/12, NZA 2014, 1387 Rz. 127 ff.
143 S. insbesondere Rz. 143 der Entscheidung, wonach die Ausführungen des EGMR im Fall *Schüth* den „besonderen Umständen des Einzelfalls geschuldet" seien; krit. *Sagan*, EuZW 2018, 386, der dem BVerfG eine „Bereitschaft zum Konventionsbruch" attestiert. Ebenfalls in scharfem Kontrast zum BVerfG die Interpretation der Entscheidung *Schüth* in den Schlussanträgen des GA *Tanchev* vom 9.11.2017 – C-414/16 (*Egenberger*) Rz. 68 ff. Die Divergenzen zwischen EGMR und BVerfG hingegen herunterspielend *Plum*, NZA 2011, 1194 (1199). Ursache der Meinungsverschiedenheiten könnte eine Passage in der Entscheidung *Siebenhaar* sein, in der der EGMR – jedenfalls im Ergebnis – keinen Anstoß daran nimmt, dass die deutschen Arbeitsgerichte bei der Beurteilung eines Loyalitätsverstoßes den Standpunkt des kirchlichen Arbeitgebers übernommen haben, s. EGMR v. 3.2.2011 – 18136/02 (*Siebenhaar/Deutschland*) Rz. 45. Die in dieser Passage zitierte Aussage aus EGMR v. 23.9.2010 – 425/03 (*Obst/Deutschland*) Rz. 49 stützt allerdings nicht die Ansicht, dass der Standpunkt der Kirche für die Beurteilung des Loyalitätsverstoßes maßgebend sein soll.
144 So auch *Sagan*, EuZW 2018, 386 f.; *Jacobs*, RdA 2018, 263 (267), wonach das BVerfG „künftig eine antidiskriminierungsrechtliche Brille mit völkerrechtlichem Zusatzschliff aufsetzen" muss.
145 EGMR v. 25.5.1993 – 14307/88 (*Kokkinakis/Griechenland*) Rz. 31; EGMR (GK) v. 10.11.2005 – 44774/98 (*Leyla Şahin/Türkei*) Rz. 104; EGMR v. 15.1.2013 – 48420/10 u.a. (*Eweida u.a./Vereinigtes Königreich*) Rz. 79; s. auch EGMR (GK) v. 18.3.2011 – 30814/06 (*Lautsi/Italien*) Rz. 58 (speziell zu den Anhängern der Laizität).
146 EGMR v. 25.5.1993 – 14307/88 (*Kokkinakis/Griechenland*) Rz. 31; EGMR (GK) v. 10.11.2005 – 44774/98 (*Leyla Sahin/Türkei*) Rz. 104 ff.; EGMR v. 15.1.2013 – 48420/10 u.a. (*Eweida u.a./Vereinigtes Königreich*) Rz. 79.

b) Schutzbereich

aa) Individuelle Religionsfreiheit

Art. 9 EMRK gewährt zum einen ein individuelles Freiheitsrecht. Garantiert wird die innere Freiheit des Einzelnen, von fremder Indoktrination unbehelligt bestimmte religiöse oder weltanschauliche Überzeugungen anzunehmen, an ihnen festzuhalten oder sie wieder zu wechseln. Neben dem **forum internum** bezieht sich die Freiheitsgewährleistung auch auf das **forum externum:** Jedes Individuum hat das Recht, seinen Glauben nach außen zu bekunden und im Rahmen des Gottesdienstes oder anderer Riten zu praktizieren sowie – ganz allgemein – seinen religiösen und weltanschaulichen Ansichten gemäß zu leben.[147] Ebenso ist die **negative Freiheit** geschützt, seine Religion oder Weltanschauung nicht nach außen bekennen zu müssen.[148] Der EGMR ordnet nur solche Überzeugungen dem Schutzbereich der Gedanken-, Gewissens- und Religionsfreiheit zu, die ein gewisses Maß an Stringenz, Ernsthaftigkeit, Kohärenz und Bedeutung – (*cogency, seriousness, cohesion and importance*) aufweisen. Die staatliche Neutralitätspflicht – selbst Ausfluss aus Art. 9 EMRK – verbietet es indessen den Gerichten, die Legitimität des konkreten Glaubensinhalts sowie der Art und Weise seiner Bekundung in Frage zu stellen.[149]

4.72

Im arbeitsrechtlichen Kontext spielt in erster Linie die auf das forum externum gerichtete Betätigungsfreiheit des Art. 9 EMRK eine Rolle, da sie nicht selten mit entgegenstehenden Interessen des Arbeitgebers kollidiert. Nach der Rspr. des EGMR fallen bereits solche Handlungen und Verhaltensweisen in den Schutzbereich des Konventionsrechts, die in einer **engen und direkten Verbindung** zu einer bestimmten **religiösen** oder **weltanschaulichen Überzeugung** stehen.[150] Nicht erforderlich ist, dass das Verhalten von der fraglichen Religion oder Weltanschauung verbindlich vorgeschrieben ist. Es genügt bereits, wenn die Handlung oder Unterlassung religiös motiviert ist.[151] Im Bereich des Arbeitsrechts wurden namentlich folgende Verhaltensweisen als von Art. 9 EMRK geschützt anerkannt: Das **Tragen religiöser Symbole am Arbeitsplatz**,[152] die **Verweigerung arbeitsvertraglich geschuldeter Tätigkeiten**, weil sie mit der **religiösen Überzeugung** des Arbeitnehmers unvereinbar sind,[153] sowie das Verlangen einer Arbeitszeitregelung, die dem Arbeitnehmer die **Erfüllung von Gebetspflichten** ermögliche.[154] Geschützt ist auch das Interesse des Arbeitnehmers, auf der **Lohnsteuerkarte** nicht angeben zu müssen, dass er keiner Religionsgemeinschaft angehört.[155] Hingegen soll die Arbeitsverweigerung zur Einhaltung **religiöser Ruhegebote** nicht vom Schutzbereich erfasst sein.[156] Letzteres überzeugt nicht und steht im Widerspruch zur neueren Rspr. des EGMR, die dazu neigt, den Schutzbereich und auch den Begriff des Eingriffs in Art. 9 EMRK eher weit zu verstehen und den Schwerpunkt der Prüfung einer Konventionsrechtsverletzung auf die Ebene der Rechtfertigung zu verlagern.[157]

4.73

---

147 EGMR v. 25.5.1993 – 14307/88 (*Kokkinakis/Griechenland*) Rz. 31; v. 11.1.2007 – 184/02 (*Kuznetsov u.a./Russland*) Rz. 57; v. 3.2.2011 – 18136/02 (*Siebenhaar/Deutschland*) Rz. 36.
148 EGMR v. 17.2.2011 – 12884/03 (*Wasmuth/Deutschland*) Rz. 50.
149 EGMR v. 6.11.2008 – 58911/00 (*Leela Förderkreis e.V. u.a./Deutschland*) Rz. 80; v. 3.12.2009 – 40010/04 (*Skugar u.a./Russland*); v. 7.12.2010 – 18429/06 (*Jakóbski/Polen*) Rz. 44.
150 EGMR v. 15.1.2013 – 48420/10 u.a. (*Eweida u.a./Vereinigtes Königreich*) Rz. 82.
151 EGMR v. 18.1.2001 – 41615/98 (*Zaoui/Schweiz*); v. 15.1.2013 – 48420/10 u.a. (*Eweida u.a./Vereinigtes Königreich*) Rz. 82.
152 EGMR v. 12.1.2001 – 42393/98 (*Dahlab/Schweiz*); v. 24.1.2006 – 65500/01 (*Kurtulmuş/Türkei*); v. 15.1.2013 – 48420/10 u.a. (*Eweida u.a./Vereinigtes Königreich*) Rz. 91 und 97; v. 26.11.2015 – 64846/11 (*Ebrahimian/Frankreich*).
153 EGMR v. 15.1.2013 – 48420/10 u.a. (*Eweida u.a./Vereinigtes Königreich*) Rz. 103 und 108.
154 EKMR v. 12.3.1981 – 8160/78 (*X/Vereinigtes Königreich*), Rz. 4 ff.
155 EGMR v. 17.2.2011, 12884/03 (*Wasmuth/Deutschland*) Rz. 51.
156 EKMR v. 3.12.1996 – 24949/94 (*Konttinen/Finnland*); v. 9.4.1997 – 29107/95 (*Stedman/Vereinigtes Königreich*); EGMR v. 13.4.2007 – 55170/00 (*Kosteski/Mazedonien*) Rz. 37.
157 S. zur extensiveren Auslegung des Schutzbereichs von Art. 9 EMRK in der neueren Rspr. des Gerichtshofs EGMR v. 17.2.2011 – 12884/03 (*Wasmuth/Deutschland*) Rz. 51; v. 15.1.2013, 48420/10 u.a. (*Eweida u.a./Vereinigtes Königreich*), Rz. 83.

bb) Korporative Religionsfreiheit

4.74 Art. 9 EMRK besitzt neben der eben beschriebenen individuellen auch eine kollektive bzw. korporative Dimension. Im Lichte des **Art. 11 Abs. 1 EMRK** ausgelegt schützt die Norm den **Bestand** und die **Autonomie** von Religionsgemeinschaften. Wie der EGMR betont, wäre die individuelle Glaubensfreiheit nur unzureichend gewährleistet, wenn die religiöse und organisatorische Selbstbestimmung der Glaubensgemeinschaft ihrerseits keinen Schutz durch die Konvention genösse.[158] Im arbeitsrechtlichen Kontext schützt die kollektive Glaubensfreiheit vor allem das Interesse von Religionsgemeinschaften, von ihren Mitarbeitern die Einhaltung bestimmter **Loyalitätsobliegenheiten** zu verlangen, um den Zusammenhalt, die Glaubwürdigkeit und die Einheit der Gemeinschaft zu wahren.[159] Dieses aus Art. 9 EMRK fließende Recht ist regelmäßig gegen die widerstreitenden Interessen der betroffenen Arbeitnehmer abzuwägen, etwa gegen das Recht auf Achtung des Privat- und Familienlebens gemäß Art. 8 EMRK (Rz. 4.52 ff.) oder gegen die Meinungsfreiheit gemäß Art. 10 EMRK (zur Kollision der Loyalitätspflichten mit der eigenen Religionsfreiheit des Beschäftigten Rz. 4.77 ff.).

c) Eingriff

aa) Eingriffe in die individuelle Religionsfreiheit

4.75 Für die Beurteilung, ob ein Eingriff in den Schutzbereich der individuellen Religionsfreiheit vorliegt, gelten im Wesentlichen die gleichen Grundsätze wie bei anderen Konventionsrechten (Rz. 4.49 ff.). Ein Rechtseingriff zulasten eines Arbeitnehmers liegt also vor, wenn an ein Verhalten des Arbeitnehmers, das in den Schutzbereich des Konventionsrechts fällt, Nachteile geknüpft werden, wie etwa eine **Kündigung**, die **vorübergehende Freistellung** von der Arbeit unter Zurückhaltung des Lohns,[160] **disziplinarische Maßnahmen** oder die **Nichtverlängerung** eines befristeten Beschäftigungsverhältnisses.[161] Nach der jetzigen Rspr. des EGMR ist in den vorgenannten Fällen ein Eingriff nicht schon deshalb zu verneinen, weil der Arbeitnehmer das Arbeitsverhältnis freiwillig eingeht und sich damit aus freien Stücken Einschränkungen seiner Religionsausübungsfreiheit durch den Arbeitgeber aussetzt.[162] Diese Sichtweise entspricht auch der Judikatur des Gerichtshof zu anderen Konventionsrechten, in der darauf verwiesen wird, dass der Arbeitnehmer häufig unter einem faktischen Zwang zur Eingehung eines Arbeitsverhältnisses steht.[163] Die – zumindest formale – **Freiwilligkeit des Arbeitsverhältnisses** findet lediglich bei der Frage der **Rechtfertigung** des Rechtseingriffs Berücksichtigung und mindert in diesem Zusammenhang die Schutzbedürftigkeit des Arbeitnehmers, der eine Beschränkung seiner Religions- bzw. Gewissensfreiheit durch den Arbeitgeber beklagt.[164]

bb) Eingriffe in die korporative Religionsfreiheit

4.76 Mit Blick auf das Autonomierecht der Religionsgemeinschaften liegt ein Eingriff vor, wenn der Staat der Glaubensgemeinschaft **Vorgaben** bei der **Auswahl** ihrer Beschäftigten[165] oder bei der **inhaltlichen Ausgestaltung** des Arbeitsverhältnisses macht. Gleiches gilt, wenn die Möglichkeit der

---

158 EGMR v. 14.6.2007, 77703/01 (*Svyato-Mykhaylivska Parafiya/Ukraine*), Rz. 112; EGMR (GK) v. 12.6.2014 – 56030/07 (*Fernández Martínez/Spanien*) Rz. 127.
159 EKMR v. 6.9.1989 – 12242/86 (*Rommelfänger/Deutschland*); EGMR v. 12.6.2014 (GK) – 56030/07 (*Fernández Martínez/Spanien*) Rz. 131; v. 23.9.2010 – 425/03 (*Obst/Deutschland*) Rz. 49.
160 EGMR v. 15.1.2013 – 48420/10 u.a. (*Eweida u.a./Vereinigtes Königreich*) Rz. 12, 91.
161 EGMR (GK) v. 12.6.2014 – 56030/07 (*Fernández Martínez/Spanien*) Rz. 112 (mit der Begründung, dass der Bedienstete im konkreten Fall auf eine Verlängerung seines Beschäftigungsverhältnisses vertrauen durfte); EGMR v. 26.11.2015 – 64846/11 (*Ebrahimian/Frankreich*) Rz. 47.
162 So aber noch EKMR v. 12.3.1981 – 8160/78 (*X/Vereinigtes Königreich*) Rz. 9 ff.; v. 3.12.1996 – 24949/94 (*Konttinen/Finnland*).
163 EGMR (GK) v. 11.1.2006 – 52562/99, 52620/99 (*Sørensen und Rasmussen/Dänemark*) Rz. 59.
164 EGMR v. 15.1.2013 – 48420/10 u.a. (*Eweida u.a./Vereinigtes Königreich*) Rz. 83, 106, 109.
165 Vgl. hierzu EGMR (GK) v. 12.6.2014 – 56030/07 (*Fernández Martínez/Spanien*) Rz. 129.

Religionsgemeinschaft eingeschränkt wird, das Beschäftigungsverhältnis – etwa wegen einer Loyalitätspflichtverletzung des betreffenden Mitarbeiters – zu **beenden**.[166] Ebenso wird nach Ansicht des EGMR in das organisatorische Selbstbestimmungsrecht einer Kirche eingegriffen, wenn ein Staat eine Gewerkschaft von Priestern und Laienmitarbeitern anerkennt, die nach ihrer Satzung das Ziel verfolgt, die Interessen ihrer Mitglieder entgegen den internen Organisationsregeln der Kirche mit Arbeitskämpfen durchzusetzen (Rz. 4.114).[167]

cc) Konflikte zwischen individueller und korporativer Religionsfreiheit

Besonderheiten gelten, wenn die individuelle Religionsfreiheit eines Mitarbeiters einer Religionsgemeinschaft mit der korporativen Religionsfreiheit des Dienstgebers kollidiert. Hier ist zwischen **intrakonfessionellen** und **interkonfessionellen Konflikten** zu unterscheiden. 4.77

Bei **intrakonfessionellen Streitigkeiten** – z.B. zwischen einem Priester und der ihn beschäftigenden Kirche über Fragen der Glaubenslehre – betont der Gerichtshof, dass Art. 9 EMRK dem Einzelnen **kein Recht** vermittelt, innerhalb einer bestimmten Glaubensgemeinschaft **abweichende Glaubensinhalte** zu vertreten.[168] Den staatlichen Gerichten sei es aufgrund ihrer Neutralitätspflicht verwehrt, als Schiedsrichter in Konflikte zwischen einer Religionsgemeinschaft und Splittergruppen innerhalb der Gemeinschaft einzugreifen. Die Religionsgemeinschaften seien dazu berechtigt, zur Wahrung ihres Zusammenhalts und im Interesse ihres äußeren Erscheinungsbildes auf interne Meinungsabweichungen zu reagieren,[169] etwa mit disziplinarischen Maßnahmen oder mit dem Ausschluss der abweichenden Mitglieder von bestimmten Funktionen. Die Religionsfreiheit der betroffenen Mitglieder sei nicht berührt, solange diese bei glaubensbezogenen Meinungsverschiedenheit freiwillig aus der Religionsgemeinschaft austreten könnten.[170] 4.78

Anders verhält es sich mit **interkonfessionellen Streitigkeiten**. Der EGMR musste sich mit einem solchen Konflikt in dem Verfahren *Siebenhaar/Deutschland* befassen.[171] Der Fall betraf die Leiterin eines evangelischen Kindergartens, die selbst der „Universalen Kirche" angehörte und für diese Organisation missionarisch tätig war. Als der kirchliche Arbeitgeber von diesen Aktivitäten der Erzieherin erfuhr, kündigte er das Arbeitsverhältnis. In solchen Konstellationen ist das Problem der Koexistenz verschiedener Religionen in einer pluralistischen Gesellschaft berührt, das gerade im Mittelpunkt des Art. 9 EMRK steht (Rz. 4.71). Anders als bei den intrakonfessionellen Streitigkeiten lehnt der Gerichtshof einen Eingriff in die individuelle Religionsfreiheit des betroffenen kirchlichen Mitarbeiters nicht von vornherein ab, sondern verlangt von den nationalen Gerichten eine **Abwägung** zwischen den widerstreitenden Interessen des Beschäftigten und des Arbeitgebers. Die entscheidende Frage lautet dabei, wie weit die Loyalitätserwartungen des kirchlichen Arbeitgebers an seine Mitarbeiter gehen dürfen. Die Antwort hängt im Wesentlichen von den gleichen Kriterien ab, die der EGMR auch bei der Auflösung des Konfliktes zwischen dem Autonomierecht der Kirchen und dem Recht ihrer Beschäftigten auf Achtung des Privat- und Familienlebens aufgestellt hat (Rz. 4.52 ff.). 4.79

d) Rechtfertigung

Art. 9 Abs. 2 EMRK regelt, unter welchen Voraussetzungen die Religions- und Weltanschauungsfreiheit beschränkt werden darf. Der Eingriff muss – ähnlich wie bei anderen Konventionsrechten 4.80

---

166 Vgl. EGMR v. 23.9.2010 – 1620/03 (*Schüth/Deutschland*) Rz. 58; v. 23.9.2010, 425/03 (*Obst/Deutschland*) Rz. 44.
167 EGMR (GK) v. 9.7.2013 – 2330/09 (*Sindicatul Păstorul cel Bun/Rumänien*) Rz. 161 ff.
168 EGMR (GK) v. 12.6.2014 – 56030/07 (*Fernández Martínez/Spanien*) Rz. 128 (kein *right to dissent*).
169 EGMR (GK) v. 9.7.2013 – 2330/09 (*Sindicatul Păstorul cel Bun/Rumänien*) Rz. 165.
170 EKMR v. 8.3.1976 – 7374/76 (*X/Dänemark*); v. 12.3.1981 – 8160/78 (*X/Vereinigtes Königreich*) Rz. 11; EGMR (GK) v. 12.6.2014 – 56030/07 (*Fernández Martínez/Spanien*) Rz. 128.
171 EGMR v. 3.2.2011 – 18136/02 (*Siebenhaar/Deutschland*).

(Rz. 4.49 ff.) – **gesetzlich vorgesehen** sein und in einer **demokratischen Gesellschaft** für die Verwirklichung bestimmter **legitimer Ziele**, wie etwa die Wahrung der öffentlichen Sicherheit und Ordnung, den Gesundheitsschutz oder die Verteidigung von Rechtsgütern Dritter, **notwendig** sein. Die Rechtfertigungsgründe sind abschließend und werden vom EGMR eng ausgelegt.[172] Nach dem klaren Normwortlaut bezieht sich der Eingriffsvorbehalt nur auf die Freiheit zur religiösen Betätigung nach außen, da letztlich nur diese Ausprägung der Religions- und Weltanschauungsfreiheit in Konflikt mit Rechtsgütern der Allgemeinheit oder anderer Individuen geraten kann. Eingriffe in das forum internum sind demnach nicht zu rechtfertigen. Auch wenn die Gewissensfreiheit nicht ausdrücklich erwähnt wird, ist davon auszugehen, dass Art. 9 Abs. 2 EMRK auch sie erfasst.[173]

4.81 Bei der Beurteilung, ob Eingriffe in Art. 9 EMRK gerechtfertigt sind, gewährt der EGMR den Konventionsstaaten einen **weiten Ermessensspielraum**.[174] Die richterliche Zurückhaltung beruht auf der Erwägung, dass das Verhältnis zwischen Staat und Religion in einer demokratischen Gesellschaft legitimerweise sehr unterschiedlich ausgestaltet sein kann und in der Praxis der Konventionsstaaten tatsächlich auch sehr unterschiedliche Formen annimmt.[175] Dies trifft insbesondere auf die Frage zu, welche Bedeutung und welchen Stellenrang die Konventionsstaaten den **Prinzipien der Laizität** und der **religiösen Neutralität** in ihren Verfassungsordnungen einräumen.[176] Das Ermessen der Konventionsstaaten unterliegt allerdings einer **europäischen Kontrolle (*European supervision*)** durch den EGMR.[177] Der Fokus des Gerichtshofs liegt dabei auf **prozeduralen Aspekten**: Überprüft wird, ob im Rahmen des Abwägungsvorgangs die Religionsfreiheit und die für ihre Beschränkung ins Feld geführten Gründe entsprechend ihrer Bedeutung und Tragweite angemessen berücksichtigt wurden. Das von den zuständigen Organen des Konventionsstaates erzielte Abwägungsergebnis muss lediglich nachvollziehbar und vertretbar sein,[178] es wird jedoch nicht im Einzelnen durch die EMRK determiniert. Diese Grundsätze gelten unabhängig davon, ob Art. 9 EMRK in seiner negativen Abwehr- oder in seiner positiven Schutzpflichtfunktion zur Anwendung gelangt: Die Konventionsstaaten verfügen mit anderen Worten über die dargelegten Ermessensspielräume nicht nur dann, wenn sie als öffentliche Arbeitgeber selbst die Religions- und Weltanschauungsfreiheit ihrer Arbeitnehmer einschränken, sondern auch bei der gesetzlichen Regulierung bzw. gerichtlichen Überprüfung freiheitsbeschränkender Maßnahmen durch private Arbeitgeber.[179]

4.82 **Weite Ermessensspielräume** erkennt der EGMR den Vertragsstaaten insbesondere auch dort an, wo es Konflikte zwischen der **kollektiven Dimension der Religionsfreiheit** und anderen Konventionsrechten aufzulösen gilt.[180] Zwar spielt das Autonomierecht der Religionsgemeinschaften in der Rspr. des EGMR vor allem als Schranke für andere Menschenrechte wie namentlich Art. 8 EMRK eine Rolle (Rz. 4.52). Der Gerichtshof hat allerdings zu Recht darauf hingewiesen, dass der Ausgleich zwischen den widerstreitenden Konventionsrechten nach den gleichen Grundsätzen herzu-

---

172 EGMR v. 5.12.2017 – 57792/15 (*Hamidović/Bosnien Herzegowina*) Rz. 34.
173 *Grabenwarter/Pabel*, EMRK, 6. Aufl. 2016, § 22 Rz. 124.
174 EGMR (GK) v. 18.3.2011 – 30814/06 (*Lautsi u.a./Italien*) Rz. 61; v. 1.7.2014 – 43835/11 (*SAS/Frankreich*) Rz. 129.
175 EGMR (GK) v. 10.11.2005 – 44774/98 (*Leyla Şahin/Türkei*) Rz. 109; v. 12.6.2014 – 56030/07 (*Fernández Martínez/Spanien*) Rz. 130; EGMR v. 1.7.2014 – 43835/11 (*SAS/Frankreich*) Rz. 129, 154 ff.
176 EGMR v. 24.1.2006 – 65500/01 (*Kurtulmuş/Türkei*); v. 26.11.2015, 64846/11 (*Ebrahimian/Frankreich*), Rz. 56 f.
177 EGMR (GK) v. 10.11.2005, 44774/98 (*Leyla Şahin/Türkei*) Rz. 110; v. 15.1.2013 – 48420/10 u.a. (*Eweida u.a./Vereinigtes Königreich*) Rz. 84.
178 Vgl. z.B. EGMR v. 12.1.2001 – 42393/98 (*Dahlab/Schweiz*), wo der Gerichtshof eine Verletzung des Art. 9 EMRK mit der Begründung verneint, das von den nationalen Behörden erzielte Abwägungsergebnis sei „not unreasonable".
179 EGMR v. 15.1.2013 – 48420/10 u.a. (*Eweida u.a./Vereinigtes Königreich*) Rz. 84.
180 EGMR v. 23.9.2010 – 1620/03 (*Schüth/Deutschland*) Rz. 55; v. 23.9.2010 – 425/03 (*Obst/Deutschland*) Rz. 41; v. 9.7.2013 – 2330/09 (*Sindicatul Păstorul cel Bun/Rumänien*) Rz. 160.

stellen ist, ganz gleich, ob im konkreten Verfahren eine Verletzung des Art. 9 EMRK selbst in Rede steht oder ob die Norm als Schranke für andere Konventionsrechte zum Tragen kommt.[181]

e) Einzelfälle

Der EGMR hatte sich in einer Reihe von Entscheidungen mit der Frage zu befassen, inwieweit Arbeitnehmern das **Tragen religiöser Symbole am Arbeitsplatz** untersagt werden kann. Im Fall einer Angestellten einer privaten Fluggesellschaft, die als Mitglied des Bodenpersonals am Check-in-Schalter beschäftigt gewesen und deren Arbeitsverhältnis suspendiert worden war, nachdem sie entgegen den Kleidervorschriften ihres Unternehmens eine (nach außen sichtbare) Halskette mit einem Kreuz als Ausdruck ihres koptischen Glaubens getragen hatte, nahm der Gerichtshof eine Verletzung von Art. 9 EMRK an.[182] Zwar hielt es der EGMR grundsätzlich für ein legitimes Anliegen, wenn ein privater Arbeitgeber zur **Vermittlung eines bestimmten Unternehmensbildes** eine Kleiderordnung erlasse, die das sichtbare Tragen religiöser Symbole oder Kleidungsstücke am Arbeitsplatz einschränke. Allerdings beanstandete der Gerichtshof, dass die nationalen Gerichte, die die Suspendierung des Arbeitsverhältnisses als rechtmäßig beurteilt hatten, der Religionsfreiheit der Arbeitnehmerin nicht hinreichend Rechnung getragen hätten. Bei der Abwägung der widerstreitenden Interessen sei insbesondere unberücksichtigt geblieben, dass die Fluggesellschaft bei bestimmten religiösen Kleidungsstücken – namentlich bei Turbanen und Kopftüchern – eine Befreiung von der Bekleidungsordnung gewährt habe, offenbar ohne negative Auswirkungen für das unternehmerische Erscheinungsbild zu befürchten. 4.83

Keine Verletzung des Art. 9 EMRK wurde hingegen bei einer Krankenschwester in einem öffentlichen Krankenhaus angenommen, der die Krankenhausleitung untersagt hatte, über ihrem Kittel eine Halskette mit Kreuz zu tragen.[183] Ausschlaggebend für die Entscheidung des Gerichtshofs war der Umstand, dass das Verbot zur **Vermeidung von Unfällen und Infektionen** ausgesprochen worden war und vergleichbare Anordnungen auch gegenüber den Angehörigen anderer Konfessionen ergangen waren. 4.84

Ebenfalls nicht beanstandet wurde die Verfügung einer schweizerischen Schulbehörde, die einer zum islamischen Glauben übergetretenen **Grundschullehrerin** das **Tragen eines Kopftuchs** im Unterricht verboten hatte.[184] Der Gerichtshof hielt in diesem Fall die Begründung der Schulbehörde für stichhaltig, die zur Rechtfertigung des Verbots auf die Neutralitätspflicht öffentlicher Schulen und auf die besondere Beeinflussbarkeit gerade junger Schüler hingewiesen hatte. Diese Entscheidung steht in einem unverkennbaren Spannungsverhältnis zum später ergangenen Urteil im Verfahren *Lautsi u.a./Italien*, in dem der Gerichtshof die Kruzifixe in Klassenzimmern öffentlicher Schulen in Italien nicht als Verletzung von Art. 9 EMRK gewertet und dabei ausdrücklich festgehalten hat, es gebe keine Anhaltspunkte für einen möglichen Einfluss eines religiösen Symbols an den Wänden der Klassenzimmer auf die Schüler.[185] 4.85

Keine Konventionsrechtsverletzung sah der EGMR in der Entlassung einer Standesbeamtin, die sich aus **religiöser Überzeugung** geweigert hatte, Lebensgemeinschaften gleichgeschlechtlicher Partner zu registrieren.[186] Die Anordnung des Dienstherrn, trotz religiöser Bedenken an der Registrierung mitzuwirken, sollte die **Diskriminierung homosexueller Paare** verhindern und damit 4.86

---

181 EGMR (GK) v. 9.7.2013 – 2330/09 (*Sindicatul Păstorul cel Bun/Rumänien*) Rz. 160.
182 EGMR v. 15.1.2013 – 48420/10 u.a. (*Eweida u.a./Vereinigtes Königreich*) Rz. 89–95.
183 EGMR v. 15.1.2013 – 48420/10 u.a. (*Eweida u.a./Vereinigtes Königreich*) Rz. 97–101.
184 EGMR v. 12.1.2001 – 42393/98 (*Dahlab/Schweiz*); ebenso im Ergebnis EGMR v. 24.1.2006 – 65500/01 (*Kurtulmuş/Türkei*) im Fall eines Kopftuchverbots gegen eine Professorin an einer staatlichen Hochschule; v. 26.11.2015 – 64846/11 (*Ebrahimian/Frankreich*) im Fall eines Kopftuchverbots gegenüber einer Mitarbeiterin eines öffentlichen Krankenhauses, die Kontakt zu Patienten hatte.
185 EGMR (GK) v. 18.3.2011 – 30814/06 (*Lautsi u.a./Italien*) Rz. 66.
186 EGMR v. 15.1.2013 – 48420/10 u.a. (*Eweida u.a./Vereinigtes Königreich*) Rz. 102–106.

ein Ziel verwirklichen, das von der Konvention selbst vorgegeben sei. Den gleichen Grundsätzen folgte der Gerichtshof im Fall eines privat angestellten Familientherapeuten, der sich aus religiösen Gründen außerstande gesehen hatte, gleichgeschlechtliche Partner zu behandeln und in der Folge von seinem Arbeitgeber entlassen worden war.[187]

4.87 Jedenfalls in der Begründung überholt ist die Spruchpraxis der EKMR, wonach die **Verweigerung der Arbeitsleistung** zur Einhaltung **religiöser Ruhegebote** oder zur **Erfüllung der Gebetspflicht** keinen Schutz durch Art. 9 EMRK genieße.[188] Sofern hier die Eröffnung des Schutzbereichs bzw. – im Fall disziplinarischer Gegenmaßnahmen des Arbeitgebers – das Vorliegen eines Rechtseingriffs verneint wurde, beruhte dies im Wesentlichen auf der Annahme, dass der Arbeitnehmer durch die freiwillige Eingehung des Arbeitsverhältnisses die beklagten Einschränkungen seiner Religionsausübung aus freien Stücken auf sich genommen habe. Wie schon erwähnt (Rz. 4.75), schließt die Freiwilligkeit des Arbeitsverhältnisses nach der neueren Rspr. des EGMR die Verletzung von Art. 9 EMRK nicht vornherein aus. Nach wie vor gültig bleiben hingegen die Grundsätze des EGMR zu den **Darlegungsanforderungen** an einen Arbeitnehmer, der die Freistellung von seiner Arbeitspflicht aus religiösen Motiven verlangt (z.B. zur Begehung eines religiösen Feiertags): Hier ist eine Verletzung der Glaubensfreiheit zu verneinen, wenn der Arbeitgeber vom Arbeitnehmer verlangt, seine religiösen Beweggründe für die begehrte Arbeitsfreistellung glaubhaft zu machen.[189] Und schließlich sieht der Gerichtshof die **negative Religionsfreiheit** eines Arbeitnehmers nicht dadurch verletzt, dass auf seiner Lohnsteuerkarte die Nichtzugehörigkeit zu einer Konfession zu vermerken ist.[190]

f) Ausstrahlung auf das Unionsrecht

4.88 Im Unionsrecht wird die Glaubens- und Gewissensfreiheit durch **Art. 10 GRC** geschützt, dessen erster Absatz mit Art. 9 Abs. 1 EMRK wortlautidentisch ist und der auch nach dem ausdrücklichen Willen seiner Verfasser den gleichen Gewährleistungsgehalt aufweisen soll wie das Konventionsrecht.[191]

4.89 Art. 9 EMRK kommt darüber hinaus eine **Leitbildfunktion** im Zusammenhang mit den **Antidiskriminierungsrichtlinien** der Union zu. So zieht der **EuGH** die Konvention heran, um das Verbot der Diskriminierung aufgrund der Religion oder Weltanschauung im Rahmen der Richtlinie 2000/78/EG zu konkretisieren.[192] Bei der Beurteilung, ob das von einem privaten Arbeitgeber gegen eine Arbeitnehmerin ausgesprochene Verbot, am Arbeitsplatz ein islamisches Kopftuch zu tragen, eine unzulässige Diskriminierung im Sinne der vorgenannten Richtlinie darstellt, hat der EuGH zudem auf die Entscheidung *Eweida* des EGMR (Rz. 4.83) Bezug genommen. Er hat dabei die Auffassung des Straßburger Gerichtshofs geteilt, dass der Wunsch eines Unternehmens, den Kunden ein Bild der Neutralität zu vermitteln, Eingriffe in die Religionsausübungsfreiheit der eigenen Mitarbeiter rechtfertigen kann.[193]

4.90 Auch bei der Frage, welche Grenzen dem **Autonomierecht der Kirchen** zum Schutz der Grundrechte ihrer Beschäftigten zu ziehen sind, lehnt sich der EuGH eng an die Judikatur der EGMR an (hierzu im Einzelnen Rz. 4.52 ff.).

---

187 EGMR v. 15.1.2013 – 48420/10 u.a. (*Eweida u.a./Vereinigtes Königreich*) Rz. 107–110.
188 EKMR v. 12.3.1981 – 8160/78 (*X/Vereinigtes Königreich*) Rz. 4 ff.; v. 3.12.1996 – 24949/94 (*Konttinen/Finnland*); v. 9.4.1997 – 29107/95 (*Stedman/Vereinigtes Königreich*).
189 EGMR v. 13.4.2007 – 55170/00 (*Kosteski/Mazedonien*) Rz. 39.
190 EGMR v. 17.2.2011 – 12884/03 (*Wasmuth/Deutschland*) Rz. 61.
191 S. hierzu die Erläuterungen zur GRCh, ABl. 2007 C 303/17.
192 EuGH v. 14.3.2017 – C-157/15 (*Achbita*) Rz. 26 ff.; v. 14.3.2017 – C-188/15 (*Bougnaoui*) Rz. 28 ff.
193 EuGH v. 14.3.2017 – C-157/15 (*Achbita*) Rz. 39.

g) Bedeutung für das innerstaatliche deutsche Recht

Mit Blick auf die **individuelle Religions- und Gewissensfreiheit** des Arbeitnehmers sind keine Friktionen zwischen EMRK und innerstaatlichem deutschen Recht erkennbar. Insbesondere ist nicht festzustellen, dass die nationalen Gerichte die Ermessensspielräume überschritten, die ihnen der EGMR beim Schutz dieses Freiheitsrechts zuerkennt.

4.91

Die deutschen Gerichte messen in ihrer Rspr. zu Art. 4 GG der Glaubens- und Bekenntnisfreiheit der Beschäftigten tendenziell größeres Gewicht bei als der EGMR. Dies zeigt sich etwa in der Rspr. des **BVerfG** zu den **Kopftuchverboten an öffentlichen Schulen** und anderen Bildungseinrichtungen: Danach kann Lehrkräften das Tragen eines islamischen Kopftuchs oder anderer religiöser Symbole nur dann verboten werden, wenn eine **konkrete** Gefährdung oder Störung des Schulfriedens oder der staatlichen Neutralität zu befürchten ist.[194] Demgegenüber hatte der **EGMR** in einem ähnlichen gelagerten Fall bereits die **abstrakte** Gefahr einer religiösen Beeinflussung der Schüler ausreichen lassen, um ein Kopftuchverbot gegen eine muslimische Erzieherin zu rechtfertigen (Rz. 4.85).

4.92

Sofern das **BAG** an die Rechtmäßigkeit eines **Kopftuchverbots** gegenüber **Arbeitnehmerinnen einer kirchlichen Einrichtung** weniger strenge Anforderungen gestellt hat als im Bereich des öffentlichen Schulwesens,[195] steht auch diese Rspr. nicht im Widerspruch zur EMRK. Auch der EGMR neigt nämlich dazu, bei Glaubenskonflikten dem Selbstbestimmungsrecht einer Religionsgemeinschaft den Vorrang vor der Religionsfreiheit ihrer Arbeitnehmer einzuräumen: Die arbeitgebende Glaubensgemeinschaft wird regelmäßig in ihrem Interesse geschützt, ihre Glaubwürdigkeit zu wahren und ein einheitliches Erscheinungsbild in der Öffentlichkeit abzugeben, und muss regelmäßig keine abweichenden Glaubensbekundungen ihrer Mitarbeiter hinnehmen (Rz. 4.77 ff.). Für die Frage, ob das Verhalten des Beschäftigten die Glaubwürdigkeit der Religionsgemeinschaft tatsächlich gefährdet, ist im Einklang mit der Rspr. des EGMR eine objektive gerichtliche Prüfung erforderlich (Rz. 4.56). Die eigene Einschätzung der betroffenen Religionsgemeinschaft darf nicht allein ausschlaggebend sein.

4.93

Die religionsfreundliche Linie der deutschen Gerichte zeigt sich auch bei Arbeitsverhältnissen in der **Privatwirtschaft**. Private Arbeitgeber dürfen ihren Arbeitnehmern religiöse Bekundungen am Arbeitsplatz - etwa durch das Tragen eines islamischen Kopftuchs - nur dann untersagen, wenn ein solches Verhalten **konkrete betriebliche Störungen** oder **wirtschaftliche Einbußen für den Arbeit**geber erwarten lässt.[196] Diese Risiken sind vom Arbeitgeber im Einzelnen darzulegen. Demgegenüber scheint der EGMR der unternehmerischen Freiheit größeres Gewicht beizumessen, wenn er den Wunsch des Arbeitgebers, ein bestimmtes Außenbild des Unternehmens zu vermitteln, als prinzipiell legitimen Grund für die Beschränkung der Religionsfreiheit der Arbeitnehmer anerkennt (Rz. 4.83). Verweigert der Arbeitnehmer die vertraglich geschuldete Arbeitsleistung aus religiösen oder weltanschaulichen Gründen, kann der Arbeitgeber das Arbeitsverhältnis nur kündigen, wenn keine Möglichkeit besteht, den Arbeitnehmer im Betrieb oder Unternehmen entweder innerhalb des vertraglich vereinbarten Leistungsspektrums oder aber zu geänderten Vertragsbedingungen unter Vermeidung des Glaubens- bzw. sonstigen moralischen Konflikts sinnvoll weiterzubeschäftigen.[197] Die Rspr. zu Art. 9 EMRK ist demgegenüber insoweit restriktiver, als sie die Freiwilligkeit der arbeitsvertraglichen Verpflichtung hervorhebt und vor diesem Hintergrund eine geringere Schutzbedürftigkeit des Arbeitnehmers annimmt (vgl. Rz. 4.87).

4.94

---

194 BVerfG v. 27.1.2015 – 1 BvR 471/10, 1 BvR 1181/10, NJW 2015, 1359 Rz. 112 ff. (in Bezug auf öffentliche Schulen); v. 18.10.2016 – 1 BvR 354/11, NZA 2016, 1522 Rz. 54 ff. (in Bezug auf öffentliche Kindertagesstätten).
195 BAG v. 24.9.2014 – 5 AZR 611/12, NZA 2014, 1407 Rz. 56 ff.
196 BAG v. 10.10.2002 – 2 AZR 472/01, NZA 2003, 483 (zu II 3c bb); v. 24.9.2014 – 5 AZR 611/12, NZA 2014, 1407 Rz. 71.
197 BAG v. 24.2.2011 – 2 AZR 636/09, NZA 2011, 1087 Rz. 42.

4.95 Auch mit Blick auf die **korporative Religionsfreiheit** ist die Rechtsprechung der deutschen Gerichte und namentlich des BVerfG religionsfreundlicher. Daraus entstehen Spannungen zur EMRK.

3. Freiheit der Meinungsäußerung (Art. 10 EMRK)

a) Grundlagen

4.96 Art. 10 EMRK gewährleistet jeder Person das **Recht auf freie Meinungsäußerung**. Nach st. Rspr. des EGMR bildet dieses Konventionsrecht eine wesentliche Grundlage einer demokratischen Gesellschaft und ist eine Grundvoraussetzung für ihre Fortentwicklung und für die Selbstverwirklichung des Einzelnen.[198] Wie der Gerichtshof immer wieder betont, bedingen der Pluralismus, die Toleranz und Offenheit, die eine demokratische Gesellschaft ausmachen, dass die Meinungsfreiheit nicht nur für Nachrichten und Ideen gilt, die mit Wohlwollen aufgenommen werden oder als harmlos oder unbedeutend gelten, sondern auch für solche Äußerungen, die beim Empfänger Anstoß erregen, ihn schockieren oder beunruhigen.[199]

b) Schutzbereich

4.97 Im arbeitsrechtlichen Kontext lassen sich drei typische Fallgestaltungen unterscheiden, in denen die Meinungsfreiheit nach Art. 10 EMRK Bedeutung erlangt:

Zunächst schützt das Konventionsrecht das Recht des Arbeitnehmers auf **freie Meinungsäußerung am Arbeitsplatz**. Dies gilt für Beschäftigte sowohl in privaten Arbeitsverhältnissen als auch im öffentlichen Dienst.[200] Von der Meinungsfreiheit umfasst werden insbesondere auch Äußerungen des Arbeitnehmers, die sich kritisch gegen Vorgesetzte oder den Arbeitgeber selbst richten.[201] Diffamiert ein Gewerkschaftsfunktionär den Arbeitgeber und wird daraufhin entlassen, ist in erster Linie Art. 10 und nicht Art. 11 EMRK betroffen, wenn die Kündigung auf den Inhalt der Äußerung und nicht auf die Gewerkschaftszugehörigkeit des Mitarbeiters gestützt wird.[202]

4.98 Zweitens ist der Schutzbereich des Art. 10 EMRK berührt, wenn eine Person im Rahmen ihrer Beschäftigung Nachteile erleidet, weil sie eine bestimmte **politische** oder **ideologische Einstellung** vertritt oder sich – auch außerhalb des beruflichen Kontexts – in einer besonderen Weise **politisch betätigt**. Die erlittenen Nachteile können etwa darin bestehen, dass die Betroffene wegen der geäußerten Meinung in einem Bewerbungsverfahren um einen Arbeitsplatz abgelehnt wird[203] oder in einem bestehenden Arbeitsverhältnis vom Arbeitgeber mit disziplinarischen Maßnahmen – bis hin zur Kündigung – belegt wird.[204] Vom Schutzbereich des Art. 10 EMRK ausgenommen ist allerdings der **Zugang zum öffentlichen Dienst**. Wer z.B. aufgrund seiner politischen Ansichten nicht in den Staatsdienst aufgenommen wird, kann sich nicht auf das Konventionsrecht berufen.[205] Dies hängt damit zusammen, dass in der EMRK bewusst kein Recht auf Zugang zum öffentlichen Dienst niedergelegt wurde. In der Rspr. des Gerichtshofs ist allerdings eine gewisse Tendenz zu erkennen, die Ausnahme vom Schutzbereich eng auszulegen. Wird jemand in den öffentlichen Dienst aufgenommen und später aufgrund einer politischen Betätigung wieder entlassen, die bis

---

198 EGMR v. 7.12.1976 – 5493/72 (*Handyside/Vereinigtes Königreich*) Rz. 49.
199 EGMR (GK) v. 26.9.1995 – 17851/91 (*Vogt/Deutschland*) Rz. 52.
200 EGMR v. 16.7.2009 – 20436/02 (*Wojtas-Kaleta/Polen*) Rz. 42; v. 17.9.2015 – 14464/11 (*Langner/Deutschland*) Rz. 39; s. speziell zur Anwendung von Art. 10 EMRK in einem privaten Arbeitsverhältnis EGMR (GK) v. 12.9.2011 – 28955/06 u.a. (*Palomo Sánchez u.a./Spanien*).
201 Vgl. EGMR v. 29.2.2000 – 39293/98 (*Bobo Fuentes/Spanien*) Rz. 45.
202 EGMR (GK) v. 12.9.2011 – 28955/06 u.a. (*Palomo Sánchez u.a./Spanien*) Rz. 52.
203 EGMR v. 20.10.2009 – 39128/05 (*Lombardi Vallauri/Italien*).
204 EGMR (GK) v. 26.9.1995 – 17851/91 (*Vogt/Deutschland*).
205 EGMR v. 28.8.1986 – 9228/80 (*Glasenapp/Deutschland*) Rz. 48 ff.; v. 28.8.1986 – 9704/82 (*Kosiek/Deutschland*) Rz. 34 ff.

in die Zeit vor der Einstellung zurückreicht und möglicherweise damals schon dem Dienstherrn bekannt war, ist nach dem EGMR der Schutzbereich des Art. 10 EMRK eröffnet.[206]

Schließlich schützt Art. 10 EMRK das Recht von Beschäftigten, betriebliche Missstände im Interesse der Allgemeinheit zur Anzeige zu bringen (sog. „**Whistleblowing**"). Nach der Rspr. des EGMR gilt dies namentlich dann, „wenn der Beschäftigte der einzige ist oder Teil einer kleinen Gruppe von Personen, die Vorgänge am Arbeitsplatz kennt und daher am ehesten in der Lage ist, im öffentlichen Interesse zu handeln, indem er den Arbeitgeber oder die breite Öffentlichkeit auf Missstände aufmerksam macht."[207]

4.99

c) Eingriff

Für die Bestimmung, ob ein Eingriff in das Recht auf freie Meinungsäußerung vorliegt, gelten die gleichen Grundsätze wie bei den anderen von der Konvention garantierten Freiheitsrechten (Rz. 4.46 f.). Ein Eingriff ist demnach zu bejahen, wenn sich an ein Verhalten des Arbeitnehmers, das in den Schutzbereich des Art. 10 EMRK fällt, Nachteile knüpfen. Wird die benachteiligende Maßnahme von einem öffentlichen Arbeitgeber getroffen, greift Art. 10 EMRK in seiner **negativen Abwehrfunktion** ein, handelt hingegen ein privater Arbeitgeber, ist die **positive Schutzpflichtfunktion** des Grundrechts (*positive obligation*) betroffen (Rz. 4.17).[208]

4.100

d) Rechtfertigung

Nach Art. 10 Abs. 2 EMRK sind Eingriffe in das Recht auf freie Meinungsäußerung erlaubt, wenn sie **gesetzlich vorgeschrieben** sind, bestimmten **legitimen Zielen** dienen und zur Erreichung dieser Ziele in einer **demokratischen Gesellschaft notwendig** sind. Neben den auch in anderen Konventionsrechten erwähnten legitimen Zielen (Garantie der nationalen Sicherheit, Aufrechterhaltung der öffentlichen Sicherheit und Ordnung, Verhütung von Straftaten, Schutz der Gesundheit, Moral sowie Rechte anderer) werden im Rahmen des Art. 10 EMRK als weitere Eingriffsziele anerkannt: der Schutz des guten Rufes anderer, die Verhinderung der Verbreitung vertraulicher Informationen sowie die Wahrung der Autorität und der Unparteilichkeit der Rechtsprechung.

4.101

aa) Allgemeine Grundsätze

Die Prüfung der Rechtfertigung des Eingriffs folgt auch bei Art. 10 EMRK ähnlichen Kriterien wie bei anderen Konventionsrechten (Rz. 4.49 ff.). Dies gilt namentlich für den **Gesetzesvorbehalt** und für das Erfordernis eines **legitimen Zwecks** des Eingriffs.

4.102

Für die **Verhältnismäßigkeit** des Eingriffs kommt es regelmäßig auf eine **Abwägung** zwischen der Meinungsfreiheit des betroffenen Arbeitnehmers einerseits und den Rechten Dritter bzw. öffentlichen Interessen andererseits an. Der EGMR betont, dass die Konventionsstaaten bei der Abwägung einen gewissen **Ermessensspielraum** genießen.[209] Die Ermessensausübung unterliegt aber einer **europäischen Kontrolle** (*European supervision*) durch den Gerichtshof. Im Rahmen dieser europäischen Kontrolle stellt der Gerichtshof zunächst **prozedurale Anforderungen** an den Schutz der Meinungsfreiheit: Die Konventionsstaaten müssen einen effektiven (gerichtlichen) Rechts-

4.103

---

206 EGMR (GK) v. 26.9.1995 – 17851/91 (*Vogt/Deutschland*) Rz. 44; vgl. zur Einschränkung der Bereichsausnahme auch EGMR v. 21.10.2014 – 38162/07 (*Naidin/Rumänien*) Rz. 32.
207 EGMR (GK) v. 12.2.2008 – 14277/04 (*Guja/Moldawien*) Rz. 72; EGMR v. 21.7.2011 – 28274/08 (*Heinisch/Deutschland*) Rz. 63; v. 17.9.2015 – 14464/11 (*Langner/Deutschland*) Rz. 44; vgl. auch EGMR v. 18.10.2011 – 10247/09 (*Sosinowska/Polen*) Rz. 83.
208 Zur positiven Schutzpflichtdimension des Art. 10 EMRK s. EGMR (GK) v. 12.9.2011 – 28955/06 u.a. (*Palomo Sánchez u.a./Spanien*) Rz. 58 ff.
209 EGMR (GK) v. 26.9.1995 – 17851/91 (*Vogt/Deutschland*) Rz. 52; EGMR v. 17.9.2015 – 14464/11 (*Langner/Deutschland*) Rz. 42.

schutz gegen die Eingriffsmaßnahme garantieren. Dazu gehört insbesondere auch, dass die betroffene Person die Gründe erfährt, weswegen ihre Meinungsfreiheit eingeschränkt wird.[210] Darüber hinaus gibt der EGMR den nationalen Gerichten auch konkrete **inhaltliche Kriterien** an die Hand, die für die Abwägungsentscheidung maßgebend sind (dazu im Folgenden). Auf diese Weise trägt er zur Entwicklung eines **materiellen Schutzstandards** für das Recht auf freie Meinungsäußerung bei.

bb) Kritische Meinungsäußerungen am Arbeitsplatz

4.104 Der Gerichtshof musste sich wiederholt mit der Frage befassen, inwieweit ein Arbeitgeber kritische Äußerungen von Arbeitnehmern sanktionieren darf, die gegen seine eigene Person oder andere Beschäftigte im Betrieb gerichtet sind. Im Ausgangspunkt hält er fest, dass Beschäftigte ihrem Arbeitgeber gegenüber zu **Loyalität, Zurückhaltung und Diskretion** verpflichtet sind.[211] Dies gilt gleichermaßen für Beschäftigte im **öffentlichen Dienst** und in **privaten Arbeitsverhältnissen**.[212] Für die Beurteilung, ob eine kritische Meinungsäußerung diese Loyalitätspflicht verletzt und eine als Reaktion darauf vom Arbeitgeber verhängte disziplinarische Maßnahme verhältnismäßig ist, hat er eine Reihe maßgebender Kriterien formuliert. Im Einzelnen haben Berücksichtigung zu finden: die Gründe für die Äußerung, ihre rechtliche und tatsächliche Grundlage, der Wortlaut und dessen mögliche Auslegungen sowie die Auswirkungen auf den Arbeitgeber und die Sanktion selbst.[213]

4.105 Entscheidend ist zunächst, ob die gerügte Äußerung eher sachlicher Natur ist oder ob es sich um **Schmähkritik** handelt.[214] Bei Beleidigungen ist ferner erheblich, ob es sich um eine **spontane mündliche Äußerung** handelt oder um eine schriftliche Verlautbarung, bei der sich der Urheber der möglichen Wirkungen und Folgen bewusst sein musste.[215] Wird gegen den Arbeitgeber unberechtigt der Vorwurf kriminellen Verhaltens erhoben, macht es einen Unterschied, ob der Vorwurf von einem Juristen oder aber einem Laien formuliert wurde, der nicht über juristischen Sachverstand verfügt.[216] Bedeutung kommt ferner dem **Kontext der Äußerung** zu: Die Grenzen der Meinungsfreiheit sind weiter zu ziehen, wenn die Äußerung im Zusammenhang mit einer arbeitsrechtlichen Streitigkeit fällt, die auch andere Beschäftigte oder sogar die Belegschaft insgesamt betrifft.[217] Zu berücksichtigen ist außerdem, ob eine ehrverletzende Bemerkung im Beisein dritter Personen gemacht wurde, da dies die Schwere des Loyalitätsverstoßes verstärkt.[218] Und schließlich ist zu prüfen, ob die vom Arbeitgeber **konkret verhängte Sanktion**, gemessen am Fehlverhalten des Arbeitnehmers, **verhältnismäßig** ist: Wie der Gerichtshof unter Hinweis auf das nationale Recht in den meisten Vertragsstaaten klarstellt, kann eine ehrverletzende Äußerung des Arbeitnehmers auch die **Kündigung** des Arbeitsverhältnisses durch den Arbeitgeber rechtfertigen, wenn das Verhalten des Arbeitnehmers das Betriebsklima oder unternehmerische Interessen nachhaltig beeinträchtigt.[219]

---

210 EGMR v. 20.10.2009 – 39128/05 (*Lombardi Vallauri/Italien*) Rz. 46 ff.
211 EGMR (GK) v. 12.9.2011 – 28955/06 u.a. (*Palomo Sánchez u.a./Spanien*) Rz. 76.
212 EGMR v. 17.9.2015 – 14464/11 (*Langner/Deutschland*) Rz. 43; dazu, dass die Loyalitätspflicht in privaten Arbeitsverhältnissen unter Umständen weniger weitreichend ist, EGMR v. 21.7.2011 – 28274/08 (*Heinisch/Deutschland*) Rz. 64.
213 EGMR v. 17.9.2015 – 14464/11 (*Langner/Deutschland*) Rz. 45.
214 EGMR (GK) v. 12.9.2011 – 28955/06 u.a. (*Palomo Sánchez u.a./Spanien*) Rz. 67 (zum Fall einer im Betrieb veröffentlichten Karikatur, in der der Arbeitgeber bei der Vornahme sexueller Handlungen mit Mitarbeitern des Betriebs dargestellt wurde).
215 EGMR v. 29.2.2000 – 39293/98 (*Bobo Fuentes/Spanien*) Rz. 46; v. 14.3.2002 – 46833/99 (*Diego Nafria/Spanien*) Rz. 41; EGMR (GK) v. 12.9.2011 – 28955/06 u.a. (*Palomo Sánchez u.a./Spanien*) Rz. 73.
216 EGMR v. 17.9.2015 – 14464/11 (*Langner/Deutschland*) Rz. 49 (zum Vorwurf der Rechtsbeugung gegen einen Vorgesetzten).
217 EGMR (GK) v. 12.9.2011 – 28955/06 u.a. (*Palomo Sánchez u.a./Spanien*) Rz. 71.
218 EGMR v. 17.9.2015 – 14464/11 (*Langner/Deutschland*) Rz. 51.
219 EGMR (GK) v. 12.9.2011 – 28955/06 u.a. (*Palomo Sánchez u.a./Spanien*) Rz. 74 f.; vgl. auch EGMR v. 17.9.2015 – 14464/11 (*Langner/Deutschland*) Rz. 53.

cc) Benachteiligung aufgrund der politischen oder ideologischen Einstellung

Die Frage, inwieweit ein Arbeitgeber auf die politische oder ideologische Ausrichtung seiner Beschäftigten Einfluss nehmen kann, stellt sich vor allem im **öffentlichen Dienst**.[220] Der EGMR erkennt zunächst an, dass der Staat als Dienstherr seinen Bediensteten eine **Pflicht zur Diskretion und Verfassungstreue** auferlegen kann.[221] Speziell mit Blick auf Deutschland zeigt der Gerichtshof Verständnis für das Prinzip der wehrhaften Demokratie: Angesichts der historischen Erfahrungen aus der Weimarer Republik sei es im Grundsatz legitim, wenn Bund und Länder von ihren Beschäftigten verlangten, sich nicht aktiv in verfassungsfeindlichen oder extremistischen Parteien zu engagieren.[222] Aus den gleichen Gründen sei es prinzipiell vertretbar, wenn nach der Wiedervereinigung früheren Funktionsträgern der SED und Mitarbeitern des Ministeriums für Staatssicherheit die persönliche Eignung für das Lehramt abgesprochen worden sei.[223] Allerdings dürfe die Loyalitätspflicht gegenüber dem öffentlichen Dienstherrn nicht in der Weise absolut sein, dass sie unabhängig von der **Tätigkeit** und dem **Rang des Beschäftigten** gelte und außerdem unterschiedslos das **dienstliche** und **außerdienstliche Verhalten** erfasse.[224] Der Gerichtshof folgt damit einem ähnlichen Ansatz wie bei der grundrechtlichen Kontrolle der Loyalitätsobliegenheiten kirchlicher Mitarbeiter, bei der es ebenfalls entscheidend darauf ankommt, welche Funktion der betroffene Mitarbeiter innerhalb der kirchlichen Organisation bekleidet und wie nahe er dem Verkündigungsauftrag der Kirche steht (Rz. 4.54).

4.106

Unter Zugrundelegung der vorstehenden Kriterien wurde im Fall *Vogt/Deutschland* die Entlassung einer auf Lebenszeit verbeamteten Lehrerin wegen aktiver Mitgliedschaft in der DKP als konventionswidrig beurteilt.[225] Die Große Kammer des EGMR hob hervor, dass die Lehrerin, die Deutsch und Französisch an einem Gymnasium unterrichtet hatte, kein „Sicherheitsrisiko" dargestellt habe. Sie sei weder im Unterricht noch außerhalb der Schule durch verfassungsfeindliche Äußerungen aufgefallen. Auch sei zu berücksichtigen, dass die DKP vom Bundesverfassungsgericht nicht als verfassungsfeindliche Partei verboten worden sei. Schließlich stellte die Große Kammer auch auf die Härte der Sanktion ab: Die Entlassung aus dem Schuldienst komme einem Berufsverbot gleich, da es in Deutschland außerhalb des öffentlichen Dienstes kaum Beschäftigungsmöglichkeiten für Lehrer gebe.[226] Hingegen hielt der EGMR die Entlassung eines Lehrers, der in der DDR als SED-Funktionär tätig gewesen war und mit dem Ministerium für Staatsicherheit kollaboriert hatte, nicht für konventionswidrig.[227] Bei seiner Entscheidung berücksichtigte der Gerichtshof insbesondere, dass der Lehrer seine Funktionen als Lehrer und Parteimitarbeiter nicht klar voneinander getrennt und einen Schüler zur Teilnahme an einer politischen Kundgebung aufgefordert hatte.

4.107

---

220 Vgl. aber EGMR v. 20.10.2009 – 39128/05 (*Lombardi Vallauri/Italien*), wo sich die Frage im Kontext eines Arbeitsverhältnisses mit einem kirchlichen Arbeitgeber stellte.
221 EGMR (GK) v. 26.9.1995 – 17851/91 (*Vogt/Deutschland*) Rz. 53, 59; vgl. auch EGMR v. 7.6.2011 – 48135/08 (*Gollnisch/Frankreich*); s. speziell zu den besonderen Anforderungen an Richter EGMR (GK) v. 28.10.1999 – 28396/95 (*Wille/Liechtenstein*) Rz. 64.
222 EGMR (GK) v. 26.9.1995 – 17851/91 (*Vogt/Deutschland*) Rz. 54, 59.
223 EGMR v. 22.11.2001 – 22954/93 (*Volkmer/Deutschland*).
224 EGMR (GK) v. 26.9.1995 – 17851/91 (*Vogt/Deutschland*) Rz. 59 f.
225 EGMR (GK) v. 26.9.1995 – 17851/91 (*Vogt/Deutschland*).
226 Vgl. im Gegensatz hierzu EGMR v. 24.11.2005 – 27574/02 (*Otto/Deutschland*), wo die bloße Nichtbeförderung eines Polizeibeamten zum Kriminaloberkommissar wegen seiner aktiven Mitgliedschaft in der Partei „Die Republikaner" nicht als unverhältnismäßig beurteilt wurde.
227 EGMR v. 22.11.2001 – 22954/93 (*Volkmer/Deutschland*).

dd) „Whistleblowing"

4.108 Mit dem **Schutz von Whistleblowern im arbeitsrechtlichen Kontext** befasste sich der EGMR in der Entscheidung *Heinisch/Deutschland*, die hierzulande viel Aufsehen erregte.[228] In dem Fall ging es um eine Altenpflegerin in einer privatrechtlich organisierten, jedoch mehrheitlich vom Land Berlin kontrollierten Pflegeeinrichtung. Die Pflegerin hatte zunächst ihre Vorgesetzten und die Leitung der Einrichtung wiederholt auf gravierende Defizite bei der Pflege der Heimbewohner aufmerksam gemacht. Weil ihre Hinweise ignoriert wurden, erstattete sie schließlich Anzeige bei der Staatsanwaltschaft. Als die Leitung der Pflegeeinrichtung von der Strafanzeige erfuhr, kündigte sie der Pflegerin fristlos. Das daraufhin eingeleitete Kündigungsschutzverfahren blieb erfolglos.

4.109 Der EGMR hatte nun zu entscheiden, ob ein Arbeitgeber Sanktionen gegen einen Arbeitnehmer ergreifen darf, der betriebliche Missstände öffentlich zur Anzeige bringt. Die Beantwortung der Frage, so der Gerichtshof, erfordere eine **Abwägung** zwischen der **Meinungsfreiheit des Arbeitnehmers** einerseits und dem **Schutz des Rufs** sowie der **wirtschaftlichen Interessen des Arbeitgebers** andererseits.[229] Sodann entwickelt die Kammer einen Katalog abwägungsrelevanter Kriterien. (1) Entscheidend sei zunächst das **öffentliche Interesse** an der vom Arbeitnehmer enthüllten Information. (2) Weiterhin sei prüfen, ob es andere, für den Arbeitgeber schonendere Möglichkeiten gegeben habe, auf den Missstand hinzuweisen. In diesem Zusammenhang spielt vor allem eine Rolle, ob sich der Arbeitnehmer um **interne Klärung** der betrieblichen Probleme bemüht hat. Eine öffentliche Anzeige komme grundsätzlich nur dann in Betracht, wenn der Arbeitgeber auf die internen Hinweise nicht reagiere oder wenn der Arbeitnehmer wegen der betrieblichen Missstände selbst strafrechtliche Verfolgung riskiere. (3) Zu berücksichtigen sei ferner der **Wahrheitsgehalt** der verbreiteten Informationen: Der Arbeitnehmer sei nicht schutzwürdig, wenn er bewusst oder leichtfertig Falschangaben mache. (4) Außerdem spielten die **Motive** des Arbeitnehmers eine Rolle. So mache es einen Unterschied, ob der Arbeitnehmer in erster Linie die Schädigung des Arbeitgebers beabsichtige, ob er sich von der Anzeige unter Umständen einen persönlichen Vorteil verspreche oder ob er vornehmlich im öffentlichen Interesse oder zum Schutz anderer Personen handle. Schließlich müssten (5) der dem Arbeitgeber entstandene **Schaden** sowie (6) die Schwere der gegen den Arbeitnehmer verhängten **Sanktion** bei der Abwägung Berücksichtigung finden.

4.110 Im konkreten Fall gelangte der Gerichtshof zum Ergebnis, dass die Kündigung der Arbeitnehmerin unverhältnismäßig war.[230] Aufgrund der Hilflosigkeit der Patienten in der Pflegeeinrichtung habe ein beträchtliches öffentliches Interesse an der Aufdeckung der Mängel bestanden. Die Pflegerin habe sich auch wiederholt um eine interne Klärung bemüht. Dass das Strafverfahren gegen die Leitung des Pflegeheims nach § 170 Abs. 2 StPO eingestellt worden sei, erschüttere nicht zwangsläufig den Wahrheitsgehalt der von der Pflegerin erhobenen Vorwürfe. Die mangelhaften Verhältnisse in der Einrichtung waren nämlich auch vom Medizinischen Dienst der Krankenkassen im Rahmen von Routinekontrollen beanstandet worden, so dass die Vorwürfe der Pflegerin nicht völlig aus der Luft gegriffen seien.

4.111 Der Fall *Heinisch* betraf das Arbeitsverhältnis mit einem **privatrechtlich organisierten**, jedoch unter **öffentlicher Kontrolle** stehenden Unternehmen. Die vom Gerichtshof entwickelten Grundsätze gelten indessen ebenso für Arbeitsverhältnisse in der **Privatwirtschaft**. Zwar merkt die Kammer an, dass die Loyalitätspflichten des Arbeitnehmers in einem privaten Arbeitsverhältnis tendenziell schwächer ausgeprägt seien als im öffentlichen Dienst.[231] Dieser Hinweis des Gerichtshofs könnte zunächst

---

228 EGMR v. 21.7.2001 – 28274/08 (*Heinisch/Deutschland*); s. bereits EGMR (GK) v. 12.2.2008 – 14277/04 (*Guja/Moldawien*) sowie EGMR v. 27.2.2018 – 1085/10 (*Guja/Moldawien [Nr. 2]*), zum Schutz eines Justizangestellten, der zur Anprangerung politischer Missstände behördeninterne Dokumente an die Presse weitergeleitet hatte und daraufhin entlassen worden war; s. ebenfalls zum öffentlichen Dienst EGMR v. 19.2.1009 – 4063/04 (*Marchenko/Ukraine*).
229 Rz. 64 der Entscheidung.
230 Rz. 93 der Entscheidung.
231 Rz. 64 der Entscheidung.

dafür sprechen, dass der Meinungsfreiheit des Arbeitnehmers in privaten Beschäftigungsverhältnissen größeres Gewicht beizumessen ist. Auf der anderen Seite ist jedoch zu berücksichtigen, dass die gegenläufigen Interessen des privaten Arbeitgebers – namentlich sein persönlicher Ruf und seine unternehmerischen Interessen – aufgrund seiner eigenen Grundrechtsberechtigung bei der Abwägung stärker zu Buche schlagen als bei einem öffentlichen Dienstherrn.[232] Im Ergebnis dürfte somit der Schutz des Whistleblowers bei privaten und öffentlichen Einrichtungen ähnlich weit reichen.[233]

e) Bedeutung für das innerstaatliche deutsche Recht

Im Zusammenhang mit Art. 10 EMRK hat vor allem die Rspr. des EGMR zum **Schutz von Whistleblowern** viel Aufmerksamkeit in Deutschland erfahren. In dem oben geschilderten Fall *Heinisch/Deutschland* hatten die deutschen Arbeitsgerichte die Kündigungsschutzklage der entlassenen Altenpflegerin abgewiesen, während der Gerichtshof die Kündigung als konventionswidrig gewertet hatte. Nach überwiegender Auffassung zwingt die Entscheidung des EGMR die deutschen Gerichte allerdings nicht zu einer Korrektur ihrer bisherigen Rspr.[234] Die Grundsätze, die das BAG[235] und das BVerfG[236] zum Schutz des Whistleblowers auf der Grundlage von **Art. 5 GG** entwickelt haben, decken sich weitestgehend mit der Linie des EGMR zu Art. 10 EMRK. In seiner Entscheidung zum Fall *Heinisch* verweist der Gerichtshof selbst auf die deutsche Judikatur, ohne diese inhaltlich zu beanstanden.[237] Die Verurteilung Deutschlands wegen Verletzung der Konvention beruhte letztlich darauf, dass der EGMR zu einer anderen Bewertung des konkreten Sachverhalts gelangte als das zuvor mit der Sache befasste LAG Berlin.[238]

4.112

4. Versammlungs- und Vereinigungsfreiheit, insbesondere: Koalitionsfreiheit (Art. 11 EMRK)

a) Grundlagen

Art. 11 EMRK gewährleistet als weitere politische und für die Demokratie grundlegende Freiheitsrechte die **Versammlungs-** und **Vereinigungsfreiheit**.[239] Als spezielle Ausprägung dieses Grundrechts garantiert Art. 11 Abs. 1 2. Halbs. EMRK „**das Recht, zum Schutz seiner Interessen Gewerkschaften zu gründen und Gewerkschaften beizutreten.**" Aus Sicht des EGMR steht diese zuletzt genannte Garantie als pars pro toto für ein umfassenderes, von der Konvention **verbürgtes Koalitionsrecht** (*right to organise*).[240] Kennzeichnend für die Rspr. des Gerichtshofs ist die Tendenz, den Gewährleistungsgehalt des Grundrechts unter Hinweis auf allgemeine Entwicklungen im Recht der kollektiven Arbeitsbeziehungen immer weiter auszudehnen (Rz. 4.118 ff.). Entgegen seiner früheren Judikatur rechnet der EGMR inzwischen auch spezifische gewerkschaftliche Betätigungen, die der Durchsetzung der Mitgliederinteressen dienen, zum Schutzbereich des Art. 11 EMRK. Namentlich das **Recht, Kollektivverhandlungen zu führen**, und das **Streikrecht** sind inzwischen als

4.113

---

232 Rz. 89 f. der Entscheidung; vgl. hierzu auch Sagan in Boecken/Düwell/Diller/Hanau, Gesamtes Arbeitsrecht, Art. 10 EMRK Rz. 11.
233 Anders in der Beurteilung Seifert, EuZA 2012, 411 (420), der einen stärkeren Schutz von Whistleblowern im öffentlichen Sektor annimmt.
234 Sagan in Boecken/Düwell/Diller/Hanau, Gesamtes Arbeitsrecht, Art. 10 EMRK Rz. 12; Ulber, NZA 2011, 962; EuArbR/Schubert, Art. 10 EMRK Rz. 37.
235 BAG v. 3.7.2003 – 2 AZR 235/02, NZA 2004, 427.
236 BAG v. 2.7.2001 – 1 BvR 2049/00, NZA 2001, 888.
237 Rz. 73 und 78 der Entscheidung; vgl. auch Schlachter, RdA 2012, 108 (112).
238 Seifert, EuZA 2012, 411 (418); Sagan in Boecken/Düwell/Diller/Hanau, Gesamtes Arbeitsrecht, Art. 10 EMRK Rz. 12.
239 S. z.B. EGMR (GK) v. 25.4.1999 – 25088/94 u.a. (*Chassagnou u.a./Frankreich*) Rz. 100; EGMR v. 14.2.2006 – 28793/02 (*Christliche Demokratische Volkspartei/Moldawien*) Rz. 42 ff.
240 Vgl. EGMR (GK) v. 9.7.2013 – 2330/09 (*Sindicatul Păstorul cel Bun/Rumänien*) Rz. 135.

Bestandteile der Koalitionsfreiheit anerkannt. Wie der Gerichtshof betont, ist die „Gewerkschaftsfreiheit" ein „wesentliches Element des sozialen Dialogs zwischen Arbeitnehmern und Arbeitgebern und daher ein wichtiges Mittel, um soziale Gerechtigkeit und sozialen Frieden zu erreichen."[241]

b) Schutzbereich

aa) Persönlicher Schutzbereich

4.114 In persönlicher Hinsicht schützt die Koalitionsfreiheit nach Art. 11 EMRK zum einen die einzelnen **Arbeitnehmer**, die sich zur gemeinschaftlichen Durchsetzung ihrer Interessen zusammenschließen. Neben klassischen Arbeitnehmern werden aber auch **andere Erwerbstätige** erfasst, die **in abhängiger Stellung** beschäftigt sind. Dies gilt namentlich für **Priester**[242] oder für Beschäftigte im öffentlichen Dienst, unabhängig davon, ob das Beschäftigungsverhältnis privat- oder öffentlich-rechtlich ausgestaltet ist.[243] **Beamte** fallen auch dann in den Schutzbereich des Art. 11 EMRK, wenn sie genuin hoheitliche Aufgaben erfüllen. Eine indirekte Bestätigung hierfür liefert Art. 11 Abs. 2 EMRK, wonach die Vereinigungsfreiheit für Angehörige der Streitkräfte, der Polizei oder der Staatsverwaltung lediglich unter bestimmten engen Voraussetzungen eingeschränkt werden kann.[244] Inwieweit die Konvention auch selbständig Beschäftigten das Recht zur Gründung von „Gewerkschaften" gewährt, hat der EGMR bisher offen gelassen.[245] Die Möglichkeit, Verbände zur Wahrung beruflicher Interessen zu gründen, wird ihnen jedenfalls durch die allgemeine Vereinigungsfreiheit nach Art. 11 EMRK garantiert.

4.115 Darüber hinaus kommt die Koalitionsfreiheit in ihrer **kollektiven Dimension** auch den **Gewerkschaften** selbst zugute. Diese können sich aus eigenem Recht auf Art. 11 EMRK berufen. Die kollektive Koalitionsfreiheit schützt die Gewerkschaften in ihrem (rechtlichen) **Bestand**[246] und **Selbstorganisationsrecht**.[247] Voraussetzung hierfür ist, dass es sich bei der Gewerkschaft um eine private, von der öffentlichen Hand unabhängige Vereinigung handelt.[248] Das Recht, in Kollektivverhandlungen mit dem sozialen Gegenspieler zu treten, Arbeitskämpfe zu führen und andere Maßnahmen zur kollektiven Interessenwahrnehmung zu ergreifen (Rz. 4.117 ff.), erkennt der EGMR nicht nur den einzelnen (gewerkschaftlich organisierten) Arbeitnehmern, sondern auch den Gewerkschaften selbst zu.[249]

---

241 EGMR (GK) v. 9.7.2013 – 2330/09 (*Sindicatul Păstorul cel Bun/Rumänien*) Rz. 130.
242 EGMR (GK) v. 9.7.2013 – 2330/09 (*Sindicatul Păstorul cel Bun/Rumänien*) Rz. 140 ff.
243 EGMR v. 21.2.2006 – 28602/95 (*Tüm Haber Sen und Çınar/Türkei*) Rz. 29.
244 EGMR v. 6.2.1976 – 5614/72 (*Schwedische Lokomotivführergewerkschaft/Schweden*) Rz. 37; EGMR (GK) v. 12.11.2008 – 34503/97 (*Demir und Baykara/Türkei*) Rz. 107; EGMR v. 2.10.2014 – 10609/10 (*Matelly/Frankreich*) Rz. 55 ff. (im Zusammenhang mit Angehörigen der Streitkräfte); EGMR v. 21.4.2015 – 45892/09 (*ER.N.E./Spanien*) Rz. 29 (im Zusammenhang mit Polizisten).
245 EGMR v. 16.6.2015 – 46551/06 (*Manole u.a./Rumänien*) Rz. 57 ff. (im Zusammenhang mit selbständig Beschäftigten in der Landwirtschaft).
246 EGMR (GK) v. 9.7.2013 – 2330/09 (*Sindicatul Păstorul cel Bun/Rumänien*) Rz. 149 (im Zusammenhang mit der verweigerten staatlichen Registrierung einer Gewerkschaft).
247 EKMR v. 7.5.1990 – 13537/88 (*Johansson/Schweden*); EGMR v. 27.2.2007 – 11002/05 (*ASLEF/Vereinigtes Königreich*) Rz. 38.
248 EGMR v. 27.2.2007 – 11002/05 (*ASLEF/Vereinigtes Königreich*) Rz. 40; vgl. zu den Anforderungen an eine Vereinigung i.S.v. Art. 11 EMRK auch EGMR v. 30.6.1993 – 16130/90 (*Sigurdur A. Sigurjónsson/Island*) Rz. 30 ff.
249 S. hierzu die zahlreichen Verfahren, in denen Gewerkschaften im Zusammenhang mit den angesprochenen Rechten Individualbeschwerde erhoben haben z.B. EGMR v. 27.10.1975 – 4464/70 (*Nationale Gewerkschaft der belgischen Polizei/Belgien*) Rz. 39 (zum Recht einer Gewerkschaft, sich für die Interessen ihrer Mitglieder einzusetzen); EGMR v. 8.4.2014 – 31045/10 (*National Union of Rail, Maritime and Transport Workers/Vereinigtes Königreich*) Rz. 85 (zum Recht auf Anhörung durch den Arbeitgeber und auf Kollektivverhandlungen); EGMR v. 27.11.2014 – 36701/09 (*Hrvatski liječnički sindikat/Kroatien*) Rz. 49 (zum Streikrecht).

Von der Konvention nicht ausdrücklich vorgesehen ist ein dem Recht der Arbeitnehmer entspre- 4.116
chendes Recht der **Arbeitgeber**, zur Wahrnehmung ihrer beruflichen Interessen Verbände zu
gründen oder solchen Verbänden beizutreten. Art. 11 Abs. 1 2. Halbs. EMRK bezieht sich nach
seinem klaren Wortlaut (*trade unions*) allein auf die Arbeitnehmer. Jedoch wird die Koalitionsfreiheit der Arbeitgeber von der **allgemeinen Vereinigungsfreiheit** des Art. 11 EMRK umfasst.[250]

bb) Positive Koalitionsfreiheit

Art. 11 EMRK garantiert zum einen die **positive Koalitionsfreiheit**. Hierzu zählt zunächst das in 4.117
Art. 11 Abs. 1 2. Halbs. EMRK ausdrücklich garantierte „Recht, zum Schutz seiner Interessen Gewerkschaften zu gründen und Gewerkschaften beizutreten." Der EGMR war anfänglich zurückhaltend, den Gewährleistungsgehalt des Konventionsrechts darüber hinaus auszudehnen. Immerhin
wurde aus dem im Normwortlaut zum Ausdruck kommenden Koalitionszweck – dem Schutz der
Mitgliederinteressen – abgeleitet, dass Art. 11 EMRK in gewissem Umfang auch die **Betätigungsfreiheit der Gewerkschaften** und ihrer Mitglieder garantiere: Die Konventionsstaaten, so der Gerichtshof, müssten die Voraussetzungen dafür schaffen, dass die Gewerkschaften mit ihren Anliegen gehört
würden und sich für die Belange ihrer Mitglieder einsetzen könnten.[251] Folglich ist Art. 11 EMRK
verletzt, wenn das nationale Recht Arbeitnehmern, die sich gewerkschaftlich betätigen, keinen Schutz
gegen Diskriminierungen und Maßregelungen durch den Arbeitgeber bietet.[252] Gleiches gilt, wenn
das nationale Recht dem Arbeitgeber erlaubt, Arbeitnehmer besser zu behandeln, die auf eine gewerkschaftliche Vertretung ihrer Interessen verzichten.[253] Spezifische gewerkschaftliche Betätigungs-
rechte, wie etwa Konsultationsrechte, ein Recht auf Kollektivverhandlungen oder ein Streikrecht,
sah der Gerichtshof ursprünglich nicht durch die EMRK gewährleistet – diese Rechte seien allein
in der Europäischen Sozialcharta geregelt (zum Verhältnis zwischen EMRK und ESC Rz. 4.7 ff.).[254]

Nach der Jahrtausendwende schlug der EGMR einen neuen Kurs ein. Nachdem er in einzelnen
Entscheidungen bereits erste Ansätze zu einer extensiveren Auslegung des Art. 11 EMRK gezeigt
hatte,[255] entschied im Jahr 2008 die Große Kammer des Gerichtshofs im Verfahren *Demir und
Baykara/Türkei*, dass die Vereinigungsfreiheit auch das **Recht auf Kollektivverhandlungen** einschließe.[256] Wenig später wurde mit der Entscheidung *Enerji Yapı-Yol Sen/Türkei* das **Streikrecht**
ebenfalls als Bestandteil der Koalitionsfreiheit nach Art. 11 EMRK anerkannt.[257]

Die Ausweitung des Schutzbereichs der Koalitionsfreiheit durch den EGMR hat **methodische Kri-** 4.118
tik erfahren.[258] Bei der Anerkennung des Kollektivverhandlungsrechts in *Demir und Baykara* hatte

---

250 Vgl. EGMR (GK) v. 25.4.1996 – 15573/89 (*Gustafsson/Schweden*) Rz. 44; EGMR v. 2.6.2016 – 23646/09
(*Geotech Kancev GmbH/Deutschland*) Rz. 51 ff. (zur negativen Koalitionsfreiheit) sowie Rz. 58 (zur
positiven Koalitionsfreiheit).
251 EGMR v. 27.10.1975 – 4464/70 (*Nationale Gewerkschaft der belgischen Polizei/Belgien*) Rz. 39;
EGMR (GK) v. 25.4.1996 – 15573/89 (*Gustafsson/Schweden*) Rz. 45.
252 EGMR v. 30.7.2009 – 67336/01 (*Danilenkov u.a./Russland*) Rz. 123.
253 EGMR v. 2.7.2002 – 30668/96 u.a. (*Wilson, National Journalist Union u.a./Vereinigtes Königreich*) Rz. 48.
254 EGMR v. 27.10.1975 – 4464/70 (*Nationale Gewerkschaft der belgischen Polizei/Belgien*) Rz. 38; v. 6.2.
1976 – 5589/72 (*Schmidt und Dahlström/Schweden*) Rz. 34; v. 6.2.1976 – 5614/72 (*Schwedische Lo-
komotivführergewerkschaft/Schweden*) Rz. 39.
255 Vgl. EGMR v. 2.7.2002 – 30668/96 u.a. (*Wilson, National Journalist Union u.a./Vereinigtes Königreich*) Rz. 44 ff.; zum Ganzen *Seifert*, KritV 2009, 359 f.
256 EGMR (GK) v. 12.11.2008 – 34503/97 (*Demir und Baykara/Türkei*) Rz. 147 ff.
257 EGMR v. 21.4.2009 – 68959/01 (*Enerji Yapı-Yol Sen/Türkei*) Rz. 24; s. auch EGMR v. 8.4.2014 –
31045/10 (*National Union of Rail, Maritime and Transport Workers/Vereinigtes Königreich*) Rz. 84;
EGMR v. 2.10.2014 – 48408/12 (*Veniamin Tymoshenko/Ukraine*) Rz. 78; EGMR v. 27.11.2014 –
36701/09 (*Hrvatski liječnički sindikat/Kroatien*) Rz. 49.
258 *Sagan* in Boecken/Düwell/Diller/Hanau, Gesamtes Arbeitsrecht, Art. 11 EMRK Rz. 14; *Schlachter*,
RdA 2011, 341 (345 ff.); *Seifert*, KritV 2009, 357, 362 ff.; die Rspr. des EGMR hingegen verteidigend
Fütterer, EuZA 2011, 505 (513 f.).

sich der Gerichtshof maßgeblich auf die Entwicklung des internationalen und nationalen Arbeitsrechts gestützt.[259] In diesem Zusammenhang hatte er zur Auslegung von Art. 11 EMRK nicht nur die ILO-Konventionen Nr. 98 und 151 herangezogen, sondern auch Art. 6 Nr. 2 ESC, obwohl diese Regelung von der Türkei als beklagtem Konventionsstaat gar nicht ratifiziert worden war. Entsprechende Einwände bestehen auch gegen die Heranziehung der EU-Grundrechtecharta, die zum Entscheidungszeitpunkt noch nicht verbindlich war und im Übrigen für die Türkei ohnehin nicht gilt. Kritisiert wird ferner, dass der EGMR bei der Auseinandersetzung mit den staatsvertraglichen Instrumenten großes Gewicht auf die Spruchpraxis von Kontrollgremien, wie etwa dem Expertenausschuss der ILO oder dem Europäischen Ausschuss für Soziale Rechte, gelegt hat, obwohl diese Organe nicht zu einer authentischen Interpretation der betreffenden Staatsverträge berufen sind.[260] Schließlich wird die Art und Weise bemängelt, in der der Gerichtshof die EMRK im Lichte des innerstaatlichen Rechts der Konventionsstaaten auslegt: Die von einer bloßen Mehrheit von Staaten befolgte Rechtspraxis soll bereits ein ausreichendes Indiz für eine allgemeine Rechts- und Werteüberzeugung darstellen und damit potentiell auch für Vertragsstaaten maßgebend sein, die von der fraglichen Rechtspraxis bisher abwichen (Rz. 4.37).[261] Dieser Begründungsansatz überzeugt im vorliegenden Zusammenhang schon deswegen nicht, weil der Gerichtshof selbst immer wieder betont, wie unterschiedlich das Recht in den Vertragsstaaten auf dem Gebiet der kollektiven Arbeitsbeziehungen ausgestaltet ist.[262]

4.119 Die Anlehnung des EGMR an die Spruchpraxis der Kontrollgremien der ILO und der Europäischen Sozialcharta wirft – ebenso wie die Berücksichtigung der mehrheitlichen Praxis der Konventionsstaaten – Fragen zur **Reichweite** des Art. 11 EMRK auf. Dies gilt insbesondere mit Blick auf das **Streikrecht**. Unklar ist etwa, ob Art. 11 EMRK auch den nichtgewerkschaftlichen Streik, den Streik zu anderen Zielen als dem Abschluss von Tarifverträgen oder den Streik von Beamten schützt. Die Stellungnahmen der oben erwähnten Spruchkörper[263] und das nationale Recht zahlreicher Konventionsstaaten[264] könnten in der Tat den Weg zu einem weiten Verständnis des Streikrechts weisen.[265] Blickt man einmal von der Entscheidung *Enerji Yapı-Yol Sen* ab, in der es um einen Beamtenstreik zur Erzwingung eines Kollektivverhandlungssystems für den öffentlichen Dienst ging, hatte der EGMR in der Folge kaum Gelegenheit, die Reichweite des Streikrechts näher zu konturieren. Die späteren Verfahren betrafen nämlich – soweit ersichtlich – ausschließlich gewerkschaftlich organisierte Arbeitskampfmaßnahmen im Zusammenhang mit Tarifauseinandersetzungen.[266]

---

259 EGMR (GK) v. 12.11.2008 – 34503/97 (*Demir und Baykara/Türkei*) Rz. 146 und 154.
260 Vgl. zu diesem Ansatz des Gerichtshofs auch bereits EGMR v. 21.2.2006 – 28602/95 (*Tüm Haber Sen und Çınar/Türkei*) Rz. 39.
261 EGMR (GK) v. 12.11.2008 – 34503/97 (*Demir und Baykara/Türkei*) Rz. 85 f.; s. zu diesem Ansatz auch EGMR (GK) v. 11.1.2006 – 52562/99, 52620/99 (*Sørensen und Rasmussen/Dänemark*) Rz. 75.
262 EGMR (GK) v. 9.7.2013 – 2330/09 (*Sindicatul Păstorul cel Bun/Rumänien*) Rz. 133; EGMR v. 8.4.2014 – 31045/10 (*National Union of Rail, Maritime and Transport Workers/Vereinigtes Königreich*) Rz. 91.
263 S. hierzu die Nachweise etwa bei *ErfK/Linsenmaier*, Art. 9 GG Rz. 105; *Seifert*, KritV 2009, 359 (369); *Liukkunen* in Basedow/Chen/Fornasier/Liukkunen (Hrsg.), Employee Participation and Collective Bargaining in Europe and China, 2016, S. 129 (133 f.); speziell zur Spruchpraxis des Europäischen Ausschusses für Soziale Rechte *Buchholtz*, Streiken im europäischen Grundrechtsgefüge, 2014, S. 124 ff.; *Schlachter*, SR 2013, 77, 88 f.
264 Einen rechtsvergleichenden Überblick über die Rechtsvielfalt in Europa auf dem Gebiet des Arbeitskampfrechts bieten etwa *Waas* in Waas (Hrsg.), The Right to Strike, 2014, S. 3 ff., sowie die Länderberichte bei *Dorssemont* (Hrsg.), Cross-border Collective Actions in Europe, 2007, S. 95 ff.
265 Vgl. auch *Seifert*, EuZA 2013, 205 (214 ff.); zurückhaltender *Sagan* in Boecken/Düwell/Diller/Hanau, Gesamtes Arbeitsrecht, Art. 11 EMRK Rz. 14.
266 EGMR v. 8.4.2014 – 31045/10 (*National Union of Rail, Maritime and Transport Workers/Vereinigtes Königreich*); v. 2.10.2014 – 48408/12 (*Veniamin Tymoshenko/Ukraine*); v. 27.11.2014 – 36701/09 (*Hrvatski liječnički sindikat/Kroatien*).

Immerhin entschied der Gerichtshof im Fall *RMT* – wiederum unter Hinweis auf das ILO-Konventionsrecht und die Europäische Sozialcharta –, dass auch der **Solidaritätsstreik** Schutz durch Art. 11 EMRK genießt.[267] Bei der Prüfung, ob ein gesetzliches Verbot des Solidaritätsstreiks gerechtfertigt sein kann, deutet der EGMR in derselben Entscheidung allerdings eine gewisse Kurskorrektur an:[268] Er misst der Spruchpraxis der arbeitsvölkerrechtlichen Kontrollorgane im Vergleich zu früheren Urteilen geringeres Gewicht bei und gewährt zugleich dem nationalen Gesetzgeber größere Gestaltungsspielräume bei der Ausgestaltung des Arbeitskampfrechts.[269]

4.120

Mit Blick auf die Tarifautonomie hat der EGMR zudem präzisiert, dass Art. 11 EMRK lediglich ein Recht auf kollektive Verhandlungen gewähre, nicht jedoch auch einen Anspruch gegenüber dem sozialen Gegenspieler auf den **tatsächlichen Abschluss eines Tarifvertrags**.[270] Die Kollektivverhandlungspartner stehen mit anderen Worten nicht unter einem Einigungszwang.

4.121

cc) Negative Koalitionsfreiheit

Obgleich im Normwortlaut nicht ausdrücklich erwähnt, schützt Art. 11 EMRK auch die **Freiheit, einer Berufsvereinigung fernzubleiben**. Der EGMR hat diese sog. **negative Vereinigungsfreiheit** schon früh im Zusammenhang mit *closed-shop*-**Vereinbarungen** anerkannt.[271] Damit sind tarifvertragliche Abreden gemeint, in denen der Arbeitgeber typischerweise dazu verpflichtet wird, ausschließlich Arbeitnehmer zu beschäftigen, die der tarifschließenden Gewerkschaft angehören. Die ersten Entscheidungen des Gerichtshofs betrafen die Auswirkungen solcher Organisationsklauseln auf bestehende Arbeitsverhältnisse: Mache der Arbeitgeber die Weiterbeschäftigung eines Arbeitnehmers vom Beitritt zu einer bestimmten Gewerkschaft abhängig, sei der betroffene Arbeitnehmer in seinen Rechten aus Art. 11 EMRK verletzt.[272] Das Szenario eines Arbeitsplatzverlustes versetze den Arbeitnehmer in eine Zwangslage und berühre damit den Kernbereich der Vereinigungsfreiheit.[273] Später weitete der Gerichtshof seine Rspr. aus und entschied, dass Organisationsklauseln auch die Rechte von Bewerbern verletzten, wenn ihre Einstellung an die Bedingung eines Gewerkschaftsbeitritts geknüpft werde.[274] Erwerbssuchende, so die Begründung, befänden sich ebenfalls in einer schwachen Position und seien damit schutzbedürftig.[275]

4.122

Ausdrücklich offen gelassen hat der Gerichtshof bisher, ob der negativen Vereinigungsfreiheit das gleiche Gewicht zukommt wie der positiven Dimension des Grundrechts.[276] Die Zwangsmitgliedschaft in einer bestimmten Vereinigung stellt nach Auffassung des EGMR nicht in jedem Fall einen Eingriff in den Schutzbereich des Art. 11 EMRK dar. Ein Eingriff ist aber zu bejahen, wenn die Pflicht oder der Druck zum Verbandsbeitritt den **Kernbereich** (*very substance*) der Vereini-

4.123

---

267 EGMR v. 8.4.2014 – 31045/10 (*National Union of Rail, Maritime and Transport Workers/Vereinigtes Königreich*) Rz. 75 ff.
268 So auch *Liukkunen* in Basedow/Chen/Fornasier/Liukkunen (Hrsg.), Employee Participation and Collective Bargaining in Europe and China, 2016, S. 129 (138).
269 Rz. 98 und 103 der Entscheidung.
270 EGMR v. 8.4.2014 – 31045/10 (*National Union of Rail, Maritime and Transport Workers/Vereinigtes Königreich*) Rz. 85; indirekt bereits EGMR (GK) v. 12.11.2008 – 34503/97 (*Demir und Baykara/Türkei*) Rz. 158.
271 S. zur Entwicklung der Rspr. des EGMR auf diesem Gebiet *Hartmann*, Negative Tarifvertragsfreiheit, 2014, S. 248 ff.
272 EGMR v. 13.8.1981 – 7601/76, 7806/77 (*Young, James und Webster/Vereinigtes Königreich*) Rz. 51 ff.; vgl. auch EGMR v. 30.6.1993 – 16130/90 (*Sigurdur A. Sigurjónsson/Island*), Rz. 33 ff. (im Zusammenhang mit einer gesetzlich vorgeschriebenen Mitgliedschaft in einer privaten Berufsvereinigung).
273 Rz. 55 bzw. Rz. 35 der vorgenannten Entscheidungen.
274 EGMR (GK) v. 11.1.2006 – 52562/99, 52620/99 (*Sørensen und Rasmussen/Dänemark*), Rz. 64.
275 Rz. 59 der Entscheidung.
276 EGMR (GK) v. 25.4.1996 – 15573/89 (*Gustafsson/Schweden*) Rz. 45; v. 11.1.2006 – 52562/99, 52620/99 (*Sørensen und Rasmussen/Dänemark*) Rz. 56.

gungsfreiheit berühre. Eine solche Eingriffsqualität hat der Gerichtshof in den Fällen einer *closed-shop*-Vereinbarung angenommen.[277]

4.124 Nicht abschließend geklärt ist, ob Art. 11 EMRK – gewissermaßen als Pendent zum Recht auf Kollektivverhandlungen im Rahmen der positiven Vereinigungsfreiheit – auch die Freiheit des Einzelnen umfasst, keiner kollektivvertraglichen Bindung zu unterliegen. Diese sog. **negative Tarifvertragsfreiheit**[278] ist vor allem dort berührt, wo tarifvertragliche Regelungen auf Außenseiter erstreckt werden, also auf Arbeitsvertragsparteien, die den fraglichen Tarifvertrag nicht selbst abgeschlossen haben und auch nicht einem tarifschließenden Verband angehören. Interessanterweise hat der **EuGH** in der Rechtssache *Werhof* einen solchen Schutz des Außenseiters vor tarifvertraglichen Regelungen aus Art. 11 EMRK abgeleitet.[279] Im Zusammenhang mit der Betriebsübergangsrichtlinie sah der Gerichtshof einen Konflikt mit der negativen Vereinigungsfreiheit, sofern die Richtlinie die dynamische Fortgeltung eines Verbandstarifvertrags für einen Betriebserwerber bewirken sollte, der selbst dem tarifschließenden Arbeitgeberverband gar nicht angehört.[280]

4.125 Demgegenüber geht aus der bisherigen **Judikatur des EGMR** nicht eindeutig hervor, inwieweit sich der Schutzbereich des Art. 11 EMRK auf die negative Tarifvertragsfreiheit erstreckt. Im Fall *Gustafsson/Schweden* stellte der Gerichtshof klar, dass das Konventionsrecht einen Arbeitgeber nicht gegen die Arbeitskampfmaßnahmen einer Gewerkschaft schützt, die einen Tarifvertrag erzwingen will: Art. 11 EMRK garantiere **nicht das Recht, keinen Tarifvertrag einzugehen**.[281] Dieses Verständnis der negativen Vereinigungsfreiheit entspricht spiegelbildlich dem Inhalt der positiven Koalitionsfreiheit, der nach der Rspr. des Gerichtshofs gerade kein Recht auf Abschluss eines Tarifvertrags umfasst, sondern nur ein Recht auf Durchführung kollektiver Verhandlungen (Rz. 4.121). Mit dem Schutz des Außenseiters vor ungewollter Tarifbindung hat sich der EGMR in einem gegen Deutschland gerichteten Verfahren befasst, das die Tarifverträge über das Sozialkassenverfahren in der Bauwirtschaft betraf. Die Einbeziehung eines nicht organisierten Arbeitgebers in das Sozialkassenverfahren aufgrund der Allgemeinverbindlicherklärung nach § 5 TVG des zugrunde liegenden Tarifvertrags berührt nach Auffassung des Gerichtshofs die negative Vereinigungsfreiheit nicht.[282] Zwar werde für den Außenseiter-Arbeitgeber faktisch ein Anreiz geschaffen, dem tarifschließenden Arbeitgeberverband beizutreten, um auf den Inhalt des Tarifvertrags Einfluss zu nehmen. Dieser **Beitrittsdruck** sei jedoch **zu gering**, als dass er den **Kernbereich der (negativen) Vereinigungsfreiheit** berühren könnte.[283] Anzumerken ist allerdings, dass die Ausführungen des EGMR auf die Besonderheiten des Sozialkassenverfahrens und auf die Allgemeinverbindlicherklärung nach deutschem Recht bezogen waren und nicht ohne weiteres auf andere, umstrittenere Formen der Geltungserstreckung von Tarifregelungen auf Außenseiter übertragbar sind.[284]

---

277 EGMR v. 13.8.1981 – 7601/76, 7806/77 (*Young, James und Webster/Vereinigtes Königreich*) Rz. 55; v. 30.6.1993 – 16130/90 (*Sigurdur A. Sigurjónsson/Island*) Rz. 36; EGMR (GK) v. 11.1.2006 – 52562/99, 52620/99 (*Sørensen und Rasmussen/Dänemark*) Rz. 64.
278 Zum Begriff *Hanau*, FS Scholz, 2007, S. 1037 f.; *Hartmann*, Negative Tarifvertragsfreiheit, 2014, S. 2 ff.
279 EuGH v. 9.3.2006 – C-499/14 (*Werhof*) Rz. 33; in späteren Entscheidungen hat der EuGH den Schutz des Betriebserwerbers nicht auf Art. 11 EMRK, sondern auf die unternehmerische Freiheit nach Art. 16 GRC gestützt, was allerdings den besonderen Umständen der beiden Fällen geschuldet war, s. EuGH v. 18.7.2013 – C-426/11 (*Alemo-Herron*) Rz. 31 ff.; EuGH v. 27.4.2017 – verb. Rs. C-680/15 und 681/15 (*Asklepios*) Rz. 23.
280 Kritisch zur Heranziehung von Art. 11 EMRK in diesem Zusammenhang *Hanau*, FS Scholz, 2007, S. 1037 (1044); *Hartmann*, Negative Tarifvertragsfreiheit, 2014, S. 255 und 264; *Thüsing*, NZA 2006, 473 (474).
281 EGMR (GK) v. 25.4.1996 – 15573/89 (*Gustafsson/Schweden*) Rz. 52: „[T]he Convention does not as such guarantee a right not to enter into a collective agreement."
282 EGMR v. 2.6.2016 – 23646/09 (*Geotech Kancev GmbH/Deutschland*) Rz. 51 ff.
283 Rz. 57 der Entscheidung.
284 *Sagan/Morgenbrodt*, EuZA 2017, 77 (86). Zu anderen Formen der Geltungserstreckung von Tarifnormen im ausländischen Recht vgl. die Länderberichte bei *Kamanabrou* (Hrsg.), Erga-omnes-Geltung, 2011, sowie *Fornasier*, SR 2017, 239 (244 ff.).

c) Eingriff

Eingriffe der Konventionsstaaten in den Schutzbereich der Vereinigungsfreiheit sind in unterschiedlicher Form vorstellbar. So ist denkbar, dass die Vertragsstaaten bei der **gesetzlichen Ausgestaltung** der kollektiven Arbeitsbeziehungen die durch Art. 11 EMRK gewährleisteten Rechte beschränken, etwa wenn sie den Abschluss von *closed-shop*-Vereinbarungen erlauben[285] oder den Unterstützungsstreik als Arbeitskampfmittel verbieten.[286] Ebenso ist ein Eingriff zu bejahen, wenn die **Gerichte** oder **Behörden** eines Konventionsstaates bei der **Auslegung und Anwendung** des nationalen Rechts die Vereinigungsfreiheit einschränken.[287] In sämtlichen der vorgenannten Konstellationen lässt der Gerichtshof offen, ob Art. 11 EMRK in seiner **negativen Abwehrfunktion** oder in seiner **positiven Schutzpflichtfunktion** betroffen ist, und weist stattdessen darauf hin, dass für die Prüfung einer Konventionsrechtsverletzung in beiden Fällen ähnliche Kriterien gelten.[288]

4.126

Darüber hinaus kommen Eingriffe in die Vereinigungsfreiheit durch Maßnahmen in Betracht, die der **Staat** (oder die öffentliche Hand im weiteren Sinne) in seiner Funktion als Dienstherr gegenüber seinen Bediensteten und deren Interessenorganisationen ergreift, etwa indem er disziplinarische Sanktionen gegenüber Beschäftigten verhängt, die sich gewerkschaftlich betätigen.[289] Wie der EGMR betont, sind die Konventionsstaaten in gleicher Weise an Art. 11 EMRK gebunden, ganz gleich, ob sie in der Rolle als Arbeitgeber oder in Ausübung ihrer rechtsetzenden oder rechtsprechenden Gewalt über private Arbeitsverhältnisse agieren.[290]

4.127

d) Rechtfertigung

Nach **Art. 11 Abs. 2 Satz 1 EMRK** sind Eingriffe in die Vereinigungsfreiheit zum einen dann gerechtfertigt, wenn sie gesetzlich vorgeschrieben und für die Erreichung bestimmter legitimer Ziele in einer demokratischen Gesellschaft notwendig sind. Zu diesen legitimen Zielen gehören im Wesentlichen die öffentliche Sicherheit und Ordnung, der Gesundheitsschutz und die Sicherung der Rechte Dritter. **Art. 11 Abs. 2 Satz 2 EMRK** erlaubt darüber hinaus „rechtmäßige Einschränkungen" des Konventionsrechts für Angehörige der Streitkräfte, der Polizei oder der Staatsverwaltung.

4.128

aa) Allgemeine Rechtfertigungsgründe

Mit Blick auf den **Gesetzesvorbehalt** des Art. 11 Abs. 2 Satz 1 EMRK gelten die gleichen Grundsätze wie bei den anderen Konventionsrechten (Rz. 4.49 ff.). So hat der EGMR auch im Zusammenhang mit der Vereinigungsfreiheit anerkannt, dass untergesetzliche Normen – im konkreten Fall: ein Runderlass einer Regierungsbehörde – als delegierte Gesetzgebungsakte durchaus Gesetzescharakter im Sinne der Vorschrift aufweisen können.[291] Gleiches gilt für Statuten der Kirchen, die mit Zustimmung staatlicher Organe erlassen werden,[292] sowie für richterrechtliche Grundsätze.[293] Im Übrigen müssen die einschlägigen nationalen Gesetze **klar** und **vorhersehbar** bestimmen, wie weit die Beschränkungen der Vereinigungsfreiheit und der damit einhergehenden Rechte im Einzelnen reichen. Gelten in einer Rechtsordnung beispielsweise widersprüchliche gesetzliche Vor-

4.129

---

285 Vgl. EGMR (GK) v. 11.1.2006 – 52562/99, 52620/99 (*Sørensen und Rasmussen/Dänemark*) Rz. 58 ff.
286 EGMR v. 8.4.2014 – 31045/10 (*National Union of Rail, Maritime and Transport Workers/Vereinigtes Königreich*) Rz. 78.
287 S. z.B. EGMR (GK) v. 9.7.2013 – 2330/09 (*Sindicatul Păstorul cel Bun/Rumänien*) Rz. 149 (Verweigerung der Registrierung einer Gewerkschaft durch ein nationales Gericht).
288 EGMR (GK) v. 11.1.2006 – 52562/99, 52620/99 (*Sørensen und Rasmussen/Dänemark*) Rz. 58.
289 Vgl. den Sachverhalt zu EGMR v. 21.4.2009 – 68959/01 (*Enerji Yapı-Yol Sen/Türkei*).
290 EGMR v. 6.2.1976 – 5614/72 (*Schwedische Lokomotivführergewerkschaft/Schweden*) Rz. 37.
291 EGMR v. 21.4.2009 – 68959/01 (*Enerji Yapı-Yol Sen/Türkei*) Rz. 26 f.
292 EGMR (GK) v. 9.7.2013 – 2330/09 (*Sindicatul Păstorul cel Bun/Rumänien*) Rz. 157.
293 *Jacobs/Schmidt*, EuZA 2016, 82 (93).

schriften darüber, unter welchen Voraussetzungen Arbeitskampfmaßnahmen im Transportsektor unzulässig sind, stellt dies bereits für sich genommen eine Konventionsverletzung dar.[294]

4.130 Bei der Beurteilung, welche Anliegen ein **legitimes Ziel** für die Einschränkung der Vereinigungsfreiheit sein können, verfolgt der Gerichtshof eine eher großzügige Linie. Die Rechte des sozialen Gegenspielers – namentlich des Arbeitgebers –,[295] die Wahrung der Rechtsordnung,[296] volkswirtschaftliche Interessen,[297] das Autonomierecht von Religionsgemeinschaften[298] sowie die Vermeidung von Tarifpluralismus[299] wurden allesamt als schutzwürdige Belange anerkannt, die Eingriffe in Art. 11 EMRK prinzipiell rechtfertigen können.

4.131 Den Schwerpunkt der Rechtfertigungsprüfung setzt der EGMR regelmäßig auf den Gesichtspunkt der **Verhältnismäßigkeit**, also auf die Frage, ob die eingreifenden Maßnahmen zur Erreichung des fraglichen Ziels „in einer demokratischen Gesellschaft notwendig" sind. Wie auch bei anderen Konventionsrechten konkretisiert der Gerichtshof das Notwendigkeitskriterium dahingehend, dass ein **„zwingendes soziales Bedürfnis"** (*pressing social need*) für die Einschränkung der Vereinigungsfreiheit gegeben sein muss.[300]

4.132 Bei der Beurteilung der Verhältnismäßigkeit legt der Gerichtshof einen umso strengeren Maßstab an, je tiefer die beklagte Maßnahme in den Schutzbereich des Art. 11 EMRK eingreift.[301] Im Ausgangspunkt erkennt der EGMR an, dass die Ausgestaltung der kollektiven Arbeitsbeziehungen und der Ausgleich zwischen den sozialen Gegenspielern eine sozialpolitisch sensible Aufgabe ist, bei deren Bewältigung die Konventionsstaaten – und namentlich der demokratisch unmittelbar legitimierte Gesetzgeber[302] – über **weite Ermessensspielräume** verfügen. Dies gelte umso mehr, als das Recht und die Praxis der kollektiven Arbeitsbeziehungen nach wie vor große nationale Unterschiede aufwiesen.[303] Die Gestaltungsspielräume der Konventionsstaaten engten sich jedoch ein, wenn Eingriffe den **Kernbereich gewerkschaftlicher Betätigung** (*core of trade-union activity*) berührten oder **gemeinsamen Überzeugungen der Konventionsstaaten** widersprächen, wie sie etwa in den einschlägigen **Instrumenten des Arbeitsvölkerrechts** zum Ausdruck kämen.[304]

4.133 Zum **Kernbereich der Vereinigungsfreiheit** zählt der EGMR insbesondere das Recht, Gewerkschaften zu gründen und ihnen beizutreten,[305] ferner das Recht der Gewerkschaften, sich für

---

294 EGMR v. 2.10.2014 – 48408/12 (*Veniamin Tymoshenko/Ukraine*) Rz. 81 ff.
295 EGMR v. 10.1.2002 – 53574/99 (*UNISON/Vereinigtes Königreich*).
296 EGMR (GK) v. 12.11.2008 – 34503/97 (*Demir und Baykara/Türkei*) Rz. 118.
297 EGMR v. 8.4.2014 – 31045/10 (*National Union of Rail, Maritime and Transport Workers/Vereinigtes Königreich*) Rz. 82.
298 EGMR (GK) v. 9.7.2013 – 2330/09 (*Sindicatul Păstorul cel Bun/Rumänien*) Rz. 158.
299 EGMR v. 6.2.1976 – 5614/72 (*Schwedische Lokomotivführergewerkschaft/Schweden*) Rz. 46; ähnlich bereits EGMR v. 27.10.1975 – 4464/70 (*Nationale Gewerkschaft der belgischen Polizei/Belgien*) Rz. 48 (beide Entscheidungen allerdings noch zu Art. 14 EMRK, da der EGMR Art. 11 EMRK damals noch nicht auf das Kollektivverhandlungsrecht erstreckt hatte); v. 27.11.2014 – 36701/09 (*Hrvatski liječnički sindikat/Kroatien*) Rz. 57; vgl. hierzu auch BVerfG v. 11.7.2017 – 1 BvR 1571/15 u.a., NZA 2017, 915 Rz. 208.
300 EGMR (GK) v. 12.11.2008 – 34503/97 (*Demir und Baykara/Türkei*) Rz. 119; EGMR v. 8.4.2014 – 31045/10 (*National Union of Rail, Maritime and Transport Workers/Vereinigtes Königreich*) Rz. 83.
301 Instruktiv zur Kontrolldichte EGMR v. 8.4.2014 – 31045/10 (*National Union of Rail, Maritime and Transport Workers/Vereinigtes Königreich*) Rz. 87.
302 EGMR v. 8.4.2014 – 31045/10 (*National Union of Rail, Maritime and Transport Workers/Vereinigtes Königreich*) Rz. 89.
303 EGMR (GK) v. 11.1.2006 – 52562/99, 52620/99 (*Sørensen und Rasmussen/Dänemark*) Rz. 58; v. 9.7.2013 – 2330/09 (*Sindicatul Păstorul cel Bun/Rumänien*) Rz. 133.
304 EGMR v. 8.4.2014 – 31045/10 (*National Union of Rail, Maritime and Transport Workers/Vereinigtes Königreich*) Rz. 86.
305 EGMR v. 2.10.2014 – 10609/10 (*Matelly/Frankreich*) Rz. 58.

die Belange ihrer Mitglieder beim Arbeitgeber Gehör zu verschaffen, sowie das Recht auf Kollektivverhandlungen.[306] Ebenso sieht der Gerichtshof die (negative) Vereinigungsfreiheit in ihrem Kerngehalt betroffen, wenn ein Arbeitnehmer ein Arbeitsverhältnis nur unter der Bedingung eingehen bzw. fortsetzen darf, dass er einer Gewerkschaft beitritt (Rz. 4.123). Ob auch das Streikrecht zu den zentralen Verbürgungen des Art. 11 EMRK gehört, hat der EGMR bislang offen gelassen. Jedenfalls für das Recht zum Solidaritätsstreik scheint die Antwort negativ auszufallen.[307]

Anschauliches Beispiel für die **abgestufte Kontrolldichte** des Gerichtshofs ist die Judikatur zu den *closed-shop*-Vereinbarungen einerseits und zum Solidaritätsstreik andererseits. In den zuerst genannten Fällen betont der EGMR die Schwere des Eingriffs, verweist auf konvergierende Rechtsvorstellungen im nationalen und internationalen Recht und reduziert auf dieser Grundlage den Gestaltungsspielraum der Konventionsstaaten auf Null: Nationale Regelungen, die Organisationsklauseln erlauben, verletzen Art. 11 EMRK.[308] In scharfem Kontrast hierzu steht die *RMT*-Entscheidung zu der Frage, ob das in Großbritannien geltende gesetzliche Verbot des Solidaritätsstreiks gemäß Sec. 224 TULRCA 1992 konventionswidrig ist.[309] Hier weist der Gerichtshof darauf hin, dass die angegriffene Regelung keineswegs das Streikrecht insgesamt in Frage stelle, sondern lediglich ein bestimmtes Arbeitskampfmittel von hohem Eskalationspotential verbiete. Darüber hinaus sei das Recht der Konventionsstaaten in der Frage der Zulässigkeit des Solidaritätsstreiks uneinheitlich. Vor diesem Hintergrund gesteht der EGMR den Vertragsstaaten eine weite Einschätzungsprärogative zu und beschränkt seine Rolle auf eine – weniger inhaltliche, sondern vielmehr prozedurale (Rz. 4.36) – europäische Kontrolle (*European supervision*) der nationalen Regelungen. Im Ergebnis wurde das Verbot des Sec. 224 TULRCA 1992 nicht beanstandet.

4.134

bb) Sonderregel für Angehörige der Streitkräfte, der Polizei und der Staatsverwaltung

Art. 11 Abs. 2 Satz 2 EMRK erweitert den in Satz 1 geregelten Rechtfertigungstatbestand für Eingriffe in die Vereinigungsfreiheit von Angehörigen der **Streitkräfte**, der **Polizei** und der **Staatsverwaltung**. Die Norm setzt damit stillschweigend voraus, dass auch diese Gruppen von Beschäftigten in den persönlichen Schutzbereich des Art. 11 EMRK fallen (Rz. 4.114).

4.135

Der Gerichtshof tritt für eine **enge Auslegung** der Sonderregel ein.[310] Er grenzt sich von der früheren Auffassung der EKMR ab, wonach Eingriffe in die Koalitionsfreiheit der genannten Berufsträger bereits dann gerechtfertigt seien, wenn sie auf einer gesetzlichen Grundlage beruhten und nicht willkürlich seien.[311] Vielmehr muss der beklagte Staat überzeugende und triftige Gründe für die Beschränkung des Grundrechts darlegen können.[312] Darüber hinaus betont der EGMR, dass nach dem Wortlaut des Art. 11 Abs. 2 Satz 2 EMRK lediglich die „Ausübung" der aus der Vereinigungsfreiheit fließenden Rechte eingeschränkt werden darf und Eingriffe in den Wesensgehalt (*very essence*) des Konventionsrechts nicht erlaubt sind.[313] Der Regelungsgehalt der Vorschrift besteht letztlich darin, den Katalog des Art. 11 Abs. 1 Satz 1 EMRK für die Anerkennung weiterer

4.136

---

306 EGMR v. 8.4.2014 – 31045/10 (*National Union of Rail, Maritime and Transport Workers/Vereinigtes Königreich*) Rz. 85.
307 EGMR v. 8.4.2014 – 31045/10 (*National Union of Rail, Maritime and Transport Workers/Vereinigtes Königreich*) Rz. 84; vgl. auch EGMR v. 21.4.2015 – 45892/09 (*ER.N.E./Spanien*) Rz. 32, wo das Streikrecht lediglich als „wichtiger Aspekt" (*aspect important*) der Koalitionsfreiheit bezeichnet wird.
308 EGMR (GK) v. 11.1.2006 – 52562/99, 52620/99 (*Sørensen und Rasmussen/Dänemark*) Rz. 59 ff.
309 EGMR v. 8.4.2014 – 31045/10 (*National Union of Rail, Maritime and Transport Workers/Vereinigtes Königreich*) Rz. 86 ff.
310 EGMR v. 21.2.2006 – 28602/95 (*Tüm Haber Sen und Çınar/Türkei*) Rz. 35.
311 EGMR (GK) v. 12.11.2008 – 34503/97 (*Demir und Baykara/Türkei*) Rz. 97; anders noch EKMR v. 20.1.1987 – 11603/85 (*Council of Civil Service u.a./Vereinigtes Königreich*).
312 EGMR v. 21.2.2006 – 28602/95 (*Tüm Haber Sen und Çınar/Türkei*) Rz. 35.
313 EGMR (GK) v. 12.11.2008 – 34503/97 (*Demir und Baykara/Türkei*) Rz. 97; EGMR v. 2.10.2014 – 10609/10 (*Matelly/Frankreich*) Rz. 57.

legitimer Ziele zu öffnen, ohne dabei jedoch die übrigen Rechtfertigungsanforderungen – insbesondere das Gebot der Verhältnismäßigkeit – aufzuweichen.[314]

4.137 Diesen Grundsätzen folgend hat der Gerichtshof eine französische Regelung als konventionswidrig beurteilt, die Militärangehörigen die Gründung von Vereinigungen zur Geltendmachung ihrer beruflichen Interessen generell untersagte:[315] Zwar könne die Ausübung der Koalitionsfreiheit für Soldaten legitimerweise eingeschränkt werden, ein **pauschales Gewerkschaftsgründungsverbot** sei jedoch nicht gerechtfertigt. Demgegenüber wurde ein für Polizeibeamte geltendes **absolutes Streikverbot** gebilligt.[316] Für die Entscheidung war zum einen maßgebend, dass die ununterbrochene Einsatzbereitschaft der Polizei für die Aufrechterhaltung der öffentlichen Sicherheit und Ordnung unverzichtbar ist. Außerdem hinderte das Streikverbot die beschwerdeführende Gewerkschaft nicht daran, die beruflichen Interessen ihrer Mitglieder mit anderen Mitteln wahrzunehmen als mithilfe von Streikmaßnahmen.

4.138 Die restriktive Auslegung des Art. 11 Abs. 2 Satz 2 EMRK zeigt sich auch darin, dass der EGMR den Begriff der „**Angehörigen in der Staatsverwaltung**" eng versteht. Nicht jede im öffentlichen Dienst beschäftigte Person wird dieser Kategorie zugerechnet. Der Gerichtshof legt – in Anlehnung an seine Rspr. zu Art. 6 EMRK[317] – eine **funktionale Betrachtungsweise** zugrunde: Nur solche Bedienstete, die hoheitliche Aufgaben erfüllen und zur Förderung allgemeiner Interessen des Staates oder anderer öffentlicher Stellen tätig sind, werden als Mitglieder der Staatsverwaltung angesehen. Diese Gruppe von Beschäftigten zeichnet sich dadurch aus, dass sie in einem **besonderen Loyalitäts- und Treueverhältnis** zum Staat steht[318] und in der Folge – im Vergleich zu anderen Berufsträgern – weitergehende Beschränkungen ihrer Freiheitsrechte hinnehmen muss. Zur Staatsverwaltung in diesem engeren Sinn sind neben den in Art. 11 Abs. 2 Satz 2 EMRK ausdrücklich erwähnten Angehörigen der Streitkräfte und der Polizei vor allem Ministerialbeamte[319] sowie Richter und Staatsanwälte zu zählen. Hingegen sind beispielsweise Mitarbeiter öffentlicher Unternehmen[320] und wohl auch Kommunalbedienstete[321] keine Mitglieder der Staatsverwaltung. Ob dies auch auf Lehrer zutrifft, ist vom EGMR bisher offen gelassen worden.[322]

4.139 Die vom öffentlich Bediensteten wahrgenommene Funktion spielt eine Schlüsselrolle für die Prüfung, ob der konkrete Eingriff in die Vereinigungsfreiheit gerechtfertigt ist. Der EGMR verbietet nämlich Beschränkungen des Konventionsrechts, die sich pauschal auf **sämtliche Beschäftigte des öffentlichen Dienstes** erstrecken.[323] Die eingreifende Maßnahme – z.B. ein Streikverbot – muss folglich gezielt der Absicherung einer bestimmten staatlichen Tätigkeit dienen.[324]

---

314 *Ickenroth*, Das deutsche Beamtenstreikverbot im Liche der Europäischen Menschenrechtskonvention, 2016, S. 106 ff.; *Sagan* in Boecken/Düwell/Diller/Hanau, Gesamtes Arbeitsrecht, Art. 11 EMRK Rz. 15; EuArbR/*Schubert*, Art. 11 EMRK Rz. 75.
315 EGMR v. 2.10.2014 – 10609/10 (*Matelly/Frankreich*) Rz. 68 ff.
316 EGMR v. 21.4.2015 – 45892/09 (*ER.N.E./Spanien*).
317 S. die Bezugnahme auf die Entscheidung EGMR (GK) v. 8.12.1999 – 28541/95 (*Pellegrin/Frankreich*) Rz. 64 ff. in EGMR v. 21.4.2009 – 68959/01 (*Enerji Yapı-Yol Sen/Türkei*) Rz. 32.
318 EGMR (GK) v. 8.12.1999 – 28541/95 (*Pellegrin/Frankreich*) Rz. 65.
319 In diesem Sinne EGMR (GK) v. 8.12.1999 – 28541/95 (*Pellegrin/Frankreich*) Rz. 68 ff.
320 Vgl. EGMR v. 21.4.2009 – 68959/01 (*Enerji Yapı-Yol Sen/Türkei*) Rz. 32.
321 EGMR (GK) v. 12.11.2008 – 34503/97 (*Demir und Baykara/Türkei*) Rz. 166.
322 EGMR v. 26.9.1995 – 17851/91 (*Vogt/Deutschland*) Rz. 68; EGMR v. 22.11.2001 – 39799/98 (*Volkmer/Deutschland*).
323 EGMR v. 21.4.2009 – 68959/01 (*Enerji Yapı-Yol Sen/Türkei*) Rz. 32; v. 21.4.2015 – 45892/09 (*ER.N.E./Spanien*) Rz. 33.
324 S. in diesem Sinne die oben erwähnte Entscheidung EGMR v. 21.4.2015 – 45892/09 (*ER.N.E./Spanien*) Rz. 37 ff., in der ein gesetzliches Streikverbot gegen Polizisten deswegen als gerechtfertigt angesehen wurde, weil die Polizei rund um die Uhr einsatzbereit sein müsse und außerdem bewaffnet sei.

e) Bedeutung für das innerstaatliche deutsche Recht

Hierzulande wird der Einfluss des Art. 11 EMRK auf das innerstaatliche Recht vor allem mit Blick auf drei Regelungsbereiche debattiert: (1) das Erfordernis der Tarifbezogenheit des Arbeitskampfs, (2) das Streikverbot für Beamte sowie (3) das Modell des „Dritten Weges" der Gestaltung der Arbeitsbedingungen im kirchlichen Arbeitsrecht.   4.140

aa) Tarifbezogenheit des Arbeitskampfs

Nach deutschem Recht darf ein Arbeitskampf nur zur Durchsetzung tarifvertraglicher Ziele geführt werden.[325] Aus diesem Grundsatz wird das **Verbot des nicht gewerkschaftlich organisierten („wilden") Streiks** ebenso abgeleitet wie die Unzulässigkeit **kollektiver Maßnahmen zur Kundgabe politischen Protests („politischer Demonstrationsstreik")**.[326] Unklar ist bislang, ob diese Grenzen der Arbeitskampffreiheit im nationalen Recht mit Art. 11 EMRK vereinbar sind. Die Antwort hängt davon ab, welche **inhaltliche Reichweite** der EGMR dem aus der Koalitionsfreiheit abgeleiteten Streikrecht beimessen wird. Bislang hatte der Gerichtshof keine Gelegenheit, sich zu diesen Fragen ausdrücklich zu äußern.[327] Sollte der Gerichtshof allerdings bei seinem bisherigen methodischen Ansatz bleiben und zur Konkretisierung der Koalitionsfreiheit maßgeblich auf die Spruchpraxis arbeitsvölkerrechtlicher Institutionen sowie auf nationale Rechtsentwicklungen in den Konventionsstaaten stützen (Rz. 4.119), könnte sich das deutsche Recht als zu restriktiv und damit als konventionswidrig erweisen.[328]   4.141

bb) Kollektivverhandlungs- und Streikrecht für Beamte

Eine wesentliche Besonderheit des Beschäftigungsverhältnisses von Beamten besteht darin, dass ihre Beschäftigungsbedingungen durch den Gesetzgeber festgelegt werden. Die gesetzliche Gestaltung des Dienstverhältnisses bringt es mit sich, dass Beamte nicht in das **System der Tarifautonomie** einbezogen sind. Ebenso ist es ihnen verwehrt, **Arbeitskämpfe** zu führen. Da der EGMR auch Beamte in den Schutzbereich des Art. 11 EMRK einbezieht (Rz. 4.114) und zu den Verbürgungen dieses Grundrechts namentlich das Kollektivverhandlungs- sowie das Streikrecht zählt (Rz. 4.117), stellt sich die Frage, ob der Ausschluss deutscher Beamter sowohl vom Tarifvertragssystem als auch vom Streikrecht mit der EMRK im Einklang steht.   4.142

Das **BVerfG** hat das **Beamtenstreikverbot** für **verfassungsgemäß** erklärt.[329] Prüfungsmaßstab in dem Verfahren waren zwar – gemäß der Zuständigkeit des BVerfG – allein die innerstaatlichen Grundrechte, doch hat sich das Gericht nach dem Grundsatz der völkerrechtsfreundlichen Auslegung (Rz. 4.27) eingehend mit der Einwirkung der EMRK auf die nationale Rechtsordnung auseinandergesetzt. Obgleich die zugrunde liegenden Verfassungsbeschwerden allein das Streikverbot zum Gegenstand hatten, gibt das BVerfG in den Entscheidungsgründen zu erkennen, dass auch der Ausschluss der Beamten von der tarifvertraglichen Gestaltung der Beschäftigungsbedingungen verfassungsrechtlich nicht zu bestanden ist.[330] Das Gericht argumentiert u.a. mit dem Alimentationsprinzip als Spezifikum des Beamtenverhältnisses, wonach dem Beamten gegen den Dienstherrn ein – gerichtlich durchsetzbarer – Anspruch auf die Gewährung eines angemessenen Lebensunterhalts zustehe.   4.143

---

325 BAG v. 26.7.2016 – 1 AZR 160/14, NZA 2016, 1543 Rz. 52 m.w.N.
326 ErfK/*Linsenmaier*, Art. 9 GG Rz. 114 m.w.N.
327 S. allerdings die „Leitentscheidung" zur Anerkennung des Streikrechts EGMR v. 21.4.2009 – 68959/01 (*Enerji Yapı-Yol Sen/Türkei*), in der es um einen Streik zur Erzwingung eines Kollektivvertragssystems für Beamte (und nicht um den Abschluss eines einzelnen Tarifvertrags) ging.
328 So auch – mit differenzierendem Blick – *Seifert*, EuZA 2013, 205 (214 ff.); vgl. auch BAG v. 10.12. 2002 – 1 AZR 96/02, NZA 2003, 734 (zu B I 3 a), wo das Gericht gewisse Zweifel an der Vereinbarkeit seiner st. Rspr. mit der ESC äußert; s. zur Diskussion ferner *Junker*, ZfA 2013, 91 (115 ff.); *Rieble*, RdA 2005, 200 (202 ff.).
329 BVerfG v. 12.6.2018 – 2 BvR 1738/12 u.a., NJW 2018, 2695.
330 Vgl. insbesondere Rz. 158 und 161 der Entscheidung.

Die Einräumung eines Streikrechts zur Erzwingung besserer Beschäftigungsbedingungen würde das fein austarierte Gefüge wechselseitiger Rechte und Pflichten im Dienstverhältnis aus dem Lot bringen und Beamte gegenüber Beschäftigten in Arbeitsverhältnissen übermäßig privilegieren.[331]

4.144 Ob das Beamtenstreikverbot auch der Kontrolle durch den **EGMR** standhält, erscheint indessen zweifelhaft.[332] Wie erwähnt, ist der bisherigen Judikatur des Gerichtshofs zu Art. 11 EMRK zu entnehmen, dass **generelle, allein auf den Status des Beamten gründende Streikverbote als konventionswidrig** zu werten sind (Rz. 4.138 f.). Beschränkungen des Streikrechts sind demnach nur dann gerechtfertigt, wenn sie funktionsbezogen sind, d.h. wenn sie nachweislich zur Aufrechterhaltung einer bestimmten staatlichen Tätigkeit erforderlich sind. Die Argumentation des BVerfG, wonach Beamte durch das Alimentationsprinzip hinreichend abgesichert und folglich nicht auf den Streik zur Durchsetzung angemessener Beschäftigungsbedingungen angewiesen seien, dürfte aus Sicht des EGMR wenig Überzeugungskraft besitzen: Schon in der Entscheidung *Demir und Baykara* hatte der Gerichtshof ausgeführt, dass die im Vergleich zu anderen Beschäftigten privilegierte Position von Beamten kein ausreichender Grund sei, ihnen das Recht auf Kollektivverhandlungen zu versagen.[333]

4.145 Selbst wenn man das deutsche Beamtenstreikverbot als konventionswidrig beurteilt, hätte die Entscheidung des BVerfG allerdings im Ergebnis nicht anders ausfallen können. Im deutschen Recht stellt das Streikverbot nämlich ein fundamentales Strukturprinzip des Berufsbeamtentums i.S.v. Art. 33 Abs. 5 GG dar.[334] Als solches besitzt es Verfassungsrang und steht somit normenhierarchisch über Art. 11 EMRK (Rz. 4.26). Eine Anerkennung des Beamtenstreikrechts durch **konventionskonforme Auslegung des Grundgesetzes** würde die **Grenzen der zulässigen Verfassungsinterpretation überschreiten**.[335] Sollte also das deutsche Beamtenstreikverbot tatsächlich vom EGMR für konventionswidrig befunden werden, wäre eine **Verfassungsänderung erforderlich**, um das Streikrecht für Beamte (ebenso wie die Möglichkeit der tarifvertraglichen Gestaltung der Beschäftigungsbedingungen) einzuführen und auf diese Weise sicherzustellen, dass Deutschland seine völkerrechtlichen Verpflichtungen aus der EMRK erfüllt (Rz. 4.30). Inhalt und Grenzen des Streik- und Kollektivverhandlungsrechts müssten dann freilich in konventionskonformer Weise durch den einfachen Gesetzgeber auf Bundes- und Länderebene geregelt werden.[336]

cc) Modell des „Dritten Weges" im kirchlichen Arbeitsrecht

4.146 Die Kirchen in Deutschland folgen bei der Festlegung der Arbeitsbedingungen ihrer Mitarbeiter ganz überwiegend dem sog. „Dritten Weg". Bei diesem Modell handelt es sich um einen Mittelweg zwischen – erstens – der einseitigen Gestaltung des Beschäftigungsverhältnisses durch den kirchlichen Arbeitgeber kraft seines Selbstorganisationsrechts und – zweitens – der tarifvertraglichen Regelung des Arbeitsverhältnisses. Die Arbeitsbedingungen werden dabei in Kommissionen festgelegt, die paritätisch mit Vertretern der Dienstnehmer- und Dienstgeberseite besetzt sind. Sofern in den Kommissionen keine Einigung erzielt werden kann, ist eine Zwangsschlichtung vorgesehen. Der **Arbeitskampf** als Mittel der Interessendurchsetzung ist hingegen **grundsätzlich ausgeschlossen**.[337]

---

331 Rz. 158 (kein „Rosinenpicken").
332 Das Beamtenstreikverbot in seiner gegenwärtigen Form als konventionswidrig beurteilend BVerwG v. 27.2.2014 – 2 C 1/13, NVwZ 2014, 736 Rz. 47 ff.; *Ickenroth*, Das deutsche Beamtenstreikverbot im Lichte der Europäischen Menschenrechtskonvention, 2016, S. 188, EuArbR/*Schubert*, Art. 11 EMRK Rz. 78; *Seifert*, KritV 2009, 359 (370 ff.); zurückhaltender *Sagan* in Boecken/Düwell/Diller/Hanau, Gesamtes Arbeitsrecht, Art. 11 EMRK Rz. 17; anders hingegen BVerfG v. 12.6.2018 – 2 BvR 1738/12 u.a., NJW 2018, 2695 Rz. 163 ff.; *Junker*, ZfA 2013, 91 (123).
333 EGMR (GK) v. 12.11.2008 – 34503/97 (*Demir und Baykara/Türkei*) Rz. 168.
334 BVerfG v. 12.6.2018 – 2 BvR 1738/12 u.a., NJW 2018, 2695 Rz. 152.
335 BVerwG v. 27.2.2014 – 2 C 1/13, NVwZ 2014, 736 Rz. 57; *Höpfner*, EuZA 2017, 455 (461); *Schubert*, AöR 137 (2012), 92 (115 f.); in diesem Sinne auch BVerfG v. 12.6.2018 – 2 BvR 1738/12 u.a., NJW 2018, 2695 Rz. 172, wenngleich die Frage aus Sicht des BVerfG nicht entscheidungserheblich war.
336 Zu den erforderlichen Anpassungen auf einfachgesetzlicher Ebene *Seifert*, EuZA 2013, 205 (217 f.).
337 BAG v. 20.11.2012 – 1 AZR 179/11, NZA 2013, 448.

Der Ausschluss von Tarifverhandlungen und Arbeitskämpfen wirft die Frage der Vereinbarkeit des „Dritten Weges" mit Art. 11 EMRK auf.

Anders als beim Beamtenstreikverbot liegt beim Modell des „Dritten Weges" eine **Interessenkollision** zwischen zwei grundrechtsberechtigten Akteuren vor. Der **Koalitionsfreiheit der kirchlichen Arbeitnehmer** steht nämlich das **Autonomierecht der Religionsgemeinschaften** gegenüber, das von Art. 9 EMRK geschützt wird und sich auch auf die Gestaltung der Beschäftigungsbedingungen der kirchlichen Mitarbeiter erstreckt (Rz. 4.74). Mit dieser Konfliktlage musste sich die Große Kammer des EGMR im Verfahren *Sindicatul Păstorul cel Bun/Rumänien* auseinandersetzen. Dort ging es um eine Gewerkschaft von Priestern und anderer kirchlicher Beschäftigter, der die Gerichte aus Rücksicht vor dem Autonomierecht der Rumänischen Orthodoxen Kirche die Anerkennung verweigerten. Der Gerichtshof hob in seiner Entscheidung das **weite Ermessen** hervor, das die Konventionsstaaten bei der Abwägung zwischen dem Selbstverwaltungsrecht der Religionsgemeinschaften und der Koalitionsfreiheit ihrer Beschäftigten genössen.[338] Die Nichtanerkennung der Priestergewerkschaft wurde im Ergebnis nicht als konventionswidrig beanstandet.

4.147

Überträgt man die Grundsätze der Entscheidung *Sindicatul Păstorul cel Bun* auf das Modell des „Dritten Weges" im deutschen kirchlichen Arbeitsrecht, spricht zunächst vieles dafür, dass die gegenwärtige Praxis der Kirchen **nicht gegen Art. 11 EMRK verstößt**.[339] Im Vergleich zu dem vom EGMR beurteilten Sachverhalt erscheint der „Dritte Weg" sogar als milderer Eingriff in die Vereinigungsfreiheit, da er **nur einzelne gewerkschaftliche Betätigungen** (Tarifverhandlungen, Arbeitskämpfe) verbietet, nicht jedoch bereits die Gründung von Gewerkschaften als solche. Auf der anderen Seite ist zu bedenken, dass die nicht anerkannte rumänische Priestergewerkschaft nicht nur das Ziel von Tarifverhandlungen verfolgte, sondern auch weitreichende Beteiligungsrechte für ihre Mitglieder innerhalb der Organisationsstruktur der Kirche durchsetzen wollte.[340] Die Aktivitäten der Gewerkschaft griffen mit anderen Worten massiv in die kirchliche Selbstverwaltung ein. Ein Kollektivverhandlungs- und Streikrecht für kirchliche Mitarbeiter würde demgegenüber nicht in vergleichbarer Weise die innere Organisation der Kirchen berühren. Außerdem ist zu berücksichtigen, dass der „Dritte Weg" auch die **Vereinigungsfreiheit „verkündigungsfernerer" kirchlicher Arbeitnehmer** beschränkt. Sollte der EGMR – ähnlich wie bei anderen Konventionsrechten (Rz. 4.52 ff.) – dem Autonomierecht der Religionsgemeinschaften im Verhältnis zu „verkündigungsfernen" Mitarbeitern geringeres Gewicht beimessen, könnte der „Dritte Weg" zumindest in Bezug auf einzelne kirchliche Beschäftigte in Konflikt mit Art. 11 EMRK geraten.

4.148

5. Diskriminierungsverbot (Art. 14 EMRK)

Art. 14 EMRK enthält ein **Diskriminierungsverbot**: Die Konventionsstaaten müssen den Genuss der in der EMRK anerkannten Rechte und Freiheiten frei von Diskriminierung gewährleisten. Als verbotene Diskriminierungsgründe nennt die Regelung das Geschlecht, die Rasse, die Hautfarbe, die Sprache, die Religion, die politische oder sonstige Anschauung, die nationale oder soziale Herkunft, die Zugehörigkeit zu einer nationalen Minderheit, das Vermögen, die Geburt oder einen sonstigen Status. Wie sich aus dem Normwortlaut ergibt (*such as/notamment*), ist die Aufzählung nicht abschließend. Durch das **12. Zusatzprotokoll** zur Konvention wurde ein **allgemeiner Gleichheitssatz** normiert, der das Diskriminierungsverbot des Art. 14 EMRK ergänzen soll. Das Protokoll wurde allerdings nur von einer Minderheit der Konventionsstaaten ratifiziert, zu der Deutschland nicht gehört.

4.149

Art. 14 EMRK entspricht im Wesentlichen **Art. 21 GRC** im Unionsrecht.[341] Doch während letztere Vorschrift zusammen mit den sekundärrechtlichen Antidiskriminierungsvorschriften eine zentrale Rolle für den Grundrechtsschutz insbesondere in den Rechtsbeziehungen zwischen Privaten

4.150

---

338 EGMR (GK) v. 9.7.2013 – 2330/09 (*Sindicatul Păstorul cel Bun/Rumänien*) Rz. 171.
339 Zu diesem Ergebnis gelangt auch BAG v. 20.11.2012 – 1 AZR 179/11, NZA 2013, 448 Rz. 128 ff.
340 Dies zu Recht hervorhebend *Junker*, EuZA 2018, 304 (317 f.).
341 S. die Erläuterungen zur GRCh, ABl. 2007 C 303/17.

spielt,³⁴² kommt dem Diskriminierungsverbot des **Art. 14 EMRK** lediglich marginale Bedeutung zu. Dies gilt auch mit Blick auf arbeitsrechtliche Sachverhalte. Der Grund dafür ist darin zu sehen, dass das Diskriminierungsverbot eine bloß **ergänzende (*complementary*) Funktion** erfüllt.³⁴³ Nach der st. Rspr. des Gerichtshofs besitzt die Regelung keine eigenständige Bedeutung (*independent existence*), sondern entfaltet ihre Wirkung regelmäßig erst in Verbindung mit den von der Konvention gewährleisteten Freiheitsrechten.³⁴⁴ Knüpft demnach eine Ungleichbehandlung an ein Verhalten oder an eine Eigenschaft an, die in den Schutzbereich eines Konventionsrechts fällt, wird die Rechtmäßigkeit der Differenzierung primär am Maßstab des betroffenen Freiheitsrechts unter Berücksichtigung der Wertungen des Art. 14 EMRK beurteilt. So wird beispielsweise eine Ungleichbehandlung wegen des Geschlechts,³⁴⁵ wegen der sexuellen Orientierung³⁴⁶ oder wegen einer Krankheit³⁴⁷ in erster Linie an der Richtschnur des Art. 8 EMRK überprüft. Für Diskriminierungen aufgrund der Religion wird entsprechend Art. 9 EMRK als Prüfungsmaßstab herangezogen.³⁴⁸

4.151 Die Anwendung des Art. 14 EMRK setzt allerdings **keine Verletzung** konventionsrechtlich geschützter Freiheitsrechte voraus. Die Vorschrift ist vielmehr bereits dann anwendbar, wenn der **Schutzbereich** eines anderen Konventionsrechts **eröffnet** ist. Insoweit kann das Diskriminierungsverbot ausnahmsweise doch eigenständige Bedeutung erlangen.³⁴⁹ Darüber hinaus hat der Gerichtshof in einzelnen Entscheidungen ausgeführt, dass der Anwendungsbereich des Art. 14 EMRK bereits dann eröffnet sein kann, wenn das Verhalten, an das die Diskriminierung anknüpft, **mit der Ausübung eines von der Konvention geschützten Rechts im Zusammenhang steht** (*linked to the exercise of a right guaranteed [by the Convention]*), ohne selbst unmittelbar in den Schutzbereich dieses Konventionsrechts zu fallen.³⁵⁰ Im arbeitsrechtlichen Kontext war diese Rspr. namentlich im Zusammenhang mit dem Recht auf Kollektivverhandlungen relevant, bevor der Gerichtshof das Kollektivverhandlungsrecht als Bestandteil der Vereinigungsfreiheit nach Art. 11 EMRK anerkannt hatte (Rz. 4.117). Der Gerichtshof beurteilte die Praxis bestimmter Konventionsstaaten, wonach lediglich besonders repräsentative Gewerkschaften zu Kollektivverhandlungen berechtigt waren, am Maßstab des Art. 14 EMRK, da Art. 11 EMRK nach damaliger Ansicht kein Kollektivverhandlungsrecht gewährte. Das Führen von Kollektivverhandlungen wurde allerdings als eine Tätigkeit angesehen, die mit der durch Art. 11 EMRK geschützten Vereinigungsfreiheit im Zusammenhang steht, so dass das Diskriminierungsverbot angewendet werden konnte. Im Ergebnis wurde allerdings die Beschränkung des Kollektivverhandlungsrechts auf repräsentative Gewerkschaften nicht als unzulässige Diskriminierung gewertet. Vielmehr sei eine solche Praxis sachlich legitim um zu verhindern, dass der Arbeitgeber mit einer „exzessiven Zahl an Kollektivverhandlungspartnern" konfrontiert werde.³⁵¹

4.152 Festzuhalten bleibt, dass es auf dem Gebiet des Arbeitsrechts – soweit erkennbar – keine Entscheidung des Gerichtshofs gegeben hat, in der ein Konventionsverstoß allein auf der Grundlage von Art. 14 EMRK festgestellt worden wäre.

---

342 S. zum engen Bezug des Antidiskriminierungsrechts der EU zum Schutz der Grundrechte z.B. die Erwägungsgründe 1 und 5 der Richtlinie 2000/78/EG des Rates vom 27.11.2000 zur Festlegung eines allgemeinen Rahmens für die Verwirklichung der Gleichbehandlung in Beschäftigung und Beruf, ABl. 2000 L 303/16.
343 EGMR v. 27.10.1975 – 4464/70 (*Nationale Gewerkschaft der belgischen Polizei/Belgien*) Rz. 44: „It is as though Article 14 formed an integral part of each of the Articles laying down rights and freedoms whatever their nature."
344 EGMR v. 15.1.2013 – 48420/10 u.a. (*Eweida u.a./Vereinigtes Königreich*) Rz. 85.
345 EGMR v. 2.12.2014 – 61960/08 (*Emel Boyraz/Türkei*) Rz. 45.
346 EGMR v. 22.7.2010 – 18984/02 (*P.B. und J.S./Österreich*) Rz. 36 ff.
347 EGMR v. 3.10.2013 – 552/10 (*I.B./Griechenland*) Rz. 67 ff.
348 EGMR v. 15.1.2013 – 48420/10 u.a. (*Eweida u.a./Vereinigtes Königreich*) Rz. 85 ff.
349 EGMR v. 2.12.2014 – 61960/08 (*Emel Boyraz/Türkei*) Rz. 40.
350 EGMR v. 6.2.1976 – 5614/72 (*Schwedische Lokomotivführergewerkschaft/Schweden*) Rz. 45; ebenso EGMR v. 27.10.1975 – 4464/70 (*Nationale Gewerkschaft der belgischen Polizei/Belgien*) Rz. 44.
351 EGMR v. 6.2.1976 – 5614/72 (*Schwedische Lokomotivführergewerkschaft/Schweden*) Rz. 46.

§ 5
Gleichbehandlung

Der Beitrag basiert auf dem von *Grünberger* für die Erstauflage erstellten, nunmehr von *Husemann* bearbeiteten Manuskript.

I. **Gleichbehandlung und Nichtdiskriminierung** 5.1
 1. Aufgabe des Nichtdiskriminierungsrechts 5.1
 2. Nichtdiskriminierung als spezielles Gleichbehandlungsrecht 5.6
  a) Gemeinsamkeiten zwischen allgemeiner Gleichbehandlung und Nichtdiskriminierung 5.6
  b) Unterschiede 5.9
II. **Geltungsgründe des Nichtdiskriminierungsrechts** 5.11
 1. Primärrecht (GRC, AEUV) 5.11
  a) Unionsgrundrechte auf Nichtdiskriminierung (Art. 21 Abs. 1, 23 GRC) 5.11
  b) Entgeltgleichheit für Männer und Frauen (Art. 157 AEUV) 5.17
  c) Diskriminierungsrechtliche Kompetenzgrundlage (Art. 19 AEUV) 5.22
  d) Spezialfall: Staatsangehörigkeit (Art. 21 Abs. 2 GRC, Art. 18 AEUV) 5.25
 2. Spezielles Nichtdiskriminierungsrecht im Sekundärrecht 5.26
  a) Geschlechterrichtlinie 5.26
  b) Antirassismusrichtlinie 5.27
  c) Gleichbehandlungsrahmenrichtlinie 5.28
  d) Richtlinie zur Gleichbehandlung Selbständiger 5.29
  e) Richtlinien außerhalb von Beschäftigung und Beruf 5.30
 3. Bedeutung des Völkerrechts 5.31
III. **Anwendungsbereich des Nichtdiskriminierungsrechts** 5.33
 1. Art. 157 AEUV 5.33
  a) Arbeitnehmer 5.34
  b) Entgelt (Art. 157 Abs. 2 AEUV) .. 5.37
 2. Anwendungsbereich des speziellen Nichtdiskriminierungsrechts der Richtlinien 5.41
  a) Bedingungen für den Zugang zu unselbständiger und selbständiger Erwerbstätigkeit 5.41
   aa) Erwerbstätigkeit 5.42
   bb) Zugang 5.45
  b) Beschäftigungs- und Arbeitsbedingungen 5.48
   aa) Allgemeines 5.48
   bb) Arbeitsentgelt 5.50
   cc) Entlassungsbedingungen 5.52
  c) Berufsberatung und berufliche Aus- und Weiterbildung 5.55
  d) Mitgliedschaft und Mitwirkung in Arbeitnehmer- und Arbeitgeberorganisationen 5.56
IV. **Diskriminierungsmerkmale** 5.57
 1. Grundfragen 5.57
 2. Diskriminierungskategorisierungen im speziellen Nichtdiskriminierungsrecht 5.61
  a) Rasse und ethnische Herkunft ... 5.61
   aa) Probleme des Rassenbegriffs . 5.61
   bb) Zuschreibungen ethnischer Herkunft 5.63
   cc) Sonderfall „Sprache" 5.67
   dd) Nationale Herkunft und Staatsangehörigkeit 5.68
  b) Geschlecht 5.69
   aa) Kategorisierung „Mann/Frau" 5.69
   bb) Schwangerschaft 5.71
   cc) Trans*identität und Inter*sexualität 5.74
  c) Religion und Weltanschauung ... 5.77
   aa) Schutzzweck 5.77
   bb) Geschütztes Verhalten 5.80
   cc) Weltanschauung 5.86
  d) Sexuelle Ausrichtung 5.87
  e) Behinderung 5.91
   aa) Unionsrechtliche Vorgaben .. 5.91
    (1) Individuelle Beeinträchtigung 5.95
    (2) Teilhabehindernis am beruflichen Leben 5.96
    (3) Langfristigkeit 5.98
   bb) Erweiterungen im nationalen Recht 5.99
  f) Alter 5.100
 3. Mehrdimensionale Diskriminierung . 5.101
V. **Diskriminierungstatbestand** 5.104
 1. Begriffsbestimmungen 5.104
 2. Unmittelbare Diskriminierung 5.108
  a) Grundlagen 5.108

b) Tatbestand 5.110
  aa) Ungleiche Behandlung 5.111
    (1) Weniger günstige Behandlung 5.112
    (2) Andere Person in einer vergleichbaren Situation . 5.115
      (a) Sonderfall Entgeltdiskriminierung? 5.116
      (b) Deskriptives Modell zur Feststellung der Vergleichbarkeit 5.119
      (c) Vergleichsperson 5.123
  bb) Anknüpfung an ein verpöntes Merkmal 5.127
    (1) Grundverständnis 5.127
    (2) Ausdrückliche und verdeckte Anknüpfung . . 5.131
    (3) Sonderfall: Schwangerschaft und Mutterschaft . . 5.135
3. Mittelbare Diskriminierung 5.138
  a) Entstehungsgeschichte und Normzweck 5.138
  b) Begriff 5.141
    aa) Ungleiche Behandlung 5.142
      (1) Neutrales Differenzierungskriterium 5.142
      (2) Besondere Benachteiligung 5.144
        (a) Vergleichbarkeit 5.145
        (b) Besondere Benachteiligung 5.149
    bb) Keine sachliche Rechtfertigung 5.158
      (1) Grundlagen 5.158
      (2) Legitimer Zweck 5.161
      (3) Verhältnismäßigkeitsprüfung 5.166
        (a) Angemessenheit (Eignung) 5.167
        (b) Erforderlichkeit 5.170
4. Belästigung und sexuelle Belästigung 5.173
  a) Grundlagen und Normzweck . . . 5.173
  b) Belästigung 5.176
  c) Sexuelle Belästigung 5.180
5. Anweisung zur Diskriminierung . . . 5.182
6. Besondere Erscheinungsformen der Diskriminierung 5.185
  a) Unterstelltes Merkmal 5.185
  b) Dreiecksverhältnisse 5.186

VI. Rechtfertigungsmöglichkeiten von Diskriminierungen 5.188
  1. System der Rechtfertigungsgründe und Struktur der Rechtfertigungsprüfung 5.188
    a) Problemstellung 5.188
    b) Prüfungsstruktur 5.189
    c) Rechtfertigungsgründe in den Richtlinien (Überblick) 5.194
      aa) Besondere Rechtfertigungsgründe 5.195
      bb) Allgemeine Rechtfertigungsgründe 5.197
    d) Art. 157 AEUV 5.200
  2. Besonderer Freiheitsschutz von Religions- und Weltanschauungsgemeinschaften 5.203
  3. Allgemeiner Freiheitsschutz: Berufliche Anforderungen 5.216
    a) Struktur 5.216
    b) Voraussetzungen 5.220
      aa) Berufliche Anforderung . . . 5.220
      bb) Verhältnismäßigkeit 5.226
    c) Kundenpräferenzen 5.231
  4. Positive Maßnahmen 5.235

VII. Sanktionen 5.246
  1. Primärrechtliche vs. sekundärrechtliche Diskriminierungsverbote 5.246
  2. Grundsatz der Mindestanforderungen und Verschlechterungsverbot . 5.251
  3. Präventive Maßnahmen 5.253
  4. Reaktive Maßnahmen 5.259
    a) Nichtigkeit diskriminierender Maßnahmen 5.260
    b) Beseitigung der Auswirkungen ungleicher Maßnahmen 5.263
    c) Anforderungen an die Sanktionierung 5.269
    d) Besonderheiten beim Schadensersatz 5.274
  5. Viktimisierung 5.289

VIII. Rechtsdurchsetzung 5.292
  1. Individuelle Rechtsdurchsetzung . . 5.292
  2. Kollektive Rechtsdurchsetzung . . . 5.298
  3. Beweislastverteilung 5.300
    a) Grundzüge 5.300
    b) Beweislastverteilung 5.305
    c) Einzelheiten 5.310

Schrifttum: *Adomeit/Mohr*, Allgemeines Gleichbehandlungsgesetz (AGG) – Kommentar, 2. Aufl. 2011; *Baer/Bittner/Göttsche* in Antidiskriminierungsstelle des Bundes, Mehrdimensionale Diskriminierung, 2010, zugreifbar unter http://www.antidiskriminierungsstelle.de/SharedDocs/Downloads/DE/publikationen/mehrdimensionale_diskriminierung_theorien.pdf?__blob=publicationFile [Stand: 31.5.2014]; *Bauer/Krieger*, 10 Jahre AGG – Tops und Flops, NZA 2016, 1041; *Bauer/von Medem*, Altersdiskriminierende Kündigung im Kleinbetrieb, NJW 2016, 210; *Bauer/Romero*, Der individuelle Auskunftsanspruch nach dem Entgelttransparenzgesetz, NZA 2017, 409; *Behrendt/Witzke*, Das Entgelttransparenzgesetz – „Null Auswirkungen"?, BB 2017, 3060; *Benecke*, Missbrauch europarechtlicher Schutzvorschriften: AGG-Hopper vor dem EuGH, EuZA 2017, 47; *Berka*, Das islamische Kopftuch: Antidiskriminierung und Religionsfreiheit in den Rechtssachen Achbita und Bougnaoui, EuZA 2017, 465; *Boemke*, Diskriminierung wegen der Religion oder der Weltanschauung durch Verbot des Tragens eines islamischen Kopftuchs („Bougnaoui und ADDH"), jurisPR-ArbR 25/2017 Anm. 2; *Britz*, Einzelfallgerechtigkeit vs. Generalisierung, 2008; *Birtz*, Diskriminierungsschutz und Privatautonomie, VVDStRL 64 (2005), 355; *Buhk*, „Kundenpräferenzen" als Rechtfertigungsgrund, 2016; *Chege*, Multidimensional Discrimination in EU Law: Race, Sex and Ethnicity, 2011; *Classen*, Freiheit und Gleichheit im öffentlichen und im privaten Recht – Unterschiede zwischen europäischem und deutschem Grundrechtsschutz?, EuR 2008, 627; *Collins*, Discrimination, Equality and Social Inclusion, Mod. L. Rev. 66 (2003), 16; *Deinert*, Arbeitnehmerschutz vor Diskriminierung in kirchlichen Einrichtungen, EuZA 2009, 332; *Ebers*, Rechte, Rechtsbehelfe und Sanktionen im Unionsprivatrecht, 2016; *Eggert-Weyand*, Belästigung am Arbeitsplatz, 2010; *Ellis/Watson*, EU-Anti-Discrimination Law, 2. Aufl. 2012; *Fahrig/Stenslik*, Die Rechtsprechung des EGMR zum kirchlichen Arbeitsrecht, EuZA 2012, 184; *Fastrich*, Gleichbehandlung und Gleichstellung, RdA 2000, 65; *Franzen*, Anwendungsfragen des Auskunftsanspruchs nach dem Entgelttransparenzgesetz (EntgTranspG), NZA 2017, 814; *Fredman*, Discrimination Law, 2. Aufl. 2011; *Fredman*, Equality: A New Generation?, ILJ 30 (2001), 145; *Friauf/Höfling*, Berliner Kommentar zum Grundgesetz, Stand 1/17 2017; *Greif*, Die Unanwendbarkeit richtlinienwidriger deutscher Arbeitsgesetze, 2016; *Grünberger*, Personale Gleichheit, 2013; *Grünberger*, Selbstverantwortung und Solidarität im Wirtschaftsrecht – Nichtdiskriminierungsrecht in Studiengesellschaft für Wirtschaft und Recht (Hrsg.), Selbstverantwortung vs. Solidarität im Wirtschaftsrecht, 2014, S. 79; *Hartmann*, Die arbeitsrechtliche Rechtsprechung des Europäischen Gerichtshofs im zweiten Halbjahr 2015 und im Jahr 2016, EuZA 2017, 153; *Hartmeyer*, Kopftuchverbot in privaten Unternehmen – Religiöses Symbol und „corporate identity", EuZA 2017, 545; *Hey* (Hrsg.), Kommentar zum AGG, 2009; *Husemann*, Auslegung von Art. 4 Abs. 2 der Richtlinie EGRL 78/2000 – Religionszugehörigkeit – kirchliches Selbstbestimmungsrecht, ZESAR 2016, 487; *Joussen*, „Ut unum sint" – Betriebsgemeinschaft und Dienstgemeinschaft im Arbeitsrecht, RdA 2007, 328; *Joussen*, § 9 AGG und die europäischen Grenzen für das kirchliche Arbeitsrecht, NZA 2008, 675; *Joussen*, Auswirkungen der Rechtsprechung des EuGH auf das deutsche Arbeitsrecht – Diskriminierungsrecht, Befristungsrecht, Urlaubsrecht, RdA 2015, 305; *Joussen*, Arbeitsrechtliche Anforderungen an die Mitarbeit in Kirche und Diakonie – Das Kriterium der Kirchenzugehörigkeit, ZevKR 60 (2015), 63; *Joussen*, § 9 Abs. 1 AGG – Der EuGH und die Kirchenzugehörigkeit von Beschäftigen, EuZA 2018, 421; *Leible/Schlachter* (Hrsg.), Diskriminierungsschutz durch Privatrecht, 2006; *Kamanabrou*, Die arbeitsrechtlichen Vorschriften des Allgemeinen Gleichbehandlungsgesetzes, RdA 2006, 321; *Kischel*, Zur Dogmatik des Gleichheitssatzes in der Europäischen Union, EuGRZ 1997, 1; *Klein*, Das Merkmal der Langfristigkeit im Rahmen des Behindertenbegriffs der RL 2000/78/EG („Daouidi"), jurisPR-ArbR 1/2017 Anm. 2; *Klein*, Schleierhaftes vom EuGH?, NVwZ 2017, 920; *Krieger*, Rechtsmissbrauch durch „AGG-Hopping", EuZW 2016, 696; *Kuhn/Schwindling*, Eine Chance auf Lohngerechtigkeit?!, DB 2017, 785; *Mahlmann/Rudolf* (Hrsg.), Gleichbehandlungsrecht, 2007; *Mätzig*, Diskriminierende Kundenwünsche, AuA 2017, 650; *Mohr/Fürstenberg*, Kirchliche Arbeitgeber im Spannungsverhältnis zwischen grundrechtlich geschütztem Selbstbestimmungsrecht und europarechtlich gefordertem Diskriminierungsschutz, BB 2008, 2122; *Nettesheim*, Diskriminierungsschutz ohne Benachteiligung? EuZW 2013, 48; *Oberthür*, Das Gesetz zur Förderung der Transparenz von Entgeltstrukturen, NJW 2017, 2228; *Porsche*, Gleichbehandlung/Arbeitnehmer mit Behinderung – Anmerkung von Dr. Stefanie Porsche zu EuGH, Urt. v. 09.03.17 – C-406/15 –, ZESAR 2017, 444; *Pötters/Schmidt*, Beweislast und Beweismaß im Diskriminierungsrecht – ein Blick nach Österreich, ZESAR 2015, 165; *Preis/Morgenbrodt*, Religiöse Symbole am Arbeitsplatz zwischen Gleichbehandlung und unternehmerischer Freiheit, ZESAR 2017, 309; *Rebhahn/Kietaibl*, Mittelbare Diskriminierung und Kausalität, Rechtswissenschaft 2010, 373; *v. Roetteken*, Unionsrechtliche Aspekte des Schadensersatzes und der Entschädigung bei Diskriminierungen, NZA-RR 2013, 337; *v. Roetteken*, Beteiligung des Integrationsamts bei Entlassungen von Beamten und Beamten? („Milkova"), jurisPR-ArbR 16/2017 Anm. 4; *Rolfs*, Diskriminierungsschutz in der betrieblichen Altersversorgung, SR 2013, 41; *Rolfs*, AGG-Hopping, NZA 2016, 586; *Rothballer*, Berufliche Anforderungen im AGG, 2016; *Rupp*, Die unmittelbare Benachteiligung nach § 3 Abs. 1 AGG, RdA 2009, 307; *Sachs*, Grundgesetz: GG, 8. Aufl. 2018; *Sagan*, Unionaler Diskriminierungsschutz gegen Kopftuchverbote am Arbeitsplatz, EuZW 2017, 457; *Schiek/Chege* (Hrsg.), From European Union non-discrimination law towards multidimensional equality for Europe, 2009; *Schiek* (Hrsg.), Allgemeines Gleichbehandlungsgesetz (AGG), 2007; *Schiek*, A New Framework on Equal Treatment of Persons in EC Law?, ELJ 8 (2002), 290; *Schiek*, Differenzierte Gerechtigkeit, 2000; *Schiek*, Intersektionelle Diskriminierung vor dem Europäischen Gerichtshof – Ein erster verfehlter Versuch?, EuZA 2017, 407; *Schiek/Waddington/Bell* (Hrsg.), Non-Discrimination Law, 2007; *Schlachter*, Benachteiligung wegen besonderer Verbindungen statt Zugehörigkeit zu einer benachteiligten Gruppe, RdA 2010, 104; *Schleusener/Suckow/Voigt*, AGG, 4. Aufl. 2013; *Schmitt*, Aktuelle Rechtsfragen bei der Kündigung schwerbehinderter Menschen, BB 2017, 2293; *Schnabel*, Die Richtlinie 2000/78/EG und das kirchliche Arbeitsrecht in Deutschland, ZfA 2008, 413; *Schubert*, Schadensersatz wegen diskriminierender Entlassung – Keine Pflicht zur Einführung eines Strafschadensersatzes, EuZA 2016, 480; *Schubert*, Religiöse Symbole und Kleidungsstücke am Arbeitsplatz, NJW 2017, 2582; *Schubert/Jerchel*, Aktuelle Entwicklungslinien im Europäischen Arbeitsrecht, EuZW 2017, 551; *Selzer*, Krankheit und Behinderung im Diskriminierungsrecht, EuZA 2014, 95; *Somek*, Rationalität und Diskriminierung, 2001; *Somek*, Engineering Equality, 2011; *Sponholz*, Die unionsrechtlichen Vorgaben zu den Rechtsfolgen von Diskriminierungen im Privatrechtsverkehr, 2017; *Stern/Sachs*, Europäische Grundrechte-Charta: GRCh, 2016; *Thüsing/Fink-Jamann/von Hoff*, Das kirchliche Selbstbestimmungsrecht als Legitimation zur Unterscheidung nach der Religion, ZfA 2009, 153; *Wagner/Potsch*, Haftung für Diskriminierungsschäden nach dem Allgemeinen Gleichbehandlungsgesetz, JZ 2006, 1085; *Wank*, Das Entgelttransparenzgesetz – Prämissen und Umsetzung, RdA 2018, 34; *Weirauch*, Kündigung eines Chefarztes/Eheschließung nach Scheidung, ZESAR 2017, 176; *Welti*, Gleichbehandlung/Sinnesbeeinträchtigung/Arbeitsunfähigkeit, ZESAR 2017, 505; *Wendeling-Schröder/Stein*, Allgemeines Gleichbehandlungsgesetz, 2008; *Wiedemann*, Die Gleichbehandlungsgebote im Arbeitsrecht, 2001; *Wiedemann*, Konturen der arbeitsrechtlichen Benachteiligungsverbote, RdA 2015, 298; *Ziegler*, Arbeitnehmerbegriffe im Europäischen Arbeitsrecht, 2011.

I. Gleichbehandlung und Nichtdiskriminierung

1. Aufgabe des Nichtdiskriminierungsrechts

5.1 Diskriminierungsverbote knüpfen an **personenbezogene Merkmale** von Individuen an. Diese Merkmale werden traditionell entweder vom Recht und/oder in der Gesellschaft zu bestimmten Zwecken **instrumentalisiert:**[1] Mit der Zuschreibung dieser Merkmale werden die betroffenen Individuen zu Mitgliedern einer als homogen konstruierten Gruppe (die „Anderen") gemacht, die aufgrund dieser Merkmale von der jeweils herrschenden Gruppe („uns") unterschieden wird.[2] Die Unterscheidung anhand bestimmter Merkmale ist notwendig, um die „Anderen" anders – in der Regel schlechter – behandeln zu können, weil sie als solche weniger wert sind als „wir". Diese Eigenschaften konstituieren den sozialen Status einer Person und ihren Platz in der **sozialen Statushierarchie** einer Gesellschaft.[3] Der soziale Status weist der Person eine Position in hierarchisch organisierten Gesellschaften zu. Diese Verbindung wollen Diskriminierungsverbote **aufbrechen.**[4]

5.2 Die **Funktion** des Nichtdiskriminierungsprinzips ergibt sich aus dem jeweiligen **Kontext** seiner Verwendung im Recht.[5] Im Kontext des Unionsrechts stellt es im Ausgangspunkt **den Zugang zu Markt und Wettbewerb** sicher.[6] Aus der Rechtsprechung des EuGH folgt, dass das Nichtdiskriminierungsrecht den Zweck hat, sicherzustellen, dass Arbeitnehmer unabhängig von ihrer ethnischen Herkunft aus dem Maghreb,[7] ihrer homosexuellen Orientierung[8] oder ihres fortgeschrittenen Alters[9] den gleichen Zugang zum Arbeitsmarkt und damit die gleiche Freiheit haben, wie flämische oder wallonische, heterosexuelle oder jüngere Arbeitnehmer. Zentrale Aufgabe dieser

---

1 Dazu *Grünberger*, Personale Gleichheit, S. 530 ff.
2 *Fishan*, Rechtstheorie 2006, 67; *Schiek*, ELJ 9 (2002), 290 (309).
3 *Balkin*, YLJ 106 (1997), 2313.
4 Antidiskriminierungsrecht reagiert damit auf gesellschaftliche Machtverhältnisse, wie Schlachter/Kocher, § 5 Rz. 1 formuliert.
5 Die folgenden Abschnitte sind übernommen aus *Grünberger* in Studiengesellschaft für Wirtschaft und Recht (Hrsg.), Selbstverantwortung vs. Solidarität im Wirtschaftsrecht, S. 79, 110 ff.
6 Vertiefend *Grünberger*, Personale Gleichheit, S. 894 ff.
7 EuGH v. 10.7.2008 – C-54/07 – Feryn, Slg. 2008, I-5187.
8 EuGH v. 25.4.2013 – C-81/12 – Asociația Accept, NZA 2013, 891.
9 EuGH v. 12.10.2010 – C-499/08 – Ingeniørforeningen i Danmark (Andersen), Slg. 2010, I-9343; vertiefend *Grünberger*, EuZA 2011, 171.

Funktion ist, dazu beizutragen, einen **funktionsfähigen Markt** zu gewährleisten, dessen einheitliche Regelungen zwischen den Mitgliedstaaten eine Wettberwerbsgleichheit garantieren und so nicht der Staat benachteiligt wird, der zugunsten seiner Bürger ein effektive Gleichbehandlungspolitik betreibt.[10]

Andererseits **begrenzt** das Nichtdiskriminierungsprinzip die Auswirkungen **ökonomischer Rationalität** auf die Merkmalsträger. Ein Beispiel dafür ist die eingeschränkte Berücksichtigung von Kundenpräferenzen in der Rechtfertigung (vgl. Rz. 5.229 ff.). Ein anderes Beispiel ist das Verbot der mittelbaren Diskriminierung (vgl. Rz. 5.138 ff.). Damit versetzt sich das Recht in die Lage, die soziale Realität der Verteilung von Erwerbschancen und die im Wirtschaftssystem bestehenden Strukturen systemischer Diskriminierung wahrzunehmen.[11] Aufgabe des Verbots mittelbarer Diskriminierung ist es also, zu verhindern, dass die **strukturellen Nachteile** von Gruppen auf dem (Arbeits-)Markt und die gesellschaftlich bedingten Schwächen bei der Durchsetzung ihrer Interessen von anderen Akteuren **perpetuiert** werden.[12] Deshalb hat sich der EuGH gegen den Einsatz einer Sonderformel zur Herabsetzung der Sozialplanabfindung bei behinderten Arbeitnehmern ausgesprochen: Würde man die frühere Bezugsberechtigung einer Altersrente bei Schwerbehinderten akzeptieren, wäre „die praktische Wirksamkeit der nationalen Vorschriften, die den genannten Vorteil vorsehen" beeinträchtigt, weil „deren Daseinsberechtigung allgemein darin besteht, den *Schwierigkeiten und besonderen Risiken* Rechnung zu tragen, mit denen *schwerbehinderte Arbeitnehmer* konfrontiert sind."[13]

5.3

Das Nichtdiskriminierungsrecht ist **kein genuines Sozialschutzrecht**. Es hat als Gleichbehandlungsrecht einen anderen Regulierungsanspruch. **Zweck** des Nichtdiskriminierungsrechts ist **nicht die Versorgung mit Gütern** (Arbeitsplatz oder Dienstleistung), die einer diskriminierten Person vorenthalten werden. „Ziel der Diskriminierungsverbote ist vielmehr der **Schutz bestimmter Personen vor Benachteiligung** als solcher."[14] Das Nichtdiskriminierungsrecht schützt als Recht auf gleiche Behandlung eine Person lediglich davor, bei der Verteilung von Freiheiten ungleich behandelt zu werden. Auf die Frage, wie diese Freiheiten als solche auszugestalten sind, kann es daher keine Antwort geben.[15] Tritt bei einer Person dagegen eine besondere Schutzbedürftigkeit auf, reagiert das Recht darauf allein deswegen und nicht wegen einer Ungleichbehandlung.

5.4

Die **Entscheidungspraxis des EuGH** ist nicht einheitlich. Einerseits sei der Abfindungsausschluss von entlassenen Arbeitnehmern, die auf dem Arbeitsmarkt bleiben wollen, nicht damit zu rechtfertigen, dass sie aufgrund ihres Alters eine Rente als Einkommensersatz in Anspruch nehmen können.[16] Das Gleichbehandlungsrecht schütze nicht das Einkommen, sondern die Möglichkeit, seine Arbeitskraft unter tatsächlich gleichen Bedingungen am Arbeitsmarkt anzubieten.[17] Deshalb fallen Krankheiten, die erst nach dem Mutterschaftsurlaub auftreten, unter die allgemeine Regelung für Krankheitsfälle und sind keine unmittelbare Diskriminierung aufgrund des Geschlechts, sofern auch Männer unter den gleichen Voraussetzungen aufgrund solcher Fehlzeiten entlassen würden.[18] Problematisch ist dagegen die Praxis des EuGH, den Schutz des speziellen Nichtdiskriminierungsrechts einerseits mit dem Kündigungsschutz von schwangeren Frauen andererseits gleichzusetzen.[19] Den eigentlichen Sozialschutz übernimmt Art. 10 der Mutterschutzrichtlinie 92/

5.5

---

10 Zu den wirtschaftlichen Zielen vgl. auch Schlachter/*Kocher*, § 5 Rz. 4 f.
11 *Grünberger/Sagan*, EuZA 2013, 324 (335).
12 *Grünberger*, Personale Gleichheit, S. 660.
13 EuGH v. 6.12.2012 – C-152/11 – Odar Rz. 67 f., NZA 2012, 1435 (Hervorhebungen diesseits).
14 *Britz*, VVDStRL 64 (2005), 355 (390).
15 Unzutr. daher *Fastrich*, RdA 2000, 65 und *Somek*, Engineering Equality, S. 131 f.
16 EuGH v. 12.10.2010 – C-499/08 – Ingeniørforeningen i Danmark (Andersen), Slg. 2010, I-9343 Rz. 44.
17 EuGH v. 12.10.2010 – C-499/08 – Ingeniørforeningen i Danmark (Andersen), Slg. 2010, I-9343 Rz. 45.
18 EuGH v. 8.11.1990 – C-179/88 – Handels- og Kontorfunktionærernes Forbund (Hertz), Slg. 1990 I-3979 Rz. 12 ff.
19 EuGH v. 11.11.2010 – C-232/09 – Danosa, Slg. 2010, I-11405 Rz. 68.

85/EWG. Dieser Schutz ist unabhängig von einer tatbestandlichen (!) Ungleichbehandlung, besteht aber nur für Arbeitnehmerinnen.[20]

2. Nichtdiskriminierung als spezielles Gleichbehandlungsrecht

a) Gemeinsamkeiten zwischen allgemeiner Gleichbehandlung und Nichtdiskriminierung

5.6 Die Diskriminierungsverbote sind nicht persönlichkeits- oder freiheitsrechtlich zu erfassen,[21] der Grundsatz der Nichtdiskriminierung **konkretisiert** vielmehr den allgemeinen **Gleichheitsgrundsatz**.[22] Ausgangspunkt ist die Prämisse, dass jede Person einen moralischen Anspruch darauf hat, von anderen privaten Akteuren als Gleicher behandelt zu werden.[23] Gleichbehandlung und Nichtdiskriminierung sind danach zwei Seiten einer Medaille.[24] Diskriminierungsverbote teilen die **Grundstruktur** des **allgemeinen Gleichbehandlungsgebots**.[25] Der Unterschied besteht in der erheblichen **Verschärfung** der **Rechtfertigungsanforderungen**. Bei der Geltung eines Diskriminierungsverbots muss aber die Ungleichbehandlung ohne Rückgriff auf die vom Gesetz für ungeeignet erklärten („verpönten"[26]) Kriterien begründet werden können.[27]

5.7 Die einheitliche Grundstruktur von allgemeinem Gleichheitssatz und Diskriminierungsverboten findet sich auch im Unionsrecht.[28] Bei erster Betrachtung erweckt es zwar den Anschein, zwischen dem allgemeinen Gleichheitssatz und Diskriminierungsverboten scharf zu unterscheiden, indem es in der Sache den „Grundsatz der Gleichbehandlung" auf ein Diskriminierungsverbot beschränkt.[29] Die jeweiligen Richtlinien definieren den Grundsatz der Gleichbehandlung als das Verbot jeder unmittelbaren und mittelbaren Diskriminierung sowie anderer unerwünschter Verhaltensweisen, die Diskriminierungscharakter haben. Dieser Eindruck täuscht.[30] Art. 2 der Antirassismusrichtlinie 2000/43/EG[31] (AntiRass-RL) und der Gleichbehandlungsrahmenrichtlinie 2000/78/EG[32] (Gleichb-RL) verwenden die Begriffe „Diskriminierung" und „Gleichbehandlungsgrundsatz" synonym. Wird vom „**allgemeinen Gleichbehandlungsgrundsatz**" oder vom „**allgemeinen Diskriminierungsverbot**" gesprochen,[33] ist damit regelmäßig **dasselbe** gemeint.[34] Diskriminierungsverbote werden als

---

20 Näher *Ellis/Watson*, EU-Anti-Discrimination Law, S. 338.
21 So aber EuArbR/*Mohr*, Art. 21 GRC Rz. 2 und Art. 1 RL 2000/78/EG Rz. 10.
22 Vgl. dazu statt vieler *Fredman*, Discrimination Law, S. 1 ff.; *Mahlmann*, Elemente einer ethischen Grundrechtstheorie, S. 437 ff.
23 Zu den Grundlagen näher *Grünberger*, Personale Gleichheit, S. 902 ff.; vgl. auch *Wiedemann*, RdA 2015, 298.
24 Schiek/*Schiek*, AGG, Einl. Rz. 42.
25 S. Mahlmann/Rudolf/*Mahlmann*, Gleichbehandlungsrecht, § 3 Rz. 17; *Grünberger*, Personale Gleichheit, S. 774 ff.
26 *Wiedemann*, Gleichbehandlungsgebote, S. 25 (59); zur Klarstellung, dass nicht das Merkmal, sondern die Anknüpfung daran „verpönt" ist, s. *Pöschl*, Gleichheit vor dem Gesetz, S. 173.
27 Vertiefend *Grünberger*, Personale Gleichheit, S. 527 ff.
28 *Kischel*, EuGRZ 1997, 1 (4); *Plötscher*, Der Begriff der Diskriminierung im Europäischen Gemeinschaftsrecht, S. 36 f.; Ehlers/*Kingreen*, § 17 Rz. 20 und Mahlmann/Rudolf/*Mahlmann*, Gleichbehandlungsrecht, § 3 Rz. 22 f.; zurückhaltender *Rossi*, EuR 2000, 197 (205 ff.).
29 Vgl. dazu *Riesenhuber* in Leible/Schlachter (Hrsg.), Diskriminierungsschutz durch Privatrecht, S. 123 (132 f.).
30 *Grünberger*, Personale Gleichheit, S. 778 ff.
31 Richtlinie 2000/43/EG v. 29.6.2000 zur Anwendung des Gleichbehandlungsgrundsatzes ohne Unterschied der Rasse und ethnischen Herkunft (ABl. Nr. L 180 v. 19.7.2000, S. 22).
32 Richtlinie 2000/78/EG v. 27.11.2000 zur Festlegung eines allgemeinen Rahmens für die Verwirklichung der Gleichbehandlung in Beschäftigung und Beruf (ABl. Nr. L 303 v. 2.12.2000, S. 16).
33 EuGH v. 11.7.2006 – C-13/05 – Chacón Navas, Slg. 2006, I-6467 Rz. 56; vgl. auch GA *Mazák* v. 15.2.2007 – C-411/05 – Palacios de la Villa, Slg. 2007, I-8531 Rz. 90 f.
34 Heselhaus/Nowak/*Odendahl*, Handbuch der Europäischen Grundrechte, § 43 Rz. 1.

„specific prohibition of a particular type of discrimination"[35] von „the general principle of equal treatment, or of non-discrimination"[36] unterschieden. Der systematische Zusammenhang von allgemeinem Gleichheitssatz und Diskriminierungsverboten in Art. 20 und Art. 21 GRC bestätigt die These, dass es sich bei Letzteren um Konkretisierungen des Ersteren handelt.[37]

Allgemeine Gleichbehandlungsgebote und spezielle Diskriminierungsverbote sind zwei Säulen eines einheitlichen Grundsatzes: dem **Prinzip der personalen Gleichheit**. Dieses weist zwei **Strukturelemente** auf, die sich in allgemeinen Gleichbehandlungsgeboten und bei Diskriminierungsverboten wiederfinden: die **Ungleichbehandlung** einer Person oder Personengruppe und die Möglichkeit ihrer **Rechtfertigung**.[38] Beide Gruppen unterscheiden sich lediglich hinsichtlich der Anforderungen an die Rechtfertigungsmöglichkeit.   5.8

b) Unterschiede

Das **Nichtdiskriminierungsprinzip** kontrolliert die Rechtfertigungsanforderungen, sobald das Recht die Anknüpfung einer Unterscheidung mit besonderen Differenzierungs-, Diskriminierungs- oder Benachteiligungsverboten belegt. Als Konsequenz dessen steigt die **„Kontrolldichte"** an. Für die Rechtfertigung genügt nicht mehr jeder sachliche Grund („Willkürkontrolle").[39] Das Recht schließt bestimmte Gründe als solche von der Rechtfertigung aus und erlaubt die Anknüpfung daran nur unter Beachtung mehr oder weniger strenger **Verhältnismäßigkeitskriterien** („grundsätzliches Anknüpfungsverbot"). Beispiele dafür sind die Rechtfertigungsmöglichkeiten bei einer Altersdiskriminierung (vgl. Rz. 6.22 ff., 6.43 ff.) oder wegen beruflicher Anforderungen (vgl. Rz. 5.214 ff.). Schließlich kann es die Anknüpfung auch *per se* verbieten („striktes Anknüpfungsverbot"). Ein Beispiel dafür ist die Differenzierung nach Rasse und ethnischer Herkunft im Anwendungsbereich des zivilrechtlichen Benachteiligungsverbots.[40]   5.9

Das dem Nichtdiskriminierungsrecht zugrunde liegende Nichtdiskriminierungsprinzip ist **dreistufig** aufgebaut.[41] Das unterscheidet es vom allgemeinen Gleichbehandlungsgrundsatz. Es basiert zunächst auf dem Grundsatz formaler Rechtsgleichheit. Auf zweiter Stufe konkretisiert und erweitert es diesen Grundsatz um spezifische formal konzipierte Diskriminierungsverbote. Weil die gleiche Anwendung von Diskriminierungsverboten nicht immer in der Lage ist, gesellschaftlich vorhandene Ungleichheiten zu beseitigen, akzeptiert das Nichtdiskriminierungsprinzip auf dritter Stufe formale Ungleichbehandlungen aufgrund bestimmter Merkmale. Darunter fallen beispielsweise angemessene Vorkehrungen für Menschen mit Behinderung (vgl. Art. 5 Gleichb-RL) oder **positive Maßnahmen** wie die Frauenförderung (Art. 157 Abs. 4 AEUV, Art. 3 Geschl-RL[42]).   5.10

---

35 GA *Mazák* v. 15.2.2007 – C-411/05 – Palacios de la Villa, Slg. 2007, I-8531 Rz. 92. Vgl. auch EuGH v. 22.11.2005 – C-144/04 – Mangold, Slg. 2005, I-9981 Rz. 75.
36 GA *Mazák* v. 15.2.2007 – C-411/05 – Palacios de la Villa, Slg. 2007, I-8531 Rz. 90.
37 Dazu Stern/Sachs/*Sachs*, Art. 20 GRC Rz. 18; Ehlers/*Kingreen*, § 17 Rz. 19 f.; Meyer/*Hölscheidt*, Vor Titel III Rz. 17b ff.
38 *Grünberger*, Personale Gleichheit, S. 750.
39 *Grünberger*, Personale Gleichheit, S. 752 ff.
40 BeckOGK-BGB/*Groß*, § 20 AGG Rz. 6.
41 Ausführlich *Grünberger*, NZA-Beilage 2012, 139 (142 ff.); *Grünberger* in Studiengesellschaft für Wirtschaft und Recht (Hrsg.), Selbstverantwortung vs. Solidarität im Wirtschaftsrecht, S. 79, 108 ff.
42 Richtlinie v. 5.7.2006, zur Verwirklichung des Grundsatzes der Chancengleichheit und Gleichbehandlung von Männern und Frauen in Arbeits- und Beschäftigungsfragen (ABl. Nr. L 204 v. 26.7.2006, S. 23). Die Richtlinien 75/117/EWG, 76/207/EWG (in der durch RL 2002/73/EG geänderten Fassung), 86/378/EWG und 97/80/EG wurden gem. Art. 34 Abs. 1 Geschl-RL mit Wirkung vom 15.8.2009 aufgehoben.

II. Geltungsgründe des Nichtdiskriminierungsrechts

1. Primärrecht (GRC, AEUV)

a) Unionsgrundrechte auf Nichtdiskriminierung (Art. 21 Abs. 1, 23 GRC)

5.11 Art. 21 Abs. 1 GRC enthält einen **nicht abschließenden**[43] **Katalog** von 17 Merkmalen, die weder von der Union noch von den Mitgliedstaaten bei der Durchführung des Unionsrechts (Art. 51 Abs. 1 GRC) zur Diskriminierung benutzt werden dürfen. Art. 23 Abs. 1 GRC ordnet an, dass dem Grundsatz der Gleichbehandlung wegen des Geschlechts umfassende Geltung zukommt. Insoweit ist Art. 23 Abs. 1 GRC konkreter als die Zielvorgaben in Art. 3 Abs. 3 UAbs. 3 EUV und Art. 8 AEUV und geht inhaltlich („in allen Bereichen, einschließlich der Beschäftigung [...]") über Art. 157 Abs. 1 AEUV hinaus (vgl. Rz. 5.18).[44] Die Norm bildet die Grundlage für ein **einheitliches beschäftigungsrechtliches Diskriminierungsverbot** aus Gründen des Geschlechts.[45] Art. 23 Abs. 2 GRC ist eine Rechtsgrundlage für die Einführung positiver Maßnahmen (vgl. Rz. 5.228 ff.), und ist – soweit die einschlägige Maßnahme eine formale Ungleichbehandlung wegen des Geschlechts darstellt[46] – zugleich ein Rechtfertigungsgrund für diese. Obwohl eine entsprechende Regelung in Art. 21 GRC fehlt, darf daraus nicht geschlossen werden, dass entsprechende Maßnahmen bei den übrigen Merkmalen in Art. 21 Abs. 1 GRC unzulässig wären.[47]

5.12 Art. 21 Abs. 1 und Art. 23 Abs. 1 GRC sind **spezielle Gleichheitssätze**, denen Vorrang gegenüber dem allgemeinen Gleichheitssatz nach Art. 20 GRC zukommt.[48] Weil sie dessen Grundstruktur teilen, ermöglichen sie im Ausgangspunkt auch eine **Rechtfertigung von Ungleichbehandlungen**.[49] Das ist insbesondere deshalb wichtig, weil die speziellen Gleichheitssätze unmittelbar anwendbar sind. Art. 21 Abs. 1 GRC verleiht nach der Rechtsprechung des EuGH schon für sich allein dem Einzelnen ein **subjektives Recht**, das er als solches geltend machen kann.[50] Bei Art. 23 Abs. 1 GRC ließe sich die **unmittelbare Geltung im Horizontalverhältnis** mit einer Parallele zur Rechtsprechung des EuGH zu Art. 157 Abs. 1 AEUV begründen (vgl. Rz. 5.18). Die unmittelbare Geltung im Horizontalverhältnis wirft allerdings **Probleme** auf:[51] Gilt sie für alle 17 Merkmale des Art. 21 Abs. 1 GRC oder beschränkt sich auf die sieben Merkmale, die im speziellen sekundärrechtlichen Nichtdiskriminierungsrecht (vgl. Rz. 5.26 ff.) geschützt sind (Geschlecht, Rasse, ethnische Herkunft, Religion oder Weltanschauung, Behinderung, Alter und sexuelle Ausrichtung)? Das Verhältnis von Art. 21 Abs. 1, 23 Abs. 1 GRC zu Art. 157 Abs. 1 AEUV mag noch von Art. 52 Abs. 2 GRC gelöst werden. Nicht restlos geklärt ist dagegen das Zusammenspiel von Grundrechten und dem speziellen Nichtdiskriminierungsrecht der Richtlinien.[52]

5.13 Nach der Rechtsprechung des EuGH in den Rs. *Mangold* und *Kücükdeveci* statuiert die Gleichbehandlungsrahmenrichtlinie – dasselbe muss auch für die übrigen Richtlinien des speziellen Nichtdiskriminierungsrechts gelten – den Grundsatz der Gleichbehandlung in Beschäftigung und Beruf nicht selbst, sondern schafft lediglich einen allgemeinen Rahmen zur Bekämpfung verschiedener

---

43 Stern/Sachs/*Sachs*, Art. 21 GRC Rz. 24.
44 Streinz/*Streinz*, Art. 23 GRC Rz. 5.
45 Zutr. Calliess/Ruffert/*Krebber*, Art. 23 GRC Rz. 6.
46 Das ist bei der Bandbreite positiver Maßnahmen nicht zwangsläufig der Fall, vgl. *Kocher*, RdA 2002, 167 (168 ff.); *Grünberger*, Personale Gleichheit, S. 712.
47 I.E. Schwarze/*Graser*, Art. 21 GRC Rz. 11; näher BeckOGK-BGB/*Block*, § 5 AGG Rz. 13 ff.
48 Calliess/Ruffert/*Rossi*, Art. 20 GRC Rz. 17; Streinz/*Streinz*, Art. 20 GRC Rz. 6.
49 *Classen*, EuR 2008, 627 (633 ff.); Schwarze/*Graser*, Art. 21 GRC Rz. 7 ff.; grundlegend *Grünberger*, Personale Gleichheit, S. 802 ff.
50 EuGH v. 14.1.2014 – C-176/12 – Association de médiation sociale, Rz. 47, NZA 2014, 193.
51 Näher *Grünberger*, Personale Gleichheit, S. 1022 ff.
52 Zu dieser Thematik und der Bedeutung für das deutsche Arbeitsrecht s. auch *Greif*, Die Unanwendbarkeit richtlinienwidriger deutscher Arbeitsgesetze.

Formen der Diskriminierung, u.a. wegen des Alters (vgl. Rz. 3.38 ff.). Die Richtlinien „konkretisieren" lediglich den allgemeinen Grundsatz des Unionsrechts bzw. das Unionsgrundrecht auf Nichtdiskriminierung wegen Alters aus Art. 21 Abs. 1 GRC.[53] Soweit die Richtlinien die Diskriminierungskategorie „Geschlecht" erfassen, geht der EuGH bereits seit der Rs. *Defrenne II* davon aus, dass die Richtlinien Art. 157 Abs. 1 AEUV „präzisieren".[54] Dasselbe gilt dann im Verhältnis von Richtlinien und Art. 23 Abs. 1 GRC.[55] Anders formuliert: Die jeweils einschlägige Richtlinie konkretisiert das, was aufgrund des in der GRC enthaltenen und unmittelbar anwendbaren[56] Verbots der (Alters-)Diskriminierung ohnehin und unabhängig von der Richtlinie (vgl. Rz. 5.15) auch zwischen Privaten gilt.[57] Das betrifft nicht nur das Alter, sondern alle in den Richtlinien enthaltenen Merkmale.[58]

Die Richtlinien werden deshalb nicht entbehrlich.[59] Sie liefern den inhaltlichen **Prüfungsmaßstab** 5.14 des allgemeinen Rechtsgrundsatzes bzw. der GRC und gehen als spezielle Regelung dem subsidiären Grundrecht vor. Ist der primärrechtliche Gleichbehandlungsgrundsatz ausreichend konkret – das ist bei Art. 157 AEUV der Fall – stützt sich der EuGH unmittelbar auf den Grundsatz und nicht auf die konkretisierende Richtlinie.[60] Im Übrigen wendet er jeweils die einschlägige Richtlinie an und greift nur dann auf die GRC zurück, wenn eine ordnungsgemäße Umsetzung der Richtlinie auch nicht über eine richtlinienkonforme Auslegung des nationalen Rechts möglich ist (vgl. Rz. 1.142 ff.).[61] Das gilt allerdings nur, wenn die Richtlinie ihrerseits mit den primärrechtlichen Vorgaben konform ist.[62] Verstößt eine in der Richtlinie vorgesehene Ausnahme vom Gleichbehandlungsgrundsatz oder ein Rechtfertigungsgrund gegen Art. 21 Abs. 1 oder Art. 23 GRC, ist diese Ausnahme oder dieser Rechtfertigungsgrund nichtig.[63] An der grundsätzlich nur **vertikalen Richtlinienwirkung** im Privatrechtsverhältnis ändert das nichts (vgl. Rz. 1.135 ff., zur „Drittwirkung der Grundrechte s. Rz. 3.29 ff.).[64]

Die Existenz der Richtlinie löst das **Geltungsproblem des primärrechtlichen Gleichbehandlungs-** 5.15 **grundsatzes** im Privatrechtsverhältnis. Weil das Primärrecht die Mitgliedstaaten ausschließlich im Anwendungsbereich des Unionsrechts bindet (vgl. Art. 51 Abs. 1 Satz 1 GRC), kann Art. 21 GRC nur in einer unionsrechtlich geregelten Fallgestaltungen angewendet werden.[65] Voraussetzung ist damit, dass ein Fall nicht nur eine der Vorschriften der Charta, sondern gerade eine andere, für

---

53 EuGH v. 22.11.2005 – C-144/04 – Mangold, Slg. 2005, I-9981 Rz. 74 ff.; v. 19.1.2010 – C-555/07 – Kücükdeveci, Slg. 2010, I-365 Rz. 20; v. 8.9.2011 – verb. C-297/10 und C-298/10 – Hernnigs und Mai, Slg. 2011, I-7965 Rz. 47.
54 EuGH v. 8.4.1976 – 43/75 – Defrenne II, Slg. 1976, 455 Rz. 54; weitere Nachweise bei *v. Roetteken*, AGG, § 1 – Rz. 21h, 22, 34 ff.
55 Schlachter/*Kocher*, § 5 Rz. 19.
56 EuGH v. 14.1.2014 – C-176/12 – Association de médiation sociale Rz. 47, NZA 2014, 193.
57 Vgl. BVerfG v. 6.7.2010 – 2 BvR 2661/06, BVerfGE 126, 286 = ArbRB 2010, 273 = NZA 2010, 995 Rz. 70; unzutr. daher MüKoBGB/*Thüsing*, Einl. AGG Rz. 33.
58 Däubler/Bertzbach/*Däubler*, Einl. Rz. 102b.
59 Anders *P. Huber*, NJW 2011, 2385 (2389 f.); näher *Grünberger*, Personale Gleichheit, S. 1031 ff.
60 Vgl. dazu *Sagan*, ZESAR 2011, 412 (414).
61 Vgl. dazu EuGH v. 14.1.2014 – C-176/12 – Association de médiation sociale Rz. 41 ff., NZA 2014, 193, dort wegen der fehlenden unmittelbaren Anwendbarkeit von Art. 27 GRC allerdings verneint.
62 Grundlegend EuGH v. 1.3.2011 – C-236/09 – Association Belge des Consommateurs Test-Achats u.a., Slg. 2011, I-773.
63 EuGH v. 1.3.2011 – C-236/09 – Association Belge des Consommateurs Test-Achats u.a., Slg. 2011, I-773 Rz. 32 zu Art. 5 Abs. 2 RL 2004/113/EG zur Rechtfertigung von Ungleichbehandlung aufgrund des Geschlechts in Versicherungsverträgen.
64 EuGH v. 26.9.2013 – C-476/11 – HK Danmark (Kristensen) Rz. 18, EuZW 2013, 951; näher *Mörsdorf*, EuR 2009, 219 (234 f.).
65 Grundlegend EuGH v. 26.2.2013 – C-617/10 – Fransson Rz. 19, NJW 2013, 1415; bestätigt EuGH v. 14.1.2014 – C-176/12 – Association de médiation sociale Rz. 42 f., NZA 2014, 193.

den Fall relevante Vorschrift des Unionsrechts berührt.[66] Das kann entweder aufgrund der jeweiligen Gleichbehandlungsrichtlinie[67] oder aufgrund einer anderen unionsrechtlichen Maßnahme[68] der Fall sein. Die einzelne Gleichbehandlungsrichtlinie ist – kompetenzrechtlich gesprochen – eine, wenn auch nicht die einzige (!), Möglichkeit, um die Anwendbarkeit der vorrangigen Unionsgrundrechte zu eröffnen.[69] Die einschlägige, aber mangels Horizontalwirkung nicht unmittelbar anwendbare Richtlinie ist nur einer von mehreren potentiellen Türöffnern zum Primärrecht, wenngleich in der Praxis der wichtigste.[70] Verstößt eine staatliche oder private Maßnahme gegen den – auch im Horizontalverhältnis – unmittelbar anwendbaren allgemeinen Grundsatz bzw. Art. 21 Abs. 1, 23 Abs. 1 GRC, darf sie aufgrund des vorrangig anzuwendenden Unionsrechts nicht mehr angewendet werden.

5.16 Für die **praktische Anwendung** ergibt sich daraus folgende **Prüfungsabfolge:** (1.) Die gesuchte Rechtsfolge ist dem nationalen Recht zu entnehmen, mit dem die Richtlinie umgesetzt wird. (2.) Das gesamte nationale Recht ist richtlinienkonform auszulegen, um das dem Einzelnen von der Richtlinie und – subsidiär – der GRC gewährte subjektive Recht auf Gleichbehandlung effektiv durchzusetzen (vgl. Rz. 1.142 ff.). (3.) Ist eine richtlinienkonforme Auslegung nicht möglich, sind Art. 21 Abs. 1, 23 Abs. 1 GRC im Horizontalverhältnis zwischen Arbeitnehmer und Arbeitgeber unmittelbar anzuwenden. (a) Das Diskriminierungsverbot folgt dabei unmittelbar aus der GRC. (b) Hinsichtlich der Rechtfertigung ist zu unterscheiden: Dass sie grundsätzlich möglich ist, folgt aus Art. 21 Abs. 1, 23 Abs. 1 GRC. Der Kreis der möglichen Rechtfertigungsgründe und die richterliche Kontrolldichte werden dagegen unter Rückgriff auf die „konkretisierende" Richtlinien in Art. 21 Abs. 1, 23 Abs. 1 GRC „hineingelesen". Voraussetzung dafür ist, dass die in der jeweiligen Richtlinie vorgesehenen Rechtfertigungsgründe ihrerseits grundrechtskonform sind.

b) Entgeltgleichheit für Männer und Frauen (Art. 157 AEUV)

5.17 Der **Wortlaut** des Art. 157 Abs. 1 AEUV verpflichtet jeden Mitgliedstaat, den Grundsatz des gleichen Entgelts für Männer und Frauen sicherzustellen. Damit wird das Gebot der Gleichbehandlung von Männern und Frauen nach Art. 21 Abs. 1 und 23 GRC für den Bereich des Entgelts konkretisiert.[71] Primäre **Adressaten** des Diskriminierungsverbots sind – neben der Union selbst – die Mitgliedstaaten der Union.[72] Denn es sollen Wettbewerbsnachteile für die Mitgliedstaaten vermieden werden, die sich innerstaatlich zur Entgeltgleichheit unabhängig vom Geschlecht bekannten.[73]

5.18 Art. 157 Abs. 1 AEUV erstreckt sich seit der Entscheidung des EuGH in der Rs. *Defrenne II* auf alle **Tarifverträge**, die abhängige Erwerbstätigkeit regeln, und auf alle **Verträge zwischen Privatpersonen**.[74] Die Norm ist auch im einzelnen **Arbeitsverhältnis** unmittelbar anwendbar und begründet ein subjektives Recht des Arbeitnehmers (vgl. Rz. 5.245) gegenüber dem Arbeitgeber auf gleiche Entlohnung für gleiche oder gleichwertige Arbeit.[75] Sie zählt als Individualgrundrecht zu den allgemeinen Grundsätzen des Unionsrechts (vgl. Rz. 1.23 ff.).[76] Art. 157 Abs. 1 AEUV ist

---

66 GA *Wahl* 26.9.2013 – C-363/12 – Z, Rz. 71.
67 Beispielhaft EuGH v. 26.9.2013 – C-476/11 – HK Danmark (Kristensen) Rz. 21, EuZW 2013, 951.
68 Vgl. EuGH v. 26.2.2013 – C-617/10 – Fransson Rz. 27, NJW 2013, 1415.
69 Krit. *Höpfner*, ZfA 2010, 449 (467).
70 Enger *Mörsdorf*, EuR 2009, 219 (237).
71 Vgl. EuArbR/*Franzen*, Art. 157 AEUV Rz. 8, zur historischen Entwicklung vgl. Rz. 1 ff.
72 Pechstein/Nowak/Häde/*Kocher*, Art. 157 AEUV Rz. 11.
73 Grabitz/Hilf/Nettesheim/*Langenfeld*, Art. 157 AEUV Rz. 3 f.; Pechstein/Nowak/Häde/*Kocher*, Art. 157 AEUV Rz. 4.
74 EuGH v. 8.4.1976 – 43/75 – Defrenne II, Slg. 1976, 455 Rz. 40; v. 7.2.1991 – C-184/89 – Nimz, Slg. 1991, I-297 Rz. 11.
75 Lenz/Borchardt/*Coen*, Art. 157 AEUV Rz. 2; Schlachter/*Kocher*, § 5 Rz. 72.
76 Vgl. EuGH v. 8.4.1976 – 43/75 – Defrenne II, Slg. 1976, 455 Rz. 12; v. 15.6.1978 – 149/77 – Defrenne III, Slg. 1978, 1365 Rz. 26 ff.

ein spezifischer Ausdruck des Gleichbehandlungsgrundsatzes.[77] Art. 157 Abs. 1 AEUV soll auch in der sozialen Lebenswirklichkeit effektiv durchgesetzt werden.[78]

Diesem Ziel dient in Deutschland das Gesetz zur Förderung der Transparenz von Entgeltstrukturen (**EntgTranspG**)[79], das am 6.7.2017 in Kraft trat.[80] Es soll den Entgeltunterschied bei gleicher Qualifikation zwischen Mann und Frau ausgleichen.[81]   5.19

Hierzu bündelt es nach der Vorstellung des deutschen Gesetzgebers zentrale Grundsätze und Begrifflichkeiten aus Art. 157 AEUV, der Geschl-RL sowie dem AGG in einem Stammgesetz.[82] Hinzu kommen einige Neuerungen.[83] Dazu gehören die Normierung der Anforderungen an ein Entgeltsystem in § 4 Abs. 2 EntgTranspG, das betriebliche Prüfverfahren in § 17 EntgTranspG sowie die Berichtspflicht des Arbeitgebers aus § 21 EntgTranspG.[84] Kernstück des Gesetzes ist der neue Auskunftsanspruch des einzelnen Beschäftigten gemäß §§ 10–16 EntgTranspG.[85] An den Möglichkeiten, eine ungleiche Bezahlung zu rechtfertigen, ändert sich durch das Gesetz nichts.[86] Zur beweisrechtlichen Bedeutung des Auskunftsanspruchs vgl. Rz. 5.301.

Weil sich Art. 157 Abs. 1 AEUV auf die Gleichbehandlung in Entgeltfragen beschränkt, stellt sich die Frage, ob es daneben ein allgemeines Diskriminierungsverbot aus Gründen des **Geschlechts** in Arbeits- und Beschäftigungsfragen gibt.[87] Die Frage ist mit Blick auf Art. 23 Abs. 1 GRC und die Rechtsprechung des EuGH zu bejahen.[88] Für die Anwendung im Arbeitsverhältnis ist das insbesondere dann von Bedeutung, wenn und soweit es Richtlinien gibt, mit denen der Gleichbehandlungsgrundsatz „konkretisiert" wird (vgl. Rz. 5.13 ff.).[89]   5.20

Den Anfang machte die – mittlerweile abgelöste[90] – Richtlinie 75/117/EWG zur Angleichung der Rechtsvorschriften der Mitgliedstaaten über die Anwendung des Grundsatzes des gleichen Entgelts für Männer und Frauen.[91] Sie sollte im Wesentlichen die konkrete Anwendung des (heute) in Art. 157 Abs. 1 AEUV enthaltenen Grundsatzes des gleichen Entgelts erleichtern, ohne dessen Inhalt oder Reichweite zu berühren.[92] Zu nennen ist auch die – nicht mehr gültige[93] – Richtlinie 86/378/EWG zur Verwirklichung des Grundsatzes der Gleichbehandlung von Männern und Frauen bei den betrieblichen Systemen der sozialen Sicherheit.[94] Beide Richtlinien sind mittlerweile in der, auf Grundlage des Art. 157 Abs. 3 AEUV ergangenen, Neufas-   5.21

---

77 EuGH v. 3.10.2006 – C-17/05 – Cadman, Slg. 2006, I-9583 Rz. 28; v. 27.4.2006 – C-423/04 – Richards, Slg. 2006, I-3585 Rz. 23.
78 *Grünberger*, Personale Gleichheit, S. 291.
79 BGBl. I 2017, S. 2152.
80 Vgl. *Kuhn/Schwindling*, DB 2017, 785.
81 So *Kuhn/Schwindling*, DB 2017, 785; *Wank*, RdA 2018, 34 (40) zufolge beruhe das Gesetz nicht auf einer nachgewiesenen, sondern auf einer unterstellten Entgeltdiskriminierung.
82 BT-Drucks. 18/11133, S. 22.
83 *Oberthür*, NJW 2017, 2228.
84 Vgl. *Kuhn/Schwindling*, DB 2017, 785; *Wank*, RdA 2018, 34 (41).
85 Hierzu vgl. insb. *Franzen*, NZA 2017, 814.
86 *Kuhn/Schwindling*, DB 2017, 785 (787).
87 Bejahend Calliess/Ruffert/*Krebber*, Art. 157 AEUV Rz. 72; zurückhaltend Grabitz/Hilf/Nettesheim/*Langenfeld*, Art. 157 AEUV Rz. 7.
88 Vgl. EuGH v. 11.11.2010 – C-232/09 – Danosa, Slg. 2010, I-11405 Rz. 71.
89 *Grünberger*, Personale Gleichheit, S. 291.
90 Art. 34 Abs. 1 Geschl-RL.
91 ABl. Nr. L 45 v. 19.2.1975, S. 19.
92 EuGH v. 3.10.2006 – C-17/05 – Cadman, Slg. 2006, I-9583 Rz. 28.
93 Art. 34 Abs. 1 Geschl-RL.
94 ABl. Nr. L 225 v. 12.8.1986, S. 40, geändert durch Richtlinie 96/97/EG (ABl. Nr. L 46 v. 17.2.1997, S. 20).

sung der Geschl-RL aufgegangen (vgl. Rz. 5.26). Daneben ist auch die, ebenfalls auf Art. 157 Abs. 3 AEUV beruhende[95] Richtlinie 2010/41/EU (vgl. Rz. 5.29) zu erwähnen, die an die Stelle der Richtlinie 86/613/EWG zur Verwirklichung des Grundsatzes der Gleichbehandlung von Männern und Frauen, die eine selbständige Erwerbstätigkeit ausüben, sowie über den Mutterschutz[96] getreten ist. Nicht genuin gleichbehandlungsrechtlich, sondern sozialrechtlich (vgl. Rz. 5.4) konzipiert ist die Richtlinie 92/85/EWG über die Durchführung von Maßnahmen zur Verbesserung der Sicherheit und des Gesundheitsschutzes von schwangeren Arbeitnehmerinnen, Wöchnerinnen und stillenden Arbeitnehmerinnen am Arbeitsplatz.[97]

c) Diskriminierungsrechtliche Kompetenzgrundlage (Art. 19 AEUV)

5.22 Art. 19 Abs. 1 AEUV erlaubt der Union geeignete Vorkehrungen zu treffen, um Diskriminierungen aus den dort abschließend aufgezählten[98] Gründen des Geschlechts, der Rasse, der ethnischen Herkunft, der Religion oder der Weltanschauung, einer Behinderung, des Alters oder der sexuellen Ausrichtung zu bekämpfen. Art. 19 AEUV ist eine **eigenständige Kompetenzgrundlage**.[99] Umstritten ist, ob es sich um eine subsidiäre oder um eine kumulativ neben anderen Kompetenzgrundlagen tretende Ermächtigungsnorm der Union ist.[100] Im Wesentlichen besteht darüber Einigkeit, dass Art. 157 Abs. 3 AEUV für Arbeits- und Beschäftigungsfragen spezieller ist.[101] Art. 19 AEUV enthält selbst kein materielles Diskriminierungsverbot.[102] Dieses findet sich jetzt primärrechtlich in Art. 21, 23 GRC und dem allgemeinen Rechtsgrundsatz der Nichtdiskriminierung (vgl. Rz. 5.12 ff.). Art. 19 AEUV begründet dagegen keine subjektiven Rechte Privater und ist deshalb auch nicht unmittelbar in Arbeitsverhältnissen anwendbar.[103] Zu den in Art. 19 AEUV der Union erlaubten Maßnahmen, Diskriminierungen von Personen zu bekämpfen, zählt allerdings der Erlass von Diskriminierungsverboten, die an Privatrechtssubjekte adressiert sind.[104] Davon hat der Unionsgesetzgeber Gebrauch gemacht (vgl. Rz. 5.26 ff.). Obwohl es an einer Art. 157 Abs. 4 AEUV bzw. Art. 23 Abs. 2 GRC vergleichbaren Regelung fehlt, steht Art. 19 Abs. 1 AEUV dem Einsatz sog. „positiver Maßnahmen" (vgl. Rz. 5.233 ff.) im Sekundärrecht nicht entgegen.[105] Soweit diese zu einer formalen Ungleichbehandlung führen, genügt die textliche Grundlage im Sekundärrecht.[106]

5.23 Art. 19 Abs. 1 AEUV erlaubt der Union nur Maßnahmen gegen Diskriminierungen zu treffen, wenn diese im Rahmen der durch die Verträge auf die Union übertragenen **Zuständigkeiten** liegen. Die Interpretation der Formulierung wirft erhebliche Schwierigkeiten auf.[107] Sie betreffen nicht nur die der Anwendung der Richtlinien vorgelagerte und nur vom EuGH letztverbindlich

---

95 Grabitz/Hilf/Nettesheim/*Langenfeld*, Art. 157 AEUV Rz. 79.
96 ABl. Nr. L 359 v. 19.12.1986, S. 56.
97 ABl. Nr. L 348 v. 28.11.1992, S. 1, geändert durch Richtlinie 2007/30/EG (ABl. Nr. L 165 v. 27.6.2007, S. 21).
98 Schwarze/*Holoubek*, Art. 19 AEUV Rz. 20.
99 EuGH v. 1.3.2011 – C-236/09 – Association Belge des Consommateurs Test-Achats u.a., Slg. 2011, I-773 Rz. 19; Grabitz/Hilf/Nettesheim/*Grabenwarter*, Art. 19 AEUV Rz. 6.
100 Zum Streitstand Streinz/*Streinz*, Art. 19 AEUV Rz. 3 f.
101 Grabitz/Hilf/Nettesheim/*Grabenwarter*, Art. 19 AEUV Rz. 19; Grabitz/Hilf/Nettesheim/*Langenfeld*, Art. 157 AEUV Rz. 81; Schwarze/*Rebhahn*, Art. 157 AEUV Rz. 38; Streinz/*Streinz*, Art. 19 AEUV Rz. 7.
102 Calliess/Ruffert/*Epiney*, Art. 19 AEUV Rz. 2; Grabitz/Hilf/Nettesheim/*Grabenwarter*, Art. 19 AEUV Rz. 6.
103 Ganz h.M., vgl. Streinz/*Streinz*, Art. 19 AEUV Rz. 19 m.w.N.
104 *Bouchouaf/Richter*, Jura 2006, 651 (652); Grabitz/Hilf/Nettesheim/*Grabenwarter*, Art. 19 AEUV Rz. 46; *Wernsmann*, JZ 2005, 224 (227).
105 Krit. dagegen Grabitz/Hilf/Nettesheim/*Grabenwarter*, Art. 19 AEUV Rz. 47 f.
106 Vgl. zur parallelen Behandlung beim Merkmal „Geschlecht": *Grünberger*, Personale Gleichheit, S. 709 f.
107 Vertiefend Grabitz/Hilf/Nettesheim/*Grabenwarter*, Art. 19 AEUV Rz. 10 ff.

zu entscheidende Frage, ob sich die EU bei der Festlegung des Anwendungsbereichs innerhalb ihrer Kompetenzen bewegt. Wegen der Formulierung in Art. 3 Abs. 1 AntiRass-RL und Gleichb-RL, wonach die jeweilige Richtlinie „im Rahmen der auf die [Union] übertragenen Zuständigkeiten gilt", könnte ihr auch Bedeutung für die Interpretation der Richtlinien zukommen.[108]

Im Kern gibt es zwei plausible Verständnismöglichkeiten: Nach einer weiten **Auslegung** ist Art. 19 Abs. 1 AEUV ähnlich wie Art. 18 Abs. 1 AEUV zu verstehen. Danach genügt ein Zusammenhang mit einer unionsrechtlich geregelten Situation.[109] Die enge Auslegung betont dagegen den unterschiedlichen Wortlaut beider Regelungen und verlangt daher, dass die Union sachlich für die Regelung des jeweiligen Bereichs zuständig ist (vgl. Rz. 1.64).[110] Folgt man der zweiten Auffassung, darf die Union nach Art. 19 Abs. 1 AEUV nur in denjenigen Bereichen tätig werden, in denen ihr auch sonst eine Rechtsetzungsbefugnis zusteht. 5.24

d) Spezialfall: Staatsangehörigkeit (Art. 21 Abs. 2 GRC, Art. 18 AEUV)

Art. 21 Abs. 2 GRC und Art. 18 Abs. 1 AEUV verbieten eine Diskriminierung aus Gründen der Staatsangehörigkeit. Dieses Merkmal fehlt im Kompetenzkatalog des Art. 19 Abs. 1 AEUV. Folglich enthalten auch die diskriminierungsrechtlichen Richtlinien kein an private Akteure adressiertes Verbot der Benachteiligung aus diesem Grund. In der Ungleichbehandlung wegen der Staatsangehörigkeit kann allerdings eine **Ungleichbehandlung wegen der ethnischen Herkunft** liegen (vgl. Rz. 5.68).[111] Ob das in Art. 21 Abs. 2 GRC grundrechtlich und in Art. 18 AEUV als Grundfreiheit inhaltsidentisch[112] enthaltene Diskriminierungsverbot zugunsten der Staatsangehörigen von EU-Mitgliedstaaten[113] auch auf **Private** anwendbar ist, wird vom speziellen Diskriminierungsrecht nicht beantwortet. Das ist eine Frage der unmittelbaren Horizontalwirkung von Art. 18 AEUV und seiner speziellen Ausprägungen in den als Diskriminierungsverboten verstandenen Grundfreiheiten (Arbeitnehmerfreizügigkeit, Niederlassungs- und Dienstleistungsfreiheit).[114] Nach der zutreffenden Rechtsprechung des EuGH kann diesen Diskriminierungsverboten unmittelbare Wirkung auch im Privatrechtsverkehr zukommen.[115] Dafür sprechen auch die Parallelen zu Art. 157 Abs. 1 AEUV[116] und Art. 21 Abs. 1 GRC (vgl. Rz. 5.18 und 5.13 ff.). 5.25

2. Spezielles Nichtdiskriminierungsrecht im Sekundärrecht

a) Geschlechterrichtlinie

Von großer praktischer Bedeutung war die Richtlinie 76/207/EWG zur Verwirklichung des Grundsatzes der Gleichbehandlung von Männern und Frauen hinsichtlich des Zugangs zur Beschäftigung, zur Berufsbildung und zum beruflichen Aufstieg sowie in Bezug auf die Arbeitsbedingungen.[117] 5.26

---

108 So BGH v. 26.11.2007 – NotZ 23/07, NJW 2008, 1229 Rz. 27; v. 22.3.2010 – NotZ 16/09, NJW 2010, 3783 Rz. 15.
109 *Haratsch* in Klein (Hrsg.), Rassische Diskriminierung – Erscheinungsformen und Bekämpfungsmöglichkeiten, 2002, S. 195 (208 f.); *Polloczek*, Altersdiskriminierung im Licht des Europarechts, 2008, S. 69 f.; *Kehlen*, Europäische Antidiskriminierung und kirchliches Selbstbestimmungsrecht, 2003, S. 52.
110 Calliess/Ruffert/*Epiney*, Art. 19 AEUV Rz. 6; Grabitz/Hilf/Nettesheim/*Grabenwarter*, Art. 19 AEUV Rz. 12; Schwarze/*Holoubek*, Art. 19 Rz. 5; *Wernsmann*, JZ 2005, 224 (229 f.).
111 MüKoBGB/*Thüsing*, § 1 AGG Rz. 100.
112 Calliess/Ruffert/*Rossi*, Art. 21 GRC Rz. 11; Streinz/*Streinz*, Art. 21 GRC Rz. 8.
113 Zum persönlichen Anwendungsbereich näher Streinz/*Streinz*, Art. 18 AEUV Rz. 33 ff., 38 f.
114 Näher *Bachmann*, AcP 210 (2010), 424 (465 ff.); *Herresthal* in Neuner (Hrsg.), Grundrechte und Privatrecht aus rechtsvergleichender Sicht, 2007, S. 177 ff.; *Ludwigs/Weidermann*, Jura 2014, 152; *Müller-Graff*, EuR 2014, 3 (18 f.).
115 EuGH v. 6.6.2000 – C-281/98 – Angonese, Slg. I-4139 Rz. 36.
116 Grabitz/Hilf/Nettesheim/*von Bogdandy*, Art. 18 AEUV Rz. 28.
117 ABl. Nr. L 39 v. 14.2.1976, S. 40.

Die ergänzende Richtlinie 97/80/EG über die Beweislast bei Diskriminierungen aufgrund des Geschlechts[118] kodifizierte die Rechtsprechung des EuGH und führte zahlreiche Neuerungen ein. Beide Richtlinien wurden von der Richtlinie 2002/73/EG[119] wesentlich geändert und mittlerweile von der konsolidierenden **Richtlinie 2006/54/EG** zur Verwirklichung des Grundsatzes der Chancengleichheit und Gleichbehandlung von Männern und Frauen in Arbeits- und Beschäftigungsfragen[120] (Geschl-RL) ersetzt. In den **sachlichen Anwendungsbereich** dieser Richtlinie fällt der Zugang zur Beschäftigung einschließlich des beruflichen Aufstiegs und zur Berufsbildung (Art. 14 Abs. 1 Buchst. a und b Geschl-RL), alle Arbeitsbedingungen einschließlich des Entgelts (Art. 14 Abs. 1 Buchst. c Geschl-RL), die Mitwirkung und Leistungsgewährung in Arbeitnehmer- und Arbeitgeberorganisationen (Art. 14 Abs. 1 Buchst. d Geschl-RL) und die Gleichbehandlung in betrieblichen Systemen der sozialen Sicherheit (Art. 5 ff. Geschl-RL).

b) Antirassismusrichtlinie

5.27 Die Richtlinie 2000/43/EG zur Anwendung des Gleichbehandlungsgrundsatzes ohne Unterschied der Rasse oder der ethnischen Herkunft[121] (AntiRass-RL) betrifft nur Diskriminierungen aus Gründen der Rasse und ethnischen Herkunft (Art. 2 Abs. 1), erfasst aber neben **Sachverhalten im Zusammenhang mit Beschäftigung und Beruf** auch Sozialschutz und soziale Vergünstigungen, Bildung und den Zugang zu und die Versorgung mit Gütern und Dienstleistungen, die der Öffentlichkeit zur Verfügung stehen, einschließlich Wohnraum (Art. 3). **Rechtfertigungsfähig** ist eine Diskriminierung nur, wenn sie aufgrund der Art einer bestimmten beruflichen Tätigkeit oder der Rahmenbedingungen ihrer Ausübung eine wesentliche und entscheidende berufliche Voraussetzung ist, einem rechtmäßigen Zweck dient und angemessen ist (Art. 4) oder es sich um eine positive Maßnahme handelt (Art. 5).

c) Gleichbehandlungsrahmenrichtlinie

5.28 Die Richtlinie 2000/78/EG vom 27.11.2000 zur Festlegung eines allgemeinen Rahmens für die Verwirklichung der Gleichbehandlung in Beschäftigung und Beruf[122] (Gleichb-RL) schützt vor einer Diskriminierung aus Gründen der Religion oder Weltanschauung, der Behinderung, des Alters und der sexuellen Ausrichtung (Art. 1). Der **sachliche Anwendungsbereich** beschränkt sich auf Bereiche im Zusammenhang mit Beschäftigung und Beruf (Art. 3 Abs. 1). Mit der Breite der Diskriminierungsmerkmale korrelieren zahlreiche Rechtfertigungsmöglichkeiten (Art. 4, 6 und 7).

d) Richtlinie zur Gleichbehandlung Selbständiger

5.29 Die Richtlinie 2010/41/EU vom 7.7.2010 zur Verwirklichung des Grundsatzes der Gleichbehandlung von Männern und Frauen, die eine selbständige Erwerbstätigkeit ausüben,[123] betrifft alle selbständigen Erwerbstätigen. Das sind alle Personen, die nach den Bedingungen des innerstaatlichen Rechts eine Erwerbstätigkeit auf eigene Rechnung ausüben (Art. 2 Buchst. a). Ebenfalls erfasst werden die Ehepartner und – soweit nach nationalem Recht vorgesehen – die Lebenspartner, wenn sie weder abhängig Beschäftigte noch Gesellschafter sind und sich gewöhnlich an den Tätigkeiten des selbständigen Erwerbstätigen beteiligen, indem sie dieselben Aufgaben oder Hilfsaufgaben erfüllen (Art. 2 Buchst. b). Verboten ist jede Diskriminierung in Verbindung mit der Gründung, Einrich-

---

118 ABl. Nr. L 14 v. 20.1.1998, S. 6.
119 ABl. Nr. L 269 v. 5.10.2002, S. 15.
120 ABl. Nr. L 204 v. 26.7.2006, S. 23. Die Richtlinien 75/117/EWG, 76/207/EWG (in der durch RL 2002/73/EG geänderten Fassung), 86/378/EWG und 97/80/EG wurden gem. Art. 34 Abs. 1 Gleichb-RL mit Wirkung vom 15.8.2009 aufgehoben.
121 ABl. Nr. L 180 v. 19.7.2000, S. 22.
122 ABl. Nr. L 303 v. 2.12.2000, S. 16.
123 ABl. Nr. L 180 v. 15.7.2010, S. 1.

tung oder Erweiterung eines Unternehmens bzw. der Aufnahme oder der Ausweitung jeglicher anderen Art von selbständiger Tätigkeit (Art. 4 Abs. 1). Nach der nicht unproblematischen Rechtsprechung des EuGH (vgl. Rz. 5.5) muss das nationale Gericht nicht entscheiden, ob die Entlassung einer schwangeren Beschäftigten gegen die Geschl-RL, die Mutterschutzrichtlinie 92/85/EWG oder die Richtlinie 2010/41/EU verstößt: „Unabhängig davon, welche Richtlinie Anwendung findet, kommt es darauf an, der Betroffenen den Schutz zu gewährleisten, den das Unionsrecht Schwangeren für den Fall gewährt, dass das Rechtsverhältnis, das sie mit einer anderen Person verbindet, wegen ihrer Schwangerschaft beendet wurde".[124]

e) Richtlinien außerhalb von Beschäftigung und Beruf

Der sachliche Anwendungsbereich der **Antirassismusrichtlinie** erfasst auch Bereiche jenseits von Beschäftigung und Beruf. Dazu zählen der Sozialschutz, die sozialen Vergünstigungen, die Bildung und der Zugang zu und „die Versorgung mit Gütern und Dienstleistungen, die der Öffentlichkeit zur Verfügung stehen, einschließlich von Wohnraum" (Art. 3 Abs. 1 Buchst. e–h). Die auf Grundlage von Art. 19 Abs. 1 AEUV ergangene **Richtlinie 2004/113/EG zur Verwirklichung des Grundsatzes der Gleichbehandlung von Männern und Frauen** beim Zugang zu und bei der Versorgung mit Gütern und Dienstleistungen[125] betrifft nur Diskriminierungen und Belästigungen aufgrund des Geschlechts (Art. 4). Der Grundsatz der Gleichbehandlung verpflichtet alle Personen, die Güter und Dienstleistungen bereitstellen, die der Öffentlichkeit ohne Ansehen der Person zur Verfügung stehen (Art. 3 Abs. 1). Ausgeschlossen sind die Bereiche des Privat- und Familienlebens (Art. 3 Abs. 1), der Beschäftigung und des Berufs (Art. 3 Abs. 4). Noch nicht abschließend entschieden wurde über den Vorschlag der Kommission für eine Richtlinie zur Anwendung des Grundsatzes der Gleichbehandlung ungeachtet der Religion oder der Weltanschauung, einer Behinderung, des Alters oder der sexuellen Ausrichtung.[126] Ziel dieses Vorschlags ist die Ausdehnung der für diese Merkmale bestehenden Diskriminierungsverbote auf Bereiche außerhalb von Beschäftigung und Beruf.[127]

5.30

3. Bedeutung des Völkerrechts

Eine wichtige Quelle des Nichtdiskriminierungsrechts sind völkerrechtliche Übereinkommen. Dazu zählen neben den allgemeinen Instrumenten,[128] beispielsweise Art. 14 EMRK, insbesondere das Internationale Übereinkommen vom 7.3.1966 zur Beseitigung jeder Form der Rassendiskriminierung (**ICERD**)[129] und das Übereinkommen zur Beseitigung jeder Form der Diskriminierung der Frau vom 18.12.1979[130] (**CEDAW**)[131]. Diese Verträge haben unmittelbare Bedeutung nur für die Mitgliedstaaten, weil diese – sofern im nationalen Methodenkanon vorhanden[132] – das nationale Recht völkerrechtskonform auslegen müssen.

5.31

---

124 EuGH v. 11.11.2010 – C-232/09 – Danosa, Slg. 2010, I-11405 Rz. 70.
125 ABl. Nr. L 373 v. 21.12.2004, S. 37.
126 KOM (2008), 426 endg.
127 KOM (2008), 426 endg., S. 7.
128 Vertiefend dazu BeckOGK-BGB/*Block*, § 1 AGG Rz. 43 ff.
129 BGBl. II 1969, S. 961; UNTS Bd. 660, S. 195; dazu *Delbrück*, Die Rassenfrage als Problem des Völkerrechts und nationaler Rechtsordnungen, 1971; *Grünberger*, Personale Gleichheit, S. 277 ff.; BeckOGK-BGB/*Block*, § 1 AGG Rz. 46.
130 BGBl. II 1985, 648.
131 Dazu näher *König* in Rudolf (Hrsg.), Frauen und Völkerrecht, 2006, 81 ff.; *Heintschel von Heinegg* in Merten/Papier, Handbuch der Grundrechte in Deutschland und Europa, Bd. VI/2, 2009, § 175 Rz. 7 ff.; BeckOGK-BGB/*Block*, § 1 AGG Rz. 47 ff.
132 Das ist in Deutschland der Fall, vgl. BVerfG v. 4.5.2011 – 2 BvR 2365/09, BVerfGE 128, 326 Rz. 89 ff.; v. 18.8.2013 – 2 BvR 1380/08, NJW 2013, 3714 Rz. 27; näher dazu BeckOGK-BGB/*Block*, § 1 AGG Rz. 42.

5.32 Neben den Mitgliedstaaten ist auch die Union[133] Vertragspartei des Übereinkommens über die Rechte von Menschen mit Behinderungen vom 13.12.2006[134] (sog. **UN-Behindertenkonvention**).[135] Wenn die EU Vertragssubjekt internationaler Übereinkünfte ist, haben diese gegenüber den (sekundären) Rechtsakten der Union **Vorrang** (Art. 216 Abs. 2 AEUV).[136] Dieser Vorrang gebietet es, die in Umsetzung der Übereinkommen erlassenen Bestimmungen von Richtlinien nach Möglichkeit völkerrechtskonform auszulegen.[137] Das bedeutet, dass der EuGH und auch der nationale Rechtsanwender vor einer richtlinienkonformen Auslegung des nationalen Rechts eine völkerrechtskonforme Auslegung der jeweiligen Richtlinie vorzunehmen haben, die gegebenenfalls weitgehend vom jeweils einschlägigen Abkommen vorgegeben sein kann.[138] Wegen der vielen konkreten Vorgaben der Behindertenkonvention wirkt sich die Pflicht zur völkerrechtskonformen Auslegung in der **Praxis spürbar** aus.[139] Das gilt vor allem für die Pflicht des Arbeitgebers, angemessene Vorkehrungen gem. Art. 5 Richtlinie 2000/78/EG und Art. 27 Abs. 1 Satz 2 Buchst. i, 2 UAbs. 4 UN-Behindertenkonvention (vgl. Rz. 5.221) zu treffen.[140]

III. Anwendungsbereich des Nichtdiskriminierungsrechts

1. Art. 157 AEUV

5.33 Der Anwendungsbereich von Art. 157 Abs. 1 AEUV ist zweifach beschränkt: In persönlicher Hinsicht gilt das Gleichbehandlungsgebot nur für Arbeitnehmer. Das folgt aus Art. 157 Abs. 2 AEUV. In sachlicher Hinsicht beschränkt sich das Gleichbehandlungsgebot auf das Entgelt.

a) Arbeitnehmer

5.34 Art. 157 Abs. 1 AEUV ist in persönlicher Hinsicht nur anwendbar, wenn die ungleich behandelten Personen Arbeitnehmer sind.[141] Dabei handelt es sich um einen **einheitlichen und autonomen Begriff** des Unionsrechts (vgl. Rz. 1.110 ff.).[142] Man kann daher **nicht** auf das nationale Begriffsverständnis zurückgreifen.[143] Im Unionsrecht gibt es mehrere Arbeitnehmerbegriffe, die im Grundsatz verschiedene Zwecke verfolgen.[144] Die Bedeutung hängt vom jeweiligen Anwendungsbereich ab.[145] Weil der Gleichbehandlungsgrundsatz in Art. 157 Abs. 1 AEUV zu den Grundlagen der Union zählt (vgl. Rz. 5.18), geht der EuGH mit Recht von einem weiten Begriffsverständnis aus.[146] Die

---

133 ABl. Nr. L 23 v. 27.1.2010, 35; zur Kompetenz der EU s. *Waddington*, Breaking New Ground in Arnardóttir/Quinn (Hrsg.), The UN Convention on the Rights of Persons with Disabilites, 2009, S. 111 (117 ff.).
134 BGBl. II 2008, 1420.
135 Näher *Degener*, RdJB 2009, 200; *Lachwitz*, BtPrax 2008, 143; *Petri/Stähler*, ZESAR 2008, 167; *Stein/Lord* in Arnardóttir/Quinn (Hrsg.), The UN Convention on the Rights of Persons with Disabilities, 2009, S. 17 ff.; im Überblick BeckOGK-BGB/*Block*, § 1 AGG Rz. 51 f.
136 EuGH v. 11.4.2013 – C-335/11 – HK Danmark (Ring und Skouboe Werge) Rz. 28, NZA 2013, 553.
137 EuGH v. 11.4.2013 – C-335/11 – HK Danmark (Ring und Skouboe Werge) Rz. 29, NZA 2013, 553.
138 Zu den Grenzen vgl. EuGH v. 17.2.1998 – C-249/96 – Grant, Slg. 1998 I-621 Rz. 47.
139 Vgl. BAG v. 19.12.2013 – 6 AZR 190/12, ArbRB 2014, 67 = NZA 2014, 372 Rz. 52 ff.; Däubler/Bertzbach/*Däubler*, AGG, Einl. Rz. 160c.
140 Vgl. BAG v. 19.12.2013 – 6 AZR 190/12, ArbRB 2014, 67 = NZA 2014, 372 Rz. 50 ff.
141 EuGH v. 13.1.2004 – C-256/01 – Allonby, Slg. 2004, I-873 Rz. 62.
142 EuGH v. 13.1.2004 – C-256/01 – Allonby, Slg. 2004, I-873 Rz. 64; *Rebhahn*, EuZA 2012, 3 (5); *Riesenhuber*, Europäisches Arbeitsrecht, § 1 Rz. 2.
143 EuGH v. 20.9.2007 – C-11606 – Kiiski, Slg. 2007 I-7643 Rz. 26 m.w.N.; v. 14.10.2010 – C-428/09 – Union syndicale Solidaires Isère, Slg. 2010, I-9961 Rz. 30.
144 Vertiefend *Rebhahn*, EuZA 2012, 3; ebenfalls *Ziegler*, Arbeitnehmerbegriffe, S. 195 ff.
145 EuGH v. 13.1.2004 – C-256/01 – Allonby, Slg. 2004, I-873 Rz. 62.
146 EuGH v. 13.1.2004 – C-256/01 – Allonby, Slg. 2004, I-873 Rz. 64.

Rechtsprechung orientiert sich dabei am Arbeitnehmerbegriff des Art. 45 AEUV,[147] der aufgrund der unterschiedlichen Zwecksetzung nicht unkritisch übernommen werden darf.[148] Danach ergibt sich für die Anwendung von Art. 157 AEUV und das spezielle sekundärrechtliche Gleichbehandlungsrecht sowie der Mutterschutzrichtlinie 92/85/EWG ein insoweit einheitlicher unionsweiter Arbeitnehmerbegriff.[149]

Arbeitnehmer i.S.v. Art. 157 Abs. 1 AEUV ist nach diesen Vorgaben, wer während einer **bestimmten Zeit** für einen anderen **nach dessen Weisung** Leistungen erbringt, für die er als Gegenleistung eine **Vergütung** erhält.[150] Ob ein solches Unterordnungsverhältnis vorliegt, ist in jedem Einzelfall nach Maßgabe aller Gesichtspunkte und aller Umstände zu beantworten, die die Beziehungen zwischen den Beteiligten kennzeichnen.[151] Entscheidend ist, inwieweit ihre Freiheit bei der Wahl von Zeit, Ort und Inhalt ihrer Arbeit eingeschränkt ist.[152] Sind die Personen verpflichtet, zu festen Zeiten an ihrem Arbeitsplatz anwesend zu sein, sind sie zweifellos Arbeitnehmer.[153] Irrelevant ist die beschränkte Höhe der Vergütung oder der Umstand, dass die betroffene Person nur eine geringe Anzahl von Wochenstunden Arbeit leistet.[154] Die Grenze liegt dort, wo die ausgeübte Tätigkeit einen so geringen Umfang hat, dass sie vollständig untergeordnet und unwesentlich ist.[155] Entscheidend ist, ob die tatsächlich erbrachten Leistungen auf dem Beschäftigungsmarkt üblich sind.[156] Selbständige Erbringer von Dienstleistungen, die gegenüber dem Empfänger der Dienstleistungen nicht in einem Unterordnungsverhältnis stehen, sind nicht mehr vom Arbeitnehmerbegriff erfasst, sofern die Selbständigkeit nicht lediglich fiktiv ist.[157]

5.35

Bei den Kriterien des Arbeitnehmerbegriffs handelt es sich um **objektive Faktoren**.[158] Sofern eine Person die Voraussetzungen erfüllt, ist die Einordnung der Rechtsbeziehung zwischen ihr und der anderen Partei des Arbeitsverhältnisses nach nationalem Recht für das unionsrechtliche Verständnis unerheblich.[159] Unter den Arbeitnehmerbegriff des Art. 157 AEUV fallen daher – abweichend vom nationalen Begriffsverständnis – auch Beamte.[160] Bedeutungslos ist, ob ein Arbeitnehmer als Arbeiter, Angestellter oder Beamter beschäftigt wird oder ob sein Beschäftigungsverhältnis öffentlichem oder privatem Recht unterliegt.[161] **Selbständige** Erbringer von Dienstleistungen, die gegenüber deren Empfänger nicht in einem Unterordnungsverhältnis stehen, sind dagegen keine Arbeit-

5.36

---

147 EuGH v. 7.4.2011 – C-519/09 – May, Slg. 2011, I-2761 Rz. 22.
148 Schwarze/Rebhahn/Reiner, Art. 153 AEUV Rz. 6.
149 Preis/Sagan, ZGR 2013, 26 (47); a.A. Rebhahn, EuZA 2012, 3 (31).
150 EuGH v. 13.1.2004 – C-256/01 – Allonby, Slg. 2004, I-873 Rz. 67; v. 11.11.2010 – C-232/09 – Danosa, Slg. 2010, I-11405 Rz. 39 m.w.N. (zur RL 92/85/EWG); grundlegend EuGH v. 3.7.1986 – 66/85 – Lawrie-Blum Rz. 17 (zu Art. 45 AEUV).
151 EuGH v. 13.1.2004 – C-256/01 – Allonby, Slg. 2004, I-873 Rz. 69; v. 11.11.2010 – C-232/09 – Danosa, Slg. 2010, I-11405 Rz. 46 (zur RL 92/85/EWG).
152 EuGH v. 13.1.2004 – C-256/01 – Allonby, Slg. 2004, I-873 Rz. 72.
153 EuGH v. 14.10.2010 – C-428/09 – Union syndicale Solidaires Isère, Slg. 2010, I-9961 Rz. 42.
154 EuGH v. 4.6.2009 – verb. Rs. C-22/08 und C-23/08 – Vatsouras u.a., Slg. 2009, 4585 Rz. 27 ff.
155 EuGH v. 21.2.2013 – C-46/12 – N. – DÖV 2013, 356 Rz. 42.
156 EuGH v. 7.9.2004 – C-456/02 – Trojani, Slg. 2004, I-7573 Rz. 24.
157 EuGH v. 13.1.2004 – C-256/01 – Allonby, Slg. 2004, I-873 Rz. 68, 71; v. 11.11.2010 – C-232/09 – Danosa, Slg. 2010, I-11405 Rz. 41.
158 EuGH v. 14.10.2010 – C-428/09 – Union syndicale Solidaires Isère, Slg. 2010, I-9961 Rz. 29.
159 EuGH v. 7.9.2004 – C-456/02 – Trojani, Slg. 2004, I-7573 Rz. 16; v. 11.11.2010 – C-232/09 – Danosa, Slg. 2010, I-11405 Rz. 40 m.w.N. (zur RL 92/85/EWG).
160 EuGH v. 3.7.1986 – 66/85 – Lawrie-Blum, Slg. 1986, 2121 Rz. 20 (zu Art. 45 AEUV); v. 3.5.2012 – C-337/10 – Neidel Rz. 19 ff., NVwZ 2012, 688; s. auch EuGH v. 15.5.1986 – 222/84 – Johnston, Slg. 1986, 1651 Rz. 27 f.; v. 11.1.2000 – C-285/98 – Kreil, Slg. 2000, I-69 Rz. 18 m.w.N. (jeweils zur RL 76/207EWG).
161 EuGH v. 3.5.2012 – C-337/10 – Neidel Rz. 25, NVwZ 2012, 688; v. 12.2.1974 – 152/73 – Sotgiu, Slg. 1974, 153 Rz. 5.

nehmer i.S.v. Art. 157 Abs. 1 AEUV.[162] Maßgeblich ist allerdings auch hier nicht, wie die Parteien das Rechtsverhältnis bezeichnen, sondern ob die Begriffsvoraussetzungen objektiv vorliegen.[163] Dagegen können Mitglieder des **Leitungsorgans einer Gesellschaft** unionsrechtlich betrachtet Arbeitnehmer sein, wenn sie ihre Tätigkeit nach der Weisung oder unter der Aufsicht eines anderen Organs der Gesellschaft ausüben und jederzeit ohne Einschränkung von ihrem Amt abberufen werden können.[164] Das hat Auswirkungen auf die Behandlung von Geschäftsführern der GmbH.[165]

b) Entgelt

5.37 In sachlicher Hinsicht beschränkt sich Art. 157 Abs. 1 AEUV auf die Gleichbehandlung bei Entgeltfragen. Art. 157 Abs. 2 AEUV enthält dafür eine Legaldefinition. Danach zählen zum Entgelt die üblichen Grund- oder Mindestlöhne und -gehälter sowie alle sonstigen Vergütungen, die der Arbeitgeber dem Arbeitnehmer unmittelbar oder mittelbar in bar oder in Sachleistungen zahlt. Im Wortlaut ist damit ein **weiter Entgeltbegriff** angelegt.[166] Der EuGH[167] versteht unter Entgelt „alle gegenwärtigen oder künftigen in bar oder in Sachleistungen gewährten Vergütungen, vorausgesetzt, dass sie der Arbeitgeber dem Arbeitnehmer wenigstens mittelbar aufgrund des Beschäftigungsverhältnisses gewährt".[168] Damit ist von einem sehr weiten Entgeltbegriff auszugehen.[169]

5.38 Für die Anwendung von Art. 157 AEUV ist es unerheblich, aus welchem Grund der Arbeitgeber die Leistung gewährt, sofern er diese im Zusammenhang mit dem Beschäftigungsverhältnis erbringt.[170] Als mögliche Grundlage kommen alle Regelungsinstrumentarien des Beschäftigungsverhältnisses in Betracht.[171] Diese reichen von den einseitigen Maßnahmen des Arbeitgebers über den individuellen Vertrag bis zu Betriebsvereinbarungen oder Tarifverträgen. Inhaltlich sind alle im Zusammenhang mit dem Arbeitsverhältnis gewährten Leistungen des Arbeitgebers erfasst:[172] **Gratifikationen**,[173] **Zuschläge**, **Zulagen** und **Urlaubsentgelt**.[174] Dazu zählen auch die **Entgeltfortzahlung** im Krankheitsfall[175] und **Vergünstigungen**, die ein Arbeitgeber seinen Arbeitnehmern oder deren Ehe- und Lebenspartnern aufgrund des Dienstverhältnisses[176] gewährt.

5.39 Leistungen, die nach **Beendigung des Beschäftigungsverhältnisses** gewährt werden, können ihre Grundlage im Arbeitsverhältnis haben.[177] Zudem können Abfindungen trotz ihrer Funktion als Übergangshilfe hierunter fallen, wenn der Arbeitnehmer auch im Sinne eines „aufgeschobenen"

---

162 EuGH v. 13.1.2004 – C-256/01 – Allonby, Slg. 2004, I-873 Rz. 68.
163 Vgl. EuGH v. 13.1.2004 – C-256/01 – Allonby, Slg. 2004, I-873 Rz. 71; v. 11.11.2010 – C-232/09 – Danosa, Slg. 2010, I-11405 Rz. 41 (zur RL 92/85/EWG).
164 EuGH v. 11.11.2010 – C-232/09 – Danosa, Slg. 2010, I-11405 Rz. 51 (zur RL 92/85/EWG).
165 Dazu vertiefend *Preis/Sagan*, ZGR 2013, 26.
166 Vgl. *Kischel*, EuGRZ 1997, 1 (2); Schlachter/*Kocher*, § 5 Rz. 67; EuArbR/*Franzen*, Art. 157 AEUV Rz. 17; diesen weiten Begriff legt der deutsche Gesetzgeber auch dem EntgTranspG zu Grunde, vgl. BT-Drucks. 18/11133, S. 54.
167 S. dazu die umfangreichen Nachweise bei Calliess/Ruffert/*Krebber*, Art. 157 AEUV Rz. 22 ff.; Grabitz/Hilf/Nettesheim/*Langenfeld*, Art. 157 AEUV Rz. 51 ff.; ErfK/*Schlachter*, Art. 157 AEUV Rz. 7 f.; Schwarze/*Rebhahn*, Art. 157 AEUV Rz. 12 f.
168 Exemplarisch EuGH v. 9.2.1999 – C-167/97 – Seymour-Smith u.a., Slg. 1999, I-623 Rz. 23; v. 21.7.2005 – C-207/04 – Vergani, Slg. 2005, I-7453 Rz. 22.
169 Vgl. *Barnard*, EU Employment Law, S. 299 f.
170 EuGH v. 21.10.1999 – C-333/97 – Lewen, Slg. 1999, 7243 Rz. 20; v. 21.7.2005 – C-207/04 – Vergani, Slg. 2005, I-7453 Rz. 22.
171 Pechstein/Nowak/Häde/*Kocher*, Art. 157 AEUV Rz. 35.
172 S. hierzu auch die Aufstellung bei EuArbR/*Franzen* Art. 157 AEUV Rz. 19.
173 EuGH v. 21.10.1999 – C-333/97 – Lewen, Slg. 1999, 7243 Rz. 21.
174 Vgl. Calliess/Ruffert/*Krebber*, Art. 157 AEUV Rz. 25.
175 EuGH v. 8.9.2005 – C-191/03 – McKenna, Slg. 2005, I-7631 Rz. 29 m.w.N.
176 EuGH v. 17.2.1998 – C-249/96 – Grant, Slg. 1998, I-621 Rz. 13 m.w.N.
177 EuGH v. 1.4.2008 – C-267/06 – Maruko, Slg. 2008, I-1757 Rz. 44 m.w.N.

Entgelts einen entsprechenden Anspruch hat.[178] Sieht ein Tarifvertrag ein verpflichtendes Betriebsrentensystem vor und wird daraus eine Hinterbliebenenrente gezahlt, hat diese Rente ihren Ursprung im Beschäftigungsverhältnis des Ehegatten bzw. Lebenspartners und dessen Arbeitgebers.[179] Art. 157 AEUV erfasst nicht nur den Anspruch auf die von einem Betriebsrentensystem erbrachten Leistungen, sondern auch den Anspruch auf Beitritt zu diesem System.[180] Im Einzelnen bereitet die **Abgrenzung** zu den von Art. 157 AEUV nicht erfassten Leistungen jeder Art seitens der staatlichen Systeme oder der damit gleichgestellten Systeme einschließlich der staatlichen Systeme der sozialen Sicherheit oder des sozialen Schutzes Probleme.[181] Nach der Rechtsprechung des EuGH ist Art. 157 AEUV nicht auf Systeme anwendbar, zu deren Finanzierung Arbeitnehmer, Arbeitgeber und eventuell die öffentliche Hand in einem Maße beitragen, das weniger von einem Beschäftigungsverhältnis abhängt, sondern vielmehr durch sozialpolitische, ethische, haushalterische Erwägungen bestimmt wird.[182] Diese politischen Erwägungen spielen dagegen keine Rolle bei **betrieblichen Systemen**, die nur für eine besondere Gruppe von Arbeitnehmern gelten, wenn die Leistung unmittelbar von der abgeleisteten Dienstzeit abhängt und wenn ihre Höhe nach den letzten Bezügen berechnet wird.[183] Leistungen eines die staatlichen Sozialsysteme ergänzenden betrieblichen Versorgungssystems fallen danach unter Art. 157 AEUV.[184] Kein Entgelt sind staatliche vermittelte Vorteile wie **Steuervergünstigungen**.[185]

Probleme bereitet die **Abgrenzung** zu den nicht unter Art. 157 Abs. 1 AEUV fallenden, aber von den diskriminierungsrechtlichen Richtlinien (vgl. Rz. 5.48 f.) erfassten „**sonstigen Arbeitsbedingungen**". Das gilt beispielsweise für die Regelungen zur Ermittlung der Dienstaltersstufe mit Auswirkungen auf das Arbeitsentgelt. Ein Beispiel dafür ist die unterschiedliche Behandlung von (tarifvertraglichen) **Höhergruppierungen** bei gleichbleibender Tätigkeit (Bewährungsaufstieg).[186] Während der EuGH in einer älteren Entscheidung die Entgelterhöhungen bei „quasi automatischem Bewährungsaufstieg" ohne weiteres als Arbeitsentgelt einordnete,[187] sieht er darin jetzt eine „Präzisierung der Bedingungen des Zugangs zu einer höheren Stufe der beruflichen Rangordnung" und damit eine Fallgruppe des beruflichen Aufstiegs.[188] Regelungen zur Ermittlung der Dienstaltersstufe werden vom EuGH ebenfalls als Zugangsbedingungen interpretiert.[189] In der Sache geht er davon aus, dass eine Regelung sowohl eine Bedingung für den Zugang zur Erwerbstätigkeit und die Einstellung („sonstige Arbeitsbedingung") als auch eine Regelung des Arbeitsentgelts sein kann.[190] Die früher notwendige Abgrenzung zwischen dem sachlichen Anwendungsbereich des Art. 157 Abs. 1 AEUV und der (vormaligen) Richtlinie 76/207/EWG ist in der Geschlechterrichtlinie 2006/54/EG weggefallen. Das hat in zweierlei Hinsicht praktische Auswirkungen: Für Arbeitnehmer kommt es zu einem Gleichklang von Richtlinien und Art. 157 Abs. 1 AEUV.[191] Dagegen können sich selbständig Erwerbstätige nicht auf Art. 157 Abs. 1 AEUV und – wegen des beschränkten persönlichen

5.40

---

178 Pechstein/Nowak/Häde/*Kocher*, Art. 157 AEUV Rz. 45.
179 EuGH v. 6.10.1993 – C-109/91 – Ten Oever, Slg. 1993, I-4879 Rz. 12 f.; v. 1.4.2008 – C-267/06 – Maruko, Slg. 2008, I-1757 Rz. 45 m.w.N.
180 EuGH v. 13.1.2004 – C-256/01 – Allonby, Slg. 2004, I-873 Rz. 63 m.w.N.
181 Dazu *Barnard*, EU Employment Law, S. 301.
182 EuGH v. 10.6.2010 – C-395/08 und C-396/08 – Bruno u.a., Slg. 2010 I-5119 Rz. 41 m.w.N.; grundlegend EuGH v. 17.5.1990 – C-262/88 – Barber, Slg. 1990, I-1889 Rz. 22 ff.
183 EuGH v. 1.4.2008 – C-267/06 – Maruko, Slg. 2008, I-1757 Rz. 48; v. 23.10.2003 – C-4/02 und C-05/02 – Schönheit u.a., Slg. 2003, I-12575 Rz. 58.
184 EuGH v. 13.5.1986 – 170/84 – Bilka, Slg. 1986, 1607 Rz. 20 f.; v. 17.5.1990 – C-262/88 – Barber, Slg. 1990, I-1889 Rz. 27 f.
185 EuGH v. 21.7.2005 – C-207/04 – Vergani, Slg. 2005, I-7453 Rz. 23.
186 Vertiefend *Adomeit/Mohr*, AGG, § 2 Rz. 90.
187 EuGH v. 7.2.1991 – C-184/89 – Nimz, Slg. 1991, I-297 Rz. 9 f.
188 EuGH v. 18.11.2004 – C-284/02 – Sass, Slg. 2004, I-11143 Rz. 31.
189 EuGH v. 18.9.2009 – C-88/08 – Hütter, Slg. 2009, I-5325 Rz. 35.
190 EuGH v. 18.9.2009 – C-88/08 – Hütter, Slg. 2009, I-5325 Rz. 35.
191 Grabitz/Hilf/Nettesheim/*Langenfeld*, Art. 157 AEUV Rz. 60.

Anwendungsbereichs – auch nicht auf die Entgeltdiskriminierung der Richtlinien stützen. Weil die neue Rechtsprechung in Zugangsvoraussetzungen zum Entgelt gleichzeitig „sonstige Arbeitsbedingungen" sieht, können sie sich auf die Richtlinien berufen (vgl. Rz. 5.48 f.).

2. Anwendungsbereich des speziellen Nichtdiskriminierungsrechts der Richtlinien

a) Bedingungen für den Zugang zu unselbständiger und selbständiger Erwerbstätigkeit

5.41 Art. 3 Abs. 1 Buchst. a AntiRass-RL, 3 Abs. 1 Buchst. a Gleichb-RL und 14 Abs. 1 Buchst. a Geschl-RL erfassen im Wesentlichen wortlautidentisch alle Bedingungen für den Zugang zu abhängiger oder selbständiger Erwerbstätigkeit, einschließlich des beruflichen Aufstiegs. Der sachliche – und implizit auch persönliche – **Anwendungsbereich** darf aufgrund des mit den Richtlinien verfolgten Zwecks und des Umstands, dass die Richtlinie „in dem jeweiligen Bereich nur der Ausdruck des Gleichbehandlungsgrundsatzes ist, der einer der tragenden Grundsätze des Unionsrechts und in Art. 21 [GRC] niedergelegt ist, nicht eng definiert werden".[192]

aa) Erwerbstätigkeit

5.42 Der Begriff der unselbständigen Erwerbstätigkeit ist einheitlich und autonom unionsrechtlich auszulegen.[193] Wie ein Vergleich von Art. 3 Abs. 1 Buchst. a AntiRass-RL mit Art. 14 Abs. 1 Buchst. a Geschl-RL bestätigt, verwenden die Richtlinien die Begriffe „unselbständig" und „abhängig" synonym. Für die Auslegung orientiert sich der **EuGH** am **Arbeitnehmerbegriff des Art. 157 AEUV** (vgl. Rz. 5.34 ff.).[194] Besondere Schwierigkeiten entstehen im Zusammenhang mit **Organmitgliedern** von Kapitalgesellschaften, insbesondere Fremd-Geschäftsführern und Vorständen (vgl. Rz. 5.36).[195] Der sachliche Anwendungsbereich der Richtlinien ist unabhängig davon eröffnet, wie man die Tätigkeit der Organmitglieder unionsrechtlich einordnet: Sie üben entweder eine unselbständige oder eine selbständige Tätigkeit aus.[196] Allerdings gilt das nur für die Zugangsbedingungen. Zweifelhaft ist, ob aus unionsrechtlicher Sicht die in den nationalen Rechtsordnungen anzutreffende Differenzierung zwischen dienstvertraglichem Anstellungsverhältnis und gesellschaftsrechtlichem Bestellungsverhältnis relevant ist.[197] Der Normzweck des Diskriminierungsverbots (vgl. Rz. 5.1 f.) spricht im Ergebnis dafür, dass auch das Bestellungsverhältnis in den sachlichen Anwendungsbereich fällt. Insbesondere mit der nach außen wirkenden diskriminierenden Bestellung oder Abberufung wird der soziale Gleichbehandlungsanspruch einer Person verletzt. Zur Klärung dieser Frage ist letztlich aber eine **Vorlage an den EuGH** erforderlich.

5.43 Der **persönliche Anwendungsbereich** bestimmt sich für **Organmitglieder** nach § 6 Abs. 3 AGG. Soweit sie den unionsrechtlichen Arbeitnehmerbegriff erfüllen, ist der persönliche Anwendungsbereich der Richtlinien und – wegen des Gebots richtlinienkonformer Interpretation – auch des § 6 Abs. 1 AGG eröffnet. Sofern das Organmitglied nicht Arbeitnehmer ist, erweitert § 6 Abs. 3 AGG den persönlichen Anwendungsbereich, allerdings nur im sachlichen Anwendungsbereich der Art. 3 Abs. 1 Buchst. a AntiRass-RL und Gleichb-RL sowie Art. 14 Abs. 1 Buchst. a Geschl-RL. Daraus folgt, dass für diese Selbständigen Benachteiligungen bei Vergütung und Entlassungen bzw. Abberufungen nicht von einem Diskriminierungsverbot erfasst sind.[198]

---

192 EuGH v. 12.5.2011 – C-391/09 – Runevič-Vardyn ua., Slg. 2011 I-3787 Rz. 43.
193 EuGH v. 11.11.2010 – C-232/09 – Danosa, Slg. 2010, I-11405 Rz. 39.
194 EuGH v. 11.10.2010 – C-232/09 – Danosa, Slg. 2010, I-11405 Rz. 39; v. 13.1.2004 – C-256/01 – Allonby, Slg. 2004, I-873 – Rz. 66; dazu *Preis/Sagan*, ZGR 2013, 26 (48 f.); krit. *Rebhahn*, EuZA 2011, 3 (24 f.).
195 Zur Einordnung *Korte*, NZG 2013, 601 (603); *Preis/Sagan*, ZGR 2013, 26 (27 ff.).
196 *Preis/Sagan*, ZGR 2013, 26 (48).
197 S. *Preis/Sagan*, ZGR 2013, 26 (36 ff.).
198 *Korte*, NZG 2013, 601 (606 f.).

Auch der Begriff der **selbständigen Tätigkeit** ist im Anwendungsbereich der Richtlinien unionsrechtlich autonom und einheitlich zu interpretieren. Er ergibt sich im Umkehrschluss zur unselbständigen Tätigkeit. Das wesentliche Merkmal der selbständigen Tätigkeit besteht darin, dass jemand während einer bestimmten Zeit für einen anderen, ohne dessen Weisungen unterworfen zu sein, Leistungen erbringt, für die er als Gegenleistung eine Vergütung erhält (vgl. Rz. 5.35). Darunter fallen alle unternehmerischen (gewerblichen) oder selbständigen (frei-) beruflichen Tätigkeiten.[199] Ein öffentlich bestellter und vereidigter **Sachverständiger** übt eine selbständige Tätigkeit aus, weil er sie gegen Vergütung, auf eigene Rechnung und frei von Weisungen in Bezug auf die Organisation der Arbeit Dritten anbietet.[200] Dasselbe gilt für **Notare**.[201] Eine selbständige Erwerbstätigkeit liegt auch vor, wenn jemand einer **Personengesellschaft** beitreten will.[202] Davon abzugrenzen ist ein Beitritt, mit dem lediglich eine Kapitalanlage angestrebt wird.[203] Obwohl ihr Wortlaut dies nahelegt, verfolgt auch Art. 2 RL 2010/41/EU hier kein anderes Konzept.[204] Zwar wird die Selbständigkeit als „Erwerbstätigkeit auf eigene Rechnung" definiert. Erfasst werden sollen alle Personen, die zwar einer Erwerbstätigkeit nachgehen, dies jedoch nicht als Arbeitnehmer i.S.d. weiten europäischen Arbeitnehmerbegriffs geschieht.[205] Hierfür spricht die Aussage des Art. 1 RL 2010/41/EU, demzufolge die Richtlinie in den Bereichen wirken soll, die nicht erfasst sind von der Geschl-RL, die für Arbeitnehmer/innen gilt bzw. der Richtlinie 79/7/EWG, die der Gleichbehandlung von Männern und Frauen im Bereich der sozialen Sicherheit dient. Wenn die Richtlinie 2010/41/EU in den Bereichen einen Rahmen für die Gleichbehandlung von Männern und Frauen legen soll, der von den übrigen Richtlinien gerade nicht erfasst ist, so ist auch ihre Definition des Selbständigen nur zu interpretieren in Abgrenzung zur Arbeitnehmereigenschaft, an die die übrigen Richtlinien anknüpfen.

5.44

bb) Zugang

Das Diskriminierungsverbot gilt für alle Bedingungen, von denen der „Zugang" zur Erwerbstätigkeit abhängig ist. Damit wollen die Richtlinien die gleichen Partizipationsmöglichkeiten aller privaten Akteure am Beschäftigungsmarkt sichern. Als **Regelbeispiele** nennen die Richtlinien Auswahlkriterien und Einstellungsbedingungen. Zu den Auswahlbedingungen zählen alle vom Arbeitgeber aufgestellten objektiven und subjektiven Berufszulassungs- und Berufsausübungsregelungen, beispielsweise Altersgrenzen.[206] Erfasst wird auch der Fall, dass die Erwerbstätigkeit aufgrund einer Befristung endet und die Stelle neu besetzt werden soll.[207] Besondere Probleme entstehen hinsichtlich der Frage, ob eine Ungleichbehandlung den Zugang zu einer selbständigen Tätigkeit betrifft.[208]

5.45

Im Ergebnis fällt die gesamte Phase der **Vertragsanbahnung** einer Beschäftigung darunter.[209] Zugang betrifft nicht nur die Bedingungen, die vor der Begründung eines konkreten Arbeitsverhältnisses bestanden haben, sondern alle Umstände, die sich auf den Zugang zu einer Erwerbstätigkeit auswirken können.[210] Daher erfasst er auch öffentliche Äußerungen im Vorfeld von Auswahlver-

5.46

---

199 Vgl. BVerwG v. 26.1.2011 – 8 C 46/09, NZA-RR 2011, 233 Rz. 22.
200 BVerwG v. 26.1.2011 – 8 C 46/09, NZA-RR 2011, 233 Rz. 22.
201 *Grünberger*, LMK 2014, 356538; offengelassen von BGH v. 26.11.2007 – NotZ 23/07, BGHZ 174, 273 Rz. 27; v. 22.3.2010 – NotZ 16/09, BGHZ 185, 30 Rz. 22.
202 Däubler/Bertzbach/*Däubler*, AGG, § 2 Rz. 6; MüKoBGB/*Thüsing*, § 2 AGG Rz. 5; anders nur Schroeder/*Diller*, NZG 2006, 728 (729 f.).
203 Erman/*Belling/Riesenhuber*, § 2 AGG Rz. 4.
204 Anders Voraufl.
205 Ebenso EuArbR/*Mohr*, RL 2010/41/EU Art. 2 Rz. 2.
206 EuGH v. 12.1.2010 – C-229/08 – Wolf, Slg. 2010. I-1 Rz. 27.
207 BGH v. 23.4.2012 – II ZR 163/10, BGHZ 193, 110 Rz. 20 = ArbRB 2012, 273; abl. *Preis/Sagan*, ZGR 2013, 26 (63).
208 Näher BeckOGK-BGB/*Block*, § 2 AGG Rz. 28 f.
209 *Kania/Merten*, ZIP 2007, 8.
210 EuGH v. 13.7.1995 – C-116/94 – Meyers, Slg. 1995, I-2145 Rz. 22.

fahren, die geeignet sind, Angehörige geschützter Gruppen von einer Bewerbung abzuschrecken.[211] Das gilt auch, wenn die Äußerung nicht von einer rechtlich für das Unternehmen handlungs- und vertretungsbefugten Person stammt, sondern von einem Dritten, der in der Öffentlichkeit als Repräsentant des Unternehmens wahrgenommen wird.[212]

5.47 Für den **beruflichen Aufstieg** gelten die Voraussetzungen für den diskriminierungsfreien Zugang entsprechend. Zum Aufstieg zählen alle angestrebten Veränderungen im Tätigkeits- oder Verantwortungsbereich der Arbeitnehmer, die – wie eine Versetzung oder Beförderung – eine Verbesserung „der beruflichen Rangordnung"[213] und damit des Status als Beschäftigter mit sich bringen.[214] Dazu zählt auch die **Beurteilung** des Arbeitnehmers wegen der damit einhergehenden Möglichkeit zum beruflichen Aufstieg.[215]

b) Beschäftigungs- und Arbeitsbedingungen

aa) Allgemeines

5.48 Art. 3 Abs. 1 Buchst. c AntiRass-RL, 3 Abs. 1 Buchst. c Gleichb-RL und 14 Abs. 1 Buchst. c Geschl-RL erfassen wortlautidentisch alle Beschäftigungs- und Arbeitsbedingungen, einschließlich der Entlassungsbedingungen. Der **sachliche Anwendungsbereich** ist auf unselbständig Erwerbstätige beschränkt.[216] Das folgt aus einem Vergleich des Wortlauts der Art. 3 Abs. 1 Buchst. a mit Buchst. c AntiRass-RL und Gleichb-RL sowie aus Art. 14 Abs. 1 Buchst. c Geschl-RL, der nicht nur für den Begriff des Arbeitsentgelts ausdrücklich auf Art. 157 AEUV verweist. Darauf können sich nach ständiger Rechtsprechung des EuGH **nur Arbeitnehmer** berufen (vgl. Rz. 5.34 ff.). Der Anwendungsbereich ist nur eröffnet, wenn die Bedingungen in einem bereits bestehenden Beschäftigungsverhältnis der unselbständig Erwerbstätigen wurzeln.[217] Das kann sowohl ein aktuell bestehendes als auch ein ehemaliges Beschäftigungsverhältnis sein.[218]

5.49 Zu den „Beschäftigungs- und Arbeitsbedingungen" gehören alle Umstände, aufgrund derer und unter denen die Arbeitsleistung zu erbringen ist.[219] Das betrifft sowohl die Bedingungen selbst als auch deren Grundlage.[220] Erfasst sind alle Leistungen, die notwendig mit einem Arbeitsverhältnis verknüpft sind oder unmittelbar auf dem Arbeitsverhältnis beruhen.[221] Dazu zählt beispielsweise der Urlaubsanspruch.[222] Zu den Maßnahmen zählen die Ausgestaltung des konkreten Arbeitsplatzes,[223] die Versetzung oder Umsetzung[224] und alle Verhaltensweisen, die den entlassenen

---

211 EuGH v. 10.7.2008 – C-54/07 – Feryn, Slg. 2008, I-5187 Rz. 25.
212 EuGH v. 25.4.2013 – C-81/12 – Asociația Accept – Rz. 47 ff., NZA 2013, 891.
213 EuGH v. 18.11.2004 – C-284/02 – Sass, Slg. 2004 I-11143 Rz. 31.
214 Däubler/Bertzbach/*Däubler*, AGG, § 2 Rz. 30a; *Adomeit/Mohr*, AGG, § 2 Rz. 89; ErfK/*Schlachter*, § 2 AGG Rz. 7.
215 EuGH v. 30.4.1998 – C-136/95 – Thibaut, Slg. 1998 I-2011 – Rz. 27.
216 *Bauer/Göpfert/Krieger*, AGG, § 2 Rz. 30; Däubler/Bertzbach/*Däubler*, AGG, § 2 Rz. 32; *Meinel/Heym/Herms*, AGG, § 2 Rz. 19; *Adomeit/Mohr*, AGG, § 2 Rz. 97; MüKoBGB/*Thüsing*, § 2 AGG Rz. 8; a.A. ErfK/*Schlachter*, § 2 AGG Rz. 8; BeckOK-ArbR/*Roloff*, § 2 AGG Rz. 7. Nicht eindeutig ist EuGH v. 12.1.2010 – C-341/08 – Petersen, Slg. 2010, I-47 Rz. 33, weil der EuGH die Altersgrenze bei Kassenärzten neben Art. 3 Abs. 1 Buchst. a auch an Buchst. c Gleichb-RL misst.
217 Vgl. *Adomeit/Mohr*, AGG, § 2 Rz. 93.
218 EuGH v. 22.9.1998 – C-185/97 – Coote, Slg. 1998, I-5199 Rz. 25; v. 1.4.2008 – C-267/06 – Maruko, Slg. 2008, I-1757 Rz. 44 m.w.N.
219 Vgl. BAG v. 20.3.2012 – 9 AZR 529/10, ArbRB 2012, 231 = NZA 2012, 803 Rz. 12.
220 Zur Differenzierung BeckOK-ArbR/*Roloff*, § 2 AGG Rz. 6.
221 EuGH v. 13.7.1995 – C-116/94 – Meyers, Slg. 1995, I-2145 Rz. 24.
222 BAG v. 20.3.2012 – 9 AZR 529/10, ArbRB 2012, 231 = NZA 2012, 803 Rz. 12.
223 Vgl. BAG v. 19.12.2013 – 6 AZR 190/12, ArbRB 2014, 67 = NZA 2014, 372 Rz. 80 (im Zusammenhang mit Art. 5 Gleichb-RL).
224 ErfK/*Schlachter*, § 2 AGG Rz. 8.

Arbeitnehmer bei seiner Suche nach einer neuen Stelle behindern, beispielsweise die Weigerung des ehemaligen Arbeitgebers, ein Arbeitszeugnis auszustellen.[225]

bb) Arbeitsentgelt

Als **Regelbeispiel** für die Beschäftigungsbedingungen nennen die Richtlinien das Arbeitsentgelt. Art. 4 Geschl-RL statuiert den Grundsatz der Entgeltgleichheit neben Art. 14 Abs. 1 Buchst. c Geschl-RL noch einmal ausdrücklich. Das wirft die Frage nach dem Verhältnis zwischen primär- und sekundärrechtlichem Entgeltdiskriminierungsverbots auf.[226] Nach der Rechtsprechung des EuGH zur Vorgängerrichtlinie 75/117/EWG[227] erleichtert die Richtlinie lediglich die konkrete Anwendung des Art. 157 AEUV, ohne den Inhalt oder die Reichweite des primärrechtlichen Grundsatzes zu berühren.[228] Wegen der unmittelbaren Wirkung des Art. 157 Abs. 1 AEUV ist Art. 4 Geschl-RL daher bedeutungslos, soweit er mit Art. 157 AEUV identisch ist.[229]

5.50

Im Übrigen definiert die Geschlechterrichtlinie den Entgeltbegriff (Art. 2 Abs. 1 Buchst. e) in fast wortlautidentischer Übernahme von Art. 157 Abs. 2 AEUV (vgl. Rz. 5.37 ff.). Art. 14 Abs. 1 Buchst. c Geschl-RL verweist ausdrücklich auf Art. 157 AEUV. Daraus folgt, dass hinsichtlich der Diskriminierungskategorie „Geschlecht" derselbe Entgeltbegriff Anwendung findet. Der EuGH hat diesen Entgeltbegriff auch in der Gleichbehandlungsrahmenrichtlinie 2000/78/EG angewendet.[230] Es ist daher davon auszugehen, dass der Entgeltbegriff im speziellen sekundärrechtlichen Nichtdiskriminierungsrecht gleichbedeutend mit Art. 157 AEUV ist.[231]

5.51

cc) Entlassungsbedingungen

Die „Entlassungsbedingungen" sind ebenfalls weit zu verstehen.[232] Erfasst sind alle rechtlichen und tatsächlichen Maßnahmen, mit denen das bestehende Beschäftigungsverhältnis (*ex nunc* oder *ex tunc*) beendet wird. Sie beziehen sich sowohl auf das **„Ob"** als auch auf das **„Wie"** der Beendigung.[233] Darunter fallen die (außerordentliche oder ordentliche) **Kündigung** des Arbeitsverhältnisses durch den Arbeitgeber,[234] eine automatische oder vom Arbeitgeber herbeigeführte Beendigung des Arbeitsverhältnisses mit Erreichen einer **Altersgrenze**,[235] die **Anfechtung** des Vertrages[236] oder der Eintritt eines (vertraglich vereinbarten) **Befristungszeitraums**[237]. Weil auch „Regelungen über freiwilliges Ausscheiden"[238] erfasst werden, werden auch die Kündigung durch den Arbeitnehmer

5.52

---

225 EuGH v. 22.9.1998 – C-187/97 – Coote, Slg. 1998, I-5199 Rz. 10, 27.
226 Eingehend dazu *Ellis/Watson*, EU Anti-Discrimination Law, S. 256 ff.
227 ABl. Nr. L 45 v. 19.2.1975, S. 19.
228 EuGH v. 31.3.1981 – 96/80 – Jenkins, Slg. 1981, 911 Rz. 22.
229 Zu möglichen Unterschieden und der Rechtsprechung zum sekundärrechtlichen Entgeltgleichheitsgrundsatz s. *Ellis/Watson*, EU Anti-Discrimination Law, S. 258 ff.
230 EuGH v. 1.4.2008 – C-267/06 – Maruko, Slg. 2008, I-1757 Rz. 40 f.
231 Zurückhaltender *Barnard*, EU Employment Law, S. 302.
232 EuGH v. 16.2.1982 – 19/81 – Burton, Slg. 1982, 554 Rz. 9; v. 21.7.2005 – C-207/04 – Vergani, Slg. 2005, I-7453 Rz. 27; v. 12.9.2013 – C-614/11 – Kuso Rz. 36, NZA 2013, 1071.
233 Vgl. BAG v. 6.4.2011 – 7 AZR 524/09, NZA 2011, 970 Rz. 14.
234 EuGH v. 11.7.2006 – C-13/05 – Chacón Navas, Slg. 2006, I-6467 Rz. 25 f.
235 Grundlegend EuGH v. 26.2.1986 – 152/84 – Marshall, Slg. 1986, 723 Rz. 34; v. 16.10.2007 – C-411/05 – Palacios de la Villa, Slg. 2007, I-8531 Rz. 45 f.; v. 5.3.2009 – C-388/07 – Age Concern England, Slg. 2009, I-1569 Rz. 27 f.; v. 12.1.2010 – C-341/08 – Petersen, Slg. 2010, I-47 Rz. 33; v. 13.9.2011 – C-447/09 – Prigge, Slg. 2011, I-8003 Rz. 40 f.; v. 18.11.2010 – C-250/09 und C-268/09 – Georgiev, Slg. 2010, I-11689 Rz. 29 f.
236 EuGH v. 5.5.1994 – C-421/92 – Habermann-Beltermann, Slg. 1994, I-1657 Rz. 13 f.
237 EuGH v. 22.11.2005 – C-144/04 – Mangold, Slg. 2005, I-9981.
238 EuGH v. 16.2.1982 – 19/81 – Burton, Slg. 1982, 554 Rz. 9; v. 21.7.2005 – C-207/04 – Vergani, Slg. 2005, I-7453 Rz. 27.

oder einvernehmlich geschlossene **Aufhebungsverträge**[239] erfasst. Das gilt ebenso für alle Leistungen, die einen unmittelbaren Bezug zur Entlassung aus dem Beschäftigungsverhältnis haben, insbesondere für **Abfindungen**, die im Zusammenhang mit der Beendigung des Arbeitsverhältnisses gezahlt werden.[240] Darunter fallen auch betriebliche **Sozialpläne**.[241]

5.53 Nach § 2 Abs. 4 AGG gelten für Kündigungen ausschließlich die Bestimmungen zum allgemeinen und besonderen Kündigungsschutz. Wortlaut und Entstehungsgeschichte der Norm legen es nahe, sie als vollständige **Bereichsausnahme für Kündigungen** zu lesen. Damit würde Deutschland gegen seine Umsetzungspflichten verstoßen. Deshalb ist fraglich, ob § 2 Abs. 4 AGG richtlinienkonform ist.[242] Dazu hat sich ein breites Meinungsspektrum herausgebildet.[243] Das **BAG** ist der Auffassung, dass § 2 Abs. 4 AGG keinen vollständigen Anwendungsausschluss des AGG auf Kündigungen anordnet.[244] Im sachlichen und persönlichen Anwendungsbereich des KSchG würden benachteiligende Kündigungen nicht nach eigenen Unwirksamkeitsnormen bewertet. Sie seien für die Beurteilung der Frage relevant, ob die Kündigung sozial ungerechtfertigt ist oder nicht.[245] Es ist zweifelhaft, ob die Rechtsprechung des BAG den unionsrechtlichen Anforderungen an die effektive und transparente Umsetzung der Richtlinien genügt. Deshalb ist eine **Vorlage** gem. Art. 267 AEUV angezeigt.

5.54 Zum Kündigungsschutz zählen nach der Rechtsprechung des BAG nur solche Vorschriften des deutschen Rechts, die speziell auf Kündigungen zugeschnitten sind.[246] Das ist nur dann der Fall, wenn sie die **Kündigung als Tatbestandsmerkmal** enthalten. Die für den Kündigungsschutz im Kleinbetrieb und in der Wartezeit maßgeblichen zivilrechtlichen Generalklauseln der §§ 138 und 242 BGB zählten nicht mehr zu den Kündigungsschutzregeln.[247] § 2 Abs. 4 schließt damit die Anwendung des AGG auf solche (ordentlichen) Kündigungen nicht aus.[248] Diskriminierende Kündigungen im Kleinbetrieb bzw. innerhalb der Wartezeit sind daher nach § 134 BGB in Verbindung mit §§ 7 Abs. 1, 1, 3 AGG unwirksam.[249]

c) Berufsberatung und berufliche Aus- und Weiterbildung

5.55 In den sachlichen Anwendungsbereich fallen gem. Art. 3 Abs. 1 Buchst. b AntiRass-RL und Gleichb-RL sowie Art. 14 Abs. 1 Buchst. b Geschl-RL die Berufsberatung, die Berufsbildung und die praktische Berufserfahrung. Damit wird das gesamte Spektrum von Tätigkeiten erfasst, damit ein privater Akteur seine Leistungen erfolgreich auf dem Markt für selbständige oder unselbständige Erwerbstätigkeit (vgl. Rz. 5.34 ff.) anbieten kann.

---

239 EuGH v. 16.2.1982 – 19/81 – Burton, Slg. 1982, 554 Rz. 9.
240 EuGH v. 12.10.2010 – C-499/08 – Ingeniørforeningen i Danmark (Andersen), Slg. 2010, I-9343 Rz. 21.
241 EuGH v. 6.12.2012 – C-152/11 – Odar Rz. 33, NZA 2012, 1435; v. 16.2.1982 – 19/81 – Burton, Slg. 1982, 554 Rz. 9.
242 S. Schreiben der Kommission v. 31.1.2008, Vertragsverletzungsverfahren 2007/23, K(2008) 0103, 3 f.
243 Zum Problem und zum Streitstand s. BAG v. 6.11.2008 – 2 AZR 523/07, ArbRB 2009, 128 = NZA 2009, 361 Rz. 30 ff.; weitere Nachweise bei BeckOGK-BGB/*Block*, § 2 AGG Rz. 73 f.
244 Grundlegend BAG v. 6.11.2008 – 2 AZR 523/07, ArbRB 2009, 128 = NZA 2009, 361 Rz. 34 ff.
245 BAG v. 6.11.2008 – 2 AZR 523/07, ArbRB 2009, 128 = NZA 2009, 361 Rz. 40.
246 BAG v. 19.12.2013 – 6 AZR 190/12, ArbRB 2014, 67 = NZA 2014, 372 Rz. 34.
247 BAG v. 19.12.2013 – 6 AZR 190/12, ArbRB 2014, 67 = NZA 2014, 372 Rz. 34; Kittner/Däubler/Zwanziger/*Zwanziger*, KSchR, AGG Rz. 63.
248 BAG v. 19.12.2013 – 6 AZR 190/12, ArbRB 2014, 67 = NZA 2014, 372 Rz. 34; vertiefend BeckOGK-BGB/*Block*, § 2 AGG Rz. 78 ff.; s. auch *Bauer/von Medem*, NJW 2016, 210 ff.
249 BAG v. 23.7.2015 – 6 AZR 457/14, BAGE 152, 134 = ArbRB 2015, 360 Rz. 23; v. 26.3.2015 – 2 AZR 237/14, BAGE 151, 189 Rz. 32; v. 19.12.2013 – 6 AZR 190/12, ArbRB 2014, 67 = NZA 2014, 372 Rz. 14.

d) Mitgliedschaft und Mitwirkung in Arbeitnehmer- und Arbeitgeberorganisationen

Art. 3 Abs. 1 Buchst. d AntiRass-RL und Gleichb-RL sowie Art. 14 Abs. 1 Buchst. d Geschl-RL erstrecken die Diskriminierungsverbote auf die Mitgliedschaft und die Mitwirkung in Arbeitnehmer- oder Arbeitgeberorganisationen bzw. berufsbezogenen Vereinigungen sowie die Inanspruchnahme der Leistungen dieser Einrichtungen. Damit der Normzweck der Richtlinien erreicht werden kann, muss für die selbständigen oder unselbständigen Erwerbstätigen (vgl. Rz. 5.34 ff.) die ungehinderte Mitwirkung in den entsprechenden Berufsverbänden und ähnlichen Vereinigungen gesichert werden. In den **sachlichen Anwendungsbereich** fallen daher alle Regelungen und Maßnahmen, die den Zugang zur Mitgliedschaft, die interne Mitwirkung an der Willensbildung oder die Inanspruchnahme der Leistungen der genannten Vereinigungen betreffen. Zu den erfassten Vereinigungen zählen neben den Gewerkschaften und den Arbeitgeberverbänden auch Berufsverbände von Freiberuflern[250] und Spielervereinigungen von Berufssportlern.[251] Die Richtlinien beanspruchen Anwendung auch auf öffentlich-rechtlich organisierte Zusammenschlüsse. 5.56

IV. Diskriminierungsmerkmale

1. Grundfragen

Das primäre Unionsrecht (vgl. Rz. 5.12) kennt insgesamt **sieben** Diskriminierungsmerkmale, die in den Richtlinien (vgl. Rz. 5.26 ff.) aufgegriffen werden und an die anzuknüpfen privaten Akteuren in privaten Rechtsbeziehungen verboten wird. Diese – ihrerseits notgedrungen „diskriminierende"[252] – Auswahl basiert auf einer politischen Wertentscheidung darüber, bei welcher Kategorisierung von Menschen das Risiko einer faktischen Zurücksetzung besonders groß ist.[253] Das basiert auf der Überlegung, dass verschiedene Menschen von sozial wirksamen Kategorisierungen auch unterschiedlich betroffen werden. Deshalb wird vorgeschlagen, anstelle von „Diskriminierungsgründen" oder „-merkmalen" von **„Kategorisierung"** zu sprechen.[254] Das hat nicht nur theoretische Gründe, sondern auch einen erheblichen praktischen Vorteil: Als Rechtsanwender vermeidet man damit den typischen Fehler, „objektiv" vorhandene Merkmale bei benachteiligten Personen zu suchen, an denen die Diskriminierung festgemacht werden kann. Im Nichtdiskriminierungsrecht kommt es nicht darauf an, ob eine Eigenschaft tatsächlich vorliegt, sondern nur darauf, welche **soziale Bedeutung dieser Kategorie** zugeschrieben wird.[255] Es geht also nicht um etwas, „was Menschen haben oder in unterschiedlichen Ausprägungen ‚sind', sondern um Einteilungen, die von diskriminierenden Personen in bestimmten Machtpositionen gemacht werden."[256] 5.57

Daher kann eine verbotene Kategorisierung auch erfolgen, wenn der Diskriminierende lediglich annimmt, dass ein verpöntes Merkmal bei einer Person vorliege und sie deshalb unterschiedlich behandelt. Dafür spricht auch die Entscheidung des **EuGH** in der Rs. *Coleman*. Danach gilt das Diskriminierungsverbot nicht für eine bestimmte Kategorie von Personen, sondern in Bezug auf die jeweils genannten Gründe.[257] Für den Schutz vor Benachteiligung wegen der sexuellen Ausrichtung (vgl. Rz. 5.87 ff.) kommt es beispielsweise nur darauf an, dass die besondere sexuelle Ori- 5.58

---

250 Däubler/Bertzbach/*Däubler*, AGG, § 2 Rz. 42.
251 Gegenwärtig gibt es drei solche Spielervereinigungen: Die Vereinigung der Vertragsfußballer e.V., die Vereinigung der Eishockeyspieler e.V. und die Spielerinitiative Basketball, s. *Weichselgärtner*, Das AGG im Leistungssport, 2011, S. 53.
252 So die Kritik von *Schwab*, DNotZ 2006, 649 (671 f.).
253 Däubler/Bertzbach/*Däubler*, AGG, § 1 Rz. 7.
254 *Baer/Bittner/Göttsche* in Antidiskriminierungsstelle des Bundes (Hrsg.), Mehrdimensionale Diskriminierung – Begriffe, Theorien und juristische Analyse, 2010, S. 25.
255 *Grünberger*, Personale Gleichheit, S. 531.
256 *Baer/Bittner/Göttsche* in Antidiskriminierungsstelle des Bundes (Hrsg.), Mehrdimensionale Diskriminierung – Begriffe, Theorien und juristische Analyse, 2010, S. 25 (26).
257 EuGH v. 17.7.2008 – C-303/06 – Coleman, Slg. 2008, I-5603 Rz. 38.

entierung einer Person, gleich ob tatsächlich vorliegend oder nur angenommen, den Grund der Belästigung bot.[258] Das gilt selbst dann, wenn dem Diskriminierenden selbst bekannt war, dass der Betroffene nicht homosexuell ist.[259]

5.59 Die Diskriminierungskategorisierungen des Unionsrechts sind einheitlich-autonom auszulegen.[260] Nach ganz überwiegender Ansicht sind die in den Richtlinien aufgeführten Diskriminierungsmerkmale **abschließend**.[261] Dafür spricht das Prinzip der begrenzten Einzelermächtigung, mit dem die Rechtssetzungskompetenz der EU beschränkt wird. Daher ist **Krankheit** als solche (vgl. Rz. 5.97) kein weiteres Diskriminierungsmerkmal der Gleichbehandlungsrahmenrichtlinie.[262] **Politische Ansichten** sind – anders als bei Art. 14 EMRK – ebenfalls kein verpöntes Merkmal.[263]

5.60 Auf nationaler Ebene ist dagegen zu differenzieren.[264] Wenn höherrangiges Recht dem nachgeordneten Recht ge- oder verbietet, ein bestimmtes Merkmal als zulässiges Diskriminierungsmerkmal auszugestalten, ist diese Entscheidung entweder rechtsfortbildend im Wege einer **Analogie** oder über die **mittelbare Drittwirkung der Grundrechte** mittels der Generalklauseln umzusetzen.[265] Im deutschen Recht gilt dies beispielsweise für das Merkmal „**Weltanschauung**", weil es in § 19 Abs. 1 AGG fehlt,[266] aber in Art. 4 Abs. 1 GG gleichrangig mit der Religion behandelt wird,[267] oder für die Kategorisierungen „**persönliche Abstammung**" und „**Heimat**", die nicht von der ethnischen Herkunft, aber von Art. 3 Abs. 3 GG erfasst sind.

2. Diskriminierungskategorisierungen im speziellen Nichtdiskriminierungsrecht

a) Rasse und ethnische Herkunft

aa) Probleme des Rassenbegriffs

5.61 Art. 1 AntiRass-RL verbietet Diskriminierungen „aufgrund der Rasse oder der ethnischen Herkunft". ErwGr. 6 AntiRass-RL stellt klar, dass die Verwendung des Begriffs „Rasse" nicht die Akzeptanz von Theorien bedeute, mit denen versucht werde, die Existenz verschiedener menschlicher Rassen zu begründen. Beide Begriffe werden weder im Primär- noch im Sekundärrecht definiert. Zur Interpretation kann man auf das **Völkerrecht**,[268] insbesondere das Begriffsverständnis in Art. 1 ICERD (vgl. Rz. 5.31) zurückgreifen. Der Begriff basiert im Völkerrecht (vgl. Rz. 5.32) **nicht auf biologischen Merkmalen**, sondern auf einer **sozialen Kategorisierung**.[269] Das Recht bedient sich

---

258 England and Wales Court of Appeal (Civil Division) 19.12.2008 – English v. Thomas Sanderson Ltd – EWCA Civ 2008, 1421 – Rz. 39 (Sedley LJ).
259 England and Wales Court of Appeal (Civil Division) 19.12.2008 – English v. Thomas Sanderson Ltd – EWCA Civ 2008, 1421 – Rz. 39 (Sedley, LJ) und Rz. 70 (Collins, LJ).
260 EuGH v. 11.7.2006 – C-13/05 – Chacón Navas, Slg. 2006, I-6467 Rz. 40 (zum Merkmal Behinderung).
261 EuGH v. 11.7.2006 – C-13/05 – Chacón Navas, Slg. 2006, I-6467 Rz. 56.
262 EuGH v. 11.7.2006 – C-13/05 – Chacón Navas, Slg. 2006, I-6467 Rz. 57.
263 Vertiefend MüKoBGB/*Thüsing*, § 1 AGG Rz. 94 ff.
264 Vertiefend BeckOGK-BGB/*Block*, § 1 AGG Rz. 57 f.
265 Näher *Grünberger*, Personale Gleichheit, S. 851 ff.
266 S. BGH v. 9.3.2012 – V ZR 115/11, NZG 2012, 718 Rz. 9.
267 Vgl. hierzu MüKoBGB/*Thüsing*, § 19 AGG Rz. 132.
268 *Howard*, International Journal of Comparative Labour Law and Industrial Relations 24 (2008), 5 (7 ff.).
269 Vgl. Präambel ICERD: „In der Überzeugung, dass jede Lehre von einer auf Rassenunterschiede gegründeten Überlegenheit wissenschaftlich falsch, moralisch verwerflich sowie sozial ungerecht und gefährlich ist"; näher *Britz*, EuGRZ 2002, 381 (384 f.); *Fries*, Die Bedeutung von Art. 5(f) der Rassendiskriminierungskonvention im deutschen Recht, 2003, S. 43 ff.; *Wolfrum* in Wolfrum (Hrsg.), Gleichheit und Nichtdiskriminierung im nationalen und internationalem Menschenrechtsschutz, 2003, S. 215 (221 ff.).

dieses Begriffs, um wirksam gegen die mit dem Rassismus verbundene soziale Diskriminierung vorgehen zu können.[270] Das ist auch für das europäische Nichtdiskriminierungsrecht maßgeblich.[271]

Deshalb ist es methodisch falsch, die Zuschreibung aufgrund vermeintlich „**biologischer Merkmale**" vorzunehmen. Stellt man – wie häufig – auf Hautfarbe, Gesichtsform, Augenform,[272] Haartracht,[273] Physiognomie und Körperbau,[274] Morphologie des Körpers und des Gesichts oder Pigmentierung[275] der betroffenen Person ab, realisiert man damit ungewollt **rassistische Vorverständnisse**.[276] Die vermeintlich deskriptiven äußerlichen Merkmale werden als solche nur deshalb wahrgenommen, weil unsere soziale Prägung diese Merkmale erst sichtbar macht. Es handelt sich bei „Rasse" daher um sozial-kulturell geprägte Zuschreibungen, wie sie auch für die Kategorisierung nach ethnischer Herkunft verwendet werden.[277] Deshalb ist zwischen den Merkmalen „Rasse" und „ethnischer Herkunft" nicht zu trennen.[278] Beides sind „related and overlapping concepts".[279] Die Unterscheidung danach, ob es sich um äußerliche, unveränderliche (dann Rasse) oder kulturell-soziale Merkmale (dann ethnische Herkunft) handle,[280] ist nicht durchführbar. Eine **begriffliche Trennung von Rasse und ethnischer Herkunft** ist daher **überflüssig**.[281]

5.62

bb) Zuschreibungen ethnischer Herkunft

Die Kategorisierung „ethnische Herkunft" zeichnet sich dadurch aus, dass die Zuschreibung nach ethnischen Zugehörigkeiten erfolgt. „Rasse" und ihre Stellvertretermerkmale wie „Hautfarbe" sind klassische Beispiele solcher Kriterien. Ein anderes ist die in Art. 1 ICERD (und Art. 3 Abs. 3 Satz 1 GG) genannte „**Abstammung**". Darunter ist nach der verallgemeinerungsfähigen **Definition des BVerfG** „vornehmlich die natürliche biologische Beziehung eines Menschen zu seinen Vorfahren" im Sinne einer von den **Vorfahren hergeleiteten sozialen Verwurzelung** zu verstehen.[282] Ob diese zum Stigma wird, teilt uns in vielen Fällen die Geschichte mit.[283] Die **Sinti und Roma** beispielsweise zählen im Europa des frühen 21. Jahrhunderts dazu.[284] Dasselbe gilt immer noch für **Juden**,

5.63

---

270 Näher zur Unterscheidung von Rasse als Rechtsbegriff und Rassismus als ideologische Einstellung *Howard*, International Journal of Comparative Labour Law and Industrial Relations 24 (2008), 5 (11 ff.); *Barskanmaz*, KJ 2009, 296 (297 ff.).
271 *Fredman*, Discrimination Law, S. 50 ff.; Schiek/*Schiek*, AGG, § 1 Rz. 10; *Stork*, Das Anti-Diskriminierungsrecht der Europäischen Union und seine Umsetzung in das deutsche Zivilrecht, 2006, S. 88 f.
272 NK-BGB/*Legerlotz*, § 1 AGG Rz. 17.
273 Däubler/Bertzbach/*Däubler*, AGG, § 1 Rz. 24, 35.
274 *Boemke/Danko*, AGG im Arbeitsrecht, 2007, § 2 Rz. 5.
275 Hey/*Beitze*, AGG, § 1 Rz. 10.
276 *Greiner*, DB 2010, 1940; ähnlich auch Wendeling-Schröder/Stein/*Stein*, AGG, § 1 Rz. 11.
277 *Grünberger*, Personale Gleichheit, S. 563.
278 Vgl. Falke/Rust/*Falke*, AGG, § 1 Rz. 18; *Kamanabrou*, RdA 2006, 321 (322); Schiek/*Schiek*, AGG, § 1 Rz. 14 f.; Wendeling-Schröder/Stein/*Stein*, AGG, § 1 Rz. 12; zu Art. 1 ICERD auch *Wolfrum* in Wolfrum (Hrsg.), Gleichheit und Nichtdiskriminierung im nationalen und internationalem Menschenrechtsschutz, 2003, 215 (222).
279 EGMR v. 13.12.2005 – 55762/00 – Timishev v. Russia Rz. 55.
280 VG Berlin v. 26.10.2012 – 5 K 222.11; *Annuß*, BB 2006, 1629 (1630); Däubler/Bertzbach/*Däubler*, AGG, § 1 Rz. 29; *Adomeit/Mohr*, AGG, § 1 Rz. 49; *Scholten*, Diskriminierungsschutz im Privatrecht?, 2004, S. 20.
281 Vgl. die Gleichsetzung in EuGH v. 10.7.2008 – C-54/07 – Feryn, Slg. 2008, I-5187.
282 BVerfG v. 22.1.1959 – 1 BvR 154/55, BVerfGE 9, 124 (129); ganz ähnlich das traditionelle Verständnis des Begriffs im Race Relations Act 1976, vgl. *Lustgarten*, International and Comparative Law Quarterly 28 (1979), 221 (235).
283 *Grünberger*, Personale Gleichheit, S. 564 f.
284 Vgl. Kommission, Soziale und wirtschaftliche Integration der Roma v. 7.4.2010, KOM (2010) 133 endg.; s. auch *Lustgarten*, International and Comparative Law Quarterly 28 (1979), 221 (236); *Hepple*, Mod. L. Rev 67 (2004), 1 (8 f.) sowie aus sozialwissenschaftlicher Sicht *Koch* in Hormel/Scherr (Hrsg.), Das Diskriminierungsverbot als Menschenrechtsprinzip, 2010, S. 255 ff.

die im Kontext sozialer Hierarchien nicht nur wegen ihrer Religion, sondern vor allem wegen der prägenden Wirkung antisemitischer Rassetheorien als ethnische Gruppe wahrgenommen werden.[285] Fehlt die historische Dimension, ist es in der Praxis schwierig festzustellen, ob ein gesellschaftliches Stigma auf einer ethnischen Zugehörigkeit der Betroffenen beruht.[286] Die Kategorisierung ist weit auszulegen, weil nur damit ein möglichst lückenloser und damit effektiver Schutz vor ethnisch motivierten Benachteiligungen gewährleistet werden kann.[287]

5.64 Herkömmlich geht man dabei von **objektiven Merkmalen** aus.[288] Das House of Lords knüpfte in einer für die Auslegung der Richtlinien informativen Entscheidung zum Verbot der ethnischen Diskriminierung nach dem Race Relations Act 1976 an insgesamt sieben **Stellvertretermerkmale**[289] an. Unter einer ethnischen Gruppierung können Bevölkerungsteile verstanden werden, die durch gemeinsame Herkunft, eine lange gemeinsame Geschichte, Kultur oder Zusammengehörigkeitsgefühl verbunden sind.[290] Dazu zählen regelmäßig die Wahrnehmung einer Gruppe als abgegrenzt in **Gebräuchen, Herkunft und Erscheinung, äußerem Erscheinungsbild, Sprache und Religion.**[291] Erfasst werden sowohl Fälle, in denen die Benachteiligung eine bestimmte Herkunft betrifft, als auch solche, in denen die Benachteiligung allein daran anknüpft, dass der Betroffene gerade nicht einer bestimmten Herkunft ist.[292]

5.65 Die objektive Bestimmung greift vielfach zu kurz, um die damit zu erfassenden Zuschreibungen abzubilden.[293] Es handelt sich um Stellvertretermerkmale, die einzeln oder in der Summe den Schluss zulassen, dass es sich bei dem Betroffenen um jemanden handelt, der als Angehöriger einer „anderen" Gruppe wahrgenommen wird.[294] Sie basieren auf **kulturellen und sozialen Vorverständnissen und Zuschreibungen** des Diskriminierenden über die betroffene Person. Daher kommt es nicht darauf an, ob sich „Angehörige eines fremden Volkes oder einer fremden Kultur" durch gemeinsame einheitliche Merkmale auszeichnen.[295] Entscheidend ist vielmehr dass sie als „**Gruppe der in Deutschland lebenden Ausländer**"[296] – und damit als „anders" – wahrgenommen werden.[297] Um feststellen zu können, dass eine verpönte Kategorisierung vorliegt, muss man begründen können, dass die vorgefundene soziale Grenze als spezifisch ethnische Grenze identifiziert wird.[298]

5.66 Dieses Problem stellte sich im „**Ossi**"**-Fall.**[299] Obwohl das ArbG Stuttgart auf vermeintlich objektive Merkmale abstellte, arbeitete es implizit mit der These, dass Ethnien Grenzziehungen

---

285 Vgl. Employment Appeal Tribunal v. 17.9.1980 – Seide v. Gillette Industries Ltd – Industrial Relations Law Reports 1980, 427 (zum Race Relations Act 1976); *Stork*, Das Anti-Diskriminierungsrecht der Europäischen Union und seine Umsetzung in das deutsche Zivilrecht, 2006, S. 91 f.; *Schiek/Schiek*, AGG, § 1 Rz. 17 f.; *Williams*, ILJ 8 (1980), 263.
286 Vgl. *Britz*, Kulturelle Rechte und Verfassung, 2000, S. 73 ff.
287 BAG v. 21.6.2012 – 8 AZR 364/11, ArbRB 2012, 361 = NZA 2012, 1345 Rz. 31.
288 Beispielhaft ArbG Berlin v. 26.9.2007 – 14 Ca 10356/07; *Adomeit/Mohr*, AGG, § 1 Rz. 51.
289 House of Lords v. 24.3.1983 – Mandla v. Dowell Lee – 1 All England Law Reports 1983, 1062 (H.L.): „a long shared history, a cultural tradition of its own, either a common geographical origin, or descent from a small number of common ancestors, a common language, a common literature, a common religion und being a minority or being an oppressed or a dominant group within a larger community.".
290 BAG v. 21.6.2012 – 8 AZR 364/11, ArbRB 2012, 361 = NZA 2012, 1345 Rz. 31.
291 VG Berlin v. 26.10.2012 – 5 K 222.11.
292 Vgl. BAG v. 21.6.2012 – 8 AZR 364/11, ArbRB 2012, 361 = NZA 2012, 1345 Rz. 31.
293 Vgl. *Britz*, Kulturelle Rechte und Verfassung, 2000, S. 77 ff.
294 *Grünberger*, Personale Gleichheit, S. 565; vgl. auch VG Berlin v. 26.10.2012 – 5 K 222.11.
295 S. aber BAG v. 21.6.2012 – 8 AZR 364/11, ArbRB 2012, 361 = NZA 2012, 1345 Rz. 31; in diese Richtung *Adomeit/Mohr*, AGG, § 1 Rz. 52.
296 BAG v. 21.6.2012 – 8 AZR 364/11, ArbRB 2012, 361 = NZA 2012, 1345 Rz. 31.
297 Ausführlich dazu BeckOGK-BGB/*Block*, § 1 AGG Rz. 73 ff.
298 Vgl. *Britz*, Kulturelle Rechte und Verfassung, 2000, S. 82.
299 ArbG Stuttgart v. 5.4.2010 – 17 Ca 8907/09, ArbRB 2010, 142 = NZA-RR 2010, 344.

voraussetzen. Weil es keine solche Grenzziehung zwischen Ost- und Westdeutschen wahrnehmen konnte, verneinte es eine eigene Ethnie von „Ostdeutschen".[300] „Keine Ethnien sind demzufolge Ost- und Westdeutsche, Bayern und Schwaben, Düsseldorfer und Kölner".[301] Auch der Berliner ist keine Ethnie.[302]

cc) Sonderfall „Sprache"

Zweifelhaft ist, ob die Sprache ein Stellvertretermerkmal für die ethnische Herkunft ist.[303] Das ist für die Anknüpfung an die **Muttersprache** zu bejahen.[304] Diese wird als Indikator für unterschiedliche Gruppenzugehörigkeiten verwendet. Verlangt der Arbeitgeber von den Bewerbern, dass sie „Deutsch als Muttersprache" sprechen müssen, werden i.d.R. alle nicht im deutschen Sprachraum geborenen oder herangewachsenen Bewerber ausgeschlossen. Verlangt der Arbeitgeber dagegen von den Arbeitnehmern lediglich **Deutschkenntnisse**, knüpft er an ein neutrales Kriterium an.[305] Allerdings benachteiligt diese Anforderung Arbeitnehmer, deren Muttersprache nicht Deutsch ist, im Vergleich zu Arbeitnehmern, deren Muttersprache Deutsch ist, in besonderer Weise.[306] Sprachkenntnisse und Sprachtests sind daher klassische Beispielsfälle **mittelbarer Diskriminierung** aufgrund der ethnischen Herkunft.[307] Die ausreichenden Deutschkenntnisse müssen daher vor dem Hintergrund der (vorgesehenen) Tätigkeit sachlich gerechtfertigt werden.[308]

5.67

dd) Nationale Herkunft und Staatsangehörigkeit

Art. 3 Abs. 2 AntiRass-RL stellt ausdrücklich klar, dass sie nicht für unterschiedliche Behandlungen aus Gründen der Staatsangehörigkeit gilt. Weil die Kriterien für die Staatsangehörigkeit aber ethnisch geprägt sein können, kann in der Anknüpfung an den **Status als Ausländer** eine (**verdeckte**) **Diskriminierung** (vgl. Rz. 5.131 ff.) wegen der ethnischen Zugehörigkeit liegen. Für die notwendige Differenzierung im Einzelfall stehen zwei **Orientierungspunkte** fest: Bei einer scheinbar allein auf die Staatsangehörigkeit bezogenen Differenzierung liegt eine unmittelbare Diskriminierung[309] wegen der Ethnie vor, wenn damit die **Zugehörigkeit zur Volks- und Kulturgemeinschaft** für eine Differenzierung erfasst wird.[310] Wenn ein Arbeitgeber mitteilt, „keine Marokkaner" einzustellen, ist das nach der zutreffenden Interpretation des EuGH die „Äußerung eines Arbeitgebers, er werde keine Arbeitnehmer einer bestimmten ethnischen Herkunft oder Rasse einstellen".[311] Dasselbe gilt auch für die Anknüpfung an „Türken", „Spanier", „Ausländer", oder „Nicht-Deutsche". Die Entscheidung der Antirassismusrichtlinie, streng zwischen Staatsangehörigkeit einerseits und ethnischer Herkunft andererseits zu trennen, zwingt dazu, die konkrete Anknüpfung **kontextbezogen** zu interpretieren.[312]

5.68

---

300 ArbG Stuttgart v. 5.4.2010 – 17 Ca 8907/09, ArbRB 2010, 142 = NZA-RR 2010, 344 (345); offengelassen von LAG Hessen v. 7.2.2012 – 2 Sa 1411/10.
301 ArbG Würzburg v. 23.1.2009 – 3 Ca 664/08, AE 2009, 275.
302 Offengelassen von VG Berlin v. 26.10.2012 – 5 K 222.11.
303 Näher BeckOGK-BGB/*Block*, § 1 AGG Rz. 77 ff.
304 BAG v. 29.6.2017 – 8 AZR 402/15, ArbRB 2017, 365 = NZA 2018, 33 Rz. 52 f.; ArbG Berlin v. 11.2.2009 – 55 Ca 16952/08, NZA-RR 2010, 16 (17).
305 BAG v. 28.1.2010 – 2 AZR 764/08, ArbRB 2010, 168 = NZA 2010, 625 Rz. 16 f.; v. 22.6.2011 – 8 AZR 48/10, ArbRB 2011, 360 = NZA 2011, 1226 Rz. 34.
306 BAG v. 22.6.2011 – 8 AZR 48/10, ArbRB 2011, 360 = NZA 2011, 1226 Rz. 40.
307 BAG v. 29.6.2017 – 8 AZR 402/15, ArbRB 2017, 365 = NZA 2018, 33 Rz. 52 f.; *Bauer/Göpfert/Krieger*, AGG, § 3 Rz. 38; Schiek/*Schiek*, AGG, § 3 Rz. 35; MüKoBGB/*Thüsing*, § 3 AGG Rz. 50; a.A. *Adomeit/Mohr*, § 1 Rz. 53.
308 BAG v. 22.6.2011 – 8 AZR 48/10, ArbRB 2011, 360 = NZA 2011, 1226 Rz. 40.
309 EuGH v. 10.7.2008 – C-54/07 – Feryn, Slg. 2008, I-5187 Rz. 25; a.A. Schiek/*Schiek*, AGG, § 1 Rz. 18 (mittelbare Diskriminierung).
310 BAG v. 21.6.2012 – 8 AZR 364/11, ArbRB 2012, 361 = NZA 2012, 1345 Rz. 31.
311 EuGH v. 10.7.2008 – C-54/07 – Feryn, Slg. 2008, I-5187 Rz. 25.
312 *Grünberger*, Personale Gleichheit, S. 567.

Deshalb ist beispielsweise die Frage nach der Staatsangehörigkeit keine verdeckte (unmittelbare oder mittelbare) Diskriminierung wegen der ethnischen Zugehörigkeit, wenn damit herausgefunden werden soll, ob der Bewerber eine Arbeitserlaubnis benötigt.[313] Will der Arbeitgeber dagegen nur Unionsbürger einstellen, weil er bürokratische Hindernisse vermeiden will, kann darin eine (mittelbare) Diskriminierung wegen der ethnischen Herkunft liegen. Der Arbeitgeber darf nicht von vornherein ausschließen, dass EU-Ausländer eine Arbeitserlaubnis besitzen.[314]

b) Geschlecht

aa) Kategorisierung „Mann/Frau"

5.69 Der Begriff „Geschlecht" wird im Unionsrecht traditionell als Oberbegriff für Männer und Frauen verwendet (vgl. Art. 157 Abs. 2 Satz 2 AEUV). Der Grundsatz der Gleichbehandlung von Mann und Frau (Art. 23 Abs. 1 GRC, 157 Abs. 1 AEUV) gehört als Ausfluss des allgemeinen Gleichheitssatzes zu den **elementaren Grundsätzen des Unionsrechts**.[315] Unproblematisch erfasst sind alle Fälle, in denen der Arbeitgeber eine Maßnahme ausdrücklich an die Eigenschaft „Frau"/"weiblich" oder „Mann"/"männlich" anknüpft. Das ist etwa der Fall, wenn gesetzliche Regelungen[316] bzw. die Bestimmungen in einem Einzelarbeitsvertrag ausdrücklich auf das Geschlecht der Arbeitnehmer abstellen und zwischen „Frauen" und „Männern" unterscheiden.[317]

5.70 Das europäische Nichtdiskriminierungsrecht ist **symmetrisch** konzipiert. Es knüpft am Geschlecht an und schützt Männer und Frauen gleichermaßen vor Diskriminierungen. Daher diskriminiert die bevorzugte Behandlung von Frauen bei der Vergabe von Plätzen einer Kindertagesstätte die männlichen Arbeitnehmer.[318] Tatsächliche oder vermeintliche Unterschiede zwischen den Geschlechtern spielen erst im Rechtfertigungsdiskurs eine Rolle.[319] Die Lösung des Unionsrechts lautet daher: formale Gleichbehandlung der Geschlechter im Tatbestand der Benachteiligung und Berücksichtigung der Differenz auf der Rechtfertigungsebene (vgl. Rz. 5.188 ff.).

bb) Schwangerschaft

5.71 Das spezielle Nichtdiskriminierungsrecht ordnet ausdrücklich an, dass keine Schlechterstellung von Frauen aufgrund von Schwangerschaft oder Mutterschaft erfolgen darf (Art. 2 Abs. 2 Buchst. c Geschl-RL). Dasselbe gilt nach der Rechtsprechung des **EuGH** auch für die Anwendung des Art. 157 Abs. 1 AEUV.[320] Der EuGH hat die Ungleichbehandlung aufgrund der Schwangerschaft der Ungleichbehandlung aufgrund des Geschlechts gleichgestellt, ohne dass es auf eine Vergleichsperson (vgl. Rz. 5.123 ff.) männlichen Geschlechts ankommt.[321] Eine Geschlechtsdiskriminierung wird folglich nicht dadurch ausgeschlossen, dass sich auf eine Stelle nur Frauen bewerben.[322] Darüber hinaus ist eine unmittelbare Benachteiligung einer Frau wegen des Geschlechts auch nicht auf die Fälle einer ungünstigeren Behandlung wegen Schwangerschaft und Mutterschaft begrenzt.[323]

---

313 *Kleinebrink*, ArbRB 2006, 374 (377); *Adomeit/Mohr*, AGG, § 1 Rz. 63.
314 *Grünberger*, Personale Gleichheit, S. 567.
315 Grabitz/Hilf/Nettesheim/*Langenfeld*, Art. 157 AEUV Rz. 5; EuArbR/*Franzen* Art. 157 AEUV Rz. 1.
316 Vgl. im Hinblick auf Unterscheidungen beim Renteneintrittsalter: EuGH v. 18.11.2010 – C-356/09 – Kleist, Slg. 2010, I-11939 Rz. 42 sowie EuGH v. 7.2.2018 – C-142/17 und 143/17 – Maturi u.a., ECLI:EU:C:2018:68, Rz. 37.
317 EuGH v. 12.9.2013 – C-614/11 – Kuso – Rz. 42 f., NZA 2013, 1071.
318 EuGH v. 19.3.2002 – C-476/99 – Lommers, Slg. 2002, I-2891 Rz. 30.
319 Exemplarisch EuGH v. 19.3.2002 – C-476/99 – Lommers, Slg. 2002, I-2891 Rz. 38, 47.
320 EuGH v. 19.11.1998 – C-66/96 – Pedersen, Slg. 1998, I-7327 Rz. 35; v. 8.9.2005 – C-191/03 – McKenna, Slg. 2005, I-7631 Rz. 40 ff.
321 EuGH v. 8.11.1990 – 177/88 – Dekker, Slg. 1990, I-3941 Rz. 16 ff.; v. 14.7.1994 – C-32/93 – Webb, Slg. 1994, I-3567 Rz. 25.
322 Anders noch BAG v. 20.2.1986 – 2 AZR 244/85, NZA 1986, 739 (740).
323 BAG v. 18.9.2014 – 8 AZR 753/13, ArbRB 2015, 69 = BB 2015, 506 Rz. 14.

Obwohl der Wortlaut des Art. 2 Abs. 2 Buchst. c Geschl-RL ausdrücklich auf die Mutterschutzrichtlinie 92/85/EWG[324] verweist, geht der EuGH von einem unterschiedlichen **Begriff der Schwangerschaft** in beiden Richtlinien aus. Das wirkt sich inbesondere in den Fällen aus, die von der „traditionellen" Schwangerschaft abweichen: Wird einer Frau gekündigt, die sich einer **In-vitro-Fertilisation** unterzieht und erfolgt die Kündigung zwischen der Follikelpunktion und der Einsetzung der in vitro befruchteten Eizellen in ihre Gebärmutter, liegt aus Gründen der Rechtssicherheit keine Schwangerschaft i.S.d. Richtlinie 92/85/EWG vor.[325] Beruht die Kündigung allerdings auf diesem Sachverhalt, ist sie eine unmittelbare Diskriminierung aufgrund des Geschlechts.[326] Das Ergebnis ist einigermaßen überraschend: Die spezielle Schutzvorschrift ist nicht anwendbar, weil keine tatbestandsmäßige Schwangerschaft vorliegt. Weil aber ein Zusammenhang mit einer Schwangerschaft und damit mit einer nur Frauen treffenden Situation gegeben war, ist genau aus diesem Grund das Diskriminierungsverbot einschlägig.[327] Schwierige Fragen entstehen beim Vorliegen einer **Ersatzmutterschaft**.[328] Wegen des klar definierten Ziels der Sicherheit und des Gesundheitsschutzes von Arbeitnehmerinnen in einem schutzbedürftigen Zustand ist die Richtlinie 92/85/EWG nach der zweifelhaften Auffassung des EuGH nicht auf eine Mutter anzuwenden, deren genetisches Kind durch eine Ersatzmutter geboren wird.[329] Wird der genetischen Mutter kein dem Adoptionsurlaub entsprechender Urlaub gewährt, liege darin keine Diskriminierung aufgrund des Geschlechts.[330]

5.72

Im Einzelnen differenziert der **EuGH** bei der Schwangerschaft in nicht unproblematischer Weise: Die **Entlassung** einer Arbeitnehmerin wegen ihrer Schwangerschaft oder wegen während der Schwangerschaft aufgetretenen Krankheiten ist in jedem Fall entweder von Art. 14 Abs. 1 Buchst. c Geschl-RL oder Art. 10 RL 92/85/EWG verboten.[331] Krankheiten, die erst nach dem Mutterschaftsurlaub auftreten, fallen dagegen unter die allgemeine Regelung für Krankheitsfälle und sind deshalb keine unmittelbare Diskriminierung aufgrund des Geschlechts, sofern auch Männer unter den gleichen Voraussetzungen aufgrund solcher Fehlzeiten entlassen würden.[332] Der **Entgeltfortzahlungsanspruch** darf dagegen bereits während der Schwangerschaft sowie aufgrund damit zusammenhängender Krankheiten gekürzt werden.[333] Bei der Berechnung von **Fehlzeiten**, die nach dem Mutterschaftsurlaub eingetreten sind, verbietet es die Geschl-RL, die vom Anfang der Schwangerschaft an bis zum Beginn des Mutterschaftsurlaubs eingetretene Fehlzeit zu berücksichtigen.[334] Dagegen erlaubt es das Unionsrecht, Fehlzeiten im Zusammenhang mit einer schwangerschaftsbedingten Krankheit innerhalb enger Grenzen auf eine Gesamtzahl von bezahlten Fehltagen anzurechnen.[335]

5.73

---

324 ABl. Nr. L 348 v. 28.11.1992, S. 1.
325 EuGH v. 26.2.2008 – C-506/06 – Mayr, Slg. 2008, I-1017 Rz. 41 f.
326 EuGH v. 26.2.2008 – C-506/06 – Mayr, Slg. 2008, I-1017 Rz. 51; GA *Wahl* v. 26.9.2013 – C-363/12 – Z Rz. 58.
327 EuGH v. 26.2.2008 – C-506/06 – Mayr, Slg. 2008, I-1017 Rz. 53 f.
328 Näher BeckOGK-BGB/*Block*, § 1 AGG Rz. 98 ff.
329 EuGH v. 18.3.2014 – C-167/12 – C.D. vs. S.T. Rz. 37 ff.; v. 18.3.2014 – C-363/12 – Z Rz. 58, NZA 2014, 525.
330 EuGH v. 18.3.2014 – C-363/12 – Z Rz. 61 ff., NZA 2014, 525.
331 EuGH v. 8.11.1990 – C-179/88 – Handels- og Kontorfunktionærernes Forbund (Hertz), Slg. 1990, I-3979 Rz. 13; v. 30.6.1998 – C-394/96 – Brown, Slg. 1998, I-4185 Rz. 25; v. 8.9.2005 – C-191/03 – McKenna, Slg. 2005, I-7631 Rz. 44.
332 EuGH v. 8.11.1990 – C-179/88 – Handels- og Kontorfunktionærernes Forbund (Hertz), Slg. 1990, I-3979 Rz. 12 ff.
333 EuGH v. 13.2.1996 – C-343/93 – Gillespie, Slg. 1996, I-475 Rz. 17 ff.; v. 8.9.2005 – C-191/03 – McKenna, Slg. 2005, I-7631 Rz. 57 ff. Zu den Anforderungen näher EuGH v. 1.10.2010 – C-194/08 – Gassmayr, Slg. 2010, I-6281 Rz. 54 ff.
334 EuGH v. 30.6.1998 – C-394/96 – Brown, Slg. 1998, I-4185 Rz. 25; v. 8.9.2005 – C-191/03 – McKenna, Slg. 2005, I-7631 Rz. 46 f.
335 EuGH v. 8.9.2005 – C-191/03 – McKenna, Slg. 2005, I-7631 Rz. 63 ff.

cc) Trans*identität und Inter*sexualität

5.74 Nach traditioneller Auffassung handelt es sich beim „Geschlecht" um eine biologisch vorgegebene Kategorie,[336] die keine definitorischen Probleme verursacht.[337] Tatsächlich ist die Lage deutlich komplizierter. **Geschlecht** ist – wie seine Unterbegriffe „Mann" und „Frau" – im Wesentlichen ein **sozial und rechtlich konstruierter Begriff**. Der EuGH hat deshalb das Merkmal „Geschlecht" nicht als biologische Kategorie, sondern i.S.v. „gender" als **soziales Konstrukt** interpretiert.[338] Jede im sozialen Kontext erfolgte Verknüpfung eines Menschen mit einem Geschlecht fällt unter dieses Diskriminierungsverbot.[339] Es ist nicht auf die „Zugehörigkeit zu dem einen oder anderen Geschlecht" beschränkt.[340] Die Kategorien Mann/Frau sind im Unionsrecht lediglich **Fallgruppen** des Geschlechts.

5.75 Diskriminierungen trans*identer (trans*sexueller)[341] und inter*sexueller Menschen sind daher Diskriminierungen wegen des Geschlechts.[342] **Inter*sexe** sind Menschen, bei denen biologisch-somatisch Mehrdeutigkeiten eine eindeutige Zuordnung erschweren. Damit hat eine Ungleichbehandlung aufgrund der Inter*sexualität zwangsläufig einen unmittelbaren Bezug zum Geschlecht der Person. **Trans*ident** sind Menschen, deren Geschlechtsmerkmale im Zeitpunkt ihrer Geburt eine eindeutige Zuordnung ermöglichen, die sich aber „nicht mehr dem in ihrem Geburtseintrag angegebenen Geschlecht, sondern dem anderen Geschlecht als zugehörig" empfinden (vgl. § 1 Abs. 1 Nr. 1 TSG[343]). Die Geschlechterrichtlinie gilt nach der ständigen Rechtsprechung des **EuGH** auch für Diskriminierungen, die ihre Ursache in der „**Geschlechtsumwandlung** des Betroffenen" haben.[344] Diese Kategorisierung beschränkt sich nicht auf post-operative trans*idente Personen,[345] sondern erfasst alle trans*identen Personen.[346] Die Geschlechtszugehörigkeit kann nämlich „nicht allein nach den physischen Geschlechtsmerkmalen bestimmt werden. Sie hängt wesentlich auch von der psychischen Konstitution eines Menschen und seiner nachhaltig selbst empfundenen Geschlechtlichkeit ab."[347]

5.76 In Deutschland findet man dagegen häufig die **Behauptung**, Ungleichbehandlungen trans*identer oder inter*sexueller Menschen fielen unter das **Merkmal der sexuellen Identität** (§§ 1, 19 Abs. 1 AGG).[348] Dem liegt eine heteronormative und bipolare Konzeption von Geschlechtlich-

---

336 Vgl. nur *Adomeit/Mohr*, AGG, § 1 Rz. 73 m.w.N.
337 *Preis*, ZESAR 2007, 308 (311).
338 *Ellis/Watson*, EU-Anti-Discrimination Law, 2012, S. 26.
339 *Grünberger*, Personale Gleichheit, S. 572 f.
340 Vgl. EuGH v. 27.4.2006 – C-423/04 – Richards, Slg. 2006, I-3585 Rz. 24.
341 Grundlegend EuGH v. 30.4.1996 – C-13/94 – P & S und Cornwall County Council, Slg. 1996, I-2143 Rz. 20 f.; v. 7.1.2004 – C-117/01 – K.B., Slg. 2004, I-541 Rz. 34; v. 27.4.2006 – C-423/04 – Richards, Slg. 2006, I-3585 Rz. 24.
342 *Däubler/Bertzbach/Däubler*, AGG, § 1 Rz. 48; *Schwarze/Holoubek*, Art. 19 AEUV Rz. 14; *Falke/Rust/Rust*, AGG, § 1 Rz. 43 ff.; *Schiek/Schiek*, AGG, § 1 Rz. 27; *MüKoBGB/Thüsing*, § 1 AGG Rz. 58; EuArbR/*Franzen* Art. 157 AEUV Rz. 35 für sexuelle Identität dagegen BT-Drucks. 16/1780, 31; *Bauer/Göpfert/Krieger*, AGG, § 1 Rz. 25.
343 Gesetz über die Änderung der Vornamen und der Geschlechtszugehörigkeit in besonderen Fällen (Transsexuellengesetz/TSG) vom 10.9.1980, BGBl. I, 1654.
344 EuGH v. 27.4.2006 – C-423/04 – Richards, Slg. 2006, I-3585 Rz. 24.
345 So *Adomeit/Mohr*, AGG, § 1 Rz. 76.
346 A.A. EuArbR/*Mohr*, Art. 21 GRC Rz. 57 und Art. 1 RL 2006/54/EG Rz. 15, der transsexuelle Menschen erst nach der Geschlechtsumwandlung unter das Merkmal „Geschlecht" fassen will, vorher sei das Merkmal der „sexuellen Orientierung" einschlägig. Dies ist die Konsequenz aus der Bestimmung der Geschlechtszugehörigkeit allein anhand von physischen Geschlechtsmerkmalen.
347 BVerfG v. 6.12.2005 – 1 BvL 3/03, BVerfGE 115, 1 (15) m. Anm. *Grünberger*, JZ 2006, 516; grundlegend BVerfG v. 11.10.1978 – 1 BvR 16/72, BVerfGE 49, 286 (298 f.).
348 BT-Drucks. 16/1780, 31; *Bauer/Göpfert/Krieger*, AGG, § 1 Rz. 25; ErfK/*Schlachter*, § 1 AGG Rz. 6; zutr. dagegen *Koch-Rein*, Streit 2006, 9; auch BVerfG v. 10.10.2017 – 1 BvR 2019/16, NJW 2017, 3643 steht nicht im Einklang mit diesen Konzepten.

keit zugrunde:³⁴⁹ Danach wird das „Geschlecht" bewusst eng als entweder männlich oder weiblich definiert und letztlich mit der Heterosexualität als Sollensnorm gleichgesetzt. Alle Abweichungen von dieser Konzeption werden unterschiedslos als gemeinsame Kategorie behandelt. Unionsrechtlich ist das unhaltbar. Dabei handelt es sich nicht um einen rein akademischen Streit. Beispielsweise ist Art. 157 Abs. 1 AEUV nur anwendbar, wenn man diese Phänomene der Diskriminierungskategorie „Geschlecht" zuordnet. Für die Transsexualität erkennt das BAG an, dass diese innerhalb des Unionsrechts unter das Merkmal Geschlecht fällt, weshalb es im Rahmen einer unionsrechtskonformen Auslegung von § 1 AGG zu dem Ergebnis kommt, dass die Transsexualität sowohl vom Grund „Geschlecht" als auch vom Grund „sexuelle Identität" umfasst wird.³⁵⁰

c) Religion und Weltanschauung

aa) Schutzzzweck

Religion und Weltanschauung sind gem. Art. 21 Abs. 1 GRC, 1 Gleichb-RL verpönte Unterscheidungsmerkmale bei Beschäftigung und Beruf. Das in einer Ungleichbehandlung wegen der Religion oder Weltanschauung liegende Unrecht besteht darin, dass es einer Person unzumutbar ist, zur Vermeidung sozialer Nachteile ihren Glauben oder ihr religiöses Bekenntnis zu verbergen.³⁵¹ Wer danach unterscheidet, verlangt von den „Anderen", dass sie sich, um der Diskriminierung auszuweichen, „uns" anpassen.³⁵² Religion und Weltanschauung sind **konstitutiv für die ethische Person** und personale Identität.³⁵³ Diesen Schutz bewirkt das Nichtdiskriminierungsprinzip. Dabei handelt es sich um ein **veränderbares Persönlichkeitsmerkmal**.³⁵⁴   5.77

Das Bekenntnis zur Religion ist als solches **freiheitsrechtlich** garantiert (Art. 10 Abs. 1 Satz 2 GRC, Art. 9 Abs. 1 Halbs. 2 EMRK).³⁵⁵ Es umfasst die Freiheit, die Religion oder Weltanschauung zu wechseln, und die Freiheit, seine Religion oder Weltanschauung einzeln oder gemeinsam mit anderen öffentlich oder privat durch Gottesdienst, Unterricht, Bräuche und Riten zu bekennen.³⁵⁶ Die Entscheidung wird **gleichheitsrechtlich** abgesichert, weil die Person nicht fürchten muss, dafür rechtliche Nachteile im Arbeitsleben in Kauf nehmen zu müssen. An diesen Nachteilen fehlt es nach Auffassung des EuGH, wenn der Arbeitgeber eine Neutralitätspolitik betreibt, die alle Religionen und Weltanschauungen umfasst (vgl. Rz. 5.111). Die Verankerung ausdrücklicher Diskriminierungsverbote im Völkerrecht und im primären Unionsrecht ist ernst zu nehmen. Das Diskriminierungsverbot aus Gründen der Religion muss unionsrechtlich als Gleichbehandlungs- und nicht nur als Freiheitsrecht verstanden werden. Aus dogmatischer Sicht hat das spezielle Nichtdiskriminierungsrecht ein eigenständiges Rechtfertigungsregime errichtet.³⁵⁷   5.78

Es ist deshalb fraglich, ob die nach wie vor freiheitsrechtlich konzipierte Rechtsprechung des BAG³⁵⁸ mit den aus der Gleichbehandlungsrahmenrichtlinie folgenden Umsetzungspflichten vereinbar ist.   5.79

---

349 Zum Begriff näher *Schmidt* in Foljanty/Lembke (Hrsg.), Feministische Rechtswissenschaft, 2006, 174 (176); *da Silva*, KJ 2008, 266 (267 f.); *Kocher*, KJ 2009, 386 (397 f.).
350 BAG v. 17.12.2015 – 8 AZR 421/14, NZA 2016, 888 Rz. 31.
351 Näher *Grünberger*, Personale Gleichheit, S. 531 ff.
352 *Somek*, Rechtliches Wissen, 2006, S. 204 f.
353 EGMR v. 16.6.2010 – 7710/02 – Grzelak v. Polen Rz. 85; vgl. auch *Schubert*, NJW 2017, 2582.
354 *Balkin*, YLR 106 (1997), 2313 (2361 ff.).
355 Zum Folgenden näher BeckOGK-BGB/*Block*, § 1 AGG Rz. 110 ff.; *Grünberger*, Personale Gleichheit, S. 575 ff.
356 EuGH v. 14.3.2017 – C-188/15 – Bougnaoui Rz. 28, NJW 2017, 1089; v. 14.3.2017 – C-157/15 – Achbita/G4S Secure Solutions Rz. 26, ArbRB 2017, 99 = NJW 2017, 1087.
357 Schiek/*Schiek*, AGG, § 1 Rz. 19.
358 Vgl. BAG v. 24.2.2011 – 2 AZR 636/09, ArbRB 2011, 293 = NZA 2011, 1087.

bb) Geschützes Verhalten

5.80 Der Begriff der Religion findet sich auch in Art. 10 Abs. 1 Satz 2 GRC. Dort ist er in enger Anlehnung an **Art. 9 EMRK** auszulegen.[359] Dasselbe Verständnis liegt aufgrund der gleichheitsrechtlichen Absicherung des freiheitsrechtlichen Schutzes (vgl. Rz. 5.78) auch Art. 21 Abs. 1 GRC, 19 Abs. 1 AEUV und der Gleichbehandlungsrahmenrichtlinie zugrunde.[360] Damit kommt der Rechtsprechung des **EGMR** entscheidende Bedeutung zu. Für den Rechtsanwender stellen sich zwei Herausforderungen: Es ist festzustellen, welche **Gruppen** eine Religion oder Weltanschauung bilden. Im Anschluss daran ist zu entscheiden, welches religionsgeleitete **Verhalten** unter das Diskriminierungsmerkmal fällt.[361]

5.81 Die **großen Glaubensrichtungen** fallen unproblematisch unter den Religionsbegriff. Das sind die römisch-katholische Kirche, die evangelischen Landeskirchen, „der" Islam (Shiiten und Sunniten), orthodoxe bzw. orientalische Kirchen, der Buddhismus, der Hinduismus, Shintoismus und die jüdischen Gemeinden.[362] Genauso geschützt werden neugegründete und unbekannte **religiöse Gruppen**.[363] Geschützt wird auch der Glaube an **keine Religion**: „atheists, agnostics, sceptics and the unconcerned".[364] Beispiele aus der jüngsten Entscheidungspraxis des **EGMR** sind die Zeugen Jehovas,[365] der „Bund Evangelikaler Gemeinden in Österreich",[366] die orthodoxe Kirche Bulgariens,[367] die „Wahre Orthodoxe Kirche Moldaviens",[368] die Osho-Bewegung,[369] Pfingstkirchen[370] und Aleviten[371]. Diese liberale Begriffsbestimmung[372] folgt schon aus dem Grundsatz, dass es Art. 9 EMRK dem Staat verbietet, die Legitimation des religiösen Bekenntnisses zu bewerten,[373] so dass „everyone … is entitled to hold whatever beliefs he wishes."[374]

5.82 Genießen die Gruppen im nationalen Recht den Status einer **Körperschaft des öffentlichen Rechts**, ist die Zugehörigkeit dazu in jedem Fall als Religion zu bewerten. Das ist für Zeugen Jehovas,[375] die Neuapostolische Kirche, die Gemeinschaft der Mormonen,[376] die Heilsarmee und die Baháí-Religion[377] der Fall.[378] Daneben gibt es eine ganze Reihe weiterer **Religionsgemeinschaften**.[379]

---

359 Vgl. Erläuterungen zu Art. 10 GRC (ABl. C 303 v. 4.12.2007, S. 17).
360 EuGH v. 14.3.2017 – C-188/15 – Bougnaoui Rz. 30, NJW 2017, 1089; v. 14.3.2017 – C-157/15 – Achbita/G4S Secure Solutions Rz. 28, ArbRB 2017, 99 = NJW 2017, 1087.
361 Eingehend dazu BeckOGK-BGB/*Block*, § 1 AGG Rz. 113 ff.
362 Däubler/Bertzbach/*Däubler*, AGG, § 1 Rz. 52; *Adomeit/Mohr*, AGG, § 1 Rz. 90.
363 Vgl. EGMR v. 31.7.2008 – 40825/98 – Religionsgemeinschaft der Zeugen Jehovas u.a. v. Österreich, NVwZ 2009, 509 Rz. 98.
364 EGMR v. 16.6.2010 – 7710/02 – Grzelak v. Polen Rz. 85.
365 EGMR v. 31.7.2008 – 40825/98 – Religionsgemeinschaft der Zeugen Jehovas u.a. v. Österreich, NVwZ 2009, 509 Rz. 98.
366 EGMR v. 10.12.2009 – 33001/03 – Koppi v. Österreich Rz. 25.
367 EGMR v. 22.1.2009 – 412/03 u.a. – Holy Synod of the Bulgarian Orthodox Church (Metropolitan Inokentiy) u.a. v. Bulgarien Rz. 100 ff.
368 EGMR v. 27.2.2007 – 952/03 – Biserica Adevărat Ortodoxă din Moldova u.a. v. Moldavien.
369 EGMR v. 6.11.2008 – 58911/00 – Leela Förderkreis e.V. u.a. v. Deutschland Rz. 81.
370 EGMR v. 24.2.1998 – 23372/84 u.a. – Larissis u.a. v. Greece.
371 EGMR v. 9.10.2007 – 1448/04 – Hasan and Eylem Zengin v. Türkei Rz. 66 i.V.m. 79.
372 *Evans*, Freedom of Religion under the European Convention of Human Rights, 2001, S. 55.
373 EGMR v. 13.12.2001 – 45701/99 – Metropolitan Church of Bessarabia u.a. v. Moldavien Rz. 117.
374 House of Lords v. 24.2.2005 – R v. Secretary of State for Education and Employment a.o. (ex parte Williamson) – United Kingdom House of Lords 2005, 15 – Rz. 22 f. (per Lord Bingham).
375 BVerfG v. 19.12.2000 – 2 BvR 1500/97, BVerfGE 102, 370 (397 ff.).
376 BAG v. 24.4.1997 – 2 AZR 268/96, NZA 1998, 145 (147).
377 BVerfG v. 5.2.1991 – 2 BvR 263/86, BVerfGE 83, 341 (353).
378 Däubler/Bertzbach/*Däubler*, AGG, § 1 Rz. 53.
379 BVerfG v. 19.12.2000 – 2 BvR 1500/97, BVerfGE 102, 370 (372).

Für die **Zweifelsfälle** verlangt der EGMR, dass die Überzeugung ein bestimmtes Maß an „cogency, 5.83 seriousness, cohesion and importance" aufweise.[380] Der Schutzumfang hängt dann davon ab, ob die **Glaubensüberzeugung** überhaupt geschützt ist.[381] Verlangt man, dass diese objektiv bestimmbar ist, riskiert man die Schutzlosstellung derjenigen, die des Schutzes besonders bedürfen, weil ihre Glaubensüberzeugung noch nicht allgemein anerkannt ist. Lässt man dagegen eine bloß subjektive Glaubensüberzeugung genügen, expandiert ein spezifisches Diskriminierungsmerkmal zum allgemeinen Diskriminierungsverbot.[382] Gleichwohl muss man das **Selbstverständnis der betroffenen Person** zum Ausgangspunkt der Untersuchung machen.[383] „Religionsfreiheit ist zunächst Sache des individuellen Gewissens."[384] Für die Abgrenzung kommt es darauf an, ob es sich bei der Zugehörigkeit zu einer Gruppe oder bei der entsprechenden Handlung um Kommunikationsformen handelt, die von der allseitigen **Erfüllung religiöser Aufgaben** geprägt ist.[385] Das ist von den Kommunikationsbeziehungen abzugrenzen, deren Zielsetzung in erster Linie politischer oder wirtschaftlicher Natur ist, mögen sie auch religiöse Grundlagen haben.[386]

Weil der Unionsgesetzgeber beim Erlass der Gleichb-RL den gleichen Ansatz wie Art. 10 Abs. 1 5.84 GRC, 9 EMRK verfolgen wollte, ist sowohl das *forum internum*, d.h., das Haben von Überzeugungen, als auch das *forum externum*, d.h. die Bekundung des religiösen Glaubens in der Öffentlichkeit, umfasst.[387] Daher stellt sich im Nichtdiskriminierungsrecht das Definitionsproblem in voller Schärfe, wenn ein Akteur seine religiöse Überzeugung kundtut oder zum Maßstab seines Handelns nimmt.[388] Der Katalog möglicher **Konfliktherde** ist lang: Darunter fallen Kleidung und Bekleidungsvorschriften, bestimmte Beschäftigungshandlungen,[389] Identifikationsanforderungen und Rücksichtnahme auf religiöse Feiertage.[390] Diese Fälle machen die Religion einer Person für die anderen – Kollegen, Arbeitgeber, Vermieter etc. – sichtbar. Knüpft man daran ein auch an Private adressiertes Diskriminierungsverbot, bedarf es jedenfalls auf der Ausübungsebene zusätzlicher Kriterien, um den geschützten religiös/weltanschaulich determinierten „way of life"[391] von einem nicht geschützten zu unterscheiden.[392] Wenn der Arbeitnehmer, entgegen bestehender vertraglicher Pflichten, ein Privileg in Anspruch nimmt, kann der Arbeitgeber nach Auffassung des EuGH[393] und des EGMR[394] von ihm verlangen, **substantiiert darzulegen**, warum er zu der privilegierten Gruppe zählt.

---

380 EGMR v. 25.2.1982 – 7511/76, 7743/76 – Campbell & Cosans v. Vereinigtes Königreich Rz. 36; v. 6.11.2008 – 58911/00 – Leela Förderkreis e.V. u.a. v. Deutschland Rz. 80.
381 Schiek/*Schiek*, AGG, § 1 Rz. 20; *Thüsing*, ZfA 2001, 397 (405).
382 Schiek/*Schiek*, AGG, § 1 Rz. 20; vgl. die ähnliche Problemlage im Verfassungsrecht: Sachs/*Kokott*, GG, Art. 4 Rz. 18.
383 S. *Huster*, Die ethische Neutralität des Staates, 2002, S. 382.
384 EGMR v. 5.4.2007 – 18147/02 – Scientology Kirche Moskau v. Russland, NJW 2008, 495 Rz. 72.
385 Vgl. BVerwG v. 25.1.2006 – 6 A 6/05, NVwZ 2006, 694 (zu Art. 4 GG).
386 Vgl. BVerwG v. 25.1.2006 – 6 A 6/05, NVwZ 2006, 694 (zu Art. 4 GG).
387 EuGH v. 14.3.2017 – C-188/15 – Bougnaoui Rz. 30, NJW 2017, 1089; v. 14.3.2017 – C-157/15 – Achbita/G4S Secure Solutions Rz. 28, ArbRB 2017, 99 = NJW 2017, 1087; zur Auslegung der EMRK s. EGMR v. 26.10.2000 – 30985/96 – Hasan & Chaush Rz. 60; v. 25.5.1993 – 14307/88 – Kokkinakis Rz. 31; näher *Fahlbeck*, International Journal of Comparative Labour Law and Industrial Relations 20 (2004), 27 (29).
388 *Grünberger*, Personale Gleichheit, S. 578 f.
389 Vgl. BAG v. 24.2.2011 – 2 AZR 636/09, ArbRB 2011, 293 = NZA 2011, 1087.
390 *Fahlbeck*, International Journal of Comparative Labour Law and Industrial Relations 20 (2004), 27 (28).
391 Zum Begriff *Gunn*, Harvard Human Rights Journal 16 (2003), 189 (204).
392 Vgl. allgemein House of Lords v. 24.2.2005 – R v. Secretary of State for Education and Employment a.o. (ex parte Williamson) – United Kingdom House of Lords 2005, 15 – Rz. 58, 63 f. (per Lord Walker).
393 Vgl. dazu EuGH v. 27.10.1976 – 130/75 – Prais, Slg. 1976, 1589 Rz. 12 ff.
394 EGMR v. 13.4.2006 – 55170/00 – Kosteski v. Mazedonien, NZA 2006, 1401 Rz. 39.

5.85 Die Auffassung des **BAG**, wonach die diskriminierte Person eine **Darlegungslast** für einen konkreten und ernsthaften Glaubenskonflikt trifft,[395] ist – soweit das mit den Beweisanforderungen der Gleichbehandlungsrichtlinie (vgl. Rz. 5.298 ff.) vereinbar ist – daher unionsrechtskonform.

cc) Weltanschauung

5.86 Unionsrechtlich ist noch nicht abschließend geklärt, was vom Begriff „Weltanschauung" erfasst wird.[396] Im Wesentlichen sind **zwei Interpretationen** denkbar: Nach einer engen Auffassung ist Weltanschauung eine mit der Person des Menschen verbundene Gewissheit über bestimmte **Aussagen zum Weltganzen** sowie zur Herkunft und zum Ziel menschlichen Lebens, die auf innerweltliche Bezüge beschränkt ist.[397] Danach fällt eine politische Überzeugung nicht darunter, selbst wenn sie Sichtweisen von Politik und Gesellschaft sehr umfassend erklärt.[398] Nach einem weiten Verständnis fallen darunter **auch politische und sonstige Anschauungen**.[399] Die Zugehörigkeit zu einer Partei oder das Eintreten für deren Ziele würde damit das Diskriminierungsmerkmal der „Weltanschauung" erfüllen.[400] Die zweite Variante überzeugt nicht.[401] Weltanschauung befindet sich in Art. 10 Abs. 1 Satz 2, 21 Abs. 1 GRC im **Schlepptau der Religion**. Die Weltanschauung wird insbesondere in Art. 21 Abs. 1 GRC deutlich von den politischen oder sonstigen Anschauungen getrennt. Alle mir zugänglichen Sprachfassungen von Art. 1 Gleichb-RL greifen diese Differenzierung auf. Im Ergebnis ist die politische Anschauung für den Bereich von Beschäftigung und Beruf keine grundsätzlich verpönte Diskriminierungskategorie.

d) Sexuelle Ausrichtung

5.87 Art. 157 Abs. 1 AEUV, die Geschlechter- und die Gleichbehandlungsrahmenrichtlinie zwingen dazu, zwischen **Geschlecht** einerseits und **sexueller Ausrichtung** andererseits zu **unterscheiden**.[402] Werden Personen, die in gleichgeschlechtlichen Beziehungen leben, ungleich behandelt, liegt darin keine Diskriminierung wegen ihres Geschlechts.[403] Zwar knüpft die Differenzierung an das Geschlecht des Arbeitnehmers bzw. seines/ihres Partners an. Allerdings signalisiert das Geschlecht des Partners dem Diskriminierenden, dass die ungleich behandelte Person homosexuell ist. Die Gleichgeschlechtlichkeit des Paares ist damit ein Stellvertretermerkmal der sexuellen Ausrichtung.[404] Diskriminierungen aufgrund der trans*identen (trans*sexuellen) Prägung eines Menschen oder aufgrund ihrer Inter*sexualität sind dagegen Ungleichbehandlungen wegen des Geschlechts (vgl. Rz. 5.74 ff.).

5.88 Mit der sexuellen Ausrichtung wird die Präferenz eines Menschen bei der **Wahl seiner Sexual- oder seiner Lebenspartner** erfasst.[405] Darunter fallen nach allgemeiner Ansicht die **Hetero-, Homo- und Bisexualität eines Menschen**.[406] Ein klassischer Fall liegt vor, wenn eine dem Arbeitgeber zure-

---

395 BAG v. 24.2.2011 – 2 AZR 636/09, ArbRB 2011, 293 = NZA 2011, 1087 Rz. 36.
396 Näher *Grünberger*, Personale Gleichheit, S. 580 ff.; BeckOGK-BGB/*Block*, § 1 AGG Rz. 124 ff.
397 BT-Drucks. 16/2022, 13 (zu § 19 Abs. 1 AGG).
398 BVerwG v. 7.7.2004 – 6 C 17/03, NJW 2005, 85 (88); v. 15.12.2005 – 7 C 20/04, NJW 2006, 1303; BAG v. 22.3.1995 – 5 AZB 21/94, NZA 1995, 823 (827) (jeweils mit Bezug auf Art. 4 GG).
399 *Däubler*, NJW 2006, 2608; Däubler/Bertzbach/*Däubler*, AGG, § 1 Rz. 68; Palandt/*Ellenberger*, § 1 AGG Rz. 5.
400 Offen gelassen von BAG v. 12.5.2011 – 2 AZR 479/09, ArbRB 2012, 6 = NZA-RR 2012, 43 Rz. 38; v. 21.9.2011 – 7 AZR 150/10, ArbRB 2012, 106 = NZA 2012, 317 Rz. 28.
401 Näher *Grünberger*, Personale Gleichheit, S. 580 ff.
402 Grundlegend EuGH v. 17.2.1998 – C-249/96 – Grant, Slg. 1998, I-621 Rz. 37 ff.
403 A.A. *Koppelman*, New York University Law Review 69 (1994), 197; aus deutscher Perspektive *Bieback*, FS Pfarr, 2010, S. 184 (190 ff.).
404 *Grünberger*, Personale Gleichheit, S. 573 f.
405 Zum Folgenden näher BeckOGK-BGB/*Block*, § 1 AGG Rz. 154 ff.
406 Statt vieler Däubler/Bertzbach/*Däubler*, AGG, § 1 Rz. 89 f.; zum Begriffsverständnis in den Mitgliedstaaten s. *Chopin/Gounari*, Developing Anti-Discrimination Law in Europe, 2010, http://www.migpolgroup.com/public/docs/180.DevelopingAntiDiscinEurope_Comparativeanalysis_IV_EN_11.09.pdf, S. 22.

chenbare Person öffentlich mitteilt, einen vermeintlich homosexuellen Fußballspieler nicht in die Mannschaft aufzunehmen[407] und dadurch den Anschein einer aufgrund der sexuellen Ausrichtung diskriminierenden Einstellungspolitik erzeugt.[408] Die vielfach vorgeschlagene Unterscheidung zwischen der geschützten Orientierung/Identität und dem nicht geschützten Verhalten[409] ist nicht tragfähig und daher zurückzuweisen.[410] Der Schutz vor Benachteiligungen wegen der sexuellen Orientierung erfüllt damit denselben **Zweck** wie der Schutz vor Benachteiligungen wegen der Religion. Beide schützen Identität und das damit korrespondierende Verhalten.

Die Kategorisierung erfasst aber auch **sozial nicht akzeptierte sexuelle Ausrichtungen**.[411] Versteht man das Nichtdiskriminierungsrecht als „Freiheitsrecht der sozial Schwachen"[412] muss man begründen, warum Menschen, die kleinen sexuellen Minderheiten angehören, davon ausgeschlossen werden sollen.[413] Menschen, deren sexuelle Orientierung nicht dem entspricht, was die Gesellschaft noch glaubt tolerieren zu können, bedürfen ganz besonders des Schutzes durch das Nichtdiskriminierungsrecht vor falschen Zuschreibungen und sozialer Hierarchisierung. Nicht mehr vom Schutz der sexuellen Orientierung erfasst sind wegen **Art. 2 Abs. 5 Gleichb-RL** („Schutz der Rechte und Freiheiten anderer") konkrete Verhaltensweisen, die – ohne Verstoß gegen das Konventionsrecht auf Privatsphäre in Art. 8 Abs. 1 EMRK[414] – **strafrechtlich** erfasst sind.[415]

5.89

Entscheidet sich ein Mitgliedstaat dafür, eine **rechtlich gesicherte Partnerschaft für Personen gleichen Geschlechts** einzuführen, muss er bei der Ausübung dieser Zuständigkeit das Unionsrecht, insbesondere den Grundsatz der Nichtdiskriminierung wegen der sexuellen Ausrichtung beachten.[416] Der **EuGH** geht in ständiger Rechtsprechung davon aus, dass eine Ungleichbehandlung, die an das Statusverhältnis einer rechtlich gesicherten gleichgeschlechtlichen Partnerschaft anknüpft, eine unmittelbare Diskriminierung wegen der sexuellen Ausrichtung konstituiert, sofern sich (verschiedengeschlechtliche) Ehegatten und (gleichgeschlechtliche) Lebenspartner in einer **vergleichbaren Situation** bezüglich der konkreten Maßnahme befinden.[417] Ob eine vergleichbare Situation vorliegt, hat der EuGH zunächst der Prüfung des nationalen Gerichts überlassen.[418] Mittlerweile prüft der EuGH selbst, ob die Situationen vergleichbar sind.[419] Er hat das bezüglich eines tarifvertraglich für die Eheschließung vorgesehenen Sonderurlaubs und einer Eheschließungsprämie im Verhältnis zum französichen PACS mit Recht bejaht.[420] Die Ungleichbehandlung der Lebenspartnerschaft ist nach der zutreffenden Rechtsprechung des EuGH keine mittelbare[421] Dis-

5.90

---

407 EuGH v. 25.4.2013 – C-81/12 – Asociaţia Accept Rz. 35, NZA 2013, 891.
408 Vertiefend *Benecke/Böglmüller*, EuZW 2013, 474.
409 Erman/*Armbrüster*, § 1 AGG Rz. 12; *Bauer/Göpfert/Krieger*, AGG, § 1 Rz. 52; *Adomeit/Mohr*, AGG, § 1 Rz. 164; ErfK/*Schlachter*, § 1 AGG Rz. 14; MüKoBGB/*Thüsing*, § 1 AGG Rz. 90.
410 *Grünberger*, Personale Gleichheit, S. 583 ff.; ähnl. *Annuß*, BB 2006, 1629 (1630 f.); Falke/Rust/*Plett*, AGG, § 1 Rz. 101.
411 Vertiefend BeckOGK-BGB/*Block*, § 1 AGG Rz. 152.
412 *Somek*, Rechtliches Wissen, 2006, S. 203 f.
413 In der Sache auch Däubler/Bertzbach/*Däubler*, AGG, § 1 Rz. 94; Wendeling-Schröder/Stein/*Stein*, AGG, § 1 Rz. 82.
414 Vgl. EGMR v. 22.10.1981 – 7525/76 – Dudgeon.
415 Däubler/Bertzbach/*Däubler*, AGG, § 1 Rz. 94; Schiek/*Schiek*, AGG, § 1 Rz. 31.
416 EuGH v. 1.4.2008 – C-267/06 – Maruko, Slg. 2008, I-1757 Rz. 59; v. 10.5.2011 – C-147/08 – Römer, Slg. 2011, I-3591 – Rz. 42; v. 12.12.2013 – C-267/12 – Hay Rz. 26, NZA 2014, 153.
417 Grundlegend EuGH v. 1.4.2008 – C-267/06 – Maruko, Slg. 2008, I-1757 Rz. 72.
418 EuGH v. 1.4.2008 – C-267/06 – Maruko, Slg. 2008, I-1757 Rz. 72.
419 EuGH v. 12.12.2013 – C-267/12 – Hay Rz. 35 ff., NZA 2014, 153.
420 EuGH v. 12.12.2013 – C-267/12 – Hay Rz. 36 ff., NZA 2014, 153.
421 So GA Ruiz-Jarabo Colomer v. 6.9.2007 – C-267/07 – Maruko, Slg. 2008, I-1757 Rz. 96 ff.; BVerfG v. 19.6.2012 – 2 BvR 1397/09, BVerfGE 131, 239 Rz. 62 f.; v. 7.5.2013 – 2 BvR 909/06, NJW 2013, 2257 Rz. 79; *Mahlmann*, EuZW 2008, 318 (319).

kriminierung, sondern eine **unmittelbare**[422] **Diskriminierung** wegen der sexuellen Ausrichtung der Partner.

e) Behinderung

aa) Unionsrechtliche Vorgaben

5.91 Der Begriff „Behinderung" wird im Unionsrecht nicht definiert.[423] Implizit unterscheidet die Gleichbehandlungsrahmenrichtlinie zwischen „Behinderung" und „Nicht-Behinderung". Geschützt werden nur behinderte Personen. Damit ist das Merkmal **asymmetrisch** ausgestaltet. Nach der Rechtsprechung des EuGH verweist die Richtlinie nicht auf das Recht der Mitgliedstaaten.[424] Der Umstand, dass jemand als Mensch mit einer Behinderung i.S.d. nationalen Regelung anerkannt ist, hat gerade nicht zur Folge, dass auch eine Behinderung i.S.d. europäischen Regelungen vorliegt.[425] Erforderlich ist eine autonome und einheitliche Auslegung unter Berücksichtigung des Zusammenhangs der Vorschrift und des mit der betreffenden Regelung verfolgten Zieles.[426]

5.92 Methodisch betrachtet ist es daher unzulässig, von der **Definition in § 2 Abs. 1 SGB IX** auf den Inhalt des § 1 AGG zu schließen.[427] Vielmehr ist zunächst zu ermitteln, welche Vorgaben Art. 1 Gleichb-RL dem nationalen Recht macht. Erst im Anschluss daran kann man bestimmen, ob sich die nationale Definition im unionsrechtlich zulässigen Rahmen des bewegt.[428]

5.93 Der EuGH interpretiert den Begriff mittlerweile **völkerrechtskonform** mit Blick auf das **Übereinkommen über die Rechte von Menschen mit Behinderungen** (vgl. Rz. 5.31).[429] Das hat erhebliche praktische Bedeutung für die Konzeption des Behindertenbegriffs. Das UN-Übereinkommen folgt im Ausgangspunkt dem **sozialen Begriff** der Behinderung.[430] Dieser ist jetzt auch für das Unionsrecht maßgeblich.[431] Der EuGH weicht damit erheblich von seiner ursprünglich engen Definition der Behinderung in der Rs. *Chacón Navas*[432] ab.[433] Behinderung muss seitdem als ein sich „ständig weiterentwickelnder" Begriff verstanden werden.[434]

5.94 Der **Begriff** der Behinderung ist „so zu verstehen, dass er eine Einschränkung erfasst, die u.a. auf physische, geistige oder psychische Beeinträchtigungen zurückzuführen ist, die in Wechselwirkung

---

422 EuGH v. 1.4.2008 – C-267/06 – Maruko, Slg. 2008, I-1757 Rz. 72; v. 10.5.2011 – C-147/08 – Römer, Slg. 2011, I-3591 Rz. 52; v. 12.12.2013 – C-267/12 – Hay Rz. 44, NZA 2014, 153; s. auch BVerfG v. 7.7.2009 – 1 BvR 1164/07, BVerfGE 124, 199 Rz. 92; BAG v. 14.1.2009 – 3 AZR 20/07, ArbRB 2009, 170 = NZA 2009, 489 Rz. 20.
423 EuGH v. 11.4.2013 – C-335/11 – HK Danmark (Ring und Skouboe Werge) Rz. 34, NZA 2013, 553.
424 EuGH v. 11.7.2006 – C-13/05 – Chacón Navas, Slg. 2006, I-6467 Rz. 39; abl. *Domröse*, NZA 2006, 1320.
425 EuGH v. 18.1.2018 – C-270/16 – Ruiz Conejero Rz. 32, NJW 2018, 603.
426 EuGH v. 11.7.2006 – C-13/05 – Chacón Navas, Slg. 2006, I-6467 Rz. 40; BAG v. 3.4.2007 – 9 AZR 823/06, NZA 2007, 1098 Rz. 19.
427 S. BAG v. 19.12.2013 – 6 AZR 190/12, ArbRB 2014, 67 = NZA 2014, 372 Rz. 58 ff.; nicht überzeugend daher Däubler/Bertzbach/*Däubler*, AGG, § 1 Rz. 75 m.w.N.
428 Zutr. MüKoBGB/*Thüsing*, § 1 AGG Rz. 81.
429 EuGH v. 11.4.2013 – C-335/11 – HK Danmark (Ring und Skouboe Werge) Rz. 28 ff., NZA 2013, 553; v. 1.12.2016 – C-395/15 – Daouidi Rz. 40 f., EuZW 2017, 263.
430 Zum Unterschied zwischen dem individualistischen/medizinischen und dem sozialen Begriff s. GA *Wahl* v. 26.9.2013 – C-363/12 – Z Rz. 85; *Stein/Lord* in Arnardóttir/Quinn (Hrsg.), The UN Convention on the Rights of Persons with Disabilities, 2009, S. 17 (25); zur Entwicklung der Rechtsprechung vgl. *Joussen*, RdA 2015, 305 (310 ff.).
431 EuGH v. 11.4.2013 – C-335/11 – HK Danmark (Ring und Skouboe Werge) Rz. 38, NZA 2013, 553.
432 EuGH v. 11.7.2006 – C-13/05 – Chacón Navas, Slg. 2006, I-6467 Rz. 43.
433 GA *Wahl* v. 26.9.2013 – C-362/13 – Z Rz. 88 („Paradigmenwechsel"); BAG v. 19.12.2013 – 6 AZR 190/12, ArbRB 2014, 67 = NZA 2014, 372 Rz. 59 („Modifikation").
434 EuGH v. 11.4.2013 – C-335/11 – HK Danmark (Ring und Skouboe Werge) Rz. 37, NZA 2013, 553.

mit verschiedenen Barrieren den Betreffenden an der vollen und wirksamen Teilhabe am Berufsleben, gleichberechtigt mit den anderen Arbeitnehmern, hindern können."[435] Dabei ist nicht nur die Umöglichkeit, sondern auch die Beeinträchtigung, eine berufliche Tätigkeit auszuüben, erfasst.[436] Für die Frage, ob eine Behinderung vorliegt, ist es zudem unerheblich, ob der Betroffene zum Entstehen seiner Behinderung beigetragen hat.[437] Daraus folgt ein **zweistufiger Prüfungsaufbau**: Anknüpfungspunkt ist (1.) die individuelle Beeinträchtigung, die (2.) ein Hindernis für die Teilhabe des Betreffenden am Berufsleben bilden muss.[438]

(1) Individuelle Beeinträchtigung

Die erste Prüfungsstufe hat eine lediglich grobe „**Siebfunktion**".[439] Die Behinderung muss von anderen Abweichungen eines konstruierten Normalzustandes unterschieden werden, denen ebenfalls soziale Relevanz zukommt, die aber vom Gesetz nicht als verpöntes Merkmal ausgestaltet wurden. Es muss sich um körperliche, seelische, geistige oder sonstige **Sinnesbeeinträchtigungen** handeln, die **langfristig** angelegt sind.[440] Der Begriff erfasst nicht nur Beeinträchtigungen, die angeboren sind oder von Unfällen herrühren, sondern auch solche, die von einer Krankheit verursacht sind.[441] So liegt beispielsweise eine Beeinträchtigung bereits mit Beginn einer **HIV-Infektion**[442] vor, und eine **Kurzsichtigkeit**[443] ist als solche ebenfalls eine Beeinträchtigung. Erfasst sind auch **chronische Hauterkrankungen** oder eine chronisch verlaufende **Hepatitis** B und C[444] oder die Tatsache, dass eine Frau **kein Kind austragen** kann[445]. Auch **Adipositas** kann im konkreten Fall eine solche Beeinträchtigung darstellen.[446]

(2) Teilhabehindernis am beruflichen Leben

Die Beeinträchtigung muss in **Wechselwirkung** mit verschiedenen Barrieren den Betreffenden an der vollen und wirksamen Teilhabe am Berufsleben, gleichberechtigt mit den anderen Arbeitnehmern, hindern können.[447] Die Behinderung erschwert danach die **soziale Inklusion** des Merkmalsträgers, gerade weil das soziale Umfeld danach differenziert.[448] Der unionsrechtliche Begriff beschränkt sich wegen des beschränkten sachlichen Anwendungsbereichs der Gleichbehandlungsrahmenrichtlinie[449] auf die **Teilhabe am Berufsleben**.[450] Eine relevante Beeinträchtigung liegt vor,

---

435 EuGH v. 11.4.2013 – C-335/11 – HK Danmark (Ring und Skouboe Werge) Rz. 38, NZA 2013, 553; v. 18.3.2014 – C-363/12 – Z Rz. 76, NZA 2014, 525; v. 18.12.2014 – C-354/13 – FOA/Kaltoft Rz. 53, NZA 2015, 33; v. 1.12.2016 – C-395/15 – Daouidi Rz. 42, EuZW 2017, 263; v. 9.3.2017 – C-406/15 – Milkova Rz. 36, NZA 2017, 439; v. 18.1.2018 – C-270/16 – Ruiz Conejero Rz. 28, NJW 2018, 603.
436 EuGH v. 18.12.2014 – C-354/13 – FOA/Kaltoft Rz. 53, NZA 2015, 33.
437 EuGH v. 18.12 2014 – C-354/13 – FOA/Kaltoft Rz. 56, NZA 2015, 33; Schlachter/*Kocher*, § 5 Rz. 9.
438 *Grünberger*, Personale Gleichheit, S. 587 f.; *Armbrüster*, VersR 2006, 1297 (II 2).
439 *Grünberger*, Personale Gleichheit, S. 587.
440 EuGH v. 11.4.2013 – C-335/11 – HK Danmark (Ring und Skouboe Werge) Rz. 39, NZA 2013, 553; v. 11.7.2006 – C-13/05 – Chacón, Slg. 2006, I-6467 Rz. 45.
441 EuGH v. 11.4.2013 – C-335/11 – HK Danmark (Ring und Skouboe Werge) Rz. 40, NZA 2013, 553.
442 BAG v. 19.12.2013 – 6 AZR 190/12, ArbRB 2014, 67 = NZA 2014, 372 Rz. 71; zum U.S.-Recht: Supreme Court 25.6.1998 – Bragdon v. Abbott – U.S. 524 (1998), 624 (632 ff.).
443 S. zum U.S.-Recht: Supreme Court 22.6.1999 – Sutton v. United Air Lines, Inc. – U.S. 527 (1999), 471 (490).
444 BAG v. 19.12.2013 – 6 AZR 190/12, ArbRB 2014, 67 = NZA 2014, 372 Rz. 45 f.
445 EuGH v. 18.3.2014 – C-363/12 – Z Rz. 78 f., NZA 2014, 525.
446 EuGH v. 18.12.2014 – C-354/13 – FOA/Kaltoft Rz. 59, ArbRB 2015, 35 = NZA 2015, 33.
447 EuGH v. 11.4.2013 – C-335/11 – HK Danmark (Ring und Skouboe Werge) Rz. 38, NZA 2013, 553.
448 *Grünberger*, Personale Gleichheit, S. 588.
449 *Grünberger*, Personale Gleichheit, S. 588; s. auch GA *Wahl* v. 26.9.2013 – C-363/13 – Z Rz. 91; krit. *Waddington*, CMLR 44 (2007), 487 (494).
450 EuGH v. 18.3.2014 – C-363/12 – Z Rz. 80, NZA 2014, 525; GA *Wahl* v. 26.9.2013 – C-363/12 – Z Rz. 90, NZA 2014, 525.

wenn sich die medizinisch konzipierte Beeinträchtigung des Individuums nach Auffassung der Umwelt dieser Person **nachteilig auf die Ausführung einer beruflichen Tätigkeit** auswirken kann.[451] Das Umfeld nimmt diese Beeinträchtigung erst dann als Behinderung wahr, wenn die Teilhabebeeinträchtigung wahrscheinlich von langer Dauer sein wird.[452] Die Unmöglichkeit, auf konventionellem Weg ein Kind zu bekommen, wird davon nicht mehr erfasst. Sie hindert für sich genommen die Bestellmutter nicht am Zugang zur Beschäftigung, an der Ausübung eines Berufs oder dem beruflichen Aufstieg.[453]

5.97 Eine heilbare oder unheilbare **Krankheit** (HIV-Infektion)[454] ist eine „Behinderung", „wenn sie eine Einschränkung mit sich bringt, die insbesondere auf physische, geistige oder psychische Beeinträchtigungen zurückzuführen ist, die in Wechselwirkung mit verschiedenen Barrieren den Betreffenden an der vollen und wirksamen Teilhabe am Berufsleben, gleichberechtigt mit den anderen Arbeitnehmern, hindern können, und wenn diese Einschränkung von langer Dauer ist."[455] Bringt die Krankheit dagegen keine damit einhergehende **Einschränkung im Berufsleben** mit sich, handelt es sich um eine im speziellen Nichtdiskriminierungsrecht nicht erfasste sonstige Krankheit.[456] Personen mit „irgendeiner Krankheit" werden von der Gesellschaft gerade nicht stigmatisiert. Anders verhält es sich bei chronischen oder progressiv verlaufenden Krankheiten. Man kann diesbezüglich nicht zwischen der Behinderung und der sie auslösenden Krankheit unterscheiden.[457] Hier kommt es zu Teilhabebeeinträchtigungen, weil ihre Träger „im gesellschaftlichen Verkehr nicht wesentlich von ‚dauerhaft' Behinderten" unterschieden werden.[458] Danach kann eine **Langzeiterkrankung**, wie beispielsweise Diabetes oder eine Allergie[459] bzw. Hepatitis B oder C bzw. eine chronischen Hauterkrankung[460] eine Behinderung sein. Die Übergänge sind gerade bei chronischen Krankheiten fließend.[461] Eine Kündigung, die wegen einer Krankheit erfolgt, die ihrerseits zum dauerhaften Ausschluss von der Tätigkeit führen muss, ist danach immer eine Diskriminierung aufgrund der Behinderung.[462]

(3) Langfristigkeit

5.98 Mit dem Kriterium der Dauer der bestehenden Teilhabebeschränkung existiert ein „zeitlicher Filter", der insbesondere bestimmen soll, ab wann aus einer Krankheit auch eine Behinderung wird.[463] Weder das Übereinkommen über die Rechte von Menschen mit Behinderungen noch die Gleichb-RL enthalten unmittelbare Anhaltspunkte dafür, wie das Merkmal der Langfristigkeit zu verstehen ist.[464] Auch der EuGH liefert keine genaue Definition.[465] Es sei Sache des vorlegenden Gerichts, anhand aller ihm objektiv bekannten Gesichtspunkte zu überprüfen, ob die Einschränkung des Betroffenen langfristig sei, denn diese Beurteilung sei vor allem von tatsächlicher Natur.[466] Anhalts-

---

451 *Grünberger*, Personale Gleichheit, S. 588.
452 EuGH v. 11.7.2006 – C-13/05 – Chacón Navas, Slg. 2006, I-6467 Rz. 45.
453 EuGH v. 18.3.2014 – C-363/12 – Z Rz. 81, NZA 2014, 525.
454 Zum Fall von HIV BAG v. 19.12.2013 – 6 AZR 190/12, ArbRB 2014, 67 = NZA 2014, 372 Rz. 71.
455 EuGH v. 11.4.2013 – C-335/11 – HK Danmark (Ring und Skouboe Werge) Rz. 41, NZA 2013, 553.
456 EuGH v. 11.7.2006 – C-13/05 – Chacón Navas, Slg. 2006, I-6467 Rz. 44; v. 11.4.2013 – C-335/11 – HK Danmark (Ring und Skouboe Werge) Rz. 42, NZA 2013, 553; s. auch BAG v. 19.12.2013 – 6 AZR 190/12, ArbRB 2014, 67 = NZA 2014, 372 Rz. 72.
457 A.A. OLG Karlsruhe v. 27.5.2010 – 9 U 156/09, NJW 2010, 2668 (2870).
458 GA *Geelhoed* v. 16.3.2006 – C-13/05 – Chacón Navas, Slg. 2006, I-6467 Rz. 63.
459 GA *Wahl* v. 26.9.2013 – C-363/12 – Z Rz. 84.
460 BAG v. 19.12.2013 – 6 AZR 190/12, ArbRB 2014, 67 = NZA 2014, 372 Rz. 46.
461 Schlachter/*Kocher*, § 5 Rz. 99.
462 BAG v. 19.12.2013 – 6 AZR 190/12, ArbRB 2014, 67 = NZA 2014, 372 Rz. 45 ff.
463 So schon *Selzer*, EuZA 2014, 95 (101); *Schubert/Jerchel*, EuZW 2017, 551 (556) differnzieren zwischen Arbeitsunfähigkeit und Behinderung.
464 EuGH v. 1.12.2016 – C-395/15 – Daouidi Rz. 49, EuZW 2017, 263.
465 So auch *Hartmann*, EuZA 2017, 153 (162); *Welti*, ZESAR 2017, 505 (513).
466 EuGH v. 1.12.2016 – C-395/15 – Daouidi Rz. 55 und 57, EuZW 2017, 263.

punkte für eine langfristige Beeinträchtigung sollen u.a. sein, dass zum Zeitpunkt des diskriminierenden Geschehnisses ein kurzfristiges Ende der Arbeitsunfähigkeit nicht genau abzusehen sei oder sich die Genesung des Betroffenen noch erheblich hinziehen könne.[467] Mit Umschreibungen wie „kurzfristig" oder „erheblich" geht kein signifikanter Gewinn an Rechtssicherheit einher. Hervorzuheben ist jedoch, dass es nach den Feststellungen des EuGH erstens **nicht auf die subjektive Beurteilung des Arbeitgebers** ankommen kann, weil zweitens die **Langfristigkeit im Wege einer Prognoseentscheidung** zum Zeitpunkt des vermeintlich diskriminierenden Geschehnisses auf Basis objektiver Gesichtspunkte zu beurteilen ist.[468]

bb) Erweiterungen im nationalen Recht

Im Anwendungsbereich der Gleichbehandlungsrahmenrichtlinie ist der **Behindertenbegriff im AGG** richtlinienkonform anhand des autonomen unionsrechtlichen Verständnisses zu interpretieren (vgl. Rz. 5.91 ff.). Daraus folgt zwingend, dass eine Beschränkung auf schwerbehinderte Menschen ausscheidet.[469] Im Übrigen kann man sich an der Definition in **§ 2 Abs. 1 SGB IX** anlehnen.[470] Durch die Änderung infolge des Bundesteilhabegesetzes[471] ist der Behinderungsbegriff in § 2 Abs. 1 SGB IX stärker am Konzept des Übereinkommens über die Rechte von Menschen mit Behinderungen orientiert worden und hat sich damit der europarechtlichen Definition angenähert.[472] Eine schematische Gleichsetzung scheidet jedoch nach wie vor aus.[473] Aus den unterschiedlichen Definitionen im Unionsrecht und im nationalen Recht ergeben sich jedoch nach wie vor **Unterschiede im Begriffsverständnis**, die für die vom AGG Erfassten teils günstiger, teils ungünstiger sind:[474] Weiter ist es, weil es die Teilhabebeschränkung nicht nur auf das Berufsleben (vgl. Rz. 5.96), sondern auf „das Leben in der Gesellschaft" insgesamt bezieht. Das deutsche Recht konkretisiert mit sechs Monaten den **Zeitfaktor**. Weil der EuGH nur sehr vage Anhaltspunkte zur Konkretisierung der Langfristigkeit formuliert, besteht für die nationale Regelung genügend Spielraum, den sie – wie geschehen – durch konkretere Vorgaben füllen kann.[475] Enger ist das Begriffsverständnis, weil es alterstypische Einschränkungen nicht stets als Behinderung ansieht und verlangt, dass die Beeinträchtigung der Teilhabe bereits eingetreten ist. Soweit das nationale Verständnis enger ist, muss auf den unionsrechtlichen Behindertenbegriff abgestellt werden.[476] Das hat zwei wichtige **Auswirkungen:** Für § 1 AGG genügt es, dass Beeinträchtigungen eintreten „können",[477] und es reicht aus, wenn die Behinderung zu einer Beinträchtigung des Lebens in der Gesellschaft führt; eine Beeinträchtigung des Berufslebens ist nicht erforderlich.[478]

5.99

---

467 EuGH v. 1.12.2016 – C-395/15 – Daouidi Rz. 56, EuZW 2017, 263.
468 *Klein*, jurisPR-ArbR 1/2017 Anm. 2.
469 Allg. M., s. BAG v. 27.1.2011 – 8 AZR 580/09, NZA 2011, 737 Rz. 36; MüKoBGB/*Thüsing*, § 1 AGG Rz. 79; zur Rechtslage vor Inkrafttreten des AGG s. BAG v. 3.4.2007 – 9 AZR 823/06, NZA 2007, 1098 Rz. 19 ff.; v. 18.11.2008 – 9 AZR 643/07, ArbRB 2009, 225 = NZA 2009, 728 Rz. 36.
470 Vgl. BAG v. 16.2.2012 – 8 AZR 697/10, ArbRB 2012, 200 = NZA 2012, 667 Rz. 32; v. 7.6.2011 – 1 AZR 34/10, ArbRB 2011, 368 = NZA 2011, 1370 Rz. 25; v. 22.10.2009 – 8 AZR 642/08, ArbRB 2010, 138 = NZA 2010, 280 Rz. 20; *Domröse*, NZA 2006, 1320 (1323); Schiek/*Schiek*, AGG, § 1 Rz. 37; ErfK/*Schlachter*, § 1 AGG Rz. 9; insoweit zutr. auch Däubler/Bertzbach/*Däubler*, AGG, § 1 Rz. 75 m.w.N.
471 BGBl. I 2016, S. 3234 ff.
472 *Welti*, ZESAR 2017, 505 (514).
473 Zutr. MüKoBGB/*Thüsing*, § 1 AGG Rz. 81.
474 BAG v. 19.12.2013 – 6 AZR 190/12, ArbRB 2014, 67 = NZA 2014, 372 Rz. 60 ff.
475 So auch *Klein*, jurisPR-ArbR 1/2017 Anm. 2.
476 BAG v. 19.12.2013 – 6 AZR 190/12, ArbRB 2014, 67 = NZA 2014, 372 Rz. 65.
477 BAG v. 19.12.2013 – 6 AZR 190/12, ArbRB 2014, 67 = NZA 2014, 372 Rz. 65.
478 BAG v. 19.12.2013 – 6 AZR 190/12, ArbRB 2014, 67 = NZA 2014, 372 Rz. 73 f.

f) Alter

5.100 Das Alter wird als „ein besonders egalitäres, dem Gedanken der Gerechtigkeit gerade verpflichtetes Unterscheidungsmerkmal" wahrgenommen.[479] Vgl. die gesonderte Darstellung unter Rz. 6.1 ff. in diesem Handbuch.

3. Mehrdimensionale Diskriminierung

5.101 Der diskriminierungsrechtliche Normalfall ist die Ungleichbehandlung einer Person wegen eines verpönten Merkmals. Das Verständnis des speziellen unionsrechtlichen Nichtdiskriminierungsrechts beruht auf Zuschreibungen aufgrund der Zugehörigkeit eines Individuums zu *einer* Gruppe.[480] Es impliziert damit eine „single identity ascription".[481] Dies verkürzt das Problem, weil alle Personen **multiple Identitäten** bilden.[482] Besonders diskriminierungsgefährdet sind Menschen, die wegen des Zusammentreffens von mehreren Diskriminierungskategorisierungen nicht nur aufgrund eines, sondern zugleich anhand mehrerer Merkmale diskriminiert werden können.[483] Die ErwGr. 14 AntiRass-RL und 3 Gleichb-RL sprechen das Problem an, dass Frauen nicht nur wegen ihres Geschlechts, sondern auch wegen anderer Merkmale benachteiligt werden. Mehrdimensionale Diskriminierung[484] wird im spezifischen Nichtdiskriminierungsrecht der Union also mit Blick auf (nur) zwei Kategorisierungen gesehen.[485] In völkerrechtlicher Hinsicht ist insbesondere[486] auf Art. 6 UN-Behindertenkonvention (vgl. Rz. 5.31) hinzuweisen, der eine Berücksichtigung mehrdimensionaler Diskriminierung im Zusammenhang mit der Behinderung verlangt.

5.102 Der EuGH hat der Möglichkeit einer **intersektionellen Diskriminierung**[487] eine Absage erteilt. Eine solche läge vor, wenn eine Diskriminierung erst durch das Zusammenspiel[488] zweier Faktoren angenommen werden kann. In dem vom EuGH zu entscheidenden Fall hatte der Kläger die Zusage einer Hinterbliebenenrente für seinen gleichgeschlechtlichen Lebenspartner geltend gemacht. Nach den Bedingungen des Versorgungswerkes steht diese Ehe- und gleichgeschlechtlichen Partnern zu, wenn die Ehe bzw. Partnerschaft vor dem 60. Geburtstag des Rentenberechtigten geschlossen wurde. Dies konnte der Kläger jedoch nicht, weil ihm das nationale Recht die Begründung der gleichgeschlechtlichen Lebenspartnerschaft erst gestattete, als er das 60. Lebensjahr bereits überschritten hatte. Der EuGH hat eine Diskriminierung allein wegen des Alters bzw. allein wegen der sexuellen Orientierung abgelehnt.[489]

5.103 Dies erscheint insoweit noch nachvollziehbar, als sich die Benachteiligung des Klägers lediglich aus der Interaktion seines Alters mit seiner sexuellen Ausrichtung ergibt.[490] Obwohl man dieser Le-

---

479 *Huster*, EuR 2010, 325 (336).
480 Vertiefend *Nielsen* in Schiek/Chege, From European Union non-discrimination law towards multidimensional equality for Europe, 2009, 3 (33 ff.); *Chege*, Multidimensional Discrimination in EU Law: Race, Sex and Ethnicity, 2011, 179 ff.
481 *Fredman* in Schiek/Chege (Hrsg.), From European Union non-discrimination law towards multidimensional equality for Europe, 2009, S. 72, 74.
482 *Baer/Bittner/Göttsche* in Antidiskriminierungsstelle des Bundes (Hrsg.), Mehrdimensionale Diskriminierung, 2010, S. 7.
483 S. BT-Drucks. 16/1780, 23 f.
484 Zum Begriff *Baer/Bittner/Göttsche* in Antidiskriminierungsstelle des Bundes (Hrsg.), Mehrdimensionale Diskriminierung, 2010, S. 24 ff.
485 *Baer/Bittner/Göttsche* in Antidiskriminierungsstelle des Bundes (Hrsg.), Mehrdimensionale Diskriminierung, 2010, S. 41.
486 Zu den vorsichtigen Ansätzen im ICERD s. *Baer/Bittner/Göttsche* in Antidiskriminierungsstelle des Bundes (Hrsg.), Mehrdimensionale Diskriminierung, 2010, S. 46.
487 Zur Herkunft des Begriffes vgl. *Schiek*, EuZA 2017, 407 (414 f.).
488 Die Wortwahl stammt von GAin Kokott v. 30.6.2016 – C-443/15 – Parris Rz. 30.
489 EuGH v. 24.11.2016 – C-443/15 – Parris Rz. 60, NZA 2017, 233.
490 *Schiek*, EuZA 2017, 407 (410).

benswirklichkeit nur durch die Anerkennung dieser intersektionellen Diskriminierung gerecht werden kann,[491] und es in Bezug auf eins der in Art. 1 Gleichb-RL genannten Merkmale schon eine dem Anschein nach neutrale Maßnahme ausreicht, um eine jedenfalls mittelbare Benachteiligung anzunehmen,[492] lehnt der EuGH diese schlicht ab: Zwar könne eine Diskriminierung auf mehreren der in Art. 1 Gleichb-RL genannten Gründen beruhen. Es gebe jedoch keine neue, aus der Kombination dieser Gründe resultierende Kategorie, die sich dann feststellen ließe, wenn eine Diskriminierung wegen einzelner Gründe nicht nachgewiesen werden könne.[493] Der Rechtsprechung des **EuGH** lassen sich darüber hinaus **zwei Fallkonstellationen** entnehmen, bei denen es sich in der Sache um Fälle einer multidimensionalen Diskriminierung handelt. In der ersten Fallgruppe trifft ein unionsrechtlich geschütztes auf ein nicht geschütztes Merkmal.[494] Sie belegen die konzeptionelle Unzulänglichkeit abgeschlossener Merkmalskataloge für die Erfassung multidimensionaler Benachteiligungen.[495] Die zweite Fallgruppe zeichnet sich dadurch aus, dass die direkte Anknüpfung an eine Unterscheidung zugleich eine mittelbare Benachteiligung wegen eines verpönten Merkmals ist.[496] Weil die Ungleichbehandlung eines (schwer-)behinderten älteren Arbeitnehmers zugleich an zwei Merkmale anknüpft (Behinderung und Alter), müssen beide Anknüpfungen unabhängig voneinander gerechtfertigt werden können.[497]

V. Diskriminierungstatbestand

1. Begriffsbestimmungen

Diskriminierung ist ein **Rechtsbegriff**. Damit werden unterschiedliche **tatsächliche Erscheinungsformen** von Ungleichbehandlungen in der Arbeitswelt rechtlich erfasst. Man muss den Rechtsbegriff und die tatsächlichen Erscheinungsformen unterscheiden, weil das Recht eine eigenständige Bewertung und Einordung dieser sozialen Faktoren vornimmt.[498]

5.104

In sozialer Hinsicht werden traditionell zwei[499] Diskriminierungsfallgruppen unterschieden: die präferenzbedingte und die statistische Diskriminierung.[500] Von **präferenzbedingter Diskriminierung** (*taste-based discrimination*) spricht man, wenn der Benachteiligende oder ein Dritter, auf dessen Interessen Rücksicht zu nehmen der Benachteiligende rationale Gründe hat,[501] mit Angehörigen einer nach bestimmten Merkmalen zusammengesetzten Gruppe aus systemfremden Gründen nichts zu tun haben will.[502] Das Modell der **statistischen Diskriminierung** basiert darauf, dass es rationale Gründe gibt, anhand bestimmter personenbezogener Merkmale zu diskriminieren. Das ist der Fall, wenn ein personenbezogenes Merkmal in einem statistisch signifikanten Zusam-

5.105

---

491 Ebenso: GAin *Kokott* v. 30.6.2016 – C-443/15 – Parris Rz. 4; *Schiek*, EuZA 2017, 407 (417).
492 Das spricht erst recht für die intersektionelle Diskriminierung, vgl. ebenso: GAin *Kokott* v. 30.6.2016 – C-443/15 – Parris Rz. 155 f.
493 EuGH v. 24.11.2016 – C-443/15 – Parris Rz. 80, NZA 2017, 233.
494 EuGH v. 15.6.1978 – 149/77 – Defrenne III, Slg. 1978, 1365 Rz. 2 ff. (Geschlecht und Alter); v. 17.2.1998 – C-249/96 – Grant, Slg. 1998, I-621 (sexuelle Ausrichtung und Geschlecht).
495 Vgl. *Baer/Bittner/Göttsche* in Antidiskriminierungsstelle des Bundes (Hrsg.), Mehrdimensionale Diskriminierung, 2010, S. 63.
496 EuGH v. 6.12.2012 – C-152/11 – Odar Rz. 55 ff., NZA 2012, 1435.
497 BAG v. 26.1.2017 – 8 AZR 848/13 Rz. 36; *Grünberger/Sagan*, EuZA 2013, 324 (334).
498 Ausführlich dazu *Grünberger*, Personale Gleichheit, S. 631 ff.; BeckOGK-BGB/*Block*, § 3 AGG Rz. 8 ff.
499 Abw. *Posner*, The University of Chicago Law Review 56 (1989), 1311 (1318 ff.).
500 Statt vieler *Strauss*, Georgetown Law Journal 79 (1991), 1619 (1621 ff.); *Vandenberghe*, European Review of Contract Law 3 (2007), 410; *Britz*, Einzelfallgerechtigkeit vs. Generalisierung, 2008, S. 14 ff.; ein guter Überblick bei *Schwab*, Employment Discrimination in Dau-Schmidt/Harris/Lobel (Hrsg.), Labor and Employment Law and Economics, 2009, S. 296 (299 ff.).
501 Näher *Gardner*, Oxford Journal of Legal Studies 18 (1998), 167 (168).
502 Grundlegend *Becker*, Economics of Discrimination, 2. Aufl. 1971.

menhang mit einer anderen Eigenschaft der Person – dem Hauptmerkmal (Ausbildung, Produktivität, gesundheitliche Risiken) – steht und die Differenzierung anhand dieses Hauptmerkmals ökonomisch rational ist. Weil es für den Benachteiligenden u.U. prohibitiv hohe Informationskosten verursachen würde, das Hauptmerkmal zu ermitteln, fungiert das personenbezogene Merkmal als dessen Stellvertretermerkmal.[503] Sie tritt in verschiedenen Kombinationen auf.[504] Ergänzend kann man die tatsächlichen Erscheinungsformen auch danach unterscheiden, ob es sich um intrinsische oder instrumentale Diskriminierungen handelt.[505] Eine zweckrationale oder **instrumentale Diskriminierung** liegt vor, wenn die Ungleichbehandlung ein rationales Mittel ist, um ein bestimmtes ökonomisch gesetztes Handlungsziel (Zweck) zu erreichen.[506] Bei einer **intrinsischen Diskriminierung** fehlt diese Zweck-Mittel-Relation.[507] Die Diskriminierung anhand personenbezogener Merkmale wird mit solchen internen Handlungsgründen als Zweck an sich gerechtfertigt.

5.106 Die **Richtlinien** definieren insgesamt fünf Verhaltensweisen, die sie als Diskriminierung konzipieren. Zu den verbotenen **rechtlichen Erscheinungsformen** zählen die unmittelbare und mittelbare Diskriminierung, die Belästigung mit dem Spezialfall der sexuellen Belästigung und die Anweisung Dritter zur Diskriminierung. Mit dem jeweils verwendeten Diskriminierungsbegriff verfolgen die Richtlinien das übergreifende **Ziel**, die Bandbreite von Ungleichbehandlungen in der Gesellschaft systemkonform erfassen zu können.

5.107 Das **AGG** spricht dagegen „von ‚Benachteiligung' [...], um deutlich zu machen, dass nicht jede unterschiedliche Behandlung, die mit der Zufügung eines Nachteils verbunden ist, diskriminierenden Charakter hat".[508] Diskriminierung sei „nur die rechtswidrige, sozial verwerfliche Ungleichbehandlung".[509] Damit weicht das AGG vom Sprachgebrauch der Richtlinien ab. Inhaltlich macht das keinen Unterschied.

2. Unmittelbare Diskriminierung

a) Grundlagen

5.108 Die unmittelbare Diskriminierung bildet im europäischen Nichtdiskriminierungsrecht den **Normalfall** einer Diskriminierung.[510] Das Recht reagiert damit auf Verhaltensmuster seiner Umwelt, die an Merkmale anknüpfen, die nach rechtlicher Einschätzung grundsätzlich irrelevant sein müssen.[511] Das Verbot schützt vor Ungleichbehandlungen, die an Diskriminierungsmerkmale anknüpfen. Unerheblich ist, welche Gesinnung das Verhalten des Normadressaten anleitet.[512]

---

503 *Britz*, Einzelfallgerechtigkeit vs. Generalisierung, 2008, S. 9; grundlegend *Phelps*, American Economic Review 62 (1972), 659; *Arrows*, Models of Job Discrimination in Pascal (Hrsg.), Racial Discrimination in Economic Life, 1972, S. 82 ff.; *Arrows*, The Theory of Discrimination in Ashenfelter/Rees (Hrsg.) Discrimination in Labor Markets, 1973, S. 3 ff.
504 Näher *Grünberger*, Personale Gleichheit, S. 637 f.
505 Ausführlich *Grünberger*, Personale Gleichheit, S. 641 ff.; in knapper Form auch BeckOGK-BGB/*Block*, § 3 AGG Rz. 16 ff.
506 Zur unheitlichen Terminologie s. *Hellman*, California Law Review 86 (1998), 315 (317 f.) (proxy-discrimination); *Huster*, Rechte und Ziele, 1993, S. 165 ff.; *Huster*, JZ 1994, 541 (543 ff.); *Huster* in Friauf/Höfling (Hrsg.), Berliner Kommentar zum GG, Art. 3 Rz. 82 ff. (externe Zwecke und Ziele); *Somek*, Rationalität und Diskriminierung, 2001, S. 395 ff. (intensionale Prädikate).
507 Vgl. *Somek*, Rationalität und Diskriminierung, 2001, S. 395 ff.
508 BT-Drucks. 16/1780, 30; ähnlich auch Schwarze/*Rebhahn*, Art. 157 AEUV Rz. 18.
509 BT-Drucks. 16/1780, 30.
510 Krit. *Somek*, Engineering Equality, S. 113 ff.
511 *Waddington/Hendriks*, International Journal of Comparative Labour Law and Industrial Relations 18 (2002), 403 (404).
512 Vgl. zu § 3 Abs. 1 AGG BAG v. 16.2.2012 – 8 AZR 697/10, NZA 2012, 667 Rz. 35 m.w.N.

Die **Richtlinien**[513] gehen von einem **zweigliedrigen Begriff**[514] der unmittelbaren Diskriminierung aus: Sie liegt vor wenn (1.) eine Person eine weniger günstige Behandlung als eine andere Person in einer vergleichbaren Situation erfährt, erfahren hat oder erfahren würde und (2.) dies auf einem verpönten Merkmal beruht. Der Begriff der unmittelbaren Diskriminierung ist ein grundsätzliches **Anknüpfungsverbot**.[515] Es besteht kein Raum für ungeschriebene Rechtfertigungsmöglichkeiten.[516] Unerheblich ist auch, ob die konkrete Regelung für die betroffene Gruppe von Arbeitnehmern günstig oder ungünstig ist.[517]

5.109

b) Tatbestand

Der objektive Tatbestand der unmittelbaren Diskriminierung liegt vor, wenn der Normadressat eine Person weniger günstig behandelt (aa). Ob das der Fall ist, ergibt sich im Regelfall aus einem Vergleich zu der Behandlung einer anderen Person in einer vergleichbaren Situation (bb). Nach der Rechtsprechung des EuGH ist es nicht erforderlich, dass eine von der Maßnahme betroffene konkrete Person **identifizierbar** ist.[518] In Mitgliedstaaten wie Deutschland, die auf ein Verbandsklagerecht in richtlinienkonformer Weise verzichtet haben, stellen sich dann praktische Schwierigkeiten bei der Rechtsdurchsetzung.[519]

5.110

aa) Ungleiche Behandlung

Die Notwendigkeit einer ungleichen Behandlung ist nicht zu unterschätzen. An den Entscheidungen zum Kopftuchverbot zeigt sich, wie der EuGH die **Diskriminierungsverbote als Benachteiligungsverbote** denkt.[520] Wird konkret das Tragen eines Kopftuchs verboten, so liegt darin eine unmittelbare Benachteiligung, denn die kopftuchtragende Muslima wird im Vergleich zu ihren andersgläubigen Kollegen ungleich behandelt.[521] An einer solchen ungleichen Behandlung fehlt es aus Sicht des EuGH jedoch, wenn der Arbeitgeber eine interne Regel aufstellt, die das Tragen sichtbarer Zeichen politischer, philosophischer oder religiöser Überzeugungen insgesamt verbietet. Dann würden alle Arbeitnehmer gleich (schlecht[522]) behandelt, weil ihnen allgemein und undifferenziert vorgeschrieben wird, sich neutral zu kleiden.[523] Es fehlt an der für die unmittelbare Benachteiligung notwendigen Ungleichbehandlung, weshalb der EuGH dann von einer nur mittelbaren Benachteiligung ausgeht (zur Rechtfertigung vgl. Rz. 5.185). Diese Vorgehensweise des EuGH ist scharf kri-

5.111

---

513 Art. 2 Abs. 2 Buchst. a AntiRass-RL und Gleichb-RL sowie Art. 2 Abs. 1 Buchst. a Geschl-RL.
514 Anders *Riesenhuber*, Europäisches Arbeitsrecht, § 8 Rz. 27 (dreigliedrig); *Barnard*, EU Employment Law, S. 314 ff. identifiziert dagegen ein eigenständiges, von den Richtlinien abweichendes Modell der Diskriminierung bei Art. 157 AEUV.
515 Vgl. Schiek/*Schiek*, AGG, § 3 Rz. 4.
516 St. Rspr., s. EuGH v. 18.11.2010 – C-356/09 – Kleist, Slg. 2010, I-11939 Rz. 41; v. 12.12.2013 – C-267/12 – Haye Rz. 45, NZA 2014, 153; a.A. *Wernsmann*, JZ 2005, 224 (227 ff.); *Adomeit/Mohr*, AGG, § 3 Rz. 27; *Nettesheim*, EuZW 2013, 48 (zum Alter).
517 EuGH v. 6.12.2012 – C-152/11 – Odar Rz. 61 f., NZA 2012, 1435; v. 18.11.2010 – C-250/09 und C-268/09 – Georgiev, Slg. 2010, I-11869 Rz. 34.
518 EuGH v. 10.7.2008 – C-54/07 – Feryn, Slg. 2008, I-5187 Rz. 24 ff.; v. 25.4.2013 – C-81/12 – Asociaţia Accept Rz. 36, NZA 2013, 891; a.A. wohl *Adomeit/Mohr*, AGG, § 3 Rz. 67 f.; ErfK/*Schlachter*, § 3 AGG Rz. 5.
519 Dazu *Benecke/Böglmüller*, EuZW 2013, 474 (475).
520 Zur deutschen Rechtsprechung in Bezug auf Kopftuchverbote vgl. die Darstellung bei *Hartmeyer*, EuZA 2017, 545 (546); dies kann auch vor dem Hintergrund der Vorgehensweise des EuGH bestehen bleiben, da eine günstigere Behandlung stets möglich ist, vgl. *Sagan*, EuZW 2017, 457 (460); *Klein*, NVwZ 2017, 920 (925); einschränkend *Schubert*, NJW 2017, 2582 (2588).
521 Vgl. EuGH v. 14.3.2017 – C-188/15 – Bougnaoui Rz. 34, NZA 2017, 375.
522 Zutr. *Preis/Morgenbrodt*, ZESAR 2017, 309 (311).
523 EuGH v. 14.3.2017 – C-157/15 – Achbita Rz. 30.

tisiert worden.[524] Auch, weil sie das paradoxe Ergebnis liefere, dass die einzelne Kündigung wegen des Kopftuchs für sich genommen eine unmittelbare Benachteiligung darstelle, eine kollektive Regel, die alle gleich schlecht behandelt, jedoch nur eine mittelbare Benachteiligung beinhalte, auch und gerade wenn auf ihrer Basis eine Kündigung wegen des Tragens eines Kopftuchs ausgesprochen werde.[525] Letztlich zeigt diese Differenzierung des EuGH, dass der Diskriminierungsschutz im Hinblick auf die Religion dem Arbeitgeber eine Benachteiligung oder eine Bevorzugung wegen der Religion verbietet. Nicht gewährleistet wird die freie Ausübung des Glaubens, deshalb sind Beschränkungen gleichbehandlungsrechtlich zulässig, solange sie „gleich beschränken".[526]

(1) Weniger günstige Behandlung

5.112 Um festzustellen, ob eine „weniger günstige" Behandlung einer Person vorliegt, benötigt man – entgegen häufig anderslautender Vorstellungen – **keine Vergleichsperson**.[527] Es genügt, wenn eine Person aufgrund eines Verhaltens einer anderen Person einen Nachteil erlitten hat. Eine Analyse der Rechtsprechung des EuGH[528] zeigt, dass die „weniger günstige Behandlung" bereits in einer objektiven Ungleichbehandlung per se liegt, solange sich diese im sachlichen Anwendungsbereich der Richtlinien verwirklicht.[529] Entscheidend ist nur, ob die Person **irgendwelche Nachteile** erleidet oder erlitten hat, unabhängig davon, ob diese materieller oder immaterieller Natur sind und ungeachtet eines möglicherweise zurücksetzenden Elements.[530] Auch für die Richtlinien gilt das bei Art. 157 AEUV entwickelte Kriterium, wonach man jeden einzelnen Bestandteil eines Regelungskomplexes getrennt würdigt und auf tatbestandlicher Ebene **keine Gesamtsaldierung** vornehmen darf.[531]

5.113 Damit unvereinbar ist die teilweise in der deutschen **Literatur**[532] und vom **BAG**[533] (6. Senat) vertretene Auffassung, nach der ein Nachteil nicht bereits in jeder unterschiedlichen Behandlung liege.[534] Vielmehr müsse sich die Differenzierung für eine bestimmte Gruppe negativ auswirken, indem sie diese zurücksetze.[535]

---

524 Vgl. *Boemke*, jurisPR-ArbR 25/2017 Anm. 2; *Preis/Morgenbrodt*, ZESAR 2017, 309 (311); *Sagan*, EuZW 2017, 457.
525 *Sagan*, EuZW 2017, 457 (460).
526 Vgl. *Berka*, EuZA 2017, 465 (472 f.).
527 Zum Folgenden bereits *Grünberger*, Personale Gleichheit, S. 647 ff.; BeckOGK-BGB/*Block*, § 3 AGG Rz. 25 ff.
528 S. EuGH v. 22.11.2005 – C-144/04 – Mangold, Slg. 2005, I-9981 Rz. 57; v. 16.10.2007 – C-411/05 – Palacios de la Villa, Slg. 2007, I-8531 Rz. 51; v. 5.3.2009 – C-388/07 – Age Concern England, Slg. 2009, I-1569 Rz. 34; v. 18.9.2009 – C-88/08 – Hütter, Slg. 2009, I-5325 Rz. 36; v. 12.1.2010 – C-229/08 – Wolf, Slg. 2010, I-1 Rz. 29; v. 12.1.2010 – C-341/08 – Petersen, Slg. 2010, I-47 Rz. 35; v. 12.10.2010 – C-45/09 – Rosenbladt, Slg. 2010, I-9391 Rz. 37; v. 12.10.2010 – C-499/08 – Ingeniørforeningen i Danmark (Andersen), Slg. 2010, I-9343 Rz. 23; v. 19.1.2010 – C-555/07 – Kücükdeveci, Slg. 2010, I-365 Rz. 29; v. 21.7.2011 – C-159/10 – Fuchs & Köhler, Slg. 2011, I-6919 Rz. 34; v. 8.9.2011 – C-297/10 und C-298/10 – Hennigs u.a., Slg. 2011, I-7965 Rz. 58; v. 13.9.2011 – C-447/09 – Prigge, Slg. 2011, I-8003 Rz. 43 f.; v. 18.11.2011 – C-250/09 und C-268/09 – Georgiev, Slg. 2010, I-11869 Rz. 32; v. 5.7.2012 – C-141/11 – Hörnfeldt Rz. 20; v. 5.7.2012 – C-141/11, NZA 2012, 785; v. 6.11.2012 – C-286/12 – Kommission v. Ungarn – Rz. 51, ZESAR 2013, 276; v. 6.12.2012 – C-152/11 – Odar Rz. 36, NZA 2012, 1435; v. 26.9.2013 – C-476/11 – HK Danmark (Kristensen) Rz. 34 f., EuZW 2013, 951.
529 Vgl. dazu die – krit.– Analyse bei *Nettesheim*, EuZW 2013, 48.
530 Schiek/*Schiek*, AGG, § 3 Rz. 8.
531 EuGH v. 26.6.2001 – C-381/99 – Brunnhofer, Slg. 2001, I-4961 Rz. 29, 35; a.A. *Adomeit/Mohr*, AGG, § 3 Rz. 35.
532 ErfK/*Schlachter*, AGG, § 3 Rz. 2; Schleusener/Suckow/Voigt/*Schleusener*, AGG, § 3 Rz. 10; Wendeling-Schröder/Stein/*Wendeling-Schröder*, AGG, § 3 Rz. 4.
533 BAG v. 25.2.2010 – 6 AZR 911/08, ArbRB 2010, 169 = NZA 2010, 561 Rz. 25, 29 f.
534 Näher BeckOGK-BGB/*Block*, § 3 AGG Rz. 26.
535 BAG v. 25.2.2010 – 6 AZR 911/08, ArbRB 2010, 169 = NZA 2010, 561 Rz. 25 (zum Alter); ähnlich BAG v. 16.2.2012 – 6 AZR 553/10, ArbRB 2012, 135 = NZA 2012, 555 Rz. 21 (zur Behinderung).

Beispiel: Ein Nachteil im Rahmen einer **Auswahlentscheidung**, insbesondere bei einer Einstellung und Beförderung, liegt vor, wenn die betroffene Person nicht in die Auswahl einbezogen, sondern vorab ausgenommen wird.[536] Die weniger günstige Behandlung liegt in der Versagung einer Chance.[537] Dasselbe gilt bei einem **Unterlassen**, selbst wenn keine Handlungspflicht besteht.[538] Daher wird ein Beschäftigter weniger günstig behandelt, wenn der Arbeitgeber ein befristetes Arbeitsverhältnis nicht verlängert.[539] Eine Behandlung ist auch dann ungünstiger, wenn für eine Gruppe an einen Leistungsanspruch mehr Voraussetzungen geknüpft werden, als für eine andere.[540]

5.114

(2) Andere Person in einer vergleichbaren Situation

Eine **zentrale Weichenstellung** erfolgt bei der Frage, ob die vermeintlich weniger günstig behandelte Person anders behandelt wird „als eine andere Person in einer vergleichbaren Situation".[541] Vergleichbar können nur solche Situationen sein, die jeweils im sachlichen Anwendungsbereich des Diskriminierungsverbots liegen.[542] Probleme bereitet der dabei zu wählende **Vergleichsmaßstab**.

5.115

(a) Sonderfall Entgeltdiskriminierung?

Das gilt insbesondere für die Entgeltdiskriminierung. Aufgrund von ErwGr. 8 Geschl-RL ist mit dem EuGH davon auszugehen, dass für die Ungleichbehandlung bei Entgeltfragen aufgrund des Geschlechts ein identischer **Vergleichsmaßstab** sowohl bei Art. 157 Abs. 1 AEUV als auch bei Art. 4 Abs. 1 und 14 Abs. 1 Buchst. c Geschl-RL zugrunde liegt.[543] Offen ist, ob das auch für den Diskriminierungsbegriff in der Antirassismus- und der Gleichbehandlungsrahmenrichtlinie gilt. Der übergreifende Gedanke, dass die Richtlinien den im Primärrecht, insbesondere der Grundrechtecharta enthaltenen Gleichbehandlungsgrundsatz „konkretisieren" (vgl. Rz. 5.13 ff.), spricht im Ergebnis für einen **einheitlichen Diskriminierungsbegriff**.[544]

5.116

Maßgeblich ist, ob sich die betroffenen Arbeitnehmer und Arbeitnehmerinnen in **gleichen oder vergleichbaren Situationen** befinden.[545] Das ist der Fall, wenn sie gleiche oder zumindest als gleichwertig anerkannte Arbeit verrichten.[546] Maßgeblich sind ausschließlich **objektive Faktoren**.[547] Dazu zählen die **Art der Arbeit**, **Ausbildungsanforderungen** und **Arbeitsbedingungen**.[548] Dabei

5.117

---

536 BAG v. 16.2.2012 – 8 AZR 697/10, ArbRB 2012, 200 = NZA 2012, 667 Rz. 33; s. bereits BAG v. 21.7.2009 – 9 AZR 431/08, ArbRB 2009, 322 = NZA 2009, 1087 Rz. 22; v. 18.3.2010 – 8 AZR 77/09, ArbRB 2010, 233 = NZA 2010, 872 Rz. 20; v. 20.5.2010 – 8 AZR 287/08, ArbRB 2010, 294 = NZA 2010, 1006 Rz. 13.
537 Vgl. BAG v. 23.8.2012 – 8 AZR 285/11, ArbRB 2013, 5 = NZA 2013, 37 Rz. 22; v. 16.2.2012 – 8 AZR 697/10, ArbRB 2012, 200 = NZA 2012, 667 Rz. 33 jeweils m.w.N.
538 S. zu § 3 Abs. 1 AGG: BAG v. 21.6.2012 – 8 AZR 364/11, ArbRB 2012, 361 = NZA 2012, 1345 Rz. 25; BVerwG v. 3.3.2011 – 5 C 16/10, NJW 2011, 2452 Rz. 17 („insbesondere" bei gesetzlich auferlegten Handlungspflichten).
539 EuGH v. 4.10.2001 – C-438/99 – Jiménez Melgar, Slg. 2001, I-6915 Rz. 47; BAG v. 21.6.2012 – 8 AZR 364/11, ArbRB 2012, 361 = NZA 2012, 1345 Rz. 25.
540 EuGH v. 30.9.2010 – C-104/09 – Roca Álvarez, Slg. 2010, I-8661 Rz. 23; Schlachter/Kocher, § 5 Rz. 99.
541 Zum Folgenden bereits *Grünberger*, Personale Gleichheit, S. 648 ff.; BeckOGK-BGB/*Block*, § 3 AGG Rz. 30 ff.
542 Vgl. EuGH v. 13.1.2004 – C-256/01 – Allonby, Slg. 2004, I-873 Rz. 73 (zu Art. 141 EGV).
543 Vgl. EuGH v. 28.2.2013 – C-427/11 – Kenny u.a. Rz. 24, ArbRB 2013, 136 = NZA 2013, 315; *Ellis/Watson*, EU Anti-Discrimination Law, 2. Aufl. 2012, S. 282 ff.; ErfK/*Schlachter*, AGG, § 2 Rz. 9.
544 Näher *Grünberger*, Personale Gleichheit, S. 645 f.
545 EuGH v. 28.2.2013 – C-427/11 – Kenny u.a. Rz. 24, ArbRB 2013, 136 = NZA 2013, 315.
546 EuGH v. 28.2.2013 – C-427/11 – Kenny u.a. Rz. 28, ArbRB 2013, 136 = NZA 2013, 315; v. 26.6.2001 – C-381/99 – Brunnhofer, Slg. 2001, I-4961 Rz. 39.
547 EuGH v. 26.6.2001 – C-381/99 – Brunnhofer, Slg. 2001, I-4961 Rz. 75.
548 EuGH v. 11.5.1999 – C-308/97 – Angestelltenbetriebsrat der Wiener Gebietskrankenkasse, Slg. 1999, I-2865 Rz. 18; v. 28.2.2013 – C-427/11 – Kenny u.a. Rz. 27, ArbRB 2013, 136 = NZA 2013, 315.

stellt der EuGH mit Recht auf die konkreten Tätigkeiten ab. Entscheidend sind die tatsächlichen Gesichtspunkte, die das Arbeitsverhältnis auszeichnen, wie die Art der tatsächlich übertragenen Tätigkeiten, die Ausbildungsanforderungen für deren Ausübung und die Arbeitsbedingungen, unter denen diese Tätigkeiten tatsächlich ausgeübt werden.[549]

5.118 Diese Feststellung hängt vielfach von **Wertungen** ab. Hervorzuheben sind die Fälle, in denen verschiedene Arbeitnehmergruppen, die nicht dieselbe Berufsberechtigung oder Qualifikation für die Ausübung ihres Berufs besitzen, eine anscheinend identische Tätigkeit ausüben.[550] Der EuGH behandelt die **Berufsausbildung** dann nicht nur als Rechtfertigungsgrund, sondern auch als Kriterium zur Feststellung der Vergleichbarkeit.[551] Weil dadurch bereits die Ungleichbehandlung ausscheidet, kommt es auf die Rechtfertigung nicht mehr an.[552] Das überzeugt nicht, wenn man davon ausgeht, dass auch unmittelbare Entgeltdiskriminierungen nach Art. 157 Abs. 1 AEUV gerechtfertigt werden können.[553] Die Berufsausbildung ist dann ein Rechtfertigungsgrund für die ungleiche Bezahlung. Geht man dagegen davon aus, dass keine Rechtfertigung möglich ist, ist man gezwungen, diesen Anspekt bereits in den Tatbestand zu integrieren (vgl. Rz. 5.202).

(b) Deskriptives Modell zur Feststellung der Vergleichbarkeit

5.119 Die Vergleichbarkeit ist einheitlich für alle Fälle unmittelbarer Diskriminierung anhand eines deskriptiven Modells festzustellen. Diesem Modell folgt der EuGH außerhalb der Entgeltdiskriminierung im **Anwendungsbereich der Gleichbehandlungsrahmenrichtlinie**. Das ist verallgemeinerungsfähig.

5.120 Maßgeblich sind die **tatsächlich bestehenden Gemeinsamkeiten** der verschiedenen Personen vor der Grundlage vergleichbarer Lebenssachverhalte.[554] Die Situationen müssen **nicht identisch**, sondern nur **vergleichbar** sein.[555] Die Vergleichbarkeit verlangt eine „ähnliche",[556] aber keine „gleiche"[557] Situation. Bezugspunkt der Vergleichbarkeit ist der **konkrete Lebenssachverhalt**, auf den sich die benachteiligende Maßnahme bezieht. Die Vergleichbarkeit muss also nicht allgemein und abstrakt festgestellt werden. Sie hat spezifisch für die konkret in Streit stehende Maßnahme zu erfolgen.[558] Ob die Situationen vergleichbar sind, ist ausschließlich im Lichte des **Zwecks und des Ziels der differenzierenden Maßnahme** zu beurteilen.[559] Normative Aspekte spielen keine Rolle. Es kommt allein darauf an, ob die betroffene Person und die Vergleichsperson mit Bezug auf die konkrete Behandlung in einer rechtstatsächlich vergleichbaren Situation sind.[560] Insbesondere ist **keine Gesamtbetrachtung** der verschiedenartigen Maßnahmen vorzunehmen. Diese wäre mit

---

549 EuGH v. 26.6.2001 – C-381/99 – Brunnhofer, Slg. 2001, I-4961 Rz. 48.
550 EuGH v. 28.2.2013 – C-427/11 – Kenny u.a. Rz. 28, ArbRB 2013, 136 = NZA 2013, 315.
551 EuGH v. 28.2.2013 – C-427/11 – Kenny u.a. Rz. 24, ArbRB 2013, 136 = NZA 2013, 315.
552 So auch Calliess/Ruffert/*Krebber* Art. 157 AEUV Rz. 54.
553 Dazu bereits BeckOGK-BGB/*Block*, § 3 AGG Rz. 33; vertiefend *Grünberger*, Personale Gleichheit, S. 802 ff.; krit. auch *Ellis/Watson*, EU Anti-Discrimination Law, 2. Aufl. 2012, S. 228 f.
554 Zusammenfassend BAG v. 7.6.2011 – 1 AZR 34/10, ArbRB 2011, 368 = NZA 2011, 1370 Rz. 29 m.w.N.
555 EuGH v. 10.5.2011 – C-147/08 – Römer, Slg. 2011, I-3591 Rz. 42; v. 13.12.2013 – C-267/12 – Haye Rz. 33, NZA 2014, 153.
556 *Rupp*, RdA 2009, 307.
557 BAG v. 19.8.2010 – 8 AZR 466/09, ArbRB 2011, 38 = NZA 2011, 203 Rz. 35.
558 EuGH v. 10.5.2011 – C-147/08 – Römer, Slg. 2011, I-3591 Rz. 42; v. 13.12.2013 – C-267/12 – Haye Rz. 33 f., NZA 2014, 153 (jeweils zur Gleichb-RL); in der Sache a.A. Calliess/Ruffert/*Krebber*, Art. 157 AEUV Rz. 56; Schwarze/*Rebhahn*, Art. 157 AEUV Rz. 16 (jeweils zu Art. 157 AEUV).
559 EuGH v. 16.12.2008 – C-127/07 – Arcelor Atlantique et Lorraine u.a., Slg. 2008, I-9895 Rz. 26; v. 18.11.2010 – C-356/09 – Kleist, Slg. 2010, I-11939 Rz. 34; v. 1.3.2011 – C-236/09 – Association Belge des Consommateurs Test-Achats u.a., Slg. 2011, I-773 Rz. 29; ebenso BAG v. 17.11.2015 – 1 AZR 938/13, ArbRB 2016, 131 = NZA 2016, 501 Rz. 24.
560 BeckOGK-BGB/*Block*, § 3 AGG Rz. 38.

dem Grundsatz der praktischen Wirksamkeit der Diskriminierungsverbote unvereinbar. Das gilt nicht nur für Art. 157 AEUV, sondern für alle Aspekte des Gleichbehandlungsgrundsatzes.[561] Ob Vergleichbarkeit gegeben ist, ist unter Berücksichtigung der vom EuGH entwickelten Kriterien typischerweise vom nationalen Gericht zu entscheiden.[562]

Beispiele: In einer **Auswahlsituation** sind nur die Arbeitnehmer vergleichbar, die gleichermaßen objektiv für die zu besetzende Stelle geeignet sind.[563] Maßgeblich für die objektive Eignung ist nicht das vom Arbeitgeber erstellte formelle Anforderungsprofil, sondern die Anforderungen, die der Arbeitgeber stellen durfte.[564] Die **Berufsausbildung** kann berücksichtigt werden, weil sie ein Kriterium ist, um festzustellen, ob die Arbeitnehmer eine vergleichbare Arbeit verrichten sollen.[565] Bei **Entlassungsbedingungen** stellt der EuGH nur darauf ab, dass sich die betroffenen Arbeitnehmer in derselben faktischen Situation befinden, weil ihr Arbeitsverhältnis endet. Für die Vergleichbarkeit ist es irrelevant, ob sie sozialrechtlich unterschiedlich behandelt werden.[566]

5.121

Bei **Entgeltfragen** kommt es zur Sicherung der praktischen Wirksamkeit des Art. 157 Abs. 1 AEUV auf jeden **einzelnen Bestandteil** des den Arbeitnehmern und Arbeitnehmerinnen gezahlten Entgelts an. Aufgrund des identischen Normzwecks ist das auch auf die sekundärrechtlichen Verbote der Entgeltdiskriminierungen zu übertragen.[567] Damit scheidet insbesondere eine Gesamtbewertung der ihnen gewährten Vergütungen aus.[568] Wird die Arbeit nach **Akkord** bezahlt, ist das gewährte Entgelt aufgrund der gleichen Maßeinheit festzusetzen (Art. 157 Abs. 2 Satz 2 Buchst. a AEUV). Der Arbeitgeber darf dabei die Produktivität der Arbeitnehmer und damit ihre persönliche Leistungsfähigkeit berücksichtigen.[569] Bei einer nach Zeit bezahlten Arbeit kommt es nach Art. 157 Abs. 2 Satz 2 Buchst. b AEUV auf die gleiche oder gleichwertige Arbeit – und damit auf dieselben Kriterien wie in Art. 157 Abs. 1 AEUV – an.[570] Dafür sind ausschließlich objektive Kriterien maßgeblich. Dazu zählt beispielsweise die Zuweisung unterschiedlicher Aufgaben.[571] Dagegen spielen subjektive, in der Person des Arbeitnehmers liegende Gründe (z.B. Leistungsfähigkeit oder Qualität der Leistungen) für die Vergleichbarkeit keine Rolle.[572] Unterscheidet der Arbeitgeber zwischen **Teilzeit- und Vollzeitarbeitnehmern**, sind deren Arbeitsbedingungen abgesehen von der Teilzeit/Vollzeit zu vergleichen. Wenn der Arbeitsvertrag des Teilzeitarbeitnehmers weder die Wochenarbeitszeit noch eine Ausgestaltung der Arbeitszeit festlegt und dem Arbeitnehmer die Wahl lässt, einer Anforderung des Arbeitgebers nachzukommen, sind die Angehörigen beider Gruppen insoweit nicht vergleichbar.[573]

5.122

---

561 Grundlegend EuGH v. 6.4.2000 – C-226/98 – Jørgensen, Slg. 2000, I-2447 Rz. 27 ff.
562 EuGH v. 26.6.2001 – C-381/99 – Brunnhofer, Slg. 2001, I-4961 Rz. 49 (zu Art. 157 AEUV).
563 St. Rspr. zu § 3 Abs. 1 AGG, vgl. BAG v. 16.2.2012 – 8 AZR 697/10, ArbRB 2012, 200 = NZA 2012, 667 Rz. 35; v. 18.3.2010 – 8 AZR 77/09, ArbRB 2010, 233 = NZA 2010, 872 Rz. 22.
564 Vgl. BAG v. 21.2.2013 – 8 AZR 180/12, ArbRB 2013, 265 = NZA 2013, 840 Rz. 29 m.w.N.; v. 18.3.2010 – 8 AZR 77/09, ArbRB 2010, 233 = NZA 2010, 872 Rz. 22.
565 Insoweit zutr. EuGH v. 28.2.2013 – C-427/11 – Kenny u.a. Rz. 29, ArbRB 2013, 136 = NZA 2013, 315 (zu Art. 157 AEUV).
566 EuGH v. 18.11.2010 – C-356/09 – Kleist, Slg. 2010, I-11939 Rz. 33 ff.; v. 6.12.2012 – C-152/11 – Odar Rz. 60, NZA 2012, 1435.
567 Vgl. EuGH v. 6.4.2000 – C-226/98 – Jørgensen, Slg. 2000, I-2447 Rz. 28.
568 EuGH v. 26.6.2001 – C-381/99 – Brunnhofer, Slg. 2001, I-4961 Rz. 35; v. 17.5.1990 – C-262/88 – Barber, Slg. 1990, I-1889 Rz. 34 f.
569 EuGH v. 26.6.2001 – C-381/99 – Brunnhofer, Slg. 2001, I-4961 Rz. 71 f.
570 EuGH v. 26.6.2001 – C-381/99 – Brunnhofer, Slg. 2001, I-4961 Rz. 74.
571 EuGH v. 26.6.2001 – C-381/99 – Brunnhofer, Slg. 2001, I-4961 Rz. 75, 77.
572 EuGH v. 26.6.2001 – C-381/99 – Brunnhofer, Slg. 2001, I-4961 Rz. 76.
573 EuGH v. 12.10.2004 – C-313/02 – Wippel, Slg. 2004, I-9483 Rz. 52; krit. Schwarze/*Rebhahn*, Art. 157 AEUV Rz. 16.

(c) Vergleichsperson

5.123 Nach dem übereinstimmenden **Wortlaut** der Richtlinien ist die weniger günstige Behandlung mit einer Behandlung zu vergleichen, die „eine andere Person in einer vergleichbaren Situation erfährt, erfahren hat oder erfahren würde".[574] Die vergleichbare Situation kann sich gegenüber einer gegenwärtig existierenden Person ergeben („erfährt"). Sie kann auch im Vergleich zu einer Person festgestellt werden, die sich in der Vergangenheit in vergleichbarer Lage befunden hat („erfahren hat"). Insoweit stimmen die Entscheidungspraxis zu Art. 157 Abs. 1 AEUV[575] und die Richtliniendefinition überein.

5.124 Ein Unterschied zur bisherigen Entscheidungspraxis des EuGH zu Art. 157 AEUV[576] besteht darin, dass die Richtlinien nicht voraussetzen, dass eine vergleichbare Person tatsächlich existiert. Es genügt, wenn die Behandlung mit einer **hypothetischen Vergleichsperson** („erfahren würde") verglichen werden kann. Umstritten ist, ob das Konzept der hypothetischen Vergleichsperson mittlerweile auch für Art. 157 AEUV gilt.[577] Dabei handelt es sich letztlich um ein Scheinproblem:[578] Zwar muss sich die Vergleichbarkeit als relatives Konzept zwingend an der Entgelthöhe tatsächlich Beschäftigter des Arbeitgebers orientieren.[579] Allerdings wird sich immer eine tatsächliche Person finden lassen, die aktuell oder in der Vergangenheit in vergleichbarer Lage war und anders bezahlt wurde.

5.125 Zweifelhaft ist der **räumliche Bezug** des Vergleichsmaßstabes. Insbesondere bei Entgeltfragen ist es praktisch wichtig, ob die Vergleichsperson betriebs-, unternehmens-, konzernbezogen oder ohne solche Beschränkungen ermittelt werden kann.[580] Nach der Rechtsprechung des EuGH sind nur die Arbeitnehmer zu vergleichen, deren Entgeltbedingungen „auf ein und dieselbe Quelle zurückzuführen" sind.[581] Andernfalls „fehlt eine Einheit, die für die Ungleichbehandlung verantwortlich ist und die Gleichbehandlung herstellen könnte."[582] Ein **betriebsbezogener Vergleichsmaßstab** erfüllt diese Voraussetzung.[583] Nicht mehr in den Anwendungsbereich fallen dagegen Vergleichspersonen, die bei anderen Unternehmen beschäftigt sind.[584]

5.126 Vielfach wird ohne Weiteres davon ausgegangen, dass sich die weniger günstig behandelte Person von der Behandlung der Vergleichsperson gerade aufgrund eines verpönten Merkmals unterscheiden müsse.[585] Das kann nicht überzeugen.[586] Nach zutreffender Auffassung spielt das verpönte

---

574 Zum Folgenden ausführlich BeckOGK-BGB/*Block*, § 3 AGG Rz. 40 ff.
575 S. EuGH v. 27.3.1980 – 129/79 – Macarthys, Slg. 1980, 1275 Rz. 12; v. 28.9.1994 – C-200/91 – Coloroll Pension Trustees, Slg. 1994, I-4389 Rz. 102.
576 EuGH v. 27.3.1980 – 129/79 – Macarthys, Slg. 1980, 1275 Rz. 15; v. 28.9.1994 – C-200/91 – Coloroll Pension Trustees, Slg. 1994, I-4389 Rz. 101.
577 Verneinend Calliess/Ruffert/*Krebber* Art. 157 AEUV Rz. 51; *Riesenhuber*, Europäisches Arbeitsrecht, § 8 Rz. 12; bejahend Grabitz/Hilf/Nettesheim/*Langenfeld*, Art. 157 AEUV Rz. 69; ausführlich *Ellis/Watson*, EU Anti-Discrimination Law, 2. Aufl. 2012, S. 230 f., 282 ff.; offengelassen von *Barnard*, EU Employment Law, S. 303 f.
578 Näher BeckOGK-BGB/*Block*, § 3 AGG Rz. 42.
579 Schleusener/Suckow/Voigt/*Schleusener*, AGG, § 3 Rz. 7.
580 Vertiefend Calliess/Ruffert/*Krebber*, Art. 157 AEUV Rz. 53; *Barnard*, EU Employment Law, S. 307 ff.
581 EuGH v. 17.9.2002 – C-320/00 – Lawrence, Slg. 2002, I-7325 Rz. 18. Zum Hintergrund der Entscheidung s. *Barnard*, EU Employment Law, S. 308 ff.; krit. dazu *Ellis/Watson*, EU Anti-Discrimination Law, 2. Aufl. 2012, S. 225 f.
582 EuGH v. 17.9.2002 – C-320/00 – Lawrence, Slg. 2002, I-7325 Rz. 18.
583 Vgl. EuGH v. 8.4.1976 – 43/75 – Defrenne II, Slg. 1976, 455 Rz. 40; v. 17.9.2002 – C-320/00 – Lawrence, Slg. 2002, I-7325 Rz. 17.
584 EuGH v. 13.1.2004 – C-256/01 – Allonby, Slg. 2004, I-873 Rz. 50.
585 Vgl. *Armbrüster* in Mahlmann/Rudolf (Hrsg.), Gleichbehandlungsrecht, 2007, § 7 Rz. 101; *Bauer/Göpfert/Krieger*, AGG, § 3 Rz. 11; *Rupp*, RdA 2009, 307.
586 Ausführlich zum Problem *Grünberger*, Personale Gleichheit, S. 650 ff.

Diskriminierungsmerkmal für die Feststellung der Vergleichbarkeit keine Rolle.[587] Die Ungleichbehandlung ist schon aufgrund der begrifflichen Zweiaktigkeit der unmittelbaren Diskriminierung (vgl. Rz. 5.109) vom Grund der Ungleichbehandlung zu trennen. Man muss für die Vergleichbarkeit daher nur das (Haupt-)Merkmal herausarbeiten, das der Diskriminierende seiner Differenzierung selbst zugrunde legt. Ob er damit auch an ein verpöntes Merkmal anknüpft, ist erst auf der nächsten Stufe zu prüfen (vgl. Rz. 5.127 ff.). Dieser deskriptive Ansatz vermeidet schwierige Fragen zur Ermittlung der richtigen Vergleichsperson in den Fällen der Schwangerschaft (vgl. Rz. 5.135), der „verdeckten Diskriminierung" (vgl. Rz. 5.131 ff.) und bei Mehrfach- oder multidimensionalen Diskriminierungen (vgl. Rz. 5.101 f.).

bb) Anknüpfung an ein verpöntes Merkmal

(1) Grundverständnis

Eine unmittelbare Diskriminierung liegt nur dann vor, wenn eine Person „wegen" (Art. 2 Abs. 2 Buchst. a Gleichb-RL) bzw. „aufgrund" (Art. 2 Abs. 2 Buchst. a AntiRass-RL und 2 Abs. 1 Buchst. a Geschl-RL) eines verpönten Merkmals ungleich behandelt wird. Damit verlangt das spezielle Nichtdiskriminierungsrecht einen **Zurechnungszusammenhang** zwischen Ungleichbehandlung und Merkmal. Weil das Verbot sich nicht gegen eine spezielle Handlungs- oder Denkweise, sondern sich gegen den eintretenden Erfolg in Form der Diskriminierung wendet, ist aus dem Spektrum der möglichen Zurechnungskriterien[588] nur das Verständnis als **tatbestandliches Anknüpfungsverbot**.[589] richtlinienkonform. Die verpönten Merkmale dürfen daher – vorbehaltlich der Rechtfertigungsgründe – nicht als Anknüpfungspunkt für eine rechtliche oder tatsächliche Ungleichbehandlung herangezogen werden.[590] 5.127

Die praktische Wirksamkeit des speziellen unionsrechtlichen Diskriminierungsrechts zwingt dazu, auf jede Form **subjektiver Zurechnung** zu verzichten. Es kommt daher weder auf ein schuldhaftes Handeln[591] noch auf eine Benachteiligungsabsicht oder auf die Motivation[592] an. 5.128

Nur in der Sache richtig, terminologisch jedoch problematisch,[593] ist die Auffassung des **BAG**, wonach der erforderliche Kausalzusammenhang (besser: Zurechnungszusammenhang) gegeben ist, wenn die Benachteiligung an einen oder mehrere der in § 1 AGG genannten Gründe anknüpft oder dadurch motiviert oder Bestandteil eines Motivbündels ist, das die Entscheidung beeinflusst hat.[594] 5.129

Maßgeblich ist nur der mit der Ungleichbehandlung beim Betroffenen eingetretene **Erfolg**.[595] Die vom Normadressaten vorgenommene Diskriminierung muss **normativ** als Anknüpfung an eine verpönte Diskriminierungskategorie gewürdigt werden können. Das ist auch der Fall, 5.130

---

587 *Grünberger*, Personale Gleichheit, S. 650 ff.; BeckOGK-BGB/*Block*, § 3 AGG Rz. 44 ff.; vgl. auch BAG v. 18.3.2010 – 8 AZR 77/09, ArbRB 2010, 233 = NZA 2010, 872 Rz. 22.
588 Dazu *Grünberger*, Personale Gleichheit, S. 652 f.
589 *Grünberger*, Personale Gleichheit, S. 653; BeckOGK-BGB/*Block*, § 3 AGG Rz. 47.
590 S. EuGH v. 17.7.2008 – C-303/06 – Coleman, Slg. 2008, I-5603 Rz. 38.
591 A.A. *Maier-Reimer*, NJW 2006, 2577 (2579); *Adomeit/Mohr*, NZA 2007, 179 (180 ff.); unklar *Adomeit/Mohr*, AGG, § 3 Rz. 50 ff.
592 *Ellis/Watson*, EU Anti-Discrimination Law, 2. Aufl. 2012, S. 163 ff.; *Schwarze/Rebhahn*, Art. 157 AEUV Rz. 18; zu den konzeptionellen Schwierigkeiten eines Nichtdiskriminierungsrechts, das auf Beweggründe abstellt s. *Somek*, Engineering Equality, 2011, S. 103 ff., 128.
593 S. BeckOGK-BGB/*Block*, § 3 AGG Rz. 48.
594 BAG v. 22.1.2009 – 8 AZR 906/07, ArbRB 2009, 290 = NZA 2009, 945 Rz. 37; v. 18.3.2010 – 8 AZR 77/09, ArbRB 2010, 233 = NZA 2010, 872 Rz. 24; v. 26.9.2013 – 8 AZR 650/12, NZA 2014, 258 Rz. 25.
595 Grundlegend EuGH v. 11.3.1981 – 69/80 – Worringham und Humphreys vs. Lloyds Bank, Slg. 1981, 767 Rz. 24; v. 13.7.1989 – 171/88 – Rinner-Kühn, Slg. 1989, 2743 (jeweils zu Art. 157 AEUV).

wenn lediglich eine **Mitursächlichkeit** des verpönten Merkmals festgestellt werden kann.[596] Völlig irrelevant ist, ob darin zugleich auch eine Herabwürdigung des Betroffenen liegt.[597]

(2) Ausdrückliche und verdeckte Anknüpfung

5.131 Unproblematisch erfasst wird die ausdrückliche Anknüpfung. Das ist der Fall, wenn eine staatliche oder privat gesetzte Regelung ausdrücklich an das verpönte Merkmal anknüpft.[598] Kündigt beispielsweise der Arbeitgeber einem behinderten Arbeitnehmer wegen fehlender Einsatzmöglichkeiten, knüpft er unmittelbar an die Behinderung an.[599] Der Arbeitgeber muss dabei **keine positive Kenntnis** davon haben, dass das Merkmal bei den Betroffenen tatsächlich vorliegt. Weil die Anknüpfung nicht auf subjektiven Faktoren basiert, ist es auch unerheblich, ob er subjektiv davon ausgeht, dass das Merkmal vorliegt.[600] Das wirft Probleme auf, wenn die Diskriminierungskategorie für den Arbeitgeber **nicht sichtbar** ist.

5.132 Nach Auffassung des BAG kann eine dem Arbeitgeber nicht bekannte Eigenschaft nicht kausal für eine ungleiche Behandlung sein.[601] Daher bestehe keine Vermutung für die Benachteiligung wegen einer Behinderung, wenn der Merkmalsträger den Arbeitgeber nicht selbst über seine Schwerbehinderteneigenschaft informiere. Diese Rechtsprechung ist nicht unproblematisch, weil sie auf der Konzeption von „Sichtbarkeit" der Diskriminierungskategorien basiert. Dabei handelt es sich aber um einen ungeeigneten Versuch, die Diskriminierungskategorien zu erfassen.[602] In der Sache handelt es sich bei diesen Fällen um ein Problem der Beweislast (vgl. Rz. 5.298 ff.).

5.133 In der theoretischen und praktischen Handhabung bereiten die Fälle, in denen der Normadressat eine Unterscheidung **nicht ausdrücklich** aufgrund der verpönten Merkmale trifft, erhebliche Probleme.[603] Dazu zählen Differenzierungen nach Schwangerschaft (vgl. Rz. 5.135), Familienstand bzw. verschiedengeschlechtlich vs. gleichgeschlechtlich, Transsexualität oder Krankheit. Die entscheidende Frage lautet, ob das vom Normadressaten gewählte Differenzierungskriterium in rechtlicher Hinsicht unter ein verpöntes Merkmal fällt (Geschlecht, sexuelle Ausrichtung, Behinderung). Nach zutreffender Auffassung erfasst die unmittelbare Diskriminierung nicht nur die ausdrückliche, sondern auch die **verdeckte Anknüpfung** an ein verpöntes Merkmal: „Sowohl die unmittelbare als auch die mittelbare Benachteiligung können offen oder verdeckt erfolgen, je nachdem, ob direkt an ein verbotenes Merkmal (unmittelbare Diskriminierung) bzw. nur dem Anschein nach neutrales Merkmal (mittelbare Diskriminierung) offen oder verdeckt angeknüpft wird."[604] Eine verdeckte unmittelbare Benachteiligung liegt auch vor, wenn nach einem scheinbar objektiven, nicht diskriminierenden Merkmal unterschieden wird, das jedoch in untrennbarem Zusammenhang mit einem in § 1 AGG genannten Grund steht und damit ausschließlich Träger des Diskriminierungsmerkmals trifft.[605] Es ist daher falsch, jede statistische Diskriminierung (vgl. Rz. 5.105), die nicht an ein offen verpöntes **Stellvertretermerkmal** anknüpft, nur als mittelbare Diskriminierung zu erfassen.

---

596 BAG v. 26.9.2013 – 8 AZR 650/12, NZA 2014, 258 Rz. 25.
597 A.A. *Lobinger*, EuZA 2009, 365 (378 f.); *Bader*, Arbeitsrechtlicher Diskriminierungsschutz als Privatrecht, 2012, S. 125 (und passim).
598 *Dammann*, Grenzen zulässiger Diskriminierung, 2005, S. 204 ff.
599 BAG v. 19.12.2013 – 6 AZR 190/12, ArbRB 2014, 67 = NZA 2014, 372 Rz. 54.
600 Vertiefend BeckOGK-BGB/*Block*, § 1 AGG Rz. 60 f.
601 BAG v. 26.9.2013 – 8 AZR 650/12, NZA 2014, 258 Rz. 31.
602 Näher dazu *Grünberger*, Personale Gleichheit, S. 858 ff.
603 Zum Folgenden ausführlicher BeckOGK-BGB/*Block*, § 3 AGG Rz. 51 ff.
604 BAG v. 22.7.2010 – 8 AZR 1012/08, ArbRB 2011, 35 = NZA 2011, 93 Rz. 50.
605 BAG v. 13.10.2016 – 3 AZR 439/15, AP Nr 74 zu § 1 BetrAVG Ablösung Rz. 61; unter Bezugnahme auf EuGH v. 12.10.2010 – C-499/08 – Ingeniørforeningen i Danmark (Andersen), Slg. 2010, I-9343 Rz. 23.

Beispiele: Wer nach dem **Familienstand** („verheiratet" oder „verpartnert") unterscheidet, knüpft zwar an ein scheinbar neutrales Merkmal an. Dieses führt allerdings zwangsläufig zum Ausschluss homosexueller Menschen. Daher liegt eine verdeckte unmittelbare Diskriminierung vor.[606] Das ist auch der Fall, wenn an eine **ansteckende Krankheit** angeknüpft wird, soweit diese in untrennbarem Zusammenhang mit einer Behinderung steht und damit kategorial ausschließlich Träger des Diskriminierungsmerkmals trifft.[607] Anders ist dagegen zu entscheiden, wenn ausschließlich nach **krankheitsbedingten Fehlzeiten** differenziert wird und die Norm in gleicher Weise auf behinderte und nichtbehinderte Menschen anwendbar ist.[608] Hier kommt daher nur eine mittelbare Diskriminierung in Betracht.[609]

5.134

(3) Sonderfall: Schwangerschaft und Mutterschaft

Nach Art. 2 Abs. 2 Buchst. c Geschl-RL gilt „jegliche ungünstigere Behandlung einer Frau **im Zusammenhang mit Schwangerschaft oder Mutterschaftsurlaub**" i.S.d. Mutterschutzrichtlinie 92/85/EWG als (unmittelbare) Diskriminierung. Damit wurde die ständige Rechtsprechung des EuGH[610] kodifiziert. Der Arbeitgeber differenziert zwar nach der Schwangerschaft der betroffenen Frauen und nicht nach ihrem Geschlecht. Damit behandelt er aber schwangere Frauen schlechter als Personen, die nicht schwanger sind. Dazu zählen selbstverständlich auch nicht schwangere Frauen. Nach der von der Geschlechterrichtlinie getroffenen Wertung fällt das Anknüpfungsmerkmal „Schwangerschaft" unter das verbotene Merkmal „Geschlecht". Nach dem hier vertretenen deskriptiven Modell der Vergleichbarkeit (vgl. Rz. 5.119 ff.) liegt darin kein Verzicht auf die Vergleichsperson, sondern die konsequente Trennung zwischen Vergleichsperson, tatsächlichem Differenzierungsgrund und seiner rechtlichen Bewertung.[611]

5.135

Nach der Auffassung des EuGH sind **stillende Arbeitnehmerinnen** ebenso schützenswert wie Schwangere oder Wöchnerinnen, da ihre Situation in engem Zusammenhang mit der Mutterschaft und insbesondere „mit Schwangerschaft oder Mutterschaftsurlaub" stehe.[612] Daher stellt jegliche ungünstigere Behandlung wegen des Stillens einen Anwendungsfall von Art. 2 Abs. 2 Buchst. c Geschl-RL und damit eine unmittelbare Diskriminierung aufgrund des Geschlechts dar.[613]

5.136

Mit „**Mutterschaft**" ist nach Art. 2 Abs. 2 Buchst. c Geschl-RL nicht die Mutterschaft als solche, sondern nur der **Mutterschaftsurlaub** nach der Richtlinie 92/85/EG gemeint. Daher ist der von jener Richtlinie verfolgte Schutzzweck auch für die Auslegung der Geschlechterrichtlinie maßgeblich.[614] Nach der nicht unproblematischen Auffassung des **EuGH** soll damit zum einen der Schutz der körperlichen Verfassung der Frau während und nach ihrer Schwangerschaft und zum anderen der Schutz der besonderen Beziehung zwischen der Mutter und ihrem Kind während der sich an

5.137

---

606 EuGH v. 1.4.2008 – C-267/06 – Maruko, Slg. 2008, I-1757 Rz. 72; v. 13.12.2013 – C-267/12 – Haye Rz. 44, NZA 2014, 153; vgl. auch BAG v. 14.1.2009 – 3 AZR 20/07, ArbRB 2009, 170 = NZA 2009, 489 Rz. 20; BVerfG v. 7.7.2009 – 1 BvR 1164/07, BVerfGE 124, 199 Rz. 92; EGMR v. 24.6.2010 – 30141/04 – Schalk & Kopf vs. Österreich, NJW 2011, 1421 Rz. 99; zur abweichenden Einordnung s. die Nachweise bei BeckOGK-BGB/*Block*, § 1 AGG Rz. 159.
607 BAG v. 19.12.2013 – 6 AZR 190/12, ArbRB 2014, 67 = NZA 2014, 372 Rz. 46; v. 7.6.2011 – 1 AZR 34/10, ArbRB 2011, 368 = NZA 2011, 1370 Rz. 23; v. 22.7.2010 – 8 AZR 1012/08, ArbRB 2011, 35 = NZA 2011, 93 Rz. 50.
608 EuGH v. 11.4.2013 – C-335/11 – HK Danmark (Ring und Skouboe Werge) Rz. 72, NZA 2013, 553.
609 EuGH v. 11.4.2013 – C-335/11 – HK Danmark (Ring und Skouboe Werge) Rz. 75 ff., NZA 2013, 553.
610 Grundlegend EuGH v. 8.11.1990 – 177/88 – Dekker, Slg. 1990, I-3941 Rz. 12; weitere Nachweise in EuGH v. 11.10.2007 – C-460/06 – Paquay, Slg. 2007, I-8511 Rz. 29; v. 11.11.2010 – C-232/09 – Danosa, Slg. 2010, I-11405 Rz. 59.
611 Dazu näher *Grünberger*, Personale Gleichheit, S. 651 f.; BeckOGK-BGB/*Block*, § 3 AGG Rz. 55 ff.
612 EuGH v. 19.10.2017 – C-531/15 – Otero Ramos Rz. 59.
613 EuGH v. 19.10.2017 – C-531/15 – Otero Ramos Rz. 60.
614 EuGH v. 18.3.2014 – C-363/12 – Z Rz. 58, NZA 2014, 525.

Schwangerschaft und Entbindung anschließenden Zeit gewährleistet werden, damit diese Beziehung nicht durch die Doppelbelastung infolge der gleichzeitigen Ausübung eines Berufs gestört wird.[615] Diese Zielsetzung beschränkt sich auf die sich „an Schwangerschaft und Entbindung" anschließende Zeit.[616] Mutterschaft i.S.v. Art. 3 Abs. 1 Satz 2 Mutterschutzrichtlinie 92/85/EWG setzt also voraus, dass die betreffende Arbeitnehmerin schwanger war und entbunden hat (vgl. Rz. 5.72).[617]

3. Mittelbare Diskriminierung

a) Entstehungsgeschichte und Normzweck

5.138 Das Konzept der mittelbaren Diskriminierung entstand zunächst im Zusammenhang mit den primärrechtlich[618] und sekundärrechtlich[619] verankerten Verboten der Diskriminierung aus Gründen der Staatsangehörigkeit[620] und beeinflusste – im Anschluss an die mittelbare **Rezeption U.S.-amerikanischen Rechts**[621] über das britische und irische Recht[622] – die Interpretation des Art. 157 AEUV.[623]

5.139 Das **Sekundärrecht** kannte mit Art. 2 Abs. 1 Richtlinie 76/207/EWG bereits vom Anbeginn die mittelbare Diskriminierung. Die Rechtsprechung des EuGH zu Art. 157 AEUV und der Richtlinie nahm der Richtliniengeber 1997 zum Anlass[624] einer Begriffsdefinition (Art. 2 Abs. 2 Richtlinie 97/80/EG[625]). Mit Art. 2 Abs. 2 Buchst. b **AntiRass-RL** und **Gleichb-RL** liegt eine **Neukonzeption** der mittelbaren Diskriminierung vor. Diese wird in Art. 2 Abs. 1 Buchst. b **Geschl-RL** auch für das Merkmal Geschlecht übernommen. Der **neue Begriff** weicht im Wortlaut erheblich von der Vorgängerversion ab. Aus der Entstehungsgeschichte wird deutlich, dass damit auch an den deutlich strengeren Rechtfertigungsmaßstab zur mittelbaren Diskriminierung beim Verbot der Diskriminierung aus Gründen der Staatsangehörigkeit[626] angeknüpft wird.[627]

5.140 Der **Grund**, warum das spezielle Nichtdiskriminierungsrecht auch mittelbare Benachteiligungen erfasst, ist nach wie vor umstritten.[628] Seine Aufgabe besteht nach zutreffender Auffassung darin, zu verhindern, dass die **strukturellen Nachteile** von Gruppen auf dem Arbeitsmarkt und die gesellschaftlich bedingten Schwierigkeiten bei der Durchsetzung ihrer Interessen von den anderen Akteuren perpetuiert werden.[629] Es basiert auf der Zusammenführung von formalen und materiellen Konzeptionen von Gleichbehandlung:[630] „Mit dem Tatbestand der mittelbaren Diskriminierung greift das Recht tatsächliche gesellschaftliche Erscheinungen auf und ordnet sie den herkömmlichen Diskriminierungsverboten zu. Dies ist ein notwendiger Prozess, wenn das Recht nicht

---

615 EuGH v. 18.3.2014 – C-167/12 – C.D. vs. S.T. Rz. 34; v. 19.9.2013 – C-5/12 – Betriu Montull Rz. 49, ZESAR 2014, 182.
616 EuGH v. 18.3.2014 – C-167/12 – C.D. vs. S.T. Rz. 36.
617 EuGH v. 18.3.2014 – C-167/12 – C.D. vs. S.T. Rz. 37.
618 Zuerst in EuGH –15/69 – Ugliola, Slg. 1969, 363 Rz. 6 f. zur Arbeitnehmerfreizügigkeit.
619 Grundlegend EuGH v. 12.2.1974 – 152/73 – Sotgiu, Slg. 1974, 153 Rz. 11 f. zur Freizügigkeit der Arbeitnehmer in VO (EWG) Nr. 1612/68.
620 Vertiefend *Tobler*, Indirect Discrimination, 2005, S. 104 ff.
621 Grundlegend Supreme Court 8.3.1971 – Griggs vs. Duke Power Co. – U.S. 401 (1971), 424.
622 S. *Fredman*, Discrimination Law, S. 177 ff.; *Tobler*, Indirect Discriminiation, 2005, S. 91 ff.; *Schiek* in Schiek/Waddington/Bell (Hrsg.), Non-Discrimination Law, 2007, S. 349 ff.
623 Grundlegend EuGH v. 31.3.1981 – 96/80 – Jenkins, Slg. 1981, 911 und v. 13.5.1986 – 170/84 – Bilka, Slg. 1986, 1607; zum Ganzen s. den Überblick bei BeckOGK-BGB/*Block*, § 3 AGG Rz. 58 ff.
624 Zur Entstehungsgeschichte *Tobler*, Indirect Discriminiation, 2005, S. 279 ff.
625 ABl. Nr. L 14 v. 20.1.1998, S. 6.
626 Dazu grundlegend EuGH v. 23.5.1996 – C-237/94 – O'Flynn, Slg. 1996, I-2617 Rz. 19.
627 S. KOM (1999), 565 endg., S. 9; BAG v. 22.4.2010 – 6 AZR 966/08, NZA 2010, 947 Rz. 20.
628 Zum Folgenden ausführlich BeckOGK-BGB/*Block*, § 3 AGG Rz. 63 ff.
629 BAG v. 14.10.1986 – 3 AZR 66/83, NZA 1987, 445 (447).
630 *Grünberger*, Personale Gleichheit, S. 662.

an der gesellschaftlichen Realität vorbei existieren will."[631] Der EuGH betont in den Rs. *Jenkins* und *Bilka* die Schwierigkeiten von Arbeitnehmerinnen, in Vollzeit zu arbeiten.[632] Damit nimmt er Bezug auf die soziale Realität der Verteilung von Erwerbschancen in einer Gesellschaft, die Kindererziehung und Hausarbeit im Wesentlichen immer noch den Frauen zuweist.[633]

b) Begriff

Der Begriff der mittelbaren Benachteiligung ist **zweigliedrig** aufgebaut: Bestimmte Elemente müssen positiv vorliegen (vergleichsweise ungünstigere Behandlung wegen eines geschützten Merkmals aufgrund neutraler Vorschriften oder Maßnahmen) und andere Elemente dürfen nicht gegeben sein (rechtfertigende Ziele und verhältnismäßige Mittel zu ihrer Durchsetzung).[634] Der entscheidende konzeptionelle **Unterschied zur unmittelbaren Diskriminierung** ist die tatbestandliche Rechtfertigungsmöglichkeit.[635] Die positiven Tatbestandsmerkmale sind von demjenigen, der sich auf das Diskriminierungsverbot berufen will, darzulegen und – unter Berücksichtigung der Beweiserleichterungen der Richtlinien – zu beweisen.[636] Dagegen hat der Diskriminierende darzulegen und zu beweisen, dass die besondere Benachteiligung von Merkmalsträgern objektiv gerechtfertigt ist.[637]

5.141

aa) Ungleiche Behandlung

(1) Neutrales Differenzierungskriterium

Prüfungsgegenstand sind „dem Anschein nach neutrale Vorschriften, Kriterien oder Verfahren" (Art. 2 Abs. 2 Buchst. b AntiRass-RL und Gleichb-RL, 2 Abs. 1 Buchst. b Geschl-RL). Das ist **weit auszulegen.** Erfasst ist jedes Verhalten (Tun oder Unterlassen), das zwischen mindestens zwei Personengruppen differenziert.[638] Danach kann nicht nur ein einzelnes Entgeltkriterium, sondern das Entgeltsystem in seiner Gesamtheit diskriminierend sein.[639]

5.142

Der Differenzierungsgrund muss „dem Anschein nach" neutral sein. „**Neutral**" bedeutet, dass die Differenzierung nicht unmittelbar an ein verpöntes Merkmal – dann unmittelbare Diskriminierung[640] – anknüpft. Wird an ein scheinbar neutrales Kriterium angeknüpft, das in der sozialen Wirklichkeit aber zwangsläufig nur von Personen einer Merkmalsgruppe erfüllt wird, liegt eine **verdeckte unmittelbare Diskriminierung** vor (vgl. Rz. 5.132 ff.). Damit nimmt die verdeckte Diskriminierung eine **Sonderstellung** ein: Steht der Zusammenhang des Stellvertretermerkmals zum verpönten Merkmal fest, liegt eine unmittelbare Diskriminierung vor. Lässt er sich nicht überzeugend darlegen, ist der Fall über die mittelbare Diskriminierung zu lösen.[641]

5.143

(2) Besondere Benachteiligung.

Die Anknüpfung an das neutrale Kriterium muss „Personen, die einer Rasse oder ethnischen Gruppe angehören", bzw. „Personen mit einer bestimmten Religion oder Weltanschauung, einer

5.144

---

631 *Hanau/Preis*, ZfA 1988, 177 (182); ähnlich auch die Einschätzung von *Rebhahn/Kietaibl*, Rechtswissenschaft 2010, 373 (388 ff.).
632 EuGH v. 13.5.1986 – 170/84 – Bilka, Slg. 1986, 1607 Rz. 29; fast identisch bereits EuGH v. 31.3.1981 – 96/80 – Jenkins, Slg. 1981, 911 Rz. 13.
633 S. BAG v. 14.10.1986 – 3 AZR 66/83, NZA 1987, 445 (446).
634 ErfK/*Schlachter*, AGG, § 3 Rz. 13; *Tobler*, Indirect Discriminiation, 2005, 211.
635 EuGH v. 13.12.2013 – C-267/12 – Haye Rz. 45, NZA 2014, 153.
636 Vgl. BAG v. 22.7.2010 – 8 AZR 1012/08, ArbRB 2011, 35 = NZA 2011, 93 Rz. 51.
637 EuGH v. 27.10.1993 – C-127/92 – Enderby, Slg. 1993, I-5535 Rz. 13 f., 18; v. 28.2.2013 – C-427/11 – Kenny Rz. 41, ArbRB 2013, 136 = NZA 2013, 315.
638 Näher *Schiek* in: Schiek/Waddington/Bell (Hrsg.), Non-Discrimination Law, 2007, S. 397.
639 Grundlegend EuGH v. 27.10.1993 – C-127/92 – Enderby, Slg. 1993, I-5535 Rz. 15 ff.
640 Näher *Tobler*, Indirect Discriminiation, 2005, S. 307 ff.
641 S. *Wisskirchen*, Mittelbare Diskriminierung, 1994, S. 73 f.

bestimmten Behinderung, eines bestimmten Alters oder mit einer bestimmten sexuellen Ausrichtung gegenüber anderen Personen in besonderer Weise benachteiligen können" (Art. 2 Abs. 2 Buchst. b AntiRass-RL). Bezüglich des Merkmals Geschlecht muss die Anknüpfung „Personen des einen Geschlechts in besonderer Weise gegenüber Personen des anderen Geschlechts benachteiligen können" (Art. 2 Abs. 1 Buchst. b Geschl-RL).

(a) Vergleichbarkeit

5.145 Daraus folgt, dass die Situation der betroffenen Personen mit der Lage anderer Personen vergleichbar sein muss. Es müssen **Vergleichsgruppen** gebildet werden, die es erlauben, festzustellen, ob eine bestimmte Personengruppe gegenüber anderen Personengruppen benachteiligt sein kann. Das Konzept der mittelbaren Diskriminierung ist daher, wie die unmittelbare Diskriminierung, Ausdruck der Forderung, Gleiches auch gleich zu behandeln.[642]

5.146 Aus dem Wortlaut der Antirassismus- und der Gleichbehandlungsrahmenrichtlinie folgt, dass die betroffenen Personen lediglich mit „anderen Personen" zu vergleichen sind. Damit bleibt das verpönte Merkmal an dieser Stelle unberücksichtigt. Man muss daher nur feststellen, ob die Situationen, in denen die Personen anhand eines neutralen Kriteriums unterschieden werden – abgesehen von diesem Merkmal – vergleichbar sind. Damit ist die Vergleichbarkeit im Rahmen der mittelbaren Diskriminierung wie die einer unmittelbaren Diskrikiminierung zu prüfen. Maßgeblich ist ein **deskriptives Verständnis**, das die Vergleichbarkeit deutlich von dem Vorliegen des Merkmals und möglichen Rechtfertigungsanforderungen trennt (vgl. Rz. 5.119 ff.).[643] Allerdings stellt die Geschlechterrichtlinie auf „Personen des anderen Geschlechts" ab. Dabei handelt es sich nach dem hier vertretenen Verständnis aber nicht um ein Problem der Vergleichsgruppenbildung, sondern um die Frage, ob im Vergleich zu Nicht-Merkmalsträgern eine besondere Benachteiligung vorliegt.

5.147 Die Vergleichsgruppenbildung orientiert sich – in Übereinstimmung mit der unmittelbaren Diskriminierung – am **tatsächlichen Zweck** der vom Normadressaten vorgenommenen Differenzierung (vgl. Rz. 5.119 ff.). Deshalb hängt die Vergleichsgruppe auch davon ab, ob es sich um eine gesetzliche Regelung, einen Tarifvertrag, eine Betriebsvereinbarung, eine individualvertragliche Regelung oder eine einseitige Maßnahme des Vertragspartners handelt.[644]

5.148 Die **Entscheidungspraxis** hält diesen Prüfungsmaßstab nicht immer durch. Vielfach stellt sie genuine Rechtfertigungserwägungen bereits auf Ebene der Vergleichbarkeit an. Nicht überzeugen kann daher der Ansatz von EuGH und BAG, Arbeitnehmer, deren Arbeitsverhältnis während der Elternzeit unter Suspendierung der wechselseitigen Hauptpflichten ruht, nicht mit den aktiven Beschäftigten vergleichen zu wollen.[645] Die entscheidende Frage lautet, ob der Normadressat tatsächlich die Elternzeit als negativen Faktor bei der Berechnung von Entgeltbestandteilen einsetzen darf, wenn davon Frauen besonders benachteiligt werden. Das ist eine Frage, die im Rechtfertigungsdiskurs zu behandeln ist.[646]

(b) Besondere Benachteiligung

5.149 Zum zentralen Merkmal des objektiven Tatbestandes wird die Frage, welche Anforderungen an den **Zurechnungszusammenhang** zu stellen sind, um feststellen zu können, dass die neutrale

---

642 EuGH v. 12.10.2004 – C-313/02 – Wippel, Slg. 2004, I-9483 Rz. 56; BAG v. 27.1.2011 – 6 AZR 526/09, ArbRB 2011, 133 = NZA 2011, 1361 Rz. 33; vertiefend *Grünberger*, Personale Gleichheit, S. 798 ff. (dort auch zur Gegenansicht).
643 *Grünberger*, Personale Gleichheit, S. 662.
644 *Plötscher*, Der Begriff der Diskriminierung im Europäischen Gemeinschaftsrecht, 2003, S. 235.
645 EuGH v. 21.9.1999 – C-333/97 – Lewen, Slg. 1999, I-7243 Rz. 37; v. 19.7.2009 – C-537/07 – Gómez-Limón Sánchez-Camacho, Slg. 2009, I-6525 Rz. 57; BAG v. 27.1.2011 – 6 AZR 526/09, ArbRB 2011, 133 = NZA 2011, 1361 Rz. 34.
646 Zur Unzulänglichkeit näher BeckOGK-BGB/*Grünberger*/*Block*, § 3 AGG Rz. 73.

Maßnahme Merkmalsträger in besonderer Weise benachteiligen kann.[647] Eine subjektive Komponente ist nicht erforderlich.[648] Es genügt, wenn die Differenzierung aufgrund des neutralen Merkmals die Personen in besonderer Weise benachteiligen kann. Es kommt auch nicht darauf an, ob sich die besondere Benachteiligung ausschließlich mit dem verpönten Merkmal und nicht mit anderen Gründen erklären lässt.[649] Entscheidend ist nur, ob es zur **gleichheitswidrigen Auswirkung** einer neutralen Anknüpfung kommt.

Der besondere Nachteil muss de facto wesentlich mehr Merkmalsträger als Nichtmerkmalsträger treffen.[650] „Dies kann der Fall sein, wenn Vorschriften im Wesentlichen oder ganz überwiegend Personen, die eines der verpönten Merkmale erfüllen, betreffen, wenn sie an Voraussetzungen anknüpfen, die von Personen, die [nicht unter ein verpöntes Merkmal fallen], leichter erfüllt werden oder wenn sich die Tatbestandsvoraussetzungen einer Norm besonders zum Nachteil von Personen, für die ein [verpöntes] Merkmal gilt, auswirken."[651] 5.150

Bezüglich des vom Betroffenen zu erbringenden **Nachweises zur Glaubhaftmachung** (vgl. Rz. 5.303 ff.) muss man hinsichtlich des Anwendungsbereichs unterscheiden: Für die Entgeltdiskriminierung nach Art. 157 Abs. 1 AEUV – Gleiches galt für die mittlerweile abgelöste Richtlinie 76/207/EWG[652] – sind **statistische Nachweise** nach Auffassung des EuGH nicht nur ein Indiz, dem besonderes Gewicht beizumessen ist. Sie sind unverzichtbarer Bestandteil für die besondere Benachteiligung.[653] 5.151

Voraussetzung für den statistischen Nachweis ist, dass die statistischen Daten aussagekräftig sind.[654] Das ist der Fall, wenn sie sich auf eine ausreichende Zahl von Personen beziehen, nicht rein zufällige oder konjunkturelle Erscheinungen widerspiegeln und generell gesehen als aussagekräftig erscheinen.[655] Die Gesamtheit der Personen, auf die die neutrale Differenzierung angewendet wird, ist mit der Gesamtheit der Personen zu vergleichen, die aufgrund der Differenzierung benachteiligt werden. Innerhalb beider Gruppen ist dann der prozentuale Anteil von „anderen Personen" (Nichtmerkmalsträger) und den besonders betroffenen Personen (Merkmalsträger) zu ermitteln. 5.152

Unterschiedliche Auffassungen bestehen darüber, wie die dafür notwendigen Relationen festzustellen sind.[656] Man kann den Vergleich nämlich mit **drei unterschiedlichen Methoden** ermitteln:[657] Entweder stellt man auf den Anteil von Frauen in der benachteiligten Gruppe ab,[658] oder auf den 5.153

---

647 Vertiefend *Hanau/Preis*, ZfA 1988, 177 (188 ff.); *Rebhahn/Kietaibl*, Rechtswissenschaft 2010, S. 373 (384 ff., 388 ff.).
648 EuGH v. 13.5.1986 – 170/84 – Bilka, Slg. 1986, 1607; *Hanau/Preis*, ZfA 1988, 177 (189); *Plötscher*, Der Begriff der Diskriminierung im Europäischen Gemeinschaftsrecht, 2003, S. 240 f.
649 *Schlachter*, NZA 1995, 393 (397); a.A. *Hanau/Preis*, ZfA 1988, 177 (188 ff.) („objektiv geschlechterdiskriminierende Tendenz"); Grabitz/Hilf/Nettesheim/*Langenfeld*, Art. 157 AEUV Rz. 36.
650 EuGH v. 20.11.2012 – C-123/10 – Brachner, Slg. 2011, I-10003 Rz. 58.
651 BAG v. 22.4.2010 – 6 AZR 966/08, NZA 2010, 947 Rz. 20; v. 27.1.2011 – 6 AZR 526/09, ArbRB 2011, 133 = NZA 2011, 1361 Rz. 27.
652 EuGH v. 20.10.2011 – C-123/10 – Brachner, Slg. 2011, I-10003 Rz. 60; v. 9.2.1999 – C-167/97 – Seymour-Smith u.a., Slg. 1999, I-623 Rz. 59 ff.
653 EuGH v. 20.10.2011 – C-123/10 – Brachner, Slg. 2011, I-10003 Rz. 60.
654 EuGH v. 28.2.2013 – C-427/11 – Kenny u.a. Rz. 41 f., ArbRB 2013, 136 = NZA 2013, 315.
655 EuGH v. 28.2.2013 – C-427/11 – Kenny u.a. Rz. 45, ArbRB 2013, 136 = NZA 2013, 315; v. 9.2.1999 – C-167/97 – Seymour-Smith u.a., Slg. 1999, I-623 Rz. 62.
656 *Bieback*, Die mittelbare Diskriminierung wegen des Geschlechts, 1997, S. 76 ff.; *Pfarr/Bertelsmann*, Diskriminierung im Erwerbsleben, 1999, S. 117 ff.; *Plötscher*, Der Begriff der Diskriminierung im Europäischen Gemeinschaftsrecht, 2003, 235 ff.; *Tobler*, Indirect Discrimination, 2005, S. 231 ff.; *Wisskirchen*, Mittelbare Diskriminierung von Frauen im Erwerbsleben, 1994, S. 83.
657 *Barnard/Hepple*, Cambridge Law Journal 59 (2000), 562 (572 f.).
658 Vgl. EuGH v. 6.12.2007 – C-300/06 – Voß, Slg. 2007, I-10573 Rz. 42; v. 20.11.2011 – C-123/10 – Brachner, Slg. 2011, I-10003 Rz. 59; BAG v. 20.8.2002 – 9 AZR 750/00, NZA 2003, 861 (863).

den Anteil von Frauen in der bevorzugten Gruppe,[659] oder man vergleicht die Gruppe der Merkmalsträger in der Gesamtgruppe mit der Gruppe der Merkmalsträger in der benachteiligten Gruppe.[660] Nach Auffassung des **EuGH** „besteht die beste Methode zum Vergleich der Statistiken darin, die Gruppe der männlichen mit der der weiblichen Arbeitskräfte daraufhin zu vergleichen, wie hoch in jeder Gruppe der Anteil der von der Ungleichbehandlung Betroffenen ist".[661] Gemeinsam ist allen Methoden, dass es sich um relative und nicht um absolute Standards handelt.[662] Mehr verlangt Art. 157 Abs. 1 AEUV nicht.[663] Daher genügt es, wenn sich ein signifikanter Unterschied zwischen Merkmalsträgern und anderen Personen auf Grundlage einer dieser Methoden ergibt. Das ist beispielsweise bei **Teilzeitbeschäftigung** der Fall, wenn sich aus den verfügbaren statistischen Daten ergibt, dass der Prozentsatz der Teilzeitbeschäftigten in der Gruppe der weiblichen Beschäftigten erheblich höher ist als in der Gruppe der männlichen Beschäftigten.[664]

5.154 Zweifelhaft ist, ab welcher Höhe ein **signifikanter Unterschied** vorliegt. Für die Richtlinie 76/207/EWG verlangte der EuGH, dass die Regelung nur von einem erheblich geringeren Prozentsatz der Frauen erfüllt werden konnte.[665] Das Verhältnis von 77,4 % der Männer, die die Voraussetzungen erfüllen, zu 68,9 % der Frauen sollte nicht mehr genügen.[666] Alternativ[667] dazu reichte eine geringere Differenz aus, wenn es sich um einen über einen langen Zeitraum hinweg fortbestehenden und relativ konstanten Abstand zwischen männlichen und weiblichen Arbeitnehmern handelte.[668] In der **neueren Rechtsprechung** zu Art. 157 AEUV geht der EuGH davon aus, dass der Unterschied lediglich „hinreichend groß" sein muss, „um ein stichhaltiges Indiz" für die Schlussfolgerung zu bilden, dass die jeweilige Maßnahme de facto einen erheblich höheren Prozentsatz von Frauen als von Männern benachteiligt.[669]

5.155 Im Anwendungsbereich der **Richtlinien** stehen dem Diskriminierungsbetroffenen dagegen zwei Möglichkeiten offen: Der statistische Nachweis bleibt eine Möglichkeit zur Feststellung der besonderen Benachteiligung. Daneben können alle anderen tatsächlichen Umstände berücksichtigt werden.[670] Das folgt aus ErwGr. 15 Gleichb-RL, wonach mittelbare Diskriminierungen mit allen Mitteln, „einschließlich statistischer Beweise", festzustellen sind. Abgesehen vom Geschlecht und vom Alter dürften signifikante Statistiken für die übrigen Merkmale kaum verfügbar sein und ihre Erhebung wäre freiheitsrechtlich problematisch.[671] An die Stelle einer statistisch nachweisbaren Auswirkung tritt eine aufgrund objektiver Faktoren untermauerte Plausibilitätsprüfung, ob und wie sich das neutrale Kriterium besonders nachteilig auf Merkmalsträger auswirkt.[672]

5.156 Für die **Feststellung der besonderen Benachteiligung** in den Richtlinien genügt es daher, wenn die Differenzierung Personen wegen eines verpönten Merkmals typischerweise benachteiligen kann.[673]

---

659 Vgl. EuGH v. 9.2.1999 – C-167/97 – Seymour-Smith u.a., Slg. 1999, I-623 Rz. 60, 63.
660 BAG v. 27.1.2011 – 6 AZR 526/09, ArbRB 2011, 133 = NZA 2011, 1361 Rz. 28; *Schiek*, Anm. zu AP BGB § 242 Gleichbehandlung Nr. 185.
661 EuGH v. 6.12.2007 – C-300/06 – Voß, Slg. 2007, I-10573 Rz. 41.
662 S. *Plötscher*, Der Begriff der Diskriminierung im Europäischen Gemeinschaftsrecht, 2003, S. 237 f.
663 *Tobler*, Indirect Discrimination, 2005, S. 232 f.
664 EuGH v. 6.12.2007 – C-300/06 – Voß, Slg. 2007, I-10573 Rz. 42.
665 EuGH v. 9.2.1999 – C-167/97 – Seymour-Smith u.a., Slg. 1999, I-623 Rz. 60, 63 f.
666 EuGH v. 9.2.1999 – C-167/97 – Seymour-Smith u.a., Slg. 1999, I-623 Rz. 63 f.
667 *Barnard/Hepple*, Cambridge Law Journal 59 (2000), 562 (571).
668 EuGH v. 9.2.1999 – C-167/97 – Seymour-Smith u.a., Slg. 1999, I-623 Rz. 61; abl. Calliess/Ruffert/*Krebber*, Art. 157 AEUV Rz. 40.
669 EuGH v. 20.11.2011 – C-123/10 – Brachner, Slg. 2011, I-10003 Rz. 63; vgl auch EuGH v. 9.11.2017 – C-98/15, NZA 2018, 29 ff. Rz. 43.
670 BAG v. 22.4.2010 – 6 AZR 966/08, NZA 2010, 947 Rz. 20; v. 27.1.2011 – 6 AZR 526/09, ArbRB 2011, 133 = NZA 2011, 1361 Rz. 27; a.A. MüKoBGB/*Thüsing*, § 3 AGG Rz. 28 ff.
671 Zum Folgenden bereits *Grünberger*, Personale Gleichheit, S. 663 f.
672 Schiek/*Schiek*, AGG, § 3 Rz. 43; Däubler/Bertzbach/*Schrader/Schubert*, AGG, § 3 Rz. 48.
673 BAG v. 18.8.2009 – 1 ABR 47/08, ArbRB 2010, 76 = NZA 2010, 222 Rz. 29.

Die neutrale Maßnahme muss „im Wesentlichen" oder „ganz überwiegend" die geschützte Kategorie betreffen.[674] Darunter fallen alle Voraussetzungen, die von einer Gruppe von Personen leichter zu erfüllen sind, als von geschützten Merkmalsträgern oder bei denen die Gefahr besteht, dass sie sich besonders zum Nachteil von geschützten Merkmalsträgern auswirken können. Mittelbar diskriminierend sind danach alle Regelungen, die sich ihrem Wesen nach eher auf die geschützten Merkmalsträger, als auf die anderen Personen auswirken können und folglich die Gefahr besteht, dass sie jene besonders benachteiligen.[675] Dabei muss nicht festgestellt werden, ob die Maßnahme in der Praxis einen wesentlich größeren Anteil der Merkmalsträger betrifft: „Es genügt die Feststellung, dass die betreffende Vorschrift geeignet ist, eine solche Wirkung hervorzurufen".[676]

Beispiele:[677] Das in einer **Ausschreibung** enthaltene Kriterium „deutsche Sprachkenntnisse in Wort und Schrift" benachteiligt Arbeitnehmer nicht-deutscher und damit anderer ethnischer Herkunft im Vergleich zu deutschen Arbeitnehmern in besonderer Weise.[678] Der Hinweis auf „Berufsanfänger" oder „mit bis zu zweijähriger Berufserfahrung" ist *prima facie* eine mittelbare Diskriminierung wegen des Alters, weil die Höchstanforderung typischerweise Arbeitnehmer mit einem höheren Lebensalter von der Bewerbung auf die ausgeschriebenen Arbeitsplätze ausschließt.[679] Eine besondere Benachteiligung jüngerer Arbeitnehmer kann darin liegen, dass bei einer verhaltensbedingten **außerordentlichen Kündigung** die Dauer des Arbeitsverhältnisses und dessen störungsfreier Verlauf bei der Interessenabwägung maßgeblich berücksichtigt werden.[680] Eine mittelbare Benachteiligung von Frauen liegt auch vor, wenn zur Teilnahme an einem Auswahlverfahren eine **Mindestkörpergröße** von 1,70 m gefordert wird, weil eine höhere Zahl von Frauen als von Männern kleiner als 1,70 m sind.[681]

5.157

bb) Keine sachliche Rechtfertigung

(1) Grundlagen

Bewirkt die Anknüpfung an ein neutrales Differenzierungsmerkmal eine besondere Benachteiligung, liegt nach den Richtlinien keine mittelbare Diskriminierung vor, wenn die Maßnahmen durch ein **rechtmäßiges Ziel** sachlich gerechtfertigt und die Mittel dazu **angemessen und erforderlich** sind (Art. 2 Abs. 2 Buchst. b AntiRass-RL und Gleichb-RL, 2 Abs. 1 Buchst. b Geschl-RL). Die objektiv gerechtfertigte besondere Benachteiligung beim Einsatz vermeintlich „neutraler" Differenzierungskriterien ist daher bereits begrifflich keine Diskriminierung.[682] Umstritten, aber nicht praxisrelevant, ist die Antwort auf die Frage, ob es sich in der Sache um eine vorgezogene Rechtfertigungsprüfung oder um eine Beschränkung der Zurechnung der mittelbar diskriminierenden Wirkung zu dem Benachteiligenden handelt.[683]

5.158

Die **Struktur der Rechtfertigungsprüfung** orientiert sich daran, dass mittelbare Diskriminierungen i.d.R. instrumentale Diskriminierungen sind (vgl. Rz. 5.105).[684] Daher kann die Prüfung an-

5.159

---

674 EuGH v. 23.5.1996 – C-237/94 – O'Flynn, Slg. 1996, I-2617 Rz. 18.
675 EuGH v. 23.5.1996 – C-237/94 – O'Flynn, Slg. 1996, I-2617 Rz. 20.
676 EuGH v. 23.5.1996 – C-237/94 – O'Flynn, Slg. 1996, I-2617 Rz. 21.
677 Beispiele für neutrale Kriterien, die nicht stets benachteiligen, aber „verdächtig" sind, finden sich bei Schlachter/Kocher, § 5 Rz. 152 ff. Hierzu gehören die Teilzeibeschäftigung sowie die Betriebszugehörigkeit (ggf. benachteiligend für Frauen bzw. für Junge).
678 LAG Hamm v. 17.7.2008 – 16 Sa 544/08, NZA-RR 2009, 13 (15); offengelassen von BAG v. 28.1.2010 – 2 AZR 764/08, ArbRB 2010, 168 = NZA 2010, 625 Rz. 17; näher Gruber, NZA 2009, 1247 (1248 f.).
679 BAG v. 18.8.2009 – 1 ABR 47/08, ArbRB 2010, 76 = NZA 2010, 222 Rz. 27.
680 BAG v. 7.7.2011 – 2 AZR 355/10, ArbRB 2012, 5 = NZA 2011, 1412 Rz. 26.
681 EuGH v. 18.10.2017 – C-409/16 – Kalliri Rz. 32 = NVwZ 2017, 1686.
682 BAG v. 7.7.2011 – 2 AZR 355/10, ArbRB 2012, 5 = NZA 2011, 1412 Rz. 26.
683 Vertiefend dazu Tobler, Indirect Discrimination, 2005, S. 254 ff., Rebhahn/Kietaibl, Rechtswissenschaft 2010, 373 (377 f.).
684 Zum Folgenden bereits BeckOGK-BGB/Block, § 3 AGG Rz. 87 ff.

hand einer Zweck-Mittel-Relation vorgenommen werden.[685] Die Rechtfertigungsprüfung ist prozedural angelegt.[686] **Rechtfertigungsgegenstand** ist die anscheinend neutrale Maßnahme. Handelt es sich um einen Fall der mittelbaren Entgeltdiskriminierung, ist daher nicht die Höhe des den jeweiligen Vergleichsgruppen gezahlten Entgelts oder die Verwendung der Arbeitnehmer in der einen oder der anderen Gruppe zu rechtfertigen, sondern das unterschiedlich geleistete Entgelt selbst.[687] Weil der Normadressat mit seinem Einsatz im Ausgangspunkt rational handelt, ist zu entscheiden, ob der von dem Benachteiligenden oder von Dritten (Gesetzgeber, Tarifvertrags- und Betriebsparteien) gesetzte externe Zweck ein legitimer Differenzierungsgrund ist. Der Einsatz des Differenzierungsgrundes muss geeignet und erforderlich sein, um diesen Zweck erreichen zu können. Die im Mitteleinsatz liegende besondere Benachteiligung muss insgesamt gesehen angemessen sein. **Bezugspunkt der Angemessenheit** ist das vom Verbot mittelbarer Diskriminierung geschützte Interesse an materieller Gleichbehandlung.

5.160 Die Rechtfertigung einer mittelbaren Diskriminierung weist strukturelle Gemeinsamkeiten, aber auch inhaltliche Unterschiede zu den **speziellen Rechtfertigungsgründen** der Diskriminierung (vgl. Rz. 5.194 ff.) auf.[688] Kann die neutrale Maßnahme bereits tatbestandlich gerechtfertigt werden, erübrigt sich ein Rückgriff auf die speziellen Rechtfertigungsgründe der Richtlinien.[689] Liegt in der Anwendung einer Maßnahme zugleich eine unmittelbare Diskriminierung (wegen des Alters) und eine mittelbare Diskriminierung (wegen der Behinderung), ist ein Grund, der den Anforderungen der besonderen Rechtfertigungsgründe für unmittelbare Diskriminierungen (dazu Rz. 6.22) genügt, erst recht geeignet, eine mittelbare Diskriminierung zu rechtfertigen.[690] Das bedeutet aber keinen Gleichlauf der sonstigen Rechtfertigungsvoraussetzungen.[691] Daher sind – wie die Entscheidung des EuGH in der Rs. *Odar* bestätigt[692] – unterschiedliche Ergebnisse zwischen einer unmittelbaren Altersdiskriminierung und einer mittelbaren Diskriminierung wegen einer Behinderung möglich.[693]

(2) Legitimer Zweck

5.161 Der Einsatz des neutralen Differenzierungskriteriums muss ein legitimes Ziel verfolgen.[694] Das setzt eine rationale Beziehung zwischen der faktischen Benachteiligung als Ergebnis der Anwendung einer neutralen Norm und dem Einsatz dieser Norm zur Erreichung eines externen Regelungszwecks voraus.[695] Das mit der neutralen Differenzierung verfolgte Ziel ist nach ständiger Rechtsprechung des **EuGH** zu Art. 157 Abs. 1 AEUV nur rechtmäßig, wenn es auf **objektiven Faktoren** beruht, die nichts mit einer Diskriminierung aufgrund des Geschlechts zu tun haben.[696] Dieselben Kriterien gelten entsprechend auch für die Richtlinien.[697] Es muss daher mindestens ei-

---

685 *Grünberger*, Personale Gleichheit, S. 831; insoweit – trotz grundsätzlich krit. Einstellung zur Möglichkeit einer genuinen Verhältnismäßigkeitsprüfung – auch Friauf/Höfling/*Huster*, Art. 3 GG Rz. 75 f., 81.
686 *Grünberger*, Personale Gleichheit, 2013, S. 802 ff.; zum prozeduralen Charakter der Verhältnismäßigkeitsprüfung im Privatrecht s. *Stürner*, Der Grundsatz der Verhältnismäßigkeit im Schuldvertragsrecht, 2010, S. 383 f.
687 EuGH v. 28.2.2013 – C-427/11 – Kenny u.a. Rz. 38 f., ArbRB 2013, 136 = NZA 2013, 315.
688 EuGH v. 5.3.2009 – C-388/07 – Age Concern England, Slg. 2009, I-1569 Rz. 58.
689 EuGH v. 5.3.2009 – C-388/07 – Age Concern England, Slg. 2009, I-1569 Rz. 66; BAG v. 7.7.2011 – 2 AZR 355/10, ArbRB 2012, 5 = NZA 2011, 1412 Rz. 27.
690 Vgl. EuGH v. 6.12.2012 – C-152/11 – Odar, NZA 2012, 1435.
691 Näher BeckOGK-BGB/*Block*, § 3 AGG Rz. 88.
692 S. EuGH v. 6.12.2012 – C-152/11 – Odar Rz. 64 ff., NZA 2012, 1435.
693 Näher *Grünberger/Sagan*, EuZA 2013, 324 (330 ff.).
694 EuGH v. 3.10.2006 – C-17/05 – Cadman, Slg. 2006, I-9583 Rz. 32.
695 Näher BeckOGK-BGB/*Block*, § 3 AGG Rz. 89 ff.
696 EuGH v. 31.3.1981 – 96/80 – Jenkins, Slg. 1981, 911 Rz. 11; v. 13.5.1986 – 170/84 – Bilka, Slg. 1986, 1607 Rz. 30; v. 26.6.2001 – C-381/99 – Brunnhofer, Slg. 2001, I-4961 Rz. 66; v. 12.10.2004 – C-313/02 – Wippel, Slg. 2004, I-9483 Rz. 43 m.w.N.
697 Grundlegend EuGH v. 6.12.2012 – C-152/11 – Odar Rz. 67, NZA 2012, 1435 (zur Gleichb-RL).

nen diskriminierungsfreien Zweck geben, der die Benachteiligung tragen kann. Daher scheidet die Rechtfertigung aus, wenn der Normadressat eine für sich genommen „neutrale" Maßnahme mit einem Ziel erklärt, das seinerseits an ein verpöntes Merkmal anknüpft.

Nicht überzeugend ist die Auffassung des **BAG**, wonach die **Kündigung** eines Arbeitnehmers, der sich aufgrund seines muslimischen Glaubens nicht mehr in der Lage sieht, mit alkoholischen Getränken im Supermarkt zu hantieren, gem. § 3 Abs. 2 AGG sachlich gerechtfertigt sei.[698] Mit der Begründung, der Arbeitnehmer sei wegen seiner Glaubensüberzeugungen subjektiv nicht in der Lage, die vertraglich übernommenen Aufgaben zu verrichten, knüpft der Arbeitgeber unmittelbar an das verpönte Merkmal an. Die mittelbare Diskriminierung muss daher über § 8 AGG gerechtfertigt werden.

5.162

Im Übrigen kann der Verwender des neutralen Kriteriums dessen Einsatz mit allen von der Rechtsordnung anerkannten Gründen rechtfertigen.[699] Die in Betracht kommenden Gründe lassen sich in zwei Gruppen einteilen: **Sozialpolitische Gründe**, die auch eine unmittelbare Diskriminierung rechtfertigen können.[700] Dazu zählen beispielhaft Ziele der Beschäftigungspolitik, des Arbeitsmarktes und der beruflichen Bildung sowie der Ausgleich struktureller Diskriminierungen (näher zur Rechtfertigung von Altersgrenzen Rz. 6.114 ff.). Andere von der Rechtsordnung anerkannte Gründe werden damit nicht ausgeschlossen.[701] Haushaltspolitisch begründete Differenzierungen zählen nicht dazu.[702] Auf diese Gründe können sich Mitgliedstaaten, Tarifvertragsparteien und Betriebsparteien berufen.[703] Der **private Arbeitgeber** kann sich seinerseits nicht autonom auf diese Kategorie von Gründen stützen.[704] Sie müssen ihm insoweit vom Staat oder den Kollektivvertragsparteien[705] vorgegeben sein.[706]

5.163

Für den **privaten Arbeitgeber** ist die zweite Gruppe sachlicher Gründe besonders wichtig. Dazu zählen alle sonstigen **(wirtschaftlichen) Gründe**, die einem tatsächlichen und schutzwürdigen Bedürfnis des Benachteiligenden dienen.[707] Dazu gehören sämtliche privatautonom bestimmten und grundrechtlich geschützten Ziele des Benachteiligenden.[708] Zu diesen Gründen zählt der EuGH „verschiedene Kriterien wie die Flexibilität oder die Anpassungsfähigkeit an Arbeitszeiten und -orte, die Berufsausbildung oder die Anzahl der Berufsjahre des Arbeitnehmers, wenn sie zu den Bedürfnissen und Zielen des Unternehmens in Beziehung gesetzt werden".[709] Im Ausgangspunkt fallen alle **betrieblichen Notwendigkeiten und Anforderungen** an persönliche Fähigkeiten des Arbeitnehmers[710] oder die wesentlichen und entscheidenden beruflichen Anforderungen, die ihrerseits auch eine unmittelbare Diskriminierung rechtfertigen können,[711] darunter. Auch der Wunsch des

5.164

---

698 BAG v. 24.2.2011 – 2 AZR 636/09, ArbRB 2011, 293 = NZA 2011, 1087 Rz. 45.
699 S. BAG v. 7.7.2011 – 2 AZR 355/10, ArbRB 2012, 5 = NZA 2011, 1412 Rz. 27.
700 Grundlegend EuGH v. 13.7.1989 – 171/88 – Rinner-Kühn, Slg. 1989, 2743 Rz. 14; v. 6.12.2012 – C-152/11 – Odar Rz. 64, NZA 2012, 1435.
701 BAG v. 18.8.2009 – 1 ABR 47/08, ArbRB 2010, 76 = NZA 2010, 222 Rz. 31.
702 EuGH v. 24.2.1994 – C-343/92 – Roks, Slg. 1994, I-571; v. 20.3.2003 – C-187/00 – Kutz-Bauer, Slg. 2003, I-42741 – Rz. 59 f.; v. 11.9.2003 – C-77/02 – Steinicke, Slg. 2003, I-9027 Rz. 67.
703 Vgl. EuGH v. 6.12.2012 – C-152/11 – Odar Rz. 64, NZA 2012, 1435.
704 A.A. Calliess/Ruffert/*Krebber*, Art. 157 AEUV Rz. 60.
705 Vgl. EuGH v. 6.12.2012 – C-152/11 – Odar Rz. 60, NZA 2012, 1435.
706 Vgl. zur Gleichbehandlungsrahmenrichtlinie *Sagan*, ZESAR 2009, 505 (507); s. auch EuGH v. 5.3.2009 – C-388/07 – Age Concern England, Slg. 2009, I-1569 Rz. 65.
707 Grundlegend EuGH v. 13.5.1986 – 170/84 – Bilka, Slg. 1986, 1607 Rz. 36; v. 26.6.2001 – C-381/99 – Brunnhofer, Slg. 2001, I-4961 Rz. 67.
708 BAG v. 28.1.2010 – 2 AZR 764/08, ArbRB 2010, 168 = NZA 2010, 625 Rz. 19; v. 7.7.2011 – 2 AZR 355/10, ArbRB 2012, 5 = NZA 2011, 1412 Rz. 28.
709 EuGH v. 27.10.1993 – C-127/92 – Enderby, Slg. 1993, I-5535 Rz. 25; v. 17.10.1989 – 109/88 – Danfoß, Slg. 1989, 3199 Rz. 22 ff.
710 BAGE v. 28.1.2010 – 2 AZR 764/08, ArbRB 2010, 168 = NZA 2010, 625 Rz. 19.
711 BAGE v. 28.1.2010 – 2 AZR 764/08, ArbRB 2010, 168 = NZA 2010, 625 Rz. 26.

Arbeitgebers, seinen Kunden ein Bild der Neutraliät zu vermitteln, zählt der EuGH unter Bezugnahme auf dessen durch Art. 16 GRC geschützte unternehmerische Freiheit zu den legitimen Zwecken.[712] Dies gilt auch für Maßnahmen, die das (unerlaubte) Fernbleiben vom Arbeitsplatz bekämpfen sollen.[713] Von der privatautonomen Zwecksetzung macht der EuGH eine praktisch wichtige **Ausnahme:** Ein Arbeitgeber kann eine Diskriminierung nicht allein damit rechtfertigen, dass „die Ausschaltung einer solchen Diskriminierung mit zusätzlichen Kosten verbunden sei".[714]

5.165 **Beispiele:** Es ist ein legitimes Ziel der Entgeltpolitik, die **Berufserfahrung** zu honorieren, die den Arbeitnehmer befähigt, seine Arbeit besser zu verrichten.[715] Weil die Rechtfertigung einer mittelbaren Entgeltdiskriminierung wegen des Geschlechts damit unmittelbar an das Lebensalter anknüpft, ist zusätzlich zu prüfen, ob die darin liegende Altersdiskriminierung nach der Gleichbehandlungsrahmenrichtlinie gerechtfertigt werden kann (dazu Rz. 6.68 ff.).[716] Das Kriterium ausreichender Kenntnisse der **deutschen Schriftsprache** eines Facharbeiters lässt sich auf einen legitimen Grund stützen. Es ist zwar nicht die Zertifizierungsnorm als solche, welche die Kenntnis der deutschen Schriftsprache als berufliche Anforderung voraussetzt.[717] Die ISO-Norm bewirkt nämlich ihrerseits eine besondere Benachteiligung von Personen mit anderen ethnischen Zugehörigkeiten. Entscheidend kommt es auf den Zweck dieser Norm an: Ohne die Lektüre der sich stetig ändernden prozessbegleitenden Dokumente kann der Arbeitnehmer seine Arbeit nicht so ausführen, dass der Arbeitgeber seinen Abnehmern die vollständige Erfüllung ihrer Anforderungen sicherstellen kann.[718]

(3) Verhältnismäßigkeitsprüfung

5.166 Die vorgenommene Differenzierung muss zur Erreichung des legitimen Ziels (vgl. Rz. 5.161) **angemessen und erforderlich** sein (Art. 2 Abs. 2 Buchst. b AntiRass-RL und Gleichb-RL, 2 Abs. 1 Buchst. b Geschl-RL). Dasselbe gilt für die Entgeltdiskriminierung nach Art. 157 AEUV.[719] Notwendig ist eine Verhältnismäßigkeitsprüfung. Der EuGH prüft diese, ausgehend vom Text der Richtlinien, zweistufig. Das lässt sich in eine **traditionelle dreistufige Prüfung** (Eignung, Erforderlichkeit, Angemessenheit oder Verhältnismäßigkeit i.e.S.) „übersetzen".[720]

(a) Angemessenheit (Eignung)

5.167 Das Differenzierungskriterium ist angemessen, wenn es geeignet ist, zur **Verwirklichung des angestrebten Ziels** beizutragen. Das Kriterium ist geeignet, wenn mit der dadurch erreichten Gruppenbildung das angestrebte Ziel tatsächlich erreicht werden kann. Es ist also zu fragen, ob Sinn und Zweck der angestrebten Regelung gerade die vorgenommene, besonders belastende Maßnahme verlangen.[721]

5.168 **Privatautonom** gesetzte Gründe müssen „einem wirklichen Bedürfnis des Unternehmens dienen und für die Erreichung dieses Ziels geeignet" sein.[722] Dabei wird dem Arbeitgeber **kein Einschät-**

---

712 EuGH v. 14.3.2017 – C-157/15 – Achbita Rz. 26, ArbRB 2017, 99 = NJW 2017, 1087.
713 EuGH v. 18.1.2018 – C-270/16 – Ruiz Conejero Rz. 44 = NZA 2018, 159.
714 EuGH v. 17.6.1998 – C-243/95 – Hill und Stapleton, Slg. 1998, I-3729 Rz. 40; v. 20.3.2003 – C-187/00 – Kutz-Bauer, Slg. 2003, I-42741 Rz. 61.
715 EuGH v. 3.10.2006 – C-17/05 – Cadman, Slg. 2006, I-9583 Rz. 35.
716 Dazu EuGH v. 8.9.2011 – C-297/10 u.a. – Hennings, Slg. 2011, I-7965.
717 So aber BAG v. 28.1.2010 – 2 AZR 764/08, ArbRB 2010, 168 = NZA 2010, 625 Rz. 20.
718 BAG v. 28.1.2010 – 2 AZR 764/08, ArbRB 2010, 168 = NZA 2010, 625 Rz. 21.
719 EuGH v. 13.5.1986 – 179/84 – Bilka, Slg. 1986, 1607 Rz. 37; v. 3.10.2006 – C-17/05 – Cadman, Slg. 2006, I-9583 Rz. 32.
720 Näher BeckOGK-BGB/*Block*, § 3 AGG Rz. 95.
721 Vgl. BAG v. 12.11.2013 – 9 AZR 484/12, NJOZ 2014, 815 Rz. 21 f. (zur Frage, ob der Zweck eines Tarifvertrages eine Ungleichbehandlung von schwerbehinderten und nicht schwerbehinderten Arbeitnehmern rechtfertigt).
722 EuGH v. 13.5.1986 – 170/84 – Bilka, Slg. 1986, 1607 Rz. 36.

zungsspielraum zugebilligt. Behauptet er, dass die Besetzung einer ausgeschriebenen Stelle mit Arbeitnehmern im ersten Berufsjahr der Sicherung der Altersstruktur und der Kostenneutralität dient, müssen diese Gründe vom Arbeitgeber nachgewiesen werden.[723] Beispielsweise ist die Anknüpfung der Entlohnung an das Dienstalter im Regelfall geeignet, die größere Berufserfahrung zu erfassen.[724] Voraussetzung dafür ist, dass das Dienstalter tatsächlich geeignet ist, das Ziel – Honorierung der aufgrund von Berufserfahrung höheren Produktivität des Arbeitnehmers – zu erreichen.[725] Nur wenn der Arbeitgeber ein System zur beruflichen Einstellung verwendet, kommt es nicht auf den individuellen Arbeitnehmer an (vgl. Rz. 6.71 ff.).[726] Eine Neutralitätspolitik des Arbeitgebers, die das Verbot des Tragens sichtbarer Zeichen politischer, philosophischer oder religiöser Überzeugungen verbietet, ist nur dann angemessen, wenn diese Politik tatsächlich in kohärenter und systematischer Weise verfolgt wird.[727]

Bei **sozialpolitischen** Maßnahmen wurde den Mitgliedstaaten – Gleiches gilt aufgrund unmittelbarer Richtlinienbindung auch für die Kollektivvertragsparteien[728] – in der Vergangenheit ein **breiter Ermessensspielraum** dahingehend eingeräumt, ob die gewählten Maßnahmen das sozialpolitische Ziel tatsächlich erreichen können.[729] Danach genügte es, wenn der Staat vernünftigerweise annehmen kann, dass die gewählten Mittel zur Verwirklichung dieses Ziels geeignet seien.[730] Allgemeine Behauptungen reichen allerdings nicht aus.[731] In jüngerer Zeit verschärft der EuGH seine Anforderungen. Danach muss die Maßnahme dem Anliegen tatsächlich gerecht und in kohärenter und systematischer Weise angewandt werden.[732] In der Sache kommt es zu einer Annäherung der Rechtfertigungsanforderungen mit den besonderen Rechtfertigungsgründen der Richtlinie.[733]

5.169

(b) Erforderlichkeit

Die Anknüpfung an das neutrale Differenzierungskriterium und die damit einhergehende besondere Benachteiligung müssen erforderlich sein, um den angestrebten Zweck zu erreichen.[734] Erforderlich ist ein Mittel zur Erreichung des vom Benachteiligenden gesetzten Ziels, wenn das Ziel ohne das Mittel nicht erreicht werden kann.[735] Kann das Ziel auf eine gleich geeignete Art und Weise erreicht werden, die sich nicht oder in geringerem Umfang benachteiligend auswirkt, ist das gewählte Mittel nicht erforderlich.[736] So ist zum Beispiel das Verbot des sichtbaren Tragens jedes Zeichens oder Kleidungsstücks, das mit einem religiösen Glauben oder einer politischen oder philosophischen Überzeugung in Verbindung gebracht werden kann, nur dann zur Sicherung des neutralen Unternehmensauftritts erforderlich, wenn es sich nur an solche Arbeitnehmer richtet, die mit Kunden in Kontakt treten.[737]

5.170

---

723 Vgl. BAG v. 18.8.2009 – 1 ABR 47/08, ArbRB 2010, 76 = NZA 2010, 222 Rz. 24.
724 EuGH v. 3.10.2006 – C-17/05 – Cadman, Slg. 2006, I-9583 Rz. 35.
725 EuGH v. 3.10.2006 – C-17/05 – Cadman, Slg. 2006, I-9583 Rz. 38.
726 EuGH v. 3.10.2006 – C-17/05 – Cadman, Slg. 2006, I-9583 Rz. 39.
727 EuGH v. 14.3.2017 – C-157/15 – Achbita Rz. 26, ArbRB 2017, 99 = NJW 2017, 1087.
728 Vgl. EuGH v. 6.12.2012 – C-152/11 – Odar Rz. 34, 27, NZA 2012, 1435.
729 EuGH v. 9.2.1999 – C-167/97 – Seymour-Smith u.a., Slg. 1999, I-623 Rz. 74; vertiefend *Barnard*, EU Employment Law, 4. Aufl. 2012, S. 323 ff.
730 EuGH v. 9.2.1999 – C-167/97 – Seymour-Smith u.a., Slg. 1999, I-623 Rz. 77; v. 20.11.2011 – C-123/10 – Brachner, Slg. 2011, I-10003 Rz. 74.
731 EuGH v. 9.2.1999 – C-167/97 – Seymour-Smith u.a., Slg. 1999, I-623 Rz. 74 f.; v. 20.3.2003 – C-187/00 – Kutz-Bauer, Slg. 2003, I-42741 Rz. 58.
732 EuGH v. 20.11.2011 – C-123/10 – Brachner, Slg. 2011, I-10003 Rz. 74.
733 S. dazu den aussagekräften Verweis auf EuGH v. 18.11.2011 – C-250/09 u.a. – Georgiev, Slg. 2010, I-11869 Rz. 56 in EuGH v. 20.11.2011 – C-123/10 – Brachner, Slg. 2011; I-10003 Rz. 74.
734 Vgl. BAG v. 7.7.2011 – 2 AZR 355/10, ArbRB 2012, 5 = NZA 2011, 1412 Rz. 30.
735 BAG v. 28.1.2010 – 2 AZR 764/08, ArbRB 2010, 168 = NZA 2010, 625 Rz. 22.
736 Zur Verankerung in der allg. Rspr. des EuGH vgl. *Tobler*, Indirect Discriminiation, 2005, S. 241 f.
737 EuGH v. 14.3.2017 – C-157/15 – Achbita Rz. 42, ArbRB 2017, 99 = NJW 2017, 1087.

5.171 Nach traditionellem Verständnis wird auf dieser Stufe lediglich die **Mittelauswahl** geprüft; eine Interessenabwägung findet danach noch nicht statt.[738] In der Entscheidungspraxis des **EuGH** kommt es dagegen bereits an dieser Stelle zu einer **Abwägung der betroffenen Interessen**.[739] Nach traditionellem Verständnis ist das der Verhältnismäßigkeit i.e.S. („Angemessenheit i.e.S.") vorbehalten.[740] Der **Vorteil des dreistufigen Aufbaus** liegt darin, dass man die unterschiedlichen Bezugspunkte von Erforderlichkeit und Angemessenheit i.e.S. sichtbar machen kann. Während es bei der Erforderlichkeit um das Verhältnis von Mittel und Zweck geht, wägt man bei der Angemessenheit i.e.S. das Gewicht des mit der Einschränkung verfolgten Schutzguts mit dem eingeschränkten Grundrecht auf der anderen Seite ab.[741]

5.172 Entscheidend ist, ob der betroffenen Personengruppe die eingetretene Benachteiligung aufgrund des Gewichts des verfolgten Zwecks einerseits und der Bedeutung des Gleichbehandlungsgrundsatzes andererseits noch **zugemutet** werden darf. Der Einsatz des „neutralen" Differenzierungskriteriums ist angemessen, wenn der damit verfolgte externe Zweck so bedeutsam ist, dass er die normative Ungleichbehandlung und die damit einhergehenden Verteilungswirkungen rechtfertigen kann.[742] Die Differenzierung ist unangemessen, wenn die legitimen Interessen der besonders betroffenen Personen übermäßig beeinträchtigt werden.[743] Dabei kommt es auf den **Kontext** an, in den sich die Regel oder Maßnahme einfügt, und es sind die Nachteile zu berücksichtigen, die sie für die Betroffenen bewirken können.[744] Damit werden die soziale Realität der Verteilung von Erwerbschancen im Wirtschaftssystem und das Potential diskriminierender Strukturen zum Gegenstand der Rechtfertigungsprüfung.[745] Differenziert beispielsweise ein **Sozialplan** hinsichtlich der Anspruchsberechtigung und -höhe anhand der Rentenbezugsberechtigung der betroffenen Arbeitnehmer, liegt darin eine unangemessene besondere Benachteiligung Schwerbehinderter, wenn diese früher als nicht-behinderte Arbeitnehmer zum Bezug einer Rente berechtigt sind.[746] Anders ist dagegen zu entscheiden, wenn die Abfindungshöhe ausschließlich an das Lebensalter anknüpft.[747]

4. Belästigung und sexuelle Belästigung

a) Grundlagen und Normzweck

5.173 Nach Art. 2 Abs. 3 AntiRass-RL und Gleichb-RL sowie Art. 2 Abs. 1 Buchst. c i.V.m. Art. 2 Abs. 2 Buchst. a Geschl-RL gilt das Verbot unerwünschter Verhaltensweisen im Zusammenhang mit einem „verpönten" Merkmal als Diskriminierung. Die Mitgliedstaaten können den Begriff der Belästigung abweichend definieren, wenn nicht das Geschlecht das betroffene Merkmal ist (vgl. Art. 2 Abs. 3 AntiRass-RL).[748] Die Belästigung darf nicht mit „**Mobbing**" gleichgesetzt werden.[749] Art. 2 Abs. 1 Buchst. d i.V.m. Art. 2 Abs. 2 Buchst. a Geschl-RL enthält die sexuelle Belästigung, die als Spezialfall der Belästigung aufgrund des Geschlechts ebenfalls als Diskriminierung gilt.

---

738 *Stürner*, Der Grundsatz der Verhältnismäßigkeit im Schuldvertragsrecht, 2010, S. 319.
739 Exemplarisch EuGH v. 6.12.2012 – C-152/11 – Odar Rz. 65 ff., NZA 2012, 1435.
740 Vgl. *Bauer/Göpfert/Krieger*, AGG, § 3 Rz. 34; Schiek/*Schiek*, AGG, § 3 Rz. 53; Däubler/Bertzbach/ Schrader/Schubert, AGG, § 3 Rz. 60.
741 Näher *Grünberger*, Personale Gleichheit, S. 837 ff.
742 *Grünberger*, Personale Gleichheit, S. 839; s. auch Friauf/Höfling/*Huster*, Art. 3 GG Rz. 76.
743 Vgl. EuGH v. 6.12.2012 – C-152/11 – Odar Rz. 70, NZA 2012, 1435.
744 EuGH v. 6.12.2012 – C-152/11 – Odar Rz. 65, NZA 2012, 1435.
745 *Grünberger/Sagan*, EuZA 2013, 324 (333).
746 EuGH v. 6.12.2012 – C-152/11 – Odar Rz. 65 ff., NZA 2012, 1435.
747 BAG v. 23.4.2013 – 1 AZR 916/11, NZA 2013, 980 Rz. 32.
748 S. EuGH v. 17.7.2008 – C-303/06 – Coleman, Slg. 2008, I-5603 Rz. 60.
749 Näher BAG v. 25.10.2007 – 8 AZR 593/06, ArbRB 2008, 102 = NZA 2008, 223 Rz. 58; v. 22.7.2010 – 8 AZR 1012/08, ArbRB 2011, 35 = NZA 2011, 93 Rz. 90; ausf. *Eggert-Weyand*, Belästigung am Arbeitsplatz, 2010, S. 131 ff.

Das europäische Nichtdiskriminierungsrecht konzipiert **Belästigungen und sexuelle Belästigung** 5.174
als Diskriminierung und bettet sie in den Kontext des Gleichbehandlungsrechts ein.[750] Diese Lösung erklärt sich mit der Herkunft aus dem U.S.-amerikanischen Nichtdiskriminierungsrecht.[751] Sie überzeugt, weil sie das mit dem Nichtdiskriminierungsprinzip verfolgte Anliegen verwirklicht (vgl. Rz. 5.2). Sie greift das soziale Phänomen auf, dass Personen einer (Minderheiten-)Gruppe einer Benachteiligung ausgesetzt sind, von der Personen verschont bleiben, die nicht zu dieser Gruppe gezählt werden.[752] Wer beispielsweise wegen seines Geschlechts oder seiner ethnischen Herkunft oder seiner sexuellen Orientierung belästigt wird, dessen Würde wird in gleichheitswidriger Weise verletzt.[753]

Der gleichheitsrechtliche Ansatz ist dem deutschen Recht traditionell fremd. Dort erfolgt der 5.175
Schutz freiheitsrechtlich als **Persönlichkeitsrechts- oder Würdeverletzung** (vgl. § 1 Abs. 1 BeschSchG).[754] Die Lösung der § 3 Abs. 3 und 4 AGG wird daher als „systemwidrig" angesehen.[755] Das Unrecht liege in der Handlung selbst und nicht im Vergleich zu anderen Handlungen.[756] Das ist **nicht vereinbar mit dem unionsrechtlichen Verständnis**.

b) Belästigung

Belästigungen sind „unerwünschte Verhaltensweisen".[757] Damit werden jedes „Verhalten" (*con-* 5.176
duct, comportamento, comportement) und alle Möglichkeiten des Verhaltensausdrucks erfasst. Unerheblich ist, ob es sich um einen einmaligen oder um wiederholte Vorgänge handelt.[758] Ob ein Verhalten unerwünscht ist, bestimmt sich vom Standpunkt einer **verständigen dritten Person**,[759] die ihrerseits als Merkmalsträger gedacht werden muss.[760] Das Belästigungsverbot stellt keinen generellen Verhaltenskodex am Arbeitsplatz auf.[761] Erfasst wird nur ein Verhalten, das seine Ursachen in der „Rasse", der ethnischen Herkunft, dem Geschlecht, der Religion oder Weltanschauung, einer Behinderung, im Alter oder der sexuellen Ausrichtung hat.[762] Notwendig ist insofern „ein unmittelbarer oder mittelbarer Zusammenhang" mit dem verpönten Merkmal.[763] Die Belästigung muss aber nicht „wegen" des verpönten Merkmals erfolgen. Die belästigte Person muss nicht selbst Merkmalsträger sein. Eine Arbeitnehmerin wird auch dann wegen eines verpönten Merkmals belästigt, wenn das Verhalten im Zusammenhang mit der Behinderung ihres Kindes steht, für das sie im Wesentlichen die Pflegeleistungen erbringt.[764] Unerheblich ist auch, ob der Belästigende weiß, dass die belästigte Person Merkmalsträger ist.[765]

---

750 Zum Folgenden näher *Grünberger*, Personale Gleichheit, S. 666 ff.
751 Näher *Eggert-Weyand*, Belästigung am Arbeitsplatz, 2010, S. 16 ff.
752 Supeme Court v. 9.11.1993 – Harris v. Forklift Systems, Inc. – U.S. 510 (1993), 17 (25) (Ginsburg, J., conc.).
753 *Eggert-Weyand*, Belästigung am Arbeitsplatz, 2010, S. 57 f.
754 Vertiefend dazu *Scholten*, Diskriminierungsschutz im Privatrecht?, 2004, S. 30 ff. und grundl. *Baer*, Würde oder Gleichheit?, 1995, S. 50 ff.
755 MüKoBGB/*Thüsing*, § 3 AGG Rz. 52.
756 *Thüsing*, ZfA 2001, 397 (411).
757 Vertiefend BeckOGK-BGB/*Block*, § 3 AGG Rz. 109 ff.
758 *MacKinnon*, Feminism Unmodified, 1987, S. 109; *Eggert-Weyand*, Belästigung am Arbeitsplatz, 2010, S. 73 ff.
759 BAG v. 24.9.2009 – 8 AZR 705/08, ArbRB 2010, 107 = NZA 2010, 387 Rz. 27.
760 *Eggert-Weyand*, Belästigung am Arbeitsplatz, 2010, S. 89 f.
761 Näher BeckOGK-BGB/*Block*, § 3 AGG Rz. 113 ff.
762 BAG v. 25.10.2007 – 8 AZR 593/06, ArbRB 2008, 102 = NZA 2008, 223 Rz. 58.
763 BAG v. 24.9.2009 – 8 AZR 705/08, ArbRB 2010, 107 = NZA 2010, 387 Rz. 27; v. 22.6.2011 – 8 AZR 48/10, ArbRB 2011, 360 = NZA 2011, 1226 Rz. 44.
764 EuGH v. 17.7.2008 – C-303/06 – Coleman, Slg. 2008, I-5603 Rz. 58.
765 BeckOGK-BGB/*Block*, § 3 AGG Rz. 114.

5.177 Die Belästigung muss die **Würde ihres Adressaten** verletzen. Diesem Tatbestandsmerkmal kommt eine grobe Filterfunktion zu. Damit scheiden lediglich geringfügige Eingriffe aus. Falsch wäre es, denselben Maßstab wie bei einer Persönlichkeitsrechtsverletzung i.S.v. § 823 Abs. 1 BGB anzulegen.[766] Praktisch erübrigt sich eine selbständige Prüfung:[767] Liegt ein feindliches Umfeld vor, ist die Würdeverletzung indiziert.[768]

5.178 Eine Belästigung setzt voraus, dass „ein von Einschüchterungen, Anfeindungen, Erniedrigungen, Entwürdigungen oder Beleidigungen gekennzeichnetes Umfeld geschaffen wird" (sog. „feindliches Umfeld"[769]).[770] Das **feindliche Umfeld** ist hier selbstständiges Tatbestandsmerkmal,[771] während es bei der sexuellen Belästigung nur Regelbeispiel ist.[772] Notwendig ist eine wertende Gesamtschau aller vergangenen und gegenwärtigen Faktoren.[773] „Entscheidend ist, ob ein bestimmtes Verhalten oder ein bestimmter Vorfall das Umfeld kennzeichnet, also für dieses charakteristisch oder typisch ist."[774] Eine Verhaltensweise unterhalb einer bloßen Lästigkeitsschwelle, die sich in einem einzelnen Zwischenfall erschöpft, führt regelmäßig nicht zur Schaffung eines feindlichen Umfeldes.[775] In der Regel ist ein Verhalten von **gewisser Dauer** erforderlich.[776] Ob es sich um ein feindliches Umfeld handelt, ist vom **Standpunkt eines objektiven Dritten** aus zu bewerten, wobei zu unterstellen ist, dass er selbst Merkmalsträger und für die „Zwischentöne" sozialer Kommunikation sensibilisiert ist.[777]

5.179 Das unerwünschte Verhalten muss die Würdeverletzung und das feindliche Umfeld entweder **bezwecken oder bewirken**. Bezweckt ist die Handlung, wenn der Belästigende die Tatbestandsmerkmale vorsätzlich verwirklicht.[778] Bewirkt ist der Tatbestand, wenn es zu einer Würdeverletzung und zu einem feindlichen Umfeld kommt. Gegenteilige Absichten oder Vorstellungen der für dieses Ergebnis aufgrund ihres Verhaltens objektiv verantwortlichen Person spielen keine Rolle.[779] Auf ein **subjektives Element** – insbesondere Vorsatz – kommt es bei dieser Variante nicht an.[780]

c) Sexuelle Belästigung

5.180 Die sexuelle Belästigung ist in der Geschlechterrichtlinie als Spezialfall der Belästigung ausgestaltet. Sie ist tatbestandlich enger, weil sie nur **unerwünschtes sexuell bestimmtes Verhalten** adressiert. Sie ist zugleich weiter, weil die Würdeverletzung als solche genügt und das feindliche Umfeld zum Regelbeispiel wird.[781] Die Geschl-RL zwingt dazu, die sexuelle Belästigung von der Belästigung im

---

766 Vgl. ErfK/*Schlachter* AGG, § 3 Rz. 17.
767 S. auch BAG v. 22.6.2011 – 8 AZR 48/10, ArbRB 2011, 360 = NZA 2011, 1226 Rz. 45, wo das Merkmal nicht ausdrücklich geprüft wird.
768 Vgl. Erman/*Armbrüster*, § 3 AGG Rz. 21 a.E. (unwiderlegliche Vermutung).
769 BAG v. 24.9.2009 – 8 AZR 705/08, ArbRB 2010, 107 = NZA 2010, 387 Rz. 29.
770 Vertiefend dazu BeckOGK-BGB/*Block*, § 3 AGG Rz. 119 ff.
771 Näher dazu BAG v. 24.9.2009 – 8 AZR 705/08, ArbRB 2010, 107 = NZA 2010, 387 Rz. 29 m.w.N.; *Eggert-Weyand*, Belästigung am Arbeitsplatz, 2010, S. 119 f.; a.A. ErfK/*Schlachter*, AGG § 3 Rz. 19.
772 Falke/Rust/*Eggert-Weyand*, AGG, § 3 Rz. 84 f.; *Adomeit/Mohr*, AGG, § 3 Rz. 233; Schiek/*Schiek*, AGG, § 3 Rz. 60.
773 BAG v. 24.9.2009 – 8 AZR 705/08, ArbRB 2010, 107 = NZA 2010, 387 Rz. 33; v. 22.7.2010 – 8 AZR 1012/08, ArbRB 2011, 35 = NZA 2011, 93 Rz. 91.
774 BAG v. 24.9.2009 – 8 AZR 705/08, ArbRB 2010, 107 = NZA 2010, 387 Rz. 32.
775 BAG v. 22.6.2011 – 8 AZR 48/10, ArbRB 2011, 360 = NZA 2011, 1226 Rz. 45; v. 24.9.2009 – 8 AZR 705/08, ArbRB 2010, 107 = NZA 2010, 387 Rz. 32.
776 BAG v. 24.9.2009 – 8 AZR 705/08, ArbRB 2010, 107 = NZA 2010, 387 Rz. 32.
777 Näher zum Problem BeckOGK-BGB/*Block*, § 3 AGG Rz. 123 f.
778 Zu den Anforderungen im Einzelnen *Eggert-Weyand*, Belästigung am Arbeitsplatz, 2010, S. 120 ff.
779 BAG v. 9.6.2011 – 2 AZR 323/10, NZA 2011, 1342 Rz. 19.
780 BAG v. 9.6.2011 – 2 AZR 323/10, NZA 2011, 1342 Rz. 19; *Eggert-Weyand*, Belästigung am Arbeitsplatz, 2010, S. 122 ff.; a.A. Däubler/Bertzbach/*Schrader/Schubert*, AGG, § 3 Rz. 68.
781 *Adomeit/Mohr*, AGG, § 3 Rz. 252.

Zusammenhang mit dem Geschlecht zu unterscheiden:⁷⁸² Ist das Verhalten nicht sexuell bestimmt, steht die Belästigung aber im Zusammenhang mit dem Geschlecht oder der sexuellen Orientierung des Betroffenen, ist Art. 2 Abs. 1 Buchst. c Geschl-RL einschlägig.

Das Verhalten ist **unerwünscht**, wenn es aus Sicht einer verständigen dritten Person als unerwünscht empfunden werden kann.⁷⁸³ Dabei muss der Rechtsanwender vermeiden, an stereotype Vorstellungen von Geschlechtverhalten anzuknüpfen.⁷⁸⁴ Es muss sich um ein sexuell bestimmtes Verhalten handeln. Was „sexuell" ist und was nicht, lässt sich nicht ohne **Berücksichtigung sozialer Kontexte** feststellen.⁷⁸⁵ Manche **Fälle** sind eindeutig: Ein Mitarbeiter städtischer Gartenanlagen, der zur weiblichen Urlaubsvertretung, die sich gerade bückt, sagt: „Dich würde ich auch gerne von hinten ficken", handelt sexuell bestimmt.⁷⁸⁶ Andere Fälle sind schwieriger einzuordnen: Der „Klaps auf den Po", der eine sexuell bestimmte körperliche Berührung darstellen kann,⁷⁸⁷ ist unterschiedlich zu bewerten, je nachdem ob ein Trainer den Fußballspieler damit in die zweite Halbzeit entlässt oder der Arbeitgeber ihn einem Mitarbeiter oder einer Mitarbeiterin im Büro gibt.⁷⁸⁸ Die sexuelle Belästigung markiert einen Punkt eines sozialen Kommunikationsvorgangs, an dem die in der Gesellschaft latent vorhandene Sexualisierung die Grenzen des (regelmäßig) in einem Arbeitsverhältnis gerade noch Zumutbaren überschreitet.⁷⁸⁹ Sobald keine sexuell bestimmte Kommunikation unter Gleichen stattfindet, wird dieses Unrecht vom Tatbestand der sexuellen Belästigung erfasst.⁷⁹⁰

5.181

5. Anweisung zur Diskriminierung

Die Anweisung zur Diskriminierung einer Person aufgrund eines verpönten Merkmals gilt nach Art. 2 Abs. 4 AntiRass-RL und Gleichb-RL sowie Art. 2 Abs. 2 Buchst. b Geschl-RL als Diskriminierung. Damit wird der Schutz vor einer Benachteiligung in das **Vorfeld** einer unmittelbaren oder mittelbaren Diskriminierung ausgedehnt.⁷⁹¹ Damit stellt das Unionsrecht sicher, dass diese Gefährdung unabhängig vom nationalen Haftungsrecht und nationalen Zurechnungsnormen im Nichtdiskriminierungsrecht erfasst wird.

5.182

Die Anweisung ist ein **eigener verbotener Diskriminierungstatbestand**.⁷⁹² Die Richtlinien haben bewusst einen Begriff gewählt, der im jeweiligen nationalen Recht nicht mit dem der Anstiftung besetzt ist.⁷⁹³ In Übereinstimmung mit dem Normzweck kommt es nach dem Wortlaut der Richtlinien nicht darauf an, ob die eigentliche Benachteiligung auch eingetreten ist.⁷⁹⁴ Daraus folgt auch, dass der Anweisende die Tat nicht ausführen muss.⁷⁹⁵ Für die Anweisung genügt es, wenn eine

5.183

---

782 Vgl. dazu *Clarke*, ILJ 35 (2006), 161 (167 ff.); *Eggert-Weyand*, Belästigung am Arbeitsplatz, 2010, S. 139 ff.
783 Allg. Auffassung, statt aller ErfK/*Schlachter*, § 3 AGG Rz. 21.
784 Zum Problem BeckOGK-BGB/*Block*, § 3 AGG Rz. 125.
785 Vgl. Supreme Court v. 4.3.1998 – Oncale v. Sundowner Offshore Services, Inc. – U.S. 523 (1998), 75 (81 f.).
786 LAG Niedersachsen v. 25.11.2008 – 1 Sa 547/08, NZA-RR 2009, 249 (250 f.); weitere Beispiele bei BeckOGK-BGB/*Block*, § 3 AGG Rz. 134.
787 Vgl. LAG Köln v. 7.7.2005 – 7 Sa 508/04, NZA-RR 2006, 237.
788 Vgl. Supreme Court v. 4.3.1998 – Oncale v. Sundowner Offshore Services, Inc. – U.S. 523 (1998), 75 (81).
789 Vertiefend BeckOGK-BGB/*Block*, § 3 AGG Rz. 136.
790 Dazu grundlegend *MacKinnon*, Sexual Harassment of Working Women, 1979, S. 174 ff.
791 *Wagner/Potsch*, JZ 2006, 1085 (1090 f.); MüKoBGB/*Thüsing*, § 3 Rz. 77.
792 Vgl. Employment Appeal Tribunal v. 28.10.1983 – Showboat Entertainment Centre Ltd. v. Owens – Industrial Case Reports 1984, 65 (zu Sec. 30 Race Relations Act).
793 *Scholten*, Diskriminierungsschutz im Privatrecht?, 2004, S. 37.
794 BeckOGK-BGB/*Block*, § 3 AGG Rz. 143; a.A. *Däubler*, ZfA 2006, 479 (490 f.).
795 BT-Drucks. 16/1789, 33; Däubler/Bertzbach/*Deinert*, AGG, § 3 Rz. 90; a.A. *Adomeit/Mohr*, AGG, § 3 Rz. 266, BeckOK-ArbR/*Roloff*, § 3 AGG Rz. 34.

Person einer anderen Instruktionen erteilt und sie aufgrund des rechtlichen, sozialen, wirtschaftlichen oder intellektuellen Machtverhältnisses annehmen darf, dass sie umgesetzt werden.[796]

5.184 Das unerwünschte sexuell bestimmte Verhalten muss entweder bezwecken oder bewirken, dass die **Würde** der betreffenden Person verletzt wird. Bereits in einem einmaligen Verhalten kann eine Würdeverletzung liegen. Ob das Tatbestandsmerkmal eigenständige Bedeutung erlangen wird, ist zweifelhaft.[797] Die entscheidende Weichenstellung ist die sexuell bestimmte Handlung: Je sexualisierter sie ist, desto eher wird man bereit sein, die Verletzung der Würde zu bejahen.

6. Besondere Erscheinungsformen der Diskriminierung

a) Unterstelltes Merkmal

5.185 Die Diskriminierungskategorien konstruieren Zuschreibungen von Eigenschaften an Personen.[798] Im Regelfall basieren diese Zuschreibungen auf sichtbaren Merkmalen, Verhaltensweisen oder statusrechtlichen Eigenschaften der betroffenen Person. Man muss sich dabei aber darüber im Klaren sein, dass nicht die tatsächliche Existenz dieser Merkmale das vom Nichtdiskriminierungsrecht adressierte Problem ist. Es geht immer um die Frage, welche **Bedeutung** diesem Merkmal **in sozialen Zusammenhängen** zugeschrieben wird. Diese Zuschreibung hängt nicht zwingend davon ab, dass das Merkmal auch tatsächlich gegeben ist.[799] Nach der verallgemeinerungsfähigen Rechtsprechung des EuGH gelten deshalb die Diskriminierungsverbote der Gleichbehandlungsrahmenrichtlinie nicht für eine bestimmte Kategorie von Personen, sondern in Bezug auf die jeweils genannten Gründe.[800]

b) Dreiecksverhältnisse

5.186 Im „Normalfall" knüpft der Normadressat an ein Merkmal einer Person an und behandelt diese Person deshalb ungleich. Daneben kann das Nichtdiskriminierungsrecht auch eine Diskriminierung in Dreiecksverhältnissen erfassen.[801] Grundlegend ist die Entscheidung des EuGH in der Rs. *Coleman*.[802] Vorlagegegenstand war die Frage eines englischen Gerichts, ob das Verbot der Diskriminierung wegen einer Behinderung in der Gleichbehandlungsrahmenrichtlinie nur Menschen schützt, die selbst eine Behinderung haben.[803] Die Arbeitnehmerin *Coleman* war nicht Merkmalsträgerin, ihr Kind war allerdings behindert. Das englische Recht setzte damals eine Identität von Merkmalsträger und Adressat der diskriminierenden Maßnahme voraus.[804]

5.187 Nach der zutreffenden Auffassung des **EuGH** ist das Verbot der unmittelbaren Diskriminierung in der Gleichbehandlungsrahmenrichtlinie aufgrund des damit verfolgten Zwecks nicht auf Personen beschränkt, die selbst behindert sind. Der für diesen Bereich verankerte Gleichbehandlungsgrundsatz gilt **nicht für eine bestimmte Kategorie von Personen**, sondern in Bezug auf die in ihrem Art. 1 genannten Gründe.[805] Eine unmittelbare Diskriminierung setzt demnach nicht voraus, dass

---

796 Vgl. dazu Däubler/Bertzbach/*Deinert*, AGG, § 3 Rz. 85 m.w.N.; i.E. auch BeckOK-ArbR/*Roloff*, § 3 AGG Rz. 35; a.A. *Kamanabrou*, RdA 2006, 321 (326); *Rolfs*, NJW 2007, 1489 (1492) (rechtliche Anweisungsbefugnis).
797 Näher BeckOGK-BGB/*Block*, § 3 AGG Rz. 137 f.
798 Zum Folgenden bereits *Grünberger*, Personale Gleichheit, S. 623 ff.
799 Schiek/*Schiek*, AGG, § 1 Rz. 7.
800 EuGH v. 17.7.2008 – C-303/06 – Coleman, Slg. 2008, I-5603 Rz. 38.
801 Vertiefend *Grünberger*, The Principle of Equal Treatment in Triangular Relationships (Working Paper, 2009), http://www.uni-koeln.de/jur-fak/bhgg/personen/gruenberger/Gruenberger_Triangular_Relations.pdf [Stand: 31.5.2014].
802 EuGH v. 17.7.2008 – C-303/06 – Coleman, Slg. 2008, I-5603.
803 EuGH v. 17.7.2008 – C-303/06 – Coleman, Slg. 2008, I-5603 Rz. 27.
804 S. *Pilgerstorfer/Forshaw*, ILJ 37 (2008), 384 (385 f.).
805 EuGH v. 17.7.2008 – C-303/06 – Coleman, Slg. 2008, I-5603 Rz. 56.

jemand wegen *seiner* Behinderung schlechter behandelt wird als eine andere Person in einer vergleichbaren Lage. Vielmehr genügt es, wenn die Benachteiligung auf *eine* Behinderung – auch einer dritten Person – zurückgeht.[806] Dieses Ergebnis ist bereits aufgrund des Wortlauts der Gleichbehandlungsrahmenrichtlinie auf alle dort genannten Merkmale zu übertragen. Trotz des etwas abweichenden Wortlauts trifft dieses Verständnis auch auf die Antirassismus- und die Geschlechterrichtlinie zu.[807]

VI. Rechtfertigungsmöglichkeiten von Diskriminierungen

1. System der Rechtfertigungsgründe und Struktur der Rechtfertigungsprüfung

a) Problemstellung

Die Frage nach der Rechtfertigung bildet den **Kern** des Gleichbehandlungsrechts.[808] Die begrifflich gegebene Ungleichbehandlung begründet nur *prima facie* einen Anspruch auf Gleichbehandlung.[809] Eine Verpflichtung des Normadressaten zur Gleichbehandlung folgt daraus erst, wenn er die Ungleichbehandlung nicht rechtfertigen kann. Gleichbehandlungspflichten sind damit auch Rechtfertigungsgebote für Ungleichbehandlungen. Diskriminierungsverbote bezeichnen Gründe, mit denen man eine Ungleichbehandlung nicht rechtfertigen kann. Das wirft die Frage auf, ob verbotene Diskriminierungen ihrerseits gerechtfertigt werden können. Die Rechtfertigung einer *prima facie* unerlaubten Diskriminierung ist darin eine Rückausnahme: Sie ermöglicht es, die Ungleichbehandlung gerade mit der Anknüpfung an ein verpöntes Merkmal zu rechtfertigen.

5.188

b) Prüfungsstruktur

Die (unmittelbare) Diskriminierung ist gerechtfertigt, wenn der Diskriminierende die Ungleichbehandlung mit einem **legitimen Grund** rechtfertigen kann. Der Kreis legitimer Gründe ist in den Richtlinien unterschiedlich festgelegt. Der **EuGH** vertritt eine **enge Auslegung**.[810] Eine besondere Stellung nimmt das Alter ein (ausführlich Rz. 6.13 ff.). Das erklärt sich im Wesentlichen mit der diskursiven Ausgestaltung von **Art. 6 Gleichb-RL**.[811] Der EuGH weist die altersbezogene Verteilung von Gütern (insbesondere Arbeitsplätzen) in der Gesellschaft im Wesentlichen dem politischen Diskurs in den Mitgliedstaaten zu.[812] Geht es dagegen um die Sicherung gleicher Chancen beim Marktzutritt, prüft er deutlich strenger. Dann bekommt die Rechtfertigungsprüfung „Biss".[813]

5.189

Kann die Differenzierung nicht auf einen ausdrücklichen Rechtfertigungsgrund gestützt werden, scheidet eine Rechtfertigung aus.[814] Weil Art. 157 Abs. 1 AEUV keinen ausdrücklichen Rechtfertigungsgrund kennt, ist zweifelhaft, ob eine Rechtfertigung der unmittelbaren Entgeltdiskriminierung möglich ist (vgl. Rz. 5.200 ff.).

5.190

---

806 *Bayreuther*, NZA 2008, 986 (987); krit. *Sutschet*, EuZA 2009, 245 (249).
807 Näher BeckOGK-BGB/*Block*, § 3 AGG Rz. 153 f.; *Grünberger*, Personale Gleichheit, S. 620 ff.
808 Näher *Mahlmann* in Rudolf/Mahlmann (Hrsg.), Gleichbehandlungsrecht, § 3 Rz. 37 ff.; *Wiedemann*, Gleichbehandlungsgebote, 2001, S. 44 f.
809 Zum Folgenden bereits *Grünberger*, Personale Gleichheit, S. 670 ff., 802 ff.
810 Vgl. EuGH v. 13.9.2011 – C-447/09 – Prigge, Slg. 2011, I-8003 Rz. 56.
811 Dazu *Grünberger*, Personale Gleichheit, S. 684 f.
812 Exemplarisch EuGH v. 12.10.2010 – C-45/09 – Rosenbladt, Slg. 2010, I-9391 Rz. 68; *Grünberger*, EuZA 2011, 171 (184 f.).
813 EuGH v. 2.10.2010 – C-499/08 – Ingeniørforeningen i Danmark (Andersen), Slg. 2010, I-9343 Rz. 44; v. 6.12.2012 – C-152/11 – Odar Rz. 52 ff.; vertiefend *Grünberger*, EuZA 2011, 171 (185); *Grünberger/Sagan*, EuZA 2013, 324 (330 f.).
814 EuGH v. 21.7.2005 – C-207/04 – Vergani, Slg. 2005, I-7453 Rz. 34; v. 18.11.2010 – C-356/09 – Kleist, Slg. 2010, I-11939 Rz. 41 f.

5.191 Weil die Rechtfertigung eine Einschränkung des **Grundrechts auf Gleichbehandlung** ist (vgl. Rz. 5.6 ff.), geht der EuGH in ständiger Rechtsprechung davon aus, dass der Grundsatz der **Verhältnismäßigkeit** zu beachten ist. Das folgt mittlerweile bereits aus Art. 52 Abs. 1 Satz 2 GRC. Ausnahmen dürfen nicht über das hinausgehen, was zur Erreichung des verfolgten Zieles (1.) angemessen und (2.) erforderlich ist. Der Grundsatz der Gleichbehandlung ist (3.) so weit wie möglich mit den Erfordernissen des legitimen Ziels in Einklang zu bringen.[815]

5.192 In der **Entscheidungspraxis** des EuGH spielen zwei Punkte eine wichtige Rolle: Der EuGH spannt die Prüfungsanforderungen hinsichtlich der Eignung an, die er i.d.R. bei der Erforderlichkeit prüft.[816] Damit wird ein **elementarer Rationalitätstest** in die Prüfung eingeführt.[817] Niemand muss sich eine Ungleichbehandlung gefallen lassen, wenn sie nicht zur Zielerreichung beiträgt. Eine Maßnahme ist nur dann geeignet, das legitime Ziel zu erreichen, wenn sie tatsächlich dem Anliegen gerecht wird, es in **kohärenter und systematischer Weise** zu erreichen.[818] Besonders streng prüft der EuGH bei **zeitlich unbegrenzten Ausnahmeregelungen**.[819] Der zweite wichtige Punkt ist die Grenze benachteiligender Maßnahmen. Sie dürfen nicht über das zur Erreichung der angestrebten Ziele **Erforderliche** hinausgehen und die Interessen der ungleich behandelten Arbeitnehmer übermäßig beeinträchtigen.[820]

5.193 Der Verhältnismäßigkeitsgrundsatz ist mittlerweile in Art. 4 AntiRass-RL, Art. 4 Abs. 1 und Art. 6 Gleichb-RL und Art. 14 Abs. 2 Geschl-RL ausdrücklich angeordnet. Der EuGH hat in seiner Rechtsprechung zu den Richtlinien diese Prüfungsschritte bestätigt und konkretisiert.[821] Er gilt als wegen Art. 52 Abs. 1 Satz 2 GRC auch für die Rechtfertigungsgründe, in denen er – wie in Art. 2 Abs. 5 und 4 Abs. 2 Gleichb-RL – nicht ausdrücklich genannt wird.

c) Rechtfertigungsgründe in den Richtlinien (Überblick)

5.194 Die Richtlinien eröffnen die Möglichkeit einer Rechtfertigung. Die Diskriminierungsverbote der Richtlinien sind daher nur **grundsätzliche Anknüpfungsverbote**. Sie führen dazu, dass die Anforderungen an die Rechtfertigung einer Ungleichbehandlung erheblich ansteigen, indem die Kategorie zulässiger Gründe beschränkt und zusätzlich mit dem Verhältnismäßigkeitsprinzip abgesichert wird.[822] Sie basieren auf einem System besonderer und allgemeiner Rechtfertigungsgründe. Die Möglichkeit der objektiven Rechtfertigung einer mittelbaren Diskriminierung ist dagegen für den Begriff der Diskriminierung konstitutiv (vgl. Rz. 5.158) und ist daher keine Rechtfertigung i.e.S.

aa) Besondere Rechtfertigungsgründe

5.195 Mit besonderen Rechtfertigungsgründen wird ein bestimmtes Interesse berücksichtigt, das sich unter den jeweils näher spezifizierten Voraussetzungen gegen das Nichtdiskriminierungsverbot durchsetzen kann. Einen besonderen Rechtfertigungsgrund sieht **Art. 4 Abs. 2 Gleichb-RL** zu-

---

815 EuGH v. 15.5.1986 – 222/84 – Johnston, Slg. 1986, 1651 Rz. 38; v. 26.10.1999 – C-273/97 – Sirdar, Slg. 1999, 7403 – Rz. 26; v. 11.1.2000 – C-285/98 – Kreil, Slg. 2000, I-69 Rz. 23; v. 19.3.2002 – C-476/99 – Lommers, Slg. 2002, I-2891 Rz. 39.
816 Exemplarisch EuGH v. 2.1.2010 – C-341/08 – Petersen, Slg. 2010, I-47 Rz. 53.
817 Zum Begriff *Somek*, Rationalität und Diskriminierung, 2001, S. 141 ff., 309 ff.
818 EuGH v. 2.1.2010 – C-341/08 – Petersen, Slg. 2010, I-47 Rz. 53.
819 EuGH v. 2.1.2010 – C-341/08 – Petersen, Slg. 2010, I-47 Rz. 53; v. 1.3.2011 – C-236/09 – Association Belge des Consommateurs Test-Achats u.a., Slg. 2011, I-773 Rz. 30 f.
820 EuGH v. 12.10.2010 – C-45/09 – Rosenbladt, Slg. 2010, I-9391 Rz. 73; v. 5.7.2012 – C-141/11 – Hörnfeldt Rz. 38, NZA 2012, 785; v. 6.12.2012 – C-152/11 – Odar Rz. 65, NZA 2012, 1435.
821 Grundlegend EuGH v. 22.11.2005 – C-144/04 – Mangold; Slg. 2005, I-9981 Rz. 60 ff.; v. 16.10.2007 – C-411/05 – Palacios de la Villa, Slg. 2007, I-8531 Rz. 66 ff.; v. 12.10.2010 – C-499/08 – Ingeniørforeningen i Danmark (Andersen), Slg. 2010, I-9343 Rz. 25 ff.
822 *Grünberger*, Personale Gleichheit, S. 672 ff.

gunsten von **Kirchen** und anderen öffentlichen oder privaten Organisationen, deren Ethos auf religiösen Grundsätzen oder **Weltanschauungen** beruht, vor. Von erheblicher Bedeutung ist schließlich der besondere Rechtfertigungsgrund für Ungleichbehandlungen wegen des **Alters** in Art. 6 **Gleichb-RL** (dazu Rz. 6.22 ff.).

Einen besonderen Rechtfertigungsgrund[823] – und keine Begrenzung des sachlichen Schutzbereichs – enthält **Art. 2 Abs. 5 Gleichb-RL** (dazu Rz. 6.14). Danach können Maßnahmen, die in einer demokratischen Gesellschaft für die Gewährleistung der **öffentlichen Sicherheit**, die Verteidigung der Ordnung und die Verhütung von Straftaten, zum Schutz der Gesundheit und zum Schutz der Rechte und Freiheiten anderer notwendig sind, eine Ungleichbehandlung rechtfertigen. Der Rechtfertigungsgrund ist eng auszulegen.[824] Unmittelbarer Adressat des Rechtfertigungsgrundes ist der Staat. Die Mitgliedstaaten können es den **Sozialpartnern** aufgrund hinreichend genauer Ermächtigungsvorschriften gestatten, entsprechende Maßnahmen auf den in Art. 2 Abs. 5 Gleichb-RL genannten Gebieten zu treffen, die in den Anwendungsbereich von Tarifverträgen fallen.[825] Dem **einzelnen Arbeitgeber** ist keine entsprechende Gestaltungsmacht eingeräumt. Hinsichtlich der Angemessenheit – nach traditionellem Begriffsverständnis würde man von Eignung sprechen (vgl. Rz. 5.167 ff.) – geht der EuGH von einem erheblichen **Wertungsspielraum** der Mitgliedstaaten aus.[826] Die Regelung ist geeignet, wenn sie tatsächlich dem Anliegen gerecht wird, es in kohärenter und systematischer Weise zu erreichen.[827] Insbesondere weitreichende Ausnahmeregelungen verstoßen gegen das Kohärenzgebot und führen dazu, dass eine Differenzierung nicht mehr gerechtfertigt werden kann.[828]

5.196

bb) Allgemeine Rechtfertigungsgründe

Zu den allgemeinen Rechtfertigungsgründen zählen **Art. 4 AntiRass-RL, 4 Abs. 1 Gleichb-RL** und **14 Abs. 2 Geschl-RL**, wonach eine Ungleichbehandlung wegen eines Merkmals, das im Zusammenhang mit „Rasse" und ethnischer Herkunft, der Religion oder der Weltanschauung, einer Behinderung, des Alters, der sexuellen Ausrichtung oder des Geschlechts steht, keine Diskriminierung ist, wenn das betreffende Merkmal aufgrund der Art einer bestimmten beruflichen Tätigkeit oder der Rahmenbedingungen ihrer Ausübung eine wesentliche und entscheidende **berufliche Voraussetzung** ist, sofern es sich um einen rechtmäßigen Zweck und eine angemessene Anforderung handelt.

5.197

Ebenfalls zu den allgemeinen Rechtfertigungsgründen zählen „**positive Maßnahmen**". Dabei handelt es sich um „Maßnahmen, die zwar nach ihrer äußeren Erscheinung diskriminierend sind, tatsächlich aber in der sozialen Wirklichkeit bestehende faktische Ungleichheiten beseitigen oder verringern sollen."[829] Wird ein bestimmtes Merkmal als Entscheidungsfaktor eingesetzt, liegt darin nach dem Verständnis des europäischen Nichtdiskriminierungsrechts eine tatbestandliche Ungleichbehandlung wegen des verpönten Merkmals.[830] Dafür enthalten die **Art. 5 AntiRass-RL, 7 Abs. 1 Gleichb-RL, 3 Geschl-RL** und **5 Richtlinie 2010/41/EU** zur Verwirklichung des Grundsatzes der Gleichbehandlung von Männern und Frauen, die eine selbstständige Erwerbstätigkeit ausüben, ausdrückliche Rechtfertigungsgründe.

5.198

Für Personen mit Behinderung sieht **Art. 7 Abs. 2 Gleichb-RL** einen Anspruch auf angemessene Vorkehrungen vor. Angemessene Maßnahmen sind eine notwendige Voraussetzung dafür, dass Menschen mit Behinderung die gleiche Freiheit ausüben können wie Menschen ohne Behinde-

5.199

---

823 Grundlegend EuGH v. 12.1.2010 – C-341/08 – Petersen, Slg. 2010, I-47 Rz. 49.
824 EuGH v. 13.9.2011 – C-447/09 – Prigge, Slg. 2011, I-8003 Rz. 56.
825 EuGH v. 13.9.2011 – C-447/09 – Prigge, Slg. 2011, I-8003 Rz. 61.
826 EuGH v. 2.1.2010 – C-341/08 – Petersen, Slg. 2010, I-47 Rz. 51 f. (zum Gesundheitsschutz).
827 EuGH v. 2.1.2010 – C-341/08 – Petersen, Slg. 2010, I-47 Rz. 53.
828 EuGH v. 2.1.2010 – C-341/08 – Petersen, Slg. 2010, I-47 Rz. 61.
829 EuGH v. 25.10.1988 – 312/86 – Kommission v. Frankreich, Slg. 1988, 6315 Rz. 15; v. 30.9.2010 – C-104/09 – Roca Álvarez, Slg. 2010, I-8661 Rz. 33.
830 *Grünberger*, Personale Gleichheit, S. 707; BeckOGK-BGB/*Block*, § 5 AGG Rz. 10.

rung.[831] Dabei handelt es sich um keinen Rechtfertigungsgrund, weil das Diskriminierungsverbot insoweit asymmetrisch ausgestaltet ist.[832]

d) Art. 157 AEUV

5.200 Weniger eindeutig kann die Frage beantwortet werden, ob es ein Möglichkeit gibt, eine von Art. 157 Abs. 1 AEUV (und Art. 4 Geschl-RL) erfasste **Entgeltdiskriminierung** wegen des Geschlechts zu rechtfertigen. Die Rechtfertigung ist für die mittelbare Diskriminierung anerkannt (vgl. Rz. 5.158 ff.). Gelingt sie, fehlt es bereits am Tatbestand einer Diskriminierung. Art. 157 Abs. 4 AEUV ermöglicht postive Maßnahmen (vgl. Rz. 5.233 ff.). **Umstritten** ist, ob sonstige unmittelbare Diskriminierungen rechtfertigungsfähig sind.[833] Nach klassischer Auffassung sei Art. 157 Abs. 1 AEUV ein striktes Anknüpfungsverbot, weshalb eine Rechtfertigung ausscheide.[834] Nach anderer Auffassung sei Art. 157 Abs. 1 AEUV – wie alle anderen Diskriminierungsverbote des Unionsrechts – einer Rechtfertigung zugänglich.[835]

5.201 Die **Rechtsprechung des EuGH** ist nicht aussagekräftig. Ein möglicher Grenzfall[836] ist die Konstellation in der Rs. *Brunnhofer*, in der eine Arbeitnehmerin bei gleicher kollektivvertraglicher Einstufung für gleiche oder gleichwertige Arbeit weniger verdiente als ein Arbeitnehmer.[837] Die Arbeitgeberin rechtfertigte die ungleiche Behandlung mit der Leistungsfähigkeit und dem Erfolg der geleisteten Arbeit der männlichen Kollegen.[838] Der EuGH akzeptierte diesen Rechtfertigungsgrund nicht.[839] Er sprach die Möglichkeit einer Rechtfertigung einer unmittelbaren Diskriminierung auch in einem Fall an, in dem eine Arbeitnehmerin im Vergleich zu ihrem männlichen Vorgänger weniger verdiente: Es ließe sich nicht ausschließen, dass die unterschiedliche Entlohnung zweier Arbeitnehmer, die denselben Arbeitsplatz zu unterschiedlichen Zeiten innehaben, mit objektiven Gründen erklären ließe, die nichts mit dem Geschlecht zu tun haben.[840]

5.202 Gerade dieser Fall zeigt, dass es einen Zusammenhang zwischen dem objektiven Tatbestand der Diskriminierung und der Rechtfertigung gibt. Plädiert man für ein weites bzw. deskriptives Verständnis der Vergleichbarkeit, muss man Raum für **normative Differenzierungen** schaffen. Wie die Rechtsprechung zu Art. 157 AEUV zeigt, spielen für den EuGH normative Erwägungen bereits auf der Ebene der Vergleichbarkeit eine Rolle (vgl. Rz. 5.118). Das ist zwangsläufig, wenn man die Rechtfertigungsmöglichkeit einer unmittelbaren Diskriminierung ausschließt.[841] Für die dabei anzustellenden Erwägungen ist der Rechtfertigungsdiskurs als Begründungsprozedur methodisch besser geeignet.[842] Daher ist im Grundsatz davon auszugehen, dass unmittelbare Entgeltdiskriminierungen im Ausgangspunkt rechtfertigungsfähig sein können. Zugleich ist einzuräumen, dass eine konkrete Rechtfertigung der unmittelbaren Entgeltdiskriminierung mangels legitimen Grundes in aller Regel ausscheiden wird.

---

831 BeckOGK-BGB/*Block*, § 5 AGG Rz. 76.
832 BeckOGK-BGB/*Block*, § 5 AGG Rz. 77.
833 S. *Fredman*, Discrimination Law, 2. Aufl. 2011, S. 196 ff.
834 *Classen*, JZ 1996, 921 (924); Grabitz/Hilf/Nettesheim/*Langenfeld*, Art. 157 AEUV Rz. 29; *Plötscher*, Der Begriff der Diskriminierung im Europäischen Gemeinschaftsrecht, 2003, S. 252 ff.
835 Calliess/Ruffert/*Krebber*, Art. 157 Rz. 58; Heselhaus/Nowak/*Odendahl*, Handbuch der Europäischen Grundrechte, 2006, § 44 Rz. 58 ff.
836 Zur unterschiedlichen Einordnung des Falles s. Calliess/Ruffert/*Krebber*, Art. 157 Rz. 58 (unmittelbare Diskriminierung) und *Classen*, EuR 2008, 627 (634, Fn. 34) (in der Sache mittelbare Diskriminierung).
837 EuGH v. 26.6.2001 – C-381/99 – Brunnhofer, Slg. 2001, I-4961.
838 EuGH v. 26.6.2001 – C-381/99 – Brunnhofer, Slg. 2001, I-4961 Rz. 63.
839 EuGH v. 26.6.2001 – C-381/99 – Brunnhofer, Slg. 2001, I-4961 Rz. 74 ff.
840 EuGH v. 27.3.1980 – 127/79 – Macarthys, Slg. 1980, 1275 Rz. 12.
841 Instruktiv Schwarze/*Rebhahn*, Art. 157 AEUV Rz. 22.
842 Dazu *Grünberger*, Personale Gleichheit, S. 803 f.

2. Besonderer Freiheitsschutz von Religions- und Weltanschauungsgemeinschaften

Art. 4 Abs. 2 UAbs. 1 Gleichb-RL ermöglicht es den Mitgliedstaaten zugunsten von **Kirchen** und anderen **Religions- und Weltanschauungsgemeinschaften** einen besonderen Rechtfertigungsgrund für Ungleichbehandlung wegen der Religion oder Weltanschauung einer Person bei beruflichen Tätigkeiten vorzusehen.[843] Wirtschaftliche Tendenzbetriebe fallen nicht darunter.[844] Dieser Rechtfertigungsgrund beruht laut ErwGr. 24 Gleichb-RL auf der sog. **Amsterdamer Kirchenerklärung**, die als Erklärung Nr. 11 dem Vertrag von Amsterdam beigefügt ist.[845] Diese ist bei der Auslegung der Norm zu berücksichtigen.[846]

5.203

Voraussetzung für die Rechtfertigung ist, dass die Religion oder die Weltanschauung des Arbeitnehmers nach der Art dieser Tätigkeiten oder der Umstände ihrer Ausübung eine wesentliche, rechtmäßige und gerechtfertigte **berufliche Anforderung** angesichts des Ethos der Organisation ist. Die Bestimmungen des nationalen Rechts müssen zusätzlich bestehende einzelstaatliche Gepflogenheiten widerspiegeln, den verfassungsmäßigen Ordnungen entsprechen und die allgemeinen Grundsätze des Unionsrechts beachten. Zu diesen zählt im Zusammenhang mit Gleichbehandlungsfragen auch der **Verhältnismäßigkeitsgrundsatz**.[847]

5.204

Diskriminierungen aus anderen Gründen werden nicht erfasst. Die geschützten Organisationen können aber von ihren Arbeitnehmern darüber hinaus auch verlangen, dass sie sich **loyal** und aufrichtig im Sinne des Ethos der Organisation verhalten, Art. 4 Abs. 2 UAbs. 2 Gleichb-RL. Zweifelhaft ist, ob man aufgrund dieser Bestimmung eine Diskriminierung aufgrund der **sexuellen Orientierung** rechtfertigen kann.[848] Eine Kündigung wegen der Homosexualität eines kirchlichen Mitarbeiters wird in der Regel nicht mehr von Art. 4 Abs. 2 Gleichb-RL gerechtfertigt.[849] Der dagegen gerichtete Versuch, zwischen homosexueller Orientierung und „praktizierter Homosexualität" zu unterscheiden,[850] kann schon im Ausgangspunkt nicht überzeugen (vgl. Rz. 5.88).

5.205

§ 9 Abs. 1 AGG weicht deutlich von den Vorgaben der Richtlinie ab.[851] Der Kreis der geschützten Arbeitgeber ist zwar etwas enger gefasst.[852] Nach dem Wortlaut genügt allerdings eine „gerechtfertigte berufliche Anforderung", während im Richtlinientext eine „wesentliche, rechtmäßige und gerechtfertigte berufliche Anforderung" verlangt wird. Keine Grundlage im Wortlaut der Richtlinie findet der Bezug auf das „Selbstverständnis der jeweiligen Religionsgemeinschaft oder Vereinigung im Hinblick auf ihr Selbstbestimmungsrecht", der sich aus dem Verfassungsrecht[853] ergibt. Zwar darf der Mitgliedstaat die Anforderungen an die Rechtfertigung und das Loyalitätsgebot auch mit Blick auf das nationale Verfassungsrecht konkretisieren, allerdings nur im Rahmen des von der Richtlinie ermöglichten Spielraums. Ob die deutsche Rechtslage sich vor dem Hintergrund des aus Art. 140 GG i.V.m. mit Art. 137 Abs. 3 WRV stammenden Selbstbestimmungsrechts der Kirchen innerhalb dieses Spielraums bewegt, war

5.206

---

843 Zum Tätigkeitsbezug der beruflichen Anforderung vgl. bereits *Deinert*, EuZA 2009, 332 (334 ff.).
844 Falke/Rust/*Stein*, AGG, § 9 Rz. 98; Wendeling-Schröder/Stein/*Stein*, AGG, § 9 Rz. 23.
845 Zur primärrechtlichen Fundierung näher *v. Hoyningen-Huene*, RdA 2002, 65 (69 ff.); *Thüsing/Fink-Jamann/von Hoff*, ZfA 2009, 153 (178 ff.).
846 BAG v. 25.4.2013 – 2 AZR 579/12, ArbRB 2013, 295 = NZA 2013, 1131 Rz. 49.
847 EuGH v. 15.5.1986 – 222/84 – Johnston, Slg. 1986, 1651 Rz. 38; v. 26.10.1999 – C-273/97 – Sirdar, Slg. 1999, 7403 – Rz. 26; v. 11.1.2000 – C-285/98 – Kreil, Slg. 2000, I-69 Rz. 23; i.E. auch *Thüsing/Fink-Jamann/von Hoff*, ZfA 2009, 153 (170 ff.).
848 Offengelassen von BAG v. 25.4.2013 – 2 AZR 579/12, ArbRB 2013, 295 = NZA 2013, 1131 Rz. 44; bejahend MüKoBGB/*Thüsing*, § 9 AGG Rz. 23 f.; verneinend *Grünberger*, Personale Gleichheit, S. 677 f.
849 Ausführlich *Pallasch*, NZA 2013, 1176 (1179 ff.).
850 Exemplarisch MüKoBGB/*Thüsing*, § 9 AGG Rz. 23.
851 S. BeckOGK-BGB/*Benecke*, § 9 AGG Rz. 4.
852 Näher BeckOGK-BGB/*Benecke*, § 9 AGG Rz. 4.
853 Grundlegend BVerfG v. 4.6.1985 – 2 BvR 1703/83, BVerfGE 70, 138.

lange umstritten.⁸⁵⁴ Das Selbstbestimmungsrecht führt nach der bundesverfassungsgerichtlichen Rechtsprechung dazu, dass die Anforderungen, die seitens des kirchlichen Arbeitgebers im Hinblick auf die Religionszugehörigkeit bei Einstellungen[855] oder im Hinblick auf die Formulierung von Loyalitätsanforderungen, deren Verletzung dann eine Kündigung nach sich ziehen kann,[856] lediglich einer Plausibilitätskontrolle unterzogen werden. Dieser eingeschränkte Prüfungsmaßstab ist, wie nunmehr der EuGH entschieden hat, nicht von dem hinter § 9 AGG stehenden Art. 4 Abs. 2 Gleichb-RL gedeckt. Der EuGH hat damit die Frage, ob das kirchliche Selbstbestimmungsrecht diskriminierungsfest ist, verneint.[857] Im Hinblick auf die Frage der Notwendigkeit der Kirchenzugehörigkeit bestimmen die Kirchen gerade nicht mehr kontrollfrei selbst, ob diese nötig ist oder nicht. Selbst bestimmen dürfen die Kirchen im Rahmen der Gleichb-RL nur ihren Ethos als solchen. Dessen Legitimität sei – abgesehen von ganz außergewöhnlichen Fällen – nicht zu überprüfen.[858] Mit keinem Wort geht der EuGH auf die hier gerade anders lautende Rechtsprechung des BVerfG ein. Dieses steht vor der mehr verfassungsrechtlich als arbeitsrechtlich bedeutsamen Frage, wie es sich nun selbst nach der eindeutigen Aussage des EuGH positioniert wird. Auch im Hinblick auf die besondere Loyalität, die kirchliche Arbeitgeber zulässigerweise von ihren Mitarbeitern verlangen dürfen, hat der EuGH zum Fall eines wiederverheirateten Chefarztes in einem katholischen Krankenhaus entschieden, dass die Festsetzung der Loyalitätspflichten nicht außerhalb der gerichtlichen Kontrolle stehen darf.[859]

5.207 Für die arbeitsgerichtliche Rechtsprechung gilt, dass die Vorschrift des § 9 AGG nunmehr eng auszulegen[860] und insbesondere so zu interpretieren ist, dass die Rechtfertigungsprüfung den folgenden, vom EuGH festgehaltenen Maßstäben standhält.

5.208 Der EuGH hat im Hinblick auf die an die Rechtfertigung einer Diskriminierung nach § 4 Abs. 2 Gleichb-RL zu stellenden Anforderungen einem Selbstbestimmungsrecht eine klare Absage erteilt, das den kirchlichen Arbeitgebern allein die kontrollfreie Entscheidung darüber einräumt, ob eine Tätigkeit die Kirchenmitgliedschaft voraussetzt oder nicht.[861] Nach Ansicht des EuGH ginge die Kontrolle der aus der Gleichb-RL stammenden Vorgaben völlig ins Leere, wenn sie in Zweifelsfällen keiner unabhängigen Stelle wie einem staatlichen Gericht obläge, sondern der Kirche oder der Organisation, die eine Ungleichbehandlung wegen der Religion oder Weltanschauung vorzunehmen beabsichtigt.[862] Dies wäre auch mit dem **Ziel der Gleichb-RL** nicht vereinbar, im Hinblick auf die Verwirklichung des Grundsatzes der Gleichbehandlung in den Mitgliedstaaten einen allgemeinen Rahmen zur Bekämpfung der Diskriminierung u.a. wegen der Religion oder Weltanschauung in Beschäftigung und Beruf zu schaffen.[863] Gegen eine solche Kontrolle spricht

---

854 Bejahend *Joussen*, NZA 2008, 675; *Mohr/Fürstenberg*, BB 2008, 2122 (2124 ff.); *Schnabel*, ZfA 2008, 413; *Thüsing/Fink-Jamann/von Hoff*, ZfA 2009, 153; verneinend *Deinert*, EuZA 2009, 332 (339 f.); *Kamanabrou*, RdA 2006, 321 (328); ErfK/*Schlachter*, § 3 AGG Rz. 3; vgl. darüber hinaus die Darstellung der Streitstandes bei *Joussen*, ZevKR 60 2015, 63 (68) und die Nachweise dort in Fn. 14, sowie in BeckOGK-BGB/*Benecke*, § 9 AGG Rz. 27.
855 Hierzu erging die Entscheidung EuGH v. 17.4.2018 – C 414/16 – Egenberger, ECLI:EU:C:2018:257; vgl. dazu *Joussen*, EuZA 2018, 421 ff.
856 Hierzu erging die Entscheidung EuGH v. 11.9.2018 – C-68/17 – ECLI:EU:C:2018:696; vgl. zur Vorlage *Weirauch*, ZESAR 2017, 176 ff.
857 Auf diese Frage lässt sich die Thematik zuspitzen, vgl. *Husemann*, ZESAR 2016, 487.
858 EuGH v. 17.4.2018 – C 414/16 – Egenberger, ECLI:EU:C:2018:257 Rz. 61.
859 EuGH v. 11.9.2018 – C-68/17 – ECLI:EU:C:2018:696 Rz. 61.
860 Dies ist wohl leichter möglich, als es die zweite Vorlagefrage des BAG v. 17.3.2016 – 8 AZR 501/14 (A) suggeriert, vgl *Husemann*, ZESAR 2016, 487 (490).
861 EuGH v. 17.4.2018 – C 414/16 – Egenberger, ECLI:EU:C:2018:257 Rz. 55; v. 11.9.2018 – C-68/17 – ECLI:EU:C:2018:696 Rz. 44.
862 EuGH v. 17.4.2018 – C 414/16 – Egenberger, ECLI:EU:C:2018:257 Rz. 46; in diese Richtung hatte sich auch schon GA *Tanchev* geäußert, vgl. GA *Tanchev* v. 9.11.2017 – C-414/16 Rz. 68.
863 EuGH v. 17.4.2018 – C 414/16 – Egenberger, ECLI:EU:C:2018:257 Rz. 47.

nach Auffassung des EuGH auch nicht die von den Verfechtern des Selbstbestimmungsrechts angeführte Regelung des Art. 17 AEUV. Diese bringe zwar die Neutralität der Union demgegenüber zum Ausdruck, wie die Mitgliedstaaten ihre Beziehungen zu den Kirchen und religiösen Vereinigungen gestalten. Aus der Vorschrift folge jedoch nicht, dass die in Art. 4 Abs. 2 der Richtlinie 2000/78 genannten Kriterien einer wirksamen gerichtlichen Kontrolle entzogen werden.[864] Vielmehr nenne die Vorschrift gerade die Kriterien, die im Rahmen der zur Herstellung eines angemessenen Ausgleichs zwischen den möglicherweise widerstreitenden Rechten **vorzunehmenden Abwägung** zu berücksichtigen seien.[865] Diese Abwägung müsse jedoch von einer unabhängigen Stelle und letztlich einem innerstaatlichen Gericht überprüft werden können.[866] Nach dem Verständnis des EuGH soll die Abwägung in **fünf Schritten** vonstattengehen.[867]

Zunächst muss objektiv und überprüfbar ein **direkter Zusammenhang zwischen der fraglichen Tätigkeit und der vom Arbeitgeber aufgestellten beruflichen Anforderung** bestehen. Dieser Zusammenhang kann sich ergeben entweder **aus der Art der Tätigkeit** – z.B., wenn sie mit der Mitwirkung an der Bestimmung des Ethos der betreffenden Kirche oder Organisation oder einem Beitrag zu deren Verkündigungsauftrag verbunden ist – oder aus den **Umständen ihrer Ausübung**, z.B. der Notwendigkeit, für eine glaubwürdige Vertretung der Kirche oder Organisation nach außen zu sorgen.[868] Die berufliche Anforderung, also etwa gerade die Kirchenmitgliedschaft, muss darüber hinaus, wie sich aus dem Wortlaut des Art. 4 Abs. 2 Gleichb-RL ergibt, „**wesentlich, rechtmäßig und gerechtfertigt**" sein. 5.209

Dabei soll durch die Verwendung des Adjektivs „**wesentlich**" zum Ausdruck kommen, dass die Zugehörigkeit zu der Religion, auf der das Ethos der betreffenden Kirche oder Organisation beruht, aufgrund der Bedeutung der betreffenden beruflichen Tätigkeit für die Bekundung dieses Ethos oder der Ausübung des Rechts dieser Kirche oder Organisation auf Autonomie **notwendig erscheinen muss**.[869] 5.210

Das Erfordernis der **Rechtmäßigkeit** soll verhindern, dass die betreffende berufliche Anforderung nicht zur Verfolgung **eines sachfremden Ziels ohne Bezug zu diesem Ethos** oder zur Ausübung des Rechts dieser Kirche oder Organisation auf Autonomie dient.[870] 5.211

Die Tatsache, dass die Anforderung darüber hinaus „**gerechtfertigt**" sein muss, bringt nach Auffassung des EuGH zweierlei zum Ausdruck. Erstens stütze es seine Auffassung, dass die Einhaltung der Vorgaben des Art. 4 Abs. 2 Gleichb-RL gerichtlich überprüfbar sein müssen. Darüber hinaus obliege es der Kirche oder Organisation, die diese Anforderung aufgestellt hat, **im Licht der tatsächlichen Umstände des Einzelfalls darzutun**, dass die geltend gemachte Gefahr einer Beeinträchtigung ihres Ethos oder ihres Rechts auf Autonomie wahrscheinlich und erheblich ist, so dass sich eine solche Anforderung tatsächlich als notwendig erweist.[871] 5.212

Im Rahmen der fünften und letzten Prüfebene muss die berufliche Anforderung zudem **verhältnismäßig** sein. Diese Vorgabe ergibt sich nicht aus dem Wortlaut der Gleichb-RL, jedoch stellt der Grundsatz der Verhältnismäßigkeit in den Worten des EuGH einen allgemeinen Grundsatz des Unionsrechts dar. Mit der Folge, dass die nationalen Gerichte prüfen müssen, ob die fragliche Anforderung **angemessen** ist und nicht über das **zur Erreichung des angestrebten Ziels Erforderliche** hinausgeht.[872] 5.213

---

864 EuGH v. 17.4.2018 – C 414/16 – Egenberger, ECLI:EU:C:2018:257 Rz. 58.
865 EuGH v. 17.4.2018 – C 414/16 – Egenberger, ECLI:EU:C:2018:257 Rz. 52.
866 EuGH v. 17.4.2018 – C 414/16 – Egenberger, ECLI:EU:C:2018:257 Rz. 53.
867 GA *Tanchev* v. 9.11.2017 – C-414/16 Rz. 116, unter vi) hat ebenfalls für eine gerichtliche überprüfbare Abwägung plädiert, jedoch eine dreistufiges Prüfverfahren vorgeschlagen.
868 EuGH v. 17.4.2018 – C 414/16 – Egenberger, ECLI:EU:C:2018:257 Rz. 63.
869 EuGH v. 17.4.2018 – C 414/16 – Egenberger, ECLI:EU:C:2018:257 Rz. 65.
870 EuGH v. 17.4.2018 – C 414/16 – Egenberger, ECLI:EU:C:2018:257 Rz. 66.
871 EuGH v. 17.4.2018 – C 414/16 – Egenberger, ECLI:EU:C:2018:257 Rz. 67.
872 EuGH v. 17.4.2018 – C 414/16 – Egenberger, ECLI:EU:C:2018:257 Rz. 68.

5.214 Dieses Prüfprogramm, dessen Konturen durch die weitere Rechtsprechung noch an Schärfe gewinnen werden, verlangt, wie dies auch der EGMR in seiner Rechtsprechung vornimmt, jedenfalls eine **Analyse der Verkündungsnähe**. Der EGMR unterscheidet bereits zwischen den Tätigkeiten, die zum eigentlichen Verkündigungsauftrag der Gemeinschaften zählen oder mit denen die Gemeinschaften in besonders hervorgehobener Form nach außen repräsentiert werden, und sonstigen Tätigkeiten (vgl. Rz. 4.54).[873]

5.215 Diese zunächst zur Kirchenmitgliedschaft ergangene Rechtsprechung hat der EuGH auch auf die Festsetzung von besonderen Loyalitätsverpflichtungen übertragen, die sich aus dem Ethos der Organisation ergeben.[874] Ergänzend zum soeben genannten Prüfungsprogramm hat der EuGH festgehalten, dass die besondere Verhaltenspflicht dann keine wesentliche Anforderung im Sinne des Art. 4 Abs. 2 Gleichb-RL darstellt, wenn von Mitarbeitern, deren Stellen sich ähneln, unterschiedliche Verhaltensweisen verlangt werden, je nachdem, ob diese Kirchenmitglied sind oder nicht.[875] Die neuere Rechtsprechung des EuGH wird ihre Wirkung entfalten bei solchen Tätigkeiten, die objektiv keinen zwingenden religiösen Bezug aufweisen, wie etwa die Tätigkeit als Sozialpädagoge für ein nicht religiöses, von der Stadt finanziertes, aber von der Caritas durchgeführtes Projekt der Erziehungshilfe,[876] bei Kindergärtnern, Ärzten[877] eines kirchlich getragenen Krankenhauses[878] und einer muslimischen Putzfrau.[879] Hier wird es den kirchlichen Arbeitgebern vor dem Hintergrund des vom EuGH formulierten Prüfprogramms schwerer fallen, die Notwendigkeit von Kirchenmitgliedschaft bzw. besonderen Loyalitätsverpflichtungen zu belegen.

3. Allgemeiner Freiheitsschutz: Berufliche Anforderungen

a) Struktur

5.216 Die Anknüpfung an ein Diskriminierungsmerkmal ist nach Art. 4 AntiRass-RL, 4 Abs. 1 Gleichb-RL und 14 Abs. 2 Geschl-RL gerechtfertigt, wenn **drei Voraussetzungen** vorliegen: 1. Das betreffende Merkmal ist „aufgrund der Art einer bestimmten beruflichen Tätigkeit oder der Bedingungen ihrer Ausübung eine wesentliche und entscheidende berufliche Anforderung". 2. Die Anknüpfung erfolgt, um „einen rechtmäßigen Zweck" zu verfolgen. 3. Dabei handelt es sich um eine „angemessene Anforderung". Die dahinter stehende Prüfungsstruktur kann man vereinfachen:[880] Auf erster Stufe begrenzt die Norm den Katalog legitimer Gründe. Auf zweiter Stufe ist zu prüfen, ob die vom Arbeitgeber gestellte Anforderung verhältnismäßig ist. Der EuGH geht von einer engen Auslegung der Rechtfertigungsmöglichkeiten aus.[881]

5.217 Die wichtigste Aussage der Richtlinien besteht darin, dass nicht jeder sachliche Grund genügt. Der Rechtfertigungsgrund adressiert nur den Fall einer Ungleichbehandlung aufgrund eines Merkmals, das für den Arbeitgeber eine entscheidende berufliche Anforderung ist.[882] Nach dem Konzept der Richtlinien „muss nicht der Grund, auf den die Ungleichbehandlung gestützt ist, sondern ein mit

---

873 EGMR v. 23.9.2010 – 425/03 – Obst, NZA 2011, 277; v. 23.9.2010 – 1620/03 – Schüth v. Deutschland, NZA 2011, 280; v. 3.2.2011 – 18136/02 – Siebenhaar v. Deutschland, NZA 2012, 1999; vertiefend *Fahrig/Stenslik*, EuZA 2012, 184.
874 EuGH v. 11.9.2018 – C-68/17 – ECLI:EU:C:2018:696 Rz. 45 ff.
875 EuGH v. 11.9.2018 – C-68/17 – ECLI:EU:C:2018:696 Rz. 59.
876 Vgl. BAG v. 25.4.2013 – 2 AZR 579/12, ArbRB 2013, 295 = NZA 2013, 1131.
877 Vgl. BAG v. 8.9.2011 – 2 AZR 543/10, ArbRB 2012, 72 = NZA 2012, 443.
878 *Kamanabrou*, RdA 2006, 321 (328).
879 *Bauer/Göpfert/Krieger*, § 9 AGG Rz. 15.
880 BeckOGK-BGB/*Benecke*, § 8 AGG Rz. 5; *Grünberger*, Personale Gleichheit, S. 685.
881 EuGH v. 15.5.1986 – 222/84 – Johnston, Slg. 1986, 1651 Rz. 36; v. 26.10.1999 – C-273/97 – Sirdar, Slg. 1999, 7403 Rz. 23; v. 11.1.2000 – C-285/98 – Kreil, Slg. 2000, I-69 Rz. 20 (jeweils zu Art. 2 Abs. 2 RL 76/207/EWG, der Vorgängernorm zu Art. 14 Abs. 2 Geschl-RL).
882 Zum Folgenden bereits *Grünberger*, Personale Gleichheit, S. 685 f.

diesem Grund **im Zusammenhang stehendes Merkmal** eine wesentliche und entscheidende berufliche Anforderung darstellen."[883] Das verpönte Merkmal ist also ein **Stellvertretermerkmal** (vgl. Rz. 5.105). Mit der unmittelbaren Anknüpfung daran will der Arbeitgeber letztlich ein damit im Zusammenhang stehendes Hauptmerkmal „treffen". Die Norm geht von der Existenz eines bestimmten, extern gesetzten Handlungsziels (Zweck) aus, das nur mit der Differenzierung zu erreichen ist. Es besteht also eine rationale Beziehung zwischen dem Merkmal und dem Zweck der Ungleichbehandlung. Damit ist der Rechtfertigungsgrund auf instrumentale Diskriminierungen (vgl. Rz. 5.105) zugeschnitten. **Instrumentale Diskriminierungen** treten in zwei Varianten auf: Es kann sich entweder um statistische Diskriminierungen handeln (Beispiel: Beschäftigungshöchstgrenzen[884]) oder um präferenzbedingte Diskriminierungen Dritter, auf die der Arbeitgeber Rücksicht nehmen will.[885]

§ 8 Abs. 1 AGG ist insoweit missverständlich formuliert, weil dieser Zusammenhang zwischen Hauptmerkmal und verpöntem Stellvertretermerkmal nicht sofort sichtbar wird. Obwohl der Wortlaut von § 611a BGB a.F. abweicht, ist damit keine Herabsenkung der Rechtfertigungsanforderungen verbunden.[886] Das folgt bereits aus dem unionsrechtlichen Verschlechterungsverbot (vgl. Rz. 5.249).   5.218

In Übereinstimmung mit der ständigen Rechtsprechung zur mittelbaren Diskriminierung (vgl. Rz. 5.141) kommt eine **allgemeine Rechtfertigung** nur in Betracht, wenn sie letztlich auf Faktoren zurückzuführen ist, die nichts mit einer Diskriminierung aufgrund des verpönten Merkmals zu tun haben. Das erklärt auch die erheblichen Schwierigkeiten, Diskriminierungen wegen der Religion oder der sexuellen Orientierung bei Religionsgemeinschaften neben Art. 4 Abs. 2 Gleichb-RL (vgl. Rz. 5.203 ff.) auf Art. 4 Abs. 1 Gleichb-RL zu stützen.[887]   5.219

b) Voraussetzungen

aa) Berufliche Anforderung

Ob es sich bei dem Hauptmerkmal um eine wesentliche und entscheidende berufliche Anforderung handelt, ergibt sich im Einzelfall aus der Art der auszuübenden Tätigkeit oder den Bedingungen ihrer Ausübung. Das jeweilige **Anforderungsprofil** einer Tätigkeit bestimmt der Arbeitgeber. Grundlage dafür ist sowohl seine grundrechtlich in Art. 16 GRC geschützte Freiheit, den Unternehmensgegenstand als solchen festzulegen, als auch zu bestimmen, welche Arbeiten auf dem zu besetzenden Arbeitsplatz zu erbringen sind.[888] Ausgangspunkt der Prüfung ist damit der vom Arbeitgeber gesetzte Unternehmens- und Betriebszweck.   5.220

Der vom Arbeitgeber verfolgte **unternehmerische Zweck** muss nach dem klaren Wortlaut der Richtlinien seinerseits rechtmäßig sein.[889] Rechtfertigungsfähig sind nur berufliche Anforderungen, die ihrerseits nicht dem Schutzzweck des Diskriminierungsverbots grundlegend widersprechen.[890]   5.221

---

883 EuGH v. 12.1.2010 – C-229/08 – Wolf, Slg. 2010 – I-1 Rz. 35; v. 13.9.2011 – C-447/09 – Prigge, Slg. 2011, I-8003 Rz. 66.
884 EuGH v. 12.1.2010 – C-341/08 – Petersen, Slg. 2010, I-47 (sozialrechtliche Zulassungsgrenze bei Kassenärzten); v. 13.9.2011 – C-447/09 – Prigge, Slg. 2011, I-8003 (Höchstaltersgrenzen für Piloten); v. 12.1.2010 – C-229/08 – Wolf, Slg. 2010 – I-1 (Einstellungsgrenzen für Berufsfeuerwehr).
885 Vgl. EuGH v. 10.7.2008 – C-54/07 – Feryn, Slg. 2008, I-5187.
886 BAG v. 28.5.2009 – 8 AZR 536/08, ArbRB 2009, 287 = NZA 2009, 1019 Rz. 34 f.
887 Näher *Belling*, NZA 2004, 885 (886 f.); *Thüsing/Fink-Jamann/von Hoff*, ZfA 2009, 153 (160 ff.).
888 BAG v. 28.5.2009 – 8 AZR 536/08, ArbRB 2009, 287 = NZA 2009, 1019 Rz. 39. Das BAG stellt auf Art. 12 GG ab, was im Bereich der Umsetzungspflicht nicht *lege artis* ist.
889 Vgl. BAG v. 28.5.2009 – 8 AZR 536/08, ArbRB 2009, 287 = NZA 2009, 1019 Rz. 51; v. 18.3.2010 – 8 AZR 77/09, NZA 2010, 872 Rz. 33.
890 *Grünberger*, Personale Gleichheit, S. 687.

Die Freiheit der Zwecksetzung darf weder von den privaten Akteuren noch von den Sozialpartnern noch vom Staat dazu verwendet werden, das Gleichbehandlungsgebot auszuhöhlen.[891]

5.222 Nicht nur die Zwecksetzung als solche muss ihrerseits rechtmäßig sein, sondern auch die Entscheidung des Arbeitgebers, das verpönte Merkmal als *proxy* für das Hauptmerkmal einzusetzen.[892] Weil die Verfügbarkeit des Bewerbers für den Arbeitgeber eine berufliche Anforderung ist, verfolgt er mit der Nichteinstellung einer schwangeren Bewerberin zwar einen rechtmäßigen Zweck; allerdings darf er von Rechts wegen die **Schwangerschaft** nicht als Stellvertretermerkmal berücksichtigen.[893]

5.223 Folgt man der unternehmerischen Rationalität, ist die Nicht-Behinderung eines Arbeitnehmers i.d.R. eine berufliche Anforderung.[894] Ein Arbeitgeber, der einen Bewerber nicht einstellt bzw. einem Arbeitnehmer kündigt, weil er ihn wegen seiner **Behinderung** nicht einsetzen könne, kann sich aber nur dann auf Art. 4 Abs. 1 Gleichb-RL berufen, wenn er diesbezüglich **angemessene Vorkehrungen** i.S.d. Art. 5 Gleichb-RL i.V.m. Art. 27 Abs. 1 Satz 2 Buchst. i, Art. 2 UAbs. 4 UN-Behindertenkonvention (vgl. Rz. 5.32)[895] getroffen hat und diese nicht zu einer Einsatzmöglichkeit führen. Unterlässt er die gebotenen[896] und ihm zumutbaren[897] Vorkehrungen und kann er den Arbeitnehmer deshalb nicht einsetzen, ist die Maßnahme nicht gerechtfertigt.[898]

5.224 Die Anforderung ist **wesentlich und entscheidend**, wenn die Tätigkeit ohne dieses Merkmal bzw. ohne Fehlen dieses Merkmals entweder gar nicht oder nicht ordnungsgemäß durchgeführt werden kann.[899] Entscheidend ist, ob die Arbeiten, die auf dem konkreten Arbeitsplatz zu erbringen sind, das Merkmal erfordern, um die unternehmerischen Zwecke zu erreichen oder ob das Merkmal erforderlich ist, damit durch die von dem Arbeitnehmer erbrachten Arbeiten der unternehmerische Zweck verwirklicht werden kann.[900]

5.225 **Beispiele:** Das **Geschlecht** kann für Beschäftigungsverhältnisse wie die eines Aufsehers in Haftanstalten,[901] für bestimmte Tätigkeiten wie die der Polizei bei schweren inneren Unruhen[902] oder für den Dienst in speziellen Kampfeinheiten[903] eine unabdingbare Voraussetzung sein. Dagegen war der Ausschluss von Frauen aus der Bundeswehr nicht von den betreffenden Beschäftigungen oder den besonderen Bedingungen ihrer Ausübung gerechtfertigt.[904]

bb) Verhältnismäßigkeit

5.226 Die Anknüpfung an das Stellvertretermerkmal ist verhältnismäßig, wenn die Maßnahme zur Erreichung des verfolgten Ziels geeignet ist und nicht über das hinausgeht, was hierzu erforderlich ist.[905]

---

891 EuGH v. 5.3.2009 – C-388/07 – Age Concern England, Slg. 2009, I-1569 Rz. 51 (zu Art. 6 Gleichb-RL).
892 Zur Prüfung der Rechtfertigung instrumenteller Diskriminierungen näher *Britz*, Einzelfallgerechtigkeit vs. Generalisierung, 2008, S. 156 ff.; *Grünberger*, Personale Gleichheit, S. 686 f.
893 Vgl. EuGH v. 14.7.1994 – C-32/93 – Webb, Slg. 1994, I-3567 Rz. 26; v. 4.10.2001 – C-109/00 – Tele Danmark, Slg. 2001, I-6993 Rz. 29.
894 *Grünberger*, Personale Gleichheit, S. 688.
895 Näher zu den Vorgaben BeckOGK-BGB/*Block*, § 5 AGG Rz. 78.
896 Näher BeckOGK-BGB/*Block*, § 5 AGG Rz. 80 f.
897 BeckOGK-BGB/*Block*, § 5 AGG Rz. 84 ff.
898 BAG v. 19.12.2013 – 6 AZR 190/12, ArbRB 2014, 67 = NZA 2014, 372 Rz. 50.
899 BAG v. 28.5.2009 – 8 AZR 536/08, ArbRB 2009, 287 = NZA 2009, 1019 Rz. 38; v. 18.3.2010 – 8 AZR 77/09, NZA 2010, 872 Rz. 26.
900 BAG v. 28.5.2009 – 8 AZR 536/08, ArbRB 2009, 287 = NZA 2009, 1019 Rz. 39.
901 EuGH v. 30.6.1988 – 318/86 – Kommission v. Frankreich, Slg. 1988, 3559 Rz. 11 ff.
902 EuGH v. 15.5.1986 – 222/84 – Johnston, Slg. 1986, 1651 Rz. 36 f.
903 EuGH v. 26.10.1999 – C-273/97 – Sirdar, Slg. 1999, 7403 Rz. 29 ff.
904 EuGH v. 11.1.2000 – C-285/98 – Kreil, Slg. 2000, I-69 Rz. 27 f.
905 EuGH v. 12.1.2010 – C-229/08 – Wolf, Slg. 2010 – I-1 Rz. 37 ff.

VI. Rechtfertigungsmöglichkeiten von Diskriminierungen | Rz. 5.230 § 5

Es gibt zwei **Bezugspunkte** der Prüfung:[906] Der vom Arbeitgeber mit der Tätigkeit verfolgte (legitime) unternehmerische Zweck einerseits und die in der merkmalsbezogenen Diskriminierung liegende Benachteiligung für den Beschäftigten andererseits.[907]

Die Diskriminierung ist nur dann ein **geeignetes Mittel**, wenn sie einen objektiv nachprüfbaren inhaltlichen Bezug zum Hauptmerkmal aufweist.[908] Im Regelfall der statistischen Diskriminierung muss zunächst die Differenzierung nach dem Hauptmerkmal geeignet sein, das Primärziel zu erreichen. Das ist zu bejahen, wenn das Stellvertretermerkmal mit hinreichender Wahrscheinlichkeit auf das Hauptkriterium schließen lässt (Prognoseeignung).[909] Allgemeine Behauptungen genügen dafür nicht.[910] Gesetzgeber und Sozialpartner können sich diesbezüglich auf einen **Einschätzungsspielraum** berufen.[911] Bei privaten Arbeitgebern scheidet dieser aus.[912] Hier muss – um die Formulierung des EuGH in der Rs. *Bilka* aufzugreifen – ein wirkliches Bedürfnis bestehen.[913] **Private Arbeitgeber** müssen den statistischen Zusammenhang ausreichend plausibel darlegen und beweisen.

5.227

Beispiele: Die **Sicherheit des Flugverkehrs** ist ein legitimes Ziel, um die automatische Beendigung der Arbeitsverträge von Piloten bei Vollendung des 60. Lebensjahres zu rechtfertigen. Das Vorhandensein besonderer körperlicher Fähigkeiten ist bei Piloten eine „wesentliche und entscheidende berufliche Anforderung".[914] Die Gewährleistung von Einsatzbereitschaft und das ordnungsgemäße **Funktionieren der Berufsfeuerwehr** ist ein rechtmäßiges Ziel des Feuerwehrträgers. Wie bei den Piloten steht die körperliche Eignung angeblich als Hauptmerkmal mit dem Alter als Stellvertretermerkmal im Zusammenhang. Das ist nicht ganz zweifelsfrei (vertiefend zu Altersgrenzen für Einstellung und Ausscheiden Rz. 6.63 ff., 6.114 ff.), weil die Annahme sinkender Leistungsfähigkeit nicht frei von stereotypen Annahmen ist.[915] Folgt man dem EuGH, handelt es sich konsequenterweise um eine für die fragliche Berufstätigkeit oder deren Ausübung wesentliche und entscheidende berufliche Anforderung.[916]

5.228

Die Differenzierung nach dem Hauptmerkmal ist **erforderlich**, um das Primärziel zu erreichen, wenn es kein ebenso geeignetes, aber weniger einschneidendes Mittel gibt.[917] Kann man das Merkmal dagegen mit einem anderen Stellvertretermerkmal ersetzen, das ebenfalls einen statistischen Bezug zum Hauptmerkmal aufweist, ist die Anknüpfung an das verpönte Merkmal nicht mehr erforderlich. Das wirft erhebliche Probleme bei der Altersdiskriminierung auf (näher Rz. 6.114 ff.).

5.229

Ob die Anforderung **angemessen** ist, ist vom Standpunkt des Rechts aus zu beurteilen, in das eingegriffen wird. Bei Ausnahmen von einem Individualrecht müssen die Erfordernisse des Gleichbehandlungsgrundsatzes so weit wie möglich mit denen des angestrebten Zieles in Einklang gebracht werden.[918] Erforderlich ist eine **Gesamtabwägung** zwischen der Schwere des Eingriffs und dem Gewicht sowie der Dringlichkeit der ihn rechtfertigenden Gründe. Die Grenze der **Zumutbarkeit** für die Benachteiligten muss gewahrt bleiben. Das Differenzierungsziel muss die damit einhergehende Ungleichbehandlung aufwiegen können. Innerhalb der Abwägung ist auch zu fragen, ob das Differenzierungsziel die Ungleichbehandlung im Hinblick auf die tatsächlich bestehende

5.230

---

906 Zum Folgenden bereits *Grünberger*, Personale Gleichheit, S. 688 f.
907 BAG v. 28.5.2009 – 8 AZR 536/08, ArbRB 2009, 287 = NZA 2009, 1019 Rz. 51.
908 Vgl. *Damm*, Menschenwürde, Freiheit, komplexe Gleichheit: Dimensionen grundrechtlichen Gleichheitsschutzes, 2006, S. 370.
909 *Britz*, Einzelfallgerechtigkeit vs. Generalisierung, 2008, 160 f.
910 Vgl. EuGH v. 5.3.2009 – C-388/07 – Age Concern, Slg. 2009, I-1569 Rz. 51 (zu Art. 6 Gleichb-RL).
911 *Grünberger*, Personale Gleichheit, S. 688 f.
912 *Britz*, Einzelfallgerechtigkeit vs. Generalisierung, 2008, S. 172 ff.; zurückhaltender *Swift*, ILJ 35 (2006), 228 (240 ff.).
913 EuGH v. 13.5.1986 – 170/84 – Bilka, Slg. 1986, 1607 Rz. 36.
914 EuGH v. 13.9.2011 – C-447/09 – Prigge, Slg. 2011, I-8003 Rz. 67 f.
915 *Ellis/Watson*, EU Anti-Discrimination Law, 2. Aufl. 2012, S. 393.
916 EuGH v. 12.1.2010 – C-229/08 – Wolf, Slg. 2010 – I-1 Rz. 37 ff.
917 *Britz*, Einzelfallgerechtigkeit vs. Generalisierung, 2008, S. 162 f.
918 EuGH v. 22.11.2005 – C-144/04 – Mangold, Slg. 2005, I-9981 Rz. 65.

Verschiedenheit zu erklären vermag.[919] Der Grad der Ungleichbehandlung darf nicht außer Verhältnis stehen zum Grad der tatsächlichen Unterschiede der Vergleichspersonen.[920] Nur wenn das auch im Einzelfall zumutbar ist, ohne dass der Schutz des Nichtdiskriminierungsprinzips entleert wird, darf die Benachteiligung erfolgen.

c) Kundenpräferenzen

5.231 Erhebliche Schwierigkeiten bereiten die Fälle, in denen der Arbeitgeber nicht eigenen Präferenzen, sondern den Präferenzen Dritter folgt.[921] Es ist für den Arbeitgeber rational, sich nach den Erwartungen seiner Kunden zu richten.[922] Der EuGH war in der Rs. *Feryn* erstmals mit dieser Problematik konfrontiert.[923] Der Arbeitgeber hatte seine nach ethnischer Herkunft differenzierende Einstellungspolitik damit verteidigt, dass er den Forderungen seiner Kunden und deren auf stereotypen Annahmen basierenden Sicherheitsbedürfnis nachkomme. Der EuGH hat eine Rechtfertigung nach Art. 4 AntiRass-RL gar nicht angesprochen. Das ist konsequent: Würde man die diskriminierenden Präferenzen Dritter generell als Rechtfertigungsgrund berücksichtigen, wäre die praktische Wirksamkeit des Nichtdiskriminierungsrechts hinfällig. Das Nichtdiskriminierungsprinzip bezweckt gerade eine Veränderung bestehender Verhältnisse, indem es die Auswirkungen entsprechender Vorurteilsstrukturen zurückdrängt.[924] Es entsteht ein systemisches Geflecht rationaler Diskriminierung, in dem jeder seine stereotypen Erwartungen von den ebenfalls stereotpyen Erwartungen anderer abhängig macht und dadurch reproduziert.[925] Und so ist es zu begrüßen,[926] dass der EuGH der rechtfertigenden Berücksichtigung von Kundenwünschen dergestalt, dass der Arbeitgeber allein subjektiv angibt, diesen entsprechen zu wollen, eine Absage erteilt.[927] Allein subjektive Kundenwünsche können damit nicht mehr rechtfertigend wirken, denn die wesentliche berufliche Anforderung im Sinne des Art. 4 Abs. 1 der Gleichb-RL muss objektiv vorliegen.[928] Der EuGH stellt damit auch im Hinblick auf die Kundenerwartungen allein auf das Verhältnis des Arbeitgebers zum Arbeitnehmer ab.[929]

5.232 Schwieriger zu lösen sind die Fälle, in denen die tatsächlich existierenden oder nur angenommenen Kundenpräferenzen **unmittelbare Auswirkungen** auf die Art der beruflichen Tätigkeit oder die Bedingungen ihrer Ausübung haben können.[930] „Die Verfolgung unternehmerischer Zwecke kann nämlich nicht losgelöst von solchen Beziehungen, z.B. zu Kunden oder Personen, denen gegenüber bestimmte Leistungen zu erbringen sind, betrachtet werden."[931] Die unternehmerische Tätigkeit ist jedoch nicht allein an Kundenwünschen auszurichten, sondern an dem hiervon zu trennenden eigens verfolgten unternehmerischen Konzept.[932] Auf dessen Basis kann ggf. auch

---

919 Vgl. dazu allgemein *Kischel*, AöR 124 (1999), 175 (192).
920 S. *Damm*, Menschenwürde, Freiheit, komplexe Gleichheit: Dimensionen grundrechtlichen Gleichheitsschutzes, 2006, S. 372.
921 Vertiefend *Lobinger*, EuZA 2009, 365 (372 ff.); *Rothballer*, Berufliche Anforderungen im AGG, S. 193 ff., monographisch, auch mit Blick ins US-amerikanische Recht *Buhk*, „Kundenpräferenzen" als Rechtfertigungsgrund.
922 Zum Folgenden bereits *Grünberger*, Personale Gleichheit, S. 690 ff.
923 EuGH v. 10.7.2008 – C-54/07 – Feryn, Slg. 2008, I-5187.
924 S. *Schiek/Schiek*, AGG, § 3 Rz. 15; *v. Roetteken*, AGG, § 8 Rz. 67.
925 *Somek*, Rationalität und Diskriminierung, 2001, S. 21 f.
926 Zustimmend ebenfalls *Mätzig*, AuA 2017, 650 (654); *Preis/Morgenbrodt*, ZESAR 2017, 309 (314).
927 EuGH v. 14.3.2017 – C-188/15 – Bougnaoui Rz. 40, NJW 2017, 1089.
928 EuGH v. 14.3.2017 – C-188/15 – Bougnaoui Rz. 40, NJW 2017, 1089; vgl. auch *Sagan*, EuZW 2017, 457 (458).
929 *Preis/Morgenbrodt*, ZESAR 2017, 309 (315).
930 *Kamanabrou*, RdA 2006, 321 (327); Falke/Rust/*Falke*, AGG, § 8 Rz. 20 f.; *Adomeit/Mohr*, AGG, § 8 Rz. 42 ff.
931 BAG v. 28.5.2009 – 8 AZR 536/08, ArbRB 2009, 287 = NZA 2009, 1019 Rz. 39.
932 *Preis/Morgenbrodt*, ZESAR 2017, 309 (315).

eine auf ein Diskriminierungsmerkmal zugeschnittene Tätigkeit verlangt werden. Kundenwünsche können dann auf das Ziel und den Zweck der Tätigkeit einwirken, soweit diese ihrerseits rechtmäßig sind.[933] Auch in diesen Konstellationen gilt es jedoch, eine diskriminierungsrechtlich unberechtigte Ausrichtung an Kundenpräferenzen zu vermeiden. Hilfreich ist inswoweit, zwei Fallgruppen zu beachten:[934]

(1.) Eine zulässige Berücksichtigung liegt vor, wenn die Beachtung der Kundenpräferenzen in dynamischer Hinsicht zur **Stärkung des Nichtdiskriminierungsrechts** beiträgt. Beispielsweise ist die Besetzung der Stelle der Gleichstellungsbeauftragten mit einer Frau eine verhältnismäßige berufliche Anforderung, wenn die Integration von Frauen mit Migrationshintergrund und die Zusammenarbeit mit frauenrelevanten Organisationen einen Schwerpunkt der Tätigkeit bilden.[935] Ausschlaggebend ist deren spezifisches Kommunikationsbedürfnis, das von ihrer eigenen Individualität und Gruppenzugehörigkeit sowie den sozialen Kontexten geprägt wird, in die sie gerade wegen ihres Geschlechts und ihrer Religion eingebunden sind.[936] Der Arbeitgeber darf aufgrund dieser sozialen Strukturen annehmen, dass muslimische Frauen, Opfer von Frauendiskriminierung und Vertreter frauenspezifischer Organisationen eine Frau als Ansprechpartner bevorzugen, um einen Gegenpol zu den herrschenden männergeprägten Kommunikationsprozessen zu haben. Hier wirkt sich die Ungleichbehandlung wie eine positive Maßnahme aus. Daraus ist die Wertung zu ziehen, dass sie erlaubt ist. Einzuräumen ist, dass auch hier „stereotype Annahmen" der potentiellen Abnehmerinnen der städtischen Dienstleistungen vorliegen. Man könnte mit guten Gründen argumentieren, dass es der „Stärkung des Nichtdiskriminierungsrechts" ungleich mehr dienen würde, wenn Frauen auf einen männlichen Gleichstellungsbeauftragten träfen, der sich ihrer Anliegen annimmt. Aus rechtlicher Sicht wäre es danach vorzugswürdig, auf jede Berücksichtigung von Kundenpräferenzen zu verzichten. Darin besteht freilich die Gefahr, dass man damit an der sozialen Wirklichkeit existierender Kommunikationsbedürfnisse vorbeigeht, die zu adressieren im Interesse des Gemeinwohls wichtig ist.

5.233

(2.) Davon sind stereotype Drittpräferenzen zu unterscheiden, die in ihrer Summe **systemische Diskriminierungen am Markt verfestigen**. Darin verwirklichen sich die Statuszuschreibungen und Annahmen über Personen, die das Nichtdiskriminierungsrecht bekämpfen möchte. Dieses schützt den Einzelnen vor falschen Zuschreibungen. Beispielhaft dafür ist eine Entscheidung des BAG, wonach die Tätigkeit einer Erzieherin/Sportlehrerin/Sozialpädagogin für ein Gymnasium mit angeschlossenem Mädcheninternat auf Frauen beschränkt werden durfte.[937] Die Entscheidung ist ein erschreckendes Sammelsurium von stereotypen Annahmen von Personen:[938] Nach dem Vorverständnis des Gerichts führe die Präsenz eines Mannes – ungeachtet der Tatsache, dass er ein ausgebildeter Pädagoge ist – unvermittelt zur Sexualisierung des Internatslebens. Und das nur, weil er ein Mann ist und die anderen junge (!) Mädchen sind, die „teilweise nur mit einem umschlungenen Handtuch bedeckt"[939] sind.

5.234

4. Positive Maßnahmen

Unter positiven Maßnahmen versteht man im europäischen Kontext[940] „Maßnahmen, die zwar nach ihrer äußeren Erscheinung diskriminierend sind, tatsächlich aber in der sozialen Wirklichkeit

5.235

---

933 *Rothballer*, Berufliche Anforderungen im AGG, S. 210.
934 Vertiefend *Grünberger*, Personale Gleichheit, S. 691 ff.
935 BAG v. 18.3.2010 – 8 AZR 77/09, ArbRB 2010, 233 = NZA 2010, 872.
936 *Grünberger*, Personale Gleichheit, S. 692.
937 BAG v. 28.5.2009 – 8 AZR 536/08, ArbRB 2009, 287 = NZA 2009, 1019 Rz. 40 ff.
938 Detaillierte Kritik bei *Grünberger*, Personale Gleichheit, S. 693 ff.
939 BAG v. 28.5.2009 – 8 AZR 536/08, ArbRB 2009, 287 = NZA 2009, 1019 Rz. 41.
940 Zur Begrifflichkeit CEDAW, General Recommendation No. 25, on article 4, paragraph 1, No. 17, http://www.un.org/womenwatch/daw/cedaw/recommendations/General%20recommendation%2025%20(English).pdf [Stand: 31.3.2014]; Falke/Rust/*Raasch*, AGG, § 5 Rz. 4.

bestehende **faktische Ungleichheiten** beseitigen oder verringern sollen".[941] Im U.S.-amerikanischen Kontext überwiegt der Begriff der „**affirmative action**".[942]

5.236 Positive Maßnahmen adressieren einige Schwachstellen des auf individuellen Rechtsschutz ausgelegten Diskriminierungsverbots:[943] Die Initiative liegt nicht mehr bei den einzelnen Betroffenen, sondern bei den Akteuren, die am besten in der Lage sind, Diskriminierungen zu beseitigen und ihr Entstehen zu verhindern, unabhängig davon, ob sie für deren Existenz verantwortlich sind. Sie werden daher nicht in die Rolle der Rechtsverletzer gedrängt, deren Verhalten sanktionsbewährt ist, sondern gestalten selbst diskriminierungsfreie Räume. Damit wird nicht nur verhindert, dass es zu einzelnen Diskriminierungen kommt. Entscheidend ist, dass diese Akteure das **Problem struktureller Diskriminierung** angehen können, indem sie institutionelle Entscheidungsprozesse verändern. Davon profitiert nicht nur der Einzelne, sondern jeder potentiell von Diskriminierung betroffene Gruppenangehörige.[944]

5.237 Positive Maßnahmen bezwecken „die Sicherstellung der tatsächlichen Wirksamkeit des Gleichheitssatzes, indem sie solche Ungleichheiten zulassen, die zu dessen Verwirklichung erforderlich sind".[945] Mit positiven Maßnahmen werden die in den jeweiligen Teilsystemen der Gesellschaft nach wie vor vorhandenen strukturellen Differenzierungen zwischen Personengruppen adressiert. Darin liegt die **dialektische Pointe positiver Maßnahmen:** Obwohl das Recht an sich verbietet, an verpönte Merkmale anzuknüpfen, erlaubt es diese Anknüpfung, um die in den sozialen Kontexten nach wie vor bestehende Ungleichbehandlung effektiv zu adressieren.[946]

5.238 Eine Reihe von Maßnahmen geht auf spezifische Bedürfnisse bisher benachteiligter Minderheiten ein, ohne zugleich Dritte aufgrund eines verpönten Merkmals ungleich zu behandeln.[947] Dazu zählen z.B. die Prozesse, die man unter dem Begriff des **Gender Mainstreaming** zusammenfasst.[948] Zum Problem werden positive Maßnahmen, wenn die Entscheidung des Normadressaten zugunsten eines Merkmalsträgers zwangsläufig zu Lasten eines anderen Merkmalsträgers ausfällt.

5.239 Das primäre (Art. 157 Abs. 4 AEUV, Art. 23 Abs. 2 GRC) und das sekundäre Unionsrecht (vgl. Rz. 5.26 ff.) ermöglichen in diesen Fällen die **Rechtfertigung** der tatbestandlich vorliegenden Diskriminierung.[949] Sie basiert auf einem Kompromiss formaler und materialer Konzeptionen des Gleichbehandlungsgrundsatzes. Eine material konzipierte Gleichheit schließt formale Gleichheit ein, erlaubt aber Abweichungen, die gerade mit dem von ihnen verfolgten Ziel – der Sicherstellung einer tatsächlichen Gleichheit – gerechtfertigt sind.[950]

5.240 Art. 2 Abs. 4 RL 76/207/EWG adressierte erstmals das Problem für die Geschlechterungleichbehandlung:[951] „Die Richtlinie steht nicht den Maßnahmen zur Förderung der Chancengleichheit

---

941 Grundlegend EuGH v. 25.10.1988 – 312/86 – Kommission v. Frankreich, Slg. 1988, 6315 Rz. 15; v. 30.9.2010 – C-104/09 – Roca Álvarez, Slg. 2010, I-8661 Rz. 33.
942 Vergleichend *Caruso*, 44 Harv.Int.L.J. 331 (2003).
943 Zum Folgenden s. auch BeckOGK-BGB/*Block*, § 5 AGG Rz. 3.
944 Vertiefend *Fredman*, ILJ 30 (2001), 145, (163 ff.); *Fredman*, 12 Maastricht J. Eur. & Comp. L. 369 (2005); *Fredman* in: Schiek/Chege, From European Union non-discrimination law towards multi-dimensional equality for Europe, 2009, 72 (79 ff.), *Fredman*, Discrimination Law, S. 230 f.
945 GA *Tesauro* v. 6.4.1995 – C-450/93 – Kalanke, Slg. 1995, I-3051 Rz. 17.
946 *Grünberger*, NZA-Beil. 2012, 139 (140).
947 Vgl. *Ellis/Watson*, EU Anti-Discrimination Law, S. 424 f.
948 Dazu *Kocher*, RdA 2002, 167 (172 ff.).
949 EuGH v. 30.9.2010 – C-104/09 – Roca Álvarez, Slg. 2010, I-8661 Rz. 26; Calliess/Ruffert/*Krebber*, Art. 157 AEUV Rz. 74; Schwarze/*Rebhahn*, Art. 157 AEUV Rz. 47, 49; i.E. wohl auch *Epiney/Abt*, Das Recht der Gleichstellung von Mann und Frau in der EU, S. 199; a.A. Falke/Rust/*Raasch*, AGG, § 5 Rz. 11 ff.; Schiek/*Schiek*, AGG, § 5 Rz. 3; Erman/*Armbrüster*, § 5 AGG Rz. 1 (jeweils tatbestandsausschließend).
950 Vgl. GA *Tesauro* v. 6.4.1995 – C-450/93 – Kalanke, Slg. 1995, I-3051 Rz. 16.
951 Zur Entwicklungsgeschichte *Ellis/Watson*, EU Anti-Discrimination Law, 2. Aufl., S. 420 ff.

für Männer und Frauen, insbesondere durch Beseitigung der tatsächlich bestehenden Ungleichheiten, die die Chancen der Frauen in den in Art. 1 Abs. 1 genannten Bereichen beeinträchtigen, entgegen." Der EuGH hat dazu in mehreren Entscheidungen Stellung genommen.[952] Sie wurde mit Art. 1 Nr. 2 RL 2002/73/EG neugefasst. Danach können die Mitgliedstaaten im Hinblick auf die Gewährleistung der vollen Gleichstellung von Männern und Frauen im Arbeitsleben Maßnahmen i.S.d. Art. 157 Abs. 4 AEUV beibehalten oder beschließen. Mittlerweile wurde diese Bestimmung unverändert in **Art. 3 Geschl-RL** aufgenommen. Trotz des unterschiedlichen Wortlauts hat der EuGH an den zu Art. 2 Abs. 4 RL 76/207/EWG entwickelten Maßstäben festgehalten.[953] Dieselben Voraussetzungen gelten auch für Art. 5 AntiRass-RL und 7 Abs. 1 Gleichb-RL.[954]

Eine **besondere Konstellation der Reichweite des Nichtdiskriminierungsrechts** zeigt sich am Beispiel des Art. 7 Abs. 2 GleichbRL, der spezifische Maßnahmen erlaubt, die effektiv darauf abzielen, etwaige faktische Ungleichheiten, die Menschen mit Behinderungen in ihrem Sozial- und insbesondere Berufsleben beeinträchtigen, zu beseitigen oder zu verringern und dadurch eine materielle und nicht nur formale Gleichheit herzustellen.[955] Der EuGH hat in diesem Zusammenhang die bedeutsame Feststellung getroffen,[956] dass für den Fall, in dem die Mitgliedstaaten entsprechende Maßnahmen einführen, sie diesbezüglich ihr Ermessen unter Beachtung der allgemeinen Grundsätze des Unionsrechts auszuüben hätten, zu denen auch der Gleichbehandlungsgrundsatz gehöre.[957]

5.241

Dessen Verletzung hat eine behinderte bulgarische Beamtin erfolgreich gerügt. Sie verlangte – und darin liegt die Besonderheit – nicht die Aufhebung einer diskriminierenden Regelung, sondern die **Einbeziehung in deren Schutzbereich**.[958] Denn nach dem bulgarischen Recht muss vor der Beendigung von Arbeitsverhältnissen mit bestimmten behinderten Menschen die Zustimmung der Arbeitsinspektion eingeholt werden, nicht jedoch bei der Entlassung von Beamten. Weil das Zustimmungserfordernis bezweckt, dass eine spezialisierte Stelle die Auswirkungen der Entlassung auf den Gesundheitszustand der betroffenen Person beurteile und vor diesem Hintergrund entscheiden soll, ob sie die Entlassung genehmigt,[959] handelt es sich um eine positive Maßnahme im Sinne des Art. 7 Abs. 2 der Gleichb-RL. Dies hat zur Folge, dass der – auch für die Klägerin geltende – Gleichbehandlungsgrundsatz zu beachten ist, was letztlich bedeutet, dass die klar vorliegende Ungleichbehandlung objektiv zu rechtfertigen ist. Ob dies der Fall ist, muss letztlich das nationale Gericht beurteilen. Entscheidend dürfte regelmäßig sein, ob über spezifisch beamtenrechtliche Regelungen ein vergleichbares Schutzniveau erreicht wird.[960] Gelingt dies nicht, so kann die Wahrung des Grundsatzes der Gleichbehandlung i.S.d. Art. 20 GRC nur dadurch gewährleistet werden, dass den Angehörigen der benachteiligten Gruppe dieselben Vorteile gewährt werden wie den Angehörigen der privilegierten Gruppe.[961] Dann ist auch bei der Entlassung von Beamten die Zustimmung der Arbeitsinspektion einzuholen.

5.242

---

952 EuGH v. 17.10.1995 – C-450/93 – Kalanke, Slg. 1995, I-3051; v. 11.11.1997 – C-409/95 – Marschall, Slg. 1997, I-6363; v. 28.3.2000 – C-158/97 – Badeck, Slg. 2000, I-1875; v. 19.3.2002 – C-476/99 – Lommers, Slg. 2002, I-2891.
953 EuGH v. 6.7.2000 – C-407/98 – Abrahamsson u.a., Slg. 2000, I-5539 Rz. 54 ff.; v. 30.9.2004 – C-319/03 – Briheche, Slg. 2004, I-8807 Rz. 29 ff.; v. 30.9.2010 – C-104/09 – Roca Álvarez, Slg. 2010, I-8661 Rz. 41; vertiefend *Burg*, Positive Maßnahmen zwischen Unternehmerfreiheit und Gleichbehandlung, 2009, S. 35 ff.
954 Zur Frage der fehlenden Absicherung im Primärrecht s. BeckOGK-BGB/*Block*, § 5 AGG Rz. 15 ff.
955 EuGH v. 9.3.2017 – C-406/15 – Milkova Rz. 47 = NZA 2017, 439.
956 So auch *Porsche*, ZESAR 2017, 444 (453).
957 EuGH v. 9.3.2017 – C-406/15 – Milkova Rz. 53 = NZA 2017, 439.
958 *Porsche*, ZESAR 2017, 444 (453).
959 EuGH v. 9.3.2017 – C-406/15 – Milkova Rz. 59, NZA 2017, 439.
960 EuGH v. 9.3.2017 – C-406/15 – Milkova Rz. 62, NZA 2017, 439.
961 EuGH v. 9.3.2017 – C-406/15 – Milkova Rz. 66, NZA 2017, 439.

5.243 Diese Entscheidung hat auch für das deutsche Recht eine immense Bedeutung. Nach § 168 SGB IX bedarf die Kündigung des Arbeitsverhältnisses eines schwerbehinderten Menschen der vorherigen Zustimmung des Integrationsamtes. Das Zustimmungserfordernis dient dem Ziel, bereits im Vorfeld der Kündigung die besonderen Schutzinteressen schwerbehinderter Arbeitnehmer zur Geltung zu bringen.[962] Damit lässt es sich als positive Maßnahme i.S.d. Art. 7 Abs. 2 Gleichb-RL einordnen.[963] Weil auch in Deutschland Beamte nicht unter den Anwendungsbereich des § 168 SGB IX fallen, müsste diese Ungleichbehandlung gerechtfertigt sein. Das ist sie nicht. Ein vergleichbares Schutzniveau existiert nicht, denn es gibt keine vergleichbare beamtenrechtliche Regelung.[964] Der Umstand, dass Beamten bei Versetzung in den Ruhestand Versorgungsbezüge gewährt werden, führt nicht zu einem ähnlichen Schutzniveau, da es der Gleichb-RL primär um die berufliche Teilhabe geht, während die Versorgungsbezüge (lediglich) der Existenzsicherung dienen.[965]

5.244 Im Ergebnis ist damit § 168 SGB IX auch auf das Beamtenverhältnis anzuwenden.[966] Weil eine entsprechende Konstellation auch bei den Dienstverhältnissen von Richter/innen, Soldatinnen und Soldaten, Teilnehmer/innen eines öffentlich-rechtlichen Ausbildungsverhältnisses, Organmitgliedern und Dienstordnungsangestellten existiert, ist auch hier die Regelung des § 168 SGB IX entsprechend anzuwenden.[967]

5.245 Die Folgen für das deutsche Recht erschöpfen sich nicht in der Frage des Zustimmungserfordernisses seitens des Integrationsamtes. Infolge der Vorschrift des § 178 Abs. 2 Satz 3 SGB IX ist die Kündigung eines schwerbehinderten Menschen unwirksam, sofern nicht die Schwerbehindertenvertretung zuvor angehört worden ist. Die Aufgabe der Schwerbehindertenvertretung ist vor allem, die Eingliederung schwerbehinderter Menschen zu fördern.[968] Damit ist auch an dieser Stelle der Gleichbehandlungsgrundsatz zu beachten, was nicht allein dazu führt, dass die Schwerbehindertenvertretung auch bei der Beendigung der Dienstverhältnisse von Beamten, Richtern und Teilnehmern eines öffentlich-rechtlichen Ausbildungsverhältnisses und Dienstordnungsangestellten zu hören ist.[969] Die Nichtanhörung muss auch – wie bei Arbeitnehmern – zur Unwirksamkeit der Maßnahme führen.[970]

VII. Sanktionen

1. Primärrechtliche vs. sekundärrechtliche Diskriminierungsverbote

5.246 Hinsichtlich der Sanktionen für den Verstoß gegen ein Diskriminierungsverbot ist zwischen den Verstößen gegen primärrechtliche und den Verstößen gegen die Diskriminierungsverbote in den Richtlinien zu unterscheiden.

5.247 Art. 157 AEUV sieht keine Rechtsfolge für einen Verstoß gegen den Grundsatz der Entgeltgleichheit vor. Nach ständiger **Rechtsprechung des EuGH** ist **Art. 157 Abs. 1 AEUV** im Arbeitsverhält-

---

[962] ErfK/*Rolfs*, § 168 SGB IX Rz. 1.
[963] *Porsche*, ZESAR 2017, 444 (454).
[964] *Porsche*, ZESAR 2017, 444 (455).
[965] So zutr. *Schmitt*, BB 2017, 2293 (2295).
[966] Ebenso *Schmitt*, BB 2017, 2293 (2295); v. *Roetteken*, jurisPR-ArbR 16/2017 Anm. 4; *Porsche*, ZESAR 2017, 444 (455); *Schubert/Jerchel*, EuZW 2017, 551 (557).
[967] So v. *Roetteken*, jurisPR-ArbR 16/2017 Anm. 4; *Schmitt*, BB 2017, 2293 (2295); a.A. zum Teil ErfK/*Rolfs*, § 168 SGB IX Rz. 3.
[968] ErfK/*Rolfs*, § 178 SGB IX Rz. 4.
[969] Zur Errichtung von Schwerbehindertenvertretungen vgl. § 177 SGB IX.
[970] Bei der unterbliebenen Anhörung vor der beamtenrechtlichen Versetzung in den Ruhestand immerhin für eine Rechtswidrigkeit: OVG Berlin-Brandenburg v. 15.11.2017 – OVG 4 S 26.17; VG Freiburg (Breisgau) v. 21.3.2017 – 3 K 1354/15.

nis unmittelbar anwendbar.⁹⁷¹ Daher kann sich der/die Arbeitnehmer/in bei einem Verstoß gegen das Gebot der Entgeltgleichheit vor mitgliedstaatlichen Gerichten unmittelbar darauf berufen.⁹⁷² Solche Diskriminierungen lassen sich anhand der in der Vorschrift verwendeten Merkmale „gleiche Arbeit" und „gleiches Entgelt" feststellen, ohne dass konkretisierende unionsrechtliche oder nationale Maßnahmen erforderlich wären. Das Gericht ist in der Lage, alle Tatsachenfeststellungen zu treffen, die es ihm ermöglichen, zu beurteilen, ob eine Arbeitnehmerin ein geringeres Entgelt erhält als ein Arbeitnehmer, der die gleiche oder eine gleichwertige Arbeit leistet.⁹⁷³ Weil der primärrechtliche Gleichbehandlungsgrundsatz ausreichend konkret ist, stützt sich der EuGH daher unmittelbar auf den Grundsatz und nicht auf den konkretisierenden Art. 4 Geschl.-RL.⁹⁷⁴

Dagegen haben die Diskriminierungsverbote in den **Richtlinien** keinen unmittelbaren **Horizontaleffekt** (vgl. Rz. 1.125 ff.).⁹⁷⁵ Diese können in Arbeitsverhältnissen mit privaten Arbeitgebern folglich nicht mit nationalen Vorschriften kollidieren; Anwendungskonkurrenzen sind insoweit ausgeschlossen. Nach der Rechtsprechung des EuGH statuieren die Richtlinien den Grundsatz der Gleichbehandlung aber nicht selbst, sondern schaffen lediglich einen allgemeinen Rahmen zur Bekämpfung verschiedener Formen der Diskriminierung. Sie „**konkretisieren**" einen allgemeinen Grundsatz des Unionsrechts bzw. das **Unionsgrundrecht** auf Nichtdiskriminierung aus Art. 21 Abs. 1 GRC.⁹⁷⁶ Das Sekundärrecht liefert den inhaltlichen Prüfungsmaßstab und geht als spezielle Regelung dem subsidiären Grundrecht vor (vgl. Rz. 5.11 ff.).

5.248

Art. 21 und 23 **Grundrechte-Charta** verleihen im Anwendungsbereich des Unionsrechts dem Einzelnen ein subjektives Recht, das er als solches geltend machen kann.⁹⁷⁷ Daraus folgt, dass in den Fällen, in denen das nationale Recht eine nicht richtlinienkonforme Bestimmung zugunsten eines privaten Akteurs enthält, der **Vorrang des Unionsgrundrechts** dazu führt, die Anwendung dieser nationalen Vorschrift auszuschließen.⁹⁷⁸ Unklar ist, ob sich die Wirkung des Unionsgrundrechts darin erschöpft. Nach dem Vorbild des Art. 157 Abs. 1 AEUV ist es denkbar, aus dem Verstoß gegen das subjektive Recht auf Nichtdiskriminierung bestimmte **unmittelbare Rechtsfolgen** abzuleiten: Dazu zählt die Nichtigkeit entgegenstehender Rechtsgeschäfte (vgl. Rz. 5.258 ff.). Probleme entstehen bei der Frage, ob aus dem Verstoß gegen die grundrechtskonkretisierende Richtlinie auch **Beseitigungs- und Schadensersatzansprüche** erwachsen.

5.249

Hier wirkt sich der Unterschied zwischen Art. 157 Abs. 1 AEUV und den grundrechtskonkretisierenden Richtlinien aus. Die tatbestandliche Engführung des Art. 157 Abs. 1 AEUV hat Konsequenzen für die Rechtsfolgen. Der Anspruch auf gleiche Behandlung beschränkt sich auf den Anspruch auf gleiches Entgelt. Dagegen sind die vielfältigen Situationen im Anwendungsbereich der Richtlinien differenzierter zu beurteilen. Soweit die Ungleichbehandlung das **Entgelt** betrifft, steht einem unmittelbar aus den Unionsgrundrechten fließenden Anspruch auf gleiche Behandlung nichts entgegen. In allen **anderen Fallgruppen** sprechen die besseren Gründe gegen einen unmittelbar in Art. 21 Abs. 1, 23 Abs. 1 GRC wurzelnden Beseitigungs- und Schadensersatzanspruch. Die Richtlinien verpflichten die Mitgliedstaaten insoweit lediglich dazu, alle geeigneten Maßnahmen zu treffen, um die Durchsetzung der in der Richtlinie vorgesehenen Rechte zu gewährleisten. Sofern sie keine detaillierten Rechtsfolgen vorschreiben, können sie daher auch nicht die Rechtsfolgen eines Verstoßes gegen das subjektive Recht aus Art. 21 und 23 GRC konkretisieren.

5.250

---

971 EuGH v. 8.4.1976 – 43/75 – Defrenne II, Slg. 1976, 455 Rz. 7 ff.
972 EuGH v. 8.4.1976 – 43/75 – Defrenne II, Slg. 1976, 455 Rz. 40; v. 7.9.2002 – C-320/00 – Lawrence, Slg. 2002, I-7325 Rz. 13.
973 EuGH v. 11.3.1981 – 69/80 – Worringham, Slg. 1981, 767 Rz. 23.
974 Vgl. dazu Sagan, ZESAR 2011, 412 (414).
975 Grundlegend EuGH v. 10.4.1984 – 14/83 – von Colson und Kamann, Slg. 1984, 1891 Rz. 27.
976 EuGH v. 22.11.2005 – C-144/04 – Mangold, Slg. 2005, I-9981 – Rz. 74 ff.; v. 19.1.2010 – C-555/07 – Kücükdeveci, Slg. 2010, I-365 Rz. 20.
977 EuGH v. 15.1.2014 – C-176/12 – Association de médiation sociale Rz. 47, NZA 2014, 19.
978 Vgl. EuGH v. 15.1.2014 – C-176/12 – Association de médiation sociale Rz. 41, NZA 2014, 19.

2. Grundsatz der Mindestanforderungen und Verschlechterungsverbot

5.251 Die Richtlinien legen lediglich Mindestanforderungen an den Schutz des Gleichbehandlungsanspruchs fest. Die Mitgliedstaaten dürfen zum Schutz der davon Betroffenen strengere Vorschriften beibehalten oder einführen (Art. 6 Abs. 1 AntiRass-RL, 8 Abs. 1 Gleichb-RL, 27 Abs. 1 Geschl-RL). Bestand vor der Verabschiedung der Richtlinie ein **höheres Schutzniveau**, darf der Mitgliedstaat die Umsetzung der Richtlinie jedoch nicht zum Anlass nehmen, es auf das von der Richtlinie abgedeckte Schutzniveau herabzusenken (Art. 6 Abs. 1 AntiRass-RL, 8 Abs. 1 Gleichb-RL, 27 Abs. 1 Geschl-RL). Das verbietet nach der sehr engen Auslegung des EuGH nicht eine generelle Absenkung des Schutzes, sondern nur solche Maßnahmen, die mit der „Umsetzung" der Richtlinie zusammenhängen und das allgemeine Niveau des Schutzes der jeweils von der Richtlinie erfassten Diskriminierungsopfer betrifft.[979] Daher ist eine im Zusammenhang mit der Umsetzung der Gleichbehandlungsrahmenrichtlinie erfolgte Verkürzung einer für das Merkmal Geschlecht bestehenden Ausschlussfrist kein Verstoß gegen das Verschlechterungsverbot.[980]

5.252 Das Problem stellt sich in Deutschland bei **§ 15 Abs. 4 AGG** für das Merkmal **Geschlecht**. Der EuGH hat darüber in der Rs. *Bulicke* nicht entschieden. Im Vergleich mit der Vorgängerregelung in § 611a Abs. 4 BGB a.F. hat sich die Rechtslage für das Merkmal Geschlecht insoweit verschlechtert. Ob das mit dem Verschlechterungsverbot vereinbar ist, ist sehr zweifelhaft.[981] Insoweit wäre eine **Vorlageentscheidung notwendig**.

3. Präventive Maßnahmen

5.253 Das Unionsrecht verfolgt insgesamt ein Konzept positiver Handlungspflichten, um strukturelle Diskriminierung aufgrund gemeinsamer positiver Maßnahmen aller involvierten Beteiligten zu beseitigen und zu verhindern.[982] Zu den präventiven Maßnahmen zählen „Maßnahmen zur **Förderung des sozialen Dialogs** zwischen Arbeitgebern und Arbeitnehmern" (Art. 11 Abs. 1 AntiRass-RL, 13 Abs. 1 Gleichb-RL) bzw. den Sozialpartnern (Art. 21 Abs. 1 Geschl-RL) im beschäftigungsrechtlichen Bereich. Allgemein haben die Mitgliedstaaten die Pflicht, den sozialen Dialog mit **Nichtregierungsorganisationen** zu fördern (Art. 12 AntiRass-RL, 14 Gleichb-RL, 22 Geschl-RL). Konkreter gefasst ist die Pflicht zur Unterrichtung der Betroffenen am Arbeitsplatz (Art. 10 AntiRass-RL, 12, 30 Geschl-RL) und die Pflicht von Arbeitgebern und Arbeitnehmern bzw. Sozialpartnern, **Antidiskriminierungsvereinbarungen** zu treffen (Art. 11 Abs. 2 AntiRass-RL, 13 Abs. 2 Gleichb-RL, 21 Abs. 2 Geschl-RL). Dazu führt Art. 21 Abs. 3 Geschl-RL aus, dass Kollektivvertragsparteien und Arbeitgeber verpflichtet werden, die Gleichbehandlung beim Berufszugang und -aufstieg „in geplanter und systematischer Weise zu fördern".

5.254 Das Konzept **präventiver Maßnahmen** spielt in der **Praxis** eine wichtige Rolle. In Deutschland wurde es in § 12 Abs. 1, 2 und 5 AGG und in § 17 Abs. 1 AGG umgesetzt. § 12 Abs. 5 AGG verwirklicht Prävention durch Minimalaufklärung über die Rechte und Pflichten aus dem AGG. § 12 Abs. 1 AGG verpflichtet den Arbeitgeber, seine Beschäftigten vor konkreten Benachteiligungen zu schützen.[983] § 12 Abs. 1 AGG konkretisiert die den Arbeitgeber auf Grundlage des Arbeitsvertrages treffenden Schutzpflichten und begründet präventive Organisationspflichten.[984]

---

979 EuGH v. 23.4.2009 – C-378/07 bis C-380/07 – Angelidaki u.a., Slg. 2009, I-3071 Rz. 126; v. 8.7.2010 – C-246/09 – Bulicke, Slg. 2010, I-7003 Rz. 44, hierauf bezugnehmend und die Vereinbarkeit des § 15 Abs. 4 AGG mit Art. 8 Abs. 2 Gleichb-RL bejahend BAG v. 18.5.2017 – 8 AZR 74/16, ArbRB 2017, 366 = NZA 2017, 1530 Rz. 30 ff.
980 EuGH v. 8.7.2010 – C-246/09 – Bulicke, Slg. 2010, I-7003 Rz. 45 ff.
981 S. Falke/Rust/*Bücker*, AGG, § 15 Rz. 50; *Fischinger*, NZA 2010, 1048; Schiek/*Kocher*, AGG, § 15 Rz. 57; Unionsrechtskonformität bejahend Wendeling-Schröder/Stein/*Stein*, AGG, § 15 Rz. 67.
982 Vertiefend *Fredman*, Discrimination Law, 2. Aufl. 2011, S. 299 ff.
983 Zum Normzweck vgl. BT-Drucks. 16/1780, 37.
984 *Göpfert/Sigrist*, ZIP 2007, 1710 (1711).

Angesichts der Vielzahl gestalterischer Maßnahmen kommt dem Arbeitgeber dabei ein **Einschätzungsspielraum** zu.[985] Dazu zählen beispielsweise die in § 12 Abs. 2 Satz 1 AGG genannten Maßnahmen der Aus- und Fortbildung, insbesondere Schulungen, für die § 12 Abs. 2 Satz 2 AGG einen besonderen Anreiz bereithält.[986] Eine andere Möglichkeit besteht in der Einführung von sog. „Ethikrichtlinien".[987]

§ 17 Abs. 1 AGG begründet Handlungsrechte und -pflichten für Tarifvertragsparteien, Arbeitgeber, Beschäftigte und deren Vertretungen. Dazu zählt beispielsweise der Betriebsrat, dessen Handlungspflichten im Rahmen der ihm gesetzlich eingeräumten Beteiligungsmöglichkeiten von § **75 Abs. 1 BetrVG** konkretisiert werden.[988] Eine weitere Konkretisierung des Konzepts findet sich in § **166 SGB IX**, der besondere Inklusionsvereinbarungen zugunsten schwerbehinderter Menschen vorsieht.   5.255

Nach herkömmlicher Auffassung zählt auch die in § 11 AGG vorgesehene Pflicht zur diskriminierungsneutralen **Stellenausschreibung**[989] zu den präventiven Maßnahmen.[990] Aufgrund der Rechtsprechung des EuGH zum Anwendungsbereich der Richtlinien,[991] hält eine diskriminierende Stellenanzeige potentielle Bewerber von einer Bewerbung ab. Darin liegt die Verletzung ihres unionsrechtlich gewährten Gleichbehandlungsanspruchs. § 11 AGG ist deshalb die Konkretisierung einer unmittelbar aus § 7 Abs. 1 AGG folgenden Pflicht des Arbeitgebers,[992] die über § 15 AGG zu sanktionieren ist.   5.256

Zu den präventiven Maßnahmen zählt auch die Pflicht der Mitgliedstaaten, eine unabhängige **Gleichstellungsinstitution** zu benennen (Art. 13 AntiRass-RL, 20 Geschl-RL).[993] Ihr Zweck besteht darin, die mit der Diskriminierung verbundenen Probleme zu analysieren, Lösungen zu prüfen und den potentiell Verletzten konkrete Hilfe anzubieten.[994] Dadurch soll der Diskriminierungsschutz effektiviert werden. Vorbild dafür war die U.S. Equal Employment Opportunity Commission (EEOC), wenngleich die in der Richtlinie vorgesehenen Kompetenzen weit hinter denen der EEOC zurückbleiben.[995]   5.257

In Deutschland wird diese Pflicht in §§ 25 ff. AGG umgesetzt. Die **Antidiskriminierungsstelle des Bundes** bietet unter www.antidiskriminierungsstelle.de ein umfangreiches Webangebot an, darunter einen Überblick über ausgewählte Entscheidungen deutscher Gerichte und relevanter Entscheidungen des EuGH ab dem Jahr 2000.   5.258

4. Reaktive Maßnahmen

Die Richtlinien unterschieden zwischen der Einhaltung des Gleichbehandlungsgrundsatzes und den Sanktionen bei seiner Verletzung. Der Anspruch auf Gleichbehandlung ist der in den Richt-   5.259

---

985 Falke/Rust/*Falke*, AGG, § 12 Rz. 9 ff.
986 Näher BeckOGK-BGB/*Benecke*, § 12 AGG Rz. 18 ff.
987 Ausführlich *Schneider/Sittard*, NZA 2007, 654 ff.
988 *Schwering*, Das Allgemeine Gleichbehandlungsgesetz als Aufgabe und Instrument des Betriebsrats, 2010, S. 40 ff., 249 ff.; speziell zu den betriebsverfassungsrechtlichen Handlungsmöglichkeiten Falke/Rust/*Bertelsmann*, AGG, § 17 Rz. 15 ff.
989 Zu den Anforderungen in der Praxis vgl. Schleusener/Suckow/Voigt/*Suckow*, AGG, § 11 Rz. 20 ff.
990 BT-Drucks. 16/1780, 36; Falke/Rust/*Falke*, AGG, § 11 Rz. 1; Schleusener/Suckow/Voigt/*Suckow*, AGG, § 11 Rz. 1.
991 Vgl. EuGH v. 10.7.2008 – C-54/07 – Feryn, Slg. 2008, I-5187 Rz. 25; v. 25.4.2013 – C-81/12 – Asociația Accept Rz. 36, NZA 2013, 891.
992 Zu vereinfachend Schleusener/Suckow/Voigt/*Suckow*, AGG, § 11 Rz. 2 („genuin nationales Recht").
993 Eine entsprechende Pflicht fehlt in der Gleichbehandlungsrahmenrichtlinie. Zu den Voraussetzungen s. Schiek/*Laskowski*, AGG, Vorbem. zu §§ 25 Rz. 1 ff.
994 Vgl. ErwGr. 24 AntiRass-RL.
995 Näher *Monen*, Verbot der Diskriminierung, 2008, S. 256 ff.

linien geregelte „Primäranspruch". Die in den Richtlinien nur rudimentär geregelten Sanktionen werden auf mitgliedstaatlicher Ebene von den Sekundäransprüchen umgesetzt.[996]

a) Nichtigkeit diskriminierender Maßnahmen

5.260 Gegen **Art. 157 Abs. 1 AEUV** verstoßende Bestimmungen in Gesetzen, Tarifverträgen, Betriebsvereinbarungen oder Arbeitsverträgen dürfen aufgrund des **Anwendungsvorrangs des Primärrechts** nicht angewendet werden.[997]

5.261 Im Anwendungsbereich der **Richtlinien** müssen die Mitgliedstaaten dafür sorgen, dass alle mit dem Gleichbehandlungsgrundsatz nicht vereinbaren Bestimmungen in Arbeits- und Tarifverträgen, Betriebsordnungen und Arbeitgeber- und Arbeitnehmerorganisationen für **nichtig erklärt** werden können (Art. 14 Buchst. b AntiRass-RL, 16 Buchst. b Gleichb-RL, 23 Buchst. b Geschl-RL). Gesetzliche oder tarifvertragliche Regelungen, die eine mit der Richtlinie unvereinbare Diskriminierung enthalten, dürfen nicht angewendet werden.[998] Die Nichtigkeit betrifft zwangsläufig nur **Rechtsgeschäfte**. Die Folgen tatsächlicher Handlungen sind über den **Beseitigungsanspruch** zu sanktionieren.[999]

5.262 Die Richtlinien werden mit § 7 Abs. 2 AGG umgesetzt. Umstritten, aber praktisch nicht relevant ist, ob es wegen des Verbotscharakters von § 7 Abs. 1 AGG i.V.m. § 134 BGB dieser Anordnung bedurft hätte.[1000] Die Norm erfasst alle Bestimmungen in der arbeitsrechtlichen Normhierarchie unterhalb der Ebene des einfachen Gesetzes.[1001] Problematisch ist, ob in den Fällen, in denen nur eine Regelung eines umfassenderen Regelwerks diskriminierende Wirkung hat, **Gesamt- oder Teilnichtigkeit** anzunehmen ist und wie die Lücke zu schließen ist.[1002] Ist die Ungleichbehandlung Folge eines einheitlichen Regelungskomplexes, beispielsweise eines Stufensystems, ist umstritten, ob man zwischen diskriminierungsfreien und diskriminierenden Teilregelungen unterscheiden kann.[1003] Unionsrechtlich betrachtet gehören die hier diskutierten Fragen in den Komplex der Beseitigung der Benachteiligung.

b) Beseitigung der Auswirkungen ungleicher Maßnahmen

5.263 Das Unionsrecht trifft keine Aussagen darüber, wie die Folgen einer eingetretenen Diskriminierung zu beseitigen sind. Das Problem stellt sich insbesondere bei einem diskriminierenden **Begünstigungsausschluss** und bei **Vergütungsregelungen**.

5.264 Der EuGH entscheidet zu **Art. 157 AEUV** in ständiger Rechtsprechung, dass die benachteiligten Personen grundsätzlich einen Anspruch auf Anwendung der gleichen Regelung wie die übrigen Arbeitnehmer haben.[1004] Die **„Anpassung nach oben"** ist erforderlich, um das Ziel des Gleichbe-

---

996 Zum Begriff *Grünberger*, Personale Gleichheit, S. 726 (758).
997 EuGH v. 13.1.2004 – C-256/01 – Allonby, Slg. 2004, I-873 Rz. 77; v. 21.7.2007 – C-231/06 bis C-233/06 – Jonkman u.a., Slg. 2007, 5149 Rz. 39.
998 EuGH v. 26.2.1986 – 152/84 – Marshall, Slg. 1986, 723 Rz. 54 ff.; v. 15.5.1986 – 222/84 – Johnston, Slg. 1986, 1651 Rz. 57; v. 27.2.2003 – C-320/01 – Busch, Slg. 2003, I-2041 Rz. 49; v. 31.7.2007 – C-231/06 bis C-233/06 – Jonkman u.a., Slg. 2007, I-5149 Rz. 39 m.w.N.
999 BeckOGK-BGB/*Groß*, § 21 AGG Rz. 20.
1000 Näher MüKoBGB/*Thüsing*, § 7 AGG Rz. 11.
1001 Schleusener/Suckow/Voigt/*Schleusener*, AGG, § 7 Rz. 39; BeckOGK-BGB/*Benecke*, § 7 AGG Rz. 32 ff.
1002 Dazu *Kamanabrou*, ZfA 2006, 327 (332 ff.); *Krebber*, EuZA 2009, 201 (209 ff.); BeckOGK-BGB/*Benecke*, § 7 AGG Rz. 37 ff.
1003 Dazu *Kamanabrou*, ZfA 2006, 327 (334); *Krebber*, EuZA 2009, 201 (213); *Lingemann/Gotham*, NZA 2007, 663 (668); *Temming*, RdA 2008, 205 (216 f.); *Wiedemann*, NZA 2007, 950 (953).
1004 EuGH v. 8.4.1976 – 43/75 – Defrenne II, Slg. 1976, 455 Rz. 14 f.; v. 27.6.1990 – C-33/89 – Kowalska, Slg. 1990, I-291 Rz. 19; v. 7.2.1991 – C-184/89 – Nimz, Slg. 1991, I-297 Rz. 18; v. 21.7.2007 – C-231/06 bis C-233/06 – Jonkman, Slg. 2007, 5149 Rz. 39; Einzelheiten bei *Krebber*, EuZA 2009, 201; vgl. auch EuArbR/*Franzen*, Art. 157 AEUV Rz. 56.

handlungsgrundsatzes zu erreichen,[1005] die Diskriminierung unverzüglich und vollständig zu beseitigen.[1006] Die Regelung, die für die nicht diskriminierten Arbeitnehmer gilt, ist nämlich das einzig gültige Bezugssystem, mit dem die Gleichbehandlung sofort verwirklicht werden kann.[1007] Unerheblich ist, ob die bisherige Benachteiligung auf dem Einzelarbeitsverhältnis, einer Betriebsvereinbarung oder auf Tarifvertrag beruht.[1008] Für die **Zukunft** können der Arbeitgeber oder die Kollektivvertragsparteien gestalterische und ihrerseits diskriminierungsfreie Maßnahmen zur Wiederherstellung der Gleichbehandlung treffen.[1009] Insbesondere dürfen die bisher bestehenden Vergünstigungen der bevorzugten Gruppe oder Individuen eingeschränkt werden.[1010] Dies darf allerdings nicht schrittweise erfolgen, weil darin ein – wenn auch nur vorübergehender – Fortbestand der Diskriminierung liegt.[1011]

Bei Verstößen gegen das **sekundärrechtlich** verankerte Diskriminierungsverbot aus Gründen des **Geschlechts** sind die nationalen Gerichte verpflichtet, die Diskriminierung auf jede denkbare Weise und insbesondere dadurch auszuschließen, dass sie die begünstigenden Regelungen zugunsten der benachteiligten Gruppe anwenden, ohne die Beseitigung der Diskriminierung durch den Gesetzgeber, die Tarifvertragsparteien oder in anderer Weise abwarten zu müssen.[1012] Es kommt daher i.d.R. zu einer „**Anpassung nach oben**". Dieser Ansatz ist im Grundsatz auf die Antirassismus- und Gleichbehandlungsrahmenrichtlinie zu übertragen. Der EuGH hat allerdings für das Merkmal entschieden, dass für einen **befristeten Übergangszeitraum** einige der diskriminierenden Auswirkungen des alten Systems bestehen bleiben können, wenn die Sozialpartner für die bereits in einem Beschäftigungsverhältnis stehenden Angestellten den Übergang zum neuen System ohne Einkommensverluste gewährleisten wollten.[1013] Auf diese Flexibilität können sich nur Sozialpartner berufen.[1014] Nicht restlos geklärt ist, ob diese Flexibilität auch für Diskriminierungen aufgrund anderer Merkmale gilt und ob sie auch auf Art. 157 Abs. 1 AEUV übertragen werden kann.[1015]

5.265

Soweit die nationalen Gerichte verpflichtet sind, diskriminierende Vorschriften des nationalen Rechts nicht mehr anzuwenden,[1016] ist die Regelung, die für die nicht diskriminierten Arbeitnehmer gilt, auch hier das einzig gültige Bezugssystem, mit dem die Gleichbehandlung sofort verwirklicht werden kann.[1017] Insgesamt kann man aus der Rechtsprechung des EuGH[1018] einen **allgemeinen Rechtsgrundsatz** ableiten, wonach der Gleichheitssatz nur dadurch gewahrt werden kann, indem man die Vergünstigungen, die die Mitglieder der begünstigten Gruppe erhalten, auf die Mit-

5.266

1005 EuGH v. 17.4.1997 – C-147/95 – Dimossia Epicheirissi Ilektrismo, Slg. 1997, I-2057 Rz. 42.
1006 EuGH v. 28.9.1994 – C-408/92 – Smith u.a. v. Avdel Systems, Slg. 1994, I-4435 Rz. 25.
1007 EuGH v. 7.2.1991 – C-184/89 – Nimz, Slg. 1991, I-297 Rz. 18; v. 28.9.1994 – C-2001/91 – Coloroll Pension Trustees, Slg. 1994, I-4389 Rz. 31.
1008 EuGH v. 27.6.1990 – C-33/89 – Kowalska, Slg. 1990, I-291 Rz. 19; v. 7.2.1991 – C-184/89 – Nimz, Slg. 1991, I-297 Rz. 20.
1009 EuGH v. 28.9.1994 – C-408/92 – Smith u.a. v. Avdel Systems, Slg. 1994, I-4435 Rz. 17; v. 28.9.1994 – C-200/91 – Coloroll Pension Trustees, Slg. 1994, I-4389 Rz. 33.
1010 EuGH v. 28.9.1994 – C-408/92 – Smith u.a. v. Avdel Systems, Slg. 1994, I-4435 Rz. 21.
1011 EuGH v. 28.9.1994 – C-408/92 – Smith u.a. v. Avdel Systems, Slg. 1994, I-4435 Rz. 26.
1012 EuGH v. 20.3.2003 – C-187/00 – Kutz-Bauer, Slg. 2003, I-2741 Rz. 75; v. 18.11.2004 – C-284/02 – Land Sass, Slg. 2004, I-11143 Rz. 55; v. 31.7.2007 – C-231/06 bis C-233/06 – Jonkman u.a., Slg. 2007, I-5149 Rz. 39 m.w.N.
1013 EuGH v. 8.9.2011 – C-297/10 und C-298/10 – Hernnigs und Mai, Slg. 2011, I-7965 Rz. 79 ff.; dazu *Henssler/Kaiser*, RdA 2012, 248 (251 f.).
1014 Vgl. EuGH v. 8.9.2011 – C-297/10 und C-298/10 – Hernnigs und Mai, Slg. 2011, I-7965 Rz. 92.
1015 Wohl bejahend *Krebber*, JZ 2012, 1078.
1016 EuGH v. 22.11.2005 – C-144/04 – Mangold, Slg. 2005, I-9981 Rz. 77; v. 19.1.2010 – C-555/07 – Kücükdeveci, Slg. 2010, I-365 Rz. 51.
1017 A.A. *Krebber*, EuZA 2009, 201 (208 f.).
1018 Vgl. EuGH v. 31.7.2007 – C-231/06 bis C-233/06 – Jonkman u.a., Slg. 2007, I-5149 Rz. 39 m.w.N.

glieder der benachteiligten Gruppe erstreckt,[1019] solange der Normadressat keine abweichende und ihrerseits gleichheitskonforme Regelung getroffen hat.

5.267 Der beschäftigungsrechtliche Teil des AGG enthält – im Unterschied zu § 21 Abs. 1 Satz 1 AGG – keine explizite **Anspruchsgrundlage** für die Beseitigung einer eingetretenen Benachteiligung. Nach einer Auffassung ist § 7 Abs. 2 AGG unionsrechtskonform als Anspruchsgrundlage aufzufassen.[1020] Überzeugender ist es, aus § 7 Abs. 1 AGG als Rechtsfolge einen gesetzlichen[1021] **Beseitigungsanspruch** des Arbeitnehmers gegen den Arbeitgeber abzuleiten.[1022] Jener darf diskriminierungsfreies Verhalten erwarten und bei sachwidrigen Differenzierungen deren Ausgleich (Beseitigung) und gegebenenfalls Unterlassung fordern.[1023] Ziel des Anspruchs ist es, die aufgrund der Benachteiligung eingetretene Beeinträchtigung des Rechts auf Gleichbehandlung effektiv zu beseitigen.[1024] Der Arbeitgeber ist wegen § 12 Abs. 3 und 4 AGG bei mehrpoligen Rechtsverhältnissen auch dann passivlegitimiert, wenn die Störung des Gleichbehandlungsgrundsatzes von anderen Arbeitnehmern oder Dritten ausgeht.

5.268 Gemeinsame **Voraussetzung der Beseitigungs- und Unterlassungsansprüche** ist der Verstoß gegen das Benachteiligungsverbot, § 7 Abs. 1 AGG. Daher muss eine Benachteiligung nach § 7 Abs. 1 AGG i.V.m. § 3 AGG objektiv vorliegen, die auch nicht nach §§ 5, 8–10 AGG gerechtfertigt ist. Ob der Beseitigungs- oder der Unterlassungsanspruch oder beide kumulativ gegeben sind, hängt davon ab, ob die Benachteiligung bereits eingetreten ist und im Zeitpunkt der Entscheidung noch fortbesteht – dann Beseitigung[1025] – oder eine zukünftige Beeinträchtigung abgewehrt werden soll – dann Unterlassung.

c) Anforderungen an die Sanktionierung

5.269 Art. 15 AntiRass-RL, Art. 17 Gleichb-RL verpflichten die Mitgliedstaaten dazu, bei einem Verstoß gegen die einzelstaatlichen Vorschriften zur Anwendung der jeweiligen Richtlinie Sanktionen zu verhängen und alle geeigneten bzw. erforderlichen Maßnahmen zu treffen, um deren Durchführung zu gewährleisten. Art. 18 Geschl-RL enthält strengere Anforderungen (vgl. Rz. 5.272).

5.270 Diese Vorgaben beruhen auf der Erkenntnis, dass wirkliche Chancengleichheit nicht ohne eine geeignete Sanktionsregelung erreicht werden kann.[1026] Der **Zweck der Sanktionen** besteht darin, die verletzte Gleichheit wiederherzustellen.[1027] Die Richtlinien übernehmen die vom EuGH in seiner Rechtsprechung zur Richtlinie 76/207/EWG herausgearbeiteten **Anforderungen** an die mitgliedstaatlichen Sanktionen:[1028] Sie müssen wirksam, verhältnismäßig und abschreckend sein.[1029]

1019 GAin *Kokott* v. 6.5.2010 – C-499/08 – Ingeniørforeningen i Danmark (Andersen), Slg. 2010, I-9343 Rz. 85.
1020 Schleusener/Suckow/Voigt/*Schleusener*, AGG, § 7 Rz. 47; vgl. BAG v. 20.8.2002 – 9 AZR 710/00, NZA 2003, 510 (512) zur Vorgängerregelung.
1021 Anders wohl BAG v. 21.6.2012 – 8 AZR 188/11, ArbRB 2012, 326 = NZA 2012, 1211 Rz. 44, wo die Ansprüche aus § 15 AGG vertragsrechtlich qualifiziert werden.
1022 *Mansel*, FS Canaris, 2007, Bd. I, S. 799 (812).
1023 *Wiedemann*, NZA 2007, 950 (953).
1024 Näher *Grünberger*, Personale Gleichheit, S. 726.
1025 Hey/*Kremer*, AGG, § 21 Rz. 12 f.; *Gaier/Wendtland*, AGG, Rz. 191; MüKoBGB/*Thüsing*, § 21 AGG Rz. 9.
1026 EuGH v. 10.4.1984 – 14/83 – von Colson und Kamann, Slg. 1984, 1891 Rz. 22; v. 10.4.1984 – 79/83 – Harz, Slg. 1984, 1921 Rz. 22.
1027 EuGH v. 2.8.1993 – C-271/91 – Marshall, Slg. 1993, I-4367 Rz. 24.
1028 Vgl. dazu *Benecke/Kern*, EuZW 2005, 360 (361 ff.); *Kamanabrou*, ZfA 2006, 327 (328 ff.).
1029 EuGH v. 10.4.1984 – 14/83 – von Colson und Kamann, Slg. 1984, 1891 Rz. 23; v. 10.4.1984 – 79/83 – Harz, Slg. 1984, 1921 Rz. 23; v. 8.11.1990 – 177/88 – Dekker, Slg. 1990, I-3941 Rz. 23; v. 2.8.1993 – C-271/91 – Marshall, Slg. 1993, I-4367 Rz. 24; v. 22.4.1997 – C-180/95 – Draehmpaehl, Slg. 1997, I-2195 Rz. 24, v. 25.4.2013 – C-81/12 – Asociaţia Accept Rz. 61, NZA 2013, 891; s. auch EuArbR/ *Mohr*, RL 2000/78/EG, Art. 17 Rz. 2.

Die Antirassismus- und die Gleichbehandlungsrahmenrichtlinie schreiben – wie zuvor die Richtlinie 76/207/EWG – keine bestimmten Sanktionen vor. Sie überlassen dem Mitgliedstaat die Auswahl unter den Lösungen, die geeignet bzw. erforderlich sind, das Ziel der **tatsächlichen Chancengleichheit** herzustellen.[1030] Die Sanktionen müssen einen tatsächlichen und wirksamen rechtlichen Schutz der aus den Richtlinien hergeleiteten Rechte gewährleisten.[1031] Sie müssen mit dem Gewicht der zu ahndenden Verstöße korrelieren, d.h. einerseits eine wirklich **abschreckende** Wirkung gewährleisten,[1032] andererseits dem Grundsatz der **Verhältnismäßigkeit** entsprechen.[1033] Eine rein symbolische Sanktion genügt nicht.[1034]

5.271

Im Ausgangspunkt reicht die Bandbreite von Sanktionen vom Kontrahierungszwang über finanzielle Entschädigungen hin zu Bußgeldern.[1035] Eine einfache **Verwarnung** ist i.d.R. nicht ausreichend.[1036] Eine genaue Analyse der Entscheidungen ergibt allerdings, dass neben der Beseitigung (vgl. Rz. 5.261 ff.) nur die **(Wieder-) Einstellung** oder ein **Schadensersatz-** bzw. Entschädigungsanspruch gleichwertige Alternativen für eine effektive Sanktionierung sind.[1037] Damit dürfte die Entscheidung eines Mitgliedstaates, den Rechtsverstoß ausschließlich mit Straf- oder Bußgeldvorschriften zu bewehren, nicht unionsrechtskonform sein.[1038] Das Unionsrecht erlaubt auch **Kombinationslösungen**. Allerdings ist zu beachten, dass ein schadensersatzrechtliches Element jeweils für sich genommen den dafür geltenden Mindestanforderungen genügen muss (vgl. Rz. 5.272 f.).[1039]

5.272

Nach § 15 Abs. 6 AGG begründet der Verstoß gegen das Diskriminierungsverbot keinen Anspruch auf Begründung eines Beschäftigungsverhältnisses. Der ausdrückliche Ausschluss dieses Anspruchs ist unionsrechtskonform, wenn eine effektive Sanktion über einen **verschuldensunabhängigen Schadensersatzanspruch** sichergestellt ist. Das ist bei richtlinienkonformer Auslegung[1040] des § 15 Abs. 2 AGG, die unionsrechtlich geboten ist, der Fall (vgl. Rz. 5.277). Der Ausschluss nach § 15 Abs. 6 AGG wird traditionell mit dem Vorrang der Abschlussfreiheit des Arbeitgebers gegenüber dem Gleichbehandlungsanspruch des Bewerbers begründet.[1041] Überzeugender ist es, darin eine Vorschrift zum Schutz des eingestellten Bewerbers zu sehen.[1042] Der Ausschluss des Kontrahierungszwangs gilt nicht „für einen anderen Rechtsgrund". Das betrifft insbesondere Ansprüche aus Art. 33 Abs. 2 GG und § 164 SGB IX.

5.273

[1030] EuGH v. 25.4.2013 – C-81/12 – Asociaţia Accept Rz. 61, NZA 2013, 891 (zur Gleichb-RL); v. 10.7.2008 – C-54/07 – Feryn, Slg. 2008, I-5187 Rz. 37 (zur AntiRass-RL).
[1031] EuGH v. 11.10.2007 – C-460/06 – Paquay, Slg. 2007, I-8511 Rz. 45; v. 25.4.2013 – C-81/12 – Asociaţia Accept Rz. 63, NZA 2013, 891 (zur RL 2000/78/EG).
[1032] EuGH v. 2.8.1993 – C-271/91 – Marshall, Slg. 1993, I-4367 Rz. 24; v. 11.10.2007 – C-460/06 – Paquay, Slg. 2007, I-8511 Rz. 45.
[1033] EuGH v. 25.4.2013 – C-81/12 – Asociaţia Accept Rz. 63 m.w.N., NZA 2013, 891 (zur Gleichb-RL).
[1034] EuGH v. 25.4.2013 – C-81/12 – Asociaţia Accept Rz. 64, NZA 2013, 891.
[1035] Grundlegend EuGH v. 10.4.1984 – 14/83 – von Colson und Kamann, Slg. 1984, 1891.
[1036] Vgl. EuGH v. 25.4.2013 – C-81/12 – Asociaţia Accept Rz. 68 f. m.w.N., NZA 2013, 891.
[1037] Ausdrücklich EuGH v. 2.8.1993 – C-271/91 – Marshall, Slg. 1993, I-4367 Rz. 25; vgl. *Basedow*, ZEuP 2008, 230 (239).
[1038] *Kossak*, Rechtsfolgen eines Verstoßes gegen das Benachteiligungsverbot im allgemeinen Zivilrechtsverkehr, 2009, S. 25 f.
[1039] Vgl. EuGH v. 10.4.1984 – 14/83 – von Colson und Kamann, Slg. 1984, 1891 Rz. 23 f.; *Lüttringhaus*, Grenzüberschreitender Diskriminierungsschutz, 2010, S. 59; a.A. *Kamanabrou*, ZfA 2006, 327 (337 f.), die eine Kombination von jeweils verschuldensabhängigem Bußgeld und Schadensersatz für möglich hält.
[1040] Vgl. zu § 611a BGB a.F.: EuGH v. 22.4.1997 – C-180/95 – Draehmpaehl, Slg. 1997, I-2195 Rz. 31 ff.
[1041] Statt vieler MüKoBGB/*Thüsing*, § 15 AGG Rz. 43.
[1042] Dazu *Grünberger*, Personale Gleichheit, S. 728.

d) Besonderheiten beim Schadensersatz

5.274 Für Ungleichbehandlungen aufgrund der „Rasse" oder ethnischen Herkunft, der Religion oder der Weltanschauung, einer Behinderung, des Alters oder der sexuellen Ausrichtung ist der **Schadensersatz** im Ausgangspunkt ein optionales Sanktionselement (vgl. Rz. 5.269 f.). Bei einer Diskriminierung aufgrund des **Geschlechts** muss dagegen sichergestellt werden, dass der entstandene Schaden tatsächlich und wirksam ausgeglichen oder ersetzt wird, wobei dies auf eine abschreckende und dem erlittenen Schaden angemessene Art und Weise geschehen muss (Art. 18 Geschl-RL).

5.275 Der Schadensersatz muss in **angemessenem Verhältnis** zum erlittenen Schaden stehen.[1043] Eine symbolische Entschädigung genügt nicht.[1044] Die finanzielle Wiedergutmachung ist nur dann angemessen, wenn damit die von der diskriminierenden Maßnahme tatsächlich verursachten Nachteile in vollem Umfang ausgeglichen werden können.[1045] Jeder Verstoß gegen das Diskriminierungsverbot muss für sich genommen ausreichen, die volle Haftung des Normadressaten zu begründen.[1046] Insbesondere kommt es nicht auf sein **Verschulden** an.[1047] Das Unionsrecht bezweckt damit weder eine „Bestrafung" des Benachteiligenden noch eine vom Schaden losgelöste Abschreckung, sondern Prävention durch Schadensausgleich.[1048] Leitlinie dafür ist die **volle Kompensation** sämtlicher Beeinträchtigungen, die aus der Benachteiligung herrühren, unabhängig davon, ob es sich um materielle oder immaterielle Schäden handelt. Die Modalitäten sind von den Mitgliedstaaten festzulegen.

5.276 Sie können entweder einen **einheitlichen Entschädigungsanspruch** vorsehen oder zwischen Vermögensschaden und Nichtvermögensschaden trennen.[1049] Eine einheitliche Entschädigungsregelung muss insgesamt verschuldensunabhängig ausgestaltet sein.[1050] In der Rs. *Draehmpaehl* ging es um einen „Entschädigungsanspruch", der nach deutschem Verständnis dem Ersatz immaterieller Schäden dient. Dahinter steht die Erwägung, der Bewerber hätte die Stelle ohnehin nicht bekommen und daher habe die Benachteiligung lediglich eine immaterielle Schädigung hervorgerufen, die in der Kränkung der Person liege.[1051] Das ist keine unionsrechtliche Differenzierung.[1052] Der erlittene **Schaden** besteht in der **Nichtberücksichtigung** seiner Bewerbung wegen einer Diskriminierung.[1053] Dieser „Nichtberücksichtigungsschaden" ist nicht zwangsläufig ein immaterieller Schaden. Er hat ohne Weiteres auch materielle Komponenten.[1054]

5.277 In den Rs. *Dekker* und *Draehmpaehl* entschied der **EuGH**, dass bei einer Sanktion, die sich in „die zivilrechtliche Haftung des Arbeitgebers einfügt, jeder Verstoß gegen das Diskriminierungsverbot für sich genommen ausreichen muss, um die **volle Haftung** seines Urhebers auszulösen".[1055] Es

---

1043 EuGH v. 10.4.1984 – 14/83 – von Colson und Kamann, Slg. 1984, 1891 Rz. 23; v. 10.4.1984 – 79/83 – Harz, Slg. 1984, 1921 Rz. 23; v. 22.4.1997 – C-180/95 – Draehmpaehl, Slg. 1997, I-2195 Rz. 25 ff.
1044 EuGH v. 10.4.1984 – 14/83 – von Colson und Kamann, Slg. 1984, 1891 Rz. 24; v. 10.4.1984 – 79/83 – Harz, Slg. 1984, 1921 Rz. 24.
1045 EuGH v. 11.10.2007 – C-460/06 – Paquay, Slg. 2007, I-8511 Rz. 46; v. 17.12.2015 – C-407/14 – Arjona Camacho Rz. 40, NZA 2016, 471.
1046 EuGH v. 8.11.1990 – 177/88 – Dekker, Slg. 1990, I-3941 Rz. 25.
1047 EuGH – 177/88 – Dekker, Slg. 1990, I-3941 Rz. 22, 24; v. 22.4.1997 – C-180/95 – Draehmpaehl, Slg. 1997, I-2195 Rz. 17, 21 f.
1048 *Stoffels*, RdA 2009, 204 (206 f.); *Wagner*, AcP 206 (2006), 352 (398 ff.); etwas abweichend *Ebers*, Rechte, Rechtsbehelfe und Sanktionen im Unionsprivatrecht, S. 712, der die Prävention mittels Abschreckung stärker betont.
1049 Näher *Wagner/Potsch*, JZ 2006, 1085 (1093 f.); vgl. *Schubert*, EuZA 2016, 480 (486), zu den Faktoren, die den Umfang der Entschädigung bestimmen.
1050 EuGH v. 22.4.1997 – C-180/95 – Draehmpaehl, Slg. 1997, I-2195 Rz. 19.
1051 Exemplarisch *Willemsen/Schweibert*, NJW 2006, 2583 (2589).
1052 Zum Folgenden *Wagner/Potsch*, JZ 2006, 1085 (1094 f.).
1053 EuGH v. 22.4.1997 – C-180/95 – Draehmpaehl, Slg. 1997, I-2195 Rz. 31, 34.
1054 S. EuGH v. 10.4.1984 – 14/83 – von Colson und Kamann, Slg. 1984, 1891 Rz. 5.
1055 EuGH v. 8.11.1990 – 177/88 – Dekker, Slg. 1990, I-3941 Rz. 25; v. 22.4.1997 – C-180/95 – Draehmpaehl, Slg. 1997, I-2195 Rz. 18 ff.

geht also nicht darum, dass eine abschreckende Sanktion etabliert werden müsste. Denn Art. 25 der Geschl-RL erlaubt es den Mitgliedstaaten, einen **Strafschadensersatz** vorzusehen, verpflichtet sie aber nicht dazu.[1056] Vielmehr müssen alle vom Mitgliedstaat vorgesehenen Sanktionen jeweils für sich betrachtet wirksam und abschreckend sein. Das sind sie zumindest nur begrenzt, wenn sie verschuldensabhängig sind. Dabei ist nicht maßgeblich, ob das **Verschuldenserfordernis** praktisch unerheblich ist.[1057] Die Konzeption des Unionsrechts ist insoweit klar: Entscheidet sich das nationale Recht für eine zivilrechtliche Haftung des Diskriminierenden, haftet dieser bei jedem Verstoß. Das gilt für jede aus der Benachteiligung folgenden Beeinträchtigung.

§ 15 Abs. 1 AGG schließt den Ersatz der materiellen Schäden (§§ 249 ff. BGB) aus, wenn der Arbeitgeber „die Pflichtverletzung nicht zu vertreten hat". Damit wird das **Konzept des § 280 Abs. 1 BGB** auf das AGG übertragen.[1058] Obwohl Vorsatz oder Fahrlässigkeit (§ 276 BGB) sowie das Verschulden seiner Erfüllungsgehilfen (§ 278 BGB) vermutet wird, ist der **Schadensersatzanspruch verschuldensabhängig** ausgestaltet. Es ist zweifelhaft, ob sich diese Lösung noch mit den Vorgaben der Richtlinien vereinbaren lässt. Nach Auffassung vieler ist das **Verschuldenserfordernis richtlinienwidrig**.[1059] Nach der Gegenauffassung enthalte das AGG bereits eine Reihe verschuldensunabhängiger Ansprüche, mit denen die effektive Sanktionierung von Rechtsverstößen gewährleistet sei. Dazu komme, dass der Benachteiligte nicht das Verschulden des Normadressaten nachweisen müsse, sondern dieser vielmehr Gründe darzulegen und zu beweisen habe, die ein Verschulden ausnahmsweise ausschlössen. Daher sei die Regelung unionsrechtskonform.[1060] Das kann nicht überzeugen. Es gibt keinen Spielraum, um zwischen materiellen und immateriellen Schäden zu differenzieren. Weil das AGG eine schadensersatzrechtliche Sanktion und eine Entschädigung vorsieht, ist der Spielraum des Mitgliedstaats begrenzt. Das Verschuldenserfordernis in § 15 Abs. 1 AGG ist daher **richtlinienwidrig**.[1061] Weil die Richtlinien insofern ausreichend konkretisiert sind, ist es wegen eines Verstoßes gegen Art. 21 und 23 GRC nicht anzuwenden.[1062] Insoweit ist eine **Vorlage an den EuGH** angezeigt. 5.278

§ 15 Abs. 2 AGG enthält einen **Entschädigungsanspruch für immaterielle Schäden**. Grundlage dafür ist die in der Diskriminierung liegende Verletzung des Anspruchs auf gleiche Behandlung. Ob darin auch eine Persönlichkeitsrechtsverletzung liegt, ist für die Anwendung der Norm irrelevant. Das AGG ist **kein Persönlichkeitsschutzgesetz**, sondern ein Gleichbehandlungsgesetz.[1063] § 15 Abs. 2 AGG ist nach Auffassung des **BAG** eine Rechtsfolgenregelung, für deren Voraussetzungen auf § 15 Abs. 1 AGG zurückzugreifen ist.[1064] Der Entschädigungsanspruch ist dennoch – aufgrund unionsrechtskonformer Auslegung[1065] – **verschuldensunabhängig** ausgestaltet.[1066] 5.279

1056 EuGH v. 17.12.2015 – C-407/14 – Arjona Camacho Rz. 40, NZA 2016, 471; vgl. auch schon *Sponholz*, Die unionsrechtlichen Vorgaben zu den Rechtsfolgen von Diskriminierungen im Privatrechtsverkehr, S. 227; *Ebers*, Rechte, Rechtsbehelfe und Sanktionen im Unionsprivatrecht, S. 712.
1057 EuGH v. 22.4.1997 – C-180/95 – Draehmpaehl, Slg. 1997, I-2195 Rz. 20.
1058 BT-Drucks. 16/1780, 38.
1059 *Kamanabrou*, RdA 2006, 321 (335); Schiek/*Kocher*, AGG, § 15 Rz. 19; BeckOK-ArbR/*Roloff*, § 15 AGG Rz. 2 f.; ErfK/*Schlachter*, § 15 AGG Rz. 5; *Stoffels*, RdA 2009, 204 (210); *Wagner/Potsch*, JZ 2006, 1085 (1091); MüKoBGB/*Thüsing*, § 15 AGG Rz. 25.
1060 *Bauer/Göpfert/Krieger*, AGG, § 15 Rz. 15; *Hanau*, ZIP 2006, 2189 (2201); Wendeling-Schröder/Stein/*Stein*, AGG, § 15 Rz. 16.
1061 In diesem Sinne auch *Sponholz*, Die unionsrechtlichen Vorgaben zu den Rechtsfolgen von Diskriminierungen im Privatrechtsverkehr, S. 231.
1062 ErfK/*Schlachter*, § 15 AGG Rz. 5.
1063 *Grünberger*, Personale Gleichheit, S. 554 f.; a.A. *Bader*, Arbeitsrechtlicher Diskriminierungsschutz als Privatrecht, 2012, 155 ff.; EuArbR/*Mohr*, Art. 21 GRC Rz. 2.
1064 BAG v. 16.2.2012 – 8 AZR 697/10, ArbRB 2012, 200 = NZA 2012, 667 Rz. 30.
1065 BAG v. 22.1.2009 – 8 AZR 906/07, ArbRB 2009, 290 = NZA 2009, 945 Rz. 66.
1066 BAG v. 22.1.2009 – 8 AZR 906/07, ArbRB 2009, 290 = NZA 2009, 945 Rz. 61 ff.; v. 18.3.2010 – 8 AZR 1044/08, ArbRB 2010, 296 = NZA 2010, 1129 Rz. 36; v. 22.8.2013 – 8 AZR 563/12, ArbRB 2014, 36 = NZA 2014, 82 Rz. 37.

Der Arbeitgeber schuldet eine angemessene Entschädigung, § 15 Abs. 2 Satz 1 AGG. Dem Gericht wird hinsichtlich der Höhe der Entschädigung ein Beurteilungsspielraum eingeräumt, innerhalb dessen es die Besonderheiten jedes einzelnen Falls zu berücksichtigen hat.[1067] Dabei kommt dem **Sanktionszweck** der Norm eine wichtige Bedeutung zu. Die Höhe ist auch danach zu bemessen, was zur Erzielung einer **abschreckenden Wirkung** erforderlich ist. Der Arbeitgeber soll von künftigen Diskriminierungen abgehalten werden, wobei die Entschädigung in einem angemessenen Verhältnis zum erlittenen Schaden stehen muss.[1068]

5.280 Erfolgt die Benachteiligung bei der Anwendung **kollektivrechtlicher Vereinbarungen**, ist der Arbeitgeber zur Entschädigung nur verpflichtet, wenn er vorsätzlich oder grob fahrlässig gehandelt hat, § 15 Abs. 3 AGG. Damit wird die Entschädigung in diesen Konstellationen wieder an ein Verschulden geknüpft. Das ist **unionsrechtswidrig**.[1069] Die Frage ist zur Entscheidung dem **EuGH vorzulegen**.[1070]

5.281 Die Mitgliedstaaten dürfen zwischen **zwei Kategorien von Bewerbern** unterscheiden: Bei Bewerbern, die eine Stelle auch bei diskriminierungsfreier Auswahl nicht erhalten hätten, weil der eingestellte Bewerber besser qualifiziert war,[1071] besteht der Schaden in der diskriminierenden Nichtberücksichtigung der Bewerbung. Bewerber, die bei diskriminierungsfreier Auswahl hätten eingestellt werden müssen, erleiden dagegen einen Schaden aufgrund der nicht erfolgten Einstellung.[1072] Der Mitgliedstaat darf eine Höchstgrenze festlegen, wenn der Bewerber die Stelle auch bei diskriminierungsfreier Berücksichtigung nicht erhalten hätte (Art. 18 Satz 2 Geschl-RL).

5.282 Davon macht **§ 15 Abs. 2 Satz 2 AGG** in richtlinienkonformer Weise Gebrauch. Ist ein Entschädigungsanspruch gem. § 15 Abs. 2 Satz 1 AGG dem Grunde nach gegeben, hat der Arbeitgeber die für ihn günstigere Tatsache zu beweisen, dass der Bewerber bei benachteiligungsfreier Auswahl nicht eingestellt worden wäre und damit die in § 15 Abs. 2 Satz 2 AGG festgelegte **Höchstgrenze** für die Entschädigung zum Tragen kommt.[1073] Die Höchstgrenze gilt nur für die Einstellung. Ob sich die Entschädigungshöhe bei anderen Rechtsverletzungen daran orientieren darf,[1074] ist fraglich. Ein Automatismus wäre mit den Richtlinien nicht vereinbar.

5.283 Eine dritte Kategorie bilden Bewerber, die eigentlich keine sind.[1075] Solchen Bewerbern versagt der EuGH bereits, sich auf den Schutz der Gleichb-RL sowie der Geschl-RL zu berufen.[1076] Dabei handelt es sich um Personen, die sich nur bewerben, um den **formalen Status als Bewerber** zu erlangen, damit sie dann auf Grundlage der genannten Richtlinien eine Entschädigung geltend machen können.[1077] Darüber hinaus kann eine Bewerbung, die tatsächlich nur das Ziel der Entschädigung nach den antidiskriminierungsrechtlichen Vorschriften zum Gegenstand hat, auch ein

---

1067 BAG v. 18.3.2010 – 8 AZR 1044/08, ArbRB 2010, 296 = NZA 2010, 1129 Rz. 19, 39, 41.
1068 BAG v. 22.1.2009 – 8 AZR 906/07, ArbRB 2009, 290 = NZA 2009, 945 Rz. 82; v. 18.3.2010 – 8 AZR 1044/08, ArbRB 2010, 296 = NZA 2010, 1129 Rz. 41.
1069 *Jacobs*, RdA 2009, 193 (197 f.); v. *Roetteken*, NZA-RR 2013, 337 (344); MüKoBGB/*Thüsing*, § 15 AGG Rz. 41; a.A. ArbG Köln v. 28.11.2013 – 15 Ca 3879/13, ArbRB 2014, 40 Rz. 60 ff.; Schleusener/Suckow/Voigt/*Voigt*, AGG, § 15 Rz. 59.
1070 Unzutr. ArbG Köln v. 28.11.2013 – 15 Ca 3879/13, ArbRB 2014, 40 Rz. 60 ff.
1071 Zur Beweislast des Arbeitgebers EuGH v. 22.4.1997 – C-180/95 – Draehmpaehl, Slg. 1997, I-2195 Rz. 36.
1072 EuGH v. 22.4.1997 – C-180/95 – Draehmpaehl, Slg. 1997, I-2195 Rz. 31 ff.
1073 BAG v. 19.8.2010 – 8 AZR 530/09, ArbRB 2011, 5 = NZA 2010, 1412 Rz. 67, 78.
1074 So MüKoBGB/*Thüsing*, § 15 AGG Rz. 12.
1075 Zum sog. AGG-Hopping vgl. *Rolfs*, NZA 2016, 586 ff.
1076 EuGH v. 28.7.2016 – C-423/15 – Kratzer Rz. 35, ArbRB 2016, 259 = NZA 2016, 1014.
1077 EuGH v. 28.7.2016 – C-423/15 – Kratzer Rz. 29, ArbRB 2016, 259 = NZA 2016, 1014.

missbräuchliches Verhalten im Sinne des Unionsrechts darstellen.[1078] Ein solches missbräuchliches Verhalten ist an ein objektives sowie subjektives Tatbestandsmerkmal geknüpft. In objektiver Hinsicht muss eine Gesamtwürdigung der objektiven Umstände ergeben, dass trotz formaler Einhaltung der unionsrechtlichen Bedingungen das Ziel der jeweiligen Regelung nicht erreicht wurde.[1079] Für die Bejahung des subjektiven Tatbestandsmerkmals muss aus einer Reihe objektiver Anhaltspunkte ersichtlich sein, dass wesentlicher Zweck der fraglichen Handlungen die Erlangung eines ungerechtfertigten Vorteils ist. Gibt es eine andere Erklärung für das Verhalten, greift das Missbrauchsverbot nicht.[1080]

Nach dieser Vorgehensweise des EuGH gelten somit zwei Ansätze bei der Beurteilung mutmaßlicher Scheinbewerber. Eindeutige Fälle fallen schon nicht unter den Schutzbereich des Gesetzes, anderen Bewerbern kann dieser Schutz wegen missbräuchlichen Verhaltens verwehrt werden. Liegt der Fall eindeutig, ist die Frage des Rechtsmissbrauchs damit nicht mehr zu prüfen.[1081]   5.284

Die Reaktion des BAG auf diese Konzeption des EuGH ist in mehrfacher Hinsicht bemerkenswert. Obwohl infolge des Urteils des EuGH gefordert wurde, den Bewerberbegriff in § 6 Abs. 1 Satz 2 AGG nicht bloß formal an die Einreichung einer Bewerbung zu knüpfen, sondern darüber hinaus ein ernsthaftes Bestreben nach einer Anstellung zu verlangen,[1082] hält das BAG an seinem formalen Bewerberbegriff fest, der eben nur die Einreichung einer Bewerbung verlangt.   5.285

Die Prüfung des Rechtsmissbrauchs birgt dann eine weitere Überraschung. Obwohl das BAG einerseits festhält, dass die Rechtsprechung des EuGH vergleichbar strenge Anforderungen formuliere wie das deutsche Recht,[1083] ändert es in Bezug auf den Kläger seine Meinung und stuft diesen – anders als noch im Vorlagebeschluss[1084] – nicht mehr als **Scheinbewerber** ein, nachdem der EuGH die durchgreifenden Voraussetzungen des Rechtsmissbrauchs konkretisiert habe.[1085]   5.286

Für die praktische Handhabung ist es wichtig festzuhalten, dass das BAG unter die seitens des EuGH im Hinblick auf den Rechtsmissbrauch formulierten Vorgaben subsumiert.[1086] Maßgeblicher Beurteilungszeitpunkt ist – seit der Entscheidung des EuGH – der Zeitpunkt der Bewerbung.[1087] Damit werden grundsätzlich nur solche Umstände berücksichtigt, die zeitlich vor der Absage des Arbeitgebers liegen.   5.287

Die Darlegungs- und Beweislast für das Vorliegen der Voraussetzungen eines Rechtsmissbrauchs trifft nach den allgemeinen Regeln denjenigen, der diesen Einwand geltend macht,[1088] d.h. den Arbeitgeber. Gelingt es diesem, Tatsachen vorzutragen und ggf. zu beweisen, die in ihrer Gesamtwürdigung auf ein rechtsmissbräuchliches Verhalten schließen lassen, ist es Sache des Bewerbers, hiergegen Einwendungen vorzubringen oder darzutun, dass sein Verhalten eine andere Erklärung hat als nur die Erlangung einer Entschädigung.[1089]   5.288

1078 Das Verhältnis der beiden Ansätze zueinander lässt der EuGH offen, vgl. hierzu auch *Hartmann*, EuZA 2017, 153 (164); *Benecke*, EuZA 2017, 47.
1079 EuGH v. 28.7.2016 – C-423/15 – Kratzer Rz. 39, ArbRB 2016, 259 = NZA 2016, 1014; sowie EuGH v. 14. 12.2000 – C-110/99 – Emsland-Stärke Rz. 52 und EuGH v. 13.3.2014 – C-155/13 – SICES ua. Rz. 32.
1080 EuGH v. 28.7.2016 – C-423/15 – Kratzer Rz. 40, ArbRB 2016, 259 = NZA 2016, 1014.
1081 Vgl. *Benecke*, EuZA 2017, 47; ebenfalls *Krieger*, EuZW 2016, 696 (698).
1082 *Krieger*, EuZW 2016, 696 (697).
1083 BAG v. 26.1.2017 – 8 AZR 848/13 Rz. 129.
1084 BAG v. 18.6.2015 – 8 AZR 848/13 (A), ArbRB 2015, 261 = NZA 2015, 1063 Rz. 24.
1085 BAG v. 26.1.2017 – 8 AZR 848/13 Rz. 134.
1086 Vgl auch BAG v. 11.8.2016 – 8 AZR 4/15, BAGE 156, 71 ff. = ArbRB 2017, 40 Rz. 50 ff.
1087 BAG v. 26.1.2017 – 8 AZR 848/13 Rz. 142.
1088 BAG v. 26.1.2017 – 8 AZR 848/13 Rz. 126.
1089 BAG v. 26.1.2017 – 8 AZR 848/13 Rz. 157 unter Bezugnahme auf EuGH v. 28.7.2016 – C-423/15 – Kratzer Rz. 40, ArbRB 2016, 259 = NZA 2016, 1014.

5. Viktimisierung

5.289 Die letzte Säule der unionsrechtlichen Vorgaben an die Rechtsdurchsetzung ist der Schutz vor Viktimisierung.[1090] Wer sich gegen eine Diskriminierung beschwert oder ein Verfahren zur Durchsetzung des Gleichbehandlungsanspruchs einleitet, ist vor Entlassungen oder anderen Benachteiligungen als Reaktion darauf (*retaliation*[1091]) zu schützen (Art. 9 AntiRass-RL, 11 Gleichb-RL, 24 Geschl-RL). Darunter fällt beispielsweise die Weigerung des Arbeitgebers, dem Arbeitnehmer ein Zeugnis zu erteilen.[1092] Der Schutz vor Viktimisierung soll sicherstellen, dass die von einer Diskriminierung betroffenen Personen nicht davor abgeschreckt werden, ihre **Rechte zu verfolgen**.[1093]

5.290 Der Schutz vor Viktimisierung beschränkt sich nicht auf den Träger eines verpönten Merkmals. Der Wortlaut der Richtlinienbestimmungen sieht keine Identität von Merkmalsträger und Viktimisierungsopfer vor. Die Richtlinien verzichten auch auf eine Identität der zunächst benachteiligten Person mit der danach gemaßregelten Person. Danach sind die Arbeitnehmer bzw. die vorgesehenen Arbeitnehmervertreter vor Benachteiligungen zu schützen, die als Reaktion auf eine Beschwerde oder Verfahrenseinleitung erfolgen. Vorausgesetzt wird lediglich, dass eine **Maßnahme zur Durchsetzung des Gleichbehandlungsgrundsatzes** eingeleitet wurde. Jeder, der daran beteiligt ist, ist seinerseits vor benachteiligenden Handlungen zu schützen.

5.291 Das AGG kennt ein **Beschwerderecht** zugunsten der Benachteiligten (§ 13 Abs. 1 AGG). Der Beschwerdeführer hat ein subjektives Recht darauf, dass sich eine dafür vorzusehende Stelle im Unternehmen mit seiner Beschwerde befasst und ihm die Gründe einer Entscheidung mitteilt (§ 13 Abs. 1 Satz 2 AGG).[1094] Daneben enthält das AGG mit dem **Maßregelungsverbot** in § 16 Abs. 1 AGG eine Spezialnorm zum allgemeinen Maßregelungsverbot (§ 612a BGB). Das Recht schützt die Freiheit des Beschäftigten, selbstständig und ohne Furcht vor Vergeltungsmaßnahmen entscheiden zu können, ob und wie er seine Rechte aus dem AGG ausübt.[1095] Es verbietet dem Arbeitgeber, an die Rechtsausübung anzuknüpfen.[1096]

VIII. Rechtsdurchsetzung

1. Individuelle Rechtsdurchsetzung

5.292 Weil Art. **157 Abs. 1 AEUV** im Arbeitsverhältnis unmittelbar anwendbar ist, können sich Arbeitnehmer bei einem Verstoß gegen das Gebot der Entgeltgleichheit vor mitgliedstaatlichen Gerichten **unmittelbar** auf die Norm berufen.[1097]

5.293 Für den Fall einer behaupteten Rechtsverletzung des **sekundärrechtlichen** Nichtdiskriminierungsrechts muss den Betroffenen der **Rechtsweg** zu den Gerichten eröffnet oder die Einschaltung der **Verwaltungsbehörden** ermöglicht werden (Art. 7 Abs. 1 AntiRass-RL, 9 Abs. 1 Gleichb-RL). Bei Benachteiligungen wegen des Geschlechts in Beschäftigung und Beruf ist immer der Rechtsweg vorzusehen (Art. 17 Abs. 1 Geschl-RL). Das geht zurück auf die Rechtsprechung des EuGH zur

---

1090 Zum Folgenden bereits *Grünberger*, Personale Gleichheit, S. 719 f.
1091 Vgl. zur Herkunft aus dem U.S.-Recht: Supreme Court v. 15.12.1969 – Sullivan v. Little Hunting Park, Inc. – U.S. 396 (1969), 229; v. 29.3.2005 – Jackson v. Birmingham Board of Education – U.S. 544 (2005), 167; v. 27.5.2008 – CBOCS West, Inc. v. Humphries – U.S. 553 (2008), 442; vertiefend dazu *Brake*, Minnesota Law Review 90 (2005), 18.
1092 EuGH v. 22.9.1998 – C-185/97 – Coote, Slg. 1998, I-5199 Rz. 27.
1093 EuGH v. 22.9.1998 – C-185/97 – Coote, Slg. 1998, I-5199 Rz. 27.
1094 Näher *Oetker*, NZA 2008, 264.
1095 Vgl. BAG v. 15.2.2005 – 9 AZR 116/04, ArbRB 2005, 323 = NZA 2005, 1117 (1121) (zu § 612a BGB).
1096 BAG v. 15.2.2005 – 9 AZR 116/04, ArbRB 2005, 323 = NZA 2005, 1117, 1121 (zu § 612a BGB).
1097 Grundlegend EuGH v. 8.4.1976 – 43/75 – Defrenne II, Slg. 1976, 455 Rz. 40; v. 7.9.2002 – C-320/00 – Lawrence, Slg. 2002, I-7325 Rz. 13.

vormaligen Richtlinie 76/207/EWG, wonach die betroffenen Personen Anspruch auf effektiven Rechtsschutz durch ein Gericht haben.[1098] Danach trifft die **Mitgliedstaaten** eine im Primärrecht (Art. 47 Abs. 1 GRC) verankerte Pflicht, sicherzustellen, dass die Einhaltung des unionsrechtlichen Diskriminierungsverbots effektiv richterlich kontrolliert wird.[1099] Die Mitgliedstaaten können zusätzlich auch ein Schlichtungsverfahren vorsehen.[1100] Die Mitgliedstaaten haben **wirksame Maßnahmen** vorzusehen, mit denen die Ziele der Richtlinien erreicht werden und müssen dafür Sorge tragen, dass die Betroffenen die ihnen dadurch verliehenen Rechte auch tatsächlich vor den innerstaatlichen Gerichten geltend machen können.[1101]

Das deutsche Recht hat sich im Prinzip für eine **individualrechtliche Verfolgung** von Verstößen gegen das Nichtdiskriminierungsrecht entschieden. Die Personen, die eine Verletzung des Gleichbehandlungsanspruchs behaupten, haben diese im arbeitsgerichtlichen, zivilverfahrensrechtlichen oder verwaltungsverfahrensrechtlichen Streitverfahren durchzusetzen (vgl. § 24 AGG). 5.294

Mangels einer einschlägigen Regelung im Unionsrecht ist es Sache der innerstaatlichen Rechtsordnungen, die zuständigen Gerichte und die **Ausgestaltung von Verfahren** zu bestimmen, die den Schutz der dem Bürger aus dem Unionsrecht erwachsenden Rechte gewährleisten sollen.[1102] Die mitgliedstaatlichen Rechte und Rechtsbehelfe dürfen nicht weniger günstig ausgestaltet sein als bei entsprechenden Klagen des rein innerstaatlichen Rechts (Grundsatz der **Äquivalenz**) und die Ausübung der Rechte des Unionsrechts nicht praktisch unmöglich machen oder übermäßig erschweren (Grundsatz der **Effektivität**) (vgl. Rz. 1.120 ff.).[1103] 5.295

Die Ansprüche sind unabhängig davon durchsetzbar, ob das Rechtsverhältnis zwischen den Parteien noch besteht.[1104] Die Mitgliedstaaten können allerdings Fristen für die Rechtsverfolgung vorsehen.[1105] Solche **Ausschlussfristen** unterliegen wie alle formellen und materiellen Verfahrensregelungen unionsrechtlichen Grenzen, insbesondere dem Äquivalenzprinzip[1106] und dem Effektivitätsgrundsatz.[1107] Angemessene Ausschlussfristen sind damit grundsätzlich vereinbar, weil sie dem grundlegenden Prinzip der **Rechtssicherheit** dienen.[1108] Eine Frist von zwei Monaten hat der EuGH akzeptiert.[1109] Einzige Voraussetzung ist, dass die Frist erst zum Zeitpunkt beginnt, zu dem der Benachteiligte von der behaupteten Diskriminierung Kenntnis erlangt.[1110] 5.296

Das deutsche Recht enthält in § 15 Abs. 4 AGG eine Frist zur Geltendmachung der Ansprüche aus § 15 Abs. 1 und 2.[1111] Das ist eine **materiell-rechtliche Ausschlussfrist**.[1112] Wird die Frist 5.297

1098 EuGH v. 15.5.1986 – 222/84 – Johnston, Slg. 1986, 1651 Rz. 19.
1099 EuGH v. 15.5.1986 – 222/84 – Johnston, Slg. 1986, 1651 Rz. 19.
1100 Zur Umsetzungsproblematik s. *Scholten*, Diskriminierungsschutz im Privatrecht?, 2004, S. 186 ff.
1101 EuGH v. 10.4.1984 – 14/83 – von Colson und Kamann, Slg. 1984, 1891 Rz. 18; v. 15.5.1986 – 222/84 – Johnston, Slg. 1986, 1651 Rz. 17; v. 2.8.1993 – C-271/91 – Marshall, Slg. 1993, I-4367 Rz. 22; v. 22.4.1997 – C-180/95 – Draehmpaehl, Slg. 1997, I-2195 Rz. 24; v. 22.9.1998 – C-185/97 – Coote, Slg. 1998, I-5199 Rz. 20.
1102 EuGH v. 8.7.2010 – C-246/09 – Bulicke, Slg. 2010, I-7003 Rz. 25 m.w.N.
1103 EuGH v. 8.7.2010 – C-246/09 – Bulicke, Slg. 2010, I-7003 Rz. 25 m.w.N.; vgl. dazu bereits EuGH v. 22.4.1997 – C-180/95 – Draehmpaehl, Slg. 1997, I-2195 Rz. 29.
1104 Art. 7 Abs. 1 AntiRass-RL, 9 Abs. 1 Gleichb-RL, 17 Abs. 1 Geschl-RL; EuGH v. 22.9.1998 – C-185/97 – Coote, Slg. 1998, I-5199 Rz. 24.
1105 Art. 7 Abs. 3 AntiRass-RL, 9 Abs. 3 Gleichb-RL, 17 Abs. 3 Geschl-RL.
1106 EuGH v. 8.7.2010 – C-246/09 – Bulicke, Slg. 2010, I-7003 Rz. 26 m.w.N.
1107 EuGH v. 8.7.2010 – C-246/09 – Bulicke, Slg. 2010, I-7003 Rz. 35 m.w.N.
1108 EuGH v. 8.7.2010 – C-246/09 – Bulicke, Slg. 2010, I-7003 Rz. 35 m.w.N.
1109 EuGH v. 8.7.2010 – C-246/09 – Bulicke, Slg. 2010, I-7003 Rz. 39.
1110 EuGH v. 8.7.2010 – C-246/09 – Bulicke, Slg. 2010, I-7003 Rz. 41.
1111 Zum umstrittenen Anwendungsbereich s. ErfK/*Schlachter*, § 15 AGG Rz. 18; *Jacobs*, RdA 2009, 193 (200).
1112 BAG v. 21.6.2012 – 8 AZR 188/11, ArbRB 2012, 326 = NZA 2012, 1211 Rz. 19 m.w.N.

versäumt, ist der Anspruch unbegründet.[1113] § 15 Abs. 4 Satz 1 AGG wird ergänzt durch § 61b Abs. 1 ArbGG. Danach kann eine Klage auf Entschädigung gem. § 15 Abs. 2 AGG – nicht aber auf Schadensersatz gem. § 15 Abs. 1 AGG[1114] – nur innerhalb von drei Monaten, nachdem der Anspruch schriftlich geltend gemacht worden ist, erhoben werden. Dabei handelt es sich ebenfalls um eine materielle Ausschlussfrist.[1115] Beide Ausschlussfristen sind nach Auffassung des BAG mit den unionsrechtlichen Vorgaben vereinbar.[1116] Allerdings ist § 15 Abs. 4 Satz 2 AGG im Falle einer **Bewerbung** oder eines angestrebten **beruflichen Aufstiegs** unionsrechtskonform dahingehend auszulegen, dass die Frist nicht vor dem Zeitpunkt beginnt, zu dem der Beschäftigte Kenntnis von der Benachteiligung erlangt.[1117] Der Zeitpunkt des Zugangs der Ablehnung ist daher der frühestmögliche Zeitpunkt des Fristbeginns.[1118]

2. Kollektive Rechtsdurchsetzung

5.298 Das Konzept der individuellen Rechtsverfolgung von Verstößen gegen das Nichtdiskriminierungsrecht hat Schwächen.[1119] Zur Effektivierung des Rechtsschutzes[1120] sehen die Richtlinien die Beteiligung von **Verbänden** am Verfahren vor. Den Mitgliedstaaten wird überlassen, diese Beteiligung auszugestalten. Sie haben lediglich sicherzustellen, dass die Verbände entweder im Namen der beschwerten Person oder zu deren Unterstützung und jeweils mit deren Einwilligung zu beteiligen sind. Dafür sind im Wesentlichen vier Wege denkbar: bloße Rechtsberatung und Prozessbegleitung, Prozessvertretung, Prozessstandschaft und die eigentliche Verbandsklage.[1121] Das Unionsrecht verpflichtet die Mitgliedstaaten nicht zur Einführung einer **Verbandsklage**.[1122] Im Gegenteil: Die zwingend vorgesehene Zustimmung des Verletzten setzt der Einführung einer genuinen Verbandsklage sogar unionsrechtliche Grenzen.[1123] Die Verbandsklage ist ein besonders adäquates Instrument zur Rechtsdurchsetzung in den Fällen, in denen ein Verband nicht im Namen einer bestimmten beschwerten Person handelt oder sich keine beschwerte Person feststellen lässt.[1124]

5.299 § 23 AGG ist eine sehr zurückhaltende **Umsetzung des Grundsatzes der kollektiven Rechtsverfolgung**.[1125] § 23 Abs. 1 Satz 1 AGG enthält eine, im Wortlaut an § 4 Abs. 2 UKlaG angelehnte,[1126] **Legaldefinition** der „Antidiskriminierungsverbände".[1127] Diesen werden bestimmte verfahrensrechtliche Befugnisse eingeräumt, wenn sie eine bestimmte Mindestgröße aufweisen

---

1113 MüKoBGB/*Grohte*, Vor § 194 BGB Rz. 10.
1114 Str., wie hier ErfK/*Koch*, § 61b ArbGG Rz. 2; Schiek/*Kocher*, AGG, § 15 Rz. 62; a.A. BeckOK-ArbR/*Hamacher*, § 61b ArbGG Rz. 6; *Jacobs*, RdA 2009, 193 (202).
1115 BAG v. 26.9.2013 – 8 AZR 650/12, NZA 2014, 258 Rz. 16.
1116 BAG v. 21.6.2012 – 8 AZR 188/11, ArbRB 2012, 326 = NZA 2012, 1211 Rz. 20 ff.; v. 15.3.2012 – 8 AZR 37/11, ArbRB 2012, 266 = NZA 2012, 901 Rz. 29 ff.; näher *Fischinger*, Anm. AP Nr. 11 zu § 15 AGG; krit. *Rust/Eggert-Weyand*, ZESAR 2011, 186 (191 f.).
1117 BAG v. 21.6.2012 – 8 AZR 188/11, ArbRB 2012, 326 = NZA 2012, 1211 Rz. 24; v. 15.3.2012 – 8 AZR 37/11, ArbRB 2012, 266 = NZA 2012, 901 Rz. 54 ff.
1118 BAG v. 15.3.2012 – 8 AZR 37/11, ArbRB 2012, 266 = NZA 2012, 901 Rz. 59.
1119 Dazu *Röttgen*, Zivilrechtlicher Schutz vor Diskriminierung, 2004, S. 213 ff.; *Scholten*, Diskriminierungsschutz im Privatrecht?, 2004, S. 192 ff.
1120 Vgl. ErwGr. 19 AntiRass-RL, ErwGr. 29 Gleichb-RL, ErwGr. 31 Geschl-RL.
1121 *Raasch*, ZESAR 2005, 209 (210); ausführlich *Scholten*, Diskriminierungsschutz im Privatrecht?, 2004, S. 198 ff.
1122 *Schiek*, 8 ELJ 290 (299) (2002); vertiefend *Scholten*, Diskriminierungsschutz im Privatrecht?, 2004, S. 194 ff.; a.M. *Nickel*, NJW 2001, 2668 (2171). Gegen die Einführung eines Verbandsklagerechts *Bauer/Krieger*, NZA 2016, 1041 (1046), dafür *Joussen*, RdA 2015, 305 (307).
1123 Dazu *Scholten*, Diskriminierungsschutz im Privatrecht?, 2004, S. 225 ff.
1124 Grundlegend EuGH v. 10.7.2008 – C-54/07 – Feryn, Slg. 2008, I-5187 Rz. 23 ff.
1125 Vgl. Falke/Rust/*Micklitz*, AGG, § 23 Rz. 7.
1126 BT-Drucks. 16/1780, 48.
1127 Näher *Gaier/Wendtland*, AGG, 2006, Rz. 262 ff.; *Thüsing/Burg*, ZTR 2007, 71 (78 ff.).

(§ 23 Abs. 1 Satz 2 AGG). Die Voraussetzungen des § 23 Abs. 1 AGG sind im Prozess bei der Frage der Postulationsfähigkeit des beteiligten Verbandes jeweils erneut zu prüfen. Nach § 23 Abs. 2 AGG können die Verbände als Beistand (§ 90 Abs. 1 Satz 1 ZPO) im Individualprozess des Betroffenen auftreten, unabhängig davon, ob ein Anwaltszwang besteht. Weil es sich dabei um eine Spezialregelung handelt, kommt es auf die konkrete Feststellung der Sachdienlichkeit nicht mehr an (vgl. §§ 90 Abs. 1 Satz 3 ZPO, 11 Abs. 6 Satz 3 ArbGG).[1128] **Antidiskriminierungsverbände** sind befugt, Rechtsangelegenheiten der Benachteiligten zu besorgen. Sie können außergerichtliche Rechtsdienstleistungen selbstständig erbringen (vgl. § 2 Abs. 1 und § 3 RDG). Darunter fällt jetzt auch die außergerichtliche und gerichtliche Geltendmachung abgetretener Ansprüche.[1129] Eine gesetzliche Prozessstandschaft der Antidiskriminierungsverbände ist nicht vorgesehen.[1130] Eine Ausnahme gilt für die in § 85 SGB IX geregelte Prozessstandschaft (§ 20 Abs. 4 AGG). Fraglich ist, ob der Verband als gewillkürter Prozessstandschafter in Betracht kommt.[1131] Ausgeschlossen ist ein eigenständiges Verbandsklagerecht.[1132] Eine Ausnahme enthält § 13 BBG für **Behindertenverbände**. Soweit die Antidiskriminierungsverbände zugleich die Voraussetzungen von § 4 Abs. 1 UKlaG erfüllen, haben sie die Möglichkeit, gegen diskriminierende Geschäftsbedingungen nach § 1 UKlaG vorzugehen.[1133] Dasselbe gilt für Ansprüche aus § 8 UWG.

3. Beweislastverteilung

a) Grundzüge

Die Verteilung der Darlegungs- und Beweislast[1134] zählt zu den wichtigsten Aufgaben effektiver Nichtdiskriminierungspolitik.[1135] Das Unionsrecht geht im Grundsatz davon aus, dass derjenige, der sich zur Stützung seines Anspruchs auf Tatsachen beruft, diese zu beweisen hat. Danach muss derjenige, der eine Ungleichbehandlung behauptet, die dafür maßgeblichen Tatsachen darlegen und beweisen, während der Normadressat des Diskriminierungsverbots die Voraussetzungen der allgemeinen Rechtfertigungsgründe bei der unmittelbaren Diskriminierung darlegen und beweisen muss.[1136] Bei der mittelbaren Diskriminierung muss er die Faktoren der objektiven Rechtfertigung darlegen und beweisen.[1137]

5.300

Für die Fälle der **Entgeltdiskriminierung** hat der EuGH entschieden, dass sich die **Beweislast „umkehrt"**, wenn Arbeitnehmer, die dem ersten Anschein nach diskriminiert sind, sonst kein wirksames Mittel hätten, um die Einhaltung des Grundsatzes des gleichen Entgelts durchzusetzen.[1138] Eine weitere **Beweiserleichterung** gibt es in den Fällen, in denen in einem Unternehmen

5.301

1128 Schleusener/Suckow/Voigt/*Voigt*, AGG, § 23 Rz. 13.
1129 Schiek/*Kocher*, AGG, § 23 Rz. 21; *Thüsing/Burg*, ZTR 2007, 71 (78); a.A. *Bauer/Göpfert/Krieger*, AGG, § 23 Rz. 17.
1130 Krit. dazu Schiek/*Kocher*, AGG, § 23 Rz. 18.
1131 Vertiefend *Scholten*, Diskriminierungsschutz im Privatrecht?, 2004, S. 207 ff.
1132 Krit. *Raasch*, ZESAR 2005, 209 (213 f.); zur Verbandsklagebefugnis ausländischer Verbände s. *Lüttringhaus*, Grenzüberschreitender Diskriminierungsschutz, 2010, S. 375 ff.
1133 *Gaier/Wendtland*, AGG, 2006, Rz. 278 ff.; *Thüsing/Burg*, ZTR 2007, 71 (76 f.).
1134 Zu diesem Abschnitt bereits *Grünberger*, Personale Gleichheit, S. 721 ff.
1135 *Prütting*, FS 50 Jahre BAG, 2004, S. 1326; *Scholten*, Diskriminierungsschutz im Privatrecht?, 2004, S. 78.
1136 EuGH v. 27.10.1993 – C-127/92 – Enderby, Slg. 1993, I-5535 Rz. 13; v. 31.5.1995 – C-400/93 – Royal Copenhagen, Slg. 1995, I-1275 Rz. 24; v. 26.6.2001 – C-381/99 – Brunnhofer, Slg. 2001, I-4961 Rz. 52.
1137 EuGH v. 13.5.1986 – 170/84 – Bilka, Slg. 1986, 1607 Rz. 31; v. 26.6.2001 – C-381/99 – Brunnhofer, Slg. 2001, I-4961 Rz. 62; v. 3.10.2006 – C-17/05 – Cadman, Slg. 2006, I-9583 Rz. 31 m.w.N.
1138 EuGH v. 27.10.1993 – C-127/92 – Enderby, Slg. 1993, I-5535 Rz. 14; v. 26.6.2001 – C-381/99 – Brunnhofer, Slg. 2001, I-4961 Rz. 53.

ein **undurchschaubares Entlohnungssystem** angewandt wird.[1139] Kann eine Arbeitnehmerin auf der Grundlage einer relativ großen Zahl von Beschäftigten belegen, dass das durchschnittliche Entgelt der Arbeitnehmerinnen niedriger ist als das der Arbeitnehmer, muss der Arbeitgeber darlegen und beweisen, dass seine Lohnpolitik nicht diskriminierend ist.[1140]

5.302 Im Übrigen bleibt es dabei, dass die Klägerin darlegen und beweisen muss, „dass die Beklagte ihr ein niedrigeres Entgelt zahlt als ihrem zum Vergleich herangezogenen männlichen Kollegen und dass sie tatsächlich die gleiche oder eine gleichwertige, mit dessen Arbeit vergleichbare Arbeit, verrichtet".[1141] Insbesondere muss der Arbeitgeber nicht nachweisen, dass die Tätigkeiten der beiden betroffenen Arbeitnehmer verschieden sind.[1142] Gelingt der Arbeitnehmerin dieser Nachweis, spricht ein **erster Anschein** für eine Diskriminierung und es obliegt dann dem Arbeitgeber, zu beweisen, dass nicht gegen den Grundsatz des gleichen Entgelts verstoßen wurde.[1143]

5.303 Der nach dem EntgTranspG (s. dazu unter Rz. 5.19) bestehende Auskunftsanspruch allein hilft nicht dabei, diesen ersten Anschein für eine Diskriminierung zu belegen.[1144] Denn der Auskunftsanspruch zielt nach § 11 Abs. 3 EntgTranspG auf den Median dessen, was Arbeitnehmer mit einer vergleichbaren Tätigkeit verdienen.[1145] Die Kenntnis dieses Medians allein genügt jedoch nicht, da der EuGH für die Beweislastumkehr die Benennung einer konkreten Person des anderen Geschlechts verlangt, die für die gleiche oder gleichwertige Arbeit ein höheres Entgelt erhält (vgl. Rz. 5.302). Der Median ist daher, sofern nicht weitere Umstände hinzukommen,[1146] kein taugliches Indiz im Sinne des § 22 AGG.[1147]

5.304 Art. 4 Richtlinie 97/80/EG über die Beweislast bei Diskriminierung aufgrund des Geschlechts[1148] kodifizierte diese Rechtsprechung des EuGH.[1149] Diese **Beweiserleichterung** ist nahezu wortgleich[1150] in die Antirassismus-, die Gleichbehandlungsrahmen- und die Geschlechterrichtlinie übernommen worden: Die Personen, die eine Verletzung des Gleichbehandlungsgrundsatzes behaupten, müssen „Tatsachen glaubhaft machen, die das Vorliegen einer unmittelbaren oder mittelbaren Diskriminierung vermuten lassen". Gelingt ihnen das, obliegt es dem beklagten Normadressaten, „zu beweisen, dass keine Verletzung des Gleichbehandlungsgrundsatzes vorgelegen hat" (Art. 8 Abs. 1 AntiRass-RL, 10 Abs. 1 Gleichb-RL, 19 Abs. 1 Geschl-RL).[1151]

b) Beweislastverteilung

5.305 Die angeblich verletzte Person muss den **Tatbestand** einer Diskriminierung nicht vollumfänglich nachweisen. Gelingt es ihr, dem Gericht einen „glaubhaften Anschein einer Diskriminierung"

1139 EuGH v. 26.6.2001 – C-381/99 – Brunnhofer, Slg. 2001, I-4961 Rz. 54.
1140 EuGH v. 17.10.1989 – 109/88 – Danfoß, Slg. 1989, 3199 Rz. 16; v. 27.10.1993 – C-127/92 – Enderby, Slg. 1993, I-5535 Rz. 14.
1141 EuGH v. 26.6.2001 – C-381/99 – Brunnhofer, Slg. 2001, I-4961 Rz. 58.
1142 EuGH v. 26.6.2001 – C-381/99 – Brunnhofer, Slg. 2001, I-4961 Rz. 59.
1143 EuGH v. 26.6.2001 – C-381/99 – Brunnhofer, Slg. 2001, I-4961 Rz. 60.
1144 Ausführlich *Franzen*, NZA 2017, 814 (816 f.).
1145 Zur Kritik am Abstellen auf den Median vgl. *Bauer/Romero*, NZA 2017, 409 (411); s. aber auch ErfK/*Schlachter*, § 11 EntgTranspG Rz. 4 f.
1146 *Franzen*, NZA 2017, 814 (817) nennt: völlig undurchschaubare Entlohnungssysteme, unklare Berechnungsfaktoren der einzelnen Vergütungsbestandteile oder ein deutlicher Unterschied der Durchschnittsvergütung von Männern und Frauen bei gleicher oder gleichwertiger Arbeit (im konkreten Fall 20–40 %).
1147 So auch *Behrendt/Witzke*, BB 2017, 3060 (3063); *Franzen*, NZA 2017, 814 (817).
1148 ABl. Nr. L 14 v. 20.1.1998, S. 6.
1149 EuGH v. 10.3.2005 – C-196/02 – Nikoloudi, Slg. 2005, I-1789 Rz. 68 f.
1150 EuGH v. 19.4.2012 – C-415/10 – Meister, Slg. 2012, I-0000 Rz. 35, NZA 2012, 493.
1151 EuGH v. 21.7.2011 – C-104/10 – Kelly, Slg. 2011, I-6813 Rz. 30.

(ErwGr. 21 AntiRass-RL) zu vermitteln, muss der Normadressat den gesamten Diskriminierungstatbestand positiv widerlegen.[1152] Die Richtlinien zwingen nicht zur vollen Beweislastumkehr.[1153] Sie verlangen aber eine erhebliche **Herabsenkung des Beweismaßes** zugunsten des potentiell Verletzten.

Es genügt den verfahrensrechtlichen Anforderungen, wenn es dem Verletzten gelingt, die Diskriminierung aufgrund eines verpönten Merkmals „**glaubhaft**" zu machen.[1154] Dabei handelt es sich um einen unionsrechtlichen Begriff.[1155] Glaubhaft gemacht sind die Tatsachen, wenn daraus eine **überwiegende Wahrscheinlichkeit** folgt, dass eine Diskriminierung vorliegt.[1156] Dafür genügt es, wenn nach allgemeiner Lebenserfahrung eine überwiegende Wahrscheinlichkeit für die Verknüpfung von Benachteiligung und verpöntem Merkmal besteht.[1157] Es obliegt aber dem **nationalen Gericht**, die Tatsachen, die das Vorliegen einer unmittelbaren oder mittelbaren Diskriminierung vermuten lassen, im Einklang mit den innerstaatlichen Rechtsvorschriften oder Gepflogenheiten zu bewerten.[1158] Gelingt dem Kläger keine Glaubhaftmachung, erlaubt das Unionsrecht, dass die Klage abgewiesen wird. Gelingt ihm hingegen dieser erste Prüfungsschritt, zwingt es im zweiten Schritt zur Verlagerung der Beweislast auf den Normadressaten.[1159] Erst dann kommt es zu einer **echten Beweislastumkehr** zu Ungunsten des Normadressaten.[1160]

5.306

§ 22 AGG dient der Umsetzung dieser Vorgaben.[1161] Die Norm modifiziert die allgemeinen Regeln zur Verteilung der Darlegungs- und Beweislast[1162] erheblich. Danach muss eine Partei – der klagende Verletzte – Indizien darlegen und beweisen, die eine Benachteiligung wegen eines verpönten Merkmals vermuten lassen. Gelingt ihr das, kehrt sich die Beweislast um und die andere Partei – der beklagte Normadressat – muss beweisen, dass kein Verstoß gegen das Benachteiligungsverbot (§ 7 Abs. 1 AGG) vorgelegen hat. Um den **Zweck** der Norm besser sichtbar zu machen, müsste man den **nicht geglückten Wortlaut** umformulieren: „Wenn im Streitfall die eine Partei Tatsachen darlegt, die eine Benachteiligung wegen eines in § 1 AGG genannten Grundes als überwiegend wahrscheinlich erscheinen lassen",[1163] trägt die andere Partei die Beweislast dafür, dass kein Verstoß vorgelegen hat.

5.307

§ 22 AGG bewirkt also auf erster Stufe eine partielle Herabsenkung des Beweismaßes zugunsten des (vermeintlichen) Diskriminierungsopfers und erst auf zweiter Stufe eine Umkehr der Beweislast.[1164] Die Benachteiligung als solche muss das vermeintliche Opfer einer Diskriminierung darlegen und beweisen. Die Modifikation bezieht sich damit ausschließlich auf die **Kausalität**

5.308

1152 *Schlachter*, RdA 1998, 321 (323).
1153 *Schlachter*, RdA 1998, 321 (324).
1154 EuGH v. 21.7.2011 – C-104/10 – Kelly, Slg. 2011, I-6813 Rz. 30; v. 19.4.2012 – C-415/10 – Meister, Slg. 2012, I-0000 Rz. 36, NZA 2012, 493.
1155 *Schlachter*, RdA 1998, 321 (324); vgl. EuGH v. 25.4.2013 – C-81/12 – Asociaţia Accept Rz. 43, NZA 2013, 89.
1156 *Schlachter*, RdA 1998, 321 (324); ausf. *Scholten*, Diskriminierungsschutz im Privatrecht?, 2004, S. 109 ff.
1157 Vgl. BAG v. 17.12.2009 – 8 AZR 670/08, ArbRB 2010, 106 = NZA 2010, 383 Rz. 19.
1158 EuGH v. 21.7.2011 – C-104/10 – Kelly, Slg. 2011, I-6813 Rz. 31.
1159 EuGH v. 25.4.2013 – C-81/12 – Asociaţia Accept Rz. 42, NZA 2013, 89; *Schlachter*, RdA 1998, 321 (324).
1160 *Scholten*, Diskriminierungsschutz im Privatrecht?, 2004, S. 136 ff.
1161 Zur Situation in Österreich vgl. *Pötters/Schmidt*, ZESAR 2015, 165 ff.
1162 *Scholten*, Diskriminierungsschutz im Privatrecht?, 2004, S. 90 f.
1163 Vgl. *Prütting*, FS 50 Jahre BAG, 2004, 1311 (1317).
1164 Näher BAG v. 5.2.2004 – 8 AZR 112/03, ArbRB 2004, 171 = NZA 2004, 540 (543) (zur Vorgängernorm in § 611a BGB a.F.); v. 21.6.2012 – 8 AZR 364/11, ArbRB 2012, 361 = NZA 2012, 1345 Rz. 48; *Prütting*, FS 50 Jahre BAG, 2004, 1311 (1315 f.); ErfK/*Schlachter*, § 22 AGG Rz. 2.

des in § 1 AGG genannten Grundes für die Benachteiligung.[1165] Der Darlegungslast ist Genüge getan, wenn die vorgetragenen – und zu beweisenden (!)[1166]– Tatsachen aus objektiver Sicht mit überwiegender Wahrscheinlichkeit darauf schließen lassen, dass die Benachteiligung wegen dieses Merkmals erfolgt ist.[1167] Mit anderen Worten: Die erforderlichen Indizien müssen die Kausalität eines in § 1 AGG genannten Grundes für die Benachteiligung wahrscheinlicher machen als das Fehlen dieser Kausalität.[1168] Nicht erforderlich ist, dass der betreffende Grund das ausschließliche Motiv für das Handeln des Benachteiligenden ist. Ausreichend ist vielmehr, dass das verpönte Merkmal Bestandteil eines **Motivbündels** ist, welches die Entscheidung beeinflusst hat.[1169]

5.309 Gelingt ihm dieser abgestufte Nachweis, muss der Normadressat den **vollen Hauptbeweis** führen, dass das verpönte Merkmal keine Rolle bei seiner Entscheidung spielte.[1170] Er muss beispielsweise Tatsachen vortragen und gegebenenfalls beweisen, aus denen sich ergibt, dass es ausschließlich andere als verpönte Gründe waren, die zu der weniger günstigen Behandlung führten.[1171] Der Normadressat ist bereits nach allgemeinen Regeln für die sachliche Rechtfertigung der mittelbaren Diskriminierung[1172] und für das Vorliegen von Rechtfertigungsgründen darlegungs- und beweispflichtig.

c) Einzelheiten

5.310 Die Tatsache, dass der Adressat einer benachteiligenden Maßnahme Merkmalsträger ist, ist für sich genommen kein ausreichendes Indiz für die Umkehrung der Beweislast.[1173] Dafür genügt auch nicht allein der Umstand, dass eine Bewerberin, die alle in der Ausschreibung genannten Voraussetzungen erfüllt, nicht zum Vorstellungsgespräch eingeladen wird.[1174] Als **Vermutungstatsachen** kommen dagegen private oder öffentliche **Äußerungen** des Arbeitgebers in Betracht.[1175] Das gilt auch für Personen, die zwar nicht vertretungsbefugt sind, aber deren Äußerung in der Wahrnehmung der Öffentlichkeit oder der betroffenen Kreise dem Arbeitgeber zugerechnet werden.[1176] Das ist etwa der Fall, wenn aus dem Aufsichtsrat einer städtischen Gesellschaft durchsickert, dass man den Vertrag mit dem 62 Jahre alten medizinischen Geschäftsführer nicht verlängern konnte, ohne die für städtische Mitarbeiter geltende Altersgrenze von 65 Jahren zu verletzen.[1177] Klassiker sind die **diskriminierende Stellenausschreibung**[1178] und **Fragen nach Diskriminierungsmerkmalen**.[1179]

5.311 Im Übrigen zwingt der unionsrechtliche Effektivitätsgrundsatz, auf alle vom **nationalen** (Verfahrens-) Recht vorgesehenen **Beweiserleichterungen** zurückzugreifen.[1180] Darunter fallen auch aussagekräf-

---

1165 BAG v. 24.1.2013 – 8 AZR 429/11, ArbRB 2013, 136 = NZA 2013, 498 Rz. 39 ff.; v. 27.1.2011 – 8 AZR 580/09, NZA 2011, 737 Rz. 29; v. 19.8.2010 – 8 AZR 530/09, ArbRB 2011, 5 = NZA 2010, 1412; *Annuß*, BB 2006, 1629 (1635); BeckOGK-BGB/*Benecke*, § 22 AGG Rz. 14 ff.; *Grobys*, NZA 2006, 898 (900); Schiek/*Kocher*, AGG, § 22 Rz. 10; ErfK/*Schlachter*, § 22 AGG Rz. 2.
1166 BeckOGK-BGB/*Benecke*, § 22 AGG Rz. 24.
1167 BAG v. 24.1.2013 – 8 AZR 429/11, ArbRB 2013, 136 = NZA 2013, 498 Rz. 39.
1168 BeckOGK-BGB/*Benecke*, § 22 AGG Rz. 22.
1169 BAG v. 24.1.2013 – 8 AZR 429/11, ArbRB 2013, 136 = NZA 2013, 498 Rz. 38.
1170 *Prütting*, FS 50 Jahre BAG, 2004, 1311 (1318 f.).
1171 BAG v. 17.8.2010 – 9 AZR 839/08, ArbRB 2011, 37 = NZA 2011, 153 Rz. 45 m.w.N.
1172 *Prütting*, FS 50 Jahre BAG, 2004, 1311 (1319); *Grobys*, NZA 2006, 898 (899); a.A. *Bauer/Göpfert/Kriegert*, AGG, § 22 Rz. 6 ff.
1173 BAG v. 22.10.2009 – 8 AZR 642/08, ArbRB 2010, 138 = NZA 2010, 280 Rz. 28 f.
1174 BAG v. 20.5.2010 – 8 AZR 287/08, ArbRB 2010, 294 = NZA 2010, 1006 Rz. 20.
1175 BAG v. 24.4.2008 – 8 AZR 257/07, NZA 2008, 1351 Rz. 25; v. 10.7.2008 – C-54/07 – Feryn, Slg. 2008, I-5187 Rz. 25.
1176 EuGH v. 25.4.2013 – C-81/12 – Asociația Accept Rz. 49 ff., NZA 2013, 891.
1177 BGH v. 23.4.2012 – II ZR 163/10, ArbRB 2012, 273 = NZA 2012, 797 Rz. 28 ff.
1178 BAG v. 5.2.2004 – 8 AZR 112/03, ArbRB 2004, 171 = NZA 2004, 540 (543).
1179 BAG v. 7.12.2009 – 8 AZR 670/08, NZA 2010, 383 Rz. 27.
1180 Vgl. EuGH v. 21.7.2011 – C-104/10 – Kelly, Slg. 2011, I-6813 Rz. 36.

tige Statistiken.[1181] Deren Bedeutung wird in der **problematischen Rechtsprechung des BAG** nicht hinreichend gewürdigt.[1182]

Weil der **Bewerber** keinen Einblick in den Entscheidungsprozess hat, dürfte es ihm in vielen Fällen nicht gelingen, ausreichende Tatsachen für eine Diskriminierung vorzutragen. Die Richtlinien sehen insoweit auch **keinen Auskunftsanspruch** vor.[1183] Verweigert der Beklagte allerdings jeden Zugang zur Information, hat das nationale Gericht dieses Verhalten bei der Beweiswürdigung zu berücksichtigen.[1184]

5.312

Dafür eignen sich im deutschen Recht die Grundsätze der **sekundären Behauptungslast:**[1185] Erteilt der Arbeitgeber die gewünschte Auskunft nicht, liegt darin ein relevantes, wenn auch nicht allein entscheidendes Indiz für die Beweislastumkehr.[1186] Dasselbe gilt, wenn der Arbeitgeber bei der Auskunftserteilung Gründe angibt, die im Widerspruch zu seinem sonstigen Verhalten stehen oder gegebene, aber wechselnde Begründungen für eine getroffene Maßnahme.[1187]

5.313

1181 EuGH v. 19.4.2012 – C-415/10 – Meister Rz. 43, NZA 2012, 493; *Grobys*, NZA 2006, 898 (902).
1182 BAG v. 22.7.2010 – 8 AZR 1012/08, ArbRB 2011, 35 = NZA 2011, 93 Rz. 70 ff.; v. 21.6.2012 – 8 AZR 364/11, ArbRB 2012, 361 = NZA 2012, 1345 Rz. 36 ff.; dazu BeckOGK-BGB/*Benecke*, § 22 AGG Rz. 28; vertiefende Kritik bei *Wenckebach*, KJ 2011, 370.
1183 EuGH v. 21.7.2011 – C-104/10 – Kelly, Slg. 2011, I-6813 Rz. 34, 38; v. 19.4.2012 – C-415/10 – Meister Rz. 39 f., NZA 2012, 493.
1184 EuGH v. 21.7.2011 – C-104/10 – Kelly, Slg. 2011, I-6813 Rz. 39; v. 19.4.2012 – C-415/10 – Meister Rz. 44 ff., NZA 2012, 493; vertiefend *Hanau*, EuZA 2013, 105; *Picker*, EuZA 2012, 257; *Schmidt*, ZESAR 2012, 217.
1185 *Scholten*, Diskriminierungsschutz im Privatrecht?, 2004, S. 159 ff.
1186 BAG v. 20.5.2010 – 8 AZR 287/08, ArbRB 2010, 294 = NZA 2010, 1006 Rz. 31.
1187 BAG v. 21.6.2012 – 8 AZR 364/11, ArbRB 2012, 361 = NZA 2012, 1345 Rz. 49 f.

§ 6
Verbot der Altersdiskriminierung

I. Einleitung	6.1
II. Grundlagen und Rechtsquellen	6.4
1. Primärrecht	6.5
2. Gleichbehandlungsrahmenrichtlinie	6.6
3. Deutsches Recht: AGG	6.11
III. Rechtfertigungsnormen	6.13
1. Art. 2 Abs. 5 Gleichb-RL	6.14
2. Art. 4 Abs. 1 Gleichb-RL	6.17
3. Art. 6 Abs. 1 Gleichb-RL	6.22
4. Art. 6 Abs. 2 Gleichb-RL	6.43
5. Deutsche Umsetzung	6.48
6. Art. 7 Gleichb-RL	6.57
IV. Prüfungsschema	6.59
V. Anbahnung und Begründung des Arbeitsverhältnisses	6.60
1. Ausschreibung	6.60
2. Einstellungshöchstaltersgrenzen	6.63
VI. Durchführung des Arbeitsverhältnisses	6.68
1. Die Kriterien Betriebs- bzw. Unternehmenszugehörigkeit und Lebensalter	6.68
2. Vergütungs- und Urlaubsregelungen	6.73
VII. Beendigung des Arbeitsverhältnisses	6.75
1. Kündigungen außerhalb des KSchG	6.75
2. Gesetzliche Kündigungsfristen	6.76
3. Tariflicher Ausschluss der ordentlichen Kündbarkeit	6.79
4. Betriebsbedingte Kündigung	6.85
a) Sozialauswahl	6.85
b) Altersgruppen	6.90
5. Abfindungen und Rentenbezug	6.95
6. Altersbefristung	6.98
VIII. Sozialpläne	6.99
IX. Altersgrenzen	6.114
1. Allgemeine Altersgrenzen	6.114
2. Allgemeine Altersgrenzen im öffentlichen Dienst	6.121
3. Besondere Altersgrenzen	6.124
X. Betriebliche Altersversorgung	6.129
1. Unverfallbarkeitsalter	6.132
2. Altersgrenzen	6.136
3. Ratierliche Berechnung	6.140
4. Altersabstandsklauseln	6.143
5. Spätehenklauseln	6.144
6. Nach dem Alter gestaffelte Beiträge	6.147
XI. Fazit	6.148

Schrifttum:

Monografien, Kommentare, Handbücher: *Blomeyer/Rolfs/Otto*, Betriebsrentengesetz, 7. Aufl. 2018 (zit.: Blomeyer/Rolfs/Otto/*Bearbeiter*); *Boerner*, Altersgrenzen für die Beendigung von Arbeitsverhältnissen in Tarifverträgen und Betriebsvereinbarungen, 1992; *Bröhl*, Die außerordentliche Kündigung mit notwendiger Auslauffrist, 2005; *Buse*, Die Unkündbarkeit im Arbeitsrecht, 2009; *Bütefisch*, Die Sozialauswahl, 2000; *Groß*, Die Rechtfertigung einer Altersdiskriminierung auf der Grundlage der Richtlinie 2000/78/EG, 2010; *v. Hoynigen-Huene/Linck/Krause*, Kündigungsschutzgesetz, 15. Aufl. 2013 (zit.: vHH/*Bearbeiter*); *Kaiser*, Tarifverträge und Altersdiskriminierungsschutz, 2012; *v. Medem*, Kündigungsschutz und Allgemeines Gleichbehandlungsgesetz, 2008; *Mohr*, Schutz vor Diskriminierungen im Europäischen Arbeitsrecht, 2004; *OECD* (Hrsg.), Alterung und Beschäftigungspolitik, 2005; *Polloczek*, Altersdiskriminierung im Lichte des Europarechts, 2007; *Rolfs/Giesen/Kreikebohm/Udsching*, BeckOK Arbeitsrecht, 48. Edition (zit.: BeckOK ArbR/*Bearbeiter*); *Staudinger*, AGG, Neubearbeitung 2018 (zit.: Staudinger/*Bearbeiter*); *Senne*, Auswirkungen des europäischen Verbots der Altersdiskriminierung auf das deutsche Arbeitsrecht, 2006; *Temming*, Altersdiskriminierung im Arbeitsleben, 2008; *Thüsing*, Arbeitsrechtlicher Diskriminierungsschutz; 2. Aufl. 2013; *Uckermann/Fuhrmanns/Ostermayer/Doetsch* (Hrsg.), Das Recht der betrieblichen Altersversorgung, 2014 (zit.: Uckermann/Fuhrmanns/Ostermayer/Doetsch/*Bearbeiter*); *Waltermann*, Berufsfreiheit im Alter, 1989.

Aufsätze, Anmerkungen: *Adomeit/Mohr*, Geltung des AGG für die betriebliche Altersversorgung, ZfA 2008, 449; *Adomeit/Mohr*, Rechtsgrundlagen und Reichweite des Schutzes vor diskriminierenden Kündigungen, NJW 2009, 2255; *Bauer/v. Medem*, Altersgrenzen zur Beendigung von Arbeitsverhältnissen – Was geht, was geht nicht?, NZA 2012, 945; *Benecke*, Altersgruppen und Punktetabellen bei der Sozialauswahl – Neue BAG-Rechtsprechung zu Kündigungsschutz und Europarecht, AuR 2009, 326; *Boecken*, Wie sollte der Übergang vom Erwerbsleben in den Ruhestand rechtlich gestaltet werden?, Gutachten für

62. Deutschen Juristentag, 1998; *Bröhl*, Aktuelle Rechtsprechung des BAG zur Sozialauswahl, BB 2006, 1050; *Brors*, Wann ist eine Altersdiskriminierung nach der Rechtsprechung des EuGH gerechtfertigt?, RdA 2012, 346; *Brors*, Anmerkung zum Urteil des BAG vom 23.7.2015 – 6 AZR 457/14, jurisPR-ArbR 5/2016 Anm. 1; *Gaul/Koehler*, Kücükdeveci: Der Beginn der Jagd auf Entschädigung?, BB 2010, 503; *Gaul/Niklas*, Keine Altersdiskriminierung durch Sozialauswahl mit Altersgruppen, NZA-RR 2009, 457; *Gitter/Boerner*, Anmerkung zum Urteil des BAG v. 11.6.1997 – 7 AZR 186/96, AP Nr. 7 zu § 41 SGB VI; *Grünberger*, Anmerkung zum Urteil des EuGH vom 26.2.2015 – Landin, EuZA 2015, 333; *Grünberger/Sagan*, Diskriminierende Sozialpläne, EuZA 2013, 324; *Guth*, Rechtsprechung zu Streitfragen des TVöD, PersR 2009, 352; *v. Hoff*, Anmerkung zum Urteil des ArbG Frankfurt/M. vom 14.3.2007 – 6 Ca 7405/06, BB 2007, 1739; *v. Hoff*, Differenzierungen nach dem Alter bei der Sozialauswahl gem. § 1 Abs. 3 KSchG: Namensliste, Punkteschema und Altersgruppenbildung, SAE 2009, 293; *Joussen*, Anmerkung zum Urteil des EuGH vom 19.1.2010 – Kücükdeveci, ZESAR 2010, 185; *Kamanabrou*, Die arbeitsrechtlichen Vorschriften des Allgemeinen Gleichbehandlungsgesetzes, RdA 2006, 321; *Kamanabrou*, Vereinbarkeit von Pensionsgrenzen mit Europarecht, EuZA 2008, 251; *Klein*, Zur Vereinbarkeit einer Altersgrenze von 65 Jahren für die Tätigkeit als Pilot eines Luftfahrzeugs im gewerblichen Luftverkehr mit der Charta der Grundrechte der Europäischen Union, EuZA 2018, 98; *Kleinebrink*, Gestaltung von Abfindungsleistungen in Sozialplänen, FA 2010, 66; *Kocher*, Neujustierung des Verhältnisses zwischen EuGH und nationalen ArbG – oder ein Ausrutscher?, RdA 2008, 238; *Kohte*, Alternde Arbeitswelt – Folgen für das Arbeits- und Sozialrecht, AnwBl. 2008, 575; *Kossens*, Anmerkung zum Urteil des LAG Köln vom 12.2.2009 – 7 Sa 1132/08, jurisPR-ArbR 40/2009 Anm. 5; *Lingemann*, Diskriminierung in Entgeltsystemen – Ende der Anpassung nach oben?, NZA 2014, 827; *Lingemann/Beck*, Auswahlrichtlinie, Namensliste, Altersgruppenbildung und Altersdiskriminierung, NZA 2009, 577; *Linsenmaier*, Das Verbot der Diskriminierung wegen des Alters, RdA 2003, Sonderbeilage Heft 5, 22; *Löwisch*, Kollektivverträge und Allgemeines Gleichbehandlungsgesetz, DB 2006, 1729; *Löwisch/Becker*, Anmerkung zum Urteil des EuGH vom 19.6.2014 – Specht u.a., EuZA 2015, 83; *v. Medem*, Europarechtswidrigkeit des § 622 II 2 BGB?, NZA 2009, 1072; *Meenan*, Age Equality After The Employment Directive, Maastricht Journal of European and Comparative Law 2003, 9; *Mohr*, Altersdifferenzierungen im Sozialplan nach deutschem und europäischem Recht, RdA 2010, 44; *Mohr*, Zulässigkeit unmittelbarer Altersdiskriminierung auf Grund unternehmensindividueller Gesichtspunkte, RdA 2017, 35; *Nettesheim*, Diskriminierungsschutz ohne Benachteiligung?, EuZW 2013, 48; *Preis*, Die „Reform" des Kündigungsschutzrechts, DB 2004, 70; *Preis*, Verbot der Altersdiskriminierung als Gemeinschaftsgrundrecht, NZA 2006, 401; *Preis*, Diskriminierungsschutz zwischen EuGH und AGG (Teil I), ZESAR 2007, 249; *Preis*, Diskriminierungsschutz zwischen EuGH und AGG (Teil II), ZESAR 2007, 308; *Preis*, Welche arbeits- und sozialrechtlichen Regelungen empfehlen sich zur Anpassung der Rechtsstellung und zur Verbesserung der Beschäftigungschancen älterer Arbeitnehmer?, Gutachten für den 67. Deutschen Juristentag, 2008; *Preis*, Altersdiskriminierung im Betriebsrentenrecht, BetrAV 2010, 513; *Preis*, Schlangenlinien in der Rechtsprechung des EuGH zur Altersdiskriminierung, NZA 2010, 1323; *Preis/Sagan*, Der GmbH-Geschäftsführer in der arbeits- und diskriminierungsrechtlichen Rechtsprechung des EuGH, BGH und BAG, ZGR 2013, 26; *Preis/Temming*, Der EuGH, das BVerfG und der Gesetzgeber – Lehren aus Mangold II, NZA 2010, 185; *Rengier*, Betriebliche Altersversorgung und Allgemeines Gleichbehandlungsgesetz, NZA 2006, 1251; *Reuter*, Anmerkung zur Vorlage des Højesteret vom 24.9.2014 – C-441/14, ZESAR 2015, 279; *Rieble*, Betriebliche vs. tarifliche Unkündbarkeit, NZA 2003, 1243; *Rieble*, Alternde Arbeitswelt – Welche arbeits- und sozialrechtlichen Regelungen empfehlen sich zur Anpassung der Rechtsstellung und zur Verbesserung der Beschäftigungschancen älterer Arbeitnehmer?, JZ 2008, 811; *Rixen*, Anmerkung zum Urteil des EuGH vom 12.1.2010 – Petersen, ZESAR 2010, 249; *Röbke*, Anmerkung zu den Urteilen des EuGH vom 12.1.2010 – Petersen und Wolf, EuZW 2010, 145; *Rolfs*, „Für die betriebliche Altersversorgung gilt das Betriebsrentengesetz" – Über das schwierige Verhältnis von AGG und BetrAVG, NZA 2008, 553; *Rolfs*, Anmerkung zum Urteil des BAG v. 12.2.2013 – 3 AZR 100/11, NJW 2013, 2544; *Rolfs/Witschen*, Arbeits- und sozialrechtliche Maßnahmen zur Verbesserung der Beschäftigungschancen älterer Arbeitnehmer, JURA 2008, 641; *Sagan*, Anmerkung zum Urteil des EuGH vom 5.3.2009 – Age Concern England, ZESAR 2009, 506; *Sagan*, Die aktuelle Rechtsprechung des EuGH zum Recht der Gleichbehandlung und des Betriebsübergangs, ZESAR 2011, 412; *Sagan*, Anmerkung zum Urteil des EuGH vom 5.7.2017 – Fries, EuZW 2017, 734; *Schiefer*, Anmerkung zum Urteil des BAG v. 6.11. 2008 – 2 AZR 523/07, DB 2009, 733; *Schiek*, Gleichbehandlungsrichtlinien der EU – Umsetzung im deutschen Arbeitsrecht, NZA 2004, 873; *Schiek*, Intersektionelle Diskriminierung vor dem Europäischen Gerichtshof – Ein erster verfehlter Versuch?, EuZA 2017, 407; *Schlachter*, Das Arbeitsrecht im Allgemeinen Gleichbehandlungsgesetz, ZESAR 2006, 391; *Schmidt/Senne*, Das gemeinschaftsrechtliche Verbot der

Altersdiskriminierung und seine Bedeutung für das deutsche Arbeitsrecht, RdA 2002, 80; *Schmitz-Scholemann/Brune*, Die Rechtsprechung des BAG zum Allgemeinen Gleichbehandlungsgesetz – Eine Zwischenbilanz, RdA 2011, 129; *Schubert/Ahrends*, Anmerkung zum Urteil des EuGH vom 15.11.2016 – Salaberria Sorondo, ZESAR 2017, 391; *Spinner*, Das Verbot der Diskriminierung wegen des Alters im Recht der betrieblichen Altersversorgung – ein lösbarer Widerspruch, EuZA 2018, 221; *Sprenger*, Zulässigkeit sozialpolitisch motivierter Ungleichbehandlungen mit unmittelbarem Altersbezug, EuZA 2009, 355; *Sprenger*, Anmerkung zum Urteil EuGH 19.4.2016 – Dansk Industri, EuZA 2016, 460; *Steinmeyer*, Das Allgemeine Gleichbehandlungsgesetz und die betriebliche Altersversorgung, ZfA 2007, 27; *Temming*, Für einen Paradigmenwechsel in der Sozialplanrechtsprechung, RdA 2008, 205; *Temming*, Anmerkung zum Urteil des BAG v. 18.6.2008 – 7 AZR 116/07, EzA § 14 TzBfG Nr. 49; *Temming*, Diskriminierende Beendigung der Arbeitsverträge von Piloten bei Vollendung des 60. Lebensjahres, EuZA 2012, 205; *Thüsing*, Der Fortschritt des Diskriminierungsschutzes im Europäischen Arbeitsrecht, ZfA 2001, 397; *Thüsing/Pötters*, Altersdiskriminierung in Besoldungs- und Vergütungssystemen, EuZW 2015, 935; *Ulber*, Grenzen der Rechtfertigung von Ungleichbehandlungen wegen des Alters, EuZA 2014, 202; *Waas*, Zur Bewertung von Altersgrenzen nach europäischem Recht, EuZW 2007, 359; *Wachter*, Anmerkung zum Urteil des EuGH vom 28.1.2015 – Starjakob, ZESAR 2015, 396; *Waltermann*, Altersdiskriminierung, ArbRB 2006, 305; *Waltermann*, Alternde Arbeitswelt – Welche arbeits- und sozialrechtlichen Regelungen empfehlen sich?, NJW 2008, 2529; *Waltermann*, Integration von Älteren in das Erwerbsleben – Der Beitrag des Arbeitsrechts, ZfA 2017, 445; *Wiedemann*, Altersschutz und Generationengerechtigkeit, RdA 2017, 333; *Wiedemann/Thüsing*, Der Schutz älterer Arbeitnehmer und die Umsetzung der Richtlinie 2000/78/EG, NZA 2002, 1234; *Willemsen*, Sinn und Grenzen des gesetzlichen Sozialplans, RdA 2013, 166; *Willemsen/Schweibert*, Schutz der Beschäftigten im Allgemeinen Gleichbehandlungsgesetz, NJW 2006, 2583; *Wulfers/Hecht*, Altersdiskriminierung durch Tarifbestimmungen – Eine Analyse des TVöD und TV-L, ZTR 2007, 475; *Zange*, Diskriminierung bei Berechnung einer Sozialplanabfindung, NZA 2013, 601; *Zwanziger*, Tarifliche Unkündbarkeit und Sozialauswahl, DB 2000, 2166.

I. Einleitung

Das Alter ist traditioneller Anknüpfungspunkt für diverse Schutzregelungen und Abgrenzungstatbestände im Arbeitsrecht. Erst die Richtlinie 2000/78/EG zur Festlegung eines allgemeinen Rahmens für die Verwirklichung der Gleichbehandlung in Beschäftigung und Beruf (Gleichb-RL)[1] hat über zaghafte politische Ansätze hinaus ein Problembewusstsein dafür geschaffen, dass altersspezifische Regelungen nicht nur Schutz, sondern auch Diskriminierung bedeuten können.[2] Dabei zeichnet sich seit 2000 ein **Paradigmenwechsel** ab. Was der vorsorgende Sozialstaat ursprünglich als Segen spendete, sei es die Verbesserung der Rechtsstellung Älterer oder der frühzeitige „sozialverträgliche" Ausstieg aus dem Arbeitsverhältnis, wurde zum Fluch: In Ansehung der früh absehbaren Alterung der Gesellschaft musste in nahezu allen europäischen Ländern die Diskussion um das Hinausschieben, wenn nicht gar Abschaffung der **Altersgrenzen** geführt werden. Frühverrentungen wurden für die Sozialsysteme finanziell nicht mehr tragbar. Aber auch für breite Schichten der Gesellschaft führten zu kurze Erwerbszeiten zu einer nicht mehr auskömmlichen Alterssicherung. Das Gebot der Zeit ist daher die **Lebensarbeitszeitverlängerung** bei steigender Lebenserwartung. Das setzt eine möglichst frühzeitige Arbeitsaufnahme voraus. Gleichzeitig ist in neuerer Zeit der Einfluss der Wirtschaftskrise auf die Arbeitsmarktpolitik deutlich geworden. Einige EU-Länder versuchen etwa, durch Absenkung des Schutzniveaus der wachsenden Jugendarbeitslosigkeit beizukommen. In allen Fällen gilt das Verbot der Altersdiskriminierung: Sowohl junge als auch ältere Menschen dürfen nicht wegen ihres Alters diskriminierend vom Arbeitsmarkt ferngehalten werden. Während des Arbeitsverhältnisses darf eine Differenzierung nach dem Alter – etwa niedrigeres Schutzniveau für jüngere Arbeitnehmer – nicht erfolgen, ohne dass ein berechtigtes verhältnismäßiges Ziel angestrebt wird.[3] Andernfalls können diskriminierte Beschäftigte die Vorteile der günstiger gestellten älteren oder jüngeren Arbeitnehmer verlangen.

6.1

---

1 ABl. EG L 303 v. 2.12.2000, S. 16.
2 So auch *Wiedemann*, RdA 2017, 333 (333).
3 Krit. *Wiedemann*, RdA 2017, 333 (334, 339).

6.2 Noch bis Ende des letzten Jahrhunderts wurde praktisch jede Altersdifferenzierung akzeptiert, gleichgültig ob sie auf Vertrag, Kollektivvertrag oder Gesetz beruhte. Ein Paukenschlag war dann das Urteil des EuGH in der Sache *Mangold* vom 22.11.2005,[4] das das Verbot der Altersdiskriminierung im Wege der Rechtsfortbildung als ungeschriebenen allgemeinen Grundsatz des damaligen Gemeinschaftsrechts im Vorgriff auf den Vertrag von Lissabon entwickelte (vgl. Rz. 1.24 ff.). Seit dessen Inkrafttreten am 1.12.2009 ist das Verbot der Altersdiskriminierung in **Art. 21 Abs. 1 GRC** niedergelegt (vgl. Rz. 3.73).

6.3 Seither erfolgt die Rechtsentwicklung nicht ohne Widersprüche. Im Unterschied zum Unionsrecht kennt das deutsche Verfassungsrecht (vgl. insbesondere Art. 3 Abs. 3 GG) kein spezifisches Verbot der Altersdiskriminierung. Die deutsche Rechtsprechung ist nicht einmal auf die Idee gekommen, Altersgrenzen am Maßstab des allgemeinen Gleichbehandlungsgrundsatzes zu prüfen. Diskutiert wurde lediglich die Berufsausübungs- und Wahlfreiheit nach Art. 12 GG.[5] Bis zum heutigen Tage tradieren die nationalen Obergerichte weithin die herkömmlichen Ergebnisse und gestatten Altersdifferenzierungen, insbesondere Altersgrenzen. Doch eine zwar wechselhafte, jedoch strengere Rechtsprechung des EuGH hat manche überkommene Altersabgrenzung zu Fall gebracht. Dogmatisch erklärbar ist die schwankende Kontrollintensität in der Art und Weise der Anwendung des Grundsatzes der Verhältnismäßigkeit.

II. Grundlagen und Rechtsquellen

6.4 Das Verbot der Altersdiskriminierung ist **altersneutral**. Geschützt werden Menschen jeden Alters.[6] Der Unionsgesetzgeber möchte prinzipiell den Menschen nicht nach dessen Alter beurteilen sehen. Das Alter ist eine lineare Eigenschaft, da jeder ein bestimmtes Alter aufweist, welches sich auf einer horizontalen nach Lebensjahren eingeteilten Skala entwickelt. Es ist im Gegensatz zu den anderen Diskriminierungsmerkmalen ambivalent und relativ.[7] Aus diesem Grunde kann nicht immer von einer „weniger günstige(n) Behandlung" ausgegangen werden, wenn ein Arbeitnehmer objektiv anders als ein älterer oder jüngerer Arbeitnehmer behandelt wird.[8] Vielmehr ist die Benachteiligung bei einer Ungleichbehandlung wegen des Alters gesondert festzustellen.

1. Primärrecht

6.5 Das Verbot der Altersdiskriminierung ist seit Dezember 2009 ausdrücklich in Art. 21 Abs. 1 GRC normiert, vgl. auch Art. 6 Abs. 1 EUV. Der EuGH sieht ihn als besondere Ausprägung des allgemeinen Grundsatzes der Gleichbehandlung gem. Art. 20 GRC an.[9] Vor der Normierung hatte der EuGH das Verbot der Altersdiskriminierung als „allgemeinen **Grundsatz des [Union]srechts**" angesehen, der „seinen Ursprung in verschiedenen völkerrechtlichen Verträgen und den gemeinsamen Verfassungstraditionen der Mitgliedstaaten hat".[10] Nach Art. 51 Abs. 1 Satz 1 GRC sind die Organe und Einrichtungen der Union stets, die Mitgliedstaaten bei der Durchführung des Rechts der Union an Art. 21 Abs. 1 GRC gebunden. Rechtsnormen der Mitgliedstaaten, die hiergegen verstoßen, sind unanwendbar, soweit sie nicht unionsrechtskonform ausgelegt werden können (vgl.

---

4 EuGH v. 22.11.2005 – C-144/04 – Mangold, Slg. 2005, I-9981 = ArbRB 2006, 3 = NZA 2005, 1345.

5 S. etwa BAG v. 6.3.1986 – 2 AZR 262/85, AP Nr. Nr. 1 zu § 620 BGB Altersgrenzen; v. 25.2.1998 – 7 AZR 641/96, NZA 1998, 715.

6 *Mohr*, RdA 2017, 35 (37); zum Schutz junger Arbeitnehmer: EuGH v. 19.1.2010 – C-555/07 – Kücükdeveci, Slg. 2010 I-365 Rz. 21 = ArbRB 2010, 35 = NZA 2010, 85.

7 BAG v. 25.2.2010 – 6 AZR 911/08, ArbRB 2010, 169 = NZA 2010, 561 Rz. 20.

8 So auch *Nettesheim*, EuZW 2013, 48 (49 f.).

9 EuGH v. 5.7.2017 – C-190/16 – Fries, NZA 2017, 897 Rz. 29.

10 EuGH v. 22.11.2005 – C-144/04 – Mangold, Slg. 2005, I-9981 Rz. 74 f. = ArbRB 2006, 3 = NZA 2005, 1345; dazu *Preis*, NZA 2006, 401.

Rz. 3.28). Eine Ungleichbehandlung wegen des Alters kann als Verstoß gegen Art. 21 Abs. 1 GRC lediglich unter den Voraussetzungen des Art. 52 Abs. 1 GRC, also insbesondere unter Vorbehalt der Verhältnismäßigkeit, gerechtfertigt sein. Dabei betont der EuGH das Kriterium der Kohärenz einer Regelung in Bezug auf das verfolgte Ziel.[11]

2. Gleichbehandlungsrahmenrichtlinie

Der **Transmissionsriemen Gleichbehandlungsrahmenrichtlinie** bewirkt die besondere Reichweite des Verbots der Altersdiskriminierung. Denn keine Norm der Mitgliedstaaten darf gegen die dort geregelten Diskriminierungsverbote verstoßen, die sich gem. Art. 1 Gleichb-RL auf die **Merkmale** Religion oder Weltanschauung, Behinderung, sexuelle Orientierung und Alter beziehen. Der **Geltungsbereich** der Richtlinie umfasst gem. Art. 3 Abs. 1 Gleichb-RL „alle Personen" in Bezug auf die Bedingungen für den Zugang zur Erwerbstätigkeit (Buchst. a), den Zugang zur Berufsausbildung, Weiterbildung und Umschulung (Buchst. b)[12], die Beschäftigungs- und Arbeitsbedingungen einschließlich der Entlassungsbedingungen und des Entgelts (Buchst. c) sowie die Mitwirkung in einer Arbeitnehmer- oder Arbeitgeberorganisation derselben Berufsgruppe (Buchst. d). 6.6

Laut ErwGr. 13 findet die Richtlinie **keine Anwendung auf Sozialsysteme**, deren Leistungen nicht Arbeitsentgelt gleichgestellt sind, wobei „Entgelt" i.S.d. heutigen Art. 157 AEUV definiert wird (vgl. Rz. 5.37 ff.). Nach Art. 157 Abs. 2 AEUV umfasst der Begriff „alle gegenwärtigen oder künftigen in bar oder in Sachleistungen gewährten Vergütungen, vorausgesetzt, dass sie der Arbeitgeber dem Arbeitnehmer wenigstens mittelbar aufgrund des Beschäftigungsverhältnisses gewährt"[13]. 6.7

Gem. ErwGr. 14 berührt die Richtlinie nicht die „einzelstaatlichen Bestimmungen über die **Festsetzung der Altersgrenzen** für den Eintritt in den Ruhestand". Dazu hat der EuGH klargestellt, dass die Richtlinie lediglich nicht die Zuständigkeit der Mitgliedstaaten tangiere, das Alter für den Eintritt in den (rentenrechtlichen) Ruhestand zu bestimmen. Ihr Anwendungsbereich umfasse dagegen durchaus nationale Regelungen, nach denen das Arbeitsverhältnis endet, wenn das festgesetzte Ruhestandsalter erreicht wird.[14] 6.8

Die Diskriminierungsverbote wirken viel breiter als andere spezielle Richtlinien. Gemäß Art. 2 Abs. 1 Gleichb-RL darf es keine unmittelbare oder mittelbare Diskriminierung wegen eines der in Art. 1 Gleichb-RL genannten Gründe geben; die Mitgliedstaaten haben nach dieser Maßgabe also eine **diskriminierungsfreie Arbeitsrechtsordnung** einzurichten. So werden auch Normen unanwendbar, die bislang zum festen Bestand der Rechtsordnung gehörten. 6.9

Bezüglich der Richtlinie besteht in der Praxis der Rechtsprechung eine **Wechselwirkung mit dem primären Unionsrecht**. Der EuGH hat einerseits das in der Gleichb-RL normierte Verbot mehrfach lediglich als **Konkretisierung** des primärrechtlichen Grundsatzes (ungeschrieben i.S.d. Art. 6 Abs. 3 EUV oder geschrieben i.S.d. Art. 21 Abs. 1 GRC) angesehen.[15] Der primärrechtliche Grundsatz wird auch nach seiner Normierung durch die sekundärrechtlichen Vorgaben geprägt. Ein Verstoß gegen die Richtlinie bedeutet laut EuGH gleichzeitig einen Verstoß gegen das primärrecht- 6.10

---

11 EuGH v. 5.7.2017 – C-190/16 – Fries, NZA 2017, 897 Rz. 48.
12 Worunter laut EuGH auch Regelungen zum steuerlichen Abzug von Kosten der Berufsausbildung zählen, EuGH v. 10.11.2016 – C-548/15 – de Lange, EAS, Teil C, RL 2000/78/EG Art. 3 Nr. 4 Rz. 17 ff.
13 EuGH v. 26.9.2013 – C-546/11 – Dansk Jurist- og Økonomforbund, NVwZ 2013, 1401 Rz. 26.
14 EuGH v. 16.10.2007 – C-411/05 – Palacios de la Villa, Slg. 2007, I-8531 Rz. 44 = ArbRB 2007, 350 = NZA 2007, 1219; v. 5.3.2009 – C-388/07 – Age Concern England, Slg. 2009, I-1569 Rz. 25 = ArbRB 2009, 97 = NZA 2009, 305.
15 EuGH v. 19.1.2010 – C-555/07 – Kücükdeveci, Slg. 2010, I-365 Rz. 21 = ArbRB 2010, 35 = NZA 2010, 85; v. 13.9.2011 – C-447/09 – Prigge, Slg. 2011, I-8003 Rz. 38 = ArbRB 2011, 291 = NZA 2011, 1039; v. 26.9.2013 – C-476/11 – Kristensen/Experian, EuZW 2013, 951 Rz. 19.

liche Verbot der Altersdiskriminierung,[16] womit das Gericht der Gleichb-RL bereits vor Ende ihrer Umsetzungsfrist Geltung verschaffte[17].

3. Deutsches Recht: AGG

6.11 In **Deutschland** wurde auf der Basis der Gleichb-RL das Verbot der Altersdiskriminierung durch das Allgemeine Gleichbehandlungsgesetz (**AGG**) vom 18.8.2006[18] umgesetzt. Freilich atmet das Gesetz im Bereich der Altersdiskriminierung den Geist, möglichst Alles beim Alten zu lassen.[19] Der Gesetzgeber hat es zunächst versäumt, das einfache Gesetzesrecht auf mögliche unmittelbar oder mittelbar diskriminierende Rechtsnormen hin zu durchforsten, obwohl Art. 288 Abs. 3 AEUV und Art. 16 Gleichb-RL dies nahelegen. Zum anderen versucht der nationale Gesetzgeber, den *status quo* in allen altersdifferenzierenden Regelungen des deutschen Arbeitsrechts festzuschreiben, wie die speziellen Rechtfertigungsgründe für Altersdiskriminierungen zeigen (§ 10 Satz 3 AGG). So kommt es, dass § 10 Satz 3 Nr. 1, 2, 3, 5 und 6 AGG all jene überkommenen Regelungen zu rechtfertigen versuchen, die diskriminierungsrechtlich besonders problematisch sind, wie z.B. die Vereinbarung einer allgemeinen Altersgrenze oder altersdifferenzierende Sozialplanansprüche. Vielfach bedarf es daher der Rechtsprechung des EuGH, um ungerechtfertigte Altersdifferenzierungen zu verwerfen.

6.12 Mit **§ 75 Abs. 1 BetrVG** hat der Gesetzgeber für Betriebsvereinbarungen ein weiteres Verbot der Altersdiskriminierung geregelt, das ebenfalls unionsrechtskonform auszulegen ist. Auf nationaler Ebene ist die Norm spezieller als das AGG. Freilich versperren weder das BetrVG noch das AGG die Möglichkeit, auf die Konkretisierungen des AGG zurückzugreifen. Laut BAG hat der Gesetzgeber das in §§ 7, 1 AGG geregelte Benachteiligungsverbot in § 75 Abs. 1 BetrVG übernommen. Da allerdings das AGG sehr viel spezifischere Regelungen enthält als § 75 Abs. 1 BetrVG, ist die Norm des § 75 BetrVG wegen ihres Standortes spezieller, in ihren Tatbestandsvoraussetzungen indes allgemeiner als das AGG. Das AGG als gleichrangige Rechtsnorm ist daher in § 75 BetrVG „hineinzulesen". Jedenfalls kann die unterschiedliche Behandlung der Betriebsangehörigen aus einem in § 1 AGG genannten Grund nur unter den im AGG normierten Voraussetzungen zulässig sein. Sind diese erfüllt, ist zugleich auch der betriebsverfassungsrechtliche Gleichbehandlungsgrundsatz i.S.d. § 75 Abs. 1 BetrVG gewahrt.[20]

III. Rechtfertigungsnormen

6.13 Sowohl mittelbare als auch unmittelbare Benachteiligungen wegen des Alters können gerechtfertigt sein.[21] Die **Gleichb-RL** beinhaltet dazu mehrere Rechtfertigungstatbestände. Bereits nach Art. 2 Abs. 2 Buchst. b Gleichb-RL liegt eine mittelbare (Alters-) Diskriminierung lediglich dann vor, wenn die Benachteiligung nicht durch ein rechtmäßiges Ziel sachlich gerechtfertigt ist und die Mittel zur Erreichung dieses Ziels angemessen und erforderlich sind.

1. Art. 2 Abs. 5 Gleichb-RL

6.14 Für staatliche **unmittelbare Benachteiligungen** wegen des Alters kann Art. 2 Abs. 5 Gleichb-RL relevant werden. Nach dieser Vorschrift berührt die Richtlinie nicht die im „einzelstaatlichen

---

16 S. etwa EuGH v. 19.4.2016 – C-441/14 – Dansk Industri, NZA 2016, 537 Rz. 26; Anm. *Sprenger*, EuZA 2016, 460; dazu *Preis/Temming*, NZA 2010, 185; *Reuter*, ZESAR 2015, 279 (280); krit. *Sagan*, EuZW 2017, 734 (735).
17 EuGH v. 22.11.2005 – C-144/04 – Mangold, Slg. 2005, I-9981 Rz. 70 ff. = ArbRB 2006, 3 = NZA 2005, 1345.
18 BGBl. I, 1897.
19 Zur Kritik vgl. *Preis*, ZESAR 2007, 249; *Preis*, ZESAR 2007, 308; *Schlachter*, ZESAR 2006, 391 (396).
20 BAG v. 23.3.2010 – 1 AZR 832/08, ArbRB 2010, 236 = NZA 2010, 774.
21 S. auch *Preis/Temming*, NZA 2010, 185 (194).

Recht" vorgesehenen Maßnahmen, die in einer demokratischen Gesellschaft für die Gewährleistung der öffentlichen Sicherheit, die Verteidigung der Ordnung und die Verhütung von Straftaten, zum Schutz der Gesundheit und zum Schutz der Rechte und Freiheiten anderer notwendig sind. Der EuGH versteht diese Vorschrift nicht als sachliche Schutzbereichsbestimmung, sondern als Rechtfertigungstatbestand, anhand dessen nationale Regelungen zu prüfen sind. Das hat das Urteil *Petersen* gezeigt, das die Zulässigkeit der mittlerweile aufgehobenen Altersgrenze 68 für Vertragsärzte in der deutschen Gesetzlichen Krankenversicherung gem. § 95 Abs. 7 Satz 3 SGB V a.F. betraf.[22] Der EuGH maß diese an Art. 2 Abs. 5 Gleichb-RL.[23] Dabei erkannte der Gerichtshof als Ziel der Altersgrenze den Gesundheitsschutz i.S.d. Art. 2 Abs. 5 Gleichb-RL an,[24] obwohl selbst die deutsche Bundesregierung im Verfahren geltend gemacht hatte, dass mit ihr die Überversorgung bei den Vertragszahnärzten und die Ausgaben im Gesundheitssystem begrenzt werden sollten.[25]

Als Ausnahme vom Grundsatz des Verbots der Altersdiskriminierung ist Art. 2 Abs. 5 Gleichb-RL laut EuGH eng auszulegen.[26] Vertieft wurde dieser Aspekt in der Entscheidung *Prigge*[27]. In diesem Fall ging es um die Rechtfertigung einer tarifvertraglich festgesetzten Altersgrenze für Piloten, für die geltend gemacht wurde, sie sei aus Gründen der Flugsicherheit erforderlich. Der Fall warf zunächst die Frage auf, ob kollektivvertragliche Regelungen überhaupt im **Anwendungsbereich** der Ausnahmevorschrift Art. 2 Abs. 5 Gleichb-RL liegen, da diese sich nur auf Maßnahmen bezieht, die im „einzelstaatlichen Recht" vorgesehen sind. Der EuGH betont in diesem Zusammenhang die Unterschiede zum Wortlaut der weiteren Rechtfertigungstatbestände Art. 4 Abs. 1 (vgl. Rz. 6.17 ff.) und Art. 6 Abs. 1 Gleichb-RL (vgl. Rz. 6.22 ff.), die keine Einschränkung auf Maßnahmen des „einzelstaatlichen Rechts" enthalten.[28] Weiter verweist der Gerichtshof darauf, dass **Sozialpartner keine öffentlich-rechtlichen Einrichtungen** seien.[29] Sie setzen somit kein einzelstaatliches Recht. Allerdings gesteht es der EuGH den Mitgliedstaaten zu, die Sozialpartner zu ermächtigen, Maßnahmen i.S.v. Art. 2 Abs. 5 Gleichb-RL zu treffen.[30] Solange sie auf einer hinreichend konkreten Ermächtigungsgrundlage beruhen, können somit auch kollektivvertragliche Regelungen Ausnahmen vom Verbot der Altersdiskriminierung gem. Art. 2 Abs. 5 Gleichb-RL statuieren. Weitere Voraussetzung – wie für Maßnahmen des einzelstaatlichen Rechts – ist jedoch, dass sie zum Schutz der genannten Rechtsgüter notwendig sind. Daran scheiterte im Fall *Prigge* die Altersgrenze, denn der Vergleich mit internationalen und nationalen Regelungen zeigte dem EuGH zufolge, dass eine Beschränkung der Flugtätigkeit ausreiche und ein striktes Verbot nicht notwendig i.S.v. Art. 2 Abs. 5 Gleichb-RL sei.[31] Im Fall *Petersen* bemängelte der EuGH dagegen die fehlende Kohärenz der Regelung, weil die Altersgrenze nur für die Vertragsärzte und nicht für die außerhalb des Vertragszahnarztsystems praktizierenden Ärzte galt. Daher seien die Patienten nicht ausreichend geschützt und im Hinblick auf das Ziel des Gesundheitsschutzes Widersprüche festzustellen.[32] Indes-

---

22 EuGH v. 12.1.2010 – C-341/08 – Petersen, Slg. 2010, I-47 = EuZW 2010, 139 m. Anm. *Röbke*; *Rixen*, ZESAR 2010, 249.
23 EuGH v. 12.1.2010 – C-341/08 – Petersen, Slg. 2010, I-47 Rz. 50 ff. = EuZW 2010, 139.
24 EuGH v. 12.1.2010 – C-341/08 – Petersen, Slg. 2010, I-47 Rz. 5 = EuZW 2010, 139; krit. *Röbke*, EuZW 2010, 145 (146).
25 EuGH v. 12.1.2010 – C-341/08 – Petersen, Slg. 2010, I-47 Rz. 41 = EuZW 2010, 139.
26 EuGH v. 12.1.2010 – C-341/08 – Petersen, Slg. 2010, I-47 Rz. 60 = EuZW 2010, 139.
27 EuGH v. 13.9.2011 – C-447/09 – Prigge, Slg. 2011, I-8003 = ArbRB 2011, 291 = NZA 2011, 1039; hierzu *Temming*, EuZA 2012, 205.
28 EuGH v. 13.9.2011 – C-447/09 – Prigge, Slg. 2011, I-8003 Rz. 59 = ArbRB 2011, 291 = NZA 2011, 1039.
29 EuGH v. 13.9.2011 – C-447/09 – Prigge, Slg. 2011, I-8003 Rz. 60 = ArbRB 2011, 291 = NZA 2011, 1039.
30 EuGH v. 13.9.2011 – C-447/09 – Prigge, Slg. 2011, I-8003 Rz. 61 = ArbRB 2011, 291 = NZA 2011, 1039.
31 EuGH v. 13.9.2011 – C-447/09 – Prigge, Slg. 2011, I-8003 Rz. 63 = ArbRB 2011, 291 = NZA 2011, 1039.
32 EuGH v. 12.1.2010 – C-341/08 – Petersen, Slg. 2010, I-47 Rz. 61 f. = EuZW 2010, 139.

sen bezweckte die Altersgrenze – wie oben gesehen – den Gesundheitsschutz überhaupt nicht. Somit hätte die Altersgrenze bereits an dieser Stelle scheitern müssen.[33]

6.16 Das Urteil zeigt, wie wichtig dem EuGH die innere **Kohärenz** der altersdiskriminierenden Regelung gemessen an deren Ziel ist[34] und es daher bei einer möglichen Rechtfertigung – nicht nur im Rahmen des Art. 2 Abs. 5 Gleichb-RL – entscheidend darauf ankommt, das Ziel der Regelung zu identifizieren.

2. Art. 4 Abs. 1 Gleichb-RL

6.17 Die Mitgliedstaaten können gem. Art. 4 Abs. 1 Gleichb-RL vorsehen, „dass eine Ungleichbehandlung wegen eines Merkmals, das im Zusammenhang mit einem der in Art. 1 genannten Diskriminierungsgründe steht, keine Diskriminierung darstellt, wenn das betreffende Merkmal aufgrund der Art einer bestimmten beruflichen Tätigkeit oder der Bedingungen ihrer Ausübung eine wesentliche und entscheidende berufliche Anforderung darstellt, sofern es sich um einen rechtmäßigen Zweck und eine angemessene Anforderung handelt." Nach dem **Wortlaut** der Vorschrift muss also nicht der Diskriminierungsgrund i.S.d. Art. 1 Gleichb-RL selbst – etwa das Alter – eine wesentliche berufliche Anforderung sein, sondern ein Merkmal, das mit diesem Grund zusammenhängt.[35] Es ist zunächst zu prüfen, ob die Ungleichbehandlung an einem solchen Merkmal anknüpft. Bei Ungleichbehandlungen aufgrund des Alters kann ein solches Merkmal etwa die körperliche Leistungsfähigkeit sein, die mit steigendem Alter abnimmt. Dabei reicht ein **statistischer bzw. wissenschaftlich nachweisbarer Zusammenhang** aus. Es muss nicht konkret nachgewiesen werden, dass etwa ein bestimmter Arbeitnehmer, der eine Altersgrenze erreicht hat, tatsächlich auch körperlich weniger leistungsfähig ist.

6.18 Weiter ist zu prüfen, ob das Merkmal aufgrund der Art der Tätigkeit oder deren Ausübung eine „**wesentliche und entscheidende berufliche Anforderung**" darstellt. Das Merkmal muss nicht zwingende Voraussetzung dafür sein, die Tätigkeit überhaupt ausüben zu können. Es müssen stattdessen laut EuGH „beträchtliche Konsequenzen"[36] zu befürchten sein, wenn jemand die Tätigkeit ausübt, bei dem das Merkmal nicht oder lediglich teilweise vorliegt. Beispiel ist die mögliche Gefahr für sich, Dritte und die öffentliche Ordnung durch Polizisten ohne die für ihre Tätigkeit erforderlichen körperlichen Fähigkeiten.[37] Dabei prüft der EuGH an dieser Stelle lediglich oberflächlich, in welchem Maß die zu prüfenden Merkmale wie eine bestimmte körperliche Verfassung mit den konkreten Aufgabenfeldern zusammenhängen.[38] Eine detaillierte Prüfung findet erst im Rahmen der Verhältnismäßigkeit statt.

6.19 Die Anforderung muss einem **rechtmäßigen Zweck** dienen. Gem. ErwGr. 18 Gleichb-RL ist die Einsatzbereitschaft der Streitkräfte, der Polizei[39], der Haftanstalten und der „Notfalldienste" ein

---

33 Röbke, EuZW 2010, 145 (146).
34 Krit. dazu Nettesheim, EuZW 2013, 48 (50), der bemängelt, dass sich das Verbot der Altersdiskriminierung zu einem „Gebot politisch und ökonomisch vernünftiger Rechtsetzung" gewandelt habe.
35 So auch EuGH v. 12.1.2010 – C-229/08 – Wolf, Slg. 2010 – I-1 Rz. 35 = EuZW 2010, 142; v. 13.9.2011 – C-447/09 – Prigge, Slg. 2011, I-8003 Rz. 66 = ArbRB 2011, 291 = NZA 2011, 1039; anders Kaiser, Tarifverträge und Altersdiskriminierungsschutz, S. 65 f.; Polloczek, Altersdiskriminierung im Lichte des Europarechts, S. 95.
36 EuGH v. 13.9.2011 – C-447/09 – Prigge, Slg. 2011, I-8003 Rz. 67 = ArbRB 2011, 291 = NZA 2011, 1039; v. 13.11.2014 – C-416/13 – Vital Pérez, NVwZ 2015, 427 Rz. 40; v. 15.11.2016 – C-258/15 – Salaberria Sorondo, ZESAR 2017, 385 Rz. 35; zust. Anm. Schubert/Ahrends, ZESAR 2017, 391.
37 EuGH v. 13.11.2014 – C-416/13 – Vital Pérez, NVwZ 2015, 427 Rz. 40; v. 15.11.2016 – C-258/15 – Salaberria Sorondo, ZESAR 2017, 385 Rz. 35.
38 Beispielhaft EuGH v. 13.11.2014 – C-416/13 – Vital Pérez, NVwZ 2015, 427 Rz. 39.
39 EuGH v. 13.11.2014 – C-416/13 – Vital Pérez, NVwZ 2015, 427 Rz. 44; v. 15.11.2016 – C-258/15 – Salaberria Sorondo, ZESAR 2017, 385 Rz. 38.

solches rechtmäßiges Ziel i.S.d. Art. 4 Abs. 1 Gleichb-RL. Akzeptiert hat der EuGH auch die Funktionsfähigkeit der Berufsfeuerwehr[40] und die Sicherheit des Luftverkehrs.[41]

Entscheidender Prüfungspunkt ist die **Angemessenheits- bzw. Verhältnismäßigkeitsprüfung**. In Art. 4 Abs. 1 Gleichb-RL ist das Tatbestandsmerkmal „angemessene Anforderung" Anknüpfungspunkt. Der Wortlaut legt nahe, dass die berufliche Anforderung selbst, also etwa eine gewisse körperliche Leistungsfähigkeit, angemessen sein muss. Der EuGH versteht das Tatbestandsmerkmal jedoch offenbar anders, wenn er in der Sache *Prigge* prüft, „ob die Sozialpartner, indem sie beschlossen haben, dass ab dem Alter von 60 Jahren die Verkehrspiloten nicht mehr über die körperlichen Fähigkeiten zur Ausübung ihrer beruflichen Tätigkeit verfügen, eine angemessene Anforderung aufgestellt haben".[42] Der Gerichtshof misst also die Altersgrenze und somit die altersdiskriminierende Regelung selbst an Art. 4 Abs. 1 Gleichb-RL und nicht lediglich das damit zusammenhängende Merkmal. 6.20

Die altersdifferenzierende Regelung muss **verhältnismäßig, also geeignet und erforderlich** sein.[43] Dazu verweist der EuGH auf ErwGr. 23 Gleichb-RL, wonach eine unterschiedliche Behandlung in Fällen wie denen des Art. 4 Abs. 1 Gleichb-RL lediglich unter „sehr begrenzten Bedingungen" gerechtfertigt sein kann.[44] Außerdem sei Art. 4 Abs. 1 Gleichb-RL als **Ausnahmetatbestand** vom Verbot der Altersdiskriminierung eng auszulegen (allgemein zu diesem Prinzip des EuGH vgl. Rz. 1.94).[45] In der Angemessenheitsprüfung finden die Interessen der betroffenen Arbeitnehmer sehr wenig Beachtung. Vielmehr überprüft der EuGH die altersdiskriminierenden Regelungen darauf, ob sie **stichhaltig begründet und konsequent umgesetzt** sind.[46] Dabei kommt der **konkreten Tätigkeit** besondere Bedeutung zu. So prüfte der EuGH bei Einstellungshöchstaltersgrenzen der spanischen Polizei im Rahmen der Erforderlichkeit sehr genau, ob das jeweilige Aufgabengebiet wirklich in jedem Fall eine bestimmte körperliche Konstitution voraussetzt.[47] 6.21

3. Art. 6 Abs. 1 Gleichb-RL

Für Benachteiligungen wegen des Alters normiert Art. 6 Abs. 1 Gleichb-RL einen **speziellen Rechtfertigungstatbestand**. Danach können die Mitgliedstaaten ungeachtet des Art. 2 Abs. 2 Gleichb-RL vorsehen, „dass Ungleichbehandlungen wegen des Alters keine Diskriminierung darstellen, sofern sie objektiv und angemessen sind und im Rahmen des nationalen Rechts durch ein legitimes Ziel, worunter insbesondere rechtmäßige Ziele aus den Bereichen Beschäftigungspolitik, Arbeitsmarkt und berufliche Bildung zu verstehen sind, gerechtfertigt sind und die Mittel zur Erreichung dieses Ziels angemessen und erforderlich sind". Auf der Basis der hier verankerten Verhältnismäßigkeitsprüfung können viele Altersdifferenzierungen im Arbeitsleben sachlich angemessen sein (s. hierzu ErwGr. 25 Gleichb-RL). Deshalb konzentriert sich die die Wirkkraft des Verbots der Altersdiskriminierung auf der Rechtfertigungsebene. 6.22

---

40 EuGH v. 12.1.2010 – C-229/08 – Wolf, Slg. 2010 – I-1 Rz. 37 ff. = EuZW 2010, 142; zust. *Röbke*, EuZW 2010, 145 (145).
41 EuGH v. 13.9.2011 – C-447/09 – Prigge, Slg. 2011, I-8003 Rz. 68 f. = ArbRB 2011, 291 = NZA 2011, 1039.
42 EuGH v. 13.9.2011 – C-447/09 – Prigge, Slg. 2011, I-8003 Rz. 70 = ArbRB 2011, 291 = NZA 2011, 1039.
43 Vgl. EuGH v. 12.1.2010 – C-229/08 – Wolf, Slg. 2010 – I-1 Rz. 42 = EuZW 2010, 142.
44 EuGH v. 13.9.2011 – C-447/09 – Prigge, Slg. 2011, I-8003 Rz. 71 = ArbRB 2011, 291 = NZA 2011, 1039.
45 EuGH v. 13.9.2011 – C-447/09 – Prigge, Slg. 2011, I-8003 Rz. 72 = ArbRB 2011, 291 = NZA 2011, 1039.
46 So etwa in den Fällen EuGH v. 12.1.2010 – C-229/08 – Wolf, Slg. 2010 – I-1 Rz. 42 ff. = EuZW 2010, 142 und v. 13.9.2011 – C-447/09 – Prigge, Slg. 2011, I-8003 Rz. 73 ff. = ArbRB 2011, 291 = NZA 2011, 1039.
47 EuGH v. 13.11.2014 – C-416/13 – Vital Pérez, NVwZ 2015, 427 Rz. 53 ff.; v. 15.11.2016 – C-258/15 – Salaberria Sorondo, ZESAR 2017, 385 Rz. 40 ff.

6.23 Der **Anwendungsbereich** des Art. 6 Abs. 1 Gleichb-RL ist auch begrenzt durch Art. 2 Abs. 2 Buchst. b Nr. i Gleichb-RL, der Voraussetzungen aufstellt, unter denen eine Benachteiligung wegen eines der in Art. 1 Gleichb-RL aufgeführten Merkmale keine mittelbare Diskriminierung darstellt. Sind diese Voraussetzungen in einem Fall der Benachteiligung wegen des Alters erfüllt, ist Art. 6 Abs. 1 Gleichb-RL nicht mehr anzuwenden.[48]

6.24 Bei einer möglichen Rechtfertigung gem. Art. 6 Abs. 1 Gleichb-RL ist zunächst zu prüfen, ob mit der Ungleichbehandlung ein **legitimes Ziel** i.S.d. Vorschrift verfolgt wird. Legitim sind demnach Ziele aus den Bereichen **Beschäftigungspolitik, Arbeitsmarkt und berufliche Bildung**.

6.25 Die Aufzählung in Art. 6 Abs. 1 Gleichb-RL ist nach dessen Wortlaut („insbesondere") „nicht erschöpfend".[49] Rein private bzw. unternehmerische **Interessen der Arbeitgeber** sind jedoch kein legitimes Ziel.[50] Das hat der EuGH bereits in der Entscheidung *Age Concern England* festgestellt: „Diese Ziele [= Beschäftigungspolitik, Arbeitsmarkt oder berufliche Bildung] unterscheiden sich insoweit, als sie im Allgemeininteresse stehen, von rein individuellen Beweggründen, die der Situation des Arbeitgebers eigen sind, wie Kostenreduzierung oder Verbesserung der Wettbewerbsfähigkeit, ohne dass allerdings ausgeschlossen werden kann, dass eine nationale Rechtsvorschrift bei der Verfolgung der genannten rechtmäßigen Ziele den Arbeitgebern einen gewissen Grad an Flexibilität einräumt"[51].

6.26 In der Diskussion um die legitimen Ziele i.S.d. Art. 6 Abs. 1 Gleichb-RL sind die verschiedenen Ebenen strikt zu trennen: Der **nationale Gesetzgeber**, der an die Gleichb-RL gebunden ist, darf Benachteiligungen wegen des Alters nicht lediglich deshalb statuieren bzw. erlauben, um etwa Unternehmen zu ermöglichen, Kosten zu senken. Das bedeutet gleichzeitig nicht, dass er nicht betriebswirtschaftliche Anreize schaffen bzw. ausnutzen darf, um damit ein übergeordnetes, sozialpolitisches Ziel (dazu sogleich) zu verfolgen, wie etwa die Bekämpfung von Jugendarbeitslosigkeit. In diesem Fall laufen **Arbeitgeberinteressen** und sozialpolitische Interessen insoweit parallel.[52] Eine „Außerachtlassung" von Unternehmerinteressen verlangt Art. 6 Abs. 1 Gleichb-RL also in der Tat nicht.[53] Arbeitgeberinteressen *alleine* können jedoch keine Altersdiskriminierung rechtfertigen, selbst wenn sie vom Gesetzgeber „anerkannt" werden[54]. Entscheidend ist das übergeordnete sozialpolitische Ziel.[55]

6.27 Der EuGH legt Art. 6 Abs. 1 Gleichb-RL – wie jeden andere Rechtfertigungstatbestand auch – als Ausnahme vom Grundsatz des Verbots von Altersdiskriminierungen eng aus (vgl. Rz. 1.94). Daher können legitim ausschließlich **„sozialpolitische Ziele** wie solche aus den Bereichen Beschäftigungspolitik, Arbeitsmarkt oder berufliche Bildung"[56] bzw. Ziele „im Bereich der Arbeits- und Sozial-

---

48 EuGH v. 5.3.2009 – C-388/07 – Age Concern England, Slg. 2009, I-1569 Rz. 66 = ArbRB 2009, 97 = NZA 2009, 305.
49 EuGH v. 13.9.2011 – C-447/09 – Prigge, Slg. 2011, I-8003 Rz. 80 = ArbRB 2011, 291 = NZA 2011, 1039.
50 BAG v. 19.12.2013 – 6 AZR 790/12, ArbRB 2014, 100 = ZIP 2014, 536 Rz. 26; *Kaiser*, Tarifverträge und Altersdiskriminierungsschutz, S. 71; *Groß*, Die Rechtfertigung einer Altersdiskriminierung, S. 70; *Thüsing*, ZfA 2001, 397 (409); a.A. noch BAG v. 22.1.2009 – 8 AZR 906/07, ArbRB 2009, 290 = NZA 2009, 945 Rz. 54; *Waltermann*, ZfA 2006, 305 (315); wohl auch *Thüsing*, Arbeitsrechtlicher Diskriminierungsschutz, Rz. 419; zweifelnd *Linsenmaier*, RdA 2003, Sonderbeilage Heft 5, 22 (26).
51 EuGH v. 5.3.2009 – C-388/07 – Age Concern England, Slg. 2009, I-1569 Rz. 46 = ArbRB 2009, 97 = NZA 2009, 305; außerdem v. 21.7.2011 – C-159/10 u. C-160/10 – Fuchs/Köhler, Slg. 2011, I-6919 Rz. 52 = NVwZ 2011, 1249; s. auch *Sprenger*, EuZA 2009, 355.
52 Vgl. *Bauer/v. Medem*, NZA 2012, 945 (949 f.).
53 *Mohr*, RdA 2017, 35 (40 f.).
54 So jedoch *Mohr*, RdA 2017, 35 (40 f.).
55 S. bereits *Preis/Sagan*, ZGR 2013, 26 (70 f.).
56 EuGH v. 5.3.2009 – C-388/07 – Age Concern England, Slg. 2009, I-1569 Rz. 46 = ArbRB 2009, 97 = NZA 2009, 305; v. 13.9.2011 – C-447/09 – Prigge, Slg. 2011, I-8003 Rz. 81 = ArbRB 2011, 291 = NZA 2011, 1039.

politik"[57] sein. Auch nach den aufgezählten Beispielen liegt es nahe, dass darüber hinaus nur Ziele zugelassen sind, die aus verwandten Bereichen stammen. Ob dem Topos der „sozialpolitischen Ziele" ein Anwendungsbereich zukommt, der über die Bereiche Beschäftigungspolitik, Arbeitsmarkt oder berufliche Bildung hinausgeht, ist allerdings fraglich. Zu konstatieren ist außerdem, dass der EuGH die „Wahrung des Besitzstands einer Personengruppe" als „zwingender Grund des Allgemeininteresses" ebenfalls als legitimes Ziel i.S.d. Art. 6 Abs. 1 Gleichb-RL anerkannt hat.[58] Haushalts- oder Verwaltungserwägungen eines Mitgliedstaates sind demgegenüber für sich genommen kein legitimes Ziel,[59] ebenso wenig andere, nicht sozialpolitische Allgemeininteressen wie etwa die Flugsicherheit[60].

Die nationale Regelung, die wegen des Alters benachteiligt, muss ihr **Ziel nicht ausdrücklich angeben**. In diesem Fall müssen jedoch „andere – aus dem allgemeinen Kontext der betreffenden Maßnahme abgeleitete – Anhaltspunkte die Feststellung des hinter dieser Maßnahme stehenden Ziels ermöglichen"[61]. 6.28

Umstritten ist die **Funktion des Art. 6 Abs. 1 UAbs. 2 Gleichb-RL** im Zusammenhang mit den legitimen Zielen des UAbs. 1.[62] So werden in Buchst. a bis Buchst. c Beispiele für mögliche Ungleichbehandlungen aufgeführt, wobei nicht deutlich wird, ob diesen speziellen Ungleichbehandlungen Bedeutung für die Rechtfertigungsprüfung zukommt oder ob sie nur deklaratorischer Natur sind. 6.29

Buchst. a umfasst einen sehr weiten Kreis von möglichen Ungleichbehandlungen, etwa durch „Bedingungen für den Zugang zur Beschäftigung und zur beruflichen Bildung" oder besondere „Beschäftigungs- und Arbeitsbedingungen". Dabei sollen diese Bedingungen die „berufliche Eingliederung von Jugendlichen, älteren Arbeitnehmern und Personen mit Fürsorgepflichten" fördern oder deren Schutz sicherstellen. **Buchst. b** nennt Ungleichbehandlungen, die ohne besondere Zielsetzung durch Mindestanforderungen an Alter, Berufserfahrung oder Dienstalter für den Zugang zu Beschäftigung oder damit verbunden Vorteile entstehen. **Buchst. c** wiederum bezieht sich speziell auf Höchstaltersgrenzen für die Einstellung wegen „spezifischer Ausbildungsanforderungen" oder „der Notwendigkeit einer angemessen Beschäftigungszeit vor dem Eintritt in den Ruhestand". 6.30

Somit normiert **Buchst. b** keine speziellen Rechtfertigungsanforderungen, sondern nennt lediglich Beispiele für Ungleichbehandlungen wegen des Alters.[63] Er ist somit überflüssig.[64] Dasselbe gilt jedenfalls für das Merkmal der „spezifischen Ausbildungsanforderungen" in Buchst. c.[65] Die „an- 6.31

---

[57] EuGH v. 26.9.2013 – C-476/11 – Kristensen/Experian, EuZW 2013, 951 Rz. 60; v. 26.9.2013 – C-546/11 – Dansk Jurist- og Økonomforbund, NVwZ 2013, 1401 Rz. 50.
[58] EuGH v. 8.9.2011 – C-297/10 u. C-298/10 – Hennigs/Mai, Slg. 2011, I-7965 Rz. 90 = NZA 2011, 1100; v. 19.6.2014 – C-501/12 bis C-506/12 u. C-541/12 – Specht u.a., NZA 2014, 831 Rz. 64, m. Anm. Lingemann, NZA 2014, 827 u. Löwisch/Becker, EuZA 2015, 83; v. 11.11.2014 – C-530/13 – Schmitzer, ZESAR 2015, 180 – Rz. 42.
[59] EuGH v. 11.11.2014 – C-530/13 – Schmitzer, ZESAR 2015, 180 Rz. 41; v. 28.1.2015 – C-417/13 – Starjakob, NZA 2015, 217 Rz. 36; m. Anm. Wachter, ZESAR 2015, 396.
[60] EuGH v. 13.9.2011 – C-447/09 – Prigge, Slg. 2011, I-8003 Rz. 82 = ArbRB 2011, 291 = NZA 2011, 1039.
[61] EuGH v. 16.10.2007 – C-411/05 – Palacios de la Villa, Slg. 2007, I-8531 Rz. 57 = ArbRB 2007, 350 = NZA 2007, 1219; v. 5.3.2009 – C-388/07 – Age Concern England, Slg. 2009, I-1569 Rz. 45 = ArbRB 2009, 97 = NZA 2009, 305.
[62] Vgl. dazu auch *Temming*, Altersdiskriminierung im Altersleben, S. 507 f.; *Wiedemann*, RdA 2017, 333 (334).
[63] *Linsenmaier*, RdA 2003, Sonderbeilage Heft 5, 22 (26 f.); *Schmidt/Senne*, RdA 2002, 80 (88); *Senne*, Auswirkungen des europäischen Verbots der Altersdiskriminierung auf das deutsche Arbeitsrecht, S. 196.
[64] A.A. EUArbR/*Mohr*, Art. 6 RL 2000/78/EG, Rz. 55.
[65] A.A. *Linsenmaier*, RdA 2003, Sonderbeilage Heft 5, 22 (26 f.); *Schmidt/Senne*, RdA 2002, 80 (88).

gemessene Beschäftigungszeit vor dem Eintritt in den Ruhestand" kann dagegen zur Sicherung eines ausreichenden Alterseinkommens als konkretes legitimes Ziel angesehen werden.[66] Ebenso konkretisiert **Buchst. a** die „legitimen Ziele" i.S.d. UAbs. 1[67] und ist die insofern speziellere Norm.[68]

6.32 Der **EuGH** spricht davon, dass in UAbs. 2 „mehrere Beispiele von Ungleichbehandlungen aufgeführt [werden], die die in [UAbs.] 1 genannten Merkmale aufweisen"[69] oder dass die Ungleichbehandlungen nach UAbs. 2 „grundsätzlich als [...] durch ein legitimes Ziel gerechtfertigt anzusehen sind"[70]. Damit ist jedoch nicht gemeint, dass Ungleichbehandlungen, die unter UAbs. 2 fallen, auf jeden Fall i.S.d. UAbs. 1 gerechtfertigt sind.[71] Vielmehr ist unter den „in [UAbs.] 1 genannten Merkmale[n]" nur „objektiv und angemessen" und das „legitime[...] Ziel" zu verstehen.[72] **Angemessenheit und Erforderlichkeit** gem. UAbs. 1 müssen auch bei Ungleichbehandlungen, die unter UAbs. 2 fallen, geprüft werden.[73] Das gebieten auch die primärrechtlichen Vorgaben der Art. 21 Abs. 1, 52 Abs. 1 Satz 2 GrC. Zumindest jedoch das **legitime Ziel** i.S.d. UAbs. 1 ist für den EuGH **durch UAbs. 2 indiziert**.[74]

6.33 Nach dem (deutschen) Wortlaut des Art. 6 Abs. 1 UAbs. 1 Gleichb-RL können lediglich Ungleichbehandlungen gerechtfertigt sein, die **„objektiv und angemessen"** sind. Diese Wendung findet sich in Art. 2 Abs. 2 Buchst. b Nr. i Gleichb-RL nicht wieder, obwohl dieser allgemeine Rechtfertigungstatbestand einer mittelbaren Diskriminierung genauso aufgebaut ist. Ein weiterer sprachlicher Unterschied ist, dass in Art. 2 Abs. 2 Buchst. b Nr. i Gleichb-RL von einem „rechtmäßigen", in Art. 6 Abs. 1 UAbs. 1 Gleichb-RL von einem „legitimen Ziel" die Rede ist. Diese sprachliche bedeutet jedoch keine inhaltliche Differenzierung. Vorschriften des Unionsrechts müssen „im Lichte aller Sprachfassungen einheitlich ausgelegt [...] werden"[75] (vgl. Rz. 1.85 ff.). In der englischen als auch in der französischen Fassung ist der sprachliche Unterschied zwischen Art. 2 Abs. 2 Buchst. b und Art. 6 Abs. 1 UAbs. 1 Gleichb-RL wesentlich kleiner. So muss das Ziel der Ungleichbehandlung in beiden Normen „legitimate" bzw. „légitime" sein, was sich im Deutschen sowohl mit „rechtmäßig" als auch mit „legitim" übersetzen lässt. Wie im Deutschen besteht aber auch innerhalb der englischen und der französischen Fassung ein sprachlicher Unterschied zwischen Art. 2 Abs. 2 Buchst. b Nr. i und Art. 6 Abs. 1 Gleichb-RL: So müssen die Ungleichbehandlungen gem. Art. 2 Abs. 2 Buchst. b Nr. i Gleichb-RL lediglich „objectively justified" bzw. „objectivement justifié", gem. Art. 6 Abs. 1 Gleichb-RL aber „objectively *and reasonably* justified" bzw. „objectivement *et raisonnablement* justifié" sein.[76] Somit kommt der zusätzlichen Abweichung in der deut-

---

66 Vgl. *Schmidt/Senne*, RdA 2002, 80 (88).
67 *Schmidt/Senne*, RdA 2002, 80 (85); für den gleichlautenden § 10 Satz 3 Nr. 1 AGG *Kamanabrou*, RdA 2006, 321 (330); a.A. *Groß*, Die Rechtfertigung einer Altersdiskriminierung auf der Grundlage der Richtlinie 2000/78/EG, S. 71.
68 Vgl. *Brors*, RdA 2012, 346, 349, die den Ausdruck „Regelbeispiel" benutzt und sich damit zwar auf „Abs. 1c)" bezieht, aber wohl Buchst. a meint.
69 EuGH v. 12.10.2010 – C-45/09 – Rosenbladt, Slg. 2010, I-9391 Rz. 38 = ArbRB 2010, 327 = NZA 2010, 1167.
70 EuGH v. 5.3.2009 – C-388/07 – Age Concern England, Slg. 2009, I-1569 Rz. 61 = ArbRB 2009, 97 = NZA 2009, 305.
71 Unklar ist der in der Literatur verwendete Ausdruck „Wegweisung", s. etwa *Bauer/Krieger/Günther*, § 10 AGG Rz. 12; EUArbR/*Mohr*, Art. 6 RL 2000/78/EG, Rz. 41.
72 Vgl. auch EuGH v. 26.9.2013 – C-546/11 – Dansk Jurist- og Økonomforbund, NVwZ 2013, 1401 Rz. 52 f.
73 S. nur EuGH v. 12.10.2010 – C-499/08 – Andersen, Slg. 2010, I-9371 Rz. 32 ff. = ArbRB 2010, 327 = NZA 2010, 1341; *Schmidt/Senne*, RdA 2002, 80 (85); *Thüsing*, ZfA 2001, 397 (409).
74 Vgl. EuGH v. 18.6.2009 – C-88/08 – Hütter, Slg. 2009, I-5325 Rz. 42 = ArbRB 2009, 286 = NZA 2009, 891; v. 12.10.2010 – C-499/08 – Andersen, Slg. 2010, I-9371 Rz. 31 = ArbRB 2010, 327 = NZA 2010, 1341.
75 EuGH v. 26.9.2013 – C-476/11 – Kristensen/Experian, EuZW 2013, 951 Rz. 42.
76 Hervorhebungen diesseits.

schen Fassung zwischen „*sachlich* gerechtfertigt" und „*objektiv* und angemessen"[77] offenbar keine rechtliche Bedeutung zu und beide Ausdrücke entsprechen „objectively" bzw. „objectivement". Es bleibt die Frage übrig, ob das zusätzliche Tatbestandsmerkmal des Art. 6 Abs. 1 Gleichb-RL, wonach die Ungleichbehandlung „angemessen" oder „reasonably justified" bzw. „raisonnablement justifié" sein muss, einen anderen Prüfungsmaßstab als den des Art. 2 Abs. 2 Buchst. b Nr. i Gleichb-RL begründen soll. Dies ist angesichts der weiteren Voraussetzungen, die Art. 6 Abs. 1 Gleichb-RL verlangt, um eine Ungleichbehandlung zu rechtfertigen, zu bezweifeln. Es lässt sich schwerlich ein Fall konstruieren, in dem eine „objektive" Ungleichbehandlung, die einem „legitime[n] Ziel" dient und „zur Erreichung dieses Ziels angemessen und erforderlich" ist, nicht auch „angemessen" ist. So hat auch der EuGH in der Sache *Age Concern England* argumentiert.[78] Dem Umstand, dass dieser Ausdruck nur in Art. 6 Abs. 1 Gleichb-RL enthalten ist, sei somit keine besondere Bedeutung beizumessen.[79]

Die wichtigste Voraussetzung des Art. 6 Abs. 1 Gleichb-RL sind **Angemessenheit und Erforderlichkeit**. Bei diesem Kriterium betont der EuGH wiederholt den weiten **Ermessensspielraum**, den die Mitgliedstaaten bei der Auswahl der Mittel haben, mit denen sie ihre legitimen Ziele erreichen wollen.[80]

6.34

Unter dem Begriffspaar „angemessen und erforderlich" prüft der EuGH auch die **Geeignetheit der Maßnahme**, wobei er sich damit zufrieden gibt, wenn sie „nicht offensichtlich ungeeignet" ist.[81] Dieser Maßstab entspricht der Vorstellung, dass die Mitgliedstaaten einen weiten Gestaltungsspielraum auch bei der Wahl der geeigneten Maßnahmen haben.

6.35

Die entscheidende Prüfung entfaltet sich beim Tatbestandsmerkmal der **Erforderlichkeit**. Hier nimmt der EuGH – zumindest nach eigener Darstellung – eine **Abwägung zwischen den Interessen** der von der Ungleichbehandlung betroffenen Arbeitnehmer und dem Interesse der Mitgliedstaaten, seine (legitimen) Ziele zu erreichen, vor.

6.36

Der EuGH hat bisher **keine einheitliche Linie bei der Prüfungsintensität** gefunden. Legendär und exemplarisch sind die unterschiedlichen Maßstäbe in den Rechtssachen *Mangold*[82] und *Palacios de la Villa*[83]. Bereits im *Mangold*-Urteil hielt der EuGH alle Obersätze vor, die nahezu beliebig eine strenge und eine weniger strenge Linie ermöglichen. Einerseits sollen zwar die Mitgliedstaaten einen weiten Ermessensspielraum bei der Ausgestaltung altersdifferenzierender Regelungen genießen,[84] was der EuGH bis heute stets betont. Andererseits erklärte der Gerichtshof dennoch die **schrankenlose Befristungsmöglichkeit** älterer Arbeitnehmer für unanwendbar, da sie über das hinausgehe, was zur Erreichung des verfolgten Ziels angemessen und erforderlich sei.[85] Hingegen

6.37

---

77 Hervorhebungen diesseits.
78 EuGH v. 5.3.2009 – C-388/07 – Age Concern England, Slg. 2009, I-1569 Rz. 65 = ArbRB 2009, 97 = NZA 2009, 305.
79 EuGH v. 5.3.2009 – C-388/07 – Age Concern England, Slg. 2009, I-1569 Rz. 65 = ArbRB 2009, 97 = NZA 2009, 305; polemische Kritik von *Schmitz-Scholemann/Brune*, RdA 2011, 129 (130).
80 S. nur EuGH v. 22.11.2005 – C-144/04 – Mangold, Slg. 2005, I-9981 Rz. 63 = ArbRB 2006, 3 = NZA 2005, 1345; v. 16.10.2007 – C-411/05 – Palacios de la Villa, Slg. 2007, I-8531 Rz. 68 = ArbRB 2007, 350 = NZA 2007, 1219; v. 18.6.2009 – C-88/08 – Hütter, Slg. 2009, I-5325 Rz. 45 = ArbRB 2009, 286 = NZA 2009, 891.
81 S. nur EuGH v. 12.10.2010 – C-499/08 – Andersen, Slg. 2010, I-9371 Rz. 35 = ArbRB 2010, 327 = NZA 2010, 1341.
82 EuGH v. 22.11.2005 – C-144/04 – Mangold, Slg. 2005, I-9981 = ArbRB 2006, 3 = NZA 2005, 1345; zur Rezeption in Deutschland *Kaiser*, Tarifverträge und Altersdiskriminierungsschutz, S. 38 ff.
83 EuGH v. 16.10.2007 – C-411/05 – Palacios de la Villa, Slg. 2007, I-8531 = ArbRB 2007, 350 = NZA 2007, 1219.
84 EuGH v. 22.11.2005 – C-144/04 – Mangold, Slg. 2005, I-9981 Rz. 63 = ArbRB 2006, 3 = NZA 2005, 1345.
85 EuGH v. 22.11.2005 – C-144/04 – Mangold, Slg. 2005, I-9981 Rz. 65 = ArbRB 2006, 3 = NZA 2005, 1345.

hielt er in dem Urteil *Palacios de la Villa* eine tarifliche allgemeine Altersgrenze von 65 Jahren für angemessen und erforderlich, weil die Annahme, damit das Ziel Vollbeschäftigung mit einem besseren Zugang zum Arbeitsmarkt zu fördern, *nicht unvernünftig"* erscheine.[86] Die fragwürdigen volkswirtschaftlichen Annahmen, die den legitimen Zielen von allgemeinen Altersgrenzen zugrunde liegen sollen, übernahm er unkritisch und billigte, dass ältere Arbeitnehmer zwangsweise aus dem Arbeitsmarkt herausgedrängt werden. Der EuGH betont in *Palacios de la Villa* stark den **Spielraum der Mitgliedstaaten**: „Es ist somit Sache der zuständigen Stellen der Mitgliedstaaten, einen gerechten Ausgleich zwischen den verschiedenen widerstreitenden Interessen zu finden."[87]

6.38 Die Entscheidungen sind in Bezug auf die richterliche Kontrolldichte **widersprüchlich**.[88] Die am meisten wegen des Alters diskriminierende Klausel im Arbeitsrecht – eine allgemeine Altersgrenze[89] – ist unionsrechtskonform, selbst wenn der Arbeitnehmer durch eine Regelaltersrente nicht angemessen abgesichert ist. Die Möglichkeit, unbegrenzt befristete Arbeitsverhältnisse mit Arbeitnehmern abzuschließen, die 52 Jahre oder älter sind, diskriminierte dagegen unverhältnismäßig wegen des Lebensalters. Es gelang nicht, darzulegen, dass trotz signifikanter Korrelation die Festlegung der Altersgrenze 52 Jahre als solche unabhängig von anderen Erwägungen im Zusammenhang mit der Struktur des jeweiligen Arbeitsmarktes und der persönlichen Situation des oder der Betroffenen zur Erreichung des Zieles der beruflichen Eingliederung arbeitsloser älterer Arbeitnehmer objektiv erforderlich war.[90] Mit dem in der Entscheidung *Palacios de la Villa* angewandten Willkürmaßstab wäre die schrankenlose Erlaubnis befristeter Arbeitsverhältnisse gerechtfertigt gewesen. Mit der im *Mangold*-Urteil angewandten strengen Verhältnismäßigkeitsprüfung wären allgemeine Altersgrenzen nicht erforderlich gewesen, weil zumindest flexible Altersgrenzen in Betracht kommen.[91]

6.39 Seither fährt der EuGH bis heute „**Schlangenlinien**"[92], was nicht zuletzt das Urteil in der Rechtssache *Abercrombie & Fitch Italia*[93] zeigt: Dort akzeptierte der EuGH eine italienische Regelung, die **befristete Gelegenheitsarbeitsverträge** mit unter 25-Jährigen[94] erlaubt. Diese Arbeitsverträge enden entweder mit Ablauf der vereinbarten Dauer oder automatisch mit Vollendung des 25. Lebensjahres. Der EuGH folgte ohne Weiteres dem Vorbringen der italienischen Regierung, wonach die Gelegenheitsarbeitsverträge mit der Altersgrenze 25 Jahre angesichts der hohen Jugendarbeitslosigkeit in Italien angemessen und erforderlich seien, um jungen Arbeitssuchenden erste Berufserfahrung zu ermöglichen.[95] Dieser Maßstab des EuGH ist wesentlich großzügiger als in der *Mangold*-Entscheidung. Damals hatte das Gericht bemängelt, dass eine pauschale Alters(unter)grenze Befristungen ermöglichte, ohne dass die Struktur des jeweiligen Arbeitsmarktes und die jeweilige Situation der Betroffenen eine Rolle spielte.[96] Zudem beendet die Altersgrenze von 25 Jahren die Gelegenheitsarbeitsverträge automatisch, ohne dass es darauf ankommt, ob und wie die Arbeitnehmer finanziell abgesichert sind, etwa durch staatliche Transferleistungen oder einen Anschlussjob.

---

86 EuGH v. 16.10.2007 – C-411/05 – Palacios de la Villa, Slg. 2007, I-8531 Rz. 72 = ArbRB 2007, 350 = NZA 2007, 1219; Anm. *Kocher*, RdA 2008, 238 und *Kamanabrou*, EuZA 2008, 251.
87 EuGH v. 16.10.2007 – C-411/05 – Palacios de la Villa, Slg. 2007, I-8531 Rz. 71 = ArbRB 2007, 350 = NZA 2007, 1219.
88 *Temming*, Altersdiskriminierung im Arbeitsleben, S. 506.
89 Ebenso *Meenan*, Maastricht Journal of European and Comparative Law 2003, 9 (15) und *Waas*, EuZW 2007, 359.
90 Vgl. EuGH v. 22.11.2005 – C-144/04 – Mangold, Slg. 2005, I-9981 Rz. 64 = ArbRB 2006, 3 = NZA 2005, 1345.
91 *Preis*, NZA 2010, 1323 (1327).
92 Vgl. *Preis*, NZA 2010, 1323.
93 EuGH v. 19.7.2017 – C-143/16 – Abercrombie & Fitch Italia Srl, NZA 2017, 1247.
94 Ebenso mit über 55-Jährigen, was nicht Gegenstand des Verfahrens war.
95 EuGH v. 19.7.2017 – C-143/16 – Abercrombie & Fitch Italia Srl, NZA 2017, 1247 Rz. 42 ff.
96 EuGH v. 22.11.2005 – C-144/04 – Mangold, Slg. 2005, I-9981 Rz. 65 = ArbRB 2006, 3 = NZA 2005, 1345.

Bei anderen Altersgrenzen war das für den EuGH jedenfalls ein Abwägungstopos. Das Gericht legt an die Rechtfertigung einer Benachteiligung wegen des Alters offenbar **changierende Maßstäbe** an und macht die jeweilige Prüfungsdichte von der konkret in Rede stehenden Sachfrage und der Lage auf dem Arbeitsmarkt abhängig.

Allergisch reagiert der EuGH allerdings auf **innere Widersprüche**. Dann wird die Legitimität des Ziels der jeweils altersdifferenzierenden Maßnahme kritisch hinterfragt und auf ihre **Kohärenz** kontrolliert.[97] Auch wenn der arbeitsrechtliche Schutz zu Lasten bestimmter Arbeitnehmergruppen abgesenkt wird, werden altersdifferenzierende Vorschriften besonders streng geprüft.[98] Dagegen scheint der EuGH bei homogenen Altersgrenzen, die als generelles Prinzip gelten, den Handlungsspielraum der Mitgliedstaaten besonders großzügig anerkennen zu wollen.[99] In der Rechtssache *Age Concern England* allerdings führte der EuGH trotz Billigung allgemeiner Altersgrenzen aus, dass das **Verbot der Altersdiskriminierung nicht ausgehöhlt werden dürfe** und allgemeine Behauptungen über die Geeignetheit einer Maßnahme nicht genügten.[100]

6.40

Bei aller berechtigten Kritik am EuGH ist jedoch offen, ob eine stringente Dogmatik angesichts der Abwägung, die den Kern einer Verhältnismäßigkeitsprüfung bildet, überhaupt möglich ist und in Art. 6 Abs. 1 Gleichb-RL nicht ohnehin eine **Einzelfallprüfung** angelegt ist. Nichtsdestotrotz trägt der Gerichtshof mit seiner wechselnden Prüfungsintensität zur **Rechtsunsicherheit** bei.

6.41

Es bietet sich zur Systematisierung an, anhand der einzelnen Ausprägungen, in denen Ungleichbehandlungen wegen des Alters im Rahmen eines Arbeitsverhältnisses typischerweise vorkommen, Fallgruppen zu bilden (vgl. Rz. 6.60 ff.).

6.42

4. Art. 6 Abs. 2 Gleichb-RL

Diese Norm ermöglicht es den Mitgliedstaaten, vorzusehen, dass bestimmte Altersgrenzen in „**betrieblichen Systemen der sozialen Sicherheit**" etwa für den Bezug von Altersrente oder Leistungen bei Berufsunfähigkeit keine Diskriminierungen wegen des Alters darstellen.

6.43

Nach seinem bekannten Diktum in den Obersätzen legt der EuGH auch diese Vorschrift als **Ausnahmeregel** zum Verbot der Altersdiskriminierung eng aus.[101]

6.44

Allerdings gibt die **Rechtsprechung des Gerichtshofs** hierzu kein einheitliches Bild ab: Zwar führt der EuGH durchgängig aus, dass die Vorschrift nicht für alle betrieblichen Systeme der sozialen Sicherheit gilt, sondern nur für die ausdrücklich aufgeführten, die gerade die Risiken von Alter und Invalidität abdecken.[102] Auch finde die Vorschrift nicht auf alle altersdifferenzierenden Regelungen dieser Systeme Anwendung, sondern ebenfalls nur auf die in Art. 6 Abs. 2 Gleichb-RL

6.45

---

97 EuGH v. 18.6.2009 – C-88/08 – Hütter, Slg. 2009, I-5325 Rz. 46 ff. = ArbRB 2009, 286 = NZA 2009, 891; v. 12.10.2010 – C-499/08 – Andersen, Slg. 2010, I-9371 Rz. 41 ff. = ArbRB 2010, 327 = NZA 2010, 1341; v. 19.1.2010 – C-555/07 – Kücükdeveci, Slg. 2010, I-365 Rz. 39 ff. = ArbRB 2010, 35 = NZA 2010, 85; v. 5.7.2017 – C-190/16 – Fries, NZA 2017, 897 Rz. 48; Anm. *Sagan*, EuZW 2017, 734.
98 Näher *Preis*, NZA 2010, 1323.
99 Vgl. *Bauer/v. Medem*, NZA 2012, 945 (945).
100 EuGH v. 5.3.2009 – C-388/07 – Age Concern England, Slg. 2009, I-1569 Rz. 51 = ArbRB 2009, 97 = NZA 2009, 305; Anm. *Sagan*, ZESAR 2009, 506.
101 EuGH v. 26.9.2013 – C-476/11 – Kristensen/Experian, EuZW 2013, 951 Rz. 46; v. 26.9.2013 – C-546/11 – Dansk Jurist- og Økonomforbund, NVwZ 2013, 1401 Rz. 41; *Ulber*, EuZA 2014, 202 (207).
102 EuGH v. 26.9.2013 – C-476/11 – Kristensen/Experian, EuZW 2013, 951 Rz. 48; v. 26.9.2013 – C-546/11 – Dansk Jurist- og Økonomforbund, NVwZ 2013, 1401 Rz. 43; v. 16.6.2016 – C-159/15 – Lesar, ArbRB 2016, 204 = NZA 2016, 879 Rz. 25; v. 24.11.2016 – C-443/15 – Parris, NZA 2017, 233 Rz. 71; *Ulber*, EuZA 2014, 202 (208).

ausdrücklich genannten,[103] also auf **drei Fallgruppen**[104]: Altersgrenzen als Voraussetzung für die Mitgliedschaft in dem System (1), Altersgrenzen als Voraussetzung für den Bezug von Altersrente oder Leistungen bei Invalidität (2) und Alterskriterien für versicherungsmathematische Berechnungen (3). Die Norm eröffnet demnach eben **keinen weiten Spielraum** für jegliche Altersgrenzen in einem betrieblichen System der sozialen Sicherheit.[105] Das gilt offensichtlich auch für Regelungen, die weniger stark wegen des Alters differenzieren als die genannten Altersgrenzen.[106] Nach diesen Grundsätzen hatte der EuGH es abgelehnt, die Altersstaffelung der Beiträge zu einem – von Art. 6 Abs. 2 Gleichb-RL grundsätzlich erfassten – System der betrieblichen Altersversorgung über Art. 6 Abs. 2 Gleichb-RL zu rechtfertigen, da diese Altersdifferenzierung nicht unter eine der drei Fallgruppen fiel.[107] Die Staffelung konnte höchstens nach Art. 6 Abs. 1 Gleichb-RL gerechtfertigt sein.[108]

6.46 Konträr zu dieser engen Auslegung hat der EuGH trotz gleichbleibender Obersätze in der **Rechtssache Parris**[109] eine sog. **Spätehenklausel** in einem irischen System der betrieblichen Altersversorgung über Art. 6 Abs. 2 Gleichb-RL gerechtfertigt. Nach der Klausel erhielt der Lebens- oder Ehepartner des Versorgungsberechtigten im Falle von dessen Tod lediglich dann eine Hinterbliebenenrente, sofern die Lebenspartnerschaft (oder Ehe) vor Vollendung des 60. Lebensjahres des Versorgungsberechtigten geschlossen worden war. Der EuGH hat diese Klausel kurzerhand und ohne weitere Begründung als Altersgrenze für eine „Altersrente" angesehen und daher Art. 6 Abs. 2 Gleichb-RL angewandt.[110] Das widerspricht dem Wortlaut des Art. 6 Abs. 2 Gleichb-RL, der Altersgrenzen lediglich als Voraussetzung für den Bezug von *Altersrente* oder Leistungen bei *Invalidität* erlaubt und eben nicht auch für eine Hinterbliebenenrente. Bei einer engen Auslegung der Vorschrift dürften Spätehenklauseln daher nicht unter Art. 6 Abs. 2 Gleichb-RL fallen,[111] wie auch GAin *Kokott* zuvor plädiert hatte[112]. Wie sehr der EuGH durch solch divergierende Prüfungsmaßstäbe und knapp begründete Urteile zur **Rechtsunsicherheit** beiträgt, zeigt sich an der davon beeinflussten neueren Rechtsprechung des BAG zu deutschen Spätehenklauseln (vgl. Rz. 6.145).

6.47 Der EuGH nimmt im Rahmen des Art. 6 Abs. 2 Gleichb-RL keine über den Wortlaut der Vorschrift hinausgehende **Verhältnismäßigkeitsprüfung** vergleichbar mit der des Art. 6 Abs. 1 Gleichb-RL vor.[113] Dies ist angesichts des **primärrechtlichen Verbotes der Altersdiskriminierung** gem. Art. 21 Abs. 1 GRC mit Rücksicht auf den Grundsatz des Art. 52 Abs. 1 Satz 2 GRC unabhängig von Gesetzgebungsgeschichte und Systematik der Gleichbehandlungsrahmenrichtlinie[114] **bedenklich**,[115]

---

103 EuGH v. 26.9.2013 – C-476/11 – Kristensen/Experian, EuZW 2013, 951 Rz. 52; v. 16.6.2016 – C-159/15 – Lesar, ArbRB 2016, 204 = NZA 2016, 879 Rz. 25; v. 24.11.2016 – C-443/15 – Parris, NZA 2017, 233 Rz. 71.
104 So auch GAin *Kokott* v. 30.6.2016 – C-443/15 – Parris, NZA 2017, 233 Rz. 123.
105 So jedoch BAG v. 28.5.2013 – 3 AZR 635/11, DB 2013, 1973 Rz. 17 a.E.; v. 15.10.2013 – 3 AZR 10/12, NZA-RR 2014, 87 Rz. 31 a.E.
106 Vgl. EuGH v. 26.9.2013 – C-476/11 – Kristensen/Experian, EuZW 2013, 951 Rz. 52; s. auch *Ulber*, EuZA 2014, 202 (208 f.).
107 EuGH v. 26.9.2013 – C-476/11 – Kristensen/Experian, EuZW 2013, 951 Rz. 49 ff.
108 Vgl. EuGH v. 26.9.2013 – C-476/11 – Kristensen/Experian, EuZW 2013, 951 Rz. 55 ff.
109 EuGH v. 24.11.2016 – C-443/15 – Parris, NZA 2017, 233.
110 EuGH v. 24.11.2016 – C-443/15 – Parris, NZA 2017, 233 Rz. 74 f.
111 So auch BAG v. 4.8.2015 – 3 AZR 137/13, NZA 2015, 1447 Rz. 50 f.; anders bereits BVerwG v. 27.5.2009 – 8 CN 1/09, NJW 2009, 3316 Rz. 32; ohne ausf. Begründung dem EuGH wohl zust. *Schiek*, EuZA 2017, 407 (412 f.).
112 GAin *Kokott* v. 30.6.2016 – C-443/15 – Parris, NZA 2017, 233 Rz. 124 ff.
113 Arg. ex EuGH v. 16.6.2016 – C-159/15 – Lesar, ArbRB 2016, 204 = NZA 2016, 879 Rz. 31 f.; v. 24.11.2016 – C-443/15 – Parris, NZA 2017, 233 Rz. 75 f.; ebenso bereits *Kamanabrou*, RdA 2006, 321 (332); *Schmidt/Senne*, RdA 2002, 80 (85); *Senne*, Auswirkungen des europäischen Verbots der Altersdiskriminierung auf das deutsche Arbeitsrecht, S. 165; *Mohr*, Schutz vor Diskriminierungen im Europäischen Arbeitsrecht, S. 280.
114 Vgl. dazu GAin *Kokott* v. 7.2.2013 – C-476/11 – Kristensen/Experian, EuZW 2013, 951 Rz. 46 ff.
115 *Preis*, BetrAV 2010, 513 (514).

umso mehr, sollte der EuGH den Anwendungsbereich der Norm im Anschluss an die Rechtssache *Parris* weiter ausweiten (vgl. Rz. 6.46). Denn so stellt Art. 6 Abs. 2 Gleichb-RL eine Erlaubnisnorm dar, die die aufgeführten Altersgrenzen zulässt, ohne dass sie einem legitimen Ziel dienen, erforderlich und angemessen sein müssen. Das lässt sich nur schwer mit Art. 21 Abs. 1, 52 Abs. 1 Satz 2 GRC in Einklang bringen.[116]

5. Deutsche Umsetzung

In der Rechtfertigungsnorm des **§ 10 AGG** sind alle speziellen Ausnahmetatbestände zusammengefasst, die die Gleichbehandlungsrahmenrichtlinie für Ungleichbehandlungen wegen des Alters vorsieht. Der deutsche Gesetzgeber hat somit darauf verzichtet, einzelne altersdiskriminierende Regelungen im Arbeitsrecht den unionsrechtlichen Vorgaben anzupassen.[117] Dadurch hat er die Gleichb-RL gerade **nicht *umgesetzt*,**[118] sondern lediglich ***abgeschrieben*.**[119] Das sollte nach Ansicht der damaligen Bundesregierung eine flexible Handhabung ermöglichen,[120] zeugt jedoch eher von **mangelndem Gestaltungswillen** und mangelndem rechtstechnischen Verständnis. An § 10 AGG sind nur einzel- und kollektivvertragliche Vereinbarungen zu messen.[121] Einfache Bundesgesetze hingegen stehen mit dem AGG auf derselben Rechtsquellenebene, auf sie findet die Gleichb-RL direkte Anwendung.

6.48

§ 10 Satz 1 und 2 AGG entsprechen weitgehend Art. 6 Abs. 1 UAbs. 1 Gleichb-RL. So ist eine unterschiedliche Behandlung wegen des Alters lediglich zulässig, wenn sie einem **legitimen Ziel** dient. An diesem Tatbestandsmerkmal entfaltet sich die ganze **Problematik**, die der Gesetzgeber ausgelöst hat, indem er den Richtlinientext übernommen hat. Nach der Konkretisierung des Art. 6 Abs. 1 Gleichb-RL in der Rechtsprechung des EuGH können nur **sozialpolitische Ziele** legitim sein (vgl. Rz. 6.27). Der nationale Gesetzgeber bzw. die dazu ermächtigten Tarifvertragsparteien oder Betriebspartner dürfen nach der Richtlinie lediglich dann Ausnahmen vom Verbot der Altersdiskriminierung zulassen, wenn sie damit ein sozialpolitisches Ziel verfolgen. Das setzt jedoch voraus, dass einzelne Ausnahmetatbestände vorhanden sind oder geschaffen werden, bei denen das Ziel überprüft werden kann.[122] Stattdessen hat der deutsche Gesetzgeber die unionsrechtliche „**Generalklausel**"[123] in § 10 Satz 1 und 2 AGG übernommen. Einzel- oder kollektivvertragliche Abreden, die eine Ungleichbehandlung wegen des Alters beinhalten, müssen somit gem. § 10 Satz 1 AGG einem legitimen Ziel dienen. Legitim können nach der Gesetzesbegründung *auch* Ziele sein, „die über die Situation eines einzelnen Unternehmens oder einer Branche hinausgehen und von allgemeinem Interesse sind"[124]. Daraus folgt im Umkehrschluss, dass der Gesetzgeber auch **private Ziele zulassen wollte**. Nun könnte man annehmen, dass dies Art. 6 Gleichb-RL widerspricht, nach dem in der Auslegung durch den EuGH nur sozialpolitische Ziele legitim sein können. Aber wie soll ein privater Arbeitgeber etwa mit der Gestaltung seiner Arbeitsverträge sozialpolitische Ziele oder Gemeinwohlziele verfolgen?[125] Er mag im Einzelfall altruistische Ziele haben, sein **Wirkungskreis** ist aber doch **auf seinen Betrieb oder sein Unternehmen beschränkt**. In dieser Konkretisierung könnte keine altersdifferenzierende Regelung nach § 10 Satz 1 und 2 AGG gerechtfertigt werden; die Norm hätte keinen Anwendungsbereich. Diese Auslegung ist somit nicht überzeugend und sie wird von der Gleichb-RL auch

6.49

---

116 Zweifelnd auch GAin *Kokott* v. 7.2.2013 – C-476/11 – Kristensen/Experian, EuZW 2013, 951 Rz. 50.
117 Däubler/Bertzbach/*Brors*, § 10 AGG Rz. 4; für eine „spezifische Umsetzung" auch *Schiek*, NZA 2004, 873 (878).
118 So jedoch BT-Drucks. 16/1780, S. 36.
119 Kritisch auch Däubler/Bertzbach/*Brors*, § 10 AGG Rz. 2.
120 BT-Drucks. 16/1780, S. 36.
121 Vgl. BT-Drucks. 16/1780, S. 36; *Temming*, Altersdiskriminierung im Altersleben, S. 12 f.
122 A.A. *Mohr*, RdA 2017, 35 (40).
123 BT-Drucks. 16/1780, S. 36.
124 BT-Drucks. 16/1780, S. 36.
125 Krit. auch Däubler/Bertzbach/*Brors*, § 10 AGG Rz. 15.

nicht vorgeschrieben.[126] **Es ist in diesem Zusammenhang nicht Aufgabe privater Arbeitgeber, Gemeinwohlziele zu verfolgen**,[127] dies ist primär Sache staatlicher Institutionen, etwa des Gesetzgebers[128]. Dieser muss entscheiden, welche Verhaltensweisen er zulässt, um diese Ziele zu erreichen, was der deutsche Gesetzgeber nicht getan hat. In der Begründung zum Entwurf des AGG heißt es dazu lediglich, die Legitimität des Ziels sei unter Berücksichtigung der fachlich-beruflichen Zusammenhänge aus Sicht des Arbeitgebers oder der Tarifvertragsparteien zu beurteilen.[129] Der deutsche Gesetzgeber hat offensichtlich verkannt oder ignoriert, dass sich die Voraussetzungen in Art. 6 Abs. 1 Gleichb-RL an ihn selbst richten[130] und eine Generalklausel wie § 10 Satz 1 und 2 AGG **keine zulässige Umsetzung** des Art. 6 Abs. 1 Gleichb-RL ist[131]. Die Norm verfolgt gerade keine erkennbaren sozialpolitischen Ziele, wie Art. 6 Abs. 1 Gleichb-RL es verlangt.[132] Das bedeutet auch, dass die **Rechtsprechung des EuGH** zu den zulässigen Zielen im Rahmen des Art. 6 Abs. 1 Gleichb-RL **nicht** direkt auf § 10 Satz 1 AGG **übertragen werden kann**. In welch missliche Lage der Gesetzgeber mit der misslungenen „Umsetzung" insb. die ArbG gebracht hat, zeigt das Beispiel der altersdiskriminierenden Kündigung außerhalb des Anwendungsbereich des KSchG (vgl. Rz. 6.75).

6.50 Die deutsche Gesetzeslage widerspricht nach hier vertretener Ansicht den Vorgaben der Gleichbehandlungsrahmenrichtlinie, insbesondere Art. 6 Abs. 1 Gleichb-RL. Eine behelfsmäßige **Lösung für den Rechtsanwender** kann folgende hypothetische Überlegung sein: Würde eine einfachgesetzliche Norm, die allgemein individualvertragliche Ungleichbehandlungen wegen des Alters wie die zu prüfende erlaubt, einem legitimen – also sozialpolitischen – Ziel i.S.d. Art. 6 Abs. 1 Gleichb-RL dienen? Das wäre für die ArbG ein Weg, trotz des unzulänglichen § 10 Satz 1 und 2 AGG eine einigermaßen **unionrechtskonforme Rechtslage** herzustellen. Diese extensive richterliche Rechtsfortbildung ließe sich damit legitimieren, dass der Gesetzgeber offensichtlich den Spielraum, den Art. 6 Gleichb-RL Altersdiskriminierungen zulässt, voll ausschöpfen wollte. § 10 Satz 1 und 2 AGG überlassen es den Gerichten, die unbestimmten Rechtsbegriffe auszugestalten. Zudem trifft die Pflicht zur Richtlinienumsetzung aus Art. 288 Abs. 3 AEUV auch die nationalen Gerichte in Form der Pflicht zur richtlinienkonformen Auslegung (vgl. Rz. 1.142 ff.).

6.51 Das **BAG** akzeptiert entsprechend der Gesetzesbegründung auch betriebs- und unternehmensbezogene Interessen als legitim i.S.d. § 10 Satz 1 AGG, wobei es sich nicht um gesetzlich anerkannte Interessen handeln müsse.[133]

6.52 **§ 10 Satz 3 AGG** übernimmt die Regelungstechnik des Art. 6 Abs. 1 UAbs. 2 Gleichb-RL (vgl. Rz. 6.29 ff.). Dabei entsprechen **Nr. 1 bis 3** wörtlich Art. 6 Abs. 1 UAbs. 2 Buchst. a bis c Gleichb-RL; der Gesetzgeber bezeichnet sie als „**Regelbeispiele**".[134] Nach hier vertretener Ansicht normiert lediglich Art. 6 Abs. 1 UAbs. 2 Buchst. a Gleichb-RL ein spezielles legitimes Ziel.[135] Allerdings steht der Gesetzesanwender hier vor demselben Problem wie bei der Generalklausel

---

126 *Sagan*, ZESAR 2009, 506 (507).
127 Ähnl. BAG v. 25.10.2017 – 7 AZR 632/15, NZA 2018, 507 Rz. 48.
128 Ähnl. Staudinger/*Senne*, § 10 AGG Rz. 10; BeckOK ArbR/*Roloff*, § 10 AGG Rz. 3 f.
129 BT-Drucks. 16/1780, S. 36.
130 So – vor der Einführung des AGG – auch *Wiedemann/Thüsing*, NZA 2002, 1234 (1237).
131 *Wiedemann/Thüsing*, NZA 2002, 1234 (1238); *Senne*, Auswirkungen des europäischen Verbots der Altersdiskriminierung auf das deutsche Arbeitsrecht, S. 190, wiederum bereits vor Einführung des AGG; kritisch auch *Kamanabrou*, RdA 2006, 321 (330), die im Rahmen des Art. 6 Abs. 1 Gleichb-RL jedoch auch private Ziele als zulässig ansieht, die der Gesetzgeber nicht definieren könne; zweifelnd *Löwisch*, DB 2006, 1729 (1730).
132 A.A. *Mohr*, RdA 2017, 35 (39).
133 BAG v. 22.1.2009 – 8 AZR 906/07, ArbRB 2009, 290 = NZA 2009, 945 Rz. 53; v. 24.1.2013 – 8 AZR 429/11, ArbRB 2013, 136 = NZA 2013, 498 Rz. 45.
134 BT-Drucks. 16/1780, S. 36, zumindest bezogen auf die Nr. 1 bis 4; s. auch *Bauer/Krieger/Günther*, § 10 AGG Rz. 11.
135 So auch BT-Drucks. 16/1780, S. 36; *Kamanabrou*, RdA 2006, 321 (330), die jedoch auch Nr. 3 als Konkretisierung ansieht.

des § 10 Satz 1 und 2 AGG. Auch bei den „Regelbeispielen" hat der Gesetzgeber eine Norm aus der Richtlinie **kopiert**, die sich tatsächlich an ihn selbst richtet. Art. 6 Abs. 1 UAbs. 2 Buchst. a Gleichb-RL verlangt nicht, dass der einzelne Arbeitgeber die berufliche Eingliederung von Jugendlichen oder älteren Beschäftigten und Personen mit Fürsorgepflichten fördern muss, wenn er nach dem Alter differenziert. Vielmehr soll der nationale Gesetzgeber Regelungen erlassen können, die Altersdifferenzierungen zulassen, solange *er* damit die berufliche Eingliederung fördert.

§ 10 Satz 3 Nr. 4 AGG entspricht Art. 6 Abs. 2 Gleichb-RL (vgl. Rz. 6.43 ff.). Letzterer wiederum ist so **konkret ausgestaltet**, dass es zur Umsetzung genügt, ihn wörtlich zu übernehmen. Allerdings heißt es in der Gesetzesbegründung, dass Altersgrenzen, insbesondere bei der betrieblichen Altersversorgung, regelmäßig keine Altersdiskriminierung darstellten.[136] Auch das BAG ging zunächst davon aus, dass Altersgrenzen in den betrieblichen Systemen der sozialen Sicherheit unionsrechtlich „in der Regel" zulässig sind,[137] hatte seine Rechtsprechung jedoch zwischenzeitlich an die **enge Auslegung** des Art. 6 Abs. 2 Gleichb-RL durch den EuGH (vgl. Rz. 6.44 f.) angepasst und § 10 Satz 3 Nr. 4 AGG richtlinienkonform ausgelegt[138]. In der Folge des fragwürdigen EuGH-Urteils in der Rechtsache *Parris*[139] (vgl. Rz. 6.46) wendet das BAG nun allerdings – insoweit wiederum richtlinienkonform und entgegen seiner vorherigen Rechtsprechung[140] – § 10 Satz 3 Nr. 4 AGG auf Spätehenklauseln an.[141] Nach zustimmungswürdiger Auslegung durch das BAG verlangt der deutsche Gesetzgeber, indem er den Tatbestand des Art. 6 Abs. 2 Gleichb-RL in § 10 Satz 3 AGG integriert hat, dass die altersdifferenzierende Regelung nach § 10 Satz 3 Nr. 4 auch nach § 10 Satz 1 und Satz 2 AGG **angemessen und erforderlich** sein muss.[142] Das gilt unabhängig davon, ob das bei Art. 6 Abs. 2 Gleichb-RL auch der Fall ist,[143] was der EuGH verneint (vgl. Rz. 6.46).

6.53

§ 10 AGG Satz 3 Nr. 5 und 6 AGG sind deutsche Neuschöpfungen. Hier hat der Gesetzgeber den Umsetzungsauftrag ernst genommen und eigene Rechtfertigungstatbestände für Altersdifferenzierungen geschaffen, die sich an Art. 6 Gleichb-RL messen lassen.

6.54

§ 10 Satz 3 Nr. 5 AGG erlaubt Vereinbarungen, nach denen Beschäftigungsverhältnisse ohne Kündigung enden, sobald der Arbeitnehmer rentenberechtigt ist. Nach Aussage der Bundesregierung in der Sache *Rosenbladt* soll damit einem langjährigen politischen und sozialen Konsens Rechnung getragen werden, der auf der Arbeitsteilung der Generationen beruhe. Regelungen wie § 10 Satz 3 Nr. 5 AGG kämen jüngeren Arbeitnehmern zu Gute, indem sie deren berufliche Integration erleichterten.[144] Der EuGH ist dieser Argumentation weitgehend gefolgt (vgl. Rz. 6.118 f.). Die von der Bundesregierung angeführten Ziele des § 10 Abs. 5 AGG seien legitim i.S.d. Art. 6 Abs. 1 Gleichb-RL.[145] § 10 Satz 3 Nr. 5 AGG stehen somit keine unionsrechtlichen Bedenken entgegen.[146]

6.55

---

136 BT-Drucks. 16/1780, S. 36.
137 BAG v. 17.9.2013 – 3 AZR 686/11, NZA 2014, 33 Rz. 20; v. 12.11.2013 – 3 AZR 356/12, ArbRB 2014, 141 = NZA 2014, 848 Rz. 24; v. 18.3.2014 – 3 AZR 69/12, ArbRB 2014, 174 = NZA 2014, 606 Rz. 22.
138 BAG v. 4.8.2015 – 3 AZR 137/13, NZA 2015, 1447 Rz. 50 f.
139 EuGH v. 24.11.2016 – C-443/15 – Parris, NZA 2017, 233.
140 BAG v. 4.8.2015 – 3 AZR 137/13, NZA 2015, 1447.
141 BAG v. 14.11.2017 – 3 AZR 781/16, BetrAV 2018, 151 Rz. 30 f.; dazu *Spinner*, EuZA 2018, 221 (225, 234).
142 St. Rspr. BAG v. 17.9.2013 – 3 AZR 686/11, NZA 2014, 33 Rz. 21; v. 12.11.2013 – 3 AZR 356/12, ArbRB 2014, 141 = NZA 2014, 848 Rz. 25; v. 14.11.2017 – 3 AZR 781/16, BetrAV 2018, 151 Rz. 26.
143 BAG v. 26.9.2017 – 3 AZR 72/16, NZA 2018, 315 Rz. 41 ff.; v. 17.10.2017 – 199/16, NZA 2018, 376 Rz. 18.
144 EuGH v. 12.10.2010 – C-45/09 – Rosenbladt, Slg. 2010, I-9391 Rz. 43 = ArbRB 2010, 327 = NZA 2010, 1167.
145 EuGH v. 12.10.2010 – C-45/09 – Rosenbladt, Slg. 2010, I-9391 Rz. 45 = ArbRB 2010, 327 = NZA 2010, 1167; dazu auch *Brors*, RdA 2012, 346 (348).
146 So auch *Bauer/Krieger/Günther*, § 10 AGG Rz. 39; Däubler/Bertzbach/*Brors*, § 10 AGG Rz. 92; a.A. *Waltermann*, ZfA 2006, 305 (324).

6.56 **§ 10 Satz 3 Nr. 6 AGG** erlaubt es, Leistungen in Sozialplänen auch anhand des Lebensalters zu berechnen bzw. ältere Arbeitnehmer von solchen Leistungen auszuschließen, wenn sie rentenberechtigt und somit wirtschaftlich abgesichert sind (zu Sozialplänen vgl. Rz. 6.99 ff.).

6. Art. 7 Gleichb-RL

6.57 Nach Art. 7 Gleichb-RL hindert der Gleichbehandlungsgrundsatz die Mitgliedstaaten nicht daran, zur Gewährleistung der völligen Gleichstellung im Berufsleben spezifische Maßnahmen beizubehalten oder einzuführen, mit denen Benachteiligungen u.a. wegen des Alters verhindert oder ausgeglichen werden. Diese Vorschrift ermöglicht positive Maßnahmen im Hinblick auf alle verbotenen Differenzierungen und entspricht inhaltlich Art. 157 Abs. 4 AEUV (vgl. Rz. 5.235 ff.).

6.58 **Positive Maßnahmen** in Bezug auf das Lebensalter lassen sich jedoch auch mit Hilfe des Art. 6 Abs. 1 UAbs. 2 Buchst. a Gleichb-RL rechtfertigen („Förderung bzw. Schutz von Arbeitnehmern"). Allerdings ist zu beachten, dass die Begünstigung der einen Altersgruppe immer eine unmittelbare Diskriminierung der anderen Altersgruppe darstellt, die von der Begünstigung ausgeschlossen ist. Solche Maßnahmen müssen den Anforderungen von Art. 4 oder 6 Gleichb-RL genügen.

IV. Prüfungsschema

6.59 **Altersdiskriminierung nach der Gleichbehandlungsrahmenrichtlinie 2000/78/EG:**

I. **Anwendungsbereich der Gleichb-RL**
1. Persönlicher Anwendungsbereich: unionsrechtlicher Arbeitnehmerbegriff (vgl. Rz. 1.110 ff.; Rz. 5.34 ff.)
2. Sachlicher Anwendungsbereich: Art. 3 Gleichb-RL (vgl. Rz. 6.6)
   a) Eröffnung des Anwendungsbereichs
      aa) Zugang zur Erwerbstätigkeit
      bb) Zugang zu Berufsausbildung, beruflicher Weiterbildung und Umschulung
      cc) Beschäftigungs- und Arbeitsbedingungen oder
      dd) Mitgliedschaft oder Mitwirkung in einer Arbeitnehmer- oder Arbeitgeberorganisation
   b) Ausnahme: Sozialsysteme, die kein Entgelt i.S.d. Art. 157 Abs. 2 AEUV erbringen (vgl. Rz. 6.7)

II. **Diskriminierung wegen des Alters: Art. 2 Gleichb-RL**
1. Unmittelbare Diskriminierung (vgl. Rz. 5.108 ff.) oder
2. Mittelbare Diskriminierung
   a) Dem Anschein nach neutrale Vorschriften, Kriterien oder Verfahren
   b) Benachteiligung von Personen eines bestimmten Alters und
   c) Keine Rechtfertigung (vgl. Rz. 6.13)
3. Belästigung (vgl. Rz. 5.173 ff.)
4. Anweisung zur Diskriminierung (vgl. Rz. 5.182 ff.)

III. **Rechtfertigung**
1. Betriebliche Altersversorgung: Art. 6 Abs. 2 Gleichb-RL
   – Sachlicher Anwendungsbereich (vgl. Rz. 6.45 f.)
   – Altersgrenzen für Mitgliedschaft oder Rentenbezug (vgl. Rz. 6.45 f.)
   – Verhältnismäßigkeit; str. (vgl. Rz. 6.47)

2. Besonderer Rechtfertigungsgrund für Altersdiskriminierungen: Art. 6 Abs. 1 Gleichb-RL
   - Legitimes, d.h. sozialpolitisches Ziel (vgl. Rz. 6.25 ff.)
   - Geeignetheit: Ggf. weiter Ermessensspielraum der Mitgliedstaaten und Sozialpartner (vgl. Rz. 6.35)
   - Erforderlichkeit, insb. innere Kohärenz (vgl. Rz. 6.36 ff.)
   - Verhältnismäßigkeit (vgl. Rz. 6.37 ff.)
3. Berufliche Anforderungen: Art. 4 Abs. 1 Gleichb-RL
   - Wesentliche und entscheidende berufliche Anforderung (vgl. Rz. 6.17 ff.)
   - Verhältnismäßigkeit (vgl. Rz. 6.20 f.)
4. Öffentliche Sicherheit und Ordnung: Art. 2 Abs. 5 Gleichb-RL
   - Maßnahmen zum Schutz der öffentlichen Sicherheit und Ordnung, zur Kriminalitätsprävention, zum Gesundheitsschutz oder zum Schutz der Rechte und Freiheiten anderer (vgl. Rz. 6.14 ff.)
5. Positive Maßnahmen: Art. 7 Gleichb-RL (vgl. Rz. 5.235 ff.)

V. Anbahnung und Begründung des Arbeitsverhältnisses

1. Ausschreibung

Altersbezogene Ausschreibungen sind für den Arbeitgeber gefährlich geworden; dennoch sind sie aus den **Stellenausschreibungen** noch nicht verschwunden. Viele Stellenanzeigen knüpfen (ebenfalls) an die **Berufserfahrung** an. Gemäß § 11 AGG darf ein Arbeitsplatz nicht unter Verstoß gegen § 7 Abs. 1 AGG ausgeschrieben werden. 6.60

Nennt die Stellenausschreibung ein **konkretes Alter** oder eine **Altersspanne**, liegt gem. § 3 Abs. 1 AGG eine **unmittelbare Benachteiligung** wegen des Alters vor, die zu rechtfertigen ist (Arbeitgeber sucht „junge Bewerber"[147]). Unbedachte Äußerungen im Kontext eines Bewerbungsverfahrens[148] oder Informationen in einer Stellenausschreibung, die auf eine Altersdiskriminierung schließen lassen, bilden **Indizien**, die eine Altersdiskriminierung nach § 22 AGG vermuten lassen und zu einer Beweislastumkehr führen. So ist etwa der Hinweis auf ein „**junges dynamisches Team**" in einer Stellenausschreibung auch nach Ansicht des BAG regelmäßig ein Indiz für eine unmittelbare Benachteiligung eines abgelehnten Bewerbers wegen des Alters. Ein objektiver Erklärungsempfänger darf dies auch als implizite Anforderung des Arbeitgebers an die neu einzustellende Person verstehen, möglichst jung zu sein. Laut BAG wäre die Passage in der Stellenausschreibung andernfalls überflüssig.[149] **Kein Indiz** für eine unmittelbare Benachteiligung wegen des Alters soll laut BAG demgegenüber der Hinweis in einer Stellenausschreibung auf ein „junges und dynamisches *Unternehmen*" sein. Ein objektiver Erklärungsempfänger würde die Zuschreibung „jung und dynamisch" auf das Unternehmen als Ganzes und dessen Gründungsjahr und nicht – wie beim Hinweis auf ein „junges und dynamisches *Team*" – auf die Mitarbeiter beziehen.[150] Diese haarspalterische Argumentation des 8. Senats ist wenig über- 6.61

---

147 Vgl. BAG v. 19.8.2010 – 8 AZR 530/09, ArbRB 2011, 5 = NZA 2010, 1412.
148 Vgl. BGH v. 23.4.2012 – II ZR 163/10, ArbRB 2012, 273 = NZA 2012, 797 (Verweigerung der Verlängerung des Dienstvertrages eines 61-jährigen GmbH-Geschäftsführers mit den Worten: „Wir brauchen jemanden, der die Kliniken auch langfristig in den Wind stellen kann."); dazu ausf. Preis/Sagan, ZGR 2013, 26 (59 ff.).
149 BAG v. 11.8.2016 – 8 AZR 406/14, BB 2017, 506 Rz. 34 f.
150 BAG v. 23.11.2017 – 8 AZR 604/16, NJW 2018, 1497 Rz. 34 f.

zeugend, da durchaus auch ein Team oder eine Abteilung eines Unternehmens ein mehr oder weniger festes Gründungsdatum haben kann. Gleichzeitig stellt sich die Frage, welchen Sinn der Hinweis des Arbeitgebers auf das Alter des Unternehmens haben soll, wie das BAG noch zu der Ausschreibung des „jungen und dynamischen Teams" bemängelt hatte. Konsequenterweise ist auch im Hinweis auf ein „junges und dynamisches Unternehmen" ein Indiz für eine Benachteiligung wegen des Alters zu sehen, weil – selbst bei einem Bezug zum Alter des Unternehmens – ein objektiver Empfänger dies auch als Anforderung an das Alter des einzustellenden Bewerbers auffassen kann.

6.62 Ebenfalls benachteiligend und **grundsätzlich unzulässig** sind Stellenausschreibungen, die **mittelbar diskriminierende Merkmale** enthalten. So kann die Anforderung „1. Berufsjahr" eine Benachteiligung wegen des Alters darstellen,[151] ebenso wie das Kriterium „Hochschulabsolventen" und „Berufsanfänger"[152] im Zusammenspiel mit der Bezeichnung „Young Professionells"[153] (sic!). Kein Indiz für eine (mittelbare) Diskriminierung wegen des Alters stellt folgende Ausschreibung dar: „Für die Position sollten Sie ein Studium der Ingenieur-Wissenschaften oder technischen Informatik abgeschlossen haben oder kurz vor Ihrem Abschluss stehen".[154] Mittelbar diskriminierend können allerdings Merkmale wie „null bis zwei Jahre Berufserfahrung"[155], oder „Hochschulabschluss [...], der nicht länger als 1 Jahr zurück liegt"[156] sein. Dies gilt jedoch nur insoweit, als das Alter für die zu besetzende Stelle nicht entscheidend ist oder die unterschiedliche Behandlung nicht objektiv und angemessen und durch ein legitimes Ziel gerechtfertigt ist. Gem. **§ 8 Abs. 1 AGG** ist eine unterschiedliche Behandlung wegen des Alters zulässig, wenn es wegen der Art der auszuübenden Tätigkeit oder der Bedingungen ihrer Ausübung eine wesentliche und entscheidende berufliche Anforderung darstellt, sofern der Zweck rechtmäßig und die Anforderung angemessen ist. In aller Regel sind entsprechende Altersdifferenzierungen nicht gerechtfertigt, auch nicht gem. § 10 Abs. 1 AGG. Das **BAG** erkennt allerdings im Anschluss an die EuGH-Rechtsprechung zu Altersgrenzen die **Sicherung einer ausgewogenen Altersstruktur als „legitimes Ziel"** i.S.d. § 10 Satz 1 AGG prinzipiell an, hat aber offen gelassen, ob das auch für die Einstellung ausschließlich junger Arbeitnehmer gelten kann.[157] Die benachteiligende Stellenausschreibung zieht keine unmittelbaren Sanktionen nach sich, insbesondere folgt daraus **kein Einstellungsanspruch** (§ 15 Abs. 6 AGG). Allerdings begründet sie die **Vermutung eines Verstoßes** gegen das Benachteiligungsverbot. Sie ist ausreichendes Indiz i.S.d. § 22 AGG.[158] Die **Anknüpfung an die Berufserfahrung** lässt sich daher eher rechtfertigen. Nach Ansicht des BAG handelt es sich allenfalls um eine **mittelbare Benachteiligung** wegen des Alters gem. §§ 3 Abs. 2, 1 AGG.[159] Personal- und Nachwuchsplanung oder die Sicherung einer ausgewogenen Altersstruktur können als legitime Gründe im Rahmen des § 3 Abs. 2 AGG angesehen werden.

2. Einstellungshöchstaltersgrenzen

6.63 Im Gegensatz zum Arbeitsrecht sind Einstellungshöchstaltersgrenzen im Beamtenrecht verbreitet. Der **EuGH** bestätigte eine solche im Fall *Wolf*. Herr Wolf hatte sich um eine Einstellung in den mittleren feuerwehrtechnischen Dienst einer deutschen Stadt beworben und wäre zum Einstellungszeitpunkt 31 Jahre alt gewesen. Die Stadt lehnte die Einstellung mit dem Hinweis auf die

---

151 BAG v. 18.8.2009 – 1 ABR 47/08, ArbRB 2010, 76 = NZA 2010, 222.
152 LAG Köln v. 23.1.2013 – 3 Sa 686/12.
153 BAG v. 24.1.2013 – 8 AZR 429/11, ArbRB 2013, 136 = NZA 2013, 498 Rz. 41.
154 BAG v. 23.11.2017 – 8 AZR 372/16, NZA-RR 2018, 287 Rz. 29 ff.
155 LAG Köln v. 20.11.2013 – 5 Sa 317/13; ähnl. auch BAG v. 19.5.2016 – 8 AZR 477/14.
156 EuGH v. 28.7.2016 – C-423/15 – Kratzer, ArbRB 2016, 259 = NZA 2016, 1014; BAG v. 26.1.2017 – 8 AZR 848/13, juris.
157 BAG v. 24.1.2013 – 8 AZR 429/11, ArbRB 2013, 136 = NZA 2013, 498 Rz. 49 f.
158 BAG v. 19.8.2010 – 8 AZR 530/09, ArbRB 2011, 5 = NZA 2010, 1412 Rz. 57 ff.
159 BAG v. 18.8.2009 – 1 ABR 47/08, ArbRB 2010, 76 = NZA 2010, 222 Rz. 25.

in einer Landes-Verordnung festgelegte **Einstellungshöchstaltersgrenze von 30 Jahren** ab. Der Gerichtshof würdigte die Einsatzbereitschaft und das ordnungsgemäße Funktionieren der Berufsfeuerwehr, die die deutsche Bundesregierung als Zwecke der Höchstgrenze angegeben hatte, als rechtmäßig i.S.d. Art. 4 Abs. 1 Gleichb-RL.[160] Der EuGH bezieht sich dabei auf ErwGr. 18 Gleichb-RL, wonach es Notfalldiensten wie der Feuerwehr nicht zur Auflage gemacht werden dürfe, Personen einzustellen, die nicht den jeweiligen Anforderungen entsprechen, um die ihnen übertragenen Aufgaben zu erfüllen.[161] Weiter folgt das Gericht der Bundesregierung, die dargelegt hatte, dass eine besondere körperliche Eignung eine wesentliche und entscheidende berufliche Anforderung der **Berufsfeuerwehr** sei und diese Eignung mit zunehmendem Alter abnehme.[162] Bei der Angemessenheit prüfte der EuGH tatsächlich nur die Erforderlichkeit der 30-Jahres-Grenze. Dabei legte er das von der Bundesregierung mit **wissenschaftlichen Daten** unterfütterte Vorbringen zugrunde, wonach Feuerwehrleute ab einem Alter von 45 bis 50 Jahren die körperlichen Anforderungen nicht mehr erfüllen und andere Aufgaben übernehmen. Demnach könne ein Beamter, der mit maximal 30 Jahren eingestellt wird, die körperlich anspruchsvollen Aufgaben doppelt so lange ausführen, wie ein mit 40 Jahren eingestellter Beamter.[163] Damit ist die Einstellungsgrenze für den EuGH erforderlich, angemessen und die Altersdiskriminierung somit gerechtfertigt gem. Art. 4 Abs. 1 Gleichb-RL.[164] Nach demselben Muster akzeptierte der EuGH die Einstellungshöchstaltersgrenze von 35 Jahren der baskischen Polizei.[165] Hingegen ließ er die Grenze von 30 Jahren der asturischen Polizei an Art. 4 Abs. 1 Gleichb-RL scheitern, da Regierung und Behörden nicht ausreichend dargelegt hätten, dass diese Grenze angesichts des konkreten Aufgabenfeldes erforderlich sei.[166]

Das **BVerwG** geht bislang über die Problematik hinweg und erklärt die höchst problematische, und nur mit dem Alimentationsprinzip bzw. dem Interesse des Dienstherrn an einem ausgewogenen Verhältnis von Lebensdienstzeit und Ruhestandszeit zu rechtfertigende **Einstellungsgrenze von 40 Jahren für beamtete Lehrer** für **unionsrechtlich zulässig**.[167] Bei dieser Entscheidung liegt ein Verstoß gegen Art. 101 Abs. 1 Satz 2 GG nahe (vgl. Rz. 2.63 ff.). 6.64

Bemerkenswerte arbeitsrechtliche Entscheidungen waren hingegen die in zwei Sonderbereichen des Arbeitsrechts eingezogenen starren Höchstaltersgrenzen für die Einstellung von **Piloten** bei der Lufthansa und von **wissenschaftlichen Mitarbeitern** an der Universität Bonn. 6.65

Das **BAG** entschied, dass eine tarifvertragliche Betriebsnorm, die für ein Luftfahrtunternehmen das Höchstalter für die Einstellung von in anderen Luftfahrtunternehmen ausgebildeten Piloten auf 32 Jahre und 364 Tage festlegt, in unverhältnismäßiger Weise die durch Art. 12 Abs. 1 GG gewährleistete Freiheit der **Berufswahl** älterer Arbeitsplatzbewerber verletzt.[168] Der 7. Senat verwarf die mit der Altersgrenze verbundene Gruppenbildung wegen **Verstoßes gegen den Gleichheitssatz des Art. 3 Abs. 1 GG** und gegen das Verbot der Altersdiskriminierung nach Maßgabe der §§ 1, 3, und 7 Abs. 1 AGG. Es sei nicht erkennbar, dass die Tarifvertragsparteien mit der 6.66

---

160 EuGH v. 12.1.2010 – C-229/08 – Wolf, Slg. 2010 – I-1 Rz. 39 = EuZW 2010, 142; das vorlegende Gericht hatte seine Vorlagefrage dagegen auf Art. 6 Abs. 1 Gleichb-RL bezogen.
161 EuGH v. 12.1.2010 – C-229/08 – Wolf, Slg. 2010 – I-1 Rz. 38 = EuZW 2010, 142.
162 EuGH v. 12.1.2010 – C-229/08 – Wolf, Slg. 2010 – I-1 Rz. 40 f. = EuZW 2010, 142; dagegen argumentiert GA Mengozzi, dass solche Anforderungen bei einer örtlichen spanischen Polizei nicht bestünden und daher ein Einstellungshöchstalter von 30 Jahren nicht zulässig sei, GA Mengozzi v. 17.7.2014 – C-416/13 – Vital Pérez Rz. 17 ff.
163 EuGH v. 12.1.2010 – C-229/08 – Wolf, Slg. 2010 – I-1 Rz. 43 = EuZW 2010, 142.
164 EuGH v. 12.1.2010 – C-229/08 – Wolf, Slg. 2010 – I-1 Rz. 44 f. = EuZW 2010, 142; zust. Röbke, EuZW 2010, 145 (145).
165 EuGH v. 15.11.2016 – C-258/15 – Salaberria Sorondo, ZESAR 2017, 385.
166 EuGH v. 13.11.2014 – C-416/13 – Vital Pérez, NVwZ 2015, 427.
167 BVerwG v. 26.3.2012 – 2 B 26/11, juris.
168 BAG v. 8.12.2010 – 7 ABR 98/09, ArbRB 2011, 205 = NZA 2011, 751.

Höchstaltersgrenze legitime Ziele i.S.v. § 10 Satz 1 AGG verfolgt hätten. Die sachwidrige Höchstaltersgrenze war wohl eher dadurch motiviert, sich unliebsame Konkurrenz von bei anderen Unternehmen ausgebildeten Flugzeugführern fernzuhalten.

6.67 **Unzulässige unmittelbare Benachteiligungen** wegen des Alters stellen auch **Einstellungshöchstaltersgrenzen im Universitätsbereich** dar, mit deren Hilfe das hochschulpolitische Ziel verfolgt werden soll, das Erstberufungsalter für Professoren und Professorinnen herabzusetzen. Danach darf eine Universität zu Recht nicht die Weiterbeschäftigung bzw. Befristung eines Arbeitsvertrages nach dem WissZeitVG bzw. TzBfG verweigern, nur weil der Nachwuchswissenschaftler bzw. die Nachwuchswissenschaftlerin das 40. **Lebensjahr** erreicht hat – noch dazu, wenn die Nachwuchsqualifikation nicht für den eigenen Bedarf erfolgt, weil sog. **Hausberufungen** grundsätzlich nicht vorgenommen werden.[169] Das **BAG** hat mangels legitimen Ziels i.S.d. § 10 Satz 1 AGG in dieser altersdiskriminierenden Befristungsregelung einen **Verstoß gegen § 7 Abs. 1 i.V.m. § 1 AGG** gesehen und die Universität zur unbefristeten Weiterbeschäftigung des Wissenschaftlers verurteilt.[170]

VI. Durchführung des Arbeitsverhältnisses

1. Die Kriterien Betriebs- bzw. Unternehmenszugehörigkeit und Lebensalter

6.68 Verbreitet ist die Anknüpfung arbeitsrechtlicher Regelungen an die Dauer der Betriebs- bzw. Unternehmenszugehörigkeit. Derartige Senioritätsregeln benachteiligen jüngere Arbeitnehmer. Wird an das Lebensalter angeknüpft, liegt eine **unmittelbare Benachteiligung wegen des Alters** vor. Ist Grundlage die Dauer der Betriebs- bzw. Unternehmenszugehörigkeit, kann eine mittelbare Benachteiligung wegen des Alters gegeben sein. Denn höheres Lebensalter und längere Betriebszugehörigkeit korrelieren miteinander.[171]

6.69 Die Honorierung der Dauer der Betriebszugehörigkeit ist zunächst Belohnung für die bislang erbrachte **Treue des Arbeitnehmers** zum Betrieb.[172] Sie kann vergangenheitsbezogen erfolgen; der Arbeitgeber kann mit ihr jedoch auch einen **Anreiz** geben wollen, dem Betrieb länger anzugehören.

6.70 Erwünschte **Nebenfolge** einer längeren Betriebszugehörigkeit für den Arbeitgeber ist oftmals, dass sich die anfänglichen Einstellungs- und Einarbeitungskosten amortisieren und der Arbeitnehmer zunehmende Erfahrung sammelt. Mit der Betriebszugehörigkeit wird in diesem Fall also die **größere Berufserfahrung** des Arbeitnehmers honoriert.[173] Die Bemessung des Entgelts nach der Betriebszugehörigkeit ist daher nicht zu beanstanden, wenn und soweit sie „den Arbeitnehmer befähigt, seine Arbeit besser zu verrichten".[174]

---

169 LAG Köln v. 12.2.2009 – 7 Sa 1132/08, ZTR 2009, 596; m. Anm. *Kossens*, jurisPR-ArbR 40/2009 Anm. 5.
170 BAG v. 6.4.2011 – 7 AZR 524/09, NZA 2011, 970.
171 *OECD*, Alterung und Beschäftigungspolitik, 2005, S. 61 (Abb. 2.11).
172 Erstmals EuGH v. 10.3.2005 – C-196/02 – Nikoloudi, Slg. 2005, I-1789 Rz. 63 = NZA 2005, 807.
173 EuGH v. 3.10.2006 – C-17/05 – Cadman, Slg. 2007, I-9583 Rz. 34 ff. = ArbRB 2006, 325 = NJW 2007, 47; v. 10.3.2005 – C-196/02 – Nikoloudi, Slg. 2005, I-1789 Rz. 55 = NZA 2005, 807; v. 2.10.1997 – C-1/95 – Gerster, Slg. 1997, I-5253 Rz. 39 = NZA 1997, 1277; v. 2.10.1997 – C-100/95 – Kording, Slg. 1997, I-5289 Rz. 23 = NZA 1997, 1221; v. 7.2.1991 – C-184/89 – Nimz, Slg. 1991, I-297 Rz. 14 = NVwZ 1991, 461; v. 17.10.1989 – 109/88 – Danfoss, Slg. 1989, 3199 Rz. 22 f. = NZA 1990, 772.
174 EuGH v. 3.10.2006 – C-17/05 – Cadman, Slg. 2006, I-9583 Rz. 35 = ArbRB 2006, 325 = NZA 2006, 1205; v. 18.6.2009 – C-88/08 – Hütter, Slg. 2009, I-5325 Rz. 47 = ArbRB 2009, 286 = NZA 2009, 891; vgl. auch v. 9.6.2014 – C-501/12 bis C-506/12, C-540/12 u. C-541/12 – Specht u.a., NZA 2014, 831 Rz. 48; v. 14.3.2018 – C-482/16 – Stollwitzer, AP Richtlinie 2000/78/EG Nr. 41 Rz. 39.

Dass Arbeitgeber das **Kriterium der Betriebs- bzw. Unternehmenszugehörigkeit** als Instrument der abstrakten Generalisierung grundsätzlich verwenden dürfen, hatte der **EuGH** in ständiger Rechtsprechung zunächst auf dem Feld der Geschlechterdiskriminierung **anerkannt**. Bei beiden Gesichtspunkten handelt es sich um legitime Ziele. In seiner Entscheidung *Cadman* hat er darin grundsätzlich auch keine mittelbare Diskriminierung gegenüber Frauen gesehen,[175] obwohl Frauen bei gleichem Lebensalter eine durchschnittlich geringere Dauer der Betriebszugehörigkeit aufweisen.

6.71

Die Verwendung der Dauer der Betriebs- bzw. Unternehmenszugehörigkeit entbindet den Arbeitgeber gleichwohl nicht von einer grundsätzlichen **Rechtfertigungspflicht**. Der EuGH räumt dem **Arbeitnehmer** die Möglichkeit ein, bei ernsthaften Zweifeln die hinter der abstrakten Generalisierung stehende **Vermutung der größeren Berufserfahrung zu widerlegen**.[176] Was die Honorierung bzw. Bewertung der Berufserfahrung angeht, kommt es also auf den **Einzelfall** und damit die einzelne Tätigkeit an.

6.72

Knüpft allerdings die **Eingruppierung von Beamten** bei ihrer Einstellung alleine an das **Lebensalter** an, liegt hierin eine unmittelbare Benachteiligung wegen des Alters, die auch nicht gem. Art. 6 Abs. 1 Gleichb-RL gerechtfertigt ist. Die Regelung geht laut EuGH über das hinaus, was erforderlich ist, um das legitime Ziel – die Honorierung der Berufserfahrung – zu erreichen.[177] Bemerkenswert ist, dass der EuGH gleichzeitig eine Übergangsregelung als nach Art. 6 Abs. 1 Gleichb-RL gerechtfertigt ansah, die das aufgrund der diskriminierenden Eingruppierung festgelegte Grundgehalt der Beamten als Maßstab nahm.[178] Als Rechtfertigung reichte alleine das Argument aus, dass ansonsten mehr als 65.000 Einzelfälle hätten überprüft werden müssen. Deswegen sei der nationale Gesetzgeber mit der (diskriminierenden!) Übergangsregelung nicht über das Erforderliche hinausgegangen.[179]

2. Vergütungs- und Urlaubsregelungen

Der **EuGH** hat altersdifferenzierende Regelungen der **Entgeltgestaltung** als diskriminierend erachtet, sofern diesen Abstufungen ein **sachgerechtes Ziel fehlt**.[180] **Unzulässig** sind danach sog. **Altersstaffeln in Tarifverträgen**, die den Lohn der Arbeitnehmer von deren Alter abhängig machen, weil sie eine unmittelbar auf dem Kriterium des Alters beruhende Ungleichbehandlung i.S.d. Art. 2 Abs. 1 und Abs. 2 Buchst. a Gleichb-RL sind.[181] Das Ziel, durch die höhere Entlohnung eine längere Berufserfahrung zu honorieren, sieht der EuGH zwar als legitim an.[182] Allerdings dürfe zur Erreichung dieses Ziels nicht alleine an das Lebensalter angeknüpft werden, da mit einem höheren Lebensalter nicht zwangsläufig eine längere Berufserfahrung verbunden sei.[183]

6.73

---

175 EuGH v. 3.10.2006 – C-17/05 – Cadman, Slg. 2007, I-9583 Rz. 36 ff. = ArbRB 2006, 325 = NJW 2007, 47.
176 EuGH v. 3.10.2006 – C-17/05 – Cadman, Slg. 2007, I-9583 Rz. 40 = ArbRB 2006, 325 = NJW 2007, 47.
177 EuGH v. 19.6.2014 – C-501/12 bis C-506/12, C-540/12 u. C-541/12 – Specht u.a., NZA 2014, 831 Rz. 51. Der EuGH weist jedoch darauf hin, dass dennoch nicht zwangsläufig eine rückwirkende „Anpassung nach oben" erfolgen müsse, Rz. 108; ebenso EuGH v. 14.3.2018 – C-482/16 – Stollwitzer, AP Richtlinie 2000/78/EG Nr. 41 – Rz. 28 ff.; dazu auch *Lingemann*, NZA 2014, 827.
178 EuGH v. 19.6.2014 – C-501/12 bis C-506/12, C-540/12 u. C-541/12 – Specht u.a., NZA 2014, 831 Rz. 53 ff.; dazu auch *Lingemann*, NZA 2014, 827 (828).
179 EuGH v. 19.6.2014 – C-501/12 bis C-506/12, C-540/12 u. C-541/12 – Specht u.a., NZA 2014, 831 Rz. 85; s. auch EuGH v. 9.9.2015 – C-20/13 – Unland, NVwZ 2016, 131 – Rz. 43 ff.; dazu *Thüsing/Pötters*, EuZW 2015, 935.
180 EuGH v. 8.9.2011 – C-297/10 u. C-298/10 – Hennigs/Mai, Slg. 2011, I-7965 = NZA 2011, 1100.
181 EuGH v. 8.9.2011 – C-297/10 u. C-298/10 – Hennigs/Mai, Slg. 2011, I-7965 Rz. 59 = NZA 2011, 1100.
182 EuGH v. 8.9.2011 – C-297/10 u. C-298/10 – Hennigs/Mai, Slg. 2011, I-7965 Rz. 72 = NZA 2011, 1100.
183 EuGH v. 8.9.2011 – C-297/10 u. C-298/10 – Hennigs/Mai, Slg. 2011, I-7965 Rz. 76 f. = NZA 2011, 1100.

6.74 Während die Altersstaffelungen hinsichtlich der Vergütung weitgehend der Vergangenheit angehören, sind **altersdifferenzierende Urlaubsregelungen** noch immer verbreitet. Das **BAG** erachtet entsprechend der Rechtsprechung des EuGH insb. tarifvertragliche Regelungen von Urlaubsansprüchen für Arbeitnehmer, die nach Altersstufen differenzieren, konsequent für **diskriminierend und unwirksam**, wenn der Abstufung kein sachliches Ziel zugrunde liegt.[184] Das Gericht prüft sehr genau, welches Ziel die Vertragsparteien der Abstufung zugrundegelegt haben und lässt pauschale Hinweise auf ein **erhöhtes Erholungsbedürfnis** älterer Arbeitnehmer nicht gelten. Die Abnahme körperlicher Fähigkeiten, die auch altersbedingt sein könne, bedeute nicht, dass diese unabhängig vom Berufsbild zu einem in bestimmtem Umfang erhöhten Erholungsbedürfnis führe, das zudem an bestimmten Altersstufen festgemacht werden könne.[185] Durchgängig hat das BAG bei altersdiskriminierenden Staffelungen auch in tarifvertraglichen Regelungen eine „**Anpassung nach oben**" festgesetzt.[186]

VII. Beendigung des Arbeitsverhältnisses

1. Kündigungen außerhalb des KSchG

6.75 Das BAG misst Kündigungen, auf die das KSchG mangels Wartezeit (§ 1 Abs. 1 Halbsatz 2 KSchG) oder ausreichender Betriebsgröße (§ 23 Abs. 1 Satz 2 u. 3 KSchG) keine Anwendung findet, trotz § 2 Abs. 4 AGG am AGG,[187] also auch am Verbot der Altersdiskriminierung. Dieses sah das BAG durch eine **Kündigung in einem Kleinbetrieb** als übertreten an, bei der die Arbeitgeberin im Kündigungsschreiben auf die Pensionsberechtigung der Arbeitnehmerin hingewiesen hatte.[188] Dieser Hinweis reiche als Indiz i.S.d. § 22 AGG dafür aus, dass das Alter der Arbeitnehmerin jedenfalls ein Grund für die Kündigung gewesen sei[189] und somit eine Benachteiligung wegen des Alters gem. §§ 3 Abs. 1 i.V.m. 1 AGG vorliege. Bei der Prüfung einer Rechtfertigung i.S.d. § 10 S. 1 AGG durch das BAG zeigt sich die missliche Lage, in die der Gesetzgeber die Rechtsanwender durch die mangelhafte „Umsetzung" des Art. 6 Abs. 1 Gleichb-RL (vgl. Rz. 6.48 ff.) gebracht hat. Denn seine Obersätze zum „legitimen Ziel" i.S.d. § 10 Satz 1 AGG bildet das BAG aus der Rechtsprechung des EuGH zum gleichlautenden Tatbestandsmerkmal in Art. 6 Abs. 1 Gleichb-RL (vgl. Rz. 6.24 ff.), das der deutsche Gesetzgeber abgeschrieben hat. Also folgert das BAG (in Bezug auf Art. 6 Abs. 1 Gleichb-RL zu Recht, vgl. Rz. 6.25 f.): „Eine unabhängig von Allgemeininteressen verfolgte Zielsetzung eines einzelnen Arbeitgebers kann [...] keine Ungleichbehandlung rechtfertigen."[190] In Anwendung dieses Obersatzes kommt das BAG zum Ergebnis, dass die Kündigung als Ungleichbehandlung wegen des Alters kein „legitimes Ziel" i.S.d. § 10 Satz 1 AGG verfolgt habe und damit nicht gerechtfertigt sei, da die Arbeitgeberin im Prozess „kein im Allgemeininteresse bestehendes Ziel" bzw. keine „soziale Zielsetzung" benannt habe.[191] Im Ergebnis kommt dies einer unmittelbaren Anwen-

---

184 BAG v. 10.11.2011 – 6 AZR 481/09, NZA-RR 2012, 100; v. 20.3.2012 – 9 AZR 529/10, ArbRB 2012, 231 = NZA 2012, 803; v. 12.4.2016 – 9 AZR 659/14, NZA-RR 2016, 438; v. 18.10.2016 – 9 AZR 123/16, NJW 2017, 1340; v. 15.11.2016 – 9 AZR 534/15, NZA 2017, 339.
185 BAG v. 12.4.2016 – 9 AZR 659/14, NZA-RR 2016, 438 Rz. 26; v. 18.10.2016 – 9 AZR 123/16, NJW 2017, 1340 Rz. 24; v. 15.11.2016 – 9 AZR 534/15, NZA 2017, 339 Rz. 25; s. auch v. 27.4.2017 – 6 AZR 119/16, ArbRB 2017, 265 = NZA 2017, 1116 Rz. 34 ff. für zusätzliche Schichtfreizeittage; anders allerdings v. 21.10.2014 – 9 AZR 956/12, NJW 2015, 1324.
186 BAG v. 20.3.2012 – 9 AZR 529/10, ArbRB 2012, 231 = NZA 2012, 803; v. 18.10.2016 – 9 AZR 123/16, NJW 2017, 1340 Rz. 26; v. 15.11.2016 – 9 AZR 534/15, NZA 2017, 339 Rz. 29 ff.
187 BAG v. 19.12.2013 – 6 AZR 190/12, NZA 2014, 372.
188 BAG v. 23.7.2015 – 6 AZR 457/14, ArbRB 2015, 360 = NZA 2015, 1380.
189 BAG v. 23.7.2015 – 6 AZR 457/14, ArbRB 2015, 360 = NZA 2015, 1380 Rz. 31.
190 BAG v. 23.7.2015 – 6 AZR 457/14, ArbRB 2015, 360 = NZA 2015, 1380 Rz. 36 a.E.
191 BAG v. 23.7.2015 – 6 AZR 457/14, ArbRB 2015, 360 = NZA 2015, 1380 Rz. 38.

dung des Art. 6 Abs. 1 Gleichb-RL im Privatrechtsverhältnis gleich, da der deutsche Gesetzgeber dessen Anforderungen, die sich an ihn selbst richten (vgl. Rz. 6.49), in § 10 S. 1 AGG abgeschrieben hat. So fälltArbeitgebern die wohl unmögliche Aufgabe zu, „sozialpolitische Ziele" zu verfolgen, obwohl der EU-Gesetzgeber dies zu Recht nicht von Privaten, sondern von den Mitgliedstaaten verlangt.[192]

2. Gesetzliche Kündigungsfristen

Nach § 622 Abs. 2 Satz 2 BGB wurden bei der Berechnung der Länge der Kündigungsfristen in Deutschland Zeiten nicht berücksichtigt, die vor der Vollendung des 25. Lebensjahres des Arbeitnehmers liegen.[193]

6.76

Historisch leitet sich § 622 Abs. 2 Satz 2 BGB aus den beiden Fassungen bis zum 30.6.1990 bzw. 14.10.1993 und § 2 Abs. 1 Satz 3 AngKSchG i.d.F. bis zum 14.10.1993 ab.[194] Gesetzgeberisches Anliegen des vom BVerfG für verfassungswidrig erklärten § 622 Abs. 2 Satz 2 BGB a.F. (1990), der für Arbeiter noch das 35. Lebensjahr und nicht wie im AngKSchG das 25. Lebensjahr vorsah, war die als notwendig hervorgehobene Mobilität der Arbeiter.[195] Ein aktuelles gesetzgeberisches **Argument** für die Nichtberücksichtigung von Zeiten der Beschäftigung vor dem 25. Lebensjahr ist **nicht ersichtlich**; die Gesetzesmaterialien zur Ursprungsfassung erwähnen den Schutz älterer Arbeitnehmer vor Arbeitslosigkeit.[196]

6.77

Der EuGH hat diese sinnlos differenzierende Norm in der Rechtssache *Kücükdeveci* vom 19.1. 2010 für unionsrechtswidrig erklärt.[197] § 622 Abs. 2 Satz 2 BGB stellt danach eine **unmittelbare Altersdiskriminierung** dar, die nicht gem. Art. 6 Abs. 1 Gleichb-RL zu rechtfertigen ist. § 622 Abs. 2 Satz 2 BGB ist **keine geeignete Maßnahme**, das als rechtmäßig anerkannte Ziel der Entlastung des Arbeitgebers zu erreichen. Denn die Regelung trifft auch diejenigen, die über 25 Jahre alt sind und die behauptete Flexibilität nicht mehr aufweisen. Unabhängig davon werden junge Arbeitnehmer untereinander ungleich behandelt. Im Ergebnis, so der EuGH, würden nämlich diejenigen jungen Menschen härter getroffen, die ohne oder nach nur kurzer Berufsausbildung früh eine Arbeitstätigkeit aufnehmen. Hingegen würden diejenigen keine Nachteile erleiden, die nach einer langen Ausbildung später einen Beruf ergriffen. § 622 Abs. 2 Satz 2 BGB ist infolge der Entscheidung *Kücükdeveci* **unanwendbar** und darf zur Berechnung gesetzlicher bzw. tariflicher Kündigungsfristen nicht mehr herangezogen werden. Der Entscheidung ist **vorbehaltlos zuzustimmen**. Das BAG hat sie umgesetzt.[198] Das Urteil des EuGH wirkte sich auch auf im Zeitpunkt seiner Verkündung bereits beendete Arbeitsverhältnisse bzw. anhängige Kündigungsschutzverfahren aus. Das gilt im Grundsatz für Sachverhalte ab dem 2.12.2006 (vgl. Art. 18 Gleichb-RL).[199] Dem deutschen Gesetzgeber ist es bislang nicht gelungen, § 622 Abs. 2 Satz 2 BGB zu streichen.

6.78

---

192 Krit. auch *Brors*, jurisPR-ArbR 5/2016 Anm. 1, unter C.
193 Zur Übertragung des § 622 Abs. 2 Satz 2 BGB auf tarifliche Kündigungsfristen vgl. BAG v. 12.11. 1998 – 2 AZR 80/98, NZA 1999, 489 (490).
194 S. auch BVerfG v. 16.11.1982 – 1 BvL 16/75, 1 BvL 36/79, DB 1983, 450; BAG v. 16.1.1992 – 2 AZR 657/87, NZA 1992, 591; Art. 2 des Gesetzes v. 26.6.1990, BGBl. I, 1206; Kündigungsfristengesetz v. 7.10.1993, BGBl. I 1993, 1668.
195 BVerfG v. 16.11.1982 – 1 BvL 16/75, 1 BvL 36/79, DB 1983, 450 (451).
196 RArbBl. 1926, Nr. 28, S. 488; dieser Aspekt wird in BT-Drucks. 12/4907, S. 6, BT-Drucks. 12/4902, S. 7 und BT-Drucks. 12/5228 jedoch nicht mehr aufgegriffen.
197 EuGH v. 19.1.2010 – C-555/07 – Kücükdeveci, Slg. 2010, I-365 = ArbRB 2010, 35 = NZA 2010, 85.
198 Vgl. BAG v. 9.9.2010 – 2 AZR 714/08, ArbRB 2011, 67 = NZA 2011, 343; a.A. *v. Medem*, NZA 2009, 1072.
199 Dazu *Preis/Temming*, NZA 2010, 185 (188 ff.); s. auch *Gaul/Koehler*, BB 2010, 503; *Joussen*, ZESAR 2010, 185.

Auch **§ 622 Abs. 2 Satz 1 BGB**, nach dem die Kündigungsfrist sich mit zunehmender Dauer der Betriebszugehörigkeit verlängert, benachteiligt nach dem Alter, allerdings mittelbar. Das BAG hält die Regelung jedoch für gerechtfertigt gem. Art. 2 Abs. 2 Buchst. b Nr. i Gleichb-RL, weil sie betriebstreuen, typischerweise älteren Arbeitnehmern verbesserten Kündigungsschutz gewähre.[200] Die konkrete Staffelung sei auch angemessen und erforderlich.

3. Tariflicher Ausschluss der ordentlichen Kündbarkeit

6.79 Über verlängerte Kündigungsfristen für ältere Arbeitnehmer hinaus sehen Tarifverträge **Unkündbarkeitsklauseln** vor,[201] die die ordentliche Kündigung meistens durch eine **Kombination von Lebensalter und Dauer der Betriebszugehörigkeit** ausschließen. Solche Klauseln bewirken, dass der Arbeitgeber grundsätzlich nur noch nach Maßgabe des § 626 BGB aus wichtigem Grund kündigen kann. Sie **benachteiligen** Arbeitnehmer unterhalb der Altersgrenze gem. **§§ 3 Abs. 1, 1 AGG unmittelbar wegen des Lebensalters**[202] und zudem wegen des Abstellens auf die Dauer der Betriebszugehörigkeit möglicherweise mittelbar gem. §§ 3 Abs. 2, 1 AGG.

6.80 Im Rahmen der **Rechtfertigung** ist jedes Merkmal getrennt zu betrachten, vgl. auch § 4 AGG. Die durch das Abstellen auf die **Dauer der Betriebszugehörigkeit** verursachte Benachteiligung kann gem. § 3 Abs. 2 AGG mit der **Honorierung der Betriebstreue** gerechtfertigt werden. Sie ist ein **rechtmäßiges Ziel** i.S. dieser Vorschrift. In Zusammenschau mit dem Lebensalter ist erkennbar, dass die Tarifvertragsparteien auf die ältere Stammbelegschaft sowie mobile ältere Arbeitnehmer zielen, sofern sie eine relative kurze, z.B. dreijährige Betriebszugehörigkeit voraussetzen. Diese kann auch bei mehrmaligem Arbeitgeberwechsel erlangt werden. Dass die Tarifvertragsparteien diese beiden Zielgruppen im Visier haben, begegnet für sich gesehen keinen Bedenken. Die Honorierung der Betriebstreue mit einer tariflichen Unkündbarkeit ist insgesamt betrachtet auch **verhältnismäßig**.

6.81 Für die durch die Anknüpfung an das **Lebensalter** bewirkte unmittelbare Diskriminierung scheidet das legitime Ziel der Honorierung der Betriebstreue aus. Andere **legitime Ziele** außer dem Schutz bzw. Förderung älterer Arbeitnehmer ab der jeweiligen Altersgrenze gem. § 10 Satz 3 Nr. 1 AGG sind **nicht ersichtlich**. Die tarifliche Unkündbarkeitsklausel müsste als positive Maßnahme **verhältnismäßig** sein. Sie ist sicherlich geeignet, ältere Arbeitnehmer zu schützen. Versteht man unter Förderung auch berufliche Eingliederungsmaßnahmen und darunter wiederum Maßnahmen, die Arbeitnehmer im Beruf halten, ist die Unkündbarkeitsklausel auch unter diesem Gesichtspunkt **geeignet**. Freilich könnte die Rechtfertigung der Unkündbarkeitsklausel an ihrer **mangelnden Erforderlichkeit** scheitern. Denn mittels der Anknüpfung an ein konkretes Lebensalter kann kein altersspezifisches Bedürfnis korrekt abgebildet werden. Das betrifft sowohl gesundheitliche Aspekte als auch die Chancen auf dem Arbeitsmarkt. Insbesondere ist ein höheres Lebensalter auch nicht kausal für ein höheres Risiko der Langzeitarbeitslosigkeit.[203] Schließlich spricht gegen die Erforderlichkeit dieser Klausel, dass Arbeitnehmer unter der jeweiligen Altersgrenze mit denselben Problemen keine Chance auf Unkündbarkeit im Rahmen einer Einzelfallbetrachtung haben.

6.82 Das **BAG** hat die Wirkungen der tariflichen Unkündbarkeit – konkret einer Klausel mit einer Altersgrenze von 53 und einer Betriebszugehörigkeitsdauer von drei Jahren – **kritisiert, jedoch**

---

200 BAG v. 18.9.2014 – 6 AZR 636/13, ArbRB 2015, 3 = NZA 2014, 1400.
201 Zur Geschichte des tariflichen Alterskündigungsschutzes vgl. *Bröhl*, Die außerordentliche Kündigung mit notwendiger Auslauffrist, S. 9 ff.; *Buse*, Die Unkündbarkeit im Arbeitsrecht.
202 BAG v. 20.6.2013 – 2 AZR 295/12, ArbRB 2014, 101 = NZA 2014, 208 Rz. 41 f.
203 S. auch *Temming*, Altersdiskriminierung im Arbeitsleben, S. 530 bis 536, insbesondere mit Ausführungen zu den möglichen Rechtsfolgen.

nicht verworfen.[204] Das Ziel, ältere Arbeitnehmer, die geringere Chancen auf eine neue Arbeitsstelle hätten als Jüngere, vor einer Entlassung zu schützen, sei ein **sozialpolitisches Ziel** und somit legitim i.S.d. § 10 Satz 1 AGG i.V.m. Art. 6 Abs. 1 Gleichb-RL.[205] Die Klausel sei grundsätzlich auch **angemessen und erforderlich**.[206] Sie könne jedoch zu Ergebnissen führen, die die gesetzliche Wertung des § 1 Abs. 3 Satz 1 KSchG auf den Kopf stellten, so etwa wenn ein 53-Jähriger seit drei Jahren beschäftigter Arbeitnehmer ohne Unterhaltspflichten auf Grund der tarifvertraglichen Regelung aus der Sozialauswahl ausscheiden soll, während ein 52-jähriger seit 35 Jahren im Betrieb beschäftigter Arbeitnehmer mit mehrfachen Unterhaltspflichten zur Kündigung ansteht.[207] Das BAG will in solchen „**(Extrem-)Fällen**" prüfen, die Tarifnorm im Hinblick auf das Verbot der Altersdiskriminierung **unionsrechtskonform einzuschränken** bzw. für den Einzelfall durch einen **ungeschriebenen Ausnahmetatbestand** innerhalb der Tarifnorm anzupassen.[208] Die Unkündbarkeitsvereinbarungen fänden dort ihre Grenze, wo sie zu einer **grob fehlerhaften Sozialauswahl** führen würden.[209] In diesem Fall spricht das BAG der Klausel sogar ab, ein „legitimes Ziel" i.S.d. § 10 Satz 1 AGG zu verfolgen.[210] Das überzeugt nicht, schließlich ändert sich durch die extremen Folgen, die die Klausel im Einzelfall haben kann, nicht das mit ihr verfolgte Ziel, das das BAG gerade als „legitim" anerkennt. Vielmehr müsste das BAG die **Angemessenheit** verneinen.

Im **öffentlichen Dienst** gewähren § 34 Abs. 2 und 3 **TVöD** bzw. **TVL** Unkündbarkeit ab dem 40. Lebensjahr, wenn der Arbeitnehmer davor bzw. danach Zeiten von 15 Jahren Betriebszugehörigkeit bei einem öffentlich-rechtlichen Arbeitgeber aufweisen kann. Diese Regelungen führen in der Regel nicht zu Extremfällen, obwohl im Einzelfall schwer zu rechtfertigen ist, wenn eine 39-jährige Alleinerziehende mit z.B. drei Kindern ihren Arbeitsplatz nur deshalb verliert, weil ein 40-Jähriger vergleichbarer lediger Arbeitnehmer soeben ordentlich unkündbar geworden ist.

6.83

Die vielfach geforderte Verwerfung entsprechender Unkündbarkeitsvereinbarungen gem. § 7 Abs. 2 AGG i.V.m. § 134 BGB[211] hat die Rechtsprechung also bislang nicht vollzogen. Man wird auf einen vom BAG skizzierten Extremfall warten müssen, der möglicherweise zu einem **Vorabentscheidungsverfahren** führt, wozu das BAG bisher keine Veranlassung sah.

6.84

4. Betriebsbedingte Kündigung

a) Sozialauswahl

Die Tendenz, den EuGH nicht mit allen Fragen der Altersdiskriminierung und Altersprivilegierung zu befassen, zeigt sich insbesondere an den besonders praxisrelevanten Fragen der **Sozialauswahl**, obwohl der mehrfache Altersbezug dieser Normen nach einer unionsrechtlichen Klärung ruft.

6.85

---

204 BAG v. 5.6.2008 – 2 AZR 907/06, ArbRB 2008, 365 = NZA 2008, 1120 Rz. 31 f.; v. 20.6.2013 – 2 AZR 295/12, ArbRB 2014, 101 = NZA 2014, 208 Rz. 41 ff.
205 BAG v. 20.6.2013 – 2 AZR 295/12, ArbRB 2014, 101 = NZA 2014, 208 Rz. 46 f.
206 BAG v. 20.6.2013 – 2 AZR 295/12, ArbRB 2014, 101 = NZA 2014, 208 Rz. 46 ff.
207 BAG v. 5.6.2008 – 2 AZR 907/06, ArbRB 2008, 365 = NZA 2008, 1120 Rz. 31; ähnl. v. 20.6.2013 – 2 AZR 295/12, ArbRB 2014, 101 = NZA 2014, 208 Rz. 49.
208 *Bröhl*, Die außerordentliche Kündigung mit notwendiger Auslauffrist, § 19; *Bröhl*, BB 2006, 1050; *Zwanziger*, DB 2000, 2166; a.A. APS/*Kiel*, § 1 KSchG Rz. 705 f., der § 4.4 MTV insgesamt für unwirksam erachtet.
209 BAG v. 5.6.2008 – 2 AZR 907/06, ArbRB 2008, 365 = NZA 2008, 1120 Rz. 31.
210 BAG v. 20.6.2013 – 2 AZR 295/12, ArbRB 2014, 101 = NZA 2014, 208 Rz. 49.
211 In Bezug auf die Unionsrechtswidrigkeit ebenso *Bauer/Krieger/Günther*, § 10 AGG Rz. 50; *Willemsen/Schweibert*, NJW 2006, 2583 (2587); *Wulfers/Hecht*, ZTR 2007, 475 (479 f.) m.w.N.; a.A. *Thüsing*, Arbeitsrechtlicher Diskriminierungsschutz, Rz. 450 u.a. speziell in Bezug auf § 34 TVöD; kritisch auch *Guth*, PersR 2009, 352 (354).

6.86 In § 1 Abs. 3 Satz 1 KSchG sind die beiden sozialen Gesichtspunkte Lebensalter sowie Dauer der Betriebs- bzw. Unternehmenszugehörigkeit relevant. Das Kriterium der **Dauer der Betriebszugehörigkeit** kann eine **mittelbare Benachteiligung** wegen des Alters gem. Art. 2 Abs. 2 Buchst. b Gleichb-RL auslösen. Allerdings dient es einem gem. Art. 2 Abs. 2 Buchst. b Nr. i Gleichb-RL **rechtmäßigen Ziel**, indem es die **Betriebstreue honoriert**. Die Sozialauswahl stellt mit dieser Funktion auch eine **verhältnismäßige** Maßnahme dar. Sie ist **geeignet**, zwischen den vergleichbaren Arbeitnehmern auf Grundlage der erbrachten Betriebstreue und damit auf Grundlage des Prinzips des Vertrauensschutzes eine auf bestandsschutzrechtlichen Maßgaben fußende Unterscheidung zu produzieren. Die Sozialauswahl ist in dieser Form auch **erforderlich und angemessen**, weil es für den Gesichtspunkt der Betriebstreue kein weniger einschneidendes, gleich geeignetes Kriterium gibt. Eine auf der Dauer der Betriebszugehörigkeit basierende Sozialauswahl **verstößt deshalb nicht gegen das Verbot der Altersdiskriminierung**.[212]

6.87 Hingegen kann die durch den sozialen Gesichtspunkt des **Lebensalters** bewirkte unmittelbare Benachteiligung in der Sozialauswahl nicht mit dem **legitimen Ziel** der Honorierung der Betriebstreue oder der Berufserfahrung gerechtfertigt werden. Außer als positive Maßnahme zum Schutz bzw. der Förderung von älteren Arbeitnehmern gem. Art. 6 Abs. 1 UAbs. 2 Buchst. a Gleichb-RL (vgl. § 10 Satz 3 Nr. 1 AGG) scheiden andere legitime Ziele aus.

6.88 Fraglich ist, ob das Lebensalter als sozialer Gesichtspunkt i.R.d. § 1 Abs. 3 Satz 1 KSchG auch **verhältnismäßig** ist. Losgelöst von der konkreten Anwendung des Lebensalters in der Praxis ist die Sozialauswahl abstrakt geeignet, die Gruppe der älteren Arbeitnehmer zu schützen bzw. zu fördern. Es ist zweifelhaft, ob **geringere Chancen auf dem Arbeitsmarkt** und die Vermittlungsfähigkeit von Arbeitnehmern und damit auch die Langzeitarbeitslosigkeit allein vom Lebensalter im Sinne einer **Kausalität** abhängen. Unterzieht man § 1 Abs. 3 Satz 1 KSchG einer **strengen Verhältnismäßigkeitsprüfung**, verstößt die auf das Lebensalter bezogene Sozialauswahl gegen das **primärrechtliche Verbot der Altersdiskriminierung**. Der Grund dafür liegt vor allem in der allzu groben Typisierung der Arbeitsmarkt- und Vermittlungschancen allein mit Hilfe des Lebensalters. Zudem gibt es mildere, aber gleich geeignete Mittel, das (Langzeit-)Arbeitslosigkeitsrisiko von älteren Arbeitnehmern zu verringern. Folgt man dieser Ansicht, wäre das Alter als sozialer Gesichtspunkt i.R.d. § 1 Abs. 3 Satz 1 KSchG unanwendbar.

6.89 Das **BAG** hält dagegen das **Lebensalter** gemessen am Maßstab des Verbots der Altersdiskriminierung für **unionsrechtskonform**.[213] Insbesondere hat es die **Typisierung** der schlechteren Chancen auf dem Arbeitsmarkt mit Hilfe des sozialen Gesichtspunktes des Lebensalters **akzeptiert**. Jede mögliche Aussage über Chancen müsse sich naturgemäß an Wahrscheinlichkeiten orientieren, die ihrerseits nicht ohne Berücksichtigung von Erfahrungswerten beurteilt werden könnten. Wenn also, was unstrittig sei, ein **Erfahrungswert** dahin bestehe, dass mit steigendem Lebensalter die Vermittlungschance generell zu sinken pflege, so könne dieser Umstand auch bei strikt individueller Bewertung von Arbeitsmarktchancen nicht außer Betracht bleiben.[214] Vergleichbares betrifft die bisherige Praxis, bei **Auswahlrichtlinien und Namenslisten** nach § 95 BetrVG bzw. § 1 Abs. 5 KSchG das Lebensalter als Auswahlkriterium durchgehend linear zu berücksichtigen – auch dies hat der 2. Senat des BAG bestätigt.[215]

---

212 Ebenso BAG v. 15.12.2011 – 2 AZR 42/10, ArbRB 2012, 167 = NZA 2012, 1044 Rz. 58.
213 BAG v. 6.11.2008 – 2 AZR 523/07, ArbRB 2009, 128 = NZA 2009, 361; v. 15.12.2011 – 2 AZR 42/10, ArbRB 2012, 167 = NZA 2012, 1044 Rz. 48 ff.; größtenteils zustimmend *Adomeit/Mohr*, NJW 2009, 2255; *Gaul/Niklas*, NZA-RR 2009, 457; *v. Hoff*, SAE 2009, 293; *Lingemann/Beck*, NZA 2009, 577; *Schiefer*, DB 2009, 733; kritischer *Benecke*, AuR 2009, 326; s. auch *v. Medem*, Kündigungsschutz und Allgemeines Gleichbehandlungsgesetz, S. 537 f., 543.
214 BAG v. 6.11.2008 – 2 AZR 523/07, ArbRB 2009, 128 = NZA 2009, 361 Rz. 46; ebenso v. 6.9.2007 – 2 AZR 387/06, ArbRB 2008, 137 = NZA 2008, 405 Rz. 19; ähnl. v. 15.12.2011 – 2 AZR 42/10, ArbRB 2012, 167 = NZA 2012, 1044 Rz. 56.
215 BAG v. 5.11.2009 – 2 AZR 676/08, NZA 2010, 457.

Ein höheres Alter des Arbeitnehmers wirkt sich im Rahmen der Sozialauswahl nach der jüngs- 6.90
ten Rechtsprechung des BAG sogar zu seinem **Nachteil** aus, sobald **Anspruch auf eine Regelaltersrente** besteht. Jedenfalls hinsichtlich des Auswahlkriteriums Alter sei ein solcher Arbeitnehmer als deutlich weniger schutzbedürftig anzusehen als Arbeitnehmer, die noch keinen Anspruch auf eine Altersrente haben.[216] Faktisch schafft das BAG damit rechtsfortbildend ein **zusätzliches Kriterium der Sozialauswahl**: die Rentenberechtigung. Dabei betont das Gericht selbst, dass der Gesetzgeber das Alter „als abstrakten Maßstab für die Vermittlungschancen eines Beschäftigten nach einer Kündigung verstanden wissen will".[217] An dieser Wertung ändert sich durch die Rentenberechtigung nichts; auch ein Arbeitnehmer, der die Regelaltersgrenze erreicht hat, dürfte nach der zugrundliegenden typisierenden Betrachtungsweise schlechtere Chancen auf dem Arbeitsmarkt haben als ein jüngerer Kollege. Sollte es alleine auf die finanzielle Absicherung des Arbeitnehmers im Falle der Kündigung ankommen, wie es das BAG unterstellt, müsste dies der Gesetzgeber in § 1 Abs. 3 Satz 1 KSchG deutlicher zum Ausdruck bringen. Jedenfalls ist es methodisch mindestens gewagt, dass das BAG bei der Frage der Vereinbarkeit des § 1 Abs. 3 Satz 1 KSchG mit dem unionsrechtlichen Verbot der Altersdiskriminierung unmittelbar die Rentenberechtigung des Arbeitnehmers prüft und dem Gesetzgeber dessen Berücksichtigung unterstellt.[218] Auf diese Weise nutzt das BAG seine Rechtsprechung zur Altersdiskriminierung durch Befristung auf das Erreichen einer Altersgrenze, um die Berücksichtigung des Lebensalters bzw. (rechtsfortbildend) der Rentenberechtigung bei der Sozialauswahl gem. Art. 6 Gleichb-RL zu rechtfertigen. Die Benachteiligung des älteren Arbeitnehmers im Rahmen der Sozialauswahl sei wegen der Absicherung durch die Rentenberechtigung gerechtfertigt.[219] Eine Vorlage an den EuGH erwägt das BAG nicht ernsthaft.

b) **Altersgruppen**

Da es für die Praxis mangels anderweitiger Vorgaben bis auf weiteres bei einer tendenziell ältere 6.91
Arbeitnehmer begünstigenden Sozialauswahl bleibt, kommt den „**berechtigten betrieblichen Interessen**" gem. § 1 Abs. 3 Satz 2 KSchG weiterhin große Bedeutung zu. Was die strukturellen Sachgründe anbelangt, verstößt die Sicherung einer ausgewogenen Altersstruktur nach Ansicht des BAG nicht gegen das Verbot der Altersdiskriminierung.[220]

Zweifel an dieser Unbedenklichkeitsbescheinigung der Altersgruppenbildung bestehen allerdings 6.92
unter Berücksichtigung der **EuGH-Entscheidungen** *Age Concern England* und *Prigge*, und zwar vor dem Hintergrund der deutlich eingegrenzten legitimen Differenzierungsziele. Diese sind ausschließlich „sozialpolitische Ziele" sowie solche aus den Bereichen Beschäftigungspolitik, Arbeitsmarkt oder berufliche Bildung (vgl. Rz. 6.25 ff.). Das BAG hat sich vor dem Hintergrund der geschärften Anforderungen damit schwer getan, zu begründen, dass die Fragestellung nicht dem EuGH vorzulegen sei, obwohl die Problematik alles andere als eindeutig ist.[221] Diese Entscheidung balanciert auf der Grenze zum Verfassungsverstoß gegen Art. 101 Abs. 1 Satz 2 GG (vgl. Rz. 2.63 ff.).

Das BAG zieht die Sätze 1 und 2 des § 1 Abs. 3 KSchG zu einem einheitlich zu bewertenden Komplex zusammen und versucht auf diesem Wege, die Altersgruppenbildung zu rechtfertigen.

---

216 BAG v. 27.4.2017 – 2 AZR 67/16, ArbRB 2017, 265 = NZA 2017, 902 Rz. 16.
217 BAG v. 27.4.2017 – 2 AZR 67/16, ArbRB 2017, 265 = NZA 2017, 902 Rz. 15.
218 BAG v. 27.4.2017 – 2 AZR 67/16, ArbRB 2017, 265 = NZA 2017, 902 Rz. 23 f.
219 BAG v. 27.4.2017 – 2 AZR 67/16, ArbRB 2017, 265 = NZA 2017, 902 Rz. 24.
220 BAG v. 6.11.2008 – 2 AZR 523/07, ArbRB 2009, 128 = NZA 2009, 361 Rz. 53 ff. m.w.N.; v. 19.6.2007 – 2 AZR 304/06, ArbRB 2008, 42 = NZA 2008, 103 Rz. 44 ff.; v. 26.3.2015 – 2 AZR 478/13, NJW 2015, 3116; ebenso *v. Medem*, Kündigungsschutz und Allgemeines Gleichbehandlungsgesetz, S. 564 f.; a.A. LAG Hamm v. 11.11.2009 – 2 Sa 992/09, NZA-RR 2010, 410.
221 BAG v. 15.12.2011 – 2 AZR 42/10, ArbRB 2012, 167 = NZA 2012, 1044.

Das Gericht erkennt, dass § 1 Abs. 3 Satz 1 zu „einer Bevorzugung älterer und unmittelbaren Benachteiligung jüngerer Arbeitnehmer"[222] führt. Ein wenig vernebelt wird der Effekt des § 1 Abs. 3 Satz 2 KSchG. Das BAG meint, durch die ermöglichte Bildung von Altersgruppen werde die „andernfalls linear ansteigende Gewichtung des Lebensalters unterbrochen und zugunsten jüngerer Arbeitnehmer relativiert".[223] *In concreto* kann die Altersgruppenbildung allerdings zu einer Kündigung eines sozial schützenswerten Arbeitnehmers führen, der lediglich das Pech hat, zu den jüngsten einer – weitgehend frei – gebildeten Altersgruppe zu gehören.

6.93 Das BAG meint, diese Fragen **ohne Vorabentscheidungsersuchen** nach § 267 Abs. 3 AEUV entscheiden zu können, weil das maßgebliche Verständnis von Art. 6 Abs. 1 Gleichb-RL durch die Rechtsprechung des EuGH geklärt sei.[224] **Zweifel** daran kommen auf, weil sich der EuGH zu dem – höchst umstrittenen – Spannungsfeld von Diskriminierungs- und Kündigungsschutz nach deutschem Recht noch nicht geäußert hat. Der 2. Senat des BAG gibt sich mit der Begründung indes ersichtlich Mühe und betont die ausschließliche Rechtmäßigkeit „sozialpolitischer Ziele", die im Allgemeininteresse stünden und sich so unterschieden „von Zielen, die im Eigeninteresse des Arbeitgebers liegen, wie Kostenreduzierung und Verbesserung der Wettbewerbsfähigkeit". Der EuGH hat nicht ausgeschlossen, dass eine nationale Vorschrift bei der Verfolgung der genannten sozialpolitischen Ziele den Arbeitgebern einen gewissen Grad an Flexibilität einräumt.[225] Problematisch ist jedoch, ob insbesondere § 1 Abs. 3 Satz 2 KSchG **legitimen Zielen** dient, weil hiermit ausweislich des Normtextes „berechtigte betriebliche Interessen" verfolgt werden. Das BAG interpretiert dieses jedenfalls auch und besonders im Arbeitgeberinteresse liegende Ziel als „sozialpolitisches Ziel". Die Regelung sei „eingebettet in das Gesamtkonzept der Sozialauswahl"[226]. „Das Ziel, ältere Arbeitnehmer zu schützen, und das Ziel, die Eingliederung jüngerer Arbeitnehmer in das Erwerbsleben sicherzustellen, werden so zu einem angemessenen Ausgleich gebracht."[227] Dies diene der **sozialpolitisch erwünschten Generationengerechtigkeit** und der Vielfalt im Bereich der Beschäftigung. Die Altersgruppenbildung sei deshalb ein angemessenes und erforderliches Mittel, um im Zusammenhang mit Entlassungen eine ausgewogene Altersstruktur zu erhalten. Ein milderes Mittel, den Schutz älterer Arbeitnehmer vor Arbeitslosigkeit und schützenswerte Interessen jüngerer Arbeitnehmer an Teilhabe am Berufsleben in wirtschaftlich prekären Situationen in einen angemessen Ausgleich zu bringen, sei bei der gebotenen typisierenden Betrachtung nicht ersichtlich.[228]

6.94 Die Frage des legitimen Ziels stellt sich auch im Hinblick auf **§ 125 Abs. 1 Satz 1 Nr. 2 Halbsatz 2 InsO**, demzufolge eine Sozialauswahl bei einem Interessenausgleich mit Namensliste zwischen Insolvenzverwalter und Betriebsrat nicht grob fehlerhaft ist, wenn eine ausgewogene Personalstruktur erhalten oder geschaffen werden soll. Dem **BAG** nach verstoßen die Vorschrift und die mit ihr verbundene Möglichkeit, eine ausgewogene Personalstruktur durch die Bildung von Altersgruppen erst zu schaffen, **nicht gegen das unionsrechtliche Verbot der Altersdiskriminierung**.[229] Sie diene dem Ziel, ein insolventes Unternehmen zu sanieren, wodurch wenigstens vorübergehend Arbeitsplätze erhalten würden. Dies liege nicht nur im Interesse des Arbeitgebers, sondern auch der Belegschaft und der Allgemeinheit.[230] Der konkrete Interessenausgleich und die Altersgruppenbildung müssten aber gem. § 10 Satz 2 AGG angemessen und er-

---

222 BAG v. 15.12.2011 – 2 AZR 42/10, ArbRB 2012, 167 = NZA 2012, 1044 Rz. 48.
223 BAG v. 15.12.2011 – 2 AZR 42/10, ArbRB 2012, 167 = NZA 2012, 1044 Rz. 48.
224 BAG v. 15.12.2011 – 2 AZR 42/10, ArbRB 2012, 167 = NZA 2012, 1044 Rz. 48.
225 EuGH v. 21.7.2011 – C-159/10 u. C-160/10 – Fuchs/Köhler, Slg. 2011, I-6919 Rz. 52 = NVwZ 2011, 1249; v. 5.3.2009 – C-388/07 – Age Concern England, Slg. 2009, I-1569 Rz. 46 = ArbRB 2009, 97 = NZA 2009, 305.
226 BAG v. 15.12.2011 – 2 AZR 42/10, ArbRB 2012, 167 = NZA 2012, 1044 Rz. 63.
227 BAG v. 15.12.2011 – 2 AZR 42/10, ArbRB 2012, 167 = NZA 2012, 1044 Rz. 63.
228 BAG v. 15.12.2011 – 2 AZR 42/10, ArbRB 2012, 167 = NZA 2012, 1044 Rz. 65.
229 BAG v. 19.12.2013 – 6 AZR 790/12, ArbRB 2014, 100 = ZIP 2014, 536 Rz. 23 f.
230 BAG v. 19.12.2013 – 6 AZR 790/12, ArbRB 2014, 100 = ZIP 2014, 536 Rz. 27.

forderlich sein.²³¹ Erneut hat das BAG eine Vorlagepflicht gem. Art. 267 Abs. 3 AEUV verneint, da den nationalen Gerichten die Feststellung obliege, ob das Ziel, das eine Regelung verfolgt, „legitim" gem. Art. 6 Abs. 1 Gleichb-RL sei.²³²

5. Abfindungen und Rentenbezug

Ungleichbehandlungen wegen des Alters können auch bei Abfindungs- bzw. Freistellungsregelungen entstehen. So etwa, wenn eine **Abfindung bei Beendigung des Arbeitsverhältnisses** grundsätzlich gezahlt wird, allerdings nicht für Arbeitnehmer ab einem gewissen Alter, ab dem sie berechtigt sind, eine Rente zu beziehen. So lag der Fall in der Sache *Andersen*²³³, in der ein dänisches Gesetz vorsah, dass Arbeitnehmern bei ihrer Entlassung eine Abfindung zu zahlen sei, wenn sie eine bestimmte Zeit beschäftigt waren. Diese Abfindung wurde nicht gezahlt, wenn der Arbeitnehmer zum Zeitpunkt der Entlassung entweder eine staatliche oder eine betriebliche Rente beziehen konnte, zu der er eine gewisse Zeit Beiträge geleistet hatte. Einen ähnlichen Sachverhalt hatte der EuGH in der Sache *Dansk Jurist- og Økonomforbund*²³⁴ zu entscheiden. Nach dem dänischen Beamtengesetz erhielten Beamte, deren Stelle wegfiel, drei Jahre lang ein Freistellungsgehalt. Dieses sollte die Zeit überbrücken, bis sie eine neue Stelle gefunden hatten. In dieser Zeit mussten die Beamten zur Verfügung stehen und konnten angebotene Stellen nur unter bestimmten Voraussetzungen ablehnen. Dieses Freistellungsgehalt wurde aber Beamten nicht gezahlt, die zum Zeitpunkt der Entlassung 65 Jahre oder älter waren. Die Altersgrenze korrespondiert mit der zum Bezug einer Rente: Beamte konnten sowohl die spezielle Beamtenpension als auch eine allgemeine Altersrente ab Vollendung des 65. Lebensjahres beziehen. Allerdings konnten für beide Renten auch nach diesem möglichen Bezugsalter noch weiter Anwartschaften erworben werden, um das spätere Rentenniveau anzuheben. Bei der speziellen Beamtenpension konnte man die zusätzlichen Ansprüche sogar in der Zeit erwerben, in der der Beamte grundsätzlich Anspruch auf Freistellungsgehalt gehabt hätte, es wegen der Altersgrenze von 65 Jahren aber nicht gezahlt wurde. Die obligatorische Altersgrenze für Beamte betrug im Übrigen 70 Jahre. Das Freistellungsgehalt sollte sicherstellen, dass Beamte, deren Stelle wegfiel, sich nicht auf den normalen Arbeitsmarkt begeben, sondern dem Staat weiterhin zur Verfügung stehen, falls sie wieder gebraucht werden. Die Altersgrenze wiederum sollte verhindern, dass Beamte, die in Rente gehen können, das Freistellungsgehalt missbrauchen, in dem dieses solange beziehen, bis sie auf eine neue Stelle versetzt werden sollen, die sie auch annehmen müssten und sie dann stattdessen in Rente gehen.²³⁵ Außerdem sollte das Freistellungsgehalt nur solchen Beamten zugutekommen, die es tatsächlich benötigen und nicht durch eine Rente abgesichert sind. Dieses Argument war auch im Fall *Andersen* für den Ausschluss der Abfindung zentral.²³⁶

Beide Fälle haben gemein, dass Arbeitnehmer bzw. Beamte die Abfindung bzw. das Freistellungsgehalt deswegen nicht erhielten, weil sie eine Rente beziehen *konnten*. Es kam jedoch nicht darauf an, dass sie nach der Entlassung auch *tatsächlich* in Rente *gingen*. Auch wer also weiter arbeiten wollte, erhielt keine Unterstützung, um die Zeit bis zur nächsten Stelle zu überbrücken. Diese Überbrückung war jedoch das Ziel von Abfindung bzw. Freistellungsgehalt. Diese Regelungen konnten somit Arbeitnehmer bzw. Beamte dazu zwingen, „eine niedrigere Altersrente anzunehmen als die, die sie beanspruchen könnten, wenn sie bis in ein höheres Alter berufstätig blieben"²³⁷. Die

---

231 BAG v. 19.12.2013 – 6 AZR 790/12, ArbRB 2014, 100 = ZIP 2014, 536 Rz. 32.
232 BAG v. 19.12.2013 – 6 AZR 790/12, ArbRB 2014, 100 = ZIP 2014, 536 Rz. 28.
233 EuGH v. 12.10.2010 – C-499/08 – Andersen, Slg. 2010, I-9371 = ArbRB 2010, 327 = NZA 2010, 1341.
234 EuGH v. 26.9.2013 – C-546/11 – Dansk Jurist- og Økonomforbund, NVwZ 2013, 1401; dazu ausführlich Ulber, EuZA 2014, 202.
235 Vgl. EuGH v. 26.9.2013 – C-546/11 – Dansk Jurist- og Økonomforbund, NVwZ 2013, 1401 Rz. 57.
236 Vgl. EuGH v. 12.10.2010 – C-499/08 – Andersen, Slg. 2010, I-9371 Rz. 27 = ArbRB 2010, 327 = NZA 2010, 1341.
237 EuGH v. 12.10.2010 – C-499/08 – Andersen, Slg. 2010, I-9371 Rz. 46 = ArbRB 2010, 327 = NZA 2010, 1341; v. 26.9.2013 – C-546/11 – Dansk Jurist- og Økonomforbund, NVwZ 2013, 1401 Rz. 68.

Regelungen waren somit **nicht erforderlich**, vielmehr hätten sie den Ausschluss der Abfindung bzw. des Freistellungsgehalts an die **Möglichkeit des abschlagsfreien Renteneintritts** koppeln müssen. Nach diesen Maßstäben akzeptierte der EuGH 2015 schließlich eine ähnliche dänische Regelung.[238]

6.97 Der EuGH billigt somit grundsätzlich eine Regelung, die Abfindungen für Arbeitnehmer ausschließt, die eine Rente beziehen. Letzteres muss allerdings sichergestellt sein, etwa indem der Ausschluss ab dem Alter eingreift, zu dem ein obligatorischer Renteneintritt festgeschrieben ist. Andernfalls werden Arbeitnehmer faktisch gezwungen, eine niedrigere Rente zu beziehen als möglich. Zusätzlich wird ihr vom EuGH postuliertes **Recht, zu arbeiten** eingeschränkt.[239]

6. Altersbefristung

6.98 **§ 41 Satz 3 SGB VI** erlaubt es den Vertragsparteien, während des Arbeitsverhältnisses dessen durch die Regelaltersgrenze bedingtes Ende ggf. mehrfach hinauszuschieben. Hierin liegt nach Auffassung des EuGH bereits **keine Benachteiligung** wegen des Alters i.S.d. Art. 2 Abs. 2 Gleichb-RL, da die deutsche Vorschrift dem Arbeitnehmer ermögliche, trotz Erreichen des regulären Rentenalters weiterzuarbeiten, wenn er das möchte.[240] Nach bekanntem Muster (vgl. Rz. 6.114 ff. zur Bedeutung des Rentenanspruchs für die Rechtfertigung von Altersgrenzen) dient ein Rentenanspruch also in den Augen des Gerichtshofs als Kompensation für Nachteile, die etwa mit schrankenlosen Befristungsmöglichkeiten für den Arbeitnehmer normalerweise verbunden sind.

VIII. Sozialpläne

6.99 Sozialpläne gem. §§ 112, 112a BetrVG sollen die Folgen von Betriebsänderungen i.S.d. § 111 BetrVG finanziell abfedern. Dabei kommt betrieblichen Sozialplananspruch nach der ständigen Rechtsprechung des **BAG** lediglich ein **zukunftsbezogener Überbrückungscharakter** zu. **Entschädigungscharakter** könnten sie nur insoweit aufweisen, als vergangenheitsbezogene Nachteile noch in der Zukunft fortwirken.[241] Diese Sozialplanrechtsprechung wurde in Zeiten massiver Frühverrentungspraxis vor dem Hintergrund der Externalisierung betrieblicher Restrukturierungskosten durch sozialversicherungsrechtliche Abfederungen entwickelt.

6.100 Diese Sichtweise ist **widersprüchlich**, wenn man bedenkt, dass die Höhe von Sozialplanleistungen nach den typischen Vereinbarungen von der **Dauer der Betriebszugehörigkeit abhängt** und vor allem jüngeren Arbeitnehmern im Ergebnis somit echte Abfindungen aus Sozialplänen zufließen, ältere Arbeitnehmer sich hingegen wegen ihrer Rentennähe oder Rentenberechtigung mit deutlich geringeren Überbrückungszahlungen zufriedengeben müssen. Dadurch wird ihr **Bestandsschutz** teilweise entwertet.

6.101 Diese Widersprüche werden dadurch verstärkt, dass gesetzliche Abfindungen – z.B. nach §§ 1a, 9, 10 KSchG oder § 113 BetrVG – regelmäßig ebenfalls nach der Dauer der Betriebszugehörigkeit berechnet werden. Da **gesetzliche Abfindungen** an die Stelle des kündigungsrechtlichen

---

238 EuGH v. 26.2.2015 – C-515/13 – Ingeniørforeningen i Danmark, NZA 2015, 473 – insb. Rz. 37 ff. zur Abgrenzung der Fallgruppen; ausführliche Anm. *Grünberger*, EuZA 2015, 333.
239 Worauf der EuGH aber nur in *Andersen* verweist, s. EuGH v. 12.10.2010 – C-499/08 – Andersen, Slg. 2010, I-9371 Rz. 45 = ArbRB 2010, 327 = NZA 2010, 1341.
240 EuGH v. 28.2.2018 – C-46/17– John, ArbRB 2018, 98 = NZA 2018, 355 Rz. 26 ff.; so im Ergebnis bereits *Stoffels* in FS Müller-Graff, 2015, S. 347 (352 ff.); *Greiner*, RdA 2018, 65; zweifelnd zuvor *Waltermann*, ZfA 2017, 445 (455 ff.).
241 BAG v. 30.9.2008 – 1 AZR 684/07, ArbRB 2009, 103 = NZA 2009, 386; v. 11.11.2008 – 1 AZR 475/07, NZA 2009, 210; v. 26.5.2009 – 1 AZR 198/08, ArbRB 2009, 264 = NZA 2009, 849; zur darauf aufbauenden Gestaltung von Sozialplänen vgl. bspw. *Kleinebrink*, FA 2010, 66.

Bestandsschutzes treten,[242] wird ihnen jedoch zu Recht maßgeblich eine **Entschädigungsfunktion** zuerkannt.[243] Sie stellen nämlich den vermögensrechtlichen Ersatz für die Aufgabe des Arbeitsplatzes dar.

Typische Berechnungsformeln für Sozialplanleistungen sind beispielsweise: 6.102

– die Faustformel: Abfindungshöhe = ein halbes Bruttomonatsgehalt pro Beschäftigungsjahr,

– die Divisorformel: Abfindungshöhe = [Lebensalter × Betriebszugehörigkeit × Bruttomonatsgehalt] × Divisor,

– oder die einfache Abfindungsformel: Abfindungshöhe = Betriebszugehörigkeit × Bruttomonatsgehalt × Faktor.

Die Sozialplanleistungen für ältere Arbeitnehmer, die zu den rentennahen Jahrgängen gehören oder regelaltersrentenberechtigt sind, werden in der Regel sodann durch **Höchstbetragsklauseln** wieder begrenzt. Dies geschieht, sobald – ggf. durch zeitliche Überbrückung mit Hilfe von Arbeitslosengeld – die Möglichkeit eines vorzeitigen Rentenbezugs nach den Vorschriften des SGB VI besteht. Teilweise sehen Sozialpläne sogar den kompletten Ausschluss von Sozialplanleistungen vor. 6.103

Vom **Charakter der Sozialplanleistungen** hängt ihre weitere Rechtmäßigkeitskontrolle ab. Entgegen der Rechtsprechung des BAG sprechen die besseren Argumente dafür, Sozialplanleistungen einen **Abfindungscharakter** nicht abzusprechen. Die Sozialpartner haben es in der Hand, Sozialplanleistungen als Überbrückungs- und/oder Abfindungsleistung zu widmen.[244] Aus der **Doppelfunktion des Sozialplans** folgt zugleich eine „Zwei-Töpfe-Theorie" bzw. eine „Trennungstheorie". Wichtig ist in diesem Zusammenhang, dass sie im Hinblick auf den einschlägigen Charakter der Sozialplanleistungen jeweils **sachgerechte Kriterien** verwenden. Geht es um Entschädigungen, sind vergangenheitsbezogene Kriterien zu benutzen; geht es um die Ausgestaltung von Überbrückungsleistungen, haben die Sozialpartner zukunftsbezogene Aspekte heranzuziehen. 6.104

Der **EuGH** hat sich zur Frage, ob Sozialpläne Überbrückungs- oder Entschädigungsfunktion haben, bisher nicht eindeutig geäußert. 6.105

Die vom BAG bestätigte **Sozialplanrechtsprechung**[245] **begegnet unionsrechtlichen Zweifeln**, die der EuGH am Maßstab des Kohärenzgebots korrigieren könnte. Prüfungsmaßstab ist § 75 Abs. 1 BetrVG, wobei zur Rechtfertigung auf § 10 Satz 3 Nr. 2, 3, 6 bzw. § 10 Satz 1 und 2 AGG (je nach Charakter der Sozialplanleistung) bzw. aus Sicht des EuGH Art. 6 Abs. 1 Gleichb-RL zurückgegriffen werden kann. Der Widerspruch ist gleich ein doppelter: Zum einen enthält das BAG rentennahen Arbeitnehmern echte Abfindungsleistungen vor, wohingegen jüngeren Arbeitnehmern diese auf Grundlage der Dauer der Betriebs- bzw. Unternehmenszugehörigkeit gewährt werden, obwohl Sozialplanleistungen i.S.d. § 112 Abs. 1 Satz 2 BetrVG insgesamt nur ein zukunftsgerichteter Überbrückungscharakter zukommen soll. Zum anderen lässt es das BAG genügen, dass Sozialplanleistungen für jüngere Arbeitnehmer pauschal, für rentennahe Arbeitnehmer jedoch konkret berechnet werden können. Warum ein konkreter Überbrückungsbedarf auch bei jüngeren Arbeitnehmern nicht festgestellt werden muss, erschließt sich nicht sofort. 6.106

---

242 BAG v. 29.1.1981 – 2 AZR 1055/78, NJW 1981, 1118; *Preis*, DB 2004, 70 (78).
243 BAG v. 15.2.1973 – 2 AZR 16/72, DB 1973, 1559; v. 9.11.1988 – 4 AZR 433/88, NZA 1989, 270; ErfK/*Kiel*, § 10 KSchG Rz. 5; vHH/*Linck*, § 10 KSchG Rz. 4.
244 Ausf. *Temming*, Altersdiskriminierung im Arbeitsleben, S. 272 ff.; *Temming*, RdA 2008, 205; dagegen *Mohr*, RdA 2010, 44.
245 BAG v. 30.9.2008 – 1 AZR 684/07, ArbRB 2009, 103 = NZA 2009, 386; v. 11.11.2008 – 1 AZR 475/07, NZA 2009, 210; v. 26.5.2009 – 1 AZR 198/08, ArbRB 2009, 264 = NZA 2009, 849; v. 26.3.2013 – 1 AZR 857/11, DB 2013, 1792; s. auch *Roth*, EWiR 2009, 167.

6.107 **Zweifel an der Rechtsprechung des BAG** werden genährt durch die Entscheidung des EuGH in der Rechtssache *Andersen*[246]. In dieser Entscheidung ging es um die Frage, ob es zulässig ist, dass ein Arbeitgeber bei der Kündigung des Dienstverhältnisses eines Beschäftigten, der 12, 15 oder 18 Jahre lang ununterbrochen in demselben Betrieb beschäftigt war, im Fall der Entlassung eine Abfindung i.H.v. einem, zwei oder drei Monatsgehältern zahlen muss, diese Abfindung aber nicht zu zahlen ist, wenn der Beschäftigte bei seiner Entlassung die Möglichkeit hat, eine Altersrente aus einem Rentensystem zu beziehen, zu dem der Arbeitgeber Beiträge geleistet hat.

6.108 Der EuGH meint, die Entlassungsabfindung allein für diejenigen Arbeitnehmer vorzusehen, die zum Zeitpunkt ihrer Entlassung keine Altersrente beziehen können, sei zwar im Hinblick auf das vom Gesetzgeber verfolgte Ziel, Arbeitnehmer stärker zu schützen, deren Übergang in eine andere Beschäftigung sich aufgrund der Dauer ihrer Betriebszugehörigkeit als schwierig darstellt, **nicht unvernünftig**. Er problematisiert jedoch, dass *alle* Arbeitnehmer, die einem Rentensystem vor Vollendung ihres 50. Lebensjahrs beigetreten sind, den Anspruch auf Entlassungsabfindung verlieren. Die in Rede stehende Maßnahme laufe darauf hinaus, entlassenen Arbeitnehmern, die auf dem Arbeitsmarkt bleiben wollen, diese Abfindung allein aus dem Grund vorzuenthalten, dass sie u.a. aufgrund ihres Alters eine solche Rente in Anspruch nehmen können. Eine solche Maßnahme erschwere Arbeitnehmern, die bereits eine Altersrente beziehen können, die weitere Ausübung ihres Rechts zu arbeiten, weil sie beim Übergang in ein neues Beschäftigungsverhältnis - im Gegensatz zu anderen Arbeitnehmern mit gleich langer Betriebszugehörigkeit - keine Entlassungsabfindung erhalten. Außerdem verwehre die Regelung einer durch das Kriterium des Alters definierten Kategorie von Arbeitnehmern, vorübergehend auf die Zahlung einer Altersrente durch ihren Arbeitgeber zugunsten der Gewährung der Entlassungsabfindung zu verzichten. Sie können somit diese **Arbeitnehmer zwingen, eine niedrigere Altersrente anzunehmen**, als wenn sie bis in ein höheres Alter berufstätig blieben, was für sie einen auf lange Sicht erheblichen Einkommensverlust nach sich zöge.

6.109 Der EuGH folgert aus diesen Erwägungen, dass die entscheidende Vorschrift des dänischen Gesetzes „zu einer übermäßigen Beeinträchtigung der berechtigten Interessen der Arbeitnehmer führt, die sich in dieser Situation befinden, und damit über **das hinausgeht, was zur Verwirklichung der mit dieser Vorschrift verfolgten sozialpolitischen Ziele erforderlich ist**"[247]. Er folgt damit den Schlussanträgen von GAin *Kokott*, die zugleich für die deutsche Sozialplanpraxis bedeutende Anmerkungen gemacht hat.[248] Das BAG hat, obwohl es Gelegenheit gehabt hätte,[249] die relevanten Fragestellungen nicht dem EuGH vorgelegt.[250]

6.110 Auf ein **Vorabentscheidungsersuchen des** ArbG München[251] hat der EuGH in der Rechtssache *Odar* eine **Abfindungsregelung in einem Sozialplan** für **rechtmäßig** erklärt, die ebenfalls ältere

---

246 EuGH v. 12.10.2010 – C-499/08 – Andersen, Slg. 2010, I-9371 = ArbRB 2010, 327 = NZA 2010, 1341.
247 EuGH v. 12.10.2010 – C-499/08 – Andersen, Slg. 2010, I-9371 Rz. 47 = ArbRB 2010, 327 = NZA 2010, 1341, Hervorhebungen diesseits.
248 GAin *Kokott* v. 6.5.2010 – C-499/08 – Andersen, Slg. 2010, I-9343 Rz. 87, 89: „Der Umstand, dass § 2a Abs. 1 [Funktionærlov] die Zahlung der Entlassungsabfindung an eine langjährige ununterbrochene Betriebszugehörigkeit knüpft, könnte darauf hindeuten, dass der Sinn und Zweck dieser Abfindung nicht ausschließlich in der finanziellen Unterstützung des Übergangs in ein neues Beschäftigungsverhältnis liegt. Vielmehr könnte mit einer solchen Entlassungsabfindung – zumindest teilweise – auch die Betriebstreue des Arbeitnehmers honoriert werden. [...] Sollte die Regelung des § 2a [Funktionærlov] zumindest teilweise der Belohnung für langjährige Betriebstreue dienen, so wäre dies ein zusätzlicher zwingender Grund, die Entlassungsabfindung Arbeitnehmern nicht allein deshalb vorzuenthalten, weil sie bereits einen Rentenanspruch haben. Denn für die Belohnung vergangener Betriebstreue macht es keinerlei Unterschied, ob ein Arbeitnehmer zum Zeitpunkt seines Ausscheidens aus dem Betrieb eine Altersrente beziehen kann oder nicht."
249 Etwa in dem Verfahren BAG v. 23.3.2010 – 1 AZR 832/08, ArbRB 2010, 236 = NZA 2010, 774.
250 Kritisch dazu *Grünberger/Sagan*, EuZA 2013, 324 (329).
251 ArbG München v. 17.2.2011 – 22 Ca 8260/10, LAGE AGG § 10 Nr. 4a.

Arbeitnehmer benachteiligte.[252] In dem Sozialplan waren gestaffelte Abfindungen vereinbart, die die Arbeitnehmer bei einer betriebsbedingten Kündigung oder einvernehmlichen Aufhebung des Arbeitsvertrags erhalten sollten. Die Höhe der Standard-Abfindung ergab sich dabei nach der einfachen Abfindungsformel (vgl. Rz. 6.102), mit der Abfindungen von Arbeitnehmern bis zum 54. Lebensjahr berechnet wurden. Für ältere Arbeitnehmer wurde daneben eine andere Formel zum Vergleich herangezogen, die die Anzahl der Monate bis zum frühestmöglichen Renteneintritt berücksichtigte und nach der die Abfindung niedriger wurde, je kürzer diese Zeit war. Der Sozialplan schrieb vor, dass für Arbeitnehmer, die älter sind als 54 Jahre, die Höhe der Abfindung mit beiden Formeln berechnet werden soll und dann die niedrigere Summe maßgeblich ist, wobei in jeden Fall mindestens die Hälfte der Standard-Summe gezahlt werden musste. Der Kläger *Odar* war zum Beendigungszeitpunkt 59 Jahre alt, 30 Jahre bei dem Unternehmen beschäftigt und erhielt die Hälfte der Standard-Abfindung. Der EuGH befand, dass darin zwar eine **unmittelbar auf dem Alter beruhende Ungleichbehandlung** vorlag. Allerdings seien die damit verfolgten Ziele – jüngeren Arbeitnehmern bis zur Widereingliederung finanzielle Hilfe zu leisten, die ältere aufgrund der Rentennähe nicht in gleichem Maße brauchen – geeignet, eine **Ungleichbehandlung gem. Art. 6 Abs. 1 Gleichb-RL zu rechtfertigen**.[253] Bezüglich der **Erforderlichkeit** betont der EuGH erneut, dass die Mitgliedstaaten bzw. die jeweiligen Sozialpartner einen weiten **Ermessensspielraum** hätten.[254] Im Folgenden differenziert das Gericht nicht präzise zwischen Erforderlichkeit und Angemessenheit und urteilt knapp, dass die Regelung angesichts des Ziels, die begrenzten Mittel für den Sozialplan je nach wirtschaftlicher Absicherung etwa durch Rentennähe zu verteilen, „**nicht unangemessen erscheint**".[255] Bezüglich der Erforderlichkeit problematisiert der EuGH zwar, dass bei der Berechnung der Abfindung das frühestmögliche Rentenalter herangezogen wurde, bei dem der Arbeitnehmer Renteneinbußen hinnehmen müsste. Auch das akzeptieren die Richter mit dem erneut knappen Hinweis, dass auch die älteren Arbeitnehmer mindestens die Hälfte der Standard-Abfindung erhielten.[256] Außerdem sei der Sozialplan die Vereinbarung von Arbeitnehmer- und Arbeitgebervertretern, die dadurch ihr **Grundrecht auf Kollektivvereinbarungen** nach Art. 28 GRC wahrgenommen hätten.[257] Somit betont der EuGH mehrmals den **Gestaltungs- und Ermessensspielraum**, den die Mitgliedstaaten und ebenso die Sozialpartner bei der Vereinbarung von altersdifferenzierenden Regelungen haben, insbesondere hinsichtlich der Erforderlichkeit. Aber auch bei der Angemessenheit **nimmt der EuGH die gerichtliche Kontrolle stark zurück**, solange eine Vereinbarung nicht offensichtlich unangemessen ist.

Obwohl der Gerichtshof die Rechtsache *Andersen* bei der Frage der Rechtfertigung nicht erwähnt, scheint ein **Vergleich** angebracht. Hatte der EuGH da noch das mögliche Interesse auch älterer Arbeitnehmer betont, auf dem Arbeitsmarkt zu bleiben, obwohl sie in Rente gehen könnten, spielt dieses Argument bei der Sache *Odar* keine Rolle. Dabei betraf die niedrigere Abfindungshöhe doch gerade Arbeitnehmer wie Herrn *Odar*, der zum Zeitpunkt der Abfindungszahlung noch gar nicht in Rente gehen konnte. Somit kann man durchaus der Auffassung sein, dass die deutlich niedrigere Abfindung für Arbeitnehmer ab 54 Jahren das vom EuGH bei *Andersen* bemühte **Recht** dieser Arbeitnehmer, **zu arbeiten, beeinträchtigt**.[258] Der **entscheidende Unterschied** zwischen den Fällen *Andersen* und *Odar* scheint für den EuGH zu sein, dass Letzterer zumindest die Hälfte der Standard-Summe erhielt, während Herr *Andersen* gänzlich leer ausging. Die Klageabweisung

6.111

---

252 EuGH v. 6.12.2012 – C-152/11 – Odar, NZA 2012, 1435; Besprechung von *Willemsen*, RdA 2013, 166.
253 EuGH v. 6.12.2012 – C-152/11 – Odar, NZA 2012, 1435 Rz. 43 ff.
254 EuGH v. 6.12.2012 – C-152/11 – Odar, NZA 2012, 1435 Rz. 47.
255 EuGH v. 6.12.2012 – C-152/11 – Odar, NZA 2012, 1435 Rz. 48, Hervorhebung diesseits.
256 EuGH v. 6.12.2012 – C-152/11 – Odar, NZA 2012, 1435 Rz. 50 ff.; allerdings sah es der EuGH in der Entscheidung als ungerechtfertigte Diskriminierung wegen einer Behinderung an, dass Schwerbehinderte aufgrund ihres geringeren frühestmöglichen Renteneintrittsalters auf jeden Fall eine niedrigere Abfindung erhielten als nicht behinderte Altersgenossen.
257 EuGH v. 6.12.2012 – C-152/11 – Odar, NZA 2012, 1435 Rz. 53.
258 A.A. *Zange*, NZA 2013, 601 (602).

im Fall *Odar* mag außerdem durch die Höhe der Abfindung erleichtert worden sein:[259] So erhielt Herr *Odar* trotz der Kürzung ca. 308.000 Euro.[260]

6.112 Was die bereits oben angesprochene **Funktion von Sozialplänen** angeht, hat sich der EuGH auch in der Sache *Odar* nicht ausdrücklich dazu verhalten, ob Sozialpläne Entschädigungs- oder Überbrückungsfunktion haben. Zwar ist es richtig, dass das Gericht die „Gewährung eines Ausgleichs für die Zukunft" als geeignetes Ziel i.S.d. Art. 6 Abs. 1 Gleichb-RL angesehen hat, um eine Altersdiskriminierung zu rechtfertigen.[261] Daraus ein „europarechtlich geforderte[s] Bekenntnis zum Zukunftsbezug und zur (reinen) Überbrückungsfunktion"[262] abzuleiten, geht jedoch zu weit. Die „europarechtlichen Weihen"[263] haben wohl eher die **Betriebsparteien** bekommen, denen der EuGH bei der Vereinbarung von Sozialplänen einen **weiten Spielraum** zugesteht. Innerhalb dieses unionsrechtlichen Spielraums dürfte es auch erlaubt sein, einen Sozialplan mit einem **stärkeren Entschädigungs- bzw. Abfindungscharakter** zu vereinbaren. Es kommt darauf an, **das jeweilige Ziel kohärent und mit geeigneten und erforderlichen Mittel umzusetzen.**[264] Eine solche Kohärenz kann man bei Berechnungsmethoden wie der im Fall *Odar*, bei denen sich die Abfindungshöhe alleine aus vergangenheitsbezogenen Kriterien wie Lebensalter und Betriebszugehörigkeit ergibt, bezweifeln, wenn der Sozialplan Überbrückungsfunktion haben soll.[265] Der EuGH geht in seinem Urteil auf diese **Inkonsistenz** des entsprechenden Sozialplans nicht ein. Ein Grund dafür könnte sein, dass im Fall *Odar* – im Gegensatz zu Andersen – auf jeden Fall die Hälfte der Standard-Summe gezahlt wurde,[266] wobei die Frage offen bleibt, auf welcher dogmatischen Stufe die Abfindungshöhe entscheidendes Kriterium sein soll.

6.113 Das **BAG** hält ein **Vorabentscheidungsersuchen** weiterhin für **überflüssig** und sieht sich durch die Entscheidung *Odar* in seiner Rechtsprechung bestätigt.[267] Ob Letzteres so ausdrücklich richtig ist, kann dahingestellt bleiben, denn jedenfalls eröffnet der EuGH mit seiner Rechtsprechung einen weiten Spielraum. Aber auch die Rechtsprechung des BAG ist insofern **widersprüchlich**, als sie einerseits den Abfindungen in Sozialplänen ausdrücklich eine zukunftsbezogene Ausgleichs- und Überbrückungsfunktion zuerkennt,[268] jedoch die herkömmliche Berechnungsmethode u.a. anhand der Kriterien Alter und Betriebszugehörigkeit nicht beanstandet.

IX. Altersgrenzen

1. Allgemeine Altersgrenzen

6.114 Der **EuGH** hat die allgemeinen Altersgrenzen **großzügig anerkannt** und hält daran konsequent fest.[269] Eine solche Altersgrenze diene insbesondere der **generationengerechten Verteilung vorhandener Arbeitsplätze** und damit der „Arbeitsteilung zwischen den Generationen". Das soll so-

---

259 Ähnl. *Grünberger/Sagan*, EuZA 2013, 324 (330).
260 EuGH v. 6.12.2012 – C-152/11 – Odar, NZA 2012, 1435 Rz. 19.
261 EuGH v. 6.12.2012 – C-152/11 – Odar, NZA 2012, 1435 Rz. 42 f.
262 *Willemsen*, RdA 2013, 166 (169).
263 *Willemsen*, RdA 2013, 166 (167).
264 Vgl. *Willemsen*, RdA 2013, 166 (169 f.).
265 *Preis/Temming*, NZA 2010, 185 (197 f.); kritisch auch *Grünberger/Sagan* EuZA 2013, 324 (331); a.A. *Willemsen*, RdA 2013, 166 (170).
266 *Grünberger/Sagan* EuZA 2013, 324 (331 f.).
267 BAG v. 26.3.2013 – 1 AZR 813/11, ArbRB 2013, 237 = NZA 2013, 921 Rz. 37 f.; v. 26.3.2013 – 1 AZR 857/11, DB 2013, 1792 Rz. 29; v. 9.12.2014 – 1 AZR 102/13, ArbRB 2015, 101 = NZA 2015, 365 Rz. 42 f.
268 BAG v. 26.3.2013 – 1 AZR 813/11, ArbRB 2013, 237 = NZA 2013, 921 Rz. 33.
269 EuGH v. 18.11.2010 – C-250/09 u. C-268/09 – Georgiev, Slg. 2010, I-11869 = NZA 2011, 29; v. 21.7.2011 – C-159/10 u. C-160/10 – Fuchs/Köhler, Slg. 2011, I-6919 = NVwZ 2011, 1249.

gar dann gelten, wenn ein Arbeitnehmer im Einzelfall infolge der altersbedingten Beendigung seines Arbeitsverhältnisses auf sozialstaatliche Leistungen angewiesen ist.[270]

Die ständige **Rechtsprechung des BAG** begreift die Altersgrenze als Sachgrund für eine Befristung und zwar nach § 14 Abs. 1 Satz 2 Nr. 6 TzBfG (ein in der Person des Arbeitnehmers liegender Grund)[271] und bejaht konsequent die Zulässigkeit allgemeiner Altersgrenzen in Tarifverträgen[272], Betriebsvereinbarungen[273] bzw. Arbeitsverträgen, die etwa an das Renteneintrittsalter eines berufsständischen Versorgungswerks anknüpfen.[274] Das BAG sieht die Altersgrenzen gem. § 10 Satz 3 Nr. 5 AGG und mit Verweis auf den EuGH als rechtfertigt an, wenn der Arbeitnehmer bei Beendigung des Arbeitsverhältnisses eine Altersrente beanspruchen kann.[275]

6.115

Zwischenzeitlich schien es so, dass der EuGH in der Rechtssache *Palacios de la Villa*[276] lediglich deshalb bereit war, die spanische tarifliche allgemeine Altersgrenze zu rechtfertigen, weil sie die Härten mit einer relativ hohen Mindestrente absicherte. Insbesondere dieser Umstand führte zur Angemessenheit der unmittelbaren Altersdiskriminierung i.S.d. Gleichb-RL. In diese Richtung wies ebenfalls eine Äußerung des am *Palacios de la Villa*-Urteil beteiligten damaligen Präsidenten des EuGH, Skouris: „Altersgrenzen für das Ausscheiden aus dem Arbeitsleben sind ebenso vernünftige wie notwendige Regelungen, die allerdings in angemessener Weise ausgestaltet sein müssen. Wie der Gerichtshof im Fall *Palacios de la Villa* dargelegt hat, kann das bedeuten, dass der Arbeitnehmer bei Erreichung der Altersgrenze eine volle Pension zu bekommen hat."[277] Im konkreten Fall hatte Herr *Palacios de la Villa* die Höchstzahl von 35 Beitragsjahren für die spanische Rentenversicherung erreicht. Seine Altersrente dürfte etwas über 2.000 Euro betragen, was der Höchstrente entspricht.[278]

6.116

Trotz dieser Hinweise verstand das BAG das EuGH-Urteil *Palacios de la Villa* so, dass es **nicht auf die konkrete Rentenhöhe ankomme**.[279] Vielmehr solle die bloße Möglichkeit des Altersrentenbezugs ausreichen. Zudem wurde nicht geprüft, ob die für eine Altersgrenze angegebenen legitimen Rechtfertigungsgründe im konkreten Fall überhaupt vorliegen. Es liege ein sog. *acte clair* vor, so dass der EuGH nicht gem. Art. 267 Abs. 3 AEUV angerufen werden müsse.[280]

6.117

Der EuGH ist in dem Verfahren **Rosenbladt** auf diese Linie eingeschwenkt.[281] Die entscheidende Frage dieses Falles war nach allgemeiner Auffassung,[282] ob die Regelaltersgrenze (hier in einem allgemeinverbindlichen Tarifvertrag) auch bei ersichtlich völlig unzureichender Alterssicherung

6.118

---

270 EuGH v. 12.10.2010 – C-45/09 – Rosenbladt, Slg. 2010, I-9391 Rz. 43 = ArbRB 2010, 327 = NZA 2010, 1167; abl. *Sagan*, ZESAR 2011, 412 (418).
271 BAG v. 18.6.2008 – 7 AZR 116/07, NZA 2008, 1302; v. 27.7.2005 – 7 AZR 443/04, ArbRB 2006, 38 = NZA 2006, 37 m.w.N.
272 BAG v. 8.12.2010 – 7 AZR 438/09, ArbRB 2011, 198 = NZA 2011, 586.
273 BAG v. 5.3.2013 – 1 AZR 417/12, ArbRB 2013, 271 = NZA 2013, 916; v. 13.10.2015 – 1 AZR 853/13, ArbRB 2016, 36 = NZA 2016, 54.
274 BAG v. 25.10.2017 – 7 AZR 632/15, NZA 2018, 507 Rz. 43 ff.
275 BAG v. 5.3.2013 – 1 AZR 417/12, ArbRB 2013, 271 = NZA 2013, 916 Rz. 42 ff.; v. 13.10.2015 – 1 AZR 853/13, ArbRB 2016, 36 = NZA 2016, 54 Rz. 33 ff.
276 EuGH v. 16.10.2007 – C-411/05 – Palacios de la Villa, Slg. 2007, I-8531 = ArbRB 2007, 350 = NZA 2007, 1219.
277 FAZ v. 28.7.2008, S. 4.
278 *Temming*, Anm. zu EzA § 14 TzBfG Nr. 49.
279 BAG v. 18.6.2008 – 7 AZR 116/07, NZA 2008, 1302.
280 BAG v. 18.6.2008 – 7 AZR 116/07, NZA 2008, 1302 Rz. 44, 53.
281 EuGH v. 12.10.2010 – C-45/09 – Rosenbladt, Slg. 2010, I-9391 = ArbRB 2010, 327 = NZA 2010, 1167.
282 S. nur GA *Bot* v. 2.9.2010 – C-250/09 u. C-268/09 – Georgiev, Slg. 2010, I-11869.

zu rechtfertigen ist. Der Gerichtshof hebt das Interesse des deutschen Gesetzgebers hervor, traditionelle Altersgrenzen nicht in Frage zu stellen, die „seit Jahrzehnten unabhängig von den sozialen und demografischen Gegebenheiten sowie der Arbeitsmarktlage weithin angewandt worden seien"[283]. Der EuGH würdigt das Vorbringen der deutschen Regierung, dass die Zulässigkeit von Klauseln über die „automatische Beendigung des Arbeitsverhältnisses bei Erreichen des Rentenalters [...], die auch in etlichen Mitgliedstaaten anerkannt sei, Ausdruck eines in Deutschland seit vielen Jahren bestehenden **politischen und sozialen Konsenses** sei. Dieser Konsens beruhe vor allem auf dem Gedanken einer Arbeitsteilung zwischen den Generationen. Die Beendigung des Arbeitsverhältnisses dieser Beschäftigten komme unmittelbar den jüngeren Arbeitnehmern zugute, indem sie ihre vor dem Hintergrund anhaltender Arbeitslosigkeit schwierige berufliche Integration begünstige. Die Rechte der älteren Arbeitnehmer genössen zudem **angemessenen Schutz**. Die meisten von ihnen wollten nämlich nach Erreichen des Rentenalters nicht länger arbeiten, da ihnen nach dem Verlust ihres Arbeitsentgelts die Rente einen Einkommensersatz biete. Für die automatische Beendigung des Arbeitsverhältnisses spreche zudem, dass Arbeitgeber ihren Beschäftigten nicht unter Führung des Nachweises kündigen müssten, dass diese nicht länger arbeitsfähig seien, was für Menschen fortgeschrittenen Alters demütigend sein könne"[284]. Diese Erwägungen lässt der EuGH unter Hinweis auf die Entscheidung *Palacios de la Villa* als legitimes Ziel ausreichen.[285]

6.119   Vergleichbar **großzügig** ist die Prüfung der **Erforderlichkeit und Angemessenheit** der Regelung. Apodiktisch behauptet der Gerichtshof, dass Altersgrenzen auf das allgemeine Rentenalter „grundsätzlich nicht als eine übermäßige Beeinträchtigung der berechtigten Interessen der betroffenen Arbeitnehmer angesehen werden" können.[286] Pauschal stellt der EuGH darauf ab, dass die Altersgrenzenregelung auch den Umstand berücksichtige, dass den Betroffenen am Ende ihrer beruflichen Laufbahn ein **finanzieller Ausgleich durch einen Einkommensersatz** in Gestalt einer Altersrente zugutekommt.[287] Von ihrer „Angemessenheit" ist keine Rede mehr. Die ersichtlich **unzureichende Altersrente** unterhalb des steuerfinanzierten Sozialhilfeniveaus wird **nicht thematisiert**. Der EuGH verweist nur darauf, dass die Betroffenen nicht dazu gezwungen würden, ganz aus dem Arbeitsmarkt auszuscheiden.[288] Im Ergebnis stellt der EuGH an die Rechtfertigung allgemeiner Altersgrenzen **keine hohen Anforderungen**.[289]

6.120   Diese Rechtsprechung hat der EuGH in der Rs. *Hörnfeldt* bestätigt.[290] Dort hat er auch der allgemeinen Altersgrenze 67 den unionsrechtlichen Segen gegeben und ausdrücklich im Tenor hervorgehoben, dass die **Höhe der Rente**, die ein Einzelner beanspruchen können wird, deren **Rechtfertigung nicht entgegensteht**. Im konkreten Fall hat Herr *Hörnfeldt* – wegen seiner unsteten Erwerbsbiografie – lediglich Anspruch auf eine monatliche Rente i.H.v. 5.847 SEK (= 682,75 Euro).[291] Gegenstand der Überprüfung war das schwedische Recht, das eine ausdrückliche arbeitsrechtliche Altersgrenze 67 enthält. Der Streit drehte sich ausschließlich um die Frage, ob es für die Rechtfertigung der allgemeinen Altersgrenze auf die konkrete Höhe der Altersrente des betroffenen Ar-

---

283 EuGH v. 12.10.2010 – C-45/09 – Rosenbladt, Slg. 2010, I-9391 Rz. 42 = ArbRB 2010, 327 = NZA 2010, 1167; krit. *Nettesheim*, EuZW 2013, 48 (49).
284 EuGH v. 12.10.2010 – C-45/09 – Rosenbladt, Slg. 2010, I-9391 Rz. 43 = ArbRB 2010, 327 = NZA 2010, 1167, Hervorhebungen diesseits.
285 EuGH v. 12.10.2010 – C-45/09 – Rosenbladt, Slg. 2010, I-9391 Rz. 44 = ArbRB 2010, 327 = NZA 2010, 1167.
286 EuGH v. 12.10.2010 – C-45/09 – Rosenbladt, Slg. 2010, I-9391 Rz. 47 = ArbRB 2010, 327 = NZA 2010, 1167.
287 EuGH v. 12.10.2010 – C-45/09 – Rosenbladt, Slg. 2010, I-9391 Rz. 48 = ArbRB 2010, 327 = NZA 2010, 1167.
288 EuGH v. 12.10.2010 – C-45/09 – Rosenbladt, Slg. 2010, I-9391 Rz. 75 = ArbRB 2010, 327 = NZA 2010, 1167.
289 *Bauer/v. Medem*, NZA 2012, 945 (946 f.); *Brors*, RdA 2012, 346 (349).
290 EuGH v. 5.7.2012 – C-141/11 – Hörnfeldt, NZA 2012, 785.
291 Zum Vergleich: Frau *Rosenbladt* bezog lediglich eine gesetzliche Rente i.H.v. 253,19 Euro.

beitnehmers ankommt. Trotz der diskriminierenden Wirkung bestätigt der EuGH seine Linie, dem Gesetzgeber und den Tarifparteien einen **großen Ermessensspielraum** bei der Einführung einer allgemeinen Altersgrenze einzuräumen,[292] und erklärt die **Altersgrenze für rechtmäßig**.[293] Der EuGH tröstet sich selbst über dieses Resultat hinweg, indem er – wie in der Entscheidung *Rosenbladt* – hervorhebt, dass eine entsprechende Altersgrenze den älteren Arbeitnehmer nicht endgültig vom Arbeitsmarkt verdränge.[294] Auch der bisherige Arbeitgeber könne den Arbeitnehmer freiwillig – etwa befristet – über das Rentenalter hinaus weiterbeschäftigen.[295] Somit würden, wie im Fall *Rosenbladt*, in dem sogar sowohl das Rentenalter als auch die Rentenhöhe niedriger waren, die berechtigten Interessen der Arbeitnehmer nicht übermäßig beeinträchtigt.[296]

2. Allgemeine Altersgrenzen im öffentlichen Dienst

Dieselbe Linie verfolgte der EuGH bei allgemeinen Altersgrenzen im öffentlichen Dienst. In der Rechtssache *Georgiev* akzeptierte der EuGH eine Altersgrenze von 68 Jahren für **Professoren**.[297] Dabei sei es ein **legitimes Ziel** der Altersgrenze, Professorenstellen gleichmäßig auf die verschiedenen Generationen zu verteilen und Stellen jüngeren Personen anzubieten.[298] Hinsichtlich der **Angemessenheit und Erforderlichkeit** orientierte sich der EuGH an der Sache *Petersen* und wies auf die **begrenzte Anzahl von Professorenstellen** hin. Daher könne eine Altersgrenze angemessen sein, um die Beschäftigungsziele zu erreichen.[299] Auch hier weist der Gerichtshof aber darauf hin, dass die entsprechende Regelung **kohärent und systematisch** sein müsse.[300]

6.121

Auch in der Rechtssache *Fuchs/Köhler*[301] hat der EuGH eine Altersgrenze – in diesem Fall für **Staatsanwälte** – gebilligt. Die gesetzliche Altersgrenze 65 sei mit der Gleichb-RL vereinbar, „sofern dieses Gesetz zum Ziel hat, eine ausgewogene Altersstruktur zu schaffen, um die Einstellung und die Beförderung von jüngeren Berufsangehörigen zu begünstigen, die Personalplanung zu optimieren und damit Rechtsstreitigkeiten über die Fähigkeit des Beschäftigten, seine Tätigkeit über ein bestimmtes Alter hinaus auszuüben, vorzubeugen, und es die Erreichung dieses Ziels mit angemessenem und erforderlichen Mitteln ermöglicht"[302]. Bei der Wahl dieser Mittel verweist der EuGH auf den bekannten weiten Ermessensspielraum, wobei das Diskriminierungsverbot – „im Licht des in [Art. 15 Abs. 1 GRC] anerkannten Rechts, zu arbeiten" – nicht ausgehöhlt werden dürfe.[303] Dieser (Leer?-)Formel genügt dem Gerichtshof zufolge anscheinend bereits, dass die betreffenden Staatsanwälte außerhalb des Staatsdienstes ohne Altersbeschränkung weiterarbeiten könnten.[304]

6.122

Insoweit besteht keine Kollision zur nationalen Rechtsprechung.[305]

6.123

---

292 EuGH v. 5.7.2012 – C-141/11 – Hörnfeldt, NZA 2012, 785 Rz. 32.
293 EuGH v. 5.7.2012 – C-141/11 – Hörnfeldt, NZA 2012, 785 Rz. 47; zust. *Bauer/v. Medem*, NZA 2012, 945 (947).
294 EuGH v. 5.7.2012 – C-141/11 – Hörnfeldt, NZA 2012, 785 Rz. 40.
295 EuGH v. 5.7.2012 – C-141/11 – Hörnfeldt, NZA 2012, 785 Rz. 41; krit. *Nettesheim*, EuZW 2013, 48 (49).
296 EuGH v. 5.7.2012 – C-141/11 – Hörnfeldt, NZA 2012, 785 Rz. 45.
297 EuGH v. 18.11.2010 – C-250/09 u. C-268/09 – Georgiev, Slg. 2010, I-11869 = NZA 2011, 29.
298 EuGH v. 18.11.2010 – C-250/09 u. C-268/09 – Georgiev, Slg. 2010, I-11869 Rz. 54 = NZA 2011, 29.
299 EuGH v. 18.11.2010 – C-250/09 u. C-268/09 – Georgiev, Slg. 2010, I-11869 Rz. 52 = NZA 2011, 29.
300 EuGH v. 18.11.2010 – C-250/09 u. C-268/09 – Georgiev, Slg. 2010, I-11869 Rz. 56 = NZA 2011, 29.
301 EuGH v. 21.7.2011 – C-159/10 u. C-160/10 – Fuchs/Köhler, Slg. 2011, I-6919 = NVwZ 2011, 1249.
302 EuGH v. 21.7.2011 – C-159/10 u. C-160/10 – Fuchs/Köhler, Slg. 2011, I-6919 Rz. 75 = NVwZ 2011, 1249.
303 EuGH v. 21.7.2011 – C-159/10 u. C-160/10 – Fuchs/Köhler, Slg. 2011, I-6919 Rz. 61 f. = NVwZ 2011, 1249.
304 EuGH v. 21.7.2011 – C-159/10 u. C-160/10 – Fuchs/Köhler, Slg. 2011, I-6919 Rz. 67 = NVwZ 2011, 1249.
305 Zu Beamten etwa BVerwG v. 6.12.2011 – 2 B 85/11, NVwZ 2012, 1052.

3. Besondere Altersgrenzen

6.124 In einer **merkwürdigen Diskrepanz** hierzu stehen Begründung und Ergebnisse der EuGH-Rechtsprechung bei besonderen Altersgrenzen, die das Arbeitsverhältnis vor dem Erreichen der allgemeinen Regelaltersgrenze beenden sollen. Der EuGH entschied – im Gegensatz zum BAG –[306], dass trotz der besonderen physischen und psychischen Anforderungen für Cockpit-Personal die **Flugsicherheit kein legitimes Ziel** i.S.v. Art. 6 Abs. 1 Gleichb-RL darstelle, um eine tarifvertragliche Altersgrenze zu rechtfertigen. Dieser Aspekt werde vielmehr von Art. 2 Abs. 5 Gleichb-RL erfasst. Eine auf die Vollendung des 60. Lebensjahres festgelegte Altersgrenze erachtete der EuGH für unzulässig.[307] Vorgezogene Altersgrenzen in der Luftfahrt waren zu verwerfen.[308] Eine Altersgrenze von 65 Jahren im EU-Sekundärrecht für Piloten im gewerblichen Luftverkehr erklärte der EuGH dagegen für vereinbar mit dem **primärrechtlichen Verbot der Altersdiskriminierung**.[309] Die Schaffung eines einheitlichen hohen Sicherheitsniveaus der europäischen Zivilluftfahrt sei ein Ziel i.S.d. Gemeinwohls i.S.d. Art. 52 Abs. 1 Satz 2 GRC.[310]

6.125 Die tarifvertragliche besondere Altersgrenze ist rigider als ihr öffentlich-rechtliches Pendant, das zum Gefahrenabwehrrecht gehört (vgl. nur § 29 Abs. 1 LuftVG). Trotz der involvierten Rechtsgüter ist das widersprüchlich, insbesondere weil die **tarifvertragliche Altersgrenze nicht flächendeckend** gilt. Es gibt also Piloten, die bis zum Alter von 65 Jahren fliegen, und Piloten, die mit 60 Jahren ausscheiden, obwohl die Begründung zur Rechtfertigung jeweils dieselbe ist. Der **EuGH** prüft **inkohärente Altersgrenzen besonders streng**.

6.126 Die besondere tarifliche Altersgrenze von 60 Jahren war für Piloten und Pilotinnen der Lufthansa in § 19 Abs. 1 Satz 1 MTV Nr. 5a für das Cockpitpersonal bei Lufthansa niedergelegt. Sie stellt gem. §§ 3 Abs. 1, 1 AGG eine **unmittelbare Benachteiligung** wegen des Alters dar. In Anlehnung an die Entscheidung *Petersen*[311] hat der EuGH diese Altersgrenzen an den **strengen Vorgaben des Art. 4 Abs. 1 Gleich-RL** gemessen.[312] Verneint hat der EuGH die Voraussetzungen des Art. 6 Abs. 1 Gleichb-RL, da die besondere Altersgrenze nicht aus den sozialpolitischen Gründen der Beschäftigungspolitik, des Arbeitsmarktes oder der beruflichen Bildung zu rechtfertigen ist (allg. zu den legitimen Zielen des Art. 6 Abs. 1 Gleichb-RL vgl. Rz. 6.24 ff.).[313]

6.127 Die Entscheidung des EuGH in der Rechtssache *Prigge* hat in der nationalen Rechtsprechung bereits massive Auswirkungen gezeigt. Das **BVerwG** fühlte sich in Ansehung der altersgrenzenfreundlichen Rechtsprechung auf der sicheren Seite, und erklärte die Altersgrenze von 71 Jahren für einen öffentlich vereidigten Sachverständigen (hier für die Sachgebiete „EDV

---

306 BAG v. 25.2.1998 – 7 AZR 641/96, NZA 1998, 715; v. 11.3.1998 – 7 AZR 700/96, NZA 1998, 716.
307 EuGH v. 13.9.2011 – C-447/09 – Prigge, Slg. 2011, I-8003 = ArbRB 2011, 291 = NZA 2011, 1039; näher hierzu *Temming*, EuZA 2012, 205.
308 S. die umsetzenden Entscheidungen zu Flugingenieuren: BAG v. 15.2.2012 – 7 AZR 904/08; zu Cockpitpersonal: v. 18.1.2012 – 7 AZR 211/09, NZA 2012, 691 und v. 15.2.2012 – 7 AZR 946/07, NZA 2012, 866; zu Piloten: v. 18.1.2012 – 7 AZR 112/08, ArbRB 2012, 138 = NZA 2012, 575.
309 EuGH v. 5.7.2017 – C-190/16 – Fries, NZA 2017, 897 Rz. 29 ff.; dazu ausf. *Klein*, EuZA 2018, 98; *Sagan*, EuZW 2017, 734.
310 EuGH v. 5.7.2017 – C-190/16 – Fries, NZA 2017, 897 Rz. 42 f.
311 EuGH v. 12.1.2010 – C-341/08 – Petersen, Slg. 2010, I-47 = EuZW 2010, 139.
312 EuGH v. 13.9.2011 – C-447/09 – Prigge, Slg. 2011, I-8003 Rz. 65 ff. = ArbRB 2011, 291 = NZA 2011, 1039.
313 EuGH v. 13.9.2011 – C-447/09 – Prigge, Slg. 2011, I-8003 Rz. 80 ff. = ArbRB 2011, 291 = NZA 2011, 1039; a.A. ArbG Frankfurt v. 14.3.2007 – 6 Ca 7405/06, BB 2007, 1736, das die besondere Altersgrenze an § 10 AGG und damit indirekt an Art. 6 Gleichb-RL prüft, es hätte auch § 8 Abs. 1 AGG und damit indirekt Art. 4 Abs. 1 Gleichb-RL heranziehen können; vgl. statt aller die Nachweise bei *v. Hoff*, BB 2007, 1739.

im Rechnungswesen und Datenschutz" sowie „EDV in der Hotellerie") aus Gründen der Sicherheit des öffentlichen Rechtsverkehrs für wirksam.[314] Das **BVerfG verwarf diese Entscheidung** des BVerwG mit bemerkenswerten Rügen.[315] Das BVerwG habe den Grundsatz des gesetzlichen Richters verletzt, weil es diese Frage nicht dem EuGH vorgelegt habe. Zwar habe die EuGH-Entscheidung *Prigge*, seit der klar sei, dass Altersgrenzen gem. Art. 6 Abs. 1 Gleichb-RL nur noch aus sozialpolitischen Zielen heraus zu rechtfertigen seien, zum Zeitpunkt der Entscheidung des BVerwG noch nicht vorgelegen.[316] Es könne aber auch dahinstehen, ob die Vorlagefrage vom EuGH bereits beantwortet gewesen sei. Denn selbst wenn dem so gewesen sei, „dann jedenfalls nicht in dem vom BVerwG angenommenen Sinne, sondern im Gegenteil [...]".[317] In der Folge hat das BVerwG nicht – wie es angezeigt gewesen wäre – den EuGH um Vorabentscheidung angerufen, sondern wiederum selbst entschieden; diesmal mit umgekehrtem Ergebnis.[318]

Ebenfalls ohne den EuGH anzurufen hat das BVerwG die **Einstellungshöchstaltersgrenze** von 42 Jahren für Beamte in Nordrhein-Westfalen für unionsrechtskonform gehalten.[319] Entsprechend Art. 6 Abs. 1 UAbs. 2 Buchst. c Gleichb-RL (vgl. Rz. 6.30) hat das Gericht als legitimes Ziel akzeptiert, durch die Einstellungshöchstaltersgrenze eine angemessene Beschäftigungszeit vor dem Ruhestand sicherzustellen.[320] Unzureichend ist allerdings die Prüfung der Angemessenheit ausgefallen, bei der das BVerwG lediglich auf den „unionsrechtlich anerkannten weiten Spielraum" verwiesen hat.[321] Demgegenüber hat der EuGH in der Rechtssache *Vital Pérez* die Angemessenheit einer Einstellungshöchstaltersgrenze kritisch überprüft, was etwa die Höhe der Altersgrenze im Vergleich zum Ruhestandseintrittsalter angeht.[322] Alleine deswegen hätte das BVerwG dem EuGH den Fall vorlegen müssen.

6.128

X. Betriebliche Altersversorgung

Das Recht der betrieblichen Altersversorgung fällt in den **Anwendungsbereich der Gleichbehandlungsrahmenrichtlinie**. So sind schon die **Beiträge**, die der Arbeitgeber während des Arbeitsverhältnisses zum Aufbau einer späteren Betriebsrente des Arbeitnehmers abführt, (Arbeits-)„**Entgelt**" i.S.d. Art. 3 Abs. 1 Buchst. c Gleichb-RL i.V.m. Art. 157 Abs. 2 AEUV (vgl. Rz. 6.7).[323] Dasselbe gilt, wenn der Arbeitnehmer selbst Beiträge aus seinem Arbeitsentgelt abführt und die so aufgebaute spätere Betriebsrente vom Arbeitgeber zugesagt wird.[324] Auch die später **ausgezahlte Rente** fällt unter den Begriff des Entgelts. Der EuGH stellt dabei entscheidend darauf ab, ob das Ruhegehalt nur auf Grund des Arbeitsverhältnisses mit dem Arbeitgeber ausgezahlt wird.[325] Dass die Betriebsrente ausschließlich privat finanziert ist, ist das entscheidende **Abgrenzungskriterium zur staatlichen Rente**,[326] auf die die Gleichbehandlungsrahmenrichtlinie gem. Art. 3 Abs. 3 Gleichb-RL **keine Anwendung** findet.

6.129

---

314 BVerwG v. 26.1.2011 – 8 C 46/09, NVwZ 2011, 569.
315 BVerfG v. 24.10.2011 – 1 BvR 1103/11, NZA 2012, 202.
316 BVerfG v. 24.10.2011 – 1 BvR 1103/11, NZA 2012, 202 (203 f.).
317 BVerfG v. 24.10.2011 – 1 BvR 1103/11, NZA 2012, 202 (204).
318 BVerwG v. 1.2.2012 – 8 C 24/11, NJW 2012, 1008.
319 BVerwG v. 11.10.2016 – 2 C 11/15, NVwZ 2017, 481.
320 BVerwG v. 11.10.2016 – 2 C 11/15, NVwZ 2017, 481 Rz. 23.
321 BVerwG v. 11.10.2016 – 2 C 11/15, NVwZ 2017, 481 Rz. 24.
322 EuGH v. 13.11.2014 – C-416/13 – Vital Pérez, NVwZ 2015, 427 Rz. 71.
323 EuGH v. 26.9.2013 – C-476/11 – Kristensen/Experian, EuZW 2013, 951 Rz. 25 ff.
324 S. dazu im deutschen Recht § 1 Abs. 2 Nr. 4 BetrAVG.
325 EuGH v. 1.4.2008 – C-267/06 – Maruko, Slg. 2008, I-1757 Rz. 46 = ArbRB 2008, 337 = NZA 2008, 459, für die Hinterbliebenenrente.
326 Vgl. EuGH v. 1.4.2008 – C-267/06 – Maruko, Slg. 2008, I-1757 Rz. 50 = ArbRB 2008, 337 = NZA 2008, 459.

6.130 Neben den allgemeinen Rechtfertigungsnormen kommt bei Ungleichbehandlungen wegen des Alters im Rahmen eines Systems zur betrieblichen Altersversorgung die spezielle Norm des Art. 6 Abs. 2 Gleichb-RL in Betracht (vgl. Rz. 6.43 ff.). Seit dem Urteil des EuGH in der **Rechtssache *Parris*[327]** ist nicht mehr in Stein gemeißelt, dass diese Ausnahmevorschrift eng auszulegen ist (vgl. Rz. 6.45 f.) und – wie ausdrücklich aufgeführt und hier befürwortet – **Altersgrenzen** lediglich zulässig sind, soweit sie **Voraussetzung für die Mitgliedschaft** oder den **Bezug** von Betriebsrenten sind. Zulässig sind außerdem **Alterskriterien für versicherungsmathematische Berechnungen**.

6.131 Auch im Betriebsrentenrecht zeigt sich, **wie inkonsequent der deutsche Gesetzgeber die Gleichbehandlungsrahmenrichtlinie umgesetzt hat.** Obwohl er ursprünglich erkannte, dass die Auswirkungen des unionsrechtlichen Verbots der Altersdiskriminierung auf die betriebliche Altersversorgung einer sorgfältigen Prüfung bedürfen und es erforderlich machen können, das Betriebsrentengesetz zu novellieren,[328] ist es nicht dazu gekommen. Stattdessen heißt es in **§ 2 Abs. 2 Satz 2 AGG** lediglich, dass für die betriebliche Altersversorgung das Betriebsrentengesetz gilt. Der Wortlaut der Norm und die Gesetzesbegründung[329] deuten darauf hin, dass die betriebliche Altersversorgung nicht vom AGG erfasst werden soll,[330] was allerdings unionsrechtswidrig wäre.[331] Das widerspräche außerdem § 10 Satz 3 Nr. 4 AGG, der Art. 6 Abs. 2 Gleichb-RL entspricht und einen besonderen Rechtfertigungsgrund für Altersdiskriminierungen bei der betrieblichen Altersversorgung enthält, und die Anwendung des AGG auf Betriebsrenten mithin voraussetzt. Das **BAG hat daher zu Recht entschieden**, dass das AGG auf die betriebliche Altersversorgung **Anwendung findet**.[332] § 2 Abs. 2 Satz 2 AGG ist daher **gegenstandslos**[333] und das nationalrechtliche Verbot der Altersdiskriminierung nach den §§ 1 und 7 Abs. 1 und 2 AGG Prüfungsmaßstab für tarifliche, betriebliche[334] und arbeitsvertragliche Versorgungszusagen. Freilich sind diese gesetzlichen Bestimmungen ihrerseits **unionsrechtskonform auszulegen**, so dass die unionsrechtlichen Vorgaben auch insoweit von entscheidender Bedeutung sind.

1. Unverfallbarkeitsalter

6.132 Eine wichtige Regelung im deutschen Betriebsrentenrecht, die nach dem Alter differenziert und die das BAG für rechtmäßig befunden hat,[335] ist das Mindestalter, ab dem eine Versorgungszusage gem. §§ 1b, 30f BetrAVG unverfallbar ist. Diese Vorschriften, nach denen die Beendigung des 21. (§ 1b Abs. 1 Satz 1 u. § 30f Abs. 3 a.E.), 25. (§ 30f Abs. 2 a.E. u. Abs. 3), 30. (§ 30f Abs. 1 a.E. u. Abs. 2) bzw. 35. (§ 30f Abs. 1 Satz 1 BetrAVG) Lebensalters Mindestvoraussetzung für die Unverfallbarkeit ist, stellen eine unmittelbare Diskriminierung wegen des Alters gem. Art. 2 Abs. 2 Buchst. a i.V.m. Art. 1 Gleichb-RL dar.[336]

---

327 EuGH v. 24.11.2016 – C-443/15 – Parris, NZA 2017, 233.
328 BT-Drucks. 15/5717, S. 36.
329 BT-Drucks. 16/1780, S. 32.
330 A.A. BAG v. 11.12.2007 – 3 AZR 249/06, ArbRB 2008, 141 = NZA 2008, 532 Rz. 24.
331 *Steinmeyer*, ZfA 2007, 27 (32); Däubler/Bertzbach/*Schrader/Schubert*, § 2 AGG Rz. 141; vgl. a. Meinel/Heyn/Herms, § 2 Rz. 56; MünchKommBGB/*Thüsing*, § 10 AGG Rz. 27.
332 BAG v. 11.12.2007 – 3 AZR 249/06, ArbRB 2008, 141 = NZA 2008, 532 Rz. 22.
333 Abw. BAG v. 11.12.2007 – 3 AZR 249/06, ArbRB 2008, 141 = NZA 2008, 532 Rz. 25 („Kollisionsregel" zwischen AGG und BetrAVG).
334 Für die Betriebspartner gilt zudem das Diskriminierungsverbot des § 75 Abs. 1 BetrVG, das aber jedenfalls in seinen Tatbestandsvoraussetzungen allgemeiner ist. Zum Verhältnis vgl. Rz. 6.12.
335 BAG v. 28.5.2013 – 3 AZR 635/11, DB 2013, 1973; v. 15.10.2013 – 3 AZR 10/12; für Vereinbarkeit mit der Gleichb-RL auch Meinel/Heyn/Herms, § 10 Rz. 64.
336 BAG v. 28.5.2013 – 3 AZR 635/11, DB 2013, 1973 Rz. 16; v. 15.10.2013 – 3 AZR 10/12, NZA-RR 2014, 87 Rz. 30.

Das Unverfallbarkeitsalter **fällt auch nicht unter Art. 6 Abs. 2 Gleichb-RL** (vgl. Rz. 6.43 ff.), 6.133
das Systeme der betrieblichen Altersversorgung grundsätzlich erfasst. Entgegen dem BAG[337]
deutete die Rechtsprechung des EuGH bislang darauf hin, Art. 6 Abs. 2 Gleichb-RL sehr **eng
auszulegen**[338]. In diesem Fall erlaubt die Norm, wie ausdrücklich genannt, Altersgrenzen lediglich dann, wenn sie Voraussetzung für die Mitgliedschaft in einem System der betrieblichen
Altersversorgung oder den Bezug der Betriebsrente sind. Die Grenzen für die Unverfallbarkeit
wären nach dieser engen – und hier befürworteten – Auslegung keine Altersgrenzen für die
Mitgliedschaft in einem System der betrieblichen Altersversorgung.[339] Sie legen fest, bis wann
ein Arbeitnehmer seine bereits erworbenen Anwartschaften für eine Betriebsrente – in dessen
System er also bereits Mitglied war – auch bei einem Wechsel des Arbeitgebers behält. Somit
sind sie keine generellen Altersgrenzen, bis zu oder ab denen ein Arbeitnehmer Mitglied in einem solchen System werden kann. Plastisch gesprochen, erfasst Art. 6 Abs. 2 Gleichb-RL nur
die Altersgrenzen am Anfang (Voraussetzung zur Mitgliedschaft) oder am Ende (Voraussetzung
für den Bezug der Rente), nicht aber die, die dazwischen liegen. Das hat der EuGH in der Sache
Kristensen/Experian[340] für nach dem Alter gestaffelte Beiträge entschieden und das gilt auch für
die Unverfallbarkeitsgrenzen des BetrAVG.[341] Art. 6 Abs. 2 Gleichb-RL gilt demnach auch nicht
für Regelungen, die eine vermeintlich schwächere Diskriminierung auslösen als die aufgeführten
Altersgrenzen für Mitgliedschaft und Bezug der Leistungen.[342] Ein solcher **Erst-Recht-Schluss**
auf die Zulässigkeit der Unverfallbarkeitsgrenzen ist somit entgegen einer weitverbreiteten Meinung[343] **unzulässig**,[344] jedenfalls, sofern man die strengen Obersätze des EuGH ernst nimmt.
Etwas anderes könnte gelten, sollte der EuGH seine großzügigere Linie aus der Rechtssache
Parris fortsetzen (vgl. Rz. 6.45 f.).

Das **BAG** hält die **Altersgrenzen für die Unverfallbarkeit** auch gem. Art. 6 Abs. 1 Gleichb-RL 6.134
für **gerechtfertigt**.[345] Das Mindestalter für eine Unverfallbarkeit diene der Förderung der betrieblichen Altersversorgung und somit einem **legitimen sozialpolitischen Ziel**, indem dem Arbeitgeber möglicherweise abschreckender Verwaltungsaufwand erspart bleibe.[346] Dazu sei die
Altersgrenze auch ein **angemessenes und erforderliches Mittel**. Das begegnet **erheblichen
Zweifeln**. So ist nicht gesichert, dass der Mehraufwand des Arbeitgebers, auch kleinere Anwartschaften über Jahrzehnte „verwalten" zu müssen, ihn tatsächlich davon abhalten würde, ein System der betrieblichen Altersversorgung einzurichten. Schließlich muss der Arbeitgeber bzw. der
Versorgungsträger alle Anwartschaften über einen längeren Zeitraum verwalten,[347] der zusätzliche Aufwand für kleine Anwartschaften, die sich zudem nicht mehr durch ständige Beiträge
verändern, scheint demgegenüber nicht sehr ins Gewicht zu fallen. Dazu hätte das BAG jedenfalls die Tatsachen besser feststellen können. Es ist also **unklar**, ob die Altersgrenze zur Unver-

---

337 BAG v. 28.5.2013 – 3 AZR 635/11, DB 2013, 1973 Rz. 17; v. 15.10.2013 – 3 AZR 10/12, NZA-RR 2014, 87 Rz. 31, zu diesen Zeitpunkten lag freilich das Urteil EuGH v. 26.9.2013 – C-476/11 – Kristensen/Experian, EuZW 2013, 951 noch nicht vor.
338 EuGH v. 26.9.2013 – C-476/11 – Kristensen/Experian, EuZW 2013, 951 Rz. 46 ff.
339 A.A. BAG v. 28.5.2013 – 3 AZR 635/11, DB 2013, 1973 Rz. 18; v. 15.10.2013 – 3 AZR 10/12 Rz. 32.
340 EuGH v. 26.9.2013 – C-476/11 – Kristensen/Experian, EuzW 2013, 951; dazu ausführlich *Ulber*, EuZA 2014, 202.
341 A.A. in Bezug auf den gleichlautenden § 10 Satz 3 Nr. 4 AGG *Bauer/Krieger/Günther*, § 10 AGG Rz. 37.
342 EuGH v. 26.9.2013 – C-476/11 – Kristensen/Experian, EuZW 2013, 951 Rz. 52.
343 Blomeyer/Rolfs/Otto/*Rolfs*, § 1b BetrAVG Rz. 71b m.w.N.; *Rolfs*, NZA 2008, 553, 555; *Adomeit/Mohr*, ZfA 2008, 449 (464).
344 *Ulber*, EuZA 2014, 202 (209 f.).
345 BAG v. 28.5.2013 – 3 AZR 635/11, NZA 2014, 547 Rz. 26; v. 15.10.2013 – 3 AZR 10/12, NZA-RR 2014, 87 Rz. 37 a.E.
346 BAG v. 28.5.2013 – 3 AZR 635/11, NZA 2014, 547 Rz. 22; v. 15.10.2013 – 3 AZR 10/12, NZA-RR 2014, 87 Rz. 35.
347 Vgl. *Ulber*, EuZA 2014, 202 (216).

fallbarkeit **überhaupt geeignet ist**, die betriebliche Altersversorgung zu fördern. Wenn dem nicht so wäre, würde die Altersgrenze nur dem Arbeitgeber – wenn auch geringen – Mehraufwand ersparen und ein solches nicht im Allgemeininteresse liegende Ziel ist nicht legitim i.S.d. Art. 6 Abs. 1 Gleichb-RL (vgl. Rz. 6.25).[348] Aber selbst wenn diese Voraussetzung erfüllt wäre, bleiben **Zweifel hinsichtlich der Erforderlichkeit und Angemessenheit** der Unverfallbarkeits-Altersgrenzen. Wie das BAG selbst einräumt,[349] verhindern nämlich bereits die gesetzlichen **Unverfallbarkeits*fristen*,** dass kleine Ansprüche entstehen. Außerdem können geringe Anwartschaften gem. § 3 BetrAVG durch eine **Einmalzahlung** abgefunden werden. Angesichts der vom EuGH auch im Rahmen von Art. 6 Abs. 1 Gleichb-RL in ständiger Rechtsprechung praktizierten **engen Auslegung** und seiner **strengen Prüfung des Erforderlichkeitskriteriums** erscheint es daher nicht fernliegend, dass der Gesetzgeber mit den Altersgrenzen zur Unverfallbarkeit über das hinaus gegangen ist, was erforderlich ist, um die betriebliche Altersversorgung zu fördern.[350]

6.135   Dessen ungeachtet hätte das BAG gem. Art. 276 Abs. 3 AEUV den EuGH anrufen sollen. Denn entgegen dem BAG[351] bestanden in dem Fall wie gesehen durchaus **Fragen zur Auslegung des Unionsrechts**, die jedenfalls zum Zeitpunkt der Entscheidung nicht geklärt waren. Das gilt vor allem für Art. 6 Abs. 2 Gleichb-RL, wie die Entscheidung *Kristensen/Experian* dann gezeigt hat. Allerdings berief sich das BAG darauf, dass die Auslegung des Art. 6 Abs. 2 Gleichb-RL nicht entscheidungserheblich sei, da die Altersgrenzen zur Unverfallbarkeit sowieso nach Art. 6 Abs. 1 Gleichb-RL gerechtfertigt seien.[352] Letzteres ist jedoch sehr zweifelhaft und wäre ebenfalls durch den EuGH zu klären gewesen.[353]

2. Altersgrenzen

6.136   Bei **Mindestaltersgrenzen** für die Mitgliedschaft in einem System der betrieblichen Altersversorgung mangelt es an einem **legitimen Ziel**, wenn die Betriebsrente **arbeitnehmerfinanziert** ist. Das geht insbesondere aus der gesetzlichen Wertung in den §§ 1a, 1b Abs. 5 BetrAVG hervor, die für den Anspruch auf Entgeltumwandlung und dessen Unverfallbarkeit gerade kein Mindestalter vorsehen.[354] Bei **arbeitgeberfinanzierten Versorgungen** soll dies anders sein, weil der Arbeitgeber ein Interesse daran habe, die Betriebstreue jüngerer Arbeitnehmer nicht mit einer Versorgungsanwartschaft zu honorieren.[355] Dieses Argument ist **altersdiskriminierend**.[356] Auch das Ziel, die Kleinstanwartschaften zu vermeiden, kann die Mindestaltersgrenzen nicht rechtfertigen (vgl. Rz. 6.134).

6.137   Bei **Höchstaltersgrenzen** besteht nach allgemeiner Ansicht jedenfalls bei beitragsorientierten Versorgungssystemen, bei denen die Leistung aufgrund versicherungsmathematischer Berechnungen ermittelt werden kann, **kein zulässiger Grund** für eine Unterscheidung aufgrund des Alters.[357] Aber auch bei leistungsorientierten Versorgungen ist eine Altershöchstgrenze **nicht erforderlich**, denn die Tatsache, dass ältere Arbeitnehmer ihre Anwartschaft nur über einen

---

348 S. auch *Preis*, BetrAV 2010, 513 (514).
349 BAG v. 28.5.2013 – 3 AZR 635/11, NZA 2014, 547 Rz. 23; v. 15.10.2013 – 3 AZR 10/12, NZA-RR 2014, 87 Rz. 36.
350 Vgl. bereits *Preis*, BetrAV 2010, 513 (514); zustimmend Uckermann/Fuhrmanns/Ostermayer/Doetsch/*Axler*, § 1b BetrAVG Rz. 15; zweifelnd auch *Ulber*, EuZA 2014, 202 (215 f.).
351 BAG v. 28.5.2013 – 3 AZR 635/11, NZA 2014, 547 Rz. 27; v. 15.10.2013 – 3 AZR 10/12, NZA-RR 2014, 87 Rz. 38.
352 BAG v. 28.5.2013 – 3 AZR 635/11, NZA 2014, 547 Rz. 32.
353 Vgl. *Ulber*, EuZA 2014, 202 (216).
354 *Adomeit/Mohr*, ZfA 2008, 449 (466); *Preis*, BetrAV 2010, 513 (514); *Rolfs*, NZA 2008, 553 (556).
355 *Rolfs*, NZA 2008, 553 (556).
356 *Preis*, BetrAV 2010, 513 (514).
357 *Adomeit/Mohr*, ZfA 2008, 449 (466).

kurzen Zeitraum finanzieren können, kann ausgeglichen werden, indem das **Versorgungsniveau angepasst** wird. Der **vollständige Ausschluss** älterer Arbeitnehmer aus dem Versorgungswerk ist somit **nicht erforderlich**.[358]

Das **BAG** erkennt Altersgrenzen in betrieblichen Vorsorgesystemen dagegen relativ großzügig an. Bei der Verhältnismäßigkeitsprüfung, die es – über die EuGH-Rechtsprechung zu Art. 6 Abs. 2 Gleichb-RL hinausgehend[359] – auch im Rahmen des § 10 Satz 3 Nr. 4 AGG vornimmt, akzeptiert das Gericht als **legitimes Ziel** von Altersgrenzen, die Leistungspflichten des Versorgungsschuldners zu begrenzen und eine verlässliche Kalkulationsgrundlage zu schaffen[360]. Im Rahmen der **Angemessenheit und Erforderlichkeit** gewährt das BAG dem Arbeitgeber bei der Ausgestaltung der ursprünglich „freiwilligen" Vorsorgeleistung einen weiten Ermessensspielraum. Dieser ist durch Altersgrenzen – auch angesichts der Entgeltfunktion der betrieblichen Altersversorgung – lediglich dann überschritten, wenn die Zeit, in der ein Arbeitnehmer wegen der Altersgrenze nicht Mitglied des Vorsorgesystems sein bzw. keine Anwartschaften aufbauen kann, relativ zur Dauer des gesamten Erwerbslebens zu sehr ins Gewicht fällt.[361]

6.138

Gebilligt hat das BAG nach diesem Maßstab eine **Mindestaltersgrenze** von 17 Jahren[362] sowie **Höchstaltersgrenzen** von 50 (ausdrücklich[363] bzw. faktisch[364]), 60[365] und 63[366] Jahren. Eine **Höchstaltersgrenze von 55 Jahren** mit einer zehnjährigen Wartezeit sah es dagegen als **unwirksam** an.[367] Eine solche Altersgrenze sei nicht gem. § 10 Satz 1 und 2, Satz 3 Nr. 4 AGG gerechtfertigt, da sie nicht angemessen sei. In Verbindung mit der Wartezeit führe sie dazu, dass ab Vollendung des 45. Lebensjahres, also während eines beträchtlichen Teils eines Erwerbslebens, keine Anwartschaften aufgebaut werden könnten.[368]

6.139

3. Ratierliche Berechnung

Eine ebenfalls auf das Alter abstellende Regelung ist die ratierliche Berechnung der Höhe einer unverfallbaren Anwartschaft aus einer leistungsorientierten Direktzusage nach dem sog. m/n-tel Prinzip gem. § 2 Abs. 1 BetrAVG. Der Umfang, in dem die Versorgungszusage nach dieser Vorschrift gekürzt wird, hängt davon ab, in welchem Lebensalter des Arbeitnehmers die Versorgungszusage bestanden hat. Tritt der Versorgungsfall etwa mit der Vollendung des 65. Lebensjahres ein, erhält ein Arbeitnehmer, dessen Arbeitsverhältnis vom 25. bis zum 35. Lebensjahr bestanden hat, 10/40 des Vollanspruchs; ein Arbeitnehmer, dessen Arbeitsverhältnis vom

6.140

---

358 *Preis*, BetrAV 2010, 513 (514); abw. *Rengier*, NZA 2006, 1251 (1255); *Rolfs*, NZA 2008, 553 (556).
359 S. insb. EuGH v. 16.6.2016 – C-159/15 – Lesar, ArbRB 2016, 204 = NZA 2016, 879 Rz. 30 f., wo der EuGH eine Mindestaltersgrenze von 18 Jahren als gem. Art. 6 Abs. 2 Gleichb-RL gerechtfertigt ansah.
360 BAG v. 26.9.2017 – 3 AZR 72/16, NZA 2018, 315 Rz. 49; v. 17.10.2017 – 3 AZR 199/16, NZA 2018, 376 Rz. 22; v. 26.4.2018 – 3 AZR 19/17, NZA 2018, 1006 Rz. 35.
361 BAG v. 12.2.2013 – 3 AZR 100/11, ArbRB 2013, 178 = NJW 2013, 2540 Rz. 31; v. 7.9.2013 – 3 AZR 686/11, NZA 2014, 33 Rz. 23 f.; v. 12.11.2013 – 3 AZR 356/12, ArbRB 2014, 141 = NZA 2014, 848 Rz. 28; v. 18.3.2014 – 3 AZR 69/12, ArbRB 2014, 174 = NZA 2014, 606 Rz. 26; v. 26.9.2017 – 3 AZR 72/16, NZA 2018, 315 Rz. 55; v. 17.10.2017 – 3 AZR 199/16, NZA 2018, 376 Rz. 24; v. 26.4.2018 – 3 AZR 19/17, NZA 2018, 1006 Rz. 40.
362 BAG v. 26.9.2017 – 3 AZR 72/16, NZA 2018, 315.
363 BAG v. 12.11.2013 – 3 AZR 356/12, ArbRB 2014, 141 = NZA 2014, 848.
364 BAG v. 12.2.2013 – 3 AZR 100/11, ArbRB 2013, 178 = NJW 2013, 2540 m. zust. Anm. *Rolfs*.
365 BAG v. 17.10.2017 – 3 AZR 199/16, NZA 2018, 376; ebenso die Höchstaltersgrenze von 60 Jahren für die Gewährung von Versorgungs*beiträgen* während des Arbeitsverhältnisses, s. BAG v. 26.4.2018 – 3 AZR 19/17, NZA 2018, 1006 Rz. 38 ff.
366 BAG v. 7.9.2013 – 3 AZR 686/11, NZA 2014, 33.
367 BAG v. 18.3.2014 – 3 AZR 69/12, ArbRB 2014, 174 = NZA 2014, 606.
368 BAG v. 18.3.2014 – 3 AZR 69/12, ArbRB 2014, 174 = NZA 2014, 606 Rz. 27.

45. bis zum 55. Lebensjahr bestand, erhält hingegen 10/20. Ob eine Benachteiligung wegen des Alters vorliegt, entscheidet sich danach, ob die Höhe der Anwartschaft aufgrund des Lebensalters vermindert wird. Das wiederum hängt von der **jeweiligen Versorgungszusage** ab. Macht eine Versorgungszusage die Höhe der Leistung allein von der **Betriebszugehörigkeit** abhängig und sieht für jedes Dienstjahr einen **festen Betrag** vor, erwerben alle Arbeitnehmer unabhängig von ihrem Lebensalter gleich hohe Anwartschaften. Der höhere Kürzungsfaktor, der bei jüngeren Arbeitnehmern gem. § 2 Abs. 1 BetrAVG zur Anwendung kommt, wird aufgrund des höheren Vollanspruchs ausgeglichen, der ihnen bei einer hypothetischen Fortsetzung ihres Arbeitsverhältnisses bis zum Erreichen der Altersgrenze zugestanden hätte.[369]

6.141 Anders liegen die Dinge, wenn die Versorgungszusage mit einer **Höchstbegrenzung anrechnungsfähiger Dienstjahre** kombiniert wird. Soweit keine abweichende Vereinbarung getroffen wurde, ist § 2 Abs. 1 BetrAVG nach der Rechtsprechung des BAG bei einer vorzeitigen Beendigung des Arbeitsverhältnisses auch dann anzuwenden, wenn ein Arbeitnehmer bei seinem vorzeitigen Ausscheiden bereits eine Anwartschaft mit dem Höchstbetrag erworben hat. In dieser Konstellation führt § 2 Abs. 1 BetrAVG dazu, dass der **Umfang** der Kürzung davon abhängt, **in welchem Lebensalter der Arbeitnehmer die Anwartschaft erworben** hat.

6.142 Der **Rechtsprechung** zufolge knüpft § 2 Abs. 1 BetrAVG an das „allgemein akzeptierte Verständnis der betrieblichen Altersversorgung" an.[370] Demnach werde die betriebliche Altersversorgung als Gegenleistung für die gesamte Betriebszugehörigkeit bis zum Erreichen der festen Altersgrenze angesehen.[371] § 2 Abs. 1 BetrAVG diene so der **Verbreitung der betrieblichen Altersversorgung**, was ein **legitimes Ziel** i.S.d. Art. 6 Abs. 1 Gleichb-RL sei.[372] Somit stellt das BAG auf eine **Betriebstreue während des gesamten Arbeitslebens** ab, die aber – wie es selbst einräumt –[373] schon länger nicht mehr der Regelfall ist. Selbst wenn man jedoch davon ausgeht, dass § 2 Abs. 1 BetrAVG ein legitimes Ziel verfolgt und tatsächlich geeignet ist, dieses zu fördern, ist die Regelung **jedenfalls nicht erforderlich**, wenn sie in Verbindung mit einer Begrenzung der anrechnungsfähigen Dienstzeit steht. Wenn nämlich die Betriebstreue honoriert werden soll, ist es nicht erforderlich, das Alter des Arbeitnehmers in die Berechnung der Leistung miteinzubeziehen und so **jüngere Beschäftigte zu benachteiligen**. Vielmehr reicht es aus, alleine an die **Betriebszugehörigkeit** anzuknüpfen. Darüber hinaus kommt die m/n-tel Kürzung nach § 2 Abs. 1 BetrAVG nicht nur zur Anwendung, wenn der Arbeitnehmer das Arbeitsverhältnis kündigt, sondern auch dann, wenn das Arbeitsverhältnis ohne Zutun des Arbeitnehmers aufgrund einer arbeitgeberseitigen Kündigung beendet wird. Der Behauptung, dass ein jüngerer Arbeitnehmer auch in diesem Fall die Betriebstreue stärker verletze als ein älterer, **mangelt es** daher bereits **an der inneren Kohärenz**, die der EuGH für die Rechtfertigung einer Ungleichbehandlung wegen Alters voraussetzt.[374]

4. Altersabstandsklauseln

6.143 Altersabstandsklauseln,[375] die Leistungen der Hinterbliebenenvorsorge ab einer bestimmten Altersdifferenz zwischen den Eheleuten ausschließen, **benachteiligen Arbeitnehmer unmittelbar**

---

369 BAG v. 19.7.2011 – 3 AZR 434/09, ArbRB 2012, 15 = NZA 2012, 155 Rz. 33; *Preis*, BetrAV 2010, 513 (515).
370 BAG v. 11.12.2012 – 3 AZR 634/10, NZA 2013, 564 Rz. 36.
371 BAG v. 11.12.2012 – 3 AZR 634/10, NZA 2013, 564 Rz. 36; v. 19.7.2011 – 3 AZR 434/09, ArbRB 2012, 15 = NZA 2012, 155 Rz. 43.
372 BAG v. 11.12.2012 – 3 AZR 634/10, NZA 2013, 564 Rz. 36; v. 19.7.2011 – 3 AZR 434/09, ArbRB 2012, 15 = NZA 2012, 155 Rz. 45.
373 BAG v. 11.12.2012 – 3 AZR 634/10, NZA 2013, 564 Rz. 37; v. 19.7.2011 – 3 AZR 434/09, ArbRB 2012, 15 = NZA 2012, 155 Rz. 47.
374 *Preis*, BetrAV 2010, 513 (515).
375 Hierzu *Preis/Temming*, NZA 2008, 1209 (1215 f.).

aufgrund ihres Alters.[376] Das lässt sich nicht mit dem Argument rechtfertigen, dass ein jüngerer Ehepartner für sich selbst aufkommen kann.[377] Denn darin liegt **kein anerkanntes Ziel**, das für die Rechtfertigung der Ungleichbehandlung notwendig ist. Lediglich die **finanzielle Belastung**, die mit der Versorgung junger Ehepartner verbunden ist, vermag die Einschränkung von Versorgungsleistungen unter dem Gesichtspunkt der finanziellen Stabilität des betrieblichen Versorgungssystems zu rechtfertigen, da hieran ein allgemeines Interesse besteht.[378] Dennoch ist der **vollständige Ausschluss** betrieblicher Rentenleistungen aus diesem Grund **entgegen der Ansicht des BAG**, das einen Höchstaltersabstand von 15 Jahren für gerechtfertigt gehalten hat,[379] **weder angemessen noch erforderlich**. Es gibt Klauseln, die einerseits das legitime Interesse an einer zeitlichen Begrenzung der finanziellen Belastungen berücksichtigen, sich aber andererseits gegenüber dem überlebenden Partner milder auswirken.[380] Ein absoluter Ausschluss einer Hinterbliebenenversorgung ist nicht erforderlich, um das vom BAG als legitim erkannte Ziel von Altersabstandsklauseln zu erreichen. Sie sollen demnach verhindern, dass der Arbeitgeber das „bereits strukturell im Lebenszuschnitt des Arbeitnehmers angelegte Risiko" tragen muss, dass „der jüngere Ehepartner einen größeren Zeitabschnitt seines Lebens ohne die an die Einkommenssituation des versorgungsberechtigten Arbeitnehmers gekoppelten Versorgungsmöglichkeiten erleben wird".[381] Dieses Ziel wird ebenso wirksam erreicht, wenn die Klausel die Hinterbliebenenversorgung für die von der Altersabstandsklausel vorausgesetzte Zeit ruhend stellt.[382] Sie könnte wie folgt lauten:[383]

Ist der überlebende Ehe- oder Lebenspartner[384] eines Mitarbeiters, der nach dem Erwerb einer unverfallbaren Versorgungsanwartschaft verstorben ist, mindestens 15 Jahre jünger als dieser Mitarbeiter, ruht der Anspruch auf [Hinterbliebenenversorgung] nach seiner erstmaligen Entstehung für einen Zeitraum, der dem in vollen Monaten berechneten Altersunterschied zwischen dem Mitarbeiter und dessen Ehe- oder Lebenspartner abzgl. von 180 Monaten entspricht.

In jedem Fall hätte das BAG die Frage nach der Vereinbarkeit von Altersabstandsklauseln mit der Gleichb-RL dem EuGH **vorlegen müssen**. Ein lapidarer, kontextloser Verweis auf die vom EuGH betonte Letztentscheidungsbefugnis der nationalen Gerichte in Bezug auf die Bewertung des legitimen Ziels i.S.d. Art. 6 Abs. 1 Gleichb-RL[385] ändert daran nichts.[386]

5. Spätehenklauseln

Bei sog. Spätehenklauseln werden Leistungen der Hinterbliebenenversorgung ausgeschlossen, wenn die Ehe **nach einem bestimmten Höchstalter** des Arbeitnehmers oder nach dem Eintritt des Versorgungsfalls geschlossen wurde. Dabei wird auf das Lebensalter des Arbeitnehmers im Zeitpunkt des Eheschlusses abgestellt und dieser mithin **unmittelbar** aufgrund seines Alters **benachteiligt**.[387]

6.144

---

376 BAG v. 20.2.2018 – 3 AZR 43/17, ArbRB 2018, 172 = NZA 2018, 712 Rz. 19; s. bereits *Preis*, BetrAV 2010, 513 (515).
377 S. bereits *Preis*, BetrAV 2010, 513 (515); a.A. *Adomeit/Mohr*, ZfA 2008, 449 (467).
378 *Preis*, BetrAV 2010, 513 (515).
379 BAG v. 20.2.2018 – 3 AZR 43/17, ArbRB 2018, 172 = NZA 2018, 712 Rz. 31 ff.; zust. *Thüsing*, EWiR 2018, 347 f.
380 GAin *Sharpston* v. 22.5.2008 – C-427/06 – Bartsch, Slg. 2008, I-7245 Rz. 121.
381 BAG v. 20.2.2018 – 3 AZR 43/17, ArbRB 2018, 172 = NZA 2018, 712 Rz. 32.
382 A.A. BAG v. 20.2.2018 – 3 AZR 43/17, ArbRB 2018, 172 = NZA 2018, 712 Rz. 34; *Thüsing*, EWiR 2018, 347, 348.
383 Vgl. bereits *Preis/Temming*, NZA 2008, 1209, 1216; *Preis*, BetrAV 2010, 513 (515 f.).
384 Eine eingetragene Lebenspartnerschaft gem. LPartG bleibt auch nach Aufnahme der gleichgeschlechtlichen Ehe in § 1353 Abs. 1 BGB möglich.
385 BAG v. 20.2.2018 – 3 AZR 43/17, ArbRB 2018, 172 = NZA 2018, 712 Rz. 36.
386 A.A. *Thüsing*, EWiR 2018, 347, 348.
387 Abw. LAG BW v. 12.11.2009 – 11 Sa 41/09, BetrAV 2010, 292 Rz. 36.

Das **BAG** sieht jedenfalls in dem Teil der Spätehenklausel, nach dem eine Hinterbliebenenversorgung ausgeschlossen sein soll, wenn die Ehe zu einem Zeitpunkt geschlossen wurde, zu dem der Arbeitnehmer bereits Leistungen erhielt, **lediglich eine mittelbare Benachteiligung** wegen des Alters.[388] Dem ist jedenfalls dann **nicht zuzustimmen**, wenn es sich um eine Alters- und nicht um eine Invalidenrente handelt. Denn auch wenn der Ausschluss der Hinterbliebenenversorgung nicht ausdrücklich an ein bestimmtes Alter gekoppelt ist, ist doch der Beginn der Leistungserbringung als Anknüpfungspunkt **unmittelbar mit einer Altersgrenze verbunden**. Somit liegt auch darin eine **unmittelbare Benachteiligung wegen des Alters**. Dagegen zu Recht nimmt das BAG lediglich eine **mittelbare Benachteiligung** wegen des Alters i.S.d. § 3 Abs. 2 AGG an, wenn eine Hinterbliebenenversorgung für den Fall ausgeschlossen wird, in dem die **Ehe nach Beendigung des Arbeitsverhältnisses** geschlossen wird.[389]

6.145 Die Rechtsprechung des BAG zur Zulässigkeit von Spätehenklauseln hat bewegte Jahre hinter sich: 2015 hat das BAG eine Spätehenklausel wegen Verstoßes gegen das Verbot der Altersdiskriminierung gem. § 7 Abs. 2 AGG für unwirksam erklärt,[390] nachdem es die Klauseln zuvor mit dem Argument gerechtfertigt hatte, der **Arbeitgeber könne frei bestimmen**, für welche Versorgungsfälle er Leistungen zusage und wie hoch die Leistungen sein sollen[391]. Im Anschluss an das – wenig überzeugende – EuGH-Urteil in der Rechtssache *Parris*[392] sah sich das BAG 2017 gezwungen, seine neuere Rechtsprechung wieder aufzugeben, und erklärte eine Spätehenklausel wiederum für gem. § 10 Satz 3 Nr. 4 AGG für gerechtfertigt.[393]

6.146 Wie Altersabstandsklauseln lassen sich Spätehenklausel grundsätzlich mit dem **Ziel** rechtfertigen, die **finanziellen Lasten** des Arbeitgebers bzw. Versorgungsträgers **zu begrenzen**, um die **Stabilität des betrieblichen Versorgungssystems** zu sichern. Allerdings ist nicht jede „späte Ehe" eine Versorgungsehe, die einen Ausschluss aller Hinterbliebenenleistungen rechtfertigt.[394] Vielmehr kann das versicherungsmathematische Risiko, das mit Spätehen verbunden ist, – ebenso wie bei Altersabstandsklauseln – durch ein **zeitweiliges Ruhen** der Hinterbliebenenversorgung kompensiert werden. Eine entsprechende Klausel könnte lauten:[395]

> *Geht der Arbeitnehmer nach Vollendung des 60. Lebensjahres [nach Eintritt des Versorgungsfalles] eine Ehe oder eine eingetragene Lebenspartnerschaft ein, ruht der Anspruch auf [Hinterbliebenenversorgung] nach seiner erstmaligen Entstehung für die Dauer von 60 Monaten.*

6. Nach dem Alter gestaffelte Beiträge

6.147 Eine **Staffelung der Beiträge** in einem System der betrieblichen Altersversorgung in dem Sinne, dass die Beiträge mit dem Lebensalter des Arbeitnehmers steigen, kann **nach dem EuGH** gem. Art. 6 Abs. 1 Gleichb-RL grundsätzlich **zulässig** sein.[396] So sind etwa die damit verfolgten Ziele, älteren Arbeitnehmern zu ermöglichen, auch in kürzerer Zeit eine angemessene Altersversorgung aufzubauen und jüngere Arbeitnehmer bereits in die betriebliche Altersversorgung zu integrieren, ihnen aber einen größeren Teil ihres Gehalts zu belassen, **legitim** i.S.d. Art. 6 Abs. 1 Gleichb-RL.[397]

---

388 BAG v. 15.10.2013 – 3 AZR 707/11, juris Rz. 36; v. 15.10.2013 – 3 AZR 294/11, ArbRB 2014, 205 Rz. 28.
389 BAG v. 20.4.2010 – 3 AZR 509/08, NZA 2011, 1092 Rz. 65.
390 BAG v. 4.8.2015 – 3 AZR 137/13, NZA 2015, 1447.
391 BAG v. 15.10.2013 – 3 AZR 294/11, ArbRB 2014, 205 Rz. 31 f.; v. 15.10.2013 – 3 AZR 653/11, NZA 2014, 308 Rz. 37; v. 15.10.2013 – 3 AZR 707/11, juris Rz. 39 f.
392 EuGH v. 24.11.2016 – C-443/15 – Parris, NZA 2017, 233.
393 BAG v. 14.11.2017 – 3 AZR 781/16, BetrAV 2018, 151 Rz. 28 ff.; dazu *Spinner*, EuZA 2018, 221 (225, 234).
394 *Preis*, BetrAV 2010, 513 (516); wohl auch *Adomeit/Mohr*, ZfA 2008, 449 (467).
395 *Preis*, BetrAV 2010, 513 (516).
396 EuGH v. 26.9.2013 – C-476/11 – Kristensen/Experian Rz. 69 = EuZW 2013, 951; s. dazu auch *Ulber*, EuZA 2014, 202 (211 f.).
397 EuGH v. 26.9.2013 – C-476/11 – Kristensen/Experian Rz. 62 = EuZW 2013, 951.

Nach dem bereits im Urteil *Palacios de la Villa* etablierten Maßstab ist die Staffelung der Beiträge für den EuGH darüber hinaus „nicht unvernünftig" und somit grundsätzlich geeignet i.S.d. Art. 6 Abs. 1 Gleichb-RL, um die Ziele zu erreichen.[398] Die Frage, ob die Staffelung **im Einzelfall** auch **kohärent und systematisch** umgesetzt und dazu **erforderlich und angemessen** ist, überlässt der EuGH allerdings dem **nationalen Gericht**.[399] Dieses soll die **Vor- und Nachteile**, die sich aus dem System der betrieblichen Altersversorgung für den Arbeitnehmer ergeben, **gegeneinander abwägen**.[400]

XI. Fazit

Das Verbot der Altersdiskriminierung hat eine sprunghafte Karriere hinter sich und ist weiter in Bewegung. So hat der **Einfluss des Unionsrechts** durchaus an einigen Stellen zur Reflexion über das tradierte Unterscheidungsmerkmal Alter geführt. Anfängliche Aufregung und Hoffnung sind mittlerweile allerdings angesichts der teilweise inkonsequenten, sehr einzelfallabhängigen EuGH-Rechtsprechung einiger **Ernüchterung** gewichen. Erratisch bahnt sich das unionsrechtliche Verbot einen Weg, changierend zwischen strenger und weniger strenger Verhältnismäßigkeitsprüfung. Der **deutsche Gesetzgeber** hat sich einer durchdachten Umsetzung bislang verweigert. Das **BAG** verhält sich in den meisten Fällen abwartend konservativ und weigert sich zu oft, die Fragen dem EuGH vorzulegen.

6.148

Gesetzgeber und Rechtsprechung werden sich darauf einstellen müssen, weitere **Korrekturen im Arbeitsrecht** vorzunehmen. Größtenteils dürfte dieser **Druck vom Unionsrecht** und damit vom EuGH ausgehen. Ein Beschluss des BVerfG zur Stärkung des Individualrechtsschutzes im Falle des Unterlassens der Vorlageverpflichtung gem. Art. 267 Abs. 3 AEUV deutet mittelbar darauf hin, dass auch die Karlsruher Richter diese Rollen- und Aufgabenzuweisung auf dem Gebiet der Altersdiskriminierung wollen.[401]

6.149

Der Versuch, Fragen des Arbeits- und Sozialversicherungsrechts im Hinblick auf die Erwerbsbeteiligung älterer Arbeitnehmer nachhaltig und **zukunftsgerichtet** zu denken,[402] und den Gesetzgeber zu notwendigen Korrekturen zu bewegen, ist allerdings bislang ungehört verhallt.

---

[398] EuGH v. 26.9.2013 – C-476/11 – Kristensen/Experian Rz. 66 = EuZW 2013, 951.
[399] EuGH v. 26.9.2013 – C-476/11 – Kristensen/Experian Rz. 68 = EuZW 2013, 951.
[400] EuGH v. 26.9.2013 – C-476/11 – Kristensen/Experian Rz. 68 = EuZW 2013, 951; *Ulber*, EuZA 2014, 202 (212).
[401] BVerfG v. 25.2.2010 – 1 BvR 230/09, ArbRB 2010, 103 = NZA 2010, 439; Anm. *Temming*, ZESAR 2010, 277.
[402] *Preis*, DJT-Gutachten, 2008; dazu *Kohte*, AnwBl. 2008, 575; *Waltermann*, NJW 2008, 2529; *Rolfs/Witschen*, JURA 2008, 641; *Rieble*, JZ 2008, 811.

§ 7
Arbeitszeit

I. Einleitung	7.1
1. Zweck der Richtlinie	7.2
2. Entstehungsgeschichte	7.4
a) 1. Phase: Begrenzung von Sozialkostenwettbewerb zwischen den Mitgliedstaaten	7.5
b) 2. Phase: Arbeitsmarktpolitische Zielsetzung	7.7
c) 3. Phase: Gesundheitsschutz	7.11
d) Richtlinie 93/104/EG	7.15
e) Richtlinie 2000/34/EG	7.21
f) Richtlinie 2003/88/EG	7.25
g) Die Entwicklung der Rechtsprechung des EuGH	7.27
3. Umsetzung in Deutschland	7.30
4. Rechtsquellen des Europäischen Arbeitszeitrechts	7.31
a) Völkerrecht	7.32
b) Primärrecht	7.37
aa) Art. 153 Abs. 1 Buchst. a AEUV	7.37
bb) Art. 31 Abs. 2 GRC	7.38
cc) Art. 151 AEUV	7.42
c) Sekundärrecht	7.43
II. Ermächtigungsgrundlage für die Arbeitszeitrichtlinie	7.44
III. Anwendungsbereich	7.50
1. Anwendungsbereich der Arbeitszeitrichtlinie	7.52
a) Sachlicher Anwendungsbereich	7.52
b) Persönlicher Anwendungsbereich	7.58
c) Ausnahmen und Einschränkungen	7.60
aa) Arbeitszeit für Seeleute	7.60
bb) Einschränkungen nach Art. 14, 17–21 ArbZ-RL	7.67
2. Verhältnis zu anderen Rechtsgrundlagen (Art. 14 ArbZ-RL)	7.69
a) Subsidiaritätsprinzip	7.70
b) Mobile Arbeitnehmer	7.71
aa) Straßenverkehr	7.74
bb) Flugpersonal	7.81
cc) Personal im grenzüberschreitenden Eisenbahnverkehr	7.83
c) Mutterschutzrichtlinie	7.84
d) Jugendarbeitsschutzrichtlinie	7.87
e) Arbeitsschutzrahmenrichtlinie	7.92
3. Keine Regelung der Vergütung	7.93
IV. Mindestruhezeiten und wöchentliche Höchstarbeitszeit	7.94
1. Arbeitszeitbegriff der Arbeitszeitrichtlinie	7.97
a) Arbeitszeitbegriff als autonomer Begriff des Unionsrechts	7.98
b) Arbeitszeit i.S.d. Art. 2 Nr. 1 ArbZ-RL	7.102
aa) Begriffsbildung des EuGH	7.104
bb) Bewertung	7.107
cc) Folgen der Rechtsprechung des EuGH	7.113
c) Sonderproblem: Arbeitsbereitschaft, Bereitschaftsdienst und Rufbereitschaft	7.116
aa) Arbeitsbereitschaft und Bereitschaftsdienst	7.119
(1) Anwesenheit am Arbeitsplatz	7.122
(2) Inaktive Zeiten	7.129
bb) Rufbereitschaft	7.134
d) Grenzfälle	7.138
2. Ruhezeitbegriff	7.140
3. Mindestruhezeiten und Höchstarbeitszeit	7.147
a) Tägliche Arbeitszeit und tägliche Ruhezeiten	7.148
b) Wöchentliche Höchstarbeitszeit und wöchentliche Ruhepausen	7.159
aa) Wöchentliche Höchstarbeitszeit	7.159
bb) Unmittelbare Anwendbarkeit	7.163
cc) Wöchentliche Ruhezeit	7.166
c) Bezugszeiträume für die Ruhezeiten und die wöchentliche Höchstarbeitszeit	7.169
aa) Durchschnittliche wöchentliche Höchstarbeitszeit	7.170
bb) Tägliche Mindestruhezeit	7.175
cc) Wöchentliche Ruhezeit	7.176
4. Informationspflichten	7.178
V. Ruhepausen	7.179
VI. Nachtarbeit und Schichtarbeit	7.183
1. Begriffsbestimmungen	7.186
2. Nachtarbeit	7.192
a) Tägliche Höchstarbeitszeit	7.192
b) Ausgleichszeiträume	7.195
c) Weitere Schutzvorschriften	7.201
3. Schichtarbeit	7.219
VII. Abweichungsmöglichkeiten und Ausnahmen	7.221
1. Auslegungsgrundsätze des EuGH für die Art. 17 ff. ArbZ-RL	7.222
2. Systematik der Abweichungsmöglichkeiten	7.224

3. Abweichungsmöglichkeiten nach
Art. 17 ArbZ-RL 7.225
a) Art. 17 Abs. 1 ArbZ-RL 7.226
b) Art. 17 Abs. 2 und 3 ArbZ-RL, besondere Dienste und Tätigkeiten . 7.231
   aa) Vorbemerkungen 7.231
   bb) Abweichungsinstrument
       (Art. 17 Abs. 2 ArbZ-RL) . . . 7.233
   cc) Gewährung eines Ausgleichs
       (Art. 17 Abs. 2 ArbZ-RL) . . . 7.236
       (1) Begriff der gleichwertigen
           Ausgleichsruhezeit 7.237
       (2) Länge und Lage der Ausgleichsruhezeiten 7.240
   dd) Tätigkeitsfelder 7.244
       (1) Räumliche Entfernung
           zum Arbeitsplatz 7.245
       (2) Sach- und Personenschutz . 7.246
       (3) Tätigkeiten, bei denen die
           Kontinuität der Dienstleistung oder Produktion
           gewährleistet sein muss . . 7.247
       (4) Sonstige Fallgruppen;
           Daseinsvorsorge 7.248
   ee) Umfang der Abweichungen . . 7.253
       (1) Wöchentliche Höchstarbeitszeit 7.254
       (2) Bezugszeiträume
           (Art. 19 ArbZ-RL) 7.256
       (3) Tägliche Ruhezeit 7.261
       (4) Ruhepausen 7.263
       (5) Nachtarbeit 7.264
c) Art. 17 Abs. 2 und 4 ArbZ-RL: Schichtarbeit und über den Tag verteilte Tätigkeiten 7.265
d) Art. 17 Abs. 2 i.V.m. Art. 17 Abs. 5 ArbZ-RL 7.266

4. Abweichungsmöglichkeiten nach
Art. 18 ArbZ-RL 7.267
a) Anwendbarkeit von Art. 18 UAbs. 2 ArbZ-RL 7.268
b) Verhältnis von Art. 18 ArbZ-RL zu Art. 17 Abs. 3 ArbZ-RL 7.271
c) Abweichungsinstrument: Tarifvertrag 7.273
d) Grenzen der Abweichungsbefugnis 7.281
5. Abweichungsmöglichkeiten nach
Art. 22 ArbZ-RL 7.285
a) Verstoß von Art. 22 ArbZ-RL gegen Art. 31 Abs. 2 GRC 7.286
b) Abweichungsinstrument: Staatliche Regelung 7.288
c) Einwilligungserfordernis 7.297
d) Benachteiligungsverbot 7.304
e) Verwaltungsvorschriften (Art. 22 Abs. 1 Buchst. c-e ArbZ-RL) . . . 7.310
f) Einhaltung der allgemeinen Grundsätze der Sicherheit und des Gesundheitsschutzes 7.314
g) Umfang der Abweichungsbefugnis: Art. 6 ArbZ-RL 7.321

VIII. **Ausstrahlungswirkung der Arbeitszeitrichtlinie** 7.326
1. Sanktionen bei Verstößen gegen die Arbeitszeitrichtlinie 7.326
2. Allgemeines Benachteiligungsverbot 7.334

IX. **Reformvorhaben** 7.338

X. **Umsetzungsdefizite in Deutschland** 7.345

Schrifttum: *Anzinger*, Das Bereithalten zur Arbeit am Beispiel des ärztlichen Bereitschaftsdienstes, FS Wißmann, 2005, 3; *Anzinger/Koberski*, Arbeitszeitgesetz, 4. Aufl. 2014; *Baeck/Deutsch*, Arbeitszeitgesetz, 2. Aufl. 2004; *Buschmann*, Internationales Arbeitszeitrecht, FS Etzel, 2011, 103; *Buschmann*, Europäisches Arbeitszeitrecht, FS Düwell, 2011, S. 34; *Buschmann/Ulber J.*, Arbeitszeitgesetz, 8. Aufl. 2015; *Junker*, Brennpunkte des Arbeitszeitgesetzes, ZfA 1998, 105; *Hahn/Pfeiffer/Schubert*, Arbeitszeitrecht, 2. Aufl. 2018; *Kohte*, Tarifdispositives Arbeitszeitrecht – zwischen respektierter Tarifautonomie und eingeschränktem Gestaltungsspielraum, FS Bepler, 2012, 287; *Körner*, Arbeitszeit und Bereitschaftsdienst, NJW 2003, 3606; *Maul-Sartori*, Das neue Seearbeitsrecht, NZA 2013, 821; *Preis/Ulber D.*, Fußtritte für das deutsche Arbeitszeitrecht?, ZESAR 2011, 147; *Riesenhuber*, Europäisches Arbeitsrecht, 2009; *Schäffer/Kapljic*, Richtlinie zur Durchführung der Sozialpartnervereinbarung über das Seearbeitsübereinkommen, ZESAR 2009, 170; *Schlachter*, Richtlinienkonforme Rechtsfindung – ein neues Stadium im Kooperationsverhältnis zwischen EuGH und den nationalen Gerichten, Besprechung des Urteils EuGH v. 5.10.2004 – Rs. C-397/01 bis C-403/01, RdA 2005, 115; *Schliemann*, Allzeit bereit, NZA 2004, 513; *Schliemann*, Bereitschaftsdienst im EG-Recht, NZA 2006, 1009; *Schliemann*, Vorlagefragen – Sachantwort des EuGH trotz Nichtkompetenz der EU, EuZW 2018, 274; *Schliemann*, ArbZG, 3. Aufl. 2017; *Schlottfeld*, Novellierung der EU-Arbeitszeitrichtlinie – Perspektiven des deutschen Arbeitszeitrechts, ZESAR 2009, 492; *Schunder*, EuGH: Ärztlicher Bereitschaftsdienst ist Arbeitszeit Anmerkung zu EuGH v. 9.9.2003 – Rs. C-151/02 – Landeshauptstadt Kiel/Norbert Jaeger, EuZW 2003, 663; *Stärker*, Kommentar zur EU-Arbeitszeitrichtlinie, 2006; *Ulber, D.*, Die Vereinbarkeit der Neuregelungen des Arbeitszeitgesetzes mit dem Europarecht und dem Grundgesetz, AuR 2005, 70;

Wank, Anm. zu EuGH v. 3.10.2000, EAS RL 93/104/EWG Art. 2 Nr. 1; *Wank*, Anm. zu BAG v. 23.6.2010 Arbeitszeit einer Werksfeuerwehr – Bereitschaftsdienst – opt out – Nichtvorlage an den EuGH, AuR 2011, 175; *Weyand/Kröll*, Halbherziger EG-Richtlinien-Vorschlag zur Arbeitszeitgestaltung, AiB 1991, 357.

I. Einleitung

Die Regulierung der Arbeitszeit durch das Unionsrecht ist ein unübersichtliches politisches und juristisches Minenfeld. Der deutsche Gesetzgeber läuft auf diesem Feld streckenweise orientierungslos umher – mit absehbaren Konsequenzen. Die Kommission versucht seit langem den Sprengsatz zu entschärfen. Die gegenwärtige Fassung der **Arbeitszeitrichtlinie 2003/88/EG** (nachfolgend: ArbZ-RL) ist hoch komplex und durch eine Flut von Ausnahme- und Abweichungsregelungen geprägt. Hinzu kommen sektorale Sonderregelungen für einzelne Wirtschaftszweige. All das birgt Unklarheiten und hat eine beispiellose Flut von Entscheidungen des EuGH verursacht. Gleichwohl hat die Arbeitszeitrichtlinie eine einfache Leitlinie. Sie sucht innerhalb eines flexiblen Rahmens Mindestschutzvorschriften für Gesundheit und Sicherheit der Arbeitnehmer zu gewährleisten. Der Grundkonflikt, den ihr stark am Gesundheitsschutz orientiertes Leitbild verursacht, wenn es auf rein wirtschaftliche Erwägungen der Mitgliedstaaten prallt[1], ist bereits in ihrem 4. Erwägungsgrund angelegt. Die Verbesserung von Sicherheit, Arbeitshygiene und Gesundheitsschutz der Arbeitnehmer bei der Arbeit stellen Zielsetzungen dar, die keinen rein wirtschaftlichen Überlegungen untergeordnet werden dürfen.

7.1

1. Zweck der Richtlinie

Kernziel der Arbeitszeitrichtlinie ist, die Sicherheit und Gesundheit der Arbeitnehmer durch Mindestvorschriften für die Arbeitszeitgestaltung zu gewährleisten. Die Lebens- und Arbeitsbedingungen der Arbeitnehmer sollen durch eine Angleichung der innerstaatlichen Arbeitszeitvorschriften verbessert werden.[2] Um diese Ziele zu verwirklichen, gewährleistet die Arbeitszeitrichtlinie **tägliche** und **wöchentliche Mindestruhezeiten** und eine **durchschnittliche wöchentliche Höchstarbeitszeit**, sowie Höchstgrenzen für die Arbeitszeit von **Nacht- und Schichtarbeitnehmern**.

7.2

Für den EuGH ist dabei nicht die formale Einhaltung der Vorgaben der ArbZ-RL maßgeblich, sondern, ob diese in einer Weise Anwendung finden, die den Zielen der **Sicherheit und des Gesundheitsschutzes** hinreichend Rechnung tragen. Dies führt zu einer extensiven Auslegung der Schutzvorschriften der Richtlinie durch den EuGH (Rz. 7.27 f.).

7.3

2. Entstehungsgeschichte

Supranationale Regelungen zur Arbeitszeit haben eine lange Tradition. Gerade im Arbeitszeitrecht erweist sich die Regulierung auf der Ebene des Unionsrechts als konsequente Fortführung vorgefundener völkerrechtlicher Vereinbarungen. Damit gibt es bereits seit jeher einen groben gemeinsamen Rahmen für die Gestaltung der Arbeitszeit.

7.4

a) 1. Phase: Begrenzung von Sozialkostenwettbewerb zwischen den Mitgliedstaaten

Als weitgehend wirkungslose Vorschrift[3] „der ersten Stunde" wurde bereits im EWG-Vertrag 1957 (vgl. Rz. 1.1) in Art. 120 der Grundsatz der Aufrechterhaltung der Gleichwertigkeit der Ordnungen bezahlter Freizeit festgelegt. Die Vorschrift sollte von Anfang an den Sozialkostenwettbewerb zwi-

7.5

---

1 Vgl. etwa EuGH v. 10.9.2015 – C-266/14 – Federación de Servicios Privados del sindicato Comisiones obreras, ArbRB 2015, 291 = NZA 2015, 1177 Rz. 47.
2 EuGH v. 10.9.2015 – C-266/14 – Federación de Servicios Privados del sindicato Comisiones obreras, ArbRB 2015, 291 = NZA 2015, 1177 Rz. 23.
3 Calliess/Ruffert/*Krebber*, Art. 158 AEUV Rz. 1.

schen den Mitgliedstaaten einschränken.⁴ Die Vorschrift ist trotz der verschiedenen Erweiterungsrunden unverändert geblieben (heute: Art. 158 AEUV). Geht man davon aus, dass eine Gleichwertigkeit nicht (mehr) besteht, ist die Vorschrift nicht (mehr) sinnvoll anzuwenden.⁵ Einiges spricht dafür, die Norm als Verpflichtung, zumindest aber als Befugnis der Union zu sehen, eine Angleichung der Ordnungen über die bezahlte Freizeit mindestens an das Niveau der ursprünglichen Mitgliedstaaten anzustreben und Sozialkostenwettbewerb in diesem Bereich entgegen zu treten.

7.6 Erste arbeitszeitrechtliche Regelungen waren in der VO (EWG) Nr. 543/69 über die Harmonisierung bestimmter Sozialvorschriften im Straßenverkehr aus dem Jahr 1969 enthalten. Sie wird als der erste sozialpolitische Rechtsakt der Gemeinschaft überhaupt angesehen.⁶ Durch die Regelung sollten die Lenkzeiten im Güter- und Personentransport beschränkt und einheitliche Mindestpausenregelungen geschaffen werden (vgl. Rz. 7.74).

b) 2. Phase: Arbeitsmarktpolitische Zielsetzung

7.7 Zu Überlegungen zur Regulierung der Arbeitszeit kam es im Zusammenhang mit dem **Sozialpolitischen Aktionsprogramm** 1974. Eine Empfehlung vom 22.7.1975 sah vor, dass die Mitgliedstaaten spätestens bis zum 31.12.1978 den Grundsatz der 40-Stunden-Woche und des vierwöchigen bezahlten Urlaubs einführen.⁷

7.8 Am 18.12.1979 nahm der Rat die **Entschließung über die Anpassung der Arbeitszeit** an.⁸ Nach dieser sollten Überstunden und die jährlichen Arbeitsvolumen unter Begrenzung der Auswirkungen auf die Arbeitskosten verringert werden. Dadurch sollten Entlassungen verhindert und Neueinstellungen gefördert werden. Die Kommission und die Sozialpartner konnten keine Einigung über einen gemeinsamen Standpunkt erzielen.

7.9 In der Folge wurde durch den Rat – vor dem Hintergrund steigender Arbeitslosenzahlen – politischer Druck auf die Kommission ausgeübt, Maßnahmen zur Verringerung der Arbeitszeit zu ergreifen.⁹ Die Kommission legte daraufhin ein entsprechendes Memorandum vor, in dem sie die Rolle der Sozialpartner stark betonte.¹⁰ Das Europäische Parlament forderte daraufhin den Ministerrat auf, eine Empfehlung zur Reduzierung der Arbeitszeit auszusprechen, um die Arbeitslosigkeit zu bekämpfen.¹¹

7.10 Am 23.9.1983 legte die Kommission dem Rat einen **Entwurf für eine Empfehlung zur Verkürzung und Neugestaltung der Arbeitszeit** vor.¹² Diese sah die Reduzierung von Überstunden und Arbeitszeit als zentrale Elemente einer europäischen Beschäftigungspolitik an. Das Vereinigte Königreich legte am 7.6.1984 sein Veto gegen die (unverbindliche) Empfehlung ein, so dass diese scheiterte.¹³ Auch die Sozialpartner konnten sich im weiteren Verlauf nicht auf einen **gemeinsamen Standpunkt** verständigen.¹⁴

---

4 *Krebber*, JZ 2008, 53 (56).
5 Streinz/*Eichenhofer*, Art. 158 AEUV Rz. 2.
6 EAS/*Balze*, B 3100 Rz. 4.
7 Empfehlung des Rats v. 22.7.1975, ABl. Nr. L 199/32 v. 30.7.1995; *Barnard*, EU Employment Law, Chapter 12, S. 534; *Lörcher*, AuR 1994, 489.
8 ABl. C 2/1 v. 4.1.1980.
9 Entschließung des Rats v. 12.7.1982 über eine Gemeinschaftsaktion zur Bekämpfung der Arbeitslosigkeit, ABl. C 186/2 unter 10.; *Weyand/Kröll*, AiB 1991, 357 (358).
10 KOM (1982) 809 endg.; vgl. dazu *Weyand/Kröll*, AiB 1991, 357 (358).
11 ABl. C 135/33 ff. v. 24.5.1983.
12 ABl. EG Nr. C 290/4 v. 26.10.1983.
13 EAS/*Balze*, B 3100 Rz. 5; *Tietje*, Grundfragen des Arbeitszeitrechts, S. 61. Vgl. zur Haltung Großbritanniens auch *Davies*, EU Labor Law, Chapter 7, S. 200.; *Barnard*, EU Employment Law, S. 533 f.
14 *Weyand/Kröll*, AiB 1991, 357 (358).

c) 3. Phase: Gesundheitsschutz

Erst durch den mit der **Einheitlichen Europäischen Akte vom 28.2.1986** eingefügten **Art. 118a EWGV**, die Verabschiedung der **Gemeinschaftscharta der Sozialen Grundrechte der Arbeitnehmer**[15] und das zu ihrer Umsetzung von der Kommission ergriffene Aktionsprogramm[16] wurde der Stillstand durchbrochen (Rz. 1.9).

Die Zielsetzung der Regulierung der Arbeitszeit auf Unionsebene änderte sich durch die Gemeinschaftscharta der sozialen Grundrechte[17] und Art. 118a EGV. Dieser ermöglichte es, Richtlinien zum Schutz der Sicherheit und der Gesundheit der Arbeitnehmer zu erlassen. Ziel der Vorschrift ist es, die Staaten durch gemeinsame Mindeststandards daran zu hindern, sich durch Sozialdumping Wettbewerbsvorteile zu verschaffen.[18] Die Blockadehaltung des Vereinigten Königreichs konnte nunmehr durch eine **Mehrheitsentscheidung** durchbrochen werden.[19] Vor diesem Hintergrund ging die Kommission dazu über, die politischen Vorhaben im Arbeitszeitrecht auf den Gesundheitsschutz statt die Beschäftigungspolitik zu stützen.

Nach Nr. 7 der **Gemeinschaftscharta der Sozialen Grundrechte** muss die Verwirklichung des Binnenmarktes zu einer Verbesserung der Lebens- und Arbeitsbedingungen der Arbeitnehmer durch eine Angleichung dieser Bedingungen auf dem Wege des Fortschritts erfolgen. Dies gilt insbesondere für die Bereiche der Arbeitszeit und der Arbeitszeitgestaltung. Nach Nr. 8 hat jeder Arbeitnehmer Anspruch auf eine **wöchentliche Ruhezeit**. Nach Nr. 19 der Charta der Sozialen Grundrechte muss jeder Arbeitnehmer in seiner Arbeitsumwelt zufriedenstellende Bedingungen für den Gesundheitsschutz vorfinden.

Die Gemeinschaftscharta ist, weil Art. 151 AEUV auf sie verweist, als Auslegungshilfe für die Arbeitszeitrichtlinie heranzuziehen.[20] Die Erwägungsgründe der RL 93/104/EG nehmen sie ausdrücklich in Bezug.[21]

d) Richtlinie 93/104/EG

Bereits im Aktionsprogramm zur Umsetzung der Gemeinschaftscharta der Sozialen Grundrechte wurde angeregt, eine Richtlinie zur Arbeitszeit zu schaffen.[22] Das entsprach einer Forderung des Europäischen Parlaments.[23] Die Kommission legte am 3.8.1990 einen Vorschlag für eine Richtlinie über bestimmte Aspekte der Arbeitszeitgestaltung vor.[24] Dieser beschränkte sich nach seinem 17. Erwägungsgrund auf die wesentlichen Elemente der Arbeitszeitgestaltung, die unter dem Gesichtspunkt des Gesundheitsschutzes der Arbeitnehmer und der Sicherheit am Arbeitsplatz als besonders wichtig erachtet wurden.

Der Wirtschafts- und Sozialausschuss begrüßte das Vorhaben, forderte in seiner Stellungnahme vom 13.12.1990 aber Änderungen des ursprünglichen Entwurfes.[25] Die Anhörung des Europäischen Parlaments führte zu vielfältigen Änderungswünschen.[26] Der Kommissionsentwurf wurde als unzureichend für den Gesundheitsschutz angesehen. Im Entwurf **fehlten Regelungen zur re-**

---

15 Vgl. dazu Streinz/*Eichenhofer*, Art. 151 AEUV Rz. 14.
16 KOM (1989), 568 = BR-Drucks. 717/89.
17 Dazu *Barnard*, EU Employment Law, S. 534.
18 Streinz/*Eichenhofer* Art. 153 AEUV Rz. 6.
19 *Davis*, EU Labour Law, Chapter 7, S. 200 f.
20 EuGH v. 9.9.2003 – C 151-02 – Jaeger, Slg. 2003, I-8389 Rz. 47; *Heinze*, ZfA 1992, 331 (336).
21 Vgl. Erwägungsgründe der RL 93/194/EG v. 23.11.1993, ABl. Nr. L 307 v. 13.12.1993, S. 18.
22 KOM (1989), 568 = BR-Drucks. 717/89.
23 Entschließung v. 15.3.1989, ABl. C 96/61, 65, 66.
24 ABl. C 254/4 v. 9.10.1990.
25 ABl. C 60/26 v. 8.3.1991.
26 ABl. C 72/86 ff. v. 18.3.1991.

gelmäßigen **Wochenarbeitszeit** und zur **wöchentlichen Mindestruhezeit**. Die Regulierung der Nachtarbeit wurde als unzureichend empfunden. Eine Regelung zur Wochenendarbeit, der Vereinbarkeit von Familie und Beruf und weiterer sozialpolitischer Maßnahmen sowie die Aufnahme der Grundsätze der ILO für die Arbeitszeitgestaltung in die Erwägungsgründe wurden gefordert.

7.17 Am 23.4.1991 wurde ein geänderter Richtlinienvorschlag durch die Kommission vorgelegt.[27] Dieser setzte einen Teil der Änderungswünsche durch eine Ausweitung der Vorschriften über die **Mindestruhezeiten und die Nachtarbeit** um. Die Erwägungsgründe wurden angepasst und betonten den Gesundheitsschutz stärker. Gleichwohl weigerte sich die Kommission, eine **wöchentliche Höchstarbeitszeit** vorzusehen. In der Arbeitszeitrichtlinie ist bis heute das von der Kommission präferierte **ruhezeitbezogene Grundmodell** erhalten geblieben.[28]

7.18 Von diesem Entwurf bis zum Erlass der Arbeitszeitrichtlinie dauerte es noch zwei Jahre. Die Diskussion um die Arbeitszeitrichtlinie war von Kritik der Arbeitgeberverbände[29] und Großbritanniens geprägt.[30] Die Mitgliedstaaten wollten gleichwohl unbedingt eine einvernehmliche Lösung erreichen. Man wollte auf einen Beschluss mit qualifizierter Mehrheit verzichten. Das Vorhaben scheiterte. Das Vereinigte Königreich enthielt sich bei der Abstimmung über die Arbeitszeitrichtlinie. Hintergrund war, dass man der Auffassung war, die Arbeitszeitrichtlinie diene nicht dem Schutz der Gesundheit und der Sicherheit der Arbeitnehmer.[31]

7.19 Am 23.11.1993 wurde die Richtlinie 93/104/EG erlassen.[32] Sie änderte den Kommissionsentwurf in mehrerer Hinsicht ab. Insbesondere wurden die Gesundheitsschutzvorschriften ausgeweitet. Es wurden Vorschriften über die Ruhepausen aufgenommen und die **wöchentliche Höchstarbeitszeit** geregelt. Gleichzeitig wurden die **Abweichungsmöglichkeiten** (vgl. Rz. 7.221 ff.) **ausgeweitet**.[33] Insbesondere wurde der Besonderheit Rechnung getragen, dass das Vereinigte Königreich ein Opt-out für die wöchentliche Höchstarbeitszeit wünschte, es aber dort an einer funktionsfähigen Tarifautonomie im kontinentaleuropäischen Sinne fehlt. Daher wurde das Opt-out für Abweichungen durch den Gesetzgeber ausgestaltet, nicht aber für die Tarifvertragsparteien. Darüber hinaus wurde in Art. 1 Abs. 3 RL 93/104/EG eine **Bereichsausnahme** für den Verkehrs- und Fischereisektor sowie für Ärzte in der Ausbildung implementiert.

7.20 Wegen seiner grundsätzlichen Zweifel daran, dass Arbeitszeitschutz Gesundheitsschutz bedeutet, erhob das Vereinigte Königreich Nichtigkeitsklage wegen Überschreitung der Kompetenzen der Union bei Erlass der Arbeitszeitrichtlinie. Diese blieb erfolglos. Der EuGH hielt lediglich das Verbot der Sonntagsarbeit für nicht ausreichend begründet (vgl. Rz. 7.44 ff.).[34]

e) Richtlinie 2000/34/EG

7.21 Im weiteren Verlauf gelang es nicht, für alle von der Richtlinie 93/104/EG ausgenommenen Sektoren und Arbeitnehmergruppen (Rz. 7.58 ff.) eigenständige Richtlinien zur Arbeitszeit zu erlassen. Vor diesem Hintergrund entschloss sich die Kommission, vorzuschlagen, die Arbeitszeitrichtlinie zu ändern.[35] Die Bereichsausnahmen sollten ebenso gestrichen werden wie das Verbot der Sonntagsarbeit.

7.22 Die Richtlinie 93/104/EG wurde durch die Richtlinie 2000/34/EG des Europäischen Parlaments und des Rates vom 22.6.2000 zur Änderung der Richtlinie des Rates über bestimmte Aspekte

---

27 ABl. C 124/8 v. 14.5.1991.
28 *Buschmann*, FS Düwell, 2011, 34 (36).
29 EuZW 1993, 589.
30 Dazu ausf. EAS/*Balze*, B 3100 Rz. 43; *Balze*, EuZW 1994, 205.
31 *Riesenhuber*, Europäisches Arbeitsrecht, § 14 Rz. 5.
32 ABl. Nr. L 397/18 v. 13.12.1993.
33 Krit. *Lörcher*, AuR 1994, 49 (50).
34 EuGH v. 12.11.1996 – C 84/94 – Vereinigtes Königreich/Rat, Slg. 1996, I-5755.
35 ABl. C 43/1 v. 17.2.1999.

der Arbeitszeitgestaltung hinsichtlich der Sektoren und Tätigkeitsbereiche, die von jener Richtlinie ausgeschlossen sind,[36] geändert.

Die Richtlinie 2000/34/EG hob die Bereichsausnahmen für fast alle von Art. 1 Abs. 3 RL 93/104/EG ausgenommenen Personengruppen auf. Lediglich die Seearbeitnehmer bleiben ausgenommen. Für sie gilt die Richtlinie 1999/63/EG.[37]

7.23

Die Arbeitszeitrichtlinie wurde um eine Begriffsbestimmung für „**ausreichende Ruhezeiten**" erweitert (Art. 2 Nr. 9 ArbZ-RL, Rz. 7.140 ff.).

7.24

f) Richtlinie 2003/88/EG

Dadurch, dass die Richtlinie 93/104/EG nicht aufgehoben wurde, sondern die Änderungsvorschriften lediglich in der Richtlinie 2000/34/EG verankert wurden, wurde die Arbeitszeitrichtlinie unübersichtlich, weil beide Texte nebeneinander gelesen werden mussten. Vor diesem Hintergrund entschloss sich die Kommission, eine konsolidierte Richtlinienfassung vorzulegen. Dies geschah mit der Richtlinie 2003/88/EG[38], die die Regelungen zusammenfasst. Dabei wurden die Artikel der Arbeitszeitrichtlinie neu durchnummeriert. Eine **Entsprechungstabelle im Anhang** der Richtlinie gibt den Standort der alten Vorschriften in der Neufassung an.

7.25

Obwohl Text und Erwägungsgründe der Richtlinie 93/104/EG modifiziert wurden, ist sie nach der Rechtsprechung des EuGH als **unverändert** anzusehen.[39] Dementsprechend ergeben sich keine Abweichungen von der Rechtsprechung zur Richtlinie 93/104/EG.[40] Die älteren Entscheidungen behalten ihre volle Aussagekraft. Beide Richtlinien können daher unterschiedslos auf Fälle angewandt werden, die sich sowohl auf den Zeitraum vor als auch den Zeitraum nach Inkrafttreten der Arbeitszeitrichtlinie am 2.8.2004 (Art. 28 ArbZ-RL) beziehen.[41]

7.26

g) Die Entwicklung der Rechtsprechung des EuGH

Der EuGH verfolgt in seiner Rechtsprechung zur Arbeitszeitrichtlinie seit jeher eine konsequent an den Zielen des Schutzes der Sicherheit und der Gesundheit der Arbeitnehmer orientierte Linie.

7.27

Nach der Rechtsprechung des EuGH handelt es sich bei der in Art. 6 Buchst. b ArbZ-RL geregelten Höchstarbeitszeit um „eine **besonders wichtige Regel des Sozialrechts der Union**, die jedem Arbeitnehmer als ein zum Schutz seiner Sicherheit und Gesundheit bestimmter Mindestanspruch zu gute kommen muss".[42] Der EuGH misst dieser Vorschrift eine hohe Bedeutung zu. Diese präfor-

7.28

---

36 ABl. Nr. L 195/41 v. 1.8.2000.
37 ABl. Nr. L 167/33 v. 2.7.1999.
38 V. 4.11.2003, ABl. Nr. L 299/9 v. 18.11.2003.
39 EuGH v. 21.2.1018 – C 518/15 – Matzak, ArbRB 2018, 99 = NZA 2018, 293 Rz. 32; v. 9.11.2017 – C 396/16 – Maio Marques da Rosa, ArbRB 2017, 363 = NJW 2018, 683 Rz. 32; v. 10.9.2015 – C-266/14 – Federación de Servicios Privados del sindicato Comisiones obreras, ArbRB 2015, 291 = NZA 2015, 1177 Rz. 22; v. 25.11.2010 – C-429/09 – Fuß II, Slg. 2010, I-12167 Rz. 32; EuArbR/*Gallner*, RL 2003/88/EG Art. 1 Rz. 10; *Schliemann*, NZA 2004, 513 (514); *Schliemann*, NZA 2006, 1009.
40 EuGH v. 21.2.1018 – C 518/15 – Matzak, ArbRB 2018, 99 = NZA 2018, 293 Rz. 32; v. 9.11.2017 – C 396/16 – Maio Marques da Rosa, ArbRB 2017, 363 = NJW 2018, 683 Rz. 32; v. 10.9.2015 – C-266/14 – Federación de Servicios Privados del sindicato Comisiones obreras, ArbRB 2015, 291 = NZA 2015, 1177 Rz. 22.
41 EuGH v. 25.11.2010 – C-429/09 – Fuß II, Slg. 2010, I-12167 Rz. 32.
42 EuGH v. 10.9.2015 – C-266/14 – Federación de Servicios Privados del sindicato Comisiones obreras, ArbRB 2015, 291 = NZA 2015, 1177 Rz. 24; v. 25.11.2010 – C-429/09 – Fuß II, Slg. 2010, I-12167 Rz. 33; v. 1.12.2005 – C-14/04 – Dellas, Slg. 2005, I-10253 Rz. 49; v. 5.10.2004 – C-397/01 – Pfeiffer, Slg. 2004, I-8835 Rz. 100.

miert die gesamte Auslegung und Anwendung der Vorschriften in der Arbeitszeitrichtlinie, die die Höchstarbeitszeit und die Mindestruhezeiten betreffen. Der EuGH steht jeglicher Beschränkung der Schutzvorschriften und jeglicher Anwendung von Ausnahmevorschriften daher kritisch gegenüber. Im Zweifelsfall wird von ihm immer die extensive Interpretation der Schutzvorschriften und die restriktive Interpretation von Ausnahmetatbeständen gewählt. Jede Interpretation der Arbeitszeitrichtlinie muss sich daran orientieren.

7.29 Für die Zukunft ist dem EuGH aufgrund der **Grundrechtecharta** nunmehr zumindest theoretisch die Option eröffnet, einzelne Richtlinieninhalte über den Umweg des Primärrechts durchzusetzen (vgl. Rz. 3.25 ff.). Diese Handlungsoption hat im Lichte der aktuellen Rechtsprechung des EuGH[43] einen Bedeutungszuwachs erfahren. Nach der Rechtsprechung des EuGH ist Art. 31 Abs. 2 GRC auf die Arbeitszeitrichtlinie gestützt worden.[44] Das legt nahe, dass die Vorschriften über die Begrenzung der Höchstarbeitszeit, der täglichen und wöchentlichen Ruhezeit über die Charta auf die Ebene des Primärrechts hochgezont worden sind. Auf dieser Grundlage wären einige Vorschriften des ArbZG unanwendbar. Das BAG ist daher unter dem Gesichtspunkt des Art. 101 Abs. 1 Satz 2 GG verpflichtet, dem EuGH diese Frage nach Art. 267 Abs. 3 AEUV vorzulegen, wenn es sich auf den Standpunkt stellen sollte, einzelne Vorschriften des ArbZG seien unionsrechtswidrig und einer unionsrechtskonformen Auslegung nicht zugängig (vgl. etwa Rz. 7.199).[45] Insbesondere ist aufgrund der Grundrechtecharta nunmehr eine **gesetzliche Grundlage** erforderlich, um die Rechte auf Höchstarbeitszeit, tägliche und wöchentliche Ruhezeiten aus der Grundrechtecharta einzuschränken.

3. Umsetzung in Deutschland

7.30 Nach Art. 18 Abs. 1 Buchst. a RL 93/104/EG lief die Umsetzungsfrist für die Arbeitszeitrichtlinie am 23.11.1996 ab.[46] Die **Umsetzung in Deutschland** erfolgte durch das Arbeitszeitrechtsgesetz vom 6.6.1994[47], durch das die seit 1938 unveränderte AZO abgelöst wurde.[48] Die Umsetzung verstieß von Anfang an gegen wesentliche Richtlinienvorschriften. Daran haben die Veränderungen zum 1.1.2004 durch das Gesetz zu Reformen am Arbeitsmarkt nur wenig geändert (vgl. Rz. 7.345).[49] Die Richtlinie 2003/88/EG sah selbst keine weitere Umsetzungsfrist vor. Lediglich für die Ärzte in der Ausbildung wurde in Art. 17 Abs. 5 ArbZ-RL eine bis zum 1.8.2009 befristete Abweichungsmöglichkeit von Art. 6 ArbZ-RL vorgesehen.

4. Rechtsquellen des Europäischen Arbeitszeitrechts

7.31 Auf der Ebene des Völkerrechts und des Unionsrechts gibt es eine Vielzahl von Rechtsquellen für das Arbeitszeitrecht. Für das Verständnis, aber auch für die Auslegung und Anwendung der Arbeitszeitrichtlinie haben diese in zunehmendem Maße Bedeutung erlangt. Alle diese Vorschriften sind in der Rechtsprechung des EuGH und den Anträgen der Generalanwälte wiederzufinden.[50]

---

43 EuGH v. 17.4.2018 – C-414/16 – Egenberger.
44 EuGH v. 9.11.2017 – C-303/16 – Maio Marques de la Rosa, ArbRB 2017, 363 = NJW 2018, 683.
45 Europäische Kommission, ABl. 2017/C 165/01, S. 4.
46 Zur Umsetzung in anderen Mitgliedstaaten vgl. *Geiser/Müller*, Arbeitszeiten in Europa/Working Time in Europe.
47 BGBl. 1994-I, 1170.
48 Vgl. dazu *Buschmann/Ulber J.*, ArbZG, Einl. Rz. 10.
49 BGBl. I 2003, 3002.
50 EuGH v. 22.11.2011 – C-214/10 KHS, Slg. 2011, I-11757 = ArbRB 2011, 359 = NZA 2011, 1333 (1335); GA *Saggio* v. 16.12.1999 – C-303/98 – SIMAP, Slg. 1999, I-7868; *Buschmann*, FS Etzel, 2011, 103 (105); EuArbR/*Gallner*, RL 2003/88/EG Art. 1 Rz. 20.

a) Völkerrecht

Arbeitszeitrechtliche Vorgaben finden sich in Art. 24 der **Allgemeinen Erklärung der Menschenrechte**. Danach hat jeder Mensch das Recht auf Erholung und Freizeit und eine vernünftige Begrenzung der Arbeitszeit. 7.32

Von besonderer Bedeutung für die Arbeitszeitrichtlinie sind die **ILO-Abkommen zur Arbeitszeit**. Der 6. Erwägungsgrund der Arbeitszeitrichtlinie lautet: *„Hinsichtlich der Arbeitszeitgestaltung ist den Grundsätzen der Internationalen Arbeitsorganisation Rechnung zu tragen, dies betrifft auch die für die Nachtarbeit geltenden Grundsätze."* Der EuGH leitet aus diesem Erwägungsgrund ab, dass die ILO-Abkommen **bei der Auslegung und Anwendung der** Arbeitszeitrichtlinie **berücksichtigt werden müssen**.[51] Dies ist deswegen von Brisanz, weil eine Vielzahl von ILO-Abkommen zur Arbeitszeit **nicht von allen Mitgliedstaaten ratifiziert** ist. Auf dem Umweg über die Arbeitszeitrichtlinie kommen sie gleichwohl mittelbar zur Anwendung (zur Entstehungsgeschichte vgl. Rz. 7.16).[52] 7.33

Maßgebliche ILO-Übereinkommen[53] sind: 7.34

- Übereinkommen Nr. 1 (1919): Übereinkommen über die Begrenzung der Arbeitszeit in gewerblichen Betrieben auf acht Stunden täglich und achtundvierzig Stunden wöchentlich.[54]
- Übereinkommen Nr. 14 (1921): Übereinkommen über den wöchentlichen Ruhetag in gewerblichen Betrieben.[55]
- Übereinkommen Nr. 30 (1930): Übereinkommen über die Regelung der Arbeitszeit im Handel und in Büros.[56]
- Übereinkommen Nr. 47 (1935): Übereinkommen über die Verkürzung der Arbeitszeit auf vierzig Stunden wöchentlich.[57]
- Übereinkommen Nr. 171 (1990): Übereinkommen über Nachtarbeit.[58]

Problematisch ist allerdings, dass die Arbeitszeitrichtlinie hinter einigen ILO-Normen zurückbleibt.[59] Wie der EuGH mit diesem Problem umgehen wird, bleibt abzuwarten. 7.35

Der Gesundheitsbegriff der Arbeitszeitrichtlinie ist anhand der Satzung der Weltgesundheitsorganisation (WHO) auszulegen (Rz. 7.46).[60] 7.36

---

51 EuGH v. 22.11.2011 – C 214/10 – KHS, Slg. 2011, I-11757 = ArbRB 2011, 359 = NZA 2011, 1333 (1335); *Buschmann*, FS Etzel, 2011, 103 (108).
52 EuGH v. 22.11.2011 – C 214/10 – KHS, Slg. 2011, I-11757 = ArbRB 2011, 359 = NZA 2011, 1333 (1335); *Buschmann*, FS Etzel, 2011, 103 (108).
53 Allesamt im Internet verfügbar über die Homepage der ILO, www.ilo.org, unter „Labour Standards" findet sich eine Suchmaschine; vgl. dazu auch *Buschmann*, FS Etzel, 2011, 103 (107); *Buschmann*, FS Düwell, 2011, 34 (40).
54 Sog. „Washingtoner Übereinkommen über die Arbeitszeit" v. 29.10.1919, in Kraft getreten am 13.6.1921.
55 In Kraft getreten am 19.6.1923.
56 In Kraft getreten am 29.8.1933; von besonderem Interesse ist die in Art. 2 enthaltene Definition der Arbeitszeit.
57 In Kraft getreten am 23.6.1957.
58 In Kraft getreten am 4.1.1995.
59 *Buschmann*, FS Etzel, 2011, 103 (107).
60 EuGH v. 9.9.2003 – C-151/02 – Jaeger, Slg. 2003, I-8389 Rz. 93; v. 2.11.1996 – C-84/94 – Vereinigtes Königreich/Rat, Slg. 1996, I-5755 Rz. 15.

b) Primärrecht

aa) Art. 153 Abs. 1 Buchst. a AEUV

7.37 Art. 153 Abs. 1 Buchst. a AEUV ermächtigt die Union, durch Richtlinien Mindestvorschriften zur Verbesserung der Arbeitsumwelt, zum Schutz der Gesundheit und der Sicherheit der Arbeitnehmer zu erlassen. Auf dieser Grundlage ist die Arbeitszeitrichtlinie erlassen worden(vgl. zu den Einzelheiten Rz. 7.11 ff. und 7.44 ff.).

bb) Art. 31 Abs. 2 GRC

7.38 In **Art. 31 Abs. 2 GRC** wird jedem Arbeitnehmer das **Recht auf eine Begrenzung der Höchstarbeitszeit, auf tägliche und wöchentliche Ruhezeiten** gewährleistet. Im engen Zusammenhang hiermit steht die Gewährleistung in Art. 31 Abs. 1 GRC, die u.a. ein **Recht auf „gesunde" Arbeitsbedingungen** gewährleistet. Die Vorschrift ist ein echtes Grundrecht und kein bloßer Grundsatz i.S.d. Art. 52 Abs. 5 GRC.[61]

7.39 Aufgrund der Anordnung in Art. 51 Abs. 1 GRC sind die Gewährleistungen nach Art. 31 GRC sowohl von der Union als auch **von den Mitgliedstaaten zu beachten**, wenn diese Unionsrecht „durchführen" (vgl. Rz. 3.19 ff.).[62] Das bedeutet, dass der Erlass oder die Änderung von arbeitszeitrechtlichen Regelungen der Union vom EuGH auf ihre Vereinbarkeit mit Art. 31 Abs. 2 der GRC kontrolliert werden können (vgl. Rz. 7.286).[63] Da die Entstehungsgeschichte der Norm nahelegt, dass diese maßgeblich unter Berücksichtigung der Arbeitszeitrichtlinie entwickelt wurde, stellt sich die Frage, ob sie überhaupt einen diese übersteigenden Gewährleistungsgehalt hat.[64] Jedenfalls dürfte aber umgekehrt ein Teil der Regelungen der ArbZ-RL aufgrund der Grundrechtecharta nunmehr auf die **Primärrechtsebene hochgezont** worden sein.[65] Der EuGH hat zuletzt zumindest darauf hingewiesen, dass Art. 31 Abs. 2 der GRC auf der Arbeitszeitrichtlinie basiert.[66] Aus Art. 31 Abs. 2 GRC wird teilweise ein absolutes Rückschrittsverbot für den Unionsgesetzgeber abgeleitet.[67]

7.40 Die GRC ist jedenfalls bei der **Anwendung und Auslegung arbeitszeitrechtlicher Vorschriften des Unionsrechts** zu beachten.[68] Schließlich sind nach Art. 51 Abs. 1 Satz 1 Alt. 2 GRC auch die **Mitgliedstaaten** bei der Umsetzung von EU-Richtlinien mit arbeitszeitrechtlichem Bezug **an die GRC gebunden**.[69] Dies gilt auch dann, wenn die Mitgliedstaaten von Ausnahmevorschriften Gebrauch machen.[70] Die GRC führt dazu, dass eine **restriktive Auslegung dieser Ausnahmevorschriften** und eine **extensive Auslegung der Schutzvorschriften** der Arbeitszeitrichtlinie geboten sind.[71] Nur so kann dem Zweck des Art. 31 Abs. 2 GRC hinreichend Rechnung getragen werden.

7.41 Da sich die Bundesrepublik bei der Schaffung arbeitszeitrechtlicher Vorschriften im Anwendungsbereich des Unionsrechts befindet (zum Anwendungsbereich der GRC vgl. Rz. 3.8 ff.),

---

61 EuArbR/*Gallner*, RL 2003/88/EG Art. 1 Rz. 26; Meyer/*Rudolf*, Art. 31 GRC Rz. 12; im Grundsatz auch *Jarass*, Art. 31 GRC Rz. 2.
62 *Buschmann*, FS Düwell, 2011, 34 (37); *Jarass*, Art. 31 GRC Rz. 3.
63 *Buschmann*, FS Düwell, 2011, 34 (37 f.).
64 Meyer/*Rudolf*, Art. 31 GRC Rz. 20; EAS/*Balze* B 3100 Rz. 16, Fn. 42.
65 *Buschmann*, FS Düwell, 2011, 34 (38).
66 EuGH v. 9.11.2017 – C-303/16 – Maio Marques de la Rosa, ArbRB 2017, 363 = NJW 2018, 683.
67 Meyer/*Rudolf*, Art. 31 GRC Rz. 20.
68 EuGH v. 15.9.2011 – C-155/10 – Williams, Slg. 2011, I-8409 Rz. 18; v. 22.11.2011 – C-214/10 – KHS, Slg. 2011, I-11757 = ArbRB 2011, 359 = NZA 2011, 1333 Rz. 31; Davis, EU Labour Law, Chapter 7 S. 202; Hahn/Pfeiffer/Schubert/*Schubert*, ArbZR, Einl. Rz. 29.
69 EuGH v. 12.12.1996 – C-74/95 – X, Slg. 1996, I-6609 Rz. 25; v. 29.1.2008 – C-275/06 – Promusicae – Rz. 68; *Jarass*, Art. 51 GRC Rz. 22, Art. 31 GRC Rz. 3.
70 EuGH v. 27.6.2006 – C-540/03, Slg. 2006, I-5769; Streinz/*Streinz/Michel*, Art. 51 GRC Rz. 7.
71 A.A. EAS/*Balze*, B 3100 Rz. 16.

kann auch die GRC zu ihrer Kontrolle herangezogen werden.[72] Die Ausnahmevorschriften nach § 7 Abs. 2a ArbZG, aber auch die Regelungen zur Nachtarbeit in § 6 Abs. 1 ArbZG halten einer **Kontrolle im Lichte des Art. 31 Abs. 2 der GRC nicht stand**, weil insbesondere die letztere Norm keinen oder zumindest keinen subsumtionsfähigen Mindestschutz beinhaltet (vgl. Rz. 7.216, 7.293). Dies vereitelt die Wahrnehmung der Rechte aus Art. 31 Abs. 2 GRC, weil die Umsetzungsnormen das Niveau des Mindestschutzes nicht erkennen lassen. Dadurch wird zugleich **Art. 47 GRC verletzt**. Damit ist insoweit ein Spielraum eröffnet, die nationalen Vorschriften unangewendet zu lassen. Da die Auswirkungen von Art. 31 Abs. 2 GRC auf das nationale Arbeitsrecht bislang nicht Gegenstand der Rechtsprechung des EuGH waren, ist damit bei Umsetzungsdefiziten die Einleitung eines Vorabentscheidungsverfahrens unumgänglich (vgl. Rz. 7.287). Das gilt auch bei Rechtsstreitigkeiten zwischen Privaten, weil die GRC auch hier gilt. Dies gilt umso mehr, seit der EuGH die Potentiale einer primärrechtlichen Überformung von Richtlinien stärker betont (s.o. Rz. 7.39).[73]

cc) Art. 151 AEUV

Insbesondere für die **Auslegung** der Arbeitszeitrichtlinie ist Art. 151 AEUV von Bedeutung, der die Union und die Mitgliedstaaten verpflichtet, die in der **Gemeinschaftscharta der sozialen Grundrechte der Arbeitnehmer** und in der **ESC** festgelegten Ziele zu verfolgen (vgl. auch Rz. 7.13). Bereits für Art. 117 des EWGV hatte der EuGH angenommen, dass dieser zur Auslegung des Unionsrechts herangezogen werden kann.[74] Dies gilt ebenso für die dort in Bezug genommene **ESC**[75] und die **Charta der sozialen Grundrechte** der Arbeitnehmer.[76]

7.42

c) Sekundärrecht

Neben der Arbeitszeitrichtlinie gibt es noch weitere spezielle Richtlinien mit arbeitszeitrechtlichen Bezügen. Es handelt sich um Spezialregelungen, die die Arbeitszeitlichtlinie (teilweise) verdrängen (vgl. Rz. 7.60 ff.).

7.43

II. Ermächtigungsgrundlage für die Arbeitszeitrichtlinie

Ermächtigungsgrundlage für den Erlass der Arbeitszeitrichtlinie sind die Art. 153 Abs. 1 Buchst. a und b AEUV (vgl. Rz. 1.53 ff.). Diese ermächtigen die Union, Richtlinien zur Verbesserung insbesondere der Arbeitsumwelt, zum Schutz der Gesundheit und der Sicherheit der Arbeitnehmer sowie zur Regelung der Arbeitsbedingungen zu erlassen, und zwar ohne dass diese Regelungen auf bestimmte Arbeitnehmergruppen beschränkt oder eingegrenzt werden müssten.[77]

7.44

Ob die Arbeitszeitrichtlinie diese Anforderungen erfüllt, war anfangs streitig. Insbesondere in Großbritannien hatte die arbeitsmarktpolitische Motivation der 1. und 2. Phase der Versuche, eine Arbeitszeitrichtlinie zu schaffen, tiefgreifende Vorbehalte ausgelöst (vgl. Rz. 7.5 ff.). Vor diesem Hintergrund erhob das Vereinigte Königreich unmittelbar nach Erlass der Richtlinie 93/104/EG eine

7.45

---

72 *Buschmann*, FS Düwell, 2011, 34 (38 f.).
73 EuGH v. 17.4.2018 – C-414/16 – Egenberger.
74 EuGH v. 8.4.1976 – C-43/75 – Defrenne, Slg. 1976, 455 (473) Rz. 15; v. 29.9.1987 – C-126/86 – Giménez Zaera, Slg. 1987, 3697 Rz. 17; Grabitz/Hilf/Nettesheim/*Langenfeld/Benecke*, Art. 151 AEUV Rz. 31; für die Arbeitszeitrichtlinie auch EuGH v. 9.9.2003 – C 151-02 – Jaeger, Slg. 2003, I-8389 Rz. 47.
75 EuGH v. 20.9.2007 – C-115/06 – Kiiski, Slg. 2007, I-7643 Rz. 48; *Buschmann*, FS Düwell, 2011, 34 (40); vgl. dazu auch mit umfassenden weiteren Nachweisen zur EuGH-Rspr. *Krebber*, RdA 2009, 224 (227).
76 EuGH v. 1.12.2005 – C-14/04 – Dellas, Slg. 2005, I-10253 Rz. 40; Grabitz/Hilf/Nettesheim/*Langenfeld/Benecke*, Art. 151 AEUV Rz. 36; Hahn/Pfeiffer/Schubert/*Schubert*, ArbZR, Einl. Rz. 39 f.; vgl. i.Ü. *Krebber*, RdA 2009, 224 (226) mit umfassenden weiteren Nachweisen aus der EuGH-Rspr. in Fn. 18.
77 EuGH v. 12.11.1996 – C 84/94 – Vereinigtes Königreich/Rat, Slg. 1996, I-5755 Rz. 18 ff.

Nichtigkeitsklage gegen die Arbeitszeitrichtlinie. Art. 153 AEUV (Art. 118a EWGV) sei keine geeignete **Kompetenzgrundlage, der Grundsatz der Verhältnismäßigkeit** sei verletzt, das **Ermessen missbraucht** und wesentliche **Formvorschriften verletzt** worden. Der EuGH wies alle Bedenken zurück. Nur für die Regelung der Sonntagsarbeit bot Art. 153 Abs. 1 AEUV keine hinreichende Grundlage (vgl. dazu Rz. 7.48).[78]

7.46 Art. 153 Abs. 1 Buchst. a und b AEUV ist eine eigenständige Kompetenzgrundlage für arbeitszeitrechtliche Regelungen, die dem **Schutz der Gesundheit und der Sicherheit der Arbeitnehmer** dienen.[79] Die Vorschrift ist nach der Rspr. des EuGH nicht restriktiv[80], sondern weit auszulegen.[81] Die Begriffe Arbeitsumwelt, Gesundheit und Sicherheit sind weit auszulegen und **nicht auf körperliche Gefahren am Arbeitsplatz beschränkt**.[82] Gesundheit i.S.d. AEUV und damit auch i.S.d. Arbeitszeitrichtlinie legt der EuGH entsprechend der Präambel der Satzung der WHO aus (vgl. Rz. 7.36). Danach ist Gesundheit nicht lediglich das Freisein von Krankheit oder körperlichen Gebrechen, sondern ein *„Zustand des vollständigen körperlichen, geistigen und sozialen Wohlbefindens"*.[83] Der Begriff Mindestvorschriften in Art. 153 Abs. 2 Buchst. b AEUV bedeutet lediglich, dass die Mitgliedstaaten über das Schutzniveau der Richtlinie hinausgehen können und limitiert den Handlungsspielraum der Union nicht (vgl. Rz. 1.53).

7.47 Der EuGH billigte der Union eine **Einschätzungsprärogative** hinsichtlich der Frage zu, ob eine Maßnahme dem Gesundheitsschutz dient. Sie ist nicht auf Regelungen beschränkt, die auf wissenschaftlich gesicherten Erkenntnissen basieren.[84] Die Regelungen der Arbeitszeitrichtlinie wahren den Verhältnismäßigkeitsgrundsatz.[85] Art. 153 Abs. 1 AEUV gibt der Union die Möglichkeit, ein hohes Schutzniveau ohne Berücksichtigung des gegenwärtigen Standes der Schutzgesetzgebung in den Mitgliedstaaten zu schaffen. Dass die Arbeitszeitrichtlinie auch beschäftigungspolitische Auswirkungen haben kann, nimmt ihr nicht das Kernziel des Gesundheitsschutzes.[86] Damit sind solche Reflexe auch zukünftiger arbeitszeitrechtlicher Regelungen der Union unschädlich.

7.48 Lediglich für den in Art. 5 Abs. 2 RL 93/104/EG geregelten **arbeitsfreien Sonntag** bestand keine Kompetenzgrundlage in Art. 153 Abs. 1 Buchst. a und b AEUV (Art. 118a EWGV). Dies hat der EuGH damit begründet, der Rat habe nicht dargetan, warum der Sonntag als wöchentlicher Ruhetag in engerem Zusammenhang mit der Gesundheit stehen solle als ein anderer Wochentag.

7.49 Nach Art. 153 Abs. 5 AEUV hat die Union keine Kompetenz, unmittelbare Regelungen für das **Arbeitsentgelt** zu treffen. Das gilt grundsätzlich auch für die Arbeitszeitrichtlinie.[87] Mittelbare Effekte der Arbeitszeitrichtlinie sind gleichwohl zulässig (vgl. Rz. 7.93).

III. Anwendungsbereich

7.50 Der **Anwendungsbereich** der Arbeitszeitrichtlinie muss unter Berücksichtigung der Verflechtungen mit verschiedenen europäischen Richtlinien mit Regelungen zur Arbeitszeit bestimmt werden.

---

78 EuGH v. 3.10.2000 – C-303/98 – SIMAP, Slg. 2000, I-7963 Rz. 37.
79 EuGH v. 12.11.1996 – C 84/94 – Vereinigtes Königreich/Rat, Slg. 1996, I-5755 Rz. 12.
80 So hatte das Vereinigte Königreich unter Verweis auf Art. 100, 100a EWGV argumentiert.
81 EuGH v. 12.11.1996 – C 84/94 – Vereinigtes Königreich/Rat, Slg. 1996, I-5755 Rz. 15; vgl. dazu Callies, EuZW 1996, 757.
82 EuGH v. 12.11.1996 – C 84/94 – Vereinigtes Königreich/Rat, Slg. 1996, I-5755 Rz. 15.
83 EuGH v. 9.9.2003 – C-151/02 – Jaeger, Slg. 2003, I-8389 Rz. 93.
84 EuGH v. 12.11.1996 – C 84/94 – Vereinigtes Königreich/Rat, Slg. 1996, I-5755 Rz. 39 unter Verweis auf Nrn. 165 bis 167 der Schlussanträge des Generalanwalts.
85 EuGH v. 12.11.1996 – C 84/94 – Vereinigtes Königreich/Rat, Slg. 1996, I-5755 Rz. 57 ff.
86 EuGH v. 12.11.1996 – C 84/94 – Vereinigtes Königreich/Rat, Slg. 1996, I-5755 – Rz. 30.
87 EuGH v. 21.2.2018 – C 518/15 – Matzak, ArbRB 2018, 99 = NZA 2018, 293 Rz. 23 ff.; v. 9.11.2017 – C-303/16 – Maio Marques da Rosa, ArbRB 2017, 363 = NJW 2018, 683.

Allgemein gilt die Arbeitsschutzrahmen-RL 89/391/EG (Art. 2 Abs. 4 ArbZ-RL i.V.m. ErwGr. 3 ArbZ-RL). Darüber hinausgehend sind die Schutzvorschriften der Arbeitszeitrichtlinie anwendbar (Art. 2 Abs. 4 ArbZ-RL).

Diese wiederum gelten dann nicht, wenn andere Gemeinschaftsinstrumente spezifischere Vorschriften über die Arbeitszeitgestaltung für bestimmte Tätigkeiten enthalten (Art. 14 ArbZ-RL, vgl. Rz. 7.69 ff.). Schließlich fallen nach wie vor einzelne Berufsgruppen aus dem Anwendungsbereich völlig heraus. Dies gilt insbesondere für **Seeleute** gemäß der Definition der Richtlinie 89/391/EWG (Art. 2 Abs. 3 ArbZ-RL, vgl. Rz. 7.60 ff.). Für bestimmte Gruppen von Arbeitnehmern sind die Vorschriften der Arbeitszeitrichtlinie zwar grundsätzlich anwendbar. Allerdings wird der durch den weiten Anwendungsbereich sehr umfassend angelegte Schutz, den die Richtlinie vermittelt, durch vielfältige bereichsspezifische Ausnahmevorschriften wieder eingeschränkt (vgl. Art. 20–21 ArbZ-RL, Rz. 7.67 ff.). Die Komplexität des Anwendungsbereichs wird dadurch erhöht, dass die Arbeitszeitrichtlinie teilweise auf Begriffsbestimmungen der Richtlinie 89/391/EWG zurückgreift.

7.51

1. Anwendungsbereich der Arbeitszeitrichtlinie

a) Sachlicher Anwendungsbereich

Die Arbeitszeitrichtlinie gilt für **alle privaten oder öffentlichen Tätigkeitsbereiche** i.S.d. Art. 2 RL 89/391/EWG (Art. 1 Abs. 3 ArbZ-RL). Der Anwendungsbereich der Arbeitszeitrichtlinie bestimmt sich damit **dynamisch** nach dem **Anwendungsbereich der Arbeitsschutzrahmen-RL.**[88] Dieser ist in Art. 2 Abs. 1 89/391/EWG geregelt und ist **weit zu verstehen.**[89] Dies ergibt sich aus Wortlaut, Systematik[90] und Sinn und Zweck der Richtlinie.[91] Einschränkungen für bestimmte Tätigkeitsbereiche und Arbeitnehmergruppen ergeben sich nach Maßgabe der Art. 14, 17, 18 ArbZ-RL (Rz. 7.69 ff., 7.225 ff., 7.267 ff.). Soweit einzelne Arbeitnehmergruppen von ihrer Anwendung ganz oder teilweise ausgeschlossen werden sollen, regelt die Arbeitszeitrichtlinie das ausdrücklich (Art. 1 Abs. 3 UAbs. 2 ArbZ-RL). Daher sind im Übrigen alle Arbeitnehmer erfasst.

7.52

Nach Art. 2 Abs. 2 Satz 1 RL 89/391/EWG findet die Richtlinie **keine Anwendung**, soweit **Besonderheiten bestimmter spezifischer Tätigkeiten im öffentlichen Dienst**, z.B. bei den Streitkräften oder der Polizei oder bei bestimmten spezifischen Tätigkeiten bei den **Katastrophenschutzdiensten**, zwingend entgegenstehen. Diese Ausnahmevorschrift ist **eng auszulegen.**[92] Die Ausnahmen dienen alleine dem Zweck, das ordnungsgemäße Funktionieren der dort genannten Dienste in

7.53

---

[88] EuGH v. 14.7.2005 – C-52/04 – Personalrat der Feuerwehr Hamburg, Slg. 2005, I-7111 Rz. 38; v. 5.10.2004 – C-397/01 – Pfeiffer, Slg. 2004, I-8835 Rz. 48; v. 3.10.2000 – C-303/98 – SIMAP, Slg. 2000, I-7963 Rz. 30 f.

[89] EuGH v. 7.4.2011 – C-518/09 – May, Slg. 2011, I-2761 Rz. 19; v. 14.10.2010 – C-428/09 – Union syndicale Solidaires Isère, Slg. 2010, I-9961 Rz. 21; v. 14.7.2005 – C-52/04 – Personalrat der Feuerwehr Hamburg, Slg. 2005, I-7111 Rz. 42; v. 5.10.2004 – C-397/01 – Pfeiffer, Slg. 2004, I-8835 Rz. 52; v. 3.10.2000 – C-303/98 – SIMAP, Slg. 2000, I-7963 Rz. 34.

[90] EuGH v. 14.10.2010 – C-428/09 – Union syndicale Solidaires Isère, Slg. 2010, I-9961 Rz. 21; v. 5.10. 2004 – C-397/01 – Pfeiffer, Slg. 2004, I-8835 Rz. 62; v. 26.6.2001 – C-173/99 – BECTU, Slg. 2001, I-4881 Rz. 45.

[91] EuGH v. 14.10.2010 – C-428/09 – Union syndicale Solidaires Isère, Slg. 2010, I- 9961 Rz. 22; v. 14.7. 2005 – C-52/04 – Personalrat der Feuerwehr Hamburg, Slg. 2005, I-7111 Rz. 42; v. 5.10.2004 – C-397/01 – Pfeiffer, Slg. 2004, I-8835 Rz. 52.

[92] St. Rspr. EuGH v. 7.4.2011 – C-518/09 – May, Slg. 2011, I-2761 Rz. 19; v. 14.10.2010 – C-428/09 – Union syndicale Solidaires Isère, Slg. 2010, I-9961 Rz. 24; v. 14.7.2005 – C-52/04 – Personalrat der Feuerwehr Hamburg, Slg. 2005, I-7111 Rz. 42; v. 5.10.2004 – C-397/01 – Pfeiffer, Slg. 2004, I-8835 Rz. 52; v. 3.7.2001 – C-241/99 – CIG, Slg. 2001, I-5139 Rz. 29; v. 3.10.2000 – C-303/98 – SIMAP, Slg. 2000, I-7963 Rz. 35; VGH Baden-Württemberg v. 17.6.2013 – 4 S 169/13, n.v.

Ausnahmesituationen zu sichern, die **von besonderer Schwere und besonderem Ausmaß** sind und für den Schutz der öffentlichen Sicherheit, Gesundheit und Ordnung unerlässlich sind.[93]

7.54 Die Richtlinie nimmt nicht die in Art. 2 Abs. 2 Satz 1 RL 89/391/EWG genannten Dienste insgesamt vom Anwendungsbereich der Richtlinie aus. Die Ausnahme gilt lediglich für **spezifische Tätigkeiten bei diesen Diensten**, deren Besonderheiten der Anwendung der Richtlinie entgegenstehen.[94] Das ergibt sich aus dem Wortlaut der Richtlinie 89/391/EWG und stimmt mit ihrem Sinn und Zweck überein. Ein Mitgliedstaat kann daher nicht solche Dienste insgesamt, sondern nur einen Teil der Tätigkeiten innerhalb dieser Dienste ausnehmen. Dabei gelten strenge Maßstäbe. Die Richtlinie lässt nur solche Ausnahmen zu, die auf das beschränkt sind, was zur Wahrung der Interessen, die zu schützen den Mitgliedstaaten erlaubt ist, **unbedingt erforderlich ist**.[95]

7.55 Im Ergebnis können **Ausnahmen nur für Katastrophenfälle** vorgesehen werden.[96] Solche liegen nur dann vor, wenn eine Situation von besonderer Schwere und besonderem Ausmaß vorliegt, die etwa dadurch gekennzeichnet ist, dass eine **Arbeitszeitplanung für Rettungsteams nicht (mehr) möglich** ist.[97] Es ist auch nicht ausreichend, dass der konkrete Arbeitsanfall etwa bei Feuerwehr[98] oder Rettungsdiensten nicht planbar ist.[99] Denn gleichwohl sind die unter gewöhnlichen Umständen notwendigen personellen Ressourcen, einschließlich der Arbeitszeiten, planbar.[100] Selbst wenn ein Katastrophenfall vorliegt, haben die Mitgliedstaaten die unter den Umständen größtmögliche Sicherheit und den größtmöglichen Gesundheitsschutz der Arbeitnehmer zu gewährleisten.[101]

7.56 Soweit also die nur **theoretische Möglichkeit einer ungefähren Prognose** über den Arbeitsanfall und damit zumindest die **theoretische Möglichkeit einer Dienstplanung vorliegt**, ist der Anwendungsbereich der Richtlinie 89/391/EWG eröffnet. Konsequenterweise hat der EuGH daher weder den **Rettungsdienst**[102] **oder das Pflegepersonal**[103] noch die **Feuerwehr**[104] von der Anwendung der Richtlinie ausgenommen.[105] Diese Rechtsprechung wird bestätigt durch Art. 17 Abs. 3 Buchst. c iii) ArbZ-RL, der sowohl für die Ambulanz-, als auch die Feuerwehr- sowie die Katastrophenschutzdienste Ausnahmen zulässt. Dies wäre sinnlos, wenn die Arbeitszeitrichtlinie diese Dienste nicht erfassen würde.[106] Ausnahmen und Einschränkungen des materiellen Schutzniveaus steht die Ar-

---

93 EuGH v. 7.4.2011 – C-518/09 – May, Slg. 2011, I-2761 Rz. 19; v. 14.10.2010 – C-243/08 – Fuß I, Slg. 2010, I-9849 Rz. 44; v. 5.10.2004 – C-397/01 – Pfeiffer, Slg. 2004, I-8835 Rz. 55.
94 EuGH v. 14.7.2005 – C-52/04 – Personalrat der Feuerwehr Hamburg, Slg. 2005, I-7111 Rz. 43 ff.; v. 5.10.2004 – C-397/01 – Pfeiffer, Slg. 2004, I-8835 Rz. 53; VGH Baden-Württemberg v. 17.6.2013 – 4 S 169/13, n.v.
95 EuGH v. 14.10.2010 – C-428/09 – Union syndicale Solidaires Isère, Slg. 2010, I-9961 Rz. 24; v. 14.7.2005 – C-52/04 – Personalrat der Feuerwehr Hamburg, Slg. 2005, I-7111 Rz. 45; v. 5.10.2004 – C-397/01 – Pfeiffer, Slg. 2004, I-8835 Rz. 54.
96 EuGH v. 14.7.2005 – C-52/04 – Personalrat der Feuerwehr Hamburg, Slg. 2005, I-7111 Rz. 53 f.; v. 5.10.2004 – C-397/01 – Pfeiffer, Slg. 2004, I-8835 Rz. 56.
97 EuGH v. 5.10.2004 – C-397/01 – Pfeiffer, Slg. 2004, I-8835 Rz. 55.
98 EuGH v. 14.10.2010 – C-243/08 – Fuß I, Slg. 2010, I-9849 Rz. 44.
99 EuGH v. 5.10.2004 – C-397/01 – Pfeiffer, Slg. 2004, I-8835 Rz. 57.
100 EuGH v. 14.7.2005 – C-52/04 – Personalrat der Feuerwehr Hamburg, Slg. 2005, I-7111 Rz. 46; v. 5.10.2004 – C-397/01 – Pfeiffer, Slg. 2004, I-8835 Rz. 57.
101 EuGH v. 14.7.2005 – C-52/04 – Personalrat der Feuerwehr Hamburg, Slg. 2005, I-7111 Rz. 56.
102 EuGH v. 5.10.2004 – C-397/01 – Pfeiffer, Slg. 2004, I-8835.
103 EuGH v. 3.7.2001 – C-241/99 – CIG, Slg. 2001, 5139 Rz. 27 ff.
104 EuGH v. 21.2.2018 – C 518/15 – Matzak, Rz. 27, ArbRB 2018, 99 = NZA 2018, 293; v. 14.7.2005 – C-52/04 – Personalrat der Feuerwehr Hamburg, Slg. 2005, I-7111 Rz. 48 ff.; BVerwG v. 29.9.2011 – 2 C 32/10, NVwZ 2012, 643 (644).
105 Vgl. dazu auch BVerwG v. 26.7.2012 – 7 B 62/11, NVwZ-RR 2012, 972 (974).
106 EuGH v. 14.7.2005 – C-52/04 – Personalrat der Feuerwehr Hamburg, Slg. 2005, I-7111 Rz. 60; v. 5.10.2004 – C-397/01 – Pfeiffer, Slg. 2004, I-8835 Rz. 71; v. 3.7.2001 – C-241/99 – CIG, Slg. 2001, I-5139 Rz. 31; BVerwG v. 26.7.2012 – 7 B 62/11, NVwZ-RR 2012, 972 (974).

beitszeitrichtlinie aber nicht grundsätzlich entgegen, was z.B. Art. 17 Abs. 3 ArbZ-RL zeigt (Rz. 7.244 ff.).

Die Leitlinie, den Anwendungsbereich der Arbeitszeitrichtlinie weit und etwaige Ausnahmen von ihm eng auszulegen, erstreckt der EuGH auf alle Abweichungsmöglichkeiten und Ausnahmevorschriften. Das hat Auswirkungen auf die Auslegung der Art. 17–22 ArbZ-RL.[107]   7.57

b) Persönlicher Anwendungsbereich

Der persönliche Anwendungsbereich der Arbeitszeitrichtlinie ist nur durch den Ausschluss der **Seeleute** (Art. 1 Abs. 3 Satz 2) negativ definiert (vgl. Rz. 7.60 ff.). Der **Arbeitnehmerbegriff** der Arbeitszeitrichtlinie ist ein **autonomer Begriff des Unionsrechts**, der nicht eng auszulegen ist.[108] Der EuGH übernimmt die Begriffsdefinition, die er zu Art. 45 AEUV in ständiger Rechtsprechung entwickelt hat (vgl. Rz. 1.107 ff.).[109] Die Arbeitszeitrichtlinie verweist hinsichtlich des Arbeitnehmerbegriffs nicht dynamisch auf die Rechtsordnung der Mitgliedstaaten.[110] **Arbeitnehmer** i.S.d. Arbeitszeitrichtlinie ist, wer während einer bestimmten Zeit für einen anderen nach dessen Weisungen eine tatsächliche und echte Tätigkeit ausübt[111] und damit Leistungen erbringt, für die er als Gegenleistung eine Vergütung erhält.[112] Als Arbeitnehmer ist jeder anzusehen, der eine tatsächliche und echte Tätigkeit ausübt, wobei Tätigkeiten außer Betracht bleiben, die einen so geringen Umfang haben, dass sie sich als völlig untergeordnet und unwesentlich darstellen.[113] Daher spielt es für den Anwendungsbereich der Arbeitszeitrichtlinie keine Rolle, ob ein Arbeitnehmer nach **einzelstaatlichen Rechtsvorschriften** als Arbeiter, Angestellter oder Beamter angesehen wird[114] oder ein Rechtsverhältnis sui generis vorliegt.[115] Vor diesem Hintergrund hat der EuGH auch die Tätigkeit von freiwilligen Feuerwehrmännern, die entsprechend der in Belgien geltenden Gepflogenheiten beschäftigt wurden, angenommen.[116] Nicht von Bedeutung ist, ob es sich um einen befristet oder unbefristet beschäftigten Arbeitnehmer handelt.[117] Auch **Saisonarbeitnehmer** fallen unter den Anwendungsbereich der Arbeitszeitrichtlinie.[118] Die Arbeitszeitrichtlinie gilt auch hinsichtlich ihres Schutzumfangs unterschiedslos für Vollzeit- und Teilzeitbeschäftigte,[119] ermöglicht aber wegen der Ausgleichszeiträume nach Art. 16 Buchst. b ArbZ-RL einen Zuwachs an Flexibilität bei den Einsatzmöglichkeiten, je geringer die vertragliche wöchentliche Höchstarbeitszeit festgelegt wird (vgl.   7.58

---

107 EuGH v. 21.10.2010 – C-227/09 – Accardo, Slg. 2010, I-10273 Rz. 58; v. 9.9.2003 – C-151/02 – Jaeger, Slg. 2003, I-8389 Rz. 89.
108 EuGH v. 7.4.2011 – C-518/09 – May, Slg. 2011, I-2761 Rz. 21; v. 14.10.2010 – C-428/09 – Union syndicale Solidaires Isère, Slg. 2010, I-9961 Rz. 28.
109 EuGH v. 7.4.2011 – C-518/09 – May, Slg. 2011, I-2761 Rz. 21; unter Verweis auf EuGH v. 3.7.1986 – C-66/85 – Lawrie-Blum, Slg. 1986, I-2121 Rz. 16, 17; v. 23.3.2004 – C-138/02 – Collins, Slg. 2004, I-2703 Rz. 26; v. 7.9.2004 – C-456/02 – Trojani, Slg. 2004, I-7573 Rz. 15.
110 EuGH v. 26.3.2015 – C-316/13 – Fenoll, NZA 2015, 1444 Rz. 24 f.; v. 14.10.2010 – C-428/09 – Union syndicale Solidaires Isère, Slg. 2010, I-9961 Rz. 28.
111 EuGH v. 7.4.2011 – C-518/09 – May, Slg. 2011, I-2761 Rz. 21.
112 EuGH v. 21.2.1018 – C-518/15 – Matzak, ArbRB 2018, 99 = NZA 2018, 293 Rz. 28; v. 26.3.2015 – C-316/13 – Fenoll, NZA 2015, 1444 Rz. 27; v. 7.4.2011 – C-518/09 – May, Slg. 2011, I-2761 Rz. 21; v. 14.10.2010 – C-428/09 – Union syndicale Solidaires Isère, Slg. 2010, I-9961 Rz. 28.
113 EuGH v. 21.2.1018 – C-518/15 – Matzak, ArbRB 2018, 99 = NZA 2018, 293 Rz. 28; v. 26.3.2015 – C-316/13 – Fenoll, NZA 2015, 1444 Rz. 27.
114 EuGH v. 21.2.1018 – C 518/15 – Matzak, ArbRB 2018, 99 = NZA 2018, 293 Rz. 28; v. 7.4.2011 – C-518/09 – May, Slg. 2011, I-2761 Rz. 24 f.
115 EuGH v. 26.3.2015 – C-316/13 – Fenoll, NZA 2015, 1444 Rz. 30 ff.
116 EuGH v. 21.2.1018 – C-518/15 – Matzak, ArbRB 2018, 99 = NZA 2018, 293 Rz. 28.
117 EuGH v. 14.10.2010 – C-428/09 – Union syndicale Solidaires Isère, Slg. 2010, I-9961 Rz. 31; v. 26.6.2001 – C-173/99 – BECTU, Slg. 2001, I-4881 Rz. 46.
118 EuGH v. 14.10.2010 – C-428/09 – Union syndicale Solidaires Isère, Slg. 2010, I-9961 Rz. 32.
119 EuGH v. 12.10.2004 – C-313/02 – Wippel, Slg. 2004, I-9483 Rz. 48.

Rz. 7.44 ff.). Bei Beschäftigten in Behindertenwerkstätten hängt die Einordnung von der konkreten Tätigkeit, nicht von der Art der Vertragsbeziehung oder dem Status des Beschäftigten ab.[120]

Unter den unionsrechtlichen Arbeitnehmerbegriff und damit in den Anwendungsbereich der Richtlinie fallen auch **Fremdgeschäftsführer einer GmbH**, wenn sie ihre Leistung nach Weisung und Aufsicht eines anderen Organs der Gesellschaft ausüben und als Gegenleistung eine Vergütung erhalten.[121]

7.59 Ob eine Person Arbeitnehmer i.S.d. Definition des EuGH ist, ist von den nationalen Gerichten zu prüfen. Diese haben dabei eine Gesamtwürdigung der Umstände des Einzelfalles anhand objektiver Kriterien vorzunehmen.[122] Der Kontrollmaßstab ist unionsrechtlich vorgegeben, nicht aber das Ergebnis. Insoweit ist eine Vorlage zum EuGH nicht erforderlich.

c) Ausnahmen und Einschränkungen

aa) Arbeitszeit für Seeleute

7.60 Die Richtlinie 1999/63/EG[123] regelt die **Arbeitszeit für Seeleute**. Die Arbeitszeitrichtlinie ist auf diese nach Art. 1 Abs. 3 Satz 2 ArbZ-RL nicht anwendbar. Die Richtlinie 1999/63/EG basiert auf einer Vereinbarung der Sozialpartner und ist aufgrund eines Ratsbeschlusses nach Art. 155 Abs. 2 AEUV erlassen worden (vgl. Rz. 1.71 ff.). Sie ist zuletzt durch die Richtlinie 2009/13/EG[124] geändert worden.[125]

7.61 Diese Änderung basierte im Wesentlichen auf dem **Seearbeitsübereinkommen der ILO**.[126] Dieses fasst die seit 1920 schrittweise verabschiedeten Empfehlungen und Übereinkommen der ILO zum Seearbeitsrecht zusammen.[127] Es kann auf Basis von Art. 1 der Ermächtigung des Rates vom 7.6. 2007 (2007/431/EG) von den Mitgliedstaaten der Union ratifiziert werden.[128] Die Richtlinie 2009/13/EG tritt nach Art. 7 RL 2009/13/EG gleichzeitig mit dem Inkrafttreten des Seearbeitsübereinkommens 2006 in Kraft. Dieses ist am 20.8.2013 in Kraft getreten[129] und von der Bundesrepublik ratifiziert worden. Die Mitgliedstaaten hatten ab diesem Zeitpunkt 12 Monate Zeit für die Umsetzung (Art. 5 Abs. 1 RL 2009/13/EG).

7.62 Die Richtlinie 2009/13/EG ist in Deutschland durch das Seearbeitsgesetz (SeeArbG) umgesetzt worden, das am 1.8.2013 in Kraft getreten ist.[130]

---

120 EuGH v. 26.3.2015 – C-316/13 – Fenoll, NZA 2015, 1444 Rz. 36 ff.
121 EuGH v. 9.7.2015 – C-229/14 Rz. 31 ff., 52 – Balkaya, ArbRB 2015, 259 = NZA 2015, 861; v. 11.11. 2010 – C-232/09 Rz. 38 ff. – Danosa, ArbRB 2010, 358 = NZA 2011, 143; EuArbR/*Gallner*, RL 2003/ 88/EG Art. 1 Rz. 39; *Henssler/Lunk*, NZA 2016, 1425, 1428.
122 EuGH v. 26.3.2015 – C-316/13 – Fenoll, NZA 2015, 1444 Rz. 29; v. 14.10.2010 – C-428/09 – Union syndicale Solidaires Isére, Slg. 2010, I-9961 Rz. 29.
123 RL 1999/63/EG v. 21.6.1999 zu der vom Verband der Reeder in der Europäischen Gemeinschaft (European Community Shipowners' Association ECSA) und dem Verband der Verkehrsgewerkschaften in der Europäischen Union (Federation of Transport Workers' Unions in the European Union FST) getroffenen Vereinbarung über die Regelung der Arbeitszeit von Seeleuten, ABl. Nr. L 167 v. 2.7.1999.
124 RL 2009/13/EG v. 16.2.2009 zur Durchführung der Vereinbarung zwischen dem Verband der Reeder in der Europäischen Gemeinschaft (ECSA) und der Europäischen Transportarbeiter-Föderation (ETF) über das Seearbeitsübereinkommen 2006 und zur Änderung der Richtlinie 1999/63/EG, ABl. Nr. L 124/30 v. 20.5.2009.
125 Ausf. *Schäffer/Kapljic*, ZESAR 2009, 170.
126 Vgl. dazu *Maul-Sartori*, NZA 2013, 821 (822); *Zimmer*, EuZA 2015, 297 ff.
127 Vgl. dazu *Schäffer/Kapljic*, ZESAR 2009, 170.
128 ABl. Nr. L 161/63 v. 22.6.2007; zum Hintergrund *Schäffer/Kapljic*, ZESAR 2009, 170 (171).
129 Detaillierte Informationen hierzu unter http://www.ilo.org/global/standards/maritime-labour-convention/lang-en/index.htm.
130 Vom 20.4.2013, BGBl. I 2013, 868; *Zimmer*, EuZA 2015, 297 ff.

III. Anwendungsbereich | Rz. 7.69 § 7

Die durch die Richtlinie 2009/13/EG geänderte Richtlinie 1999/63/EG gilt nach dem 10. Erwägungsgrund und § 1 Nr. 1 Satz 1 der Sozialpartnervereinbarung im Anhang der Richtlinie 1999/63/EG für **Seeleute auf allen seegehenden Schiffen**, gleich ob in öffentlichem oder privatem Eigentum, die im Hoheitsgebiet eines Mitgliedstaats eingetragen sind und die gewöhnlich in der gewerblichen Seeschifffahrt verwendet werden. Ist ein Schiff in zwei Staaten eingetragen, so gilt es als im Hoheitsgebiet des Staates eingetragen, dessen Flagge es führt (§ 1 Nr. 1 Satz 2 Anhang RL 1999/63/EG). Die Vorschriften der Richtlinie sind im Lichte des ILO-Seearbeitsübereinkommens auszulegen (vgl. Rz. 7.61).[131] 7.63

Der Begriff **Seeleute** ist umfassend zu verstehen. Es werden alle Personen erfasst, die in **irgendeiner Eigenschaft an Bord eines Schiffes beschäftigt oder angeheuert sind** (§ 2 c) Anhang RL 1999/63/EG). Notwendig ist, dass die Tätigkeit **an Bord** stattfindet. Wird die Tätigkeit prinzipiell an Land und nur teilweise oder nur zeitweise an Bord ausgeführt oder liegt sie außerhalb des gewöhnlichen Betriebs des Schiffes, so können Ausnahmen bestehen. Ob solche einschlägig sind, richtet sich nach der Entschließung der 94. (Seeschifffahrts-) Tagung der Allgemeinen Konferenz der Internationalen Arbeitsorganisation über Hinweise zu Berufsgruppen[132] (§ 1 Nr. 3 Satz 2 Anhang RL 1999/63/EG; Übereinkommen zwischen ECSA und ETF über das Seearbeitsübereinkommen 2006, Begriffsbestimmungen und Geltungsbereich Nr. 3[133]). 7.64

In Deutschland ist diese Begriffsbestimmung durch § 3 Abs. 1 SeeArbG umgesetzt.[134] Für Arbeitnehmer auf **Offshore-Anlagen** gelten Sonderregelungen nach Art. 20 Abs. 3 ArbZ-RL. 7.65

Die arbeitszeitrechtlichen Regelungen für Seeleute finden sich in den §§ 42 ff. SeeArbG. Zur Abgrenzung des Anwendungsbereichs vgl. § 18 Abs. 3 ArbZG, § 3 SeeArbG, insbesondere die Abgrenzung zur Tätigkeit „auf" und „an" Offshore-Anlagen in § 3 Abs. 3 Nr. 7 ArbZG.[135] 7.66

bb) Einschränkungen nach Art. 14, 17–21 ArbZ-RL

Die Arbeitszeitrichtlinie erfasst nach ihrer Änderung durch die Richtlinie 2000/34/EG (vgl. Rz. 7.21 ff.) grundsätzlich alle Tätigkeitsbereiche. Ihr Verhältnis zu anderen unionsrechtlichen Regelungen zur Arbeitszeit ist dementsprechend seitdem mitgeregelt. Dies hatte Folgen in Form einer Ausweitung der – ohnehin schon umfangreichen – Ausnahmetatbestände in den Art. 17 ff. ArbZ-RL. Diese sehen **Abweichungsmöglichkeiten** von einer, mehreren oder allen Vorschriften der Arbeitszeitrichtlinie zu **Höchstarbeitszeit, Pausen, Ruhezeiten, Nachtarbeit und Ausgleichszeiträumen** für bestimmte Tätigkeitsbereiche vor (vgl. Rz. 7.221 ff.). 7.67

Unanwendbar sind die zentralen Schutznormen zur Arbeitszeit nach Art. 20 ArbZ-RL für mobile Arbeitnehmer und Tätigkeiten auf **Off-shore-Anlagen** (vgl. Rz. 7.71 ff.) und nach Art. 21 ArbZ-RL für Arbeitnehmer an Bord von seegehenden Fischereifahrzeugen. 7.68

2. Verhältnis zu anderen Rechtsgrundlagen (Art. 14 ArbZ-RL)

Die Vorschriften der Arbeitszeitrichtlinie gelten subsidiär gegenüber spezielleren unionsrechtlichen Regelungen zur Arbeitszeit (Art. 14 ArbZ-RL). Dies betrifft Sonderregelungen für bestimmte Berufsgruppen und Regelungen für bestimmte Tätigkeiten unabhängig davon, in welchem Beruf diese ausgeübt werden. 7.69

---

131 Vgl. dazu auch *Schäffer/Kapljic*, ZESAR 2009, 170.
132 Annex Maritime Labour Convention, 2006 Information on occupational groups, http://www.ilo.org/global/standards/maritime-labour-convention/WCMS_088130/lang-en/index.htm.
133 Abgedruckt im Anhang der RL 2009/13/EG.
134 *Maul-Sartori*, NZA 2013, 821 (822).
135 Vgl. dazu *Maul-Sartori*, NZA 2013, 821 (823).

a) Subsidiaritätsprinzip

7.70 Während die Seeleute insgesamt vom Anwendungsbereich der Arbeitszeitrichtlinie ausgenommen sind (vgl. Rz. 7.60 ff.), regelt Art. 14 ArbZ-RL lediglich das Verhältnis zu spezielleren Normen. Die Arbeitszeitrichtlinie bleibt **subsidiär** anwendbar. Einzelne Vorschriften können aber verdrängt sein. Dies ist für jede Regelung **einzeln** zu prüfen. Regelungen zur Höchstarbeitszeit in speziellen Vorschriften bedeuten nicht, dass damit die Regelungen der Arbeitszeitrichtlinie über die Bezugszeiträume (Art. 16 ArbZ-RL) suspendiert wären. Nur soweit die Regelungen zu einer **denklogischen Inkompatibilität** führen, greift Art. 14 ArbZ-RL. Dann gelten allein die spezielleren Regelungen, ungeachtet der Frage, ob sie ein **höheres oder niedrigeres Schutzniveau** beinhalten.[136]

b) Mobile Arbeitnehmer

7.71 **Die Arbeitszeitrichtlinie findet auf mobile Arbeitnehmer** Anwendung. Diese sind aber von zentralen Schutzvorschriften der Arbeitszeitrichtlinie ausgenommen (Art. 20 Abs. 1 ArbZ-RL), weil insoweit spezielle Regelungen greifen (Rz. 7.72). Der Begriff des mobilen Arbeitnehmers ergibt sich aus Art. 2 Nr. 7 ArbZ-RL. Mobiler Arbeitnehmer ist jeder Arbeitnehmer, der als Mitglied des fahrenden oder fliegenden Personals im Dienst eines Unternehmens beschäftigt ist, das Personen oder Güter im **Straßen-** oder **Luftverkehr** oder in der **Binnenschifffahrt** befördert. Art. 20 Abs. 1 ArbZ-RL ist als Ausnahmevorschrift eng auszulegen.[137] Nur wenn der **Hauptzweck der Tätigkeit im Transportsektor** liegt, handelt es sich um einen mobilen Arbeitnehmer. Allein dadurch, dass Rettungsassistenten, deren Haupttätigkeit darin besteht, Erste Hilfe zu leisten, während ihrer Tätigkeit auch Personen transportieren, werden sie nicht zu mobilen Arbeitnehmern.[138]

7.72 Allerdings gelten für mobile Arbeitnehmer spezielle Richtlinien, in denen Sonderregelungen vorgesehen sind. Diese bestehen im Bereich des **Straßenverkehrs** (Rz. 7.74 ff.) und für das **fliegende Personal** (Rz. 7.81 ff.).

7.73 Für die **Binnenschifffahrt** gilt das ArbZG, soweit nicht die Binnenschiffsuntersuchungsordnung[139] Sonderregelungen für die Mindestruhezeiten vorsieht (§ 21 ArbZG).[140] Daneben bestehen – gegenüber dem ArbZG vorrangige[141] – internationale Verträge. Bedeutsam ist hier das **Abkommen über die Arbeitsbedingungen der Rheinschiffer** zwischen der Bundesrepublik Deutschland, Belgien, Frankreich, den Niederlanden und der Schweiz.[142]

aa) Straßenverkehr

7.74 Unionsrechtliche Regelungen zur Arbeitszeit im Straßenverkehrssektor bestehen bereits seit über 40 Jahren (vgl. Rz. 7.6). Wegen der Offensichtlichkeit der Gesundheitsgefahren, die übermüdete Lkw-Fahrer für sich, vor allem aber für Dritte, verursachen, bestand hier von Anfang Einigkeit über die Notwendigkeit einer Regulierung. Als Kompetenzgrundlage für den Erlass von Regelungen dient Art. 91 AEUV.[143]

---

136 EAS/*Balze*, B 3100 Rz. 61.
137 EuGH v. 5.10.2004 – C-397/01 – Pfeiffer, Slg. 2004, I-8835 Rz. 67, noch zu Art. 1 Abs. 3 RL 93/104.
138 EuGH v. 5.10.2004 – C-397/01 – Pfeiffer, Slg. 2004, I-8835 Rz. 70.
139 Verordnung über die Schiffssicherheit in der Binnenschifffahrt v. 6.12.2008 (BGBl. I 2008, 2450).
140 MüArbR/*Anzinger*, § 303 Rz. 13.
141 *Neumann/Biebl*, ArbZG, § 21 Rz. 1.
142 Abkommen über die Arbeitsbedingungen der Rheinschiffer v. 21.5.1954, BGBl. II 1957, 217. Zustimmungsgesetz v. 28.4.1957 – in Kraft am 8.5.1957 – (BGBl. II 1957, 216), vgl. dazu MüArbR/*Anzinger*, § 303 Rz. 13.
143 Vgl. dazu *Buschmann*, FS Düwell, 2011, 34 (42).

III. Anwendungsbereich | Rz. 7.78 § 7

Die Regelungen zur Arbeitszeit im Straßenverkehr finden sich verteilt auf die VO (EG) Nr. 561/2006[144] und VO (EWG) Nr. 3821/85[145] und die Richtlinie 2006/22/EG[146] sowie die Richtlinie 2002/15/EG[147]. Die VO (EU) Nr. 165/2014und die Richtlinie 2006/22/EG regulieren die **Kontrolleinrichtungen** zur Überprüfung der **Lenk- und Pausenzeiten**. Im Bereich des Straßenverkehrs sieht die Richtlinie 2002/15/EG in Verbindung mit der VO (EG) Nr. 561/2006 Sonderregelungen für die Fahrtätigkeiten im Bereich des Straßentransports vor. Dabei ist zu beachten, dass die beiden Rechtsakte ein sich ergänzendes Schutzkonzept verfolgen. Die VO (EG) Nr. 561/2006 regelt **die Lenkzeiten, Fahrunterbrechungen und Ruhezeiten** der Fahrer[148], die Richtlinie 2002/15/EG regelt die **Arbeitszeit** des **Fahrpersonals**. Die VO (EG) Nr. 561/2006 bezweckt, Missbrauchs- und Umgehungsmöglichkeiten, die nach der Vorgängerverordnung (EWG) Nr. 3820/85 bestanden, zu beseitigen (ErwGr. 16 VO (EG) Nr. 561/2006). Soweit keine speziellen Regelungen gelten, bleibt nach **Art. 14 ArbZ-RL die** Arbeitszeitrichtlinie **subsidiär anwendbar**.[149] Soweit der Anwendungsbereich nach Art. 2–4 der VO (EG) Nr. 561/2006 eröffnet ist, hat sie gegenüber der Richtlinie Vorrang (Art. 1 Abs. 4 RL 2002/15/EG[150]).

7.75

Teilweise sind die VO (EG) Nr. 561/2006 und die Richtlinie 2002/15/EG aber auch miteinander verschränkt. So sieht die Art. 6 VO (EG) Nr. 561/2006 vor, dass die **wöchentliche Lenkzeit** 56 Stunden nicht überschreiten darf, ordnet aber zusätzlich an, dass daneben auch die in der Richtlinie 2002/15/EG festgelegte **wöchentliche Höchstarbeitszeit** nicht überschritten werden darf. Diese wiederum beträgt nach Art. 4 Buchst. a RL 2002/15/EG grundsätzlich 48 Stunden wöchentlich. Sie kann aber auf bis zu 60 Stunden ausgedehnt werden, wenn in einem Zeitraum von 4 Monaten der Wochendurchschnitt 48 Stunden nicht übersteigt (Art. 4 Buchst. b RL 2002/15/EG). Aufgrund der kumulierten Anwendbarkeit dieser Regelungen kann es daher dazu kommen, dass ein Fahrer zwar noch lenken, aber nicht mehr arbeiten darf oder dass er zwar noch arbeiten, aber nicht mehr lenken darf.

7.76

Die **höchstzulässigen Lenkzeiten** können auch nach deutschem Recht die höchstzulässige Arbeitszeit nicht erweitern.[151]

7.77

Bei Fahrten, die teilweise **außerhalb des Geltungsbereichs der VO (EG) Nr. 561/2006 (Art. 2 Abs. 2 Buchst. a und b)**[152] **liegen**, wird die Rechtslage dadurch verkompliziert, dass für solche Fahrten das Europäische Übereinkommen über die Arbeit des im internationalen Straßenverkehr beschäftigten Fahrpersonals (**AETR**) gilt (Art. 2 Abs. 3 VO (EG) Nr. 561/2006).[153] Das **AETR-**

7.78

---

144 VO (EG) Nr. 561/2006 v. 15.3.2006 zur Harmonisierung bestimmter Sozialvorschriften im Straßenverkehr und zur Änderung der Verordnungen (EWG) Nr. 3821/85 und (EG) Nr. 2135/98 des Rates sowie zur Aufhebung der Verordnung (EWG) Nr. 3820/85 des Rates, ABl. Nr. L 102/1 v. 11.4.2006.
145 VO (EWG) Nr. 3821/85 v. 20.12.1985, ABl. Nr. L 370/8 v. 31.12.1985, zuletzt geändert durch die VO (EG) Nr. 561/2006.
146 RL 2006/22/EG v. 15.3.2006 über Mindestbedingungen für die Durchführung der Verordnungen (EWG) Nr. 3820/85 und (EWG) Nr. 3821/85 des Rates über Sozialvorschriften für Tätigkeiten im Kraftverkehr sowie zur Aufhebung der Richtlinie 88/599/EWG des Rates, ABl. Nr. L 102/35 v. 11.4.2006.
147 RL 2002/15/EG v. 11.3.2002 zur Regelung der Arbeitszeit von Personen, die Fahrtätigkeiten im Bereich des Straßentransports ausüben, ABl. Nr. L 80/25 v. 23.3.2002.
148 Nach Art. 8 der VO 561/2006 darf der Fahrer die wöchentliche Ruhezeit nicht in seinem Fahrzeug verbringen, EuGH v. 20.12.2017 – C 102/16 – Vaditrans.
149 EAS/*Balze*, B 3100 Rz. 81.
150 Der noch auf die VO (EG) Nr. 3820/85 verweist, die in der VO (EG) Nr. 561/2006 aufgegangen ist.
151 LAG Schleswig-Holstein v. 31.5.2005 – 5 Sa 38/05, NZA-RR 2005, 458 (459); a.A. *Dzida*, NZA 2007, 120 (123).
152 Die Mitgliedstaaten, die Schweiz und die Vertragsstaaten des Abkommens über den Europäischen Wirtschaftsraum, Norwegen, Island, Lichtenstein, vgl. dazu Streinz/*Nettesheim/Duvigneau*, Art. 207 AEUV Rz. 76.
153 Vgl. dazu *Anzinger/Koberski*, § 21a ArbZG Rz. 22 ff.

Übereinkommen ist Teil des Unionsrechts. Der EuGH ist für seine Auslegung zuständig.[154] Sollte eine Fahrt teilweise in einem Staat stattfinden, der der Union nicht angehört und der dem AETR nicht beigetreten ist, so findet für die Teilstrecke auf Unionsgebiet die VO (EG) Nr. 561/2006 Anwendung.[155] Schließlich finden für mobile Arbeitnehmer, soweit die Richtlinie 2002/15/EG und die VO (EG) Nr. 561/2006 nicht gelten, die Vorschriften der Arbeitszeitrichtlinie Anwendung (Art. 14 ArbZ-RL und Art. 20 Abs. 1 ArbZ-RL), soweit nicht die durch Art. 20 Abs. 1 ArbZ-RL ausgenommenen Art. 3, 4, 5 und 8 ArbZ-RL einschlägig sind. Die Art. 9–12 ArbZ-RL, die besondere Regelungen zum Schutz von Nachtarbeitnehmern beinhalten, bleiben daher neben Art. 7 Abs. 1 RL 2002/15/EG, der einen obligatorischen Ausgleichsanspruch bei Nachtarbeit beinhaltet, anwendbar.[156]

7.79 Seit dem 23.3.2009 fallen unter die Richtlinie 2002/15/EG auch selbstständige Fahrer (Art. 2 Abs. 1). Zum Erlass dieser Regelung hatte die Union mit Art. 91 AEUV eine hinreichende Kompetenzgrundlage.[157]

7.80 In Deutschland sind die Vorschriften der Richtlinie 2002/15/EG durch den verspätet[158] erlassenen § 21a ArbZG umgesetzt. Vorrangig sind die Mindestvorgaben der VO (EG) Nr. 561/2006 zu beachten, soweit diese anwendbar ist und die gleichen Regelungsgegenstände betrifft (§ 21a Abs. 1 Satz 2 ArbZG).[159] Ergänzend gelten das FahrPersG und die FahrPersVO.[160] Darüber hinaus kann je nach Fahrstrecke das AETR gelten. Welche Vorschriften anwendbar sind, richtet sich u.a. nach dem Start oder Zielort der Fahrt, der Art des Verkehrs und der Länge der Fahrten.[161] Einzelheiten können hier nicht dargestellt werden. Dazu ist auf die Literatur zum Fahrpersonalrecht und die einschlägigen Kommentierungen zu § 21a ArbZG zu verweisen.[162]

bb) Flugpersonal

7.81 Für das fliegende Personal der Zivilluftfahrt gilt die Richtlinie 2000/79/EG.[163] Die Richtlinie führt die von der Vereinigung Europäischer Fluggesellschaften (AEA), der Europäischen Transportarbeiter-Föderation (ETF), der EuropeanCockpit Association (ECA), der European Regions Airline Association (ERA) und der International Air Carrier Association (IACA) geschlossene **Europäische Vereinbarung über die Arbeitszeitorganisation für das fliegende Personal der Zivilluftfahrt**[164] durch.

7.82 Die Richtlinie 2000/79/EG ist in Deutschland durch § 20 ArbZG i.V.m. der 2. Durchführungsverordnung zur Betriebsordnung für Luftfahrtgeräte (2. DVLuftBO) umgesetzt. Grundsätzlich finden die Vorschriften des ArbZG auch auf Arbeitnehmer in der Luftfahrt Anwendung. Ausgenommen sind lediglich die Besatzungsmitglieder von Luftfahrzeugen, für deren Arbeits- und Ruhezeiten die 2. DVLuftBO gilt.[165]

---

154 EuGH v. 16.1.2003 – C-439/01 – Cipra und Kvasnicka, Slg. 2003, I-745 Rz. 23 ff.
155 EuGH v. 2.6.1994 – C-313/92 – Van Swieten, Slg. 1994, I-2177 Rz. 21.
156 *Stärker*, Arbeitszeitrichtlinie, Art. 20 Rz. 2.
157 EuGH v. 9.9.2004 – C-184/02 und C-223/02 – Spanien und Finnland/Parlament und Rat, Slg. 2004, I-7789.
158 Die RL 2002/15/EG hätte bis zum 23.3.2005 umgesetzt werden müssen. § 21a ArbZG trat am 1.9.2006 in Kraft.
159 Vgl. dazu *Buschmann/Ulber J.*, § 21a ArbZG Rz. 6 ff.
160 *Buschmann/Ulber J.*, § 21a ArbZG Rz. 4.
161 Vgl. dazu *Heimlich/Hamm/Grun/Fütterer*, Fahrpersonalrecht, Erster Teil A., D.; *Anzinger/Koberski*, § 21a ArbZG Rz. 23.
162 Vgl. weiterführend und vertiefend *Ball/Fütterer/Hamm*, Fahrpersonalrecht, 4. Aufl. 2016; *Andresen/Winkler*, Fahrpersonalgesetz und Sozialvorschriften für Kraftfahrer, 4. Aufl. 2011; *Rang*, Lenk- und Ruhezeiten im Straßenverkehr, 23. Aufl. 2016; *Buschmann/Ulber J.*, § 21a ArbZG; *Anzinger/Koberski*, § 21a ArbZG insb. Rz. 22 ff.
163 RL 2000/79/EG v. 27.11.2000, ABl. Nr. L 302/57 v. 1.12.2000.
164 Im Anhang der RL 2000/79/EG, Abl. Nr. L 302/50 v. 1.12.2000.
165 Vgl. dazu *Anzinger/Koberski*, § 21 ArbZG Rz. 3 ff.; *Buschmann/Ulber J.*, § 20 ArbZG Rz. 2 ff.

cc) Personal im grenzüberschreitenden Eisenbahnverkehr

Für das Personal im grenzüberschreitenden Eisenbahnverkehr[166] gelten Sonderregelungen. Diese basieren auf einer **Sozialpartnervereinbarung** zwischen der Gemeinschaft der Europäischen Bahnen (CER) und der Europäischen Transportarbeiter-Föderation (ETF).[167] Diese sieht für bestimmte grenzüberschreitende Eisenbahnverkehre besondere Regelungen der Ruhezeiten und Pausen vor. Insbesondere werden sog. **„Auswärtige Ruhezeiten"** geregelt, die **nicht am Wohnort** erfolgen. 7.83

c) Mutterschutzrichtlinie

Art. 7 RL 92/85/EWG über die Durchführung von Maßnahmen zur Verbesserung der Sicherheit und des Gesundheitsschutzes von schwangeren Arbeitnehmerinnen, Wöchnerinnen und stillenden Arbeitnehmerinnen am Arbeitsplatz (vgl. dazu Rz. 9.138 ff.)[168] enthält besondere Schutzregelungen zur **Nachtarbeit**. Danach haben die Mitgliedstaaten vorzusehen, dass **schwangere Arbeitnehmerinnen** während der Schwangerschaft und nach der Entbindung nicht zur **Nachtarbeit** verpflichtet werden (Art. 7 Abs. 1 RL 92/85/EWG). 7.84

Diese Vorgabe wird durch § 5 MuSchG umgesetzt (vgl. Rz. 9.140, 9.144).

Zur Umsetzung der Pflicht haben die Mitgliedstaaten Möglichkeiten vorzusehen, nach denen eine **Umsetzung auf einen Arbeitsplatz mit Tagarbeit** oder, sofern eine solche Umsetzung technisch oder sachlich nicht möglich ist oder aus gebührend nachgewiesenen Gründen unzumutbar ist, eine Beurlaubung oder Verlängerung des Mutterschaftsurlaubs (Art. 7 Abs. 2 Buchst. a und b RL 92/85/EWG) erfolgt (Rz. 9.147 ff.). Art. 7 Abs. 2 Buchst. a und b RL 92/85/EWG sind nicht so zu verstehen, dass sie alleine zugunsten des Arbeitgebers die Folgen des Art. 7 Abs. 1 RL 92/85/EWG abmildern sollen. Vielmehr schaffen sie eine **Pflicht** der Mitgliedstaaten, zugunsten der schwangeren Arbeitnehmerin einen **Anspruch auf Umsetzung** vorzusehen, soweit dies dem Arbeitgeber möglich und nicht unzumutbar ist. Dies ergibt sich aus einer Parallelwertung der Rechtsprechung des EuGH zu Art. 5 RL 92/85/EWG. Dieser verpflichtet den Arbeitgeber zunächst, den Arbeitsplatz umzugestalten, wenn dies nicht möglich ist, die schwangere Arbeitnehmerin umzusetzen und nur dann, wenn dies nicht möglich ist, darf er sie beurlauben. Nach der Rechtsprechung des EuGH ist diese **Stufenfolge** zwingend.[169] Dies gilt auch für Art. 7 RL 92/85/EWG. Der Wortlaut der Norm und der Sinn und Zweck der Richtlinie, schwangere Arbeitnehmerinnen vor Diskriminierungen zu schützen, gebieten, dass ihr **allgemeiner Beschäftigungsanspruch** durch die Umsetzung der Richtlinie nicht eingeschränkt wird. 7.85

In der Praxis bedeutet dies nicht nur, dass der Arbeitgeber **befugt** ist, die schwangere Arbeitnehmerin auf einen Tagesarbeitsplatz umzusetzen, bevor diese beurlaubt wird.[170] Eine solche Befugnis wird in Deutschland allgemein anerkannt und bislang aus § 11 Abs. 1 Satz 2 MuSchG, nunmehr § 18 Satz 3 MuSchG n.F. hergeleitet. Die Richtlinie 92/85/EWG ist aber auch umgekehrt zu verstehen. Auch die schwangere Arbeitnehmerin kann **beanspruchen, umgesetzt zu werden**, bevor auf das Mittel der Beurlaubung zurückgegriffen wird.[171] Dementsprechend ist der allgemeine Be- 7.86

---

166 ABl. Nr. L Nr. 195(15) v. 27.7.2005 und ABl. Nr. L 195(18) v. 27.7.2005.
167 ABl. Nr. L 195(18) v. 27.7.2005.
168 ABl. Nr. L 348/1 v. 28.11.1992; dazu ausführlich *Nebe*, Betrieblicher Mutterschutz ohne Diskriminierungen, 2006.
169 EuGH v. 1.7.2010 – C-194/08 – Grassmayr, Slg. 2010, I-6281 Rz. 59.
170 BAG v. 15.11.2000, NZA 2991, 386; *Buchner/Becker*, MuSchG, vor §§ 3–8 Rz. 27 ff.; ErfK/*Schlachter*, § 3 MuSchG Rz. 2.
171 EuGH v. 1.7.2010 – C-471/08 – Parvainen, Slg. 2010, I-6533 Rz. 32; v. 1.7.2010 – C-194/08 – Grassmayr, Slg. 2010, I-6281 Rz. 59; ErfK/*Schlachter*, § 3 MuSchG Rz. 2; Enzyklopädie Europarecht/*Nebe*, § 17 Rz. 29 ff.

schäftigungsanspruch der Arbeitnehmerin auf eine Umsetzung auf einen Tagarbeitsplatz gerichtet, wenn dadurch die Beurlaubung vermieden werden kann. Diese Sichtweise[172] ist **unionsrechtlich geboten**. Das hat zur Folge, dass das Umsetzungsrecht des Arbeitgebers und der Umsetzungsanspruch der schwangeren Arbeitnehmerin weitgehend parallel laufen. Lediglich dann, wenn dem Arbeitgeber die Umsetzung theoretisch möglich, aber praktisch unzumutbar ist oder dies umgekehrt für die Arbeitnehmerin gilt, können **Umsetzungsbefugnis** und **Umsetzungsanspruch** auseinander fallen.[173] § 13 MuSchG n.F. trägt diesem Problem nunmehr Rechnung (Rz. 9.148).

d) Jugendarbeitsschutzrichtlinie

7.87 Die Richtlinie 94/33/EG über den Jugendarbeitsschutz[174] enthält in Art. 8 bis 12 Sonderregelungen zur **Arbeitszeit** (Art. 8 RL 94/33/EG), zu **Ruhezeiten und Jahresruhezeiten** (Art. 10 und 11 RL 94/33/EG), zu den **Pausen** (Art. 12 RL 94/33/EG) sowie ein grundsätzliches **Nachtarbeitsverbot** (Art. 9 RL 94/33/EG). Die Regelungen differenzieren zwischen grundsätzlich verbotener **Kinderarbeit** (Art. 4 Abs. 1 RL 94/33/EG) und eingeschränkt erlaubter **Jugendarbeit**. Die Richtlinie differenziert bei der Höchstarbeitszeit zwischen Kindern und Jugendlichen. Bei der Abgrenzung der Begriffe kommt der Frage, ob die betroffene Person nicht mehr **der Vollzeitschulpflicht** unterliegt, eine entscheidende Bedeutung zu. Wer dieser unterliegt und unter 18 Jahre alt ist, ist Kind i.S.d. Richtlinie 94/33/EG.

7.88 Die **Höchstarbeitszeit** kann für **nicht mehr vollzeitschulpflichtige Kinder** in der Ausbildung und **Jugendliche** maximal 8 Stunden täglich und maximal 40 Stunden wöchentlich betragen (Art. 8 Abs. 1 Buchst. a, Abs. 2 RL 94/33/EG). Besteht noch eine **Vollzeitschulpflicht**, differenziert die Richtlinie zwischen Tätigkeiten **während** (maximal 2 Stunden pro Tag und 12 Stunden pro Woche) und außerhalb der **Unterrichtszeit** (maximal 7 Stunden pro Tag und 35 Stunden pro Woche, wenn die Ferien mindestens eine Woche betragen).

7.89 **Nachtarbeit** ist für Kinder verboten (Art. 4 Abs. 2 Buchst. b und c RL 94/33/EG). Für Jugendliche gilt das grundsätzlich für einen Zeitraum von 8 Stunden, der zwischen 22:00 und 6:00 Uhr oder zwischen 23:00 und 7:00 Uhr liegen kann. Ausnahmen für besondere Tätigkeitsbereiche sind möglich (Art. 9 Abs. 1 und 2 RL 94/33/EG).

7.90 Nach Art. 10 RL 94/33/EG haben die Mitgliedstaaten für Kinder mindestens 14 aufeinander folgende Stunden **Ruhezeit** pro 24-Stunden-Zeitraum vorzusehen. Bei Jugendlichen ist die Ruhezeit auf mindestens 12 aufeinander folgende Stunden reduziert. Auch hier gibt es eng umgrenzte Ausnahmen für bestimmte Tätigkeiten.

7.91 Die Richtlinie 94/33/EG ist in Deutschland durch das **Jugendarbeitsschutzgesetz**, insbesondere die §§ 8 ff. JArbSchG umgesetzt worden.

e) Arbeitsschutzrahmenrichtlinie

7.92 Kein Konkurrenz-, aber ein wechselseitiges **Ergänzungsverhältnis** mit Blick auf den Gesundheitsschutz, haben die **Arbeitsschutzrahmen-RL** 89/391/EG und die Arbeitszeitrichtlinie.

3. Keine Regelung der Vergütung

7.93 Die Arbeitszeitrichtlinie zielt auf die Gewährleistung des Gesundheitsschutzes und der Sicherheit der Arbeitnehmer. Sie betrifft damit die Dimension des Arbeitszeitrechts als öffentliches Gefahren-

---

172 *Buchner/Becker*, MuSchG vor §§ 3–8 Rz. 40.
173 Wohl weitergehend *Buchner/Becker*, MuSchG vor §§ 3–8 Rz. 40.
174 RL 94/33/EG v. 22.6.1994, ABl. Nr. L 216/12 v. 20.8.1994; vgl. dazu *Lörcher*, AuR 1994, 360.

abwehrrecht. Nicht geregelt wird durch die Arbeitszeitrichtlinie die **Vergütung**.[175] Vergütungsansprüche können regelmäßig nicht auf eine Verletzung der Vorgaben der Arbeitszeitrichtlinie gestützt werden.[176] Dementsprechend ergibt sich aus der Arbeitszeitrichtlinie auch keine Regelung der **Vergütung von Bereitschaftsdiensten oder der Rufbereitschaft**.[177] Gleichwohl zeigt die Rspr. des EuGH, dass die Arbeitszeitrichtlinie dann, wenn Vergütungsfragen im nationalen Recht mit der arbeitsschutzrechtlichen Einordnung als Arbeitszeit zusammen hängen, erhebliche mittelbare Auswirkungen hat.[178] Solche mittelbaren Wirkungen können im Zusammenhang mit dem allgemeinen und dem speziellen **Benachteiligungsverbot** nach Art. 22 Abs. 1 Buchst. b ArbZ-RL bestehen (vgl. Rz. 7.336). Dass die Arbeitszeitrichtlinie mittelbare Auswirkungen auf das Arbeitsentgelt haben kann, ist unproblematisch und mit Art. 153 Abs. 5 AEUV vereinbar (vgl. Rz. 1.60 ff.). Denn wenn das nationale Recht im Bereich der Vergütung eine Abhängigkeit vom Arbeitszeitrecht in seiner arbeitsschutzrechtlichen Dimension schafft[179], überschreitet nicht der EuGH seine Kompetenzen, wenn er die diesbezüglichen Rechtsfragen entscheidet. Vielmehr basiert die Abhängigkeit von seiner Rechtsprechung auf einer autonomen Entscheidung des jeweiligen Mitgliedstaates, die dieser treffen kann, aber nicht muss.

IV. Mindestruhezeiten und wöchentliche Höchstarbeitszeit

Für das Verständnis der Vorschriften über die Arbeitszeit und die Ruhezeiten ist von zentraler Bedeutung, dass sich die Arbeitszeitrichtlinie alleine auf die **arbeitsschutzrechtliche Dimension** der Arbeitszeit bezieht und die Vergütung grundsätzlich nicht geregelt wird (Rz. 7.93). Da sich die Kommission zunächst geweigert hatte, auch die **Höchstarbeitszeit** in der Arbeitszeitrichtlinie zu regeln (vgl. Rz. 7.17), basiert diese in erster Linie auf einem Konzept, das tägliche und wöchentliche **Mindestruhezeiten** vorsieht. Der 5. Erwägungsgrund deutet das ursprüngliche Konzept noch an. Er sieht vor, den Gesundheitsschutz vorrangig durch Ruhezeiten zu gewährleisten und erwähnt die wöchentliche Höchstarbeitszeit eher als Annexregelung. Gleichwohl sieht der EuGH in der in Art. 6 Buchst. b ArbZ-RL verankerten **wöchentlichen Höchstarbeitszeit**, ebenso wie in den Vorschriften über die **Mindestruhezeiten**, „eine **besonders wichtige Regel des Sozialrechts der Union, die jedem Arbeitnehmer als ein zum Schutz seiner Sicherheit und Gesundheit bestimmter Mindestanspruch zu gute kommen muss**."[180] Gleichwohl sollte nicht unberücksichtigt bleiben, dass die Richtlinie nicht nur den Schutz vor zu viel Arbeit, sondern auch den Schutz von **Mindestzeiträumen persönlicher Freizeit und Selbstbestimmung** und damit Schutz vor einem „zu wenig" an Freiheit anstrebt. Letzteren Gedanken betont der EuGH in seiner Rspr. besonders.[181] Zuletzt hat der EuGH allerdings darauf hingewiesen, dass aus dem 15. Erwägungsgrund und den Ausnahmevorschriften der Richtlinie eine gewisse Flexibilität bei der Anwendung der Vorschriften über die Ruhezeiten folge.[182] Unklar ist, ob der EuGH diesen Hinweis beschreibend meint oder daraus ab-

7.94

---

175 EuGH v. 21.2.1018 – C 518/15 – Matzak, ArbRB 2018, 99 = NZA 2018, 293 Rz. 48 ff.; v. 4.3.2011 – C-258/10 – Grigore; v. 1.12.2005 – C-14/04 – Dellas, Slg. 2005, I-10253 Rz. 38.
176 BAG v. 16.5.2013 – 6 AZR 619/11, ZTR 2013, 441; v. 17.12.2009 – 6 AZR 729/08, NZA-RR 2010, 440; v. 24.9.2008 – 10 AZR 770/07, NZA 2009, 272.
177 EuGH v. 21.2.1018 – C 518/15 – Matzak, ArbRB 2018, 99 = NZA 2018, 293 Rz. 51; v. 1.12.2005 – C-14/04 – Dellas, Slg. 2005, I-10253 Rz. 39.
178 EuGH v. 21.2.2018 – C 518/15 – Matzak, ArbRB 2018, 99 = NZA 2018, 293 Rz. 23 ff.; v. 9.11.2017 – C-303/16 – Maio Marques da Rosa, ArbRB 2017, 363 = NJW 2018, 683.
179 Vgl. etwa EuGH v. 26.7.2017 – C-175/16 – Hälvä, NZA 2017, 1113 Rz. 27.
180 EuGH v. 25.11.2010 – C-429/09 – Fuß II, Slg. 2010, I-12167 Rz. 33; v. 14.10.2010 – C-243/09 – Fuß I, Slg. 2010, I-9849 Rz. 33; v. 14.10.2010 – C-428/09 – Union syndicale Solidaires Isère, Slg. 2010, I-9961 Rz. 36; v. 1.12.2005 – C-14/04 – Dellas, Slg. 2005, I-10253 Rz. 49; v. 5.10.2004 – C-397/01 – Pfeiffer, Slg. 2004, I-8835 Rz. 100.
181 EuGH v. 21.2.2018 – C-518/15 – Matzak Rz. 63; vgl. dazu auch *Buschmann*, AuR 2018, 303 (305).
182 EuGH v. 9.11.2017 – C-306/16 – Maio Marques da Rosa, ArbRB 2017, 363 = NJW 2018, 683 Rz. 46 f.

leitet, dass bei der Auslegung der Vorschriften ein neuer Weg eingeschlagen werden soll, weil die entsprechende Argumentation bislang nur singulär aufgetreten ist.[183]

7.95 Die Arbeitszeitrichtlinie sieht **Mindestruhezeiten** von 11 zusammenhängenden Stunden pro 24-Stunden-Zeitraum (Art. 3 ArbZ-RL, vgl. Rz. 7.148 ff.), eine zusätzliche **wöchentliche Mindestruhezeit** von 24 Stunden (Art. 5 ArbZ-RL, vgl. Rz. 7.166 ff.) und grundsätzlich eine Höchstgrenze von **durchschnittlich 48 Stunden Arbeitszeit pro Woche** (Art. 6 RL 2003/88/EG, vgl. Rz. 7.159 ff.) innerhalb eines **Bezugszeitraums** (Art. 16 ArbZ-RL, vgl. Rz. 7.169 ff.) vor. Bei mehreren Beschäftigungsverhältnissen sind die jeweiligen Arbeitszeiten zu addieren.[184] Daraus ergibt sich bei gleichmäßiger Verteilung der Arbeitszeit eine 6-Tage-Woche mit 8 Stunden täglicher Arbeitszeit und mindestens 11 Stunden zusammenhängender Ruhezeit pro 24-Stunden-Zeitraum. Diese Grundkonzeption ist durch vielfältige Flexibilisierungsmöglichkeiten durchbrochen. Abweichungen können innerhalb von Bezugszeiträumen ausgeglichen werden, so dass ein hochgradig flexibler Rahmen besteht.

7.96 Die **Anwendbarkeit** der Vorschriften über die Mindestruhezeiten und die wöchentliche Höchstarbeitszeit ist teilweise eingeschränkt. Nach Art. 20 ArbZ-RL gilt für **mobile Arbeitnehmer und Tätigkeiten auf Off-Shore-Anlagen** lediglich Art. 6 ArbZ-RL, nicht aber die Art. 3 (tägliche Ruhezeit), 4 (Ruhepausen), 5 (wöchentliche Ruhezeit) und 8 ArbZ-RL (Nachtarbeit). Für **Arbeitnehmer auf seegehenden Fischereifahrzeugen** gilt darüber hinaus auch Art. 6 ArbZ-RL nicht (vgl. Rz. 7.68).

1. Arbeitszeitbegriff der Arbeitszeitrichtlinie

7.97 Nach Art. 2 Nr. 1 ArbZ-RL ist **Arbeitszeit** jede Zeitspanne, während der ein Arbeitnehmer gemäß den einzelstaatlichen Rechtsvorschriften und/oder Gepflogenheiten arbeitet, dem Arbeitgeber zur Verfügung steht und seine Tätigkeit ausübt oder Aufgaben wahrnimmt. Im Gegensatz dazu ist **Ruhezeit** i.S.d. Art. 2 Nr. 2 ArbZ-RL jede Zeitspanne außerhalb der Arbeitszeit. Nach der Rechtsprechung des EuGH stehen beide Begriffe in einem strengen Alternativverhältnis.[185]

a) Arbeitszeitbegriff als autonomer Begriff des Unionsrechts

7.98 Der Arbeitszeitbegriff der Richtlinie ist ein **autonomer Begriff des Unionsrechts**.[186] Das ergibt sich ohne Weiteres aus der Entstehungsgeschichte des Art. 2 Nr. 1 ArbZ-RL, die vom EuGH allerdings nicht bemüht wird.

7.99 Der Verweis auf die **nationalen Gepflogenheiten** kann nicht als dynamischer Verweis auf das nationale Recht verstanden werden. Könnten die Mitgliedstaaten selbst definieren, was Arbeitszeit ist, wäre das Mindestschutzniveau der Arbeitszeitrichtlinie ausgehebelt.[187] Sowohl der Zweck der Gewährleistung von Gesundheitsschutz und Sicherheit der Arbeitnehmer als auch die Vereinheitli-

---

183 In der nachfolgenden Entscheidung EuGH v. 21.2.2018 – C-518/15 – Matzak wird der Gedanke nicht weiter verfolgt.
184 Europäische Kommission, ABl. 2017/C 165/01, S. 10.
185 EuGH v. 21.2.2018 – C-518/15 – Matzak Rz. 55; v. 23.12.2015 – C-180/14 – Kommission/Griechenland Rz. 36; v. 10.9.2015 – C-266/14 – Federación de Servicios Privados del sindicato Comisiones obreras, ArbRB 2015, 291 = NZA 2015, 1177 Rz. 26; v. 1.12.2005 – C-14/04 – Dellas, Slg. 2005, I-10253 Rz. 42; v. 9.9.2003 – C-151/02 – Jaeger, Slg. 2003, I-8389 Rz. 48; v. 3.10.2000 – C-303/98 – SIMAP, Slg. 2000, I-7963 Rz. 47.
186 EuGH v. 21.2.1018 – C-518/15 – Matzak, ArbRB 2018, 99 = NZA 2018, 293 Rz. 45; v. 10.9.2015 – C-266/14 – Federación de Servicios Privados del sindicato Comisiones obreras, ArbRB 2015, 291 = NZA 2015, 1177 Rz. 27; v. 1.12.2005 – C-14/04 – Dellas, Slg. 2005, I-10253 Rz. 44 f.; v. 9.9.2003 – C-151/02 – Jaeger, Slg. 2003, I-8389 Rz. 58; a.A. *Hergenröder*, RdA 2001, 346; wohl auch *Schlottfeldt*, ZESAR 2016, 173 (174).
187 EuGH v. 21.2.1018 – C-518/15 – Matzak, ArbRB 2018, 99 = NZA 2018, 293 Rz. 45; v. 10.9.2015 – C-266/14 – Federación de Servicios Privados del sindicato Comisiones obreras, ArbRB 2015, 291 = NZA 2015, 1177 Rz. 27.

chungsfunktion der Richtlinie könnten nicht mehr gewahrt werden.[188] Art. 1 Abs. 1 ArbZ-RL spricht ebenfalls für diese Sichtweise. Mindestvorschriften kann die Arbeitszeitrichtlinie nur beinhalten, wenn die Mitgliedstaaten keine Definitionshoheit über den Anknüpfungspunkt „Arbeitszeit" haben. Schließlich sehen die Art. 17 ff. ArbZ-RL keine Abweichungsbefugnisse für Art. 2 Nr. 1 ArbZ-RL vor.[189] Die Arbeitszeitrichtlinie beinhaltet **keine Abweichungsmöglichkeiten** vom Arbeitszeitbegriff.[190] Art. 15 ArbZ-RL lässt den Mitgliedstaaten lediglich die Möglichkeit, günstigere Bedingungen vorzusehen, gewährt ihnen aber keine Möglichkeit, den Begriff Arbeitszeit zu definieren.[191] Art. 2 ArbZ-RL wird in den Art. 17 ff. ArbZ-RL nicht genannt. Abweichungsmöglichkeiten bestehen lediglich hinsichtlich der Länge der Höchstarbeitszeit, der Ruhezeit, der Ruhepausen, der Nachtarbeit und der Ausgleichszeiträume, nicht aber hinsichtlich deren Bezugspunkt, dem Arbeitszeitbegriff.[192] Bei Verstößen ist Art. 2 Nr. 1 ArbZ-RL unmittelbar anzuwenden.[193]

Die Mitgliedstaaten sind daher nicht befugt, die Reichweite der Regeln, die an den Arbeitszeitbegriff anknüpfen, selbst festzulegen. So dürfen die Mitgliedstaaten die Einhaltung der Obergrenze für die durchschnittliche wöchentliche Arbeitszeit nach Art. 6 Buchst. b ArbZ-RL nicht begrenzen, indem sie den Anspruch der Arbeitnehmer auf ihre Einhaltung „*irgendwelchen* Bedingungen oder Beschränkungen unterwerfen."[194]   7.100

Der Arbeitszeitbegriff ist nur im **Anwendungsbereich** der Arbeitszeitrichtlinie verbindlich. Außerhalb ihres Anwendungsbereichs steht sie abweichenden Begriffsbildungen, etwa im nationalen Betriebsverfassungsrecht oder in Entgeltregelungen in Tarifverträgen, nicht entgegen.[195]   7.101

b) Arbeitszeit i.S.d. Art. 2 Nr. 1 ArbZ-RL

Der **Arbeitszeitbegriff** der Arbeitszeitrichtlinie ist vom Wortlaut her nicht eindeutig. Art. 2 Nr. 1 ArbZ-RL lautet: „*Arbeitszeit ist jede Zeitspanne, während der ein Arbeitnehmer [...] arbeitet, dem Arbeitgeber zur Verfügung steht und seine Tätigkeit ausübt oder Aufgaben wahrnimmt.*"   7.102

Der EuGH hat zuletzt angedeutet, dass es im Rahmen einer beruflichen Ausbildung möglich ist, zwischen Zeiten in externen Ausbildungseinrichtungen und der Arbeit im Betrieb zu differenzieren, wenn dem zwei voneinander unabhängige Vertragsverhältnisse zugrunde liegen. Da im zugrunde liegenden Vertragsverletzungsverfahren unzureichender Tatsachenvortrag der Kommission vorlag, hat der EuGH die Frage aber bislang nicht abschließend entscheiden können.[196]   7.103

aa) Begriffsbildung des EuGH

Der EuGH hat seiner Rechtsprechung von Anfang an ein extensives Verständnis des Arbeitszeitbegriffs und der Fallgruppen in Art. 2 Nr. 1 ArbZ-RL zugrunde gelegt. Die **SIMAP-Entscheidung**   7.104

---

188 EuGH v. 1.12.2005 – C-14/04 – Dellas, Slg. 2005, I-10253 Rz. 44 f.; v. 9.9.2003 – C-151/02 – Jaeger, Slg. 2003, I-8389 Rz. 59; EuArbR/*Gallner*, RL 2003/88/EG Art. 2 Rz. 1; *Stärker*, EU-Arbeitszeitrichtlinie, Art. 2 Rz. 2.
189 EuGH v. 9.9.2003 – C-151/02 – Jaeger, Slg. 2003, I-8389 Rz. 81 f.
190 EuGH v. 10.9.2015 – C-266/14 – Federación de Servicios Privados del sindicato Comisiones obreras, ArbRB 2015, 291 = NZA 2015, 1177 Rz. 28; v. 9.9.2003 – C-151/02 – Jaeger, Slg. 2003, I-8389 Rz. 81.
191 EuGH v. 21.2.1018 – C 518/15 – Matzak, ArbRB 2018, 99 = NZA 2018, 293 Rz. 47.
192 EuGH v. 9.9.2003 – C-151/02 – Jaeger, Slg. 2003, I-8389 Rz. 82.
193 *Schunder*, EuZW 2003, 662 (663).
194 St. Rspr. EuGH v. 25.11.2010 – C-429/09 – Fuß II, Slg. 2010, I-12167 Rz. 34; v. 14.10.2010 – C-243/09 – Fuß I, Slg. 2010, 9849 Rz. 52; v. 5.10.2004 – C-397/01 – Pfeiffer, Slg. 2004, I-8835 Rz. 99; v. 9.9.2003 – C-151/02 – Jaeger, Slg. 2003, I-8389 Rz. 59.
195 BAG v. 14.11.2006 – 1 ABR 5/06, ArbRB 2007, 174 = NZA 2007, 458.
196 EuGH v. 9.7.2015 – C-87/14 – Kommission/Irland.

legt den Grundstein hierfür.[197] Die dort entwickelte Linie hat der EuGH im Grundsatz stets weiterverfolgt und lediglich feiner ausdifferenziert.[198] Bei der Auslegung der Vorschriften der Arbeitszeitrichtlinie ist zu beachten, dass der EuGH aufgrund der Erwägungsgründe und der Ziele der Arbeitszeitrichtlinie dem Gesundheitsschutz den Vorrang vor ökonomischen Erwägungen einräumt.[199]

7.105 Der **Wortlaut** des Art. 2 Nr. 1 RL 2003/88/EG verbindet die Bestandteile „*dem Arbeitgeber zur Verfügung steht*" sowie „*seine Tätigkeit ausübt oder Aufgaben wahrnimmt*" zwar mit dem Wort „*und*", aus der Entstehungsgeschichte ergibt sich aber, dass damit **im Ergebnis** keine über die Anforderung „**am Arbeitsplatz zur Verfügung stehen**" hinausgehenden Anforderungen verbunden sind. Zudem wird der Arbeitsplatz weit interpretiert und als Ort begriffen, an dem sich der Arbeitnehmer aufgrund einer Weisung des Arbeitgebers zu einer bestimmten Zeit aufzuhalten hat. Dies muss nicht notwendigerweise der Arbeitsplatz sein.

7.106 Die Frage, ob die Kriterien kumulativ vorliegen müssen oder nicht,[200] ist für den EuGH nur von eingeschränkter Bedeutung, da er die Merkmale in seiner Rechtsprechung eher fließend ineinander übergehend und sehr großzügig betrachtet.[201] Er leitet aus der vertraglichen Verpflichtung, am Arbeitsplatz zur Verfügung zu stehen, ohnehin die Aufgabe des Arbeitnehmers ab, eben dies zu tun und damit durch das zur Verfügung stehen seine Tätigkeit auszuüben. Damit ist bei **Bereitschaftsdienst** die Erfüllung der Verpflichtung, am Arbeitsplatz zur Verfügung zu stehen, gleichzeitig **Wahrnehmung der Aufgaben** des Arbeitnehmers i.S.d. Art. 2 Nr. 1 ArbZ-RL.[202] Für den EuGH ist es völlig selbstverständlich, dass derjenige, der am Arbeitsplatz zur Verfügung steht, damit zugleich seine Tätigkeit ausübt.[203] Der EuGH prüft also formal alle drei Bestandteile des Art. 2 Nr. 1 ArbZ-RL, behandelt sie aber faktisch als Beispiele eines einheitlichen Arbeitszeitbegriffs. Maßgeblich ist dabei die Abgrenzung zur Ruhezeit, in der der Arbeitnehmer frei über seine Zeit verfügen und seinen Aufenthaltsort frei bestimmen kann.

bb) Bewertung

7.107 Die Begriffsbildung des EuGH ist angesichts der Entstehungsgeschichte und des Sinn und Zweck der Richtlinie überzeugend. Der erste Entwurf der Kommission (Rz. 7.10) hatte noch vorgesehen, dass Arbeitszeit die „*gesetzlich, durch TV, BV oder Einzelarbeitsvertrag festgelegte Zeitspanne ist, in der ein Arbeitnehmer dem Arbeitgeber am Arbeitsplatz zur Verfügung steht.*"[204] An dieser Formulierung hatte die Kommission bis zu ihrem letzten Vorschlag festgehalten.[205] Das Parlament hingegen wünschte eine Änderung dahingehend, dass die Überschrift der Vorschrift „*effektive Arbeitszeit*" lauten sollte.[206] Der Rat nahm diesen nicht an. Begründet wurde dies mit einer zwischenzeitlich vorgenommenen „*Umstrukturierung des Textes*".[207] Inhaltlich wurde § 2 Nr. 1 ArbZ-RL um

---

197 EuGH v. 3.10.2000 – C-303/98 – SIMAP, Slg. 2000, I-7963 Rz. 48.
198 EuGH v. 1.12.2005 – C-14/04 – Dellas, Slg. 2005, I-10253 Rz. 42 f.; v. 5.10.2004 – C-397/01 – Pfeiffer, Slg. 2004, I-8835 Rz. 93; v. 9.9.2003 – C-151/02 – Jaeger, Slg. 2003, I-8389 Rz. 71, 75.
199 EuGH v. 9.9.2003 – C-151/02 – Jaeger, Slg. 2003, I-8389 Rz. 66 f.; *Greif*, EuZA 2016, 337 (341).
200 Vgl. dazu *Buschmann*, FS Düwell, 2011, 34 (46); *Barnard*, EU Employment Law, S. 547; *Greif*, EuZA 2016, 337 (341).
201 *Barnard*, EU Employment Law, S. 547.
202 EuGH v. 21.2.2018 – C-518/15 – Matzak, Rz. 59; v. 9.9.2003 – C-151/02 – Jaeger, Slg. 2003, I-8389 Rz. 63.
203 EuGH v. 21.2.2018 – C-518/15 – Matzak, Rz. 59; v. 3.10.2000 – C-303/98 – SIMAP, Slg. 2000, I-7963 Rz. 48.
204 Vorschlag für eine Richtlinie des Rates über bestimmte Aspekte der Arbeitszeitgestaltung vorgelegt am 3.8.1990, ABl. C 254/4 (5).
205 Änderung des Vorschlags für eine Richtlinie des Rates über bestimmte Aspekte der Arbeitszeitgestaltung v. 23.4.1991, ABl. C 124/8.
206 Entschließung v. 20.2.1991, ABl. C Nr. 72/86.
207 Gemeinsamer Standpunkt des Rates v. 30.6.1993, 7253/2/93 RV 2 ADD1 v. 2.7.1993 und 7253/2/93 REV 2 (d) v. 1.7.1993.

die Elemente „arbeitet" und „seine Tätigkeit ausübt" ergänzt. Offenbar war der Rat der Auffassung, dass der Regelungsgehalt der Norm sich hierdurch gegenüber dem Kommissionsentwurf nicht veränderte, sondern er lediglich umformuliert wurde. Ansonsten wäre nicht lediglich von einer „Umstrukturierung" die Rede. Dies lässt zwei Interpretationsmöglichkeiten zu. Entweder haben die neu hinzugetretenen Merkmale *„arbeitet"* und *„und seine Tätigkeit ausübt oder Aufgaben wahrnimmt"* lediglich eine Klarstellungsfunktion.[208] Oder der Rat sieht sie als synonyme Formulierungen für *„am Arbeitsplatz zur Verfügung stehen"* an. Jedenfalls lässt die Entstehungsgeschichte, soweit sie dokumentiert ist, keine Interpretation zu, nach der durch die Formulierung der Arbeitszeitbegriff gegenüber dem Kommissionsentwurf materiell verändert werden sollte. Das Gleiche gilt für die Formulierung *„gemäß den einzelstaatlichen Rechtsvorschriften und/oder Gepflogenheiten"*. Die bedeutet, dass die Arbeitszeitrichtlinie nicht regelt, wie der Anspruch des Arbeitgebers auf die geschuldete Arbeitsleistung im nationalen Recht entsteht.[209]

Die Definition des Arbeitszeitbegriffs in Art. 2 **ILO-Übereinkommen** Nr. 30 entspricht der des EuGH: „Als Arbeitszeit gilt die Zeit, während der die Arbeitnehmer zur **Verfügung des Arbeitgebers** stehen; sie umfasst nicht die Ruhepausen, während der die Arbeitnehmer nicht zur Verfügung des Arbeitgebers stehen." Nach ErwGr. 6 ArbZ-RL und der Rechtsprechung des EuGH sind die **Abkommen der ILO** bei der Auslegung der Arbeitszeitrichtlinie **zu berücksichtigen** (vgl. Rz. 7.33). Dementsprechend ist die Rechtsprechung des EuGH nachvollziehbar, weil sie sich an das ILO-Kriterium **„zur Verfügung stehen"** hält.[210]

7.108

Für die Begriffsbestimmung des EuGH sprechen **Sinn und Zweck** der Arbeitszeitrichtlinie, den Gesundheitsschutz und die Sicherheit der Arbeitnehmer zu gewährleisten. Diese Ziele würden verfehlt, wenn die persönliche Anwesenheit am Arbeitsplatz nicht als Arbeitszeit zählen würde.[211] Denn das hätte zur Konsequenz, dass die täglichen Ruhezeiten verkürzt werden könnten.[212] In der Gewährleistung dieser **Ruhezeiten** liegt aber der Kern des Schutzkonzepts der Richtlinie (Rz. 7.17, 7.140 ff.).

7.109

Die Rechtsprechung des EuGH wird auch durch Art. 1 Abs. 1 ArbZ-RL sowie den 4., 5., und 11. Erwägungsgrund bestätigt. Der EuGH hat sich daher auch auf die Erwägungsgründe der Arbeitszeitrichtlinie gestützt, um den Gesundheitsschutz als Leitlinie der Begriffsauslegung in den Vordergrund zu stellen.[213]

7.110

Der EuGH hat seine Rechtsprechung zur weiten Auslegung des Arbeitszeitbegriffs auch auf Nr. 19 der **Gemeinschaftscharta der sozialen Grundrechte der Arbeitnehmer** gestützt (vgl. Rz. 7.14, 7.42). Diese verlangt, dass die Arbeitnehmer in ihrer Arbeitsumwelt zufriedenstellende Bedingungen für Gesundheitsschutz und Sicherheit vorfinden müssen. Aus Sicht des EuGH spricht das dafür, bereits bei einer persönlichen Anwesenheit am Arbeitsplatz davon auszugehen, dass es sich um Arbeitszeit i.S.d. Richtlinie handelt.[214]

7.111

Dass einige Mitgliedstaaten, insbesondere die Bundesrepublik Deutschland, geltend gemacht hatten, der durch die Arbeitszeitrichtlinie gewährleistete Gesundheitsschutz sei ihnen mit Blick auf ihre Gesundheitssysteme zu teuer, hat den EuGH unbeeindruckt gelassen, weil der Gesundheits-

7.112

---

208 So etwa GA *Ruiz-Jarabo* v. 8.4.2003 – C-151/02 – Jaeger, Slg. 2003, I-8393 Rz. 28.
209 Ähnlich *Wank*, Anm. zu EuGH v. 3.10.2000, EAS RL 93/104/EWG Art. 2 Nr. 1, S. 44.
210 Ebenso GA *Saggio* v. 16.12.1999 – C-303/98 – SIMAP, Slg. 2000, I-7968 Rz. 34; Buschmann, FS Düwell, 2011, 34 (46); EuArbR/*Gallner*, RL 2003/88/EG Art. 2 Rz. 5.
211 EuGH v. 21.2.2018 – C-518/15 – Matzak, Rz. 58; v. 9.9.2003 – C-151/02 – Jaeger, Slg. 2003, I-8389 Rz. 50; v. 3.10.2000 – C-303/98 – SIMAP, Slg. 2000, I-7963 Rz. 49.
212 GA *Saggio* v. 16.12.1999 – C-303/98 – SIMAP, Slg. 2000, I-7968 Rz. 35, in Bezug genommen durch EuGH v. 3.10.2000 – C-303/98 – SIMAP, Slg. 2000, I-7963 Rz. 49.
213 EuGH v. 9.9.2003 – C-151/02 – Jaeger, Slg. 2003, I-8389 Rz. 45 unter Verweis auf ErwGr. 1, 4, 7 und 8 RL 93/104/EG.
214 EuGH v. 9.9.2003 – C-151/02 – Jaeger, Slg. 2003, I-8389 Rz. 47.

schutz und die Sicherheit der Arbeitnehmer ausweislich des ErwGr. 4 ArbZ-RL Zielsetzungen darstellen, die keinen rein wirtschaftlichen Erwägungen untergeordnet werden dürfen.[215]

cc) Folgen der Rechtsprechung des EuGH

7.113 Nach der Rechtsprechung des EuGH ist ausreichend, dass ein Arbeitnehmer dem Arbeitgeber **am Arbeitsplatz zur Verfügung steht** und **dadurch seine Aufgaben wahrnimmt**. Damit Arbeitszeit vorliegt ist es **nicht erforderlich**, dass der Arbeitnehmer seine berufliche Tätigkeit **ununterbrochen** ausübt.[216] Nach der EuGH-Rechtsprechung kann das Tätigkeit ausüben auch darin bestehen, sich **am Arbeitsplatz aufzuhalten und für die Arbeit zur Verfügung zu stehen**.[217] Auch *„Phasen der Untätigkeit"*[218], die sich aus der Art der Dienste ergeben, können damit zur Arbeitszeit i.S.d. Arbeitszeitrichtlinie zählen.[219]

7.114 Die Arbeitszeitrichtlinie differenziert nicht nach der **Intensität** der vom Arbeitnehmer geleisteten Arbeit.[220] Nach dem Begriffsverständnis der Richtlinie ist es schon nicht zwingend erforderlich, dass überhaupt eine Leistung erbracht wird, um eine Einordnung als Arbeitszeit zu ermöglichen.[221] Das betrifft etwa die **Arbeitsbereitschaft** (vgl. Rz. 7.117), aber auch den **Bereitschaftsdienst** und ihre Abgrenzung zur Rufbereitschaft.[222] Zudem bedeutet diese Sichtweise, dass es nicht möglich ist, Phasen geringerer Beanspruchung nicht als Arbeitszeit einzuordnen. Das bedeutet etwa, dass auch ganz kurzzeitige Tätigkeiten wie etwa das **Lesen einer E-Mail** nicht aus dem Arbeitszeitbegriff der Arbeitszeitrichtlinie ausgenommen werden können, weil sie nur eine geringe Beanspruchung darstellen. Nationale Regelungen, die derartiges vorsehen, sind daher unionsrechtswidrig. Möglich sind sie nur bei einer Änderung der Richtlinie.[223] Ebensowenig kommt es bei Einsatzleitern der Feuerwehr im Hintergrunddienst darauf an, ob diese während dieser Dienste häufig oder selten in Anspruch genommen werden.[224]

7.115 Kann der Arbeitnehmer hingegen **seinen Aufenthaltsort frei bestimmen** und eigenen Interessen nachgehen, ist dies grundsätzlich **keine Arbeitszeit i.S.d. Arbeitszeitrichtlinie** (zur Rufbereitschaft Rz. 7.134 ff.). Dies gilt auch dann, wenn der Arbeitnehmer erreichbar sein muss, um gegebenenfalls zur Arbeitstätigkeit angefordert zu werden.[225] Anders ist es, wenn sich der Arbeitnehmer zwar außerhalb der Arbeitsstätte aufhalten kann, er aber **nicht frei oder nur sehr eingeschränkt seinen Aufenthaltsort bestimmen kann** oder in seinem **Freizeitverhalten** zu stark **gesteuert** wird.[226] Die

---

215 EuGH v. 9.9.2003 – C-151/02 – Jaeger, Slg. 2003, I-8389 Rz. 67; ähnlich v. 10.9.2015 – C-266/14 – Federación de Servicios Privados del sindicato Comisiones obreras, ArbRB 2015, 291 = NZA 2015, 1177 Rz. 47.
216 EuGH v. 1.12.2005 – C-14/04 – Dellas, Slg. 2005, I-10253 Rz. 42 f.; v. 5.10.2004 – C-397/01 – Pfeiffer, Slg. 2004, I-8835 Rz. 93; v. 9.9.2003 – C-151/02 – Jaeger, Slg. 2003, I-8389 Rz. 71, 75; BAG v. 23.6.2010 – 10 AZR 543/09, NZA 2010, 1081 (1084).
217 EuGH v. 23.12.2015 – C-180/14 – Kommission/Griechenland Rz. 36; v. 5.10.2004 – C-397/01 – Pfeiffer, Slg. 2004, I-8835 Rz. 93; v. 9.9.2003 – C-151/02 – Jaeger, Slg. 2003, I-8389 Rz. 71, 75; v. 3.10.2000 – C-303/98 – SIMAP, Slg. 2000, I-7963 Rz. 48.
218 EuGH v. 5.10.2004 – C-397/01 – Pfeiffer, Slg. 2004, I-8835 Rz. 94; ähnlich EuGH v. 26.7.2017 – C-175/16 – Hälvä, NZA 2017, 1113 Rz. 42.
219 EuGH v. 26.7.2017 – C-175/16 – Hälvä, NZA 2017, 1113 Rz. 42; v. 9.9.2003 – C-151/02 – Jaeger, Slg. 2003, I-8389 Rz. 56 f.
220 EuGH v. 21.2.2018 – C-518/15 – Matzak, Rz. 56; v. 1.12.2005 – C-14/04 – Dellas, Slg. 2005, I-10253 Rz. 43.
221 EuGH v. 21.2.1018 – C 518/15 – Matzak, ArbRB 2018, 99 = NZA 2018, 293 Rz. 56.
222 Vgl. dazu EuGH v. 21.2.2018 – C-518/15 – Matzak, ArbRB 2018, 99 = NZA 2018, 293.
223 *Schliemann*, EuZW 2018, 274 (276).
224 OVG Lüneburg v. 3.4.2018 – 5 LA 109/16, Rz. 45 ff.
225 EuGH v. 21.2.1018 – C 518/15 – Matzak, ArbRB 2018, 99 = NZA 2018, 293 Rz. 60; v. 9.9.2003 – C-151/02 – Jaeger, Slg. 2003, I-8389 Rz. 51; v. 3.10.2000 – C-303/98 – SIMAP, Slg. 2000, I-7963 Rz. 48.
226 EuGH v. 4.3.2011 – C-258/10 – Grigore.

konkrete Ausgestaltung des Dienstes ist dabei maßgeblich. Dabei sind auch faktische Umstände, die mit dem Arbeitsverhältnis in Zusammenhang stehen, zu berücksichtigen, wie etwa Haftungsregelungen oder Berufskodizes (vgl. Rz. 7.124). Maßgeblich ist daher nicht, ob es sich an sich um Freizeit handelt, sondern welche Qualität diese hat.[227]

Aufgrund von Art. 6 Buchst. b ArbZ-RL unterscheidet die Arbeitszeitrichtlinie nicht zwischen Arbeitszeit und **Überstunden**. Diese sind zusammenzurechnen und ergeben insgesamt die Arbeitszeit.[228]

c) Sonderproblem: Arbeitsbereitschaft, Bereitschaftsdienst und Rufbereitschaft

Die Bedeutung des weiten Arbeitszeitbegriffs des EuGH hat sich insbesondere an der Problematik der Einordnung von Bereitschaftsdienst als Arbeitszeit gezeigt.

7.116

Nach deutschem Recht ist zu unterscheiden zwischen:[229]

7.117

- **Arbeitsbereitschaft:** Der Zeitraum, in dem der Arbeitnehmer an seiner Arbeitsstelle anwesend ist und sich dort dafür bereithält, seine Arbeit aufzunehmen, jedoch im Übrigen keine Arbeit leistet.[230]
- **Bereitschaftsdienst:** Die Zeitspanne, während derer der Arbeitnehmer, ohne dass er unmittelbar am Arbeitsplatz anwesend sein müsste, sich für Zwecke des Betriebs an einer vom Arbeitgeber bestimmten Stelle **innerhalb oder außerhalb des Betriebs** aufzuhalten hat, damit er erforderlichenfalls seine volle Arbeitstätigkeit sofort oder zeitnah aufnehmen kann.[231]
- **Rufbereitschaft:** Der Zeitraum, in dem der Arbeitnehmer verpflichtet ist, sich in der eigenen Wohnung oder an einem anderen, dem Arbeitgeber anzuzeigenden Ort aufzuhalten oder sonst erreichbar zu sein, um auf Abruf die Arbeit aufnehmen zu können.[232]

Da die Arbeitszeitrichtlinie die Begrifflichkeiten Arbeitsbereitschaft, Bereitschaftsdienst und Rufbereitschaft nicht kennt, geht es alleine darum, ob Tätigkeiten, die in Form eines solchen Dienstes erbracht werden, Arbeitszeit im Sinne der Arbeitszeitrichtlinie sind. Allerdings ist zu berücksichtigen, dass der EuGH seine Rechtsprechung mittlerweile entlang dieser Kategorien entwickelt und damit die Aussagekraft seiner Entscheidungen geschärft hat.[233]

7.118

aa) Arbeitsbereitschaft und Bereitschaftsdienst

Nach ständiger Rechtsprechung des EuGH seit den Verfahren *SIMAP*[234] und *Jaeger*[235] handelt es sich bei **Bereitschaftsdienst** um Arbeitszeit i.S.d. Art. 2 Nr. 1 ArbZ-RL.[236] Nach Auffassung des EuGH gab es bereits aufgrund der SIMAP-Entscheidung keinen Raum für vernünftige Zweifel an dieser Auslegung.[237] Damit lag ab dem 1.1.2001 ein offensichtlicher Verstoß gegen die Arbeitszeitrichtlinie vor, soweit im nationalen Recht Bereitschaftsdienst nicht zur Arbeitszeit gezählt wurde.[238]

7.119

---

227 *Bayreuther*, NZA 2018, 348 (350).
228 EuGH v. 9.9.2003 – C-151/02 – Jaeger, Slg. 2003, I-8389 Rz. 51.
229 Vgl. dazu *Anzinger*, FS Wißmann, 2005, 3 (5 ff.).
230 BAG v. 28.1.1981 – 4 AZR 892/78, DB 1981, 1195.
231 St. Rspr., BAG v. 18.2.2003 – 1 ABR 2/02, ArbRB 2003, 196 = NZA 2003, 742 (745) m.w.N.; *Buschmann/Ulber J.*, § 2 ArbZG Rz. 17.
232 BAG v. 22.6.2011 – 8 AZR 102/10, ArbRB 2011, 331 = NZA 2012, 91 (93).
233 *Bayreuther*, NZA 2018, 348.
234 EuGH v. 3.10.2000 – C-303/98 – SIMAP, Slg. 2000, I-7963.
235 EuGH v. 9.9.2003 – C-151/02 – Jaeger, Slg. 2003, I-8389.
236 EuGH v. 25.11.2010 – C-429/09 – Fuß II, Slg. 2010, I-12167 Rz. 55; v. 1.12.2005 – C-14/04 – Dellas, Slg. 2005, I-10253 Rz. 46; v. 5.10.2004 – C-397/01 – Pfeiffer, Slg. 2004, I-8835 Rz. 93.
237 EuGH v. 25.11.2010 – C-429/09 – Fuß II, Slg. 2010, I-12167 Rz. 54, 55, 57; BVerwG v. 26.7.2012 – 2 C 29/11, NVwZ-RR 2012, 972 (973); ebenso *Schunder*, EuZW 2003, 662.
238 BVerwG v. 26.7.2012 – 2 C 29/11, NVwZ-RR 2012, 972 (973).

7.120 Da es sich bereits bei Bereitschaftsdienst um Arbeitszeit i.S.d. Art. 2 Nr. 1 ArbZ-RL handelt, gilt dies erst recht für die **Arbeitsbereitschaft**.[239]

7.121 Bei der Arbeitsbereitschaft handelte es sich nach deutschem Recht schon immer um Arbeitszeit. Allerdings sind die für diese Dienstform im ArbZG vorgesehenen Abweichungsbefugnisse von der Höchstarbeitszeit und den Mindestruhezeiten nicht mit der Arbeitszeitrichtlinie vereinbar (vgl. Rz. 7.272, 7.291, 7.324).

(1) Anwesenheit am Arbeitsplatz

7.122 Nach Ansicht des EuGH erfüllt der Bereitschaftsdienst das Merkmal „**persönliche Anwesenheit am Arbeitsplatz**".[240] Die Verpflichtung, sich an einem Ort zur Verfügung des Arbeitgebers zu halten, um nötigenfalls sofort Leistungen zu erbringen, ist nach seiner Sicht bereits **die Wahrnehmung von Aufgaben** für den Arbeitgeber (Rz. 7.104 ff.).[241] Daher ist Bereitschaftsdienst insgesamt Arbeitszeit. Das gilt auch dann, wenn der Arbeitnehmer während des Dienstes nicht aktiv wird oder dies von weiteren Umständen abhängt.[242] Ausreichend ist, dass der Arbeitnehmer aufgrund des Arbeitsvertrages oder sonstiger Umstände **tatsächlich oder faktisch gezwungen ist, sich am Arbeitsplatz aufzuhalten**.[243] Der EuGH betont besonders, dass die ständige Anwesenheit am Arbeitsplatz für den Arbeitnehmer keinen vergleichbaren Erholungswert aufweist, wie die Rufbereitschaft, weil er sich **außerhalb seines familiären und sozialen Umfeldes** aufhalten muss.[244] Hier spielt eine entscheidende Rolle, dass der EuGH den **Gesundheitsbegriff der WHO** übernimmt (Rz. 7.36). Dieser sieht Gesundheit als Zustand **vollständigen körperlichen, geistigen und sozialen Wohlbefindens und nicht nur das Freisein von Krankheit und Gebrechen**.[245] Bei diesem Gesundheitsbegriff wird auch die Beeinträchtigung des sozialen Wohlbefindens durch Abwesenheit von Familie und Freunden einbezogen. Gleichzeitig wird dem geringeren Erholungswert, der „nicht sozial nutzbarer" Freizeit innewohnt, Rechnung getragen.[246] Grenzfälle können immer dann entstehen, wenn Anwesenheitspflichten bestehen, die nicht mit der Pflicht zur Diensterbringung kombiniert sind.[247]

7.123 Diese Rechtsprechung hat der EuGH zum Bereitschaftsdienst entwickelt, bei dem der Arbeitnehmer dem Arbeitgeber **an der Arbeitsstelle zur Verfügung** stand und nicht zu der – nach deutschem Recht ebenfalls als Bereitschaftsdienst zu qualifizierenden – Form des Bereitschaftsdienstes (s. Rz. 7.117), bei der sich der Arbeitnehmer an einem **vom Arbeitgeber bestimmten Ort außerhalb der Arbeitsstelle** aufhält. Gleichwohl greift es angesichts der Rechtssachen *Grigore*[248] und *Matzak*[249] zu kurz, daraus zu folgern, sobald ein Arbeitnehmer sich nicht mehr an der Arbeitsstelle bereithalten müsse, liege keine Arbeitszeit im Sinne der Arbeitszeitrichtlinie vor.[250]

---

239 EuGH v. 5.10.2004 – C-397/01 – Pfeiffer, Slg. 2004, I-8835 Rz. 94.
240 EuGH v. 21.2.1018 – C 518/15 – Matzak, ArbRB 2018, 99 = NZA 2018, 293 Rz. 57; v. 25.11.2010 – C-429/09 – Fuß II, Slg. 2010, I-12167 Rz. 52; v. 9.9.2003 – C-151/02 – Jaeger, Slg. 2003, I-8389 Rz. 53.
241 EuGH v. 4.3.2011 – C-258/10 – Grigore; v. 1.12.2005 – C-14/04 – Dellas, Slg. 2005, I-10253 Rz. 48; v. 9.9.2003 – C-151/02 – Jaeger, Slg. 2003, I-8389 Rz. 49, 63.
242 EuGH v. 21.2.1018 – C 518/15 – Matzak, ArbRB 2018, 99 = NZA 2018, 293 Rz. 57; EAS/*Balze*, B 3100 Rz. 100.
243 BAG v. 23.6.2010 – 10 AZR 543/09, NZA 2010, 1081 (1084).
244 EuGH v. 9.9.2003 – C-151/02 – Jaeger, Slg. 2003, I-8389 Rz. 65.
245 EuGH v. 9.9.2003 – C-151/02 – Jaeger, Slg. 2003, I-8389 Rz. 93.
246 EuGH v. 9.9.2003 – C-151/02 – Jaeger, Slg. 2003, I-8389 Rz. 65.
247 Gleichwohl unionsrechtswidrig gelöst wurde der atypische Fall VGH Baden-Württemberg v. 17.6.2014 – 4 S 169/13, n.v.
248 EuGH v. 4.3.2011 – C-258/10 – Grigore.
249 EuGH v. 21.2.2018 – C-518/15 – Matzak, NJW 2018, 1073.
250 *Schliemann*, NZA 2004, 513 (515).

In der Rechtssache *Grigore* hat der EuGH entschieden, dass der Arbeitszeitbegriff der Richtlinie erfüllt sein kann, wenn ein Förster für Schäden in seinem Revier unabhängig davon haftet, ob diese während oder außerhalb seiner Arbeitszeit entstehen. Es liege dann Arbeitszeit vor, wenn die Haftungsregelung seine **körperliche Anwesenheit im Revier voraussetzt** oder **faktisch** dazu führt, dass der Förster sich dort permanent aufhält.[251] Es ist nicht möglich, darauf zu verweisen, im Arbeitsvertrag sei keine Arbeitsverpflichtung vorgesehen. Die Arbeitszeit ist anhand tatsächlicher Kriterien zu bestimmen.[252] Entscheidend kommt es darauf an, in welchem Ausmaß der private Freiraum des Arbeitnehmers eingeschränkt wird. In die gleiche Richtung geht die Rechtssache *Matzak*, in der der EuGH dann, wenn sich der Arbeitnehmer nur so weit von der Dienststelle entfernen darf, dass er diese in 8 Minuten erreichen kann, eine Einordnung als Ruhezeit abgelehnt hat.[253]

7.124

„**Häusliche Alarmbereitschaft**", die von Dienstleitern von Feuerwehren geleistet wird, ist demnach Arbeitszeit.[254] Diese müssen sich zwar nicht an der Arbeitsstelle aufhalten, dürfen sich aber faktisch nur in einem engen Umkreis um die Dienststelle aufhalten und müssen dabei stets ihr Dienstfahrzeug mit sich führen. Damit ist der private Freiraum in einer Weise eingeschränkt, der diese Dienste insgesamt zur Arbeitszeit macht.[255] Diese Sichtweise könnte sich auch für sog. mobile soziale Dienste, etwa im Altenpflegebereich, auswirken. Auch hier bestehen im Abend- und Nachtzeitraum vergleichbare Regelungen. Hingegen hat das OVG Berlin die Überführung von Dienstfahrzeugen im Rahmen von Dienstreisen nicht als Arbeitszeit angesehen.[256]

7.125

Allein deshalb, weil eine **Dienstwohnung** am Arbeitsplatz zur Verfügung gestellt wird, gilt nicht die gesamte Zeit, die in dieser Wohnung verbracht wird, als Arbeitszeit. Besteht außerhalb der Arbeitszeit keine Verpflichtung, sich innerhalb der Wohnung aufzuhalten und sich zur Verfügung des Arbeitgebers zu halten, so ist dies keine Arbeitszeit.[257] Anders ist dies bei Wohnungen, in denen Vertreter von Kinderdorfeltern mit den zu betreuenden Kindern leben, weil hier dadurch, dass in der Wohnung Zeit verbracht wird, die Tätigkeit ausgeübt wird.[258]

7.126

Dass aufgrund **moderner Kommunikationsmittel** die Abgrenzungsprobleme zwischen Arbeit und Freizeit immer größer werden, ist ein Problem, über das der EuGH bislang nicht zu entscheiden hatte.[259] Ob er an seiner Rechtsprechung zur Abgrenzung von Bereitschaftsdienst und Rufbereitschaft (vgl. Rz. 7.134) angesichts veränderter Formen der Arbeit insbesondere mit Smartphones und Tablets festhalten wird, erscheint nicht unzweifelhaft. Denn den Arbeitsplatz hält der Arbeitnehmer hier bildlich gesprochen in der Hand, bzw. trägt ihn in seiner Hosentasche mit sich herum. Jedenfalls bei solchen Tätigkeiten, bei denen die Tätigkeit ad hoc mittels des Smartphones oder Tablets aufgenommen werden kann, ist davon auszugehen, dass die gesamte Zeit in der eine Erreichbarkeitsanweisung vorliegt, als Bereithalten am Arbeitsplatz eingeordnet werden kann.

7.127

Fraglich ist, ob der EuGH in Zukunft bereits dann, wenn ein Arbeitnehmer verpflichtet ist, sein **Diensthandy** mit sich zu führen und dieses nicht abschalten darf, rund um die Uhr Arbeitszeit

7.128

---

251 EuGH v. 4.3.2011 – C-258/10 – Grigore.
252 *Thüsing*, ZESAR 2010, 373 (374).
253 EuGH v. 21.2.2018 – C-518/15 – Matzak, NJW 2018, 1073.
254 EuGH v. 21.2.2018 – C-518/15 – Matzak, NJW 2018, 1073; VGH Baden-Württemberg v. 26.6.2013 – 4 S 94/12, n.v., Rz. 18 ff.
255 So nunmehr auch EuGH v. 21.2.2018 – C-518/15 – Matzak, NJW 2018, 1073.
256 OVG Berlin v. 4.12.2009 – 6 N. 2.08, NVwZ-RR 2010, 279.
257 EuGH v. 9.9.2003 – C-151/02 – Jaeger, Slg. 2003, I-8389 Rz. 65.
258 EuGH v. 26.7.2017 – C-175/16 – Hälvä, NZA 2017, 1113 Rz. 4.
259 Vgl. dazu *Falder*, NZA 2010, 1150; *Sagan*, NJW 2018, 1076.

annehmen wird. Teilweise wird vertreten, das Vorliegen von Arbeitszeit sei nach dem **Grad der Beanspruchung** zu beurteilen.[260] Nach dieser Auffassung wäre das Beantworten einer Mail oder ein kurzes Telefonat von dem Arbeitszeitbegriff in Art. 2 Nr. 1 ArbZ-RL ausgenommen. Solche geringfügigen Tätigkeiten würden zu keiner Unterbrechung der Ruhezeit führen, da sie den Erholungswert der Ruhezeit nicht gefährden würden.[261] Gegen eine solche Beurteilung nach dem Grad der Beanspruchung spricht, dass diese einer gesetzlichen Grundlage entbehrt.[262] Ferner erscheint eine solche Grenzziehung praktisch kaum handhabbar.[263] Im Übrigen ist es angesichts der Rechtsprechung des EuGH zur Effektivität von Ruhezeiten (vgl. Rz. 7.141 ff.) nicht möglich, anzunehmen, das Entgegennehmen eines Anrufes oder das Verfassen einer E-Mail sei keine **Unterbrechung der Ruhezeit**.[264] Der EuGH hat es in der Rechtssache *Matzak* ausdrücklich abgelehnt, auf den Grad der Beanspruchung abzustellen (Rz. 7.114), so dass ohne Änderung der Arbeitszeitrichtlinie kein unionsrechtskonformer Raum verbleibt, um den Grad der Beanspruchung als Differenzierungskriterium zu nutzen.[265] Im Übrigen dürfte der EuGH der Freiwilligkeit der Entgegennahme eines Anrufs oder des Lesens von E-Mails keinerlei Relevanz zukommen lassen. Dies stünde in diametralem Widerspruch zur Rechtsprechung in der Rechtssache *Grigore*.[266] Insofern sind Arbeitgeber mit derartigen Diensthandysystemen dringend gehalten, strikte Abschaltanweisungen auszusprechen und den Nachweis über deren Vollzug sicherzustellen, weil ansonsten die Unterbrechung der Ruhezeiten zu permanenten Verstößen gegen das Arbeitszeitrecht führen würde. Der deutsche Gesetzgeber sollte die Frage dringend regeln, um hier Rechtssicherheit für die Praxis zu schaffen. Dies könnte durch eine Modifikation des § 3 ArbZG erreicht werden, wenn der Gesetzgeber für solche Tätigkeiten den nach der ArbZ-RL gegebenen großen Spielraum für die werktägliche Arbeitszeit ausschöpfen würde. Das könnte dergestalt erfolgen, solche Tätigkeiten in einem Korridor von bis zu 13 Stunden ab Dienstanatritt zuzulassen, wenn dafür ein dringendes betriebliches Erfordernis besteht. Auch dann müssen aber 11 Stunden Ruhezeit an die letzte Tätigkeit anknüpfen.

(2) Inaktive Zeiten

7.129 Ob es innerhalb des Bereitschaftsdienstes zu **inaktiven Zeiten** kommt, ist für die Einordnung als Arbeitszeit i.S.d. Arbeitszeitrichtlinie nicht von Bedeutung.[267] Auch die Intensität der geleisteten Arbeit ist kein Faktor, der bei der Abgrenzung von Arbeitszeit oder Ruhezeit zu berücksichtigen ist (Rz. 7.114).[268]

7.130 Es spielt keine Rolle, ob der Arbeitnehmer **während des Dienstes schlafen kann** oder nicht.[269] Wenn der Arbeitgeber einen **Ruheraum** zur Verfügung stellt, ändert dies nichts an der Einord-

---

260 *Baeck/Deutsch*, § 5 ArbZG Rz. 14; *Anzinger/Koberski*, § 5 ArbZG Rz. 13; *v. Steinau-Steinrück*, NJW Spezial 2012, 178 (179); *Steffan*, NZA 2015, 1409 (1415); *Günther/Böglmüller*, NZA 2015, 1025 (1028); *Bissels/Meyer-Michaelis*, DB 2015, 2331 (2333).
261 *Baeck/Deutsch*, § 5 ArbZG Rz. 14; *Günther/Böglmüller*, NZA 2015, 1025 (1028).
262 *Buschmann/Ulber J.*, § 2 ArbZG Rz. 23 ff.; *Schliemann*, § 5 ArbZGRz. 10.
263 *Buschmann/Ulber J.*, § 2 ArbZG Rz. 23; *Falder*, NZA 2010, 1150, 1152; *Krause*, Gutachten zum 71. DJT, 2016, B 42.
264 *Falder*, NZA 2010, 1150 (1152 f.); zum Problem ausf. EuArbR/*Gallner*, RL 2003/88/EG Art. 2 Rz. 11a; HWK/*Gäntgen*, § 5 ArbZG Rz. 2.
265 EuGH v. 21.2.2018 – C-518/15 – Matzak, NJW 2018, 1073, Rz. 56; *Schliemann*, EuZW 2018, 274 (276).
266 EuGH v. 4.3.2011 – C-258/10 – Grigore.
267 EuGH v. 1.12.2005 – C-14/04 – Dellas, Slg. 2005, I-10253 Rz. 47; v. 9.9.2003 – C-151/02 – Jaeger, Slg. 2003, I-8389 Rz. 60 f.; BAG v. 23.6.2010 – 10 AZR 543/09, NZA 2010, 1081 (1084); das lässt VGH Baden-Württemberg v. 17.6.2014 – 4 S 169/13, n.v. außer Acht.
268 EuGH v. 21.2.2018 – C-518/15 – Matzak, Rz. 56; v. 1.12.2005 – C-14/04 – Dellas, Slg. 2005, I-10253 Rz. 46; vgl. hierzu auch *Tonikidis*, AuR 2018, 67 ff.
269 EuGH v. 9.9.2003 – C-151/02 – Jaeger, Slg. 2003, I-8389 Rz. 55, 60.

nung als Arbeitszeit.²⁷⁰ Entscheidend ist, dass der Arbeitnehmer jederzeit zur Arbeitsleistung herangezogen werden kann.²⁷¹

Arbeitsmedizinisch betrachtet ist die Rechtsprechung des EuGH überzeugend. Auch durch kurze Unterbrechungen des Schlafrhythmus kann dessen Erholungswert komplett beseitigt werden.²⁷² Das Aufwachen aus dem Tiefschlaf verbunden mit sofortiger Arbeit führt zu einer extrem erhöhten Fehleranfälligkeit.²⁷³ Insofern ist es konsequent, inaktive Zeiten während des Bereitschaftsdienstes nicht als Ruhezeit anzusehen.²⁷⁴ Dies gilt umso mehr, als Bereitschaftsdienste häufig geleistet werden, wenn der konkrete Arbeitsanfall nicht im Voraus geplant werden kann und von den Umständen im Einzelfall abhängig ist.²⁷⁵ Im Übrigen wäre anderenfalls zu klären, wann und wie lange geschlafen werden kann und ab welchem Grad der Inanspruchnahme bzw. welcher Anzahl an Unterbrechungen des Schlafs Arbeitszeit vorliegt. Das ist kaum justiziabel, bei einer Vielzahl von Diensten kaum prognostizierbar und für die Kontrollbehörden kaum nachvollziehbar. Insofern ist die Rechtsprechung des EuGH, auch unter dem Gesichtspunkt der **Vermeidung von Umgehungsmöglichkeiten**, positiv.

7.131

Die **Auswirkungen der Rechtsprechung** des EuGH zu Bereitschaftsdienst und Arbeitsbereitschaft waren erheblich. Denn bis zur Entscheidung in der Rechtssache *Jaeger*²⁷⁶ ergab sich aus den §§ 5 Abs. 3 und 7 Abs. 1 Nr. 1 Buchst. a ArbZG a.F.²⁷⁷, dass es sich bei Bereitschaftsdienst um Ruhezeit handelte, die nur während der Zeiträume der **aktiven Inanspruchnahme** durch Arbeitszeit unterbrochen wurde. Gleichzeitig ermöglicht es die Vergütungsstruktur in den deutschen Kliniken, durch das Ableisten von Bereitschaftsdiensten das Einkommen erheblich zu steigern. Da es sich bei Ärzten um die Berufsgruppe mit der höchsten Entgeltpräferenz handelt und die Kliniken durch die ausgeweiteten Dienstzeiten Personal einsparen konnten, ergab sich eine problematische Tendenz zur Kommerzialisierung der Gesundheit der Arbeitnehmer und der Gefährdung der Patienten.²⁷⁸ Dies führte zu einer Gesamtgemengelage, bei der weder die Tarifvertragsparteien noch der Gesetzgeber ein wirtschaftliches Interesse an gesundheitsverträglichen Arbeitszeiten im Krankenhauswesen hatte. Konsequenz waren aus arbeitsmedizinischer Sicht groteske Dienstzeiten von über 30 Stunden.

7.132

Zwar war bereits vor²⁷⁹ und nach der SIMAP-Entscheidung darauf hingewiesen worden, dass diese Rechtslage mit der Arbeitszeitrichtlinie unvereinbar war.²⁸⁰ Eine unionsrechtskonforme Auslegung der §§ 5 Abs. 3, 7 Abs. 2 Nr. 1 ArbZG a.F. war aber nach Auffassung des BAG nicht möglich.²⁸¹ Der Gesetzgeber ignorierte die Rspr. des EuGH, bis der EuGH die deutsche Rechtslage in der Rechtssache *Jaeger* für unionsrechtswidrig erklärte. Einen Tag nach der Entschei-

7.133

---

270 EuGH v. 9.9.2003 – C-151/02 – Jaeger, Slg. 2003, I-8389 Rz. 64.
271 EuGH v. 9.9.2003 – C-151/02 – Jaeger, Slg. 2003, I-8389 Rz. 57.
272 European Agency for Safety and Health at Work, Expert forecast on emerging psychosocial risks related to occupational safety and health, 2007; vgl. zu den gesundheitlichen Folgen auch: *Habich*, Sicherheits- und Gesundheitsschutz durch die Gestaltung von Nacht- und Schichtarbeit und die Rolle des Betriebsrats, 13 ff.; *Ulber D.*, Tarifdispositives Gesetzesrecht im Spannungsfeld von Tarifautonomie und grundrechtlichen Schutzpflichten, S. 517 ff.
273 Zu Selbstverletzungen von Ärzten durch Nadelstiche vgl. *Ayas/Barger/Cade/Hashimoto/Rosner/Cronin/Speizer/Czeisler*, JAMA 296 (2006), 1055 ff.; vgl. hierzu auch die RL 2010/32/EU.
274 EuGH v. 9.9.2003 – C-151/02 – Jaeger, Slg. 2003, I-8389 Rz. 65.
275 EuGH v. 9.9.2003 – C-151/02 – Jaeger, Slg. 2003, I-8389 Rz. 61.
276 EuGH v. 9.9.2003 – C-151/02 – Jaeger, Slg. 2003, I-8389.
277 BAG v. 18.2.2003 – 1 ABR 2/02, ArbRB 2003, 196 = NZA 2003, 742, sah auch keine Möglichkeit zur europarechtskonformen Auslegung.
278 Vgl. dazu *Leopold*, WzS 2013, 116.
279 EuGH v. 3.10.2000 – C-303/98 – SIMAP, Slg. 2000, I-7963.
280 BAG v. 18.2.2003 – 1 ABR 2/02, ArbRB 2003, 196 = NZA 2003, 742 (745).
281 BAG v. 18.2.2003 – 1 ABR 2/02, ArbRB 2003, 196 = NZA 2003, 742 (745).

dung wurde das Gesetzgebungsverfahren zur Änderung des ArbZG in den deutschen Bundestag eingebracht.[282] Man hatte das Verfahren bis zum letzten möglichen Zeitpunkt ausgesessen und den entsprechenden Gesetzentwurf bereits in der Schublade.[283] Die §§ 5 Abs. 3 und 7 Abs. 1 Nr. 1 Buchst. a, Abs. 2 Nr. 1 ArbZG wurden geändert, so dass **Bereitschaftsdienst** nunmehr als **Arbeitszeit im Sinne des Arbeitszeitgesetzes** anzusehen ist.[284] Gleichzeitig wurden die **Abweichungsmöglichkeiten** hinsichtlich der Höchstarbeitszeit, der Mindestruhezeiten und der Länge der Nachtarbeit verändert, so dass der Bereitschaftsdienst nunmehr zwar als Arbeitszeit gilt, dafür aber mehr gearbeitet werden darf als vorher (vgl. unter Rz. 7.242, 7.258, 7.272). Es entspricht dem Umgang der Bundesrepublik Deutschland mit der Richtlinie, dass versucht wurde, die unionsrechtswidrigen Regelungen noch bis zum 31.12.2006 aufrecht zu erhalten. Das BAG hat dieses Ergebnis durch eine unionsrechtskonforme Auslegung des § 25 ArbZG vermieden.[285]

bb) Rufbereitschaft

7.134   Rufbereitschaft zählt nach der Rechtsprechung des EuGH grundsätzlich nicht als Arbeitszeit.[286] Im Einzelfall kann dies anders sein (Rz. 7.135).[287] Hier wird lediglich die Zeit der **tatsächlichen Inanspruchnahme** als Arbeitszeit gewertet.[288] Der Arbeitnehmer stehe hier zwar dem Arbeitgeber in dem Sinne zur Verfügung, dass er ständig erreichbar sei. Entscheidend sei aber, dass der Arbeitnehmer nicht zur Anwesenheit am Arbeitsplatz verpflichtet sei, sondern freier über seine eigene Zeit verfügen und seinen Interessen nachgehen kann.[289] Daher seien die Einschränkungen geringer, weil der Arbeitnehmer sich nicht außerhalb seines sozialen und familiären Umfeldes aufhalten müsse.[290] Teilweise wird diese Argumentation jedoch angezweifelt, da die ständige Erreichbarkeit eine dauerhafte Anspannung verursache, welche den Erholungswert der Freizeit senke.[291] Der EuGH berücksichtigt allerdings auch, wie weit der Arbeitnehmer **außerhalb des Arbeitsplatzes faktisch an Vorgaben für sein Freizeitverhalten gebunden bleibt**.[292] Insofern trägt er diesen Bedenken zumindest teilweise Rechnung. Der Umstand, dass der Arbeitnehmer sich außerhalb der Arbeitsstätte aufhält, rechtfertigt für sich genommen nicht die Annahme, es handele sich nicht um Arbeitszeit (vgl. Rz. 7.122 ff.).[293] So liegt Arbeitszeit vor, wenn der Arbeitnehmer zusätzlich zur Erreichbarkeit qualifizierten Anforderungen hinsichtlich seines Aufenthaltsortes unterliegt.[294] Muss der Arbeitnehmer sich zusätzlich zur Erreichbarkeit in einem gewissen Umkreis um seinen Arbeitsplatz aufhalten, so handelt es sich insgesamt um Arbeitszeit. Das hat der EuGH jedenfalls dann angenommen, wenn der Arbeitnehmer binnen 8 Minuten an seiner Dienststelle sein muss.[295] Der Grund für diese überzeugende Rechtsprechung liegt im Ruhezeitbegriff der Richtlinie

---

282 *Schliemann*, NZA 2004, 514 (515); vgl. auch BT-Drucks. 15/1587.
283 *Buschmann*, AuR 2004, 1 (4); *Schliemann*, NZA 2004, 514 (515); *Schunder*, EuZW 2003, 662 (663).
284 Vgl. dazu *Buschmann*, AuR 2004, 1.
285 BAG v. 24.1.2006 – 1 ABR 6/05, ArbRB 2006, 202 = NZA 2006, 862.
286 EuGH v. 9.9.2003 – C-151/02 – Jaeger, Slg. 2003, I-8389 Rz. 51; v. 3.10.2000 – C-303/98 – SIMAP, Slg. 2000, I-7963 Rz. 50.
287 EuGH v. 21.2.1018 – C 518/15 – Matzak, ArbRB 2018, 99 = NZA 2018, 293; *Bayreuther*, NZA 2018, 348 (349); *Buschmann*, AuR 2018, 303 (305).
288 EuGH v. 21.2.1018 – C 518/15 – Matzak, ArbRB 2018, 99 = NZA 2018, 293 Rz. 60; v. 3.10.2000 – C-303/98 – SIMAP, Slg. 2000, I-7963 Rz. 52.
289 EuGH v. 21.2.1018 – C 518/15 – Matzak, ArbRB 2018, 99 = NZA 2018, 293 Rz. 60; v. 3.10.2000 – C-303/98 – SIMAP, Slg. 2000, I-7963 Rz. 50.
290 EuGH v. 9.9.2003 – C-151/02 – Jaeger, Slg. 2003, I-8389 Rz. 65.
291 *Kohte*, NZA 2015, 1417 (1423).
292 EuGH v. 21.2.1018 – C 518/15 – Matzak, ArbRB 2018, 99 = NZA 2018, 293 Rz. 63.
293 EuGH v. 21.2.2018 – C-518/15 – Matzak, ArbRB 2018, 99 = NZA 2018, 293; v. 4.3.2011 – C-258/10 – Grigore.
294 EuGH v. 21.2.1018 – C 518/15 – Matzak, ArbRB 2018, 99 = NZA 2018, 293 Rz. 61.
295 EuGH v. 21.2.1018 – C 518/15 – Matzak, ArbRB 2018, 99 = NZA 2018, 293 Rz. 63.

(Rz. 7.140 ff.). Denn dem Arbeitnehmer würde bei einer Erreichbarkeit unter diesen zusätzlichen Umständen die Möglichkeit genommen, seinen persönlichen und sozialen Interessen nachzugehen.[296] Ihm muss also ein gewisser Aktionsradius verbleiben.[297]

Aus der Arbeitszeitrichtlinie ergibt sich nicht unmittelbar, ab welchem **Zeitpunkt** bei **Rufbereitschaft** Arbeitszeit vorliegt. Sinn und Zweck der Arbeitszeitrichtlinie legen nahe, dass in dem Moment, in dem der Arbeitnehmer nicht mehr frei über seinen Aufenthaltsort verfügen kann oder (z.B. telefonisch) seine Tätigkeit aufnimmt, Arbeitszeit vorliegt. Diese Zeitspanne dürfte bis zu dem Zeitpunkt reichen, in dem der Zustand der freien Verfügbarkeit der eigenen Zeit wieder hergestellt ist. Die Rufbereitschaft kann daher zu einer Vorverlagerung des Beginns der Arbeitszeit gegenüber der normalen Tätigkeit führen. Während diese normalerweise erst mit dem Erreichen der Dienststätte beginnt, gehört bei Rufbereitschaft die Anfahrt zur Dienststelle bereits zur Tätigkeit des Arbeitnehmers und ist daher Arbeitszeit i.S.d. ArbZ-RL.   7.135

Dies könnte insbesondere Auswirkungen auf den Zeitpunkt des **Beginns und des Endes der Rufbereitschaft** im deutschen Recht haben. Die Frage, wie die Fahrzeiten zur Arbeitsstätte und die Rückfahrten von der Arbeitsstätte bei Rufbereitschaft zu bewerten sind, müsste daher wohl dem EuGH nach Art. 267 Abs. 1 Buchst. b AEUV vorgelegt werden.   7.136

Zur Ableistung von Rufbereitschaft und der nach Art. 3 Abs. 1 ArbZ-RL erforderlichen Gewährung einer Mindestruhezeit von 11 Stunden im Anschluss an die Arbeit vgl. Rz. 7.153.   7.137

d) Grenzfälle

Fraglich ist, ob **Umkleide-** und **Wegezeiten** Arbeitszeit i.S.d. Arbeitszeitrichtlinie sind. Soweit der Arbeitnehmer sich an der Dienststelle umkleidet, dürfte dies Arbeitszeit i.S.d. Rechtsprechung des EuGH sein, weil der Arbeitnehmer dem Arbeitgeber räumlich zur Verfügung steht und dort Tätigkeiten ausführt, die im Zusammenhang mit seiner Tätigkeit stehen.[298] Auch beim Bereitschaftsdienst spielt es keine Rolle, ob der Arbeitnehmer in einem Ruheraum oder am Arbeitsplatz ist. Das Gleiche dürfte für Umkleideräume gelten. Bei Wegezeiten ist nach der Rspr. des EuGH zu differenzieren.[299] Soweit es eine feste Dienststätte gibt, ist die Anfahrt zu dieser keine Arbeitszeit, sofern diese Fahrt nicht im Rahmen einer Aktivierung bei Rufbereitschaft erfolgt. Es handelt sich nicht um die Ausübung der Tätigkeit. Hingegen ist dann, wenn es an einer festen Dienststätte fehlt, von der aus die Anreise erfolgt, die Fahrt vom Heimatort des Arbeitnehmers zu den unterschiedlichen Dienstorten Arbeitszeit.[300] Als problematisch erweisen sich Fälle, in denen zwar eine feste Dienststelle vorhanden ist, der Arbeitgeber aber gelegentlich andere Einsatzorte zuweist. Auch das ist nach den vorstehenden Grundsätzen Arbeitszeit.[301] Der EuGH hat auch entschieden, dass es nicht darauf ankommt, ob der Arbeitnehmer während **Wege- oder Reisezeiten** erreichbar sein muss.[302] Vielmehr reicht es aus, dass der Arbeitnehmer während der Fahrzeit nicht frei über seine Zeit verfügen und seinen Interessen nachgehen kann. Nach dieser Betrachtung kommt auch eine Differenzierung zwischen PKW- und Bahn- oder Flugreisen nicht in Betracht. Es kommt auch hier nicht darauf an, ob der Arbeitnehmer während dieser Zeit auch Freizeitaktivitäten nachgehen kann   7.138

---

296 EuGH v. 21.2.1018 – C 518/15 – Matzak, ArbRB 2018, 99 = NZA 2018, 293 Rz. 63.
297 *Bayreuther*, NZA 2018, 348 (349).
298 Ebenso EnzEuR Bd. 7/*Bayreuther*, § 11 Rz. 24; a.A. EAS/*Balze*, B 3100 Rz. 103.
299 A.A. *Schlottfeldt*, ZESAR 2016, 173 (174).
300 EuGH v. 10.9.2015 – C-266/14 – Federación de Servicios Privados del sindicato Comisiones obreras, Rz. 32 ff., 44; krit. *Schlottfeldt*, ZESAR 2016, 173 (174).
301 EFTA-Gerichtshof v. 27.11.2017 – E-19/16 – Thorbjørn Selstad Thue.; a.A. *Schlottfeldt*, ZESAR 2016, 173 (174).
302 EuGH v. 10.9.2015 – C-266/14 – Federación de Servicios Privados del sindicato Comisiones obreras, ArbRB 2015, 291 = NZA 2015, 1177.

(etwa Lesen), sondern alleine darauf, dass er in der freien Gestaltung seiner Zeit eingeschränkt ist. An diesem Befund ändert sich auch dann nichts, wenn der Arbeitnehmer seine Reiseroute frei bestimmen kann.[303] Soweit der Arbeitgeber befürchtet, der Arbeitnehmer könnte seine Fahrzeiten manipulativ verlängern, was angesichts des Fahrverhaltens von als Dienstwagen erkennbaren Fahrzeugen im öffentlichen Straßenverkehr eher fernliegend erscheint, muss er dem durch geeignete Überwachungsmaßnahmen Rechnung tragen.[304] Schließlich ist dann, wenn es zwar eine feste Arbeitsstelle gibt, der Arbeitgeber den Arbeitnehmer aber anweist, an einem anderen Ort tätig zu werden, ohne diesen permanent dorthin zu versetzen, die Fahrzeit zu diesem Ort Arbeitszeit.[305] Das gilt etwa bei Sicherheitskräften, die variabel zu Einsätzen innerhalb eines Landes herangezogen werden,[306] aber auch für Geschäftsreisen. Diese Sichtweise entspricht der der EU-Kommission.[307]

7.139 **Unionsrechtswidrig** ist **§ 21a Abs. 3 Nr. 1 ArbZG**, soweit er entgegen Art. 3 Buchst. a RL 2002/15/EG dazu führen soll, dass für Fahrpersonal **Beladezeiten** nicht als Arbeitszeit gelten.[308] Auch Art. 3 Buchst. b RL 2002/15/EG rechtfertigt die Norm nicht.

2. Ruhezeitbegriff

7.140 Ruhezeit ist nach Art. 2 Nr. 2 ArbZ-RL **jede Zeitspanne, die nicht Arbeitszeit** ist. Die Ruhezeit ist von der **Ruhepause** (vgl. Rz. 7.178) zu unterscheiden, die die Arbeit lediglich unterbricht.

7.141 Die Ruhezeiten haben eine entscheidende Steuerungsfunktion für den Gesundheitsschutz. Die Arbeitszeitrichtlinie verfolgt in erster Linie das Konzept, den Gesundheitsschutz durch „**angemessene Ruhezeiten** – je Tag, Woche und Jahr -" (ErwGr. 5 ArbZ-RL) zu gewährleisten. Abweichungen von den Vorschriften der Arbeitszeitrichtlinie müssen stets zu „**gleichwertigen Ruhezeiten**" führen (vgl. Rz. 7.237 ff.). Dass dies reflexartig zu einer Beschränkung der Höchstarbeitszeit in den jeweiligen Bezugszeiträumen führt, ist von der Arbeitszeitrichtlinie intendiert.

7.142 Ruhezeiten sind nach der Rechtsprechung des EuGH Zeiträume, während denen der Arbeitnehmer **gegenüber seinem Arbeitgeber keiner Verpflichtung unterliegt**, die ihn daran hindern kann, **frei und ohne Unterbrechung** seinen eigenen Interessen nachzugehen, um die **Auswirkungen der Arbeit auf seine Sicherheit und Gesundheit zu neutralisieren**.[309] Der Arbeitnehmer muss sich aus seiner Arbeitsumgebung **zurückziehen** können, um sich zu entspannen und sich von der mit der Wahrnehmung seiner Aufgaben verbundenen Ermüdung zu erholen.[310] Zugleich muss er die Möglichkeit haben, seinen privaten und sozialen Interessen nachzugehen.[311] Die Ruhezeit schützt damit nicht nur die gesundheitliche Erholung, sondern bildet ein Refugium des Rückzugs aus dem Arbeitsleben, zu dem auch die Pflege privater Interessen und sozialer Kontakte gehört.[312] Da die Richtlinie nur mittelbar eine tägliche Höchstarbeitszeit gewährleistet, ist dieser Rückzugsraum durch den EuGH weitaus intensiver geschützt, als dies im deutschen Recht mit seinem dualen Schutz aus täglicher Höchstarbeitszeit und Ruhezeiten der Fall ist.

---

303 EuGH v. 10.9.2015 – C-266/14 – Federación de Servicios Privados del sindicato Comisiones obreras, ArbRB 2015, 291 = NZA 2015, 1177 Rz. 39.
304 EuGH v. 10.9.2015 – C-266/14 – Federación de Servicios Privados del sindicato Comisiones obreras, ArbRB 2015, 291 = NZA 2015, 1177 Rz. 40 ff.
305 EFTA-Gerichtshof v. 27.11.2017 – E-19/16 – Thorbjørn Selstad Thue, Rz. 72.
306 EFTA-Gerichtshof v. 27.11.2017 – E-19/16 – Thorbjørn Selstad Thue.
307 Europäische Kommission, ABl. 2017/C 165/01, S. 19.
308 *Anzinger/Koberski*, § 21a ArbZG Rz. 16; *Buschmann*, AuR 2017, 263; *Buschmann/Ulber J.*, § 21a ArbZG Rz. 13; *Neumann/Biebl*, § 21a ArbZG Rz. 8; a.A. *Didier*, NZA 2007, 120 (121).
309 EuGH v. 14.10.2010 – C-428/09 – Union syndicale Solidaires Isère, Slg. 2010, I-9961 Rz. 50.
310 EuGH v. 9.9.2003 – C-151/02 – Jaeger, Slg. 2003, I-8389 Rz. 95.
311 EuGH v. 21.2.1018 – C 518/15 – Matzak, ArbRB 2018, 99 = NZA 2018, 293 Rz. 63.
312 EuGH v. 21.2.1018 – C 518/15 – Matzak, ArbRB 2018, 99 = NZA 2018, 293 Rz. 63.

Ausreichend sind die Ruhezeiten nur dann, wenn sie dem Arbeitnehmer **regelmäßige, ausreichend lange und kontinuierliche Ruhezeiten** gewähren. Dies soll verhindern, dass Arbeitnehmer wegen Übermüdung oder einem unregelmäßigen Arbeitsrhythmus sich selbst oder ihre Kollegen verletzen, und dafür sorgen, dass sie weder kurz- noch langfristig ihre Gesundheit schädigen (ErwGr. 9 ArbZ-RL). Die Ruhezeiten müssen **effektiv** sein und dem Arbeitnehmer nicht nur die Möglichkeit zur Erholung von der geleisteten Arbeit geben, sondern auch **präventiv** wirken, indem sie der Beeinträchtigung der Gesundheit und Sicherheit **durch kumulierte Arbeitsperioden entgegen wirken**.[313] Die **Dauer der Ruhezeit** ist in Zeiteinheiten anzugeben.[314]

7.143

In der Rechtsprechung des EuGH hat die Durchsetzung des Gesundheitsschutzes durch die Gewährung von Mindestruhezeiten ein besonders großes Gewicht. Die Mindestruhezeiten werden als *„besonders wichtige Regeln des Sozialrechts der Union"*[315] angesehen. Sie ist durch Art. 31 Abs. 2 GRC abgesichert.[316] Die Zulässigkeit von **Einschränkungen der Ruhezeiten** wird durch den EuGH auf streng reglementierte **Ausnahmefälle** beschränkt.[317]

7.144

Die Mitgliedstaaten unterliegen bei der Gewährung der Ruhezeiten nach den Art. 3 und 5 ArbZ-RL einer **materiellen Erfolgspflicht** hinsichtlich der Gewährleistung des Rechts auf Ruhezeiten.[318] Sie dürfen bei der Umsetzung der Arbeitszeitrichtlinie die Zielsetzung der Ruhezeit nicht außer Acht lassen. Die formale Einhaltung der Vorgaben der Richtlinie ist **notwendig, aber nicht automatisch auch ausreichend**.

7.145

Sollte der EuGH diese materielle Prüfmöglichkeit ernst nehmen, könnte ein Teil der Abweichungsbefugnisse in § 7 ArbZG[319] **unionsrechtswidrig** sein (vgl. auch Rz. 7.200, 7.252, 7.278).[320]

7.146

3. Mindestruhezeiten und Höchstarbeitszeit

Die Regulierung der Arbeitszeit erfolgt durch die Arbeitszeitrichtlinie auf zwei Wegen. Primär sichert die Arbeitszeitrichtlinie **tägliche und wöchentliche Mindestruhezeiten**. Ergänzend dazu wird eine **durchschnittliche wöchentliche Höchstarbeitszeit** festgelegt.

7.147

a) Tägliche Arbeitszeit und tägliche Ruhezeiten

Die Arbeitszeitrichtlinie schreibt unmittelbar keine **tägliche Höchstarbeitszeit** vor. Lediglich bei **Nachtarbeit** ist eine solche ausdrücklich geregelt (Art. 8 Buchst. a ArbZ-RL; vgl. Rz. 7.192 ff.). Eine Begrenzung der maximalen täglichen Arbeitszeit ergibt sich aber **mittelbar** aus der täglichen Ruhezeit nach Art. 3 Abs. 1 ArbZ-RL, der vorsieht, dass jedem Arbeitnehmer pro 24 Stunden-Zeitraum eine **zusammenhängende Ruhezeit** (vgl. Rz. 7.140 ff.) von 11 Stunden gewährt wird. Damit können nach Art. 3 ArbZ-RL pro 24-Stundenzeitraum **maximal 13 Stunden Arbeit abzgl. der Ru-**

7.148

---

313 EuGH v. 14.10.2010 – C-428/09 – Union syndicale Solidaires Isère, Slg. 2010, I-9961 Rz. 37; v. 9.9.2003 – C-151/02 – Jaeger, Slg. 2003, I-8389 Rz. 92; v. 7.9.2006 – C-484/04 – Kommission/Vereinigtes Königreich, Slg. 2006, I-7471 Rz. 41.
314 EAS/*Balze*, B 3100 Rz. 111.
315 EuGH v. 14.10.2010 – C-428/09 – Union syndicale Solidaires Isère, Slg. 2010, I-9961 Rz. 36; v. 1.12.2005 – C-14/04 – Dellas, Slg. 2005, I-10253 Rz. 49; v. 7.9.2006 – C-484/04 – Kommission/Vereinigtes Königreich, Slg. 2006, I-7471 Rz. 38.
316 EuGH v. 9.11.2017 – C-306/16 – Maio Marques da Rosa, ArbRB 2017, 363 = NJW 2018, 683 Rz. 50.
317 EuGH v. 14.10.2010 – C-428/09 – Union syndicale Solidaires Isère, Slg. 2010, I-9961 Rz. 37; v. 9.9.2003 – C-151/02 – Jaeger, Slg. 2003, I-8389 Rz. 92.
318 EuGH v. 7.9.2006 – C-484/04 – Kommission/Vereinigtes Königreich, Slg. 2006, I-7471 Rz. 37.
319 Vgl. zu diesen den Überblick bei HWK/*Gäntgen*, § 7 ArbZG Rz. 2.
320 *Ulber D.*, Tarifdispositives Gesetzesrecht im Spannungsfeld von Tarifautonomie und grundrechtlichen Schutzpflichten, S. 560 ff.

hepausen abgeleistet werden.³²¹ **Abweichungen** nach Art. 17 und 18 ArbZ-RL sind nur unter Gewährung **gleichwertiger Ausgleichsruhezeiten** möglich (vgl. Rz. 7.237 ff.).

7.149 Bei der Berechnung der Arbeitszeit sind **mehrere Beschäftigungsverhältnisse bei verschiedenen Arbeitgebern** zusammenzurechnen (Art. 3, 5, 6 ArbZ-RL). Das entspricht der Rechtslage in Deutschland.³²²

7.150 Bezugspunkt des Art. 3 Abs. 1 ArbZ-RL ist nicht ein Wochen- oder Arbeitstag, sondern ein 24-Stundenzeitraum. **Beginn** dieses Zeitraums ist die Arbeitsaufnahme.³²³

7.151 Die Ruhezeit muss sich **unmittelbar an die Arbeitszeit anschließen**.³²⁴ Sie soll eine **Kumulierung aufeinander folgender Arbeitsperioden verhindern**.³²⁵ Diese kann zu einer Schädigung des Arbeitnehmers führen oder seine Leistungsfähigkeit so absenken, dass seine Gesundheit und Sicherheit gefährdet wird.³²⁶ Damit ist es nicht zulässig, zwei 24-Stundenzeiträume derart zu kombinieren, dass zwei 13-Stunden-Schichten aneinander gehängt werden und jeweils zu Beginn und Ende des jeweiligen Arbeitstages 11 Stunden Ruhezeit gewährt werden.³²⁷ Die Arbeitszeitrichtlinie soll genau solche Gestaltungen verhindern.³²⁸

7.152 Die Ruhezeit muss innerhalb des 24-Stundenzeitraums **zusammenhängend** gewährt werden. Es ist nicht zulässig, sie auf mehrere Zeiträume zu verteilen.³²⁹ Gleichzeitig bedeutet dies, dass jede **Unterbrechung der Ruhezeit** als Arbeitszeit i.S.d. Arbeitszeitrichtlinie gilt und ihr daher **eine zusammenhängende Ruhezeit** von 11 Stunden folgen muss.

7.153 Das Erfordernis einer zusammenhängenden Ruhezeit hat besondere Auswirkungen auf die **Rufbereitschaft** (vgl. Rz. 7.134 ff.). Die Mitgliedstaaten können vorsehen, dass bei **Rufbereitschaft nur die Zeit als Arbeitszeit gilt, in der der Arbeitnehmer tatsächlich tätig** wird.³³⁰ Sie müssen aber dafür sorgen, dass innerhalb eines 24-Stunden-Zeitraums dem Arbeitnehmer für mindestens 11 zusammenhängende Stunden Ruhezeit gewährt wird. **Jedes Tätigwerden** während der Rufbereitschaft ist Arbeitszeit. Daher muss sich nach Art. 3 ArbZ-RL im **Anschluss an das Tätigwerden eine Ruhezeit von 11 zusammenhängenden Stunden** anschließen. Die Rufbereitschaft darf daher nur so gelegt werden, dass sich an ihr Ende noch eine 11-stündige Ruhezeit innerhalb eines 24-Stunden-Zeitraums anschließen kann.³³¹

7.154 Nach dem deutschen Verständnis von Arbeitszeit war Rufbereitschaft bereits vor Inkrafttreten der Richtlinie keine Arbeitszeit.³³² Daran hat sich nichts verändert.

7.155 Fälle, in denen Mitarbeiter mit Smartphones ständig per Mail und Anruf erreichbar sind und zwischenzeitlich tätig werden, führen zu Unterbrechungen der Ruhezeit (vgl. Rz. 7.127 f.). Auf

---

321 EAS/*Balze*, B 3100 Rz. 111; *Stärker*, EU-Arbeitszeitrichtlinie, Art. 3 Rz. 2.
322 § 2 Abs. 1 Halbs. 2 ArbZG; BAG v. 24.2.2005 – 2 AZR 211/04, ArbRB 2005, 291 = NZA 2005, 759; EuArbR/*Gallner*, RL 2003/88/EG Art. 3 Rz. 3; HWK/*Gäntgen*, § 2 ArbZG Rz. 8.
323 EAS/*Balze*, B 3100 Rz. 111.
324 EuGH v. 14.10.2010 – C-428/09 – Union syndicale Solidaires Isère, Slg. 2010, I-9961 Rz. 50; v. 9.9.2003 – C-151/02 – Jaeger, Slg. 2003, I-8389 Rz. 94 ff.
325 EuGH v. 14.10.2010 – C-428/09 – Union syndicale Solidaires Isère, Slg. 2010, I-9961 Rz. 50; v. 9.9.2003 – C-151/02 – Jaeger, Slg. 2003, I-8389 Rz. 94.
326 EuGH v. 9.9.2003 – C-151/02 – Jaeger, Slg. 2003, I-8389 Rz. 96.
327 EAS/*Balze*, B 3100 Rz. 120; EuArbR/*Gallner*, RL 2003/88/EG Art. 3 Rz. 4; a.A. *Schliemann*, NZA 2004, 513 (516).
328 EuGH v. 9.9.2003 – C-151/02 – Jaeger, Slg. 2003, I-8389 Rz. 94 ff.
329 EAS/*Balze*, B 3100 Rz. 111.
330 EuGH v. 21.2.1018 – C 518/15 – Matzak, ArbRB 2018, 99 = NZA 2018, 293 Rz. 60.
331 EAS/*Balze*, B 3100 Rz. 111; EuArbR/*Gallner*, RL 2003/88/EG Art. 3 Rz. 6.
332 *Buschmann/Ulber J.*, § 2 ArbZG Rz. 20.

die Intensität der Tätigkeit kommt es nach der Rechtsprechung des EuGH nicht an (vgl. Rz. 7.114). Soweit das ArbZG unter Verweis auf eine „nur kurzzeitige Unterbrechung" der Ruhezeit eine Verkürzung der 11-stündigen Mindestruhezeit zuließe, wäre dies unionsrechtswidrig. U.U. wären die Normen aufgrund der primärrechtlichen Überformung der Ruhezeit durch Art. 31 GRC sogar unanwendbar. Allerdings bestünde eine solche Flexibilisierungsmöglichkeit, insoweit als 11 Stunden zusammenhängende Ruhezeit gewahrt blieben. In einem Zeitraum von 13 Stunden ab Aufnahme der Tätigkeit könnten derartige Arbeitsaufnahmen daher zugelassen werden, ohne gegen die ArbZ-RL zu verstoßen.

Einen **Bezugszeitraum** für einen Ausgleich der täglichen Mindestruhezeiten auf einen Durchschnittswert sieht die Arbeitszeitrichtlinie grundsätzlich **nicht vor**. Art. 16 ArbZ-RL beinhaltet keine entsprechende Regelung (vgl. Rz. 7.175). Art. 3 ArbZ-RL ermöglicht es nicht, die Ruhezeit an einem Tag auf 10 Stunden zu kürzen und sie am nächsten Tag auf 12 Stunden zu verlängern. Derartige Regelungen sind nur unter den Voraussetzungen der Ausnahmen in Art. 17 ff. ArbZ-RL möglich (vgl. Rz. 7.256 ff.).

7.156

Art. 3 ArbZ-RL lässt es grundsätzlich nicht zu, die Unterschreitung der Mindestruhezeiten durch eine Begrenzung der jährlichen Arbeitstage auszugleichen (vgl. Rz. 7.239).[333]

Die **tägliche Arbeitszeit** wird **mittelbar** durch die in Art. 6 Buchst. b ArbZ-RL geregelte **durchschnittliche wöchentliche Höchstarbeitszeit** von 48 Stunden begrenzt.

7.157

In Deutschland sind die Anforderungen der Arbeitszeitrichtlinie **intransparent** umgesetzt. § 5 Abs. 1 ArbZG sieht nach Beendigung der Arbeitszeit eine ununterbrochene Ruhezeit von 11 Stunden vor. Dass diese grundsätzlich innerhalb eines 24-Stunden-Zeitraums zu gewähren ist, ist nicht geregelt. Deswegen wird erwogen, die Vorschrift unionsrechtskonform dahingehend auszulegen, dass innerhalb eines 24-Stunden-Zeitraums 11 Stunden ununterbrochene Ruhezeit zu gewähren sind.[334] § 3 Satz 2 ArbZG, der **maximal 10 Stunden werktägliche Arbeitszeit** zulässt, führt allerdings im Regelfall dazu, dass aus dem Zusammenwirken der beiden Normen allein noch kein unionsrechtswidriger Zustand entsteht. Denn dann bleiben 11 Stunden Ruhezeit „übrig". Gleichwohl liegt ein Transparenzverstoß vor, weil § 5 Abs. 1 ArbZG nicht das Merkmal „innerhalb eines 24-Stunden-Zeitraums" beinhaltet.[335]

7.158

b) Wöchentliche Höchstarbeitszeit und wöchentliche Ruhepausen

aa) Wöchentliche Höchstarbeitszeit

Nach Art. 6 Buchst. b ArbZ-RL haben die Mitgliedstaaten die erforderlichen Maßnahmen zu treffen, damit nach **Maßgabe der Erfordernisse der Sicherheit und des Gesundheitsschutzes** der Arbeitnehmer die **wöchentliche Arbeitszeit** festgelegt wird und diese **pro Siebentageszeitraum durchschnittlich 48 Stunden einschließlich der Überstunden** nicht überschreitet. Art. 6 Buchst. b ArbZ-RL ist nach Auffassung des EuGH eine **besonders wichtige Regel des Sozialrechts der Union**.[336] Nach der Wertung des Unionsrechts ist allein dadurch, dass die wöchentliche Höchstarbeitszeit überschritten wird, dem Arbeitnehmer ein Nachteil zugefügt, weil seine Sicherheit und Gesundheit beeinträchtigt werden.[337] Arbeitsmedizinische Studien bestätigen dies.[338] Art. 6

7.159

---

333 EuGH v. 14.10.2010 – C-428/09 – Union syndicale Solidaires Isère, Slg. 2010, I-9961 Rz. 38 f.
334 EAS/*Balze*, B 3100 Rz. 120.
335 EAS/*Balze*, B 3100 Rz. 120.
336 EuGH v. 23.12.2015 – C-180/14 – Kommission/Griechenland Rz. 34; v. 25.11.2010 – C-429/09 – Fuß II, Slg. 2010, I-12167 Rz. 33; v. 1.12.2005 – C-14/04 – Dellas, Slg. 2005, I-10253 Rz. 49; v. 5.10.2004 – C-397/01 – Pfeiffer, Slg. 2004, I-8835 Rz. 100.
337 EuGH v. 14.10.2010 – C-243/09 – Fuß I, Slg. 2010, I-9849 Rz. 54.
338 Vgl. dazu KOM (2003), 843, S. 17.

Buchst. b ArbZ-RL muss durch hinreichend bestimmte, klare, präzise und eindeutige Regelungen umgesetzt werden.³³⁹ Das ist etwa dann nicht der Fall, wenn den Tarifvertragsparteien global die Aufgabe zugewiesen wird, sich an die Richtlinie zu halten.

7.160 In Deutschland wird Art. 6 Buchst. b ArbZ-RL **mittelbar** durch **§ 3 ArbZG i.V.m. § 9 ArbZG umgesetzt**. Nach § 3 Satz 1 ArbZG darf die werktägliche Arbeitszeit maximal 8 Stunden betragen. Sofern sie nach § 3 Satz 2 ArbZG auf bis zu 10 Stunden täglich verlängert wird, dürfen im Durchschnitt von sechs Kalendermonaten oder 24 Wochen 8 Stunden werktägliche Arbeitszeit nicht überschritten werden. § 9 ArbZG verbietet die Sonntagsarbeit. Damit kommt es bei 6 Werktagen je 8 Stunden zu maximal 48 Stunden wöchentlicher Arbeitszeit. Wird diese an einzelnen Werktagen verlängert, so ist dies so auszugleichen, dass im Durchschnitt die tägliche Arbeitszeit maximal 8 Stunden beträgt. Das entspricht, abgesehen vom **unionsrechtswidrigen Ausgleichszeitraum** (vgl. Rz. 7.170, 7.173), den Vorgaben der Arbeitszeitrichtlinie. Allerdings ist aufgrund der Entscheidung *Kommission/Griechenland* fraglich, ob ein Verstoß gegen das Bestimmtheitsgebot vorliegt, weil die Obergrenze von 48 Stunden im Durchschnitt nicht hinreichend klar gesetzlich geregelt ist.³⁴⁰ Aufgrund tarifvertraglicher oder arbeitsvertraglicher Regelungen gilt in Deutschland regelmäßig eine deutlich kürzere Arbeitszeit. Vor diesem Hintergrund bieten sowohl die Arbeitszeitrichtlinie als auch das ArbZG ein **extremes Flexibilisierungspotential**.

7.161 Art. 6 ArbZ-RL verpflichtet die Mitgliedstaaten, nicht nur die in **Buchst. a und b** vorgegebenen Mindeststandards einzuhalten, sondern bei deren Ausgestaltung die **Erfordernisse der Sicherheit und des Gesundheitsschutzes der Arbeitnehmer zu beachten**. Diese Formulierung ist keine Floskel. Den Anforderungen des Unionsrechts entspricht eine mitgliedstaatliche Regelung nicht bereits dann, wenn **formal** die Anforderungen von Buchst. a und b eingehalten sind. Sieht ein Mitgliedstaat eine Buchst. b entsprechende Regelung der durchschnittlichen wöchentlichen Höchstarbeitszeit vor, ist diese aber so ausgestaltet, dass sie den Erfordernissen des Gesundheitsschutzes nicht genügt, so ist sie unionsrechtswidrig. Das ergibt sich aus dem **Effektivitätsgrundsatz** (vgl. Rz. 1.120 ff.).

7.162 Eine wenig beachtete Anforderung der Arbeitszeitrichtlinie ist, dass die Mitgliedstaaten dafür zu sorgen haben, dass die wöchentliche Höchstarbeitszeit **festgelegt** wird. Das bedeutet, dass nationale Vorschriften bestehen müssen, die sicherstellen, dass jeder Arbeitnehmer erkennen kann, welche Höchstarbeitszeiten für ihn gelten.³⁴¹ Sollten sich diese aus Tarifverträgen ergeben, haben die Mitgliedstaaten dafür zu sorgen, dass diese dem Arbeitnehmer bekannt gemacht werden.

bb) Unmittelbare Anwendbarkeit

7.163 Art. 6 Buchst. b ArbZ-RL ist **unmittelbar anwendbar** (zur unmittelbaren Anwendbarkeit von Richtlinienvorschriften vgl. Rz. 1.130 ff.).³⁴² Er ist ungeachtet der Abweichungsmöglichkeit nach Art. 22 Abs. 1 UAbs. 1 ArbZ-RL (Rz. 7.285 ff.) hinreichend bestimmt und genau, weil auch diese Abweichungsmöglichkeit von der Einhaltung aller in Art. 22 Abs. 1 UAbs. 1 ArbZ-RL genannten Bedingungen abhängt, aufgrund derer es möglich ist, jederzeit ein Mindestschutzniveau zu bestimmen.³⁴³

---

339 EuGH v. 23.12.2015 – C-180/14 – Kommission/Griechenland Rz. 39.
340 Vgl. dazu EuGH v. 23.12.2015 – C-180/14 – Kommission/Griechenland Rz. 39.
341 EuGH v. 23.12.2015 – C-180/14 – Kommission/Griechenland Rz. 39.
342 St. Rspr., EuGH v. 25.11.2010 – C-429/09 – Fuß II, Slg. 2010, I-12167 Rz. 35; v. 14.10.2010 – C-243/09 – Fuß I, Slg. 2010, I-9849 Rz. 57; v. 5.10.2004 – C-397/01 – Pfeiffer, Slg. 2004, I-8835 Rz. 103 ff.; vgl. auch BVerwG v. 20.7.2017 – 2 C 31/16, NVwZ 2018, 419 (420); v. 26.7.2012 – 2 C 29/11, NVwZ 2012, 972 (973); v. 29.9.2012 – 2 C 32/10, NVwZ 2012, 643; VG Düsseldorf v. 2.7.2014 – 26 K 6183/13.
343 EuGH v. 14.10.2010 – C-243/09 – Fuß I, Slg. 2010, I-9849 Rz. 58; v. 5.10.2004 – C-397/01 – Pfeiffer, Slg. 2004, I-8835 Rz. 105.

7.164 Damit sind staatliche Stellen auf Grund des **Anwendungsvorrangs** des Unionsrechts (Rz. 1.31 ff.) gehalten, die Vorgaben der Arbeitszeitrichtlinie zu befolgen und entgegenstehendes nationales Recht unangewendet zu lassen.[344] Ob dies wegen der Rückanbindung an Art. 31 Abs. 2 GRC auch im Verhältnis zwischen Privaten der Fall sein kann, hat der EuGH bislang nicht entschieden. Insoweit ist eine Vorabentscheidung nach Art. 267 Abs. 1 Buchst. b AEUV einzuholen (vgl. Rz. 2.35 ff.)

7.165 Gegenüber **öffentlichen Arbeitgebern** kann jeder Arbeitnehmer verlangen, dass eine durchschnittliche wöchentliche Arbeitszeit von 48 Stunden nicht überschritten wird.[345] Entgegenstehende Vorschriften sind **unangewendet** zu lassen.[346] Der Staat kann sich nicht auf die ihm theoretisch offenstehende Möglichkeit berufen, von Ausnahmevorschriften Gebrauch zu machen.[347] Nur dann, wenn diese im nationalen Recht **ordnungsgemäß und vollständig umgesetzt sind** und sich der Staat bei der Umsetzung auf diese Ausnahmevorschriften berufen hat, gilt etwas anderes. Dies gilt auch dann, wenn er als Arbeitgeber Tarifverträge schließt. Die Vereinbarkeit des nationalen Rechts mit dem Unionsrecht wird nicht dadurch entbehrlich, dass der Staat als Tarifvertragspartei unmittelbar an die Arbeitszeitrichtlinie gebunden ist. Abgesehen davon ist eine Abweichung von Art. 6 Buchst. b ArbZ-RL nach Art. 22 ArbZ-RL durch Tarifvertrag nicht zulässig (vgl. Rz. 7.288 ff.). Verstoßen öffentliche Arbeitgeber gegen Art. 6 Buchst. b ArbZ-RL, kann ein **Schadenersatzanspruch** gegen diese bestehen (vgl. Rz. 7.326 ff.).

cc) Wöchentliche Ruhezeit

7.166 Art. 5 Satz 1 ArbZ-RL verlangt, dass **zzgl.** zu der 11-stündigen Mindestruhezeit nach Art. 3 ArbZ-RL jedem Arbeitnehmer pro Siebentageszeitraum eine **ununterbrochene Mindestruhezeit von 24 Stunden** zusteht. Beim Siebentageszeitraum handelt es sich um einen autonomen Begriff des Unionsrechts.[348] Art. 31 Abs. 2 GRC stützt sich auf die Norm[349], was nahelegt, dass bei Verstößen entgegenstehendes nationales Recht unanwendbar ist. Der 24-Stunden-Zeitraum kann nicht mit einer Mindestruhezeit nach Art. 3 ArbZ-RL verrechnet werden. Die Vorschrift führt faktisch zu einer **35-stündigen Mindestruhephase**.[350] Das ergibt sich auch aus einem Umkehrschluss aus Art. 5 Satz 2 ArbZ-RL. Die zeitliche Lage der Mindestruhezeit innerhalb des Siebentageszeitraums wird durch die ArbZ-RL nicht vorgegeben.[351] Diese kann zum Anfang, während oder am Ende des Siebentageszeitraums erfolgen.[352] Nach der Rspr. des EuGH ist es auch zulässig, zwei Zeiträume so aneinander zu legen, dass eine Ruhezeit am Ende und eine andere zu Beginn des folgenden Siebentageszeitraums erfolgt (zum Folgeproblem hinsichtlich der 11-stündigen Ruhezeit vgl. Rz. 7.176).[353]

---

344 BVerwG v. 26.7.2012 – 2 C 29/11, NVwZ-RR 2012, 972 (973).
345 EuGH v. 25.11.2010 – C-429/09 – Fuß II, Slg. 2010, I-12167 Rz. 38 f.; v. 14.10.2010 – C-243/09 – Fuß I, Slg. 2010, I-9849 Rz. 60.
346 EuGH v. 25.11.2010 – C-429/09 – Fuß II, Slg. 2010, I-12167 Rz. 40.
347 EuGH v. 25.11.2010 – C-429/09 – Fuß II, Slg. 2010, I-12167 Rz. 37; v. 14.10.2010 – C-243/09 – Fuß I, Slg. 2010, I-9849 – Rz. 60.
348 EuGH v. 9.11.2017 – C-306/16 – Maio Marques da Rosa, ArbRB 2017, 363 = NJW 2018, 683, Rz. 38.
349 EuGH v. 9.11.2017 – C-306/16 – Maio Marques da Rosa, ArbRB 2017, 363 = NJW 2018, 683, Rz. 50.
350 EuGH v. 9.11.2017 – C 306/16 – Maio Marques da Rosa, ArbRB 2017, 363 = NJW 2018, 683 Rz. 41; *Barnard*, EU Employment Law, S. 540; so auch die Kommission, KOM (2010), 802, S. 3.
351 EuGH v. 9.11.2017 – C-306/16 – Maio Marques da Rosa, ArbRB 2017, 363 = NJW 2018, 683, Rz. 39 ff.; dazu *Ulber D.*, EuZA 2018, 484.
352 EuGH v. 9.11.2017 – C-306/16 – Maio Marques da Rosa, ArbRB 2017, 363 = NJW 2018, 683, Rz. 47.
353 EuGH v. 9.11.2017 – C-306/16 – Maio Marques da Rosa, ArbRB 2017, 363 = NJW 2018, 683, Rz. 47; vgl. dazu *Klocke*, AuR 2018, 143.

7.167 **Abweichungen** sind möglich. Nach Art. 5 Satz 2 ArbZ-RL kann, sofern **objektive, technische oder arbeitsorganisatorische Gründe** dies rechtfertigen, die Mindestruhezeit auf 24 Stunden festgelegt werden, **ohne** dass eine 11-stündige Ruhezeit nach Art. 3 ArbZ-RL hinzugerechnet werden muss. Diese Vorschrift ist als Ausnahmevorschrift entsprechend der Rspr. des EuGH zu den Ausnahmevorschriften in der Richtlinie (Rz. 7.222 ff.) eng auszulegen. Von ihr kann nicht bereits dann Gebrauch gemacht werden, wenn es aus technischen oder arbeitsorganisatorischen Gründen schwierig ist, die Ruhezeiten nach Art. 5 Satz 1 ArbZ-RL zu gewähren.[354] Vielmehr müssen diese objektiven **Gründe besonders erheblich** sein. Ansonsten würde der besonderen Bedeutung der Mindestruhezeiten für den Gesundheitsschutz nicht hinreichend Rechnung getragen. Je umfangreicher die Kürzung der Ruhezeit ausfällt, desto größer wird der Rechtfertigungsbedarf. Die Regelung ermöglicht es aber, bspw. für Schichtbetriebe eine Kürzung der Gesamtruhezeit von 35 Stunden auf 32 Stunden zuzulassen, wenn ihre Funktionsfähigkeit anders nicht zu gewährleisten ist.[355]

7.168 Umgesetzt wird Art. 5 Satz 1 ArbZ-RL durch § 9 Abs. 1 ArbZG, der vorschreibt, dass Arbeitnehmer an Sonntagen von 0–24 Uhr nicht beschäftigt werden dürfen. Nach **§ 11 Abs. 4 ArbZG** ist der Sonntag oder der Ersatzruhetag unmittelbar in Verbindung mit einer Ruhezeit nach § 5 ArbZG zu gewähren. Nach § 5 Abs. 1 ArbZG beträgt die Ruhezeit 11 Stunden, damit ist § 9 Abs. 4 ArbZG unionsrechtskonform, soweit die Ruhezeit nicht nach § 5 Abs. 2 und 3 ArbZG gekürzt wird. § 11 Abs. 4 ArbZG lässt bei technischen oder arbeitsorganisatorischen Gründen eine Kürzung der Ruhezeit zu. Die Regelung ist unionsrechtskonform dahingehend auszulegen, dass dies **objektive, besonders erhebliche Gründe** sein müssen.[356] Solche sind bei Schichtarbeit gegeben, die einen Schichtwechsel von einer am Samstag um 22:00 Uhr beginnenden Spätschicht auf eine am Montag um 6:00 Uhr beginnende Frühschicht erfordert.

c) Bezugszeiträume für die Ruhezeiten und die wöchentliche Höchstarbeitszeit

7.169 Nach Art. 16 ArbZ-RL können die Mitgliedstaaten für die Art. 5, 6 und 8 ArbZ-RL Bezugszeiträume vorsehen, innerhalb derer die Vorgaben der Artikel im Durchschnitt eingehalten werden müssen. Von dieser Möglichkeit kann nur durch Erlass von Rechtsvorschriften Gebrauch gemacht werden, die ausdrücklich auf Art. 16 ArbZ-RL gestützt werden.[357] Der Bezugszeitraum muss ein fester Zeitraum sein, innerhalb dessen eine bestimmte Anzahl aufeinanderfolgender Ruhestunden zu gewähren ist, unabhängig vom Zeitpunkt, zu dem diese Ruhestunden gewährt werden.[358]

aa) Durchschnittliche wöchentliche Höchstarbeitszeit

7.170 Für die durchschnittliche wöchentliche Höchstarbeitszeit lässt Art. 16 Buchst. b ArbZ-RL einen Bezugszeitraum von bis zu **4 Monaten** zu. Damit sind unter Berücksichtigung von Art. 3 ArbZ-RL (vgl. Rz. 7.148 ff.) erhebliche Flexibilisierungspotentiale gegeben.

7.171 Die **Berechnung des Durchschnitts** erfolgt so, dass die Zeiten des bezahlten Jahresurlaubs sowie Krankheitszeiten unberücksichtigt bleiben bzw. neutral sein sollen. Damit haben die Mitgliedstaaten die Möglichkeit entweder anzuordnen, dass solche Tage komplett aus der Durchschnittsberechnung ausgenommen werden, oder aber dass für diese Tage die durchschnittliche tägliche Arbeitszeit unter Außerachtlassung der Fehltage angesetzt wird.[359] Zweck der Regelung ist **zu ver-**

---

354 EuArbR/*Gallner*, RL 2003/88/EG Art. 5 Rz. 2 will „objektive Gründe" ausreichen lassen.
355 EAS/*Balze*, B 3100 Rz. 136.
356 *Buschmann/Ulber J.*, § 11 ArbZG Rz. 9; *Anzinger/Koberski*, § 11 ArbZG Rz. 45.
357 EuGH v. 9.11.2017 – C-306/16 – Maio Marques da Rosa, ArbRB 2017, 363 = NJW 2018, 683, Rz. 52 f.
358 EuGH v. 9.11.2017 – C-306/16 – Maio Marques da Rosa, ArbRB 2017, 363 = NJW 2018, 683, Rz. 43.
359 *Stärker*, EU-Arbeitszeitrichtlinie, Art. 16 Rz. 7.

hindern, dass durch **Ansetzen der Fehltage mit „Arbeitszeit 0"** eine höhere Arbeitsbelastung an den restlichen Tagen erreicht werden kann.

Sowohl hinsichtlich des Ausgleichszeitraums (vgl. Rz. 7.256 ff.) als auch hinsichtlich der durchschnittlichen wöchentlichen Höchstarbeitszeit (vgl. Rz. 7.285 ff.) bestehen Abweichungsbefugnisse. 7.172

In Deutschland sieht § 3 Satz 2 ArbZG einen **unionsrechtswidrigen Bezugszeitraum von 6 Monaten oder 24 Wochen** vor.[360] Art. 16 Buchst. b ArbZ-RL lässt hingegen maximal 4 Monate zu. Die Kommission hat dies bereits mehrfach beanstandet.[361] Die Ausnahmevorschriften nach Art. 17 und 18 ArbZ-RL sind offensichtlich nicht einschlägig (vgl. Rz. 7.225 ff., 7.256 ff., 7.281, 7.283).[362] Eine Kompensation von Richtlinienverstößen durch Schutzvorschriften an anderer Stelle ist ohne ausdrückliche Regelung nicht möglich.[363] Art. 6 Buchst. b i.V.m. Art. 16 Buchst. b ArbZ-RL ist gegenüber staatlichen Arbeitgebern **unmittelbar anwendbar**[364], so dass diesen gegenüber der Ausgleichszeitraum von 4 Monaten maßgeblich ist (zur unmittelbaren Anwendbarkeit vgl. Rz. 1.30). Ob die Norm im Übrigen unanwendbar ist, weil Art. 31 Abs. 2 GRC sie auf die Primärrechtsebene hochzont, ist unklar. Die Frage muss daher dem EuGH vorgelegt werden. 7.173

Unwirksam ist § 13 Abs. 1 Satz 2 AZV des Bundes, soweit sie einen Ausgleichszeitraum von 12 Monaten vorsieht. **Bundesbeamte**, die **Bereitschaftsdienst** leisten und deren Arbeitszeit auf Grundlage von § 13 Abs. 1 Satz 1 AZV Bund verlängert wird, können daher einen Ausgleich innerhalb von 4 Monaten verlangen, weil der Bund die (ihm offenstehende) Möglichkeit, für bestimmte Dienste einen Ausgleichszeitraum von 6 Monaten vorzusehen, nicht genutzt hat. 7.174

bb) Tägliche Mindestruhezeit

Ein **Bezugszeitraum** für die **tägliche Mindestruhezeit** nach Art. 3 ArbZ-RL ist in der Richtlinie nicht vorgesehen. Das bestätigt die besondere Bedeutung der täglichen Mindestruhezeit für den Gesundheitsschutz. Begrenzte **Abweichungsbefugnisse** hinsichtlich des Umfangs der Ruhezeit sind in Art. 17 und 18 ArbZ-RL vorgesehen (vgl. Rz. 7.228, 7.240 ff., 7.261 ff., 7.281 ff.). 7.175

cc) Wöchentliche Ruhezeit

Für die **wöchentliche Ruhezeit nach Art. 5 ArbZ-RL**, nicht aber für die tägliche Ruhezeit nach Art. 3 ArbZ-RL (vgl. Rz. 7.155), kann von den Mitgliedstaaten ein **Ausgleichszeitraum** von bis zu 14 Tagen vorgesehen werden (Art. 16 Buchst. a ArbZ-RL). Der Gebrauch ist nur durch gesetzliche Regelung möglich.[365] Es muss dabei bei einer Vor- und Rückschau in jedem denkbaren 14-Tageszeitraum die entsprechende Ruhezeit vorliegen und die verschobene Ruhezeit ausgeglichen sein. Daraus folgt, dass die Mitgliedstaaten befugt sind, **anstatt eines 24-Stunden-Zeitraums** Ruhezeit pro **Siebentageszeitraum zwei 24-Stundenzeiträume Ruhezeit pro 14-Tageszeitraum** vorzusehen. Nach Art. 5 Satz 1 ArbZ-RL müssen vor dem 24-Stundenzeitraum mindestens 11 Stunden Ruhezeit liegen. Insgesamt sind also mindestens 35 Stunden ununterbrochene Ruhezeit vorzusehen. Fraglich ist, ob diese Zeiten kumuliert werden müssen, wenn 24-Stundenzeiträume unmittelbar aufeinander folgen sollen oder ob es ausreicht, wenn ihnen einmalig 11 Stunden Ruhezeit 7.176

---

360 *Buschmann/Ulber J.*, § 3 ArbZG Rz. 16; *ErfK/Wank*, § 3 ArbZG Rz. 7; Hahn/Pfeiffer/Schubert/Schubert, ArbZR, Einl. Rz. 36; *Schliemann*, § 3 ArbZG Rz. 30, *Schliemann*, NZA 2004, 413 (515); *Schubert*, GesR 2012, 326 (329).
361 EU-Kommission COM (2017) 354 final, S. 8; COM (2010), 802, S. 4.
362 *Buschmann/Ulber J.*, § 3 ArbZG Rz. 16; *Schliemann*, § 3 ArbZG Rz. 30; *ErfK/Wank*, § 3 ArbZG Rz. 7.
363 So aber *Baeck/Deutsch*, § 3 ArbZG Rz. 8; *Tietje*, Grundfragen des Arbeitszeitrechts, S. 70 f.
364 EuGH v. 14.10.2010 – C-243/09 – Fuß I, Slg. 2010, I-9849 Rz. 56 ff.; v. 5.10.2004 – C-397/01 – Pfeiffer, Slg. 2004, I-8835 Rz. 102 ff.
365 EuGH v. 9.11.2017 – C-306/16 – Maio Marques da Rosa, ArbRB 2017, 363 = NJW 2018, 683 Rz. 53.

voran gehen.[366] Für eine Betrachtungsweise, nach der lediglich einmalig 11 Stunden Ruhezeit vorangestellt werden müssen, könnte sprechen, dass der Erholungswert der Ruhezeit als solcher dadurch nicht beeinträchtigt wird.[367] Dagegen spricht, dass der Arbeitnehmer ansonsten eine 11-stündige Ruhezeit pro 14-Tageszeitraum verliert und Art. 16 ArbZ-RL nur den Bezugszeitraum und nicht den Gesamtumfang der Ruhezeiten betrifft.[368]

7.177 **Teilweise unionsrechtswidrig** ist § 11 Abs. 3 ArbZG wegen Verstoßes gegen Art. 16 Buchst. a ArbZ-RL.[369] § 11 Abs. 3 sieht – insoweit noch mit der Arbeitszeitrichtlinie vereinbar – vor, dass, wenn Arbeitnehmer an einem Sonntag arbeiten, diese einen Ausgleichsruhetag erhalten müssen. Dies muss allerdings nach der Norm erst innerhalb eines den Beschäftigungstag einschließenden Zeitraums von **2 Wochen** erfolgen. Demnach kann die Arbeitszeit so gelegt werden, dass zunächst einen Sonntag gearbeitet wird, dann wiederum den nächsten Sonntag gearbeitet wird und erst dann ein Ausgleichsruhetag und ein arbeitsfreier Sonntag folgen. Dann wäre es aber möglich, innerhalb eines 14-Tages-Zeitraums nicht nur die verlorene Ruhezeit nicht auszugleichen, sondern auch einen 14-Tages-Zeitraum ganz **ohne 24-Stundenruhezeit** zu schaffen.[370] Das ist erkennbar mit der Arbeitszeitrichtlinie unvereinbar. Weitere Probleme erzeugen die Abweichungsbefugnisse von § 9 ArbZG durch §§ 10 ff. ArbZG.

4. Informationspflichten

7.178 Nach Art. 2 Abs. 2 der Nachweis-RL (Art. 2 Abs. 2 Buchst. i RL 91/533/EG) hat der Arbeitgeber den Arbeitnehmer über die normale Tages- oder Wochenarbeitszeit in Kenntnis zu setzen.[371] Für **Nachtarbeitnehmer** gibt es weitergehende Schutzvorschriften (Rz. 7.183 ff.).

V. Ruhepausen

7.179 Nach Art. 4 ArbZ-RL haben die Mitgliedstaaten vorzusehen, dass jedem Arbeitnehmer bei einer täglichen **Arbeitszeit von mehr als 6 Stunden** eine **Ruhepause** gewährt wird. Dass Art. 4 ArbZ-RL zulässt, dass die Einzelheiten, insbesondere die Dauer und die Voraussetzungen für die Gewährung dieser Ruhepause durch das nationale Recht geregelt werden, bedeutet lediglich, dass die **Modalitäten**, unter denen diese zwingend vorzusehende Pause gewährt wird, durch die Arbeitszeitrichtlinie nicht vorgegeben werden.

7.180 Ruhepausen müssen unter Beachtung des Zwecks der ArbZ-RL so ausgestaltet werden, dass sie einen **Beitrag zur Aufrechterhaltung der Gesundheit und Sicherheit der Arbeitnehmer** leisten (ErwGr. 5 ArbZ-RL). Die Pausen dürfen daher nicht zu kurz sein.[372] In der Regel müssen Sie die Befugnis beinhalten, den Arbeitsplatz zu verlassen.[373] Die Arbeitszeitrichtlinie beinhaltet die Wertung, dass bei einer Arbeitszeit von mehr als 6 Stunden ohne eine Pause der Gesundheitsschutz beeinträchtigt wird. Die Einzelheiten können in Tarifverträgen geregelt werden. Das setzt allerdings voraus, dass im Recht des Mitgliedstaats Zulassungsnormen für derartige Vereinbarungen existieren oder aber die Tarifverträge erga omnes wirken.[374]

---

366 Für letzteres EAS/*Balze*, B 3100 Rz. 137.
367 Das würde zu 59 Stunden ununterbrochener Ruhezeit führen; hierfür EnzEuR Bd. 7/*Bayreuther*, § 11 Rz. 31.
368 Dann müssten 70 Stunden ununterbrochene Ruhezeit gewährt werden.
369 *Schubert*, GesR 2012, 326 (329); aA EuArbR/*Gallner*, RL 2003/88/EG Art. 16 Rz. 3.
370 Ausf. EAS/*Balze*, B 3100 Rz. 139.
371 *Buschmann*, FS Düwell, 2011, 34 (43).
372 Europäische Kommission, ABl. 2017/C 165/01, S. 24.
373 Europäische Kommission, ABl. 2017/C 165/01, S. 24 f.
374 Ungenau *Riesenhuber*, Europäisches Arbeitsrecht, § 14 Rz. 21.

In Deutschland setzt eine unionsrechtskonforme Umsetzung der Arbeitszeitrichtlinie voraus, dass gesetzliche Regelungen ab einer Arbeitszeit von 6 Stunden zwingend eine Pause vorsehen. Ist dies der Fall, kann den Tarifvertragsparteien die Ausgestaltung der Dauer und der Voraussetzungen der Pausen gestattet werden.[375] **§ 4 ArbZG ist unionsrechtskonform.** Er setzt die Ruhepause bei einer Arbeitszeit von mehr als 6 Stunden auf 30 und bei mehr als 9 Stunden bei mindestens 45 Minuten fest und sieht vor, dass nach 6 Stunden ununterbrochener Arbeit in jedem Fall eine Pause erfolgen muss. Die Pausen können nach § 4 Satz 2 ArbZG in Zeitabschnitte von 15 Minuten aufgeteilt werden. Die **§ 7 Abs. 1 Nr. 2 ArbZG** vorgesehene Möglichkeit, die Gesamtpausendauer auch auf kürzere Abschnitte als 15 Minuten zu verteilen, ist nur dann unionsrechtskonform, wenn der Erholungswert der Pausen trotz der Verkürzung erhalten bleibt. Nur unter den Voraussetzungen der Art. 17 und 18 ArbZ-RL können § 7 Abs. 2 Nr. 3 und 4 gerechtfertigt werden (vgl. Rz. 7.242, 7.252).   7.181

Pausen sind grundsätzlich keine Arbeitszeit. Das bedeutet allerdings **nicht**, dass die Pausen auf die **tägliche Ruhezeit** von 11 Stunden nach Art. 3 ArbZ-RL **angerechnet werden können**. Dieser setzt eine ununterbrochene Ruhezeit von 11 Stunden voraus, auf die die Pausen nicht angerechnet werden können. Eine Anrechnung ist auch nach den Art. 17, 18 ArbZ-RL nicht möglich, weil diese bei einer Kürzung von Pausen oder Ruhezeiten die Gewährung **gleichwertiger Ausgleichsruhezeiten** verlangen (Rz. 7.237 ff., 7.283).   7.182

VI. Nachtarbeit und Schichtarbeit

Wegen der besonderen Gefahren für Gesundheit und Sicherheit der Arbeitnehmer durch **Nachtarbeit** und **Schichtarbeit** sieht die Arbeitszeitrichtlinie für diese Tätigkeitsformen besondere Regelungen in Art. 8 ff. ArbZ-RL (Nachtarbeit) und Art. 13 ArbZ-RL (Schichtarbeit) vor.   7.183

Nacht- und Schichtarbeit ist **hochgradig gesundheitsschädlich**.[376] Nachtarbeit kann bei jedem Menschen zu gravierenden kurz-, mittel und langfristigen Gesundheitsschäden führen. Langfristig zeigt sich insbesondere ein **erhöhtes Krebsrisiko**. Im Übrigen können Nacht- und Schichtarbeit die Ursache für **Schlafstörungen, Erkrankungen des Magen-Darm-Trakts, Herz-Kreislauferkrankungen und psychische Störungen** sein. Diese Folgen greifen auch die ErwGr. 7, 8 und 10 ArbZ-RL auf. Wegen der besonderen Gesundheitsrisiken sind die Schutzvorschriften zur Nachtarbeit besonders weit und Abweichungsmöglichkeiten besonders eng auszulegen. Gefährdungen der Sicherheit der Arbeitnehmer ergeben sich aufgrund permanenter Übermüdung (Shift-lag-Syndrom), die das Arbeiten gegen den menschlichen Biorhythmus zur Folge haben kann, und der **herabgesetzten körperlichen Leistungsfähigkeit**, zu der Nachtarbeit stets führt. Da nicht nachvollziehbar dargelegt ist, dass Nachtarbeit die Gesundheit von Frauen und Männern unterschiedlich stark schädigt, hat der EuGH ein selektives Nachtarbeitsverbot für Frauen als Verstoß gegen Art. 5 RL 76/207/EWG angesehen, weil Frauen hierdurch auf dem Arbeitsmarkt benachteiligt werden.[377]   7.184

ErwGr. 6 ArbZ-RL sieht vor, dass den Grundsätzen der ILO zur Nachtarbeit Rechnung zu tragen ist. Die ILO-Konvention Nr. 171[378] ist damit für die Auslegung von Art. 8 ff. ArbZ-RL heranzuziehen (vgl. Rz. 7.33 ff.).[379]   7.185

---

375 Vgl. zur praktischen und tariflichen Ausgestaltung der Pausenregelungen *Meine*, Handbuch Arbeitszeit, S. 101 ff.
376 *Davis/Mirick/Stevens*, JNCI Vol. 93, S. 1557 ff.; *Straif/Baan/Grosse/Secretan/Ghissassi/Bouvard/Altieri/Benbrahim-Tallaa/Cogliano*, The Lancet Oncology, Vol. 8, Issue 12, S. 1065.
377 EuGH v. 25.7.1991 – C-345/89 – Slg. 1991, I-4047; ebenso BVerfG v. 28.1.1992 – 1 BvR 1025/82, 1 BvL 16/83, 1 BvL 10/91, NZA 1992, 270; vgl. dazu *Colneric*, NZA 1992, 393.
378 In Kraft getreten am 4.1.1995, von der Bundesrepublik ist diese allerdings nicht ratifiziert worden. Von den Mitgliedstaaten der EU haben lediglich Belgien, Luxemburg, Portugal, Slowenien, Tschechien und Zypern die Konvention ratifiziert.
379 Europäische Kommission, ABl. 2017/C 165/01, S. 20.

1. Begriffsbestimmungen

7.186 **Nachtzeit** ist gem. Art. 2 Nr. 3 ArbZ-RL jede in den einzelstaatlichen Rechtsvorschriften festgelegte Zeitspanne von mindestens sieben Stunden, welche auf jeden Fall die Zeitspanne zwischen 24 und 5 Uhr umfasst. Dies stimmt mit Art. 1 a) **ILO-Konvention Nr. 171** überein.

7.187 Die Arbeitszeitrichtlinie regelt nicht die Nachtarbeitszeit, sondern die Arbeitszeit von Nachtarbeitnehmern.[380] Unter die Begriffsbestimmung für **Nachtarbeitnehmer** i.S.d. Art. 2 Nr. 4 ArbZ-RL fallen 2 Konstellationen. Nachtarbeitnehmer ist zunächst ein Arbeitnehmer, der **während der Nachtzeit normalerweise mehr als 3 Stunden** seiner täglichen Arbeitszeit arbeitet (Art. 4 Buchst. a ArbZ-RL). Damit sind Arbeitnehmer, bei denen dies lediglich **ausnahmsweise** der Fall ist, nicht von der Regelung erfasst. Des Weiteren ist Nachtarbeitnehmer, wer **während der Nachtzeit** einen bestimmten **Anteil seiner jährlichen Arbeitszeit** verrichtet. Dabei sind die Mitgliedstaaten in der Entscheidung frei, ob sie diesen Anteil entweder selbst festlegen (Art. 2 Nr. 4 Buchst. b i) ArbZ-RL) oder dies den Tarifvertragsparteien oder den Sozialpartnern auf nationaler oder regionaler Ebene überlassen (Art. 2 Nr. 4 Buchst. b ii) ArbZ-RL). Legt ein Mitgliedstaat den Anteil selbst fest, muss er zuvor die Sozialpartner anhören. Lässt ein Mitgliedstaat den Anteil durch die Sozialpartner festlegen, so darf er lediglich **Flächentarifverträge** als Regelungsinstrument zulassen.

7.188 In Deutschland sind diese Vorgaben durch § 2 Abs. 3 bis 5 ArbZG umgesetzt. Nach § 2 Abs. 3 ArbZG ist Nachtzeit i.S.d. Gesetzes die Zeit von 23 bis 6 Uhr. In Bäckereien und Konditoreien gilt abweichend die Zeit von 22 bis 5 Uhr als Nachtzeit. **Nachtarbeit** ist die Arbeit, die 2 Stunden der Nachtzeit umfasst. Nachtarbeitnehmer ist, wer aufgrund der Arbeitszeitgestaltung normalerweise Nachtarbeit in Wechselschicht zu leisten hat (§ 2 Abs. 4 Nr. 1 ArbZG) oder Nachtarbeit an mindestens 48 Tagen im Kalenderjahr leistet (§ 2 Abs. 5 Nr. 2 ArbZG). Soweit das Tatbestandsmerkmal „in Wechselschicht" gegenüber dem Begriff „normalerweise" eine eigenständige Bedeutung haben sollte, wäre dies unionsrechtswidrig, weil die Arbeitszeitrichtlinie eine **Beschränkung des Begriffs des Nachtarbeitnehmers auf bestimmte Arbeitszeitmodelle** nicht zulässt.[381] Dies wird sich in der Praxis nicht auswirken, weil in aller Regel ein solcher Arbeitnehmer die erforderlichen 48 Tage Nachtarbeit i.S.d. § 2 Abs. 5 Nr. 2 ArbZG erreichen dürfte. Sollte dies nicht der Fall sein, ein Gericht aber gleichwohl der Auffassung sein, der Arbeitnehmer leiste „normalerweise" Nachtarbeit, bietet sich eine **unionsrechtskonforme Auslegung** des Begriffs Wechselschicht dahingehend an, dass der Begriff gegenüber dem Begriff „normalerweise" eine rein deklaratorische und keine qualifizierte Anforderung ist. Bei öffentlichen Arbeitgebern wäre u.U. eine Vorlage an den EuGH angezeigt, da zweifelhaft ist, ob die 48-Tagefrist mit der Arbeitszeitrichtlinie vereinbar ist. Insbesondere gebietet die Arbeitszeitrichtlinie, den Nachtarbeitsschutz bereits dann greifen zu lassen, wenn eine Prognose ergibt, dass der Arbeitnehmer die 48 Tage Nachtarbeit erreichen oder überschreiten wird.[382]

7.189 **Schichtarbeit** i.S.d. Arbeitszeitrichtlinie ist jede Form der Arbeitsgestaltung kontinuierlicher oder nicht kontinuierlicher Art mit Belegschaften, bei der Arbeitnehmer nach einem bestimmten **Zeitplan**, auch im Rotationsturnus, sukzessive an den gleichen Arbeitsstellen eingesetzt werden, so dass sie ihre Arbeit innerhalb eines Tage oder Wochen umfassenden Zeitraums zu unterschiedlichen Zeiten[383] verrichten müssen (Art. 2 Nr. 5 ArbZ-RL). **Bereitschaftsdienste** in Kliniken werden in aller Regel Schichtarbeit i.S.d. Arbeitszeitrichtlinie sein.[384]

---

380 *Schliemann*, § 2 ArbZG Rz. 133.
381 Ebenso EuArbR/*Gallner*, RL 2003/88/EG Art. 2 Rz. 16.
382 Dafür *Buschmann/Ulber J.*, § 2 ArbZG Rz. 49; EuArbR/*Gallner*, RL 2003/88/EG Art. 2 Rz. 16; *Neumann/Biebl*, § 2 ArbZG Rz. 25, 30; ErfK/*Wank*, § 2 ArbZG Rz. 19; dagegen *Schliemann*, § 2 ArbZG Rz. 145.
383 Vgl. dazu LAG Nürnberg v. 7.12.2011 – 6 Sa 446/11.
384 Vgl. dazu: EuGH v. 3.10.2000 – C-303/98 – SIMAP, Slg. 2000, I-7963 Rz. 59 ff.

Schichtarbeitnehmer i.S.d. Arbeitszeitrichtlinie ist jeder in einem Schichtarbeitsplan eingesetzte Arbeitnehmer. 7.190

Eine Umsetzung der beiden Begriffe im ArbZG fehlt. Bereits insoweit ist das ArbZG **intransparent**, weil es nicht erkennen lässt, wann Schichtarbeit vorliegt und wer Schichtarbeitnehmer ist. Ungeachtet der Möglichkeit einer unionsrechtskonformen Auslegung des Begriffes Schichtarbeit (z.B. in § 6 ArbZG) sind daher die Umsetzungspflichten aus der Arbeitszeitrichtlinie verletzt. Die Mitgliedstaaten dürfen die Durchsetzung der Rechte aus der Richtlinie nicht vereiteln oder erschweren, in dem sie Regelungen erlassen, die nicht erkennen lassen unter welchen Voraussetzungen man sich auf diese berufen kann. Diese Vereitelungswirkung kann unter dem Gesichtspunkt des Art. 47 GRC problematisch werden, weil hierdurch die Durchsetzung der Rechte aus der Richtlinie erschwert wird. 7.191

2. Nachtarbeit

a) Tägliche Höchstarbeitszeit

Wegen der besonders hohen Gesundheitsgefahren der Nachtarbeit sieht die Arbeitszeitrichtlinie besondere Schutzvorschriften für Nachtarbeitnehmer vor. Dies geschieht dadurch, dass für diese ausnahmsweise eine **tägliche Höchstarbeitszeit** festgelegt wird (vgl. i.Ü. Rz. 7.147 ff.). 7.192

Art. 8 Buchst. a ArbZ-RL verpflichtet die Mitgliedstaaten, Maßnahmen zu ergreifen, damit die normale Arbeitszeit für Nacharbeitnehmer **im Durchschnitt** (vgl. Rz. 7.195 ff.) **8 Stunden pro 24-Stundenzeitraum** nicht überschreitet. 7.193

Art. 8 Buchst. b ArbZ-RL verschärft diese Anforderung dahingehend, dass bei Arbeiten, die mit einer **erheblichen körperlichen oder geistigen Anspannung** verbunden sind, ein Ausgleich nicht möglich ist, die Arbeitszeit pro 24-Stundenzeitraum also **an keinem Tag mehr als 8 Stunden** betragen darf. Welche Arbeiten mit unter den Begriff der erheblichen körperlichen oder geistigen Anspannung verbunden sind, muss durch die Mitgliedstaaten geregelt werden oder sie müssen sicherstellen, dass die Sozialpartner dies regeln. Dabei dürfen nur **Tarifverträge oder Vereinbarungen zwischen den Sozialpartnern auf nationaler oder regionaler Ebene** solche Regelungen treffen. Firmentarifverträge sind daher ausgeschlossen. 7.194

b) Ausgleichszeiträume

Der Ausgleichszeitraum für den Ausgleich nach Art. 8 Buchst. a ArbZ-RL richtet sich nach Art. 16 ArbZ-RL. Für Art. 8 Buchst. b ArbZ-RL kann ein Ausgleichszeitraum nicht vorgesehen werden.[385] Für Art. 8 Buchst. a ArbZ-RL ist dies möglich. Eine Höchstgrenze definiert die Arbeitszeitrichtlinie selbst nicht. Dass der Ausgleichszeitraum aber jedenfalls **nicht länger** sein kann als der **Ausgleichszeitraum für die wöchentliche Arbeitszeit** nach Art. 6 ArbZ-RL, ergibt sich aus der Systematik und dem Sinn und Zweck der Arbeitszeitrichtlinie sowie dem intensiveren Schutzniveau, das die Arbeitszeitrichtlinie für Nachtarbeitnehmer vorsieht.[386] 7.195

Die Mitgliedstaaten können den Bezugszeitraum selbst – nach Anhörung der Sozialpartner – oder durch Tarifverträge oder Vereinbarungen zwischen den Sozialpartnern festlegen. Dabei dürfen nur Tarifverträge oder Vereinbarungen zwischen den Sozialpartnern **auf nationaler oder regionaler Ebene (keine Firmentarifverträge)** solche Regelungen treffen. 7.196

Für die Berechnung des Durchschnitts ist nach Art. 16 Buchst. c ArbZ-RL die aufgrund von Art. 5 ArbZ-RL vorgesehene **wöchentliche Ruhezeit** nicht zu berücksichtigen, soweit sie in den Bezugs- 7.197

---

385 EAS/*Balze*, B 3100 Rz. 165; *Stärker*, EU-Arbeitszeitrichtlinie, Art. 8 Rz. 5.
386 Europäische Kommission, ABl. 2017/C 165/01, S. 39; a.A EuArbR/*Gallner*, RL 2003/88/EG Art. 8 Rz. 8.

zeitraum fällt. Damit soll erreicht werden, dass die Nachtarbeitszeit nicht durch Anrechnung der wöchentlichen Ruhezeit auf den Durchschnitt ausgeweitet werden kann.

7.198 Diese Regelungen sind mit Blick auf Art. 6 Buchst. a ArbZ-RL durch § 6 Abs. 2 Satz 1 und 2 ArbZG umgesetzt. § 6 Abs. 1 Satz 1 ArbZG sieht vor, dass die werktägliche Arbeitszeit von Nachtarbeitnehmern 8 Stunden nicht überschreiten darf.

7.199 Nach § 6 Abs. 2 Satz 2 ArbZG kann die werktägliche Nachtarbeit auf bis zu 10 Stunden verlängert werden, wenn abweichend von § 3 ArbZG innerhalb von einem Kalendermonat oder innerhalb von 4 Wochen 8 Stunden im Durchschnitt werktäglich nicht überschritten werden. Diese Regelung **verstößt teilweise gegen Art. 8 Buchst. b ArbZ-RL**. Das hat die Kommission bereits beanstandet.[387] Denn es fehlt an einer Einschränkung, dass § 6 Abs. 2 Satz 2 ArbZG für Arbeiten mit einer hohen körperlichen oder geistigen Anspannung nicht gilt.[388] Die Abweichungsmöglichkeiten nach Art. 17 und 18 ArbZ-RL bieten keine Rechtfertigungsmöglichkeit (vgl. Rz. 7.259, 7.264, 7.281). Daher wird zum Teil erwogen, § 6 Abs. 2 Satz 2 ArbZG richtlinienkonform einschränkend auszulegen, sodass Nachtarbeitnehmer im Sinne von Art. 8 Buchst. b ArbZ-RL nicht erfasst werden.[389] Damit läge im Ergebnis jedoch noch immer ein Verstoß gegen das Transparenzgebot vor. Zudem ordnet Art. 8 UAbs. 2 ArbZ-RL eindeutig an, dass die Mitgliedstaaten festzulegen haben, welche Arbeiten mit einer erheblichen körperlichen oder geistigen Anspannung verbunden sind. Die Befugnis, nach § 8 ArbZG Rechtsverordnungen zu erlassen, um den Schutz von Nachtarbeitnehmern zu erweitern, reicht hierfür nicht aus. Damit verletzt die Regelung auch Art. 47 GRC. Da die Vorschrift besonders sensible Regelungen zum Gesundheitsschutz beinhaltet erscheint es nicht ausgeschlossen, dass der EuGH über den Weg des Art. 31 Abs. 2 GRC für unanwendbar erklären wird. § 6 Abs. 2 Satz 3 ArbZG, der für Arbeitnehmer, die unter § 2 Abs. 5 Nr. 2 ArbZG fallen, für Zeiten, in denen der Arbeitnehmer keine Nachtarbeit leistet, den Ausgleich nach § 3 Satz 2 ArbZG vorsieht, ist aufgrund der Länge des Ausgleichszeitraums in seiner Vereinbarkeit mit der Arbeitszeitrichtlinie zweifelhaft. Das spricht für eine restriktive Interpretation des § 6 Abs. 2 Satz 3 ArbZG.[390]

7.200 Das Gleiche gilt für die tarifvertraglichen **Abweichungsmöglichkeiten in § 7 Abs. 1 Nr. 4 Buchst. b ArbZG und § 7 Abs. 2a ArbZG**. Diese sind insoweit nicht mit der Arbeitszeitrichtlinie vereinbar, als keine Vorgaben für eine **Obergrenze des Bezugszeitraums** gemacht[391] und **Firmentarifverträge** (vgl. Rz. 7.196) als Abweichungsinstrumente zugelassen werden. Eine unionsrechtskonforme Auslegung der Vorschrift könnte den Verstoß insoweit heilen, als sämtliche Firmentarifverträge mit entsprechenden Regelungen insoweit für **unwirksam** erklärt werden.

c) Weitere Schutzvorschriften

7.201 Nach Art. 9 ArbZ-RL haben die Mitgliedstaaten einen Anspruch der Nachtarbeitnehmer auf Gesundheitsuntersuchungen vorzusehen.

7.202 Der Gesundheitszustand jedes Nachtarbeitnehmers muss vor Aufnahme der Arbeit und danach **regelmäßig untersucht** werden (Art. 9 Abs. 1 Buchst. a ArbZ-RL). Die Untersuchung muss **unentgeltlich** sein und der Arzt der **Schweigepflicht gegenüber dem Arbeitgeber** unterliegen (Art. 9 Abs. 2 ArbZ-RL). Die Mitgliedstaaten müssen die Möglichkeit vorsehen, die **Untersuchung im öffentlichen Gesundheitswesen** kostenlos durchführen zu lassen (Art. 9 Abs. 3 ArbZ-RL).

---

387 Europäische Kommission COM (2017) 254 final, S. 10.
388 Ebenso EnzEuR Bd. 7/*Bayreuther*, § 11 Rz. 10.
389 EuArbR/*Gallner*, RL 2003/88/EG Art. 8 Rz. 8.
390 ErfK/*Wank*, § 6 ArbZG Rz. 6; a.A. EuArbR/*Gallner*, RL 2003/88/EG Art. 8 Rz. 8.
391 Vgl. EU-Komission COM (2017) 254 final, S. 12; zum Bestimmtheitserfordernis allgemein: EuGH v. 23.12.2015 – C-180/14 – Kommission/Griechenland, insb. Rz. 55.

Durch § 6 Abs. 3 Satz 1 ArbZG wird lediglich ein **verzichtbares Recht des Arbeitnehmers** vorgesehen, sich vor Aufnahme der Tätigkeit untersuchen zu lassen. Nach Art. 9 Buchst. a ArbZ-RL ist aber ein **Beschäftigungsverbot hinsichtlich der Nachtarbeit** vorzusehen, bis eine positive Untersuchung vorliegt.[392] Dem steht auch nicht der ErwGr. 9 ArbZ-RL entgegen, der lediglich von einem Anspruch des Nachtarbeitnehmers spricht. Die Schutz- und Vorsorgemittel müssen effektiv sein. Das ist nicht der Fall, wenn ein Arbeitnehmer gesundheitlich nicht in der Lage ist eine Tätigkeit ohne Vertiefung vorhandener Gesundheitsschäden auszuführen, diese aber gleichwohl aufnimmt.

7.203

Soweit die Kosten durch § 6 Abs. 3 Satz 3 ArbZG auf den Arbeitgeber abgewälzt werden, ist dies nicht zu beanstanden. Soweit § 6 Abs. 3 Satz 3 ArbZG vorsieht, dass der Arbeitgeber dem Arbeitnehmer die Kosten nur erstatten muss, wenn er einen von ihm bestimmten Arzt aufsucht, ist dies mit der ArbZ-RL unvereinbar.[393]

7.204

Nachtarbeitnehmer, die an gesundheitlichen Problemen leiden, die nachweislich mit der Nachtarbeit verbunden sind, müssen einen Anspruch haben, soweit möglich, auf einen geeigneten Tagesarbeitsplatz versetzt zu werden (Art. 9 Abs. 1 Buchst. b ArbZ-RL). Hierzu hat der Arbeitgeber alle ihm zur Verfügung stehenden Möglichkeiten auszuschöpfen.[394]

7.205

§ 6 Abs. 4 ArbZG setzt diese Vorgabe um.[395]

7.206

Art. 10 ArbZ-RL gestattet den Mitgliedstaaten, die Zulässigkeit der Nachtarbeit für bestimmte Arbeitnehmergruppen von **zusätzlichen Garantien** abhängig zu machen, wenn diese Arbeitnehmer im Zusammenhang mit der Arbeit während der Nachtzeit einem Sicherheits- oder Gesundheitsrisiko ausgesetzt sind. Gedacht ist beispielsweise daran, dem Arbeitgeber aufzugeben, dafür zu sorgen, dass der Arbeitsplatz sicher erreicht und verlassen werden kann.[396] Von dieser **Befugnis** hat Deutschland keinen Gebrauch gemacht.

7.207

Nach Art. 11 ArbZ-RL haben die Mitgliedstaaten eine Pflicht des Arbeitgebers vorzusehen, die zuständigen **Behörden** auf Verlangen davon **in Kenntnis zu setzen**, dass er regelmäßig Nachtarbeit in Anspruch nimmt (vgl. auch ErwGr. 8 ArbZ-RL).

7.208

§ 17 Abs. 4 ArbZG ermöglicht es, die entsprechenden Auskünfte einzuholen.

7.209

Art. 12 ArbZ-RL beinhaltet ein Gebot, **qualifizierte Schutzmaßnahmen** für Nacht- und Schichtarbeitnehmer vorzusehen (Buchst. a). Ebenso ist ein **Diskriminierungsverbot** hinsichtlich der Vorsorgeleistungen für diese Arbeitnehmer einzuführen (Buchst. b).

7.210

Das Diskriminierungsverbot übernimmt den Grundsatz des bestmöglichen Schutzes aus der Arbeitsschutz-Rahmen-Richtlinie. Die Mitgliedstaaten müssen daher vorsehen, dass die Schutz- und Vorsorgeleistungen für Schicht- und Nachtarbeitnehmer nicht hinter denjenigen für die übrigen Arbeitnehmer zurückbleiben.

7.211

§ 6 Abs. 6 ArbZG sieht ein Diskriminierungsverbot bei der Weiterbildung und bei aufstiegsfördernden Maßnahmen vor. **Für alle weiteren Bereiche fehlen Umsetzungsnormen.** Die Ge-

7.212

---

392 *Schliemann*, § 6 ArbZG Rz. 46; a.A. EuArbR/*Gallner*, RL 2003/88/EG Art. 9 Rz. 3.
393 *Buschmann/Ulber J.*, § 6 ArbZG Rz. 18; a.A. EuArbR/*Gallner*, RL 2003/88/EG Art. 9 Rz. 4; *Junker*, ZfA 1998, 105 (122); *Schliemann*, § 6 ArbZG Rz. 56.
394 Vgl. hierzu BAG v. 9.4.2014 – 10 AZR 637/13, NZA 2014, 719.
395 Die Auslegung der Norm im Einzelnen ist str., vgl. *Buschmann/Ulber J.*, § 6 ArbZG Rz. 20; *Junker* ZfA 1998, 105 (123 f.).
396 EAS/*Balze*, B 3100 Rz. 171.

richte können einen etwaigen Verstoß gegen die Richtlinie durch eine unionsrechtskonforme Auslegung der Vorschrift oder den Rückgriff auf den arbeitsrechtlichen Gleichbehandlungsgrundsatz vermeiden.[397] Ein Verstoß gegen das Transparenzgebot, der die Kommission zur Einleitung eines Vertragsverletzungsverfahrens veranlassen sollte, besteht auch dann fort.

7.213 Daneben verlangt die Arbeitszeitrichtlinie aber auch, dass die Mitgliedstaaten bestimmte Mindestschutzvorschriften vorsehen. So müssen die Schutz- und Vorsorgeleistungen oder -mittel den Nacht- und Schichtarbeitnehmern jederzeit zur Verfügung stehen. Zur effektiven Durchsetzung dieser Vorgabe sind wirksame Sanktionsmaßnahmen vorzusehen, damit die Vorschrift nicht leerläuft.

7.214 Des Weiteren verlangt Art. 12 Buchst. a ArbZ-RL, dass die Mitgliedstaaten die erforderlichen **Maßnahmen zum Schutz der Gesundheit und Sicherheit der Nacht- und Schichtarbeitnehmer** ergreifen. Es steht nicht im Ermessen der Mitgliedstaaten, **ob** solche Maßnahmen ergriffen werden. Die Maßnahmen müssen an den besonderen Gefahren für die Sicherheit und die Gesundheit der Nacht- und Schichtarbeitnehmer ausgerichtet werden. Sie müssen nach dem Wortlaut der Norm zu einem qualifizierten Schutz führen. Das bedeutet, dass sie – ungeachtet des weiten Handlungsspielraums des Gesetzgebers – **effektiv** sein müssen. Aufgrund der Systematik der Arbeitszeitrichtlinie, die in anderen Artikeln besondere Beschränkungen der Arbeitszeit verlangt, kann eine Umsetzung nicht durch die Umsetzung der anderen Richtlinien-Artikel erfolgen. Sie muss über diese hinausgehen.

7.215 Art. 12 ArbZ-RL muss im Zusammenhang mit Art. 13 ArbZ-RL gelesen werden, der die Mitgliedstaaten verpflichtet, Maßnahmen zu ergreifen, damit der **Arbeitsrhythmus** dem allgemeinen Grundsatz Rechnung trägt, dass die Arbeit dem Menschen angepasst sein muss. Dies gilt insbesondere bei eintöniger Arbeit und bei maschinenbestimmtem Arbeitsrhythmus. Die Maßnahmen sind nach der Art der Tätigkeit und den Erfordernissen der Sicherheit und des Gesundheitsschutzes, insbesondere mit Blick auf die Pausen zu ergreifen. Art. 13 ArbZ-RL verlangt, dass diese Maßnahmen bereits vor Aufnahme der Nachtarbeit greifen.[398] Die Vorschriften sind im Zusammenhang mit Art. 3 GRC zu sehen.

7.216 In Deutschland soll offenbar **§ 6 Abs. 1 ArbZG** eine Umsetzung dieser Vorgaben sein. Danach ist die Arbeitszeit der Nacht- und Schichtarbeitnehmer anhand der **gesicherten arbeitswissenschaftlichen Erkenntnisse über die menschengerechte Arbeitszeit** festzulegen. Die Norm ist nach überwiegender Auffassung eine sanktionslose lex imperfecta. Weitere Schutzvorschriften für Schichtarbeitnehmer fehlen. Der Inhalt von § 6 Abs. 1 ArbZG ist rechtssicher kaum zu bestimmen.[399] Es ist bereits unklar, wann „gesicherte" arbeitswissenschaftliche Erkenntnisse vorliegen.[400] Diese sollen sich aber jedenfalls „aus arbeitswissenschaftlichen Erkenntnissen" ergeben. Die Norm schweigt bereits dazu, wie der Arbeitgeber oder Arbeitnehmer von diesen Kenntnis erlangen sollen. Auch, wann arbeitswissenschaftliche Erkenntnisse anerkannt sind, lässt sich dem Gesetz nicht entnehmen. Des Weiteren bleibt offen, welche Erkenntnisse von den Kontrollbehörden wann und unter welchen Voraussetzungen anerkannt werden. Das BAG sah sich 1998 nicht in der Lage, gesicherte arbeitswissenschaftliche Erkenntnisse zur Schichtarbeit festzustellen.[401] Welche Rechtsfolgen sich aus Verstößen ergeben, lässt die Norm ebenfalls offen. Selbst soweit man mit einem Teil des Schrifttums einen Anspruch des Arbeitnehmers gegen den Arbeitgeber auf Einhaltung der entsprechenden Vorgaben konstruiert,[402] bleibt unklar, welchen Inhalt die Norm haben soll. § 6 Abs. 1 ArbZG ist damit ein **intransparentes, ineffektives und substanz-**

---

397 Ebenso EuArbR/*Gallner*, RL 2003/88/EG Art. 12 Rz. 2.
398 *Stärker*, EU-Arbeitszeitrichtlinie, Art. 13 Rz. 2.
399 *Junker*, ZfA 1998, 105 (120); a.A. EnzEuR Bd. 7/*Bayreuther*, § 11 Rz. 38.
400 Vgl. dazu *Anzinger/Koberski*, § 6 ArbZG Rz. 28 ff.
401 BAG v. 11.2.1998 – 5 AZR 472/97, NZA 1998, 647 (648).
402 *Anzinger/Koberski*, § 6 ArbZG Rz. 24; *Buschmann/Ulber J.*, § 6 ArbZG Rz. 8.

loses legislatives Placebo, das weder den verfassungsrechtlichen noch den unionsrechtlichen Anforderungen an den Gesundheitsschutz Rechnung trägt.[403]

7.217 Die Befugnis, eine Rechtsverordnung nach § 8 ArbZG zu erlassen, reicht zur Richtlinienumsetzung nicht aus (Rz. 7.199). Der Gesetzgeber ist verpflichtet, die Vorgaben der Arbeitszeitrichtlinie selbst in hinreichendem Maße zu konkretisieren. Eine entsprechende Rechtsverordnung ist bislang auch nicht erlassen worden. Für die Gerichte bietet sich hier einerseits eine **Vorlage nach Art. 100 Abs. 1 GG zum BVerfG** an, aber auch eine **Vorlage an den EuGH**, um zu erfragen, ob sich aus der Arbeitszeitrichtlinie konkrete Vorgaben für die Einschränkung der Zulässigkeit von Nacht- und Schichtarbeit ableiten lassen. Das ist angesichts des Verweises des 6. Erwägungsgrundes auf die Grundsätze der Internationalen Arbeitsorganisation durchaus denkbar. Damit ließen sich die gröbsten Schutzlücken im nationalen Recht möglicherweise abmildern.

7.218 Einen Beitrag zur Einhaltung der Vorgaben des Art. 12 ArbZ-RL, nicht aber des Art. 13 ArbZ-RL kann **§ 6 Abs. 5 ArbZG** leisten,[404] der einen Ausgleich der Nachtarbeit durch eine angemessene Zahl bezahlter freier Tage oder einen angemessenen Zuschlag auf das Nettoentgelt vorsieht. Dies gilt aber nur dann, wenn man ihn unionsrechtskonform dahingehend auslegt, dass ein Zuschlag bei umfangreicherer Nachtarbeit nicht geleistet werden darf, ohne dass zumindest gleichzeitig freie Tage gewährt werden.[405] Die Gefahr, dass ansonsten der Gesundheitsschutz kommerzialisiert wird, ist zu groß. Angesichts der Tatsache, dass es sich gerade bei Ärzten um eine Berufsgruppe mit extrem hoher Entgeltpräferenz[406] und gleichzeitiger „Unprofessionalität" im Erkennen der eigenen Grenzen"[407] handelt, kann insbesondere bei dieser Berufsgruppe ein Wahlrecht den Gesundheitsschutz nicht gewährleisten.

3. Schichtarbeit

7.219 Für Schichtarbeiter sieht die Arbeitszeitrichtlinie die Garantien der Art. 12 und 13 ArbZ-RL in gleicher Weise vor wie für Nachtarbeiter. Auf die entsprechenden Ausführungen kann verwiesen werden (vgl. Rz. 7.210 ff.).

7.220 Da das ArbZG in § 6 lediglich in Abs. 1 die Schichtarbeiter einbezieht und im Übrigen Regelungen nicht vorhanden sind, fehlt es an hinreichenden Schutznormen (vgl. Rz. 7.191). Mangels ausdrücklicher Umsetzungsvorschriften ist die gesamte Regulierung der Schichtarbeit im ArbZG intransparent und daher **unionsrechtswidrig**. Die Verweigerungshaltung des Gesetzgebers gegenüber einer minimalinvasiven Umsetzung ist unverständlich und verfassungsrechtlich hochgradig bedenklich. Nach der Rechtsprechung des BVerwG ist Art. 12 Buchst. a ArbZ-RL nicht hinreichend konkret gefasst, um unmittelbar anwendbar zu sein.[408] Soweit auf unterschiedliche Beschäftigtengruppen innerhalb eines Schichtplans unterschiedliche Schutzvorschriften angewandt werden, bedarf es einer Vorabentscheidung des EuGH, ob Art. 12 Buchst. a ArbZ-RL dem entgegensteht.[409]

---

403 Schubert, GesR 2012, 326 (329).
404 Bereitschaftsdienst ist ausgleichspflichtige Nachtarbeit i.S.d. Vorschrift, vgl. BAG v. 12.12.2012 – 10 AZR 192/12, ZTR 2013, 318.
405 Buschmann/Ulber J., § 6 ArbZG Rz. 28; a.A. BAG v. 9.12.2005 – 10 AZR 423/14, ArbRB 2016, 68 – AP § 6 ArbZG m. Anm. Ulber D.
406 Schlottfeldt/Herrmann, Arbeitszeitgestaltung in Krankenhäusern und Pflegeeinrichtungen, S. 87.
407 Füllekrug in Nickel/Füllekrug/Trojan, Arbeitszeitgestaltung im ärztlichen Dienst und Funktionsdienst des Krankenhauses, 5 (11).
408 BVerwG v. 15.11.2012 – 2 C 41/10, NVwZ 2012, 641 (643).
409 BVerwG v. 15.11.2012 – 2 C 41/10, NVwZ 2012, 641 (643).

VII. Abweichungsmöglichkeiten und Ausnahmen

7.221 Die Überschrift des Kapitels 5 der Arbeitszeitrichtlinie lautet „**Abweichungen und Ausnahmen**". Während der EuGH stets den **Ausnahmecharakter** der in den Art. 17 ff. ArbZ-RL enthaltenen Regelungen betont und darauf verweist, dass ihr Gebrauch auf das unbedingt Erforderliche zu beschränken ist, findet sich ein derartiges Verständnis beim deutschen Gesetzgeber nicht wieder. Damit ist der Grundkonflikt zwischen nationalem Recht und Arbeitszeitrichtlinie vorgezeichnet.

1. Auslegungsgrundsätze des EuGH für die Art. 17 ff. ArbZ-RL

7.222 Der EuGH nimmt die Überschrift der Art. 17 ff. ArbZ-RL ernst und versucht, das **Regel-Ausnahmeverhältnis**, das in der Struktur der Arbeitszeitrichtlinie angelegt ist, stärker zur Geltung zu bringen, als dies im Wortlaut der Abweichungsbefugnisse bisweilen zum Ausdruck kommt. Demnach ist der Gebrauch der Art. 17 ff. ArbZ-RL nach der Wertung der Richtlinie auf das Nötigste zu beschränken.[410] Auch wenn in den Erwägungsgründen auch Flexibilisierungsinteressen angesprochen werden, stehen diese unter dem **Vorbehalt der Beachtung der Grundsätze der Sicherheit und Gesundheit** der Arbeitnehmer.[411] Der EuGH lässt für eine extensive Interpretation der Vorschriften keinen Spielraum: „*Die in der Richtlinie 2003/88 vorgesehenen Abweichungen müssen als Ausnahmen von der Unionsregelung über die Arbeitszeitgestaltung so ausgelegt werden, dass ihr Anwendungsbereich auf das zur Wahrung der Interessen, deren Schutz sie ermöglichen, unbedingt erforderliche begrenzt wird.*"[412]

7.223 Bei Gebrauch von Ausnahmevorschriften müssen daher nicht nur formal die jeweiligen Tatbestandsvoraussetzungen gegeben sein. Vielmehr müssen Art und Umfang der Abweichungen **unbedingt erforderlich** sein. Dieses ungeschriebene Tatbestandsmerkmal ist Zulässigkeitsvoraussetzung für alle Abweichungen. Die Mitgliedstaaten müssen damit zunächst die **Interessen** bestimmen, die durch den Gebrauch der Ausnahmevorschrift gewahrt werden sollen und die hierzu ergriffenen Maßnahmen auf das unbedingt Erforderliche begrenzen.[413] Entsprechend dem 4. Erwägungsgrund darf es sich nicht um rein wirtschaftliche Gründe handeln, aus denen die Abweichung erfolgt.[414] Auch bloße **Praktikabilitätserwägungen** dürften nicht ausreichen. Des Weiteren müssen die Mitgliedstaaten nachweisen können, dass der **Umfang und die Art der Abweichung** erforderlich sind. Dazu wäre allerdings erforderlich, dass die Mitgliedstaaten ihrerseits **Grenzen für die Abweichung** definieren, die eine Überprüfung ermöglichen, ob die Abweichung erforderlich war. Die Verwendung von **Generalklauseln und unbestimmten Rechtsbegriffen** ist daher nur sehr eingeschränkt zulässig.[415]

2. Systematik der Abweichungsmöglichkeiten

7.224 Die Abweichungsmöglichkeiten in den Art. 17 ff. ArbZ-RL sind wie folgt systematisiert:

– Art. 17 ArbZ-RL regelt Abweichungsmöglichkeiten von der Richtlinie für bestimmte **Berufe oder Tätigkeiten** (Rz. 7.225 ff.).

---

410 EuGH v. 21.2.1018 – C 518/15 – Matzak, ArbRB 2018, 99 = NZA 2018, 293 Rz. 38; v. 14.10.2010 – C-243/09 – Union syndicale Solidaires Isère, Slg. 2010, I-9961; v. 9.9.2003 – C-151/02 – Jaeger, Slg. 2003, I-8389 Rz. 89; *Kohte*, FS Bepler, 2012, 287 (289).
411 EuGH v. 14.10.2010 – C-428/09 – Union syndicale Solidaires Isère, Slg. 2010, I-9961 Rz. 58; *Kohte*, FS Bepler, 2012, 287 (288 f.).
412 EuGH v. 21.2.1018 – C 518/15 – Matzak, ArbRB 2018, 99 = NZA 2018, 293 Rz. 38; v. 14.10.2010 – C-428/09 – Union syndicale Solidaires Isère, Slg. 2010, I-9961 Rz. 40; ebenso v. 21.10.2010 – C-227/09 – Accardo, Slg. 2010, I-10273 Rz. 58; v. 9.9.2003 – C-151/02 – Jaeger, Slg. 2003, I-8389 Rz. 89.
413 EuGH v. 9.9.2003 – C-151/02 – Jaeger, Slg. 2003, I-8389 Rz. 89; *Kohte*, FS Bepler, 2012, 287 (289).
414 EuGH v. 9.9.2003 – C-151/02 – Jaeger, Slg. 2003, I-8389 Rz. 67.
415 Ebenso: BVerwG v. 20.7.2017 – 2 C 31/16, NVwZ 2018, 419 (421 f.).

- Art. 18 ArbZ-RL regelt die Möglichkeit, Abweichungen im Wege von **Tarifverträgen** zuzulassen (Rz. 7.267 ff.).
- Art. 22 ArbZ-RL sieht das sog. „**Opt out**", eine Ausnahmevorschrift für die Anwendung des Art. 6 ArbZ-RL, vor (Rz. 7.285 ff.).
- Art. 20 und 21 ArbZ-RL betreffen die Abweichungsmöglichkeiten **für mobile Arbeitnehmer, Tätigkeiten auf Off-shore-Anlagen** und an Bord von **seegehenden Fischereifahrzeugen** (vgl. Rz. 7.60, 7.71, 7.96).

3. Abweichungsmöglichkeiten nach Art. 17 ArbZ-RL

Art. 17 ArbZ-RL bietet Flexibilisierungsmöglichkeiten mit Blick auf die Art. 3 bis 6, 8 und 16 ArbZ-RL, soweit bei bestimmten Tätigkeiten oder Berufsgruppen dafür ein Sachgrund besteht. Bei der Anwendung aller Ausnahmen sind die **restriktiven Vorgaben** des EuGH zu beachten (vgl. Rz. 7.222 f.). Das Grundkonzept der Richtlinie, dass bei Abweichungen gleichwertige Ausgleichsregelungen vorgenommen werden müssen, muss gewahrt werden. Der Gebrauch von Ausnahmevorschriften setzt ausdrückliche und hinreichend präzise gesetzliche Vorschriften voraus, die aus sich heraus den Anforderungen an die Richtlinie genügen, um dem Bürger die Rechtsdurchsetzung nicht zu erschweren.[416] Das bedeutet, dass es den nationalen Gerichten nicht gestattet ist, ohne gesetzliche Umsetzungsregelung eine gerichtliche Entscheidung auf Ausnahmevorschriften zu stützen. Das gilt auch für tarifvertragliche Regelungen, die nur unter Verweis auf Ausnahmevorschriften gerechtfertigt werden können.

7.225

a) Art. 17 Abs. 1 ArbZ-RL

Art. 17 Abs. 1 ArbZ-RL lässt es zu, von den Art. 3 bis 6, 8 und 16 ArbZ-RL abzuweichen. Damit stehen die wesentlichen arbeitszeitrechtlichen Schutzvorschriften der Arbeitszeitrichtlinie – in tatbestandlich eng umschriebener und durch den EuGH stark eingegrenzter Form – zur Disposition des nationalen Gesetzgebers. **Adressat** des Art. 17 Abs. 1 ArbZ-RL sind **ausschließlich die Mitgliedstaaten**. Es ist **nicht zulässig**, die Vorschrift **durch Tarifverträge** umzusetzen.

7.226

Art. 17 Abs. 1 ArbZ-RL ist nur dann anwendbar, wenn die Arbeitszeit des betroffenen Arbeitnehmers **nicht gemessen wird** oder **nicht im Voraus festgelegt** wird oder durch den Arbeitnehmer selbst festgelegt werden kann. Dies muss sich auf die **gesamte Arbeitszeit**[417] beziehen und muss in der alleinigen Entscheidungsbefugnis des Arbeitnehmers liegen.[418] Die Vorschrift ist bereits dann unanwendbar, wenn ein rudimentärer Dienstplan vorhanden ist, bzw. die Aufnahme der Tätigkeit von Umständen abhängt, die der Arbeitnehmer selbst nicht vollständig steuern kann.[419] Das gilt erst Recht, wenn es eine langfristige Planung gibt und lediglich innerhalb dieser Planung eine gewisse Flexibilität besteht, wie es etwa bei Kinderdorfeltern der Fall ist.[420] Nach Auffassung des EuGH ist die Arbeitszeit nur dann nicht „festgelegt", wenn der Arbeitnehmer über Zeitpunkt und Umfang der Erbringung der Arbeitsleistung selbst bestimmen kann.[421] Sofern der Arbeitgeber Beginn und Ende der täglichen Arbeitszeit festlegt, ist der Anwendungsbereich des Art. 17 Abs. 1 ArbZ-RL auch nicht dadurch eröffnet, dass der Arbeitgeber Schwierigkeiten dabei hat, zu überprüfen, ob während dieser Zeit tatsächlich die Arbeitsleistung erbracht wird.[422] Als geeignete

7.227

---

416 EuGH v. 23.12.2015 – C-180/14 – Kommission/Griechenland, AuR 2016, 162.
417 EuGH v. 26.7.2017 – C-175/16 – Hälvä, NZA 2017, 1113 Rz. 32, 34; v. 7.9.2006 – C-484/04 – Kommission/Vereinigtes Königreich, Slg. 2006, I-7471 Rz. 20; ebenso OVG Berlin-Brandenburg v. 29.11.2017 – OVG 1 B 19.15 Rz. 37.
418 EuGH v. 26.7.2017 – C-175/16 – Hälvä, NZA 2017, 1113 Rz. 44.
419 EuGH v. 26.7.2017 – C-175/16 – Hälvä, NZA 2017, 1113 Rz. 44.
420 EuGH v. 26.7.2017 – C-175/16 – Hälvä, NZA 2017, 1113 Rz. 33 f.; dazu *Bub*, ZESAR 2018, 90 ff.
421 EuGH v. 26.7.2017 – C-175/16 – Hälvä, NZA 2017, 1113 Rz. 39 ff.
422 EuGH v. 26.7.2017 – C-175/16 – Hälvä, NZA 2017, 1113 Rz. 36 f.

Kontrollmöglichkeit sieht der EuGH etwa eine Berichtspflicht der Arbeitnehmer an.[423] Den Einwand, dies sei missbrauchsanfällig, lässt er nicht gelten. **Ursache für die fehlende Festlegung der gesamten Arbeitszeit müssen besondere Merkmale der Tätigkeit** sein.[424] Sofern kein Sachgrund dafür besteht, dass die Arbeitszeit des Arbeitnehmers nicht auf eine konkrete Zeit festgelegt wird oder gemessen werden kann, ist Art. 17 Abs. 1 ArbZ-RL nicht einschlägig. Als nicht abschließende Beispielsfälle sieht Art. 17 Abs. 1 Buchst. a–c ArbZ-RL **leitende Angestellte**, Arbeitskräfte, die **Familienangehörige** sind, und Arbeitnehmer, die im **liturgischen Bereich von Kirchen** beschäftigt werden, an. Trotz dieser Beispielswirkung muss für diese Beschäftigten in jedem Einzelfall festgestellt werden, ob ihre Arbeitszeit nicht gemessen wird.[425] Die Ausnahme für Familienangehörige betrifft nur Arbeitsverhältnisse, die familiärer Natur sind.[426] Sie gilt nicht für Personen, die Kinder an Stelle der Eltern betreuen oder pflegen oder erzieherische Aufgaben übernehmen.[427] **Nicht anwendbar** ist die Vorschrift auf **Ärzte in Krankenhäusern**,[428] soweit diese keine leitenden Angestellten sind. Ebensowenig erfasst sind Arbeitnehmer in Kinderdörfern.[429] Die EU-Kommission hält die Vorschrift auch für anwendbar, soweit es um Experten geht, die ihre Arbeitszeit weitgehend selbst festlegen und will darunter etwa „erfahrene" Anwälte oder Wissenschaftler fassen.[430]

7.228 Die Abweichungsbefugnis erstreckt sich auf die **tägliche Ruhezeit** (Art. 3 ArbZ-RL, vgl. Rz. 7.148 ff.), die **Ruhepausen** (Art. 4 ArbZ-RL, vgl. Rz. 7.178 ff.), die **wöchentliche Ruhezeit** (Art. 5 ArbZ-RL, vgl. Rz. 7.166 ff.), die **wöchentliche Höchstarbeitszeit** (Art. 6 ArbZ-RL, vgl. Rz. 7.159 ff.), die **Nachtarbeit** (Art. 8 ArbZ-RL, vgl. Rz. 7.183 ff.) und die jeweiligen **Bezugszeiträume** (Art. 16 ArbZ-RL).

7.229 Sollte ein Arbeitnehmer in den Anwendungsbereich der Norm fallen, so dürfen die Abweichungen nur unter Beachtung der allgemeinen Grundsätze der Sicherheit und des Gesundheitsschutzes der Arbeitnehmer erfolgen. Die Vorschrift dispensiert **nicht** von der **Anwendung der Richtlinie**, sondern gestattet lediglich **Abweichungen**.[431] Die Mitgliedstaaten können sich gegenüber ihren Bürgern nicht auf **nicht ordnungsgemäß umgesetzte Ausnahmevorschriften** berufen.[432] Dies gilt auch bei unvollständiger Umsetzung.

7.230 **§ 18 Abs. 1 ArbZG** nimmt bestimmte Personengruppen vom Anwendungsbereich des ArbZG aus. Für diese Personen wird nicht von den Vorschriften der Arbeitszeitrichtlinie **abgewichen**, sondern sie werden komplett von der Anwendung jeder Schutzvorschrift des ArbZG ausgenommen. Da damit kein wirksamer Gebrauch von der Ausnahmevorschrift vorliegt, können sich die in § 18 Abs. 1 ArbZG genannten Arbeitnehmer gegenüber **staatlichen Arbeitgebern uneingeschränkt auf das ArbZG berufen**. Denn die Unionsrechtswidrigkeit lässt sich nur dadurch beheben, dass man § 18 ArbZG staatlichen Arbeitgebern gegenüber unangewendet lässt. Dem Staat als Arbeitgeber ist es hingegen wegen des Sanktionsgedankens verwehrt, sich gegenüber den betroffenen Arbeitnehmern auf die **Unionsrechtswidrigkeit** des § 18 Abs. 1 ArbZG zu berufen.

---

423 EuGH v. 26.7.2017 – C-175/16 – Hälvä, NZA 2017, 1113 Rz. 38.
424 Vgl. dazu Europäische Kommission, ABl. 2017/C 165/01, S. 44.
425 Europäische Kommission, ABl. 2017/C 165/01, S. 45.
426 EuGH v. 26.7.2017 – C-175/16 – Hälvä, NZA 2017, 1113 Rz. 47.
427 EuGH v. 26.7.2017 – C-175/16 – Hälvä, NZA 2017, 1113 Rz. 72 f.
428 EuGH v. 9.9.2003 – C-151/02 – Jaeger, Slg. 2003, I-8389 Rz. 83.
429 EuGH v. 26.7.2017 – C-175/16 – Hälvä, NZA 2017, 1113 Rz. 49.
430 Europäische Kommission, ABl. 2017/C 165/01, S. 45.
431 Das übersehen *Baeck/Deutsch*, § 18 ArbZG Rz. 12.
432 EuGH v. 21.10.2010 – C-227/09 – Accardo, Slg. 2010, I-10237 Rz. 46 f.

b) Art. 17 Abs. 2 und 3 ArbZ-RL, besondere Dienste und Tätigkeiten

aa) Vorbemerkungen

Nach Art. 17 Abs. 2 bis 5 ArbZ-RL sind für bestimmte Tätigkeiten Abweichungen von den Art. 3, 4, 5, 8 und 16 ArbZ-RL, **nicht aber von Art. 6 ArbZ-RL**[433] möglich. Dabei setzt die Arbeitszeitrichtlinie hinsichtlich des Umfangs und der Ausgestaltung der Abweichungen enge tatbestandliche Grenzen. Auf alle Abweichungsmöglichkeiten nach Art. 17 Abs. 3 bis 5 ArbZ-RL ist Art. 17 Abs. 2 ArbZ-RL anzuwenden. Dieser regelt die allgemeinen Voraussetzungen für den Gebrauch von den Abweichungsbefugnissen.

7.231

Art. 17 Abs. 3 ArbZ-RL schafft eine Möglichkeit, **Besonderheiten bestimmter Dienste und Tätigkeitsfelder** Rechnung zu tragen. Ihr wohnt damit ein **tätigkeitsbezogener**, nicht aber ein berufsbezogener Ausnahmecharakter inne. Zu den Abweichungsmöglichkeiten nach Art. 18 ArbZ-RL (vgl. Rz. 7.267 ff.). Zur fehlenden Möglichkeit des Staates, sich auf nicht ordnungsgemäß umgesetzte Ausnahmevorschriften zu berufen vgl. Rz. 7.239.

7.232

bb) Abweichungsinstrument (Art. 17 Abs. 2 ArbZ-RL)

Nach Art. 17 Abs. 2 ArbZ-RL besteht die Abweichungsbefugnis für die Mitgliedstaaten im Wege von Rechts- oder Verwaltungsvorschriften oder im Wege von **Tarifverträgen** oder **Vereinbarungen** zwischen den Sozialpartnern. Für die Bundesrepublik Deutschland besteht keine Möglichkeit, den Tarifvertragsparteien den Gebrauch von dieser Ausnahmevorschrift zu übertragen, sehr wohl aber **Abweichungen** durch die Tarifvertragsparteien aufgrund **von hinreichend bestimmten und klaren staatlichen Umsetzungsnormen**[434] zuzulassen. Der EuGH hat zuletzt angedeutet, dass hinreichend klar sein muss, dass der Gesetzgeber von einer Abweichungsmöglichkeit Gebrauch machen wollte, damit Abweichungen von der Richtlinie legitimiert werden können.[435] Nicht geklärt hat er, welche Implikationen dies ggf. für die unionsrechtskonforme Auslegung bzw. die Möglichkeit staatlicher Arbeitgeber, sich auf nationale Vorschriften zu berufen, die nur auf Ausnahmevorschriften gestützt werden können, bei denen dies aber nicht in transparenter Weise erfolgt ist, hat. Jedenfalls dann, wenn es an jeglicher Umsetzungsnorm fehlt, können die Ausnahmevorschriften aber nicht herangezogen werden.[436]

7.233

Das ergibt sich aus der Systematik der Arbeitszeitrichtlinie. Art. 18 UAbs. 1 ArbZ-RL sieht eine dem Art. 17 Abs. 2 ArbZ-RL ähnliche Regelung vor.[437] Gleichwohl regelt Art. 18 UAbs. 2 ArbZ-RL, dass Mitgliedstaaten, in denen es keine rechtliche Regelung gibt, wonach über die in der Arbeitszeitrichtlinie geregelten Fragen zwischen den Sozialpartnern auf nationaler oder regionaler Ebene Tarifverträge geschlossen werden können, im Einklang mit ihren nationalen Rechtsvorschriften Abweichungen durch Tarifverträge auf **geeigneter kollektiver Ebene** zulassen können (vgl. Rz. 7.273). Dementsprechend gibt es zwei der Arbeitszeitrichtlinie zugrunde liegende **Umsetzungsmodelle**: Solche Staaten, in denen **im Wege nationaler oder regionaler Tarifverträge die** Richtlinie **umgesetzt** werden kann und solche Staaten, bei denen dies nicht möglich ist. Letztere erhalten

7.234

---

433 EuGH v. 9.9.2003 – C-151/02 – Jaeger, Slg. 2003, I-8389 Rz. 100; OVG Berlin-Brandenburg v. 29.11. 2017 – OVG 1 B 19.15 Rz. 47; a.A. *Thüsing*, Europäisches Arbeitsrecht, § 7 Rz. 17, will auch eine Ausnahme von Art. 6 ArbZ-RL zulassen.
434 Vgl. zu diesem Erfordernis EuGH v. 21.10.2010 – C-227/09 – Accardo, Slg. 2010, I-10237 Rz. 46 f., 51; *Kohte*, FS Bepler, 2012, 287 (290).
435 EuGH v. 9.11.2017 – C 396/16 – Maio Marques da Rosa, ArbRB 2017, 363 = NJW 2018, 683 Rz. 35; ebenso BVerwG v. 20.7.2017 – 2 C 31/16, NVwZ 2018, 419 (425).
436 EuGH v. 9.11.2017 – C 396/16 – Maio Marques da Rosa, ArbRB 2017, 363 = NJW 2018, 683 Rz. 35.
437 Er lautet: „Von den Art. 3, 4, 5, 8 und 16 kann abgewichen werden im Wege von Tarifverträgen oder Vereinbarungen zwischen den Sozialpartnern auf nationaler oder regionaler Ebene oder, bei zwischen den Sozialpartnern getroffenen Abmachungen, im Wege von Tarifverträgen oder Vereinbarungen zwischen Sozialpartnern auf niedrigerer Ebene."

aber gleichwohl die Befugnis, die Richtlinie selbst vollständig umzusetzen und **Zulassungsnormen für Abweichungen durch die Tarifvertragsparteien** zu schaffen. Der Unterschied liegt darin, dass im einen Fall der Adressat der Umsetzungsverpflichtung auch die Tarifvertragsparteien sein können. Nur dann sind Tarifverträge unmittelbar auf ihre Vereinbarkeit mit der Arbeitszeitrichtlinie zu kontrollieren.[438] Da Art. 17 Abs. 2 ArbZ-RL keine dem Art. 18 UAbs. 2 ArbZ-RL entsprechende Regelung beinhaltet, sondern ausschließlich eine – auf Deutschland nicht anwendbare – Befugnis entsprechend Art. 18 Abs. 1 ArbZ-RL vorgesehen ist, kann in dessen Anwendungsbereich **keine Zulassungsnorm für Abweichungen durch die Tarifvertragsparteien** geschaffen werden.

7.235 In Deutschland muss das nationale Recht daher lückenlos und ohne jede Ausnahme die Richtlinie umsetzen und zwar so, dass kein Spielraum für unionsrechtswidrige Tarifverträge bleibt. Sobald in Deutschland ein Tarifvertrag unmittelbar an der Arbeitszeitrichtlinie gemessen werden muss, wäre bereits dadurch, dass dies erforderlich wird, automatisch ein Richtlinienverstoß wegen unzureichender staatlicher Umsetzungsnormen gegeben. Das müsste jedenfalls bei staatlichen Arbeitgebern dazu führen, dass sie sich nicht auf die einschlägigen Tarifnormen berufen können.

cc) Gewährung eines Ausgleichs (Art. 17 Abs. 2 ArbZ-RL)

7.236 Werden nach Art. 17 Abs. 3 Buchst. a–g ArbZ-RL Abweichungen vorgenommen, so sind diese nur unter der Voraussetzung der Kompensation der durch die Abweichung entstehenden Gesundheitsgefährdungen zulässig (Art. 17 Abs. 2 ArbZ-RL).

(1) Begriff der gleichwertigen Ausgleichsruhezeit

7.237 Die Arbeitszeitrichtlinie lässt die Abweichungen nur zu, wenn den betroffenen Arbeitnehmern **gleichwertige Ausgleichsruhezeiten** gewährt werden, außer es liegt eine atypische Ausnahmekonstellation vor (vgl. Rz. 7.239). Es muss für jede Abweichung **zusätzliche** Ruhezeiten geben. Der Begriff der **Gleichwertigkeit** wird vom EuGH anhand des Ziels der Arbeitszeitrichtlinie, die Sicherheit und Gesundheit der Arbeitnehmer wirksam zu schützen, ausgefüllt.[439] Dabei ist der Grundsatz der möglichst unmittelbaren Gewährung von Ausgleichsruhezeiten im Anschluss an die Tätigkeit zu beachten und nur soweit aufzugeben, wie dies unbedingt erforderlich ist.

7.238 Die **Ausgleichsruhezeiten** müssen in ihrem Umfang und in ihrer Ausgestaltung so angelegt sein, dass sie den **gleichen Schutz** gewährleisten wie die Vorschriften, von denen abgewichen wird. Dementsprechend gilt der Grundsatz, dass mit dem Umfang der Abweichung auch das Ausmaß der Ausgleichsruhezeiten zunehmen muss (zur Lage und Länge der Ausgleichsruhezeiten vgl. Rz. 7.240 ff.). Eine Begrenzung der Höchstzahl der jährlichen Arbeitstage erfüllt nicht das Erfordernis der Gleichwertigkeit.[440]

7.239 Nur für den Fall, dass die Gewährung gleichwertiger Ausgleichsruhezeiten aus **objektiven Gründen** nicht möglich ist, dürfen die Mitgliedstaaten andere Instrumente wählen, um einen **angemessenen Schutz** der betroffenen Arbeitnehmer zu gewährleisten. Hier gilt ein strenger Prüfungsmaßstab.[441] Als Beispiel werden etwa therapeutische Gründe genannt, die es zwingend erforderlich machen, dass ein Betreuer und eine von ihm betreute Person über einen gewissen Zeitraum hinweg kontinuierlich Zeit miteinander verbringen.[442] Ein weiteres Beispiel sind Angehörige des Militärs während Militäreinsätzen.[443] Nur unter „**ganz außergewöhnlichen Umständen**" hält der EuGH

---

438 EuGH v. 21.10.2010 – C-227/09 – Accardo, Slg. 2010, I-10237 Rz. 56 ff.
439 EuGH v. 14.10.2010 – C-428/09 – Union syndicale Solidaires Isère, Slg. 2010, I-9961 Rz. 50, 37.
440 EuGH v. 14.10.2010 – C-428/09 – Union syndicale Solidaires Isère, Slg. 2010, I-9961 Rz. 52 ff.
441 EuGH v. 14.10.2010 – C-428/09 – Union syndicale Solidaires Isère, Slg. 2010, I-9961 Rz. 55 ff.; v. 9.9.2003 – C-151/02 – Jaeger, Slg. 2003, I-8389 Rz. 98.
442 EFTA-Gerichtshof v. 16.12.1015 – E-5/15 – Matja Kumba T M'bye Rz. 52.
443 Europäische Kommission, ABl. 2017/C 165/01, S. 51.

eine solche Möglichkeit für gegeben.⁴⁴⁴ Die Mitgliedstaaten müssen aber selbst bei Konstellationen, die diese Anforderungen erfüllen, Maßnahmen ergreifen, um einen **angemessenen Schutz** zu gewährleisten. **Fehlen solche Maßnahmen** oder sind sie von vorne herein untauglich, so **kommt es nicht mehr darauf an**, ob aus objektiven Gründen die Arbeitsperioden nicht durch eine Ruheperiode abgelöst werden können.⁴⁴⁵ So hat der EuGH eine Begrenzung der jährlichen Arbeitstage als von vorne herein ungeeignet angesehen, einen angemessenen Schutz zu verwirklichen.⁴⁴⁶

(2) Länge und Lage der Ausgleichsruhezeiten

Die **Ausgleichsruhezeit** muss grundsätzlich aus einer Anzahl zusammenhängender Stunden **entsprechend der vorgenommenen Kürzung** bestehen.⁴⁴⁷ Die Ausgleichsruhezeiten müssen gewährt werden, „**bevor die folgende Arbeitsperiode beginnt**".⁴⁴⁸ Denn eine erst später erfolgende Ausgleichsruhezeit ist nicht geeignet, den Schutz der Gesundheit und Sicherheit des Arbeitnehmers sicher zu stellen.⁴⁴⁹ Auch bei medizinischem Personal hat die Ausgleichsruhezeit unmittelbar nach dem verlängerten Dienst zu erfolgen. Ein Aufschub über mehrere Tage ist mit Art. 17 Abs. 2 ArbZ-RL nicht vereinbar.⁴⁵⁰

7.240

Bei einer **Verkürzung** der nach Art. 3 Abs. 1 ArbZ-RL vorgesehenen **Mindestruhezeit** von 11 Stunden innerhalb eines 24-Stundenzeitraums nach Art. 17 Abs. 3 ArbZ-RL (vgl. Rz. 7.261), muss daher die sich an die Arbeitsperiode anschließende⁴⁵¹ **Mindestruhezeit** um den Kürzungsumfang **verlängert werden**.⁴⁵² Wird die Ruhezeit innerhalb des 24-Stunden-Zeitraums um 4 Stunden auf 7 Stunden Ruhezeit gekürzt, müssen diese 4 Stunden an die anschließend gewährte Ruhezeit wieder angehängt werden, dies sich dann auf 15 Stunden verlängert, so dass es zu einer Überwirkung in den nächsten 24-Stundenzeitraum kommt. Es ist also nach der Rechtsprechung des EuGH nicht möglich, die **Unterbrechung zwischen 2 Arbeitsperioden** auf unter 11 zusammenhängende Stunden zu kürzen.

7.241

§ 5 Abs. 1 ArbZG sieht vor, dass im Anschluss an die tägliche Arbeitszeit eine Ruhezeit von 11 Stunden gewährt wird. Wird die werktägliche Arbeitszeit nach § 7 Abs. 1 Nr. 1 Buchst. a, Abs. 2 Nr. 1–4 oder Abs. 2a ArbZG durch Tarifvertrag verlängert, kann es dazu kommen, dass innerhalb eines 24-Stundenzeitraums keine 11 Stunden zusammenhängende Ruhezeit mehr möglich sind. Damit wären die Anforderungen des Art. 3 ArbZ-RL nicht gewahrt, weil innerhalb eines 24-Stundenzeitraums keine zusammenhängende Ruhezeit von 11 Stunden gewährt wird. Diese Folge verhindert § **7 Abs. 9 ArbZG**, der vorschreibt, dass, sofern die werktägliche Arbeitszeit über 12 Stunden hinaus verlängert wird, im unmittelbaren Anschluss hieran eine Ruhezeit von mindestens 11 Stunden zu gewähren ist.⁴⁵³

7.242

§ 5 Abs. 2 und 3 ArbZG sind teilweise **unionsrechtswidrig**.⁴⁵⁴ Sie verkürzen die Ruhezeit nach § 5 Abs. 1 ArbZG. Soweit es dadurch zu einer **Verkürzung der Mindestruhezeit von 11 zusammenhängenden Stunden** kommt und diese **nicht sofort ausgeglichen werden**, ist dies unions-

7.243

---

444 EuGH v. 9.9.2003 – C-151/02 – Jaeger, Slg. 2003, I-8389 Rz. 98.
445 EuGH v. 14.10.2010 – C-428/09 – Union syndicale Solidaires Isère, Slg. 2010, I-9961 Rz. 57 f.
446 EuGH v. 14.10.2010 – C-428/09 – Union syndicale Solidaires Isère, Slg. 2010, I-9961 Rz. 58.
447 EuGH v. 23.12.2015 – C-180/14 – Kommission/Griechenland, AuR 2016, 162, Rz. 52; v. 9.9.2003 – C-151/02 – Jaeger, Slg. 2003, I-8389 Rz. 97.
448 EuGH v. 23.12.2015 – C-180/14 – Kommission/Griechenland, AuR 2016, 162, Rz. 52; v. 9.9.2003 – C-151/02 – Jaeger, Slg. 2003, I-8389 Rz. 97; *Barnard*, EU Employment Law, Chapter 12, S. 554.
449 EuGH v. 9.9.2003 – C-151/02 – Jaeger, Slg. 2003, I-8389 Rz. 96.
450 EuGH v. 23.12.2015 – C-180/14 – Kommission/Griechenland, AuR 2016, 162, Rz. 52.
451 EuGH v. 23.12.2015 – C-180/14 – Kommission/Griechenland, AuR 2016, 162, Rz. 52.
452 EuGH v. 23.12.2015 – C-180/14 – Kommission/Griechenland, AuR 2016, 162, Rz. 53.
453 EAS/*Balze*, B 3100 Rz. 125; ErfK/*Wank*, § 7 ArbZG Rz. 29.
454 *Buschmann/Ulber J.*, § 5 ArbZG Rz. 10.

rechtswidrig.[455] Dies hat die Kommission bereits beanstandet.[456] Art. 17 und 18 ArbZ-RL lassen Abweichungen von Art. 3 ArbZ-RL nur insoweit zu, als **innerhalb eines 24-Stunden-Zeitraums** die Ruhezeit verkürzt werden kann. Die Arbeitszeitrichtlinie lässt es nicht zu, diese Kürzung anders auszugleichen, als in **direktem Anschluss** an die Verkürzung innerhalb des 24-Stunden-Zeitraums (vgl. Rz. 7.240). Deswegen beinhaltet § 5 Abs. 1 ArbZG bereits die maximal zulässige Abweichung von den Vorgaben der Arbeitszeitrichtlinie, weil er nicht verlangt, dass die Mindestruhezeit von zusammenhängenden 11 Stunden innerhalb des 24-Stundenzeitraums genommen wird, sondern lediglich im Anschluss an die Arbeit.

dd) Tätigkeitsfelder

7.244 Nach Maßgabe dieser restriktiven Rechtsprechung des EuGH können für die folgenden Tätigkeitsfelder Abweichungen vorgesehen werden:

(1) Räumliche Entfernung zum Arbeitsplatz

7.245 Abweichungen sind möglich bei Tätigkeiten, bei denen **Arbeitsplatz und Wohnsitz** des Arbeitnehmers **weit auseinander** liegen oder die durch **weit auseinanderliegende Arbeitsplätze** gekennzeichnet sind (Art. 17 Abs. 3 Buchst. a ArbZ-RL).

(2) Sach- und Personenschutz

7.246 Nach Art. 17 Abs. 3 Buchst. b ArbZ-RL bestehen Abweichungsmöglichkeiten auch bei Tätigkeiten im **Wach- und Sicherheitsgewerbe** sowie bei **Tätigkeiten, die Sachen oder Personen schützen** sollen. Von der Ausnahmevorschrift erfasst ist das Wachpersonal, aber auch **Hausmeister. Förster** dürften ebenso unter den Anwendungsbereich der Vorschrift fallen.[457] Auch **Erzieher in Ferien- oder Freizeitzentren**, die Kinder zu beaufsichtigen haben, üben nach der Rechtsprechung des EuGH Tätigkeiten aus, die Personen schützen sollen.[458]

(3) Tätigkeiten, bei denen die Kontinuität der Dienstleistung oder Produktion gewährleistet sein muss

7.247 Abweichungen sind zulässig bei Tätigkeiten, die dadurch gekennzeichnet sind, dass die **Kontinuität des Dienstes oder der Produktion** gewährleistet sein **muss**. Art. 17 Abs. 3 Buchst. c i)-viii) ArbZ-RL listet **Fallgruppen** auf, in denen dies typischerweise der Fall ist.[459] Die Liste ist nicht abschließend („insbesondere"). Sollten die Mitgliedstaaten die Ausnahmen auf weitere Fallgruppen erstrecken wollen, so müssen diese vergleichbar sein. Abweichungen sind nur dann zulässig, wenn die **Kontinuität des Dienstes** gewährleistet sein **muss**, also eine **Unterbrechung objektiv nicht möglich** ist. **Rein wirtschaftliche Erwägungen** sind ebenso wenig ausreichend[460] wie bloße Lästigkeiten oder Praktikabilitätserwägungen. Von besonderer Bedeutung sind die Ausnahmen nach Art. 17

---

455 EuArbR/*Gallner*, RL 2003/88/EG Art. 17 Rz. 12; *Schliemann*, NZA 2004, 513 (516).
456 Europäische Kommission COM (2017) 254 final S. 12.
457 Offen gelassen von EuGH v. 4.3.2011 – C-258/10 – Grigore.
458 EuGH v. 14.10.2010 – C-428/09 – Union syndicale Solidaires Isère, Slg. 2010, I-9961 Rz. 45.
459 Als Beispiele nennt die Richtlinie die Aufnahme-, Behandlung- und/oder Pflegedienste von Krankenhäusern oder ähnlichen Einrichtungen, einschließlich der Tätigkeiten von Ärzten in der Ausbildung, Heimen sowie Gefängnissen (I), die Tätigkeit von Hafen-und Flughafenpersonal (II), die Tätigkeit bei Presse-, Rundfunk-, Fernsehdiensten oder Kinematografieproduktion, Post oder Telekommunikation, Ambulanz-, Feuerwehr-oder Katastrophenschutzdiensten, (III), Tätigkeiten in der Daseinsvorsorge (Gas-, Wasser-oder Stromversorgungsbetriebe, Müllabfuhr oder Verbrennungsanlagen) (IV), Industriezweige, in denen der Arbeitsprozess aus technischen Gründen nicht unterbrochen werden kann (V), Forschungs- und Entwicklungstätigkeiten (VI), landwirtschaftliche Tätigkeiten (VII), und Arbeitnehmer, die in regelmäßigen innerstädtischen Personenverkehr beschäftigt sind (VIII).
460 EuGH v. 9.9.2003 – C-151/02 – Jaeger, Slg. 2003, I-8389 Rz. 67.

Abs. 3 Buchst. c i) ArbZ-RL für die **Aufnahme-, Behandlungs- und Pflegedienste in Krankenhäusern** oder ähnlichen Einrichtungen. Ein Beispiel für letzteres sind Ferienzentren für Kinder, soweit diese sich dort mehrtägig aufhalten und rund um die Uhr betreut werden müssen.[461]

(4) Sonstige Fallgruppen; Daseinsvorsorge

Weitere Ausnahmevorschriften betreffen im Wesentlichen die **staatliche Daseinsvorsorge**, soweit sie **rund um die Uhr zur Verfügung stehen muss** oder aber Industriezweige oder Tätigkeiten innerhalb der Industrie, bei denen der **Arbeitsprozess** aus technischen Gründen **nicht unterbrochen werden kann** oder (Forschungs- und Entwicklungstätigkeiten) eine Unterbrechung im Widerspruch zur Art der Tätigkeit stehen kann (Art. 17 Abs. 3 Buchst. c iii), iv), v), vi), viii) ArbZ-RL). Bei diesen Abweichungsmöglichkeiten ist besonders zu beachten, dass es objektiv nicht möglich sein darf, die Produktion zu unterbrechen. Der bloße Wunsch des Arbeitgebers oder **wirtschaftliche Erwägungen** können den Gebrauch von den Abweichungsmöglichkeiten nicht rechtfertigen. 7.248

Des Weiteren bestehen die Abweichungsmöglichkeiten im Falle eines **vorhersehbaren übermäßigen Arbeitsanfalls**, insbesondere in der Landwirtschaft, im Fremdenverkehr und dem Postdienst (Art. 17 Abs. 3 Buchst. d ArbZ-RL). Hiermit sind **Saisonbetriebe** gemeint. Beispiele sind das Weihnachtsgeschäft bei der Post oder die Ernte in der Landwirtschaft. Eine weitere Ausnahme wird für das **Eisenbahnpersonal** (Art. 17 Abs. 3 Buchst. c und e ArbZ-RL) gemacht. 7.249

Des Weiteren greift die Ausnahmevorschrift unter den in **Art. 5 Abs. 4 RL 89/391/EWG aufgeführten Bedingungen**. Für Vorkommnisse, die auf nicht vom Arbeitgeber zu vertretende, anormale und unvorhersehbare Umstände oder auf außergewöhnliche Ereignisse zurückzuführen sind, deren Folgen trotz aller Sorgfalt nicht hätten vermieden werden können, können Abweichungen vorgesehen werden. 7.250

Darüber hinaus kann von den Abweichungsmöglichkeiten für Unglücksfälle Gebrauch gemacht werden (Art. 17 Abs. 3 Buchst. g ArbZ-RL). 7.251

Unter Berücksichtigung dieser Fallgruppen ist § 7 Abs. 1 Nr. 1, 3 und 4 ArbZG durch Art. 17 Abs. 2 und 3 ArbZ-RL nicht zu rechtfertigen. Ebensowenig gilt es § 7 Abs. 2 Nr. 1 und Nr. 4 und Abs. 2a ArbZG. Die Vorschriften sind nicht auf die in Art. 17 Abs. 3 ArbZ-RL genannten **Personengruppen beschränkt**.[462] Diese Vorschriften können lediglich über Art. 18 ArbZ-RL gerechtfertigt werden (vgl. Rz. 7.267 ff.). 7.252

ee) Umfang der Abweichungen

Nach Art. 17 Abs. 3 ArbZ-RL sind Abweichungen von den Art. 3, 4, 5, 8 und 16 ArbZ-RL zulässig, nicht hingegen von Art. 6 ArbZ-RL. Ebensowenig möglich sind Abweichungen von Art. 2 ArbZ-RL und damit vom Begriff der Arbeitszeit oder der Ruhezeit.[463] Die Abweichungen sind auf das zur **Wahrung der Interessen, deren Schutz sie ermöglichen, unbedingt Erforderliche zu begrenzen**.[464] Abweichende Vorschriften sind als Ausnahmetatbestände zu fassen. Diese müssen sich auf ein erkennbares, spezifisches und dringliches Interesse beziehen. Die Abweichungen müssen **geeignet und erforderlich** sein, um dieses Interesse zu wahren. 7.253

---

461 EuGH v. 14.10.2010 – C-428/09 – Union syndicale Solidaires Isère, Slg. 2010, I-9961 Rz. 47 f.
462 Ebenso EnzEuR Bd. 7/*Bayreuther*, § 11 Rz. 49.
463 EuGH v. 21.2.1018 – C 518/15 – Matzak, ArbRB 2018, 99 = NZA 2018, 293 Rz. 34 ff.
464 EuGH v. 21.10.2010 – C-227/09 – Accardo, Slg. 2010, I-10273 Rz. 58; v. 9.9.2003 – C-151/02 – Jaeger, Slg. 2003, I-8389 Rz. 89.

(1) Wöchentliche Höchstarbeitszeit

7.254 Von der wöchentlichen Höchstarbeitszeit von durchschnittlich 48 Stunden pro 7-Tageszeitraum (Art. 6 ArbZ-RL) lässt Art. 17 Abs. 3 ArbZ-RL keine Abweichungen zu.

7.255 Von Art. 6 ArbZ-RL weicht § 7 Abs. 2a ArbZG ab. Dieser kann nicht auf Art. 17 ArbZ-RL gestützt werden. Zu Art. 22 ArbZ-RL vgl. Rz. 7.291 ff.

(2) Bezugszeiträume (Art. 19 ArbZ-RL)

7.256 Die Mitgliedstaaten können aufgrund von Art. 17 Abs. 3 ArbZ-RL Abweichungen vom **Bezugszeitraum** von 4 Monaten nach Art. 16 Buchst. b ArbZ-RL durch Tarifverträge zulassen. Diese Befugnis ist allerdings beschränkt. Nach **Art. 19 Abs. 1 ArbZ-RL** dürfen die Mitgliedstaaten **maximal einen Bezugszeitraum von bis zu 6 Monaten** vorsehen, wenn sie von Art. 17 Abs. 3 ArbZ-RL Gebrauch machen. Die Bezugszeiträume müssen durch staatliche Regelungen vorgesehen werden, die sich ausdrücklich auf die Ausnahmevorschriften in der Richtlinie stützen.[465]

7.257 Allerdings kann eine Zulassungsnorm für Tarifverträge vorgesehen werden, nach der zugelassen wird, dass die Tarifvertragsparteien Bezugszeiträume von bis zu 12 Monaten vorsehen, wenn dies **aus objektiven technischen oder arbeitsorganisatorischen Gründen** erforderlich ist (Art. 19 Abs. 2 ArbZ-RL). Damit ist die Abweichungsmöglichkeit auf solche Fälle zu beschränken. Sie setzt voraus, dass die Mitgliedstaaten – nicht die Tarifvertragsparteien – **die allgemeinen Grundsätze der Sicherheit und des Gesundheitsschutzes** wahren. Das bedeutet, dass eine Zulassungsnorm nur in Kombination mit begleitenden zusätzlichen gesetzlichen Schutzregelungen zulässig ist. Die Abweichungsmöglichkeit ist auf das zur Wahrung der Interessen, deren Schutz sie dienen, unbedingt Erforderliche zu begrenzen.[466]

7.258 Eine Zulassungsnorm für einen Bezugszeitraum von bis zu **12 Monaten** enthält § 7 Abs. 8 ArbZG für die Abweichungsbefugnisse nach § 7 Abs. 1 Nr. 1 und Nr. 4, Abs. 2 Nr. 2–4 ArbZG. Diese Vorschriften weichen von Art. 16 Buchst. b ArbZ-RL ab, weil sie die Verlängerung des Ausgleichszeitraums für die durchschnittliche wöchentliche Arbeitszeit über 4 Monate hinaus zulassen. Die Abweichungsmöglichkeit wird durch § 7 Abs. 8 ArbZG auf 12 Monate beschränkt. Allerdings fehlen die sonstigen Voraussetzungen, die Art. 19 UAbs. 2 ArbZ-RL für die Möglichkeit einer solchen Zulassungsnorm vorsieht.[467] Dass flankierende Schutzmaßnahmen zur Gesundheit und Sicherheit fehlen, mag noch mit der fehlenden Einsicht des Gesetzgebers in deren Erforderlichkeit begründet werden. Dass aber die Zulassungsnorm generell gefasst ist und **nicht nur für aus objektiven technischen und arbeitsorganisatorischen Gründen erforderliche Abweichungen** die Möglichkeit eines über 6 Monate hinausgehenden Bezugszeitraums vorsieht, ist ein bemerkenswerter Umgang mit der Richtlinie. Ohne Eingrenzung auf bestimmte Tätigkeiten sind § 7 Abs. 8 i.V.m. § 7 Abs. 1 Nr. 1 und Nr. 2, sowie Abs. 2 Nr. 2 bis 4 ArbZG **unionsrechtswidrig**.[468] Das hat die Kommission bereits beanstandet.[469] Darüber hinaus liegt ein Verstoß gegen Art. 2 Abs. 1 ESC vor.[470] Die Abweichung lässt sich auch nicht auf Art. 18 ArbZ-RL stützen (Rz. 7.267 ff.), der gleichermaßen durch Art. 19 UAbs. 2 ArbZ-RL begrenzt wird. **Öffentlichen Arbeitgebern** ist es verwehrt, sich auf Bezugszeiträume von mehr als 6 Monaten zu berufen. Sollte das BAG die Auffassung vertreten, eine unionsrechtswidrige Zulassungsnorm für Tarifver-

---

465 BVerwG v. 20.7.2017 – 2 C 31/16, NVwZ 2018, 419 (425).
466 EuGH v. 9.9.2003 – C-151/02 – Jaeger, Slg. 2003, I-8389 Rz. 89; EAS/*Balze*, B 3100 Rz. 151.
467 *Buschmann*, AuR 2004, 1 (4).
468 *Boerner*, GS Heinze, 2005, 69 (74); *Schliemann*, NZA 2004, 513 (517).
469 KOM (2010), 802, S. 4.
470 European Social Charter – European Committee of Social Rights Conclusions XIX-3 (2010) (GERMANY), S. 4, Übersetzung in AuR 2011, 107.

träge sei durch eine Rechtskontrolle des Tarifvertrags heilbar (zur Problematik vgl. Rz. 7.233)[471], so müssten die Tarifverträge darauf kontrolliert werden, ob die Verlängerung des Bezugszeitraums auf mehr als 6 Monate aus **objektiven technischen und arbeitsorganisatorischen Gründen erforderlich** ist.[472] Der EuGH hat bislang zwar entschieden, dass der Maßstab für den Gebrauch des Art. 17 ArbZ-RL streng ist (Rz. 7.222 ff.).[473] Wie dieser mit Blick auf Art. 19 ArbZ-RL ausgeformt werden wird, ist allerdings bislang nicht entschieden und ergibt sich auch nicht aus der bisherigen Rechtsprechung. Würde man zu einer Rechtskontrolle des Tarifvertrags hinsichtlich seiner Vereinbarkeit mit der Richtlinie greifen, wäre eine **Vorlage an den EuGH unumgänglich**, sofern man es für möglich hält, die tarifvertraglichen Vorschriften könnten in Ansehung der Vorgaben der Arbeitszeitrichtlinie wirksam sein. Offensichtlich unionsrechtswidrig wäre in diesem Zusammenhang der Verweis auf eine **Einschätzungsprärogative der Tarifvertragsparteien**. Diese ist im Unionsrecht **kein taugliches Argument**, weil die Einhaltung der Vorgaben von Richtlinien nicht durch ein Verfahren, sondern durch konkrete Normen sichergestellt werden muss.

Im Übrigen ist eine Abweichung von den Bezugszeiträumen nach Art. 16 Buchst. a (wöchentliche Ruhezeit) und c (Dauer der Nachtarbeit) ArbZ-RL möglich. Bei der **Nachtarbeit** ist allerdings zu beachten, dass Art. 8 Buchst. b ArbZ-RL zum Schutz von Nachtschwerarbeitern verhindert, dass überhaupt ein Ausgleichzeitraum festgelegt wird (vgl. Rz. 7.195, 7.199). Dementsprechend kann ein solcher auch nicht durch Gebrauch von Art. 17 Abs. 3 ArbZ-RL festgelegt werden. 7.259

Bei Gebrauch von den Abweichungsmöglichkeiten hinsichtlich des Ausgleichzeitraums ist die einschränkende Rechtsprechung des EuGH zu beachten (vgl. Rz. 7.240 ff.).[474] Dementsprechend kann der Ausgleichzeitraum nicht frei festgelegt werden.[475] 7.260

(3) Tägliche Ruhezeit

Art. 17 Abs. 3 ArbZ-RL lässt Abweichungen von Art. 3 ArbZ-RL (tägliche Ruhezeit) zu. Eine Verkürzung ist nach Art. 17 Abs. 2 ArbZ-RL aber nur eingeschränkt möglich (vgl. Rz. 7.236 ff.). Die Arbeitszeitrichtlinie kennt für die täglichen Mindestruhezeiten nach Art. 3 ArbZ-RL keinen Bezugszeitraum (vgl. Art. 16 ArbZ-RL), so dass ein solcher nach Art. 17 Abs. 2, 3 bzw. 18 ArbZ-RL auch nicht geschaffen werden darf.[476] 7.261

Zur **Unionsrechtswidrigkeit von** §§ 5 Abs. 2 und 3 ArbZG vgl. Rz. 7.243. 7.262

(4) Ruhepausen

Auch mit Blick auf die Ruhepausen (Rz. 7.178 ff.) sind Abweichungen möglich. Auch hier müssen die Grundsätze über den **gleichwertigen Ausgleich** beachtet werden. In Betracht kommen Einschränkungen insbesondere in Bereichen, in denen die **Kontinuität des Dienstes** gewährleistet sein muss. So kann eine Pausenregelung mit Notfalleinsätzen im Bereich der Berufsfeuerwehr kollidieren.[477] Gleichwohl dürfen die Abweichungen nur erfolgen, soweit dies **erforderlich** ist. Ein Verweis nach Art. 17 Abs. 3 Buchst. c ArbZ-RL lässt nur Abweichungen vom Anspruch auf eine Ruhepause und nicht etwa dessen Beseitigung zu. 7.263

---

471 A.A. tendenziell BVerwG v. 20.7.2017 – 2 C 31/16, NVwZ 2018, 419 (425).
472 So EAS/*Balze*, B 3100 Rz. 157.
473 EuGH v. 9.9.2003 – C-151/02 – Jaeger, Slg. 2003, I-8389 Rz. 89.
474 EuGH v. 9.9.2003 – C-151/02 – Jaeger, Slg. 2003, I-8389 Rz. 89.
475 A.A. EAS/*Balze*, B 3100 Rz. 165.
476 *Buschmann/Ulber J.*, § 5 ArbZG Rz. 10.
477 OVG Rheinland-Pfalz v. 23.3.2012 – 2 A 11355/11, DÖD 2012, 171.

(5) Nachtarbeit

7.264 Auch mit Blick auf die **Nachtarbeit** sind der **Erforderlichkeitsgrundsatz** und die **Notwendigkeit eines Ausgleichs** zu beachten. Wegen der hochgradigen **Gesundheitsschädlichkeit** von Nachtarbeit (vgl. Rz. 7.184) sind dabei besonders strenge Maßstäbe anzulegen. Dies gilt insbesondere mit Blick auf die Erforderlichkeitsprüfung. Abweichungen müssen besonders erheblichen Interessen dienen, die ihre negativen gesundheitlichen Folgen rechtfertigen.

c) Art. 17 Abs. 2 und 4 ArbZ-RL: Schichtarbeit und über den Tag verteilte Tätigkeiten

7.265 Unter den gleichen Tatbestandsvoraussetzungen wie die Abweichungsbefugnisse nach Art. 17 Abs. 3 ArbZ-RL, aber hinsichtlich der Tätigkeitsfelder begrenzt und hinsichtlich des Umfangs der Abweichungsbefugnis eingeschränkt, bestehen weitere Abweichungsmöglichkeiten bei **Schichtarbeit** und über den Tag verteilten Tätigkeiten. Diese erstrecken sich nach Art. 17 Abs. 4 Buchst. a ArbZ-RL auf Fälle, in denen bei **Schichtarbeit** der Arbeitnehmer die Gruppe wechselt und zwischen dem Ende der Arbeit in seiner alten Schichtgruppe und dem Beginn der Arbeit in der nächsten nicht in den Genuss der täglichen oder wöchentlichen Ruhezeit kommen kann. Zu erinnern ist daran, dass auch diese Abweichungsmöglichkeit **nur für Fälle** besteht, in denen es **objektiv nicht möglich** ist, das **Schichtsystem vorwärts rollieren** zu lassen, sondern ein Arbeitnehmer aus objektiven Gründen rückwärts rollieren muss. Des Weiteren besteht die Abweichungsmöglichkeit nur unter **den einschränkenden Voraussetzungen des Art. 17 Abs. 2** ArbZ-RL (Rz. 7.236 ff.). Will ein Mitgliedstaat von der Regelung Gebrauch machen oder abweichende Regelungen durch Tarifverträge zulassen, so müssen zusammen mit der Abweichung Ausgleichsruhezeiten vorgesehen werden. Diese müssen effektiv sein.

d) Art. 17 Abs. 2 i.V.m. Art. 17 Abs. 5 ArbZ-RL

7.266 Die Möglichkeit zur Abweichung für Ärzte in der Ausbildung war nur für eine Übergangszeit vom 1.8.2004 bis zum 1.8.2009 möglich (Art. 17 Abs. 5 UAbs. 2 ArbZ-RL). Die Mitgliedstaaten dürfen die Abweichungsbefugnis nicht mehr nutzen.

4. Abweichungsmöglichkeiten nach Art. 18 ArbZ-RL

7.267 Nach Art. 18 ArbZ-RL sind Abweichungen von den Art. 3, 4, 5, 8 und 16 ArbZ-RL im Wege von Tarifverträgen möglich.

a) Anwendbarkeit von Art. 18 UAbs. 2 ArbZ-RL

7.268 Art. 18 ArbZ-RL sieht zwei unterschiedliche Konstellationen für den Gebrauch von den Abweichungsbefugnissen nach Art. 18 ArbZ-RL vor. Dabei ist für Deutschland nur die Variante nach Art. 18 UAbs. 2 ArbZ-RL anwendbar.

7.269 Nach Art. 18 UAbs. 1 ArbZ-RL kann von den Art. 3, 4, 5, 8 und 16 ArbZ-RL im Wege von Tarifverträgen oder Vereinbarungen zwischen den Sozialpartnern auf nationaler oder regionaler Ebene oder, bei zwischen den Sozialpartnern getroffenen Abmachungen, im Wege von Tarifverträgen oder Vereinbarungen zwischen Sozialpartnern auf niedrigerer Ebene abgewichen werden. **18 UAbs. 1 ArbZ-RL ist für Deutschland nicht einschlägig.** Er bezieht sich auf Mitgliedstaaten, in denen die **Umsetzung** der Arbeitszeitrichtlinie gewöhnlich **durch Tarifverträge** erfolgt (Umkehrschluss aus Art. 18 UAbs. 2 ArbZ-RL). Dies ist in der Bundesrepublik Deutschland nicht möglich. Mangels Erga-omnes-Wirkung von Tarifverträgen kann die Bundesrepublik EU-Richtlinien nicht durch die Tarifvertragsparteien umsetzen lassen (vgl. Rz. 1.53 f.).

7.270 Einschlägig für Deutschland ist **Art. 18 UAbs. 2 ArbZ-RL**. Dieser befugt Mitgliedstaaten, in denen es keine rechtliche Regelung gibt, mittels der die Sozialpartner auf nationaler oder regionaler

Ebene durch Vereinbarungen oder Tarifverträge die Arbeitszeitrichtlinie umsetzen können, im Einklang mit ihrem innerstaatlichen Tarifvertragsrecht Abweichungen von den Art. 3, 4, 5, 8 und 16 ArbZ-RL durch Tarifverträge oder Vereinbarungen zwischen den Sozialpartnern auf geeigneter kollektiver Ebene **zuzulassen**.

b) Verhältnis von Art. 18 ArbZ-RL zu Art. 17 Abs. 3 ArbZ-RL

Art. 18 ArbZ-RL ist **autonom** von Art. 17 Abs. 3 ArbZ-RL **auszulegen**. Nach der Rechtsprechung des EuGH „*kann*" Art. 18 ArbZ-RL Berufsgruppen erfassen, die Art. 17 Abs. 3 ArbZ-RL nicht nennt.[478] Die Formulierung des EuGH „*kann*" bedeutet nicht, dass dies stets möglich ist.[479] Damit verweist der EuGH darauf, dass die **Erforderlichkeitsprüfung** bei Art. 18 ArbZ-RL strukturell anders ausfällt als bei Art. 17 Abs. 3 ArbZ-RL. Denn Art. 17 Abs. 3 ArbZ-RL nennt Fallgruppen, in denen ein legitimes Ziel für die Abweichungen typisierend anerkannt wird, während Art. 18 Abs. 3 ArbZ-RL eine solche Vermutungswirkung fehlt. Daher ist hier die Erforderlichkeit deutlich strenger zu prüfen. Art. 18 ArbZ-RL ist als **Ausnahmevorschrift** eng auszulegen. Ihr Gebrauch ist auf das zur Wahrung der Interessen, deren Schutz sie ermöglicht, **unbedingt Erforderliche** zu begrenzen.[480]

7.271

§ 7 Abs. 1 Nr. 1, 3 und 4, Abs. 2 Nr. 1 und Nr. 4 und Abs. 2a ArbZG sind daher **unionsrechtlich bedenklich**. Die Vorschriften nennen keine Tätigkeitsfelder oder Berufe, sondern lediglich bestimmte Dienstformen (Arbeitsbereitschaft und Bereitschaftsdienst), bei denen der Gesetzgeber **pauschal davon ausgeht, die Abweichungen seien erforderlich**. Interessen, deren Wahrung die Vorschriften dienen sollen, lassen sich ihnen nicht entnehmen. Eine **Erforderlichkeitsprüfung** dürfte daher schon daran scheitern, dass die Erforderlichkeit nicht alleine deswegen bejaht werden kann, weil Bereitschaftsdienst oder Arbeitsbereitschaft geleistet werden. Damit wären die Vorschriften in Ansehung des Art. 18 ArbZ-RL **unionsrechtswidrig**, soweit sie Abweichungen von den Art. 3, 4, 5, 8 und 16 ArbZ-RL zulassen. Teilweise lässt sich die Problematik durch eine unionsrechtskonforme einschränkende Auslegung lösen. Dann allerdings wäre ein Großteil der Tarifverträge, die von der Norm Gebrauch machen, unwirksam.[481] Im Übrigen wäre das BAG damit faktisch zu einer Inhaltskontrolle des Tarifvertrages gezwungen, weil es eine Erforderlichkeitsprüfung für die getroffenen Regelungen vornehmen müsste. Eine Einschätzungsprärogative der Tarifvertragsparteien kann in diesem Zusammenhang nicht angenommen werden, weil ansonsten das Schutzniveau der Richtlinie ausgehebelt würde, was mit dem Effektivitätsgrundsatz unvereinbar wäre. Unabhängig von dieser Frage werden sich zumindest öffentliche Arbeitgeber nie auf entsprechende unionsrechtswidrige Regelungen berufen können.[482]

7.272

c) Abweichungsinstrument: Tarifvertrag

Sozialpartner im Sinne der Arbeitszeitrichtlinie sind allein die Tarifvertragsparteien, nicht aber die Parteien der Betriebsverfassung. Zulässig sind damit alleine **Abweichungen aufgrund von Tarifverträgen**. Dementsprechend können die Mitgliedstaaten zwar zulassen, dass die Tarifvertragsparteien die Betriebsparteien bei ihren Regelungen einbeziehen. Allerdings dürfen die Betriebsparteien keine über die von den Tarifvertragsparteien vorgesehenen Abweichungen hinausgehenden Regelungen treffen können. Dementsprechend muss jede Abweichung sich vollständig und tatbestandlich determiniert aus einer tarifvertraglichen Regelung ergeben. Sofern die Tarifvertragsparteien ihre **Abweichungsbefugnis auf die Betriebsparteien übertragen können**, ist dies **unionsrechtswidrig**.

7.273

---

478 EuGH v. 21.10.2010 – C-227/09 – Accardo, Slg. 2010, I-10273 Rz. 36.
479 EuGH v. 21.10.2010 – C-227/09 – Accardo, Slg. 2010, I-10273 Rz. 36.
480 EuGH v. 9.9.2003 – C-151/02 – Jaeger, Slg. 2003, I-8389 Rz. 58, 89.
481 Ebenso EuArbR/*Gallner*, RL 2003/88/EG Art. 18 Rz. 7.
482 EuGH v. 21.10.2010 – C-227/09 – Accardo, Slg. 2010, I-10273 Rz. 46 f.

7.274 Dementsprechend sind die §§ 7 Abs. 1 Satz 1, Abs. 2 Satz 1, Abs. 2a, Abs. 3 Satz 1 ArbZG insoweit unionsrechtskonform, als sie abweichende Regelungen in einer Betriebsvereinbarung **nur aufgrund eines Tarifvertrags** zulassen. Soweit allerdings die Tarifvertragsparteien die Abweichungsbefugnis nicht selbst ausgestalten, sondern sie ohne Außengrenzen auf die Betriebsparteien verlagern, sind solche Regelungen unionsrechtswidrig. Dementsprechend sind die §§ 7 Abs. 1, Abs. 2 und Abs. 2a ArbZG **unionsrechtskonform** so **auszulegen**, dass eine hinreichende tarifvertragliche Grundlage für eine Betriebs- oder Dienstvereinbarung nur dann vorliegt, wenn diese **vollständig die Außengrenzen für die Betriebsvereinbarung definiert**. Denn dann ist die Abweichung durch die Betriebsparteien letztendlich vollständig durch die Tarifvertragsparteien verantwortet.[483] Eine globale Delegation der Abweichungsbefugnisse in Tarifverträgen ist demnach **unwirksam** und damit die auch hierauf beruhenden Regelungen in Betriebsvereinbarungen. Dass die Subdelegationsbefugnis auf die Betriebsparteien im Übrigen – mit Recht – als verfassungswidrig angesehen wird,[484] spielt in solchen Konstellationen dann keine Rolle mehr.

7.275 Die Mitgliedstaaten dürfen Abweichungen nur durch Tarifverträge **auf geeigneter kollektiver Ebene** zulassen. Zwar verweist die Vorschrift darauf, dass die Tarifverträge nach den nationalen Gepflogenheiten geschlossen werden sollen. Der Begriff der **geeigneten Ebene** steht aber für sich und ist damit eine **eigenständige Tatbestandsvoraussetzung** der Abweichungsbefugnis.

7.276 Da diese Formulierung im Gegensatz zur Formulierung in Art. 18 UAbs. 1 ArbZ-RL steht, der nur Tarifverträge auf nationaler oder regionaler Ebene zulässt, sind **Firmentarifverträge** nicht von vorne herein als ungeeignet anzusehen. Gleichwohl stellt sich die Frage, ob der **Firmentarifvertrag, wie er nach deutschem Tarifrecht möglich ist**, also unterschiedslos mit jedem Arbeitgeber – unabhängig von der Größe des Unternehmens und ungeachtet einer etwaigen Repräsentativität der Gewerkschaft – abgeschlossen werden kann, ein **geeignetes** Instrument i.S.v. Art. 18 UAbs. 2 ArbZ-RL ist. Auch Art. 18 UAbs. 4 Buchst. a ArbZ-RL beantwortet die Frage nicht. Nach dieser Vorschrift können die Mitgliedstaaten Vorschriften für die Anwendung des Artikels durch die Sozialpartner vorsehen. Diese Regelung kann in Deutschland aber nicht angewendet werden. Sie bezieht sich allein auf Staaten, in denen Richtlinien durch Tarifverträge umgesetzt werden können. Das ist in Deutschland nicht möglich (vgl. Rz. 1.53 f.). Im Übrigen könnte eine solche Umsetzung wiederum nur im Wege des Flächentarifvertrags erfolgen, so dass sich das Problem gleichermaßen stellen würde.

7.277 Die Frage ist vom EuGH bislang nicht entschieden. Daher ist, sofern eine Abweichung nach den **§ 7 Abs. 1 Satz 1, Abs. 2, Abs. 2a ArbZG** durch **Firmentarifvertrag** erfolgt, dem EuGH nach Art. 267 AEUV die Frage vorzulegen, ob und unter welchen Voraussetzungen ein Firmentarifvertrag im Sinne des deutschen Rechts eine Vereinbarung zwischen den Sozialpartnern auf **geeigneter kollektiver Ebene** (Art. 18 Abs. 2 ArbZ-RL) ist. Angesichts der restriktiven Rechtsprechung des EuGH zum Inhalt der Ausnahmevorschriften erscheint es naheliegend, dass der EuGH qualifizierte Anforderungen an die „Eignung" der kollektiven Ebene stellt, die durch deutsche Firmentarifverträge nicht ohne weiteres erfüllt werden. In diesem Falle wären die Firmentarifverträge in unionsrechtskonformer Auslegung der entsprechenden Vorschriften insoweit für unwirksam zu erklären, als sie auf den o.g. Abweichungsbefugnissen beruhen. Die gleiche Problematik stellt sich für Betriebsvereinbarungen. Die Arbeitszeitrichtlinie schließt die Gewährung von Abweichungsbefugnissen für **Betriebsvereinbarungen** aus (vgl. Rz. 7.273).[485]

7.278 Nach Art. 18 UAbs. 2 ArbZ-RL müssen die Mitgliedstaaten die Abweichungen zulassen. Das bedeutet, dass im nationalen Recht **eine ausdrückliche und inhaltlich bestimmte** Regelung enthal-

---

483 Zustimmend EnzEuR Bd. 7/*Bayreuther*, § 11 Rz. 51.
484 ErfK/*Wank*, § 7 ArbZG Rz. 3; *Buschmann*, FS Wißmann, 2005, 251 (265).
485 EAS/*Balze*, B 3100 Rz. 76.

ten sein muss, in der die Abweichungsbefugnis der Tarifvertragsparteien transparent geregelt ist.[486] Insbesondere ist der Gesetzgeber **verpflichtet, selbst und eigenständig** sowie **vollständig** und **ohne Interpretationsspielräume** den Umfang der Abweichungsbefugnis festzulegen.

Nach Art. 18 UAbs. 4 Buchst. b ArbZ-RL sind die Mitgliedstaaten befugt,[487] Vorschriften für die Erstreckung der Bestimmungen von gemäß diesem Artikel geschlossen Tarifverträgen oder Vereinbarungen auf andere Arbeitnehmer nach den einzelstaatlichen Rechtsvorschriften oder Gepflogenheiten vorzusehen. Aufgrund dieser Regelung ist es für Mitgliedstaaten, in denen Tarifverträge nicht erga omnes wirken, möglich, **Erstreckungsklauseln** auf die nicht organisierten Arbeitnehmer vorzusehen. Da die Abweichungsbefugnis nach Art. 18 ArbZ-RL grundsätzlich auf Tarifverträge beschränkt ist, ist eine solche Zulassungsnorm erforderlich, um Mitgliedstaaten – wie der Bundesrepublik Deutschland –, die die Tarifbindung von der Mitgliedschaft in der Gewerkschaft oder im Arbeitgeberverband abhängig machen, die Möglichkeit zu geben, einen solchen Tarifvertrag auch auf die nicht tarifgebundenen Arbeitnehmer oder Arbeitgeber zu erstrecken. 7.279

Deutschland hat von dieser Möglichkeit durch § 7 Abs. 3 ArbZG Gebrauch gemacht. 7.280

d) Grenzen der Abweichungsbefugnis

Art. 18 ArbZ-RL lässt Abweichungen von fast allen wesentlichen arbeitszeitrechtlichen Schutzvorschriften der Arbeitszeitrichtlinie durch Tarifvertrag zu. Betroffen sind die **tägliche Ruhezeit** (Art. 3 ArbZ-RL), die Vorschriften über die **Ruhepausen** (Art. 4 ArbZ-RL), die **wöchentliche Ruhezeit** (Art. 5 ArbZ-RL), die Dauer der **Nachtarbeit** (Art. 8 ArbZ-RL) und die Ausgleichszeiträume (Art. 16 ArbZ-RL). Ausgenommen ist die **wöchentliche Höchstarbeitszeit** (Art. 6 ArbZ-RL). Auch wenn Art. 18 ArbZ-RL nach der Rechtsprechung des EuGH autonom auszulegen ist, bietet sich hier eine Übertragung der Grenzziehungen nach Art. 17 Abs. 2 und 3 ArbZ-RL an (vgl. Rz. 7.271). 7.281

Auch und gerade bei Gebrauch von der Abweichungsbefugnis nach Art. 18 der Richtlinie ist die restriktive Rechtsprechung des EuGH zu beachten.[488] 7.282

Des Weiteren ist nach Art. 18 UAbs. 3 ArbZ-RL ein Mitgliedstaat, der Abweichungen nach UAbs. 2 zulässt, verpflichtet sicherzustellen, dass die betroffenen Arbeitnehmer **gleichwertige Ausgleichsruhezeiten** oder in **Ausnahmefällen**, in denen die Gewährung solcher Ausgleichsruhezeiten aus objektiven Gründen nicht möglich ist, einen **angemessenen Schutz** erhalten. Die Ausführungen zu Art. 17 Abs. 2 ArbZ-RL gelten entsprechend (vgl. Rz. 7.237 ff.). Es bedarf einer hinreichend eingegrenzten staatlichen Ermächtigungsgrundlage für die Abweichungen.[489] Die Abweichungsmöglichkeit von Art. 16 Buchst. b ArbZ-RL ist durch Art. 19 UAbs. 2 ArbZ-RL begrenzt. 7.283

Nicht auf Art. 18 ArbZ-RL gestützt werden kann § 7 Abs. 2a ArbZG, soweit er eine Abweichung von der wöchentlichen Höchstarbeitszeit nach Art. 6 ArbZ-RL zulässt. Dies ist nur über Art. 22 ArbZ-RL möglich, dessen Voraussetzungen § 7 Abs. 2a ArbZG nicht einhält (vgl. Rz. 7.291 ff.). 7.284

5. Abweichungsmöglichkeiten nach Art. 22 ArbZ-RL

Unter „Sonstige Bestimmungen" findet sich in Art. 22 ArbZ-RL eine Abweichungsbefugnis von Art. 6 ArbZ-RL. Die Vorschrift wird im Schrifttum, wegen der Reichweite ihrer Abweichungsmög- 7.285

---

486 EAS/*Balze*, B 3100 Rz. 75; *Ulber D.*, ZTR 2005, 70 (72); vgl. auch EuGH v. 21.10.2010 – C-227/09 – Accardo, Slg. 2010, I-10237 Rz. 46 f., 51.
487 Ohne eine solche Zulassungsnorm ist eine Erstreckung auf Außenseiter unzulässig, vgl. *Rödl/Ulber D.*, NZA 2012, 841 (843).
488 EuGH v. 9.9.2003 – C-151/02 – Jaeger, Slg. 2003, I-8389 Rz. 58, 89.
489 EAS/*Balze*, B 3100 Rz. 75; *Ulber D.*, ZTR 2005, 70 (72); EuGH v. 21.10.2010 – C-227/09 – Accardo, Slg. 2010, I-10237 Rz. 46 f., 51.

lichkeiten, als Widerspruch zum Grundgedanken des Zwecks der Arbeitszeitrichtlinie und als Verstoß gegen Art. 31 Abs. 2 GRC angesehen.[490] Dabei wird insbesondere das Einwilligungserfordernis und das Benachteiligungsverbot als Ausdruck von Naivität des Richtliniengebers[491] angesehen. Der Gebrauch der Vorschrift fällt in den Mitgliedstaaten unterschiedlich aus. 11 Mitgliedstaaten haben von ihr keinen Gebrauch gemacht.[492] Ganz allgemein handelt es sich um die weitreichendste Ausnahmevorschrift in der ArbZ-RL, deren Gebrauch auf das zur Wahrung der Interessen, deren Schutz sie ermöglicht, unbedingt Erforderliche zu begrenzen ist (vgl. dazu ausf. Rz. 7.222 ff.).

a) Verstoß von Art. 22 ArbZ-RL gegen Art. 31 Abs. 2 GRC

7.286 In der Tat darf nicht verkannt werden, dass es die Vorschrift dem Wortlaut nach ermöglicht, keine wöchentliche Höchstarbeitszeit vorzusehen, obwohl die Grundrechtecharta genau dies verlangt. Daraus ergibt sich zugleich, dass die Auslegung der Vorschrift bei diesem Ergebnis nicht stehen bleiben kann. Vielmehr ist eine überaus zurückhaltende Anwendung der Vorschrift geboten. Gleichwohl ist unklar, ob Art. 22 ArbZ-RL wegen **Verstoßes gegen Art. 31 Abs. 2 GRC**[493] **unwirksam ist**. Bedenken ergeben sich auch mit Blick auf Art. 3 GRC. Rechtsprechung des EuGH zu der Frage gibt es nicht.[494]

7.287 In Deutschland würde eine Nichtigkeit von Art. 22 ArbZ-RL zur partiellen Unanwendbarkeit von § 7 Abs. 2a ArbZG führen, soweit dieser Abweichungen von § 3 ArbZG zulässt. Denn sofern der EuGH einen Verstoß des Art. 22 ArbZ-RL gegen die GRC annimmt, wären die auf seiner Grundlage erlassenen Vorschriften der Mitgliedstaaten unanwendbar (vgl. Rz. 3.28). Tarifverträge und Betriebsvereinbarungen, die auf Basis dieser Vorschrift abgeschlossen wurden, wären dann partiell unwirksam. Soweit nationale Vorschriften auf Art. 22 ArbZ-RL basieren und tarifvertragliche Vorschriften alleine auf diese Vorschriften gestützt werden können, dürfte eine Vorlage an den EuGH geboten sein (vgl. Rz. 2.39 ff.)[495]. Die Rechtsprechung des BAG hat dieses Problem bislang nicht aufgegriffen.[496] Eine Anwendung von Tarifverträgen, die auf § 7 Abs. 2a ArbZG basieren und die durchschnittliche wöchentliche Arbeitszeit auf über 48 Stunden erhöhen, ist dem BAG ohne Vorlage nach Art. 267 AEUV verwehrt.

b) Abweichungsinstrument: Staatliche Regelung

7.288 Von Art. 22 ArbZ-RL können **ausschließlich die Mitgliedstaaten** Gebrauch machen. Dies erklärt sich daraus, dass die Vorschrift ursprünglich alleine als Ausnahmevorschrift für Großbritannien konzipiert war, dem aufgrund seines Systems kollektiver Arbeitsbeziehungen der Rückgriff auf Tarifverträge nicht möglich ist (vgl. Rz. 7.19). Die Umsetzung kann durch gesetzliche Regelung erfolgen. Das BVerwG[497] hält auch eine Umsetzung durch Rechtsverordnung für zulässig, was der gängigen Sichtweise im Schrifttum entspricht,[498] durch den EuGH aber mit Blick auf die ArbZ-RL noch nicht entschieden wurde. Deswegen wäre insoweit wohl eine Vorlage an den EuGH erforderlich. Jedenfalls haben staatliche Stellen richtlinienwidriges Bundes- und Landesrecht unangewendet zu lassen.[499]

---

490 *Stärker*, EU-Arbeitszeitrichtlinie, Art. 22 Rz. 1.
491 *Stärker*, EU-Arbeitszeitrichtlinie Art. 22 Rz. 1 a.E.
492 KOM (2010) 802, S. 8: Österreich, Dänemark, Finnland, Griechenland, Irland, Italien, Litauen, Luxemburg, Portugal, Rumänien und Schweden.
493 *Buschmann*, FS Düwell, 2011, 34 (38); *Stärker*, EU-Arbeitszeitrichtlinie, Art. 22 Rz. 8.
494 Zur Unwirksamkeit von Ausnahmevorschriften wegen Verstoßes gegen die GRC vgl. EuGH v. 1.3.2011 – C-236/09 – Test Achat, Slg. 2011, I-773.
495 Vgl. dazu EuGH v. 22.10.1987 – C-314/85 – Foto-Frost, Slg. 1987, I-4199; a.A. BAG v. 23.6.2010 – 10 AZR 543/09, NZA 2010, 1081 (1085), ohne Auseinandersetzung mit der GRC.
496 BAG v. 23.6.2010 – 10 AZR 543/09, NZA 2010, 1081.
497 BVerwG v. 20.7.2017 – 2 C 31/16, NVwZ 2018, 419 (421).
498 Callies/Ruffert/*Ruffert*, Art. 288 AEUV Rz. 32.
499 BVerwG v. 20.7.2017 – 2 C 31/16, NVwZ 2018, 419 (424).

VII. Abweichungsmöglichkeiten und Ausnahmen | Rz. 7.291 § 7

Eine Abweichung durch **Tarifvertrag und damit erst Recht durch Betriebsvereinbarung** ist nicht möglich.[500] Das ergibt sich neben der Entstehungsgeschichte aus dem Wortlaut der Arbeitszeitrichtlinie, der anders als Art. 17 und 18 ArbZ-RL keinen Verweis auf einen Tarifvertrag enthält. Der Tarifvertrag ist aus Sicht des Unionsrechts auch kein zusätzliches im Rahmen von Art. 22 ArbZ-RL verzichtbares Schutzinstrument. Vielmehr ist die Wertung der Richtlinie, dass der Schutz durch Tarifverträge im Verhältnis zum staatlichen Recht minderwertig ist. Bereits in der SIMAP-Entscheidung hat der EuGH darauf hingewiesen, dass aus der Systematik der Arbeitszeitrichtlinie folgt, dass Art. 22 ArbZ-RL für eine Anwendung durch die Tarifvertragsparteien nicht zur Verfügung steht.[501] Die Art. 17 und 18 ArbZ-RL stehen auch aufgrund ihrer Entstehungsgeschichte in einem Alternativverhältnis zu Art. 22 ArbZ-RL, die unterschiedlichen Systemen der Regulierung der Arbeitsbeziehungen Rechnung tragen. Aufgrund des systematischen Unterschiedes zu Art. 17 und 18 ArbZ-RL, weil sie zwischen staatlichem und tarifvertraglichem Gebrauch von Abweichungsbefugnissen differenzieren, besteht **kein Raum** für einen **Gebrauch oder eine Umsetzung des Art. 22 ArbZ-RL durch die Tarifvertragsparteien**. Dementsprechend ist es den Mitgliedstaaten auch verwehrt, darauf zu verweisen, die Tarifvertragsparteien sollten für die Einhaltung der Vorgaben des Art. 22 ArbZ-RL sorgen. Dementsprechend können Tarifverträge auch nicht darauf kontrolliert werden, ob sie die Vorgaben des Art. 22 ArbZ-RL einhalten.[502] Bereits in dem Moment, in dem dies erforderlich wird, liegt ein Verstoß gegen die Richtlinie vor, weil daraus umgekehrt folgt, dass die staatlichen Umsetzungsnormen so unzureichend sind, dass zu diesem Mittel gegriffen werden muss. Ungeachtet dessen ist in diesen Konstellationen ohnehin eine Vorlage nach Art. 267 AEUV geboten, weil bereits Zweifel an der Wirksamkeit von Art. 22 ArbZ-RL bestehen.

7.289

Die Mitgliedstaaten müssen eine den Anforderungen des Art. 22 ArbZ-RL genügende gesetzliche Regelung schaffen, wenn sie von Art. 22 ArbZ-RL Gebrauch machen.[503] Um dem **Erfordernis der Rechtssicherheit** zu genügen, muss die der Umsetzung einer Richtlinie dienende innerstaatliche Vorschrift **konkret, bestimmt sowie klar formuliert sein und ihre Verbindlichkeit muss unbestreitbar** sein.[504] Es müssen transparente und eindeutige Regelungen vorgesehen werden, aus denen sich der Umfang des Gebrauchs von Art. 22 ArbZ-RL, ebenso wie die Einschränkungen, die zur Umsetzung der Vorgaben der Richtlinie vorgesehen werden, ergeben. Art. 22 Abs. 1 UAbs. 1 verlangt, dass ein Mindestmaß an Schutz bestimmbar bleibt.[505] Das bedeutet, dass die Tatbestände ohne Auslegung- oder Interpretationsspielraum subsumtionsfähig sein müssen.

7.290

Das BAG hat mittlerweile festgestellt, dass § 7 Abs. 2a ArbZG keine Vorgaben enthält, wie eine Gefährdung der Gesundheit der Arbeitnehmer ausgeschlossen werden soll.[506] Insoweit liegt aber nicht nur ein **Transparenzverstoß** gegen die Arbeitszeitrichtlinie, sondern ein unzureichender Gebrauch von einer Ausnahmevorschrift vor. Der Verweis, § 7 Abs. 2a ArbZG sei auf „**Bereitschaftsdienst und Arbeitsbereitschaft**" begrenzt,[507] geht unionsrechtlich betrachtet ins Leere. Denn dann lautet das Argument aus unionsrechtlicher Sicht, die Abweichungsbefugnisse seien auf „Arbeitszeit" und „Arbeitszeit" beschränkt (vgl. zum Arbeitszeitbegriff Rz. 7.97 ff.). Das ist erkennbar keine Einschränkung zum Gesundheitsschutz.

7.291

---

500 *Schubert*, GesR 2012, 326 (330); *Ulber D.*, ZTR 2005, 70 (74); EuArbR/*Gallner*, RL 2003/88/EG Art. 22 Rz. 3; a.A. *Baeck/Deutsch*, § 7 ArbZG Rz. 109, 112.
501 EuGH v. 3.10.2000 – C-303/98 – SIMAP, Slg. 2000, I-7963 Rz. 73; vgl. dazu *Buschmann*, AuR 2004, 1 (4 f.).
502 A.A. BAG v. 23.6.2010 – 10 AZR 543/09, NZA 2010, 1081.
503 EuGH v. 21.10.2010 – C-227/09 – Accardo, Slg. 2010, I-10273 Rz. 56 ff.; *Buschmann*, AuR 2004, 1 (5); *Ulber D.*, ZTR 2005, 70 (74).
504 EuGH v. 21.10.2010 – C-227/09 – Accardo, Slg. 2010, I-10273 Rz. 56 ff.; BVerwG v. 15.12.2011 – 2 C 41/10, NVwZ 2012, 641 (643).
505 EuGH v. 21.10.2010 – C-227/09 – Accardo, Slg. 2010, I-10273 Rz. 56 ff.; v. 14.10.2010 – C-243/09 – Fuß I, Slg. 2010, I-9849 Rz. 58.
506 BAG v. 23.6.2010 – 10 AZR 543/09, NZA 2010, 1081 (1084).
507 So offenbar *Baeck/Deutsch*, § 7 ArbZG Rz. 114.

7.292 Das BAG hingegen wendet nunmehr die Rechtsprechung des EuGH zu den Mindestruhezeiten und den Art. 17 und 18 ArbZ-RL in der Rechtssache *Jaeger*[508] auf Art. 22 ArbZ-RL an und kontrolliert die auf Grundlage von § 7 Abs. 2a ArbZG vereinbarten Tarifverträge daraufhin, ob sie diese Vorgaben einhalten.[509] Darin liegt eine – zugegebenermaßen sehr elegante – **Umgehung der Vorlageverpflichtung** nach Art. 267 AEUV[510], weil suggeriert wird, es läge bereits Rechtsprechung des EuGH zu Art. 22 ArbZ-RL vor, die eine solche Vorlage entbehrlich macht. Der Praxis ist zu raten, sofern das BAG diese Rechtsprechungslinie fortsetzen sollte, Verfassungsbeschwerde wegen Verstoßes gegen Art. 101 Abs. 1 Satz 2 GG zu erheben (Rz. 2.63 ff.).

7.293 Selbst wann man die Entscheidung des BAG für den Privatsektor für noch vertretbar hielte, müsse man gleichwohl bei einem öffentlichen Arbeitgeber zu einer Vorlageverpflichtung an den EuGH kommen. Denn soweit § 7 Abs. 2a ArbZG, wie das BAG selbst ausführt, keine Vorgaben zum Gesundheitsschutz beinhaltet,[511] ist Art. 22 ArbZ-RL nicht ordnungsgemäß umgesetzt. Damit stellt sich die Frage, ob § 7 Abs. 2a ArbZG gegenüber staatlichen Stellen insgesamt nicht anwendbar ist. Diese Frage lässt sich nicht dadurch umgehen, dass man Art. 22 ArbZ-RL für durch die Tarifvertragsparteien umsetzbar erklärt, weil die Arbeitszeitrichtlinie dies nicht zulässt (vgl. Rz. 7.289). Es besteht damit dringender gesetzgeberischer Klarstellungsbedarf, weil vor diesem Hintergrund **Tarifvertragsnormen im öffentlichen Dienst, soweit sie ausschließlich auf § 7 Abs. 2a ArbZG gestützt werden können, unwirksam sind.**

7.294 Vor diesem Hintergrund ist es erst Recht unionsrechtswidrig, wenn in Tarifverträgen die Abweichungsbefugnis auf die Betriebsparteien übertragen wird (vgl. Rz. 7.289).[512] Dementsprechend sind auch **Dienstvereinbarungen** im öffentlichen Dienst **nichtig**, soweit sie Regelungen beinhalten, die nur nach Art. 22 ArbZ-RL zu rechtfertigen sind.

7.295 Es ist mit den Vorgaben des Unionsrechts unvereinbar, anzunehmen, nationale Tarifverträge könnten im Einzelfall darauf kontrolliert werden, ob sie die Sicherheit und die Gesundheit der Arbeitnehmer hinreichend schützen, und deswegen sei der Staat befugt, die Aufgabe der Einhaltung der Arbeitszeitrichtlinie nicht selbst wahrzunehmen. Dies würde die Effektivität des Schutzes der Sicherheit und der Gesundheit der Arbeitnehmer in unzumutbarer Weise beeinträchtigen. Vielmehr darf die gesetzliche Regelung keine Unklarheiten lassen.[513] Unbestimmte Rechtsbegriffe und generalklauselartige Formulierungen sind daher unzulässig. Es müssen konkrete, ohne Auslegung subsumtionsfähige Obergrenzen der Abweichungsbefugnis definiert werden.

7.296 Andernfalls käme es nicht nur zu einem Transparenzverstoß, weil die Grenzen der zulässigen Vereinbarungen sich nicht eindeutig aus dem Gesetz ergeben. Es käme auch unter Berücksichtigung der Rechtsprechung in der Rechtssache *Fuß*[514] zu einer **Beeinträchtigung des effektiven Rechtsschutzes** für die Bürger, weil die Wahrnehmung der Rechte aus der Arbeitszeitrichtlinie erschwert wird, weil das Mindestmaß an Schutz, das die staatlichen Vorschriften gewähren, nicht erkennbar ist.

c) Einwilligungserfordernis

7.297 Nach Art. 22 Abs. 1 Buchst. a ArbZ-RL müssen die Mitgliedstaaten dafür sorgen, dass kein Arbeitgeber von einem Arbeitnehmer verlangt, im Durchschnitt des in Art. 16 Buchst. b ArbZ-RL geregelten Bezugszeitraums mehr als 48 Stunden pro 7-Tageszeitraum zu arbeiten, es sei denn, dieser hat sich hierzu bereit erklärt. Die Bereitschaftserklärung muss **durch den Arbeitnehmer** selbst er-

---

508 EuGH v. 9.9.2003 – C-151/02 – Jaeger, Slg. 2003, I-8389 Rz. 30.
509 BAG v. 23.6.2010 – 10 AZR 543/09, NZA 2010, 1081 (1085).
510 *Kohte*, FS Bepler, 2012, 287 (294).
511 BAG v. 23.6.2010 – 10 AZR 543/09, NZA 2010, 1081 (1084).
512 A.A. *Baeck/Deutsch*, § 7 ArbZG Rz. 112.
513 EuGH v. 21.10.2010 – C-227/09 – Accardo, Slg. 2010, I-10273 Rz. 56 ff.
514 EuGH v. 14.10.2010 – C-243/09 – Fuß I, Slg. 2010, I-9849.

folgen.⁵¹⁵ Sie kann nicht durch einen Tarifvertrag oder eine Betriebsvereinbarung ersetzt werden.⁵¹⁶ Auch eine Bezugnahmeklausel auf einen Tarifvertrag ist keine individuelle Bereitschaftserklärung.⁵¹⁷ Bei fehlender Einwilligung steht dem Arbeitnehmer, sobald bei Weiterarbeit seine Arbeitszeit die Grenzen des Art. 6 Buchst. b ArbZ-RL überschreiten würde, ein Leistungsverweigerungsrecht zu.⁵¹⁸ Die Regelung ist unmittelbar anwendbar (vgl. Rz. 7.163).

Die Erklärung muss **freiwillig** erfolgen. Dies ergibt sich insbesondere aus dem in Art. 22 Abs. 1 Buchst. c ArbZ-RL verankerten Benachteiligungsverbot. Es muss gewährleistet sein, dass der Arbeitnehmer die Bereitschaftserklärung **frei und in voller Sachkenntnis der Regelungen, auf die sie sich bezieht, trifft**. Dabei haben die Mitgliedstaaten zu verhindern, dass der Arbeitgeber die schwächere Stellung des Arbeitnehmers ausnutzt. Daher muss die Zustimmung **ausdrücklich, individuell und frei** sein.⁵¹⁹ Die Abgabe einer Einwilligungserklärung darf nicht vor Abschluss des Arbeitsvertrages verlangt werden. Das hat die Kommission bereits 2003 betont.⁵²⁰ Soweit Mitgliedstaaten dagegen verstoßen, könnte dies einer der seltenen Fälle werden, in denen die Kommission bei einem offensichtlichen Verstoß gegen die Arbeitszeitrichtlinie tatsächlich ein Vertragsverletzungsverfahren einleitet. Dass in der Praxis in diesem Sinne freiwillige Einwilligungserklärungen zustande kommen, dürfte die absolute Ausnahme sein.⁵²¹ Angesichts der *„Pression im Klinikalltag"*⁵²² dürfte echte Freiwilligkeit, insbesondere bei Ärzten, nicht zu gewährleisten sein. 7.298

Nach dem klaren Wortlaut der Norm muss die Bereitschaftserklärung **vor Aufnahme der Tätigkeit**, die die Grenzen des Art. 6 ArbZ-RL überschreitet, liegen. Eine nachträgliche Vereinbarung bezüglich bereits geleisteter Arbeit ist nicht möglich. Dies ergibt sich auch aus den in Art. 22 Abs. 1 Buchst. c–e ArbZ-RL verankerten Pflichten. 7.299

Diese Vorgaben hält § 7 Abs. 7 ArbZG nicht ein. Die Vorschrift ist **unionsrechtskonform** dahingehend auszulegen, dass eine **Einwilligung vor Abschluss des Arbeitsvertrages** nicht verlangt werden darf⁵²³, diese aber vor Aufnahme der ersten Tätigkeit abgegeben werden muss. Das ergibt sich ganz selbstverständlich aus dem Freiwilligkeitserfordernis. Eine Vorlage an den EuGH ist daher entbehrlich. Entsprechende vor Abschluss des Arbeitsvertrags erteilte Einwilligungserklärungen sind nichtig. Stellt ein Arbeitgeber einen Arbeitnehmer nicht ein, weil er die entsprechende Erklärung nicht abgibt, hat er Schadensersatz zu leisten. Darüber hinaus wird auch ein Einstellungsanspruch erwogen (zum Benachteiligungsverbot, auch mit Blick auf eine etwaige Kündigung bei Verweigerung der Einwilligung vgl. Rz. 7.307).⁵²⁴ 7.300

Freiwilligkeit liegt nur vor, wenn auch eine **Widerrufsmöglichkeit** besteht. Dies ergibt sich zwingend aus Sinn und Zweck der Arbeitszeitrichtlinie, die dem Schutz der Sicherheit und der Gesundheit der Arbeitnehmer dient.⁵²⁵ Wegen der durch Zeitablauf veränderlichen Umstände, die Grundlage der Erklärung des Arbeitnehmers sind, wird daher vom Begriff der Freiwilligkeit eine Wider- 7.301

---

515 EuGH v. 5.10.2004 – C-397/01, Pfeiffer, Slg. 2004, I-8835 Rz. 80; v. 3.10.2000 – C-303/98 – SIMAP, Slg. 2000, I-7963 Rz. 73.
516 EuGH v. 5.10.2004 – C-397/01, Pfeiffer, Slg. 2004, I-8835 Rz. 81; v. 3.10.2000 – C-303/98 – SIMAP, Slg. 2000, I-7963 Rz. 74.
517 EuGH v. 5.10.2004 – C-397/01 – Pfeiffer, Slg. 2004, I-8835 Rz. 85.
518 HWK/*Gäntgen*, § 7 ArbZG Rz. 19.
519 EuGH v. 5.10.2004 – C-397/01 – Pfeiffer, Slg. 2004, I-8835 Rz. 84.
520 KOM (2003), 842, S. 11.
521 *Boerner*, GS Heinze, 69 (76); *Körner*, NJW 2003, 3606 (3608).
522 *Schunder*, EuZW 2003, 662 (663).
523 *Buschmann/Ulber J.*, § 7 ArbZG Rz. 24c; *Neumann/Biebl*, § 7 ArbZG Rz. 57; *Preis/Ulber D.*, ZESAR 2011, 147 (154).
524 HWK/*Gäntgen*, § 7 ArbZG Rz. 19.
525 Europäische Kommission, ABl. 2017/C 165/01, S. 53 f.; *Ulber D.*, ZTR 2005, 70 (75); a.A. *Baeck/Deutsch*, § 7 ArbZG Rz. 146.

rufsmöglichkeit zwingend vorausgesetzt, soweit man überhaupt zulässt, dass eine Bindung über den jeweiligen Einsatz hinaus begründet wird.[526] Jedenfalls muss bei jeder Änderung der Arbeitszeitregelung eine erteilte Einwilligung wegfallen.[527] Denn sofern die **Bereitschaft in voller Sachkenntnis** erteilt werden soll, kann sie nur auf die dem Arbeitnehmer bei Abgabe bekannten Regelungen bezogen sein.

7.302 Unionsrechtswidrig ist die Widerrufsfrist von 6 Monaten in § 7 Abs. 7 Satz 2 ArbZG. Sie steht in Widerspruch zum Sinn und Zweck der Arbeitszeitrichtlinie.[528] Sofern ein Arbeitnehmer das **Opt-out** als gesundheitsschädlich empfindet, kann er nicht 6 Monate lang an eine Einwilligungserklärung gebunden sein. Die Arbeitszeitrichtlinie zwingt dazu, eine jederzeitige Widerrufsmöglichkeit vorzusehen. Diese darf nicht an Bedingungen geknüpft werden. Gegenüber staatlichen Arbeitgebern kann der Widerruf daher **jederzeit und ohne Einhaltung einer Frist** erklärt werden. In der Literatur wird die grundsätzliche Zulässigkeit einer Widerrufsfrist teilweise bejaht. Dies ergebe sich aus einem Interessenausgleich von Gesundheitsschutz des Arbeitnehmers und Planungssicherheit des Arbeitgebers. Hierfür spreche auch, dass die Arbeitszeitrichtlinie keine Regelung zum Widerruf enthält.[529] Allerdings stützt dieses Argument diejenigen, die eine neue Einwilligung für jeden Arbeitseinsatz für erforderlich halten (Rz. 7.303). Denn bei diesem Verständnis bedarf es in der Tat keiner Regelung zum Widerruf. Im Übrigen würde ein Interessenausgleich unter Berücksichtigung des Gesundheitsschutzes nicht zu einer Widerrufsfrist führen. Beides schließt sich gegenseitig aus. Auch die EU-Kommission verlangt eine Möglichkeit des Arbeitnehmers, „nicht mehr von der Opt-out Möglichkeit Gebrauch zu machen", hält aber eine angemessene Widerrufsfrist für denkbar.[530] Der EFTA-Gerichtshof hält den Verzicht auf eine Widerrufsmöglichkeit dann für denkbar, wenn die allgemeinen Anforderungen an den Gesundheitsschutz so streng ausfallen, dass eine Gefährdung der Arbeitnehmer ausgeschlossen ist. Das ist praktisch nicht möglich. Zudem will der EFTA-Gerichtshof jedenfalls bei Eintritt ungewöhnlicher Umstände doch einen Widerruf verlangen.[531] Ohne **Vorlage an den EuGH** dürfte jedenfalls bei staatlichen Arbeitgebern ein fristloser Widerruf einer etwaigen Einwilligung nicht für rechtsunwirksam erklärt werden.

7.303 Teilweise wird vertreten, die Einwilligung sei insoweit zeitlich zu befristen, als sie an den jeweiligen Bezugszeitraum nach Art. 16 Buchst. b ArbZ-RL gekoppelt sei. Danach dürfte sie maximal auf 4 Monate befristet sein.[532] Vom EuGH nicht entschieden wurde bisher die Frage, ob Art. 22 Abs. 1 Buchst. a ArbZ-RL, neben einer Einwilligung, entsprechend Art. 16 Buchst. b ArbZ-RL die Regelung eines viermonatigen Bezugszeitraumes für die Abweichungen von Art. 6 Buchst. b ArbZ-RL verlangt. Hierfür könnte der Wortlaut der Vorschrift sprechen. Nach diesem bezieht sich die Ausnahmevorschrift auf das Überschreiten der Arbeitszeit von 48 Stunden innerhalb des in Art. 16 Buchst. b ArbZ-RL genannten Bezugszeitraums. Die Nennung von Art. 16 Buchst. b ArbZ-RL in Art. 22 Abs. 1 Buchst. a ArbZ-RL wäre überflüssig, wenn nicht auch Abweichungen von der durchschnittlichen wöchentlichen Höchstarbeitszeit in Art. 6 Buchst. b ArbZ-RL diesem Bezugszeitraum unterfallen würden.[533] Auch dem Zweck der Richtlinie entspricht das Erfordernis eines Bezugszeitraums, da dieser dem Schutz der Gesundheit und Sicherheit der Arbeitnehmer dient.

---

526 A.A. LAG Hamm v. 2.2.2012 – 17 Sa 1001/11, n.v., Rz. 145 ff.
527 *Ulber D.*, ZTR 2005, 70 (75).
528 *Buschmann*, AuR 2004, 1 (5); offenlassend BVerwG v. 20.7.2017 – 2 C 31/16 Rz. 31, KommJur 2018, 150 ff.; OVG Berlin-Brandenburg – OVG 6 B 31.15 Rz. 40.
529 EuArbR/*Gallner*, RL 2003/88/EG Art. 22 Rz. 10; a.A. Europäische Kommission, ABl. 2017/C 165/01, S. 8.
530 Europäische Kommission, ABl. 2017/C 165/01, S. 8, 54.
531 EFTA-Gerichtshof v. 16.12.1015 – E-5/15 – Matja Kumba T M'bye Rz. 62 ff.
532 EAS/*Balze*, B 3100 Rz. 118.
533 BVerwG v. 20.7.2017 – 2 C 31/16 Rz. 29, KommJur 2018, 150 ff., das BVerwG lässt diese Frage jedoch im Ergebnis offen.

Dieser schränkt nämlich die Möglichkeit ein, Überschreitungen der Höchstarbeitszeit einer Woche durch geringere Arbeitszeiten in anderen Wochen auszugleichen.⁵³⁴

d) Benachteiligungsverbot

Nach Art. 22 Buchst. b ArbZ-RL dürfen keinem Arbeitnehmer Nachteile daraus entstehen, dass er nicht bereit ist, eine über 48 Stunden im Durchschnitt des in Art. 16 Buchst. b ArbZ-RL genannten Bezugszeitraums hinausgehende Arbeitszeit abzuleisten. Damit gerät das **gesamte nationale Arbeitsrecht** in den Anwendungsbereich der Arbeitszeitrichtlinie, soweit es sich auf Maßnahmen bezieht, die wegen der fehlenden Bereitschaft zur Ableistung entsprechender Dienste ergriffen werden. Eine Kündigung wegen der Weigerung eine Einwilligungserklärung abzugeben ist unwirksam.⁵³⁵ Gleichwohl müssen diese Regelungen transparent und hinreichend bestimmt sein, sodass etwa allgemeine Rechtsgrundsätze, wie die beamtenrechtliche Fürsorgepflicht nicht ausreichend sind.⁵³⁶ Damit dem Benachteiligungsverbot eine praktische Wirksamkeit zukommt, muss auch der juristisch unkundige Arbeitnehmer sich auf dieses berufen können. Folglich hat der nationale Gesetzgeber das Benachteiligungsverbot in Art. 22 Buchst. b ArbZ-RL hinreichend bestimmt, klar und transparent in nationales Recht umzusetzen (vgl. Rz. 7.296).⁵³⁷ Jedenfalls müssen die Normen, die die ArbZ-RL umsetzen, entweder selbst ein Benachteiligungsverbot beinhalten oder aber zumindest auf Vorschriften verweisen, die ein solches enthalten.⁵³⁸ Das **Benachteiligungsverbot** hat der EuGH in der Rechtssache *Fuß I* sehr weitreichend interpretiert.⁵³⁹

7.304

Sofern Regelungen in ArbZ-VO der Bundesländer auf Art. 22 ArbZ-RL gestützt werden, müssen diese ein ausdrückliches Benachteiligungsverbot enthalten.⁵⁴⁰ Fehlt es hieran, ist die Regelung, soweit sie nur auf Art. 22 ArbZ-RL gestützt werden kann, unwirksam.⁵⁴¹ Eine fehlende Regelung kann auch nicht durch einen Verweis auf die allgemeine beamtenrechtliche Fürsorgepflicht ersetzt werden.⁵⁴²

7.305

Das Benachteiligungsverbot erstreckt sich auf **alle Maßnahmen**, die der Arbeitgeber zumindest auch wegen der **fehlenden Bereitschaft, unter Überschreitung der Grenzen des Art. 6 Buchst. b ArbZ-RL zu arbeiten, ergreift**. Dabei erkennt es der EuGH nicht als Sachgrund an, dass ohne die Bereitschaftserklärung der Dienst- oder Schichtplan nicht funktioniert. Eine Umsetzung ist nach seiner Auffassung, auch unter Berücksichtigung etwaiger Probleme bei der Dienst- oder Schichtplangestaltung, unzulässig.⁵⁴³

7.306

Für die Praxis hat das die Konsequenz, dass soweit auch nur ein einziger Arbeitnehmer keine Einwilligung erteilt, die Arbeitszeitgestaltung so angepasst werden muss, dass dieser auf seinem bestehenden Arbeitsplatz verbleiben kann. Aufgrund der Rechtsprechung des EuGH sind **Versetzungen und Umsetzungen unzulässig**. Das gilt erst Recht für **Kündigungen**, die ausgespro-

7.307

---

534 BVerwG v. 20.7.2017 – 2 C 31/16 Rz. 31, KommJur 2018, 150 ff.; OVG Berlin-Brandenburg – OVG 6 B 31.15 Rz. 23.
535 EFTA-Gerichtshof v. 16.12.1015 – E-5/15 – Matja Kumba T M'bye Rz. 77 ff.
536 BVerwG v. 20.7.2017 – 2 C 31/16, NVwZ 2018, 419 (421).
537 EuGH v. 9.9.1999 – C-217/97 – Slg. 1999, I-05087 Rz. 31 f.; v. 20.5.1992 – C-190/90 – Slg. 1992, I-3265 Rz. 17; vgl. auch BVerwG v. 20.7.2017 – 2 C 31/16 Rz. 21 f., KommJur 2018, 150 ff.
538 BVerwG v. 20.7.2017 – 2 C 31/16, NVwZ 2018, 419 (421).
539 Nachzulesen bei EuGH v. 14.10.2010 – C-243/09 – Fuß I, Slg. 2010, I-9849 Rz. 26; vgl. dazu *Preis/Ulber D.*, ZESAR 2011, 147.
540 BVerwG v. 20.7.2017 – 2 C 31/16, NVwZ 2018, 419 (422).
541 BVerwG v. 20.7.2017 – 2 C 31/16, NVwZ 2018, 419.
542 BVerwG v. 20.7.2017 – 2 C 31/16, NVwZ 2018, 419 (421 f.).
543 EuGH v. 14.10.2010 – C-243/09 – Fuß I, Slg. 2010, I-9849 – Rz. 65.

chen werden, weil ohne Einwilligungserklärung keine Beschäftigungsmöglichkeit besteht.⁵⁴⁴ Etwas anderes gilt nur dann, wenn auch bei unionsrechtskonformer Umorganisation keine Beschäftigung möglich ist, die nicht gegen Schutznormen zugunsten des Arbeitnehmers verstößt.⁵⁴⁵ Einzelne Arbeitnehmer können im Wege des allgemeinen **Beschäftigungsanspruchs** Beschäftigung zu unionsrechtskonformen Bedingungen verlangen.⁵⁴⁶ Kurzum: Das Unionsrecht lässt eine innerbetriebliche Organisation nicht zu, die nur funktioniert, wenn alle oder eine bestimmte Zahl von Arbeitnehmern eine Einwilligungserklärung abgeben. Maßnahmen, die mit einer solchen Organisation begründet werden, sind stets unzulässig.

7.308 Der Arbeitgeber ist verpflichtet, einem etwaigen **Mobbing** von Arbeitnehmern, die die Abgabe einer Einwilligungserklärung verweigern, durch Arbeitskollegen und Vorgesetzte entgegenzutreten.⁵⁴⁷ Dies ist insbesondere im Klinikbereich von Bedeutung.

7.309 Umstritten ist, ob die Arbeitszeitrichtlinie eine Benachteiligung nicht nur durch den Arbeitgeber, sondern ganz allgemein ausschließen will.⁵⁴⁸ Das Problem stellt sich vor allem dann, wenn ein Bewerber nicht eingestellt wird, weil er nicht bereit ist, eine Einwilligung zu erteilen. Sozialversicherungsrechtliche Nachteile dürfen ihm dadurch nicht entstehen, weil er bei unionsrechtskonformer Auslegung des § 7 Abs. 7 Satz 3 ArbZG ein rechtswidriges Verlangen des Arbeitgebers abgelehnt hat.

e) Verwaltungsvorschriften (Art. 22 Abs. 1 Buchst. c–e ArbZ-RL)

7.310 Die Mitgliedstaaten haben bei Gebrauch von Art. 22 ArbZ-RL Vorschriften zur effektiven Überwachung der Einhaltung des Mindestmaßes an Sicherheit und Gesundheitsschutz der Arbeitnehmer vorzusehen. Art. 22 Abs. 1 Buchst. d ArbZ-RL geht davon aus, dass es **Behörden** geben muss, die die Befugnis haben, zum Schutz der Sicherheit und Gesundheit der Arbeitnehmer die auf der Grundlage von Art. 22 ArbZ-RL gestatteten Überschreitungen der wöchentlichen Höchstarbeitszeit zu begrenzen oder zu beschränken.

7.311 Damit müssen die Aufsichtsbehörden die **Befugnis** haben und ausüben, eine Überschreitung der wöchentlichen Höchstarbeitszeit auf Grundlage von § 7 Abs. 2a ArbZG wegen Verletzung der Sicherheit und Gesundheit der Arbeitnehmer einzuschränken.

7.312 Die Verwaltungsvorschriften müssen eine Pflicht des Arbeitgebers beinhalten, **Listen** über die Arbeitnehmer zu führen, die sich bereit erklärt haben, im Durchschnitt des in Art. 16 Buchst. b ArbZ-RL genannten Bezugszeitraums mehr als 48 Stunden innerhalb eines 7-Tageszeitraums zu arbeiten. Die Dokumentationspflicht erstreckt sich auch auf die **Bereitschaftserklärung**, weil nur Arbeitnehmer in dieser Weise beschäftigt werden dürfen, die eine solche abgegeben haben und die Behörden bereits darüber informiert werden müssen. Solche Aufzeichnungspflichten verstoßen nicht gegen den Datenschutz, wenn sie sich auf das zur Wahrnehmung der Überwachungsaufgaben Erforderliche beschränken.⁵⁴⁹

7.313 Eine Pflicht zur Listenführung sieht das ArbZG in § 16 Abs. 2 Satz 1 vor. Eine Möglichkeit Einsicht zu verlangen, bietet § 17 Abs. 4 ArbZG.

---

544 *Preis/Ulber D.*, ZESAR 2011, 147 (153 f.); APS/*Preis*, A. Rz. 39.
545 BAG v. 24.2.2005 – 2 AZR 211/04, ArbRB 2005, 291 = NZA 2005, 759.
546 Vgl. hierzu BAG v. 9.4.2014 – 10 AZR 637/13, NZA 2014, 719.
547 *Ankersen/Boemke* in Boemke/Kern, Arbeitszeit im Gesundheitswesen, S. 110 berichten von einem jahrelangen „Spießrutenlauf" des Arztes Dr. Jaeger, der das gleichnamige Urteil EuGH v. 9.9.2003 – C-151/02 – Jaeger, Slg. 2003, I-8389 erwirkt hat.
548 *Buschmann/Ulber J.*, § 7 ArbZG Rz. 43.
549 EuGH v. 30.5.2013 – C-342/12 – Worten, NZA 2013, 723 Rz. 43 ff.

f) Einhaltung der allgemeinen Grundsätze der Sicherheit und des Gesundheitsschutzes

Art. 22 ArbZ-RL verlangt von den Mitgliedstaaten bei Gebrauch von der Ausnahmevorschrift die Einhaltung **der allgemeinen Grundsätze der Sicherheit und des Gesundheitsschutzes der Arbeitnehmer**. Es handelt sich um eine zwingende Vorgabe.[550] Angesichts der Tatsache, dass die Vorschrift von einer der wichtigsten Schutzvorschriften der Arbeitszeitrichtlinie abweicht, sind **besonders hohe Anforderungen** an die Einhaltung dieser Vorgabe zu stellen. Die Mitgliedstaaten müssen daher eigenständig **zusätzliche Schutzvorschriften** vorsehen.[551]   7.314

Da die weiteren Maßnahmen nach Art. 22 Abs. 1 Buchst. a–e ArbZ-RL lediglich die individuelle Entscheidung des Arbeitnehmers über die Arbeit zu den verlängerten Arbeitszeiten sichern, ist ihre Einhaltung nicht gleichzeitig als Einhaltung der allgemeinen Grundsätze der Sicherheit und des Gesundheitsschutzes zu sehen. Gesundheitsschädliche und gefährliche Arbeitsbedingungen werden nicht dadurch gesund oder sicher, dass der Arbeitnehmer zu ihnen arbeiten möchte. Auch das Arbeiten ohne Helm ist nicht sicher, weil ein Arbeitnehmer sich dazu bereit erklärt. Eine abweichende Sichtweise ist mit Grundprinzipien des Arbeitsschutzrechts unvereinbar.[552] Sie würde dem Charakter des Arbeitszeitrechts als öffentliches Gefahrenabwehrrecht widersprechen. Sinn und Zweck der Arbeitszeitrichtlinie stehen einer derartigen Verkürzung des Gesundheitsschutzes entgegen.   7.315

Demgegenüber ist das LAG Hamm der Auffassung, Art. 22 Abs. 1 ArbZ-RL verlange keine die Individualvereinbarung begleitenden Maßnahmen.[553] Diese Auffassung ist nicht vertretbar. Für das BAG wäre eine solche Entscheidung ohne Vorlage an den EuGH nicht zulässig.   7.316

Die Mitgliedstaaten haben beim Gebrauch von Ausnahmevorschriften dem **Grundsatz der Rechtssicherheit** zu genügen. In dieser Hinsicht müssen Bestimmungen, die fakultative Abweichungen von den Grundsätzen einer Richtlinie erlauben, mit der **Bestimmtheit und Klarheit** umgesetzt werden, die erforderlich ist, um den Erfordernissen dieses Grundsatzes zu genügen (vgl. auch Rz. 7.295).   7.317

Nach diesen Grundsätzen ist **§ 7 Abs. 2a ArbZG unionsrechtswidrig**. Die Vorschrift beschränkt sich auf eine substanzlose Wiedergabe von Umsetzungspflichten des Gesetzgebers, die auf die Tarifvertragsparteien abgeschoben werden.[554] Die „**besonderen Regelungen**", die die Vorschrift zur Kompensation des Gebrauchs von den Abweichungsmöglichkeiten verlangt, haben „**Feigenblattfunktion**"[555]. Abgesehen davon, dass eine solche Regelungstechnik schon nach dem Wortlaut des Art. 22 ArbZ-RL unzulässig ist, sind die Vorgaben des § 7 Abs. 2a ArbZG inhaltlich unklar. Das BAG ist erkennbar nicht in der Lage, der Vorschrift subsumtionsfähige Vorgaben abzuringen.[556] Gleichwohl hat es in einer Entscheidung angenommen, Tarifvertragsnormen seien mit der Arbeitszeitrichtlinie vereinbar[557], obwohl man nicht weiß, wie deren Anforderungen inhaltlich aussehen. Diese überaus bemerkenswerte Rechtsprechung stellt eine **Umgehung der Vorlageverpflichtung nach Art. 267 AEUV dar** (vgl. hierzu Rz. 2.39 ff.), weil Rechtsprechung des EuGH dazu fehlt, unter welchen Voraussetzungen die Mitgliedstaaten die allgemeinen Grundsätze des Gesundheitsschutzes und der Sicherheit wahren.[558] Dies ist in der Rechtssache *Jaeger* zu Art. 22 ArbZ-RL nicht entschieden worden.[559]   7.318

---

550 BAG v. 23.6.2010 – 10 AZR 543/09, NZA 2010, 1081 (1084 f.).
551 *Wank*, AuR 2011, 175.
552 *Kohte*, FS Bepler, 2012, 287 (293).
553 LAG Hamm v. 2.2.2012 – 17 Sa 1001/11, n.v., Rz. 160.
554 *Kohte*, FS Bepler, 2012, 287 (291); *Wank*, AuR 2011, 175 (176).
555 *Körner*, NJW 2006, 3606 (3608).
556 BAG v. 23.6.2010 – 10 AZR 543/09, NZA 2010, 1081 (1084 f.); *Kohte*, FS Bepler, 2012, 287 (296).
557 BAG v. 23.6.2010 – 10 AZR 543/09, NZA 2010, 1081 (1084).
558 *Buschmann/Ulber J.*, § 7 ArbZG Rz. 43; *Wank*, AuR 2011, 175 (176); zu den verfassungsrechtlichen Konsequenzen vgl. BVerfG v. 3.3.2014 – 1 BvR 2083/11, WM 2014, 647.
559 A.A. BAG v. 23.6.2010 – 10 AZR 543/09, NZA 2010, 1081 (1085).

7.319 Die Reichweite der Entscheidung des BAG ist auf den **privatrechtlichen Bereich** beschränkt.[560] Insoweit hält das BAG die Vorschrift selbst bei Unionsrechtswidrigkeit für weiterhin anwendbar.[561] Das passt allerdings nicht ganz zur nachgelagerten Kontrolle von Tarifverträgen auf ihre Vereinbarkeit mit der Arbeitszeitrichtlinie. Im Übrigen erscheint im Lichte des Art. 31 Abs. 2 GRC die Frage eines möglichen Anwendungsvorrangs des Unionsrechts mit der vom BAG gegebenen Begründung nicht beantwortet (vgl. Rz. 7.286).

7.320 **Öffentliche Arbeitgeber** können sich wegen der Verletzung der Umsetzungspflichten[562] nach Art. 22 Abs. 1 ArbZ-RL nicht auf Art. 7 Abs. 2a ArbZG berufen. Dieser ist ihnen gegenüber **unanwendbar**. Soweit Tarifvertragsnormen im öffentlichen Dienst ausschließlich auf § 7 Abs. 2a ArbZG gestützt werden können, sind sie daher **unwirksam**.

g) Umfang der Abweichungsbefugnis: Art. 6 ArbZ-RL

7.321 Das sog. „**Opt-out**" nach Art. 22 ArbZ-RL lässt es lediglich zu, Art. 6 ArbZ-RL nicht anzuwenden. Art. 22 ArbZ-RL kann dementsprechend auch nur die **Überschreitung der durchschnittlichen wöchentlichen Höchstarbeitszeit von 48 Stunden** rechtfertigen. Abweichungen von den Art. 3, 4, 5, 8 und 16 ArbZ-RL sind nicht vorgesehen. Diese sind nur bei Gebrauch der in Art. 17 (Rz. 7.225 ff.) und 18 ArbZ-RL (Rz. 7.267 ff.) vorgesehenen Abweichungsmöglichkeiten zulässig.

7.322 Aufgrund der fehlenden Möglichkeit, bei Gebrauch von Art. 22 ArbZ-RL von den Art. 3, 4, 5 und 8 ArbZ-RL abzuweichen, stellt sich die Frage, ob bei Gebrauch von Art. 22 ArbZ-RL gleichzeitig eine **kumulativ wirkende Abweichung** von den genannten Vorschriften auf Grundlage von Art. 17 und 18 der ArbZ-RL zulässig ist.[563] Der EuGH hat bereits entschieden, dass dann, wenn die regelmäßige tägliche Arbeitszeit abweichend von den allgemeinen Regeln durch die Ableistung von Bereitschaftsdienst verlängert wird, das Erfordernis der Gewährung von unmittelbar an die Arbeitsperiode anschließenden, zusammenhängenden und effektiven Ruhepausen **dringlicher** wird.[564] Das heißt, dass der Gebrauch von den Ausnahmevorschriften zu einer **Ausweitung der Ruhezeit** führen muss, die **kompensatorisch** wirkt. Wenn aber bereits die Abweichung von den Mindestruhezeiten unter dem **Vorbehalt kompensatorischer Regelungen** zum Gesundheitsschutz steht, stellt sich die Frage, wie eine Kumulierung dieser Abweichungsbefugnis mit Art. 22 ArbZ-RL diese Anforderungen noch erfüllen soll. Wenn kein Raum für Kompensation mehr bleibt, weil von allen Vorschriften gleichzeitig abgewichen werden kann, dürfte dies insgesamt mit der Richtlinie unvereinbar sein.

7.323 Mit Blick auf § 7 Abs. 2a ArbZG könnte sich daher eine unionsrechtskonforme Auslegung der Vorschrift anbieten, nach der nur entweder von § 3 ArbZG oder aber von den §§ 5 Abs. 1 und 6 Abs. 2 ArbZG abgewichen werden darf. Dazu müsste dem EuGH die Frage gestellt werden, ob die Abweichungen nach Art. 22 ArbZ-RL mit denen der Art. 17 und 18 ArbZ-RL kombiniert werden können. Sollte der EuGH dies für möglich halten, stellt sich die Frage, nach dem Umfang, in dem dies zulässig ist.

7.324 Dass § 7 Abs. 2a ArbZG tatbestandlich nicht einmal ansatzweise als Ausnahmevorschrift gefasst ist, ist ebenfalls unionsrechtswidrig.[565] Die Beschränkung auf Arbeitsbereitschaft und Bereitschaftsdienst ist aus Sicht der Arbeitszeitrichtlinie ungeeignet, einen Ausnahmecharakter zu begründen, weil die Arbeitszeitrichtlinie beide Dienstformen als gleichwertige Arbeitszeit ansieht (Rz. 7.97 ff.). Auf die Frage der Intensität der Belastung kommt es für den Arbeitszeitbegriff des

---

560 BAG v. 23.6.2010 – 10 AZR 543/09, NZA 2010, 1081 (1085).
561 Krit. *Wank*, AuR 2011, 175 (177).
562 Vgl. zu dieser Folge EuGH v. 21.10.2010 – C-227/09 – Accardo, Slg. 2010, I-10273 Rz. 46.
563 Tendenziell wohl EFTA-Gerichtshof v. 16.12.1015 – E-5/15 – Matja Kumba T M'bye Rz. 53.
564 EuGH v. 14.10.2010 – C-428/09 – Union syndicale Solidaires Isère, Slg. 2010, I-9961 Rz. 51; v. 9.9.2003 – C-151/02 – Jaeger, Slg. 2003, I-8389 Rz. 95.
565 *Buschmann/Ulber J.*, § 7 ArbZG Rz. 43.

Unionsrechts nicht an (Rz. 7.114). Das Argument, aus Sicht des Unionsrechts sei § 7 Abs. 2a ArbZG eine Ausnahmevorschrift, weil er auf Arbeitszeit (Arbeitsbereitschaft) und Arbeitszeit (Bereitschaftsdienst) beschränkt sei, kann daher nicht überzeugen.

Im Übrigen führt die Anwendung des § 7 Abs. 2a ArbZG in Krankenhäusern zu Arbeitszeitmodellen, bei denen nachts Operationen durch Mitarbeiter durchgeführt werden, deren physische Leistungsfähigkeit sich in einem Zustand befindet, der einer Alkoholisierung mit 1,0 Promille entspricht.[566] Das erscheint nicht nur unter Erforderlichkeitsgesichtspunkten kaum zu rechtfertigen zu sein. Die verfassungsrechtlichen Implikationen des Problems stehen auf einem anderen Blatt. 7.325

VIII. Ausstrahlungswirkung der Arbeitszeitrichtlinie

1. Sanktionen bei Verstößen gegen die Arbeitszeitrichtlinie

Bei Verstößen gegen die Arbeitszeitrichtlinie hat der EuGH in der Rechtssache *Fuß II* einen Staatshaftungsanspruch im Grundsatz bejaht.[567] Jedenfalls die Arbeitnehmer können bei Verstößen gegen Art. 6 Buchst. b ArbZ-RL **Schadenersatz** verlangen. Die Haftung eines öffentlichen Arbeitgebers kann **neben die Haftung des Staates** wegen der Verletzung der Arbeitszeitrichtlinie treten.[568] 7.326

Ansprüche von Beamten können sowohl auf das Unionsrecht als auch auf beamtenrechtliche Grundlagen gestützt werden.[569] Für die unionsrechtswidrig geleistete Zuvielarbeit steht Beamten ein beamtenrechtlicher Ausgleichsanspruch aus dem Grundsatz von Treu und Glauben in Verbindung mit den Regeln über den Ausgleich von Mehrarbeit zu.[570] 7.327

Ein solcher Schadenersatzanspruch kann nicht unter die einschränkende Voraussetzung eines Verschuldens des öffentlichen Arbeitgebers gestellt werden.[571] Ebensowenig kann von dem Arbeitnehmer verlangt werden, dass er einen **Antrag auf Einhaltung des Art. 6 Buchst. b ArbZ-RL** stellt.[572] Dies würde gegen den Effektivitätsgrundsatz und die Systematik der Arbeitszeitrichtlinie verstoßen. Diese sieht vor, dass vor einer Überschreitung der durchschnittlichen wöchentlichen Arbeitszeit von 48 Stunden entsprechend Art. 6 Buchst. b ArbZ-RL nach Art. 22 Abs. 1 Buchst. a ArbZ-RL durch den Arbeitgeber eine Einwilligung des Arbeitnehmers einzuholen ist. Würde man dem Arbeitnehmer abverlangen, zunächst einen Antrag beim Arbeitgeber auf Einhaltung des Art. 6 Buchst. b ArbZ-RL zu stellen, so würde diese Pflicht umgekehrt.[573] Allerdings hält es der EuGH für möglich, einen solchen fehlenden Antrag u.U. in Form eines **Mitverschuldens** beim Umfang des Schadenersatzanspruchs zu berücksichtigen.[574] 7.328

Demgegenüber differenziert das BVerwG offenbar danach, ob der Arbeitnehmer einen Antrag auf Gewährung zeitlichen Ausgleichs stellt. Erst ab diesem Zeitpunkt bestehe eine Ausgleichspflicht, weil ein Ausgleich für die Vergangenheit „nicht angemessen" sei.[575] Das widerspricht 7.329

---

566 *Füllekrug* in Nickel/Füllekrug/Trojan, Arbeitszeitgestaltung im ärztlichen Dienst und Funktionsdienst des Krankenhauses, S. 5 (11).
567 EuGH v. 25.11.2010 – C-429/09 – Fuß II, Slg. 2010, I-12167 Rz. 42 ff.
568 EuGH v. 25.11.2010 – C-429/09 – Fuß II, Slg. 2010, I-12167 Rz. 61.
569 BVerwG v. 26.7.2012 – 2 C 29/11, NVwZ-RR 2012, 972 (973).
570 BVerwG v. 26.7.2012 – 2 C 29/11, NVwZ-RR 2012, 972 (974); v. 29.9.2011 – 2 C 32/10, NVwZ 2012, 643 (644); zur Berechnung VG Düsseldorf v. 2.7.2014 – 26 K 6183/13.
571 EuGH v. 25.11.2010 – C-429/09 – Fuß II, Slg. 2010, I-12167 Rz. 65 ff.
572 EuGH v. 25.11.2010 – C-429/09 – Fuß II, Slg. 2010, I-12167 Rz. 71 ff.; BVerwG v. 26.7.2012 – 2 C 29/11, NVwZ-RR 2012, 972 (974).
573 EuGH v. 25.11.2010 – C-429/09 – Fuß II, Slg. 2010, I-12167 Rz. 84.
574 EuGH v. 25.11.2010 – C-429/09 – Fuß II, Slg. 2010, I-12167 Rz. 75.
575 BVerwG v. 29.9.2011 – 2 C 32/10, NVwZ 2012, 643 (645).

der Rechtsprechung des EuGH in der Rechtssache *Fuß II*. Die Begründung des BVerwG stützt sich auf die nicht anwendbare und auch nicht übertragbare Rechtsprechung des EuGH zu Ausschlussfristen[576], die im Übrigen vom EuGH in der Rechtssache *Fuß II* nicht aufgegriffen wird. Es spielt keine Rolle, ob das Unionsrecht Ausschlussfristen im Allgemeinen zulässt, wenn eine konkrete Richtlinienregelung ihrer Anwendung entgegensteht. Deswegen verstößt die Rechtsprechung des BVerwG insoweit gegen die Arbeitszeitrichtlinie. Wegen der Abweichung des BVerwG von der Entscheidung in der Rechtssache *Fuß II* wäre eine weitere Entscheidung ohne Vorlage nach Art. 267 Abs. 3 AEUV wegen Verstoßes gegen Art. 101 Abs. 1 Satz 2 GG verfassungswidrig (vgl. hierzu Rz. 2.63 ff.). Das BVerwG hat die Frage zuletzt unter erneuter Verletzung von Vorlagepflicht und Art. 101 Abs. 1 Satz 2 GG bestätigt und die abweichende Rspr. des EuGH ignoriert.[577]

7.330 Ein **offensichtlicher und qualifizierter Verstoß** liegt dann vor, wenn der EuGH eine Frage bereits entschieden hat. Ob die nationale Rechtsprechung oder Rechtswissenschaft die Frage für entschieden halten, ist hingegen unmaßgeblich. Der EuGH lässt Zweifel nur dort zu, wo er selbst eine Frage für noch nicht entschieden hält.[578] Dementsprechend gibt es für die Mitgliedstaaten keinen Vertrauensschutz, sobald eine aus Sicht des EuGH einschlägige Entscheidung vorliegt. Selbst dann, wenn das gesamte Schrifttum und die bundesgerichtliche Rechtsprechung eine abweichende Interpretation einer Richtlinie vertreten sollten, ändert dies nichts. Insofern sollten die Gerichte jedenfalls in Konstellationen, in denen eine Haftung des Staates in Betracht kommt, durch Vorlageentscheidungen die Rechtslage so schnell wie möglich klären.

7.331 Die nationalen Gerichte müssen und dürfen die Frage entscheiden, ob dem Arbeitnehmer durch den Richtlinienverstoß kausal ein Schaden entstanden ist. Nach der Rechtsprechung des EuGH dürfte dieser bereits in dem Verlust von Ruhezeiten liegen.[579] Der **Schadenersatz** kann nach **Wahl des Mitgliedstaates** – unter Beachtung des Äquivalenz- und des Effektivitätsgrundsatzes – durch **Freistellung in Form von Freizeit** oder eine **finanzielle Entschädigung** erfolgen.[580] Allerdings ist das nationale Recht unionsrechtskonform auszulegen, wenn es den Verlust von Ruhezeiten nicht als Schaden ansieht.[581]

7.332 Der Schaden liegt bei unionsrechtswidriger Zuvielarbeit in den verlorenen Ruhezeiten.[582] Diese sind in vollem Umfang auszugleichen.[583] Eine **Kürzung wegen der Ableistung von Bereitschaftsdiensten** ist unzulässig.[584] Der Ausgleich hat **vorrangig durch Freizeitausgleich** zu erfolgen.[585] Nur sofern dies aus in der Person des Beschäftigten liegenden Gründen nicht möglich ist, muss ein finanzieller Ausgleich gewährt werden. Das kann etwa der Fall sein, wenn das Beschäftigungsverhältnis zwischenzeitlich geendet hat.[586] Die (beamtenrechtliche) Pflicht zur (vergütungsfreien) Mehrarbeit wirkt sich nicht anspruchsmindernd aus. Dem steht der unionsrechtliche Effektivitätsgrundsatz entgegen.[587] Der Anspruch auf Freizeitausgleich ist umgehend zu erfüllen und kann nicht nach Belieben gestreckt oder verteilt werden. Wenn dies zu schwerwiegenden Beeinträchtigungen des Arbeitsablaufes führt, kann maximal für den Zeitraum, der zur

---

576 BVerwG v. 29.9.2011 – 2 C 32/10, NVwZ 2012, 643 (645).
577 BVerwG v. 20.7.2017 – 2 C 31/16, NVwZ 2018, 419 (421).
578 Vgl. dazu *Preis/Ulber D.*, ZESAR 2011, 147 (148).
579 EuGH v. 25.11.2010 – C-429/09 – Fuß II, Slg. 2010, I-12167 Rz. 59.
580 EuGH v. 25.11.2010 – C-429/09 – Fuß II, Slg. 2010, I-12167 Rz. 91 ff.
581 BVerwG v. 26.7.2012 – 2 C 29/11, NVwZ-RR 2012, 972 (974).
582 BVerwG v. 29.9.2011 – 2 C 32/10, NVwZ 2012, 643 (644).
583 Zur Berechnung vgl. BVerwG v. 26.7.2012 – 2 C 29/11, NVwZ-RR 2012, 972 (974).
584 BVerwG v. 29.9.2011 – 2 C 32/10, NVwZ 2012, 643 (645).
585 BVerwG v. 20.7.2017 – 2 C 31/16, NVwZ 2018, 419 (425); LAG Hamm v. 2.2.2012 – 17 Sa 1001/11 Rz. 201, n.v.
586 BVerwG v. 26.7.2012 – 2 C 29/11, NVwZ-RR 2012, 972 (974).
587 BVerwG v. 26.7.2012 – 2 C 29/11, NVwZ-RR 2012, 972 (975).

ggf. erforderlichen Beschaffung einer Ersatzkraft oder einer Umstellung des Dienstplans erforderlich ist, davon abgewichen werden. So kann etwa der Zeitraum, in dem der Freizeitausgleich bewirkt werden muss, nach dienstlichen Bedürfnissen verlängert werden, um die Einsatzbereitschaft dauerhaft sicherzustellen.[588] Wenn auch dies wegen der Vielzahl der Anspruchsberechtigten nicht möglich ist und es bei der Gewährung von Freizeitausgleich zu einer Gefährdung hochrangiger Rechtsgüter kommen würde, kann auch eine finanzielle Abgeltung erfolgen.[589] Diese ist unter Rückgriff auf die Entgeltregelungen zur Mehrarbeit im jeweiligen Anspruchszeitraum zu berechnen und nicht lediglich als reguläre Arbeitszeit zu vergüten.[590]

Das nationale **Verjährungsrecht** kann bei Ansprüchen, die sich aus einer Verletzung der Arbeitszeitrichtlinie ergeben, angewandt werden.[591] Die Rechtsprechung hat auch nationale Ausschlussfristen auf Ansprüche aus der Arbeitszeitrichtlinie erstreckt.[592] Diese Rechtsprechung basiert freilich auf der fehlerhaften Annahme, vertragliche Ausschlussfristen könnten gesetzliche Ansprüche erfassen.[593] Teilweise lässt man die Anwendung von Ausschlussfristen an den §§ 202, 276 Abs. 3 BGB scheitern, da auch wenn der Dienstherr glaube, er verstoße mit der Anordnung von Mehrarbeit nicht gegen Europarecht, er die Mehrarbeit doch an sich gewollt hat.[594]

7.333

2. Allgemeines Benachteiligungsverbot

Der EuGH hat in seiner Rechtsprechung ein **allgemeines Benachteiligungsverbot** wegen der Berufung auf durch die Arbeitszeitrichtlinie gewährleistete Rechte geschaffen.[595] Dieses ist nicht in Art. 22 ArbZ-RL verankert, sondern ergibt sich unmittelbar aus den jeweiligen Bestimmungen der Arbeitszeitrichtlinie in Verbindung mit dem **Effektivitätsgrundsatz**.[596] Danach müssen die Mitgliedstaaten allen Maßnahmen des Arbeitgebers entgegentreten, die dieser ergreift, um den Arbeitnehmer wegen seiner Berufung auf die Rechte aus der Richtlinie zu **maßregeln oder zu benachteiligen**.[597] So dürfen Arbeitnehmer wegen ihrer Berufung auf die durch die Richtlinie gewährleisteten Rechte nicht versetzt oder umgesetzt werden und zwar ungeachtet der Frage, ob die Versetzung oder Umsetzung dazu führt, dass sie nunmehr im Einklang mit der Arbeitszeitrichtlinie beschäftigt werden. Denn anderenfalls wäre die effektive Durchsetzung der Rechte aus der Arbeitszeitrichtlinie erschwert. Darüber hinaus läge ein **Verstoß gegen Art. 47 GRC** vor.[598] Nicht nur wegen dieser primärrechtlichen Rückanbindung ist das Benachteiligungsverbot auch zwischen nicht staatlichen Arbeitsvertragsparteien zu beachten. **§ 612a BGB** kann hier als – unionsrechtskonform ausgelegter – Transmissionsriemen ins nationale Recht dienen.

7.334

Das Benachteiligungsverbot ist nach der Rechtsprechung des EuGH nicht davon abhängig, dass dem Arbeitnehmer bei objektiver Betrachtung ein Nachteil entsteht.[599] Vielmehr ist bereits jede Maßnahme erfasst, die dieser **subjektiv als Nachteil empfinden muss**.

7.335

Da der EuGH das Benachteiligungsverbot auch auf Retorsionsmaßnahmen erstreckt hat, die in Bereichen stattfinden, die nicht unmittelbar die Arbeitszeit betreffen, gilt das Benachteiligungsverbot,

7.336

---

588 BVerwG v. 29.9.2011 – 2 C 32/10, NVwZ 2012, 643 (645).
589 BVerwG v. 26.7.2012 – 2 C 29/11, NVwZ-RR 2012, 972 (975 f.).
590 BVerwG v. 26.7.2012 – 2 C 29/11, NVwZ-RR 2012, 972 (976).
591 BVerwG v. 31.1.2013 – 2 C 10/12, ZTR 2013, 349.
592 LAG Hamm v. 2.2.2012 – 17 Sa 1001/11 Rz. 138 unter Verweis auf BAG v. 9.8.2011 – 9 AZR 365/10, ArbRB 2012, 3 = NZA 2011, 186.
593 Vgl. dazu ErfK/*Preis*, §§ 194–218 BGB Rz. 36a.
594 EnzEuR Bd. 7/*Bayreuther*, § 11 Rz. 63.
595 EuGH v. 14.10.2010 – C-243/09 – Fuß I, Slg. 2010, I-9849 Rz. 65 ff.
596 *Preis/Ulber D.*, ZESAR 2011, 147 (151 f.).
597 EuGH v. 14.10.2010 – C-243/09 – Fuß I, Slg. 2010, I-9849 Rz. 65.
598 EuGH v. 14.10.2010 – C-243/09 – Fuß I, Slg. 2010, I-9849 Rz. 66.
599 EuGH v. 14.10.2010 – C-243/09 – Fuß I, Slg. 2010, I-9849 Rz. 67.

anders als die Arbeitszeitrichtlinie im Übrigen (vgl. Rz. 7.49, 7.93) auch beim **Entgelt**. Allerdings dürfte hier danach differenziert werden müssen, ob eine Vergütung wegen zusätzlich geleisteter Arbeit stattfindet oder als Anerkennung für die Bereitschaft bspw. zur Arbeit zu Bedingungen, die gegen die Arbeitszeitrichtlinie verstoßen, gezahlt wird.[600]

7.337 Diese Frage hat das BAG unlängst zu undifferenziert entschieden. Sofern Arbeitnehmer, die zu Bedingungen arbeiten, die gegen die Arbeitszeitrichtlinie verstoßen, vom Arbeitgeber besser bezahlt werden und sich dies nicht alleine als Vergütung für die geleistete Arbeit darstellt, müsste dem EuGH entweder die Frage vorgelegt werden, ob dies nach der Arbeitszeitrichtlinie zulässig ist, oder aber in Anwendung der Grundsätze aus der Rechtssache *Fuß* ein Anspruch auf Gleichbehandlung gewährt wird. Ob der Arbeitgeber aufgrund eigener Entscheidung oder tarifvertraglicher oder arbeitsvertraglicher Pflichten zu einer Besserstellung verpflichtet ist, spielt keine Rolle.[601] Es kommt darauf an, ob diese Verpflichtung ihrerseits unionsrechtskonform ist.

IX. Reformvorhaben

7.338 Nachdem der EuGH in den Rechtssachen *SIMAP* und *Jaeger* Bereitschaftsdienst als Arbeitszeit eingeordnet hatte, kam bereits im Jahr 2003 ein Verfahren zur Änderung der Arbeitszeitrichtlinie in Gang. Kernanliegen des Vorhabens ist die Veränderung des Arbeitszeitbegriffs der Arbeitszeitrichtlinie und die Veränderung oder Abschaffung des Opt-outs nach Art. 22 ArbZ-RL. Dabei soll versucht werden, einerseits durch die Möglichkeit einer eingeschränkten Anrechnung von **Bereitschaftsdiensten** („**inaktive Zeiten**") die Arbeitszeitrichtlinie zu flexibilisieren und andererseits das Opt-out einzuschränken. Gleichzeitig sollte das Verfahren genutzt werden, um eine bessere Vereinbarkeit von Familie und Beruf in die Arbeitszeitrichtlinie zu implementieren.[602]

7.339 Im Jahr 2003 begann die Kommission mit Konsultationen zur Änderung der Arbeitszeitrichtlinie.[603] Nach den Erkenntnissen der Kommission waren bis zur Entscheidung des EuGH in der Rechtssache *SIMAP* in den meisten Mitgliedstaaten bei Bereitschaftsdiensten die Zeiten, in denen der Arbeitnehmer keine Tätigkeit ausübt, nicht als Arbeitszeit angesehen worden. Daher zwang die Entscheidung sie zu einer Anpassung ihrer gesetzlichen Regelungen zur Arbeitszeit.[604] Konsequenzen wurden vor allem im Krankenhaussektor gesehen, in dem aufgrund der Entscheidung Neueinstellungen nötig wurden. Die Bundesrepublik Deutschland hatte die Mehrkosten im Gesundheitssystem zwischenzeitlich auf 1,75 Milliarden Euro geschätzt.[605] Außerdem hatten die Mitgliedstaaten Zweifel, ob im Krankenhaussektor überhaupt genügend Ärzte zur Verfügung standen, um den Mehrbedarf zu decken.[606] Angesichts der erheblichen Flexibilisierungsspielräume, die die Arbeitszeitrichtlinie bietet, mag ein Teil dieser Kritik schlicht auf Unkenntnis der nach den Art. 17, 18 und 22 ArbZ-RL möglichen Abweichungen basiert haben. Jedenfalls griffen in der Konsequenz Mitgliedstaaten zum Opt-out nach Art. 22 ArbZ-RL. Die Kommission stand dem kritisch gegenüber. Daher sollte ein Tausch stattfinden: Mehr Flexibilität beim Arbeitszeitbegriff gegen Aufgabe des Opt-outs.

7.340 Die Sozialpartner konnten und können über den Inhalt einer Änderung der Arbeitszeitrichtlinie kein Einvernehmen herstellen.[607] Daher legte die Kommission bereits im Jahr 2004 einen ersten

---

600 Undifferenziert EuArbR/*Gallner*, RL 2003/88/EG Art. 22 Rz. 12.
601 A.A. ohne Auseinandersetzung mit der Rspr. des EuGH: BAG v. 16.5.2013 – 6 AZR 619/11, ZTR 2013, 441.
602 Vgl. dazu *Buschmann*, FS Düwell, 2011, 34 (50 ff.).
603 KOM (2003), 848.
604 KOM (2003), 848, S. 22.
605 KOM (2003), 848, S. 23.
606 *Davies*, EU Labour Law, Chapter 7, S. 213.
607 *Schliemann*, NZA 2006, 1009 (1012).

Entwurf vor.⁶⁰⁸ Danach sollte neben Arbeitszeit und Ruhezeit der Bereitschaftsdienst eigenständig geregelt und die „**inaktive Zeit**" während des Bereitschaftsdienstes als **Ruhezeit** qualifiziert werden können. Aufgrund der Stellungnahmen zu dem Entwurf, wurde dieser im Jahr 2005 von der Kommission modifiziert.⁶⁰⁹ Bereits hier zeigt sich das Problem, dass das Parlament eine zurückhaltendere Modifikation des Arbeitszeitbegriffs und eine stärkere Einschränkung des Opt-outs präferierte, als die Kommission.⁶¹⁰

Auf Grundlage des Kommissionsentwurfs kam es zu Beratungen im Rat, in denen zwar **Einvernehmen über die Frage des Bereitschaftsdienstes, nicht aber über das Opt-out** erzielt werden konnte. Zu einem Kompromiss kam es nicht, weil Deutschland und Großbritannien zu keinen Zugeständnissen beim Opt-out bereit waren.⁶¹¹ Zwischenzeitlich griffen zunehmend Mitgliedstaaten auf das Opt-out zurück. Im Jahr 2008 waren dies nach Annahme der Kommission „etwa 14" Mitgliedstaaten.⁶¹² Die Änderungen beim Begriff des Bereitschaftsdienstes sollten diesen Rückgriff nach Auffassung der Kommission eigentlich überflüssig machen.⁶¹³

7.341

Nachdem sich in der Folge die Verhandlungen bis ins Jahr 2008 hinzogen, kam der Rat am 15.9. 2008 zu einem gemeinsamen Standpunkt.⁶¹⁴ Dieser änderte den Kommissionsentwurf dahingehend ab, dass die von der Kommission angenommenen Änderungsvorschläge des Europäischen Parlaments wieder rückgängig gemacht wurden.⁶¹⁵ Dadurch wurde der – vom Europäischen Parlament ohnehin kritisch bewertete – Entwurf nochmals aufgeweicht. Die Kommission sah den Entwurf kritisch, „akzeptierte" ihn aber angesichts des dringenden Bedarfs, zu einer Änderung zu kommen.⁶¹⁶ Die gravierendste Änderung war, dass das Opt-out nach Art. 22 ArbZ-RL nun nicht mehr nach 3 Jahren auslaufen sollte, sondern dauerhaft festgeschrieben werden sollte. Im Gegenzug sollte es zwar stärker eingegrenzt werden. Gleichwohl hatte der Rat damit eine Kernforderung des Europaparlaments abgelehnt. Angesichts der Vorgehensweise des Rates war es wenig überraschend, dass das Parlament den geänderten Vorschlag ablehnte.⁶¹⁷ Es blieb bei seiner Position, dass das Opt-out nach einer Übergangsphase von 3 Jahren beendet werden sollte und schlug eine eingeschränkte Neuregelung des Bereitschaftsdienstes vor. Die Kommission nahm die unvereinbaren Standpunkte zur Kenntnis und versuchte nunmehr durch einen vermittelnden Vorschlag den Konflikt zu lösen.⁶¹⁸ Danach sollten die Mitgliedstaaten zwar Modifikationen bei der Anrechnung der inaktiven Zeiten bei Bereitschaftsdiensten erhalten. Gleichzeitig sollte aber die Anrechnung der inaktiven Zeiten auf die Ruhezeiten ausgeschlossen werden. Damit blieb die Kommission hinter den Forderungen des Rates zurück und kam dem Parlament entgegen. Gleichzeitig hielt die Kommission eine Streichung des Opt-outs für nicht durchsetzbar. Im weiteren Verlauf konnten sich Parlament und Rat nicht einigen.

7.342

Die politische Bewertung der Arbeitszeitrichtlinie im Jahr 2010 fällt unterschiedlich aus. Die Kommission berichtet, dass 16 Mitgliedstaaten die Arbeitszeitrichtlinie und ihre Umsetzung positiv bewerten. 11 Mitgliedstaaten melden hingegen Probleme mit Blick auf den Bereitschaftsdienst.⁶¹⁹ Die Zahl der Staaten, die das **Opt-out** für alle Branchen nutzten, lag bei 10. 5 Mitgliedstaaten hatten

7.343

---

608 KOM (2004), 607.
609 KOM (2004), 246.
610 *Schliemann*, NZA 2006, 1009 (1012).
611 *Schliemann*, NZA 2006, 1009 (1013).
612 KOM (2008), 568, S. 7.
613 KOM (2008), 568, S. 7.
614 ABl. 2008/C 254 E/01, S. 26 ff.
615 KOM (2008), 568, S. 4.
616 KOM (2008), 568, S. 4, 10.
617 ABl. C 45 E/141 v. 23.2.2010.
618 KOM (2009), 57.
619 KOM (2010), 802, S. 10.

sektoral von ihm Gebrauch gemacht.[620] Die Kommission startete nunmehr einen erneuten Versuch, zu einer Einigung zu kommen und begann erneut mit einer Anhörung der Sozialpartner.[621] Danach kam es bis Ende 2012 zu Sozialpartnerverhandlungen.[622] Diese sind am 14.12.2012 gescheitert.[623] Die Kommission hat seither begonnen, Vertragsverletzungsverfahren gegen die Mitgliedstaaten einzuleiten. Sie hat dazu einen Bericht über die Umsetzung der ArbZ-RL in den Mitgliedstaaten[624] und nicht verbindliche Hinweise zu ihrer Auslegung veröffentlicht.[625] Das Opt-out wird in 18 Mitgliedstaaten genutzt, allerdings in den meisten Staaten sektoral auf den Bereitschaftsdienst begrenzt.

7.344 Im Zuge der Debatte um das Arbeiten 4.0 und die Digitalisierung der Arbeitswelt hat sich die Diskussion zunehmend auf die Frage verlagert, wie mit einer kurzzeitigen Inanspruchnahme von Arbeitnehmern außerhalb ihrer regulären Arbeitszeit, etwa durch das Lesen einer E-Mail, umzugehen ist. Als problematisch wird hier insbesondere empfunden, dass dieser Vorgang zu einer Unterbrechung der Ruhezeiten führt. Die Rspr. des EuGH bietet hier allerdings keine Spielräume, sodass ohne eine Änderung der Arbeitszeitrichtlinie keine unionsrechtliche Grundlage für derartige Regelungen besteht.

X. Umsetzungsdefizite in Deutschland

7.345 Die „Umsetzung" der Arbeitszeitrichtlinie durch die Bundesrepublik Deutschland stellt eine endlose Parade von Unionsrechtsverstößen dar. Die Kommission hat nunmehr begonnen, diese zu beanstanden.[626] Der Gesetzgeber ignoriert dies hartnäckig. Lediglich die gravierendsten Verstöße seien hier mit Verweis auf die jeweiligen Randnummern noch einmal zusammengefasst:

- Der offensichtlich unionsrechtswidrige Ausgleichszeitraum von 6 Monaten in § 3 Satz 2 ArbZG (vgl. Rz. 7.173)
- § 7 Abs. 2a ArbZG, der gegen nahezu jede Vorgabe der Arbeitszeitrichtlinie verstößt (insb. vgl. Rz. 7.291 ff.)
- Damit verbunden ist das unzureichend ausgestaltete Einwilligungserfordernis in § 7 Abs. 7 ArbZG (vgl. Rz. 7.297, 7.300).

---

620 KOM (2010), 802, S. 8.
621 KOM (2010), 802.
622 *Schubert/Jerchel*, EuZW 2012, 926.
623 Vgl. dazu den Bericht in AuR 2013, 45.
624 Europäische Kommission COM (2017) 254 final.
625 Europäische Kommission, ABl. 2017/C 165/0.
626 Europäische Kommission COM (2017) 254 final.

§ 8
Urlaub

I. Rechtsgrundlagen	8.1		2. Krankheitsurlaub	8.34
II. Rechtsnatur des Urlaubsanspruchs	8.7		3. Mutterschaftsurlaub	8.36
III. Voraussetzungen des Urlaubsanspruchs	8.10		VI. Urlaubsentgelt	8.38
1. Arbeitsverhältnis	8.10		1. Berechnung des Urlaubsentgelts	8.38
2. Wartezeit	8.16		a) Allgemeines	8.38
3. Arbeitsleistung	8.18		b) Feststellung des gewöhnlichen Arbeitsentgelts	8.40
IV. Urlaubsdauer	8.24		c) Besonderheiten bei Teilzeittätigkeit	8.43
1. Allgemeines	8.24		2. Fälligkeit des Urlaubsentgelts	8.45
2. Änderung der Arbeitszeit	8.26		VII. Befristung und Übertragung des Urlaubsanspruchs	8.47
3. Gleichbehandlung	8.30			
V. Festlegung des Urlaubszeitraums	8.32			
1. Allgemeines	8.32		VIII. Urlaubsabgeltung	8.53

Schrifttum: *Bayreuther*, Kurzarbeit, Urlaub und der EuGH, DB 2012, 2749; *Bayreuther*, Der EuGH und der urlaubsrechtliche Schadensersatzanspruch, NZA 2018, 24; *Bieder*, Die Vererblichkeit von Urlaubs- und Urlaubsabgeltungsansprüchen, AuR 2012, 239; *Biltgen*, Die Rechtsprechung des EuGH zu den Grundrechten des Arbeitslebens, NZA 2016, 1245; *Eckstein*, Das Ende der Surrogatstheorie im Urlaubsrecht, SAE 2013, 65; *Fenski*, Was am Ende (vom Urlaubsrecht) übrigbleibt, NZA 2014, 1381; *Fieberg*, Urlaubsanspruch bei ruhendem Arbeitsverhältnis, NZA 2009, 929; *Fieberg*, Urlaubsanspruch bei Übergang in Teilzeit, NZA 2010, 925; *Fischinger*, Anmerkung zu BAG 20.9.2011 – 9 AZR 416/10, AP BUrlG § 7 Abgeltung Nr. 92; *Forst*, Unterliegen Geschäftsführer dem Bundesurlaubsgesetz (BUrlG)?, GmbHR 2012, 821; *Franzen*, Urlaubsentgelt, Provision und andere unregelmäßig anfallende Vergütungsbestandteile, NZA 2014, 647; *Frik/Eppinger/Daubner*, Neue Regeln für den Urlaubsanspruch und ihre bilanziellen Implikationen, DB 2017, 257; *Kamanabrou*, Die Kürzung des Jahresurlaubs für Zeiten der Elternzeit, RdA 2014, 321; *Kamanabrou*, Urlaubsabgeltung bei Tod des Arbeitnehmers im laufenden Arbeitsverhältnis, RdA 2017, 162; *Höpfner*, Das deutsche Urlaubsrecht in Europa (Teil 1 und 2), RdA 2013, 16 und 65; *Höpfner*, Anmerkung zu BAG 7.8.2012 – 9 AZR 353/10, AP BUrlG § 7 Nr. 61; *Hohmeister*, Die Rechtsprechung des Bundesarbeitsgerichts zum Urlaubsrecht im Jahr 2015, BB 2016, 1525; *Latzel*, Urlaub von Teilzeitbeschäftigten, EuZA 2014, 80; *Neumann/Fenski/Kühn*, Bundesurlaubsgesetz, 11. Aufl. 2016; *Plüm*, Wohin im Urlaub?, NZA 2013, 11; *Powietzka/Christ*, Urlaubsanspruch im ruhenden Arbeitsverhältnis – oder doch nicht?, NZA 2013, 18; *Ricken*, Urlaubsabgeltung bei Tod des Arbeitnehmers, DB 2014, 1361; *Rudkowski*, Zur Umrechnung des Urlaubsanspruchs bei Kurzarbeit, EuZA 2013, 260; *Rudkowski*, Erlöschen des wegen Arbeitsunfähigkeit nicht ausgeübten Anspruchs auf Mindestjahresurlaub nach Ablauf einer in der nationalen Regelung gesetzten Frist, EuZA 2012, 381; *Rudkowski*, Die Umrechnung des Urlaubsanspruchs bei Kurzarbeit und ihre Vereinbarkeit mit der Arbeitszeitrichtlinie, NZA 2012, 74; *Schinz*, Anmerkung zu EuGH, Urt. v. 22.11.2011 – Rs. C-214/10 – KHS, RdA 2012, 181; *Schinz*, Berechnung des Urlaubsentgelts bei Zusammensetzung des Arbeitsentgelts aus Grundgehalt und monatlicher Provision nach Maßgabe des erzielten Umsatzes, EuZA 2015, 92; *Schipper/Polzer*, Die Vererblichkeit des Urlaubsabgeltungsanspruchs, NZA 2011, 80; *Schneider*, Berechnung von Urlaubsansprüchen bei Erhöhung der Arbeitszeit, EuZA 2016, 327; *Schneider*, Urlaubsersatzleistung bei beantragter Beendigung des Dienstverhältnisses, EuZA 2017, 57; *C. Schubert*, Der Erholungsurlaub zwischen Arbeitsschutz und Entgelt, NZA 2013, 1105; *C. Schubert*, Der Urlaubsabgeltungsanspruch nach dem Abschied von der Surrogationstheorie?, RdA 2014, 9; *J. Schubert*, Der Beschluss des EuGH in Sachen Brandes (C-415/12), RdA 2013, 370; *Seifert*, Arbeitszeitrechtlicher Arbeitnehmerbegriff – Horizontalwirkung des Rechts auf bezahlten Urlaub (Art. 31 Abs. 2 GRCh), EuZA 2015, 500; *Stiebert/Imani*, Magische Vermehrung von Urlaubsansprüchen?, NZA 2013, 1338; *Stiebert/Pötters*, Der schleichende Tod der Surrogatstheorie, NZA 2012, 1334; *Suckow/Klose*, Das Bundesurlaubsgesetz unter Luxemburger Auspizien, Jahrbuch des Arbeitsrechts 49 (2012), 59; *Sutschet*, Die Berechnung des Urlaubsentgelts nach der Arbeitszeitrichtlinie, EuZA 2012, 399; *Weigert/Zeising*, Die Berechnung von Urlaubsansprüchen bei Veränderungen der Arbeitszeit, NZA 2016, 862; *Wietfeld*, Jahresurlaub unabhängig von einer Mindestarbeitszeit, EuZA 2012, 540; *Worm/Thelen*, Der Abgeltungsanspruch für nicht genommenen Urlaub, NJW 2016, 1764.

I. Rechtsgrundlagen

8.1 Das Urlaubsrecht ist wohl einer der am meisten diskutierten Bestandteile des europäischen Arbeitsrechts, obwohl oder gerade weil die unionsrechtlichen Vorgaben knapp gehalten sind. Der AEUV enthält keine explizite Regelung zum Urlaubsrecht. Art. 158 AEUV, der das Bestreben der Mitgliedstaaten niederlegt, die bestehende Gleichwertigkeit der Ordnungen über die bezahlte Freizeit beizubehalten, hat lediglich programmatischen Charakter und bislang keine darüber hinausgehende Bedeutung erlangt.[1] Herzstück des europäischen Urlaubsrechts ist daher **Art. 7 Arbeitszeitrichtlinie 2003/88/EG (ArbZ-RL)**.[2] Nach Art. 7 Abs. 1 ArbZ-RL hat jeder Arbeitnehmer einen vorbehaltlosen Anspruch auf einen **bezahlten vierwöchigen Mindestjahresurlaub** nach Maßgabe der Bedingungen für die Inanspruchnahme und die Gewährung, die in den einzelstaatlichen Vorschriften und/oder nach den einzelstaatlichen Gepflogenheiten vorgesehen sind. Dieser Mindestjahresurlaub darf gem. Art. 7 Abs. 2 ArbZ-RL außer bei Beendigung des Arbeitsverhältnisses nicht durch eine finanzielle Vergütung ersetzt werden. Ergänzend finden sich verschiedene urlaubsrechtliche **Spezialnormen** in anderen Richtlinien. Art. 8 RL 92/85/EWG sowie Art. 1 RL 96/34/EG enthalten Regelungen zum Mutterschaftsurlaub und zur Elternzeit. Darüber hinaus kommt den unionsrechtlichen Regelungen zur Entgeltfortzahlung im Krankheitsfall urlaubsrechtliche Relevanz zu. Der EuGH bezeichnet Zeiten der krankheitsbedingten Arbeitsunfähigkeit als „Krankheitsurlaub", welcher dem Arbeitnehmer die Genesung ermöglichen soll (vgl. Rz. 8.34).[3] Auch im Rahmen des in der Teilzeitarbeit-Richtlinie 97/81/EG enthaltenen Diskriminierungsverbots können sich urlaubsrechtliche Fragen stellen (vgl. Rz. 8.24 ff.).

8.2 Der EuGH versteht den Anspruch auf bezahlten vierwöchigen Jahresurlaub nach Art. 7 ArbZ-RL in ständiger Rechtsprechung als **besonders wichtigen Grundsatz des Sozialrechts der Union**, von dem nicht abgewichen werden darf und den die zuständigen Stellen nur in den durch die Arbeitszeitrichtlinie selbst ausdrücklich gezogenen Grenzen umsetzen dürfen.[4] Der EuGH hat insoweit eine restriktive Auslegung des Anspruchs auf bezahlten Jahresurlaub stets abgelehnt.[5] Die Mitgliedstaaten können zwar die Bedingungen der Inanspruchnahme und der Gewährung des Urlaubs (das „Wie") näher ausgestalten, z.B. den Zeitpunkt festlegen, zu dem das Entgelt für den Jahresurlaub zu zahlen ist.[6] Darüber hinausgehende Einschränkungen des Jahresurlaubs (insbesondere hinsichtlich des „Ob" der Ausübung des Urlaubsanspruchs) sind ihnen allerdings verwehrt, weil die Richtlinie in den Öffnungsklauseln der Art. 17, 18 ArbZ-RL für den Urlaubsanspruch keine Abweichungsmöglichkeiten vorsieht.[7] Es bleibt den Mitgliedstaaten gem. Art. 15 ArbZ-RL aber unbenommen, für die Arbeitnehmer günstigere Regelungen zu treffen.[8]

---

1 Calliess/Ruffert/*Krebber*, Art. 158 AEUV Rz. 1; Grabitz/Hilf/Nettesheim/*Langenfeld/Benecke*, Art. 158 AEUV Rz. 1.
2 Die Vorschrift ist identisch mit Art. 7 der Vorgängerrichtlinie 93/104/EG.
3 Vgl. EuGH v. 20.1.2009 – C-350/06 und C-520/06 – Schultz-Hoff u.a., Slg. 2009, I-129 Rz. 25 = ArbRB 2009, 30 = NZA 2009, 135; v. 21.2.2013 – C-194/12 – Maestre Garcia, NZA 2013, 369 Rz. 18.
4 Vgl. etwa EuGH v. 26.6.2001 – C-173/99 – BECTU, Slg. 2001, I-4881 Rz. 43 = NZA 2001, 827; v. 16.3.2006 – C-131/04 und C-257/04 – Robinson-Steele u.a., Slg. 2006, I-2531 Rz. 48 = NZA 2006, 481; v. 20.1.2009 – C-350/06 und C-520/06 – Schultz-Hoff u.a., Slg. 2009, I-129 Rz. 22 = ArbRB 2009, 30 = NZA 2009, 135; v. 11.11.2015 – C-219/14 – Greenfield, NZA 2015, 1501 Rz. 26.
5 EuGH v. 22.4.2010 – C-486/08 – Zentralbetriebsrat der Landeskrankenhäuser Tirols, Slg. 2010, I-3527 Rz. 29 = ArbRB 2010, 199 = NZA 2010, 557; v. 13.6.2013 – C-415/12 – Brandes, ArbRB 2013, 230 = NZA 2013, 775 Rz. 29; v. 30.6.2016 – C-178/156 – Sobczyszyn, NZA 2016, 877 Rz. 21.
6 EuGH v. 16.3.2006 – C-131/04 und C-257/04 – Robinson-Steele u.a., Slg. 2006, I-2531 Rz. 56 ff. = NZA 2006, 481.
7 EuGH v. 26.6.2001 – C-173/99 – BECTU, Slg. 2001, I-4881 Rz. 50 = NZA 2001, 827; v. 29.11.2017 – C-214/16 – King, ArbRB 2018, 4 = NZA 2017, 1591 Rz. 34.
8 EuGH v. 3.5.2012 – C-337/10 – Neidel, AP Nr. 8 zu Richtlinie 2003/88/EG Rz. 35; v. 24.1.2012 – C-282/10 – Dominguez NZA 2012, 139 Rz. 48; v. 20.7.2016 – C-341/15 – Maschek, NZA 2016, 1067; vgl. hierzu auch EuArbR/*Gallner*, Art. 7 ArbZ-RL Rz. 2b m.w.N.

Das Recht auf bezahlten Jahresurlaub ist zudem in **Art. 31 Abs. 2 GRC** geregelt und hat damit seit Inkrafttreten des Vertrags von Lissabon zum 1.12.2009 den **Charakter eines Grundrechts** (vgl. Rz. 3.77).[9] Hierauf hat der EuGH wiederholt Bezug genommen.[10] Noch nicht abschließend geklärt ist, ob dem Grundrecht auf bezahlten Jahresurlaub – vergleichbar dem Verbot der Diskriminierung wegen Alters[11] – unmittelbare Wirkung zukommt mit der Folge, dass entgegenstehendes nationales Recht unanwendbar ist (vgl. Rz. 1.163 f.).[12] Der EuGH wird jedoch in mehreren Vorlageverfahren die Gelegenheit bekommen, sich mit dieser Frage zu befassen.[13] GA *Bot*[14] hat sich in seinen Schlussanträgen für eine unmittelbare Wirkung ausgesprochen. Gegen eine unmittelbare Wirkung spricht jedoch, dass Art. 31 Abs. 2 GRC nur garantiert, dass es einen bezahlten Urlaub (das „Ob") gibt, ohne jedoch dessen Umfang und Gewährung (das „Wie") festzulegen.[15] Damit bedarf Art. 31 Abs. 2 GRC einer Konkretisierung durch Bestimmungen des Unionsrechts oder des nationalen Rechts, was einer unmittelbaren Wirkung entgegensteht.[16] Aufgrund der fehlenden Bestimmtheit haben auch GAin *Trstenjak*[17] und GA *Mengozzi*[18] eine unmittelbare Wirkung von Art. 31 Abs. 2 GRC kritisch gesehen. Eine ausufernde horizontale unmittelbare Anwendung von Charta-Vorschriften (ggf. in Verbindung mit Sekundärrecht) kritisiert auch GA *Bobek*.[19] Folge der fehlenden unmittelbaren Wirkung ist, dass dem betroffenen Arbeitnehmer bei einer „bloßen" Richtlinienwidrigkeit des nationalen Rechts, die sich nicht durch eine richtlinienkonforme Auslegung vermeiden lässt, lediglich ein Staatshaftungsanspruch wegen nicht ordnungsgemäßer Umsetzung der ArbZ-RL bleibt.[20] Es bleibt jedoch abzuwarten, ob der EuGH den Urlaubsanspruch mit Blick auf Art. 31 Abs. 2 GRC primärrechtlich „aufwerten" und unmittelbar auf Privatrechtsverhältnisse anwenden wird (zur Drittwirkung von Richtlinien vgl. Rz. 1.135 ff.). Gegen eine unmittelbare Wirkung von Art. 31 Abs. 2 GRC lässt sich zwar zu Recht anführen, dass nach Art. 51 Abs. 1 Satz 1 GRC die Charta nur für die Mitgliedstaaten bei der Durchführung des Unionsrechts gilt.[21] Bei der Herleitung des unionsrechtlichen Bezugs ist der EuGH jedoch tendenziell großzügig.[22] Es ist daher nicht auszuschließen, dass er bereits die Arbeitsschutzkompetenz der Union gem. Art. 153 AEUV für ausreichend erachtet, um die nationalen Urlaubsbestimmungen als

8.3

---

9 Vgl. auch EuArbR/*Schubert*, Art. 31 GRC Rz. 2; kritisch ErfK/*Gallner*, § 1 BUrlG Rz. 6a.
10 EuGH v. 15.9.2011 – C-155/10 – Williams u.a., Slg. 2011, I-8409 Rz. 18 = ArbRB 2011, 291 = NZA 2011, 1167; v. 22.11.2011 – C-214/10, KHS, Slg. 2011, I-11757 Rz. 31 = ArbRB 2011, 359 = NZA 2011, 1333; v. 3.5.2012 – C-337/10 – Neidel, AP Nr. 8 zu Richtlinie 2003/88/EG Rz. 40; v. 30.6. 2016 – C-178/15 – Sobczyszyn, NZA 2016, 877 Rz. 21. Vgl. nunmehr auch GA *Bot* v. 29.5.2018 – C-569/16 und C-570/16 – Bauer und Willmeroth, BeckRS 2018, 9605 Rz. 57.
11 Vgl. EuGH v. 19.1.2010 – C-555/07 – Kücükdeveci, Slg. 2010, I-393 Rz. 49 ff. = ArbRB 2010, 35 = NZA 2010, 85.
12 Vgl. ErfK/*Gallner*, § 1 BUrlG Rz. 6a; *Höpfner*, RdA 2013, 16 (19 ff.); *Suckow/Klose*, JbArbR 49 (2012), 59 (71 f.); *Wietfeld*, EuZA 2012, 540 (542 ff.).
13 EuGH – C-569/16 und C-570/16 – Bauer und Willmeroth; EuGH – C-684/16 – Max-Planck-Gesellschaft zur Förderung der Wissenschaften; EuGH – C-609/17 – Terveys- ja sosiaalialan neuvottelujärjestö (TSN) ry; EuGH – C-610/17 – Auto- ja Kuljetusalan Työntekijäliitto AKT ry.
14 Vgl. GA *Bot* v. 29.5.2018 – C-569/16 und C-570/16 – Bauer und Willmeroth, BeckRS 2018, 9605.
15 Vgl. auch EuArbR/*Schubert*, Art. 31 GRC Rz. 28 ff.; HWK/*Schinz*, § 1 BUrlG Rz. 3.
16 Vgl. zu Art. 27 GRC EuGH v. 15.1.2014 – C-176/12 – Association de médiation sociale, NZA 2014, 193 Rz. 45 ff. In diese Richtung auch GA *Bobek* v. 25.7.2018 – C-193/17 – Achatzi, BeckRS 2018, 16329 Rz. 131 ff.
17 GAin *Trstenjak* v. 8.9.2011 – C-282/10 – Dominguez, Slg. ECLI:EU:C:2011:559 Rz. 144 ff.
18 GA *Mengozzi* v. 12.6.2014 – C-316/13 – Fenoll, BeckRS 2014, 80987.
19 Vgl. GA *Bobek* v. 25.7.2018 – C-193/17 – Achatzi, BeckRS 2018, 16329 Rz. 131 ff., der in Rz. 142 (Fn. 73) zudem kritisch auf GA *Bot* Bezug nimmt.
20 EuGH v. 26.3.2015 – C-316/13 – Fenoll, NZA 2015, 1444 Rz. 61.
21 *Höpfner*, RdA 2013, 16 (19 ff.); im Ergebnis auch GAin *Trstenjak* v. 8.9.2001 – C-282/10 – Dominguez, BeckRS 2011, 81367 Rz. 133 ff. und GA *Bobek* v. 25.7.2018 – C-193/17 – Achatzi, BeckRS 2018, 16329 Rz. 139 ff.
22 Vgl. etwa EuGH v. 26.2.2013 – C-617/10 – Åkerberg Fransson, NJW 2013, 145 Rz. 17 ff.; v. 15.1.2014 – C-176/12 – Association de médiation sociale, NZA 2014, 193 Rz. 42.

Durchführung des Urlaubsrechts anzusehen.[23] Nach dem Verständnis des EuGH verfolgt der Urlaubsanspruch primär arbeitsschutzrechtliche Zwecke (vgl. Rz. 8.7). Unabhängig hiervon hat der EuGH in der Rs. *Dominguez*[24] eine **unmittelbare Wirkung von Art. 7 Abs. 1 ArbZ-RL** im Verhältnis zum jeweiligen Mitgliedstaat, d.h. gegenüber staatlichen Arbeitgebern, bejaht. Art. 7 Abs. 1 ArbZ-RL sei inhaltlich unbedingt und hinreichend genau, um unmittelbare Wirkung zu entfalten (vgl. zur unmittelbaren Anwendung gegenüber dem Staat Rz. 1.130 ff.).

8.4 Die Arbeitszeitrichtlinie hat ausweislich ihres sechsten Erwägungsgrundes den Grundsätzen der Internationalen Arbeitsorganisation (ILO) hinsichtlich der Arbeitszeitgestaltung Rechnung getragen. Bedeutung für das Urlaubsrecht kommt insbesondere dem **Übereinkommen Nr. 132** über den bezahlten Jahresurlaub vom 24.6.1970 zu.[25] Dieses Abkommen enthält u.a. Regelungen zum dreiwöchigen Mindestjahresurlaub, zu einer Mindestdienstzeit als Voraussetzung des Urlaubsanspruchs und zur Befristung des Urlaubsanspruchs. Diesen Vorschriften kommt zwar keine unmittelbare Wirkung zu. In den Rs. *Schultz-Hoff*[26] und *KHS*[27] hat der EuGH sie jedoch bei der Auslegung von Art. 7 ArbZ-RL berücksichtigt (vgl. Rz. 8.18 und 8.48 ff.).

8.5 Der gesetzliche Mindesturlaub ist im **Bundesurlaubsgesetz (BUrlG)** geregelt. Nach §§ 1, 3 BUrlG hat jeder Arbeitnehmer einen Anspruch auf mindestens 24 Werktage bezahlten Urlaub im Kalenderjahr (vgl. Rz. 8.25). Ergänzt wird das Bundesurlaubsgesetz durch zahlreiche Sonderregelungen, die teilweise zusätzliche Urlaubsansprüche für Arbeitnehmergruppen mit erhöhtem Schutzbedarf regeln.[28] Darüber hinaus finden sich in nahezu jeder Branche **Tarifverträge** mit Regelungen zum Erholungsurlaub, nach denen von den gesetzlichen Vorschriften zugunsten der Arbeitnehmer abgewichen wird. Dies gilt insbesondere für die Dauer des Erholungsurlaubs, die regelmäßig erhöht wird. Der Gesetzgeber hat in § 13 Abs. 1 Satz 1 BUrlG den Tarifvertragsparteien allerdings auch das Recht eingeräumt, für die Arbeitnehmer ungünstigere Regelungen zu vereinbaren, die an die Stelle der gesetzlichen Bestimmungen treten. Nur die Dauer des gesetzlichen Mindestjahresurlaubs (vgl. Rz. 8.25), die Bindung des Urlaubs an das Kalenderjahr sowie die Einbeziehung aller Arbeitnehmer in den Kreis der Urlaubsberechtigten sind unabdingbar. Weitergehende Abweichungsmöglichkeiten bestehen gem. § 13 Abs. 2 Satz 1 BUrlG im Baugewerbe und vergleichbaren Wirtschaftszweigen, soweit dies zur Sicherung eines zusammenhängenden Jahresurlaubs für alle Arbeitnehmer erforderlich ist. Ein Vorabentscheidungsersuchen des LAG Berlin-Brandenburg zu der Frage, ob Art. 31 Abs. 2 GR-Charta und Art. 7 ArbZ-RL zur Unanwendbarkeit von § 13 Abs. 2 BUrlG führen, ist aufgrund einer Erledigung des Ausgangsverfahrens nicht zur Entscheidung gekommen.[29] Es ist jedoch nicht ausgeschlossen, dass die Anwendbarkeit der **Öffnungsklauseln des § 13 BUrlG** erneut Gegenstand von Vorlagen an den EuGH sein wird.[30]

---

23 So auch ErfK/*Gallner*, § 1 BUrlG Rz. 6a; HWK/*Schinz*, § 1 BurlG Rz. 3.
24 EuGH v. 24.1.2012 – C-282/10 – Dominguez, NZA 2012, 139 Rz. 32 ff.
25 Das Übereinkommen ist von der Bundesrepublik Deutschland durch Gesetz vom 30.4.1975 (BGBl. 1975 II, S. 746) ratifiziert worden. Das Seearbeitsübereinkommen vom 23.2.2006 (Maritime Labour Convention), welches unter Titel 2. Regel 2.4 spezielle Bestimmungen für den bezahlten Jahresurlaub von Seeleuten enthält, hat im SeeArbG vom 20.4.2013 Niederschlag gefunden (BGBl. 2013 I, S. 868).
26 EuGH v. 20.1.2009 – C-350/06 und C-520/06 – Schultz-Hoff u.a., Slg. 2009, I-129 Rz. 22 = ArbRB 2009, 30 = NZA 2009, 135.
27 EuGH v. 22.11.2011 – C-214/10 – KHS, Slg. 2011, I-11757 Rz. 41 = ArbRB 2011, 359 = NZA 2011, 1333.
28 Vgl. § 4 ArbPlSchG, § 24 MuSchG, § 17 BEEG, § 4 Abs. 4 PflegeZG; § 208 SGB IX, § 19 JArbSchG sowie §§ 56 ff. SeeArbG. Ferner bleiben gem. § 15 Abs. 2 Satz 1 BUrlG landesrechtliche Bestimmungen über den Urlaub für Opfer des Nationalsozialismus und für solche Arbeitnehmer, die geistig oder körperlich in ihrer Erwerbsfähigkeit behindert sind, in Kraft.
29 LAG Berlin-Brandenburg v. 16.6.2011 – 2 Sa 3/11, LAGE BurlG § 13 Nr. 2; EuGH v. 22.10.2012 – C-317/11 – Reimann, BeckRS 2012, 82404.
30 *Höpfner*, RdA 2013, 16 (21 f.); vgl. aber auch BAG v. 17.11.2009 – 9 AZR 844/08, NZA 2010, 1020 Rz. 16 ff.; v. 15.1.2013 – 9 AZR 465/11, NZA-RR 2013, 585; s. auch ErfK/*Gallner*, § 1 BUrlG Rz. 26.

Auch im **Arbeitsvertrag** können andere als im Bundesurlaubsgesetz vorgesehene Urlaubsregelungen vereinbart werden. Insoweit ist allerdings zu berücksichtigen, dass gem. § 13 Abs. 1 Satz 3 BUrlG – abgesehen von § 7 Abs. 2 Satz 2 BUrlG, der die Aufteilung des Urlaubs regelt – nicht zuungunsten des Arbeitnehmers von den Bestimmungen des Bundesurlaubsgesetzes abgewichen werden darf.

Der Erholungsurlaub von **Beamten, Soldaten und Richtern** ist in besonderen Gesetzen geregelt.[31] Soweit diese nicht den unionsrechtlichen Vorgaben entsprechen, ist eine unmittelbare Berufung auf Art. 7 ArbZ-RL möglich (vgl. Rz. 8.3).[32]

II. Rechtsnatur des Urlaubsanspruchs

Der Rechtsnatur des Urlaubsanspruchs kommt in der Rechtsprechung des EuGH eine zentrale Bedeutung zu. In Ermangelung konkretisierender Vorschriften ist der EuGH gezwungen, nahezu sämtliche Fragen, die sich im Zusammenhang mit dem unionsrechtlich garantierten Mindestjahresurlaub stellen, über eine Auslegung des Urlaubsbegriffs zu lösen. Hierbei geht der EuGH im Ausgangspunkt von einem zweiteiligen Anspruch aus, der sich aus der Freistellung von der Arbeitspflicht und der Fortzahlung des Arbeitsentgelts während des Urlaubs zusammensetzt (sog. **Einheitstheorie**).[33] Durch den Anspruch auf Entgeltfortzahlung soll der Arbeitnehmer auch während der Freistellung von der Arbeitspflicht in eine Lage versetzt werden, die der in Zeiten der Arbeit vergleichbar ist.[34] Mit dem so verstandenen Urlaubsanspruch soll ein **doppelter Zweck** verfolgt werden: Einerseits soll der Urlaub es dem Arbeitnehmer ermöglichen, sich von der Ausübung der arbeitsvertraglichen Leistung zu erholen; andererseits soll der Arbeitnehmer über einen Zeitraum für Entspannung und Freizeit verfügen.[35] Damit verfolgt der Urlaubsanspruch auch arbeitsschutzrechtliche Zwecke und dient der Erhaltung der Sicherheit und Gesundheit des Arbeitnehmers.[36]

Das Verständnis des Urlaubsbegriffs ist in Deutschland ein anderes. Während die Rechtsprechung früher ebenfalls einen einheitlichen Anspruch auf Freizeitgewährung und Entgeltfortzahlung zugrunde gelegt hat,[37] geht das BAG mittlerweile in ständiger Rechtsprechung davon aus, dass sich der Urlaubsanspruch nach § 1 BUrlG auf die Freistellung des Arbeitnehmers von seinen arbeitsvertraglichen Pflichten beschränkt. Der **gesetzliche Freistellungsanspruch** ist darauf gerichtet, für die Dauer des Urlaubs die Arbeitspflicht des Arbeitnehmers unter Fortbestand der Entgeltfortzahlungspflicht des Arbeitgebers zu beseitigen.[38] Die Entgeltfortzahlung während des

---

31 Vgl. etwa § 89 Satz 1 BBG i.V.m. Verordnung über den Erholungsurlaub der Beamtinnen, Beamten, Richterinnen und Richter des Bundes; § 28 SG i.V.m. Verordnung über den Urlaub der Soldatinnen und Soldaten.
32 BVerwG v. 31.1.2013 – 2 C 10/12, NVwZ 2013, 1295; vgl. auch OVG Lüneburg v. 26.9.2016 – 5 LA 13/16, BeckRS 2016, 52491; OVG Berlin-Brandenburg v. 14.9.2016 – OVG 4 B 38.14, ZESAR 2017, 222 Rz. 19.
33 EuGH v. 16.3.2006 – C-131/04 und C-257/04 – Robinson-Steele u.a., Slg. 2006, I-2531 Rz. 58 = NZA 2006, 481; v. 20.1.2009 – C-350/06 und C-520/06 – Schultz-Hoff u.a., Slg. 2009, I-129 Rz. 60 = ArbRB 2009, 30 = NZA 2009, 135; v. 12.6.2014 – C-118/13 – Bollacke, NZA 2014, 651 Rz. 16.
34 Vgl. grundlegend EuGH v. 16.3.2006 – C-131/04 und C-257/04 – Robinson-Steele u.a., Slg. 2006, I-2531 Rz. 48 = NZA 2006, 481.
35 Vgl. etwa EuGH v. 20.1.2009 – C-350/06 und C-520/06 – Schultz-Hoff u.a., Slg. 2009, I-179 Rz. 25 = ArbRB 2009, 30 = NZA 2009, 135; v. 22.11.2011 – C-214/10 – KHS, Slg. 2011, I-11757 Rz. 31 = ArbRB 2011, 359 = NZA 2011, 1333; v. 30.6.2016 – C-178/15 – Sobczyszyn, NZA 2016, 877 Rz. 25; v. 4.10.2018 – C-12/17 – Dicu, BeckRS 2018, 23565 Rz. 27.
36 EuGH v. 22.11.2011 – C-214/10 – KHS, Slg. 2011, I-11757 Rz. 32 = ArbRB 2011, 359 = NZA 2011, 1333; *Plüm*, NZA 2013, 11 (13).
37 BAG v. 3.6.1960 – 1 AZR 251/59, AP BGB § 611 Urlaubsrecht Nr. 73.
38 St. Rspr., u.a. BAG v. 24.3.2009 – 9 AZR 983/07, ArbRB 2009, 159 = NZA 2009, 538; v. 20.9.2011 – 9 AZR 416/10, ArbRB 2012, 36 = NZA 2012, 326.

Erholungsurlaubs ist weder Inhalt der Pflicht zur Urlaubserteilung noch Wirksamkeitsvoraussetzung für die Erfüllung des urlaubsrechtlichen Freistellungsanspruchs.[39] Rechtsgrundlage für die Fortzahlung des Entgelts während des Urlaubs ist allein § 611 BGB i.V.m. dem Arbeitsvertrag.[40] Die Regelung zum Urlaubsentgelt in § 11 BUrlG stellt keine eigenständige Anspruchsgrundlage, sondern lediglich eine Berechnungsvorschrift dar.[41]

8.9 Die vom EuGH entwickelte Einheitstheorie hat nicht zwingend zur Folge, dass die Einordnung des Urlaubsanspruchs als Freistellungsanspruch unionsrechtswidrig wäre. Dieses unterschiedliche Verständnis vom Inhalt des Urlaubsanspruchs hat allerdings erhebliche Auswirkungen auf die Auslegung urlaubsrechtlicher Bestimmungen. Das BAG war bereits in mehreren Fällen gezwungen, seine Rechtsprechung der Entscheidungspraxis des EuGH anzupassen.[42] Besonders einschneidend waren die Rechtsprechungsänderungen im Zusammenhang mit dem Verfall und der Abgeltung von Urlaubsansprüchen bei krankheitsbedingter Arbeitsunfähigkeit des Arbeitnehmers (vgl. Rz. 8.51 ff.). In einer jüngeren Entscheidung hat das BAG ausdrücklich offen gelassen, ob die Rechtsprechung des EuGH eine Rückkehr zur Einordnung des Urlaubsanspruchs als Einheitsanspruch erfordert.[43]

III. Voraussetzungen des Urlaubsanspruchs

1. Arbeitsverhältnis

8.10 Nach Art. 7 Abs. 1 ArbZ-RL steht der Anspruch auf den vierwöchigen Mindestjahresurlaub „Arbeitnehmern" zu. Der **Begriff des Arbeitnehmers** wird in der Arbeitszeitrichtlinie nicht näher bestimmt. Insbesondere wird zur Definition nicht ausdrücklich auf das Recht der Mitgliedstaaten verwiesen. Hieraus folgt nach Auffassung des EuGH, dass der Arbeitnehmerbegriff für Zwecke der Anwendung der Arbeitszeitrichtlinie nicht nach Maßgabe der nationalen Rechtsordnungen unterschiedlich ausgelegt werden kann, sondern der unionsrechtliche Arbeitnehmerbegriff i.S.d. Art. 45 AEUV gilt.[44] Arbeitnehmer ist danach jede Person, die während einer bestimmten Zeit für einen anderen nach dessen Weisungen Leistungen erbringt, für die sie als Gegenleistung eine Vergütung erhält (vgl. Rz. 1.111).[45] Nach unionsrechtlichem Verständnis fallen hierunter grundsätzlich auch **Beamte**.[46]

8.11 Für Zwecke der Anwendung der Mutterschutzrichtlinie hat der EuGH in der Rs. *Danosa* entschieden, dass auch **Mitglieder der Unternehmensleitung einer Kapitalgesellschaft** – im Anlassfall die Geschäftsführerin einer lettischen Gesellschaft in der Rechtsform einer SIA – als Arbeitnehmer im unionsrechtlichen Sinne zu qualifizieren sein können.[47] Das für die Arbeitnehmerstellung erforderliche Unterordnungsverhältnis liege aufgrund der Rechenschaftspflicht gegenüber dem Aufsichtsrat

---

39 BAG v. 21.6.2005 – 9 AZR 295/04, AP Nr. 12 zu § 55 InsO Rz. 18.
40 St. Rspr., vgl. z.B. näher BAG v. 15.12.2009 – 9 AZR 887/08, ArbRB 2010, 134 = AP BUrlG § 11 Nr. 66 Rz. 28; ErfK/*Gallner*, § 11 BUrlG Rz. 1; Suckow/Klose, JbArbR 49 (2012), 59 (60).
41 BAG v. 15.12.2009 – 9 AZR 887/08, ArbRB 2010, 134 = AP BUrlG § 11 Nr. 66 Rz. 14; ErfK/*Gallner*, § 11 BUrlG Rz. 1.
42 Z.B. BAG v. 24.3.2009 – 9 AZR 983/07, ArbRB 2009, 159 = NZA 2009, 538 Rz. 64 ff.; v. 24.3.2009 – 9 AZR 983/07, NZA 2009, 538; v. 19.6.2012 – 9 AZR 652/10, NZA 2012, 1087; vgl. ErfK/*Gallner*, § 1 BUrlG Rz. 8 für weitere Beispiele.
43 BAG v. 10.2.2015 – 9 AZR 455/13, ArbRB 2015, 195 = NZA 2015, 998 Rz. 22.
44 EuGH v. 14.10.2010 – C-428/09 – Union syndicale Solidaires Isère, Slg. 2010, I-9961 Rz. 28; v. 26.3.2015 – C-316/13 – Fenoll, NZA 2015, 1444 Rz. 24.
45 Vgl. EuGH v. 3.5.2012 – C-337/10 – Neidel, AP Nr. 8 zu Richtlinie 2003/88/EG Rz. 23 und v. 9.7.2015 – C-229/14 – Balkaya, ArbRB 2015, 259 = NZA 2015, 861 Rz. 34 jeweils m.w.N.
46 EuGH v. 3.5.2012 – C-337/10 – Neidel, AP Nr. 8 zu Richtlinie 2003/88/EG Rz. 19 ff.
47 EuGH v. 11.11.2010 – C-232/09 – Danosa, Slg. 2010, I-11405 Rz. 49 f. = ArbRB 2010, 358 = NZA 2011, 143.

und der Abberufungsmöglichkeit der Gesellschafterversammlung vor. Zwar sei nicht auszuschließen, dass Mitglieder der Unternehmensleitung aufgrund der konkreten Umstände des Einzelfalls nicht unter den Arbeitnehmerbegriff fallen. Es spreche allerdings zumindest der erste Anschein für eine Einordnung als Arbeitnehmer, wenn das Mitglied der Unternehmensleitung eine entgeltliche Tätigkeit nach der Weisung oder unter der Aufsicht eines anderen Organs der Gesellschaft ausübe und jederzeit ohne Einschränkung von seinem Amt abberufen werden könne.[48] Diese Rechtsprechung hat der EuGH in der Rs. *Balkaya* fortgeführt und entschieden, dass Fremd-Geschäftsführer einer (nicht mitbestimmten) deutschen GmbH als Arbeitnehmer im Sinne der Massenentlassungsrichtlinie zu qualifizieren sind.[49] Demgegenüber sind Gesellschafter-Geschäftsführer nach der Ansicht des EuGH in der Rs. *Holterman Ferho Exploitatie* keine Arbeitnehmer im unionsrechtlichen Sinne, wenn sie nicht unerheblichen Einfluss auf die Entscheidungen der Gesellschaft haben.[50] Die diesbezüglichen Erwägungen lassen sich ohne weiteres auf die Arbeitszeitrichtlinie übertragen.[51]

Anspruch auf Urlaub nach dem **Bundesurlaubsgesetz** haben gem. §§ 1 f. BUrlG **Arbeitnehmer**, die zu ihrer Berufsausbildung Beschäftigten sowie arbeitnehmerähnliche Personen. Nach deutschem Verständnis sind Organmitglieder nicht als Arbeitnehmer zu qualifizieren und fallen damit nicht unter den Anwendungsbereich des Bundesurlaubsgesetzes, wenn sie nicht ausnahmsweise auf der Grundlage eines Arbeitsvertrags (z.B. in den Fällen einer Drittanstellung bei der Konzernobergesellschaft) tätig werden.[52]

8.12

Ob **Organmitglieder** insgesamt aus dem Anwendungsbereich des Bundesurlaubsgesetzes herausgenommen werden können, erscheint angesichts der neueren Rechtsprechung des EuGH zweifelhaft. Zumindest **Fremd-Geschäftsführer** einer nicht mitbestimmten GmbH fallen nach der Rechtsprechung des EuGH in der Rs. *Balkaya* unter den unionsrechtlichen Arbeitnehmerbegriff und sind somit als Arbeitnehmer i.S.d. Art. 7 ArbZ-RL anzusehen.[53] Bei **Gesellschafter-Geschäftsführern** ist nach der Entscheidung des EuGH in der Rs. *Holterman Ferho Exploitatie* zu differenzieren: Allein-,[54] aber auch bloße Mehrheitsgesellschafter[55] sind keine Arbeitnehmer nach unionsrechtlichem Verständnis, weil es insoweit an einem Unterordnungsverhältnis fehlt. Eine bloße Minderheitsbeteiligung beseitigt die Arbeitnehmereigenschaft nach europäischem Verständnis jedoch zumindest dann, wenn der Geschäftsführer nicht unerheblichen Einfluss auf die Entscheidungen der Gesellschaft hat. **Vorstandsmitglieder** einer Aktiengesellschaft sowie ihnen gleichgestellte Organmitglieder[56] sind ebenfalls keine Arbeitnehmer im unionsrechtlichen Sinne[57] und fallen daher nicht unter die Arbeitszeitrichtlinie. Vorstandsmitglieder handeln gem. § 76 Abs. 1 AktG weisungsfrei und können gem. § 84 Abs. 3 AktG nur aus wichtigem Grund abberufen werden, so dass es an dem vom EuGH geforderten Unterordnungsverhältnis

8.13

---

48 EuGH v. 11.11.2010 – C-232/09 – Danosa, Slg. 2010, I-11405 Rz. 51 = ArbRB 2010, 358 = NZA 2011, 143.
49 EuGH v. 9.7.2015 – C-229/14 – Balkaya, ArbRB 2015, 259 = NZA 2015, 861 Rz. 23.
50 EuGH v. 10.9.2015 – C-47/14 – Holterman Ferho Exploitatie, ArbRB 2015, 369 = NZA 2016, 183; a.A. *Gräf*, GPR 2016, 148; *Knöfel*, EuZA 2016, 348.
51 Vgl. etwa ErfK/*Gallner*, § 1 BUrlG Rz. 15; *Forst*, GmbHR 2012, 821 (824).
52 BAG v. 15.3.2011 – 10 AZB 32/10, ArbRB 2011, 174 = ArbRB 2011, 263 = NZA 2011, 874 für den Fall, dass das vorher zur Konzernobergesellschaft bestehende Arbeitsverhältnis nicht ausdrücklich oder konkludent durch Abschluss eines schriftlichen Geschäftsführerdienstvertrages aufgehoben wurde; in diese Richtung auch in der Vergangenheit schon BAG v. 26.5.1999 – 5 AZR 664/98, NZA 1999, 987.
53 Zum Ganzen auch ErfK/*Gallner*, § 1 BUrlG Rz. 15; *Lunk/Rodenbusch*, GmbHR 2012, 188; *Preis/Sagan*, ZGR 2013, 26.
54 Vgl. EuGH v. 27.6.1996 – C-107/94 – Asscher, Slg. 1996, I-3089 Rz. 26 = NJW 1996, 2924 zu Art. 48 EGV (heute: Art. 45 AEUV).
55 *Forst*, GmbHR 2012, 821 (825).
56 Vgl. z.B. Art. 9 Abs. 1 Buchst. c Nr. ii SE-VO für Vorstandsmitglieder einer SE.
57 Vgl. auch *Bauer/Arnold*, ZIP 2012, 597 (599); *Hohenstatt/Naber*, ZIP 2012, 1989 (1990); a.A. *Fischer*, NJW 2011, 2329 (2331).

fehlt.[58] Entsprechendes dürfte auch für Geschäftsführer einer **mitbestimmten GmbH** gelten. Zwar bleibt das Weisungsrecht der Gesellschafterversammlung gem. § 30 MitbestG von der Errichtung des obligatorischen Aufsichtsrats unberührt. Anders als bei einer nicht unter das Mitbestimmungsgesetz 1976 fallenden GmbH ist eine Abberufung des Geschäftsführers nach § 31 Abs. 1 MitbestG i.V.m. § 84 Abs. 3 AktG jedoch nur aus wichtigem Grund möglich. Damit entfällt zumindest eines der vom EuGH aufgestellten Kriterien (vgl. Rz. 8.10), was gegen eine Qualifikation als Arbeitnehmer im unionsrechtlichen Sinne spricht.[59]

8.14 Welche Folgen sich aus der Rechtsprechung des EuGH für den Anwendungsbereich des Bundesurlaubsgesetzes ergeben, ist noch nicht abschließend geklärt. Teilweise wird die Ansicht vertreten, § 2 BUrlG sei dahingehend **richtlinienkonform auszulegen**, dass die Bestimmungen des Bundesurlaubsgesetzes auch auf Organmitglieder, die als Arbeitnehmer im unionsrechtlichen Sinne zu qualifizieren sind, anzuwenden seien.[60] Dies geht jedoch zu weit. Eine richtlinienkonforme Auslegung ist nur soweit geboten, wie der Mindestschutz nach Art. 7 ArbZ-RL reicht, d.h. insbesondere hinsichtlich der Mindesturlaubsdauer (vgl. Rz. 8.24 ff.), der Übertragung des Urlaubsanspruchs (vgl. Rz. 8.47 ff.) und des Abgeltungsanspruchs (vgl. Rz. 8.53 ff.). Im Übrigen können die Vertragsparteien die Einzelheiten der Urlaubsgewährung im Anstellungsvertrag regeln.

8.15 Der Urlaubsanspruch von Beamten, Soldaten und Richtern ist in besonderen Gesetzen geregelt (vgl. Rz. 8.6). Die Erstreckung des unionsrechtlichen Arbeitnehmerbegriffs auf diese Personengruppen hat zur Folge, dass diese Gesetze jeweils auf ihre Vereinbarkeit mit den unionsrechtlichen Vorgaben zu prüfen sind. Sind diese nicht hinreichend umgesetzt, stellt Art. 7 ArbZ-RL eine unmittelbare Anspruchsgrundlage dar.[61]

2. Wartezeit

8.16 Der Anspruch auf den vierwöchigen Mindesturlaub besteht ab dem ersten Arbeitstag. Art. 7 ArbZ-RL sieht **keine Wartezeit** für das Entstehen des Urlaubsanspruchs vor. In der Rs. *BECTU*[62] hat der EuGH entschieden, dass die Mitgliedstaaten das Entstehen des Anspruchs auf den vierwöchigen Mindesturlaub nicht von einer ununterbrochenen Mindestbeschäftigungsdauer abhängig machen können. Eine derartige Regelung berge Missbrauchsgefahren, weil Arbeitgeber den Anspruch auf bezahlten Jahresurlaub dadurch umgehen könnten, dass sie häufiger auf kurzfristige Arbeitsverhältnisse zurückgreifen. Im Anlassfall verloren Arbeitnehmer nach der streitgegenständlichen gesetzlichen Regelung bei Beendigung des Arbeitsverhältnisses vor Erreichen einer dreizehnwöchigen Mindestbeschäftigungszeit jeden Anspruch auf bezahlten Jahresurlaub und erhielten zudem auch keinen finanziellen Ausgleich.

8.17 § 4 BUrlG bestimmt, dass der volle Urlaubsanspruch nach dem Bundesurlaubgesetz erstmals nach einer **sechsmonatigen Wartezeit** erworben wird.[63] Vor dem Ablauf der Wartezeit kann der Arbeitnehmer im Geltungsbereich des Bundesurlaubsgesetzes grundsätzlich keine Freistellung von der Arbeitspflicht verlangen, auch nicht für einen Teil des Jahresurlaubs. Ergänzt wird diese Regelung durch § 5 Abs. 1 Buchst. a und b BUrlG. Danach steht dem Arbeitnehmer für den Fall, dass das Arbeitsverhältnis in der zweiten Jahreshälfte begonnen hat – und die

---

58 Dies gilt auch für Vorstandsmitglieder abhängiger Aktiengesellschaften, denen das herrschende Unternehmen nach § 308 Abs. 1 AktG Weisungen erteilen darf, weil es unabhängig hiervon für die Abberufung eines wichtigen Grundes nach § 84 Abs. 3 AktG bedarf. Vgl. diesbezüglich auch KölnKomm/*Koppensteiner*, § 308 AktG Rz. 63; *Altmeppen* in MünchKomm/AktG, § 308 AktG Rz. 71.
59 So auch *Forst*, GmbHR 2012, 821 (825).
60 *Forst*, GmbHR 2012, 821 (825); ErfK/*Gallner*, § 1 BUrlG Rz. 15; HWK/*Schinz*, § 2 BurlG Rz. 7.
61 Vgl. etwa BVerwG v. 31.1.2013 – 2 C 10/12, NVwZ 2013, 1295 Rz. 32 ff.
62 EuGH v. 26.6.2001 – C-173/99 – BECTU, Slg. 2001, I-4881 = NZA 2001, 827.
63 Vgl. zur Unerheblichkeit kurzfristiger „rechtlicher Unterbrechungen" BAG v. 20.10.2015 – 9 AZR 224/14, ArbRB 2016, 68 = NZA 2016, 159.

Wartezeit daher für das Kalenderjahr nicht erfüllt werden kann – (Buchst. a) oder der Arbeitnehmer bereits vor Ablauf der Wartezeit aus dem Arbeitsverhältnis ausscheidet (Buchst. b), ein **Teilurlaubsanspruch** zu.[64] Der Teilurlaubsanspruch nach § 5 Abs. 1 Buchst. a BUrlG ist zudem auf Verlangen des Arbeitnehmers gem. § 7 Abs. 3 Satz 4 BUrlG auf das gesamte nächste Kalenderjahr zu übertragen und nicht nur auf dessen erste drei Monate.[65] Im Ergebnis genügen diese Regelungen in ihrem Zusammenwirken den unionsrechtlichen Vorgaben.[66] Art. 7 ArbZ-RL verbietet zwar, die Entstehung des Urlaubsanspruchs an eine Mindestbeschäftigungszeit zu knüpfen. Die Mitgliedstaaten können aber die Bedingungen für die Inanspruchnahme und die Gewährung des Urlaubs regeln (vgl. Rz. 8.32) und in diesem Rahmen auch das Erfordernis einer Mindestbeschäftigungszeit vorsehen, bevor der Urlaub genommen werden kann.[67] Die Teilurlaubsansprüche nach § 5 Abs. 1 Buchst. a und b BUrlG schützen den Urlaubsanspruch des Arbeitnehmers vor Erfüllung der Wartezeit in hinreichender Weise. Insbesondere beugt der Teilurlaubsanspruch nach § 5 Abs. 1 Buchst. b BUrlG einem Missbrauch der Wartezeitregelung durch Einsatz kurzfristiger Arbeitsverhältnisse vor.

3. Arbeitsleistung

Art. 7 ArbZ-RL macht das Entstehen des Urlaubsanspruchs nach seinem Wortlaut nicht davon abhängig, dass der Arbeitnehmer tatsächlich Arbeitsleistungen erbracht hat. Insbesondere differenziert die Regelung nicht zwischen Arbeitnehmern, die während des Bezugszeitraums wegen Krankheit der Arbeit ferngeblieben sind, und solchen, die während des Zeitraums tatsächlich gearbeitet haben. Daraus folgert der EuGH in ständiger Rechtsprechung, dass der Urlaubsanspruch eines **aufgrund Krankheit arbeitsunfähigen Arbeitnehmers** unabhängig davon besteht, ob er während des Bezugszeitraums tatsächlich gearbeitet hat.[68] Auf den Grund der Krankschreibung (als Folge eines Unfalls oder einer Krankheit) komme es nicht an.[69] Ergänzend verweist der EuGH auf Art. 5 Abs. 4 des IAO-Übereinkommens Nr. 132, wonach Arbeitsversäumnisse aus Gründen, die unabhängig vom Willen des beteiligten Arbeitnehmers bestehen, wie z.B. Krankheit, als Dienstzeit anzurechnen sind.[70]

8.18

Mit den Fällen einer krankheitsbedingten Arbeitsunfähigkeit nicht vergleichbar ist es nach Ansicht des EuGH in der Rs. *Heimann*[71] allerdings, wenn der Arbeitnehmer infolge einer in einem Sozialplan geregelten **„Kurzarbeit Null"** nicht zur Erbringung einer Arbeitsleistung verpflichtet ist. Anders als bei einem krankheitsbedingt arbeitsunfähigen Arbeitnehmer könne sich der von Kurzarbeit betroffene Arbeitnehmer ausruhen oder Freizeitaktivitäten nachgehen. Zudem verweist der EuGH darauf, dass die mit einer Gewährung von Urlaubsansprüchen für die Dauer der Kurzarbeit verbundene erhöhte Kostenlast Arbeitgeber davon abhalten könne, sich auf eine solche beschäftigungssichernde Maßnahme einzulassen. Der EuGH kommt daher zu dem Ergebnis, dass Kurzarbeiter als „vorübergehend teilzeitbeschäftigte Arbeitnehmer" anzusehen seien, weil die ge-

8.19

---

64 Die Rechtswirkung der Erfüllung der Wartezeit, d.h. der Erwerb des Vollurlaubsanspruchs, tritt nicht ein, wenn der Arbeitnehmer gleichzeitig mit der Erfüllung der Wartezeit aus dem Arbeitsverhältnis ausscheidet, z.B. bei Bestand des Arbeitsverhältnisses vom 1.7. bis zum 31.12.; BAG v. 17.11.2015 – 9 AZR 179/15, ArbRB 2016, 69 = NZA 2016, 309.
65 ErfK/*Gallner*, § 7 BUrlG Rz. 63.
66 So auch EuArbR/*Gallner*, Art. 7 RL 2003/88/EG Rz. 14c; ErfK/*Gallner*, § 4 BUrlG Rz. 1; Schaub/*Linck*, § 104 Rz. 26, 29; HWK/*Schinz*, § 4 BUrlG Rz. 3.
67 Vgl. auch GAin *Trstenjak* v. 24.1.2008 – C-350/06 – Schultz-Hoff, Slg. 2009 I-179 Rz. 44.
68 EuGH v. 20.1.2009 – C-350/06 und C-520/06 – Schultz-Hoff u.a., Slg. 2009, I-129 Rz. 41 = ArbRB 2009, 30 = NZA 2009, 135; v. 24.1.2012 – C-282/10 – Dominguez, NZA 2012, 139 Rz. 20; v. 20.7.2016 – C 341/15 – Maschek, NZA 2016, 1067 Rz. 25.
69 EuGH v. 24.1.2012 – C-282/10 – Dominguez, NZA 2012, 139 Rz. 30.
70 EuGH v. 20.1.2009 – C-350/06 und C-520/06 – Schultz-Hoff u.a., Slg. 2009, I-129 Rz. 38 = ArbRB 2009, 30 = NZA 2009, 135.
71 EuGH v. 8.11.2012 – C-229/11 und C-230/11 – Heimann u.a., NZA 2012, 1273 Rz. 32.

genseitigen Leistungspflichten wie bei einer Teilzeitbeschäftigung entsprechend der Arbeitszeitverkürzung suspendiert seien. Für die Zeit der „Kurzarbeit Null" verringere sich daher der Urlaubsanspruch entsprechend (zum Urlaubsanspruch von Teilzeitbeschäftigten vgl. Rz. 8.24 ff.).

8.20 Die vom EuGH in der Rs. *Heimann* aufgestellten Grundsätze lassen sich grundsätzlich auf andere Fälle übertragen, in denen das **Arbeitsverhältnis aus nicht krankheitsbedingten Gründen ruht**, wenn also die gegenseitigen Leistungspflichten aufgrund einer gesetzlichen, tariflichen oder individualvertraglichen Grundlage für eine bestimmte Zeit reduziert oder suspendiert werden.[72] Wenn sich der Arbeitnehmer erholen und seine Freizeit nach eigenen Wünschen gestalten kann, gebietet Art. 7 ArbZ-RL keine Aufrechterhaltung des Urlaubsanspruchs. Dies hat der EuGH in der Rs. *Dictu*[73] bestätigt und entschieden, dass Art. 7 ArbZ-RL einer Bestimmung im rumänischen Recht nicht entgegenstehe, wonach bei der Berechnung des Erholungsurlaubs ein genommener **Elternurlaub** nicht als Zeitraum tatsächlicher Arbeitsleistung gilt. Insoweit stellt der EuGH unter Bezugnahme auf die Grundsätze in der Rs. *Heimann* maßgeblich darauf ab, dass der Elternurlaub anders als eine krankheitsbedingte Arbeitsunfähigkeit nicht unvorhersehbar sei und der Erholungszweck nicht durch eine Erkrankung konterkariert werde, sondern seinem Zweck nach dazu dienen solle, berufstätigen Eltern zu helfen, ihr Berufs- und Familienleben miteinander in Einklang zu bringen.[74] Insoweit ist der Elternurlaub nach Ansicht des EuGH abzugrenzen von Zeiten des **Mutterschaftsurlaubs**. Dieser verfolgt einen anderen Zweck als der Anspruch auf Jahresurlaub. Der Mutterschaftsurlaub dient zum einen dem Schutz der körperlichen Verfassung der Frau während und nach der Schwangerschaft und zum anderen dem Schutz der besonderen Beziehung zwischen der Mutter und ihrem Kind während der Zeit, die an die Schwangerschaft und die Entbindung anschließt.[75] Daraus zieht der EuGH in der Rs. *Merino Gómez*[76] den Schluss, dass der Mutterschaftsurlaub sich nicht nachteilig auf den Urlaubsanspruch auswirken darf.[77] Im Anlassfall entschied der Gerichtshof, dass eine Anrechnung des Urlaubsanspruchs auf die Zeit des Mutterschaftsurlaubs mit Art. 7 Abs. 1 ArbZ-RL und Art. 11 Nr. 2 Buchst. a RL 92/85/EWG nicht vereinbar sei. Ähnlich hat der EuGH in der Rs. *Sobczyszyn*[78] auch für den Fall eines im polnischen Recht für Lehrer vorgesehenen Genesungsurlaubs entschieden.

8.21 Für das Entstehen des Urlaubsanspruchs ist nach dem **Bundesurlaubsgesetz** allein das **Bestehen eines Arbeitsverhältnisses** Voraussetzung. Der Urlaubsanspruch nach §§ 1, 3 BUrlG steht nicht unter der Bedingung, dass der Arbeitnehmer im Bezugszeitraum gearbeitet hat.[79] Für Fälle krankheitsbedingter Arbeitsunfähigkeit bedeutet dies, dass der Urlaubsanspruch unabhängig davon entsteht, ob der Arbeitnehmer längere Zeit oder im gesamten Urlaubsjahr keine oder nur eine geringe Arbeitsleistung erbracht hat. Der Arbeitgeber kann in diesen Fällen nicht einwenden, das Urlaubsverlangen des Arbeitnehmers sei rechtsmissbräuchlich.[80] Dies gilt nach der Rechtsprechung auch dann, wenn das Arbeitsverhältnis (z.B. wegen Bezugs einer befristeten oder unbefristeten Erwerbsminderungsrente) **krankheitsbedingt ruht**.[81] Das BAG hat daher eine tarifliche Regelung insoweit für unwirksam erklärt, als die Dauer des Erholungsurlaubs

---

72 Vgl. hierzu auch *Fieberg*, NZA 2009, 929; *Plüm*, NZA 2013, 11 (13 f.); *Powietzka/Christ*, NZA 2013, 18.
73 EuGH v. 4.10.2018 – C-12/17 – Dicu, BeckRS 2018, 23565.
74 EuGH v. 4.10.2018 – C-12/17 – Dicu, BeckRS 2018, 23565 Rz. 31 ff.
75 EuGH v. 12.7.1984 – 184/83 – Hofmann, Slg. 1984, 3047 Rz. 25 = NJW 1984, 2754; v. 30.4.1998 – C-136/95 – Thibault, Slg. 1998, I-2011 Rz. 25; v. 27.10.1998 – C-411/96 – Boyle u.a., Slg. I-1998, I-6401 Rz. 41; v. 18.3.2004 – C-342/01 – Merino Gómez, Slg. 2004, I-2605 Rz. 32 = NZA 2004, 535.
76 EuGH v. 18.3.2004 – C-342/01 – Merino Gómez, Slg. 2004, I-2605 Rz. 37 f. = NZA 2004, 535.
77 Vgl. hierzu auch EuGH v. 4.10.2018 – C-12/17 – Dicu, BeckRS 2018, 23565 Rz. 34.
78 EuGH v. 30.6.2016 – C-178/15 – Sobczyszyn, NZA 2016, 877.
79 St. Rspr., vgl. BAG v. 7.8.2012 – 9 AZR 353/10, ArbRB 2013, 4 = NZA 2012, 1216; v. 6.5.2014 – 9 AZR 678/12, NZA 2014, 959; v. 23.1.2018 – 9 AZR 200/17, ArbR 2018, 281 = NZA 2018, 653, jeweils m.w.N.
80 BAG v. 18.3.2003 – 9 AZR 190/02, NZA 2003, 1111; vgl. auch ErfK/*Gallner*, § 1 BUrlG Rz. 20 m.w.N.
81 BAG v. 7.8.2012 – 9 AZR 353/10, ArbRB 2013, 4 = NZA 2012, 1216.

pro rata temporis um Zeiten des krankheitsbedingten Ruhens des Arbeitsverhältnisses gekürzt werden sollte.[82] § 13 Abs. 1 Satz 1 BUrlG sei entsprechend den vom EuGH in den Rs. *Schultz-Hoff* und *Dominguez* aufgestellten Grundsätzen richtlinienkonform auszulegen. Bestätigt werde das Entstehen von Urlaubsansprüchen im ruhenden Arbeitsverhältnis durch die Regelung in § 17 BEEG und § 4 ArbPlSchG, die eine Kürzungsmöglichkeit für Zeiten der Elternzeit[83] und des (derzeit ausgesetzten) Wehrdienstes vorsehen.

Das BAG geht im Grundsatz davon aus, dass auch in den Fällen eines **nicht krankheitsbedingten Ruhens** des Arbeitsverhältnisses Urlaubsansprüche entstehen.[84] Der Arbeitgeber sei nur dann zur Kürzung des gesetzlichen Urlaubsanspruchs berechtigt, wenn eine gesetzliche Regelung dies erlaube. Bestehe – wie z.B. früher beim Ruhen des Arbeitsverhältnisses während einer Pflegezeit (§§ 3, 4 PflegeZG a.F.) – keine solche Regelung, komme eine Kürzung des gesetzlichen Urlaubs nicht in Betracht. Eine Kürzungsregelung war hingegen von Anfang an für die **Elternzeit** vorgesehen.[85] Während der Elternzeit nach § 15 BEEG ruht das Arbeitsverhältnis.[86] Das Gesetz geht davon aus, dass grundsätzlich auch während der Elternzeit Urlaubsansprüche entstehen. § 17 Abs. 1 BEEG berechtigt den Arbeitgeber jedoch, den Urlaubsanspruch im bestehenden Arbeitsverhältnis für jeden vollen Kalendermonat der Elternzeit um ein Zwölftel zu kürzen.[87] Seit dem 1.1.2015 gewährt § 4 Abs. 4 PflegeZG n.F. Arbeitgebern ein entsprechendes Kürzungsrecht bei der Inanspruchnahme von **Pflegezeit**. Diese Kürzungsregelungen verstoßen nach den in den Rs. *Heimann* und *Dicu* aufgestellten Grundsätzen nicht gegen Art. 7 ArbZ-RL, weil es sich um Fälle eines nicht krankheitsbedingten Ruhens des Arbeitsverhältnisses handelt (vgl. Rz. 8.19).[88] Mit der Rs. *Dicu* dürfte zudem feststehen, dass § 17 BEEG auch nicht gegen den durch § 2 der Rahmenvereinbarung im Anhang der Elternurlaubsrichtlinie 2010/18/EU garantierten Elternurlaub verstößt.[89] Der EuGH stellt insoweit klar, dass sich aus den Regelungen zum Elternurlaub nicht herleiten lasse, dass Zeiten des Elternurlaubs für die Berechnung des Erholungsurlaubs herangezogen werden müssten.[90] Für die Zeiten des **Mutterschutzes** (§ 3, § 13 Abs. 1 Nr. 3, § 16 Abs. 1 MuSchG) stellen sich die vorstehenden Fragen nicht. § 24 Satz 1 MuSchG bestimmt ausdrücklich, dass Ausfallzeiten wegen eines Beschäftigungsverbots für die Berechnung des Anspruchs auf bezahlten Erholungsurlaub als Beschäftigungszeiten gelten.

8.22

Noch nicht abschließend geklärt ist, was gilt, wenn das Arbeitsverhältnis wegen **Kurzarbeit Null** ruht. Der EuGH geht für den unionsrechtlichen Urlaubsanspruch in der Rs. *Heimann* davon aus, dass dieser für die Zeit der Kurzarbeit Null anteilig gekürzt werde (vgl. Rz. 8.19). Eine

8.23

---

82 BAG v. 7.8.2012 – 9 AZR 353/10, ArbRB 2013, 4 = NZA 2012, 1216.
83 Demgegenüber gelten Ausfallzeiten wegen mutterschutzrechtlicher Beschäftigungsverbote (§ 3, § 13 Abs. 1 Nr. 3, § 16 Abs. 1 MuSchG) gemäß § 24 Satz 1 MuSchG als Beschäftigungszeiten und führen nicht zur Kürzung des Urlaubsanspruchs.
84 BAG v. 6.5.2014 – 9 AZR 678/12, NZA 2014, 959.
85 § 4 Abs. 1 Satz 1 ArbPlSchG sieht eine Kürzungsmöglichkeit für die Zeit des (derzeit ausgesetzten) Wehrdienstes vor.
86 BAG v. 10.5.1989 – 6 AZR 660/87, NZA 1989, 759; v. 10.2.1993 – 10 AZR 450/91, NZA 1993, 801.
87 Die Regelung § 17 Abs. 1 BEEG setzt voraus, dass der Anspruch auf Erholungsurlaub noch besteht. Daran fehlt es, wenn das Arbeitsverhältnis beendet ist und der Arbeitnehmer Anspruch auf Urlaubsabgeltung hat; vgl. BAG v. 19.5.2015 – 9 AZR 725/13, ArbRB 2015, 261 = NZA 2015, 989.
88 LAG Niedersachsen v. 16.11.2010 – 3 Sa 1288/10, BeckRS 2011, 68526; LAG Rheinland-Pfalz v. 16.1.2014 – 5 Sa 180/13, BeckRS 2014, 66090; LAG Schleswig-Holstein v. 12.1.2016 – 1 Sa 88a/15; LAG Hamm v. 30.5.2018 – 5 Sa 1516/17, BeckRS 2018, 16526; offen gelassen von BAG v. 23.1.2018 – 9 AZR 200/17, ArbR 2018, 281 = NZA 2018, 653 Rz. 22; v. 19.5.2015 – 9 AZR 725/13, ArbRB 2015, 261 = NZA 2015, 989 Rz. 26; v. 17.5.2011 – 9 AZR 197/10, ArbRB 2011, 293 = AP Nr. 1 zu § 17 BEEG Rz. 37.
89 Vgl. hierzu auch LAG Hamm v. 30.5.2018 – 5 Sa 1516/17, BeckRS 2018, 16526.
90 EuGH v. 4.10.2018 – C-12/17 – Dicu, BeckRS 2018, 23565 Rz. 37; so auch GA *Mengozzi* v. 20.3.2018 – C-12/17 – Dicu, BeckRS 2018, 3603 Rz. 23 ff. Vgl. auch bereits die Ausführungen des EuGH in der Rs. *Lewen* zur Kürzung bzw. zum Wegfall einer Weihnachtsgratifikation während des Elternurlaubs; EuGH v. 21.10.1999 – C-333/97 – Lewen, Slg. 1999, I-7243-7287 = NZA 1999, 1325.

gesetzliche Regelung zur Kürzung des Urlaubsanspruch entsprechend § 17 Abs. 1 BEEG, § 4 Abs. 4 PflegeZG und § 4 Abs. 1 Satz 1 ArbPlSchG fehlt jedoch im nationalen Recht. Die Rechtsprechung wäre auch nicht gezwungen, die Ansicht des EuGH auf das deutsche Urlaubsrecht zu übertragen, weil Art. 7 ArbZ-RL gem. Art. 15 ArbZ-RL lediglich ein Mindestschutzniveau garantiert. Im Gegenteil könnte die Rechtsprechung zum Entstehen des Urlaubsanspruchs im ruhenden Arbeitsverhältnis sogar gegen eine anteilige Kürzung des Urlaubsanspruchs sprechen.[91] Eine Übertragung dieser Rechtsprechung würde allerdings dem Ziel der Kurzarbeit, Arbeitsplätze durch eine wirtschaftliche Entlastung des Arbeitgebers dauerhaft zu sichern,[92] entgegenlaufen. Im Ergebnis sprechen die überzeugenden Erwägungen des EuGH dafür, auch im nationalen Recht eine anteilige Kürzung des Urlaubanspruchs bei Kurzarbeit Null zu erlauben.[93] Parallele Fragen stellen sich auch hinsichtlich der Entstehung von Urlaubsansprüchen in der **Freistellungsphase der Altersteilzeit** im Blockmodell.[94]

IV. Urlaubsdauer

1. Allgemeines

8.24 Der Mindesturlaub beträgt nach Art. 7 Abs. 1 ArbZ-RL **vier Wochen**. Eine weitergehende Konkretisierung der Urlaubsdauer enthält die Arbeitszeitrichtlinie nicht. Die Mitgliedstaaten haben insoweit einen Gestaltungsspielraum. Sie können die Urlaubsdauer z.B. nach Tagen oder nach Stunden berechnen. Es muss lediglich sichergestellt sein, dass der Arbeitnehmer Anspruch auf eine vierwöchige Ruhezeit im Jahr hat. Bei einer **Teilzeitbeschäftigung** können die Mitgliedstaaten eine anteilige Kürzung des Jahresurlaubs vorsehen, sofern ein Mindesturlaub von vier Wochen gewährleistet bleibt. Der in § 4 Nr. 2 Anhang Teilzeitrichtlinie 97/81/EG geregelte *Pro-rata-temporis*-Grundsatz ist für Zeiten der Teilzeitbeschäftigung auch auf die Gewährung des Jahresurlaubs anzuwenden.[95] Entsprechendes gilt bei Einführung von Kurzarbeit Null (vgl. Rz. 8.19).[96]

8.25 Nach § 3 Abs. 1 BUrlG beträgt der gesetzliche Mindesturlaub **24 Werktage**. Das Gesetz geht insoweit vom Tagesprinzip aus. Der Arbeitnehmer kann grundsätzlich eine Befreiung von der Arbeitspflicht nur für Tage und nicht für Stunden verlangen.[97] Der gesetzliche Mindesturlaub beruht auf einer 6-Tage-Woche. Verteilt sich die regelmäßige Arbeitszeit auf weniger als sechs Werktage pro Woche, ist die Zahl der Urlaubstage an die tatsächliche Arbeitsverpflichtung anzupassen, indem sie durch sechs geteilt und mit der Anzahl der tatsächlichen Arbeitstage multipliziert wird.[98] Dies führt bei der üblichen 5-Tage-Woche zu einem gesetzlichen Mindesturlaub von 20 Arbeitstagen. Im Falle einer unregelmäßigen Verteilung der Arbeitszeit ist die Berechnung des Urlaubsanspruchs auf das Jahr zu beziehen.[99] Bei einer Verkürzung der werktäglichen Arbeitszeit entspricht die Urlaubsdauer eines Teilzeitbeschäftigten der eines Arbeitnehmers in

---

91 Vgl. BAG v. 7.8.2012 – 9 AZR 353/10, ArbRB 2013, 4 = NZA 2012, 1216; v. 6.5.2014 – 9 AZR 678/12, NZA 2014, 959.
92 Vgl. BAG v. 22.12.1980 – 1 ABR 2/79, AP GG Art. 9 Arbeitskampf Nr. 70.
93 Vgl. LAG Hamm v. 30.8.2017 – 5 Sa 626/17, ArbR 2018, 131. So auch EuArbR/*Gallner*, Art. 7 RL 2003/88/EG Rz. 18; *Bayreuther*, DB 2012, 2748 (2749 f.); *Rudkowski*, NZA 2012, 74; *Rudkowski*, EuZA 2013, 260; Schaub/*Linck*, § 104 Rz. 51, § 104 Rz. 48e; a.A. HWK/*Schinz*, § 3 BUrlG Rz. 41a.
94 Vgl. hierzu etwa LAG Düsseldorf v. 13.7.2018 – 6 Sa 272/18, BeckRS 2018, 23493; *Heilmann/Koch*, NZA-RR 2018, 8 m.w.N.
95 EuGH v. 22.4.2010 – C-486/08 – Zentralbetriebsrat der Landeskrankenhäuser Tirols, Slg. 2010, I-3527 Rz. 33 = ArbRB 2010, 199 = NZA 2010, 557.
96 EuGH v. 8.11.2012 – C-229/11 und C-230/11 – Heimann u.a., NZA 2012, 1273 Rz. 32.
97 BAG v. 8.5.2001 – 9 AZR 240/00, ArbRB 2001, 8 = NZA 2001, 1254.
98 BAG v. 8.5.2001 – 9 AZR 240/00, ArbRB 2001, 8 = NZA 2001, 1254 (1256).
99 Vgl. BAG v. 5.11.2002 – 9 AZR 470/01, AP TVG § 1 Tarifverträge: Chemie Nr. 15: Vorgeschriebene Arbeitstage Urlaub/Jahr × tatsächliche Arbeitstage/Jahr : mögliche Arbeitstage/Jahr = Arbeitstage Urlaub/Jahr.

Vollzeit.[100] Bei einer ungleichmäßigen Verteilung der reduzierten Arbeitszeit ist die Berechnung des Urlaubsanspruchs – wie bei einem Vollzeitarbeitnehmer – auf das Jahr zu beziehen. Im Ergebnis ist auf diese Weise sichergestellt, dass jeder Arbeitnehmer über einen **gesetzlichen Mindesturlaub von vier Wochen** verfügt, so dass den unionsrechtlichen Anforderungen genügt ist.

2. Änderung der Arbeitszeit

Die Berechnung der Urlaubsdauer bereitet keine Schwierigkeiten, wenn die Arbeitszeit des Arbeitnehmers **während des gesamten Bezugszeitraums** unverändert bleibt. Reduziert der Arbeitnehmer mit Wirkung zu Jahresbeginn seine Arbeitszeit, können die Mitgliedstaaten vorsehen, dass der Jahresurlaub nach vorstehenden Grundsätzen anteilig gekürzt wird (vgl. Rz. 8.25). Diese Kürzung darf allerdings nicht übertragene Urlaubsansprüche erfassen, die der Arbeitnehmer vor der Verringerung der Arbeitszeit in einem **vorangegangenen Bezugszeitraum** erworben hat. Der EuGH hat in den Rs. „*Tirol*"[101] und *Brandes*[102] entschieden, dass übertragene Urlaubsansprüche aus den Zeiten einer Vollbeschäftigung bei einem späteren Wechsel in eine Teilzeitbeschäftigung nicht gekürzt werden dürfen, wenn der Arbeitnehmer den Urlaub im (vorangegangenen) Bezugszeitraum (z.B. wegen Krankheit) tatsächlich nicht in Anspruch nehmen konnte. Der Gerichtshof begründet dies damit, dass die Inanspruchnahme zu einer späteren Zeit als dem Bezugszeitraum in keiner Beziehung zu der in dieser späteren Zeit vom Arbeitnehmer erbrachten Arbeitszeit stehe. Folglich dürfe durch eine Verringerung der Arbeitszeit bei einem Übergang von einer Vollzeit- zu einer Teilzeittätigkeit der übertragene Anspruch auf Jahresurlaub, den der Arbeitnehmer in der Zeit der Vollbeschäftigung erworben hat, nicht gekürzt werden. Auf den ersten Blick mag dieses Ergebnis verwundern, weil es hierdurch *de facto* zu einer Verlängerung der Urlaubszeit kommen kann. Der Arbeitnehmer kann mit den (ungekürzten) Urlaubsansprüchen aus dem Vorjahr eine längere Freistellung erwirken. Da der EuGH den Urlaubsanspruch als Einheitsanspruch bestehend aus Freistellung und Urlaubsvergütung ansieht (vgl. Rz. 8.7), ist dies jedoch konsequent. Hat der Arbeitnehmer im vergangenen Bezugszeitraum einen Anspruch auf Vollzeiturlaub mit Vollzeiturlaubsentgelt erworben, kann ihm dieser nicht nachträglich entzogen werden. Umgekehrt bedeutet dies aber, dass übertragene Urlaubsansprüche bei einer späteren Verlängerung der Arbeitszeit ebenfalls nicht nachzuberechnen sind. Dies hat der EuGH in der Rs. *Greenfield*[103] für den Übergang einer Teilzeit- auf eine Vollzeitbeschäftigung im laufenden Bezugszeitraum entschieden (hierzu Rz. 8.28). Für übertragene Urlaubsansprüche, die in einem vorangegangenen Bezugszeitraum erworben wurden, kann nichts anderes gelten.

Mit den Folgen eines Wechsels von einer Vollzeit- in eine Teilzeitbeschäftigung **im laufenden Bezugszeitraum** hat sich der EuGH bislang noch nicht ausdrücklich auseinandergesetzt. Die Entscheidungen in den Rs. „*Tirol*"[104] und *Brandes*[105] bezogen sich auf die Frage, ob eine anteilige Kürzung übertragener Urlaubsansprüche aus einer Vollzeittätigkeit in einem vorangegangenen Bezugszeitraum nach einem **Wechsel in eine Teilzeittätigkeit** mit Art. 7 Abs. 1 ArbZ-RL vereinbar ist. Dem steht eine Anpassung des im laufenden Bezugszeitraum erworbenen Urlaubsanspruchs an die geänderte Arbeitszeit nicht zwingend entgegen.[106] Der EuGH geht allerdings in der Rs. *Greenfield*

8.26

8.27

---

100 BAG v. 14.2.1991 – 8 AZR 97/90, NZA 1991, 777.
101 EuGH v. 22.4.2010 – C-486/08 – Zentralbetriebsrat der Landeskrankenhäuser Tirols, Slg. 2010, I-3527 Rz. 32 = ArbRB 2010, 199 = NZA 2010, 557.
102 EuGH v. 13.6.2013 – C-415/12 – Brandes, ArbRB 2013, 230 = NZA 2013, 775 Rz. 33.
103 EuGH v. 11.11.2015 – C-219/14 – Greenfield, NZA 2015, 1501.
104 EuGH v. 22.4.2010 – C-486/08 – Zentralbetriebsrat der Landeskrankenhäuser Tirols, Slg. 2010, I-3527 Rz. 32 = ArbRB 2010, 199 = NZA 2010, 557.
105 EuGH v. 22.4.2010 – C-486/08 – Zentralbetriebsrat der Landeskrankenhäuser Tirols, Slg. 2010, I-3527 Rz. 33 = ArbRB 2010, 199 = NZA 2010, 557; v. 13.6.2013 – C-415/12 – Brandes, ArbRB 2013, 230 = NZA 2013, 775 Rz. 33.
106 So auch *Latzel*, EuZA 2014, 80 (88); *Schubert*, NZA 2013, 1105 (1107 ff.); a.A. *Stiebert/Imani*, NZA 2013, 1338 (1339 f.).

davon aus, dass für die Entstehung des Urlaubsanspruchs nach Art. 7 Abs. 1 ArbZ-RL die Zeiträume der Voll- und Teilzeittätigkeit getrennt zu betrachten sind.[107] Wechselt ein Arbeitnehmer mit Wirkung zum 1.7. von einer Fünftagewoche auf eine Viertagewoche, hat er im Zeitpunkt des Wechsels einen „Vollzeiturlaubsanspruch" von zehn Tagen für das 1. Halbjahr erworben (= die Hälfte von 20 Urlaubstagen). Für das 2. Halbjahr besteht nach der anteiligen Kürzung des Urlaubsanspruchs aufgrund der Teilzeittätigkeit ein Urlaubsanspruch von acht Tagen (= 4/5 von zehn Urlaubstagen). Soweit der Arbeitnehmer den auf den Zeitraum der Vollzeittätigkeit im 1. Halbjahr entfallenden Urlaub noch nicht genommen hat, folgt aus den Entscheidungen in den Rs. *Tirol*"[108] und *Brandes*[109], dass diese bereits erworbenen Urlaubsansprüche durch den Wechsel in die Teilzeittätigkeit nicht gemindert werden dürfen. Zwar stellt der EuGH das unionsrechtliche Verbot der verhältnismäßigen Kürzung bereits erworbener Urlaubsansprüche in diesen Entscheidungen unter die Bedingung, dass der Arbeitnehmer im Bezugszeitraum tatsächlich nicht die Möglichkeit hatte, den Urlaub zu nehmen.[110] Dies beruht jedoch darauf, dass es in beiden Entscheidungen um Urlaubsansprüche aus einem vorangegangenen Bezugszeitraum ging, die wegen der fehlenden Inanspruchnahmemöglichkeit übertragen worden waren (vgl. Rz. 8.47 ff.). Für den Arbeitszeitwechsel im laufenden Bezugszeitraum passt diese Einschränkung nicht.[111] Demgemäß erwähnt auch der EuGH in der Rs. *Greenfield* dieses zusätzliche Merkmal im Zusammenhang mit einer Veränderung der Arbeitszeit im laufenden Bezugszeitraum nicht.[112] Es ist daher davon auszugehen, dass bei einem Wechsel von einer Vollzeit- in eine Teilzeittätigkeit die noch nicht genommenen, bereits während der Vollzeittätigkeit erworbenen Urlaubsansprüche generell nicht gekürzt werden. Ob der Arbeitnehmer tatsächlich die Möglichkeit hatte, den Urlaub während der Vollzeittätigkeit zu nehmen, ist unerheblich.[113] Diese Rechtsprechung des EuGH kann bei einer erheblichen Reduzierung der Arbeitszeit und dem Bestehen von Resturlaubsansprüchen (z.B. nach einer Elternzeit) zu einer „Vervielfachung" der Urlaubsansprüche im Verhältnis zur vorherigen Vollzeittätigkeit führen.[114]

8.28 Die Rechtsfolgen einer **unterjährigen Erhöhung der Arbeitszeit** waren Gegenstand der Entscheidung des EuGH in der Rs. *Greenfield*.[115] Insoweit gelten die vorstehenden Ausführungen zur Verringerung der Arbeitszeit entsprechend. Die Entstehung des Urlaubsanspruchs nach Art. 7 Abs. 1 ArbZ-RL ist für die Zeiträume der Teilzeit- und sich anschließenden Vollzeittätigkeit getrennt zu betrachten. Dies führt dazu, dass die für die Dauer der Teilzeittätigkeit erworbenen (zeitratierlichen) Urlaubsansprüche nach der Erhöhung der Arbeitszeit nicht umzurechnen sind; eine Erhöhung der bereits erworbenen Urlaubsansprüche ist nach der Ansicht des EuGH nicht erforderlich.[116] Ledig-

---

107 EuGH v. 11.11.2015 – C-219/14 – Greenfield, NZA 2015, 1501 Rz. 35; vgl. auch *Weigert/Ziesing*, NZA 2016, 862 (863).
108 EuGH v. 22.4.2010 – C-486/08 – Zentralbetriebsrat der Landeskrankenhäuser Tirols, Slg. 2010, I-3527 Rz. 32 = ArbRB 2010, 199 = NZA 2010, 557.
109 EuGH v. 13.6.2013 – C-415/12 – Brandes, ArbRB 2013, 230 = NZA 2013, 775 Rz. 33; vgl. auch *Biltgen*, NZA 2016, 1245 (1251).
110 Vgl. EuGH v. 13.6.2013 – C-415/12 – Brandes, ArbRB 2013, 230 = NZA 2013, 775 Rz. 32; v. 22.4.2010 – C-486/08 – Zentralbetriebsrat der Landeskrankenhäuser Tirols, Slg. 2010, I-3527 Rz. 32 = ArbRB 2010, 199 = NZA 2010, 557.
111 Vgl. auch *Weigert/Zeising*, NZA 2016, 862 (865 f.); *Fieberg*, NZA 2010, 925, 930.
112 EuGH v. 11.11.2015 – C-219/14 – Greenfield, NZA 2015, 1501 Rz. 34 ff.
113 So im Ergebnis auch EuArbR/*Gallner*, Art. 7 RL 2003/88/EG Rz. 21, die auf die Rechtsprechung zum Diskriminierungsrecht verweist, nach der die Möglichkeit, eine Diskriminierung zu verhindern, grundsätzlich nicht als Rechtfertigungsgrund anerkannt sei. Vgl. zu diesem Aspekt auch BAG v. 10.2.2015 – 9 AZR 53/14, NZA 2015, 1005 Rz. 25 f.
114 Vgl. das Beispiel des BAG: Wechselt ein Arbeitnehmer z.B. unmittelbar nach einer Elternzeit von einer Fünftagewoche in eine Zweitagewoche und verfügt noch über 30 Tage Resturlaub, fehlt dieser Arbeitnehmer dem Betrieb wegen Resturlaubs 15 Wochen; vgl. BAG v. 10.2.2015 – 9 AZR 53/14, NZA 2015, 1005 Rz. 23.
115 EuGH v. 11.11.2015 – C-219/14 – Greenfield, NZA 2015, 1501.
116 EuGH v. 11.11.2015 – C-219/14 – Greenfield, NZA 2015, 1501 Rz. 43.

lich Urlaubsansprüche, die der Arbeitnehmer für den Zeitraum der erhöhten Arbeitszeit erwirbt, sind nachzuberechnen und erhöhen sich entsprechend der neuen Arbeitszeit. Dies gilt allerdings nicht, soweit der Arbeitnehmer diese Urlaubsansprüche bereits vor der Erhöhung der Arbeitszeit in Anspruch genommen hat: Wird ein Arbeitnehmer in einer Viertagewoche tätig, hat er einen jährlichen Urlaubsanspruch von 16 Tagen. Wechselt der Arbeitnehmer mit Wirkung zum 1.7. in eine Fünftagewoche, entfallen auf das 1. Halbjahr acht Urlaubstage. Die verbleibenden acht Urlaubstage sind grundsätzlich an die erhöhte Arbeitszeit anzupassen, so dass der Arbeitnehmer für das 2. Halbjahr zehn Urlaubstage erwirbt. Hat der Arbeitnehmer hingegen bereits zwölf Urlaubstage im 1. Halbjahr verbraucht, sind lediglich die verbleibenden vier Urlaubstage anzupassen mit der Folge, dass dem Arbeitnehmer nach der Arbeitszeiterhöhung noch fünf Urlaubstage zustehen. Eine Nachberechnung hinsichtlich der bereits genommenen Urlaubstage ist nach Ansicht des EuGH nicht erforderlich.[117]

Nach der früheren Rechtsprechung verkürzte oder verlängerte sich die Dauer des gesetzlichen Urlaubsanspruchs (einschließlich etwaig übertragener Urlaubsansprüche), wenn sich im Verlaufe eines Kalenderjahres die Verteilung der Arbeitszeit auf weniger oder mehr Arbeitstage in der Kalenderwoche änderte. Die Urlaubsdauer war dann jeweils unter Berücksichtigung der dann für den Arbeitnehmer maßgeblichen Verteilung der Arbeitszeit neu zu berechnen.[118] Diese Rechtsprechung hat das BAG im Nachgang zur vorstehend dargestellten Rechtsprechung des EuGH für die Fälle einer Verringerung der Arbeitszeit aufgegeben. Nach der neuen Rechtsprechung kann die Zahl der im Verlauf des Kalenderjahres bereits entstandenen Urlaubstage wegen des Übergangs in eine Teilzeitbeschäftigung nicht verhältnismäßig gekürzt werden, und zwar unabhängig davon, ob der Arbeitnehmer tatsächlich in der Lage war, den Urlaub vor der Arbeitszeitreduzierung zu nehmen.[119] Mit dem umgekehrten Fall einer Verlängerung der Arbeitszeit hat sich das BAG nach seiner Rechtsprechungsänderung noch nicht befasst. Konsequenterweise sollte insoweit jedoch keine nachträgliche Erhöhung der bereits erworbenen Urlaubsansprüche für die Zeit vor der Arbeitszeiterhöhung erfolgen, sondern nur für den Zeitraum, für den sich die Arbeitszeit erhöht hat.[120] Ändert sich hingegen lediglich die Anzahl der wöchentlichen Arbeitstage ohne eine Veränderung der wöchentlichen Arbeitszeit, ist der verbleibende Urlaub nach der Rechtsprechung des BAG weiterhin unter Berücksichtigung der geänderten Anzahl der Wochenarbeitstage umzurechnen.[121]

8.29

3. Gleichbehandlung

Soweit Arbeitnehmern über den gesetzlichen Mindesturlaub hinausgehende Urlaubsansprüche gewährt werden, finden die Vorgaben des Art. 7 ArbZ-RL keine Anwendung. Es ist allerdings der Gleichbehandlungsgrundsatz zu beachten. Insbesondere dürfen solche Urlaubsregelungen keine diskriminierende Wirkung i.S.v. Art. 2 Abs. 1 i.V.m. Art. 1 Gleichb-RL entfalten. In der Rs. *Hay*[122] ist der EuGH daher davon ausgegangen, dass tariflicher Sonderurlaub, der Arbeitnehmern aus Anlass ihrer Eheschließung gewährt wird, regelmäßig auch Arbeitnehmern zu gewähren ist, die eine gleichgeschlechtliche Lebenspartnerschaft eingehen – im Anlassfall einen „zivilen Solidaritätspakt" nach französischem Recht (*Pacte civil de solidarité*).

8.30

---

117 EuGH v. 11.11.2015 – C-219/14 – Greenfield, NZA 2015, 1501 Rz. 43.
118 BAG v. 28.4.1998 – 9 AZR 314/97, NZA 1999, 156; v. 5.9.2002 – 9 AZR 244/01, NZA 2003, 726.
119 Vgl. BAG v. 10.2.2015 – 9 AZR 53/14, NZA 2015, 1005 unter Hinweis auf die „möglichen widersinnigen Folgen des Quotierungsverbots bei einer erheblichen Verringerung der Anzahl der Wochenarbeitstage"; vgl. auch *Hohmeister*, BB 2016, 1525 (1526); kritisch hierzu *Weigert/Zeising*, NZA 2016, 862.
120 Vgl. auch ErfK/*Gallner*, § 3 BUrlG Rz. 15.
121 BAG v. 14.3.2017 – 9 AZR 7/16, NZA-RR 2017, 376.
122 EuGH v. 12.12.2013 – C-267/12 – Hay, NZA 2014, 153 Rz. 47; vgl. zur eingetragenen Lebenspartnerschaft nach dem LPartG auch EuGH v. 10.5.2011 – C-147/08 – Römer, Slg. 2011, I-3591 Rz. 52 = ArbRB 2011, 173 = NZA 2011, 557.

8.31 Arbeitsvertragliche oder kollektivrechtliche Bestimmungen, nach denen über den gesetzlichen Mindesturlaub nach dem Bundesurlaubsgesetz hinausgehender Urlaub gewährt wird, müssen mit dem arbeitsrechtlichen Gleichbehandlungsgrundsatz und den Diskriminierungsverboten der §§ 1, 7 AGG vereinbar sein. So hat das BAG beispielsweise in einer tarifvertraglichen Staffelung der Urlaubsdauer nach Altersstufen, wonach Beschäftigte erst nach der Vollendung des 40. Lebensjahres in jedem Kalenderjahr Anspruch auf eine erhöhte Zahl von Arbeitstagen Urlaub haben, einen Verstoß gegen das Verbot der Altersdiskriminierung nach § 7 Abs. 1 i.V.m. § 1 AGG gesehen mit der Folge, dass die Regelung nach § 7 Abs. 2 AGG i.V.m. § 134 BGB unwirksam sei.[123] In derartigen Fällen geht die Rechtsprechung davon aus, dass die Diskriminierung durch eine Angleichung der Urlaubsansprüche „nach oben" zu beseitigen ist.[124]

V. Festlegung des Urlaubszeitraums

1. Allgemeines

8.32 Art. 7 ArbZ-RL trifft keine Regelung zur zeitlichen Festlegung des Jahresurlaubs. Es **obliegt den Mitgliedstaaten**, die Voraussetzungen und die Umsetzung des Jahresurlaubs zu regeln. Der EuGH hat in den Rs. *Vincente Pereda*[125] und *Maestre Garcia*[126] allerdings betont, dass die Mitgliedstaaten hierbei die gegenläufigen Interessen von Arbeitnehmer und Arbeitgeber, insbesondere zwingende Gründe des Unternehmensinteresses, zu berücksichtigen haben.[127] Unsicherheit besteht darüber, ob der Arbeitgeber mit Blick auf die Gesundheit und Sicherheit des Arbeitnehmers verpflichtet ist, diesem auch ohne ausdrücklichen **Urlaubsantrag** bis zum Ablauf des Bezugs- bzw. Übertragungszeitraums Urlaub zu gewähren, bevor dieser verfällt.[128] Die bisherigen Entscheidungen des EuGH deuten eher darauf hin, dass es ausreicht, wenn der Arbeitnehmer „**tatsächlich die Möglichkeit hat**", den Urlaub zu nehmen (vgl. auch Rz. 8.48 ff.).[129] Klarheit könnten insofern die Entscheidungen in den Rs. *Kreuziger*[130] und *Max-Planck-Gesellschaft*[131] bringen. GA *Bot* hat in den Schlussanträgen zu diesen Rs. vertreten, dass der Arbeitgeber **geeignete Maßnahmen** zu ergreifen habe, um dafür zu sorgen, dass der Arbeitnehmer seinen Anspruch auf bezahlten Jahresurlaub tatsächlich ausüben kann, und **im Streitfall nachweisen** muss, dass er solche Maßnahmen getroffen hat.[132] Der Arbeitgeber müsse insofern **konkrete organisatorische Maßnahmen** bei der Arbeitszeitgestaltung ergreifen und den Arbeitnehmern **rechtzeitig und klar mitteilen**, dass ihr Urlaub möglicherweise am Ende des Bezugs- oder Übertragungszeitraums verfällt, wenn sie ihn nicht ta-

---

123 BAG v. 20.3.2012 – 9 AZR 529/10, ArbRB 2012, 231 = NZA 2012, 803 Rz. 12 ff.; so für tarifliche Urlaubsstaffelungen nach Alter ab dem 50. Lebensjahres auch BAG v. 18.10.2016 – 9 AZR 123/16, NZA 2017, 267 und v. 15.11.2016 – 9 AZR 534/15, NZA 2017, 339. Vgl. aber zur Zulässigkeit einer Urlaubsstaffelung ab dem 58. Lebensjahr BAG v. 21.10.2014 – 9 AZR 956/12, ArbRB 2015, 68 = NZA 2015, 297.
124 BAG v. 20.3.2012 – 9 AZR 529/10, ArbRB 2012, 231 = NZA 2012, 803 Rz. 27 ff.; v. 15.11.2016 – 9 AZR 534/15, NZA 2017, 339 Rz. 29 ff.
125 EuGH v. 10.9.2009 – C-277/08 – Vicente Pereda, Slg. 2009, I-8405 Rz. 22 = NZA 2009, 1133.
126 EuGH v. 21.2.2013 – C-194/12 – Maestre Garcia, NZA 2013, 369 Rz. 22 ff.
127 Vgl. auch Art. 10 ILO-Übereinkommen Nr. 132.
128 Vgl. insbesondere EuGH v. 29.11.2017 – C-214/16 – King, ArbRB 2018, 4 = NZA 2017, 1591 Rz. 62.
129 EuGH v. 20.1.2009 – C-350/06 und C-520/06 – Schultz-Hoff u.a., Slg. 2009, I-179 Rz. 43 = ArbRB 2009, 30 = NZA 2009, 135; Zweifel weckt unter anderem EuGH v. 29.11.2017 – C-214/16 – King, ArbRB 2018, 4 = NZA 2017, 1591 Rz. 61; vgl. zur Unionskonformität der bisherigen Rechtsprechung des BAG aber *Bayreuther*, NZA 2018, 24 (25 f.).
130 EuGH – C-619/16 – Kreuziger; Vorlage des OVG Berlin-Brandenburg v. 14.9.2016 – OVG 4 B 38.14, ZESAR 2017, 222.
131 EuGH – C-684/16 – Max-Planck-Gesellschaft zur Förderung der Wissenschaften; Vorlage des BAG v. 13.12.2016 – 9 AZR 541/15 (A), ArbRB 2017, 3 = NZA 2017, 271.
132 GA *Bot* v. 29.5.2018 – C-684/16 – Max-Planck-Gesellschaft zur Förderung der Wissenschaften, BeckRS 2018, 9597 Rz. 33; GA *Bot* v. 29.5.2018 – C-619/16 – Kreuziger, BeckRS 2018, 9609 Rz. 35.

V. Festlegung des Urlaubszeitraums | Rz. 8.33 § 8

sächlich nehmen.[133] Er müsse seine Arbeitnehmer aber **nicht zwingen**, die ihnen zustehenden Ruhezeiten tatsächlich in Anspruch zu nehmen.[134] Die **Anrechnung** von Urlaubsansprüchen auf **bezahlte Freistellungszeiten** ist nach der Entscheidung des EuGH in der Rs. *Maschek* – dort im Rahmen einer Vorruhestandsvereinbarung – zulässig, soweit der Arbeitnehmer in dieser Zeit nicht arbeitsunfähig erkrankt.[135]

Die zeitliche Festlegung des Urlaubs **obliegt dem Arbeitgeber**.[136] Es besteht kein Recht des Arbeitnehmers zur Selbstbeurlaubung.[137] Allerdings sind bei der zeitlichen Festlegung des Freistellungszeitraums gem. § 7 Abs. 1 BUrlG die Urlaubswünsche des Arbeitnehmers zu berücksichtigen, sofern dem keine dringenden betrieblichen Erfordernisse oder Urlaubswünsche anderer Arbeitnehmer entgegenstehen. Wenn der Arbeitnehmer keinen Urlaubswunsch äußert, ist der Arbeitgeber nach der Rechtsprechung des BAG berechtigt, aber nicht verpflichtet, den Urlaubszeitraum von sich aus zu bestimmen.[138] Eine Freistellung zur Erfüllung des Anspruchs auf Erholungsurlaub erfolgt regelmäßig in Bezug auf das Bundesurlaubsgesetz als Anspruchsgrundlage, auch wenn daneben ein Urlaubsanspruch auf tarif- oder arbeitsvertraglicher Grundlage besteht.[139] Eine einseitige **Freistellung bei Kündigung** des Arbeitsverhältnisses durch den Arbeitgeber vermag den Urlaubsanspruch nur dann zu erfüllen, wenn sie **unwiderruflich** erfolgt und das **Urlaubsentgelt** vor Antritt des Urlaubs gezahlt oder vorbehaltlos zugesagt wird.[140] Das gilt auch bei einer vorsorglichen Freistellung für den Fall, dass eine **außerordentliche Kündigung** unwirksam ist.[141] Anders als mehrere LAG ist der Neunte Senat des BAG der Ansicht, dass § 7 BurlG nicht so ausgelegt werden kann, dass Arbeitgeber verpflichtet sind, Arbeitnehmern eine bezahlte Freistellung „aufzuzwingen", um einen Anspruchsverlust am Ende des Bezugs- oder Übertragungszeitraums (vgl. Rz. 8.47 ff.) zu vermeiden.[142] Bei der Bestimmung der **Grenzen der Auslegung** nationaler Gesetze legt der Neunte Senat damit ungewöhnliche Zurückhaltung an den Tag (s. auch Rz. 8.55). Wenn der EuGH eine Pflicht des Arbeitgebers zur antragsunabhängigen Urlaubsgewährung bejahen sollte (Rz. 8.32), würde sich demzufolge die Frage stellen, ob eine solche unionsrechtliche Pflicht **unmittelbare Wirkung zwischen Privaten** entfaltet (vgl. Rz. 8.3).[143] Arbeitgeber sind jedenfalls gem. § 2 Abs. 1 Satz 2 Nr. 8 NachwG verpflichtet, Arbeitnehmer schriftlich auf die **Dauer** des jährlichen Erholungsurlaubs **hinzuweisen**, wobei dies gem. § 2 Abs. 3 NachwG auch durch Verweis auf § 3 BUrlG erfolgen kann, wenn keine weitergehenden vertraglichen Urlaubsansprüche bestehen.[144]

8.33

---

133 GA *Bot* v. 29.5.2018 – C-684/16 – Max-Planck-Gesellschaft zur Förderung der Wissenschaften, BeckRS 2018, 9597 Rz. 41; GA *Bot* v. 29.5.2018 – C-619/16 – Kreuziger, BeckRS 2018, 9609 Rz. 43.
134 GA *Bot* v. 29.5.2018 – C-684/16 – Max-Planck-Gesellschaft zur Förderung der Wissenschaften, BeckRS 2018, 9597 Rz. 41; GA *Bot* v. 29.5.2018 – C-619/16 – Kreuziger, BeckRS 2018, 9609 Rz. 43.
135 EuGH v. 20.7.2016 – C-341/15 – Maschek, NZA 2016, 1067 Rz. 35; s. dazu *Schneider*, EuZA 2017, 57; s. auch EuGH v. 8.11.2012 – C-229/11 und C-230/11 – Heimann u.a., NZA 2012, 1273.
136 BAG v. 17.5.2011 – 9 AZR 189/10, ArbRB 2011, 258 = NZA 2011, 1032 Rz. 19; v. 14.8.2007 – 9 AZR 934/06, ArbRB 2008, 43 = NZA 2008, 473 Rz. 11.
137 BAG v. 25.1.1994 – 9 AZR 312/92, NZA 1994, 652; vgl. auch v. 25.10.1994 – 9 AZR 339/93, NZA 1995, 591.
138 BAG v. 15.9.2011 – 8 AZR 846/09, NZA 2012, 377 Rz. 66; v. 24.3.2009 – 9 AZR 983/07, ArbRB 2009, 159 = NZA 2009, 538 Rz. 23; offengelassen BAG v. 19.6.2018 – 9 AZR 615/17, BeckRS 2018, 24293 Rz. 18; a.A. LAG Berlin-Brandenburg v. 12.6.2014 – 21 Sa 221/14, NZA-RR 2014, 631.
139 BAG v. 7.8.2012 – 9 AZR 760/10, ArbRB 2013, 9 = NZA 2013, 104 Rz. 13.
140 BAG v. 10.2.2015 – 9 AZR 455/13, ArbRB 2015, 195 = NZA 2015, 998 Rz. 19 ff.
141 BAG v. 19.1.2016 – 2 AZR 449/15, ArbRB 2016, 296 = NZA 2016, 1144 Rz. 68 ff.
142 BAG v. 13.12.2016 – 9 AZR 541/15 (A), ArbRB 2017, 3 = NZA 2017, 271 Rz. 13; so auch LAG Berlin-Brandenburg v. 16.6.2017 – 3 Sa 128/18, NZA-RR 2018, 132; a.A. LAG Berlin-Brandenburg v. 12.6.2014 – 21 Sa 221/14, NZA-RR 2014, 631 (633 f.); LAG München v. 6.5.2015 – 8 Sa 982/14, ZTR 2016, 35 (36 f.); LAG Köln v. 22.4.2016 – 4 Sa 1095/15, ArbRB 2016, 266 = NZA 2016, 466 Rz. 25.
143 BAG v. 13.12.2016 – 9 AZR 541/15 (A), ArbRB 2017, 3 = NZA 2017, 271 Rz. 19.
144 BAG v. 24.5.2017 – 5 AZR 251/16 Rz. 67.

2. Krankheitsurlaub

8.34 Der Anspruch auf bezahlten Jahresurlaub **kann auch während des Krankheitsurlaubs** – so die Terminologie des EuGH für Zeiten krankheitsbedingter Arbeitsunfähigkeit – **erfüllt werden**. Der EuGH hat in der Rs. *Schultz-Hoff*[145] entschieden, dass Art. 7 ArbZ-RL nationalen Vorschriften oder Gepflogenheiten nicht entgegenstehe, nach denen der Arbeitnehmer trotz Krankheit bezahlten Urlaub nehmen könne. Urlaub und Krankheit schließen sich demnach nicht zwingend aus. Allerdings ist der Arbeitnehmer **nicht verpflichtet**, sich **Krankheitszeiten** während des Urlaubs **auf den Urlaubsanspruch anrechnen zu lassen**. Der EuGH hat in der Rs. *Vincente Pereda*[146] betont, dass der während des Urlaubs erkrankte Arbeitnehmer den Jahresurlaub auch zu einem anderen Zeitpunkt nehmen könne. Der „Krankheitsurlaub" solle es dem Arbeitnehmer ermöglichen, sich von einer zur Arbeitsunfähigkeit führenden Krankheit zu erholen und diene damit einem anderen Zweck als der Jahresurlaub (vgl. Rz. 8.7). Die Gewährung dieses „zusätzlichen" Jahresurlaubs richtet sich nach den allgemeinen Grundsätzen (vgl. Rz. 8.32). Scheidet danach eine Urlaubsgewährung – z.B. wegen entgegenstehender berechtigter Unternehmensinteressen – während des laufenden Bezugszeitraums aus, ist der Urlaub zu übertragen und zu einem späteren Zeitpunkt zu gewähren.[147] Eine Abgeltung des Jahresurlaubs, den der Arbeitnehmer krankheitsbedingt nicht in Anspruch genommen hat, ist ausgeschlossen, sofern das Arbeitsverhältnis nicht beendet wurde.[148]

8.35 § 9 BUrlG bestimmt, dass durch ärztliches Zeugnis nachgewiesene Krankheitstage nicht auf den Jahresurlaub angerechnet werden. Anders als nach unionsrechtlichem Verständnis **schließen sich Urlaub und Arbeitsunfähigkeit** danach **aus**. Ist der Arbeitnehmer krankheitsbedingt arbeitsunfähig, ist der Anspruch auf Urlaub nach der Rechtsprechung des BAG nicht erfüllbar.[149] Der Arbeitnehmer hat Anspruch auf erneute Gewährung des wegen Krankheit nicht erfüllten Urlaubsanspruchs, wenn er die Dauer und die Lage der Krankheit durch ärztliches Attest nachweisen kann.[150] Die Attestpflicht ist mit den unionsrechtlichen Vorgaben vereinbar. Die Mitgliedstaaten können die Bedingungen der Inanspruchnahme des Urlaubs regeln (vgl. Rz. 8.32). Die Attestpflicht bewegt sich in diesem Rahmen. Sie stellt den Fortbestand des Urlaubsanspruchs für Krankheitstage an sich nicht in Frage und erschwert auch die praktische Geltendmachung nicht über Gebühr, zumal ein berechtigtes Interesse des Arbeitgebers am Krankheitsnachweis besteht.

3. Mutterschaftsurlaub

8.36 Ebenso wie der Krankheitsurlaub dient auch der durch Art. 8 und 11 RL 92/85/EWG gewährleistete Mutterschaftsurlaub einem anderen Zweck als der Jahresurlaub. Der Mutterschaftsurlaub dient nicht der Erholung, sondern dem Schutz der körperlichen Verfassung der Arbeitnehmerin während und nach der Schwangerschaft sowie dem Schutz der besonderen Mutter-Kind-Beziehung.[151]

---

145 EuGH v. 20.1.2009 – C-350/06 und C-520/06 – Schultz-Hoff u.a., Slg. 2009, I-179 Rz. 31 = ArbRB 2009, 30 = NZA 2009, 135; bestätigt durch EuGH v. 21.2.2013 – C-194/12 – Maestre Garcia, NZA 2013, 369 Rz. 22.
146 EuGH v. 10.9.2009 – C-277/08 – Vicente Pereda, Slg. 2009, I-8405 Rz. 22 = NZA 2009, 1133; bestätigt durch EuGH v. 21.6.2012 – C-78/11 – ANGED, NZA 2012, 851 Rz. 21; v. 21.2.2013 – C-194/12 – Maestre Garcia, NZA 2013, 369 Rz. 21.
147 Vgl. EuGH v. 10.9.2009 – C-277/08 – Vicente Pereda, Slg. 2009, I-8405 Rz. 22 = NZA 2009, 1133.
148 EuGH v. 21.2.2013 – C-194/12 – Maestre Garcia, NZA 2013, 369 Rz. 26 ff.
149 BAG v. 23.3.2010 – 9 AZR 128/09, ArbRB 2010, 103 = NZA 2010, 810 Rz. 43; v. 9.6.1988 – 8 AZR 755/85, NZA 1989, 137.
150 Vgl. zur Attestpflicht ErfK/*Gallner*, § 9 BUrlG Rz. 5; Schaub/*Linck*, § 104 Rz. 56 f.
151 EuGH v. 12.7.1984 – 184/83 – Hofmann, Slg. 1984, 3047 Rz. 25 = NJW 1984, 2754; v. 30.4.1998 – C-136/95 – Thibault, Slg. 1998, I-2011 Rz. 25; v. 27.10.1998 – C-411/96 – Boyle u.a., Slg. I-1998, I-6401 Rz. 41; v. 18.3.2004 – C-342/01 – Merino Gómez, Slg. 2004, I-2605 Rz. 32 = NZA 2004, 535.

Vor diesem Hintergrund hat der EuGH in der Rs. *Merino Gómez*[152] entschieden, dass eine Arbeitnehmerin ihren Jahresurlaub zu einer anderen Zeit nehmen können muss, wenn der Jahresurlaub zeitlich mit dem Mutterschaftsurlaub zusammenfällt.

Der gesetzliche Urlaubsanspruch wird durch Zeiten mutterschutzrechtlicher Beschäftigungsverbote (§ 3, § 13 Abs. 1 Nr. 3, § 16 Abs. 1 MuSchG) nicht berührt (vgl. Rz. 8.20). Gem. § 24 Satz 1 MuSchG gelten Ausfallzeiten wegen eines Beschäftigungsverbots für die Berechnung des Anspruchs auf bezahlten Erholungsurlaub als Beschäftigungszeiten. Das gilt auch, wenn die Arbeitnehmerin nach Festlegung des Urlaubs (Rz. 8.33) schwanger wird und während der bewilligten Urlaubszeit einem Beschäftigungsverbot unterliegt.[153] Hat eine Arbeitnehmerin ihren Urlaub vor Beginn der mutterschutzrechtlichen Beschäftigungsverbote nicht oder nicht vollständig erhalten, kann sie ihn gem. § 24 Satz 2 MuSchG nach Ablauf der entsprechenden Fristen im laufenden oder nächsten Urlaubsjahr nehmen.

8.37

VI. Urlaubsentgelt

1. Berechnung des Urlaubsentgelts

a) Allgemeines

Nach Art. 7 Abs. 1 ArbZ-RL hat der Arbeitnehmer Anspruch auf einen „bezahlten" vierwöchigen Jahresurlaub. Nach dem Verständnis des EuGH ist der Entgeltanspruch integraler Bestandteil des Urlaubsanspruchs, dem eine genauso hohe Bedeutung wie dem mit der Freistellung angestrebten Erholungszweck zukommt (vgl. Rz. 8.7). Das Urlaubsentgelt soll es dem Arbeitnehmer ermöglichen, den Urlaub tatsächlich zu nehmen.[154] Der EuGH hat in der Rs. *Robinson-Steele*[155] entschieden, dass dem Arbeitnehmer während des Urlaubs das **gewöhnliche Arbeitsentgelt** zur Verfügung stehen müsse. Der Arbeitgeber sei daher verpflichtet, für die Dauer des Jahresurlaubs das Arbeitsentgelt weiter zu gewähren. Ansonsten bestehe die Gefahr, dass der Arbeitnehmer aufgrund von finanziellen Nachteilen den Urlaub nicht in Anspruch nehme.[156] Schon bei Unsicherheiten hinsichtlich des Urlaubsentgelts sei der Arbeitnehmer nicht in der Lage, den Urlaub voll und ganz als Zeitraum für Entspannung und Freizeit zu genießen.[157]

8.38

Gem. § 1 BUrlG haben Arbeitnehmer Anspruch auf einen „bezahlten" Urlaub. In unionsrechtskonformer Auslegung verlangt das BAG für die Erfüllung des Anspruchs aus § 1 BUrlG neben der Freistellung von der Arbeitspflicht, dass die Urlaubsvergütung **vor Antritt des Urlaubs gezahlt oder vorbehaltlos zugesagt** wird.[158] Es hat aber ausdrücklich offen gelassen, ob die Rechtsprechung des EuGH zu Art. 7 ArbZ-RL eine Rückkehr zur Einordnung des Urlaubsanspruchs gem. § 1 BUrlG als Einheitsanspruch erfordert (vgl. Rz. 8.8 f.).[159] Der Arbeitgeber schuldet ein

8.39

---

152 EuGH v. 18.3.2004 – C-342/01 – Merino Gómez, Slg. 2004, I-2605 Rz. 38 = NZA 2004, 535; vgl. auch EuGH v. 4.10.2018 – C-12/17 – Dicu, BeckRS 2018, 23565 Rz. 30.
153 BAG v. 9.8.2016 – 9 AZR 575/15, ArbRB 2016, 357 = NZA 2016, 1392 Rz. 15; s. zur früheren Rechtslage BAG v. 9.8.1994 – 9 AZR 384/92, NZA 1995, 174.
154 EuGH v. 16.3.2006 – C-131/04 und C-257/04 – Robinson-Steele u.a., Slg. 2006, I-2531 Rz. 49 = NZA 2006, 481.
155 EuGH v. 16.3.2006 – C-131/04 und C-257/04 – Robinson-Steele u.a., Slg. 2006, I-2531 Rz. 50 = NZA 2006, 481; bestätigt durch EuGH v. 15.9.2011 – C-155/10 – Williams u.a., Slg. 2011 I-8409 Rz. 19 = ArbRB 2011, 291 = NZA 2011, 1167. Vgl. auch Art. 7 Abs. 1 ILO-Übereinkommen Nr. 132.
156 EuGH v. 22.5.2014 – C-539/12 – Lock, NZA 2014, 593.
157 EuGH v. 29.11.2017 – C-214/16 – King, ArbRB 2018, 4 = NZA 2017, 1591 Rz. 38; s. auch BAG v. 10.2.2015 – 9 AZR 455/13, ArbRB 2015, 195 = NZA 2015, 998 Rz. 23.
158 BAG v. 10.2.2015 – 9 AZR 455/13, ArbRB 2015, 195 = NZA 2015, 998 Rz. 21 ff.; v. 19.1.2016 – 2 AZR 449/15, ArbRB 2016, 296 = NZA 2016, 1144 Rz. 68 ff.
159 BAG v. 10.2.2015 – 9 AZR 455/13, ArbRB 2015, 195 = NZA 2015, 998 Rz. 22.

Urlaubsentgelt in Höhe des Arbeitsentgelts, welches der Arbeitgeber während des Urlaubs an den Arbeitnehmer zu zahlen hätte.[160] Der Arbeitnehmer **behält** demzufolge für die Dauer des Urlaubs seinen **Anspruch auf die arbeits- oder tarifvertragliche Vergütung**.

b) Feststellung des gewöhnlichen Arbeitsentgelts

8.40 Hinsichtlich der konkreten Berechnung des Urlaubsentgelts trifft die Arbeitszeitrichtlinie keine Regelung. Dies bereitet keine Schwierigkeiten, wenn der Arbeitnehmer ausschließlich ein festes Arbeitsentgelt erhält. Dann ist dieses Arbeitsentgelt auch während der Dauer des Jahresurlaubs fortzuzahlen. Besteht das vom Arbeitnehmer bezogene Entgelt jedoch aus **mehreren Bestandteilen**, erfordert die Bestimmung des gewöhnlichen Arbeitsentgelts eine **spezifische Prüfung**. In den Rs. *Williams*[161] und *Lock*[162] hat der EuGH hierzu Leitlinien aufgestellt, die die nationalen Gerichte bei der Berechnung des Urlaubsentgelts zu beachten haben. Danach sind alle Entgeltbestandteile, die für mit der Erfüllung der arbeitsvertraglichen Aufgaben verbundene Unannehmlichkeiten gezahlt werden, Bestandteil des gewöhnlichen Arbeitsentgelts und somit für die Dauer des Jahresurlaubs fortzuzahlen. Dies gilt auch für Provisionsansprüche, die der Arbeitnehmer aufgrund des Urlaubs nicht verdienen kann. Fortzuzahlen sind des Weiteren Entgeltbestandteile, die an die persönliche und berufliche Stellung des Arbeitnehmers anknüpfen (z.B. Zulagen für eine leitende Position, eine berufliche Qualifikation oder eine bestimmte Dauer der Betriebszugehörigkeit). Dagegen bleiben Entgeltbestandteile, die ausschließlich dem Arbeitnehmer bei der Erfüllung der nach seinem Arbeitsvertrag obliegenden Aufgaben entstehende Kosten decken sollen, bei der Berechnung des gewöhnlichen Arbeitsentgelts außer Betracht. Die hiernach erforderliche Prüfung des inneren Zusammenhangs zwischen den verschiedenen Bestandteilen des Gesamtentgelts des Arbeitnehmers und den ihm nach dem Arbeitsvertrag obliegenden Pflichten haben die nationalen Gerichte auf der Basis eines Durchschnittswerts über einen hinreichend repräsentativen Referenzzeitraum und unter Berücksichtigung des Zwecks des Urlaubsentgelts vorzunehmen. Im Anwendungsbereich der **Ents-RL** entspricht die Mindestvergütung während des bezahlten Mindestjahresurlaubs im Sinne von Art. 3 Abs. 1 zweiter Gedankenstrich Buchst. b Ents-RL dem **Mindestlohn**, auf den der Arbeitnehmer im Referenzzeitraum Anspruch hat (vgl. Rz. 16.118 ff.).[163]

8.41 Das nach nationalem Recht für die Dauer des Urlaubs zu zahlende Urlaubsentgelt berechnet sich aus einem **Zeitfaktor** und einem **Geldfaktor**. Der Zeitfaktor beziffert die während des Urlaubszeitraums ausfallende Arbeitszeit, für die das Urlaubsentgelt fortzuzahlen ist. Der Geldfaktor bemisst den für die Urlaubszeit zugrunde zu legenden Verdienst. Das während des Urlaubs fortzuzahlende Entgelt errechnet sich durch Multiplikation des Zeitfaktors mit dem Geldfaktor. Die Berechnung des Geldfaktors ist in **§ 11 Abs. 1 BUrlG** geregelt. Danach ist grundsätzlich das in den letzten 13 Wochen vor der Urlaubsgewährung erhaltene Arbeitsentgelt maßgeblich.[164] Zur Feststellung des Arbeitsverdienstes sind alle Entgeltbestandteile zugrunde zu legen, die der Arbeitnehmer im Referenzzeitraum als Gegenleistung für seine Arbeitsleistung erhalten hat.[165] Ausgenommen sind für Überstunden geleistete Vergütungen und Einmalzahlungen. Grundsätzlich unberücksichtigt bleiben ferner Aufwandsentschädigungen und Spesen, die einen

---

160 BAG v. 22.1.2002 – 9 AZR 601/00, NZA 2002, 1041; v. 15.12.2009 – 9 AZR 887/08, ArbRB 2010, 134 = AP BUrlG § 11 Nr. 66.
161 EuGH v. 15.9.2011 – C-155/10 – Williams u.a., Slg. 2011 I-8409 Rz. 24 ff. = ArbRB 2011, 291 = NZA 2011, 1167; kritisch hierzu *Sutschet*, EuZA 2012, 399.
162 EuGH v. 22.5.2014 – C-539/12 – Lock, NZA 2014, 593.
163 EuGH v. 12.2.2015 – C-396/13 – Sähköalojen ammattiliitto ry, ArbRB 2015, 67 = NZA 2015, 345 Rz. 69; dazu *Bayreuther*, EuZA 2015, 346.
164 BAG v. 22.1.2002 – 9 AZR 601/00, NZA 2002, 1041 (1044); v. 15.12.2009 – 9 AZR 887/08, ArbRB 2010, 134 = AP BUrlG § 11 Nr. 66.
165 BAG v. 20.6.2000 – 9 AZR 437/99, NZA 2001, 625; v. 21.9.2010 – 9 AZR 510/09, ArbRB 2011, 132 = NZA 2011, 805.

tatsächlichen Aufwand voraussetzen und deshalb kein Arbeitsentgelt darstellen.[166] Diese Berechnungsgrundsätze bewegen sich innerhalb der unionsrechtlichen Vorgaben.[167]

Von den Berechnungsregeln des § 11 BUrlG wird in den meisten **Tarifverträgen** abgewichen. § 13 Abs. 1 Satz 1 BUrlG eröffnet den Tarifvertragsparteien die Möglichkeit, auch zuungunsten der Arbeitnehmer von § 11 BUrlG abzuweichen. Sie sind danach grundsätzlich frei, jede ihnen als angemessen erscheinende Berechnungsmethode zu wählen. Dies gilt nach der Rechtsprechung jedoch für den gesetzlichen Urlaubsanspruch nicht uneingeschränkt. Um die unionsrechtlichen Vorgaben zu wahren, muss die tarifvertragliche Berechnungsmethode geeignet sein, ein Urlaubsentgelt sicherzustellen, wie es der Arbeitnehmer bei Weiterarbeit ohne Freistellung voraussichtlich hätte erwarten können.[168] Zulässig ist danach z.B. die Berechnung des Urlaubsentgelts entsprechend dem konkreten Lohnausfall, die Erweiterung des gesetzlichen Referenzzeitraums oder eine Vereinfachung der Entgeltberechnung anhand von Pauschalierungen für variable Lohnbestandteile. Überschritten ist der Gestaltungsspielraum allerdings, wenn feste Vergütungsbestandteile aus dem zu zahlenden Urlaubsentgelt herausgenommen werden. Das ArbG Verden hat dem EuGH in der Rs. *Hein*[169] die Frage vorgelegt, ob eine Verringerung des Urlaubsentgelts gegenüber dem durchschnittlichen Arbeitsentgelt infolge von Kurzarbeit im Referenzzeitraum zulässig ist.[170] In seinen Schlussanträgen hält GA *Bobek* entsprechende Regelungen in Tarifverträgen zumindest im Grundsatz für zulässig.[171] Hinsichtlich des **übergesetzlichen Mehrurlaubs** können die Arbeits- und Tarifvertragsparteien weiterreichende Abweichungen von den gesetzlichen Berechnungsvorschriften treffen, weil sowohl das Unionsrecht als auch das Bundesurlaubsgesetz lediglich Vorgaben für den Mindesturlaub enthalten (vgl. Rz. 8.46).[172]

8.42

c) Besonderheiten bei Teilzeittätigkeit

Im Grundsatz bemisst sich auch bei einer Teilzeittätigkeit das Urlaubsentgelt **nach dem regelmäßigen Arbeitsentgelt**. Davon sind nach der Rechtsprechung des EuGH jedoch **Ausnahmen** zu machen. Der EuGH hat in den Rs. „*Tirol*"[173] und *Brandes*[174] entschieden, dass **übertragene Urlaubsansprüche aus den Zeiten einer Vollbeschäftigung**, die der Arbeitnehmer im vorangegangenen Bezugszeitraum nicht in Anspruch nehmen konnte, bei einem späteren Wechsel in eine Teilzeitbeschäftigung nicht gekürzt werden dürfen. Dieses „Kürzungsverbot" bezieht sich nicht nur auf die Urlaubsdauer (vgl. Rz. 8.26 ff.), sondern auch auf den Urlaubsentgeltanspruch. Nach dem Verständnis des EuGH ist der Anspruch auf Fortzahlung des Arbeitsentgelts integraler Bestandteil des Urlaubsanspruchs, so dass ein einmal erworbener Anspruch auf Vollzeiturlaub mit Vollzeiturlaubsentgelt dem Arbeitnehmer nicht nachträglich entzogen werden kann. Dem Arbeitnehmer bleibt in einem solchen Fall der ungekürzte Urlaubsentgeltanspruch erhalten. Bei **einem Wechsel in eine Teilzeittätigkeit im laufenden Bezugszeitraum** darf der bereits während der

8.43

---

166 BAG v. 12.12.2001 – 5 AZR 257/00, ArbRB 2002, 192 = NZA 2002, 1338; ErfK/*Gallner*, § 11 BUrlG Rz. 14.
167 BAG v. 21.9.2010 – 9 AZR 510/09, ArbRB 2011, 132 = NZA 2011, 805 Rz. 19; ErfK/*Gallner*, § 11 BUrlG Rz. 2; offen gelassen LAG Düsseldorf v. 4.5.2011 – 12 Sa 1832/10, LAGE BUrlG § 7 Nr. 49; Zweifel hinsichtlich der Unionsrechtskonformität von § 11 Abs. 1 Satz 1 Halbs. 1 BurlG äußern *Franzen*, NZA 2014, 647 und *Sutschet*, EuZA 2012, 399 (406 ff.).
168 BAG v. 21.9.2010 – 9 AZR 510/09, ArbRB 2011, 132 = NZA 2011, 805 Rz. 19; v. 15.1.2013 – 9 AZR 465/11, NZA-RR 2013, 585 Rz. 20; vgl. auch Schaub/*Linck*, § 104 Rz. 132.
169 EuGH – C-385/17 – Hein.
170 ArbG Verden v. 19.6.2017 – 1 Ca 142/16, juris.
171 GA *Bobek* v. 5.9.2018 – C-385/17 – Hein, BeckRS 2018, 20447.
172 BAG v. 21.9.2010 – 9 AZR 510/09, ArbRB 2011, 132 = NZA 2011, 805 Rz. 20; v. 14.2.2017 – 9 AZR 386/16, ArbRB 2017, 171 = NZA 2017, 655 Rz. 14.
173 EuGH v. 22.4.2010 – C-486/08 – Zentralbetriebsrat der Landeskrankenhäuser Tirols, Slg. 2010, I-3527 Rz. 35 = ArbRB 2010, 199 = NZA 2010, 557.
174 EuGH v. 13.6.2013 – C-415/12 – Brandes, ArbRB 2013, 230 = NZA 2013, 775 Rz. 33.

Vollzeittätigkeit erworbene Urlaubsentgeltanspruch demnach auch dann nicht gekürzt werden, wenn eine Inanspruchnahme des Urlaubs vor dem Wechsel in die Teilzeittätigkeit möglich gewesen wäre (vgl. Rz. 8.27). Der Anspruch kann aber mit Ablauf des Bezugs- oder Übertragungszeitraums erlöschen, wenn der Arbeitnehmer den Urlaub bis dahin nicht nimmt, obwohl er die tatsächliche Möglichkeit hierzu hatte (vgl. Rz. 8.47 ff.).[175]

8.44 Bei Teilzeitbeschäftigten hängt die Berechnung des Urlaubsentgelts nach der bisherigen Rechtsprechung von der **Anzahl der Arbeitsstunden** ab, die an den einzelnen Urlaubstagen ausfallen.[176] Dies hat bei einer Verringerung der täglichen Arbeitszeit in der Regel eine Kürzung des Urlaubsentgeltanspruchs zur Folge. Im Grundsatz bestehen hiergegen keine unionsrechtlichen Bedenken. Der EuGH hat in der Rs. *„Tirol"*[177] klargestellt, dass bei einer Teilzeittätigkeit der in § 4 Nr. 2 Anhang Teilzeitrichtlinie 97/81/EG geregelte *Pro-rata-temporis*-Grundsatz Anwendung findet. Nach der früheren Rechtsprechung des BAG galten diese Berechnungsgrundsätze allerdings auch für **übertragene Urlaubsansprüche** aus den Zeiten einer Vollzeitbeschäftigung sowie für eine **unterjährige Arbeitszeitreduzierung**.[178] Dies ist mit den Grundsätzen des EuGH in den Rs. *„Tirol"*[179] und *Brandes*[180] nicht vereinbar.[181] Dementsprechend hat das BAG nunmehr eine tarifvertragliche Regelung insoweit für nichtig erachtet, als sie das Urlaubsentgelt eines Arbeitnehmers, der nach der Arbeitszeitreduzierung seinen Urlaub antritt, auch in den Fällen nach dem Entgeltausfallprinzip bemaß, in denen der Urlaub aus der Zeit vor der Arbeitszeitreduzierung stammte.[182]

2. Fälligkeit des Urlaubsentgelts

8.45 Die Fälligkeit des Urlaubsentgelts ist in der Arbeitszeitrichtlinie nicht ausdrücklich geregelt. Die Festlegung des Zeitpunkts, zu dem das Entgelt für den Jahresurlaub zu zahlen ist, **obliegt** somit **den Mitgliedstaaten als Durchführungsmodalität**. Der EuGH hat jedoch in der Rs. *Robinson-Steele*[183] betont, dass der Regelungsspielraum der Mitgliedstaaten insoweit nicht unbegrenzt ist, sondern die sich aus der Arbeitszeitrichtlinie ergebenden (immanenten) Grenzen zu beachten sind. Danach ist der Zeitpunkt für die Zahlung des Urlaubsentgelts so festzulegen, dass der Arbeitnehmer während des Jahresurlaubs in Bezug auf das Entgelt in eine Lage versetzt wird, die mit den Zeiten geleisteter Arbeit vergleichbar ist. Dem werden z.B. sog. **„rolled-up holiday pay"**-Klauseln nicht gerecht. Bei diesen erhält der Arbeitnehmer zusätzlich zu seinem laufenden Arbeitsentgelt eine finanzielle Urlaubszulage, aber dafür kein fortlaufendes Entgelt während seines Urlaubs.[184] Durch die zeitlich gestreckte Auszahlung des Urlaubsentgelts ist nicht gewährleistet, dass der Arbeitnehmer während des Jahresurlaubs über genügend finanzielle Mittel verfügt (z.B. bei einem Urlaub zu Jahresbeginn). Darüber hinaus ist nach der Ansicht des EuGH mit einer solchen Gestaltung der Anreiz für den Arbeitnehmer verbunden, sich den Anspruch auf die Freistellung von der Arbeitsleistung „abkaufen" zu lassen.

---

175 EuGH v. 20.1.2009 – C-350/06 und C-520/06 – Schultz-Hoff u.a., Slg. 2009, I-179 Rz. 43 = ArbRB 2009, 30 = NZA 2009, 135.
176 BAG v. 15.11.1990 – 8 AZR 283/89, NZA 1991, 346.
177 EuGH v. 22.4.2010 – C-486/08 – Zentralbetriebsrat der Landeskrankenhäuser Tirols, Slg. 2010, I-3527 Rz. 33 = ArbRB 2010, 199 = NZA 2010, 557.
178 BAG v. 28.4.1998 – 9 AZR 314/97, NZA 1999, 156; v. 5.9.2002 – 9 AZR 244/01, NZA 2003, 726.
179 EuGH v. 22.4.2010 – C-486/08 – Zentralbetriebsrat der Landeskrankenhäuser Tirols, Slg. 2010, I-3527 Rz. 35 = ArbRB 2010, 199 = NZA 2010, 557.
180 EuGH v. 13.6.2013 – C-415/12 – Brandes, ArbRB 2013, 230 = NZA 2013, 775 Rz. 33.
181 Vgl. auch *Fieberg*, NZA 2010, 925 (929 f.); a.A. *Schubert*, NZA 2013, 1105, die eine Abgeltung analog § 7 Abs. 4 BUrlG vorschlägt.
182 BAG v. 20.3.2018 – 9 AZR 486/17, ArbRB 2018, 196 = NZA 2018, 851.
183 EuGH v. 16.3.2006 – C-131/04 und C-257/04 – Robinson-Steele u.a., Slg. 2006, I-2531 – Rz. 56 f. = NZA 2006, 481.
184 EuGH v. 16.3.2006 – C-131/04 und C-257/04 – Robinson-Steele u.a., Slg. 2006, I-2531 – Rz. 61 = NZA 2006, 481.

Nach der gesetzlichen Regelung in § 11 Abs. 2 BUrlG ist das Urlaubsentgelt **vor Antritt des** 8.46
Urlaubs auszuzahlen. Hierdurch wird den unionsrechtlichen Vorgaben genügt.[185] Die gesetzliche Regelung wird in der Praxis jedoch **regelmäßig nicht angewendet**, weil das Urlaubsentgelt typischerweise mit der übrigen Vergütung zum Monatsende ausgezahlt wird (vgl. § 614 BGB). Zulässig ist dies aber nur auf Basis eines (normativ geltenden oder in Bezug genommenen) Tarifvertrags. Entsprechende einzelvertragliche Abweichungen sind unwirksam (§ 134 BGB; § 13 Abs. 1 Satz 3 BUrlG).[186]

VII. Befristung und Übertragung des Urlaubsanspruchs

Die zeitliche Begrenzung des entstandenen Urlaubsanspruchs gehört zu den Durchführungsmodalitäten, deren Regelung in die **Zuständigkeit der Mitgliedstaaten** fällt. Durch nationales Recht können der Zeitraum, in dem der Jahresurlaub zu nehmen ist, und die Voraussetzungen, unter denen eine Übertragung auf den folgenden Bezugszeitraum erfolgt, grundsätzlich frei geregelt werden.[187] Dies erfasst auch Bestimmungen, die im laufenden Arbeitsverhältnis den **Verlust des Urlaubsanspruchs** am Ende eines Bezugszeitraums (z.B. Ende des Kalenderjahres) oder eines Übertragungszeitraums (z.B. bis zum 31.3. des Folgejahres) vorsehen. 8.47

Insoweit unterliegt die Regelungskompetenz der Mitgliedstaaten allerdings **Grenzen**. Der EuGH hat in der Rs. *Schultz-Hoff*[188] entschieden, dass eine nationale Bestimmung nur dann das Erlöschen des Anspruchs auf bezahlten Jahresurlaub vorsehen könne, wenn der Arbeitnehmer **tatsächlich die Möglichkeit** hatte, den Urlaub zu nehmen. Dies sei insbesondere dann nicht der Fall, wenn der Arbeitnehmer während des Bezugszeitraums **arbeitsunfähig erkrankt** sei (zum Verhältnis von Krankheit und Urlaub vgl. Rz. 8.34). Dem Erlöschen des Urlaubsanspruchs steht nach Ansicht des EuGH in der Rs. *King* auch das Vorenthalten bezahlten Urlaubs bei **Scheinselbständigkeit** entgegen, wobei er einen Irrtum über die Arbeitnehmereigenschaft für irrelevant hält.[189] Unklar ist derzeit, ob Arbeitgeber eine unionsrechtliche Pflicht trifft, bezahlten Urlaub bei **Ausbleiben eines Urlaubsantrags** einseitig anzuordnen, bevor der Anspruch verfällt (Rz. 8.32).[190] Sollte der EuGH dies bejahen, bliebe im laufenden Arbeitsverhältnis wenig Raum für einen Verfall von Urlaubsansprüchen. Die **Beendigung des Arbeitsverhältnisses** führt als solche nicht zum Erlöschen der zu diesem Zeitpunkt noch offenen Urlaubsansprüche, sondern zu einem Abgeltungsanspruch nach Art. 7 Abs. 2 ArbZ-RL (Rz. 8.53).[191] 8.48

Die positive Wirkung des Urlaubs für die Sicherheit und Gesundheit des Arbeitnehmers geht nach Ansicht des EuGH grundsätzlich nicht dadurch verloren, dass der Jahresurlaub nicht im laufenden Bezugszeitraum, sondern zu einer späteren Zeit genommen wird.[192] Deshalb kann ein Arbeitnehmer Urlaubsansprüche grundsätzlich auch **über mehrere Bezugszeiträume hinweg ansammeln** 8.49

---

185 EuArbR/*Gallner*, Art. 7 ArbZ-RL Rz. 30.
186 ErfK/*Gallner*, § 11 BUrlG Rz. 27.
187 EuGH v. 20.1.2009 – C-350/06 und C-520/06 – Schultz-Hoff u.a., Slg. 2009, I-179 Rz. 46 = ArbRB 2009, 30 = NZA 2009, 135; v. 22.11.2011 – C-214/10 – KHS, Slg. 2011, I-11757 Rz. 25 = ArbRB 2011, 359 = NZA 2011, 1333.
188 EuGH v. 20.1.2009 – C-350/06 und C-520/06 – Schultz-Hoff u.a., Slg. 2009, I-179 Rz. 43 = ArbRB 2009, 30 = NZA 2009, 135.
189 EuGH v. 29.11.2017 – C-214/16 – King, ArbRB 2018, 4 = NZA 2017, 1591 Rz. 61 f.
190 Differenzierend GA *Bot* v. 29.5.2018 – C-684/16 – Max-Planck-Gesellschaft zur Förderung der Wissenschaften, BeckRS 2018, 9597 Rz. 31 ff.; GA *Bot* v. 29.5.2018 – C-619/16 – Kreuziger, BeckRS 2018, 9609 Rz. 33 ff.
191 EuGH v. 20.7.2016 – C-341/15 – Maschek, NZA 2016, 1067 Rz. 27 f.
192 EuGH v. 6.4.2006 – C-124/05 – Federatie Nederlandse Vakbeweging, Slg. 2006 I-3423 Rz. 30 = NZA 2006, 719; v. 20.1.2009 – C-350/06 und C-520/06 – Schultz-Hoff u.a., Slg. 2009, I-179 Rz. 30 = ArbRB 2009, 30 = NZA 2009, 135; v. 22.4.2010 – C-486/08 – Zentralbetriebsrat der Landeskrankenhäuser Tirols, Slg. 2010, I-3527 Rz. 30 = ArbRB 2010, 199 = NZA 2010, 557.

und übertragen, solange er tatsächlich nicht in der Lage ist, Urlaub zu nehmen.[193] Eine Begrenzung kommt nach Ansicht des EuGH in der Rs. *King* nicht in Betracht, wenn der Arbeitgeber den Arbeitnehmer nicht in die Lage versetzt, bezahlten Urlaub in Anspruch zu nehmen.[194] In dem konkreten Verfahren ging es um langjährige **Scheinselbständigkeit**. In derartigen Fällen sei der Arbeitgeber **nicht schutzwürdig**, und zwar auch dann nicht, wenn er keine Kenntnis von dem Urlaubsanspruch hatte und der Arbeitnehmer diesen während des Arbeitsverhältnisses auch nicht geltend machte.[195] Dementsprechend sammelte der Arbeitnehmer in der Rs. *King* während der gesamten **13 Jahre** seiner Beschäftigung Urlaubsansprüche an und konnte nach der Beendigung seines Arbeitsverhältnisses deren vollständige Abgeltung verlangen. Der Wortlaut der *King*-Entscheidung vermittelt stellenweise den Eindruck, dass eine **unbegrenzte Ansammlung** von Urlaubsansprüchen nicht nur bei Scheinselbständigkeit, sondern generell stattfinden soll, wenn ein Arbeitgeber sich – aus welchen Gründen auch immer – **weigert**, einem Arbeitnehmer den vollen Jahresurlaub zu gewähren.[196] Die Folge wäre, dass verweigerter Jahresurlaub – jedenfalls dann, wenn er beantragt wurde (vgl. Rz. 8.32) – bis zur Beendigung des Arbeitsverhältnisses **unverfallbar und unverjährbar** wäre. Es erscheint allerdings wenig wahrscheinlich, dass der EuGH diese für den Rechtsfrieden bedenkliche Konsequenz ziehen wollte.[197] Ein zeitlich unbegrenzter Urlaubsanspruch könnte Arbeitnehmern den Anreiz nehmen, verweigerten Urlaub im laufenden Arbeitsverhältnis durchzusetzen, solange er tatsächlich noch der Erholung dienen kann (vgl. Rz. 8.53). Insofern ist zu erwarten, dass der Gerichtshof seine Rechtsprechung zur Übertragung und Ansammlung von Urlaubsansprüchen bei Gelegenheit weiter **nuanciert**.

8.50 Eine **zeitliche Begrenzung** der Übertragung von Urlaubsansprüchen ist nach der Rechtsprechung des EuGH in der Rs. *KHS*[198] jedenfalls dann möglich, wenn ein Arbeitnehmer über mehrere Bezugszeiträume hinweg keinen Urlaub nehmen kann, weil er **langfristig arbeitsunfähig erkrankt** ist. Ein unbegrenztes Ansammeln von Urlaubsansprüchen entspreche in diesem Fall nicht dem Zweck des Anspruchs auf bezahlten Jahresurlaub. Überschreite der Übertragungszeitraum eine „gewisse zeitliche Grenze", verliere der Jahresurlaub seine positive Wirkung für den Arbeitnehmer als Erholungszeit und es verbleibe lediglich seine Eigenschaft als Zeitraum für Entspannung und Freizeit. Durch nationale Vorschriften oder Gepflogenheiten könne daher die Übertragung angesammelter Urlaubsansprüche auf einen Zeitraum begrenzt werden, bei dessen Überschreitung der bezahlte Jahresurlaub keine positive Wirkung als Erholungszeit mehr hat. Ein solcher Übertragungszeitraum müsse einerseits im Interesse des Arbeitnehmers die Dauer des Bezugszeitraums, für den er gewährt wird, „deutlich überschreiten" und andererseits den Arbeitgeber vor der Gefahr der Ansammlung von zu langen Abwesenheitszeiten und den sich daraus ergebenden Schwierigkeiten für die Arbeitsorganisation schützen. Dem werde ein tarifvertraglich geregelter **Übertragungszeitraum von 15 Monaten** nach Ende des Bezugszeitraums gerecht. Demnach darf beispielsweise Urlaub für das Kalenderjahr 2018, der krankheitsbedingt nicht bis zum 31.12.2018 genommen werden kann, zum 31.3.2020 verfallen. Demgegenüber hat der EuGH in der Rs. *Neidel*[199] einen neunmonatigen Übertragungszeitraum für nicht ausreichend erachtet, weil dieser die Dauer des Bezugszeitraums unterschreite. Noch nicht abschließend geklärt ist, ob die Grundsätze der Entscheidungen des EuGH in den Rs. *Schultz-Hoff*[200] und *KHS*[201] auch auf **andere Fallgruppen** als Langzeiterkrankungen übertragbar sind, in denen das Arbeitsverhältnis kraft Gesetzes oder ver-

---

193 EuGH v. 29.11.2017 – C-214/16 – King, ArbRB 2018, 4 = NZA 2017, 1591 Rz. 58 ff.
194 EuGH v. 29.11.2017 – C-214/16 – King, ArbRB 2018, 4 = NZA 2017, 1591 Rz. 53.
195 EuGH v. 29.11.2017 – C-214/16 – King, ArbRB 2018, 4 = NZA 2017, 1591 Rz. 61 f.
196 EuGH v. 29.11.2017 – C-214/16 – King, ArbRB 2018, 4 = NZA 2017, 1591 Rz. 64 f.
197 Vgl. *Bayreuther*, NZA 2018, 24 (25).
198 EuGH v. 22.11.2011 – C-214/10 – KHS, Slg. 2011, I-11757 Rz. 28 ff. = ArbRB 2011, 359 = NZA 2011, 1333; s. auch v. 29.11.2017 – C-214/16 – King, ArbRB 2018, 4 = NZA 2017, 1591 Rz. 54 f.
199 EuGH v. 3.5.2012 – C-337/10 – Neidel, AP Nr. 8 zu Richtlinie 2003/88/EG Rz. 42 f.
200 EuGH v. 20.1.2009 – C-350/06 und C-520/06 – Schultz-Hoff u.a., Slg. 2009, I-179 = ArbRB 2009, 30 = NZA 2009, 135.
201 EuGH v. 22.11.2011 – C-214/10 – KHS, Slg. 2011, I-11757 = ArbRB 2011, 359 = NZA 2011, 1333.

traglicher Vereinbarung ruht. Insoweit dürfte darauf abzustellen sein, ob der Arbeitnehmer aus von ihm nicht beeinflussbaren Gründen nicht in der Lage war, den Urlaub zu nehmen (z.B. Mutterschutz), oder ob dies auf einer eigenverantwortlichen Entscheidung des Arbeitnehmers beruhte (z.B. Sonderurlaub). Nur im erstgenannten Fall erscheint eine Übertragung von Urlaubsansprüchen geboten, wobei der Übertragungszeitraum grundsätzlich auf 15 Monate begrenzt werden kann.[202]

Der gesetzliche Urlaubsanspruch ist **auf das laufende Kalenderjahr befristet.** Der Urlaub muss gem. § 7 Abs. 3 Satz 1 BUrlG im laufenden Kalenderjahr gewährt und genommen werden. Nach § 7 Abs. 3 Satz 2 BUrlG ist eine Übertragung des Urlaubs auf das nächste Kalenderjahr nur zulässig, wenn dringende betriebliche oder in der Person des Arbeitnehmers liegende Gründe dies rechtfertigen.[203] Davon ist insbesondere auszugehen, wenn der Arbeitnehmer bis zum Jahresende arbeitsunfähig erkrankt ist. Der übertragene Urlaub muss dann gem. § 7 Abs. 3 Satz 3 BUrlG in den ersten drei Monaten des folgenden Kalenderjahres gewährt und genommen werden. Andernfalls erlischt der Anspruch mit Ablauf der Frist am 31. März des Folgejahres. Nach der überkommenen Rechtsprechung des BAG galt dies auch dann, wenn der Arbeitnehmer wegen **lang andauernder Arbeitsunfähigkeit** während des Urlaubsjahres und des Übertragungszeitraums den Urlaub nicht nehmen konnte.[204] Diese Rechtsprechung hat das BAG nach der *Schultz-Hoff*-Entscheidung aufgegeben.[205] In **richtlinienkonformer Fortbildung** des § 7 Abs. 3 BUrlG geht das BAG nunmehr davon aus, dass der Anspruch auf den **gesetzlichen Urlaub** nicht erlischt, wenn der Arbeitnehmer bis zum Ende des Übertragungszeitraums arbeitsunfähig erkrankt ist.[206] Im Anschluss an die *KHS*-Entscheidung hat das BAG dies jedoch dahingehend eingeschränkt, dass der **gesetzliche Urlaubsanspruch** auch bei fortbestehender Arbeitsunfähigkeit **nach Ablauf eines Übertragungszeitraums von 15 Monaten** nach Ende des Urlaubsjahres **untergeht.**[207] Hiervon zu unterscheiden sind allerdings Konstellationen, in denen der Arbeitgeber rechtzeitig beantragten Urlaub nicht gewährt. In diesem Fall gerät der Arbeitgeber in **Verzug** und der Urlaubsanspruch wandelt sich mit seinem Verfall in einen Schadensersatzanspruch auf Gewährung von **Ersatzurlaub** um.[208] Der Ersatzurlaub ist dann gem. § 249 Abs. 1 BGB **in natura** zu gewähren und unterliegt mit Ausnahme des Fristenregimes nach § 7 Abs. 3 BUrlG den gleichen Modalitäten wie der verfallene Urlaubsanspruch.[209] Für den Anspruch auf Ersatzurlaub gilt nach der bisherigen Rechtsprechung des BAG die regelmäßige **Verjährungsfrist von**

8.51

---

202 So auch *Fieberg*, NZA 2009, 929 (934); EuArbR/*Gallner*, Art. 7 ArbZ-RL Rz. 35; ErfK/*Gallner*, § 7 BUrlG Rz. 55 f.; Schaub/*Linck*, § 104 Rz. 103d; *Powietzka/Christ*, NZA 2013, 18 (21). Vgl. auch LAG Berlin-Brandenburg v. 16.3.2018 – 9 Sa 1504/17, BeckRS 2018, 11059 (Revision anhängig unter Az. 9 AZR 259/18), wonach unionsrechtlich bei der Vereinbarung von Sonderurlaub keine Übertragung geboten ist.
203 § 7 Abs. 3 Satz 4 BUrlG trifft eine Sonderregelung für Teilurlaubsansprüche nach § 5 Abs. 1 Buchst. a BUrlG. Weitere Sonderregelungen gelten nach § 4 Abs. 2 ArbPlSchG, § 17 Abs. 2 BEEG, § 24 Satz 2 MuschG.
204 BAG v. 21.6.2005 – 9 AZR 200/04, ArbRB 2006, 39 = AP InsO § 55 Nr. 11; v. 9.11.1999 – 9 AZR 797/98, NZA 2000, 603; grundlegend v. 13.5.1982 – 6 AZR 360/80, AP BUrlG § 7 Übertragung Nr. 4.
205 BAG v. 24.3.2009 – 9 AZR 983/07, ArbRB 2009, 159 = NZA 2009, 538 Rz. 64 ff.; vgl. hierzu *Schubert*, RdA 2014, 9 (11 f.).
206 BAG v. 14.2.2017 – 9 AZR 386/16, ArbRB 2017, 171 = NZA 2017, 655 Rz. 13; bzgl. des Vertrauensschutzes stellte BAG v. 24.3.2009 – 9 AZR 983/07, ArbRB 2009, 159 = NZA 2009, 538 Rz. 73 ff. auf das Bekanntwerden des Vorabentscheidungsersuchens des LAG Düsseldorf v. 2.8.2006 – 12 Sa 486/06, NZA-RR 2006, 628 in der Rs. *Schultz-Hoff* ab; vgl. zur Kritik in der Literatur ErfK/*Gallner*, § 7 BUrlG Rz. 51 m.w.N.
207 BAG v. 7.8.2012 – 9 AZR 353/10, ArbRB 2013, 4 = NZA 2012, 1216 Rz. 32 ff.; vgl. hierzu *Höpfner*, AP BUrlG § 7 Nr. 61.
208 St. Rspr., BAG v. 16.5.2017 – 9 AZR 572/16, ArbRB 2017, 263 = NZA 2017, 1056 Rz. 12.
209 BAG v. 16.5.2017 – 9 AZR 572/16, ArbRB 2017, 263 = NZA 2017, 1056 Rz. 13.

drei Jahren (§ 195 BGB).[210] Die Frist beginnt typischerweise gem. § 199 Abs. 1 BGB mit Ablauf des Jahres, in dem der Urlaubsanspruch gem. § 7 Abs. 3 BUrlG verfällt. Wird beispielsweise Urlaub für das Jahr 2018 nicht gewährt, verfällt dieser bei Vorliegen der Voraussetzungen des § 7 Abs. 3 Satz 2 BUrlG zum 31.3.2019 und der Arbeitnehmer kann bei Verzug des Arbeitgebers bis zum 31.12.2022 Ersatzurlaub geltend machen. Liegen die Voraussetzungen für eine Übertragung nach § 7 Abs. 3 Satz 2 BUrlG nicht vor, verfällt der Urlaubsanspruch bereits zum 31.12.2018 und der Anspruch auf Ersatzurlaub verjährt schon zum 31.12.2021. Diese Rechtsprechung steht zumindest in Fällen von Scheinselbständigkeit **nicht in Einklang** mit der Ansicht des EuGH zum Ansammeln von Urlaubsansprüchen in der Rs. *King* (vgl. Rz. 8.49).[211] Wenn der Neunte Senat des BAG seiner neueren, restriktiven Linie bezüglich der **Grenzen der Auslegung** des nationalen Rechts treu bleibt, dürfte er sich allerdings an einer Rechtsprechungsänderung gehindert sehen, welche die Verjährung des Anspruchs auf Ersatzurlaub *contra legem* außer Kraft setzt (vgl. Rz. 8.33, 8.55). In diesem Fall wäre die Geltendmachung des Ersatzurlaubsanspruchs gegenüber einem privaten Arbeitgeber, der sich auf Verjährung beruft, nur bei unmittelbarer Geltung des Unionsrechts möglich (vgl. Rz. 8.3).[212] Wird diese richtigerweise – entgegen der Ansicht des GA *Bot*[213] – verneint, könnte der Arbeitnehmer verjährten Ersatzurlaub nur im Wege eines Staatshaftungsanspruchs wegen nicht ordnungsgemäßer Umsetzung der ArbZ-RL geltend machen.

8.52 **Zusatzurlaub für schwerbehinderte Menschen** gem. § 208 SGB IX unterliegt hinsichtlich Entstehung, Übertragung, Kürzung und Abgeltung den Regeln für den gesetzlichen Mindesturlaub.[214] **Tarif- und arbeitsvertragliche Mehrurlaubsansprüche** können hingegen abweichend vom gesetzlichen Urlaubsanspruch geregelt werden.[215] Nach der Rechtsprechung müssen für einen entsprechenden Regelungswillen, der zwischen gesetzlichen und übergesetzlichen Urlaubsansprüchen unterscheidet, jedoch deutliche Anhaltspunkte bestehen. Solche deutlichen Anhaltspunkte seien dann anzunehmen, wenn sich die (Tarif-)Vertragsparteien in weiten Teilen vom gesetzlichen Urlaubsregime lösen und stattdessen eigene Regeln aufstellen.[216]

VIII. Urlaubsabgeltung

8.53 Nach Art. 7 Abs. 2 ArbZ-RL darf der bezahlte Jahresurlaub außer bei Beendigung des Arbeitsverhältnisses nicht durch eine finanzielle Vergütung ersetzt werden. Im **fortbestehenden Arbeitsverhältnis** ist eine Abgeltung von Urlaubsansprüchen **nicht zulässig**.[217] Dies gilt nicht nur innerhalb des laufenden Bezugszeitraums, sondern auch für übertragene Urlaubsansprüche, soweit diese nach nationalem Recht nicht erloschen sind (vgl. Rz. 8.47 ff.).[218] Das Abgeltungsverbot soll sicherstellen, dass der Urlaub tatsächlich in Anspruch genommen wird und seine positive Wirkung für die Sicherheit und Gesundheit des Arbeitnehmers entfalten kann.[219] Es soll kein Anreiz dafür ge-

---

210 BAG v. 11.4.2006 – 9 AZR 523/05, ArbRB 2006, 260 = AP BurlG § 7 Übertragung Nr. 28 Rz. 37. Diese Auffassung vertrat BAG v. 5.12.1995 – 9 AZR 666/94, NZA 1997, 151 (154) bereits vor der Schuldrechtsreform 2002 als die regelmäßige Verjährungsfrist noch 30 Jahre betrug.
211 *Bayreuther*, NZA 2018, 24 (25); offengelassen BAG v. 19.6.2018 – 9 AZR 615/17, BeckRS 2018, 24293 Rz. 49.
212 Vgl. BAG v. 18.10.2016 – 9 AZR 196/16 (A), ArbRB 2016, 356 = NZA 2017, 207 Rz. 22; v. 13.12.2016 – 9 AZR 541/15 (A), ArbRB 2017, 3 = NZA 2017, 271 Rz. 19.
213 GA *Bot* v. 29.5.2018 – C-569/16 und C-570/16 – Bauer und Willmeroth, BeckRS 2018, 9605 Rz. 43 ff.; GA *Bot* v. 29.5.2018 – C-684/16 – Max-Planck-Gesellschaft zur Förderung der Wissenschaften, BeckRS 2018, 9597 Rz. 64.
214 BAG v. 23.3.2010 – 9 AZR 128/09, ArbRB 2010, 103 = NZA 2010, 810 Rz. 69.
215 BAG v. 14.2.2017 – 9 AZR 386/16, ArbRB 2017, 171 = NZA 2017, 655 Rz. 14.
216 Beispiele nennt BAG v. 14.2.2017 – 9 AZR 386/16, ArbRB 2017, 171 = NZA 2017, 655 Rz. 15, 17.
217 EuGH v. 21.2.2013 – C-194/12 – Maestre Garcia, NZA 2013, 369 Rz. 26 ff.
218 EuGH v. 6.4.2006 – C-124/05 – Federatie Nederlandse Vakbeweging, Slg. 2006 I-3423 Rz. 33 = NZA 2006, 719.
219 EuGH v. 26.6.2001 – C-173/99 – BECTU, Slg. 2001, I-4881 Rz. 44 = NZA 2001, 827.

schaffen werden können, dass der Arbeitnehmer sich den Urlaub „abkaufen" lässt.[220] Eine Abgeltung nicht gewährten Urlaubs kommt nur bei einer **Beendigung des Arbeitsverhältnisses** in Betracht. In diesem Fall tritt ein **Anspruch auf eine finanzielle Vergütung** an die Stelle der noch nicht verbrauchten Urlaubsansprüche.[221] Ein gesonderter Antrag des Arbeitnehmers ist insoweit nicht erforderlich.[222] Es kommt auch nicht auf den Grund für die Beendigung des Arbeitsverhältnisses an.[223] Der Arbeitnehmer ist so zu stellen, als hätte er den Urlaub während der Dauer des Arbeitsverhältnisses genommen.[224] Maßgeblich ist demnach das Arbeitsentgelt des Arbeitnehmers, das in diesem Fall zu zahlen gewesen wäre (vgl. Rz. 8.40). Der Urlaubsabgeltungsanspruch geht nach der Rechtsprechung des EuGH in der Rs. *Bollacke*[225] auch dann nicht unter, wenn das Arbeitsverhältnis durch den **Tod des Arbeitnehmers** endet.[226] Es wäre überraschend, wenn der EuGH in den vom BAG vorgelegten Rs. *Willmeroth*[227] und *Bauer*[228] von dieser Auffassung abrücken sollte. In den Schlussanträgen zu diesen Rs. hat sich GA *Bot* bereits für eine Beibehaltung ausgesprochen.[229]

8.54
Nach § 7 Abs. 4 BUrlG kann der gesetzliche Urlaub nur dann abgegolten werden, wenn er wegen der Beendigung des Arbeitsverhältnisses ganz oder teilweise nicht gewährt werden kann. In Übereinstimmung mit den unionsrechtlichen Vorgaben ist eine Abgeltung von (übertragenen) gesetzlichen Urlaubsansprüchen im **fortbestehenden Arbeitsverhältnis** nicht zulässig.[230] Ebenso ist ein Schadensersatzanspruch auf Gewährung von Ersatzurlaub – bezogen auf Urlaub, der während des Verzugs des Arbeitgebers gem. § 7 Abs. 3 BUrlG verfallen ist (Rz. 8.51) – im laufenden Arbeitsverhältnis zwingend *in natura* zu erfüllen und kann erst nach dessen Beendigung abgegolten werden.[231] Nach der überkommenen Rechtsprechung entstand der Abgeltungsanspruch als Ersatz für die wegen der Beendigung des Arbeitsverhältnisses nicht mehr mögliche Befreiung von der Arbeitspflicht (sog. **Surrogatstheorie**).[232] Als Surrogat war der Abgeltungsanspruch danach hinsichtlich seiner Entstehung und seines Fortbestands an dieselben Voraussetzungen wie der Urlaubsanspruch gebunden. Ein Anspruch auf Urlaubsabgeltung entstand nicht, wenn ein Arbeitnehmer nach dauernder Arbeitsunfähigkeit aus dem Arbeitsverhältnis ausschied, ohne die Arbeitsfähigkeit wieder zu erlangen. Diese Rechtsprechung war nach der Entscheidung des EuGH in der Rs. *Schultz-Hoff*[233] **mit Art. 7 Abs. 2 ArbZ-RL nicht vereinbar.** Aus diesem Grund gab das BAG die Surrogationstheorie zunächst für die Fälle fortdauernder Arbeitsunfähigkeit[234]

---

220 Vgl. EuGH v. 6.4.2006 – C-124/05 – Federatie Nederlandse Vakbeweging, Slg. 2006 I-3423 Rz. 32 = NZA 2006, 719.
221 EuGH v. 20.1.2009 – C-350/06 und C-520/06 – Schultz-Hoff u.a., Slg. 2009, I-179 Rz. 57 = ArbRB 2009, 30 = NZA 2009, 135; *Kamanabrou*, RdA 2017, 162 (162 f.).
222 EuGH v. 12.6.2014 – C-118/13 – Bollacke, NZA 2014, 651 Rz. 27.
223 EuGH v. 20.7.2016 – C-341/15 – Maschek, NZA 2016, 1067 Rz. 28 f.
224 EuGH v. 20.1.2009 – C-350/06 und C-520/06 – Schultz-Hoff u.a., Slg. 2009, I-179 Rz. 61 = ArbRB 2009, 30 = NZA 2009, 135.
225 EuGH v. 12.6.2014 – C-118/13 – Bollacke, NZA 2014, 65 Rz. 24 f.
226 Kritisch EuArbR/*Gallner*, Art. 7 ArbZ-RL Rz. 37b; *Kamanabrou*, RdA 2017, 162 (163).
227 EuGH – C-570/16 – Willmeroth; BAG v. 18.10.2016 – 9 AZR 196/16 (A), ArbRB 2016, 356 = NZA 2017, 207.
228 EuGH – C-569/16 – Bauer; BAG v. 18.10.2016 – 9 AZR 45/16 (A), ZTR 2016, 693.
229 GA *Bot* v. 29.5.2018 – C-569/16 und C-570/16 – Bauer und Willmeroth, BeckRS 2018, 9605 Rz. 23 ff.
230 Dies gilt auch für arbeits- oder tarifvertraglichen Mehrurlaub, soweit nicht etwas anderes vereinbart wird. Vgl. BAG v. 20.4.2012 – 9 AZR 504/10, NZA 2012, 982 Rz. 12; v. 16.10.2012 – 9 AZR 234/11, NZA 2013, 575 Rz. 19; HWK/*Schinz*, § 7 BurlG Rz. 98 ff.
231 BAG v. 16.5.2017 – 9 AZR 572/16, ArbRB 2017, 263 = NZA 2017, 1056 Rz. 13.
232 BAG v. 30.11.1977 – 5 AZR 667/76, AP Nr. 4 zu § 13 BUrlG Unabdingbarkeit; v. 23.6.1983 – 6 AZR 180/80, AP Nr. 14 zu § 7 BUrlG Abgeltung.
233 EuGH v. 20.1.2009 – C-350/06 und C-520/06 – Schultz-Hoff u.a., Slg. 2009, I-179 = ArbRB 2009, 30 = NZA 2009, 135.
234 BAG v. 24.3.2009 – 9 AZR 983/07, ArbRB 2009, 159 = NZA 2009, 538.

und später insgesamt²³⁵ auf. Es behandelt den Abgeltungsanspruch nunmehr als **reinen Geldanspruch**, der sich nicht von sonstigen Ansprüchen aus dem Arbeitsverhältnis unterscheidet.²³⁶ Seine **Erfüllbarkeit** hängt nicht mehr von der Arbeitsfähigkeit des Arbeitnehmers im Zeitpunkt der Beendigung des Arbeitsverhältnisses ab.²³⁷ Der Abgeltungsanspruch unterliegt auch **nicht dem Fristenregime des Bundesurlaubsgesetzes**.²³⁸ Der Urlaub ist danach auch dann abzugelten, wenn der Arbeitnehmer während des Urlaubsjahres ausscheidet, den Abgeltungsanspruch jedoch erst im Folgejahr geltend macht. Ein Verfall gem. § 7 Abs. 3 Satz 1 BUrlG tritt nicht ein. Der entstandene Abgeltungsanspruch ist auch **vererbbar**, wenn der Arbeitnehmer nach der Beendigung des Arbeitsverhältnisses verstirbt (beachte aber Rz. 8.55).²³⁹ Für **Ersatzurlaub**, der im Wege eines Schadensersatzanspruchs anstelle von Urlaub beansprucht werden kann, der gem. § 7 Abs. 3 BUrlG verfallen ist, gilt das Gleiche. Den Anspruch auf Abgeltung des Ersatzurlaubs stützt das BAG mit überzeugender Begründung nicht mehr auf § 251 Abs. 1 BGB, sondern auf § 7 Abs. 4 BUrlG.²⁴⁰

8.55 Der Abgeltungsanspruch entsteht mit der **rechtlichen Beendigung des Arbeitsverhältnisses**.²⁴¹ Auf die Art der Beendigung kommt es nicht an. Die einzige **Ausnahme** von diesem Grundsatz bildet bislang der **Tod des Arbeitnehmers**. Endet das Arbeitsverhältnis durch den Tod des Arbeitnehmers, geht der Urlaubsanspruch nach der derzeitigen Rechtsprechung des BAG unter und kann sich nicht in einen Abgeltungsanspruch i.S.d. § 7 Abs. 4 BUrlG umwandeln.²⁴² Dieses Verständnis ist nach der Entscheidung des EuGH in der Rs. *Bollacke*²⁴³ nicht mit Art. 7 Abs. 2 ArbZ-RL vereinbar. Es war daher eine Rechtsprechungsänderung dahingehend zu erwarten, dass ein Abgeltungsanspruch gem. § 7 Abs. 4 BUrlG in den Nachlass fällt, wenn das Arbeitsverhältnis durch den Tod des Arbeitnehmers endet. Die Literatur²⁴⁴ und einige Instanzgerichte²⁴⁵ haben verschiedene Wege für eine entsprechende, **unionsrechtskonforme Auslegung** des nationalen Rechts aufgezeigt. Der Neunte Senat des BAG sah sich jedoch außer Stande dazu beschreiten, weil er darin eine Auslegung von § 7 Abs. 4 BUrlG, § 1922 Abs. 1 BGB *contra legem* erkannte.²⁴⁶ Er hat dem EuGH deshalb in der Rs. *Willmeroth*²⁴⁷ sinngemäß die Frage vorgelegt,

---

235 BAG v. 19.6.2012 – 9 AZR 652/10, ArbRB 2012, 294 = NZA 2012, 1087; vgl. hierzu *Schubert*, RdA 2014, 9; *Stiebert/Pötters*, NZA 2012, 1334.
236 BAG v. 9.8.2011 – 9 AZR 365/10, ArbRB 2012, 3 = NZA 2011, 1421; v. 19.6.2012 – 9 AZR 652/10, ArbRB 2012, 294 = NZA 2012, 1087.
237 BAG v. 9.8.2011 – 9 AZR 365/10, ArbRB 2012, 3 = NZA 2011, 1421; v. 19.6.2012 – 9 AZR 652/10, ArbRB 2012, 294 = NZA 2012, 1087.
238 BAG v. 9.8.2011 – 9 AZR 365/10, ArbRB 2012, 3 = NZA 2011, 1421; v. 19.6.2012 – 9 AZR 652/10, ArbRB 2012, 294 = NZA 2012, 1087.
239 BAG v. 22.9.2015 – 9 AZR 170/14, ArbRB 2016, 3 = NZA 2016, 37 Rz. 18.
240 BAG v. 16.5.2017 – 9 AZR 572/16, NZA 2017, 1056 Rz. 13.
241 BAG v. 9.8.2011 – 9 AZR 365/10, ArbRB 2012, 3 = NZA 2011, 1421; v. 19.6.2012 – 9 AZR 652/10, ArbRB 2012, 294 = NZA 2012, 1087; v. 16.5.2017 – 9 AZR 572/16, NZA 2017, 1056 Rz. 115; kritisch bzgl. Eintritt in die Ruhephase bei Altersteilzeit im Blockmodell *Rolfs/Witschen/Veit/Hoff*, Recht und Praxis der Arbeitszeitkonten, 3. Aufl. 2017, Rz. B. 97.
242 BAG v. 20.9.2011 – 9 AZR 416/10, ArbRB 2012, 36 = NZA 2012, 326; v. 12.3.2013 – 9 AZR 532/11, ArbRB 2013, 203 = NZA 2013, 678; zustimmend *Fischinger*, Anm. AP Nr. 92 zu § 7 BUrlG Abgeltung; a.A. *Bieder*, AuR 2012, 239; *Schipper/Polzer*, NZA 2011, 80.
243 Vgl. EuGH v. 12.6.2014 – C-118/13 – Bollacke, NZA 2014, 651 Rz. 26.
244 EuArbR/*Gallner*, Art. 7 ArbZ-RL Rz. 37; *Joussen*, RdA 2015, 305 (321); *Kamanabrou*, RdA 2017, 162 (164 f.); *Ricken*, DB 2014, 1361 (1362 f.); *Schipper/Polzer*, NZA 2011, 80 (81 ff.); *Worm/Thelen*, NJW 2016, 1764 (1767).
245 LAG Köln v. 14.7.2016 – 8 Sa 324/16, juris; LAG Düsseldorf v. 13.1.2016 – 4 Sa 888/15, juris; LAG Düsseldorf v. 15.12.2015 – 3 Sa 21/15, juris; ArbG Berlin v. 7.10.2015 – 56 Ca 10968/15, juris; s. auch BSG v. 30.11.1977 – 12 RAr 99/76, BSGE 145, 191, 193; BSG v. 1.4.1993 – 1 RK 38/92, SGb 1993, 639; kritisch dazu *Ricken*, DB 2014, 1361 (1362).
246 BAG v. 18.10.2016 – 9 AZR 196/16 (A), ArbRB 2016, 356 = NZA 2017, 207 Rz. 14 ff.
247 EuGH – C-570/16 – Willmeroth; s. für den öffentlichen Dienst EuGH – C-569/16 – Bauer.

ob sich trotzdem ein (unmittelbarer) Abgeltungsanspruch der Erben des verstorbenen Arbeitnehmers aus Art. 7 ArbZ-RL oder Art. 31 Abs. 2 GRC ergibt (Rz. 8.53).[248] Darüber hinaus hat er den EuGH gefragt, ob ein solcher Anspruch aus Art. 7 ArbZ-RL oder – und hier dürfte sein eigentliches Interesse liegen[249] – aus **Art. 31 Abs. 2 GRC** gegebenenfalls auch **Wirkung zwischen Privaten** entfaltet.[250] Diese Frage hätte allerdings auch in einer weniger sensiblen Konstellation vorgelegt werden können (vgl. Rz. 8.3, 8.33).[251]

Der Abgeltungsanspruch unterfällt der **regelmäßigen Verjährungsfrist** von drei Jahren.[252] Praktisch bedeutsamer ist jedoch, dass der Arbeitnehmer auch **arbeitsvertragliche oder tarifliche Ausschlussfristen** zu beachten hat.[253] Mit den unionsrechtlichen Vorgaben sind Ausschlussfristen vereinbar, soweit der Arbeitnehmer – unabhängig von seiner Arbeitsfähigkeit[254] – die Möglichkeit hat, den Abgeltungsanspruch geltend zu machen.[255] Entsprechendes gilt für die Zulässigkeit eines **Verzichts auf den Abgeltungsanspruch** nach Beendigung des Arbeitsverhältnisses. Auf dem Boden der Surrogationstheorie hatte das BAG die gesetzliche Unabdingbarkeit des Urlaubsanspruchs nach § 13 Abs. 1 BUrlG auch auf den Abgeltungsanspruch erstreckt.[256] Nach der Rechtsprechungsänderung geht das BAG nunmehr davon aus, dass ein Verzicht nach Beendigung des Arbeitsverhältnisses möglich ist.[257] Die Entscheidung des EuGH in der Rs. *King* steht der Rechtsprechung des BAG nicht entgegen. Dort ging es nicht um das Schicksal eines Abgeltungsanspruchs, sondern um die Frage, über welchen Zeitraum ein Arbeitnehmer Urlaubsansprüche im laufenden Arbeitsverhältnis übertragen und ansammeln kann.[258]

8.56

---

248 BAG v. 18.10.2016 – 9 AZR 45/16 (A), ZTR 2016, 693 Rz. 14 ff.
249 EuArbR/*Gallner*, Art. 7 ArbZ-RL Rz. 37d.
250 Nicht überzeugend bejaht in den Schlussanträgen des GA *Bot* v. 29.5.2018 – C-569/16 und C-570/16 – Bauer und Willmeroth, BeckRS 2018, 9605 Rz. 43 ff.; GA *Bot* v. 29.5.2018 – C-684/16 – Max-Planck-Gesellschaft zur Förderung der Wissenschaften, BeckRS 2018, 9597 Rz. 64; demgegenüber zu Recht kritisch GA *Bobek* v. 25.7.2018 – C-193/17 – Achatzi, BeckRS 2018, 16329 Rz. 114 ff., insb. Rz. 142 ff.
251 Z.B. BAG v. 13.12.2016 – 9 AZR 541/15 (A), ArbRB 2017, 3 = NZA 2017, 271 Rz. 19, anhängig beim EuGH unter C-684/16 – Max-Planck-Gesellschaft zur Förderung der Wissenschaften; s. auch EuGH – C-609/17 – Terveys- ja sosiaalialan neuvottelujärjestö (TSN) ry; EuGH – C-610/17 – Auto- ja Kuljetusalan Työntekijäliitto AKT ry.
252 ErfK/*Gallner*, § 7 BUrlG Rz. 84.
253 BAG v. 9.8.2011 – 9 AZR 475/10, NZA 2012, 166; v. 9.8.2011 – 9 AZR 365/10, ArbRB 2012, 3 = NZA 2011, 1421; v. 13.12.2011 – 9 AZR 399/10, ArbRB 2012, 170 = NZA 2012, 514; v. 8.4.2014 – 9 AZR 550/12, NZA 2014, 852.
254 Vgl. BAG v. 6.5.2014 – 9 AZR 758/12, AP BUrlG § 7 Abgeltung Nr. 104.
255 *Höpfner*, RdA 2013, 65 (68 f.); HWK/*Schinz*, § 7 BurlG Rz. 126; *Schubert*, RdA 2014, 9 (14). Vgl. zu § 15 Abs. 4 AGG auch EuGH v. 8.7.2010 – C-246/09 – Bulicke, Slg. 2010, I-7003 Rz. 25 ff. = ArbRB 2010, 263 = NZA 2010, 869.
256 BAG v. 5.12.1995 – 9 AZR 871/94, NZA 1996, 594.
257 BAG v. 14.5.2013 – 9 AZR 844/11, ArbRB 2013, 263 = NZA 2013, 1098.
258 Vgl. EuGH v. 29.11.2017 – C-214/16 – King, ArbRB 2018, 4 = NZA 2017, 1591.

§ 9
Mutterschutz

I. Einführung 9.1
1. Entstehungsgeschichte und Kompetenzgrundlage 9.1
   a) Entwicklung 9.1
   b) Die Kompetenzgrundlage und ihre Bedeutung für die Auslegung . 9.4
2. Struktur und Regelungsgegenstand der MuSch-RL 9.6

II. Bedeutung der Grundrechtecharta 9.8
1. Allgemeines 9.9
2. Art. 33 GRC Familien- und Berufsleben 9.10
3. Weitere Grundrechte aus der GRC . 9.16

III. Verhältnis zu anderen Richtlinien und Verordnungen 9.17
1. Arbeitsschutzrahmen-RL 89/391/EWG 9.18
2. Geschlechter-RL 2006/54/EG 9.19
3. Rahmenvereinbarung über den Elternurlaub 9.22
4. VO (EG) Nr. 883/2004 .... 9.24

IV. Reformbestrebungen 9.25

V. Ziel, Reichweite, Verschlechterungsverbot, Art. 1 MuSch-RL ... 9.26
1. Ziel 9.26
2. Verhältnis zur Arbeitsschutzrahmen-RL 9.37
3. Verschlechterungsverbot 9.40

VI. Anwendungsbereich und Definitionen, Art. 2 MuSch-RL 9.41
1. Arbeitnehmerin 9.42
   a) Autonome Auslegung 9.42
   b) Merkmale 9.44
      aa) Rückgriff auf die Arbeitsschutzrahmen-RL 9.45
      bb) Anwendung „objektiver Kriterien" 9.49
   c) Ruhendes Arbeitsverhältnis 9.58
2. Schwangere Arbeitnehmerin 9.64
   a) Schwangerschaft 9.64
   b) Unterrichtungspflicht 9.67
3. Wöchnerin 9.70
4. Stillende Arbeitnehmerin 9.74
5. Leihmutterschaft 9.77

VII. Betriebsbezogener Mutterschutz, Art. 3–7 MuSch-RL 9.83
1. Systematik und Wertungen 9.83
2. Leitlinien, Art. 3 MuSch-RL 9.88

3. Risikobeurteilung und Unterrichtung der Arbeitnehmerin, Art. 4 MuSch-RL 9.92
   a) Beurteilung 9.93
      aa) Erfasste Arbeitnehmerinnengruppen 9.93
      bb) Inhalt und Umsetzung 9.95
      cc) Beweislastverteilung 9.106
   b) Unterrichtung 9.107
4. Anpassungsverfahren, Art. 5 MuSch-RL 9.111
   a) Systematik 9.111
   b) Einstweilige Umgestaltung 9.113
   c) Arbeitsplatzwechsel 9.117
   d) Beurlaubung 9.124
   e) Anwendbarkeit des Anpassungsverfahrens i.R.v. Art. 6 MuSch-RL 9.127
   f) Beweislastverteilung 9.128
5. Expositionsverbot, Art. 6 MuSch-RL 9.130
6. Nachtarbeit, Art. 7 MuSch-RL ... 9.138
   a) Begriff Nachtarbeit 9.139
   b) Voraussetzungen und Wirkung . 9.142
   c) Dauer 9.145

VIII. Mutterschaftsurlaub, Art. 8 MuSch-RL 9.149
1. Zwecksetzung und Einordnung ... 9.150
2. Persönlicher Anwendungsbereich . 9.153
3. Dauer und Aufteilung 9.159
4. Verhältnis zu anderen Freistellungstatbeständen 9.161

IX. Freistellung von der Arbeit für Vorsorgeuntersuchungen, Art. 9 MuSch-RL 9.166

X. Verbot der Kündigung, Art. 10 MuSch-RL 9.169
1. Zwecksetzung 9.170
2. Anwendungsbereich 9.171
   a) Persönlich 9.171
   b) Zeitlich 9.173
   c) Verhältnis zur diskriminierenden Kündigung 9.178
3. Umfang des Kündigungsverbots .. 9.180
   a) Kündigung i.S.v. Art. 10 MuSch-RL 9.180
   b) Erforderliche Maßnahmen i.S.v. Art. 10 Nr. 1 MuSch-RL 9.185
4. Ausnahmen 9.188
5. Formvorgaben für ausnahmsweise zulässige Kündigung 9.190
   a) Behördliche Zustimmung 9.190
   b) Schriftliche Begründung 9.192
6. Schutz gegen Folgen widerrechtlicher Kündigungen 9.195
7. Beweislast 9.197

XI. Erhalt der mit dem Arbeitsvertrag verbundenen Rechte, Art. 11 MuSch-RL	9.199
1. Überblick	9.199
a) Systematik und Wirkung	9.199
b) Zwecksetzung	9.202
2. Arbeitsorganisatorische Maßnahmen und Beurlaubung i.S.v. Art. 11 Nr. 1 MuSch-RL	9.205
a) Mit dem Arbeitsvertrag verbundene Rechte	9.206
b) Fortzahlung eines Entgelts	9.208
aa) Arbeitsplatzwechsel nach Art. 5 Abs. 2 MuSch-RL	9.209
bb) Beurlaubung nach Art. 5 Abs. 3 MuSch-RL	9.214
c) Angemessene Sozialleistung	9.217
3. Mutterschaftsurlaub, Art. 11 Nr. 2, 3 MuSch-RL	9.221
a) Mit dem Arbeitsvertrag verbundene Rechte	9.222
b) Entgeltfortzahlung	9.224
c) Angemessene Sozialleistung nach Art. 11 Nr. 3 MuSch-RL	9.226
4. Bedingungen für Anspruchsentstehung, Art. 11 Nr. 4 MuSch-RL	9.229
XII. Rechtsschutz, Art. 12 MuSch-RL	9.231
XIII. Anpassung der Anhänge, Art. 13 MuSch-RL	9.233
XIV. Schlussbestimmungen, Art. 14 MuSch-RL	9.234
XV. Fazit	9.235

Schrifttum: *Bayreuther*, Das neue Mutterschutzrecht im Überblick, NZA 2017, 1145; *Benecke*, Mutterschutz trotz Kündigung nach Ablauf der Schutzzeit, EuZA 2008, 385; *Braunroth/Franke*, Neue Möglichkeiten der Reproduktionsmedizin und der Schutz von Arbeitnehmerinnen in der Rechtsprechung des EuGH und deutscher Arbeitsgerichte, ZESAR 2015, 313; *Brose*, Die Reproduktionsmedizin und der Mutterschutz – Gedanken zu einem zeitgemäßen Mutterschutzrecht, NZA 2016, 604; *Bünger/Klauk/Klempt*, Viel Lärm um nichts?! – Voraussichtliche Neuerungen und Umsetzungserfordernisse durch die Änderung der europäischen Mutterschutz-Richtlinie 92/85/EWG, EuZA 2010, 484; *Campbell*, Das Verbot der Leihmutterschaft, NJW-Spezial 2018, 196; *Eichenhofer*, Zuschuss zum Mutterschaftsgeld durch den Arbeitgeber – wie geht es weiter nach dem „Verfassungswidrigkeitsverdikt"?, BB 2004, 382; *Etzel* u.a. (Hrsg.), KR: Gemeinschaftskommentar zum Kündigungsschutzgesetz und zu sonstigen kündigungsschutzrechtlichen Vorschriften, 11. Aufl. 2016; *Faber*, Änderung des Bundeselterngeld- und Elternzeitgesetzes (BEEG), ZTR 2012, 689; *Fischer*, Die Fremdgeschäftsführerin und andere Organvertreter auf dem Weg zur Arbeitnehmereigenschaft, NJW 2011, 2329; *Fuchs* (Hrsg.), Europäisches Sozialrecht, 7. Aufl. 2018; *Giesen*, Der europäische Arbeitnehmerbegriff und die Mitglieder der Leitungsorgane von Kapitalgesellschaften, ZfA 2016, 47; *Graue*, Das Nachtarbeitsverbot im novellierten Mutterschutzgesetz – Unionskonformität der Regelungen des reformierten MuSchG unter besonderer Berücksichtigung der Regelungen der §§ 28 und 29 Abs. 3 S. 2 MuSchG, Soziales Recht 2018, 16; *Greiner*, Auslegung von Absenkungsverboten in Richtlinien und Reichweite der richtlinienkonformen Auslegung, EuZA 2011, 74; *Höpfner*, Zur Vergütung von Arbeitnehmerinnen während eines schwangerschaftsbedingten Arbeitsplatzwechsels, EuZA 2011, 223; *Imping*, Schwangere Arbeitnehmerinnen nicht vor Massenentlassung geschützt, IWRZ 2018, 125; *Joussen*, Die vorzeitige Beendigung des Elternurlaubs bei erneuter Schwangerschaft, EuZA 2008, 375; *Kerwer*, Verschlechterungsverbote in Richtlinien, EuZA 2010, 253; *Kohte/Beetz*, Diskriminierung einer Arbeitnehmerin bei fehlender mutterschutzrechtlicher Gefährdungsbeurteilung des Arbeitsplatzes, jurisPR-ArbR 6/2018 Anm. 2; *Kruse/Stenslik*, Mutterschutz für Organe von Gesellschaften?, NZA 2013, 596; *Löhnig*, Die Leihmutterschaft in der aktuellen Rechtsprechung, NZFam 2017, 546; *Lunk*, Der EuGH und die deutschen GmbH-Fremdgeschäftsführer – Auf dem Weg zum Arbeitnehmerstatus?, NZA 2015, 917; *Nebe*, Das mutterschutzrechtliche Kündigungsverbot – Gemeinschaftsrechtliche Anforderungen an einen effektiven Rechtsschutz, EuZA 2010, 383; *Nebe*, Das Gesetz zum Schutz von Müttern bei der Arbeit, in der Ausbildung und im Studium (MuSchG 2018), jurisPR-ArbR 25/2017 Anm. 1; *Nebe*, Arbeitsentgelt bei mutterschutzbedingter Umsetzung, ZESAR 2011, 10; *Oberthür*, Unionsrechtliche Impulse für den Kündigungsschutz von Organvertretern und Arbeitnehmerbegriff, NZA 2011, 253; *Preis*, Verbot der Altersdiskriminierung als Gemeinschaftsgrundrecht. Der Fall „Mangold" und die Folgen, NZA 2006, 401; *Preis/Sagan*, Der GmbH-Geschäftsführer in der arbeits- und diskriminierungsrechtlichen Rechtsprechung des EuGH, BGH und BAG, ZGR 2013, 26; *Rancke* (Hrsg.), Mutterschutz – Elterngeld – Elternzeit – Betreuungsgeld, Handkommentar, 5. Aufl. 2018; *Reiners*, Schwanger oder nicht schwanger: Rechtssache Mayr, EuZA 2009, 79; *Riesenhuber*, Europäisches Arbeitsrecht, 2009; *Schaub*, Arbeitsrechts-Handbuch, 17. Aufl. 2017; *Schubert*, Kündigungsschutz für die Geschäftsführerin einer Kapitalgesellschaft während der Schwangerschaft – Gesundheitsschutz und Diskriminierungsschutz, EuZA 2011, 362; *Schubert*, Arbeitnehmerschutz für GmbH-Geschäftsführer, ZESAR 2013, 5; *Tege*, Facelifting nach fünfzig Jahren – das Mutterschutzgesetz in der Bundesrepublik Deutschland, BB 2002, 2602.

I. Einführung

1. Entstehungsgeschichte und Kompetenzgrundlage

a) Entwicklung

Ausgangspunkt für die RL 92/85/EWG[1] (MuSch-RL) war das **Aktionsprogramm** zur Anwendung der Gemeinschaftscharta der sozialen Grundrechte vom 29.11.1989.[2] Das Aktionsprogramm wurde von der Kommission erarbeitet und enthält Vorschläge, um die Grundsätze der damals unverbindlichen Grundsätze der Gemeinschaftscharta umzusetzen. Ziel war es, die **soziale Dimension des Binnenmarktes** zu verwirklichen.[3] In dem Programm wurde u.a. bemängelt, dass der wachsenden Rolle der Frauen in der Wirtschaft nicht hinreichend Rechnung getragen werde. Sie seien zahlreichen Schwierigkeiten ausgesetzt, wenn sie zugleich ihren Beruf ausüben und Kinder haben wollen.[4] Daher entwarf die Kommission einen Vorschlag für eine Richtlinie über den Schutz von Schwangeren und Wöchnerinnen am Arbeitsplatz, den sie dem Rat im Jahr 1990 vorlegte.[5] Nach einem zweijährigen Prozess, in dem mehrfach Änderungen von Kommission, Europäischem Parlament sowie Empfehlungen des Ausschusses für die Rechte der Frau vorgeschlagen und verworfen wurden, erließ der Rat am 19.10.1992 die MuSch-RL.[6] In ihren Erwägungsgründen wird ausdrücklich auf Absatz 19 der Gemeinschaftscharta der sozialen Grundrechte der Arbeitnehmer vom 9.12.1989 verwiesen, wonach jeder Arbeitnehmer in seiner Arbeitsumwelt zufriedenstellende Bedingungen für Gesundheitsschutz und Sicherheit vorfinden muss.[7]

9.1

Die MuSch-RL wird gem. Art. 1 Abs. 1 verortet in der Arbeitsschutzrahmen-RL vom 12.6.1989. Sie ist die **zehnte Einzelrichtlinie**, die auf der Grundlage der **Arbeitsschutzrahmen-RL** 89/391/EWG (Art. 16 Abs. 1) erlassen wurde. Die Arbeitsschutzrahmen-RL soll nach ihrem 7. Erwägungsgrund eine Grundlage für Einzelrichtlinien bieten, die alle Risiken im Hinblick auf den Bereich Sicherheit und Gesundheitsschutz am Arbeitsplatz abdecken. Ihre Zielsetzung ist es, Sicherheit und Gesundheitsschutz am Arbeitsplatz zu verbessern.

9.2

Geändert wurde die MuSch-RL seit Inkrafttreten zweimal, ohne dass dabei in ihre Kernregelungsbereiche eingegriffen wurde. Zum einen wurden die Regelungen des Art. 14 Abs. 4 bis 6 MuSch-RL durch die RL 2007/30/EG[8] aufgehoben, um das Berichtswesen im Arbeitsschutz zu vereinfachen. Zum anderen erfolgte durch die RL 2014/27/EU[9] eine Anpassung der Verweise im Anhang I der MuSch-RL auf das Einstufungs- und Kennzeichnungssystem von Stoffen und Gemischen an die Vorgaben in der VO (EG) 1272/2008. Eine Änderung des Schutzniveaus ging damit nicht einher.[10]

9.3

---

1 Richtlinie 92/85/EWG des Rates vom 19. Oktober 1992 über die Durchführung von Maßnahmen zur Verbesserung der Sicherheit und des Gesundheitsschutzes von schwangeren Arbeitnehmerinnen, Wöchnerinnen und stillenden Arbeitnehmerinnen am Arbeitsplatz (zehnte Einzelrichtlinie im Sinne des Artikels 16 Absatz 1 der Richtlinie 89/391/EWG), ABl. L 348 v. 28.11.1992, S. 1.
2 KOM (1989), 568 endg.; ausdrücklich in Bezug genommen von ErwGr. 6 MuSch-RL.
3 Hanau/Steinmeyer/Wank/*Wank*, § 13 Rz. 97.
4 KOM (1989), 568 endg., 2. Teil Ziff. 8 B; Hanau/Steinmeyer/Wank/*Wank*, § 18 Rz. 364.
5 ABl. C 281 v. 9.11.1990, S. 3.; Hanau/Steinmeyer/Wank/*Wank*, § 18 Rz. 364.
6 S. hierzu ausführlich Schlachter/*Nebe*, § 17 Rz. 3.
7 S. ErwGr. 5 ff. MuSch-RL.
8 Richtlinie 2007/30/EG des Europäischen Parlaments und des Rates vom 20. Juni 2007 zur Änderung der Richtlinie 89/391/EWG des Rates und ihrer Einzelrichtlinien sowie der Richtlinien 83/477/EWG, 91/383/EWG, 92/29/EWG und 94/33/EG des Rates im Hinblick auf die Vereinfachung und Rationalisierung der Berichte über die praktische Durchführung, ABl. L 165 v. 27.6.2007, S. 21.
9 Richtlinie 2014/27/EU des Europäischen Parlaments und des Rates vom 26. Februar 2014 zur Änderung der Richtlinien 92/58/EWG, 92/85/EWG, 94/33/EG und 98/24/EG des Rates sowie der Richtlinie 2004/37/EG des Europäischen Parlaments und des Rates zwecks ihrer Anpassung an die Verordnung (EG) Nr. 1272/2008 über die Einstufung, Kennzeichnung und Verpackung von Stoffen und Gemischen, ABl. L 65 v. 5.3.2014, S. 1.
10 Schlachter/*Nebe*, § 17 Rz. 3.

b) Die Kompetenzgrundlage und ihre Bedeutung für die Auslegung

9.4 Kompetenzgrundlage für die MuSch-RL ist, ebenso wie für die ihr zugrunde liegende Arbeitsschutzrahmen-RL, „insbesondere Art. 118a EWG".[11] Nach **Art. 118a Abs. 1 EWG**, welcher inzwischen nicht mehr in Kraft ist,[12] bemühen sich die Mitgliedstaaten, „die Verbesserung insbesondere der Arbeitsumwelt zu fördern, um die Sicherheit und Gesundheit der Arbeitnehmer zu schützen". Zur Verwirklichung dieses Ziels sind gem. Art. 118a Abs. 2 EWG nach Anhörung des Wirtschafts- und Sozialausschusses Richtlinien mit Mindestvorschriften zu erlassen.

9.5 Die Kompetenzgrundlage erlangt Bedeutung im Hinblick auf die Auslegung der MuSch-RL im Wege der sog. **kompetenzkonformen Auslegung** als Sonderfall der primärrechtskonformen Interpretation (vgl. Rz. 1.92).[13] Demnach ist die MuSch-RL im Einklang mit den Vorgaben des Art. 118a Abs. 1 EWG a.F. auszulegen. Art. 118a EWG a.F. zielt darauf ab, die Sicherheit und Gesundheit der Arbeitnehmer zu schützen. Diese Zielvorgabe ist in Art. 1 MuSch-RL unmittelbar übernommen worden, so dass insoweit keine weitergehenden Richtungsvorgaben aus der Kompetenzgrundlage hergeleitet werden können.[14] Raum für über den Arbeitsschutz hinausgehende Zielsetzungen lässt die MuSch-RL insoweit zu als dort eingangs „insbesondere" auf Art. 118a EWG a.F. abgestellt wird. Die MuSch-RL selbst gibt jedoch keinen Anlass, zusätzliche Zielsetzungen miteinzubeziehen (zur Zielsetzung vgl. Rz. 9.26 ff.).

2. Struktur und Regelungsgegenstand der MuSch-RL

9.6 Die MuSch-RL enthält **zwei unterschiedliche Gruppen von Schutzmechanismen**, die den Zweck des Gesundheitsschutzes gewährleisten sollen. Zunächst werden Maßnahmen des technischen Arbeitsschutzes und des Arbeitszeitschutzes, welcher auch als betriebsbezogener Mutterschutz bezeichnet werden kann, in Art. 3–7 MuSch-RL geregelt. Sie werden im Anschluss durch Maßnahmen flankiert, die in den Bereich des Arbeitsvertrages hineinwirken wie der Mutterschaftsurlaub oder das Kündigungsverbot, Art. 8–11 MuSch-RL.[15]

9.7 Der technische **Arbeitsschutz nach Art. 4 ff.** MuSch-RL wird **ergänzt durch die Leitlinien**, die die Kommission nach Art. 3 MuSch-RL für die Beurteilung der chemischen, physikalischen und biologischen Agenzien und die industriellen Verfahren im Hinblick auf die Gesundheit und Sicherheit der Arbeitnehmerinnen erstellt (vgl. Rz. 9.88 ff.). Hinzu kommen die Anhänge I und II der Richtlinie mit einer Liste der Agenzien, Verfahren und Arbeitsbedingungen für Art. 4 Abs. 1 und Art. 6 MuSch-RL, die aber beide nicht abschließend sind.

II. Bedeutung der Grundrechtecharta

9.8 Bei der Auslegung der einzelnen Vorgaben der MuSch-RL stellt sich die Frage, welche Leitlinien abgesehen von der ausdrücklichen Zwecksetzung des Art. 1 Abs. 1 MuSch-RL zu berücksichtigen sind.

1. Allgemeines

9.9 Die MuSch-RL ist wie alle anderen Richtlinien so auszulegen, dass sie nicht gegen die Vorgaben des Primärrechts verstößt (zur primärrechtskonformen Auslegung vgl. Rz. 1.91). Ausdrücklich ge-

---

11 So die Formulierung, die den Erwägungsgründen der MuSch-RL vorangestellt ist.
12 Im Hinblick auf die Anhörung wurde Art. 118a EWG partiell zunächst in ex-Art. 138 EGV und sodann in Art. 154 AEUV überführt, wo nun das Verfahren der Anhörung der Sozialpartner geregelt ist; um eine umfassende inhaltliche Entsprechung handelt es sich hingegen nicht.
13 Riesenhuber/*Rebhahn*, § 18 Rz. 24.
14 Wohl etwas weitergehender EUArbR/*Risak*, Art. 1 RL 92/85/EWG Rz. 4, der aus der Kompetenzgrundlage den Zweck des Arbeitnehmerschutzes heranzieht, welchen er jedoch „im Sinne der umfassenden Zielsetzung" der MuSch-RL weit verstehen möchte.
15 EUArbR/*Risak*, Art. 3 RL 92/85/EWG Rz. 1.

nannt ist der Mutterschutz in Art. 33 GRC. Doch auch weitere Regelungen der GRC können je nach Teilaspekt i.R.d. primärrechtskonformen Auslegung Bedeutung erlangen.

2. Art. 33 GRC Familien- und Berufsleben

Im Zusammenhang mit der MuSch-RL erlangt vor allem **Art. 33 Abs. 2 GRC** Bedeutung. Dort werden ausdrücklich ein Recht auf **Schutz vor Entlassung** aus einem mit der Mutterschaft zusammenhängenden Grund sowie ein Anspruch auf einen **bezahlten Mutterschaftsurlaub** geregelt. Beides dient gem. Art. 33 Abs. 2 Satz 1 GRC dem Ziel, Familien- und Berufsleben miteinander in Einklang bringen zu können. Hierbei handelt es sich um zwei für ein Grundrecht[16] sehr konkrete Vorgaben. 9.10

Nicht ganz klar ist, ob dieses in Art. 33 Abs. 2 Satz 1 GRC formulierte Ziel, Einklang von Familien- und Berufsleben, über Art. 33 GRC auch in die MuSch-RL hineinzulesen ist, obwohl es dort nicht ausdrücklich genannt wurde. M.E. darf dieses Ziel im Zusammenhang mit der MuSch-RL nur im Hinblick auf die Gewährleistung von **Sicherheit und Gesundheitsschutz** Geltung erlangen, da nur diese schon ausweislich der Bezeichnung der MuSch-RL („… zur Verbesserung der Sicherheit und des Gesundheitsschutzes") das benannte Regelungsziel ist. Indem der Gesundheitsschutz gewährleistet wird, wird freilich auch das Berufsleben ermöglicht, von dem andernfalls, ggf. aus gesundheitlichen Gründen, Abstand genommen werden müsste. Allerdings ist es in diesem Kontext **nicht als beschäftigungspolitisches Ziel** zu verstehen. Vielmehr wird hier das Berufsleben über einen starken Gesundheitsschutz auch schwangeren Frauen bzw. Müttern ermöglicht. Aus der MuSch-RL geht ebenso wenig das in letzter Zeit häufiger vorgebrachte familienpolitische Anliegen hervor, wonach Mütter nach der Geburt wieder schneller in das Erwerbsleben einsteigen können sollen.[17] Insoweit ist die Zielsetzung nicht hinreichend konkret formuliert.[18] Gewährleistet werden die beschäftigungspolitischen Ziele auf sekundärrechtlicher Ebene über die Geschlechterrichtlinie und die Rahmenvereinbarung über den Elternurlaub. 9.11

Da Art. 33 GRC erst nach Inkrafttreten der MuSch-RL erlassen wurde, wird in den Kommentierungen zur Auslegung von Art. 33 Abs. 2 GRC des häufigeren auf die MuSch-RL zurückgegriffen.[19] Das ist inhaltlich verständlich und entspricht auch den Charta-Erläuterungen, wonach sich Art. 33 Abs. 2 GRC u.a. an die MuSch-RL anlehnt.[20] Vor diesem Hintergrund erscheint es allerdings befremdlich, soll umgekehrt die MuSch-RL im Hinblick auf Art. 33 Abs. 2 GRC primärrechtskonform dergestalt ausgelegt werden, dass in die Richtlinie nun auch eine beschäftigungspolitische Ebene und als Ziel der schnellere Wiedereinstieg in den Beruf hineingedeutet wird. Dies ist auch gar nicht notwendig, sollen diese Zielsetzungen doch vielmehr über die Rahmenvereinbarung über den Elternurlaub verwirklicht werden. 9.12

Bemerkenswert im Vergleich zur MuSch-RL ist in **Art. 33 Abs. 2 GRC** die wesentlich weitere Formulierung **„jeder Mensch"**, demnach könnte auch jeder Vater ein Recht auf Schutz vor Entlassung aus einem mit der Mutterschaft zusammenhängenden Grund sowie den Anspruch auf einen bezahlten Mutterschaftsurlaub haben. So dürfte die Regelung aber wohl nicht gemeint sein, vielmehr wird sich der umfassendere Begriff Mensch auf den letzten Teil des Art. 33 Abs. 2 GRC zum Elternurlaub beziehen und auch darauf abzielen, dass nicht nur bestimmte Formen der Elternschaft, z.B. in einer Ehe, erfasst werden.[21] 9.13

---

16 In Abgrenzung zum Grundsatz aus Art. 33 Abs. 1 GRC Calliess/Ruffert/*Kingreen*, Art. 33 GRC Rz. 5; *Jarass*, Art. 33 GRC Rz. 11.
17 So bspw. in der Mitteilung der Kommission- Bessere Work-Life-Balance: stärkere Unterstützung der Vereinbarkeit von Beruf, Privat- und Familienleben, KOM (2008), 635, endg. unter 3.1.1.
18 Hierzu näher Meyer/*Rudolf*, Art. 33 GRC Rz. 15.
19 S. bspw. Calliess/Ruffert/*Kingreen*, Art. 33 GRC Rz. 8.
20 Erläuterungen zur Charta der Grundrechte, ABl. C 303 v. 14.12.2007, S. 17, 27; s. hierzu auch *Jarass*, Art. 33 GRC Rz. 10; Meyer/*Rudolf*, Art. 33 GRC Rz. 2, wonach Art. 33 Abs. 2 GRC auf der RL 92/85/EWG „basiert".
21 Vgl. Meyer/*Rudolf*, Art. 33 GRC Rz. 17.

9.14 Denkbar ist eine **Auswirkung von Art. 33 Abs. 2 GRC** auf die Auslegung des Verbots der Kündigung aus **Art. 10 MuSch-RL**. Mit der Formulierung eines Schutzes „vor Entlassung aus einem mit der Mutterschaft zusammenhängenden Grund" geht Art. 33 Abs. 2 GRC weiter als Art. 10 MuSch-RL, welcher das Kündigungsverbot auf die Schwangerschaft und die Dauer des Mutterschaftsurlaubs beschränkt. Allerdings ist zum einen der Begriff Schutz nicht gleichzusetzen mit einem Verbot von Kündigungen. Zum anderen werden die Rechte aus Art. 33 Abs. 2 GRC auf der Ebene des Sekundärrechts nicht allein über die MuSch-RL gewährleistet, sondern u.a. auch über die Gleichb-RL.[22] Der zweite Aspekt des Art. 33 Abs. 2 GRC, der Anspruch auf einen bezahlten Mutterschaftsurlaub, kann vor allem im Rahmen von **Art. 11 MuSch-RL** Bedeutung erlangen.

9.15 In der **Rechtsprechung des EuGH** wird soweit ersichtlich Art. 33 GRC nicht zusätzlich zu den Regelungen der MuSch-RL angeführt. Dies verwundert nicht, da Letztere konkreter sind.

3. Weitere Grundrechte aus der GRC

9.16 Im Hinblick auf Teilaspekte der MuSch-RL können weiterhin Bedeutung erlangen **Art. 34 Abs. 1 GRC**, wenn es um die Leistungen der Sozialversicherung im Bereich der Mutterschaft geht, sowie **Art. 31 GRC** im Hinblick auf den Mutterschaftsurlaub und **Art. 23 GRC** bei Ungleichbehandlungen im Zusammenhang mit der Mutterschaft.[23]

III. Verhältnis zu anderen Richtlinien und Verordnungen

9.17 Zu inhaltlichen Überschneidungen kann es vor allem kommen mit der Arbeitsschutzrahmenrichtlinie, der Geschlechterrichtlinie sowie der Rahmenvereinbarung über den Elternurlaub. Auf der Ebene der Verordnungen ist der Mutterschutz Regelungsgegenstand der VO 1408/71.

1. Arbeitsschutzrahmen-RL 89/391/EWG

9.18 S. hierzu Rz. 9.2 sowie die Ausführungen zu Art. 1 Abs. 2 MuSch-RL in Rz. 9.37 ff.

2. Geschlechter-RL 2006/54/EG

9.19 Ein besonderes Verhältnis besteht zwischen der Mutterschutzrichtlinie und der Geschlechterrichtlinie 2006/54/EG[24] bzw. ihren Vorgängern. Dies liegt u.a. in **Art. 2 Abs. 2 Buchst. c Geschl-RL begründet**, wonach Diskriminierungen wegen Schwangerschaft oder Mutterschaft verboten sind.[25] Insbesondere die Vorläufer-Richtlinie 76/207/EWG[26] wurde in der EuGH-Rechtsprechung im Zu-

---

22 Richtlinie 2000/78/EG des Rates vom 27. November 2000 zur Festlegung eines allgemeinen Rahmens für die Verwirklichung der Gleichbehandlung in Beschäftigung und Beruf, ABl. L 303 v. 2.12.2000, S. 16.
23 S. *Jarass*, Art. 33 GRC Rz. 13; zu Art. 23 GRC s. *Jarass*, Art. 23 GRC Rz. 17.
24 Richtlinie 2006/54/EG des Europäischen Parlaments und des Rates vom 5. Juli 2006 zur Verwirklichung des Grundsatzes der Chancengleichheit und Gleichbehandlung von Männern und Frauen in Arbeits- und Beschäftigungsfragen, ABl. L 204 v. 26.7.2006, S. 23.
25 S. auch *Nebe*, jurisPR-ArbR 25/2017 Anm. 1.
26 Richtlinie 76/207/EWG des Rates vom 9.2.1976 zur Verwirklichung des Grundsatzes der Gleichbehandlung von Männern und Frauen hinsichtlich des Zugangs zur Beschäftigung, zur Berufsbildung und zum beruflichen Aufstieg sowie in Bezug auf die Arbeitsbedingungen, ABl. L 39 v. 14.2.1976, S. 40, vor Einbeziehung in die RL 2006/54/EG nochmals geändert durch die Richtlinie 2002/73/EG des Europäischen Parlaments und des Rates vom 23. September 2002 zur Änderung der Richtlinie 76/207/EWG des Rates zur Verwirklichung des Grundsatzes der Gleichbehandlung von Männern und Frauen hinsichtlich des Zugangs zur Beschäftigung, zur Berufsbildung und zum beruflichen Aufstieg sowie in Bezug auf die Arbeitsbedingungen, ABl. L 269 v. 5.10.2002, S. 15; EUArbR/*Mohr*, RL 2006/54/EG, Art. 1 Rz. 2.

sammenhang mit dem Mutterschutz aufgegriffen. Ebenfalls des Öfteren zur Anwendung kam die Richtlinie 97/80/EG vom 15.12.1997 über die Beweislast bei Diskriminierung aufgrund des Geschlechts.[27]

Die Mutterschutzrichtlinie und die Richtlinie 76/207/EWG wurden vom EuGH vor allem im Zusammenhang mit dem **Kündigungsverbot aus Art. 10 MuSch-RL** miteinander **verzahnt**. Das Kündigungsverbot des Art. 10 MuSch-RL, welches bis zum Ende des Mutterschaftsurlaubs reicht, kann über die Anwendung der Art. 2 Abs. 1 und Art. 5 Abs. 2 RL 76/207/EWG[28] auch über das Ende des Mutterschaftsurlaubs hinaus greifen, wenn die Kündigungsentscheidung auf der Schwangerschaft und/oder der Geburt eines Kindes beruht.[29] Es ist kein Grund ersichtlich, warum diese Rechtsprechung nach Inkrafttreten der Geschlechtsrichtlinie 2006/54/EG nicht weitergeführt werden könnte. Die Richtlinie selbst nimmt ausdrücklich Bezug auf die Mutterschutzrichtlinie.[30] Denn auch dort wird unter Art. 2 Abs. 2 Buchst. c Geschl-RL ausdrücklich jegliche ungünstigere Behandlung einer Frau im Zusammenhang mit Schwangerschaft oder Mutterschaftsurlaub im Sinne der MuSch-RL untersagt.[31] Das Rückkehrrecht an den früheren Arbeitsplatz nach dem Mutterschaftsurlaub aus Art. 15 Geschl-RL zeigt ebenfalls, dass beide Richtlinien ineinandergreifen.

9.20

Darüber hinaus kann die Geschlechterrichtlinie im Hinblick auf die **Beweislastverteilung** im Zusammenhang mit dem Mutterschutz Bedeutung erlangen. Die ursprüngliche Beweislast-RL 97/80/EG[32], auf die in der Rechtsprechung des EuGH bisweilen verwiesen wurde, ist inzwischen in der Geschlechterrichtlinie aufgegangen (vgl. Rz. 5.25). Nach Art. 19 Abs. 1 Geschl-RL obliegt es dem Beklagten, zu beweisen, dass keine Verletzung eines Gleichbehandlungsgrundsatzes vorliegt, wenn zuvor der Kläger bei einem Gericht oder einer anderen zuständigen Stelle Tatsachen glaubhaft gemacht hat, die das Vorliegen einer unmittelbaren oder mittelbaren Diskriminierung vermuten lassen. Gemäß Art. 19 Abs. 4 Buchst. a Geschl-RL greift diese Regelung auch, wenn es sich um eine Frage der Diskriminierung des Geschlechts handelt, die von der Mutterschutzrichtlinie erfasst ist. Auch wenn der Gesundheitsschutz das Ziel der Mutterschutzrichtlinie ist, können durchaus auch diskriminierende Sachverhalte zumindest reflexartig erfasst werden. So hat der EuGH bspw. die Beweisregeln im Rahmen von Art. 4 und 5 MuSch-RL für anwendbar gehalten. Danach oblag es dem Arbeitgeber, der einer stillenden Arbeitnehmerin eine Beurlaubung i.S.v. Art. 5 Abs. 3 MuSch-RL versagte, nachzuweisen, dass Maßnahmen wie die Umgestaltung der Arbeitsbedingungen oder eine Umsetzung i.S.v. Art. 5 Abs. 1 und 2 MuSch-RL verlangt werden können, wenn zuvor die stillende Arbeitnehmerin Nachweise beibringt, die geeignet sind, aufzuzeigen, dass diese Maßnahmen nicht in Betracht kommen.[33]

9.21

---

27 Richtlinie 97/80/EG des Rates vom 15. Dezember 1997 über die Beweislast bei Diskriminierung aufgrund des Geschlechts, ABl. L 14 v. 20.1.1998, S. 6.
28 Eine entsprechende Regelung zur Entlassung findet sich nun in Art. 14 RL 2006/54/EG.
29 EuGH v. 11.10.2007 – C-460/06 – Paquay, Slg. 2007, I-8511 Ls. 2.
30 S. aber EUArbR/*Mohr*, RL 2006/54/EG, Art. 1 Rz. 20, der den beiden Richtlinien ein unterschiedliches Schwangerschaftsverständnis zugrunde gelegt sieht.
31 S. auch ErwGr. 23 Geschl-RL.
32 Geändert durch Richtlinie 98/52/EG des Rates v. 13 Juli 1998 zur Ausdehnung der Richtlinie 97/80/EG zur Beweislast in Fällen geschlechtsbedingter Diskriminierung auf das Vereinigte Königreich Großbritannien und Nordirland, ABl. L 205 v. 22.7.1998, S. 66.
33 EuGH v. 19.10.2017 – C-531/15 – Otero Ramos, NZA 2017, 1448 Rz. 75; EuGH v. 19.9.2018 – C-41/17 – González Castro Rz. 62 ff. zur Anwendung bei Art. 4 Abs. 1 MuSch-RL; zur Anwendung der Beweislastregelungen im Zusammenhang mit Art. 10 MuSch-RL EuGH v. 11.10.2007 – C-460/06 – Paquay, Slg. 2007, I-8511 Rz. 37.

3. Rahmenvereinbarung über den Elternurlaub

9.22 Die Rahmenvereinbarung über den Elternurlaub 2010/18/EU (EltUrl-RV)[34] bietet eine **Ergänzung zum Mutterschutz**.[35] Die Umsetzungsmaßnahmen sind dem Mutterschutz zeitlich nachgelagert. Zudem findet eine Ergänzung auf der Ebene der Zielsetzung statt, da mit der Elternzeit nicht mehr der Gesundheitsschutz im Fokus steht, sondern nun ausdrücklich die Vereinbarkeit von Beruf, Familie und Privatleben für Erwerbstätige sowie die Chancengleichheit von Männern und Frauen auf dem Arbeitsmarkt und die Gleichbehandlung am Arbeitsplatz als Ziel benannt werden.[36]

9.23 Zu **Überschneidungen** kann es kommen, wenn eine Frau während einer Elternzeit erneut schwanger wird.

4. VO (EG) Nr. 883/2004

9.24 Die Mutterschutzrichtlinie wird durch die VO (EG) Nr. 883/2004[37] zumindest in ihrer Wirksamkeit flankiert.[38] Hier finden sich **koordinierende Regelungen** für grenzüberschreitende Sachverhalte innerhalb der EU. Dabei werden u.a. **Leistungen bei Krankheit und Mutterschaft** erfasst, Art. 3 Abs. 1 Buchst. a der VO. Gewährleistet werden soll, dass bei Wahrnehmung der Arbeitnehmerfreizügigkeit kein Verlust des Krankenversicherungsschutzes eintritt.[39]

IV. Reformbestrebungen

9.25 Der wichtigste Vorstoß für eine Reform der Mutterschutzrichtlinie ist der **Entwurf der Kommission** mit dem Titel „Bessere Work-Life-Balance: stärkere Unterstützung der Vereinbarkeit von Beruf, Privat- und Familienleben".[40] Die Kommission hat den Entwurf nach ca. zwei Jahre andauernden Vorarbeiten im Jahr 2008 als Mitteilung an das Europäische Parlament verfasst. Ziel war vor allem eine Ausweitung des Schutzzwecks der Mutterschutzrichtlinie auf den Aspekt der **Vereinbarkeit von Beruf, Privat- und Familienleben**, wie sich dem Titel bereits entnehmen lässt. Eine der wichtigen Änderungen war die Ausweitung des Mutterschaftsurlaubs von 14 auf 18 Wochen, von denen mindestens sechs Wochen nach der Entbindung genommen werden sollten.[41] Damit war bezweckt, dass ein verlängerter Mutterschaftsurlaub zu einer früheren Rückkehr in das Erwerbsleben führt, weil dann kein Elternurlaub mehr genommen wird.[42] Der Änderungsvorschlag

---

34 Richtlinie 2010/18/EU des Rates vom 8. März 2010 zur Durchführung der von BUSINESSEUROPE, UEAPME, CEEP und EGB geschlossenen überarbeiteten Rahmenvereinbarung über den Elternurlaub und zur Aufhebung der Richtlinie 96/34/EG, ABl. 68 v. 18.3.2010, S. 4.
35 Vgl. auch Hanau/Steinmeyer/Wank/*Wank*, § 18 Rz. 364 zur Vorgängerrichtlinie 96/34/EG.
36 S. hierzu ErwGr. 8 EltUrl-RV, § 1 Nr. 1 der von der EltUrl-RV erfassten Rahmenvereinbarung über den Elternurlaub; zudem wird in ErwGr. 3 der von der Richtlinie erfassten Rahmenvereinbarung ausdrücklich auf Art. 33 GRC verwiesen.
37 Verordnung (EG) Nr. 883/2004 des Europäischen Parlaments und des Rates vom 29. April 2004 zur Koordinierung der Systeme der sozialen Sicherheit, ABl. L 166 v. 30.4.2004, S. 1.
38 S. Hanau/Steinmeyer/Wank/*Steinmeyer*, § 32 Rz. 9 ff. zu den Vorgängerregelungen in der VO (EWG) Nr. 1408/71 (ABl. L 149 v. 5.7.1971, S. 2); zu den Unterschieden zwischen der VO (EWG) Nr. 1408/71 und der VO (EG) Nr. 883/2004 s. Fuchs/*Kahil-Wolff*, Europäisches Sozialrecht, VO (EG) Nr. 883/2004 Vorbem. Rz. 9 ff.
39 Zu den Zielsetzungen im Einzelnen Fuchs/*Bieback*, Europäisches Sozialrecht, VO (EG) Nr. 883/2004 Vorbem. Art. 17 ff. Rz. 4 f.
40 Mitteilung der Kommission an das Europäische Parlament, den Rat, den Europäischen Wirtschafts- und Sozialausschuss und den Ausschuss der Regionen – Bessere Work-Life-Balance: stärkere Unterstützung der Vereinbarkeit von Beruf, Privat- und Familienleben, KOM (2008), 635 endg.
41 Zu den Änderungen s. im Einzelnen *Bünger/Klauk/Klempt*, EuZA 2010, 484 ff.
42 KOM (2008), 635 endg., 3.1.1.

blieb jedoch erfolglos,⁴³ so dass die Mutterschutzrichtlinie in ihren zentralen Regelungen noch heute so ist wie bei ihrem Inkrafttreten. Weitere Änderungsanstrengungen sind derzeit nicht ersichtlich.

V. Ziel, Reichweite, Verschlechterungsverbot, Art. 1 MuSch-RL

1. Ziel

Die Zielsetzung der Mutterschutzrichtlinie wird in Art. 1 Abs. 1 MuSch-RL klar umrissen: Es soll eine Verbesserung der **Sicherheit und des Gesundheitsschutzes** von schwangeren Arbeitnehmerinnen, Wöchnerinnen und stillenden Arbeitnehmerinnen am Arbeitsplatz erreicht werden. Der Gesundheitsschutz erfasst sowohl die **physische als auch die psychische Verfassung**.⁴⁴ Aufgegriffen wird das umfassende Gesundheitsverständnis in Art. 3 UAbs. 2 MuSch-RL, welches u.a. auf die geistige und körperliche Ermüdung abgestellt. 9.26

Damit greift die Mutterschutzrichtlinie den **Zweck der Arbeitsschutzrahmen-RL** unmittelbar auf, ohne ihn zu verändern. Da auf die Arbeitsschutzrahmen-RL in Art. 1 Abs. 1 MuSch-RL ausdrücklich Bezug genommen wird, ist dies nicht erstaunlich. Ausgangspunkt ist die Annahme, dass es sich bei Schwangeren, Wöchnerinnen und stillenden Arbeitnehmerinnen um eine Gruppe mit besonderen Risiken handelt.⁴⁵ Im Zusammenhang mit dem Erfordernis eines Mutterschaftsurlaubs wird auf die Empfindlichkeit dieser Arbeitnehmergruppe hingewiesen.⁴⁶ 9.27

Nicht ausdrücklich in Art. 1 Abs. 1 MuSch-RL genannt werden **Sicherheit und Gesundheit des (ungeborenen) Kindes**. Aus dem Schutzzweck ausgenommen werden können sie jedoch nicht, ist doch die Arbeitnehmerin gerade wegen der Schwangerschaft, Entbindung und/oder Stillzeit besonders schutzbedürftig. Dass auch der Schutz des (ungeborenen) Kindes durch die Mutterschutzrichtlinie bezweckt wird, zeigt sich bspw. in Art. 4 Abs. 1 MuSch-RL. Danach sind die Risiken und Auswirkungen einer Exposition gegenüber gefährlichen Agenzien im Hinblick auf ihre Auswirkungen auf die Schwangerschaft oder die Stillzeit abzuschätzen.⁴⁷ Auch durch die Beurlaubung im Rahmen von Art. 5 Abs. 3 MuSch-RL wird „implizit" auch die Gesundheit des Kindes gewährleistet.⁴⁸ Es ist möglich, dass Gesundheitsbeeinträchtigungen, die für die (werdende) Mutter kaum bemerkbar sind, das ungeborene oder gestillte Kind hingegen stark schädigen oder zum Abort führen.⁴⁹ Auch der EuGH bezieht das (ungeborene) Kind in den Schutzzweck ein, wenn er im Zusammenhang mit dem Kündigungsverbot aus Art. 10 MuSch-RL herleitet, dass von dem Schutz der physischen und psychischen Verfassung der Schwangeren, Wöchnerin oder stillenden Arbeitnehmerin auch das „besonders schwerwiegende Risiko(s), dass eine schwangere Arbeitnehmerin zum freiwilligen Abbruch ihrer Schwangerschaft veranlasst wird" erfasst ist.⁵⁰ Zudem sieht der 9.28

---

43 In der Ratssitzung vom 11.6.2011 erhielt der Vorschlag keine ausreichende Zustimmung, PRES/2011/176.
44 ErwGr. 15 MuSch-RL.
45 ErwGr. 8 MuSch-RL.
46 ErwGr. 14 MuSch-RL.
47 EuGH v. 27.2.2003 – C-320/01, Slg. 2003, I-2041 Rz. 42; s. auch v. 1.7.2010 – C-471/08 – Parviainen, Slg. 2010, I-6533 Rz. 48 im Hinblick auf die Zwecksetzung des Art. 5 MuSch-RL; v. 1.7.2010 – C-194/08 – Gassmayr, Slg. 2010, I-6281 Rz. 34.
48 EuGH v. 1.7.2010 – C-194/08 – Gassmayr, Slg. 2010, I-6281 Rz. 58; v. 27.2.2003 – C-320/01, Slg. 2003, I-2041 Rz. 43.
49 S. zum Einfluss gefährlicher Stoffe auf die Stillzeit EuGH v. 19.10.2017 – C-531/15 – Otero Ramos, NZA 2017, 1448 Rz. 46 ff.; Mitteilung der Kommission i.S.v. Art. 3 MuSch-RL, KOM (2000), 466 endg., S. 2 f., 6.
50 EuGH v. 22.2.2018 – C-103/16 – Porras Guisado, ArbRB 2018, 66 = NZA 2018, 432 Rz. 46, 62; v. 11.11.2010 – C-232/09 – Danosa, Slg. 2010, I-11405 Rz. 60; v. 11.10.2007 – C-460/06 – Paquay, Slg. 2007, I-8511 Rz. 30.

EuGH im Zusammenhang mit dem Mutterschaftsurlaub den Schutz „der besonderen Beziehung zwischen der Mutter und ihrem Kind während der an Schwangerschaft und Entbindung anschließenden Zeit" im Vordergrund, insbesondere auch in Abgrenzung zum Elternurlaub i.S.d. Rahmenvereinbarung über den Elternurlaub,[51] oder des Jahresurlaubs.[52] In diesem Zeitraum soll die Beziehung nicht durch eine Doppelbelastung aufgrund einer Erwerbstätigkeit belastet werden.[53] Ausdrücklich lässt sich dieser Zweck der Richtlinie nicht entnehmen, er lässt sich aber unter den allgemein formulierten Gesundheitsschutz, jedenfalls wenn er auch im Hinblick auf die psychische Gesundheit definiert wird, subsumieren.

9.29 Weniger offensichtlich als bisweilen dargestellt ist die Annahme, dass die Mutterschutzrichtlinie auch das Ziel der **Chancengleichheit** von Frauen auf dem Arbeitsmarkt oder gar **beschäftigungspolitische Zielsetzungen** i.S.e. möglichst schnellen Rückkehr von Frauen in das Erwerbsleben verfolgt.[54] Wird auf die Mutterschutzrichtlinie abgestellt, kann beides eher lediglich als, wenn auch durchaus positiver, **Reflex** angesehen werden. Zwar wird der Aspekt der Chancengleichheit durchaus in den Erwägungsgründen angeführt,[55] allerdings aus einer anderen Perspektive. Nach dem 9. Erwägungsgrund darf der Schutz der Sicherheit und der Gesundheit nicht dazu führen, dass Frauen auf dem Arbeitsmarkt benachteiligt werden.[56] Es geht also nicht darum, dass Ziel des Mutterschutzes die Chancengleichheit ist, sondern die Folge des Mutterschutzes darf nicht weniger Chancengleichheit sein. Zweifellos ist Chancengleichheit ein wichtiges Ziel, es wird aber nicht primär über die Mutterschutzrichtlinie, sondern zum einen über die Geschlechterrichtlinie gewährleistet, was sich gerade an dem Ineinandergreifen beider Richtlinien im Zusammenhang mit dem Kündigungsverbot zeigt.[57] Zum anderen ist die Chancengleichheit ebenso wie die schnelle Rückkehr von Frauen in das Erwerbsleben erklärtes Ziel der Rahmenvereinbarung über den Elternurlaub.[58] Wenn also die Zielsetzung der Mutterschutzrichtlinie wie hier primär im Sinne eines Gesundheitsschutzes verstanden wird, geht damit auch keine Kürzung des Schutzniveaus schwangerer Arbeitnehmerinnen, Wöchnerinnen und stillender Arbeitnehmerinnen einher. Beschäftigungs- und familienpolitische Zielsetzungen sowie Chancengleichheit werden über die Rahmenvereinbarung über den Elternurlaub und die Geschlechterrichtlinie abgedeckt.

9.30 Schließlich kann eine über den Wortlaut des Art. 1 Abs. 1 MuSch-RL hinausgehende Zielsetzung auch nicht dadurch gerechtfertigt werden, dass die Kommission in ihrer Mitteilung an das Europäische Parlament zur Unterstützung der Vereinbarkeit von Beruf, Privat- und Familienleben aus dem Jahr 2008 Mutterschutz und Beschäftigungspolitik miteinander verkoppelt. In dem Dokument wird zwar davon ausgegangen, dass ein verlängerter Mutterschaftsurlaub zu einer früheren Rückkehr in das Erwerbsleben führen kann, weil dann kein Elternurlaub mehr genommen wird.[59] Hierbei handelt es sich um familien- und beschäftigungspolitische Erwägungen, die entsprechend dem gesellschaftlichen Wandel angestrengt werden und insoweit durchaus ihre Berechtigung haben. Sie können aber **nicht nachträglich die Zielsetzung der Mutterschutzrichtlinie erweitern**, zumal es sich bei der Mitteilung um einen bisher gescheiterten Entwurf für eine Richtlinienänderung han-

---

51 EuGH v. 16.6.2016 – C-351/14 – Rodriguez Sànchez, NZA 2016, 935 Rz. 43 f.
52 EuGH v. 18.3.2004 – C-342/01 – Merino Gomez, Slg. 2004, I-2605 Rz. 29 ff.
53 EuGH v. 20.9.2007 – C-116/06 – Kiiski, Slg. 2007, I-7643 Rz. 46.
54 S. hierzu z.B. unter Rückgriff auf Art. 33 GRC Schlachter/Nebe, § 17 Rz. 5.
55 Hierauf bezieht sich bspw. Schlachter/Nebe, § 17 Rz. 13, die von einer „doppelten Zielrichtung" der MuSch-RL ausgeht.
56 Dies wurde bspw. im Zusammenhang mit der Bestimmung der Höhe des Entgelts bei einer Weiterbeschäftigung auf einem anderen Arbeitsplatz i.S.v. Art. 5 MuSch-RL relevant, EuGH v. 1.7.2010 – C-471/08 – Parviainen, Slg. 2010, I-6533 Rz. 44.
57 EuGH v. 11.10.2007 – C-460/06 – Paquay, Slg. 2007, I-8511 Rz. 41; zur Zielsetzung Chancengleichheit in der RL 76/207/EWG s. ebd. Rz. 45.
58 S. hierzu ErwGr. 8 EltUrl-RV, § 1 Nr. 1 der von der EltUrl-RV erfassten Rahmenvereinbarung über den Elternurlaub.
59 KOM (2008), 635 endg., unter 3.1.1.

delt, welcher zudem, anders als die Mutterschutzrichtlinie, zusätzlich noch auf Art. 141 Abs. 3 EGV gestützt wird. Die Kommission strebte durchaus mit der Änderung der Richtlinie eine Ausweitung der Zielsetzung auf die Gleichstellung von Mann und Frau an.[60] Nur ist dies eben nicht geschehen (vgl. Rz. 9.25).

Der Erhalt der mit dem Arbeitsvertrag verbundenen Rechte sowie die Fortzahlung des Arbeitsentgelts oder der Anspruch auf eine angemessene Sozialleistung sind nicht das primäre Ziel im Sinne eines übergeordneten Richtlinienziels. Es handelt sich vielmehr um Mechanismen, die den Schutzmaßnahmen der Richtlinie zur praktischen Wirksamkeit verhelfen sollen.[61] 9.31

Da die Mutterschutzrichtlinie einen besonderen Schutz nur für eine bestimmte Arbeitnehmergruppe vorsieht, werden ihre Zielsetzung und ihre Maßnahmen dem sog. **sozialen Arbeitsschutz** in Abgrenzung zum rein **technischen Arbeitsschutz** zugeordnet.[62] 9.32

Die Mutterschutzrichtlinie wird auf nationaler Ebene durch das erst kürzlich **reformierte**[63] **MuSchG** umgesetzt.[64] Seitdem ist eine leichte Ausweitung der Zielsetzung erkennbar. Primäres Ziel bleibt wie auch schon bei Einführung des MuSchG im Jahr 1952 der Gesundheitsschutz. Dementsprechend wird der Gesundheitsschutz auch in § 1 Abs. 1 Satz 1 MuSchG ausdrücklich an den Beginn des Gesetzes gestellt. Wie auch die Mutterschutzrichtlinie soll das MuSchG nicht nur die Gesundheit der Mutter, sondern auch die des Kindes schützen, wobei dies bereits in § 1 Abs. 1 Satz 1 MuSchG klar zum Ausdruck kommt.[65] Auch hier wird sowohl die physische als auch die psychische Gesundheit geschützt, s. § 8 Abs. 1 Satz 1 MuSchG.[66] 9.33

Auch das Anliegen der Mutterschutzrichtlinie, **Diskriminierungen** aufgrund des Mutterschutzes zu vermeiden, findet sich in der Gesetzesbegründung zum reformierten MuSchG[67] ebenso wie im MuSchG selbst wieder (s. § 1 Abs. 1 Satz 2, § 8 Abs. 1 Satz 3 MuSchG). 9.34

Der Gesetzgeber möchte insgesamt eine verantwortungsvolle **Abwägung** zwischen **Gesundheitsschutz** und der **selbstbestimmten Entscheidung der Frau** über ihre Erwerbstätigkeit sicherstellen. Mit den im Rahmen der Reform ergriffenen Maßnahmen wurde zudem die Absicht verfolgt, die Chancen der Frauen zu verbessern und ihre Rechte zu stärken.[68] **Chancengleichheit** ist damit noch kein erklärtes Primärziel, aber doch zumindest eine mitbeabsichtigte Folge. Auch die Vereinbarkeit von Familie und Beruf findet Anklang in der Gesetzesbegründung, wenngleich nicht zu Beginn als übergeordnetes Ziel.[69] Bemerkenswert ist, dass der Gesetzgeber sich durch die „Neustrukturierung" des MuSchG zudem erhofft, dass auch während der Schwangerschaft und nach dem Beschäftigungsverbot und der Stillzeit die Frau weiterhin arbeiten kann, 9.35

---

60 Sehr klar *Bünger/Klauk/Klempt*, EuZA 2010, 484 (485).
61 S. ErwGr. 16 MuSch-RL; s. hierzu auch im Zusammenhang mit Art. 11 MuSch-RL EuGH v. 1.7.2010 – C-194/08 – Gassmayr, Slg. 2010, I-6281 Rz. 69; s. auch EUArbR/*Risak*, Art. 1 RL 92/85/EWG Rz. 2, der von einem weiten Verständnis des Begriffs „Sicherheit" im Rahmen des Art. 1 Abs. 1 MuSch-RL ausgeht.
62 Hanau/Steinmeyer/Wank/*Wank*, § 18 Rz. 364; vertiefter EAS/*Wank*, EAS B 6000 Rz. 1 ff.; s. auch im Hinblick auf das besondere Schutzbedürfnis der erfassten Arbeitnehmerinnen ErwGr. 8, 14 MuSch-RL; kritisch zur Einordnung als sozialer Arbeitsschutz und Zuordnung zum betrieblichen Arbeitsschutz hingegen Schlachter/*Nebe*, Art. 1 Rz. 7.
63 BGBl. 2017, Teil I, S. 1228 (Inkrafttreten 1.1.2018).
64 So soll auch mit der Reform unionsrechtliche Vorgaben besser umgesetzt werden, s. BT-Drucks. 18/8963, S. 1, 33.
65 Auch in der Gesetzesbegründung wird vielfach auf die Gesundheit des Kindes verwiesen, s. bspw. BT-Drucks. 18/8963, S. 1, 33, 34, 38.
66 S. auch BT-Drucks. 18/8963, S. 40, wo auf die psychischen Belastungen der Mutter nach der Geburt eines Kindes mit Behinderung hingewiesen wird.
67 BT-Drucks. 18/8963, S. 36 f.
68 BT-Drucks. 18/8963, S. 1.
69 BT-Drucks. 18/8963, S. 33.

freilich nur soweit sie dabei nur zulässige Tätigkeiten unter zulässigen Arbeitsbedingungen ausübt. Damit sollen berufliche Nachteile vermieden und die Vereinbarkeit von Mutterschaft und Beruf gefördert werden.[70] Es soll also, soweit der Gesundheitsschutz es erlaubt, der Frau die Möglichkeit gegeben werden, möglichst lange berufstätig zu sein. Der unnötige Ausspruch umfassender Beschäftigungsverbote, der ggf. das berufliche Fortkommen behindert, soll vermieden werden. Auch hier wird ein beschäftigungspolitischer Ansatz deutlich.

9.36 Insgesamt bestehen **keine Zweifel an der Unionsrechtskonformität** der Zielsetzung des Mutterschutzgesetzes. Das Primärziel ist in beiden Regelwerken der Gesundheitsschutz. Die Zielsetzung ist dann im Mutterschutzgesetz auf einer untergeordneten Ebene zwar noch weitgehender als die der Mutterschutzrichtlinie. Das ist jedoch nicht schädlich, solange damit nicht der Gesundheitsschutz als oberstes Ziel relativiert oder gar untergraben wird. Das Anliegen, dass der Frau nicht pauschal ein Beschäftigungsverbot auferlegt wird, welches ihr berufliches Fortkommen hindert, ist im Hinblick auf die Richtlinie unproblematisch.[71] Dies gilt jedoch nur unter dem Vorbehalt, dass das Ziel des Gesundheitsschutzes – insbesondere auch im Hinblick auf das (ungeborene) Kind – gewahrt wird, und zwar strikt, ohne Abwägung mit anderen Interessen.

2. Verhältnis zur Arbeitsschutzrahmen-RL

9.37 Das Verhältnis der Mutterschutzrichtlinie zur Arbeitsschutzrahmen-RL, welche gem. Art. 1 Abs. 1 MuSch-RL die Grundlage für die Mutterschutzrichtlinie darstellt, ist ausdrücklich in **Art. 1 Abs. 2 MuSch-RL** geregelt. Danach bleibt die Arbeitsschutzrahmen-RL neben der Mutterschutzrichtlinie auch auf schwangere Arbeitnehmerinnen, Wöchnerinnen und stillende Arbeitnehmerinnen unbeschadet strengerer oder spezifischer Bestimmungen der Mutterschutzrichtlinie anwendbar. Strengere oder spezifischere Regelungen der Mutterschutzrichtlinie sind damit vorrangig.[72]

9.38 Gemäß Art. 1 Abs. 2 MuSch-RL gilt jedoch eine Ausnahme im Hinblick auf **Art. 2 Abs. 2 Arbeitsschutzrahmen-RL**. In dieser Regelung wird für den allgemeinen Arbeitsschutz eine Bereichsausnahme für die Besonderheiten spezifischer Tätigkeiten im öffentlichen Dienst, wie z.B. bei den Streitkräften, der Polizei oder bei den Katastrophenschutzdiensten vorgehalten, falls die Besonderheiten zwingend der Anwendung der Arbeitsschutzrahmen-RL entgegenstehen. Eine solche **Bereichsausnahme** wird damit für den Mutterschutz **ausdrücklich ausgeschlossen**. Das ist nachvollziehbar, besteht doch gerade bei diesen Tätigkeiten ein erhöhtes Gefährdungsrisiko nicht nur für die (werdende) Mutter, sondern auch für das (ungeborene) Kind.

9.39 Das MuSchG nimmt zwar in § 1 Abs. 3 Beamtinnen, Richterinnen und Soldatinnen von seinem Anwendungsbereich aus. Dies bedeutet jedoch nicht, dass ihnen kein Mutterschutz gewährt wird. Über die MuSchVO[73] wird der Mutterschutz für Beamtinnen und Richterinnen geregelt und die MuSchSoldV[74] erfasst Soldatinnen.[75]

3. Verschlechterungsverbot

9.40 Gemäß Art. 1 Abs. 3 MuSch-RL darf die Umsetzung der Mutterschutzrichtlinie **nicht als Rechtfertigung** dienen, um ein im nationalen Recht bestehendes höheres **Schutzniveau abzusenken**.

---

70 BT-Drucks. 18/8963, S. 34.
71 So wird dieser Aspekt auch im ErwGr. 9 MuSch-RL aufgegriffen.
72 EAS/*Klein-Jahns*, B 5100, Rz. 12; Schlachter/*Nebe*, § 17 Rz. 6.
73 S. z.B. Verordnung über den Mutterschutz für Beamtinnen und Richterinnen vom 14. Januar 2015 (Mutterschutzverordnung) (Saarland), Amtsbl. 2005, S. 134; s. auch BGBl. 2009, Teil I, S. 160, § 79 BBG.
74 Verordnung über den Mutterschutz für Soldatinnen vom 21. Dezember 1990 (Mutterschutzverordnung für Soldatinnen), BGBl. 2004, Teil I, S. 2858.
75 S. auch ErfK/*Schlachter*, § 1 MuSchG Rz. 11, die die Unionsrechtskonformität damit gewahrt sieht.

Aus dem Wortlaut des Art. 1 Abs. 3 MuSch-RL folgt jedoch zugleich, dass andere Rechtfertigungsgründe durchaus zu einem Absenken des Schutzniveaus führen dürfen.[76] Werden andere Rechtfertigungsgründe für ein Absenken des Mutterschutzes angeführt, müssen diese von dem jeweiligen Mitgliedstaat offengelegt werden.[77]

VI. Anwendungsbereich und Definitionen, Art. 2 MuSch-RL

Ziel der Richtlinie ist gem. Art. 1 Abs. 1 MuSch-RL die Durchführung von Maßnahmen zur Verbesserung der Sicherheit und des Gesundheitsschutzes von schwangeren Arbeitnehmerinnen, Wöchnerinnen und stillenden Arbeitnehmerinnen am Arbeitsplatz. Damit wird zugleich der **persönliche Anwendungsbereich** klar umrissen. Erfasst werden schwangere Arbeitnehmerinnen, Wöchnerinnen und stillende Arbeitnehmerinnen. **Definiert** wird diese Personengruppe in **Art. 2 MuSch-RL**. 9.41

1. Arbeitnehmerin

a) Autonome Auslegung

Grundvoraussetzung für die Anwendbarkeit der Mutterschutzrichtlinie ist die **Arbeitnehmereigenschaft**. Anders als ursprünglich vorgeschlagen, werden weder Selbständige[78] noch Arbeitslose von der Mutterschutzrichtlinie erfasst.[79] 9.42

Nach der **ständigen Rechtsprechung des EuGH** ist der Begriff der Arbeitnehmerin im Rahmen der Mutterschutzrichtlinie **autonom auszulegen**.[80] Das ist schon aufgrund der schwierigen Abgrenzungsfragen, die nicht einheitlich in allen Mitgliedstaaten beantwortet werden dürften, sowie der Gefahr, dass durch ein engeres Arbeitnehmerverständnis der Anwendungsbereich der Richtlinie erheblich eingeschränkt werden könnte, nachvollziehbar, insbesondere angesichts des hohen Schutzgutes. 9.43

b) Merkmale

Eine Definition findet sich in der Mutterschutzrichtlinie jedoch nicht. Jedenfalls ist die Arbeitnehmereigenschaft aber innerhalb der Mutterschutzrichtlinie einheitlich zu verstehen.[81] Die Verweise auf die **einzelstaatlichen Rechtsvorschriften und/oder Gepflogenheiten** in Art. 2 MuSch-RL beziehen sich jeweils auf die **Unterrichtung von der Schwangerschaft**, den Zeitraum, wie lange eine Frau nach der Entbindung eine **Wöchnerin** ist bzw. wie lange die **Stillzeit** andauert.[82] Indem insoweit auf das Begriffsverständnis der Mitgliedstaaten verwiesen wird, bleiben auch bei einem ein- 9.44

---

76 EUArbR/*Risak*, Art. 2 RL 92/85/EWG Rz. 2.
77 EuGH v. 24.6.2010 – C-98/09 – Sorge, Slg. 2010, I-5837 Rz. 36; v. 22.11.2005 – C-144/04 – Mangold, Slg. 2005 I-9989 Rz. 52; s. zum Verschlechterungsverbot im Allgemeinen *Greiner*, EuZA 2011, 74 (80); *Kerwer*, EuZA 2010, 253 (259); *Preis*, NZA 2006, 401 (402).
78 S. hierzu auch EuGH v. 19.9.2013 – C-5/12 – Betriu Montull, ZESAR 2014, 182 Rz. 59, 64.
79 EUArbR/*Risak*, Art. 2 RL 92/85/EWG Rz. 3a.
80 EuGH v. 20.9.2007 – C-116/06 – Kiiski, Slg. 2007, I-7643 Rz. 25 unter Verweis auf die zur Freizügigkeit ergangene Rechtsprechung; v. 11.11.2010 – C-232/09 – Danosa, Slg. 2010, I-11405 Rz. 39; zustimmend *Riesenhuber*, Europäisches Arbeitsrecht, § 20 Rz. 11; zur Entwicklung des autonomen Arbeitnehmerbegriffs auch außerhalb der MuSch-RL s. auch *Giesen*, ZfA 2016, 47 ff.
81 So wird auch in der Rechtsprechung des EuGH allgemein auf den „Begriff des Arbeitnehmers im Sinne dieser Richtlinie" abgestellt, EuGH v. 11.11.2010 – C-232/09 – Danosa, Slg. 2010, I-11405 Rz. 39.
82 Wohl a.A. *Schubert*, EuZA 2011, 362 (364), die den autonomen unionsrechtlichen Arbeitnehmerbegriff nur auf schwangere Arbeitnehmerinnen anwendet und für die Begriffe Wöchnerin und stillende Arbeitnehmerin i.S.v. Art. 2 Buchst. b, c MuSch-RL insgesamt auf das mitgliedstaatliche Begriffsverständnis verweist.

heitlichen Arbeitnehmerbegriff noch erhebliche Schwankungsmöglichkeiten zwischen den Mitgliedstaaten. Wie die Kommission in ihrem Bericht über die Durchführung der Mutterschutzrichtlinie im Jahr 1999 herausgestellt hat, kann bspw. die Stillzeit von einem halben Jahr bis zu einem Jahr andauern oder aber der Begriff der Wöchnerin eine Zeitspanne von zwei bis zu sechs Monaten nach der Entbindung umfassen.[83]

aa) Rückgriff auf die Arbeitsschutzrahmen-RL

9.45 Der EuGH verweist in der Rs. *Rosselle*[84] auf das **Begriffsverständnis der Arbeitsschutzrahmen-RL**, welche nach Art. 1 MuSch-RL Grundlage der Mutterschutzrichtlinie ist und anwendbar bleibt.[85] Dies ist aus systematischer Sicht nachvollziehbar. Nach Art. 2 Abs. 1 Arbeitsschutzrahmen-RL sind alle privaten oder öffentlichen Tätigkeitsbereiche einbezogen und gem. Art. 3 Buchst. a Arbeitsschutzrahmen-RL ist Arbeitnehmer jede Person, die von einem Arbeitgeber beschäftigt wird, einschließlich Praktikanten und Lehrlingen, mit Ausnahme von Hausangestellten.

9.46 Ein Rückgriff auf diese Definition ist jedoch zum einen **nicht hilfreich**, da **keine Kriterien** aufgestellt werden. Zum anderen ist auch nicht nachvollziehbar, wieso Hausangestellte aus dem Schutzbereich der Mutterschutzrichtlinie herauszunehmen sind, ohne dass hierfür Hinweise in der im Vergleich zur Arbeitsschutzrahmen-RL spezielleren Mutterschutzrichtlinie zu finden sind. Eine Herausnahme dieser Beschäftigtengruppe wäre nicht mit der Zielsetzung der Mutterschutzrichtlinie vereinbar. Den Verweis auf Art. 3 Buchst. a Arbeitsschutzrahmen-RL hat der EuGH soweit ersichtlich in anderen einschlägigen Entscheidungen unterlassen. Es bleibt unklar, wie dieses Verhältnis aufzulösen ist. Einen Hinweis darauf, dass das engere Begriffsverständnis der Arbeitsschutzrahmen-RL nicht zugrunde gelegt werden sollte, kann die Regelung in Art. 1 Abs. 2 MuSch-RL enthalten. Danach soll die Bereichsausnahme des Art. 2 Abs. 2 Arbeitsschutzrahmen-RL nicht greifen. Damit zeigt der Richtliniengeber, dass der Anwendungsbereich der Mutterschutzrichtlinie möglichst weitgehend sein soll. Er hätte jedoch auch noch weiter gehen können und auch die Ausnahme des Art. 3 Buchst. a Arbeitsschutzrahmen-RL nicht für anwendbar im Rahmen der Mutterschutzrichtlinie erklären können. Klar auflösen lässt sich hier der Widerspruch wohl nicht, jedenfalls nicht, wenn man Hausangestellte als ebenso schutzbedürftig einordnet wie andere Arbeitnehmer.

9.47 Jedenfalls regelt die Mutterschutzrichtlinie nur **Mindestvorgaben**, so dass die Mitgliedstaaten den Anwendungsbereich der Mutterschutzrichtlinie durchaus erweitern dürfen.[86]

9.48 Im Hinblick auf die nationale Rechtslage ist das unklare Verhältnis der Bereichsausnahmen der Arbeitsschutzrahmen-RL zur Mutterschutzrichtlinie nicht von Bedeutung, da im Mutterschutzgesetz die Hausangestellten nicht ausgenommen werden, § 1 MuSchG.

bb) Anwendung „objektiver Kriterien"

9.49 Der EuGH nimmt die autonome Bestimmung des Arbeitnehmerbegriffs anhand „**objektiver Kriterien**" vor, die das Arbeitsverhältnis im Hinblick auf die Rechte und Pflichten der betroffenen Personen kennzeichnen. **Unerheblich** ist dabei, ob die Beschäftigung im **öffentlichen oder privaten Sektor** erfolgt oder ob es sich um eine befristete Beschäftigung handelt.[87] Als wesentliches Merkmal wird herausgestellt, dass eine Person während einer bestimmten Zeit für eine andere

---

83 Bericht der Kommission über die Durchführung der Richtlinie 92/85/EWG des Rates vom 19. Oktober 1992 über die Durchführung von Maßnahmen zur Verbesserung der Sicherheit und des Gesundheitsschutzes von schwangeren Arbeitnehmerinnen, Wöchnerinnen und stillenden Arbeitnehmerinnen am Arbeitsplatz, KOM (1999), 100 endg., S. 22.
84 EuGH v. 21.5.2015 – C-65/14 – Rosselle, NZA 2015, 795 Rz. 37.
85 Ebenso EAS/*Klein-Jahns*, B 5100, Rz. 14.
86 S. EuGH v. 1.7.2010 – C-194/08 – Gassmayr, Slg. 2010, I-6281 Rz. 89.
87 EUArbR/*Risak*, Art. 2 RL 92/85/EWG Rz. 3b.

nach deren Weisung Leistungen erbringt für die sie als Gegenleistung eine Vergütung erhält.[88] Unerheblich ist hingegen, ob das jeweilige Beschäftigungsverhältnis nach nationalem Recht kein Arbeitsverhältnis darstellt, sondern als Rechtsverhältnis sui generis qualifiziert wird.[89] Der EuGH lässt zu Recht unbeachtet, ob eine formale Einstufung als Selbstständige nach innerstaatlichem Recht erfolgt, wenn sie nur fiktiv ist und dadurch ein Arbeitsverhältnis i.S.d. Richtlinie verschleiert wird.[90] Auch hier greift der Einwand, dass andernfalls der Anwendungsbereich der Mutterschutzrichtlinie von den Mitgliedstaaten ebenso wie von der Praxis ungehindert eingeschränkt werden könnte, was gerade angesichts des besonders hohen geschützten Rechtsguts vermieden werden sollte.

Dementsprechend ist es so wie in der Rs. *Danosa* auch möglich, dass ein **Mitglied der Unternehmensleitung** einer Kapitalgesellschaft Arbeitnehmerin i.S.d. Mutterschutzrichtlinie sein kann, wenn es ihr gegenüber Leistungen gegen Entgelt erbringt, in sie eingegliedert ist und seine Tätigkeit für eine bestimmte Zeit nach Weisung oder unter Aufsicht eines anderen Organs der Gesellschaft ausübt. Entscheidend ist danach der Grad der Unterordnung zwischen Gesellschaft und Mitglied der Unternehmensleitung, der im jeweiligen Einzelfall zu prüfen ist.[91] Dafür gibt der EuGH folgende Kriterien vor: die Bedingungen, unter denen das Mitglied der Unternehmensleitung bestellt wurde, die Art der ihm übertragenen Aufgaben, der Rahmen, in dem die Aufgaben ausgeführt werden, der Umfang der Befugnisse und die Kontrolle, der das Mitglied der Unternehmensleitung innerhalb der Gesellschaft unterliegt sowie schließlich die Umstände, unter denen es abberufen werden kann.[92] Dass das in der Rs. *Danosa* bestellte Mitglied der Unternehmensleitung, eine Fremd-Geschäftsführerin, u.a. unter der Aufsicht eines anderen Organs der Gesellschaft ausübte und es jederzeit ohne Einschränkung gegen seinen Willen von seinem Amt abberufen werden konnte, spricht nach Ansicht des EuGH dem ersten Anschein nach für eine Arbeitnehmereigenschaft.[93] Eine Fremd-Geschäftsführerin kann somit vom Geltungsbereich der Mutterschutzrichtlinie erfasst sein, da nicht auf die formale Einordnung des Weisungsrechts als gesellschaftsrechtlich oder arbeitsrechtlich abgestellt wird.[94] Das bedeutet im Umkehrschluss, dass bspw. jedenfalls eine Geschäftsführerin, die zugleich Alleingesellschafterin ist, keine Arbeitnehmerin i.S.d. Mutterschutzrichtlinie sein kann. Zwischen diesen Polen wird – je nach Einzelfall – zu unterscheiden sein, wenn die Geschäftsführerin an der Kapitalgesellschaft beteiligt ist. Nach der Logik der Rs. *Danosa* müsste entscheidend sein, dass eine Weisungsgebundenheit und freie Abberufbarkeit möglich sind. Dies ist zu verneinen, wenn die Geschäftsführerin mindestens 50 % der Gesellschafteranteile oder mehr hält.[95]

9.50

Mit der Reform des **MuSchG** wurde sein **Anwendungsbereich erheblich ausgedehnt**. Durch den Verweis in § 1 Abs. 2 Satz 1 MuSchG auf Beschäftigte i.S.v. § 7 Abs. 1 SGB IV wird bereits ein zumindest etwas größerer Personenkreis erfasst als zuvor durch die Anknüpfung an die Arbeitnehmereigenschaft. Da jedenfalls nach der Rechtsprechung des BSG auch Fremd-Geschäftsführer einer GmbH Beschäftigte i.S.v. § 7 Abs. 1 SGB IV sein können,[96] wird bereits damit der *Danosa*-Rechtsprechung genügt.

9.51

---

88 Kritisch zu den Merkmalen der Weisungsgebundenheit und Gegenleistung Schlachter/*Nebe*, § 17 Rz. 19 mit der Forderung eines weitergehenden Arbeitnehmerverständnisses.
89 EuGH v. 20.9.2007 – C-116/06 – Kiiski, Slg 2007, I-7643 Rz. 25; v. 11.11.2010 – C-232/09 – Danosa, Slg. 2010, I-11405 Rz. 39 f.
90 EuGH v. 11.11.2010 – C-232/09 – Danosa, Slg. 2010, I-11405 Rz. 41.
91 EuGH v. 11.11.2010 – C-232/09 – Danosa, Slg. 2010, I-11405 Ls. 1, Rz. 46 ff.
92 EuGH v. 11.11.2010 – C-232/09 – Danosa, Slg. 2010, I-11405 Rz. 47.
93 EuGH v. 11.11.2010 – C-232/09 – Danosa, Slg. 2010, I-11405 Rz. 51.
94 Insoweit grundsätzlich zustimmend *Schubert*, EuZA 2011, 362 (365), die aber auf die unterschiedliche Reichweite gesellschaftsrechtlicher und arbeitsrechtlicher Weisungsrechte hinweist.
95 *Preis/Sagan*, ZGR 2013, 26 (43); so auch *Lunk*, NZA 2015, 917 (919) im Anschluss an EuGH v. 9.7.2015 – C-229/14 – Balkaya, EuZW 2015, 682 Rz. 37 f.
96 BSG v. 29.8.2012 – B 12 KR 25/10 R, NZS 2013, 181 (183 f.).

9.52 Der Gesetzgeber ist jedoch weiter gegangen und hat insbesondere durch die Einbeziehung der **Arbeitnehmerähnlichen** (§ 1 Abs. 2 Satz 2 Nr. 7 MuSchG) den Anwendungsbereich des Mutterschutzgesetzes ausgeweitet. In der Gesetzesbegründung klingt an, dass aus Anlass der *Danosa*-Entscheidung Frauen wegen ihrer „wirtschaftlichen Unselbstständigkeit" als Arbeitnehmerähnliche in den persönlichen Anwendungsbereich des Mutterschutzgesetzes aufzunehmen seien.[97] Dies wäre ein doch recht weites Verständnis der Entscheidung, denn Begriffe wie wirtschaftliche Unselbstständigkeit bzw. Abhängigkeit oder Arbeitnehmerähnliche sind dort nicht zu finden. Die Formulierung in der Gesetzesbegründung ist insoweit jedenfalls missverständlich.[98] Die Einbeziehung Arbeitnehmerähnlicher in das Mutterschutzgesetz ist freilich nicht aus unionsrechtlicher Sicht unzutreffend. Es ist unproblematisch, über die Vorgaben der Richtlinie, die nur einen Mindeststandard festlegt, hinauszugehen.[99] Die Einbeziehung Arbeitnehmerähnlicher scheint aber jedenfalls nicht, wie es in der Gesetzesbegründung anklingt, unionsrechtlich geboten.

9.53 Werden die Maßstäbe, die der EuGH in der Rs. *Danosa* angelegt hat, zugrunde legt, so sind **Weisungsgebundenheit** und **Eingliederung** im Einzelfall entscheidend, eine pauschale Einbeziehung der Arbeitnehmerähnlichen hingegen nicht erforderlich. Auf der Grundlage ist es dann aus unionsrechtlicher Sicht auch unerheblich, wenn nach § 1 Abs. 2 Satz 2 Nr. 7 MuSchG die leistungsrechtlichen Regelungen in §§ 17, 18 Abs. 2, 19 MuSchG für Arbeitnehmerähnliche ausgeschlossen werden.

9.54 Weiterhin nicht erfasst von der Mutterschutzrichtlinie werden nach den Kriterien der Rs. *Danosa* **Vorstandsmitglieder** von Aktiengesellschaften sein, so dass insoweit auch keine unionsrechtskonforme Auslegung des Mutterschutzgesetzes erforderlich wird. Ein Über-Unterordnungsverhältnis wird hier im Regelfall nicht feststellbar sein, da der Vorstand die Aktiengesellschaft nach § 76 Abs. 1 AktG in eigener Verantwortung leitet und der Aufsichtsrat nur vereinzelte Kontrollrechte gegenüber dem Vorstand ausüben kann.[100] Allerdings könnte davon unabhängig bspw. bei einer Abberufung wegen Schwangerschaft ein Verstoß gegen die Geschlechterrichtlinie vorliegen.[101]

9.55 Nach Anwendung der Kriterien des EuGH ist es auch möglich, dass **Menschen mit Behinderung**, die in einer **Werkstatt für behinderte Menschen** tätig sind, dem Arbeitnehmerbegriff der Mutterschutzrichtlinie unterfallen, auch wenn sie im nationalen Recht nicht als Arbeitnehmer eingestuft werden, wie es z.B. in § 221 SGB IX der Fall ist (grundsätzlich Einordnung als Arbeitnehmerähnliche). Teilweise wird in diesem Zusammenhang auf die Rechtsprechung des EuGH zur RL 2003/88/EG zum Jahresurlaub zurückgegriffen[102] und gefordert, dass die tatsächlich erbrachten Leistungen als auf dem Beschäftigungsmarkt üblich angesehen werden.[103] Diese Einschränkung, die im Hinblick auf die Zielsetzung des Jahresurlaubs als Erholungsurlaub nachvollziehbar sein mag, ist m.E. nicht ohne Weiteres auf den Anwendungsbereich der Mutterschutzrichtlinie übertragbar. Zielsetzung ist hier der Gesundheitsschutz. Je nach Tätigkeit kann die Gesundheit von Mutter und Kind auch gefährdet sein, wenn die erbrachte Leistung nicht auf dem Beschäftigungsmarkt als üblich gilt.

---

97 BT-Drucks. 18/8963, S. 35.
98 So finden sich auch in den Reaktionen der Literatur auf die EuGH-Rechtsprechung teils eher Begriffe wie „Arbeitnehmer-Geschäftsführerin", s. z.B. *Oberthür*, NZA 2011, 253 (254); *Schubert*, ZESAR 2013, 5 (11).
99 S. EuGH v. 1.7.2010 – C-194/08 – Gassmayr, Slg. 2010, I-6281 Rz. 89.
100 *Lunk*, NZA 2015, 917 (919); *Schubert*, ZESAR 2013, 5 (8); a.A. *Fischer*, NJW 2011, 2329 (2331); wohl differenzierend *Oberthür*, NZA 2011, 253 (254) für den Fall, dass der Vorstand in einem beherrschten Unternehmen gem. § 308 Abs. 1 AktG tätig ist.
101 Vgl. EuGH v. 11.11.2010 – C-232/09 – Danosa, Slg. 2010, I-11405 Rz. 64.
102 EuGH v. 26.3.2015 – C-316/13 – Fenoll, NZA 2015, 1444 Rz. 41 ff.
103 EUArbR/*Risak*, Art. 2 RL 92/85/EWG Rz. 3a.

Seit der Änderung des Mutterschutzgesetzes werden Frauen mit Behinderung, die in einer Werkstatt für behinderte Menschen beschäftigt sind, über § 1 Abs. 2 Nr. 2 MuSchG ausdrücklich und ohne Einschränkung in den Anwendungsbereich einbezogen. Zuvor war dies nicht unmittelbar möglich, da sie gem. § 221 SGB IX grundsätzlich nicht Arbeitnehmerinnen sind. 9.56

Wird die Arbeitnehmereigenschaft hingegen verneint, weil es sich um eine **selbständig Erwerbstätige** handelt, greift ggf. die **Richtlinie 2010/41/EU**,[104] welche zumindest einen Mutterschaftsurlaub vorsieht. 9.57

c) Ruhendes Arbeitsverhältnis

Ruht das Arbeitsverhältnis, ist fraglich, ob die Maßnahmen der Mutterschutzrichtlinie, insbesondere der Mutterschaftsurlaub und die damit einhergehende Gewährleistung der Fortzahlung eines Arbeitsentgelts und/oder des Anspruchs auf eine angemessene Sozialleistung i.S.v. Art. 11 Nr. 2 Buchst. b MuSch-RL oder auch der Kündigungsschutz nach Art. 10 MuSch-RL greifen. 9.58

Der **EuGH** hat sich bisher nur im Zusammenhang mit dem **Erziehungsurlaub** hierzu äußern müssen. Dabei ging es um die Frage, ob der Zeitraum eines Erziehungsurlaubs geändert werden können muss, um einen Mutterschaftsurlaub und der dazugehörigen Fortzahlung des Arbeitsentgelts/Sozialleistung in Anspruch zu nehmen. Die Ausführungen des Gerichtshofs sind dennoch zunächst allgemeiner Natur und nicht nur auf das Zusammentreffen von Erziehungsurlaub und Mutterschaftsurlaub beschränkt. Es stellt sich in der Tat die ganz allgemeine Frage, ob die Inanspruchnahme eines Urlaubs, welcher Art auch immer, eine Arbeitnehmerin von dem Geltungsbereich der Mutterschutzrichtlinie ausschließt. Dafür kann sprechen, dass die Mutterschutzrichtlinie bereits ausweislich ihres Titels die Gesundheit *am Arbeitsplatz* gewährleisten soll. Am Arbeitsplatz ist eine Arbeitnehmerin gerade nicht während eines (Erziehungs-) Urlaubs. Für den EuGH ist jedoch einerseits **entscheidend**, dass der **Arbeitnehmerstatus** während eines Erziehungsurlaubs **aufrecht erhalten bleibt**.[105] Andererseits argumentiert der Gerichtshof im Wesentlichen mit dem Sinn und Zweck des Mutterschaftsurlaubs, der nicht zwingend ein individuelles Risiko für die jeweilige Arbeitnehmerin voraussetzt. Vielmehr soll allgemein schwangeren Arbeitnehmerinnen ein Anspruch auf Mutterschaftsurlaub gegeben werden, um sie vor Risiken zu schützen, die mit einer Doppelbelastung im Zuge der Geburt eines Kindes verbunden sein können.[106] Für die Inanspruchnahme eines Mutterschaftsurlaubs wird gerade nicht auf ein individuell-konkretes Risiko abgestellt. Auch im Erwägungsgrund Nr. 13 wird abstrakt auf die „Empfindlichkeit" schwangerer Arbeitnehmerinnen, Wöchnerinnen und stillender Arbeitnehmerinnen abgestellt.[107] Hierbei handelt es sich also um eine **andere Zwecksetzung** als beim Elternurlaub. Zuletzt wird noch auf die Rechtsprechung des EuGH verwiesen, wonach ein durch Unionsrecht gewährleisteter Urlaub nicht durch den Anspruch auf einen anderen unionsrechtlich gewährleisteten Urlaub beeinträchtigt werden kann.[108] 9.59

Diese Rechtsprechung wird jedenfalls auf **kraft Gesetz ruhende Arbeitsverhältnisse** übertragbar sein, wie bspw. im Rahmen von (Langzeit)Erkrankungen oder Pflegezeiten. Auch hier werden unterschiedliche Zielsetzungen verfolgt, die nicht derjenigen des Mutterschaftsurlaubs entsprechen. 9.60

---

104 Richtlinie 2010/41/EU des Europäischen Parlaments und des Rates vom 7.7.2010 zur Verwirklichung des Grundsatzes der Gleichbehandlung von Männern und Frauen, die eine selbständige Erwerbstätigkeit ausüben, und zur Aufhebung der Richtlinie 86/613/EWG des Rates, ABl. L 180 v. 15.7.2010, S. 1.
105 EuGH v. 20.9.2007 – C-116/06 – Kiiski, Slg. 2007, I-7643 Rz. 32.
106 EuGH v. 20.9.2007 – C-116/06 – Kiiski, Slg. 2007, I-7643 Rz. 30 f., 50 f.
107 EuGH v. 20.9.2007 – C-116/06 – Kiiski, Slg. 2007, I-7643 Rz. 29 f.
108 EuGH v. 20.9.2007 – C-116/06 – Kiiski, Slg. 2007, I-7643 Rz. 56 unter Verweis auf EuGH v. 6.4.2006 – C-124/05 – Federatie Nederlandse Vakbeweging, Slg. 2006, I-3423 Rz. 24.

9.61 Erst recht darf das Ruhen eines Arbeitsverhältnisses **keinen Einfluss** auf das **Kündigungsverbot nach Art. 10 MuSch-RL** haben. Die Arbeitnehmereigenschaft bleibt während eines ruhenden Arbeitsverhältnisses gerade bestehen. Wesensmerkmal des ruhenden Arbeitsverhältnisses ist es, dass lediglich die Hauptleistungspflichten suspendiert sind.[109] Wenn mit dem EuGH sodann davon ausgegangen wird, dass die Formulierung im Titel der Mutterschutzrichtlinie „am Arbeitsplatz" nicht entscheidend ist, bleibt der Zweck des Kündigungsverbots maßgeblich. Die Gesundheitsgefährdung durch (drohenden) Arbeitsplatzverlust besteht unabhängig davon, ob ein Arbeitsverhältnis ruht oder nicht.

9.62 Im Hinblick auf die Elternzeit ist das deutsche Recht **unionsrechtskonform**. Gemäß **§ 16 Abs. 3 Satz 3 BEEG** kann die Elternzeit zur Inanspruchnahme einer Mutterschutzfrist auch ohne Zustimmung des Arbeitgebers vorzeitig beendet werden. Es handelt sich hierbei um ein Gestaltungsrecht des Arbeitnehmers.[110]

9.63 Im **Pflegezeitgesetz** hingegen ist keine entsprechende Regelung vorgesehen. Gemäß § 4 Abs. 2 PflegeZG ist eine vorzeitige Beendigung nur möglich, wenn der nahe Angehörige nicht mehr pflegebedürftig ist oder die häusliche Pflege des nahen Angehörigen unmöglich oder unzumutbar ist. Ansonsten ist eine vorzeitige Beendigung nur mit Zustimmung des Arbeitgebers möglich. Dies ist im Hinblick auf die Mutterschutzrichtlinie bedenklich.

2. Schwangere Arbeitnehmerin

a) Schwangerschaft

9.64 Nach **Art. 2 Buchst. a MuSch-RL** ist „schwangere Arbeitnehmerin" jede schwangere Arbeitnehmerin, die den Arbeitgeber gemäß den einzelstaatlichen Rechtsvorschriften und/oder Gepflogenheiten von ihrer Schwangerschaft unterrichtet. Damit ist die Schwangerschaft, insbesondere ihr Beginn, **nicht definiert**. Insoweit grundlegend war die Entscheidung des EuGH in der Rs. *Mayr*, in der es um die Frage ging, wann bei einer **In-vitro-Fertilisation** eine Schwangerschaft i.S.d. Mutterschutzrichtlinie beginnt. Entscheidend war dies für den Beginn des Kündigungsverbots i.S.v. Art. 10 MuSch-RL. In Betracht kommen drei Zeitpunkte: Die Befruchtung der Eizelle außerhalb des Körpers, der Zeitpunkt des Embryonentransfers oder aber die Einnistung der Eizelle, welche i.d.R. 5–6 Tage nach dem Embryonentransfer stattfindet.[111] Zu Recht gibt der EuGH zunächst die Leitlinie heraus, dass es „offensichtlich" sei, dass auf den „frühestmöglichen" Zeitpunkt für den Beginn des Kündigungsverbots abzustellen ist.[112] Das ist angesichts der bedeutsamen Zielsetzung Gesundheitsschutz bis hin zum Schutz vor einem Abort nur richtig. Zu früh ist nach Ansicht des EuGH jedoch der Zeitpunkt der Befruchtung der Eizelle.[113] Begründet wird dies mit Sinn und Zweck des Kündigungsverbots nach Art. 10 MuSch-RL sowie dem Streben nach Rechtssicherheit. Die Vorlage stammt aus Österreich, wo es möglich ist, die befruchtete Eizelle bis zu zehn Jahre aufzubewahren. Würde Art. 10 MuSch-RL bereits mit der Befruchtung greifen, könnte (theoretisch) ein bis zu zehnjähriges Kündigungsverbot bestehen.[114] Ob der frühestmögliche Zeitpunkt

---

109 Schaub/*Linck*, § 32 Rz. 72 ff.
110 S. hierzu und auch zur früheren Rechtslage ErfK/*Gallner*, § 16 BEEG Rz. 9a; kritisch in dem Zusammenhang *Joussen*, EuZA 2008, 375 (382 ff.); s. auch *Faber*, ZTR 2012, 689 im Hinblick auf die vorzeitige Beendigung eines bezahlten Sonderurlaubs i.S.v. § 28 TVÖ-AT/TV-L.
111 Ausführlicher zu den verschiedenen denkbaren Zeitpunkten die Schlussanträge des GA Colomer v. 27.11.2007 – C-506/06 – *Mayr*, Slg. 2008, I-1017 Rz. 30 ff.
112 EuGH v. 26.2.2008 – C-506/06 – *Mayr*, Slg. 2008, I-1017 Rz. 40.
113 EuGH v. 26.2.2008 – C-506/06 – *Mayr*, Slg. 2008, I-1017 Rz. 40; zustimmend z.B. *Braunroth/Franke*, ZESAR 2015, 313 (316).
114 Allerdings sah der Gerichtshof durch die Kündigung der Arbeitnehmerin einen Verstoß gegen Art. 2, 5 Geschl-RL, EuGH v. 26.2.2008 – C-506/06 – *Mayr*, Slg. 2008, I-1017 Rz. 45 ff.; s. hierzu auch *Reiners*, EuZA 2009, 79.

dann der anschließende Embryonentransfer ist, hatte der EuGH nicht mehr zu entscheiden. M.E. muss jedoch angesichts der Zwecksetzung des Gesundheitsschutzes hierin der Beginn der Schwangerschaft gesehen werden. Gerade bei einer künstlichen Befruchtung handelt es sich um eine sensible Phase, die des Gesundheitsschutzes bedarf. Die Arbeitnehmerin wird, nicht zuletzt ggf. wegen vorangegangener Hormonbehandlungen und fehlgeschlagener Schwangerschaften, auch im Hinblick auf die psychische Gesundheit schutzbedürftig sein.[115] Gründe der Rechtssicherheit für den Arbeitgeber können angesichts der überschaubaren Dauer bis zur Einnistung nicht greifen. Umgekehrt kann dann aber auch bei einer natürlichen Empfängnis schon aus Gleichbehandlungserwägungen nicht erst auf den Zeitpunkt der Einnistung abgestellt werden. Auch hier muss der Zeitpunkt der Befruchtung maßgeblich sein. Praktisch wird dies allerdings (derzeit noch) nicht von großer Relevanz sein, weil die Schwangerschaft i.d.R. so früh nicht erkannt werden dürfte.

Auch wenn die Rs. *Mayr* nur im Hinblick auf das Kündigungsverbot aus Art. 10 MuSch-RL entschieden wurde, sind diese Leitlinien auch für die übrigen Schutzmechanismen der Mutterschutzrichtlinie maßgeblich, so dass von einem **einheitlichen Schwangerschaftsverständnis** ab dem Zeitpunkt der Befruchtung auszugehen ist. Es ist für die Gesundheit von Mutter und Kind nicht weniger wichtig, vor dem Einfluss gefährlicher Agenzien oder Tätigkeiten geschützt zu werden als vor einer Kündigung.

9.65

Das **Mutterschutzgesetz definiert** auch in seiner neuen Fassung den Begriff der **Schwangerschaft nicht**, ebenso wenig finden sich hierzu Hinweise in der Gesetzesbegründung. Aus unionsrechtlicher Sicht ist dies unbedenklich, da der Schwangerschaftsbegriff hier genauso der Auslegung zugänglich ist wie in der Mutterschutzrichtlinie und auch das Mutterschutzgesetz dem Gesundheitsschutz dient (§ 1 Abs. 1 MuSchG).[116] Das BAG hat bereits vor der Reform zu Recht, ebenso wie der EuGH, nicht auf die künstliche Befruchtung abgestellt. Es geht, m.E. im Hinblick auf die Mutterschutzrichtlinie zutreffend, davon aus, dass der Embryonentransfer der maßgebliche Zeitpunkt für den Beginn der Schwangerschaft ist.[117] Es ist davon auszugehen, dass das BAG auch nach der Reform des Mutterschutzgesetzes an seiner bisherigen Rechtsprechung festhalten wird.

9.66

b) Unterrichtungspflicht

Nach dem Wortlaut des Art. 2 Buchst. a MuSch-RL ist des Weiteren erforderlich, dass die Arbeitnehmerin den Arbeitgeber gemäß den **einzelstaatlichen Rechtsvorschriften und/oder Gepflogenheiten** von ihrer Schwangerschaft **unterrichtet**. Folge der fehlenden ordnungsgemäßen Information ist, dass die jeweilige Arbeitnehmerin nicht in den Schutzbereich der Mutterschutzrichtlinie fällt.[118]

9.67

Hierdurch wird den **Mitgliedstaaten** wiederum ein **erheblicher Gestaltungsspielraum** überlassen, je nach Anforderung an die Unterrichtung kann der Anwendungsbereich der Mutterschutzrichtlinie eingeengt werden kann.[119] Dies hat die Kommission bereits im Jahr 1999 kritisiert.[120] Der **EuGH** greift inzwischen auf eine zumindest „einengende Auslegung" des **Art. 2 Buchst. a MuSch-RL** zurück. In der Rs. *Danosa* lässt der Gerichtshof es ausreichen, dass der Arbeitgeber Kenntnis von der Schwangerschaft hatte, ohne formal von der Arbeitnehmerin selbst hierüber informiert worden zu sein. Zur Begründung wird angeführt, dass ansonsten der besondere Schutz,

9.68

---

115 S. hierzu auch *Brose*, NZA 2016, 604 (605).
116 S. auch BT-Drucks. 18/8963, S. 48.
117 BAG v. 26.3.2015 – 2 AZR 237/14, ArbRB 2015, 196 = NZA 2015, 734 (735); zur Frage, wie sich die ausbleibende Nidation auf den Kündigungsschutz auswirken kann, s. *Brose*, NZA 2016, 604 (605).
118 EAS/*Klein-Jahns*, B 5100, Rz. 13; EUArbR/*Risak*, Art. 2 RL 92/85/EWG Rz. 13.
119 Sehr kritisch hierzu Schlachter/*Nebe*, § 17 Rz. 20 f.
120 KOM (1999), 100 endg., S. 22.

der in Art. 10 MuSch-RL verankert ist, seiner Substanz entleert werde. Bei Kenntnis der Schwangerschaft „liefe es dem Zweck und Geist der Richtlinie 92/85 zuwider, den Wortlaut ihres Art. 2 Buchst. a eng auszulegen."[121] Es erscheint recht gemäßigt, nur von einer engen Auslegung zu sprechen, lässt der Wortlaut des Art. 2 Buchst. a MuSch-RL doch keinen Spielraum insoweit, als von der Vorgabe, dass der Arbeitgeber nach den einzelstaatlichen Rechtsvorschriften und/oder Gepflogenheiten von der Schwangerschaft unterrichtet wird. Im Hinblick auf die Zwecksetzung der Richtlinie, dem Gebot der Wirksamkeit, ist diese Ansicht verständlich, zumal dem Anliegen des Art. 2 Buchst. a MuSch-RL, dass der Arbeitgeber zumindest Kenntnis haben muss, damit noch Rechnung getragen wird. Eine noch weitergehende Aufweichung des Wortlautes erscheint aber nicht mehr vertretbar. Es muss also entweder eine Unterrichtung stattgefunden haben oder aber der Arbeitgeber anderweitig Kenntnis von der Schwangerschaft erlangt haben.[122]

9.69 Auf nationaler Ebene sind die Anforderungen an die Mitteilung und Nachweise über die Schwangerschaft insoweit nicht streng, als es sich bei **§ 14 MuSchG** um eine **Soll-Vorschrift** handelt.[123] Auch im Zusammenhang mit dem Kündigungsverbot ist das Gesetz weit formuliert, wenn in § 16 Abs. 1 Satz 1 MuSchG darauf abgestellt wird, dass dem Arbeitgeber die Schwangerschaft „bekannt ist". Das entspricht dem Verständnis des EuGH, möchte man seiner „engen Auslegung" des Art. 2 Buchst. a MuSch-RL folgen, wonach die Kenntnis des Arbeitgebers ausreicht und keine formale Information durch die Arbeitnehmerin erforderlich ist.

3. Wöchnerin

9.70 Auch die Wöchnerin muss Arbeitnehmerin i.S.d. Mutterschutzrichtlinie sein. Im **Übrigen verweist Art. 2 Buchst. b MuSch-RL** gleich **zweifach auf die einzelstaatlichen Rechtsvorschriften** und/oder Gepflogenheiten: Zum einen in Bezug auf das Erfordernis „kurz nach einer Entbindung", zum anderen in Bezug auf die auch hier bestehende Unterrichtungspflicht gegenüber dem Arbeitgeber.

9.71 Die Formulierung „**kurz nach der Entbindung**" ist ausgesprochen unbestimmt. Hier wird den Mitgliedstaaten ein erheblicher Spielraum zugestanden. Auch Art. 8 MuSch-RL gibt insoweit keine Hilfestellung, da selbst der unverzichtbare Mindestmutterschaftsurlaub von zwei Wochen nach Art. 8 Abs. 2 MuSch-RL auf die Zeit vor und/oder nach der Entbindung gewährt werden muss. Ebenfalls im Ermessensspielraum der Mitgliedstaaten liegt die Definition der Entbindung. Es ist daher zumindest nach dem Wortlaut möglich, dass differenziert wird nach Lebendgeburt, Totgeburt und Schwangerschaftsabbruch.[124]

9.72 Ebenso wie über die Schwangerschaft hat die Arbeitnehmerin den Arbeitgeber auch über die **Entbindung zu unterrichten**, um von dem Anwendungsbereich der Mutterschutzrichtlinie erfasst zu sein. Auch hier sind die einzelstaatlichen Rechtsvorschriften/und oder Gepflogenheiten maßgeblich. Insoweit kann auf die Ausführungen im Zusammenhang mit der Schwangerschaft verwiesen werden (vgl. Rz. 9.67 f.).

9.73 Der Begriff der **Wöchnerin** wird auch im neuen **Mutterschutzgesetz ebenso wenig erläutert** wie der Begriff der **Entbindung**.[125] Nach Auffassung des BAG handelt es sich bei der Entbindung

---

121 EuGH v. 11.11.2010 – C-232/09 – Danosa, Slg. 2010, I-11405 Rz. 55.
122 S. z.B. auch EuGH v. 20.9.2007 – C-116/06 – Kiiski, Slg 2007, I-7643 Rz. 33, wo ausdrücklich erwähnt wird, dass seine Information des Arbeitgebers bzgl. der Schwangerschaft stattgefunden hat und damit die Arbeitnehmerin in den Geltungsbereich der MuSch-RL einbezogen ist.
123 So werden Mitteilung und Nachweis in der Gesetzesbegründung auch als Obliegenheit und nicht als Pflicht bezeichnet, BT-Drucks. 18/8563, S. 86.
124 EUArbR/*Risak*, Art. 2 RL 92/85/EWG Rz. 8.
125 S. hierzu kritisch *Nebe*, jurisPR-ArbR 25/2017 Anm. 1.

grundsätzlich um die „Trennung der Leibesfrucht vom Mutterleib". Auch die Totgeburt sieht es als Entbindung an, wenn das Kind mindestens 500g gewogen hat, dasselbe gilt für den Fall eines Schwangerschaftsabbruchs. Bei einem geringeren Gewicht, geht das BAG hingegen unter Bezugnahme auf § 31 Abs. 3 PStV von einer Fehlgeburt aus, die nicht mehr als Entbindung gewertet wird.[126] In der Gesetzesbegründung zum Kündigungsverbot heißt es nun, dass für die Auslegung des Begriffs „Entbindung" eine Abgrenzung zwischen Fehl- und Totgeburt nach der Intention des Mutterschutzgesetzes nicht sachgerecht ist, da auch nach einer Fehlgeburt unterhalb der Gewichtsgrenze von 500g die Frau einer besonderen Belastungssituation ausgesetzt ist.[127] Das Argument ist allgemein formuliert, es müsste also auch im Zusammenhang mit dem Mutterschaftsurlaub greifen, so dass auch dort ein weiteres Begriffsverständnis zugrunde gelegt werden müsste als bisher. Das schlägt sich allerdings nur in dem Wortlaut des § 17 MuSchG nieder, nicht hingegen in § 3 MuSchG. Im Hinblick auf die Mutterschutzrichtlinie und die Zielsetzung des Gesundheitsschutzes ist jedoch ein einheitliches Begriffsverständnis zugrunde zu legen. Der Gesundheitsschutz ist sowohl beim Kündigungsverbot als auch beim Mutterschaftsurlaub das primäre Ziel. Der Richtliniengeber selbst ist, auch wenn er auf das nationale Recht verweist, von einem einheitlichen Entbindungsbegriff ausgegangen, was sich daran zeigt, dass er die Begriffsbestimmung vor die Klammer gezogen und in Art. 2 Buchst. b MuSch-RL verortet hat.

4. Stillende Arbeitnehmerin

Für den **Begriff der stillenden Arbeitnehmerin** verweist Art. 2 Buchst. c MuSch-RL ebenfalls, mit Ausnahme der Arbeitnehmereigenschaft, auf die **einzelstaatlichen Rechtsvorschriften** und/oder Gepflogenheiten. Diese sollen auch für die nach dem Wortlaut erforderliche Unterrichtungspflicht im Hinblick auf die Stillzeit maßgeblich sein.

9.74

Indem die **stillende Arbeitnehmerin** unabhängig von der Schwangeren und der Wöchnerin als **eigene schutzbedürftige Gruppe** in Art. 2 MuSch-RL aufgeführt wird, ist davon auszugehen, dass der Richtliniengeber sie allein aufgrund der Stillzeit als besonders schutzbedürftig ansieht. Dies muss dann auch unabhängig davon gelten, ob sie zuvor selbst schwanger war. Der erforderliche Gesundheitsschutz, der für die Stillzeit über Art. 4–6 MuSch-RL gewährleistet werden soll, hängt allein davon ab, dass die Arbeitnehmerin ihr Kind stillt. Daher sind auch Bestellmütter ebenso wie Adoptivmütter einzubeziehen (vgl. Rz. 9.156).[128]

9.75

Eine gesonderte Definition der Stillzeit findet sich weder im MuSchG noch in der Gesetzesbegründung. Die Unterrichtung des Arbeitgebers ist in **§ 15 MuSchG** geregelt und als Soll-Vorschrift ausgestaltet. Unionsrechtliche Bedenken bestehen nicht. Es ist nicht absehbar, dass die Hürden so hoch gesetzt werden, so dass die wirksame Umsetzung der Mutterschutzrichtlinie gefährdet werden könnte.

9.76

5. Leihmutterschaft

Die neuen Formen der Reproduktionsmedizin konnten zum Zeitpunkt des Inkrafttretens der Mutterschutzrichtlinie nicht unbekannt sein,[129] berücksichtigt wurde die Leihmutterschaft dennoch nicht ausdrücklich. **Während der Schwangerschaft** ist jedenfalls die **Leihmutter** vom Geltungs-

9.77

---

126 BAG v. 12.12.2013 – 8 AZR 838/12, ArbRB 2014, 163 = NZA 2014, 722 (724 f.); v. 15.12.2005 – 2 AZR 462/04, ArbRB 2006, 228 = NZA 2006, 994 (995).
127 BT-Drucks. 18/8963, S. 87 f.; s. aber auch die Begründung zu § 3 MuSchG, die von einem sehr weiten Entbindungsbegriff auszugehen scheint, da danach der Begriff der vorzeitigen Entbindung umfassend soll „sowohl Frühgeburten als auch sonstige vorzeitige Entbindungen", BT-Drucks. 18/8963, S. 56.
128 S. auch EUArbR/*Risak*, Art. 2 RL 92/85/EWG Rz. 9.
129 So fand die erste In-vitro-Fertilisation im Jahr 1978 statt, s. hierzu näher *Braunroth/Franke*, ZESAR 2015, 313.

bereich der Mutterschutzrichtlinie erfasst, der Gesundheitsschutz kann nur bei ihr greifen und nicht bei der sog. Bestellmutter. **Fraglich** ist jedoch, ob die **sog. Bestellmutter** zumindest **partiell vom Anwendungsbereich der Mutterschutzrichtlinie** erfasst wird und nachgeburtlichen Mutterschaftsurlaub i.S.v. Art. 8 beanspruchen kann.

9.78 Der **EuGH** hat sich **dagegen ausgesprochen**. Er hat sich dabei allerdings auf die Einbeziehung von Bestellmüttern in den Anwendungsbereich des Art. 8 MuSch-RL beschränkt, eine generelle Aussage für den gesamten Anwendungsbereich der Mutterschutzrichtlinie wurde nicht getroffen. Dementsprechend wurde im Wesentlichen mit dem Wortlaut und der Zielsetzung des Art. 8 MuSch-RL argumentiert. Nach dem Wortlaut von Art. 8 MuSch-RL ist der Anknüpfungspunkt für den Mutterschaftsurlaub die Entbindung. Vorausgesetzt wird danach, dass die Arbeitnehmerin zuvor schwanger war. Der EuGH lässt nicht unerwähnt, dass er regelmäßig das Ziel des nachgeburtlichen Mutterschaftsurlaubs neben dem gesundheitlichen Schutz der Frau auch in dem Schutz der besonderen Beziehung zwischen Mutter und Kind während der an die Entbindung anschließenden Zeit gesehen hat. Diese Zielsetzung soll sich nach Auffassung des EuGH jedoch nur auf die „an Schwangerschaft und Entbindung" anschließende Zeit beziehen. Voraussetzung ist daher nach seiner Ansicht, dass die Arbeitnehmerin schwanger war und entbunden hat.[130] In Art. 8 MuSch-RL wird allerdings nur darauf abgestellt, dass „... nach *der* Entbindung..." ein Mutterschaftsurlaub zu gewähren ist, es muss sich daher nicht zwingend um ein und dieselbe Person handeln, die entbunden hat und danach Mutterschaftsurlaub nimmt. Dennoch ist dem EuGH zumindest bei nicht stillenden Bestellmüttern zuzustimmen, wenn er sie nicht in die Mutterschutzrichtlinie einbezieht. Die Richtlinie wendet sich gerade nicht generell an Mütter, sondern an Schwangere, Wöchnerinnen oder stillende Mütter. Nur sie werden als besondere Risikogruppe im Erwägungsgrund Nr. 8 der Mutterschutzrichtlinie ausgemacht. Die Zielsetzung des Mutterschaftsurlaubs, die Bindung zwischen Mutter und Kind zu stärken, müsste zwar gerade auch im Falle einer Leihmutterschaft ebenso wie bei einer Adoption besonders verfolgt werden.[131] Doch kann dies angesichts der Begrenzung der Mutterschutzrichtlinie auf Schwangere, Wöchnerinnen und stillende Mütter derzeit nur eine rechtspolitische Forderung sein.

9.79 Die **Wirkungen der Rechtsprechung des EuGH** sind weitreichender als es den Anschein erweckt, auch wenn sie im konkreten Fall nur den Anwendungsbereich des Art. 8 MuSch-RL betraf. Eine Herausnahme aus dem nachgeburtlichen Mutterschutz führt auch dazu, dass das Kündigungsverbot, das auf die Schwangerschaft sowie den Mutterschaftsurlaub beschränkt wird, nicht für die Bestellmutter greift. Die Folgen aus unionsrechtlicher Sicht sind insoweit für Bestellmütter nachteiliger als bspw. für Vorstandsmitglieder. Sie werden zwar i.d.R. ebenso wenig von der Mutterschutzrichtlinie erfasst (vgl. Rz. 9.54), ein Schutz vor Kündigungen kann für sie aber aufgrund ihrer Schwangerschaft ggf. über die Geschlechterrichtlinie erreicht werden. Die Bestellmutter hingegen fällt nicht in den Anwendungsbereich der Geschlechterrichtlinie, denn Art. 2 Abs. 2 Buchst. c Geschl-RL bezieht nur die ungünstigere Behandlung im Zusammenhang mit Schwangerschaft oder Mutterschaftsurlaub i.S.d. Mutterschutzrichtlinie mit ein. Darüber hinaus weist der EuGH – allerdings im Zusammenhang mit Art. 8 MuSch-RL – darauf hin, dass keine Diskriminierung im Zusammenhang mit dem Geschlecht vorliegt, weil die Versagung des Mutterschaftsurlaubs nicht ausschließlich ein Geschlecht betrifft, sondern den Vater ebenso wie die Mutter.[132]

9.80 In der vom EuGH zu entscheidenden Rechtssache handelte es sich um eine Bestellmutter, die ihr Kind bis drei Monate nach der Geburt gestillt hat. Da der EuGH die **Entbindung als zentralen Anknüpfungspunkt** sieht, wird sie nach seiner Ansicht nicht von Art. 8 MuSch-RL erfasst. Damit wird m.E. der Anwendungsbereich der Mutterschutzrichtlinie nicht zutreffend bestimmt, denn stil-

---

130 EuGH v. 18.3.2014 – C-167/12 – C.D./S.T., EuGRZ 2014, 306 Rz. 36 f.
131 So EUArbR/*Risak*, Art. 2 RL 92/85/EWG Rz. 11, welcher deswegen auch Art. 8 MuSch-RL als auf Bestellmütter anwendbar ansieht.
132 EuGH v. 18.3.2014 – C-167/12 – C.D./S.T., EuGRZ 2014, 306 Ls. 2.

lende Mütter werden über den Verweis in Art. 8 Abs. 1 auf Art. 2 MuSch-RL ebenso erfasst wie Wöchnerinnen.[133]

Dies gilt genauso für die **Einbeziehung stillender Mütter in Art. 5 und 6 MuSch-RL**. Hierüber musste der EuGH nicht entscheiden. Im Hinblick auf Art. 5 und 6 MuSch-RL greifen weder das vom EuGH angeführte Argument des Wortlauts noch das des Zwecks von Art. 8 MuSch-RL. Eine gesundheitliche Gefahr während der Stillzeit durch z.B. eine Exposition gegenüber gesundheitsgefährdenden Agenzien für Mutter und Kind kann dann unabhängig davon bestehen, ob die Mutter das Kind entbunden hat. Es entspräche weder dem Wortlaut noch der Zielsetzung, würde die stillende Bestellmutter insoweit nicht von der Mutterschutzrichtlinie erfasst. 9.81

Die Leihmutterschaft ist in Deutschland nicht erlaubt, § 1 Abs. 1 Nr. 7 EmbryonenschutzG.[134] Bedeutung kann die Rechtsprechung des EuGH dennoch erlangen, wenn ein Elternpaar im Ausland auf eine Leihmutterschaft zurückgreift und dort die Elternschaft von einem Gericht anerkannt wird. Der BGH schließt die Anerkennung des ausländischen Urteils jedenfalls dann nicht aus, wenn ein Elternteil im Unterschied zur Leihmutter mit dem Kind genetisch verwandt ist.[135] Das reformierte Mutterschutzgesetz berücksichtigt die Leihmutterschaft weiterhin nicht ausdrücklich. Nach der Rechtsprechung des EuGH ist insoweit auch keine erweiternde unionsrechtskonforme Auslegung erforderlich. M.E. wäre dies hingegen zumindest in dem Fall, dass die Leihmutter ihr Kind stillt, notwendig. Der Wortlaut des Mutterschutzgesetzes verbietet diese Auslegung ebenso wenig wie der Schutzzweck, letzterer gebietet es m.E. sogar.[136] 9.82

VII. Betriebsbezogener Mutterschutz, Art. 3–7 MuSch-RL

1. Systematik und Wertungen

In den Art. 3–7 MuSch-RL finden sich Regelungen für einen **betriebsbezogenen Mutterschutz**. Während Art. 3 MuSch-RL selbst keine inhaltlichen Vorgaben enthält, sondern nur der Kommission den Auftrag erteilt, Leitlinien im Hinblick auf Gefahrquellen zu erarbeiten, regeln Art. 4–7 MuSch-RL konkretere Pflichten zur Risikobeurteilung, Unterrichtung, Anpassung und ggf. Tätigkeits- bzw. Expositionsverbote. Dabei sind jeweils der Anhang I (im Rahmen von Art. 4 MuSch-RL) und Anhang II (im Rahmen von Art. 6 MuSch-RL) Bestandteil des betriebsbezogenen Mutterschutzes, in denen Agenzien, Verfahren und Arbeitsbedingungen (nicht abschließend) aufgelistet sind. Darüber hinaus sollte bei der Anwendung der Art. 4–7 MuSch-RL durch die Mitgliedstaaten von den Leitlinien der Kommission i.S.v. Art. 3 MuSch-RL Gebrauch gemacht werden, wenn sie auch nicht verbindlich sind (vgl. Rz. 9.88). 9.83

Auf den ersten Blick nicht ganz klar ist das **Verhältnis** zwischen **Art. 4 und 5** MuSch-RL einerseits und **Art. 6 MuSch-RL** andererseits. Art. 4 MuSch-RL verweist auf die im Anhang I aufgezählten Agenzien, Verfahren und Arbeitsbedingungen und schreibt zunächst eine Beurteilung und Unterrichtung vor, sodann wird in Art. 5 MuSch-RL ein gestuftes Verfahren von der Umgestaltung des Arbeitsplatzes/der Arbeitsbedingungen über einen Arbeitsplatzwechsel bis hin zum Tätigkeitsverbot vorgesehen. Art. 6 MuSch-RL hingegen regelt im Hinblick auf ein Risiko der die Sicherheit oder Gesundheit gefährdenden Exposition i.S.v. Anhang II unmittelbar ein Verbot der Exposition, ohne dass zuvor mildere Maßnahmen zu erörtern sind. Dies spiegelt sich auch in den Erwägungsgründen wider, wenn einerseits im Erwägungsgrund Nr. 11 der Begriff der „gefährlichen Agenzien" und im Erwägungsgrund Nr. 12 der Begriff der „besonders gefährlichen Agenzien" verwendet wird.[137] 9.84

---

133 S. hierzu insgesamt *Brose*, NZA 2016, 604 (606 f.).
134 Ausführlich *Campbell*, NJW-Spezial 2018, 196; *Löhnig*, NZFam 2017, 546 f.
135 BGH v. 10.12.2014 – XII ZB 463/13, NJW 2015, 479 ff. m. Anm. *Heiderhoff*.
136 S. hierzu vertiefend *Brose*, NZA 2016, 604 (607 f.).
137 S. auch Schlachter/*Nebe*, § 17 Rz. 33.

9.85 Das zeigt umgekehrt, dass das **Tätigkeitsverbot** grundsätzlich das **letzte Mittel** sein soll. Nur bei den besonders gefährlichen Agenzien, Verfahren und Arbeitsbedingungen sieht Art. 6 MuSch-RL den Ausspruch eines sofortigen Verbots vor. Ansonsten ist das Stufenverfahren des Art. 5 MuSch-RL einzuhalten. Es handelt sich um ein „**dreistufiges Schutzkonzept**",[138] wonach bei einem Gesundheitsrisiko zunächst eine Umsetzung nach Art. 5 Abs. 1 MuSch-RL zu erfolgen hat. Erst wenn dies nicht möglich oder zumutbar ist, ist gem. Art. 5 Abs. 2 MuSch-RL ein anderer Arbeitsplatz zuzuweisen, und nur wenn auch das nicht möglich ist, greift Art. 5 Abs. 3 MuSch-RL und die Arbeitnehmerin ist zu beurlauben. Flankiert werden Art. 5–7 MuSch-RL durch Art. 11 MuSch-RL.[139] Durch die Verpflichtung in Art. 11 MuSch-RL zur Fortzahlung des Arbeitsentgelts und/oder den Anspruch auf eine angemessene Sozialleistung während eines Arbeitsplatzwechsels oder der Beurlaubung soll die praktische Wirksamkeit des Schutzes der Art. 5–7 MuSch-RL gewährleistet werden.[140]

9.86 Insgesamt sind die Vorgaben der Mutterschutzrichtlinie zum einen davon geleitet, wie im Arbeitsschutz üblich, **präventiv zu wirken**, indem frühzeitig Risikobeurteilungen erstellt werden und Unterrichtungspflichten auferlegt werden, s. Art. 4 MuSch-RL.[141] Zum anderen wird angestrebt, ein möglichst **ausgeglichenes Verhältnis** zwischen **Gesundheitsschutz** einerseits und dem **Interesse von Arbeitnehmerin und Arbeitgeber**, auch während Schwangerschaft und Stillzeit **arbeiten zu können**, zu schaffen, was sich insbesondere im Anpassungsverfahren nach Art. 5 MuSch-RL zeigt. Die Regelungen zum betriebsbezogenen Mutterschutz sind weitgehend unumstritten, so waren sie bspw. auch nicht Gegenstand des (gescheiterten) Vorschlags zur Änderung der Mutterschutzrichtlinie der Europäischen Kommission aus dem Jahr 2008.[142]

9.87 Das **Mutterschutzgesetz** hat diese **Struktur** nun seit der Reform **wesentlich transparenter** übernommen als zuvor, indem die zuvor disparat sowohl im MuSchG als auch in der MuSchArbV geregelten unzulässigen Tätigkeiten und das Rangverhältnis zwischen den zu ergreifenden Maßnahmen nunmehr in §§ 9–13 MuSchG zusammenhängend geregelt sind.[143]

2. Leitlinien, Art. 3 MuSch-RL

9.88 Die durch die Kommission gem. Art. 3 MuSch-RL erstellten **Leitlinien** für die Risikobeurteilung nach Art. 4 Abs. 1 MuSch-RL enthalten **keine verbindlichen Vorgaben**. Schon die Bezeichnung als Leitlinie ist insoweit klar. Lange scheinbar nicht beachtet, sind die Leitlinien in der Rs. *Otero Ramos* sowohl von der Generalanwältin als auch vom EuGH im Zusammenhang mit der Auslegung von Art. 4 MuSch-RL in den Fokus gerückt worden.[144] Der EuGH betont, dass die Leitlinien bei der Auslegung von Art. 4 Abs. 1 MuSch-RL „zu berücksichtigen" sind, da sie gem. Art. 3 Abs. 2 MuSch-RL als Leitfaden für die Regelung dienen sollen.[145] Der Richtliniengeber hat somit über Art. 3 Abs. 2 MuSch-RL einen Teil seiner Rechtssetzungskompetenz an die Kommission übertragen. Was genau unter „zu berücksichtigen" zu verstehen ist, bleibt unklar. So wie der EuGH auf die Leitlinien zurückgreift, ist aber davon auszugehen, dass ihr Inhalt vollumfänglich übernommen werden soll.

---

138 *Höpfner*, EuZA 2011, 223 (225).
139 S. zum Zusammenspiel z.B. EuGH v. 1.7.2010 – C-471/08 – Parviainen, Slg. 2010, I-6533 Rz. 33 ff.
140 ErwGr. 16 und 17 MuSch-RL; s. auch *Höpfner*, EuZA 2011, 223 (225).
141 S. EUArbR/*Risak*, Art. 4 RL 92/85/EWG Rz. 3 mit dem Hinweis auf das Vorbeugeprinzip aus der Arbeitsschutzrahmen-RL, das auch im Rahmen der Mutterschutz-RL zu beachten ist.
142 KOM (2008), 637 endg.
143 BT-Drucks. 18/8963, S. 37, 39.
144 EuGH v. 19.10.2017 – C-531/15 – Otero Ramos, NZA 2017, 1448 ff. Rz. 46 ff.; Schlussanträge von GAin *Sharpston* v. 6.4.2017 – C-531/15 – Otero Ramos, BeckRS 2017, 128392 – Tenor und Rz. 7 f.
145 EuGH v. 19.10.2017 – C-531/15 – Otero Ramos, NZA 2017, 1448 ff. Rz. 46.

Die Kommission hat die Leitlinien im Jahr 2000 festgelegt.[146] **Ziel der Leitlinien** ist es, als Grundlage für die Beurteilung i.S.v. Art. 4 Abs. 1 MuSch-RL zu dienen, um so die zu ergreifenden Maßnahmen effizienter bestimmen zu können.[147] Hierfür wird in den Leitlinien zunächst die Risikobeurteilung in **drei Phasen** unterteilt. Es folgen **zwei ausführliche Tabellen**. In der ersten Tabelle werden „allgemeine Gefährdungen und entsprechende Situationen … denen sich Schwangere, Wöchnerinnen und stillende Arbeitnehmerinnen am häufigsten gegenübersehen" aufgezählt. Hier werden bspw. geistige und körperliche Ermüdung und Arbeitszeit mit der entsprechenden Risikoeinschätzung und Möglichkeiten zur Ausschaltung des Risikos genannt oder auch die Alleinarbeit. In der zweiten Tabelle werden „spezifische Gefährdungen, Risikobeurteilung und Möglichkeiten der Ausschaltung der Risiken" genannt. Dazu werden unter anderem biologische, chemische und physikalische Agenzien aufgeführt. Dabei wird jeweils ausdrücklich darauf hingewiesen, dass es sich bei den Möglichkeiten zur Ausschaltung der Risiken, also den zu ergreifenden Maßnahmen, nur um Beispiele zur Orientierung handelt.[148]

9.89

Die Leitlinien weisen bei der abstrakten Benennung der Gefahren, insbesondere gefährlicher Agenzien, **Überschneidungen mit dem Anhang I** der Mutterschutzrichtlinie auf. Sie gehen aber auch darüber hinaus, was angesichts des nicht abschließenden Charakters des Anhangs I durchaus von Bedeutung ist. So wird bspw. auch auf die möglichen Gefahren bei Alleinarbeit hingewiesen.[149] Darüber hinaus werden jeweils zu den in den Leitlinien benannten Gefährdungen Beispiele für vorbeugende Maßnahmen angeführt.[150]

9.90

Gefahren bei Alleinarbeit werden nun in dem reformierten Mutterschutzgesetz in §§ 2 Abs. 4, 5 Abs. 2 Nr. 3 MuSchG ausdrücklich berücksichtigt.

9.91

3. Risikobeurteilung und Unterrichtung der Arbeitnehmerin, Art. 4 MuSch-RL

Da Schwangere, Wöchnerinnen und stillende Mütter zu einer besonders gefährdeten Arbeitnehmergruppe gehören, gibt Art. 4 Abs. 1 MuSch-RL vor, dass sie über die festgestellten Risiken in Kenntnis zu setzen sind, um aus der Beurteilung ggf. Folgerungen ziehen und entsprechende Schutzmaßnahmen ergreifen zu können.[151]

9.92

a) Beurteilung

aa) Erfasste Arbeitnehmerinnengruppen

Der Wortlaut des Art. 4 Abs. 1 MuSch-RL erscheint im Hinblick auf den erfassten Personenkreis auf den ersten Blick nicht ganz eindeutig. Zum einen wird auf **Arbeitnehmerinnen i.S.v. Art. 2 MuSch-RL** verwiesen, also auf Schwangere, Wöchnerinnen und stillende Arbeitnehmerinnen. Sodann wird aber auf die „Auswirkungen auf Schwangerschaft oder Stillzeit" abgestellt. Dennoch sind auch Wöchnerinnen erfasst.[152] Nicht nur der Verweis auf Art. 2 Abs. 1 MuSch-RL, auch

9.93

---

146 Mitteilung der Kommission über die Leitlinien für die Beurteilung der chemischen, physikalischen und biologischen Agenzien sowie der industriellen Verfahren, die als Gefahrenquelle für Gesundheit und Sicherheit von schwangeren Arbeitnehmerinne, Wöchnerinnen und stillenden Arbeitnehmerinnen am Arbeitsplatz gelten, v. 5.10.2000, KOM (2000), 466 endg.; zur Beteiligung der Mitgliedstaaten bei der Erstellung der Leitlinien („im Benehmen") s. EUArbR/*Risak*, Art. 3 RL 92/85/EWG Rz. 2.
147 KOM (2000), 466 endg., S. 3.
148 KOM (2000), 466 endg., S. 13 ff., 19 ff.
149 KOM (2000), 466 endg., S. 14.
150 S. die Tabelle KOM (2000), 466 endg., S. 13 ff.
151 ErwGr. 11, 12 MuSch-RL.
152 So auch ohne weitere Begründung EuGH v. 19.10.2017 – C-531/15 – Otero Ramos, NZA 2017, 1448 ff. Rz. 48; s. auch KOM (2000), 466 endg., S. 11, wo alle drei Gruppen genannt werden, und S. 13 mit dem Hinweis, dass sich die Gestaltung der Arbeitszeit auch auf die Erholung nach der Entbindung auswirken kann.

die Formulierung „alle Risiken für Sicherheit und Gesundheit sowie..." deutet darauf hin. Die Sicherheit und Gesundheit einer Wöchnerin, die nicht stillt, sich aber dennoch körperlich von der Entbindung erholen muss, kann bspw. durch besonderen Zeitdruck am Arbeitsplatz oder durch schwere Hebetätigkeiten beeinträchtigt werden.

9.94 Nach § 10 MuSchG ist die Gefährdungsbeurteilung **nur im Hinblick auf Schwangere und stillende Mütter** durchzuführen. Wöchnerinnen werden nicht erfasst. §§ 11 und 12 MuSchG stellen ebenfalls nur auf Schwangere bzw. stillende Mütter ab. Damit wird die Gruppe der Wöchnerinnen scheinbar richtlinienwidrig ausgeklammert.[153] Allerdings ist fraglich, ob überhaupt im Hinblick auf die Arbeitsbedingungen ein Schutz für diese Personengruppe erforderlich ist. Der Begriff der Wöchnerin erfasst nach Art. 2 Abs. 1 Buchst. b MuSch-RL die Zeit „kurz nach einer Entbindung", welche nach nationalen Maßstäben zu beurteilen ist. Das MuSchG definiert den Begriff nicht, sieht aber eine Schutzfrist nach der Entbindung von (mindestens) acht Wochen vor, § 3 Abs. 2 MuSchG, die im Gegensatz zur vorgeburtlichen Schutzfrist nach § 3 Abs. 1 MuSchG auch nicht disponibel ist. Wer acht Wochen nach der Entbindung nicht beschäftigt werden darf, dürfte den Zeitraum „kurz nach einer Entbindung" mit Ablauf der acht Wochen überschritten haben und damit nach Ablauf der nachgeburtlichen Schutzfrist von acht Wochen auch keine Wöchnerin i.S.d. Mutterschutzrichtlinie mehr sein. Ab diesem Zeitpunkt werden dann auch keine Schutzmaßnahmen im Hinblick auf die Beschäftigung mehr notwendig sein (solange sich keine Stillzeit anschließt).

bb) Inhalt und Umsetzung

9.95 Die **Pflicht zur Beurteilung** nach Art. 4 Abs. 1 MuSch-RL besteht bei Tätigkeiten, bei denen ein besonderes Risiko einer Exposition gegenüber den im Anhang I nicht abschließend aufgezählten Agenzien, Verfahren und Arbeitsbedingungen besteht. Die Pflicht trifft den Arbeitgeber. Er kann die Beurteilung selbst vornehmen oder aber er lässt sie durch die in Art. 7 Richtlinie 89/391/EWG genannten Dienste für die Gefahrenverhütung durchführen.

9.96 Diese Pflicht kann **nicht mit der allgemeinen Risikobeurteilung**, die in Art. 6 Abs. 3 Buchst. a Richtlinie 89/391/EWG vorgesehen ist, **gleichgesetzt** werden, da sie gerade nicht allgemein, sondern speziell auf die Risikogruppe der Schwangeren, Wöchnerinnen und stillenden Arbeitnehmerinnen zugeschnitten ist.[154]

9.97 Nach § 10 MuSchG erfolgt die **mutterschutzrechtliche Gefährdungsbeurteilung** „im Rahmen der" Beurteilung der Arbeitsbedingungen nach § 5 ArbSchG. Durch die Verknüpfung soll gewährleistet werden, dass dem Arbeitgeber keine unnötigen Belastungen auferlegt werden.[155] Eine inhaltliche Verknüpfung ist nicht vorgesehen. § 10 MuSchG gibt eigene, auf den Mutterschutz zugeschnittene Vorgaben, so dass es sich lediglich um eine **zeitliche Verknüpfung** handelt. Dies ist aus unionrechtlicher Sicht unproblematisch.

9.98 Die **Risikobeurteilung nach Art. 4 Abs. 1 MuSch-RL** ist **zusammenzulesen mit Anhang I** zur Richtlinie. Dort werden Agenzien, Verfahren und Arbeitsbedingungen in einer nicht abschließenden Liste aufgeführt. Damit wird in zweifacher Weise dem **technischen Fortschritt** sowie **neueren Erkenntnissen** in Medizin und Forschung Rechnung getragen. Da die Liste nicht abschließend ist, können vergleichbare Verfahren, Agenzien und Arbeitsbedingungen hinzugenommen werden. Zudem sieht Art. 13 Abs. 1 MuSch-RL eine Anpassung des Anhang I unter Berücksichtigung u.a. des technischen Fortschritts und des Wissensstands auf dem Gebiet nach Art. 17 Richtlinie 89/391/

---

153 Ebenso *Kohte/Beetz*, jurisPR-ArbR 6/2018 Anm. 2; *Nebe*, jurisPR-ArbR 25/2017 Anm. 1.
154 Vgl. EUArbR/*Risak*, Art. 4 RL 92/85/EWG Rz. 1; KOM (2000), 466 endg., S. 8 („zusätzliche Risikobeurteilung").
155 BT-Drucks. 18/8963, S. 68 zu der vor Beendigung des Gesetzgebungsverfahrens noch in § 9 MuSchG verorteten Gefährdungsbeurteilung.

EWG vor. Damit kann wesentlich flexibler auf Änderungen reagiert werden als wenn eine Änderung des Richtlinientextes erforderlich würde.[156]

Die Gefährdungsbeurteilung nach § 10 MuSchG ist weit gehalten, da für jede Tätigkeit „die Gefährdungen nach Art, Ausmaß und Dauer" für Schwangere und Stillende beurteilt werden müssen. Ebenso wie in Art. 4 Abs. 1 MuSch-RL ist hier der Wortlaut so weit, dass auch neueren Erkenntnissen in Medizin und Forschung Rechnung getragen werden kann. 9.99

Zu bestimmen sind nach Art. 4 Abs. 1 MuSch-RL Art, Ausmaß und Dauer der Exposition. Ziel ist es, die **Gesundheitsrisiken und Auswirkungen auf Schwangerschaft und Stillzeit** abschätzen zu können, um ggf. die erforderlichen Maßnahmen bestimmen zu können. Wie die Beurteilung im Einzelnen durchzuführen ist, regelt Art. 4 Abs. 1 MuSch-RL nicht. Es wird auch nicht auf die nationalen Rechtsvorschriften oder Gepflogenheiten verwiesen. Der EuGH hat sich in der Rs. *Otero Ramos* erstmals mit dem Verfahren beschäftigt. Dabei „berücksichtigt" der EuGH nach eigenen Angaben die Leitlinien, die die Kommission i.S.v. Art. 3 MuSch-RL erstellt hat.[157] Tatsächlich stützt er sich ausschließlich auf diese Leitlinien. Dass der EuGH die Leitlinien berücksichtigt, ist nachvollziehbar, da sie ansonsten weder Beachtung fänden, noch Wirkung entfalten würden.[158] Ob es hingegen ausreicht, sich allein auf die Leitlinien zu stützen, ist m.E. fraglich, da Leitlinien nicht abschließend und verbindlich sein können. Jedenfalls können sie aber aus Sicht des Anwenders als Mindestanforderung dienen, um möglichst Richtlinienkonformität zu gewährleisten. 9.100

Der EuGH sieht die **Risikobeurteilung** i.S.v. Art. 4 Abs. 1 MuSch-RL als „**systematische Überprüfung aller Gesichtspunkte der Arbeit**" an und unterteilt sie in Übereinstimmung mit den Leitlinien in drei Phasen:[159] In der **ersten Phase** sind die Gefährdungen zu ermitteln, sei es in Form von physikalischen und biologischen Agenzien, industriellen Verfahren, Bewegungen, Körperhaltungen und geistigen Belastungen. Nach dem Wortlaut des Art. 4 Abs. 1 MuSch-RL besteht diese Pflicht zwar nur im Hinblick auf Tätigkeiten, bei denen ein besonderes Risiko einer Exposition besteht. Doch setzt dies voraus, dass zunächst festgestellt wird, dass ein solches Risiko überhaupt besteht.[160] Die Pflicht zur Risikobeurteilung greift nach dem Wortlaut tätigkeitsbezogen, d.h. es muss noch gar nicht feststehen, dass der Arbeitsplatz mit einer Schwangeren, Wöchnerin oder stillenden Arbeitnehmerin besetzt ist. Deutlicher wird dies am Wortlaut des Art. 4 Abs. 2 MuSch-RL, wonach auch Arbeitnehmerinnen über festgestellte Risiken zu unterrichten sind, die sich in einer der in Art. 2 MuSch-RL genannten Situationen befinden könnten. Demensprechend wird in den Leitlinien sowohl im Hinblick auf die Beurteilung nach der Arbeitsschutzrahmen-RL als auch nach der Mutterschutzrichtlinie von einer „allgemeinen Risikobeurteilung" gesprochen.[161] Das entspricht auch dem Vorbeugeprinzip aus der Richtlinie 89/391, welches auch im Rahmen der Mutterschutzrichtlinie zu berücksichtigen ist.[162] 9.101

Seit der Reform des Mutterschutzgesetzes ist auch nach **§ 10 Abs. 1 MuSchG die Gefährdungsbeurteilung tätigkeitsbezogen** und unabhängig davon, ob der Arbeitsplatz tatsächlich mit einer schwangeren bzw. stillenden Frau besetzt ist, durchzuführen. Diese Gefährdungsbeurteilung nach § 10 Abs. 1 MuSchG wird daher auch in der Gesetzesbegründung als „generelle Gefährdungsbeurteilung" bezeichnet.[163] 9.102

---

156 EUArbR/*Risak*, Art. 4 RL 92/85/EWG Rz. 4.
157 EuGH v. 19.10.2017 – C-531/15 – Otero Ramos, NZA 2017, 1448 ff. Rz. 46.
158 So kritisieren bspw. *Kohte/Beetz*, jurisPR-ArbR 6/2018 Anm. 2, dass die Bundesregierung die Leitlinien bis heute nicht bekannt gemacht hat.
159 EuGH v. 19.10.2017 – C-531/15 – Otero Ramos, NZA 2017, 1448 ff. Rz. 47, unter Verweis auf S. 6 f. der Leitlinien, KOM (2000), 466 endg.
160 EuGH v. 19.10.2017 – C-531/15 – Otero Ramos, NZA 2017, 1448 ff. Rz. 48.
161 KOM (2000), 466 endg., S. 10.
162 Zum Vorbeugeprinzip s. auch die Schlussanträge von GAin *Sharpston* v. 6.4.2017– C-531/15 – Otero Ramos, BeckRS 2017, 128392 Rz. 44.
163 BT-Drucks. 18/8963, S. 68.

9.103 Dann ist in einer **zweiten Phase** zu erfassen, welche Gruppen von Arbeitnehmerinnen – Schwangere, Wöchnerinnen oder stillende Arbeitnehmerinnen – den Gefährdungen ausgesetzt sind. Es ist möglich, dass die Risiken unterschiedlich zu beurteilen sind, je nachdem, welche Gruppe betroffen sein kann.[164] Die **dritte Phase** ist eine qualitative und quantitative Risikoabschätzung. Sie wird als die „heikelste Phase des ganzen Prozesses" bezeichnet, da hierfür unter anderem eine entsprechende Sachkunde erforderlich ist.[165] Hierbei soll eine spezifische Prüfung unter Berücksichtigung der individuellen Situation der betreffenden Arbeitnehmerin vorgenommen werden.[166] Die Mutterschutzrichtlinie gibt hierzu keine näheren Vorgaben, die Risikobeurteilung ist nach Art. 4 Abs. 1 MuSch-RL durch den Arbeitgeber oder eine Stelle i.S.v. Art. 7 Richtlinie 89/391/EWG durchzuführen. Dass ein Arbeitgeber im Regelfall selbst über die entsprechende Sachkunde verfügt, ist nicht anzunehmen. Insofern wäre der Richtlinientext eng auszulegen, als dass der Arbeitgeber im Regelfall mangels Sachkunde seine Pflicht delegieren muss. Das wäre wohl mit dem Ziel, Gesundheitsgefährdungen zu vermeiden, und zwar nicht nur für die Frau, sondern auch für das ungeborene Kind oder den Säugling, vereinbar. Im Rahmen der Risikobeurteilung sollen daher zudem ärztlicher Rat und die Belange der betreffenden Frau hinreichend berücksichtigt werden.[167] Hierbei dürfen auch Einschätzungen der unmittelbaren Vorgesetzten nicht mit dem pauschalen Hinweis ignoriert werden, dass sie ohnehin zugunsten der Arbeitnehmerin voreingenommen sind.[168]

9.104 Zu Recht wird in den vom EuGH aufgegriffenen Leitlinien darauf hingewiesen, dass es sich bei der **Risikobeurteilung** um einen **„dynamischen Prozess"** handelt. Das bedeutet, dass je nach Einzelfall eine einmalige Risikoabschätzung nicht ausreichen kann, da es sich bei der Schwangerschaft nicht um einen statischen Zustand handelt; ebenso ist bei Müttern, die über mehrere Monate stillen, eine regelmäßige Risikobeurteilung erforderlich, um eine Gefährdung auszuschließen.[169] Der Wortlaut des Art. 4 MuSch-RL zwingt nicht zu diesem Verständnis, danach kann auch eine einmalige Risikobeurteilung ausreichen. Doch würde dies wiederum der Zwecksetzung des Gesundheitsschutzes für (werdende) Mutter und (ungeborenem) Kind nicht genügen.

9.105 § 10 MuSchG sieht eine **zweite Phase** der Risikobeurteilung **nicht ausdrücklich** vor. Die ursprüngliche Fassung des Regierungsentwurfs, in der noch eine Konkretisierung vorgesehen ist und für die in der Gesetzesbegründung der Begriff „konkretisierte Gefährdungsbeurteilung" verwendet wird,[170] wurde in der letzten Phase des Gesetzgebungsverfahrens nicht übernommen. Gemäß § 10 Abs. 2 Satz 2 MuSchG hat der Arbeitgeber jedoch bei Eintritt einer Schwangerschaft der Frau ein Gespräch über weitere Anpassungen ihrer Arbeitsbedingungen anzubieten. Ob dies ausreicht, um zu einer konkretisierten Gefährdungsbeurteilung, wie sie nach Sinn und Zweck der Mutterschutzrichtlinie als erforderlich angesehen wird, zu gelangen, ist fraglich. Zum einen ist ein Gespräch noch keine Gefährdungsbeurteilung und zum anderen dürften weder Arbeitgeber noch Arbeitnehmerin hierfür ausreichend Fachkenntnis haben, um eine umfassende „konkretisierte" Gefährdungsbeurteilung vorzunehmen.[171]

---

164 EuGH v. 19.10.2017 – C-531/15 – Otero Ramos, NZA 2017, 1448 ff. Rz. 49; KOM (2000), 466 endg., S. 11 f.
165 EuGH v. 19.10.2017 – C-531/15 – Otero Ramos, NZA 2017, 1448 ff. Rz. 48.
166 EuGH v. 19.9.2018 – C-41/17 – González Castro Rz. 64.
167 KOM (2000), 466 endg., S. 9.
168 Schlussanträge v. GAin *Sharpston* v. 6.4.2017 – C-531/15 – Otero Ramos, BeckRS 2017, 128392 Rz. 79.
169 KOM (2000), 466 endg., S. 9, 12; Schlussanträge v. GAin *Sharpston* v. 6.4.2017 – C-531/15 – Otero Ramos, BeckRS 2017, 128392 Rz. 45; im Hinblick auf stillende Arbeitnehmerinnen EuGH v. 19.10. 2017 – C-531/15 – Otero Ramos, NZA 2017, 1448 ff. Rz. 49.
170 BT-Drucks. 18/8963, S. 68.
171 Ausführlich hierzu *Kohte/Beetz*, jurisPR-ArbR 6/2018 Anm. 2 mit dem Vorschlag, § 10 MuSchG unionsrechtskonform auszulegen; *Nebe*, jurisPR-ArbR 25/2017 Anm. 1; kritisch hierzu wiederum Rancke/*Pepping*, § 9 MuSchG Rz. 36.

cc) Beweislastverteilung

Hält sich eine **Arbeitnehmerin** aufgrund einer Risikobeurteilung ihres Arbeitsplatzes, die nicht entsprechend den Vorgaben des Art. 4 Abs. 1 MuSch-RL durchgeführt wurde, für **diskriminiert**, muss sie nur **Tatsachen glaubhaft machen**, die dafür sprechen. In diesem Fall kommt nach der Rechtsprechung des EuGH Art. 19 Abs. 1 Geschl-RL zur Anwendung, weil bei einer nicht ordnungsgemäß durchgeführten Risikobeurteilung das Vorliegen einer unmittelbaren Diskriminierung aufgrund des Geschlechts zu vermuten ist.[172] Dasselbe muss erst recht gelten, wenn gar keine Risikobeurteilung durchgeführt wurde.[173]

9.106

Auf nationaler Ebene könnte eine entsprechende Beweislastverteilung über die Anwendung von § 22 AGG erreicht werden.[174]

b) Unterrichtung

Den **Arbeitgeber** trifft gem. Art. 4 Abs. 2 MuSch-RL eine **Unterrichtungspflicht** über die Ergebnisse der Risikobeurteilung sowie über die Maßnahmen, die im Hinblick auf Sicherheit und Gesundheitsschutz zu ergreifen sind. Als Adressat dieser Unterrichtung kommen zwei Gruppen alternativ oder kumulativ in Betracht: Zum einen gegenüber Arbeitnehmerinnen i.S.d. Art. 2 MuSch-RL, also Schwangeren, Wöchnerinnen und stillenden Arbeitnehmerinnen sowie Arbeitnehmerinnen, die sich in einer der Situationen des Art. 2 MuSch-RL befinden könnten. Zum anderen kann die Unterrichtung zusätzlich oder ausschließlich gegenüber der Arbeitnehmervertretung erfolgen.

9.107

Wie der **Kreis der Frauen**, die sich in einer der Situationen des Art. 2 MuSch-RL befinden könnten, einzugrenzen ist, wird aus dem Wortlaut nicht klar. Letztlich könnte jede Frau im gebärfähigen Alter erfasst werden. Hintergrund für diesen weiten Adressatenkreis dürfte sein, dass gerade in den ersten drei Monaten die Schwangerschaft besonders gefährdet ist und die Arbeitnehmerin ggf. den Arbeitgeber noch gar nicht informiert hat.[175] Hier kommt die starke präventive Zielsetzung, und damit das Vorbeugeprinzip, nochmals besonders zum Ausdruck.[176]

9.108

Zudem stellt Art. 4 Abs. 1 Satz 1 MuSch-RL klar, dass die **Unterrichtungspflicht zusätzlich** zur **allgemeinen Unterrichtungspflicht** nach Art. 10 Arbeitsschutzrahmen-RL greift.

9.109

Der nationale Gesetzgeber hat sich entschieden, eine Unterrichtungspflicht bzgl. der Ergebnisse der Gefährdungsbeurteilung gegenüber allen Beschäftigten einzuführen, **§ 10 Abs. 2 MuSchG**. Damit wird ein weiterer Personenkreis erfasst als in Art. 4 Abs. 2 MuSch-RL vorgesehen, so dass keine Bedenken im Hinblick auf die Richtlinienkonformität bestehen.

9.110

4. Anpassungsverfahren, Art. 5 MuSch-RL

a) Systematik

Wenn die Beurteilung nach Art. 4 Abs. 1 MuSch-RL zu dem Ergebnis kommt, dass eine Gefährdungslage besteht, greift das **abgestufte Verfahren** nach Art. 5 MuSch-RL. Vorrangig ist eine **einstweilige Umgestaltung** der Arbeitsbedingungen oder Arbeitszeiten vorzunehmen. Nur wenn dies technisch oder sachlich nicht möglich oder nicht zumutbar ist, soll der **Arbeitsplatz gewechselt** werden. Erst als **ultima ratio**, wenn auch der Arbeitsplatzwechsel technisch oder sachlich

9.111

---

172 EuGH v. 19.10.2017 – C-531/15 – Otero Ramos, NZA 2017, 1448 ff. Rz. 68; EuGH v. 19.9.2018 – C-41/17 – González Castro, Rz. 73 f.
173 Ebenso *Kohte/Beetz*, jurisPR-ArbR 6/2018 Anm. 2.
174 S. auch *Kohte/Beetz*, jurisPR-ArbR 6/2018 Anm. 2.
175 KOM (2000), 466 endg., S. 9; EUArbR/*Risak*, RL 92/85/EWG Rz. 6.
176 Schlachter/*Nebe*, § 17 Rz. 28.

nicht möglich oder nicht zumutbar ist, ist die betreffende Arbeitnehmerin zu **beurlauben**. Diese drei Konsequenzen stehen in einem Stufenverhältnis zueinander und können nicht von dem Arbeitgeber nach freiem Belieben ausgewählt werden.[177] Dahinter dürfte auch die Erwägung stehen, dass nach Art. 11 Nr. 1 MuSch-RL während der Beurlaubung nicht zwingend das vollständige Entgelt weiterzuzahlen ist, sondern auch die Zahlung einer angemessenen Sozialleistung ausreicht. Eine sofortige Beurlaubung kann daher für eine Arbeitnehmerin durchaus auch nachteilig sein.[178] Art. 5 MuSch-RL ist somit immer auch zusammen mit Art. 11 MuSch-RL zu lesen.[179]

9.112 Mit der Reform wurde auch auf nationaler Ebene nochmals das **Stufenverhältnis** zwischen den einzelnen Maßnahmen klargestellt.[180] **§ 13 Abs. 1 Satz 1 MuSchG** legt schon nach seinem Wortlaut eine „Rangfolge" fest. Ziel ist es, einen vorschnellen Ausspruch von Beschäftigungsverboten zu vermeiden, ohne dass zuvor andere Maßnahmen geprüft wurden. Das betriebliche Beschäftigungsverbot soll das letzte Mittel sein.[181]

b) Einstweilige Umgestaltung

9.113 Der Wortlaut des Art. 5 Abs. 1 MuSch-RL sieht zum einen eine einstweilige Umgestaltung der Arbeitsbedingungen und/oder Arbeitszeiten bei Auswirkungen auf Schwangerschaft oder Stillzeit vor, zum anderen für den Fall, dass eine Gefährdung für Sicherheit oder Gesundheit besteht. Mit dem Begriff einstweilig wird bei der **Umgestaltung eine größtmögliche Flexibilität** gewährleistet mit der einzigen Grenze, dass die Umgestaltung nicht dauerhaft sein darf. Angesichts der Vielfalt der möglichen Gefährdungen ist dies auch notwendig. Zudem kann so auch den unterschiedlichen Phasen im Verlauf einer Schwangerschaft Rechnung getragen werden.

9.114 Ebenso wie für die Risikobeurteilung nach Art. 4 Abs. 1 MuSch-RL bieten die **Leitlinien der Kommission** i.S.v. Art. 3 MuSch-RL auch für die Anpassung der Arbeitsbedingungen nach Art. 5 Abs. 1 MuSch-RL **Orientierungshilfen**. Insbesondere im Anhang befinden sich Vorschläge, wie im Verlauf einer Schwangerschaft auf die damit einhergehenden Veränderungen reagiert werden kann. So soll bspw. bei zunehmendem Leibesumfang auf Arbeiten unter beengten Verhältnissen und mit Sturzgefahr verzichtet oder bei morgendlichem Brechreiz die Arbeit in der Frühschicht vermieden werden.[182]

9.115 Nach deutschem Recht hat der Arbeitgeber gem. § 13 Abs. 1 Nr. 1 MuSchG ebenfalls zunächst eine Umgestaltung der Arbeitsbedingungen entsprechend der Gefährdungsbeurteilung vorzunehmen.

9.116 Der Wortlaut ist ebenso weit wie die Vorgaben der Mutterschutzrichtlinie. Sowohl der Richtlinientext als auch die nationale Regelungen beziehen sich dabei allein auf Schwangere und stillende Mütter.[183]

---

177 EuGH v. 1.7.2010 – C-471/08 – Parviainen, Slg. 2010, I-6533 Rz. 31 f.; v. 1.7.2010 – C-194/08 – Gassmayr, Slg. 2010, I-6281 Rz. 35 f.; v. 19.11.1998 – C-66/96 – Pedersen, Slg. 1998, I-7327 Rz. 57 f. wonach eine nationale Regelung, die es dem Arbeitgeber ermöglicht, in seinem Interesse auf die Beurlaubung zurückzugreifen, ohne zuvor die Möglichkeit der Umgestaltung oder des Arbeitsplatzwechsels prüfen zu müssen, nicht den Vorgaben der Richtlinie entspricht.
178 S. hierzu auch den Sachverhalt in EuGH v. 19.11.1998 – C-66/96 – Pedersen, Slg. 1998, I-7327; zu dem möglichen Aspekt der Stärkung der beruflichen Teilhabe ausführlich Schlachter/*Nebe*, § 17 Rz. 31; *Nebe*, ZESAR 2011, 10 (12); *Eichenhofer*, BB 2004, 382 (384), wenngleich dieser Aspekt m.E. weder in der Richtlinie noch in den Erwägungsgründen sichtbar wird.
179 Grundsätzlich dient Art. 11 MuSch-RL jedoch dazu, die praktische Wirksamkeit der Schutzmechanismen des Art. 5 MuSch-RL zu gewährleisten, ErwGr. 16 MuSch-RL.
180 Die Rangfolge gibt es nicht erst seit der Reform, sie war – etwas weniger leicht zu finden – zuvor in § 3 MuSchArbV geregelt.
181 BT-Drucks. 18/8963, S. 82.
182 KOM (2000), 466 endg., S. 36.
183 Insoweit scheinen die Bedenken an der Unionsrechtskonformität, weil Wöchnerinnen nicht einbezogen werden, nicht überzeugend, so *Kohte/Beetz*, jurisPR-ArbR 6/2018 Anm. 2.

c) Arbeitsplatzwechsel

Erst wenn die **Umgestaltung** i.S.v. Art. 5 Abs. 1 MuSch-RL technisch und/oder sachlich nicht möglich oder aus gebührend nachgewiesenen Gründen **nicht zumutbar** ist, greift gem. Art. 5 Abs. 2 MuSch-RL die nächste Stufe, der **Arbeitsplatzwechsel**. So hilft bei einer schwangeren Flugbegleiterin eine Umgestaltung der Arbeitsbedingungen nicht weiter, da sie auch dann den schädlichen Strahlungen an Bord ausgesetzt ist. In diesem Fall ist ein Arbeitsplatzwechsel, im konkreten Fall ein Arbeitsplatz am Boden, erforderlich.[184]

9.117

Mit dem unbestimmten Rechtsbegriff der **Zumutbarkeit** wurde eine sehr offene Formulierung gewählt. Rechtsprechung des EuGH, in der diese Voraussetzung konkretisiert wird, liegt soweit ersichtlich noch nicht vor. Die Zumutbarkeit kann sich auf die Arbeitnehmerin wie auch den Arbeitgeber beziehen. Fraglich ist, ob der Arbeitgeber finanzielle Gründe anführen kann, die eine Umgestaltung der Arbeitsbedingungen für ihn unzumutbar werden lassen. Dagegen kann die praktische Wirksamkeit des Anpassungsverfahrens des Art. 5 MuSch-RL angeführt werden, welches ansonsten unterlaufen werden könnte.[185] Nur dürfte dann auch der wichtigste Anwendungsfall für eine Unzumutbarkeit auf Arbeitgeberseite ausgeschlossen sein, obwohl der Wortlaut dies nicht vorsieht. Es werden keine Gründe genannt oder ausgenommen, der Richtliniengeber hat sich für einen unbestimmten Rechtsbegriff entschieden. Vielmehr müsste es daher jeweils um das Ausmaß der Beeinträchtigung der jeweiligen Interessen, ggf. auch der finanziellen, gehen. Umgekehrt kann daher auch die Zumutbarkeit für die Arbeitnehmerin verneint werden, wenn ein Arbeitsplatzwechsel bei ihr zu erheblichen finanziellen Einbußen führt.[186]

9.118

Unklar ist, wann **„gebührend nachgewiesene Gründe"**, die nach Art. 5 Abs. 2 MuSch-RL die Unzumutbarkeit begründen müssen, vorliegen. Jedenfalls dürfte dies strenger sein als die ebenfalls vom Richtliniengeber verwendete Formulierung „Tatsachen glaubhaft machen" (Art. 19 Abs. 1 Geschl-RL).

9.119

Ein **Wahlrecht der Arbeitnehmerin**, ob sie ggf. trotz Gefährdung auf ihrem bisherigen Arbeitsplatz weiterarbeiten möchte, was ggf. im Hinblick auf tätigkeitsbezogene Zulagen finanziell vorteilhaft sein kann, **sieht die Richtlinie nicht vor**. Das ist konsequent, da der Zweck des Art. 5 Abs. 2 MuSch-RL nicht nur der Schutz der Arbeitnehmerin ist, sondern auch jedes Risiko für die Sicherheit und Gesundheit ihres Kindes vermieden werden soll.[187]

9.120

Mit der Neufassung hat der Gesetzgeber nun in § 13 Abs. 1 Nr. 2 MuSchG den **Arbeitsplatzwechsel** ausdrücklich im Mutterschutzgesetz geregelt. Damit wird auch das richterrechtlich entwickelte mutterschutzrechtliche **Umsetzungsrecht** des Arbeitgebers nicht mehr notwendig sein.[188] Da aber auch dort bereits die Grenze der Zumutbarkeit eingezogen wurde, kann diese Rechtsprechung insoweit zur Auslegung von § 13 Abs. 1 MuSchG durchaus noch herangezogen werden.[189]

9.121

---

184 EuGH v. 1.7.2010 – C-471/08 – Parviainen, Slg. 2010, I-6533 Rz. 23.
185 Vgl. auch EuGH v. 27.2.2003 – C-320/01 – Busch, Slg. 2003, I-20141 Ls. 1, wonach eine Diskriminierung i.S.v. Art. 2 Abs. 1 RL 76/207/EWG auch nicht durch die finanzielle Folgen gerechtfertigt werden können, die sich für den Arbeitgeber aus der Abkürzung eines Erziehungsurlaubs und dem aufgrund eines Mutterschaftsurlaubs zu zahlenden (höhere) Mutterschaftsgeld ergibt.
186 Wohl a.A. EUArbR/*Risak*, RL 92/85/EWG Art. 5 Rz. 4, der eine Entgeltreduktion nicht „per se" als unzulässig ansieht.
187 Zur Zwecksetzung von Art. 5 Abs. 2 MuSch-RL EuGH v. 1.7.2010 – C-471/08 – Parviainen, Slg. 2010, I-6533 Rz. 48; zur Einbeziehung der Gesundheit des Kindes im Rahmen von Art. 5 Abs. 3 MuSch-RL EuGH v. 1.7.2010 – C-194/08 – Gassmayr, Slg. 2010, I-6281 Rz. 58.
188 S. hierzu bspw. BAG v. 28.3.1969 – 3 AZR 300/68, AP Nr. 2 zu § 11 MuSchG 1968; v. 22.4.1998 – 5 AZR 478/97, AP Nr. 4, v. 21.4.1999 – 5 AZR 174/98, AP Nr. 5, v. 15.11.2000 – 5 AZR 365/99, AP Nr. 7 jeweils zu § 4 MuSchG 1968.
189 So auch BT-Drucks. 18/8963, S. 83 mit Verweis auf BAG v. 22.4.1998 – 5 AZR 478/97, NZA 1998, 936 und BAG v. 14.4.1972 – 3 AZR 395/71, BB 1973, 566, Unzumutbarkeit für die Arbeitnehmerin bei Änderung der Arbeitszeit.

9.122 Anders als Art. 5 Abs. 2 MuSch-RL, der Arbeitsbedingungen und/oder Arbeitszeiten erfasst, nennt **§ 13 MuSchG nur die Arbeitsbedingungen**. Das ist aus Sicht der Richtlinie unproblematisch, da sie aufgrund der Formulierung „und/oder" die Möglichkeit vorsieht, dass nur die Arbeitsbedingungen umgestaltet werden. Ob die Rechtsprechung unter den Begriff der Arbeitsbedingungen auch die Arbeitszeit fassen wird, bleibt abzuwarten.

9.123 Nicht ganz klar ist, ob der deutsche Gesetzgeber den Begriff der **Zumutbarkeit** anders verwendet als der Richtliniengeber. In Art. 5 Abs. 2 MuSch-RL wird die Zumutbarkeit nicht allein auf den Arbeitgeber oder die Arbeitnehmerin bezogen, sondern allgemein verwendet. Nach § 13 MuSchG hat der Arbeitgeber die Frau an einem anderen Arbeitsplatz einzusetzen, wenn eine Umgestaltung wegen des nachweislich unverhältnismäßigen Aufwandes nicht zumutbar ist. Die Zumutbarkeit für die schwangere oder stillende Frau wird ausdrücklich erst am Ende des Satzes, in Bezug auf den anderen Arbeitsplatz angeführt. Hieraus könnte gefolgert werden, dass für die Beurteilung der Zumutbarkeit der Umgestaltung der Arbeitsbedingungen allein die Interessen des Arbeitgebers als Maßstab dienen sollen. In der Gesetzesbegründung finden sich keine Hinweise die dafür oder dagegen sprechen. Eine solche Auslegung dürfte allerdings nicht den Anforderungen des Art. 5 Abs. 2 MuSch-RL genügen.

d) Beurlaubung

9.124 Als **letzte Stufe** greift die Beurlaubung nach Art. 5 Abs. 3 MuSch-RL.[190] Auch hierfür ist erforderlich, dass die mildere Maßnahme, der Arbeitsplatzwechsel, technisch und/oder sachlich nicht möglich oder aus gebührend nachgewiesenen Gründen nicht zumutbar ist. Ebenso wie in Art. 5 Abs. 2 MuSch-RL hat der Richtliniengeber mit dem Begriff der Zumutbarkeit eine offene Formulierung gewählt. Die **Dauer der Beurlaubung** hängt vom **Einzelfall** ab. Art. 5 Abs. 3 MuSch-RL sieht vor, dass sie während des gesamten zum Schutz ihrer Sicherheit und Gesundheit erforderlichen Zeitraums andauert. Die betreffende Arbeitnehmerin muss also bspw. nicht zwingend für die gesamte Schwangerschaft bis zur Entbindung beurlaubt werden. Es ist aber auch nicht erforderlich, dass eine Schwangere, die vor Ende eines Erziehungsurlaubs mit Zustimmung ihres Arbeitgebers zur Arbeit zurückkehrt, um das höhere Mutterschaftsgeld zu erhalten, mitteilt, dass sie schwanger ist und voraussichtlich aufgrund eines Beschäftigungsverbots ihre Tätigkeit gar nicht wird ausüben können.[191]

9.125 Anders als in Art. 5 Abs. 1 und 2 MuSch-RL wird für die **Umsetzung** der Beurlaubung auf die **einzelstaatlichen Rechtsvorschriften und/oder Gepflogenheiten** verwiesen.

9.126 **§ 13 Abs. 1 Nr. 3 MuSchG** regelt ein sog. **betriebliches Beschäftigungsverbot**.[192] Auch nach dem nationalen Verständnis greift das Verbot nur nachrangig.[193] Die erforderliche Unzumutbarkeit des Arbeitsplatzwechsels ist hier schon ausweislich des Wortlauts sowohl im Hinblick auf den Arbeitgeber als auch die schwangere oder stillende Frau zu prüfen. Durch den Verweis auf die einzelstaatlichen Rechtsvorschriften und/oder Gepflogenheiten wird dem nationalen Gesetzgeber im Übrigen ein erheblicher Spielraum gelassen, so dass keine Bedenken im Hinblick auf die Richtlinie erkennbar sind. Auch die – im Wortlaut des § 13 Abs. 1 Nr. 3 MuSchG nicht so deutlich – erwähnte Möglichkeit in der Gesetzesbegründung, ein nur partielles Beschäftigungsverbot bzgl. einzelner Tätigkeitsbereiche auszusprechen,[194] könnte damit noch von Art. 5

---

190 EuGH v. 27.2.2003 – C-320/01 – Busch, Slg. 2003, I-2041 Rz. 45.
191 EuGH v. 27.2.2003 – C-320/01 – Busch, Slg. 2003, I-2041 Rz. 47 unter Anwendung von Art. 2 Abs. 1 RL 76/207/EWG.
192 Zum Begriff s. BT-Drucks. 18/8963, S. 83.
193 Dies kommt bereits im Wortlaut zum Ausdruck, wird zudem nochmals in BT-Drucks. 18/8963, S. 83 betont.
194 BT-Drucks. 18/8963, S. 84; ebenso Rancke/*Pepping*, § 13 MuSchG Rz. 22 unter Verweis auf das Ultima-Ratio-Prinzip.

Abs. 3 MuSch-RL gedeckt sein – wenngleich dagegen spricht, dass in Art. 5 Abs. 3 MuSch-RL nur die zeitliche Dimension ausdrücklich flexibilisiert wird. Wird ein partielles Beschäftigungsverbot als richtlinienkonform angesehen, ist es allerdings zwingend, dass das primäre Richtlinienziel des Gesundheitsschutzes dadurch nicht geschmälert wird.

e) Anwendbarkeit des Anpassungsverfahrens i.R.v. Art. 6 MuSch-RL

Nach Art. 5 Abs. 4 MuSch-RL ist das **gestufte Anpassungsverfahren** ebenfalls anzuwenden, wenn ein **Expositionsverbot nach Art. 6 MuSch-RL** besteht und die Arbeitnehmerin ihren Arbeitgeber davon unterrichtet, dass sie schwanger ist oder stillt. Eine entsprechende Unterrichtungspflicht ist im Rahmen von Art. 5 Abs. 1–3 MuSch-RL hingegen nicht vorgesehen. 9.127

f) Beweislastverteilung

Ebenso wie für die Risikobeurteilung nach Art. 4 MuSch-RL greift nach der Rechtsprechung des EuGH auch im Rahmen des Art. 5 MuSch-RL die **Beweisregel des Art. 19 Abs. 1 Geschl-RL**. Danach hat eine stillende Arbeitnehmerin, die eine Beurlaubung nach Art. 5 Abs. 3 MuSch-RL beantragt, Tatsachen glaubhaft zu machen, die dafür sprechen, dass die Schutzmaßnahmen des Art. 5 Abs. 1 und 2 MuSch-RL nicht in Betracht kommen. Es ist dann an dem Arbeitgeber, nachzuweisen, dass die Maßnahmen i.S.d. Art. 5 Abs. 1 und 2 MuSch-RL technisch oder sachlich möglich und zumutbar waren.[195] 9.128

Die Formulierung in **§ 13 Abs. 1 Nr. 2 MuSchG** des „**nachweislich unverhältnismäßigen Aufwandes**" spricht dafür, dass zumindest insoweit dem Arbeitgeber die Beweislast obliegt, als er die Umgestaltung des Arbeitsplatzes ablehnt. Für das nachrangige betriebliche Beschäftigungsverbot nach § 13 Abs. 1 Nr. 3 MuSchG bietet der Text jedoch keine Formulierung, die Aufschluss über die Beweislastverteilung zulässt, die Gesetzesbegründung hilft da ebenso wenig weiter. 9.129

5. Expositionsverbot, Art. 6 MuSch-RL

Art. 6 MuSch-RL regelt ein **Expositionsverbot** gegenüber den in **Anhang II** nicht abschließend aufgeführten Agenzien und Arbeitsbedingungen, wenn die Beurteilung nach Art. 4 MuSch-RL eine Exposition ergeben hat. Nach den Erwägungsgründen handelt es sich hierbei in Abgrenzung zu Art. 5 MuSch-RL und Anhang I um „**besonders" gefährliche Agenzien oder Arbeitsbedingungen**.[196] Das Expositionsverbot aus Art. 6 MuSch-RL gilt neben den allgemeinen Arbeitsschutzvorschriften. Dabei wird vor allem auf die Vorschriften über die Grenzwerte berufsbedingter Expositionen in Art. 6 MuSch-RL verwiesen. Auch für das Expositionsverbot nach Art. 6 MuSch-RL ist aufgrund des Verweises in Art. 5 Abs. 4 MuSch-RL das Anpassungsverfahren des Art. 5 Abs. 1–3 MuSch-RL anzuwenden. 9.130

Art. 6 MuSch-RL sowie der dazu gehörige Anhang II **unterscheiden** zwischen **schwangeren und stillenden Arbeitnehmerinnen**. Wöchnerinnen werden hingegen nicht erfasst. Die Listen in Anhang II sind nicht abschließend und jeweils in Agenzien und Arbeitsbedingungen unterteilt. Für schwangere Arbeitnehmerinnen sind als besonders gefährliche physikalische Agenzien Arbeit bei Unterdruck genannt, unter biologischen Agenzien werden Toxoplasma und Rötelvirus aufgeführt, wenn keine ausreichende Immunisierung besteht. Chemische Agenzien, denen schwangere Arbeitnehmerinnen nicht ausgesetzt sein dürfen, sind jedenfalls Blei und Bleiderivate, wenn sie vom menschlichen Organismus absorbiert werden können. Als Arbeitsbedingung wird nur die Bergbauarbeit unter Tage aufgeführt. Für stillende Arbeitnehmerinnen werden hingegen wesentlich weniger besonders gefährliche Situationen identifiziert. Genannt werden mit Blei und Bleiderivaten nur 9.131

---

195 EuGH v. 19.10.2017 – C-531/15 – Otero Ramos, NZA 2017, 1448 ff. Rz. 75 f.
196 ErwGr. 12 MuSch-RL.

chemische Agenzien, als Arbeitsbedingungen kommen auch hier die Bergbauarbeiten unter Tage hinzu.

9.132 Der **Anhang II** wurde seit Inkrafttreten der Richtlinie vor nun 26 Jahren **noch nicht geändert** bzw. ergänzt, obwohl sich die Arbeitswelt seither stark verändert haben dürfte. Eine Anpassung ist wegen des nicht abschließenden Charakters nicht zwingend nötig, aber doch im Hinblick auf die Rechtssicherheit wünschenswert. Zudem wäre eine Anpassung durch das erleichterte Anpassungsverfahren nach Art. 13 MuSch-RL vergleichsweise einfach möglich.

9.133 Gemäß Art. 5 Abs. 4 MuSch-RL ist auch im Rahmen von Art. 6 MuSch-RL ein **gestuftes Anpassungsverfahren** i.S.v. Art. 5 Abs. 1–3 MuSch-RL durchzuführen (vgl. Rz. 9.127).

9.134 Die Expositionsverbote des Art. 6 MuSch-RL werden in das nationale Recht umgesetzt über **§ 11 MuSchG** für schwangere Frauen und § 12 MuSchG für stillende Frauen.

9.135 Im Gegensatz zu Anhang I wird der für Art. 6 MuSch-RL maßgebliche Anhang II A. in § 11 MuSchG nicht ausdrücklich in Bezug genommen. Die dort genannten Agenzien und Arbeitsbedingungen finden sich dennoch in § 11 Abs. 1 Satz 2 Nr. 3, Abs. 2 Satz 2 Nr. 2 sowie Abs. 4 Satz 2 Nr. 1 und 3 MuSchG wieder.[197] Ebenso wie in Art. 5 Abs. 4 MuSch-RL vorgesehen, greift auch auf nationaler Ebene bei unzulässigen Tätigkeiten nach § 11 MuSchG das Anpassungsverfahren. § 11 MuSchG selbst legt nur fest, wann es sich um eine unzulässige Tätigkeit handelt, nicht jedoch, wie darauf zu reagieren ist. Erst recht wird kein generelles Beschäftigungsverbot festgelegt.[198] Es ist vielmehr die Rangfolge der Maßnahmen nach § 13 MuSchG maßgeblich, welcher auf § 11 MuSchG verweist.

9.136 Auch in § 12 MuSchG wird nicht ausdrücklich auf Anhang II verwiesen, in § 12 Abs. 1 Satz 2 Nr. 2 und Abs. 4 Satz 2 Nr. 2 MuSchG finden sich aber wiederum die in Anhang II B. aufgeführten Agenzien und Arbeitsbedingungen.

9.137 Die Aufzählungen der verbotenen Agenzien und Arbeitsbedingungen sind weder in § 11 MuSchG noch in § 12 MuSchG abschließend, so dass auch insoweit den unionsrechtlichen Anforderungen genügt werden kann, wenn Anhang II um neue Agenzien oder Arbeitsbedingungen erweitert werden sollte.

6. Nachtarbeit, Art. 7 MuSch-RL

9.138 Nach Art. 7 MuSch-RL sollen die Arbeitnehmerinnen i.S.v. Art. 2 MuSch-RL **nicht** zur Nachtarbeit **verpflichtet** werden.[199] Ausweislich des Wortlauts werden schwangere Arbeitnehmerinnen sowie Wöchnerinnen („während eines ... Zeitraums nach der Entbindung") erfasst, unabhängig davon, ob sie ihr Kind stillen. Aufgrund des Verweises auf Art. 2 MuSch-RL werden zudem stillende Frauen einbezogen. Art. 7 MuSch-RL gibt nur einen Grundsatz aus, dessen **Ausgestaltung** von dem jeweiligen **Mitgliedstaat** abhängt.

a) Begriff Nachtarbeit

9.139 Der zentrale Begriff der **Nachtarbeit** wird **nicht definiert**. Ein Rückgriff auf die Definition der Arbeitszeitrichtlinie 2003/88/EG ist nun auch nach Ansicht des EuGH zulässig, handelt es sich doch hierbei ebenso wie bei der Mutterschutzrichtlinie um einen Teil des Arbeitsschutzes.[200]

---

197 S. auch BT-Drucks. 18/8963, S. 72, 77.
198 ErfK/*Schlachter*, § 11 Rz. 1.
199 Zur Abgrenzung von einem generellen Nachtarbeitsverbot für Frauen s. EuGH v. 3.2.1994 – C-13/93 – Minne, Slg. 1994, I-371.
200 So auch EUArbR/*Risak*, Art. 7 RL 92/85/EWG Rz. 2; EuGH v. 19.9.2018 – C-41/17 – González Castro Rz. 43 ff.

Nach **Art. 2 Nr. 3 ArbZ-RL** ist Nachtzeit eine in den einzelstaatlichen Regelungen festgelegte Zeitspanne von mindestens sieben Stunden, die jedenfalls die Zeitspanne zwischen 24 Uhr und 5 Uhr erfasst. In dieser Kernzeit darf also (vorbehaltlich eines ärztlichen Attests vgl. Rz. 9.142) keine Pflicht zur Arbeit bestehen. Eine Ausweitung des Zeitraums und damit eine Erhöhung des Schutzniveaus ist möglich, da die Mutterschutzrichtlinie nur Mindestanforderungen regelt.[201] Ebenfalls erfasst werden nach Auffassung des Gerichtshofs Arbeitnehmerinnen, die **Schichtarbeit** leisten, in deren Rahmen sie ihre Arbeit nur zum Teil während der Nachtzeit verrichten.[202] Dies ist angesichts der Argumentation des EuGH, dass beide Richtlinien Teile des Arbeitsschutzes darstellen, konsequent, da somit die Definition des Art. 2 Abs. 4 ArbZ-RL zur Anwendung kommt. Darüber hinaus stützt der Gerichtshof seine Rechtsprechung auf den Sinn und Zweck des Art. 7 MuSch-RL, welcher den Schutz für schwangere Arbeitnehmerinnen, Wöchnerinnen oder stillende Arbeitnehmerinnen verstärken soll.[203]

Gemäß **§ 5 MuSchG** greift ein **Verbot der Nachtarbeit** für schwangere und stillende Frauen zwischen 20 Uhr und 6 Uhr. Ausnahmsweise ist eine Beschäftigung bis 22 Uhr zulässig, wenn eine **Genehmigung** nach § 28 MuSchG vorliegt.[204] Da damit das Schutzniveau im Vergleich zur Mutterschutzrichtlinie angehoben wird, ist dies unbedenklich.[205]

9.140

§ 5 MuSchG erfasst allerdings **Wöchnerinnen**, anders als Art. 7 MuSch-RL, nicht vom Nachtarbeitsverbot. Gerechtfertigt werden könnte dies damit, dass der nachgeburtliche Mutterschutz nach § 3 Abs. 2 MuSchG mit acht Wochen vergleichsweise lang ist, so dass Wöchnerinnen i.S.v. Art. 2 Buchst. b MuSch-RL („kurz nach der Entbindung") ohnehin nicht arbeiten. Ein Nachtarbeitsverbot wäre für diese Personengruppe somit nicht erforderlich.[206]

9.141

b) Voraussetzungen und Wirkung

Es handelt sich **nicht** um ein **„absolutes Nachtarbeitsverbot"**.[207] Die Frau soll nur dann nicht zur Nachtarbeit verpflichtet werden dürfen, wenn es aus Gründen der Sicherheit und Gesundheit erforderlich ist, was durch ein entsprechendes ärztliches Attest zu belegen ist. Die Formulierung „vorbehaltlich eines ... vorzulegenden ärztlichen Attests" bezieht sich sowohl auf die Schwangerschaft als auch auf den Zeitraum nach der Entbindung. Für beide Zeiträume können die Mitgliedstaaten also ein Attest fordern.[208] Für die Einzelheiten zur Vorlage des ärztlichen Attests wird auf die Mitgliedstaaten verwiesen. Ebenso wenig gibt die Mutterschutzrichtlinie vor, wie im Einzelnen zu regeln ist, dass keine Pflicht zur Nachtarbeit besteht. Es sollen lediglich „Bestimmungen vorzusehen" sein[209] bzw. nach Art. 7 Abs. 1 MuSch-RL die „erforderlichen Maßnahmen" getroffen werden.

9.142

Nach dem Wortlaut des Art. 7 MuSch-RL kann die (werdende) Mutter zwar nicht zur Nachtarbeit verpflichtet werden. Damit wird ihr umgekehrt aber gerade nicht die Tätigkeit in Form von Nacht-

9.143

---

201 Ebenso EUArbR/*Risak*, Art. 7 RL 92/85/EWG Rz. 3.
202 EuGH v. 19.9.2018 – C-41/17 – González Castro Rz. 45 f.
203 EuGH v. 19.9.2018 – C-41/17 – González Castro Rz. 49 f.
204 Wohl a.A. *Graue*, Soziales Recht 2018, 16 (18 ff.), deren Ausführungen allerdings von der Annahme auszugehen scheinen, dass Nachtarbeit i.S.d. MuSchG zu definieren ist und nicht für die Beurteilung der Richtlinienkonformität das unionsrechtliche Verständnis des Nachtarbeitsbegriffs zugrunde zu legen ist.
205 Zur Begründung, warum im MuSchG bereits ab 20 Uhr ein Nachtarbeitsverbot gilt, s. BT-Drucks. 18/8963, S. 58.
206 Wohl a.A. *Nebe*, jurisPR-ArbR 25/2017 Anm. 1.
207 EAS/*Klein-Jahns*, B 5100, Rz. 26; EUArbR/*Risak*, Art. 7 RL 92/85/EWG Rz. 1 (kein „generelles Nachtarbeitsverbot").
208 EAS/*Klein-Jahns*, B 5100, Rz. 24, 26; anders hingegen EUArbR/*Risak*, Art. 7 RL 92/85/EWG Rz. 5, der wohl davon ausgeht, dass das ärztliche Attest nur außerhalb des festgelegten Zeitraums nach der Geburt verlangt werden kann.
209 ErwGr. 13 MuSch-RL.

arbeit verboten. Der Begriff „Verbot" wird von der Richtlinie in diesem Zusammenhang nicht verwendet. Es bleibt der Frau unbenommen, **freiwillig Nachtarbeit** zu übernehmen.[210] Allerdings haben m.E. die Mitgliedstaaten dennoch die Möglichkeit, ein absolutes Nachtarbeitsverbot einzuführen. Die Richtlinie setzt nur **Mindeststandards**.[211] Auch wenn somit Arbeitnehmerinnen die Wahlfreiheit genommen wird,[212] kann dies m.E. durch den Zweck des Gesundheitsschutzes, nicht zuletzt zugunsten des (ungeborenen) Kindes, gerechtfertigt werden. Dem Interesse der Arbeitnehmerin, wenn möglich weiterhin zu arbeiten, wird zudem durch das gestufte Verfahren des Art. 7 Abs. 2 MuSch-RL Rechnung getragen.

9.144 **§ 5 MuSchG ist strenger als Art. 7 MuSch-RL** und sieht ein Verbot vor. Ein ärztliches Attest zum Nachweis, dass das Verbot im konkreten Einzelfall notwendig ist, wird in § 5 MuSchG nicht verlangt.[213] Beides ist m.E. unionsrechtskonform, da die Richtlinie nur Mindestanforderungen festlegt und auch ein generelles Nachtarbeitsverbot das Ziel des Gesundheitsschutzes verwirklicht.[214]

c) Dauer

9.145 Die Dauer kann **unterschiedlich** sein, je nachdem ob es sich um eine **schwangere Arbeitnehmerin** handelt oder um die Zeit **nach der Entbindung**. Nach dem Wortlaut greift das Nachtarbeitsverbot, vorbehaltlich eines ärztlichen Attests, „während der Schwangerschaft" und in dem Attest soll „die entsprechende Notwendigkeit ... bestätigt" werden, nicht hingegen der zeitliche Umfang. Dies deutet darauf hin, dass das Nachtarbeitsverbot, ist die Gefährdung einmal attestiert, die gesamte Dauer der Schwangerschaft erfasst und nicht zeitlich eingegrenzt werden darf.

9.146 Handelt es sich hingegen um eine **Wöchnerin**, ist die Dauer des Nachtarbeitsverbots für einen Zeitraum nach der Entbindung von der für die Sicherheit und den Gesundheitsschutz zuständigen einzelstaatlichen Behörde festzulegen. Die Mutterschutzrichtlinie gibt keinen Mindestzeitraum vor.

d) Gestufte Anpassung

9.147 In **Art. 7 Abs. 2 MuSch-RL** findet sich im Ergebnis das bereits in Art. 5 Abs. 1–3 MuSch-RL verankerte **Stufenverhältnis** wieder (vgl. Rz. 9.111 ff.), allerdings in abgewandelter Form. Hier muss die Umsetzung an einen Arbeitsplatz mit Tagesarbeit oder, wenn sie nicht technisch/sachlich möglich oder unzumutbar ist, die Beurlaubung bzw. Verlängerung des Mutterschaftsurlaubs ermöglicht werden. Diese Maßnahmen sind nach den einzelstaatlichen Rechtsvorschriften und/oder Gepflogenheiten auszugestalten. Damit wird auch an dieser Stelle den Mitgliedstaaten ein Ermessensspielraum eingeräumt.

9.148 Umgesetzt wurde das Erfordernis eines Anpassungsverfahrens auf nationaler Ebene ausweislich der Gesetzesbegründung durch die Rangfolge in **§ 13 MuSchG**, zum Nachtarbeitsverbot wird

---

210 Ebenso EUArbR/*Risak*, Art. 7 RL 92/85/EWG Rz. 1.
211 S. auch EAS/*Klein-Jahns*, B 5100, Rz. 26.
212 Hierauf zielen wohl auch die Ausführungen in BT-Drucks. 18/8963, S. 58 ab, wonach die Einbeziehung der Frau erforderlich ist, um ihre Autonomie zu stärken.
213 Das ärztliche Attest kann im Rahmend der Genehmigung nach § 28 MuSchG Bedeutung erlangen, allerdings gerade nicht, um ein Beschäftigungsverbot zu begründen, sondern um es zeitlich nach hinten zu verschieben. Schwer nachzuvollziehen sind die Ausführung in der Gesetzesbegründung, dass die Einwilligung der schwangeren oder stillenden Frau für die Verkürzung des Nachtarbeitsverbots, dort noch in § 4 Abs. 2 MuSchG geregelt und in der Endfassung in § 28 MuSchG, unionsrechtlich, unter Verweis auf Art. 7 MuSchG-RL, gefordert sei und der Stärkung der Autonomie der Frau diene, BT-Drucks. 18/8963, S. 58.
214 So auch Rancke/*Pepping*, § 5 MuSchG Rz. 3 m.w.N.; a.A. im Hinblick auf § 28 Abs. 1 MuSchG *Graue*, Soziales Recht 2018, 16, 18, unter Berufung auf das Selbstbestimmungsrecht der Frau.

ausdrücklich auf die vorrangige Umsetzung nach § 13 MuSchG (in der Gesetzesbegründung noch § 12 MuSchG) verwiesen.[215] Das ist insoweit überraschend, als § 13 MuSchG nur auf die §§ 9, 11 und 12 MuSchG verweist, nicht hingegen auf § 5 MuSchG. Es wäre aber möglich, § 5 MuSchG als Sonderfall einer unverantwortbaren Gefährdung i.S.v. § 9 MuSchG zu verstehen.[216]

VIII. Mutterschaftsurlaub, Art. 8 MuSch-RL

Nach Art. 8 MuSch-RL muss die Gewährung eines Mutterschaftsurlaubs von mindestens 14 Wochen ohne Unterbrechung sichergestellt werden, davon müssen mindestens zwei Wochen obligatorisch sein. 9.149

1. Zwecksetzung und Einordnung

Der Mutterschaftsurlaub dient **zwei Zwecken**: Zum einen geht es um den **Gesundheitsschutz** der Frau in den sensiblen Phasen kurz vor und nach der Entbindung.[217] Zum anderen soll die **Beziehung zwischen der Mutter und dem Kind** im Anschluss an die Entbindung gestärkt werden, indem Doppelbelastungen durch eine gleichzeitige Erwerbstätigkeit vermieden werden. Diese zweite Zwecksetzung ergibt sich allerdings nicht aus dem Richtlinientext, sie ist Ergebnis einer durchgängigen Rechtsprechung des EuGH.[218] Der Mutterschaftsurlaub wird vom EuGH in ständiger Rechtsprechung auch als „sozialrechtliches Schutzinstrument von besonderer Bedeutung angesehen".[219] Um die praktische Wirksamkeit des Mutterschaftsurlaubs zu gewährleisten, wird Art. 8 MuSch-RL durch Art. 11 Nr. 2 MuSch-RL flankiert.[220] 9.150

Der Mutterschaftsurlaub wird **nicht als absolutes Arbeitsverbot** angesehen.[221] Das ist m.E. nur für zwölf der vorgegeben 14 Wochen zutreffend, da Art. 8 Abs. 2 MuSch-RL einen „**obligatorischen Mutterschaftsurlaub**" von mindestens zwei Wochen vorschreibt. In Bezug auf diese zwei Wochen handelt es sich durchaus um ein absolutes Arbeitsverbot.[222] Dies bedeutet im Umkehrschluss, dass die Frau auf die über die zwei Wochen hinausgehende Zeit auf ihren Mutterschaftsurlaub **verzichten** kann.[223] Dementsprechend ist es auch zulässig, wenn nationale Regelungen vorsehen, dass der Vater einen Teil des Mutterschaftsurlaubs übernimmt, solange nicht die zwei obligatorischen Wochen angetastet werden. Als weitere Grenze stellt der EuGH die Voraussetzung auf, dass mit der Wiederaufnahme der Arbeit nicht die Gesundheit der Frau gefährdet werden darf.[224] 9.151

---

215 BT-Drucks. 18/8963, S. 58, die letzten Änderungen des Gesetzentwurfs, in denen die Rangfolge von § 12 in § 13 MuSchG versetzt wurde, zog insoweit keine inhaltlichen Änderungen nach sich.
216 S. hierzu auch Rancke/*Pepping*, § 5 MuSchG Rz. 14.
217 S. ErwGr. 15, wo auf die „Empfindlichkeit" schwangerer Arbeitnehmerinnen, Wöchnerinnen und stillender Arbeitnehmerinnen hingewiesen wird.
218 EuGH v. 18.3.2004 – C-342/01 – Merino Gómez, Slg. 2004, I-2605 Rz. 32; v. 20.9.2007 – C-116/06 – Kiiski, Slg. 2007, I-7643 Rz. 50; v. 19.9.2013 – C-5/12 – Montull, BeckRS 2013, 81826 Rz. 50; v. 16.6.2016 – C-351/14 – Sánchez, NZA 2016, 935 Rz. 44; s. hierzu auch ausführlich die Schlussanträge der GAin *Kokott* v. 26.9.2013 – C-167/12 – C.D., BeckRS 2014, 80565 Rz. 45 ff.; diese Auffassung scheint auch in der Literatur übernommen zu werden, s. EUArbR/*Risak*, Art. 8 RL 92/85/EWG Rz. 3; Schlachter/*Nebe*, § 17 Rz. 34.
219 EuGH v. 20.9.2007 – C-116/06 – Kiiski, Slg. 2007, I-7643 Rz. 49; v. 19.9.2013 – C-5/12 – Montull, ZESAR 2014, 182 Rz. 48; v. 21.5.2015 – C-65/14 – Rosselle, NZA 2015, 785 Rz. 30.
220 Die Zwecksetzung wird bereits in Art. 11 Satz 1 MuSch-RL herausgestellt; auf die praktische Wirksamkeit wird in ErwGr. 18 hingewiesen.
221 EUArbR/*Risak*, Art. 8 RL 92/85/EWG Rz. 1.
222 Vgl. auch EAS/*Klein-Jahns*, B 5100, Rz. 30.
223 EuGH v. 27.10.1998 – C-411/96 – Boyle, Slg. 1998, I-6401 Rz. 58; v. 19.9.2013 – C-5/12 – Montull, ZESAR 2014, 182 Rz. 57.
224 EuGH v. 19.9.2013 – C-5/12 – Montull, ZESAR 2014, 182 Rz. 58, 60.

9.152 Umgesetzt wird Art. 8 MuSch-RL durch die vor- und nachgeburtlichen Schutzfristen nach § 3 **MuSchG**. Abdingbar ist nur die sechswöchige Schutzfrist vor der Geburt nach § 3 Abs. 1 MuSchG, nicht hingegen die (mindestens) achtwöchige nachgeburtliche Schutzfrist nach § 3 Abs. 2 MuSchG. Damit genügt § 3 MuSchG den Mindestanforderungen der Mutterschutzrichtlinie.[225]

2. Persönlicher Anwendungsbereich

9.153 Gemäß Art. 8 Abs. 1 MuSch-RL muss **Arbeitnehmerinnen i.S.v. Art. 2 MuSch-RL** ein Mutterschaftsurlaub von mindestens 14 Wochen gewährt werden. Erfasst sind damit schwangere Arbeitnehmerinnen, Wöchnerinnen und stillende Arbeitnehmerinnen. Trotz dieser scheinbar klaren Eingrenzung des persönlichen Anwendungsbereichs des Art. 8 MuSch-RL wird sein Umfang teilweise im Hinblick auf Väter und sog. Bestellmütter diskutiert.

9.154 Der EuGH versagt **Vätern** einen **Anspruch** auf Mutterschaftsurlaub.[226] Kritisiert wird in der Literatur dies vor dem Hintergrund, dass der EuGH ansonsten regelmäßig die Zwecksetzung, die Beziehung zwischen Mutter und Kind zu stärken, in seiner Argumentation betont.[227] In der Tat erscheint es nicht mehr zeitgemäß, allein auf die Beziehung zwischen Mutter und Kind abzustellen, was bei einer Adoption durch zwei Männer besonders deutlich wird. Allerdings kann dies nicht der Rechtsprechung angelastet werden. Der Verweis in Art. 8 Abs. 1 MuSch-RL auf Art. 2 MuSch-RL erfasst keine Väter. Die Frage, ob Väter vom Anspruch auf Mutterschaftsurlaub ausgeschlossen werden können, wird aber auch noch auf einer diskriminierungsrechtlichen Ebene diskutiert. Der EuGH sieht in dem Ausschluss von Vätern zwar eine Ungleichbehandlung. Er rechtfertigt sie jedoch über Art. 2 Abs. 3 Geschl-RL, wonach insbesondere Schwangerschaft und Mutterschaft einer Ungleichbehandlung entgegenstehen.[228] Daraus folgert der EuGH, dass die damit verbundenen Rechte wie der Mutterschaftsurlaub den Vätern nicht unbedingt gewährt werden müssen.

9.155 Damit ist die **Möglichkeit**, dass der Vater einen Teil des Mutterschaftsurlaubs übernimmt, hingegen **nicht ausgeschlossen**.[229] Wenngleich die Mitgliedstaaten nicht verpflichtet sind, ihm einen Anspruch zu gewähren, dürfen sie ihm die Möglichkeit einräumen, einen Teil des Mutterschaftsurlaubs zu übernehmen. In diesem Fall wird eine Unterscheidung im nationalen Recht, wonach Väter nur dann einen Teil des Mutterschaftsurlaubs übernehmen können, wenn damit keine Gefahr für die Gesundheit der Mutter einhergeht und die Mutter Arbeitnehmerin (und nicht selbstständig) ist, als zulässig angesehen.[230]

9.156 Anders stellt sich – entgegen der Ansicht des EuGH – m.E. die Situation bei **Bestellmüttern und Adoptivmüttern** dar, die ihr Kind **stillen**. Der EuGH verneint einen Anspruch auf Mutterschaftsurlaub im Wesentlichen unter Rückgriff auf den Wortlaut des Art. 8 MuSch-RL, wonach der Mutterschaftsurlaub auf die Zeit vor und/oder nach der Entbindung aufzuteilen ist. Hieraus folgert er, dass die Entbindung wichtiger Anknüpfungspunkt für den Anspruch auf nachgeburtlichen Mutterschaftsurlaub ist und eine Bestellmutter hat nicht entbunden.[231] Dies überzeugt nicht. Wenn Bestell- oder Adoptivmütter stillen, werden sie über Art. 2 Nr. 3 MuSch-RL iVm. Art. 8 Abs. 1

---

225 Ebenso Rancke/*Pepping*, § 3 MuSchG Rz. 1.
226 EuGH v. 12.7.1984 – C-184/83 – Hofmann, Slg. 1984, 3047 Rz. 28; v. 26.10.1983 – C-163/82 – Kommission/Italien, Slg. 1983, 3273 Rz. 16.
227 EUArbR/*Risak*, Art. 8 RL 92/85/EWG Rz. 4a.
228 EuGH v. 12.7.1984 – C-184/83 – Hofmann, Slg. 1984, 3047 Rz. 25; v. 30.9.2010 – C-104/09 – Álvarez, Slg. 2010, I-8661 Rz. 26 f.; v. 19.9.2013 – C-5/12 – Montull, ZESAR 2014, 182 Rz. 60 ff.
229 EuGH v. 12.7.1984 – C-184/83 – Hofmann, Slg. 1984, 3047 Rz. 28, nur Ausschluss der Verpflichtung, nicht hingegen Verbot, freiwillig Mutterschaftsurlaub zu gewähren.
230 EuGH v. 19.9.2013 – C-5/12 – Montull, ZESAR 2014, 182 Rz. 59; insgesamt kritisch zur „Begründungslinie des EuGH" EUArbR/*Risak*, Art. 8 RL 92/85/EWG Rz. 4a.
231 EuGH v. 18.3.2014 – C-167/12 – C.D., EzA Richtlinie 2006/54 EG-Vertrag 1999 Nr. 2.

MuSch-RL erfasst. Art. 2 Nr. 3 MuSch-RL fordert nicht, dass die Frau selbst entbunden hat. So wird auch dem Ziel des Gesundheitsschutzes Rechnung getragen.

Wird das Kind hingegen **nicht von der Bestell- oder Adoptivmutter gestillt**, greift nach der momentanen Rechtslage die Pflicht zur Gewährung eines Mutterschaftsurlaubs nach Art. 8 MuSch-RL nicht. Entgegen der Ansicht der GAin *Kokott* kann m.E. der Personenkreis des Art. 2 MuSch-RL auch nicht unter Berufung auf die Zielsetzung, die Beziehung zwischen Mutter und Kind zu stärken und vor Belastungen durch die Erwerbstätigkeit zu schützen, „funktional" verstanden werden, um auf diesem Weg Bestellmütter allgemein einzubeziehen.[232] Dafür ist der Personenkreis in Art. 2 MuSch-RL zu klar benannt.[233] Dass bei einer Leihmutterschaft die Beziehung zwischen Mutter und Kind weniger gestärkt werden muss als in anderen Fällen, ist zwar in der Tat sozialpolitisch nicht begründbar.[234] Diese Lücke muss allerdings vom Richtliniengeber geschlossen werden, im Wege der Auslegung ist dies m.E. nicht möglich. 9.157

Nach **§ 3 Abs. 2 MuSchG** greift die nachgeburtliche Schutzfrist für Frauen nach der Entbindung. Wird das Verständnis des EuGH zugrunde gelegt, ist dies unionsrechtskonform. (Stillenden) Bestellmüttern wäre danach ebenso wenig wie Vätern ein Mutterschaftsurlaub zu gewähren. 9.158

3. Dauer und Aufteilung

Nach Art. 8 Abs. 1 MuSch-RL ist eine **Mindestdauer** von insgesamt **14 Wochen** ohne Unterbrechung vorgesehen. Dabei müssen **zwei Wochen obligatorisch** sein, d.h. die Frau darf hierauf nicht verzichten. Die Aufteilung vor und/oder nach der Entbindung ist den Mitgliedstaaten überlassen.[235] Aus dem Zweck der Regelung folgt nach der Rechtsprechung des EuGH, dass die Frau den Mutterschaftsurlaub nicht unterbrechen oder zur Unterbrechung gezwungen sein und die Arbeit wieder aufnehmen darf, um zu einem späteren Zeitpunkt die restliche Zeit des Mutterschaftsurlaubs zu nehmen.[236] Das ist angesichts des Wortlauts nicht überraschend. Geht der Mutterschaftsurlaub über die Mindestdauer von 14 Wochen hinaus, dürfte es aber in der darüber hinaus gehenden Zeit zulässig sein, ihn zu unterbrechen.[237] 9.159

Umgesetzt wird der Mutterschaftsurlaub über die vor- und nachgeburtlichen Schutzfristen nach § 3 MuSchG.[238] Da sie insgesamt 14 Wochen betragen, die achtwöchige nachgeburtliche Schutzfrist nach § 3 Abs. 2 MuSchG nicht abdingbar ist und auch keine Unterbrechungen zugelassen werden, ist die Regelung insgesamt unionsrechtskonform. 9.160

4. Verhältnis zu anderen Freistellungstatbeständen

Der Mutterschaftsurlaub kann zeitlich zusammenfallen mit einer **Krankheit**, mit einer **Elternzeit** oder einem **Urlaub**. Die Mutterschutzrichtlinie sieht für diesen Fall keine Regelung vor. In der Rechtsprechung des EuGH wird i.d.R. danach unterschieden, ob der Mindestzeitraum von 14 Wochen für den Mutterschaftsurlaub gewährt wird oder ob es sich um einen Zeitraum handelt, der über diese Mindestdauer hinaus gewährt wird. 9.161

---

232 Schlussanträge v. GAin *Kokott* v. 26.9.2013 – C-167/12, BeckRS 2013, 81888 Rz. 48.
233 S. vertiefend *Brose*, NZA 2016, 604 (607), s. dort auch zur Argumentation von GAin *Kokott* über Art. 24 Abs. 3 EU-GRC.
234 Schlussanträge v. GAin *Kokott* v. 26.9.2013 – C-167/12, BeckRS 2013, 81888 Rz. 46 f.
235 Zum Spielraum der Mitgliedstaaten zur Festlegung des Beginns des Mutterschaftsurlaub s. EuGH v. 27.10.1998 – C-411/96 – Boyle, Slg. 1998, I-6401 Ls. 2.
236 EuGH v. 27.10.1998 – C-411/96 – Boyle, Slg. 1998, I-6401 Rz. 59.
237 So auch EUArbR/*Risak*, Art. 8 RL 92/85/EWG Rz. 9.
238 Zu den ersten Anpassungen des § 6 MuSchG a.F. an die Vorgaben des Art. 8 MuSch-RL durch das 2. Änderungsgesetz zum Mutterschutzgesetz, BGBl. I 2002, S. 1812 ff., s. *Tege*, BB 2002, 2602 f.

9.162 Erkrankt eine Mutter während des Mutterschaftsurlaubs und nimmt sie nach nationalem Recht **„Krankheitsurlaub"**, so kann ihr nach Ansicht des EuGH nicht der Anspruch auf Mutterschaftsurlaub entzogen werden, wenn der Krankheitsurlaub vor Ablauf der Mindestzeit des Mutterschaftsurlaubs von 14 Wochen endet. Begründet wird dies mit dem Zweck des Mutterschaftsurlaubs, sowohl die Gesundheit der Mutter zu schützen als auch die Beziehung zwischen Mutter und Kind zu stärken.[239]

9.163 Nach Auffassung des EuGH ist es richtlinienkonform, wenn eine nationale Regelung vorsieht, dass Ansprüche auf **Jahresurlaub** nur während des von Art. 8 MuSch-RL gewährleisteten 14-wöchigen Mutterschaftsurlaubs entstehen. Wenn über diesen Mindestzeitraum hinaus ein Mutterschaftsurlaub gewährt wird, darf die Entstehung von Jahresurlaub hingegen ausgeschlossen werden.[240] Anders als die Frage der Entstehung eines Anspruchs auf Jahresurlaub während des Mutterschaftsurlaubs ist die Frage zu beurteilen, wie sich das zeitliche Zusammenfallen von Mutterschaftsurlaub und Recht auf Jahresurlaub auswirkt. Gemäß Art. 7 Abs. 1 ArbZ-RL müssen die Mitgliedstaaten die erforderlichen Maßnahmen ergreifen, damit jeder Arbeitnehmer einen bezahlten Mindestjahresurlaub von vier Wochen in Anspruch nehmen kann. Da beide Formen des Urlaubs einem unterschiedlichen Zweck dienen, ist nach Ansicht des EuGH der Mutter die Möglichkeit zu geben, ihren Jahresurlaub zu einem anderen Zeitpunkt nehmen zu können als während ihres Mutterschaftsurlaubs.[241]

9.164 Wird eine Frau während eines Elternurlaubs schwanger, kann sie nach der Rechtsprechung des EuGH den **Elternurlaub** verschieben und stattdessen einen Mutterschaftsurlaub nach Maßgabe des Art. 8 MuSch-RL antreten, ohne dass eine nationale Regelung verlangen darf, dass zuvor die Arbeit wieder aufgenommen wurde.[242] Der Gerichtshof weist darauf hin, dass Schutzzweck des Mutterschaftsurlaubs, eine Verdoppelung der Belastung der Mutter zu verhindern, auch im Hinblick auf die Betreuung des ersten Kindes besteht. Daher lasse sich fordern, dass eine solche Doppelbelastung verhindert werden können müsse, indem es der Frau ermöglicht werde, wegen ihrer Schwangerschaft den Zeitraum des Elternurlaubs zu ändern.[243] Diese Möglichkeit kann praktisch bedeutsam sein, wenn bspw. wie nach deutschem Recht die finanziellen Leistungen für die vor- und nachgeburtlichen Schutzfristen höher sind als das Elterngeld.

9.165 Die Möglichkeit, die Elternzeit vorzeitig wegen der Geburt eines weiteren Kindes zu beenden, ist gem. **§ 16 Abs. 3 Satz 3 BEEG** ohne Zustimmung des Arbeitgebers möglich; es bestehen daher heute keine unionsrechtlichen Bedenken mehr.[244]

IX. Freistellung von der Arbeit für Vorsorgeuntersuchungen, Art. 9 MuSch-RL

9.166 Nach Art. 9 MuSch-RL müssen Schwangere **ohne Gehaltseinbußen von der Arbeit freigestellt** werden, um **Vorsorgeuntersuchungen** wahrzunehmen. Voraussetzung ist allerdings, dass die Untersuchung während der Arbeitszeit stattfinden muss. Die Maßnahme, über die die Freistellung gewährt wird, ist entsprechend den einzelstaatlichen Vorschriften und/oder Gepflogenheiten auszugestalten. Viel Spielraum dürfte dies nicht eröffnen, denn jedenfalls muss es sich um eine Freistellung handeln. Denkbar wären ggf. Ankündigungsfristen o.ä.

---

239 EuGH v. 27.10.1998 – C-411/96 – Boyle, Slg. 1998, I-6401 Ls. 3.
240 EuGH v. 27.10.1998 – C-411/96 – Boyle, Slg. 1998, I-6401 Ls. 4.
241 EuGH v. 18.3.2004 – C-342/01 – Gómez, Slg. 2004, I-2605 Rz. 28 ff.
242 EuGH v. 13.2.2014 – C-512/11 – Terveys, NZA 2014, 316 Rz. 48 ff.
243 EuGH v. 20.9.2007 – C-116/06 – Kiiski, Slg. 2007, I-7643 Rz. 50; zu den unterschiedlichen Zwecksetzungen von Mutterschaftsurlaub und Elternurlaub s. EuGH v. 16.6.2016 – C-351/14 – Sánchez, NZA 2016, 935 Rz. 43 ff.
244 ErfK/*Gallner*, § 16 BEEG Rz. 9a m.w.N.; zur vorherigen Rechtslage im BEEG s. *Joussen*, EuZA 2008, 375, 382 f.

Der Wortlaut ist insofern weit, als nicht auf nur gesetzlich vorgesehene Vorsorgeuntersuchungen abgestellt wird. Auch **Vorsorgeuntersuchungen**, die darüber hinaus im konkreten Fall erforderlich sind, werden damit erfasst.[245] Ebenso wird nicht gefordert, dass es sich um ärztliche Vorsorgeuntersuchungen handelt, so dass auch Untersuchungen durch eine Hebamme unter die Regelung fallen dürften. Eingegrenzt wird die Gewährung eines Freistellungsanspruchs durch das Erfordernis, dass die Untersuchung **während der Arbeitszeit** stattfinden **muss**. Hieraus wird gefolgert, dass die Schwangere hierfür beweispflichtig ist.[246]

9.167

Ein Freistellungsanspruch ist in **§ 7 MuSchG** geregelt. Er ist insofern weiter, als auch Frauen nach der Entbindung erfasst werden. Gemäß **§ 23 Abs. 1 Satz 1 MuSchG** wird sichergestellt, dass bei der schwangeren Frau kein Entgeltausfall wegen der Freistellung eintreten darf.

9.168

X. Verbot der Kündigung, Art. 10 MuSch-RL

Art. 10 Nr. 1 MuSch-RL stellt ein grundsätzliches Verbot der Kündigung von Arbeitnehmerinnen i.S.d. Art. 2 MuSch-RL vom Beginn der Schwangerschaft bis zum Ende des Mutterschaftsurlaubs nach Art. 8 Abs. 1 MuSch-RL auf. Art. 10 MuSch-RL ist hinreichend bestimmt, so dass ihm eine **unmittelbare Wirkung** zukommt.[247]

9.169

1. Zwecksetzung

Als Grund für das Kündigungsverbot nennt der Richtliniengeber die Gefahr, dass sich eine Kündigung, die im Zusammenhang mit dem Zustand der Frau steht, schädlich auf ihre **physische und psychische Verfassung** auswirkt.[248] Der EuGH fügt hinzu, dass das Risiko vermieden werden soll, dass die Frau sich zum Schwangerschaftsabbruch veranlasst sieht.[249]

9.170

2. Anwendungsbereich

a) Persönlich

Da Art. 10 MuSch-RL auf **Art. 2 MuSch-RL** verweist, werden durch das Kündigungsverbot schwangere Arbeitnehmerinnen, Wöchnerinnen und stillende Arbeitnehmerinnen geschützt. **Nicht erfasst** werden damit **Bestellmütter** während der Schwangerschaft der Leihmutter. Es ist jedoch keineswegs undenkbar, dass einer Bestellmutter aufgrund der bevorstehenden Mutterschaft gekündigt wird. In diesem Fall kann es sich dann um eine diskriminierende Kündigung und einen Verstoß gegen die Geschlechterrichtlinie handeln. Zur möglichen Einbeziehung von **GmbH-Geschäftsführerinnen** kann auf die Ausführungen zur Arbeitnehmereigenschaft i.S.d. Mutterschutzrichtlinie verwiesen werden (vgl. Rz. 9.50).

9.171

Das Kündigungsverbot wird durch **§ 17 MuSchG** umgesetzt.[250] § 17 MuSchG greift während der Schwangerschaft und während der nachgeburtlichen Schutzfrist, jedoch mindestens bis

9.172

---

245 EUArbR/*Risak*, Art. 9 RL 92/85/EWG Rz. 1.
246 EAS/*Klein-Jahns*, B 5100, Rz. 38; EUArbR/*Risak*, Art. 9 RL 92/85/EWG Rz. 1.
247 EuGH v. 4.10.2001 – C-438/99 – Jiménez Melgar, Slg. 2001, I-6915 Rz. 34; Schlachter/*Nebe*, § 17 Rz. 36; s. auch Tege, BB 2002, 2602, die dies als Grund für das 2. Änderungsgesetz zum Mutterschutzgesetz benennt.
248 ErwGr. 15.
249 EuGH v. 4.10.2001 – C-109/00 – Tele Danmark, Slg. 2001, I-6993 Rz. 26; v. 11.10.2007 – C-460/06 – Paquay, Slg. 2007, I-8511 Rz. 30; v. 22.2.2018 – C-103/16 – Porras Guisado, ArbRB 2018, 66 = NZA 2018, 432 Rz. 46.
250 S. ErfK/*Schlachter*, § 17 MuSchG Rz. 1; BT-Drucks. 18/8963, S. 87 wonach die Regelung (im Regierungsentwurf noch § 16 MuSchG) klarstellend um unionsrechtliche Vorgaben ergänzt wird.

vier Monate nach der Entbindung. Die Regelung stellt nicht darauf ab, ob die Frau Wöchnerin ist oder stillt. Entscheidend ist, dass sie schwanger ist oder aber sich in der nachgeburtlichen Schutzfrist befindet. Damit ist der Anwendungsbereich hinreichend weit. Der Rechtsprechung des EuGH in der Rs. *Danosa* trägt der Gesetzgeber ausdrücklich Rechnung, indem nun über § 1 Abs. 2 Satz 2 Nr. 7 auch Arbeitnehmerähnliche u.a. in den Kündigungsschutz einbezogen werden.[251]

b) Zeitlich

9.173 Das Verbot greift ab dem Beginn der Schwangerschaft und endet mit dem Ende des Mutterschaftsurlaubs nach Art. 8 Abs. 1 MuSch-RL.

9.174 Der **Beginn der Schwangerschaft** ist in zweierlei Hinsicht zu konkretisieren. So dürfte für die Festlegung des Schwangerschaftsbeginns zusätzlich erforderlich sein, dass der Arbeitgeber hierüber informiert wurde.[252] Dies ist zwar keine unmittelbare Voraussetzung des Art. 10 MuSch-RL, sie folgt jedoch aus dem Verweis auf Art. 2 MuSch-RL. Darüber hinaus ist bei einer **In-vitro-Fertilisation** der Beginn der Schwangerschaft genau zu bestimmen. Nach Ansicht des EuGH soll auf den „frühestmöglichen" Zeitpunkt abgestellt werden, umgekehrt soll aber die Befruchtung der Eizelle noch zu früh sein.[253] M.E. ist auf den Zeitpunkt des Embryonentransfers abzustellen, s. hierzu im Einzelnen die Ausführungen vgl. Rz. 9.64 ff.

9.175 Das **Ende des Kündigungsverbots** tritt mit dem Ende des Mutterschaftsurlaubs nach Art. 8 Abs. 1 MuSch-RL ein. Nach dem Wortlaut kann damit sowohl nur der 14-wöchige Mindesturlaub i.S.v. Art. 8 Abs. 1 MuSch-RL maßgeblich sein als auch der auf nationaler Ebene ggf. länger gewährte Mutterschaftsurlaub, welcher der Umsetzung von Art. 8 MuSch-RL dient.[254] Der Zweck des Kündigungsverbots, das Vermeiden schädlicher Auswirkungen auf die physische und psychische Verfassung der Frau, könnte angeführt werden, um auf die längst mögliche Dauer abzustellen. Zwingend scheint dies jedoch nicht, legt die Richtlinie doch nur Mindeststandards fest.

9.176 Ebenso wie Art. 10 MuSch-RL stellt **§ 17 MuSchG** auf den Beginn der Schwangerschaft sowie den Ablauf des Mutterschaftsurlaubs bzw. die nachgeburtliche Schutzfrist i.S.v. § 3 Abs. 2 MuSchG ab. Der Beginn der Schwangerschaft wird auch weiterhin nicht im MuSchG geregelt. Damit bleibt es jedenfalls einer unionsrechtskonformen Auslegung zugänglich. Indem seit der Reform nicht nur eine Mindestdauer von vier Monaten nach der Entbindung eingezogen wurde, sondern nunmehr auf das **Ende der nachgeburtlichen Schutzfrist** abzustellen ist, wenn dieses später eintritt (§ 17 Abs. 1 Satz 1 Nr. 3 MuSchG), wurde auch der Kritik Rechnung getragen, dass zuvor im Hinblick auf Art. 10 MuSch-RL eine Lücke im Kündigungsschutz bestand, wenn eine achtzehnwöchige Schutzfrist nach der Geburt bestand.[255]

9.177 Des Weiteren stellt der Gesetzgeber nun klar, dass es entgegen der Rechtsprechung des BAG für das Vorliegen einer Entbindung i.S.d. § 17 MuSchG **nicht darauf ankommt**, ob das Kind bei einer Fehlgeburt die **Gewichtsgrenze von 500g** überschritten hat.[256] Hiergegen wurden vor der Reform des Mutterschutzgesetzes unionsrechtliche Bedenken unter Berufung auf den Zweck des Art. 10 MuSch-RL vorgebracht.[257] Indem nun darauf abgestellt wird, dass die Fehlgeburt nach

---

251 BT-Drucks. 18/8963, S. 87.
252 EUArbR/*Risak*, RL 92/85/EWG Art. 10 Rz. 7.
253 EuGH v. 26.2.2008 – C-506/06 – Mayr, Slg. 2008, I-1017 Rz. 40; zustimmend z.B. *Braunroth/Franke*, ZESAR 2015, 313 (316).
254 Auf den längeren Mutterschaftsurlaub in den nationalen Regelungen abstellend EAS/*Klein-Jahns*, B 5100, Rz. 33; EUArbR/*Risak*, RL 92/85/EWG Art. 10 Rz. 8.
255 BT-Drucks. 18/8963, S. 87.
256 S. hierzu BAG v. 15.12.2005 – 2 AZR 462/04, ArbRB 2006, 228 = NZA 2006, 994.
257 Schlachter/*Nebe*, § 17 Rz. 36.

Ablauf der zwölften Schwangerschaftswoche erfolgte, trägt der Gesetzgeber den besonderen psychischen Belastungen Rechnung, denen eine Frau bei einer Fehlgeburt ausgesetzt ist, wenn dieser Zeitraum, nachdem die Schwangerschaft als „sicher" gilt, überschritten ist.[258] Diese zeitliche Grenzziehung ist nachvollziehbar. Es kann aber nicht pauschal ausgeschlossen werden, dass eine Frau, gerade nach mehrfachen Fehlgeburten, weniger belastet ist, wenn sie nach der elften Woche eine Fehlgeburt erleidet.

c) Verhältnis zur diskriminierenden Kündigung

Bereits vor Ablauf der Umsetzungsfrist für die Mutterschutzrichtlinie musste der EuGH über Kündigungen schwangerer Frauen entscheiden. **Kündigungen, die im Zusammenhang mit der Schwangerschaft oder Entbindung ausgesprochen wurden, stellen nach Ansicht des EuGH eine unmittelbare Diskriminierung aufgrund des Geschlechts** dar, da diese Kündigungen nur Frauen treffen können. Dementsprechend wurde ein Verstoß gegen Art. 2 Abs. 1, 5 Abs. 1 Richtlinie 76/207/EWG (inzwischen überführt in die Geschlechterrichtlinie) bejaht.[259]

9.178

Heute kann der **Geschlechterrichtlinie** vor allem eine **Auffangfunktion** zukommen für Fälle, die nicht vom Anwendungsbereich des Art. 10 MuSch-RL erfasst werden, die ihm aber wertungsmäßig entsprechen. So kann z.B. eine Beendigung nicht nach Art. 10 MuSch-RL verboten sein, weil die Schwangere keine Arbeitnehmerin i.S.v. Art. 2 MuSch-RL ist. Auch eine Nichtverlängerung eines befristeten Arbeitsverhältnisses unterliegt nicht dem Kündigungsverbot aus Art. 10 MuSch-RL (vgl. Rz. 9.182). In beiden Konstellationen kann aber ein Verstoß gegen die Vorgaben der Geschlechterrichtlinie vorliegen.[260] Nach Ansicht des EuGH ist dann erforderlich, dass ein Verstoß gegen das Diskriminierungsverbot auf nationaler Ebene in derselben Weise zu sanktionieren ist wie ein Verstoß gegen Art. 10 MuSch-RL.[261]

9.179

3. Umfang des Kündigungsverbots

a) Kündigung i.S.v. Art. 10 MuSch-RL

Der EuGH legt das Kündigungsverbot weit aus. So hat er in der Rs. *Danosa* auch einen (gesellschaftsrechtlichen) **Abberufungsbeschluss** eines Organs der Unternehmensleitung als Kündigung i.S.v. Art. 10 MuSch-RL angesehen.[262]

9.180

Zudem ist nach Ansicht des EuGH durch Art. 10 MuSch-RL auch untersagt, dass der Arbeitgeber vor Ablauf des nach Art. 10 MuSch-RL maßgeblichen Zeitraums Maßnahmen in **Vorbereitung einer Kündigungsentscheidung** ergreift wie z.B. die Suche und Planung eines endgültigen Ersatzes für die betroffene Frau. Begründet wird diese über den Wortlaut sehr weit hinausgehende Auslegung damit, dass Art. 10 MuSch-RL andernfalls die praktische Wirksamkeit genommen werde und die Gefahr einer Umgehung bestehe.[263]

9.181

---

258 BT-Drucks. 18/8963, S. 87.
259 EuGH v. 8.11.1990 – C-179/88 – Handels- og Kontorfunktionaerernes Forbund, Slg. 1990, I-3979 Rz. 15, s. hierzu auch EuGH v. 11.10.2007 – C-460/06 – Paquay, Slg. 2007, I-8511 Rz. 29 m.w.N.; s. auch EAS/*Klein-Jahns*, B 5100, Rz. 32.
260 EuGH v. 4.10.2001 – C-438/99 – Jiménez Melgar, Slg. 2001, I-6915 Rz. 45 ff.
261 EuGH v. 11.10.2007 – C-460/06 – Paquay, Slg. 2007, I-8511 Rz. 50 ff.
262 EuGH v. 11.11.2010 – C-232/09 – Danosa, Slg. 2010, I-11405 Rz. 62; im Ergebnis zustimmend *Schubert*, EuZA 2011, 362 (367), die dies allerdings als „rechtsfortbildende Anwendung des Art. 10" einordnet.
263 EuGH v. 11.10.2007 – C-460/06 – Paquay, Slg. 2007, I-8511 Ls. 1, Rz. 33 ff.; kritisch hierzu *Benecke*, EuZA 2008, 385 (388) („recht unbekümmerte Abwendung vom Wortlaut der Richtlinie").

9.182 Die **Nichtverlängerung befristeter Arbeitsverträge** ist hingegen nicht von Art. 10 MuSch-RL erfasst.[264] Sie wäre keinesfalls mehr vom Wortlaut gedeckt. Anders als bei der Rechtsprechung, wonach auch kündigungsvorbereitende Maßnahmen dem Verbot des Art. 10 MuSch-RL unterliegen, fehlt bei einer Nichtverlängerung auch jeglicher Anknüpfungspunkt an eine Kündigung. Die Frau ist jedoch auch im Fall der Nichtverlängerung eines befristeten Arbeitsvertrags nicht schutzlos. In Betracht kann ein Verstoß gegen die Geschlechterrichtlinie kommen. Der Abschluss eines **Aufhebungsvertrags** ist m.E. ebenso wenig von Art. 10 Nr. 1 MuSch-RL erfasst. Hierbei handelt es sich um eine zweiseitige Beendigung, an der die Arbeitnehmerin mitwirkt.[265]

9.183 Nach **§ 17 Abs. 1 Satz 3 MuSchG** gilt das Verbot entsprechend für Vorbereitungsmaßnahmen des Arbeitgebers, die er während der Schwangerschaft oder der Schutzfristen im Hinblick auf eine Kündigung trifft. Auch in diesen Fällen soll die Kündigung unwirksam sein, unabhängig davon, dass sie erst nach Ablauf der Schutzfristen ausgesprochen wird. Damit will der Gesetzgeber der Rechtsprechung des EuGH in der Rs. *Paquay* genügen.[266]

9.184 Wenn es sich, wie in der Rs. *Danosa*, um ein Mitglied der Geschäftsführung handelt, ist zu berücksichtigen, dass nicht nur die Beendigung des Dienstverhältnisses von dem Kündigungsverbot erfasst sein sollte, sondern ebenfalls die Abbestellung nach **§ 38 GmbHG**, da sich andernfalls die Wirksamkeit des Art. 10 MuSch-RL bzw. § 17 MuSchG nicht vollständig entfalten könnte.[267]

b) Erforderliche Maßnahmen i.S.v. Art. 10 Nr. 1 MuSch-RL

9.185 Nach Art. 10 Nr. 1 MuSch-RL müssen die Mitgliedstaaten die erforderlichen Maßnahmen ergreifen, um die Kündigung zu verbieten. Nach Ansicht des EuGH handelt es sich um einen **präventiven Schutz**. Dieser Schutz wird über ein **Verbot** gewährleistet und kann nach Ansicht des EuGH auch nicht ersetzt werden durch eine Wiedergutmachung und zwar auch dann nicht, wenn damit eine Wiedereingliederung und Nachzahlung der Vergütung einhergeht.[268] Insgesamt erklärt der Gerichtshof eine nationale Regelung, nach der die Kündigung nicht grundsätzlich präventiv verboten ist und die im Fall einer widerrechtlichen Kündigung nur deren Unwirksamkeit als Wiedergutmachung vorsieht, als unvereinbar mit Art. 10 Nr. 1 MuSch-RL an.[269]

9.186 Ein Anspruch auf **vorrangige Weiterbeschäftigung** einer schwangeren Arbeitnehmerin, Wöchnerin oder stillenden Arbeitnehmerin im Rahmen eines Massenentlassungsverfahrens wird vom EuGH hingegen nicht als erforderliche Maßnahme i.S.v. Art. 10 Nr. 1 MuSch-RL angesehen.[270] Die erforderlichen Maßnahmen beziehen sich nach der Formulierung in Art. 10 Nr. 1 MuSch-RL auf das Verbot, eine vorrangige Weiterbeschäftigung wäre hingegen eine Alternative zum Verbot.

9.187 **§ 17 MuSchG** formuliert ein Kündigungsverbot, Bedenken im Hinblick auf die Richtlinienkonformität sind insoweit nicht erkennbar.

---

264 Ggf. insoweit missverständlich die Formulierung bei *Fuchs/Marhold*, S. 491, wonach der EuGH Art. 10 MuSch-RL „indirekt" auch auf diesen Fall ausdehnt, unter Verweis auf EuGH v. 4.10.2001 – C-438/99 – Jiménez Melgar, Slg. 2001, I-6915.
265 Kritisch *Benecke*, EuZA 2008, 385 (392), die eine Frau, die zum Abschluss eines Aufhebungsvertrags gedrängt wird, ebenfalls in ihrem Gesundheitsschutz beeinträchtigt sieht.
266 BT-Drucks. 18/8963, S. 88; kritisch hierzu *Bayreuther*, NZA 2017, 1145 f.; zur alten Rechtslage weist *Benecke*, EuZA 2008, 385 (389 f.) insoweit auf eine Schutzlücke und fehlende Richtlinienkonformität des § 8 MuSchG a.F. hin.
267 S. hierzu *Kruse/Stenslik*, NZA 2013, 596 ff.; zu einer Lösung über §§ 138 Abs. 1, 242 BGB *Schubert*, EuZA 2011, 362 (370).
268 EuGH v. 22.2.2018 – C-103/16 – Porras Guisado, ArbRB 2018, 66 = NZA 2018, 432 Rz. 63 f.
269 EuGH v. 22.2.2018 – C-103/16 – Porras Guisado, ArbRB 2018, 66 = NZA 2018, 432 Rz. 65 f.
270 EuGH v. 22.2.2018 – C-103/16 – Porras Guisado, ArbRB 2018, 66 = NZA 2018, 432 Rz. 69.

4. Ausnahmen

Es handelt sich bei Art. 10 MuSch-RL um **keinen absoluten Kündigungsschutz**.[271] Nach Art. 10 Nr. 1 MuSch-RL werden von dem Verbot diejenigen Kündigungen ausgenommen, die nicht im Zusammenhang mit dem Zustand der Arbeitnehmerin stehen, wenn dies von den einzelstaatlichen Rechtsvorschriften und/oder Gepflogenheiten vorgesehen ist. Der EuGH hat sich mit den Ausnahmefällen in der Rs. *Porras Guisado*[272] näher beschäftigt. Dort führt er aus, dass Kündigungsentscheidungen, „die nichts mit der Schwangerschaft der Arbeitnehmerin zu tun haben", nicht gegen Art. 10 MuSch-RL verstoßen.[273] Einen solchen Fall bejaht der Gerichtshof zu Recht, wenn der Arbeitnehmerin im Rahmen und aufgrund einer **Massenentlassung** gekündigt wird.[274]

9.188

§ 17 Abs. 1 MuSchG regelt ein **absolutes Kündigungsverbot**, allerdings steht es nach Abs. 2 unter einem **Erlaubnisvorbehalt**,[275] so dass den unionsrechtlichen Vorgaben genügt wird. Voraussetzung für die Zulässigkeit der Kündigung ist eine behördliche Zustimmung und dass die Kündigung nicht mit der Schwangerschaft, einer Fehlgeburt oder der Entbindung in Zusammenhang steht. Damit ist der Richtlinie genüge getan und auch der Ansicht des EuGH, wonach die Kündigungsentscheidung „nicht mit der Schwangerschaft der Arbeitnehmerin zu tun haben" darf, kann entsprochen werden. Umgekehrt lässt der Wortlaut des § 17 Abs. 2 MuSchG eine Kündigung im Rahmen einer Massenentlassung zu.[276] Dies gilt jedoch m.E. nur solange, wie nicht zusätzlich die Schwangerschaft in der Kündigungsentscheidung Bedeutung erlangt hat.

9.189

5. Formvorgaben für ausnahmsweise zulässige Kündigung

a) Behördliche Zustimmung

Nach Art. 10 Nr. 1 MuSch-RL muss ggf. die **zuständige Behörde ihre Zustimmung** zur Kündigung erteilen. Diese Formulierung ist etwas unglücklich, dürfte aber wohl bedeuten, dass es im Ermessensspielraum der Mitgliedstaaten liegt, ob sie die Kündigung von einem behördlichen Zustimmungserfordernis abhängig machen. Andernfalls hätte der Richtliniengeber vorgeben müssen, in welchen Fällen ein Zustimmungserfordernis bestehen soll oder den Begriff „ggf." streichen.

9.190

Nach § 17 Abs. 2 MuSchG kann die für den Arbeitsschutz zuständige oberste Landesbehörde die Kündigung ausnahmsweise für zulässig erklären.

9.191

b) Schriftliche Begründung

Wenn eine Kündigung ausgesprochen wird, hat der Arbeitgeber gem. Art. 10 Nr. 2 MuSch-RL **schriftlich berechtigte Kündigungsgründe** anzuführen. Handelt es sich um eine Kündigung als Teil einer Massenentlassung, können nach Ansicht des EuGH bspw. wirtschaftliche oder technische Gründe angeführt werden oder Gründe, die sich auf Organisation oder Produktion des Unternehmens beziehen. Darüber hinaus fordert er, dass die sachlichen Kriterien für die Auswahl der zu entlassenden Arbeitnehmer genannt werden.[277]

9.192

Damit ist noch **nicht entschieden**, ob der Arbeitgeber **sämtliche Gründe** benennen muss, die seine Entscheidung geleitet haben. Dies könnte interessant sein, wenn Motivbündel vorliegen.

9.193

---

271 EAS/*Klein-Jahns*, B 5100, Rz. 34; *Riesenhuber*, Europäisches Arbeitsrecht, § 20 Rz. 32.
272 EuGH v. 22.2.2018 – C-103/16 – Porras Guisado, ArbRB 2018, 66 = NZA 2018, 432.
273 EuGH v. 22.2.2018 – C-103/16 – Porras Guisado, ArbRB 2018, 66 = NZA 2018, 432 Rz. 48.
274 EuGH v. 22.2.2018 – C-103/16 – Porras Guisado, ArbRB 2018, 66 = NZA 2018, 432 Rz. 49.
275 ErfK/*Schlachter*, § 17 MuSchG Rz. 11.
276 Im Einzelnen zu möglichen Ausnahmefällen nach § 17 Abs. 2 MuSchG ErfK/*Schlachter*, § 17 MuSchG Rz. 13.
277 EuGH v. 22.2.2018 – C-103/16 – Porras Guisado, ArbRB 2018, 66 = NZA 2018, 432 Rz. 53 f.

Der Wortlaut des Art. 10 Nr. 2 MuSch-RL verlangt dies jedoch nicht, der Arbeitgeber muss nur „berechtigte" Gründe anführen. Umgekehrt wären demnach „unberechtigte" Gründe nicht offenzulegen (was in der Praxis vermutlich ohnehin unwahrscheinlich sein dürfte).

9.194 Gemäß **§ 17 Abs. 2 Satz 2 KSchG** ist die Schriftform ebenso erforderlich wie die Angabe des Kündigungsgrundes. Auch wenn der Wortlaut anders als Art. 10 Nr. 2 MuSch-RL nicht auf den „berechtigten" Kündigungsgrund verweist, wird dies nicht schädlich sein, wäre die Regelung doch dann allenfalls strenger als die Richtlinie.[278]

6. Schutz gegen Folgen widerrechtlicher Kündigungen

9.195 Mit Art. 10 Nr. 3 MuSch-RL wird den Mitgliedstaaten auferlegt, die erforderlichen Maßnahmen zum Schutz vor den Folgen eines Verstoßes gegen das Kündigungsverbot festzulegen.[279] Der EuGH scheint in Art. 10 Nr. 3 MuSch-RL eine Konkretisierung von Art. 12 MuSch-RL zu sehen.[280] Er stellt zudem heraus, dass Art. 10 MuSch-RL einen **doppelten Schutz** gewährleistet. Zum einen umfasst er nach Art. 10 Abs. 1 MuSch-RL den **präventiven Schutz**, der es erforderlich macht, die Kündigung zu verbieten (vgl. Rz. 9.185). Zum anderen wird in Art. 10 Nr. 3 MuSch-RL vorgeschrieben, dass Maßnahmen zu ergreifen sind, um **vor den Folgen** einer Kündigung zu schützen. Hieraus folgert der EuGH, dass allein die Anordnung der Unwirksamkeit der Kündigung nicht als Wiedergutmachung ausreicht.[281] Der EuGH hatte über einen Fall zu entscheiden, in welchem dem präventiven Kündigungsschutz nach Art. 10 Nr. 1 MuSch-RL nicht genügt wurde, zu Art. 1 Nr. 3 MuSch-RL musste er sich nicht im Einzelnen äußern. Unklar bleibt damit, wann dem zweiten Schutzaspekt aus Art. 10 Nr. 3 MuSch-RL nicht hinreichend Rechnung getragen wird. Da nach Ansicht des EuGH nur Nr. 1 präventiv wirkt, müsste es in Nr. 3 um die Wiedergutmachung gehen.[282] Hierfür müsste zunächst bestimmt werden, was als **Folge i.S.v. Art. 10 Nr. 3 MuSch-RL** anzusehen ist. Naheliegend wäre zunächst eine Nachzahlung des vergangenen Verdienstes, denkbar wäre aber bspw. auch die Berücksichtigung von beruflichen Fortkommensschäden. Ob auch körperliche oder psychische Schadenserverläufe zu berücksichtigen wären, ist ebenfalls noch unklar.[283] Ein insofern weites Verständnis wäre aber vor dem Hintergrund der Zwecksetzung Gesundheitsschutz zumindest konsequent.

9.196 § 17 MuSchG sieht keine Entschädigungsleistungen vor. Allerdings hat die gekündigte Frau u.a. die Möglichkeit, eine Kündigungsschutzklage zu erheben. Die Unwirksamkeit der Kündigung, die Wiedereingliederung sowie die Nachzahlung des entgangenen Entgelts über den Annahmeverzug[284] würden nach Auffassung des EuGH vermutlich nicht für den präventiven Kündigungsschutz nach Art. 10 Nr. 1 MuSch-RL ausreichen, könnten aber zumindest zum Teil die Folgen i.S.v. Art. 10 Nr. 3 MuSch-RL ausgleichen. Darüber hinaus käme eine Entschädigung nach **§ 15 Abs. 2 AGG** in Betracht.[285] Ob dies bereits ausreicht, ist m.E. fraglich, da Art. 10 Nr. 3 MuSch-RL allgemein auf Folgen abstellt, die gerade auch z.B. Nachteile im beruflichen Fortkommen erfassen können. § 15 Abs. 2 AGG erfasst hingegen nur immaterielle Schäden.[286]

---

278 Im Ergebnis ebenfalls keine Bedenken bzgl. Richtlinienkonformität *Imping*, IWRZ 2018, 125 (126); Rancke/*Pepping*, § 17 MuSchG Rz. 10.
279 Nach EAS/*Klein-Jahns*, B 5100, Rz. 37 zeigt sich in Art. 10 Abs. 3 MuSch-RL, dass dem Kündigungsverbot eine besondere Bedeutung beigemessen wird.
280 EuGH v. 11.10.2007 – C-460/06 – Paquay, Slg. 2007, I-8511 Rz. 47.
281 EuGH v. 22.2.2018 – C-103/16 – Porras Guisado, ArbRB 2018, 66 = NZA 2018, 432 Rz. 65 f.
282 Auch wenn der Wortlaut dies nicht erzwingt, der Begriff „schützen" könnte auch präventiv verstanden werden.
283 Insgesamt ähnlich *Imping*, IWRZ 2018, 125 (126), der „monetäre Entschädigung" als möglich ansieht.
284 Zur Wirkung des Kündigungsverbots s. ErfK/*Schlachter*, § 17 MuSchG Rz. 11.
285 S. auch *Imping*, IWRZ 2018, 125 (126).
286 S. zum Umfang ErfK/*Schlachter*, § 15 AGG Rz. 8 f.

7. Beweislast

Maßgeblich für die Verteilung der Beweislast ist Art. 4 Abs. 1 Richtlinie 97/80/EG (Beweislastrichtlinie). Die Beweislastrichtlinie ist gem. Art. 3 Abs. 1 Buchst. a auch im Bereich der Mutterschutzrichtlinie anwendbar, wenn es sich um eine Frage der Diskriminierung aufgrund des Geschlechts handelt.[287] Da nur Frauen in den Anwendungsbereich des Kündigungsverbots einbezogen sind, ist dies unproblematisch. Gemäß **Art. 4 Abs. 1 Beweislast-RL** muss im Fall einer Kündigung die Frau Tatsachen glaubhaft machen, die das Vorliegen einer unmittelbaren oder mittelbaren Diskriminierung vermuten lassen. Der Arbeitgeber muss dann beweisen, dass der Gleichbehandlungsgrundsatz nicht verletzt wurde.

9.197

Auf nationaler Ebene kann diese Anforderung über eine Anwendung von **§ 22 AGG** erfüllt werden.[288] Das Erfordernis, dass eine Diskriminierung vorliegen muss, greift ebenso auf Unionsrechtsebene, so dass damit keine unzulässige Einschränkung des Anwendungsbereichs einhergeht.

9.198

XI. Erhalt der mit dem Arbeitsvertrag verbundenen Rechte, Art. 11 MuSch-RL

1. Überblick

a) Systematik und Wirkung

Mit Art. 11 MuSch-RL werden die Maßnahmen, die zum Mutterschutz ergriffen werden, flankiert.[289] Art. 11 MuSch-RL kann in **drei Teile gegliedert** werden. Allen ist gemein, dass die mit dem Arbeitsvertrag verbundenen Rechte auch bei Durchführung von Maßnahmen des Mutterschutzes weiterhin gewährleistet werden müssen. Unter Art. 11 Nr. 1 MuSch-RL werden die arbeitsorganisatorischen Maßnahmen zum Mutterschutz bzw. Beurlaubung nach Art. 5, 6, und 7 MuSch-RL gefasst. Art. 11 Nr. 2 MuSch-RL regelt das Aufrechterhalten der Rechte während des Mutterschaftsurlaubs nach Art. 8 MuSch-RL. Der EuGH stellt heraus, dass es sich bei Art. 5 und Art. 8 MuSch-RL um Situationen handelt, die hinsichtlich der in dem Zeitraum zu zahlenden Bezüge nicht in jeder Hinsicht gleichgesetzt werden können.[290]

9.199

Abschließend werden in Art. 11 Nr. 3 und 4 MuSch-RL die **Modalitäten für die Fortzahlung des Entgelts** bzw. der **angemessenen Sozialleistung** während mutterschutzrechtlicher Maßnahmen geregelt. Allerdings beziehen sich die Ausführungen in Art. 11 Nr. 3 MuSch-RL zur Höhe der Sozialleistung allein auf Art. 11 Nr. 2 MuSch-RL und damit auf den Fall, dass sich die Arbeitnehmerin im Mutterschaftsurlaub befindet.

9.200

Art. 11 Nr. 1–3 MuSch-RL kommt eine **unmittelbare Wirkung** zu. Damit können sie für einzelne Arbeitnehmerinnen Rechte entfalten, die sie gegenüber dem Mitgliedstaat geltend machen können, wenn die Vorgaben des Art. 11 MuSch-RL nicht oder nur unzulänglich umgesetzt werden.[291]

9.201

b) Zwecksetzung

Nach den Erwägungsgründen ist die Gewährleistung der mit dem Arbeitsvertrag verbundenen Rechte einschließlich der Fortzahlung des Arbeitsentgelts bzw. des Anspruchs auf eine angemes-

9.202

---

287 EuGH v. 11.10.2007 – C-460/06 – Paquay, Slg. 2007, I-8511 Rz. 37.
288 S. hierzu *Benecke*, EuZA 2008, 385 (390 f.).
289 Zu den hierzu – nicht verwirklichten – Reformvorschlägen der Kommission KOM (2008), 637 endg., s. im Überblick EUArbR/*Risak*, Art. 11 RL 92/85/EWG Rz. 3.
290 EuGH v. 1.7.2010 – C-471/08 – Parviainen, Slg. 2010, I-6533 Rz. 38.
291 EuGH v. 1.7.2010 – C-194/08 – Gassmayr, Slg. 2010, I-6281 Rz. 43 ff.; EUArbR/*Risak*, Art. 11 RL 92/85/EWG Rz. 19.

sene Sozialleistung erforderlich für die **praktische Wirksamkeit** des Mutterschutzes, welche andernfalls nicht sichergestellt wäre.[292]

9.203 Die **finanzielle Absicherung** während des Mutterschutzes wird durch **§§ 18 ff. MuSchG** gewährleistet. Als zumindest bedenklich kann aus unionsrechtlicher Sicht die Herausnahme der Arbeitnehmerähnlichen gem. § 1 Abs. 2 Nr. 7 MuSchG aus dem Anwendungsbereich der §§ 18 ff. MuSchG angesehen werden, wenn zugrunde gelegt wird, dass diese Gruppe gerade aus unionsrechtlichen Erwägungen in das MuSchG einbezogen wurde.[293] Begründet wird die Herausnahme dieses Personenkreises damit, dass Art und Umfang der finanziellen Absicherung der Entscheidung der selbständig Tätigen vorbehalten ist.[294]

9.204 Eine eigene umfassende Regelung für das Fortbestehen der weiteren mit dem Arbeitsvertrag verbundenen Rechte findet sich im Mutterschutzgesetz hingegen nicht. Eine partielle Regelung bietet § 24 MuSchG. Über die Anwendung des AGG könnte ggf. im Hinblick auf weitere Rechte die Richtlinienkonformität sichergestellt werden.

2. Arbeitsorganisatorische Maßnahmen und Beurlaubung i.S.v. Art. 11 Nr. 1 MuSch-RL

9.205 Werden **Maßnahmen nach Art. 5, 6 und 7 MuSch-RL** ergriffen, müssen gem. Art. 11 Nr. 1 MuSch-RL die mit dem Arbeitsvertrag verbundenen Rechte einschließlich der Fortzahlung eines Arbeitsentgelts und/oder des Anspruchs auf eine angemessene Sozialleistung gewährleistet werden. Ob ein Arbeitsentgelt fortgezahlt wird oder aber eine angemessene Sozialleistung erbracht wird, steht im Ermessen der Mitgliedstaaten. Auch für die Ausgestaltung sollen die einzelstaatlichen Rechtsvorschriften und/oder Gepflogenheiten maßgeblich sein.

a) Mit dem Arbeitsvertrag verbundene Rechte

9.206 Zu den mit dem Arbeitsvertrag verbundenen Rechten zählen auch, aber nicht nur, („einschließlich") das Entgelt bzw. ggf. eine das Entgelt ersetzende angemessene Sozialleistung. Um welche weiteren Rechte es sich dabei im Zusammenhang mit Art. 5–7 MuSch-RL handeln kann, musste der EuGH soweit ersichtlich bisher noch nicht entscheiden. Denkbar wäre hier bspw., wie im Zusammenhang mit Art. 11 Nr. 2 MuSch-RL vom EuGH entschieden, die **Berücksichtigung von Zeiten mutterschutzbedingter Nichtbeschäftigung** im Rahmen von Rentenanwartschaften oder bei Beförderungen.[295] Auch die Berücksichtigung der Zeiten des Mutterschutzes für den **Jahresurlaub** wird erfordert.[296] Die Wertung kann nicht unterschiedlich sein, da es sich hier wie auch beim Mutterschaftsurlaub um Maßnahmen des Mutterschutzes handelt (zu Art. 11 Nr. 2 MuSch-RL vgl. Rz. 9.222).

9.207 Gemäß § 24 MuSchG gelten die Ausfallzeiten wegen eines Beschäftigungsverbots als Beschäftigungszeiten. Weitere ausdrückliche Regelungen zum Erhalt der weiteren mit dem Arbeitsvertrag verbundenen Rechte gibt es nicht, es besteht aber die Möglichkeit, die unionsrechtlichen Anforderungen über die Anwendung des AGG sicherzustellen.

b) Fortzahlung eines Entgelts

9.208 Unter **Entgelt i.S.v. Art. 11 MuSch-RL** versteht der EuGH alle Vergütungen, die der Arbeitgeber der Arbeitnehmerin aufgrund des Arbeitsverhältnisses mittelbar oder unmittelbar während des Mutterschaftsurlaubs zahlt.[297] Wird ein Entgelt fortgezahlt, ist insbesondere danach zu unterschei-

---

292 ErwGr. 16, 17.
293 So BT-Drucks. 18/8963, S. 35.
294 BT-Drucks. 18/8963, S. 89, 91.
295 S. z.B. EuGH v. 27.10.1998 – C-411/96 – Boyle, Slg. 1998, I-6401 Rz. 82 ff.
296 EuGH v. 18.3.2004 – C-342/01 – Merino Gomez, Slg. 2004, I-2605 Rz. 34 ff., 45.
297 EuGH v. 1.7.2010 – C-471/08 – Parviainen, Slg. 2010, I-6533 Rz. 35.

den, ob die Arbeitnehmerin gänzlich nach Art. 5 Abs. 3 MuSch-RL beurlaubt wird oder die Arbeitnehmerin nach Art. 5 Abs. 2 MuSch-RL auf einen anderen Arbeitsplatz versetzt wird.[298]

aa) Arbeitsplatzwechsel nach Art. 5 Abs. 2 MuSch-RL

Wenn eine Arbeitnehmerin nach **Art. 5 Abs. 2 MuSch-RL** während der Schwangerschaft vorübergehend auf einem **anderen Arbeitsplatz** beschäftigt wird und dort eine andere Tätigkeit ausübt als zuvor, hat sie nach Ansicht des EuGH keinen Anspruch auf das Entgelt, das ihr vor der Versetzung durchschnittlich gezahlt wurde. In den Fokus ist hierbei die Frage gerückt, ob **Zulagen** weiterhin zu berücksichtigen sind. Der EuGH unterscheidet nach ihrem Zweck. So werden Zulagen, die zuvor gezahlt wurden, weil sie mit bestimmten Tätigkeiten unter bestimmten Umständen ausgeübt wurden und mit denen im Wesentlichen Nachteile ausgeglichen werden sollen, die mit der Tätigkeit verbunden sind, nicht von dem Anspruch auf Fortzahlung eines Arbeitsentgelts nach Art. 11 Nr. 1 MuSch-RL erfasst. Der **Mindestanspruch** nach Art. 11 Nr. 1 MuSch-RL umfasst hingegen das Grundgehalt sowie Entgeltbestandteile oder Zulagen, die an die berufliche Stellung anknüpfen. Hierzu gehören bspw. Zulagen, die an eine leitende Position anknüpfen, die Dauer der Betriebszugehörigkeit oder die berufliche Qualifikation.[299] Die Einordnung der Zulage kann einen großen Einfluss auf die Höhe des Arbeitsentgelts haben. So ging es in der Rs. *Parviainen* um eine Flugbegleiterin, der aufgrund nationaler Regelungen während der Versetzung auf einen Arbeitsplatz am Boden u.a. eine Zulage von insgesamt 834,56 Euro monatlich nicht mehr gezahlt wurde.[300] Zur Begründung des EuGH s. im Anschluss (Rz. 9.214 ff.), die Argumentationen sind identisch.

9.209

Bei einer Beschäftigung auf einem anderen Arbeitsplatz nach Art. 5 Abs. 2 MuSch-RL zieht der EuGH noch eine **weitere Untergrenze** ein: Die Vergütung darf jedenfalls nicht geringer sein als das Entgelt, das Arbeitnehmern gezahlt wird, die auf demselben Arbeitsplatz beschäftigt werden.[301]

9.210

Darf eine Frau wegen eines Beschäftigungsverbots außerhalb der Schutzfristen des § 3 MuSchG nur noch teilweise beschäftigt werden, greift **§ 18 MuSchG** mit dem Anspruch auf **Mutterschutzlohn**.[302] § 18 Satz 3 MuSchG stellt klar, dass dies auch im Falle eines Arbeitsplatzwechsels sowie des Wechsels der Entlohnungsart gilt.

9.211

Im Grundsatz erfüllt § 18 Satz 2 MuSchG die Vorgaben des EuGH, da er auf das durchschnittliche Arbeitsentgelt der letzten drei abgerechneten Kalendermonate vor Schwangerschaftseintritt abstellt. Die Berechnung erfolgt nach Maßgabe von § 21 MuSchG. In **§ 21 Abs. 2 MuSchG** werden Bestandteile aufgezählt, die bei der Ermittlung des Durchschnittsentgelts nicht berücksichtigt werden. Dabei werden Zulagen, die nach dem Verständnis des EuGH an die berufliche Stellung geknüpft werden, jedenfalls nicht erfasst.[303] Es bleibt abzuwarten, wie in der Rechtsprechung des BAG mit solchen Zulagen verfahren wird.

9.212

Problematisch im Hinblick auf die Leitlinien des EuGH kann es allerdings werden, wenn die Schwangere auf einen Arbeitsplatz umgesetzt wird, auf dem die anderen Arbeitnehmer eine höhere Vergütung erhalten.[304] Eine entsprechende Untergrenze ist im MuSchG nicht vorgesehen.

9.213

---

298 Vgl. EuGH v. 1.7.2010 – C-194/08 – Gassmayr, Slg. 2010, I-6281 Rz. 56.
299 EuGH v. 1.7.2010 – C-471/08 – Parviainen, Slg. 2010, I-6533 Ls., Rz. 60 ff.; kritisch zur Differenzierung nach Art der Zulage Schlachter/*Nebe*, § 17 Rz. 35; Kritik äußert auch *Höpfner*, EuZA 2011, 223 (230), der eine Differenzierung nach personen- und tätigkeitsbezogene Zulagen vorschlägt.
300 EuGH v. 1.7.2010 – C-471/08 – Parviainen, Slg. 2010, I-6533 Rz. 25, 71, insgesamt erhielt die Flugbegleiterin Zulagen, die 40% ihres Gesamtarbeitsentgelts ausmachten.
301 EuGH v. 1.7.2010 – C-471/08 – Parviainen, Slg. 2010, I-6533 Rz. 58; zustimmend *Höpfner*, EuZA 2011, 223 (229) unter Verweis auf das arbeitsrechtliche Gleichbehandlungsgebot.
302 S. auch BT-Drucks. 18/8963, S. 89.
303 Als Hinweis für eine Berücksichtigung sogar sämtlicher Zulagen können auch die Ausführungen des Gesetzgebers zur dauerhaften Änderung des Arbeitsentgelts gewertet werden, wonach u.a. Erschwerniszulagen weiterhin zu berücksichtigen sind, BT-Drucks. 18/8963, S. 94.
304 Ähnlich *Höpfner*, EuZA 2011, 223 (232) zur Rechtslage vor der Reform des MuSchG.

bb) Beurlaubung nach Art. 5 Abs. 3 MuSch-RL

9.214 Wird eine Arbeitnehmerin aufgrund eines Beschäftigungsverbots nach **Art. 5 Abs. 3 MuSch-RL beurlaubt** und entscheidet ein Mitgliedstaat sich für die Entgeltfortzahlung, wird in Art. 11 Nr. 1 MuSch-RL nicht festgelegt, wie hoch das Entgelt sein muss. Aus dem Ziel des Mutterschutzes sowie dem Wortlaut, Fortzahlung „eines" Arbeitsentgelts, leitet der EuGH ab, dass es in der Höhe nicht dem bisher gezahlten Entgelt entsprechen muss, sondern auch niedriger sein kann, weil nicht alle Zulagen berücksichtigt werden.[305] Dies wird jedoch nicht generell für alle Formen von Zulagen formuliert.[306] Zu entscheiden hatte der EuGH im Zusammenhang mit Art. 5 Abs. 3 MuSch-RL über eine Journaldienstzulage. Dabei stellte er heraus, dass diese Zulage nur für über die im Dienstplan vorgeschriebenen Dienststunden hinaus geleistete Stunden (also Überstunden) zu leisten war. Ebenfalls betonte er, dass es sich um tatsächliche Umstände bzgl. der Art der verrichteten Arbeiten handelte, die vergütet wurden.[307] Unterstützend bezieht sich der Gerichtshof ausdrücklich auf die Entscheidungsgründe der Rs. *Parviainen* zum Arbeitsplatzwechsel nach Art. 5 Abs. 2 MuSch-RL. Nach seiner Ansicht muss in beiden Fällen dasselbe gelten.[308]

9.215 Der EuGH zieht aber bei der Entgeltfortzahlung während eines Beschäftigungsverbots nach Art. 5 Abs. 3 MuSch-RL auch eine **Untergrenze** ein. Zur Begründung greift er auf den 16. Erwägungsgrund zurück und stellt das Erfordernis der praktischen Wirksamkeit heraus. „Es liegt auf der Hand", dass die praktische Wirksamkeit nicht gewährleistet wäre, wenn der Arbeitgeber über die Festsetzung niedrigerer Bezüge auf Art. 5 Abs. 2 MuSch-RL zurückgreifen könne, um so die finanziellen Belastungen zu vermindern, die ihm während der Schwangerschaft einer Arbeitnehmerin entstehen können.[309] Der EuGH gibt daher folgende Mindestbestandteile vor: Das monatliche Grundgehalt muss erfasst sein sowie Entgeltbestandteile oder Zulagen, die an die berufliche Stellung anknüpfen. Dies können z.B. Zulagen sein, die an die leitende Position, die Dauer der Betriebszugehörigkeit und die berufliche Qualifikation gekoppelt sind.[310]

9.216 Da die Regelungen der §§ 18, 21 MuSchG ebenso für die vollumfängliche Freistellung wegen eines Beschäftigungsverbots greifen, kann auf die Ausführungen zum Arbeitsplatzwechsel (vgl. Rz. 9.211 ff.) verwiesen werden.

c) Angemessene Sozialleistung

9.217 Greifen Beschäftigungsverbote, Anpassungen oder Arbeitsplatzwechsel nach Art. 5, 6 oder 7 MuSch-RL kann statt einer Entgeltfortzahlung auch eine angemessene Sozialleistung gewährt werden. Unter den **Begriff der Sozialleistung** fallen nach der Rechtsprechung des EuGH alle Bezüge, die die Arbeitnehmerin während des Mutterschaftsurlaubs erhält und die ihr nicht von ihrem Arbeitgeber aufgrund des Arbeitsverhältnisses gezahlt werden.[311]

9.218 Anders als für Art. 11 Nr. 2 MuSch-RL wird der Begriff der **angemessenen** Sozialleistung i.S.v. Art. 11 Nr. 1 MuSch-RL nicht näher erläutert. Die Ausführungen in Art. 11 Nr. 3 MuSch-RL

---

305 EuGH v. 1.7.2010 – C-194/08 – Gassmayr, Slg. 2010, I-6281 Rz. 61; kritisch zur reinen Wortlautauslegung *Höpfner*, EuZA 2011, 223 (226), aber zustimmend (jedenfalls im Hinblick auf Art. 11 Nr. 1 MuSch-RL) unter Verweis auf die Ausführungen des GA *Mengozzi* zur Entstehungsgeschichte.
306 EuGH v. 1.7.2010 – C-194/08 – Gassmayr, Slg. 2010, I-6281 Rz. 60 (keinen Anspruch auf Zahlung einer „solchen" Zulage).
307 EuGH v. 1.7.2010 – C-194/08 – Gassmayr, Slg. 2010, I-6281 Rz. 60, 63 dort auch unter Verweis darauf, dass es sich auch nicht um eine Diskriminierung aufgrund des Geschlechts handeln kann, wenn eine solche Zulage nicht gezahlt wird.
308 EuGH v. 1.7.2010 – C-194/08 – Gassmayr, Slg. 2010, I-6281 Rz. 65 unter Verweis auf EuGH v. 1.7. 2010 – C-471/08 – Parviainen, Slg. 2010, I-6533 Rz. 49 und 61.
309 EuGH v. 1.7.2010 – C-194/08 – Gassmayr, Slg. 2010, I-6281 Rz. 69, 71.
310 EuGH v. 1.7.2010 – C-194/08 – Gassmayr, Slg. 2010, I-6281 Rz. 72.
311 EuGH v. 1.7.2010 – C-471/08 – Parviainen, Slg. 2010, I-6533 Rz. 35.

und in Erwägungsgrund Nr. 18 beziehen sich nur auf den Fall, dass die Arbeitnehmerin im Mutterschutzurlaub ist. Sie beziehen sich nicht auf Art. 11 Nr. 1 MuSch-RL, also nicht auf die Fälle, in denen die Schwangere z.B. einem Beschäftigungsverbot nach Art. 5 Abs. 3 MuSch-RL unterliegt.[312]

Der EuGH betont, dass die Grundsätze, die er zur finanziellen Absicherung von Arbeitnehmerinnen im Mutterschaftsurlaub i.S.v. Art. 8 MuSch-RL (Art. 11 Nr. 2 MuSch-RL) aufgestellt hat, nicht in jeder Hinsicht auf Arbeitnehmerinnen übertragen werden können, die sich in Situationen nach Art. 5 Abs. 1 und 2 MuSch-RL befinden. Befindet sich eine Arbeitnehmerin im Mutterschaftsurlaub, kann die „angemessene Sozialleistung" nach Art. 11 Nr. 3 MuSch-RL auch wesentlich niedriger sein als das bisher gezahlte Arbeitsentgelt, solange es zumindest in der Höhe einer Sozialleistung entspricht, die nach dem nationalen Recht der sozialen Sicherheit für den Fall der Unterbrechung der Tätigkeit aus gesundheitlichen Gründen vorgesehen ist. Arbeitnehmerinnen, die von Art. 5 Abs. 1 und 2 MuSch-RL erfasst werden, arbeiten jedoch weiterhin. Es führte zu einem „widersinnigen Ergebnis", könnte der Arbeitgeber den noch arbeitenden Arbeitnehmerinnen einen Betrag zahlen, der dem einer Sozialleistung entspricht, die nach dem nationalen Recht der sozialen Sicherheit für den Fall der Unterbrechung ihrer Tätigkeit aus gesundheitlichen Gründen vorgesehen ist.[313]

9.219

Nach Auffassung des EuGH gelten daher vielmehr die Grundsätze, die er für den Fall der Entgeltfortzahlung im Rahmen von Art. 11 Nr. 1 MuSch-RL aufgestellt hat auch dann, wenn anstelle einer Entgeltfortzahlung eine angemessene Sozialleistung zur Verfügung gestellt wird oder eine Kombination aus Entgeltfortzahlung und Sozialleistung.[314]

9.220

3. Mutterschaftsurlaub, Art. 11 Nr. 2, 3 MuSch-RL

Befindet die Arbeitnehmerin sich im Mutterschaftsurlaub, ist Art. 11 Nr. 2 MuSch-RL einschlägig. Für die finanzielle Sicherung greift **Art. 11 Nr. 2 Buchst. b** MuSch-RL, welcher **zusammen mit Art. 11 Nr. 3** MuSch-RL zu lesen ist. Wie auch im Rahmen von Art. 11 Nr. 1 MuSch-RL haben die Mitgliedstaaten die Wahl zwischen einer Entgeltfortzahlung, einer Sozialleistung oder einer Kombination aus beidem.[315]

9.221

a) Mit dem Arbeitsvertrag verbundene Rechte

Nach Art. 11 Nr. 2 Buchst. a MuSch-RL müssen die mit dem Arbeitsvertrag über die Fortzahlung des Entgelts hinausgehenden Rechte gewährleistet werden. Insoweit kann auf die Ausführungen unter Rz. 9.206 verwiesen werden.[316] Hiervon erfasst können ggf. auch **Lohnerhöhungen** sein, die rückwirkend zu gewähren sind.[317] Auch der **Jahresurlaub** ist ein mit dem Arbeitsvertrag verbundenes Recht. Daher fällt ein Jahresurlaub, der aufgrund einer betrieblichen Kollektivvereinbarung für die gesamte Belegschaft festgelegt wird und mit dem Mutterschaftsurlaub zusammenfällt, nach der Rechtsprechung des EuGH unter Art. 11 Nr. 2 Buchst. a MuSch-RL. Dies gilt nach Ansicht des EuGH auch, wenn der Jahresurlaub über den unionsrechtlich vorgesehenen Jahresurlaub hinausgeht. Das folgt bereits aus dem Wortlaut, wonach das jeweilige Recht mit dem Arbeitsvertrag verbunden sein muss, also der Arbeitsvertrag maßgeblich ist.[318]

9.222

§ 24 MuSchG gilt für Beschäftigungsverbote. Dieser Begriff wird nach § 2 Abs. 3 MuSchG weit gefasst, so dass auch die Mutterschutzfristen hierunter fallen. Im Übrigen vgl. Rz. 9.207.

9.223

---

312 EuGH v. 1.7.2010 – C-471/08 – Parviainen, Slg. 2010, I-6533 Rz. 41.
313 EuGH v. 1.7.2010 – C-471/08 – Parviainen, Slg. 2010, I-6533 Rz. 43; s. auch Rz. 44 mit Verweis auf den Zweck des Gesundheitsschutzes sowie ErwGr. 9.
314 EuGH v. 1.7.2010 – C-194/08 – Gassmayr, Slg. 2010, I-6281 Rz. 72.
315 EuGH v. 27.10.1998 – C-411/96 – Boyle, Slg. 1998, I-6401 Rz. 33.
316 S. auch die Aufzählung bei *Riesenhuber*, Europäisches Arbeitsrecht, § 20 Rz. 26.
317 EuGH v. 30.3.2004 – C-147/02 – Alabaster, Slg. 2004, I-3101 Rz. 47 ff.
318 EuGH v. 18.3.2004 – C-342/01 – Merino Gomez, Slg. 2004, I-2605 Rz. 34 ff., 45.

b) Entgeltfortzahlung

9.224 Wird für die Dauer des Mutterschaftsurlaubs eine Fortzahlung des Arbeitsentgelts (zum Begriff des Entgelts vgl. Rz. 9.208)[319] vorgesehen, ist nach Auffassung des EuGH **nicht erforderlich**, dass während des Mutterschaftsurlaubs das **volle**[320] *Entgelt* weiter gezahlt wird. Begründet wird dies mit der Zwecksetzung des Mutterschaftsurlaubs und der Abgrenzung zur Situation eines Arbeitnehmers, der tatsächlich am Arbeitsplatz arbeitet oder sich im Krankheitsurlaub befindet.[321] Der Gerichtshof weist darauf hin, dass auch im Rahmen von Art. 11 Nr. 2 MuSch-RL eine Journalzulage, die für das tatsächliche Ableisten von Überstunden im vorangehenden Referenzzeitraum gezahlt wird, nicht berücksichtigt werden muss.[322] Der EuGH wendet hier wie auch im Rahmen von Art. 11 Nr. 1 MuSch-RL die Leitlinie an, dass **Zulagen**, die zum Ausgleich der Belastungen gezahlt werden, welche mit der Ausübung der Berufstätigkeit verbunden sind, nicht als Entgeltbestandteil fortgezahlt werden müssen.[323]

9.225 Als **Untergrenze** zieht der Gerichtshof die Höhe der **Sozialleistung** ein, die im nationalen Recht der sozialen Sicherheit bei einer Unterbrechung der Erwerbstätigkeit aus **gesundheitlichen Gründen** vorgesehen ist.[324] Diese Grenze ist Art. 11 Nr. 3 MuSch-RL entlehnt. Obwohl Art. 11 Nr. 3 MuSch-RL nur die Sozialleistung erfasst, ist nach Ansicht des EuGH die dort geregelte Untergrenze für Zahlungen während des Mutterschaftsurlaubs (nicht jedoch bei einem Arbeitsplatzwechsel vgl. Rz. 9.219) maßgeblich, unabhängig davon, ob es sich um eine Sozialleistung, eine Fortzahlung des Arbeitsentgelts oder eine Kombination aus beidem handelt.[325] Es ist m.E. konsequent, dass der EuGH diese Grenze nicht nur auf die Sozialleistung anwendet, andernfalls könnten die Mitgliedstaaten diese Untergrenze aushebeln, indem sie sich für eine Fortzahlung eines Arbeitsentgelts bzw. eine Kombination mit einer Sozialleistung entscheiden.

c) Angemessene Sozialleistung nach Art. 11 Nr. 3 MuSch-RL

9.226 Wird in einem Mitgliedstaat die Zahlung einer Sozialleistung (zum Begriff vgl. Rz. 9.217) i.S.v. Art. 11 Nr. 2 Buchst. b MuSch-RL vorgesehen, muss diese angemessen sein. In Art. 11 Nr. 3 MuSch-RL werden für diesen Fall als **Untergrenze** diejenigen Bezüge eingezogen, die die Arbeitnehmerin im Fall einer Unterbrechung ihrer Erwerbstätigkeit aus gesundheitlichen Gründen erhalten würde. Umgekehrt ist es zulässig, dass zugleich eine in diesem Rahmen vorgegebene **Obergrenze** greift; doch auch sie kann aufgrund des Verweises auf Art. 11 Nr. 2 MuSch-RL nur im Falle eines Mutterschaftsurlaubs eingezogen werden.[326]

9.227 Der EuGH wendet diese **Untergrenze** im Rahmen von Art. 11 Nr. 2 MuSch-RL nicht nur auf Sozialleistungen an, sondern auch, wenn es sich um eine Fortzahlung des Arbeitsentgelts oder eine Kombination aus beidem handelt.[327] Für die möglicherweise bestehende Obergrenze finden sich hingegen keine entsprechenden Ausführungen in der Rechtsprechung.

---

319 Explizit für Art. 11 Nr. 2 MuSch-RL EuGH v. 14.7.2016 – C-335/15 – Ornano, NZA 2016, 933 Rz. 30.
320 S. EuGH v. 14.7.2016 – C-335/15 – Ornano, NZA 2016, 933 Rz. 32, wo ausdrücklich darauf hingewiesen wird, dass der Betriff „Entgelt" in Art. 11 Nr. 3 und 3 MuSch-RL von dem Begriff „volles Entgelt" zu unterscheiden ist.
321 EuGH v. 1.7.2010 – C-194/08 – Gassmayr, Slg. 2010, I-6281 Rz. 79 ff.
322 EuGH v. 1.7.2010 – C-194/08 – Gassmayr, Slg. 2010, I-6281 Rz. 79, 86.
323 EuGH v. 14.7.2016 – C-335/15 – Ornano, NZA 2016, 933 Rz. 36; insgesamt kritisch zur Differenzierung nach Art der Zulage Schlachter/*Nebe*, § 17 Rz. 35.
324 S. EuGH v. 1.7.2010 – C-194/08 – Gassmayr, Slg. 2010, I-6281 Rz. 83; v. 27.10.1998 – C-411/96 – Boyle, Slg. 1998, I-6401 Rz. 32 f.
325 EuGH v. 1.7.2010 – C-194/08 – Gassmayr, Slg. 2010, I-6281 Rz. 85.
326 EuGH v. 19.11.1998 – C-66/96 – Pedersen, Slg. 1998, I-7327 Rz. 39.
327 EuGH v. 27.10.1998 – C-411/96 – Boyle, Slg. 1998, I-6401 Rz. 32; v. 1.7.2010 – C-471/08 – Parviainen, Slg. 2010, I-6533 Rz. 37.

Für die Zeiten der Schutzfristen nach § 3 MuSchG, die den Mutterschaftsurlaub i.S.v. Art. 8 MuSch-RL umsetzen, sieht **§ 19 MuSchG** mit dem **Mutterschaftsgeld** eine **Sozialleistung** vor.[328] Da auch das Mutterschaftsgeld (zusammen mit dem Zuschuss zum Mutterschaftsgeld nach § 20 MuSchG) in der Höhe insgesamt dem durchschnittlichen Arbeitsentgelt entspricht, das die Frau die letzten drei Kalendermonate vor der Entbindung verdient hat, bestehen keine unionsrechtlichen Bedenken.

9.228

4. Bedingungen für Anspruchsentstehung, Art. 11 Nr. 4 MuSch-RL

Nach Art. 11 Nr. 4 MuSch-RL ist es **grundsätzlich zulässig**, dass in der nationalen Rechtsordnung **Bedingungen an das Entstehen** eines Anspruchs auf Fortzahlung des Arbeitsentgelts oder auf Zahlung einer Sozialleistung geknüpft werden. Keine Bedingung darf jedoch sein, dass dem voraussichtlichen Entbindungszeitpunkt eine mehr als zwölfmonatige Erwerbstätigkeit vorausgegangen sein muss. Dies gilt auch, wenn bei demselben Arbeitgeber im maßgeblichen Zeitraum ein Statuswechsel (Beamter – Angestellter) erfolgte. Dann sind die Beschäftigungen zusammenzurechnen.[329] Art. 11 Nr. 4 Satz 2 MuSch-RL stellt auf „eine Erwerbstätigkeit" ab, nicht auf die Stellung oder den Status innerhalb des jeweiligen Unternehmens.

9.229

Art. 11 Nr. 4 MuSch-RL bezieht sich nur auf die Fortzahlung des Arbeitsentgelts und die Zahlung einer angemessenen Sozialleistung. **Nicht erfasst** sind damit die **anderweitigen mit dem Arbeitsvertrag verbundenen Rechte**. Daher dürfen bspw. Rentenanwartschaften aus betrieblichen Alterssicherungssystemen nicht an weitere Bedingungen geknüpft werden.[330]

9.230

XII. Rechtsschutz, Art. 12 MuSch-RL

Gemäß Art. 12 MuSch-RL müssen die Mitgliedstaaten Arbeitnehmerinnen, die wegen Nichterfüllung der Pflichten aus der Mutterschutzrichtlinie beschwert sind, die **Möglichkeit** geben, ihre Rechte **gerichtlich und/oder** entsprechend der innerstaatlichen Rechtsvorschriften und/oder Gebräuche vor **anderen zuständigen Stellen geltend zu machen**.[331] Der EuGH weist darauf hin, dass Art. 12 MuSch-RL die Mitgliedstaaten nicht zum Ergreifen bestimmter Maßnahmen verpflichtet. Die gewählte Maßnahme muss aber „geeignet sein, einen tatsächlichen und wirksamen gerichtlichen Rechtsschutz sicherzustellen, sie muss eine wirklich abschreckende Wirkung gegenüber dem Arbeitgeber haben, und sie muss in jedem Fall in angemessenem Verhältnis zu dem erlittenen Schaden stehen."[332] Der Gerichtshof leitet aus Art. 12 MuSch-RL zusammenfassend den **Grundsatz der Effektivität** und den **Grundsatz der Gleichwertigkeit** her. Mitgliedstaaten dürfen zwar spezifische Rechtsbehelfe im Bereich des Mutterschutzes vorsehen, nach dem Grundsatz der Gleichwertigkeit dürfen sie aber nicht weniger günstig sein als entsprechende innerstaatliche Klagen. Zudem darf wegen des Grundsatzes der Effektivität die Ausübung der anerkannten Rechte nicht praktisch unmöglich gemacht oder übermäßig erschwert werden. Dabei sieht der EuGH eine Ausschlussfrist von 15 Tagen für das Geltendmachen der Rechte als offenbar nicht geeignet an. Ebenso wird nach seiner Ansicht gegen Art. 12 MuSch-RL verstoßen, wenn in einem Sonderverfahren für schwangere Arbeitnehmerinnen keine Möglichkeit besteht, eine Schadensersatzklage vor Gericht zu erheben, wohingegen dies anderen gekündigten Arbeitnehmern möglich ist.[333]

9.231

---

328 Rancke/*Pepping*, § 19 MuSchG Rz. 3.
329 EuGH v. 21.5.2015 – C-65/14 – Rosselle, NZA 2015, 795 Rz. 41 ff.
330 EuGH v. 27.10.1998 – C-411/96 – Boyle, Slg. 1998, I-6401 Rz. 84 f.
331 Nach EAS/*Klein-Jahns*, B 5100, Rz. 47 gewährleistet Art. 12 MuSch-RL zusammen mit der finanziellen Absicherung des Mutterschutzes die tatsächliche Umsetzung der Richtlinie.
332 EuGH v. 11.10.2007 – C-460/06 – Paquay, Slg. 2007, I-8511 Rz. 49.
333 EuGH v. 29.10.2009 – C-63/08 – Pontin, Slg. 2009, I-10467 Ls. 1, Rz. 37 ff. und 70 ff.

9.232 Im Hinblick auf die **Klagefrist des § 4 KSchG** wurden in der Literatur Bedenken zur Richtlinienkonformität erhoben.[334] Zu berücksichtigen ist jedoch, dass es sich hier, anders als in der Rs. *Pontin* bemängelt, nicht um einen besonderen Rechtsbehelf für den Bereich des Mutterschutzes handelt, der eine kürzere Ausschlussfrist vorsieht als in anderen Fällen. Die Klagefrist des § 4 KSchG gilt vielmehr allgemein.[335]

XIII. Anpassung der Anhänge, Art. 13 MuSch-RL

9.233 Art. 13 MuSch-RL sieht für die Anhänge zur Mutterschutzrichtlinie Verfahrensregeln für ihre Anpassung u.a. im Hinblick auf den technischen Fortschritt sowie neuere Erkenntnisse vor. Dabei wird für Anpassungen des Anhang I auf das Verfahren nach Art. 17 Arbeitsschutzrahmen-RL verwiesen. Für Anpassungen des Anhangs II sind hingegen die Sozialpartner in das Verfahren einzubinden.[336]

XIV. Schlussbestimmungen, Art. 14 MuSch-RL

9.234 In Art. 14 MuSch-RL sind im Wesentlichen die (formalen) **Pflichten der Mitgliedstaaten** im Zusammenhang mit der Umsetzung der Mutterschutzrichtlinie geregelt. So ist in Art. 14 Abs. 1 die Umsetzungsfrist festgelegt und in Art. 14 Abs. 2 MuSch-RL wird das Erfordernis festgeschrieben, dass bei der Umsetzung durch einzelstaatliche Rechtsvorschriften auf die Richtlinie Bezug zu nehmen ist. Darüber hinaus sind Berichts-, Unterrichtungs- und Überprüfungspflichten der Mitgliedstaaten sowie der Kommission und des Rates vorgesehen, Art. 14 Abs. 4–6 MuSch-RL.[337]

XV. Fazit

9.235 Der **Umgang mit der Mutterschutzrichtlinie** wird **durch drei Faktoren erschwert**. Zunächst ist bereits bei der **Zielsetzung** darauf zu achten, dass die Richtlinie, die gerade nicht reformiert wurde seit ihrem Inkrafttreten, dem Gesundheitsschutz dient. Arbeitsmarkt- oder gleichstellungspolitische Zwecke stehen in der geltenden Fassung nicht im Fokus.

9.236 Zugleich spielen bei den Sachverhalten, die dem EuGH bisher vorgelegt wurden, regelmäßig nicht nur mutterschutzrechtliche, sondern **auch gleichstellungsrechtliche Fragestellungen** eine wesentliche Rolle. Damit wird bei der Prüfung der Richtlinienkonformität nationaler Regelungen neben der Mutterschutzrichtlinie sehr häufig zugleich auch zu prüfen sein, ob Verstöße gegen die Geschlechterrichtlinie feststellbar sind. Beide Richtlinien sind (nicht zuletzt wegen Art. 2 Abs. 3 Geschl-RL) eng miteinander verknüpft.

9.237 Inwieweit nun das **reformierte MuSchG** den Anforderungen der Mutterschutzrichtlinie genügt, bleibt abzuwarten. In der Gesetzesbegründung wird vielfach auf Anpassungen des Mutterschutzgesetzes an die Rechtsprechung des EuGH verwiesen. Ob dies in allen Feinheiten ausreicht, werden erst die Anwendung des Mutterschutzgesetzes in der Praxis und die Auslegung der Regelungen durch das BAG zeigen.

---

334 *Benecke*, EuZA 2008, 385 (392); KR/*Gallner*, § 17 MuSchG Rz. 211; *Nebe*, EuZA 2010, 383 (391); ErfK/*Schlachter*, § 17 MuSchG Rz. 17.
335 Zu den nationalen Regelungen in der Rs. *Pontin*, wonach die allgemeine Ausschlussfrist bei Kündigungen drei Monate, die Ausschlussfrist bei Kündigungen aufgrund von Schwangerschaft hingegen 15 Tage beträgt, s. EuGH v. 29.10.2009 – C-63/08 – Pontin, Slg. 2009, I-10467 Rz. 13 ff.
336 EUArbR/*Risak*, Art. 13 RL 92/85/EWG Rz. 1 f.
337 S. hierzu ausführlicher EAS/*Klein-Jahns*, B 5100, Rz. 48 ff.

§ 10
Elternurlaub

I. Einführung	10.1
II. Anwendungsbereich der EltUrl-RV	10.5
III. Das Recht auf Elternurlaub	10.7
1. Anspruchsberechtigung	10.7
2. Rechtscharakter: individuelles Recht	10.10
3. Dauer und maximaler Zeitraum für die Inanspruchnahme	10.13
4. Unübertragbarkeit	10.15
5. Modalitäten für die Inanspruchnahme des Elternurlaubs	10.19
6. Besondere Bedürfnisse kleiner Unternehmen	10.24
7. Unterrichtungsfrist	10.25
8. Besondere Bedürfnisse von Eltern von Kindern mit Behinderungen oder Langzeiterkrankungen und bei Adoptionen	10.26
9. Arbeitnehmerrechte im Einzelnen	10.31
a) Rückkehrrecht auf früheren Arbeitsplatz	10.31
b) Aufrechterhaltung bestehender Rechte	10.38
aa) Allgemeines zur Aufrechterhaltung	10.39
bb) Einzelfälle	10.44
(1) Anspruchsumfang von im Arbeitsverhältnis angelegten Rechten	10.44
(2) Gratifikationsansprüche	10.47
(3) Anrechnung von Urlaubsansprüchen	10.50
(4) Anrechnung des Elternurlaubs auf eine Probezeit	10.54
c) Status des Arbeitsvertrags	10.55
d) Einkommensrelevante und sozialversicherungsrechtliche Fragen	10.56
e) Flexibilität der Arbeitsbedingungen im Anschluss an den Elternurlaub	10.58
f) Kontakt der Vertragsparteien während des Elternurlaubs	10.63
10. Verbot der Benachteiligung	10.64
11. Vorgaben zum Kündigungsschutz	10.74
IV. Fernbleiben von der Arbeit aus Gründen höherer Gewalt	10.79

Schrifttum: *Ales/Bell/Deinert/Robin-Olivier* (Hrsg.), International and European Labour Law, A Commentary, 2018; *Becker,* Das neue Elterngeld, in Bauer/Kort/Möllers/Sandmann (Hrsg.), Festschrift für Herbert Buchner zum 70. Geburtstag, 2009, 67; *Beetz,* Von der Exklusion zur Inklusion: Wandel des ArbeitnehmerInnenschutzrechts durch Benachteiligungsverbote und Gleichbehandlungsprinzip, in Busch/Feldhoff/Nebe (Hrsg.), Übergänge im Arbeitsleben und (Re)Inklusion in den Arbeitsmarkt, Symposion anlässlich des 65. Geburtstages von Prof. Dr. Wolfhard Kohte, 2012, 23; *Boecken,* Zur unionsrechtlichen Zulässigkeit einer Kürzung des gesetzlichen Mindesturlaubs nach Maßgabe des § 17 Abs. 1 Satz 1 BEEG, in Wolmerath/Gallner/Krasshöfer/Weyand (Hrsg.), Recht – Politik – Geschichte, Festschrift für Franz Josef Düwell zum 65. Geburtstag, 2011; *Buchner/Becker,* Mutterschutzgesetz und Bundeselterngeld- und Elternzeitgesetz, 8. Aufl. 2008; *Cabeza Pereiro,* Reconciling private and professional life, 2011, http://era-comm.eu/oldoku/SNLLaw/07_Work-life_balance/2011_11_Cabeza_EN.pdf; *Caracciolo di Torella/Masselot,* Reconciling Work and Family Life EU Law and Policy, 2010; *Dahm,* Die neue Richtlinie zum Elternurlaub, EuZA 2011, 30; *Dawirs,* Elternzeit gleich Kurzarbeit? – Unionsrechtswidrigkeit der verkürzten Urlaubsanspruchs und deren Auswirkungen, NJW 2014, 3612; *Düwell,* Die Europäische Richtlinie über den Elternurlaub, FA 2010, 137; *Hanau,* Ansätze zu einem System familiengerechter Arbeitszeiten, in Bauer/Kort/Möllers/Sandmann (Hrsg.), Festschrift für Herbert Buchner zum 70. Geburtstag, 2009, 279; *Joussen,* Die vorzeitige Beendigung des Elternurlaubs bei erneuter Schwangerschaft, EuZA 2008, 375; *Kamanabrou,* Die Kürzung des Jahresurlaubs für Zeiten der Elternzeit, RdA 2014, 321; *Kiesow,* Anmerkung zu EuGH vom 27.2.2014, Rs. C-588/12 Lyreco Belgium, ZESAR 2014, 342; *Kiesow,* Anmerkung zu EuGH vom 7.9.2017, Rs. C-174/16 H, ZESAR 2018, 39; *Kocher,* Anmerkung zu EuGH vom 7.9.2017, Rs. C-174/16 H, NJW 2017, 3363; *Kohte,* „Return to work" – europäische Impulse und deutsche Handlungsmöglichkeiten, in Hohmann-Dennhardt/Körner/Zimmer (Hrsg.), Geschlechtergerechtigkeit, Festschrift für Heide Pfarr, 2010, 489; *Maties,* Kündigungsbedingte Abfindung in der Elternzeit statt Bestandsschutz, EuZA 2010, 226; *Rancke* (Hrsg.), Mutterschutz, Elterngeld, Elternzeit, Betreuungsgeld Handkommentar, 5. Aufl. 2018 (zit. HK-MuSchG/BEEG/Bearbeiter); *Ricken/Zibolka,* Unterbrechung eines unbezahlten Elternurlaubs durch Mutterschaftsurlaub, EuZA 2014, 504; *Riesenhuber,* European Employment Law, A Systematic Exposition, 2012; *Schlachter* (Hrsg.), EU Labour Law, A Commentary, 2015; *Schrittwieser,* Europäische branchenübergreifende Sozialpartnervereinbarung – Elternurlaubs-RL NEU, DRdA 2010, 277; *Tillmanns/Mutschler* (Hrsg.), Mutterschutzgesetz, Bundeselterngeld- und Elternzeitgesetz, Praxiskommentar, 2. Aufl. 2018; *Weldon-Johns*, EU Work-Family Policies – Challenging Parental Roles or Reinforcing Gendered Stereotypes?, European Law Journal 2013, 19 (5), 662.

I. Einführung

10.1 Die Vereinbarkeit von Familie und Beruf ist eine der großen Herausforderungen der modernen Arbeitsgesellschaft. Neben dem Ausbau von Kinderbetreuungsmöglichkeiten besteht das Bedürfnis, Flexibilisierungsmechanismen innerhalb von Arbeitsverhältnissen zu schaffen, die es Eltern ermöglichen, ihre beruflichen Positionen trotz der Geburt eines Kindes zu behalten, frühzeitig nach einer Geburt wieder in das Arbeitsleben einzusteigen und sich beruflich weiterzuentwickeln. Eine Möglichkeit, Eltern dabei zu unterstützen, ist es, ihnen eine **vorübergehende Freistellung von der Arbeit** für Zeiten zu gewähren, in denen ihre Kinder entsprechend ihrem Entwicklungsstand einen erhöhten Betreuungsbedarf haben und im Anschluss an diese Zeit den Wiedereinstieg in das Berufsleben, idealerweise im Sinne einer Laufbahnkontinuität, zu ermöglichen. Dieser Gedanke liegt der Etablierung eines Elternurlaubs i.S.d. Rahmenvereinbarung über den Elternurlaub (EltUrl-RV) zugrunde. Die Vereinbarkeit von Familien- und Berufsleben soll dadurch weiter verbessert werden. Da der überwiegende Teil derer, die aufgrund einer Kindererziehungssituation ihre berufliche Laufbahn unterbrechen oder einschränken, noch immer Frauen sind,[1] wird durch entsprechende Maßnahmen zugleich die **Chancengleichheit von Männern und Frauen** im Arbeitsleben und dadurch deren Gleichstellung gefördert. Väter sollen aus diesem Grund umfangreicher als bisher in die Ausübung familiärer Pflichten eingebunden werden. Um dies zu fördern, versucht die Rahmenvereinbarung, Anreize für Väter zu schaffen, Elternurlaub in Anspruch zu nehmen.

10.2 Eine Einbindung von Eltern in das Arbeitsleben begünstigt ferner eine **optimale Ressourcennutzung** von Arbeitskräften. Dabei spielt die Förderung des Wiedereinstiegs von Frauen in das Berufsleben aufgrund ihrer typischerweise häufiger in Anspruch genommenen und länger dauernden Kindererziehungszeiten und dem daraus resultierenden Fehlen ihrer Arbeitskraft und ihres Fachwissens für den Arbeitsmarkt ebenfalls eine entscheidende Rolle.

10.3 Der Elternurlaub ist Gegenstand einer im Jahr 2009 von den Europäischen Sozialpartnern BUSINESSEUROPE, UEAPME, CEEP und EGB geschlossenen Rahmenvereinbarung. Die Rahmenvereinbarung, die die eigentlichen Regelungsinhalte über den Elternurlaub enthält, wird durch die RL 2010/18/EU durchgeführt. Dieses Verfahren beruht auf Art. 153–155 AEUV (vgl. Rz. 1.71 ff.).[2] Die EltUrl-RL ersetzt die RL 96/34/EG in der Fassung der RL 97/75/EG, der ebenfalls eine entsprechende Rahmenvereinbarung (von 1995) zugrunde lag.[3] Die **überarbeitete Rahmenvereinbarung** sieht gegenüber der vorangegangenen umfassendere Rechte für Eltern vor. Ihre Regelungen sind im Übrigen jedoch identisch oder sich jedenfalls sehr ähnlich. Die zu der Rahmenvereinbarung von 1995 entwickelten Grundsätze können daher in weiten Teilen auf die überarbeitete EltUrl-RV übertragen werden.[4] Die Kommission sieht auf der Grundlage statistischer Zahlen, insbesondere über die gegenüber Vätern noch immer niedrigere Beschäftigungsquote von Müttern und einem auch dadurch bedingten unterschiedlichen Lohn- und Rentenniveau der Geschlechter,

---

1 Für die Situation in Deutschland s. die Zahlen des Evaluationsberichts BEEG 2009 des BMFSFJ. Zur Erwerbssituation von Müttern s. den Familienreport des BMFSFJ von 2017, S. 66 f. Für die Situation in der EU s.: EuGH v. 20.6.2013 – C-7/12 – Rieżniece, EAS Teil C RL 96/34/EG § 2 Nr. 3 Rz. 40; v. 21.10.1999 – C-333/97 – Lewen, Slg. 1999, I-7243 Rz. 35.
2 S. EuArbR/*Risak*, Art. 1 RL 2010/18/EU Rz. 5 f.
3 S. zur Entstehung der EltUrl-RL näher *Falkner/Treib/Hartlapp/Leiber*, Complying with Europe, EU Harmonisation and Soft Law in the Member States, 2005, S. 142 ff.; *Kamanabrou/Wietfeld* in Ales/Bell/Deinert/Robin-Olivier, International and European Labour Law, RL 2010/18/EU Rz. 4 f.; *Riesenhuber*, European Employment Law, S. 509 f.; Schlachter/Heinig/*Kiesow*, § 17 Rz. 2.
4 Für § 5 Nrn. 1–3 EltUrl-RV EuGH v. 7.9.2017 – C-174/16 – H, NZA 2017, 1381 Rz. 35 ff.; für § 2 Abs. 1 EltUrl-RV Schlachter/*Houwerzijl*, EU Labour Law, S. 500.

trotz der Geltung der EltUrl-RV noch grundsätzliche Defizite hinsichtlich der Förderung der Vereinbarkeit von Familie und Beruf. Aus diesem Grund hat sie im Frühjahr 2017 einen Richtlinienvorschlag zur Ablösung der RL 2010/18/EU unterbreitet, durch den der Zugang zu Regelungen zur Vereinbarkeit von Beruf und Privatleben noch einmal verbessert und Männer zu einer verstärkten Inanspruchnahme von Urlaub aus familiären Gründen und zur Wahrnehmung flexiblerer Arbeitsregelungen angehalten werden sollen.[5]

Die EltUrl-RV gibt hinsichtlich der Ausgestaltung nationaler Regelungen an vielen Stellen lediglich Empfehlungen. Sie enthält wenige zwingende Vorgaben. Insgesamt haben die Mitgliedstaaten bei der Umsetzung weite Spielräume. Aus diesem Grund wird die Effektivität der EltUrl-RL vielfach als zu gering kritisiert.[6] Ihr Einfluss kann richtigerweise nicht grundsätzlich als zu gering eingestuft werden. Aufgrund der weiten Spielräume hängt die Frage, ob die Richtlinie einen positiven Effekt hat, nur sehr stark von der Umsetzung in den jeweiligen Mitgliedstaaten ab.[7] Da die nationalen Ausgestaltungen des Elternurlaubs allerdings äußerst unterschiedlich sind, ist der Grad der Harmonisierung der verschiedenen Rechtsordnungen entsprechend niedrig.[8]

10.4

II. Anwendungsbereich der EltUrl-RV

Die Vorgaben der EltUrl-RV gelten gemäß deren § 1 Nr. 2 für alle **Arbeitnehmerinnen und Arbeitnehmer**, die gemäß den Rechtsvorschriften, Tarifverträgen und/oder Gepflogenheiten in dem jeweiligen Mitgliedstaat einen Arbeitsvertrag haben oder in einem Beschäftigungsverhältnis stehen. Die Vorschrift stellt auf Arbeits- und Beschäftigungsverhältnisse nach nationalen Vorschriften ab. Der Arbeitnehmerbegriff der Rahmenvereinbarung ist danach nicht autonom auf Unionsebene, sondern in Anknüpfung an das Begriffsverständnis der Mitgliedstaaten zu bestimmen.[9] Der EuGH legt den Arbeitnehmerbegriff der EltUrl-RV ungeachtet dessen weit aus, indem er hierunter ohne Rückgriff auf einzelstaatliche Vorschriften nicht nur Personen, die aufgrund eines privatrechtlichen Vertrags angestellt sind, sondern auch solche in öffentlich-rechtlichen Dienstverhältnissen, namentlich Beamte, fasst.[10] Diese Interpretation des Anwendungsbereichs der EltUrl-RV durch den EuGH entspricht seiner Rechtsprechung zum Anwendungsbereich weiterer Richtlinien, die an die Arbeitnehmereigenschaft anknüpfen, namentlich dem Befr-RV sowie dem Arbeitnehmerbegriff, der Art. 157 AEUV zugrunde liegt (vgl. zu den unionsrechtlichen Arbeitnehmerbegriffen Rz. 1.107 ff.).[11]

10.5

---

5 KOM(2017) 253 endg.
6 *Caracciolo di Torella/Masselot*, Reconciling Work and Family Life EU Law and Policy, S. 74 f.; *Weldon-Johns*, European Law Journal 2013, 19 (5), 662 (672 ff.).
7 Für positive Effekte z.B. eines bezahlten Elternurlaubs s. *Becker*, FS Buchner, S. 67 (75 f.); *Dahm*, EuZA 2011, 30 (40).
8 Schlachter/Heinig/*Kiesow*, § 17 Rz. 9, der darauf hinweist, dass für einige nationale Konzepte sogar in Frage gestellt wird, ob sie, obwohl sie die Mindestvorgaben einhalten, den Zweck der Richtlinie überhaupt noch wahren.
9 Hanau/Steinmeyer/Wank/*Wank*, § 18 Rz. 416; *Riesenhuber*, European Employment Law, S. 511; *Ziegler*, Arbeitnehmerbegriffe, S. 235 ff.
10 EuGH v. 7.9.2017 – C-174/16 – H, NZA 2017, 1381 Rz. 34; v. 16.7.2015 – C-222/14 – Maïstrellis, NZA 2015, 987 Rz. 47; v. 7.7.2010 – C-149/10 – Chatzi, Slg. 2010, I-8489 Rz. 29. S. insoweit zu den verschiedenen Sprachfassungen und ihren Änderungen *Kamanabrou/Wietfeld* in Ales/Bell/Deinert/Robin-Olivier, International and European Labour Law, RL 2010/18/EU Rz. 11.
11 EuGH v. 9.7.2015 – C-177/14 – Regojo Dans, NZA 2016, 95 Rz. 31; v. 13.9.2007 – C-307/05 – Alonso, Slg. 2007, I-7109 Rz. 25 ff.; v. 7.9.2006 – C-180/04 – Vasallo, Slg. 2006, I-7251 Rz. 32 f.; v. 4.7.2006 – C-212/04 – Adeneler, Slg. 2006, I-6057 Rz. 55 ff.; v. 2.10.1997 – C-1/95 – Gerster, Slg. 1997, I-5353 Rz. 18. Eine Parallele zum Arbeitnehmerbegriff des Art. 157 AEUV ziehen GAin *Kokott* v. 7.7.2010 – C-149/10 – Chatzi, Slg. 2010, I-8489 Rz. 21; Schlachter/Heinig/*Kiesow*, § 17 Rz. 18. Krit. zur unionsrechtlichen Vereinheitlichung des Arbeitnehmerbegriffs ErfK/*Preis*, § 611a BGB Rz. 20; EuArbR/*Krebber*, § 2 RL 1999/70/EG Rz. 9 ff. m.w.N.

10.6 Gemäß § 1 Nr. 3 EltUrl-RV dürfen nationale Regelungen niemanden vom Anspruch auf Elternurlaub ausnehmen, weil er befristet, in Teilzeit oder bei einem Leiharbeitsunternehmen beschäftigt ist. Die EltUrl-RV verbietet ihrem Wortsinn nach nur den Ausschluss der genannten Personen aufgrund ihrer Zugehörigkeit zu einer dieser Personengruppen.[12] Personen, die einer der genannten Gruppen angehören, können daher aus anderen, sachlich gerechtfertigten Gründen vom Anspruch auf Elternurlaub ausgenommen werden. Als Beispiele eines solchen zulässigen Ausschlusses werden Arbeitsverhältnisse von sehr kurzer Dauer sowie Saisonarbeitsverhältnisse genannt.[13]

III. Das Recht auf Elternurlaub

1. Anspruchsberechtigung

10.7 Nach § 2 Nr. 1 EltUrl-RV haben alle **Arbeitnehmerinnen und Arbeitnehmer** (vgl. Rz. 10.5) im Fall der Geburt oder Adoption eines Kindes Anspruch auf Elternurlaub. Adoptiveltern sind daher in gleicher Weise anspruchsberechtigt wie leibliche Eltern. Die EltUrl-RV richtet sich hingegen nicht an Pflegeeltern.[14] Da diese jedoch lediglich Mindeststandards vorgibt, bleibt es den Mitgliedstaaten unbenommen, weiteren Personen, die Kinder betreuen, wie bspw. Pflegeeltern oder betreuenden Großeltern, einen Anspruch auf Elternurlaub zu gewähren.[15]

10.8 Eine weitere Anspruchsvoraussetzung liegt in der **tatsächlichen Betreuung** des Kindes. Dahinter steht der Gedanke, dass Eltern, die die Betreuung des Kindes nicht selbst übernehmen, auch keiner Freistellung von der Arbeit bedürfen. Es widerspräche dem Sinn und Zweck der EltUrl-RV (vgl. Rz. 10.1), ihnen einen Anspruch auf Elternurlaub zu gewähren. Im Verhältnis von Adoptiveltern und leiblichen Eltern steht der Elternurlaub daher nur den tatsächlich das Kind betreuenden Eltern und demnach in aller Regel den Adoptiveltern zu. In Fällen des Getrenntlebens, in denen das Kind nur bei einem Elternteil lebt, kann auch nur dieser Elternteil Elternurlaub in Anspruch nehmen. Ein bloßes Besuchsrecht ändert daran nichts, weil auch dann lediglich der Elternteil das Kind betreut, bei dem es lebt.[16]

10.9 Das BEEG knüpft den Anspruch auf Elternzeit neben der Voraussetzung der Betreuung des Kindes (§ 15 Abs. 1 Satz 1 Nr. 2 BEEG) zusätzlich an das **Zusammenleben mit dem Kind** in einem Haushalt (§ 15 Abs. 1 Satz 1 Nr. 1 BEEG). Die Voraussetzung der tatsächlichen Betreuung des Kindes wird zwar regelmäßig bedeuten, dass die betroffenen Elternteile auch mit dem Kind in einem Haushalt leben. Da dies aber nicht zwingend ist, kann diese einschränkende Voraussetzung dazu führen, dass die Vorgaben der EltUrl-RV gegenüber ihrem eigentlichen Anwendungsbereich eingeengt werden. Sie sollte daher aufgegeben werden.[17]

---

12 Dies zeigt sich besonders deutlich an der englischen Sprachfassung. S. dazu Kamanabrou/Wietfeld in Ales/Bell/Deinert/Robin-Olivier, International and European Labour Law, RL 2010/18/EU Rz. 12; Schlachter/*Houwerzijl*, EU Labour Law, S. 499.
13 EuArbR/*Risak*, § 1 Anh. RL 2010/18/EU Rz. 10; Schlachter/*Houwerzijl*, EU Labour Law, S. 498.
14 EuArbR/*Risak*, § 2 Anh. RL 2010/18/EU Rz. 1.
15 EuArbR/*Risak*, § 2 Anh. RL 2010/18/EU Rz. 4; Schlachter/*Houwerzijl*, EU Labour Law, S. 499.
16 EuArbR/*Risak*, § 2 Anh. RL 2010/18/EU Rz. 3.
17 I.E. ebenso AR/*Klose*, § 15 BEEG Rz. 4; ErfK/*Gallner*, § 15 BEEG Rz. 2; Klenter, AiB 2013, 217 (218). Tillmanns/Mutschler/*Tillmanns*, MuschG/BEEG, § 15 BEEG Rz. 9 sehen eine Einschränkung des § 2 Nr. 1 EltUrl-RV und plädieren daher in bestimmten Fällen für eine richtlinienkonforme Auslegung von § 15 Abs. 1 BEEG.

2. Rechtscharakter: individuelles Recht

Die EltUrl-RV gewährt ein individuelles Recht auf Elternurlaub. Dies bedeutet zunächst, dass es sich um einen **Anspruch des jeweiligen Elternteils**, nicht des betroffenen Kindes handelt.[18] Aus diesem Grund haben Eltern im Fall einer Mehrlingsgeburt nach den Vorgaben der EltUrl-RV keinen Anspruch auf einen zusätzlichen Elternurlaubszeitraum. Dies erscheint sachgerecht, da sich der Zeitraum, in dem die Kinder von ihren Eltern betreut werden müssen, bei einer gleichzeitigen Geburt mehrerer Kinder nicht verlängert, sondern lediglich die Intensität der Betreuungsanforderungen steigt, wenn mehrere gleichaltrige Kinder zugleich betreut werden müssen.[19] Der EuGH hat aufgrund dieser gesteigerten Intensität bei einer **Zwillingsgeburt** anerkannt, dass eine besondere Situation gegeben ist, die zu einer Ungleichbehandlung von Eltern mehrerer innerhalb eines kurzen Zeitraums geborener Einlinge und Eltern von Zwillingen führen kann. Mitgliedstaaten sollen diese Gefahr berücksichtigen und daher auf nationaler Ebene gegebenenfalls Regelungen vorsehen, um einer solchen Ungleichbehandlung entgegenzuwirken.[20] Dies kann nach Ansicht des EuGH unter anderem durch eine nach nationalem Recht deutlich über die unionsrechtliche Mindestvorgabe hinausgehende Elternurlaubsdauer geschehen.[21]

10.10

Der Anspruch auf Elternzeit besteht nach § 15 Abs. 2 Satz 4 BEEG **für jedes Kind**. Dabei ist es unerheblich, in welchem zeitlichen Abstand die Kinder geboren wurden, da es nach dieser Vorschrift irrelevant ist, ob sich die Elternzeitzeiträume überschneiden. Im deutschen Recht wird dadurch der **Besonderheit einer Mehrlingsgeburt** Rechnung getragen. Da § 16 Abs. 1 BEEG allerdings Höchstaltersgrenzen für die Inanspruchnahme des Elternurlaubs festlegt, können die Elternurlaubszeiträume für Mehrlinge nur in diesen Grenzen und im Rahmen der Höchstdauer der Elternzeit gemäß § 15 Abs. 2 Satz 1, 2 BEEG hintereinandergeschaltet werden. Da die Elternzeit von drei Jahren nach dem BEEG die Mindestdauer nach der EltUrl-RV deutlich übersteigt, steht die deutsche Rechtslage schon aus diesem Grund im Einklang mit der EltUrl-RV und der dazu ergangenen Rechtsprechung des EuGH.[22] Die Möglichkeiten der zusätzlichen Übertragung zumindest eines Teils des Elternurlaubs auf die Zeit bis zur Vollendung des achten Lebensjahres eines Kindes ermöglicht zudem eine noch längere Inanspruchnahme von Elternzeiten bei Mehrlingsgeburten.

10.11

Da es sich um ein individuelles Recht eines jeden Elternteils handelt, kommt es für den Anspruch eines Elternteils ferner nicht darauf an, ob der andere Elternteil sich im Zeitpunkt der Geburt in einem Arbeits- oder Beschäftigungsverhältnis befindet und daher selbst anspruchsberechtigt ist. Der Elternurlaubsanspruch des Vaters ist insbesondere nicht davon abhängig, dass die Mutter einer Erwerbstätigkeit nachgeht.[23]

10.12

3. Dauer und maximaler Zeitraum für die Inanspruchnahme

§ 2 Nr. 2 EltUrl-RV sieht einen zu gewährleistenden Elternurlaubszeitraum von **mindestens vier Monaten** vor. Diese Gesamtdauer ist auch für die Fälle zu garantieren, in denen der Elternurlaub bspw. durch einen anderen Urlaub – wie einen Mutterschaftsurlaub – unterbrochen wird. Der Teil der zu gewährenden vier Monate, der bis zu der Unterbrechung noch nicht in Anspruch genom-

10.13

---

18 *Cabeza Pereiro*, Reconciling private and professional life, S. 3. Hinter dem Recht der Eltern steht der Gedanke der Fürsorge für das Kind, der in Art. 24 GRC als Anspruch des Kindes selbst verankert ist. S. dazu *Kamanabrou/Wietfeld* in Ales/Bell/Deinert/Robin-Olivier, International and European Labour Law, RL 2010/18/EU Rz. 16.
19 EuGH v. 16.9.2010 – C-149/10 – Chatzi, Slg. 2010, I-8489 Rz. 55 ff.
20 EuGH v. 16.9.2010 – C-149/10 – Chatzi, Slg. 2010, I-8489 Rz. 75.
21 EuGH v. 16.9.2010 – C-149/10 – Chatzi, Slg. 2010, I-8489 Rz. 72.
22 S. dazu die Vorgaben in EuGH v. 16.9.2010 – C-149/10 – Chatzi, Slg. 2010, I-8489 Rz. 72.
23 EuGH v. 16.7.2015 – C-222/14 – Maïstrellis, NZA 2015, 987 Rz. 41; Schlachter/Heinig/*Kiesow*, § 17 Rz. 20.

men wurde, kann nach Ansicht des EuGH auf das Ende der Unterbrechung verschoben werden.[24] Diese Sichtweise steht im Einklang mit der Rechtsprechung des Gerichtshofs zu sich überschneidenden Urlaubs- und Freistellungszeiträumen im Allgemeinen, wie bspw. im Fall der Überschneidung von Jahresurlaub und Mutterschaftsurlaub (vgl. Rz. 8.36).[25]

10.14 Die Mitgliedstaaten müssen gemäß § 2 Nr. 1 EltUrl-RV einen Zeitraum festlegen, innerhalb dessen der Elternurlaub genommen werden darf. Dieser Zeitraum muss sich am **Lebensalter des Kindes** orientieren. Er ist zwar grundsätzlich variabel, darf nach den Vorgaben der EltUrl-RV jedoch nicht über das achte Lebensjahr des Kindes hinausgehen. Die EltUrl-RV stellt mit dieser Altersvorgabe eine Vermutung auf, bis zu welchem maximalen Lebensalter Kinder regelmäßig einer Betreuung bedürfen, die möglicherweise eine berufliche Freistellung eines Elternteils erfordert.[26] Wollen Mitgliedstaaten den Zeitraum verkürzen, innerhalb dessen der Anspruch auf Elternurlaub besteht, müssen sie sicherstellen, dass die Ziele der EltUrl-RV dennoch erreicht werden können.[27]

4. Unübertragbarkeit

10.15 **Jeder Elternteil hat einen Anspruch** auf Elternurlaub von mindestens vier Monaten (vgl. Rz. 10.13). Wenn beide Elternteile ihren Anspruch wahrnehmen, kann der Elternurlaub nach der EltUrl-RV acht Monate betragen. Nach § 2 Nr. 2 EltUrl-RV soll der Anspruch auf Elternurlaub grundsätzlich **nicht übertragbar** sein, um die gleiche Inanspruchnahme durch Mütter und Väter und dadurch die Gleichberechtigung zwischen Männern und Frauen zu fördern. Die Unübertragbarkeit soll insbesondere einen Anreiz für Väter schaffen, sich am Elternurlaub zu beteiligen. Die Mitgliedstaaten können allerdings Ausnahmen vom Übertragungsverbot vorsehen. Ein absolutes Übertragungsverbot sieht § 2 Nr. 2 EltUrl-RV lediglich für den Zeitraum eines Monats vor. Wenn nur ein Elternteil Elternurlaub in Anspruch nimmt, verliert die Familie daher jedenfalls einen Anspruchsmonat des maximalen Elternurlaubs. Die Höchstdauer des beanspruchbaren Mindestelternurlaubs beträgt in dem Fall sieben Monate, wenn die verbleibenden drei Monate übertragbar sind.[28]

10.16 Nach dem BEEG kann jeder Elternteil Elternzeit im Umfang von höchstens drei Jahren in Anspruch nehmen (§ 16 Abs. 1 BEEG). Zwar kann dieser **Drei-Jahres-Zeitraum** auch dann ausgeschöpft werden, wenn nur ein Elternteil Elternzeit in Anspruch nimmt (§ 15 Abs. 3 BEEG). Der Drei-Jahres-Zeitraum des einen Elternteils ist aber nicht auf den anderen Elternteil übertragbar. Dies entspricht zunächst der Rechtslage auf Unionsrechtsebene, nach der der jeweils viermonatige Anspruch mindestens im Umfang eines Monats nicht übertragbar ist. Die nationale Rechtslage sieht aber nicht vor, dass zunächst der eine Elternteil und dann der andere drei Jahre Elternurlaub in Anspruch nehmen kann, da die dreijährige Elternzeit grundsätzlich mit einem Höchstalter des Kindes von drei Jahren verknüpft ist.[29] Diesen Drei-Jahres-Zeitraum kann **jeder Elternteil mit seiner Elternzeit alleine ausschöpfen**. Nach § 15 Abs. 2 Satz 2 BEEG kann ein Elternteil, der seinen Anspruch innerhalb der ersten drei Jahre nicht ausgeschöpft hat, den verbleibenden **Anteil im Umfang von maximal 24 Monaten** auf die Zeit bis zum achten Lebensjahr des Kindes übertragen. Auf diese Weise kann je nach Aufteilung der Elternzeitzeiträume erreicht werden, dass jeder Elternteil insgesamt einen Drei-Jahres-Zeit-

---

24 EuGH v. 14.4.2005 – C-519/03 – Kommission/Luxemburg, Slg. 2005, I-3067 Rz. 34, 52.
25 EuGH v. 18.3.2004 – C-342/01 – Merino Gómez, Slg. 2004, I-2605 Rz. 32; s. auch EUGH v. 4.10.2018 – C 12/17 – Dicu, ECLI:EU:C:2018:195 Rz. 37.
26 Vgl. auch *Riesenhuber*, European Employment Law, S. 512.
27 EuArbR/*Risak*, § 2 Anh. RL 2010/18/EU Rz. 8; Schlachter/Heinig/*Kiesow*, § 17 Rz. 24.
28 *Schrittwieser*, DRdA 2010, 277 (278). Zu den unterschiedlichen Konzepten der Umsetzung dieser Vorgabe s. die Zusammenfassung bei *Kamanabrou/Wietfeld* in Ales/Bell/Deinert/Robin-Olivier, International and European Labour Law, RL 2010/18/EU Rz. 22.
29 HK-MuSchG/BEEG/*Rancke*, § 15 BEEG Rz. 41.

raum und beide zusammen damit eine Dauer von sechs Jahren erreichen. Nimmt ein Elternteil die gesamte Elternzeit innerhalb der ersten drei Lebensjahre des Kindes, kann der andere immerhin noch 24 Monate seiner Elternzeit auf die Zeit danach bis zur Vollendung des achten Lebensjahres übertragen. Die hierdurch jeweils erreichte Gesamtdauer kann von einem Elternteil alleine nicht erlangt werden. Insoweit scheint das BEEG der Intention der EltUrl-RV zu entsprechen, nach der bei einer Inanspruchnahme durch beide Elternteile eine längere Gesamtdauer beansprucht werden können soll, als bei der Inanspruchnahme durch nur einen Elternteil. Ob diese formale Entsprechung allerdings den Zweck erreicht, den die EltUrl-RV mit der Unübertragbarkeit verfolgt, ist äußerst fraglich. Ein Anreiz für Väter, Elternzeit in Anspruch zu nehmen, wird nämlich wohl nur dann erreicht, wenn die Mutter alleine den für die Betreuung erforderlichen Zeitraum einer Freistellung nicht erlangen kann. Da ein Zeitraum von drei Jahren aber in der Regel den Betreuungsbedarf hinreichend abdeckt, kann dies durch die Mutter allein geschehen. Ein zusätzlicher Anreiz für Väter, sich an der Elternzeit zu beteiligen, wird hierdurch nicht geschaffen.

Diesen Anreiz schafft im nationalen Recht dagegen das **Regelungssystem zum Elterngeld**. Denn Eltern haben gemäß §§ 1, 4 Abs. 1, 4 BEEG gemeinsam Anspruch auf Zahlung eines Elterngeldes für zwölf Monate (oder für 24 Monate Elterngeld Plus nach § 4 Abs. 3 Satz 1 BEEG). Nehmen beide Elternteile Elterngeld in Anspruch, besteht der Anspruch nach diesen Vorschriften dagegen für zwei zusätzliche und damit insgesamt für maximal 14 Monate. Wie die europäischen Sozialpartner bereits bei Schaffung der EltUrl-RV anerkannt haben, ist die Frage des Unterhalts während einer etwaigen Elternzeit ein bestimmender Faktor für deren Inanspruchnahme.[30] Dies gilt in besonderer Weise für die Entscheidung von Vätern, Elternurlaub in Anspruch zu nehmen. Der Anteil der Väter, die Elternzeit in Anspruch nehmen, ist durch die Einführung des Elterngeldes, mit der die Anordnung der Unübertragbarkeit eines Zeitraums von zwei Monaten einhergegangen ist, im Vergleich zur Zeit des BErzGG, das keine derartige Regelung vorsah, gestiegen.[31] Dabei kommt gerade den sog. Partnermonaten eine besondere Bedeutung zu.[32] Ferner ist zu bedenken, dass § 4 Abs. 1 Satz 1, 2 BEEG das Verhältnis wahrt, das § 2 Nr. 2 EltUrl-RV hinsichtlich der Unübertragbarkeit des Elternurlaubs von einem von vier Monaten vorsieht. Beide Regelungen schließen ein Siebtel der Gesamtdauer des Elternurlaubs von einer Übertragungsmöglichkeit aus. Das Ziel, das die EltUrl-RV mit der Unübertragbarkeit eines Zeitraums des Elternurlaubs verfolgt, wird durch die Regelung zum Elterngeld im BEEG daher erreicht.[33] Die EltUrl-RV gibt jedoch mit der zwingenden Unübertragbarkeit mindestens eines Elternurlaubsmonats ein **verbindliches Mittel** zur Erreichung dieses Ziels vor. Die Sozialpartner haben bereits existierende mitgliedstaatliche Maßnahmen zur Aufforderung von Vätern, sich an familiären Pflichten stärker zu beteiligen, als nicht hinreichend erachtet (ErwGr. 12 EltUrl-RV) und daher die Unübertragbarkeit mindestens eines Monats des Elternurlaubs vorgegeben (ErwGr. 16 EltUrl-RV). Dem wird das BEEG durch eine Regelung zur Unübertragbarkeit eines Bezugszeitraums des Elterngelds nicht gerecht.[34] Denn die EltUrl-RV macht lediglich verbindliche Vorgaben zum Elternurlaub, nicht aber zu Entgeltregelungen in diesen Zeiträumen. Die formal der EltUrl-RV entsprechende Regelung zur Elternzeit, die eine vollständige Unübertragbarkeit vorsieht, erreicht im Gegenteil nicht den Sinn und Zweck der Vorgabe der EltUrl-RV. Das deut-

---

30 ErwGr. 20 EltUrl-RV; *Dahm*, EuZA 2011, 30 (44).
31 Bericht der Bundesregierung über die Auswirkungen des Bundeselterngeld- und Elternzeitgesetzes, BT-Drucks. 16/10770, S. 18 ff. S. insofern die Datenzusammenstellung bei *Dahm*, EuZA 2011, 30 (40).
32 Väterreport des BMFSFJ von 2016, S. 18 (79 % der Väter nehmen ausschließlich die Partnermonate in Anspruch); Familienreport des BMFSFJ von 2010, S. 103. Ebenso der Bericht der Bundesregierung über die Auswirkungen des Bundeselterngeld- und Elternzeitgesetzes, BT-Drucks. 16/10770, S. 19 f. Die Bedeutung der Partnermonate betonen *Becker*, FS Buchner, S. 67 (75 f.); *Dahm*, EuZA 2011, 30 (40).
33 *Dahm*, EuZA 2011, 30 (40); *Kamanabrou/Wietfeld* in Ales/Bell/Deinert/Robin-Olivier, International and European Labour Law, RL 2010/18/EU Rz. 22.
34 I.E. ebenso Schlachter/Heinig/*Kiesow*, § 17 Rz. 26.

sche Recht kombiniert daher eine formal hinreichende, aber dem Zweck der EltUrl-RV nicht gerecht werdende Regelung zur Elternzeit mit einer diesen Zweck zwar wahrenden, aber ihren formellen Anforderungen an die Umsetzung nicht genügenden Regelung zum Elterngeld.

10.18 Trotz der zwingend zu gewährleistenden Unübertragbarkeit eines Elternurlaubsmonats sehen die mitgliedstaatlichen Rechtsvorschriften in Einzelfällen eine vollständige Übertragbarkeit vor, sofern ein Elternteil bspw. aufgrund einer schwerwiegenden Krankheit oder des Todes des anderen Elternteils nicht in der Lage ist, das Kind zu betreuen (z.B. § 4 Abs. 6 BEEG). Obwohl die EltUrl-RV aufgrund ihrer verbindlichen Vorgabe an sich **keine Ausnahmen** von der Unübertragbarkeit zumindest eines Monats zulässt, werden die existierenden Ausnahmeregelungen als mit den Vorgaben des § 2 Nr. 2 EltUrl-RV vereinbar angesehen[35], da das Ziel, das mit dem verbindlich vorgegebenen Mittel des Übertragungsverbots (vgl. Rz. 10.17) erreicht werden soll, in diesen Ausnahmefällen ohnehin nicht erreicht werden kann. Denn wenn ein Elternteil nicht in der Lage ist, das Kind zu betreuen, ruht die Betreuungslast allein auf dem anderen Elternteil. Eine Gleichbehandlung der Geschlechter hinsichtlich der Betreuung, der das Übertragungsverbot dient, kann in diesen Fällen daher bereits aus anderen Gründen nicht erreicht werden.

5. Modalitäten für die Inanspruchnahme des Elternurlaubs

10.19 § 3 EltUrl-RV enthält eine nicht abschließende Aufzählung möglicher Voraussetzungen und Modalitäten, von denen die Mitgliedstaaten und/oder die Sozialpartner die Inanspruchnahme des Elternurlaubs auf nationaler Ebene abhängig machen können. Diese Vorgaben betreffen die grundsätzlichen Bedingungen für die Inanspruchnahme des Elternurlaubs sowie dessen inhaltliche Ausgestaltung.

10.20 Gemäß **§ 3 Nr. 1 Buchst. a EltUrl-RV** kann der Elternurlaub **in verschiedener Form** gewährt werden. Neben der Gewährung eines Elternurlaubs in Vollzeit erachtet die EltUrl-RV Teilzeitelternurlaub oder die Etablierung von Zeitguthaben ebenfalls als zulässige Ausgestaltungsvarianten, solange und soweit die Bedürfnisse der Arbeitgeber und der Arbeitnehmer hinreichend berücksichtigt werden. Eine Kombination verschiedener Möglichkeiten erscheint vor dem Hintergrund des Regelungszwecks der EltUrl-RV ideal, da Arbeitnehmern hierdurch ein Maximum an Flexibilität gewährt würde. Es läuft dem Ziel der EltUrl-RV zuwider, wenn Mitgliedstaaten Elternurlaub ausschließlich in Form von Zeitguthaben oder auf Teilzeitbasis gewährleisten und keine vollumfänglichen Freistellungsmöglichkeiten ohne Vor- oder Nacharbeitszeiten vorsehen.[36] Davon abgesehen kann das Ziel der Rahmenvereinbarung, die Vereinbarkeit von Familie und Beruf zu fördern, sicher am effektivsten erreicht werden, wenn berufstätigen Eltern möglichst viele Wahlmöglichkeiten eröffnet werden.[37] Die EltUrl-RV verpflichtet aber nicht hierzu.

10.21 Nach **§ 3 Nr. 1 Buchst. b EltUrl-RV** können Mitgliedstaaten das Entstehen des Anspruchs auf Elternurlaub ferner von der Erfüllung einer **Wartezeit** von nicht mehr als einem Jahr abhängig machen. Die Vorschrift spricht in diesem Zusammenhang von einer Mindestbeschäftigungsdauer einerseits und einer Mindestdauer der Betriebszugehörigkeit andererseits. Was unter diesen Begriffen zu verstehen ist, soll einer Ansicht nach anhand nationaler Begriffsvorgaben zu bestimmen sein.[38] Einer anderen Auffassung zufolge werden die Begriffe ohne Rücksicht auf die nationalen Regelungen allgemeingültig bestimmt. Die Beschäftigungsdauer knüpfe an die Zeit der Beschäfti-

---

35 *Cabeza Pereiro*, Reconciling private and professional life, S. 4 f.; *Dahm*, EuZA 2011, 30 (41); Schlachter/*Houwerzijl*, EU Labour Law, S. 501.
36 EAS/*Klein-Jahns*, B 5100 Rz. 77, 79; EuArbR/*Risak*, § 3 Anh. RL 2010/18/EU Rz. 3; *Kamanabrou/Wietfeld* in Ales/Bell/Deinert/Robin-Olivier, International and European Labour Law, RL 2010/18/EU Rz. 25.
37 EuArbR/*Risak*, § 3 Anh. RL 2010/18/EU Rz. 3.
38 EAS/*Klein-Jahns*, B 5100 Rz. 81; *Riesenhuber*, European Employment Law, S. 513.

gung eines Arbeitnehmers an sich an. Dafür sei es irrelevant, bei wem die Beschäftigung erfolge. Die Betriebszugehörigkeit sei hingegen nach der Dauer der Beschäftigung bei dem Arbeitgeber zu bestimmen, dem gegenüber der Anspruch auf Elternurlaub geltend gemacht wird.[39] Für die Berechnung der Wartezeit sind nach § 3 Nr. 1 Buchst. b EltUrl-RV mehrere aufeinanderfolgende befristete Arbeitsverträge i.S.d. der Befristungsrichtlinie mit demselben Arbeitgeber zusammenzurechnen.

Elternzeiten können für Arbeitgeber unter Umständen zu erheblichen organisatorischen Schwierigkeiten führen. Um dieser Interessenlage Rechnung zu tragen, ermöglicht die EltUrl-RV dem nationalen Gesetzgeber die Einführung von Regelungen, nach denen Arbeitgeber die Gewährung des Elternurlaubs **aus berechtigten betrieblichen Gründen verschieben** dürfen (§ 3 Nr. 1 Buchst. c EltUrl-RV). Dies sind z.B. saisonabhängige Arbeit, die Unmöglichkeit innerhalb des Zeitraums zwischen der Ankündigung über die Inanspruchnahme des Elternurlaubs und dessen Beginn eine Vertretung zu finden, ein gleichzeitiger Antrag auf Elternurlaub durch einen erheblichen Anteil der Arbeitskräfte oder die strategische Bedeutung der Funktion der oder des Elternurlaub in Anspruch Nehmenden.[40] Die Verschiebung des Elternurlaubs kann nur nach einer Anhörung des betroffenen Arbeitnehmers erfolgen. In Abhängigkeit von den nationalen Rechtsvorschriften sind darüber hinaus gegebenenfalls bestehende Arbeitnehmervertretungen anzuhören. Die Dauer der Verschiebung muss im Einzelfall sachlich gerechtfertigt sein. Zudem muss gewährleistet werden, dass durch die Verschiebung keine bestehenden Rechte des betroffenen Arbeitnehmers berührt werden oder gar verloren gehen.[41]

10.22

Die EltUrl-RV sieht eine Verschiebungsmöglichkeit ausschließlich für Arbeitgeber, nicht hingegen für Arbeitnehmer vor. Auch wenn die EltUrl-RV kein solches Recht vorsieht, können die Mitgliedstaaten ein solches Recht im Wege einer überschießenden Umsetzung gewähren (vgl. Rz. 1.165 ff.).[42] Die Verschiebungsmöglichkeit für Arbeitnehmer kann jedoch im Einzelfall auch ohne eine entsprechende Regelung im nationalen Recht bestehen. Sie muss u.U. sogar gewährt werden, da deren Versagung z.B. eine nicht zu rechtfertigende Benachteiligung i.S.d. Geschl-RL darstellen kann. Dies kann bspw. der Fall sein, wenn Arbeitgeber eine Anfrage einer erneut schwangeren Arbeitnehmerin nach einer Verschiebung der Elternzeit ablehnen.[43]

10.23

6. Besondere Bedürfnisse kleiner Unternehmen

Die EltUrl-RV berücksichtigt, dass der vorübergehende elternurlaubsbedingte Wegfall eines Arbeitnehmers kleine Unternehmen unter Umständen vor **größere Schwierigkeiten** stellt als größere. Daher sieht § 3 Nr. 1 Buchst. d EltUrl-RV die Möglichkeit für Mitgliedstaaten vor, spezielle Regelungen zu schaffen, um den Bedürfnissen kleiner Unternehmen gerecht werden zu können.[44] Als kleine Unternehmen i.d.S. werden solche mit weniger als 50 Arbeitnehmern und einem Jahresumsatz (bzw. einer Jahresbilanz) von nicht mehr als 10 Millionen Euro angesehen.[45]

10.24

---

39 Schlachter/*Houwerzijl*, EU Labour Law, S. 502 f.
40 S. zu diesen Beispielen ausführlich *Kamanabrou/Wietfeld* in Ales/Bell/Deinert/Robin-Olivier, International and European Labour Law, RL 2010/18/EU Rz. 28.
41 S. den Auslegungsleitfaden des EGB, S. 24 (https://www.etuc.org/sites/default/files/Germany_1.pdf).
42 Vgl. EuArbR/*Risak*, § 3 Anh. RL 2010/18/EU Rz. 10, der für eine entsprechende Anwendung des § 3 Nr. 1 Buchst. c EltUrl-RV zugunsten von Arbeitnehmern plädiert, wenn das nationale Recht sich für die Gewährung einer Verschiebungsmöglichkeit für Arbeitgeber entscheidet.
43 EuGH v. 20.9.2007 – C-116/06 – Kiiski, Slg. 2007, I-7643 Rz. 50 ff. S. auch *Joussen*, EuZA 2008, 375 (380 ff.); Schlachter/*Houwerzijl*, EU Labour Law, S. 503 f.
44 Dabei besteht keine Beschränkung auf Maßnahmen i.S.v. § 3 Nr. 1 Buchst. c EltUrl-RV: S. dazu ausführlich *Kamanabrou/Wietfeld* in Ales/Bell/Deinert/Robin-Olivier, International and European Labour Law, RL 2010/18/EU Rz. 32.
45 Empfehlung der Kommission betreffend die Definition der Kleinstunternehmen sowie der kleinen und mittleren Unternehmen, ABl. L 124 v. 6.5.2003, S. 39.

7. Unterrichtungsfrist

10.25 Nach § 3 Nr. 2 EltUrl-RV sollen die Mitgliedstaaten oder Sozialpartner Fristen für Arbeitnehmer festlegen, um dem Arbeitgeber einen beabsichtigten Elternurlaub anzukündigen. Dabei müssen Arbeitnehmer dazu verpflichtet werden, Beginn und Ende des gewünschten Elternurlaubszeitraums anzugeben. Bei der Festlegung der Fristen sind die Interessen der Arbeitnehmer und Arbeitgeber gleichermaßen zu berücksichtigen. Die Frist soll es Arbeitgebern ermöglichen, bis zum vorübergehenden Ausscheiden des Arbeitnehmers Dispositionen hinsichtlich erforderlicher Umorganisationen zu treffen und ihm bezüglich des weiteren Fortgangs des Arbeitsverhältnisses Planungssicherheit, insbesondere durch Kenntnis des Zeitpunkts der Rückkehr an den Arbeitsplatz, zu verschaffen.[46]

8. Besondere Bedürfnisse von Eltern von Kindern mit Behinderungen oder Langzeiterkrankungen und bei Adoptionen

10.26 Eltern, deren Kinder eine **Behinderung** oder **langwierige Erkrankung** haben, haben hinsichtlich deren Betreuung unter Umständen besondere Bedürfnisse. Die Betreuungsaufgaben können sowohl umfassender sein als auch über einen längeren Zeitraum andauern als bei gleichaltrigen Kindern, die nicht von einer Krankheit oder Behinderung betroffen sind. § 3 Nr. 3 EltUrl-RV berücksichtigt diese Bedürfnisse, indem er ausdrücklich auf sie hinweist und den Mitgliedstaaten empfiehlt, zu prüfen, ob für die Eltern dieser Kinder spezielle Regelungen über den Elternurlaub, Ausnahmetatbestände und/oder Modifikationen geschaffen werden müssen.

10.27 Auch **Adoptiveltern** können spezielle Bedürfnisse haben, die sich von denen leiblicher Eltern unterscheiden. Sie können Elternurlaubszeiten z.B. nicht längerfristig ankündigen, wenn sie erst kurzfristig von der Geburt des Kindes und dem Zeitpunkt der Integration in die Familie erfahren.[47] Adoptieren Eltern ältere Kinder, kann es zudem erforderlich sein, die Altershöchstgrenze für die Inanspruchnahme des Elternurlaubs anzuheben.[48] § 4 EltUrl-RV sieht eine Prüfungspflicht durch die Mitgliedstaaten hinsichtlich derartiger besonderer Bedürfnisse vor. Dahinter steht derselbe Gedanke, der auch § 3 Nr. 3 EltUrl-RV bestimmt.

10.28 Weder § 3 Nr. 3 noch § 4 EltUrl-RV **verpflichten die Mitgliedstaaten** jedoch insoweit zur Schaffung spezieller Regelungen. § 3 Nr. 3 EltUrl-RV empfiehlt lediglich eine Prüfung („sollten prüfen"). § 4 EltUrl-RV gibt zumindest eine Prüfungspflicht vor. Der EuGH hat in der Rs. *Chatzi* entschieden, dass aus Gleichbehandlungsgesichtspunkten im nationalen Recht gegebenenfalls spezielle Regelungen für Eltern von Zwillingen geschaffen werden müssen, weil sich ihre Bedürfnisse von denen anderer Eltern unterscheiden (vgl. Rz. 10.10).[49] Es ist denkbar, dass der Gerichtshof diese Rechtsprechung auf sämtliche Eltern mit besonderen (Betreuungs-) Bedürfnissen erstreckt.[50] Dann wären Mitgliedstaaten gegebenenfalls aus Gleichbehandlungsgründen verpflichtet, Sonderregelungen für Adoptiveltern sowie Eltern behinderter oder langzeiterkrankter Kinder zu etablieren.[51] Dogmatisch ließe sich diese Lösung begründen, indem man die §§ 3 Nr. 3, 4 EltUrl-RV **im Lichte des Gleichbehandlungsgrundsatzes**, wie er u.a. grundlegend in Art. 20 GRC verankert ist, dahingehend auslegt, dass sie Mitgliedstaaten eine Handlungspflicht auferlegen, wenn sie im Rah-

---

46 EAS/*Klein-Jahns*, B 5100 Rz. 83.
47 EuArbR/*Risak*, § 4 Anh. RL 2010/18/EU Rz. 2.
48 Eine derartige Anpassung gibt es z.B. in Österreich (§ 15c MSchG) und Frankreich (Art. L1225-48 du Code du travail). Die zeitliche Höchstgrenze liegt in diesen Ländern unterhalb der Grenze von acht Jahren, die in § 2 Abs. 1 EltUrl-RV vorgegeben ist.
49 EuGH v. 16.9.2010 – C-149/10 – Chatzi, Slg. 2010, I-8489 Rz. 58 ff., 68 ff.
50 EuArbR/*Risak*, § 3 Anh. RL 2010/18/EU Rz. 15; Schlachter/*Houwerzijl*, EU Labour Law, S. 504.
51 Vgl. EuGH v. 16.9.2010 – C-149/10 – Chatzi, Slg. 2010, I-8489 Rz. 63 ff. Eine Verpflichtung hins. Adoptionen sehen EuArbR/*Risak*, § 4 Anh. RL 2010/18/EU Rz. 2; Schlachter/*Houwerzijl*, EU Labour Law, S. 504 f.

men der gebotenen Prüfung festgestellt haben, dass spezielle Maßnahmen zum Schutz der betroffenen Eltern erforderlich sind.[52]

Das BEEG berücksichtigt die besonderen Bedürfnisse von **Eltern, deren Kinder eine Behinderung oder Langzeiterkrankung haben**, nicht durch eine Modifikation des Elternzeitanspruchs. Da § 3 Nr. 3 EltUrl-RV entsprechende Regelungen jedoch nicht verlangt, liegt hierin kein Verstoß gegen die EltUrl-RV. Der Grundsatz der Gleichbehandlung auf Unionsebene steht dem bei konsequenter Übertragung der Rechtsprechung des EuGH in der Rs. *Chatzi* nicht entgegen, da der Elternurlaubszeitraum nach dem BEEG mit drei Jahren deutlich über den in der EltUrl-RV gewährten Zeitraum hinausgeht und dadurch den Anforderungen an längerfristige Betreuungsbedarfe hinreichend Rechnung getragen wird.[53] 10.29

Das BEEG berücksichtigt an mehreren Stellen die Bedürfnisse von **Adoptiveltern**. Insbesondere knüpft es das Entstehen des Elternzeitanspruchs abweichend vom Regelfall nicht an den Geburtstermin, sondern an den Zeitpunkt der Aufnahme des Kindes bei der berechtigten Person (§ 15 Abs. 2 Satz 5 BEEG). Dadurch kann sich z.B. der Drei-Jahres-Zeitraum der Elternzeit nach § 16 Abs. 1 Satz 1 Nr. 1 BEEG nach hinten verschieben. Das BEEG enthält jedoch keine Regelung zu abweichenden Antragsfristen. Die einheitliche Frist beträgt nach § 16 Abs. 1 Satz 1 Nr. 1 BEEG sieben Wochen für den Zeitraum bis zum Ende des dritten Lebensjahres des Kindes. Eltern, die ein Kind kurzfristig aufnehmen, können diese Frist unter Umständen nicht wahren. Die Möglichkeit einer späteren Beantragung der Elternzeit für den Zeitpunkt ab der Aufnahme des Kindes bestünde, wenn § 16 Abs. 2 BEEG auf diese Fälle entsprechend anzuwenden wäre.[54] Es fehlt jedoch an der für eine Analogie erforderlichen planwidrigen Regelungslücke,[55] da § 16 Abs. 1 Satz 3 BEEG bereits eine Verkürzung der Frist im Fall **dringender Gründe** vorsieht. Die kurzfristige Annahme eines Kindes unter drei Jahren stellt einen solchen dringenden Grund dar.[56] Ein Kleinkind, das kurzfristig aufgenommen wird, bedarf unmittelbar der Betreuung, die bei einer kurzfristigen Aufnahme des Kindes auch nicht im Vorfeld organisiert werden kann. Zumindest ein Elternteil ist daher darauf angewiesen, kurzfristig Elternzeit in Anspruch nehmen zu können. Wer aufgrund der Rechtsprechung des EuGH zu den Vorgaben des allgemeinen Gleichbehandlungsgrundsatzes in der Rs. *Chatzi* aus diesem Grundsatz eine Verpflichtung der Mitgliedstaaten zur Schaffung spezieller Regelungen für Adoptiveltern ableitet, gelangt aufgrund der unionsrechtlichen Vorgaben zu einer entsprechenden Auslegung des Rechtsbegriffs der „dringenden Gründe" i.S.v. § 16 Abs. 1 Satz 3 BEEG. Ob der EuGH seine Rechtsprechung in der Rs. *Chatzi* auf andere Eltern mit besonderen Bedürfnissen ausweitet, bleibt abzuwarten. Bei entsprechender Gelegenheit könnte eine Vorlage nach Art. 267 AEUV sinnvoll sein. 10.30

---

52 I.E., wenn auch auf anderem Weg EuArbR/*Risak*, § 4 Anh. RL 2010/18/EU Rz. 2. Allg. zur Auslegung von Richtlinien im Lichte des Primärrechts EuGH v. 19.11.2009 – C-402/07 und C-432/07 – Sturgeon u.a., Slg. 2009, I-10923 Rz. 41, 48; v. 5.6.2008 – C-164/07 – Wood, Slg. 2008, I-4143 Rz. 13; v. 7.12.2006 – C-306/05 – SGAE, Slg. 2006, I-11519 Rz. 34 ff.; Calliess/Ruffert/*Ruffert*, Art. 288 AEUV Rz. 9 m.w.N.
53 So für die Zwillingsgeburt: EuGH v. 16.9.2010 – C-149/10 – Chatzi, Slg. 2010 I-8489 Rz. 72. Krit. zur deutschen Rechtslage unter Hinweis auf die hohen Hürden einer sozialrechtlichen Freistellung gemäß § 45 Abs. 3, 4 SGB V allerdings *Dahm*, EuZA 2011, 30 (41 f.).
54 Befürwortend noch zu § 16 BErzGG *Meisel/Sowka*, Mutterschutz und Erziehungsurlaub, 5. Aufl. 1999, § 16 BErzGG Rz. 13, 16.
55 ErfK/*Gallner*, § 16 BEEG Rz. 3; wohl auch *Buchner/Becker*, MuSchG/BEEG, § 16 BEEG Rz. 11; unter Äußerung von Bedenken offengelassen von BAG v. 17.2.1994 – 2 AZR 616/93, NZA 1994, 656 (657).
56 Für die kurzfristige Adoptionspflege Tillmanns/Mutschler/*Tillmanns*, MuSchG/BEEG, § 16 BEEG Rz. 20.

9. Arbeitnehmerrechte im Einzelnen

a) Rückkehrrecht auf früheren Arbeitsplatz

10.31 § 5 Nr. 1 EltUrl-RV gewährt Arbeitnehmern, die Elternurlaub in Anspruch genommen haben, das Recht, nach dessen Beendigung an ihren früheren Arbeitsplatz zurückzukehren. Der **frühere Arbeitsplatz** ist der, den der Arbeitnehmer vor Beginn des Elternurlaubs tatsächlich innehatte. Ein Arbeitsplatz, auf dem der Arbeitnehmer vor dem Antritt des Elternurlaubs zwar noch nicht tatsächlich gearbeitet hat, der ihm aber bereits formal übertragen wurde, ist als der frühere Arbeitsplatz anzusehen.[57] Das Rückkehrrecht verpflichtet Arbeitgeber, den Arbeitsplatz für die Zeit nach der Rückkehr des Arbeitnehmers für diesen vorzuhalten. Dafür kann es unter Umständen erforderlich sein, den Arbeitsvertrag einer Vertretungskraft entsprechend zu befristen (vgl. Rz. 13.145).[58]

10.32 Ist es im Einzelfall ausnahmsweise nicht möglich, auf denselben Arbeitsplatz zurückzukehren, muss der Arbeitgeber dem zurückkehrenden Arbeitnehmer nach den Vorgaben des § 5 Nr. 1 EltUrl-RV eine gleichwertige oder ähnliche Arbeit zuweisen. Dies muss sich im Rahmen der arbeitsvertraglichen Vereinbarungen halten. Um dem Rückkehrrecht in möglichst großem Umfang zur Durchsetzung zu verhelfen, sind die Anforderungen hoch, die erfüllt sein müssen, um von der **Unmöglichkeit der Rückkehr** ausgehen zu können. Unmöglichkeit ist lediglich in Ausnahmefällen anzunehmen, in denen insbesondere keine anderweitigen Dispositionsmöglichkeiten des Arbeitgebers bestehen, z.B. weil der konkrete Arbeitsplatz gänzlich weggefallen ist. Dies kann die Folge von Unternehmensumstrukturierungen, Auftragsrückgängen oder der Ausgliederung von Produktions- oder Dienstleistungen an Externe sein.[59] Im Fall von Auftragsrückgängen ist indes zusätzlich zu beachten, dass dadurch nicht automatisch der Arbeitsplatz des betroffenen Arbeitnehmers wegfällt. Arbeitgeber müssen vielmehr unter vergleichbaren Arbeitnehmern unter Berücksichtigung der verbleibenden Tätigkeitsbereiche anhand objektiv nachvollziehbarer Kriterien entscheiden, wessen Arbeitsplatz wegfällt.[60] Die **Beweislast** dafür, dass eine Rückkehr auf den zuvor ausgeübten Arbeitsplatz im Einzelfall nicht möglich ist, liegt beim Arbeitgeber.[61]

10.33 Unter welchen Voraussetzungen der alternativ angebotene Arbeitsplatz **gleichwertig oder ähnlich** ist, wird in der EltUrl-RV nicht näher bestimmt. Zur Beurteilung sollen im Wege einer Gesamtbetrachtung sämtliche Umstände des Einzelfalls heranzuziehen sein.[62] Da Art. 157 Abs. 1 AEUV ebenfalls den Begriff der gleichwertigen Arbeit verwendet, wird unter anderem auf die zu diesem Artikel entwickelten Grundsätze zurückgegriffen.[63] Danach ist maßgeblich, ob die Arbeitsbedingungen, insbesondere die Aufgabenbereiche, die Höhe des Einkommens, die Länge der täglichen Arbeitszeit und die beruflichen Aufstiegschancen vergleichbar sind.[64] Der EuGH hat die Gleichwertigkeit eines Arbeitsplatzes verneint, von dem der Arbeitgeber bei der Zuweisung an die aus dem Elternurlaub zurückkehrende Arbeitnehmerin bereits wusste, dass er in absehbarer Zukunft wegfallen wird.[65]

---

57 EuGH v. 7.9.2017 – C-174/16 – H, NZA 2017, 1381 Rz. 52 f.
58 EuArbR/*Risak*, § 5 Anh. RL 2010/18/EU Rz. 1.
59 EuArbR/*Risak*, § 5 Anh. RL 2010/18/EU Rz. 2.
60 S. z.B. die Kriterien, die der EuGH im Urteil v. 20.6.2013 – C-7/12 – Riežniece, EAS Teil C RL 96/34/EG § 2 Nr. 3 heranzieht. I.Ü. EuArbR/Risak, § 5 Anh. RL 2010/18/EU Rz. 2; Schlachter/Heinig/*Kiesow*, § 17 Rz. 48.
61 EAS/*Klein-Jahns*, B 5100 Rz. 72; *Riesenhuber*, European Employment Law, S. 516; Schlachter/Heinig/*Kiesow*, § 17 Rz. 48.
62 EuArbR/*Risak*, § 5 Anh. RL 2010/18/EU Rz. 3; Schlachter/Heinig/*Kiesow*, § 17 Rz. 49.
63 Schlachter/Heinig/*Kiesow*, § 17 Rz. 49.
64 EuArbR/*Risak*, § 5 Anh. RL 2010/18/EU Rz. 3; Schlachter/Heinig/*Kiesow*, § 17 Rz. 47. Im Kontext von Art. 157 AEUV s. EuGH v. 28.2.2013 – C-427/11 – Kenny u.a., ArbRB 2013, 136 = NZA 2013, 315 – Rz. 35 ff. m.w.N.
65 EuGH v. 20.6.2013 – C-7/12 – Riežniece, EAS Teil C RL 96/34/EG § 2 Nr. 3 Rz. 54.

Der EuGH sieht § 5 Nr. 1 EltUrl-RV als **unbedingt formuliert** und **hinreichend bestimmt** an. Er entfaltet daher unmittelbare Wirkung zwischen Arbeitnehmern und öffentlichen Arbeitgebern und genießt Anwendungsvorrang hinsichtlich entgegenstehendem nationalen Recht (vgl. Rz. 1.125 ff.).[66] 10.34

Im BEEG ist das **Rückkehrrecht** auf den vor der Elternzeit ausgeübten Arbeitsplatz nicht ausdrücklich geregelt. Der Bundesrat sieht darin in Bezug auf die EltUrl-RL ein **Umsetzungsdefizit**.[67] Der Arbeitsvertrag besteht während der Dauer der Elternzeit fort. Die währenddessen ruhenden vertraglichen Hauptleistungspflichten[68] leben am Ende der Elternzeit wieder auf. Dies bedeutet jedoch nicht zwangsläufig, dass die zurückkehrenden Arbeitnehmer einen Anspruch darauf haben, auf den zuvor konkret bekleideten Arbeitsplatz zurückzukehren.[69] Dies hängt vielmehr maßgeblich von den arbeitsvertraglichen und gegebenenfalls kollektivvertraglichen Vorgaben[70] und der damit verbundenen Reichweite des Direktionsrechts des Arbeitgebers ab.[71] Im Rahmen des Direktionsrechts ist zwar hinreichend sichergestellt, dass dem Arbeitnehmer neben seinem ursprünglichen Arbeitsplatz nur eine zumindest gleichwertige Arbeit angeboten werden kann. Das Rückkehrrecht auf den ursprünglichen Arbeitsplatz, das § 5 Nr. 1 EltUrl-RV vorsieht, wird dadurch jedoch nicht gewährleistet. Das Ausweichen auf einen gleichen oder gleichwertigen Arbeitsplatz ist nach den Vorgaben der EltUrl-RV nur bei einer Unmöglichkeit der Rückkehr eröffnet (vgl. Rz. 10.32). Die dafür erforderlichen strengen Voraussetzungen werden nicht in jedem Fall der Zuweisung einer anderen Tätigkeit im Rahmen des arbeitgeberseitigen Direktionsrechts gewahrt sein. 10.35

Eine unionsrechtskonforme Rechtslage besteht daher nur, wenn das **Direktionsrecht** nur dahingehend ausgeübt werden kann, dass dem Arbeitnehmer nach seiner Rückkehr sein voriger Arbeitsplatz zuzuweisen ist. Das Weisungsrecht kann gemäß § 106 GewO nur im Einklang mit höherrangigem Recht ausgeübt werden. Die EltUrl-RL ist lediglich zwischen einem öffentlichen Arbeitgeber und seinen Arbeitnehmern als höherrangiges Recht i.d.S. anzusehen, da sie nur in diesem Verhältnis unmittelbare Wirkung entfaltet (vgl. Rz. 1.133).[72] § 106 GewO verpflichtet Arbeitgeber jedoch außerdem, Weisungen nach billigem Ermessen zu treffen. Dies verlangt nach ständiger Rechtsprechung des BAG „eine Abwägung der wechselseitigen Interessen nach verfassungsrechtlichen und gesetzlichen Wertentscheidungen, den allgemeinen Wertungsgrundsätzen der Verhältnismäßigkeit und Angemessenheit sowie der Verkehrssitte und Zumutbarkeit".[73] Die EltUrl-RV kann entsprechende Wertentscheidungen vorgeben, die im Rahmen des billigen Ermessens vom Arbeitgeber zu berücksichtigen sind.[74] Da die EltUrl-RV insoweit 10.36

---

66 EuGH v. 7.9.2017 – C-174/16 – H, NZA 2017, 1381 Rz. 68 ff.
67 Stellungnahme des Bundesrats zum Gesetzentwurf der Bundesregierung zur Neuregelung des MuSchG, BT-Drucks. 18/8963, S. 114 f. S. auch *Düwell*, FA 2010, 137 (139); *Graue*, SGb 2016, 421 (425); *Kiesow*, ZESAR 2018, 39 (42); *Klenter*, AiB 2013, 217 (218).
68 BAG v. 5.5.2015 – 1 AZR 826/13, AP Nr. 229 zu § 112 BetrVG 1972 m.w.N.; BAG v. 19.4.2005 – 9 AZR 233/04, ArbRB 2006, 4 = NZA 2005, 1354; ErfK/*Gallner*, § 15 BEEG Rz. 25; *Fuhlrott/Oltmanns*, AuA 2015, 404 (406); HK-MuSchG/BEEG/*Rancke*, § 15 Rz. 11, 50.
69 Einen derartigen Anspruch ablehnend: BAG v. 23.9.2004 – 6 AZR 567/03, ArbRB 2005, 70 = NZA 2005, 359 (360); *Buchner/Becker*, MuSchG/BEEG, Vor §§ 15–21 BEEG Rz. 44; ErfK/*Gallner*, § 15 BEEG Rz. 25; *Fuhlrott/Oltmanns*, AuA 2015, 404 (406); *Hanau*, FS Buchner, S. 279 (284 f.); HK-MuSchG/BEEG/*Rancke*, § 15 Rz. 50; NK-GA/*Theiss*, 1. Bd. 2016, § 15 BEEG Rz. 29; Tillmanns/Mutschler/*Tillmanns*, MuSchG/BEEG, § 15 BEEG Rz. 83.
70 ErfK/*Gallner*, § 15 BEEG Rz. 25; *Hanau*, FS Buchner, S. 279 (284 f.); s. auch die Antwort der Bundesregierung auf die Stellungnahme des Bundesrats, BT-Drucks. 18/8963, S. 117.
71 *Fuhlrott/Oltmanns*, AuA 2015, 404 (406).
72 Vgl. EuGH v. 7.9.2017 – C-174/16 – H, NZA 2017, 1381 Rz. 68. A.A. (unmittelbare Wirkung) noch LAG Hamm v. 22.11.2016 – 14 Sa 361/16, juris Rz. 33, krit. zur Vorinstanz BAG v. 15.5.2018 – 1 AZR 20/17, NZA 2018, 1198 Rz. 12 (EltUrl-RV kein Primärrecht).
73 BAG v. 18.10.2017 – 10 AZR 330/16, NZA 2017, 1452 Rz. 45; v. 21.7.2009 – 9 AZR 404/08, NZA 2009, 1369 Rz. 22.
74 Vgl. *Nebe*, jurisPR-ArbR 36/2009 Anm. 1. Zum Einfluss von Richtlinien auf Generalklauseln des nationalen Rechts *Pfeiffer*, NJW 2009, 412 (413).

keine Abwägungsspielräume lässt, wäre das Ermessen des Arbeitgebers hinsichtlich der Zuweisung eines Arbeitsplatzes an Arbeitnehmer, die aus der Elternzeit zurückkehren, auf Null reduziert.[75] Eine Weisung, die gegen § 5 Nr. 1 EltUrl-RV verstößt, entspräche dann nicht billigem Ermessen.[76] Die EltUrl-RV wirkte dadurch wie der Weisung entgegenstehendes höherrangiges Recht, obwohl sie keine unmittelbare Wirkung zwischen Privaten entfaltet. Ob eine derartige Auslegung des § 106 GewO zulässig ist, ist u.a. davon abhängig, wie man das Verhältnis von zulässiger richtlinienkonformer Auslegung und unzulässiger horizontaler Richtlinienwirkung – gerade auch im Zusammenhang mit Generalklauseln – bewertet.[77] Der EuGH verlangt eine umfassende richtlinienkonforme Auslegung nationalen Rechts („so weit wie möglich"; vgl. Rz. 1.146). Ob und wenn ja wann durch eine solche die Grenze zu einer unzulässigen unmittelbaren Wirkung zwischen Privaten überschritten wird, wird in der Literatur für diverse Konstellationen diskutiert.[78] Unabhängig davon, wo diese Grenze im Allgemeinen liegt, dürfte sie zumindest nicht überschritten sein, solange eine Auslegung im Rahmen des nationalen Rechts möglich ist.[79] Dies hängt bei der Auslegung des § 106 GewO im Lichte des § 5 Nr. 1 EltUrl-RV namentlich davon ab, ob dieser in den Fällen, in denen nur eine einzige Weisung zulässig ist, einen Anspruch auf deren Erteilung begründen kann, oder ob Arbeitnehmer auf seiner Grundlage lediglich einwenden können, die erteilte Weisung sei unbillig.[80] Das BAG hat in anderem Zusammenhang angedeutet, einen Anspruch des Arbeitnehmers auf eine bestimmte Weisung anzuerkennen.[81] Sollte es dies für die Zuweisung des Arbeitsplatzes nach der Rückkehr eines Arbeitnehmers aus der Elternzeit annehmen, besteht im nationalen Recht faktisch ein Rückkehrrecht i.S.v. § 5 Nr. 1 EltUrl-RV, sofern die Richtlinie das Ermessen des Arbeitgebers bei Ausübung des Direktionsrechts auf Null reduziert.

10.37 Das Rückkehrrecht besteht für den Zeitpunkt nach der **Beendigung** des Elternurlaubs. Der EuGH stellt dabei auf dessen tatsächliche Beendigung im Einzelfall ab und sieht es als unerheblich an, ob die Betroffenen lediglich Elternurlaub im Umfang des von der EltUrl-RV gewährten Mindest-

---

75 So bereits *Kohte*, FS Pfarr, S. 489 (498). Zur grds. Möglichkeit einer entsprechenden Ermessensreduzierung BeckOK GewO/*Hoffmann/Schulte*, 42. Ed., § 106 GewO Rz. 4; ErfK/*Preis*, § 106 GewO Rz. 16.
76 Für eine dahingehende richtlinienkonforme Auslegung des § 106 GewO *Beetz* in Busch/Feldhoff/Nebe, Übergänge im Arbeitsleben und (Re)Inklusion in den Arbeitsmarkt, 23 (28 f.); *Kiesow*, ZESAR 2018, 39 (43); wohl auch *Kohte*, FS Pfarr, S. 489 (498).
77 S. den Problemaufriss speziell für Generalklauseln im BGB bei *Pfeiffer*, NJW 2009, 412 (413).
78 S. zum Verhältnis von unmittelbarer Wirkung zwischen Privaten und richtlinienkonformer Auslegung: Calliess/Ruffert/*Ruffert*, Art. 288 AEUV Rz. 81 f.; *Herdegen*, Europarecht, 19. Aufl. 2017, § 8 Rz. 52; Langenbucher/*Langenbucher*, Europäisches Privat- und Wirtschaftsrecht, 4. Aufl. 2017, § 1 Rz. 83 ff., 95 f., 98 f.; *Mörsdorf*, EuR 2009, 219 (229 f.); *Pfeiffer* in Hohloch, Richtlinien der EU und ihre Umsetzung in Deutschland und Frankreich, 2001, S. 9 (20 f.); *Streinz*, Europarecht, 10. Aufl. 2016, Rz. 504; Streinz/*Schroeder*, EUV/AEUV, Kommentar, 3. Aufl. 2018, Art. 288 AEUV Rz. 129. Bedenken äußert auch *Franzen*, JZ 2003, 321 (327). Aus der Rspr. S. EuGH v. 26.9.1996 – C-168/95 – Arcaro, Slg. 1996, I-4705 Rz. 42 (allerdings zu Fragen strafrechtlicher Verantwortlichkeit). Der BGH hat in der Quelle-Entscheidung durch die richtlinienkonforme Rechtsfortbildung die Grenze zu einer verbotenen unmittelbaren Drittwirkung nicht als überschritten angesehen, BGH v. 26.11.2008 – VIII ZR 200/05, NJW 2009, 427 Rz. 34.
79 *Herresthal*, JuS 2014, 289 (293). Wohl auch *Habersack/Mayer*, WM 2002, 253 (256 f.).
80 Dies ist der Grundsatz: *Bauer/Opolony*, BB 2002, 1590 (1591); BeckOK GewO/*Hoffmann/Schulte*, 42. Ed., § 106 GewO Rz. 3; *Hanau*, FS Buchner, S. 281 (291); HWK/*Lembke*, § 106 GewO Rz. 117; *Nebe*, jurisPR-ArbR 36/2009 Anm. 1; Tettinger/Wank/Ennuschat/*Wank*, Gewerbeordnung, 8. Aufl. 2011, § 106 GewO Rz. 35.
81 BAG v. 11.10.1995 – 5 AZR 1009/94, AP Nr. 45 zu § 611 BGB Direktionsrecht (wenn auch im Zusammenhang. mit § 315 Abs. 3 BGB); wohl auch BAG v. 22.10.2008 – 4 AZR 735/07, AP Nr. 20 zu § 1 TVG Tarifverträge: Chemie (durch prozessuale Forderung eines konkret bezeichneten Antrags). Befürwortend aus der Lit. BeckOK GewO/*Hoffmann/Schulte*, 42. Ed., § 106 GewO Rz. 4; ErfK/*Preis*, § 106 GewO Rz. 16.

elternurlaubs oder einen längeren, durch das nationale Recht ermöglichten Elternurlaubszeitraum in Anspruch genommen haben.[82] Dadurch beantwortet er für § 5 Nr. 1 EltUrl-RV[83] die Frage, ob die Vorgaben der EltUrl-RL lediglich für die von ihr gewährten Rechte oder auch für darüber hinausgehende nationale Rechte gelten. Die sich dahinter verbergende grundsätzliche Problematik, inwieweit die Vorgaben einer Richtlinie sich nur auf die von ihr gewährleisteten Rechte erstrecken können oder darüber hinaus auch für die Rechte gelten, die die Mitgliedstaaten im Wege einer **überschießenden Umsetzung** gewährleisten, löst der EuGH nicht.[84] Im Zusammenhang mit der Arbeitszeitrichtlinie (2003/88/EG) hatte er noch im Jahr 2012 entschieden, ihre Regelungen seien nicht auf Urlaubsansprüche anzuwenden, die über die von der Richtlinie selbst vorgesehene Mindesturlaubsdauer hinausgehen.[85] Der Gerichtshof trifft im Zusammenhang mit der EltUrl-RL keine grundsätzliche Aussage zu diesem Problem, sondern argumentiert auf die spezielle Richtlinie bezogen zunächst mit dem Wortsinn des § 5 Nr. 1, 2 EltUrl-RV, der vom „Anschluss an den Elternurlaub" und vom Bestehenbleiben der Rechte „bis zum Ende des Elternurlaubs" spricht und keine Einschränkung auf den von der EltUrl-RV gewährten Mindesturlaub erkennen lasse. Darüber hinaus führt der EuGH das Ziel der EltUrl-RL an, Berufs- und Familienleben besser in Einklang bringen zu können. Gingen ihm die Rechte, die die EltUrl-RV zu diesem Zweck gewährt, bei einem längeren als von der EltUrl-RV selbst vorgesehenen Elternurlaub verloren, liege darin ein Grund, von der Inanspruchnahme des Elternurlaubs abzusehen.[86] Dies entspricht seiner bisherigen, wenn auch insoweit zuvor nicht ausdrücklichen Rechtsprechung zur EltUrl-RV.[87]

b) Aufrechterhaltung bestehender Rechte

§ 5 Nr. 2 EltUrl-RV schützt Arbeitnehmer, die Elternurlaub in Anspruch nehmen, vor einem Verlust bereits erworbener Rechte. Die Rechte, die der Arbeitnehmer zu Beginn des Elternurlaubs erworben hat oder dabei war zu erwerben, bleiben daher bis zum Ende des Elternurlaubs in der Weise bestehen, wie sie dem Arbeitnehmer zum Beginn des Elternurlaubs zustanden.[88]

aa) Allgemeines zur Aufrechterhaltung

§ 5 Nr. 2 EltUrl-RV enthält eine **zwingende Vorgabe**. Da die Vorschrift nach Ansicht des EuGH auch für überschießend umgesetzte Elternurlaubszeiträume gilt, dürfen Mitgliedstaaten auch im Fall langer Elternurlaubszeiträume keine Ausnahmen von der Aufrechterhaltung erworbener Rechte zulassen.[89] Die Verpflichtung zur Aufrechterhaltung bestehender Rechte schließt ferner ein, dass Arbeitgeber sicherstellen müssen, dass aus dem Elternurlaub zurückkehrende Arbeitnehmer neue Rechte in gleicher Weise erwerben können wie es der Fall gewesen wäre, wenn sie keinen Elternurlaub in Anspruch genommen hätten.[90]

---

82 EuGH v. 7.9.2017 – C-174/16 – H, NZA 2017, 1381 Rz. 41.
83 Dies gilt nach dem EuGH ebenso für § 5 Nr. 2 EltUrl-RV: EuGH v. 7.9.2017 – C-174/16 – H, NZA 2017, 1381 Rz. 40 ff.
84 Ebenso die Einschätzung von *Kiesow*, ZESAR 2018, 39 (40); GAin *Kokott* v. 13.2.2014 – C-512/11 – Terveys, ECLI:EU:C:2013:89 Rz. 71. S. dazu grds. EAS/*Klein-Jahns*, B 5100 Rz. 68.
85 EuGH v. 24.1.2012 – C-282/10 – Dominguez, EuZW 2012, 342 Rz. 47 ff.
86 EuGH v. 7.9.2017 – C-174/16 – H, NZA 2017, 1381 Rz. 41. Zust. *Kocher*, NJW 2017, 3363. Für eine Anwendung der Regelungen der EltUrl-RV auf überschießend umsetzende Regelungsgegenstände bereits *Schlachter/Heinig/Kiesow*, § 17 Rz. 23.
87 So auch die eigene Einschätzung des EuGH v. 7.9.2017 – C-174/16 – H, NZA 2017, 1381 Rz. 40. Ausf. *Kamanabrou/Wietfeld* in Ales/Bell/Deinert/Robin-Olivier, International and European Labour Law, RL 2010/18/EU Rz. 44; *Kiesow*, ZESAR 2018, 39 (40).
88 EuGH v. 22.4.2010 – C-486/08 – Zentralbetriebsrat LKH Tirol, Slg. 2010, I-3527 Rz. 50. S. auch EuGH v. 22.10.2009 – C-116/08 – Meerts, Slg. 2009, I-10063 Rz. 38.
89 EuGH v. 7.9.2017 – C-174/16 – H, NZA 2017, 1381 Rz. 39 ff.
90 EuGH v. 16.7.2006 – C-537/07 – Gómez-Limón, Slg. 2009, I-6525 Rz. 36.

10.40 § 5 Nr. 2 EltUrl-RV verpflichtet hingegen nicht zu einer Berücksichtigung der Elternzeiten für einen **Gehaltsstufenaufstieg**, da er zwar zur Aufrechterhaltung bestehender Rechte zwingt, nicht jedoch den Erwerb zusätzlicher Rechtspositionen während der Elternzeit regelt. Dies ist nach § 5 Nr. 3 EltUrl-RV der Regelung durch die Mitgliedstaaten vorbehalten. Ob die Elternzeiten hierfür dennoch berücksichtigt werden müssen, weil andernfalls eine nicht gerechtfertigte Benachteiligung vorliegt, ist i.R.d. § 5 Nr. 4 EltUrl-RV zu prüfen (vgl. Rz. 10.64 ff.). Eine **Rückstufung** hinsichtlich bereits erreichter Entgeltstufen aufgrund der Inanspruchnahme von Elternzeiten einer bestimmten Dauer (so z.B. § 17 Abs. 3 Satz 3 TVöD) steht im Widerspruch zu § 5 Nr. 2 EltUrl-RV.[91]

10.41 Nach der Rechtsprechung des EuGH ist die Frage, ob es sich um bereits **erworbene Rechte** oder um solche handelt, hinsichtlich derer der Erwerbsprozess bereits im Gange ist, autonom auf der Ebene des Unionsrechts zu bestimmen, da die EltUrl-RV insofern nicht an nationale Bestimmungen anknüpfe.[92] Der EuGH sieht danach als bereits erworbene oder im Erwerbensprozess befindliche Rechte solche Rechte und Vorteile an, die unmittelbar oder mittelbar aus dem Arbeitsverhältnis abgeleitet werden und Bar- oder Sachleistungen betreffen, auf die der Arbeitnehmer bei Antritt des Elternurlaubs einen Anspruch gegenüber dem Arbeitgeber hat.[93] Dies erfasse sämtliche Rechte und Vorteile, die mit den Beschäftigungsbedingungen zusammenhängen.[94] Da § 5 Nr. 2 EltUrl-RV Ausdruck des von der Rahmenvereinbarung insgesamt verfolgten Ziels der Gleichbehandlung von Männern und Frauen und damit zugleich Ausdruck eines Grundsatzes des Sozialrechts der Union sei, dem besondere Bedeutung zukomme, dürfe die Vorschrift nicht restriktiv ausgelegt werden.[95]

10.42 § 5 Nr. 2 Satz 1 EltUrl-RV ist **inhaltlich unbedingt** und **hinreichend genau**. Der Einzelne kann sich demnach dem Staat gegenüber unmittelbar auf die Richtlinie berufen. Die nationalen Gerichte haben dieser Regelung zuwiderlaufende Vorschriften des innerstaatlichen Rechts gegebenenfalls unangewendet zu lassen.[96]

10.43 § 5 Nr. 2 EltUrl-RV gibt vor, dass die von ihm gewährten Rechte im Anschluss an den Elternurlaub mit den Änderungen Anwendung finden, die sich aus den nationalen Rechtsvorschriften, Tarifverträgen und/oder Gepflogenheiten ergeben. Mit dieser Vorgabe soll sichergestellt sein, dass die Gewährung der Rechte nach dem Elternurlaub auch dann noch im Einklang mit den nationalen Rechtsvorschriften steht, wenn diese sich während der Dauer des Elternurlaubs geändert haben. Die Vorschrift betrifft daher nur mögliche Rechtsänderungen des nationalen Rechts und enthält **keine Öffnungsklausel**, nach der die Anwendung des § 5 Nr. 2 EltUrl-RV unter dem grundsätzlichen Vorbehalt nationaler Regelungen steht.[97]

---

91 Das BAG hat die Vereinbarkeit von § 17 Abs. 3 Satz 3 TVöD mit der EltUrl-RV bisher offengelassen: BAG v. 27.1.2011 – 6 AZR 526/09, ArbRB 2011, 133 = NZA 2011, 1361 Rz. 42.
92 EuGH v. 7.9.2017 – C-174/16 – H, NZA 2017, 1381 Rz. 38; v. 22.10.2009 – C-116/08 – Meerts, Slg. 2009, I-10063 Rz. 47 ff.
93 EuGH v. 22.4.2010 – C-486/08 – Zentralbetriebsrat LKH Tirol, Slg. 2010, I-3527 Rz. 53; v. 22.10.2009 – C-116/08 – Meerts, Slg. 2009, I-10063 Rz. 43; v. 27.2.2014 – C-588/12 – Lyreco Belgium, NZA 2014, 359 Rz. 44.
94 EuGH v. 22.10.2009 – C-116/08 – Meerts, Slg. 2009, I-10063 Rz. 43; v. 27.2.2014 – C-588/12 – Lyreco Belgium, NZA 2014, 359 Rz. 44.
95 EuGH v. 7.9.2017 – C-174/16 – H, NZA 2017, 1381 Rz. 44. Noch zur Vorgänger-Rahmenvereinbarung (dort § 2 Nr. 6) EuGH v. 22.10.2009 – C-116/08 – Meerts, Slg. 2009, I-10063 Rz. 42; v. 27.2.2014 – C-588/12 – Lyreco Belgium, NZA 2014, 359 Rz. 36.
96 EuGH v. 7.9.2017 – C-174/16 – H, NZA 2017, 1381 Rz. 68; v. 25.11.2010 – C-429/09 – Fuß, Slg. 2010, I-12173 Rz. 40 m.w.N. S. allg. dazu EuGH v. 5.10.2004 – C-397/01 – Pfeiffer, Slg. 2004, I-8835 Rz. 111 ff. m.w.N.; v. 2.8.1993 – C-271/91 – Marshall, Slg. 1993, I-4367 Rz. 38.
97 EuGH v. 7.9.2017 – C-174/16 – H, NZA 2017, 1381 Rz. 55 ff. (unter Verweis auf die insoweit eindeutige französische Sprachfassung „les modifications apportées à"); *Kocher*, NJW 2017, 3363. Für eine restriktive Auslegung ferner *Kiesow*, ZESAR 2018, 39 (40).

bb) Einzelfälle

(1) Anspruchsumfang von im Arbeitsverhältnis angelegten Rechten

Der EuGH hat einen Arbeitgeber als zur Zahlung einer **pauschalen Schutzentschädigung** auf der Grundlage des Gehalts einer Vollzeitbeschäftigung verpflichtet angesehen, obwohl die betroffene Arbeitnehmerin im Zeitpunkt der Beendigung des Arbeitsverhältnisses elternurlaubsbedingt in Teilzeit tätig war. Der Anspruch sei auf der Basis eines Vollzeit-Gehalts entstanden, bevor die Arbeitnehmerin den Elternurlaub angetreten habe.[98] § 5 Nr. 2 EltUrl-RV ist nach dieser Rechtsprechung weit auszulegen und erfasst nicht nur im Zeitpunkt des Beginns der Elternzeit entstandene Rechte, sondern auch solche, die bis zu diesem Zeitpunkt aus dem Arbeitsverhältnis grundsätzlich entstehen können und zu Beginn der Elternzeit auch bereits realisierbar wären, wenn der sie auslösende Tatbestand vorläge.[99] Die Entschädigung muss im Übrigen auch deshalb auf der Grundlage der Vollzeitbeschäftigung berechnet werden, da andernfalls ein Verstoß gegen § 5 Nr. 4 EltUrl-RV vorläge (vgl. Rz. 10.64).[100]

10.44

Im nationalen Recht ist streitig, ob sich die Höhe einer **Sozialplanabfindung** vor dem Hintergrund des § 5 Nr. 2 EltUrl-RV auch dann an einem Vollzeitgehalt orientieren muss, wenn die betroffenen Arbeitnehmer zunächst eine Vollzeitbeschäftigung ausgeübt haben, innerhalb des für die Berechnung maßgeblichen Zeitraums sodann jedoch Elternurlaub in Anspruch genommen haben und währenddessen für denselben Arbeitgeber in Teilzeit tätig waren. Einige Stimmen befürworten vor dem Hintergrund der EltUrl-RV und der dazu ergangenen Rechtsprechung des EuGH eine Berechnung der Höhe der Abfindung auf der Grundlage des Vollzeitarbeitsverhältnisses.[101] Dem ist zuzustimmen. Die Vorgaben der EltUrl-RL sind von den Betriebspartnern i.R.v. § 75 BetrVG als Grundsätze des Rechts zu beachten.[102] Auf der Grundlage der weiten Auslegung des Passus „zu Beginn des Elternurlaubs erworben hatte" in § 5 Nr. 2 EltUrl-RV ist davon auszugehen, dass die Berechnung der Sozialplanabfindung auf der Grundlage des Entgelts einer Vollzeitstelle zu Beginn der Elternzeit im Arbeitsverhältnis angelegt war und auch so vorgenommen worden wäre, wenn der Sozialplan zu diesem Zeitpunkt aufgestellt worden wäre. Wird der Sozialplan erst nach dem Ende der Elternzeit aufgestellt und werden die Elternzeiten anspruchsmindernd berücksichtigt, kann die Bewertung nicht deshalb anders ausfallen, weil zwischen dem Ende der Elternzeit und der Sozialplanaufstellung eine Zeit des aktiven Arbeitsverhältnisses in Form der Teilzeitbeschäftigung außerhalb der Elternzeit liegt.[103] Die Elternzeit muss dennoch aufgrund der Vorgaben des § 5 Nr. 2 EltUrl-RV auf der Grundlage der Vollzeit-Vergütung berechnet werden. In einer Reduzierung des Anspruchs aufgrund elternzeitbedingter

10.45

---

98 EuGH v. 27.2.2014 – C-588/12 – Lyreco Belgium, NZA 2014, 359 Rz. 45; v. 22.10.2009 – C-116/08 – Meerts, Slg. 2009, I-10063 Rz. 38 ff.
99 *Kiesow*, ZESAR 2014, 342 (348).
100 *Maties*, EuZA 2010, 226 (231 f.), noch zu § 2 Nr. 4 EltUrl-RV 1995.
101 BeckOK ArbR/*Schrader*, 49. Ed., § 15 BEEG Rz. 27a; ErfK/*Kania*, § 112a BetrVG Rz. 25. S. auch BAG v. 15.5.2018 – 1 AZR 20/17, NZA 2018, 1198 Rz. 13 ff., allerdings ohne Rückgriff auf die EltUrl-RV. Das BAG hat diese Berechnung ferner in einem Fall angenommen, in dem der Sozialplan für die Zeiten des Ruhens des Arbeitsverhältnisses eine Berechnung der Abfindung auf der Basis des vor dem Ruhen bestandenen Beschäftigungsumfangs und zugleich eine Berechnung auf Teilzeitbasis für Teilzeitbeschäftigte vorsah. Für die in Elternzeit teilzeitbeschäftigten Arbeitnehmer hat das BAG insoweit eine Berechnung der Abfindung auf der Grundlage ihrer Vollzeitbeschäftigung vor dem Beginn der Elternzeit angenommen: BAG v. 5.5.2015 – 1 AZR 826/13, AP Nr. 229 zu § 112 BetrVG 1972 Rz. 17 ff. A.A. BAG v. 22.9.2009 – 1 AZR 316/08, ArbRB 2010, 4 = AP Nr. 204 zu § 112 BetrVG 1972 (ohne Ausführungen zu etwaigen Vorgaben des Unionsrechts, aber unter Ablehnung einer Verletzung von Art. 6 GG); *Köhler/Wolff*, ZESAR 2012, 468 (471); Tillmanns/Mutschler/*Tillmanns*, MuSchG/BEEG, § 15 BEEG Rz. 80.
102 Für die Bindung der Betriebspartner an Sekundärrecht i.R.v. § 75 BetrVG: GK-BetrVG/*Kreutz/Jacobs*, 2. Bd., 11. Aufl. 2018, § 75 BetrVG Rz. 29.
103 So aber *Köhler/Wolff*, ZESAR 2012, 468 (471).

Teilzeit liegt im Übrigen eine Benachteiligung gemäß § 5 Nr. 4 EltUrl-RV. Dem steht es nicht entgegen, dass andere Teilzeitbeschäftigte ebenfalls Ansprüche auf der Grundlage eines Teilzeit-Entgelts erhalten. Der besondere Schutz, den die EltUrl-RV, Art. 6 Abs. 2 GG sowie das BEEG Eltern gewähren, damit sie ihre familiären und beruflichen Pflichten bestmöglich miteinander in Einklang bringen können, rechtfertigt eine unterschiedliche Behandlung von Arbeitnehmern, die sich während der Elternzeit in Teilzeit befinden und anderen Teilzeitbeschäftigten.[104]

10.46 Bei der Berechnung des für eine **Überleitung in ein neues Tarifsystem** maßgeblichen Entgelts gelten insofern dieselben Grundsätze wie bei der Berechnung der Höhe der Sozialplanabfindung.[105]

(2) Gratifikationsansprüche

10.47 Eine **Weihnachtsgratifikation**, die freiwillig nach dem Beginn des Elternurlaubs gezahlt wurde und die nur unter der Bedingung gewährt wird, dass die betroffenen Arbeitnehmer zum Zeitpunkt der Gewährung in einem aktiven Beschäftigungsverhältnis stehen, hat der EuGH nicht als ein bereits zu Beginn des Elternurlaubs erworbenes oder im Erwerbsprozess befindliches Recht angesehen.[106] Die dadurch hervorgerufene unterschiedliche Behandlung von Arbeitnehmern im Elternurlaub und solchen, die aktiv für den Arbeitgeber tätig sind, hat der Gerichtshof zudem nicht als eine Benachteiligung aufgrund des Geschlechts i.S.v. Art. 157 AEUV gewertet. Eine solche könne allerdings darin liegen, dass eine Weihnachtsgratifikation Arbeitnehmern im Elternurlaub vorenthalten bleibe, wenn mit der Gratifikation die **im vergangenen Jahr geleistete Arbeit** honoriert werden soll. In dem Fall sei zumindest eine anteilige Auszahlung an die Arbeitnehmer erforderlich, die innerhalb einer Zeitspanne dieses Zeitraums eine Arbeitsleistung erbracht hätten.[107] Der im Zeitpunkt eines beginnenden Elternurlaubs zumindest anteilig erworbene Anspruch ist ein erworbenes Recht i.S.v. § 5 Nr. 2 EltUrl-RV und muss unabhängig von einer möglichen Ungleichbehandlung schon aus diesem Grund ausgezahlt werden.[108] Da die Entscheidung noch zur EltUrl-RL 96/34/EG ergangen ist, hat der Gerichtshof noch nicht auf das Benachteiligungsverbot wegen der Inanspruchnahme des Elternurlaubs, das nunmehr in § 5 Nr. 4 EltUrl-RV verankert ist, abstellen können. Es ist in dieser Konstellation ebenfalls verletzt.

10.48 Der EuGH musste sich noch nicht zu einer Gratifikation äußern, die zwar die **geleistete Arbeit** innerhalb des Anspruchszeitraums zusätzlich vergüten soll, zugleich aber ein aktiv ausgeübtes Arbeitsverhältnis zu einem bestimmten Stichtag voraussetzt. Der Gerichtshof ist im Rahmen der Prüfung der Vereinbarkeit mit Unionsrecht davon ausgegangen, die Zahlung der Gratifikation hänge nur davon ab, dass zu dem maßgeblichen Stichtag ein in Vollzug gesetztes Arbeitsverhältnis bestand.[109] Daher ist davon auszugehen, dass bei Zahlungen, die zumindest auch der Vergütung der geleisteten Arbeit dienen, ein Verstoß gegen die EltUrl-RV vorliegt, wenn sie nicht zumindest anteilig an Arbeitnehmer ausgezahlt werden, die zwar innerhalb des maßgeblichen Zeitraums gearbeitet haben, sich zum Stichtag jedoch im Elternurlaub befinden.

10.49 Die **anteilige Kürzung** eines Anspruchs, der sich auf die aktive Tätigkeit innerhalb eines bestimmten vorangegangenen Zeitraums bezieht, in dem der Berechtigte teilweise im Elternurlaub war, steht mit den Vorgaben der EltUrl-RV im Einklang. Der EuGH sieht insofern zu Recht keine Un-

---

104 BAG v. 5.5.2015 – 1 AZR 826/13, AP Nr. 229 zu § 112 BetrVG 1972 Rz. 25.
105 Das BAG (v. 26.1.2017 – 6 AZR 450/15, AP Nr. 24 zu § 1 TVG Tarifverträge: Verkehrsgewerbe) kommt unter Annahme eines Verstoßes gegen § 4 Abs. 1 TzBfG zu demselben Ergebnis, ohne allerdings die Einhaltung der Vorgaben des BEEG oder der Rahmenvereinbarung über den Elternurlaub zu prüfen.
106 EuGH v. 21.10.1999 – C-333/97 – Lewen, Slg. 1999, I-7243 Rz. 32. Krit. *Caracciolo di Torella/Masselot*, Reconciling Work and Family Life EU Law and Policy, S. 78.
107 EuGH v. 21.10.1999 – C-333/97 – Lewen, Slg. 1999, I-7243 Rz. 49.
108 EuArbR/*Risak*, § 5 Anh. RL 2010/18/EU Rz. 7; Schlachter/*Houwerzijl*, EU Labour Law, S. 508.
109 EuGH v. 21.10.1999 – C-333/97 – Lewen, Slg. 1999, I-7243 Rz. 29.

gleichbehandlung von Arbeitnehmern, die arbeiten und solchen, die sich im Elternurlaub befinden und deren Hauptleistungspflichten aus diesem Grund vorübergehend suspendiert sind.[110] Handelt es sich dagegen um einen Anspruch, der z.B. an die Dauer der Betriebszugehörigkeit anknüpft, ohne über dieses Erfordernis einen Erfahrungszugewinn zu verlangen (vgl. insoweit Rz. 10.71), müssen Elternurlaubszeiträume wegen § 5 Nr. 4 EltUrl-RV berücksichtigt werden, da das Arbeitsverhältnis in dieser Zeit regelmäßig fortbesteht und die betroffenen Arbeitnehmer andernfalls wegen der Inanspruchnahme des Elternurlaubs benachteiligt würden (vgl. Rz. 10.64 ff.).

(3) Anrechnung von Urlaubsansprüchen

Der EuGH sieht den **Anspruch auf bezahlten Jahresurlaub** als ein unmittelbar aus dem Arbeitsverhältnis abgeleitetes Recht i.S.v. § 5 Nr. 2 EltUrl-RV an.[111] Urlaubsansprüche, die Arbeitnehmer in dem Jahr vor der Geburt ihres Kindes erworben haben, sind demnach von § 5 Nr. 2 EltUrl-RV erfasst und müssen bis zum Ende des Elternurlaubs erhalten bleiben.[112] Nicht zuletzt, weil der EuGH die anteilige Kürzung eines Weihnachtsgratifikationsanspruchs für mit der EltUrl-RV vereinbar angesehen hat, wird darüber diskutiert, ob eine anteilige Kürzung des Urlaubsanspruchs ebenfalls richtlinienkonform ist.[113] Der EuGH bestimmt die Frage, ob es sich bei einem bestimmten Anspruch um ein erworbenes Recht i.S.v. § 5 Nr. 2 EltUrl-RV handelt, zwar autonom auf unionsrechtlicher Ebene[114] – Urlaubsansprüche sind nach dieser Vorgabe grundsätzlich als derartige Rechte anzusehen (vgl. zur Definition Rz. 10.41). Ob der jeweilige Urlaubsanspruch vor dem Beginn des Elternurlaubs bereits **vollumfänglich oder nur anteilig entstanden** ist, richtet sich jedoch nach nationalem Recht.

10.50

Der **Urlaubsanspruch** entsteht gemäß den §§ 1, 4 BUrlG nach Erfüllung der Wartezeit zu Beginn eines Kalenderjahres in **vollem Umfang**.[115] Gemäß § 17 Abs. 1 BEEG kann dieser Anspruch im Umfang eines Zwölftels je vollem Kalendermonat der Elternzeit gekürzt werden. Nimmt der Arbeitnehmer innerhalb eines Jahres Elternzeit in Anspruch, für das der Urlaubsanspruch bereits vollumfänglich entstanden ist und wird ihm sein im Zeitpunkt des Beginns der Elternzeit bereits erworbener Urlaubsanspruch entsprechend gekürzt, wird dadurch ein bestehendes Recht i.S.v. § 5 Nr. 2 EltUrl-RV nicht in seinem vollen Umfang bis zum Ende der Elternzeit aufrechterhalten. Ob § 17 Abs. 1 Satz 1 BEEG daher unionsrechtswidrig ist, wird unterschiedlich beurteilt. Das BAG musste sich dazu bisher nicht positionieren.[116] Da bei der Beantwortung der Frage nach der Unionsrechtskonformität des § 17 Abs. 1 Satz 1 BEEG nicht nur die EltUrl-RV eine Rolle spielt, sondern u.a. die Vorgaben der ArbZ-RL zu beachten sind, ist die Problemstellung insgesamt komplex. Die Instanzgerichte haben sich ganz überwiegend für eine Vereinbarkeit der Vorschrift mit dem Unionsrecht ausgesprochen, in der Literatur werden

10.51

---

110 EuGH v. 21.10.1999 – C-333/97 – Lewen, Slg. 1999, I-7243 Rz. 44. S. auch EUGH v. 4.10.2018 – C 12/17 – Dicu, ECLI:EU:C:2018:195 Rz. 35 f. (wenn auch im Zusammenhang mit der RL 2003/88/EG).
111 EuGH v. 22.4.2010 – C-486/08 – Zentralbetriebsrat LKH Tirol, Slg. 2010, I-3527 Rz. 54.
112 EuGH v. 22.4.2010 – C-486/08 – Zentralbetriebsrat LKH Tirol, Slg. 2010, I-3527 Rz. 50 ff.
113 Es gibt verschiedene Anknüpfungspunkte einer etwaigen Unionsrechtswidrigkeit derartiger Kürzungen. S. *Dawirs*, NJW 2014, 3612 (3613 ff.); EuArbR/*Gallner*, Art. 7 RL 2003/88/EG Rz. 19; *Kamanabrou*, RdA 2014, 321 (322 ff.); *Ricken/Zibolka*, EuZA 2014, 504 (511 ff.); Schlachter/Heinig/*Kiesow*, § 17 Rz. 23, 45.
114 EuGH v. 22.4.2010 – C-486/08 – Zentralbetriebsrat LKH Tirol, Slg. 2010, I-3527 Rz. 50 ff. S. auch EuGH v. 22.10.2009 – C-116/08 – Meerts, Slg. 2009, I-10063 Rz. 41 ff.
115 Für die st. Rspr. des BAG: BAG v. 6.5.2014 – 9 AZR 678/12, ArbRB 2014, 259 = NZA 2014, 959 Rz. 11; BAG v. 7.8.2012 – 9 AZR 353/10, ArbRB 2013, 4 = NZA 2012, 1216 Rz. 8; BAG v. 18.3.2003 – 9 AZR 190/02, AP BUrlG § 3 Rechtsmissbrauch Nr. 17.
116 Die Vereinbarkeit mit unionsrechtlichen Vorgaben daher offengelassen: BAG v. 19.5.2015 – 9 AZR 725/13, ArbRB 2015, 261 = NZA 2015, 989 Rz. 26; BAG v. 17.5.2011 – 9 AZR 197/10, ArbRB 2011, 293 = AP Nr. 1 zu § 17 BEEG Rz. 37.

beide Ansichten – Verstoß gegen und Vereinbarkeit mit den Vorgaben des Unionsrechts – vertreten.[117] Dabei wird häufig ausschließlich ein Verstoß gegen die ArbZ-RL problematisiert.

10.52 Da die EltUrl-RV nach § 5 Nr. 2 nur bereits erworbene Rechte aufrechterhalten will, ist es zunächst vor ihrem Hintergrund nicht problematisch, wenn Urlaubsansprüche gekürzt werden, die erst **während der Elternzeit entstehen**.[118] Dies kann z.B. der Fall sein, wenn ein Arbeitnehmer während eines gesamten Kalenderjahres Elternzeit in Anspruch nimmt. Da nach der Rechtsprechung des BAG im ruhenden Arbeitsverhältnis ebenfalls Urlaubsansprüche erworben werden,[119] entsteht der Anspruch auf Erholungsurlaub für dieses Kalenderjahr zunächst nach §§ 1, 4 BUrlG. Seine Kürzung gemäß § 17 BEEG ist unionsrechtlich nicht zu beanstanden, da der Anspruch erst während der Elternzeit entstanden ist. Gemäß § 5 Nr. 3 EltUrl-RV ist die Frage, welche Rechte während des Elternurlaubs erworben werden können, der Regelung durch die Mitgliedstaaten vorbehalten (vgl. Rz. 10.55). In der Kürzung von Urlaubsansprüchen, die in diesem Zeitraum erst entstehen, kann allenfalls eine Benachteiligung i.S.v. § 5 Nr. 4 EltUrl-RV liegen. Da dieser jedoch keine unterschiedlichen Behandlungen von Arbeitnehmern im Elternurlaub und ihren aktiv beschäftigten Kollegen verbietet, die ausschließlich aus dem Ruhen des Arbeitsverhältnisses resultieren (vgl. Rz. 10.72), liegt eine Benachteiligung durch die Kürzung nur dann vor, wenn die Urlaubsansprüche von Arbeitnehmern, deren Arbeitsverhältnis aus anderen Gründen ruht, ohne sachlichen Grund vollumfänglich aufrechterhalten bleiben.[120]

10.53 Urlaubsansprüche, die **vor dem Beginn der Elternzeit bereits vollständig erworben wurden**, dürfen indes vor dem Hintergrund des § 5 Nr. 2 EltUrl-RV nicht gekürzt werden. Ob § 17 BEEG aus diesem Grund unionsrechtswidrig ist, hängt maßgeblich davon ab, ob der Urlaubsanspruch nach nationalem Recht beim Antritt der Elternzeit bereits vollständig entstanden ist.[121] Grundsätzlich ist dies zu Beginn eines Kalenderjahres gemäß den §§ 1, 4 BUrlG der Fall. Allerdings kennt § 5 BUrlG auch Teilurlaubsansprüche, die unter Zugrundelegung eines Zwölftelungsgrundsatzes nicht vollumfänglich zu Beginn eines Jahres entstehen. Wenn § 17 BEEG in ähnlicher Weise bewirkt, dass die Ansprüche nicht vollumfänglich entstehen, verstößt die Regelung jedenfalls nicht gegen § 5 Nr. 2 EltUrl-RV. Insoweit ist allerdings zu bedenken, dass nur in den Fällen des § 5 Abs. 1 Buchst. a und b BUrlG die Ansprüche nicht bereits vollständig entstehen, weil die Wartezeit des § 4 BUrlG noch nicht erfüllt ist. Außerhalb der Nichterfüllung der Wartezeit ist jedoch von einem vollständigen Entstehen des Urlaubsanspruchs auszugehen. Im Fall des § 5 Abs. 1 Buchst. c BUrlG entsteht der Anspruch vollständig und wird sodann anhand dessen Vor-

---

117 Für eine Vereinbarkeit mit unionsrechtlichen Vorgaben LAG Schleswig-Holstein v. 12.1.2016 – 1 Sa 88 a/15, juris Rz. 42 ff.; LAG Rheinland-Pfalz v. 16.1.2014 – 5 Sa 180/13, juris Rz. 24 ff.; LAG Hamm v. 27.6.2013 – 16 Sa 51/13, juris Rz. 23 ff.; LAG Niedersachsen v. 29.3.2012 – 5 Sa 140/12, juris Rz. 24; LAG Niedersachsen v. 16.11.2010 – 3 Sa 1288/10, juris Rz. 21; HK-MuSchG/BEEG/*Rancke*, § 17 BEEG Rz. 1; *Schubert*, NZA 2013, 1105 (1111); Tillmanns/Mutschler/*Tillmanns*, MuSchG/BEEG, § 17 BEEG Rz. 7. Dagegen: *Boecken*, FS Düwell, S. 53 (57 ff.); *Dawirs*, NJW 2014, 3612 (3613 ff.); *Kamanabrou*, RdA 2014, 321 (326 f.) (differenzierend); *Ricken/Zibolka*, EuZA 2014, 504 (511) (haben erhebliche Bedenken); wohl auch Schlachter/Heinig/*Kiesow*, § 17 Rz. 45 (zumindest bedenklich).
118 Damit ist freilich noch nichts über die Vereinbarkeit einer derartigen Kürzung mit den Vorgaben der RL 2003/88/EG gesagt. S. dazu EUGH v. 4.10.2018 – C 12/17 – Dicu, ECLI:EU:C:2018:195 Rz. 26 ff.; *Boecken*, FS Düwell, S. 53 (57 ff.); *Dawirs*, NJW 2014, 3612 (3614); *Kamanabrou*, RdA 2014, 321 (324 ff.); *Ricken/Zibolka*, EuZA 2014, 504 (511 ff.).
119 BAG v. 6.5.2014 – 9 AZR 678/12, NZA 2014, 959 Rz. 12 ff.; vgl. insoweit zur unionsrechtlichen Situation EuGH v. 24.1.2012 – C-282/10 – Dominguez, EuZW 2012, 342 Rz. 21.
120 Der EuGH hat in seiner Entscheidung v. 4.10.2018 – C 12/17 – Dicu, ECLI:EU:C:2018:195 keine Benachteiligung in Betracht gezogen.
121 Eine Entstehung des Anspruchs pro-rata-temporis wäre nach unionsrechtlichen Vorgaben u.U. möglich (dazu und zu den allg. Grenzen EuGH v. 8.11.2012 – C-229/11 und C-230/11 – Heimann und Toltschin, NZA 2012, 1273 Rz. 33 ff.; v. 22.4.2010 – C-486/08 – Zentralbetriebsrat LKH Tirols, Slg. 2010, I-3527 Rz. 33 f.). Die Mitgliedstaaten müssten dies dann jedoch entsprechend vorsehen.

gaben nachträglich gekürzt.¹²² Eine entsprechende Anwendung dieser Vorschrift¹²³ führte daher ebenfalls dazu, dass ein bereits entstandenes Recht beschnitten wird. Die Kürzungsmöglichkeit nach § 17 BEEG setzt nach der Rechtsprechung des BAG im Übrigen gerade voraus, dass der Urlaubsanspruch zuvor entstanden ist, da nichts gekürzt werden kann, was nicht besteht.¹²⁴ Wenn es sich demnach nach nationalem Recht um eine echte Kürzung eines vor dem Antritt der Elternzeit entstandenen Anspruchs handelt, liegt darin ein Verstoß gegen die Vorgaben des § 5 Nr. 2 EltUrl-RV.¹²⁵ Dies steht im Einklang mit den vom EuGH gebilligten Kürzungsmöglichkeiten von Gratifikationsansprüchen (vgl. Rz. 10.47), weil der EuGH diese nicht als zum Zeitpunkt des Beginns des Elternurlaubs bereits (vollständig) erworbenes Recht angesehen hat, wenn sie, wie in dem, dem Urteil zugrunde liegenden Fall, nach der konkreten Regelung an das Bestehen eines aktiven Arbeitsverhältnisses zu einem bestimmten Stichtag geknüpft sind (für die Gegenansicht vgl. Rz. 8.22).¹²⁶ Da der EuGH ferner entschieden hat, dass die Aufrechterhaltungspflicht des § 5 Nr. 2 EltUrl-RV auch dann bis zum Ende des national gewährten Elternurlaubs besteht, wenn dieser über die Länge des unionsrechtlich gewährten Mindesturlaubs hinausgeht,¹²⁷ betreffen die Vorgaben der EltUrl-RV hinsichtlich einer etwaigen Kürzung von vor dem Beginn des Elternurlaubs erworbenen Urlaubsansprüchen den gesamten Elternurlaubszeitraum.¹²⁸

(4) Anrechnung des Elternurlaubs auf eine Probezeit

§ 5 Nr. 2 EltUrl-RV steht einer **Unterbrechung einer Probezeit** durch die Elternzeit nicht entgegen. Probezeiten sollen es Arbeitgebern ermöglichen, zu prüfen, ob der Arbeitnehmer sich dauerhaft für die Ausübung der ihm übertragenen Tätigkeit eignet. Dies kann regelmäßig erst zuverlässig beurteilt werden, wenn den Betroffenen bestimmte Aufgaben über einen längerfristigen Zeitraum hinweg übertragen werden.¹²⁹ Dies ist nicht möglich, wenn das Arbeitsverhältnis aufgrund eines Vollzeit-Elternurlaubs ruht. Arbeiten Arbeitnehmer hingegen während des Elternurlaubs in Teilzeit, darf die Probezeit durch den Elternurlaub nicht unterbrochen werden. Im Fall einer Unterbrechung der Probezeit verpflichtet § 5 Nr. 2 EltUrl-RV den Arbeitgeber, dem Arbeitnehmer die bereits begonnene oder in Aussicht gestellte Erprobung nach dem Ende des Elternurlaubs zu ermöglichen und die Probezeit entsprechend zu verlängern oder weiter laufen zu lassen.¹³⁰

c) Status des Arbeitsvertrags

Die Mitgliedstaaten und/oder die Sozialpartner bestimmen den Status des Arbeitsvertrags oder Beschäftigungsverhältnisses **für die Dauer des Elternurlaubs** (§ 5 Nr. 3 EltUrl-RV). Sie können insbesondere vorsehen, dass das Arbeitsverhältnis für die Dauer des Elternurlaubs unterbrochen wird oder aufrechterhalten bleibt und lediglich die wechselseitigen Pflichten vorübergehend ruhen.¹³¹ Der EuGH nimmt allerdings an, der europäische Gesetzgeber sei davon ausgegangen, der Arbeitsvertrag oder das Beschäftigungsverhältnis zwischen den Parteien bleibe während des Elternurlaubs

---

122 ErfK/*Gallner*, § 5 BUrlG Rz. 2.
123 Vorgeschlagen von *Latzel/Sausmikat*, JA 2015, 497 (505).
124 BAG v. 17.5.2011 – 9 AZR 197/10, ArbRB 2011, 293 = AP Nr. 1 zu § 17 BEEG Rz. 24; v. 30.7.1986 – 8 AZR 475/84, NZA 1987, 13 zu einer Vorgängerregelung des § 17 BEEG. Zust. *Boecken*, FS Düwell, S. 53 (56); ErfK/*Gallner*, § 17 BEEG Rz. 2, 5; HK-MuSchG/BEEG/*Rancke*, § 17 BEEG Rz. 1; *Schubert*, NZA 2013, 1105 (1107).
125 I.E. ebenso *Dawirs*, NJW 2014, 3612 (3615).
126 EuGH v. 21.10.1999 – C-333/97 – Lewen, Slg. 1999, I-7243 Rz. 28 ff. Vgl. *Kamanabrou*, RdA 2014, 321 (322 f.).
127 EuGH v. 7.9.2017 – C-174/16 – H, NZA 2017, 1381 Rz. 41.
128 Für eine Beschränkung auf den Mindestelternurlaubszeitraum der EltUrl-RV vor der Entscheidung des EuGH noch ArbG Karlsruhe v. 16.12.2011 – 3 Ca 281/11, juris Rz. 74 ff.
129 EuGH v. 7.9.2017 – C-174/16 – H, NZA 2017, 1381 Rz. 58.
130 EuGH v. 7.9.2017 – C-174/16 – H, NZA 2017, 1381 Rz. 59.
131 EuArbR/*Risak*, § 5 Anh. RL 2010/18/EU Rz. 11; *Riesenhuber*, European Employment Law, S. 515.

aufrechterhalten und die betroffenen Eltern behielten ihren Arbeitnehmerstatus i.S.d. Unionsrechts daher für diesen Zeitraum.[132] Da die Bestimmung des Vertragsstatus nicht gegen § 5 Nr. 2 EltUrl-RV verstoßen darf, betrifft § 5 Nr. 3 EltUrl-RV nur Rechte und Pflichten, die ausschließlich während des Elternurlaubs bestehen oder erst in dieser Zeit erworben werden können.[133]

d) Einkommensrelevante und sozialversicherungsrechtliche Fragen

10.56 **Sozialversicherungsrechtliche Fragen** spielen in der EltUrl-RV bereits in den Erwägungsgründen an verschiedenen Stellen eine Rolle (ErwGr. 18, 19 EltUrl-RV). § 5 Nr. 5 UAbs. 1 EltUrl-RV knüpft daran an und gibt vor, Mitgliedstaaten müssten sozialversicherungsrechtliche Fragen, die im Zusammenhang mit der EltUrl-RV stehen, prüfen und entscheiden. Dabei sei insbesondere die zentrale Bedeutung einer kontinuierlichen Gesundheitsfürsorge zu bedenken und dieser Rechnung zu tragen. Weder die Erwägungsgründe noch § 5 Nr. 5 UAbs. 1 EltUrl-RV begründen jedoch eine Verpflichtung der Mitgliedstaaten, für die Dauer des Elternurlaubs bestimmte sozialversicherungsrechtliche Mindeststandards zu gewährleisten.[134]

10.57 § 5 Nr. 5 UAbs. 2 EltUrl-RV enthält eine Regelung zum **Einkommen während des Elternurlaubs**. Obwohl die Europäischen Sozialpartner diese Frage als einen entscheidenden Faktor für die Motivation – gerade von Vätern –, Elternzeit in Anspruch zu nehmen, angesehen haben,[135] sind die Mitgliedstaaten nach der EltUrl-RV nicht verpflichtet, eine irgendwie geartete Einkommens(-ersatz-)leistung für Arbeitnehmer im Elternurlaub vorzusehen. Mitgliedstaaten müssen diese Frage lediglich als entscheidenden Faktor berücksichtigen. Dies lässt ihnen weite Spielräume.

e) Flexibilität der Arbeitsbedingungen im Anschluss an den Elternurlaub

10.58 Die EltUrl-RV zielt nicht nur darauf ab, durch eine Zeit des Elternurlaubs eine vorübergehende Betreuung durch die Eltern ohne Verlust ihres Arbeitsplatzes zu ermöglichen. Sie dient vielmehr zusätzlich der **Vereinfachung des Wiedereinstiegs** in den Beruf nach der Zeit des Elternurlaubs (s. z.B. ErwGr. 21 EltUrl-RV). Die Vereinbarkeit von Familie und Beruf kann nach dem Ende des Elternurlaubs insbesondere durch eine Reduzierung der regelmäßigen wöchentlichen Arbeitszeit und durch flexible Arbeitsbedingungen gefördert werden. Sie ermöglichen es Eltern, sich nach Betreuungszeiten von Betreuungseinrichtungen zu richten und gegebenenfalls flexibel reagieren zu können, wenn ihr Kind erkrankt oder aus anderen Gründen ein spontaner Betreuungsbedarf entsteht.[136] § 6 Nr. 1 EltUrl-RV verpflichtet Mitgliedstaaten daher, zumindest sicherzustellen, dass Arbeitnehmer bei der Rückkehr nach dem Elternurlaub Änderungen ihrer Arbeitszeiten und/oder des Arbeitsarrangements für eine bestimmte Dauer beantragen können. Der Wortsinn des § 6 Nr. 1 EltUrl-RV – „für eine gewisse Dauer" – spricht dafür, dass die nationalen Gesetzgeber die Möglichkeit zur Beantragung einer **befristeten Veränderung** der Dauer der Arbeitszeit schaffen müssen. Dies entspricht auch dem Sinn und Zweck der EltUrl-RV, Eltern im größtmöglichen Umfang den beruflichen Wiedereinstieg zu ermöglichen. Ihnen die Chance zu nehmen, nach einer vorhersehbaren Zeitspanne sicher wieder in Vollzeit arbeiten zu können, liefe dem zuwider.

---

132 EuGH v. 20.9.2007 – C-116/06 – Kiiski, Slg. 2007, I-7643 Rz. 32 zur alten Rechtslage, die aber auf die überarbeitete EltUrl-RV übertragbar ist. Dazu *Kamanabrou/Wietfeld* in Ales/Bell/Deinert/Robin-Olivier, International and European Labour Law, RL 2010/18/EU Rz. 47.

133 EuGH v. 22.10.2009 – C-116/08 – Meerts, Slg. 2009, I-10063 Rz. 43 ff. S. zur Frage, ob ein Arbeitnehmer während der Elternzeit Leitender Angestellter i.S.v. § 5 Abs. 3 Satz 1 BetrVG des nationalen Rechts sein kann: *Verstege*, RdA 2011, 99.

134 EuGH v. 16.7.2009 – C-537/07 – Gómez-Limón, Slg. 2009, I-6525 Rz. 42; EuArbR/*Risak*, § 5 Anh. RL 2010/18/EU Rz. 17; Schlachter/*Houwerzijl*, EU Labour Law, S. 511 f.; *Watson*, EU Social And Employment Law, 2. Aufl. 2014, Rz. 16.22.

135 ErwGr. 19, 20 EltUrl-RV.

136 *Cabeza Pereiro*, Reconciling private and professional life, S. 13.

Die EltUrl-RV spricht von „**Änderungen**". Dem Wortsinn nach erfasst dies sowohl eine Reduzierung als auch eine Aufstockung der Arbeitszeit. Die Bedingungen werden im Einzelnen von den Mitgliedstaaten bestimmt, der Regelungsspielraum ist demnach weit.[137] Arbeitgeber müssen aber zumindest verpflichtet sein, die eingegangenen Anträge zu prüfen und zu beantworten. Sie müssen dabei unter Berücksichtigung ihrer eigenen Belange den Bedürfnissen ihrer Arbeitnehmer Rechnung tragen.

10.59

Das BEEG eröffnet für den Zeitraum der Elternzeit Möglichkeiten, in Teilzeit zu arbeiten. Darüber hinaus gibt es im deutschen Recht **keinen Teilzeitanspruch** für die Zeit **nach der Rückkehr aus der Elternzeit**. Eltern sind insoweit auf die Reduzierungsmöglichkeiten angewiesen, die das TzBfG ihnen bietet. Diese sind von der Zustimmung des Arbeitgebers abhängig (§ 8 Abs. 4, 5 TzBfG). § 6 Nr. 1 EltUrl-RV verpflichtet die nationalen Gesetzgeber jedoch lediglich dazu, sicherzustellen, dass die Arbeitnehmer bei der Rückkehr nach dem Elternurlaub Änderungen ihrer Arbeitszeiten für eine bestimmte Dauer beantragen können und dass diese Anträge durch ihre Arbeitgeber geprüft und beantwortet werden müssen. Diesen Vorgaben entspricht das TzBfG durch die Antragsmöglichkeit in § 8 Abs. 2 TzBfG und die korrespondierende Fiktion der Einigung über die Verteilung nach § 8 Abs. 5 Satz 3 TzBfG, die die Prüfung und Beantwortung durch den Arbeitgeber sicherstellt. Das TzBfG sieht jedoch bislang keine Ansprüche auf eine befristete Arbeitszeitreduzierung vor.[138] Dies steht im Widerspruch zu der Vorgabe der EltUrl-RV.[139] Die Aufstockung der Arbeitszeit kann nach dem TzBfG lediglich i.R.v. § 9 begehrt werden. Ob dies die fehlende Befristungsmöglichkeit des Reduzierungsbegehrens auffangen kann, erscheint fraglich, da § 9 TzBfG eine Aufstockung nur unter engen Voraussetzungen ermöglicht. Insofern ist es ferner problematisch, dass die EltUrl-RV grundsätzlich Aufstockungswünsche erfasst, § 9 TzBfG diese aber nur im Fall eines freien Arbeitsplatzes und unter zusätzlichen Voraussetzungen realisiert. Insoweit wird Umsetzungsbedarf hinsichtlich der Vorgaben der EltUrl-RV gesehen.[140] Da die Dauer des Elternurlaubs im nationalem Recht weit über die in der EltUrl-RV vorgegebene Mindestdauer hinausgeht und das BEEG während dieser Zeit in § 15 Abs. 5–7 BEEG diverse Möglichkeiten zur Anpassung des Umfangs der Arbeitszeit vorsieht, wird vereinzelt angenommen, das Ziel des § 6 Nr. 1 EltUrl-RV werde durch das nationale Recht erreicht, da der Wiedereinstieg in den Beruf flexibilisiert werde, wenn er innerhalb der ersten drei Lebensjahre des Kindes erfolge.[141] Nachdem der EuGH jedoch für die Aufrechterhaltung erworbener Rechte i.S.v. § 5 Nr. 2 EltUrl-RV vorgegeben hat, diese seien bis zum Ende der nach nationalem Recht gewährten Elternurlaubs und nicht nur bis zum Ende der von der EltUrl-RV vorgesehenen Mindestzeitraums aufrechtzuerhalten (vgl. Rz. 10.37, 10.53), wäre es nur konsequent, dies auf die Möglichkeit der Arbeitszeitverringerung und der anschließenden Wiederaufstockung für die Zeit nach dem Ende der national gewährten Dauer des Elternurlaubs zu übertragen, zumal die EltUrl-RV die Flexibilisierungsmöglichkeiten „bei der Rückkehr nach dem Elternurlaub" vorsieht. Diesen Anforderungen genügt das BEEG nicht und das TzBfG lediglich partiell.

10.60

Der EuGH musste sich bisher nicht zur Auslegung des Begriffs des **Arbeitsarrangements** äußern. Da der Begriff in Ergänzung zu Arbeitszeiten genannt wird, ist davon auszugehen, dass er über die

10.61

---

137 S. auch *Kohte*, FS Pfarr, S. 489 (496).
138 BAG v. 24.6.2008 – 9 AZR 313/07, NZA 2008, 1309 Rz. 43; v. 12.9.2006 – 9 AZR 686/05, ArbRB 2007, 100 = NZA 2007, 253 Rz. 20 m.w.N. Eine entsprechende Änderung des TzBfG ist jedoch geplant. Nach § 9a des Regierungsentwurfs zur Änderung des TzBfG wird Arbeitnehmern unter bestimmten Voraussetzungen eine befristete Verringerung der Arbeitszeit gewährt (BT-Drucks. 19/3452).
139 AR/*Klose*, § 15 BEEG Rz. 14.1; *Beetz* in Busch/Feldhoff/Nebe, Übergänge im Arbeitsleben und (Re)Inklusion in den Arbeitsmarkt, S. 23, 30; *Dahm*, EuZA 2011, 30 (45 f.); *Düwell*, FA 2010, 137 (140); zweifelnd wohl auch ErfK/*Gallner*, § 15 BEEG Rz. 2.
140 *Dahm*, EuZA 2011, 30 (45 f.); *Düwell*, FA 2010, 137 (140); ErfK/*Gallner*, § 15 BEEG Rz. 2; *Wenckenbach*, AuR 2013, 189.
141 S. *Dahm*, EuZA 2011, 30 (46 f.).

bloße zeitliche Ausgestaltung des Arbeitsplatzes hinausgeht.[142] Er umfasst vielmehr sonstige organisatorische Flexibilisierungsmaßnahmen im Zusammenhang mit dem Arbeitsverhältnis und dem konkreten Arbeitsplatz. Dies kann bspw. durch eine Vereinbarung geschehen, nach der Arbeitnehmer einen Teil ihrer Arbeit von zu Hause aus erbringen (Telearbeit, Homeoffice). Ob die Lage der Arbeitszeit von der ersten Variante des § 6 Nr. 1 EltUrl-RV als Änderung der Arbeitszeit erfasst ist oder ob dies Teil des Arbeitsarrangements ist, ist aus Sicht der EltUrl-RV im Ergebnis nicht von Bedeutung, da Änderungen bezüglich der Lage der Arbeitszeit jedenfalls einer dieser Varianten unterfallen. Dies betrifft bspw. Vereinbarungen, nach denen der Beginn der Arbeitszeit z.B. an Kinderbetreuungszeiten angepasst oder ein Gleitzeitmodell etabliert wird.[143]

10.62 Eine vorübergehende Änderung der Lage der Arbeitszeit kennt das deutsche Recht nur in enger Form im Zusammenhang mit der Verringerung der Dauer der Arbeitszeit nach § 8 TzBfG. Dies genügt den Anforderungen des § 6 Nr. 1 EltUrl-RV zumindest dann nicht, wenn die Lage der Arbeitszeit Teil des Arbeitsarrangements ist. Denn § 6 Nr. 1 EltUrl-RV nennt die Arbeitszeitverringerung und die Änderung des Arbeitsarrangements sowohl alternativ als auch kumulativ („und/oder"). Zu Maßnahmen, die ein flexibles Arbeiten, z.B. von zu Hause aus, ermöglichen, trifft das nationale Recht keine Regelung. Insoweit besteht jedenfalls Umsetzungsbedarf.[144]

f) Kontakt der Vertragsparteien während des Elternurlaubs

10.63 Um den Wiedereinstieg in das Berufsleben nach einem Elternurlaub zu erleichtern, empfiehlt § 6 Nr. 2 EltUrl-RV den Arbeitsvertragsparteien während der Dauer des Elternurlaubs in Kontakt zu bleiben und sich über geeignete Maßnahmen für den Wiedereinstieg zu verständigen. Arbeitgeber können dadurch frühzeitig Maßnahmen vorbereiten, um Arbeitnehmer bestmöglich zu reintegrieren und gegebenenfalls erforderliche organisatorische Maßnahmen frühzeitig einleiten. Arbeitnehmer können unter Umständen frühzeitig an Schulungen oder Fortbildungen anderer Art teilnehmen, um auf den aktuellen Kenntnisstand in ihrem Tätigkeitsbereich zu kommen. Dies kann namentlich bei einer längeren elternurlaubsbedingten Abwesenheit erforderlich sein.[145]

10. Verbot der Benachteiligung

10.64 Durch das in § 5 Nr. 4 EltUrl-RV ausdrücklich geregelte **Benachteiligungsverbot**[146] sind Arbeitnehmer vor jeglicher Benachteiligung im Zusammenhang mit der Beantragung oder Inanspruchnahme des Elternurlaubs geschützt. Eine weniger günstige und damit gegen das Benachteiligungsverbot verstoßende Behandlung eines Arbeitnehmers kann z.B. darin liegen, dass betroffenen Arbeitnehmern weniger Entgelt gezahlt wird oder ihre Beförderungschancen innerhalb des Unternehmens verringert sind.

10.65 Art. 2 der EltUrl-RL verpflichtet die Mitgliedstaaten, festzulegen, welche **Sanktionen** bei einem Verstoß gegen die die Richtlinie umsetzenden innerstaatlichen Vorschriften zu verhängen sind. Dies entspricht den Anforderungen anderer Richtlinien, insbesondere der Art. 15 AntiRassRL, Art. 17 Gleichb-RL sowie Art. 25 Geschl-RL. Die Sanktionen müssen wirksam, verhältnismäßig und abschreckend sein (Art. 2 EltUrl-RL; vgl. auch Rz. 1.122). Welche Maßnahmen Mitgliedstaaten zur

---

142 *Beetz* in Busch/Feldhoff/Nebe, Übergänge im Arbeitsleben und (Re)Inklusion in den Arbeitsmarkt, S. 23 (29 f.); s. auch *Kohte*, FS Pfarr, S. 489 (496).
143 S. die Beispiele bei *Beetz* in Busch/Feldhoff/Nebe, Übergänge im Arbeitsleben und (Re)Inklusion in den Arbeitsmarkt, 23 (30 f.); *Kohte*, FS Pfarr, S. 489 (500).
144 S. auch *Dahm*, EuZA 2011, 30 (48 f.).
145 *Cabeza Pereiro*, Reconciling private and professional life, S. 13 f.; Schlachter/Heinig/*Kiesow*, § 17 Rz. 56; Schlachter/Houwerzijl, EU Labour Law, S. 513.
146 Zu dessen Entstehung s. *Kamanabrou/Wietfeld* in Ales/Bell/Deinert/Robin-Olivier, International and European Labour Law, RL 2010/18/EU Rz. 48.

Sanktionierung ergreifen, bleibt dabei ihnen überlassen.[147] Sie können z.B. zivilrechtliche Schadensersatzansprüche gegenüber Arbeitgebern schaffen.[148] Im Zusammenhang mit den Diskriminierungsverboten anderer Richtlinien hat der EuGH insoweit allerdings verlangt, dass allein der Verstoß gegen das jeweilige Verbot die Haftung in vollem Umfang begründen muss. Dazu ist eine verschuldensunabhängige Ausgestaltung der zivilrechtlichen Haftung erforderlich.[149]

Ein explizites Benachteiligungsverbot ist im BEEG nicht enthalten. Allerdings wird **§ 15 Abs. 2 Satz 6 BEEG** als ein solches verstanden. Diese im Lichte des Art. 6 Abs. 1 GG auszulegende Vorschrift soll Vereinbarungen entgegenstehen, nach denen Arbeitnehmer Nachteile erleiden, weil sie Elternzeit in Anspruch nehmen.[150] Eine Benachteiligung aufgrund der Inanspruchnahme von Elternzeit liegt nach der Auslegung des BAG indes nicht vor, wenn die Differenzierung auf der Ausgestaltung der Elternzeit in Form des Ruhens des Arbeitsverhältnisses beruht.[151] Darüber hinaus verbietet **§ 612a BGB** eine Benachteiligung wegen der Inanspruchnahme von Elternzeiten.[152]

10.66

Verstöße gegen die genannten Regelungen haben unterschiedliche Rechtsfolgen. Beim Verstoß gegen § 15 Abs. 2 Satz 6 BEEG und gegen § 612a BGB kann das Rechtsgeschäft gemäß § 134 BGB unwirksam sein.[153] Eine Verletzung von § 612a BGB kann zudem Gleichbehandlungspflichten begründen und zu Schadensersatz- und Unterlassungsansprüchen von Arbeitnehmern führen. Von diesen Folgen haben lediglich die möglichen Schadensersatzansprüche Sanktionscharakter. Diese sind jedoch stets verschuldensabhängig (s. §§ 280 Abs. 1, 823 Abs. 1, 2 BGB). Darin liegt nach der Rechtsprechung des EuGH keine verhältnismäßige, effektive und abschreckende Sanktion. Im nationalen Recht fehlt daher eine den Anforderungen des Art. 2 EltUrl-RL genügende Sanktion.[154]

10.67

Das Benachteiligungsverbot ergänzt den Schutz vor **Benachteiligungen aufgrund des Geschlechts**, der u.a. in Art. 157 AEUV und der Geschl-RL verankert ist. Da Art. 28 Abs. 2 Geschl-RL ausdrücklich klarstellt, die Regelungen der RL 96/34/EG blieben durch ihre Vorschriften unberührt, liegt es nahe, die Benachteiligungsverbote als nebeneinanderstehend anzusehen. In der Literatur herrscht eine entsprechende Auffassung vor, nach der Betroffene sich zugleich auf den Schutz beider Richtlinien berufen können.[155] Nachdem der EuGH in der Rs. *H* allerdings unter Verweis darauf, die Klägerin habe sich während des gesamten streitgegenständlichen Zeitraums in Elternzeit befunden, ausschließlich eine Verletzung der EltUrl-RL sowie der Rahmenvereinbarung geprüft hat,[156] werden Zweifel hieran erhoben.[157] Ob der Argumentation des EuGH eine grundsätzliche Aussage über das Verhältnis der EltUrl-RL und den anderen unionsrechtlichen Rechtsgrundlagen entnommen werden kann, ist jedoch zweifelhaft. Es erscheint zum Schutz der Betroffenen vielmehr geboten, auch weiterhin von einem Nebeneinander der verschiedenen Benachteiligungsverbote auszugehen. Sie müssen nur nicht in jedem Fall sämtlich geprüft werden, wenn schon eines von ihnen verletzt ist.

10.68

---

147 EuGH v. 10.7.2008 – C-54/07 – Feryn, Slg. 2008, I-5187 Rz. 37.
148 *Kamanabrou*, Arbeitsrecht, 2017, Rz. 580, 583; *Stoffels*, RdA 2009, 204 (205).
149 EuGH v. 22.4.1997 – C-180/95 – Draehmpaehl, Slg. 1997, I-2195 Rz. 18 ff.; v. 8.11.1990 – C-177/88 – Dekker, Slg. 1990, I-3941 Rz. 22 ff.
150 BAG v. 12.4.2016 – 6 AZR 731/13, NZA 2016, 833 Rz. 26; *Busemann*, NZA online 1/2017, 1 (4); HK-MuSchG/BEEG/*Rancke*, § 15 Rz. 10.
151 BAG v. 12.4.2016 – 6 AZR 731/13, NZA 2016, 833 Rz. 30 f.
152 *Dahm*, EuZA 2011, 30 (42 f.). Vgl. BAG v. 10.5.2005 – 9 AZR 261/04, NZA 2005, 1237 (1238).
153 Zu den möglichen Rechtsfolgen von Verstößen gegen § 612a BGB si. ErfK/*Preis*, § 612a BGB Rz. 23; MünchKommBGB/*Müller-Glöge*, 4. Bd., 7. Aufl. 2016, § 612a Rz. 19 ff. Zu § 15 Abs. 2 Satz 6 BEEG *Buchner/Becker*, MuschG/BEEG, § 15 BEEG Rz. 27.
154 Vgl. den Hinweis *Kenters*, AiB 2013, 217 (218).
155 Schlachter/Heinig/*Kiesow*, § 17 Rz. 35; Schlachter/*Houwerzijl*, EU Labour Law, S. 510.
156 EuGH v. 7.9.2017 – C-174/16 – H, NZA 2017, 1381 Rz. 28.
157 *Kocher*, NJW 2017, 3363.

10.69 Das BVerfG hat **§ 17 Abs. 1 Satz 1 KSchG** im Lichte der Art. 3, 6 GG dahingehend ausgelegt, dass auch solche Kündigungen als anzeigepflichtig anzusehen sind, die nur deshalb nach Ablauf der 30-Tages-Frist zugehen, weil vor ihrem Ausspruch gemäß § 18 Abs. 1 Satz 4, 5 BEEG die Genehmigung der Kündigung durch die für den Arbeitsschutz zuständige oberste Landesbehörde oder eine von ihr bestimmte Stelle einzuholen ist und diese erst nach 30 Tagen erteilt wird.[158] Andernfalls ginge den Arbeitnehmern, die nach § 18 Abs. 1 Satz 1 BEEG vor Kündigungen geschützt sind, der Massenentlassungsschutz der § 17, 18 KSchG verloren, der nicht mit dem des § 18 BEEG deckungsgleich ist. Dieses Ergebnis entspricht den Vorgaben des Benachteiligungsverbots in § 5 Nr. 4 EltUrl-RV, das eine derartige Auslegung des § 17 Abs. 1 Satz 1 KSchG ebenfalls gebietet.

10.70 Unter dem Aspekt einer möglichen Benachteiligung ist die Anrechnung von Elternzeiten auf **Zeiten der Berufserfahrung** problematisch. Während das BAG eine Berücksichtigung der Elternzeiten für einen Gehaltsstufenaufstieg nach den tariflichen Regelungen für den öffentlichen Dienst ablehnt,[159] hat das OVG Lüneburg es als mit der EltUrl-RV unvereinbar angesehen, bei einer Bewerberauswahl, für die u.a. die Dauer der beruflichen Tätigkeit maßgeblich war, Elternzeiten bei der Ermittlung dieser Dauer per se nicht zu berücksichtigen.[160] Hinzugewonnene Berufserfahrung qualifiziert einen Arbeitnehmer für die Ausübung seiner beruflichen Tätigkeit und kann daher ein sachliches Kriterium für eine Differenzierung zwischen Arbeitnehmern, die in ihrer Erwerbsbiografie Elternzeiten haben und solchen, bei denen dies nicht der Fall ist, darstellen. Um von einem Erfahrungsgewinn hinsichtlich der beruflichen Tätigkeit sprechen zu können, muss der Betroffene die entsprechenden Aufgaben grundsätzlich über einen langfristigen Zeitraum tatsächlich wahrgenommen haben.[161] Alternativ käme ein anderweitig erworbener Erkenntnisgewinn in Betracht, der jedoch im Einzelfall nachgewiesen werden und spezifisch berufsbezogen sein müsste. Die Nichtanerkennung von Elternzeiten, die ein Ruhen des Arbeitsverhältnisses zur Folge haben (vgl. Rz. 10.72), für Zeiten der Berufserfahrung ist insofern sachlich gerechtfertigt und stellt nicht per se eine Benachteiligung i.S.d. § 5 Nr. 4 EltUrl-RV dar.[162]

10.71 In einer Nichtberücksichtigung von Elternzeiten zur Berechnung von Berufserfahrungszeiten liegt indes in den Fällen dennoch eine Benachteiligung, in denen **andere Freistellungszeiten**, wie z.B. Krankheitszeiträume, zumindest in einem gewissen Umfang bei der Berechnung Berücksichtigung finden, Elternzeiten hingegen nicht.[163] Denn während einer krankheitsbedingten Arbeitsabwesenheit erfolgt ebenfalls kein Zugewinn an Berufserfahrung. Wenn diese Zeiten in einem bestimmten Höchstumfang dennoch in die Berechnung der Dauer der Berufserfahrung einfließen, erscheint es nicht sachgerecht, Elternzeiten hiervon grundsätzlich auszunehmen. Dabei kann es keine Rolle spielen, dass Krankheitszeiten zwar bis zu einer bestimmten Höchstdauer berücksichtigt werden, Arbeitnehmer jedoch statistisch nicht in diesem, sondern in einem geringeren Umfang krankheitsbedingt arbeitsabwesend sind. Ebensowenig ist es relevant, dass Krankheitszeiten typischerweise kürzer sind als Elternzeiten. Denn die Regelung entfaltet schon

---

158 BVerfG v. 8.6.2016 – 1 BvR 3634/13, ArbRB 2016, 227 = NZA 2016, 939 Rz. 19 ff., 25.
159 BAG v. 12.4.2016 – 6 AZR 731/13, NZA 2016, 833 Rz. 31; BAG v. 27.1.2011 – 6 AZR 526/09, ArbRB 2011, 133 = NZA 2011, 1361 Rz. 34, 37.
160 OVG Lüneburg v. 14.9.2016 – 8 LC 160/15, NdsVBl. 2017, 77 (80 ff.).
161 Vgl. zur ähnl. Funktion einer Probezeit EuGH v. 7.9.2017 – C-174/16 – H, NZA 2017, 1383 Rz. 58 ff. Zu den verschiedenen Zwecken der Anknüpfung an die Dauer der Betriebszugehörigkeit s. i.Ü. die Differenzierung bei *Natzel*, SAE 2009, 11 (12 f.).
162 Vgl. BAG v. 21.5.2008 – 5 AZR 187/07, ArbRB 2008, 263 = NZA 2008, 955 Rz. 25, 28 noch zu Art. 141 EGV und zur EltUrl-RL 1996/34/EG.
163 OVG Lüneburg v. 14.9.2016 – 8 LC 160/15, NdsVBl. 2017, 77 (81 f.), für die Auswahlentscheidung zur Bestellung eines bevollmächtigten Bezirksschornsteinfegers nach § 9a Abs. 3 SchfHwG (zuvor § 9 Abs. 4 SchfHwG a.F.). A.A. BAG v. 27.1.2011 – 6 AZR 526/09, ArbRB 2011, 133 = NZA 2011, 1361 Rz. 80.

deshalb diskriminierende Wirkung, weil längere Krankheitszeiten grundsätzlich als anrechenbar angesehen werden, Elternzeiten in demselben Umfang hingegen nicht.¹⁶⁴

Anders als andere unionsrechtliche Rechtsgrundlagen (z.B. Art. 2 Abs. 1 Buchst. b Geschl-RL, § 4 Nr. 1 des Anhangs zu RL 97/81/EG oder § 4 Nr. 1 Befr-RV), sieht § 5 Nr. 4 EltUrl-RV keine **Rechtfertigungsmöglichkeit** einer Ungleichbehandlung vor. Dennoch ist die unterschiedliche Behandlung von Arbeitnehmern, die Elternurlaub in Anspruch nehmen, und anderen Arbeitnehmern nicht per se eine Benachteiligung i.S.d. EltUrl-RV. Der EuGH hat in zwei Fällen entschieden, Arbeitnehmer, die Elternurlaub in Anspruch nehmen, befänden sich in einer speziellen Situation, die nicht mit der ihrer arbeitenden Kollegen vergleichbar sei.¹⁶⁵ Daher kann eine unterschiedliche Behandlung zulässig sein, wenn sie auf dem unterschiedlichen Status von Arbeitnehmern im aktiven Arbeitsverhältnis und solchen im Elternurlaub beruht. Der EuGH hat dadurch, ohne hierauf ausdrücklich hinzuweisen, unterschiedliche Behandlungen für möglich gehalten, wenn hierfür ein sachlicher Grund besteht.¹⁶⁶

10.72

Die EltUrl-RL enthält selbst keine Regelungen zur **Beweislastverteilung** im Fall einer Ungleichbehandlung. Die Geschl-RL bestimmt aber in ihrem Art. 19 Abs. 4 Buchst. a, dass die in ihr getroffenen Regelungen zur Beweislast (Art. 19 Abs. 1–3) auch für die RL 96/34/EG gelten. Diese Regelung ist nunmehr auch auf die EltUrl-RL 2010/18/EU anzuwenden.

10.73

11. Vorgaben zum Kündigungsschutz

§ 5 Nr. 4 EltUrl-RV enthält neben einem allgemeinen Benachteiligungsverbot eine Regelung zum **Schutz vor Kündigungen.** Diese verpflichtet die Mitgliedstaaten oder Sozialpartner dazu, die erforderlichen Maßnahmen zu treffen, um Arbeitnehmer vor Kündigungen zu schützen, die aufgrund der Beantragung oder Inanspruchnahme von Elternurlaub erfolgen. Kündigungen aus anderen Gründen bleiben hiervon unberührt.¹⁶⁷ Da der EuGH den Schutz vor Kündigungen, die im Zusammenhang mit dem Elternurlaub stehen, als Ausdruck eines sozialen Grundrechts der Union versteht, darf das Kündigungsverbot nicht eng ausgelegt werden.¹⁶⁸

10.74

Das von der EltUrl-RV vorgesehene Schutzniveau wird auf nationaler Ebene jedenfalls durch ein grundsätzliches Kündigungsverbot der betroffenen Arbeitnehmer erreicht. Der EuGH hat ferner eine nationale Regelung als mit § 5 Nr. 4 ErtUrl-RV vereinbar angesehen, nach der das Arbeitsverhältnis durch den Arbeitgeber ohne Grund einseitig beendet werden kann, er in dem Fall aber eine pauschale **Schutzentschädigung** zahlen muss.¹⁶⁹ Die Höhe der Entschädigung müsse allerdings an die Arbeitsumstände, d.h. insbesondere den Verdienst des Arbeitsnehmers vor dem Elternurlaub, anknüpfen.¹⁷⁰ Dies bedeutet insbesondere, dass sie sich nicht an einer aufgrund des Elternurlaubs reduzierten wöchentlichen Arbeitszeit und einem entsprechend niedrigeren Arbeitsentgelt orientieren darf. Andernfalls wäre das finanzielle Risiko des Arbeitgebers, das mit einer

10.75

---

164 A.A. BAG v. 27.1.2011 – 6 AZR 526/09, ArbRB 2011, 133 = NZA 2011, 1361 Rz. 77 ff.
165 EuGH v. 16.7.2009 – C-537/07 – Gómez-Limón, Slg. 2009, I-6525 Rz. 57; v. 21.10.1999 – C-333/97 – Lewen, Slg. 1999, I-7243 Rz. 37.
166 Vgl. Schlachter/Heinig/*Kiesow*, § 17 Rz. 36.
167 S. EuGH v. 20.6.2013 – C-7/12 – Riežniece, EAS Teil C RL 96/34/EG § 2 Nr. 3 Rz. 35; EAS/*Klein-Jahns*, B 5100 Rz. 70; *Riesenhuber*, European Employment Law, S. 518; Schlachter/Heinig/*Kiesow*, § 17 Rz. 39; *Thüsing/Stiebert*, ZESAR 2014, 231 (234).
168 EuGH v. 27.2.2014 – C-588/12 – Lyreco Belgium, NZA 2014, 359 Rz. 36.
169 EuGH v. 27.2.2014 – C-588/12 – Lyreco Belgium, NZA 2014, 359 Rz. 37. *Kiesow*, ZESAR 2014, 342 (349) misst der Abfindungshöhe dabei besondere Bedeutung zu.
170 EuGH v. 27.2.2014 – C-588/12 – Lyreco Belgium, NZA 2014, 359 Rz. 42, 45, der sich insofern anstelle von § 2 Nr. 4 EltUrl-RV 1995 (entspr. § 5 Nr. 4 EltUrl-RV) auf § 2 Nr. 6, 7 EltUrl-RV 1995 (entspr. § 5 Nr. 2, 3 EltUrl-RV) stützt. S. auch EuGH v. 22.10.2009 – C-116/08 – Meerts, Slg. 2009, I-10063 Rz. 49 ff.

Beendigung des Arbeitsverhältnisses verbunden ist, derart gering, dass die Zahlung der Abfindung kein effektives Hindernis für den Ausspruch einer Kündigung sei. Die Regelung stellte in dem Fall keine den Anforderungen des § 5 Nr. 4 EltUrl-RV genügende Maßnahme dar.[171]

10.76 Die Maßnahmen, die zum Schutz der betroffenen Eltern vor Kündigungen geschaffen werden, müssen für alle Arbeitnehmer i.S.d. RL **für die Dauer des Elternurlaubs** gelten.[172] Es kommt nicht darauf an, ob der Elternurlaub zu einer vollständigen Freistellung von der Arbeitsleistung oder der Reduzierung der wöchentlichen Arbeitszeit führt.[173] Nachdem der EuGH für die Rechte aus § 5 Nr. 1, 2 EltUrl-RV angenommen hat, sie gelten auch für im Wege einer überschießenden Richtlinienumsetzung über die Mindestdauer hinaus geschaffene längere Elternurlaubszeiträume (vgl. Rz. 10.37, 10.53), ist davon auszugehen, dass dies auch für den Schutz vor Kündigungen gilt. Denn der Gerichtshof sieht die praktische Wirksamkeit der EltUrl-RV sowie der sie in Kraft setzenden Richtlinie gefährdet, wenn die darin gewährleisteten Rechte nicht für nach nationalem Recht geschaffene längere Elternurlaubszeiträume gelten, da Eltern dadurch davon abgehalten werden könnten, Elternurlaub in Anspruch zu nehmen.[174] Diese Argumentation ist auf den Kündigungsschutz übertragbar.

10.77 § 18 BEEG enthält ein **generelles Kündigungsverbot** für die Zeit ab der Beantragung der Elternzeit bis zu deren Ende. Der Schutz beginnt allerdings frühestens acht oder 14 Wochen vor dem Beginn der Elternzeit (§ 18 Abs. 1 Satz 2 Ziffer 1, 2 BEEG). Durch das absolute Kündigungsverbot geht das nationale Recht über die Vorgaben hinaus, die die EltUrl-RV macht. Denn § 5 Nr. 4 EltUrl-RV verpflichtet ausschließlich dazu, Maßnahmen zum Schutz vor Kündigungen wegen der Beantragung oder Inanspruchnahme der Elternzeit vorzusehen. Das KSchG gewährt bereits einen Schutz gegen derartige Kündigungen, da Kündigungen, die allein aus diesem Grund erfolgen, nicht i.S.d. § 1 Abs. 2 KSchG sozial gerechtfertigt sein können. Im Übrigen, d.h. insbesondere auch in den Fällen, in denen kein Kündigungsschutz nach dem KSchG besteht, werden Kündigungen, die wegen der Inanspruchnahme der Elternzeit oder ihrer Beantragung erfolgen, regelmäßig gegen § 612a BGB verstoßen und aus diesem Grund nach § 134 BGB unwirksam sein.[175] Durch diesen allgemeinen Schutz ist zudem gewährleistet, dass Arbeitnehmer, die die Elternzeit vor dem in § 18 Abs. 1 Satz 2 BEEG bestimmten Zeitpunkt beantragen, auch im Sinne der EltUrl-RV hinreichend vor Kündigungen wegen der Beantragung der Elternzeit geschützt sind.[176]

10.78 Kündigungen sind während der Elternzeit nach § 18 Abs. 1 Satz 4 BEEG in **besonderen Fällen** unter den weiteren Voraussetzungen des § 18 Abs. 1 Satz 5, 6 BEEG ausnahmsweise zulässig. Das BVerwG nimmt einen besonderen Fall an, wenn außergewöhnliche Umstände es rechtfertigen, die vom Gesetz grundsätzlich als vorrangig angesehenen Interessen des Elternzeit in Anspruch nehmenden Arbeitnehmers hinter die Interessen des Arbeitgebers an der Auflösung des Arbeitsverhältnisses zurücktreten zu lassen.[177] Darunter fallen insbesondere Betriebsstilllegungen. Diese Ausnahme steht mit der EltUrl-RV im Einklang, da sie Kündigungen lediglich in

---

171 EuGH v. 27.2.2014 – C-588/12 – Lyreco Belgium, NZA 2014, 359 Rz. 38 (noch zu § 2 Nr. 4 der Vorgänger-RV).
172 Maßnahmen, die während des Elternurlaubs eine Kündigung vorbereiten, um diese nach dem Elternurlaub auszusprechen, können ebenfalls gegen § 5 Nr. 4 EltUrl-RV verstoßen. Vgl. hierzu die parallele Rspr. des EuGH zur MuSch-RL und zur Geschl-RL: EuGH v. 11.10.2007 – C-460/06 – Paquay, Slg. 2007, I-8511 Rz. 26 ff.
173 S. EuGH v. 27.2.2014 – C-588/12 – Lyreco Belgium, NZA 2014, 359 Rz. 38.
174 EuGH v. 7.9.2017 – C-174/16 – H, NZA 2017, 1381 Rz. 41. Aus der Lit. befürwortend EAS/*Klein-Jahns*, B 5100 Rz. 71; Schlachter/Heinig/*Kiesow*, § 17 Rz. 40.
175 LAG Niedersachsen v. 12.9.2005 – 5 Sa 396/05, NZA-RR 2006, 346 (348); *Graue*, SGb 2016, 421 (424); Wiegand/*Wiegand*, Bundeselterngeld- und Elternzeitgesetz, Loseblatt, § 18 Rz. 13.
176 Keinen hinreichenden Schutz sieht dagegen *Klenter*, AiB 2013, 217 (218).
177 BVerwG v. 30.9.2009 – 5 C 32/08, NJW 2010, 2074 Rz. 15 m.w.N.

Ausnahmefällen zulässt, in denen der Arbeitgeber den Arbeitnehmer nicht mehr beschäftigen kann. Durch das Erfordernis der Zustimmung der obersten Landesbehörde ist zudem eine hinreichende Kontrolle über die Einhaltung der strengen Voraussetzungen des Ausnahmetatbestandes sichergestellt.

IV. Fernbleiben von der Arbeit aus Gründen höherer Gewalt

Die EltUrl-RV berücksichtigt, dass die elterliche Verantwortung nicht nur darin besteht, Kinder zu beaufsichtigen, zu pflegen und zu versorgen. Vielmehr können aus verschiedenen Gründen unvorhersehbare Situationen auftreten, die die Anwesenheit der Eltern erfordern, auch wenn ihre Kinder grundsätzlich in Betreuungseinrichtungen untergebracht sind. § 7 Nr. 1 EltUrl-RV erfasst Ereignisse, die durch **Erkrankungen oder Unfälle** eines Kindes hervorgerufen werden. Eltern sollen in diesen Fällen, weil ihre Anwesenheit unmittelbar erforderlich ist, die Möglichkeit haben, der Arbeit vorübergehend fern zu bleiben. § 7 Nr. 1 EltUrl-RV ist hinsichtlich der Gründe, die die Anwesenheit erfordern, und hinsichtlich der von der Notsituation betroffenen Personen grundsätzlich abschließend. Andere familiäre Notsituationen oder gar Familienfeiern sind hiervon ebenso wenig erfasst[178] wie Krankheitsfälle **anderer Verwandter**.[179] Ausnahmsweise kann etwas anderes gelten, wenn eine Person aus der Verwandtschaft während der Arbeitszeit der Eltern das Kind betreut und selbst erkrankt. Wenn berufstätige Eltern in dem Fall kurzfristig nach Hause müssen, um selbst die Betreuung zu übernehmen, entspricht es dem Schutzzweck der EltUrl-RV, diese Fälle durch § 7 Nr. 1 zu erfassen.[180]

10.79

Anspruchsberechtigte i.S.v. § 7 Nr. 1 EltUrl-RV sind neben Eltern auch andere Personen, wenn diese die Sorge für das Kind übernommen haben. Davon sind in der Regel Großeltern erfasst. Der Wortsinn des § 7 Nr. 1 EltUrl-RV ist einer weiten Auslegung insoweit zugänglich, da er nicht von Eltern, sondern von „Arbeitnehmern" spricht.[181] Zwar gilt insofern ebenfalls, dass Sinn und Zweck der EltUrl-RV und der sie umsetzenden Richtlinie die Vereinbarkeit von Familie und Beruf für Eltern sein soll (vgl. Rz. 10.1, ErwGr. 8 EltUrl-RL). Wenn diese allerdings nicht selbst die Sorge für ihr Kind übernehmen, sind die Personen, die diese stattdessen übernommen haben, in gleicher Weise schutzbedürftig wie die Eltern selbst.

10.80

Die Mitgliedstaaten regeln die Einzelheiten hinsichtlich des Fernbleiberechts. Sie können dabei unter anderem eine Höchstgrenze hinsichtlich der Dauer des Fernbleibens pro Jahr oder pro auftretendem Fall vorsehen. Die EltUrl-RV verpflichtet die Mitgliedstaaten ferner nicht dazu, ein bezahltes Fernbleiben zu ermöglichen.

10.81

Ein kurzfristiges Fernbleiben von der Arbeit wird im nationalen Recht durch unterschiedliche Regelungen ermöglicht. Die §§ 275 Abs. 3, 616 Abs. 1 BGB sowie § 45 SGB V ermöglichen Arbeitnehmern ein Fernbleiben – regelmäßig sogar unter Fortzahlung des Arbeitsentgelts.[182] Das Beamtenrecht gewährt gemäß § 21 Abs. 1 Nr. 4 SUrlV und durch ergänzende landesrechtliche Regelungen vergleichbare Rechte.

10.82

---

178 EAS/*Klein-Jahns*, B 5100 Rz. 88; EuArbR/*Risak*, § 7 Anh. RL 2010/18/EU Rz. 2; *Riesenhuber*, European Employment Law, S. 519.
179 S. dazu ausführlich *Kamanabrou/Wietfeld* in Ales/Bell/Deinert/Robin-Olivier, International and European Labour Law, RL 2010/18/EU Rz. 63.
180 EuArbR/*Risak*, § 7 Anh. RL 2010/18/EU Rz. 2; *Riesenhuber*, European Employment Law, S. 519.
181 EuArbR/*Risak*, § 7 Anh. RL 2010/18/EU Rz. 2; *Riesenhuber*, European Employment Law, S. 519; Schlachter/*Houwerzijl*, EU Labour Law, S. 514.
182 Dazu *Brose*, NZA 2011, 719 ff. Zur Anwendbarkeit des § 275 Abs. 3 BGB in diesen Fällen i.Ü. BeckOK ArbR/*Joussen*, 49. Ed., § 611a BGB Rz. 412 f.; ErfK/*Preis*, § 611a BGB Rz. 686. Zum Verhältnis der §§ 275 Abs. 3, 616 Abs. 1 BGB, 45 SGB V auch: MünchKommBGB/*Henssler*, 7. Aufl. 2016, § 616 Rz. 24, 29a.

§ 11
Beschäftigtendatenschutz

Das Kapitel beruht teilweise auf vorherigen Veröffentlichungen beider Autoren, insb. der Kommentierungen zu Art. 1, 5 und 88 DSGVO in Gola, DSGVO, 2. Aufl. 2018; der Dissertation „Datenschutz für „Beschäftigte" – Grund und Grenzen bereichsspezifischer Regelung", 2016 sowie zahlreichen Beiträgen in Fachzeitschriften.

I. Entwicklung, Rechtsquellen und Schutzziele 11.1
1. Die duale Schutzrichtung des EU-Datenschutzes 11.4
2. Einschlägige Grundrechte und Rechtsquellen 11.13
3. Vollharmonisierung des Datenschutzrechts 11.21

II. Grundbegriffe des Datenschutzrechts 11.22

III. Strukturprinzipien und Grundsätze des Datenschutzrechts 11.35
1. Rechtmäßigkeit 11.36
   a) „Verbot mit Erlaubnisvorbehalt" . 11.36
   b) Erlaubnistatbestände im Beschäftigungskontext 11.37
2. Verarbeitung nach Treu und Glauben 11.52
3. Transparenz 11.55
4. Zweckbindung 11.57
5. Datenminimierung 11.64
6. Richtigkeit 11.66
7. Speicherbegrenzung 11.68
8. Vertraulichkeit und Integrität 11.71
9. Rechenschaftspflicht 11.73

IV. Die Einwilligung im Beschäftigungskontext 11.77

V. Die Öffnungsklausel des Art. 88 DSGVO 11.86
1. Möglichkeiten sektorspezifischer Regelungen 11.86
2. Anwendungsbereich und Reichweite der Öffnungsklausel (Abs. 1) ... 11.95
   a) Sachlicher Anwendungsbereich („Beschäftigungskontext") .. 11.95
   b) Personeller Anwendungsbereich („Beschäftigte") 11.97
   c) Handlungsformen („Rechtsvorschriften oder Kollektivvereinbarungen") 11.103
3. Materielle Anforderungen an nationale Regelungen (Abs. 2) 11.106
4. Meldepflicht (Abs. 3) 11.111

Schrifttum:

Monografien, Kommentare, Handbücher: *Ehmann/Selmayr*, Datenschutz-Grundverordnung, 1. Aufl. 2017 (zit.: Ehmann/Selmayr/*Bearbeiter*); *Forgó/Helfrich/Schneider*, Betrieblicher Datenschutz, 2. Aufl. 2017 (zit.: Forgó/Helfrich/Schneider/*Bearbeiter*); *Gola*, Datenschutz-Grundverordnung (DS-GVO), 2. Aufl. 2018 (zit: Gola/*Bearbeiter*); *Kühling/Buchner*, Datenschutz-Grundverordnung Bundesdatenschutzgesetz – Kommentar, 2. Aufl. 2018 (zit.: Kühling/Buchner/*Bearbeiter*); *Paal/Pauly*, Datenschutz-Grundverordnung, Bundesdatenschutzgesetz, 2. Aufl. 2018 (zit.: Paal/Pauly/*Bearbeiter*); *Schantz/Wolff*, Das neue Datenschutzrecht, 2017; *Simitis*, Bundesdatenschutzgesetz, 8. Aufl. 2014 (zit.: Simits/*Bearbeiter*); *Sydow*, Europäische Datenschutzgrundverordnung, 2. Aufl. 2018 (zit.: Sydow/*Bearbeiter*); *Thüsing*, Beschäftigtendatenschutz und Compliance, 2. Aufl. 2014; *Wolff/Brink*, Beck'scher Online-Kommentar Datenschutzrecht, 24. Edition (zit.: BeckOK DatenSR/*Bearbeiter*); *Wybitul*, EU-Datenschutz-Grundverordnung im Unternehmen: Praxisleitfaden, 2016; *Wybitul*, EU-Datenschutz-Grundverordnung: Handbuch, 1. Aufl. 2017 (zit.: Wybitul/*Bearbeiter*).

Aufsätze, Anmerkungen: *Albrecht*, Das neue EU-Datenschutzrecht – von der Richtlinie zur Verordnung, *Albrecht*, CR 2016, 88; *Benkert*, Neuer Anlauf des Gesetzgebers beim Beschäftigtendatenschutz, NJW 2017, 242; *Brink/Schwab*, Beschäftigtendatenschutz: Zwischen wirtschaftlicher Abhängigkeit und informationeller Selbstbestimmung, RDV 2017, 170; *Byers*, Die Zulässigkeit heimlicher Mitarbeiterkontrollen nach dem neuen Datenschutzrecht, NZA 2017, 1086; *Däubler*, Informationsbedarf vs. Persönlichkeitsschutz – was muss, was darf der Arbeitgeber wissen?, NZA 2017, 1481; *Düwell/Brink*, Beschäftigtendatenschutz nach der Umsetzung der Datenschutz-Grundverordnung: Viele Änderungen und wenig Neues, NZA 2017, 1081; *Düwell/Brink*, Die EU-Datenschutz-Grundverordnung und der Beschäftigtendatenschutz, NZA 2016, 665; *Fladung*, Datenschutz-Grundverordnung – neue Compliance-Risiken im Beschäftigtendatenschutz, CB 2015, 364; *Franck*, Altverhältnisse unter DS-GVO und neuem BDSG, ZD 2017, 509; *Gola/Pötters/Thüsing*, Art. 82 DSGVO: Öffnungsklausel für nationale Regelungen zum Beschäftigtendatenschutz – Warum der deutsche Gesetzgeber jetzt handeln muss, RDV 2016, 57; *Härting/Schneider*, Das Dilemma der Netzpolitik, ZRP 2011, 233; *Haußmann/Brauneisen*, Bestehende IT-Betriebsvereinbarungen – welchen Renovierungsbedarf bringt das neue Datenschutzrecht?, BB 2017, 3065; *Klösel/Mahnhold*, Die Zukunft der datenschutzrechtlichen Betriebsvereinbarung, NZA 2017, 1428; *Körner*, Die Datenschutz-Grundverordnung und nationale Regelungsmöglichkeiten für Beschäftigtendatenschutz, NZA 2016, 1385; *Kort*, Arbeitnehmerdatenschutz gemäß der EU-Datenschutz-Grundverordnung, DB 2016, 711; *Kort*, Der Beschäftigungsdatenschutz gem. § 26 BDSG-neu, ZD 2017, 319; *Kort*, Die Zukunft des deutschen Beschäftigtendatenschutzes, ZD 2016, 555; *Kort*, Eignungsdiagnose von Bewerbern unter der Datenschutz-Grundverordnung (DS-GVO), NZA-Beilage 2016, 62; *Kühling/Martini*, Die Datenschutz-Grundverordnung: Revolution oder Evolution im europäischen und deutschen Datenschutzrecht?, EuZW 2016, 448; *Kutzki*, Die EU-Datenschutzgrundverordnung (DSGVO) und Auswirkungen auf den öffentlichen Dienst, öAT 2016, 115; *Lepperhoff*, Dokumentationspflichten in der DSGVO, RDV 2016, 197; *Rolf/Siewert*, Überlegungen zu den Rechtsgrundlagen des künftigen Beschäftigtendatenschutzes, RDV 2017, 236; *Rose/Taeger*, Zum Stand des deutschen und europäischen Beschäftigtendatenschutzes, BB 2016, 819; *Schantz*, Die Datenschutz-Grundverordnung – Beginn einer neuen Zeitrechnung im Datenschutzrecht, NJW 2016, 1841; *Thüsing/Forst/Schmidt*, Das Schriftformerfordernis der Einwilligung nach § 4a BDSG im Pendelblick zu Art. 7 DS-GVO, RDV 2017, 116; *Thüsing/Schmidt*, Zulässige Pauschalierung bei der Rechtfertigung präventiver Überwachungsmaßnahmen des Arbeitgebers, NZA 2017, 1027; *Traut*, Maßgeschneiderte Lösungen durch Kollektivvereinbarungen? Möglichkeiten und Risiken des Art. 88 Abs. 1 DSGVO, RDV 2016, 312; *Wurzberger*, Anforderungen an Betriebsvereinbarungen nach der DSGVO, ZD 2017, 258; *Wybitul*, Der neue Beschäftigtendatenschutz nach § 26 BDSG und Art. 88 DSGVO, NZA 2017, 413; *Wybitul*, Betriebsvereinbarungen im Spannungsverhältnis von arbeitgeberseitigem Informationsbedarf und Persönlichkeitsschutz des Arbeitnehmers, NZA 2017, 1488; *Wybitul*, Was ändert sich mit dem neuen EU-Datenschutzrecht für Arbeitgeber und Betriebsräte? – Anpassungsbedarf bei Beschäftigtendatenschutz und Betriebsvereinbarungen, ZD 2016, 203.

I. Entwicklung, Rechtsquellen und Schutzziele

11.1 Seit dem 25.5.2018 ist die Datenschutz-Grundverordnung (DSGVO) anwendbar und damit unmittelbar geltendes Recht. Der europäische Verordnungsgeber hat darauf verzichtet, eigenständige Regelungen für Beschäftigungsverhältnisse zu schaffen. Dies mag der Sorge um Friktionen mit nationalen Eigenheiten im Arbeitsrecht geschuldet sein. Um Verwerfungen zu vermeiden, wurde nicht nur auf eigene Sondervorschriften wie etwa bisher in § 32 BDSG a.F. auf europäischer Ebene verzichtet, sondern mit Art. 88 DSGVO eine Öffnungsklausel für mitgliedstaatliche Regelungen implementiert. Nur soweit demnach die Mitgliedstaaten im Rahmen von Art. 88 DSGVO nationale Regelungen schaffen – wie Deutschland insbesondere mit § 26 BDSG n.F. – gibt es ein „echtes" Beschäftigtendatenschutzrecht. Im Übrigen finden die allgemeinen Vorschriften Anwendung, freilich unter Berücksichtigung der Eigenarten des Vertragsverhältnisses.

11.2 Seitdem das Datenschutzrecht als eigenständiger Regelungsbereich anerkannt ist, wird über die Notwendigkeit besonderer Regelungen für Beschäftigungsverhältnisse diskutiert – auf nationaler als auch auf europäischer Ebene. Die erste konkrete Ausbuchstabierung eines bereichsspezifischen Beschäftigtendatenschutzes erfolgte im Jahr 1989 mit der Empfehlung des Europarates zur Regelung eines bereichsspezifischen Arbeitnehmerdatenschutzes.[1] Bereits Ende der 1980er Jahre wurden der Grundsatz der Erforderlichkeit[2] sowie der Zweckbindung als auch die Datensicherheit als wesentliche Punkte erkannt. Ähnlich lesen sich die von der Internationalen Arbeitsorganisation (ILO)

---

1 R 1989, 2.8., abrufbar unter http://www.coe.int/t/dg3/healthbioethic/texts_and_documents/Rec%2889% 292E.pdf.

2 4.2.: „*Personal data collected by employers for employment purposes should be relevant and not excessive, bearing in mind the type of employment as well as the evolving information needs of the employer.*"

im Jahr 1997 festgelegten Verhaltensregeln zum Schutz von Arbeitnehmerdaten[3], die sich direkt an Arbeitgeber und Arbeitnehmer wenden.

Die Europäische Kommission leitete 2001 das zweistufige Konsultationsverfahren nach Art. 154 Abs. 2 und 3 AEUV (ex Art. 138 Abs. 2 und 3 EGV) ein, um die Notwendigkeit einer spezifischen Regelung des Arbeitnehmerdatenschutzes auf EU-Ebene zu erörtern.[4] Nach einer Analyse der vorhandenen gemeinschaftsrechtlichen, internationalen und nationalen Normierungen eines spezifischen Arbeitnehmerdatenschutzes sah die Kommission Handlungsbedarf bei Einwilligungen in Datenverarbeitungen, der Erhebung von Gesundheitsdaten, der Durchführung von Drogen- und Gentests sowie der Nutzung von Videoüberwachung.[5] Eine Umsetzung in eine eigene Arbeitnehmerdatenschutzrichtlinie erfolgte letztlich hingegen nicht. Auf nationaler Ebene begnügte man sich mit einer „Merkposten"[6]-Regelung in § 32 BDSG a.F., die einige Leitlinien der höchstrichterlichen Rechtsprechung kodifizierte. Diese Vorschrift wurde nun in den neuen § 26 BDSG überführt, womit der deutsche Gesetzgeber von den durch die DSGVO eröffneten Gestaltungsspielräumen (s. Rz. 11.60) für nationale Regelungen Gebrauch macht.

11.3

1. Die duale Schutzrichtung des EU-Datenschutzes

Jan Philipp Albrecht, der Verhandlungsführer des Europäischen Parlaments im Rahmen des Reformprozesses war, bezeichnet die DSGVO als „die erste EU-Verordnung, die nicht nur technische Standards oder Marktregeln aufstellt, sondern darüber hinaus auch ein **Grundrecht und dessen Durchsetzung** ausführlich **regelt**."[7] Dies wird gleich zu Beginn der DSGVO in Erwägungsgrund 1 deutlich und auch der eigentliche Verordnungstext weist prominent in Art. 1 Abs. 1, 2 DSGVO auf den Schutz natürlicher Personen bei der Verarbeitung personenbezogener Daten bzw. den Schutz der Grundrechte und Grundfreiheiten natürlicher Personen als Telos des EU-Datenschutzrechts hin. Die DSGVO konkretisiert somit den durch das europäische Primärrecht (insbesondere Art. 8 GRC) geforderten Grundrechtsschutz (vgl. Rz. 3.38 ff.).

11.4

Art. 1 Abs. 2 DSGVO enthält mit der Festlegung des Gesetzeszwecks zugleich eine Art **Legaldefinition des Begriffs „Datenschutz"**. Dieser ist inzwischen zu einem festen Bestandteil der Rechtssprache geworden, obwohl er nach wie vor missverständlich ist; denn Datenschutz erschöpft sich gerade **nicht** im **Schutz von Daten**. Gegenstand des Schutzes ist **vielmehr** der einzelne **Betroffene**. Datenschutz ist also – in erster Linie[8] – Persönlichkeitsschutz und kein zweites Sachenrecht oder Urheberrecht.[9]

11.5

Anders als das bisherige deutsche Datenschutzrecht, das mit dem Schutz des Persönlichkeitsrechts lediglich ein gesetzgeberisches Ziel ausgab (§ 1 Abs. 1 BDSG a.F.), verfolgt das EU-Datenschutzrecht seit jeher zwei Anliegen: **Art. 1 DS-RL** gab in Abs. 1 den „**Schutz der Grundrechte** und Grundfreiheiten und insbesondere den Schutz der Privatsphäre natürlicher Personen bei der Verarbeitung personenbezogener Daten" als Telos aus, in Abs. 2 wurde sodann das Ziel eines „**freien Verkehrs personenbezogener Daten** zwischen Mitgliedstaaten" genannt. Dieser zweite Gesichtspunkt kommt schon in der Kompetenzgrundlage, auf der die DS-RL geschaffen wurde, zum Aus-

11.6

---

3 Abrufbar unter http://www.ilo.org/wcmsp5/groups/public/-ed_protect/-protrav/-safework/documents/normativeinstrument/wcms_107797.pdf.
4 Zur damaligen Situation s. *Fleck*, BB 2003, 306.
5 Mitteilung v. 27.8.2011, abrufbar unter: http://ec.europa.eu/social/main.jsp?catId=708&langId=de.
6 BeckOK DatenSR/*Riesenhuber*, § 32 BDSG Rz. 2.
7 *Albrecht*, CR 2016, 88.
8 Aufschlussreiche, aber teilweise zu weitgehende Überlegungen zu einem „Dateneigentum" bei *Hoeren*, MMR 2013, 486; vgl. ferner *Spindler*, GRUR-Beil. 2014, 101 (103).
9 *Thüsing*, Beschäftigtendatenschutz und Compliance, § 1 Rz. 1; vgl. auch *Masing*, NJW 2012, 2305 (2307): „Daten sind nicht unveräußerbare Artikel des Selbst, deren Nutzung leihweise an Dritte überlassen und dann nach Belieben wieder zurückgefordert werden kann: Niemand hat ein prinzipielles Recht, dass ein Kommunikationspartner auf Wunsch wieder vergisst, was ihm mitgeteilt wurde."

druck: Sie beruht auf Art. 100a EGV (jetzt: Art. 114 AEUV) und dient damit der **Rechtsangleichung im Binnenmarkt**. Nach Erwägungsgrund 8 DS-RL ist eine Harmonisierung der Datenschutzregime der Mitgliedstaaten „zur Beseitigung der Hemmnisse für den Verkehr personenbezogener Daten [...] unerlässlich."

11.7 Diese Regelungsanliegen greift die DSGVO in Art. 1 Abs. 1, Abs. 3 mit dem Grundsatz des freien Datenverkehrs auf. Dieser stellt einen Unterfall des Grundsatzes des **freien Binnenmarktverkehrs** dar.[10] Der freie Binnenmarkt kommt seinerseits in erster Linie in den **Grundfreiheiten** zum Ausdruck (s. Art. 26 Abs. 2 AEUV). Telos der DSGVO ist es demgemäß, das Funktionieren des Binnenmarktes zu sichern, indem ein einheitliches datenschutzrechtliches Schutzniveau innerhalb des EWR gewährleistet wird.[11] So sollen Hemmnisse für den freien Verkehr von Daten innerhalb des EU-Binnenmarkts/EWR, die aus unterschiedlich hohen datenschutzrechtlichen Anforderungen der nationalen Rechtsordnungen resultieren, abgebaut werden (vgl. Erwägungsgrund 9, 10). Die Grundfreiheiten und das in ihnen zum Ausdruck kommende Prinzip des freien Binnenmarktes erfüllen dabei eine doppelte Rolle: Zum einen ist die Integration des europäischen Binnenmarktes ein Allgemeininteresse, zum anderen aber sind die Grundfreiheiten zuvorderst Individualrechte, die im Rahmen der Abwägung zugunsten des für die Datenverarbeitung Verantwortlichen in die Waagschale zu werfen sind.

11.8 Das **Prinzip des freien Verkehrs personenbezogener Daten** stellt nicht selbst eine eigenständige Grundfreiheit dar, sondern es ist vielmehr eine Art Hilfsgrundsatz, ein Katalysator, der die unbeeinträchtigte Ausübung der Grundfreiheiten gewährleistet. Der Grundsatz des freien Datenverkehrs kann also nur **in Verbindung mit einer einzelnen Grundfreiheit** geltend gemacht werden. Ihm kommt dabei erst auf der **Ebene der Rechtfertigung** eine zentrale Rolle zu: Immer dann, wenn jemand die Verletzung einer Grundfreiheit geltend macht, begrenzt der Grundsatz des freien Verkehrs personenbezogener Daten nach **Abs. 3** die Rechtfertigungsmöglichkeiten für die Grundfreiheitsbeschränkung. Eine Beschränkung der Grundfreiheiten durch nationale Vorgaben zum Datenschutz kann somit nicht mit einem Hinweis auf kollidierendes Primärrecht (insbesondere Art. 8 GRC) begründet werden, wenn sich das nationale Recht außerhalb der harmonisierenden Rahmenvorgaben der DSGVO bewegt und einen weiter reichenden Schutz der Grundrechte gewährleistet.[12]

11.9 Mit dem **Vertrag von Lissabon** wurde das geschriebene Primärrecht um zwei ausdrücklich auf den Datenschutz bezogene Kompetenzgrundlagen erweitert: **Art. 16 AEUV** und **Art. 39 EUV** haben den Schutz natürlicher Personen bei der Verarbeitung personenbezogener Daten im Fokus, erwähnen aber beide auch den freien Verkehr personenbezogener Daten.

11.10 Mit ihrem **Vorschlag** für die **DSGVO** stützte sich die **Kommission**[13] ausdrücklich auf die neue Kompetenzgrundlage des Art. 16 Abs. 2 AEUV und zugleich auf Art. 114 AEUV. Schon dies macht deutlich, dass sie trotz der durch den Lissabon-Vertrag erfolgten Aufwertung des Datenschutzes zu einem geschriebenen Grundrecht (Art. 16 Abs. 1 AEUV und Art. 8 GRC) an der dualen Schutzrichtung festhält.[14] Im nun **finalen Rechtstext der DSGVO** wird lediglich Art. 16 AEUV als Kompetenzgrundlage genannt. Gleichwohl bedeutet dies nicht, dass die duale Schutzrichtung und das Ziel eines freien Verkehrs personenbezogener Daten aufgegeben wurden. Art. 1 DSGVO nennt

---

10 Vgl. hierzu Erwägungsgrund 5, 7, 13; ausf. *Pötters*, Grundrechte und Beschäftigtendatenschutz, 2013, S. 160 ff.
11 Vgl. Paal/Pauly/*Ernst*, Art. 1 DSGVO Rz. 14; Kühling/Buchner/*Buchner*, Art. 1 DSGVO Rz. 19; Wybitul/*Rauer/Ettig*, Art. 1 DSGVO Rz. 10.
12 Ehmann/Selmayr/*Zerdick*, Art. 1 DSGVO Rz. 12 f.; Beck OK DatenSR/*Schantz*, Art. 1 DSGVO Rz. 9.
13 Vorschlag für eine Verordnung des Europäischen Parlaments und des Rates zum Schutz natürlicher Personen bei der Verarbeitung personenbezogener Daten und zum freien Datenverkehr (DSGVO), KOM (2012) 11 endg.
14 BeckOK DatenSR/*Schantz*, Art. 1 DSGVO Rz. 2; Ehmann/Selmayr/*Zerdick*, Art. 1 DSGVO Rz. 2; a.A. Sydow/*Sydow*, Art. 1 DSGVO Rz. 10 ff., der eine Abkehr vom Konzept des Privatsphärenschutzes fürchtet.

weiterhin den Grundrechtsschutz und den freien Datenverkehr in einem Atemzug.[15] Zahlreiche Erwägungsgründe verdeutlichen, dass die DSGVO in Kontinuität zur bisherigen Rechtsentwicklung steht. So bekräftigt etwa Erwägungsgrund 9, dass die Ziele und Grundsätze der DS-RL nach wie vor Gültigkeit besitzen.

Während anfangs also noch die Gewährleistung des freien Verkehrs personenbezogener Daten (rechtspolitisch) im Vordergrund stand, ist es nun der Grundrechtsschutz. Die beiden Ziele des EU-Datenschutzes sind jedoch seit jeher **gleichrangig**.[16] Beide wurzeln im **Primärrecht**.

11.11

In jüngeren Entscheidungen stellte der **EuGH** zwar das Ziel des Grundrechtsschutzes tendenziell in den Vordergrund. Bestimmungen der DS-RL zum Schutz der Grundrechte, insbesondere des Rechts auf Privatleben, müssten aufgrund des mit der Richtlinie verfolgten gesetzgeberischen Zwecks grundsätzlich weit ausgelegt werden.[17] Dies bedeutet jedoch nicht, dass die DSGVO den freien Verkehr personenbezogener Daten aus dem Blick verloren hätte. In den **Erwägungsgründen** wird mehrfach daran erinnert, dass Unterschiede im Schutzniveau der nationalen Rechtsordnungen nicht nur die Grundrechte der betroffenen Personen gefährden, sondern auch ein Hemmnis für die unionsweite Ausübung von Wirtschaftstätigkeiten darstellen (vgl. etwa Erwägungsgründe 9, 10, 13).

11.12

2. Einschlägige Grundrechte und Rechtsquellen

Die Grundrechte sind bereits seit rund 40 Jahren als sog. **allgemeine Rechtsgrundsätze** des Gemeinschaftsrechts (jetzt: Unionsrechts) anerkannt und damit ungeschriebener Bestandteil des Primärrechts.[18]

11.13

Als einen solchen allgemeinen Rechtsgrundsatz hat der EuGH schon früh ein **Recht auf Privatsphäre** anerkannt.[19] Besondere Bedeutung bei der Interpretation hat dabei **Art. 8 EMRK**[20] und die dazu ergangene Rechtsprechung des EGMR.[21] Daneben hat der EuGH sich bereits vor Inkrafttreten des Lissabon-Vertrages auf Art. 8 GRC gestützt.[22]

11.14

Die GRC rückt in der aktuellen Rechtsprechung immer stärker in den Vordergrund und auch die Erwägungsgründe der DSGVO erwähnen – anders als noch die DS-RL – nicht mehr Art. 8 EMRK, sondern **Art. 8 GRC**. Die in der GRC aufgeführten Grundrechte und die Verträge sind gem. Art. 6 Abs. 1 Halbs. 2 EUV „rechtlich gleichrangig", sie sind also seit Lissabon Teil des EU-Primärrechts. Neben Art. 8 GRC, der ausdrücklich ein **Grundrecht auf Schutz personenbezogener Daten** normiert, ist auch **Art. 7 GRC** für den Persönlichkeitsschutz relevant.[23] Hiernach hat jede Person ein Recht auf **Achtung ihres Privat- und Familienlebens**, die Vorschrift entspricht somit Art. 8

11.15

---

15 S. hierzu Wybitul/*Rauer*/*Ettig*, Art. 1 DSGVO Rz. 4.
16 S. bereits GA *Colomer*, Schlussanträge v. 22.12.2008 – C-553/07 – College van burgemeester en wethouders van Rotterdam, Slg. 2009, I-3889 – Rz. 20.
17 EuGH v. 1.10.2015 – C-230/14 – Weltimmo, EuZW 2015, 912 Rz. 25; v. 13.5.2014 – C-131/12 – Google Spain, EuZW 2014, 541 Rz. 53, 66.
18 Ausf. Rz. 3.1 ff.; s. grdlg. EuGH v. 17.12.1970 – 11/70 – Internationale Handelsgesellschaft, Slg. 1970, 1125; v. 12.11.1969 – 29/69 – Stauder, Slg. 1969, 419.
19 Vgl. zur Entwicklung der Fallpraxis GA *Colomer*, Schlussanträge v. 22.12.2008 – C-553/07 – College van burgemeester en wethouders van Rotterdam, Slg. 2009, I-3889.
20 S. etwa EuGH v. 20.5.2003 – C-465/00 u.a. – Österreichischer Rundfunk, Slg. 2003, I-4989; v. 7.5.2009 – C-553/07 – College van burgemeester en wethouders van Rotterdam, Slg. 2009, I-3889.
21 Häufig vom EuGH zitierte Entscheidungen des EGMR sind etwa die Urteile Nr. 27798/95, ECHR 2000-II – Amann/Schweiz sowie Nr. 28341/95, EGMR 2000-V – Rotaru/Rumänien.
22 S. etwa EuGH v. 29.1.2008 – C-275/06 – Promusicae, Slg. 2008, I-271 Rz. 64; v. 20.5.2003 – C-465/00 u.a. – Österreichischer Rundfunk, Slg. 2003, I-4989 Rz. 70 ff.; vgl. auch GAin *Kokott*, Schlussanträge v. 18.7.2007 – C-275/06 – Promusicae, Slg. 2008, I-271 Rz. 51 ff.
23 Paal/Pauly/*Ernst*, Art. 1 DSGVO Rz. 6; vgl. hinsichtlich des Verhältnisses von Art. 7 GRC zu Art. 8 GRC Sydow/*Sydow*, Art. 1 DSGVO Rz. 13 ff.

EMRK.[24] Trotz der speziellen Regelung des Datenschutzgrundrechts in Art. 8 GRC können die bislang auf Grundlage des Art. 8 EMRK entwickelten Leitlinien weiter Geltung beanspruchen.[25] Allerdings sind insbesondere im Hinblick auf Grundrechtsbeeinträchtigungen die speziellen Schrankenregelungen des Art. 8 Abs. 2 GRC zu beachten.[26]

11.16 Neben diesen geschriebenen Rechtsquellen dominiert in der Judikatur des EuGH zum Datenschutzrecht der Verweis auf eigene Leitentscheidungen, insbesondere die Leiturteile Österreichischer Rundfunk[27] und Lindqvist[28] werden häufig zitiert. Daneben wird sowohl auf die GRC als auch die EMRK hingewiesen. Diese Fallpraxis zeigt, dass der EuGH weiterhin vor allem die Kontinuität seiner Rechtsprechung suggerieren will und daher auch in Zukunft wohl einen *case-law-Ansatz* verfolgen und Urteile mindestens ebenso häufig wie positives Recht zitieren wird.

11.17 **Sekundäres Datenschutzrecht** ist hierbei nach st. Rspr. des EuGH **im Lichte der Grundrechte und Grundfreiheiten** zu interpretieren.[29] Aufgrund der weiterhin bestehenden dualen Schutzrichtung der DSGVO führt auch eine teleologische Auslegung der DSGVO zur maßgeblichen Berücksichtigung der entsprechenden primärrechtlichen Vorgaben. Die Grundverordnung dient also der Konkretisierung von Primärrecht (ausf. Rz. 3.38 ff.; Rz. 1.163 f.), ähnlich wie der EuGH dies in seiner Entscheidung in der Rechtssache *Kücükdeveci* zum Diskriminierungsrecht entwickelt hat.[30]

11.18 Auf das **Datenschutzrecht** ist die **Kücükdeveci-Rechtsprechung übertragbar.** Eine Konkretisierung des Grundrechts auf Schutz personenbezogener Daten (Art. 8 GRC) kann danach zunächst auf Schutzbereichsebene vorgenommen werden, indem die Legaldefinition des Art. 4 DSGVO zum Begriff des personenbezogenen Datums herangezogen wird.[31] Auch das Vorliegen eines Eingriffs kann mithilfe der DSGVO und des Begriffs der Datenverarbeitung bestimmt werden.[32] Auf der Ebene der **Rechtfertigung** kann die DSGVO ebenfalls fruchtbar gemacht werden. Zunächst kann die qualifizierte **Schrankenregelung** des **Art. 8 Abs. 2 GRC** mit Hilfe von Art. 5, 6, 9 DSGVO spezifiziert werden.[33] Weiterhin lässt sich die Differenzierung zwischen besonderen und sonstigen Datenkategorien nach Art. 9 DSGVO sowie der u.a. in Art. 24 Abs. 1 Satz 1 DSGVO zum Ausdruck kommende risikobasierte Ansatz in die allgemeine Grundrechtsdogmatik übersetzen: Die nach Sensitivität der Daten, Art und Umfang der Verarbeitung etc. differenzierende Systematik der DSGVO spiegelt die jeweils unterschiedlich hohe Eingriffsintensität.

11.19 Ein Rekurs auf die Maßstäbe der DSGVO verbietet sich hingegen bei der Bestimmung des **personalen Anwendungsbereichs** des Datenschutzgrundrechts. In der Rechtssache *Schecke* entschied der EuGH zu Recht, dass sich sowohl natürliche Personen als auch juristische Personen auf das

---

24 Vgl. die Erläuterungen zur Charta der Grundrechte, ABl. 2007 C 303/20, Erläuterung zu Art. 7: „Die Rechte nach Art. 7 entsprechen den Rechten, die durch Art. 8 EMRK garantiert sind."
25 Art. 52 Abs. 3 Satz 1, 52 Abs. 4, 53 GRC; vgl. ferner die Erläuterungen zu Art. 8 GRC, ABl. 2007 C 303/20, wonach sich Art. 8 GRC auf Art. 8 EMRK „stützt".
26 Kühling/Buchner/*Buchner*, Art. 1 DSGVO Rz. 11.
27 EuGH v. 20.5.2003 – C-465/00 u.a. – Österreichischer Rundfunk, Slg. 2003, I-4989.
28 EuGH v. 6.11.2003 – C-101/01 – Lindqvist, Slg. 2003, I-12971.
29 EuGH v. 6.11.2003 – C-101/01 – Lindqvist, Slg. 2003, I-12971, Rz. 87; v. 20.5.2003 – C-465/00 u.a. – Österreichischer Rundfunk, Slg. 2003, I-4989 Rz. 68 ff.; v. 29.1.2008 – C-275/06 – Promusicae, Slg. 2008, I-271 Rz. 57 ff., 68 (in Bezug auf RL 2002/58/EG); v. 13.5.2014 – C-131/12 – Google Spain, EuZW 2014, 541 – Rz. 53, 66; EuGH v. 1.10.2015 – C-230/14 – Weltimmo, EuZW 2015, 912 Rz. 25.
30 EuGH v. 19.1.2012 – C-555/07 – Kücükdeveci, Slg. 2010, I-365 Rz. 28 ff.
31 Vgl. GA *Colomer*, Schlussanträge v. 22.12.2008 – C-553/07 – College van burgemeester en wethouders van Rotterdam, Slg. 2009, I-3889 Rz. 8; vgl. ferner EuGH v. 9.11.2010 – C-92, 93/09 – Volker und Markus Schecke GbR, EuZW 2010, 939.
32 S. auch *Kingreen* in Calliess/Ruffert, EUV/AEUV, Art. 8 GRC Rz. 12; *Johlen* in Tettinger/Stern, Art. 8 GRC Rz. 34 ff.
33 Vgl. zur DS-RL und zu Art. 8 EMRK GA in *Kokott*, Schlussanträge v. 18.7.2007 – C-275/06 – Promusicae, Slg. 2008, I-271 – Rz. 53.

Grundrecht auf Datenschutz berufen können[34] – dies ist ein weitergehender Schutzbereich als der personale Anwendungsbereich der DSGVO.

Nationales Datenschutzrecht ist seinerseits **unionsrechtskonform** auszugestalten; die mitgliedstaatlichen Gerichte haben sich so weit wie möglich an den Vorgaben des Unionsrechts zu orientieren. Zu Zeiten der DS-RL war dieser Gesichtspunkt besonders wichtig,[35] denn die Vorgaben des EU-Datenschutzes kamen durch nationale Umsetzungsakte praktisch zur Geltung. Da allerdings auch unter der DSGVO aufgrund der zahlreichen Öffnungsklauseln erhebliche Spielräume für nationale Regelungen verbleiben, ist die primär- und sekundärrechtskonforme Auslegung des nationalen Rechts weiterhin von Bedeutung.

11.20

3. Vollharmonisierung des Datenschutzrechts

Aus der dualen Schutzrichtung des EU-Datenschutzrechts folgt, dass durch den europäischen Gesetzgeber eine Vollharmonisierung angestrebt wird und **nationale Unterschiede als Hemmnisse** für einen digitalen Binnenmarkt grundsätzlich durch die unionsrechtlichen Vorgaben eingeebnet werden. So hat der EuGH schon zum bisherigen Recht in ständiger Rechtsprechung vertreten, dass die DS-RL eine „**grundsätzliche umfassende Harmonisierung**" der nationalen Rechtsordnungen anstrebt.[36] Zur Begründung verweist er auf die **Regelungsziele** der Richtlinie. Diese bilden zugleich **Unter- und Obergrenze** des Datenschutzrechts.[37] Wer den materiellen Schutzstandard der DSGVO unterschreitet, verletzt regelmäßig das Grundrecht auf Schutz personenbezogener Daten (Art. 8 GRC), während Vorschriften des nationalen Rechts, die über den EU-Standard hinausgehen, den freien Verkehr personenbezogener Daten und mithin den Binnenmarkt und die Grundfreiheiten beeinträchtigen. Da die DSGVO der Konkretisierung dieses Primärrechts dient, läge zugleich ein Verstoß gegen europäisches Sekundarrecht vor. Aufgrund des Charakters als – freilich mit zahlreichen Öffnungsklauseln[38] versehener – Verordnung ist der Spielraum im Vergleich zur zuvor geltenden DS-RL deutlich enger. Während der EuGH die DS-RL als „grundsätzlich vollharmonisierendes" Instrument auslegen musste, ergibt sich dies nunmehr bereits aus der Natur des Regelungsinstruments der Verordnung.

11.21

II. Grundbegriffe des Datenschutzrechts

Das Europäische Datenschutzrecht ist geprägt von einigen Grundbegriffen, die den wesentlichen Regelungen – sowohl in der DSGVO als auch im nationalen BDSG – zugrunde liegen. Diese sind in einem Allgemeinen Teil in Art. 4 DSGVO vor die Klammer gezogen. Der Verordnungsgeber war hierbei nicht sparsam und definierte gleich 26 Begriffe.

11.22

Systematisch überzeugend wird zu allererst der Begriff der „**personenbezogenen Daten**" in Art. 4 Nr. 1 DSGVO definiert. Dieser ist – neben der Verarbeitung dieser Daten – prägend für das Datenschutzrecht. Personenbezogene Daten sind demnach alle Informationen, die sich auf eine identifizierte oder identifizierbare natürliche Person beziehen.

11.23

In der betrieblichen Praxis sind typische Beispiele personenbezogener Daten die sog. „**Stammdaten**" des Beschäftigten wie Name, Adresse, Berufsausbildung usw.[39] Daneben enthalten i.d.R.

11.24

---

34 EuGH v. 9.11.2010 – C-92, 93/09 – Volker und Markus Schecke GbR, EuZW 2010, 939 Rz. 53.
35 EuGH v. 6.11.2003 – C-101/01 – Lindqvist, Slg. 2003, I-12971 Rz. 87.
36 Grdlg. EuGH v. 6.11.2003 – C-101/01 – Lindqvist, Slg. 2003, I-12971 Rz. 96; ferner v. 16.12.2008 – C-524/06 – Huber, Slg. 2008, I-9705 Rz. 51; v. 24.11.2011 – C-468/10 und 469/10 – ASNEF, NZA 2011, 1409.
37 Vgl. bereits *Pötters*, Grundrechte und Beschäftigtendatenschutz, 2013, S. 239.
38 Übersicht bei Gola/*Gola*, Einl. Rz. 47.
39 Simitis/*Seifert*, § 32 BDSG Rz. 61.

die Arbeitszeiterfassung, die Kommunikation via EMail sowie die Personalakte eine Reihe verschiedener personenbezogener Daten. Daneben spielen besondere Kategorien personenbezogener Daten i.S.d. Art. 9 DSGVO im Arbeitsverhältnis eine hervorgehobene Rolle, da Arbeitgeber häufig bereits aufgrund gesetzlicher Verpflichtungen sensible Daten erheben müssen (etwa bei einer Schwerbehinderung wegen § 81 SGB IX).[40] Aufgrund ihrer besonderen Sensibilität gelten für diese Daten die besonderen Verarbeitungsvoraussetzungen des Art. 9 DSGVO i.V.m. § 26 Abs. 3 BDSG.

11.25 Die Anwendbarkeit des Datenschutzrechts bestimmt daneben der in Art. 4 Nr. 2 DSGVO definierte Begriff der **Verarbeitung**. Hierunter versteht der Verordnungsgeber jeden mit oder ohne Hilfe automatisierter Verfahren ausgeführten Vorgang. Diese Definition wird im Folgenden exemplifiziert: Danach ist Verarbeitung etwa das Erheben, die Speicherung, das Auslesen und das Abfragen, die Übermittlung und Verbreitung sowie das Löschen personenbezogener Daten. Allerdings limitiert die DSGVO ihren grundsätzlich sehr weiten **sachlichen Anwendungsbereich** nach Art. 2 Abs. 1 DSGVO auf die ganz oder teilweise automatisierte Verarbeitung personenbezogener Daten sowie für die nichtautomatisierte Verarbeitung personenbezogener Daten, die in einem Dateisystem gespeichert sind oder gespeichert werden sollen. Nur dort, wo bei manuellem Umgang im nicht-öffentlichen Bereich keine Datei vorliegt, ist die DSGVO grundsätzlich unanwendbar.

11.26 Etwas anderes gilt freilich im deutschen Beschäftigtendatenschutz: Nach § 26 Abs. 7 BDSG sind die Abs. 1–6 des § 26 BDSG auch anzuwenden, wenn personenbezogene Daten, einschließlich besonderer Kategorien personenbezogener Daten, von Beschäftigten verarbeitet werden, ohne dass sie in einem Dateisystem gespeichert sind oder gespeichert werden sollen. Dies löst die Voraussetzung automatisierter oder zumindest strukturierter Verarbeitung auf, so dass grundsätzlich auch **rein tatsächliche Handlungen** und hiermit verbundene Datenerfassungen durch den Arbeitgeber den Regelungen des Datenschutzes unterworfen sind. Technisch nimmt § 26 Abs. 7 BDSG auf zuvor aufgezählte Erlaubnistatbestände Bezug – ohne dass überhaupt der sachliche Anwendungsbereich ausdrücklich eröffnet wäre. Dem Wortlaut zufolge liegt daher ein Erlaubnistatbestand ohne logisch vorausgesetztes Verbot vor.[41] Daher ist § 26 Abs. 6 BDSG so auszulegen, dass eine Erweiterung des sachlichen Anwendungsbereiches erfolgt und grundsätzlich alle Datenerhebungen im Beschäftigungskontext erfasst sind.[42] Dies betrifft insbesondere stichprobenartige Torkontrollen, die trotz ihrer mangelnden automatisierten oder strukturierten Verarbeitung (etwa in einer manuell geführten Akte), dem Datenschutzrecht unterfallen.[43] Gleiches gilt für Spindkontrollen durch den Arbeitgeber[44] oder Befragungen eines Beschäftigten.[45]

11.27 Im Grundsatz ist damit weitergehend als nach der DSGVO jede Form der Beschaffung und Verarbeitung von Informationen über Beschäftigte rechtfertigungsbedürftig und an § 26 BDSG zu messen. Es stellt sich die Frage, ob diese massive Erweiterung für Fälle **eingegrenzt** werden kann, in denen der Verantwortliche quasi versehentlich oder gezwungenermaßen Informationen wahrnimmt. Ein Beispiel wäre, dass ein Arbeitgeber im Rahmen einer Stellenausschreibung „aussagekräftige" Bewerbungsunterlagen anfordert und daraufhin ein Bewerber Informationen mitteilt, die der Arbeitgeber mangels Erforderlichkeit nicht hätte erfragen dürfen. Für solche und ähnliche Situationen, bei denen **Informationen** dem Verantwortlichen **„aufgedrängt"** werden, wird man richtigerweise bereits eine relevante Verarbeitung i.S.v. Art. 4 Nr. 2 DSGVO ablehnen können. Die in der gesetzlichen Definition aufgezählten Unterfälle für eine Verarbeitung machen deutlich, dass der Verantwortliche in irgendeiner Form aktiv werden muss. Jedenfalls stellt

---

40 Umfassend *Burger*, Der Schutz gesundheitsbezogener Beschäftigtendaten, 2013, passim.
41 So noch zur Vorgängervorschrift des § 32 BDSG *Riesenhuber*, NZA 2014, 753.
42 ErfK/*Franzen*, 15. Aufl. 2015, § 32 BDSG Rz. 2; *Riesenhuber*, NZA 2012, 771, 774; wohl auch BAG v. 16.11.2010 – 9 AZR 573/09, BAGE 136, 156 = ArbRB 2011, 101; s. ausführlich *Schmidt*, Datenschutz für „Beschäftigte", S. 53.
43 *Gola*, BB 2017, 1462 (1472).
44 BAG v. 20.6.2013 – 2 AZR 546/12, ArbRB 2014, 70 = NZA 2014, 143.
45 BAG v. 12.2.2015 – 6 AZR 845/13, ArbRB 2015, 164 = NZA 2015, 741 (747).

somit eine aufgedrängte Information keine Erhebung bzw. Verarbeitung personenbezogener Daten dar.

Wer **„Verantwortlicher"** für eine Datenverarbeitung ist, richtet sich nach der Legaldefinition in Art. 4 Nr. 7 DSGVO. Demnach ist „Verantwortlicher" die natürliche oder juristische Person, Behörde, Einrichtung oder andere Stelle, die allein oder gemeinsam mit anderen über die Zwecke und Mittel der Verarbeitung von personenbezogenen Daten entscheidet. Im Beschäftigungskontext ist dies regelmäßig der Arbeitgeber selbst. 11.28

Unklar ist hingegen, ob nur die jeweilige juristische Person Verantwortlicher ist oder ob daneben selbstständig agierende Einrichtungen oder **Stellen innerhalb der juristischen Person** ebenfalls Verantwortliche sind.[46] Die Wendung „juristische Person, Behörde *oder* andere Stelle" spricht eher für die Deutung, dass bei einer juristischen Person ausschließlich diese verantwortlich ist. Die Begriffe „Einrichtung" und „Stelle" sind andererseits offen und können z.B. nicht nur auf den öffentlich-rechtlichen Bereich beschränkt werden.[47] Mit Blick auf den Begriff der Niederlassung sowie die in Art. 82 DSGVO angedrohten Sanktionen ist im Ergebnis (nur) jede juristische Person Verantwortlicher[48], das **Datenschutzrecht** ist sozusagen **gesellschaftsrechtsakzessorisch**. Selbstständig agierende Stellen innerhalb einer juristischen Person wie z.B. arbeitsrechtliche Betriebe, Abteilungen, etc. sind also als Teil des Verantwortlichen Adressat des Datenschutzrechts, auch wenn sie selbst über Zwecke und Mittel der Datenverarbeitung entscheiden. Inwiefern dies auch für den **Betriebsrat** gilt, ist offen. Nach bisherigem Recht ging das BAG in ständiger Rechtsprechung davon aus, dass der Betriebsrat – ähnlich wie andere Abteilungen oder Stellen innerhalb eines Unternehmens – nicht selbst Verantwortlicher ist, aber als Teil der verantwortlichen Stelle zur Einhaltung des Datenschutzrechts verpflichtet ist.[49] Er muss also die Rechtmäßigkeit der Verarbeitung personenbezogener Daten durch Betriebsratsmitglieder gewährleisten. Vieles spricht dafür, dass sich hieran **unter Geltung der DSGVO und dem neuen BDSG** im Ergebnis kaum etwas ändert.[50] Die datenschutzrechtliche Verantwortlichkeit knüpft an den Rechtsträger an. 11.29

Datenschutz ist Persönlichkeitsschutz. Im Mittelpunkt steht daher der von der Datenverarbeitung **Betroffene**. In der Praxis ist häufig nicht die Rechtmäßigkeit einer Verarbeitung für sich genommen schwierig zu beurteilen, sondern die Rechtsdurchsetzung durch den Betroffenen. Auf diesen Missstand reagiert die DSGVO, indem die Rechte der Betroffenen im Vergleich zur Vorgänger-Richtlinie sowie den nationalen Regelungen stark ausgebaut werden. Die verschiedenen sog. „Betroffenenrechte" finden sich in den Art. 12 ff. DSGVO und sollen vor allem die **Transparenz der Verarbeitung** verbessern. 11.30

Die **Betroffenenrechte** spielen auch in Beschäftigungsverhältnissen eine wichtige Rolle. Zunächst sind Beschäftigte entsprechend Art. 13 DSGVO über die Datenverarbeitungen im Beschäftigungskontext durch den Arbeitgeber zu informieren. Hierzu gehört insbesondere eine Darstellung der verschiedenen Verarbeitungszwecke und Rechtsgrundlagen. Die weiteren Rechte wie das Recht auf Vergessen nach Art. 17 DSGVO oder das Widerspruchsrecht nach Art. 21 DSGVO sind entsprechend den allgemeinen Grundsätzen auch in Beschäftigungsverhältnissen anzuwenden. 11.31

---

46 Vgl. bereits *Pötters/Gola*, RDV 2017, 279.
47 Vgl. auch die englische und französische Fassung: „agency or other body"; „le service ou un autre organisme".
48 *Schantz* in Schantz/Wolff, Das neue Datenschutzrecht, Abschn. C., Rz. 359; vgl. auch BeckOK DatenSR/*Schild*, Art. 4 DSGVO Rz. 88.
49 BAG v. 14.1.2014 – 1 ABR 54/12, ArbRB 2014, 203 = NZA 2014, 738 (739); v. 7.2.2012 – 1 ABR 46/10, ArbRB 2012, 205 = NZA 2012, 744 (747); v. 12.8.2009 – 7 ABR 15/08, ArbRB 2009, 363 = NZA 2009, 1218 (1221).
50 S. bereits *Pötters/Gola*, RDV 2017, 279.

11.32 Eine wichtige **Ausnahme für Informationspflichten** im Beschäftigungsverhältnis enthält § 32 Abs. 1 Nr. 4 BDSG, wonach eine Information nach Art. 13 DSGVO nicht notwendig ist, sofern diese die Geltendmachung, Ausübung oder Verteidigung rechtlicher Ansprüche beeinträchtigen würde und die Interessen des Verantwortlichen an der Nichterteilung der Information die Interessen der betroffenen Person überwiegen. Dies dürfte insbesondere für Fälle der heimlichen Überwachung von Beschäftigten relevant sein, die naturgemäß ihren Zweck nur ohne Information des Betroffenen erfüllen können.

11.33 Die Bedeutung des neu geschaffenen Rechts auf **Datenübertragbarkeit** gem. Art. 20 DSGVO ist in Beschäftigungsverhältnissen schwierig abzuschätzen. Mit diesem Recht können Betroffene verlangen, dass ihre Daten auf ein anderes System übertragen werden, ohne dass der für die Verarbeitung Verantwortliche ihn daran hindern kann. Um die Ausübung dieses Rechts und um den Zugang natürlicher Personen zu ihren Daten weiter zu verbessern, ist vorgesehen, dass der für die Verarbeitung Verantwortliche diese Daten in einem strukturierten, gängigen elektronischen Format zur Verfügung stellen muss, wenn die Verarbeitung auf einer Einwilligung oder auf einem Vertrag beruht und mithilfe automatisierter Verfahren erfolgt. Hauptanwendungsfall, den der europäische Verordnungsgeber vor Augen hat, sind auf sozialen Netzwerken hinterlegte **Nutzerprofile**.

11.34 In Beschäftigungsverhältnissen könnten insbesondere **Bewerberprofile**, die Arbeitnehmer Stellenausschreibern zur Verfügung stellen (sog. Skill-Daten), aber auch Geräte, die sich auf den Nutzer einstellen wie beispielsweise ein computerbasiertes Diktiergerät, erfasst sein. So kann es für einen Beschäftigten durchaus sinnvoll sein, diese Datenbestände „mitzunehmen" und an einem anderen Arbeitsplatz einzusetzen. Der Wortlaut wurde offengehalten und kann zunächst jede Art eines Nutzerprofils, unabhängig vom ursprünglichen Erhebungszweck, umfassen. Dennoch sprechen praktische Erwägungen sowie Sinn und Zweck gegen die Übertragbarkeit des Konzepts auf den Beschäftigtendatenschutz: Die Übertragung in „einem strukturierten, gängigen elektronischen Format" wird man den großen Datenverarbeitern wie Google oder Facebook durchaus zutrauen dürfen, doch auch Arbeitgeber mit nur wenigen Arbeitnehmern und geringem Umsatz? Diese werden häufig nicht die finanziellen Ressourcen bzw. das Know-how haben, Profile von Beschäftigten in ein gängiges Format zu gießen. Ferner wurde der Anspruch auf Datenportabilität offenbar für Plattformen konzipiert, bei denen es zum sog. **lock-in-effect** (Einsperrungseffekt) kommen kann.[51] Dies ist der Fall, wenn der Wechsel des Vertragspartners aufgrund der hierdurch entstehen Kosten unattraktiv ist. Mit anderen Worten: Je einfacher die Übertragung eines Profils ist, desto eher wird ein Nutzer hiervon Gebrauch machen. In Beschäftigungsverhältnissen besteht die Gefahr des lock-in-effects jedoch nicht: Hier erleichtern Nutzerprofile lediglich die Arbeit, sind aber nicht Hauptzweck des Vertrags. Kaum ein Beschäftigter verzichtet auf einen ansonsten attraktiven Arbeitgeberwechsel, da er andernfalls einen persönlich eingestellten Arbeitsplatz oder die Bewerbungsunterlagen nicht mehr nutzen könnte.

III. Strukturprinzipien und Grundsätze des Datenschutzrechts

11.35 Das Europäische Datenschutzrecht lässt sich auf einige Grundprinzipien zurückführen, die primär im Grundrechtsschutz wurzeln, jedoch auch unter Berücksichtigung der zweiten Schutzrichtung – dem freien Verkehr personenbezogener Daten – anzuwenden sind.

Konkret fasst Art. 5 DSGVO die allgemeinen Grundsätze des EU-Datenschutzrechts übersichtsmäßig zusammen:

– Abs. 1 lit. a: Rechtmäßigkeit

– Abs. 1 lit. a: Verarbeitung nach Treu und Glauben

---

51 Ausführlich hierzu *Schmidt*, Datenschutz für „Beschäftigte", 2016, S. 322.

- Abs. 1 lit. a: Transparenz
- Abs. 1 lit. b: Zweckbindung
- Abs. 1 lit. c: Datenminimierung
- Abs. 1 lit. d: Richtigkeit
- Abs. 1 lit. e: Speicherbegrenzung
- Abs. 1 lit. f: Integrität und Vertraulichkeit
- Abs. 2: Rechenschaftspflicht/Dokumentation

1. Rechtmäßigkeit

a) „Verbot mit Erlaubnisvorbehalt"

Der in Art. 5 Abs. 1 lit. a DSGVO formulierte Grundsatz der Rechtmäßigkeit meint, dass **für jeden Datenverarbeitungsvorgang** eine **Rechtsgrundlage** erforderlich ist (vgl. Erwägungsgrund 40).[52] Im nationalen Recht wurde dieses Strukturprinzip des Datenschutzrechts bislang – ebenfalls terminologisch etwas unglücklich – als **Verbot mit Erlaubnisvorbehalt**[53] bezeichnet. Der Grundsatz der Rechtmäßigkeit kommt vor allem in den Generalklauseln der Art. 6, 9 DSGVO zum Ausdruck. Diese machen deutlich, dass eine Verarbeitung personenbezogener Daten grundsätzlich nur zulässig ist, wenn sie auf einen der dort abschließend aufgelisteten Erlaubnistatbestände gestützt werden kann. Eine Rechtsgrundlage kann sich ferner aus dem Recht der Mitgliedstaaten ergeben, wenn die DSGVO durch unterschiedliche Formen von Öffnungsklauseln hierauf ausdrücklich Bezug nimmt. Der Grundsatz der Rechtmäßigkeit gilt für alle Verantwortlichen, also auch für Personen des Privatrechts. Eine derartige Regelungstechnik ist indes eigentlich nur für das öffentliche Recht geläufig, denn hierin konkretisiert sich das verfassungsrechtliche Gebot vom Vorbehalt des Gesetzes.[54] Der Gesetzesvorbehalt gilt nur für Grundrechtseingriffe im Staat/Bürger-Verhältnis (vgl. Art. 1 Abs. 3 GG). Für privates Handeln eine „Ermächtigungsgrundlage" zu fordern, ist für das Zivilrecht absolut atypisch.[55] Im Zivilrecht besteht grundsätzlich Informationserhebungsfreiheit, im privaten Datenschutzrecht hingegen ein Informationserhebungsverbot.[56] In der Diskussion um die Reform des EU-Datenschutzrechts wurde daher immer wieder eine Abschaffung des Verbots mit Erlaubnisvorbehalts gefordert,[57] der EU-Gesetzgeber hat sich aber im Ergebnis nicht den Bedenken angeschlossen.

b) Erlaubnistatbestände im Beschäftigungskontext

Im **Beschäftigungskontext** sind die wichtigsten Rechtsgrundlagen neben den Generalklauseln der Art. 6, 9 DSGVO Regelungen des nationalen Rechts, die auf Grundlage der unterschiedlichen Öffnungsklauseln und Konkretisierungsvorbehalte der DSGVO, insb. Art. 88 DSGVO, geschaffen wurden. In Deutschland ist dies in erster Linie **§ 26 BDSG**. Aufgrund der Vielzahl der verschiedenen in Betracht kommenden Erlaubnistatbestände ist die Systematik und das Verhältnis zwi-

---

[52] *Herbst* unterscheidet zwischen dem – hier zugrunde gelegten – engen Verständnis, wonach es ausreichend ist, dass eine Einwilligung der betroffenen Person vorliegt oder eine Rechtsgrundlage existiert und dem weiten Verständnis, wonach alle zusätzlichen Anforderungen, die sich aus der DSGVO oder aus dem nach dieser Verordnung zulässigen nationalen Recht ergeben, dem Grundsatz der Rechtmäßigkeit unterfallen, vgl. Kühling/Buchner/*Herbst*, Art. 5 DSGVO Rz. 8 ff.; a.A. Paal/Pauly/*Frenzen*, Art. 5 DSGVO Rz. 14 ff.
[53] Krit. Simitis/*Scholz/Sokol*, § 4 BDSG Rz. 3.
[54] Vgl. Simitis/*Scholz/Sokol*, § 4 BDSG Rz. 3.
[55] Vgl. *Franzen*, RdA 2010, 257 (258); *Masing*, NJW 2012, 2305 (2306).
[56] Vgl. *Riesenhuber*, NZA 2012, 771 (773).
[57] *Bull*, Netzpolitik: Freiheit und Rechtsschutz im Internet, 2013, S. 136; *Härting/Schneider*, ZRP 2011, 233; a.A. *Spindler*, Gutachten F zum 69. DJT, 2012, S. 134.

schen europäischen und nationalen Regelungen von großer Bedeutung. Insoweit ist eine zweischritte Prüfung vorzunehmen: In einem ersten Schritt ist der Erlaubnistatbestand anhand der Zwecksetzung der Verarbeitung zu kristallisieren, im zweiten Schritt sind dann die Voraussetzungen des einschlägigen Tatbestands zu prüfen (i.d.R. „datenschutzrechtliche Erforderlichkeit").

11.38 Die komplexe **Systematik** der unterschiedlichen Erlaubnistatbestände auf unionsrechtlicher und nationaler Ebene führt bei Datenverarbeitungen im Beschäftigungskontext teilweise zu **Abgrenzungsproblemen**. Für Datenverarbeitungen in Vertragsverhältnissen kommen auf europäischer Ebene grundsätzlich die verschiedenen Erlaubnistatbestände des Art. 6 Abs. 1 DSGVO, aber auch, sofern besondere Kategorien personenbezogener Daten verarbeitet werden, Art. 9 DSGVO in Betracht. Verkompliziert wird die Situation durch die auf Grundlage von Art. 88 DSGVO erfolgte Fortführung des nationalen Beschäftigtendatenschutzes in § 26 BDSG.

11.39 Aus der Vogelperspektive startend ist zunächst festzuhalten, dass § 26 Abs. 1 BDSG die Regelung des Art. 6 Abs. 1 lit. b DSGVO dahingehend **konkretisiert**, was im Beschäftigungsverhältnis unter „Erfüllung eines Vertrags, dessen Vertragspartei die betroffene Person ist, oder zur Durchführung vorvertraglicher Maßnahmen" zu verstehen ist. Der Gesetzgeber hat die Vorgängerregelung des § 32 Abs. 1 Satz 1 BDSG a.F. fortgeführt und als Zweck die Entscheidung über die Begründung eines Beschäftigungsverhältnisses, nach Begründung des Beschäftigungsverhältnisses für dessen Durchführung oder dessen Beendigung aufgenommen. Unabhängig vom Wortlaut bleibt damit maßgeblich, wie der Zweck der Verarbeitung bestimmt wird.

11.40 Die Feststellung der Verarbeitung „**zu Zwecken des Beschäftigungsverhältnisses**" ist die Weggabelung zwischen den Erlaubnistatbeständen: Auf nationaler Ebene sind aufgrund der Grenzen der Öffnungsklausel des Art. 88 DSGVO allein Konkretisierungen im Hinblick auf Verarbeitungen im Rahmen des Beschäftigungsverhältnisses erfolgt. Die Vorgaben des Auffangtatbestandes des Art. 6 Abs. 1 lit. f DSGVO wurden – und konnten (!) – hingegen nicht in einer nationalen Vorschrift verändert werden. Da der Rückgriff auf die allgemeine Abwägungsklausel ausgeschlossen ist, sofern der Anwendungsbereich eines konkreten Erlaubnistatbestands eröffnet ist, ist die Frage der Bestimmung des Zweckes einer Verarbeitung von entscheidender Bedeutung. Liegt keine Verarbeitung zu diesen Zwecken vor, kommt ein Rückgriff auf Art. 6 Abs. 1 lit. f DSGVO in Betracht. Zutreffender Ansicht zufolge dient eine Datenverarbeitung dann Beschäftigungszwecken, soweit **Pflichten aus dem Beschäftigungsverhältnis** betroffen sind, d.h. sowohl Haupt- als auch Nebenpflichten.[58] Sofern daneben auch beschäftigungsfremde Zwecke verfolgt werden, kommen die allgemeinen Erlaubnistatbestände zur Rechtfertigung in Frage. Mangels Beschäftigungsbezug ist bspw. Art. 6 Abs. 1 lit. b DSGVO der einschlägige Erlaubnistatbestand bei Datenverarbeitungen im Rahmen des Kaufs eines Pkw durch einen Beschäftigten von seinem Arbeitgeber, nicht hingegen § 26 Abs. 1 Satz 1 BDSG.

11.41 Die Abgrenzung der unterschiedlichen Rechtsgrundlagen innerhalb des § 32 Abs. 1 BDSG a.F. war lange Zeit offen. Dieser sah – ebenso wie heute § 26 Abs. 1 BDSG – einen „allgemeinen" Erlaubnistatbestand in Satz 1 vor sowie mit Satz 2 eine spezielle Regelung für Fälle der Verarbeitung zum Zweck der Aufdeckung von Straftaten. Fraglich war insbesondere, ob – und wenn ja, nach welchem Erlaubnistatbestand – Nachforschungen des Arbeitgebers zu rechtfertigen sind, die nicht auf dem Verdacht einer durch den betroffenen Arbeitnehmer mutmaßlich begangenen Straftat beruhen, sondern (lediglich) schwere vertragliche Pflichtverletzungen betreffen. § 32 Abs. 1 Satz 2 BDSG a.F. wurde teilweise im Sinne einer **Sperrwirkung** ausgelegt, wonach repressive Ermittlungen durch den Arbeitgeber nur zulässig wären, soweit dieser wegen eines Straftatverdachts tätig wird.[59]

---

58 ErfK/*Franzen*, 15. Aufl. 2015, § 32 BDSG Rz. 4; *Gola/Jaspers*, RDV 2009, 212, 214; *Franzen*, RdA 2010, 254, 260; wohl auch Simitis/*Seifert*, § 32 BDSG Rz. 17 („im Zusammenhang mit [...] Beschäftigungsverhältnis").
59 LAG Baden-Württemberg v. 20.7.2016 – 4 Sa 61/15; *Brink*, juris-PR-ArbR 36/2016 Anm. 2.

Das BAG lichtete den Nebel zuletzt dahingehend, dass § 32 Abs. 1 Satz 2 BDSG a.F. keine Sperrwirkung gegenüber § 32 Abs. 1 Satz 1 BDSG a.F. entfaltet, wenn der Arbeitgeber keine konkreten Anhaltspunkte für eine im Beschäftigungsverhältnis begangene Straftat hat, sondern wegen des Verdachts anderer schwerwiegender, im Beschäftigungsverhältnis begangener Pflichtverletzungen personenbezogene Daten verarbeitet. Eine Sperrwirkung des § 32 Abs. 1 Satz 2 BDSG a.F. gegenüber der Erlaubnisnorm in Satz 1 in Fällen des bloßen Verdachts schwerwiegender Pflichtverletzungen lasse sich weder aus dem Wortlaut des § 32 Abs. 1 BDSG a.F., noch seiner Genese, Systematik oder seinem Sinn und Zweck ableiten. Insbesondere wäre eine solche Auslegung auch **europarechtswidrig:** Nach der grundlegenden Entscheidung des EuGH zur vollharmonisierenden Wirkung der Richtlinie in der Rechtssache *ASNEF*[60] dürfen Erlaubnistatbestände der DSRL 95/46/EG nicht ausgeschlossen werden. Dies gilt heute für § 26 Abs. 1 BDSG im Lichte der DSGVO und dem begrenzten Umfang der Öffnungsklausel des Art. 88 DSGVO erst recht. Wenn für bestimmte legitime Zwecke wie die Verfolgung schwerer vertraglicher Pflichtverletzungen von vornherein eine Datenverarbeitung unzulässig wäre, blieben die berechtigten Interessen des datenverarbeitenden Arbeitgebers für diesen Bereich vollständig unbeachtet. Daher kann innerhalb der nationalen Vorschriften keine Sperrwirkung dahingehend bestehen, dass für bestimmte Verarbeitungen von vornherein keine Erlaubnistatbestände zur Verfügung stehen.

11.42

Sowohl bei den nationalen als auch den unmittelbar in der DSGVO genannten – generalklauselartig formulierten – Erlaubnistatbeständen sind die Grundfreiheiten und Grundrechte im Rahmen der regelmäßig vorzunehmenden Abwägung zwischen den Interessen des Verantwortlichen und des Betroffenen zu berücksichtigen. Die Erlaubnistatbestände der Art. 6 und 9 DSGVO enthalten überwiegend den unbestimmten Rechtsbegriff der **Erforderlichkeit**. Bei der Konkretisierung dieses Merkmals kommt der primärrechtskonformen Auslegung besondere Bedeutung zu,[61] denn bei der erforderlichen Interessenabwägung sind insbesondere auch die Grundrechte und Grundfreiheiten zu berücksichtigen. Da die Rechtfertigungstatbestände des Datenschutzrechts nicht nur für staatliche Stellen gelten, sondern Private als Verantwortliche ebenso binden, kann von einer gesetzlich angeordneten unmittelbaren **Drittwirkung** gesprochen werden (ausf. zur Drittwirkung Rz. 3.29 ff.).

11.43

Maßgeblich ist auch im Rahmen von § 26 Abs. 1 Satz 1 BDSG die **Erforderlichkeit** der Datenverarbeitung. Nach § 26 Abs. 1 Satz 1 BDSG dürfen personenbezogene Daten von Beschäftigten für Zwecke des Beschäftigungsverhältnisses verarbeitet werden, wenn dies für die Entscheidung über die Begründung eines Beschäftigungsverhältnisses oder nach Begründung des Beschäftigungsverhältnisses für dessen Durchführung oder Beendigung **erforderlich** ist. Im Vergleich zu § 32 Abs. 1 Satz 1 BDSG a.F. sind damit materiell keine Änderungen verbunden. Die Terminologie wurde an die DSGVO angepasst, indem nunmehr nur noch von der „Verarbeitung" die Rede ist und nicht mehr von der „Erhebung", „Verarbeitung" oder „Nutzung". Im Ergebnis regelt § 26 Abs. 1 Satz 1 BDSG, dass eine Datenverarbeitung zulässig ist, soweit sie für (legitime) Zwecke eines Beschäftigungsverhältnisses erforderlich ist. Mit einer solchen Generalklausel ist freilich für die Praxis im Vergleich zu Art. 6 Abs. 1 lit. b und lit. f DSGVO nichts gewonnen.

11.44

Im Merkmal der Erforderlichkeit steckt im Ergebnis eine **Verhältnismäßigkeitsprüfung**.[62] Neben der Geeignetheit der Datenverarbeitung zur Verwirklichung des vom Verantwortlichen verfolgten Zwecks darf es also keine milderen, d.h. das Recht auf Schutz personenbezogener Daten (Art. 8 GRC) weniger beeinträchtigenden Mittel geben. Schließlich ist eine **Abwägung** der Rechte und Interessen des Verantwortlichen und der betroffenen Personen im Wege praktischer Konkordanz vorzunehmen.[63]

11.45

---

60 EuGH v. 24.11.2011 – C-468/10, Slg. 2011, I-12181.
61 Vgl. zur DS-RL EuGH v. 16.12.2008 – C-524/06 – *Huber*, Slg. 2008, I-9705 Rz. 52 ff.
62 *Kort*, ZD 2017, 319 (320); *Wybitul*, NZA 2017, 413 (415); vgl. zu § 32 BDSG a.F. BAG v. 27.7.2017 – 2 AZR 681/16, ArbRB 2017, 331 = NZA 2017, 1327 (1330).
63 So nunmehr ausdrücklich der Gesetzgeber: BT-Drucks. 18/11325, 97; vgl. BAG v. 20.6.2013 – 2 AZR 546/12, ArbRB 2014, 70 = NZA 2014, 143; *Wybitul*, NZA 2017, 413 (415).

11.46 Die konkrete Datenverarbeitung muss **geeignet** sein, den erstrebten Zweck überhaupt zu verwirklichen. Bei dem Zweck muss es im Rahmen von § 26 Abs. 1 Satz 1 BDSG um einen „**Zweck des Beschäftigungsverhältnisses**" gehen, es müssen also Rechte oder Pflichten aus dem Beschäftigungsverhältnis betroffen sein (s. Rz. 11.40). Der Zweck muss dabei legitim sein (vgl. Art. 5 Abs. 1 lit. b DSGVO). Eine Datenverarbeitung darf also z.B. nicht dazu dienen, rechtswidrige arbeitsrechtliche Maßnahmen vorzubereiten.

11.47 Der Verantwortliche muss zur Verwirklichung der von ihm verfolgten Zwecke des Beschäftigungsverhältnisses grds. das **mildeste** der ihm zur Verfügung stehenden **Mittel** wählen.[64] Dabei muss der Verantwortliche nur zwischen denjenigen Mitteln auswählen, die eine gleich effektive Zweckerreichung versprechen. Dagegen ist der Verantwortliche nicht gehalten, ein weniger wirksames Mittel zu wählen.

11.48 Zu beachten ist ferner – als Ausprägung der Erforderlichkeit – das Gebot der Datensparsamkeit bzw. der **Datenminimierung** nach Art. 5 Abs. 1 lit. c DSGVO. Das Gebot der Datenminimierung verlangt u.a. eine soweit mögliche Verringerung der Anzahl der verarbeiteten Daten sowie ihrer Nutzungen. Der Datensparsamkeit dient es auch, die Anzahl der Betroffenen und der zugriffsberechtigten Personen einzuschränken. Zudem sind Maßnahmen der Pseudonymisierung und Anonymisierung auszuschöpfen. In zeitlicher Hinsicht geht das Gebot der Erforderlichkeit der Datenverarbeitung im Grundsatz der **Speicherbegrenzung** nach Art. 5 Abs. 1 lit. e DSGVO auf.

11.49 Die durch die konkrete Datenverarbeitung eintretende Beeinträchtigung der Rechte und Interessen des betroffenen Beschäftigten muss in einem **angemessenen Verhältnis zu dem beabsichtigten Zweck** der Datenverarbeitung stehen.[65] Die Grundrechte und Interessen des Verantwortlichen – regelmäßig also des Arbeitgebers – und des Beschäftigten sind zu einem **schonenden Ausgleich** zu bringen, der beide Interessen möglichst weitgehend berücksichtigt.[66]

11.50 Der hierfür regelmäßig verwendete Begriff der **Abwägung** ist irreführend, denn er impliziert, dass einzelne Interessen oder Grundrechte abstrakt gewichtet werden könnten. Dies scheitert aber an der Heterogenität der kollidierenden Interessen und ihrer jeweiligen Kontexte. Die Abwägung ist letztlich nur ein Begründungsvorgang, bei dem erörtert wird, warum in einer spezifischen Situation dem Recht eines spezifischen Grundrechtsträgers Vorrang gegenüber der Ausübung eines anderen Rechts gegeben werden soll oder nicht.[67] Es gibt kein Rangverhältnis zwischen den Grundrechten, entscheidend für das Ergebnis der Abwägung ist vielmehr ein Vergleich der Eingriffsintensität im Einzelfall.[68] Kriterien zur Bestimmung der Eingriffsintensität können dabei – angelehnt an die Rechtsprechung des BVerfG – u.a. sein: Umfang der Datenverarbeitung/"Streubreite" des Eingriffs, Anlassbezogenheit, Ort einer Überwachungsmaßnahme, Dauer der Datenverarbeitung, Inhalt/Persönlichkeitsrelevanz der verarbeiteten Daten, nachteilige Folgen der Datenverarbeitung, Heimlichkeit.

11.51 Maßgebend im Rahmen der „Abwägung" sind dabei die **Grundrechte des Unionsrechts**, wie sie in der GRC positiviert wurden. Auf die Grundrechte des GG kommt es hingegen allenfalls nachrangig an[69], denn das BDSG (a.F. wie n.F.) dient der Umsetzung der europäischen Vorgaben zum Datenschutzrecht. Der deutsche Gesetzgeber hat somit bei Erlass des § 26 BDSG Unionsrecht „durchgeführt" i.S.v. Art. 51 Abs. 2 Satz 1 GRC, so dass der Anwendungsbereich der GRC eröffnet ist. Auf Seiten des Beschäftigten steht insbesondere das **Recht auf Schutz personenbezogener Daten** (Art. 8 GRC), auf Seiten des Verantwortlichen sind z.B. die unternehmerische Freiheit gem. Art. 16 GRC oder die Eigentumsgarantie gem. Art. 17 GRC sowie die Grundfreiheiten zu beachten.

---

64 BAG v. 20.6.2013 – 2 AZR 546/12, ArbRB 2014, 70 = NZA 2014, 143.
65 Klassische Formulierung etwa bei BVerfG v. 4.4.2006 – 1 BvR 518/02, NJW 2006, 1939.
66 BT-Drucks. 18/11325, 97.
67 *Thüsing*, Beschäftigtendatenschutz und Compliance, § 3 Rz. 39.
68 BVerfG v. 24.2.1971 – 1 BvR 435/68, BVerfGE 30, 173, 195.
69 Vgl. ausf. *Pötters*, Grundrechte und Beschäftigtendatenschutz, 2013, S. 29.

2. Verarbeitung nach Treu und Glauben

Der in Art. 5 Abs. 1 lit. a normierte Grundsatz einer Verarbeitung nach Treu und Glauben[70] ist nur sehr schwer positiv zu umschreiben.[71] Negativ kann man sich begrifflich annähern, indem treuwidrige, **unfaire** Verhaltensweisen über **Fallgruppen** zusammengestellt werden. Somit dürfte regelmäßig die Verwendung **verborgener Techniken** (z.B. heimliche Videoüberwachung, Spyware etc.) treuwidrig sein.[72]

11.52

So hat das BAG etwa entschieden, dass der Einsatz sog. Keylogger durch den Arbeitgeber rechtswidrig ist.[73] Heimliche Überwachungsmaßnahmen sind jedoch keineswegs per se rechtswidrig, so kann z.B. auch der Einsatz eines Detektivs durch den Arbeitgeber rechtmäßig sein.[74] Bei ihnen ist aber aufgrund ihrer meist sehr hohen Eingriffsintensität die Verhältnismäßigkeit besonders kritisch zu hinterfragen.

11.53

Solche Vorgehensweisen widersprechen zugleich regelmäßig dem Grundsatz der **Transparenz**, der daher zu Recht an anderen Stellen der DSGVO in einem Atemzug genannt wird (s. etwa Erwägungsgrund 60). Ebenso ist ein Verstoß gegen den **Zweckbindungsgrundsatz** meist treuwidrig, etwa wenn Videomaterial, das zur Abwehr und Aufklärung von Straftaten aufgezeichnet wurde, zur Leistungskontrolle bei Beschäftigten eingesetzt wird. Schließlich ist eine Datenverarbeitung treuwidrig, wenn sie unverhältnismäßig ist,[75] wenn es also entweder an einem legitimen Zweck fehlt, oder sie nicht zur Zweckerreichung das geeignete, erforderliche und angemessene Mittel darstellt.

11.54

3. Transparenz

Der Grundsatz der Transparenz wurde durch die DSGVO im Vergleich zum bisherigen Recht **erheblich gestärkt** und ist nun unter den Strukturprinzipien des Art. 5 DSGVO unter Abs. 1 lit. a vertreten. Allgemein setzt der Grundsatz Transparenz voraus, dass alle Informationen und Mitteilungen zur Verarbeitung dieser personenbezogenen Daten leicht zugänglich und verständlich und in klarer und einfacher Sprache abgefasst sind (Erwägungsgrund 39). Er wird durch zahlreiche Erwägungsgründe (s. insb. Erwägungsgründe 39, 58–62, 71, 78, 100) und einzelne Artikel (insb. **Art. 12 ff.**) näher konkretisiert.

11.55

Der starken Betonung einer transparenten Datenverarbeitung liegt der Gedanke zugrunde, dass **ohne** hinreichende **Transparenz** der **Datenschutz leerlaufen** würde, weil dem Betroffenen eventuelle Rechtsverstöße nicht bekannt und er seine Rechte nicht geltend machen könnte. Bereits im Volkszählungsurteil formulierte das BVerfG diesen Gedanken ausdrücklich.[76] Man wird diese Überlegungen auf die Unionsgrundrechte, insbesondere Art. 8 GRC übertragen können. Transparenz der Datenverarbeitung gehört somit zu den verfassungs- und primärrechtlich gewährleisteten Grundpositionen des Betroffenen. Der Betroffene hat ein Recht auf Offenlegung seiner Da-

11.56

---

70 EN: „fair"; FR: „loyale".
71 Vgl. BeckOK DatenSR/*Schantz*, Art. 5 DSGVO Rz. 7 ff., der die englische Sprachfassung für treffender hält und den Grundsatz von Treu und Glauben als Rücksichtnahmepflicht versteht. Zurecht wird von Ehmann/Selmayr/*Heberlein*, Art. 5 DSGVO Rz. 9 und von Kühling/Buchner/*Herbst*, Art. 5 DSGVO Rz. 13 darauf hingewiesen, dass die Bedeutung des Begriffs nicht dieselbe ist wie in § 242 BGB. Vielmehr muss die Vorschrift – wie generell das Unionsrecht – autonom ausgelegt werden.
72 Vgl. Kühling/Bucher/*Herbst*, Art. 5 DSGVO Rz. 15; Ehmann/*Helfrich*, EG-Datenschutzrichtlinie, Art. 6 Rz. 4.
73 BAG v. 27.7.2017 – 2 AZR 681/16, ArbRB 2017, 331 = NJW 2017, 3258.
74 BAG v. 29.6.2017 – 2 AZR 597/16, ArbRB 2017, 300 = NJW 2017, 2853.
75 Vgl. BeckOK DatenSR/*Schantz*, Art. 5 DSGVO Rz. 8; a.A. Paal/Pauly/*Frenzel*, Art. 5 DSGVO Rz. 20.
76 BVerfG v. 15.12.1983 – 1 BvR 209/83 u.a.; BVerfGE 65, 1 = NJW 1984, 419.

ten, was ihn dann auch erst in die Lage versetzt, Korrektur-, Löschungs- oder ggf. Schadensersatzansprüche geltend zu machen.[77]

4. Zweckbindung

11.57 Personenbezogene Daten dürfen nach Art. 5 Abs. 1 lit. b DSGVO nur für festgelegte, eindeutige und rechtmäßige Zwecke erhoben werden und dürfen nicht in einer mit diesen Zwecken nicht zu vereinbarenden Weise weiterverarbeitet werden.

11.58 Der vom Verantwortlichen verfolgte Zweck einer Verarbeitung personenbezogener Daten **entscheidet** über die **Zulässigkeit dieser Datenverarbeitung**.[78] Die Erlaubnistatbestände der Art. 6, 9 DSGVO knüpfen jeweils an bestimmten Verarbeitungszwecken an. Außerdem muss die Datenverarbeitung regelmäßig zur Erreichung des verfolgten Zwecks „erforderlich" sein. Dies setzt u.a. eine Bewertung der Zweck-Mittel-Relation voraus.

11.59 Der festgelegte Zweck muss **„eindeutig"** sein. Andere Sprachfassungen der DSGVO machen deutlich, dass eher „explizit" oder „konkret" gemeint sein dürfte.[79] Es geht also darum, dass die Verarbeitungszwecke nicht zu breit angegeben werden.[80] Eine unklare Umschreibung des Verarbeitungszwecks ist damit ebenso rechtswidrig wie eine sprachlich zwar klare, aber in der Sache vage Zweckfestlegung, die die Erhebung und Speicherung zu vielen unterschiedlichen Zwecken ermöglicht und mithin im Ergebnis keine wirkliche Festlegung bedeutet.

11.60 Ferner müssen die verarbeiteten personenbezogenen Daten für den verfolgten Zweck „erheblich" und „angemessen" sein. Die **Erheblichkeit** ist gegeben, wenn die Daten für den Zweck relevant sind, sie also – in der Terminologie des Verhältnismäßigkeitsprinzips – **geeignet und erforderlich** sind. Die Datenverarbeitung ist **angemessen**, wenn sie **verhältnismäßig im engeren Sinne** ist. Nicht erhebliche oder dem Zweck angemessen dienende Daten sind somit soweit wie möglich im Rahmen der Datenerhebung auszuklammern. Dies ist der Gedanke des Grundsatzes der **Datenminimierung** nach Art. 5 Abs. 1 lit. c DSGVO, der somit lediglich einen Unterfall des Zweckbindungsgrundsatzes bildet (vgl. Erwägungsgrund 39).

11.61 Die Zwecke müssen grundsätzlich bereits **zum Zeitpunkt der Erhebung** der personenbezogenen Daten feststehen (Erwägungsgrund 39).[81] Werden personenbezogene Daten von Dritten an die speichernde Stelle übermittelt oder erlangt sie diese auf andere Weise, ohne dass die Daten von ihr erhoben worden sind, und werden die Daten dann von ihr gespeichert, setzt die Zweckbindung mit dem Speichern ein.

11.62 Die Zweckbindung ist nicht auf die der Erhebung folgende Datenverarbeitungsphase beschränkt, sie haftet dem erhobenen Datum vielmehr **bis zur Zweckerfüllung** an. Durch die Zweckbindung wird jede weitere Verarbeitung der Daten grundsätzlich den gleichen rechtlichen Grenzen unterworfen, die auch für die Erhebung der Daten gelten. Ist der Zweck erreicht, sind Daten grundsätzlich zu löschen. Entsprechend muss von vornherein die Speicherfrist für personenbezogene Daten auf das unbedingt erforderliche Mindestmaß beschränkt bleiben. Der Grundsatz der **Speicherbegrenzung** nach Art. 5 Abs. 1 lit. e DSGVO folgt somit unmittelbar aus der Zweckbindung (vgl. Erwägungsgrund 39).

---

77 Wybitul/*Böhm/Ströbel*, Art. 5 DSGVO Rz. 9 warnen vor Intransparenz durch Informationsüberfrachtung und sprechen sich für eine durch einen Abwägungsprozess zu ermittelnde Grenze der Reichweite des Transparenzgebots aus.
78 *Wybitul*, Einführung in die EU-Datenschutz-Grundverordnung, Rz. 70.
79 EN: „explicit"; FR: „explicites".
80 Ehmann/Selmayr/*Heberlein*, Art. 5 DSGVO Rz. 14.
81 BeckOK DatenSR/*Schantz*, Art. 5 DSGVO Rz. 14.

Eine **Zweckänderung** ist nach Art. 5 Abs. 1 lit. b DSGVO grundsätzlich unzulässig, d.h. personenbezogene Daten dürfen nur für diejenigen Zwecke weiterverarbeitet werden, für die sie erhoben wurden. Wichtige Ausnahmen hierzu regelt Art. 6 Abs. 4 DSGVO.[82] Soweit Daten zu einem anderen als dem ursprünglichen Erhebungszweck weiterverarbeitet werden sollen, ist die Betroffene hierüber vor der Weiterverarbeitung gem. Art. 13 Abs. 3, Art. 14 Abs. 4 zu informieren. Auch der neue Zweck muss nach Art. 5 Abs. 1 lit. b DSGVO eindeutig, also hinreichend konkret festgelegt sein.[83]

11.63

5. Datenminimierung

Nach Art. 5 Abs. 1 lit. c DSGVO muss jede Datenverarbeitung dem Zweck angemessen und erheblich sein, zudem muss sie auf das für die Zwecke der Verarbeitung notwendige Maß beschränkt sein („**Datenminimierung**"). Die Vorschrift **entspricht** grosso modo den bislang im nationalen Recht geltenden Geboten der Datenvermeidung und -sparsamkeit (§ 3a BDSG a.F.).

11.64

Das Gebot der Datenminimierung verlangt nicht nur eine Verringerung der **Anzahl der verarbeiteten Daten**, sondern auch die **Anzahl der Nutzungen** von Daten reduziert vorzunehmen. Das heißt mehrfache Auswertungen von Daten, die weitgehend die gleichen Informationen enthalten, sind rechtswidrig. Der Datensparsamkeit dient es auch, die **Anzahl der Betroffenen** möglichst weit einzuschränken. Auch die Bereitstellung der Daten nur zum Lesen auf dem Bildschirm ohne Ausdruck und damit Vervielfältigungsmöglichkeit trägt dem Gedanken Rechnung.

11.65

6. Richtigkeit

Nach Art. 5 Abs. 1 lit. d müssen personenbezogene Daten sachlich richtig und erforderlichenfalls auf dem neuesten Stand sein; es sind alle angemessenen Maßnahmen zu treffen, damit personenbezogene Daten, die im Hinblick auf die Zwecke ihrer Verarbeitung unrichtig sind, unverzüglich gelöscht oder berichtigt werden. Der Grundsatz der Richtigkeit weist dem Verantwortlichen somit die Aufgabe zu, **aktiv** die **Richtigkeit** der verarbeiteten Daten zu **überprüfen**. Darüber hinaus kann der **Betroffene** nach **Art. 16 f.** DSGVO die **Berichtigung oder Löschung** verlangen.

11.66

In der betrieblichen Praxis wird der Grundsatz der Richtigkeit nur zu erfüllen sein, wenn die Betroffenen, also insbesondere die **Beschäftigten** entsprechend **mitwirken**. Es ist daher zulässig, wenn der Arbeitgeber die Beschäftigten – z.B. im Rahmen einer Datenschutzerklärung nach Art. 13, 14 DSGVO – dazu auffordert, Änderungen bzgl. ihrer personenbezogenen Daten (z.B. Adresswechsel, neuer Familienstatus etc.) dem Arbeitgeber mitzuteilen.

11.67

7. Speicherbegrenzung

Nach Art. 5 Abs. 1 lit. e DSGVO müssen personenbezogene Daten in einer Form gespeichert werden, die die Identifizierung der betroffenen Personen nur so lange ermöglicht, wie es für die Zwecke, für die sie verarbeitet werden, erforderlich ist. Durch den Grundsatz der Speicherbegrenzung werden der Grundsatz der Zweckbindung und das Verhältnismäßigkeitsprinzip in zeitlicher Hinsicht konkretisiert. Um sicherzustellen, dass die personenbezogenen Daten nicht länger als nötig gespeichert werden, sollte der Verantwortliche **Fristen** für ihre **Löschung** oder regelmäßige Überprüfung vorsehen (Erwägungsgrund 39). Im Sinne eines effektiven Datenschutzes durch Technik bzw. Privacy by design sollten die Löschfristen automatisiert durch entsprechende Softwarelösungen umgesetzt werden.

11.68

---

82 Hierzu ausf. Gola/*Schulz*/Gola, Art. 6 DSGVO Rz. 177 ff.
83 Gola/*Schulz*/Gola, Art. 6 DSGVO Rz. 177.

11.69 Im Beschäftigungsverhältnis ist zwischen den einzelnen Stadien des Beschäftigungsverhältnisses zu differenzieren:

- Datenverarbeitungen im **Bewerbungsverfahren**/Vorbereitung des Beschäftigungsverhältnisses: Die Erforderlichkeit hängt insoweit entscheidend vom Ausgang des Bewerbungsverfahrens ab. Wird der Bewerber eingestellt, ist die weitere Speicherung der Beschäftigtendaten im Rahmen des Arbeitsvertrages in der Regel möglich. Sofern der Bewerber hingegen abgelehnt wird, entfällt die Erforderlichkeit im Hinblick auf die Begründung eines Beschäftigungsverhältnisses jedoch mit Mitteilung der Ablehnung. Eine längere Speicherung ist jedoch in aller Regel aufgrund diskriminierungsrechtlicher Implikationen möglich: Solange noch Entschädigungsansprüche nach § 15 AGG geltend gemacht werden können, ist die Aufbewahrung der Daten aus dem Bewerbungsverfahren zur Abwehr dieser Ansprüche erforderlich und damit rechtmäßig.

- Datenverarbeitungen nach **Durchführung des Beschäftigungsverhältnisses**: Grundsätzlich muss eine Löschung mit Wegfall der Erforderlichkeit vorgenommen werden. Dies dürfte regelmäßig nach Beendigung des Arbeitsvertrages der Fall sein. Eine gesetzliche Verpflichtung zur weiteren Speicherung ergibt sich allerdings in der Regel durch Nachweis- und Aufbewahrungspflichten nach dem Handelsgesetzbuch sowie der Abgabenordnung, die bis zu zehn Jahre betragen könne. Daneben können personenbezogene Daten zu Beweiszwecken auch für die Zeit aufbewahrt werden, in der die Möglichkeit besteht, dass Ansprüche gegen den Arbeitgeber geltend gemacht werden.

11.70 Der Grundsatz der Speicherbegrenzung wird ferner durch zahlreiche **einzelne Vorgaben** der DSGVO konkretisiert bzw. abgesichert. So verpflichtet Art. 13 Abs. 2 lit. a bzw. Art. 14 Abs. 2 lit. a DSGVO den Verantwortlichen dazu, über die Dauer, für die die personenbezogenen Daten gespeichert werden oder, falls dies nicht möglich ist, über die Kriterien für die Festlegung dieser Dauer zu informieren. Nach Art. 15 Abs. 1 lit. d DSGVO besteht ein entsprechendes Auskunftsrecht. Wichtige Vorschriften zur Absicherung des Grundsatzes der Speicherbegrenzung sind ferner das Recht auf Löschung gem. Art. 17 Abs. 1 lit. a DSGVO und das Recht auf Einschränkung der Verarbeitung gem. Art. 18 Abs. 1 DSGVO. Beide kann der Beschäftigte gegenüber dem jeweils Verantwortlichen geltend machen.

8. Vertraulichkeit und Integrität

11.71 Nach Art. 5 Abs. 1 lit. f DSGVO müssen personenbezogene Daten in einer Weise verarbeitet werden, die eine angemessene Sicherheit der personenbezogenen Daten gewährleistet, einschließlich Schutz vor unbefugter oder unrechtmäßiger Verarbeitung und vor unbeabsichtigtem Verlust, unbeabsichtigter Zerstörung oder unbeabsichtigter Schädigung durch geeignete technische und organisatorische Maßnahmen. Es geht also nicht um eine zusätzliche materielle Schutzdimension, wie sie das BVerfG mit dem Grundrecht auf Gewährleistung der Vertraulichkeit und Integrität informationstechnischer Systeme entwickelt hat,[84] sondern eher um allgemeine **formelle Vorgaben** hinsichtlich der **Datensicherheit**.[85]

11.72 Der Grundsatz der Vertraulichkeit und Integrität wird zunächst durch die gem. Art. 25 und Art. 32 DSGVO erforderlichen **technischen und organisatorischen Maßnahmen** konkretisiert.[86] Daneben regeln Art. 33 und Art. 34 DSGVO Melde- und Benachrichtigungspflichten bei Verletzungen des Schutzes personenbezogener Daten. Diesem regulativen Ansatz eines „modernen" Datenschutzes[87] liegt der Gedanke zugrunde, dass neben den materiellen Schranken des Datenschutz-

---

[84] BVerfG v. 27.2.2008 – 1 BvR 370/07, 1 BvR 595/07.
[85] Vgl. hierzu Wybitul/*Böhm*/*Ströbel*, Art. 5 DSGVO Rz. 35.
[86] *Wybitul*, Einführung in die EU-Datenschutz-Grundverordnung, Rz. 74.
[87] Vgl. *Simitis*, NJW 1997, 281; 54; Konferenz der Datenschutzbeauftragten des Bundes und der Länder, RDV 1998, 40.

rechts Verfahrensvorschriften sowie technische Prozesse und Standards wesentlich dazu beitragen können, ein hohes Datenschutzniveau zu gewährleisten.

9. Rechenschaftspflicht

Der für die Verarbeitung Verantwortliche ist nach Art. 5 Abs. 2 DSGVO für die Einhaltung der Prinzipien des Art. 5 Abs. 1 DSGVO verantwortlich und muss deren Einhaltung nachweisen[88] können. Dieser sog. Grundsatz der Rechenschaftspflicht[89] wird durch die Regelung des **Art. 24 Abs. 1 Satz 1 DSGVO** konkretisiert.[90] Danach sind es in erster Linie „geeignete technische und organisatorische Maßnahmen", durch die sichergestellt werden soll, dass die Verarbeitung im Einklang mit der DSGVO erfolgt. Dabei gilt ein sog. **risikobasierter Ansatz**, der Verantwortliche muss bei den technischen und organisatorischen Maßnahmen Art, Umfang, Umstände und Zwecke der Verarbeitung sowie die unterschiedlichen Eintrittswahrscheinlichkeit und Schwere der Risiken für die Rechte und Freiheiten natürlicher Personen berücksichtigen. Art. 24 Abs. 1 Satz 2 DSGVO sieht vor, dass vom Verantwortlichen getroffene technische und organisatorische Maßnahmen nicht nur einmal umgesetzt und dann für die Zukunft unverändert beibehalten werden können, sondern erforderlichenfalls überprüft und aktualisiert werden müssen. 11.73

Wichtige **Bausteine** einer hinreichend **dokumentierten Compliance** sind u.a.: 11.74

– Dokumentation aller technischen und organisatorischen Maßnahmen i.S.v. Art. 24 Abs. 1 Satz 1 DSGVO,

– Umsetzung der Informationspflichten nach Art. 13, 14 DSGVO,

– Einhaltung genehmigter Verhaltensregeln gem. Art. 40 DSGVO oder eines genehmigten Zertifizierungsverfahrens gem. Art. 42 DSGVO (vgl. Art. 24 Abs. 3 DSGVO),

– Erstellung und Pflege eines Verarbeitungsverzeichnisses gem. Art. 30 DSGVO,

– Unterlagen zur Datenschutz-Folgenabschätzung gem. Art. 35 Abs. 7 DSGVO,

– interne betriebliche Regelungen zu Datenschutz und Datensicherheit, wie z.B. eine Datenschutzpolicy (ggf. als aufsichtsbehördlich genehmigte sog. Binding Corporate Rules, insb. für den internationalen Datentransfer im Konzern) und eine IT-Sicherheitspolicy, Datenschutzhandbücher und Arbeitsanweisungen;

– Abschluss und Pflege vertraglicher Regelungen mit Kunden und Dienstleistern sowie anderen Konzerngesellschaften, insb. Vereinbarungen mit Auftragsverarbeitern (Art. 28 DSGVO), Vereinbarungen mit gemeinsam Verantwortlichen (Art. 26 DSGVO) oder getrennt verantwortlichen Dienstleistern (insb. bei einem hohen Risiko), Abschluss von EU-Standardvertragsklauseln bei einem Datentransfer in Drittstaaten (bei fehlenden Binding Corporate Rules auch bei Transfer von Beschäftigtendaten innerhalb eines Konzerns).

Die Rechenschaftspflicht führt damit in der Praxis im Vergleich zum bisherigen Recht zu **umfangreichen** zusätzlichen **Dokumentations- und Nachweispflichten**.[91] Im Zweifel werden Unternehmen „auf Nummer sicher gehen" und möglichst viele Dokumente produzieren, um nachzuweisen, dass sie in datenschutzrechtlicher Hinsicht rechtskonform aufgestellt sind. 11.75

Zudem wird durch Art. 5 Abs. 2 DSGVO klargestellt, dass die **Beweislast** für die Rechtmäßigkeit einer Datenverarbeitung beim Verantwortlichen liegt. Dies wird durch Art. 24 Abs. 1 DSGVO 11.76

---

88 EN: „demonstrate compliance"; FR: „est en mesure de démontrer".
89 EN: „accountability"; FR: „responsabilité".
90 Vgl. *Wybitul*, Einführung in die EU-Datenschutz-Grundverordnung, Rz. 76; ausf. *Lepperhoff*, RDV 2016, 197.
91 *Wybitul*, Einführung in die EU-Datenschutz-Grundverordnung, Rz. 77; *Wybitul*, CCZ 2016, 194 (197); ausf. *Lepperhoff*, RDV 2016, 197.

noch einmal bekräftigt.[92] Welche Auswirkungen dies für **arbeitsgerichtliche Prozesse** haben wird, ist aktuell nur schwer abzusehen. So bleibt insbesondere abzuwarten, ob das BAG seine Rechtsprechung zu Beweisverwertungsverboten[93] bei rechtswidrig erhobenen Daten ändern wird.

IV. Die Einwilligung im Beschäftigungskontext

11.77 Art. 7 DSGVO benennt die Bedingungen einer wirksamen Einwilligung nach Art. 6 Abs. 1 lit. a DSGVO. Art. 7 Abs. 1 DSGVO legt dem Verantwortlichen die Pflicht auf, nachweisen zu können, dass die betroffene Person in die Verarbeitung ihrer personenbezogenen Daten eingewilligt hat. Hierdurch wird der Rechenschaftsgrundsatz aus Art. 5 Abs. 2 DSGVO für Einwilligungen noch einmal hervorgehoben.

11.78 Nach dem **allgemeinen gesetzlichen Rahmen** der DSGVO gibt es für die Einwilligung gerade keine besonderen Formerfordernisse: Gemäß Art. 6 Abs. 1 lit. a DSGVO muss die Einwilligung „unmissverständlich" erfolgen. Dies verlangt lediglich eine unzweideutige Willensäußerung. Der Betroffene kann sie also auch mündlich oder sogar nur konkludent abgeben. Nur bloßes Stillschweigen (z.B. bei bereits angekreuzten Kästchen oder Untätigkeit der betroffenen Person) genügt nicht für eine datenschutzrechtliche Einwilligung.

11.79 Hiervon weichen § 26 Abs. 2 Satz 3 und Satz 4 BDSG ab und sehen für den Beschäftigungskontext strengere Anforderungen vor. So wird nach Satz 3 grds. die **Schriftform** angeordnet, soweit nicht wegen besonderer Umstände eine andere Form angemessen ist. Damit wird die im alten BDSG allgemein angeordnete Schriftform (§ 4a Abs. 1 Satz 3 BDSG a.F.) für das Beschäftigungsverhältnis teilweise aufrechterhalten. Schon zum alten Recht war umstritten, ob Schriftlichkeit i.S.v. § 4a Abs. 1 BDSG a.F. tatsächlich die zivilrechtliche Schriftform des § 126 Abs. 1 BGB erfordert,[94] oder ob auch ein Nachweis in Textform ausreicht. Der Gesetzgeber hat insofern eine Gelegenheit zur Klarstellung verpasst, was gerade angesichts der stetig voranschreitenden Digitalisierung der Arbeitswelt bedauerlich ist. Richtigerweise sollte ausgehend vom Zweck der Regelung, die Nachweispflicht des Verantwortlichen abzusichern, auch eine Einwilligung in **Textform** ausreichen, denn auch hierdurch kann das Vorliegen der Einwilligung sicher dokumentiert werden.[95] Der Praxis kann aber bis zu einer klärenden Entscheidung durch die Rechtsprechung nur empfohlen werden, aus Gründen der Rechtssicherheit eine schriftliche Einwilligung des Beschäftigten einzuholen oder – was unstreitig alternativ möglich ist – die Schriftform durch die elektronische Form (vgl. § 126 Abs. 3 BGB) zu ersetzen. Hierfür haben sich bereits zahlreiche Softwarelösungen am Markt etabliert, so dass auch heute schon das Einwilligungsmanagement im Beschäftigungskontext rechtssicher digitalisiert werden kann.

11.80 Wohl um eine gewisse Praktikabilität zu gewährleisten, hat der deutsche Gesetzgeber eine Einschränkung des Schriftformerfordernisses für Fälle, bei denen „wegen **besonderer Umstände** eine andere Form angemessen ist", vorgesehen. Besonderheiten in diesem Sinne können sich aus allen für das jeweilige Beschäftigungsverhältnis relevanten Umständen ergeben.[96] Arbeitet ein Beschäftigter vollständig von zuhause aus am PC und pflegt keinerlei Schriftverkehr mit seinem

---

92 Vgl. *Albrecht/Jotzo*, Das neue Datenschutzrecht der EU; Teil 2 G, Rz. 18; *Wybitul/Ströbel*, BB 2016, 2307 (2311).
93 S. etwa BAG v. 27.7.2017 – 2 AZR 681/16, ArbRB 2017, 331 = NJW 2017, 3258; v. 22.9.2016 – 2 AZR 848/15, ArbRB 2017, 36 = NJW 2017, 843; v. 29.6.2017 – 2 AZR 597/16, ArbRB 2017, 300 = NJW 2017, 2853, jeweils m.w.N.
94 So die h.M., s. etwa Simitis/*Simitis*, § 4a BDSG Rz. 33; Taeger/Gabel/*Taeger*, § 4a BDSG Rz. 32; ErfK/*Wank*, § 4a BDSG Rz. 3; a.A. zu Recht Thüsing/*Traut*, Beschäftigtendatenschutz und Compliance, § 5 Rz. 7.
95 Ebenso *Thüsing/Forst/Schmidt*, RDV 2017, 116.
96 Vgl. *Wybitul*, NZA 2017, 413, 417.

Arbeitgeber, wird etwa eine Einwilligung via EMail ausreichen.[97] Auch insofern gilt aber: Bis zu einer klärenden Entscheidung durch die Rechtsprechung ist in der Praxis Rechtssicherheit nur durch eine schriftliche Einwilligung bzw. eine Einwilligung in elektronischer Form gewährleistet.

Neben dem Gebot der Schriftlichkeit sieht § 26 Abs. 2 **Satz 4** BDSG eine weitere formelle Hürde für eine wirksame Einwilligung des Beschäftigten vor: Der Arbeitgeber muss den Beschäftigten in Textform über den **Zweck** der Datenverarbeitung und den jederzeit möglichen **Widerruf** sowie dessen Folgen nach Art. 7 Abs. 3 DSGVO **aufklären**. Beide Informationen sind grds. auch Gegenstand der Informationspflichten nach Art. 13, 14 DSGVO, es dürfte aber regelmäßig im Sinne möglichst hoher Transparenz sinnvoll sein, die Unterrichtung nach Satz 4 mit der Erteilung der Einwilligung zu verbinden und die Information nach Art. 13, 14 DSGVO in einem getrennten Dokument vorzunehmen.   11.81

Zudem adressiert Art. 7 Abs. 4 DSGVO den Themenkomplex der Freiwilligkeit der Einwilligung. Die Frage, ob im Beschäftigungsverhältnis eine **Einwilligung** freiwillig abgegeben werden kann, ist seit jeher im Beschäftigtendatenschutz dominant.   11.82

§ 26 Abs. 2 BDSG macht zunächst deutlich, dass **auch im Beschäftigungskontext** grds. eine **Einwilligung** des Betroffenen wirksam vorliegen kann und erteilt damit bislang anderslautenden Stimmen in der Literatur[98], die eine Freiwilligkeit aufgrund der Abhängigkeit des Arbeitnehmers gegenüber dem Arbeitgeber kategorisch abgelehnt haben, eine Absage. Zugleich trägt die jetzige Regelung der Besonderheit des Beschäftigungsverhältnisses als Abhängigkeitsverhältnis und der daraus resultierenden Situation der Beschäftigten Rechnung.[99]   11.83

Bei der Beurteilung, ob eine Einwilligung **freiwillig** erteilt wurde, sind nach § 26 Abs. 2 Satz 1 BDSG insbesondere die im Beschäftigungsverhältnis grds. bestehende Abhängigkeit des Beschäftigten vom Arbeitgeber und die Umstände des Einzelfalls zu berücksichtigen.[100] Vor Abschluss eines Arbeitsvertrages werden Beschäftigte regelmäßig einer Drucksituation ausgesetzt sein, so dass z.B. im Bewerbungsverfahren eine Einwilligung mangels Freiwilligkeit grds. ausscheidet.[101] Möglich ist aber z.B. eine Einwilligung in die weitere Speicherung von Bewerbungsunterlagen, nachdem das Bewerbungsverfahren erfolglos durchlaufen wurde, um eine spätere Berücksichtigung des Bewerbers zu ermöglichen.[102] Eine freiwillige Entscheidung kann nach § 26 Abs. 2 Satz 2 BDSG insbesondere dann vorliegen, wenn der Beschäftigte infolge der Datenverarbeitung einen rechtlichen oder wirtschaftlichen Vorteil erlangt oder Arbeitgeber und Beschäftigter gleichgerichtete Interessen verfolgen.[103] Die Gewährung eines Vorteils liegt nach der Gesetzesbegründung beispielsweise in der Einführung eines betrieblichen Gesundheitsmanagements zur Gesundheitsförderung oder der Erlaubnis zur Privatnutzung von betrieblichen IT-Systemen. Gleichgerichtete Interessen sollen bei der Aufnahme von Name und Geburtsdatum in eine Geburtstagsliste oder der Nutzung von Fotos für das Intranet gegeben sein.[104]   11.84

Die Praxis ist gut beraten, wenn die Einwilligung im Beschäftigungsverhältnis **nur in Ausnahmefällen** als Rechtsgrundlage in Anspruch genommen wird, da die erforderlichen Verarbeitun-   11.85

---

97 *Thüsing/Forst/Schmidt*, RDV 2017, 116 (122).
98 Zum Streitstand Thüsing/*Traut*, Beschäftigtendatenschutz und Compliance, 2. Aufl. 2014, § 5 Rz. 10 ff.
99 So ausdrücklich der Gesetzgeber, BT-Drucks. 18/11325, 97.
100 Vgl. Artikel-29-Datenschutzgruppe, Opinion 2/2017 on data processing at work, WP 249, S. 23: „Given the imbalance of power, employees can only give free consent in exceptional circumstances, when no consequences at all are connected to acceptance or rejection of an offer."
101 BT-Drucks. 18/11325, 97; vgl. *Brink/Schwab*, RDV 2017, 170 (176).
102 *Kort*, NZA-Beilage 2016, 62 (71).
103 Vgl. auch *Brink/Schwab*, RDV 2017, 170 (174).
104 BT-Drucks. 18/11325, 97.

gen von Beschäftigtendaten ohnehin durch die übrigen Erlaubnistatbestände des § 26 BDSG gestattet sind. Das nach der DSGVO und dem BDSG notwendige **Einwilligungsmanagement** (Dokumentation, Umsetzung des Widerrufsrechts, etc.) führt zu einem hohen bürokratischen Aufwand. Falls andere Rechtsgrundlagen als Alternative bereitstehen, sind diese somit vorzuziehen. Falls keine anderen Rechtsgrundlagen eine Datenverarbeitung rechtfertigen, stellt die Einwilligung aufgrund der Widerrufsmöglichkeit jedenfalls für Massenvorgänge i.d.R. keine praktikable Lösung dar.

V. Die Öffnungsklausel des Art. 88 DSGVO

1. Möglichkeiten sektorspezifischer Regelungen

11.86 Art. 88 Abs. 1 DSGVO ist – wie allgemein die Öffnungsklauseln der DSGVO – eher restriktiv auszulegen.[105] Gemäß Art. 288 Abs. 2 Satz 2 AEUV ist die **Verordnung** in allen ihren Teilen **verbindlich**, während Richtlinien gem. Art. 288 Abs. 3 AEUV nur hinsichtlich ihrer Ziele verbindlich sind, den innerstaatlichen Stellen aber die Wahl der Form und der Mittel überlassen bleibt. Grds. zielt die Verordnung also auf **Vollharmonisierung**, während die Richtlinie sowohl vollharmonisierend als auch mindestharmonisierend wirken kann. Für Durchführungsregelungen oder gar abweichende materielle Maßstäbe auf mitgliedstaatlicher Ebene ist lediglich in engen Grenzen Raum, sofern die jeweilige Verordnung dies nicht explizit zulässt. Öffnungsklauseln durchbrechen diese Systematik und sorgen dafür, dass der Verordnungscharakter der DSGVO aufgeweicht wird.[106] Schon nach bisherigem Recht war zu berücksichtigen, dass die unionsrechtlichen Vorgaben der RL 95/46/EG eine Vollharmonisierung der nationalen Schutzregime bewirken. Nationale Vorgaben, die über den unionsrechtlichen Schutzstandard hinausgingen, waren somit schon damals grds. unzulässig.[107] Diese Rechtsprechung wird man auf die DSGVO übertragen können. Eine Öffnungsklausel muss also ausdrücklich Abweichungen zulassen, im Übrigen sind lediglich **konkretisierende Regelungen** auf nationaler Ebene zulässig.

11.87 Zweifel an der **Europarechtskonformität** einer solchen umfassenden Regelung des Beschäftigtendatenschutzes durch die Datenschutz-Grundverordnung hegte Franzen zum damaligen Kommissionsentwurf.[108] Auf die von der Kommission angegebene Rechtsgrundlage der Art. 16 Abs. 2, 114 Abs. 1 AEUV sei eine genuin sozialpolitische Regelung wie die Datenschutz-Grundverordnung nicht zu stützen.[109] Art. 114 Abs. 1 AEUV scheide als Kompetenzgrundlage aus, da diese eine Verwirklichung des Binnenmarktes voraussetze und nach Art. 114 Abs. 2 AEUV nicht für „die Bestimmungen über die Rechte und Interessen der Arbeitnehmer" gelte.[110] Art. 16 Abs. 2 AEUV – der in der finalen Fassung nun als alleinige Rechtsgrundlage genannt wird – scheide aus, da diese allein den Erlass von Rechtsvorschriften über den freien Datenverkehr erlaube, der bei Arbeitnehmerdatenschutzfragen aber nur selten betroffen sei. Richtige Kompetenznorm sei daher Art. 153 AEUV, die aber nach Art. 153 Abs. 2 AEUV nur den Erlass mindestharmonisierender Regelungen erlaubt. Daher sei die DSGVO im Hinblick auf die Vollharmonisierung auch im Beschäftigtendatenschutz primärrechtswidrig.

11.88 Dies ist unzutreffend: Der EuGH hat bereits zur RL 95/46/EG und Art. 110a EGV (heute Art. 114 AEUV) entschieden, dass die Heranziehung von Art. 100a EG-Vertrag als Rechtsgrundlage nicht

---

105 A.A. BeckOK DatenSR/*Riesenhuber*, Art. 88 DSGVO Rz. 13.
106 *Kühling/Martini*, EuZW 2016, 448: „Handlungsformenhybrid".
107 Grundlegend EuGH v. 6.11.2003 – C-101/01, Slg. 2003, I-12971, Rz. 96 f. – Lindqvist; bestätigt durch EuGH v. 16.12.2008 – C-524/06, Slg. 2008, I-9705, Rz. 51 – Huber; v. 24.11.2011 – C-468/10 und 469/10, NZA 2011, 1409 – ASNEF.
108 *Franzen*, RDV 2014, 200.
109 *Franzen*, RDV 2014, 200, 201.
110 *Franzen*, RDV 2014, 200, 201.

voraussetzt, dass in jedem Einzelfall, der von dem auf dieser Rechtsgrundlage ergangenen Rechtsakt erfasst wird, tatsächlich ein Zusammenhang mit dem freien Verkehr zwischen Mitgliedstaaten besteht.[111] Vielmehr komme es entscheidend darauf an, dass der erlassene Rechtsakt tatsächlich die Bedingungen für die Errichtung und das Funktionieren des Binnenmarktes verbessern soll.[112] Dies wird man für das Datenschutzrecht insgesamt, aber auch für den Bereich des Beschäftigtendatenschutzes annehmen müssen, da ein einheitliches Datenschutzniveau in allen Mitgliedstaaten zu einer Verbesserung des gemeinsamen Binnenmarktes führt. Genauso wie bei der RL 95/46/EG handelt es sich gerade nicht um eine genuin sozialpolitische Regelung, sondern die Erfassung von Arbeitsverhältnissen ist Annex zur Regelung des datenschutzrechtlichen Binnenmarktes.[113] Art. 114 Abs. 2 AEUV steht daher der auch für Beschäftigungsverhältnisse geltenden Datenschutz-Grundverordnung nicht entgegen. Zudem bezieht sich die endgültige Fassung der Datenschutz-Grundverordnung speziell auf Art. 16 Abs. 2 AEUV[114]. Dieser soll eine einheitliche Regelung europäischer Datenschutzpolitik ermöglichen und Art. 114 AEUV ersetzen.[115] Inhaltlich ergibt sich jedoch keine Änderung zur bisherigen Rechtslage.[116] Daher können wie bisher in die Datenschutz-Grundverordnung mit Bezugnahme auf Art. 16 Abs. 2 AEUV unabhängig vom Vorliegen eines grenzüberschreitenden Sachverhalts Vorschriften aufgenommen werden.[117]

Insb. bei der Frage nach der **„Erforderlichkeit"** einer Datenverarbeitung kommen die Grundrechte ins Spiel, denn hiernach sind die widerstreitenden Grundrechtspositionen zur Herstellung praktischer Konkordanz **abzuwägen**.[118] Auf Seiten des Beschäftigten ist dabei in erster Linie Art. 8 GRC, auf Seiten des Verantwortlichen sind z.B. die unternehmerische Freiheit gem. Art. 16 GRC oder die Eigentumsgarantie gem. Art. 17 GRC sowie die Grundfreiheiten zu beachten. 11.89

Wesentliche **Abweichungen** vom Schutzstandard der DSGVO sind auf Grundlage von Art. 88 Abs. 1 DSGVO **nicht möglich**.[119] Gegen diese Annahme spricht zunächst die **Rechtsnatur** der DSGVO: Mehr noch als bislang die Richtlinie bewirkt sie grds. eine Vollharmonisierung des Datenschutzrechts. Andererseits ist Art. 88 Abs. 1 DSGVO im Vergleich zu anderen Öffnungsklauseln weiter formuliert, denn es fehlt die Wendung, dass sich die bereichsspezifische Regelung „in den Grenzen der Verordnung" bewegen müsse, vgl. etwa die Erwägungsgründe 76, 119, 126c und 127. Im Ergebnis ändert dies aber nichts daran, dass die DSGVO verbindliche Vorgaben für den Bereich des Beschäftigtendatenschutzes enthält.[120] 11.90

---

111 EuGH v. 20.5.2003 – C-465/00 u.a. – Österreichischer Rundfunk, Slg. 2003, I-4989 Rz. 41.
112 EuGH v. 5.10.2000 – C-376/98, Slg. 2000, I-8419 Rz. 85; v. 10.12.2002 – C-491/01 – British American Tobacco, Slg. 2002, I-11453 Rz. 60.
113 A.A. *Franzen*, RDV 2014, 200, 201.
114 S. insoweit die lapidare Feststellung in Erwägungsgrund 12: „Art. 16 Abs. 2 des Vertrags über die Arbeitsweise der Europäischen Union ermächtigt das Europäische Parlament und den Rat, Vorschriften über den Schutz natürlicher Personen bei der Verarbeitung personenbezogener Daten und zum freien Verkehr solcher Daten zu erlassen."
115 *Herrmann* in Streinz, EUV/AEUV, Art. 16 AEUV Rz. 8.
116 *Brühann* in von der Groeben/Schwarze/Hatje, Europäisches Unionsrecht, Rz. 74.
117 Mit ausführlicher Begründung *Brühann* in von der Groeben/Schwarze/Hatje, Europäisches Unionsrecht, Rz. 67; *Sobotta* in Grabitz/Hilf/Nettesheim, Das Recht der Europäischen Union, 64. EGL 2018, Art. 16 AEUV Rz. 32.
118 So nunmehr ausdrücklich der Gesetzgeber: BT-Drucks. 18/11325, 97.
119 Ebenso Kühling/Buchner/*Maschmann*, Art. 88 DSGVO Rz. 32 ff.; Ehmann/Selmayr/*Selk*, Art. 88 DSGVO Rz. 50 ff.; Paal/Pauly/*Pauly*, Art. 88 DSGVO Rz. 3; *Düwell/Brink*, NZA 2016, 665 (666): keine Abweichung von den „Grundregeln" der DSGVO, die zur Gewährleistung des Schutzes der Rechte und Freiheiten hinsichtlich der Verarbeitung personenbezogener Beschäftigtendaten einen Mindeststandard setzen; Abweichungen „nach oben" hält *Kort*, ZD 2017, 319 (321 f.) für zulässig; weitergehend *Traut*, RDV 2016, 312 (316): Abweichungen in den Grenzen von Art. 88 Abs. 2 sowie Grundrechten und Grundfreiheiten zulässig.
120 Vgl. Gola/Pötters/*Thüsing*, RDV 2016, 57; Wybitul/*Pötters*, RDV 2016, 8.

11.91 Der **Wortlaut** erlaubt eindeutig nur „**spezifischere**" Vorschriften. Hätte der EU-Gesetzgeber Abweichungen vom Schutzstandard der DSGVO im Beschäftigungskontext zulassen wollen, hätte er eine andere Formulierung gewählt. Dies hat er etwa bei der Öffnungsklausel für den Ausgleich von Meinungs- und Pressefreiheit mit dem Datenschutz getan: Art. 85 DSGVO gibt den Mitgliedstaaten auf, diese Rechtspositionen in Einklang zu bringen und erlaubt dabei nach Abs. 2 ausdrücklich „Abweichungen oder Ausnahmen" von bestimmten Vorgaben der DSGVO.

11.92 Jedenfalls eine **Verschlechterung** des Datenschutzes scheidet aus, denn sowohl Art. 88 Abs. 1 DSGVO als auch Abs. 2 erwähnen den Schutz der personenbezogenen Daten der betroffenen Arbeitnehmer als Ziel der nationalen Vorschriften und Kollektivvereinbarungen. Sofern bislang – insbesondere gestützt auf eine ältere Entscheidung des BAG[121] – in der Literatur teilweise vertreten wurde, dass per **Betriebsvereinbarung** auch eine Reduzierung des gesetzlichen Datenschutzstandards möglich sein soll,[122] dürfte diese Ansicht mit Inkrafttreten der DSGVO nicht mehr haltbar sein.

11.93 Im Ergebnis sind damit im Wesentlichen **konkretisierende Regelungen** zulässig. Vom materiellen Schutzstandard der DSGVO (insb. Art. 6–9 DSGVO) darf nicht abgewichen werden, wohl aber dürften gewisse Sonderwege im Hinblick auf formelle Aspekte möglich sein. Nicht disponibel sind ferner die Grundsätze nach Art. 5 DSGVO sowie die Rechte des Betroffenen nach Art. 15 ff. DSGVO.[123]

11.94 Neben der speziell auf den Beschäftigtendatenschutz abstellenden Öffnungsklausel des Art. 88 DSGVO enthält die DSGVO zahlreiche **weitere**, ggf. auch die Beschäftigtendatenverarbeitung betreffende **Regelungsbefugnisse für die Mitgliedstaaten**. Diese betreffen einmal die Erlaubnistatbestände: Die **Generalklausel** des **Art. 6 Abs. 1** DSGVO sieht unter **lit. c** (i.V.m. Abs. 2, 3) eine Rechtfertigungsmöglichkeit für den Fall vor, dass eine Datenverarbeitung „zur Erfüllung einer rechtlichen Verpflichtung erforderlich" ist.[124] Unter lit. e ist eine Rechtfertigung „für die Wahrnehmung einer Aufgabe [...], die im öffentlichen Interesse liegt oder in Ausübung öffentlicher Gewalt erfolgt" vorgesehen. Auch dies ermöglicht den Erlass spezifischer nationaler Regelungen.[125] Hinsichtlich der Gestattung der Verarbeitung besonderer Arten personenbezogener Daten besteht eine Öffnungsklausel für **sozialrechtliche Verpflichtungen** nach Art. 9 Abs. 2 lit. b DSGVO sowie für genetische, biometrische und Gesundheitsdaten nach Art. 9 Abs. 4 DSGVO. Gemäß Art. 23 DSGVO können Betroffenenrechte der Art. 12–22 und 34 DSGVO durch mitgliedstaatliches Recht in zahlreichen Bereichen beschränkt werden.

2. Anwendungsbereich und Reichweite der Öffnungsklausel (Abs. 1)

a) Sachlicher Anwendungsbereich („Beschäftigungskontext")

11.95 Art. 88 Abs. 1 DSGVO erlaubt es den Mitgliedstaaten, „spezifischere Vorschriften" zur Gewährleistung des Schutzes der Rechte und Freiheiten hinsichtlich der Verarbeitung personenbezogener Beschäftigtendaten im **Beschäftigungskontext** zu erlassen. Die **Aufzählung** von Regelungsbereichen in Art. 88 Abs. 1 DSGVO ist **beispielhaft** und nicht abschließend (vgl. Wortlaut: „**insbesondere**").[126] Schon mit den genannten Beispielen ist ein sehr weites Feld gesteckt, das alle aktuell geltenden Regelungen zum Beschäftigtendatenschutz und auch weitere Bereiche einschließen dürfte.

---

121 BAG v. 27.5.1986 – 1 ABR 48/84, BAGE 52, 88.
122 *Kort*, RDV 2012, 8 (15); *Thüsing/Thüsing/Granetzny*, Beschäftigtendatenschutz und Compliance, § 4 Rz. 5 ff.; dagegen zu Recht *Simitis/Sokol*, § 4 BDSG Rz. 17; *Wohlgemuth* in FS Hanau, 1999, S. 329, 340; *Grimm/Schiefer*, RdA 2009, 329 (338); *Nink/Müller*, ZD 2012, 505 (508); vgl. auch *Pötters/Traut*, RDV 2013, 137 (145).
123 *Düwell/Brink*, NZA 2016, 665 (666); *Kort*, DB 2016, 711 (715).
124 *Schantz*, NJW 2016, 1841 (1842).
125 Vgl. Art. 6 Abs. 2, 3 DSGVO.
126 Paal/Pauly/*Pauly*, Art. 88 DSGVO Rz. 7.

Der Erwägungsgrund 155 der DSGVO nennt Vorschriften über die Bedingungen, unter denen personenbezogene Daten im Beschäftigungskontext auf der Grundlage der Einwilligung des Beschäftigten verarbeitet werden dürfen, als naheliegenden Regelungsgegenstand für nationale Vorschriften zum Beschäftigtendatenschutz.

Unklar ist, ob die **Erweiterung** des Anwendungsbereichs für nicht dateigebundene bzw. automatisierte Verarbeitungen auch für andere Vorgaben des Datenschutzrechts gilt oder nur mit Blick auf die Erlaubnistatbestände des § 26 BDSG.[127] Der Wortlaut des § 26 Abs. 7 BDSG spricht klar für Letzteres, dass also **nur die Abs. 1 bis 6 des § 26 BDSG** für rein tatsächliche Handlungen gelten. Außerdem wären viele Vorgaben des Datenschutzrechts – wie z.B. das Verarbeitungsverzeichnis nach Art. 30 DSGVO oder technische und organisatorische Maßnahmen nach Art. 25 und 32 DSGVO – ohnehin für nicht dateigebundene oder automatisierte Verarbeitungen kaum zu erfüllen bzw. sinnlos.

11.96

b) Personeller Anwendungsbereich („Beschäftigte")

Vom personellen Anwendungsbereich her können nach Art. 88 Abs. 1 DSGVO Regelungen für „Beschäftigte" geschaffen werden. Bis zur endgültigen Fassung der DSGVO im Amtsblatt war noch bis kurz vor Schluss in allen Texten von „Arbeitnehmerdaten" die Rede. Die Änderung macht deutlich, dass **nicht der enge Arbeitnehmerbegriff** maßgebend ist, sondern dass z.B. **auch Beamte, Auszubildende oder Bewerber** erfasst sind.[128] Der Beschäftigtenbegriff dürfte somit im Wesentlichen dem des BDSG (a.F. sowie n.F.) entsprechen,[129] auch wenn er natürlich autonom auszulegen ist.[130]

11.97

Ob unter den Begriff des Beschäftigten nach Art. 88 DSGVO auch Leiharbeitnehmer, Organmitglieder oder aufgrund eines Werkvertrags tätige Personen subsumiert werden können, ist offen.[131] Wertet man streng, entfiele nur die Ausdehnung auf diese Personengruppen, sondern auch etwa auf arbeitnehmerähnliche Personen (§ 3 Abs. 11 Nr. 6 BDSG). Hierfür könnte man die Vermeidung einer **Zersplitterung des Rechts** anführen, so dass innerhalb der EU nicht für unterschiedliche Personengruppen verschiedene Regelungen gelten.[132] Dieses Problem haftet jedoch der Öffnungsklausel insgesamt an, so dass eine enge Auslegung keineswegs zwingend ist. Für eine Beschränkung auf Arbeitnehmer können die Konkretisierungen der Öffnungsklausel wie die „Erfüllung des Arbeitsvertrags", „der Organisation der Arbeit" sowie der „Gesundheit und Sicherheit am Arbeitsplatz" angeführt werden. Dies alles sind klassische Problemkreise des Arbeitnehmerdatenschutzes, also des Datenschutzrechts der persönlich abhängig Beschäftigten. So überschreibt auch die englische Sprachfassung der DSGVO Art. 88 DSGVO mit „*processing in the context of employment*". Die Verwendung des Begriffs „*employees*" statt „*worker*" deutet eher auf eine enge Auslegung hin.[133] Allerdings legt sich die DSGVO insoweit keineswegs fest. Entscheidend für einen mitgliedstaatlichen Gestaltungsspielraum spricht, dass eine Veränderung des Datenschutzniveaus auch im Rahmen dieser Öffnungsklausel nicht zulässig ist. Die Mitgliedstaaten haben daher nicht die Möglichkeit, durch Ausdehnung des persönlichen Anwendungsbereichs eines nationalen Beschäftigtendatenschutzgesetzes die zwingenden Vorgaben der DSGVO zu umgehen. Nur sofern evident über die Grenzen des „Beschäftigungskontextes"

11.98

---

127 Vgl. zu § 32 BDSG a.F. BeckOK DatenSR/*Riesenhuber*, § 32 BDSG Rz. 53.
128 Vgl. bereits *Gola/Pötters/Thüsing*, RDV 2016, 57.
129 *Sydow/Tiedemann*, Art. 88 DSGVO Rz. 4.
130 BeckOK DatenSR/*Riesenhuber*, Art. 88 DSGVO Rz. 29; Kühling/Buchner/*Maschmann*, Art. 88 DSGVO Rz. 8 ff.
131 Vgl. ausführlich *Schmidt*, Datenschutz für „Beschäftigte", 2016, S. 52; ebenso Simitis/*Seifert*, § 32 BDSG Rz. 3b.
132 Simitis/*Seifert*, § 32 BDSG Rz. 3b.
133 Simitis/*Seifert*, § 32 BDSG Rz. 3b.

11.99 hinaus nationalstaatlich Datenschutzrecht normiert wird, könnte ein Verstoß gegen die DSGVO mangels Anwendbarkeit der Öffnungsklausel in Betracht kommen. Da die Mitgliedstaaten mithin inhaltlich durch die Vorgaben der DSGVO in der Ausgestaltung bereichsspezifischen Rechts beschränkt sind, können sie grundsätzlich den persönlichen Anwendungsbereich dieser Sondervorschriften frei bestimmen.

11.99 § 26 Abs. 8 BDSG enthält die Definition des Beschäftigtenbegriffs und legt damit den personalen Anwendungsbereich des § 26 BDSG fest. Die Neuregelung **übernimmt weitgehend** die **bisherige Regelung** des § 3 Abs. 11 BDSG a.F. Zu den Beschäftigten gehören zunächst als praktisch wichtigste Personengruppe gem. Satz 1 Nr. 1 alle **Arbeitnehmer**, wobei auch Arbeitnehmer kirchlicher Einrichtungen erfasst sind.[134] Es gilt der allgemeine Arbeitnehmerbegriff des BAG – einzig mit dem Unterschied, dass aufgrund der ausdrücklichen Regelung in Satz 1 Nr. 1 auch **Leiharbeitnehmer** im Verhältnis zum Entleiher als Beschäftigte gelten. Arbeitnehmer ist nach st. Rspr., wer weisungsgebunden eine vertraglich geschuldete Leistung im Rahmen einer von seinem Vertragspartner bestimmten Arbeitsorganisation erbringt.[135] Das entscheidende Merkmal zur Abgrenzung des Arbeitnehmers vom Selbstständigen ist danach die persönliche Abhängigkeit, die sich insbesondere in der Weisungsgebundenheit ausdrückt. Auch der Begriff der persönlichen Abhängigkeit ist freilich wenig trennscharf. Eine nähere Umschreibung dieses Merkmals wird von der Rechtsprechung typologisch vorgenommen, es gibt also kein Einzelkriterium, das unverzichtbar vorliegen muss, sondern es muss vielmehr eine Gesamtbetrachtung aller Indizien des Einzelfalls vorgenommen werden.[136] Die gesetzliche Definition in § 611a Abs. 1 BGB ist daher im Ergebnis nur wenig hilfreich. Wer Arbeitnehmer ist, bestimmt sich dabei nach den tatsächlichen Gegebenheiten. Wenn jemand eine Tätigkeit ausübt, die den Merkmalen des Arbeitnehmerbegriffs entspricht, so ist er Arbeitnehmer; eine anderslautende Vertragsbezeichnung ändert hieran nichts (vgl. § 611a Abs. 1 Satz 6 BGB).[137]

11.100 Im Gegensatz zu den ausdrücklich genannten Leiharbeitnehmern sind – *e contrario* – sonstige **Fremdkräfte nicht** erfasst, z.B. auf der Basis eines Werk- oder Dienstvertrags eingesetzte Mitarbeiter eines anderen Unternehmens. Für die Verarbeitung der personenbezogenen Daten dieser Arbeitskräfte gelten daher im Verhältnis zum Einsatzbetrieb die allgemeinen Regelungen. Anstelle von § 26 Abs. 1 Satz 1 BDSG kommt also insbesondere Art. 6 Abs. 1 Satz 1 lit. b DSGVO zur Anwendung. Bei freien Mitarbeitern kann allerdings Satz 1 Nr. 6 (arbeitnehmerähnliche Personen) einschlägig sein.

11.101 Ebenfalls **nicht** erfasst sind grds. **Leitungsorgane** wie Geschäftsführer oder Vorstandsmitglieder, sofern ihnen nicht ausnahmsweise ein Arbeitnehmerstatus zukommt. Dem Gesetzgeber war die Problematik bei Erlass der Neufassung des BDSG bekannt, dennoch hat er sich – anders als bei den Leiharbeitnehmern – nicht für eine ausdrückliche Aufnahme von Leitungsorganen entschieden. Im Einzelfall kann aber bei einer wirtschaftlichen Abhängigkeit Satz 1 Nr. 6 bejaht werden.

11.102 Nach § 26 Abs. 8 Satz 2 BDSG sind **Bewerber** für ein Beschäftigungsverhältnis sowie **Personen**, deren **Beschäftigungsverhältnis beendet** ist, vom Anwendungsbereich des § 26 BDSG erfasst. Im Vergleich zur a.F. des § 3 Abs. 11 BDSG wurde diese Regelung aus der Auflistung der Personengruppen herausgenommen und als Fiktion formuliert („gelten als Beschäftigte"). Hierdurch wird deutlich gemacht, dass die zeitliche Erstreckung des Beschäftigtenbegriffs auf die Phasen vor und nach Begründung des Beschäftigungsverhältnisses nicht nur für Arbeitnehmer, sondern für alle vorgenannten Personengruppen gilt.[138]

---

134 Vgl. zum alten Recht Simitis/*Seifert*, § 3 BDSG Rz. 282.
135 S. nur BAG v. 19.11.1997 – 5 AZR 653/96, NZA 1998, 364 (365) m.w.N.
136 BAG v. 15.3.1978 – 5 AZR 819/76, DB 1978, 1035.
137 BAG v. 20.7.1994 – 5 AZR 627/93, NZA 1995, 161.
138 Vgl. zur berechtigten Kritik an der a.F. Simitis/*Seifert*, § 3 BDSG Rz. 290.

c) Handlungsformen („Rechtsvorschriften oder Kollektivvereinbarungen")

Die Mitgliedstaaten können die bereichsspezifischen Vorschriften selbst durch entsprechende Gesetzgebung schaffen. Alternativ sieht Art. 88 Abs. 1 DSGVO auch Regelungen durch Kollektivvereinbarungen ausdrücklich vor. Vereinbarungen in diesem Sinne sind nicht nur die mit Gesetzeskraft ausgestatteten **Tarifverträge**, sondern auch **Betriebsvereinbarungen**.[139] Dies folgt zum einen klar aus der Genese der Vorschrift: Im Kommissionsvorschlag war noch die Rede davon, dass die Mitgliedstaaten lediglich „per Gesetz" die Verarbeitung personenbezogener Arbeitnehmerdaten im Beschäftigungskontext regeln können. Zum anderen erwähnt Erwägungsgrund 155 explizit auch Betriebsvereinbarungen als mögliche Handlungsform der Mitgliedstaaten.

11.103

In § 26 Abs. 1 Satz 1 BDSG und nochmal in § 26 Abs. 4 BDSG stellt der deutsche Gesetzgeber klar, was nach Art. 88 Abs. 1 DSGVO ohnehin schon gilt: Spezifischere Vorschriften zum Beschäftigtendatenschutz und damit Rechtsgrundlagen für die Verarbeitung von Beschäftigtendaten können auch durch Kollektivvereinbarungen geschaffen werden. Hierdurch wird nach dem Willen des Gesetzgebers den Verhandlungsparteien der Kollektivvereinbarungen die Ausgestaltung eines auf die betrieblichen Bedürfnisse zugeschnittenen Beschäftigtendatenschutzes ermöglicht.[140] Praktisch relevant sind insofern vor allem **Betriebs- und Dienstvereinbarungen**. Sowohl für Arbeitgeber und Betriebsräte, aber auch für Arbeitnehmer haben Vereinbarungen zum Datenschutz erhebliche **Vorteile**. Zum einen schaffen sie ein hohes Maß an Rechtssicherheit, zum anderen können klare Regelungen in Betriebsvereinbarungen auch die nach der DSGVO geforderte Transparenz schaffen und sonstige Anforderungen des neuen Datenschutzrechts umsetzen.

11.104

Grenzen der Regelungsmacht der Betriebsparteien ergeben sich insbesondere aus Art. 88 Abs. 2 DSGVO und dem allgemeinen gesetzlichen Rahmen der DSGVO.

11.105

3. Materielle Anforderungen an nationale Regelungen (Abs. 2)

Nach Art. 88 Abs. 2 DSGVO müssen alle nationalen Vorschriften zum Beschäftigungskontext – also insb. auch Betriebsvereinbarungen – so ausgestaltet werden, dass die **Grundrechte** und Interessen der Betroffenen **hinreichend geschützt** sind. Hierzu verlangt Abs. 2, dass die Vorschriften „angemessene und besondere Maßnahmen" umfassen müssen, „insbesondere im Hinblick auf die Transparenz der Verarbeitung, die Übermittlung personenbezogener Daten innerhalb einer Unternehmensgruppe oder einer Gruppe von Unternehmen, die eine gemeinsame Wirtschaftstätigkeit ausüben, und die Überwachungssysteme am Arbeitsplatz."

11.106

Die etwas irreführende Formulierung bedeutet richtigerweise **nicht**, dass jede nationale Vorschrift zum Beschäftigtendatenschutz **stets detaillierte Regelungen** zu den vorstehenden Punkten umfassen muss.[141] Auch **Betriebsvereinbarungen**, die wie Gesetze als datenschutzrechtlicher Erlaubnistatbestand fungieren können, müssen also nicht durch wenig hilfreiche Wiederholungen von Vorgaben der DSGVO „aufgebläht" werden. Spezielle Regelungen zum Schutz der Arbeitnehmer bei der Übermittlung von Daten innerhalb einer Unternehmensgruppe oder bei Überwachungssystemen am Arbeitsplatz muss eine nationale Regelung etwa nur enthalten, wenn sie diese Sachverhalte konkret regelt.[142] Vorgaben zur Transparenz werden hingegen meist erforderlich sein,[143] denn wenn für bestimmte Datenverarbeitungen eine spezifische Regelung geschaffen wird, stellt

11.107

---

[139] *Kutzki*, öAT 2016, 115; *Marquardt/Sörup*, ArbRAktuell 2016, 105; *Wybitul/Sörup/Pötters*, ZD 2015, 559; Kühling/Buchner/*Maschmann*, Art. 88 DSGVO Rz. 25.
[140] BT-Drucks. 18/11325, 98.
[141] Vgl. treffend *Haußmann/Brauneisen*, BB 2017, 3065; ferner Paal/Pauly/*Pauly*, Art. 88 DSGVO Rz. 10; *Wybitul*, ZD 2016, 203.
[142] *Haußmann/Brauneisen*, BB 2017, 3065 (3067).
[143] Ebenso *Wybitul*, ZD 2016, 203 (207).

sich regelmäßig auch die Frage, wie die Pflichten nach Art. 12 ff. DSGVO zu erfüllen sind. Bei Betriebsvereinbarungen zu Überwachungssystemen, die nach § 87 Abs. 1 Nr. 6 BetrVG mitbestimmt sind, bietet sich z.B. eine Regelung zur Art und Weise der Information an. Dabei kann es genügen, in weiten Teilen auf die gesetzliche Regelung zu verweisen und nur bestimmte Aspekte wie etwa die Form der Unterrichtung zu regeln.

11.108 Als **Richtschnur** für die Praxis sollten die **Grundsätze des Art. 5 DSGVO** genommen werden. Sofern eine Betriebsvereinbarung diese allgemeinen Prinzipien des Datenschutzrechts wahrt, sollte sie auch den Anforderungen des Art. 88 Abs. 2 gerecht werden. Dabei ist je nach geregeltem Sachverhalt zu prüfen, ob zu einem der Grundsätze detailliertere Regelungen erforderlich sind oder ob es insofern ausreicht, wenn der gesetzliche Rahmen zum Tragen kommt. Aus Gründen der Rechtssicherheit sollte in der Betriebsvereinbarung entsprechend klargestellt werden, inwiefern eine spezielle Regelung getroffen wird bzw. für welche Aspekte die einschlägigen gesetzlichen Regelungen gelten sollen.

11.109 Art. 88 Abs. 2 DSGVO spricht ausdrücklich als möglichen Bereich der Abweichung sog. **Konzerndatenverarbeitungen** an. Der Verordnungsgeber erkennt somit an, dass im Konzernbereich etwa zur Rationalisierung von Abrechnungssystemen ein Datenfluss im Konzern von praktischem Interesse sein kann. So haben viele Konzerne eine zentrale Personalabteilung eingerichtet. Auch wenn das deutsche Datenschutzrecht sowie die zugrunde liegende RL 95/46/EG kein Konzernprivileg kannten[144], könnten Mitgliedstaaten in Ausfüllung der Öffnungsklausel des Art. 88 DSGVO einen entsprechenden Erlaubnistatbestand schaffen. Der Verordnungsgeber macht deutlich, dass er ein legitimes Interesse an konzern- bzw. gruppenweiten Datenübermittlungen zu bestimmten Zwecken grundsätzlich anerkennt.[145] Auch ohne spezielle Regelung eines Erlaubnistatbestandes kann diese Erwägung in Art. 6 Abs. 1 lit. f DSGVO hineingelesen werden: Ein berechtigtes Interesse an der Schaffung einer Konzernstruktur ist demnach anerkannt. Zugleich ist aber ebenfalls klar, dass sowohl ein entsprechender, durch nationale Vorschriften auf Grundlage des Art. 88 DSGVO zugelassener Datenfluss als auch der Rekurs auf Art. 6 Abs. 1 lit. f DSGVO durch Maßnahmen zum Schutz der betroffenen Personen abgesichert sein muss. Wenn also Betriebsvereinbarungen die Weitergabe von Daten an eine Konzernzentrale regeln, muss darauf geachtet werden, dass Grundrechte und Interessen der Beschäftigten gewahrt bleiben. Hier dürfte wiederum der Transparenzgrundsatz von besonderer Bedeutung sein sowie der Grundsatz der Sicherung eines einheitlich hohen Schutzniveaus auch beim Empfänger der Daten.

11.110 Nationale Regelungen, die den Anforderungen des Art. 88 Abs. 2 DSGVO nicht gerecht werden, sind **nichtig**. Sie verstoßen zugleich gegen Schutzvorschriften der DSGVO, wie insb. die Erlaubnistatbestände des Art. 6 bzw. Art. 9 DSGVO oder die Rechte der Betroffenen. Rechtsvorschriften sind zur Klarstellung aufzuheben.[146] Dies gilt auch für Betriebsvereinbarungen, und zwar selbst dann, wenn sie vor Geltung der DSGVO abgeschlossen wurden.[147] Einschränkend ist aber zu beachten, dass nur solche Regelungen in Betriebsvereinbarungen, die als Datenschutzvorschrift konzipiert sind, also insbesondere als Erlaubnistatbestand für bestimmte Datenverarbeitungen fungieren sollen, den Anforderungen des Art. 88 Abs. 2 DSGVO gerecht werden müssen.[148]

4. Meldepflicht (Abs. 3)

11.111 In formeller Hinsicht waren nationale Rechtsvorschriften nach Art. 88 Abs. 3 DSGVO der EU-Kommission bis zum **25.5.2018** zu melden, also innerhalb von **zwei Jahren nach Inkrafttreten** der DSGVO. Die Meldepflicht erstreckt sich nur auf Rechtsvorschriften, die ein Mitgliedstaat

---

144 Zur bisherigen Rechtslage s. *Thüsing*/*Thüsing*, Beschäftigtendatenschutz und Compliance, § 17 Rz. 3.
145 Paal/Pauly/*Pauly*, Art. 88 DSGVO Rz. 12.
146 S. bereits *Wybitul*/*Sörup*/*Pötters*, ZD 2015, 559 (561).
147 *Franck*, ZD 2017, 509 (511); *Traut*, RDV 2016, 312 (319).
148 *Haußmann*/*Brauneisen*, BB 2017, 3065.

nach Art. 88 Abs. 1 DSGVO erlässt.[149] Die Meldepflicht betrifft **lediglich gesetzliche Regelungen**, also formelle Gesetze oder auch Verordnungen, **nicht** aber **Kollektivvereinbarungen**.[150]

Wichtigste **Rechtsfolge** des Art. 88 Abs. 3 DSGVO ist, dass Mitgliedstaaten, die innerhalb der Mitteilungsfrist *überhaupt keine* Normen zum Beschäftigtendatenschutz erlassen und gemeldet haben, ihre Rechtsetzungskompetenz verlieren; Änderungen nach Ablauf der Meldefrist sind aber möglich.[151] Damit hat **Deutschland** die Möglichkeit, nach Erlass der aktuell vorgesehenen generalklauselartigen Regelung in § 26 BDSG weitere spezifische Vorschriften zum Beschäftigtendatenschutz zu schaffen. Der Gesetzgeber hat sich entsprechend bereits in der Begründung zu § 26 BDSG ausdrücklich vorbehalten, konkrete Problemfelder noch zu regeln.[152] Für die Praxis wäre dies im Sinne einer höheren Rechtsklarheit in jedem Fall wünschenswert.

11.112

---

149 Vgl. *Körner*, NZA 2016, 1383 (1386).
150 Vgl. Ehmann/Selmayr/*Selk*, Art. 88 DSGVO Rz. 125.
151 S. ausführlich *Gola/Pötters/Thüsing*, RDV 2016, 57; *Rolf/Siewert*, RDV 2017, 236 (237); vgl. auch *Kort*, ZD 2016, 555; a.A. *Körner*, NZA 2016, 1383 (1386); BeckOK DatenSR/*Riesenhuber*, Art. 88 DSGVO Rz. 95; Ehmann/Selmayr/*Selk*, Art. 88 DSGVO Rz. 130 ff.; Sydow/*Tiedemann*, Art. 88 DSGVO Rz. 29.
152 BT-Drucks. 18/11325, 97.

§ 12
Leiharbeit

I. **Einleitung** 12.1
 1. Überblick über die Entstehungsgeschichte der Richtlinie 12.2
 2. Umsetzung in Deutschland 12.4
 3. Struktur der Richtlinie 12.5

II. **Ermächtigungsgrundlage der Richtlinie** 12.9

III. **Ziel der Richtlinie** 12.11

IV. **Anwendungsbereich und Begriffsbestimmungen** 12.12
 1. Anwendungsbereich nach Art. 1 Abs. 1 Leiharb-RL 12.13
    a) Begriff des Arbeitnehmers und des Leiharbeitsunternehmens .. 12.15
    b) Dem entleihenden Unternehmen zur Verfügung gestellt, um unter Aufsicht und Leitung zu arbeiten 12.23
    c) Verbot nicht vorübergehender Überlassung 12.26
 2. Anwendungsbereich nach Art. 1 Abs. 2 Leiharb-RL 12.33
 3. Ausnahme gem. Art. 1 Abs. 3 Leiharb-RL 12.36

V. **Überprüfung von Einschränkungen und Verboten** 12.39

VI. **Grundsatz der Gleichbehandlung** . 12.43
 1. Gegenstände der Gleichbehandlung 12.44
    a) Art. 5 Abs. 1 UAbs. 1 Leiharb-RL 12.44
       aa) Gleichbehandlungsgegenstände gem. Art. 3 Abs. 1 Buchst. f Nr. i Leiharb-RL .. 12.46
       bb) Arbeitsentgelt gem. Art. 3 Abs. 1 Buchst. f Nr. ii Leiharb-RL 12.51
       cc) Rechtsgrundlagen der Arbeits- und Beschäftigungsbedingungen 12.53
    b) Art. 5 Abs. 1 UAbs. 2 Leiharb-RL 12.55
 2. Vergleichsmaßstab der Gleichbehandlung 12.57
 3. Mindestgarantiecharakter des Gleichbehandlungsgrundsatzes ... 12.63
 4. Zeitlicher Geltungsbereich 12.67
 5. Ausnahmeoptionen vom Gleichbehandlungsgrundsatz 12.69
    a) Ausnahme bei unbefristeten Leiharbeitsverhältnissen 12.72
    b) Ausnahme für nationale Tarifverträge 12.75
       aa) Achtung des Gesamtschutzes von Leiharbeitnehmern ... 12.77
       bb) Nach Maßgabe der von den Mitgliedstaaten festgelegten Bedingungen 12.80
 6. Verhinderung missbräuchlicher Anwendung, Art. 5 Abs. 5 Leiharb-RL 12.85
 7. Maßnahmen und Sanktionen i.S.d. Art. 10 Leiharb-RL 12.90

VII. **Zugang zu Beschäftigung, Gemeinschaftseinrichtungen und beruflicher Bildung** 12.92
 1. Zugang zur Beschäftigung beim Entleiher 12.93
    a) Unterrichtung über offene Stellen 12.93
    b) Übernahme durch den Entleiher 12.98
 2. Zugang zu Gemeinschaftseinrichtungen oder -diensten 12.104
    a) Begriff der Gemeinschaftseinrichtungen oder -dienste ... 12.105
    b) Bindung an die Zugangsbedingungen des Entleihers 12.108
    c) Ausnahme aus objektiven Gründen 12.109
 3. Zugang zu beruflicher Bildung ... 12.115

VIII. **Vertretung der Leiharbeitnehmer** 12.118

IX. **Unterrichtung der Arbeitnehmervertreter** 12.122

Schrifttum: *Ahlberg/Bercusson/Bruun/Kountouros/Vigneau/Zappalà*, Transnational Labour Regulation, A Case Study of Temporary Agency Work, 2008; *Albers*, Anmerkung zu Entscheidung des Gerichtshofs der Europäischen Union vom 17. März 2015 – C-533/13 (AKT), ZESAR 2015, 347; *Bartl/Romanoswki*, Keine Leiharbeit auf Dauerarbeitsplätzen!, NZA 2012, 845; *Bauer/Krets*, Gesetze für moderne Dienstleistungen am Arbeitsmarkt, NJW 2003, 537; *Bauer/Haußmann*, Arbeiten verboten! – Das neue Streikbrecherverbot für Leiharbeitnehmer, NZA 2016, 803; *Bayreuther*, Vergütungsstrukturen und Equal-Pay in der Arbeitnehmerüberlassung nach der AÜG-Reform, NZA 2017, 18; *Behrendt/Weyhing*, Compliance mit dem AÜG bei Auslandsentsendungen, BB 2017, 2485; *Bertram*, Die EU-Richtlinie zur Zeitarbeit, AIP 11/2008, 3; *Blank*, Dilemma Leiharbeit, AuR 2011, 415; *Blanke*, Der Gleichbehandlungsgrundsatz in der Arbeitnehmerüberlassung, DB 2010, 1528; *Blanke*, Welche Änderungen des deutschen Gesetzes erfordert die Umsetzung der EU-Richtlinie Leiharbeit – mit dem Schwerpunkt Gleichbehandlungsgrundsatz und Abweichungen gem. Art. 5 der EU-RL?, Rechtsgutachten, 2010, Download unter: www.dgb.de; *Boemke*, Die EG-Richtlinie und ihre Einflüsse auf das deutsche Recht, RIW 2009, 177; *Boemke/Lembke*, Arbeitnehmerüberlassungsgesetz, Kommentar, 3. Aufl. 2013; *Boemke/Sachadae*, „Im Westen nichts Neues" – EuGH lässt Frage nach „vorübergehenden" Charakter der Leiharbeit unbeantwortet, EuZA 2015, 313; *Böhm*, Umsetzung der EU-Leiharbeitsrichtlinie - mit Fragezeichen?!, DB 2011, 473; *Brors*, „Vorübergehend", AuR 2013, 108; *Brors/Schüren*, Missbrauch von Werkverträgen und Leiharbeit verhindern, Februar 2014, Download unter: www.mais.nrw.de; *De la Feria*, Prohibition of abuse of (community) law: The creation of a new general principle of EC law through tax, CMLR 2008, 395; *Deinert*, Konzerninterne Entsendung ins Inland, ZESAR 2016, 107; *Deinert*, Neuregelung des Fremdpersonaleinsatzes im Betrieb, RdA 2017, 65; *Düwell*, Die vorübergehende Überlassung im Ersten AÜG-Änderungsgesetz, ZESAR 2011, 449; *Düwell/Dahl*, Aktuelle Gesetzes- und Tariflage in der Arbeitnehmerüberlassung, DB 2009, 1070; *Forst*, Entspricht das Konzernprivileg des neuen AÜG der Leiharbeitsrichtlinie?, ZESAR 2011, 316; *Forst*, Neue Rechte für Leiharbeitnehmer, AuR 2012, 97; *Franzen*, Neuausrichtung des Drittpersonaleinsatzes – Überlegungen zu den Vorhaben des Koalitionsvertrags, RdA 2015, 141; *Franzen*, Die Rechtsprechung des Europäischen Gerichtshofs im Arbeitsrecht im Jahr 2014 und im ersten Halbjahr 2015, EuZA 2015, 445; *Fuchs*, Das Gleichbehandlungsgebot in der Leiharbeit nach der neuen Leiharbeitsrichtlinie, NZA 2009, 57; *Fütterer*, Prozessuale Möglichkeiten zur Durchsetzung des Verbots der nicht vorübergehenden Arbeitnehmerüberlassung gem. § 1 Abs. 1 S. 2 AÜG n.F., AuR 2013, 119; *Gaul/Otto*, Gesetze für moderne Dienstleistungen am Arbeitsmarkt – Umsetzung der Vorschläge der Hartz-Kommission, DB 2002, 2486; *Giese/Orth*, „Equal Pay" ohne Ausnahme: Umgang mit der betrieblichen Altersversorgung in der Leiharbeit, BB 2017, 693; *Giesen*, Vorübergehend unklar, FA 2012, 66; *Greiner*, Werkvertrag und Arbeitnehmerüberlassung – Abgrenzungsfragen und aktuelle Rechtpolitik, NZA 2013, 697; *Greiner*, Kernfragen des novellierten Gleichstellungsgrundsatzes im Recht der Arbeitnehmerüberlassung, RdA 2017, 153; *Grüneberg/Schuster*, Leiharbeit, Vorübergehende Arbeitnehmerüberlassung als Verbotsgesetz?, AiB 2012, 384; *Grüneberg/Schuster*, Ein Jahr nach der Änderung des AÜG, AiB 2013, 78; *Hamann*, Die Richtlinie Leiharbeit und ihre Auswirkungen auf das nationale Recht der Arbeitnehmerüberlassung, EuZA 2009, 287; *Hamann*, Kurswechsel bei der Arbeitnehmerüberlassung?, NZA 2011, 70; *Hamann*, Die Reform des AÜG im Jahr 2011, RdA 2011, 321; *Hamann*, Die Vereinbarkeit der privilegierten Arbeitnehmerüberlassung nach dem AÜG und der Richtlinie Leiharbeit, ZESAR 2012, 103; *Hamann*, Umsetzung der Vorgabe „vorübergehend" in der Leiharbeitsrichtlinie, NZA 2015, 904; *Hamann/Klengel*, Die Überlassungsdauer des reformierten AÜG im Lichte des Unionsrechts, EuZA 2017, 194; *Hamann/Klengel*, Die AÜG-Reform 2017 im Lichte der Richtlinie Leiharbeit, EuZA 2017, 485; *Happ/van der Most*, Die Höchstüberlassungsdauer im AÜG – eine „vorübergehende" Idee?, BB 2015, 565; *Heuschmid*, Leiharbeit kann durch TV eingeschränkt werden, AuR 2015, 279; *Junker*, Arbeitnehmerüberlassung und Werkverträge – Der europäische Rahmen, ZfA 2016, 141; *Junker*, EU-Arbeitsrecht in Zeiten der Eurosklerose, EuZA 2016, 428; *Kiss/Bankó*, Die Arbeitnehmerüberlassung im ungarischen Arbeitsrecht und die Richtlinie über Leiharbeit – Eine atypische oder eine alternative Form der Beschäftigung?, EuZA 2010, 208; *Klebeck*, Gleichstellung der Leiharbeitnehmer als Verfassungsverstoß, 2004; *Klumpp*, Die neue Leiharbeitsrichtlinie, GPR 2009, 89; *Kock*, Neue Pflichten für Entleiher: Information über freie Stellen und Zugang zu Gemeinschaftseinrichtungen und -diensten (§ 13a und § 13b AÜG), BB 2012, 323; *Krannich/Simon*, Das neue Arbeitnehmerüberlassungsgesetz – zur Auslegung des Begriffs „vorübergehend" in § 1 Abs. 1 AÜG n.F., BB 2012, 1414; *Krause*, Flexibler Personaleinsatz, ZfA 2014, 349; *Lembke*, Die „Hartz-Reform" des Arbeitnehmerüberlassungsgesetzes, BB 2003, 98; *Lembke*, Aktuelle Brennpunkte in der Zeitarbeit, BB 2010, 1533; *Lembke*, Die geplanten Änderungen im Recht der Arbeitnehmerüberlassung, DB 2011, 414; *Lembke*, Neue Rechte von Leiharbeitnehmern gegenüber Entleihern, NZA 2011, 319; *Lembke*, Arbeitnehmerüberlassung im Konzern, BB 2012, 2497; *Lembke*, Zeitarbeit – Königsweg aus arbeitsrechtlicher Rigidität?, Rigidität und Flexibilität im Arbeitsrecht, 2012, 119; *Lembke*, AÜG-Reform 2017 – Eine Reformatio in Peius, NZA 2017, 1; *Lembke*, Fremdpersonaleinsatz vor neuen Herausforderungen, NZA 2018, 393; *Leuchten*, Das neue Recht der Leiharbeit, NZA 2011, 608; *Lipinski/Praß*, BAG zu „vorübergehend" – mehr Fragen als Antworten!, BB 2014, 1465; *Mayer*, Gesetzliche Mindestlöhne für die Leiharbeit – zur Zulässigkeit eines tariflichen Lohngitters, AuR 2011, 1; *Naderhirn*, Der Richtlinienvorschlag der Kommission zur Leiharbeit, ZESAR 2003, 258; *Nielebock*, Regelung europarechtskonformer Ausnahmen vom Gleichbehandlungsgrundsatz durch die Änderung des AÜG 2011?, Arbeitsgerichtsbarkeit und Wissenschaft, 2012, 455; *Nielebock*, Arbeitsrechtliche Neuerungen nach dem Koalitionsvertrag, AuR 2014, 63; *Nießen/Fabritius*, Gleichbehandlungsgebot in der Arbeitnehmerüberlassung durch Bezugnahmeklauseln und Befristungen, FA 2013, 294; *Nießen/Fabritius*, Was ist vorübergehende Arbeitnehmerüberlassung – Das Rätsel weiter ungelöst?, NJW

2014, 263; *Preis*, Grünbuch und Flexicurity – Auf dem Weg zu einem modernen Arbeitsrecht?, FS für Rolf Birk, 2008, S. 625; *Oberthür*, „Lex DRK", ArbRB 2017, 315; *Oetker*, Arbeitnehmerüberlassung und Unternehmensmitbestimmung im entleihenden Unternehmen nach § 14 II 5 und 6 AÜG, NZA 2017, 29; *Raab*, Europäische und nationale Entwicklungen im Recht der Arbeitnehmerüberlassung, ZfA 2003, 389; *Raschauer/Resch*, Neuerungen bei der Arbeitskräfteüberlassung, 2014; *Reineke*, Das Recht der Arbeitnehmerüberlassung in Spanien und Deutschland und sein Verhältnis zu der geplanten europäischen Regelung, 2004; *Report – Expert Group*, Transposition of Directive 2008/104/EC on temporary agency work, August 2011, Download unter: http://ec.europa.eu/social; *Rieble/Klebeck*, Lohngleichheit für Leiharbeit, NZA 2003, 23; *Rieble/Latzel*, Wirtschaftsförderung nach sozialen Kriterien, 2012; *Rieble/Vielmeier*, Umsetzungsdefizite der Leiharbeitsrichtlinie, EuZA 2011, 474; *Riechert*, Grenzen tarifvertraglicher Abweichung vom Equal Pay-Grundsatz des AÜG, NZA 2013, 303; *Rödl/Ulber, D.*, Unvereinbarkeit von § 9 Nr. 2 Halbs. 4 AÜG mit der Leiharbeitsrichtlinie, NZA 2012, 841; *Sagan*, The Misuse of a European Company according to Article 11 of the Directive 2001/86/EC, EBLR 2010, 15; *Schüren*, Arbeitnehmerüberlassungsgesetz, 5. Aufl. 2018; *Schüren*, Tarifverträge für die Leiharbeit – Weitreichende Innovation mit erheblichem Konfliktpotential, JbArbR Bd. 41, S. 49; *Schüren/Wank*, Die neue Leiharbeitsrichtlinie und ihre Umsetzung in deutsches Recht, RdA 2011, 1; *Sittard/v. Houf*, Anmerkung zu Entscheidung des Gerichtshofs der Europäischen Union vom 17. März 2015 – C-533/13 (AKT), EuZW 2015, 385; *Stang/Ulber J.*, Keine neue Mogelpackung, Anforderungen an eine gesetzliche Neuregelung der Leiharbeit, NZA 2015, 910; *Steinmeyer*, Was bedeutet „vorübergehend"? – Die neue Grundsatzfrage des deutschen Arbeitsrechts, DB 2013, 2740; *Steuer*, Die Arbeitnehmerüberlassung als Mittel zur Förderung des Arbeitsmarktes in Deutschland, 2009; *Stiebert*, Anmerkung zu Entscheidung des Gerichtshofs der Europäischen Union vom 17. März 2015 – C-533/13 (AKT), NJW 2015, 1233; *Temming*, Anmerkung zur Entscheidung des Gerichtshofs der Europäischen Union vom 17. März 2015 – C-533/13 (AKT), jurisPR-ArbR 25/2015, Anm. 1; *Teusch/Verstege*, Vorübergehend unklar – Zustimmungsverweigerungsrecht des Betriebsrats bei Einstellung von Leiharbeitnehmern?, NZA 2012, 1326; *Thüsing*, Arbeitnehmerüberlassungsgesetz, 4. Aufl. 2018; *Thüsing*, Europäische Impulse im Recht der Arbeitnehmerüberlassung – Zum Entwurf einer Richtlinie des Europäischen Parlaments und des Rates über die Arbeitsbedingungen von Leiharbeitnehmern – KOM (2002) 149 endg., DB 2002, 2218; *Thüsing*, Blick in das europäische und ausländische Arbeitsrecht, RdA 2009, 118; *Thüsing*, Dauerhafte Arbeitnehmerüberlassung: Neues vom BAG, vom EuGH und auch vom Gesetzgeber, NZA 2014, 10; *Thüsing*, Zur Vorbereitung auf die AÜG-Reform – Hinweise und Fragen zum neuen Recht –, DB 2016, 2663; *Thüsing/Mengel*, Flexibilisierung von Arbeitsbedingungen und Entgelt, 2005; *Thüsing/Stiebert*, Zum Begriff „vorübergehend" in § 1 Abs. 1 Satz 2 AÜG, DB 2012, 632; *Thüsing/Stiebert*, Equal Pay in der Arbeitnehmerüberlassung zwischen Unionsrecht und nationalem Recht, ZESAR 2012, 199; *Thüsing/Stiebert*, Anmerkung zum Vorabentscheidungsersuchen des Työtuomioistuin (Finnland) vom 9.10.2013 – Auto- ja Kuljetusalan Työntekijäliitto AKT ry/Öljytuote ry, Shell Aviation Finland Oy (Aktenzeichen C-533/13), ZESAR 2014, 27; *Thüsing/Thieken*, Der Begriff der „wirtschaftlichen Tätigkeit" im neuen AÜG, DB 2012, 347; *Trümner/Fischer*, Dauerhafte Personalgestellungen im Lichte des neuen Arbeitnehmerüberlassungsrechts, PersR 2013, 193; *Ulber D.*, Erweiterte Mitbestimmungsrechte des Betriebsrats durch Tarifverträge zur Leiharbeit, AuR 2013, 114; *Ulber D.*, Die Bindungswirkung von A1-Bescheinigungen bei illegaler Arbeitnehmerüberlassung, ZESAR 2015, 3; *Ulber J.* (Hrsg.), AÜG – Arbeitnehmerüberlassungsgesetz und Arbeitnehmerentsendegesetz, Kommentar, 5. Aufl. 2017; *Ulber J.*, Personal-Service-Agenturen und Neuregelung der Arbeitnehmerüberlassung, Änderungen des AÜG durch das Erste Gesetz für moderne Dienstleistungen am Arbeitsmarkt, AuR 2003, 7; *Ulber J.*, Kurzarbeit, Kurzarbeitergeld und Leiharbeitnehmer, AiB 2009, 139; *Ulber J.*, Wirksamkeit tariflicher Regelungen zur Ungleichbehandlung von Leiharbeitnehmern, NZA 2009, 232; *Ulber J.*, Die Richtlinie zur Leiharbeit, AuR 2010, 10; *Ulber J.*, Regierungsentwurf zur Verhinderung von Missbrauch der Arbeitnehmerüberlassung, AuR 2010, 412; *Ulber J.*, Das neue Arbeitnehmerüberlassungsgesetz, AiB 2011, 351; *Ulber J.*, Richtlinienwidrige Leiharbeit als Standortsicherung, AuR 2011, 231; *Ulber J.*, Das neue Recht der Arbeitnehmerüberlassung – Die deutsche Variante des Ausstiegs aus dem Gemeinschaftsrecht, RdA 2018, 50; *Ulber J./Stang*, Die geplante Neuregelung der Leiharbeit, AuR 2015, 250; *Ulber J./Stang*, Die geplante Neuregelung der Leiharbeit, AuR 2015, 250; *Ulber J./Ulber D.*, Arbeitnehmerüberlassungsgesetz, Basiskommentar zum AÜG, 2. Aufl. 2014; *Ulrici*, Arbeitnehmerüberlassungsgesetz, Handkommentar, 1. Aufl. 2017; *Vielmeier*, Zugang zu Gemeinschaftseinrichtungen nach § 13b AÜG, NZA 2012, 535; *Waas*, Die Richtlinie des Europäischen Parlaments und des Rates über Leiharbeit, ZESAR 2009, 207; *Waas*, Der Gleichbehandlungsgrundsatz im neuen Arbeitnehmerüberlassungsgesetz, ZESAR 2012, 7; *Waltermann*, Fehlentwicklung in der Leiharbeit, NZA 2010, 482; *Wank*, Der Richtlinienvorschlag der EG-Kommission zur Leiharbeit und das „Erste Gesetz für moderne Dienstleistungen am Arbeitsmarkt", NZA 2003, 14; *Wank*, Die Neufassung des AÜG, JbArbR 49 (2012), 23; *Wank*, Änderungen im Leiharbeitsrecht, RdA

2017, 100; *Wank*, DRK-Schwestern als Leiharbeitnehmerinnen – Spiel über die Bande, jM 2017, 368; *Wank*, Neues zum Arbeitnehmerbegriff des EuGH, EuZW 2018, 21; *Wank*, Genügt das reformierte AÜG dem Unionsrecht? BB 2018, 1909; *Willemsen/Mehrens*, Beabsichtigte Neuregelung des Fremdpersonaleinsatzes – Mehr Bürokratie wagen?, NZA 2015, 898; *Zappalà*, The Temporary Agency Workers' Directive: An Impossible Political Agreement?, Industrial Law Journal 32 (2003), 310; *Zimmer*, „Vorübergehender" Einsatz von LeiharbeitnehmerInnen, AuR 2012, 422; *Zimmer*, Der Grundsatz der Gleichbehandlung in der Leiharbeitsrichtlinie 2008/104/EG und seine Umsetzung ins deutsche Recht, NZA 2013, 289; *Zimmermann*, Der Entwurf eines Gesetzes zur Änderung des AÜG – Verhinderung von Missbrauch der Arbeitnehmerüberlassung, ArbRAktuell 2011, 62; *Zimmermann*, Tatbestandsrätsel „vorübergehend" – weiter ungelöst, NZA 2015, 528; *Zimmermann*, Der Referentenentwurf zur AÜG-Reform 2017, BB 2016, 53.

I. Einleitung

12.1 Leiharbeit wird nicht nur als flexibilitätssteigernde Möglichkeit der Personalplanung angesehen. Ihr wird darüber hinaus ein beschäftigungsfördernder Effekt zugesprochen. In der Diskussion stehen jedoch nicht nur die Chance, durch die Tätigkeit als Leiharbeitnehmer die Übernahme in ein Stammarbeitsverhältnis zu erreichen, sondern auch mögliche negative Effekte der Leiharbeit, insbesondere die umstrittene Verdrängungswirkung gegenüber Dauerarbeitsplätzen.[1] Entscheidender Einfluss auf diese Effekte kommt den Arbeitsbedingungen von Leiharbeitnehmern zu, die unionsrechtlich durch die Richtlinie 2008/104/EG über Leiharbeit (im Folgenden Leiharbeitsrichtlinie bzw. Leiharb-RL)[2] determiniert sind.[3]

1. Überblick über die Entstehungsgeschichte der Richtlinie

12.2 Entsprechend der kontroversen Einschätzung von Leiharbeit lagen der Leiharbeitsrichtlinie ein fast dreißigjähriges Bemühen und eine Vielzahl gescheiterter legislativer Initiativen zugrunde.[4] So scheiterten nicht nur ein erster Vorschlag der Kommission für eine „Richtlinie des Rates über Zeitarbeit" aus dem Jahr 1982[5] und weitere Richtlinienentwürfe aus dem Jahr 1990.[6] Ebenso zum Scheitern verurteilt waren die ab September 1995 auf Grundlage des heutigen Art. 155 AEUV geführten Verhandlungen der Sozialpartner über eine Rahmenvereinbarung zur Leiharbeit[7] sowie die weiteren Initiativen der Kommission, die am 20.3.2002 einen Vorschlag für eine Richtlinie des Europäischen Parlaments und des Rates über die Arbeitsbedingungen von Leiharbeitnehmern (im Folgenden 1. RL-E)[8] und – nach zahlreichen Änderungswünschen des Europäischen Parlaments[9] – am 28.11.2002 einen geänderten Vorschlag (im Folgenden 2. RL-E)[10] vorgelegt hatte.

---

1 Ausf. zu ökonomischen Aspekten der Leiharbeit Schlachter/Heinig/*Forst*, § 16 Rz. 22 ff.
2 Richtlinie 2008/104/EG des Europäischen Parlaments und des Rates über Leiharbeit v. 19.11.2008, ABl. Nr. L 327 v. 5.12.2008, S. 9.
3 Zur Richtlinie des Rates v. 25.7.1991 zur Ergänzung der Maßnahmen zur Verbesserung der Sicherheit und des Gesundheitsschutzes von Arbeitnehmern mit befristetem Arbeitsverhältnis oder Leiharbeitsverhältnis 91/383/EWG (ABl. Nr. L 206 v. 29.7.1991, S. 19) *Riesenhuber*, Europäisches Arbeitsrecht, § 19.
4 Ausf. zur Entstehungsgeschichte der Leiharbeitsrichtlinie *Sansone*, Gleichstellung von Leiharbeitnehmern, S. 65 m.w.N.; Schlachter/Heinig/*Forst*, § 16 Rz. 4 ff.; *Thüsing*, Europäisches Arbeitsrecht, § 4 Rz. 40 ff. m.w.N.
5 ABl. C 128 v. 19.5.1982, S. 2.
6 KOM (1990), 228 endg., ABl. C 224 v. 8.9.1990, S. 4.
7 Ausf. Ahlberg/Bercusson/u.a./*Ahlberg*, Transnational Labour Regulation, S. 191 (194 ff.).
8 KOM (2002) 149 endg.; zum 1. RL-E *Thüsing*, DB 2002, 2218 (2218 ff.).
9 Standpunkt des Europäischen Parlaments festgelegt in erster Lesung am 21.11.2002 im Hinblick auf den Erlass der Richtlinie des Europäischen Parlaments und des Rates über Leiharbeit, ABl. C 25 E v. 29.1.2004, S. 368.
10 KOM (2002) 701 endg.; zum 2. RL-E *Bertram*, ZESAR 2003, 205 (205 ff.).

Nachdem aufgrund der kontroversen Positionen der Mitgliedstaaten[11] mit der Realisierung einer Leiharbeitsrichtlinie bereits nicht mehr gerechnet wurde,[12] gelang es unter slowenischem Ratsvorsitz im Juni 2008 schließlich, die Verhandlungen zu einem erfolgreichen Abschluss zu bringen.[13] Nach der erzielten politischen Einigung legte der Rat am 15.9.2008 einen gemeinsamen Standpunkt zur Leiharbeitsrichtlinie fest,[14] der im Europäischen Parlament am 22.10.2008 verabschiedet wurde.[15] Die Leiharbeitsrichtlinie trat am 5.12.2008 in Kraft.[16] Ihre Umsetzung hatte in den Mitgliedstaaten nach Art. 11 Abs. 1 Leiharb-RL bis zum 5.12.2011 zu erfolgen. 12.3

2. Umsetzung in Deutschland

Zur Umsetzung der Leiharbeitsrichtlinie hat der deutsche Gesetzgeber fristgerecht das „Erste Gesetz zur Änderung des Arbeitnehmerüberlassungsgesetzes – Gesetz zur Verhinderung von Missbrauch der Arbeitnehmerüberlassung" vom 28.4.2011[17] sowie das „Gesetz zur Änderung des Arbeitnehmerüberlassungsgesetzes und des Schwarzarbeitsbekämpfungsgesetzes" vom 20.7.2011[18] erlassen. Mit der Zielsetzung, *„die Leiharbeit auf ihre Kernfunktion hin zu orientieren und den Missbrauch von Werkvertragsgestaltungen zu verhindern",*[19] kam es durch das *„Gesetz zur Änderung des Arbeitnehmerüberlassungsgesetzes und anderer Gesetze"* vom 21.2.2017[20] mit Wirkung zum 1.4.2017 zu grundlegenden Gesetzesänderungen. 12.4

3. Struktur der Richtlinie

Die Leiharbeitsrichtlinie umfasst drei Kapitel. Das erste, Art. 1 bis Art. 4 Leiharb-RL umfassende Kapitel enthält auf die gesamte Richtlinie anzuwendende „Allgemeine Bestimmungen". Art. 1 Leiharb-RL legt den Anwendungsbereich der Richtlinie und Art. 2 Leiharb-RL das mit ihr verfolgte Ziel fest. Art. 3 Leiharb-RL enthält Definitionen und (systemwidrig) weitere Vorgaben für den Anwendungsbereich der Richtlinie. Art. 4 Leiharb-RL regelt die Überprüfung von nationalen Einschränkungen und Verboten der Arbeitnehmerüberlassung. 12.5

Materiell-rechtlich bildet das zweite Kapitel (Art. 5 bis 8 Leiharb-RL) betreffend die „Arbeits- und Beschäftigungsbedingungen" das Herzstück der Richtlinie,[21] das in Art. 5 Leiharb-RL den „Grundsatz der Gleichbehandlung" enthält. Art. 6 Leiharb-RL weist darüber hinaus eine Reihe von Bestimmungen auf, die den „Zugang zu Beschäftigung, Gemeinschaftseinrichtungen und beruflicher Bildung" regeln. Art. 7 und Art. 8 Leiharb-RL betreffen Regelungen der Vertretung von Leiharbeitnehmern durch Arbeitnehmervertretungen. 12.6

---

11 Die Richtlinienentwürfe scheiterten insbesondere am Widerstand Irlands, Dänemarks, Deutschlands und des Vereinigten Königreichs, vgl. Ahlberg/Bercusson/u.a./*Ahlberg*, Transnational Labour Regulation, S. 191 (251 ff.); Thüsing/*Thüsing*, AÜG, Einf. Rz. 29.
12 Vgl. *Thüsing*, Arbeitsrechtlicher Diskriminierungsschutz, Rz. 803: „Mit seiner Realisierung [des Richtlinienvorschlags] ist vorerst wohl nicht zu rechnen".
13 Mitteilung an die Presse zur 2876. Tagung des Rates Beschäftigung, Sozialpolitik, Gesundheit und Verbraucherschutz vom 9.–10.6.2008 in Luxemburg, C/08/166, S. 2, 11 f.
14 ABl. C 254 E v. 7.10.2008, S. 36 ff.
15 Legislative Entschließung des Europäischen Parlaments v. 22.10.2008 zu dem Gemeinsamen Standpunkt des Rates im Hinblick auf den Erlass der Richtlinie des Europäischen Parlaments und des Rates über Leiharbeit, 10599/2/2008 – C6-0327/2008 – 2002/0072 (COD).
16 ABl. Nr. L 327 v. 5.12.2008, S. 9.
17 BGBl. I 2011, 642.
18 BGBl. I 2011, 1506.
19 BT-Drucks. 18/9232, S. 1.
20 BGBl. I 2017, 258.
21 *Hamann*, EuZA 2009, 287 (295); *Riesenhuber*, Europäisches Arbeitsrecht, § 18 Rz. 9.

12.7 Das dritte, Art. 9 bis 14 Leiharb-RL umfassende Kapitel enthält die „Schlussbestimmungen" mit für die gesamte Richtlinie relevanten, richtlinientypischen Standardformulierungen.[22] Diese betreffen neben der in Art. 11 Leiharb-RL normierten Umsetzungspflicht und -frist das Inkrafttreten (Art. 13 Leiharb-RL) und die Adressaten der Richtlinie (Art. 14 Leiharb-RL). Darüber hinaus normiert Art. 12 Leiharb-RL die – bereits erfüllte[23] – Pflicht der Kommission zur Überprüfung der Anwendung der Richtlinie bis zum 5.12.2013.

12.8 Besondere Bedeutung für die Umsetzung der Richtlinie in nationales Recht kommt Art. 9 und Art. 10 Leiharb-RL zu. Während Art. 9 Abs. 1 Leiharb-RL klarstellt, dass die Leiharbeitsrichtlinie lediglich Mindestvorschriften zugunsten von Arbeitnehmern bereithält, enthält Art. 9 Abs. 2 Leiharb-RL Vorgaben zur Beibehaltung des geltenden nationalrechtlichen Schutzniveaus bei der Umsetzung der Leiharbeitsrichtlinie. Gemäß Art. 10 Abs. 1 Leiharb-RL haben Mitgliedstaaten für den Fall der Nichteinhaltung der Richtlinie durch Leiharbeitsunternehmen oder durch entleihende Unternehmen ferner geeignete Maßnahmen vorzusehen, um die Erfüllung der sich aus der Richtlinie ergebenden Verpflichtungen durchsetzen zu können, wozu insbesondere entsprechende Verwaltungs- oder Gerichtsverfahren vorzusehen sind. Nach Art. 10 Abs. 2 Leiharb-RL haben Mitgliedstaaten für Verstöße gegen die einzelstaatlichen Umsetzungsvorschriften der Richtlinie zudem wirksame, angemessene und abschreckende Sanktionen festzulegen und alle erforderlichen Maßnahmen zu treffen, um deren Durchführung zu gewährleisten (zum dabei zu beachtenden Äquivalenz- und Effektivitätsprinzip vgl. Rz. 1.120 ff.).[24]

II. Ermächtigungsgrundlage der Richtlinie

12.9 Ausweislich der Präambel der Leiharbeitsrichtlinie liegt ihr als Ermächtigungsgrundlage **Art. 153 Abs. 2 AEUV** (zum Zeitpunkt ihres Erlasses: Art. 137 Abs. 2 EGV a.F.) zugrunde.[25]

12.10 Problematisch ist zwar, dass der Grundsatz der Gleichbehandlung gem. Art. 5 Leiharb-RL auch eine Gleichbehandlung hinsichtlich des **Arbeitsentgelts** als wesentliche Arbeitsbedingung i.S.d. Art. 3 Abs. 1 Buchst. f Nr. ii Leiharb-RL verlangt, da Art. 153 Abs. 5 AEUV Bestimmungen über das Arbeitsentgelt von der Regelungskompetenz des Art. 153 AEUV ausnimmt. Gleichwohl verstößt die Leiharbeitsrichtlinie nicht gegen Art. 153 Abs. 5 AEUV.[26] Die Regelungssperre des Art. 153 Abs. 5 AEUV bezieht sich insoweit lediglich auf Regelungen, im Rahmen derer eine unmittelbare Festlegung der Höhe des Entgelts erfolgt, nicht aber auf solche Bestimmungen, die – wie Art. 5 Abs. 1, 3 Abs. 1 Buchst. f Nr. ii Leiharb-RL – nur mittelbar auf das Arbeitsentgelt einwirken (vgl. Rz. 1.61).[27]

---

22 Vgl. die Begründung des 1. RL-E durch die Kommission, KOM (2002), 149 endg., S. 17.
23 Vgl. den Bericht der Kommission über die Anwendung der Richtlinie 2008/104/EG über Leiharbeit, KOM (2014), 176 endg.
24 Ausf. zu Art. 10 Leiharb-RL *Sansone*, Gleichstellung von Leiharbeitnehmern, S. 560 ff.
25 Dabei ist konkret auf den Regelungsbereich der Arbeitsbedingungen nach Art. 153 Abs. 1 Buchst. b AEUV abzustellen, Begründung des Rates zum Gemeinsamen Standpunkt (EG) Nr. 24/2008 vom Rat festgelegt am 15.9.2008, ABl. C 254 E v. 7.10.2008, S. 41.
26 *Hamann*, EuZA 2009, 287 (291 ff.); *Riesenhuber*, Europäisches Arbeitsrecht, § 4 Rz. 12, § 15 Rz. 16; EAS/*Sagan*, B 1100 Rz. 47; *Sansone*, Gleichstellung von Leiharbeitnehmern, S. 68 ff.; wohl auch EU-ArbR/*Rebhahn/Schörghofer*, RL 2008/104/EG, Art. 1 Rz. 4; a.A. *Bertram*, ZESAR 2003, 205 (214); *Klebeck*, Gleichstellung der Leiharbeitnehmer, S. 205 f.; Boemke/Lembke/*Lembke*, AÜG, § 9 Rz. 23 ff.; *Rieble/Klebeck*, NZA 2003, 23 (27); *Wank*, NZA 2003, 14 (18). Vgl. zum erfüllten Subsidiaritätsprinzip *Hamann*, EuZA 2009, 287 (294 f.).
27 EuGH v. 13.9.2007 – C-307/05 – Del Cerro Alonso, Slg. 2007, I-7109 Rz. 38 ff.; v. 15.4.2008 – C-268/06 – Impact, Slg. 2008, I-2483 – Rz. 121 ff.; a.A. Calliess/Ruffert/*Krebber*, Art. 153 AEUV Rz. 11.

III. Ziel der Richtlinie

Dem europäischen „Flexicurity"-Ansatz entsprechend, der größere Flexibilität auf den europäischen Arbeitsmärkten (flexibility) mit größtmöglicher Sicherheit (security) kombinieren soll,[28] lassen sich Art. 2 Leiharb-RL zwei antagonistische Zielrichtungen der Richtlinie entnehmen. Zum einen bezweckt sie – was als Hauptziel anzusehen ist[29] – den Schutz von Leiharbeitnehmern und die Verbesserung der Qualität von Leiharbeit. Zum anderen verfolgt sie das arbeitsmarktpolitische Ziel, einen angemessenen Rahmen für die Leiharbeit zur wirksamen Schaffung von Arbeitsplätzen und der Entwicklung flexibler Arbeitsformen vorzugeben.[30]

12.11

IV. Anwendungsbereich und Begriffsbestimmungen

Den Anwendungsbereich der Leiharbeitsrichtlinie regelt Art. 1 Leiharb-RL. Er erschließt sich jedoch nur im Zusammenhang mit den in Art. 3 Leiharb-RL niedergelegten Begriffsbestimmungen, die ihrerseits auf Begriffsmerkmale des Art. 1 Leiharb-RL zurückgreifen.[31]

12.12

1. Anwendungsbereich nach Art. 1 Abs. 1 Leiharb-RL

Die Leiharbeitsrichtlinie gilt nach Art. 1 Abs. 1 „für Arbeitnehmer, die mit einem Leiharbeitsunternehmen einen Arbeitsvertrag geschlossen haben oder ein Beschäftigungsverhältnis eingegangen sind und die entleihenden Unternehmen zur Verfügung gestellt werden, um vorübergehend unter deren Aufsicht und Leitung zu arbeiten". Eine inhaltsgleiche Definition des Leiharbeitnehmers enthält Art. 3 Abs. 1 Buchst. c Leiharb-RL.

12.13

Aus diesem Wortlaut folgt bereits, dass Arbeitnehmerüberlassung i.S.d. Leiharbeitsrichtlinie ein **Drei-Personen-Verhältnis** voraussetzt.[32] Daher erfasst die Richtlinie weder den sog. Selbstverleih eines Arbeitnehmers oder Selbständigen noch die Entsendung eines Arbeitnehmers von einer Betriebsstätte in eine andere desselben Arbeitgebers.[33]

12.14

a) Begriff des Arbeitnehmers und des Leiharbeitsunternehmens

Wie häufig in arbeitsrechtlichen Richtlinien verweist die Leiharbeitsrichtlinie in Art. 3 Abs. 1 Buchst. a, Abs. 2 UAbs. 1 zwar für die Begriffe des Arbeitnehmers, Arbeitsvertrags und Beschäftigungsverhältnisses **auf das nationale Recht der Mitgliedstaaten** (vgl. zum Arbeitnehmerbegriff im Unionsrecht Rz. 1.107 ff.).[34]

12.15

---

28 Vgl. hierzu *Preis*, FS Birk, S. 625. S. auch die Mitteilung der Kommission „Gemeinsame Grundsätze für den Flexicurity-Ansatz herausarbeiten", KOM (2007), 359 endg.; kritisch Schlachter/Heinig/*Forst*, § 16 Rz. 31 ff.
29 *Sansone*, Gleichstellung von Leiharbeitnehmern, S. 449 f.; Ulber, J./*Ulber, J.*, AÜG, Einl. F. Rz. 57; wohl auch *Düwell/Dahl*, DB 2009, 1070 (1070); *Waas*, ZESAR 2009, 207 (208); a.A. EUArbR/*Rebhahn/Schörghofer*, RL 2008/104/EG, Art. 2 Rz. 1; *Boemke*, RIW 2009, 177 (178); *Rieble/Latzel*, Wirtschaftsförderung nach sozialen Kriterien, § 2 Rz. 148; *Junker*, EuZA 2016, 428 (442).
30 Diese Zielrichtungen liegen auch dem deutschen Recht zugrunde, *Sansone*, Gleichstellung von Leiharbeitnehmern, S. 448 f.; *Waltermann*, NZA 2010, 482 (484); vgl. ausf. zu den Zielen der Leiharbeitsrichtlinie EUArbR/*Rebhahn/Schörghofer*, RL 2008/104/EG, Art. 2 Rz. 2 ff.
31 Zum räumlichen Geltungsbereich Schlachter/Heinig/*Forst*, § 16 Rz. 63.
32 *Hamann*, EuZA 2009, 287 (296); *Sansone*, Gleichstellung von Leiharbeitnehmern, S. 451.
33 *Sansone*, Gleichstellung von Leiharbeitnehmern, S. 451. Zum Verhältnis der Leiharbeitsrichtlinie zur Entsenderichtlinie instruktiv der Prüfungsbericht der Kommission KOM (2014) 176 final, S. 19 f.; EUArbR/*Rebhahn/Schörghofer*, RL 2008/104/EG, Art. 1 Rz. 7.
34 Ausf. zur Differenzierung zwischen Arbeits- und Beschäftigungsverhältnis Schlachter/Heinig/*Forst*, § 16 Rz. 51.

12.16 Gleichwohl hat der EuGH anlässlich einer Vorlage des BAG[35] betreffend die Gestellung von Rotkreuzschwestern entschieden, dass für die Bestimmung, ob eine Person Arbeitnehmer i.S.d. Leiharbeitsrichtlinie ist, „die rechtliche Einordnung ihres Beschäftigungsverhältnisses nach nationalem Recht, die Art der zwischen den beiden Personen bestehenden Rechtsbeziehung und die Ausgestaltung des Beschäftigungsverhältnisses unerheblich sind".[36] Die Leiharbeitsrichtlinie sei vielmehr derart auszulegen, dass sie „jede Person erfasst, die eine Arbeitsleistung erbringt, das heißt, die während einer bestimmten Zeit für eine andere Person nach deren Weisung Leistungen erbringt, für die sie als Gegenleistung eine Vergütung erhält, und die aufgrund dieser Arbeitsleistung in dem betreffenden Mitgliedstaat geschützt ist."[37] In Anwendung dieser Grundsätze hat das BAG entschieden, dass Rotkreuzschwestern, die es nach deutschem Recht nicht als Arbeitnehmer ansieht,[38] im Rahmen einer Gestellung als „aufgrund ihrer Arbeitsleistung geschützte" Personen Arbeitnehmer i.S.d. Leiharbeitsrichtlinie seien.[39]

12.17 Die auf eine systematisch-teleologische Auslegung gestützte Entscheidung des EuGH wurde vielfach kritisiert.[40] Die Reichweite der Entscheidung bleibt abzuwarten.[41] Da der EuGH zur Begründung seiner Entscheidung maßgeblich auf die Gewährleistung der praktischen Wirksamkeit der Richtlinie unter Berücksichtigung des mit ihr verfolgten Zwecks abstellt (zum Effektivitätsprinzip vgl. Rz. 1.122 ff.),[42] ist jedoch eine weite Auslegung des Arbeitnehmerbegriffs im Sinne der Leiharbeitsrichtlinie zu erwarten. So wird vor dem Hintergrund, dass der EuGH[43] GmbH-Fremdgeschäftsführer als Arbeitnehmer i.S.d. Mutterschutz- und der Massenentlassungsrichtlinie anerkannt hat,[44] vertreten, dass diese in den Schutzbereich der Leiharbeitsrichtlinie einzubeziehen seien.[45] Die Einbeziehung eines Alleingesellschafters und alleinigen Geschäftsführers in den Anwendungsbereich der Leiharbeitsrichtlinie hat das BAG – ohne Vorlage der Rechtsfrage an den EuGH – abgelehnt.[46]

12.18 Nach Art. 3 Abs. 2 UAbs. 2 Leiharb-RL ist es für die Anwendbarkeit der Leiharbeitsrichtlinie unerheblich, ob eine **Teilzeit- oder befristete Beschäftigung** vorliegt. Es ist zudem unerheblich, ob ein Rechtsverhältnis auch nach nationalem Recht als Leiharbeitsverhältnis einzustufen ist.[47] Maß-

---

35 BAG v. 17.3.2015 – 1 ABR 62/1 (A), GesR 2016, 81.
36 EuGH v. 17.11.2016 – C-216/15 – Betriebsrat der Ruhrlandklinik, ArbRB 2016, 354 = NZA 2017, 41 Rz. 33, 43.
37 EuGH v. 17.11.2016 – C-216/15 – Betriebsrat der Ruhrlandklinik, ArbRB 2016, 354 = NZA 2017, 41 Rz. 33, 43.
38 BAG v. 6.7.1995 – 5 AZB 9/93, NZA 1996, 75.
39 BAG v. 21.2.2017 – 1 ABR 62/12, ArbRB 2017, 136 = NZA 2017, 662.
40 Vgl. etwa ErfK/*Preis*, § 611a BGB Rz. 20; *Preis/Morgenbrodt*, EuZA 2017, 418 (423 ff.); *Ulrici*, EuZW 2017, 70 (71); *Wank*, EuZW 2018, 21 (22); *Wank*, BB 2018, 1909 (1911); *Joussen*, ZESAR 2017, 401 (404).
41 Eine Trendwende hin zu einer Vereinheitlichung des europäischen Arbeitsnehmerbegriffs sehen *Preis/Morgenbrodt*, EuZA 2017, 418 (423 ff.); vgl. EUArbR/*Rebhahn/Schörghofer*, RL 2008/104/EG, Art. 1 Rz. 3a.
42 EuGH v. 17.11.2016 – C-216/15 – Betriebsrat der Ruhrlandklinik, ArbRB 2016, 354 = NZA 2017, 41 Rz. 34 ff.
43 EuGH v. 11.1.2010 – C-232/09 – Danosa, ArbRB 2010, 358 = NZA 2011, 143; v. 9.7.2015 – C-229/14 – Balkaya, ArbRB 2015, 259 = NZA 2015, 861.
44 *Hamann/Klengel*, EuZA 2017, 485 (489); *Schmitt*, ZESAR 2017, 167 (175). Vgl. zur Einbeziehung von Beamten, die nicht hoheitlich tätig sind *Hamann/Klengel*, EuZA 2017, 485 (488 f.). Für eine Einbeziehung von „Soloselbständigen", wie Ärzte, IT-Berater, die sich in einer Genossenschaft zusammengeschlossen haben und von der Genossenschaft weisungsabhängig in Einsatzunternehmen tätig werden, *Lembke*, NZA 2018, 393 (400).
45 *Hamann/Klengel*, EuZA 2017, 485 (489); *Schüren/Hamann*, AÜG, § 1 Rz. 43.
46 BAG v. 17.1.2017 – 9 AZR 76/16, ArbRB 2017, 137 = NZA 2017, 572 (574 f.); vgl. auch *Hamann/Klengel*, EuZA 2017, 485 (490).
47 *Sansone*, Gleichstellung von Leiharbeitnehmern, S. 453; *Waas*, ZESAR 2009, 207 (209) unter Verweis auf Art. 3 Abs. 2 UAbs. 2 letzter Halbs. Leiharb-RL; i.E. auch EuGH v. 17.11.2016 – C-216/15 – Betriebsrat der Ruhrlandklinik, ArbRB 2016, 354 = NZA 2017, 41 Rz. 43.

geblich für die Einordnung als Leiharbeitnehmer i.S.d. Richtlinie ist die **tatsächliche Durchführung** des Rechtsverhältnisses und somit der **objektive Vertragsinhalt**, nicht jedoch die Bezeichnung des Vertrags durch die Parteien.[48]

Das **Leiharbeitsunternehmen** definiert Art. 3 Abs. 1 Buchst. b Leiharb-RL als natürliche oder juristische Person, die mit Leiharbeitnehmern Arbeitsverträge schließt oder Beschäftigungsverhältnisse eingeht, um sie entleihenden Unternehmen zu überlassen, damit sie dort unter deren Aufsicht und Leitung vorübergehend arbeiten. Hierunter fallen nicht nur Unternehmen, die ausschließlich Arbeitnehmerüberlassung betreiben, sondern auch sog. **Mischunternehmen**, die neben der Arbeitnehmerüberlassung als Haupt- oder Nebenzweck weitere Betriebszwecke verfolgen.[49]

12.19

Die Leiharbeitsrichtlinie erfasst entgegen der a.A. des deutschen Gesetzgebers[50] Arbeitnehmer unabhängig davon, ob sie laut Arbeitsvertrag ausschließlich an fremde Unternehmen zur Arbeitsleistung überlassen werden sollen (**sog. unechte Leiharbeit**) oder neben der Tätigkeit im Betrieb des Verleihers zusätzlich an Dritte überlassen werden können (**sog. echte Leiharbeit**).[51]

12.20

Das deutsche Recht entspricht diesen Anforderungen des Art. 1 Abs. 1 Leiharb-RL. Auch die Arbeitnehmerüberlassung i.S.v. § 1 Abs. 1 Satz 1 AÜG, der den Geltungsbereich des AÜG vorgibt, setzt ein Drei-Personen-Verhältnis voraus, das Arbeitnehmer[52] unabhängig von einer Teilzeit- oder befristeten Beschäftigung erfasst, wobei für die Qualifikation als Leiharbeitsverhältnis die tatsächliche Durchführung maßgeblich ist.[53] Ferner erfasst das AÜG grundsätzlich (vgl. zu den gesetzlichen Ausnahmetatbeständen Rz. 12.37 f.) jede natürliche oder juristische Person des privaten oder öffentlichen Rechts unabhängig von einem etwaigen Mischbetriebscharakter des Verleiherbetriebs.[54] Sowohl echte als auch unechte Leiharbeit unterliegen dem AÜG.[55]

12.21

Mit Wirkung zum 1.4.2017 wurde in § 1 Abs. 1 Satz 1 AÜG durch Hinzufügung eines Klammerzusatzes eine Legaldefinition der „Arbeitnehmerüberlassung" eingeführt. Der Rechtsprechung des EuGH[56] und des BAG[57] folgend (Rz. 12.16 f.) ist die richtlinienkonforme Auslegung der Legal-

12.22

---

48 *Sansone*, Gleichstellung von Leiharbeitnehmern, S. 453; vgl. auch *Ulber, J.*, AuR 2010, 10 (11); zu verschiedenen Deutungsmöglichkeiten des Art. 3 Abs. 2 Leiharb-RL EUArbR/*Rebhahn/Schörghofer*, RL 2008/104/EG, Art. 3 Rz. 4.
49 Boemke/Lembke/*Boemke*, AÜG, Einl. Rz. 10, § 1 Rz. 52; *Hamann*, EuZA 2009, 287 (297); *Hamann*, RdA 2011, 321 (323); *Hamann*, ZESAR 2012, 103 (104 f.); *Hamann/Klengel*, EuZA 2017, 485 (491); *Sansone*, Gleichstellung von Leiharbeitnehmern, S. 454; *Rieble/Vielmeier*, EuZA 2011, 474 (481); Ulber, J./*Ulber, J.*, AÜG, Einl. F. Rz. 58, § 1 Rz. 198; *Wank*, JbArbR 49 (2012), 23 (40); EUArbR/*Rebhahn/Schörghofer*, RL 2008/104/EG, Art. 3 Rz. 6.
50 BT-Drucks. 17/4804, 8 f.; so auch *Boemke*, RIW 2009, 177 (178 f.); Boemke/Lembke/*Boemke*, AÜG, § 1 Rz. 18; unklar *Forst*, ZESAR 2011, 316 (317 f.).
51 *Hamann*, EuZA 2009, 287 (297 f.); Preis/*Preis*, Der Arbeitsvertrag, II A 55 Rz. 13; *Sansone*, Gleichstellung von Leiharbeitnehmern, S. 459 f.; *Waas*, ZESAR 2009, 207 (209); EUArbR/*Rebhahn/Schörghofer*, RL 2008/104/EG, Art. 3 Rz. 5; Schüren/*Hamann*, AÜG, § 1 Rz. 44.
52 S. für den nationalen Arbeitnehmerbegriff, der die Anwendung der Leiharbeitsrichtlinie bspw. auf Selbständige und in einem öffentlich-rechtlichen Dienstverhältnis stehende Personen, wie Beamte, Richter und Soldaten, ausschließt, Boemke/Lembke/*Boemke*, AÜG, § 1 Rz. 23.
53 Ausf. *Sansone*, Gleichstellung von Leiharbeitnehmern, S. 451 ff. m.w.N.
54 BAG v. 8.11.1978 – 5 AZR 261/77, NJW 1979, 2636.
55 Boemke/Lembke/*Boemke*, AÜG, § 1 Rz. 18. Die Ansicht, nach der lediglich sog. unechte Leiharbeit in den Anwendungsbereich der Leiharbeitsrichtlinie fällt, nimmt aufgrund von Art. 9 Abs. 1 Leiharb-RL allerdings ebenfalls keinen Verstoß des deutschen Rechts gegen die Vorgaben der Leiharbeitsrichtlinie an, vgl. *Boemke*, RIW 2009, 177 (178).
56 EuGH v. 17.11.2016 – C-216/15 – Betriebsrat der Ruhrlandklinik, ArbRB 2016, 354 = NZA 2017, 41 Rz. 33, 43.
57 BAG v. 17.1.2017 – 9 AZR 76/16, ArbRB 2017, 137 = NZA 2017, 572 (574 f.); v. 21.2.2017 – 1 ABR 62/12, ArbRB 2017, 136 = NZA 2017, 662.

definition erforderlich.[58] Bemerkenswert ist dabei, dass das BAG[59] den Begriff der Arbeitnehmerüberlassung einheitlich richtlinienkonform auslegt und auf den gesamten Anwendungsbereich des AÜG erstreckt und damit auch auf solche Vorschriften des AÜG, die nicht der Umsetzung der Leiharbeitsrichtlinie dienen.[60]

b) Dem entleihenden Unternehmen zur Verfügung gestellt, um unter Aufsicht und Leitung zu arbeiten

12.23 Nach Art. 1 Abs. 1 Leiharb-RL muss der Arbeitnehmer einem – in Art. 3 Abs. 1 Buchst. d Leiharb-RL definierten – entleihenden Unternehmen darüber hinaus zur Verfügung gestellt werden, um unter dessen Aufsicht und Leitung zu arbeiten.[61] Der auch in Art. 1 Abs. 3 Buchst. a Ents-RL (vgl. Rz. 16.86 ff. verwendete Begriff der **Leitung** setzt dabei voraus, dass der Arbeitnehmer weisungsgebundene Arbeit verrichtet.[62] Das **zur Verfügung Stellen** erfordert die Befugnis des Entleihers, den Leiharbeitnehmer unter seiner Aufsicht und Leitung einzusetzen.[63]

12.24 Anhand des Tatbestandsmerkmals des „zur Verfügung Stellens, um unter Aufsicht und Leitung zu arbeiten" ist die **Abgrenzung** der Arbeitnehmerüberlassung **zu anderen Formen des Fremdpersonaleinsatzes** vorzunehmen.[64] Sachgerecht erscheint dabei bis auf weiteres der Rückgriff auf die für das deutsche Recht entwickelte Abgrenzungsformel des BAG,[65] wonach Arbeitnehmerüberlassung vorliegt, „wenn ein Arbeitnehmer seine Arbeitsleistung in einem Drittbetrieb erbringt und er hierbei hinsichtlich der Arbeitsausführung den Weisungen des fremden Betriebsinhabers oder seiner Repräsentanten unterliegt."[66] Erste Anhaltspunkte für ein unionsrechtliches Verständnis zu dieser Abgrenzungsfrage bieten die jüngere Rechtsprechung des EuGH zum Begriff der Leiharbeit in Art. 1 Abs. 3 Buchst. a Ents-RL (vgl. hierzu Rz. 16.9 f.) und die den Entscheidungen vorangegangenen Schlussanträge.[67] Einer vorbehaltlosen Übertragung der Rechtsprechung zur Entsenderichtlinie auf die Begriffsbestimmungen der Leiharbeitsrichtlinie stehen jedoch die unterschiedlichen Regulierungsziele der Richtlinien entgegen.[68]

12.25 Es ist davon auszugehen, dass das Verständnis der Leiharbeitsrichtlinie auch insofern der in § 1 Abs. 1 Satz 1 AÜG enthaltenen Definition der Arbeitnehmerüberlassung entspricht.[69] Dies gilt

---

58 *Lembke*, NZA 2017, 1 (2); *Lembke*, NZA 2018, 393 (400).
59 BAG v. 21.2.2017 – 1 ABR 62/12, ArbRB 2017, 136 = NZA 2017, 662 (665 f.).
60 Vgl. hierzu ausführlich *Lembke*, NZA 2018, 393 (400).
61 Ausdrücklich auf die Tätigkeit unter der Aufsicht und Leitung des entleihenden Unternehmens (auch) im Rahmen von Art. 1 Abs. 3 Buchst. a Ents-RL abstellend EuGH v. 10.2.2011 – C-307/09, C-308/09, C-309/09 – Vicoplus, NZA 2011, 283, Rz. 47; v. 18.6.2015 – C-586/13 – Meat, NZA 2015, 209, Rz. 33.
62 *Sansone*, Gleichstellung von Leiharbeitnehmern, S. 455; i.E. ebenso GA Bot v. 9.9.2010 – C-307/09, C-308/09, C-309/09 – Vicoplus, Rz. 63; EUArbR/*Rebhahn/Schörghofer*, RL 2008/104/EG, Art. 3 Rz. 7; a.A Schlachter/Heinig/*Forst*, § 16 Rz. 62.
63 *Sansone*, Gleichstellung von Leiharbeitnehmern, S. 455; *Ulber, J.*, AuR 2010, 10 (12).
64 *Hamann*, EuZA 2009, 287 (296); vgl. nunmehr auch EuGH v. 18.6.2015 – C-586/13 – Meat, NZA 2015, 209, Rz. 31 ff.; GA *Bot* v. 9.9.2010 – C-307/09, C-308/09, C-309/09 – Vicoplus, Rz. 64; GA *Sharpston* v. 15.1.2015 – C-586/13 – Meat, Rz. 36 ff.
65 BAG v. 10.2.1977 – 2 ABR 80/76, AP Nr. 9 zu § 103 BetrVG 1972, unter II 1 b); v. 20.4.2005 – 7 ABR 20/04, ArbRB 2005, 292 = NZA 2005, 1006 (1008); vgl. zur Abgrenzung *Greiner*, NZA 2013, 697.
66 *Sansone*, Gleichstellung von Leiharbeitnehmern, S. 456 f.; wohl auch *Hamann*, EuZA 2009, 287 (296 f.); weitergehend Ulber, J./*Ulber, J.*, AÜG, Einl. F. Rz. 58; *Ulber, J.*, AuR 2010, 10 (12), der auch den Einsatz von Arbeitnehmern im Rahmen von Werk- oder Dienstverträgen unter die Leiharbeitsrichtlinie fasst.
67 EuGH v. 18.6.2015 – C-586/13 – Meat, NZA 2015, 209, Rz. 31 ff.; GA *Bot* v. 9.9.2010 – C-307/09, C-308/09, C-309/09 – Vicoplus, Rz. 64; GA *Sharpston* v. 15.1.2015 – C-586/13 – Meat, Rz. 36 ff.
68 EUArbR/*Rebhahn/Schörghofer*, RL 2008/104/EG, Art. 3 Rz. 8.
69 *Boemke*, RIW 2009, 177 (179); *Ulber, J.*, AuR 2010, 10 (12); *Waas*, ZESAR 2009, 207 (209).

auch, soweit der deutsche Gesetzgeber die Gesetzesreform im Jahr 2017 zum Anlass genommen hat, in § 1 Abs. 1 Satz 2 AÜG eine (vielkritisierte) Legaldefinition der „Überlassung zur Arbeitsleistung" i.S.d. § 1 Abs. 1 Satz 1 AÜG in Anlehnung an die vorzitierte Abgrenzungsformel des BAG aufzunehmen,[70] wonach eine Überlassung zur Arbeitsleistung anzunehmen ist, wenn der Arbeitnehmer in die Arbeitsorganisation des Entleihers eingegliedert ist und seinen Weisungen unterliegt.

c) Verbot nicht vorübergehender Überlassung

Nach Art. 1 Abs. 1 Leiharb-RL gilt die Leiharbeitsrichtlinie nur für Arbeitnehmer, die entleihenden Unternehmen zur Verfügung gestellt werden, um vorübergehend unter deren Aufsicht und Leitung zu arbeiten. U.a. aufgrund dieses Wortlauts ist mit der h.M.[71] von der unionsrechtlichen **Unzulässigkeit dauerhafter Arbeitnehmerüberlassung** auszugehen.[72] Der EuGH hat die finnische Vorlage in der Rechtssache AKT,[73] die u.a. auf die Klärung der Frage abzielte, ob der „längerfristige Einsatz von Leiharbeitnehmern neben den eigenen Arbeitnehmern eines Unternehmens im Rahmen der gewöhnlichen Arbeitsaufgaben des Unternehmens als verbotener Einsatz von Leiharbeitskräften eingestuft werden" kann, nicht zum Anlass genommen, sich generell zur Frage der Zulässigkeit dauerhafter Arbeitnehmerüberlassung zu äußern.[74] Die Europäische Kommission soll sich in einer – online nicht mehr aufrufbaren – Stellungnahme allerdings gegen ein Verbot der dauerhaften Arbeitnehmerüberlassung ausgesprochen haben.[75]

12.26

Was unter einer vorübergehenden Überlassung zu verstehen ist, ist ebenfalls umstritten, wobei eine kaum überschaubare Vielzahl von Ansichten vertreten wird.[76] So wird teils vorgebracht,

12.27

---

70 Zur Aufnahme des § 1 Abs. 1 Satz 2 AÜG und der hieran geäußerten Kritik *Hamann/Klengel*, EuZA 2017, 485 (490) m.w.N.
71 Vgl. unter vielen LAG Baden-Württemberg v. 22.11.2012 – 11 Sa 84/12, AE 2013, 102; LAG Berlin-Brandenburg v. 9.1.2013 – 15 Sa 1635/12, NZA-RR 2013, 234 (236); v. 16.4.2013 – 3 TaBV 1983/12, 3 TaBV 1987/12, NZA-RR 2013, 621; LAG Schleswig-Holstein v. 6.7.2016 – 3 TaBV 9/17, BB 2016, 2932; ArbG Cottbus v. 22.8.2012 – 4 BV 2/12, PflR 2013, 90; *Bartl/Romanowski*, AuR 2013, 845; *Blanke*, Umsetzung der EU-Richtlinie Leiharbeit, S. 116; *Brors*, AuR 2013, 108 (112); *Düwell*, ZESAR 2011, 449 (450 f.); *Grüneberg/Schuster*, AiB 2012, 384 (386); *Hamann*, EuZA 2009, 287 (310 ff.); *Hamann*, RdA 2011, 321 (324); *Heuschmid*, AuR 2015, 279 (280); *Nielebock*, Arbeitsgerichtsbarkeit und Wissenschaft, 455 (465); *Sansone*, Gleichstellung von Leiharbeitnehmern, S. 461 ff.; *Schüren/Wank*, RdA 2011, 1 (3); *Ulber, D.*, AuR 2013, 114 (114); *Ulber, J./Ulber, J.*, AÜG, Einl. B. Rz. 67, Einl. F. Rz. 59, § 1 Rz. 234; *Stang/Ulber, J.*, NZA 2015, 910 (911); *ErfK/Wank*, AÜG, § 1 Rz. 58; *Wank*, JbArbR 49 (2012), 23 (27); *Zimmer*, AuR 2012, 422 (423); ablehnend auch GA *Szpunar* v. 20.11.2014 – C-533/13 – AKT, Rz. 121; offenlassend BAG v. 10.7.2013 – 7 ABR 91/11, ArbRB 2013, 332 = NZA 2013, 1296 (1300 f.).
72 A.A. unter vielen LAG Düsseldorf v. 2.10.2012 – 17 TaBV 38/12, AiB 2013, 203; LAG Niedersachsen v. 14.11.2012 – 12 TaBV 62/12, 63/12, 64/12; ArbG Leipzig v. 15.2.2012 – 11 BV 79/1; *Boemke*, RIW 2009, 177 (179); *Lembke*, DB 2011, 414 (415); *Lembke*, NZA 2017, 1 (3); *Rieble/Vielmeier*, EuZA 2011, 474 (487 ff.); wohl auch *Expert Group Report*, Transposition of Directive 2008/104/EC, S. 14; ebenfalls a.A., da die Leiharbeitsrichtlinie für nicht vorübergehende Überlassung nicht gelte, Schlachter/Heinig/*Forst*, § 16 Rz. 59 f.; *Krannich/Simon*, BB 2012, 1414 (1420); *Giesen*, FA 2012, 66 (66); *Thüsing/Mengel*, AÜG, § 9 Rz. 5; *Steinmeyer*, DB 2013, 2740 (2741); *Teusch/Verstege*, NZA 2012, 1326 (1328 f.); *Thüsing*, DB 2016, 2663 (2666); *Thüsing/Stiebert*, DB 2012, 632 (633); *Thüsing/Thüsing*, AÜG, Einf. Rz. 13b; vgl. auch EAS/*Sagan*, B 1100 Rz. 136.
73 Vorabentscheidungsersuchen des Työtuomioistuin (Finnland), eingereicht am 9.10.2013 – C-533/13 – AKT, ABl. C 352 v. 30.11.2013, S. 10; hierzu *Thüsing/Stiebert*, ZESAR 2014, 27.
74 EuGH v. 17.3.2015 – C-533/13 – AKT, NZA 2015, 423 Rz. 33; vgl. hierzu *Stiebert*, NJW 2015, 1233 (1235).
75 EUArbR/*Rebhahn/Schörghofer*, RL 2008/104/EG, Art. 1 Rz. 14.
76 Zum Meinungsstand *Lembke*, BB 2012, 2497 (2500); *Nießen/Fabritius*, NJW 2014, 263; *Teusch/Verstege*, NZA 2012, 1326 (1327).

dass eine vorübergehende Überlassung bereits vorliege, wenn der Verleih auf verschiedene Einsätze ausgelegt ist.[77] Darüber hinaus wird eine weite Auslegung des Begriffs entsprechend Art. 56 AEUV verfolgt.[78] Die vertretenen Auffassungen lassen jedoch mitunter die erforderliche Anbindung an die unionsautonome Auslegung und die Anerkennung des Gestaltungsspielraums der Mitgliedstaaten vermissen.[79] Aus der **teleologischen Auslegung der Richtlinie** ist aufgrund der Betonung der Leiharbeit als **flexible Arbeitsform** in Art. 2 Leiharb-RL indes zu folgern, dass sich grundsätzlich nicht pauschal, sondern nur nach den **Umständen des Einzelfalls** beantworten lässt, bis zu welchem Zeitpunkt eine Überlassung als vorübergehend anzusehen ist.[80] Dies schließt jedoch nicht aus, dass Mitgliedstaaten den Gefahren langfristiger Arbeitnehmerüberlassung[81] durch die Festlegung eines **Höchstüberlassungszeitraums** begegnen, wie es in einigen Mitgliedstaaten erfolgt ist,[82] sofern ein ausreichendes Maß an Flexibilität für den Einsatz von Leiharbeitnehmern gewährleistet wird.[83]

12.28 Der Begriff der vorübergehenden Überlassung erfordert zudem – was umstritten ist und vom EuGH[84] in der Rechtssache AKT ebenfalls offengelassen wurde – eine **arbeitsplatzbezogene** Betrachtung dahingehend, dass durch den Einsatz des Leiharbeitnehmers kein beim Entleiher bestehender **Dauerbeschäftigungsbedarf** abgedeckt wird.[85] Eine vorübergehende Überlassung kann daher nur angenommen werden, wenn der **Einsatz beim Entleiher von vornherein befristet** ist.[86] Von einem bestehenden Dauerbeschäftigungsbedarf ist hingegen i.d.R. bei mehrjährigen Überlassungen bzw. einer Überlassung, die „als nicht endgültig" geplant ist, auszugehen.[87]

12.29 Zur Umsetzung der Richtlinie hatte der deutsche Gesetzgeber zunächst in Form einer „Minimalumsetzung" § 1 Abs. 1 Satz 2 AÜG a.F. eingeführt, der anordnete, dass die Überlassung von Arbeitnehmern an Entleiher „vorübergehend" erfolgt. Von einer zeitlichen Begrenzung des Einsatzes von Leiharbeitnehmern wurde ausdrücklich abgesehen und die Funktion des Begriffs als flexible Zeitkomponente betont.[88] Nach Ansicht des BAG[89] definierte § 1 Abs. 1 Satz 2 AÜG a.F. – unabhängig von den Vorgaben der Leiharbeitsrichtlinie – nicht lediglich den Anwendungs-

---

77 Schüren/*Riederer v. Paar*, AÜG, 4. Aufl. 2010, Einl. Rz. 617; EAS/*Sagan*, B 1100 Rz. 136; ablehnend *Düwell*, ZESAR 2011, 449 (453 f.).
78 *Lipinski/Praß*, BB 2014, 1465 (1466).
79 Boemke/Lembke/*Boemke*, AÜG, § 1 Rz. 108; s. auch ErfK/*Wank*, AÜG, § 1 Rz. 68. Einen weitgehenden Gestaltungsspielraum anerkennend *Hamann*, NZA 2011, 70 (72).
80 *Sansone*, Gleichstellung von Leiharbeitnehmern, S. 464, 468; s. auch *Düwell*, ZESAR 2011, 449 (452); Schlachter/Heinig/*Forst*, § 16 Rz. 58; *Hamann*, RdA 2011, 321 (326).
81 So schon BAG v. 21.3.1990 – 7 AZR 198/89, AP Nr. 15 zu § 1 AÜG; a.A. Boemke/Lembke/*Boemke*, AÜG, § 1 Rz. 112; *Thüsing/Stiebert*, DB 2012, 632 (634).
82 Vgl. hierzu *Hamann/Klengel*, EuZA 2017, 194 (201).
83 *Franzen*, RdA 2015, 141 (148 f.); *Hamann*, NZA 2015, 904 (904); *Hamann/Klengel*, EuZA 2017, 194 (200 ff.); *Sansone*, Gleichstellung von Leiharbeitnehmern, S. 468; Schüren/*Brors*, AÜG, Einl. Rz. 612; Schüren/*Hamann*, AÜG, § 1 Rz. 391 ff.; a.A. *Happ/van der Most*, BB 2015, 565 (566 ff.).
84 EuGH v. 17.3.2015 – C-533/13 – AKT, NZA 2015, 423, Rz. 33.
85 S. auch *Brors/Schüren*, Missbrauch von Werkverträgen und Leiharbeit verhindern, S. 17 f.; *Hamann*, RdA 2011, 321 (326); Ulber, J./*Ulber, J.*, AÜG, § 1 Rz. 255 f.; ErfK/*Wank*, AÜG, § 1 Rz. 68; *Wank*, JbArbR 49 (2012), 23 (28); *Zimmer*, AuR 2012, 422 (423); *Fuchs/Marhold*, S. 159; *Heuschmid*, AuR 2015, 279 (280); a.A. Boemke/Lembke/*Boemke*, AÜG, § 1 Rz. 113 f.; Schüren/*Hamann*, AÜG, § 1 Rz. 308; *Steinmeyer*, DB 2013, 2740 (2742); *Willemsen/Mehrens*, NZA 2015, 898 (899); Schlachter/*Forst*, § 16 Rz. 60; EUArbR/*Rebhahn/Schörgofer*, RL 2008/104/EG, Art. 1 Rz. 18.
86 *Düwell*, ZESAR 2011, 449 (451); *Hamann*, RdA 2011, 321 (325); *Sansone*, Gleichstellung von Leiharbeitnehmern, S. 465, 467; Ulber, J./*Ulber, J.*, AÜG, § 1 Rz. 239j; *Zimmer*, AuR 2012, 422 (423).
87 *Sansone*, Gleichstellung von Leiharbeitnehmern, S. 467; vgl. für weitere Indizien aus der Rechtsprechung *Nießen/Fabritius*, NJW 2014, 263 (264 f.).
88 BT-Drucks. 17/4808, 8.
89 BAG v. 10.7.2013 – 7 ABR 91/11, ArbRB 2013, 332 = NZA 2013, 1296 (1298 f.); v. 10.12.2013 – 9 AZR 51/13, ArbRB 2014, 3 = NZA 2014, 196.

bereich des AÜG, sondern verbot eine mehr als nur vorübergehende Überlassung von Arbeitnehmern als verbindliche Rechtsnorm, die zugleich ein Zustimmungsverweigerungsrecht gem. § 99 BetrVG i.V.m. § 14 Abs. 3 Satz 1 AÜG begründet.[90] Der Gesetzgeber hat sich mit der Gesetzesnovellierung im Jahr 2017 von der flexiblen zeitlichen Betrachtungsweise gelöst und in § 1 Abs. 1b AÜG eine Höchstdauer von 18 Monaten für die Überlassung von Leiharbeitnehmern an denselben Entleiher festgelegt. Der Zeitraum vorheriger Überlassungen durch denselben oder einen anderen Verleiher an denselben Entleiher ist gemäß § 1 Abs. 1b Satz 2 AÜG vollständig anzurechnen, wenn zwischen den Einsätzen jeweils nicht mehr als drei Monate liegen. Gemäß § 1 Abs. 1 Satz 4 AÜG ist die Überlassung vorübergehend nur bis zu dieser Überlassungsdauer zulässig. Auch hinsichtlich § 1 Abs. 1 Satz 4 i.V.m. Abs. 1b AÜG ist davon auszugehen, dass es sich um eine verbindliche Rechtsnorm handelt, die zugleich ein Zustimmungsverweigerungsrecht gem. § 99 BetrVG i.V.m. § 14 Abs. 3 Satz 1 AÜG begründet.[91] Ferner hat der Gesetzgeber in § 1 Abs. 1b Satz 3 bis 7 AÜG verschiedene Möglichkeiten für tarifgebundene und -ungebundene Entleiher geschaffen, durch Tarifverträge der jeweiligen Entleiherbrache oder in deren Geltungsbereich mittels Betriebs- oder Dienstvereinbarungen von der gesetzlichen Höchstüberlassungsdauer abweichende Überlassungshöchstdauern zu vereinbaren.[92] Für Kirchen und öffentlich-rechtliche Religionsgesellschaften sieht § 1 Abs. 1b Satz 8 AÜG eine solche Möglichkeit ebenfalls vor.

Durch die Einführung der Pflicht zur lediglich vorübergehenden Arbeitnehmerüberlassung im Jahr 2011 in § 1 Abs. 1 Satz 2 AÜG a.F. hatte der Gesetzgeber zwar seinen Gestaltungsspielraum bei der Konkretisierung einer nicht mehr vorübergehenden Arbeitnehmerüberlassung auf Kosten der Rechtssicherheit und -klarheit nicht genutzt.[93] Das zuvor bestehende Umsetzungsbedürfnis hatte er – unter Zugrundelegung des Normverständnisses als Verbotsnorm – jedoch hinreichend erfüllt.[94] Hieran kann unter Geltung der § 1 Abs. 1 Satz 4, Abs. 1b AÜG seit dem 1.4.2017 nicht festgehalten werden. Zwar stellt die Einführung einer Höchstüberlassungsdauer keinen Verstoß gegen die Leiharbeitsrichtlinie dar (vgl. Rz. 12.27).[95] Auch verbietet die Leiharbeitsrichtlinie nicht generell, die Höchstüberlassungsdauer durch oder aufgrund von Tarifverträgen zu bestimmen.[96] Das Verbot nicht vorübergehender Arbeitnehmerüberlassung ist in § 1 Abs. 1 Satz 4, Abs. 1b AÜG jedoch ausschließlich arbeitnehmerbezogen ausgestaltet worden.[97] Dies ist mit der nach hier vertretener Auffassung gleichsam erforderlichen arbeitsplatzbezogenen Betrachtung der Leiharbeitsrichtlinie nicht vereinbar, wonach der Leiharbeitnehmereinsatz

12.30

---

90 BAG v. 30.9.2014 – 1 ABR 79/12, NZA 2015, 240 (245); s. auch LAG Schleswig-Holstein v. 8.1.2014 – 3 TaBV 43/13, DB 2014, 489; *Brors*, AuR 2013, 108 (113); Fitting, BetrVG, § 99 Rz. 192a; *Hamann*, RdA 2011, 321 (327); a.A. LAG Niedersachsen v. 14.11.2012 – 12 TaBV 62/12, 63/12, 64/12, Rz. 30, juris; LAG Nürnberg v. 9.5.2014 – 3 TaBV 29/13, juris; Boemke/Lembke/*Boemke*, AÜG, § 1 Rz. 119; *Giesen*, FA 2012, 66 (69); *Lembke*, BB 2012, 2497 (2501). Zur prozessualen Durchsetzung *Fütterer*, AuR 2013, 119; zum Personalvertretungsrecht vgl. *Trümner/Fischer*, PersR 2013, 193.
91 *Ulber, J.*, RdA 2018, 50 (51).
92 Vgl. ausf. *Deinert*, RdA 2017, 65 (75 ff.); *Lembke*, NZA 2017, 1 (4 ff.).
93 Dies kritisierend *Düwell*, ZESAR 2011, 449 (451); *Lembke*, DB 2011, 414 (415).
94 Vor Einführung des § 1 Abs. 1 Satz 2 AÜG *Hamann*, EuZA 2009, 287 (312); *Sansone*, Gleichstellung von Leiharbeitnehmern, S. 469; a.A. *Düwell*, ZESAR 2011, 449 (451); *Zimmer*, AuR 2012, 422 (424).
95 *Boemke/Sachadae*, EuZA 2015, 313 (321); *Hamann*, NZA 2015, 904 (904); *Hamann/Klengel*, EuZA 2017, 194 (200 ff.); *Heuschmid*, AuR 2015, 279 (280); *Sansone*, Gleichstellung von Leiharbeitnehmern, S. 468; Schüren/*Brors*, AÜG, Einl. Rz. 612; *Stang/Ulber, J.*, NZA 2015, 910 (912); *Ulber, J.*, RdA 2018, 50 (51); Ulrici/*Ulrici*, AÜG, § 1 Rz. 25; *Wank*, RdA 2017, 100 (108); *Willemsen/Mehrens*, NZA 2015, 897 (898); *Zimmermann*, NZA 2015, 528 (530); die Kombination der Höchstüberlassungsdauer und der zwingenden Gleichstellung von Leiharbeitnehmern nach dem zehnten, spätestens aber 16. Einsatzmonat (§ 8 Abs. 4 AÜG n.F.) für einen Verstoß gegen Art. 16 GRC haltend *Franzen*, RdA 2015, 141 (147 f., 150).
96 Vgl. hierzu ausf. *Hamann/Klengel*, EuZA 2017, 194 (210 ff.) m.w.N.; *Hamann*, NZA 2015, 904 (906); Schüren/*Hamann*, AÜG, § 1 Rz. 391 ff.; a.A. *Nielebock*, AuR 2014, 63 (65).
97 *Wank*, RdA 2017, 100 (109); ErfK/*Wank*, AÜG, § 1 Rz. 68; *Lembke*, NZA 2017, 1 (4); *Deinert*, RdA 2017, 65 (77); *Ulber, J.*, RdA 2018, 50 (53).

keinen Dauerbeschäftigungsbedarf des Entleihers erfüllen darf (vgl. Rz. 12.28).[98] Eine reine Rechtsmissbrauchskontrolle wiederholter Einsätze bei demselben Entleiher nach einer mehr als dreimonatigen Unterbrechung bei der Anwendung des § 1 Abs. 1b Satz 2 AÜG genügt insoweit nicht.[99] Da auch die Gestellung von Rotkreuzschwestern als Arbeitnehmerüberlassung i.S.d. Leiharbeitsrichtlinie anzusehen ist (vgl. bereits Rz. 12.16 f.), gilt dies auch für die seit dem 25.7. 2017 in § 2 Abs. 4 DRK-Gesetz aufgenommene gänzliche Befreiung der Gestellung von den Vorgaben des § 1 Abs. 1 Satz 4, Abs. 1b AÜG.[100] Weitere Bedenken gegen die Unionsrechtskonformität des deutschen Rechts werden daraus abgeleitet, dass die Tariföffnungsklausel zur Abweichung von der Höchstüberlassungsdauer dem Wortlaut nach nicht zeitlich begrenzt ist.[101] Dasselbe gilt für die Möglichkeit der Kirchen und anderer öffentlich-rechtlicher Religionsträger, gemäß § 1 Abs. 1b Satz 8 AÜG abweichende Überlassungshöchstdauern vorzusehen.[102]

12.31 Ungeachtet des Umsetzungsdefizits ist fraglich, ob das nationale Recht für die Überschreitung der Grenzen einer vorübergehenden Überlassung – wie Art. 10 Abs. 2 Leiharb-RL verlangt – eine **wirksame, angemessene und abschreckende Sanktion** vorsieht. Dies war nach der bis zum 30.4.2017 geltenden Rechtslage nach umstrittener Auffassung insoweit nicht der Fall, als das deutsche Recht lediglich eine Sanktion i.S.d. Art. 10 Abs. 2 Leiharb-RL gegenüber **Verleihern** vorsah, nicht aber eine **Sanktionierung des Entleihers**.[103]

12.32 Das deutsche Recht sieht nunmehr nicht nur eine Sanktion i.S.d. Art. 10 Abs. 2 Leiharb-RL gegenüber **Verleiher** vor. Der Verstoß gegen die Höchstüberlassungsdauer kann für Verleiher zum Entzug bzw. der Nichtgewährung oder -verlängerung der Überlassungserlaubnis gem. §§ 3 Abs. 1 Nr. 1, 4 Abs. 1, 5 Abs. 1 Nr. 3 AÜG führen (§ 3 Abs. 1 Nr. 1 AÜG) und stellt eine Ordnungswidrigkeit dar (§ 16 Abs. 1 Nr. 1e AÜG). Im Zuge der Gesetzesänderungen im Jahr 2017 hat der Gesetzgeber in § 9 Abs. 1 Nr. 1b AÜG angeordnet, dass im Falle des Überschreitens der zulässigen Höchstüberlassungsdauer nach § 1 Abs. 1b AÜG ein Arbeitsverhältnis zum Entleiher entsteht. Dies stellt eine wirksame, mitunter aber als kritisierte[104] Sanktion i.S.v. Art. 10 Abs. 2 Satz 2 Leiharb-RL dar.[105] Wie das BAG[106] in seiner Entscheidung vom 10.12. 2013 zutreffend festgestellt hat, erfordert Art. 10 Abs. 2 Satz 2 Leiharb-RL allerdings nicht zwingend die Einführung einer Fiktion eines Arbeitsverhältnisses zum Entleiher, um diesen wirksam, angemessen und abschreckend zu sanktionieren.[107] Vielmehr stand es dem Gesetzgeber im Rahmen seiner Gestaltungsfreiheit frei, zu anderen Sanktionen zu greifen.[108]

---

98 *Deinert*, RdA 2017, 65 (77); *Ulber, J.*, RdA 2018, 50 (53); vgl. auch Schüren/*Brors*, AÜG, Einl. Rz. 612; a.A. *Hamann/Klengel*, EuZA 2017, 194 (201 f.); Schüren/*Hamann*, AÜG, § 1 Rz. 321; Ulrici/*Ulrici*, § 1 AÜG Rz. 91.
99 Vgl. zu einer solchen Missbrauchskontrolle *Hamann/Klengel*, EuZA 2017, 194 (204 ff.).
100 *Roßbruch*, PflR 2017, 432 (433); *J. Ulber*, RdA 2018, 50 (56 f.); zweifelnd auch *Preis/Morgenbrodt*, EuZA 2017, 418 (428); für unionsrechtliche Unanwendbarkeit *Oberthür*, ArbRB 2017, 315 (317); eine Ausnahme für Rotkreuzschwestern fordernd hingegen *Ulrici*, EuzW 2017, 68 (71).
101 *Ulber, J.*, RdA 2018, 50 (51); *Wank*, RdA 2017, 100 (108); *Wank*, BB 2018, 1909 (1913); a.A. *Hamann*, NZA 2015, 904 (906); *Hamann/Klengel*, EuZA 2017, 194 (211).
102 *Ulber, J.*, RdA 2018, 50 (56); a.A. *Lembke*, NZA 2017, 1 (5 f.).
103 *Grüneberg/Schuster*, AiB 2013, 78 (80); *Ulber, J.*, AuR 2010, 10 (15); *Hamann*, NZA 2015, 904 (908); *Heuschmid*, AuR 2015, 279 (280); vgl. vor Einführung des § 1 Abs. 1 Satz 2 AÜG *Sansone*, Gleichstellung von Leiharbeitnehmern, S. 570.
104 Vgl. *Hamann/Klengel*, EuZA 2017, 194 (212).
105 *Heuschmid*, AuR 2015, 279 (280); *J. Ulber*, RdA 2018, 50 (51).
106 BAG v. 10.12.2013 – 9 AZR 51/13, ArbRB 2014, 3 = NZA 2014, 196.
107 BAG v. 10.12.2013 – 9 AZR 51/13, ArbRB 2014, 3 = NZA 2014, 196; v. 3.6.2014 – 9 AZR 111/13, BB 2014, 3007; *Sansone*, Gleichstellung von Leiharbeitnehmern, S. 569 f.; *Steinmeyer*, DB 2013, 2740 (2743 f.); a.A. *Bartl/Romanowski*, NZA 2012, 845 (846); *Düwell*, ZESAR 2011, 449 (454); ErfK/*Wank*, AÜG, § 1 Rz. 58.
108 Vor Einführung des § 1 Abs. 1 Satz 2 AÜG *Sansone*, Gleichstellung von Leiharbeitnehmern, S. 569 f.; vgl. auch EUArbR/*Rebhahn/Schörghofer*, RL 2008/104/EG, Art. 1 Rz. 19; zum möglichen Konflikt der Fiktion eines Arbeitsverhältnisses zu den sozialrechtlichen Kollisionsregeln des Unionsrechts, *Ulber, D.*, ZESAR 2015, 3.

2. Anwendungsbereich nach Art. 1 Abs. 2 Leiharb-RL

Nach Art. 1 Abs. 2 Leiharb-RL gilt die Leiharbeitsrichtlinie für öffentliche und private Leiharbeitsunternehmen und entleihende Unternehmen, die eine **wirtschaftliche Tätigkeit** ausüben, unabhängig davon, ob sie Erwerbszwecke verfolgen oder nicht. Unter diesem unionsautonom zu bestimmenden[109] Begriff, der u.a. **Bestandteil des wettbewerbsrechtlichen Unternehmensbegriffs** ist, versteht der EuGH in auf die Leiharbeitsrichtlinie zu übertragender Weise[110] „jede Tätigkeit, die darin besteht, Güter oder Dienstleistungen auf einem bestimmten Markt anzubieten".[111] Fraglich ist indes, ob ihr Anwendungsbereich nur eröffnet ist, wenn sowohl das Leiharbeitsunternehmen als auch das entleihende Unternehmen eine solche wirtschaftliche Tätigkeit ausüben.[112]

12.33

Im Rahmen des Art. 1 Abs. 2 Leiharb-RL ist eine **objektive Betrachtung** der Tätigkeit **unabhängig von ihrem Zweck, einer Gewinnerzielungsabsicht und ihrem Ergebnis** vorzunehmen. Daher unterfallen der Leiharbeitsrichtlinie auch gemeinnützige, karitative, wissenschaftliche oder sonstige ideelle Zwecke verfolgende Organisationen bzw. Rechtsträger (Wohltätigkeitsvereine, Kirchen etc.) sowie öffentliche Unternehmen, soweit sie sich als Anbieter oder Nachfrager nach Erzeugnissen oder Dienstleistungen am Wirtschaftsleben beteiligen.[113] Da das Vorliegen einer Gewinnerzielungsabsicht nicht erforderlich ist, gilt dies auch für den **rein konzerninternen Personalverleih zum Selbstkostenpreis**.[114] Die Leiharbeitsrichtlinie erfasst hingegen solche Unternehmen nicht, die die Ausübung hoheitlicher Gewalt verfolgen.[115]

12.34

Der deutsche Gesetzgeber hat diese Richtlinienvorgabe erfüllt, indem er die frühere Unterscheidung zwischen gewerbsmäßiger und nichtgewerbsmäßiger Arbeitnehmerüberlassung in § 1 Abs. 1 Satz 1 AÜG aufgegeben und stattdessen auf die wirtschaftliche Tätigkeit abgestellt hat.[116]

12.35

3. Ausnahme gem. Art. 1 Abs. 3 Leiharb-RL

Eine Möglichkeit, die Leiharbeitsrichtlinie bereichsweise unangewendet zu lassen, enthält Art. 1 Abs. 3 Leiharb-RL. Danach können die Mitgliedstaaten nach Anhörung der Sozialpartner vorsehen, dass die Richtlinie nicht für Arbeitsverträge oder Beschäftigungsverhältnisse gilt, die im

12.36

---

109 Ulber, J./*Ulber, J.*, AÜG, § 1 Rz. 196; a.A. *Boemke*, RIW 2009, 177 (178), der auf § 14 AO abstellt.
110 EuGH v. 17.11.2016 – C-216/15 – Betriebsrat der Ruhrlandklinik, ArbRB 2016, 354 = NZA 2017, 41 Rz. 44; *Sansone*, Gleichstellung von Leiharbeitnehmern, S. 472 f.; *Preis/Morgenbrodt*, EuZA 2017, 418 (429); modifizierend *Thüsing/Thieken*, DB 2012, 347 (348 ff.); vgl. auch *Wank*, JbArbR 49 (2012), 23 (26).
111 EuGH v. 17.11.2016 – C-216/15 – Betriebsrat der Ruhrlandklinik, ArbRB 2016, 354 = NZA 2017, 41 Rz. 44; v. 16.6.1987 – Rs. 118/85 – Kommission/Italien, Slg. 1987, 2599 Rz. 7; v. 19.2.2002 – C-309/99 – Wouters, Slg. 2002, I-1577 Rz. 47; v. 10.1.2006 – C-222/04 – Cassa di Risparmio di Firenze, Slg. 2006, I-289 Rz. 108.
112 So EUArbR/*Rebhahn/Schörghofer*, RL 2008/104/EG, Art. 1 Rz. 10; a.A. *Schüren/Hamann*, AÜG, § 1 Rz. 282.
113 Boemke/Lembke/*Boemke*, AÜG, § 1 Rz. 49; *Sansone*, Gleichstellung von Leiharbeitnehmern, S. 473; Ulber, J./*Ulber, J.*, AÜG, § 1 Rz. 205; a.A. *Hamann*, EuZA 2009, 287 (299); *Hamann*, RdA 2011, 321 (323).
114 Boemke/Lembke/*Boemke*, AÜG, § 1 Rz. 50; *Hamann*, EuZA 2009, 287 (300); *Hamann*, NZA 2011, 70 (71); *Hamann*, RdA 2011, 321 (323 f.); *Lembke*, Rigidität und Flexibilität im Arbeitsrecht, 119 (146); *Wank*, JbArbR 49 (2012), 23 (40); a.A. *Rieble/Vielmeier*, EuZA 2011, 474 (480); *Thüsing/Thieken*, DB 2012, 347 (349).
115 Boemke/Lembke/*Boemke*, AÜG, § 1 Rz. 51 m.w.N. zum Meinungsstand; vgl. auch EUArbR/*Rebhahn/Schörghofer*, RL 2008/104/EG, Art. 1 Rz. 10a.
116 *Leuchten*, NZA 2011, 608 (608 f.). Hierbei ist der Gesetzgeber (zulässigerweise) über die Vorgaben der Richtlinie hinausgegangen, da nur erforderlich gewesen wäre, den Anwendungsbereich der nationalen Normen, die die materiellen Vorgaben der Richtlinie umsetzen, auf alle wirtschaftlichen Tätigkeiten zu erweitern, vgl. *Hamann*, EuZA 2009, 287 (301).

Rahmen eines spezifischen öffentlichen oder von öffentlichen Stellen geförderten beruflichen Ausbildungs-, Eingliederungs- und Umschulungsprogramms geschlossen wurden.[117]

12.37 Das AÜG enthält für dessen Anwendbarkeit in § 1 Abs. 3 AÜG und § 1 Abs. 1a AÜG Ausnahmetatbestände. Da diese jedoch nicht unter Art. 1 Abs. 3 Leiharb-RL gefasst werden können, verstoßen sie, soweit darin auch die Anwendung der Umsetzungsnormen zu den materiellen Vorgaben der Leiharbeitsrichtlinie (Art. 5 bis 8) ausgeschlossen wird, gegen Unionsrecht.[118] Die Rechtsfolge dieses Verstoßes ist umstritten (zur innerstaatlichen Wirkung von europäischen Richtlinien vgl. Rz. 1.124 ff.).[119]

12.38 Die Unionsrechtswidrigkeit gilt auch für die Tatbestände nach § 1 Abs. 3 Nr. 2 und Nr. 2a AÜG trotz deren beschränkter Geltung für Arbeitnehmer, die nicht zum Zweck der Überlassung eingestellt und beschäftigt wurden.[120] Denn, wie bereits ausgeführt (vgl. Rz. 12.20), erfasst die Leiharbeitsrichtlinie auch solche Arbeitnehmer, die neben der Tätigkeit im Betrieb des Verleihers zusätzlich überlassen werden können. Unvereinbar mit der Leiharbeitsrichtlinie ist zudem die weitgehende Privilegierung der öffentlichen Hand nach § 1 Abs. 3 Nr. 2b, Nr. 2c AÜG, da die Leiharbeitsrichtlinie sowohl für juristische Personen des privaten als auch des öffentlichen Rechts Geltung beansprucht.[121]

V. Überprüfung von Einschränkungen und Verboten

12.39 Gemäß Art. 4 Abs. 1 Leiharb-RL, der im Zusammenhang mit der in Art. 56 AEUV normierten Dienstleistungsfreiheit steht,[122] sind Verbote oder Einschränkungen des Einsatzes von Leiharbeit nur aus Gründen des Allgemeininteresses, die beispielhaft in Halbs. 2 aufgeführt werden, gerechtfertigt.[123] Art. 4 Abs. 2 Leiharb-RL normiert ferner eine Pflicht zur Überprüfung von Verboten und Einschränkungen, die bereits vor Ablauf der Umsetzungsfrist bestanden. Dabei legt Art. 4 Abs. 3 Leiharb-RL für den Fall, dass solche Regelungen in Tarifverträgen enthalten sind, zur Wahrung der Autonomie der Sozialpartner fest, dass deren Überprüfung von den Sozialpartnern, die die einschlägige Vereinbarung ausgehandelt haben, selbst durchgeführt werden kann.[124] Die Kommission

---

117 Im nationalen Recht stellt die Tätigkeit im Rahmen einer Ausbildung, Eingliederung oder Umschulung allerdings häufig schon mangels Überlassung zur Arbeitsleistung keine Arbeitnehmerüberlassung dar, *Boemke*, RIW 2009, 177 (178). Ausf. zu Art. 1 Abs. 3 Leiharb-RL *Rieble/Vielmeier*, EuZA 2011, 474 (478 f.); EUArbR/*Rebhahn/Schörghofer*, RL 2008/104/EG, Art. 1 Rz. 11 f.
118 Zu den seit April 2017 eingeführten Ausnahmetatbeständen Schüren/*Brors*, AÜG, Einl. Rz. 611; *Hamann/Klengel*, EuZA 2017, 485 (491 ff.); Schüren/*Hamann*, AÜG, § 1 Rz. 619 ff., 668 ff., 722 ff.; *Wank*, RdA 2017, 100 (103); a.A. Ulrici/*Ulrici*, § 1 AÜG Rz. 22. Vgl. zur Kollegenhilfe gem. § 1a AÜG *Hamann*, ZESAR 2012, 103 (111).
119 Für Unanwendbarkeit Boemke/Lembke/*Lembke*, AÜG, § 1 Rz. 195; a.A. *Hamann*, ZESAR 2012, 103 (103 ff.); *Wank*, BB 2018, 1909 (1910); diff. *Deinert*, ZESAR 2016, 107 (113).
120 *Hamann*, ZESAR 2012, 103 (109 ff.); *Lembke*, DB 2011, 414 (416); *Lembke*, NZA 2011, 319 (320); *Lembke*, BB 2012, 2497 (2499); Preis/*Preis*, Der Arbeitsvertrag, II A 55 Rz. 13; *Rieble/Vielmeier*, EuZA 2011, 474 (485); diff. *Forst*, ZESAR 2011, 316 (320 f.); *Thüsing*, Europäisches Arbeitsrecht, § 4 Rz. 51; Thüsing/*Thüsing*, AÜG, Einf. Rz. 13e.
121 *Wank*, RdA 2017, 100 (103); ErfK/*Wank*, AÜG, § 1 Rz. 93; *Lembke*, NZA 2017, 1 (12); *Deinert*, RdA 2017, 65 (82); *Hamann/Klengel*, EuZA 2017, 485 (491 ff.); *Ulber, J./Stang*, AuR 2015, 250 (253); *Ulber, J.*, RdA 2018, 50 (57); a.A.: Ulrici/*Ulrici*, AÜG, § 1 Rz. 23.
122 Begründung des 1. RL-E durch die Kommission, KOM (2002), 149 endg., S. 15; *Waas*, ZESAR 2009, 207 (209).
123 Zur Forderung einer Verhältnismäßigkeitsprüfung EUArbR/*Rebhahn/Schörghofer*, RL 2008/104/EG, Art. 4 Rz. 8; *Riesenhuber*, Europäisches Arbeitsrecht, § 18 Rz. 8; GA Szpunar v. 20.11.2014 – C-533/13 – AKT, Rz. 125 ff.; a.A. *Rieble/Vielmeier*, EuZA 2011, 474 (492). Zum umstrittenen Verhältnis von Art. 4 und Art. 9 Leiharb-RL ausf. EUArbR/*Rebhahn/Schörghofer*, RL 2008/104/EG, Art. 4 Rz. 4 f. m.w.N. zum Meinungsstand.
124 Für eine Anwendbarkeit auf Betriebsvereinbarungen *Ulber, J.*, AuR 2010, 10 (13).

war gemäß Art. 4 Abs. 5 Leiharb-RL bis zum Ablauf der Umsetzungsfrist über die Ergebnisse der Prüfung nach Abs. 2 und Abs. 3 der Richtlinie zu informieren.[125] Zulässig bleiben gem. Art. 4 Abs. 4 Leiharb-RL jedoch nationale Anforderungen hinsichtlich der Eintragung, Zulassung, Zertifizierung, finanziellen Garantie und Überwachung von Leiharbeitsunternehmen.[126]

Die Rechtswirkung des Art. 4 Abs. 1 Leiharb-RL waren Gegenstand der finnischen Vorlage in der Rechtssache AKT.[127] Während der Generalanwalt[128] und das überwiegende Schrifttum[129] die Auffassung vertreten haben, dass Art. 4 Abs. 1 Leiharb-RL (unmittelbar) die Beibehaltung oder die Einführung von Verboten oder Einschränkungen des Einsatzes von Leiharbeit verbietet, die nicht aus Gründen des Allgemeininteresses gerechtfertigt sind, hat der EuGH eine **materiell-rechtliche Wirkung** des Art. 4 Abs. 1 Leiharb-RL **abgelehnt**. Entgegen dem Wortlaut der Vorschrift ist der EuGH der Auffassung, dass **allein die nationalen Behörden der Mitgliedstaaten** an Art. 4 Abs. 1 Leiharbeitsrichtlinie gebunden sind, da sich die Prüfungspflicht des Art. 4 Abs. 1 Leiharb-RL nur an diese richte.[130] Nationale Gerichte seien daher nicht dazu verpflichtet, Normen unangewendet zu lassen, die gegen Art. 4 Abs. 1 Leiharbeitsrichtlinie verstoßen. Die Entscheidung des EuGH schließt nur einen sekundärrechtlichen Prüfungsmaßstab aus.[131] Zu beachten bleiben die primärrechtlichen Gewährleistungen des Unionsrechts (insbesondere Art. 49, 56 AEUV, Art. 16 GRC).[132]

12.40

Unabhängig von der Frage der aus Art. 4 Abs. 1 Leiharb-RL folgenden Rechtswirkung sind die im nationalen Recht vorgesehene Erlaubnispflicht des § 1 Abs. 1 Satz 1 AÜG sowie die Anzeige-, Auskunfts- und Meldepflichten des AÜG jedenfalls bereits aufgrund von Art. 4 Abs. 4 Leiharb-RL unionsrechtlich unbedenklich.[133] Umstritten ist jedoch insbesondere die Frage, ob das **Verbot der Arbeitnehmerüberlassung im Baugewerbe** gem. § 1b AÜG (noch) unionsrechtskonform ist,[134] wobei dies v.a. unter Annahme einer **materiell-rechtlichen Wirkung** des Art. 4 Abs. 1 Leiharb-RL abgelehnt wird.[135]

12.41

---

125 Vgl. hierzu den Bericht der Kommission an das Europäische Parlament, den Rat, den Europäischen Wirtschafts- und Sozialausschuss der Regionen über die Anwendung der Richtlinie 2008/104/EG über Leiharbeit, COM (2014), 176 endg., S. 9 ff.
126 Ausf. zu Art. 4 Leiharb-RL *Rieble/Latzel*, Wirtschaftsförderung nach sozialen Kriterien, § 2 Rz. 152 ff.; *Rieble/Vielmeier*, EuZA 2011, 474 (482 f.). Zur Zulässigkeit von Höchstquoten für den Einsatz von Leiharbeitnehmern und Höchstüberlassungszeiträumen *Ulber, J.*, AuR 2010, 10 (13); *Rieble/Latzel*, Wirtschaftsförderung nach sozialen Kriterien, § 2 Rz. 205 ff.; *Rieble/Vielmeier*, EuZA 2011, 474 (484).
127 Vorabentscheidungsersuchen des Työtuomioistuin (Finnland), eingereicht am 9.10.2013 – C-533/13 – AKT, ABl. C 352 v. 30.11.2013, S. 10.
128 GA *Szpunar* v. 20.11.2014 – C-533/13 – AKT, Rz. 22 ff.
129 Vgl. *Albers*, ZESAR 2015, 347 (351) m.w.N.
130 EuGH v. 17.3.2015 – C-533/13 – AKT, NZA 2015, 423, Rz. 32; zustimmend *Hamann/Klengel*, EuZA 2017, 194 (199); *Heuschmid*, AuR 2015, 279 (280); ablehnend *Albers*, ZESAR 2015, 347 (348 f.); *Boemke/Sachadae*, EuZA 2015, 313 (316 ff.); *Franzen*, EuZA 2015, 445 (472 f.); *Sittard/v. Houf*, EuZW 2015, 385 (387); *Stiebert*, NJW 2015, 1233 (1235); kritisch auch *Temming*, jurisPR-ArbR 25/2015 Anm. 1 unter C.
131 *Sittard/v. Houf*, EuZW 2015, 385 (387); *Temming*, jurisPR-ArbR 25/2015 Anm. 1 unter D.
132 *Temming*, jurisPR-ArbR 25/2015 Anm. 1 unter D.; *Franzen*, RdA 2015, 141 (150).
133 *Fuchs/Marhold*, S. 161; *Sansone*, Gleichstellung von Leiharbeitnehmern, S. 479; *Thüsing*, Europäisches Arbeitsrecht, § 4 Rz. 50; *Ulrici/Ulrici*, AÜG, § 1 Rz. 22 f.; *Waas*, ZESAR 2009, 207 (209); vgl. zur primärrechtlichen Prüfung der gemäß Art. 4 Abs. 4 Leiharb-RL ausgenommenen Regelungen EUArbR/*Rebhahn/Schörghofer*, RL 2008/104/EG, Art. 4 Rz. 3.
134 Dafür *Ulber, J.*, AuR 2010, 10 (13); a.A. Boemke/Lembke/*Boemke*, AÜG, § 1b Rz. 5; *Böhm*, DB 2011, 473 (474 ff.); *Hamann*, EuZA 2009, 287 (312 ff.); *Hamann*, RdA 2011, 321 (339); *Fuchs/Marhold*, S. 160 Fn. 367; Schüren/*Hamann*, AÜG, § 1b Rz. 20 ff.; *Lembke*, BB 2010, 1533 (1539 f.); Schüren/*Wank*, RdA 2011, 1 (7); *Rieble/Vielmeier*, EuZA 2011, 474 (490 ff.); *Wank*, BB 2018, 1909 (1913).
135 Die frühere Beschränkung von Leiharbeit nach § 1 Abs. 2 Nr. 3 GüKG a.F. wurde vom Gesetzgeber aufgehoben, vgl. hierzu *Hamann*, EuZA 2009, 287 (314 f.); *Hamann*, RdA 2011, 321 (339 f.). Vgl. zu § 40 Abs. 1 Nr. 2 Aufenthaltsgesetz *Rieble/Vielmeier*, EuZA 2011, 474 (493 ff.) und zu dem aus § 1

12.42 Wie Erwägungsgrund 20 klarstellt und aus Art. 153 Abs. 5 AEUV folgt, lässt die Leiharbeitsrichtlinie nationale Rechtsvorschriften und Gepflogenheiten unberührt, die es verbieten, streikende Arbeitnehmer durch Leiharbeitnehmer zu ersetzen. Das mit § 11 Abs. 5 AÜG eingeführte **Verbot, Leiharbeitnehmer als Streikbrecher einzusetzen**, unterliegt daher keinen unionsrechtlichen Vorgaben, sondern ist an den verfassungsrechtlichen Vorgaben der Art. 9 Abs. 3, Art. 12 GG zu messen.[136]

VI. Grundsatz der Gleichbehandlung

12.43 Kernvorschrift der Richtlinie ist der in Art. 5 Abs. 1 Leiharb-RL normierte „Grundsatz der Gleichbehandlung", der in UAbs. 1 und 2 zwischen zwei unterschiedlichen Gruppen von Gleichbehandlungsgegenständen differenziert.

1. Gegenstände der Gleichbehandlung

a) Art. 5 Abs. 1 UAbs. 1 Leiharb-RL

12.44 Art. 5 Abs. 1 UAbs. 1 Leiharb-RL verlangt, dass die **wesentlichen Arbeits- und Beschäftigungsbedingungen** der Leiharbeitnehmer während der Dauer ihrer Überlassung an ein entleihendes Unternehmen mindestens denjenigen entsprechen, die für sie gelten würden, wenn sie von jenem genannten Unternehmen unmittelbar für den gleichen Arbeitsplatz eingestellt worden wären. Ob das entleihende Unternehmen oder der Verleiher dies zu gewährleisten hat, lässt die Richtlinie offen.[137] Die wesentlichen Arbeits- und Beschäftigungsbedingungen definiert Art. 3 Abs. 1 Buchst. f Leiharb-RL abschließend,[138] aufgrund von Art. 9 Abs. 1 Leiharb-RL jedoch lediglich im Mindestumfang bindend[139] als „die Arbeits- und Beschäftigungsbedingungen, die [...] sich auf folgende Punkte beziehen: i) Dauer der Arbeitszeit, Überstunden, Pausen, Ruhezeiten, Nachtarbeit, Urlaub, arbeitsfreie Tage, ii) Arbeitsentgelt."

12.45 Auch das deutsche Recht enthält in §§ 3 Abs. 1 Nr. 3, 8 Abs. 1, 9 Nr. 2 AÜG einen Gleichbehandlungsgrundsatz, der Verleiher verpflichtet, Leiharbeitnehmern für die Zeit der Überlassung an einen Entleiher mindestens die im Betrieb des Entleihers für einen vergleichbaren Arbeitnehmer des Entleihers geltenden wesentlichen Arbeitsbedingungen einschließlich des Arbeitsentgelts zu gewähren. Nach Auffassung des BAG[140] ist zur Bestimmung der wesentlichen Arbeitsbedingungen i.d.S. auf die Definition des Art. 3 Abs. 1 Buchst. f Leiharb-RL zurückzugreifen.[141]

Abs. 1 Satz 3 AÜG n.F. folgenden Verbot der Kettenüberlassung EUArbR/*Rebhahn/Schörghofer*, RL 2008/104/EG, Art. 4 Rz. 8.
136 *Franzen*, RdA 2015, 141 (151); *Hamann/Klengel*, EuZA 2017, 485 (502); *Junker*, ZfA 2016, 141 (142); EUArbR/*Rebhahn/Schörghofer*, RL 2008/104/EG, Art. 4 Rz. 3; *Wank*, BB 2018, 1909 (1915); kritisch zur verfassungsrechtlichen Rechtfertigung des Verbots *Bauer/Haußmann*, NZA 2016, 803; *Franzen*, RdA 2015, 141 (150 f.).
137 Schlachter/*Forst*, § 16 Rz. 66; EUArbR/*Rebhahn/Schörghofer*, RL 2008/104/EG, Art. 5 Rz. 1.
138 *Boemke*, RIW 2009, 177 (180); Boemke/Lembke/*Lembke*, AÜG, § 9 Rz. 120; *Thüsing/Stiebert*, ZESAR 2012, 199 (201) m.w.N.; ErfK/*Wank*, AÜG, § 8 Rz. 5; *Wank*, RdA 2017, 100 (111).
139 *Sansone*, Gleichstellung von Leiharbeitnehmern, S. 480 ff. m.w.N.; Ulber, J./*Ulber, J.*, AÜG, Einl. F. Rz. 60; *Expert Group Report*, Transposition of Directive 2008/104/EC, S. 21; a.A. noch Thüsing/*Mengel*, 3. Aufl., AÜG, § 9 Rz. 30.
140 BAG v. 23.3.2011 – 5 AZR 7/10, ArbRB 2011, 100 = NZA 2011, 850; v. 21.10.2015 – 5 AZR 604/14, NZA 2016, 422 (425).
141 So auch Thüsing/*Kock/Greiner*, AÜG, § 8 Rz. 13; *Thüsing/Stiebert*, ZESAR 2012, 199 (201); a.A. Boemke/Lembke/*Lembke*, AÜG, § 9 Rz. 77; *Sansone*, Gleichstellung von Leiharbeitnehmern, S. 160 ff., 480 ff.; Ulber, J./*Ulber, J.*, AÜG, § 8 Rz. 19; s. auch HWK/*Kalb*, § 3 AÜG Rz. 29.

aa) Gleichbehandlungsgegenstände gem. Art. 3 Abs. 1 Buchst. f Nr. i Leiharb-RL

Die Gleichbehandlungsgegenstände des Art. 3 Abs. 1 Buchst. f Nr. i Leiharb-RL, d.h. die **Dauer der Arbeitszeit, Überstunden, Pausen, Ruhezeiten, Nachtarbeit, Urlaub, arbeitsfreie Tage** sind unionsautonom auszulegen, wobei häufig auf Begriffsbestimmungen der Arbeitszeitrichtlinie zurückgegriffen werden kann.[142] 12.46

So ist für den Begriff der **Arbeitszeit** auf Art. 2 Nr. 1 ArbZ-RL zurückzugreifen,[143] der die Arbeitszeit definiert als „Zeitspanne, während der ein Arbeitnehmer gemäß den einzelstaatlichen Rechtsvorschriften und/oder Gepflogenheiten arbeitet, dem Arbeitgeber zur Verfügung steht und seine Tätigkeit ausübt oder Aufgaben wahrnimmt" (vgl. Rz. 7.102 ff.). Die **Dauer der Arbeitszeit** stellt dabei das vertraglich geschuldete Arbeitszeitvolumen bezogen auf einen bestimmten Zeitraum dar, für den der Arbeitgeber den Arbeitslohn schuldet,[144] wohingegen unter **Überstunden** die Zeiträume verstanden werden, die über diese individuelle Regelarbeitszeit hinausgehen.[145] Die **Lage der Arbeitszeit** wird von Art. 3 Abs. 1 Buchst. f Nr. i Leiharb-RL nicht erfasst. 12.47

Unter **Pausen** i.S.v. Art. 3 Abs. 1 Buchst. f Nr. i Leiharb-RL sind die sog. Ruhepausen gem. Art. 4 ArbZ-RL zu fassen,[146] d.h. die Unterbrechungen der täglichen Arbeitszeit (vgl. Rz. 7.179 ff.). Auch für den Begriff der **Ruhezeit** i.S.d. Leiharbeitsrichtlinie kann die Definition des Art. 2 Nr. 2 ArbZ-RL („Ruhezeit: jede Zeitspanne außerhalb der Arbeitszeit") herangezogen werden (vgl. Rz. 7.140 ff.).[147] Gleiches gilt für den Begriff der **Nachtarbeit**, den Art. 2 Nr. 4 Buchst. a ArbZ-RL definiert (vgl. Rz. 7.183 ff.).[148] 12.48

Für den Begriff des **Urlaubs** i.S.v. Art. 3 Abs. 1 Buchst. f Nr. i Leiharb-RL ist hingegen nicht auf den in Art. 7 ArbZ-RL verwendeten Begriff des Jahresurlaubs (vgl. zu Art. 7 ArbZ-RL Rz. 8.1 ff.) zurückzugreifen, sondern auf den weiter reichenden allgemeinen Urlaubsbegriff des EuGH, der auch die Arbeitsunfähigkeit (Krankheitsurlaub),[149] den Mutterschutz (Mutterschaftsurlaub)[150] und die Elternzeit (Elternurlaub) umfasst.[151] 12.49

Unter den **arbeitsfreien Tagen** i.S.v. Art. 3 Abs. 1 Buchst. f Nr. i Leiharb-RL sind – wie der Vergleich mit anderen Sprachfassungen der Richtlinie zeigt – lediglich Feiertage, d.h. die Tage, an denen von Gesetzes wegen in der Regel keine Arbeitspflicht besteht, zu verstehen.[152] 12.50

---

142 EUArbR/*Rebhahn*/*Schörghofer*, RL 2008/104/EG, Art. 3 Rz. 14; *Sansone*, Gleichstellung von Leiharbeitnehmern, S. 486 ff.; a.A. Raschauer/*Resch*/*Schindler*, Neuerungen bei der Arbeitskräfteüberlassung, S. 13 (20 f.). Streitig ist, ob der Gleichstellungsanspruch hinsichtlich der Gegenstände des Art. 3 Abs. 1 Buchst. f Nr. i Leiharb-RL die dazugehörigen Entgeltregelungen umfasst oder diese als Arbeitsentgelt i.S.v. Art. 3 Abs. 1 Buchst. f Nr. ii Leiharb-RL anzusehen sind. Vgl. hierzu Raschauer/*Resch*/*Schindler*, Neuerungen bei der Arbeitskräfteüberlassung, S. 13 (21 f.); EUArbR/*Rebhahn*/*Schörghofer*, RL 2008/104/EG, Art. 3 Rz. 14.
143 *Sansone*, Gleichstellung von Leiharbeitnehmern, S. 486; zum 2. RL-E *Naderhirn*, ZESAR 2003, 258 (261).
144 *Boemke*, RIW 2009, 177 (180); Boemke/Lembke/*Lembke*, AÜG, § 9 Rz. 132; EUArbR/*Rebhahn*/ *Schörghofer*, RL 2008/104/EG, Art. 3 Rz. 14.
145 *Boemke*, RIW 2009, 177 (180); Boemke/Lembke/*Lembke*, AÜG, § 9 Rz. 133; *Sansone*, Gleichstellung von Leiharbeitnehmern, S. 486.
146 *Boemke*, RIW 2009, 177 (180); Boemke/Lembke/*Lembke*, AÜG, § 9 Rz. 134; EUArbR/*Rebhahn*/ *Schörghofer*, RL 2008/104/EG, Art. 3 Rz. 14; *Sansone*, Gleichstellung von Leiharbeitnehmern, S. 486.
147 *Boemke*, RIW 2009, 177 (180); Boemke/Lembke/*Lembke*, AÜG, § 9 Rz. 135; EUArbR/*Rebhahn*/ *Schörghofer*, RL 2008/104/EG, Art. 3 Rz. 14; *Sansone*, Gleichstellung von Leiharbeitnehmern, S. 487.
148 *Boemke*, RIW 2009, 177 (180); Boemke/Lembke/*Lembke*, AÜG, § 9 Rz. 136; EUArbR/*Rebhahn*/ *Schörghofer*, RL 2008/104/EG, Art. 3 Rz. 14; *Sansone*, Gleichstellung von Leiharbeitnehmern, S. 487.
149 EuGH v. 20.1.2009 – C-350/06 und C-520/06 – Schultz-Hoff, Slg. 2009, I-179 Rz. 20 ff.
150 EuGH v. 18.3.2004 – C-342/01 – Gómez, Slg. 2004, I-2605; v. 14.4.2005 – C-519/03 – Kommission/ Luxemburg, Slg. 2005, I-3067 Rz. 31 ff.
151 *Sansone*, Gleichstellung von Leiharbeitnehmern, S. 488 f.; a.A. *Boemke*, RIW 2009, 177 (180 f.); Boemke/Lembke/*Lembke*, AÜG, § 9 Rz. 137; EUArbR/*Rebhahn*/*Schörghofer*, RL 2008/104/EG, Art. 3 Rz. 15.
152 Boemke/Lembke/*Lembke*, AÜG, § 9 Rz. 138; a.A. Thüsing/*Pelzner*/*Kock*, AÜG, § 8 Rz. 25.

bb) Arbeitsentgelt gem. Art. 3 Abs. 1 Buchst. f Nr. ii Leiharb-RL

12.51 Als wesentliche Arbeits- und Beschäftigungsbedingung ist nach Art. 3 Abs. 1 Buchst. f Nr. ii Leiharb-RL ferner das **Arbeitsentgelt** anzusehen. Dessen Definition richtet sich gem. Art. 3 Abs. 2 UAbs. 1 Leiharb-RL **nach nationalem Recht**.[153] Es bleibt abzuwarten, ob der EuGH[154] wie im Falle der Arbeitnehmereigenschaft i.S.d. Leiharbeitsrichtlinie entgegen dem Wortlaut der Vorschrift eine autonome Begriffsbestimmung verfolgt.[155]

12.52 Für §§ 3 Abs. 1 Nr. 3, 8 Abs. 1, 9 Nr. 2 AÜG ist nach h.M.[156] auf das sog. **Arbeitsentgelt im weiteren Sinne** abzustellen, das nicht nur die in unmittelbar synallagmatischer Beziehung zur Arbeitsleistung stehenden Leistungen erfasst, sondern auch alle sonstigen Arbeitgeberleistungen, d.h. mit Rücksicht auf das bestehende Arbeitsverhältnis gewährte Geld- oder Sachzuwendungen, die über die periodische Abgeltung der Arbeitsleistung hinausgehen und außerhalb des vertraglichen Synallagmas stehen.[157] § 8 Abs. 1 Satz 3 AÜG stellt dabei – richtlinienkonform – klar, dass Sachbezüge zum Arbeitsentgelt in diesem Sinne zählen, ermöglicht insoweit jedoch einen Wertausgleich.

cc) Rechtsgrundlagen der Arbeits- und Beschäftigungsbedingungen

12.53 Von Art. 3 Abs. 1 Buchst. f Leiharb-RL werden lediglich solche Arbeits- und Beschäftigungsbedingungen erfasst, die „durch Gesetz, Verordnung, Verwaltungsvorschrift, Tarifvertrag und/oder sonstige verbindliche Bestimmungen allgemeiner Art, die im entleihenden Unternehmen gelten, festgelegt sind". Es gilt für Art. 5 Abs. 1 Leiharb-RL somit ein **abstrakt-genereller Maßstab**, der lediglich **normativ** im entleihenden Unternehmen geltende Arbeitsbedingungen umfasst.[158] **Vertraglich** vereinbarte Arbeits- und Beschäftigungsbedingungen werden daher nur dann zum Gegenstand der Gleichbehandlung, wenn sie in einem Tarifvertrag oder einer sonstigen verbindlichen Bestimmung allgemeiner Art enthalten sind.[159] Hierunter fallen insbesondere Betriebsvereinbarungen sowie Tarifverträge, die aufgrund arbeitsvertraglicher Bezugnahme Anwendung finden.[160]

---

153 *Hamann*, EuZA 2009, 287 (305); Boemke/Lembke/*Lembke*, AÜG, § 9 Rz. 122; Thüsing/*Kock*/*Greiner*, AÜG, § 8 Rz. 16; *Rieble*/*Vielmeier*, EuZA 2011, 474 (497); *Willemsen*/*Mehrens*, NZA 2015, 898 (901); vgl. auch BAG v. 19.2.2014 – 5 AZR 1047/12, NZA 2014, 915; a.A. *Boemke*, RIW 2009, 177 (181); *Ulber, J.*/*Ulber, J.*, AÜG, Einl. F. Rz. 61; s. auch *Expert Group Report*, Transposition of Directive 2008/104/EC, S. 19 f.

154 EuGH v. 17.11.2016 – C-216/15 – Betriebsrat der Ruhrlandklinik, ArbRB 2016, 354 = NZA 2017, 41 – Rz. 33, 43.

155 Vgl. hierzu ausf. EUArbR/*Rebhahn*/*Schörghofer*, RL 2008/104/EG, Art. 3 Rz. 16.

156 BAG v. 19.2.2014 – 5 AZR 1047/12, NZA 2014, 915; *Boemke*, RIW 2009, 177 (181); HWK/*Kalb*, § 3 AÜG Rz. 30; Boemke/Lembke/*Lembke*, AÜG, § 9 Rz. 123; *Lembke*, BB 2003, 98 (101); *Ulber, J.*, AuR 2003, 7 (11); ErfK/*Wank*, AÜG, § 8 Rz. 5; zu betrieblichen Altersvorsorgeleistungen: *Giese*/*Orth*, BB 2017, 693; zu Besonderheiten bei Auslandssachverhalten *Behrendt*/*Weyhing*, BB 2017, 2485 (2487).

157 A.A. *Gaul*/*Otto*, DB 2002, 2486 (2487); Thüsing/*Kock*/*Greiner*, AÜG, § 8 Rz. 16; Thüsing/*Mengel*, Flexibilisierung von Arbeitsbedingungen, S. 162; Schüren/*Schüren*, AÜG, 3. Aufl. 2007, § 9 Rz. 129; ebenfalls a.A. unter Verweis auf Art. 5 Abs. 4 UAbs. 2 Satz 2 Leiharb-RL *Rieble*/*Vielmeier*, EuZA 2011, 474 (497).

158 I.E. *Ulber, J.*, AuR 2010, 10 (13); zum 2. RL-E *Bertram*, ZESAR 2003, 205 (207). Vgl. auch *Riesenhuber*, Europäisches Arbeitsrecht, § 18 Rz. 12; *Sansone*, Gleichstellung von Leiharbeitnehmern, S. 505.

159 *Riesenhuber*, Europäisches Arbeitsrecht, § 18 Rz. 12; zum 2. RL-E *Bertram*, ZESAR 2003, 205 (207); *Reineke*, Das Recht der Arbeitnehmerüberlassung, S. 194.

160 *Boemke*, RIW 2009, 177 (179 f.); Boemke/Lembke/*Lembke*, AÜG, § 9 Rz. 140; *Sansone*, Gleichstellung von Leiharbeitnehmern, S. 506; wohl auch *Thüsing*/*Stiebert*, ZESAR 2012, 199 (202). Zur (teilweise umstrittenen) Erfassung von Arbeitsbedingungen aufgrund von Allgemeinen Arbeitsbedingungen, betrieblichen Übungen, Gesamtzusagen, dem arbeitsrechtlichen Gleichbehandlungsgrundsatz und Konzernrichtlinien Boemke/Lembke/*Lembke*, AÜG, § 9 Rz. 140; EUArbR/*Rebhahn*/*Schörghofer*, RL 2008/104/EG, Art. 3 Rz. 13.

Da die §§ 3 Abs. 1 Nr. 3, 8 Abs. 1, 9 Nr. 2 AÜG im Unterschied dazu darauf abstellen, dass die wesentlichen Arbeitsbedingungen für vergleichbare Arbeitnehmer des Entleihers gelten, können im nationalen Recht Gleichstellungsgegenstände nicht nur aus gesetzlichen und tarifvertraglichen Regelungen sowie Betriebsvereinbarungen folgen, sondern auch aus arbeitsvertraglichen Vereinbarungen.[161] Diese nationale Besserstellung von Arbeitnehmern wird durch Art. 9 Abs. 1 Leiharb-RL legitimiert.[162]

b) Art. 5 Abs. 1 UAbs. 2 Leiharb-RL

Art. 5 Abs. 1 UAbs. 2 Leiharb-RL verlangt des Weiteren, dass bei der Anwendung des UAbs. 1 „die im entleihenden Unternehmen geltenden Regeln in Bezug auf a) den Schutz schwangerer und stillender Frauen und den Kinder- und Jugendschutz sowie b) die Gleichbehandlung von Männern und Frauen und sämtliche Maßnahmen zur Bekämpfung von Diskriminierungen aufgrund des Geschlechts, der Rasse oder der ethnischen Herkunft, der Religion oder Weltanschauung, einer Behinderung, des Alters oder der sexuellen Orientierung" so eingehalten werden, „wie sie durch Gesetze, Verordnungen, Verwaltungsvorschriften, Tarifverträge und/oder sonstige Bestimmungen allgemeiner Art festgelegt sind."

Das nationale Recht ist im Hinblick auf Art. 5 Abs. 1 UAbs. 2 Leiharb-RL richtlinienkonform.[163] Die durch Gesetze festgelegten Regeln bezüglich der Gleichbehandlungsgegenstände des Art. 5 Abs. 1 UAbs. 2 Buchst. a und b sind vom Entleiher aufgrund von § 11 Abs. 6 AÜG bzw. § 2 Abs. 2 Satz 2 AGG zu beachten.[164] Die Einhaltungspflicht von darüber hinausgehenden Betriebsvereinbarungen resultiert aus dem betriebsverfassungsrechtlichen Gleichbehandlungsgebot des § 75 Abs. 1 BetrVG. Etwaige in Tarifverträgen enthaltene Bestimmungen, die über die gesetzlich festgelegten Regeln hinsichtlich der Gegenstände des Art. 5 Abs. 1 UAbs. 2 Buchst. a, b Leiharb-RL hinausgehen, sind hingegen vom Verleiher bereits als Gegenstand der Gleichstellung nach §§ 3 Abs. 1 Nr. 3, 8 Abs. 1, 9 Nr. 2 AÜG einzuhalten.[165]

2. Vergleichsmaßstab der Gleichbehandlung

Art. 5 Abs. 1 UAbs. 1 Leiharb-RL wählt als Vergleichsmaßstab der Gleichbehandlung von Leiharbeitnehmern während ihrer Überlassung diejenigen wesentlichen Arbeits- und Beschäftigungsbedingungen, die für sie gelten würden, „wenn sie von jenem genannten Unternehmen unmittelbar für den gleichen Arbeitsplatz eingestellt worden wären". Maßgeblich sind mithin die beim Entleiher geltenden Arbeits- und Beschäftigungsbedingungen.[166] Dabei ist eine **unternehmensweite Betrachtung** erforderlich, bei der auch auf andere Betriebe des Entleihers als den konkreten Einsatzbetrieb des Leiharbeitnehmers zurückzugreifen ist.[167]

Hierbei ist im Wege einer **hypothetischen, arbeitsplatzbezogenen Betrachtungsweise** zu ermitteln, welche Arbeits- und Beschäftigungsbedingungen gelten würden, wenn der Leiharbeitnehmer

---

161 *Junker*, ZfA 2016, 197 (205 f.); *Sansone*, Gleichstellung von Leiharbeitnehmern, S. 244 ff.
162 EUArbR/*Rebhahn/Schörghofer*, RL 2008/104/EG, Art. 3 Rz. 11; *Sansone*, Gleichstellung von Leiharbeitnehmern, S. 506 f.; ErfK/*Wank*, AÜG, § 8 Rz. 26. Diese Abweichung widerspricht auch nicht dem Vergleichsmaßstab des Art. 5 Abs. 1 UAbs. 1 Leiharb-RL, *Sansone*, Gleichstellung von Leiharbeitnehmern, S. 517 f.; kritisch zum 2. RL-E *Reineke*, Das Recht der Arbeitnehmerüberlassung, S. 195.
163 *Sansone*, Gleichstellung von Leiharbeitnehmern, S. 509 ff.
164 *Hamann*, EuZA 2009, 287 (306); *Waas*, ZESAR 2009, 207 (210).
165 Ausf. *Sansone*, Gleichstellung von Leiharbeitnehmern, S. 509 ff.
166 BAG v. 21.10.2015 – 5 AZR 604/14, NZA 2016, 422 (425).
167 A.A. EUArbR/*Rebhahn/Schörghofer*, RL 2008/104/EG, Art. 5 Rz. 5; *Thüsing/Stiebert*, ZESAR 2012, 199 (202 f.).

vom Entleiher unmittelbar für den gleichen Arbeitsplatz eingestellt worden wäre.[168] **Individuell-personenbezogene Merkmale** wie Betriebszugehörigkeit, Lebensalter, Berufserfahrung, Qualifikation und Kompetenz sind daher zu berücksichtigen.[169]

12.59 Auch hinsichtlich der **Dauer der Arbeitszeit** des Leiharbeitnehmers ist darauf abzustellen, welche Vorgaben gelten würden, wäre der Leiharbeitnehmer vom Entleiher unmittelbar für den gleichen Arbeitsplatz eingestellt worden.[170] Bei **teilzeit- oder befristet beschäftigten Leiharbeitnehmern** ist hingegen zu fragen, welche Arbeitsbedingungen bei einer Einstellung als befristeter oder teilzeitbeschäftigter Arbeitnehmer gelten würden.[171] Da im Rahmen des Art. 5 Abs. 1 UAbs. 1 Leiharb-RL eine hypothetische Ermittlung vorzunehmen ist, ist es nach der Leiharbeitsrichtlinie unerheblich, ob das entleihende Unternehmen **einen vergleichbaren Arbeitnehmer** beschäftigt.[172]

12.60 Weil Art. 3 Abs. 1 Buchst. f Leiharb-RL verlangt, dass die wesentlichen Arbeits- und Beschäftigungsbedingungen „durch Gesetz, Verordnung, Verwaltungsvorschrift, Tarifvertrag und/oder sonstige verbindliche Bestimmungen allgemeiner Art, die im entleihenden Unternehmen gelten, festgelegt sind", ist die hypothetische unmittelbare Einstellung durch den Entleiher auch anhand dieser Bestimmungen vorzunehmen.[173] Richten sich beim Entleiher die wesentlichen Arbeits- und Beschäftigungsbedingungen nach einem betriebs- oder tarifvertraglichen Eingruppierungssystem, so ist der Leiharbeitnehmer daher in dieses einzugruppieren.[174] Sollten im gesamten entleihenden Unternehmen keinerlei verbindliche Bestimmungen allgemeiner Art Anwendung finden, ist umstritten, ob auf die „Einstellungspraxis" des Entleihers bzw. – wenn eine solche nicht feststellbar ist – auf die Arbeitsbedingungen abzustellen ist, die beim Entleiher „im Allgemeinen" gewährt werden bzw. die in der Branche üblich sind, oder ob Art. 5 Abs. 1 UAbs. 1 Leiharb-RL in diesen Fällen leerläuft.[175]

---

168 *Hamann*, EuZA 2009, 287 (306); Boemke/Lembke/*Lembke*, AÜG, § 9 Rz. 12, 100; Thüsing/*Pelzner/Kock*, AÜG, § 3 Rz. 79; *Schüren/Wank*, RdA 2011, 1 (4); Schlachter/*Forst*, § 16 Rz. 71; Ulber, J./*Ulber, J.*, AÜG, § 8 Rz. 43; *Ulber, J.*, RdA 2018, 50 (53).

169 *Hamann*, EuZA 2009, 287 (306); EUArbR/*Rebhahn/Schörghofer*, RL 2008/104/EG, Art. 5 Rz. 5; *Sansone*, Gleichstellung von Leiharbeitnehmern, S. 519; Ulber, J./*Ulber, J.*, AÜG, § 8 Rz. 49; a.A. Boemke/Lembke/*Lembke*, AÜG, § 9 Rz. 105; vgl. auch BAG v. 21.10.2015 – 5 AZR 604/14, NZA 2016, 422 (425).

170 EUArbR/*Rebhahn/Schörghofer*, RL 2008/104/EG, Art. 5 Rz. 3; *Sansone*, Gleichstellung von Leiharbeitnehmern, S. 520; in diese Richtung auch BAG v. 16.4.2014 – 5 AZR 483/12, ArbRB 2014, 263 = NZA 2014, 1262, 1263; a.A. Boemke/Lembke/*Lembke*, AÜG, § 9 Rz. 105. Zu der Konstellation, dass der Arbeitsvertrag des Leiharbeitnehmers einen längeren Umfang der Arbeitszeit vorsieht als beim Entleiher EUArbR/*Rebhahn/Schörghofer*, RL 2008/104/EG, Art. 5 Rz. 3.

171 *Sansone*, Gleichstellung von Leiharbeitnehmern, S. 520 f.; zum 2. RL-E *Bertram*, ZESAR 2003, 205 (210).

172 Begründung des Änderungsantrags 38 des Berichts des Ausschusses für Beschäftigung und soziale Angelegenheiten über den Vorschlag für eine Richtlinie des Europäischen Parlaments und des Rates über die Arbeitsbedingungen von Leiharbeitnehmern, A5-0356/2002, S. 28 f.; BAG v. 21.10.2015 – 5 AZR 604/14, NZA 2016, 422 (425); Boemke/Lembke/*Lembke*, AÜG, § 9 Rz. 110; EUArbR/*Rebhahn/Schörghofer*, RL 2008/104/EG, Art. 5 Rz. 6; *Thüsing/Stiebert*, ZESAR 2012, 199, (203); *Waas*, ZESAR 2012, 7 (7); a.A. ErfK/*Wank*, AÜG, § 8 Rz. 8; zum Problemfall, dass beim Entleiher mehrere vergleichbare Arbeitnehmer beschäftigt sind, Boemke/Lembke/*Lembke*, AÜG, § 9 Rz. 112 ff.; Thüsing/*Kock/Greiner*, AÜG, § 8 Rz. 27; EUArbR/*Rebhahn/Schörghofer*, RL 2008/104/EG, Art. 5 Rz. 7; *Sansone*, Gleichstellung von Leiharbeitnehmern, S. 522 ff.; *Thüsing/Stiebert*, ZESAR 2012, 199 (203).

173 *Sansone*, Gleichstellung von Leiharbeitnehmern, S. 515 f.; zum 2. RL-E *Naderhirn*, ZESAR 2003, 258 (261).

174 LAG Düsseldorf v. 29.8.2012 – 12 Sa 576/12; *Sansone*, Gleichstellung von Leiharbeitnehmern, S. 515; vgl. auch *Expert Group Report*, Transposition of Directive 2008/104/EC, S. 17 f.; *Greiner*, RdA 2017, 153 (154 f.); wohl auch *Hamann*, EuZA 2009, 287 (307).

175 So *Sansone*, Gleichstellung von Leiharbeitnehmern, S. 516 f.; ähnlich *Expert Group Report*, Transposition of Directive 2008/104/EC, S. 18; a.A. *Hamann*, EuZA 2009, 287 (307); Ulber, J./*Ulber, J.*, AÜG, § 8 Rz. 49.

Die §§ 3 Abs. 1 Nr. 3, 8 Abs. 1, 9 Nr. 2 AÜG stellen entgegen dieser Richtlinienvorgabe auf einen **vergleichbaren Arbeitnehmer** des Entleihers ab, was ein Umsetzungsdefizit des nationalen Gesetzgebers darstellt.[176] Bei divergierenden Ergebnissen der Vergleichsmaßstäbe, die bei der Heranziehung vergleichbarer Arbeitnehmer i.d.R. nicht auftreten dürften,[177] ist daher eine richtlinienkonforme Auslegung (hierzu vgl. Rz. 1.142 ff.) der §§ 3 Abs. 1 Nr. 3, 8 Abs. 1, 9 Nr. 2 AÜG vorzunehmen.[178] Dies gilt nach hier vertretener Auffassung (vgl. Rz. 12.57) auch für den Umstand, dass den §§ 3 Abs. 1 Nr. 3, 8 Abs. 1, 9 Nr. 2 AÜG entgegen Art. 5 Abs. 1 UAbs. 1 Leiharb-RL eine **betriebsbezogene** Betrachtung („im Betrieb des Entleihers geltende wesentliche Arbeitsbedingungen") anstelle der erforderlichen **unternehmensweiten** Betrachtung zugrunde liegt.[179]

12.61

Nach § 8 Abs. 1 Satz 2 AÜG wird hinsichtlich des Arbeitsentgelts vermutet, dass ein Leiharbeitnehmer gleichgestellt behandelt wurde, wenn er das für einen vergleichbaren Arbeitnehmer des Entleihers im Entleihbetrieb geschuldete tarifvertragliche Arbeitsentgelt oder in Ermangelung eines solchen ein für vergleichbare Arbeitnehmer in der Einsatzbranche geltendes tarifvertragliches Arbeitsentgelt erhalten hat. Diese Vermutungsregelung wird aufgrund ihrer Widerleglichkeit als richtlinienkonform angesehen.[180]

12.62

3. Mindestgarantiecharakter des Gleichbehandlungsgrundsatzes

Der Gleichbehandlungsgrundsatz verlangt, dass die wesentlichen Arbeits- und Beschäftigungsbedingungen der Leiharbeitnehmer während der Überlassung *mindestens* denjenigen zu entsprechen haben, die für sie gelten würden, wenn sie im entleihenden Unternehmen unmittelbar für den gleichen Arbeitsplatz eingestellt worden wären. Art. 5 Abs. 1 UAbs. 1 Leiharb-RL gibt daher lediglich **Mindestbedingungen** vor, so dass zwischen dem Verleiher und dem Leiharbeitnehmer geltende günstigere Arbeits- und Beschäftigungsbedingungen ihre Geltung behalten.[181]

12.63

Es ist dabei davon auszugehen, dass der Richtliniengeber die Bestimmung der Günstigkeit der Arbeits- und Beschäftigungsbedingungen mangels Vorgaben in Art. 5 Abs. 1 UAbs. 1 Leiharb-RL hinsichtlich der Wahl der Form und Mittel für die Umsetzung der Richtlinie den Mitgliedstaaten zugewiesen hat.[182] Aufgrund des Gebots der effektiven Umsetzung hatten diese allerdings die Form

12.64

---

176 *Fuchs*, NZA 2009, 57 (61); *Hamann/Klengel*, EuZA 2017, 485 (497); *Junker*, ZfA 2016, 197 (205); *Sansone*, Gleichstellung von Leiharbeitnehmern, S. 524 f.; kritisch auch die Kommission in KOM (2014), 176 endg., S. 6.
177 *Boemke/Lembke/Lembke*, AÜG, § 9 Rz. 79, 100; *Wank*, JbArbR 49 (2012), 23 (32); *Ulber, J.*, RdA 2018, 50 (53); Divergierende Ergebnisse sind jedoch bei der Berücksichtigung personenbezogener Merkmale, der Dauer der Arbeitszeit, der Teilzeit- und befristeten Beschäftigung oder beim Fehlen vergleichbarer Arbeitnehmer denkbar, ausf. *Sansone*, Gleichstellung von Leiharbeitnehmern, S. 515 ff.; EUArbR/*Rebhahn/Schörghofer*, RL 2008/104/EG, Art. 5 Rz. 7.
178 *Bertram*, AIP 11/2008, 3 (4); *Fuchs/Marhold*, S. 162; *Hamann*, EuZA 2009, 287 (306); *Boemke/Lembke/Lembke*, AÜG, § 9 Rz. 79, 100; *Hamann/Klengel*, EuZA 2017, 485 (497); *Sansone*, Gleichstellung von Leiharbeitnehmern, S. 515, 524 f.; *Thüsing*, RdA 2009, 118 (118); Schlachter/Heinig/*Forst*, § 16 Rz. 87; a.A. *Rieble/Vielmeier*, EuZA 2011, 474 (498).
179 *Sansone*, Gleichstellung von Leiharbeitnehmern, S. 514; *Hamann/Klengel*, EuZA 2017, 485 (497).
180 *Ulrici/Ulrici*, AÜG, § 8 Rz. 44; *Greiner*, RdA 2017, 153 (156) mit der weiteren Annahme, dass es sich bei § 8 Abs. 1 Satz 2 AÜG um eine nicht unter die Leiharb-RL fallende Beweislastregelung; aus nationaler Perspektive für Widerleglichkeit ebenso *Bayreuther*, NZA 2017, 18 (21); *Deinert*, RdA 2017, 65 (74); *Henssler*, Ausschussdrucks. 18(11) 761, S. 66 f.; DGB, Ausschussdrucks. 18(11) 761, S. 15.
181 *Boemke*, RIW 2009, 177 (183); EUArbR/*Rebhahn/Schörghofer*, RL 2008/104/EG, Art. 5 Rz. 2; *Riesenhuber*, Europäisches Arbeitsrecht, § 18 Rz. 13; *Sansone*, Gleichstellung von Leiharbeitnehmern, S. 527; *Ulber, J./Ulber, J.*, AÜG, § 8 Rz. 56b.
182 *Sansone*, Gleichstellung von Leiharbeitnehmern, S. 531; EUArbR/*Rebhahn/Schörghofer*, RL 2008/104/EG, Art. 5 Rz. 2.

und Mittel der Umsetzung zu wählen, die sich zur Gewährleistung der praktischen Wirksamkeit der Richtlinie unter Berücksichtigung des mit ihnen verfolgten Zwecks am besten eignen (zum Effektivitätsprinzip vgl. Rz. 1.122 ff.). Sinn und Zweck der Leiharbeitsrichtlinie entspricht insoweit am ehesten ein **Sachgruppenvergleich**.[183]

12.65 Die dabei miteinander zu vergleichenden Sachgruppen ergeben sich aus den in Art. 3 Abs. 1 Buchst. f Leiharb-RL genannten wesentlichen Arbeits- und Beschäftigungsbedingungen.[184] Ob eine zwischen Leiharbeitnehmer und Verleiher geltende wesentliche Arbeits- und Beschäftigungsbedingung für den Leiharbeitnehmer günstiger ist, als die nach Art. 5 Abs. 1 UAbs. 1 Leiharb-RL zu gewährende, ist aus objektiv-hypothetischer Sicht eines verständigen Arbeitnehmers unter Berücksichtigung der Anschauungen seines Berufsstands und der Verkehrsanschauung zu beurteilen.[185]

12.66 Die §§ 3 Abs. 1 Nr. 3, 8 Abs. 1, 9 Nr. 2 AÜG erfüllen diese Richtlinienvorgaben.[186] Nach der h.M.[187] schreiben sie ebenfalls ausschließlich Mindestbedingungen vor, wobei die Günstigkeit der wesentlichen Arbeitsbedingungen in sachlicher Hinsicht mittels eines Sachgruppenvergleichs entsprechend der dargestellten Maßgaben zu ermitteln ist.[188] Nach der Rechtsprechung des BAG ist dabei hinsichtlich des Arbeitsentgelts in zeitlicher Hinsicht „ein Gesamtvergleich der Entgelte im Überlassungszeitraum anzustellen".[189]

4. Zeitlicher Geltungsbereich

12.67 Art. 5 Abs. 1 Leiharb-RL ordnet eine Gleichbehandlung von Leiharbeitnehmern lediglich „während der Überlassung an ein entleihendes Unternehmen" an. Außerhalb dieses Zeitraums, in den sog. **verleihfreien Zeiten**, ist Art. 5 Abs. 1 UAbs. 1 Leiharb-RL nicht anwendbar.[190]

12.68 Auch insoweit stimmt das deutsche Recht mit Art. 5 Abs. 1 Leiharb-RL überein, da die §§ 3 Abs. 1 Nr. 3, 8 Abs. 1, 9 Nr. 2 AÜG eine Gleichstellungspflicht nur „für die Zeit der Überlassung" an einen Entleiher normieren. Für die von der Richtlinie nicht erfassten verleihfreien Zeiten ordnet § 8 Abs. 5 AÜG an, dass der Verleiher auch insoweit mindestens das in einer Rechtsverordnung nach § 3a AÜG festgelegte Mindestentgelt zu leisten hat.

---

183 *Hamann*, EuZA 2009, 287 (307); Boemke/Lembke/*Lembke*, AÜG, § 9 Rz. 148; EUArbR/*Rebhahn/Schörghofer*, RL 2008/104/EG, Art. 5 Rz. 2; *Sansone*, Gleichstellung von Leiharbeitnehmern, S. 531; wohl auch *Thüsing/Stiebert*, ZESAR 2012, 199 (204); a.A. hinsichtlich des Arbeitsentgelts *Boemke*, RIW 2009, 177 (184); Ulber, J./*Ulber, J.*, AÜG, Einl. F Rz. 61, § 8 Rz. 56c: Einzelvergleich entsprechend Art. 157 Abs. 1 und 2 AEUV; a.A. im Rahmen von Art. 5 Abs. 3 Leiharb-RL wohl *Waas*, ZESAR 2012, 7 (9): Gesamtvergleich bei tarifvertraglichen Regelungen.
184 Boemke/Lembke/*Lembke*, AÜG, § 9 Rz. 148; EUArbR/*Rebhahn/Schörghofer*, RL 2008/104/EG, Art. 5 Rz. 2; Schüren/*Schüren*, AÜG, § 8 Rz. 66.
185 Boemke/Lembke/*Lembke*, AÜG, § 9 Rz. 148; EUArbR/*Rebhahn/Schörghofer*, RL 2008/104/EG, Art. 5 Rz. 2; *Sansone*, Gleichstellung von Leiharbeitnehmern, S. 532. Vgl. zu den einzelnen Gleichbehandlungsgegenständen Boemke/Lembke/*Lembke*, AÜG, § 9 Rz. 153 ff.
186 *Sansone*, Gleichstellung von Leiharbeitnehmern, S. 527 f.
187 *Bauer/Krets*, NJW 2003, 537 (538); *Raab*, ZfA 2003, 389 (406 f.); *Rieble/Klebeck*, NZA 2003, 23 (26); *Thüsing*, Arbeitsrechtlicher Diskriminierungsschutz, Rz. 820; Ulber, J./*Ulber, J.*, AÜG, § 8 Rz. 56b; a.A. ErfK/*Wank*, AÜG, § 8 Rz. 5, 13.
188 *Bertram*, ZESAR 2003, 205 (212); Boemke/Lembke/*Lembke*, AÜG, § 9 Rz. 148 m.w.N.; *Greiner*, RdA 2017, 153 (155).
189 BAG v. 23.3.2011 – 5 AZR 7/10, ArbRB 2011, 100 = NZA 2011, 850; v. 21.10.2015 – 5 AZR 604/14, NZA 2016, 422 (425); *Greiner*, RdA 2017, 153 (155).
190 EUArbR/*Rebhahn/Schörghofer*, RL 2008/104/EG, Art. 5 Rz. 1; ausf. *Thüsing/Stiebert*, ZESAR 2012, 199 (201).

5. Ausnahmeoptionen vom Gleichbehandlungsgrundsatz

Die Leiharbeitsrichtlinie sieht für Mitgliedstaaten in Art. 5 Abs. 2 bis 4 drei Optionen vor, Ausnahmen vom Grundsatz der Gleichbehandlung zuzulassen.[191] Diese sollen den Mitgliedstaaten im Rahmen der Rechtsangleichung die Balance zwischen den antagonistischen Zielsetzungen der Richtlinie und die „Berücksichtigung der nationalen Vorschriften und Gepflogenheiten"[192] ermöglichen.[193] Dabei kann Art. 5 Abs. 4 Leiharb-RL in Deutschland keine Bedeutung erlangen, da – anders als die Vorschrift es voraussetzt – ein gesetzliches System existiert, durch das Tarifverträge/allgemeine Gültigkeit erlangen bzw. deren Bestimmungen auf alle vergleichbaren Unternehmen in einem bestimmten Sektor oder bestimmten geografischen Gebiet ausgeweitet werden können (vgl. § 5 TVG, § 3 AEntG).[194]

Nicht in die Leiharbeitsrichtlinie aufgenommen worden sind die noch im 1. RL-E vorgesehen Ausnahmen vom Grundsatz der Gleichbehandlung aus **sachlichen Gründen** sowie für bis zu **sechs Wochen andauernde Überlassungen**.

Da die Leiharbeitsrichtlinie eine Ausnahme aus sachlichen Gründen nicht enthält, kann eine solche auch nicht im Rahmen der §§ 3 Abs. 1 Nr. 3, 8 Abs. 1, 9 Nr. 2, AÜG geltend gemacht werden.[195]

a) Ausnahme bei unbefristeten Leiharbeitsverhältnissen

Gemäß Art. 5 Abs. 2 Leiharb-RL können Mitgliedstaaten nach Anhörung der Sozialpartner die Möglichkeit vorsehen, dass, **beschränkt auf das Arbeitsentgelt**, vom Grundsatz der Gleichbehandlung abgewichen wird, wenn Leiharbeitnehmer, die einen **unbefristeten Vertrag** mit dem Verleiher abgeschlossen haben, auch in der Zeit zwischen den Überlassungen bezahlt werden. Art. 5 Abs. 2 Leiharb-RL setzt die Einführung eines **gesetzlichen Ausnahmetatbestands** voraus.[196] Diesem Ausnahmetatbestand liegt, wie ErwGr. 15 Leiharb-RL zeigt, die Annahme des Richtliniengebers zugrunde, dass unbefristete Arbeitsverträge über einen besonderen Schutzstandard verfügen, der eine Schlechterstellung von Leiharbeitnehmern gegenüber Stammarbeitnehmern des Entleihers rechtfertigt.[197]

Art. 5 Abs. 2 Leiharb-RL ermöglicht es dabei, vom Grundsatz der Gleichbehandlung hinsichtlich des Arbeitsentgelts **sowohl in verleihfreien Zeiten als auch während Überlassungen** abzuweichen.[198] Vorgaben zur Höhe der Vergütung enthält Art. 5 Abs. 2 Leiharb-RL selbst indes nicht.[199]

---

191 Zur Frage, ob Art. 5 Abs. 2 und 3 Leiharb-RL mit dem im Primärrecht verankerten Grundsatz der Nichtdiskriminierung und insb. mit Art. 20 GRC vereinbar sind *Heuschmid/Klauk*, SR 2012, 84 (88 ff.).
192 Begründung zum 1. RL-E durch die Kommission, KOM (2002), 149 endg., S. 14.
193 *Hamann*, EuZA 2009, 287 (307 f.); *Riesenhuber*, Europäisches Arbeitsrecht, § 18 Rz. 14; *Sansone*, Gleichstellung von Leiharbeitnehmern, S. 534.
194 *Blanke*, DB 2010, 1528 (1532); *Hamann*, EuZA 2009, 287 (308); Boemke/Lembke/*Lembke*, AÜG, § 9 Rz. 21; Ulber, J./*Ulber, J.*, AÜG, Einl. F. Rz. 61; *Waas*, ZESAR 2009, 207 (212); ausf. zu Art. 5 Abs. 4 Leiharb-RL EUArbR/*Rebhahn/Schörghofer*, RL 2008/104/EG, Art. 5 Rz. 21 ff.
195 Boemke/Lembke/*Lembke*, AÜG, § 9 Rz. 437; *Riesenhuber*, Europäisches Arbeitsrecht, § 15 Rz. 9; *Sansone*, Gleichstellung von Leiharbeitnehmern, S. 552; a.A. ErfK/*Wank*, AÜG, § 8 Rz. 5.
196 *Hamann*, EuZA 2009, 287 (308); a.A. Raschauer/Resch/*Schindler*, Neuerungen bei der Arbeitskräfteüberlassung, S. 13 (26); vgl. ausf. EUArbR/*Rebhahn/Schörghofer*, RL 2008/104/EG, Art. 5 Rz. 15.
197 *Riesenhuber*, Europäisches Arbeitsrecht, § 18 Rz. 15; *Sansone*, Gleichstellung von Leiharbeitnehmern, S. 535.
198 *Riesenhuber*, Europäisches Arbeitsrecht, § 18 Rz. 15; a.A. zum 2. RL-E *Zappalà*, Industrial Law Journal 32 (2003), 310 (315), die eine Entgeltabweichung nur in verleihfreien Zeiten für zulässig hält.
199 EUArbR/*Rebhahn/Schörghofer*, RL 2008/104/EG, Art. 5 Rz. 13. Vgl. zu dieser Problematik Ulber, J./*Ulber, J.*, AÜG, Einl. F. Rz. 62. Nach *Riesenhuber*, Europäisches Arbeitsrecht, § 18 Rz. 15, ist es zulässig, die Vergütung in verleihfreien Zeiten gegenüber der Vergütung während einer Überlassung abzusenken.

12.74 Obwohl Art. 5 Abs. 2 Leiharb-RL im Gesetzgebungsverfahren als eine an Deutschland adressierte Ausnahmeregelung angesehen wurde,[200] ist diese in §§ 3 Abs. 1 Nr. 3, 8 Abs. 2, Abs. 4, 9 Nr. 2 AÜG nicht aufgegriffen worden. Die Einführung eines solchen Ausnahmetatbestands wäre jedoch zulässig.[201]

b) Ausnahme für nationale Tarifverträge

12.75 Gemäß Art. 5 Abs. 3 Leiharb-RL können die Mitgliedstaaten zudem „nach Anhörung der Sozialpartner diesen die Möglichkeit einräumen, auf der geeigneten Ebene und nach Maßgabe der von den Mitgliedstaaten festgelegten Bedingungen Tarifverträge aufrechtzuerhalten oder zu schließen, die unter Achtung des Gesamtschutzes von Leiharbeitnehmern Regelungen in Bezug auf die Arbeits- und Beschäftigungsbedingungen von Leiharbeitnehmern, welche von den in Abs. 1 aufgeführten Regelungen abweichen können, enthalten können."

12.76 Art. 5 Abs. 3 Leiharb-RL erfasst, anders als Art. 5 Abs. 2 Leiharb-RL, **unbefristete und befristete Leiharbeitsverhältnisse**.[202] Darüber hinaus gilt er **nicht nur für das Arbeitsentgelt**.[203]

aa) Achtung des Gesamtschutzes von Leiharbeitnehmern

12.77 Nach Art. 5 Abs. 3 Leiharb-RL müssen vom Grundsatz der Gleichbehandlung abweichende Tarifverträge unter Achtung des Gesamtschutzes von Leiharbeitnehmern Regelungen zu den Arbeits- und Beschäftigungsbedingungen von Leiharbeitnehmern enthalten. Die Entstehungsgeschichte der Leiharbeitsrichtlinie zeigt, dass der Richtliniengeber mit dieser Einschränkung – wie ErwGr. 19 Leiharb-RL ausdrücklich betont – **nicht die Tarifautonomie der Sozialpartner beeinträchtigen** wollte und insbesondere keine weitreichende Kontrolle von Tarifverträgen durch den EuGH bezweckt hat.[204] Gleichwohl hat der Rat es „für zweckmäßig erachtet, speziell darauf hinzuweisen, dass die Sozialpartner in ihren Vereinbarungen den ‚Gesamtschutz von Leiharbeitnehmern' achten müssen, wenn sie Regelungen in Bezug auf die Arbeits- und Beschäftigungsbedingungen von Leiharbeitnehmern treffen, die vom Grundsatz der Gleichbehandlung abweichen."[205] Die Beachtung des Gesamtschutzes stellt daher zwar eine Schranke der tarifvertraglichen Gestaltungsmacht dar.[206] Einer strengen Kontrolle tarifvertraglicher Regelungen steht jedoch Art. 28 Var. 1 GRC entgegen, der bei der Auslegung des unbestimmten Rechtsbegriffs heranzuziehen ist[207] und sämtliche Hand-

---

200 Ahlberg/Bercusson/u.a./*Ahlberg*, Transnational Labour Regulation, S. 191 (228, 234).
201 EAS/*Sagan*, B 1100 Rz. 140; *Sansone*, Gleichstellung von Leiharbeitnehmern, S. 536 ff.; *Thüsing/Stiebert*, ZESAR 2012, 199 (204); a.A. *Ulber, J.*, AuR 2010, 10 (14); *Ulber, J.*, AiB 2009, 139 (144); Ulber, J./*Ulber, J.*, AÜG, Einl. F. Rz. 61, jedoch aufgrund § 11 Abs. 4 Satz 3 AÜG, dessen Geltung bis zum 31.3.2012 befristet war.
202 *Hamann*, NZA 2011, 70 (71); *Nießen/Fabritius*, FA 2013, 294 (296); *Sansone*, Gleichstellung von Leiharbeitnehmern, S. 539; *Waas*, ZESAR 2012, 7 (8); a.A. *Blanke*, DB 2010, 1528 (1531); *Düwell*, BT-Ausschussdrucks. 17(11) 431, S. 57; *Nielebock*, Arbeitsgerichtsbarkeit und Wissenschaft, S. 455 (458); Schüren/*Brors*, AÜG, Einl. Rz. 602; Schüren/*Schüren*, AÜG, § 9 Rz. 149 f.; Ulber, J./*Ulber, J.*, AÜG, § 8 Rz. 233, 238; in diese Richtung deutend auch der Prüfungsbericht der Kommission, KOM (2014), 176 final, S. 8.
203 *Hamann*, EuZA 2009, 287 (308 f.); *Düwell*, BT-Ausschussdrucks. 17(11) 431, S. 57; *Riesenhuber*, Europäisches Arbeitsrecht, § 18 Rz. 17; *Ulber, J.*, AuR 2010, 10 (14); *Waas*, ZESAR 2009, 207 (211); *Waas*, ZESAR 2012, 7 (8); a.A. *Zimmer*, NZA 2013, 289 (292 ff.).
204 Ausf. *Sansone*, Gleichstellung von Leiharbeitnehmern, S. 540 ff.
205 Begründung des Rates zum Gemeinsamen Standpunkt (EG) Nr. 24/2008, vom Rat festgelegt am 15.9.2008, ABl. C 254 E v. 7.10.2008, S. 43.
206 Vgl. auch *Hamann/Klengel*, EuZA 2017, 485 (500) m.w.N.
207 Vgl. instruktiv hierzu und der Abwägung von Art. 31 Abs. 1 GRC und Art. 28 Var. 1 GRC i.S.e. praktischen Konkordanz *Willemsen/Sagan*, NZA 2011, 258 (260); s. auch EAS/*Sagan*, B 1100 Rz. 141; *Rieble/Vielmeier*, EuZA 2011, 474 (500 f.).

lungen schützt, die mit dem Aushandeln und dem Abschluss von Tarifverträgen zusammenhängen.[208] Es ist daher davon auszugehen, dass die Achtung des Gesamtschutzes von Leiharbeitnehmern aufgrund der Autonomie der Sozialpartner gerade keine Angemessenheitskontrolle verlangt, sondern nur eine äußerste Kontrolle des vom Grundsatz der Gleichbehandlung abweichenden tarifvertraglichen „Gesamtpakets".[209]

Zwar fordert die im nationalen Recht enthaltene Tariföffnungsklausel (§ 8 Abs. 2 Satz 1 AÜG) nicht ausdrücklich die Beachtung des Gesamtschutzes von Leiharbeitnehmern bei der tarifvertraglichen Abweichung vom Gleichstellungsgrundsatz i.S.d. Art. 5 Abs. 3 Leiharb-RL.[210] Die Gestaltungsfreiheit der Tarifvertragsparteien unterliegt jedoch neben allgemeinen gesetzlichen Schranken (Verbot sittenwidriger Vereinbarungen, § 8 Abs. 3 AEntG)[211] gem. § 3a Abs. 2 AÜG und gem. § 1 Abs. 1, 3 MiLoG auch einer Lohnuntergrenze. Spätestens durch die Einführung der (derzeit allerdings nicht zur Anwendung kommenden) Lohnuntergrenze gem. § 3a Abs. 2 AÜG hat der deutsche Gesetzgeber – jedenfalls im Hinblick auf die besonders bedeutsame tarifvertragliche Regelung des Arbeitsentgelts[212] – die zuvor insoweit bestehenden Bedenken an der Richtlinienkonformität des deutschen Rechts beseitigt.[213] Diese Lohnuntergrenze stellt auch keinen Verstoß gegen Art. 4 Leiharb-RL dar.[214]

12.78

Die Möglichkeit der tarifvertraglichen Abweichung vom Gleichstellungsgrundsatz ist zudem gemäß § 8 Abs. 4 Satz 1 AÜG grundsätzlich auf die ersten neun Monate einer Überlassung an einen Entleiher begrenzt. Eine längere, auf 15 Monate befristete Abweichung ist lediglich unter den Voraussetzungen des § 8 Abs. 4 Satz 2 AÜG möglich. Als für den Arbeitnehmer günstigere

12.79

---

208 *Jarass*, Charta der Grundrechte der EU, Art. 28 GRC Rz. 6 m.w.N.
209 *Riesenhuber*, Europäisches Arbeitsrecht, § 18 Rz. 17; *Sansone*, Gleichstellung von Leiharbeitnehmern, S. 540 ff.; vgl. auch konkretisierend *Riechert*, NZA 2013, 303 (306); in diese Richtung gehend auch ArbG Gießen v. 14.2.2018 – 7 Ca 246/17, ArbRB 2018, 167 = juris Rz. 47; strenger *Blanke*, DB 2010, 1528 (1533); *Düwell/Dahl*, DB 2009, 1070 (1073); *Hamann/Klengel*, EuZA 2017, 485 (500 ff.); *Zimmer*, NZA 2013, 289 (290 f.); für tätigkeitsbezogene Mindestlohngitter *Mayer*, AuR 2011, 1 (7); für ein Erfordernis, nach unten abweichende Bedingungen durch über dem Niveau des Entleihers liegende Bedingungen auszugleichen *Ulber, J./Ulber, J.*, AÜG, Einl.F Rz. 64, § 8 Rz. 251; so wohl auch *Waas*, ZESAR 2012, 7 (9); *Expert Group Report*, Transposition of Directive 2008/104/EC, S. 24; gegen jegliche Begrenzung Boemke/Lembke/*Lembke*, AÜG, § 9 Rz. 192; *Lembke*, DB 2011, 414 (417); Thüsing/*Mengel*, AÜG, § 9 Rz. 50; Thüsing/*Kock/Greiner*, AÜG, § 8 Rz. 52, 54; *Rieble/Vielmeier*, EuZA 2011, 474 (500 ff.); *Thüsing*, Europäisches Arbeitsrecht, § 4 Rz. 68. Nach Schüren/*Schüren*, AÜG, § 9 Rz. 151 sei lediglich eine ernsthafte Interessenvertretung zu fordern.
210 Was nach der (nicht bindenden, vgl. EuGH v. 15.4.1986 – C-237/84 – Kommission/Belgien, Slg. 1986, 1247 Rz. 16 f.) Rechtsauffassung der Kommission auch nicht erforderlich sein soll, KOM (2014) 176 final, S. 8; vgl. ausf. zu den hierzu bestehenden Auffassungen EUArbR/*Rebhahn/Schörghofer*, RL 2008/104/EG, Art. 5 Rz. 18a.
211 So die h.M., vgl. Boemke/Lembke/*Lembke*, AÜG, § 9 Rz. 230 ff., 239 ff.; HWK/*Kalb*, § 3 AÜG Rz. 36; Thüsing/*Mengel*, AÜG, § 9 Rz. 50; *Thüsing*, Arbeitsrechtlicher Diskriminierungsschutz, Rz. 837; nach a.A. ist die Gestaltungsmacht der Tarifvertragsparteien beschränkt, vgl. *Fuchs*, NZA 2009, 57 (62); *Klumpp*, GPR 2009, 89 (91); *Schüren*, JbArbR Bd. 41, 49 (58 ff.); *Ulber, J.*, NZA 2009, 232 (236 f.); *Ulber, J.*, AuR 2010, 10 (14); *Waltermann*, NZA 2010, 482 (486). Ausf. *Riechert*, NZA 2013, 303 (304 ff.).
212 Kritisch, da eine Lohnuntergrenze nicht den Gesamtschutz hinsichtlich anderer Arbeitsbedingungen als des Arbeitsentgelts sichern könne, ErfK/*Wank*, AÜG, § 8 Rz. 33; *Wank*, JbArbR 49 (2012), 23 (29); *Fuchs/Marhold*, S. 163 f.; für Richtlinienkonformität Schüren/*Schüren*, AÜG, § 9 Rz. 138.
213 ArbG Gießen v. 14.2.2018 – 7 Ca 246/17, ArbRB 2018, 167 = juris Rz. 47; Thüsing/*Kock/Greiner*, AÜG, § 8 Rz. 57 f.; *Sansone*, Gleichstellung von Leiharbeitnehmern, S. 546; Ulrici/*Ulrici*, AÜG, § 8 Rz. 16; a.A. Ulber, J./*Ulber, J.*, AÜG, § 8 Rz. 267; *Ulber, J.*, RdA 2018, 50 (53); *Waas*, ZESAR 2012, 7 (9 f.); ErfK/*Wank*, AÜG, § 8 Rz. 33; *Wank*, BB 2018, 1909 (1915); *Zimmer*, NZA 2013, 289 (291 f.); *Fuchs/Marhold*, S. 163 f.; s. auch *Riechert*, NZA 2013, 303 (307 ff.).
214 *Hamann*, RdA 2011, 321 (329); a.A. *Rieble/Vielmeier*, EuZA 2011, 474 (502 f.).

Regelung ist diese Begrenzung nach Art. 9 Abs. 1 Leiharb-RL richtlinienkonform.[215] Diese Begrenzung ist gleichsam als den Gesamtschutz wahrende Vorschrift anzusehen.[216]

bb) Nach Maßgabe der von den Mitgliedstaaten festgelegten Bedingungen.

12.80 Indem Art. 5 Abs. 3 Leiharb-RL den Sozialpartnern die Möglichkeit einräumt, die Tarifverträge (auf einer nicht weiter spezifizierten geeigneten Ebene)[217] nach Maßgabe der von den Mitgliedstaaten festgelegten Bedingungen aufrechtzuerhalten oder zu schließen, wurde den Mitgliedstaaten ein großer **Gestaltungsspielraum bei der Umsetzung** von Art. 5 Abs. 3 Leiharb-RL eingeräumt.[218] Diese Zurückhaltung ist der Heterogenität der nationalen Tarifvertragssysteme und Vorschriften zur Leiharbeit geschuldet.[219] Auch die bloße Anwendung nationalen Tarifvertragsrechts entspricht diesen Gestaltungsmöglichkeiten.[220]

12.81 Da Art. 5 Abs. 3 Leiharb-RL keine Vorgabe dazu enthält, unter welchen Voraussetzungen die Tarifverträge in den Leiharbeitsverhältnissen Anwendung finden, umfasst der Gestaltungsspielraum der Mitgliedstaaten auch die Einführung von sog. **Erstreckungsklauseln** zur arbeitsvertraglichen Bezugnahme auf die abweichenden Tarifverträge, um eine Umsetzung entsprechend dem nationalen Recht und nationalen Gepflogenheiten zu ermöglichen.[221]

12.82 Daher ist die in den §§ 8 Abs. 2 Satz 3, Abs. 4 Satz 3 AÜG vorgesehene Möglichkeit, im Geltungsbereich eines vom Gleichstellungsgrundsatz abweichenden Tarifvertrags die Anwendung des Tarifvertrags arbeitsvertraglich zu vereinbaren, als richtlinienkonform zu betrachten.[222]

12.83 Nach dem Wortlaut des Art. 5 Abs. 3 Leiharb-RL („enthalten") ist ausschließlich **die unmittelbare Regelung der Arbeitsbedingungen durch den Tarifvertrag selbst** zulässig, nicht aber die bloße Ermächtigung der Betriebs- oder Arbeitsvertragsparteien durch den Tarifvertrag (sog. **Zulassungs- bzw. Öffnungsnorm**).[223]

---

215 ArbG Gießen v. 14.2.2018 – 7 Ca 246/17, ArbRB 2018, 167 = juris Rz. 47; *Greiner*, RdA 2017, 153 (158); *Hamann/Klengel*, EuZA 2017, 485 (498); *Franzen*, RdA 2015, 141 (147); *Junker*, ZfA 2016, 141 (141); a.A. *Stang/Ulber, J.*, NZA 2015, 910 (913 f.); *Ulber, J.*, RdA 2018, 50 (54).
216 ArbG Gießen v. 14.2.2018 – 7 Ca 246/17, ArbRB 2018, 167 = juris Rz. 47; EUArbR/*Rebhahn/Schörghofer*, RL 2008/104/EG, Art. 5 Rz. 20; *Ulber, J.*, RdA 2018, 50 (54). Zu im Ergebnis abzulehnenden verfassungsrechtlichen Bedenken vgl. etwa *Ulber, J.*, RdA 2018, 50 (54); *Zimmermann*, BB 2016, 53 (55).
217 Hierzu *Sansone*, Gleichstellung von Leiharbeitnehmern, S. 547; *Waas*, ZESAR 2009, 207 (211); s. auch *Kiss/Bankó*, EuZA 2010, 208 (221).
218 *Sansone*, Gleichstellung von Leiharbeitnehmern, S. 546; *Waas*, ZESAR 2009, 207 (211).
219 Vgl. *Fuchs*, NZA 2009, 57 (61); *Sansone*, Gleichstellung von Leiharbeitnehmern, S. 546; *Waas*, ZESAR 2009, 207 (211).
220 *Sansone*, Gleichstellung von Leiharbeitnehmern, S. 547; wohl auch *Waas*, ZESAR 2009, 207 (211); a.A. *Ulber, J.*, AuR 2010, 10 (14); *Ulber, J./Ulber, J.*, AÜG, Einl. F. Rz. 63, § 8 Rz. 262, 264.
221 *Boemke*, RIW 2009, 177 (183); *Hamann/Klengel*, EuZA 2017, 485 (499); EUArbR/*Rebhahn/Schörghofer*, RL 2008/104/EG, Art. 5 Rz. 17; EAS/*Sagan*, B 1100 Rz. 140; *Sansone*, Gleichstellung von Leiharbeitnehmern, S. 547 f.; a.A. *Blanke*, DB 2010, 1528 (1529); *Rödl/Ulber, D.*, NZA 2012, 841.
222 *Boemke*, RIW 2009, 177 (183); *Boemke/Lembke/Lembke*, AÜG, § 9 Rz. 193 f.; *Thüsing/Kock/Greiner*, § 8 AÜG Rz. 70; *Sansone*, Gleichstellung von Leiharbeitnehmern, S. 547 f.; *Thüsing/Stiebert*, ZESAR 2012, 199 (205 f.); *Waas*, ZESAR 2009, 207 (212); ErfK/*Wank*, AÜG, § 8 Rz. 26; *Ulrici/Ulrici*, AÜG, § 8 Rz. 18; *Hamann/Klengel*, EuZA 2017, 485 (499); i.E. auch *Schüren/Wank*, NZA 2011, 1 (5); diff. nach dem Bedeutungsgehalt von Art. 5 Abs. 3 Leiharb-RL *Waas*, ZESAR 2012, 7 (10 ff.); a.A. *Blanke*, DB 2010, 1528 (1529); *Nielebock*, Arbeitsgerichtsbarkeit und Wissenschaft, 455 (463 f.); *Ulber, J./Ulber, J.*, AÜG, § 8 Rz. 337; *Zimmer*, NZA 2013, 289 (292 ff.); mit beachtlichen Argumenten *Rödl/Ulber, D.*, NZA 2012, 841.
223 EUArbR/*Rebhahn/Schörghofer*, RL 2008/104/EG, Art. 5 Rz. 16; *Sansone*, Gleichstellung von Leiharbeitnehmern, S. 548 f.; a.A. *Boemke/Lembke/Lembke*, AÜG, § 9 Rz. 195; offenlassend *Waas*, ZESAR 2009, 207 (211).

Der Wortlaut der im nationalen Recht enthaltenen Tariföffnungsklausel stellt in § 8 Abs. 2 Satz 1, Abs. 4 Satz 1 AÜG darauf ab, dass der Tarifvertrag (selbst) vom Gleichstellungsgrundsatz „abweicht".[224] Die vor der Gesetzesreform umstrittene Frage, ob ein Umsetzungsdefizit des deutschen Rechts besteht,[225] weil es nach früherer h.M. für §§ 3 Abs. 1 Nr. 3 Satz 2, 9 Nr. 2 Halbs. 2 AÜG a.F. im Widerspruch zur Richtlinienvorgabe ausreichte, wenn der Tarifvertrag eine bloße Zulassungs- bzw. Öffnungsnorm vorsah,[226] ist damit hinfällig. Eine Öffnungsklausel für die Betriebsparteien besteht nicht mehr.[227]

12.84

6. Verhinderung missbräuchlicher Anwendung, Art. 5 Abs. 5 Leiharb-RL

Nach Art. 5 Abs. 5 Satz 1 Leiharb-RL ergreifen die Mitgliedstaaten „die erforderlichen Maßnahmen gemäß ihren nationalen Rechtsvorschriften und/oder Gepflogenheiten, um eine missbräuchliche Anwendung dieses Artikels zu verhindern und um insbesondere aufeinander folgende Überlassungen, mit denen die Bestimmungen der Richtlinie umgangen werden sollen, zu verhindern." Solche Maßnahmen erfüllen dabei grundsätzlich die Anforderungen des Art. 4 Abs. 1 Leiharb-RL, der Einschränkungen und Verbote des Einsatzes von Leiharbeitnehmern zur Missbrauchsverhütung ausdrücklich zulässt.[228]

12.85

Art. 5 Abs. 5 Leiharb-RL sind zwei Schutzrichtungen zu entnehmen. Zum einen zielt er auf die Verhinderung einer **missbräuchlichen Anwendung der Ausnahmetatbestände** des Art. 5 Leiharb-RL ab und verweist damit auf das unionsrechtlich nicht abschließend geklärte Institut des Rechtsmissbrauchs.[229] Nach der Rechtsprechung des EuGH ist hierbei eine differenzierte Betrachtung vorzunehmen, wonach nicht nur eine Gesamtwürdigung der objektiven Umstände ergeben muss, dass trotz formaler Einhaltung der unionsrechtlichen Bedingungen das Ziel der Regelung nicht erreicht wurde, sondern auch eine Absicht des Missbrauchenden erforderlich ist, sich einen unionsrechtlich vorgesehenen Vorteil dadurch zu verschaffen, dass die entsprechenden Voraussetzungen willkürlich geschaffen wurden.[230]

12.86

Art. 5 Abs. 5 Leiharb-RL enthält zum anderen die Maßgabe, insbesondere **aufeinander folgende Überlassungen**, mit denen die Bestimmungen der Richtlinie umgangen werden sollen, zu verhindern. Diese an § 5 Nr. 1 BefrRV (hierzu vgl. Rz. 13.129 ff.) erinnernde Vorschrift zielt ihrem Wortlaut nach entgegen der systematischen Stellung nicht nur auf die missbräuchliche Anwendung des Art. 5 Leiharb-RL, sondern weitergehend auf die zu verhindernde Umgehung der „Bestimmungen der Richtlinie" durch aufeinander folgende Überlassungen ab.[231]

12.87

Als missbräuchliche Inanspruchnahme des Ausnahmetatbestands vom Gleichstellungsgrundsatz nach Art. 5 Abs. 3 Leiharb-RL ist die in Deutschland vor Umsetzung der Richtlinie mitunter zu

12.88

---

224 *Greiner*, RdA 2017, 153 (157).
225 So *Sansone*, Gleichstellung von Leiharbeitnehmern, S. 548 f.; Ulber, J./*Ulber, J.*, AÜG, 4. Aufl. § 9 Rz. 170; a.A. Boemke/Lembke/*Lembke*, AÜG, § 9 Rz. 195.
226 Noch zu § 9 AÜG a.F. Boemke/Lembke/*Lembke*, AÜG, § 9 Rz. 233 ff.; a.A. *Bauer/Krets*, NJW 2003, 537 (539); *Raab*, ZfA 2003, 389 (409); *Sansone*, Gleichstellung von Leiharbeitnehmern, S. 326 ff.; Preis/*Tenbrock*, Innovative Arbeitsformen, S. 957.
227 *Greiner*, RdA 2017, 153 (157).
228 *Sansone*, Gleichstellung von Leiharbeitnehmern, S. 555.
229 *Sansone*, Gleichstellung von Leiharbeitnehmern, S. 555; kritisch *Riesenhuber*, Europäisches Arbeitsrecht, § 18 Rz. 20. Zum Institut des Rechtsmissbrauchs *De la Feria*, CMLR 2008, 395; zum Missbrauch nach Art. 11 SE-RL *Sagan*, EBLR 2010, 15.
230 EuGH v. 11.12.2000 – C-110/99 – Emsland Stärke, Slg. 2000, I-11595 Rz. 52 f.; vgl. GA *Maduro* v. 7.4.2005 – C-255/02 – Halifax u.a., Slg. 2006, I-1609 Rz. 67; *Sagan*, EBLR 2010, 15 (28 f.).
231 *Sansone*, Gleichstellung von Leiharbeitnehmern, S. 556; vgl. ausf. EUArbR/*Rebhahn/Schörghofer*, RL 2008/104/EG, Art. 5 Rz. 26 f.; *Hamann/Klengel*, EuZA 2017, 194 (205 ff.).

beobachtende Praxis des sog. **Drehtürverfahrens** anzusehen.[232] Bei diesem wurden zuvor gekündigte Arbeitnehmer des Entleihers von einem Verleiher eingestellt, um sie ihrem vorherigen Arbeitgeber zur Leistung der gleichen Tätigkeit bei geringerer Entlohnung auf Grundlage tarifvertraglicher Abweichung vom Gleichstellungsgrundsatz zu überlassen. Die hieraus resultierenden unionsrechtlichen Bedenken wurden durch die Einführung der sog. **Vorbeschäftigungsklausel** in § 8 Abs. 3 AÜG beseitigt, die die Anwendung der Tariföffnungsklausel in Fällen des Drehtürverfahrens verbietet.[233]

12.89 Als richtlinienkonformer Schutz vor der Umgehung der Richtlinie durch **aufeinander folgende Überlassungen** wird zudem § 1 Abs. 1b Satz 2 AÜG angesehen, wonach Zeiten vorheriger Überlassungen durch denselben oder einen anderen Verleiher an denselben Entleiher vollständig auf die Höchstüberlassungsdauer nach § 1 Abs. 1b AÜG anzurechnen sind, wenn zwischen den Einsätzen jeweils nicht mehr als drei Monate liegen. Dies kann zur Folge haben, dass die Zusammenrechnung und die damit ggf. verbundene Überschreitung der Höchstüberlassungsdauer zu einer Fiktion eines Arbeitsverhältnisses zum Entleiher gemäß § 10 Abs. 1, § 9 Abs. 1 Nr. 1b AÜG führt.[234]

7. Maßnahmen und Sanktionen i.S.d. Art. 10 Leiharb-RL

12.90 Das deutsche Recht erfüllt im Hinblick auf die Umsetzung des Gleichbehandlungsgrundsatzes die Anforderungen des Art. 10 Abs. 1 Leiharb-RL, wonach die Mitgliedstaaten geeignete Maßnahmen vorsehen müssen, damit die sich aus der Richtlinie ergebenden Verpflichtungen durchgesetzt werden können. Insoweit sieht § 8 Abs. 1 Satz 1, Abs. 2 Satz 2 AÜG einen arbeitsgerichtlich durchsetzbaren Gleichstellungsanspruch für Leiharbeitnehmer vor, der durch Auskunftsansprüche (§ 12 Abs. 1 Satz 3, § 13 AÜG) abgesichert wird.[235]

12.91 Auch das Erfordernis einer wirksamen, angemessenen und abschreckenden Sanktionierung i.S.d. Art. 10 Abs. 2 Leiharb-RL ist im Hinblick auf Art. 5 Leiharb-RL erfüllt, da neben dem in § 8 Abs. 1 Satz 1, Abs. 2 Satz 2 AÜG normierten Gleichstellungsanspruch für den Fall der Nichteinhaltung des Gleichstellungsgrundsatzes als weitergehende Sanktionen die verwaltungsrechtlichen Rechtsfolgen der §§ 3 Abs. 1 Nr. 3, 4 Abs. 1, 5 Abs. 1 Nr. 3 AÜG sowie der bußgeldbewehrte Ordnungswidrigkeitstatbestand gem. § 16 Abs. 1 Nr. 7a, Abs. 2 AÜG eingreifen.[236]

VII. Zugang zu Beschäftigung, Gemeinschaftseinrichtungen und beruflicher Bildung

12.92 Art. 6 Leiharb-RL enthält Bestimmungen zum „Zugang zu Beschäftigung, Gemeinschaftseinrichtungen und beruflicher Bildung", mit denen die Qualität der Beschäftigung von Leiharbeitnehmern verbessert[237] und das in Art. 2 Leiharb-RL festgelegte Ziel gefördert werden soll, Arbeitsplätze zu schaffen, v.a. durch die Möglichkeit der Übernahme von Leiharbeitnehmern durch Entleiher.[238]

---

232 *Sansone*, Gleichstellung von Leiharbeitnehmern, S. 554 ff.
233 EUArbR/*Rebhahn/Schörghofer*, RL 2008/104/EG, Art. 5 Rz. 26.
234 *Hamann/Klengel*, EuZA 2017, 194 (205 ff.); EUArbR/*Rebhahn/Schörghofer*, RL 2008/104/EG, Art. 5 Rz. 26; a.A. *Schüren/Brors*, AÜG, Einl. Rz. 615; a.a. für den Fall der tarifvertraglichen Regelung der Höchstüberlassungsdauer gemäß § 1 Abs. 1b S. 3 AÜG *Ulber, J.*, RdA 2018, 50 (51).
235 Vor Umsetzung der Leiharbeitsrichtlinie *Sansone*, Gleichstellung von Leiharbeitnehmern, S. 563.
236 Vor Einführung des § 16 Abs. 1 Nr. 7a, Abs. 2 AÜG davon ausgehend, dass die Schaffung eines Ordnungswidrigkeitentatbestands Art. 10 Abs. 2 Leiharb-RL genügt, *Sansone*, Gleichstellung von Leiharbeitnehmern, S. 567; *Ulber, J.*, AuR 2010, 10 (15); weitergehend wohl *Blanke*, Umsetzung der EU-Richtlinie Leiharbeit, S. 126; *Hamann*, EuZA 2009, 287 (325 f.).
237 Begründung des 1. RL-E durch die Kommission, KOM (2002), 149 endg., S. 16.
238 *Waas*, ZESAR 2009, 207 (212).

1. Zugang zur Beschäftigung beim Entleiher

a) Unterrichtung über offene Stellen

Nach Art. 6 Abs. 1 Satz 1 Leiharb-RL sind Leiharbeitnehmer über die im entleihenden **Unternehmen** (d.h. nicht nur die im entleihenden Betrieb)[239] offenen Stellen zu unterrichten, damit sie die gleichen Chancen auf einen unbefristeten Arbeitsplatz haben wie die übrigen Arbeitnehmer des entleihenden Unternehmens. Obwohl dieser Wortlaut auf die Erlangung einer **unbefristeten** Anstellung abzielt, ist auch über **befristete** Anstellungsmöglichkeiten zu informieren.[240] Unerheblich ist dabei nicht nur die **Eignung** des Leiharbeitnehmers für die zu besetzende Stelle,[241] sondern auch, ob es sich um eine **Vollzeit- oder Teilzeitstelle** handelt.[242] Ob auch über Stellen zu informieren ist, die mit Leiharbeitnehmern besetzt werden sollen, ist umstritten.[243] Die **Bewerberauswahl durch den Arbeitgeber** wird durch Art. 6 Abs. 1 Leiharb-RL hingegen nicht eingeschränkt.[244]

12.93

Informationspflichtig sind die entleihenden Unternehmen.[245] Allerdings soll es möglich – wenngleich mitunter unpraktikabel – sein, den Verleiher bei der Information von Leiharbeitnehmern einzubeziehen.[246] Die Informationspflicht entsteht, sobald das entleihende Unternehmen über die (Neu)Besetzung eines Arbeitsplatzes entschieden hat. Dabei wird unter Verweis auf britische Rechtsprechung vertreten, dass die Informationspflicht nur besteht, wenn der Entleiher seine Stammarbeitnehmer auch tatsächlich informiert, so dass unbeachtlich sei, ob ihn eine Informationspflicht gegenüber den Stammarbeitnehmern trifft.[247]

12.94

Die Unterrichtung kann gem. Art. 6 Abs. 1 Satz 2 Leiharb-RL durch **allgemeine Bekanntmachung an geeigneter Stelle** in dem Unternehmen erfolgen, in dem Leiharbeitnehmer tätig sind, d.h. sie muss nicht individuell an jeden Leiharbeitnehmer gerichtet werden.[248] Geeignet in diesem Sinne ist bspw. ein Aushang am schwarzen Brett, die Veröffentlichung im Intranet oder in einer Werkszeitung.[249] Voraussetzung ist jedoch, dass diese für die eingesetzten Leiharbeitnehmer zugänglich sind.[250] Inhaltlich sind mindestens die „Eckdaten" der zu besetzenden Stelle anzugeben, damit sich Leiharbeitnehmer entscheiden können, ob sie sich sinnvollerweise auf die Stelle bewerben.[251]

12.95

---

239 *Forst*, AuR 2012, 97 (97); Boemke/Lembke/*Lembke*, AÜG, § 13a Rz. 11; bei im Ausland liegenden Betrieben einen Informationsanspruch ablehnend Boemke/Lembke/*Lembke*, AÜG, § 13a Rz. 11; kritisch auch Ulber, J./*Ulber, J.*, AÜG, § 13a Rz. 5; a.A. *Kock*, BB 2012, 323 (323).
240 *Hamann*, EuZA 2009, 287 (315); Boemke/Lembke/*Lembke*, AÜG, § 13a Rz. 12; *Lembke*, NZA 2011, 319 (320); Schüren/*Hamann*, AÜG, § 13a Rz. 8; wohl a.A. Ulber, J./*Ulber, J.*, AÜG, § 13a Rz. 7; EUArbR/*Rebhahn/Schörghofer*, RL 2008/104/EG, Art. 6 Rz. 1.
241 *Forst*, AuR 2012, 97 (97); Schlachter/*Forst*, § 16 Rz. 80; *Expert Group Report*, Transposition of Directive 2008/104/EC, S. 39; HWK/*Höpfner*, § 13a AÜG Rz. 2; *Hamann*, RdA 2011, 321 (335); *Lembke*, NZA 2011, 319 (320); a.A. Thüsing/*Kock*, AÜG, §§ 13a, 13b Rz. 6; *Kock*, BB 2012, 323 (323); Ulber, J./*Ulber, J.*, AÜG, § 13a Rz. 6; eine teleologische Reduktion erwägend Boemke/Lembke/*Lembke*, AÜG, § 13a Rz. 13; jedenfalls für eine Einschränkung der Informationspflicht über Stellen in anderen Betrieben EUArbR/*Rebhahn/Schörghofer*, RL 2008/104/EG, Art. 6 Rz. 1.
242 *Expert Group Report*, Transposition of Directive 2008/104/EC, S. 39; Boemke/Lembke/*Lembke*, AÜG, § 13a Rz. 12; Ulber, J./*Ulber, J.*, AÜG, § 13a Rz. 7.
243 Ablehnend Boemke/Lembke/*Lembke*, AÜG, § 13a Rz. 15 m.w.N.; a.A. Ulber, J./*Ulber, J.*, AÜG, § 13a Rz. 4.
244 *Hamann*, RdA 2011, 321 (334); a.A. Ulber, J./*Ulber, J.*, AÜG, § 13a Rz. 14 ff.
245 *Bertram*, AIP 11/2008, 3 (6); *Forst*, AuR 2012, 97 (97); *Hamann*, EuZA 2009, 287 (315); *Hamann*, RdA 2011, 321 (334); EUArbR/*Rebhahn/Schörghofer*, RL 2008/104/EG, Art. 6 Rz. 1.
246 *Hamann*, EuZA 2009, 287 (316).
247 So *Franzen*, ZfA 2016, 197 (207) unter Verweis auf britische Rechtsprechung; vgl. auch EUArbR/*Rebhahn/Schörghofer*, RL 2008/104/EG, Art. 6 Rz. 1.
248 *Hamann*, EuZA 2009, 287 (315).
249 *Hamann*, RdA 2011, 321 (334 f.); *Lembke*, DB 2011, 414 (418).
250 *Hamann*, EuZA 2009, 287 (316); *Lembke*, DB 2011, 414 (418); ausf. *Forst*, AuR 2012, 97 (98).
251 Ausf. *Forst*, AuR 2012, 97 (98); Boemke/Lembke/*Lembke*, AÜG, § 13a Rz. 18; *Lembke*, NZA 2011, 319 (321); Ulber, J./*Ulber, J.*, AÜG, § 13a Rz. 9.

12.96 Die Vorgaben des Art. 6 Abs. 1 Leiharb-RL wurden durch die Einführung des Informationsanspruchs in § 13a AÜG umgesetzt,[252] was im nationalen Recht aufgrund der Reichweite der Unterrichtungspflicht zu einer Besserstellung von Leiharbeitnehmern gegenüber den Arbeitnehmern des Entleihers führt.[253] Dabei ist § 13a Satz 1 AÜG, der lediglich von einer Informationspflicht über „Arbeitsplätze des Entleihers" spricht, aufgrund der Vorgaben des Art. 6 Abs. 1 Leiharb-RL dahingehend richtlinienkonform auszulegen, dass über sämtliche zu besetzenden Arbeitsplätze aller Betriebe des entleihenden Unternehmen zu informieren ist.[254]

12.97 Verstöße gegen die Informationspflicht sind – was aufgrund von Art. 10 Abs. 2 Leiharb-RL erforderlich, aber auch ausreichend ist[255] – gem. § 16 Abs. 1 Nr. 9, Abs. 2 AÜG mit einem Bußgeld i.H.v. bis zu 2.500 € sanktioniert. Vereinbarungen, die den Informationsanspruch des Leiharbeitnehmers beschränken, sollen zudem nach § 134 BGB i.V.m. § 13a AÜG unwirksam sein.[256]

b) Übernahme durch den Entleiher

12.98 Art. 6 Abs. 2 UAbs. 1 Leiharb-RL verlangt von den Mitgliedstaaten, Maßnahmen zu ergreifen, damit Klauseln, die dem Abschluss eines Arbeitsvertrages zwischen Leiharbeitnehmer und entleihendem Unternehmen nach Beendigung der Überlassung entgegenstehen, nichtig sind oder für nichtig erklärt werden können. Nach zutreffender Auffassung wird hiervon nicht erst der Zeitraum „nach Beendigung der Überlassung" erfasst, sondern auch Bestimmungen, die für die Zeit der Überlassung entsprechende Beschränkungen vorsehen.[257] Streitig ist, ob Art. 6 Abs. 2 UAbs. 1 Leiharb-RL auch Vereinbarungen erfasst, welche die Informationspflicht nach Art. 6 Abs. 1 Leiharb-RL vereiteln.[258]

12.99 Von Art. 6 Abs. 2 UAbs. 1 Leiharb-RL unberührt bleiben nach dessen UAbs. 2 jedoch Bestimmungen, aufgrund derer Verleiher für die dem entleihenden Unternehmen erbrachten Dienstleistungen in Bezug auf die Überlassung, Einstellung und Ausbildung von Leiharbeitnehmern einen Ausgleich in angemessener Höhe erhalten. Dies soll dem Interesse von Verleihern Rechnung tragen, mittels einer **Vermittlungsprovision** Personalrekrutierungs- und sonstige Personalkosten auszugleichen. Art. 6 Abs. 2 UAbs. 2 Leiharb-RL unterlegt solche Provisionen allerdings einer **Zweckbindung und Angemessenheitskontrolle**.[259] Dies soll nach umstrittener Auffassung pauschalen Vermittlungshonoraren entgegenstehen.[260]

12.100 Nach Art. 6 Abs. 3 Leiharb-RL darf der Verleiher zudem weder für die Überlassung noch für den Fall, dass der Leiharbeitnehmer nach Beendigung der Überlassung ein Arbeitsverhältnis mit dem Entleiher eingeht, ein Entgelt vom Leiharbeitnehmer verlangen. Dies verbietet Leiharbeitsunter-

---

252 *Forst*, AuR 2012, 97 (98 f.); *Hamann*, NZA 2011, 70 (76 f.); EUArbR/*Rebhahn/Schörghofer*, RL 2008/104/EG, Art. 6 Rz. 3; *Thüsing*, Europäisches Arbeitsrecht, § 4 Rz. 74; a.A. *Ulber, J.*, AiB 2011, 351 (355).
253 Vgl. Thüsing/*Kock*, AÜG, §§ 13a, 13b Rz. 2; ErfK/*Wank*, AÜG, § 13a Rz. 1; ausf. *Hamann*, EuZA 2009, 287 (316); *Hamann*, NZA 2011, 70 (76 f.); *Lembke*, NZA 2011, 319 (320).
254 Boemke/Lembke/*Lembke*, AÜG, § 13a Rz. 11; *Lembke*, NZA 2011, 319 (320); *Hamann*, RdA 2011, 321 (334 f.).
255 Bereits vor Umsetzung der Richtlinie *Hamann*, EuZA 2009, 287 (326).
256 Boemke/Lembke/*Lembke*, AÜG, § 13a Rz. 8; *Lembke*, DB 2011, 414 (418); ErfK/*Wank*, AÜG, § 9 Rz. 10a; *Ulber, J.*/*Ulber, J.*, AÜG, § 13a Rz. 20; a.A. Thüsing/*Mengel*, AÜG, § 9 Rz. 63. Zu den weiteren Rechtsfolgen des Verstoßes gegen die Informationspflicht wie Schadensersatzansprüche Boemke/Lembke/*Lembke*, AÜG, § 13a Rz. 20 ff.; *Lembke*, NZA 2011, 319 (321 f.); *Hamann*, RdA 2011, 321 (335 f.).
257 So EUArbR/*Rebhahn/Schörghofer*, RL 2008/104/EG, Art. 6 Rz. 6 zu Art. 6 Abs. 2 und Abs. 3 Leiharb-RL.
258 Dafür EUArbR/*Rebhahn/Schörghofer*, RL 2008/104/EG, Art. 6 Rz. 4; a.A. *Forst*, AuR 2012, 97 (99).
259 *Bertram*, AIP 11/2008, 3 (6); *Riesenhuber*, Europäisches Arbeitsrecht, § 18 Rz. 22. Zur Bestimmung der Angemessenheit *Hamann*, EuZA 2009, 287 (317 f.); EUArbR/*Rebhahn/Schörghofer*, RL 2008/104/EG, Art. 6 Rz. 5; *Ulber, J.*/*Ulber, J.*, AÜG, § 9 Rz. 98 ff.
260 *Bertram*, AIP 11/2008, 3 (6); a.A. *Hamann*, EuZA 2009, 287 (317).

nehmen insbesondere, vom Leiharbeitnehmer eine **Überlassungs- oder Vermittlungsvergütung** zu fordern.[261]

Das deutsche Recht ist hinsichtlich der Vorgaben des Art. 6 Abs. 2 und 3 Leiharb-RL richtlinienkonform.[262] Zum einen normiert § 9 Nr. 3 AÜG die Unwirksamkeit von Vereinbarungen, die dem Entleiher untersagen, den Leiharbeitnehmer nach Beendigung der Überlassung einzustellen; zum anderen sind solche Vereinbarungen zwischen Leiharbeitnehmer und Verleihern gem. § 9 Nr. 4 AÜG unwirksam.[263]

12.101

Darüber hinausgehend hat der deutsche Gesetzgeber bei der Umsetzung der Richtlinie in § 9 Nr. 5 AÜG klargestellt, dass Vereinbarungen, nach denen der Leiharbeitnehmer eine Vermittlungsvergütung an den Verleiher zu zahlen hat, unwirksam sind.[264] Obwohl § 9 Nr. 5 AÜG dem Wortlaut nach lediglich **Vermittlungsvergütungen** verbietet, erfasst er aufgrund der Vorgaben des Art. 6 Abs. 3 Leiharb-RL auch **Überlassungsvergütungen**.[265]

12.102

Das nationale Recht sah, was vor Umsetzung der Leiharbeitsrichtlinie umstritten war,[266] in § 9 Nr. 3 Halbs. 2 AÜG entsprechend Art. 6 Abs. 2 UAbs. 2 Leiharb-RL schließlich bereits die Möglichkeit vor, dass Verleiher und Entleiher eine angemessene Vergütung für die Vermittlung vereinbaren. Bei der Bestimmung der Vergütungshöhe sind nunmehr die Vorgaben des Art. 6 Abs. 2 UAbs. 2 Leiharb-RL zu beachten.[267]

12.103

2. Zugang zu Gemeinschaftseinrichtungen oder -diensten

Gemäß Art. 6 Abs. 4 Leiharb-RL sollen Leiharbeitnehmer unbeschadet der Vorgaben des Art. 5 Abs. 1 Leiharb-RL in den entleihenden Unternehmen zu den gleichen Bedingungen wie die unmittelbar von den Unternehmen beschäftigten Arbeitnehmer Zugang zu den Gemeinschaftseinrichtungen und -diensten haben, es sei denn, eine unterschiedliche Behandlung ist aus objektiven Gründen gerechtfertigt. Dabei ist von einer **Anspruchsverpflichtung des entleihenden Unternehmens** auszugehen.[268] Der Anspruch bezieht sich auf die Einrichtungen und Dienste des entleihenden **Unternehmens**, nicht nur des Entleiherbetriebs.[269] Ausweislich der Begründung des 1. RL-E soll dies die Motivation der Leiharbeitnehmer verbessern, ihr Zugehörigkeitsgefühl zum Unternehmen stärken, das Verhältnis zu anderen Mitarbeitern beeinflussen und ihre Gesamtproduktivität steigern.[270]

12.104

---

261 *Hamann*, EuZA 2009, 287 (318); Boemke/Lembke/*Lembke*, AÜG, § 9 Rz. 524; *Lembke*, DB 2011, 414 (416).
262 *Bertram*, AIP 11/2008, 3 (6); *Boemke*, RIW 2009, 177 (186); *Hamann*, EuZA 2009, 287 (316 ff.); Boemke/Lembke/*Lembke*, AÜG, § 9 Rz. 498 f.; *Thüsing*, Europäisches Arbeitsrecht, § 4 Rz. 75; *Ulber, J.*, AuR 2010, 10 (14); *Waas*, ZESAR 2009, 207 (212 f.); EUArbR/*Rebhahn/Schörghofer*, RL 2008/104/ EG, Art. 6 Rz. 9.
263 Dem insoweit scheinbar weiter reichenden Wortlaut der Richtlinie, der auch Klauseln erfasst, die „darauf hinauslaufen", den Abschluss eines Arbeitsvertrags mit dem Entleiher zu verhindern, ist aufgrund der weiten Auslegung des § 9 Nr. 3, Nr. 4 AÜG Rechnung getragen, *Hamann*, EuZA 2009, 287 (316 f.).
264 *Lembke*, DB 2011, 414 (416); *Ulber, J./Ulber, J.*, AÜG, § 9 Rz. 115a.
265 Boemke/Lembke/*Lembke*, AÜG, § 9 Rz. 524, 527.
266 Ausf. Boemke/Lembke/*Lembke*, AÜG, 2. Aufl. 2005, § 9 Rz. 179 ff. m.w.N.
267 Hierzu *Boemke*, RIW 2009, 177 (186); *Ulber, J.*, AuR 2010, 10 (14).
268 *Hamann*, EuZA 2009, 287 (319); *Hamann*, NZA 2011, 70 (77); Boemke/Lembke/*Lembke*, AÜG, § 13b Rz. 10; *Lembke*, NZA 2011, 319 (323); EUArbR/*Rebhahn/Schörghofer*, RL 2008/104/EG, Art. 6 Rz. 10; *Sansone*, Gleichstellung von Leiharbeitnehmern, S. 498 f.; Schüren/*Schüren*, AÜG, § 8 Rz. 56; *Ulber, J.*, AuR 2010, 10 (13); *Vielmeier*, NZA 2012, 535 (536); a.A. *Steuer*, Arbeitnehmerüberlassung als Mittel zur Förderung des Arbeitsmarktes, S. 360.
269 *Lembke*, NZA 2011, 319 (324); Schüren/*Hamann*, AÜG, § 13b Rz. 32; a.A. Thüsing/*Kock*, AÜG, §§ 13a, 13b Rz. 23; *Kock*, BB 2012, 323 (325).
270 KOM (2002), 149 endg., S. 40.

a) Begriff der Gemeinschaftseinrichtungen oder -dienste

12.105 Umstritten ist, was unter dem Begriff der Gemeinschaftseinrichtungen oder -dienste, der erst im 2. RL-E den zuvor verwendeten (und im deutschen Recht bekannten) Begriff der sozialen Einrichtungen ersetzt hat, zu verstehen ist. Art. 6 Abs. 4 Leiharb-RL nennt insoweit lediglich beispielshaft die Gemeinschaftsverpflegung (etwa die Nutzung der Werkskantine), Kinderbetreuungseinrichtungen (wie Betriebskindergärten) und Beförderungsmittel (z.B. Betriebsbusse, die Arbeitnehmer an bestimmten Orten aufnehmen und absetzen).[271]

12.106 Diese Beispiele sprechen zwar für ein Begriffsverständnis, dass Einrichtungen und -dienste, die die soziale Aufnahme in den Betrieb bzw. die sozialen Teilhabe am Betriebsleben in den Vordergrund und einen etwaigen Entgeltcharakter in den Hintergrund stellt.[272] Gegen die z.T.[273] vertretenen restriktiven Begriffsverständnisse, die insbesondere Geldleistungen wie Unterstützungs- oder Pensionskassen vom Anwendungsbereich des Art. 6 Abs. 4 Leiharb-RL ausschließen, spricht hingegen nicht nur der primär von Art. 2 der Richtlinie verfolgte Arbeitnehmerschutz sowie das speziell mit Art. 6 Leiharb-RL verfolgte Ziel, die Qualität der Beschäftigung von Leiharbeitnehmern zu verbessern.[274] Gegen eine einschränkende Auslegung spricht darüber hinaus, dass Art. 6 Abs. 4 Leiharb-RL eine Ausnahme vom Teilhabeanspruch aus objektiven Gründen enthält.[275] Ein „doppelt" restriktives Verständnis sowohl der erfassten Einrichtungen und -dienste bei gleichzeitiger Möglichkeit der Rechtfertigung von Ungleichbehandlungen dürfte den Zielen des Art. 6 Leiharb-RL widersprechen. Daher ist ein weites Begriffsverständnis vorzugswürdig, das dem nationalrechtlichen **Begriff der sozialen Einrichtungen** i.S.d. § 87 Abs. 1 Nr. 8 BetrVG[276] nahe kommen dürfte.[277]

12.107 Art. 6 Abs. 4 Leiharb-RL gewährt den Anspruch dem Wortlaut nach unabhängig davon, ob die Gemeinschaftseinrichtungen oder -dienste durch den Entleiher selbst betrieben werden. Leiharbeitnehmer sollen daher nach umstrittener Auffassung auch bei einer Durchführung durch Dritte Anspruch auf Nutzung haben, soweit es sich um Gemeinschaftseinrichtungen oder -dienste handelt, auf die der Entleiher Einflussmöglichkeiten hat.[278]

b) Bindung an die Zugangsbedingungen des Entleihers

12.108 Der Zugangsanspruch des Art. 6 Abs. 4 Leiharb-RL stellt nicht auf den Vergleichsmaßstab des Art. 5 Abs. 1 Leiharb-RL (vgl. Rz. 12.57 ff.) ab, sondern verlangt, dass Leiharbeitnehmer in dem entleihenden Unternehmen **zu den gleichen Bedingungen wie die unmittelbar von den Unternehmen beschäftigten Arbeitnehmer** Zugang zu den Gemeinschaftseinrichtungen oder -diensten haben sollen.[279]

---

271 Vgl. für die aufgeführten Beispiele *Hamann*, EuZA 2009, 287 (318).
272 So Boemke/Lembke/*Lembke*, AÜG, § 13b Rz. 24; *Vielmeier*, NZA 2012, 535 (536).
273 HWK/*Höpfner*, § 13b AÜG Rz. 2; Boemke/Lembke/*Lembke*, AÜG, § 13b Rz. 20 ff.; *Lembke*, NZA 2011, 319 (323 f.); Thüsing/*Kock*, AÜG, §§ 13a, 13b Rz. 19; *Kock*, BB 2012, 323 (325); Thüsing/*Stiebert*, ZESAR 2012, 199 (201 f.); wohl auch *Hamann*, RdA 2011, 321 (337); Schüren/*Hamann*, AÜG, § 13b Rz. 18 f.; EUArbR/*Rebhahn/Schörghofer*, RL 2008/104/EG, Art. 6 Rz. 12: reine Geldleistungen ausschließend *Forst*, AuR 2012, 97 (99 f.).
274 *Sansone*, Gleichstellung von Leiharbeitnehmern, S. 497.
275 *Sansone*, Gleichstellung von Leiharbeitnehmern, S. 497; s. auch *Forst*, AuR 2012, 97 (100).
276 Hierunter ist ein zweckgebundenes Sondervermögen zu verstehen, in das ein Teil der sachlichen und finanziellen Mittel des Unternehmens abgesondert und einer eigenen Organisation und Verwaltung unterstellt wird, s. etwa BAG v. 9.12.1980 – 1 ABR 80/77, NJW 1982, 253; Wlotzke/Preis/Kreft/*Bender*, BetrVG, § 87 Rz. 155 m.w.N.
277 *Sansone*, Gleichstellung von Leiharbeitnehmern, S. 494 ff.; *Ulber, J.*, AiB 2011, 351 (356); ErfK/*Wank*, AÜG, § 13b Rz. 2.
278 Ausf. *Vielmeier*, NZA 2012, 535 (538 f.); EUArbR/*Rebhahn/Schörghofer*, RL 2008/104/EG, Art. 6 Rz. 9 m.w.N.
279 *Forst*, AuR 2012, 97 (100); *Sansone*, Gleichstellung von Leiharbeitnehmern, S. 494.

Er ist daher von der Erfüllung etwaiger, beim Entleiher vorgesehener **zusätzlicher Leistungsvoraussetzungen** abhängig.[280]

c) Ausnahme aus objektiven Gründen

Nach Art. 6 Abs. 4 Leiharb-RL ist eine Ungleichbehandlung von Leiharbeitnehmern hinsichtlich des Zugangs zu den Gemeinschaftseinrichtungen und -diensten – die nicht zu einem Geldersatzanspruch des Leiharbeitnehmers führt[281] – jedoch zulässig, wenn sie aus objektiven Gründen gerechtfertigt ist. Der Zugangsanspruch ist mithin nicht tarifdispositiv gem. Art. 5 Abs. 3 Leiharb-RL.[282]

12.109

Wann solche objektiven Gründe vorliegen, lässt die Leiharbeitsrichtlinie offen. Zur Konkretisierung dürfte auf den vom EuGH[283] im Rahmen der sachlichen Rechtfertigung nach **Art. 157 AEUV entwickelten Prüfungsmaßstab** zurückgegriffen werden können, auf dessen Grundlage das BAG[284] die Voraussetzungen für die Ungleichbehandlung von Teilzeitarbeitnehmern aus sachlichem Grund i.S.d. § 4 TzBfG entwickelt hat.[285] Danach sind für eine Ungleichbehandlung objektive Gründe erforderlich, die einem billigenswerten Bedürfnis des Unternehmens entsprechen und für dessen Erreichung geeignet und erforderlich sind.[286]

12.110

Eine Ungleichbehandlung dürfte daher insbesondere dann gerechtfertigt sein, wenn die zeitlich begrenzte Tätigkeit des Leiharbeitnehmers beim Entleiher den Zugang zu den Einrichtungen und -diensten des Entleihers, etwa die Unterstützungs- oder Pensionskassen, unmöglich macht oder mit unverhältnismäßig hohen Aufwendungen verbunden ist und deshalb auch eigene Arbeitnehmer in vergleichbar befristeten Arbeitsverhältnissen vom Zugang ausgeschlossen wären.[287] Auch stellt die Kapazitätsgrenze einen objektiven Rechtfertigungsgrund dar, da kein Anspruch auf Kapazitätserweiterung besteht, sondern lediglich auf Durchführung eines Auswahlverfahrens anhand objektiver Kriterien.[288] Die „Leiharbeitnehmer-Eigenschaft" als solche stellt hingegen keinen objektiven Grund i.S.d. Art. 6 Abs. 4 Leiharb-RL dar.[289] Problematisch sind auch solche Gründe, die Leiharbeitnehmer mittelbar von der Nutzung der Gemeinschaftseinrichtungen und -dienste ausschließen, weil sie faktisch einzig dazu führen, dass Leiharbeitnehmer im Entleiherbetrieb insgesamt oder ganz überwiegend betroffen sind.[290]

12.111

Der deutsche Gesetzgeber hat Art. 6 Abs. 4 Leiharb-RL durch Einführung des in § 13b AÜG normierten Zugangsanspruchs zu Gemeinschaftseinrichtungen und -diensten umgesetzt.[291]

12.112

---

280 *Sansone*, Gleichstellung von Leiharbeitnehmern, S. 494.
281 *Thüsing/Kock*, AÜG, §§ 13a, 13b Rz. 28; *Kock*, BB 2012, 323 (326); *Boemke/Lembke/Lembke*, AÜG, § 13b Rz. 15; nationalrechtlich noch a.A. Ulber, J./Ulber, J., AÜG, 4. Aufl., § 13b Rz. 12.
282 *Boemke/Lembke/Lembke*, AÜG, § 13b Rz. 4, 13; *Sansone*, Gleichstellung von Leiharbeitnehmern, S. 500.
283 EuGH v. 26.6.2001 – C-381/99 – Brunnhofer, Slg. 2001, I-4961 Rz. 63 ff. m.w.N.
284 BAG v. 1.11.1995 – 5 AZR 84/94, NZA 1996, 813 (815 f.); vgl. hierzu Meinel/Heyn/Herms/*Herms*, TzBfG, § 4 Rz. 30 ff.
285 *Sansone*, Gleichstellung von Leiharbeitnehmern, S. 501; ebenfalls für einen Rückgriff auf § 4 TzBfG Ulber, J./Ulber, J., AÜG, § 13b Rz. 10; *Vielmeier*, NZA 2012, 535 (539 f.); vgl. auch *Thüsing/Stiebert*, ZESAR 2012, 199 (202), die unter Verweis auf § 8 AGG „mindestens" auf die Voraussetzung einer Rechtfertigung wegen einer Diskriminierung abstellen.
286 EuGH v. 26.6.2001 – C-381/99 – Brunnhofer, Slg. 2001, I-4961 Rz. 63 ff. m.w.N.
287 *Sansone*, Gleichstellung von Leiharbeitnehmern, S. 501; vgl. auch *Hamann*, RdA 2011, 321 (338); Boemke/Lembke/*Lembke*, AÜG, § 13b Rz. 41; *Lembke*, NZA 2011, 319 (324); Ulber, J./Ulber, J., AÜG, § 13b Rz. 11; s. auch BAG v. 13.12.1994 – 3 AZR 367/94, NZA 1995, 886 (886 ff.) zu § 4 Abs. 2 TzBfG.
288 *Hamann*, EuZA 2009, 287 (319); a.A. Ulber, J./Ulber, J., AÜG, § 13b Rz. 7, 12.
289 EUArbR/*Rebhahn/Schörghofer*, RL 2008/104/EG, Art. 6 Rz. 14 m.w.N.
290 *Forst*, AuR 2012, 97 (101); *Hamann*, EuZA 2009, 287 (319); *Hamann*, NZA 2011, 70 (77); Schüren/*Hamann*, AÜG, § 13b Rz. 38; a.A. wohl *Vielmeier*, NZA 2012, 535 (537 f.).
291 *Lembke*, DB 2011, 414 (418); *Lembke*, NZA 2011, 319 (323); Ulrici/*Ulrici*, AÜG, § 13 Rz. 3; zum (Gesamtschuld-)Verhältnis des Anspruchs aus § 13b AÜG zu §§ 3 Abs. 1 Nr. 3, 9 Nr. 2, 10 Abs. 4 AÜG Boemke/Lembke/*Lembke*, AÜG, § 13b Rz. 14.

Gleichwohl besteht die Notwendigkeit einer richtlinienkonformen Auslegung der Vorschrift.[292] Denn in Abweichung von Art. 6 Abs. 4 Leiharb-RL stellt § 13b AÜG auf den Zugang ab, der **vergleichbaren Arbeitnehmern** gewährt wird. Art. 6 Abs. 4 Leiharb-RL knüpft einen Zugangsanspruch indes an die Bedingungen, die (alle) unmittelbar vom Entleiher beschäftigten Arbeitnehmer erfüllen müssen.[293]

12.113 Zudem gewährt § 13b AÜG lediglich einen Anspruch hinsichtlich der Gemeinschaftseinrichtungen und -dienste im **Einsatzbetrieb** des Leiharbeitnehmers. Art. 6 Abs. 4 Leiharb-RL sieht jedoch einen **unternehmensweiten Zugangsanspruch** vor.[294]

12.114 Indem § 13b AÜG eine gerichtlich durchsetzbare Anspruchsgrundlage enthält sowie die Unwirksamkeit von § 13a AÜG beschränkenden Vereinbarungen in § 9 Nr. 2a AÜG angeordnet wird, hat der deutsche Gesetzgeber die Anforderungen des Art. 10 Abs. 1 Leiharb-RL erfüllt.[295] Das Erfordernis einer wirksamen, angemessenen und abschreckenden Sanktion gem. Art. 10 Abs. 2 Leiharb-RL erfüllt der bußgeldbewehrte Ordnungswidrigkeitstatbestand des § 16 Abs. 1 Nr. 10, Abs. 2 AÜG.[296]

3. Zugang zu beruflicher Bildung

12.115 Nach Art. 6 Abs. 5 Leiharb-RL treffen die Mitgliedstaaten die geeigneten Maßnahmen oder fördern den Dialog zwischen den Sozialpartnern nach ihren nationalen Traditionen und Gepflogenheiten mit dem Ziel, den Zugang der Leiharbeitnehmer zu Fort- und Weiterbildungsangeboten und Kinderbetreuungseinrichtungen in den Leiharbeitsunternehmen – auch in der Zeit zwischen den Überlassungen – zu verbessern, um deren berufliche Entwicklung und Beschäftigungsfähigkeit zu fördern, und den Zugang der Leiharbeitnehmer zu den Fort- und Weiterbildungsangeboten für die Arbeitnehmer der entleihenden Unternehmen zu verbessern.

12.116 Wie diese Formulierung zeigt, verpflichtet Art. 6 Abs. 5 Leiharb-RL die Mitgliedstaaten anders als Art. 6 Abs. 4 Leiharb-RL nicht dazu, einen Anspruch auf Zugang zu beruflicher Bildung in den Verleiher- und Entleiherunternehmen zu normieren, sondern eröffnet einen **weiten Handlungsspielraum**.[297] Die Mitgliedstaaten sind lediglich dazu verpflichtet, geeignete Maßnahmen zu treffen oder den Dialog zwischen den Sozialpartnern zu fördern, um den Zugang der Leiharbeitnehmer zu Fort- und Weiterbildungsangeboten (und Kinderbetreuungseinrichtungen im Verleihunternehmen) zu verbessern.[298] Angesichts dieser Formulierungen enthält Art. 6 Abs. 5 Leiharb-RL letztlich lediglich eine „**Bemühenspflicht**".[299]

---

292 *Lembke*, NZA 2011, 319 (324); *Forst*, AuR 2012, 97 (100 f.); *Hamann*, RdA 2011, 321 (338); Boemke/Lembke/*Lembke*, AÜG, § 13b Rz. 39.

293 *Hamann*, NZA 2011, 70 (77); *Hamann*, RdA 2011, 321 (338); Schüren/*Hamann*, AÜG, § 13b Rz. 30 f. Das Heranziehen des hypothetisch „vergleichbaren Arbeitnehmers" insoweit jedoch als „Kontrollüberlegung" anerkennend Boemke/Lembke/*Lembke*, AÜG, § 13b Rz. 38; *Lembke*, NZA 2011, 319 (324).

294 *Forst*, AuR 2012, 97 (100); *Lembke*, NZA 2011, 319 (324); Schüren/*Hamann*, AÜG, § 13b Rz. 32; a.A. Thüsing/*Kock*, AÜG, §§ 13a, 13b Rz. 23; *Kock*, BB 2012, 323 (325); EUArbR/Rebhahn/*Schörghofer*, RL 2008/104/EG, Art. 6 Rz. 11.

295 *Hamann*, EuZA 2009, 287 (327); *Sansone*, Gleichstellung von Leiharbeitnehmern, S. 567.

296 *Hamann*, RdA 2011, 321 (339); vor Einführung des § 16 Abs. 1 Nr. 7a, Abs. 2 AÜG *Sansone*, Gleichstellung von Leiharbeitnehmern, S. 568. Ausf. zu den Rechtsfolgen des Verstoßes gegen die Informationspflicht Boemke/Lembke/*Lembke*, AÜG, § 13b Rz. 43 ff.; *Lembke*, NZA 2011, 319 (324 f.); *Hamann*, RdA 2011, 321 (338 f.).

297 Vgl. *Hamann*, EuZA 2009, 287 (327); a.A. Ulber, J./*Ulber, J.*, AÜG, § 13b Rz. 22.

298 *Hamann*, EuZA 2009, 287 (320); *Riesenhuber*, Europäisches Arbeitsrecht, § 18 Rz. 25 f.

299 *Riesenhuber*, Europäisches Arbeitsrecht, § 18 Rz. 25; EUArbR/Rebhahn/*Schörghofer*, RL 2008/104/EG, Art. 6 Rz. 16; s. auch *Vielmeier*, NZA 2012, 535 (540).

Regelungen zum Zugang von Leiharbeitnehmern zu Fort- und Weiterbildungsangeboten sollen im nationalen Recht nach umstrittener Auffassung weder gegenüber Verleihern noch gegenüber Entleihern in hinreichender Weise bestehen.[300] Gleichwohl wird eine mangelhafte Richtlinienumsetzung lediglich hinsichtlich fehlender Regelungen zu einem entsprechenden Zugang im Entleihunternehmen diskutiert.[301] Mangels Nachweises eines „Bemühens" i.S.d. Art. 6 Abs. 5 Leiharb-RL soll dem deutschen Gesetzgeber insoweit ein Vertragsverletzungsverfahren gem. Art. 258 AEUV drohen.[302]

12.117

VIII. Vertretung der Leiharbeitnehmer

Art. 7 Leiharb-RL regelt die **Berücksichtigung von Leiharbeitnehmern bei den Schwellenwerten für die Einrichtung der Arbeitnehmervertretungen**. Keine Vorgaben enthält er hingegen zur Berücksichtigung von Leiharbeitnehmern im Rahmen anderer Schwellenwerte, hinsichtlich der Fragen des aktiven und passiven Wahlrechts oder hinsichtlich des Bestehens von Beteiligungsrechten.[303] Arbeitnehmervertretungen i.S.d. Art. 7 Leiharb-RL, aber auch Art. 8 Leiharb-RL sind nach deutschem Verständnis **Betriebsräte und der Wirtschaftsausschuss** nach § 106 BetrVG, nicht aber Aufsichtsräte.[304]

12.118

Nach Art. 7 Abs. 1 Leiharb-RL sind Leiharbeitnehmer **im Verleihunternehmen** bei der Berechnung des Schwellenwertes für die Einrichtung der Arbeitnehmervertretungen zu berücksichtigen, die nach Unionsrecht (z.B. in der EBR-Richtlinie vgl. Rz. 17.1 ff.), nationalem Recht (z.B. im BetrVG) oder in Tarifverträgen vorgesehen sind.[305] Allerdings können die Mitgliedstaaten gem. Art. 7 Abs. 2 Leiharb-RL auch vorsehen, dass Leiharbeitnehmer **im entleihenden Unternehmen** bei der Berechnung dieser Schwellenwerte im gleichen Maße berücksichtigt werden wie Arbeitnehmer, die das entleihende Unternehmen für die gleiche Dauer unmittelbar beschäftigt. In diesem Fall sind die Mitgliedstaaten nach Art. 7 Abs. 3 Leiharb-RL nicht verpflichtet, (zudem) die Berücksichtigung der Leiharbeitnehmer im Leiharbeitsunternehmen nach Art. 7 Abs. 1 Leiharb-RL einzuführen.[306]

12.119

Die betriebsverfassungsrechtliche Stellung von Leiharbeitnehmern ist richtlinienkonform in § 14 AÜG geregelt.[307] Gemäß § 14 Abs. 1 AÜG bleiben Leiharbeitnehmer auch während der Überlas-

12.120

---

300 A.A. unter Verweis auf die insoweit nicht ausreichende – da lediglich eine Qualifizierung der Leiharbeitnehmer wie Stammarbeitnehmer bewirkende – Anwendung des allgemeinen Gleichbehandlungsgrundsatzes *Boemke*, RIW 2009, 177 (187). A.A. unter Verweis darauf, dass Qualifizierungsansprüche – entgegen der Auffassung des BAG – wesentliche Arbeitsbedingung i.S.d. §§ 3 Abs. 1 Nr. 3, 9 Nr. 2, 10 Abs. 4 AÜG seien Ulber, J./*Ulber, J.*, AÜG, § 13b Rz. 20 ff. Zu beim Verleiher geltenden Qualifikationsregelungen im Rahmen des BetrVG *Hamann*, EuZA 2009, 287 (320 f.).
301 *Boemke*, RIW 2009, 177 (187); *Ulber, J.*, AuR 2010, 10 (15); *Fuchs/Marhold*, S. 167 f.; s. auch *Forst*, AuR 2012, 97 (100), der aus diesem Grund Schulungen und Fortbildungsveranstaltungen § 13b AÜG unterwirft; dies offenlassend *Lembke*, NZA 2011, 319 (324); ablehnend Ulber, J./*Ulber, J.*, AÜG, § 13b Rz. 22, 24; *Vielmeier*, NZA 2012, 535 (540 f.); EUArbR/*Rebhahn/Schörghofer*, RL 2008/104/EG, Art. 6 Rz. 16.
302 Ulber, J./*Ulber, J.*, AÜG, § 13b Rz. 24; *Ulber, J.*, AuR 2011, 231.
303 *Hamann*, EuZA 2009, 287 (322); *Riesenhuber*, Europäisches Arbeitsrecht, § 18 Rz. 28.
304 *Boemke*, RIW 2009, 177 (188); *Hamann*, EuZA 2009, 287 (324); *Hamann/Klengel*, EuZA 2017, 485 (503); *Oetker*, NZA 2017, 29 (30); wohl auch BAG v. 4.11.2015 – 7 ABR 42/13, ArbRB 2016, 172 = NZA 2016, 559 (564).
305 *Riesenhuber*, Europäisches Arbeitsrecht, § 18 Rz. 28.
306 Zur Frage, ob die Richtlinie eine gesetzesförmige Umsetzung erfordert oder eine richterliche Rechtsfortbildung ausreicht EUArbR/*Rebhahn/Schörghofer*, RL 2008/104/EG, Art. 7 Rz. 3.
307 *Boemke*, RIW 2009, 177 (187 f.); *Hamann*, EuZA 2009, 287 (322 f.); *Hamann*, RdA 2011, 321 (340); EUArbR/*Rebhahn/Schörghofer*, RL 2008/104/EG, Art. 7 Rz. 2; Ulber, J./*Ulber, J.*, AÜG, Einl. F Rz. 65; Ulrici/*Ulrici*, AÜG, § 14 Rz. 9; *Waas*, ZESAR 2009, 207 (213); zur Vereinbarkeit mit Art. 10 Leiharb-RL *Hamann*, EuZA 2009, 287 (327 f.).

12.121 sung an einen Entleiher Angehörige des Verleiherbetriebs. Hieraus folgt zugleich deren Berücksichtigung im Rahmen der Schwellenwerte des BetrVG, wie sie Art. 7 Abs. 1 Leiharb-RL verlangt.

12.121 Unter Aufgabe seiner früheren Rechtsprechung hat das BAG[308] zudem entscheiden, dass in der Regel beschäftigte Leiharbeitnehmer bei den Schwellenwerten der §§ 9 Satz 1, 38, 111 BetrVG sowie des § 9 MitbestG im Entleiherbetrieb mitzuzählen sind.[309] Einer solchen doppelten Berücksichtigung von Leiharbeitnehmern bei den Schwellenwerten im Verleiher- und Entleiherbetrieb steht Art. 7 Abs. 3 Leiharb-RL nicht entgegen.[310] Soweit der Gesetzgeber in § 14 Abs. 2 Satz 5, 6 AÜG die Berücksichtigung von Leiharbeitnehmern im Rahmen der Unternehmensmitbestimmung vorsieht, ist dies unionsrechtlich unbedenklich, da Aufsichtsräte keine Arbeitnehmervertretungen im Sinne des Art. 7 Leiharb-RL sind (vgl. Rz. 12.118).[311]

IX. Unterrichtung der Arbeitnehmervertreter

12.122 Nach Art. 8 Leiharb-RL haben entleihende Unternehmen den nach einzelstaatlichem Recht und Unionsrecht eingesetzten Arbeitnehmervertretungen im Zuge der Unterrichtung über die Beschäftigungslage im Unternehmen **angemessene Informationen über den Einsatz von Leiharbeitnehmern** in dem Unternehmen vorzulegen. Dies gilt nach Art. 8 Leiharb-RL unbeschadet strengerer und/oder spezifischerer einzelstaatlicher oder unionsrechtlicher Vorschriften über die Unterrichtung sowie Anhörung und insbesondere der Unterrichtungs- und Anhörungsrichtlinie (vgl. Rz. 17.197 ff.). Zu den angemessenen Informationen in diesem Sinne gehören mindestens **Auskünfte über die Zahl der eingesetzten Arbeitnehmer, Arbeitsbereich und -platz sowie der zeitliche Umfang der Tätigkeit** der Leiharbeitnehmer.[312]

12.123 Das deutsche Recht ist im Hinblick auf Art. 8 Leiharb-RL richtlinienkonform.[313] Insoweit bestehen für Entleiher gegenüber dem Betriebsrat Unterrichtungspflichten aus §§ 80 Abs. 1 Nr. 1–9, Abs. 2 Satz 1, 92 Abs. 1, 92a BetrVG und § 99 BetrVG i.V.m. § 14 Abs. 3 AÜG sowie gegenüber dem Wirtschaftsausschuss nach § 106 Abs. 3 BetrVG.[314]

---

308 BAG v. 13.3.2013 – 7 ABR 69/11, ArbRB 2013, 236 = NZA 2013, 789 zu § 9 BetrVG: v. 18.10.2011 – 1 AZR 335/10, ArbRB 2012, 44 = NZA 2012, 221; v. 18.1.2017 – 7 ABR 60/15, ArbRB 2017, 209 = NZA 2017, 865; zu § 9 MitbestG: BAG v. 4.11.2015 – 7 ABR 42/13, ArbRB 2016, 172 = NZA 2016, 559; zur Berücksichtigung im Rahmen des § 23 Abs. 1 Satz 3 KSchG: BAG v. 24.1.2013 – 2 AZR 140/12, ArbRB 2013, 199 = NZA 2013, 726; kritisch unter dem Gesichtspunkt unzulässiger Rechtsfortbildung *Wank*, RdA 2017, 110 (114).
309 Inwiefern sich eine regelmäßige Beschäftigung von Leiharbeitnehmern mit dem nach hier vertretener Ansicht unionsrechtlich angeordneten Verbot der Abdeckung von Dauerbeschäftigungsbedarf durch Leiharbeitnehmer beim Entleiher (vgl. Rz. 12.26 ff.) vereinbaren lässt, hat das BAG nicht thematisiert.
310 *Boemke*, RIW 2009, 177 (188); *Hamann*, EuZA 2009, 287 (322); *Hamann/Klengel*, EuZA 2017, 485 (503); *Franzen*, RdA 2015, 141 (151); EUArbR/*Rebhahn/Schörghofer*, RL 2008/104/EG, Art. 7 Rz. 1; Schüren/*Hamann*, AÜG, § 14 Rz. 135.
311 Zur Konformität mit Art. 16 GRC *Hamann/Klengel*, EuZA 2017, 485 (503).
312 Ausf. *Boemke*, RIW 2009, 177 (188); *Hamann*, EuZA 2009, 287 (323); EUArbR/*Rebhahn/Schörghofer*, RL 2008/104/EG, Art. 8 Rz. 1. Eine Verpflichtung der Arbeitnehmervertretung ein Einsichtsrecht in den Vertrag zwischen entleihenden Unternehmen und Verleihunternehmen zu gewähren, soll aus Art. 8 Leiharb-RL nicht folgen, *Junker*, ZfA 2016, 141 (209); EUArbR/*Rebhahn/Schörghofer*, RL 2008/104/EG, Art. 8 Rz. 1. Zur Frage eines aus Art. 8 Leiharb-RL folgenden Anhörungsrechts EUArbR/*Rebhahn/Schörghofer*, RL 2008/104/EG, Art. 8 Rz. 2.
313 *Boemke*, RIW 2009, 177 (188); *Hamann*, RdA 2011, 321 (340); EUArbR/*Rebhahn/Schörghofer*, RL 2008/104/EG, Art. 8 Rz. 2; Ulber, J./*Ulber, J.*, AÜG, Einl. F Rz. 66. Zur Vereinbarkeit mit Art. 10 Leiharb-RL *Hamann*, EuZA 2009, 287 (328).
314 Ausf. *Boemke*, RIW 2009, 177 (188); *Hamann*, EuZA 2009, 287 (324); *Hamann*, RdA 2011, 321 (340); Schüren/*Hamann*, AÜG, § 14 Rz. 158 f.; EUArbR/*Rebhahn/Schörghofer*, RL 2008/104/EG, Art. 8 Rz. 2.

§ 13
Befristungsrecht

I. Von der Rahmenvereinbarung zur Richtlinie	13.1
1. Entstehungsgeschichte	13.1
2. Aufbau der Richtlinie	13.6
3. Rechtsnatur und Wirkung	13.7
II. Sinn und Zweck	13.9
III. Schnittstellen mit anderen unionsrechtlichen Regelungen	13.12
IV. Anwendungsbereich und Wirkung	13.17
1. Persönlicher und sachlicher Anwendungsbereich	13.17
a) Arbeitnehmer im Sinne der Rahmenvereinbarung	13.18
aa) Beschäftigte im öffentlichen Dienst	13.19
bb) Herausnahme der Leiharbeiter	13.26
cc) Fazit	13.31
b) Befristete und vergleichbare Dauerbeschäftigte, § 3 Befr-RV	13.33
aa) Anwendung auch bei erstmaliger Befristung	13.33
bb) Befristung i.S.v. § 3 Nr. 1 Befr-RV	13.34
cc) Vergleichbare Dauerbeschäftigte gem. § 3 Nr. 2 Befr-RV	13.38
c) Ausnahmen, § 2 Nr. 2 Befr-RV	13.44
2. Zeitlicher Anwendungsbereich	13.47
3. Unmittelbare Wirkung der einzelnen Regelungen der Befr-RV	13.50
a) Unmittelbare Wirkung des Diskriminierungsverbots	13.52
b) Unmittelbare Wirkung des Missbrauchsverbots	13.56
V. Diskriminierungsverbot	13.58
1. Struktur und Stellenwert	13.58
2. Diskriminierungsverbot nach § 4 Nr. 1 Befr-RV	13.61
a) Persönlicher Anwendungsbereich und Vergleichsgruppe	13.61
b) Anwendbarkeit bei Wechsel in Dauerbeschäftigung	13.63
c) Bezugspunkt Beschäftigungsbedingungen	13.67
aa) Inhalt	13.68
bb) Sonderfall Arbeitsentgelt	13.74
d) Schlechterbehandlung	13.80
aa) Prüfung einer „vergleichbaren Situation"	13.81
bb) Anwendbarkeit auf mittelbare Benachteiligungen	13.89
e) Kausalität	13.92
f) Rechtfertigung durch sachlichen Grund	13.93
3. Pro-rata-temporis-Grundsatz	13.102
a) Inhalt und Anwendungsbereich	13.103
b) Angemessenheit	13.107
4. Beschäftigungsbedingungen und Betriebszugehörigkeitszeiten	13.110
a) Inhalt	13.110
b) Verhältnis zwischen § 4 Nr. 1 und § 4 Nr. 4 Befr-RV	13.113
c) Anwendungsbereich	13.116
d) Rechtfertigung durch sachlichen Grund	13.118
5. Anwendungsmodalitäten	13.121
6. Rechtsfolge bei Verstoß gegen das Diskriminierungsverbot	13.124
VI. Maßnahmen zur Missbrauchsvermeidung, § 5 Befr-RV	13.129
1. Ziel und Inhalt des § 5 Befr-RV	13.130
2. Gleichwertige gesetzliche Maßnahmen	13.133
3. Anforderungen bestimmter Branchen/Arbeitnehmerkategorien	13.135
4. Verhältnis der Maßnahmen nach § 5 Nr. 1 Befr-RV zueinander	13.138
5. Die einzelnen Maßnahmen gem. § 5 Nr. 1 Befr-RV	13.140
a) Sachlicher Grund	13.140
aa) Voraussetzungen	13.141
bb) Einzelne Sachgründe	13.144
(1) Vertretungsbedarf	13.145
(2) Begrenzte Haushaltsmittel	13.147
(3) Sozialpolitische Zwecke	13.152
(4) Altersgrenze und Altersrente	13.154
(5) Spezifische Lehraufgaben im Hochschulbereich	13.157
cc) Zusätzliche Missbrauchskontrolle	13.159
b) Höchstdauer und Verlängerung	13.173
6. Begriffsbestimmungen nach § 5 Nr. 2 Befr-RV	13.178
a) „Aufeinander folgende Befristungen"	13.178
b) Befristung nach § 5 Nr. 2 Buchst. b Befr-RV	13.184
7. Sanktionen	13.186
a) Verhältnismäßige, effektive und abschreckende Maßnahmen	13.187

b) Zulässigkeit unterschiedlicher
Sanktionen 13.190

VII. **Information und Beschäftigungsmöglichkeiten, § 6 Befr-RV** 13.196

VIII. **Information und Konsultation, § 7 Befr-RV** 13.201

IX. **Umsetzungsbestimmungen, § 8 Befr-RV** 13.207
1. Beibehaltung oder Einführung günstigerer Bestimmungen 13.208
2. Senkung des Schutzniveaus 13.210
3. Verfahrensregeln 13.217

X. **Fazit** 13.218

Schrifttum: *Annuß/Thüsing* (Hrsg.), Kommentar zum Teilzeit- und Befristungsgesetz, 3. Aufl. 2012; *Bauer/Fischinger*, Sachgrundlose Befristung und Verbot der Vorbeschäftigung bei „demselben Arbeitgeber", DB 2007, 1410; *Bayreuther*, Altersgrenzen, Kündigungsschutz nach Erreichen der Altersgrenze und die Befristung von „Altersrentnern" – Eine Skizze im Lichte der Hörnfeldt-Entscheidung des EuGH, NJW 2012, 2758; *Bieder/Diekmann*, Verbot der Diskriminierung befristet Beschäftigter bei der Gewährung von Dienstalterszulagen, EuZA 2008, 515; *Boecken/Joussen*, Teilzeit- und Befristungsgesetz, 5. Aufl. 2018; *Brose*, Sachgrundlose Befristung und betriebsbedingte Kündigung von Leiharbeitnehmern – Ein unausgewogenes Rechtsprechungskonzept, DB 2008, 1378; *Brose*, Die BAG-Rechtsprechung zu § 14 I 2 Nr. 3 TzBfG – Ein Fall für den EuGH, NZA 2009, 706; *Brose/Sagan*, Kettenbefristung wegen Vertretungsbedarfs im Zwielicht des Unionsrechts, NZA 2012, 308; *Corazza/Nogler*, Die „weiche" Wirkung des Verschlechterungsverbotes in EU-Richtlinien – zugleich eine Besprechung von EuGH Rs. C-98/09 (Sorge), ZESAR 2011, 58; *Däubler*, Das geplante Teilzeit- und Befristungsrecht, ZIP 2000, 1961; *Dörner*, Der befristete Arbeitsvertrag, 2. Aufl. 2011; *Eisemann*, Befristung und virtuelle Dauervertretung, NZA 2009, 1113; *Etzel* u.a. (Hrsg.), KR: Gemeinschaftskommentar zum Kündigungsschutzgesetz und zu sonstigen kündigungsschutzrechtlichen Vorschriften, 11. Aufl. 2016; *Forst*, Kein Befristungsschutz für Leiharbeitnehmer?, FA 2013, 162; *Franzen*, Anmerkung zu EuGH v. 4.7.2006, JZ 2007, 191; *Gotthardt*, Anmerkung zu EuGH v. 5.7.2012 (Hörnfeldt), EuZA 2013 268; *Greiner*, Auslegung von Absenkungsverboten in Richtlinien und Reichweite der richtlinienkonformen Auslegung – Urteil des Europäischen Gerichtshofs vom 24.6.2010 – Rechtssache Sorge, EuZA 2011, 74; *Greiner*, Missbrauchskontrolle bei „Kettenbefristungen", EuZA 2012, 529; *Greiner*, Anmerkung zu BAG 18.10.2006, EzA § 14 TzBfG Nr. 34; *Greiner*, Zwischen Kücük, Albron Catering, Della Rocca und Cartesio, NZA 2014, 284; *Hanau*, Was ist wirklich neu in der Befristungsrichtlinie?, NZA 2000, 1045; *Hirdina*, Befristung wissenschaftlicher Mitarbeiter verfassungs- und europarechtswidrig!, NZA 2009, 712; *Hohenstatt*, Sozialplanansprüche befristet Beschäftigter aus Gleichbehandlung?, NZA 2016, 1446; *Höland*, Anmerkung zu EuGH v. 7.9.2006 (Marrosu/Sardino), ZESAR 2007, 180; *Höland*, Anmerkung zu EuGH Rs. Del Cerro Alonso, ZESAR 2009, 184; *Höpfner*, Die Reform der sachgrundlosen Befristung durch das BAG – Arbeitsmarktpolitische Vernunft contra Gesetzestreue, NZA 2011, 893; *Joussen*, Anmerkung zu EuGH v. 26.1.2012 (Kücük), AP Nr. 9 zu Richtlinie 99/70/EG; *Junker*, Europarechtliche und verfassungsrechtliche Fragen des deutschen Befristungsrechts, EuZA 2013, 3; *Kamanabrou*, Die Kettenbefristung zur Vertretung – nationale, europarechtliche und rechtsvergleichende Aspekte, EuZA 2012, 441; *Kaufmann*, Die europäische Sozialpartnervereinbarung über befristete Arbeitsverträge, AuR 1999, 332; *Kittner/Deinert/Zwanziger*, (KDZ) Kündigungsschutzrecht, 10. Aufl. 2017; *Kliemt*, Das neue Befristungsrecht, NZA 2001, 296; *Kerwer*, Verschlechterungsverbote in Richtlinien – Urteil des Europäischen Gerichtshofs vom 23.4.2008 – Rechtssache Angelidaki und andere, EuZA 2010, 253; *Kovács*, Anmerkung zu EuGH v. 18.10.2012 (Valenza), ZESAR 2013, 176; *Laux/Schlachter*, Teilzeit- und Befristungsrecht: TzBfG, 2. Aufl. 2011; *Leible*, Pflicht zur klaren und eindeutigen Umsetzung der Richtlinie 93/13/EWG, EuZW 2001, 438; *Lembke*, Neues vom EuGH zum Befristungsschutz von Leiharbeitnehmern, NZA 2013, 815; *Linsenmaier*, Befristung und Bedingung – Ein Überblick über die aktuelle Rechtsprechung des Siebten Senats des BAG unter besonderer Berücksichtigung des Unionsrechts und des nationalen Verfassungsrechts, RdA 2012, 193; *Maschmann*, BB-Kommentar: „Die Kettenbefristung lebt!", BB 2012, 1098; *v. Medem*, Anmerkung zu EuGH v. 12.12.2013 – C-361/12 (Carratù), ZESAR 2014, 243; *Persch*, Kehrtwende in der BAG-Rechtsprechung zum Vorbeschäftigungsverbot bei sachgrundloser Befristung nach § 14 Abs. 2 S. 2 TzBfG – Anmerkung zur Entscheidung des BAG v. 6.4.2011 – 7 AZR 716/09, ZTR 2011, 404; *Preis/Gotthardt*, Neuregelung der Teilzeitarbeit und befristete Arbeitsverhältnisse – Zum Gesetzesentwurf der Bundesregierung, DB 2000, 2065; *Preis/Greiner*, Befristungsrecht – Quo vadis?, RdA 2010, 148; *Preis/Loth*, Der Gesamtvertretungsbedarf – eine zulässige Kategorie des Befristungsrechts?, ZTR 2013, 232; *Richardi/Annuß*, Gesetzliche Neuregelung von Teilzeitarbeit und Befristung, BB 2000, Riesenhuber, Europäisches Arbeitsrecht, 2009; *Sievers*, TzBfG, 5. Aufl. 2016; *Temming*, Der Fall Palacios: Kehrtwende im Recht der Altersdiskriminierung?, NZA 2007, 1193; *Thüsing*, Das Verbot der Diskriminierung wegen Teilzeit und Befristung nach § 4 TzBfG – Aktuelles und Grundsätzliches zu einer

Rechtsfigur sui generis, ZfA 2002, 249; *Thüsing/Stiebert*, Arbeitnehmerbegriff – Befristungsrichtlinie, ZESAR 2011, 124; *Ulber*, Arbeitnehmerüberlassungsgesetz AÜG: Basiskommentar zum AÜG, 2. Aufl. 2014; *Walker*, Zur Zulässigkeit der Befristung von Arbeitsverträgen mit Berufsfußballspielern, NZA 2016, 657; *Waltermann*, Weiterbeschäftigung nach Altersgrenze, NJW 2018, 193; *Wank/Börgmann*, Der Vorschlag für eine Richtlinie des Rates über befristete Arbeitsverträge, RdA 1999, 383; *Wiese/Kreutz/Oetker/Raab/Weber/Franzen/Gutzeit/Jacobs*, Gemeinschaftskommentar zum BetrVG: GK-BetrVG, Band 1, 11. Aufl. 2018.

I. Von der Rahmenvereinbarung zur Richtlinie

1. Entstehungsgeschichte

Die geläufig als Befristungsrichtlinie bezeichnete Richtlinie 1999/70/EG weist **keinen eigenen materiellen Inhalt** auf. Sie bestimmt vielmehr gem. Art. 1, dass die im Anhang beigefügte **Rahmenvereinbarung** der allgemeinen branchenübergreifenden Organisationen EGB, UNICE und CEEP vom 18.3.1999 über befristete Arbeitsverträge (Befr-RV) durchgeführt werden soll. Erst in dieser Rahmenvereinbarung finden sich materiell-rechtliche Regelungen zu befristeten Arbeitsverträgen.[1]

13.1

Die **Rahmenvereinbarung** ist das Ergebnis eines **langandauernden Prozesses**. Dabei waren von Beginn an das Anliegen, atypische Arbeitsverhältnisse auf Unionsebene zu regeln, und die Entwicklung der Kompetenzgrundlagen eng miteinander verwoben.[2] Ein erster Richtlinienvorschlag des Rates aus dem Jahr 1982 ebenso wie dessen geänderte Fassung zwei Jahre später und ein erneuter Vorstoß im Jahr 1990 blieben erfolglos.[3] Erst über den **sozialen Dialog**[4] war der Weg für die Rahmenvereinbarung und die anschließende Richtlinie bereitet. Die branchenübergreifenden Sozialpartner auf europäischer Ebene, namentlich UNICE, CEEP und EGB, schlossen im Jahr 1999 eine Sozialpartnervereinbarung zu den Rahmenbedingungen für befristete Arbeitsverträge,[5] welche der Rat auf Vorschlag der Kommission nach dem Verfahren des Art. 155 Abs. 2 AEUV mit der Richtlinie 1999/70/EG durchführte.[6]

13.2

Insgesamt spiegelt sich in der **Rahmenvereinbarung** die **zögerliche Grundtendenz** wider, die jahrelang die Entwicklung eines europäischen Mindeststandards für Befristungen begleitet hat. So wird in der Literatur häufig bemängelt, dass die Befristung von Arbeitsverhältnissen durch die (Durchführungs-)Richtlinie nur „rudimentär" geregelt wird.[7] Dies wird maßgeblich darauf zurückgeführt, dass die Arbeitgeberseite, für die das Interesse an Flexibilität im Vordergrund stand, den Forderungen der Gewerkschaftsseite, die Befristung nur stark eingeschränkt zuzulassen, nur geringfügig nachgekommen ist. So sollten nach Auffassung der Gewerkschaftsseite jede Befristung an einen sachlichen Grund gebunden sein, die Höchstdauer von Mehrfachbefristungen auf drei Jahre festgelegt werden und nicht mehr als zwei Verlängerungen zulässig sein. Diese Voraussetzungen sollten kumulativ vorliegen müssen.[8] Die endgültige Fassung der Rahmenvereinbarung lässt hingegen einen großen Spielraum für die Begründung befristeter Arbeitsverhältnisse: Die verschiedenen Maßnahmen zur Missbrauchsvermeidung werden lediglich in ein Alternativitätsverhältnis gestellt. Zugleich lässt die weite Formulierung aber auch einen weiten Spielraum für die Rechtsprechung des EuGH, welchen er im Anschluss durchaus genutzt hat, um den Arbeitnehmer-

13.3

---

1 *Fuchs/Marhold*, Europäisches Arbeitsrecht, S. 113; Hanau/Steinmeyer/Wank/*Wank*, § 18 Rz. 252.
2 *Riesenhuber*, Europäisches Arbeitsrecht, § 15 Rz. 5.
3 Zur Entwicklung *Riesenhuber*, Europäisches Arbeitsrecht, § 15 Rz. 5; EAS/*Rolfs*, B 3200 Rz. 1.
4 Welcher mit dem Amsterdamer Vertrag von 1997 in den EG-Vertrag eingeführt wurde; s. *Riesenhuber*, Europäisches Arbeitsrecht, § 15 Rz. 8.
5 Zum Verlauf der Verhandlungen s. *Kaufmann*, AuR 1999, 332; EAS/*Rolfs*, B 3200 Rz. 3.
6 EAS/*Rolfs*, B 3200 Rz. 3; s. zur Entstehung auch die Erwägungsgründe Nr. 9–11 der Richtlinie.
7 S. auch EAS/*Rolfs*, B 3200 Rz. 4, nach dessen Ansicht die Rahmenvereinbarung über „einen sehr geringen Regelungsgehalt verfügt"; *Kaufmann*, AuR 1999, 332 (334).
8 *Kaufmann*, AuR 1999, 332 (333).

schutz zu stärken. Dies wird sich bspw. im Rahmen der Ausführungen zur weiten Auslegung des Arbeitnehmerbegriffs und der Missbrauchskontrolle zeigen (Rz. 13.18).

13.4 Die Richtlinie wurde mit dem **Teilzeit- und Befristungsgesetz** vom 21.12.2000 fristgemäß zum 1.1.2001 **umgesetzt**.[9] In der Literatur wird die Umsetzung insgesamt als weit über die Vorgaben der Richtlinie hinausgehend angesehen, weil das TzBfG bspw. bereits für die erstmalige Befristung des Arbeitsverhältnisses einen sachlichen Grund fordert.[10] Angesichts des geringen Regelungsgehalts der Richtlinie ist es zumindest nicht überraschend, wenn das nationale Recht strengere Anforderungen für die Zulässigkeit von Befristungen vorsieht.[11]

13.5 Neben dem TzBfG fällt vor allem das **Wissenschaftszeitvertragsgesetz** (WissZeitVG) vom 12.4.2007[12] in den Anwendungsbereich der Richtlinie,[13] ebenso bspw. die Befristung nach **§ 21 BEEG**.[14] Ob Richtlinien generell auch auf Tarifverträge unmittelbar anwendbar sind, ist noch nicht abschließend geklärt. Jedoch kann der Rechtsprechung des EuGH jedenfalls entnommen werden, dass dann eine unmittelbare Wirkung eintritt, wenn auf Arbeitgeberseite der „Staat" als Tarifpartei auftritt. Damit müssen jedenfalls auch Normen des TVöD und TV-L den Vorgaben der Richtlinie entsprechen, so z.B. **§ 16 TV-L**.[15]

2. Aufbau der Richtlinie

13.6 Der Aufbau der Richtlinie 1999/70/EG scheint auf den ersten Blick gewöhnungsbedürftig. Er erklärt sich aber aus der Tatsache, dass ihr eine **Sozialpartnervereinbarung** zugrunde liegt. Die Art. 1–4 der Richtlinie enthalten keine materiell-rechtlichen Regelungen zum Befristungsrecht. Sie legen im Wesentlichen fest, dass die von den Sozialpartnern geschlossene Rahmenvereinbarung, die im Anhang der Richtlinie enthalten ist, durchgeführt werden soll, und machen Vorgaben für die Umsetzung. Erst in der Rahmenvereinbarung befinden sich die materiell-rechtlichen Regelungen. Daher existieren in der Richtlinie auch zwei voneinander unabhängige Erwägungsgründe: Zum einen die Erwägungsgründe zur Richtlinie und zum anderen die Präambel und die allgemeinen Erwägungsgründe, die der Rahmenvereinbarung vorangestellt wurden. Sie betreffen jeweils unterschiedliche Regelungsgegenstände. Die Präambel und allgemeinen Erwägungsgründe, die der Rahmenvereinbarung vorangestellt sind, wurden von den Sozialpartnern formuliert, wohingegen die Erwägungsgründe zur Richtlinie von der Kommission stammen.

3. Rechtsnatur und Wirkung

13.7 Die Rechtsnatur und Wirkung der Rahmenvereinbarung sind in diesem Zusammenhang insoweit unproblematisch, als sie durch Ratsbeschluss in Form der Richtlinie durchgeführt wird. Somit

---

9 So ausdrücklich die amtliche Anmerkung Nr. 1 zum TzBfG, BGBl. 2000, Teil I, S. 1966; damit löste das TzBfG das Beschäftigungsförderungsgesetz von 1985 ab, s. hierzu auch Boecken/Joussen/*Joussen*, § 1 TzBfG Rz. 1.
10 MüArbR/*Oetker*, § 10 Rz. 42.
11 Vgl. *Riesenhuber*, Europäisches Arbeitsrecht, § 17 Rz. 3 „die Rahmenvereinbarung enthält freilich nur wenige Regelungen und diese sind überwiegend auch nur rahmenhaft gestaltet."
12 BGBl. 2007, Teil I, S. 506.
13 Zu unionsrechtlichen Bedenken bzgl. Umsetzung der Rahmenvereinbarung s. *Hirdina*, NZA 2009, 712.
14 Das BAG hat in seinem Vorlagebeschluss in der Rs. *Kücük* auch die Frage gestellt, ob die Vertretung ein sachlicher Grund bei ständigem Vertretungsbedarf sein kann, wenn wie bei § 21 BEEG jedenfalls auch das sozialpolitische Ziel verfolgt wird, die Möglichkeit zu Sonderurlaub z.B. aus Gründen des Mutterschutzes oder der Erziehung zu erleichtern, BAG v. 17.11.2010 – 7 AZR 443/09 (A), NZA 2011, 34, da der EuGH allerdings die vorangegangene Frage bereits verneint hatte, musste er sich nicht mehr hierzu äußern, EuGH v. 26.1.2012 – C-586/10 – Kücük, NZA 2012, 135.
15 S. zu §§ 16, 17 TVL BAG v. 24.10.2013 – 6 AZR 964/11, NZA-RR 2014, 98.

wirkt ihr materiell-rechtlicher Inhalt wie eine Richtlinie (zur Rechtsnatur und Durchführung europäischer Sozialpartnervereinbarungen vgl. Rz. 1.72 ff.).

Nicht geklärt ist bisher hingegen, wie es sich auswirkt, wenn die Erwägungsgründe zur Richtlinie und die **Präambel** der Sozialpartner, nebst deren allgemeinen Erwägungen, zur Rahmenvereinbarung **nicht (vollständig) übereinstimmen**. So wird bspw. nur in der Präambel der Rahmenvereinbarung und Nr. 6 der allgemeinen Erwägungsgründe zur Rahmenvereinbarung ausdrücklich darauf hingewiesen, dass der unbefristete Vertrag die übliche Form des Beschäftigungsverhältnisses darstellt und auch weiterhin darstellen soll. In den Erwägungsgründen zur Richtlinie findet sich keine entsprechende Vorgabe. Dies ist aber m.E. nicht schädlich, da bereits der Regelungsgegenstand der jeweiligen Rechtsakte ein unterschiedlicher ist. Die Richtlinie dient ausschließlich der Durchführung und legt gerade nicht selbst die materiell-rechtlichen Regelungen fest. Dementsprechend beziehen sich ihre Erwägungsgründe auch nicht auf die Befristung im Einzelnen, sondern vielmehr auf die vorgelagerten und allgemeineren Fragen, die den vorangegangenen sozialen Dialog betreffen. Für die Auslegung der materiell-rechtlichen Regelungen der Rahmenvereinbarung sind daher in erster Linie die Präambel und Erwägungsgründe der Rahmenvereinbarung maßgeblich. Hierfür spricht auch, dass die Kommission keine Befugnis hat, die Vereinbarung im Verfahren des Art. 155 Abs. 2 AEUV inhaltlich zu modifizieren. Sie kann die Vereinbarung nur mit dem von den Sozialpartnern vereinbarten Inhalt an den Rat weiterleiten. Damit ist ausgeschlossen, dass die Erwägungsgründe der Kommission den Inhalt der Rahmenvereinbarung beeinflussen.[16]

13.8

II. Sinn und Zweck

Nach § 1 Befr-RV werden zwei Ziele verfolgt: die **Verbesserung der Qualität befristeter Arbeitsverhältnisse** durch Anwendung des Grundsatzes der Nichtdiskriminierung und die **Verhinderung von Missbrauch** durch aufeinanderfolgende Arbeitsverhältnisse. Beide Aspekte werden bereits in den Erwägungsgründen zur Rahmenvereinbarung aufgegriffen. Nach Nr. 7 hilft die Inanspruchnahme befristeter Arbeitsverträge aus objektiven Gründen, Missbrauch zu vermeiden. Nr. 9 zeigt, dass die Rahmenvereinbarung auch zur Verbesserung der Chancengleichheit zwischen Frauen und Männern beitragen kann, da mehr als die Hälfte der befristet beschäftigten Arbeitnehmer in der EU Frauen sind.

13.9

Diesen Regelungszielen liegt das Vorverständnis zugrunde, dass **unbefristete Verträge die übliche Form** des Beschäftigungsverhältnisses darstellen sollen. Dieses Vorverständnis kommt sowohl in der Präambel als auch in Erwägungsgrund Nr. 6 zum Ausdruck. Es wird zwar grundsätzlich ein Bedürfnis der Arbeitgeber und auch der Arbeitnehmer an einer Befristung anerkannt, allerdings nur „unter bestimmten Umständen."[17] Es soll ein „ausgewogenes Verhältnis zwischen Flexibilität und Sicherheit" erreicht werden.[18] Damit gibt die Rahmenvereinbarung für ihre Auslegung ein klares **Stufenverhältnis** vor: Die Interessen der Arbeitgeber an Flexibilität sind zu berücksichtigen, dennoch soll die Befristung die Ausnahme bleiben und der Arbeitnehmer für den Fall, dass die Befristung grundsätzlich ein berechtigtes Anliegen darstellt, vor Diskriminierung und Missbrauch geschützt werden. Das **Schutzinteresse des Arbeitnehmers** wird also grundsätzlich höher eingestuft als das **Flexibilitätsinteresse des Arbeitgebers**. Dahinter steht auch der Gedanke, dass mit der Befristung die Gefahr einhergeht, dass der Kündigungsschutz umgangen wird.[19]

13.10

Der **EuGH** hebt den Sinn und Zweck der Befr-RV regelmäßig hervor.[20] So weist er in der Rs. *Kücük* darauf hin, dass es darum gehe, „den wiederholten Rückgriff auf befristete Arbeitsverträge

13.11

---

16 Calliess/Ruffert/*Krebber*, Art. 155 AEUV Rz. 26.
17 So der Wortlaut der Präambel der Rahmenvereinbarung.
18 Erwägungsgrund Nr. 5 der Rahmenvereinbarung.
19 *Riesenhuber*, Europäisches Arbeitsrecht, § 15 Rz. 2.
20 Hierzu *Linsenmaier*, RdA 2012, 193 (195).

oder -verhältnisse, der als eine Quelle potentiellen Missbrauchs zu Lasten der Arbeitnehmer gesehen wird, einzugrenzen, indem eine Reihe von Mindestschutzbestimmungen vorgesehen werden, die die Prekarisierung der Lage der Beschäftigten verhindern sollen."[21] In der Rs. *Adeneler* beschreibt der Gerichtshof das Ziel der Rahmenvereinbarung bereits im 2. Tenor als die „Zielsetzung der Rahmenvereinbarung, mit der die Arbeitnehmer gegen unsichere Beschäftigungsverhältnisse geschützt werden sollen, und ..., dass unbefristete Arbeitsverträge die übliche Form der Beschäftigungsverhältnisse sind."[22]

III. Schnittstellen mit anderen unionsrechtlichen Regelungen

13.12 Neben der Richtlinie 1999/70/EG können weitere primär- und sekundärrechtliche Regelungen greifen. Auf die offensichtlichste Schnittstelle weist § 8 Befr-RV selbst hin: Nach **§ 8 Nr. 2 Befr-RV** soll die Vereinbarung insbesondere unbeschadet der unionsrechtlichen **Bestimmungen zur Gleichbehandlung und Chancengleichheit von Männern und Frauen** gelten. Auch in Nr. 9 der Erwägungsgründe zur Rahmenvereinbarung wird dieser Aspekt hervorgehoben. Damit können Schnittstellen zu sämtlichen primär- und sekundärrechtlichen Regelungen auftreten, welche gegen die Geschlechtsdiskriminierung wirken sollen.[23]

13.13 Ebenso stellt die Befr-RV einen Bezug zur **Leiharbeitsrichtlinie** her. So wird in der Präambel zur Rahmenvereinbarung ausdrücklich darauf hingewiesen, dass sie nicht für Arbeitnehmer gilt, die einem Unternehmen von einer Leiharbeitsagentur zur Verfügung gestellt werden. Fraglich bleibt, wie weit die Herausnahme der Leiharbeit aus dem Anwendungsbereich der Befristungsrichtlinie reicht.

13.14 Zudem wird die Befr-RV durch das **Verbot der Altersdiskriminierung** (vgl. Rz. 6.1 ff.) ergänzt.[24] Besonders deutlich tritt diese Schnittstelle in der Rs. *Mangold*[25] zu Tage.[26]

13.15 Im EuGH-Urteil *Preston*[27] wird ein möglicher Bezug zum **Entgeltgleichheitsgebot** nach Art. 157 AEUV sichtbar: Kettenbefristungen können sich unvorteilhaft im Rahmen von Betriebsrentensystemen auswirken, so dass damit ein Anknüpfungspunkt zum primärrechtlichen Entgeltgleichheitsgebot hergestellt werden kann. In der Rs. *Preston* musste bspw. ein Anspruch auf Anschluss an ein Betriebsrentensystem nach dem Ende jedes befristeten Arbeitsvertrags eingeklagt werden.

13.16 Überschneidungen sind zudem mit den **Grundfreiheiten**, insbesondere mit der Arbeitnehmerfreizügigkeit aus Art. 45 AEUV, möglich.[28]

---

21 EuGH v. 26.1.2012 – C-586/10 – Kücük, NZA 2012, 135 Rz. 25.
22 EuGH v. 4.7.2006 – C-212/04 – Adeneler, Slg. 2006, I-6057.
23 S. *Riesenhuber*, Europäisches Arbeitsrecht, § 15 Rz. 17; zur Nichtverlängerung eines befristeten Arbeitsverhältnisses allein aufgrund einer Schwangerschaft als Verstoß gegen Art. 2 Abs. 1, Art. 3 Abs. 1 der Richtlinie 76/207/EWG EuGH v. 4.10.2001 – C-438/99 – Jiménez Melgar, Slg. 2001, I-6915 = NZA 2001, 1243.
24 *Riesenhuber*, Europäisches Arbeitsrecht, § 15 Rz. 17; s. auch *Linsenmaier*, RdA 2012, 193 (194 f.) zur Überschneidung bei sachgrundloser Befristung nach § 14 Abs. 3 TzBfG und der Gleichbehandlungsrahmenrichtlinie 2000/78/EG.
25 EuGH v. 22.11.2005 – C-144/04 – Mangold, Slg. 2005, I-9981; s. zu dieser Grundproblematik *Temming*, Altersdiskriminierung im Arbeitsleben, 2008.
26 S. *Bieder/Diekmann*, EuZA 2008, 515 (521) mit dem Befund, dass teilweise deutlich mehr jüngere Arbeitnehmer in einem befristeten Arbeitsverhältnis stehen.
27 EuGH v. 16.5.2000 – C-78/98 – Preston, Slg. 2000, I-3201 = NZA 2000, 889.
28 S. bspw. EuGH v. 6.11.2003 – C-413/01 – Ninni-Orasche, Slg. 2003, I-13187 = NZA 2004, 87; näher zu den unionsrechtlichen Anforderungen an die Zulässigkeit von Befristungen über die Arbeitnehmerfreizügigkeit und die Dienstleistungsfreiheit *Rolfs/de Groot*, ZESAR 2009, 5.

IV. Anwendungsbereich und Wirkung

1. Persönlicher und sachlicher Anwendungsbereich

Der Anwendungsbereich der Befr-RV ist, ebenso wie der des TzBfG, **unabhängig** von der **Unternehmensgröße** eröffnet.[29] Der Klärung bedarf die Frage, wer Arbeitnehmer ist und was als Befristung im Sinne der Rahmenvereinbarung anzusehen ist.

13.17

a) Arbeitnehmer im Sinne der Rahmenvereinbarung

Die Rahmenvereinbarung über befristete Arbeitsverträge scheint klar formuliert zu sein: Gemäß § 2 Nr. 1 Befr-RV sind für die Einordnung als Arbeitnehmer im Sinne der Rahmenvereinbarung die in den jeweiligen Mitgliedstaaten geltende gesetzliche oder tarifvertragliche Definition oder die Gepflogenheiten der Mitgliedstaaten maßgeblich.[30] Somit **scheint** im Bereich des Befristungsrechts der Arbeitnehmerbegriff nicht unionsautonom festgelegt, sondern **national zu bestimmen** sein.[31]

13.18

aa) Beschäftigte im öffentlichen Dienst

Doch wird dieser Ansatz nur teilweise umgesetzt. Der **EuGH** legt, unabhängig von den nationalen Definitionsansätzen, einen **sehr weiten Arbeitnehmerbegriff** zugrunde.[32] Der Gerichtshof bezieht in ständiger Rechtsprechung ausdrücklich **sämtliche Beschäftigungsverhältnisse des öffentlichen Dienstes** in den persönlichen Anwendungsbereich der Richtlinie mit ein.[33]

13.19

So sieht der EuGH ausdrücklich **Beamte** auf Zeit vom Anwendungsbereich der Befr-RV erfasst[34] Der Gerichtshof zitiert zwar § 2 Nr. 1 Befr-RV, der den nationalen Arbeitnehmerbegriff als Maßstab festlegt. Doch dann leitet er „sowohl aus dem Wortlaut der Richtlinie" als auch aus ihrem „Aufbau und Zweck" her, dass auch Arbeitsverhältnisse im öffentlichen Sektor erfasst werden. Er beruft sich auf den weiten Wortlaut des § 2 Nr. 1 Befr-RV, welcher „befristet beschäftigte Arbeitnehmer" erfasse, und zwar, wie auch aus § 3 Nr. 1 Befr-RV folge, unabhängig davon, ob sie bei einem privaten oder öffentlichen Arbeitgeber tätig sind.[35] Damit folgte der EuGH im Wesentlichen dem Schlussantrag des Generalanwalts.[36] Der EuGH hebt besonders hervor, dass es ansonsten der

13.20

---

29 S. hierzu auch EAS/*Rolfs*, B 3200 Rz. 9.
30 Auch befristet beschäftigte Seeleute, die auf Fähren tätig sind, welche innerhalb desselben Mitgliedstaates verkehren, fallen nach EuGH v. 3.7.2014 – C-362/13 – Fiamango u.a., BeckRS 2014, 81092 Ls. 1, in den Anwendungsbereich der Befr-RV.
31 *Riesenhuber*, Europäisches Arbeitsrecht, § 17 Rz. 4.
32 *Bieder/Diekmann*, EuZA 2008, 515 (517).
33 EuGH v. 13.9.2007 – C-307/05 – Del Cerro Alonso, Slg. I-7109, 7132; v. 4.7.2006 – C-212/04 – Adeneler, Slg. 2006, I-6057 Rz. 54 ff.; v. 7.9.2006 – C-53/04 – Marrosu, Slg. 2006, I-7213 Rz. 39 ff.; v. 13.3. 2014 – C-190/13 – Màrquez Samohano, NZA 2014, 475 Rz. 38.
34 EuGH v. 22.12.2010 – C-444/09 – Gavieiro Gavieiro, Slg. 2010, I-14031 Rz. 44; s. auch v. 8.9.2011 – C-177/10 – Rosado Santana, Slg. 2011, I-7907 = NZA 2011, 1219; in EuGH v. 20.12.2017 – C-158/16 – Vega González, NZA 2018, 97 wird die Richtlinie bereits ohne Begründung auf eine Beamtin angewendet.
35 EuGH v. 22.12.2010 – C-444/09 – Gavieiro Gavieiro, Slg. 2010, I-14031 Rz. 39 f.; allgemein dazu, dass auch der öffentliche Sektor vom Anwendungsbereich der Befr-RV ist, ohne jedoch auf Beamte speziell einzugehen bereits EuGH v. 7.9.2006 – C-53/04 – Marrosu, Slg. 2006, I-7213 Rz. 39 ff.
36 Dabei stellte Generalanwalt *Maduro* zunächst heraus, dass der Verweis auf das nationale Recht zur Bestimmung des Arbeitnehmerbegriffs unterschiedlich auszulegen sei, je nachdem, ob der Zweck oder das System der Regelung im Vordergrund stehe; wenn der Zweck der Regelung vorrangig sei, wie dies bei der Arbeitszeit der Fall sei, müsse eine autonome Auslegung greifen. Für die Befr-RV sieht er einen leicht abweichenden Ansatz in Form eines Kompromisses aus Zweck und System vor; dabei sollten die Ziele und allgemeinen Grundsätze des Gemeinschaftsrechts, vor allem der „fundamentale Grundsatz der Gleichbehandlung" gewahrt werden, GA *Maduro* v. 10.1.2007 – C-307/05 – Del Cerro Alonso, Slg. 2007, I-7109 Rz. 14.

Mitgliedstaat in der Hand hätte, Beschäftigte durch ihre nationale Bezeichnung als „statutarisch" für den öffentlichen Dienst nach Belieben bestimmte Personalkategorien von dem Schutz des Unionsrechts auszunehmen. Damit wäre die praktische Wirksamkeit der Richtlinie und Rahmenvereinbarung ebenso wie ihre einheitliche Anwendung erheblich in Frage gestellt.[37] Diese Rechtsprechung hat er inzwischen mehrfach bestätigt.[38]

13.21 Die ausdrückliche Einbeziehung von Beamten in den Anwendungsbereich der Befr-RV ist angesichts der Vorgabe des § 2 Nr. 1 Befr-RV, die nationale Begriffsbestimmung sei entscheidend, **angreifbar**. Die Entscheidung der Sozialpartner, den nationalen Arbeitnehmerbegriff zur Anwendung kommen zu lassen, dürfte in dem Bewusstsein erfolgt sein, dass Beamte in einigen Mitgliedstaaten aus dem allgemeinen Arbeitnehmerbegriff herausgenommen werden. Die **Argumentation des EuGH** ist aber **insoweit nachvollziehbar**, als damit verhindert wird, dass es faktisch den Mitgliedstaaten freigestellt wird, einen ganzen Sektor des Arbeitsmarktes dem Anwendungsbereich der Rahmenvereinbarung zu entziehen.[39] Der EuGH scheint also eine Lücke schließen zu wollen. Konsequent wäre es nach dieser Begründung, dementsprechend neben Beamten auch andere Sonderbeschäftigungsverhältnisse zum Staat wie Soldaten und Richter in den Anwendungsbereich der Befr-RV aufzunehmen. Eine Begründung des Gerichtshofs, wie seine Rechtsprechung mit § 2 Nr. 1 Befr-RV vereinbart werden kann, wäre dennoch erforderlich gewesen.[40]

13.22 Die Rechtsprechung des EuGH könnte mit dem Schlagwort **„semi-unionsautonomer" Arbeitnehmerbegriff** zusammengefasst werden.[41] Grundsätzlich lässt der Gerichtshof entsprechend § 2 Nr. 1 Befr-RV die nationale Begriffsbestimmung gelten, setzt aber darunter einen „Mindestsockel" für den gesamten öffentlichen Dienst, die Beamtenverhältnisse inbegriffen, welcher unabhängig vom nationalen Verständnis in den Arbeitnehmerbegriff mit einbezogen werden muss.

13.23 Für das **nationale Recht** hat der vom EuGH geprägte weite, unionsrechtliche Arbeitnehmerbegriff durchaus **Auswirkungen**. Der deutsche Arbeitnehmerbegriff setzt einen privatrechtlichen Vertrag voraus, § 611a BGB.[42] Damit bricht der EuGH, wenn er auch Beamte als Arbeitnehmer im Sinne der Befristungsrichtlinie ansieht.[43] Das BAG hingegen nimmt Beamtenverhältnisse auf Zeit ausdrücklich vom Anwendungsbereich der Befr-RV aus.[44] Die Begründung ist nachvollziehbar im Hinblick auf den Wortlaut des § 2 Nr. 1 Befr-RV, es ist jedoch höchst zweifelhaft, ob dies den Anforderungen der Rechtsprechung des EuGH standhalten wird.

13.23a Der EuGH beschränkt seine Rechtsprechung nicht ausdrücklich auf Beamte, ebenso in Betracht kommen daher auch Soldaten und Richter.[45] Wird die Rechtsprechung des Gerichtshofs zu-

---

37 EuGH v. 22.12.2010 – C-444/09 – Gavieiro Gavieiro, Slg. 2010, I-14031 Rz. 43; v. 13.9.2007 – C-307/05 – Del Cerro Alonso, Slg. I-7109 Rz. 29.
38 EuGH v. 8.9.2011 – C-177/10 – Rosado Santana, Slg. 2011, I-7907 Rz. 40 f., 55 (ohne nähere Begründung); v. 13.9.2007 – C-307/05 – Del Cerro Alonso, Slg. I-7109, 7132 unter Verweis auf Art. 2 Abs. 1 der Richtlinie i.V.m. dem 17. Erwägungsgrund; bzgl. der Einbeziehung des öffentlichen Sektors zustimmend *Riesenhuber*, Europäisches Arbeitsrecht, § 17 Rz. 6, mit der Begründung, dass dies aus dem weiten Wortlaut sowie aus der fehlenden Einbeziehung in die Ausnahmeoption des § 2 Abs. 2 Befr-RV und dem Sinn und Zweck der Regelung folge.
39 Kritisch EUArbR/*Krebber*, RL 1999/70/EG, § 2 Rz. 13 f.
40 Ähnlich *Thüsing/Stiebert*, ZESAR 2011, 124 (125).
41 S. *Thüsing/Stiebert*, ZESAR 2011, 124 (125) „eine Art Mittelweg".
42 ErfK/*Preis*, § 611a BGB Rz. 14.
43 Vgl. auch *Thüsing/Stiebert*, ZESAR 2011, 124 (125); *Wank*, EuZA 2008, 172 (182); s. HWK/*Schmalenberg*, § 1 TzBfG Rz. 5; KR/*Bader*, § 1 TzBfG Rz. 6, danach gilt das TzBfG für alle privaten ebenso wie öffentlichen Arbeitsverhältnisse, nicht aber Beamte.
44 BAG v. 15.2.2017 – 7 AZR 143/15, NZA 2017, 1258 Rz. 25; v. 24.2.2016 – 7 AZR 712/13, ArbRB 2016, 165 = NZA 2016, 1404 Rz. 31.
45 Zur Befristung von Pastoren im Sonderdienst OVG NW v. 18.9.2012 – 5 A 1941/10, DVBl. 2012, 1585 Rz. 110.

grunde gelegt, sind **nicht allein das TzBfG oder das WissZeitVG** an den Anforderungen der Befristungsrichtlinie zu messen, sondern bspw. auch die jeweiligen **bundes- und landesrechtlichen Regelungen im Beamtenrecht**, die eine Befristungsmöglichkeit vorsehen. Sie alle müssen im Einzelnen dem Missbrauchsverbot und dem Diskriminierungsverbot der Rahmenvereinbarung genügen.[46] Auch der sog. **Zeitsoldat** i.S.v. § 1 Abs. 2 SoldatenG könnte auf den Prüfstand zu stellen sein. Allerdings dürfte er insoweit eine Sonderstellung einnehmen, als er während der Befristung in der Regel zudem eine Ausbildung oder ein Studium absolviert und die Interessenlage nicht einseitig zugunsten des Flexibilisierungsinteresses des Arbeitgebers gewichtet ist, so dass ein Missbrauchsschutz nicht erforderlich sein dürfte.

Verschärft wirkt diese extensive Auslegung des Arbeitnehmerbegriffs durch den EuGH dadurch, dass, wenn die Vorgaben der Richtlinie nicht umgesetzt wurden, die **Richtlinie** im Verhältnis **zum Staat als Arbeitgeber unmittelbar wirkt**, soweit die jeweilige Bestimmung inhaltlich unbedingt und hinreichend genau ist.[47] Eine inhaltlich unbedingte und hinreichend genaue Regelung hat der EuGH bspw. in der Rs. *Impact* ausdrücklich für § 4 Nr. 1 Befr-RV bejaht.[48]

13.24

Die Herausnahme von Heimarbeitern aus dem Anwendungsbereich der Rahmenvereinbarung ist hingegen überzeugend. Heimarbeiter unterliegen – anders als Beamte – gerade keinem Weisungsrecht. Das BAG stützt seine Ansicht darüber hinaus auf Erwägungsgrund Nr. 10 und damit auf die Berücksichtigung der Besonderheiten des Heimarbeitsverhältnisses.[49]

13.25

bb) Herausnahme der Leiharbeiter

Der **EuGH** hat sich ebenfalls klar zur Frage geäußert, ob **Leiharbeitnehmer** in den persönlichen Anwendungsbereich der Rahmenvereinbarung einzubeziehen sind. In der Rs. *Della Rocca* entschied der Gerichtshof, dass sowohl das Verhältnis zwischen Leiharbeiter und Entleiher als auch das Arbeitsverhältnis zwischen Leiharbeiter und Verleiher von dem **Anwendungsbereich der Befr-RV ausgenommen** sind.[50]

13.26

Diese Entscheidung ist aus mehreren Gründen **überraschend**.[51] In erster Linie, weil sie der sehr weiten Auslegung des persönlichen Anwendungsbereichs, wie sie in der Rs. *Gaviero Gaviero* zugrunde gelegt wurde, wertungsmäßig widerspricht. Die 8. Kammer des EuGH hat in der Rs. *Della Rocca* den Anwendungsbereich sehr eng auslegt – bestätigt aber zumindest auch hier die weite Auslegung in Bezug auf den öffentlichen Sektor.[52] Der Gerichtshof stützt seine Auslegung im Kern[53] auf den vierten Absatz der Präambel zur Rahmenvereinbarung. Danach sollen Arbeitnehmer in befris-

13.27

---

46 A.A. EUArbR/*Krebber*, RL 1999/70/EG, § 2 Rz. 14.
47 EuGH v. 22.12.2010 – C-444/09 – Gavieiro Gavieiro, Slg. 2010, I-14031 Rz. 72.
48 EuGH v. 15.4.2008 – C-268/06 – Impact, Slg. 2008, I-2533 Rz. 58, 60.
49 BAG v. 24.8.2016 – 7 AZR 625/15, ArbRB 2017, 39 = NZA 2017, 244 Rz. 45 f.; zur Herausnahme von Berufsfußballern aus dem Anwendungsbereich der Befr-RV wegen der Besonderheiten der Tätigkeit s. *Walker*, NZA 2016, 657, 661.
50 EuGH v. 11.4.2013 – C-290/12 – Della Rocca, NZA 2013, 495.
51 Auch die Andeutung in der Rs. *Briot*, EuGH v. 15.9.2010 – C-386/09, Slg. 2010, I-8471, wurde in der deutschen Literatur anders gewertet, s. *Lembke*, NZA 2013, 815 (816), auch wenn der EuGH v. 11.4.2013 – C-290/12 – Della Rocca, NZA 2013, 495 Rz. 43 ausdrücklich darauf hinweist, dass er sich nicht in Widerspruch zur Entscheidung des Gerichtshofs in der Rs. *Briot* stellt; insgesamt kritisch zur Herausnahme der Leiharbeit s. EUArbR/*Krebber*, RL 1999/79/EG Rz. 25.
52 EuGH v. 11.4.2013 – C-290/12 – Della Rocca, NZA 2013, 495 Rz. 34.
53 Darüber hinaus verweist der EuGH auf die ausdrückliche Einbeziehung der Leiharbeiter in den Anwendungsbereich der Entsenderichtlinie 96/71/EWG und der Richtlinie 91/383/EWG und das Fehlen einer entsprechenden Einbeziehung in der Befristungsrichtlinie und zieht hieraus einen Umkehrschluss. Kritisch zu diesem Argument *Forst*, FA 2013, 162 (163); *Lembke*, NZA 2013, 815 (817 f.), welcher darauf hinweist, dass die genannten Richtlinien in keinerlei systematischen Zusammenhang zueinander stehen und daher auch keine systematische Auslegung möglich sei.

teten Arbeitsverhältnissen von der Vereinbarung ausgenommen sein, die einem Unternehmen von einer Leiharbeitsagentur zur Verfügung gestellt werden; es sei die Absicht der Sozialpartner, den Abschluss einer ähnlichen Vereinbarung über Leiharbeit in Erwägung zu ziehen.[54] Nach Auffassung des EuGH bezieht sich die Ausnahme auf Leiharbeitnehmer als solche. Zwar weist er selbst darauf hin, dass die Präambel nicht verbindlich ist, findet aber seine Ansicht in § 3 Nr. 1 Befr-RV, wonach nur ein „direkt" mit dem Arbeitgeber geschlossenes Arbeitsverhältnis unter die Rahmenvereinbarung fällt, bestätigt. Zudem sei die Überlassung von Leiharbeitnehmern ein „komplexes und spezifisches arbeitsrechtliches Konstrukt", das ein doppeltes Arbeitsverhältnis einschließe, die Rahmenvereinbarung enthalte aber keine Regelungen, die diese besonderen Aspekte berücksichtigten.[55]

13.28 Die ersten **Reaktionen in der deutschen Literatur** fielen insgesamt ablehnend aus.[56] Dem Urteil wird zu Recht noch insoweit zugestimmt, als das Arbeitsverhältnis zwischen Entleiher und Leiharbeiter aus dem Anwendungsbereich der Befristungsrichtlinie herausgenommen wird. Will man dem Abs. 4 der Präambel überhaupt einen Bedeutungsgehalt zukommen lassen, muss zumindest das Verhältnis zwischen Leiharbeiter und Entleiher aus dem Anwendungsbereich herausgenommen werden. Wenn auch die Präambel, wie der EuGH in seiner Entscheidung selbst feststellt, keine verbindliche Wirkung hat,[57] so bedeutet dies umgekehrt nicht, dass sie bei der Auslegung der Richtlinie keine Berücksichtigung finden darf. In der Tat findet diese Auslegung ihren Niederschlag in § 3 Nr. 1 Befr-RV, wo ein „direktes" Arbeitsverhältnis mit dem Arbeitgeber vorausgesetzt wird. Gerade im Verhältnis Leiharbeitnehmer/Entleiher manifestieren sich auch die vom Gerichtshof angeführten Besonderheiten des „komplexen und spezifischen arbeitsrechtlichen Konstrukts", schließlich muss der Leiharbeitnehmer bei ihm seine Arbeitsleistung erbringen und unterliegt auch teilweise seinen Weisungen.[58] Vertraglich ist er hingegen allein an den Verleiher gebunden, nur zwischen Verleiher und Leiharbeitnehmer besteht auch ein „direktes" Arbeitsverhältnis.[59] Der Entleiher tritt im Ergebnis erst über den Intermediär des Verleihers in ein wie auch immer konkret ausgestaltetes Verhältnis zum Leiharbeitnehmer.

13.29 Auf grundlegende Ablehnung trifft die Rechtsprechung des EuGH hingegen, m.E. ebenfalls zu Recht, wenn sie auch die **Arbeitsverhältnisse zwischen Leiharbeitnehmer und Verleiher** aus dem Anwendungsbereich der Befristungsrichtlinie herausnimmt. Der weite Wortlaut des Abs. 4 der Präambel lässt zwar auch diese Auslegung zu, er erfordert eine so extensive Auslegung aber auch nicht zwingend, dafür ist die Formulierung nicht hinreichend eindeutig.[60] Zudem schlägt sie sich, mangels eines „direkten" Verhältnisses, auch nicht in § 3 Nr. 1 Befr-RV nieder. Bei so schwachen Anhaltspunkten in der Rahmenvereinbarung muss ihr Sinn und Zweck umso mehr Berücksichtigung finden: Das unbefristete Arbeitsverhältnis soll der Normalfall bleiben, der Missbrauch von befristeten Arbeitsverhältnissen soll vermieden und Diskriminierung soll verhindert werden. Regelungen, die diese Zielsetzung gewährleisten sollen, sieht die Leiharbeitsrichtlinie – auf die in der Präambel hingewiesen wird, um die Herausnahme der Leiharbeiter zu begründen – hingegen nicht vor.[61] Diese Zielsetzung kann also nur über die Anwendung der Befristungsrichtlinie gewährleistet werden. Die Herausnahme der Leiharbeiter aus ihrem Anwendungsbereich wäre wer-

---

54 EuGH v. 11.4.2013 – C-290/12 – Della Rocca, NZA 2013, 495 Rz. 36 f.
55 EuGH v. 11.4.2013 – C-290/12 – Della Rocca, NZA 2013, 495 Rz. 39 ff.
56 *Lembke*, NZA 2013, 815; *Thüsing*, NJW-Editorial 19/2013; *Forst*, FA 2013, 162.
57 EuGH v. 11.4.2013 – C-290/12 – Della Rocca, NZA 2013, 495 Rz. 38.
58 ErfK/*Wank*, AÜG, Einl. Rz. 13.
59 So auch das Verständnis des EuGH selbst, der den Entleiher als „nichtvertraglichen Arbeitgeber" bezeichnet hat, EuGH v. 21.10.2010 – C-242/09 – Albron Catering, Slg. 2010, I-10309 Rz. 20; hierauf weist auch *Forst*, FA 2013, 162 hin.
60 Ebenso *Forst*, FA 2013, 162 (163).
61 S. hierzu ErwGr. 15, Art. 3 Abs. 2 UAbs. 2, Art. 5 Abs. 2 Leiharb-RL, woraus lediglich gefolgert werden kann, dass der Leiharbeitnehmer vom Verleiher befristet oder unbefristet beschäftigt werden kann; so *Lembke*, NZA 2013, 815 (818), der hieraus zudem folgert, dass keinerlei systematischen Rückschlüsse aus der Leiharbeitsrichtlinie möglich seien.

tungswidersprüchlich. Die Leiharbeitnehmer gelten als prekär Beschäftigte und somit als schutzbedürftig. Wenn sie zudem befristet beschäftigt werden, sind sie „doppelt prekär", also verstärkt schutzbedürftig. Daher wäre es nur konsequent, sie erst recht in den Anwendungsbereich der Befr-RV einzubeziehen.

Für das **nationale Recht** dürfte diese enge Auslegung des Anwendungsbereichs der Befr-RV **keine Auswirkungen** haben.[62] Gemäß § 8 Nr. 1 Befr-RV können die Mitgliedstaaten günstigere Bestimmungen für Arbeitnehmer beibehalten, und nach § 8 Nr. 3 Befr-RV darf die Umsetzung der Rahmenvereinbarung nicht als Rechtfertigung für die Senkung des allgemeinen Niveaus des Arbeitnehmerschutzes in dem von der Vereinbarung erfassten Bereich dienen. Das TzBfG erfasst alle Arbeitnehmer, es gilt der allgemeine Arbeitnehmerbegriff.[63] Danach ist Arbeitnehmer, wer sich durch privatrechtlichen Vertrag verpflichtet, weisungsabhängig Dienste zu leisten.[64] Damit wird auf nationaler Ebene auch das Arbeitsverhältnis von Leiharbeitnehmern zum Verleihunternehmen vom TzBfG erfasst.[65] Es handelt sich um einen Fall der überschießenden Richtlinienumsetzung, die Normen des TzBfG sind dabei für Leiharbeitnehmer und die übrigen Arbeitnehmer einheitlich im Lichte der Befr-RV auszulegen (vgl. Rz. 1.165 ff.).

13.30

cc) Fazit

Insgesamt lässt sich zur Rechtsprechung des EuGH zum persönlichen Anwendungsbereich der Rahmenvereinbarung festhalten: Sie überrascht gleich zweifach. Einerseits wird der Anwendungsbereich unter Außerachtlassen der Vorgabe, dass der Arbeitnehmerbegriff aus nationaler Sicht zu bestimmen ist, im Wege einer „zwingenden" Ausdehnung auf den öffentlichen Sektor, insbesondere der Einbeziehung auch von Beamten, stark ausgedehnt. Hierbei wird der **Sinn und Zweck der Rahmenvereinbarung** in den Vordergrund gestellt.

13.31

Umgekehrt überrascht die enge Auslegung, wenn es sich um **Leiharbeit** handelt. Gerade Leiharbeitern, als ohnehin schon prekär Beschäftigten, sollte doch angesichts des Ziels der Befr-RV nicht weniger Schutz zugebilligt werden als den übrigen Arbeitnehmern, solange dies nicht durch die Besonderheiten der Leiharbeit erfordert wird. Hier hat der Gerichtshof den Anwendungsbereich unnötig eingeschränkt. Insgesamt zeichnet sich damit zumindest wertungsmäßig keine einheitliche Linie des EuGH ab. Dies mag dem Umstand geschuldet sein, dass jeweils unterschiedliche Kammern entschieden haben,[66] inhaltlich hilft diese Erkenntnis jedoch nicht weiter.

13.32

b) Befristete und vergleichbare Dauerbeschäftigte, § 3 Befr-RV

aa) Anwendung auch bei erstmaliger Befristung

Der EuGH hat klargestellt, dass der Anwendungsbereich der Befr-RV sich nicht nur auf Mehrfachbefristungen bezieht, sondern **auch erstmalige Befristungen erfasst**.[67] Zuvor konnte die Entschei-

13.33

---

62 *Forst*, FA 2013, 162 (164); *Lembke*, NZA 2013, 815 (819), welcher allerdings auf die Entwicklung eines neuen Leitbildes der Leiharbeit als „flexibles Arbeitsmarktinstrument" hinweist und dadurch die Auffassung bestätigt sieht, dass eine zeitlich befristete Beschäftigungsmöglichkeit bei einem Entleiher ein sachlicher Grund i.S.v. § 14 Abs. 1 Nr. 1 TzBfG für die Befristung des Arbeitsverhältnisses zwischen Leiharbeitnehmer und Verleiher sein könne.
63 Boecken/Joussen/*Joussen*, § 2 TzBfG Rz. 6; HWK/*Schmalenberg*, § 1 TzBfG Rz. 6; KR/*Bader*, § 1 TzBfG Rz. 6.
64 Boecken/Joussen/*Joussen*, § 2 TzBfG Rz. 6.
65 ErfK/*Wank*, AÜG, Einl. Rz. 6; Ulber/*J. Ulber*, § 9 AÜG Rz. 330.
66 In der Rs. *Gavieiro Gavieiro* entschied die 2. Kammer, in der Rs. *Della Rocca* hingegen die 8. Kammer des EuGH.
67 EuGH v. 24.6.2010 – C-98/09 – Sorge, Slg. 2010 I-5837 Rz. 33; deutlich auch *Greiner*, EuZA 2011, 74 (76).

dung in der Rs. *Mangold* insoweit missverstanden werden, dass allein Mehrfachbefristungen erfasst wären.[68] Doch eine derart enge Auslegung widerspricht dem Sinn und Zweck der Befr-RV und würde auch das Diskriminierungsverbot zu großen Teilen aushebeln, welches ausdrücklich in § 4 Befr-RV festgelegt ist und schon seinem Wortlaut nach nicht darauf abstellt, ob es sich um eine mehrmalige Befristung handelt. Von der Frage des allgemeinen Anwendungsbereichs der Befr-RV ist die Frage zu unterscheiden, welche Fälle die jeweiligen Regelungen der Befr-RV erfassen. Der Anwendungsbereich der Einzelregelungen kann enger gefasst sein. So ist der Anwendungsbereich des § 5 Befr-RV bspw. auf Mehrfachbefristungen beschränkt.[69]

bb) Befristung i.S.v. § 3 Nr. 1 Befr-RV

13.34 In § 3 Befr-RV wird der Begriff „befristet beschäftigter Arbeitnehmer" **unionsautonom** definiert. Für einen **befristet beschäftigten Arbeitnehmer** setzt § 3 Nr. 1 Befr-RV zunächst voraus, dass „**direkt**" zwischen Arbeitgeber und Arbeitnehmer ein Arbeitsvertrag oder -verhältnis geschlossen wird. Nach Ansicht des EuGH ist dieses Merkmal im Zusammenhang mit dem vierten Absatz der Präambel zu lesen und bezieht sich auf die Leiharbeit. Nach Auffassung des Gerichtshofs scheint ein „direktes" Arbeitsverhältnis weder zwischen Leiharbeitnehmer und Entleiher noch zwischen Leiharbeitnehmer und Verleiher zu bestehen (vgl. Rz. 13.26).[70]

13.35 Des Weiteren gibt § 3 Nr. 1 Befr-RV für ein befristetes Arbeitsverhältnis im Sinne der Rahmenvereinbarung vor, dass das Ende durch **objektive Bedingungen** bestimmt wird. Als objektive Bedingung sieht die Regelung das Erreichen eines bestimmten Datums, die Erfüllung einer bestimmten Aufgabe oder das Eintreten eines bestimmten Ereignisses an. Das Merkmal „objektiv" setzt voraus, dass die Beendigung nicht vom Willen der Vertragsparteien abhängt.[71] Damit werden die **Zeit- und die Zweckbefristung** von der Rahmenvereinbarung erfasst; ebenfalls in ihren Anwendungsbereich fallen Arbeitsverhältnisse, die durch das Eintreten einer **auflösenden Bedingung** beendet werden.[72] Die **Probezeit** ist hingegen nach Ansicht des EuGH mangels Befristungsvereinbarung keine befristete Beschäftigung i.S.v. § 3 Nr. 1 Befr-RV.[73] Auch die Beendigung des Arbeitsvertrags wegen Erreichens der Altersgrenze für den Anspruch auf Altersrente ist nach der Rechtsprechung des EuGH keine Befristung und eröffnet nicht den Anwendungsbereich der Befr-RV.[74] Der EuGH hält es sogar auf die deutsche Vorlage in der Rs. *John* zu **§ 41 SGB VI und § 44 TV-L** hin nicht für ausgeschlossen, dass eine sachgrundlose und zeitlich bzw. anzahlmäßig nicht begrenzte Befristung nach Erreichen des Renteneintrittsalters lediglich als eine vertragliche Verschiebung des ursprünglich vereinbarten Rentenalters aufgefasst werden könnte. Zur Begründung verweist der EuGH darauf, dass die Regelung nicht **geeignet ist, zu Missbrauch** zu führen, weil es nicht zu einer Prekarisierung der Lage des Arbeitnehmers führt, soweit er eine **abschlagsfreie Rente** erhalten kann.[75] Entscheidend scheinen hier der Aspekt der sozialen Absicherung sowie die Tatsache, dass der Arbeitnehmer sich am Ende des Berufslebens befindet und es nicht mehr um die Frage geht, ob ihm die Möglichkeit einer unbefristeten Beschäftigung vorenthalten wird.[76]

---

68 *Greiner*, EuZA 2011, 74 (76).
69 *Preis*, NZA 2006, 401 (402); *Greiner*, EuZA 2011, 74 (76); EAS/*Rolfs*, B 3200 Rz. 22.
70 EuGH v. 11.4.2013 – C-290/12 – Della Rocca, NZA 2013, 495 Rz. 38 f.; so bereits vorher EAS/*Rolfs*, B 3200 Rz. 12.
71 EAS/*Rolfs*, B 3200 Rz. 11.
72 EAS/*Rolfs*, B 3200 Rz. 11; *Fuchs/Marhold*, Europäisches Arbeitsrecht, S. 115; *Riesenhuber*, Europäisches Arbeitsrecht, § 17 Rz. 4.
73 EuGH v. 5.2.2015 – C-117/14 – Poclava, NZA 2015, 349 Rz. 37; EUArbR/*Krebber*, RL 1999/70/EG, § 3 Rz. 6.
74 EuGH v. 28.2.2018 – C-46/17 – John, ArbRB 2018, 98 = NZA 2018, 355 Rz. 40 ff.
75 EuGH v. 28.2.2018 – C-46/17 – John, ArbRB 2018, 98 = NZA 2018, 355 Rz. 45 f.
76 So an späterer Stelle im Zusammenhang mit § 5 Nr. 1 Befr-RV EuGH v. 28.2.2018 – C-46/17 – John, Slg. ArbRB 2018, 98 = NZA 2018, 355 Rz. 54 f.

In § 3 Abs. 1 TzBfG wird mit der Bestimmung eines Zeitpunktes, der kalendermäßigen Befristung sowie der Zweckbefristung auf dieselben Gruppen zurückgegriffen, die die Befr-RV vorgibt.

13.36

Fraglich ist, ob der Arbeitnehmer sich in einem **laufenden befristeten** Arbeitsverhältnis befinden muss oder ob er sich auch auf Verstöße gegen das Diskriminierungsverbot des § 4 Befr-RV berufen kann, die aufgrund **vorangegangener Befristungen** erfolgten, während er inzwischen in einem **Dauerarbeitsverhältnis zu demselben Arbeitgeber** steht (vgl. hierzu ausführlicher Rz. 13.63).

13.37

cc) Vergleichbare Dauerbeschäftigte gem. § 3 Nr. 2 Befr-RV

Bei der Prüfung eines Verstoßes gegen das Diskriminierungsverbot (vgl. Rz. 13.58 ff.) ist auf den vergleichbaren Dauerbeschäftigten abzustellen. § 3 Nr. 2 Befr-RV definiert ihn als einen Arbeitnehmer desselben Betriebs mit einem unbefristeten Arbeitsvertrag oder -verhältnis, der in der gleichen oder einer ähnlichen Arbeit/Beschäftigung tätig ist; bei der Beurteilung sind auch die Qualifikationen und Fertigkeiten angemessen zu berücksichtigen. Der EuGH verlangt, dass anhand einer **Gesamtheit von Faktoren** wie Art der Arbeit, Ausbildungsanforderungen und Arbeitsbedingungen zu prüfen ist, ob sie sich in einer vergleichbaren Situation befinden.[77] Der Gerichtshof weist die Überprüfung dem nationalen Gericht zu, verfasst aber in den meisten Fällen aufgrund der Aktenlage dennoch Ausführungen zu dem konkreten Fall.[78] Zudem gibt er vor, dass auch die Art der Berufserfahrung ein zu berücksichtigender Faktor ist.[79] Eine möglichst umfassende Würdigung der Umstände ist angesichts des Schutzzwecks der Befr-RV, die Qualität befristeter Arbeitsverhältnisse zu verbessern (§ 1 Buchst. a Befr-RV), erforderlich, um zu verhindern, dass der Arbeitgeber durch geschickte Gruppenbildungen (z.B. im Wege stark differenzierender Tätigkeitsbeschreibungen und Eingruppierungen) die Vergleichsgruppen möglichst klein hält.

13.38

So hat der EuGH bspw. – unter vorherigem Hinweis, dass es grundsätzlich Sache des vorlegenden Gerichts und nicht des Gerichtshofs ist, die Vergleichbarkeit zu prüfen – die Vergleichbarkeit bejaht, wenn ähnliche Aufgaben wahrgenommen werden, keine unterschiedliche akademische Qualifikation oder Erfahrung erfordert werden und der einzige Unterschied in der Befristung liegt.[80] Aus dem Umstand, dass eine befristet Beschäftigte über mehrere Jahre eine unbefristet Beschäftigte vertritt, folgert der EuGH, dass die Betroffene die Ausbildungsanforderungen für die Stelle erfüllt und während dieses Zeitraums die gleiche Arbeit erledigt wie die – vergleichbare – unbefristet Beschäftigte, die sie vertritt.[81]

13.39

Die Begriffsbestimmung des § 3 Nr. 2 Befr-RV entfaltet ihre Wirkung im Rahmen der Prüfung des § 4 Befr-RV. Im Regelfall[82] zitiert der EuGH § 3 Nr. 2 und § 4 Nr. 1 Befr-RV zusammen, ohne weiter zu differenzieren.[83] Genau genommen müsste allerdings zunächst eine Gruppe vergleich-

13.40

---

77 EuGH v. 18.10.2012 – C-302/11 – Valenza, NZA 2013, 261 Rz. 42; v. 13.3.2014 – C-38/12 – Nierodzik, NZA 2014, 421 Rz. 31.
78 S. z.B. EuGH v. 14.9.2016 – C-596/14 – de Diego Porras, NZA 2016, 1193 Rz. 42 f.; v. 21.9.2016 – C-631/15 – Álvarez Santirso, BeckRS 2016, 82436 Rz. 45; v. 9.2.2017 – C-443/16 – Sanz, BeckRS 2017, 107913 Rz. 39.
79 EuGH v. 18.10.2012 – C-302/11 – Valenza, NZA 2013, 261 Rz. 44.
80 EuGH v. 21.9.2016 – C-631/15 – Álvarez Santirso, BeckRS 2016, 82436 Rz. 45 f.; v. 9.2.2017 – C-443/16 – Sanz, BeckRS 2017, 107913 Rz. 38 ff.
81 EuGH v. 14.9.2016 – C-596/14 – de Diego Porras, NZA 2016, 1193 Rz. 43 f.
82 Eine Ausnahme bildet insoweit die Entscheidung des EuGH v. 12.12.2013 – C-361/12 – Carratù, NZA 2014, 79 Rz. 42 ff., wo im Hinblick auf die Vergleichbarkeit nur § 4 Nr. 1 Befr-RV, nicht hingegen § 3 Nr. 2 Befr-RV zitiert wird, allerdings ohne Begründung.
83 EuGH v. 18.10.2012 – C-302/11 – Valenza, NZA 2013, 261 Rz. 42; v. 13.3.2014 – C-38/13 – Nierodzik, NZA 2014, 421 Rz. 34; v. 14.9.2016 – C-596/14 – de Diego Porras, NZA 2016, 1193 Rz. 40; v. 21.9.2016 – C-631/15 – Álvarez Santirso, BeckRS 2016, 82436 Rz. 43; v. 9.2.2017 – C-443/16 – Sanz,

barer Arbeitnehmer i.S.v. § 3 Nr. 2 Befr-RV gebildet werden, um dann im konkreten Fall eine Schlechterbehandlung nach § 4 Befr-RV zu prüfen.[84]

13.41 § 3 Nr. 2 Abs. 2 Befr-RV regelt den Fall, dass in demselben Betrieb **kein vergleichbarer Dauerbeschäftigter vorhanden** ist. Dann soll der Vergleich mit dem anwendbaren Tarifvertrag herangezogen werden. Falls auch ein entsprechender Tarifvertrag nicht besteht, sollen die einzelstaatlichen gesetzlichen oder tarifvertraglichen Bestimmungen oder Gepflogenheiten weiterhelfen. Es ist also ein Vergleich zu ziehen, indem ermittelt wird, wie ein **hypothetischer Arbeitnehmer** desselben Betriebs nach den jeweiligen gesetzlichen/tariflichen Regelungen oder mangels Regelungen nach den Gepflogenheiten gestellt wäre.[85]

13.42 Im **TzBfG** ist der Begriff des befristet beschäftigten Arbeitnehmers und des **vergleichbaren unbefristet Beschäftigten in § 3** definiert. Die Norm hat im Wesentlichen die Vorgaben des § 3 Befr-RV übernommen. Allerdings muss nach § 3 Abs. 1 TzBfG kein „direkt zwischen dem Arbeitgeber und dem Arbeitnehmer geschlossener Arbeitsvertrag" bestehen, wie es § 3 Nr. 1 Befr-RV vorsieht. Damit ist eine weitere Auslegung in Bezug auf die **Leiharbeitnehmer** zumindest auf nationaler Ebene unproblematisch, zumal die Befr-RV ohnehin nur einen Mindestmaßstab setzt (s. § 8 Nr. 1 Befr-RV).

13.43 Für die **Vergleichbarkeit** greift das TzBfG in § 3 Abs. 2 auf die Eckpunkte zurück, die die Befr-RV vorgibt: Entscheidend sind die gleiche oder ähnliche Tätigkeit, mangels vergleichbarer Arbeitnehmer im Betrieb ist auf den anwendbaren Tarifvertrag abzustellen bzw. wer üblicherweise als vergleichbar anzusehen ist, was den Gepflogenheiten i.S.v. § 3 Nr. 2 Befr-RV entspricht. Das TzBfG hat zwar nicht die Vorgabe der Befr-RV aufgegriffen, wonach auch die Qualifikationen/Fertigkeiten angemessen zu berücksichtigen sind. Damit wird jedoch keineswegs eine Berücksichtigung dieser Elemente auf nationaler Ebene ausgeschlossen, sie könnte sogar vielmehr im Rahmen einer richtlinienkonformen Auslegung des TzBfG geboten sein. **Nicht richtlinienkonform** scheint es hingegen, wenn das BAG darauf abstellt, dass „**identische Aufgaben**" wahrgenommen werden.[86] Diese Rechtsprechung dürfte zu eng sein, sowohl in Bezug auf den Wortlaut des § 3 Abs. 2 TzBfG als auch des § 3 Nr. 2 Befr-RV. Vergleichbarkeit erfordert gerade nicht Identität.

c) Ausnahmen, § 2 Nr. 2 Befr-RV

13.44 Die Sozialpartner oder die Mitgliedstaaten nach Anhörung der Sozialpartner können gem. § 2 Nr. 2 Befr-RV **Berufsausbildungsverhältnisse und Auszubildendensysteme** bzw. Lehrlingsausbildungssysteme aus dem Anwendungsbereich der Befr-RV herausnehmen. Ebenso herausnehmen können sie Arbeitsverträge und -verhältnisse, die im Rahmen eines besonderen öffentlichen oder von der öffentlichen Hand unterstützten beruflichen Ausbildungs-, Eingliederungs- oder Umschulungsprogramms abgeschlossen wurden.[87] Schon der Wortlaut der Regelung lässt hingegen keine Herausnahme ganzer Branchen aus dem Anwendungsbereich der Richtlinie zu.[88]

13.45 Bisher noch **nicht geklärt** ist, ob eine **unterlassene oder fehlerhafte Anhörung der Sozialpartner Rechtsfolgen** nach sich zieht.[89] § 2 Nr. 2 Befr-RV selbst schweigt zu dieser Frage und auch aus den

---

BeckRS 2017, 107913 Rz. 38; v. 20.12.2017 – C-158/16 – Vega González, NZA 2018, 97 Rz. 45; v. 5.6.2018 – C-574/16 – Grupo Norte Facility, NZA 2018, 771 Rz. 48.
84 Vgl. auch Schlachter/Heinig/*Kamanabrou*, § 15 Rz. 16.
85 *Riesenhuber*, Europäisches Arbeitsrecht, § 17 Rz. 12.
86 BAG v. 21.2.2013 – 6 AZR 524/11, NZA 2013, 625 Rz. 30.
87 Der Gerichtshof weist ausdrücklich darauf hin, dass § 2 Nr. 2 BefrRV nicht befristete Arbeitsverträge mit öffentlichen Arbeitgebern vom Anwendungsbereich ausnimmt, sondern nur die Möglichkeit eröffnet, die in der Regelung aufgezählten Vertragsverhältnisse herauszunehmen, EuGH v. 7.9.2006 – C-53/04 – Marrosu, Slg. 2006, I-7213 Rz. 42.
88 EuGH v. 26.11.2014 – C-22/13 – Mascolo, NZA 2015, 153 Rz. 69 zum Unterrichtswesen.
89 Diese Frage wurde bereits aufgeworfen in EAS/*Rolfs*, B 3200 Rz. 13.

übrigen Regelungen der Rahmenvereinbarung und Richtlinie können keine Rechtsfolgen entnommen werden.

Bisher blieb diese Regelung für das nationale Recht ohne Interesse. Im deutschen Recht wurde von der Ausnahmemöglichkeit kein Gebrauch gemacht. Berufsausbildungsverhältnisse sind gesetzlich ausdrücklich zum Ablauf der Ausbildungszeit befristet, § 21 Abs. 1 BBiG.[90]   13.46

2. Zeitlicher Anwendungsbereich

Die Befristungsrichtlinie ist am 10.7.1999 in Kraft getreten[91] und die Umsetzungsfrist am 10.7.2001 abgelaufen. Im Hinblick auf ihre zeitliche Anwendbarkeit ist für den EuGH nicht maßgeblich, wann die erste Befristung abgeschlossen wurde. Durch die Rahmenvereinbarung soll der Missbrauch durch aufeinanderfolgende befristete Arbeitsverträge verhindert werden, deshalb betreffen ihre Bestimmungen nach Ansicht des EuGH in erster Linie die Verlängerung befristeter Verträge. Eine Verlängerung, die nach der Umsetzung der Richtlinie in das nationale Recht erfolgte, fällt dementsprechend in ihren Anwendungsbereich.[92]   13.47

Diese Argumentation ist insoweit problematisch als sie allein auf das Ziel abstellt, den Missbrauch von Kettenbefristungen zu verhindern. Hierbei handelt es sich nicht um das einzige Ziel der Rahmenvereinbarung. Auch der Diskriminierungsschutz befristet Beschäftigter wird besonders hervorgehoben. Dieser Schutz kann sich nicht nur auf die Verlängerungen beziehen, sondern ist nur dann wirksam, wenn er auch die erste Befristung mit einbezieht. Allerdings lässt der EuGH mit der Formulierung „in erster Linie" die Möglichkeit offen, auf die erste Befristung abzustellen.   13.48

Für das nationale Recht ist die Rechtsprechung unproblematisch, der deutsche Gesetzgeber hat mit der Einführung des TzBfG die Umsetzungsfrist eingehalten.   13.49

3. Unmittelbare Wirkung der einzelnen Regelungen der Rahmenvereinbarung über befristete Arbeitsverträge

Wie bereits oben erwähnt (vgl. Rz. 13.24), kommt eine unmittelbare Wirkung der Regelungen der Rahmenvereinbarung in Betracht, wenn der **Staat in der Eigenschaft als Arbeitgeber** auftritt.[93] Diese Grundsätze gelten auch bei Rahmenvereinbarungen, die von den Sozialpartnern im Rahmen des sozialen Dialogs geschlossen wurden und später mit einer Richtlinie durchgeführt worden sind; damit werden sie integraler Bestandteil dieser Richtlinie. Der EuGH hat seine Rechtsprechung zu Richtlinien auf Rahmenvereinbarungen übertragen, so dass es auch zu einer unmittelbaren Anwendung der Rahmenvereinbarung selbst kommt.[94]   13.50

Erforderlich für die unmittelbare Wirkung ist, dass die **Regelung inhaltlich unbedingt und hinreichend bestimmt** ist; dies muss für jede einzelne Regelung der Befr-RV gesondert geprüft werden (zur unmittelbaren Wirkung im Einzelnen vgl. Rz. 1.115 ff.).   13.51

---

90 S. auch Annuß/Thüsing/*Maschmann*, § 14 Rz. 3a.
91 *Rolfs/de Groot*, ZESAR 2009, 5 (7) mit dem Hinweis, dass gem. Art. 3 der Richtlinie 1999/70/EG sich das Inkrafttreten nach dem Tag der Veröffentlichung im Amtsblatt der Europäischen Gemeinschaften bestimmt.
92 EuGH v. 7.9.2006 – C-53/04 – Marrosu, Slg. 2006, I-7213 Rz. 36.
93 Ausdrücklich EuGH v. 22.12.2010 – C-444/09 – Gavieiro Gavieiro, Slg. 2010, I-14031 Rz. 72 ff.
94 EuGH v. 22.12.2010 – C-444/09 – Gavieiro Gavieiro, Slg. 2010, I-14031 Rz. 77; v. 15.4.2008 – C-268/06 – Impact, Slg. 2008, I-2533 Rz. 58.

a) Unmittelbare Wirkung des Diskriminierungsverbots

13.52 Für das **Diskriminierungsverbot aus § 4 Nr. 1 Befr-RV** ebenso wie für **§ 4 Nr. 4 Befr-RV** hat der EuGH die unmittelbare Wirkung gleich mehrfach bejaht.[95] Nach Ansicht des Gerichtshofs sieht die Regelung ein generelles und eindeutiges Verbot jeder sachlich nicht gerechtfertigten Ungleichbehandlung vor. Die Norm erfordere keine Maßnahmen der Unionsorgane, ebenso wenig sehe sie vor, dass die Mitgliedstaaten bei der Umsetzung Voraussetzungen an das Verbot knüpfen oder es einschränken könnten. Der Vorbehalt des sachlichen Grundes sei gerichtlich überprüfbar.[96] Aus § 4 Nr. 2 und Nr. 3 Befr-RV folge auch nichts anderes; beide Regelungen betreffen nicht den Inhalt des Grundsatzes selbst. Nr. 2 hebe nur eine der möglichen Konsequenzen hervor und Nr. 3 diene nur dazu, die Anwendungsmodalitäten des Grundsatzes auszugestalten.[97]

13.53 Aus der unmittelbaren Wirkung des Diskriminierungsverbots folgt, dass es staatlichen Einrichtungen entgegengehalten werden kann. Dasselbe gilt für Einrichtungen, die kraft staatlichen Rechtsakts unter staatlicher Aufsicht eine Dienstleistung im öffentlichen Interesse erbringen und hierzu mit besonderen Rechten ausgestattet sind. Nach ständiger Rechtsprechung des EuGH ist die Rechtsform der jeweiligen Einrichtung unerheblich.[98]

13.54 In der **Literatur** wurde die Rechtsprechung zu § 4 Nr. 1 Befr-RV **kritisiert**, die Regelung sei nicht hinreichend genau. Insbesondere der Begriff „Beschäftigungsbedingungen" sei nicht hinreichend konkretisiert. Auch ein Verweis auf das nationale Recht zur Klärung der Auslegung fehle insoweit.[99]

13.55 Die Bedenken sind zwar nachvollziehbar, doch können sie nicht geteilt werden. Nahezu jeder Schlüsselbegriff einer Regelung ist auslegungsbedürftig oder zumindest auslegungsfähig. Konsequenterweise dürfte dann keine Richtliniennorm unmittelbar anwendbar sein. Dementsprechend verweist der Gerichtshof auf die Möglichkeit, dass die nationalen Gerichte den Begriff selbst auslegen können und ihnen zudem die Möglichkeit offen steht, die Auslegung im Vorabentscheidungsverfahren klären zu lassen.

b) Unmittelbare Wirkung des Missbrauchsverbots

13.56 Anders positioniert sich der EuGH hingegen beim **Missbrauchsverbot aus § 5 Nr. 1 Befr-RV**. Diese Norm gibt nach Ansicht des Gerichtshofs den Mitgliedstaaten **nur ein allgemeines Ziel** vor, nämlich die Verhinderung des Missbrauchs. Dabei überlässt sie ihnen aber die Wahl der Mittel, so dass die Mitgliedstaaten einen Ermessensspielraum haben. Daher sieht der EuGH § 5 Nr. 1 Befr-RV nicht als unbedingte und hinreichend genaue Verpflichtung an, welche unmittelbare Wirkung entfalten kann.[100]

13.57 Dem ist zuzustimmen, die nationalen Gerichte können nicht die Ermessensspielräume ausfüllen, die den Mitgliedstaaten vorbehalten werden. § 5 Nr. 1 Befr-RV gibt lediglich den äußeren Rahmen und damit die Mindestanforderungen vor.[101]

---

95 Zu § 4 Nr. 1 Befr-RV s. EuGH v. 22.12.2010 – C-444/09 – Gavieiro Gavieiro, Slg. 2010, I-14031 Rz. 78 ff.; v. 15.4.2008 – C-268/06 – Impact, Slg. 2008, I-2533 Rz. 60 ff.; v. 12.12.2013 – C-361/12 – Carratù, NZA 2014, 79 Rz. 27 ff.; zu § 4 Nr. 4 Befr-RV s. EuGH v. 18.10.2012 – C-302/11 – Valenza, NZA 2013, 261 Rz. 70; v. 8.9.2011 – C-177/10 – Rosado Santana, Slg. 2011, I-7907 Rz. 56.
96 EuGH v. 22.12.2010 – C-444/09 – Gavieiro Gavieiro, Slg. 2010, I-14031 Rz. 78 ff.; v. 15.4.2008 – C-268/06 – Impact, Slg. 2008, I-2533 Rz. 60 ff.
97 EuGH v. 15.4.2008 – C-268/06 – Impact, Slg. 2008, I-2533 Rz. 65 ff.
98 EuGH v. 12.12.2013 – C-361/12 – Carratù, NZA 2014, 79 Rz. 29.
99 Rolfs/de Groot, ZESAR 2009, 5 (12 f.).
100 EuGH v. 15.4.2008 – C-268/06 – Impact, Slg. 2008, I-2533 Rz. 70 ff.; v. 23.4.2009 – verb. C-378/07 bis C-380/07 – Angelidaki u.a., Slg. 2009, I-3071 Ls. 5, Rz. 196.
101 So auch Rolfs/de Groot, ZESAR 2009, 5 (12).

V. Diskriminierungsverbot

1. Struktur und Stellenwert

Der Grundsatz der Nichtdiskriminierung aus § 4 Befr-RV wird als **„Kernstück"** der Rahmenvereinbarung bezeichnet.[102] Der EuGH selbst ordnet das Diskriminierungsverbot des § 4 Befr-RV ein als **„Ausdruck eines Grundsatzes des Sozialrechts der Union** [...], der nicht restriktiv ausgelegt werden darf"[103] und misst der Regelung damit einen besonderen Stellenwert bei.[104] Gerade in § 4 Befr-RV zeigt sich das der Befr-RV zugrunde liegende Ziel, zu verhindern, dass ein befristetes Arbeitsverhältnis von einem Arbeitgeber benutzt wird, um den befristet Beschäftigten Rechte vorzuenthalten, die Dauerbeschäftigten gewährt werden.[105] Der EuGH hat für das Diskriminierungsverbot inzwischen eine klare Rechtsprechungsstruktur geschaffen. Bemerkenswert ist in diesem Zusammenhang, dass er in den letzten Jahren bisweilen im Beschlussverfahren entschieden hat, mit der Begründung, dass die Antwort auf die jeweiligen Vorlagefragen klar aus der Rechtsprechung des EuGH abgeleitet werden kann.[106]

13.58

§ 4 Befr-RV umfasst **vier Regelungskomplexe:** Ausgangspunkt ist § 4 Nr. 1 Befr-RV, welcher den Inhalt des Grundsatzes der Nichtdiskriminierung benennt, den vergleichbaren Dauerbeschäftigten als Maßstab vorgibt und den sachlichen Grund als Rechtfertigung für Ungleichbehandlungen zulässt. Nr. 2 gibt mit dem Pro-rata-temporis-Grundsatz eine Leitlinie vor, wie eine Gleichbehandlung erreicht werden soll. In Nr. 4 haben die Sozialpartner das Problem der Betriebszugehörigkeiten gesondert geregelt. Mit Nr. 3 wird die Ausgestaltung der Anwendungsmodalitäten auf die Mitgliedstaaten übertragen.

13.59

Umgesetzt wurde das Diskriminierungsverbot mit § 4 Abs. 2 TzBfG. Vor Inkrafttreten des TzBfG sah das deutsche Recht kein ausdrückliches Diskriminierungsverbot bei Befristungen vor.[107] § 4 Abs. 2 TzBfG übernimmt die Vorgaben und Struktur des § 4 Befr-RV: In § 4 Abs. 2 Satz 2 TzBfG gibt die nationale Regelung den Pro-rata-temporis-Grundsatz zur Konkretisierung des Gleichbehandlungsgrundsatzes vor und in § 4 Abs. 2 Satz 1 TzBfG wird die Möglichkeit zugelassen, eine Ungleichbehandlung über sachliche Gründe zu rechtfertigen.

13.60

2. Diskriminierungsverbot nach § 4 Nr. 1 Befr-RV

a) Persönlicher Anwendungsbereich und Vergleichsgruppe

Der persönliche Anwendungsbereich des § 4 Befr-RV erfasst „befristet beschäftigte Arbeitnehmer". Ob sie diskriminiert werden, bestimmt sich in Hinblick auf „vergleichbare Dauerbeschäftigte". Beide Beschäftigtengruppen sind in § 3 Befr-RV definiert (vgl. Rz. 13.38).[108] **Bevor eine Schlech-**

13.61

---

102 *Riesenhuber*, Europäisches Arbeitsrecht, § 17 Rz. 7.
103 EuGH v. 22.12.2010 – C-444/09 – Gavieiro Gavieiro, Slg. 2010, I-14031 Rz. 49; v. 13.9.2007 – C-307/05 – Del Cerro Alonso, Slg. 2007, I-7109 Rz. 38; v. 15.4.2008 – C-268/06 – Impact, Slg. 2008, I-2533 Rz. 114; s. auch EUArbR/*Krebber*, RL 1999/70/EG § 4 Rz. 7, mit den Hinweis, dass dieser Einordnung keine unmittelbare rechtliche Bedeutung zukommt.
104 Nach BAG v. 24.10.2013 – 6 AZR 964/11, NZA-RR 2014, 98 (102) handelt es sich bei § 4 Nr. 1 Befr-RV um eine Spezialausprägung des allgemeinen Gleichheitssatzes, der nun in Art. 20 GRC festgelegt ist.
105 EuGH v. 12.12.2013 – C-361/12 – Carratù, NZA 2014, 79 Rz. 41.
106 So bspw. EuGH v. 9.2.2017 – C-443/16 – Sanz, BeckRS 2017, 107913 Rz. 25; v. 21.9.2016 – C-631/15 – Álvarez Santirso, BeckRS 2016, 82436 Rz. 26.
107 *Hanau*, NZA 2000, 1045; Laux/Schlachter/*Schlachter*, § 4 TzBfG Rz. 179.
108 Wenngleich der EuGH v. 12.12.2013 – C-361/12 – Carratù, NZA 2014, 79 allein § 4 Nr. 1 Befr-RV auslegt, was allerdings m.E. aufgrund des klaren Aufbaus der Befr-RV, welche die Definitionen mit § 3 Befr-RV vor die Klammer gezogen hat, systematisch problematisch ist; soweit ersichtlich folgen hieraus jedoch keine inhaltlichen Unterschiede.

terbehandlung i.S.v. § 4 Nr. 1 Befr-RV überhaupt geprüft werden kann, ist **entscheidend**, dass zunächst eine **konkrete Vergleichsgruppe** bestimmt wird. Der Grundsatz der Nichtdiskriminierung wird nach ständiger Rechtsprechung so bestimmt, dass vergleichbare Sachverhalte nicht unterschiedlich, ebenso aber unterschiedliche Sachverhalte nicht gleich behandelt werden dürfen.[109] In der Rs. *Carratù* hat sich der EuGH allerdings nicht an diese Reihenfolge gebunden gefühlt und sogleich eine „vergleichbare Situation" im Rahmen von § 4 Nr. 1 Befr-RV geprüft, ohne auf die Vergleichbarkeit der Arbeitnehmer, welche nach § 3 Nr. 2 Befr-RV anhand aufgaben- und fähigkeitsbezogenen Merkmalen zu prüfen ist, einzugehen (vgl. Rz. 13.39).[110] Das Verhältnis zwischen § 3 Nr. 2 Befr-RV und § 4 Nr. 1 Befr-RV kann noch nicht als abschließend geklärt angesehen werden. So hat der EuGH in der Rs. *Nierodzik* zumindest wieder sowohl § 4 Nr. 1 Befr-RV als auch § 3 Nr. 2 Befr-RV in seinen Entscheidungsgründen zitiert (vgl. hierzu ausführlicher Rz. 13.81 ff.).[111]

13.62 Das Diskriminierungsverbot greift hingegen nicht bei möglichen Ungleichbehandlungen zwischen verschiedenen Gruppen befristet Beschäftigter.[112] Dies folgt bereits aus dem Wortlaut des § 4 Nr. 1 Befr-RV.

b) Anwendbarkeit bei Wechsel in Dauerbeschäftigung

13.63 Der EuGH wendet das Diskriminierungsverbot aus § 4 Befr-RV **unabhängig davon** an, ob der Beschäftigte sich noch in einem befristeten Arbeitsverhältnis befindet oder inzwischen bei demselben Arbeitgeber **in die Dauerbeschäftigung gewechselt** ist. In seiner Entscheidung *Del Cerro Alonso* problematisierte der Gerichtshof erst gar nicht, dass die Beschäftigte, die ab dem Jahr 2004 „dauerbeschäftigtes Statutspersonal" war, rückwirkend Gewährung der wirtschaftlichen Wirkungen der Anerkennung des Dienstalters für den vorangehenden zwölfjährigen Zeitraum beantragte, in dem sie bei demselben Arbeitgeber als „befristet beschäftigtes Statutspersonal" tätig war. Der EuGH überprüfte allein die Frage, ob die Versagung einer rückwirkenden Anerkennung für den Zeitraum der befristeten Beschäftigung gegen das Diskriminierungsverbot des § 4 Nr. 1 BefrRV verstößt. Ihm wurde allerdings auch keine konkrete Frage zur zeitlichen Wirkung des Diskriminierungsverbots vorgelegt.[113] Doch selbst wenn eine derartige Frage gestellt würde, dürfte das Ergebnis nicht anders ausfallen, schließlich setzt der EuGH in der Rs. *Del Cerro Alonso* mit der Prüfung des Diskriminierungsverbots voraus, dass es auch bei einem Wechsel in die Dauerbeschäftigung anwendbar bleibt. Deutlicher wird der EuGH bei der Auslegung des § 4 Nr. 4 BefrRV in den Rs. *Valenza* und *Rosado Santana*,[114] wenn er auch in letzter Entscheidung teilweise seine Ausführungen auf den gesamten § 4 Befr-RV bezieht (vgl. zu § 4 Nr. 4 Befr-RV Rz. 13.110).

13.64 Der Rechtsprechung des EuGH ist zuzustimmen. § 4 Befr-RV sieht allein ein **Verbot der Schlechterbehandlung** vor und zwar **ohne zeitliche Begrenzung**. Daher ist unerheblich, ob der betroffene Arbeitnehmer in der Zwischenzeit ein unbefristetes Arbeitsverhältnis mit dem Arbeitgeber eingegangen ist. Ziel der Richtlinie ist gem. § 1 Befr-RV die Verbesserung der Qualität befristeter Arbeitsverhältnisse, welches auch durch das Diskriminierungsverbot gewährleistet werden soll. Soll dieses Ziel wirksam umgesetzt werden, können keine Schlechterbehandlungen allein deshalb hingenommen werden, weil der betroffene Arbeitnehmer zu einem späteren Zeitpunkt nicht mehr befristet beschäftigt ist. Allein die Entfristung führt nicht zur Heilung vorangegangener Ungleichbehandlungen.

---

109 EuGH v. 8.9.2011 – C-177/10 – Rosado Santana, Slg. 2011, I-7907 Rz. 65; v. 18.12.2012 – C-302/11 – Valenza, NZA 2013, 261 Rz. 40.
110 EuGH v. 12.12.2013 – C-361/12 – Carratù, NZA 2014, 79 Rz. 42 f.
111 EuGH v. 13.3.2014 – C-38/13 – Nierodzik, NZA 2014, 421 Rz. 31 ff.
112 EuGH v. 14.9.2016 – C-596/14 – de Diego Porras, NZA 2016, 1193 Rz. 38.
113 EuGH v. 13.9.2007 – C-307/05 – Del Cerro Alonso, Slg. 2007, I-7109.
114 EuGH v. 18.10.2012 – C-302/11 – Valenza, NZA 2013, 261; v. 8.9.2011 – C-177/10 – Rosado Santana, Slg. 2011, I-7909 Ls. 3, Rz. 42.

V. Diskriminierungsverbot | Rz. 13.69 § 13

Das **BAG** hat seine Rechtsprechung aufgegeben, wonach das Diskriminierungsverbot nach § 4 Abs. 2 TzBfG nur greifen soll, wenn sich der Arbeitnehmer noch in einem befristeten Arbeitsverhältnis befindet und nicht, wenn es in der Zwischenzeit in eine Dauerbeschäftigung umgewandelt wurde. Zur Frage, ob bei der Eingruppierung und der Einstufung der Berufserfahrung auch vorherige befristete Arbeitsverhältnisse zu berücksichtigen sind, hat das BAG sich **für die Berücksichtigung der Befristungen** ausgesprochen und vermeidet so eine unzulässige Diskriminierung von befristet Beschäftigten.[115] Mit **§ 16 Abs. 2 TV-L** haben sich auch die Sozialpartner im Bereich des öffentlichen Dienstes an diese Vorgabe gehalten, indem bei der Einstellung die Berufserfahrung ausdrücklich unabhängig davon, ob sie im Rahmen eines befristeten oder unbefristeten Arbeitsverhältnis erworben wurde, bei der Stufenzuordnung zu berücksichtigen ist.[116]

13.65

Damit stimmt die Rechtsprechung des BAG nun mit der Rechtsprechung des EuGH[117] überein. Sie ist m.E. **richtlinienkonform** und fügt sich auch in das nationale gesetzgeberische Konzept ein. Der Wortlaut des § 4 Abs. 2 Satz 2 und 3 TzBfG macht keine zeitlichen Vorgaben, dass der Arbeitnehmer im Zeitpunkt des Geltendmachens befristet beschäftigt sein muss. Eine richtlinienkonforme Auslegung, die dazu führt, dass auch nach einer Umwandlung eines befristeten Arbeitsverhältnisses in eine Dauerbeschäftigung ein Verstoß gegen das Diskriminierungsverbot des § 4 Nr. 1 Befr-RV geltend gemacht werden kann, ist also möglich und m.E. auch erforderlich.[118]

13.66

c) Bezugspunkt Beschäftigungsbedingungen

Der **Grundsatz der Nichtdiskriminierung** bezieht sich auf die **Beschäftigungsbedingungen**. Für befristet Beschäftigte dürfen keine schlechteren Beschäftigungsbedingungen gelten als für unbefristet Beschäftigte, nur weil sie in einem befristeten Arbeitsverhältnis stehen, solange kein sachlicher Grund die Schlechterbehandlung rechtfertigt. Entscheidend ist, wie weit der Begriff der Beschäftigungsbedingungen reicht.

13.67

aa) Inhalt

Die Befr-RV verweist für die Beschäftigungsbedingungen nicht auf die Mitgliedstaaten, der Begriff ist also unionsautonom auszulegen.[119] Bereits der Sinn und Zweck der Rahmenvereinbarung, die Qualität befristeter Arbeitsverhältnisse zu verbessern (§ 1 Buchst. a Befr-RV), ebenso wie die effektive Umsetzung der Rahmenvereinbarung können nur gewährleistet werden, wenn die Beschäftigungsbedingungen i.S.v. § 4 Nr. 1 Befr-RV **weit ausgelegt** werden.[120] Dieser Ansatz wird bestätigt durch die Rechtsprechung des EuGH, wenn er betont, dass das Diskriminierungsverbot zu den „allgemeinen Rechtsgrundsätzen des Unionsrechts" gehört[121] und den Grundsatz der Nichtdiskriminierung in ständiger Rechtsprechung als **„Grundsatz des Sozialrechts" der Union** bezeichnet.[122]

13.68

Der EuGH hat davon ausgehend ein **weites Begriffsverständnis** entwickelt, wonach er inzwischen mehrfach **Entschädigungen/Ausgleichszahlungen im Zusammenhang mit der Beendigung** des

13.69

---

115 BAG v. 21.3.2013 – 6 AZR 524/11, NZA 2013, 625; zur alten Rechtsprechung BAG v. 11.12.2003 – 6 AZR 64/03, NZA 2004, 723; sehr krit. hierzu *Bieder/Diekmann*, EuZA 2008, 515 (521).
116 Zu §§ 16, 17 TV-L s. BAG v. 24.10.2013 – 6 AZR 964/11, NZA-RR 2014, 98.
117 EuGH v. 18.10.2012 – C-302/11 – Valenza, NZA 2013, 261.
118 Auf die fehlende Differenzierung, ob der Beschäftigte sich aus einer in der Zwischenzeit umgewandelten Dauerbeschäftigungsverhältnis auf das Diskriminierungsverbot beruft, weisen ausdrücklich *Bieder/Diekmann*, EuZA 2008, 515 (521 f.) hin.
119 So auch *Riesenhuber*, Europäisches Arbeitsrecht, § 17 Rz. 8.
120 EuGH v. 13.9.2007 – C-307/05 – Del Cerro Alonso, Slg. 2007, I-7109 Rz. 38.
121 EuGH v. 22.12.2010 – C-444/09 – Gavieiro Gavieiro, Slg. 2010, I-14031 Rz. 41.
122 EuGH v. 13.9.2007 – C-307/05 – Del Cerro Alonso, Slg. 2007, I-7109 Rz. 38; v. 12.12.2013 – C-361/12 – Carratù, NZA 2014, 79 Rz. 33; v. 13.3.2014 – C-38/13 – Nierodzik, NZA 2014, 421 Rz. 24; v. 14.9.2016 – C-596/14 – de Diego Porras, NZA 2016, 1193 Rz. 27.

Arbeitsverhältnisses als Beschäftigungsbedingung einordnet hat.[123] Dabei bezieht er sich auf seine Rechtsprechung zum Begriff der Beschäftigungsbedingungen i.S.v. § 4 der Teilzeit-RV[124] und überträgt sie. Als **entscheidendes Kriterium** stellt der Gerichtshof auf die **Beschäftigung** ab und damit auf das zwischen Arbeitnehmer und Arbeitgeber begründete Arbeitsverhältnis. Entschädigungen, die einem Arbeitnehmer **aufgrund** des zwischen ihm und seinem Arbeitgeber bestehenden **Arbeitsverhältnisses gewährt** werden und damit „aufgrund der Beschäftigung", werden daher unter § 4 Nr. 1 Befr-RV gefasst.[125] Dabei ist unerheblich, dass die Entschädigung erst nach Beendigung des Arbeitsverhältnisses gezahlt wird.

13.70 Diese Grundlinie hat der Gerichtshof in der Rs. *Nierodzik* weiterverfolgt. Dort hatte der EuGH über eine nationale Regelung zu entscheiden, die für die Kündigung von befristeten Arbeitsverhältnissen unabhängig von der Dauer der Betriebszugehörigkeit eine zweiwöchige Kündigungsfrist vorsah, während bei einer Kündigung eines unbefristeten Arbeitsverhältnisses die Betriebszugehörigkeit zu berücksichtigen war und die Kündigungsfrist sich entsprechend auf bis zu drei Monate verlängern konnte. Auch die **Kündigungsfrist** fällt nach Ansicht des EuGH unter den Begriff der Beschäftigungsbedingungen i.S.v. § 4 Nr. 1 Befr-RV. Er begründet sein Ergebnis damit, dass eine Herausnahme der **Kündigungsbedingungen** aus § 4 Nr. 1 Befr-RV dazu führen würde, dass der Geltungsbereich der Regelung zu stark eingeschränkt und damit sein Ziel nicht erreicht werden könnte.[126] Zudem zieht der Gerichtshof eine Parallele zu Art. 3 Abs. 1 Buchst. c Richtlinie 2000/78 und Art. 14 Abs. 1 Buchst. c Richtlinie 2006/54, welche zu den Beschäftigungsbedingungen auch die Entlassungsbedingungen zählen.[127]

13.71 Der Hinweis auf Art. 3 Abs. 1 Buchst. c Richtlinie 2000/78 und Art. 14 Abs. 1 Buchst. c Richtlinie 2006/54 überzeugt nicht. Hieraus könnte umgekehrt ebenso gefolgert werden, dass die fehlende ausdrückliche Nennung der Entlassungsbedingungen in § 4 Nr. 1 Befr-RV gerade zeigt, dass die Sozialpartner sie nicht in das Diskriminierungsverbot des Befr-RV einbeziehen wollten. Im Ergebnis ist dennoch dem **EuGH zuzustimmen**. Bei seiner Rechtsprechung handelt es sich um eine konsequente Anwendung der Grundannahme, dass dem Diskriminierungsverbot der Stellenwert eines Grundsatzes des Sozialrechts der Union zukommt. Einem derart zentralen Stellenwert wird nur genüge getan, wenn der Norm ein weiter Anwendungsbereich zugestanden wird. Die besondere Schutzbedürftigkeit der befristet Beschäftigten liegt gerade in der Art der Beendigung. Würde nun ein befristet Beschäftigter, weil er befristet beschäftigt ist, darüber hinaus auch noch nachteiligeren Kündigungsbedingungen unterliegen, wenn neben dem Befristungsende eine ordentliche Kündigung als Beendigungsform zulässig ist, wäre er gleich zweifach benachteiligt – einmal weil sein Arbeitsverhältnis nur befristet ist und zum anderen, weil bei vorzeitiger Beendigung seines Arbeitsverhältnisses auch noch die Kündigungsbedingungen nachteiliger sind als bei unbefristet Beschäftigten.

13.72 Wenn die Kündigungsbedingungen als Beschäftigungsbedingungen i.S.v. § 4 Befr-RV eingeordnet werden, müssen in Anlehnung an diese extensive Rechtsprechung auch die **Dauer/Lage des Urlaubs**, die **Ausstattung des Arbeitsplatzes** sowie die Bestimmung der **Arbeitszeit** Beschäftigungsbedingungen sein. So sieht der EuGH auch die **Halbierung der Arbeitszeit** und die daraus folgende Gehaltsminderung vom Begriff der Beschäftigungsbedingungen i.S.v. § 4 Nr. 1 Befr-RV erfasst.[128]

---

123 EuGH v. 12.12.2013 – C-361/12 – Carratù, NZA 2014, 79 Rz. 32 ff.; v. 14.9.2016 – C-596/14 – de Diego Porras, NZA 2016, 1193 Rz. 28 ff.; v. 5.6.2018 – C-574/16 – Grupo Norte Facility, NZA 2018, 771 Rz. 41 ff.
124 EuGH v. 10.6.2010 – C-395/08 – Bruno, Slg. 2010, I-5119 Rz. 46.
125 EuGH v. 12.12.2013 – C-361/12 – Carratù, NZA 2014, 79 Rz. 36; s. auch GA *Wahl* v. 26.9.2013 – C-361/12 – Carratù, BeckRS 2013, 81889 Rz. 45, der die Entschädigung als „aufgeschobenes Entgelt" bezeichnet.
126 EuGH v. 13.3.2014 – C-38/13 – Nierodzik, NZA 2014, 421 Rz. 27.
127 EuGH v. 13.3.2014 – C-38/13 – Nierodzik, NZA 2014, 421 Rz. 28.
128 EuGH v. 9.2.2017 – C-443/16 – Sanz, BeckRS 2017, 107913 Rz. 33.

Ebenso wird ein **Sonderurlaub**, der zur Ausübung eines politischen Mandats gewährt wird, als Beschäftigungsbedingung eingeordnet.[129]

Nach Auffassung des Gerichtshofs in der Rs. *Rosado Santana* fällt auch eine „Voraussetzung, die die **Berücksichtigung** von als Beamter auf Zeit zurückgelegten **früheren Dienstzeiten** im Rahmen eines internen Auswahlverfahrens für eine **Beförderung**, die auf die Ernennung zum Berufsbeamten abzielt, betrifft" unter den Begriff der Beschäftigungsbedingungen i.S.v. § 4 Nr. 1 Befr-RV.[130] Die Besonderheit bestand in der Rs. *Rosado Santana* darin, dass an zwei verschiedene Arbeitsverhältnisse anzuknüpfen ist – dem früheren befristeten und demjenigen, in dem die Beförderung zum Berufsbeamten angestrebt wird. Allerdings sind beide faktisch miteinander verknüpft und bestehen auch jeweils zwischen demselben Arbeitgeber und Beschäftigten. Zudem ist entscheidende Bedingung für die Beförderung die Vorbeschäftigung und die folgt unmittelbar sowohl aus dem bestehenden als auch aus den vorangegangenen Arbeitsverhältnissen. In Anknüpfung an diese Rechtsprechung bejaht der Gerichtshof auch für die **Teilnahme an einem Evaluierungsprogramm** für Lehrkräfte, welches **wirtschaftliche Leistungsanreize** bei positiver Bewertung bietet, die Eigenschaft als Beschäftigungsbedingung. Er beruft sich zum einen darauf, dass Voraussetzung für die Teilnahme eine fünfjährige Dienstzeit ist und Dienstzeiten unter den Begriff der Beschäftigungsbedingung fallen. Zum anderen kann die positive Bewertung zu einer Vergütungszulage führen, welche ebenfalls eine Beschäftigungsbedingung darstellt.[131] Der EuGH weist also darauf hin, dass sowohl die Voraussetzung wie auch die Folge des Evaluierungsprogramms eine Beschäftigungsbedingung sind und folgert hieraus, dass auch die Teilnahme am Programm eine sein muss.

13.73

bb) Sonderfall Arbeitsentgelt

Problematisch sind hingegen Beschäftigungsbedingungen, die das **Arbeitsentgelt** betreffen. Art. 153 Abs. 5 AEUV nimmt das Arbeitsentgelt aus der Rechtsangleichung, welche über Art. 153 AEUV zur Erreichung der Ziele des Art. 151 AEUV angestrebt wird, ausdrücklich heraus – wohingegen u.a. die Arbeitsbedingungen gem. Art. 153 Abs. 1 Buchst. a AEUV ausdrücklich Gegenstand der Rechtsangleichung sein sollen.

13.74

Hieraus wurde insbesondere zu Beginn der Umsetzung der Richtlinie teilweise eine enge Auslegung des Begriffs der Beschäftigungsbedingungen gefolgt, wonach nicht nur das laufende Arbeitsentgelt aus dem Anwendungsbereich des Diskriminierungsverbots des § 4 Nr. 1 Befr-RV fällt, sondern auch Entgeltbestandteile wie z.B. vermögenswirksame Leistungen, Jubiläumszuwendungen, pauschale Vergütungen für Bereitschaftsdienste/Rufbereitschaft oder Leistung der betrieblichen Altersversorgung nicht vom Diskriminierungsverbot erfasst sein sollen.[132]

13.75

Die **Rechtsprechung des EuGH** hat sich hingegen anders entwickelt. Inzwischen hat sich beim Gerichtshof die Ansicht verfestigt, dass der **Begriff der Beschäftigungsbedingungen** i.S.v. **§ 4 Nr. 1 Befr-RV weit auszulegen** ist. Nach der weiten Rechtsprechung scheint kein Entgeltbestandteil vom Gleichbehandlungsgrundsatz des § 4 Nr. 1 Befr-RV ausgenommen zu sein. So hat der Gerichtshof seine Anwendbarkeit nicht nur für **Dienstalterszulagen/Versorgungsbezüge** bejaht, die vom Beschäftigungsverhältnis abhängen,[133] sondern in der Rs. *Impact* ganz allgemein „Bedingungen ..., die die Vergütung ... betreffen" mit einbezogen.[134] Alleinige Negativvoraussetzung, die bis-

13.76

---

129 EuGH v. 20.12.2017 – C-158/16 – Vega González, NZA 2018, 97 Rz. 35.
130 EuGH v. 8.9.2011 – C-177/10 – Rosado Santana, Slg. 2011, I-7907-7963 Ls., Rz. 47.
131 EuGH v. 21.9.2016 – C-631/15 – Álvarez Santirso, BeckRS 2016, 82436 Rz. 35 ff.
132 EAS/*Rolfs*, B 3200 Rz. 14; ebenso für eine enge Auslegung der Beschäftigungsbedingungen *Wank/Börgmann*, RdA 1999, 383 (384).
133 EuGH v. 13.9.2007 – C-307/05 – Del Cerro Alonso, Slg. 2007, I-7109 Rz. 39 ff., 47; v. 22.12.2010 – C-444/09 – Gavieiro Gavieiro, Slg. 2010, I-14031 Ls. 2, Rz. 49 ff.; v. 14.9.2016 – C-596/14 – de Diego Porras, NZA 2016, 1193 Rz. 29.
134 EuGH v. 15.4.2008 – C-268/06 – Impact, Slg. 2008, I-2533 Ls. 5.

lang der Rechtsprechung zu entnehmen ist, betrifft die Versorgungsbezüge; sie dürfen nicht einem gesetzlichen System der sozialen Sicherheit zuzuordnen sein.[135]

13.77 Dies mag auf den ersten Blick überraschen. Scheinbar naheliegend wäre ein **Rückgriff auf Art. 157 Abs. 2 AEUV**. Dort wird der Begriff Arbeitsentgelt für den Grundsatz der Entgeltgleichheit definiert und umfasst auch alle sonstigen Vergütungen, die der Arbeitgeber aufgrund des Dienstverhältnisses dem Arbeitnehmer unmittelbar oder mittelbar in bar oder in Sachleistungen zahlt. Damit legt die Norm einen sehr weiten Begriff des Arbeitsentgelts zugrunde.[136] Eine Übertragung der Begriffsbestimmung auf Art. 153 Abs. 5 AEUV würde zu einer ebenso weiten Herausnahme sämtlicher Entgeltbestandteile aus dem Diskriminierungsverbot des § 4 Nr. 1 Befr-RV führen. Allerdings scheint eine solche Auslegung nicht angemessen, schließlich verfolgen **Art. 153 Abs. 5 AEUV und Art. 157 AEUV zwei ganz unterschiedliche Regelungsziele**. Nach Art. 153 Abs. 5 AEUV wird das Arbeitsentgelt herausgenommen und damit auch nicht von dem Diskriminierungsverbot des § 4 Nr. 1 Befr-RV erfasst.[137] Die Begriffsbestimmung des Art. 157 Abs. 2 AEUV bewirkt hingegen, dass der Grundsatz der Entgeltgleichheit weitestgehend gewährleistet wird. Setzt man dasselbe Begriffsverständnis voraus, führt dies zu wertungswidersprüchlichen Ergebnissen: Über Art. 157 Abs. 2 AEUV wird eine Gleichbehandlung möglichst weit gewährleistet, im Rahmen von § 4 Nr. 1 Befr-RV wird sie über Art. 153 Abs. 5 AEUV möglichst eng gehalten, wenn dort der weite Entgeltbegriff des Art. 157 Abs. 2 AEUV zum Zuge kommt. Dies widerspräche auch der Einordnung des § 4 Nr. 1 Befr-RV als Teil der „Grundsätze des Sozialrechts der Gemeinschaft" (vgl. Rz. 13.58). Auch systematisch ist ein Rückgriff auf Art. 157 Abs. 2 AEUV nicht zwingend; es handelt sich bei der Regelung um keine „vor die Klammer gezogene" Norm, die für die nachfolgenden Normen Geltung beansprucht. Vielmehr ist sie Art. 153 AEUV nachgeordnet und erfasst ein wesentlich spezielleres Regelungsanliegen. Somit ist nicht auf die Begriffsbestimmung des Art. 157 Abs. 2 AEUV zurückzugreifen.[138]

13.78 Die Herausnahme des Arbeitsentgelts sollte daher im **Zusammenhang mit den übrigen in Art. 153 Abs. 5 AEUV genannten Materien gelesen** werden; dort werden des Weiteren das Koalitionsrecht, das Streikrecht und das Aussperrungsrecht genannt. Damit wird im Wesentlichen die Tarifautonomie geschützt und wie auch auf nationaler Ebene der staatlichen Rechtsetzung entzogen.[139] Die Entgelthöhe ist dabei einer der zentralen Regelungsgegenstände der Tarifparteien. Dieser Sachzusammenhang sollte so ausgelegt werden, dass mit der Herausnahme des Arbeitsentgelts der Einführung eines unionseinheitlichen Mindestlohns entgegengewirkt werden soll.[140] Eine Herausnahme sämtlicher Beschäftigungsbedingungen, die im Zusammenhang mit dem Arbeitsentgelt stehen, lässt sich aus Art. 153 Abs. 5 AEUV daher nicht herleiten. Vielmehr ist der Begriff der Beschäftigungsbedingungen i.S.v. § 4 Nr. 1 Befr-RV so weit auszulegen, dass auch die Vergütung samt ihrer unmittelbaren und mittelbaren Bestandteile von dem Diskriminierungsverbot erfasst wird.

---

135 S. GA *Wahl* v. 26.9.2013 – C-361/12 – Carratù, BeckRS 2013, 81889 Rz. 42.
136 S. ausführlicher Calliess/Ruffert/*Krebber*, EUV-AEUV, Art. 157 Rz. 20 ff. unter Verweis auf die Rechtsprechung (Rz. 23), welche zudem den Begriff Arbeitsentgelt sehr weit auslegt; so hat der EuGH bspw. Arbeitnehmerbeiträge für betriebliche Sozialversicherungssysteme als Entgelt i.S.v. Art. 157 Abs. 2 AEUV eingestuft, EuGH v. 28.9.1994 – C-200/91 – Coloroll Pension Trustees, Slg. 1994, I-4389 Rz. 80; v. 22.12.1993 – C-152/91 – Neath, Slg. 1993, I-6935 Rz. 31.
137 Der EuGH weist zudem darauf hin, dass es sich bei Art. 153 Abs. 5 AEUV um eine Ausnahmeregelung handelt und sie als solche eng auszulegen ist, EuGH v. 13.9.2007 – C-307/05 – Del Cerro Alonso, Slg. 2007, I-7109 Rz. 39.
138 A.A. Calliess/Ruffert/*Krebber*, EUV-AEUV, Art. 153 Rz. 11, nach dessen Ansicht nur eine begriffliche Dogmatik den Art. 151 ff. AEUV die erforderliche innere Konsistenz verleihen mag.
139 Ähnlich *Streinz*/*Eichenhofer*, EUV/AEUV, Art. 153 AEUV Rz. 13, welcher auch auf Art. 28 GRC verweist, der die kollektivvertragliche Befugnis zum eigenen Grundrecht ausformt und so die Tarifautonomie auf die Ebene des EU-Rechts übertragen wird.
140 S. auch EuGH v. 13.9.2007 – C-307/05 – Del Cerro Alonso, Slg. 2007, I-7109 Rz. 40; deutlicher EuGH v. 15.4.2008 – C-268/06 – Impact, Slg. 2008, I-2533 Rz. 123 f.

Auf **nationaler Ebene** hat die Diskussion um die Auslegung der Beschäftigungsbedingungen i.S.v. § 4 Nr. 1 Befr-RV bisher weniger Bedeutung. Der entscheidende Unterschied zwischen § 4 Nr. 1 Befr-RV und § 4 Abs. 2 TzBfG besteht darin, dass in der deutschen Vorschrift der Pro-rata-temporis-Grundsatz des § 4 Abs. 2 Satz 2 TzBfG ausdrücklich auf das Arbeitsentgelt bezogen wird. Damit hat der nationale Gesetzgeber zugleich klargestellt, dass auch, oder sogar gerade, das Arbeitsentgelt Gegenstand des Diskriminierungsverbots ist. Dies ist unionsrechtlich selbst dann unproblematisch, wenn man zu dem Ergebnis kommt, dass das Arbeitsentgelt vom Anwendungsbereich der Befristungsrichtlinie wegen Art. 153 Abs. 5 AEUV auszunehmen ist, denn zumindest steht es den nationalen Gesetzgebern frei, über die Mindestvorgaben des Richtliniengebers hinauszugehen. 13.79

d) Schlechterbehandlung

§ 4 Nr. 1 Befr-RV verbietet eine Schlechterbehandlung von befristet beschäftigten Arbeitnehmern im Vergleich zu Dauerbeschäftigten (zu diesen Begriffen vgl. Rz. 13.33 ff.). Der EuGH prüft im Hinblick auf eine festgestellte Ungleichbehandlung in einem ersten Schritt die Vergleichbarkeit der Sachverhalte und in einem zweiten Schritt die Möglichkeit einer sachlichen Rechtfertigung.[141] 13.80

aa) Prüfung einer „vergleichbaren Situation"

Aus § 4 Nr. 1 Befr-RV folgt, dass eine Gleichbehandlung von nicht miteinander vergleichbaren befristet beschäftigten Arbeitnehmern und Dauerbeschäftigten nicht geboten ist.[142] Unklar ist, ob im Rahmen der Schlechterbehandlung i.S.v. § 4 Nr. 1 Befr-RV eine weitere Vergleichbarkeitsprüfung vorzunehmen ist, die über die Kriterien des § 3 Nr. 2 Befr-RV hinausgeht. So prüft der EuGH in der Rs. *Carratù*, ob sich Arbeitnehmer, deren Vertrag mangels wirksamer Befristungsabrede nicht ordnungsgemäß abgeschlossen ist, und entlassene (zuvor unbefristet beschäftigte) Arbeitnehmer in einer „vergleichbaren Situation" befinden.[143] **Verglichen** werden dabei aber nicht die Arbeitnehmer und die Art der Beschäftigung. Der EuGH prüft vielmehr **gesetzliche Regelungen** daraufhin, ob sie **vergleichbare Situationen** für befristet und unbefristet Beschäftigte regeln. Damit wird scheinbar vorausgesetzt, dass § 4 Nr. 1 Befr-RV eine **zusätzliche Vergleichbarkeitsprüfung** erfordert, die nicht identisch ist mit der Prüfung der Vergleichbarkeit nach § 3 Nr. 2 Befr-RV. In der Literatur wird dementsprechend auch von einer „Vergleichbarkeit im weiteren Sinne" gesprochen, bei der zum einen die tatsächliche Gesamtsituation und zum anderen der rechtliche Kontext der zum Vergleich anstehenden Regelungen berücksichtigt werden.[144] 13.81

Der Gerichtshof hat in der Rs. *Carratù* die Vergleichbarkeit gesetzlicher Regelungen verneint, die Entschädigungen für den Fall einer rechtswidrigen Befristungsklausel vorsehen, und solchen, die Entschädigungen bei rechtswidriger Auflösung eines (unbefristeten) Arbeitsvertrags gewähren. Die Situation sei nicht vergleichbar, weil die erste Entschädigung Arbeitnehmer betreffe, deren Vertrag nicht ordnungsgemäß abgeschlossen wurde, wohingegen die zweite Entschädigung entlassene Arbeitnehmer betreffe.[145] Unabhängig von dem Ergebnis wäre diese Frage **methodisch** wohl **besser beim sachlichen Grund** verortet gewesen.[146] 13.82

---

141 EuGH v. 14.9.2016 – C-596/14 – de Diego Porras, NZA 2016, 1193 Rz. 39.
142 EuGH v. 12.12.12013 – C-361/12 – Carratù, NZA 2014, 79 Rz. 42.
143 Diese Prüfung leitet der Gerichtshof ohne nähere Begründung nur aus § 4 Nr. 1 Befr-RV selbst her, EuGH v. 12.12.2013 – C-361/12 – Carratù, NZA 2014, 79 Rz. 43.
144 EUArbR/*Krebber*, RL 1999/70/EG, § 4 Rz. 12, 14, welcher die fehlende dogmatische Schärfe kritisiert, aber das Erfordernis eines wertenden Vergleichs sieht.
145 EuGH v. 12.12.2013 – C-361/12 – Carratù, NZA 2014, 79 Rz. 44.
146 Vgl. deutlich zum – insoweit identisch aufgebauten – nationalen Recht Laux/Schlachter/*Schlachter*, § 4 TzBfG Rz. 248, die die sonstigen Differenzierungsmerkmale, die nicht an die Tätigkeit anknüpfen, im Rahmen der Rechtfertigungsebene prüfen will.

13.83 Zugrunde gelegt, die Prüfung einer Schlechterbehandlung i.S.v. § 4 Nr. 1 Befr-RV setzt, neben der Vergleichsgruppenbildung nach § 3 Befr-RV, die Prüfung einer **vergleichbaren Situation** voraus, muss im Ergebnis dennoch den Ausführungen des EuGH in der Rs. *Carratù* widersprochen werden. Nach Auffassung des EuGH unterscheiden sich die Situationen, in denen die **Entschädigung** gezahlt wird, deutlich, weil die eine Entschädigung Arbeitnehmer betreffe, deren Vertrag nicht ordnungsgemäß abgeschlossen wurde, und die andere Entschädigung entlassene Arbeitnehmer. Damit wird die Vergleichbarkeit im Ergebnis deshalb ausgeschlossen, weil es sich einerseits um ein (unwirksam vereinbartes) Befristungsende handelt und andererseits eine (unwirksame) Entlassung im Rahmen eines unbefristeten Arbeitsverhältnisses. Doch diese unterschiedlichen Beendigungsformen sind gerade die Wesensmerkmale von befristeten und unbefristeten Arbeitsverhältnissen. Im Ergebnis wird die Anwendung des § 4 Nr. 1 Befr-RV mit der Argumentation verwehrt, dass es sich um einen befristeten Arbeitsvertrag handelt. Schließlich wird das Vertragsende beim befristeten Arbeitsvertrag gerade bei Vertragsschluss vereinbart – nichtsdestotrotz handelt es sich ebenso wie bei der unwirksamen Kündigung um eine unwirksame Vertragsbeendigung. Dies vermittelt den Eindruck, dass der Anwendungsbereich des § 4 Nr. 1 Befr-RV deshalb eingeschränkt wird, weil es sich um eine Befristung handelt. Eine solche Herangehensweise würde § 4 Nr. 1 Befr-RV seines Sinngehalts – dem Schutz vor Diskriminierung wegen Befristung – entleeren. Dennoch wird in der Literatur dieser Rechtsprechung des EuGH mit der Begründung zugestimmt, das Befristungsende könne nicht als Äquivalent zur Beendigung durch Kündigung gesehen werden, weil auch das befristete Arbeitsverhältnis gekündigt werden kann.[147] Dabei wird verkannt, dass es sich bei einer ordentlichen Kündigung im befristeten Arbeitsverhältnis um den Ausnahmefall handelt, das Grundmodell ist die Beendigung des Arbeitsvertrags aufgrund der Befristung. Dass ein befristetes Arbeitsverhältnis ausnahmsweise vor Ablauf der Befristung ordentlich gekündigt werden kann, macht den befristet Beschäftigten nur noch schutzwürdiger und kann nicht dazu führen, den Diskriminierungsschutz auszuhebeln.

13.84 Vor dem Hintergrund der Zweckrichtung des Diskriminierungsverbots überzeugender sind die Entscheidungsgründe in der Rs. *Nierodzik*. Auf dem Prüfstand standen Regelungen, in denen für befristete und unbefristete Arbeitsverhältnisse **unterschiedlich lange Kündigungsfristen** vorgesehen waren. Dabei war die Kündigungsfrist im befristeten Arbeitsverhältnis in der Regel kürzer. Der EuGH bejaht zu Recht eine **Schlechterbehandlung** i.S.v. § 4 Nr. 1 Befr-RV, weil, soweit für ihn ersichtlich, das einzige Unterscheidungsmerkmal in der Befristung liegt.[148] Er geht allerdings dabei, wie schon früher, wieder dazu über, nicht klar herauszustellen, ob/wann er eine Vergleichbarkeit nach § 3 Nr. 2 Befr-RV prüft und inwieweit es sich um eine Prüfung der Schlechterbehandlung nach § 4 Nr. 1 Befr-RV handelt oder ob schlichtweg beides vermischt wird bzw. aus seiner Sicht dasselbe ist. Methodisch überzeugender prüft der Gerichtshof im Anschluss den im Verfahren gegen eine Schlechterbehandlung vorgebrachten Aspekt, dass befristete Arbeitsverhältnisse nur solche temporärer Natur seien, im Rahmen des sachlichen Grundes. Eine Rechtfertigung der Schlechterbehandlung über den sachlichen Grund verneint er zu Recht,[149] anderenfalls könnte jede Ungleichbehandlung über dieses Argument gerechtfertigt und somit der Diskriminierungsschutz ausgehebelt werden.

13.85 Darüber hinaus verstoßen nach Ansicht des EuGH nationale Regelungen gegen § 4 Nr. 1 Befr-RV, die einem für eine Übergangszeit beschäftigten Arbeitnehmer Ausgleichszahlungen für die Beendigung seines Arbeitsvertrags verwehren, wohingegen die Regelungen die Leistung einer solchen Ausgleichszahlung an vergleichbare Dauerbeschäftigte ermöglichen.[150] Auch die ausnahmslose Weigerung, befristet beschäftigten Arbeitnehmern einen Anspruch auf Sonderurlaub für die Aus-

---

147 A.A. *von Medem*, ZESAR 2014, 246.
148 EuGH v. 13.3.2014 – C-38/13 – Nierodzik, NZA 2014, 421 Rz. 34 f.
149 EuGH v. 13.3.2014 – C-38/13 – Nierodzik, NZA 2014, 421 Rz. 36 ff.
150 EuGH v. 14.9.2016 – C-596/14 – de Diego Porras, NZA 2016, 1193 Rz. 38 ff.; im Ergebnis zustimmend, kritisch hingegen zur Begründung *Hohenstatt*, NZA 2016, 1446 (1448).

V. Diskriminierungsverbot | Rz. 13.88 § 13

übung eines Mandats zu gewähren, welcher für unbefristet Beschäftigte vorgesehen ist, verstößt gegen § 4 Nr. 1 Befr-RV.[151] § 4 Nr. 1 Befr-RV steht ebenfalls einer nationalen Regelung entgegen, die die Behörden ermächtigt, die Arbeitszeit von befristet beschäftigten Hochschullehrkräften ohne Doktortitel zu halbieren, während unbefristet beschäftigte Beamte, die ebenfalls keinen Doktortitel nachweisen können, weiterhin in Vollzeit arbeiten.[152] Keinen Verstoß gegen § 4 Nr. 1 Befr-RV stellt der EuGH hingegen fest, wenn eine nationale Regelung für Arbeitnehmer, die mit einem befristeten Arbeitsvertrag eingestellt wurden, um den Arbeitsplatz eines in Altersteilzeit gehenden Arbeitnehmers zu besetzen, am Ende des Zeitraums eine Entschädigung vorsieht, die geringer ist als die Entschädigung für Dauerbeschäftigte, deren Arbeitsvertrag aus einem sachlichen Grund beendet wird.[153]

Angesichts der Parallelität der nationalen Vorschriften zur Befr-RV müsste sich auch im Rahmen von § 4 Abs. 2 TzBfG die Frage stellen, ob nicht nur die Vergleichbarkeit i.S.v. § 3 Abs. 2 TzBfG zu prüfen ist, sondern eine zusätzliche Prüfung einer vergleichbaren Situation erforderlich wäre oder hingegen Gesichtspunkte außerhalb der in § 3 Abs. 2 TzBfG genannten nur im Rahmen der Rechtfertigung durch einen sachlichen Grund zu prüfen sind. Die Beziehung zwischen § 4 Abs. 2 TzBfG und der Begriffsbestimmung des § 3 Abs. 2 TzBfG wird auf nationaler Ebene nicht einheitlich beantwortet. Teilweise wird vertreten, dass von einer Identität der Vergleichbarkeitsbegriffe in beiden Normen auszugehen ist,[154] teilweise wird § 4 Abs. 2 TzBfG ein weiteres Begriffsverständnis zugrunde gelegt.[155] Im Wesentlichen wird aber jedenfalls davon ausgegangen, dass die Kriterien, die nicht von § 3 Abs. 2 TzBfG erfasst sind, im Rahmen des sachlichen Grundes von § 4 Abs. 2 TzBfG zu berücksichtigen sind.[156]

13.86

Aus unionsrechtlicher Sicht kann in Anbetracht der nicht eindeutigen Vorgehensweise des EuGH derzeit noch keine abschließende Empfehlung gegeben werden. Auch wenn der EuGH in der Rs. *Nierodzik* zumindest auch wieder eine etwas eingehendere Vergleichbarkeitsprüfung durchführt und § 3 Nr. 2 Befr-RV ebenso wie den sachlichen Grund wieder miteinbezieht, bleiben die Ausführungen zur Vergleichbarkeit aus systematischer Sicht unklar.

13.87

Die Ausführungen des EuGH in der Rs. *de Diego Porras*, wonach Regelungen, die für unbefristet Beschäftigte Ausgleichszahlungen bei Beendigung des Arbeitsverhältnisses vorsehen, nicht hingegen für befristet Beschäftigte, gegen § 4 Befr-RV verstoßen (vgl. Rz. 13.85), haben in der Literatur für Unruhe gesorgt. Fraglich ist, ob diese Rechtsprechung auch auf den Fall übertragbar ist, in dem Sozialplanleistungen i.S.v. § 112 Abs. 1 Satz 2 BetrVG unbefristet beschäftigten Arbeitnehmern gewährt werden, deren Arbeitsverhältnisse im Rahmen einer Betriebsänderung beendet werden, nicht aber befristet beschäftigten Arbeitnehmern.[157] Endet das Arbeitsverhältnis aufgrund der von vornherein vereinbarten Befristungsabrede, bestehen m.E. weiterhin keine unionsrechtlichen Bedenken. Hier greift ein sachlicher Grund für die Ungleichbehandlung, das Ende tritt bei den befristet Beschäftigten unabhängig von der Betriebsänderung ein.[158] Anders ist hingegen der Fall zu beurteilen, wenn ein befristetes Arbeitsverhältnis aufgrund der Betriebsänderung vorzeitig beendet wird.

13.88

---

151 EuGH v. 20.12.2017 – C-158/16 – Vega González, NZA 2018, 97 Rz. 50 f.
152 EuGH v. 9.2.2017 – C-443/16 – Sanz, BeckRS 2017, 107913 Rz. 56.
153 EuGH v. 5.6.2018 – C-574/16 – Grupo Norte Facility, NZA 2018, 771 Rz. 61.
154 KR/*Bader*, § 4 TzBfG Rz. 5; *Sievers*, § 4 Rz. 59; Laux/Schlachter/*Schlachter*, § 4 TzBfG Rz. 248; Boecken/Joussen/*Joussen*, § 4 TzBfG Rz. 64.
155 Meinel/Heyn/Herms/*Herms*, § 4 Rz. 125.
156 KR/*Bader*, § 4 TzBfG Rz. 5; *Sievers*, § 4 Rz. 59; Laux/Schlachter/*Schlachter*, § 4 TzBfG Rz. 248; Meinel/Heyn/Herms/*Herms*, § 4 Rz. 125.
157 S. hierzu *Hohenstatt*, NZA 2016, 1446 ff.
158 So im Ergebnis auch *Hohenstatt*, NZA 2016, 1446 (1449) unter Verweis auf die jeweilige Zwecksetzung von Ausgleichszahlungen.

bb) Anwendbarkeit auf mittelbare Benachteiligungen

13.89 Noch nicht geklärt ist die Frage, ob von § 4 Nr. 1 Befr-RV **nur unmittelbare oder auch mittelbare Benachteiligungen** erfasst sind. Der Wortlaut lässt beide Auslegungen zu. Der EuGH hat sich hierzu noch nicht geäußert. Allerdings ist bei der Auslegung des § 4 Nr. 1 Befr-RV auch in dieser Frage der besondere Stellenwert zu berücksichtigen, den der Gerichtshof dem Diskriminierungsverbot zumisst und aus dem er selbst folgert, dass die Vorschrift nicht eng ausgelegt werden darf (vgl. Rz. 13.58). Danach müsste das Gebot der Gleichbehandlung weit ausgelegt werden, so dass auch mittelbare Benachteiligungen von ihm erfasst werden.[159]

13.90 Auf nationaler Ebene wird nicht einheitlich beurteilt, ob auch **mittelbare Benachteiligungen** von § 4 Abs. 2 TzBfG erfasst sind.[160] Wenn aber zugrunde gelegt wird, dass § 4 Nr. 1 Befr-RV sowohl unmittelbare als auch mittelbare Ungleichbehandlungen verbietet, wäre im Wege der richtlinienkonformen Auslegung auch im nationalen Recht der Anwendungsbereich des Diskriminierungsverbots entsprechend auszuweiten, so dass auch die mittelbare Benachteiligung unter § 4 Abs. 2 TzBfG subsumiert werden müsste. Einer richtlinienkonformen Auslegung steht auch nicht die Wortlautgrenze entgegen, denn auch in § 4 Abs. 2 TzBfG differenziert der Wortlaut nicht und lässt hinreichend Spielraum.[161]

13.91 In diesem Kontext ist auch die Rechtsprechung des **BAG kritisch zu beurteilen,** wonach die Regelung in **§ 17 Abs. 4 TV-L,** welche eine Besitzstandswahrung in Bezug auf die Entgeltstufe für den Fall der Höhergruppierung im laufenden Arbeitsverhältnis vorsieht, **keinen Verstoß gegen das Diskriminierungsverbot** darstellen soll.[162] Der Vorteil der Besitzstandswahrung des § 17 Abs. 4 TV-L kommt jedoch nicht zur Anwendung, wenn die Höhergruppierung bei einer Neueinstellung zwischen mehreren Befristungen erfolgt. Für diesen Fall soll nach dem Konzept des TV-L allein § 16 Abs. 2 TV-L greifen. In der Tat differenziert § 17 Abs. 4 TV-L zwar nicht ausdrücklich danach, ob der Arbeitnehmer sich zum Zeitpunkt der Höhergruppierung in einem befristeten oder in einem unbefristeten Arbeitsverhältnis befindet oder ob das vorangegangene Arbeitsverhältnis befristet oder unbefristet war. Eine unmittelbare Diskriminierung ist damit ausgeschlossen. Doch wird bei einem mehrfach befristeten Arbeitnehmer die Höhergruppierung regelmäßig nicht im Rahmen eines einjährigen Vertrages, sondern bei Vertragsverlängerung erfolgen. So war auch der Sachverhalt gelagert, der dem BAG zur Entscheidung vorlag. Die Höhergruppierung wird bei einem unbefristet Beschäftigten typischerweise während des laufenden Arbeitsverhältnisses erfolgen. Es ist kaum denkbar, dass hierfür eine Änderungskündigung ausgesprochen wird, um ein neues Arbeitsverhältnis zu begründen. Damit werden im Regelfall befristet Beschäftigte wesentlich häufiger von der Besitzstandswahrung durch § 17 Abs. 4 TV-L ausgenommen sein.[163] Auch hierin kann ein Verstoß gegen das Diskriminierungsverbot des § 4 Nr. 1 Befr-RV aufgrund einer **mittelbaren Diskriminierung** gesehen werden. Die Rechtsprechung des BAG zu § 17 Abs. 4 TV-L widerspricht zudem der klaren Positionierung des EuGH in der Rs. *Valenza,*[164] wo er das Diskriminierungsverbot möglichst weitgehend zur Anwendung kommen lassen will und auch Diskriminierungen mit einbezieht, die aus vorherigen befristeten Arbeitsverhältnissen in das laufende unbefristete Arbeitsverhältnis hineinwirken.

---

159 Im Ergebnis ebenso Laux/Schlachter/*Schlachter*, § 4 TzBfG Rz. 185; a.A. *Riesenhuber*, Europäisches Arbeitsrecht, Rz. 12 f.; EUArbR/*Krebber*, RL 1999/70/EG, § 4 Rz. 16.
160 Für eine Einbeziehung der mittelbaren Benachteiligung z.B. KR/*Bader*, § 4 TzBfG Rz. 13; kritisch Annuß/Thüsing/*Thüsing*, § 4 Rz. 18.
161 So auch Laux/Schlachter/*Schlachter*, § 4 TzBfG Rz. 185; *Preis/Gotthardt*, DB 2000, 2065 (2070); KR/*Bader*, § 4 TzBfG Rz. 13.
162 BAG v. 24.10.2013 – 6 AZR 964/11, NZA-RR 2014, 98.
163 S. hierzu auch die Argumentation im Rahmen von § 4 über den funktionalen Zusammenhang und das einheitliche Arbeitsverhältnis Fürst/*Fieberg*, GKÖD, Bd. IV, E § 16 Rz. 16d mit der entsprechenden Gegenargumentation von BAG v. 24.10.2013 – 6 AZR 964/11, NZA-RR 2014, 98 Rz. 15 ff.
164 EuGH v. 18.10.2012 – C-302/11 – Valenza, NZA 2013, 261 ff.

e) Kausalität

Gemäß § 4 Nr. 1 Befr-RV dürfen befristet beschäftigte Arbeitnehmer nur deswegen, weil sie befristet beschäftigt sind, nicht gegenüber vergleichbaren Dauerbeschäftigten schlechter behandelt werden. Diese Formulierung spricht dafür, dass eine Schlechterbehandlung, die sowohl auf der Befristung als auch auf einem anderen, nicht verbotenen Grund beruht, zulässig wäre.[165] Allein die Tatsache, dass die Befristung Teil eines **Motivbündels** ist, führt demnach nicht dazu, dass die Schlechterbehandlung unzulässig ist. Damit scheint der Schutz des § 4 Nr. 1 Befr-RV weniger stark ausgestaltet als bspw. in Art. 2 der allgemeinen Gleichbehandlungsrichtlinie 2000/78/EG. Gemäß Art. 2 Abs. 1 RL 2000/78/EG darf es keine „Diskriminierung wegen eines der Art. 1 genannten Gründe geben". Anders als in § 4 Nr. 1 Befr-RV fehlt der Zusatz „nur", das Schutzniveau der Befristungsrichtlinie scheint damit also niedriger als dasjenige der allgemeinen Gleichbehandlungsrichtlinie.

13.92

f) Rechtfertigung durch sachlichen Grund

Zentrales Merkmal des § 4 Nr. 1 Befr-RV ist der **sachliche Grund**, welcher eine Schlechterbehandlung rechtfertigen kann; hierüber wird das **Diskriminierungsverbot eingeschränkt**.[166] Der EuGH legt für den sachlichen Grund i.S.v. § 4 Nr. 1 Befr-RV und i.S.v. § 4 Nr. 4 sowie § 5 Nr. 1 Buchst. a Befr-RV dieselbe Definition zugrunde.[167] Ein sachlicher Grund rechtfertigt danach eine Schlechterstellung nur, wenn sie „durch das Vorhandensein **genau bezeichneter, konkreter Umstände** gerechtfertigt" ist, „die die betreffende Beschäftigungsbedingung in ihrem speziellen Zusammenhang und auf der Grundlage **objektiver und transparenter Kriterien** für die Prüfung der Frage kennzeichnen, ob diese Ungleichbehandlung einem echten Bedarf entspricht und ob sie zur **Erreichung des verfolgten Ziels geeignet und erforderlich** ist."[168] Es bietet sich also eine zweistufige Prüfung an: Zunächst sind die Voraussetzungen des echten Bedarfs einer Ungleichbehandlung, das Vorliegen genau bezeichneter, konkreter Umstände, der spezielle Zusammenhang zwischen Schlechterstellung und Beschäftigungsbedingung und die objektiven und transparenten Kriterien zu prüfen. In einem zweiten Schritt muss dann eine Geeignetheits- und Erforderlichkeitsprüfung durchgeführt werden, die an dem Ziel der Ungleichbehandlung zu messen ist.

13.93

Als **Beispiel** für solche Umstände nennt der Gerichtshof diejenigen, die sich aus der **besonderen Art der Aufgaben**, zu deren Erfüllung befristete Verträge geschlossen worden sind, die sich aus deren **Wesensmerkmalen** ergeben oder aber die sich aus der Verfolgung eines **legitimen sozialpolitischen Ziels** durch einen Mitgliedstaat ergeben.[169] Den pauschalen Hinweis, dass ein befristeter Arbeitsvertrag die „Stabilität der arbeitsrechtlichen Beziehung" fördere, lässt der EuGH ebenso wenig ausreichen wie den Verweis auf die bloß temporäre Natur befristeter Arbeitsverträge.[170] Das ist angesichts des Prüfungsmaßstabs, den der EuGH selbst vorgibt, wie z.B. das Vorliegen genau bezeichneter, konkreter Umstände, nur konsequent.

13.94

---

165 So auch GA *Wahl* v. 26.9.2013 – 361/12 – Carratù, BeckRS 2013, 81889 Rz. 53.
166 *Riesenhuber*, Europäisches Arbeitsrecht, § 17 Rz. 15.
167 S. den Verweis in EuGH v. 22.12.2010 – C-444/09 – Gavieiro Gavieiro, Slg. 2010, I-14031 Rz. 55 und in v. 13.9.2007 – C-307/05 – Del Cerro Alonso, Slg. 2007, I-7109 Rz. 56 auf v. 4.7.2006 – C-212/04 – Adeneler, Slg. 2006 I-6057 Rz. 69 f., wo der Gerichtshof den sachlichen Grund für § 5 Nr. 1 Buchst. a Befr-RV definiert; zur Gleichstellung des sachlichen Grundes gem. § 4 Nr. 1 und § 4 Nr. 4 Befr-RV s. EuGH v. 18.10.2012 – C-302/11 – Valenza, NZA 2013, 261 ff. Rz. 50.
168 Diesen Textbaustein verwendet der Gerichtshof u.a. in EuGH v. 21.9.2016 – C-631/15 – Álvarez Santirso, BeckRS 2016, 82436 Rz. 51; v. 14.9.2016 – C-569/14 – de Diego Porras, NZA 2016, 1193 Rz. 45.
169 EuGH v. 22.12.2010 – C-444/09 – Gavieiro Gavieiro, Slg. 2010, I-14031 Rz. 55; v. 13.9.2007 – C-307/05 – Del Cerro Alonso, Slg. 2007, I-7109 Rz. 53; v. 14.9.2016 – C-569/14 – de Diego Porras, NZA 2016, 1193 Rz. 45.
170 EuGH v. 13.3.2014 – C-38/13 – Nierodzik, NZA 2014, 421 Rz. 36 ff.; v. 14.9.2016 – C-569/14 – de Diego Porras, NZA 2016, 1193 Rz. 50.

13.95 Der EuGH räumt den **Mitgliedstaaten** bei der **Organisation ihrer öffentlichen Verwaltungen Ermessen** ein.[171] Dies bedeutet nach seiner Auffassung, dass sie für den Zugang zu bestimmten Beschäftigungen Voraussetzungen bzgl. des Dienstalters vorsehen könnten, den Zugang zu einer internen Beförderung Berufsbeamten vorbehalten und von ihnen den Nachweis einer Berufserfahrung verlangen können, die der Einstufung unmittelbar unter der ausgeschriebenen entspreche. Doch lässt dies nach Auffassung des Gerichtshofs nicht die Voraussetzung eines sachlichen Grundes und transparenter Kriterien, die in nachprüfbarer Weise angewandt werden, entfallen.[172] So reichen sozialpolitische Entscheidungen nicht aus, wenn ihnen Haushaltserwägungen zugrunde liegen, die Art und Ausmaß der Maßnahmen beeinflussen können.[173]

13.96 Allein die Tatsache, dass die Befristung der Beschäftigung des Personals der öffentlichen Verwaltung in einer **allgemeinen und abstrakten Regelung** wie einem Gesetz oder Tarifvertrag vorgesehen ist, hat der Gerichtshof nicht als sachlichen Grund anerkannt.[174] Stellte man auf dieses Kriterium ab, würde die bloße Befristung ausreichen, um eine Ungleichbehandlung zu rechtfertigen und damit könnten Sinn und Zweck der Rahmenvereinbarung gerade nicht erreicht werden.[175] Auch ist es nach Ansicht des Gerichtshofs u.a. in der Rs. *Del Cerro Alonso* **keine Rechtfertigung**, wenn die unterschiedliche Behandlung von befristet Beschäftigten und Dauerbeschäftigten in einer allgemeinen, abstrakten Regelung des nationalen Rechts geregelt ist, wie z.B. in einem Gesetz oder in einem Tarifvertrag.[176] Hierbei fehlt es nach der Definition des EuGH an genau bezeichneten konkreten Umständen, „die die betreffende Beschäftigungsbedingung in ihrem speziellen Zusammenhang und auf der Grundlage objektiver und transparenter Kriterien für die Prüfung der Frage kennzeichnen, ob diese Ungleichbehandlung einem echten Bedarf entspricht und ob sie zur Erreichung des verfolgten Ziels geeignet und erforderlich ist."[177] Diese Rechtsprechung ist konsequent, die unterschiedliche Behandlung selbst kann nicht zugleich der sie rechtfertigende Grund sein. Dabei muss unerheblich sein, ob sie durch ein Gesetz vorgegeben wurde. Ansonsten wäre es ein Leichtes, den Diskriminierungsschutz des § 4 Nr. 1 Befr-RV auszuhebeln.[178] Der „sachliche Grund" wäre, weil er faktisch gar nicht existiert, nicht überprüfbar und auch nicht subsumierbar.

13.97 **Bejaht** hat der EuGH einen **sachlichen Grund** bisher soweit ersichtlich erst einmal. In der Rs. *Grupo Norte Facility* war eine Regelung zu beurteilen, wonach Arbeitnehmern, die aufgrund befristeter Arbeitsverträge eingestellt wurden, um einen in Altersteilzeit gegangenen Arbeitnehmer zu ersetzen, eine geringere **Entschädigung** zugestanden wurde als diejenige, die für Dauerbeschäftigte vorgesehen wird, deren Arbeitsvertrag aus einem sachlichen Grund beendet wird. Entscheidend sind für den EuGH die verschiedenen **Umstände der Vertragsbeendigung und die unterschiedliche Zwecksetzung** der Entschädigung.[179]

---

171 EuGH v. 21.9.2016 – C-631/15 – Álvarez Santirso, BeckRS 2016, 82436 Rz. 53.
172 EuGH v. 8.9.2011 – C-177/10 – Rosado Santana, Slg. 2011, I-7907 Rz. 76 ff.; v. 21.9.2016 – C-631/15 – Álvarez Santirso, BeckRS 2016, 82436 Rz. 54.
173 EuGH v. 9.2.2017 – C-443/16 – Rodrigo Sanz, BeckRS 2017, 107913 Rz. 53.
174 EuGH v. 22.12.2010 – C-444/09 – Gavieiro Gavieiro, Slg. 2010, I-14031 Rz. 54; v. 14.9.2016 – C-569/14 – de Diego Porras, NZA 2016, 1193 Rz. 46.
175 EuGH v. 22.12.2010 – C-444/09 – Gavieiro Gavieiro, Slg. 2010, I-14031 Rz. 56.
176 EuGH v. 13.9.2007 – C-307/05 – Del Cerro Alonso, Slg. 2007, I-7109 Rz. 57 f.; v. 8.9.2011 – C-177/10 – Rosado Santana, Slg. 2011, I-7907 Rz. 72 ff.
177 EuGH v. 13.9.2007 – C-307/05 – Del Cerro Alonso, Slg. 2007, I-7109 Rz. 57 f.; v. 18.10.2012 – C-302/11 – Valenza, NZA 2013, 261 Rz. 50 ff.; v. 14.9.2016 – C-569/14 – de Diego Porras, NZA 2016, 1193 Rz. 45; v. 20.12.2017 – C-158/16 – Vega González, NZA 2018, 97 Rz. 46.
178 Ähnlich *Bieder/Diekmann*, EuZA 2008, 515 (524); zustimmend ebenfalls *Höland*, Anm. zur Rs. *Del Cerro Alonso*, ZESAR 2009, 184 (192).
179 EuGH v. 5.6.2018 – C-574/16 – Grupo Norte Facility, NZA 2018, 771 Rz. 55 ff.; zu weiteren denkbaren Umständen, die eine Ungleichbehandlung rechtfertigen können s. Schlachter/Heinig/*Kamanabrou*, § 15 Rz. 22.

Der nationale Gesetzgeber hat in § 4 Abs. 2 Satz 1 TzBfG schlicht den Wortlaut des § 4 Nr. 1 Befr-RV übernommen und nennt den „sachlichen Grund" als einzige Rechtfertigung für eine Ungleichbehandlung. Damit hat sich der deutsche Gesetzgeber bei der Umsetzung scheinbar auf die sichere Seite begeben. In der Literatur wurde allerdings auf die **Problematik** hingewiesen, ob der Rückgriff auf den **unbestimmten Begriff des „sachlichen Grundes" unionsrechtskonform** ist, weil der nationale Normgeber entsprechend der Vorgaben des EuGH den Begriff näher konkretisieren müsste.[180] Diese Bedenken sind nachvollziehbar. Auch wenn der nationale Gesetzgeber freilich gerade keine konkreten Einzelfallregelungen erlässt, so hätte er doch zumindest abstrakt-generell Fallgruppen vorgeben können, die einen sachlichen Grund i.S.v. § 4 Abs. 2 TzBfG darstellen. Mit der bloßen Übernahme der Wortwahl des § 4 Nr. 1 Befr-RV könnte gegen das **Transparenzgebot**, welches bei der Umsetzung der Richtlinie einzuhalten ist, verstoßen worden sein. Das Transparenzgebot verlangt, dass die Mitgliedstaaten zur Umsetzung von Richtlinien Rechtsvorschriften erlassen, „die geeignet sind, eine so bestimmte, klare und transparente Lage zu schaffen, dass der Einzelne seine Rechte erkennen und sich vor den nationalen Gerichten auf sie berufen kann."[181] Im Ergebnis ist es auch dieses Transparenzgebot, das der EuGH stärkt, wenn er verlangt, dass der sachliche Grund i.S.v. § 4 Nr. 1 Befr-RV konkrete Umstände benennt und auf objektiven und transparenten Kriterien beruht. Ob das Merkmal „sachlicher Grund" ohne weitere Konkretisierung diesen Anforderungen des Transparenzgebots genügt, kann angezweifelt werden.

13.98

Allerdings ist umgekehrt zu berücksichtigen, dass gerade im Rahmen des Diskriminierungsverbots die Schwierigkeit groß sein dürfte, abstrakt-generelle Fallgruppen zu schaffen, mit Hilfe derer das Verbot angemessen eingeschränkt werden kann. Es erscheint fraglich, ob vom nationalen Gesetzgeber verlangt werden kann, insgesamt so vage formulierte Vorgaben, wie sie in der Rahmenvereinbarung über befristete Arbeitsverträge enthalten sind, konkreter umzusetzen. Schließlich wird den sehr abstrakten Vorgaben der Befr-RV erst im Anschluss faktisch durch den EuGH eine konkretere Bedeutung beigemessen, die der nationale Gesetzgeber zum Zeitpunkt der Umsetzung naturgemäß noch nicht kennen kann. So läuft er Gefahr, den unionsrechtlichen Vorgaben im Sinne der späteren EuGH-Rechtsprechung nicht gerecht zu werden, je konkreter er die nationalen Bestimmungen ausgestaltet hat. Indem der nationale Gesetzgeber den unbestimmten Begriff des sachlichen Grundes übernommen hat, überlässt er es im Ergebnis der nationalen Rechtsprechung, die Anforderungen auszugestalten – und sich dabei an die Vorgaben des EuGH zu halten.

13.99

Das BAG entspricht jedenfalls bisher mit seiner Rechtsprechung der Leitlinie des EuGH, wenn es darauf hinweist, dass der sachliche Grund sich nicht aus der Tatsache ergeben dürfe, dass der Arbeitnehmer befristet beschäftigt ist, sondern neutral ausgestaltet sein muss.[182]

13.100

Problematisch ist in diesem Zusammenhang aus unionsrechtlicher Sicht der Beispielsfall, der in der **Gesetzesbegründung** genannt wird: Danach soll es einen sachlichen Grund darstellen, wenn **Zusatzleistungen bei kurzzeitigen Arbeitsverhältnissen** zu so geringen Ansprüchen führen würden, dass der jeweilige Betrag in keinem Verhältnis zum Leistungszweck stehe.[183] In diesem Fall liegt der Grund gerade in der besonders kurzen Befristungsdauer, also in der Befristung selbst. Eine Ungleichbehandlung befristet Beschäftigter soll aber nach dem Willen der europäischen Sozialpartner nicht durch die Befristung gerechtfertigt werden, Ziel der Rahmenvereinbarung ist es vielmehr, dieses Vorgehen zu verhindern.[184]

13.101

---

180 *Bieder/Diekmann*, EuZA 2008, 515 (524).
181 EuGH v. 15.6.1995 – C-220/94 – Kommission/Luxemburg, Slg. 1995, I-1589 Rz. 10; v. 18.12.2008 – C-338/06 – Kommission/Spanien, Slg. 2008, I-10139 Rz. 54.
182 S. BAG v. 16.6.2004 – 5 AZR 448/03, NZA 2004, 1119 zur Diskriminierung wegen Teilzeitbeschäftigung; BeckOK/*Bayreuther*, § 4 TzBfG Rz. 30.
183 BT-Drucks. 14/4374, S. 16.
184 Laux/Schlachter/*Schlachter*, § 4 TzBfG Rz. 192, weist zu Recht darauf hin, dass die geringe Anspruchshöhe gerade die direkte Folge der (besonders kurzen) Befristung sei, so dass im Ergebnis

3. Pro-rata-temporis-Grundsatz

13.102 Mit § 4 Nr. 2 Befr-RV haben die Sozialpartner recht knapp formuliert, dass der Pro-rata-temporis-Grundsatz dort gilt, wo er angemessen ist. Der Begriff der Angemessenheit eröffnet den Mitgliedstaaten einen erheblichen Spielraum.

a) Inhalt und Anwendungsbereich

13.103 Der Pro-rata-temporis-Grundsatz gibt vor, dass eine **zeitanteilige Bemessung** vorzunehmen ist, bezogen auf Vor- oder auch Nachteile.[185] Voraussetzung für die Anwendbarkeit des § 4 Nr. 2 Befr-RV ist daher, dass es sich um eine teilbare Leistung handelt.[186] Hierbei **schränkt der Wortlaut** der Regelung den Anwendungsbereich **nicht auf bestimmte Leistungen**, also bspw. nur geldwerte Leistungen ein, sondern umfasst alle, solange sie nur teilbar sind.

13.104 Der Pro-rata-temporis-Grundsatz gestaltet das Diskriminierungsverbot inhaltlich aus, soweit es sich um teilbare Leistungen handelt.[187] In diesem Fall kann dem Unterschied, der aus der Befristung folgt, Rechnung getragen werden. So weist der EuGH darauf hin, dass § 4 Nr. 2 Befr-RV nur eine der Konsequenzen hervorhebe, die sich ggf. aus der Anwendung des Grundsatzes der Nichtdiskriminierung ergeben.[188] § 4 Nr. 2 Befr-RV dient also, für die Fallgruppe der teilbaren Leistungen, der Ausgestaltung von § 4 Nr. 1 Befr-RV.

13.105 Der nationale Gesetzgeber hat den Pro-rata-temporis-Grundsatz mit § 4 Abs. 2 Satz 2 TzBfG umgesetzt. Dabei wird er **ausdrücklich auf Arbeitsentgelt und andere geldwerte Leistungen** bezogen. Wegen der teilweise herrschenden Unsicherheit, ob auch das Arbeitsentgelt in den Anwendungsbereich der Befr-RV fällt, wurde die deutsche Regelung als über § 4 Befr-RV hinausgehend angesehen.[189] Angesichts der dargestellten Rechtsprechung des EuGH, die zu Recht auch das Arbeitsentgelt als Beschäftigungsbedingung i.S.v. § 4 Befr-RV ansieht, muss nun umgekehrt vielmehr die Frage gestellt werden, ob die Bezugnahme auf Arbeitsentgelt und geldwerte Leistungen zu eng ist. Schließlich ist der Wortlaut des § 4 Nr. 2 Befr-RV weiter und bezieht alle teilbaren Leistungen ein. Allerdings dürfte es schwer sein, einen praktischen Anwendungsfall für eine teilbare nicht geldwerte Leistung zu finden.[190]

13.106 Irritierend ist aus unionsrechtlicher Sicht auch die Formulierung **„mindestens in dem Umfang"** in **§ 4 Abs. 2 Satz 2 TzBfG**. Der Wortlaut lässt auch eine Besserstellung befristet Beschäftigter zu. Dies scheint zwar gem. § 8 Nr. 1 Befr-RV, wonach die Mitgliedstaaten auch günstigere Bestimmungen für Arbeitnehmer beibehalten oder einführen dürfen, möglich. Allerdings würde darin zugleich eine Schlechterbehandlung der nicht befristet Beschäftigten liegen. Eine derartige

---

die Befristung den Grund für die Schlechterstellung darstellen würde; ebenso KR/*Bader*, § 4 TzBfG Rz. 20; a.A. Annuß/Thüsing/*Thüsing*, § 4 TzBfG Rz. 78, der diese „wirtschaftliche Erwägung" als sachlichen Grund anerkennt.

185 *Riesenhuber*, Europäisches Arbeitsrecht, § 17 Rz. 22.
186 EuGH v. 15.4.2008 – C-268/06 – Impact, Slg. 2008, I-2533 Rz. 116 unter Bezugnahme auf die Schlussanträge der GAin *Kokott*, Slg. 2008, I-2533 Nr. 161.
187 *Riesenhuber*, Europäisches Arbeitsrecht, § 17 Rz. 29; EUArbR/*Krebber*, RL 1999/70/EG, § 4 Rz. 17.
188 EuGH v. 15.4.2008 – C-268/06 – Impact, Slg. 2008, I-2533 Rz. 65.
189 S. bspw. Laux/Schlachter/*Schlachter*, § 4 TzBfG Rz. 193.
190 Gerade deswegen wurde auch umgekehrt § 4 Nr. 2 Befr-RV vom EuGH als Argument verwendet, um zu begründen, dass als Beschäftigungsbedingung i.S.d. Rahmenvereinbarungen auch das Arbeitsentgelt anzusehen ist, EuGH v. 15.4.2008 – C-268/06 – Impact, Slg. 2008, I-2533 Rz. 116 unter Bezugnahme auf die Schlussanträge der GAin *Kokott*, Slg. 2008, I-2533 Nr. 161; generell käme der Urlaubsanspruch in Betracht, doch auch er könnte bei einem weiten Verständnis als geldwerter Vorteil angesehen werden, so z.B. Laux/Schlachter/*Schlachter*, § 4 TzBfG Rz. 198 bzgl. § 4 Abs. 2 TzBfG, was angesichts § 7 Abs. 4 BUrlG konsequent ist.

positive Diskriminierung ist aber in der Befr-RV, anders als bspw. in Art. 5 RL 2000/43/EG, nicht vorgesehen.[191]

b) Angemessenheit

Auch wenn der unbestimmte Rechtsbegriff „Angemessenheit" einen großen Spielraum eröffnet, bedeutet dies nicht, dass die Mitgliedstaaten den Anwendungsbereich des Pro-rata-temporis-Grundsatzes bestimmen können. Maßgeblich ist der Zweck dieses Grundsatzes.[192] Damit entfaltet das Merkmal der Angemessenheit erst dann Wirkung, wenn ein Vorteil zeitanteilig bemessen werden kann. Handelt es sich um unteilbare Vorteile, greift nur das Diskriminierungsverbot nach § 4 Nr. 1 Befr-RV.[193] Bedeutung kann der Angemessenheitsvorbehalt bspw. bei der Gewährung von Weihnachtsgeld erlangen,[194] vorausgesetzt, Bestandteile des Arbeitsentgelts werden als vom Anwendungsbereich der Rahmenvereinbarung erfasst angesehen.

13.107

Anders als § 4 Nr. 2 Befr-RV sieht **§ 4 Abs. 2 Satz 2 TzBfG keinen Angemessenheitsvorbehalt** vor. Vielmehr muss dem befristet Beschäftigten „mindestens" die Leistung in dem Umfang gewährt werden, der dem Anteil seiner Beschäftigungsdauer am Bemessungszeitraum entspricht. Während also nach Unionsrecht eine Einschränkung über die Angemessenheit ausdrücklich erlaubt ist, schließt der Wortlaut der nationalen Regelung dies über den Mindestvorbehalt geradezu aus.[195] Ob dennoch eine Einschränkung der nationalen Regelung über die Angemessenheit zulässig ist, ist in der Literatur umstritten.[196] Die Vorgaben der Befr-RV schließen eine Einschränkung des Anwendungsbereichs des Pro-rata-temporis-Grundsatzes jedenfalls nicht aus,[197] ein entsprechender Vorbehalt würde auch nicht das Erreichen des Ziels der Rahmenvereinbarung gefährden.

13.108

Zur Frage, ob der Mindestvorbehalt des § 4 Abs. 2 Satz 2 TzBfG den Anforderungen der Befr-RV entspricht vgl. Rz. 13.100.

13.109

4. Beschäftigungsbedingungen und Betriebszugehörigkeitszeiten

a) Inhalt

Gemäß § 4 Nr. 4 Befr-RV sollen für befristet beschäftigte Arbeitnehmer bzgl. bestimmter Beschäftigungsbedingungen dieselben Betriebszugehörigkeiten gelten wie für Dauerbeschäftigte. Eine Ausnahme sieht die Regelung vor, wenn unterschiedliche Betriebszugehörigkeiten aus sachlichen Gründen gerechtfertigt sind. Die Vorschrift ist sprachlich nicht gerade gelungen. Sie soll besagen,

13.110

---

191 ErfK/*Preis*, § 4 TzBfG Rz. 63, der darüber hinaus auf einen Verstoß gegen den allgemeinen Gleichbehandlungsgrundsatz hinweist.
192 *Riesenhuber*, Europäisches Arbeitsrecht, § 17 Rz. 20.
193 *Riesenhuber*, Europäisches Arbeitsrecht, § 17 Rz. 20, als Beispiel für einen unteilbaren Vorteil nennt er den Zugang zur Betriebskantine, dort kommt der Pro-rata-temporis-Grundsatz nicht zur Anwendung.
194 S. EAS/*Rolfs*, B 3200 Rz. 18; beim Weihnachtsgeld könnte die Berücksichtigung unter dem Gesichtspunkt der Betriebstreue erfolgen.
195 S. *Richardi/Annuß*, BB 2000, 2201 (2204); Laux/Schlachter/*Schlachter*, § 4 TzBfG Rz. 193.
196 So soll nach der Gesetzesbegründung, BT-Drucks. 14/4374, S. 16, eine Ungleichbehandlung von befristet Beschäftigten trotz des Wortlauts durch sachliche Gründe gerechtfertigt werden können, weshalb teilweise von einem Redaktionsversehen ausgegangen wird, s. z.B. *Kliemt*, NZA 2001, 296 (305); gegen diese Auslegung unter Verweis auf den Wortlaut *Dörner*, Der befristete Arbeitsvertrag, Rz. 100; *Däubler*, ZIP 2000, 1961 (1966); *Preis/Gotthardt*, DB 2000, 2070; EAS/*Rolfs*, B 3200 Rz. 34; für ein gesetzgeberisches Versehen und eine differenzierende Auslegung hingegen Laux/Schlachter/*Schlachter*, § 4 TzBfG Rz. 194 f.; KR/*Bader*, § 4 TzBfG Rz. 21; *Thüsing*, ZfA 2002, 249 (263).
197 So auch KR/*Bader*, § 4 TzBfG Rz. 19.

dass die **Beschäftigungszeiten**, wenn sie eine Voraussetzung für Arbeitgeberleistungen darstellen, für befristet und unbefristet Beschäftigte **formal gleich zu bemessen** sind.[198] Sieht also eine Regelung eine vierwöchige Wartezeit vor, wie z.B. § 3 EFZG, greift diese Wartezeit unabhängig davon, ob es sich um einen befristet oder unbefristet Beschäftigten handelt – auch wenn die Befristung z.B. nur zwei Monate dauert, wird sie nicht verkürzt (und ebenso wenig verlängert). Der Pro-rata-temporis-Grundsatz des § 4 Nr. 2 Befr-RV greift hier nicht.[199]

13.111 Bei den Verhandlungen der Sozialpartner stand dahinter die Frage, ob eine unterschiedliche Behandlung befristet Beschäftigter beim **Zugang zur betrieblichen Altersversorgung** möglich sein sollte.[200] Mit § 4 Nr. 4 Befr-RV haben sich die Sozialpartner dafür entschieden, die Gleichbehandlung grundsätzlich auch in diesem Bereich zu gewährleisten. Den Mitgliedstaaten wird aber die Möglichkeit gelassen, Unterscheidungen bei Vorliegen „sachlicher Gründe" vorzunehmen.[201] Das bedeutet zugleich, dass befristet Beschäftigte jedenfalls nicht von der betrieblichen Altersversorgung ausgenommen werden sollten. Die betriebliche Altersversorgung sollte also durchaus Regelungsgegenstand von § 4 Nr. 4 Befr-RV sein.[202] Generell werden also von § 4 Nr. 4 Befr-RV Regelungen erfasst, welche eine Wartezeit, also eine Mindestdauer der Betriebszugehörigkeit, für die Entstehung eines Anspruchs voraussetzen.[203] Ebenso können aber nach Auffassung des EuGH, wie die Rs. *Valenza* gezeigt hat, Regelungen erfasst sein, die die Berücksichtigung oder Nichtberücksichtigung von Vorbeschäftigungszeiten in befristeten Beschäftigungsverhältnissen für die **Eingruppierung** festlegen.[204] Diese Auslegung ist jedenfalls noch von dem nicht ganz klaren Wortlaut der Regelung erfasst.

13.112 Dem EuGH wurde in der Rs. *Gavieiro Gavieiro* ausdrücklich die Frage vorgelegt, wie der **Begriff „unterschiedliche Betriebszugehörigkeitszeiten"** i.S.v. § 4 Nr. 4 Befr-RV auszulegen ist. Darauf hat der Gerichtshof allerdings nur geantwortet, er habe bereits entschieden, dass **Dienstalterszulagen**, wie sie Gegenstand des Verfahrens waren, unter den Begriff der Beschäftigungsbedingungen in § 4 Nr. 1 Befr-RV fallen.[205] Der Gerichtshof stützte seine Entscheidung letztlich allein auf § 4 Nr. 1 und nicht auf § 4 Nr. 4 Befr-RV. Dies ist nicht erstaunlich, da das Kernproblem nicht in der Erfüllung einer bestimmten Wartezeit lag, sondern es sich um eine alle drei Jahre wiederkehrende Leistung handelte, die nach den nationalen Regelungen allein unbefristet Beschäftigten vorbehalten sein sollte.

b) Verhältnis zwischen § 4 Nr. 1 Befr-RV und § 4 Nr. 4 Befr-RV

13.113 Das Verhältnis von § 4 Nr. 4 Befr-RV zu § 4 Nr. 1 Befr-RV ist bisher ungeklärt. Der EuGH weist nur darauf hin, dass § 4 Nr. 4 Befr-RV das gleiche Verbot wie § 4 Nr. 1 Befr-RV für die bestimmte

---

198 *Riesenhuber*, Europäisches Arbeitsrecht, § 17 Rz. 25, welcher § 4 Nr. 4 Befr-RV folgendermaßen „übersetzt": „Soweit es für einzelne Arbeitsbedingungen auf die Betriebszugehörigkeitszeiten ankommt, gelten für befristet beschäftigte Arbeitnehmer und Dauerbeschäftigte dieselben Fristen, es sei denn, unterschiedliche Betriebszugehörigkeitszeiten wären aus objektiven Gründen gerechtfertigt."
199 Vgl. zur entsprechenden Umsetzungsregelung des TzBfG ErfK/*Preis*, § 4 TzBfG Rz. 63.
200 *Kaufmann*, AuR 1999, 332 (333); EAS/*Rolfs*, B 3200 Rz. 17; *Fuchs/Marhold*, Europäisches Arbeitsrecht, S. 114.
201 *Kaufmann*, AuR 1999, 332 (333).
202 Vgl. *Riesenhuber*, Europäisches Arbeitsrecht, § 17 Rz. 27.
203 S. zur entsprechenden nationalen Regelung in § 4 Abs. 2 Satz 3 TzBfG Laux/Schlachter/*Schlachter*, § 4 TzBfG Rz. 204, die als Beispiel die Entgeltfortzahlung im Krankheitsfall nach § 3 EFZG und den Anspruch auf vollen Jahresurlaub nach § 4 BUrlG nennt.
204 EuGH v. 18.10.2012 – C-302/11 – Valenza, NZA 2013, 261 ff.
205 EuGH v. 22.12.2010 – C-444/09 – Gavieiro Gavieiro, Slg. 2010, I-14031 Rz. 50, zu dieser Rechtssache wurde ohne Schlussanträge entschieden, so dass auch insoweit keine weiteren Ausführungen zur Auslegung von § 4 Nr. 4 Befr-RV bestehen.

Beschäftigungsbedingungen betreffenden Betriebszugehörigkeiten enthält.[206] Im Ergebnis ist dem aber nicht viel mehr hinzuzufügen. § 4 Nr. 4 Befr-RV enthält lediglich eine Spezialregelung im Verhältnis zu § 4 Nr. 1 Befr-RV, der nicht mehr zukommt als eine **klarstellende Wirkung**.[207] Da sogar mit dem „sachlichen Grund" dieselbe Rechtfertigungsmöglichkeit vorgesehen ist, bleibt kein Raum zur Differenzierung. Diese Klarstellung dürfte der Entstehungsgeschichte der Rahmenvereinbarung geschuldet sein, während derer die Sozialpartner scheinbar besonderen Einigungsbedarf bei der Frage der unterschiedlichen Behandlung befristet Beschäftigter beim Zugang zur betrieblichen Altersversorgung hatten.[208]

Gegenstück auf nationaler Ebene ist § 4 Abs. 2 Satz 3 TzBfG. Dort hat der deutsche Gesetzgeber § 4 Nr. 4 Befr-RV nahezu wortgleich übernommen, die Regelung aber zumindest ein wenig eingängiger formuliert. Eine richtlinienkonforme Auslegung führt damit dazu, dass auch § 4 Abs. 2 Satz 3 TzBfG den Zugang befristet Beschäftigter zur betrieblichen Altersversorgung regelt.[209]

13.114

Umstritten ist, ob § 4 Abs. 2 Satz 3 TzBfG auch die **Wartezeit zur Wahlberechtigung und Wählbarkeit des Betriebsrats** erfasst.[210] Das Unionsrecht sieht die formale Anwendung derselben Wartezeiten hierfür jedenfalls nicht vor. § 4 Nr. 4 Befr-RV erfasst nur „Beschäftigungsbedingungen", nicht hingegen das Verhältnis zu Arbeitnehmervertretungen.[211]

13.115

c) Anwendungsbereich

Zur Frage der Anwendbarkeit des § 4 Nr. 4 Befr-RV beim **Wechsel** des befristet beschäftigten Arbeitnehmers **in ein unbefristetes Arbeitsverhältnis** bei demselben Arbeitgeber äußerte sich der EuGH in der Rs. *Valenza*. Fraglich war, ob die vorangegangenen Dienstzeiten und die erworbene Berufserfahrung, die die Beschäftigten bei demselben Arbeitgeber in vorherigen befristeten Beschäftigungsverhältnissen erworben haben, bei der Festlegung des Dienstalters und der Festsetzung der Höhe der Dienstbezüge nach § 4 Nr. 4 Befr-RV zu berücksichtigen sind. Der Gerichtshof hält den Umstand, dass die Arbeitnehmer inzwischen unbefristet beschäftigt sind, für unerheblich. Zur Begründung verweist er darauf, dass weder Wortlaut noch Kontext des § 4 Nr. 4 Befr-RV dafür sprechen, die Regelung dann nicht mehr anzuwenden, sobald der Arbeitnehmer den Status eines Dauerbeschäftigten erlangt. Der Gerichtshof stützt sich auf die Ziele der Befr-RV, das Verbot von Diskriminierungen und die Verhinderung von Missbräuchen. Die Beschränkung auf Arbeitnehmer, die sich in einem laufenden befristeten Arbeitsverhältnis befinden, würde zu einer unangemessen engen Auslegung des § 4 Befr-RV führen.[212]

13.116

---

206 EuGH v. 8.9.2011 – C-177/10 – Rosado Santana, Slg. 2011, I-7909 Rz. 64; v. 18.10.2012 – C-302/11 – Valenza, NZA 2013, 261 Rz. 39. Dies wurde in der Literatur kritisiert; der EuGH beziehe sich in seinen Entscheidungen auf § 4 Nr. 1 „und/oder" Nr. 4 Befr-RV, es sei daher scheinbar nicht eindeutig für den EuGH, welche Nr. geprüft werden sollte, *Kovàcs*, ZESAR 2013, 179. Allerdings ist das Zusammenfassen der Nr. 1 und 4 nicht überzubewerten, da der EuGH in dem Fall Ausführungen zum sachlichen Grund machte und darauf hinwies, dass der Begriff einheitlich auszulegen ist, EuGH v. 18.10.2012 – C-302/11 – Valenza, NZA 2013, 261 Rz. 62. Rückschlüsse auf das Verhältnis zwischen den beiden Regelungen sind hieraus nicht zwingend zu ziehen.
207 Im Ergebnis ebenso *Kovàcs*, ZESAR 2013, 179.
208 *Kaufmann*, AuR 1999, 332 (333); EAS/*Rolfs*, B 3200 Rz. 17; *Fuchs/Marhold*, Europäisches Arbeitsrecht, S. 114.
209 Im Ergebnis auch Laux/Schlachter/*Schlachter*, § 4 TzBfG Rz. 204; KR/*Bader*, § 4 TzBfG Rz. 32; a.A. *Kliemt*, NZA 2001, 296 (305), allerdings ohne nähere Begründung.
210 S. hierzu KR/*Bader*, § 4 TzBfG Rz. 31.
211 So auch KR/*Bader*, § 4 TzBfG Rz. 31; dafür sprechen auch die getrennten Regelungen in den Buchst. c und d in Art. 3 Abs. 1 RL 2000/78/EG.
212 EuGH v. 18.10.2012 – C-302/11 bis C-305/11 – Valenza, NZA 2013, 261 Rz. 36 f.; v. 8.9.2011 – C-177/10 – Rosado Santana, Slg. 2011, I-7907 Rz. 44; kritisch hierzu *Kovàcs*, ZESAR 2013, 178.

13.117 Zur Frage, ob bei der Eingruppierung und der Einstufung der Berufserfahrung auch vorherige befristete Arbeitsverhältnisse zu berücksichtigen sind, hat das BAG sich inzwischen für die Berücksichtigung der Befristungen ausgesprochen und vermeidet so (entsprechend der Rechtsprechung des EuGH) eine unzulässige Diskriminierung von befristet Beschäftigten.[213]

d) Rechtfertigung durch sachlichen Grund

13.118 Ebenso wie in § 4 Nr. 1 Befr-RV ist auch in § 4 Nr. 4 Befr-RV die Möglichkeit vorgesehen, von der Grundregel wegen eines „sachlichen Grundes" abzuweichen. Der EuGH gibt eine einheitliche Auslegung des sachlichen Grundes für § 4 Nr. 1, Nr. 4 und § 5 Befr-RV vor.[214]

13.119 Damit gilt auch für die Ungleichbehandlung nach § 4 Nr. 4 Befr-RV, dass sie gerechtfertigt sein kann durch „das Vorhandensein **genau bezeichneter, konkreter Umstände**, die die betreffende Beschäftigungsbedingung in ihrem speziellen Zusammenhang und auf der Grundlage **objektiver und transparenter Kriterien** für die Prüfung der Frage kennzeichnen, ob diese Ungleichbehandlung einem echten Bedarf entspricht und ob sie zur **Erreichung des verfolgten Ziels geeignet und erforderlich ist.**" Beispielhaft nennt der Gerichtshof Gründe, die sich aus der **besonderen Art der Aufgaben**, zu deren Erfüllung befristete Verträge geschlossen worden sind, ergeben, die aus deren **Wesensmerkmalen folgen** oder aber die in der Verfolgung eines **legitimen sozialpolitischen Ziels** durch einen Mitgliedstaat begründet sind.[215] Ausdrücklich bestätigt der EuGH seine Rechtsprechung auch in Zusammenhang mit § 4 Nr. 4 Befr-RV, dass allein das Berufen auf die temporäre Natur der Arbeit des Personals der öffentlichen Verwaltung ebenso wenig ausreicht wie die Tatsache, dass die unterschiedliche Behandlung in einer allgemeinen und abstrakten nationalen Rechtsnorm wie einem Gesetz oder Tarifvertrag vorgesehen ist.[216]

13.120 Der Gesetzgeber hat mit § 4 Abs. 2 Satz 3 TzBfG auch für eine Ungleichbehandlung bei der Berücksichtigung von Betriebszugehörigkeitszeiten den sachlichen Grund als Rechtfertigung übernommen, ohne ihn weiter zu konkretisieren. Die Auslegung bleibt also auch hier den nationalen Gerichten vorbehalten (zu unionsrechtlichen Bedenken vgl. Rz. 13.98 ff.).

5. Anwendungsmodalitäten

13.121 Gemäß § 4 Nr. 3 Befr-RV sind es die Mitgliedstaaten nach Anhörung der Sozialpartner und/oder die Sozialpartner, die die Anwendungsmodalitäten „dieser Bestimmung" festlegen. Dabei sollen die Rechtsvorschriften der Union und die gesetzlichen und tarifvertraglichen Bestimmungen und Gepflogenheiten des jeweiligen Mitgliedstaates berücksichtigt werden. Dahinter zeichnet sich der Gedanke ab, dass so im Rahmen der näheren Ausgestaltung Lösungen gefunden werden, über die den Anforderungen von Arbeitgebern und Arbeitnehmern am ehesten Rechnung getragen werden kann.[217]

---

213 BAG v. 21.3.2013 – 6 AZR 524/11, NZA 2013, 625; noch anders in BAG v. 11.12.2003 – 6 AZR 64/03, NZA 2004, 723.
214 S. den Verweis in EuGH v. 22.12.2010 – C-444/09 – Gavieiro Gavieiro, Slg. 2010, I-14031 Rz. 55 und in EuGH v. 13.9.2007 – C-307/05, Del Cerro Alonso, Slg. 2007, I-7109 Rz. 56 auf EuGH v. 4.7.2006 – C-212/04 – Adeneler, Slg. 2006, I-6057 Rz. 69 f., wo der Gerichtshof den sachlichen Grund für § 5 Nr. 1 Buchst. a Befr-RV definiert; zur Gleichstellung des sachlichen Grundes gem. § 4 Nr. 1 und § 4 Nr. 4 Befr-RV s. EuGH v. 18.10.2012 – C-302/11 bis C-305/11 – Valenza, NZA 2013, 261 Rz. 50; v. 8.9.2011 – C-177/10 – Rosado Santana, Slg. 2011, I-7907 Rz. 79; sehr krit. hingegen zu einer einheitlichen Rechtfertigung über den sachlichen Grund *Kovàcs*, ZESAR 2013, 181.
215 EuGH v. 22.12.2010 – C-444/09 – Gavieiro Gavieiro, Slg. 2010, I-14031 Rz. 55; v. 13.9.2007 – C-307/05 – Del Cerro Alonso, Slg. 2007, I-7109 Rz. 53.
216 EuGH v. 18.10.2012 – C-302/11 – Valenza, NZA 2013, 261 Rz. 50, 52.
217 Hanau/Steinmeyer/Wank/*Wank*, § 18 Rz. 259.

Die wirtschaftlichen Gegebenheiten der Mitgliedstaaten unterscheiden sich ebenso wie die Bedürfnisse der unterschiedlichen Branchen.[218]

Der EuGH weist darauf hin, dass durch § 4 Nr. 3 Befr-RV **nur die „Anwendung" des Diskriminierungsverbots erleichtert** werden soll. Die Modalitäten dürften sich nicht auf den Inhalt des Grundsatzes selbst erstrecken. Daher sei es ausgeschlossen, dass die Existenz des Grundsatzes an Voraussetzungen geknüpft oder sein Umfang eingeschränkt werde.[219]

13.122

Die **systematische Stellung** der Regelung überrascht. Nahe liegend wäre es gewesen, sie im letzten Absatz des § 4 Befr-RV zu verorten. Allein aus der Systematik müsste gefolgert werden, dass die Regelung zu den Anwendungsmodalitäten nicht für § 4 Nr. 4 Befr-RV greift.[220] Aber auch die Bezugszeiträume, die für die Anwendung des § 4 Nr. 4 Befr-RV zu ermitteln sind, müssten durch die Mitgliedstaaten und Sozialpartner ausgestaltet werden.[221] Daher wird die systematische Stellung der Nr. 3 und 4 auch als **redaktioneller Fehler** angesehen.[222] Hierfür spricht ebenso der Wortlaut des § 4 Nr. 3 Befr-RV, denn die Regelung wird ausdrücklich auf „diese Bestimmung" bezogen. „Diese Bestimmung" kann schwerlich als § 4 Befr-RV mit Ausnahme von Nr. 4 verstanden werden, sondern muss vielmehr so verstanden werden, dass hiermit der gesamte § 4 Befr-RV gemeint ist.

13.123

6. Rechtsfolge bei Verstoß gegen das Diskriminierungsverbot

Die Richtlinie selbst sieht keine konkrete Sanktion für den Fall vor, dass gegen das Diskriminierungsverbot des § 4 Befr-RV verstoßen wird. Dies ist für arbeitsrechtliche Richtlinien nicht ungewöhnlich,[223] in diesem Fall gilt der Grundsatz der **Verfahrensautonomie der Mitgliedstaaten** (vgl. Rz. 1.120). Begrenzt wird dieser Grundsatz jedoch durch das **Effektivitätsprinzip**, welches zum einen verlangt, dass Verfahrensregelungen den Bürgern nicht die Ausübung ihrer Rechte praktisch unmöglich machen oder übermäßig erschweren dürfen, und zum anderen, dass die **nationalrechtlichen Sanktionen effektiv, abschreckend und verhältnismäßig** sein müssen.[224] Letzteres ist damit die einzige Vorgabe seitens des Unionsrechts.

13.124

Für das Befristungsrecht gibt es insoweit noch keine konkrete Rechtsprechung des EuGH. In der Rs. *Del Cerro Alonso* ging es um die mögliche Sanktion, dass bei einer nicht gerechtfertigten Vorenthaltung einer Leistung die Anpassung nach oben erfolgt, so dass die Begünstigung auch auf die befristet Beschäftigten zu erstrecken ist. Der Gerichtshof hat sich nicht ausdrücklich mit der Frage auseinandergesetzt, ob es sich dabei um eine effektive, abschreckende und verhältnismäßige Sanktion handelt; dieses Problem war auch nicht von der Vorlage erfasst. Aber er führte aus, dass § 4 Nr. 1 Befr-RV „als Grundlage für einen Anspruch dienen kann, der darauf gerichtet ist, einem befristet beschäftigten Arbeitnehmer eine Dienstalterszulage zu gewähren, die nach dem nationalen Recht Dauerbeschäftigten vorbehalten ist."[225] Zumindest implizit scheint der EuGH damit die sog. **Anpassung nach oben** bei einem Verstoß gegen das Diskriminierungsverbot als mögliche Sanktion anzusehen. Dies würde sich in die Rechtsprechung des EuGH zur Rechtsfolge von Verstößen gegen das Diskriminierungsverbot aus Art. 157 AEUV (Art. 141 EG/Art. 119 EGV) einreihen.[226]

13.125

---

218 Hanau/Steinmeyer/Wank/*Wank*, § 18 Rz. 259.
219 EuGH v. 15.4.2008 – C-268/06 – Impact, Slg. 2008, I-2533 Rz. 66 f.
220 Auf dieses Problem weist auch EAS/*Rolfs*, B 3200 Rz. 17 hin.
221 *Riesenhuber*, Europäisches Arbeitsrecht, § 17 Rz. 28.
222 *Riesenhuber*, Europäisches Arbeitsrecht, § 17 Rz. 28.
223 S. auch *Riesenhuber*, Europäisches Arbeitsrecht, § 17 Rz. 32.
224 Zu einer Ausschlussfrist von zwei Monaten im spanischen Recht s. EuGH v. 8.9.2011 – C-177/10 – Rosado Santana, Slg. 2011, I-7907 Rz. 92 ff.
225 EuGH v. 13.9.2007 – C-307/05 – Del Cerro Alonso, Slg. 2007, I-7109 Ls. 2, Rz. 48.
226 Annuß/Thüsing/*Thüsing*, § 4 TzBfG Rz. 89; Laux/Schlachter/*Schlachter*, § 4 TzBfG Rz. 266; im Ergebnis ähnlich EUArbR/*Krebber*, RL 1999/70/EG § 4 Rz. 21 mit dem Hinweis, dass allerdings kein entsprechender Automatismus bestehe.

13.126 Ob die Anpassung allein bereits effektiv, abschreckend und verhältnismäßig ist oder aber bspw. noch ein **Schadensersatzanspruch** hinzukommen muss, ist damit jedoch noch nicht abschließend geklärt. Wird bereits die Anpassung nach oben als ausreichend erachtet, kann der Arbeitgeber vergleichsweise gefahrlos diskriminieren. Er kann zunächst versuchen, Kosten zu sparen, indem er befristete Arbeitnehmer bspw. von Dienstalterszulagen ausnimmt, was ggf. gar nicht erst gerügt wird. Schlimmstenfalls müsste er Beträge nachzahlen, die er ohnehin hätte zahlen müssen, hätte er erst gar nicht diskriminiert. Dieses Risiko wäre gut kalkulierbar. Angesichts der besonderen Bedeutung, die der EuGH dem Diskriminierungsverbot beimisst – er bezeichnet es immerhin als Grundsatz des Sozialrechts der Union, der nicht restriktiv ausgelegt werden darf[227] – wäre es durchaus möglich, dass allein die Anpassung nach oben nicht als ausreichend erachtet wird. Hierfür können allerdings aus der Entscheidung *Del Cerro Alonso* noch keine Rückschlüsse gezogen werden. Weitere Rechtsprechung des EuGH, die sich explizit zur Frage der Sanktion äußert, bleibt insoweit noch abzuwarten.[228]

13.127 Der **nationale Gesetzgeber** sieht ebenfalls **keine ausdrückliche Sanktionsregelung** für den Fall der unzulässigen Diskriminierung wegen einer Befristung vor. Handelt es sich um eine Schlechterbehandlung in Form der Vorenthaltung einer Leistung,[229] wird aber auch auf nationaler Ebene von einer **Anpassung nach oben** ausgegangen.[230] Möglich sind nach h.M. auch **Schadensersatzansprüche** aus § 280 Abs. 1 BGB und wohl auch nach § 823 Abs. 2 BGB i.V.m. § 4 TzBfG.[231]

13.128 Grundsätzlich müsste zumindest das Zusammenspiel von Anpassung nach oben und Schadensersatz den unionsrechtlichen Vorgaben genügen, wobei jedoch noch zu klären bleibt, welche Rolle die Höhe des Schadensersatzes spielen soll, um die Sanktion als hinreichend abschreckend bezeichnen zu können.[232]

VI. Maßnahmen zur Missbrauchsvermeidung, § 5 Befr-RV

13.129 § 5 Befr-RV bildet neben dem Diskriminierungsverbot den zweiten großen Pfeiler zum Schutz der befristet Beschäftigten. Das Missbrauchsverbot nimmt in Deutschland sowohl in der Rechtsprechung als auch in der Literatur bisher einen ungleich höheren Stellenwert ein als das Diskriminierungsverbot.

1. Ziel und Inhalt

13.130 § 5 Nr. 1 Befr-RV stellt gleich zu Beginn sein Ziel klar: Der Missbrauch durch aufeinanderfolgende befristete Arbeitsverhältnisse soll vermieden werden. Dieses Ziel haben die Sozialpartner bereits in § 1 Befr-RV vorangestellt sowie in Nr. 7 der Erwägungsgründe der Rahmenvereinbarung zugrunde

---

227 EuGH v. 13.9.2007 – C-307/05 – Del Cerro Alonso, Slg. 2007, I-7109 Rz. 38.
228 Dass es sich nicht um eine allein theoretische Fragestellung handelt, zeigt sich in der Entscheidung EuGH v. 10.4.1984 – C-14/83 – von Colson, Slg. 1984, 1891–1920.
229 Ansonsten käme die Nichtigkeit der belastenden Regelung gem. § 134 BGB in Betracht und bei Fortwirken der Diskriminierung ggf. ein Beseitigungsanspruch aus § 1004 Abs. 1 Satz 2 BGB analog, Laux/Schlachter/*Schlachter*, § 4 TzBfG Rz. 265.
230 BAG v. 24.9.2008 – 6 AZR 657/07, NZA 2009, 640 (in Bezug auf das Diskriminierungsverbot im Rahmen der Teilzeitarbeit); v. 12.10.2010 – 9 AZR 518/09, ArbRB 2011, 103 = NZA 2011, 306 (309); Meinel/Heyn/Herms/*Herms*, § 4 Rz. 140; BeckOK/*Bayreuther*, § 4 TzBfG Rz. 44.
231 Meinel/Heyn/Herms/*Herms*, § 4 Rz. 144; BeckOK/*Bayreuther*, § 4 TzBfG Rz. 46; Laux/Schlachter/*Schlachter*, § 4 TzBfG Rz. 266.
232 Mit Hinweisen zur anspruchsbegründenden Wirkung des Diskriminierungsverbots auf unionsrechtlicher Ebene und einer Übertragung auf das nationale Befristungsrecht Laux/Schlachter/*Schlachter*, § 4 TzBfG Rz. 266.

gelegt (vgl. Rz. 13.9). Damit ist die **Vermeidung von Kettenbefristungen** das Ziel. Hieraus folgt, dass die Befr-RV nicht der Kontrolle der ersten Befristung dienen soll, sondern der Kontrolle bei der Aneinanderreihung mehrerer Befristungen.[233]

Doch so hoch das Ziel, Missbrauch zu vermeiden, auch in der Richtlinie gehängt wird, ist § 5 Befr-RV doch nur das Ergebnis eines **„Minimalkonsenses"** der Sozialpartner.[234] In der Regelung werden mit den sachlichen Gründen, der zulässigen Höchstdauer und der zulässigen Zahl der Verlängerungen lediglich Maßnahmen zur Missbrauchsvermeidung aufgezählt, die **alternativ** ergriffen werden können; § 5 Nr. 1 Befr-RV bestimmt nur, dass „eine oder mehrere der folgenden Maßnahmen" eingeführt werden müssen. Den Mitgliedstaaten wird insoweit ein nicht unerhebliches Ermessen eingeräumt.[235] Zudem sind diese Maßnahmen von der Rahmenvereinbarung keineswegs näher ausgestaltet, auch wenn bspw. eine Befristungshöchstdauer oder eine Höchstzahl aneinandergereihter Befristungen durchaus möglich gewesen wäre. Ebenso symptomatisch für die zögerliche Herangehensweise ist § 5 Nr. 2 Befr-RV. Danach legen die Mitgliedstaaten nur **„gegebenenfalls"** fest, wie der Begriff „aufeinanderfolgend" zu definieren ist und nach welchen Voraussetzungen befristete Arbeitsverhältnisse als unbefristet gelten sollen.

13.131

Im Ergebnis ist § 5 Befr-RV also zunächst einmal nur eine sehr vage Handlungsanordnung an die Mitgliedstaaten und ihre Sozialpartner, deren Vorgaben leicht erfüllt sein dürften. Faktisch hat der EuGH freilich die Vorgaben weiter konkretisiert und z.B. mit der Rs. *Kücük* zumindest im Ansatz das deutsche Befristungskonzept durchaus in Frage gestellt. Dies gilt umso mehr, als der EuGH hervorhebt, dass die nationalen Gerichte nicht nur die nationalen Maßnahmen abstrakt überprüfen sollen. Vielmehr soll die Rechtsprechung ebenso überprüfen, ob die Anwendungsvoraussetzungen und die **„tatsächliche Anwendung"** der jeweiligen Regelung eine Maßnahme i.S.v. § 5 Befr-RV bilden, „die geeignet ist, den missbräuchlichen Einsatz aufeinanderfolgender befristeter Arbeitsverträge oder -verhältnisse zu verhindern und zu ahnden."[236]

13.132

2. Gleichwertige gesetzliche Maßnahmen

Nach § 5 Nr. 1 Befr-RV ergreifen die Mitgliedstaaten eine oder mehrere der im Anschluss genannten Maßnahmen, wenn keine gleichwertigen gesetzlichen Maßnahmen zur Missbrauchsverhinderung bestehen. Welche Maßnahmen gleichwertig zu den in § 5 Nr. 1 Buchst. a bis c Befr-RV genannten sind, wird nicht festgelegt.[237]

13.133

Wenn gleichwertige gesetzliche Maßnahmen bereits bestehen, schließt dies nach Auffassung des EuGH nicht aus, dass eine nationale Regelung zur Umsetzung der Rahmenvereinbarung erlassen wird, die speziell für den öffentlichen Sektor anzuwenden ist. Erforderlich bleibt aber, wie auch sonst, dass nicht die Wirksamkeit der Missbrauchsvermeidung, wie sie durch die gleichwertige gesetzliche Maßnahme gewährleistet wird, beeinträchtigt wird. Maßstab ist vor allem das Verbot der Absenkung des Schutzniveaus nach § 8 Nr. 3 Befr-RV.[238]

13.134

---

233 EuGH v. 23.4.2009 – verb. C-378/07 bis C-380/07 – Angelidaki u.a., Slg. 2009, I-3071 Ls. 2, Rz. 107; v. 22.11.2005 – C-144/04 – Mangold, Slg. 2005, I-9981 Rz. 40 ff.; *Riesenhuber*, Europäisches Arbeitsrecht, § 17 Rz. 30; EAS/*Rolfs*, B 3200 Rz. 22.
234 EAS/*Rolfs*, B 3200 Rz. 20; *Riesenhuber*, Europäisches Arbeitsrecht, § 17 Rz. 30.
235 EuGH v. 14.9.2016 – C-16/15 – Pérez López, ArbRB 2016, 291 = NZA 2016, 1265 Rz. 29.
236 EuGH v. 3.7.2014 – C-362/13 – Fiamango u.a., FA 2014, 233 Ls. 3.
237 S. hierzu *Krebber*, EuZA 2017, 3 (16).
238 EuGH v. 23.4.2009 – verb. C-378/07 bis C-380/07 – Angelidaki u.a., Slg. 2009, I-3071 Ls. 1, Rz. 87.

3. Anforderungen bestimmter Branchen/Arbeitnehmerkategorien

13.135 Vorweg wird in § 5 Nr. 1 Befr-RV klargestellt, dass auch die Anforderungen bestimmter Branchen und/oder Arbeitnehmerkategorien zu berücksichtigen sind.[239] Diese Vorgabe ist so allgemein gehalten, dass sie sich sowohl auf die Wahl als auch auf die konkrete Ausgestaltung der jeweiligen Maßnahme(n) oder das Ausmaß der jeweiligen Sanktion beziehen kann. „Berücksichtigung" bedeutet hingegen nicht umfassender Ausschluss vom Anwendungsbereich der Befr-RV.[240] Eine Herausnahme sieht das Regelwerk allein in § 2 Nr. 2 Befr-RV vor.[241]

13.136 Inhaltlich kann die Regelung nur so verstanden werden, dass bei diesen „bestimmten Branchen und/oder Arbeitnehmerkategorien" die Anforderungen an die Maßnahmen zur Vermeidung von Missbräuchen niedriger angesetzt werden könnten, ansonsten hätte es ihrer Erwähnung nicht bedurft. Umso bedauerlicher ist es, dass diese **Branchen und Arbeitnehmerkategorien nicht näher definiert** werden, schließlich kann über die Qualifizierung als eine solche Kategorie auf nationaler Ebene für einen erheblichen Teil der Arbeitnehmerschaft der Schutz der Befr-RV eingeschränkt werden.[242]

13.137 Soweit ersichtlich, hat der EuGH sich noch nicht explizit zur Auslegung dieser Formulierung geäußert, lässt aber zumindest im **Bereich der Sanktionen** eine **Differenzierung zwischen öffentlichem und privatem Sektor** zu (vgl. Rz. 13.183 ff.). Dennoch kann m.E. nicht der gesamte öffentliche Sektor als Branche i.S.v. § 5 Nr. 1 Befr-RV angesehen und über diesen Weg privilegiert werden. Schon der **Wortlaut „Branche"** legt nahe, dass es sich um einen Bereich handeln muss, der über die Tätigkeit definiert wird. Diese Auffassung lässt sich auf Aussagen der Kommission stützen, wonach die Begrifflichkeit eher auf **Gewerbezweige** verweisen soll statt auf eine Gegenüberstellung von Privatsektor und öffentlichem Sektor.[243] Als bestimmte Branche kommt damit bspw. das Baugewerbe, welches besonders von der Wetterlage abhängig ist, in Betracht, als bestimmte Arbeitnehmerkategorie Künstler und Musiker.[244]

4. Verhältnis der Maßnahmen nach § 5 Nr. 1 Befr-RV zueinander

13.138 Die in § 5 Nr. 1 Befr-RV aufgezählten Maßnahmen müssen angesichts des deutlichen Wortlauts (**„eine oder mehrere"**) **nicht kumulativ** ergriffen werden, es reicht aus, wenn (mindestens) eine der Maßnahmen ergriffen wird.[245] Dies darf aber nicht darüber hinwegtäuschen, dass auch bei Einführung nur einer einzigen Maßnahme in das nationale Recht die allgemeinen Grundsätze der Umsetzungspflicht eingehalten werden müssen und damit auch eine **effektive Umsetzung** des Ziels der Missbrauchsvermeidung gewährleistet sein muss, also tatsächlich Missbrauch verhindert werden kann.[246]

---

239 S. z.B. den Hinweis auf die Besonderheiten des Gesundheits- bzw. Bildungswesens EuGH v. 26.11.2014 – C-22/13 u.a. – Mascolo, NZA 2015, 153 Rz. 93 ff.; v. 14.9.2016 – C-16/15 – Pérez López, ArbRB 2016, 291 = NZA 2016, 1265 Rz. 45 f.

240 EuGH v. 26.11.2014 – C-22/13 u.a. – Mascolo, NZA 2015, 153 Rz. 68 f.; aufgegriffen von BAG v. 30.8.2017 – 7 AZR 864/15, ArbRB 2018, 69 = NZA 2018, 7 Rz. 35 f.; problematisch in diesem Zusammenhang BAG v. 8.6.2016 – 7 AZR 259/14, ArbRB 2016, 357 = NZA 2016, 1463, dazu kritisch *Brose*, EuZA 2017, 256 (262 f.).

241 Vgl. EuGH v. 7.9.2006 – C-53/04 – Marrosu, Slg. 2006, I-7213 Rz. 42.

242 Zur Einordnung von Berufsfußballspielern in diesem Zusammenhang s. *Walker*, NZA 2016, 657 (661).

243 Ausführlich GA *Jääskinen* v. 15.9.2011 – C-313/10 – Jansen, Slg. 2011, I-10511 Rz. 53 ff.

244 S. auch *Riesenhuber*, Europäisches Arbeitsrecht, § 17 Rz. 31; für Schauspieler in einer Fernsehserie BAG v. 30.8.2017 – 7 AZR 864/15, ArbRB 2018, 69 = NZA 2018, 7 Rz. 34 ff.

245 EuGH v. 26.1.2012 – C-586/10 – Kücük, NZA 2012, 135 Rz. 26.

246 EuGH v. 26.1.2012 – C-586/10 – Kücük, NZA 2012, 135 Rz. 26 („effektiv und mit verbindlicher Wirkung mindestens eine der dort aufgeführten Maßnahmen zu ergreifen"); *Riesenhuber*, Europäisches Arbeitsrecht, § 17 Rz. 31.

Der Wortlaut des § 5 Nr. 1 Befr-RV weist gleich zweifach darauf hin, dass die in den Buchst. a bis c genannten **Maßnahmen als gleichwertig** angesehen werden: Zum einen, indem er zulässt, dass nur eine Maßnahme ergriffen wird, und zum anderen, indem er verlangt, dass es sich bei anderen Maßnahmen um „gleichwertige" handeln muss.[247] Unklar bleibt, ob aus dieser **abstrakten Gleichwertigkeit** der in § 5 Nr. 1 Befr-RV genannten Maßnahmen auch geschlossen werden kann, dass die Ausgestaltung im Einzelnen damit unerheblich ist. M.E. folgt bereits aus dem Gebot der effektiven Umsetzung, dass auch in der konkreten Ausgestaltung die Buchst. a bis c in ihrer Gleichwertigkeit überprüfbar bleiben. Allein das Ergreifen einer der aufgeführten Maßnahmen führt noch nicht zur Kontrollfreiheit. Sie muss in ihrer jeweiligen Ausgestaltung tatsächlich gleichwertig sein. Ähnlich kann auch der EuGH verstanden werden, wenn er in der Rs. *Kücük* von den Behörden der Mitgliedstaaten verlangt, dass sie, auch wenn im nationalen Recht ein sachlicher Grund entsprechend § 5 Nr. 1 Buchst. a Befr-RV eingeführt wurde, „alle Umstände des Falles einschließlich der Zahl und der Gesamtdauer der in der Vergangenheit mit demselben Arbeitgeber geschlossenen befristeten Arbeitsverträge" berücksichtigen.[248] Dadurch wird nicht der den Mitgliedstaaten eingeräumte Spielraum bei der Wahl der Mittel genommen oder unzulässig eingeengt. Zu Recht weist der EuGH darauf hin, dass dieser Spielraum dadurch begrenzt wird, dass die Mitgliedstaaten das unionsrechtlich vorgegebene Ziel, die Vermeidung des Missbrauchs von Kettenbefristungen, gewährleisten müssen.[249] In der Praxis hat sich insoweit vor allem die Sachgrundbefristung als Schwachstelle herauskristallisiert. Regelungen mit Sachgrundbefristungen machen die große Mehrzahl der Vorlagefragen aus. Es ist daher besonders darauf zu achten, dass ein Missbrauch durch die Sachgrundbefristung ebenso effektiv verhindert werden können muss wie durch eine Beschränkung der Zahl oder der Dauer der aufeinanderfolgenden Befristungen.

13.139

5. Die einzelnen Maßnahmen gem. § 5 Nr. 1 Befr-RV

a) Sachlicher Grund

Bisher am häufigsten wurden dem EuGH Fragen zur Auslegung des sachlichen Grundes i.S.v. § 5 Nr. 1 Buchst. a Befr-RV vorgelegt. Hierbei sind nach der jüngeren Rechtsprechung des Gerichtshofs **zwei Aspekte** zu **unterscheiden**: Zum einen muss überhaupt ein valider Sachgrund im Gesetz geregelt sein und zum anderen sind die Umstände des Einzelfalles zu würdigen, um einen Missbrauch ausschließen zu können.[250] Die Prüfung kann also in zwei Stufen aufgebaut werden: Zuerst wird das Vorliegen eines wirksamen Sachgrundes „an sich" geprüft und dann die konkrete Anwendung der nationalen Regelung auf Missbrauch untersucht.

13.140

aa) Voraussetzungen

In ständiger Rechtsprechung verlangt der EuGH für den sachlichen Grund, dass er „**genau bezeichnete, konkrete Umstände**" meint, die eine bestimmte Tätigkeit kennzeichnen und daher in diesem speziellen Zusammenhang den Einsatz aufeinanderfolgender befristeter Arbeitsverträge rechtfertigen können". Dabei können sich nach Auffassung des Gerichtshofs diese Umstände z.B. aus der **besonderen Art der Aufgaben**, zu deren Erfüllung die Verträge geschlossen worden sind, und deren **Wesensmerkmalen** oder ggf. aus dem Verfolgen eines **legitimen sozialpolitischen Ziels** durch einen Mitgliedstaat ergeben.[251]

13.141

---

247 A.A. EUArbR/*Krebber*, RL 1999/70/EG § 5 Rz. 35.
248 EuGH v. 26.1.2012 – C-586/10 – Kücük, NZA 2012, 135 Ls.
249 EuGH v. 26.1.2012 – C-586/10 – Kücük, NZA 2012, 135 Rz. 48.
250 EuGH v. 13.3.2014 – C-190/13 – Márquez Samohano, NZA 2014, 475; v. 26.1.2012 – C-586/10 – Kücük, NZA 2012, 135; s. auch EUArbR/*Krebber*, RL 1999/70/EG § 5 Rz. 19.
251 EuGH v. 28.2.2018 – C-46/17 – John, ArbRB 2018, 98 = NZA 2018, 355 Rz. 53; v. 13.3.2014 – C-190/13 – Márquez Samohano, NZA 2014, 475 Rz. 45; v. 26.1.2012 – C-586/10 – Kücük, NZA 2012, 135 Rz. 27; v. 23.4.2009 – verb. C-378/07 bis C-380/07 – Angelidaki u.a., Slg. 2009, I-3071 Rz. 96;

13.142 Dementsprechend hat der EuGH mehrmals betont, dass eine nationale Regelung, die – ohne weitere Voraussetzungen – die Verlängerung aufeinander folgender befristeter Arbeitsverträge im öffentlichen Sektor zulässt, nicht durch einen sachlichen Grund i.S.v. § 5 Nr. 1 Buchst. a Befr-RV gerechtfertigt ist.[252] Einer derart „**rein formalen Vorschrift**" können keine objektiven und transparenten Kriterien entnommen werden, damit wäre sie auch nicht nachprüfbar. Hier birgt bereits die Vorschrift selbst eine zu große Gefahr, dass missbräuchlich auf befristete Verträge zurückgegriffen wird.[253]

13.143 Die Wahl des Gesetzgebers, die Sachgründe des § 14 Abs. 1 Satz 1 TzBfG **nicht abschließend zu regeln** („insbesondere"), ist in Hinblick auf die Befr-RV problematisch. Es wird zwar den Mitgliedstaaten bei der Umsetzung der Befr-RV generell ein weiter Spielraum zugebilligt – schließlich werden bspw. nach § 5 Nr. 1 Befr-RV auch bereits existierende gleichwertige Maßnahmen zur Missbrauchsvermeidung als ausreichend erachtet. Solange über die offene Formulierung in § 14 Abs. 1 Satz 1 TzBfG nur sachliche Gründe zur Rechtfertigung herangezogen werden, die den Anforderungen des EuGH entsprechen (genau bezeichnete, konkrete Umstände), scheinen aus unionsrechtlicher Sicht keine Bedenken zu bestehen. Dennoch ist m.E. zumindest fraglich, ob damit den Anforderungen des EuGH tatsächlich Genüge getan wird, weil so die Ausgestaltung vollends in die Hände der Gerichte gelegt wird. Das TzBfG selbst hat den sachlichen Grund gerade nicht definiert. Indem der Gesetzgeber sich auf die beispielhafte Aufzählung von Sachgründen beschränkt hat und der Rechtsprechung keine verbindlichen Mindestvorgaben bei der Schaffung weiterer sachlicher Gründe vorgibt, ist **keine Transparenz** für die Praxis gewährleistet.[254]

bb) Einzelne Sachgründe

13.144 Im Folgenden wird der Fokus auf diejenigen Sachgründe gelegt, die bisher dem EuGH vorgelegt wurden. Eine erschöpfende Darstellung aller Sachgründe wird in dieser Bearbeitung nicht angestrebt.[255]

(1) Vertretungsbedarf

13.145 Die Befristung wegen Vertretungsbedarfs nach § 14 Abs. 1 Nr. 3 TzBfG hat der EuGH grundsätzlich als sachlichen Grund i.S.v. § 5 Nr. 1 Buchst. a Befr-RV anerkannt.[256] Doch auch wenn die **Regelung selbst**, wie § 14 Abs. 1 Nr. 3 TzBfG, den Vorgaben des EuGH standhält und ihr **hinreichend transparente und objektive Kriterien** entnommen werden können, ist damit zunächst (nur) diese abstrakte Regelung unionsrechtskonform. Hierbei berücksichtigt der EuGH auch ggf. die Notwendigkeit besonderer Flexibilität großer Strukturen, wie dem Gesundheits- oder Bildungswesen, in denen einerseits häufige Lücken wegen z.B. Mutterschutz oder Elternzeit entstehen und andererseits ein bestimmter Personal-/Betreuungsschlüssel gewährleistet werden muss.[257] Gerade

---

v. 4.7.2006 – C-212/04 – Adeneler, Slg. 2006, I-6057 Rz. 69 f.; v. 13.9.2007 – C-307/05 – Del Cerro Alonso, Slg. 2007, I-7109 Rz. 70.
252 EuGH v. 23.4.2009 – verb. C-378/07 bis C-380/07 – Angelidaki u.a., Slg. 2009, I-3071 Ls. 2, Rz. 107.
253 EuGH v. 14.9.2016 – C-16/15 – Pérez López, ArbRB 2016, 291 = NZA 2016, 1265 Rz. 40; v. 13.3.2014 – C-190/13 – Márquez Samohano, NZA 2014, 475 Rz. 47; v. 26.1.2012 – C-586/10 – Kücük, NZA 2012, 135 Rz. 29.
254 Ausführlich hierzu KR/*Lipke*, § 14 TzBfG Rz. 116; vgl. auch *Leible*, EuZW 2001; 438; a.A. *Thüsing*, Europäisches Arbeitsrecht, S. 159.
255 Zu den sog. selbstgerechten Sachgründen, die gerade nicht ausreichen i.S.v. § 5 Nr. 1 Befr-RV, EU-ArbR/*Krebber*, RL 1999/70/EG § 5 Rz. 18, 25, 40.
256 EuGH v. 26.1.2012 – C-586/10 – Kücük, NZA 2012, 135 Rz. 30; v. 26.11.2014 – C-22/13 u.a. – Mascolo, NZA 2015, 153 Rz. 91.
257 EuGH v. 26.11.2014 – C-22/13 u.a. – Mascolo, NZA 2015, 153 Rz. 93 ff.; v. 14.9.2016 – C-16/15 – Pérez López, ArbRB 2016, 291 = NZA 2016, 1265 Rz. 45 f.

bei dem Sachgrund Vertretung wird jedoch der zweite Prüfungsschritt, die Untersuchung der konkreten Anwendung der Norm auf Missbrauch bedeutsam, hierzu eingehend Rz. 13.154 ff.

Zweifelhaft ist die Unionsrechtskonformität der Rechtsprechung des BAG im Bereich der **Gesamtvertretung/Schulwesen** und der **Figur der gedanklichen Zuordnung** im Zusammenhang mit der Missbrauchskontrolle (vgl. hierzu ausführlicher Rz. 13.171). 13.146

(2) Begrenzte Haushaltsmittel

Noch nicht entscheiden musste der EuGH die Frage, ob eine Regelung, die eine Befristung damit rechtfertigt, dass Haushaltsmittel nur für eine befristete Beschäftigung zur Verfügung gestellt werden, zulässig ist. Die von deutscher Seite eingeleiteten Vorlageverfahren kamen nicht zur Entscheidung.[258] 13.147

Doch gibt die Rechtsprechung des EuGH bereits hinreichend Hinweise zur Auslegung des § 5 Nr. 1 Buchst. a Befr-RV, die es ermöglichen, auch diesen Fall unter die Regelung zu subsumieren. Wendet man die Voraussetzungen, die der EuGH für den sachlichen Grund entwickelt hat an, müssten in der nationalen Regelung genau bezeichnete, konkrete Umstände zu finden sein, die eine bestimmte Tätigkeit kennzeichnen und daher in diesem speziellen Zusammenhang den Einsatz aufeinanderfolgender befristeter Arbeitsverträge rechtfertigen können. Schon nach dieser Formel erscheint es höchst zweifelhaft, allein die Koppelung an die Haushaltsmittel als sachlichen Grund i.S.v. § 5 Nr. 1 Buchst. a Befr-RV anzusehen, fehlt hier doch jeglicher **Bezug zur Tätigkeit**. Der EuGH hat in diesem Sinne auch inzwischen mehrfach **rein formale innerstaatliche Vorschriften**, die den Rückgriff auf Kettenbefristungen allgemein und abstrakt zulassen, als nicht vereinbar mit der Befr-RV angesehen.[259] Nicht anders verhält es sich, wenn der Gesetzgeber allein eine Anknüpfung an die Qualifizierung der Haushaltsmittel ausreichen lässt, und damit gewissermaßen über Bande sich selbst als derjenige, der die Haushaltsmittel gesetzlich festlegt, darüber entscheiden lässt, wie viele Befristungen ermöglicht werden. Instruktiv hierzu sind die Schlussanträge des Generalanwalts *Jääskinen* in der Rs. *Jansen*. Mit ausführlicher Begründung sieht er hierin zu Recht ein erhebliches Missbrauchspotential.[260] Dieses kann auch nicht durch die „Anforderungen bestimmter Branchen" i.S.v. § 5 Nr. 1 Befr-RV wieder ausgeglichen werden, da der öffentliche Sektor keine „Branche" ist (vgl. Rz. 13.137).[261] 13.148

Damit wäre bereits der Sachgrund i.S.v. § 5 Nr. 1 Buchst. a Befr-RV zu verneinen, so dass es einer konkreten Missbrauchsprüfung gar nicht mehr bedürfte. 13.149

Gegenstand der deutschen Vorlagen war **§ 14 Abs. 1 Satz 2 Nr. 7 TzBfG**.[262] Diese Regelung wird schon seit langem im Hinblick auf seine Richtlinienkonformität in der deutschen Literatur diskutiert und auch das BAG erkennt insoweit zumindest Probleme.[263] Der 7. Senat sieht jedoch 13.150

---

[258] BAG v. 27.10.2010 – 7 AZR 485/09, AP § 14 TzBfG Nr. 17 Haushalt m. Anm. *Greiner*, keine Entscheidung wegen übereinstimmender Erledigungserklärung der Parteien im Hauptsachverfahren; die Vorabentscheidungsersuchen des LAG Köln, EuGH C-312/10 und C-313/10, wurden wegen Verfahrensstreichung nicht entschieden.
[259] EuGH v. 13.3.2014 – C-190/13 – Márquez Samohano, NZA 2014, 475 Rz. 46; v. 26.1.2012 – C-586/10 – Kücük, NZA 2012, 135 Rz. 28; v. 23.4.2009 – verb. Rs. C-378/07 bis C-380/07 – Angelidaki u.a., Slg. 2009, I-3071 Rz. 97; vgl. auch EuGH v. 26.11.2014 – C-22/13 u.a. – Mascolo, NZA 2015, 153 Rz. 97 ff.; s. auch EUArbR/*Krebber*, RL 1999/70/EG § 5 Rz. 25.
[260] GA *Jääskinen* v. 15.9.2011 – C-313/10 – Jansen, Slg. 2011, I-10511 Rz. 61, 70.
[261] Ausführlich GA *Jääskinen* v. 15.9.2011 – C-313/10 – Jansen, Slg. 2011, I-10511 Rz. 51 ff.
[262] S. BAG v. 27.10.2010 – 7 AZR 485/09, AP § 14 TzBfG Nr. 17 Haushalt m. Anm. *Greiner*.
[263] S. hierzu BAG v. 18.10.2006 – 7 AZR 419/05, ArbRB 2007, 73 = NZA 2007, 332, welches es zumindest für unionsrechtswidrig hält, wenn auch im Haushaltsplan überhaupt keine tätigkeitsbezogene Zwecksetzung feststellbar ist; v. 9.3.2011 – 7 AZR 728/09, ArbRB 2011, 295 = NZA 2011, 911; v. 27.10.2010 – 7 AZR 485/09, AP § 14 TzBfG Nr. 17 Haushalt m. Anm. *Greiner*; APS/*Backhaus*, § 14 TzBfG Rz. 104; Annuß/Thüsing/*Maschmann*, § 14 TzBfG Rz. 65; *Preis/Greiner*, RdA 2010, 148 (152); für eine umfassende Darstellung des Streitstandes s. KR/*Lipke*, § 14 TzBfG Rz. 445 ff.

durch seine Rechtsprechung, durch die er die Anwendung des § 14 Abs. 1 Satz 2 Nr. 7 TzBfG einschränkt, als ausreichend an, um einen Verstoß gegen die Befr-RV zu vermeiden.[264] Diese Auffassung ist umso bemerkenswerter wenn man berücksichtigt, dass in der Literatur darauf hingewiesen wird, dass die Vertretungsbefristung und die Haushaltsbefristung in großen Verwaltungen austauschbar sind.[265]

13.151 M.E. ist § 14 Abs. 1 Satz 2 Nr. 7 TzBfG unionsrechtswidrig.[266] Zu Recht zieht *Greiner* in diesem Zusammenhang aus der Rs. *Kücük* für das deutsche Befristungsrecht die Lehre, dass der sachliche Grund rein arbeitsverhältnisbezogen und sozialpolitisch zu konkretisieren ist und damit die Vereinbarkeit der Haushaltsmittelbefristung nach § 14 Abs. 1 Satz 2 Nr. 7 TzBfG mit dem Unionsrecht fraglich ist.[267] Im Verhältnis zum staatlichen Arbeitgeber müsste dies sogar zur Unanwendbarkeit der Norm führen.

(3) Sozialpolitische Zwecke

13.152 Der EuGH erkennt auch das legitime sozialpolitische Ziel als möglichen sachlichen Grund i.S.v. § 5 Nr. 1 Buchst. a Befr-RV an.[268] Der Gerichtshof sieht daher **Maßnahmen zum Schutz bei Schwangerschaft und Mutterschaft** und solche, die die **Vereinbarkeit von Familie und Beruf** erleichtern sollen, als legitime sozialpolitische Ziele an.[269] Dabei sieht er seine Einschätzung durch die Richtlinie 92/85/EG und durch die Rahmenvereinbarung über den Elternurlaub bestätigt. In der Literatur wird diese Einschätzung insoweit angezweifelt, als die Erleichterung einer befristeten Ersatzeinstellung von Vertretungskräften nur eine mittelbar familienfördernde Wirkung habe.[270] **Haushaltserwägungen „für sich genommen"** erkennt der EuGH hingegen nicht als sozialpolitisches Ziel an, so dass damit nicht das Fehlen von Maßnahmen zur Vermeidung eines rechtsmissbräuchlichen Rückgriffs auf aufeinanderfolgende befristetet Arbeitsverträge gerechtfertigt werden kann.[271]

13.153 Damit scheint der EuGH in der Rs. *Kücük* – obwohl er die Vorlagefrage bzgl. **§ 21 BEEG** nicht mehr beantworten musste – jedenfalls inzident diese Regelung gebilligt zu haben.[272]

(4) Altersgrenze und Altersrente

13.154 Ebenfalls Gegenstand der Rechtsprechung des EuGH und auf nationaler Ebene vielen Kontroversen ausgesetzt war die Frage der Erleichterung von Altersbefristungen, die in der Rs. *Mangold*[273]

---

264 S. hierzu den Überblick bei KR/*Lipke*, § 14 TzBfG Rz. 449; allerdings hat der 7. Senat die Rechtsprechung des EuGH insoweit übernommen als er auch im Rahmen von § 14 Abs. 1 Satz 2 Nr. 7 TzBfG einen institutionellen Rechtsmissbrauch prüft, BAG v. 13.2.2013 – 7 AZR 225/11, ArbRB 2013, 171 = NZA 2013, 777 Rz. 36 f.
265 *Junker*, EuZA 2013, 3 (12).
266 Ebenso EUArbR/*Krebber*, RL 1999/70/EG § 5 Rz. 45.
267 *Greiner*, EuZA 2012, 529 (532); in der Tat sieht der EuGH bereits in der abstrakten Norm eine potentielle Quelle des Befristungsmissbrauchs, EuGH v. 26.1.2012 – C-586/10 – Kücük, NZA 2012, 135 Rz. 29; v. 23.4.2009 – verb. Rs. C-378/07 bis C-380/07 – Angelidaki u.a., Slg. 2009, I-3071 Rz. 98, 100.
268 EuGH v. 26.1.2012 – C-586/10 – Kücük, NZA 2012, 135 Rz. 27; v. 23.4.2009 – verb. C-378/07 bis C-380/07 – Angelidaki u.a., Slg. 2009, I-3071 Rz. 96.
269 EuGH v. 26.1.2012 – C-586/10 – Kücük, NZA 2012, 135 Rz. 33 unter Verweis auf EuGH v. 17.6.1998 – C-243/95 – Hill und Stapleton, Slg. 1998, I-3739 Rz. 42; v. 18.11.2004 – C-284/02 – Sass, Slg. 2004, I-11143 Rz. 32 f., wo die legitime sozialpolitische Zielsetzung bereits in anderem Zusammenhang anerkannt wurde.
270 *Greiner*, EuZA 2012, 529 (534).
271 EuGH v. 26.1.2016 – C-22/13 u.a. – Mascolo, NZA 2015, 153 Rz. 110; v. 21.9.2016 – C-614/15 – Popescu, NZA 2016, 1323 Rz. 63.
272 Vgl. auch *Greiner*, EuZA 2012, 529 (533); EUArbR/*Krebber*, RL 1999/70/EG § 5 Rz. 53.
273 EuGH v. 22.11.2005 – C-144/04 – Mangold, Slg. 2005, I-9981; s. hierzu eine prägnante Einordnung bei *Riesenhuber*, Europäisches Arbeitsrecht, § 17 Rz. 42 ff.

ihren Höhepunkt gefunden haben dürfte. Primär handelt es sich hierbei jedoch nicht um ein befristungsrechtliches Problem, sondern vielmehr um die Frage der **Altersdiskriminierung**.[274]

Der EuGH hatte zudem über die Frage zu entscheiden, ob eine nationale Regelung, welche dem Arbeitgeber erlaubt, das Arbeitsverhältnis allein **wegen der Vollendung des 67. Lebensjahrs** zu beenden, den Anforderungen des Unionsrechts genügt. Auch hier lag der Fokus auf dem Aspekt der Altersdiskriminierung.[275] Der EuGH sah die Regelung als unionsrechtskonform an, wenn sie „objektiv und angemessen ist, durch ein **legitimes Ziel der Beschäftigungs- und Arbeitsmarktpolitik** gerechtfertigt ist und ein angemessenes und erforderliches Mittel zur Erreichung dieses Ziels ist."[276] Im Hinblick auf § 41 SGB VI und die Möglichkeit einer zeitlich unbegrenzten Verlängerung eines aufgrund Erreichen des Renteneintrittsalters zunächst beendeten Arbeitsvertrags sieht der EuGH keine Bedenken. Ein ggf. auch mehrfaches Herausschieben der Beendigung des Arbeitsverhältnisses bei Erreichen der Regelaltersgrenze und einem Anspruch auf Altersrente sieht der Gerichtshof als mit § 5 Nr. 1 Befr-RV vereinbar an.[277] Er zweifelt darüber hinaus bereits an, ob eine solche Regelung überhaupt in den Anwendungsbereich der Befr-RV fällt, vgl. Rz. 13.35.

13.155

Der **deutsche Gesetzgeber** hat im Anschluss an die *Mangold*-Entscheidung **§ 14 Abs. 3 TzBfG neu gefasst**. Die Regelung scheint zumindest in Hinblick auf die Befr-RV unionsrechtlich unbedenklich, da **jedenfalls das Kriterium der Begrenzung über eine Gesamtdauer** i.S.v. § 5 Nr. 1 Buchst. b Befr-RV[278] übernommen wurde.[279]

13.156

(5) Spezifische Lehraufgaben im Hochschulbereich

In dem spanischen Vorlageverfahren *Márquez Samohano* hat der EuGH einen Sachgrund i.S.v. § 5 Nr. 1 Buchst. a Befr-RV anerkannt, weil die nationale Vorschrift für die Befristung sog. **Assistenzprofessoren** verlangt, dass „Fachleute mit anerkannter Qualifikation" eine Berufstätigkeit außerhalb der Hochschule nachgehen, damit sie ihre Kenntnisse und Berufserfahrungen einbringen können. Die spanische Regelung verlangt hierfür, dass der jeweilige Assistenzbeauftragte eine Mindestzeit in der Praxis tätig war und auch weiterhin tätig ist. Der Gerichtshof sieht hier die Voraussetzungen des sachlichen Grundes erfüllt: So werden bspw. konkrete Umstände bezeichnet und die Befristung sei auch geeignet, um das angestrebte Ziel, die Bereicherung der universitären Ausbildung durch die Erfahrung anerkannter Fachleute, zu erreichen.[280]

13.157

Aus dem Urteil wird nicht ganz deutlich, **warum** durch diese **spezifische Bedarfslage gerade eine Befristung gerechtfertigt** werden soll. Nachvollziehbarer scheint vielmehr das Bedürfnis nach einer Teilzeitbeschäftigung, um auch weiterhin den Bezug zur Praxis gewährleisten zu können. Hier zeigt sich, wie weit der Ermessensspielraum bemessen wird, den die Befr-RV den Mitgliedstaaten bei der Einführung von Sachgründen überlässt. Verständlicher mag die Entscheidung vor dem

13.158

---

274 Ausführlich zur Problematik der Altersgrenze im Befristungsrecht KR/*Lipke*, § 14 TzBfG Rz. 422 ff.; zum Aspekt der Altersdiskriminierung *Temming*, Altersdiskriminierung im Arbeitsleben, 2008.
275 Die Prüfung hat der EuGH an Art. 6 Abs. 1 UAbs. 2 Gleichb-RL ausgerichtet.
276 EuGH v. 5.7.2012 – C-141/11 – Hörnfeldt, NZA 2012, 785 Ls., s. hierzu ausführlich *Gotthardt*, EuZA 2013, 268; *Bayreuther*, NJW 2012, 2758.
277 EuGH v. 28.2.2018 – C-46/17 – John, ArbRB 2018, 98 = NZA 2018, 355 Rz. 57; zur Diskussion über die Unionsrechtskonformität des § 41 Satz 3 SGB VI vor dem Urteil des EuGH s. *Waltermann*, NJW 2018, 193 (196).
278 A.A. ErfK/*Müller-Glöge*, § 14 TzBfG Rz. 110a, nach dessen Auffassung es sich um einen Sachgrund handelt, dessen Konformität mit den Anforderungen, die der EuGH an den Sachgrund i.S.v. § 5 Nr. 1 Buchst. a Befr-RV stellt, nicht gegeben sein soll.
279 APS/*Backhaus*, § 14 TzBfG Rz. 423; zum Aspekt der Altersdiskriminierung *Temming*, NZA 2007, 1193 (1200); *Kohte*, AuR 2007, 168 (169); s. im Allgemeinen zum Streitstand bzgl. der Europarechtskonformität von § 14 Abs. 3 TzBfG über den Aspekt der Befr-RV hinaus den Überblick bei APS/*Backhaus*, § 14 TzBfG Rz. 422 ff. m.w.N.
280 EuGH v. 13.3.2014 – C-190/13 – Márquez Samohano, NZA 2014, 475 Rz. 49 ff.

Hintergrund werden, dass der EuGH keine Gefahr sieht, dass das Ziel der Befr-RV in Frage gestellt wird, Arbeitnehmer vor einer instabilen Beschäftigungssituation zu schützen, da die Teilzeitbeschäftigung in der Praxis weiterhin gewährleistet ist.[281]

cc) Zusätzliche Missbrauchskontrolle

13.159 Der EuGH zieht in ständiger Rechtsprechung losgelöst von der abstrakten Kontrolle des Sachgrundes eine weitere Prüfungsebene ein.[282] Er weist den „öffentlichen Stellen" und damit auch[283] den nationalen Gerichten auf der nächsten – der **tatsächlichen Ebene** – die Aufgabe zu, einen eventuellen Missbrauch zu prüfen. Es ist also eine zweistufige Prüfung erforderlich. Als Prüfungsraster gibt der Gerichtshof für diese zweite Prüfungsebene vor, dass bei der Anwendung der jeweiligen nationalen Vorschrift möglich sein muss, objektive und transparente Kriterien herauszuarbeiten, um prüfen zu können, ob die Verlängerung der Verträge tatsächlich einem echten Bedarf entspricht und ob sie geeignet und erforderlich sind, um das verfolgte Ziel zu erreichen.[284] Zu berücksichtigen sind dabei **alle Umstände des Einzelfalls**, „namentlich die **Zahl** der mit derselben Person oder zur Verrichtung der gleichen Arbeit geschlossenen **aufeinanderfolgenden befristeten Verträge** ..., um auszuschließen, dass Arbeitgeber missbräuchlich auf befristete Arbeitsverträge zurückgreifen, mögen diese auch augenscheinlich zur Deckung eines Vertretungsbedarfs geschlossen worden sein."[285] Diese Aussage bezieht sich im konkreten Fall auf den Vertretungsbedarf, ist aber so allgemein formuliert, dass sie auf jeden anderen Sachgrund übertragbar ist.[286]

13.160 Der EuGH bestätigt zwar die deutsche Rechtsprechung insoweit, dass der vorgebrachte sachliche Grund nur bzgl. der Verlängerung der letzten Befristung zu prüfen ist. Dennoch können nach seiner Ansicht bei der Prüfung der missbräuchlichen Kettenbefristung **Zahl und Dauer der früheren Befristungen** erheblich sein. So hat der EuGH bspw. eine ununterbrochene Beschäftigung von sechs Jahren und sieben Monaten als Hinweis gewertet, dass das Arbeitsverhältnis „offenbar einen nicht nur vorübergehenden, sondern einen ständigen Bedarf deckte".[287] Diese Auffassung ist Folge der Zielvorgabe der Befr-RV, Missbrauch durch Kettenbefristungen zu verhindern. In diesem Zusammenhang muss gerade die „Kette" und damit **nicht nur die letzte Befristung** der Prüfungsgegenstand sein, um herauszufiltern, ob ein Missbrauch vorliegt.

13.161 Problematisch ist in diesem Zusammenhang die Frage, wie es zu beurteilen ist, wenn die Verlängerung zur **Deckung eines Bedarfs** eingesetzt wird, der **faktisch** nicht vorübergehend, sondern **ständig und dauerhaft** besteht. Grundsätzlich ist der EuGH der Auffassung, dass dies nicht durch § 5 Nr. 1 Buchst. a Befr-RV gerechtfertigt werden kann.[288] Daher sollen auch die öffentlichen Stellen der Mitgliedstaaten prüfen, ob der sachliche Grund in Wirklichkeit unionsrechtswidrig zu diesem Zweck eingesetzt wird.[289] Hierbei hätte der EuGH es angesichts der deutlichen Zielsetzung der

---

281 EuGH v. 13.3.2014 – C-190/13 – Márquez Samohano, NZA 2014, 475 Rz. 52.
282 EuGH v. 26.11.2014 – C-22/13 u.a. – Mascolo, NZA 2015, 153 Rz. 100 ff.; v. 14.9.2016 – C-16/15 – Pérez López, ArbRB 2016, 291 = NZA 2016, 1265 Rz. 48 ff.; v. 13.3.2014 – C-190/13 – Márquez Samohano, NZA 2014, 475; EuGH v. 21.9.2016 – C-614/15 – Popescu, NZA 2016, 1323 Rz. 65 f.
283 Auch der Gesetzgeber kann freilich als eine solche öffentliche Stelle agieren.
284 EuGH v. 26.1.2012 – C-586/10 – Kücük, NZA 2012, 135 Rz. 34.
285 EuGH v. 26.1.2012 – C-586/10 – Kücük, NZA 2012, 135 Rz. 40, mit Verweis auf EuGH v. 23.4.2009 – verb. Rs. C-378/07 bis C-380/07 – Angelidaki u.a., Slg. 2009, I-3071 Rz. 157; v. 26.11.2014 – C-22/13 u.a. – Mascolo, NZA 2015, 153 Rz. 102.
286 Kritisch zur Berücksichtigung von Zahl und Dauer der aufeinanderfolgenden Arbeitsverträge bei Vertretungsbefristungen *Kamanabrou*, EuZA 2012, 441 (459).
287 EuGH v. 21.9.2016 – C-614/15 – Popescu, NZA 2016, 1323 Rz. 61.
288 EuGH v. 26.1.2012 – C-586/10 – Kücük, NZA 2012, 135 Rz. 36; vgl. auch EuGH v. 23.4.2009 – verb. C-378/07 bis C-380/07 – Angelidaki u.a., Slg. 2009, I-3071 Rz. 103; eher einschränkend EUArbR/*Kamanabrou*, § 15 Rz. 34.
289 EuGH v. 26.1.2012 – C-586/10 – Kücük, NZA 2012, 135 Rz. 36, 39; vgl. auch EuGH v. 23.4.2009 – verb. Rs. C-378/07 bis C-380/07 – Angelidaki u.a., Slg. 2009, I-3071 Rz. 103.

Befr-RV, Kettenbefristungen zu vermeiden, belassen können und Befristungen, die trotz dauerhaften Bedarfs vereinbart werden, stets für unionsrechtswidrig ansehen können.

Der EuGH gibt aber auch vor, dass umgekehrt **aus dem bloßen Umstand**, dass ein **Arbeitgeber gezwungen ist, dauerhaft** Vertretungsbefristungen durchzuführen, **nicht folgt, dass kein sachlicher Grund** gem. § 5 Nr. 1 Buchst. a Befr-RV oder ein Missbrauch vorliegt – selbst dann nicht, wenn diese Vertretungsfälle durch unbefristete Arbeitsverhältnisse abgedeckt werden könnten und es sich um große Unternehmen handelt.[290] Hieraus wird geschlussfolgert, dass das Vorhalten einer Personalreserve auch in großen Unternehmen nicht zwingend erforderlich ist.[291] Erfasst werden hiervon praktisch insbesondere große Unternehmens- und vor allem große Verwaltungsstrukturen, in denen sich der Vertretungsbedarf im Rahmen eines Tätigkeitsfeldes wegen Krankheit und Schwangerschaft oder Elternzeit entsprechend anhäuft.[292] Von einer Missbrauchskontrolle im Einzelfall, auf tatsächlicher Ebene, entbindet dies jedoch nicht. Damit legt der EuGH nur fest, dass *alleine* die Tatsache (der „bloße Umstand"), dass der Bedarf durch unbefristete Verträge gedeckt werden könnte, noch nicht ausreicht. Erforderlich ist laut Gerichtshof vielmehr eine **„umfassende Prüfung" der Umstände**, die mit der Befristungsverlängerung verbunden sind. Aus dieser umfassenden Prüfung muss dann hervorgehen, dass **nicht nur ein vorübergehender Bedarf** an der Arbeitsleistung besteht.[293] In diesem Zusammenhang weist der Gerichtshof auch darauf hin, dass **strukturelle Mängel an Planstellen** für fest angestellte Mitarbeiter nicht über den dauerhaften Einsatz von Vertretungskräften ausgeglichen werden dürfen.[294] Werden bspw. ca. 25 % der Planstellen für Ärzte und Pflegekräfte mit befristet beschäftigtem Personal besetzt, deren durchschnittliche Beschäftigungsdauer fünf bis sechs Jahre beträgt, sieht der EuGH einen „offensichtlich nicht auf einen zeitweiligen Bedarf des Arbeitgebers" gerichteten Personaleinsatz.[295]

13.162

Diese Rechtsprechung lässt sehr viel Raum für Graubereiche, deren Ausmaß nicht absehbar ist. Auch sind die **Ausführungen zur Deckung eines dauerhaften Bedarfs** nicht auf den ersten Blick einleuchtend. Dies wird nochmals in den Entscheidungsgründen zur Rs. *Márquez Samohano* deutlich. Dort wird zunächst herausgestellt, dass zwar mit den befristet beschäftigten Assistenzprofessoren ein ständiger Bedarf der Universitäten abgedeckt werde, was aber zulässig sei, weil der Bedarf für die Einstellung insoweit vorübergehend sei, da von den Lehrkräften erwartet werde, dass sie nach Beendigung der Befristung wieder ihre berufliche Vollzeittätigkeit aufnehmen. Damit scheint der EuGH **nicht auf den Gesamtbedarf** abzustellen, sondern vielmehr auf das **jeweilige Arbeitsverhältnis**. Gleich darauf stellt nämlich der Gerichtshof heraus, dass die befristeten Arbeitsverträge nicht zum Zweck einer ständigen und dauerhaften Wahrnehmung von Lehraufgaben verlängert werden dürften, die normalerweise zur Tätigkeit des festen Lehrkörpers gehören. Auch hier ist dann nach Auffassung des EuGH wieder im Einzelfall konkret zu überprüfen, ob die jeweilige Verlängerung nicht in Wirklichkeit eingesetzt werde, um einen ständigen und dauerhaften Bedarf zu decken.[296] Besonders klar scheint diese Herangehensweise nicht.

13.163

Zusammenfassend kann angesichts der Entscheidungsgründe zu den Rs. *Kücük* und *Márquez Samohano* festgehalten werden, dass es nach Auffassung des Gerichtshofs jedenfalls insgesamt un-

13.164

---

290 EuGH v. 26.1.2012 – C-586/10 – Kücük, NZA 2012, 135 Ls.
291 BAG v. 18.7.2012 – 7 AZR 443/09, ArbRB 2013, 4 NZA 2012, 1351 Rz. 29; *Brose/Sagan*, NZA 2012, 308 (309).
292 S. auch EuGH v. 14.9.2016 – C-16/15 – Pérez López, ArbRB 2016, 291 = NZA 2016, 1265 Rz. 45.
293 EuGH v. 26.1.2012 – C-586/10 – Kücük, NZA 2012, 135 Rz. 51.
294 EuGH v. 26.11.2014 – C-22/13 u.a. – Mascolo, NZA 2015, 153 Rz. 109; v. 14.9.2016 – C-16/15 – Pérez López, ArbRB 2016, 291 = NZA 2016, 1265 Rz. 55.
295 EuGH v. 14.9.2016 – C-16/15 – Pérez López, ArbRB 2016, 291 = NZA 2016, 1265 Rz. 50 f.; s. auch EuGH v. 21.9.2016 – C-614/15 – Popescu, NZA 2016, 1323 Rz. 61, wo der EuGH eine ununterbrochene Dienstleistung von sechs Jahren und sieben Monaten so bewertet, dass „offenbar" ein nicht nur vorübergehender, sondern ein ständiger Bedarf gedeckt wird.
296 EuGH v. 13.3.2014 – C-190/13 – Márquez Samohano, NZA 2014, 475 Rz. 57 ff.

problematisch zu sein scheint, wenn ein Arbeitgeber einen **dauerhaften Personalbedarf** mit **unterschiedlichen jeweils befristet beschäftigten Arbeitnehmern** deckt. Der abstrakt bestehende dauerhafte Personalbedarf scheint also aus unionsrechtlicher Sicht unbedenklich. Die Rechtsprechung des EuGH scheint personenbezogen, nicht stellenbezogen zu sein. Damit dürfte die Prüfung, ob ein dauerhafter Personalbedarf gedeckt wird und damit ein Verstoß gegen die Befr-RV vorliegt, erst auf der konkreten Ebene, in Bezug auf das jeweilige Arbeitsverhältnis vorzunehmen sein.

13.165 Die Entscheidung des EuGH in der Rs. *Kücük* hat auf nationaler Ebene eine Vielzahl von Reaktionen hervorgerufen, welche in diesem Kontext nur grob skizziert werden sollen.[297] Im Wesentlichen hat das **BAG** im Anschluss in seinem Urteil in dem Fall *Kücük* vom 18.7.2012 die Vorgaben des EuGH übernommen. Die Vorgabe, dass eine umfassende Prüfung der Umstände durchzuführen ist, hat das BAG insoweit konkretisiert, als es eine **zweistufige Prüfung** vornimmt. Danach ist in einem ersten Schritt der sachliche Grund zu prüfen und in einem zweiten Schritt noch eine zusätzliche Missbrauchskontrolle durchzuführen. Hierfür greift das BAG auf die Grundsätze des sog. **institutionellen Rechtsmissbrauchs** zurück.[298]

13.166 Das BAG sieht hierdurch nicht seinen Ansatz gefährdet, wonach **nur die letzte Befristung überprüft** wird.[299] Die Vorgaben des EuGH sind gewahrt, solange sich dies nur auf die Prüfung des Sachgrundes bezieht, auf der zweiten Prüfungsebene, der Missbrauchsprüfung, hingegen auch Anzahl und Dauer der vorangegangenen Befristungen berücksichtigt werden.[300] Ansonsten wäre ein Missbrauch gar nicht überprüfbar, obwohl Ziel der Befr-RV gerade dessen Vermeidung ist.[301]

13.167 Diese zweistufige Prüfung entspricht jedenfalls grundsätzlich den Vorgaben des EuGH, welcher lediglich über die Prüfung des sachlichen Grundes hinaus eine Missbrauchskontrolle verlangt, ohne diese im Einzelnen auszugestalten. Kritisch ist dennoch anzumerken, dass das Prüfungsmodell des BAG beachtliche Unwägbarkeiten für die Praxis bereithält. Mit dem **Rückgriff auf die Wertung des § 14 Abs. 2 Satz 1 TzBfG** gibt das BAG zwar einen ersten Anhaltspunkt, doch soll ein Missbrauch erst bei „**erheblichem Überschreiten dieser Grenzwerte**" indiziert sein – dies lässt weiter die Frage offen, was unter „erheblich" zu verstehen ist. Dies zeigt sich bereits an den beiden Entscheidungen, die direkt im Anschluss an das EuGH-Urteil ergangen sind: In der Rs. *Kücük* befand das BAG eine Gesamtdauer von mehr als elf Jahren und 13 Befristungen als derart lang, als dass ein Gestaltungsmissbrauch als indiziert anzusehen sei, weil die in § 14 Abs. 2 Satz 1 TzBfG genannten Grenzen in besonders gravierendem Ausmaß überschritten seien.[302] In der Parallelentscheidung vom selben Tag reichte dem 7. Senat eine Gesamtdauer von sieben Jahren und neun Monaten bei einer Anzahl von vier Befristungen hingegen nicht aus.[303] In die-

---

297 In der Literatur s. bspw. *Brose/Sagan*, NZA 2012, 308; *Gooren*, ZESAR 2012, 225; *Joussen*, AP Nr. 9 zu Richtlinie 99/70/EG; *Junker*, EuZA 2013, 3; *Persch*, ZTR 2012, 268.
298 S. hierzu ausführlicher BAG v. 18.7.2012 – 7 AZR 443/09, ArbRB 2013, 4 = AP § 14 TzBfG Nr. 99 Rz. 38 ff.; v. 13.2.2013 – 7 AZR 225/11, ArbRB 2013, 171 = NZA 2013, 777 Rz. 36 f.; v. 17.5.2017 – 7 AZR 420/15, ArbRB 2017, 333 = NZA 2017, 1600 Rz. 26.
299 BAG v. 18.7.2012 – 7 AZR 443/09, ArbRB 2013, 4 = AP § 14 TzBfG Nr. 99 Rz. 12 f.; zustimmend KR/*Lipke*, § 14 TzBfG Rz. 256.
300 S. auch KR/*Lipke*, § 14 TzBfG Rz. 256 f., welcher des Weiteren in diesem Zusammenhang die Erhöhung der Darlegungslast des Arbeitgeber und der Anforderungen an die zuletzt getroffene Prognose bei wiederholten Vertretungsbefristungen verlangt.
301 Vgl. BAG v. 18.7.2012 – 7 AZR 443/09, AP § 14 TzBfG Nr. 99 Rz. 13.
302 BAG v. 18.7.2012 – 7 AZR 443/09, ArbRB 2013, 4 = NZA 2012, 1351 Rz. 49, unter Verweis auf *Gooren*, ZESAR 2012, 225 (228); s. auch BAG v. 26.10.2016 – 7 AZR 135/15, ArbRB 2017, 100 = NZA 2017, 382 Rz. 28, Rechtsmissbrauch indiziert bei Gesamtdauer von zehn Jahren überschritten oder mehr als 15 Vertragsverlängerungen oder mehr als zwölf Vertragsverlängerungen bei Gesamtdauer von acht Jahren.
303 BAG v. 18.7.2012 – 7 AZR 783/10, NZA 2012, 1351.

sem Fall soll ein institutioneller Rechtsmissbrauch nicht indiziert sein, so dass auch die übrigen Umstände des Einzelfalles nicht weiter überprüft werden. Dies ist m.E. jedenfalls im Hinblick auf das Ziel, Kettenbefristungen zu vermeiden, zumindest bedenklich, insbesondere wenn die Wertung des § 14 Abs. 2 TzBfG als Leitlinie zugrunde gelegt wird – immerhin wird dort die Grenze bei zwei Jahren gezogen, die in dem Sachverhalt fast vervierfacht wurde.

Bei der konkreten Beurteilung des Einzelfalls darf m.E. nicht die Anzahl und Dauer der einzelnen Befristungen im Vergleich zur Gesamtdauer in den Hintergrund treten. Auch eine **besonders hohe Anzahl von Befristungen** kann bei einer vergleichsweise **niedrigen Gesamtdauer** durchaus als rechtsmissbräuchlich angesehen werden.[304] 13.168

Zu berücksichtigen ist auch, dass das BAG ab einer bestimmten Gesamtdauer und Anzahl von Befristungen den Rechtsmissbrauch nur indiziert sieht. Nach Auffassung des 7. Senats sind auch **branchenspezifische Besonderheiten** zu berücksichtigen.[305] Da der EuGH eine Prüfung der Umstände des Einzelfalls vorgibt, ist auch dies legitim. Schließlich gibt die Befr-RV selbst vor, dass auch das Interesse an Befristungen seitens des Arbeitgebers legitim ist und nicht die Befristung als solche verboten werden soll. Doch muss angesichts des Ziels der Befr-RV die Berücksichtigung der branchenspezifischen Besonderheiten in einem sehr engen Rahmen erfolgen. Eine Kettenbefristung kann im öffentlichen Dienst bei Justizangestellten oder bei Lehrern jedenfalls nicht mit branchenspezifischen Besonderheiten gerechtfertigt werden. 13.169

In diesem Zusammenhang ist auch die speziell für befristet beschäftigte **Lehrer** entwickelte Figur des **Gesamtvertretungsbedarfs** zu überdenken.[306] Diese Rechtsprechung wurde mit den Besonderheiten des Schulbetriebs gerechtfertigt. Doch auch hier ist das übergeordnete Ziel, missbräuchliche Kettenbefristungen zu vermeiden, maßgeblich zu berücksichtigen. Die Begründung, die Entwicklung der Schülerzahlen sei zu schwer vorhersehbar, kann nicht als tragfähiges Argument angesehen werden. Es ist kaum nachvollziehbar, warum dies angesichts der bekannten Geburtenraten und Schülerzahlen der jüngeren Jahrgänge schwieriger sein sollte als die Prognose der künftigen Auftragslage in der Privatwirtschaft.[307] Lässt man die Figur der Gesamtvertretung uneingeschränkt zu, um dadurch einen faktisch bestehenden Dauerbedarf zu decken, entspricht dies nicht dem Sinn und Zweck der Befr-RV. Eine Einschränkung des Ziels, Missbrauch durch Kettenbefristungen zu vermeiden, ist aufgrund dieser fragwürdigen Besonderheit jedenfalls nicht nachvollziehbar.[308] 13.170

Seine Rechtsprechung zur **gedanklichen Zuordnung** im Rahmen von § 14 Abs. 1 Satz 2 Nr. 3 TzBfG sah das BAG durch das Urteil des EuGH bestätigt,[309] scheint aber inzwischen nicht um jeden Preis an dieser Auffassung festhalten zu wollen.[310] So eindeutig sind m.E. in der Tat die Entscheidungsgründe des EuGH nicht, wenn man sich vergegenwärtigt, wie stark das Ziel, den 13.171

---

304 Ausführlich ArbG Trier v. 12.2.2014 – 5 Ca 913/13; ebenfalls angedeutet in BAG v. 13.2.2013 – 7 AZR 225/11, ArbRB 2013, 171 = NZA 2013, 777 Rz. 40.
305 BAG v. 18.7.2012 – 7 AZR 443/09, ArbRB 2013, 4 = NZA 2012, 1351 Rz. 47.
306 Zur Entwicklung und Begründung s. ausführlich *Preis/Loth*, ZTR 2013, 232.
307 Deutlich *Preis/Loth*, ZTR 2013, 232 (235, 237), s. dort auch zu den weiteren Begründungen der Besonderheiten des Schulwesens als Rechtfertigung für die Figur der Gesamtvertretung.
308 Vgl. auch *Preis/Loth*, ZTR 2013, 232 (238 f.); s. auch sehr instruktiv im Bereich der Befristung im Schulwesen ArbG Trier v. 12.2.2014 – 5 Ca 913/13, wo bei einer mehrfachen Befristung eines Lehrers ein institutioneller Rechtsmissbrauch nach den Vorgaben, die das BAG in seiner Entscheidung vom 18.7.2012 – 7 AZR 443/09, ArbRB 2013, 4 = NZA 2012, 1351, im Anschluss an den EuGH in der Rs. *Kücük* entwickelt hat, geprüft und im Ergebnis zwar nicht aufgrund der Gesamtdauer, aber aufgrund der besonders hohen Anzahl der Verlängerungen und sehr kurz andauernden Befristungen bejaht wurde.
309 BAG v. 18.7.2012 – 7 AZR 443/09, ArbRB 2013, 4 = NZA 2012, 1351 Rz. 24.
310 BAG v. 7.10.2015 – 7 AZR 944/13, NZA 2016, 354 Rz. 22 wo es die Tatsache, dass die Arbeitnehmerin nicht zur Vertretung im Rahmen der gedanklichen Zuordnung beschäftigt wurde, als Hinweis gegen einen Gestaltungsmissbrauch wertet.

Missbrauch von Kettenbefristungen zu vermeiden, vom EuGH gewichtet wird.[311] Die gedankliche Zuordnung ist in diesem Zusammenhang vielmehr allenfalls neutral zu bewerten. Sie ist nicht zwingend nach der Rechtsprechung des EuGH als unzulässig anzusehen, doch ist zu bedenken, dass gerade der Weg über die gedankliche Zuordnung **missbrauchsanfällig** ist, erleichtert sie doch in besonderem Maße Befristungsketten. Auch bei einer gedanklichen Zuordnung können gerade die Anzahl der Vertretungen und ihre Gesamtdauer im Rahmen des zweiten Prüfungsschrittes dazu führen, dass ein Missbrauch festgestellt wird. Hier müssen auch nach der Logik des BAG zumindest die Grundsätze zur Kontrolle eines institutionellen Rechtsmissbrauchs herangezogen werden.

13.172 Problematisch ist die **Befristung nach dem WissZeitVG**. Es ist bereits unklar, ob Regelungen wie § 2 Abs. 2 WissZeitVG unionsrechtskonform sind.[312] Aber auch die Rechtsprechung des BAG zur Missbrauchskontrolle im Rahmen des WissZeitVG ist ausgesprochen bedenklich. So hat es eine insgesamt **22 Jahre andauernde Befristungskette** nicht als rechtsmissbräuchlich angesehen.[313] Die Indizwirkung für einen institutionellen Rechtsmissbrauch sieht das BAG durch besondere Umstände, im Wesentlichen die Besonderheiten des Hochschulbereichs, widerlegt. Dabei wird m.E. übersehen, dass die Besonderheiten einer Branche nicht missbräuchliche und unbegrenzte Kettenbefristungen rechtfertigen; andernfalls könnten so Branchen insgesamt von der Zielsetzung der Befr-RV ausgeschlossen werden, was der Richtliniengeber nicht beabsichtigt haben dürfte.[314]

b) Höchstdauer und Verlängerung

13.173 Neben dem sachlichen Grund sieht die Befr-RV in § 5 Nr. 1 Buchst. b und a Befr-RV als alternative Maßnahmen zur Missbrauchsvermeidung die Einführung einer Höchstdauer für aufeinanderfolgende Arbeitsverträge und/oder eine Einschränkung der Anzahl der Verlängerungen vor. Auch hier lässt die Befr-RV den Mitgliedstaaten einen erheblichen Entscheidungsspielraum. Die Befr-RV macht **keine konkreten Vorgaben**, welche Höchstdauer noch zulässig sein könnte und ab welcher Anzahl von Verlängerungen das Unionsrecht verletzt wird.

13.174 Nach Maßgabe der bisher zu § 5 Nr. 1 Buchst. a Befr-RV ergangenen Rechtsprechung, insbesondere der Rs. *Kücük*, ist dieser **Spielraum der Mitgliedstaaten** dennoch **nicht unbegrenzt**. Auch im Rahmen der § 5 Nr. 1 Buchst. b und c Befr-RV sind die Zielsetzungen der Befr-RV, missbräuchliche Kettenbefristungen zu vermeiden, sowie die Gewährleistung der praktischen Wirksamkeit der Befr-RV zu berücksichtigen.[315] Die Wirksamkeit nationaler Regelungen wäre sicherlich zu schwach, wenn nur eine „Scheingrenze" gesetzt würde, die so hoch angesiedelt ist, dass faktisch der Missbrauch sogar begünstigt wird. Problematisch dürfte bspw. eine Höchstdauer von elf Jahren sein, zumal die EuGH in der Rs. *Kücük* die Zulässigkeit einer elf Jahre andauernden Befristungskette angezweifelt hat – wenn auch zu beachten ist, dass dort zudem die hohe Anzahl der Befristungen eine Rolle gespielt hat und es sich letztlich um eine Gesamtschau handelte.

13.175 Darüber hinaus sollte auch hier die Leitlinie der *Kücük*-Entscheidung[316] berücksichtigt werden, wonach eine **Missbrauchskontrolle im Einzelfall** und unabhängig davon durchzuführen ist, ob

---

311 Zur Kritik in der Literatur an der Figur der gedanklichen Zuordnung aus unionsrechtlicher Sicht s. *Brose*, NZA 2009, 706 (707); *Eisemann*, NZA 2009, 1113 (1114 f.); *Greiner*, EzA § 14 TzBfG Nr. 34; *Maschmann*, BB 2012, 1098 (1099); *Preis/Greiner*, RdA 2010, 148.
312 S. ausführlich *Krebber*, EuZA 2017, 3 (19).
313 BAG v. 8.6.2016 – 7 AZR 259/14, ArbRB 2016, 357 = NZA 2016, 1463.
314 Ausführlicher hierzu s. *Brose*, EuZA 2017, 256 (262 ff.).
315 EuGH v. 26.1.2012 – C-586/10 – Kücük, NZA 2012, 135 Rz. 29; v. 23.4.2009 – verb. Rs. C-378/07 bis C-380/07 – Angelidaki u.a., Slg. 2009, I-3071 Rz. 98, 100.
316 Wohl bestätigt, zumindest aber nicht abgelehnt in EuGH v. 13.3.2014 – C-190/13 – Márquez Samohano, NZA 2014, 475.

eine abstrakt unionsrechtskonforme nationale Regelung i.S.v. § 5 Nr. 1 Buchst. b oder c Befr-RV vorliegt. Die Entscheidungsgründe in der Rs. *Kücük* bezogen sich freilich auf die Sachgrundbefristung i.S.v. § 5 Nr. 1 Buchst. a Befr-RV, doch greift die Argumentation über den Sinn und Zweck der Regelung ebenso bei den anderen beiden Maßnahmen.[317] So könnte es also bei der Überprüfung einer Befristungskette erforderlich werden, dass bei einer Regelung, die eine Höchstdauer vorsieht, im Einzelfall auch die Anzahl der Verlängerungen zu berücksichtigen ist, und umgekehrt bei einer Regelung, die auf die Anzahl der Verlängerungen abstellt, die Gesamtdauer.

Der deutsche Gesetzgeber hat in **§ 14 Abs. 2 Satz 1 TzBfG** die Maßnahmen, die § 5 Nr. 1 Buchst. b und c Befr-RV bieten, miteinander kombiniert, was die europäische Regelung ausdrücklich zulässt. Mit der Deckelung bei zwei Jahren und dreifacher Verlängerung ist für die sachgrundlose Befristung eine Lösung gefunden worden, die keine langandauernden Kettenbefristungen ermöglicht, so dass keine Bedenken aus unionsrechtlicher Sicht bestehen dürften.[318] Fraglich ist, ob § 14 Abs. 2 TzBfG gegen das Verschlechterungsverbot des § 8 Nr. 3 Befr-RV verstößt (vgl. Rz. 13.209).

13.176

Wenn von der Möglichkeit des § 14 Abs. 2 Satz 3 TzBfG Gebrauch gemacht wird, müssen auch die Tarifparteien sich an die Vorgaben der Befr-RV halten, d.h. die Wirksamkeit der Rahmenvereinbarung gewährleisten und missbräuchliche Kettenbefristungen vermeiden.[319]

13.177

6. Begriffsbestimmungen nach § 5 Nr. 2 Befr-RV

a) „Aufeinander folgende Befristungen"

Die Mitgliedstaaten oder Sozialpartner können gem. § 5 Nr. 2 Buchst. a Befr-RV festlegen, unter welchen Voraussetzungen es sich um ein „aufeinander folgendes" befristetes Arbeitsverhältnis handelt. Doch auch hier sind dem Wertungsspielraum der Mitgliedstaaten durch die Zielsetzung der Befr-RV und dem Gebot der praktischen Wirksamkeit Grenzen gesetzt. Der EuGH hat ausdrücklich eine nationale Regelung, nach der „aufeinander folgend" i.S.d. § 5 Nr. 2 Buchst. a Befr-RV nur solche Befristungen sind, die höchstens **20 Werktage auseinander** liegen, als **unionsrechtswidrig** angesehen. Zu Recht weist der EuGH darauf hin, dass es sich hierbei um einen Schlüsselbegriff handelt, der für den Anwendungsbereich der Befr-RV entscheidend ist. Durch eine derart restriktive Begriffsbestimmung käme es zu einer erheblichen Einengung des Wirkungskreises der Befr-RV und damit auch des Missbrauchsverbots.[320] In der Tat würde dann nicht wirksam Missbrauch verhindert, sondern geradezu dazu eingeladen, indem die Möglichkeit gelassen wird, einfach 20 Werktage zwischen den Befristungen verstreichen zu lassen.[321]

13.178

Umgekehrt folgt aber aus § 5 Nr. 2 Buchst. a Befr-RV auch, dass ab einem gewissen Zeitraum, der zwischen zwei Befristungen liegt, die „Kette" bei Mehrfachbefristungen unterbrochen werden kann. Ab welchem **Zeitraum** – ein Monat, ein Jahr oder mehrere Jahre[322] – der EuGH die Wirksamkeit der Befr-RV als noch gewährleistet ansieht, kann schwerlich prognostiziert werden.

13.179

Der nationale Gesetzgeber hat mit seiner Regelung in § 14 Abs. 2 Satz 2 TzBfG im Bereich der **sachgrundlosen Befristung** zwar nicht definiert, ab wann Befristungen als aufeinanderfolgend

13.180

---

317 A.A. EUArbR/*Krebber*, RL 1999/70/EG § 5 Rz. 34.
318 So auch BAG v. 22.1.2014 – 7 AZR 243/12, NZA 2014, 483 Rz. 34.
319 S. hierzu BAG v. 26.10.2016 – 7 AZR 140/15, ArbRB 2017, 101 = NZA 2017, 463 Rz. 25 f., wo eine tarifvertragliche Höchstdauer von sechs Jahren und eine neunmalige Verlängerung als richtlinienkonform angesehen wird.
320 EuGH v. 4.7.2006 – C-212/04 – Adeneler, Slg. 2006, I-6057 Rz. 81 ff.
321 S. auch *Franzen*, JZ 2007, 191, nach dessen Auffassung es „auf der Hand liegt", dass eine solche Regelung zu Missbräuchen einlädt.
322 *Franzen*, JZ 2007, 193 schlägt einen Zeitraum von etwa zwei bis drei Monaten vor.

anzusehen sind. Mit dem sog. **Anschlussverbot** hat er aber eine Lösung gewählt, die gerade keinen konkreten Zeitraum vorsieht, ab dem eine Anschlussbefristung wieder zulässig sein soll. Der Wortlaut allein gibt dem Anschlussverbot keine zeitliche Begrenzung vor. Damit ist die Regelung in Anlehnung an die Rechtsprechung des EuGH in der Rs. *Adeneler*, wo allein kritisiert wird, dass der zeitliche Abstand zwischen den aufeinander folgenden Arbeitsverträgen zu kurz ist, jedenfalls unionsrechtskonform.[323] Fraglich ist jedoch, ob das vom reinen Wortlaut vorgegebene zeitlich unbegrenzte Anschlussverbot gegen die Befr-RV verstößt, weil legitime Interessen am Abschluss von Befristungen nicht hinreichend berücksichtigt werden. Die Befr-RV erachtet das Anliegen der Flexibilisierung als legitim, es soll nicht die Befristung an sich verboten, sondern ihr Missbrauch verhindert werden. Ob hierfür ein zeitlich unbegrenztes Anschlussverbot erforderlich und geeignet ist, mag bezweifelt werden.[324]

13.181 Derartige Bedenken dürften bereits durch die Rechtsprechung des BAG zurückgedrängt worden sein, wonach der Begriff „**bereits zuvor**" in § 14 Abs. 2 Satz 2 TzBfG so auszulegen ist, dass das Anschlussverbot nicht mehr greift, wenn das Ende des vorherigen Arbeitsvertrags mehr als drei Jahre zurückliegt.[325] Ziel des § 5 Befr-RV ist die Vermeidung von missbräuchlichen Kettenbefristungen. Als eine „Kette" von Befristungen können zwei Arbeitsverhältnisse, die mehr als drei Jahre auseinanderliegen, nicht mehr angesehen werden. Die Gefahr, dass in einem solchen Fall missbräuchlich ein tatsächlich dauerhafter Bedarf durch Befristungsketten gedeckt wird, besteht schlichtweg nicht.[326] Erst recht unproblematisch im Hinblick auf die Richtlinienkonformität ist die Entscheidung des Bundesverfassungsgerichts, welches die Einziehung einer Drei-Jahresgrenze in § 14 Abs. 2 Satz 2 TzBfG als Überschreitung der Grenzen zulässiger richterlicher Rechtsfortbildung ansieht.[327]

13.182 Ebenso ist die Rechtsprechung des BAG zu werten, wonach im Rahmen der Missbrauchskontrolle ausschließlich diejenigen Arbeitsverhältnisse zu berücksichtigen sind, die nach einer **erheblichen Unterbrechung** von bspw. zwei Jahren abgeschlossen wurden, da sie im Verhältnis zu den Arbeitsverträgen vor der Unterbrechung **keine aufeinanderfolgenden Befristungen** darstellen.[328] Im Hinblick auf die Rechtsprechung des EuGH ist dies unproblematisch.

13.183 Im Zusammenhang mit dem Anschlussverbot des § 14 Abs. 2 Satz 2 TzBfG wird die Frage diskutiert, ob die Regelung es, entgegen der Zielsetzung der Befr-RV, zulässt, dass mehrere Arbeitgeber derart zusammenwirken, dass sie missbräuchlich Kettenbefristungen mit demselben Arbeitnehmer durchführen.[329] Es stellt sich also die Frage, ob die Formulierung des § 14 Abs. 2 Satz 2 TzBfG und seine Auslegung durch die Rechtsprechung gerade eine Umgehung des dort geregelten Anschlussverbots zulassen. Anknüpfungspunkt auf nationaler Ebene ist das Merkmal „**derselbe Arbeitgeber**" in § 14 Abs. 2 Satz 2 TzBfG und auf unionsrechtlicher Ebene das Ziel, den Missbrauch von Kettenbefristungen zu vermeiden. Wenn dieses Ziel wirksam umgesetzt werden soll, ist das Merkmal „derselbe Arbeitgeber" weit auszulegen. Ein rein formales Verständnis ist angesichts der nicht immer leicht zu durchschauenden Konzernsachverhalte aus unionsrechtlicher

---

323 Vgl. *Franzen*, JZ 2007, 191.
324 Vgl. *Wank*, RdA 2012, 361 (362), mit dem Argument, dass eine Regelung, die zwar Missbräuche bekämpfen soll, aber wegen Unverhältnismäßigkeit über das Ziel hinausschießt, nicht der Richtlinie entspreche.
325 BAG v. 6.4.2011 – 7 AZR 716/09, ArbRB 2011, 130 = NZA 2011, 905; v. 21.9.2011 – 7 AZR 375/10, ArbRB 2012, 74 = NZA 2012, 255; (im Ergebnis) zustimmend *Linsenmaier*, RdA 2012, 193 (204 f.); ErfK/*Müller-Glöge*, § 14 TzBfG Rz. 99; *Persch*, ZTR 2011, 404; ablehnend *Höpfner*, NZA 2011, 893; KR/*Lipke*, § 14 TzBfG Rz. 570 ff.; zur vorherigen Rechtsprechung s. BAG v. 29.7.2009 – 7 AZN 368/09, ZTR 2009, 544.
326 Vgl. ErfK/*Müller-Glöge*, § 14 TzBfG Rz. 99a.
327 BVerfG v. 6.6.2018 – 1 BvL 7/14, NZA 2018, 774.
328 BAG v. 21.3.2017 – 7 AZR 369/15, NZA 2017, 706 Rz. 32.
329 ErfK/*Müller-Glöge*, § 14 TzBfG Rz. 93.

Sicht jedenfalls problematisch.[330] In diese Richtung geht auch das BAG zumindest tendenziell, wenn es ein Vorgehen als unvereinbar mit den unionsrechtlichen Vorgaben sieht, bei dem mehrere rechtlich und tatsächlich verbundene Arbeitgeber kollusiv zusammenwirken und mit demselben Arbeitnehmer mehrere aufeinander folgende sachgrundlose Befristungen abschließen, mit dem Ziel, unter Umgehung des Anschlussverbots Kettenbefristungen zu schaffen.[331]

b) Befristung nach § 5 Nr. 2 Buchst. b Befr-RV

Gemäß § 5 Nr. 2 Buchst. b Befr-RV wird es in die Hände der Mitgliedstaaten gelegt, ggf. festzulegen, unter welchen Bedingungen ein befristeter Arbeitsvertrag als unbefristet zu gelten hat. Unter dem Hinweis auf die Formulierung **„gegebenenfalls"** zieht der EuGH in gefestigter Rechtsprechung die Schlussfolgerung, dass damit die **Entfristung** nur eine von mehreren möglichen Sanktionen bei Verstoß gegen § 5 Nr. 1 Befr-RV darstellt.[332]

13.184

Mit der Regelung wird der **Wertungsspielraum** der Mitgliedstaaten und ggf. Sozialpartner ein weiteres Mal hervorgehoben. Mit § 5 Nr. 2 Buchst. b Befr-RV wird ihnen nicht nur das „Ob" einer Befristung anheimgestellt, sondern auch das „Wie". Damit gibt bspw. die Regelung auch keinerlei Hinweise darauf, unter welchen Voraussetzungen eine Entfristungsklage einzureichen ist. Zu diesem Problemkreis wird auf die folgenden Ausführungen zur Sanktion verwiesen.

13.185

7. Sanktionen

Gar **keine Sanktion** wird im Rahmen des **§ 5 Nr. 1 Befr-RV** nach der Rechtsprechung des EuGH zu Recht erforderlich, wenn es sich um einen **ersten oder einzigen** befristeten Arbeitsvertrag handelt, und zwar selbst dann nicht, wenn hierdurch tatsächlich ein **ständiger und dauernder Bedarf** des Arbeitgebers gedeckt wird.[333] Sanktioniert werden soll nur der Missbrauch von Kettenbefristungen.

13.186

a) Verhältnismäßige, effektive und abschreckende Maßnahmen

Doch auch wenn es sich um eine missbräuchliche Kettenbefristung handelt, wird den Mitgliedstaaten ein **Spielraum bei der Wahl** der Sanktion zugestanden.[334] Insbesondere sieht der EuGH keine allgemeine Verpflichtung zur Entfristung.[335] Dass die Entfristung nicht die einzig zulässige, jedoch zumindest eine denkbare Sanktion ist, folgt aus § 5 Nr. 2 Buchst. b Befr-RV, wonach die Mitgliedstaaten „gegebenenfalls" die Bedingung einer Entfristung festlegen können.[336]

13.187

Erforderlich ist auch hier, dass die jeweilige Sanktion **effektiv und abschreckend** ist.[337] Die Überprüfung überlässt der EuGH den nationalen Gerichten. Doch genügt nach Auffassung des Ge-

13.188

---

330 S. hierzu ausführlicher *Brose*, DB 2008, 1378; zu einer unionsrechtlichen Bewertung von BAG v. 15.5.2013 – 7 AZR 525/11, ArbRB 2013, 264 = NZA 2013, 1214, wo das Gericht mit einer Kombination aus sachgrundloser Befristung, Arbeitnehmerüberlassung und Betriebsübergang konfrontiert war, ausführlich *Greiner*, NZA 2014, 284.
331 BAG v. 9.3.2011 – 7 AZR 657/09, ArbRB 2011, 300 = NZA 2011, 1147; s. aber auch grundsätzlich die wohl h.M. gegen eine Berücksichtigung von Anstellungen bei anderen Konzernunternehmen APS/*Backhaus*, § 14 TzBfG Rz. 397; *Bauer/Fischinger*, DB 2007, 1410 (1413); ErfK/*Müller-Glöge*, § 14 TzBfG Rz. 93.
332 EuGH v. 26.1.2012 – C-586/10 – Kücük, NZA 2012, 135 Rz. 52 f.
333 EuGH v. 23.4.2009 – verb. Rs. C-378/07 bis C-380/07 – Angelidaki u.a., Slg. 2009, I-3071 Ls. 5.
334 EuGH v. 7.3.2018 – C-494/16 – Santoro, NZA 2018, 503 Rz. 27.
335 EuGH v. 26.1.2012 – C-586/10 – Kücük, NZA 2012, 135 Rz. 52; v. 4.7.2006 – C-212/04 – Adeneler, Slg. 2006, I-6057 Rz. 91; v. 23.4.2009 – verb. Rs. C-378/07 bis C-380/07 – Angelidaki u.a., Slg. 2009, I-3071 Rz. 145, 183; v. 7.9.2006 – C-53/04 – Marrosu, Slg. 2006, I-7213 Rz. 47.
336 EAS/*Rolfs*, B 3200 Rz. 25.
337 EuGH v. 14.9.2016 – C-16/15 – Pérez López, ArbRB 2016, 291 = NZA 2016, 1265 Rz. 31.

richtshofs in der Rs. *Marrosu* „auf den ersten Blick" eine nationale Regelung, die einen Anspruch auf Schadensersatz vorsieht, diesen Anforderungen.[338] Die Frage der Nachweisbarkeit eines Schadens oder einer entgangenen Chance, die nach einer nationalen Regelung zu ersetzen sind, sieht der EuGH vom Effektivitätsgrundsatz erfasst. Eine Regelung, wonach eine automatische Vermutung greift, dass dem Arbeitnehmer bei missbräuchlicher Kettenbefristung Chancen auf Anstellung entgangen sind, genügt danach diesem Grundsatz.[339]

13.189 Auch eine Regelung, die vorsieht, dass die Umwandlung in einen unbefristeten Arbeitsvertrag erfolgt, wenn die befristeten Arbeitsverträge eine bestimmte Dauer erlangt haben, ohne aber vorzuschreiben, dass der unbefristete Arbeitsvertrag die wesentlichen Bestimmungen des vorherigen befristeten Arbeitsvertrags zu übernehmen hat, verstößt noch nicht allein deswegen gegen die Vorgaben der Befr-RV. In der Rs. *Huet* verlangt der EuGH, nachdem er auf den Wertungsspielraum der Mitgliedstaaten hingewiesen hat, lediglich, dass der Mitgliedstaat darauf zu achten habe, dass die Umwandlung in einen unbefristeten Arbeitsvertrag nicht mit tiefgreifenden Änderungen der Bestimmungen des vorherigen Vertrags einhergehe und damit insgesamt eine Verschlechterung entstehe, während Tätigkeit und Aufgaben gleich bleiben.[340] Auch hier zeigt sich, dass der EuGH den Wertungsspielraum der Mitgliedstaaten hoch hängt, wenn er nur „tiefgreifende" Änderungen als unionsrechtswidrig erachtet. Diese Rechtsprechung ist angesichts des weiten Wortlauts des § 5 Nr. 2 Buchst. b Befr-RV nachvollziehbar. Damit wird allerdings dem nationalen Gesetzgeber/den nationalen Gerichten die schwierige Aufgabe übertragen zu klären, wann eine „tiefgreifende" Änderung vorliegt. Auf diesem Weg wird eine weitere Unwägbarkeit in das Befristungsrecht transportiert, die aus Anwendersicht nicht für Rechtssicherheit sorgt.

b) Zulässigkeit unterschiedlicher Sanktionen

13.190 Der EuGH gesteht den Mitgliedstaaten grundsätzlich sogar insoweit einen **Gestaltungsspielraum** zu, dass unterschiedliche Sanktionen für den privaten und den öffentlichen Sektor ergriffen werden können. Schon mehrmals billigte der EuGH sogar innerstaatliche Reglungen, die im **öffentlichen Sektor** die **Entfristung als Sanktion sogar ausdrücklich untersagten**.[341] Der EuGH beruft sich dabei auf die Formulierung in § 5 Nr. 1 Befr-RV, wonach die besonderen Anforderungen bestimmter Branchen und/oder bestimmter Gruppen von betroffenen Arbeitnehmern zu berücksichtigen sind, sofern dies objektiv gerechtfertigt ist. Zwar weist der EuGH selbst darauf hin, dass eine entsprechende Formulierung in § 5 Nr. 2 Befr-RV fehlt, wo die Bedingungen, unter denen befristete Arbeitsverträge als unbefristete Verträge zu gelten haben, den Mitgliedstaaten zur Regelung überlassen werden.[342] Doch wenn das innerstaatliche Recht in dem Sektor eine **andere wirksame Maßnahme** enthalte, um den missbräuchlichen Einsatz aufeinanderfolgender befristeter Arbeitsverträge zu verhindern und ggf. zu ahnden, könne die innerstaatliche Regelung mit dem Unionsrecht vereinbar sein.[343] Das Gericht betont auch hier den Grundsatz der Verfahrensautonomie der Mitgliedstaaten, doch verlangt es, dass **gleichwertige Garantien** für den Schutz der Arbeitnehmer geboten werden, um den missbräuchlichen Einsatz von Kettenbefristungen angemessen zu sanktionieren.[344] Ob das innerstaatliche Recht eine gleichwertige Maßnahme zur Missbrauchsvermei-

---

338 EuGH v. 7.9.2006 – C-53/04 – Marrosu, Slg. 2006, I-7213 Rz. 55; so auch APS/*Preis*, A. Rz. 43.
339 EuGH v. 7.3.2018 – C-494/16 – Santoro, NZA 2018, 503 Rz. 50.
340 EuGH v. 8.3.2012 – C-251/11 – Huet, NZA 2012, 441 Rz. 43.
341 EuGH v. 4.7.2006 – C-212/04 – Adeneler, Slg. 2006, I-6057 Rz. 105; v. 7.9.2006 – C-53/04 – Marrosu, Slg. 2006, I-7213 Ls., Rz. 49; v. 7.9.2006 – C-180/0 – Vassallo, Slg. 2006, I-7251 Ls., Rz. 42; v. 14.9.2016 – C-184/15 un C-197/15 – Andrés und Lopéz, BeckRS 2016, 82220 Rz. 41.
342 EuGH v. 7.9.2006 – C-53/04 – Marrosu, Slg. 2006, I-7213 Rz. 46.
343 EuGH v. 7.9.2006 – C-53/04 – Marrosu, Slg. 2006, I-7213 Rz. 49; v. 14.9.2016 – C-184/15 und C-197/15 – Andrés und Lopéz, BeckRS 2016, 82220 Rz. 48.; s. auch EuGH v. 7.3.2018 – C-494/16 – Santoro, NZA 2018, 503 Rz. 33.
344 EuGH v. 14.9.2016 – C-16/15 – Pérez López, ArbRB 2016, 291 = NZA 2016, 1265 Rz. 33; v. 7.9.2006 – C-53/04 – Marrosu, Slg. 2006, I-7213 Rz. 52 f.; APS/*Preis*, A. Rz. 43.

dung bietet, ist von den nationalen Gerichten zu prüfen.[345] Eine **Rechtfertigung**, warum im öffentlichen und privaten Sektor unterschiedliche Sanktionen bei Kettenbefristungen greifen können, wird in den Entscheidungsgründen hingegen nicht verlangt.

Die Position des EuGH ist auf der Grundlage der Befr-RV nachvollziehbar. Die Befr-RV sieht nicht vor, dass in allen Bereichen dieselbe Sanktion greifen muss, sie lässt den Mitgliedstaaten vielmehr einen großen Spielraum, welche Sanktion sie im Einzelnen vorsehen. Es gilt allein die allgemeine Voraussetzung, dass die Sanktion hinreichend wirksam, effektiv und abschreckend ist. Das Regelwerk zeichnet sich durch eine Auswahloffenheit aus, wobei der Ermessensspielraum durch das Gebot der Gleichwertigkeit der Maßnahmen gebunden ist.[346]

13.191

Diese **Differenzierungsmöglichkeit** ist dennoch sowohl aus **rechtspolitischer** Sicht als auch aus **methodischer Sicht Bedenken** ausgesetzt. Angesichts der Vielzahl der Fälle, die in der Praxis gerade im öffentlichen Sektor zumindest den Verdacht des Missbrauchs von Kettenbefristungen nahelegt, ist es mit Sorge zu betrachten, dass gerade in diesem Bereich der Arbeitgeber vor der (zumindest aus deutscher Sicht) einschneidendsten Sanktion, der Entfristung, bewahrt werden kann, ohne dass hierfür Rechtfertigungsgründe vorgebracht werden müssen. Vor Schwierigkeiten dürften die nationalen Gerichte gestellt werden, wenn sie zu beurteilen haben, ob es sich bei einer Entfristung und bspw. einem Schadensersatzanspruch um gleichwertige Maßnahmen handelt und wenn ja, wie hoch ein gleichwertiger Schadensersatzanspruch sein muss. Die Möglichkeit unterschiedlicher Sanktionen kann auch zu einer erheblichen Ungleichbehandlung öffentlicher und privater Arbeitgeber führen: Es dürfte schwierig sein, eine Sanktion zu finden, die zumindest auf tatsächlicher Ebene ebenso schwer wiegt wie eine Entfristung. Insgesamt kann diese Rechtsprechung zu einer massiven **Privilegierung des öffentlichen Sektors** führen – eine solche „positive" Grundeinstellung bzgl. dieser Privilegierung sollte bei Prognosen zu künftiger Rechtsprechung des EuGH bzgl. der Haushaltsbefristung des § 14 TzBfG eingeplant werden.

13.192

Auch aus rechtlicher Sicht ist die großzügige Rechtsprechung nicht zwingendes Auslegungsergebnis der Befr-RV. Schließlich weist der EuGH selbst darauf hin, dass eine Differenzierung nach Branchen oder Arbeitnehmerkategorien ausdrücklich nur in § 5 Nr. 1 Befr-RV vorgesehen ist. Hieraus könnte auch geschlussfolgert werden, dass es für eine unterschiedliche Behandlung auch auf der Rechtsfolgenseite einer Ermächtigung in der Befr-RV bedarf, welche aber fehlt.

13.193

Die **Entfristung**, die das deutsche Recht als Rechtsfolge vorsieht, ist im Hinblick auf die Befr-RV sowie die Rechtsprechung des EuGH unbedenklich. Auch wenn der Arbeitgeber letztlich so dasteht, wie er es täte, wenn er sich richtig verhalten hätte, dürfte die Entfristung angesichts des Kündigungsschutzes, der dann greift, abschreckend sein. Jedoch ist noch zu berücksichtigen, dass nach § 17 TzBfG eine **materiell wirkende Klagefrist** von drei Wochen nach dem vereinbarten Befristungsende einzuhalten ist. Diese materiell-rechtliche wirkende Präklusionsvorschrift schränkt die Wirksamkeit der Sanktion ein. Doch auch hier dürften die Vorgaben der Befr-RV eingehalten sein, weil § 17 Satz 2 TzBfG auf § 5 KSchG verweist und so die Möglichkeit lässt, nach den dort festgelegten Voraussetzungen auch verspätete Klagen zuzulassen.[347] Auch der weite Wertungsspielraum, den der EuGH z.B. in der Rs. *Huet* den Mitgliedstaaten zubilligt, würde wohl für eine entsprechende Einschätzung des EuGH in Bezug auf § 17 TzBfG sprechen.

13.194

---

345 Dies ist nicht überraschend, da es nicht Aufgabe des EuGH ist, innerstaatliches Recht auszulegen, *Höland*, Anm. zu EuGH v. 7.9.2006 – C-53/06 – Marrosu, ZESAR 2007, 182 (183).
346 *Höland*, Anm. zu EuGH v. 7.9.2006 – C-53/06 – Marrosu, ZESAR 2007, 182, welcher auch von einem „Spannungsverhältnis zwischen Auswahlfreiheit der mitgliedstaatlichen Rechtsordnung und alternativer Wirksamkeit" spricht.
347 *Franzen*, JZ 2007, 191.

VII. Information und Beschäftigungsmöglichkeiten, § 6 Befr-RV

13.195 § 6 Befr-RV gibt den Arbeitgebern zwei Pflichten auf: zum einen sind befristet Beschäftigte über das Freiwerden unbefristeter Arbeitsplätze zu informieren, **§ 6 Nr. 1 Befr-RV**. Ziel ist es, den befristet Beschäftigten die gleichen Chancen auf einen sicheren Arbeitsplatz zu gewähren wie anderen Arbeitnehmern.

13.196 Zum anderen sollen nach **§ 6 Nr. 2 Befr-RV** die Arbeitgeber den befristet Beschäftigten soweit möglich den Zugang zu angemessenen Aus- und Weiterbildungsmöglichkeiten erleichtern, die ihre Fertigkeiten, ihr berufliches Fortkommen sowie ihre berufliche Mobilität verbessern bzw. fördern. Diese Regelung ist **schwächer formuliert** als § 6 Nr. 1 Befr-RV, was sich in den Begriffen „erleichtern" und „soweit dies möglich ist" äußert. Ein entsprechender Anspruch dürfte hieraus nicht herleitbar sein.[348]

13.197 Mit **§ 18 TzBfG** hat der deutsche Gesetzgeber die Regelung des § 6 Nr. 1 Befr-RV und mit **§ 19 TzBfG** hat er die Regelung des § 6 Nr. 2 Befr-RV nahezu wortgleich übernommen.

13.198 Dennoch kann bezweifelt werden, ob damit den Anforderungen der Befr-RV genüge getan ist. Das TzBfG knüpft **keinerlei Rechtsfolge** an die Nichterfüllung dieser Pflicht, die Sanktion des § 17 TzBfG greift nur für den Fall, dass die Befristung rechtsunwirksam ist. Die ganz h.M. ordnet **§ 18 TzBfG** als **Nebenpflicht** des Arbeitgebers ein, so dass eine Pflichtverletzung über einen Schadensersatzanspruch aus **§ 280 Abs. 1 BGB** zu sanktionieren ist.[349] Doch es besteht ebenso Einigkeit, dass in der Praxis der **Nachweis**, dass der Arbeitnehmer den unbefristeten Arbeitsplatz nur deswegen nicht erhalten hat, weil der Arbeitgeber ihn nicht gem. § 18 TzBfG hierüber informiert hat, nur schwer vorstellbar ist.[350] Nun kann man sich zumindest die Frage stellen, ob dieser faktisch kaum umsetzbare Schadensersatzanspruch ausreicht, um die Pflicht aus § 6 Nr. 1 Befr-RV wirksam umzusetzen und zu gewährleisten. Schließlich gab der EuGH bereits in der Rs. *von Colson*[351] vor, dass eine Sanktion wirksam sein und eine abschreckende Wirkung gewährleisten muss, so dass bspw. ein rein symbolischer Schadensersatz wie das bloße Erstatten von Bewerbungskosten nicht genügen – und bei einem Verstoß gegen § 18 TzBfG liegt das Problem noch tiefer, da der Arbeitnehmer aufgrund der Nachweisschwierigkeiten nicht einmal zu einem symbolischen Schadensersatz vordringt.

13.199 § 6 Nr. 2 Befr-RV ist durch **§ 19 TzBfG** umgesetzt. Die Wortwahl ist in diesem Fall zwar nicht identisch, doch dürfte durch die Formulierungen „soweit dies möglich ist" und „erleichtern" der Wertungsspielraum hinreichend groß sein, dass die abweichenden Formulierungen in § 19 TzBfG davon gedeckt sind.

VIII. Information und Konsultation, § 7 Befr-RV

13.200 Kern des § 7 Befr-RV ist die Pflicht, **befristet Beschäftigte** entsprechend bei der Berechnung der **Schwellenwerte** für die Einrichtung von **Arbeitnehmervertretungen** zu berücksichtigen, § 7 Nr. 1 Befr-RV. Auch hier werden die Anwendungsmodalitäten in die Hände der Mitgliedstaaten nach Anhörung der Sozialpartner und/oder von den Sozialpartnern unter Berücksichtigung der einzelstaatlichen gesetzlichen und tarifvertraglichen Bestimmungen und Gepflogenheiten gelegt (§ 7 Nr. 2 Befr-RV). In Betracht kommen hier bspw. Regelungen zur Bildung von Durchschnittswerten oder Stichtagsregelungen.[352]

---

348 *Riesenhuber*, Europäisches Arbeitsrecht, § 17 Rz. 37; a.A. *Kaufmann*, AuR 1999, 332 (334).
349 BAG v. 6.4.2011 – 7 AZR 716/09, ArbRB 2011, 130 = NZA 2011, 905, 911 Rz. 43; ErfK/*Müller-Glöge*, § 18 TzBfG Rz. 5; Annuß/Thüsing/*Annuß*, § 18 TzBfG Rz. 6; Boecken/Joussen/*Joussen*, § 18 TzBfG Rz. 7; *Sievers*, § 18 Rz. 6.
350 Sehr deutlich Annuß/Thüsing/*Annuß*, § 18 TzBfG Rz. 6; Boecken/Joussen/*Joussen*, § 18 TzBfG Rz. 8; Laux/Schlachter/*Schlachter*, § 18 TzBfG Rz. 5; *Sievers*, § 18 TzBfG Rz. 6.
351 EuGH v. 10.4.1984 – C-14/83 – von Colson, Slg. 1984, 1891 Rz. 28.
352 *Riesenhuber*, Europäisches Arbeitsrecht, § 17 Rz. 39.

Bemerkenswert ist der Zusatz in § 7 Nr. 2 Befr-RV, dass dies im Einklang mit § 4 Nr. 1 Befr-RV erfolgen soll. Daran wird deutlich, dass die Berücksichtigung bei den Schwellenwerten auch ein **Ausdruck des Diskriminierungsverbots** bzgl. befristet Beschäftigter ist. Zudem ist dadurch klargestellt, dass das Gebot der Berücksichtigung sowohl für das passive als auch für das aktive Wahlrecht gilt.[353]

13.201

Zugleich wird in der Regelung ein **Schutz der Mitbestimmung** gesehen, da damit ein potentieller Befristungsanreiz zur Vermeidung der Mitbestimmung genommen werde.[354]

13.202

Über § 5 BetrVG werden alle Arbeitnehmer vom Wahlrecht erfasst, also auch die befristet Beschäftigten, eine Diskriminierung ist hier nicht erkennbar. Jedoch stellt § 1 **BetrVG** für die Errichtung des Betriebsrats einen Schwellenwert von „*in der Regel*" mindestens fünf „*ständigen*" wahlberechtigten Arbeitnehmern auf. Insbesondere der Begriff „**ständig**" ist im Hinblick auf die Befr-RV problematisch.[355] Denn selbst wenn, wie teilweise vertreten, auch Befristungen hierunter gefasst werden, mit denen ein dauerhafter Arbeitskraftbedarf abgedeckt wird (also eine stellenbezogene Sichtweise eingenommen wird),[356] bleiben weiterhin diejenigen **befristeten Arbeitsverhältnisse unberücksichtigt**, mit denen kein dauerhafter Bedarf gedeckt wird. Auch wenn mit der Auffassung gegangen wird, welche befristete Arbeitsverhältnisse berücksichtigt, die dem Betrieb für einen „erheblichen Zeitraum" angehören,[357] ist das unionsrechtliche Problem noch nicht gelöst, da § 7 Nr. 1 Befr-RV nicht so offen konzipiert ist, dass bspw. bereits eine „angemessene" Berücksichtigung ausreicht.

13.203

Weitaus **unverbindlicher** ist § 7 Nr. 3 Befr-RV, wenn er vorgibt, dass eine angemessene **Information der Arbeitnehmervertretungen** über befristete Arbeitsverhältnisse von den Arbeitgebern in Erwägung gezogen werden soll – und dies auch nur soweit möglich. Warum § 7 Befr-RV mit „Information und *Konsultation*" überschrieben wird, erscheint rätselhaft.

13.204

Trotz dieser vergleichsweise „harmlosen" Regelung in § 7 Nr. 3 Befr-RV hat der nationale Gesetzgeber mit **§ 20 TzBfG** diese Vorgabe ernst genommen und bleibt jedenfalls nicht hinter den Vorgaben der Befr-RV zurück.

13.205

IX. Umsetzungsbestimmungen, § 8 Befr-RV

Die Rechtsprechung des EuGH betrifft bisher in der Regel nur die Bestimmungen des § 8 Nr. 1, Nr. 3 und Nr. 5 Befr-RV, auf sie allein wird hier kurz näher eingegangen (zu § 8 Nr. 2 Befr-RV vgl. Rz. 13.12). § 8 Nr. 4 Befr-RV stellt lediglich nochmals die Befugnisse der Sozialpartner klar. Im Wesentlichen wird damit wiederholt, was in den jeweiligen Einzelnormen in Bezug auf die Anwendungsmodalitäten ohnehin bereits gewährleistet wird, s. z.B. § 4 Nr. 3 Befr-RV.

13.206

1. Beibehaltung oder Einführung günstigerer Bestimmungen

§ 8 Nr. 1 Befr-RV erlaubt den Mitgliedstaaten und/oder Sozialpartnern, günstigere Bestimmungen für Arbeitnehmer beizubehalten oder einzuführen als die Befr-RV vorsieht. Die **Befr-RV setzt** also einen **Mindeststandard**. Die Befugnis, über das Schutzniveau der Befr-RV hinauszugehen, umfasst ihren gesamten Regelungsbereich.

13.207

In der Rs. *Carratù* hat der EuGH bei der Überprüfung einer nationalen Sanktionsregelung für rechtswidrige Befristungen auch auf § 8 Nr. 1 Befr-RV zurückgegriffen. Der Gerichtshof verneinte

13.208

---
353 Vgl. auch *Riesenhuber*, Europäisches Arbeitsrecht, § 17 Rz. 38, 40.
354 *Riesenhuber*, Europäisches Arbeitsrecht, § 17 Rz. 38.
355 Sehr deutlich Hanau/Steinmeyer/Wank/*Wank*, § 18 Rz. 283.
356 So *Fitting*, § 1 BetrVG Rz. 276.
357 So z.B. GK-BetrVG/*Franzen*, § 1 Rz. 100.

zwar einen Verstoß gegen das Diskriminierungsverbot. Dennoch ließ er es sich nicht nehmen, unter Rückgriff auf § 8 Nr. 1 Befr-RV ausdrücklich darauf hinzuweisen, dass die Mitgliedstaaten, die dies wünschen, ermächtigt werden, günstigere Bestimmungen für befristet beschäftigte Arbeitnehmer einzuführen. Deshalb dürften auch die finanziellen Konsequenzen des rechtswidrigen Abschlusses eines befristeten Arbeitsvertrags mit den Konsequenzen gleichgesetzt werden, die im Fall der rechtswidrigen Auflösung eines unbefristeten Arbeitsvertrags gezogen werden können.[358] Dieser Hinweis war keineswegs erforderlich, da § 8 Nr. 1 Befr-RV nicht Gegenstand der Vorlagefrage war. Es entsteht der Eindruck, dass der EuGH damit einen unverbindlichen Appell an die Mitgliedstaaten richtet, die Situation der befristet Beschäftigten auch ohne unionsrechtlichen Zwang zu verbessern.

2. Senkung des Schutzniveaus

13.209 § 8 Nr. 3 Befr-RV legt ein **„Verschlechterungsverbot"** fest. Dieses Verbot ist in arbeitsrechtlichen Richtlinien durchaus gebräuchlich.[359] Die Rechtsprechung, die der **EuGH** im Zusammenhang mit der Befr-RV entwickelt hat, ist zum Großteil von **grundsätzlicher Natur** und kann auch auf Verschlechterungsverbote anderer Richtlinien übertragen werden und erhält so eine **Bedeutung weit über das Befristungsrecht** hinaus. Dem Verschlechterungsverbot wird – unabhängig davon, in welcher arbeitsrechtlichen Richtlinie es verankert ist – der **Zweck** beigemessen, die Akzeptanz der Politik der EU bei den Bürgern zu stärken. Es soll verhindert werden, dass die Mitgliedstaaten unter dem Vorwand der Umsetzung einer Richtlinie das arbeitsrechtliche Schutzniveau absenken.[360]

13.210 Der **Anwendungsbereich** des Verschlechterungsverbots erstreckt sich auf das Schutzniveau, das sowohl den erstmalig befristeten als auch den mehrfach hintereinander befristeten Arbeitnehmern gewährt wird. Das Verschlechterungsverbot betrifft also nicht nur die Absenkung des Schutzniveaus im Bereich der Kettenbefristung.[361]

13.211 Der EuGH gibt im Ergebnis den nationalen Gerichten vor,[362] dass ein **Verstoß gegen § 8 Nr. 3 Befr-RV in zwei Schritten** zu prüfen ist.[363] Zum einen ist festzustellen, ob es sich überhaupt um eine Verschlechterung handelt, und zum anderen muss überprüft werden, ob diese Verschlechterung im Zusammenhang mit der Umsetzung eingeführt wurde. § 8 Nr. 3 Befr-RV gibt vor, dass die Umsetzung der Rahmenvereinbarung nicht als Rechtfertigung für die Senkung des allgemeinen Schutzniveaus für Arbeitnehmer dienen darf. Der EuGH legt die Regelung weit und damit für die Mitgliedstaaten vorteilhaft aus. Eine Senkung i.S.d. § 8 Nr. 3 Befr-RV wird nur bejaht, wenn das **„allgemeine" Schutzniveau abgesenkt** wurde. Dabei soll es nach Auffassung des EuGH nicht ausreichen, wenn es sich um eine nur begrenzte Arbeitnehmergruppe handelt.[364] Von dem Verschlechterungsverbot soll nur eine Herabsetzung „in einem gewissen Umfang" erfasst werden, die so ausgestaltet ist, dass die nationale Regelung über befristete Arbeitsverträge insgesamt berührt werde.[365] Zudem müsse auch die „Gesamtheit der anderen Garantien" bewertet werden[366]

---

358 EuGH v. 12.12.2013 – C-361/12 – Carratù, NZA 2014, 79 Ls. 3.
359 *Corazza/Nogler*, ZESAR 2011, 58; *Riesenhuber*, Europäisches Arbeitsrecht, § 17 Rz. 44.
360 S. zum Schutzzweck *Greiner*, EuZA 2011, 74 (80), der in diesem Zusammenhang auch auf das Transparenzgebot hinweist; MünchKommBGB/*Thüsing*, § 15 AGG Rz. 33; *Kerwer*, EuZA 2010, 253 (257 ff.).
361 EuGH v. 23.4.2009 – verb. Rs. C-378/07 bis C-380/07 – Angelidaki u.a., Slg. 2009, I-3071 Ls. 3, Rz. 120 ff., 125 f.; v. 24.6.2010 – C-98/09 – Sorge, Slg. I-5837 Rz. 33.
362 EuGH v. 24.6.2010 – C-98/09 – Sorge, Slg. I-5837 Rz. 36 f.
363 S. EuGH v. 24.6.2010 – C-98/09 – Sorge, Slg. I-5837 Rz. 37; so auch die Einschätzung von *Greiner*, EuZA 2011, 74 (77).
364 EuGH v. 23.4.2009 – verb. Rs. C-378/07 bis C-380/07 – Angelidaki u.a., Slg. 2009, I-3071 Ls. 4; v. 24.6.2010 – C-98/09 – Sorge, Slg. 2010, I-5837 Ls. 1, Rz. 48.
365 EuGH v. 23.4.2009 – verb. Rs. C-378/07 bis C-380/07 – Angelidaki u.a., Slg. 2009, I-3071 Rz. 210.
366 EuGH v. 24.6.2010 – C-98/09 – Sorge, Slg. I-5837 Rz. 46 f.

– mit anderen Worten, das Herabsenken des Schutzniveaus in einem Bereich kann durch das Heraufsetzen des Schutzniveaus in einem anderen Bereich ausgeglichen werden.

In der Tat legt der Wortlaut der Regelung, „allgemeines" Schutzniveau, diese Auslegung nahe. Nicht jedes Absenken des Schutzniveaus ist also von dem Verschlechterungsverbot des § 8 Nr. 3 Befr-RV erfasst.[367] Damit bleibt aber noch vollkommen **ungeklärt**, ab wann es sich um eine „**relevante**" **Abweichung** handelt, die als Verstoß gegen das Verschlechterungsverbot qualifiziert werden kann.[368] Der EuGH lässt offen, wann dieser „gewisse Umfang" erreicht ist und wann es sich nur um eine begrenzte Arbeitnehmergruppe handelt. Diese Einschätzung überlässt er den nationalen Gerichten.

13.212

Angesichts dieser Unklarheiten ist es wiederum nachvollziehbar, dass der EuGH dem Verschlechterungsverbot aus **§ 8 Nr. 3 Befr-RV keine unmittelbare Wirkung** beimisst.[369]

13.213

Wird das Absenken des allgemeinen Schutzniveaus bejaht, ist in einem **zweiten Schritt** zu prüfen, ob die Verschlechterung **im Zusammenhang mit der Umsetzung** der Befr-RV erfolgt ist. Auch hier ist der EuGH äußerst „mitgliedstaatenfreundlich". Erfolgt die Verschlechterung in einem Gesetz, das ausdrücklich zur Umsetzung der jeweiligen Richtlinie erlassen wird, sieht es dies als ein gewichtiges Indiz an,[370] doch ist auch dann noch von dem **nationalen Gericht zu prüfen**, ob die Änderung, also das **Absenken des Schutzniveaus**, ein **Ausgleich** dafür sein soll, dass die zur Umsetzung der Befr-RV eingeführten Arbeitnehmerschutzvorschriften den Arbeitgeber belasten.[371] Dementsprechend hat der EuGH in der Rs. *Mangold* keinen Verstoß gegen das Verschlechterungsverbot gesehen, weil durch die stufenweise Herabsetzung des Alters, ab dem eine Befristung ohne Begrenzung möglich ist (§ 14 Abs. 3 Satz 4 TzBfG a.F.), die Beschäftigungsförderung bezweckt und damit gerechtfertigt war.[372] Ziel der Absenkung des Schutzniveaus war schließlich nicht die Umsetzung der Richtlinie. Insgesamt lässt der EuGH im Wege seiner Auslegung des § 8 Nr. 3 Befr-RV den Mitgliedstaaten einen weiten Spielraum.[373]

13.214

In der deutschen Literatur ist **umstritten**, ob die Bestimmung der **sachgrundlosen Befristung** nach § 14 Abs. 2 TzBfG, die im Zuge der Richtlinienumsetzung erneuert wurde, gegen § 8 Nr. 3 Befr-RV verstößt.[374] Allerdings ist zu prüfen, ob eine „allgemeine Absenkung" feststellbar ist. Geht man davon aus, dass mit § 14 Abs. 2 TzBfG tatsächlich eine Verschlechterung eingetreten ist, dürfte sie dennoch nicht gegen die Befr-RV verstoßen. Entsprechend den Entscheidungsgründen der Rs. *Sorge* wäre hierfür die „Gesamtheit der anderen Garantien" zu bewerten.[375] Mit der Umsetzung der Befr-RV wurde die Möglichkeit der Kettenbefristung erheblich eingeschränkt, so dass sich **insgesamt das allgemeine Schutzniveau verbessert** haben dürfte.[376]

13.215

---

367 *Riesenhuber*, Europäisches Arbeitsrecht, § 17 Rz. 44.
368 Kritisch auch *Greiner*, EuZA 2011, 74 (79), der eine Betroffenheit von einem Drittel der befristet Beschäftigten als Richtschnur vorschlägt.
369 EuGH v. 23.4.2009 – verb. Rs. C-378/07 bis C-380/07 – Angelidaki u.a., Slg. 2009, I-3071 Ls. 6, Rz. 210 f.; v. 24.6.2010 – C-98/09 – Sorge, Slg. 2010, I-5837 Rz. 50.
370 EuGH v. 24.6.2010 – C-98/09 – Sorge, Slg. 2010, I-5837 Rz. 42.
371 EuGH v. 24.6.2010 – C-98/09 – Sorge, Slg. 2010, I-5837 Rz. 40.
372 EuGH v. 22.11.2005 – C-144/04 – Mangold, Slg. 2005, I-9981; auf diesen Anwendungsfall weist auch *Riesenhuber*, Europäisches Arbeitsrecht, § 17 Rz. 45 ausdrücklich hin.
373 Zustimmend *Riesenhuber*, Europäisches Arbeitsrecht, § 17 Rz. 44, der bei einer strengen Auslegung des Verschlechterungsverbots die Gefahr sieht, dass ansonsten eine Versteinerung des Rechtssystems drohe und z.B. auch Änderungen, die aus Gründen der Folgerichtigkeit geboten sein können, nicht möglich wären.
374 Zum Meinungsstand s. KR/*Lipke*, § 14 TzBfG Rz. 379 f. m.w.N.
375 EuGH v. 24.6.2010 – C-98/09 – Sorge, Slg. 2010, I-5837 Rz. 46 f.
376 S. auch *Hanau*, NZA 2000, 1045; *Dörner*, Der befristete Arbeitsvertrag, Rz. 426 f.; KR/*Lipke*, § 14 TzBfG Rz. 524.

3. Verfahrensregeln

13.216 Gemäß § 8 Nr. 5 Befr-RV sind für die Vermeidung und Behandlung von Streitfällen und Beschwerden im Zusammenhang mit der Befr-RV die einzelstaatlichen gesetzlichen und tarifvertraglichen Bestimmungen und Gepflogenheiten maßgeblich. Da das Unionsrecht keine Verfahrensmodalität für entsprechende Klagen vorsieht, greift das innerstaatliche Recht. Der EuGH wendet aber auch hier die Erfordernisse der Äquivalenz und Effektivität an. Dem Effektivitätsgrundsatz wird nach seiner Ansicht nicht genügt, wenn dem Arbeitnehmer nicht die Möglichkeit der Klageerweiterung offen steht, sondern er eine neue Klage erheben muss, um nach der gerichtlichen Feststellung eines Missbrauchs aufeinanderfolgender Befristungen eine angemessene Sanktion einzufordern.[377]

X. Fazit

13.217 Obwohl die Befr-RV einen eher niedrigschwelligen Kompromiss der Sozialpartner darstellt, ist sie keineswegs bedeutungslos. Aus deutscher Sicht hat sie vor allem im Zusammenhang mit der Rechtsprechung des EuGH zur Sachgrundbefristung Beachtung gefunden. Die nationale Rechtsprechung wurde mit dem Erfordernis einer konkreten Missbrauchskontrolle vor anspruchsvolle Aufgaben gestellt. Als abgeschlossen kann die Rechtsprechungsentwicklung im Bereich der Kettenbefristung auch auf Unionsebene noch nicht angesehen werden, dafür dürfte es in den einzelnen Mitgliedstaaten zu viele Mechanismen geben, über die eine Kettenbefristung kreiert werden kann.[378] Doch hat der EuGH jedenfalls in diesem Bereich bereits eine Richtung vorgegeben, indem er regelmäßig das Ziel, missbräuchliche Kettenbefristungen zu vermeiden, besonders hoch einstuft.

13.218 Der Grundsatz der Nichtdiskriminierung wird auf deutscher Ebene bisher noch weniger stark wahrgenommen als er in der Rechtsprechung des EuGH behandelt wird. Dies mag daran liegen, dass er mit § 4 Abs. 2 TzBfG nahezu inhaltsgleich übernommen wurde. Damit ist freilich noch nicht gewährleistet, dass der Grundsatz der Nichtdiskriminierung auch im Einzelnen gewährleistet wird. Daher sollte auch die umfassende Rechtsprechung des EuGH zu § 4 Befr-RV nicht vernachlässigt werden.

13.219 Eine noch nicht häufig wahrgenommene Quelle potentieller Unionsrechtswidrigkeit bietet § 7 Nr. 1 Befr-RV. Auch hier sollte die weitere Entwicklung nicht aus den Augen verloren werden.

13.220 Im Übrigen hat die Befr-RV auch auf nationaler Ebene eine beachtliche Breitenwirkung, die über das TzBfG hinausgeht, wenn man bedenkt, dass auch tarifliche Regelungen in ihren Anwendungsbereich fallen. Insgesamt werden Auslegung und Wirkung der Befr-RV Literatur und Rechtsprechung noch langfristig beschäftigen.

---

377 EuGH v. 14.9.2016 – C-184/15 und C-197/15 – Andrés und López, BeckRS 2016, 82220 Rz. 59 ff.
378 S. hierzu die Konstellationen, die *Greiner*, NZA 2014, 284 untersucht.

§ 14
Massenentlassungsrecht

I. **Entstehungsgeschichte und Zweck** . . 14.1
1. Richtlinie 75/129/EWG 14.1
2. Richtlinien 92/56/EWG und 98/59/EG 14.3
3. Zweck 14.5
4. Deutsches Massenentlassungsrecht . . 14.7
   a) Historische Vorläufer der heutigen Regelung 14.7
   b) Regelung im Kündigungsschutzgesetz 14.8
   c) Zweck 14.9

II. **Anwendungsbereich** 14.13
1. Arbeitnehmer 14.14
   a) Fremdgeschäftsführer 14.20
   b) Betriebsleiter und leitende Angestellte 14.24
   c) Leiharbeitnehmer 14.26
2. Arbeitgeber/Betrieb/herrschendes Unternehmen 14.30
   a) Arbeitgeberbegriff 14.30
   b) Betriebsbegriff 14.32
   c) Herrschendes Unternehmen 14.38
3. Entlassung 14.42
   a) Allgemeines 14.42
   b) Arbeitsverhältnisse mit Sonderkündigungsschutz 14.56
   c) Befristungen und Bedingungen . . 14.62
   d) Tod des Arbeitgebers 14.64

III. **Konsultationsverfahren** 14.66
1. Arbeitnehmervertretung 14.67
2. Inhaltliche Anforderungen an die Konsultation 14.79
3. Formelle Anforderungen an die Konsultation 14.91
4. Zeitlicher Ablauf der Konsultation . . 14.94
   a) Rechtzeitige Übermittlung von Angaben 14.100
   b) Übermittlung einer Abschrift an zuständige Behörde 14.104
   c) Zeitliche Reihenfolge im Verhältnis Konsultationsverfahren und Massenentlassungsanzeige 14.107
   d) Unterbreitung von Vorschlägen durch Arbeitnehmervertreter . . . 14.108
   e) Verhältnis zu anderen Beteiligungsverfahren nach nationalem Recht 14.110
5. Rechtsfolgen bei Fehlern im Konsultationsverfahren 14.117

IV. **Anzeigeverfahren** 14.124
1. Überblick 14.124
2. Zuständige Behörde 14.132
3. Anforderungen an die Massenentlassungsanzeige 14.135
   a) Inhaltliche Anforderungen 14.135
      aa) Zwingende Angaben 14.137
      bb) Stellungnahme des Betriebsrats 14.143
      cc) Fakultative Angaben 14.149
   b) Anzeigepflichtiger 14.150
   c) Formale Anforderungen an die Massenentlassungsanzeige 14.154
   d) Zeitlicher Ablauf der Massenentlassungsanzeige 14.157
      aa) Zeitpunkt der Anzeige 14.157
      bb) Verhältnis zum Konsultationsverfahren 14.161
      cc) Verhältnis zu §§ 85 ff. SGB IX 14.168
   e) Sperrfrist 14.169
   f) Rechtsfolgen bei Fehlern im Anzeigeverfahren 14.172
      aa) Allgemeines 14.172
      bb) Sanktionen nach deutschem Recht 14.175
      cc) Heilung 14.177
        (1) Heilung durch verspätete Klageeinreichung 14.178
        (2) Heilung durch bestandskräftigen Verwaltungsakt? 14.180
        (3) Heilung gem. § 125 Abs. 2 InsO? 14.181

V. **Ablaufplan** 14.182

Schrifttum: *Bauer/Röder*, Aufhebungsverträge bei Massenentlassungen und bei Betriebsänderungen, NZA 1985, 201; *Bezani*, Die Erweiterung des Entlassungsbegriffes bei Massenentlassungen, Festschrift für Willemsen zum 65. Geburtstag; *Bonin*, Die Richtlinie 2002/14/EG zur Unterrichtung und Anhörung der Arbeitnehmer und ihre Umsetzung in das Betriebsverfassungsrecht, AuR 2004, 321; *Dzida/Hohenstatt*, BAG schafft Klarheit bei Massenentlassungen, DB 2006, 1897; *Forst*, Neues aus Luxemburg zur Massenentlassung, NZA 2010, 144; *Freckmann/Hendricks*, Die Massenentlassungsanzeige – Kann sie noch richtiggestellt werden?, BB 2018, 1205; *Fuhlrott/Fabritius*, Anzeigepflichtige Entlassungen – Ablaufplan und vermeidbare Fehlerquellen, ArbR 2009, 154; *Gerdom*, Gemeinschaftsrechtliche Unterrichtungs- und Anhörungspflichten und ihre Auswirkungen auf das Betriebsverfassungs-, Personalvertretungs- und Mitarbeitervertretungsrecht – Zum Umsetzungsbedarf der Richtlinie 2002/14/EG, 2009; *Ginal/Raif*, Über die Hürden: Fehler bei Massenentlassungen vermeiden, ArbR 2013, 94; *Grau/Sittard*, Neues zum Verfahren bei Massenentlassungen?, BB 2011, 1845; *Hinrichs*, Kündigungsschutz und Arbeitnehmerbeteiligung bei Massenentlassungen, 2001; *Hohenstatt/Naber*, Sind Fremd-Geschäftsführer Arbeitnehmer im Sinne der Massenentlassungsrichtlinie?, NZA 2014, 637; *Hützen*, (Un-)Gelöste Probleme des Massenentlassungsanzeigeverfahrens, ZInsO 2012, 1801; *Karthaus*, Betriebsübergang als interessenausgleichspflichtige Maßnahme nach der Richtlinie 2002/14/EG, AuR 2007, 114; *Klumpp/Holler*, Die Berufsgruppe nach § 17 KSchG, NZA 2018, 408; *Krieger/Ludwig*, Das Konsultationsverfahren bei Massenentlassungen – Praktischer Umgang mit einem weitgehend unbekannten Wesen, NZA 2010, 919; *Lembke/Oberwinter*, Massenentlassungen zwei Jahre nach „Junk" – Eine Bestandsaufnahme, NJW 2007, 721; *Lingemann/Steinhauser*, Alte und neue Fallen beim Ausspruch von Kündigungen – Massenentlassungsanzeige, NJW 2017, 2245; *Lunk*, Der EuGH und die deutschen GmbH-Fremdgeschäftsführer – Auf dem Weg zum Arbeitnehmerstatus?, NZA 2015, 917; *Lunk/Hildebrand*, GmbH-Geschäftsführer und Massenentlassungen, Konsequenzen der Balkaya-Entscheidung des EuGH für Geschäftsführer, Arbeitnehmer und Gesellschafter, NZA 2016, 129; *Lunk/Rodenbusch*, Der unionsrechtliche Arbeitnehmerbegriff und seine Auswirkungen auf das deutsche Recht, GmbHR 2012, 188; *Maiß/Röhrbohrn*, Unterrichtungspflicht des Unternehmers gegenüber dem Wirtschaftsausschuss gem. § 106 BetrVG, ArbR 2011, 341; *Mauthner*, Die Massenentlassungsrichtlinie der EG und ihre Bedeutung für das deutsche Massenentlassungsrecht, 2004; *Moll*, Elternzeit und Massenentlassung, Festschrift für Willemsen zum 65. Geburtstag; *Morgenbrodt*, Der Arbeitnehmerbegriff im Massenentlassungsrecht, ZESAR 2017, 17; *Mückl/Vielmeier*, Die richtige Durchführung des Massenentlassungsverfahrens, NJW 2017, 2956; *Naber*, Der massenhafte Abschluss arbeitsrechtlicher Aufhebungsverträge, 2009; *Niklas/Koehler*, Vermeidung von Problemen bei Massenentlassungsanzeigen, NZA 2010, 913; *Opolny*, Die anzeigepflichtige Entlassung nach § 17 KSchG, NZA 1999, 791; *Pottschmidt*, Arbeitnehmerähnliche Personen in Europa, 2006; *Reinhard*, Rechtsfolgen fehlerhafter Massenentlassungen, RdA 2007, 207; *Schramm/Kuhnke*, Das Zusammenspiel von Interessenausgleichs- und Massenentlassungsanzeigeverfahren, NZA 2011, 1071; *Seidel/Wagner*, Aktuelle Probleme bei der Massenentlassungsanzeige, BB 2018, 692; *Sittard/Knoll*, Neujustierungen im Recht der Massenentlassung, BB 2013, 2037; *Spelge*, Das Konsultationsverfahren als Teil des Massenentlassungsschutzes – Labyrinth ohne Ausweg?, NZA-Beilage 2017, 108; *v. Steinau-Steinrück/Bertz*, Die Handhabbarkeit des Massenentlassungsverfahrens, NZA 2017, 145; *Weber*, Schwellenwerte für die Beschäftigtenzahl bei Massenentlassungen, EuZA 2008, 355; *Wißmann*, Probleme bei der Umsetzung der EG-Richtlinie über Massenentlassungen in deutsches Recht, RdA 1998, 221.

I. Entstehungsgeschichte und Zweck

1. Richtlinie 75/129/EWG

14.1 Das europäische Massenentlassungsrecht soll dazu dienen, ein **einheitliches europäisches Schutzniveau** zugunsten von Arbeitnehmern bei Massenentlassungen zu schaffen. Rechtsgrundlage für das europäische Massenentlassungsrecht war ursprünglich der damalige Art. 100 EWGV (jetzt: Art. 115 AEUV).

14.2 Das europäische Massenentlassungsrecht hat seinen Ursprung in der **politischen Wahrnehmung eines Einzelfalls**, nämlich einer grenzüberschreitenden Restrukturierungsmaßnahme: Der multinationale AKZO-Konzern sah sich im Jahr 1973 zu einer Massenentlassung gezwungen. Diese Massenentlassung führte der AKZO-Konzern – anders als ursprünglich geplant – vor allem in Belgien durch, weil eine Massenentlassung dort einfacher und günstiger durchgeführt werden konnte als etwa in Deutschland oder den Niederlanden. Sodann wurde – in Folge eines „sozialpolitischen Aktionsprogramms" des Rates vom 21.1.1974 – die Richtlinie 75/129/EWG erlassen (vgl. Rz. 1.5 f.).[1]

2. Richtlinien 92/56/EWG und 98/59/EG

14.3 Die Richtlinie 75/129/EWG wurde – nachdem durch Übereinkommen und Empfehlungen der Internationalen Arbeitsorganisation, das Zusatzprotokoll zur Europäischen Sozialcharta vom 5.5.1988

---

1 Vgl. *Hinrichs*, S. 23 ff.; *Mauthner*, S. 29; *Naber*, S. 172 f.

sowie die Gemeinschaftscharta der sozialen Grundrechte vom 9.12.1989 Impulse gesetzt worden waren[2] – durch die Richtlinie 92/56/EWG verändert. Im Wesentlichen wurde der Anwendungsbereich erweitert, die Vorschriften über das Konsultationsverfahren überarbeitet sowie eine Sanktion für den Fall von Verstößen aufgenommen.[3]

Die Richtlinien 75/129/EWG und 92/56/EWG wurden sodann aus Transparenzgründen in die **Massenentlassungsrichtlinie 98/59/EG (ME-RL)**[4] überführt, ohne dass weitere inhaltliche Änderungen vorgenommen wurden. 14.4

3. Zweck

Das europäische Massenentlassungsrecht dient in erster Linie dem **Individualschutz der Arbeitnehmer**, die von einer Massenentlassung betroffen sind. Dies ergibt sich nicht nur aus der Geschichte, sondern lässt sich auch mit den Erwägungsgründen der Richtlinie belegen. So lautete bereits ErwGr. 1 Richtlinie 75/129/EWG – der ErwGr. 2 ME-RL entspricht –, dass das Massenentlassungsrecht dazu dienen soll, „den Schutz der Arbeitnehmer bei Massenentlassungen zu verstärken". Die Verhinderung von negativen Folgen für den Arbeitsmarkt war für die europäischen Massenentlassungsrichtlinien demgegenüber nur von untergeordneter Bedeutung.[5] **Arbeitsmarkt- und beschäftigungspolitische Zwecksetzungen** finden sich lediglich im sozialpolitischen Aktionsprogramm vom 21.1.1974, auf welches die Erwägungsgründe verweisen, sowie in einer Stellungnahme des Wirtschafts- und Sozialausschusses zum Vorschlag für die Richtlinie 75/129/EWG.[6] Die mit dem europäischen Massenentlassungsrecht verbundenen beschäftigungspolitischen Impulse erschöpfen sich jedoch in einer unionsweiten Abstimmung der Beschäftigungspolitik,[7] also im Sinne der Schaffung eines unionsweit einheitlichen Schutzniveaus. 14.5

Dementsprechend sieht auch die **Rechtsprechung des EuGH** den Zweck des europäischen Massenentlassungsrecht darin, einen „vergleichbaren Schutz der Rechte der Arbeitnehmer in verschiedenen Mitgliedstaaten zu gewährleisten".[8] Unter Verweis auf die Erwägungsgründe der Richtlinie hat der EuGH in der Rs. *Lauge* ausdrücklich festgestellt, dass ihr „Ziel der Schutz der Arbeitnehmer im Falle von Massenentlassungen" ist.[9] 14.6

4. Deutsches Massenentlassungsrecht

a) Historische Vorläufer der heutigen Regelung

Das deutsche Massenentlassungsrecht ist wesentlich älter als die europäischen Richtlinien und reicht bis in die Zeit nach Ende des Ersten Weltkriegs zurück. Bereits die Demobilmachungsverordnung vom 19.2.1920,[10] die Stilllegungsverordnung vom 8.11.1920,[11] sowie schließlich die Verordnung über Betriebsstilllegungen und Arbeitsstreckung vom 15.10.1923[12] sahen **Entlassungssperren und Kündigungsbeschränkungen** vor. Hiermit sollte insbesondere der – nicht 14.7

---

2 Vgl. dazu *Mauthner*, S. 29 f.
3 Vgl. zu den Änderungen im Einzelnen *Hinrichs*, S. 40 ff.
4 Richtlinie 98/59/EG zur Angleichung der Rechtsvorschriften der Mitgliedstaaten über Massenentlassungen (ABl. Nr. L 225 v. 12.8.1998, S. 16).
5 Vgl. *Naber*, S. 176.
6 *Mauthner*, S. 44.
7 Vgl. *Hinrichs*, S. 66.
8 EuGH v. 8.6.1994 – C-383/92 – Kommission/Vereinigtes Königreich, Slg. 1994, I-2479 Rz. 27.
9 EuGH v. 17.12.1998 – C-250/97 – Lauge u.a., Slg. 1998, I-8737 Rz. 19 = NZA 1999, 305.
10 RGBl. I 1920, S. 218.
11 RGBl. I 1920, S. 1901.
12 RGBl. I 1923, S. 983.

erwünschte – Stillstand von Anlagen verhindert und die Produktionsfähigkeit der Industrie erhalten werden,[13] zumal die Arbeitslosigkeit nach Kriegsende bedrohlich angestiegen war.[14] In der Folge lösten arbeitsmarktpolitisch motivierte Vorschriften das ursprüngliche Regelungsregime ab. Mit den Anzeigepflichten des Arbeitgebers vor der Durchführung von Massenentlassungen sollte eine Belastung des Arbeitsmarktes unabhängig davon vermieden werden, ob eine Betriebsstilllegung erfolgte oder nicht: Gemäß § 20 des – nationalsozialistisch geprägten – Gesetzes zur Ordnung der nationalen Arbeit[15] musste vor einer Massenentlassung eine schriftliche Anzeige an den „Treuhänder für Arbeit" erfolgen. Das Gesetz zur Ordnung der nationalen Arbeit wurde 1947 aufgehoben: Nachfolgend galten dann Anzeigepflichten aufgrund eines Kontrollratsbefehls sowie einzelner Landesgesetze.[16]

b) Regelung im Kündigungsschutzgesetz

14.8 Diese Einzelregelungen wurden schließlich in die **§§ 15 ff. KSchG 1951** übernommen, wobei ihr arbeitsmarktpolitischer Zweck weiter akzentuiert wurde. In der Begründung zum KSchG 1951 hieß es ausdrücklich, dass die darin vorgesehenen Vorschriften zu Massenentlassungen „in erster Linie den arbeitsmarktpolitischen Zweck [verfolgen], Arbeitslosigkeit im Allgemeininteresse möglichst zu verhindern". Diese Motive lagen auch den 1969 eingeführten **§§ 17 ff. KSchG** zugrunde. Wesentliche Anpassungen der §§ 17 ff. KSchG an das europäische Recht erfolgten sodann durch Gesetze vom 27.4.1978[17] und vom 20.7.1995.[18]

c) Zweck

14.9 In der Zwecksetzung bestehen zwischen dem deutschen und dem europäischen Massenentlassungsrecht – trotz der nationalen gesetzgeberischen Anpassungen – bis heute **grundlegende konzeptionelle Unterschiede:** Dem deutschen Massenentlassungsrecht werden in erster Linie weiterhin und entsprechend seiner historischen Grundlagen arbeitsmarktpolitische Ziele zugesprochen.[19] Das europäische Recht bezweckt demgegenüber in erster Linie den Individualschutz der von einer Massenentlassung betroffenen Arbeitnehmer (vgl. Rz. 14.5 f.).

14.10 Auch die **Rechtsprechung des BAG** definiert den Zweck der §§ 17 ff. KSchG stets arbeitsmarktpolitisch.[20] Lediglich in einer Entscheidung[21] hat das BAG thematisiert, ob – angesichts der Regelung in § 20 Abs. 4 KSchG – mit dem deutschen Massenentlassungsrecht nicht auch eine Erweiterung des Individualschutzes von Arbeitnehmern bezweckt sei.

14.11 In Folge der **Junk-Entscheidung des EuGH**[22] hat sich gezeigt, dass die Unterscheidung zwischen der Zwecksetzung des europäischen Rechts einerseits und des deutschen Rechts andererseits keineswegs rein akademischer Natur ist. Nach der europäischen Zwecksetzung der ME-RL ist der einzelne Arbeitnehmer vor einer Massenentlassung zu schützen. Zu verhindern oder nur unter Beschränkungen zuzulassen ist mithin der Beendigungstatbestand – also in erster Linie

---

13 Vgl. *Mauthner*, S. 64 m.w.N.
14 *Mauthner*, S. 59 f. m.w.N.
15 RGBl. I 1934, S. 45.
16 S. hierzu im Einzelnen APS/*Moll*, Vor § 17 KSchG Rz. 4.
17 BGBl. I 1978, 500.
18 BGBl. I 1995, 946.
19 ErfK/*Kiel*, § 17 KSchG Rz. 2; KR/*Weigand*, § 17 KSchG Rz. 8; vHH/L/*von Hoyningen-Huene*, Vor § 17 KSchG Rz. 13; zu Recht krit. APS/*Moll*, Vor § 17 KSchG Rz. 10 ff.
20 BAG v. 6.12.1973 – 2 AZR 10/73, NJW 1974, 1263; v. 24.10.1996 – 2 AZR 895/95, NZA 1997, 372 (375); v. 13.4.2000 – 2 AZR 215/99, NZA 2001, 144 (145).
21 BAG v. 11.3.1999 – 2 AZR 461/98, NZA 1999, 761 (762).
22 EuGH v. 27.1.2005 – C-188/03 – Junk, Slg. 2005, I-885 = ArbRB 2005, 75 = NZA 2005, 213.

die Kündigungserklärung des Arbeitgebers. Denn hieraus leiten sich für den einzelnen Arbeitnehmer alle negativen Folgen einer Massenentlassung ab. Wer hingegen in erster Linie den Arbeitsmarkt schützen möchte, muss auf den Zeitpunkt der Beendigung des Arbeitsverhältnisses abstellen, dieser ergibt sich aus der jeweils einschlägigen Kündigungsfrist bzw. aus dem unter den Parteien vereinbarten Zeitpunkt für das rechtliche Ende des Arbeitsverhältnisses. Aus diesem Grund schlägt die Zwecksetzung des Massenentlassungsrechts sowohl auf die Definition der „Entlassung" (vgl. Rz. 14.42 ff.) als auch auf den richtigen Zeitpunkt für die Durchführung des Konsultations- (vgl. Rz. 14.66 ff.) und des Anzeigeverfahrens (vgl. Rz. 14.124 ff.) durch.

Der deutsche Gesetzgeber ist seiner Verpflichtung zur **Umsetzung der ME-RL** bislang nicht hinreichend nachgekommen, weil in den §§ 17 ff. KSchG die abweichende Zwecksetzung des europäischen Rechts nicht vollzogen ist. Seitdem die grundlegende unterschiedliche Zwecksetzung des europäischen Massenentlassungsrechts durch die *Junk*-Entscheidung aufgedeckt worden ist, behilft sich die Rechtsprechung mit einer **richtlinienkonformen Auslegung der §§ 17 ff. KSchG**, die jedoch methodisch fragwürdig ist und zahlreiche, noch nicht geklärte Einzelfragen aufwirft. Für die **Praxis** ist es ein Ärgernis, dass der deutsche Gesetzgeber den Zielkonflikt zwischen europäischem und deutschem Massenentlassungsrecht noch nicht aufgelöst hat.

14.12

II. Anwendungsbereich

Am Anwendungsbereich der ME-RL bzw. der ihrer Umsetzung dienenden §§ 17, 18 KSchG entscheidet sich, ob ein Arbeitgeber bei einem Personalabbau die Vorgaben des Massenentlassungsrechts einzuhalten hat. In der Konsequenz muss er sodann die entsprechenden Konsultations- und Anzeigepflichten berücksichtigen. Verkennt man den Anwendungsbereich des Massenentlassungsrechts und missachtet mithin die Vorgaben der Richtlinie bzw. des diese umsetzenden nationalen Rechts, so droht u.a. die Unwirksamkeit ausgesprochener Kündigungen. Von zentraler Bedeutung ist daher, wer als Arbeitnehmer in den **Schutzbereich der Richtlinie** fällt, welche **Arbeitgeber** deren Bestimmungen zu beachten haben und welche **Entlassungen** für die Berechnung der **Schwellenwerte** und die Beteiligungspflichten relevant sind.

14.13

1. Arbeitnehmer

Die ME-RL selbst enthält **keine Definition des Arbeitnehmerbegriffes**. Es ist daher zu fragen, ob der Arbeitnehmerbegriff unionsrechtlich einheitlich oder jeweils nationalrechtlich zu verstehen ist (vgl. Rz. 1.107 f.).

14.14

Der **EuGH** ging bereits in der Rs. *Danosa*[23] davon aus, dass sich der Arbeitnehmerbegriff einer Richtlinie nach Unionsrecht und nicht nach nationalem Recht richte. Der EuGH hat hierbei einen spezifischen, auf diese Richtlinie angepassten Arbeitnehmerbegriff zugrunde gelegt. In einer weiteren Entscheidung hat der EuGH festgehalten, dass der fehlende Verweis in einer Richtlinie auf die Geltung eines nationalrechtlich definierten Arbeitnehmerbegriffs für sich genommen bereits genüge, um anzunehmen, der Arbeitnehmerbegriff einer Richtlinie sei **unionsrechtlich auszulegen**.[24]

14.15

In der Rs. *Balkaya* hat sich der EuGH nun eindeutig darauf festgelegt, dass der Arbeitnehmerbegriff zwingend autonom und einheitlich unionsrechtlich ausgelegt werden muss.[25] Arbeitnehmer ist danach jede Person, die während einer bestimmten Zeit für einen anderen nach dessen Weisung Leistungen erbringt, für die sie als Gegenleistung eine Vergütung erhält.[26] Im Gegensatz zum

14.16

---

23 EuGH v. 11.11.2010 – C-232/09 – Danosa, Slg. 2010, I-11405 = ArbRB 2010, 358 = NJW 2011, 2343.
24 EuGH v. 14.10.2010 – C-428/09 – Union syndicale „Solidaires Isère", Slg. 2010, I-9961 = EAS Teil C RL 2003/88/EG Art. 1 Nr. 1.
25 EuGH v. 9.7.2015 – C-229/14, ArbRB 2015, 259 = NZA 2015, 861 Rz. 33; zustimmend: EuArbR/*Spelge*, RL 98/59/EG Art. 1 Rz. 45; ErfK/*Kiel*, § 17 KSchG Rz. 6; *Weber/Zimmer*, EuZA 2016, 224 (229).
26 EuGH v. 3.7.1986 – 66/85 – Lawrie-Blum, Slg. 1986, 2121 = NVwZ 1987, 41.

deutschen Arbeitnehmerbegriff[27] kann danach bspw. auch ein (Fremd-) **Geschäftsführer einer GmbH** als Arbeitnehmer zu sehen sein.[28] Dies scheidet im deutschen Recht wegen der mangelnden persönlichen Abhängigkeit des Geschäftsführers aus.[29]

14.17 Die Sichtweise des EuGH, für Massenentlassungen einen europäischen Arbeitnehmerbegriff anzuwenden, überzeugt allerdings nicht. Solange das materielle Kündigungsschutzrecht (noch) nicht harmonisiert ist, braucht auch der Arbeitnehmerbegriff nicht harmonisiert zu sein. Der Arbeitnehmerbegriff könnte sich durchaus nach nationalem Recht richten.[30] Dafür spricht auch der Wortlaut der ME-RL, welche in Art. 1 Abs. 1 Buchst. b bezüglich der Arbeitnehmervertreter auf nationales Recht verweist. Es sind widersprüchliche Ergebnisse zu erwarten, wenn für den Begriff des Arbeitnehmers ein europäisches Verständnis maßgeblich ist, sich der Begriff der Arbeitnehmervertretung hingegen nach nationalem Recht richtet.[31] Nach deutschem Verständnis ist Arbeitnehmer, wer auf Grund eines privatrechtlichen Vertrags im Dienste eines anderen zur Leistung weisungsgebundener, fremdbestimmter Arbeit in persönlicher Abhängigkeit verpflichtet ist.[32]

14.18 Orientiert man sich an dem vom EuGH vertretenen europäischen Arbeitnehmerbegriff – was für die Praxis zu empfehlen ist –, so sind erheblich mehr Personen als bisher in das Massenentlassungsverfahren miteinzubeziehen. Neben Organmitgliedern kommen auch **Praktikanten** als Arbeitnehmer im Sinn der ME-RL in Betracht.[33] Der EuGH sieht diese jedenfalls dann als Arbeitnehmer i.S.d. ME-RL an, wenn sie praktisch im Unternehmen mitarbeiten, um Kenntnisse zu erwerben oder zu vertiefen oder eine Berufsausbildung absolvieren. Die Arbeitnehmereigenschaft soll ihnen auch dann zukommen, wenn sie für ihre Tätigkeit keine echte Vergütung erhalten, sondern lediglich durch die für Arbeitsförderung zuständige öffentliche Stelle gefördert werden.[34]

14.19 Eingeschränkt gelten auch **befristet beschäftigte Arbeitnehmer** als Arbeitnehmer i.S.d. ME-RL. So hat der EuGH in der Rs. *Pujante Rivera* entschieden, dass Arbeitnehmer, die nur für eine bestimmte Zeit oder Tätigkeit angestellt sind, als „in der Regel" beschäftigte Arbeitnehmer i.S.d. Art. 1 Abs. 1 Buchst. a der ME-RL gelten.[35] Befristet beschäftigte Arbeitnehmer sollen daher bei der Ermittlung des Schwellenwertes mitzählen, auch wenn sie selbst keinen Schutz nach der ME-RL genießen. Eine solche Spaltung des Arbeitnehmerbegriffes erachtet dar EuGH im Hinblick auf den Schutz der übrigen (unbefristet beschäftigten) Arbeitnehmer als geboten. Diesen würde ansonsten der Massenentlassungsschutz genommen, wenn aufgrund des Einsatzes von befristet Beschäftigten der Schwellenwert nicht erreicht wird.[36] Außerdem legte das BAG dem EuGH die Frage vor, ob ebenfalls als „in der Regel" beschäftigte Arbeitnehmer die Leiharbeitnehmer eines Betriebs zu zählen sind.[37] Die Antwort des EuGH dazu steht noch aus.

---

27 Vgl. zur Definition des Arbeitnehmers im nationalen Recht: ErfK/*Preis*, § 611a BGB Rz. 8 ff.
28 EuGH v. 9.7.2015 – C-229/14, ArbRB 2015, 259 = NZA 2015, 861 Rz. 34; v. 13.2.2014 – C-596/12, BeckRS 2014, 81554 Rz. 17; vgl. auch *Lunk/Rodenbusch*, GmbHR 2012, 188; EuGH v. 11.11.2010 – C-232/09 – Danosa, Slg. 2010, I-11405 = ArbRB 2010, 358 = NJW 2011, 2343.
29 Vgl. ErfK/*Preis*, § 611a BGB Rz. 32 f.
30 *Hohenstatt/Naber* EuZA 2016, 22 (25); *Vielmeier*, NJW 2014, 2678 (2680); *Lunk/Rodenbusch*, GmbHR 2012, 188 (190); *Mauthner*, S. 79; *Pottschmidt*, S. 379 ff.; *Wank*, EuZA 2008, 172 (184); *Riesenhuber*, § 23 Rz. 9; vgl. auch *Preis/Sagan*, ZGR 2013.
31 So auch *Morgenbrodt*, ZESAR 2017, 17 (19).
32 Vgl. nur BAG v. 9.7.2003 – 5 AZR 595/02, ArbRB 2003, 363 = NZA-RR 2004, 9 (10 f.) m.w.N.
33 EuGH v. 9.7.2015 – C-229/14 – Balkaya, ArbRB 2015, 259 = NZA 2015, 861 = EuZW 2015, 682.
34 EuGH v. 9.7.2015 – C-229/14 – Balkaya, EuZW 2015, 682 = ArbRB 2015, 259 = NZA 2015, 861 Rz. 50-52.
35 EuGH v. 11.11.2015 – C-422/14 – Pujante Rivera, ArbRB 2015, 359 = NZA 2015, 1441.
36 EuGH v. 11.11.2015 – C-422/14 – Pujante Rivera, ArbRB 2015, 359 = NZA 2015, 1441 Rz. 35.
37 BAG v. 16.11.2017 – 2 AZR 90/17, NZA 2018, 245.

a) Fremdgeschäftsführer

Nach Ansicht des EuGH gelten Fremdgeschäftsführer einer Kapitalgesellschaft als Arbeitnehmer i.S.d. ME-RL. Das wurde jedenfalls dann angenommen, wenn sich der Fremdgeschäftsführer im Verhältnis zur Gesellschaft in einem Unterordnungsverhältnis befindet. Dieses kann sich aus der Art der ihm übertragenen Aufgaben, dem Umfang seiner Entscheidungsbefugnisse, dem Maß der Kontrolle, dem er innerhalb der Gesellschaft unterliegt, und den Umständen, unter denen er abberufen werden kann, ergeben. Ein Fremdgeschäftsführer, der seine Tätigkeit nach der Weisung oder unter der Aufsicht eines anderen Organs dieser Gesellschaft ausübt und jederzeit ohne Einschränkung von seinem Amt abberufen werden kann, erfülle die Voraussetzungen, um als „Arbeitnehmer" i.S.d. ME-RL zu gelten.[38] Sie sind daher bei der Berechnung der Anzahl von Arbeitnehmern im Betrieb zu berücksichtigen. Demnach steht die ME-RL § 17 Abs. 5 Nr. 1 KSchG entgegen; dieser ist zumindest im Hinblick auf Fremdgeschäftsführer richtlinienwidrig.[39]

14.20

Insbesondere hier zeigt dies aber, dass der europäische Arbeitnehmerbegriff zu weit ist, weil er auch Personen erfasst, die keines Schutzes bedürfen. Es ist kaum verständlich, warum ein Geschäftsführer dem Schutz der ME-RL unterfallen soll. Ein Geschäftsführer unterscheidet sich, auch wenn er als Fremdgeschäftsführer kein Gesellschafter ist, sondern bloß angestellt ist, erheblich von den (übrigen) Arbeitnehmern des Unternehmens. Er gehört dem Management an und beschließt die Entlassungen. Es wäre daher widersprüchlich, wenn zugleich der Geschäftsführer vor der Entlassungsentscheidung des Managements geschützt werden müsste. Er müsste quasi vor den Folgen seiner eigenen Entscheidung geschützt werden.[40] Auch hätte der Geschäftsführer im Konsultationsverfahren auf beiden Seiten mitzuverhandeln, wodurch eine Interessenkonfusion entstünde.[41] Darüber hinaus wird der Geschäftsführer nicht mit anderen Arbeitnehmern um dieselben Arbeitsplätze am Arbeitsmarkt konkurrieren. Der Sinn und Zweck des Anzeigeverfahrens, Arbeitsplatzverluste einer großen Anzahl von Arbeitnehmern in geordnete Bahnen zu lenken, ist daher ebenfalls nicht einschlägig. Insgesamt fragt sich deshalb, warum der EuGH Fremdgeschäftsführer dem Schutz der ME-RL unterwirft, obwohl diese des Schutzes gar nicht bedürfen.[42] Mit diesen Einwänden hat sich der EuGH leider überhaupt nicht auseinandergesetzt.

14.21

Folgt man aber auch hier dem EuGH, so ist § 17 Abs. 5 Nr. 1 KSchG als richtlinienwidrig anzusehen. Richtigerweise folgt daraus aber nicht, dass Fremdgeschäftsführer fortan ohne weiteres im Rahmen des Antrags- und Konsultationsverfahrens berücksichtigt werden müssen. Die Vorschrift des § 17 Abs. 5 Nr. 1 KSchG lässt sich nicht entsprechend richtlinienkonform auslegen.[43] Einer solchen Auslegung stünde der klare Wille des (deutschen) Gesetzgebers entgegen, welcher (alle) Organmitglieder explizit vom Anwendungsbereich ausgenommen hat.[44] Da der ME-RL

14.22

---

38 EuGH v. 9.7.2015 – C-229/14 – Balkaya, EuZW 2015, 682 = ArbRB 2015, 259 = NZA 2015, 861 Rz. 38 ff.; v. 11.11.2010 – C-232/09 – Danosa, EuZW 2011, 74; kritisch dazu: *Hohenstatt/Naber*, NZA 2014, 637; *Vielmeier*, NJW 2014, 2678.
39 *Lunk/Hildebrand*, NZA 2016, 129 (131); *Kreitner* in Küttner, Personalbuch, 25. Aufl. 2018, Stichwort „Massenentlassung", Rz. 9 f.; *Lunk*, NZA 2015, 917 (919); *Freckmann/Hendricks*, BB 2018, 1205 (1207); *Seidel/Wagner*, BB 2018, 692 (692).
40 So auch *Morgenbrodt*, ZESAR 2017, 17 (20); Franzen/Gallner/Oetker/*Spelge*, Kommentar zum europäischen Arbeitsrecht, Art. 1 RL/98/59/EG Rz. 46.
41 EuArbR/*Spelge*, RL 98/59/EG Art. 1 Rz. 47; *Junker*, EuZA 2016, 428 (433).
42 So auch *Vielmeier*, NJW 2014, 2678 (2681); EuArbR/*Spelge*, RL 98/59/EG Art. 1 Rz. 47; *Morgenbrodt*, ZESAR 2017, 17 (20).
43 So wie hier: *Weber/Zimmer*, EuZA 2016, 224 (242); *Ulrici*, JurisPK-ArbR 35/2015 Anm. 3; a.A. richtlinienkonform zu reduzieren: EuArbR/*Spelge*, RL 98/59/EG Art. 1 Rz. 47; *Lunk/Hildebrand*, NZA 2016, 129 (132); *Forst*, EuZW 2015, 664 (666).
44 Vgl. dazu die Darstellung im nächsten Abschnitt zu § 17 Abs. 5 Nr. 3 KSchG; a.A. EuArbR/*Spelge*, RL 98/59/EG Art. 1 Rz. 50 „Es fehlt an einer eindeutigen Regelungsentscheidung des deutschen Gesetzgebers.[…] Deshalb ist davon auszugehen, dass der Gesetzgeber die Absicht hatte den sich aus der ME-RL ergebenden Verpflichtungen in vollem Umfang nachzukommen".

keine unmittelbare Drittwirkung zukommt, führt auch der reine Richtlinienverstoß nicht zu einer solchen.

14.23 Nichtsdestotrotz sollten Fremdgeschäftsführer künftig vorsichtshalber bei den Schwellenwerten mitgezählt und im Rahmen des Konsultationsverfahrens berücksichtigt werden. Zum einen ist nicht ausgeschlossen, dass die Rechtsprechung – entgegen der hier vertretenen Auffassung – eine richtlinienkonforme Auslegung vornehmen wird und zum anderen ist in absehbarer Zeit mit einer Umsetzung der Richtlinie in nationales Recht zu rechnen.

b) Betriebsleiter und leitende Angestellte

14.24 Auch die in § 17 Abs. 5 Nr. 3 KSchG geregelte **Bereichsausnahme für Betriebsleiter und leitende Angestellte** dürfte nach der Rechtsprechung des EuGH nicht richtlinienkonform anzusehen sein. Anders als die in § 17 Abs. 5 Nr. 1 und 2 KSchG genannten Personengruppen, also die vertretungsberechtigten Organmitglieder und die zur Vertretung der Personengesamtheit berufenen Personen, sowie die in § 17 Abs. 5 Nr. 3 KSchG genannten Geschäftsführer, sind Betriebsleiter und leitende Angestellte selbst nach nationalem, deutschen Verständnis als Arbeitnehmer anzusehen, auch wenn für sie im Bereich des Kündigungsschutzes gewisse Einschränkungen gelten (§ 14 Abs. 2 KSchG) und keine Vertretung durch den Betriebsrat stattfindet (§ 5 Abs. 3, 4 BetrVG). Die **ME-RL** selbst kennt – was wegen des Fehlens jeglicher Definition nicht verwundert – keine Unterscheidung dahingehend, ob Arbeitnehmer in leitender Stellung tätig sind. Selbst bei Geltung eines nationalen Arbeitnehmerbegriffes wäre daher fragwürdig, ob durch den Verweis auf den nationalen Arbeitnehmerbegriff dem nationalen Gesetzgeber gestattet wird, gewisse Mitarbeitergruppen, und seien es Führungskräfte, aus dem Anwendungsbereich der die ME-RL umsetzenden Vorschriften auszunehmen. Schließlich könnten Mitgliedstaaten den **Arbeitnehmerbegriff beliebig einschränken** und bestimmte Personengruppen, deren grundsätzliche Arbeitnehmereigenschaft nach nationalem Recht feststeht, aus dem Anwendungsbereich der Richtlinienumsetzung herausnehmen.[45] Auch der **EuGH** hat sich in der Rs. *CGT* klar in diese Richtung geäußert[46] und diese Auffassung in Bezug auf sog. „dirigenti" nach italienischem Recht – die mit leitenden Angestellten nach deutschem Verständnis vergleichbar sind – unlängst bestätigt.[47] Dies überzeugt: Der Verweis der ME-RL auf den nationalen Arbeitnehmerbegriff erlaubt es dem deutschen Gesetzgeber nicht, den allgemeinen deutschen Arbeitnehmerbegriff noch weiter einzuschränken. Dies wäre nur dann zulässig, wenn die Richtlinie dem nationalen Gesetzgeber explizit gestatten würde, den Kreis der Mitarbeiter zu bestimmen, denen der Schutz der ME-RL zukommt. Dies ist indes nicht geschehen. Nachdem nunmehr zumindest für die Praxis der europäische Arbeitnehmerbegriff zugrunde zu legen ist, welcher ebenfalls keine Ausnahme für leitende Angestellte vorsieht, ist eine rein nationale Ausnahme erst recht nicht mehr zulässig. Mithin ist **§ 17 Abs. 5 Nr. 3 KSchG** als **richtlinienwidrig** einzustufen soweit **Betriebsleiter** und **leitende Angestellte** betroffen sind.[48] Richtigerweise ist § 17 Abs. 5 Nr. 3 KSchG nichtsdestotrotz anwendbar, denn der reine Richtlinienverstoß führt mangels Drittwirkung jedenfalls gegenüber privaten Arbeitgebern nicht zur Unanwendbarkeit der nationalen Regelung (vgl. Rz. 1.135 ff.).[49] Einen **Verstoß gegen das primärrechtliche Verbot** vor ungerechtfertigten Entlassungen nach Art. 30 GRC, der zur Unanwendbarkeit der unionsrechtswidrigen Regelung führen würde, lässt sich unseres Erachtens in der Ausnahme von Betriebsleiter/leitende

---

45 APS/*Moll*, § 17 KSchG Rz. 15.
46 EuGH v. 18.1.2007 – C-385/05, EuZW 2007, 185.
47 EuGH v. 13.2.2014 – C-596/12, n.v.
48 *Moll/Eckhoff*, § 50 Rz. 9; APS/*Moll*, § 17 KSchG Rz. 15; vHH/L/*v. Hoyningen-Huene*, § 17 KSchG Rz. 17; *Wißmann*, RdA 1998, 221.
49 *Fuhlrott/Fabritius*, ArbR 2009, 154; vHH/L/*v. Hoyningen-Huene*, § 17 KSchG Rz. 17; APS/*Moll*, § 17 KSchG Rz. 15 m. zahlr. w.N.; *Opolny*, NZA 1999, 791; *Vielmeier*, NJW 2014, 2678 (2682); a.A. richtlinienkonforme Auslegung: EuArbR/*Spelge*, RL 98/59/EG Art. 1 Rz. 50; ErfK/*Kiel*, § 17 KSchG Rz. 7; *Schlachter*, EuZA 2015, 1 (13); *Lunk/Hildebrand*, NZA 2016, 129 (132); *Freckmann/Hendricks*, BB 2018, 1205 (1207).

Angestellte nicht erkennen, weil der Grundrechtsschutz sich insoweit (auch) nach den einzelstaatlichen Rechtsvorschriften und Gepflogenheiten richtet[50] und ein geringeres Schutzniveau für leitende Angestellte schon nach § 14 Abs. 2 KSchG zentraler Bestandteil des deutschen Kündigungsschutzrechts ist. Da die **Rechtsprechung** im Bereich der Drittwirkung und zur GRC allerdings im Fluss ist, ist aus Gründen der Vorsicht **dringend zu empfehlen**, auch Betriebsleiter/leitende Angestellte im Zuge des Massenentlassungsverfahrens mitzuzählen und die Ausnahme des § 17 Abs. 5 Nr. 3 KSchG für diese Personengruppe nicht anzuwenden.

Sodann stellt sich die Folgefrage, ob es ausreicht, die leitenden Angestellten bei der Berechnung der Schwellenwerte des § 17 Abs. 1, Abs. 2 KSchG mitzuzählen oder ob darüber hinaus in analoger Anwendung des § 17 Abs. 2 KSchG auch der Sprecherausschuss beteiligt werden muss. Wenn leitende Angestellte unter den Arbeitgeberbegriff fallen, so genießen sie auch den Schutz des Art. 3 Abs. 2 ME-RL. Dieser Schutz wird aber durch die bloße Konsultation des Betriebsrates nicht erreicht, da der Betriebsrat die leitenden Angestellten nicht vertritt.[51] Eine Zuständigkeitserweiterung des Betriebsrates kann der ME-RL nicht entnommen werden.[52] Die sicherste Lösung für die Praxis wäre deshalb, auch den Sprecherausschuss zumindest vorsorglich zu beteiligen.[53]   14.25

c) **Leiharbeitnehmer**

Offen ist bisher noch, ob auch Leiharbeitnehmer als „in der Regel" beschäftigte Arbeitnehmer i.S.d. Art. 1 Abs. 1 ME-RL zu zählen sind.   14.26

Das BAG neigt dazu, Leiharbeitnehmer nur dann bei den Schwellenwerten zu berücksichtigen, wenn diese nicht lediglich zur Vertretung von Stammpersonal eingesetzt werden, sondern dauerhaft Arbeitsplätze mit Leiharbeitnehmern besetzt werden.[54] Das BAG hat dem EuGH die Frage vorgelegt, ob die ME-RL so auszulegen ist, dass bei der Berechnung des Schwellenwertes die dort eingesetzten Arbeitnehmer (immer) mitzählen.[55] Dafür spricht die Funktion des Arbeitnehmerbegriffes. Wesentliches Merkmal der Arbeitnehmereigenschaft ist, dass eine Person Leistungen nach den Weisungen eines anderen erbringt und dafür als Gegenleistung eine Vergütung erhält.[56] Leiharbeitnehmer sind ebenso wie (Stamm-) Arbeitnehmer den Weisungen des Entleihers unterworfen.   14.27

Hingegen spricht der Zweck der ME-RL bzw. des § 17 KSchG gegen eine umfassende Berücksichtigung von Leiharbeitnehmern. Leiharbeitnehmer werden von Kündigungen im Einsatzbetrieb nicht betroffen, weil ihr Arbeitsverhältnis mit dem Verleiher fortbesteht. Es erscheint jedenfalls problematisch, bei den Schwellenwerten einerseits und dem Schutzobjekt der ME-RL andererseits unterschiedliche Arbeitnehmerbegriffe anzulegen.[57] Allerdings hat der EuGH eine solche Spaltung der Arbeitnehmerstellung in Bezug auf befristet Beschäftigte gerade bejaht, weil ansonsten der Schutz der übrigen Arbeitnehmer beeinträchtigt würde, die aufgrund des Einsatzes befristet Beschäftigter nicht in den Genuss des Massenentlassungsschutzes kämen.[58] Es ist zu erwarten, dass der EuGH   14.28

---

50 Vgl. dazu EuGH v. 15.1.2014 – C-176/12 – Association de médiation sociale, NZA 2014, 193.
51 *Spelge*, NZA-Beilage 2017, 108 (111).
52 *Morgenbrodt*, ZESAR 2017, 17 (25).
53 HWK/*Molkenbur*, § 17 KSchG Rz. 18; ErfK/*Ascheid*, § 17 KSchG Rz. 18; a.A. APS/*Moll*, § 17 KSchG Rz. 57: Der Gesetzgeber hat in § 17 Abs. 2 keine andere Zuständigkeit als diejenige des Betriebsrats vorgesehen; *Morgenbrodt*, ZESAR 2017, 17 (25): Einer Zuständigkeitserweiterung des Sprecherausschusses steht Art. 1 Abs. 1 lit. b ME-RL entgegen.
54 BAG v. 16.11.2017 – 2 AZR 90/16, NZA 2018, 245 Rz. 36.
55 BAG v. 16.11.2017 – 2 AZR 90/17 (A), ArbRB 2018, 66 = NZA 2018, 245.
56 BAG v. 9.7.2015 – C-229/14, NJW 2015, 2481 Rz. 34.
57 LAG Düsseldorf v. 8.9.2016 – 11 Sa 705/15, ArbRB 2017, 238 Rz. 62 ff.; *Naber*, ZESAR 2015, 222 (223).
58 EuGH v. 11.11.2015 – C-422/14, ArbRB 2015, 359 = NZA 2015, 1441 Rz. 35.

dasselbe für Leiharbeitnehmer annehmen wird. Ansonsten könnte der Arbeitgeber durch den Einsatz von Leiharbeitnehmern den Anwendungsbereich der ME-RL bzw. des § 17 KSchG umgehen.

14.29 Bis zu einer abschließenden Klärung der Rechtsfrage, sollten Leiharbeitnehmer vorsichtshalber bei den Schwellenwerten berücksichtigt werden.

2. Arbeitgeber/Betrieb/herrschendes Unternehmen

a) Arbeitgeberbegriff

14.30 Der Arbeitgeber ist **Adressat** der in Art. 2 Abs. 1 und Art. 3 Abs. 1 und 2 ME-RL normierten Konsultations- und Anzeigepflichten. Eine Definition des Arbeitgeberbegriffs enthält die ME-RL nicht. Es ist – wie oben zum Arbeitnehmerbegriff dargestellt – nach überwiegender Auffassung der **allgemeine nationale Arbeitgeberbegriff** einschlägig.[59]

14.31 Nach allgemeiner Auffassung ist im deutschen Arbeitsrecht Arbeitgeber, wer mindestens einen Arbeitnehmer beschäftigt. Es kann sich hierbei um eine natürliche oder juristische Person handeln.[60] Dieser **nationalrechtliche Arbeitgeberbegriff** begegnet auch keinen unionsrechtlichen Bedenken hinsichtlich der ME-RL oder der UuA-RL. Die in der UuA-RL enthaltene Begriffsdefinition, wonach diejenige natürliche oder juristische Person Arbeitgeber ist, die entsprechend den einzelstaatlichen Rechtsvorschriften und Gepflogenheiten Partei der Arbeitsverträge oder Arbeitsverhältnisse mit den Arbeitnehmern ist, Arbeitgeber ist, unterscheidet sich insoweit nicht von der nationalrechtlichen Definition. Es ist daher ohne Bedeutung, ob die Begriffsbestimmungen der UuA-RL überhaupt auf die ME-RL Anwendung finden.

b) Betriebsbegriff

14.32 Für die in Art. 1 Abs. 1 ME-RL genannten Schwellenwerte für die Annahme einer Massenentlassung stellt die Richtlinie auf den „Betrieb" als maßgebliche Einheit ab und explizit nicht auf das „Unternehmen". Nach Ansicht des EuGH steht die ME-RL einer nationalen Regelung aber nicht entgegen, die Informations- und Konsultationspflichten der Arbeitgeber bei Entlassungen in einem einzelnen Betrieb eines Unternehmens vorsieht, nicht aber in Fällen, in denen die gleiche Anzahl an Entlassungen nur unter Zusammenschau aller Betriebe eines Unternehmens erreicht wird.[61]

14.33 In Bezug auf den Betriebsbegriff enthält die ME-RL keine eigene Definition. Dies bedeutet jedoch nicht, dass entsprechend dem Arbeitnehmerbegriff auch hier die nationale Definition einschlägig wäre. Vielmehr hat der EuGH in der Rs. *Rockfon* entschieden, dass der Betriebsbegriff in der ME-RL **unionsrechtlich** und damit einheitlich zu bestimmen sei.[62] Nach der ME-RL ist damit als Betrieb diejenige Einheit bzw. derjenige Unternehmensteil zu verstehen, dem der Arbeitnehmer auf Grund der Erfüllung seiner Aufgabe angehört.[63] Die Einheit muss eine gewisse Dauerhaftigkeit und Stabilität aufweisen, zur Erledigung von Aufgaben bestimmt sein und über eine Gesamtheit von Arbeitnehmern, Betriebsmitteln und Organisationsstrukturen verfügen.[64] Es kommt weder darauf an, ob die Leitung dieser Einheit bzw. dieses Unternehmensteils selbständig über die vorzu-

---

59 MüKoBGB/*Hergenröder*, § 17 KSchG Rz. 26.
60 MüKoBGB/*Müller-Glöge*, § 611 BGB Rz. 231.
61 EuGH v. 30.4.2015 – C-80/14 – USDAW ua, NZA 2015, 601; v. 13.5.2015 – C-182/13 – Lyttle ua, NZA 2015, 731.
62 EuGH v. 7.12.1995 – C-449/93 – Rockfon, Slg. 1995, 4291 = NZA 1996, 471; bestätigt durch EuGH v. 30.4.2015 – C-80/14, NZA 2015, 601 Rz. 45, 67; vgl. zum Betriebsbegriff auch die ausführliche Darstellung in APS/*Moll*, § 17 KSchG Rz. 8.
63 EuGH v. 7.12.1995 – C-449/93 – Rockfon, Slg. 1995, 4291 = NZA 1996, 471.
64 EuGH v. 15.2.2007 – C-270/05 – Athinaiki Chartopoiia, Slg. 2007, I-1499 = ArbRB 2007, 101 = NZA 2007, 319.

nehmenden Massenentlassungen entscheiden kann,[65] noch auf das Bestehen einer Selbständigkeit in finanzieller, verwaltungsmäßiger oder wirtschaftlicher Hinsicht.[66] Es genügt, wenn eine (Betriebs-)Leitung vorhanden ist, die dafür sorgt, dass die Arbeit ordnungsgemäß ausgeführt wird.[67] Auch eine räumliche Trennung von anderen Einheiten des Unternehmens ist nicht erforderlich.[68] Das europäische Begriffsverständnis knüpft hingegen an eine objektiv und örtlich bestimmte Einheit an statt an formale Entscheidungsbefugnisse.[69]

Allerdings könnte der für die ME-RL einschlägige Betriebsbegriff – abweichend von dem durch den EuGH entwickelten, eben dargestellten Begriff – mittlerweile vom europäischen Gesetzgeber in **Art. 2 Buchst. c UuA-RL** kodifiziert worden sein, der eine unionsrechtliche Definition des Betriebsbegriffs bereithält. Hiernach ist der Betrieb eine gemäß den einzelstaatlichen Rechtsvorschriften und Gepflogenheiten definierte Unternehmenseinheit, die im Hoheitsgebiet eines Mitgliedstaats ansässig ist und in der kontinuierlich unter Einsatz personeller und materieller Ressourcen eine wirtschaftliche Tätigkeit ausgeübt wird. Dass diese – und damit letztendlich auch die anderen – Begriffsbestimmung der UuA-RL auch auf die ME-RL anzuwenden sei, hat die französische Regierung in der Rs. *CGT*[70] vertreten.[71] Generalanwalt *Mengozzi* ist dieser Auffassung in den Schlussanträgen entgegengetreten[72] und ist der Meinung, es sei willkürlich, die Bestimmungen eines Rechtsakts automatisch im Licht einer anderen Vorschrift auszulegen, die fast vier Jahre nach diesem erlassen wurde. Es gebe keine klaren Anhaltspunkte, dass der europäische Gesetzgeber die Begriffsbestimmungen auch auf die ME-RL übertragen und damit ggf. bestehende Definitionen abändern wollte. Dies überzeugt im Ergebnis, da der Richtliniengeber – wie bereits dargestellt – in Art. 9 Abs. 1 UuA-RL klargestellt hat, dass die Informations- und Konsultationsverfahren der ME-RL durch die UuA-RL nicht berührt werden.[73] Der Auffassung, dass der Betriebsbegriff der UuA-RL nicht auf die ME-RL zu übertragen ist, hat sich indirekt auch der EuGH angeschlossen. Dieser hat in der Rs. *Athinaiki Chartopoiia* den in der Rs. *Rockfon* entwickelten Betriebsbegriff der ME-RL weiterentwickelt, ohne auf die UuA-RL oder auf die Rs. *CGT* einzugehen.[74] Demnach dürfte der vom EuGH entwickelte Betriebsbegriff für die ME-RL weiterhin einschlägig sein.

14.34

Im deutschen Recht wird – trotz der Stellung der §§ 17, 18 KSchG im Kündigungsschutzrecht – regelmäßig angenommen, für den Betriebsbegriff im Massenentlassungsrecht sei der **betriebsverfassungsrechtliche Betriebsbegriff** maßgebend.[75] Damit sind § 1 BetrVG und insbesondere auch die Vermutung des § 4 BetrVG heranzuziehen. Dies begegnet im Grundsatz keinen Bedenken, weil der Betriebsbegriff des BetrVG („organisatorische Einheit, innerhalb derer ein Arbeitgeber allein oder mit Hilfe seiner Arbeitnehmer mit technischen und immateriellen Mitteln bestimmte arbeitstechnische Zwecke verfolgt"[76]) sich weitgehend in die vom EuGH entwickelte

14.35

---

65 EuGH v. 7.12.1995 – C-449/93 – Rockfon, Slg. 1995, 4291 = NZA 1996, 471.
66 EuGH v. 15.2.2007 – C-270/05 – Athinaiki Chartopoiia, Slg. 2007, I-1499 = ArbRB 2007, 101 = NZA 2007, 319.
67 EuGH v. 15.2.2007 – C-270/05, ArbRB 2007, 101 = NZA 2007, 319 Rz. 31.
68 EuGH v. 30.4.2015 – C-80/14, NZA 2015, 601 Rz. 44 ff.; v. 15.2.2007 – C-270/05, ArbRB 2007, 101 = NZA 2007, 319 Rz. 28, 31.
69 *Köcher*, ZESAR 2016, 86, 88; EuArbR/*Spelge*, RL 98/59/EG Art. 1 Rz. 57.
70 EuGH v. 12.9.2006 – C-385/05 – CGT, Slg. 2007, I-611 = NZA 2007, 193.
71 Bei der Ansicht der französischen Regierung ging es um die Übertragung des Arbeitnehmerbegriffs in der UuA-RL auf die ME-RL. Wie sich jedoch auch aus den Schlussanträgen des Generalanwalts *Mengozzi* richtigerweise ergibt, können die einzelnen Begriffsbestimmungen nicht separat betrachtet werden.
72 GA *Mengozzi* v. 24.10.2005 – C-385/05 – CGT, Slg. 2007, I-611 Rz. 75 ff.
73 So auch *Gerdom*, S. 147.
74 EuGH v. 15.2.2007 – C-270/05 – Athinaiki Chartopoiia, Slg. 2007, I-1499 = ArbRB 2007, 101 = NZA 2007, 319.
75 Vgl. zum nationalen Betriebsbegriff nur KR/*Weigand*, § 17 KSchG Rz. 31 m.w.N.
76 Statt aller *Fitting*, § 1 BetrVG Rz. 63 m.w.N.

Definition einfügt.[77] Das dürfte in der Regel auch für Betriebsteile i.S.d. § 4 Abs. 1 BetrVG gelten, da diese regelmäßig eine ausreichende Organisationsstruktur aufweisen dürften, um einen Betrieb im Sinne der EuGH-Rechtsprechung darzustellen. Wenn es ausnahmsweise in dem Betriebsteil an einer Organisationsstruktur fehlt, welche nach nationalem Verständnis für einen selbstständigen Betrieb konstitutiv ist,[78] legt das BAG den Betriebsbegriff unionsrechtskonform dahingehend aus, dass es nicht darauf ankommt, ob der Betriebsteil eine Leitung hat, die selbstständig Entlassungen vornehmen kann.[79] In neueren Entscheidungen stützt sich das BAG sogar maßgeblich auf das europäische Betriebsverständnis und zieht das nationale Verständnis des BetrVG nur noch unterstützend heran.[80]

14.36 In **Gemeinschaftsbetrieben** ist für die Bestimmung der Schwellenwerte gem. § 17 Abs. 1 KSchG auf die (von allen Trägerunternehmen insgesamt) im Gemeinschaftsbetrieb beschäftigten Arbeitnehmer und die (von allen Trägerunternehmen insgesamt) zu entlassenden Arbeitnehmer abzustellen.[81] Die Umsetzung der ME-RL ist mithin insoweit **richtlinienkonform** erfolgt.[82]

14.37 Fraglich ist aber, ob auch eine aufgrund eines **Tarifvertrags** bzw. einer **Betriebsvereinbarung** nach **§ 3 Abs. 1 Nr. 1 bis 3 BetrVG** gebildete Einheit, die gem. § 3 Abs. 5 Satz 1 BetrVG betriebsverfassungsrechtlich als Betrieb gilt, eine maßgebliche Einheit im Sinne der ME-RL sein kann. Teilweise wird in Bezug auf § 17 KSchG vertreten, dieser sei nicht vereinbarungsdispositiv und die Zuständigkeiten der Agenturen für Arbeit könnten nicht durch eine Vereinbarung nach § 3 BetrVG geändert werden.[83] Dies überzeugt wegen § 3 Abs. 5 Satz 1 BetrVG schon für das nationale Recht nicht. Für die ME-RL ist die **Frage der Vereinbarungsoffenheit** ebenfalls nicht entscheidend: Maßgeblich ist allein, ob die kraft Vereinbarung nach § 3 BetrVG zusammengefasste Einheit einen Betrieb im Sinne der ME-RL darstellen kann. Regelmäßig dürfte auch der auf Grundlage von § 3 BetrVG gebildete Betrieb eine Einheit von einer gewissen Dauerhaftigkeit und Stabilität darstellen, die zur Erledigung von Aufgaben bestimmt ist und die über eine Gesamtheit von Arbeitnehmern, Betriebsmitteln und Organisationsstrukturen verfügt,[84] und damit dem Betriebsbegriff des EuGH genügt. Allerdings lässt § 3 Abs. 1 Nr. 1 bis 3 BetrVG die Bildung solcher betriebsverfassungsrechtlichen Einheiten zu, die – aus Gründen der besseren Interessenvertretung der Arbeitnehmer – deutlich über die organisatorische Einheit eines typischen Betriebs hinausgehen, z.B. als betriebs- oder sogar unternehmensübergreifende Strukturen. Hier ist fraglich, ob diese – in der Regel vergrößerten – Einheiten tatsächlich für die Berechnung der Schwellenwerte maßgeblich sein können. **In der Praxis** sollte im Zweifel immer geprüft werden, ob in einem Fall, in dem eine Massenentlassungsanzeige für die wegen eines Tarifvertrags bzw. einer Betriebsvereinbarung gem. § 3 BetrVG maßgebliche Einheit mangels Erreichung der Schwellenwerte entbehrlich wäre, nicht in einem existierenden „normalen" Betrieb nach dem Verständnis der §§ 1, 4 BetrVG doch eine Überschreitung der Schwellenwerte gegeben ist. Vorsorglich sollte man für diesen – an sich nach § 3 Abs. 5 BetrVG nicht maßgeblichen – Betrieb doch das Konsultationsverfahren durchführen und eine Massenentlassungsanzeige erstatten.

---

77 So auch: *Benecke/Groß*, EuZW 2015, 506 (507).
78 EuArbR/*Spelge*, RL 98/59/EG Art. 1 Rz. 59; ErfK/*Koch*, § 4 BetrVG Rz. 2.
79 BAG v. 14.8.2007 – 8 AZR 1043/06, ArbRB 2008, 7 – NZA 2007, 1431 Rz. 35; EuArbR/*Spelge*, RL 98/59/EG Art. 1 Rz. 59.
80 BAG v. 26.1.2017 – 6 AZR 442/16, ArbRB 2017, 138 – NZA 2917, 577 Rz. 21, 31.
81 BAG v. 14.8.2007 – 8 AZR 1043/06, ArbRB 2008, 7 = NZA 2007, 1431 Rz. 35; LAG Niedersachsen v. 18.12.2013 – 17 Sa 335/13, BeckRS 2014, 66597; dazu *Naber*, EWiR 2014, 399; EuArbR/*Spelge*, RL 98/59/EG Art. 1 Rz. 61; a.A. KR/*Weigand*, § 17 KSchG Rz. 36.
82 BAG v. 14.8.2007 – 8 AZR 1043/06, ArbRB 2008, 7 = NZA 2007, 1431.
83 APS/*Moll*, § 17 KSchG Rz. 7; KR/*Weigand*, § 17 KSchG Rz. 24; EuArbR/*Spelge*, RL 98/59/EG Art. 1 Rz. 65.
84 EuGH v. 15.2.2007 – C-270/05 – Athinaiki Chartopoiia, Slg. 2007, I-1499 = ArbRB 2007, 101 = NZA 2007, 319.

c) Herrschendes Unternehmen

Art. 2 Abs. 4 UAbs. 1 ME-RL regelt, dass die Verpflichtungen der ME-RL unabhängig davon gelten, ob die Entscheidung über Massenentlassungen von dem Arbeitgeber oder einem herrschenden Unternehmen getroffen wurde. Auch den Begriff des herrschenden Unternehmens definiert die ME-RL nicht selbst. Teile des Schrifttums fordern hier eine **autonome unionsrechtliche Definition** des Begriffs.[85] Danach soll ein Unternehmen dann als herrschend anzusehen sein, wenn es ein anderes Unternehmen dazu zwingen kann, Massenentlassungen durchzuführen.[86] Generalanwältin *Sharpston* hat in ihren Schlussanträgen vom 21.6.2018 den Begriff des beherrschenden Unternehmens weit ausgelegt. Als beherrschendes Unternehmen i.S.d. Art. 2 Abs. 4 ME-RL soll auch ein Unternehmen anzusehen sein, das eine strategische oder geschäftliche Entscheidung trifft, die den Arbeitgeber dazu zwingt, Massenentlassungen in Betracht zu ziehen oder zu planen. Dies müsse kein hierarchisch über dem Arbeitgeber stehendes Unternehmen sein, sondern könne auch ein Unternehmen sein, dass de facto beherrschenden Einfluss ausübt, solange es nicht bloß ein fremder Dritter (also Lieferant oder Kunde) ist.[87]

14.38

Unabhängig davon, wie genau der europarechtliche Begriff des herrschenden Unternehmens zu definieren ist, sind an ein herrschendes Unternehmen i.S.d. ME-RL eindeutig nicht die Anforderungen des § 17 AktG zu stellen. Entscheidend ist nur, dass sich das Arbeitgeber-Unternehmen bei der (Nicht-)Erfüllung seiner Pflichten aus der ME-RL (bzw. dem diese umsetzenden nationalen Recht) nicht darauf berufen kann, ein anderes (Konzern-)Unternehmen habe die Entscheidung zur Massenentlassung getroffen und/oder habe die zur Konsultation bzw. Massenentlassungsanzeige erforderlichen Informationen. Dabei kommt es auch nicht darauf an, ob das herrschende Unternehmen die Entscheidung anstelle des Arbeitgeber-Unternehmens getroffen hat (was jedenfalls im deutschen Recht so gar nicht möglich wäre) oder ob es Zwang oder auch nur maßgeblichen Einfluss dahingehend ausgeübt hat.

14.39

Der deutsche Gesetzgeber hat in **§ 17 Abs. 3a Satz 1 KSchG** klargestellt, dass die Pflichten des § 17 KSchG unabhängig davon gelten, ob die Entscheidung über die Massenentlassung von einem den Arbeitgeber beherrschenden Unternehmen getroffen wurde. Der Arbeitgeber kann sich zudem nach § 17 Abs. 3a Satz 2 KSchG hinsichtlich der Auskunftspflichten nicht darauf berufen, ihm seien vom „verantwortlichen Unternehmen" die notwendigen Auskünfte nicht übermittelt worden. Damit setzt der deutsche Gesetzgeber Art. 2 Abs. 4 der ME-RL ordnungsgemäß um.[88]

14.40

Entlassungen im beherrschten Unternehmen erfolgen i.d.R. im Rahmen eines mehrstufigen Verfahrens. Zuerst entwickelt das beherrschende Unternehmen ein Grundkonzept, welches die Entlassungen festlegt. Auf Grundlage dieses Konzepts verhandelt anschließend das jeweilige beherrschte Unternehmen mit dem dortigen Betriebsrat. Die Entscheidung, einzelne Kündigungen durchzuführen, trifft dann wieder das beherrschende Unternehmen, wobei es an die Ergebnisse des Konsultationsverfahrens nicht gebunden ist. Den eigentlichen Ausspruch der Kündigungen nimmt dann wiederum das beherrschte Unternehmen vor. Aufgrund des Wechselspiels von beherrschtem und beherrschendem Unternehmen ist eine enge Abstimmung jedenfalls erforderlich, wenn man die Schlussanträge von Generalanwältin *Sharpston* zugrundelegt. Hat das beherrschende Unternehmen aufgrund unzureichender Informationen über die geplanten Kündigungen den Betriebsrat nicht rechtzeitig und ausreichend unterrichten können, so trägt das beherrschte Unternehmen die sich aus dem Kündigungsschutz ergebenden Folgen[89] – d.h. die Unwirksamkeit der Kündigung. Das beherrschte Tochterunternehmen sollte deshalb bei Mas-

14.41

---

85 *Forst*, NZA 2010, 144; vgl. auch APS/*Moll*, § 17 KSchG Rz. 138.
86 *Forst*, NZA 2010, 144.
87 Schlussanträge der Generalanwältin *Sharpston* v. 21.6.2018 – C-61/17, C-62/17, C-72/17, Rz. 50–51.
88 Dazu: *Spelge*, NZA-Beilage 2017, 108 (109).
89 EuGH v. 10.9.2009 – C-44/08, EuZW 2009, 779 Rz. 43, 69, 71.

senentlassungen eng mit der Konzernmutter zusammenarbeiten. Auch wenn der Arbeitgeber nicht kraft eines Beherrschungsvertrags (§ 291 AktG), sondern bloß faktisch beherrscht wird, muss er darauf achten, welche strategischen Entscheidungen im beherrschenden Unternehmen getroffen werden. Wenn dadurch Kündigungen wahrscheinlich werden, muss er ein Konsultationsverfahren einleiten.

3. Entlassung

a) Allgemeines

14.42 Nach Art. 1 Abs. 1 UAbs. 1 Buchst. a ME-RL liegt eine „**Massenentlassung**" i.S.d. Richtlinie vor, wenn ein Arbeitgeber aus einem oder mehreren Gründen, die nicht in der Person der Arbeitnehmer liegen, so viele Entlassungen vornimmt, dass die Schwellenwerte gem. Art. 1 Abs. 1 UAbs. 1 Buchst. a Nr. i und ii ME-RL überschritten werden. Schon daraus folgt, dass die Richtlinie den Begriff der „Entlassung" auf **keine bestimmte Beendigungsform** beschränkt, und dass es für die Beendigung aber jedenfalls einer Mitwirkung des Arbeitgebers bedarf. Denn nur dann kann man davon sprechen, dass der „Arbeitgeber [Entlassungen] vornimmt". Eine Entlassung in diesem Sinne liegt beispielsweise auch dann vor, wenn ein Arbeitgeber einseitig und zulasten des Arbeitnehmers aus nicht in dessen Person liegenden Gründen eine erhebliche Änderung der wesentlichen Bestandteile des Arbeitsvertrags vornimmt.[90] Beispielsweise würde eine einseitige Änderung der Entgeltbedingungen, die im Fall der Ablehnung durch den Arbeitnehmer zur Beendigung des Arbeitsverhältnisses führen würde, als „Entlassung" eingeordnet.[91] Dagegen stellt die Beendigung von Arbeitsverträgen, die für eine bestimmte Zeit oder Tätigkeit geschlossen wurden, keine „Entlassung" dar, wenn die Beendigung im Zeitpunkt des Ablaufs des Vertrags oder bei Erfüllung der Tätigkeit erfolgt.[92]

14.43 Ganz deutlich wird oben Gesagtes schließlich durch Art. 1 Abs. 1 UAbs. 2 ME-RL. Danach werden im Hinblick auf die Berechnung der Zahl der Entlassungen solche Beendigungen des Arbeitsvertrags einer Entlassung gleichgestellt, die auf Veranlassung des Arbeitgebers und aus einem oder mehreren Gründen erfolgen, die nicht in der Person des Arbeitnehmers liegen, sofern die Zahl der Entlassungen mindestens fünf beträgt.[93] Das bedeutet, dass zwar andere Beendigungsformen einer Entlassung gleichgestellt werden, allerdings dennoch mindestens fünf Entlassungen im eigentlichen Sinn vorliegen müssen; denn nur auf diese bezieht sich Art. 1 Abs. 1 UAbs. 2 ME-RL.[94] Fünf Beendigungen des Arbeitsvertrages, die einer Entlassung gleichgestellt werden (bspw. auf Veranlassung des Arbeitgebers geschlossene Aufhebungsverträge, Eigenkündigung des Arbeitnehmers, die durch Verhalten des Arbeitgebers hervorgerufen wurde, etc.), genügen an dieser Stelle nicht.

14.44 Art. 1 Abs. 2 ME-RL nimmt bestimmte Arten von Massenentlassungen aus dem Anwendungsbereich aus, namentlich Massenentlassungen „im Rahmen von Arbeitsverträgen, die für eine bestimmte Zeit oder Tätigkeit geschlossen werden, es sei denn, dass diese Entlassungen vor Ablauf oder Erfüllung dieser Verträge erfolgen" (Art. 2 Abs. 2 Buchst. a ME-RL) (erneut bestätigt durch Rs. *Rabal Cañas*)[95] sowie Arbeitnehmer öffentlicher **Verwaltungen** oder von **Einrichtungen des öffentlichen Rechts** (Buchst. b) und **Besatzungen von Seeschiffen** (Buchst. c).

14.45 In seiner *Junk*-Entscheidung hat der **EuGH** festgestellt, dass unter „Entlassung" im Sinne der Richtlinie die **Kündigungserklärung** des Arbeitgebers zu verstehen ist.[96] Demgegenüber ist die **tat-**

---

90 EuGH v. 11.11.2015 – C-422/14, NZA 2015, 1441.
91 EuGH v. 21.9.2017 – C-429/16, NZA 2017, 1325.
92 EuGH v. 13.5.2015 – C-392/13, NZA 2015, 669.
93 So auch BAG v. 19.3.2015 – 8 AZR 119/14, AP BGB § 613a Nr. 464, Rz. 38.
94 EuGH v. 11.11.2015 – C-422/14 – Pujante Rivera, ArbRB 2015, 359 = NZA 2015, 1441, (1443).
95 EuGH v. 13.5.2015 – C-392/13 – Rabal Cañas, NZA 2015, 669.
96 EuGH v. 27.1.2005 – C-188/03 – Junk, Slg. 2005, I-885 = ArbRB 2005, 75 = NZA 2005, 213; vgl. zu den grundsätzlicheren Auswirkungen dieser Entscheidung vgl. Rz. 14.10 ff.

sächliche Beendigung des Arbeitsverhältnisses jedenfalls für das europäische Massenentlassungsrecht nicht relevant. Vor dem Hintergrund des Individualschutzes, der für das europäische Massenentlassungsrecht vorrangig ist, ist diese Sichtweise konsequent. Ihretwegen nimmt der EuGH an, dass sowohl das Konsultations- als auch das Anzeigeverfahren abgeschlossen sein müssen, bevor eine Massenentlassung vorgenommen wird.[97]

Für das europäische Recht ist es nicht erheblich, ob die Entlassung durch äußere Umstände wie etwa **höhere Gewalt** oder einen **gerichtlichen Beschluss** beeinflusst wurde.[98] Mit Blick auf den europäischen Schutzzweck des Massenentlassungsrechts ist dies folgerichtig. 14.46

Auch § 17 Abs. 1 Satz 1 KSchG enthält keine konkrete Definition des Begriffs „Entlassung". Traditionell wurde unter „Entlassung" im Sinne des deutschen Massenentlassungsrechts die tatsächliche Beendigung des Arbeitsverhältnisses – wie diese mit **Ablauf der Kündigungsfrist** eintritt – verstanden. Wenn man bedenkt, dass das deutsche Massenentlassungsrecht historisch primär **arbeitsmarktpolitische Zwecke** verfolgt, ist auch dies konsequent. 14.47

Mit der *Junk*-Entscheidung war für das deutsche Massenentlassungsrecht ein **Paradigmenwechsel** verbunden. Mit dieser Entscheidung hat das **BAG** eine Kehrtwende vollzogen und legt nunmehr die §§ 17 ff. KSchG dahingehend richtlinienkonform aus, dass unter „Entlassung" die **Kündigungserklärung** des Arbeitgebers zu verstehen ist. Auf die Auswirkungen für den Arbeitsmarkt durch die Entlassung kommt es ebenfalls nicht mehr entscheidend an. Dementsprechend sind auch **Änderungskündigungen** im Rahmen von § 17 KSchG relevant, und zwar unabhängig davon, ob der betroffene Arbeitnehmer das hiermit verbundene Angebot annimmt oder ablehnt.[99] Für Arbeitnehmer, deren Kündigung einer behördlichen Zustimmung bedarf (bspw. Arbeitnehmer in Elternzeit, schwangere Arbeitnehmerinnen), gilt der Eingang des Antrags auf Zustimmung zur Kündigung bei der zuständigen Behörde als Entlassung im Sinne von § 17 KSchG.[100] Zur Eröffnung des Anwendungsbereichs des § 17 KSchG (und damit des Massenentlassungsschutzes) genügt also der Antrag auf Zustimmung innerhalb des 30-Tage-Zeitraums.[101] Vor der *Junk*-Entscheidung wurde noch angenommen, dass wegen der arbeitsmarktpolitischen Zielsetzung keine „Entlassung" vorgenommen wird, wenn ein Arbeitnehmer nicht arbeitslos wird, weil er in den **Ruhestand** eintritt.[102] An dieser Ansicht kann zwar festgehalten werden,[103] allerdings nicht, weil in dieser Konstellation keine Arbeitsmarktbelange betroffen sind,[104] sondern, weil ein Arbeitnehmer, der ohnehin in den Ruhestand eintritt, keines besonderen individuellen Schutzes vor einer Massenentlassung bedarf. 14.48

Aus denselben Gründen spricht viel dafür, bei einem **Wechsel in eine BQG/Transfergesellschaft** eine Massenentlassung i.S.d. § 17 KSchG anzunehmen, weil die fehlende Belastung des Arbeitsmarktes nach europarechtlichem Verständnis nicht maßgeblich ist.[105] Das gilt jedenfalls dann, wenn zum Zeitpunkt der Konsultation bzw. Erstattung der Massenentlassungsanzeige 14.49

---

97 EuGH v. 27.1.2005 – C-188/03 – Junk, Slg. 2005, I-885 = ArbRB 2005, 75 = NZA 2005, 213.
98 EuGH v. 12.10.2004 – C-55/02, NZA 2004, 1265; v. 3.3.2011 – verb. Rs. C-235/10 bis 239/10, NZA 2011, 337.
99 BAG v. 20.2.2014 – 2 AZR 346/12, ArbRB 2014, 260 = NZA 2014, 1069.
100 BAG v. 26.1.2017 – 6 AZR 442/16, ArbRB 2017, 138 = NZA 2017, 577; EuGH v. 22.2.2018 – C-103/16 – Porras Guisado, ArbRB 2018, 66 = NZA 2018, 432.
101 BAG v. 26.1.2017 – 6 AZR 442/16, ArbRB 2017, 138 = NZA 2017, 577; BVerfG v. 8.6.2016 – 1 BvR 3634/13, ArbRB 2016, 227 = NZA 2016, 939.
102 Vgl. z.B. *Mauthner*, S. 95; *Bauer/Röder*, NZA 1985, 201 (203).
103 APS/*Moll*, § 17 KSchG Rz. 29; ErfK/*Kiel*, § 17 KSchG Rz. 1429.
104 So jedoch APS/*Moll*, § 17 KSchG Rz. 29; *Moll/Eckhoff*, § 50 Rz. 13.
105 So auch: *Seidel/Wagner*, BB 2018, 692 (693); vgl. aber vHH/L/*v. Hoyningen-Huene*, § 17 KSchG Rz. 3127; richtig *Niklas/Koehler*, NZA 2010, 913 (914); ErfK/*Kiel*, § 17 KSchG Rz. 1412 weist zu Recht darauf hin, dass die Belastung im Übrigen nur zeitlich verzögert wird.

noch nicht definitiv feststeht, dass ein Arbeitnehmer in eine BQG wechselt.[106] Aber auch dann, wenn die Arbeitnehmer bereits einen dreiseitigen Vertrag unterzeichnet haben und in ein neues Arbeitsverhältnis mit der Transfergesellschaft abgeschlossen haben, soll nach Auffassung des LAG Baden-Württemberg die Aufhebung des ursprünglichen Arbeitsverhältnisses bei der Berechnung der Schwellenwerte nach § 17 KSchG mitzuzählen sind.[107] Diese Ansicht hat das BAG bekräftigt, indem es entschieden hat, dass Entlassungen selbst dann mitzählen, wenn die betroffenen Arbeitnehmer bereits eine Anschlussbeschäftigung gefunden haben.[108] Im Hinblick auf den Zweck des Massenentlassungsrechts lässt sich dieses Ergebnis durchaus anzweifeln, und zwar unabhängig davon, ob man eher auf den in Deutschland traditionell intendierten Schutz des Arbeitsmarktes oder den europarechtlich propagierten Individualschutz betroffener Arbeitnehmer abstellt.

14.50 Anders als Änderungskündigungen stellen einvernehmliche Vertragsänderungen keine Entlassungen dar. Zwar hat der EuGH entschieden, dass eine Entlassung i.S.d. ME-RL auch dann vorliegt, wenn ein Arbeitgeber einseitig und zulasten des Arbeitnehmers aus nicht in dessen Person liegenden Gründen eine erhebliche Änderung der wesentlichen Bestandteile des Arbeitsvertrags vornimmt.[109] Zugrunde lag aber jeweils eine Besonderheit des spanischen bzw. polnischen Rechts, wonach der Arbeitgeber das Arbeitsverhältnis einseitig abändern kann. Eine solche Möglichkeit besteht im deutschen Recht nicht. Einvernehmliche Änderungen nach deutschem Recht werden von den § 17 ff. KSchG daher nicht tangiert.[110]

14.51 Nach § 17 Abs. 1 Satz 2 KSchG stehen Entlassungen „andere Beendigungen des Arbeitsverhältnisses" gleich, die vom Arbeitgeber veranlasst werden. Anders als die Richtlinie ist § 17 Abs. 1 Satz 2 KSchG nicht nur dann anzuwenden, wenn die Zahl der Entlassungen mindestens fünf beträgt; als für die Arbeitnehmer günstigere Regelung ist dies europarechtskonform.[111] Auch **Eigenkündigungen** von Arbeitnehmern und **Aufhebungsverträge** können damit den §§ 17 ff. KSchG unterfallen. Daraus folgt, dass die Form des Beendigungstatbestands auch nach deutschem Recht nicht entscheidend ist. Entscheidende Voraussetzung ist die **Veranlassung der Beendigung durch den Arbeitgeber**. Eine solche ist anzunehmen, wenn der Arbeitgeber dem (konkreten) Arbeitnehmer zu verstehen gibt, dass er das Arbeitsverhältnis durch Arbeitgeberkündigung beenden wird, wenn der Arbeitnehmer nicht einer anderen Form der Beendigung des Arbeitsverhältnisses zustimmt.[112] Allein die abstrakte Gefahr einer baldigen Arbeitgeberkündigung oder eine nicht auf den konkreten Arbeitnehmer bezogene „**Kündigungsandrohung**" dürfte hingegen nicht für eine Veranlassung genügen. Dies wird häufig bei sog. **Freiwilligenprogrammen zum Personalabbau** relevant, bei denen der Arbeitgeber der kompletten oder jedenfalls einem Teil der Belegschaft ein freiwilliges Ausscheiden zu bestimmten Konditionen anbietet und auf dieser Grundlage dann Aufhebungsverträge geschlossen werden. Bei solchen Programmen dürfte es in der Regel an einer Erklärung des Arbeitgebers fehlen, dass ganz bestimmte Arbeitsplätze abgebaut und konkret benannte Arbeitnehmer gekündigt werden. Hier lässt sich u.E. gut vertreten, keine Veranlassung durch den Arbeitgeber anzunehmen.

14.52 § 17 Abs. 1 KSchG enthält **keine Anforderungen an die Gründe**, aus denen eine Entlassung erfolgt. § 17 Abs. 4 KSchG nimmt lediglich fristlose Entlassungen aus der Berechnung der Min-

---

106 BAG v. 28.6.2012 – 6 AZR 780/10, ArbRB 2012, 296 = NZA 2012, 1029 (allerdings noch mit einer an arbeitsmarktpolitischen Gesichtspunkte anknüpfenden Argumentation, vgl. *Sittard/Knoll*, BB 2013, 2037 ff.).
107 LAG Baden-Württemberg v. 23.10.2013 – 6 AZR 780/10, ArbRB 2012, 296 = NZA 2012, 1029 (1033).
108 BAG v. 19.3.2015 – 8 AZR 119/14, BeckRS 2015, 70521 Rz. 50; *Seidel/Wagner*, BB 2018, 692 (693).
109 EuGH v. 11.11.2015 – C-422/14 – Pujante Rivera, ArbRB 2015, 359 = NZA 2015, 1441 Rz. 47 ff.; v. 21.9.2017 – C-429/16 – Malgorzata Ciupa ua., NZA 2017, 1325; v. 21.9.2017 – C-149/16 – Halina Socha u.a., NZA 2017, 1323.
110 *Hohenstatt/Naber*, EuZW 2016, 25 (29).
111 APS/*Moll*, § 17 KSchG Rz. 31.
112 APS/*Moll*, § 17 KSchG Rz. 33 m.w.N.

destzahl der Entlassungen aus. Üblicherweise erfolgen vor allem verhaltensbedingte Kündigungen fristlos. Gleichwohl sind die §§ 17 ff. KSchG auf sämtliche Kündigungen bzw. gem. § 17 Abs. 1 Satz 2 KSchG gleichgestellte Tatbestände – unabhängig, aus welchen Gründen diese erfolgen – anzuwenden.[113] Die §§ 17 ff. KSchG gelten somit – in den Kategorien gem. § 1 KSchG gesprochen – sowohl für betriebs-, verhaltens- als auch personenbedingte Gründe. Auch diese Regelung geht zugunsten der Arbeitnehmer über die Mindestanforderungen der Richtlinie hinaus und ist gem. Art. 5 ME-RL als zulässig anzusehen. Angesichts des **Individualschutzes**, der seit der *Junk*-Entscheidung auch das deutsche Massenentlassungsrecht prägt, ist diese Regelung nicht mehr zeitgemäß. Denn wie sich aus Art. 1 Abs. 1 ME-RL ergibt, besteht im Zusammenhang mit einer Massenentlassung, mit der stets unternehmerische Motive verwirklicht werden, kein Bedürfnis für einen Schutz vor Entlassungen etwa aus Gründen der Person des Arbeitnehmers.

Danach sind zusammenfassend insbesondere auch folgende **Beendigungstatbestände** vom Anwendungsbereich der §§ 17 ff. KSchG erfasst:

14.53

– Kündigungen des Arbeitgebers, und zwar unabhängig von den Kündigungsgründen,

– Eigenkündigungen des Arbeitnehmers, die vom Arbeitgeber – unabhängig aus welchem Grund – „veranlasst" werden,

– Aufhebungsverträge, die vom Arbeitgeber – unabhängig aus welchem Grund – im oben beschriebenen Sinne „veranlasst" werden,

– dreiseitige Verträge zum Wechsel vom bisherigen Arbeitgeber in eine BQG/Transfergesellschaft, die vom Arbeitgeber „veranlasst" werden.

In den drei letztgenannten Fallgruppen stellt sich die Frage, welcher **Zeitpunkt** für die Berechnung der Schwellenwerte relevant ist. Denkbar wäre es, auf das Wirksamwerden des Beendigungstatbestands, d.h. auf den Zugang der Eigenkündigung oder den Abschluss des Aufhebungsvertrages, abzustellen.[114] Alternativ könnte für den relevanten Zeitpunkt zu berücksichtigen sein, wann und mit welchem Verhalten der Arbeitgeber seine betriebsbedingten Kündigungen substituiert, die er ansonsten auszusprechen hätte. Hier lässt sich argumentieren, dass dies auch das Gespräch bzw. der Termin ist, in welchem den Arbeitnehmern nahegelegt wird, Eigenkündigungen auszusprechen bzw. Aufhebungsverträge abzuschließen.[115] Rechtsprechung hierzu liegt – soweit ersichtlich – nicht vor.

14.54

Nach § 17 Abs. 4 KSchG gilt das deutsche Massenentlassungsrecht nicht für **fristlose Entlassungen**. § 17 Abs. 4 KSchG differenziert dabei nicht zwischen den verschiedenen Gründen für eine fristlose Entlassung. Von der Ausnahme gem. § 17 Abs. 4 KSchG sind sog. Orlando-Kündigungen, d.h. außerordentliche Kündigungen mit sozialer Auslauffrist, nicht erfasst; diese Kündigungen erfolgen gerade nicht fristlos.[116] Im Wege richtlinienkonformer Auslegung gilt § 17 Abs. 4 KSchG darüber hinaus nur für solche fristlosen Kündigungen, die aus personen- oder verhaltensbedingten Gründen ausgesprochen werden.[117] Die ME-RL unterscheidet nicht zwischen fristlosen und fristgerechten Kündigungen, sondern nimmt nur solche Kündigungen aus ihrem Anwendungsbereich aus, die in der Person des oder der Gekündigten liegen.

14.55

b) Arbeitsverhältnisse mit Sonderkündigungsschutz

Von dem Grundsatz, dass der Zeitpunkt der Kündigungserklärung maßgeblich ist, macht die Rechtsprechung eine Ausnahme bei Arbeitsverhältnissen mit Sonderkündigungsschutz (z.B. bei

14.56

---

113 BAG v. 8.6.1989 – 2 AZR 624/88, NZA 1990, 224; vHH/L/*v. Hoyningen-Huene*, § 17 KSchG Rz. 26.
114 So z.B. APS/*Moll*, § 17 KSchG Rz. 34a; *Seidel/Wagner*, BB 2018, 692 (694).
115 *Naber*, S. 40 ff.
116 APS/*Moll*, § 17 KSchG Rz. 42; KR/*Weigand*, § 17 KSchG Rz. 40 ff.
117 KR/*Weigand*, § 17 KSchG Rz. 60; APS/*Moll*, § 17 KSchG Rz. 40.

Arbeitnehmern in Elternzeit, Mutterschutz,[118] Pflegezeit oder schwerbehinderten Arbeitnehmern). Nach Auffassung des BVerfG[119], müssen Kündigungen von Arbeitnehmern mit Sonderkündigungsschutz[120] bereits dann mitzählen, wenn lediglich der **Antrag an die zuständige Stelle auf Zustimmung zur Kündigung**, welcher der Kündigung zwingend vorhergehen muss (vgl. § 18 Abs. 1 Satz 4 BEEG, § 17 Abs. 2 MuSchG, § 5 Abs. 2 PflegeZG, § 168 SGB IX), innerhalb der 30-Tage-Frist erfolgt, auch wenn die eigentliche Kündigung außerhalb der 30-Tage-Frist erfolgt. Ansonsten – so die Auffassung des BVerfG - könnte die durch das vorgelagerte Antragsverfahren bewirkte Verzögerung der Kündigung dazu führen, dass die Kündigungen von Arbeitnehmern mit Sonderkündigungsschutz aus dem 30-Tage-Zeitraum des § 17 Abs. 1 KSchG herausfallen. Damit würde gegen Art. 3 Abs. 1 GG verstoßen, weil sich dann gerade die vom Gesetz besonders geschützten Arbeitnehmer mit Sonderkündigungsschutz, anders als andere Arbeitnehmer, nicht auf etwaige Fehler im Antrags- und Konsultationsverfahren berufen können.[121]

14.57 Überzeugend ist die Entscheidung des BVerfG nicht. Arbeitnehmer mit Sonderkündigungsschutz, die aufgrund der Verzögerung durch das Zustimmungsverfahren nicht in den 30-Tage-Zeitraum fallen, **bedürfen des Schutzes der §§ 17 ff. KSchG nicht**. Durch das Antragsverfahrens sollen u.a. einzelne Arbeitnehmer vor den sozialen und ökonomischen Auswirkungen der Massenentlassung geschützt werden, welche darin bestehen, dass an einem bestimmten Ort zu einer bestimmten Zeit viele Arbeitnehmer arbeitslos werden. Allerdings betreffen diese Auswirkungen einen Arbeitnehmer mit Sonderkündigungsschutz gerade nicht, weil dieser erst später als die anderen Arbeitnehmer entlassen wird.[122] Auch der Schutzzweck des Konsultationsverfahrens wird nicht beeinträchtigt. Zum einen wird das in Bezug auf die übrigen Arbeitnehmer durchgeführte Konsultationsverfahren in Bezug auf alle zu kündigenden Arbeitnehmer durchgeführt, also auch hinsichtlich der Arbeitnehmer mit Sonderkündigungsschutz.[123] Zum anderen fehlt es bei der späteren Entlassung des Arbeitnehmers am erforderlichen Massenentlassungskontext.[124] Der bloße Umstand, dass sich Arbeitnehmer mit Sonderkündigungsschutz nicht auf Fehler im Antrags- oder Konsultationsverfahren berufen können, stellt – entgegen der Auffassung des BVerfG – keine Benachteiligung dar. Die Unwirksamkeit der Kündigung bei Verstoß gegen § 17 KSchG stellt allein eine zivilrechtliche Sanktion dar (vgl. § 134 BGB) um den Arbeitgeber effektiv zur Einhaltung des Antrags- und Konsultationsverfahrens anzuhalten.[125] Der Kündigungsschutz stellt aber keinen Selbstzweck dar. Folglich kann das Herausfallen aus dem Schutzbereich auch nicht als Entzug des individuellen Kündigungsschutzes gewertet werden.[126]

14.58 Zudem wirft die Entscheidung des BVerfG eine Reihe von Folgefragen auf. So bleibt offen, ob in Zukunft ausschließlich auf den Zeitpunkt der Antragstellung abgestellt werden soll oder nur dann, wenn der Arbeitnehmer im konkreten Einzelfall durch die Verzögerung der Kündigung aus dem Massenentlassungsschutz herausfällt. Es spricht viel dafür, dass das BVerfG mit dem Abstellen auf

---

118 Dazu: *Evermann*, NZA 2018, 550 (553); zum Konflikt des Mutterschutzes mit dem Massenentlassungsschutz: *Krimphove*, ArbRAktuell 2017, 583.
119 BVerfG v. 8.6.2016 – 1 BvR 3634/13, ArbRB 2016, 227 = NZA 2016, 939 Rz. 25.
120 Das BVerfG hat sich in seiner Entscheidung allein über Arbeitnehmer in Elternzeit entschieden. Die Entscheidung wird nach einhelliger Ansicht auf andere Arbeitsverhältnisse mit Sonderkündigungsschutz übertragen: *Bezani*, FS Willemsen, 55 (57); *Moll*, FS Willemsen, 319 (325); *Spelge*, NZA-Beilage 2017, 108 (111).
121 BVerfG v. 8.6.2016 – 1 BvR 3634/13, ArbRB 2016, 227 = NZA 2016, 939 Rz. 17–18 (zugleich sah das BVerfG darin eine faktische Benachteiligung wegen des Geschlechts, Art. 3 Abs. 2 und 3 GG, weil Elternzeit in höherem Maß von Frauen in Anspruch genommen wird, Rz. 23); im Anschluss daran: BAG v. 26.1.2017 – 6 AZR 442/16, ArbRB 2017, 138 = JurionRS 2017, 12319 Rz. 28.
122 *Moll*, FS Willemsen, 319 (325).
123 BAG v. 26.1.2017 – 6 AZR 442/16, ArbRB 2017, 138 = JurionRS 2017, 12319 Rz. 25; *Moll*, FS Willemsen, 319 (322).
124 EuArbR/*Spelge*, RL 98/59/EG Art. 1 Rz. 88.
125 Vgl. BAG v. 22.11.2012 – 2 AZR 371/11, ArbRB 2013, 137 = NZA 2013, 845, 847.
126 *Moll*, FS Willemsen, 319 (321).

den Zeitpunkt des Antrages, den maßgeblichen Zeitpunkt nicht lediglich vorverlagern, sondern erweitern wollte. Würde stets auf den Zeitpunkt der Antragstellung abgestellt, so würden Arbeitnehmer mit Sonderkündigungsschutz benachteiligt, wenn nur im Zeitpunkt der eigentlichen Kündigung Massenentlassungsschutz besteht. Das BVerfG wollte Arbeitnehmer mit Sonderkündigungsschutz aber gerade schützen und nicht lediglich den Schutzbereich verlagern.[127]

Schwieriger ist es zu beurteilen, wenn der Antrag auf behördliche Zustimmung und die nachfolgende Kündigung in **zwei gestaffelte Kündigungswellen** fallen, die jeweils eine Massenkündigung nach § 17 Abs. 1 KSchG darstellen. Der Arbeitnehmer könnte sich dann zweifach auf Fehler im Massenentlassungsverfahren berufen, einmal im Zeitpunkt der Antragstellung und nochmals im Zeitpunkt der eigentlichen Kündigung und zwar auch dann, wenn das Massenentlassungsverfahren bereits einmal ordnungsgemäß durchgeführt worden ist. Ob eine solche Besserstellung (Rosinenpickerei) gewollt war, ist zweifelhaft, denn schließlich wollte das BVerfG bloß eine Schlechterstellung verhindern.[128] Allerdings stellt sich dann auch die Frage, auf welches der beiden Massenentlassungsverfahren sich der Arbeitnehmer berufen kann, wenn nur eines von beiden fehlerhaft durchgeführt worden ist. Richtigerweise ist die Entscheidung des BVerfG so zu interpretieren, dass es auf den Zeitpunkt der Antragstellung nur ankommt, wenn der Arbeitnehmer mit Sonderkündigungsschutz ansonsten aus dem Massenentlassungsschutz herausfallen würde. Sobald aber für den Zeitraum der eigentlichen Kündigung bereits ein Massenentlassungsverfahren durchgeführt worden ist, kann er sich nicht zusätzlich auf Fehler im Massenentlassungsverfahren der „ersten Welle" berufen.[129]

14.59

Des Weiteren ist fraglich, ob auch dann auf den Zeitpunkt der Antragstellung abgestellt werden soll, wenn der Kündigung nicht – wie im Fall, den das BVerfG zu entscheiden hatte – eine **Betriebsschließung** zugrunde liegt. Liegt der Kündigung eine Betriebsschließung zugrunde, kann in dem Antrag auf Zustimmung zur Kündigung durchaus eine bloße Formalität gesehen werden, die die bereits feststehende Kündigung bloß verzögert. Mangels Weiterbeschäftigungsmöglichkeit ist die Zustimmung der zuständigen Stelle (vgl. § 18 Abs. 1 Satz 4 BEEG) nahezu gewiss. Völlig anders ist die Situation wenn der Kündigung eine bloße **Betriebsänderung** (also z.B. ein größerer Personalabbau) zugrunde liegt. In solchen Fällen ist offen, ob die zuständige Stelle der Kündigung zustimmen wird, weil grundsätzlich auch die Weiterbeschäftigung auf einem anderen Arbeitsplatz in Betracht kommt. Die Wertung des BVerfG, dass die bloße „Verzögerung"[130] durch das Antragsverfahren nicht dazu führen darf dass der Massenentlassungsschutz entfällt, trägt hier nicht, weil das Zustimmungsverfahren hier keine bloße Formalität darstellt.[131]

14.60

Bis zu einer abschließenden Klärung der noch offenen Streitfragen sollten Arbeitnehmer mit Sonderkündigungsschutz in der Praxis vorsichtshalber in allen Fällen sowohl im Zeitpunkt der Antragstellung als auch im Zeitpunkt der eigentlichen Kündigung im Massenentlassungsverfahren berücksichtigt werden.

14.61

c) Befristungen und Bedingungen

Die Richtlinie geht nicht ausdrücklich darauf ein, ob auch Befristungen und Bedingungen mit konsultations- bzw. anzeigepflichtigen Entlassungen gleichgestellt werden müssen.

14.62

Befristungen und Bedingungen führen nicht zu einer Beendigung des Arbeitsverhältnisses i.S.v. § 17 Abs. 1 KSchG. In beiden Fällen ist die Beendigung bereits im Arbeitsverhältnis angelegt und es bedarf für die Beendigung gerade keiner weiteren Handlung durch den Arbeitgeber,

14.63

---

127 *Bezani*, FS Willemsen, 55 (62).
128 So auch EuArbR/*Spelge*, RL 98/59/EG Art. 1 Rz. 94; *Spelge*, NZA-Beilage 2017, 108 (112); a.A. *Bezani*, FS Willemsen, 55 (63).
129 *Spelge*, NZA-Beilage 2017, 108 (112).
130 BVerfG v. 8.6.2016 – 1 BvR 3634/13, ArbRB 2016, 227 = NZA 2016, 939 Rz. 18.
131 EuArbR/*Spelge*, RL 98/59/EG Art. 1 Rz. 91; *Bezani*, FS Willemsen, 55 (58).

die gezielt auf die Beendigung von Arbeitsverhältnissen gerichtet ist.[132] Wie *Moll* zu Recht ausführt, können die §§ 17 ff. KSchG wegen der strukturellen Unterscheidung zwischen einem unbefristeten Arbeitsverhältnisses (und dessen späterer Beendigung) und einem von Anfang an befristeten oder unter eine auflösende Bedingung gestellten Arbeitsverhältnisses nicht durch Befristung oder Bedingung umgangen werden.[133]

d) Tod des Arbeitgebers

14.64 Führt der Tod des Arbeitgebers zur Beendigung des Arbeitsverhältnisses, löst dies keine „Entlassung" im Sinne der ME-RL aus.[134]

14.65 Nach deutschem Recht führt der Tod des Arbeitgebers in der Regel nicht zur Beendigung von Arbeitsverhältnissen. Vielmehr gehen Arbeitsverhältnisse des Erblassers gem. **§§ 1922, 1967 BGB** auf die Erben über. Etwas anderes gilt nur, wenn ausnahmsweise eine Zweckbefristung oder auflösende Bedingung auf den Tod des Arbeitgebers vereinbart ist.[135]

III. Konsultationsverfahren

14.66 Das sog. Konsultationsverfahren betrifft die **Unterrichtung der Arbeitnehmervertreter** über eine beabsichtigte Massenentlassung gemäß Teil II der ME-RL. Beabsichtigt der Arbeitgeber Massenentlassungen, so hat er die Arbeitnehmervertreter gem. Art. 2 Abs. 1 ME-RL rechtzeitig und mit dem Ziel einer Einigung zu konsultieren. Erst Teil III regelt die Pflicht des Arbeitgebers, die beabsichtigten Massenentlassungen bei der zuständigen Behörde anzuzeigen. Die Schritte nach Teil II und Teil III der Richtlinie sind aber in mehrerlei Hinsicht miteinander verwoben.

1. Arbeitnehmervertretung

14.67 Art. 2 Abs. 1 ME-RL bestimmt, dass die Konsultationspflicht gegenüber den sog. Arbeitnehmervertretern besteht. Der Begriff der Arbeitnehmervertreter wird von der Richtlinie nicht definiert. Diese verweist in Art. 1 Abs. 1 Buchst. b ME-RL insoweit auf die nationalen „Rechtsvorschriften oder (die) Praxis der Mitgliedstaaten".[136] Daher bleibt die Festlegung des zuständigen Gremiums in der Hand der Mitgliedstaaten. Der EuGH hat beispielsweise auch eine Branchengewerkschaft als Arbeitnehmervertretung anerkannt.[137] Die **Ausgestaltungsfreiheit der Mitgliedstaaten** ist jedoch begrenzt. So hat der **EuGH** entschieden, dass das Vereinigte Königreich die Richtlinie nicht ordnungsgemäß umgesetzt hatte, weil nach britischem Recht das Bestehen von Arbeitnehmervertretern von der (für diesen freiwilligen) Anerkennung durch den Arbeitgeber abhing.[138] Unwirksam ist daher eine nationale Umsetzung, die das Konsultationsverfahren an solche Arbeitnehmervertretungen koppelt, deren Existenz im Belieben des Arbeitgebers steht. Durch eine derartige Ausgestaltung des nationalen Rechts wird aus Sicht des EuGH derjenige Schutz verhindert, den die Richtlinie gewährleisten soll.[139]

---

132 APS/*Moll*, § 17 KSchG Rz. 35; vHH/L/*v. Hoyningen-Huene*, § 17 KSchG Rz. 34.
133 APS/*Moll*, § 17 KSchG Rz. 35; a.A. z.B. KR/*Weigand*, § 17 KSchG Rz. 71.
134 EuGH v. 10.12.2009 – C-323/08 – Ovidio Rodríguez Mayor, Slg. 2009, I-11621 = NZA 2010, 151.
135 *Dzida/Naber*, ArbRB 2014, 80 (82).
136 Dies könnte einen Anhaltspunkt dafür darstellen, dass auch für den von der ME-RL verwendeten Begriff des Arbeitnehmers auf das nationale Recht abzustellen ist, kritisch dazu *Ziegler*, 2. Teil § 13b aa.
137 EuGH v. 12.2.1985 – 284/83 – Nielsen, Slg. 1985, 553 Rz. 2 = EAS Teil C RL 75/129/EWG Art. 1 Nr. 1; s. *Wißmann*, RdA 1998, 221 (224).
138 EuGH v. 8.6.1994 – C-383/92 – Kommission/Vereinigtes Königreich, Slg. 1994, I-2479 Rz. 19 ff. = EAS Teil C RL 75/129/EWG Art. 2 Nr. 1; *Wißmann*, RdA 1998, 221 (224).
139 EuGH v. 8.6.1994 – C-383/92 – Kommission/Vereinigtes Königreich, Slg. 1994, I-2479 Rz. 21 = EAS Teil C RL 75/129/EWG Art. 2 Nr. 1.

14.68 Aufgrund des Spielraums, den die ME-RL bei der Wahl der Arbeitnehmervertretung den Mitgliedstaaten lässt, hätte der deutsche Gesetzgeber die Wahl gehabt, die Konsultationspflicht gegenüber Gewerkschaften, Betriebsräten oder ggf. (zusätzlich) auch Sprecherausschüssen (vgl. §§ 30–33 SprAuG) zu etablieren.[140] Die Umsetzung erfolgte in den §§ 17 ff. KSchG zugunsten der **Betriebsräte**. § 17 KSchG verpflichtet den eine Massenentlassung beabsichtigenden Arbeitgeber, dem Betriebsrat rechtzeitig die zweckdienlichen Auskünfte zu erteilen und diesen entsprechend des § 17 Abs. 2 Satz 1 KSchG über Art und Ausmaß der Entlassung zu unterrichten, sofern die in § 17 Abs. 1 Satz 1 KSchG geregelten Schwellenwerte überstiegen werden. Es bestehen diesbezüglich keine Bedenken hinsichtlich der richtlinienkonformen Umsetzung.

14.69 Ebenso wenig ist es aus Sicht der ME-RL problematisch, dass im Fall eines Tarifvertrags bzw. einer Betriebsvereinbarung nach **§ 3 Abs. 1, Abs. 2 BetrVG** eine vom nationalrechtlichen Normalfall abweichend strukturierte Arbeitnehmervertretung für das Konsultationsverfahren zuständig ist. Dies ist von dem Spielraum, den Art. 1 Abs. 1 Buchst. b ME-RL gibt, gedeckt (vgl. Rz. 14.48).

14.70 Auch die **§§ 111 ff. BetrVG** setzen nach Auffassung des deutschen Gesetzgebers teilweise Pflichten der ME-RL um.[141] Bei mitbestimmungspflichtigen Betriebsänderungen in Unternehmen mit in der Regel mehr als 20 Arbeitnehmern ist der Arbeitgeber gem. §§ 111 ff. BetrVG verpflichtet, mit dem Betriebsrat einen **Interessenausgleich** zu versuchen sowie einen **Sozialplan** zu vereinbaren. Zwar mag für den Ansatz des deutschen Gesetzgebers sprechen, dass für das Vorliegen einer Betriebsänderung nach den §§ 111 ff. BetrVG nach gefestigter Rechtsprechung grundsätzlich die Schwellenwerte des § 17 KSchG zumindest einen Orientierungswert darstellen (wobei die Entlassungen nicht wie in § 17 Abs. 1 KSchG innerhalb von 30 Tagen erfolgen müssen und zudem eine 5 %-Schwelle greifen soll).[142] Dennoch ist es sehr fraglich, ob die §§ 111 ff. BetrVG tatsächlich auch die ME-RL umsetzen. Zwar geben die §§ 111 ff. BetrVG dem zuständigen Betriebsrat durchaus weitergehende Rechte als die ME-RL der Arbeitnehmervertretung (Anrufung der Einigungsstelle für einen Interessenausgleich, Erzwingbarkeit (!) eines Sozialplans). Dafür sehen die §§ 111 ff. BetrVG aber keine der ME-RL entsprechenden **Konsultationspflichten** vor. So ist es weder zwingend, dass alle in Art. 2 Abs. 3 Buchst. b ME-RL genannten Auskünfte erteilt werden, noch muss dies schriftlich erfolgen, wie dies die ME-RL vorsieht. Schon an diesem Beispiel wird deutlich, dass ein ordnungsgemäß durchgeführtes Interessenausgleichs- und Sozialplanverfahren keineswegs sicherstellt, dass der Arbeitgeber die Pflichten der ME-RL bzw. des § 17 KSchG erfüllt hat. Das ändert nichts daran, dass eine Vielzahl von Verpflichtungen der §§ 111 ff. BetrVG einerseits und des § 17 KSchG andererseits miteinander verbunden werden können. Die Arbeitnehmerbeteiligung nach den §§ 111 ff. BetrVG ersetzt jedoch keinesfalls die Verpflichtungen aus § 17 KSchG. Vielmehr muss der Arbeitgeber ausdrücklich kenntlich machen, dass er beide Verpflichtungen gleichzeitig erfüllen möchte und dabei auch beiden Regelungskomplexen vollständig gerecht werden.[143] Dazu genügt jedenfalls, wenn der Arbeitgeber den Betriebsrat ausdrücklich und in Schriftform über die Verbindung informiert. Die bloße Thematisierung im Rahmen von Interessenausgleichsverhandlungen ge-

---

140 So BAG v. 7.7.2011 – 6 AZR 248/10, ArbRB 2011, 302 = NJW 2011, 3180 Rz. 31, wonach Arbeitnehmervertreter jedenfalls Mitglieder des örtlichen oder auch des Gesamtbetriebsrats sein können.
141 BT-Drucks. 12/7630, 9, wonach der Gesetzgeber davon ausgegangen ist, dass die §§ 111 ff. BetrVG die von der ME-RL vorgegebenen Unterrichtungs- und Beratungspflichten bereits umsetzen, § 17 KSchG sei indes aufgrund der von der Richtlinie geforderten Unterrichtungsgegenstände zu erweitern gewesen. Kritisch *Reinhard*, RdA 2007, 207 (211), mit der zutreffenden Differenzierung, dass dies nur für Fälle gelte, in denen die Massenentlassung auch eine Betriebsänderung nach § 111 BetrVG darstelle. S. hingegen *Dauses/Eichenhofer*, D. III. Arbeitsrecht, Rz. 62, wonach die ME-RL in § 17 KSchG und in §§ 111 ff. BetrVG umgesetzt sei.
142 HWK/*Hohenstatt/Willemsen*, § 112a BetrVG Rz. 3 und § 111 BetrVG Rz. 28.
143 BAG v. 9.6.2016 – 6 AZR 405/15, ArbRB 2016, 299 = NZA 2016, 1198 (1200) Rz. 21; HWK/*Molkenbur*, § 17 KSchG Rz. 25 f.

nügt hingegen auch dann nicht, wenn der Betriebsrat bestätigt, in diesem Rahmen alle Auskünfte nach § 17 Abs. 2 Satz 1 KSchG erhalten und Beratungen nach § 17 Abs. 2 Satz 2 KSchG geführt zu haben.[144]

14.71 Die ME-RL enthält keine Regelungen zum Konkurrenzverhältnis, wenn nach nationalem Recht **mehrere Arbeitnehmervertretungen** für die Konsultation in Betracht kommen. Folge dessen ist, dass die nationalen Gesetzgeber auch insoweit frei sind, die Zuständigkeit zu regeln. Von dem Wortlaut der Richtlinie wäre dabei auch eine Regelung gedeckt, nach der mehrere Arbeitnehmervertretungsgremien im Rahmen des Konsultationsverfahrens zu beteiligen wären. Die nationalen Gesetzgeber sind aber auch frei darin, die Kompetenz zugunsten eines bestimmten Arbeitnehmervertretungsgremiums einzuschränken.

14.72 Im deutschen Recht ist zwischen der Zuständigkeit von lokalen Betriebsräten, Gesamtbetriebsräten sowie Konzernbetriebsräten zu unterscheiden. Grundsätzlich ist der von den betroffenen Arbeitnehmern **örtlich gewählte Betriebsrat** für die Beteiligung im Rahmen von § 17 KSchG zuständig.[145]

14.73 Für den Arbeitgeber stellt sich bei einer **betriebsübergreifenden Maßnahme** die Frage, welches Betriebsratsgremium er im Konsultationsverfahren nach § 17 Abs. 2 KSchG zu beteiligen hat. Typischerweise muss der Arbeitgeber in dieser Situation zudem auch einen Interessenausgleich und einen Sozialplan mit dem Betriebsrat bzw. dem Gesamtbetriebsrat (theoretisch käme auch eine Zuständigkeit des Konzernbetriebsrats in Betracht) verhandeln.[146] Für den Arbeitgeber wäre es naheliegend und interessengerecht, das Konsultationsverfahren mit dem Betriebsratsgremium durchzuführen, das für den Interessenausgleich und Sozialplan zuständig ist oder, falls die Zuständigkeiten für Interessenausgleich und Sozialplan auseinanderfallen (nicht selten ist für den Interessenausgleich aufgrund betriebsübergreifender Maßnahmen der Gesamtbetriebsrat zuständig, wohingegen die Milderung der Folgen auf Betriebsebene geregelt werden kann, so dass der lokale Betriebsrat für den Sozialplan zuständig ist[147]), eines der beiden zuständigen oder ein drittes Vertretungsgremium der Arbeitnehmer zu beteiligen. Die Verknüpfung mit einem Interessenausgleich ist für den Arbeitgeber deshalb besonders wichtig, weil § 1 Abs. 5 Satz. 4 KSchG selbst eine **Verbindung zwischen dem Interessenausgleichsverfahren und dem Konsultationsverfahren** herstellt. So ersetzt ein Interessenausgleich mit Namensliste die Stellungnahme des Betriebsrats nach § 17 Abs. 3 Satz 2 KSchG. Das **BAG** hat hierzu entschieden, dass ein mit dem – zuständigen – Gesamtbetriebsrat abgeschlossener Interessenausgleich diese Anforderung ebenfalls erfüllt. Damit ist zugleich entschieden, dass der Arbeitgeber im konkreten Fall auch das Konsultationsverfahren gem. § 17 KSchG mit dem Gesamtbetriebsrat durchführen konnte.[148] Der Zweck der ME-RL erfordert es nach Auffassung des BAG nicht, dass nur ein örtlicher Betriebsrat als Arbeitnehmervertretung verstanden wird und deshalb nur ein vom örtlichen Betriebsrat abgeschlossener Interessenausgleich mit Namensliste die Stellungnahme des Betriebsrats nach § 17 Abs. 3 Satz 2 KSchG ersetzen könne. Das Argument, nur der örtliche Betriebsrat kenne die örtlichen arbeitsmarktpolitischen Besonderheiten und könne diese in seiner Stellungnahme einbringen, überzeuge nicht. Erforderliche Kenntnisse des Gesamtbetriebsrats über die betrieblichen und regionalen Verhältnisse seien dadurch gewährleistet, dass nach Maßgabe des § 47 Abs. 2 Satz 1 BetrVG jeder örtliche Betriebsrat in den Gesamtbetriebsrat mindestens ein Mitglied entsende.[149]

---

144 LAG Berlin-Brandenburg v. 26.11.2015 – 10 Sa 1604/15, BeckRS 2016, 66761 Rz. 72–74; v. 19.5.2016 – 18 Sa 32/16, BeckRS 2016, 112347 Rz. 62–66; *v. Steinau-Steinrück/Bertz*, NZA 2017, 145 (148).
145 *Hützen*, ZInsO 2012, 1801 (1803); *Reinhard*, RdA 2007, 207 (215).
146 *Lembke/Oberwinter*, NJW 2007, 721 (724).
147 Vgl. dazu *Richardi/Annuß*, BetrVG, § 50 Rz. 37 ff.
148 BAG v. 7.7.2011 – 6 AZR 248/10, ArbRB 2011, 302 = NJW 2011, 3180 Rz. 18 ff.; *Hützen*, ZInsO 2012, 1801 (1804).
149 BAG v. 7.7.2011 – 6 AZR 248/10, ArbRB 2011, 302 = NJW 2011, 3180 Rz. 28.

Auch die gebotene richtlinienkonforme Auslegung des § 17 Abs. 3 Satz 2 KSchG anhand des Wortlauts und des Zwecks der ME-RL gebe kein anderes Ergebnis vor, weil die ME-RL selbst keinerlei Regelung dahingehend treffe, welche Arbeitnehmervertretung zu beteiligen sei.[150] Dieser Auffassung des BAG ist zuzustimmen. Es spricht vielmehr sogar einiges dafür, dass bei einer betriebsübergreifenden Maßnahme **regelmäßig der Gesamtbetriebsrat** für die Konsultation nach der ME-RL zuständig ist. Die ME-RL macht u.a. in ihrem Art. 2 Abs. 2 klar, dass die zuständige Arbeitnehmervertretung die Möglichkeit haben soll, „Massenentlassungen zu vermeiden oder zu beschränken". Dies setzt aber voraus, dass sie ein Gegenüber zum Entscheidungsträger auf Unternehmensebene ist. Dieses „Gegenüber" ist jedenfalls bei einer betriebsübergreifenden Maßnahme der Gesamtbetriebsrat. Aus europarechtlicher Sicht dürfte es daher geradezu sinnvoll sein, bei einer in die Zuständigkeit des Gesamtbetriebsrats fallenden Betriebsänderung den Gesamtbetriebsrat zu konsultieren. Gleiches gilt bei einer unternehmensübergreifenden Maßnahme für den **Konzernbetriebsrat**. Das ändert allerdings nichts daran, dass die Massenentlassungsanzeige ggf. bei einer „**lokalen" Agentur für Arbeit** und nicht am Unternehmenssitz zu erstatten ist.

Bisher ungeklärt ist, ob **Verhandlungen vor der Einigungsstelle** Beratungen i.S.d. § 17 Abs. 2 KSchG darstellen. Das LAG Berlin-Brandenburg hat dies mit der Begründung abgelehnt, dass die von den Betriebsparteien benannten Beisitzer nicht mit den Betriebsparteien identisch seien.[151] Dagegen spricht allerdings, dass § 17 KSchG nur inhaltliche Vorgaben für den Gegenstand der Beratungen macht, die Form aber den Parteien überlässt. Eine Beratung über die Gegenstände des § 17 Abs. 2 KSchG kann daher ebenso gut vor einer Einigungsstelle erfolgen, soweit inhaltlich über die in § 17 Abs. 2 KSchG genannten Gegenstände beraten wird.[152]

14.74

In der Rs. *Mono Car Styling* hat der EuGH die Massenentlassungsrichtlinie dahingehend ausgelegt, dass das Recht auf Anhörung und Unterrichtung der Arbeitnehmervertretung als solcher zusteht, nicht aber den einzelnen Arbeitnehmern.[153] Ein „**Ersatzanhörungsrecht" für Arbeitnehmer** besteht daher nicht. Daraus folgt zugleich, dass das Konsultationsverfahren europarechtlich hinfällig wird, wenn in einem Unternehmen/Betrieb keine Arbeitnehmervertretung im Sinne des nationalen Rechts besteht.[154]

14.75

Vor diesem Hintergrund erweist es sich als europarechtskonform, dass das Konsultationsverfahren nach § 17 Abs. 2 KSchG nicht durchzuführen ist, **wenn kein Betriebsrat existiert**.[155] Problematischer wäre die Frage nach der europarechtskonformen Umsetzung der ME-RL für Betriebe mit **weniger als fünf ständigen wahlberechtigten und drei wählbaren Mitarbeitern**, in denen gem. § 1 Abs. 1 BetrVG kein Betriebsrat gewählt werden kann. Diesen Arbeitnehmern bleibt nicht die Möglichkeit, durch die Wahl eines Arbeitnehmervertretungsgremiums die Konsultationsrechte der ME-RL „in Anspruch zu nehmen". Der sachliche Anwendungsbereich der ME-RL umfasst aber gem. Art. 1 Abs. 1 Buchst. a Nr. i nur Entlassungen ab mindestens 10 Arbeitnehmern in einem Zeitraum von 30 Tagen, oder nach Nr. ii ab mindestens 20 Arbeitnehmern innerhalb von 90 Tagen. Damit können in Betrieben mit weniger als fünf Arbeitnehmern ohnehin keine Massenentlassungen i.S.d. ME-RL durchgeführt werden, sodass sich diese Frage im Ergebnis nicht stellt.

14.76

---

150 BAG v. 7.7.2011 – 6 AZR 248/10, ArbRB 2011, 302 = NJW 2011, 3180 Rz. 28.
151 LAG Berlin-Brandenburg, v. 9.12.2015 – 15 Sa 1512/15, BeckRS 2016, 65387 Rz. 28–30: Einigungsstelle ist ein „unparteiischer Dritter"; zustimmend *Freckmann/Hendricks*, BB 2018, 1205 (1209).
152 *Lingemann/Steinhauser*, NJW 2017, 3694 (3696); *Braun*, ArbRB 2017, 186 (188).
153 EuGH v. 16.7.2009 – C-12/08 – Mono Car Styling, Slg. 2009, I-6653 Rz. 38, 49 = EAS Teil C RL 98/59/EG Art. 2 Nr. 1; zusammenfassend *Forst*, NZA 2010, 144 (145).
154 Vgl. *Wißmann*, RdA 1998, 221 (224), mit dem Argument, dass die Richtlinie im Grundsatz dem nationalen Recht die Bestimmung der Arbeitnehmervertreter überlässt.
155 *Moll/Eckhoff*, § 50 Rz. 57; *Wißmann*, RdA 1998, 221 (224).

14.77 Die ME-RL sieht in Art. 2 Abs. 2 Satz 1 zusätzlich die Möglichkeit für die Mitgliedstaaten vor, eine Regelung zu schaffen, die es den Arbeitnehmervertretern im Rahmen des Konsultationsverfahrens ermöglicht, **Sachverständige** nach den innerstaatlichen Rechtsvorschriften und/oder Praktiken hinzuzuziehen.

14.78 Das Recht des Betriebsrates, Sachverständige hinzuzuziehen, besteht gem. § 80 Abs. 2 BetrVG nach näherer Vereinbarung mit dem Arbeitgeber, „soweit dies zur ordnungsgemäßen Erfüllung seiner Aufgaben erforderlich ist." Da die Richtlinie die Möglichkeit der Hinzuziehung von Sachverständigen ohnehin den nationalen Rechtsvorschriften und/oder Praktiken überlässt, bestehen insoweit keine europarechtlichen Bedenken.

2. Inhaltliche Anforderungen an die Konsultation

14.79 Gemäß Art. 2 Abs. 2 ME-RL erstrecken sich die Konsultationen mit der Arbeitnehmervertretung zumindest darauf, Massenentlassungen zu vermeiden oder zu beschränken, sowie auf die Möglichkeit, ihre Folgen durch soziale Begleitmaßnahmen, die insbesondere Hilfen für eine anderweitige Verwendung oder Umschulung der entlassenen Arbeitnehmer zum Ziel haben, zu mildern. Der **EuGH** hat die Umsetzung der ME-RL durch das Vereinigte Königreich, nach welcher der Arbeitgeber das Vorbringen von Arbeitnehmervertretern lediglich „zu berücksichtigen, dazu Stellung zu nehmen und im Falle der Ablehnung dies zu begründen" hatte, für richtlinienwidrig erklärt.[156] Die Richtlinie verpflichte den Arbeitgeber zu Konsultationen mit dem **Ziel**, zu einer **Einigung mit der Arbeitnehmervertretung** zu gelangen und die Beratungen insbesondere auf die Möglichkeit zu erstrecken, **Massenentlassungen zu vermeiden**, einzuschränken sowie deren **Folgen zu mildern**.[157] Dies verlangt indes keine wochenlangen Verhandlungen über die beabsichtigte Massenentlassung. Aus Sicht von Art. 2 Abs. 1 ME-RL kann sogar *ein* konstruktiv geführtes Gespräch genügen, wenn der Arbeitnehmervertretung **alle erforderlichen Auskünfte** erteilt worden sind. Auch verlangt der Konsultationsanspruch der Arbeitnehmervertretung nicht, dass der Arbeitgeber seine bisherige Planung, eine Massenentlassung vorzunehmen, tatsächlich noch ernsthaft zur Disposition stellt; das umsetzende nationale Gesetz muss dafür nur Möglichkeiten eröffnen. Es genügt, wenn der Arbeitgeber die Vorschläge der Arbeitnehmervertretung zur Kenntnis nimmt und in den finalen Entscheidungsprozess einbezieht, wobei es nicht erforderlich ist, dass sich seine finale Entscheidung auch nur minimal von der Planung vor der Konsultation unterscheidet.

14.80 Die Beratungspflicht geht über die bloße Anhörung – wie etwa im Verfahren nach § 102 Abs. 1 BetrVG – deutlich hinaus.[158] Keine Bedenken bestehen aber hinsichtlich der Umsetzung in § 17 Abs. 2 Satz 1 und 2 KSchG, wonach der Arbeitgeber, der anzeigepflichtige Entlassungen beabsichtigt, dem Betriebsrat rechtzeitig zweckdienliche Auskünfte zu erteilen hat (Satz 1), um insbesondere die Möglichkeit zu beraten, Entlassungen zu vermeiden oder einzuschränken und ihre Folgen zu mildern (Satz 2). In Literatur und Rechtsprechung wird „Beratung" dahingehend ausgelegt, dass sie mehr als eine schlichte Anhörung sei. Etwa ließ es das BAG nicht genügen, dass das Einladungsschreiben mit „Informationen des Betriebsrats" sowie „Aufforderung zur Abgabe einer Stellungnahme" betitelt war. Das entspreche eher einer Anhörung als einer Einladung zu inhaltlichen Gesprächen.[159] Anders als beim Interessenausgleich nach § 111 BetrVG besteht aber

---

156 EuGH v. 8.6.1994 – C-383/92 – Kommission/Vereinigtes Königreich, Slg. 1994, I-2479 Rz. 34 ff. = EAS Teil C RL 75/129/EWG Art. 2 Nr. 1.
157 EuGH v. 8.6.1994 – C-383/92 – Kommission/Vereinigtes Königreich, Slg. 1994, I-2479 Rz. 36 = EAS Teil C RL 75/129/EWG Art. 2 Nr. 1.
158 BAG v. 26.2.2015 – 2 AZR 955/13, ArbRB 2015, 197 = NZA 2015, 881 (882) Rz. 15; LAG Berlin-Brandenburg v. 20.7.2016 – 24 Sa 1564/15, BeckRS 2016, 119521 Rz. 92.
159 BAG v. 26.2.2015 – 2 AZR 955/13, ArbRB 2015, 197 = NZA 2015, 881 Rz. 26.

keine Einigungspflicht der Parteien.[160] Die Konsultationen sind ohne Einigung der Betriebsparteien beendet, wenn der Arbeitgeber annehmen darf, es bestehe kein Ansatz für weitere, zielführende Verhandlungen.[161] Der Arbeitgeber genügt nach der Rechtsprechung des **BAG** seiner Pflicht, wenn er dem Betriebsrat Verhandlungen anbietet und, sofern der Betriebsrat darauf eingeht, auch „Taten folgen lässt".[162] Hingegen verlangt das LAG Berlin-Brandenburg, dass der Beratungswille des Arbeitgebers deutlich zum Ausdruck kommen muss und dass der Arbeitgeber den Betriebsrat zu einer Reaktion auf das Beratungsangebot auffordert.[163] Wie bereits dargestellt, bedarf es aber weder aus europarechtlichem Blickwinkel noch gem. § 17 Abs. 2 KSchG intensiven „Verhandlungen". Weder muss der Arbeitgeber dem Betriebsrat seine Motive offenbaren, noch muss er begründen, warum er auf dessen Vorschläge nicht eingeht.[164] In der Praxis wird das europarechtlich zulässige, einmalig stattfindende „Konsultationsgespräch" indes selten vorkommen, weil das typischerweise parallel stattfindende **Interessenausgleichs- und Sozialplanverfahren** weitreichendere Einigungsbemühungen verlangt (insbesondere die Einschaltung der Einigungsstelle).

Aus der europarechtlichen Vorgabe, dass *ein* konstruktiver Einigungsversuch genügt, ergibt sich darüber hinaus jedoch, dass der Arbeitgeber dem „Beratungsgebot" auch nachkommt, wenn sich der Betriebsrat trotz ernsthafter Angebote auf keine Verhandlung einlässt. Die ME-RL verlangt vom Arbeitgeber nicht mehr als die **Ermöglichung eines Konsultationsverfahrens**. Wenn der Arbeitgeber alles seinerseits Erforderliche getan hat (also die nach der ME-RL und § 17 Abs. 2 KSchG erforderlichen Informationen übermittelt hat), darf die Arbeitnehmervertretung nicht die Möglichkeit haben, durch schlichte **Verweigerung** den weiteren Fortgang des Massenentlassungsverfahrens zu verhindern. Jede andere Betrachtung wäre eine Einladung zum – auch europarechtlich nicht geduldeten – Rechtsmissbrauch.[165]

14.81

Daher steht entgegen teilweise anderslautender Stimmen[166] § 17 Abs. 3 Satz 3 KSchG, wonach die Anzeige bei der Agentur für Arbeit auch ohne Stellungnahme des Betriebsrates wirksam ist, wenn dieser unterrichtet wurde, aber binnen zwei Wochen nicht Stellung genommen hat, mit der ME-RL in Einklang. Es stimmt zwar, dass die ME-RL kein Äquivalent zu § 17 Abs. 3 Satz 3 KSchG enthält, jedoch fordert die ME-RL selbst auch nicht die Beifügung einer Stellungnahme des Betriebsrats bei der Anzeige an die Behörde. Nach dem Wortlaut des Art. 3 Abs. 1 Satz 3 ME-RL muss die Anzeige „alle zweckdienlichen Angaben über die beabsichtigte Massenentlassung und die Konsultationen der Arbeitnehmervertreter gem. Art. 2 enthalten, insbesondere die Gründe der Entlassung, die Zahl der zu entlassenden Arbeitnehmer, die Zahl der in der Regel beschäftigten Arbeitnehmer und den Zeitraum, in dem die Entlassungen vorgenommen werden sollen." Eine **Stellungnahme der Arbeitnehmervertretung** wird nicht gefordert. Zwar kann eine Stellungnahme die Übermittlung von „zweckdienlichen Angaben über die Konsultation der Arbeitnehmervertreter gem. Art. 2" darstellen, daraus eine unionsrechtliche Verpflichtung zur Beifügung einer Stellungnahme abzuleiten, ginge aber zu weit. Wenn die ME-RL jedoch

14.82

---

160 BAG v. 22.9.2016 – 2 AZR 276/16, ArbRB 2017, 35 = NZA 2017, 175; v. 13.7.2006 – 6 AZR 198/06, ArbRB 2007, 38 = BB 2007, 156; v. 21.5.2008 – 8 AZR 84/07, NZA 2008, 753 (757); v. 22.9.2016 – 2 AZR 276/16, ArbRB 2017, 35 = NZA 2017, 175 (179); *Grau/Sittard*, BB 2011, 1845 (1846); *Krieger/Ludwig*, NZA 2010, 919 (922); *Reinhard*, RdA 2007, 207 (213).
161 BAG v. 22.9.2016 – 2 AZR 276/16, ArbRB 2017, 35 = NZA 2017, 175 (179) Rz. 50.
162 So auch BAG v. 28.5.2009 – 8 AZR 273/08, NZA 2009, 1267 Rz. 70; *Hützen*, ZInsO 2012, 1805.
163 BAG v. 26.2.2015 – 2 AZR 955/13, ArbRB 2015, 197 = NZA 2015, 881; LAG Berlin-Brandenburg v. 20.1.2016 – 24 1262/15, BeckRS 2016, 111860 Rz. 62, 65.
164 *Spelge*, NZA-Beilage 2017, 108 (109).
165 *v. Steinau-Steinrück/Bertz*, NZA 2017, 145 (149) „Fehlanreize für den Betriebsrat sich unkooperativ zu verhalten"; Vgl. allgemein zum Rechtsmissbrauchsverbot im Europarecht: Grabitz/Hilf/Nettesheim/*Randelzhofer/Forsthoff*, Vorb. Art. 39–55 EGV Rz. 122.
166 ErfK/*Kiel*, § 17 KSchG Rz. 32.

schon nicht zur Übersendung einer Stellungnahme verpflichtet, dann kann die Ausnahmevorschrift hierzu nicht europarechtswidrig sein. Die Europarechtskonformität kann allenfalls unter Bezugnahme auf den **Beschluss des BVerfG v. 25.2.2010**[167] bezweifelt werden, wenn damit eine Möglichkeit geschaffen würde, die Massenentlassungsanzeige zu stellen, bevor das Konsultationsverfahren i.S.d. ME-RL als abgeschlossen anzusehen ist. Dies ist jedoch, wie eben ausgeführt, nicht der Fall, da der Arbeitgeber bereits mit dem erfolglosen Angebot zur Durchführung der Konsultation seine Verpflichtungen aus der ME-RL erfüllt hat. Einen weitergehenden Schutz gebietet die ME-RL hierzu nicht. Das BAG sieht das Konsultationsverfahren als beendet an, „wenn der Arbeitgeber annehmen darf, es bestehe kein Ansatz für weitere, zielführende Vereinbarungen. Dem Arbeitnehmer kommt in diesem Rahmen eine Beurteilungskompetenz zu, wann er den Beratungsanspruch des Betriebsrates als erfüllt ansieht."[168] Es ist also nicht erforderlich, dass die Parteien formell das Scheitern der Verhandlungen erklären.[169]

14.83 Man könnte weiterhin fragen, ob die Regelung des § 1 Abs. 5 Satz 4 KSchG, wonach ein Interessenausgleich mit Namensliste die Stellungnahme des Betriebsrats ersetzt, richtlinienkonform ist, da die ME-RL eine Ersetzung der Stellungnahme durch ein anderes betriebsverfassungsrechtliches Instrument nicht kennt. Aus den eben genannten Gründen ist jedoch auch diese Ausnahmevorschrift zur Übersendung der Stellungnahme des Betriebsrats richtlinienkonform.

14.84 Auch die strenge Rechtsprechung des **BAG**[170] zu den Anforderungen an eine Stellungnahme des Betriebsrats zur geplanten Massenentlassung ist nicht europarechtlich determiniert, da die ME-RL ohne jede Stellungnahme auskommt.

14.85 Um die Möglichkeit zu haben, die geplante Massenentlassung zu vermeiden oder zu beschränken, sollen die Arbeitnehmervertreter gem. Art. 2 Abs. 3 ME-RL konstruktive Vorschläge unterbreiten können. Dazu müssen ihnen vom Arbeitgeber **zweckdienliche Informationen** erteilt werden. Dies sind nach Abs. 2 Buchst. b ME-RL mindestens: die Gründe der geplanten Entlassung (Nr. i); die Zahl und die Kategorien der zu entlassenden Arbeitnehmer (Nr. ii); die Zahl und die Kategorien der in der Regel beschäftigten Arbeitnehmer (Nr. iii); der Zeitraum, in dem die Entlassungen vorgenommen werden sollen (Nr. iv); die vorgesehenen Kriterien für die Auswahl der zu entlassenden Arbeitnehmer, soweit die innerstaatlichen Rechtsvorschriften und/oder Praktiken dem Arbeitgeber die Zuständigkeit dafür zuerkennen (Nr. v) sowie die vorgesehene Methode für die Berechnung etwaiger Abfindungen, soweit sie sich nicht aus den innerstaatlichen Rechtsvorschriften und/oder Praktiken ergeben (Nr. vi).

14.86 Der Inhalt der Konsultationspflicht nach § 17 Abs. 2 Satz 1 KSchG orientiert sich eng am Katalog des Art. 2 Abs. 2 ME-RL. Allerdings spricht Art. 2 Abs. 3 Buchst. b Nr. ii, und iii ME-RL von „Kategorien" der zu entlassenden Arbeitnehmer, § 17 Abs. 2 Satz 1 Nr. 3 und 4 KSchG hingegen von „Berufsgruppen" der Arbeitnehmer. Beide Merkmale lassen sich aber gleichermaßen auslegen.[171] Es bestehen daher im Ergebnis keine Bedenken hinsichtlich der Richtlinienkonformität.

14.87 Diskutiert wird, ob sich durch die **UuA-RL** weitere – über die Vorgaben der ME-RL hinausgehende – Anforderungen an den Inhalt der Unterrichtung der Arbeitnehmervertreter ergeben. Die wohl überwiegende Ansicht geht wegen dem Verweis von Art. 4 Abs. 2 Buchst. c UuA-RL davon aus, dass die beiden Richtlinien nach dem Willen des europäischen Gesetzgebers **nebeneinander Anwendung** finden sollen, da diese explizite Verweisung neben die Regelung des Art. 9 UuA-RL trete, wonach die spezifischen Informations- und Konsultationsverfahren der ME-RL unberührt blei-

---

167 BVerfG v. 25.2.2010 – 1 BvR 230/09, ArbRB 2010, 103 = NJW 2010, 1268.
168 BAG v. 22.9.2016 – 2 AZR 276/16, ArbRB 2017, 35 = NZG 2017, 670 Rz. 50.
169 BAG v. 26.2.2015 – 2 AZR 955/13, NZA 2015, 881.
170 Vgl. u.a. BAG v. 28.6.2012 – 6 AZR 780/10, ArbRB 2012, 296 = NZA 2012, 1029; s. dazu *Sittard/Knoll*, BB 2013, 2037.
171 Zum Begriff der Berufsgruppe: *Klumpp/Holler*, NZA 2018, 408.

ben sollen.[172] Weiterhin umstritten ist, ob sich durch das Nebeneinander der UuA-RL und der ME-RL auch tatsächlich inhaltliche Änderungen ergeben. Teile des Schrifttums meinen, dass der Arbeitgeber zusätzlich über Veränderungen in der Arbeitsorganisation anzuhören und zu unterrichten sei.[173] Demgegenüber wird vertreten, Art. 4 Abs. 2 Buchst. c UuA-RL sehe keine zusätzlichen inhaltlichen Anforderungen im Vergleich zur ME-RL vor.[174] Letztlich erscheint es nicht überzeugend, die UuA-RL neben der ME-RL anzuwenden, weil auch der europäische Gesetzgeber in der ME-RL eine (abschließende) **Spezialregelung** für Massenentlassungen gesehen hat. Jedenfalls hätte ein Verstoß gegen etwaige weitergehende Unterrichtungspflichten nach der UuA-RL keine Auswirkungen auf die Rechtmäßigkeit des Konsultationsverfahrens nach der ME-RL.

Die Richtlinie bestimmt nicht, ob den Arbeitnehmervertretern das Recht eingeräumt werden kann, auf Auskünfte aus dem Katalog des Art. 2 Abs. 3 ME-RL zu verzichten. Für ein solches **Verzichtsrecht** spricht aber, dass die Arbeitnehmervertreter nach der ME-RL „konstruktive Vorschläge unterbreiten können". Wenn die Arbeitnehmervertretung solche Vorschläge bereits auf Grundlage der ihr zur Verfügung gestellten Informationen (oder gar ohne jegliche Information) unterbreiten kann, muss sie auf deren Erhalt auch verzichten können. Es gibt keinen Grund, warum der Katalog des Art. 2 Abs. 3 ME-RL zwingend „abgearbeitet" werden muss. 14.88

Auch für das deutsche Recht wird richtigerweise vertreten, dass der Betriebsrat als „Herr des Verfahrens" das Recht haben muss, auf Informationen zu verzichten, wenn diese für ihn nicht weiter erforderlich sind, um die Beratungen mit dem Arbeitgeber abzuschließen.[175] Diese Annahme stützt indirekt auch das BAG, da es dem Betriebsrat die Möglichkeit einräumt, durch Erklärung, auf eine Stellungnahme zu verzichten.[176] Im Umkehrschluss muss also auch auf die der Stellungnahme und Konsultation zugrunde liegenden Auskünfte verzichtet werden können. Es ist dem Arbeitgeber jedoch nicht anzuraten, Informationen nicht zu erteilen, da er ansonsten die Möglichkeit aus der Hand geben würde, sich gem. § 17 Abs. 3 Satz 3 KSchG auf die Zwei-Wochen-Frist zu berufen, weil vorher eine erneute – vollständige – Unterrichtung erfolgen müsste. 14.89

Nach einer neueren Entscheidung des BAG soll ein Verzicht des Betriebsrats auf eine weitere Unterrichtung grundsätzlich unbeachtlich sein.[177] Es komme lediglich ausnahmsweise eine Heilung des Mangels in Betracht, wenn der Arbeitgeber wegen einer Betriebsstilllegung die Entlassung aller Arbeitnehmer beabsichtigt und der Betriebsrat hierüber ordnungsgemäß unterrichtet wurde.[178] Diese unnötig strengen Vorgaben des BAG verdienen keine Zustimmung. Dennoch sollte der Betriebsrat vorsichtshalber vollständig unterrichtet werden und sich nicht auf einen Verzicht des Betriebsrates verlassen werden. 14.90

3. Formelle Anforderungen an die Konsultation

Die Erteilung zweckdienlicher Auskünfte an die Arbeitnehmervertreter muss gem. Art. 2 Abs. 3 UAbs. 1 Buchst. b ME-RL **schriftlich** erfolgen. Ferner ist gem. Art. 2 Abs. 3 UAbs. 2 ME-RL der zuständigen Behörde schriftlich eine **Abschrift** der in UAbs. 1 Buchst. b Nr. i bis v genannten Bestandteile dieser Mitteilung zu übermitteln. Die ME-RL konkretisiert nicht, welche Anforderungen 14.91

---

172 EAS/Oetker/Schubert, B 8300 Rz. 330; Gerdom, S. 145; Bonin, AuR 2004, 321; Karthaus, AuR 2007, 114; a.A. Ritter, S. 214.
173 EAS/Oetker/Schubert, B 8300 Rz. 330.
174 Bonin, AuR 2004, 321.
175 Grau/Sittard, BB 2011, 1845 (1846); Schramm/Kuhnke, NZA 2011, 1071 (1074).
176 BAG v. 28.6.2012 – 6 AZR 780/10, ArbRB 2012, 296 = NZA 2012, 1029.
177 BAG v. 9.6.2016 – 6 AZR 405/15, ArbRB 2016, 299 = NZA 2016, 1198 (1201) Rz. 32; so auch schon: BAG v. 18.1.2012 – 6 AZR 407/10, ArbRB 2012, 103 = NZA 2012, 817 Rz. 33; zustimmend: Spelge, NZA-Beilage 2017, 108 (110).
178 BAG v. 9.6.2016 – 6 AZR 405/15, ArbRB 2016, 299 = NZA 2016, 1198 (1201) Rz. 32.

an die Schriftform gestellt werden. Mangels europarechtlicher Regelung ist davon auszugehen, dass insoweit den Mitgliedstaaten ein Spielraum bei der Umsetzung zusteht.

14.92 § 17 Abs. 2 Satz 1 Nr. 1–6 KSchG setzt die Verpflichtung zur schriftlichen Übermittlung der zweckdienlichen Informationen an den Betriebsrat um. Gleiches gilt für § 17 Abs. 3 Satz 1 KSchG, wonach eine Abschrift der Mitteilung an den Betriebsrat mit den Informationen nach § 17 Abs. 2 Satz 1 Nr. 1–5 KSchG an die Agentur für Arbeit übermittelt werden muss.

14.93 Bisher hatte das **BAG** offengelassen, ob die Unterrichtung des Betriebsrats nach § 17 Abs. 2 KSchG unter Wahrung der strengen Schriftform des **§ 126 Abs. 1 BGB** erfolgen muss;[179] das Unterrichtungsdokument also eigenhändig unterzeichnet werden muss. Aus europarechtlicher Sicht ist ein solch strenges Verständnis nicht erforderlich. Es steht im Ermessen des nationalen Gesetzgebers, „das Maß der Schriftform" festzulegen. Entsprechend hat das BAG mittlerweile anerkannt, dass unter „schriftlich" i.S.d. ME-RL auch die **Textform des § 126b BGB** subsumiert werden kann.[180] Nachdem die Frage nunmehr höchstrichterlich geklärt worden ist, kann vorbehaltlos empfohlen werden, die Unterrichtung in Textform, z.B. durch E-Mails oder Übergabe einer Power-Point-Präsentation,[181] durchzuführen.

4. Zeitlicher Ablauf der Konsultation

14.94 Das Verfahren der Konsultation knüpft mit seinen verschiedenen Phasen an das tatbestandliche Vorliegen einer **„beabsichtigten"** Entlassung nach Art. 2 bis 4 ME-RL an.

14.95 Was unter „beabsichtigten" Entlassungen zu verstehen ist, hat sich – wie bereits dargestellt – als auslegungsbedürftig erwiesen (vgl. Rz. 14.44 ff.). Seit der Rs. *Junk* steht fest, dass unter Entlassung der Ausspruch der Kündigung zu verstehen ist und damit von einer „beabsichtigten" Entlassung nur die Rede sein kann, wenn die Entscheidung über die Beendigung des Arbeitsverhältnisses noch nicht endgültig getroffen worden ist.[182]

14.96 In § 17 KSchG knüpft die Konsultationspflicht terminologisch an eine „beabsichtigte Entlassung" an. Infolge der Rs. *Junk* hat das BAG seine ehemalige Rechtsprechung aufgegeben und entschieden, dass Entlassung i.S.d. § 17 Abs. 1 KSchG den Ausspruch der Kündigung (bzw. den Abschluss eines Aufhebungsvertrages) meint.[183] Die Konsultationspflicht beginnt demnach, wenn die Zahl der geplanten Kündigungserklärungen innerhalb von 30 Tagen einen der in § 17 Abs. 1 Satz 1 Nr. 1 bis 3 KSchG geregelten Schwellenwerte übersteigt.[184] Unerheblich ist, ob die Entlassungen auf einem einheitlichen Entschluss des Arbeitgebers beruhen. Die 30-Tage-Frist beginnt mit der ersten Entlassung und berechnet sich nach § 187 Abs. 2, § 188 Abs. 1 BGB.[185] Rechtlich zulässig ist es, Entlassungen in zeitlichen Abständen so vorzunehmen, so dass die Schwellenwerte innerhalb von 30 Kalendertagen nicht erreicht werden. Das ist keine Umge-

---

179 BAG v. 20.9.2012 – 6 AZR 155/11, ArbRB 2013, 13 = NZA 2013, 32; vgl. dazu ausführlich *Sittard/Knoll*, BB 2013, 2037 (2039 ff.).
180 BAG v. 22.9.2016 – 2 AZR 276/16, ArbRB 2017, 35 = NZG 2017, 670 Rz. 42; dazu *Mückl/Stammer*, GWR 2017, 86; *Mückl/Vielmeier*, NJW 2017, 2956 (2958).
181 *Mückl/Vielmeier*, NJW 2017, 2956 (2958).
182 EuGH v. 27.1.2005 – C-188/03 – Junk, Slg. 2005, I-885 Rz. 36 = ArbRB 2005, 75 = NZA 2005, 213.
183 BAG v. 23.3.2006 – 3 AZR 343/05, BAG v. 23.3.2006 – 2 AZR 343/05, NJW 2006, 3161 (3163); kritisch hinsichtlich der Frage, ob eine solche richtlinienkonforme Auslegung überzeugend ist *Dzida/Hohenstatt*, DB 2006, 1897 (1898).
184 *Dzida/Hohenstatt*, DB 2006, 1897 (1897); ausführlich für die verschiedenen Beendigungstatbestände *Reinhard*, RdA 2007, 207.
185 BAG v. 25.4.2013 – 6 AZR 49/12, ZInsO 2013, 1535; a.A. für eine Fristberechnung nach § 187 Abs. 1, § 188 Abs. 1 BGB: *Spelge*, NZA-Beilage 2017, 108 (110).

hung der Anzeige- und Konsultationspflicht aus § 17 KSchG, sondern eine aus arbeitsmarktpolitischer Sicht eher verträgliche Verteilung.[186]

In der Rs. **Akavan Keskusliitto** hat der EuGH weiter ausdifferenziert, wann genau die Konsultation der Arbeitnehmervertreter zu erfolgen hat, d.h. wann eine Entlassung i.S.d. Art. 2 Abs. 1 ME-RL „beabsichtigt" ist.[187] Der Arbeitgeber ist beispielsweise bereits verpflichtet, ein Konsultationsverfahren durchzuführen, wenn er eine einseitige Änderung der Entgeltbedingungen zulasten der Arbeitnehmer, deren Nichtannahme durch die Arbeitnehmer zu deren Kündigung führt, beabsichtigt. Der EuGH hat sich dabei für einen sehr frühen Informationszeitpunkt entschieden.[188] Die Konsultation müsse zwingend **vor der Entscheidung des Arbeitgebers** stattfinden, wobei die Konsultationspflicht entstehe, „wenn der Arbeitgeber erwägt, Massenentlassungen vorzunehmen, oder einen Plan für Massenentlassungen aufstellt".[189] Diese recht pauschale Aussage wird vom EuGH noch ein wenig präzisiert. Danach könne keinesfalls erst der „Erlass einer strategischen oder betriebswirtschaftlichen Entscheidung", die die Massenentlassungen erforderlich macht, abgewartet werden, da nach dieser Entscheidung das Konsultationsverfahren, das Kündigungen gerade verhindern soll, leer liefe.[190] Eine Konsultation, die erst nach der getroffenen Entscheidung erfolge, könne sich nicht mehr auf die **Prüfung von Alternativen** erstrecken. Eine Konsultationspflicht soll aber noch nicht bestehen, wenn eine Konsultation, von der angenommen werde, dass sie zu Massenentlassungen führe, „nur beabsichtigt" sei und die Massenentlassung „daher eher unwahrscheinlich" und die einschlägigen Faktoren für die Konsultation nicht bekannt" seien.[191] Semantisch distanziert sich der EuGH damit von Art. 2 Abs. 1 ME-RL, wonach ein „Beabsichtigen" gerade ausreichend ist. Dies hat indes praktisch keine Bedeutung, da die Unterrichtung nach dem EuGH ja gerade vor der strategischen Entscheidung erfolgen soll, also zwingend in einem Zeitraum, zu dem die Entscheidung erst „beabsichtigt", aber noch nicht beschlossen ist. Entscheidend für den richtigen Zeitpunkt dürfte vielmehr die Äußerung des EuGH sein, dass eine Konsultation nicht erforderlich ist, wenn eine Massenentlassung „eher unwahrscheinlich" und „die einschlägigen Faktoren für die Konsultation" noch nicht bekannt sind. Mit einschlägigen Faktoren meint der Gerichtshof den **Inhalt der Unterrichtung**, also u.a. die Zahl und Kategorien der zu entlassenden Mitarbeiter sowie den **Zeitraum**, in dem die Entlassungen vorgenommen werden sollen. Allerdings hat der Gerichtshof zugleich klargestellt, dass es für die Einleitung des Konsultationsverfahrens nicht erforderlich ist, dass alle in Art. 2 Abs. 3 ME-RL (entspricht der Aufzählung in § 17 Abs. 2 Satz 1 Nr. 1 bis 6 KSchG) genannten Informationen bereits gegeben werden können. Es sei möglich, die bei Beginn des Verfahrens noch nicht feststehenden Informationen noch bis zum Abschluss des Verfahrens zu erteilen.[192]

14.97

Von praktischer Bedeutung ist auch, dass sich der EuGH für **Konzernsachverhalte** ganz ausdrücklich über den Wortlaut von Art. 2 Abs. 1 ME-RL hinwegsetzt und auf Art. 2 Abs. 4 ME-RL Bezug nimmt. Dort heißt es, dass die Verpflichtungen gegenüber der Arbeitnehmervertretung unabhängig davon gelten, ob die Entscheidungen vom Arbeitgeber selbst oder von einem beherrschenden Unternehmen getroffen wurden. Zugleich weist der EuGH aber darauf hin, dass die Konsultationspflicht allein den (Vertrags-)Arbeitgeber trifft.[193] Deshalb, so der EuGH, sei eine Information an die Arbeitnehmervertreter auch erst möglich, wenn feststehe, welches Tochterunternehmen von den Beschlüssen der Konzernmutter betroffen sei.[194] Vorher müsse eine Information nicht erfolgen.

14.98

---

186 BAG v. 25.4.2013 – 6 AZR 49/12, ZInsO 2013, 1535; *Seidel/Wagner*, BB 2018, 692 (695).
187 EuGH v. 10.9.2009 – C-44/08 – Akavan Keskusliitto, Slg. 2009, I-8163 = NZA 2009, 1083.
188 Vgl. *Grau/Sittard*, BB 2011, 1845.
189 EuGH v. 10.9.2009 – C-44/08 – Akavan Keskusliitto, Slg. 2009, I-8163 Rz. 41 = NZA 2009, 1083.
190 EuGH v. 10.9.2009 – C-44/08 – Akavan Keskusliitto, Slg. 2009, I-8163 Rz. 47 = NZA 2009, 1083.
191 EuGH v. 10.9.2009 – C-44/08 – Akavan Keskusliitto, Slg. 2009, I-8163 Rz. 46 = NZA 2009, 1083.
192 EuGH v. 10.9.2009 – C-44/08 – Akavan Keskusliitto, Slg. 2009, I-8163 Rz. 53 = NZA 2009, 1083.
193 EuGH v. 10.9.2009 – C-44/08 – Akavan Keskusliitto, Slg. 2009, I-8163 Rz. 57 = NZA 2009, 1083.
194 EuGH v. 10.9.2009 – C-44/08 – Akavan Keskusliitto, Slg. 2009, I-8163 Rz. 63 = NZA 2009, 1083.

14.99 Daraus kann man den Schluss ziehen, dass **abstrakte Planungen** einer Massenentlassung auf der Ebene der Muttergesellschaft noch keine Konsultationspflicht auslösen, solange sich die Konzernmutter noch die Entscheidung offen hält, welches Tochterunternehmen betroffen sein wird. Wenn eine Information der Arbeitnehmervertretung noch herausgezögert werden soll, empfiehlt es sich in **Konzernverhältnissen** aus Arbeitgebersicht daher, die Entscheidungsbefugnisse möglichst lange auf der Ebene der Konzernmutter zu halten und die betroffenen Tochtergesellschaften noch nicht abschließend festzulegen.[195]

a) Rechtzeitige Übermittlung von Angaben

14.100 Art. 2 Abs. 3 ME-RL verpflichtet den Arbeitgeber, den Arbeitnehmervertretern rechtzeitig im Verlauf der Konsultationen zweckdienliche Auskünfte zu erteilen. Das Entstehen der Konsultationspflicht ist aber – wie gerade dargestellt – nach der Rechtsprechung des EuGH nicht davon abhängig, ob der Arbeitgeber bereits in der Lage ist, alle Auskünfte zu erteilen.[196] Eine rechtzeitige Übermittlung der Angaben liegt daher vor, wenn die Auskünfte im Verlaufe des Verfahrens vervollständigt werden, und zwar sobald diese vorliegen.[197]

14.101 § 17 Abs. 2 Satz 1 KSchG verpflichtet den Arbeitgeber zur rechtzeitigen Übermittlung der zweckdienlichen Angaben (vgl. Rz. 14.81, 14.124) an die Arbeitnehmervertreter. Das BAG vertritt mit Verweis auf die Rs. *Akavan Keskusliitto* ebenfalls, dass die „Auskünfte im Verlauf und nicht unbedingt im Zeitpunkt der Eröffnung der Konsultationen zu erteilen sind."[198]

14.102 Eine Konsultation des Betriebsrates ist angezeigt, sobald eine strategische und betriebswirtschaftliche Entscheidung getroffen worden ist, die den Arbeitgeber zwingt, Massenentlassungen ins Auge zu fassen. Das bedeutet, dass bereits sehr früh eine Konsultation stattfinden muss, d.h. bereits dann, wenn der Arbeitgeber auch nur erwägt, Massenentlassungen vorzunehmen bzw. einen dahingehenden Plan aufzustellen.[199] Das BAG gestattet dem Arbeitgeber immerhin, seine Pflichten aus § 17 Abs. 2 Satz 2 KSchG und **§ 111 BetrVG gleichzeitig** zu erfüllen, soweit sie übereinstimmen.[200] Außerdem darf das Konsultationsverfahren ausnahmsweise mit dem Anzeigeverfahren **zusammengefasst** werden, wenn nacheinander mehrere Massenentlassungen in einem Betrieb durchgeführt werden sollen, ansonsten sind dies stets zwei getrennte Verfahren.[201] Einer erneuten Anzeige bei der Agentur für Arbeit bedarf es, wenn die Entlassungen nicht innerhalb von 90 Tagen nach dem Ende der Sperrfrist erklärt werden. Die Agentur für Arbeit soll über das tatsächliche Ausmaß der zu beendenden Arbeitsverhältnisse informiert werden. Deshalb sind sog. „Vorratsanzeigen" zwingend zu vermeiden.

14.103 Das Konsultationsverfahren (sowie das Anzeigeverfahren) ist ebenfalls erneut durchzuführen, wenn aufgrund der Wiederholung von bereits ausgesprochenen Kündigungen ein neuer Massenentlassungstatbestand geschaffen wird.[202] Die erneute Durchführung des Verfahrens ist auch bei der Nachkündigung einzelner Arbeitnehmer erforderlich.[203]

---

195 Ausführlich *Grau/Sittard*, BB 2011, 1845.
196 EuGH v. 10.9.2009 – C-44/08 – Akavan Keskusliitto, Slg. 2009, I-8163 = NZA 2009, 1083; so auch BAG v. 9.6.2016 – 6 AZR 405/15, ArbRB 2016, 299 = NZA 2016, 1198.
197 EuGH v. 10.9.2009 – C-44/08 – Akavan Keskusliitto, Slg. 2009, I-8163 Rz. 53 = NZA 2009, 1083.
198 BAG v. 20.9.2012 – 6 AZR 155/11, ArbRB 2013, 13 = NZA 2013, 32 Rz. 53.
199 *Freckmann/Hendricks*, BB 2018, 1205 (1209).
200 BAG v. 26.2.2015 – 2 AZR 955/13, ArbRB 2015, 197 = NZA 2015, 881.
201 BAG v. 9.6.2016 – 6 AZR 638/15, ArbRB 2016, 359 = NZA 2016, 1202; v. 20.1.2016 – 6 AZR 601/14, ArbRB 2016, 102 = NZA 2016, 490.
202 BAG v. 22.9.2016 – 2 AZR 276/16, ArbRB 2017, 35 = NZA 2017, 175.
203 BAG v. 20.1.2016 – 6 AZR 601/14, ArbRB 2016, 102 = NZA 2016, 490.

b) Übermittlung einer Abschrift an zuständige Behörde

Der Art. 2 Abs. 3 UAbs. 2 ME-RL verpflichtet den Arbeitgeber dazu, der zuständigen Behörde eine Abschrift der Mitteilung an die Arbeitnehmervertreter zu übermitteln. Diese Abschrift muss die Informationen der in Art. 2 Abs. 3 UAbs. 1 Buchst. b (i)-(v) ME-RL aufgeführten Bestandteile enthalten. Das sind die Angaben, die auch den Arbeitnehmervertretern übermittelt werden, aber ohne die Angabe über die Berechnungsmethode etwaiger **Abfindungen**.

14.104

§ 17 Abs. 3 Satz 1 KSchG setzt dies richtlinienkonform um, indem der Arbeitgeber verpflichtet ist, der Agentur für Arbeit eine Abschrift der Mitteilung an den Betriebsrat zuzuleiten. Auch übernimmt § 17 Abs. 2 Satz 1 Nr. 1 bis 5 KSchG die von der Richtlinie vorgeschriebenen **Pflichtangaben**.

14.105

Der Mitteilung nach § 17 Abs. 3 Satz 1 KSchG muss gemäß § 17 Abs. 3 Satz 2 KSchG eine **Stellungnahme des Betriebsrates** beigefügt werden. Liegt (noch) keine Stellungnahme des Betriebsrates vor, so muss der Arbeitgeber den Stand der Beratungen darlegen und glaubhaft machen, dass er den Betriebsrat 2 Wochen vor der Anzeige unterrichtet hat, § 17 Abs. 3 Satz 3 KSchG. Bei der Darlegung hat der Arbeitgeber alle Tatsachen mitzuteilen, mithilfe derer die Agentur den Ablauf des Konsultationsverfahrens nachvollziehen und auf seine Richtigkeit hin überprüfen kann.[204] Nicht ausreichend ist es, die Agentur für Arbeit mit einem „unübersichtlichen Konglomerat von Unterlagen" zu konfrontieren, aus welchem diese sich selbst den letzten Beratungsstand ableiten muss.[205] Der Arbeitgeber sollte daher – um auf Nummer sicher zu gehen – den Ablauf des Konsultationsverfahrens in eigenen Worten zusammenfassen und zudem die gesamte Korrespondenz in chronologischer Reihenfolge an die Agentur übersenden.[206]

14.106

c) Zeitliche Reihenfolge im Verhältnis Konsultationsverfahren und Massenentlassungsanzeige

Der Richtlinie nicht unmittelbar zu entnehmen ist, ob im Verhältnis des Konsultationsverfahrens nach Art. 2 ME-RL zur Massenentlassungsanzeige nach Art. 3 ME-RL eine zwingende Reihenfolge dahingehend einzuhalten ist, dass das Konsultationsverfahren vor Stellung der Anzeige abgeschlossen sein muss. Aus Art. 2 Abs. 3 UAbs. 2 ME-RL ergibt sich aber, dass der Arbeitgeber der zuständigen Behörde die schriftliche Konsultationsunterlage übermitteln muss. Daraus folgt zugleich, dass zumindest diese (Erst-)Unterrichtung der Arbeitnehmervertreter stattfinden muss, bevor eine Massenentlassungsanzeige erstattet werden kann (vgl. Rz. 14.161).

14.107

d) Unterbreitung von Vorschlägen durch Arbeitnehmervertreter

Art. 2 Abs. 2 ME-RL besagt, dass sich die Konsultationen zumindest auf die Möglichkeit erstrecken sollen, „Massenentlassungen zu vermeiden oder zu beschränken, sowie auf die Möglichkeit, ihre Folgen durch soziale Begleitmaßnahmen, die insbesondere Hilfen für eine anderweitige Verwendung oder Umschulung der entlassenen Arbeitnehmer zum Ziel haben, zu mildern."

14.108

Aus § 17 Abs. 2 Satz 2 KSchG ergibt sich, dass Arbeitgeber und Betriebsrat über die Möglichkeit zu beraten haben, Entlassungen zu vermeiden oder einzuschränken und ihre Folgen zu mildern. Eine solche **Beratung** kann nach deutschem Recht erst als abgeschlossen gelten, wenn der Betriebsrat Stellung genommen hat oder eine Stellungnahme ablehnt, was auch durch Verstreichenlassen der Zwei-Wochen-Frist geschehen kann.[207] Eine (abschließende) **Stellungnahme des Be-**

14.109

---

204 BAG v. 22.9.2016 – 2 AZR 276/16, ArbRB 2017, 35 = NZA 2017, 175 (177) Rz. 28-32; dazu *v. Steinau-Steinrück/Bertz*, NZA 2017, 145 (147).
205 BAG v. 22.9.2016 – 2 AZR 276/16, ArbRB 2017, 35 = NZA 2017, 175 (177) Rz. 28.
206 *v. Steinau-Steinrück/Bertz*, NZA 2017, 145 (148).
207 BAG v. 28.5.2009 – 8 AZR 273/08, NZA 2009, 1267.

triebsrats ist nicht zwingend erforderlich, da – wie dargestellt – die Richtlinie das Erfordernis einer (abschließenden) Stellungnahme der Arbeitnehmervertretung gar nicht kennt. Art. 3 Abs. 1 UAbs. 3 ME-RL regelt nur, dass die Anzeige zweckdienliche Angaben über die Konsultation der Arbeitnehmervertreter enthalten muss. Art. 3 Abs. 2 UAbs. 2 ME-RL regelt, dass die Arbeitnehmervertreter etwaige Bemerkungen an die zuständige Behörde richten können müssen.

e) Verhältnis zu anderen Beteiligungsverfahren nach nationalem Recht

14.110 Das europäische Recht regelt das Verhältnis der ME-RL zu anderen Arbeitnehmerbeteiligungsverfahren nach nationalem Recht nicht.

14.111 In einer Massenentlassung dürfte regelmäßig eine **wirtschaftliche Angelegenheit nach § 106 Abs. 3 BetrVG** liegen,[208] womit bei Unternehmen mit i.d.R. mehr als 100 Arbeitnehmern ein bestehender Wirtschaftsausschuss rechtzeitig und umfassend über die wirtschaftlichen Angelegenheiten des Unternehmens zu unterrichten ist und ihm „die sich daraus ergebenen Auswirkungen auf die Personalplanung darzustellen" sind. Rechtzeitig ist die Auskunftserteilung, wenn sich die wirtschaftliche Angelegenheit bereits konkretisiert hat, aber noch nicht umgesetzt wurde.[209] Damit fällt die durch beabsichtigte Massenentlassungen bestehende Beratungspflicht gegenüber dem Wirtschaftsausschuss zeitlich in den Verlauf des Konsultationsverfahrens nach § 17 KSchG.

14.112 Massenentlassungen nach § 17 KSchG stellen sich bei Unternehmen mit in der Regel mehr als 20 Mitarbeitern regelmäßig als **Betriebsänderungen** i.S.d. §§ 111 ff. BetrVG dar. Die Konsultationspflicht gilt regelmäßig als erfüllt, wenn der Arbeitgeber bei einer Betriebsänderung, mit welcher ein Personalabbau verbunden ist, einen Interessenausgleich abschließt und erst dann kündigt.[210]

14.113 Die Konsultation des Betriebsrates nach § 17 KSchG kann mit der Konsultation des Wirtschaftsausschusses und des zuständigen Betriebsrats hinsichtlich der Betriebsänderung nach §§ 111 ff. BetrVG kombiniert werden, wobei geprüft werden muss, ob für das Verfahren nach § 17 KSchG einerseits und §§ 111 ff. BetrVG andererseits das gleiche Gremium zuständig ist.[211] Zu beachten ist bei dieser Handhabung in jedem Fall, dass es sich um **unterschiedliche Verfahren** handelt, die grundsätzlich getrennt voneinander durchzuführen sind.[212] Daraus folgt aber auch, dass das Interessenausgleichs- und Sozialplanverfahren aus europarechtlicher Sicht nicht abgeschlossen sein muss, wenn die nach § 17 Abs. 1 Satz 1 KSchG erforderliche Anzeige erstattet wird.[213] Indes muss hier nationales Recht berücksichtigt werden: Bevor das Interessenausgleichsverfahren – ggf. nach Anrufung der Einigungsstelle – abgeschlossen ist, darf der Arbeitgeber die interessenausgleichspflichtige Maßnahme nicht umsetzen, ohne sich der Gefahr von **Nachteilsausgleichsansprüchen** gem. § 113 BetrVG bzw. einer einstweiligen Verfügung auf Unterlassung auszusetzen.[214] Vorbereitungshandlungen lösen jedoch noch keine Nachteils-

---

208 *Lembke/Oberwinter*, NJW 2007, 721 (724).
209 *Maiß/Röhrbohrn*, ArbR 2011, 341.
210 BAG v. 9.6.2016 – 6 AZR 638/15, ArbRB 2016, 359 = NZA 2016, 1202 (1204) Rz. 19.
211 *Lembke/Oberwinter*, NJW 2007, 721 (724).
212 *Reinhard*, RdA 2007, 207 (213).
213 BAG v. 21.5.2008 – 8 AZR 84/07, NZA 2008, 753 Rz. 48; *Grau/Sittard*, BB 2011, 1845 (1848); hinfällig wurde damit auch die 2006 vom ArbG Berlin dem EuGH vorgelegte – aber dann wegen Prozessvergleichs zurückgezogene – Vorlagefrage, ob nach Scheitern der Beratungen und Verhandlungen mit dem Betriebsrat und anschließender Anrufung einer Einigungsstelle nach § 112 Abs. 4 BetrVG auch die Verhandlungen mit der Einigungsstelle abgeschlossen sein müssten, damit das Konsultationsverfahren nach § 17 KSchG abgeschlossen sei, Vorlagebeschluss v. 21.2.2006 – 79 Ca 22399/05, zurückgenommen durch 27 Ca 8899/06.
214 GK-BetrVG/*Oetker*, § 113 BetrVG Rz. 36.

ausgleichspflicht aus,[215] da die Verhandlungen zum Interessenausgleich noch ergebnisoffen geführt werden können und damit ihren Zweck erreichen.[216] Fraglich ist jedoch, ob die Einreichung der Massenentlassungsanzeige noch als Vorbereitung oder bereits als Durchführung der Betriebsänderung anzusehen ist. Richtigerweise wird man erst den Ausspruch von Kündigungen (bzw. den Abschluss von arbeitgeberseitig veranlassten Aufhebungsverträgen) als Umsetzung einer Betriebsänderung ansehen können, da allein die Erstattung der Massenentlassungsanzeige noch keine vollendeten Tatsachen schafft.

Im Ergebnis empfiehlt es sich aus Arbeitgebersicht, darauf zu achten, dass sowohl das Konsultationsverfahren als auch das Interessenausgleichsverfahren **erkennbar und transparent** durchgeführt werden. Dabei darf eine Information, die der Arbeitgeber dem Betriebsrat erteilt, durchaus in Hinblick auf beide Verfahren erteilt werden. Dies sollte gegenüber dem Betriebsrat aber klar kommuniziert werden und es muss insgesamt hinreichend klargestellt sein, dass der Arbeitgeber – wenn auch das Interessenausgleichsverfahren faktisch im Mittelpunkt stehen wird – beide Verfahren durchführt.[217]

14.114

Wurde innerhalb eines Interessenausgleichs ausdrücklich erklärt, dass der Betriebsrat zur geplanten Massenentlassung i.S.d. § 17 KSchG abschließend Stellung genommen hat, so lässt das **BAG** dieses Dokument auch für **§ 17 Abs. 3 KSchG** ausreichen,[218] wonach die Stellungnahme des Betriebsrates der **Agentur für Arbeit** zuzusenden ist. Grundsätzlich ersetzt freilich gem. § 1 Abs. 5 Satz 4 KSchG, § 125 Abs. 2 InsO nur ein **Interessenausgleich mit Namensliste** die Stellungnahme nach § 17 Abs. 3 Satz 2 KSchG. Dies steht aber nicht einem Vorgehen entgegen, wonach die Stellungnahme des Betriebsrats selbst Bestandteil eines Interessenausgleichs sein kann. Häufig findet man in der Praxis Formulierungen in Interessenausgleichen, wonach auch die Massenentlassung mit dem Betriebsrat erörtert wurde, dieser aber keine Möglichkeiten sieht, die Massenentlassung zu verhindern und daher von einer weiteren Stellungnahme absieht. Europarechtlich bestehen hiergegen keine Bedenken. Empfehlenswert dürfte es trotzdem sein, dass der Arbeitgeber den Betriebsrat bittet, diese Stellungnahme noch einmal separat abzugeben, damit sie der Massenentlassungsanzeige beigefügt werden kann.

14.115

Massenentlassungen können sich zudem aus **personellen Einzelmaßnahmen** zusammensetzen,[219] die dem Betriebsrat nach § 102 BetrVG anzuzeigen sind. Gemäß § 102 Abs. 1 Satz 1 BetrVG ist der Betriebsrat vor jeder Kündigung zu hören. Die Anhörung nach § 102 BetrVG sollte erst nach dem Abschluss des Konsultationsverfahrens erfolgen. Anderenfalls zeigt der Arbeitgeber, dass er – entgegen dem Sinn der Konsultation – die Entscheidung über die Kündigung bereits getroffen hat,[220] da durch die Anhörung nach § 102 BetrVG deutlich wird, dass die Entscheidung, ein konkretes Arbeitsverhältnis zu kündigen, gefallen ist.

14.116

5. Rechtsfolgen bei Fehlern im Konsultationsverfahren

Um zu gewährleisten, dass die Verpflichtungen der Richtlinie von den Arbeitgebern eingehalten werden, sind die Mitgliedstaaten gem. Art. 6 ME-RL verpflichtet, **gerichtliche oder administrative Verfahren** einzurichten, mit denen Arbeitnehmer oder Arbeitnehmervertreter ihre Rechte geltend machen können.

14.117

Mit der **Kündigungsschutzklage** nach § 4 KSchG sieht das deutsche Recht eine solche Möglichkeit zugunsten der Arbeitnehmer vor. Schon diese Möglichkeit genügt nach europäischem

14.118

---

215 GK-BetrVG/*Oetker*, § 113 BetrVG Rz. 41.
216 BAG v. 4.6.2003 – 10 AZR 586/02, NZA 2003, 1087.
217 BAG v. 18.1.2012 – 6 AZR 407/10, ArbRB 2012, 103 = NJW 2012, 2376 Rz. 34.
218 BAG v. 21.3.2012 – 6 AZR 596/10, ArbRB 2012, 201 = NZA 2012, 1058 Rz. 19.
219 *Krieger/Ludwig*, NZA 2010, 919 (919).
220 *Grau/Sittard*, BB 2011, 1845 (1848); *Ginal/Raif*, ArbR 2013, 94.

Recht, sodass es auf mögliche Rechte des Betriebsrats, die dieser im Wege des Beschlussverfahrens geltend machen könnte, für die Frage der ordnungsgemäßen Richtlinienumsetzung nicht ankommt.

14.119 **Konkrete Sanktionen** bei fehlerhafter Durchführung des Konsultationsverfahrens sieht die ME-RL nicht vor. Aus Art. 6 der ME-RL ergibt sich, dass die Regelung der Rechtsfolgen dem nationalen Recht unterliegen soll. Für einen solchen Verweis gilt grundsätzlich, dass die erlassenen nationalen Normen ihrerseits nicht die praktische Wirksamkeit der unionsrechtlichen Regelung aushöhlen dürfen (*effet utile*).[221] Damit dies gewährleistet werden kann, muss die Sanktion prozessual und auch materiell im Einklang mit den nationalen Normen für vergleichbare Verstöße stehen, außerdem muss sie **wirksam, verhältnismäßig und abschreckend** sein (vgl. Rz. 1.120 ff.).[222] In diesem Zusammenhang hat der EuGH entschieden, dass die Gesetzeslage im Vereinigten Königreich richtlinienwidrig sei. Dort traten Entschädigungen für Arbeitnehmer wegen Verstoßes gegen die Verpflichtung zur Konsultation und Information gegenüber den Arbeitnehmervertretern ganz oder teilweise an die Stelle der vom Arbeitgeber dem Arbeitnehmer schon aufgrund des mit ihm geschlossenen Arbeitsvertrages oder wegen Bruchs dieses Vertrages geschuldeten Beträge. Auf diese Weise verliere die Richtlinie „weitgehend ihre praktische Wirksamkeit und ihren abschreckenden Charakter".[223]

14.120 § 17 KSchG regelt die **Rechtsfolge** einer fehlenden oder fehlerhaften Unterrichtung des Betriebsrates im Rahmen des Konsultationsverfahrens nicht ausdrücklich. Nach § 18 KSchG steht der **Agentur für Arbeit** allerdings bei fehlerhafter Massenentlassungsanzeige (und wohl auch bei fehlerhafter Konsultation) die Möglichkeit zu, keinen Bescheid nach § 18 KSchG hinsichtlich der Sperrfrist zu erteilen. Da dieser allerdings nicht Voraussetzung für den Ausspruch von Kündigungen ist, kann allein hierin nach herrschender Auffassung keine abschreckende Sanktion liegen.[224]

14.121 Aus deutscher Sicht ist die entscheidende Frage, ob ein Verstoß gegen die Pflichten des Konsultationsverfahrens zwingend zur **Unwirksamkeit der Kündigung** führt.[225] Teilweise wird vertreten, dass die ME-RL die Sanktion der Unwirksamkeit der Kündigung nicht erfordert.[226] Der 2. Senat des **BAG** führt in der Entscheidung vom 22.11.2012[227] unter Bezug auf den *effet utile* des Unionsrechts aus, dass eine Kündigung im Rahmen einer Massenentlassung ohne wirksame Anzeige gegenüber der Agentur für Arbeit nach § 17 Abs. 3 KSchG gegen ein gesetzliches Verbot i.S.v. § 134 BGB verstieße und somit nichtig sei. Der 6. Senat des BAG hat in seiner Entscheidung vom 13.12.2012[228] diese Rechtsprechungslinie grundsätzlich auch auf das Konsultationsverfahren nach § 17 Abs. 2 KSchG ausgeweitet. Das BAG hat dies allerdings bislang nur für das **vollständige Fehlen eines Konsultationsverfahrens** entschieden.[229] Es ist damit noch unklar, ob dies auf jegliche Fehler im Konsultationsverfahren ausgeweitet wird.[230]

14.122 Nach hier vertretener Ansicht können **nicht alle Verstöße** im Konsultationsverfahren gleichermaßen die Rechtsfolge der Unwirksamkeit der Kündigung nach sich ziehen. Dies wäre nicht

---

221 EuGH v. 9.9.2003 – C-151/02 – Jaeger, Slg. 2003, I-8389 Rz. 58 f. = ArbRB 2003, 296 = NZA 2003, 1019.
222 EuGH v. 8.6.1994 – C-383/92 – Kommission/Vereinigtes Königreich, Slg. 1994, I-2479 Rz. 40 = EAS Teil C RL 75/129/EWG Art. 2 Nr. 1.
223 EuGH v. 8.6.1994 – C-383/92 – Kommission/Vereinigtes Königreich, Slg. 1994, I-2479 Rz. 42 = EAS Teil C RL 75/129/EWG Art. 2 Nr. 1.
224 Vgl. *Hinrichs*, S. 129 f.
225 Vgl. auch *Sittard/Knoll*, BB 2013, 2037 (2039 ff.).
226 *Reinhard*, RdA 2007, 207 (216); *v. Steinau-Steinrück/Bertz*, NZA 2017, 145, 151.
227 BAG v. 22.11.2012 – 2 AZR 371/11, ArbRB 2013, 137 = ZIP 2013, 742.
228 BAG v. 13.12.2012 – 6 AZR 5/12, BB 2013, 1150.
229 Nach dem BAG führen Fehler bei § 17 Abs. 2 KSchG „jedenfalls dann" zur Unwirksamkeit der Massenentlassungsanzeige, wenn das Konsultationsverfahren überhaupt nicht durchgeführt wurde.
230 Vgl. auch *Sittard/Knoll*, BB 2013, 2037 (2039 ff.).

durch europarechtliche Vorgaben der Richtlinie zu begründen, weil der *effet utile* des Unionsrechts nicht fordert, dass jeglicher Fehler im Rahmen der Konsultation Rechtsfolgen herbeiführt. Es muss nur sichergestellt sein, dass das Schutzniveau der Richtlinie generell zur Anwendung kommt. Eine an Sinn und Zweck orientierte Rechtsfolgenbetrachtung muss daher nach einzelnen Fehlerquellen im Konsultationsverfahren differenzieren:

– Wurde das Konsultationsverfahren **gar nicht durchgeführt**, so scheint die Unwirksamkeit der Kündigung in der Tat vertretbar. Gleiches gilt, wenn die Unterrichtung nach § 17 Abs. 2 KSchG derart **unvollständig** war, dass von einer Konsultation faktisch nicht die Rede sein kann und der Betriebsrat keine Stellungnahme abgeben konnte. Jedenfalls dann, wenn der Betriebsrat gegenüber dem Arbeitgeber mitteilt, sich nicht zu einer Stellungnahme in der Lage zu sehen, wird man die gleiche Rechtsfolge wie bei vollständig unterlassener Konsultation annehmen müssen. Unterlässt der Betriebsrat eine solche Mitteilung, stellt sich die Frage, ob der Arbeitgeber sich auf die Wirkung des § 17 Abs. 3 Satz 3 KSchG berufen darf oder ob diese nur greifen kann, wenn alle Auskünfte nach § 17 Abs. 2 KSchG ordnungsgemäß erteilt worden sind. Im Rahmen der **vertrauensvollen Zusammenarbeit** dürfte vom Betriebsrat verlangt werden können, auf nicht ausreichende Auskünfte explizit hinzuweisen; ob dies allerdings dazu führt, dass sich der Arbeitnehmer im Kündigungsschutzprozess nicht auf die unzureichende Konsultation berufen darf, ist zweifelhaft.

– Eine nicht erfolgte oder unvollständige Unterrichtung kann grundsätzlich nicht durch die bloße Erklärung des Betriebsrats, das Konsultationsverfahren sei durchgeführt worden und sei als beendet anzusehen, geheilt werden. Eine **Heilung** hat das BAG nur ausnahmsweise für den Fall angenommen, dass bei einer Betriebsschließung, über die der Betriebsrat ordnungsgemäß unterrichtet worden ist, lediglich Angaben über die betroffenen Berufsgruppen gefehlt haben. In einem solchen Fall könne der Betriebsrat schon wegen der offensichtlichen Betroffenheit aller Berufsgruppen zu dem Schluss kommen, ausreichend unterrichtet zu sein.[231] In anderen Fällen soll aber eine Heilung nicht in Betracht kommen. Ungeklärt ist in diesem Zusammenhang, ob eine Unterrichtung nach § 17 Abs. 2 KSchG noch „rechtzeitig" ist, wenn Arbeitnehmer und Betriebsrat zunächst nur Interessenausgleichsverhandlungen geführt haben, ohne diese ausdrücklich mit dem Konsultationsverfahren nach § 17 Abs. 2 KSchG zu verbinden und die **Unterrichtung erst später „formal" nachgeholt** wurde. Zum Teil wurde in diesen Fällen eine Heilung angenommen, da sich durch das vorgeschaltete Interessenausgleichsverfahren die Konsultationspflicht lediglich verlängert.[232] In anderen Entscheidungen wurde eine Heilung hingegen verneint, weil nach dem Scheitern der Interessenausgleichsverhandlungen eine ergebnisoffene Beratung über die in § 17 Abs. 2 Satz 2 KSchG genannten Ziele nicht mehr möglich gewesen sei.[233] Jedenfalls aber, so hat das BAG entschieden, kann der Arbeitgeber ein erneutes Konsultationsverfahren durchführen, um anschließend die Kündigungen auszusprechen.[234] Zwar stellt sich die Frage, wie ergebnisoffen Konsultationen geführt werden können, wenn der Arbeitgeber den Geschäftsbetrieb bereits eingestellt hat, allerdings kann es auch nicht geboten sein, dem Arbeitgeber, allein wegen eines Formfehlers bei der Interessenausgleichsverhandlung, die Kündigung seiner Arbeitnehmer dauerhaft unmöglich zu machen.[235]

– Eine Unwirksamkeit der Kündigung kommt dann nicht in Betracht, wenn im Rahmen des Konsultationsverfahrens zwar **nicht alle erforderlichen Auskünfte** nach § 17 Abs. 2 Satz 1 Nr. 1 bis 6 KSchG erteilt werden, der Betriebsrat aber dennoch eine Stellungnahme abgibt.

---

231 BAG v. 9.6.2016 – 6 AZR 405/15, ArbRB 2016, 299 = NZA 2016, 1198.
232 LAG Berlin-Brandenburg v. 19.5.2016 – 18 Sa 32/16, BeckRS 2016, 112347 Rz. 62–66; v. 10.5.2016 – 16 Sa 150/16, BeckRS 2016, 112522.
233 LAG Berlin-Brandenburg v. 27.4.2016 – 17 Sa 31/16, BeckRS 2016, 112321 Rz. 40.
234 BAG. v. 22.9.2016 – 2 AZR 276/16, ArbRB 2017, 35 = NZA 2017, 175 Rz. 41–46.
235 *v. Steinau-Steinrück/Bertz*, NZA 2017, 145 (149).

Da der Betriebsrat – wie geschildert – „Herr des Verfahrens" ist, ist allerdings nach richtiger Ansicht in diesem Fall das Konsultationsverfahren sogar als ordnungsgemäß durchgeführt anzusehen.

- **Inhaltlich falsche Auskünfte** nach § 17 Abs. 2 KSchG führen richtigerweise nicht per se zur Unwirksamkeit der Kündigung. Entscheidend ist vielmehr, ob die Unterrichtung so fehlerhaft war, dass der Betriebsrat bei verständiger Betrachtung eine abweichende Stellungnahme abgegeben hätte.
- Wenn der Fehler im Rahmen der Konsultation nach § 17 Abs. 2 KSchG aus der **Sphäre des Betriebsrats** kommt, also z.B. eine nicht den Anforderungen genügende Stellungnahme abgegeben wird, kommt eine Unwirksamkeit der Kündigung nach hier vertretener Auffassung nicht in Betracht. Der Betriebsrat muss sowohl nach europäischem als auch nach deutschem Recht nur die Möglichkeit haben, sich in das Massenentlassungsverfahren einzubringen. Tut er dies – aus welchen Gründen auch immer – nicht, so kann dies für den Arbeitgeber keine ungünstigen Rechtsfolgen zur Folge haben.
- Auch die **fehlende Rechtzeitigkeit** der Konsultation kann eine Unwirksamkeit der späteren Kündigung nicht begründen, wenn anschließend ein ordnungsgemäßes Konsultationsverfahren mit den erforderlichen Auskünften nach § 17 Abs. 2 KSchG durchgeführt wurde und der Betriebsrat mindestens die sich aus § 17 Abs. 3 Satz 3 KSchG ergebenden zwei Wochen Zeit hatte, um eine Stellungnahme abzugeben. Solange der Betriebsrat vor dem Ausspruch der Kündigungen Gelegenheit hatte, seine Konsultationsrechte wahrzunehmen, besteht kein Bedürfnis für die Rechtsfolge der Unwirksamkeit der Kündigung.
- Dies ist auf einen Verstoß gegen die **Schriftform** des § 17 Abs. 2 KSchG zu übertragen, wenn der Betriebsrat im Ergebnis in die Lage versetzt worden ist, eine Stellungnahme abzugeben.

14.123 Vor dem Hintergrund der bereits erwähnten EuGH-Entscheidung zur Rechtslage im Vereinigten Königreich,[236] wonach Entschädigungen für Arbeitnehmer wegen Verstoßes gegen die Konsultationspflichten der Richtlinie nicht an die Stelle der vom Arbeitgeber ohnehin zu zahlenden Entschädigung treten dürfen, wird vertreten, dass **Nachteilsausgleichsansprüche** nach § 113 BetrVG aus europarechtlichen Gründen nicht auf eine Abfindung angerechnet werden dürfen, weil dadurch der *effet utile* der ME-RL in Frage gestellt würde.[237] Richtigerweise steht die ME-RL einer Verrechnung etwaiger Abfindungen mit Nachteilsausgleichsansprüchen aber nicht entgegen, weil der Nachteilsausgleich im deutschen Recht zum einen nicht der Umsetzung der ME-RL dient und zum anderen durch die potentielle Unwirksamkeit der Kündigung eine Rechtsfolge existiert, die bereits eine wirksame Sanktion i.S.v. Art. 6 ME-RL darstellt. Der EuGH hat die Rechtslage im Vereinigten Königreich nur deshalb für unionsrechtswidrig erklärt, weil durch die Anrechnung der Verstoß gegen die ME-RL sanktionslos gewesen wäre.

IV. Anzeigeverfahren

1. Überblick

14.124 Art. 3 Abs. 1 ME-RL sieht eine **schriftliche Anzeige** des Arbeitgebers an die zuständige Behörde über alle beabsichtigten Massenentlassungen vor. Die Anzeige muss **sämtliche zweckdienlichen Angaben** über die beabsichtigte Massenentlassung und die Konsultation der Arbeitnehmer enthalten, insbesondere die Gründe der Entlassung, die Zahl der zu entlassenden Arbeitnehmer, die Zahl der in der Regel beschäftigten Arbeitnehmer und den Zeitraum, in dem die Entlassungen vorgenommen werden sollen.

---

236 EuGH v. 8.6.1994 – C-383/92 – Kommission/Vereinigtes Königreich, Slg. 1994, I-2479 Rz. 42.
237 Vgl. Nachweise bei HWK/*Hohenstatt/Willemsen*, § 113 BetrVG Rz. 17.

Gemäß Art. 3 Abs. 2 ME-RL hat der Arbeitgeber den Arbeitnehmervertretungen eine Abschrift der Anzeige zu übermitteln. Die Arbeitnehmervertreter können etwaige Bemerkungen an die zuständige Behörde richten. 14.125

Art. 4 Abs. 1 ME-RL sieht vor, dass „Entlassungen" (vgl. Rz. 14.42 ff.) erst 30 Tage nach Eingang der in Art. 3 ME-RL genannten Anzeige wirksam werden. Von der **Wirksamkeitsfrist** soll die Kündigungsfrist nicht tangiert werden. Die Frist gem. Art. 4 Abs. 1 ME-RL soll gem. Art. 4 Abs. 2 ME-RL dazu dienen, nach Lösungen für die durch die Massenentlassung aufgeworfenen Probleme zu suchen. 14.126

Die Mitgliedstaaten können der zuständigen Behörde gem. Art. 3 Abs. 1 UAbs. 2 ME-RL das Recht einräumen, die **30-Tages-Frist** gem. Art. 4 Abs. 1 ME-RL zu **verkürzen** oder – wie sich aus Art. 4 Abs. 3 ME-RL ergibt – auf 60 Tage oder darüber hinaus zu **verlängern**. Nach der Richtlinie setzt eine Verlängerung allerdings voraus, dass die Gefahr besteht, dass die durch die Massenentlassung hervorgerufenen Probleme nicht innerhalb der Regelfrist gelöst werden können. Der Arbeitgeber ist gem. Art. 4 Abs. 3 UAbs. 3 ME-RL über die Verlängerung und deren Begründung zu informieren. 14.127

Art. 3 ME-RL wird durch § 17 Abs. 3 KSchG umgesetzt. Die Regelung in § 17 Abs. 3 KSchG ist detaillierter als in Art. 3 ME-RL vorgesehen. Insbesondere enthalten § 17 Abs. 3 Satz 4 und 5 KSchG detailliertere Angaben über den **Inhalt der Massenentlassungsanzeige** (vgl. Rz. 14.135 ff.). 14.128

§ 18 KSchG setzt Art. 4 ME-RL um. Nach § 18 Abs. 1 KSchG gilt für anzeigepflichtige Entlassungen eine „**Entlassungssperre**", der zufolge diese vor Ablauf eines Monats nach Eingang der Anzeige bei der Agentur für Arbeit nur mit deren – auch rückwirkend bis zum Tag der Antragsstellung erklärbaren – Zustimmung wirksam werden. Gemäß § 18 Abs. 2 KSchG kann die Agentur für Arbeit im Einzelfall bestimmen, dass die Entlassungen nicht vor Ablauf von maximal zwei Monaten nach Anzeigeeingang wirksam werden. Schließlich sieht § 18 Abs. 4 KSchG vor, dass es einer **erneuten Anzeige** bedarf, wenn Entlassungen nicht innerhalb von 90 Tagen nach dem Zeitpunkt, zu dem sie nach den Abs. 1 und 2 zulässig sind, durchgeführt werden. Stellte das BAG für den Beginn der 90-Tage-Frist früher noch auf den Zeitpunkt der Anzeige der Massenentlassung ab,[238] soll nach neuerer Rechtsprechung die 90-Tage-Frist erst mit Ablauf der Sperrfrist des § 18 Abs. 1 KSchG (d.h. ein Monat nach Abgabe der Anzeige) beginnen.[239] Eine Besonderheit gilt für Wiederholungskündigungen, d.h. solche, die etwa wegen eines Formfehlers nochmal ausgesprochen werden. Diese sind von der ursprünglichen Anzeige nicht erfasst und müssen daher auch dann angezeigt werden, wenn sie binnen der 90 Tage-Frist erfolgen.[240] Das Verfahren der Zustimmung der Agentur für Arbeit ist in § 20 KSchG festgelegt. 14.129

Werden in einem Betrieb mehrere Massenentlassungen nacheinander durchgeführt, so kann das Verfahren einheitlich für alle beabsichtigten Entlassungen durchgeführt werden. Die Massenentlassungen bedürfen nach dem Wortlaut des § 17 Abs. 2 KSchG nicht zwingend gesonderter Verfahren. Im Gegenteil dient es der vollständigen Information des Betriebsrats und der Agentur für Arbeit, wenn im Rahmen eines einzigen Konsultations- und Anzeigeverfahrens ein vollständiger Überblick über die beabsichtigten Kündigungswellen gegeben wird.[241] 14.130

Gemäß § 19 KSchG kann der Arbeitgeber – unter den darin näher geregelten Voraussetzungen – **Kurzarbeit** einführen, wenn er nicht in der Lage ist, die Arbeitnehmer bis zum Ende der Entlassungssperre gem. § 18 KSchG voll zu beschäftigen. 14.131

---

238 BAG v. 22.4.2010 – 6 AZR 948/08, ArbRB 2010, 265 = NZA 2010, 1057 (1059).
239 BAG v. 9.6.2016 – 6 AZR 638/15, ArbRB 2016, 359 = NZA 2016, 1202 (1205) Rz. 27; so auch Niklas/Koehler, NZA 2010, 913 (918); a.A. Seidel/Wagner, BB 2018, 692 (697).
240 BAG v. 20.1.2016 – 6 AZR 601/14, ArbRB 2016, 102 = NZA 2016, 490 (493) Rz. 28.
241 BAG v. 9.6.2016 – 6 AZR 638/15, ArbRB 2016, 359 = NZA 2016, 1202 (1204) Rz. 17; dazu Seidel/Wagner, BB 2018, 692 (696).

2. Zuständige Behörde

14.132 Die Massenentlassungsrichtlinie trifft keine Aussage darüber, nach **welchen Kriterien** die „zuständige Behörde" zu bestimmen ist, die gem. Art. 3 ME-RL Empfänger der Anzeige ist und gem. Art. 4 ME-RL über die Verkürzung oder Verlängerung der Regelfrist von 30 Tagen entscheiden kann.

14.133 Zuständig sind in Deutschland die **Agenturen für Arbeit**, und zwar diejenige Agentur, in deren Bezirk der betroffene Betrieb i.S.d. § 17 KSchG belegen ist. Bei **unternehmens- oder konzernweiten Restrukturierungen** stellt sich allerdings die Frage, ob eine Anzeige bei sämtlichen örtlich zuständigen Arbeitsagenturen für alle Beteiligten effizient ist; durch eine zentrale Zuständigkeit der Agentur für Arbeit am Sitz der Unternehmensleitung bzw. Konzernholding könnte man dem Abhilfe schaffen. Die örtlichen Zuständigkeiten der Agenturen bestimmt die Bundesagentur für Arbeit im Wege ihrer Selbstverwaltung (§ 367 SGB III). Eine Ausnahme sieht § 21 KSchG für Entscheidungen über die **Entlassung von mehr als 500 Arbeitnehmern** im Geschäftsbereich des Bundesministers für Verkehr oder für Post und Telekommunikation vor; in diesem Fall ist ausnahmsweise die Zentrale der Bundesagentur für Arbeit zuständig. Jedenfalls aus europarechtlicher Sicht spricht nichts dagegen, bei unternehmens- oder konzernweiten Personalabbaumaßnahmen nicht jede örtliche Agentur für Arbeit einzubeziehen. Allerdings geht die Praxis der Arbeitsagenturen derzeit von einer **lokalen Zuständigkeit** der jeweiligen Agentur am Betriebssitz aus.[242]

14.134 Eine Anzeige kann erst dann **Rechtswirkungen** entfalten, wenn sie bei der örtlich zuständigen Agentur eingeht.[243] Dies gilt insbesondere, wenn der Arbeitgeber die Anzeige bei einer örtlich nicht zuständigen Agentur für Arbeit eingereicht hat, die Anzeige aber an die zuständige Agentur weitergeleitet worden ist.

3. Anforderungen an die Massenentlassungsanzeige

a) Inhaltliche Anforderungen

14.135 Art. 3 Abs. 1 UAbs. 3 ME-RL verlangt, dass die Massenentlassungsanzeige alle zweckdienlichen Angaben über die beabsichtigte Massenentlassung und die Konsultationen der Arbeitnehmervertreter enthält, insbesondere die Gründe der Entlassung, die Zahl der zu entlassenden Arbeitnehmer, die Zahl der in der Regel beschäftigten Arbeitnehmer und den Zeitraum, in dem die Entlassungen vorgenommen werden sollen.

14.136 Die inhaltlichen Anforderungen an die Massenentlassungsanzeige bleiben damit hinter den Angaben zurück, welche gem. Art. 2 Abs. 3 ME-RL gegenüber den Arbeitnehmervertretern im Rahmen der Konsultation zu erteilen sind. Die RL 75/129/EWG sah insofern noch einen Gleichlauf vor, bevor die Informationspflichten gegenüber den Arbeitnehmervertretern durch RL 92/56/EWG erweitert wurden.

aa) Zwingende Angaben

14.137 **Zweckdienliche Angaben** sind alle solche Angaben, die erforderlich sind, damit die zuständige Behörde in die Lage versetzt wird, die ihr durch die Massenentlassungsrichtlinie vermittelten Aufgaben zweckgerecht erfüllen zu können.

14.138 Der in Art. 3 Abs. 1 UAbs. 3 ME-RL genannte **Katalog**, der die Gründe der Entlassung, die Zahl der zu entlassenden Arbeitnehmer, die Zahl der in der Regel beschäftigten Arbeitnehmer und den

---

[242] Vgl. Merkblatt 5 der Bundesagentur für Arbeit („Anzeigepflichtige Entlassungen"), abrufbar unter arbeitsagentur.de.
[243] ErfK/*Kiel*, § 17 KSchG Rz. 28; APS/*Moll*, § 17 KSchG Rz. 96.

Zeitraum, in dem die Entlassungen vorgenommen werden sollen, aufführt, ist exemplarisch. Dies zeigt sich bereits durch die Einleitung „insbesondere".

Der **Umfang** der gem. Art. 3 Abs. 1 UAbs. 3 ME-RL zu übermittelnden Angaben definiert sich durch den Zweck der Anzeigepflicht. Die Mitteilung der „Gründe der Entlassung" erfordert mithin europarechtlich, dass die zuständige Behörde in die Lage versetzt wird, nach Lösungen für die durch die beabsichtigten Massenentlassungen aufgeworfenen Probleme zu suchen (vgl. Art. 3 Abs. 2 ME-RL). 14.139

Aus europarechtlicher Sicht ist eine **überschießende Richtlinienumsetzung** der nationalen Gesetzgeber dahingehend, dass sie den Katalog gem. Art. 3 Abs. 1 UAbs. 3 ME-RL erweitern, im Grundsatz nicht problematisch. Für die von einer Massenentlassung betroffenen Arbeitnehmer, deren Schutz die ME-RL in erster Linie bewirken soll, ist eine umfassendere Informationsverpflichtung gegenüber der zuständigen Behörde i.S.v. Art. 5 ME-RL günstiger. Eine Ausweitung der Informationspflicht darf aber nicht dazu führen, dass die Mitwirkungsmöglichkeiten des Betriebsrats nach nationalem Recht durch eine zu frühzeitige Festlegung eingeschränkt werden.[244] 14.140

Im Hinblick auf die nach nationalem Recht vorzusehenden Angaben legt **§ 17 Abs. 3 Satz 4 KSchG** fest, dass die Anzeige Angaben über (i) den Namen des Arbeitgebers, (ii) den Sitz und die Art des Betriebes, (iii) die Gründe für die geplanten Entlassungen, (iv) die Zahl und die Berufsgruppen[245] der zu entlassenden und der in der Regel beschäftigten Arbeitnehmer, (v) den Zeitraum, in dem die Entlassungen vorgenommen werden sollen und (vi) die vorgesehenen Kriterien für die Auswahl der zu entlassenden Arbeitnehmer enthalten muss. Das **BAG** verlangt, dass in der Massenentlassungsanzeige auch diejenigen Arbeitnehmer aufzuführen sind, welche durch eine vom Arbeitgeber veranlasste **Eigenkündigung** ausscheiden.[246] Dafür spricht nicht nur der Regelungszweck, der Agentur für Arbeit die Möglichkeit zu geben, Maßnahmen zur Vermeidung oder Verzögerung von Belastungen des Arbeitsmarktes einzuleiten.[247] Auch § 17 Abs. 1 Satz 2 KSchG lässt sich hierfür anführen. Es wäre inkonsequent, derartige Entlassungen zwar im Rahmen der Schwellenwertberechnung zu berücksichtigen, diese aber in der Anzeige außen vor lassen zu können. Aus demselben Grund sind in der Anzeige grundsätzlich auch Entlassungen auf Grundlage von **Aufhebungsverträgen** zu nennen, wenn eine Veranlassung durch den Arbeitgeber angenommen werden kann (vgl. Rz. 14.47 ff. zur Besonderheit bei Wechsel in eine Beschäftigungsgesellschaft). 14.141

Darüber hinaus ist der Agentur für Arbeit mit der Anzeige gem. § 17 Abs. 3 Satz 1 Halbs. 2 KSchG eine **Abschrift der Mitteilung an den Betriebsrat** zuzuleiten, welche die in § 17 Abs. 2 Satz 1 KSchG genannten Angaben – mit Ausnahme der für die Berechnung etwaiger Abfindungen vorgesehenen Kriterien (Nr. 6) – enthält. Die Übermittlung eines Interessenausgleichs allein genügt nicht als Nachweis für eine rechtzeitige Unterrichtung innerhalb der Zwei-Wochen-Frist gem. § 17 Abs. 3 Satz 3 KSchG.[248] 14.142

bb) Stellungnahme des Betriebsrats

Ferner besteht gem. § 17 Abs. 3 Satz 2 KSchG eine zusätzliche inhaltliche Anforderung dahingehend, dass der Anzeige die **Stellungnahme des Betriebsrats** bzw. hilfsweise eine Glaubhaftmachung über die Information des Betriebsrats und den Stand der Beratungen hinzuzufügen 14.143

---

244 So zutreffend *Mauthner*, S. 210.
245 Eine Aufschlüsselung nach Berufsklassen ist hingegen nicht erforderlich: *Seidel/Wagner*, BB 2018, 692 (696).
246 BAG v. 28.6.2012 – 6 AZR 780/10, ArbRB 2012, 296 = NZA 2012, 1029 (1033 f.).
247 BAG v. 28.6.2012 – 6 AZR 780/10, ArbRB 2012, 296 = NZA 2012, 1029 (1033 f.).
248 BAG v. 22.11.2012 – 2 AZR 371/11, ArbRB 2013, 137 = NZA 2013, 845.

ist. Gemäß § 17 Abs. 3a Satz 2 KSchG ist es dem Arbeitgeber verwehrt, sich darauf zu berufen, dass er von dem für die Entlassung verantwortlichen Unternehmen die notwendigen Auskünfte nicht erhalten habe.

14.144 Die Rechtsprechung erkennt zu Recht an, dass ein **Interessenausgleich mit Namensliste** die ausdrückliche Stellungnahme des Betriebsrats i.S.v. § 17 Abs. 3 Satz 2 KSchG ersetzen kann.[249] Liegt eine solche Namensliste vor, bedarf es insbesondere auch keiner weiteren separaten oder in dem Interessenausgleich integrierten Stellungnahme des Betriebsrats. Ist der **Gesamtbetriebsrat** originär für den Abschluss des Interessenausgleichs mit Namensliste zuständig, wird auch mit der in diesem Interessenausgleich enthaltenen Stellungnahme die Stellungnahme des Betriebsrats gem. § 17 Abs. 3 Satz 2 KSchG ersetzt.[250] Ein Interessenausgleich vermag allerdings nicht die Unterrichtung des Betriebsrats gem. § 17 Abs. 2 Satz 1 KSchG, die allerdings parallel durchgeführt werden kann (vgl. Rz. 14.81 ff.), zu ersetzen. Gleiches dürfte auch bei Zuständigkeit des Konzernbetriebsrats gelten.[251]

14.145 Liegt keine Namensliste vor, genügt unter Umständen auch eine in den **Interessenausgleich ohne Namensliste** integrierte Stellungnahme des zuständigen Gremiums auf Arbeitnehmerseite den Anforderungen des § 17 Abs. 3 Satz 2 KSchG.[252] Insofern verlangt das BAG, dass sich die Stellungnahme des Betriebsrats auf die angezeigten Kündigungen bezieht, dessen Meinung zu der anstehenden Massenentlassung enthält und dass die Erklärung ausdrückt, dass der Betriebsrat das Konsultationsverfahren als abgeschlossen ansieht. Der Zweck von § 17 Abs. 3 KSchG erfordert kein separates Schreiben des Betriebsrats.[253] Lediglich pauschale Aussagen des Betriebsrats, z.B. in der Präambel oder den Schlussbestimmungen, genügen in einem Interessenausgleich ohne Namensliste nicht.[254] Wie es auch im Rahmen von § 102 BetrVG anerkannt ist,[255] kann die eindeutige Äußerung des Betriebsrats, **keine inhaltliche Stellungnahme** abgeben zu wollen, ausreichend sein.[256] Für die Praxis empfiehlt sich, im Interessenausgleich ausdrücklich klarzustellen, dass der Betriebsrat keine weiteren Stellungnahmen gem. § 17 Abs. 3 Satz 2 KSchG abgeben wird (zum Verhältnis zwischen Interessenausgleichs- und Sozialplanverhandlungen vgl. Rz. 14.110 ff.).

14.146 Vom BAG bislang nicht entschieden wurde die Frage, ob den Anforderungen gem. § 17 Abs. 3 Satz 2 KSchG auch genügt ist, wenn der Betriebsrat seine Stellungnahme **direkt an die Agentur für Arbeit** schickt.[257] Dagegen spricht zwar, dass der Arbeitgeber die Stellungnahme des Betriebsrats gemäß dem Wortlaut von § 17 Abs. 3 Satz 2 KSchG seiner Anzeige beifügen muss. Der Sinn und Zweck von § 17 Abs. 3 Satz 2 und 3 KSchG, dass die Agentur für Arbeit die Meinung des Betriebsrats bei der weiteren Bearbeitung der Massenentlassungsanzeige berücksichtigen kann, wird jedoch gleichermaßen erfüllt, wenn der Betriebsrat eine Stellungnahme direkt an die Agentur für Arbeit sendet. Mithin verstößt dieses Vorgehen nicht gegen § 17 Abs. 3 Satz 2 KSchG.

14.147 Wenn gar **keine Stellungnahme des Betriebsrats** vorliegt, ist die Anzeige gem. § 17 Abs. 3 Satz 3 KSchG gleichwohl wirksam, wenn der Arbeitgeber glaubhaft macht, dass er den Betriebsrat mindestens zwei Wochen vor Erstattung der Anzeige gem. § 17 Abs. 2 Satz 1 KSchG unter-

---

249 BAG v. 18.1.2012 – 6 AZR 407/10, ArbRB 2012, 103 = NZA 2012, 817; v. 20.9.2012 – 6 AZR 155/11, ArbRB 2013, 13 = NZA 2013, 32.
250 BAG v. 20.9.2012 – 6 AZR 155/11, ArbRB 2013, 13 = NZA 2013, 32.
251 So wohl auch BAG v. 22.11.2012 – 2 AZR 371/11, ArbRB 2013, 137 = NZA 2013, 845 (846).
252 BAG v. 21.3.2012 – 6 AZR 596/10, ArbRB 2012, 201 = NZA 2012, 1058.
253 BAG v. 21.3.2012 – 6 AZR 596/10, ArbRB 2012, 201 = NZA 2012, 1058 (1059 f.); v. 22.11.2012 – 2 AZR 371/11, ArbRB 2013, 137 = NZA 2013, 845.
254 BAG v. 22.11.2012 – 2 AZR 371/11, ArbRB 2013, 137 = NZA 2013, 845 (846).
255 Vgl. etwa BAG v. 12.3.1987 – 2 AZR 176/86, NZA 1988, 137.
256 BAG v. 26.2.2015 – 2 AZR 955/13, ArbRB 2015, 197 = NZA 2015, 881 (884) Rz. 38.
257 Offengelassen von BAG v. 28.6.2012 – 6 AZR 780/10, ArbRB 2012, 296 = NZA 2012, 1029 (1034).

richtet hat, und gleichzeitig den Stand der Beratungen darlegt[258] (zu den Anforderungen an die Übermittlung der Unterrichtung des Betriebsrats vgl. Rz. 14.91 ff.; zum Konsultationsverfahren vgl. Rz. 14.57 ff.).

§ 17 Abs. 3 Satz 3 KSchG erfasst nach seinem Wortlaut nur den Fall, dass der Anzeige gar keine Stellungnahme beigefügt ist. Über seinen Wortlaut hinaus gilt § 17 Abs. 3 Satz 3 KSchG aber auch für den Fall einer bewusst oder unbewusst **ungenügenden Stellungnahme** des Betriebsrats. Es ist nicht einzusehen, warum in dem weniger schlimmen Fall, dass zwar überhaupt eine, aber eine nur ungenügende Stellungnahme vorliegt, die Ausnahmeregelung gem. § 17 Abs. 3 Satz 3 KSchG nicht zur Anwendung kommen können soll, wenn sämtliche insofern notwendigen Angaben enthalten sind.

14.148

cc) Fakultative Angaben

Schließlich sieht § 17 Abs. 3 Satz 5 KSchG vor, dass in der Anzeige ferner – im Einvernehmen mit dem Betriebsrat – Angaben zu Geschlecht, Alter, Beruf und Staatsangehörigkeit der zu entlassenden Arbeitnehmer gemacht werden.

14.149

b) Anzeigepflichtiger

Nach Art. 3 ME-RL ist die Massenentlassungsanzeige vom „Arbeitgeber" abzugeben. Die Richtlinie enthält keine Angaben zur Vertretung des Arbeitgebers. Der Sinn und Zweck der ME-RL stehen einer Vertretung des Arbeitgebers bei Abgabe der Anzeige jedoch nicht entgegen.

14.150

Eine **Stellvertretung** des Arbeitgebers bei Abgabe der Anzeige ist somit möglich, solange die Voraussetzungen für eine wirksame Stellvertretung gem. §§ 164 ff. BGB eingehalten sind; die Zulässigkeit einer Vertretung im Verwaltungsverfahren ergibt sich aus § 13 SGB X.[259]

14.151

Insbesondere ist es auch zulässig, wenn die Anzeige in einem **Gemeinschaftsbetrieb** von einem von mehreren Trägerunternehmen für sämtliche Arbeitgeber des Gemeinschaftsbetriebs abgegeben wird.[260]

14.152

Auch bei Massenentlassungen in der **Insolvenz** gelten die §§ 17 ff. KSchG,[261] wie sich aus dem Umkehrschluss zu § 125 Abs. 2 InsO ergibt. Bei Insolvenz ist der Insolvenzverwalter verpflichtet, die Anzeige gegenüber der Agentur für Arbeit zu erklären.[262]

14.153

c) Formale Anforderungen an die Massenentlassungsanzeige

Art. 3 ME-RL sieht eine **schriftliche Anzeige** der beabsichtigten Massenentlassung durch den Arbeitgeber vor. Die Massenentlassungsrichtlinie legt nicht fest, welche formalen Anforderungen an die Schriftlichkeit der Anzeige zu stellen sind.

14.154

Eine strenge Schriftlichkeit – wie in Deutschland gem. § 126 BGB vorgesehen – ist europarechtlich nicht zwingend geboten. Vielmehr sind die europarechtlichen Anforderungen an die Form nach dem **Sinn und Zweck des Schriftformgebots** zu bestimmen.[263] Sinn und Zweck der Massenentlassungsanzeige ist, dass die zuständige Behörde von der beabsichtigten Massenentlassung in einer

14.155

---

258 BAG v. 22.11.2012 – 2 AZR 371/11, ArbRB 2013, 137 = NZA 2013, 845.
259 APS/*Moll*, § 17 KSchG Rz. 94.
260 *Naber*, EWiR 2014, 399 (400); offen gelassen von LAG Niedersachsen v. 18.12.2013 – 17 Sa 335/13, ZIP 2014, 696.
261 APS/*Moll*, § 17 KSchG Rz. 95.
262 LAG München v. 15.11.1992 – 2 (5) Sa 459/91, BB 1993, 1737.
263 EuGH v. 29.4.1982 – 66/81 – Pommerehnke u.a., Slg. 1982 I-1363.

Weise erfährt, die für die Richtigkeit Gewähr und Beweis bietet. Hierfür bedarf es indessen keiner Originalunterschrift des Arbeitgebers.[264]

14.156 Dementsprechend ist der in § 17 Abs. 3 Satz 1 KSchG vorgesehenen **Schriftform** nicht nur dann Genüge getan, wenn die Anzeige der Form gem. § 126 BGB entspricht.[265] Vielmehr ist es ausreichend, wenn die Massenentlassungsanzeige per **Telefax** oder – was heutzutage sicher nicht mehr praktikabel ist – per Telegramm erfolgt.[266] Eine lediglich **mündliche oder telefonische Anzeige** genügt hingegen nicht.[267]

d) Zeitlicher Ablauf der Massenentlassungsanzeige

aa) Zeitpunkt der Anzeige

14.157 Anders als im Hinblick auf die Konsultation (vgl. Art. 2 Abs. 1 ME-RL: „rechtzeitig") nennt Art. 3 ME-RL **keinen konkreten Zeitpunkt**, bis zu dem die Massenentlassungsanzeige abzugeben ist. Aus der Formulierung „beabsichtigte" Entlassungen[268] und dem Sinn und Zweck der Richtlinie[269] folgt, dass die Anzeige jedenfalls **vor der Entlassung** zu erfolgen hat.[270] Aus Art. 4 ME-RL ergibt sich sodann, dass Entlassungen frühestens nach einer – von den Mitgliedstaaten verkürzbaren – Frist von 30 Tagen ab Eingang der Anzeige wirksam werden.

14.158 § 17 Abs. 1 Satz 1 KSchG verlangt dementsprechend, dass der Arbeitgeber der Agentur für Arbeit Anzeige erstattet, **bevor** die Entlassung erfolgt.

14.159 Ergibt sich erst im weiteren Verlauf, dass eine massenentlassungspflichtige Anzeige vorliegt, kommt auch eine **nachträgliche Anzeige** an die Agentur für Arbeit in Betracht. Eine solche nachträgliche Anzeige erfasst auch nur diejenigen Kündigungen, die nach Erstattung der Anzeige ausgesprochen werden; zu diesem Zeitpunkt bereits ausgesprochene Kündigungen können hierdurch nicht mehr geheilt werden.[271]

14.160 In Zweifelsfällen ist dem Arbeitgeber somit eine **vorsorgliche Anzeige** anzuraten. Sie verstößt nicht gegen § 242 BGB.[272]

bb) Verhältnis zum Konsultationsverfahren

14.161 Unklar ist, ob zwischen dem Konsultationsverfahren nach Art. 2 ME-RL und der Massenentlassungsanzeige nach Art. 3 ME-RL eine zwingende **zeitliche Reihenfolge** besteht. Das europäische Recht enthält insoweit keine ausdrückliche Vorgabe. Nach herrschender Auffassung ist davon auszugehen, dass die Anzeige nach dem Abschluss der Konsultationen mit den Arbeitnehmervertretern zu erfolgen hat. Dafür lässt sich anführen, dass Art. 2 Abs. 3 Satz 2 ME-RL die Übermittlung der schriftlichen Konsultationsunterlage an die zuständige Behörde vorschreibt. Dagegen spricht, dass die Zwecke des Anzeigeverfahrens auch dann noch erreicht werden könnten, wenn die Konsultationsunterlage – nach Erstattung der Anzeige – nachgereicht wird.[273]

---

264 *Mauthner*, S. 207.
265 *Mauthner*, S. 207.
266 KR/*Weigand*, § 17 KSchG Rz. 72a.
267 BAG v. 6.12.1973 – 2 AZR 10/73, NJW 1974, 1263.
268 APS/*Moll*, § 17 KSchG Rz. 126.
269 EuGH v. 27.1.2005 – C-188/03 – Junk, Slg. 2005, I-885 = ArbRB 2005, 75 = NZA 2005, 213.
270 A.A. offenbar *Mauthner*, S. 211.
271 APS/*Moll*, § 17 KSchG Rz. 126.
272 So zutreffend APS/*Moll*, § 17 KSchG Rz. 127.
273 Offen gelassen in BVerfG v. 25.2.2010 – 1 BvR 230/09, ArbRB 2010, 103 = NZA 2010, 439; APS/*Moll*, § 17 KSchG Rz. 125a.

14.162 Zutreffenderweise setzt die Anzeige voraus, dass das **Konsultationsverfahren abgeschlossen** ist.[274] Abgeschlossen ist das Verfahren bereits dann, wenn die Beratungen mit der Arbeitnehmervertretung erfolgt sind. Art. 3 ME-RL ist nicht zu entnehmen, dass im Zeitpunkt der Anzeige bestimmte Voraussetzungen – wie etwa das Vorliegen einer Stellungnahme der Arbeitnehmervertretungen – erfüllt sein müssen.[275]

14.163 Es steht zu erwarten, dass die Frage nach dem zeitlichen Verhältnis zum Konsultationsverfahren vom EuGH entschieden wird.

14.164 Auch § 17 Abs. 1 Satz 3 KSchG enthält keine ausdrückliche Regelung dazu, in welchem Verhältnis Anzeige- und Konsultationsverfahren zueinander stehen. Da die Stellungnahme des Betriebsrats der Anzeige gem. § 17 Abs. 3 Satz 2 KSchG grundsätzlich beizufügen und unter den Voraussetzungen gem. § 17 Abs. 3 Satz 3 KSchG „nachgereicht" werden kann, geht der deutsche Gesetzgeber aber offenbar ebenfalls davon aus, dass das Konsultationsverfahren im Regelfall im Zeitpunkt der Anzeige an die Agentur für Arbeit bereits abgeschlossen ist.

14.165 Hinsichtlich der zeitlichen Reihenfolge hatte das BAG – ohne vorherige Vorlage an den EuGH – zu § 17 Abs. 3 Satz 3 KSchG entschieden, dass der Arbeitgeber auch nach Stellung der Massenentlassungsanzeige noch eine Stellungnahme des Betriebsrates nachreichen könne und damit die Möglichkeit hat, die Massenentlassungsanzeige zu vervollständigen.[276] Eine solche **Auslegung von § 17 Abs. 1 Satz 1 und 2 KSchG** hielt das BAG für vertretbar, solange der Betriebsrat mindestens zwei Wochen vor Anzeigeerstattung unterrichtet worden war und mit der Maßgabe, dass die Anzeige erst bei Vervollständigung wirksam werde.[277] Mit Beschluss vom 25.2.2010 hat das **BVerfG** dieses Urteil aufgehoben.[278] Mit Erfolg argumentierte der Beschwerdeführer, dass sein Recht auf den gesetzlichen Richter (Art. 101 Abs. 1 Satz 2 GG) verletzt worden sei, weil die aufgeworfene Frage nicht gem. Art. 267 Abs. 3 AEUV dem EuGH vorgelegt wurde.[279] Das BVerfG erklärte, die „Frage, ob der Arbeitgeber die beabsichtigten Massenentlassungen erst nach dem Ende der Konsultationen mit dem Betriebsrat gegenüber der Agentur für Arbeit anzuzeigen hat, [...] sei weder nach Wortlaut und Systematik der Art. 2 und 3 ME-RL noch nach dem Zweck der Konsultationspflicht eindeutig zu beantworten".[280]

14.166 Sofern dies ohne Verzögerungen möglich ist, ist der Praxis bis zu einer abschließenden Klärung durch den EuGH zu empfehlen, die Stellungnahme des Betriebsrats nur dann nachzureichen, wenn diese im Zeitpunkt der Erstattung der Anzeige noch nicht vorliegt und die Zwei-Wochen-Frist abgelaufen ist. Sofern dies ohne zeitliche Verzögerungen möglich ist, sollte die Anzeige an die Agentur für Arbeit ggf. solange aufgeschoben werden, bis die Stellungnahme vorliegt.

14.167 Umgekehrt muss die Zwei-Wochen-Frist des § 17 Abs. 3 Satz 3 KSchG aber nicht eingehalten werden, wenn der Betriebsrat bereits vorher eine ausreichende und abschließende Stellungnahme abgegeben hat. Das BAG hat klargestellt, dass der Arbeitgeber in diesem Falle bereits vor Ablauf von zwei Wochen nach Unterrichtung des Betriebsrates eine wirksame Massenentlassungsanzeige erstatten und danach die Kündigungen erklären kann. Die Stellungnahme muss erkennen lassen, dass der Betriebsrat sich für ausreichend unterrichtet hält, keine (weiteren) Vorschläge unterbreiten kann oder will und die Zweiwochenfrist des § 17 Abs. 3 Satz 3 KSchG nicht ausschöpfen will.[281]

---

274 Vgl. z.B. *Grau/Sittard*, BB 2011, 1845 (1849); *Lembke/Oberwinter*, NJW 2007, 721 (724).
275 Diesen Umstand berücksichtigt das BVerfG nicht; vgl. BVerfG v. 25.2.2010 – 1 BvR 230/09, ArbRB 2010, 103 = NZA 2010, 439 Rz. 26 f.
276 BAG v. 21.5.2008 – 8 AZR 84/07, NZA 2008, 753 Rz. 44.
277 BAG v. 21.5.2008 – 8 AZR 84/07, NZA 2008, 753 Rz. 44.
278 BVerfG v. 25.2.2010 – 1 BvR 230/09, ArbRB 2010, 103 = NZA 2010, 439.
279 BVerfG v. 25.2.2010 – 1 BvR 230/09, ArbRB 2010, 103 = NZA 2010, 439 Rz. 14.
280 BVerfG v. 25.2.2010 – 1 BvR 230/09, ArbRB 2010, 103 = NZA 2010, 439 Rz. 25.
281 BAG v. 9.6.2016 – 6 AZR 405/15, ArbRB 2016, 299 = NZA 2016, 1198 (1202) Rz. 36.

cc) Verhältnis zu §§ 85 ff. SGB IX

14.168 Sind von einer Massenentlassung **schwerbehinderte Mitarbeiter** betroffen, ist parallel ein Verfahren gem. §§ 85 ff. SGB IX durchzuführen. Weder die §§ 85 ff. SGB IX noch die §§ 17 ff. KSchG enthalten Anhaltspunkte für das zeitliche Verhältnis beider Verfahren zueinander. Auch aus dem Sinn und Zweck beider Verfahren ergeben sich insofern keine Vorgaben für den Arbeitgeber.

e) Sperrfrist

14.169 Art. 4 Abs. 1 ME-RL sieht vor, dass die der zuständigen Behörde angezeigten beabsichtigten Massenentlassungen frühestens 30 Tage nach Eingang der in Art. 3 Abs. 1 genannten Anzeige wirksam werden. Die jeweiligen Kündigungsfristen bleiben davon unberührt. Art. 4 Abs. 1 UAbs. 2 ME-RL erlaubt **nationale Regelungen zur Verkürzung** dieser Sperrfrist. Die Sperrfrist soll dazu dienen, dass die Behörde „nach Lösungen für die durch die beabsichtigten Massenentlassungen aufgeworfenen Probleme" sucht. Konkrete Anhaltspunkte dafür, welche durch die Massenentlassung aufgeworfenen „**Probleme**" hiermit angesprochen werden, bleibt die Richtlinie indessen schuldig.

14.170 Dementsprechend sieht § 18 Abs. 1 KSchG vor, dass Entlassungen, die nach § 17 KSchG bei der Agentur für Arbeit anzuzeigen sind, nur mit deren Zustimmung vor Ablauf eines Monates wirksam werden. Hat die Agentur für Arbeit den angezeigten Entlassungen zugestimmt, und sind diese Entscheidungen bestandskräftig, d.h. in ihrer Natur als Verwaltungsakt nicht angefochten worden, ist die Kündigung insofern wirksam.

14.171 Nach der BAG-Rechtsprechung hindert die ArbG auch ein **bestandskräftiger Verwaltungsakt** der Arbeitsverwaltung nach § 18 Abs. 1 KSchG oder § 18 Abs. 2 KSchG i.V.m. § 20 KSchG nicht daran, im Kündigungsschutzprozess die Unwirksamkeit der Massenentlassungsanzeige anzunehmen.[282] Erkennt der Arbeitgeber daher nachträglich Fehler in einer Massenentlassungsanzeige, sollte er diese vorsorglich wiederholen (und ggf. erneute Kündigungen aussprechen), selbst wenn die Agentur für Arbeit mit rechtskräftigem Bescheid die Sperrfrist festgesetzt und faktisch der Entlassung zugestimmt hat.[283]

f) Rechtsfolgen bei Fehlern im Anzeigeverfahren

aa) Allgemeines

14.172 Wie bereits im Zusammenhang mit dem Konsultationsverfahren erörtert (vgl. Rz. 14.91), sind die Mitgliedstaaten gem. Art. 6 ME-RL verpflichtet, **gerichtliche oder administrative Verfahren** einzurichten, mit denen Arbeitnehmer oder Arbeitnehmervertreter ihre Rechte geltend machen können.

14.173 In Deutschland bietet die **Kündigungsschutzklage** ein entsprechendes Verfahren, um Fehler des Arbeitgebers bei der Anzeige einer Massenentlassungsanzeige zu rügen (vgl. Rz. 14.92).

14.174 Ebenso wenig wie in Bezug auf das Konsultationsverfahren sind Art. 6 ME-RL jedoch **keine konkreten Sanktionen** für den Fall zu entnehmen, dass die Massenentlassungsanzeige fehlerhaft ist oder vollständig unterbleibt. Auch insofern gebietet es die praktische Wirksamkeit der unionsrechtlichen Regelung (*effet utile*),[284] eine angemessene Sanktion für entsprechende Versäumnisse des Arbeitgebers vorzusehen.

---

[282] BAG v. 28.6.2012 – 6 AZR 780/10, ArbRB 2012, 296 = NZA 2012, 1029 Rz. 71; anders noch v. 13.7.2000, NZA 2001, 144.
[283] *Ginal/Raif*, ArbR 2013, 94.
[284] EuGH v. 9.9.2003 – C-151/02 – Jaeger, Slg. 2003, I-8389 Rz. 58 f. = ArbRB 2003, 296 = NZA 2003, 1019.

bb) Sanktionen nach deutschem Recht

§ 18 KSchG sieht vor, dass die Agentur für Arbeit bei fehlerhafter Massenentlassungsanzeige **keinen Bescheid hinsichtlich der Sperrfrist** erteilen kann. Die Wirksamkeit einer Kündigung setzt einen solchen Bescheid indessen nicht voraus und genügt somit nicht als angemessene Sanktion.

14.175

Nach herrschender Auffassung führt eine unvollständige Anzeige oder deren vollständiges Ausbleiben zur **Unwirksamkeit der Kündigung**.[285] Doch ebenso wenig wie jeder, ggf. auch kleine, Fehler im Konsultationsverfahren stets zur Unwirksamkeit von Kündigungen führen würde, haben Fehler im Zusammenhang mit der Anzeige gegenüber der Agentur für Arbeit stets die Unwirksamkeit der Kündigung zur Folge. Grundsätzlich wird man annehmen können, dass nur solche Fehler zur Unwirksamkeit führen, die den **Sinn und Zweck des Anzeigeverfahrens** vereiteln oder dessen Durchführung erheblich erschweren.[286] Für die in Betracht kommenden Fallgruppen gilt demnach Folgendes:

14.176

- **Unterbleibt** die Massenentlassungsanzeige **vollständig**, obwohl die Schwellenwerte gem. § 17 Abs. 1 KSchG erreicht werden, führt dies stets zur Unwirksamkeit der Kündigungen.

- Enthält die Anzeige **grobe Fehler**, die Auswirkungen auf die Tätigkeit der Agentur für Arbeit haben können, führt dies ebenfalls zur Unwirksamkeit der Kündigung. In der Regel wird ein solcher Fehler anzunehmen sein, wenn die „**Muss-Angaben**" gem. § 17 Abs. 3 Satz 4 KSchG fehlen.[287] Ähnliches dürfte gelten, wenn die Anzahl der im Betrieb beschäftigten Arbeitnehmer oder der zu entlassenden Arbeitnehmer gemäß Anzeige erheblich von den tatsächlichen Umständen abweicht. Eine Unwirksamkeit tritt auch ein, wenn die Stellungnahme des Betriebsrats der Anzeige entgegen § 17 Abs. 3 Satz 2 KSchG nicht beigefügt wird bzw. die Voraussetzungen einer Glaubhaftmachung der rechtzeitigen Unterrichtung gem. § 17 Abs. 3 Satz 3 KSchG nicht erfüllt sind.[288]

- Weicht die angegebene **Zahl der Entlassungen** nur geringfügig von der Zahl der tatsächlich beabsichtigten oder erklärten Kündigungen **nach oben** ab, führt dies nicht zur Unwirksamkeit der Kündigungen.[289]

- Schließlich hat das **BAG** zu Recht entschieden, dass sich auch bei einer **zu niedrigen Angabe** der Anzahl der von einer Massenentlassung betroffenen Arbeitnehmer nur diejenigen Arbeitnehmer auf die Unwirksamkeit ihrer Kündigung berufen können, die in der Massenentlassungsanzeige nicht genannt sind.[290]

cc) Heilung

Art. 3 und 4 ME-RL enthalten keine Aussagen zu einer möglichen Heilung von Fehlern im Anzeigeverfahren. Art. 6 ME-RL verlangt lediglich, dass den Arbeitnehmervertretern und/oder den Arbeitnehmern administrative und/oder gerichtliche Verfahren zur Durchsetzung der Verpflichtungen gemäß der Richtlinie zur Verfügung stehen. Ob eine Heilung möglich ist, bestimmt sich somit nach den allgemeinen europarechtlichen Vorgaben bzw. nach dem Sinn und Zweck des Anzeigeverfahrens.

14.177

---

285 BAG v. 22.11.2012 – 2 AZR 371/11, ArbRB 2013, 137 = NZA 2013, 845; v. 28.5.2009 – 8 AZR 273/08, NZA 2009, 1267; APS/*Moll*, § 17 KSchG Rz. 133; vHH/L/v. *Hoyningen-Huene*, § 17 KSchG Rz. 5; *Grau/Sittard*, BB 2011, 1845.
286 In diese Richtung auch APS/*Moll*, § 17 KSchG Rz. 133b.
287 ErfK/*Kiel*, § 17 KSchG Rz. 29; KR/*Weigand*, § 17 KSchG Rz. 83; vHH/L/v. *Hoyningen-Huene*, § 17 KSchG Rz. 84.
288 ErfK/*Kiel*, § 17 KSchG Rz. 36.
289 LAG Baden-Württemberg v. 16.9.2010 – 9 Sa 33/10, LAGE Nr. 7 zu § 17 KSchG; vgl. auch APS/*Moll*, § 17 KSchG Rz. 133c; ErfK/*Kiel*, § 17 KSchG Rz. 36; *Schramm/Kuhnke*, NZA 2011, 1071 (1074).
290 BAG v. 28.6.2012 – 6 AZR 780/10, ArbRB 2012, 296 = NZA 2012, 1029 Rz. 50.

(1) Heilung durch verspätete Klageeinreichung

14.178 Der **EuGH** nimmt an, dass Art. 6 ME-RL einer mitgliedstaatlichen Vorschrift nicht entgegensteht, die das individuelle Klagerecht des Arbeitnehmers beschränkt, um gegen eine Verletzung der Anhörungs- oder Informationspflichten durch den Arbeitgeber im Vorfeld einer Massenentlassung vorzugehen.[291] Aus europarechtlicher Sicht ist es daher zulässig, den Rechtsschutz von einer **rechtzeitigen Klageerhebung** abhängig zu machen.[292]

14.179 Dementsprechend können nach Ablauf der Frist gem. § 4 Satz 1 KSchG Fehler im Hinblick auf das Konsultations- und Anzeigeverfahren nicht mehr geltend gemacht werden.[293]

(2) Heilung durch bestandskräftigen Verwaltungsakt?

14.180 Ein bestandskräftiger Verwaltungsakt der Agentur für Arbeit entfaltet demgegenüber – entgegen der früheren BAG-Rechtsprechung[294] – in Folge der *Junk*-Entscheidung des EuGH **keine Heilungswirkung**. Ausdrücklich entschieden wurde dies für die Konstellation, in der der Anzeige keine Stellungnahme des Betriebsrats beigefügt und auch die Voraussetzungen des § 17 Abs. 3 Satz 3 KSchG nicht erfüllt sind.[295] Angesichts der allgemeinen Begründung, in welcher das BAG auf die Anforderungen gem. Art. 6 ME-RL und den Umstand abstellt, dass ein Bescheid weder gegenüber dem Arbeitnehmer noch gegenüber den ArbG materielle Bestandskraft entfalte, dürfte dies zumindest für die Praxis aber auch für übrige Mängel des Anzeigeverfahrens gelten.

(3) Heilung gem. § 125 Abs. 2 InsO?

14.181 Nach § 125 Abs. 2 InsO ersetzt ein **Interessenausgleich mit Namensliste** die Stellungnahme des Betriebsrats gem. § 17 Abs. 3 Satz 2 KSchG. Eine Heilung von Mängeln im Anzeigeverfahren sieht § 125 InsO hingegen nicht vor.[296] Auch eine **analoge Anwendung** von § 125 InsO auf Mängel im Anzeigeverfahren kommt nicht in Betracht, da die Voraussetzungen für eine Analogie nicht gegeben sind.[297]

V. Ablaufplan

14.182

Zeitpunkt	Schritt	EU-Recht	Deutsches Recht
	Vorplanung der Massenentlassung	(nach EuGH ist aber vor Erlass einer strategischen Entscheidung das Konsultationsverfahren einzuleiten)	
	Einleitung von Verhandlungen mit Betriebsrat über Interessenausgleich/Sozialplan; ggf. Einigungsstelle	–	§§ 111 ff. BetrVG

---

[291] EuGH v. 16.7.2009 – C-12/08 – Mono Car Styling, Slg. 2009, I-6653.
[292] So auch *Niklas/Koehler*, NZA 2010, 913 (919); *Forst*, NZA 2010, 144 (146).
[293] LAG Niedersachsen v. 6.4.2009 – 9 Sa 1297/08, BeckRS 2009, 69729; ErfK/*Kiel*, § 17 KSchG Rz. 39.
[294] Anders noch BAG v. 24.10.1996 – 2 AZR 895/95, NZA 1997, 372.
[295] BAG v. 28.6.2012 – 6 AZR 780/10, ArbRB 2012, 296 = NZA 2012, 1029; vgl. dazu *Sittard/Knoll*, BB 2013, 2037 (2039 ff.).
[296] LAG Niedersachsen v. 18.12.2013 – 17 Sa 335/13, ZIP 2014, 696.
[297] *Naber*, EWiR 2014, 399 (400).

V. Ablaufplan | Rz. 14.182 § 14

Zeitpunkt	Schritt	EU-Recht	Deutsches Recht
Vor Erlass einer strategischen oder betriebswirtschaftlichen Entscheidung zur Massenentlassung und spätestens zwei Wochen vor geplanter Massenentlassungsanzeige	**Konsultationsverfahren** (mit schriftlicher Unterrichtung)	Art. 2 ME-RL	§ 17 Abs. 2 KSchG; Einleitung durch Unterrichtung (vgl. § 17 Abs. 3 Satz 3 KSchG)
während des Konsultationsverfahrens	**Unterrichtung des Wirtschaftsausschusses**		§ 106 Abs. 3 BetrVG
spätestens zwei Wochen vor geplanter Massenentlassungsanzeige	**Zuleitung einer Abschrift der Unterrichtung an die Agentur für Arbeit**	Art. 2 Abs. 3 ME-RL	§ 17 Abs. 3 Satz 1 KSchG
spätestens eine Woche vor Entlassung	**Anhörung des Betriebsrats**	–	§ 102 BetrVG
vor Entlassung	**Einholung der Stellungnahme des Betriebsrats oder Glaubhaftmachung der Unterrichtung**	–	§ 17 Abs. 3 Satz 2 und 3 KSchG
vor Entlassung	**Massenentlassungsanzeige unter Beifügung der Stellungnahme** des Betriebsrats oder der Glaubhaftmachung	Art. 3 ME-RL	§ 17 Abs. 1 und 3 KSchG
vor Entlassung	**Übermittlung einer Abschrift der Massenentlassungsanzeige an den Betriebsrat**	Art. 3 Abs. 2 ME-RL	§ 17 Abs. 3 Satz 6 KSchG
vor Entlassung	**Abschluss der Verhandlungen mit Betriebsrat über Interessenausgleich/Sozialplan**	–	§§ 111 ff. BetrVG
Spätestens innerhalb von 90 Tagen nach Ablauf der Entlassungssperre	**Entlassung** (es ist empfehlenswert, jedenfalls die Eingangsmitteilung der Agentur für Arbeit abzuwarten, bevor Entlassungen vorgenommen werden)		§ 18 Abs. 4 KSchG hinsichtlich des Zeitraums
ab Eingang der Anzeige bei Agentur für Arbeit	**Lauf der Entlassungssperre** von grds. einem Monat	Art. 4 ME-RL	§ 18 Abs. 1 KSchG
	Ggf. Berücksichtigung einer Verlängerung oder Verkürzung der Sperrfrist	Art. 4 ME-RL	§ 18 Abs. 2 KSchG

§ 15
Betriebsübergang

Der Autor *Grau* hat die Abschnitte III bis VII, der Autor *Hartmann* die Abschnitte I und II verfasst. Beide Autoren tragen die gemeinsame Verantwortung für den gesamten Text.

I. Grundlagen	15.1
1. Überblick über den Regelungsgehalt	15.1
2. Entwicklung des europäischen Betriebsübergangsrechts	15.2
a) Entstehung der Richtlinie 77/187/EWG	15.2
b) Modifikation durch die Richtlinie 98/50/EG, Neuverkündung durch die Richtlinie 2001/23/EG und weitere Entwicklung	15.3
c) Reformdiskussion	15.5
3. Ermächtigungsgrundlage zum Erlass der Richtlinie	15.6
4. Zielsetzung der Richtlinie	15.7
a) Bedeutung des Regelungszwecks für Auslegung und Anwendung der Richtlinie	15.7
b) Marktfunktionale Harmonisierung und sozialer Arbeitnehmerschutz als doppelte Zielsetzung	15.9
c) Präzisierung des sozialen Schutzzwecks auf historisch-rechtsvergleichender Grundlage	15.12
5. Regelungsspielräume des nationalen Gesetzgebers	15.13
II. Anwendungsbereich der Betriebsübergangsrichtlinie	15.15
1. Sachlicher Anwendungsbereich	15.16
a) Wirtschaftliche Einheit als Gegenstand des Betriebsübergangs	15.16
b) Übergang auf einen anderen Inhaber	15.21
c) Erfasste Übertragungsformen	15.24
aa) Vertragliche Übertragung	15.26
bb) Verschmelzung	15.30
cc) Spaltung	15.33
d) Wahrung der Identität	15.36
aa) Kriterienbündel in Form eines beweglichen Systems als Ansatz des EuGH	15.37
bb) Differenzierung zwischen betriebsmittelarmen und betriebsmittelreichen Branchen	15.41
cc) Abgrenzung zur Funktions- und Auftragsnachfolge	15.47
dd) Erfordernis tatsächlicher Fortführung	15.53
2. Persönlicher Anwendungsbereich	15.56
a) Begriff des Arbeitnehmers	15.56
aa) Grundsätzlicher Verweis auf das mitgliedstaatliche Recht	15.56
bb) Unionsrechtliche Vorgaben	15.58
b) Begriff des Inhabers/Arbeitgebers	15.59
aa) Private und öffentliche Unternehmen	15.60
bb) Wirtschaftliche Tätigkeit unabhängig vom Erwerbszweck	15.61
cc) Betriebsübergang und Leiharbeit	15.62
3. Räumlicher Anwendungsbereich	15.66
III. Übergang und Inhaltsschutz der Arbeitsverhältnisse	15.72
1. Übergang von Rechten und Pflichten aus den Arbeitsverhältnissen auf den Erwerber (Art. 3 Abs. 1 UAbs. 1 BÜ-RL)	15.73
a) Automatischer Übergang der Arbeitsverhältnisse	15.73
b) Erfasste Arbeitsverhältnisse	15.76
aa) Begriff des Arbeitsverhältnisses und Zuordnungsprobleme	15.76
bb) Leiharbeitsverhältnisse und sonstiges Fremdpersonal	15.82
c) Eintritt des Erwerbers in die Rechte und Pflichten	15.85
d) Unabdingbarkeit; Änderung übergehender Rechte und Pflichten	15.93
2. Widerspruchsrecht gegen den Übergang des Arbeitsverhältnisses	15.97
a) Anerkennung eines Widerspruchsrechts	15.97
b) Ausübung und Rechtsfolgen	15.102
3. Rechtsstellung des Veräußerers	15.104
a) Ausscheiden aus dem Arbeitsverhältnis	15.104
b) Fakultative gesamtschuldnerische Weiterhaftung des Veräußerers (Art. 3 Abs. 1 UAbs. 2 BÜ-RL)	15.105
c) Fakultative Informationspflicht gegenüber dem Erwerber (Art. 3 Abs. 2 BÜ-RL)	15.106
4. Aufrechterhaltung von Arbeitsbedingungen aus Kollektivverträgen	15.107

a) Kollektivrechtlich geltende Arbeitsbedingungen (Art. 3 Abs. 3 BÜ-RL) 15.108
   aa) Voraussetzungen der Aufrechterhaltung 15.108
   bb) Bedeutung und Wirkweise der Aufrechterhaltung 15.112
   cc) Grenzen bzw. Ende der Aufrechterhaltung 15.115
   dd) Ablösung von Kollektivverträgen 15.119
b) Individualvertragliche Bezugnahme auf Kollektivverträge 15.128
5. Schutz der Rechte und Anwartschaften aus betrieblichen und überbetrieblichen Zusatzversorgungseinrichtungen (Art. 3 Abs. 4 BÜ-RL) 15.137

IV. **Schutz vor Kündigung und bei Beendigung des Arbeitsverhältnisses infolge wesentlicher Verschlechterung der Arbeitsbedingungen** 15.139
1. Verbot der arbeitgeberseitigen Kündigung wegen des Betriebsübergangs (Art. 4 Abs. 1 BÜ-RL) 15.140
   a) Reichweite und Folgen des Kündigungsverbots 15.140
   b) Fakultative Einschränkung des Kündigungsverbotes durch die Mitgliedstaaten 15.144
2. Fiktion der Arbeitgeberkündigung bei wesentlicher Verschlechterung der Arbeitsbedingungen (Art. 4 Abs. 2 BÜ-RL) 15.146
   a) Voraussetzungen der Fiktionswirkung 15.147
   b) Rechtsfolge bei Eingreifen der Fiktion 15.151

V. **Betriebsübergang im Rahmen eines Insolvenzverfahrens** 15.155
1. Entwicklung und Zweck der Einschränkungsmöglichkeit des Richtlinienschutzes 15.156
2. Ermächtigung zum Ausschluss des Inhalts- und Bestandsschutzes (Art. 5 Abs. 1 BÜ-RL) 15.158
3. Optionale Einschränkungen einzelner Schutzbestimmungen 15.161
   a) Ermächtigung in Art. 5 Abs. 2 BÜ-RL 15.161
   b) Ermächtigung in Art. 5 Abs. 3 UAbs. 1 BÜ-RL 15.163
4. Pflicht zu Sanktionen bei Missbrauch von Insolvenzverfahren (Art. 5 Abs. 4 BÜ-RL) 15.164

VI. **Auswirkungen des Betriebsübergangs auf die Rechtsstellung und Funktion der Arbeitnehmervertretungen und ihre Mitglieder** . 15.165
1. Schutz der Arbeitnehmervertretung nach Art. 6 Abs. 1 BÜ-RL 15.166
   a) Begriff der Arbeitnehmervertretung 15.168
   b) Erhalt der Selbständigkeit der übertragenen Einheit 15.173
   c) Aufrechterhaltung von Rechtsstellung und Funktion der Arbeitnehmervertreter 15.176
   d) Gewährleistung einer Vertretung bei Verlust der Selbständigkeit der übertragenen Einheit (Art. 6 Abs. 1 UAbs. 4 BÜ-RL) 15.179
2. Nachwirkender Individualschutz der Mandatsträger (Art. 6 Abs. 2 BÜ-RL) 15.183

VII. **Information und Konsultation** ... 15.185
1. Überblick und Struktur der Informations- und Konsultationsvorschriften 15.186
2. Information und Konsultation der Arbeitnehmervertreter im sog. Grundmodell (Art. 7 Abs. 1 und 2 BÜ-RL) 15.193
   a) Informationspflicht des Veräußerers und Erwerbers 15.193
   b) Konsultation hinsichtlich in Betracht gezogener Maßnahmen . 15.197
3. Ermächtigung zu Einschränkungen der Informations- und Konsultationspflicht 15.201
   a) Das Ausnahmemodell des Art. 7 Abs. 3 BÜ-RL 15.201
   b) Beschränkung der Informations- und Konsultationspflicht auf Einheiten mit Kollegialorgan als Arbeitnehmervertretung (Art. 7 Abs. 5 BÜ-RL) 15.209
4. Individuelle Information der Arbeitnehmer als Auffanglösung (Art. 7 Abs. 6 BÜ-RL) 15.210
5. Gewährleistung der Information und Konsultation bei Planung durch Obergesellschaft (Art. 7 Abs. 4 BÜ-RL) 15.217
6. Gewährleistung der Rechtedurchsetzung (Art. 9 BÜ-RL) und Sanktionen bei Verstoß gegen Informations- oder Konsultationspflichten . 15.219

Schrifttum: *Alsbæk,* Der Betriebsübergang und seine individualarbeitsrechtlichen Folgen in Europa, 2001; *Bieder,* Die Bewahrung der organisatorischen Selbständigkeit der übertragenen Einheit – konstitutive Voraussetzung eines Betriebsübergangs? – Urteil des Europäischen Gerichtshofs vom 12.2.2009 – Rechtssache Klarenberg, EuZA 2009, 513; *Bieder,* Back- und Insourcing unter der Betriebsübergangsrichtlinie – Der EuGH auf dem Weg zurück zu Christel Schmidt?, EuZA 2017, 67; *Busch/Gerlach,* Dynamische Verweisung auf Tarifverträge vs. unternehmerische Freiheit nach Betriebsübergang, BB 2017, 2356; *Debong,* Die EG-Richtlinie über die Wahrung der Arbeitnehmeransprüche beim Betriebsübergang, 1988; *Forst,* Leiharbeitnehmer im Betriebsübergang, RdA 2011, 228; *Franzen,* Der Betriebsinhaberwechsel nach § 613a BGB im internationalen Arbeitsrecht, 1994; *Grau,* Unterrichtung und Widerspruchsrecht der Arbeitnehmer bei Betriebsübergang gem. § 613a Abs. 5 und 6 BGB, 2005; *Grau,* Unterrichtung der Arbeitnehmer und ihrer Vertreter gem. Art. 7 der Betriebsübergangsrichtlinie 2001/23/EG und die Umsetzung der europäischen Vorgaben im deutschen Recht, ZfA 2005, 647; *Grau,* Unternehmensumstrukturierung und Tarifwechsel, in Henssler/Moll/Bepler, Der Tarifvertrag, 2. Aufl. 2016, § 15 (zitiert HMB/*Bearbeiter*); *Hartmann,* Der Schutzzweck der Betriebsübergangsrichtlinie in historisch-rechtsvergleichender Perspektive, EuZA 2012, 35; *Hartmann,* Die Rechtsprechung des Europäischen Gerichtshofs zu dynamischen Bezugnahmeklauseln im Betriebsübergang, EuZA 2015, 203; *Hartmann,* Die Vertragsfreiheit des Betriebserwerbers als Grenze für dynamische Wirkungen arbeitsvertraglicher Bezugnahmeklauseln, EuZA 2017, 521; *Hohenstatt,* Nach „Asklepios": Sechs Thesen zum Schicksal von Bezugnahmeklauseln beim Betriebsübergang, in FS Willemsen, 2018, 187; *Jacobs/Frieling,* Zum Dialog zwischen dem Vierten Senat, dem Generalanwalt Yves Bot und dem Europäischen Gerichtshof in der Rechtssache Asklepios – Oder: Wie man das Brett an der dünnsten Stelle durchbohrt, in FS Willemsen, 2018, 197; *Jöst,* Der Betriebsübergang. Europarechtliche Vorgaben und deren Umsetzung in Österreich, 2004; *Joussen,* Betriebsübergangsrichtlinie, in: Oetker/Preis (Hrsg.), Europäisches Arbeits- und Sozialrecht (EAS), B 7200; *Junker,* Rechtsfragen grenzüberschreitender Betriebsverlagerung, NZA-Beilage 2012, 8; *Kamlah,* Bestandsschutz und Ablösung von Kollektivverträgen bei Betriebsübergang, 1998; *Klein,* Das Schicksal dynamischer Bezugnahmeklauseln bei Betriebsübergang – Korrekturmöglichkeit durch EuGH, NZA 2016, 410; *Krause,* Zu den Zielen und Folgen des Betriebsübergangsrechts, in FS Wank, 2014, 275; *Krause,* Betriebsübergang, in: Schlachter/Heinig (Hrsg.), Europäisches Arbeits- und Sozialrecht (Enzyklopädie Europarecht, Band 7), 2016, 331–394; *Krause,* Individualvertragliche Verweisungen auf kollektivvertragliche Arbeitsbedingungen und unternehmerische Freiheit im europäischen Recht, in FS Willemsen, 2018, 257; *Kühn,* Der Betriebsübergang bei Leiharbeit, NJW 2011, 1408; *Latzel,* Unternehmerische Freiheit als Grenze des Arbeitnehmerschutzes – vom Ende dynamischer Bezugnahmen nach Betriebsübergang. Zugleich Besprechung des EuGH-Urteils vom 18.7.2013 – Rs. C-426/11 – Alemo-Herron u.a., RdA 2014, 110; *Löw,* Die Betriebsveräußerung im europäischen Arbeitsrecht – Die EG-Richtlinie 77/187 und ihre Umsetzung in Deutschland und Großbritannien, 1992; *Löwisch,* Unvereinbarkeit von Nachträglichkeit und Rückwirkung des Widerspruchs nach § 613a Abs. 6 BGB mit der Richtlinie 01/23/EG, in FS Birk, 2008, 541; *Martin,* Die Umsetzung der Unternehmensübergangsrichtlinie (Richtlinie 2001/23/EG – Betriebsübergangsrichtlinie) in Spanien, 2006; *Möller,* Zeitdynamische Bezugnahmeklauseln, 2018; *Oetker,* Das Widerspruchsrecht der Arbeitnehmer beim Betriebsübergang und die Rechtsprechung des EuGH, NZA 1991, 137; *Oetker,* Die Vorgaben der Betriebsübergangsrichtlinie für die Beteiligungsrechte des Betriebsrats, NZA 1998, 1193; *Oetker/Schubert,* Europäisches Betriebsverfassungsrecht, in: Oetker/Preis (Hrsg.), Europäisches Arbeits- und Sozialrecht (EAS), B 8300; *Preis/Povedano Peramato,* Der Betriebsübergang – Szenen einer gestörten Beziehung zwischen BAG und EuGH?, in FS Willemsen, 2018, 359; *Rebhahn,* Probleme der Ausführung der Betriebsübergangsrechtlinie in Kontinentaleuropa, RdA 2006, Sonderbeilage zu Heft 6, 4; *Reichold,* Neues zum grenzüberschreitenden Betriebsübergang, in FS Birk, 2008, 687; *Riesenhuber,* Informationspflichten beim Betriebsübergang: Fehler bei der Umsetzung der Richtlinie und Anlass für eine grundsätzliche Neuordnung, RdA 2004, 340; *Sagan,* Die kollektive Fortgeltung von Tarifverträgen und Betriebsvereinbarungen nach § 613a Abs. 1 Sätze 2–4 BGB, RdA 2011, 163; *Sagan,* Unterrichtung und Widerspruch beim Betriebsübergang aus deutscher und europäischer Sicht, ZIP 2011, 1641; *Sagan,* Das Verschlechterungsverbot bei der Ablösung von Kollektivverträgen nach einem Betriebsübergang, Urteil des Europäischen Gerichtshofs v. 6.9.2011 – Rechtssache Scattolon, EuZA 2012, 247; *Schruiff,* Die Betriebsübergangsrichtlinie der EG in der Fassung 2001/23/EG, 2004; *C. Schubert,* Kollektivverträge und kleine dynamische Bezugnahmeklauseln beim Betriebsübergang – zum widersprüchlichen Umgang mit kollektiv geregelten Arbeitsbedingungen, in FS Willemsen, 2018, 463; *Seiter,* Betriebsinhaberwechsel, 1980; *Sieg/Maschmann,* Unternehmensumstrukturierung aus arbeitsrechtlicher Sicht, 2. Aufl. 2010; *Siegfanz-Strauß,* Tarifrecht im Betriebsübergang, 2017; *Sittard/Flockenhaus,* „Scattolon" und die Folgen für die Ablösung von Tarifverträgen und Betriebsvereinbarungen nach einem Betriebsübergang, NZA 2013, 652; *Steffan,* Der betriebsmittelarme Betrieb – das unbekannte Wesen, NZA 2018, 154; *Sutschet,* Werhof reloaded, RdA 2013, 28;

von Alvensleben, Die Rechte der Arbeitnehmer bei Betriebsübergang im Europäischen Gemeinschaftsrecht – Eine Studie zu den gemeinschaftsrechtlichen Grundlagen des § 613a BGB, 1992; *Waas,* Zur Konsolidierung des Betriebsbegriffs in der Rechtsprechung von EuGH und BAG zum Betriebsübergang, ZfA 2001, 377; *Wahlig/Brune,* Entdynamisierung von Bezugnahmeklauseln nach Betriebsübergang, NZA 2018, 221; *Wank,* Der Betriebsübergang in der Rechtsprechung von EuGH und BAG – eine methodische Untersuchung, in: 50 Jahre BAG, 2004, 245; *Wenking,* Der Betriebsübergang im europäischen und deutschen Arbeitsrecht, 1999; *Willemsen,* Zur Befreiung neugegründeter Unternehmen von der Sozialplanpflicht (§ 112a Abs. 2 BetrVG), DB 1990, 1405; *Willemsen,* Aktuelles zum Betriebsübergang: § 613a BGB im Spannungsfeld von deutschem und europäischem Recht, NJW 2007, 2065; *Willemsen,* Europäisches und deutsches Arbeitsrecht im Widerstreit? – Aktuelle „Baustellen" im Recht des Betriebsübergangs, NZA-Beil. 2008, 155; *Willemsen,* Erneute Wende im Recht des Betriebsübergangs – ein „Christel Schmidt II"-Urteil des EuGH?, NZA 2009, 289; *Willemsen,* Erosion des Arbeitgeberbegriffs nach der Albron-Entscheidung des EuGH?, NJW 2011, 1546; *Willemsen/Hohenstatt/Schweibert/Seibt,* Umstrukturierung und Übertragung von Unternehmen, 5. Aufl. 2016; *Willemsen/Krois/Mehrens,* Entdynamisierung von Tarifverträgen nach einem Betriebsübergang, RdA 2018, 151; *Willemsen/Sagan,* Der Tatbestand des Betriebsübergangs nach „Klarenberg", ZIP 2010, 1205; *Winter,* Betriebsübergang und Tarifvertragsersetzung – was ergibt sich aus dem Urteil Scattolon?, RdA 2013, 36; *Winter,* RL 2001/23/EG, in: Franzen/Gallner/Oetker (Hrsg.), Kommentar zum europäischen Arbeitsrecht, 2. Aufl. 2018; *Wißmann/Niklas,* Asklepios – Der Vorhang zu und neue Frage offen, NZA 2017, 697; *Wißmann/Schneider,* Europa hat gesprochen: Betriebsübergang ohne Erhalt der organisatorischen Einheit, BB 2009, 1126; *Wollenschläger,* Rechtsfragen des Betriebsübergangs nach § 613a BGB unter Berücksichtigung betriebsverfassungsrechtlicher Fragen und des Rechts der Europäischen Union, ZfA 1996, 547.

I. Grundlagen

1. Überblick über den Regelungsgehalt

15.1 Die Betriebsübergangsrichtlinie betrifft ausweislich ihres genauen Titels die Angleichung der Rechtsvorschriften der Mitgliedstaaten über die **Wahrung von Ansprüchen der Arbeitnehmer beim Übergang von Unternehmen, Betrieben oder Unternehmens- oder Betriebsteilen.** Regelungsgegenstand sind also in erster Linie die Konsequenzen eines Inhaberwechsels auf Arbeitgeberseite für das Beschäftigungsverhältnis. Das **Kapitel I** der Richtlinie regelt in den Art. 1 und 2 BÜ-RL den häufig diskutierten Anwendungsbereich der Vorschriften über den Betriebsübergang und enthält wichtige Definitionen. Das Kernstück der Richtlinie bildet das **Kapitel II**, das die Wahrung der Ansprüche und Rechte der Arbeitnehmer behandelt. Von zentraler Bedeutung ist hier Art. 3 BÜ-RL, wonach die Arbeitsverhältnisse auf den Betriebserwerber übergehen und kollektivvertraglich vereinbarte Arbeitsbedingungen einen gewissen Inhaltsschutz genießen. Flankiert wird diese Regelung insbesondere dadurch, dass eine arbeitgeberseitige Kündigung wegen des Übergangs als solchem nach Art. 4 Abs. 1 BÜ-RL ausgeschlossen ist. Art. 5 BÜ-RL klärt das Verhältnis der Vorschriften zum Insolvenzrecht. Art. 6 BÜ-RL betrifft das Schicksal von Arbeitnehmervertretungen. Das **Kapitel III** enthält in Art. 7 BÜ-RL Vorschriften über die Information und Konsultation der Arbeitnehmervertreter bzw. der Arbeitnehmer selbst. Von den Schlussbestimmungen des **Kapitels IV** ist besonders Art. 8 BÜ-RL mit der Regelung des Günstigkeitsprinzips bedeutsam.

2. Entwicklung des europäischen Betriebsübergangsrechts

a) Entstehung der Richtlinie 77/187/EWG

15.2 Die ursprüngliche Fassung des europäischen Betriebsübergangsrechts war in der Betriebsübergangsrichtlinie 77/187/EWG vom 14.2.1977 enthalten. Sie geht ebenso wie die erste Fassung der Massenentlassungsrichtlinie (75/129/EWG)[1] auf das **Sozialpolitische Aktionsprogramm** von 1974

---

1 Später geändert durch Richtlinie 92/56/EWG, neugefasst durch Richtlinie 98/59/EG.

zurück (vgl. Rz. 1.5 f.).[2] Bereits Art. 30 des letztlich gescheiterten Entwurfs eines Übereinkommens über die internationale Verschmelzung von Aktiengesellschaften vom September 1972[3] hatte eine rudimentäre Regelung zum Übergang von Arbeitsverhältnissen vorgesehen. Ausgangspunkt für diese in die Betriebsübergangsrichtlinie 77/187/EWG mündenden Regelungsaktivitäten war die Auffassung, dass die besonders seit Ende der 1960er Jahre stark zunehmende Anzahl der Unternehmenskonzentrationen erheblichen Handlungsbedarf beim sozialen Schutz der Arbeitnehmer hervorgerufen habe.[4] Die Gestalt der schließlich verabschiedeten Richtlinie beruht in zentralen Punkten auf den zahlreichen Änderungsvorschlägen des Wirtschafts- und Sozialausschusses am Kommissionsentwurf.[5]

b) Modifikation durch die Richtlinie 98/50/EG, Neuverkündung durch die Richtlinie 2001/23/EG und weitere Entwicklung

Die europäischen Regelungen über den Betriebsübergang erfuhren eine **erhebliche Umgestaltung durch die Richtlinie 98/50/EG** vom 29.6.1998.[6] Besonders der in Wissenschaft und Praxis vieldiskutierte Anwendungsbereich der Betriebsübergangsrichtlinie wurde neu geregelt. Während der Kommissionsvorschlag vom 8.9.1994 in einigen Punkten noch für eine Kurskorrektur gegenüber der EuGH-Rechtsprechung plädierte,[7] orientierte sich die schließlich verabschiedete Richtlinie weitgehend am Stand der Judikatur.[8] Auf diese Weise ist insbesondere das vom EuGH entwickelte Kriterium des identitätswahrenden Übergangs einer wirtschaftlichen Einheit zu einem Bestandteil des geschriebenen Sekundärrechts geworden. Weitere Modifikationen betrafen die Anwendbarkeit der Vorschriften in der Insolvenz, die Rechtsstellung der Arbeitnehmervertreter und die Informationspflichten von Veräußerer und Erwerber.[9]

15.3

Die Neuverkündung einer konsolidierten Fassung durch die nunmehr geltende **Betriebsübergangsrichtlinie 2001/23/EG** vom 12.3.2001 erfolgte „[a]us Gründen der Klarheit und Wirtschaftlichkeit".[10] Ihr kommt mangels inhaltlicher Änderungen lediglich **redaktionelle Bedeutung** zu.

15.4

Die jüngste Änderung hat die Betriebsübergangsrichtlinie durch Art. 5 Richtlinie 2015/1794 erfahren. Der modifizierte Art. 1 Abs. 3 BÜ-RL n.F. enthält nur noch eine erheblich abgeschwächte Bereichsausnahme für **Seeschiffe** (näher Rz. 15.20a).

15.4a

---

2 S. zu dem Zusammenhang zwischen der Entschließung des Rates v. 21.1.1974 über ein sozialpolitisches Aktionsprogramm, ABl. C 13 v. 12.2.1974, S. 1 ff. und der Betriebsübergangsrichtlinie eingehend *v. Alvensleben*, Rechte der Arbeitnehmer, S. 92 ff.; *Debong*, Die EG-Richtlinie über die Wahrung der Arbeitnehmeransprüche beim Betriebsübergang, S. 4 ff. sowie ferner *Hartmann*, EuZA 2012, 35 (37 f.); EAS/*Joussen*, B 7200 Rz. 1.

3 Abgedruckt in: Bulletin der Europäischen Gemeinschaften, Beilage 13/73; s. zu Art. 30 des Entwurfs auch *Koppensteiner*, RabelsZ 39 (1975), 405 (438).

4 S. zur besonders in den Jahren 1966 bis 1970 stark gestiegenen Anzahl von Unternehmenszusammenschlüssen die statistischen Angaben zu Beginn der Begründung für den Vorschlag einer Richtlinie des Rates zur Harmonisierung der Rechtsvorschriften der Mitgliedstaaten über die Wahrung von Ansprüchen und Vergünstigungen der Arbeitnehmer bei Gesellschaftsfusionen, Betriebsübertragungen sowie Unternehmenszusammenschlüssen v. 31.5.1974, ABl. C 104 v. 13.9.1974, S. 1 = RdA 1975, 124.

5 S. dazu den Überblick bei *v. Alvensleben*, Rechte der Arbeitnehmer, S. 106 ff.; *Debong*, Die EG-Richtlinie über die Wahrung der Arbeitnehmeransprüche beim Betriebsübergang, S. 6 f.

6 S. näher *Franzen*, RdA 1999, 361; *Willemsen/Annuß*, NJW 1999, 2073.

7 Die Kommission wollte ausdrücklich klarstellen, dass der alleinige Übergang einer Tätigkeit keinen Betriebsübergang begründe; s. Art. 1 UAbs. 1 Satz 2 des Entwurfs, ABl. C 274 v. 1.10.1994, S. 10 ff. = BR-Drucks. 896/94, 1 ff., insb. Rz. 17 f. und dazu näher *Franzen*, Privatrechtsangleichung durch die Europäische Gemeinschaft, 1999, S. 589 f.

8 So für die gesamte Richtlinie die Einschätzung auch von *Fuchs/Marhold*, Europäisches Arbeitsrecht, S. 298; *Riesenhuber*, Europäisches Arbeitsrecht, § 24 Rz. 7; *Thüsing*, Europäisches Arbeitsrecht, § 5 Rz. 4.

9 S. für einen detaillierten Überblick über die Änderungen Hanau/Steinmeyer/Wank/*Wank*, § 18 Rz. 153 ff.

10 So ErwGr. 1 BÜ-RL; vgl. auch den Kommissionsvorschlag v. 2.5.2000, KOM (2000) 259 endg., Rz. 4.

c) Reformdiskussion

15.5 Die Reformdiskussion seit Inkrafttreten der aktuell geltenden Betriebsübergangsrichtlinie war zunächst vor allem von dem Problem **grenzüberschreitender Betriebsübergänge** geprägt (vgl. Rz. 15.67 ff.). Die Kommission eröffnete im Jahr 2007 die Erste Phase der Sozialpartneranhörung gem. Art. 138 Abs. 2 EG (jetzt: Art. 154 Abs. 2 AEUV) zum Thema grenzüberschreitender Betriebsübergänge.[11] Die Kommission stellte ihre Reformbemühungen jedoch ein, nachdem die Sozialpartner keinen Änderungsbedarf erkennen konnten.[12] In der Literatur wird in jüngerer Zeit erneut eine Überarbeitung der Richtlinie mit Blick auf grenzüberschreitende Betriebsübergänge angeregt. Aufgenommen werden soll danach zum einen die Klarstellung, dass die Richtlinie auch in derartigen Fällen einen Geltungsanspruch erhebt, zum anderen eine eigenständige Kollisionsnorm.[13] Auch eine **Ausweitung der Informationspflichten** von Veräußerer und Erwerber[14] und selbst die Erweiterung der Richtlinie auf Fälle des *share deals*[15] sind Gegenstand der Reformdiskussion.

3. Ermächtigungsgrundlage zum Erlass der Richtlinie

15.6 Für die Ursprungsfassung der Richtlinie stützte sich der EG-Rat seinerzeit auf die Regelung des **Art. 100 EGV a.F.** Diese Kompetenzgrundlage ermöglichte eine Angleichung derjenigen mitgliedstaatlichen Rechts- und Verwaltungsvorschriften, die sich unmittelbar auf die Errichtung oder das Funktionieren des Gemeinsamen Marktes auswirken. Für die Änderungsrichtlinie 98/50/EG und die aktuell geltende Fassung der Betriebsübergangsrichtlinie zog der Rat die seinerzeit in **Art. 93 EG** (jetzt: Art. 115 AEUV) enthaltene Nachfolgevorschrift heran. Nach wohl allgemeiner Auffassung sind die Voraussetzungen der Ermächtigungsgrundlage erfüllt.[16]

4. Zielsetzung der Richtlinie

a) Bedeutung des Regelungszwecks für Auslegung und Anwendung der Richtlinie

15.7 Wie kaum ein anderer europäischer Rechtsakt hat die Betriebsübergangsrichtlinie von Anfang an für **erhebliche Auslegungszweifel** gesorgt und eine **Flut an EuGH-Entscheidungen** hervorgerufen. Selbst der revidierten und an die neuere EuGH-Rechtsprechung angepassten Fassung wird vorgehalten, dass es sich um eine „begrifflich wenig sorgfältig gearbeitete Richtlinie" handele.[17] Diese Schwierigkeiten werden noch dadurch verschärft, dass der Rechtsprechung gerade mit Blick auf die Betriebsübergangsrichtlinie durchaus zu Recht vorgeworfen werden kann, „ihrerseits – auch durch methodisch unsauberes Vorgehen – öfters neue Fragen aufgeworfen und zu Abgrenzungsschwierigkeiten geführt" zu haben.[18]

---

11 Vgl. Europäische Kommission, „Erste Phase der Anhörung der Sozialpartner gem. Art. 138 Abs. 2 EG-Vertrag betreffend grenzüberschreitende Übergänge von Unternehmen, Betrieben oder Unternehmens- oder Betriebsteilen", abrufbar unter http://ec.europa.eu/social/BlobServlet?docId=2442&langId=de (zuletzt abgerufen am 5.10.2018) und dazu *Reichold*, FS Birk, 2008, S. 687 (688 ff.).
12 Vgl. den Zweiten Bericht über die Strategie zur Vereinfachung des ordnungspolitischen Umfelds v. 30.1.2008, KOM (2008) 33 endg., S. 16 f.
13 S. näher *Niksova*, ecolex 2013, 53 (56 f.).
14 Zu ersten Diskussionsansätzen *McMullen*, The International Journal of Comparative Labour Law and Industrial Relations 23 (2007), 335 (373).
15 S. für diesen Vorschlag *McMullen*, The International Journal of Comparative Labour Law and Industrial Relations 23 (2007), 335 (373 f.); Sympathie bei *Riesenhuber*, Europäisches Arbeitsrecht, § 24 Rz. 20; zur geltenden Rechtslage mit Blick auf das deutsche Recht *Reichold*, FS Birk, 2008, S. 687 (690).
16 S. nur *v. Alvensleben*, Rechte der Arbeitnehmer, S. 124 ff.; EAS/*Joussen*, B 7200 Rz. 3; *Riesenhuber*, Europäisches Arbeitsrecht, § 24 Rz. 6 Fn. 12.
17 *Riesenhuber*, Europäisches Arbeitsrecht, § 24 Rz. 12.
18 *Riesenhuber*, Europäisches Arbeitsrecht, § 24 Rz. 11.

Bei dieser Ausgangslage kommt der **zweckorientierten Interpretation** eine **große Bedeutung** zu. 15.8
Über die Zielsetzung der Betriebsübergangsrichtlinie besteht nun allerdings bis heute wenig Klarheit.[19] Recht vage bleibt der in ErwGr. 3 BÜ-RL genannte Zweck, „die Arbeitnehmer bei einem Inhaberwechsel [zu] schützen und insbesondere die Wahrung ihrer Ansprüche [zu] gewährleisten". Die Aussage des EuGH, der „Hauptzweck der Richtlinie" bestehe darin, „auch gegen den Willen des Erwerbers die Arbeitsverträge der Arbeitnehmer des Veräußerers aufrechtzuerhalten",[20] führt ebenfalls kaum weiter, gibt sie doch lediglich die Rechtsfolge wieder. Offen lässt der EuGH schließlich auch die Rolle des mitunter zusätzlich genannten Ziels, die Belastungen für die Unternehmen einander anzugleichen.[21] Weitere Klärungsfortschritte werden davon abhängen, ob es Rechtsprechung und Wissenschaft gelingt, den Schutzzweck der Betriebsübergangsrichtlinie präziser als bislang zu ermitteln und für die Auslegung fruchtbar zu machen.

b) Marktfunktionale Harmonisierung und sozialer Arbeitnehmerschutz als doppelte Zielsetzung

So vage die bisher ermittelten Richtlinienzwecke geblieben sind, lassen sich aus ihnen doch immerhin zwei denkbare Ansatzpunkte ableiten: Als mögliche Zielsetzung kommt zum einen die marktfunktionale Harmonisierung der mitgliedstaatlichen Arbeitsmarktregelungen in Betracht, zum anderen der soziale Arbeitnehmerschutz.[22] 15.9

Bereits die gewählte Ermächtigungsgrundlage des Art. 100 EGV a.F. (jetzt: Art. 115 AEUV) deutet darauf hin, dass die Betriebsübergangsrichtlinie jedenfalls auch eine **Angleichung der mitgliedstaatlichen Rechtsvorschriften im Interesse eines funktionierenden Binnenmarkts** verfolgt. Dies lässt sich zudem historisch belegen, weil in jener Zeit vor allem Frankreich auf eine Angleichung der Arbeits- und Sozialvorschriften drang, um den Faktor Arbeit im Wettbewerb möglichst zu neutralisieren.[23] 15.10

Nicht zuletzt wegen ErwGr. 3 BÜ-RL erscheint auf den ersten Blick kaum zweifelhaft, dass die Betriebsübergangsrichtlinie zumindest auch einen **eigenständigen Zweck des sozialen Arbeitnehmerschutzes** verfolgt.[24] Nach mancher Auffassung gilt die Richtlinie jedoch bis heute als Beispiel für eine rein marktfunktional orientierte Harmonisierung.[25] Noch nicht durchschlagend spricht gegen diese Sichtweise der entstehungsgeschichtliche Zusammenhang mit dem Sozialpolitischen Aktionsprogramm von 1974, weil jedenfalls seinerzeit noch durchaus unklar war, ob die Sozialpolitik nicht lediglich einen Annex zur Binnenmarktfrage darstellte.[26] Der entstehungsgeschichtliche Zusammenhang mit dem Entwurf eines Übereinkommens über die internationale Verschmelzung von Aktiengesellschaften stützt jedoch die Annahme eines eigenständigen sozialen Schutzzwecks: Hinter diesem gescheiterten Projekt stand die Befürchtung, dass sich multinationale Konzerne bei Einschnitten im Personalbereich auf Mitgliedstaaten mit schwachem Arbeitnehmerschutz konzentrieren könnten.[27] 15.11

---

19 S. zum Folgenden bereits *Hartmann*, EuZA 2011, 329 (334 f.); *Hartmann*, EuZA 2012, 35 (36).
20 EuGH v. 20.11.2003 – C-340/01 – Abler u.a., Slg. 2003, I-14023 Rz. 37.
21 S. EuGH v. 8.6.1994 – C-382/92 – Kommission/Vereinigtes Königreich, Slg. 1994, I-2435 Rz. 15.
22 Unabhängig davon sind als Nebenzwecke der Richtlinie anzuerkennen die Kontinuität der Betriebsratsarbeit sowie eine angemessene Verteilung der Haftungsrisiken zwischen altem und neuem Arbeitgeber; s. auch *Thüsing*, Europäisches Arbeitsrecht, § 5 Rz. 1.
23 Dazu eingehend v. Bogdandy/Bast/*Rödl*, Europäisches Verfassungsrecht, S. 855 (865 ff.); vgl. auch *Krause*, FS Wank, 2014, S. 275 (287 f.); Schlachter/Heinig/*Krause*, § 7 Rz. 14; EuArbR/*Winter*, Vor Art. 1 RL 2001/23/EG Rz. 5.
24 *Thüsing*, Europäisches Arbeitsrecht, § 5 Rz. 1 verweist zusätzlich auf das Günstigkeitsprinzip nach Art. 8 BÜ-RL.
25 S. etwa v. Bogdandy/Bast/*Rödl*, Europäisches Verfassungsrecht, S. 855 (895 f.).
26 Zu dieser Frage aus heutiger Sicht einerseits Calliess/Ruffert/*Krebber*, EUV/AEUV, Art. 151 AEUV Rz. 7 ff. und andererseits Schwarze/Rebhahn/*Reiner*, EU-Kommentar, Art. 151 AEUV Rz. 10.
27 Näher *Hartmann*, EuZA 2012, 35 (38 f.).

Dass diese Zielsetzung nicht nur für die Massenentlassung, sondern auch für den Betriebsübergang weiterverfolgt wurde, zeigt nicht zuletzt die konkrete Ausgestaltung der heutigen Betriebsübergangsrichtlinie: Wäre es nur um eine Angleichung der Wettbewerbsbedingungen gegangen, hätte es nahe gelegen, den Mitgliedstaaten größere Freiheit bei der Ausgestaltung der Rechtsfolgen zu geben und beispielsweise wirtschaftliche Kompensationen zuzulassen, anstatt den Übergang der Arbeitsverhältnisse zwingend vorzugeben.[28]

15.11a In der neueren Rechtsprechung des EuGH ist mitunter davon die Rede, dass die Richtlinie zusätzlich „einen **gerechten Ausgleich** zwischen den Interessen der Arbeitnehmer einerseits und denen des Erwerbers andererseits gewährleisten" solle.[29] In der Formulierung weitergehend spricht der EuGH mitunter auch von einer entsprechenden Zielsetzung.[30] Die Erwägungsgründe, der Regelungsgehalt und die Entstehungsgeschichte liefern aber keinen Anhaltspunkt für ein solches eigenständiges Richtlinienziel.[31] Auch vor diesem Hintergrund kaum erklärbar, dass Art. 8 BÜ-RL einen weitergehenden Arbeitnehmerschutz zulässt.[32] Der Hinweis des EuGH auf den Ausgleich der widerstreitenden Interessen ist allerdings insoweit berechtigt, als sich das Recht des Betriebsübergangs im Rahmen dessen halten muss, was der unionsrechtliche Grundrechtsschutz der Unternehmerfreiheit vorgibt.

c) Präzisierung des sozialen Schutzzwecks auf historisch-rechtsvergleichender Grundlage

15.12 Die Verfasser der Betriebsübergangsrichtlinie 77/187/EWG konnten sich auf einige nationale Vorläufer stützen. Die Ursprungsfassung des § 613a BGB war bereits 1972 in Kraft getreten, und auch in Frankreich und Italien war ein Übergang der Arbeitsverhältnisse seit langem gesetzlich vorgesehen.[33] Das Potential einer **historisch-rechtsvergleichend fundierten Verdichtung des Arbeitnehmerschutzzwecks** ist bislang weitgehend ungenutzt geblieben. Aufschlussreich ist insbesondere die rechtsordnungsübergreifend anerkannte Parallele zum Bestandsschutz bei Veräußerung der Mietsache. Jeweils besteht ein enger Zusammenhang mit dem Kündigungsschutz,[34] wie sich nicht zuletzt aus der in Art. 4 Abs. 1 UAbs. 2 BÜ-RL vorgesehenen Möglichkeit der Mitgliedstaaten ergibt, die personelle Reichweite der Umsetzungsvorschriften an den nationalen Kündigungsschutz anzupassen. Beim Betriebsübergang wechselt der Betrieb oder Betriebsteil als notwendiges Substrat des Arbeitsverhältnisses den Inhaber. Die Richtlinie verhindert in dieser Situation, dass der Erwerber die übernommenen Strukturen neu personalisiert und damit der Sache nach eine verbotene Austauschkündigung durchführt. Zwar ist das Interesse der Arbeitnehmer an der Kontinuität des Arbeitsverhältnisses auch dann geschützt, wenn der Erwerber die übernommene Struktur mit geringerem Personalbestand fortführen will.[35] Der funktionale Zusammenhang zwischen Betriebsübergangsrichtlinie und dem Verbot der Austauschkündigung lässt sich damit aber nicht widerlegen, weil der Erwerber regelmäßig unter ähnlichen Voraussetzungen betriebsbedingt Personal abbauen kann wie der Veräußerer. Nicht zu den verfolgten Zielen der Richtlinie gehört es, Umstrukturierungen und Betriebsstilllegungen zu verhindern, um Arbeitsplätze zu sichern.[36]

---

28 Näher *Hartmann*, EuZA 2012, 35 (39).
29 EuGH v. 18.7.2013 – C-426/11 – Alemo-Herron, NZA 2013, 835 Rz. 25 (Hervorhebung hinzugefügt).
30 EuGH v. 11.9.2014 – C-328/13 – Österreichischer Gewerkschaftsbund, ArbRB 2014, 292 = NZA 2014, 1092 Rz. 29; v. 6.4.2017 – C-336/15 – Unionen, ArbRB 2017, 167 = NZA 2017, 585 Rz. 19; v. 27.4.2017 – C-680/15 und C-681/15 – Asklepios, NZA 2017, 571 Rz. 22. Nach EuArbR/*Winter*, Vor Art. 1 RL 2001/23/EG Rz. 11 beruhen die entsprechenden Formulierungen allerdings möglicherweise auf Ungenauigkeiten infolge der Mehrsprachigkeit am EuGH.
31 *Hartmann*, EuZA 2015, 203 (210); krit. auch *Klein*, EuZA 2014, 325 (328); *Krause*, FS Wank, 2014, S. 275 (286 f.); Schlachter/Heinig/*Krause*, § 7 Rz. 16; EuArbR/*Winter*, Vor Art. 1 RL 2001/23/EG Rz. 8 ff.
32 EuArbR/*Winter*, Vor Art. 1 RL 2001/23/EG Rz. 10.
33 *Hartmann*, EuZA 2012, 35 (39 ff.); Schlachter/Heinig/*Krause*, § 7 Rz. 3 ff.
34 Klar erkannt von *Thüsing*, Europäisches Arbeitsrecht, § 5 Rz. 1; krit. *Krause*, FS Wank, 2014, S. 275 (280 ff.).
35 Insoweit zutreffend der Einwand von Schlachter/Heinig/*Krause*, § 7 Rz. 11 f.
36 *Hartmann*, EuZA 2012, 35 (50 f.); ebenso Schlachter/Heinig/*Krause*, § 7 Rz. 9.

5. Regelungsspielräume des nationalen Gesetzgebers

Das in **Art. 8 BÜ-RL** verankerte **Günstigkeitsprinzip** ergibt sich bereits aus der subsidiären Regelungszuständigkeit der Union (vgl. Rz. 1.41).[37] Danach können die Mitgliedstaaten für Arbeitnehmer günstigere Rechts- und Verwaltungsvorschriften anwenden und erlassen sowie günstigere Kollektivnormen und sonstige Sozialpartnervereinbarungen fördern und zulassen. Bei den Rechts- und Verwaltungsvorschriften ist nach der Rechtsprechung des EuGH die Auslegung der jeweiligen nationalen Gerichte maßgeblich.[38] Ob mitgliedstaatliche Vorschriften eine günstigere Regelung beinhalten, kann nur vor dem Hintergrund des Richtlinienzwecks beurteilt werden.[39] Als zulässig hat es der EuGH in der Rs. *Amatori* erachtet, wenn ein Mitgliedstaat die Rechtsfolgen eines Betriebsübergangs auch für den von der Richtlinie nicht erfassten Fall anordnet, dass der übertragenen wirtschaftlichen Einheit zuvor keine funktionelle Autonomie zukam.[40] Wie der EuGH in ständiger Rechtsprechung betont, sieht die Betriebsübergangsrichtlinie „nur eine teilweise Harmonisierung auf dem betreffenden Gebiet vor und will kein für die gesamte Union aufgrund gemeinsamer Kriterien einheitliches Schutzniveau schaffen".[41]

15.13

Umstritten ist, ob der nationale Gesetzgeber an die **Unionsgrundrechte**, insbesondere an die unternehmerische Freiheit nach Art. 16 GRC, gebunden ist, wenn er über das Schutzniveau der Betriebsübergangsrichtlinie hinausgeht. Dies hängt davon ab, ob auch in einer solchen überschießenden Umsetzung eine Durchführung des Unionsrechts im Sinne von Art. 51 Abs. 1 S. 1 GRC zu sehen ist. Entzündet hat sich die Diskussion in jüngerer Zeit an der Frage, ob die Mitgliedstaaten auf der Grundlage des Art. 8 BÜ-RL dynamische Wirkungen von Bezugnahmeklauseln dem Erwerber gegenüber vorsehen können. Die Eröffnung des Charta-Anwendungsbereichs wird zunehmend bezweifelt.[42] Der EuGH hat sich zu dieser Frage in der Rs. *Asklepios* nicht ausdrücklich positioniert.[43]

15.13a

Ob die Mitgliedstaaten ein Recht des Arbeitnehmers zum **Widerspruch gegen den Übergang** des Arbeitsverhältnisses vorsehen können, war lange umstritten. Inzwischen herrscht im Ergebnis Einigkeit, dass eine Regelung, wie sie heute in § 613a Abs. 6 BGB enthalten ist, zulässig ist. Keine Einigkeit besteht allerdings darüber, ob dies aus dem Günstigkeitsprinzip folgt (vgl. Rz. 15.99 f.).

15.14

II. Anwendungsbereich der Betriebsübergangsrichtlinie

Als „wohl wichtigste Frage zur Richtlinie" gilt deren Anwendungsbereich.[44] Gerade insoweit bringt eine zweckorientierte, historisch-rechtsvergleichend informierte Interpretation einigen Aufschluss (vgl. Rz. 15.12).

15.15

---

37 Zum deklaratorischen Charakter der Vorschrift *v. Alvensleben*, Rechte der Arbeitnehmer, S. 168, 264; EAS/*Joussen*, B 7200 Rz. 103.
38 EuGH v. 16.12.1992 – C-132/92, C-138/91 und C-139/91 – Katsikas u.a., Slg. 1992, I-6577 Rz. 40.
39 EAS/*Joussen*, B 7200 Rz. 104.
40 EuGH v. 6.3.2014 – C-458/12 – Amatori, NZA 2014, 423 Rz. 36 ff.
41 So in ständiger Rechtsprechung EuGH v. 6.3.2014 – C-458/12 – Amatori, NZA 2014, 423 Rz. 41.
42 BAG v. 17.6.2015 – 4 AZR 61/14 (A), ArbRB 2016, 67 = NZA 2016, 373 Rz. 54; *Buschmann*, AuR 2017, 87 f.; *Eylert/Schinz*, RdA 2017, 140 (148); *Sagan*, ZESAR 2016, 116 (121); *Wißmann*, RdA 2015, 301 ff.; a.A. aber EuArbR/*Schubert*, Art. 16 GRC Rz. 25; EuArbR/*Schubert*, Art. 51 GRC Rz. 25; EuArbR/*Winter*, Art. 8 RL 2001/23/EG Rz. 6.
43 Anders offenbar *Sagan*, EuZW 2017, 457 (461 Fn. 54) zu EuGH v. 27.4.2017 – C-680/15 und C-681/15 – Asklepios, NZA 2017, 571 Rz. 26; zum Ganzen *Hartmann*, EuZA 2017, 521 (526 f.).
44 *Rebhahn*, RdA 2006, Sonderbeilage zu Heft 6, 4 (6); vgl. auch Schlachter/Heinig/*Krause*, § 7 Rz. 18.

1. Sachlicher Anwendungsbereich

a) Wirtschaftliche Einheit als Gegenstand des Betriebsübergangs

15.16 Für den Gegenstand des Betriebsübergangs stützt sich der EuGH seit Spijkers[45] auf das heute in Anlehnung an diese Judikatur in Art. 1 Abs. 1 Buchst. b BÜ-RL kodifizierte Merkmal der wirtschaftlichen Einheit. Ein Betriebsübergang liegt danach vor, wenn eine **wirtschaftliche Einheit im Sinne einer organisierten Zusammenfassung von Ressourcen zur Verfolgung einer wirtschaftlichen Haupt- und Nebentätigkeit** auf einen anderen Inhaber übergeht. Nicht in den Wortlaut der Richtlinie übernommen wurde die in Teilen präzisere Definition aus der Rs. *Süzen*, in der die Einheit als „eine organisierte Gesamtheit von Personen und Sachen zur Ausübung einer wirtschaftlichen Tätigkeit mit eigener Zielsetzung" bezeichnet wird.[46] Der EuGH hat diese Formulierung aber auch mit Blick auf die aktuell geltende Betriebsübergangsrichtlinie verwendet.[47] Die in Art. 1 Abs. 1 Buchst. a BÜ-RL erwähnten Begriffe Unternehmen, Betrieb sowie Unternehmens- und Betriebsteil werden weder in der Richtlinie noch in der Judikatur näher definiert und spielen in der Praxis für sich genommen keine wesentliche Rolle.[48] Weil der EuGH stets die wirtschaftliche Einheit ins Zentrum stellt, soll von diesem Oberbegriff bei Vorliegen der Voraussetzungen offenbar bereits der Betriebsteil als kleinste Einheit umfasst sein.[49] In der neueren EuGH-Judikatur kommt recht klar zum Ausdruck, dass die wirtschaftliche Einheit bereits vor dem Übergang über eine ausreichende funktionelle Autonomie verfügt haben muss.[50]

15.17 Nach der EuGH-Entscheidung in der Rs. *Süzen* hat sich das BAG auch terminologisch an die europäischen Vorgaben angepasst und orientiert sich inzwischen nicht mehr am Wortlaut des § 613a BGB, sondern ebenfalls am zentralen Begriff des identitätswahrenden Übergangs einer wirtschaftlichen Einheit.[51] Dies ist zu begrüßen, weil der deutsche Betriebsbegriff im allgemeinen arbeitsrechtlichen und betriebsverfassungsrechtlichen Sinn eine andere Funktion hat.[52] Die terminologischen Unterschiede wirken sich jedoch häufig nicht aus.[53] So ist zwar der deutsche Betriebsbegriff auf arbeitstechnische Zwecke bezogen und setzt deshalb nicht zwingend erwerbswirtschaftliche Ziele voraus.[54] Jedoch stellt auch Art. 1 Abs. 1 Buchst. c BÜ-RL ausdrücklich klar, dass die erforderliche wirtschaftliche Tätigkeit nicht mit Erwerbszwecken verbunden sein muss.[55]

15.18 Bei teleologischer Auslegung erweist sich das Tatbestandsmerkmal der wirtschaftlichen Einheit nach verbreiteter und zutreffender Auffassung als eine **Ausprägung des Substratsgedankens**.[56] Es geht also um das Substrat, „an" welchem der Arbeitnehmer seine Arbeitsleistung erbringt. Er-

---

45 EuGH v. 18.3.1986 – 24/85 – Spijkers, Slg. 1986, 1119 Rz. 11 ff.
46 EuGH v. 11.3.1997 – C-13/95 – Süzen, Slg. 1997, I-1259 Rz. 13; s. auch EuGH v. 20.11.2003 – C-340/01 – Abler u.a., Slg. 2003, I-14023 Rz. 30.
47 EuGH v. 15.12.2005 – C-232/04 und C-233/04 – Güney-Görres u.a., Slg. 2005, I-11237 Rz. 32.
48 Besonders deutlich EuGH v. 14.4.1994 – C-392/92 – Christel Schmidt, Slg. 1994, I-1311 Rz. 17; vgl. auch EuArbR/*Winter*, Art. 1 RL 2001/23/EG Rz. 8.
49 Schlachter/Heinig/*Krause*, § 7 Rz. 21; *Riesenhuber*, Europäisches Arbeitsrecht, § 24 Rz. 22; Willemsen/Hohenstatt/Schweibert/Seibt/*Willemsen*, Umstrukturierung und Übertragung, Rz. G36.
50 EuGH v. 6.9.2011 – C-108/10 – Scattolon, Slg. 2011, I-7491 Rz. 51; v. 6.3.2014 – C-458/12 – Amatori, NZA 2014, 423 Rz. 32; dazu Schlachter/Heinig/*Krause*, § 7 Rz. 20.
51 BAG v. 22.5.1997 – 8 AZR 101/96, NZA 1997, 1050 (1052); s. dazu *Sieg/Maschmann*, Unternehmensumstrukturierung, Rz. 30.
52 S. auch ErfK/*Preis*, § 613a BGB Rz. 5.
53 Vgl. Willemsen/Hohenstatt/Schweibert/Seibt/*Willemsen*, Umstrukturierung und Übertragung, Rz. G36.
54 Zum deutschen Betriebsbegriff als allgemeinem Rechtsbegriff Richardi/*Richardi*, BetrVG, 16. Aufl. 2018, § 1 Rz. 16 ff.
55 S. auch *Sieg/Maschmann*, Unternehmensumstrukturierung, Rz. 44.
56 *Annuß*, NZA 1998, 70 (71 f.); EAS/*Joussen*, B 7200 Rz. 4.

forderlich ist eine Organisationsstruktur, in der Ressourcen wie Personal oder Sachen in charakteristischer Zusammensetzung zur Verfolgung spezifischer wirtschaftlicher Zwecke gebündelt sind.

Weil der Schutzzweck der Richtlinie eine arbeitsplatzbezogene Sichtweise erfordert, steht nicht entgegen, dass der jeweils verfolgte Zweck für das übertragende Unternehmen nur von untergeordneter Bedeutung ist und nicht in einem notwendigen Zusammenhang mit dem Unternehmenszweck steht (**„Haupt- oder Nebenzweck"**).[57] Die insoweit häufig erforderliche Abgrenzung zur Auftrags- oder Funktionsnachfolge wird herkömmlich als Problem der Identitätswahrung eingeordnet (vgl. Rz. 15.47 ff.). Jedoch stellt sich in den einschlägigen Fällen häufig bereits die Frage, ob eine wirtschaftliche Einheit als tauglicher Gegenstand eines Betriebsübergangs vorliegt.[58]

15.19

Seit langem ist anerkannt, dass die wirtschaftliche Einheit **auf Dauer angelegt** sein muss und sich nicht auf die Ausführung eines bestimmten Vorhabens beschränken darf. So hat der EuGH bereits 1995 in der Rs. *Rygaard* den Anwendungsbereich der Richtlinie nicht als eröffnet gesehen, wenn bereits beim Veräußerer keine dauerhaft eingerichteten Arbeitsplätze bestanden.[59]

15.20

Die früher in Art. 1 Abs. 3 BÜ-RL a.F. enthaltene Bereichsausnahme für **Seeschiffe** ist durch Art. 5 Richtlinie 2015/1794/EG[60] erheblich abgeschwächt worden. Der Anwendungsbereich ist nunmehr auch beim Inhaberwechsel eines Seeschiffes eröffnet, wenn dieses nicht isoliert, sondern als Teil eines Betriebs übergeht. Räumlich muss sich entweder der Erwerber im Geltungsbereich des AEUV befinden oder der Übertragungsgegenstand dort verbleiben. Da Seeschiffe für gewöhnlich ohne Übernahme der Besatzung veräußert werden, ist die Änderung durchaus von praktischer Relevanz.[61] Einzuordnen ist sie zum einen in den Kontext einer internationalen Stärkung der Arbeitnehmerrechte im Bereich der Seefahrt.[62] Zum anderen ist die Änderung offenbar Ausdruck einer gestiegenen Bedeutung der Unionsgrundrechte.[63]

15.20a

Das BAG ging bislang davon aus, dass die **Veräußerung eines einzelnen Schiffes** an sich einen Betriebs(teil)übergang darstelle und berief sich für dieses Ergebnis nicht zuletzt darauf, dass andernfalls kein Anlass für die im deutschen Recht nicht umgesetzte Bereichsausnahme des Art. 1 Abs. 3 BÜ-RL a.F. bestanden hätte.[64] Die Grundlage für diese Argumentation ist nunmehr weggefallen.[65] Als weitergehender Schutz i.S.d. Art. 8 BÜ-RL ist der gänzliche Verzicht auf eine Bereichsausnahme für Seeschiffe aus unionsrechtlicher Sicht auch weiterhin möglich.[66]

15.20b

b) Übergang auf einen anderen Inhaber

Ein Übergang i.S.d. Art. 1 Abs. 1 Buchst. a und b BÜ-RL erfordert nach der Rechtsprechung des EuGH einen **Wechsel in der für den Betrieb des Unternehmens verantwortlichen natürlichen oder juristischen Person**, die den Beschäftigten gegenüber die Arbeitgeberverpflichtungen eingeht.[67]

15.21

---

57 EuGH v. 12.11.1992 – C-209/91 – Watson Rask und Christensen, Slg. 1992, I-5755 Rz. 17; v. 14.4.1994 – C-392/92 – Christel Schmidt, Slg. 1994, I-1311 Rz. 14.
58 Zustimmend Schlachter/Heinig/*Krause*, § 7 Rz. 27.
59 EuGH v. 19.9.1995 – C-48/94 – Rygaard, Slg. 1995, I-2745 Rz. 19 ff.
60 Eingehend zur Entstehungsgeschichte EuArbR/*Winter*, Art. 1 RL 2001/23/EG Rz. 118.
61 *Noltin*, RdTW 2017, 1 (7).
62 Näher dazu EuArbR/*Winter*, Art. 1 RL 2001/23/EG Rz. 117.
63 Vgl. den Hinweis von ErwGr. 17 der Richtlinie 2015/1794/EU auf Art. 27, 31 GRC und dazu EuArbR/*Winter*, Vor Art. 1 RL 2001/23/EG Rz. 21.
64 BAG v. 18.3.1997 – 3 AZR 729/95, NZA 1998, 97 (99).
65 *Noltin*, RdTW 2017, 1 (7).
66 Vgl. den Hinweis auf Art. 8 BÜ-RL bereits in BAG v. 2.3.2006 – 8 AZR 147/05, NZA 2006, 1105 Rz. 14.
67 St. Rspr., s. nur EuGH v. 17.12.1987 – 287/86 – Ny Mølle Kro, Slg. 1987, 5465 Rz. 12; v. 10.12.1998 – C-173/96 und C-247/96 – Hidalgo u.a., Slg. 1998, I-8237 Rz. 23.

Diese Formel ist insofern missverständlich, als die entsprechenden Erwerberpflichten erst die Rechtsfolge eines Betriebsübergangs bilden.[68] Deshalb stellt man vor allem auf den ersten Teil der Definition ab und verlangt einen Wechsel in der Betriebsinhaberschaft.[69] Erforderlich ist aber jedenfalls, dass die verantwortliche Person die wirtschaftliche Einheit nicht nur nach außen hin nutzt,[70] sondern zugleich (ggf. durch Einsatz weisungsgebundener Dritter) der Belegschaft gegenüber faktisch als Arbeitgeberin auftritt.[71] Auf einen Wechsel in den Eigentumsverhältnissen kommt es nicht an, weil sich die betroffenen Arbeitnehmer auch ohne Eigentumsübertragung in einer „vergleichbaren Lage wie die Arbeitnehmer eines veräußerten Unternehmens" befinden können.[72] Bereits die Begründung des Kommissionsentwurfs nennt als Anwendungsfälle der geplanten Richtlinie neben der Eigentumsübertragung auch Vermietung, Verpachtung und Nießbrauchbestellung.[73] Umgekehrt genügt der Eigentümerwechsel für sich genommen nicht, wenn wie etwa bei der Sicherungsübereignung der Veräußerer die Arbeitgeberfunktion behält.[74] In der Übernahme von Gesellschaftsanteilen am Unternehmen des Arbeitgebers oder der Ausübung gesellschaftsrechtlicher Herrschaftsmacht liegt kein Übergang im Sinne der Betriebsübergangsrichtlinie, da in dem Fall keine Übernahme des Betriebes durch einen „neuen" Arbeitgeber erfolgt.[75]

15.22 Der **Zeitpunkt des Übergangs** fällt mit dem Wechsel in der Verantwortlichkeit für Betriebsleitung und Arbeitgeberverpflichtungen zusammen (vgl. Rz. 15.77). Wegen des zwingenden Charakters des Betriebsübergangsrechts können die Parteien diesen Zeitpunkt nicht nach eigenem Gutdünken bestimmen.[76] Andernfalls könnten Veräußerer und Erwerber beispielsweise die Haftungsverhältnisse verändern oder erreichen, dass der Betrieb oder Betriebsteil noch vor einer Tariferhöhung auf einen nicht tarifgebundenen Erwerber übergeht.[77] Dies wäre mit dem Schutzzweck der Richtlinie unvereinbar. Allerdings kommt es für den Übergangszeitpunkt nicht notwendig auf das Wirksamwerden einer dinglichen Übertragung der Betriebsmittel an, so dass Veräußerer und Erwerber diesen Zeitpunkt durch eine vorgelagerte oder nachfolgende Übertragung der Nutzungsbefugnis an den wesentlichen Betriebsmitteln und Übertragung der Leitungsmacht über die betroffene betriebliche Einheit gestalten können.

15.23 Nach der Rechtsprechung des EuGH **müssen Veräußerer und Erwerber nicht unabhängig voneinander sein**.[78] Der Tatbestand eines Betriebsübergangs kann also auch dann erfüllt sein, wenn die Übertragung etwa zwischen zwei Tochtergesellschaften desselben Konzerns[79] oder zwischen Konzernmutter und -tochter[80] erfolgt. Der EuGH sieht in Konzernverhalten mitunter sogar ein besonderes Schutzbedürfnis der betroffenen Arbeitnehmer, wie etwa die für den Tatbestand des Betriebsübergangs in der Rs. *Albron* entwickelte Figur des nichtvertraglichen Arbeitgebers zeigt (vgl. Rz. 15.62 ff.).

c) Erfasste Übertragungsformen

15.24 Nach ihrem deutschen Wortlaut umfasst die Richtlinie Inhaberwechsel durch vertragliche Übertragungen und Verschmelzungen (Art. 1 Abs. 1 Buchst. a BÜ-RL). Ausdrücklich ausgeschlossen sind

---

68 Vgl. Schlachter/Heinig/*Krause*, § 7 Rz. 30.
69 Schlachter/Heinig/*Krause*, § 7 Rz. 30.
70 Vgl. BAG v. 25.1.2018 – 8 AZR 309/16, NZA 2018, 933 Rz. 56.
71 Teils abweichend Schlachter/Heinig/*Krause*, § 7 Rz. 30.
72 EuGH v. 17.12.1987 – 287/86 – Ny Mølle Kro, Slg. 1987, 5465 Rz. 12.
73 Erläuterung zu Art. 1 des Richtlinienvorschlags, abgedruckt in: RdA 1975, 124.
74 *Thüsing*, Europäisches Arbeitsrecht, § 5 Rz. 30.
75 S. nur BAG v. 23.3.2017 – 8 AZR 91/15, NZA 2017, 981 Rz. 22 m.w.N.
76 EuGH v. 14.11.1996 – C-305/94 – Rotsart de Hertaing, Slg. 1996, I-5927 Rz. 22 ff.; v. 26.5.2005 – C-478/03 – Celtec, Slg. 2005, I-4389 Rz. 39 ff.
77 S. für diese Beispiele Sieg/*Maschmann*, Unternehmensumstrukturierung, Rz. 105.
78 Näher dazu Schlachter/Heinig/*Krause*, § 7 Rz. 33.
79 EuGH v. 2.12.1999 – C-234/98 – Allen u.a., Slg. 1999, I-8643 Rz. 17 ff.
80 EuGH v. 6.3.2014 – C-458/12 – Amatori, NZA 2014, 423 Rz. 47 ff.

nach Art. 1 Abs. 1 Buchst. c BÜ-RL die Übertragung von Aufgaben im Zuge einer Umstrukturierung von Verwaltungsbehörden und die Übertragung von Verwaltungsaufgaben von einer Behörde auf eine andere. Art. 11 RL 82/891/EWG erweitert den Anwendungsbereich auf die Spaltung von Aktiengesellschaften.

Im deutschen Recht verlangt § 613a BGB parallel dazu einen Übergang durch **Rechtsgeschäft**. § 324 UmwG regelt die Anwendung von § 613a BGB bei Verschmelzung, Spaltung und Vermögensübertragung.

15.25

aa) Vertragliche Übertragung

Der Begriff „vertragliche Übertragung" in der deutschen Fassung ist irreführend. Da sich nicht nur die mitgliedstaatlichen Privatrechtsordnungen, sondern auch die verschiedenen Sprachfassungen der Richtlinie substantiell unterscheiden (in der englischen Fassung ist etwa von *„legal transfer"* die Rede),[81] misst der **EuGH** dem **Wortlaut** zu Recht keine entscheidende Bedeutung bei.[82] Vielmehr entscheidet er über die Anwendung nach dem Zweck der Betriebsübergangsrichtlinie, die Arbeitnehmer bei einer Übertragung ihres Unternehmens zu schützen.[83] Dabei hat der Gerichtshof das Merkmal freilich so weit ausgedehnt, dass es kaum noch eine einschränkende Wirkung entfaltet.

15.26

Eine vertragliche Beziehung zwischen den am Wechsel beteiligten Inhabern ist keine Voraussetzung. In der Rs. *Jouini* lässt es der EuGH ausreichen, dass unabhängig von der konkreten Form ein **gemeinsamer Wille** von altem und neuem Inhaber für einen Wechsel zum Ausdruck kommt.[84] Auch ist eine unmittelbare Beziehung zwischen den Beteiligten keine Notwendigkeit für einen Betriebsübergang. So ist beispielsweise die Nachfolge in ein Pachtverhältnis ausreichend.[85] Unschädlich ist es, wenn die Übertragung in mehreren Schritten erfolgt.[86] In **Backsourcing**-Konstellationen soll die Kündigung[87] oder bloße Nichtverlängerung[88] des Vertrags mit dem externen Dienstleister ausreichen. Mittlerweile hat der EuGH sogar jegliche rechtsgeschäftliche Komponente für entbehrlich erklärt. In *Redmond Stichting* hat er einen Betriebsübergang für den Fall bejaht, dass staatliche Subventionen an eine Stiftung eingestellt und im Anschluss an eine andere Stiftung zu einem ähnlichen Zweck gewährt werden.[89] Unter Berufung auf dieses Urteil nimmt der EuGH Betriebsübergänge auch bei einseitigen **staatlichen Verwaltungsentscheidungen** an.[90] Gleiches gilt für die Neuvergabe eines Auftrags im Rahmen einer öffentlichen Ausschreibung.[91] Mit dem Urteil in der Rs. *Scattolon* ist eine weitere Barriere gefallen: Im Ausgangsfall erfolgte der Übergang der Arbeitsverhältnisse unmittelbar **durch Gesetz**. Auch dies hindert aus Sicht des EuGH die Annahme einer „vertraglichen Übertragung" nicht. Zur Begründung verweist der Gerichtshof lediglich auf frühere

15.27

---

81 Zu beiden Aspekten *Riesenhuber*, Europäisches Arbeitsrecht, § 24 Rz. 41.
82 Grundlegend EuGH v. 7.2.1985 – 153/83 – Abels, Slg. 1985, 469 Rz. 11 ff.
83 Exemplarisch EuGH v. 13.9.2007 – C-458/05 – Jouini, Slg. 2007, I-7301 Rz. 24.
84 EuGH v. 13.9.2007 – C-458/05 – Jouini, Slg. 2007, I-7301 Rz. 24.
85 EuGH v. 10.2.1988 – 324/86 – Daddy's Dance Hall, Slg. 1988, 739 Rz. 10; vgl. auch v. 17.12.1987 – 287/86 – Ny Mølle Kro, Slg. 1987, 5465 Rz. 12 ff. (Kündigung des Pachtvertrags und Übernahme durch den Verpächter/Eigentümer).
86 So EuGH v. 15.6.1988 – 101/87 – Bork, Slg. 1988, 3057 Rz. 14 für den Fall eines beendeten Mietvertrags und einer anschließenden Veräußerung an einen Dritten durch den Eigentümer.
87 EuGH v. 20.1.2011 – C-463/09 – CLECE, Slg. 2011, I-95 Rz. 31; s. dazu Hartmann, EuZA 2011, 329 (337 f.).
88 EuGH v. 26.11.2015 – C-509/14 – Aira Pascual u.a., NZA 2016, 31 Rz. 30; s. dazu Forst, ZESAR 2016, 192 (196 f.).
89 EuGH v. 19.5.1992 – C-29/91 – Redmond Stichting, Slg. 1992, I-3189 Rz. 15 ff.
90 EuGH v. 14.9.2000 – C-343/98 – Collino und Chiappero, Slg. 2000, I-6659 Rz. 34; v. 29.7.2010 – C-151/09 – UGT-FSP, Slg. 2010, I-7591 Rz. 21 ff.
91 EuGH v. 19.10.2017 – C-200/16 – Securitas, NZA 2017, 1379 Rz. 23 f.

Entscheidungen wie *Redmond Stichting*, in denen es für ausreichend erachtet wurde, dass der Übergang auf einer einseitigen Entscheidung staatlicher Stellen beruhte.[92] In welcher Form die staatliche Entscheidung getroffen wird, soll also offenbar keine Rolle spielen.

15.28 Damit stellt sich die Frage, welche Funktion dem Erfordernis einer vertraglichen Übertragung überhaupt noch zukommen soll. Entgegen mancher Kritik, die eine mangelnde Differenzierungskraft des Merkmals in der Auslegung durch den EuGH beklagt,[93] ist dem **teleologischen Ansatz des EuGH** im Grundsatz zuzustimmen. Bei zweckorientierter Richtlinienauslegung ergibt sich allerdings zumindest das Erfordernis, dass der Übergang **nicht gegen den Willen des bisherigen Inhabers** erfolgt. Werden etwa Mitarbeiter einseitig abgeworben, liegt es nahe, dass der frühere Arbeitgeber seine Strukturen wiederherstellt, so dass die Arbeitsplätze erhalten bleiben. Ein Übergang der verbleibenden Arbeitsverhältnisse kraft Gesetzes wäre hier nicht mit dem Richtlinienzweck vereinbar.[94]

15.29 Aus dem Merkmal des Übergangs „durch Rechtsgeschäft" in § 613a BGB leitet auch das **BAG** nur minimale Anforderungen ab. Allerdings soll § 613a BGB nicht unmittelbar auf den Inhaberwechsel durch Gesetz oder Hoheitsakt anwendbar sein.[95] Entsprechend ging das BAG bislang davon aus, dass die Übertragung durch Gesetz keinen Betriebsübergang begründe.[96] Im Hinblick auf die Rs. *Scattolon* werden die Übertragungsgesetze an der Richtlinie zu messen und gegebenenfalls richtlinienkonform auszulegen sein.[97]

bb) Verschmelzung

15.30 Der Begriff der Verschmelzung ist in der Richtlinie selbst nicht näher bestimmt. Allerdings lässt sich schon aus entstehungsgeschichtlichen Gründen (vgl. Rz. 15.2) die Definition aus anderen Richtlinien – insbesondere der Richtlinie 78/855/EWG und der Verschmelzungsrichtlinie – übernehmen.[98] Regelmäßig liegt im Falle einer Verschmelzung wegen der hierzu erforderlichen Rechtsgeschäfte zugleich auch eine vertragliche Übertragung vor, so dass die Regelung einen **klarstellenden Charakter** aufweist.[99]

15.31 **Voraussetzung** für eine Verschmelzung ist, dass eine oder mehrere Gesellschaften ihr Vermögen durch Auflösung ohne Abwicklung auf eine bestehende (Art. 3 Abs. 1 RL 78/855/EWG) oder eine neu gegründete Gesellschaft (Art. 4 Abs. 1 RL 78/855/EWG) übertragen. Im Gegenzug erhalten die Aktionäre der übertragenen Gesellschaft(en) Aktien an der übernehmenden Gesellschaft und gegebenenfalls eine Zuzahlung, die 10 % nicht übersteigt.

---

92 EuGH v. 6.9.2011 – C-108/10 – Scattolon, Slg. 2011, I-7491 Rz. 63 ff. unter Verweis u.a. auf EuGH v. 19.5.1992 – C-29/91 – Redmond Stichting, Slg. 1992, I-3189 Rz. 15 ff.; dazu *Steffan*, NZA 2012, 473 (474).
93 S. etwa *Jöst*, Der Betriebsübergang, S. 36 ff.; *Wank*, FS 50 Jahre BAG, S. 245 (253).
94 S. bereits *Hartmann*, EuZA 2011, 329 (337 f.); ähnlich *Joost*, FS Kraft, S. 281 (286); Willemsen/Hohenstatt/Schweibert/Seibt/*Willemsen*, Umstrukturierung und Übertragung, Rz. G 44.
95 So in einem obiter dictum BAG v. 18.8.2011 – 8 AZR 230/10, ArbRB 2012, 9 = NZA 2012, 267 Rz. 27.
96 S. dazu die Entscheidungen BAG v. 2.3.2006 – 8 AZR 124/05, ArbRB 2006, 203 = NZA 2006, 848 Rz. 24 ff. sowie v. 28.9.2006 – 8 AZR 441/05, AP Nr. 26 zu § 419 BGB Funktionsnachfolge, jeweils zur gesetzlichen Überleitung von Arbeitsverhältnissen auf die „Stiftung Oper in Berlin". Vgl. aber auch BVerfG v. 25.1.2011 – 1 BvR 1741/09, ArbRB 2011, 66 = NZA 2011, 400 Rz. 71 ff. zum verfassungsrechtlichen Erfordernis eines Widerspruchsrechts, wenn die gesetzliche Übertragung auf einen anderen öffentlichen Träger der Vorbereitung einer Privatisierung dient.
97 Eingehend dazu EuArbR/*Winter*, Art. 1 RL 2001/23/EG Rz. 40 ff.
98 *v. Alvensleben*, Rechte der Arbeitnehmer, S. 204 und EAS/*Joussen*, B 7200 Rz. 20 Fn. 73 erweitern den Verschmelzungsbegriff, der nur Aktiengesellschaften umfasst, auf entsprechende Vorgänge unabhängig von der jeweiligen Rechtsform.
99 *v. Alvensleben*, Rechte der Arbeitnehmer, S. 208; EAS/*Joussen*, B 7200 Rz. 20.

Der Verschmelzung gleichgestellt sind Vorgänge, bei denen die Zuzahlung 10 % übersteigt, und solche, bei denen nicht alle übertragenen Gesellschaften aufgelöst werden (Art. 30 f. RL 78/855/EWG). Im Fall der Spaltung ist eine Anwendung der Betriebsübergangsrichtlinie auch für gleichgestellte Maßnahmen angeordnet. Gleiches sollte für die Verschmelzung gelten.

cc) Spaltung

Art. 11 der Aktiengesellschafts-Spaltungsrichtlinie 82/891/EWG erklärt im Fall einer Spaltung die Betriebsübergangsrichtlinie 77/187/EWG für anwendbar. Art. 12 Abs. 2 BÜ-RL stellt klar, dass dies als Verweis auf die aktuelle Richtlinie gilt.

Spiegelbildlich zur Verschmelzung setzt eine Spaltung die Übertragung des gesamten Vermögens einer Aktiengesellschaft im Wege der Gesamtrechtsnachfolge auf mehrere Gesellschaften, die Auflösung der übertragenen Gesellschaft ohne Abwicklung und das Einräumen von Aktien der übernehmenden Gesellschaften an die Aktionäre der übertragenden Gesellschaften voraus, wobei eine Zuzahlung von 10 % gestattet ist (Art. 1, 2, 21 RL 82/891/EWG). Dabei können die übernehmenden Gesellschaften bereits bestehen (Art. 2 RL 82/891/EWG) oder neu gegründet werden (Art. 21 RL 82/891/EWG).[100]

Vorgänge, bei denen die Zuzahlung 10 % übersteigt, und solche, bei denen die gespaltene Gesellschaft nicht aufgelöst wird, sind der Spaltung gleichgestellt (Art. 24 f. RL 82/891/EWG). Der Verweis in Art. 11 RL 82/891/EWG gilt ebenfalls für gleichgestellte Maßnahmen, so dass die Betriebsübergangsrichtlinie Anwendung findet.

d) Wahrung der Identität

Von zentraler Bedeutung für die tatbestandliche Konturierung des Betriebsübergangs ist die Voraussetzung, dass die auf den neuen Inhaber übergehende wirtschaftliche Einheit ihre Identität wahren muss. Der **soziale Schutzzweck** der Betriebsübergangsrichtlinie ist nur einschlägig, wenn die wirtschaftliche Einheit in ihrer charakteristischen Zusammensetzung auch beim Erwerber das Substrat der jeweiligen Arbeitsverhältnisse bildet. Mit seinen Vorgaben zur Präzisierung des Identitätskriteriums hat der EuGH immer wieder heftige Diskussionen ausgelöst.

aa) Kriterienbündel in Form eines beweglichen Systems als Ansatz des EuGH

Seit der Entscheidung in der Rs. *Spijkers* aus dem Jahr 1986 beurteilt der EuGH die Identitätswahrung aufgrund einer **einzelfallbezogenen Gesamtbetrachtung**, wobei sämtliche den betreffenden Vorgang kennzeichnenden Tatsachen zu berücksichtigen sein sollen. Hierzu hat die Rechtsprechung einen **Sieben-Punkte-Katalog** entwickelt, der die aus Sicht des Gerichtshofs wesentlichen Punkte enthält. Dazu zählen „namentlich

- die Art des betreffenden Unternehmens oder Betriebs,
- der Übergang oder Nichtübergang der materiellen Aktiva wie Gebäude und bewegliche Güter,
- der Wert der immateriellen Aktiva zum Zeitpunkt des Übergangs,
- die Übernahme oder Nichtübernahme der Hauptbelegschaft durch den neuen Inhaber,
- der Übergang oder Nichtübergang der Kundschaft,
- der Grad der Ähnlichkeit zwischen der vor und der nach dem Übergang verrichteten Tätigkeit sowie
- die Dauer einer eventuellen Unterbrechung dieser Tätigkeit".[101]

---

100 *Grundmann*, Europäisches Gesellschaftsrecht, 2. Aufl. 2011, S. 527.
101 EuGH v. 18.3.1986 – 24/85 – Spijkers, Slg. 1986, 1119 Rz. 13.

15.38 Ausdrücklich betont der EuGH, dass diese sieben Merkmale „nur Teilaspekte der vorzunehmenden globalen Bewertung sind und deshalb nicht isoliert beurteilt werden können".[102] In methodischer Hinsicht bedient er sich dabei eines **beweglichen Systems**.[103] Bereits deshalb müssen nicht stets bestimmte oder gar alle Indizien erfüllt sein. Im Übrigen stehen die genannten Kriterien ohnehin keineswegs gleichrangig nebeneinander. Teilweise kommt ihnen nur eine Hilfsfunktion bei der Anwendung der übrigen Merkmale zu. So spricht etwa die jeweilige Art des betreffenden Betriebs oder Unternehmens bei isolierter Betrachtung weder für noch gegen einen Betriebsübergang. Jedoch ist der Charakter der ausgeübten Tätigkeit ebenso wie die angewandten Produktions- und Betriebsmethoden maßgeblich für die Gewichtung der weiteren Kriterien.[104]

15.38a Bei der Frage nach dem **tauglichen Gegenstand** für einen Betriebsübergang verwendet der EuGH gelegentlich einen Katalog von **fünf Kriterien** (Personal, Führungskräfte, Arbeitsorganisation, Betriebsmethoden, Betriebsmittel).[105] Wegen des Sachzusammenhangs sind diese Merkmale auch für die Frage der Identitätswahrung von Belang.[106] Dass die Arbeitsorganisation kein ausdrücklicher Bestandteil des Sieben-Punkte-Katalogs aus der Rs. *Spijkers* ist, sollte schon deshalb nicht überbewertet werden, weil der EuGH gelegentlich beide Kataloge nebeneinander zur Anwendung bringt.[107]

15.39 Der Umstand, dass der Sieben-Punkte-Katalog des EuGH über mehr als ein Vierteljahrhundert hinweg alle Umbrüche der Judikatur überdauert hat, spiegelt sowohl dessen Stärken als auch dessen Schwächen wider. Einerseits enthält das Kriterienbündel unbestreitbar Indizien, mit deren Hilfe sich der Begriff des Betriebsübergangs konkretisieren lässt. Zudem weist die betriebliche Lebenswirklichkeit eine so große Bandbreite an Organisationsstrukturen auf, dass es illusorisch wäre, für alle Arten der Warenproduktion und Dienstleistung ein einziges äußerliches Kriterium zu benennen. Andererseits führt die vom EuGH geforderte „Gesamtwürdigung"[108] zu einer mit Recht kritisierten tatbestandlichen Offenheit, die in besonderer Weise die **Gefahr richterlichen Dezisionismus** in sich birgt.[109]

15.40 Die notwendige tatbestandliche Verdichtung ist nur zu erreichen, wenn die Elemente des Kriterienbündels im Rahmen einer **teleologischen Auslegung** auf den Grundgedanken der Regelung zurückgeführt werden.[110] Die Betriebsübergangsrichtlinie soll verhindern, dass der Erwerber die übernommene Struktur neu personalisiert und damit der Sache nach eine sonst nicht zulässige Austauschkündigung vornimmt (vgl. Rz. 15.12). Die in Deutschland verbreitete Redeweise, es müsse sich der Erwerber „ins gemachte Bett" gelegt haben,[111] weist zwar für sich genommen noch keine allzu große Differenzierungskraft auf, ist aber als Kriterium im Rahmen einer Evidenzkontrolle durchaus hilfreich.

---

102 EuGH v. 18.3.1986 – 24/85 – Spijkers, Slg. 1986, 1119 Rz. 13.
103 Zutreffend *Riesenhuber*, Europäisches Arbeitsrecht, § 24 Rz. 26.
104 EuGH v. 11.3.1997 – C-13/95 – Süzen, Slg. 1997, I-1259 Rz. 14, 18.
105 EuGH v. 11.3.1997 – C-13/95 – Süzen, Slg. 1997, I-1259 Rz. 15; v. 2.12.1999 – C-234/98 – Allen u.a., Slg. 1999, I-8643 – Rz. 27; v. 20.1.2011 – C-463/09 – CLECE, Slg. 2011, I-95 Rz. 41.
106 Schlachter/Heinig/*Krause*, § 7 Rz. 37.
107 Schlachter/Heinig/*Krause*, § 7 Rz. 37 unter Hinweis u.a. auf EuGH v. 11.3.1997 – C-13/95 – Süzen, Slg. 1997, I-1259 Rz. 14 f.; v. 2.12.1999 – C-234/98 – Allen u.a., Slg. 1999, I-8643 Rz. 26 f.; EuGH v. 20.1.2011 – C-463/09 – CLECE, Slg. 2011, I-95 Rz. 34, 41.
108 S. etwa EuGH v. 12.2.2009 – C-466/07 – Klarenberg, Slg. 2009, I-803 Rz. 49.
109 Zutreffend *Sieg/Maschmann*, Unternehmensumstrukturierung, Rz. 39.
110 Eindringlich *Willemsen*, NZA 2017, 953 (958).
111 BAG v. 6.4.2006 – 8 AZR 249/04, ArbRB 2006, 294 = NZA 2006, 1039 Rz. 26; v. 24.8.2006 – 8 AZR 317/05, NZA 2007, 1287 Rz. 55; nicht erwähnt allerdings in v. 25.8.2016 – 8 AZR 53/15, ArbRB 2017, 38 = NZA-RR 2017, 123 und dazu krit. *Willemsen*, NZA 2017, 953 (958); für die Redeweise vom „gemachten Bett" aus der Literatur etwa ErfK/*Preis*, § 613a BGB Rz. 5; *Fuhlrott*, NZA 2013, 183; vgl. auch *Jochums*, NJW 2005, 2580 (2585).

bb) Differenzierung zwischen betriebsmittelarmen und betriebsmittelreichen Branchen

Eine gewisse Strukturierung erhält die erforderliche Gesamtabwägung durch die zentrale Rolle, die der EuGH dem **Verhältnis von Arbeitskraft und sonstigen Produktionsmitteln** bei der Anwendung des Sieben-Punkte-Katalogs beimisst. Der EuGH betont, dass die relevanten Kriterien je nach ausgeübter Tätigkeit und auch nach den jeweils angewendeten Produktions- oder Betriebsmethoden ein jeweils unterschiedliches Gewicht besitzen. In Branchen, in denen es im Wesentlichen auf die menschliche Arbeitskraft ankommt, soll die Wahrung der wirtschaftlichen Identität davon abhängen, dass der Erwerber die Hauptbelegschaft übernimmt. Handelt es sich hingegen um eine Tätigkeit, für die es im Wesentlichen auf die Ausrüstung ankommt, könne der Tatbestand eines Betriebsübergangs auch ohne Personalübernahme erfüllt sein.[112] Folglich differenziert der EuGH im Rahmen der Identitätswahrung danach, ob es sich um einen betriebsmittelarmen oder einen betriebsmittelreichen Betrieb handelt.

15.41

Ein **Übergewicht der menschlichen Arbeitskraft** hat der EuGH bislang vor allem im **Reinigungs-**[113] und **Bewachungsgewerbe**[114] mit der Folge anerkannt, dass bereits die Übernahme wesentlicher Personalteile den Tatbestand eines Betriebsübergangs erfüllen kann. Ein Gegenbeispiel aus der Rechtsprechung bildet der Wechsel großer Teile einer Belegschaft von Busfahrern zu einem neuen Arbeitgeber. Weil etwa der **Busverkehr** „in erheblichem Umfang Material und Einrichtungen erfordert", lehnt der EuGH einen Betriebsübergang nur auf der Grundlage der Personalübernahme ab.[115] Problematisch sind insbesondere Konstellationen, in denen zwar einerseits eine Dienstleistung erbracht wird, hierfür aber andererseits Anlagen und Maschinen von hohem Wert oder großer Komplexität eine Rolle spielen. Ein Grenzfall dürfte etwa die **Sicherheitskontrolle am Flughafen** mit Hilfe von Torbogensonden, Durchleuchtungsgeräten usw. sein. In *Güney-Görres*[116] (vgl. Rz. 15.51) thematisiert der EuGH nicht näher, dass dem geschulten Sicherheitspersonal eine mindestens vergleichbare Bedeutung wie den Anlagen zukommt.[117]

15.42

Das BAG hat etwa mit Blick auf den Rettungsdienst anerkannt, dass es **Mischkonstellationen** gibt, bei denen den persönlichen und sächlichen Ressourcen eine gleichermaßen zentrale Bedeutung zukommt. In diesen Fällen kann ein Betriebsübergang demnach bereits zu verneinen sein, wenn Betriebsmittel nur aus einer dieser Kategorien übernommen werden.[118] Die bloße Tatsache, dass beide Arten von Ressourcen unabdingbar für den angestrebten Erfolg sind, enthebt den Rechtsanwender aber nicht von einer wertenden Betrachtung dieser Faktoren.[119] Ungeklärt ist in diesem Zusammenhang insbesondere die Frage, welche Rolle es spielt, wenn bestimmte Betriebsmittel (z.B. Rettungsfahrzeuge) leichter **austauschbar** sind als andere (z.B. qua-

15.43

---

112 EuGH v. 26.11.2015 – C-509/14 – Aira Pascual u.a., NZA 2016, 31 Rz. 34 ff.; v. 19.10.2017 – C-200/16 – Securitas, NZA 2017, 1379 Rz. 28 ff.; vgl. hierzu auch *Steffan*, NZA 2018, 154 ff.
113 EuGH v. 10.12.1998 – C-127/96, C-229/96 und C-74/97 – Hernández Vidal u.a., Slg. 1998, I-8179 Rz. 30 ff.; v. 24.1.2002 – C-51/00 – Temco, Slg. 2002, I-969 Rz. 26.
114 EuGH v. 10.12.1998 – C-173/96 und C-247/96 – Hidalgo u.a., Slg. 1998, I-8237 Rz. 30 ff.; v. 11.7.2018 – C-60/17 – Somoza Hermo, NZA 2018, 1053 Rz. 35.
115 EuGH v. 25.1.2001 – C-172/99 – Oy Liikenne, Slg. 2001, I-745 insb. Rz. 39; vgl. auch v. 9.9.2015 – C-160/14 – Ferreira da Silvo e Brito u.a., EuZW 2016, 111 Rz. 29 ff. für die Übernahme von Flugzeugen und anderen Gerätschaften im Flugverkehr; anders v. 2.12.1999 – C-234/98 – Allen u.a., Slg. 1999, I-8643 Rz. 30 für Streckenvortriebsarbeiten im Kohlebergbau, wenn der Zecheneigentümer die erforderlichen Gerätschaften stellt.
116 EuGH v. 15.12.2005 – C-232/04 und C-233/04 – Güney-Görres u.a., Slg. 2005, I-11237.
117 Schlachter/Heinig/*Krause*, § 7 Rz. 42 führt dies auf die inhaltliche Beschränkung der Vorlagefragen zurück. Zutreffend bezeichnen *Willemsen/Müntefering*, NZA 2006, 1185 (1191), die parallele Sachverhaltsgestaltung in BAG v. 13.6.2006 – 8 AZR 271/05, ArbRB 2006, 327 = NZA 2006, 1101 als „ausgesprochenen Grenzfall".
118 BAG v. 25.8.2016 – 8 AZR 53/15, ArbRB 2017, 38 = NZA-RR 2017, 123 Rz. 33 ff.
119 *Willemsen*, NZA 2017, 953 (959).

lifiziertes Rettungspersonal). Das BAG hat diesen Punkt zwar gesehen,[120] sich hierzu aber noch nicht eindeutig positioniert und auch auf eine Vorlage verzichtet.

15.44 Die häufig vorgebrachte Kritik, es grenze bei personalintensiven Betrieben an einen **Zirkelschluss**, aus der Übernahme von Belegschaftsteilen den gesetzlichen Übergang der Arbeitsverhältnisse zu folgern,[121] greift nicht durch. Der EuGH setzt keineswegs Voraussetzungen und Rechtsfolgen in eins. Denn die übernommen Belegschaftsteile geraten auf tatbestandlicher Seite von vornherein nur in ihrer möglichen Funktion als immaterielle Betriebsmittel in Betracht. Deshalb schadet es auch nichts, wenn der Erwerber etwa durch Tarifvertrag zur Personalübernahme verpflichtet ist.[122] Vor dem Hintergrund des Richtlinienzwecks kommt es darauf an, ob der übernommene Belegschaftsteil mit Blick auf Sachkunde, Organisationsstruktur und nicht zuletzt auch relative Größe seine Funktionsfähigkeit grundsätzlich behält. Ihm kommt dann diejenige Funktion zu, die in weniger personalintensiven Branchen die sächlichen Betriebsmittel erfüllen. Jeweils wird die Arbeit gewissermaßen „an" den Betriebsmitteln, seien sie dinglicher oder personeller Art, erbracht. Die Betriebsübergangsrichtlinie will den Arbeitnehmer davor schützen, dass ihm diese Betriebsmittel als notwendiges Substrat des Arbeitsverhältnisses durch einen Inhaberwechsel entzogen werden.[123]

15.45 Auch die gegen die Rechtsprechung des EuGH gerichtete weitere Kritik, mit der Differenzierung zwischen materiellen und immateriellen Betriebsmitteln würden **sinnwidrige Anreize** gesetzt, verliert bei zweckorientierter Interpretation der Betriebsübergangsrichtlinie an Durchschlagskraft. Richtig ist zwar, dass der Erwerber bei betriebsmittelarmen Betrieben von der Übernahme eines Belegschaftsteils absehen könnte, um nicht in den Anwendungsbereich der Betriebsübergangsrichtlinie zu geraten.[124] Dieser Kritik lässt sich aber jedenfalls teilweise Rechnung tragen, indem man die Mindestanforderungen an den übernommenen Belegschaftsteil **nicht rein quantitativ** bestimmt, sondern zum maßgeblichen Kriterium erhebt, ob das betreffende Personal etwa durch seine **Fachkompetenz** ein zentrales immaterielles Betriebsmittel darstellt oder eine bestimmte betriebliche Organisationsstruktur widerspiegelt. Eine rein quantitative Betrachtung findet in der Rechtsprechung des EuGH ohnehin keine Stütze.[125]

15.46 In der Rechtsprechung des BAG finden sich Beispiele für eine Sichtweise, die sich insbesondere bei geringer qualifizierten Belegschaftsteilen an **Übernahmequoten** orientiert. So hat das BAG etwa bei Bewachungstätigkeiten 57 %[126], bei Reinigungstätigkeiten 60 %[127] und bei Hol- und Bringdiensten in einem Krankenhaus 75 % der Arbeitnehmer[128] als nicht ausreichend erachtet. Auf der Grundlage der EuGH-Rechtsprechung begründet aber selbst die Weiterbeschäftigung

---

120 Vgl. BAG v. 25.8.2016 – 8 AZR 53/15, ArbRB 2017, 38 = NZA-RR 2017, 123 Rz. 36.
121 S. für dieses sog. „Konfusionsargument" etwa GA *Cosmas* v. 24.9.1998 – C-127/96, C-229/96 und C-74/97 – Hernández Vidal u.a., Slg. 1998, I-8179 Rz. 80 f.; vgl. außerdem etwa *Barrett*, Common Market Law Review 42 (2005), 1053 (1065).
122 Vgl. EuGH v. 11.7.2018 – C-60/17 – Somoza Hermo, NZA 2018, 1053 Rz. 38.
123 S. zum Ganzen bereits eingehend *Hartmann*, EuZA 2011, 329 (335 f.); vgl. auch Schlachter/Heinig/Krause, § 7 Rz. 44 f. Besonders lesenswert in diesem Zusammenhang GAin *Trstenjak* v. 26.10.2010 – C-463/09 – CLECE, Slg. 2011, I-95 Rz. 64, 67 ff.
124 GA *Cosmas* v. 24.9.1998 – C-127/96, C-229/96 und C-74/97 – Hernández Vidal, Slg. 1998, I-8179 Rz. 80; GA *Geelhoed* v. 19.6.2003 – C-340/01 – Abler u.a., Slg. 2003, I-14023 Rz. 80 f.; aus der Literatur *Barrett*, Common Market Law Review 42 (2005), 1053 (1065 f.); *Riesenhuber*, Europäisches Arbeitsrecht, § 24 Rz. 40; *Sieg/Maschmann*, Unternehmensumstrukturierung, Rz. 37; *Thüsing*, Europäisches Arbeitsrecht, § 5 Rz. 24.
125 Lesenswert die Rechtsprechungsanalyse bei GAin *Trstenjak* v. 26.10.2010 – C-463/09 – CLECE, Slg. 2011, I-95 Rz. 64 ff., 70 f.; dazu bereits *Hartmann*, EuZA 2011, 329 (335 f.).
126 BAG v. 15.12.2011 – 8 AZR 197/11, NZA-RR 2013, 179 Rz. 55.
127 BAG v. 24.5.2005 – 8 AZR 333/04, NZA 2006, 31 (33).
128 BAG v. 10.12.1998 – 8 AZR 676/97, NZA 1999, 420 (421 f.).

der Gesamtbelegschaft nicht zwingend einen Betriebsübergang.[129] Begrüßenswert ist es deshalb, wenn auch das BAG zunehmend nicht die Erfüllung starrer Übernahmequoten für maßgeblich hält, sondern insbesondere die Qualifikation der jeweiligen Belegschaftsteile ins Zentrum rückt.[130]

In der Literatur ist die Frage aufgeworfen worden, ob eine tatbestandsbegründende Personalübernahme zwingend voraussetzt, dass der Erwerber die betreffenden Arbeitskräfte **auf der Grundlage von Arbeitsverträgen** beschäftigt. Entscheidend kann auch insoweit nur sein, ob sich der neue Inhaber das im Personal verkörperte Know-how und die in der Belegschaft verkörperte Organisation in der erforderlichen Weise zunutze macht. Deshalb kann es unter Umständen ausreichen, wenn Arbeitnehmer des bisherigen Inhabers vom Erwerber als „freie Mitarbeiter" beschäftigt werden.[131]

15.46a

cc) Abgrenzung zur Funktions- und Auftragsnachfolge

Die Auffassung des EuGH, dass in **betriebsmittelarmen Branchen** bereits die Übernahme des ausführenden Personals einen Betriebsübergang herbeiführen kann, wirft als Folgeproblem die Abgrenzung zur sog. **Funktionsnachfolge** auf. Die Frage stellt sich, wenn ein Unternehmen bislang selbst durchgeführte Tätigkeiten einem externen Auftragnehmer überträgt und dieser zumindest Teile des ausführenden Personals übernimmt. Ein ähnliches Problem entsteht bei der sog. **Auftragsnachfolge**. In dieser Situation tritt an die Stelle des bisherigen Auftragnehmers ein anderer und übernimmt wiederum zumindest Teile des ausführenden Personals.[132]

15.47

Heftige Kontroversen hat insbesondere die Entscheidung in der Rs. *Christel Schmidt* aus dem Jahr 1994 ausgelöst. In dem zugrunde liegenden Ausgangsfall vergab eine Sparkasse die bislang von einer eigenen Mitarbeiterin durchgeführten Reinigungsarbeiten an ein externes Unternehmen, das der Mitarbeiterin eine Übernahme zu geänderten Konditionen anbot, was diese aber ablehnte. Der EuGH sah den Anwendungsbereich der Richtlinie eröffnet. Auch unabhängig von einer Übertragung von Vermögensgegenständen könne die erforderliche Identitätswahrung erfüllt sein, wenn „dieselbe oder eine gleichartige Geschäftstätigkeit vom neuen Inhaber tatsächlich weitergeführt oder wiederaufgenommen wird".[133] Die Einwände gegen die Entscheidung konzentrierten sich vor allem darauf, dass mit diesem Ausgangspunkt auch die bloße Funktionsnachfolge in den Anwendungsbereich der Richtlinie einbezogen schien.[134] In entsprechenden Befürchtungen sahen sich die Kritiker insbesondere durch die Entscheidung in der Rs. *Merckx* u.a. bestätigt. Auch hier betonte der EuGH, es komme nicht auf die Übertragung materieller oder immaterieller Aktiva an, wenn die ausgeübte Tätigkeit unverändert fortgeführt werde.[135]

15.48

Wie einigen **Folgeentscheidungen** zu entnehmen ist, hat jedenfalls die Abgrenzung zur Auftragsnachfolge nach aktueller Rechtsprechung des EuGH durchaus Relevanz für den Anwendungsbereich der Betriebsübergangsrichtlinie. In der Rs. *Süzen* aus dem Jahr 1997 stellte der Gerichtshof erstmals ausdrücklich fest, dass die bloße Fortführung einer bestimmten Tätigkeit durch einen neuen externen Dienstleister für sich genommen keinen Betriebsübergang begründe.[136] Der Ausgangsfall betraf die Vergabe eines Reinigungsauftrags an einen neuen Dienstleister nachdem der Vertrag mit dem vorherigen Dienstleister durch den Auftraggeber gekündigt worden war. Im Unterschied zur Rs. *Christel Schmidt* unterbreitete der neue Dienstleister den Beschäftigten allerdings

15.49

---

129 Dazu bereits *Hartmann*, EuZA 2011, 329 (336 f.).
130 S. etwa BAG v. 21.6.2012 – 8 AZR 181/11, NZA-RR 2013, 6 Rz. 41 ff.
131 Zutreffend *Fuhlrott*, NZA 2013, 183 (185 f.) mit Hinweis auf weitere Konstellationen.
132 Zum Begriff der Auftragsnachfolge EAS/*Joussen*, B 7200 Rz. 13 Fn. 47.
133 EuGH v. 14.4.1994 – C-392/92 – Christel Schmidt, Slg. 1994, I-1311 Rz. 17.
134 Vgl. aus der Flut der kritischen, mitunter auch polemischen Stellungnahmen nur etwa *Bauer*, BB 1994, 1433; *Junker*, NJW 1994, 2527 (2528).
135 EuGH v. 7.3.1996 – C-171/94 und C-172/94 – Merckx u.a., Slg. 1996, I-1253 Rz. 20 f.; kritisch *Franzen*, DZWir 1996, 397 (401 f.).
136 EuGH v. 11.3.1997 – C-13/95 – Süzen, Slg. 1997, I-1259 Rz. 15.

kein Übernahmeangebot. Wegen dieses zentralen Unterschieds wird *Süzen* teilweise weniger als „turning point"[137], sondern vielmehr als Konkretisierung in **konsequenter Fortentwicklung** der bisherigen Rechtsprechung verstanden.[138] Daran ist richtig, dass die Bedeutung der Personalübernahme für betriebsmittelarme Betriebe bereits in der früheren Entscheidung anklang. Maßgeblich kann aber nur eine tatsächlich erfolgte Übernahme sein, woran es in *Christel Schmidt* und *Süzen* fehlte.[139] Inzwischen ist die Grundaussage der *Süzen*-Entscheidung in weiteren Urteilen bestätigt worden.[140]

15.50 Für einige Irritation hat allerdings das Urteil in der Rs. *Klarenberg* aus dem Jahr 2009 gesorgt. In dem zugrunde liegenden Ausgangsfall hatte die Erwerberin das übernommene Personal in unterschiedliche Abteilungen ihres Unternehmens eingegliedert und auch mit Aufgaben betraut, die nichts mit den ebenfalls erworbenen Produktlinien zu tun hatten. Der EuGH hat unter Bezugnahme auf die Rs. *Christel Schmidt* ausgeführt, dass es für den Tatbestand eines Betriebsübergangs nicht darauf ankomme, dass die organisatorische Selbständigkeit des übergegangenen Betriebsteils erhalten bleibt. Erforderlich sei vielmehr „die **Beibehaltung der funktionellen Verknüpfung** der Wechselbeziehung und gegenseitigen Ergänzung" zwischen den übertragenen Produktionsfaktoren.[141] Dem Schutzzweck der Betriebsübergangsrichtlinie würde es in der Tat widersprechen, auf äußerlich erkennbare Organisationsentscheidungen abzustellen.[142] Die funktionelle Verknüpfung der Produktionsfaktoren ist als Kriterium freilich nur handhabbar, wenn gesicherte Erkenntnisse über den Richtlinienzweck vorliegen.[143] Die teils heftige Kritik an dem *Klarenberg*-Urteil macht insbesondere geltend, die funktionale Betrachtungsweise des EuGH weise eine nur geringe Trennschärfe auf.[144] In diesen Zusammenhang gehört die Aussage, die Entscheidung erinnere „aufgrund ihrer Konturenlosigkeit fatal an die Entscheidung in der Rs. Christel Schmidt".[145] Die einschlägige Folgejudikatur bot zunächst jedoch keinen Beleg dafür, dass der EuGH von den erreichten tatbestandlichen Konkretisierungen wieder abgerückt wäre. Im Gegenteil stellte der EuGH etwa in der Rs. *CLECE* nochmals klar, dass in einer bloßen Tätigkeit keine wirtschaftliche Einheit im Sinne der Richtlinie liege.[146]

15.50a Neuerliche Unsicherheit hat das Urteil in der Rs. *Aira Pascual* aus dem Jahr 2015 hervorgerufen. Ein öffentliches Unternehmen hatte den Auftrag zum Containerumschlag auf einem Bahnhof an einen Subunternehmer ausgelagert und diesem Anlagen und Kräne zur Verfügung gestellt. Das öffentliche Unternehmen ließ den Subunternehmervertrag auslaufen und erfüllte die Aufgabe wieder ausschließlich mit eigenen Leuten, die bei dem Subunternehmer geschult worden waren. Der EuGH stellt angesichts der Art der Tätigkeit konsequent auf die sächlichen Betriebsmittel ab, hält es aber für irrelevant, dass die Anlagen und Kräne von Anfang an im Eigentum des öffentlichen

---

137 So aber *Barrett*, (2005) 42 CMLR 1053 (1056); vgl. auch *Buchner*, NZA 1997, 408; *Heinze*, DB 1997, 677 (678); Willemsen/Hohenstatt/Schweibert/Seibt/*Willemsen*, Umstrukturierung und Übertragung, Rz. G10 f.; differenzierter jedoch *Annuß*, NZA 1998, 70 (72).
138 EuArbR/*Winter*, Art. 1 RL 2001/23/EG Rz. 16; vgl. auch noch *Hartmann*, EuZA 2011, 329 (332).
139 Klar gesehen von BAG v. 15.12.2011 – 8 AZR 197/11, NZA-RR 2013, 179 Rz. 57.
140 EuGH v. 10.12.1998 – C-173/96 und C-247/96 – Hidalgo u.a., Slg. 1998, I-8237 Rz. 30; v. 10.12.1998 – C-127/96, C-229/96 und C-74/97 – Hernández Vidal u.a., Slg. 1998, I-8179 Rz. 30; v. 20.1.2011 – C-463/09 – CLECE, Slg. 2011, I-95 Rz. 41.
141 EuGH v. 12.2.2009 – C-466/07 – Klarenberg, Slg. 2009, I-803 Rz. 47 (Hervorhebung hinzugefügt); vgl. auch v. 9.9.2015 – C-160/14 – Ferreira da Silvo e Brito u.a., EuZW 2016, 111 Rz. 33.
142 Zutreffend auch *Riesenhuber*, Europäisches Arbeitsrecht, § 24 Rz. 39.
143 Näher dazu bereits *Hartmann*, EuZA 2012, 35 (52).
144 S. etwa *Bieder*, EuZA 2009, 513 (519 f.); *Sieg/Maschmann*, Unternehmensumstrukturierung, Rz. 95; *Willemsen*, NZA 2009, 289 (291 ff.); *Wißmann/Schneider*, BB 2009, 1126; zurückhaltender jedoch *Junker*, SAE 2010, 113 (116 ff.).
145 *Bieder*, EuZA 2009, 513 (521).
146 EuGH v. 20.1.2011 – C-463/09 – CLECE, Slg. 2011, I-95 Rz. 41; s. dazu *Hartmann*, EuZA 2011, 329 (331).

Unternehmens standen.[147] Bei dieser Argumentation bleibt unklar, was überhaupt Gegenstand der Übertragung sein soll. In der Literatur ist die nachvollziehbare Frage gestellt worden, ob sich der EuGH wieder „auf dem Weg zurück zu Christel Schmidt" befinde.[148]

Bereits zuvor hatte sich im Rahmen der Abgrenzung zur Auftragsnachfolge verschiedentlich die Frage gestellt, ob ein Betriebsübergang nur bei **eigenwirtschaftlicher Nutzung übernommener Produktionsmittel** in Betracht kommt. Im Ausgangsfall der Rs. *Abler* hatte ein Krankenhausträger den Auftrag zur Bewirtschaftung der Klinikküche nach Streitigkeiten mit der bisherigen Auftragnehmerin an ein anderes Unternehmen vergeben. Die neue Auftragnehmerin erbrachte die Verpflegungsleistungen mit eigenem Personal, aber unter Verwendung der vom Krankenhausträger zusätzlich zu den Räumlichkeiten, Wasser und Energie gestellten Kücheneinrichtung, die der alte wie der neue Caterer in geringem Umfang auch für externe Aufträge nutzte. Dass der EuGH den Tatbestand des Betriebsübergangs auf dieser Grundlage bejahte,[149] deutete bereits darauf hin, dass es auf die eigenwirtschaftliche Nutzung übernommener Produktionsmittel nicht ankommen soll. In der Rs. *Güney-Görres* (vgl. Rz. 15.42) hat der EuGH dies – freilich ohne nähere Begründung – ausdrücklich klargestellt.[150] Der Ausgangsfall betraf den Wechsel des Dienstleisters für die Fluggast- und Gepäckkontrolle am Düsseldorfer Flughafen unter Verwendung des von der Bundesrepublik zur Verfügung gestellten Luftsicherheitsgeräts.

15.51

Gewissermaßen als Ersatz für das Merkmal der „eigenwirtschaftlichen Nutzung" hat das **BAG** in Reaktion auf die Rs. *Güney-Görres* zunächst ein in der Literatur seit langem diskutiertes Kriterium aufgenommen: den **„Kern der Wertschöpfung"**.[151] Mit dieser Abgrenzung sollen diejenigen sächlichen Betriebsmittel bestimmt werden, deren Einsatz „bei wertender Betrachtungsweise [...] den eigentlichen Kern des zur Wertschöpfung erforderlichen Funktionszusammenhangs ausmacht"[152]. In der Literatur ist nicht nur die Trennschärfe des genannten Merkmals, sondern auch seine Vereinbarkeit mit der Richtlinie in Zweifel gezogen worden.[153] Diese Bedenken sind jedoch jedenfalls dann unbegründet, wenn man den „Kern der Wertschöpfung" nur als **Hilfskriterium** bei der Anwendung des vom EuGH entwickelten Sieben-Punkte-Katalogs anwendet. Hilfreich ist der Wertschöpfungsgedanke vor allem in Fällen, in denen eine Geschäftstätigkeit sowohl durch materielle als auch durch immaterielle Ressourcen geprägt ist.[154] Problematisch ist es allerdings, für den „Kern der Wertschöpfung" auf die „Unverzichtbarkeit" des jeweiligen Betriebsmittels abzustellen.[155] Denn auch Betriebsmittel, die isoliert gesehen von untergeordneter Bedeutung sind, können in Kombination mit anderen Faktoren äquivalentkausal für den angestrebten Erfolg sein.[156] Möglicherweise hat der neu zusammengesetzte 8. Senat des BAG den „Kern der Wertschöpfung" aber ohnehin zumindest als sichtbares Kriterium fallen lassen. Auffällig ist jedenfalls, dass dieser Gesichtspunkt trotz an sich einschlägiger Fallgestaltung in der jüngeren Rechtsprechung keine Rolle gespielt hat.[157]

15.52

---

147 EuGH v. 26.11.2015 – C-509/14 – Aira Pascual u.a., NZA 2016, 31 Rz. 38 ff.
148 *Bieder*, EuZA 2017, 67.
149 EuGH v. 20.11.2003 – C-340/01 – Abler, Slg. 2003, I-14023 Rz. 36 f.
150 EuGH v. 15.12.2005 – C-232/04 und C-233/04 – Güney-Görres u.a., Slg. 2005, I-11237 Rz. 39 ff.
151 In die Debatte eingeführt von *Willemsen*, ZIP 1986, 477 (481); vgl. auch *Willemsen/Müntefering*, NZA 2006, 1185.
152 BAG v. 13.6.2006 – 8 AZR 271/05, ArbRB 2006, 327 = NZA 2006, 1101 Rz. 20; v. 6.4.2006 – 8 AZR 222/04, ArbRB 2006, 261 = NZA 2006, 723 Rz. 23; v. 26.7.2007 – 8 AZR 769/06, NZA 2008, 112 Rz. 40.
153 *Houben*, NJW 2007, 2075 (2076 ff.).
154 Zutreffend *Willemsen*, NZA-Beilage 2008, 155 (156).
155 So aber BAG v. 13.6.2006 – 8 AZR 271/05, ArbRB 2006, 327 = NZA 2006, 1101 Rz. 24; v. 15.2.2007 – 8 AZR 431/06, ArbRB 2007, 226 = NZA 2007, 793 Rz. 21.
156 Ähnlich *Willemsen*, NZA-Beilage 2008, 155 (156); kritisch auch *Hohenstatt/Grau*, NJW 2007, 29 (30 f.); *Preis/Povedano Peramato*, FS Willemsen, 2018, S. 359 (367).
157 BAG v. 25.8.2016 – 8 AZR 53/15, ArbRB 2017, 38 = NZA-RR 2017, 123; krit. *Willemsen*, NZA 2017, 953 (956).

dd) Erfordernis tatsächlicher Fortführung

15.53 Die Identitätswahrung setzt voraus, dass der Erwerber die übergegangene wirtschaftliche Einheit fortführt. Der Schutzzweck der Betriebsübergangsrichtlinie ist nur einschlägig, wenn der Erwerber die **übernommenen Ressourcen weiternutzt**. Denn nur in diesem Fall steht zu befürchten, dass der Inhaberwechsel zu einer sonst nicht möglichen Austauschkündigung missbraucht werden könnte. Wie der EuGH in der Rs. *Klarenberg* festgestellt hat (vgl. Rz. 15.50), kommt es für die Fortführung durch den Betriebserwerber darauf an, dass die funktionelle Verknüpfung der Produktionsfaktoren erhalten bleibt. Die Entscheidung stellt das Erfordernis einer Betriebsfortführung hingegen nicht in Frage.[158]

15.54 Das BAG hat früher bereits die **bloße Möglichkeit zur Betriebsfortführung** ausreichen lassen. Danach sollte es für den Tatbestand des Betriebsübergangs beispielsweise nicht darauf ankommen, ob der neue Pächter den Betrieb tatsächlich fortgeführt hat.[159] Hinter dieser Rechtsprechung stand die mit dem Schutzzweck der Betriebsübergangsrichtlinie unvereinbare Auffassung, nach der für den Tatbestand des Betriebsübergangs die Übernahme sächlicher Betriebsmittel nicht nur erforderlich, sondern auch ausreichend sei.[160] Von dieser **Fehldeutung** hat das BAG inzwischen Abstand genommen und verlangt nunmehr, dass der Erwerber von der Möglichkeit zur Betriebsfortführung auch tatsächlich Gebrauch gemacht hat.[161]

15.55 Das Fortführungserfordernis darf nicht dahingehend missverstanden werden, dass jede faktische Betriebsunterbrechung bereits als **tatbestandshindernde Betriebsstilllegung** einzuordnen wäre. Bereits das vom EuGH im Sieben-Punkte-Katalog verwendete Kriterium der Dauer einer eventuellen Unterbrechung der betrieblichen Tätigkeit (vgl. Rz. 15.37) zeigt die Notwendigkeit einer differenzierenden Betrachtungsweise. Einem Betriebsübergang steht es etwa nicht entgegen, wenn der Betrieb über Weihnachten und den Jahreswechsel zum Erliegen kommt[162] oder wenn der Übergang auf den neuen Inhaber während der Schließzeit einer Gaststätte mit Saisonbetrieb erfolgt.[163] Ebenso hat der EuGH für die Schließung einer Musikschule für fünf Monate (davon drei Monate Ferien) entschieden.[164]

2. Persönlicher Anwendungsbereich

a) Begriff des Arbeitnehmers

aa) Grundsätzlicher Verweis auf das mitgliedstaatliche Recht

15.56 In der Betriebsübergangsrichtlinie 77/187/EWG war der Arbeitnehmerbegriff nicht näher bestimmt. Mit der Einführung des heutigen Art. 2 Abs. 1 Buchst. d BÜ-RL durch die Richtlinie 98/50/EG stellte der Richtliniengeber im Anschluss an die Rechtsprechung des EuGH[165] klar, dass es auf die Reichweite des jeweiligen mitgliedstaatlichen Arbeitsrechts ankommt. Der **Verzicht auf eine autonome Definition des Arbeitnehmers** ist rechtspolitisch umstritten, weil er den Mitgliedstaaten die Möglichkeit eröffnet, die Reichweite des Schutzes bei Betriebsübergängen erheblich

---

158 Ebenso *Willemsen/Sagan*, ZIP 2010, 1205 (1211).
159 BAG v. 27.4.1995 – 8 AZR 197/94, NZA 1995, 1155 (1156); v. 16.7.1998 – 8 AZR 81/97, NZA 1998, 1233 (1234).
160 Eingehend dazu Willemsen/Hohenstatt/Schweibert/Seibt/*Willemsen*, Umstrukturierung und Übertragung, Rz. G67 ff.
161 St. Rspr. seit BAG v. 18.3.1999 – 8 AZR 196/98, NZA 1999, 869 (870); v. 18.3.1999 – 8 AZR 159/98, NZA 1999, 704 (705).
162 EuGH v. 15.6.1988 – C-101/87 – Bork, Slg. 1988, 3057 Rz. 16.
163 EuGH v. 17.12.1987 – C-287/86 – Ny Mølle Kro, Slg. 1987, 5465 Rz. 18 ff.
164 EuGH v. 7.8.2018 – C-472/16 – Colino Sigüenza, NZA 2018, 1123 Rz. 41 ff.
165 EuGH v. 7.2.1985 – 19/83 – Wendelboe, Slg. 1985, 457 Rz. 16; v. 11.7.1985 – 105/84 – Mikkelsen, Slg. 1985, 2639 Rz. 18 ff.

zu relativieren.[166] Auch in diesem Zusammenhang betont der EuGH seit jeher, dass die Richtlinie „nur eine teilweise Harmonisierung auf dem betreffenden Gebiet vornimmt", aber „kein für die gesamte Gemeinschaft aufgrund gemeinsamer Kriterien einheitliches Schutzniveau schaffen" wolle.[167] Wenngleich nach Art. 2 Abs. 2 BÜ-RL die nationalen Rechtsbegriffe des Arbeitsvertrags und des Arbeitsverhältnisses unberührt bleiben sollen, ist ungeklärt, ob die Richtlinie einen umfassenden Schutz durch das mitgliedstaatliche Arbeitsrecht voraussetzt oder auch schon dann eingreift, wenn die Betroffenen nur einzelnen arbeitsrechtlichen Regelungen unterliegen. Für dieses Verständnis lässt sich anführen, dass der EuGH die Anwendbarkeit der ursprünglichen Richtlinie 77/187/EWG auf „alle Arbeitnehmer" erstreckt hat, „die nach nationalem Recht irgendeinen, wenn auch nur eingeschränkten Schutz genießen".[168]

In Deutschland wird § 613a BGB bislang nicht auf **in Heimarbeit Beschäftigte** angewendet.[169] Gleiches gilt auch für **arbeitnehmerähnliche Personen**[170] und **freie Dienstverhältnisse** wie Dienstverträge mit freien Mitarbeitern und Organmitgliedern.[171] Weitgehend anerkannt ist, dass **Beamte** nicht in den Anwendungsbereich der Richtlinie fallen.[172] Eine generelle Ausnahme von Beamten aus dem Anwendungsbereich der Richtlinie wird allerdings vereinzelt nicht zuletzt mit Blick auf den europäischen Grundrechtsschutz kritisiert.[173]

15.57

bb) Unionsrechtliche Vorgaben

Eine unionsrechtliche Grenze für den grundsätzlich nach mitgliedstaatlichem Recht zu bestimmenden Arbeitnehmerbegriff enthält Art. 2 Abs. 2 UAbs. 2 BÜ-RL. Die Mitgliedstaaten dürfen Arbeitnehmer danach nicht aufgrund von **Teilzeitarbeit, befristeten Arbeitsverhältnissen** oder **Leiharbeitsverhältnissen** vom Anwendungsbereich der Richtlinie ausschließen. Die in Art. 2 Abs. 2 UAbs. 2 Buchst. c BÜ-RL enthaltene Ausnahme betrifft bereits nach ihrem Wortlaut nur die Übertragung eines Verleiher- und nicht die eines Entleiherunternehmens.[174]

15.58

b) Begriff des Inhabers/Arbeitgebers

Die deutsche Fassung des Art. 1 Abs. 1 Buchst. a BÜ-RL spricht von dem Übergang auf einen anderen Inhaber. In ähnlicher Weise ist etwa in der italienischen Fassung vom Unternehmer (*imprenditore*) die Rede, während die englische und die französische Sprachfassung den Arbeitgeber (*employer/employeur*) nennen.[175] Aus Art. 2 Abs. 1 Buchst. a und b BÜ-RL ergibt sich nur, dass es sich bei den als Veräußerer und Erwerber auftretenden Inhabern um natürliche oder juristische Personen handeln kann. Es wird daher grundsätzlich ein weiter Interpretationsspielraum bei dem Begriff des Inhabers/Arbeitgebers befürwortet.[176]

15.59

---

166 S. näher Staudinger/*Annuß*, § 613a BGB Rz. 25.
167 EuGH v. 11.7.1985 – 105/84 – Mikkelsen, Slg. 1985, 2639 Rz. 26; v. 11.9.2014 – C-328/13 – ÖGB Rz. 22 m.w.N.
168 EuArbR/*Winter*, Art. 2 RL 2001/23/EG Rz. 13 unter Hinweis u.a. auf EuGH v. 19.5.1992 – C-29/91 – Redmond Stichting, Slg. 1992, I-3189 Rz. 18.
169 BAG v. 24.3.1998 – 9 AZR 218/97, NZA 1998, 1001 (1001 f.).
170 ErfK/*Preis*, § 613a BGB Rz. 67.
171 BAG v. 13.2.2003 – 8 AZR 59/02, ArbRB 2003, 239 = NZA 2003, 854; v. 13.2.2003 – 8 AZR 654/01, ArbRB 2003, 131 = NZA 2003, 552 (für GmbH-Geschäftsführer); ErfK/*Preis*, § 613a BGB Rz. 67.
172 *Riesenhuber*, Europäisches Arbeitsrecht, § 24 Rz. 13; vgl. auch EuGH v. 14.9.2000 – C-343/98 – Collino, Slg. 2000, I-6659 Rz. 40 für öffentlich-rechtliche Bedienstete in Italien; zum Ganzen auch EuArbR/*Winter*, § 2 RL 2001/23/EG Rz. 10.
173 Bereits de lege lata kritisch gegenüber einer umfassenden Ausnahme von Beamten vom Anwendungsbereich *Jöst*, Der Betriebsübergang, 2004, S. 8 (12 ff.).
174 *Bauer*/v. *Medem*, NZA 2011, 20 (21).
175 Näher dazu *Jöst*, Der Betriebsübergang, 2004, S. 19.
176 *Kühn*, NJW 2011, 1408 (1411).

aa) Private und öffentliche Unternehmen

15.60 Wie Art. 1 Abs. 1 Buchst. c BÜ-RL deutlich zeigt, steht die **Beteiligung einer öffentlich-rechtlichen Körperschaft** einem Betriebsübergang nicht von vornherein entgegen. Dies gilt selbst dann, wenn sowohl Veräußerer als auch Erwerber juristische Personen des öffentlichen Rechts sind.[177] Allerdings darf es nicht um die Umstrukturierung von Verwaltungsbehörden oder die Übertragung von Verwaltungsaufgaben von einer auf eine andere Behörde gehen.[178] Nach zutreffender Auffassung des EuGH ist letztlich maßgeblich, ob hoheitliches Handeln vorliegt.[179] Gegen die Annahme einer hoheitlichen Tätigkeit soll es dabei nicht sprechen, wenn damit auch wirtschaftliche Tätigkeiten von untergeordneter Bedeutung verbunden sind.[180] Problematisch ist freilich, dass sich diese Abgrenzung nicht auf eine unionsrechtliche Definition hoheitlichen Handelns oder eine gemeinsame Rechtstradition stützen kann.[181] Für den Übergang von einem privaten Arbeitgeber auf eine juristische Person des öffentlichen Rechts wird eine Ausnahme vom unveränderten Übergang des Arbeitsverhältnisses diskutiert (vgl. Rz. 15.75).

bb) Wirtschaftliche Tätigkeit unabhängig vom Erwerbszweck

15.61 Nach ständiger Rechtsprechung des EuGH muss die übergehende Einheit eine wirtschaftliche Tätigkeit ausüben, ohne dass es jedoch darauf ankommt, ob diese Tätigkeit auf eine Gewinnerzielung ausgerichtet ist.[182] Dies ergibt sich mit Blick auf die beteiligten Unternehmen seit der Reform des Jahres 1998 auch aus dem Richtlinientext (Art. 1 Abs. 1 Buchst. c Satz 1 BÜ-RL). Dem Begriff der wirtschaftlichen Tätigkeit kommt dabei letztlich **keine begrenzende Funktion** zu. So hat der EuGH etwa auch die Hilfeleistung für Suchtkranke durch eine ohne Erwerbszweck agierende Stiftung umstandslos als wirtschaftliche Tätigkeit anerkannt.[183]

cc) Betriebsübergang und Leiharbeit

15.62 Noch vor einigen Jahren wurde nicht bezweifelt, dass es am Tatbestand eines Betriebsübergangs fehlt, wenn der Einsatzbetrieb eines Leiharbeitnehmers einem Inhaberwechsel unterliegt.[184] Auch der EuGH ging bis zu seiner Entscheidung in der Rs. *Albron* aus dem Jahr 2010[185] davon aus, eine Anwendung der Betriebsübergangsrichtlinie setze einen Wechsel in der Person voraus, „die als solche die Arbeitgeberverpflichtungen gegenüber den Beschäftigten des Unternehmens eingeht".[186] Der Ausgangsfall der genannten Entscheidung betraf einen Konzern, innerhalb dessen sämtliche Arbeitnehmer bei einer Personalführungsgesellschaft angestellt waren. Der bei einer Betriebsgesellschaft zur Lieferung von Mahlzeiten eingesetzte Kläger wurde von einem konzernexternen Caterer übernommen, an den die Betriebsgesellschaft die bislang von ihr erfüllten Aufgaben übertragen hatte. Diese Situation bewertet der EuGH wie folgt: „Wenn [...] in einem Konzern zwei Arbeitgeber nebeneinander bestehen, von denen der eine vertragliche Beziehungen und der andere nichtvertragliche Beziehungen zu den Arbeitnehmern dieses Konzerns unterhält, kann als ‚Veräußerer' im Sinne der Betriebsübergangsrichtlinie auch der Arbeitgeber betrachtet werden, der für die wirt-

---

177 EuGH v. 20.7.2017 – C-416/16 – Piscarreta Ricardo Rz. 31 f.
178 Art. 1 Abs. 1 Buchst. c Satz 2 BÜ-RL geht ebenfalls auf eine Formulierung der Rechtsprechung zurück; s. nur EuGH v. 15.10.1996 – C-298/94 – Henke, Slg. 1996, I-4989 Rz. 14.
179 S. etwa EuGH v. 6.9.2011 – C-108/10 – Scattolon, Slg. 2010, I-7491 Rz. 54 ff. Zum Ganzen näher *Barrett*, Common Market Law Review 42 (2005), 1053 (1069-1077); EuArbR/*Winter*, Art. 1 RL 2001/23 EG Rz. 29 ff.
180 EuGH v. 15.10.1996 – C-298/94 – Henke, Slg. 1996, I-4989 Rz. 17.
181 S. bereits *Hartmann*, EuZA 2011, 329 (338) m.w.N.
182 EuGH v. 14.9.2000 – C-343/98 – Collino, Slg. 2000, I-6659 Rz. 30.
183 EuGH v. 19.5.1992 – C-29/91 – Redmond Stichting, Slg. 1992, I-3189.
184 Rückblickend ebenso *Kühn*, NJW 2011, 1408; *Willemsen*, NJW 2011, 1546.
185 EuGH v. 21.10.2010 – C-242/09 – Albron, Slg. 2010, I-10309.
186 EuGH v. 26.9.2000 – C-175/99 – Mayeur, Slg. 2000, I-7755 Rz. 46.

schaftliche Tätigkeit der übertragenen Einheit verantwortlich ist und der in dieser Eigenschaft Arbeitsverhältnisse mit den Arbeitnehmern dieser Einheit begründet, und zwar auch bei Fehlen vertraglicher Beziehungen zu diesen Arbeitnehmern."[187] Für die **Figur des „nichtvertraglichen Arbeitgebers"** stützt sich der EuGH nicht zuletzt auf die Rechtsfolgenvorschrift des Art. 3 Abs. 1 BÜ-RL, der die Begriffe des Arbeitsvertrags und des Arbeitsverhältnisses gleichwertig und ohne erkennbares Rangverhältnis nebeneinander stelle.[188] Die Redeweise von einem „doppelten Arbeitsverhältnis" hat der EuGH in der Rs. *Della Rocca*[189] erneut aufgegriffen.

Die *Albron*-Entscheidung hat in einer lebhaften Diskussion neben einiger grundsätzlicher Zustimmung[190] zunächst mit Blick darauf Kritik[191] erfahren, dass Art. 2 Abs. 2 Satz 1 BÜ-RL die Definition der Begriffe „Arbeitsverhältnis" und „Arbeitsvertrag" dem mitgliedstaatlichen Recht überlässt. Auch der EuGH erkennt die **mitgliedstaatliche Definitionshoheit** durchaus, zieht daraus allerdings im konkreten Fall keine Konsequenzen.[192] Jedoch bezieht sich der nationale Regelungsspielraum ohnehin in erster Linie auf die hier nicht einschlägige Frage nach den personellen Grenzen des Arbeitsrechts.[193] Angeführt wird weiterhin, dass die **begriffliche Aufspaltung des Arbeitgeberbegriffs** in einen vertraglichen und einen nichtvertraglichen Arbeitgeber weder in der Betriebsübergangsrichtlinie angelegt noch mit den grundsätzlichen arbeitsrechtlichen Strukturprinzipien in vielen Mitgliedstaaten vereinbar sei.[194] Kritisiert wird schließlich auch, dass vor dem Hintergrund eines „doppelten Arbeitsverhältnisses" die **Rechtsfolgen unklar** bleiben.[195] Offenbar geht der EuGH davon aus, dass der Erwerber nicht nur an die Stelle des bisherigen Entleihers tritt, sondern auch in die Rechte und Pflichten aus dem Arbeitsvertrag einrückt. Dies wird in der Literatur teilweise mit dem **Gedanken der Zurechnung** erklärt: Weil die Aufspaltung der Arbeitgeberfunktion die Anwendung der Betriebsübergangsrichtlinie nicht ausschließen dürfe, sei die Veräußerung dem bisherigen Verleiher zuzurechnen und dieser folglich als „Veräußerer" i.S.d. Art. 2 Abs. 1 Buchst. a BÜ-RL anzusehen.[196] Zwar ist der Zurechnungsgedanke grundsätzlich durchaus tragfähig. Wenn der Verleiher als Personalführungsgesellschaft lediglich die administrativen Vorgänge betreut, liegt es aber näher, gerade umgekehrt dem Entleiher die formale Arbeitgeberstellung zuzurechnen. Jedenfalls führt die Figur der Zurechnung dazu, dass sich die gespaltene Arbeitgeberstellung in der Person des Erwerbers wiedervereinigt.

15.63

Folgt man dem Zurechnungsgedanken, ist die *Albron*-Entscheidung **nicht auf die reguläre Leiharbeit** übertragbar.[197] Zu Recht stützte sich bereits Generalanwalt Bot in Abgrenzung zur Rs. *Jouini*[198] maßgeblich auf die Besonderheiten der konzerninternen Arbeitnehmerüberlassung. Mit Blick auf den Zweck der Richtlinie müsse die Konstellation so behandelt werden, als ob die Personalführungsgesellschaft den Arbeitsvertrag für Rechnung der jeweiligen Betriebsführungsgesellschaft schlösse.[199] Wenngleich der EuGH ähnlich klare Ausführungen vermissen lässt, ist jedenfalls

15.64

---

187 EuGH v. 21.10.2010 – C-242/09 – Albron, Slg. 2010, I-10309 Rz. 31.
188 EuGH v. 21.10.2010 – C-242/09 – Albron, Slg. 2010, I-10309 Rz. 24 f.
189 EuGH v. 11.4.2013 – C-290/12 – Della Rocca, NZA 2013, 495 Rz. 40.
190 *Kühn*, NJW 2011, 1408 (1411).
191 *Bauer/v. Medem*, NZA 2011, 20 (21); *Forst*, RdA 2014, 157 (163); *Willemsen*, NJW 2011, 1546 (1548).
192 EuGH v. 21.10.2010 – C-242/09 – Albron, Slg. 2010, I-10309 Rz. 23.
193 Zutreffend *Raab*, EuZA 2011, 537 (547).
194 In diese Richtung *Forst*, RdA 2014, 157 (163).
195 *Greiner*, NZA 2014, 284 (289).
196 *Willemsen*, NJW 2011, 1546 (1548 f.); ähnlich *Greiner*, NZA 2014, 284 (288 f.).
197 Im Ergebnis ebenso *Junker*, NZA 2011, 950 (952); Schlachter/Heinig/*Krause*, § 7 Rz. 64; *Raab*, EuZA 2011, 537 (551 ff.); *Willemsen*, NJW 2011, 1546 (1549 f.); EuArbR/*Winter*, Art. 2 RL 2001/23/EG Rz. 12.
198 EuGH v. 13.9.2007 – C-458/05 – Jouini u.a., Slg. 2007, I-7301 betrifft den Wechsel in der Inhaberschaft des Verleiherunternehmens; s. dazu GA *Bot* v. 3.6.2010 – C-242/09 – Albron, Slg. 2010, I-10309 Rz. 45.
199 GA *Bot* v. 3.6.2010 – C-242/09 – Albron, Slg. 2010, I-10309 Rz. 42 ff., insb. Rz. 46.

eine Ablehnung dieses Gedankens nicht ersichtlich. Insgesamt besteht daher keine Veranlassung, der *Albron*-Entscheidung über die entschiedene Konstellation hinaus Bedeutung für den konzernexternen Regelfall der Leiharbeit beizumessen. Aus diesem Grund erscheint es darüber hinaus auch zweifelhaft, wenn das genannte Urteil zur Grundlage einer unionsrechtlich veranlassten Neubestimmung des Arbeitnehmerbegriffs herangezogen wird.[200]

15.65 Nach mancher Ansicht in der deutschen Diskussion kann die *Albron*-Judikatur zumindest für atypische Konstellationen der Arbeitnehmerüberlassung auch außerhalb von Konzernsachverhalten Bedeutung erlangen. Dies wird insbesondere bejaht, wenn der Entleiher den Verleiher von typischen Arbeitgeberrisiken freistellt.[201] Gleiches soll bei der – freilich nicht mehr möglichen (vgl. § 1 Abs. 1 S. 4, Abs. 1b AÜG) – dauerhaften Überlassung gelten, wenn der entsandte Arbeitnehmer in den Entleiherbetrieb eingegliedert ist und ohne den Übergang der Rechte und Pflichten nicht weiterbeschäftigt werden könnte.[202]

3. Räumlicher Anwendungsbereich

15.66 Gemäß Art. 1 Abs. 2 BÜ-RL ist der räumliche Anwendungsbereich eröffnet, wenn und soweit sich das Unternehmen, der Betrieb oder der Unternehmens- bzw. Betriebsteil, das bzw. der übergeht, innerhalb des **räumlichen Geltungsbereichs des EU-Vertrags** (Art. 52 EUV i.V.m. Art. 355 AEUV) befindet. Die Betriebsübergangsrichtlinie ist außerdem Bestandteil des EWR-Abkommens.[203]

15.67 Noch nicht abschließend geklärt ist die Frage, ob die Betriebsübergangsrichtlinie auch bei **grenzüberschreitenden Sachverhalten** eingreift. Insoweit sind zwei Fragen voneinander zu trennen: zum einen die kollisionsrechtliche Frage nach dem anwendbaren Recht, zum anderen die Frage nach dessen tatbestandlicher Reichweite.[204]

15.68 Zum **internationalen Privatrecht des Betriebsübergangs** enthält die Betriebsübergangsrichtlinie keine Regelung. Nach mancher Ansicht ergibt sich allerdings bereits aus der Richtlinie selbst eine ungeschriebene Sonderanknüpfung an das **Betriebsstatut des Veräußerers**.[205] Hierfür spricht, dass sich das für den Betriebsübergang maßgebliche identitätsprägende Zusammenwirken nur in der Gesamtheit der Arbeitsverhältnisse entfalten kann.[206] Nach überwiegender Auffassung kommt es jedoch auf das **jeweilige Arbeitsvertragsstatut** an.[207] Wegen des engen sachlichen Zusammenhangs zum Kündigungsrecht erscheint dies jedenfalls insoweit gut vertretbar, als es um die individualrechtlichen Folgen des Betriebsübergangs geht. In den Ergebnissen werden sich zumeist ohnehin keine Abweichungen ergeben, weil gewöhnlicher Arbeitsort (Art. 30 Abs. 2 Nr. 1 EGBGB bzw. Art. 8 Abs. 2 Satz 1 Rom I-VO) und Sitz des Betriebs regelmäßig zusammenfallen.[208]

15.69 Die tatbestandliche Reichweite der Betriebsübergangsrichtlinie ist bereits für den **Übergang eines Betriebs oder Betriebsteils innerhalb des räumlichen Anwendungsbereichs** der Richtlinie um-

---

200 Dazu eingehend *Forst*, RdA 2014, 157 (162 f.).
201 S. näher *Greiner*, NZA 2014, 284 (288 f.) zu BAG v. 15.5.2013 – 7 AZR 525/11, ArbRB 2013, 264 = NZA 2013, 1214; anders *Hoffmann-Remy*, NJW 2013, 3469.
202 *Siegfanz-Strauß*, Tarifrecht im Betriebsübergang, S. 165.
203 Abkommen über den Europäischen Wirtschaftsraum, Anhang XVIII Nr. 23, ABl. Nr. L 1 v. 3.1.1994, S. 4.
204 Besonders klar *Junker*, NZA-Beilage 2012, 8 (13 f.).
205 Im Ausgangspunkt übereinstimmend *Birk*, RabelsZ 46 (1982), 384 (396); *Junker*, Internationales Arbeitsrecht im Konzern, 1992, S. 234 f.; *Reichold*, FS Birk, 2008, S. 687 (697 f.).
206 *Reichold*, FS Birk, 2008, S. 687 (697).
207 BAG v. 29.10.1992 – 2 AZR 267/92, NZA 1993, 743 (745); v. 26.5.2011 – 8 AZR 37/10, ArbRB 2011, 328 = NZA 2011, 1143 Rz. 40; vgl. auch *Däubler*, FS Kissel, 1994, S. 119 (124 f.); *Niksova*, ecolex 2013, 53 (54).
208 Näher *Junker*, NZA-Beilage 2012, 8 (13 f.).

stritten. Nach einer Auffassung sind nur Vorgänge innerhalb eines Mitgliedstaats erfasst. Dafür soll sprechen, dass die Annahme eines Betriebsübergangs andernfalls regelmäßig zu einem Statutenwechsel für das Arbeitsverhältnis mit der Gefahr einer Schwächung etwa des Kündigungsschutzes führen würde (*„ship and fire"*).[209] Die Gegenmeinung macht geltend, dass die Betriebsübergangsrichtlinie ihrem Zweck nach auch auf grenzüberschreitende Sachverhalte zwischen Mitgliedstaaten anwendbar sei.[210] In diesem Zusammenhang verweist man auf ErwGr. 2 BÜ-RL, der neben der einzelstaatlichen ausdrücklich auch die gemeinschaftliche Ebene erwähnt.[211] Hinzu kommt, dass ErwGr. 12 Verschm-RL für die grenzüberschreitende Verschmelzung von Kapitalgesellschaften ausdrücklich auf die Betriebsübergangsrichtlinie Bezug nimmt.[212]

Die Standortverlagerung von einem **Drittstaat** in einen Mitgliedstaat ist bereits vom Wortlaut des Art. 1 Abs. 2 BÜ-RL nicht erfasst.[213] Besonders umstritten ist die umgekehrte Konstellation des Übergangs auf einen neuen Inhaber mit Sitz in einem Drittstaat. Der Zweck der Betriebsübergangsrichtlinie lässt sich nur erfüllen, wenn auch der Erwerber entsprechenden Regelungen unterliegt. Hält man in kollisionsrechtlicher Hinsicht das Arbeitsvertragsstatut für maßgeblich, erweist sich dessen Wandelbarkeit als problematisch.[214] Selbst die Anknüpfung an das Betriebsstatut löst die Probleme nur dann, wenn man keine Statutenkumulation verlangt,[215] sondern ungeachtet völkerrechtlicher Bedenken[216] der Betriebsübergangsrichtlinie einen Anwendungsbefehl auch gegenüber Drittstaaten entnimmt[217].

15.70

Das BAG hat in einem Fall, der eine Standortverlagerung in die **Schweiz** betraf, zum Ausdruck gebracht, dass bei „erheblicher Entfernung" zwischen altem und neuem Betriebsort „die Wahrung der Identität zweifelhaft erscheinen könnte".[218] Aus dem Sieben-Punkte-Katalog für die Identitätswahrung sind diese **geographischen Erwägungen** nicht ableitbar.[219] Ob das Kriterium vor dem EuGH Bestand hätte, erscheint daher zweifelhaft.

15.71

III. Übergang und Inhaltsschutz der Arbeitsverhältnisse

Die **Kernvorschrift** der Richtlinie im Hinblick auf den materiellen Schutz der Arbeitsverhältnisse bei Übertragungen i.S.v. Art. 1 Abs. 1 Buchst. a BÜ-RL stellt **Art. 3 BÜ-RL** dar. Dieser hat im Überblick folgende **Struktur:** Art. 3 Abs. 1 UAbs. 1 ordnet den Eintritt des Erwerbers in die Rechte und Pflichten des Veräußerers aus den betroffenen Arbeitsverhältnissen an, was durch das Kündigungsverbot wegen des Betriebsübergangs (Art. 4 Abs. 1 BÜ-RL; vgl. Rz. 15.140 ff.) zusätzlich abgesichert wird. Nach Art. 3 Abs. 1 UAbs. 2 BÜ-RL können die Mitgliedstaaten eine begrenzte gesamtschuldnerische Weiterhaftung des Veräußerers anordnen. Ebenso können sie nach Art. 3 Abs. 2 fakultativ eine Pflicht des Veräußerers zur Unterrichtung des Erwerbers über die übergehenden Arbeitsbedingungen vorsehen. Art. 3 Abs. 3 regelt die Aufrechterhaltung von Arbeitsbedingungen aus Kollektivverträgen beim Erwerber. Schließlich nimmt Art. 3 Abs. 4 bestimmte Versorgungsansprüche vom zwingenden Übergang auf den Erwerber aus, soweit die Mitgliedstaaten nichts anderes vorsehen.

15.72

---

209 So zum deutschen nationalen Recht *Junker*, NZA-Beilage 2012, 8 (14 f.); vgl. bereits *Loritz*, RdA 1987, 65 (84 f.).
210 *Däubler*, FS Kissel, 1994, S. 119 (126); *Niksova*, ecolex 2013, 53 (54); im Ergebnis auch EAS/*Joussen*, B 7200 Rz. 33.
211 *v. Alvensleben*, Rechte der Arbeitnehmer, S. 159; *Niksova*, ecolex 2013, 53 (54).
212 *v. Alvensleben*, Rechte der Arbeitnehmer, S. 159; *Niksova*, ecolex 2013, 53 (54).
213 EAS/*Joussen*, B 7200 Rz. 33; *Niksova*, ecolex 2013, 53 (56).
214 Im Einzelnen dazu *Niksova*, ecolex 2013, 53 (55 f.).
215 So *Junker*, Internationales Arbeitsrecht im Konzern, 1992, S. 239 f.
216 Dazu *Niksova*, ecolex 2013, 53 (56).
217 So *Reichold*, FS Birk, 2008, S. 687 (698).
218 BAG v. 26.5.2011 – 8 AZR 37/10, ArbRB 2011, 328 = NZA 2011, 1143 Rz. 36.
219 Zutreffend *Junker*, NZA-Beilage 2012, 8 (15).

1. Übergang von Rechten und Pflichten aus den Arbeitsverhältnissen auf den Erwerber (Art. 3 Abs. 1 UAbs. 1 BÜ-RL)

a) Automatischer Übergang der Arbeitsverhältnisse

15.73 Der **Erwerber** (vgl. Rz. 15.59 ff.) tritt nach Art. 3 Abs. 1 UAbs. 1 BÜ-RL allein aufgrund des Betriebsübergangs *ipso iure* in die Rechte und Pflichten des Veräußerers ein und wird **Gläubiger und Schuldner aller Ansprüche** aus den bestehenden Arbeitsverhältnissen.[220] Der Veräußerer hingegen wird infolge seines vollständigen Ausscheidens aus dem Arbeitsverhältnis und vorbehaltlich einer mitgliedstaatlich vorgesehenen gesamtschuldnerischen Weiterhaftung (Art. 3 Abs. 1 UAbs. 1 BÜ-RL) von seinen Verpflichtungen aus den Arbeitsverhältnissen entbunden.[221] Demnach handelt es sich um einen gesetzlichen Übergang des Vertragsverhältnisses auf Arbeitgeberseite bzw. um eine **Sonderrechtsnachfolge** in die Rechtstellung des Arbeitgebers mit allen Rechten und Pflichten,[222] welche das zwischen dem Arbeitnehmer und dem Veräußerer als früheren Arbeitgeber bestehende Arbeitsverhältnis inhaltlich grundsätzlich unverändert lässt.[223]

15.74 Der automatische Übergang der Arbeitsverhältnisse auf den Erwerber soll zum einen sicherstellen, dass der Arbeitnehmer seinen Arbeitsvertrag mit dem Erwerber unter den gleichen Vertragsbedingungen fortsetzen kann, die er mit seinem ursprünglichen Arbeitgeber vereinbart hatte.[224] Darüber hinaus soll auch verhindert werden, dass der Erwerber aufgrund der zivilrechtlichen Vorschriften über die Vertragsübernahme bzw. den Schuldnerwechsel die Weiterbeschäftigung der Arbeitnehmer ablehnen oder dass er mit dem Veräußerer den Ausschluss der Übernahme der Arbeitsverhältnisse vereinbaren kann (zum Zweck der Betriebsübergangsrichtlinie vgl. Rz. 15.12).[225] Aufgrund dessen ist der Übergang der Arbeitsverhältnisse im Zuge des Betriebsübergangs weder von der Zustimmung des neuen Arbeitgebers noch von der ausdrücklichen Zustimmung der vom Übergang betroffenen Arbeitnehmer abhängig.[226] Der Übergang ist sowohl für den Veräußerer als auch für den Erwerber **zwingend** (dazu näher Rz. 15.93 ff.); dies gilt – mit Ausnahme ihres Widerspruchsrechts (vgl. Rz. 15.97 ff.) – auch für die betroffenen Arbeitnehmer.[227]

15.75 Eine mögliche Ausnahme vom unveränderten Übergang des Arbeitsverhältnisses erkennt der EuGH für Fälle an, in denen ein Übergang von einem Privatrechtssubjekt auf eine **juristische Person des öffentlichen Rechts** erfolgt. Wie der Gerichtshof in der Rs. *Delahaye* angenommen hat, steht die Richtlinie einer nationalen Rechtsvorschrift nicht entgegen, welche in einem solchen Fall

---

220 EuGH v. 7.2.1985 – 19/83 – Wendelboe, Slg. 1985, 457 Rz. 17; v. 5.5.1988 – 144/87 und 145/87 – Berg und Busschers, Slg. 1988, 2559 Rz. 10 ff.; v. 25.7.1991 – C-362/89 – D'Urso, Slg. 1991, I-4105 Rz. 10–12; v. 14.11.1996 – C-305/94 – Rotsart de Hertaing, Slg. 1996, I-5927 Rz. 16 ff.; v. 24.1.2002 – C-51/00 – Temco, Slg. 2002, I-969 Rz. 35; v. 26.5.2005 – C-478/03 – Celtec, Slg. 2005, I-4389 Rz. 39 ff.
221 EuGH v. 5.5.1988 – 144/87 und 145/87 – Berg und Busschers, Slg. 1988, 2559 Rz. 14; v. 14.11.1996 – C-305/94 – Rotsart de Hertaing, Slg. 1996, I-5927 Rz. 24; v. 26.5.2005 – C-478/03 – Celtec, Slg. 2005, I-4389 Rz. 40; EAS/*Joussen*, B 7200 Rz. 38; *Schruiff*, Betriebsübergangsrichtlinie der EG, S. 41; *v. Alvensleben*, Rechte der Arbeitnehmer, S. 230.
222 Vgl. Staudinger/*Annuß*, § 613a BGB, Rz. 134; Schlachter/Heinig/*Krause*, § 7 Rz. 60.
223 Vgl. für das deutsche Recht BAG v. 22.2.1978 – 5 AZR 800/76, AP BGB § 613a Nr. 11; ErfK/*Preis*, § 613a BGB Rz. 66; HWK/*Willemsen/Müller-Bonanni*, § 613a BGB Rz. 231.
224 EuGH v. 12.11.1992 – C-209/91 – Rask, Slg. 1992, I-5755 ff.; EAS/*Joussen*, B 7200 Rz. 39.
225 Vgl. die Begründung des Richtlinienvorschlags, RdA 1975, 124 (125); Hanau/Steinmeyer/Wank/*Wank*, § 18 Rz. 93.
226 EuGH v. 5.5.1988 – 144/87 und 145/87 – Berg und Busschers, Slg. 1988, 2259; v. 14.11.1996 – C-305/94 – de Hertaining, Slg. 1996, I-5927; s. auch die Begründung des Richtlinienvorschlags, RdA 1975, 124 (125).
227 EuGH v. 25.7.1991 – C-362/89 – D'Urso, Slg. 1991, I-4105 Rz. 11; v. 7.12.1995 – C-472/93 – Spano, Slg. 1995, I-4321 Rz. 32; v. 26.5.2005 – C-478/03 – Celtec, Slg. 2005, I-4389 Rz. 42.

die Beendigung der privatrechtlichen Arbeitsverträge vorsieht.[228] Begründet wird dies damit, dass die Richtlinie insofern lediglich eine teilweise Harmonisierung des in Frage stehenden Gebietes vorsehe.[229] Noch nicht ausdrücklich vom EuGH entschieden wurde, ob der öffentlich-rechtliche Arbeitgeber verpflichtet ist, den Arbeitnehmern stets die Fortsetzung der Beschäftigung in einem öffentlich-rechtlichen Rechtsverhältnis anzubieten. Dafür spricht jedenfalls die Zielsetzung der Richtlinie sowie der Umstand, dass Erwerber i.S.v. Art. 2 Abs. 1 Buchst. b BÜ-RL auch eine juristische Person des öffentlichen Rechts sein kann.[230] Allerdings hindert die Richtlinie den öffentlich-rechtlichen Erwerber nicht daran, als neuer Arbeitgeber eine Kürzung der Vergütung der übergehenden Arbeitnehmer vorzunehmen, um nationalen Vorschriften hinsichtlich der öffentlichen Angestellten nachzukommen, wobei aber bei der Eingruppierung gegebenenfalls das Dienstalter des übergehenden Arbeitnehmers zu berücksichtigen ist.[231] Eine mit dem Wechsel in ein öffentlich-rechtliches Dienstverhältnis verbundene erhebliche Kürzung der Vergütung löst die Beendigungsfiktion durch den Arbeitgeber nach Art. 4 Abs. 2 BÜ-RL aus, wenn der Arbeitnehmer das Angebot nicht annimmt. Ob dies auch bereits für die Beendigung des privatrechtlichen Arbeitsverhältnisses bei einem Weiterbeschäftigungsangebot zum Wechsel in ein öffentlich-rechtliches Dienstverhältnis zu im Wesentlichen gleichwertigen Bedingungen gilt, ist indes zweifelhaft.[232]

b) Erfasste Arbeitsverhältnisse

aa) Begriff des Arbeitsverhältnisses und Zuordnungsprobleme

Von den Rechtsfolgen des Betriebsübergangs sind alle **Arbeitsverträge bzw. Arbeitsverhältnisse** betroffen, die zum maßgeblichen Zeitpunkt des Inhaberwechsels bestanden haben und der übertragenen Einheit zuzurechnen sind. Der Begriff des Arbeitsvertrags oder Arbeitsverhältnisses bestimmt sich gem. Art. 2 Abs. 1 UAbs. 1 BÜ-RL prinzipiell allein nach mitgliedstaatlichem Recht.[233] Erfasst werden sämtliche Arbeitsverhältnisse, unabhängig davon, ob es sich um Arbeiter, Angestellte, leitende Angestellte oder Auszubildende handelt.[234] Auch ruhende Arbeitsverhältnisse einschließlich **Altersteilzeitarbeitsverhältnisse** in der Freistellungsphase sowie fehlerhafte Arbeitsverhältnisse gehen auf den Erwerber über, wenn sie aufgrund einzelstaatlichen Arbeitsrechts geschützt sind, was etwa auf Deutschland zutrifft.[235] **Teilzeitbeschäftigte** sowie Beschäftigte mit **befristetem Arbeitsvertrag** i.S.v. Art. 1 Nr. 1 RL 91/383/EWG können nicht durch eine abweichende mitgliedstaatliche Begriffsbestimmung des Arbeitsvertrags oder Arbeitsverhältnisses vom Schutz der Betriebsübergangsrichtlinie ausgeklammert werden und gehen daher ebenfalls über, was durch Art. 2 Abs. 2 UAbs. 2 BÜ-RL zum Zwecke der Mindestharmonisierung zwingend angeordnet ist.[236]

15.76

---

228 EuGH v. 11.11.2004 – C-425/02 – Delahaye, Slg. 2004, I-10823 Rz. 32; v. 26.9.2000 – C-175/99 – Mayeur, Slg. 2000, I-7755 Rz. 56.
229 Vgl. EuGH v. 10.2.1988 – 324/86 – Daddy's Dance Hall, Slg. 1988, I-739 Rz. 16; v. 6.11.2003 – C-4/01 – Martin, Slg. 2003, I-12859 Rz. 41; bestätigt in EuGH v. 11.11.2004 – C-425/02 – Delahaye, Slg. 2004, I-10823 Rz. 32.
230 Im Ergebnis ebenso *Martin*, Umsetzung der Unternehmensübergangsrichtlinie, 2006, S. 188 f.
231 EuGH v. 11.11.2004 – C-425/02 – Delahaye, Slg. 2004, I-10823 Rz. 33.
232 Anders wohl EuGH v. 11.11.2004 – C-425/02 – Delahaye, Slg. 2004, I-10823 Rz. 33; v. 26.9.2000 – C-175/99 – Mayeur, Slg. 2000, I-7755 Rz. 56; *Martin*, Umsetzung der Unternehmensübergangsrichtlinie, S. 189.
233 EuGH v. 11.7.1985 – 105/84 – Mikkelsen, Slg. 1985, 2639 Rz. 23; v. 15.6.1988 – 101/87 – Bork International, Slg. 1988, 3057 Rz. 17; vgl. v. *Alvensleben*, Rechte der Arbeitnehmer, S. 160 ff.
234 BAG v. 22.2.1978 – 5 AZR 800/76, AP BGB § 613a Nr. 11; v. 19.1.1988 – 3 AZR 263/86, NZA 1988, 501; v. 13.7.2006 – 8 AZR 382/05, ArbRB 2007, 2 = NZA 2006, 1406 (1407); ErfK/*Preis*, § 613a BGB Rz. 67; HWK/*Willemsen/Müller-Bonanni*, § 613a BGB Rz. 222.
235 Vgl. im Zusammenhang mit § 613a BGB: BAG v. 18.12.2003 – 8 AZR 621/02, NZA 2004, 791; v. 14.7.2005 – 8 AZR 392/04, NZA 2005, 1411; v. 31.1.2008 – 8 AZR 27/07, ArbRB 2008, 237 = NZA 2008, 705; v. 30.10.2008 – 8 AZR 54/07, ArbRB 2009, 130 = NZA 2009, 432; ErfK/*Preis*, § 613a BGB Rz. 67 f.; HWK/*Willemsen/Müller-Bonanni*, § 613a BGB Rz. 222.
236 Vgl. EAS/*Joussen*, B 7200 Rz. 35; *Thüsing*, Europäisches Arbeitsrecht, § 5 Rz. 40.

15.77 Damit es zum Übergang kommt, muss das Arbeitsverhältnis nach dem ausdrücklichen Wortlaut von Art. 3 Abs. 1 UAbs. 1 BÜ-RL im Zeitpunkt des Betriebsinhaberwechsels (noch) bestehen. Für den Zeitpunkt des Inhaberwechsels kommt es auf den Moment des Übergangs der tatsächlichen Leitungsmacht über die wirtschaftliche Einheit auf den Erwerber an.[237] Vor dem Übergang **gekündigte Arbeitsverhältnisse** gehen in gekündigtem Zustand für die Restlaufzeit auf den Erwerber über, sofern die Kündigungsfrist im Zeitpunkt des Betriebsübergangs noch nicht abgelaufen ist.[238] Für bereits **wirksam beendete Arbeitsverhältnisse** ist ein Übergang ausgeschlossen.[239] Noch nicht erfüllte Ansprüche ausgeschiedener Arbeitnehmer, beispielsweise auf **Abfindungen** oder **Betriebsrenten**, richten sich nur gegen den Veräußerer als Vertragspartner und nicht gegen den Erwerber.[240] Ebenso werden von Art. 3 Abs. 1 BÜ-RL nachwirkende Verpflichtungen aus einem vor dem Betriebsübergang beendeten Arbeitsverhältnis (z.B. Zeugnis- und Auskunftserteilung) nicht erfasst.[241] Auch in **Ruhestandsverhältnisse** tritt der Erwerber nicht aufgrund des Betriebsübergangs ein.

15.78 Voraussetzung für den Übergang des Arbeitsverhältnisses vom Veräußerer auf den Erwerber nach Art. 3 Abs. 1 UAbs. 1 BÜ-RL ist schließlich, dass dieses der **übertragenen wirtschaftlichen Einheit zugehörig** ist. Die Übertragung kompletter Betriebe bereitet hier in der Regel keine Probleme, da in diesem Fall sämtliche Arbeitsverhältnisse des Betriebes vom Übergang betroffen sind. Zuordnungsfragen können sich demgegenüber im Hinblick auf Arbeitnehmer in Stabs- oder Querschnittsbereichen stellen, wenn diese aus einer zentralen Betriebsabteilung heraus Aufgaben für die übertragene Einheit wahrnehmen. Entsprechendes gilt für die Zuordnung von Arbeitnehmern, die eine organisatorische Mehrfachzugehörigkeit aufweisen, weil sie sowohl in der übertragenen Einheit als auch in einer weiteren beim Veräußerer verbleibenden Einheit eingesetzt sind.

15.79 Zum fraglichen Übergang von Arbeitnehmern in nicht mitübertragenen **Stabs- oder Querschnittsbereichen** wie z.B. einer zentralen Verwaltungsabteilung hat der EuGH in der Rs. *Botzen* Stellung genommen.[242] Wie der Gerichtshof im Anschluss an die Stellungnahme der Kommission zu Recht angenommen hat, ist das Arbeitsverhältnis durch die Verbindung zwischen dem Arbeitnehmer und dem Unternehmens- oder Betriebsteil gekennzeichnet, dem er zur Erfüllung seiner Aufgabe angehört. Für die Beurteilung, ob das Arbeitsverhältnis mit übergegangen ist, bedarf es daher der Feststellung, welchem Unternehmens- oder Betriebsteil der betreffende Arbeitnehmer angehört.[243] Voraussetzung für den Übergang nach Art. 3 Abs. 1 UAbs. 1 BÜ-RL ist damit, dass der Arbeitsplatz des Arbeitnehmers in die **Organisationsstruktur** der übertragenen wirtschaftlichen Einheit eingebunden ist. Kommt es danach auf die organisatorische Eingliederung des Arbeitnehmers in die übergehende Einheit an, so kann eine bloße Erbringung von Tätigkeiten für die übertragene Einheit eine solche Zuordnung nicht begründen.[244] Dementsprechend gehen Beschäftigte nicht deswegen auf den Erwerber über, weil sie aus einer anderen Organisationseinheit heraus Tätigkeiten für den übertragenen Betrieb oder Betriebsteil verrichten, ohne in diesen tatsächlich eingegliedert zu sein.[245]

---

237 EuGH v. 10.2.1988 – 324/86 – Daddy's Dance Hall, Slg. 1988, I-739 Rz. 9; v. 5.5.1988 – 144/87 und 145/87 – Berg und Busschers, Slg. 1988, 2559 Rz. 17; v. 15.6.1988 – 101/87 – Bork International, Slg. 1988, 3057 Rz. 13; v. 26.5.2005 – C-478/03 – Celtec, Slg. 2005, I-4389 Rz. 1.
238 Vgl. zu § 613a BAG v. 22.2.1978 – 5 AZR 800/76, AP BGB § 613a Nr. 11; v. 21.8.2008 – 8 AZR 201/07, ArbRB 2009, 33 = NZA 2009, 29 Rz. 56; Willemsen/Hohenstatt/Schweibert/Seibt/*Willemsen*, Umstrukturierung und Übertragung, Rz. G132.
239 Schlachter/Heinig/*Krause*, § 7 Rz. 62.
240 EAS/*Joussen*, B 7200 Rz. 37; *Martin*, Umsetzung der Unternehmensübergangsrichtlinie, S. 200.
241 Willemsen/Hohenstatt/Schweibert/Seibt/*Willemsen*, Umstrukturierung und Übertragung, Rz. G133.
242 EuGH v. 7.2.1985 – 186/83 – Botzen, Slg. 1985, 519.
243 EuGH v. 7.2.1985 – 186/83 – Botzen, Slg. 1985, 519 Rz. 14 f.
244 Willemsen/Hohenstatt/Schweibert/Seibt/*Willemsen*, Umstrukturierung und Übertragung, Rz. G134.
245 EuGH v. 7.2.1985 – 186/83 – Botzen, Slg. 1985, 519; EAS/*Joussen*, B 7200 Rz. 36; Hanau/Steinmeyer/Wank/*Wank*, § 18 Rz. 53. Das BAG hat diese Grundsätze übernommen, s. u.a. BAG v. 11.9.1997 – 8 AZR 555/95, NJW 1998, 1253; v. 24.8.2006 – 8 AZR 556/05, ArbRB 2007, 39 = NZA 2007, 1320; v. 7.4.2011 – 8 AZR 730/09, NZA 2011, 1231.

Die Richtlinie erfordert keine andere Beurteilung in Fällen, in denen es infolge der Übertragung 15.80
einer Teileinheit nicht mehr möglich ist, den verbleibenden Betrieb sinnvoll zu führen, so dass es
beim Veräußerer zum Verlust von Arbeitsplätzen kommt. Dementsprechend ist für die Frage des
Übergangs des Arbeitsverhältnisses auch dann allein maßgeblich, ob der Arbeitnehmer in der
übertragenen Einheit und nicht nur für diese tätig war.[246]

Noch keine nähere Klärung durch den EuGH liegt zur Behandlung von Arbeitsverhältnissen vor, 15.81
die teils der übertragenen Einheit, teils einer beim Veräußerer verbleibenden Einheit zuzuordnen
sind, wie beispielsweise im Falle von Arbeitnehmern, die regelmäßig auf Arbeitsplätzen in verschiedenen Organisationsabteilungen eingesetzt sind (sog. **Springer**). Die Richtlinie trifft hierzu
keine Aussage. Unter Schutzzweckaspekten erscheint es richtig, dann für die Zuordnung auf die
überwiegende Tätigkeit abzustellen.[247] Dabei können auch Aspekte wie überwiegender Arbeitsaufwand und -ort sowie der Grad der Zusammenarbeit mit Vorgesetzten und anderen Mitarbeitern
aus den betroffenen Bereichen eine Rolle spielen.[248] Lässt sich bei objektiver Betrachtung kein eindeutiger Schwerpunkt ermitteln, muss der bisherige Arbeitgeber eine Zuordnung mittels Direktionsrechts vornehmen.[249]

bb) Leiharbeitsverhältnisse und sonstiges Fremdpersonal

Auch Leiharbeitsverhältnisse i.S.v. Art. 1 Nr. 2 RL 91/383/EWG sind vom Übergang erfasst, wenn 15.82
der **Betrieb des Verleihers** auf einen anderen Inhaber übergeht. Dies wird ausdrücklich durch
Art. 2 Abs. 2 UAbs. 2 BÜ-RL klargestellt.

Wird hingegen der **Betrieb des Entleihers** übertragen, bleiben die Arbeitsverhältnisse der dort ein- 15.83
gesetzten Leiharbeitnehmer unberührt, da sie nicht zu diesem, sondern zu dem Unternehmen des
Verleihers in einem Arbeitsverhältnis stehen.[250] Entsprechendes gilt für sonstiges in der übertragenen Einheit eingesetztes **Fremdpersonal**. Dass es hier nicht zum Übergang des Arbeitsverhältnisses auf den Erwerber kommt, folgt bereits daraus, dass Art. 3 Abs. 1 UAbs. 1 BÜ-RL ausdrücklich vom Übergang der Rechte und Pflichten des *Veräußerers* aus dem Arbeitsvertrag bzw. Arbeitsverhältnis spricht, wohingegen mit Fremdpersonal keine solche Rechtsbeziehung des Veräußerers
besteht. Zudem fehlt es im Verhältnis zwischen dem Verleihunternehmen bzw. Arbeitgeber des
Fremdpersonals und dem Veräußerer regelmäßig an einem Übergang von Substrat, welches die
Kriterien einer wirtschaftlichen Einheit von Art. 1 Abs. 1 BÜ-RL erfüllen könnte.

Allerdings ist der EuGH in der Rs. **Albron** (vgl. Rz. 15.62 ff.) davon ausgegangen, dass als Veräuße- 15.84
rer i.S.v. Art. 2 Abs. 1 Buchst. a BÜ-RL auch ein Konzernunternehmen anzusehen sein kann, zu
welchem die Arbeitnehmer von einem anderen Konzernunternehmen, welches als **Personalführungsgesellschaft und zentraler Arbeitgeber** für die gesamte Gruppe fungiert, ständig abgeordnet
waren. Nicht zuletzt auf der Grundlage des hier behandelten Art. 3 Abs. 1 BÜ-RL kommt der
EuGH zu einer Unterscheidung zwischen vertraglichem und nichtvertraglichem Arbeitgeber.[251]
Auf dieser Basis sah es der EuGH als unschädlich für den fraglichen Übergang der Arbeitsverhältnisse an, wenn zwischen dem Veräußerer als nichtvertraglichem Arbeitgeber und den Arbeitneh-

---

246 BAG v. 13.11.1997 – 8 AZR 375/96, NZA 1998, 249 (251).
247 BAG v. 20.7.1982 – 3 AZR 261/80, DB 1983, 50; v. 25.6.1985 – 3 AZR 254/83, NZA 1986, 93; EAS/
Joussen, B 7200 Rz. 45; HWK/*Willemsen/Müller-Bonanni*, § 613a BGB Rz. 229; *Kreitner*, NZA 1990,
429 (432).
248 Ähnlich *Martin*, Umsetzung der Unternehmensübergangsrichtlinie, S. 196.
249 Dazu HWK/*Willemsen/Müller-Bonanni*, § 613a BGB Rz. 229; *Meyer*, NZA-RR 2013, 225 (227 f.)
m.w.N. auch zur abweichenden Ansicht.
250 EuGH v. 13.9.2007 – C-458 – Jouini, Slg. 2007, I-7301 Rz. 36; *Bauer/v. Medem*, NZA 2011, 20; *Forst*,
RdA 2011, 228 (229).
251 EuGH v. 21.10.2010 – C-242/09 – Albron, Slg. 2010, I-10309 Rz. 24 f.

mern keine vertraglichen Beziehungen bestehen.[252] Wie bereits näher dargelegt (vgl. Rz. 15.63 f.), kann dies jedoch nicht für den Regelfall der Leiharbeit verallgemeinert werden.

c) Eintritt des Erwerbers in die Rechte und Pflichten

15.85 Mit dem Betriebsübergang tritt der Erwerber in die Rechte und Pflichten des Veräußerers aus den Arbeitsverhältnissen ein, Art. 3 Abs. 1 UAbs. 1 BÜ-RL. Maßgeblich ist dabei der gesamte inhaltliche Bestand des Arbeitsverhältnisses im Zeitpunkt des Übergangs der betrieblichen Leitungsmacht des Erwerbers, d.h. zum Vollzugszeitpunkt des Übergangs. Soweit diese Rechte und Pflichten beim Veräußerer durch einen **Kollektivvertrag** geregelt waren, werden diese nach Art. 3 Abs. 3 BÜ-RL ebenfalls unverändert aufrechterhalten, wobei dies allerdings nur bis zu dessen Kündigung oder Ablauf oder bis zur Anwendung eines anderen Kollektivvertrags beim Erwerber vorgesehen ist (vgl. Rz. 15.107 ff.).

15.86 Der Eintritt des Erwerbers nach Art. 3 Abs. 1 UAbs. 1 BÜ-RL erstreckt sich grundsätzlich ausnahmslos auf **sämtliche Bedingungen** aus dem inhaltlich unverändert fortbestehenden Arbeitsvertrag oder Arbeitsverhältnis.[253] Dazu zählen beispielsweise auch Ansprüche aus betrieblicher Übung oder auf Nebenleistungen aus dem Arbeitsverhältnis.[254] Unerheblich ist, ob sich die Ansprüche erst mit dem Eintritt eines bestimmten Ereignisses materialisieren oder die Rechtsposition erst noch durch den Erwerber oder den Arbeitnehmer ausgeübt werden muss, da der Erwerber auch insoweit in die entsprechenden Rechtsgrundlagen eintritt.[255]

15.87 Zu den übergehenden Rechten i.S.v. Art. 3 Abs. 1 UAbs. 1 BÜ-RL zählen auch solche, die bei der Entlassung oder bei mit dem Arbeitgeber vereinbartem Eintritt in den Vorruhestand entstehen. Bei letzterem bedarf es gegebenenfalls der Abgrenzung zu Leistungen der **Alters-, Invaliditäts- oder Hinterbliebenenversorgung**, welche gem. Art. 3 Abs. 4 BÜ-RL nicht vom automatischen Übergang erfasst sind, sofern dies nicht anders im mitgliedstaatlichen Recht vorgesehen ist (vgl. Rz. 15.137 f.).

15.88 Im Zuge des Betriebsübergangs wird der Erwerber Schuldner aller **Verbindlichkeiten** aus dem Arbeitsverhältnis, auch wenn diese vor dem Übergang entstanden sind. Für rückständige Sozialversicherungsbeiträge oder Lohnsteuer haftet der Erwerber gegenüber der zuständigen Stelle nicht, da es sich hierbei nicht um Pflichten aus dem Arbeitsverhältnis, sondern um Verpflichtungen öffentlich-rechtlicher Natur gegenüber einem Dritten handelt.[256]

15.89 Vertragsverhältnisse zwischen dem bisherigen Betriebsinhaber und dem Arbeitnehmer sowie Rechtspositionen außerhalb des Arbeitsverhältnisses (wie z.B. Wohnraummietverträge[257] oder Arbeitgeber-Darlehen[258]) sowie separate Vertragsverhältnisse des Arbeitnehmers mit Dritten gehen grundsätzlich nicht zusammen mit dem Arbeitsverhältnis auf den neuen Betriebsinhaber über.[259]

---

252 EuGH v. 21.10.2010 – C-242/09 – Albron, Slg. 2010, I-10309 Rz. 24 f.; GA *Bot* hatte demgegenüber mit Arbeitnehmerschutzgesichtspunkten argumentiert, s. Schlussantrag v. 3.6.2010 – C-242/09 – Albron, Slg. 2010, I-10309 Rz. 42 ff.
253 EuGH v. 6.11.2003 – C-4/01 – Martin u.a., Slg. 2003, I-12859 Rz. 29; *Riesenhuber*, Europäisches Arbeitsrecht, § 24 Rz. 62 m.w.N.
254 Zu § 613a BGB statt aller ErfK/*Preis*, § 613a BGB Rz. 74; HWK/*Willemsen/Müller-Bonanni*, § 613a BGB Rz. 232 jeweils m.w.N.
255 EuGH v. 6.11.2003 – C-4/01 – Martin u.a., Slg. 2003, I-12859 Rz. 29.
256 Vgl. BayObLG v. 31.10.1974 – 1 U 2225/74, BB 1974, 1582; ErfK/*Preis*, § 613a BGB Rz. 81; HWK/ *Willemsen/Müller-Bonanni*, § 613a BGB Rz. 235; Willemsen/Hohenstatt/Schweibert/Seibt/*Willemsen*, Umstrukturierung und Übertragung, Rz. G170.
257 EuGH v. 16.10.2008 – C-313/07 – Kirtruna, Slg. 2008, I-7909; MüKoBGB/*Müller-Glöge*, § 613a BGB Rz. 99; Staudinger/*Annuß*, § 613a BGB Rz. 188; *Seiter*, Betriebsinhaberwechsel, S. 79.
258 BAG v. 21.1.1999 – 8 AZR 373/97; ErfK/*Preis*, § 613a BGB Rz. 73; Staudinger/*Annuß*, § 613a BGB Rz. 164.
259 HWK/*Willemsen/Müller-Bonanni*, § 613a BGB Rz. 233; *Willemsen*, FS Wiedemann, S. 645 (646 ff.).

Dementsprechend zählen Rechte aus einem von der Konzernmutter zugesagten **Aktienoptionsprogramm** nicht zu den nach Art. 3 Abs. 1 UAbs. 1 BÜ-RL übergehenden Ansprüchen, wenn diese nicht aufgrund der konkreten Gestaltung auch zum Bestandteil des Arbeitsverhältnisses des Arbeitnehmers mit der Tochtergesellschaft gemacht wurden.[260]

Nach der Richtlinie tritt der Erwerber in die Rechtsstellung des Veräußerers ein. Dieser Eintritt umfasst nicht bloße **faktische Gegebenheiten**, welche gegebenenfalls das Arbeitsverhältnis beeinflussen können.[261] Diese sind keine Rechte, können allerdings rechtsbegründend wirken, wenn sie Voraussetzung für das Entstehen oder den Umfang eines Anspruchs sind. Besondere Bedeutung hat dies für die **Dauer der Betriebszugehörigkeit** bzw. die beim Veräußerer bereits zurückgelegten Dienstjahre. Da diese normalerweise die Rechtsposition eines Arbeitnehmers in verschiedener Hinsicht prägen (etwa im Hinblick auf Lohnhöhe, Unverfallbarkeitsregelungen, Kündigungsschutz, Abfindungen etc.), würde das Richtlinienziel der unveränderten Aufrechterhaltung der bisherigen Arbeitsbedingungen verfehlt, wenn die Betriebszugehörigkeit nicht zum nach Art. 3 Abs. 1 UAbs. 1 BÜ-RL übergangsfähigen Besitzstand zu zählen wäre. So geht der EuGH etwa davon aus, dass der Erwerber bei der Ermittlung von finanziellen Ansprüchen, welche an das Dienstalter geknüpft sind, die bisherige Dauer der Beschäftigung beim Veräußerer zu berücksichtigen hat, soweit sich diese Verpflichtung bereits aus dem Arbeitsverhältnis zum Veräußerer und den dort vereinbarten Modalitäten ergab.[262] Gleiches gilt für die Dauer der Betriebszugehörigkeit als Voraussetzung für eine Verlängerung der Kündigungsfrist.[263] Nicht zu dem nach Art. 3 Abs. 1 UAbs. 1 BÜ-RL aufrechtzuerhaltenden Besitzstand zählen solche tatsächlichen Umstände, die nicht an das individuelle Arbeitsverhältnis des Arbeitnehmers, sondern lediglich an das **Unternehmen oder den Betrieb des Veräußerers** anknüpfen. Dies gilt vor allem für Schwellenwerte, welche das Eingreifen von Schutzbestimmungen oder Rechten zugunsten der Arbeitnehmer an die Beschäftigtenzahl des Betriebes oder Unternehmens knüpfen.[264] Daran ändert sich auch nichts mit Blick auf die vom EuGH betonte allgemeine Zielsetzung der Richtlinie, zu verhindern, dass sich die Lage der übergegangenen Arbeitnehmer allein aufgrund des Übergangs verschlechtert.[265] Denn dieser Schutz umfasst – ebenso wenig wie beim bisherigen Arbeitgeber – keine Bestandsgarantie von rein faktischen Gegebenheiten.

Nach der Rechtsprechung des **BAG** zählt beispielsweise die Anwendbarkeit des Kündigungsschutzes im Hinblick auf den in § 23 KSchG vorausgesetzten **Schwellenwert** nicht zu den nach § 613a Abs. 1 Satz 1 BGB übergangsfähigen Rechten und Pflichten aus dem Arbeitsverhältnis.[266] Entsprechendes gilt für betriebsverfassungsrechtlich relevante Schwellenwerte wie z.B. die Möglichkeit zur Wahl eines Betriebsrats für den übergegangenen Betrieb(steil) (§ 1 Abs. 1 BetrVG) oder die Bildung eines Wirtschaftsausschusses (§ 106 BetrVG), die Mitbestimmung bei personellen Einzelmaßnahmen (§ 99 BetrVG) und den Schutz bei Betriebsänderungen (§§ 111 ff. BetrVG). Dies ist nach dem Gesagten mit der Betriebsübergangsrichtlinie vereinbar.

---

260 Vgl. zu § 613a BGB etwa BAG v. 12.2.2003 – 10 AZR 299/02, ArbRB 2003, 132 = NZA 2003, 487; *Schnitker/Grau*, BB 2002, 2497 (2499); *v. Steinau-Steinrück*, NZA 2003, 473 (474).
261 Schlachter/Heinig/*Krause*, § 7 Rz. 66.
262 S. EuGH v. 14.9.2000 – C-343/98 – Collino, Slg. 2000, I-6659 Rz. 51; v. 6.9.2011 – C-108/10 – Scattolon, Slg. 2011, I-7491 Rz. 83; *Martin*, Umsetzung der Unternehmensübergangsrichtlinie, S. 196; *v. Alvensleben*, Rechte der Arbeitnehmer, S. 240.
263 Vgl. dazu EuGH v. 6.4.2017 – C-336/15 – Unionen, ArbRB 2017, 167 = NZA 2017, 585 Rz. 22 f., wobei allerdings nicht thematisiert wird, dass die verlängerte Kündigungsfrist ihre Grundlage im Kollektivvertrag des Veräußerers fand; krit. *Witschen*, EuZA 2017, 534 (537, 539 f.); hierzu auch *Junker*, RIW 2018, 19 (24).
264 BAG v. 15.2.2007 – 8 AZR 397/06, ArbRB 2007, 227 = NZA 2007, 739 (741); APS/*Moll*, § 23 KSchG Rz. 36a.
265 EuGH v. 26.5.2005 – C-478/03 – Celtec, Slg. I 2005, I-4389 Rz. 2, 6; v. 6.9.2011 – C-108/10 – Scattolon, Slg. 2011, I-7491 Rz. 76.
266 BAG v. 15.2.2007 – 8 AZR 397/06, ArbRB 2007, 227 = NZA 2007, 739 (741); APS/*Moll*, § 23 KSchG Rz. 36a; Erfk/*Preis*, § 613a BGB Rz. 76.

15.92 Für die Frage der Anwendbarkeit des **Sozialplanprivilegs** auf Neugründungen (§ 112a Abs. 2 BetrVG) ist nach zutreffender Ansicht des BAG auf das Alter des Unternehmens abzustellen und nicht auf das Alter des Betriebs.[267] Dies kann insofern problematisch sein, als die Arbeitnehmer im Falle der Übernahme eines älteren Betriebs durch ein neu gegründetes Unternehmen die Chance auf den Abschluss eines Sozialplans bei einer Betriebsänderung in den folgenden vier Jahren nach dem Betriebsübergang verlieren. Ein Verstoß gegen Art. 3 BÜ-RL liegt hierin nicht, da die Aussicht auf einen erforderlichenfalls erzwingbaren Sozialplan kein Recht der Arbeitnehmer aus den bestehenden Arbeitsverhältnissen ist, sondern lediglich eine faktische Chance auf den Abschluss eines Sozialplans im Falle einer Betriebsänderung, die auf den Erwerber im Zuge des Betriebsübergangs nicht übertragen wird.[268]

d) Unabdingbarkeit; Änderung übergehender Rechte und Pflichten

15.93 Der Schutz durch den inhaltlich unveränderten Übergang der Arbeitsverhältnisse nach Art. 3 Abs. 1 UAbs. 1 BÜ-RL ist **grundsätzlich unabdingbar**.[269] Vereinbarungen zwischen Veräußerer und Erwerber, durch die der Eintritt des Erwerbers in die arbeitsvertraglichen Rechte und Pflichten im Außenverhältnis zu den betroffenen Arbeitnehmern ausgeschlossen oder beschränkt werden soll, ist daher nach nationalem Recht die Wirksamkeit zu versagen. Ferner kann der Übergang der Arbeitsverhältnisse auch nicht durch Kollektivvertrag wirksam ausgeschlossen werden.[270]

15.94 Gegen die Richtlinie verstoßen auch Abreden zwischen dem Arbeitnehmer und dem bisherigen Arbeitgeber, welche auf eine **Umgehung des Inhaltsschutzes** beim Betriebsübergang abzielen. Dies wird beispielsweise für eine Regelung beim Veräußerer angenommen, wonach die Arbeitnehmer für den Fall eines Betriebsübergangs auf rückständige Vergütung verzichten sollten.[271] Entsprechendes gilt für die wegen eines Betriebsübergangs vorgenommene Befristung oder die Veranlassung der Arbeitnehmer zum Abschluss von Aufhebungsverträgen, um sodann mit dem Erwerber unter Fortsetzung der bisherigen Tätigkeit neue Arbeitsverträge zu schlechteren Konditionen zu begründen.[272] Sofern inhaltliche Modifikationen der vertraglichen Arbeitsbedingungen allein aufgrund des Übergangs eintreten, erkennt der EuGH auch dann einen Richtlinienverstoß, wenn zwar die Höhe des Arbeitsentgelts unverändert bleibt, jedoch die sich aus dem Arbeitsvertrag ergebenden Bedingungen wie Auszahlungszeitpunkt und Entgeltzusammensetzung geändert werden.[273]

---

267 BAG v. 27.6.2006 – 1 ABR 18/05, ArbRB 2007, 42 = AP Nr. 14 zu § 112a BetrVG Rz. 17; *Fitting*, BetrVG, §§ 112, 112a BetrVG Rz. 107; GK-BetrVG/*Oetker*, 11. Aufl. 2018, §§ 112, 112a BetrVG Rz. 323; HWK/*Hohenstatt/Willemsen*, § 112a BetrVG Rz. 7; *Richardi/Annuß*, BetrVG, 16. Aufl. 2018, § 112a BetrVG Rz. 13; Willemsen/Hohenstatt/Schweibert/Seibt/*Schweibert*, Umstrukturierung und Übertragung, Rz. C 234.

268 BAG v. 13.6.1989 – 1 ABR 14/88, AP Nr. 3 zu § 112a BetrVG 1972; v. 27.6.2006 – 1 ABR 18/05, ArbRB 2007, 42 = AP Nr. 14 zu § 112a BetrVG 1972 Rz. 22 ff.; *Fitting*, BetrVG, §§ 112, 112a BetrVG Rz. 111; HWK/*Hohenstatt/Willemsen*, § 112a BetrVG Rz. 7.

269 EuGH v. 5.5.1988 – 144 und 145/87 – Berg und Busschers, Slg. 1988, I 2559 Rz. 12; v. 25.7.1991 – C-362/89 – D'Urso, Slg. 1991, I-4105 Rz. 9; v. 16.12.1992 – C-132/91, C-138/91 – Katsikas, Slg. 1992, I-6577 Rz. 21; v. 6.11.2003 – C-4/01 – Martin, Slg. 2003, I-12859 Rz. 39; v. 9.3.2006 – C-499/04 – Werhof, Slg. I-2006, 2397 Rz. 26; zu § 613a BGB s. nur BAG v. 19.3.2009 – 8 AZR 722/07, ArbRB 2009, 290 = NZA 2009, 1091 Rz. 30; ErfK/*Preis*, § 613a BGB Rz. 82; HWK/*Willemsen/Müller-Bonanni*, § 613a BGB Rz. 247; Staudinger/*Annuß*, § 613a BGB Rz. 33.

270 Vgl. EuGH v. 25.7.1991 – C-362/89 – D'Urso, Slg. 1991, I-4105 Rz. 3, 20; HWK/*Willemsen/Müller-Bonanni*, § 613a BGB Rz. 247.

271 Vgl. EuGH v. 10.2.1988 – C-324/86 – Daddy's Dance Hall, Slg. 1988, I-739 Rz. 15 ff.; v. 6.11.2003 – C-4/01 – Martin, Slg. 2003, I-12859 Rz. 44 f.; zu § 613a BGB s. BAG v. 19.3.2009 – 8 AZR 722/07, ArbRB 2009, 290 = NZA 2009, 1091.

272 Vgl. zu § 613a BGB: BAG v. 25.10.2007 – 8 AZR 917/06, NZA-RR 2008, 367 (370); vgl. auch HWK/*Willemsen/Müller-Bonanni*, § 613a BGB Rz. 247.

273 EuGH v. 12.11.1992 – C-209/91 – Rask, Slg. 1992, I-5755 Rz. 31.

Zulässig ist auch im Lichte der Richtlinie der **Abschluss eines Aufhebungsvertrags** vor oder nach dem Betriebsübergang, soweit dieser auf ein endgültiges Ausscheiden des Arbeitnehmers aus dem Betrieb gerichtet ist.[274] Da der EuGH ein Widerspruchsrecht des Arbeitnehmers gegen den Übergang anerkennt (vgl. Rz. 15.97 ff.), begegnet es unionsrechtlich auch keinen Bedenken, wenn sich Veräußerer und Arbeitnehmer mit Blick auf einen *konkret* bevorstehenden Betriebsübergang über einen Verbleib des Arbeitsverhältnisses beim Veräußerer einigen.

15.95

Soweit keine Umgehung des Schutzzwecks der Richtlinie gegeben ist, besteht keine Veranlassung für eine Einschränkung der Vertragsfreiheit der Arbeitsvertragsparteien. Wie der EuGH betont, soll die Richtlinie (nur) sicherstellen, dass der betroffene Arbeitnehmer in seinen Rechtsbeziehungen zum Erwerber in gleicher Weise geschützt ist, wie er es nach den Rechtsvorschriften des betreffenden Mitgliedstaats in seinen Beziehungen zum Veräußerer war.[275] **Modifikationen von Arbeitsbedingungen** sowohl zum Vorteil als auch zum Nachteil der Arbeitnehmer bleiben daher zulässig, wenn die Änderungen durch das nationale Recht unabhängig vom Fall des Übergangs ermöglicht werden und diese nicht aus dem Grund des Übergangs als solchem erfolgen.[276] Dementsprechend schließt die Richtlinie nachteilige Änderungen der Arbeitsbedingungen, die vor dem Inhaberwechsel aus anderen Gründen als wegen des bevorstehenden Betriebsübergangs vereinbart werden, nicht aus. Gleiches gilt für **Änderungsvereinbarungen** zwischen Erwerber und Arbeitnehmer, welche im Einklang mit dem nationalen Recht im Anschluss an den Betriebsübergang getroffen werden, etwa zum Zwecke der Harmonisierung mit den beim Erwerber üblichen Bedingungen.[277] Eines sachlichen Grundes bedarf es hierfür im Lichte der Betriebsübergangsrichtlinie auch dann nicht, wenn sich Arbeitnehmer und Erwerber einzelvertraglich auf eine nachteilige Änderung der Arbeitsbedingungen verständigen, wie beispielsweise auf eine Absenkung der Vergütung, solange hier die Umsetzung der Richtlinie bezweckt ist.[278] Die befristete Bestandschutzgarantie nach Art. 3 Abs. 3 UAbs. 2 BÜ-RL von mindestens einem Jahr gilt lediglich für beim Veräußerer kollektivvertraglich vereinbarte Arbeitsbedingungen; für einzelvertragliche Regelungen enthält die Richtlinie hingegen keine entsprechende Sperre. Ein **Tarifvertrag**, den Veräußerer oder Erwerber zur Ermöglichung einer sanierenden Betriebsübernahme mit der zuständigen Gewerkschaft abschließen und der zu schlechteren Bedingungen nach dem Übergang führt, verstößt nicht gegen die Richtlinie, da die Möglichkeit zur Ablösung der kollektiven Arbeitsbedingungen durch nachfolgende oder speziellere Tarifverträge unabhängig vom Betriebsübergang besteht und zudem das Ablösungsprinzip in Art. 3 Abs. 3 BÜ-RL ausdrücklich anerkannt ist (vgl. Rz. 15.119 ff.).

15.96

2. Widerspruchsrecht gegen den Übergang des Arbeitsverhältnisses

a) Anerkennung eines Widerspruchsrechts

In der Rs. *Berg und Busschers* setzte sich der EuGH zum ersten Mal mit der fraglichen Existenz eines Widerspruchsrechts der Arbeitnehmer gegen den – nach dem Wortlaut in Art. 3 Abs. 1 UAbs. 1 BÜ-RL ausnahmslos zwingend angeordneten – Eintritt des Erwerbers in die Rechte

15.97

---

274 EuGH v. 11.7.1985 – 105/84 – Danmols Inventar, Slg. 1985, 2639 Rz. 16; zu § 613a BGB statt vieler BAG v. 25.10.2012 – 8 AZR 575/11, NZA 2013, 203 (205); Schlachter/Heinig/*Krause*, § 7 Rz. 68; HWK/*Willemsen/Müller-Bonanni*, § 613a BGB Rz. 311.
275 EuGH v. 25.7.1991 – C-362/89 – D'Urso, Slg. 1991, I-4105 Rz. 9; v. 5.5.1988 – 144/87 und 145/87 – Berg und Busschers, Slg. 1988, I-2559 Rz. 12.
276 Vgl. EuGH v. 6.11.2003 – C-4/01 – Martin, Slg. 2003, I-12859 Rz. 39 ff.; v. 14.9.2000 – C-343/98 – Collino, Slg. 2000, I-6659 Rz. 52; v. 12.11.1992 – C-209/91 – Rask, Slg. 1992, I-5755 Rz. 28; v. 25.7.1991 – C-362/89 – D'Urso, Slg. 1991, I-4105 Rz. 19; v. 10.2.1988 – C-324/86 – Daddy's Dance Hall, Slg. 1988, I-739 Rz. 17; v. 7.12.1995 – C-472/93 – Spano, Slg. 1995, I-4321 Rz. 35.
277 EuGH v. 12.11.1992 – C-209/91 – Rask, Slg. 1992, I-5755 Rz. 31.
278 Vgl. zu § 613a BGB: BAG v. 7.11.2007 – 5 AZR 1007/06, ArbRB 2008, 105 = NJW 2008, 939; v. 19.12. 2007 – 5 AZR 1008/06, ArbRB 2008, 163 = NZA 2008, 464; MüKoBGB/*Müller-Glöge*, § 613a BGB Rz. 89; Willemsen/Hohenstatt/Schweibert/Seibt/*Willemsen*, Umstrukturierung und Übertragung, Rz. G194.

und Pflichten aus dem Arbeitsverhältnis auseinander.[279] Der EuGH kam damals zu dem Ergebnis, dass der Veräußerer nach dem Zeitpunkt des Übergangs von seinen Pflichten aus dem Arbeitsverhältnis allein auf Grund des Übergangs befreit wird, selbst wenn die in dem Unternehmen beschäftigten Arbeitnehmer dem nicht zustimmen oder Einwände dagegen erheben, sofern keine nationale Vorschrift eine gesamtschuldnerische Weiterhaftung des Veräußerers vorsehe.[280]

15.98 Dies führte zu einer vorübergehenden **Kontroverse in Deutschland**, ob das vom BAG noch vor Inkrafttreten der Betriebsübergangsrichtlinie rechtsfortbildend entwickelte,[281] seither in ständiger Rechtsprechung anerkannte[282] und seit April 2002 in § 613a Abs. 6 BGB kodifizierte Recht der Arbeitnehmer, dem Übergang des Arbeitsverhältnisses auf den neuen Betriebsinhaber zu widersprechen, unionskonform ist.[283] Inzwischen ist diese Frage nur noch von rechtshistorischer Bedeutung, da die Vereinbarkeit des Widerspruchsrechts mit der Betriebsübergangsrichtlinie heute zu Recht nicht mehr in Frage gestellt wird (vgl. Rz. 15.99).

15.99 In der Rs. *Katsikas* nahm der EuGH später erneut Stellung zu der Vereinbarkeitsproblematik eines Widerspruchsrechts mit der Richtlinie.[284] Anders als einige Stimmen in der Literatur, welche die Unionsrechtskonformität auf den Günstigkeitsvorbehalt in Art. 8 BÜ-RL stützten,[285] ging der Gerichtshof davon aus, dass sich die Zulässigkeit aufgrund von Überlegungen zum **Schutzzweck der Richtlinie** ergebe.[286] Im Ergebnis folgte der EuGH der Argumentation des BAG, wonach der Arbeitnehmer in der **Wahl seines Arbeitgebers frei** sei und nicht gezwungen werden könne, sein Arbeitsverhältnis gegen seinen Willen mit dem Erwerber fortzusetzen. Dabei stellte der EuGH auf das Grundrecht der Vertragsfreiheit als allgemeiner Rechtsgrundsatz des Unionsrechts ab (vgl. Rz. 1.23 ff.).

15.100 Inzwischen geht der EuGH in ständiger Rechtsprechung davon aus, dass Art. 3 Abs. 1 BÜ-RL nicht anwendbar ist, wenn der Betroffene aufgrund eigener freier Entscheidung das Arbeitsverhältnis nach dem Übergang mit dem Erwerber nicht fortsetzen möchte, so dass die Richtlinie einem in nationalen Rechtsordnungen vorgesehenen **Widerspruchsrecht nicht entgegensteht**.[287] Mit wenigen Ausnahmen wie beispielsweise Deutschland und Schweden sehen allerdings die Rechtsordnungen der Mitgliedstaaten kein Widerspruchsrecht vor, so dass der Arbeitnehmer den Übergang des Arbeitsverhältnisses per Kündigung verhindern muss, wenn eine Fortsetzung der Tätigkeit mit dem Erwerber nicht gewollt ist.[288] Folgt man dem zutreffenden Ansatz, dass der zwingende Schutz der Richtlinie dort endet, wo der Arbeitnehmer von seiner auch unionsrechtlich zu schützenden Vertragsfreiheit Gebrauch macht, so muss das nationale Recht dem Arbeitnehmer entweder ein Widerspruchsrecht gegen den Arbeitgeberwechsel einräumen oder ihm jedenfalls die Möglichkeit eröffnen, das Arbeitsverhältnis zum Zeitpunkt des Übergangs aus freiem Entschluss zu kündigen.[289]

---

279 EuGH v. 5.5.1988 – 144 und 145/87 – Berg und Busschers, Slg. 1988, I-2559.
280 EuGH v. 5.5.1988 – 144 und 145/87 – Berg und Busschers, Slg. 1988, I-2559 Rz. 11 f.
281 Grundlegend BAG v. 2.10.1974 – 5 AZR 504/73, NJW 1973, 1378; v. 21.7.1977 – 3 AZR 703/75, AP BGB § 613a Nr. 8; v. 17.11.1977 – 5 AZR 618/76, NJW 1978, 1653.
282 S. etwa BAG v. 21.5.1992 – 2 AZR 449/91, AP § 613a BGB Nr. 96; v. 22.4.1993 – 2 AZR 313/92, AP § 613a BGB Nr. 102; v. 22.4.1993 – 2 AZR 50/92, AP § 613a BGB Nr. 103; v. 19.3.1998 – 8 AZR 139/97, AP § 613a BGB Nr. 177; v. 25.1.2001 – 8 AZR 336/00, AP § 613a BGB Nr. 215.
283 Zur damaligen Streitfrage s. u.a. *Debong*, EG-Richtlinie über die Wahrung der Arbeitnehmeransprüche bei Betriebsübergang, S. 31 f.; *Seiter*, Betriebsinhaberwechsel, S. 67; *Bauer*, NZA 1990, 881 (883); *Meilicke*, DB 1991, 1326; *Oetker*, NZA 1991, 137 (138).
284 EuGH v. 16.12.1992 – C-132/91, C-138/91 und C-139/91 – Katsikas, Slg. 1992, I-6577.
285 *Tschöpe*, Rechtsfolgen eines arbeitnehmerseitigen Widerspruchsrechts beim Betriebsinhaberwechsel, 1984, S. 22; *v. Alvensleben*, Rechte der Arbeitnehmer, S. 267.
286 EuGH v. 16.12.1992 – C-132/91, C-138/91 und C-139/91 – Katsikas, Slg. 1992, I-6577 Rz. 34.
287 EuGH v. 12.11.1998 – C-399/96 – Europièces, Slg. 1998, I-6965 Rz. 38; v. 24.1.2002 – C-51/00 – Temco, Slg. 2002, I-969 Rz. 35.
288 S. *Rebhahn*, RdA 2006, Sonderbeilage zu Heft 6, 4 (10 f.).
289 Ebenso *Riesenhuber*, Europäisches Arbeitsrecht, § 24 Rz. 71.

Die Arbeitnehmer müssen die Entscheidung über einen Widerspruch oder eine Kündigung zur Verhinderung des Übergangs **frei treffen** können.[290] In diesem Zusammenhang verweist der EuGH auf Art. 4 Abs. 2 BÜ-RL (vgl. Rz. 15.146 ff.) als Instrument zum Schutz der Entscheidungsfreiheit des Arbeitnehmers und zur Ermöglichung einer Kontrolle durch die mitgliedstaatlichen Gerichte.[291]

15.101

b) Ausübung und Rechtsfolgen

Weder aus der Betriebsübergangsrichtlinie noch aus der Judikatur des EuGH ergeben sich Vorgaben für die nähere Ausgestaltung des Widerspruchsrechts.[292] Die Mitgliedstaaten sind daher bei einzelstaatlicher Anerkennung eines Widerspruchsrechts frei, hierfür **Ausübungsmodalitäten**, wie z.B. eine bestimmte Form oder Frist, vorzusehen.

15.102

Die **Rechtsfolge** des ausgeübten Widerspruchsrechts ist primär die Verhinderung des automatischen Übergangs des Arbeitsverhältnisses auf den Erwerber. Es ist Sache der Mitgliedstaaten, zu bestimmen, was in einem solchen Fall mit dem Arbeitsvertrag mit dem Veräußerer geschieht. Diese können den Fortbestand des Arbeitsverhältnisses mit dem bisherigen Arbeitgeber anordnen oder den Vertrag entweder als durch den Arbeitgeber oder durch den Arbeitnehmer gekündigt ansehen.[293] Die Richtlinie garantiert im Widerspruchsfall keinen Fortbestand des Arbeitsverhältnisses mit dem Veräußerer.

15.103

3. Rechtsstellung des Veräußerers

a) Ausscheiden aus dem Arbeitsverhältnis

Grundsätzlich scheidet der Veräußerer mit dem Betriebsübergang aus dem Arbeitsverhältnis aus und ist damit nicht mehr Gläubiger oder Schuldner der hieraus folgenden Ansprüche. Dies gilt sowohl hinsichtlich der erst nach dem Übergang entstandenen oder fällig gewordenen Arbeitnehmeransprüche als auch für vor Betriebsübergang entstandene, noch nicht erfüllte Verbindlichkeiten.[294] Die im Zuge des Betriebsübergangs auf den Erwerber übergegangenen Arbeitnehmer können ihre Ansprüche nur noch gegen den neuen Betriebsinhaber geltend machen. Lediglich die noch nicht erfüllten Ansprüche derjenigen Arbeitnehmer, deren Arbeitsverhältnisse vor Übergang beendet waren, richten sich (nur) gegen den alten Betriebsinhaber. Letzteres betrifft insbesondere unverfallbare Versorgungsanwartschaften bereits ausgeschiedener Arbeitnehmer sowie laufende Betriebsrentenzahlungen, falls dies im mitgliedstaatlichen Recht nicht anders vorgesehen ist.

15.104

b) Fakultative gesamtschuldnerische Weiterhaftung des Veräußerers (Art. 3 Abs. 1 UAbs. 2 BÜ-RL)

Nach Art. 3 Abs. 1 UAbs. 2 BÜ-RL können die Mitgliedstaaten vorsehen, dass Veräußerer und Erwerber nach dem Zeitpunkt des Übergangs **gesamtschuldnerisch** für Verpflichtungen haften, die zuvor durch einen Arbeitsvertrag oder ein Arbeitsverhältnis entstanden sind, der bzw. das zum Zeitpunkt des Übergangs bestand.[295] Die Richtlinie gewährt den Mitgliedstaaten einen weiten Umsetzungsspielraum bezüglich der Ausgestaltung der Weiterhaftung des alten Betriebsinhabers, ohne

15.105

---

290 Vgl. EuGH v. 12.11.1998 – C-399/96 – Europièces, Slg. 1998, I-6965 Rz. 38.
291 Vgl. EuGH v. 12.11.1998 – C-399/96 – Europièces, Slg. 1998, I-6965 Rz. 44; *Riesenhuber*, Europäisches Arbeitsrecht, § 24 Rz. 86.
292 EuArbR/*Winter*, Art. 3 RL 2001/23/EG Rz. 77.
293 EuGH v. 16.12.1992 – C-132/91, C-138/91 und C-139/91 – Katsikas, Slg. 1992, I-6577 Rz. 36.
294 EuGH v. 5.5.1988 – 144/87 und 145/87 – Berg und Busschers, Slg. 1988, I-2559 Rz. 11, 14; *Martin*, Umsetzung der Unternehmensübergangsrichtlinie, S. 217.
295 Vgl. EuGH v. 14.11.1996 – C-305/94 – Rosart de Hertaing, Slg. 1996, I-5927 Rz. 19; v. 5.5.1988 – 144/87 und 145/87 – Berg und Busschers, Slg. 1988, I-2559 Rz. 11, 13.

in die Ausgestaltung der Gesamtschuld durch das mitgliedstaatliche Recht einzugreifen.[296] Hat ein Mitgliedstaat von dieser Option Gebrauch gemacht, erhalten die Arbeitnehmer unter dem Gesichtspunkt der Bonität einen zusätzlichen Schuldner, den sie wahlweise anstelle des Erwerbers in Anspruch nehmen können.[297] Eine abweichende nationale Ausgestaltung, etwa als akzessorische Haftung, wird durch Art. 3 Abs. 1 UAbs. 2 BÜ-RL nicht ausgeschlossen, sondern bleibt als Stärkung des durch die Richtlinie gewährten Mindestschutzes gem. Art. 8 BÜ-RL möglich.[298]

c) Fakultative Informationspflicht gegenüber dem Erwerber (Art. 3 Abs. 2 BÜ-RL)

15.106 Neu eingefügt wurde im Jahre 1998 durch die Änderungsrichtlinie 98/50/EG der Art. 3 Abs. 2 BÜ-RL. Die Mitgliedstaaten können danach geeignete Maßnahmen ergreifen, welche die **Weitergabe von Informationen** bezüglich aller übergehenden Rechte und Pflichten vom Veräußerer an den Erwerber sicherstellen. Ein Verstoß gegen solche Vorschriften hat allerdings keinen Einfluss auf die Wirksamkeit des Übergangs der Arbeitsverhältnisse oder auf den Eintritt des Erwerbers in die sich hieraus ergebenden einzelnen Rechte und Ansprüche, Art. 3 Abs. 2 UAbs. 2 BÜ-RL.[299] Die Richtlinie setzt mithin für den Übergang der inhaltlich unverändert bleibenden Arbeitsverhältnisse keine konkrete Kenntnis des Erwerbers von den Arbeitsbedingungen der auf ihn übergehenden Arbeitnehmer voraus.[300]

4. Aufrechterhaltung von Arbeitsbedingungen aus Kollektivverträgen

15.107 Nach dem Wortlaut von Art. 3 Abs. 3 UAbs. 1 BÜ-RL hat der Erwerber die in einem Kollektivvertrag vorgesehenen Arbeitsbedingungen bis zur Kündigung oder zum Ablauf bzw. bis zum Inkrafttreten oder bis zur Anwendung eines anderen Kollektivvertrags so aufrechtzuerhalten, wie sie in dem Kollektivvertrag für den Veräußerer vorgesehen waren. Gemäß Art. 3 Abs. 3 UAbs. 2 BÜ-RL steht es den Mitgliedstaaten frei, diesen Zeitraum der Aufrechterhaltung der Arbeitsbedingungen zu begrenzen, jedoch auf nicht weniger als ein Jahr.[301] Dadurch wird für die kollektivvertraglich geregelten Arbeitsbedingungen ein Mindestschutz von einem Jahr gewährleistet, sofern nicht der bisherige Kollektivvertrag vorher endet oder soweit nicht dessen Bedingungen durch einen anderen beim Erwerber anwendbaren Kollektivvertrag ersetzt werden.

a) Kollektivrechtlich geltende Arbeitsbedingungen (Art. 3 Abs. 3 BÜ-RL)

aa) Voraussetzungen der Aufrechterhaltung

15.108 Um von dem Anwendungsbereich des Aufrechterhaltungsgebotes in Art. 3 Abs. 3 BÜ-RL erfasst zu sein, muss es sich um **kollektivvertraglich geregelte Arbeitsbedingungen** handeln. Darunter fallen in diesem Zusammenhang alle Vereinbarungen zwischen der auf betrieblicher oder überbetrieblicher Ebene organisierten Arbeitnehmerschaft und dem Arbeitgeber bzw. einem Arbeitgeberverband.[302] Diese Definition umfasst neben Tarifverträgen (Verbands- und Firmentarifverträge) auch Betriebsvereinbarungen (inkl. Gesamtbetriebs- und Konzernbetriebsvereinbarungen) sowie bei einem öffentlichen Arbeitgeber bestehende Dienstvereinbarungen.[303] Soweit Arbeitsbedingun-

---

296 Schlachter/Heinig/*Krause*, § 7 Rz. 73; *Martin*, Umsetzung der Unternehmensübergangsrichtlinie, S. 217; *Riesenhuber*, Europäisches Arbeitsrecht, § 24 Rz. 66.
297 Vgl. ErfK/*Preis*, § 613a BGB Rz. 136 ff.; *Riesenhuber*, Europäisches Arbeitsrecht, § 24 Rz. 65.
298 Vgl. *Martin*, Umsetzung der Unternehmensübergangsrichtlinie, S. 217.
299 EAS/*Joussen*, B 7200 Rz. 43; *Riesenhuber*, Europäisches Arbeitsrecht, § 24 Rz. 77.
300 Zustimmend EuArbR/*Winter*, Art. 3 RL 2001/23/EG Rz. 41.
301 Vgl. EuGH v. 12.11.1992 – C-209/91 – Rask, Slg. 1992, I-5755 Rz. 29.
302 EAS/*Joussen*, B 7200 Rz. 55; *v. Alvensleben*, Rechte der Arbeitnehmer, S. 241.
303 Vgl. auch Art. 3 Abs. 2 und 3 der Begründung des Richtlinienvorschlags, RdA 1975, 124 (125); EAS/*Joussen*, B 7200 Rz. 55; *Debong*, EG-Richtlinie über die Wahrung der Arbeitnehmeransprüche beim Betriebsübergang, S. 47; *Löw*, Betriebsveräußerung im europäischen Arbeitsrecht, S. 75.

gen eines abgelaufenen oder gekündigten Kollektivvertrags nach mitgliedstaatlichem Recht für die übergehenden Arbeitsverhältnisse nachwirken, erstreckt sich der Schutz des Art. 3 Abs. 3 BÜ-RL nach Auffassung des EuGH auch hierauf, solange für diese Arbeitsverhältnisse nicht ein neuer Kollektivvertrag wirksam oder mit den betroffenen Arbeitnehmern eine neue Einzelvereinbarung abgeschlossen wird.[304]

Nach dem Richtlinienwortlaut ist nicht ganz eindeutig, ob die betreffenden Kollektivvereinbarungen vor dem Übergang normativ auf das Arbeitsverhältnis Anwendung finden müssen oder ob von Art. 3 Abs. 3 BÜ-RL auch lediglich individualvertraglich für anwendbar erklärte Kollektivverträge erfasst sind. Da die Weitergeltung der individualvertraglichen Rechte und Pflichten bereits in Art. 3 Abs. 1 UAbs. 1 BÜ-RL geregelt ist, betrifft Art. 3 Abs. 3 BÜ-RL systematisch lediglich solche Arbeitsbedingungen, welche kraft einer kollektivrechtlichen Vereinbarung **normativ für die Arbeitsverhältnisse gelten**, ohne lediglich Bestandteil der individualrechtlichen Abreden zwischen Arbeitgeber und Arbeitnehmer zu sein.[305] Anderenfalls hätte es der speziellen Aufrechterhaltungsvorschrift in Art. 3 Abs. 3 BÜ-RL nicht bedurft. Zudem erweisen sich die in Art. 3 Abs. 3 BÜ-RL enthaltenen Begrenzungen für die Aufrechterhaltung sowie die Möglichkeit der Ablösung der bisherigen Kollektivbedingungen nur im Hinblick auf beim Veräußerer kollektivrechtlich geltende Arbeitsbedingungen als sinnvoll. Art. 3 Abs. 3 BÜ-RL betrifft daher nicht die im Zeitpunkt des Betriebsübergangs **nicht tarifgebundenen Arbeitnehmer**, da diese hinsichtlich der tariflichen Arbeitsbedingungen kein durch die Richtlinie speziell geschütztes Bestandsschutzinteresse haben.[306] Dementsprechend richtet sich die Fortgeltung von arbeitsvertraglich vereinbarten Bezugnahmeklauseln nicht nach Art. 3 Abs. 3 BÜ-RL, sondern ist Teil der nach Art. 3 Abs. 1 UAbs. 1 BÜ-RL auf den Erwerber übergehenden Bestandteile des Arbeitsvertrags bzw. Arbeitsverhältnisses (vgl. Rz. 15.128 ff.). Dies schließt es trotz der fehlenden unmittelbaren Wirkung für die Arbeitsverhältnisse nicht aus, auch Regelungsabreden in den Anwendungsbereich des Art. 3 Abs. 3 BÜ-RL mit einzubeziehen, soweit mittelbar auch die Arbeitsbedingungen der übergehenden Arbeitnehmer gestaltet werden und nicht lediglich die Betriebsbeziehung zwischen Arbeitgeber und Betriebsrat betroffen ist oder es sich lediglich um Betriebsnormen handelt.[307] Art. 3 Abs. 3 BÜ-RL verleiht diesen dann allerdings beim Erwerber keine weitergehenden Wirkungen als zuvor beim Veräußerer.

Die Richtlinie enthält keine Definition des Begriffs der **Arbeitsbedingungen**. Geht man von einem weiten Verständnis des Art. 3 Abs. 3 UAbs. 1 BÜ-RL aus, können die in einem Kollektivvertrag vereinbarten Arbeitsbedingungen neben individualbezogenen Rechten und Pflichten der Arbeitnehmer auch die die Belegschaft als Ganzes betreffenden kollektivrechtlichen Bestimmungen wie Regelungen zur Organisation des Betriebsablaufs oder Regelungen über die Benutzung von sozialen Einrichtungen auf betrieblicher und überbetrieblicher Ebene und betriebsweit geltende Regelungen (in Deutschland: betriebliche und betriebsverfassungsrechtliche Normen) umfassen.[308] Nach einer engeren Auslegung erstreckt sich Art. 3 Abs. 3 BÜ-RL hingegen nur auf solche Arbeitsbedingungen, die das Austauschverhältnis zwischen Arbeitgeber und Arbeitnehmer betreffen und

---

304 EuGH v. 11.9.2014 – C-328/13 – ÖGB Rz. 31.
305 Schlachter/Heinig/*Krause*, § 7 Rz. 77; für kumulative Anwendung von Art. 3 Abs. 1 und Abs. 2 BÜ-RL im Fall individualvertraglicher Verweisungen *Möller*, Zeitdynamische Bezugnahmeklauseln, S. 75 ff.; C. *Schubert*, FS Willemsen, 2018, S. 463 (468 f.).
306 EAS/*Joussen*, B 7200 Rz. 58; *v. Alvensleben*, Rechte der Arbeitnehmer, S. 247; unklar hingegen EuGH v. 11.9.2014 – C-328/13 – ÖGB Rz. 24 f.
307 Ebenso wohl *Kamlah*, Bestandsschutz und Ablösung von Kollektivverträgen bei Betriebsübergang, S. 51; *Debong*, EG-Richtlinie über die Wahrung der Arbeitnehmeransprüche beim Betriebsübergang, S. 47; *Löw*, Betriebsveräußerung im europäischen Arbeitsrecht, S. 75; EuArbR/*Winter*, Art. 3 RL 2001/23/EG Rz. 46.
308 EAS/*Joussen*, B 7200 Rz. 56 f.; *v. Alvensleben*, Rechte der Arbeitnehmer, S. 244 ff.; *Fuchs/Marhold*, Europäisches Arbeitsrecht, S. 324 f.; Schlachter/Heinig/*Krause*, § 7 Rz. 78; Hanau/Steinmeyer/Wank/ *Wank*, § 18 Rz. 98; *Löw*, Betriebsveräußerung im europäischen Arbeitsrecht, S. 70 f.; *Riesenhuber*, Europäisches Arbeitsrecht, § 24 Rz. 62; *Röder*, DB 1981, 1980 (1981); *Seiter*, DB 1980, 877 (881).

auch Gegenstand des Arbeitsvertrags sein könnten (in Deutschland mithin auf Inhaltsnormen sowie auf das Arbeitsverhältnis betreffende Abschlussnormen).[309] Für die zuletzt genannte Auffassung spricht, dass Art. 3 Abs. 3 BÜ-RL eine komplementäre Funktion zu Art. 3 Abs. 1 BÜ-RL aufweist, welcher nur Rechte und Pflichten des Arbeitnehmers aus dem Arbeitsverhältnis betrifft.[310] Eine Ausnahme gilt allerdings für sog. Doppelnormen, die zwar Betriebsnormen sind, zugleich aber individuelle Rechte und Pflichten im Arbeitsverhältnis regeln bzw. die Rahmenbedingungen der Tätigkeit des Arbeitnehmers mitgestalten. Diese können nach dem Sinn und Zweck des Art. 3 Abs. 3 BÜ-RL unter die Vorschrift gefasst werden.[311] Nicht erfasst sind hingegen nur zwischen den Betriebsparteien geltende Regelungen und der schuldrechtliche Teil eines Tarifvertrags.

15.111 Nach strenger grammatikalischer Auslegung des Art. 3 Abs. 3 BÜ-RL hätte der Erwerber die kollektivrechtlich vereinbarten Arbeitsbedingungen nicht nur gegenüber solchen Arbeitnehmern aufrechtzuerhalten, die **zum Zeitpunkt des Übergangs** in der betroffenen Einheit tätig waren, sondern auch gegenüber solchen Beschäftigten, die erst nach dem Inhaberwechsel eingestellt werden. Dies würde aber mit Hinblick auf die Zielsetzung der Richtlinie nicht überzeugen. Denn lediglich die übergehenden Arbeitnehmer sind aufgrund des Betriebsübergangs in ihrem Bestands- und Inhaltsschutzinteresse betroffen. Die Richtlinie gewährleistet daher die Aufrechterhaltung der kollektiven Arbeitsbedingungen nur für die zum maßgeblichen Zeitpunkt des Übergangs in der betroffenen wirtschaftlichen Einheit beschäftigten Arbeitnehmer. Eine Pflicht des Erwerbers, die in der übergehenden Einheit bislang angewendeten Kollektivverträge auch auf erst nach dem Übergang eingestellte Arbeitnehmer oder auf die eigene Bestandsbelegschaft anzuwenden, ergibt sich aus Art. 3 Abs. 3 BÜ-RL nicht.[312]

bb) Bedeutung und Wirkweise der Aufrechterhaltung

15.112 Art. 3 Abs. 3 BÜ-RL verlangt die Aufrechterhaltung der in einem Kollektivvertrag geregelten Arbeitsbedingungen, nicht jedoch eine Weitergeltung des Vertrags als solchen.[313] Die **Art und Weise der Aufrechterhaltung** wird – anders als im historischen Richtlinienentwurf[314] – in der Richtlinie nicht vorgegeben. Aus der Entstehungsgeschichte sowie dem Wortlaut der Norm, der lediglich von einer Aufrechterhaltung der Arbeitsbedingungen, nicht aber des sie regelnden Kollektivvertrags selbst spricht, ist zu folgern, dass keine Verpflichtung seitens des Erwerbers besteht, auch den **kollektivrechtlichen Charakter** des anzuwendenden Kollektivvertrags fortzuführen. Insbesondere folgt aus Art. 3 Abs. 3 BÜ-RL keine Verpflichtung der Mitgliedstaaten, einen Eintritt des Erwerbers in die Rechtsstellung als Kollektivpartei gegenüber der Gewerkschaft oder dem Arbeitnehmervertretungsgremium vorzusehen, das den Kollektivvertrag abgeschlossen hat.[315] Damit bleibt die methodische Ausgestaltung der Aufrechterhaltung der kollektivvertraglich vereinbarten Arbeitsbedingungen grundsätzlich den Mitgliedstaaten überlassen. Auch gegen eine Weitergeltung der bisherigen Kollektivbedingungen auf der individualvertraglichen Ebene als Bestandteil des Arbeitsverhältnisses unter Wechsel ihrer Normenqualität („Transformation"), wie sie konzeptionell von der früheren h.M. in Deutschland vertreten wurde,[316] bestehen vom Grundsatz her keine unionsrecht-

---

309 S. ErfK/*Preis*, § 613a BGB Rz. 118; HMB/*Grau*, Teil 15 Rz. 54; Staudinger/*Annuß*, § 613a BGB Rz. 210; Willemsen/Hohenstatt/Schweibert/Seibt/*Hohenstatt*, Umstrukturierung und Übertragung, Rz. E124; HWK/*Willemsen/Müller-Bonanni*, § 613a BGB Rz. 264; *Debong*, EG-Richtlinie über die Wahrung der Arbeitnehmeransprüche beim Betriebsübergang, S. 68 ff.
310 *Debong*, EG-Richtlinie über die Wahrung der Arbeitnehmeransprüche beim Betriebsübergang, S. 43.
311 HMB/*Grau*, Teil 15 Rz. 55; *Hanau/Vossen*, FS Hilger/Stumpf, 1983, S. 271 (290 f.).
312 Vgl. EuGH v. 17.12.1987 – C-287/86 – Ny Mølle Kro, Slg. 1987, 5465 Rz. 3, 23 f.
313 EuGH v. 11.9.2014 – C-328/13 – ÖGB Rz. 23.
314 Vgl. dazu Art. 3 Abs. 3 des Richtlinienvorschlags, RdA 1975, 124 (127).
315 EAS/*Joussen*, B 7200 Rz. 54; *Debong*, EG-Richtlinie über die Wahrung der Arbeitnehmeransprüche beim Betriebsübergang, S. 36; *Löw*, Betriebsveräußerung im europäischen Arbeitsrecht, S. 67 ff.
316 S. etwa BAG v. 1.4.1987 – 4 AZR 77/86, NZA 1987, 593 (595); v. 1.8.2001 – 4 AZR 82/00, ArbRB 2002, 36 = NZA 2002, 41 (43); HMB/*Grau*, Teil 15 Rz. 49 m.w.N.

lichen Bedenken.[317] Entscheidend ist hier der Rechtsgedanke, dass die Arbeitnehmer in ihrer Rechtsstellung nach Übergang ihrer Arbeitsverhältnisse auf den Erwerber nicht beeinträchtigt werden, dadurch also nicht besser, aber auch nicht schlechter gestellt werden als beim Veräußerer. Sofern die aufrecht zu erhaltenen Arbeitsbedingungen durch ihren kollektivrechtlichen Charakter geprägt sind und sich dies auf die Rechtsstellung der Arbeitnehmer unmittelbar auswirkt, ist dies allerdings im Rahmen des Inhaltsschutzes zu berücksichtigen.

Nach dem Wortlaut des § 613a Abs. 1 Satz 2 BGB werden die beim Veräußerer kollektivvertraglich geregelten Rechte und Pflichten Inhalt des Arbeitsverhältnisses. Entsprechend der gewandelten Ansicht des BAG sind die (nach vom BAG weiterhin verwendeter, allerdings eher durch das frühere individualrechtliche Fortgeltungsverständnis geprägter Diktion) in das Arbeitsverhältnis „transformierten" Kollektivvertragsnormen arbeitsvertraglich vereinbarten Arbeitsbedingungen nicht gleichzusetzen, sondern diese **behalten ihren kollektivrechtlichen Charakter**.[318] Dieser These ist vor dem Hintergrund des Art. 3 Abs. 3 BÜ-RL insoweit zuzustimmen, als der nach § 613a Abs. 1 Satz 2 BGB zu wahrende Besitzstand nicht gänzlich losgelöst von dem bisherigen kollektivrechtlichen Normencharakter gesehen werden kann. Nach diesem Ansatz hat der Erwerber die entsprechenden Rechte und Pflichten in den zeitlichen Grenzen der Veränderungssperre sowie bis zur Kündigung oder Ablauf des Kollektivvertrags bzw. bis zur Ablösung durch einen anderen Kollektivvertrag im Grundsatz so aufrechtzuerhalten, als wären sie weiterhin normativ und damit zwingend auf das Arbeitsverhältnis anwendbar. Hierbei handelt es sich um eine Fiktion und nicht um die Anordnung einer echten Tarifgebundenheit des Betriebserwerbers, welche Art. 3 Abs. 3 BÜ-RL nicht verlangt und die auch nicht ohne Verstoß gegen das europäische Grundrecht auf negative Koalitionsfreiheit (Art. 12, 28 GRC) angeordnet werden könnte. Allerdings erscheint die vom BAG aus der Fortwirkung des kollektivrechtlichen Charakters der nach § 613a Abs. 1 Satz 2 BGB aufrechterhaltenen Tarifnormen abgeleitete Konsequenz, dass deren Fortbestand beim Erwerber zumindest in begrenztem Umfang noch zur Disposition der Tarifparteien auf der Veräußererseite stehen kann, gerade in dieser Hinsicht bedenklich.[319] Dies gilt umso mehr im Lichte der Aussage des EuGH in der Rs. *Scattolon* (vgl. Rz. 15.123 ff.).

15.113

Einer extra angeordneten Aufrechterhaltung der bisherigen Kollektivarbeitsbedingungen bedarf es nicht, falls der Erwerber bereits aus anderen Gründen, etwa aufgrund gleicher Tarifgebundenheit wie der Veräußerer, an die für die übergehenden Arbeitnehmer einschlägigen Kollektivvereinbarungen gebunden ist. Art. 3 Abs. 3 BÜ-RL hat insofern, ebenso wie in Deutschland § 613a Abs. 1 Satz 2 BGB, den Charakter einer **Auffangregelung**.[320]

15.114

---

317 A.A. BAG v. 22.4.2009 – 4 AZR 100/08, ArbRB 2009, 353 = NZA 2010, 41, das von der Beibehaltung des kollektivrechtlichen Charakters nach dem Betriebsübergang ausgeht; vgl. auch Schlachter/Heinig/*Krause*, § 7 Rz. 79; wie hier *Debong*, EG-Richtlinie über die Wahrung der Arbeitnehmeransprüche beim Betriebsübergang, S. 37 f.; *Fuchs/Marhold*, Europäisches Arbeitsrecht, S. 326 f.; Hanau/Steinmeyer/Wank/*Wank*, § 18 Rz. 129; *Löw*, Betriebsveräußerung im europäischen Arbeitsrecht, S. 73; *Thüsing*, Europäisches Arbeitsrecht, § 5 Rz. 64; *Schreiber*, RdA 1982, 137 (146); EuArbR/*Winter*, Art. 3 RL 2001/23/EG Rz. 57.
318 BAG v. 22.4.2009 – 4 AZR 100/08, ArbRB 2009, 353 = NZA 2010, 41; bestätigt durch BAG v. 26.8.2009 – 5 AZR 969/08, ArbRB 2010, 6 = NZA 2010, 173 (175); v. 24.2.2010 – 4 AZR 691/08, ArbRB 2010, 333 = NZA-RR 2010, 530 (534); dazu u.a. HMB/*Grau*, Teil 15 Rz. 48 ff.; *Bauer/v. Medem*, DB 2010, 2560; *Hohenstatt*, NZA 2010, 23 jeweils m.w.N.
319 Vgl. den Fall BAG v. 22.4.2009 – 4 AZR 100/08, ArbRB 2009, 353 = NZA 2010, 41 ff.; hierzu ausführlich HMB/*Grau*, Teil 15 Rz. 66 ff.; zu einem Alternativkonzept s. u.a. ErfK/*Preis*, § 613a BGB Rz. 113b; *Sagan*, RdA 2011, 163 (169 ff.); Hanau/Strauß, FS Bepler, 2012, S. 199 (203 ff.).
320 Krit. Schlachter/Heinig/*Krause*, § 7 Rz. 79.

cc) Grenzen bzw. Ende der Aufrechterhaltung

15.115 Aus Art. 3 Abs. 3 BÜ-RL folgt lediglich die Verpflichtung der Mitgliedstaaten, eine **statische Aufrechterhaltung** der bisherigen Kollektivbedingungen vorzusehen.[321] Hingegen reicht der Bestandsschutz nicht so weit, dass der Erwerber einen Anspruch auf Teilnahme an einer Fortentwicklung der Kollektivverträge gewähren muss. Daraus folgt, dass Arbeitnehmer, die auf einen nicht anderweitig tarifgebundenen Erwerber übergehen, grundsätzlich keinen Anspruch auf Teilnahme an Tarifänderungen haben, welche nach dem Zeitpunkt des Betriebsübergangs vereinbart werden. Dieses Ergebnis entspricht auch dem vom EuGH betonten Schutz der negativen Vereinigungsfreiheit des Erwerbers, welche es verbiete, diesen an Kollektivverträge zu binden, denen er nicht angehöre und auch bewusst unter Gebrauchmachen von seiner negativen Freiheit nicht angehören wolle.[322] Der Anwendung einer dynamischen Weiterentwicklung von Arbeitsbedingungen, die bereits in einem vor dem Betriebsübergang vereinbarten und statisch fortwirkenden Kollektivvertrag angelegt war, steht dies nicht entgegen (bspw. Gehaltserhöhungen nach Maßgabe eines festen Stufenmodells).[323]

15.116 Im Übrigen ordnet Art. 3 Abs. 3 UAbs. 1 BÜ-RL die Aufrechterhaltung der bisherigen kollektivvertraglichen Arbeitsbedingungen nur bis zur **Kündigung oder Ablauf** des Kollektivvertrags bzw. bis zur **Ablösung** durch einen anderen Kollektivvertrag an. Dadurch wird vermieden, dass der Betriebsübergang zu einer Besserstellung der übergehenden Arbeitnehmer aufgrund des Inhaberwechsels führt, da sie auch beim Veräußerer den entsprechenden Veränderungen bzw. Veränderungsmöglichkeiten ihrer Kollektivarbeitsbedingungen unterworfen gewesen wären. Die Frage, ob im Lichte der BÜ-RL auch ein beim Erwerber nachwirkender Tarifvertrag ablösende Wirkung haben kann, hat der EuGH noch nicht entschieden.[324] Einer Ablösung steht die Richtlinie hier konsequenterweise nicht entgegen, wobei sich die Frage, ob nachwirkende Regelungen die übergehenden Arbeitnehmer überhaupt erfassen, nach dem jeweiligen nationalen Recht richtet. Für Tarifverträge des Erwerbers im Stadium der Nachbindung (wie in § 3 Abs. 3 TVG) gilt dasselbe.

15.117 Zusätzlich räumt Art. 3 Abs. 3 UAbs. 2 BÜ-RL den Mitgliedstaaten eine fakultative **zeitliche Begrenzungsmöglichkeit** der Aufrechterhaltung ein. Der nationale Gesetzgeber kann demnach den Zeitraum der Beibehaltung der in einem Kollektivvertrag vereinbarten Arbeitsbedingungen begrenzen, wobei der Zeitraum nicht kürzer als ein Jahr sein darf.

15.118 Der deutsche Gesetzgeber hat in § 613a Abs. 1 Satz 2 BGB von dem durch die Richtlinie gewährten Regelungsspielraum Gebrauch gemacht. Von dem grundsätzlichen Änderungsverbot der aufrechterhaltenen Kollektivbedingungen zum Nachteil des Arbeitnehmers gelten gem. § 613a Abs. 1 Satz 4 BGB zudem zwei Ausnahmen, die ihre Stütze in Art. 3 Abs. 3 UAbs. 1 BÜ-RL finden.

dd) Ablösung von Kollektivverträgen

15.119 Gemäß Art. 3 Abs. 3 BÜ-RL gilt das Aufrechterhaltungsgebot für die in einem Kollektivvertrag des Veräußerers vereinbarten Arbeitsbedingungen nur bis zum Inkrafttreten oder Anwendung eines anderen Kollektivvertrags bei dem Erwerber. Damit ist das **Ablösungsprinzip** normiert, welches es dem Erwerber ermöglichen soll, die von ihm ansonsten aufrechtzuerhaltenden Kollektivbedingungen durch passendere eigene Kollektivbedingungen zu ersetzen oder die Bedingungen der übergehenden Arbeitnehmer mit im eigenen Unternehmen oder Betrieb angewendeten Kollektiv-

---

321 Vgl. EuGH v. 9.3.2006 – C-499/04 – Werhof, Slg. 2006, I-2397 Rz. 35 f. (dort mit demselben Ergebnis im Hinblick auf Art. 3 Abs. 1 BÜ-RL).
322 Vgl. EuGH v. 9.3.2006 – C-499/04 – Werhof, Slg. 2006, I-2397 Rz. 35 ff.
323 S. dazu BAG v. 19.9.2007 – 4 AZR 711/06, ArbRB 2008, 111 = NZA 2008, 241 (243); v. 14.11.2007 – 4 AZR 828/06, ArbRB 2008, 103 = NZA 2008, 420 (421); HMB/*Grau*, Teil 15 Rz. 62 m.w.N.
324 Vgl. EuGH v. 11.9.2014 – C-328/13 – ÖGB Rz. 32 ff.

bedingungen zu harmonisieren. Da das Ablösungsprinzip nur für kollektivvertragliche Regelungen und nicht für einzelvertraglich vereinbarte Bedingungen greift (für letztere gilt Art. 3 Abs. 1 UAbs. 1 BÜ-RL), muss gegebenenfalls die Quelle der übergehenden Rechte und Pflichten bestimmt werden, was Sache der nationalen Gerichte ist.[325] Eine **Pflicht zur Harmonisierung** der kollektiven Arbeitsbedingungen nach dem Übergang im Hinblick auf etwaige Unterschiede zwischen den übergehenden Arbeitnehmern und der Bestandsbelegschaft des Erwerbers folgt aus der Betriebsübergangsrichtlinie nicht. Dies begründet der EuGH damit, dass die Richtlinie lediglich verhindern wolle, dass die Arbeitnehmer allein wegen der Übernahme durch einen anderen Arbeitgeber schlechter gestellt sind als vorher.[326]

Aus dem Wortlaut des Art. 3 Abs. 3 BÜ-RL könnte gefolgert werden, dass die kollektivvertraglichen Arbeitsbedingungen nur bis zur Anwendung schlechterdings irgendeines Kollektivvertrags beim Erwerber ohne Rücksicht auf die darin enthaltenen Regelungsgegenstände aufrechtzuerhalten sind. Eine solche Auslegung würde aber den Schutzzweck der Richtlinie missachten, in deren Licht eine Ablösung nur insoweit angemessen ist, wie ihrem Gegenstand nach **kollidierende Regelungskomplexe** betroffen sind.[327] Die Feststellung einer Regelungsidentität als Voraussetzung für die Ablösung ist Sache der nationalen Gerichte. Entscheidend ist, ob die betroffene Sachgruppe beim Erwerber ebenfalls kollektivvertraglich geregelt ist.[328] Dabei darf die Abgrenzung der Kollisionsmaterie nicht zu eng erfolgen, da dies ansonsten zu einer Zersplitterung der Arbeitsbedingungen führen würde, was dem in Art. 3 Abs. 3 BÜ-RL enthaltenen Schutz des Ablösungsinteresses des Erwerbers nicht Rechnung tragen würde.

15.120

Keine Bedenken bestehen unter unionsrechtlichem Blickwinkel gegen die Ablösung von beim Veräußerer tariflich geregelten Arbeitsbedingungen durch Betriebsvereinbarung beim Erwerber (sog. **Überkreuzablösung**).[329] Art. 3 Abs. 3 BÜ-RL unterscheidet insofern nicht zwischen verschiedenen Arten von Kollektivverträgen.

15.121

Anders als im Bereich der individualvertraglichen Rechte und Pflichten aus dem Arbeitsverhältnis, die gem. Art. 3 Abs. 1 BÜ-RL unverändert auf den Erwerber übergehen, schließt Art. 3 Abs. 3 UAbs. 1 BÜ-RL die Möglichkeit von inhaltlichen Veränderungen und damit auch Verschlechterungen in den kollektivrechtlich geregelten Arbeitsbedingungen im Zuge ihrer Ablösung durch beim Erwerber geltende Kollektivverträge mit ein. Ein Günstigkeitsvergleich mit **Verschlechterungsverbot** der Arbeitsbedingungen infolge Inkrafttretens oder Anwendung eines anderen Kollektivvertrags ist der Betriebsübergangsrichtlinie **nicht zu entnehmen**.[330] Die mögliche Folge einer Ablösung von Tarifverträgen durch für die Arbeitnehmer ungünstigere Tarifverträge des Erwerbers wurde bereits bei Schaffung von Art. 3 Abs. 2 RL 77/187/EWG, der Vorgängerregelung des heutigen Art. 3 Abs. 3 BÜ-RL, vom europäischen Gesetzgeber gesehen, wobei entsprechende Vorschläge für eine Begrenzung der Ablösungsmöglichkeit von Tarifverträgen jedoch nicht aufgegrif-

15.122

---

325 EuGH v. 12.11.1992 – C-209/91 – Rask, Slg. 1992, I-5755 Rz. 30.
326 EuGH v. 6.9.2011 – C-108/10 – Scattolon, Slg. 2011, I-7491 Rz. 59.
327 Begründung des Richtlinienvorschlags, RdA 1975, 124 (125); s. zu § 613a BGB: BAG v. 20.4.1994 – 4 AZR 342/93, NZA 1994, 1140 (1142); v. 22.1.2003 – 10 AZR 227/02, ArbRB 2003, 140 = NZA 2003, 879; HMB/*Grau*, Teil 15 Rz. 104; MüKoBGB/*Müller-Glöge*, § 613a BGB Rz. 142; Staudinger/*Annuß*, § 613a BGB Rz. 222; Willemsen/Hohenstatt/Schweibert/Seibt/*Hohenstatt*, Umstrukturierung und Übertragung, Rz. E145.
328 Vgl. zu § 613a BGB: BAG v. 20.4.1994 – 4 AZR 342/93, NZA 1994, 1140 (1142); HWK/*Willemsen/ Müller-Bonanni*, § 613a BGB Rz. 268; MüKoBGB/*Müller-Glöge*, § 613a BGB Rz. 142 jeweils m.w.N.
329 Zur diesbezüglichen Streitfrage bei § 613a BGB s. BAG v. 6.11.2007 – 1 AZR 862/06, ArbRB 2008, 169 = NZA 2008, 542 (546); v. 21.4.2010 – 4 AZR 768/08, ArbRB 2010, 339 = DB 2010, 1998; ErfK/ *Preis*, § 613a BGB Rz. 126; HMB/*Grau*, Teil 15 Rz. 97; Staudinger/*Annuß*, § 613a BGB Rz. 221 jeweils m.w.N.
330 Vgl. HMB/*Grau*, Teil 15 Rz. 110; Schlachter/Heinig/*Krause*, § 7 Rz. 82; Leder/Rodenbusch, EWiR 2011, 737 (738); *Sagan*, EuZA 2012, 247 (254); EuArbR/*Winter*, Art. 3 RL 2001/23/EG Rz. 67.

fen wurden.³³¹ Zudem vertrüge sich ein Verschlechterungsverbot nicht mit der Systematik der Betriebsübergangsrichtlinie. Da die individualvertraglichen Rechte und Pflichten wegen Art. 3 Abs. 1 UAbs. 1 BÜ-RL unverändert übergehen, wäre Art. 4 Abs. 2 BÜ-RL (vgl. Rz. 15.146 ff.) weitgehend überflüssig, wenn es nicht zu – auch wesentlichen nachteiligen – Änderungen der kollektiven Arbeitsbedingungen durch den Ablösungsmechanismus des Art. 3 Abs. 3 BÜ-RL kommen könnte. Schließlich würde ein wie auch immer geartetes Verschlechterungsverbot bei der Ablösung von Kollektivverträgen beim Betriebsübergang durch die für ihren Abschluss beim Betriebserwerber zuständigen Sozialpartner mit dem europäischen Grundrecht auf kollektive Gestaltung der Arbeitsbedingungen gem. Art. 28 GRC³³² kollidieren.³³³ Auch der EuGH ist in der Vergangenheit zu Recht davon ausgegangen, dass die Betriebsübergangsrichtlinie es dem Erwerber nicht verwehrt, die Arbeitsbedingungen zu verändern, soweit das nationale Recht eine solche Änderung unabhängig vom Fall des Betriebsübergangs zulässt. Dies ist mit Blick auf den Schutzzweck der Richtlinie konsequent.³³⁴ Dementsprechend findet im Verhältnis zwischen den bisherigen Kollektivarbeitsbedingungen und den beim Erwerber geltenden Arbeitsbedingungen **kein Günstigkeitsprinzip** Anwendung.

15.123 Unsicherheit besteht in diesem Zusammenhang über die Auswirkungen der Entscheidung des EuGH in der Rs. *Scattolon*.³³⁵ In diesem Fall ging es um eine kollektivvertragliche Regelung aus Anlass der Umstrukturierung von Instandhaltungs- und Verwaltungsdiensten in italienischen Schulen, die für die übergehenden Arbeitnehmer nur zu einer bedingten Berücksichtigung der zurückgelegten Vorbeschäftigungszeit bei der Integration in das Gehaltssystem der übernehmenden Körperschaft führte. Der EuGH nahm zwar an, dass ein beim Veräußerer geltender Kollektivvertrag durch den beim Erwerber einschlägigen Tarifvertrag abgelöst werden könne. Allerdings dürfe eine Ablösung von Kollektivverträgen nicht dem Ziel der Betriebsübergangsrichtlinie zuwiderlaufen, eine Verschlechterung der Arbeitsbedingungen allein auf Grund des Übergangs zu verhindern. Der Gerichtshof folgerte hieraus, dass die Inanspruchnahme der Ablösungsmöglichkeit durch den Erwerber, die in einem Tarifvertrag des Veräußerers vorgesehenen Arbeitsbedingungen mit sofortiger Wirkung durch die Arbeitsbedingungen eines beim Erwerber geltenden Tarifvertrags zu ersetzen, nicht zum Ziel oder zur Folge haben dürfe, den betroffenen Arbeitnehmern insgesamt schlechtere Arbeitsbedingungen als die vor dem Übergang geltenden aufzuerlegen.³³⁶ In dieser Hinsicht lasse Art. 3 Abs. 3 BÜ-RL es nicht zu, dass Arbeitnehmer „erhebliche" Kürzungen ihres Entgelts im Vergleich zu ihrer Lage unmittelbar vor dem Betriebsübergang hinnehmen müssten, weil ihr beim Veräußerer zurückgelegtes Dienstalter, welches dem entspricht, das beim Erwerber beschäftigte Arbeitnehmer erreicht haben, bei der Bestimmung ihres Anfangsgehaltes nicht berücksichtigt worden ist.³³⁷

15.124 Diese zu Recht kritisierte Entscheidung des EuGH wirft eine ganze Reihe bislang **ungeklärter Fragen** auf.³³⁸ Dazu gehört, ob der Gerichtshof tatsächlich eine grundsätzliche Relativierung des Ab-

---

331 S. auch die Stellungnahme des Wirtschafts- und Sozialausschusses v. 14.2.1977, veröffentlicht im ABl. Nr. L 61 v. 5.3.1977, S. 26; *v. Alvensleben*, Rechte der Arbeitnehmer, S. 107; HMB/*Grau*, Teil 15 Rz. 111.
332 Zur Reichweite von Art. 28 GRC, der auch Kollektivverhandlungen zum Zwecke des Abschlusses von Betriebsvereinbarungen betrifft, s. *Jarass*, Art. 28 GRC Rz. 6; Calliess/Ruffert/*Krebber*, Art. 28 GRC Rz. 5.
333 Vgl. ErfK/*Preis*, § 613a BGB Rz. 125; HMB/*Grau*, Teil 15 Rz. 111; *Sagan*, EuZA 2012, 247 (254).
334 S. EuGH v. 6.11.2003 – C-4/01 – Martin, Slg. 2003, I-12859 Rz. 39 ff.; v. 14.9.2000 – C-343/98 – Collino, Slg. 2000, I-6659 Rz. 52; v. 12.11.1992 – C-209/91 – Rask, Slg. 1992, I-5755 Rz. 28; v. 25.7.1991 – C-362/89 – D'Urso, Slg. 1991, I-4105 Rz. 19; v. 10.2.1988 – C-324/86 – Daddy's Dance Hall, Slg. 1988, I-739 Rz. 17; v. 7.2.1995 – C-472/93 – Spano, Slg. 1995, I-4321 Rz. 35.
335 EuGH v. 6.9.2011 – C-108/10 – Scattolon, Slg. 2011, I-7491.
336 EuGH v. 6.9.2011 – C-108/10 – Scattolon, Slg. 2011, I-7491 Rz. 59.
337 EuGH v. 6.9.2011 – C-108/10 – Scattolon, Slg. 2011, I-7491 Rz. 83.
338 Dazu ErfK/*Preis*, § 613a BGB Rz. 125; HMB/*Grau*, Teil 15 Rz. 111b; *Leder/Rodenbusch*, EWiR 2011, 737; *Forst*, Anm. zu EuGH v. 6.9.2011 – C-108/10 – Scattolon, AP Nr. 9 zu RL 2001/23/EG; *Sagan*, EuZA 2012, 247; *Sittard/Flockenhaus*, NZA 2013, 652; *Steffan*, NZA 2012, 473; *Winter*, RdA 2013, 36.

lösungsprinzips durch Einführung eines – in der Richtlinie indes nicht angelegten – generellen Vorbehaltes eines (wie auch immer gearteten) **kollektiven Günstigkeitsvergleichs** bzw. Gesamtvergleichs bei der Ablösung der kollektiven Arbeitsbedingungen vornehmen wollte. Dagegen könnte sprechen, dass der behandelte Fall eine recht spezielle Sachverhaltskonstellation betraf.[339] Freilich findet sich der Gedanke eines Verschlechterungsverbots auch in der späteren Judikatur.[340] Allerdings hat der EuGH die Position des Betriebserwerbers, selbst über Inhalt und Gestaltung der auf die übergegangenen Arbeitnehmer anzuwendenden kollektiven Arbeitsbedingungen entscheiden zu können, in anderem Zusammenhang deutlich gestärkt, ohne dies unter den Vorbehalt des Ausbleibens wesentlicher inhaltlicher Verschlechterungen der Arbeitsbedingungen zu stellen (vgl. Rz. 15.131 ff.).[341] Auch hat der EuGH in der *Scattolon*-Entscheidung lediglich eine solche Verschlechterung als schutzzweckwidrig bewertet, die allein aufgrund der Übernahme durch einen anderen Arbeitgeber und mit sofortiger Wirkung eintreten sollte.[342] Nimmt man den Gerichtshof beim Wort, spricht dies ebenfalls gegen einen generellen Günstigkeitsvergleich, da die Arbeitnehmer auch im Falle ihres Verbleibs beim Veräußerer eine potentielle Änderung oder Umgestaltung ihrer kollektiven Arbeitsbedingungen etwa infolge des Inkrafttretens neuer oder speziellerer Tarifverträge hätten hinnehmen müssen. Zudem vermischt der EuGH in der Entscheidung die Rechtslage in Bezug auf die Gewährleistung von individualvertraglichen Rechten und Pflichten einerseits und die Ablösbarkeit von Kollektivverträgen nach Art. 3 Abs. 3 BÜ-RL andererseits.[343] Auch dem Betriebsübergang erst zeitlich nachfolgende Veränderungen, etwa durch den sukzessiven Abschluss von Kollektivverträgen zur Harmonisierung der Arbeitsbedingungen beim Erwerber, sind vom Wortlaut der Begründung des EuGH nicht direkt erfasst.

Fraglich ist mit Blick auf übliche **Ausgliederungsvorgänge** zur Veränderung der tariflichen Strukturen des Weiteren, ob und gegebenenfalls welche Einschränkungen daraus folgen sollen, dass die Inanspruchnahme der Ablösungsmöglichkeit ausweislich eines Satzes in der Entscheidung auch nicht zum Ziel haben darf, dass den Arbeitnehmern insgesamt schlechtere Arbeitsbedingungen auferlegt werden. Dies bezieht sich allerdings nur auf von Art. 3 Abs. 3 BÜ-RL erfasste Kollektivbedingungen und nicht auf sonstige tatsächliche oder allgemeine betriebliche Rahmenbedingungen wie etwa ein beim Erwerber bestehendes Sozialplanprivileg nach § 112a BetrVG.[344] Insofern könnte man die *Scattolon*-Entscheidung weniger als Regelvorgabe für einen generellen Günstigkeitsvergleich denn als Kontrollvorbehalt im Hinblick auf einen eventuellen Gestaltungsmissbrauch deuten.[345] Ein Missbrauchsfall kann allerdings grundsätzlich nicht angenommen werden, wenn die ablösenden Tarifbedingungen durch eine nach dem mitgliedstaatlichen Tarifrecht anerkannte Gewerkschaft ausgehandelt wurden. Jedenfalls in Deutschland muss sie zum Erhalt ihrer Tariffähigkeit von vornherein eine ausreichende soziale Mächtigkeit aufweisen. Außerdem kommt ihren Tarifverträgen eine Richtigkeitsgewähr zu, so dass auf diese Weise ein Schutz vor unangemessenen Arbeitsbedingungen auch in Ablösungskonstellationen gegeben ist.[346]

15.125

Auch zu der Frage, nach welchen Maßstäben sich die **Feststellung erheblicher Verschlechterungen** richten soll und wie ein Gesamtvergleich der Arbeitsbedingungen in diesem Zusammenhang konkret

15.126

---

339 Vgl. *Schubert/Jerchel*, EuZW 2012, 926 (929); *Winter*, RdA 2013, 36 (38).
340 Vgl. EuGH v. 6.4.2017 – C-336/15 – Unionen, ArbRB 2017, 167 = NZA 2017, 585 Rz. 31; krit. *Witschen*, EuZA 2017, 534 (539 f.).
341 S. EuGH v. 18.7.2013 – C-426/11 – Alemo-Herron, NZA 2013, 835; ferner v. 11.9.2014 – C-328/13 – ÖGB Rz. 29, wo der Gerichtshof ebenfalls betont, dass der Erwerber vor dem Hintergrund des gebotenen Ausgleichs der Interessen der Arbeitnehmer einerseits und denen des Erwerbers andererseits in der Lage sein müsse, die für die Fortsetzung seiner Tätigkeit erforderlichen Anpassungen vorzunehmen.
342 HMB/*Grau*, Teil 15 Rz. 111a; *Sagan*, EuZA 2012, 247 (252).
343 ErfK/*Preis*, § 613a BGB Rz. 125.
344 EuGH v. 6.9.2011 – C-108/10 – Scattolon, Slg. 2011, I-7491 Rz. 83.
345 *Krause*, FS Wank, 2014, S. 275 (294); *Winter*, RdA 2013, 36 (38).
346 In diese Richtung auch *Forst*, Anm. zu EuGH v. 6.9.2011 – C-108/10 – Scattolon, AP Nr. 9 zu RL 2001/23/EG.

auszusehen hätte, lässt sich der *Scattolon*-Entscheidung nichts Näheres entnehmen. Eine der Schwierigkeiten liegt darin begründet, dass eine statische Aufrechterhaltung der bisherigen Tarifbedingungen, wie etwa des Gehalts, im Moment des Betriebsübergangs zwar gegebenenfalls günstiger ist als eine sofortige Tarifablösung, das Pendel bei Annahme einer „Ablösungssperre" infolge des Abschneidens von der dynamischen Tarifentwicklung beim Erwerber jedoch im Zeitverlauf auch wieder zum Nachteil der übergegangenen Arbeitnehmer ausschlagen kann. Zudem wären nicht nur die tariflichen, sondern gegebenenfalls auch weitere beim Erwerber (erstmals) anwendbare Arbeitsbedingungen mit zu berücksichtigen. Dies wirft die Frage auf, wie diese im Rahmen eines Gesamtvergleichs zu gewichten wären, bei dem womöglich „Äpfel mit Birnen" verglichen werden müssten.[347] Schließlich ist völlig offen, welche **Rechtsfolgen** sich gegebenenfalls aus einer erheblichen Verschlechterung der kollektiven Arbeitsbedingungen ergeben sollen, insbesondere ob dies dann nach Ansicht des EuGH zur (statischen) Fortgeltung des bisherigen Tarifregimes führen kann und diese Folge entsprechend Art. 3 Abs. 3 UAbs. 2 BÜ-RL auf ein Jahr begrenzt wäre.[348] Eine entsprechende Tendenz ergibt sich nach mancher Auffassung aus dem Urteil des EuGH in der Rs. *Unionen*.[349]

15.127 Eine grundlegende Korrektur der bislang einhelligen Auslegung des **§ 613a Abs. 1 Satz 3 BGB**, wonach das Günstigkeitsprinzip im Verhältnis zwischen abzulösenden Kollektivregelungen des Veräußerers und den ablösenden Kollektivbedingungen beim Erwerber keine Anwendung findet,[350] erscheint gleichwohl jedenfalls vorerst nicht angezeigt.

b) Individualvertragliche Bezugnahme auf Kollektivverträge

15.128 Zu den übergehenden Rechten und Pflichten nach Art. 3 Abs. 1 BÜ-RL gehören auch arbeitsvertragliche Klauseln, die auf tarifvertragliche Vereinbarungen verweisen (Bezugnahmeklauseln). Diese gehen im Zuge des Betriebsübergangs nach Art. 3 Abs. 1 BÜ-RL ebenfalls auf den Erwerber über.[351] Nach ihrem Inhalt ist zwischen **statischen** und **dynamischen** Bezugnahmeklauseln zu unterscheiden.[352] Während erstere auf einen bestimmten Tarifvertrag eines genau festgelegten Datums verweisen, machen letztere entweder einen bestimmten Tarifvertrag in seiner jeweilig geltenden Fassung zum Vertragsinhalt (kleine dynamische Bezugnahmeklausel) oder verweisen allgemein auf den für den Arbeitgeber oder Betrieb jeweils maßgeblichen Tarifvertrag in der jeweils geltenden Fassung (große dynamische Bezugnahmeklausel).[353]

15.129 Die Betriebsübergangsrichtlinie erfordert, dass der Erwerber so in den Arbeitsvertrag eintritt, wie er bei dem Veräußerer bestand. Daraus könnte man folgern, dass eine arbeitsvertragliche Bezugnahmeklausel, die beim Veräußerer dynamisch oder statisch wirkte, auch bei dem Erwerber in gleicher Weise wirken müsste.[354] Soweit eine dynamische Bezugnahme vorliegt und eine Auslegung als große

---

347 Vgl. *Forst*, Anm. zu EuGH v. 6.9.2011 – C-108/10 – Scattolon, AP Nr. 9 zu RL 2001/23/EG.
348 Vgl. *Sagan*, EuZA 2012, 247 (255); *Sittard/Flockenhaus*, NZA 2013, 652 (653).
349 *Witschen*, EuZA 2017, 534 (538 ff.) zu EuGH v. 6.4.2017 – C-336/15 – Unionen, ArbRB 2017, 167 = NZA 2017, 585.
350 S. BAG v. 22.4.2009 – 4 AZR 100/08, ArbRB 2009, 353 = NZA 2010, 41 (46 f.); v. 7.7.2010 – 4 AZR 1023/08, NZA-RR 2011, 30 (33); ErfK/*Preis*, § 613a BGB Rz. 125; Willemsen/Hohenstatt/Schweibert/Seibt/*Hohenstatt*, Umstrukturierung und Übertragung, Rz. E144 m.w.N.
351 Vgl. EuGH v. 9.3.2006 – C-499/04 – Werhof, Slg. 2006, I-2397 Rz. 27; BAG v. 23.9.2009 – 4 AZR 331/08, ArbRB 2010, 136 = NJW 2010, 1831 (1834); APS/*Steffan*, § 613a BGB Rz. 141; ErfK/*Preis*, § 613a BGB Rz. 111, 127.
352 Willemsen/Hohenstatt/Schweibert/Seibt/*Hohenstatt*, Umstrukturierung und Übertragung, Rz. E180 ff.; ausführlich zu den Auswirkungen von Betriebsübernahmen auf Bezugnahmeklauseln *Flockenhaus*, Vertragsgestaltung und Kollektivverträge, 2012, S. 152 ff. m.w.N.
353 Vgl. nur BAG v. 22.10.2008 – 4 AZR 784/07, ArbRB 2009, 69 = NZA 2009, 151 (152 f.); v. 17.11.2010 – 4 AZR 391/09, ArbRB 2011, 100 = NZA 2011, 356 (358 f.); HWK/*Henssler*, § 3 TVG Rz. 17; mit anderer Begrifflichkeit Staudinger/*Annuß*, § 613a BGB Rz. 238; jeweils m.w.N.
354 Vgl. LAG Düsseldorf v. 8.10.2004 – 9 Sa 817/04, NZA-RR 2005, 148; *Sutschet*, RdA 2013, 28.

dynamische Bezugnahme („Tarifwechselklausel") nicht möglich ist, bewirkt eine solche Vereinbarung, dass der Erwerber arbeitsvertraglich nach dem Betriebsübergang an Tarifentwicklungen gebunden sein kann, die durch für ihn „fremde" Tarifparteien vereinbart werden. Auf deren Entwicklung hat er somit auch keinen Einfluss. Aus Sicht des Arbeitnehmers bedeutet dies, dass er unabhängig davon, ob und welchen Tarifverträgen das Arbeitsverhältnis nach tarifrechtlichen Maßstäben bzw. aufgrund der nationalen Umsetzungsnorm des Art. 3 Abs. 3 BÜ-RL unterfällt, einen Anspruch auf weitere zeitdynamische Anwendung des im Arbeitsvertrag vereinbarten Tarifvertrags behält. Allerdings gilt es zu sehen, dass die Auslegung von Bezugnahmeklauseln als solche nicht unionsrechtlich determiniert ist.[355] Deshalb kann die Auslegung nach dem Recht eines Mitgliedstaats zu einem **„Einfrieren" der Dynamik** unter Gleichstellung mit den ursprünglich beim Veräußerer tarifgebundenen Arbeitsverhältnissen führen (zur Rechtslage in Deutschland vgl. Rz. 15.135 f.).

In der **Rs. Werhof** hat sich der EuGH erstmals ausführlich mit der Frage der dynamischen Wirkung einer Bezugnahmeklausel nach Betriebsübergang befasst.[356] Gegenstand der Entscheidung war die Frage, ob es mit Art. 3 BÜ-RL vereinbar ist, wenn eine dynamische Bezugnahme entsprechend der früheren Gleichstellungskonzeption des BAG dahingehend ausgelegt wird, dass hiervon nach dem Betriebsübergang abgeschlossene Tarifverträge nicht mehr erfasst sind und der Arbeitnehmer dementsprechend seinen Anspruch auf Anwendung der weiteren Tariferhöhungen verliert. Die Richtlinienkonformität dieser Auslegung hat der EuGH in der *Werhof*-Entscheidung bestätigt. Die Betriebsübergangsrichtlinie erfordere lediglich, dass dem Arbeitnehmer diejenigen Arbeitsbedingungen erhalten bleiben, welche zum Zeitpunkt des Betriebsübergangs bestanden haben.[357] Daneben argumentierte der EuGH mit der negativen Vereinigungsfreiheit als einem allgemeinen Grundsatz des Unionsrechts,[358] welche beeinträchtigt werde, falls künftige Tarifverträge für den Erwerber gälten, obwohl dieser dem Kollektivvertrag nicht angehört und ihm auch bewusst nicht angehören will.[359] Diese Argumentation steht in engem Zusammenhang mit den Ausführungen des EuGH zur Privatautonomie des Erwerbers.[360] Des Weiteren solle auch die Bindung an die Bezugnahmeklausel nicht weiter gehen, als die in Art. 3 Abs. 3 BÜ-RL geregelte Bindung an Kollektivverträge reicht, so dass diese gleichzeitig mit der Tarifgebundenheit enden könne.[361] Ob hieraus insgesamt die Konsequenz abzuleiten ist, dass eine dynamische Wirkung von Bezugnahmeklauseln unionsrechtswidrig wäre, war in der Folge umstritten.[362]

15.130

In der **Rs. Alemo-Herron** hat der EuGH seine Rechtsprechung zunächst weiter präzisiert.[363] In dem britischen Ausgangsfall ging es um die Auswirkungen einer privatisierenden Betriebsüber-

15.131

---

355 *Hartmann*, Negative Tarifvertragsfreiheit im deutschen und europäischen Arbeitsrecht, 2014, S. 325 f.; *Lobinger*, NZA 2013, 945 (947); *Thüsing*, NZA 2004, 473 (474 f.).
356 EuGH v. 9.3.2006 – C-499/04 – Werhof, Slg. 2006, I-2397; s. dazu das Vorabentscheidungsersuchen des LAG Düsseldorf v. 8.10.2004 – 9 Sa 817/04, NZA-RR 2005, 148; zum Ganzen *Hartmann*, Negative Tarifvertragsfreiheit im deutschen und europäischen Arbeitsrecht, 2014, S. 40 ff., 256 ff., 325 ff.
357 EuGH v. 9.3.2006 – C-499/04 – Werhof, Slg. 2006, I-2397 Rz. 37.
358 Nunmehr Art. 12 GRC; vgl. *Jarass*, Art. 12 GRC Rz. 18; vgl. auch Art. 28 GRC und dazu *Jarass*, Art. 28 GRC Rz. 8.
359 EuGH v. 9.3.2006 – C-499/04 – Werhof, Slg. 2006, I-2397 Rz. 34.
360 So zu EuGH v. 9.3.2006 – C-499/04 – Werhof, Slg. 2006, I-2397 Rz. 23 ff. *Hartmann*, Negative Tarifvertragsfreiheit im deutschen und europäischen Arbeitsrecht, 2014, S. 257 f.; s. bereits *Reichold*, JZ 2006, 725 (726).
361 EuGH v. 9.3.2006 – C-499/04 – Werhof, Slg. 2006, I-2397 Rz. 28 ff.
362 Dagegen BAG v. 18.4.2007 – 4 AZR 652/05, ArbRB 2007, 292 = NJW 2008, 102 (105); v. 23.9.2009 – 4 AZR 331/08, ArbRB 2010, 136 = NJW 2010, 1831 Rz. 19 ff.; ErfK/*Preis*, § 613a BGB Rz. 127; HWK/*Willemsen*/*Müller-Bonanni*, § 613a BGB Rz. 280a; HMB/*Grau*, Teil 15 Rz. 122; *Jacobs*, FS Birk, 2008, S. 243 (255 ff.); *Thüsing*, NZA 2006, 473 (474); a.A. *Nicolai*, DB 2006, 670.
363 EuGH v. 18.7.2013 – C-426/11 – Alemo-Herron, NZA 2013, 835. In der Literatur ist die Entscheidung auf geteiltes Echo gestoßen, s. *Forst*, DB 2013, 1845; *Jacobs*/*Frieling*, EuZW 2013, 737; *Schlachter*/*Heinig*/*Krause*, § 7 Rz. 88; *Latzel*, RdA 2014, 110; *Lobinger*, NZA 2013, 945; *Naber*/*Krois*, ZESAR 2014, 121; *Willemsen*/*Grau*, NJW 2014, 12.

nahme auf eine arbeitsvertragliche Klausel des Klägers, welche dynamisch auf bestimmte kollektivvertragliche Regelungen des öffentlichen Dienstes verwies. Der EuGH gelangte zu dem Ergebnis, dass der Betriebserwerber nicht kraft einer vertraglichen Bezugnahme auf nach dem Zeitpunkt des Übergangs verhandelte und abgeschlossene Kollektivverträge gebunden werden könne, wenn der Erwerber nicht die Möglichkeit habe, an den Verhandlungen über diese nach dem Übergang abgeschlossenen Kollektivverträge teilzunehmen.[364] Dies stützt der Gerichtshof im Wesentlichen auf zwei Gründe. Zum einen bezwecke die Betriebsübergangsrichtlinie nicht nur den Schutz der Arbeitnehmer, sondern auch den des Erwerbers (hierzu bereits Rz. 15.11a), weshalb dessen Anpassungsbedarf zu berücksichtigen sei.[365] Zum anderen folge dies auch aus der Garantie der **unternehmerischen Freiheit** nach Art. 16 GRC und deren Wesensgehalt.[366] Auch das Günstigkeitsprinzip des Art. 8 BÜ-RL berechtige die Mitgliedstaaten nicht zum Erlass von Maßnahmen, die für die Arbeitnehmer günstiger sind, gleichzeitig aber die unternehmerische Freiheit des Erwerbers erheblich einschränken.[367]

15.132 Die *Alemo-Herron*-Entscheidung bestätigte im Grundsatz die *Werhof*-Entscheidung, ließ allerdings wohl wegen einiger Besonderheiten der Sachverhaltsgestaltung und der Vorlagefragen[368] die negative Vereinigungsfreiheit unerwähnt und stellte stattdessen die unionsrechtlich geschützte Vertragsfreiheit ins Zentrum.[369] Der Erwerber solle nicht daran gehindert sein, die für die Entwicklung der Arbeitsbedingungen der übernommenen Arbeitnehmer bestimmenden Faktoren mit Blick auf seine künftige wirtschaftliche Tätigkeit auszuhandeln. In der Tat kann eine **fehlende Einflussnahmemöglichkeit** des Erwerbers auf die Entwicklung der Kollektivbedingungen durchaus Abschreckungscharakter für einen Betriebserwerb haben, was von der Richtlinie nicht bezweckt wird und vom EuGH zudem nicht als **angemessener Ausgleich** zwischen den Interessen der Arbeitnehmer und des Erwerbers bewertet wird (zur vom EuGH gesehenen Richtlinienzielsetzung des gerechten Ausgleichs s. Rz. 15.11a).[370] Indem der EuGH der Bindung des Erwerbers an ausschließlich fremdbestimmte Kollektivbedingungen nach dem Betriebsübergang Grenzen setzte, reduzierte er damit zugleich ein potentiell binnenmarktrelevantes Hemmnis für Betriebsübernahmen.[371] Allerdings weist die Entscheidung auch einige dogmatische Schwächen auf. Insbesondere unterscheidet der EuGH nicht sauber zwischen der kollektivrechtlichen Wirkung und der lediglich individualvertraglich durch Bezugnahme vermittelten Tarifgeltung, obwohl Art. 3 BÜ-RL für die Fortgeltung von arbeitsvertraglichen Regelungen in Abs. 1 sowie hinsichtlich der begrenzten Aufrechterhaltung von Kollektivverträgen in Abs. 3 unterschiedliche Regelungen und Rechtsfolgen beinhaltet.[372]

15.133 Den vorläufigen Schlusspunkt der Rechtsprechungsentwicklung bildet die auf Vorlage des BAG[373] ergangene EuGH-Entscheidung in der **Rs.** *Asklepios*[374]. Der Ausgangsfall betraf den Übergang von

---

364 EuGH v. 18.7.2013 – C-426/11 – Alemo-Herron, NZA 2013, 835 Rz. 37.
365 EuGH v. 18.7.2013 – C-426/11 – Alemo-Herron, NZA 2013, 835 Rz. 28 f.
366 EuGH v. 18.7.2013 – C-426/11 – Alemo-Herron, NZA 2013, 835 Rz. 31 ff.
367 EuGH v. 18.7.2013 – C-426/11 – Alemo-Herron, NZA 2013, 835 Rz. 36 unter Verweis auf EuGH v. 6.9.2012 – C-544/10 – Deutsches Weintor, GRUR 2012, 1161 (1163).
368 Näher dazu *Hartmann*, Negative Tarifvertragsfreiheit im deutschen und europäischen Arbeitsrecht, 2014, S. 262 f.; zweifelnd *Rieble*, EuZA 2017, 228, 232.
369 EuGH v. 18.7.2013 – C-426/11 – Alemo-Herron, NZA 2013, 835 Rz. 32 ff. und dazu *Lobinger*, NZA 2013, 945 (946 f.).
370 S. auch EuGH v. 11.9.2014 – C-328/13 – ÖGB Rz. 29.
371 *Willemsen/Grau*, NJW 2014, 12 (14).
372 *Willemsen/Grau*, NJW 2014, 12 (14); abweichend zur Binnensystematik des Art. 3 BÜ-RL *Hartmann*, EuZA 2015, 203 (212); ähnlich nunmehr *Willemsen/Krois/Mehrens*, RdA 2018, 151 (159 ff.).
373 BAG v. 17.6.2015 – 4 AZR 61/14 (A), ArbRB 2016, 67 = NZA 2016, 373; näher zu den Hintergründen *Busch/Gerlach*, BB 2017, 2356 (2357 f.); *Eylert/Schinz*, RdA 2017, 140 (141 ff.); *Klein*, NZA 2016, 410 (411); *Köhlert*, NZA-RR 2018, 113 (120 f.) sowie *Wißmann/Niklas*, NZA 2017, 697 (698 ff.).
374 EuGH v. 27.4.2017 – C-680/15 und C-681/15 – Asklepios, NZA 2017, 571.

Arbeitsverhältnissen zwischen zwei Konzerngesellschaften, die nicht tarifgebunden waren und auch nicht dem Anwendungsbereich der in den Arbeitsverträgen dynamisch in Bezug genommenen Tarifverträge unterfielen. Der EuGH hält insofern an *Alemo-Herron* fest, als der Erwerber die Möglichkeit haben müsse, seine Interessen wirksam geltend zu machen und die bestimmenden Faktoren für die Entwicklung der Arbeitsbedingungen auszuhandeln.[375] Aufgegeben hat der EuGH jedoch offenbar das in der Tat überschießende[376] und offenbar den sachverhaltsbedingten Besonderheiten der Rs. *Alemo-Herron* geschuldete[377] Erfordernis einer Teilnahmemöglichkeit an den entsprechenden Kollektivverhandlungen für den Erwerber. Ausreichen soll es nunmehr, wenn „das nationale Recht sowohl einseitige als auch einvernehmliche Möglichkeiten [...] vorsieht, die zum Zeitpunkt des Übergangs bestehenden Arbeitsbedingungen nach dem Übergang anzupassen".[378] Der EuGH greift damit eine Formulierung des BAG auf, das seine Vorlagefragen von vornherein auf die Situation bestehender Anpassungsmöglichkeiten beschränkt hatte. In Deutschland hat die Entscheidung jedenfalls im Ergebnis überwiegend Beifall erhalten.[379] Kritik haben allerdings die fehlende Begründung für die Abweichung gegenüber *Alemo-Herron* und die vagen Vorgaben für den Schutz der Vertragsfreiheit hervorgerufen.[380] Gleiches gilt für die Tatsache, dass der EuGH in seiner Argumentation auch weiterhin nicht klar zwischen Art. 3 Abs. 1 und Abs. 3 BÜ-RL differenziert.[381]

Auch nach *Asklepios* lässt sich unverändert festhalten, dass eine **dynamische „Endlosbindung"** des Betriebserwerbers an die beim Veräußerer einschlägigen Tarifverträge infolge einer Bezugnahmeklausel unionsrechtlich unzulässig ist, wenn der Betriebserwerber keine Möglichkeit hat, die Entwicklung dieser Tarifverträge nach dem Betriebsübergang zu beeinflussen. Dabei ist angesichts der unklaren Vorgaben des EuGH allerdings offen, welche Anforderungen an die Möglichkeiten des Erwerbers zur Abänderung der Bindung an die Tarifdynamik zu stellen sind.[382] Wenngleich zumindest seitens des BAG derzeit keine weitere Vorlage zu erwarten sein dürfte, erscheint es nicht ausgeschlossen, dass andere Gerichte den EuGH um eine Präzisierung ersuchen werden.[383] Die Luxemburger Richter dürften dann nicht umhinkommen, sich damit auseinanderzusetzen, dass die einmal eingetretene Bindung des Erwerbers dessen Vertragsfreiheit erheblich beeinträchtigt. 15.134

Nach früherer Rechtsprechung des BAG war eine dynamische Tarifbezugnahme regelmäßig als **Gleichstellungsabrede** auszulegen, wenn der Arbeitgeber im Zeitpunkt ihrer Vereinbarung tarifgebunden war, so dass die Bezugnahme nach einem Betriebsübergang parallel zur Rechtslage für die tarifgebundenen Arbeitsverhältnisse (s. § 613a Abs. 1 Satz 2 BGB) nur noch statisch wirkt.[384] Für ab dem Jahr 2002 vereinbarte Bezugnahmeklauseln gilt dies nach einer geänderten BAG-Rechtsprechung nur noch, falls der Gleichstellungszweck in der Klausel ausreichend zum Aus- 15.135

---

375 EuGH v. 27.4.2017 – C-680/15 und C-681/15 – Asklepios, NZA 2017, 571 Rz. 23 unter Verweis auf v. 18.7.2013 – C-426/11 – Alemo-Herron, NZA 2013, 835 Rz. 33.
376 Vgl. 1. Auflage, § 11 Rz. 134 sowie *Hartmann*, EuZA 2015, 203 (209 f.).
377 So auch die Einschätzung von EuArbR/*Winter*, Art. 3 RL 2001/23/EG Rz. 34.
378 EuGH 27.4.2017 – C-680/15 und C-681/15 – Asklepios, NZA 2017, 571 Rz. 24.
379 *Flockenhaus*, RdA 2017, 316 (320 ff.); *Klein*, jurisPR-ArbR 20/2017 Anm. 1; *Möller*, Zeitdynamische Bezugnahmeklauseln, S. 217 ff.; *Preis/Povedano Peramato*, FS Willemsen, 2018, S. 359 (368 f.); *Tiedemann*, EuZW 2017, 513 (514); wohl auch *Bayreuther*, NJW 2017, 2158 ff.
380 *Hartmann*, EuZA 2017, 521 (525 ff.).
381 *Bayreuther*, NJW 2017, 2158 (2159); *Jacobs/Frieling*, FS Willemsen, 2018, S. 197 (202); *Klein*, jurisPR-ArbR 20/2017 Anm. 1, sub C III.; *Möller*, Zeitdynamische Bezugnahmeklauseln, S. 217; *C. Schubert*, ZESAR 2018, 8(9 f.); verteidigend hingegen EuArbR/*Winter*, Art. 3 RL 2001/23/EG Rz. 23.
382 Vgl. hierzu *Hartmann*, EuZA 2017, 521 (531 f.); *Wahlig/Brune*, NZA 2018, 221; *Willemsen/Krois/Mehrens*, RdA 2018, 151 (162 ff.).
383 Vgl. auch *Krause*, FS Willemsen, 2018, S. 257 (266); *Willemsen/Krois/Mehrens*, RdA 2018, 151 (164); anders wohl *Preis/Povedano Peramato*, FS Willemsen, 2018, S. 359 (369).
384 S. u.a. BAG v. 14.2.1973 – 4 AZR 176/72, AP § 4 TVG NR. 6; v. 1.12.2004 – 4 AZR 50/04, ArbRB 2005, 136 = AP § 1 TVG Nr. 34; v. 19.3.2003 – 4 AZR 331/02, NZA 2003, 1207 (1209).

druck kommt; ansonsten ist die Bezugnahme ihrem Wortlaut entsprechend dynamisch auszulegen.[385] Ein Verstoß gegen die negative Koalitionsfreiheit des Erwerbers komme lediglich dann in Betracht, wenn die angeordnete Bindung an den Tarifvertrag auf kollektivrechtlicher Wirkungsweise beruhen würde, nicht hingegen falls diese nur Ergebnis privatautonomer Willenserklärung der Arbeitsvertragsparteien ist.[386] Allerdings erscheint fraglich, ob die Bindung des Betriebserwerbers als Ergebnis ausgeübter Privatautonomie gesehen werden kann oder ob darin nicht vielmehr eine grundrechtlich problematische gesetzliche Folge eines Betriebsübergangs läge.[387]

15.136 Nach dem *Asklepios*-Urteil hat sich die Diskussion in Deutschland erwartungsgemäß darauf verlagert, ob die Anpassungsmöglichkeiten des nationalen Rechts den Vorgaben des EuGH genügen. Weil die Möglichkeit zur einvernehmlichen Abänderung in der Praxis eher theoretisch ist und damit von vornherein nur wenig zur Vertragsfreiheit des Erwerbers beiträgt,[388] kommt es entscheidend auf einseitige Anpassungsmöglichkeiten und damit auf die Reichweite der **Änderungskündigung** an. Nach der Rechtsprechung des BAG müssen „betrieblich nicht mehr auffangbare Verluste" drohen, „die absehbar zu einer Reduzierung der Belegschaft oder sogar zu einer Schließung des Betriebs führen müssten", um eine Änderungskündigung zu rechtfertigen.[389] Weil der Vorlagebeschluss des BAG in der Rs. *Asklepios* bei unbefangener Lektüre den Eindruck erwecken konnte, dieser Weg werfe für den Erwerber keine größeren Schwierigkeiten auf,[390] was in der Praxis mitnichten der Fall ist, bleibt letztlich unklar, ob die Änderungskündigung in ihrer gegenwärtigen Gestalt den unionsrechtlichen Anforderungen an Anpassungsmöglichkeiten des Erwerbers genügt.[391] Das BAG bejaht dies in seiner abschließenden Entscheidung im Fall *Asklepios* zwar grundsätzlich[392] und deutet an, es seien an eine Entdynamisierung im Wege der Änderungskündigung geringere Anforderungen zu stellen als an eine Entgeltabsenkung.[393] Näherer Ausführungen zur sozialen Rechtfertigung nach § 2 KSchG hat sich das BAG aber unter Hinweis darauf enthalten, dass die Erwerberin ohnehin keine Änderungskündigung erklärt habe.[394] Dies geht insofern an der EuGH-Entscheidung vorbei, als es danach auf das abstrakte Bestehen hinreichender Abänderungsmöglichkeiten ankommen soll. Möglicherweise ist das letzte Wort in dieser Frage also noch nicht gesprochen. Relevant bleibt deshalb der Hinweis, dass sich die unionsrechtlichen Probleme ohnehin erledigen würden, wenn die Dynamik bereits nach dem zugrunde liegenden Arbeitsverhältnis nicht über den Betriebsübergang hinausreichen würde. Nach einer Ansicht ist es nach wie vor denkbar, dass die Arbeitsvertragsparteien die Entdynamisierung gerade für den Fall des Betriebsübergangs verein-

---

385 BAG v. 14.12.2005 – 4 AZR 536/04, ArbRB 2006, 201 = NZA 2006, 607; nunmehr st. Rspr., s. BAG v. 23.9.2009 – 4 AZR 331/08, ArbRB 2010, 136 = NJW 2010, 1831 (1833); v. 24.2.2010 – 4 AZR 691/08, ArbRB 2010, 333 = NZA-RR 2010, 530.
386 BAG v. 18.4.2007 – 4 AZR 652/05, ArbRB 2007, 292 = NZA 2007, 965 (967 f.); *Sutschet*, RdA 2013, 28 (29); *Thüsing*, NZA 2006, 473 (474).
387 *Hartmann*, Negative Tarifvertragsfreiheit im deutschen und europäischen Arbeitsrecht, 2014, S. 326 ff.; vgl. auch *Busch/Gerlach*, BB 2017, 2356 (2359); *Willemsen/Krois/Mehrens*, RdA 2018, 151 (160 f.).
388 *Busch/Gerlach*, BB 2017, 2356 (2363); *Hartmann*, EuZA 2017, 521 (530); *Willemsen/Krois/Mehrens*, RdA 2018, 151 (161).
389 BAG v. 20.6.2013 – 2 AZR 396/12, NZA 2013, 1409 Rz. 31; zu weiteren Hindernissen *Willemsen/Krois/Mehrens*, RdA 2018, 151 (163).
390 *Hartmann*, EuZA 2017, 521 (532); *Sagan*, ZESAR 2016, 116 (121).
391 Für ausreichend halten die deutsche Änderungskündigung *Bayreuther*, NJW 2017, 2158 (2159); *Klein*, jurisPR-ArbR 20/2017 Anmerkung 1, sub D.; wohl auch EuArbR/*Winter*, Art. 3 RL 2001/23/EG Rz. 37; anders aber *Hartmann*, EuZA 2017, 521 (532); *Hohenstatt*, FS Willemsen, 2018, S. 187 (192 f.); *Willemsen/Krois/Mehrens*, RdA 2018, 151 (162 f.); *T. Wißmann/Niklas*, NZA 2017, 697 (701). Hierzu auch *Junker*, RIW 2018, 19 (25).
392 BAG v. 30.8.2017 – 4 AZR 95/14, ArbRB 2018, 67 = NZA 2018, 255 Rz. 52 ff.
393 BAG v. 30.8.2017 – 4 AZR 95/14, ArbRB 2018, 67 = NZA 2018, 255 Rz. 57; dazu *E.M. Willemsen*, FS Willemsen, 2018, S. 619 (627).
394 BAG v. 30.8.2017 – 4 AZR 95/14, ArbRB 2018, 67 = NZA 2018, 255 Rz. 58.

bart haben.³⁹⁵ Ebenfalls eine erhebliche Entschärfung würde die Anerkennung eines einseitigen „Entdynamisierungsrechts" bringen, das vom Veräußerer auf den Erwerber übergehen würde.³⁹⁶

5. Schutz der Rechte und Anwartschaften aus betrieblichen und überbetrieblichen Zusatzversorgungseinrichtungen (Art. 3 Abs. 4 BÜ-RL)

Sofern das Recht der Mitgliedstaaten nichts anderes vorschreibt, gilt Art. 3 Abs. 1 und 3 BÜ-RL kraft der in Art. 3 Abs. 4 Buchst. a BÜ-RL vorgesehenen Bereichsausnahme nicht für Arbeitnehmeransprüche auf Leistungen bei Alter, Invalidität oder für Hinterbliebene aus betrieblichen oder überbetrieblichen Zusatzversorgungseinrichtungen außerhalb der gesetzlichen Systeme der sozialen Sicherheit der Mitgliedstaaten. Es bleibt dementsprechend grundsätzlich den Mitgliedstaaten überlassen, ob der Eintritt des Erwerbers auch Ansprüche aus einer vom Veräußerer zugesagten **betrieblichen Altersversorgung** umfassen soll. Dies gilt sowohl in Bezug auf die Versorgungsanwartschaften übergehender als auch der bereits aus dem Betrieb ausgeschiedenen Arbeitnehmer. Infolge dieser Ausnahmebestimmung wird der Erwerber vorbehaltlich abweichender Bestimmungen des nationalen Rechts nicht mit den in der Vergangenheit vor dem Übergang verdienten Versorgungsanwartschaften belastet, für welche er keine Gegenleistung in Form der geleisteten Arbeit erhalten hat. Der EuGH tendiert zu einer engen Auslegung des Ausnahmetatbestands in Art. 3 Abs. 4 Buchst. a BÜ-RL und fasst beispielsweise Ansprüche auf Vorruhestandsleistungen nicht darunter. Diese Ansprüche gehen dementsprechend zusammen mit dem Arbeitsverhältnis nach Art. 3 Abs. 1 oder Abs. 3 BÜ-RL auf den Erwerber über.³⁹⁷

15.137

Falls das nationale Recht keinen Rechteübergang vorsieht, sind die Mitgliedstaaten nach Art. 3 Abs. 4 Buchst. b BÜ-RL verpflichtet, die notwendigen **Maßnahmen zum Schutz** der Interessen der Arbeitnehmer sowie der bereits ausgeschiedenen Versorgungsanwärter des übergehenden Betriebs hinsichtlich ihrer Anwartschaftsrechte auf Leistungen bei Alter, einschließlich für Hinterbliebene, zu treffen.³⁹⁸ Invaliditätsleistungen nennt die Richtlinie hier nicht. Die konkrete Umsetzung des Schutzes verbleibt im Spielraum der Mitgliedstaaten.³⁹⁹ In Deutschland erfolgt der Schutz der erworbenen Anwartschaften (auch soweit diese in Bezug auf bereits ausgeschiedene Arbeitnehmer nicht auf den Erwerber übergehen) durch den Pensionssicherungsverein (§ 7 BetrAVG).

15.138

IV. Schutz vor Kündigung und bei Beendigung des Arbeitsverhältnisses infolge wesentlicher Verschlechterung der Arbeitsbedingungen

Der von der Betriebsübergangsrichtlinie bezweckte Bestandsschutz der Arbeitsverhältnisse soll nicht dadurch umgangen werden, dass Veräußerer oder Erwerber den Arbeitnehmern aufgrund des Betriebsübergangs kündigen. Zu diesem Zweck sieht Art. 4 Abs. 1 BÜ-RL ein grundsätzliches Verbot übergangsbedingter Kündigungen vor. Ergänzt wird der Schutz durch eine arbeitgeberseitige Beendigungsfiktion im Falle einer wesentlichen Verschlechterung der Arbeitsbedingungen durch den Übergang, Art. 4 Abs. 2 BÜ-RL.

15.139

---

395 *Hartmann*, Negative Tarifvertragsfreiheit im deutschen und europäischen Arbeitsrecht, 2014, S. 330.
396 Dazu grundlegend *Lobinger*, FS v. Hoyningen-Huene, 2014, S. 271 (284 ff.); vgl. ferner *Hartmann*, EuZA 2015, 203 (217 ff.); *Willemsen/Krois/Mehrens*, RdA 2018, 151 (164); kritisch *Krause*, FS Willemsen, 2018, S. 257 (261).
397 Vgl. EuGH v. 4.6.2002 – C-164/00 – Beckmann, Slg. 2002, I-4893 Rz. 28 ff.; bestätigt durch v. 6.11. 2003 – C-4/01 – Martin, Slg. 2003, I-12859 Rz. 29 ff.; *Fuchs/Marhold*, Europäisches Arbeitsrecht, S. 329 f.; *Martin*, Umsetzung der Betriebsübergangsrichtlinie, S. 225 ff.; EuArbR/*Winter*, Art. 3 RL 2001/23/EG Rz. 72.
398 S. dazu Art. 9 des Richtlinienvorschlags, RdA 1975, 124 (126); *Debong*, EG-Richtlinie über die Wahrung der Arbeitnehmeransprüche beim Betriebsübergang, S. 55.
399 S. zur unterschiedlichen Umsetzung in den Mitgliedstaaten *Rebhahn*, RdA 2006, Sonderbeilage zu Heft 6, 4 (12).

1. Verbot der arbeitgeberseitigen Kündigung wegen des Betriebsübergangs (Art. 4 Abs. 1 BÜ-RL)

a) Reichweite und Folgen des Kündigungsverbots

15.140 Gemäß Art. 4 Abs. 1 BÜ-RL darf der Übergang eines Unternehmens, Betriebs oder Unternehmens- bzw. Betriebsteils **keinen Grund für die Kündigung** des Arbeitsverhältnisses darstellen. Der Schutz durch Art. 4 Abs. 1 BÜ-RL ist **zwingend**, so dass ein abstrakter Verzicht hierauf (etwa im Arbeitsvertrag) unwirksam wäre; Adressaten sind sowohl der Veräußerer als auch der Erwerber und zwar sowohl im Vorfeld als auch im Nachgang zu dem Betriebsübergang.[400] Es handelt sich um ein eigenständiges Kündigungsverbot, welches eine sachlogisch gebotene Ergänzung des durch Art. 3 Abs. 1 UAbs. 1 BÜ-RL gewährten Bestandsschutzes ist.[401]

15.141 Das Kündigungsverbot bezieht sich auf Kündigungen, die allein wegen des Übergangs erfolgen sollen. Kündigungsmöglichkeiten **aus anderen Gründen** vor oder nach der Betriebsübertragung werden hierdurch nicht ausgeschlossen. Dies gilt sowohl für Kündigungen durch den Veräußerer als auch durch den Erwerber.[402] Art. 4 Abs. 1 Satz 2 BÜ-RL stellt hierzu klar, dass die Richtlinie etwaigen Kündigungen aus wirtschaftlichen, technischen oder organisatorischen Gründen, die Änderungen im Bereich der Beschäftigung mit sich bringen, nicht entgegensteht.[403] Dies gilt entsprechend für eine verhaltensbedingte Kündigung.[404] Der EuGH hat wiederholt betont, dass Art. 4 Abs. 1 BÜ-RL nicht der Anwendung innerstaatlicher Regelungen entgegensteht, die es dem Veräußerer gestatten, die mit der Beschäftigung von überzähligen Arbeitnehmern verbundenen Lasten zu mindern.[405] Der Gerichtshof will offenbar vermeiden, dass Art. 4 Abs. 1 BÜ-RL als Sanierungshindernis wahrgenommen wird, wenn die Chance besteht, wenigstens einen Teil der im wirtschaftlich angeschlagenen Unternehmen des Veräußerers bestehenden Arbeitsplätze beim Erwerber zu erhalten.[406] Dementsprechend stellt der Übergang als solcher zwar keinen zulässigen Kündigungsgrund dar. Andererseits schützt die Richtlinie nicht vor bloßen **„Fernwirkungen"** des Übergangs, d.h. falls der Betriebsinhaberwechsel bloß Anlass für beschäftigungsrelevante Umstrukturierungsmaßnahmen in der betroffenen wirtschaftlichen Einheit ist, stellt dies keinen Verstoß gegen Art. 4 Abs. 1 BÜ-RL dar.[407] Dies gilt auch für Personalanpassungsmaßnahmen durch den Erwerber, welche auf Synergien infolge des Hinzukommens der übernommenen wirtschaftlichen Einheit beruhen. Letztlich führt Art. 4 Abs. 1 BÜ-RL also dazu, dass der Betriebsübergang im Hinblick auf den Kündigungsschutz der Arbeitnehmer neutral ist.[408] Dementsprechend bleibt auch der allgemeine mitgliedstaatliche Kündigungsschutz durch Art. 4 BÜ-RL unberührt.

15.142 Im Einzelfall kann die **Abgrenzung** zwischen einer aufgrund des Übergangs erfolgten und mithin verbotenen Kündigung und einer zulässigen Kündigung aus sonstigen Gründen schwierig sein.

---

[400] EuGH v. 7.2.1985 – 19/83 – Wendelboe, Slg. 1985, I-457; v. 17.12.1987 – C-287/86 – Ny Mølle Kro, Slg. 1987, I-5465; v. 12.3.1988 – C-319/94 – Dethier, Slg. 1988, I-1061; v. 10.2.1988 – C-324/86 – Daddy's Dance Hall, Slg. 1988, I-739; v. 15.6.1988 – C-101/87 – Bork, Slg. 1988, I-3057; vgl. auch die Begründung zu Art. 4 des Richtlinienvorschlags, abgedruckt in: RdA 1975, 124 (125); *Riesenhuber*, Europäisches Arbeitsrecht, § 24 Rz. 78 m.w.N.

[401] Zustimmend Schlachter/Heinig/*Krause*, § 7 Rz. 91.

[402] EuGH v. 12.3.1998 – C-319/94 – Dethier, Slg. 1998, I-1061 Rz. 36 f.; EAS/*Joussen*, B 7200 Rz. 77.

[403] EuGH v. 12.11.1992 – C-209/91 – Rask, Slg. 1992, I-5755 Rz. 29; v. 14.4.1994 – C-392/92 – Christel Schmidt, Slg. 1994, I-1311 Rz. 18 f.; v. 12.3.1998 – C-319/94 – Dethier, Slg. 1998, I-1061 Rz. 35 f.; v. 16.10.2008 – C-313/07 – Kirtruna, Slg. 2008, I-7907 Rz. 46 f.

[404] Vgl. *Martin*, Umsetzung der Unternehmensübergangsrichtlinie, S. 230; *Riesenhuber*, Europäisches Arbeitsrecht, § 24 Rz. 78.

[405] EuGH v. 25.7.1991 – C-362/89 – D'Urso, Slg. 1991, I-4105 Rz. 19; v. 7.12.1995 – C-472/93 – Spano, Slg. 1995, I-4321 Rz. 35.

[406] S. auch Art. 4 des Richtlinienvorschlags, RdA 1975, 124 (125).

[407] Vgl. *Martin*, Umsetzung der Unternehmensübergangsrichtlinie, S. 231.

[408] *Martin*, Umsetzung der Unternehmensübergangsrichtlinie, S. 231.

Maßgeblich hierfür sind die objektiven Umstände, unter denen die Kündigung erfolgt ist.[409] Zu den zu würdigenden Umständen zählen nach der Rechtsprechung des EuGH insbesondere der zeitliche Zusammenhang zwischen Kündigung und Übergang, die Begründung des Arbeitgebers sowie eine etwaige Wiedereinstellung der vom Veräußerer gekündigten Arbeitnehmer zu schlechteren Bedingungen durch den Erwerber.[410] Zur **Beweislast** trifft die Richtlinie keine Aussage; diese richtet sich folglich nach dem Recht oder der Praxis des jeweiligen Mitgliedstaates.[411]

Ein **Verstoß** gegen das Kündigungsverbot des Art. 4 Abs. 1 Satz 1 BÜ-RL führt zur Unwirksamkeit der Kündigung, so dass die betroffenen Arbeitnehmer als immer noch in der übertragenen Einheit beschäftigt gelten und die Arbeitsverhältnisse nach Art. 3 Abs. 1 BÜ-RL unverändert mit dem Erwerber fortbestehen.[412] Diese Rechtsfolge ergibt sich unmittelbar aus dem zwingenden Schutzcharakter der Norm.

15.143

b) Fakultative Einschränkung des Kündigungsverbotes durch die Mitgliedstaaten

Gemäß Art. 4 Abs. 1 UAbs. 2 BÜ-RL kann das mitgliedstaatliche Recht einige abgegrenzte Gruppen von Arbeitnehmern, auf die sich die Rechtsvorschriften oder die Praxis der Mitgliedstaaten auf dem Gebiet des Kündigungsschutzes nicht erstrecken, vom Kündigungsverbot wegen des Betriebsübergangs ausnehmen. Dieser Ausnahmetatbestand ist zur Gewährleistung eines effektiven Schutzes der Arbeitnehmer bei Betriebsübergängen eng auszulegen. Nach der Sichtweise des EuGH greift die Ausnahmebestimmung lediglich in Fällen ein, in denen die betreffende Arbeitnehmergruppe im nationalen Recht keinerlei Kündigungsschutz hat. Besteht hingegen irgendein (wenn auch nur eingeschränkter) Schutz, z.B. in Form von Mindestkündigungsfristen, sind diese Arbeitnehmer vom Anwendungsbereich des Art. 4 Abs. 1 UAbs. 2 BÜ-RL nicht erfasst und das Kündigungsverbot wegen des Betriebsübergangs ist auf diese ebenfalls zu erstrecken.[413]

15.144

Deutschland könnte sich daher (schon wegen § 622 BGB) auf die Ausnahmebestimmung unabhängig von der Anwendbarkeit des KSchG auf das konkrete Arbeitsverhältnis nicht berufen. Dem trägt das eigenständige und von der Anwendbarkeit des KSchG unabhängige **Kündigungsverbot** in § 613a Abs. 4 BGB Rechnung. Hiergegen verstoßende Kündigungen sind nämlich bereits nach § 134 BGB nichtig.[414] Dass § 613a Abs. 4 Satz 2 BGB, wonach ein Recht des Arbeitgebers zur Kündigung aus anderen Gründen unberührt bleibt, nicht im Wortlaut mit Art. 4 Abs. 1 Satz 2 BÜ-RL übereinstimmt, bedeutet keine defizitäre Umsetzung, da die deutsche Fassung ebenfalls den Zweck der Abgrenzung von Kündigungen wegen des Betriebsübergangs von im Rahmen des allgemeinen Kündigungsschutzes zulässigen betriebs-, verhaltens- und personenbedingten Kündigungen dient.[415]

15.145

---

409 EuGH v. 15.6.1988 – C-101/87 – Bork, Slg. 1988, I-3057; *Blanpain/Schmidt/Schweibert*, Europäisches Arbeitsrecht, Rz. 470; EAS/*Joussen*, B 7200 Rz. 77; *v. Alvensleben*, Rechte der Arbeitnehmer, S. 250 ff.
410 EuGH v. 15.6.1988 – C-101/87 – Bork, Slg. 1988, I-3057 Rz. 18.
411 Teilweise abweichend *Fuchs/Marhold*, Europäisches Arbeitsrecht, S. 317 f.; *Löw*, Betriebsveräußerung im europäischen Arbeitsrecht, S. 124; *v. Alvensleben*, Rechte der Arbeitnehmer, S. 251; s. zu § 613a BGB etwa BAG v. 22.6.2011 – 8 AZR 107/10, ArbRB 2011, 329 = NZA-RR 2012, 119 (121); ErfK/*Preis*, § 613a BGB Rz. 178.
412 EuGH v. 15.6.1988 – C-101/87 – Bork, Slg. 1988, I-3057 Rz. 18; v. 12.3.1988 – C-319/94 – Dethier, Slg. 1988, I-1061 Rz. 39 ff.; EAS/*Joussen*, B 7200 Rz. 80; *v. Alvensleben*, Rechte der Arbeitnehmer, S. 249 f.
413 EuGH v. 15.4.1986 – 237/84 – Kommission/Belgien, Slg. 1986, I-1247; EAS/*Joussen*, B 7200 Rz. 78; *v. Alvensleben*, Rechte der Arbeitnehmer, S. 252; *Löw*, Betriebsveräußerung im europäischen Arbeitsrecht, S. 121 f.
414 BAG v. 18.7.1996 – 8 AZR 127/94, NZA 1997, 148 (149); APS/*Steffan*, § 613a BGB Rz. 172; ErfK/*Preis*, § 613a BGB Rz. 153; HWK/*Willemsen/Müller-Bonanni*, § 613a BGB Rz. 305 m.w.N.
415 Vgl. auch EAS/*Joussen*, B 7200 Rz. 82.

2. Fiktion der Arbeitgeberkündigung bei wesentlicher Verschlechterung der Arbeitsbedingungen (Art. 4 Abs. 2 BÜ-RL)

15.146 Nach der Vorschrift des Art. 4 Abs. 2 BÜ-RL ist eine gegebenenfalls erfolgte Beendigung des Arbeitsvertrags oder Arbeitsverhältnisses als durch den Arbeitgeber erfolgte Beendigung anzusehen, falls der Übergang eine wesentliche Änderung der Arbeitsbedingungen zum Nachteil des Arbeitnehmers zur Folge hat. Der Zweck dieser **Beendigungsfiktion durch den Arbeitgeber** liegt u.a. darin, eine Umgehung des Kündigungsverbots nach Art. 4 Abs. 1 BÜ-RL zu verhindern, indem der Arbeitnehmer das Arbeitsverhältnis ohne Schaden aus eigener Initiative beenden kann, nachdem die Arbeitsbedingungen infolge des Übergangs zu seinem Nachteil verändert wurden. Auf diese Weise soll der betroffene Arbeitnehmer durch die Fiktion der Arbeitgeberkündigung in den Genuss aller Ansprüche und Vergünstigungen kommen, die eine arbeitgeberseitige Kündigung mit sich gebracht hätte. Dies betrifft etwa eine Abfindung oder sonstige Entschädigung für den Verlust des Arbeitsplatzes.[416]

a) Voraussetzungen der Fiktionswirkung

15.147 Voraussetzung für die Anwendbarkeit von Art. 4 Abs. 2 BÜ-RL ist zunächst, dass es zu einer **Beendigung** des Arbeitsverhältnisses im Zusammenhang mit dem Betriebsübergang kommt. Vor dem Hintergrund des Normwortlautes bedarf es nicht notwendigerweise einer Kündigung. Vielmehr ist auch eine einvernehmliche Beendigung durch Aufhebungsvertrag erfasst.[417]

15.148 Des Weiteren setzt die Fiktion der arbeitgeberseitigen Beendigung eine **wesentliche Änderung der Arbeitsbedingungen infolge des Betriebsübergangs** und zum **Nachteil des Arbeitnehmers** voraus. Solche Änderungen können beispielsweise Änderungen der kollektiven Arbeitsbedingungen durch Anwendbarkeit anderer Tarifverträge beim Erwerber, die fehlende Übernahme einer betrieblichen Zusatzversorgungseinrichtung (vgl. Art. 4 Buchst. a BÜ-RL) oder die Verringerung eines umsatzabhängigen Arbeitsentgeltes betreffen.[418] Auch eine erhebliche faktische Veränderung der Gegebenheiten, unter denen die Arbeit zu leisten ist, wie z.B. ein Wechsel an einen weit entfernten Arbeitsort aufgrund einer Betriebsverlegung im Zuge des Übergangs, kann darunter fallen.[419] Nicht ausreichend sind grundsätzlich bloß mögliche oder absehbare Veränderungen, die sich (noch) nicht in einer nachteiligen Veränderung der Arbeitsbedingungen niedergeschlagen haben. Zudem setzt der Wortlaut von Art. 4 Abs. 2 BÜ-RL eine **Kausalitätsbeziehung** zwischen der Änderung der Arbeitsbedingungen und dem Betriebsübergang voraus. Sieht man die Norm als Komplementärvorschrift zum Kündigungsverbot des Art. 4 Abs. 1 BÜ-RL an, so dürften mittelbare Änderungen, die sich in inhaltlicher oder zeitlicher Hinsicht lediglich als Fernwirkung des Übergangs darstellen, nicht erfasst sein. Art. 4 Abs. 2 BÜ-RL gilt auch nicht für anlässlich des Übergangs einvernehmlich vereinbarte Änderungen der arbeitsvertraglichen Arbeitsbedingungen.

15.149 Dem EuGH und der ganz h.M. zufolge kommt es für das Eingreifen von Art. 4 Abs. 2 BÜ-RL nicht darauf an, ob die Änderung der Arbeitsbedingungen durch den Betriebsübergang **rechtmäßig** oder aber **rechtswidrig** erfolgt ist.[420] Gerade letzteres ist, lässt man mögliche historische

---

416 *Debong*, EG-Richtlinie über die Wahrung der Arbeitnehmeransprüche bei Betriebsübergang, S. 67; EAS/*Joussen*, B 7200 Rz. 81; *Schlachter/Heinig/Krause*, § 7 Rz. 94.
417 Vgl. EAS/*Joussen*, B 7200 Rz. 81; *v. Alvensleben*, Rechte der Arbeitnehmer, S. 256.
418 Vgl. EuGH v. 7.3.1996 – C-171/94, C-172/94 – Merkx, Slg. 1996, I-1253 Rz. 38; v. 26.9.2000 – C-175/99 – Mayeur, Slg. 2000, I-7755 Rz. 56; v. 11.11.2004 – C-425/02 – Delahaye, Slg. I-2004, 10838 Rz. 32; weitere Beispiele bei EAS/*Joussen*, B 7200 Rz. 82.
419 *v. Alvensleben*, Rechte der Arbeitnehmer, S. 259; *Debong*, EG-Richtlinie über die Wahrung der Arbeitnehmeransprüche bei Betriebsübergang, S. 71; *Riesenhuber*, Europäisches Arbeitsrecht, § 24 Rz. 83.
420 EuGH v. 26.2.2000 – C-175/99 – Mayeur, Slg. 2000, I-7755 Rz. 56; v. 11.11.2004 – C-425/02 – Delahaye, Slg. 2004, I-10838 Rz. 32 f.; EAS/*Joussen*, B 7200 Rz. 81; *Schlachter/Heinig/Krause*, § 7 Rz. 94; *Felsner*, Arbeitsrechtliche Rahmenbedingungen von Unternehmensübernahmen, 1997, S. 275.

Vorbilder der Regelung im britischen oder französischen Recht einmal außer Betracht,[421] an sich keineswegs selbstverständlich, weil Änderungen unter Verstoß gegen Art. 3 Abs. 1 oder Abs. 3 BÜ-RL unwirksam sind.[422] Der Übergang kann eine solche Änderung somit nicht (wirksam) zur Folge haben. Allerdings erscheint es unter Schutzzweckgesichtspunkten geboten, Art. 4 Abs. 2 BÜ-RL auch auf den Fall anzuwenden, dass der Erwerber entgegen seinen Verpflichtungen aus Art. 3 Abs. 1 und Abs. 3 BÜ-RL die übergehenden Arbeitsbedingungen nicht anerkennt und es infolgedessen in tatsächlicher Hinsicht zu einer wesentlichen Verschlechterung der Bedingungen infolge des Übergangs des Arbeitsverhältnisses kommt. Das Wesentlichkeitskriterium des Art. 4 Abs. 2 BÜ-RL gilt allerdings auch in diesem Fall der Vertragsverletzung durch den Erwerber.[423] Dadurch werden die übergehenden Arbeitnehmer nicht schutzlos gestellt, da die Mitgliedstaaten nach Art. 9 BÜ-RL ohnehin verpflichtet sind, ausreichende Möglichkeiten zur gerichtlichen Durchsetzung von Ansprüchen aus der Betriebsübergangsrichtlinie zu schaffen.

Schließlich muss die Änderung der Arbeitsbedingungen eine **Wesentlichkeitsschwelle** überschreiten. Dieses Merkmal soll ausschließen, dass sich Arbeitnehmer bei einer geringfügigeren Verschlechterung ihrer Arbeitsbedingungen von dem Arbeitsverhältnis lösen und gleichzeitig diejenigen (Kompensations-) Ansprüche geltend machen können, die ihnen im Falle einer Arbeitgeberkündigung zustehen würden.[424] Von einer wesentlichen Änderung der Arbeitsbedingungen zum Nachteil des Arbeitnehmers i.S.d. Art. 4 Abs. 2 BÜ-RL kann grundsätzlich ausgegangen werden, falls dem betroffenen Arbeitnehmer die Fortsetzung seines Arbeitsverhältnisses aufgrund der Umstände des Einzelfalls nicht mehr zugemutet werden kann.[425] Das ist gerade bei einer zulässigen Ablösung von Kollektivbedingungen nach Art. 3 Abs. 3 BÜ-RL nicht ohne Weiteres der Fall.[426] Auch führt der Umstand, dass der Erwerber wirtschaftlich schwächer ist als der Veräußerer oder anders als dieser (noch) keiner Sozialplanpflicht unterliegt, nicht bereits zu einer wesentlichen Änderung der Arbeitsbedingungen.[427]

15.150

b) Rechtsfolge bei Eingreifen der Fiktion

Angesichts der in den einzelnen Mitgliedstaaten unterschiedlich ausgestalteten Rechtsfolgen einer arbeitgeberseitigen Kündigung beschränkt sich die in Art. 4 Abs. 2 BÜ-RL angeordnete Rechtsfolge darauf, dass die **Beendigung als durch den Arbeitgeber erfolgt gilt**. Welche konkrete Folge sich daraus für den Arbeitnehmer ergibt, lässt sich erst im Verbund mit dem jeweiligen mitgliedstaatlichen Recht sowie den konkreten Umständen beurteilen, die zur Änderung der Arbeitsbedingungen geführt haben.[428]

15.151

Liegt der Beendigung ein rechtswidriges Verhalten bzw. **Vertragsverstoß des Erwerbers** zugrunde und hat dieser hierdurch die Eigenkündigung des Arbeitnehmers zur Vermeidung des Übergangs provoziert, so dürfte der Arbeitnehmer im Hinblick auf seine Ansprüche wegen der Beendigung grundsätzlich so zu behandeln sein wie im sonstigen Falle einer rechtswidrigen Arbeitgeberkündi-

15.152

---

421 S. v. *Alvensleben*, Rechte der Arbeitnehmer, S. 255, 256 ff.; *Martin*, Umsetzung der Unternehmensübergangsrichtlinie, S. 232.
422 Vgl. *Riesenhuber*, Europäisches Arbeitsrecht, § 24 Rz. 82.
423 Anders im Ergebnis *Riesenhuber*, Europäisches Arbeitsrecht, § 24 Rz. 82 (Gleichstellung mit Arbeitgeberkündigung infolge teleologischer Auslegung von Art. 3 Abs. 1 und Abs. 3 BÜ-RL).
424 v. *Alvensleben*, Rechte der Arbeitnehmer, S. 257.
425 EAS/*Joussen*, B 7200 Rz. 82; *Felsner*, Arbeitsrechtliche Rahmenbedingungen von Unternehmensübernahmen, 1997, S. 275; ähnlich *Debong*, EG-Richtlinie über die Wahrung der Arbeitnehmeransprüche bei Betriebsübergang, S. 71; v. *Alvensleben*, Rechte der Arbeitnehmer, S. 257; *Löw*, Betriebsveräußerung im europäischen Arbeitsrecht, S. 125 f.
426 *Martin*, Umsetzung der Unternehmensübergangsrichtlinie, S. 234.
427 Vgl. auch die vom BAG v. 5.2.1997 – 10 AZR 553/96, NZA 1998, 158 (159 f.) angenommenen Grundsätze zur Zumutbarkeit der Weiterarbeit beim Betriebserwerber.
428 Vgl. hierzu und zum Folgenden *Martin*, Umsetzung der Unternehmensübergangsrichtlinie, S. 234.

gung. Dies kann – je nach mitgliedstaatlichem Recht – die Zubilligung einer Entschädigung oder Schadenersatz wegen Auflösungsverschuldens einschließen. Beruht die Änderung auf einer zulässigen Änderung der Arbeitsbedingungen, so ist die Situation eher mit einer betriebsbedingten Kündigung vergleichbar, da der Erwerber mit der **Modifikation der Arbeitsbedingungen** ebenso wie im Falle einer unternehmerischen Entscheidung, die zum Wegfall des Arbeitsplatzes führt, in nicht vorwerfbarer Weise von seiner unternehmerischen Freiheit Gebrauch macht. In einem solchen Fall kommt eine analoge Behandlung zu dem Fall einer arbeitgeberseitigen Kündigung aus betrieblichen Gründen in Betracht, was – wiederum je nach nationalem Recht – beispielsweise einen Anspruch auf Abfindung oder sonstige Entlassungsentschädigung und Fortzahlung der Vergütung bis zum Ablauf einer Kündigungsfrist nach sich ziehen kann.[429] Als weitere Folge der arbeitgeberseitigen Beendigungsfiktion ist etwa die Aufrechterhaltung von Ansprüchen auf Sondervergütungen (z.B. trotz der Eigenkündigung Behandlung als „*good leaver*" im Rahmen von Bonusregelungen) oder auf Sozialleistungen (z.B. keine Sperrzeit beim Bezug von Arbeitslosengeld) denkbar.[430] Angesichts der durch Art. 4 Abs. 2 BÜ-RL nur teilweise angestrebten Harmonisierung lässt sich der Norm allerdings keine Verpflichtung der Mitgliedstaaten entnehmen, eine besondere Entschädigung wegen der fingierten arbeitgeberseitigen Kündigung einzuführen.[431] Vielmehr geht es lediglich um eine Gleichstellung der Rechtsfolgen im Hinblick auf die sich ansonsten aus dem nationalen Recht ergebenden Ansprüche.

15.153   Im deutschen Recht existiert keine mit Art. 4 Abs. 2 BÜ-RL unmittelbar vergleichbare Regelung. Allerdings hat die Vorschrift aufgrund der Möglichkeit des Arbeitnehmers, dem Übergang des Arbeitsverhältnisses nach § 613a Abs. 6 BGB unter Verbleib des unveränderten Arbeitsverhältnisses beim Veräußerer zu widersprechen, in Deutschland auch nur einen relativ begrenzten Anwendungsbereich. Denn hier bedarf es ohnehin einer Kündigung durch den Veräußerer, falls dieser nach dem Übergang des Arbeitsplatzes über keine anderweitige Beschäftigungsmöglichkeit für den widersprechenden Arbeitnehmer verfügt.

15.154   Gegen Art. 4 Abs. 2 BÜ-RL würde es aber verstoßen, wenn der Umstand eines Widerspruches stets *per se* als ein zum **Ausschluss von Sozialplanleistungen** führendes Verhalten bewertet würde.[432] Insofern geht die h.M. mit Recht davon aus, dass ein solcher Leistungsausschluss unzulässig ist, wenn dem widersprechenden Arbeitnehmer die Fortsetzung des Arbeitsverhältnisses mit dem Erwerber ausnahmsweise unzumutbar ist, weil der Übergang zu einer wesentlichen Verschlechterung der Arbeitsbedingungen führen würde.[433] Damit wird Art. 4 Abs. 2 BÜ-RL entsprochen. Keine unionsrechtlichen Bedenken bestehen vor dem Hintergrund auch gegen die Annahme,[434] dass ein Abfindungsanspruch nach Treu und Glauben entfällt, falls der Widerspruch nur erklärt wird, um an Sozialplanleistungen des Veräußerers zu partizipieren.

V. Betriebsübergang im Rahmen eines Insolvenzverfahrens

15.155   Art. 5 BÜ-RL ermöglicht es den Mitgliedstaaten, bestimmte Abweichungen von Bestand- und Inhaltsschutz der Richtlinie und damit eine erhebliche Absenkung des Schutzes zu Lasten der Arbeitnehmer vorzusehen, falls es in einem Insolvenzverfahren zu dem Übergang der betroffenen wirtschaftlichen Einheit kommt.

---

429 *Martin*, Umsetzung der Unternehmensübergangsrichtlinie, S. 234.
430 *Riesenhuber*, Europäisches Arbeitsrecht, § 24 Rz. 84.
431 EuGH v. 27.11.2008 – C-396/07, Slg. 2008 I-8907 Rz. 22; *Riesenhuber*, Europäisches Arbeitsrecht, § 24 Rz. 85.
432 EAS/*Joussen*, B 7200 Rz. 88.
433 BAG v. 5.2.1997 – 10 AZR 553/96, NZA 1998, 158 (159 f.); v. 22.7.2003 – 1 AZR 575/02, ArbRB 2003, 363 = AP § 112 BetrVG Nr. 160; *Fitting*, BetrVG, §§ 112, 112a BetrVG Rz. 158 ff.
434 ErfK/*Preis*, § 613a BGB Rz. 109 m.w.N.

1. Entwicklung und Zweck der Einschränkungsmöglichkeit des Richtlinienschutzes

Ursprünglich kannte die Betriebsübergangsrichtlinie keine Ausnahmevorschriften für den Sonderfall eines Betriebsübergangs in der Insolvenz. Erstmals in der Rs. *Abels* wurde die Frage aufgeworfen, inwiefern die Mitgliedstaaten dazu verpflichtet sind, die uneingeschränkte Wahrung der Arbeitnehmerrechte auch bei einem Betriebsübergang im Rahmen eines Konkurs- oder Insolvenzverfahrens zu gewährleisten.[435] Hier wurde zu Recht die Gefahr gesehen, dass eine unmodifizierte Anwendung des Arbeitnehmerschutzes, insbesondere der Art. 3 und 4 BÜ-RL, letztlich nachteilige Auswirkungen im Hinblick auf den **Erhalt möglichst vieler Arbeitsplätze** haben kann, da diese potentielle Erwerber von einem Kauf des Unternehmens bzw. Betriebes zu annehmbaren Bedingungen für die Gläubiger und von einer Fortsetzung der betrieblichen Aktivitäten abhalten könne.[436] Infolgedessen können sämtliche Arbeitsplätze verloren gehen, was der beabsichtigten Wirkung der Richtlinie widerspricht.[437]

15.156

Diese Bedenken wurden vom EuGH aufgegriffen, der zugunsten der Mitgliedstaaten in ständiger Rechtsprechung davon ausging, dass im Insolvenzverfahren Ausnahmen von dem an sich zwingenden Schutz der Richtlinie vorgesehen werden können.[438] Dies begründete der Gerichtshof u.a. damit, dass angesichts der besonderen Vorschriften, die in vielen Mitgliedstaaten für Insolvenzverfahren gelten, eine ausdrückliche Vorschrift über die Anwendung der Richtlinie in Insolvenzfällen aufgenommen worden wäre, wenn der Unionsgesetzgeber diese hier unverändert hätte zur Anwendung bringen wollen.[439] Die vom EuGH hierzu entwickelten Grundsätze haben mit der Reform der Betriebsübergangsrichtlinie im Jahr 1998 (zunächst Art. 4a RL 98/50/EG) weitgehend Eingang in die Richtlinie gefunden und sind heute in Art. 5 BÜ-RL kodifiziert. Diese Vorschrift hat dementsprechend zum Ziel, den **Übergang sanierungsbedürftiger Unternehmen zu erleichtern** sowie den Verlust sämtlicher Arbeitsplätze als Folge einer uneingeschränkten Anwendung der zwingenden Schutzvorschriften des Art. 3 und 4 BÜ-RL zu vermeiden. Diese Zielsetzung wird auch in ErwGr. 7 BÜ-RL angesprochen.

15.157

2. Ermächtigung zum Ausschluss des Inhalts- und Bestandsschutzes (Art. 5 Abs. 1 BÜ-RL)

Gemäß Art. 5 Abs. 1 gelten die Art. 3 und 4 BÜ-RL grundsätzlich nicht für Übergänge von Unternehmen, Betrieben oder Betriebsteilen, bei denen gegen den Veräußerer unter Aufsicht einer öffentlichen Stelle bzw. eines behördlich ermächtigten Insolvenzverwalters ein Konkursverfahren oder ein entsprechendes Verfahren mit dem Ziel der Auflösung des Vermögens des Veräußerers eröffnet wurde. Allerdings können die Mitgliedstaaten die Geltung von Art. 3 und 4 BÜ-RL vorsehen oder deren Eingreifen im Insolvenzverfahren in ihrem nationalen Recht abmildern.

15.158

Anders als die frühere Rechtsprechung des EuGH schließt Art. 5 Abs. 1 BÜ-RL lediglich die zwingende Anwendung der **Kernbestimmungen des Art. 3 und 4 BÜ-RL** aus. Im Anwendungsbereich

15.159

---

435 EuGH v. 7.2.1985 – 135/83 – Abels, Slg. 1985, 469 Rz. 8-29; s. hierzu auch *Junker*, RIW 2018, 19 (25).
436 EuGH v. 7.2.1985 – 135/83 – Abels, Slg. 1985, 469 Rz. 21; s. auch die Begründung des Änderungsvorschlags der Kommission v. 8.9.1994, COM (94), 300 final.
437 Vgl. etwa GA *Slynn* v. 8.11.1984 – 135/83 – Abels, Slg. 1985, 469 sowie die Begründung des Änderungsvorschlags der Kommission v. 8.9.1994, COM (94), 300 final, Rz. 22.
438 EuGH v. 7.2.1985 – 135/83 – Abels, Slg. 1985, 469 Rz. 8 ff.; v. 7.2.1985 – 19/83 – Wendelboe, Slg. 1985, 457 Rz. 10 f.; v. 7.2.1985 – 179/83 – Industriebond, Slg. 1985, 511 Rz. 7; v. 7.2.1985 – 186/83 – Botzen, Slg. 1985, 519 Rz. 9; v. 25.7.1991 – C-362/89 – D'Urso, Slg. 1991, I-4105 Rz. 21 ff.; v. 7.12.1995 – C-472/93 – Spano, Slg. 1995, I-4321 Rz. 24 f.; v. 12.3.1998 – C-319/94 – Dethier, Slg. 1998, I-1061 Rz. 21 ff.; v. 12.11.1998 – C-399/96 – Europièces, Slg. 1998, I-6979 Rz. 27 ff.
439 EuGH v. 7.2.1985 – 135/83 – Abels, Slg. 1985, I-469 Rz. 17; v. 7.2.1985 – 19/83 – Wendelboe, Slg. 1985, I-457 Rz. 10 f.; dazu EAS/*Joussen*, B 7200 Rz. 92; *Krause*, FS Wank, 2014, S. 275 (291 f.); EuArbR/*Winter*, Art. 5 RL 2001/23/EG Rz. 1.

des Art. 5 Abs. 1 BÜ-RL erfordert die Richtlinie daher weder einen Übergang der Arbeitsverhältnisse auf den Erwerber, noch sind die Arbeitnehmer im Hinblick auf den Übergang durch das spezielle Kündigungsverbot gem. Art. 4 BÜ-RL geschützt. Im Übrigen bleiben die restlichen Artikel der Betriebsübergangsrichtlinie von dem Ausnahmetatbestand des Art. 5 Abs. 1 BÜ-RL unberührt. Dies gilt insbesondere für Art. 6 und 7 BÜ-RL, allerdings unter Berücksichtigung des Art. 6 Abs. 1 UAbs. 3 BÜ-RL.[440]

15.160 Im Hinblick auf den **Anwendungsbereich** der Ausnahmebestimmungen des Art. 5 differenziert die Richtlinie zwischen Verfahren, die zur Liquidation des Veräußerers führen, und sonstigen Sanierungsverfahren, die zur Gesundung und Fortführung des Unternehmens führen sollen. Nur falls das Verfahren nach seiner Zielrichtung zur Liquidation des bisherigen Arbeitgebers führen soll, ist nach Art. 5 Abs. 1 BÜ-RL ein vollständiger Ausschluss des Bestands- und Inhaltsschutzes aus Art. 3 und 4 BÜ-RL zulässig.[441] Zudem ist erforderlich, dass das Verfahren der Aufsicht einer öffentlichen Stelle unterliegt und die Entmachtung des Schuldners zur Folge hat.[442]

3. Optionale Einschränkungen einzelner Schutzbestimmungen

a) Ermächtigung in Art. 5 Abs. 2 BÜ-RL

15.161 Sieht das nationale Recht die Anwendung der Art. 3 und 4 BÜ-RL im Insolvenzverfahren im Grundsatz vor, können die Mitgliedstaaten gem. Art. 5 Abs. 2 Buchst. a BÜ-RL den **Übergang von fälligen Verbindlichkeiten** des Veräußerers aus den Arbeitsverhältnissen auf den Erwerber ausschließen, sofern diese Verbindlichkeiten vor dem Übergang bzw. vor der Eröffnung des Insolvenzverfahrens entstanden sind und ein der Richtlinie 80/987/EWG[443] zumindest gleichwertiger Schutz für diese Verbindlichkeiten besteht.[444] Auch Änderungen der Arbeitsbedingungen sind nach Art. 5 Abs. 2 Buchst. b BÜ-RL zugelassen, sofern diese dem Erhalt von Arbeitsplätzen dienen. Auf die **Zielrichtung** des Insolvenzverfahrens kommt es hierbei nach dem Wortlaut des Art. 5 Abs. 2 BÜ-RL nicht an, so dass diese Einschränkungsmöglichkeit des gewöhnlichen Richtlinienschutzes aus Art. 3 Abs. 1 BÜ-RL auch gilt, falls das Verfahren nicht zur Liquidation des Veräußerers führen soll. Damit wird die ursprüngliche Richtlinienauslegung durch den EuGH modifiziert, der für Sanierungsverfahren ursprünglich von einer uneingeschränkten Anwendung der Richtlinie ausging.[445]

15.162 Art. 5 Abs. 1 und Abs. 2 BÜ-RL schließen sich im Lichte ihres Normzwecks, den Mitgliedstaaten im Insolvenzfall zum Zweck des Erhalts von Arbeitsplätzen eine flexiblere Handhabung der Richtlinienumsetzung zu ermöglichen, nicht gegenseitig aus, d.h. die Mitgliedstaaten können sowohl über eine gegebenenfalls eingeschränkte Anwendung von Art. 3 und 4 BÜ-RL im Rahmen von insolvenzbedingten Liquidationssachverhalten als auch über eine alternative oder kumulative Nutzung der in Art. 5 Abs. 2 BÜ-RL zugelassenen Einschränkungen von Art. 3 BÜ-RL im Rahmen von sanierenden Insolvenzverfahren entscheiden.[446]

---

440 Vgl. *Martin*, Umsetzung der Unternehmensübergangsrichtlinie, S. 244 f.; *Bergwitz*, DB 1999, 2005 (2007).
441 Vgl. EAS/*Joussen*, B 7200 Rz. 93; s. auch EuGH v. 7.2.1985 – 135/83 – Abels, Slg. 1985, 469 Rz. 17; v. 7.2.1985 – 19/83 – Wendelboe, Slg. 1985, 457; v. 7.2.1985 – 179/83 – Industriebond, Slg. 1985, 511; v. 7.2.1985 – C-186/83 – Botzen, Slg. 1985, 519 sowie v. 22.6.2017 – C-126/16 – FNV, NZA 2017, 847 Rz. 47 ff. zu sog. Pre-pack-Verfahren.
442 EuGH v. 25.7.1991 – C-362/89 – D'Urso, Slg. 1991, I-4105 Rz. 9; EAS/*Joussen*, B 7200 Rz. 93 m.w.N.
443 Richtlinie zur Angleichung der Rechtsvorschriften über den Schutz der Arbeitnehmer bei Zahlungsunfähigkeit des Arbeitgebers, ABl. Nr. L 283 v. 28.10.1980, S. 23.
444 Dazu EuGH v. 28.1.2015 – C-688/13 – Gimnasio Deportivo, NZA 2015, 287.
445 EAS/*Joussen*, B 7200 Rz. 96; zum Ganzen auch EuArbR/*Winter*, Art. 5 RL 2001/23/EG Rz. 3.
446 *Martin*, Umsetzung der Unternehmensübergangsrichtlinie, S. 246 f.; wohl auch *Franzen*, RdA 1999, 361 (367 f.).

b) Ermächtigung in Art. 5 Abs. 3 UAbs. 1 BÜ-RL

Mitgliedstaaten, die bereits am 17.7.1998 über nationale Regelungen gem. Art. 5 Abs. 2 Buchst. b BÜ-RL verfügten, können diese Vorschriften beibehalten und auf Unternehmen anwenden, die sich in einer wirtschaftlich prekären Lage befinden. Zudem muss das Bestehen einer solchen Notlage von einer zuständigen öffentlichen Stelle bescheinigt werden und unter gerichtlicher Aufsicht stehen.

4. Pflicht zu Sanktionen bei Missbrauch von Insolvenzverfahren (Art. 5 Abs. 4 BÜ-RL)

Schließlich müssen die Mitgliedstaaten gem. Art. 5 Abs. 4 BÜ-RL gegen eine rechtsmissbräuchliche Inanspruchnahme von Insolvenzverfahren vorgehen, die darauf gerichtet ist, die durch die Richtlinie eingeräumten Arbeitnehmerschutzrechte zu umgehen.

VI. Auswirkungen des Betriebsübergangs auf die Rechtsstellung und Funktion der Arbeitnehmervertretungen und ihre Mitglieder

Der individualrechtliche Schutz der Arbeitnehmer bei Betriebsübergang wird durch Art. 6 BÜ-RL ergänzt. Dieser sichert im Grundsatz die Kontinuität der Interessenvertretung der Arbeitnehmer bei einem Betriebsübergang.[447] Zudem sieht Art. 6 BÜ-RL vor, dass für die Arbeitnehmervertreter aufgrund ihres Amtes im Zusammenhang mit dem Betriebsübergang keine Nachteile entstehen dürfen.

1. Schutz der Arbeitnehmervertretung nach Art. 6 Abs. 1 BÜ-RL

Gemäß Art. 6 Abs. 1 BÜ-RL darf die **Rechtsstellung der Arbeitnehmervertreter** durch den Betriebsübergang nicht beeinträchtigt werden, solange die übergegangene Einheit im Zuge der Übertragung ihre Selbständigkeit behält. Ist dies nicht der Fall, treffen die Mitgliedstaaten die erforderlichen Maßnahmen, damit die vom Übergang betroffenen Arbeitnehmer, die vor dem Übergang vertreten wurden, während des Zeitraums, der für die Neubildung oder Neubenennung der Arbeitnehmervertretung erforderlich ist, im Einklang mit dem Recht oder der Praxis der Mitgliedstaaten weiterhin angemessen vertreten werden.

Art. 6 Abs. 1 UAbs. 1 BÜ-RL findet keine Anwendung, wenn gemäß den Rechts- und Verwaltungsvorschriften oder der Praxis der Mitgliedstaaten oder durch Vereinbarung mit den Vertretern der betroffenen Arbeitnehmer die Bedingungen für die Neubestellung der Vertreter der Arbeitnehmer oder die Neubildung der Vertretung der Arbeitnehmer erfüllt sind, Art. 6 Abs. 1 UAbs. 2 BÜ-RL.

a) Begriff der Arbeitnehmervertretung

Was unter dem Begriff der Arbeitnehmervertretung zu verstehen ist, lässt sich der Richtlinie nicht unmittelbar entnehmen. Allerdings weist der Richtlinienvorschlag der Kommission aus dem Jahre 1974 darauf hin, dass eine Arbeitnehmervertretung eine Gruppe von Personen ist, die aufgrund Rechts- und Verwaltungsvorschriften der Mitgliedstaaten oder nach Gemeinschaftsrecht (jetzt: Unionsrecht), aufgrund von Kollektivverträgen oder in sonstiger Weise dazu geeignet sind, die Interessen der Arbeitnehmer im Unternehmen gegenüber dem Arbeitgeber wahrzunehmen.[448]

---

447 Vgl. auch Memorandum der Kommission zu den erworbenen Ansprüchen der Arbeitnehmer beim Übergang von Unternehmen, KOM (1994) 85 endg., NZA 1997, 697 (700).
448 Abgedruckt in: RdA 1975, 124 (125).

15.169 Zudem verweist Art. 2 Abs. 1 Buchst. c BÜ-RL der Betriebsübergangsrichtlinie bei der Bestimmung des Begriffs „Arbeitnehmervertretung" auf die Rechtsvorschriften und Praxis der Mitgliedstaaten. Die Konkretisierung des Begriffs bleibt somit den Mitgliedstaaten überlassen.[449] Arbeitnehmervertreter, die Mitglieder eines Verwaltungs-, Leitungs- oder Aufsichtsorgans des Unternehmens sind, sind hier nicht erfasst.[450] Art. 6 Abs. 1 BÜ-RL betrifft somit lediglich Vertretungsorgane auf der Ebene der **betrieblichen Mitbestimmung**. Anders als in der ursprünglichen Fassung der Richtlinie[451] nimmt Art. 2 Abs. 1 Buchst. c BÜ-RL die Arbeitnehmervertretungen im Bereich der Unternehmensmitbestimmung nicht mehr ausdrücklich aus. Damit wird aber lediglich eine formale Angleichung an Art. 1 Buchst. b BÜ-RL der Massenentlassungsrichtlinie 75/129/EWG bezweckt und keine materielle Erweiterung des Bedeutungsgehalts von Art. 6 Abs. 1 BÜ-RL.[452]

15.170 Ob **tarifvertraglich errichtete Vertretungsorgane** Arbeitnehmervertretungen i.S.d. Art. 6 BÜ-RL sind, ist umstritten. Nach einer Auffassung werden tarifvertraglich begründete Arbeitnehmervertretungen von der Richtlinie nicht geschützt. Als Argument hierfür wird angeführt, dass Rechts- und Verwaltungsvorschriften im Sinne der Richtlinie lediglich solche Regelungen umfassen, die von staatlicher Seite erlassen oder anderweitig mit staatlicher Autorität versehen sind.[453] Zudem gehe aus der Stellungnahme des Wirtschafts- und Sozialausschusses, der auf tarifvertragliche Arbeitnehmervertretungen im Zusammenhang mit Art. 5 Abs. 1 UAbs. 2 BÜ-RL ausdrücklich Bezug nimmt, hervor, dass dem Unionsgesetzgeber bereits bei Erlass der Betriebsübergangsrichtlinie die Existenz tarifvertraglich begründeter Arbeitnehmervertretungen bekannt war.[454] Weiterhin sei der Bestand solcher Arbeitnehmervertretungen bereits aufgrund der Pflicht des Erwerbers zur Aufrechterhaltung von Kollektivregelungen gem. Art. 3 Abs. 3 BÜ-RL gewährleistet, so dass eine weitere über Art. 6 Abs. 1 BÜ-RL begründete Bestandsschutzgarantie entbehrlich sei.[455]

15.171 Allerdings ist die Ausklammerung tarifvertraglich errichteter Arbeitnehmervertretungen aus dem Anwendungsbereich des Art. 6 Abs. 1 BÜ-RL im Hinblick auf den Wortlaut des Art. 2 Abs. 1 Buchst. c BÜ-RL, der nicht zwischen gesetzlich und kollektivvertraglich begründeten Arbeitnehmervertretungen differenziert, nicht überzeugend.[456] Auch der Wortlaut von Art. 6 Abs. 1 UAbs. 1, der auch aufgrund einer Vereinbarung errichtete Vertretungsorgane als Arbeitnehmervertretung i.S.d. Art. 6 BÜ-RL explizit erfasst, bestätigt diesen Ansatzpunkt.[457] Eine Einschränkung des Art. 6 BÜ-RL auf gesetzlich begründete Arbeitnehmervertretungen hat der Unionsgesetzgeber trotz mehrmaliger Novellierung der Betriebsübergangsrichtlinie 1998 und 2001 nicht vorgenommen. Zudem führt die andere Ansicht zu einer Schutzlücke, da Art. 3 Abs. 3 BÜ-RL für Kollektivverhandlungen über Vertretungsstrukturen mangels inhaltlicher Regelungen für die Arbeitsverhältnisse nicht gilt.

---

449 S. die Begründung zu Art. 7 des Richtlinienvorschlags, RdA 1975, 124 (125); vgl. EAS/*Oetker/Schubert*, B 8300 Rz. 446 f.
450 Begründung des Änderungsvorschlags der Kommission v. 8.9.1994, COM (94) 300 final, Rz. 33; *Löw*, Betriebsveräußerung im europäischen Arbeitsrecht, S. 161.
451 Nach Art. 2 Buchst. c RL 77/187/EWG waren die Vertreter der Arbeitnehmer nach den Vorschriften oder der Praxis der Mitgliedstaaten zu bestimmen, mit Ausnahme der Mitglieder der Verwaltung-, Leitungs- oder Aufsichtsorgane von Gesellschaften, die diesen Organen in bestimmten Mitgliedstaaten als Arbeitnehmervertreter angehören.
452 Vgl. *v. Alvensleben*, Rechte der Arbeitnehmer, S. 117; *Debong*, EG-Richtlinie über die Wahrung der Arbeitnehmeransprüche beim Betriebsübergang, S. 88 f.; EAS/*Oetker/Schubert*, B 8300 Rz. 447, 462; s. auch die Begründung des Änderungsvorschlags der Kommission v. 8.9.1994, COM (1994) 300 final, Rz. 33.
453 *Löw*, Betriebsveräußerung im europäischen Arbeitsrecht, S. 161 m.w.N.
454 S. die Stellungnahme des Wirtschafts- und Sozialausschusses ABl. C 255 v. 7.11.1975, S. 29.
455 *Löw*, Betriebsveräußerung im europäischen Arbeitsrecht, S. 162.
456 Vgl. EAS/*Oetker/Schubert*, B 8300 Rz. 448.
457 Ebenso EAS/*Oetker/Schubert*, B 8300 Rz. 448.

Fraglich ist, ob ein **Wirtschaftsausschuss** als Organ der Arbeitnehmervertretung i.S.d. Betriebsübergangsrichtlinie gilt.[458] In dieser Hinsicht ist Art. 2 Abs. 1 Buchst. c BÜ-RL wenig ergiebig, da er nur auf die Rechtsvorschriften und Praxis der Mitgliedstaaten verweist. In ihrer Funktion sind die Arbeitnehmervertreter zur Wahrnehmung der Arbeitnehmerinteressen gegenüber dem Arbeitgeber verpflichtet.[459] Der Wirtschaftsausschuss hingegen ist lediglich eine Koordinierungs- und Schaltstelle zwischen dem Unternehmer und dem Betriebsrat als eigentlichem Interessenvertreter der Arbeitnehmer.[460] Dem Wirtschaftsausschuss obliegen somit die Beratung wirtschaftlicher Angelegenheiten mit dem Unternehmer, Unterrichtung und Unterstützung des Betriebsrats und nicht die unmittelbare Wahrnehmung der Arbeitnehmerinteressen. Er ist lediglich ein Hilfsorgan des Betriebsrats und dürfte damit von Art. 6 Abs. 1 BÜ-RL nicht erfasst sein.[461]

15.172

b) Erhalt der Selbständigkeit der übertragenen Einheit

Voraussetzung für die Kontinuität der Arbeitnehmervertretung ist, dass das Unternehmen, der Betrieb oder der Unternehmens- bzw. der Betriebsteil seine **Selbständigkeit behält**. Nach der Neufassung der Richtlinie beschränkt sich der Anwendungsbereich des Art. 6 Abs. 1 BÜ-RL nicht mehr auf den Übergang des Betriebes als Ganzes.[462] Auch Betriebsteile werden vom Schutz der Kontinuität der Arbeitnehmervertretung im Zuge des Betriebsübergangs erfasst, wenn diese bereits vor Betriebsübergang über eine verselbständigte Organisation und Leitung verfügten.[463]

15.173

Die Selbständigkeit der übertragenen Einheit bleibt nach ihrem Übergang dann aufrechterhalten, wenn die übertragene Einheit selbständig funktionieren kann und nicht in einer größeren und komplexeren funktionellen Einheit aufgeht.[464] Bei Eingliederung in einen anderen Betrieb oder bei Verschmelzung verliert die übertragene Einheit ihre Selbständigkeit.[465]

15.174

Im deutschen Betriebsverfassungsrecht bleibt nach einem Betriebsübergang der Betriebsrat als Organ bestehen, wenn der Betrieb seine **Identität weiterhin behält**.[466] Mit dem unionsrechtlichen Begriff der Selbständigkeit übereinstimmend ist die Wahrung der Identität im Sinne des deutschen Betriebsverfassungsrechts dann gegeben, wenn der Betrieb oder der verselbständigte Betriebsteil geschlossen den Inhaber wechselt und nach Betriebsübergang seine Organisationsstruktur in der bisherigen Form nicht verliert.[467] Daran fehlt es, wenn der Betrieb in einen beim Erwerber bereits bestehenden Betrieb eingegliedert oder mit einem solchen zu einer neuen organisatorischen Einheit verschmolzen wird. Dies führt zum Erlöschen der Ämter der bishe-

15.175

---

458 Ablehnend *Debong*, EG-Richtlinie über die Wahrung der Arbeitnehmeransprüche beim Betriebsübergang, S. 95; *Löw*, Betriebsveräußerung im europäischen Arbeitsrecht, S. 179 ff.; a.A. *Schreiber*, RdA 1982, 137 (145).
459 Vgl. Begründung des Richtlinienvorschlags, RdA 1075, 124 (125).
460 *Löw*, Betriebsveräußerung im europäischen Arbeitsrecht, S. 179.
461 BAG v. 18.11.1980 – 1 ABR 31/78, AP § 108 BetrVG 1972 Nr. 2; v. 15.3.2006 – 7 ABR 24/05, ArbRB 2006, 236 = AP § 118 BetrVG 1972 Rz. 79.
462 Zur alten Rechtslage s. *v. Alvensleben*, Rechte der Arbeitnehmer, S. 118.
463 EAS/*Oetker/Schubert*, B 8300 Rz. 449.
464 Begründung des Änderungsvorschlags der Kommission v. 8.9.1994, COM (1994), 300 final, Rz. 37; Memorandum der Kommission zu den erworbenen Ansprüchen der Arbeitnehmer beim Übergang von Unternehmen, KOM (1994), 85 endg., NZA 1997, 697 (700).
465 *Debong*, EG-Richtlinie über die Wahrung der Arbeitnehmeransprüche beim Betriebsübergang, S. 88; *Löw*, Betriebsveräußerung im europäischen Arbeitsrecht, S. 161; EAS/*Oetker/Schubert*, B 8300 Rz. 450; EuArbR/*Winter*, Art. 6 RL 2001/23/EG Rz. 13.
466 Vgl. *v. Alvensleben*, Rechte der Arbeitnehmer, S. 285; *Fitting*, BetrVG, § 1 BetrVG Rz. 139 f.
467 *Fitting*, BetrVG, § 1 BetrVG Rz. 140 ff.; *Richardi/Thüsing*, BetrVG, 16. Aufl. 2018, § 21 BetrVG Rz. 28; *Löwisch*, BB 1990, 1698; *v. Alvensleben*, Rechte der Arbeitnehmer, S. 327.

rigen Betriebsratsmitglieder, wobei dann gegebenenfalls ein Übergangs- und Restmandat zum Tragen kommt (§§ 21a, 21b BetrVG).[468]

c) Aufrechterhaltung von Rechtsstellung und Funktion der Arbeitnehmervertreter

15.176 Rechtsfolge des Art. 6 Abs. 1 UAbs. 1 BÜ-RL ist die Sicherung der Rechtsstellung und Funktion der Arbeitnehmervertreter oder der Vertretung im Zuge des Betriebsübergangs. Da die Richtlinie lediglich eine teilweise Harmonisierung der nationalen Rechtsvorschriften bezweckt, soll sich der Umfang des Funktionsschutzes des Art. 6 Abs. 1 UAbs. 1 BÜ-RL grundsätzlich nach den nationalen Rechts- und Verwaltungsvorschriften richten.[469]

15.177 Art. 6 Abs. 1 UAbs. 1 unterliegt den **Einschränkungen** aus Art. 6 Abs. 1 UAbs. 2 und 3 BÜ-RL. Der **Grundsatz der Kontinuität der Vertretungsfunktion** ist danach unanwendbar, wenn nach dem Recht oder der Praxis der Mitgliedstaaten die Bedingungen für die Neubestellung oder Neubildung der Arbeitnehmervertreter erfüllt sind, Art. 6 Abs. 1 UAbs. 2 BÜ-RL. Das kommt etwa dann vor, wenn sich die Arbeitnehmerzahl im Zuge des Betriebsübergangs erhöht, z.B. durch Aufnahme von Arbeitnehmern des neuen Betriebsinhabers. Allerdings darf es sich bei den nationalen Bestimmungen des Art. 6 Abs. 1 UAbs. 2 BÜ-RL zur Neubestellung und Neubildung der Arbeitnehmervertretung nicht um solche handeln, die einen Betriebsübergang generell und automatisch mit der Rechtsfolge der Auflösung und Neubestellung der Arbeitnehmervertretung verbinden.[470]

15.178 Der Funktionsschutz des Art. 6 Abs. 1 UAbs. 1 findet eine weitere Einschränkung in Art. 6 Abs. 1 UAbs. 3 BÜ-RL. Danach greift der Bestandschutz für die Arbeitnehmervertretung im Umkehrschluss dann nicht ein, wenn der Veräußerungsvorgang **im Rahmen eines Insolvenzverfahrens** durchgeführt wird.[471] Die Mitgliedstaaten sind allerdings verpflichtet, in Insolvenzfällen die erforderlichen Maßnahmen zu treffen, die eine angemessene Vertretung bis zur Neuwahl oder Neubenennung von Arbeitnehmervertretern sicherstellen.

d) Gewährleistung einer Vertretung bei Verlust der Selbständigkeit der übertragenen Einheit (Art. 6 Abs. 1 UAbs. 4 BÜ-RL)

15.179 Mit der Neufassung der Betriebsübergangsrichtlinie durch die RL 98/50/EG wurde in Art. 6 Abs. 1 UAbs. 4 BÜ-RL ein **Übergangs- oder Restmandat** eingefügt. Danach haben die Mitgliedstaaten bei Verlust der Selbständigkeit der übertragenen Einheit Maßnahmen zu treffen, die ein vertretungsloses Zwischenstadium verhindern. Der **Verlust der Selbständigkeit** des übergehenden Betriebs- oder Betriebsteils darf nicht ein Entfallen des betriebsverfassungsrechtlichen Schutzes der vom Veräußerungsvorgang betroffenen Arbeitnehmer zur Folge haben,[472] soweit es um den Zeitraum geht, der für die Neubildung oder Neubestellung der Arbeitnehmervertretung nach dem Recht oder der Praxis der Mitgliedstaaten erforderlich ist. Eine vorläufige Fortsetzung der bisherigen Arbeitnehmervertretung im Betrieb ist nicht erforderlich, sondern lediglich eine angemessene Vertretung soll gewährleistet werden.

15.180 Art. 6 Abs. 1 UAbs. 4 BÜ-RL ordnet die Aufrechterhaltung einer angemessenen Übergangsvertretung lediglich für den Fall an, dass die übertragene Einheit ihre Selbständigkeit nicht behält. Bleibt die Selbständigkeit des übergegangenen Betriebs oder Betriebsteils hingegen erhalten und ordnet das nationale Recht die Neubildung der Arbeitnehmervertretung anstatt des Grundsatzes der Mandatsfortführung i.S.d. Art. 6 Abs. 1 UAbs. 1 BÜ-RL an, so stellt sich die Frage, ob diese Vorschrift

---

468 EAS/*Oetker*/*Schubert*, B 8300 Rz. 457.
469 S. die Begründung zu Art. 7 des Richtlinienvorschlags, RdA 1975, 124 (125); EAS/*Oetker*/*Schubert*, B 8300 Rz. 448.
470 v. *Alvensleben*, Rechte der Arbeitnehmer, S. 118 f.; EAS/*Oetker*/*Schubert*, B 8300 Rz. 452.
471 EAS/*Oetker*/*Schubert*, B 8300 Rz. 453; *Riesenhuber*, Europäisches Arbeitsrecht, § 24 Rz. 97.
472 *Krause*, NZA 1998, 1201 (1203).

eine ausreichende Repräsentierung der Arbeitnehmer bis zur Konstituierung dieser neuen Vertretung nach der Richtlinie sichern kann.[473] Zwar ist der Wortlaut nicht erfüllt. Zur Vermeidung einer Schutzlücke ist Art. 6 Abs. 1 UAbs. 1 BÜ-RL aber analog anwendbar.

Art. 6 Abs. 1 UAbs. 4 BÜ-RL findet seine Umsetzung in § 21a BetrVG, der ein **Übergangsmandat** des Betriebsrats bei der Spaltung eines Betriebes oder der Zusammenfassung von Betrieben oder Betriebsteilen vorsieht. Die Vorschrift gilt auch im Falle von § 613a BGB, wenn es zu einem Betriebsteilübergang und damit verbunden zu der Spaltung des bisherigen Betriebes kommt.

15.181

Bei einem (privatisierenden) Betriebsübergang gibt das deutsche Recht kein Übergangsmandat vor, da es in den meisten Personalvertretungsgesetzen an einer dem § 21a BetrVG entsprechenden Regelung fehlt. Ob § 21a BetrVG in diesem Fall analog anwendbar ist, ist umstritten.[474] Eine direkte Anwendung der Richtlinie auf privatisierende Betriebsübergänge scheidet jedenfalls aus, da eine unmittelbare Anwendung von Richtlinien unter Privaten unzulässig ist.[475]

15.182

2. Nachwirkender Individualschutz der Mandatsträger (Art. 6 Abs. 2 BÜ-RL)

Erlischt das Mandat der Vertreter der vom Übergang betroffenen Arbeitnehmer übergangsbedingt, also wenn die übergehende Einheit ihre Selbständigkeit verliert oder bei Insolvenz, ordnet Art. 6 Abs. 2 BÜ-RL für die Arbeitnehmervertreter die Weitergeltung der nach den Rechts- und Verwaltungsvorschriften oder der Praxis der Mitgliedstaaten vorgesehenen Schutzmaßnahmen an.[476] Darunter kann u.a. der **nachwirkende Kündigungsschutz** für ehemalige Mitglieder der Arbeitnehmervertretung fallen oder nationale Schutzbestimmungen über einen Entgeltschutz.[477] Durch den nachwirkenden Schutz werden die Arbeitnehmervertreter vor Benachteiligungen durch den Arbeitgeber wegen ihrer Stellung nicht nur während ihrer Amtszeit, sondern auch noch darüber hinaus bis zum Ablauf eines angemessenen Zeitraumes nach dem jeweiligen mitgliedstaatlichen Recht bewahrt. Die Betriebsübergangsrichtlinie sieht somit keinen eigenen Schutzmechanismus vor, sondern verpflichtet die Mitgliedstaaten zum nachwirkenden Schutz zugunsten der Mandatsträger.[478] Der Sinn und Zweck des Art. 6 Abs. 2 BÜ-RL liegt (indirekt) in der Absicherung der betrieblichen Interessenvertretung.[479]

15.183

Art. 6 Abs. 2 BÜ-RL lässt sich nicht dahingehend interpretieren, dass Arbeitnehmervertreter, deren Mandat erlischt, den gleichen Schutz genießen sollen wie amtierende Arbeitnehmervertreter.[480] Vielmehr sollen Arbeitnehmervertreter mit aufgrund des Betriebsübergangs beendetem Mandat den gleichen Schutz genießen, der nach dem Recht der Mitgliedstaaten allgemein für ehemalige Arbeitnehmervertreter gilt.[481]

15.184

---

473 *Martin*, Umsetzung der Unternehmensübergangsrichtlinie, S. 347.
474 Ablehnend *Besgen/Langner*, NZA 2003, 1239 (1240); *Blanke*, ZfPR 2001, 242; *Löwisch/Schmidt-Kessel*, BB 2001, 2162.
475 EuGH v. 26.2.1985 – Marschall – 152/84, Slg. 1986, 723 Rz. 48; v. 5.10.2004 – C-397/01 bis C-403/01 – Pfeiffer u.a., Slg. 2004, I-8835 Rz. 108 f.
476 Vgl. *EAS/Oetker/Schubert*, B 8300 Rz. 455; *Blanpain/Schmidt/Schweibert*, Europäisches Arbeitsrecht, Rz. 473; *Debong*, EG-Richtlinie über die Wahrung der Arbeitnehmeransprüche beim Betriebsübergang, S. 91.
477 *v. Alvensleben*, Rechte der Arbeitnehmer, S. 119.
478 *Riesenhuber*, Europäisches Arbeitsrecht, § 24 Rz. 99; *EuArbR/Winter*, Art. 6 RL 2001/23/EG Rz. 31.
479 *Martin*, Umsetzung der Unternehmensübergangsrichtlinie, S. 341.
480 *Löw*, Betriebsveräußerung im europäischen Arbeitsrecht, S. 163.
481 Ebenso *v. Alvensleben*, Rechte der Arbeitnehmer, S. 119; *Schlachter/Heinig/Krause*, § 7 Rz. 102; *Löw*, Betriebsveräußerung im europäischen Arbeitsrecht, S. 162 f.; *Martin*, Umsetzung der Unternehmensübergangsrichtlinie, S. 39; *Wenking*, Der Betriebsübergang im europäischen und deutschen Recht, S. 35.

VII. Information und Konsultation

15.185 Art. 7 BÜ-RL regelt die Pflichten des Betriebsveräußerers und -erwerbers zur **Information und Konsultation der Arbeitnehmervertreter** bei einem Betriebsübergang. Hierbei wird der kollektive Schutz als Ergänzung zum individuellen Schutz der Richtlinie gesehen und soll diejenigen nachteiligen Auswirkungen ausgleichen, die durch das System des individuellen Rechtsschutzes nicht hinreichend berücksichtigt werden.[482]

1. Überblick und Struktur der Informations- und Konsultationsvorschriften

15.186 Art. 7 BÜ-RL folgt in seiner Struktur einem **Regel-Ausnahme-Schema:** Die Abs. 1 und 2 regeln das sog. Grundmodell, während Abs. 3 unter bestimmten Voraussetzungen eine Abweichung mit eingeschränkten Anforderungen durch die Mitgliedstaaten gestattet (sog. Ausnahmemodell).[483] In beiden Umsetzungsvarianten handelt es sich um von den Mitgliedstaaten zu gewährleistende **Mindestbedingungen**, d.h. weitergehende Informations- und Konsultationserfordernisse nach dem jeweiligen Recht oder der Praxis der Mitgliedstaaten bleiben möglich (vgl. auch Art. 8 BÜ-RL).

15.187 Im **Grundmodell** des Art. 7 Abs. 1 und Abs. 2 BÜ-RL sind sowohl Veräußerer als auch Erwerber zur Information und Konsultation der Vertreter ihrer jeweiligen von einem Übergang betroffenen Arbeitnehmer über den Zeitpunkt bzw. den geplanten Zeitpunkt des Übergangs, den Grund für den Übergang, die rechtlichen, wirtschaftlichen und sozialen Folgen für die Arbeitnehmer und die hinsichtlich der Arbeitnehmer in Aussicht genommenen Maßnahmen verpflichtet. Der Veräußerer muss den Vertretern seiner Arbeitnehmer diese Information vor dem Vollzug des Übergangs übermitteln, während der Erwerber verpflichtet ist, den Vertretern seiner Arbeitnehmer diese Informationen rechtzeitig zu erteilen, auf jeden Fall aber bevor diese Arbeitnehmer von dem Übergang hinsichtlich ihrer Beschäftigungs- und Arbeitsbedingungen unmittelbar betroffen werden, Art. 7 Abs. 1 UAbs. 2 und 3 BÜ-RL. Ziehen Veräußerer bzw. Erwerber Maßnahmen hinsichtlich ihrer Arbeitnehmer in Betracht, so müssen die Vertreter ihrer Arbeitnehmer rechtzeitig zu diesen Maßnahmen konsultiert werden, um eine Übereinkunft anzustreben, Art. 7 Abs. 1 UAbs. 2, Abs. 2 BÜ-RL.

15.188 Im **Ausnahmemodell** des Art. 7 Abs. 3 BÜ-RL können die Mitgliedstaaten die Verpflichtungen gemäß den Abs. 1 und 2 auf Fälle beschränken, in denen der vollzogene Übergang eine **Betriebsänderung** hervorruft, die wesentliche Nachteile für einen erheblichen Teil der Arbeitnehmer zur Folge haben kann. Dies gilt allerdings nur, sofern die nationalen Bestimmungen vorsehen, dass die Arbeitnehmervertreter eine Schiedsstelle anrufen können, um eine Entscheidung über die hinsichtlich der Arbeitnehmer zu treffenden Maßnahmen zu erhalten.

15.189 Eine **weitere Einschränkungsmöglichkeit** sieht Art. 7 Abs. 5 BÜ-RL vor. Die Mitgliedstaaten können die Verpflichtungen aus Art. 7 Abs. 1 bis 3 BÜ-RL auf Unternehmen oder Betriebe beschränken, die hinsichtlich der Zahl der beschäftigten Arbeitnehmer die Voraussetzungen für die Wahl oder Bestellung eines Kollegiums als Arbeitnehmervertretung erfüllen. Hiernach sind die Mitgliedstaaten befugt, Schwellenwerte für die Errichtung einer mehrköpfigen Arbeitnehmervertretung zu schaffen und Unternehmen oder Betriebe von der Informations- und Konsultationspflicht auszunehmen, die aufgrund ihrer geringen Beschäftigtenzahl nur über eine einzige Person als Arbeitnehmervertreter verfügen.

---

[482] S. die Stellungnahme des Wirtschafts- und Sozialausschusses zum Kommissionsvorschlag, ABl. C 255 v. 7.11.1975, S. 27; *Grau*, Unterrichtung und Widerspruchsrecht, S. 25; *Löw*, Betriebsveräußerung im europäischen Arbeitsrecht, S. 175; *Wenking*, Betriebsübergang im europäischen Arbeitsrecht, S. 35.

[483] EAS/*Oetker/Schubert*, B 8300 Rz. 466; *Riesenhuber*, Europäisches Arbeitsrecht, § 24 Rz. 87; *Colneric*, FS Steindorff, 1990, S. 1129 (1131); *Grau*, Unterrichtung und Widerspruchsrecht, S. 28 ff.; *Franzen*, RdA 2002, 258 (269 f.); *Oetker*, NZA 1998, 1193 (1195).

Neben dem Grund- und Ausnahmemodell kennt die Betriebsübergangsrichtlinie eine **subsidiäre** 15.190
individuelle Information der Arbeitnehmer. Nach Art. 7 Abs. 6 BÜ-RL sehen die Mitgliedstaaten vor, dass die Arbeitnehmer bei fehlender Möglichkeit einer Vertretung im Betrieb oder Unternehmen vor dem Betriebsübergang informiert werden, wobei der Informationskatalog nach dem Richtlinienwortlaut dem des Art. 7 Abs. 1 BÜ-RL entspricht.

Schließlich gelten die in Art. 7 Abs. 1 bis 3 und Abs. 5 bis 7 BÜ-RL genannten Verpflichtungen 15.191
gem. Art. 7 Abs. 4 BÜ-RL unabhängig davon, ob die zum Übergang führende Entscheidung vom Arbeitgeber oder einem den Arbeitgeber beherrschenden Unternehmen getroffen wird.

Da ohne Arbeitnehmervertretung der Sinn und Zweck des Art. 7 BÜ-RL leerlaufen würde, ist der 15.192
Betriebsübergangsrichtlinie nach der Rechtsprechung des EuGH zugleich zu entnehmen, dass die Mitgliedstaaten Regelungen zu schaffen haben, wonach die Einrichtung einer betrieblichen Interessenvertretung der Arbeitnehmer möglich ist.[484]

2. Information und Konsultation der Arbeitnehmervertreter im sog. Grundmodell (Art. 7 Abs. 1 und 2 BÜ-RL)

a) Informationspflicht des Veräußerers und Erwerbers

Art. 7 Abs. 1 BÜ-RL sieht eine Information der Arbeitnehmervertreter sowohl des Veräußerers als 15.193
auch des Erwerbers bei einem bevorstehenden Übergang einer wirtschaftlichen Einheit vor. Adressaten der Informationspflicht sind damit die beiden Betriebsübertragungsparteien jeweils im Hinblick auf die bei ihnen bestehende und zuständige Vertretung. Der Begriff der **Arbeitnehmervertreter** bestimmt sich hierbei nach nationalem Recht, Art. 2 Abs. 1 Buchst. c BÜ-RL.

Im Hinblick auf den **Zeitpunkt der Information** unterscheidet die Richtlinie in Art. 7 Abs. 1 15.194
UAbs. 1 und 2 BÜ-RL zwischen den Anforderungen für den Veräußerer einerseits und für Erwerber andererseits. Dem liegt der Gedanke zugrunde, dass die Informationspflicht zum Tragen kommen soll, wenn faktische Auswirkungen des Übergangs auf die Lage der Arbeitnehmer absehbar sind. Auf den Zeitpunkt des Abschlusses des dem Übergang zugrunde liegenden Rechtsgeschäftes kommt es dabei nicht zwingend an.[485] Dieser ist aber insofern von Bedeutung, als etwaige sich aus den geplanten Vereinbarungen zwischen Veräußerer und Erwerber ergebende Maßnahmen Gegenstand der Konsultation nach Art. 7 Abs. 2 BÜ-RL sein können. Daher kann die Unterrichtungspflicht bereits im Vorfeld des Vertragsabschlusses greifen, sobald sich etwaige Planungen des Veräußerers oder Erwerbers mit Auswirkungen auf die Arbeitnehmer hinreichend konkretisiert haben. Der **Veräußerer** muss daher den bei ihm bestehenden Arbeitnehmervertretern die erforderlichen Informationen vor der endgültigen Entscheidung über die Betriebsübertragung übermitteln bzw. nach dem Wortlaut von Art. 7 Abs. 1 UAbs. 2 BÜ-RL spätestens vor dem Vollzug des Übergangs.[486] Der **Erwerber** hat die Informationsverpflichtung aus Art. 7 Abs. 1 BÜ-RL umzusetzen, bevor die Arbeitnehmer von dem Übergang hinsichtlich ihrer Beschäftigungs- und Arbeitsbedingungen unmittelbar betroffen werden (Art. 7 Abs. 1 UAbs. 2 und 3 BÜ-RL). Diese Unterscheidung erklärt sich dadurch, dass etwaige Auswirkungen der Betriebsübertragung auf die Stammbelegschaft des Erwerbers bzw. die von ihm zu ergreifenden personellen oder organisatorischen (Integrations-) Maßnahmen oft erst nach dem Vollzug des Übergangs konkret absehbar sind.[487] Zudem

---

[484] EuGH v. 8.6.1994 – C-382/92 – Kommission/Vereinigtes Königreich, Slg. I-1994, 2435 Rz. 26; EAS/*Oetker/Schubert*, B 8300 Rz. 486; *Oetker*, NZA 1998, 1193 (1196).
[485] Anders der damalige Vorschlag des Wirtschafts- und Sozialausschusses im Rahmen der Richtlinienentstehung, ABl. C 255 v. 7.11.1975, S. 30.
[486] Vgl. *v. Alvensleben*, Rechte der Arbeitnehmer, S. 119 f.; *Löw*, Betriebsveräußerung im europäischen Arbeitsrecht, S. 175.
[487] Vgl. Schlachter/Heinig/*Krause*, § 7 Rz. 105; *Löw*, Betriebsveräußerung im europäischen Arbeitsrecht, S. 175.

ist es keineswegs zwangsläufig, dass es tatsächlich zu derartigen Umstrukturierungsmaßnahmen beim Veräußerer mit Auswirkungen auf dessen Belegschaft kommt.

15.195 **Gegenstand der Informationspflicht** sind gem. Art. 7 Abs. 1 UAbs. 1 BÜ-RL die folgenden Angaben:

– der Zeitpunkt bzw. der geplante Zeitpunkt des Übergangs,

– der Grund für den Übergang,

– die rechtlichen, wirtschaftlichen und sozialen Folgen des Übergangs für die Arbeitnehmer

– sowie die hinsichtlich der Arbeitnehmer in Aussicht genommenen Maßnahmen.

15.196 Eine Kasuistik des EuGH zur Präzisierung dieser zum Teil relativ vagen Informationstatbestände existiert bislang nicht. Letztlich beurteilt sich diese nach den im Einzelfall gegebenen konkreten Auswirkungen auf die Arbeitnehmer und die jeweils geplanten Maßnahmen unter Berücksichtigung des Zwecks der Information, welche vor allem der Ermöglichung der Konsultation über die geplanten Maßnahmen und ihre Auswirkungen auf die Arbeitnehmer dient. Im Hinblick auf die Angabe des **Grundes für den Übergang** zeigt die englische (*„reason for the transfer"*) bzw. französische Fassung (*„motif du transfert"*) der Richtlinie, dass es hier nicht um die zugrunde liegende rechtsgeschäftliche Grundlage, sondern um die maßgeblichen unternehmerischen Gründe für den Übergang geht.[488] Die rechtlichen, wirtschaftlichen und sozialen **Folgen des Übergangs** gehen ohnehin ineinander über; im Regelfall wird der Schwerpunkt bei der Information über die rechtlichen Folgen liegen, aus denen sich dann die anderen Folgen ableiten. Unter den Begriff der **in Aussicht genommenen Maßnahmen** wird jede von dem Veräußerer oder Erwerber herbeigeführte bzw. entsprechend geplante erhebliche Änderung der rechtlichen, wirtschaftlichen oder sozialen Situation der betroffenen Arbeitnehmer gefasst, so dass hier von einer weiten Auslegung auszugehen ist.[489]

b) Konsultation hinsichtlich in Betracht gezogener Maßnahmen

15.197 Art. 7 Abs. 2 BÜ-RL normiert eine zusätzliche Konsultationspflicht, die zur Informationspflicht hinzutreten kann. Danach sind die Arbeitnehmervertreter sowohl vom Veräußerer als auch vom Erwerber mit dem Ziel einer Übereinkunft über die hinsichtlich ihrer jeweiligen Arbeitnehmer zu treffenden Maßnahmen zu konsultieren. Die Konsultationspflicht greift nach dem Richtlinienwortlaut ein, falls Veräußerer und Erwerber **Maßnahmen hinsichtlich ihrer Arbeitnehmer in Betracht ziehen**. Im Hinblick auf den Arbeitnehmerschutz als Zielsetzung der Richtlinie ist der Begriff der Maßnahme in einem weiten Sinne zu verstehen und umfasst, wie schon oben angedeutet, alle vom Veräußerer oder Erwerber im Zuge des Übergangs bewusst oder unbewusst herbeigeführten Änderungen der wirtschaftlichen, rechtlichen oder sozialen Lage der Arbeitnehmer im Betrieb oder Unternehmen, die sich nicht unerheblich zum Nachteil der Arbeitnehmer auswirken können.[490] Das In-Aussicht-Nehmen setzt eine gewisse Planungsreife und Entschlossenheit des Arbeitgebers voraus.[491]

---

488 Zustimmend Schlachter/Heinig/*Krause*, § 7 Rz. 105; im Zusammenhang mit § 613a Abs. 5 BGB s. BAG v. 23.7.2009 – 8 AZR 538/08, ArbRB 2010, 37 = NZA 2010, 89 (92); v. 13.7.2006 – 8 AZR 305/05, ArbRB 2007, 7 = NZA 2006, 1268; v. 14.12.2006 – 8 AZR 763/05, ArbRB 2007, 162 = NZA 2007, 682; *Hohenstatt/Grau*, NZA 2007, 13 (15); zurückhaltender ErfK/*Preis*, § 613a BGB Rz. 87.

489 Vgl. zum (weiten) Maßnahmebegriff EAS/*Oetker/Schubert*, B 8300 Rz. 170; *v. Alvensleben*, Rechte der Arbeitnehmer, S. 12; *Franzen*, RdA 2002, 258 (265); *Oetker*, NZA 1998, 1193 (1194).

490 EAS/*Oetker/Schubert*, B 8300 Rz. 170; *v. Alvensleben*, Rechte der Arbeitnehmer, S. 121; *Nowak*, EWG-Richtlinie über die Unterrichtung und Anhörung der Arbeitnehmer (sog. Vredeling-Richtlinie) und ihr Verhältnis zum Arbeitsrecht der BRD, 1985, S. 121; *Wenking*, Der Betriebsübergang im europäischen und deutschen Arbeitsrecht, S. 35; *Ziemons*, ZIP 1995, 1805 (1807).

491 Vgl. *Grau*, Unterrichtung und Widerspruchsrecht, S. 188 f. m.w.N. (Anlehnung an die zu § 111 Satz 1 BetrVG entwickelten Grundsätze).

Gegenstand der Beratung sollen bereits in Betracht gezogene Maßnahmen sein, was zu dem Schluss führen könnte, dass das Konsultationsverfahren bereits zu einem früheren Zeitpunkt einzusetzen hat als die Information nach Art. 7 Abs. 1 BÜ-RL. 15.198

Nach h.M. bestehen aber keine Unterschiede zwischen dem Zeitpunkt der Information und der Konsultation nach Art. 7 Abs. 1 bzw. Abs. 2 BÜ-RL,[492] was unter dem Gesichtspunkt des Zweckzusammenhangs der Information und Konsultation überzeugend erscheint. Zudem findet sich beispielsweise in der englischen Fassung der Richtlinie der semantische Unterschied zwischen „in Aussicht genommenen" und in Betracht gezogenen Maßnahmen nicht wieder, da dort in Art. 7 Abs. 1 und Abs. 2 BÜ-RL einheitlich von *envisaged measures* gesprochen wird. Der EuGH tendiert allerdings in anderen Zusammenhängen zur Annahme einer sehr frühzeitigen Pflicht zur Einleitung der Konsultation mit den Arbeitnehmervertretern.[493] Im Gegensatz zu Art. 7 Abs. 2 BÜ-RL sah Art. 8 Abs. 2 des Kommissionsentwurfs zur Betriebsübergangsrichtlinie aus dem Jahr 1974 noch vor, dass das Konsultationsverfahren dann eingeleitet werden soll, wenn nach der subjektiven Einschätzung der Arbeitnehmervertreter der Eindruck entstand, dass der bevorstehende Übergang die Interessen der Arbeitnehmer nachteilig berührt.[494] 15.199

Das Konsultationsverfahren zielt entsprechend dem Wortlaut des Art. 7 Abs. 2 BÜ-RL auf das **Zustandekommen einer Übereinkunft** zwischen dem Veräußerer bzw. Erwerber und den jeweiligen Arbeitnehmervertretern hinsichtlich der in Betracht gezogenen Maßnahmen.[495] Dies erfordert von beiden Seiten zumindest die Aufnahme eines Dialogs mit dem ernsthaften Willen zur Einigung. Die anzustrebende Übereinkunft ist eine förmliche, rechtlich bindende Vereinbarung, keine bloße Absichtserklärung.[496] Art. 7 Abs. 2 BÜ-RL sieht für den Fall der Nichteinigung im Konsultationsverfahren allerdings keine Möglichkeit der Anrufung einer **Schiedsstelle** vor. Der ursprüngliche Vorschlag der Kommission aus dem Jahr 1974 ging deutlich weiter, da Veräußerer und Erwerber hiernach ihren jeweiligen Arbeitnehmervertretern vor Vollzug des beabsichtigten Betriebsübergangs die Auswirkungen auf die Arbeitnehmer und die für sie geplanten Maßnahmen ausführlich zu erläutern und ihnen für eine anschließende Aussprache sowie auf Antrag für Verhandlungen zur Verfügung zu stehen hatten. Kam innerhalb von zwei Monaten keine Einigung zustande, so sah Art. 8 des Kommissionsvorschlags die Einleitung eines Schiedsverfahren zum Herbeiführen einer verbindlichen Einigung vor.[497] Vor dem Hintergrund der unterschiedlichen Praxis der Mitgliedstaaten zur Beilegung von Meinungsverschiedenheiten zwischen Arbeitgeber und Arbeitnehmervertretung wurde dieser Vorschlag jedoch wieder fallen gelassen und ist nicht in die Richtlinie übernommen worden.[498] Die aktuelle Fassung des Art. 7 Abs. 2 BÜ-RL sieht dementsprechend kein Eskalationsverfahren zur Herbeiführung einer Übereinkunft vor. Ebenfalls lässt sich aus der Betriebsübergangsrichtlinie **kein Zwang** zum Abschluss einer Übereinkunft zwischen Veräußerer bzw. Erwerber und den Arbeitnehmervertretern herleiten.[499] Vielmehr bleibt es den Parteien nach der Richtlinie überlassen, ob sie ein nach nationalem Recht gegebenenfalls vorgesehenes Schiedsverfahren durchführen oder nicht.[500] 15.200

---

492 Schlachter/Heinig/*Krause*, § 7 Rz. 106; EAS/*Oetker/Schubert*, B 8300 Rz. 478; *Löw*, Betriebsveräußerung im europäischen Arbeitsrecht, S. 175 f.; *Gaul*, NZA 1997, 1022 (1026).
493 Vgl. im Kontext der Massenentlassungsrichtlinie EuGH v. 27.1.2005 – C-188/03 – Junk, Slg. 2005, I-230; v. 10.9.2009 – C-44/08 – Keskusliito, Slg. 2009, I-8188; dazu *Grau/Sittard*, BB 2011, 1845.
494 Begründung des Richtlinienvorschlags, RdA 1975, 124 (127); dazu *v. Alvensleben*, Rechte der Arbeitnehmer, S. 121.
495 EAS/*Oetker/Schubert*, B 8300 Rz. 478; *Debong*, EG-Richtlinie über die Wahrung der Arbeitnehmeransprüche beim Betriebsübergang, S. 97; *Löw*, Betriebsveräußerung im europäischen Arbeitsrecht, S. 176.
496 EAS/*Oetker/Schubert*, B 8300 Rz. 478; *Ziemons*, ZIP 1995, 1805 (1806).
497 Begründung des Richtlinienvorschlags, RdA 1975, 124 (125 f.).
498 S. die Stellungnahme des Wirtschafts- und Sozialausschusses, ABl. C 255 v. 7.11.1975, S. 25 ff.; ausführlich dazu *Colneric*, FS Steindorff, 1990, S. 1129 (1131).
499 EuGH v. 12.2.1985 – 284/83 – Dansk Metalarbejderforbund, Slg. 1985, 553; EAS/*Oetker/Schubert*, B 8300 Rz. 479; *Gaul*, NZA 1997, 1022 (1026).
500 EAS/*Oetker/Schubert*, B 8300 Rz. 479; *Colneric*, FS Steindorff, 1990, S. 1129 (1131).

3. Ermächtigung zu Einschränkungen der Informations- und Konsultationspflicht

a) Das Ausnahmemodell des Art. 7 Abs. 3 BÜ-RL

15.201 Eine Einschränkung der Information- und Konsultationspflichten sieht das Ausnahmemodell des Art. 7 Abs. 3 BÜ-RL vor. Die Mitgliedstaaten, nach deren Rechts- und Verwaltungsvorschriften die Arbeitnehmervertreter eine Schiedsstelle anrufen können, um eine Entscheidung über die hinsichtlich der Arbeitnehmer zu treffende Maßnahmen zu erhalten, können die Information und Konsultation der Arbeitnehmervertreter auf den Fall beschränken, in dem der vollzogene Übergang eine **Betriebsänderung** hervorruft, die wesentliche Nachteile für einen erheblichen Teil der Arbeitnehmer zur Folge haben kann. Die in Art. 7 Abs. 3 BÜ-RL vorgesehene Ausnahmeermächtigung gilt lediglich in den Fällen, in denen die Arbeitnehmervertreter nach dem mitgliedstaatlichen Recht eine Schiedsstelle anrufen können, um eine Entscheidung über die hinsichtlich der Arbeitnehmer zu treffenden Maßnahmen zu erhalten. Der Wortlaut des Art. 7 Abs. 2 („um eine Übereinkunft anzustreben") und in Abs. 3 („um eine Entscheidung ... zu erhalten") sowie die Systematik des Art. 7 BÜ-RL deuten auf die Erzwingbarkeit des Schiedsverfahrens hin.[501] Ein **erzwingbares Schiedsverfahren** stellt den Ausgleich dafür dar, dass der Tatbestand, der zur Information und Konsultation verpflichtet, gegenüber Art. 7 Abs. 1 BÜ-RL auf Betriebsänderungen eingeschränkt wird.[502]

15.202 Sieht das nationale Recht ein erzwingbares Schiedsverfahren vor, darf die Pflicht zur Information und Konsultation auf Fälle beschränkt werden, in denen „der vollzogene Übergang eine Betriebsänderung hervorruft, die wesentliche Nachteile für einen erheblichen Teil der Arbeitnehmer zur Folge haben kann". Neben der Möglichkeit der Anrufung einer Schiedsstelle im nationalen Recht setzt der Ausnahmetatbestand des Art. 7 Abs. 3 BÜ-RL auch eine Betriebsänderung infolge des Betriebsübergangs voraus. Welche Vorgänge im Einzelnen als Betriebsänderung zu sehen sind, ist grundsätzlich nach mitgliedstaatlichem Recht zu bestimmen.[503]

15.203 **Gegenstand** der Information und Konsultation bei einem erzwingbaren Schiedsstellenverfahren im jeweiligen Mitgliedstaat sind nach dem Wortlaut des Art. 7 Abs. 3 UAbs. 2 BÜ-RL mindestens „die hinsichtlich der Arbeitnehmer in Aussicht genommenen Maßnahmen" und nicht der Grund und die Folgen des Übergangs.[504]

15.204 Art. 7 BÜ-RL ist in Deutschland in der Form des Ausnahmemodells des Art. 7 Abs. 3 BÜ-RL umgesetzt. Eine grundlegende Änderung der deutschen Rechtsvorschriften zu Information und Konsultation der Arbeitnehmervertreter bei Betriebsänderungen bei Inkrafttreten der Richtlinie war nicht notwendig, zumal Art. 7 BÜ-RL von den Vertretern der Bundesrepublik Deutschland im Europäischen Rat durchgesetzt wurde, da man die bereits bestehenden Unterrichtungs- und Beratungsvorschriften mit dem Betriebsrat bei Betriebsänderungen nicht ändern, sondern an das bereits vorhandene Gesetzesrecht und die bestehende Rechtsprechung anknüpfen wollte.[505] Die Entstehungsgeschichte der Richtlinie erklärt insofern auch die Ähnlichkeit des Art. 7 Abs. 3 BÜ-RL mit § 111 BetrVG.

15.205 Ob der deutsche Gesetzgeber das Ausnahmemodell lückenlos und damit vollständig richtlinienkonform umgesetzt hat, ist seit langem umstritten.[506] Die äußerst facettenreiche Diskussion in

---

501 EAS/Oetker/Schubert, B 8300 Rz. 481; Colneric, FS Steindorff, 1990, S. 1129 (1135); Oetker, NZA 1998, 1193 (1195); a.A. Gaul, NZA 1997, 1022 (1026).
502 Colneric, FS Steindorff, 1990, S. 1129 (1135).
503 Vgl. Wenking, Der Betriebsübergang im europäischen und deutschen Arbeitsrecht, S. 37.
504 EAS/Oetker/Schubert, B 8300 Rz. 482.
505 Vgl. EAS/Oetker/Schubert, B 8300 Rz. 483; ferner v. Alvensleben, Rechte der Arbeitnehmer, S. 123, 291; Engels, RdA 52 (55); Franzen, RdA 2002, 258 (260); Hanau, FS Gaul, 1992, S. 287 (303).
506 S. dazu ausführlich EAS/Oetker/Schubert, B 8300 Rz. 488 ff.; Colneric, FS Steindorff, 1990, S. 1129 (1134); Oetker, NZA 1998, 1193 (1196 f.); Riesenhuber, RdA 2004, 340 (342 ff.).

allen Einzelheiten aufzuarbeiten ist hier nicht der Platz, so dass im Folgenden nur auf einige ausgewählte Aspekte eingegangen werden soll.

Unionsrechtlich unproblematisch ist, dass die §§ 111 ff. BetrVG nur für Betriebsänderungen gelten, worunter nach zutreffender ganz h.M. nicht bereits ein Betriebsübergang als solcher fällt.[507] Die Betriebsübergangsrichtlinie unterscheidet ihrerseits eindeutig zwischen bloßen Betriebsübergängen (Art. 7 Abs. 1 und Abs. 2 BÜ-RL) und solchen Übernahmen, die zugleich mit einer Betriebsänderung verbunden sind (Art. 7 Abs. 3 BÜ-RL). Umstritten ist, ob § 111 Satz 3 BetrVG als abschließende Aufzählung von erfassten Betriebsänderungstatbeständen anzusehen ist oder es darüber hinaus nach der Generalklausel des § 111 Satz 1 BetrVG weitere Fälle geben kann. Die Richtlinie steht einer Konkretisierung des unbestimmten Begriffs der Betriebsänderung wie in § 111 Satz 3 BetrVG nicht entgegen, so dass jedenfalls unionsrechtlich nichts gegen eine abschließende mitgliedstaatliche Konkretisierung spricht.[508] Der praktische Gehalt dieses Streits ist ohnehin gering, da es kaum Betriebsänderungen gibt, die sich nicht auch unter einen der Tatbestände des § 111 Satz 3 BetrVG subsumieren lassen. Unproblematisch ist im Hinblick auf die in Art. 7 Abs. 5 BÜ-RL vorgesehene Einschränkungsmöglichkeit (vgl. Rz. 15.209) ferner, dass die Rechte des Betriebsrats nach den §§ 111 ff. BetrVG erst ab einem Schwellenwert von mehr als zwanzig wahlberechtigten Arbeitnehmern im Unternehmen eingreifen, da der Betriebsrat gem. § 9 Satz 1 BetrVG erst ab dieser Schwelle als Kollegialorgan zu bilden ist.

15.206

Problematisch im Hinblick auf die deutsche Umsetzung ist, dass nach Art. 7 Abs. 3 BÜ-RL ein erzwingbares Schiedsverfahren im Falle der Nichteinigung zwischen Arbeitgeber und den Arbeitnehmervertretern vorgesehen ist (vgl. Rz. 15.201), was angesichts der im Ergebnis fehlenden Erzwingbarkeit des Interessenausgleichs nur für den Sozialplan gegeben ist (§ 112 Abs. 2 bis 4 BetrVG). Im Hinblick hierauf hängt die Richtlinienkonformität davon ab, ob sich die Entscheidung der Schiedsstelle auf die betriebsändernden Maßnahmen als solche erstrecken muss, oder ob es den Anforderungen genügt, falls nur die Entscheidung über den Ausgleich der für die Arbeitnehmer mit den Maßnahmen verbundenen Nachteilen erzwingbar ist. Mit Blick auf den weiten Wortlaut der Richtlinie wird überwiegend von letzterem ausgegangen.[509] Dieses Wortlautargument ist aber angreifbar, weil die Richtlinie den Maßnahmenbegriff auch in Art. 7 Abs. 1 und Art. 7 Abs. 3 UAbs. 1 BÜ-RL verwendet und dort allgemein ein weites Verständnis zugrunde gelegt wird (vgl. Rz. 15.197). Zudem wird das Schutzniveau im Ausnahmemodell bei einer Erzwingbarkeit lediglich der Entscheidung über Ausgleichsmaßnahmen abgesenkt, was aber deswegen nicht zu einem gravierenden Schutzdefizit gegenüber dem im Grundmodell des Art. 7 Abs. 1 BÜ-RL gewährleisteten Schutz führt, weil im Grundmodell von vornherein keinerlei Erzwingbarkeit einer Übereinkunft zwischen Veräußerer bzw. Erwerber und der jeweiligen Arbeitnehmervertretung angeordnet ist.[510] Schließlich spricht nach Inkrafttreten des europäischen Grundrechtekatalogs die in Art. 16 GRC geschützte Unternehmerfreiheit dafür, dass die Betriebsübergangsrichtlinie einer nationalen Regelung nicht entgegensteht, die den erzwingbaren Schiedsspruch im Ausnahmemodell des Art. 7 Abs. 3 BÜ-RL nur auf Ausgleichsmaßnahmen und damit nur auf den Sozialplan erstreckt.[511]

15.207

---

507 St. Rspr. BAG v. 24.7.1979 – 1 AZR 219/77, DB 1980, 164; v. 21.10.1980 – 1 AZR 219/77, AP Nr. 8 zu § 111 BetrVG 1972; *v. Alvensleben*, Rechte der Arbeitnehmer, S. 330; *Debong*, EG-Richtlinie über die Wahrung der Arbeitnehmeransprüche beim Betriebsübergang, S. 96; *Engels*, RdA 1978, 52 (55); *Oetker*, NZA 1998, 1193 (1197).
508 Ebenso Richardi/*Annuß*, BetrVG, 16. Aufl. 2018, § 111 BetrVG Rz. 40 ff.; *Bauer*, DB 1994, 217 (218); *Hanau*, ZfA 1974, 89 (93); a.A. *Fitting*, BetrVG, § 111 BetrVG Rz. 44; GK-BetrVG/*Oetker*, 11. Aufl. 2018, § 111 Rz. 54 f.; offen gelassen in BAG v. 6.12.1988 – 1 ABR 47/87, AP § 111 BetrVG 1972 Nr. 26.
509 *Löw*, Betriebsveräußerung im europäischen Arbeitsrecht, S. 182; *Oetker*, NZA 1998, 1193 (1197); a.A. *Gaul*, Arbeitsrecht der Betriebs- und Unternehmensspaltung, 2014, § 28 Rz. 106.
510 Anders noch *Grau*, ZfA 2005, 647.
511 Ähnlich EAS/*Oetker*/*Schubert*, B 8300 Rz. 492; *Colneric*, FS Steindorff, 1990, S. 1129 (1134); *Debong*, EG-Richtlinie über die Wahrung der Arbeitnehmeransprüche beim Betriebsübergang, S. 42; *Löw*, Betriebsveräußerung im europäischen Arbeitsrecht, S. 182; *Oetker*, NZA 1998, 1193 (1197).

15.208 Zudem sieht § 112a BetrVG in bestimmten Grenzen **Ausnahmen von der Sozialplanpflicht** bei reinen Personalabbaumaßnahmen und Unternehmensneugründungen vor. Die Unionsrechtskonformität dieser Ausnahmebestimmungen ist ebenfalls umstritten.[512] Eine unzureichende Umsetzung von Art. 7 Abs. 3 BÜ-RL läge dann nicht vor, falls diese Ausnahmebestimmungen noch zu der dort vorausgesetzten näheren mitgliedstaatlichen Ausgestaltung der Modalitäten des Schiedsstellenverfahrens zählen würden. Dafür lässt sich anführen, dass es im deutschen Recht im Kern – abgesehen von diesen begrenzten Ausnahmen – bei der Erzwingbarkeit des Schiedsstellenspruchs über den Sozialplan bleibt.[513] Zudem ging es dem deutschen Gesetzgeber bei der Schaffung des § 112a BetrVG durch das Beschäftigungsförderungsgesetz vom 26.4.1985[514] nicht primär um die Beschränkung des Nachteilsausgleichs für die Arbeitnehmer, sondern um Beschäftigungsförderung durch den Abbau von Einstellungs- und Neugründungshindernissen.[515] Vor diesem Hintergrund dürfte man eine limitierte Einschränkung der erzwingbaren Sozialplanpflicht wie in § 112a BetrVG im Lichte der Betriebsübergangsrichtlinie noch rechtfertigen können.[516] Für § 112a Abs. 1 BetrVG gilt dies zusätzlich aufgrund des Umstandes, dass man die dortigen Schwellenwerte als Konkretisierung des Tatbestandsmerkmals „für einen wesentlichen Teil der Belegschaft" sehen kann, welcher nahezu wortlautidentisch in Art. 7 Abs. 3 BÜ-RL und § 111 Satz 1 BetrVG enthalten ist.[517]

b) Beschränkung der Informations- und Konsultationspflicht auf Einheiten mit Kollegialorgan als Arbeitnehmervertretung (Art. 7 Abs. 5 BÜ-RL)

15.209 Eine weitere Einschränkungsmöglichkeit der Informations- und Konsultationspflicht sieht Art. 7 Abs. 5 BÜ-RL vor. Dieser verleiht den Mitgliedstaaten die Befugnis, die Pflichten zur Beteiligung der Arbeitnehmervertreter auf solche Unternehmen und Betriebe zu begrenzen, die hinsichtlich der Zahl der beschäftigten Arbeitnehmer die Voraussetzungen für die **Bestellung eines Kollegiums** als Arbeitnehmervertreter erfüllen. Die Mitgliedstaaten können danach **Schwellenwerte** für die Errichtung einer mehrköpfigen Arbeitnehmervertretung schaffen und Unternehmen oder Betrieben von der Informations- und Konsultationspflicht ausschließen, die aufgrund geringer Beschäftigtenzahl nur über einen einzigen Arbeitnehmervertreter verfügen. Diese Privilegierung soll dem erhöhten Flexibilitätsbedürfnis von Kleinbetrieben und dem Schutz der unternehmerischen Freiheit Rechnung tragen.[518] Die Einschränkungsmöglichkeit gilt sowohl für das Grundmodell gem. Art. 7 Abs. 1 und 2 BÜ-RL als auch für das Ausnahmemodell des Art. 7 Abs. 3 BÜ-RL. Sofern das mitgliedstaatliche Recht keinen gesetzlichen Schwellenwert für die Errichtung eines Kollegialorgans als Arbeitnehmervertretung vorsieht, müssen die Mitgliedstaaten den Schutz durch Art. 7 Abs. 1 bis 3 BÜ-RL in vollem Umfang gewährleisten.[519]

---

512 Dazu *v. Alvensleben*, Rechte der Arbeitnehmer, S. 330 ff.; *Löw*, Betriebsveräußerung im europäischen Arbeitsrecht, S. 182 ff.; *Colneric*, FS Steindorff, 1990, S. 1129 (1135 ff.).
513 *v. Alvensleben*, Rechte der Arbeitnehmer, S. 332 f.; *Hanau*, FS Gaul, 1992, S. 287 (303).
514 BGBl. I, 1985, S. 710.
515 Vgl. *Fitting*, BetrVG, §§ 112, 112a BetrVG Rz. 100; *Richardi/Annuß*, BetrVG, 16. Aufl. 2018, § 112a BetrVG Rz. 1.
516 Ebenso *v. Alvensleben*, Rechte der Arbeitnehmer, S. 332 f.; a.A. EAS/*Oetker/Schubert*, B 8300 Rz. 503 ff.; *Löw*, Betriebsveräußerung im europäischen Arbeitsrecht, S. 183; *Düwell*, FA 2002, 107 (110); *Oetker*, NZA 1998, 1193 (1199); *Riesenhuber*, RdA 2004, 340 (344).
517 Ebenso EAS/*Oetker/Schubert*, B 8300 Rz. 514; a.A. *Riesenhuber*, RdA 2004, 340 (343).
518 Begründung des Kommissionsentwurfs v. 8.9.1994, BR-Drucks. 869/94, S. 19 Rz. 41; *Colneric*, FS Steindorff, 1990, S. 1129 (1133); *Löw*, Betriebsveräußerung im europäischen Arbeitsrecht, S. 177; *Oetker*, NZA 1998, 1193, (1196).
519 S. EuGH v. 8.6.1994 – C-382/92 – Kommission/Vereinigtes Königreich, Slg. 1994, I-2435.

4. Individuelle Information der Arbeitnehmer als Auffanglösung (Art. 7 Abs. 6 BÜ-RL)

Nach Art. 7 Abs. 6 BÜ-RL sind die Mitgliedstaaten verpflichtet, Bestimmungen über eine **individuelle Information** der Arbeitnehmer vor dem Betriebsübergang vorzusehen, falls unabhängig vom Willen der Beschäftigten keine Arbeitnehmervertretung in dem Unternehmen oder Betrieb existiert. Die Vorgängervorschrift in Art. 6 Abs. 5 RL 77/187/EWG hatte lediglich bestimmt, dass die Mitgliedstaaten vorsehen können, dass die Arbeitnehmer für den Fall der Nichtexistenz von Arbeitnehmervertretern über den bevorstehenden Übergang zu informieren sind, so dass die Einführung einer solchen Informationspflicht bis zur Änderungsrichtlinie 98/50/EG im Ermessen der Mitgliedstaaten lag.

15.210

Art. 7 Abs. 6 BÜ-RL erfasst in erster Linie Konstellationen, in denen die **Voraussetzungen für die Bildung einer Arbeitnehmervertretung** in der vom Übergang betroffenen Einheit im mitgliedstaatlichen Recht nicht erfüllt sind, so dass die Arbeitnehmer unabhängig von ihrem Willen keine Vertretung errichten können. Dies betrifft vor allem Kleinbetriebe (vgl. in Deutschland § 1 Abs. 1 BetrVG). Einheiten, die aufgrund der geringen Beschäftigtenzahl lediglich über einen einzigen Arbeitnehmervertreter verfügen (können), sind aus dem Anwendungsbereich des Art. 7 Abs. 6 BÜ-RL hingegen ausgeschlossen, weil in diesem Fall eine Arbeitnehmervertretung existiert oder jedenfalls errichtet werden könnte.[520] Allerdings können die Mitgliedstaaten nach Art. 7 Abs. 5 BÜ-RL diesen Fall von den Informations- und Konsultationsverpflichtungen ausnehmen, so dass dann weder eine kollektive noch eine individuelle Information gewährleistet werden müsste. Da dies mit der **Auffangfunktion** des Art. 7 Abs. 6 BÜ-RL[521] nicht übereinstimmt, spricht vieles für eine analoge Anwendung der Vorschrift auf diesen Fall.[522]

15.211

Mit der individuellen Unterrichtung nach Art. 7 Abs. 6 BÜ-RL sollen die einzelnen Arbeitnehmer die Möglichkeit haben, zu dem bevorstehenden Übergang Stellung zu nehmen, wenn eine Arbeitnehmervertretung aufgrund fehlender Voraussetzungen im nationalen Recht nicht gebildet werden kann. Vom Sinn und Zweck her soll die individuelle Unterrichtung der Arbeitnehmer nach Art. 7 Abs. 6 BÜ-RL ein funktionales Äquivalent zur kollektiven Unterrichtung der Arbeitnehmervertreter sein,[523] was aber nur bedingt überzeugt, da die Information anders als im Anwendungsbereich des Art. 7 Abs. 1 und 2 bzw. Abs. 3 BÜ-RL nicht auf die Ermöglichung einer Konsultation abzielt.

15.212

Der **Inhalt der Unterrichtung** gem. Art. 7 Abs. 6 BÜ-RL entspricht nach dem Richtlinienwortlaut dem Katalog des Art. 7 Abs. 1 BÜ-RL. Gegenstand der Unterrichtung der einzelnen Arbeitnehmer ist demnach der Zeitpunkt bzw. der geplante Zeitpunkt des Übergangs, der Grund für den Übergang, die rechtlichen, wirtschaftlichen und sozialen Folgen des Übergangs für die Arbeitnehmer sowie die hinsichtlich der Arbeitnehmer in Aussicht genommenen Maßnahmen. Unterschiede hinsichtlich der Reichweite der kollektiven und der individuellen Information können sich allerdings aus dem anders gelagerten Kontext (kein Konsultationserfordernis im Rahmen des Art. 7 Abs. 6 BÜ-RL) ergeben.

15.213

In **zeitlicher Hinsicht** sieht Art. 7 Abs. 6 BÜ-RL die Unterrichtung vor dem Betriebsübergang vor. Die **Modalitäten** der Unterrichtung wie z.B. eine bestimmte Form sind in der Richtlinie nicht geregelt und bleiben der Ausgestaltung durch die Mitgliedstaaten überlassen.

15.214

---

520 *Martin*, Umsetzung der Unternehmensübergangsrichtlinie, S. 410.
521 EuGH v. 8.6.1994 – C-382/92 – Kommission/Vereinigtes Königreich, Slg. 1994, I-2435 Rz. 23; EAS/*Oetker/Schubert*, B 8300 Rz. 332; *v. Alvensleben*, Rechte der Arbeitnehmer, S. 123; *Grau*, Unterrichtung und Widerspruchsrecht, S. 28; *Löw*, Betriebsveräußerung im europäischen Arbeitsrecht, S. 177; *Bauer/v. Steinau-Steinrück*, ZIP 2002, 457 (460f.); *Oetker*, NZA 1998, 1193 (1196); *Sagan*, ZIP 2011, 1641 (1642f.).
522 Ähnlich *Martin*, Umsetzung der Unternehmensübergangsrichtlinie, S. 410; *Bauer/v. Steinau-Steinrück*, ZIP 2002, 457 (460); *Willemsen/Annuß*, NJW 1999, 2073 (2080).
523 *Sagan*, ZIP 2011, 1641 (1642).

15.215 Art. 7 Abs. 6 BÜ-RL trifft keine ausdrückliche Regelung zu den **Adressaten der Informationspflicht**. Konkret stellt sich die Frage, ob nur der Veräußerer seine (übergehenden) Arbeitnehmer oder auch der Erwerber die Arbeitnehmer des aufnehmenden Betriebs zu informieren hat, falls diese von den Auswirkungen des Betriebsübergangs betroffen sind, wie es Art. 7 Abs. 1 BÜ-RL in kollektiver Hinsicht bei Bestehen einer Arbeitnehmervertretung vorsieht. Aufgrund des Vergleichs mit Art. 7 Abs. 1 BÜ-RL spricht vieles für die letztgenannte Auslegung, sofern beim Erwerber die Voraussetzungen für die Errichtung einer Arbeitnehmervertretung nicht gegeben sind.[524]

15.216 In Deutschland ist den Vorgaben von Art. 7 Abs. 6 BÜ-RL durch § 613a Abs. 5 BGB entsprochen, der aufgrund der Geltung auch in betriebsratsfähigen Betrieben über die europäischen Vorgaben hinausgeht. Allerdings sieht das deutsche Recht keine individuelle Unterrichtung der Arbeitnehmer des Erwerbers vor, was bei Auswirkungen des Betriebsübergangs auf deren Beschäftigungsbedingungen und gleichzeitig fehlender Betriebsratsfähigkeit zu einem Defizit gegenüber den Vorgaben der Richtlinie führt.

5. Gewährleistung der Information und Konsultation bei Planung durch Obergesellschaft (Art. 7 Abs. 4 BÜ-RL)

15.217 Gemäß Art. 7 Abs. 4 UAbs. 1 BÜ-RL ist die Information und Konsultation der Arbeitnehmervertretung auch dann zu gewährleisten, wenn die zum Übergang führende Entscheidung nicht vom Arbeitgeber, sondern von einem diesen **beherrschenden Unternehmen** getroffen wird. Dadurch soll sichergestellt werden, dass es aufgrund etwaiger übergeordneter Entscheidungsebenen in Konzernen nicht zu einer Verkürzung des Richtlinienschutzes kommt. Schon vor dem durch die Änderungsrichtlinie 98/50/EG eingefügten Art. 7 Abs. 4 BÜ-RL traf Art. 2 Abs. 4 der Massenentlassungsrichtlinie 72/125/EWG in der durch die Änderungsrichtlinie 92/56/EWG geänderten Fassung (heute Art. 2 Abs. 4 ME-RL) eine vergleichbare Regelung.

15.218 Art. 7 Abs. 4 UAbs. 2 BÜ-RL stellt ergänzend klar, dass die Informations- und Konsultationspflichten nach Art. 7 Abs. 1 bis 3 BÜ-RL auch dann unverändert gelten, wenn die über alle Informationen verfügende und für die Entscheidung zuständige Konzernleitung unter Umständen nicht bereit ist, die erforderliche Information und Konsultation zu gewährleisten.[525]

6. Gewährleistung der Rechtedurchsetzung (Art. 9 BÜ-RL) und Sanktionen bei Verstoß gegen Informations- oder Konsultationspflichten

15.219 Die Mitgliedstaaten sind nach Art. 9 BÜ-RL verpflichtet, in ihre innerstaatlichen Rechtssysteme die erforderlichen Bestimmungen aufzunehmen, um allen Arbeitnehmern und ihren Vertretern, die ihrer Ansicht nach durch die Nichtbeachtung der sich aus dieser Richtlinie ergebenden Verpflichtungen benachteiligt sind, die Möglichkeit zu geben, ihre Forderungen **gerichtlich durchzusetzen**. Dadurch wird zugleich sichergestellt, dass der EuGH über die Vorlagepflicht der nationalen Gerichte nach Art. 267 AEUV sein letztinstanzliches Auslegungsmonopol bezüglich des Unionsrechts wahrnehmen kann (vgl. Rz. 1.78 f.).[526] Die Pflicht zur Gewährleistung der Rechtedurchsetzung war in der ursprünglichen RL 77/187/EWG nicht geregelt und wurde mit der Änderungsrichtlinie 98/50/EG klarstellend in den Richtlinientext aufgenommen.

15.220 Im Übrigen schreibt die Betriebsübergangsrichtlinie keine speziellen Verfahren oder Sanktionen bei **Verstößen gegen die Informations- und Konsultationspflicht** vor.[527] Die Richtlinie unterliegt

---

524 Vgl. *Franzen*, RdA 2002, 258 (261); Schlachter/Heinig/*Krause*, § 7 Rz. 109; *Willemsen/Annuß*, NJW 1999, 2073.
525 Vgl. *Martin*, Umsetzung der Unternehmensübergangsrichtlinie, S. 408.
526 *Schruiff*, Betriebsübergangsrichtlinie der EG, S. 52.
527 Vgl. *Oetker*, NZA 1998, 1193 (1196); *Riesenhuber*, RdA 2004, 340 (350).

jedoch den allgemeinen Prinzipien des Unionsrechts einschließlich dem Proportionalitäts- und Effektivitätsgrundsatz (vgl. Rz. 1.122).[528] Nach Art. 4 Abs. 3 UAbs. 2 EUV haben die Mitgliedstaaten alle geeigneten Maßnahmen zur Erfüllung der Verpflichtungen zu ergreifen, die sich aus den Verträgen oder den Handlungen der Unionsorgane ergeben. Zu diesen Maßnahmen zählt insbesondere das Vorsehen von geeigneten und effektiven Kontrollsystemen zur Sicherstellung einer korrekten Anwendung der auf der Richtlinie beruhenden nationalen Vorschriften.[529] Es steht demnach im Ermessen der Mitgliedstaaten, darüber zu entscheiden, anhand welcher Mittel und Verfahren Verstöße gegen Art. 7 BÜ-RL sanktioniert werden, solange die Mitgliedstaaten bei Nichteinhaltung der Informations- und Konsultationspflicht eine effektive und verhältnismäßige Sanktion mit abschreckendem Charakter vorsehen.[530]

---

[528] Begründung des Kommissionsentwurfs v. 8.9.1994, BR-Drucks. 869/94, 20 Rz. 43.
[529] EuGH v. 8.6.1994 – C-382/92 – Kommission/Vereinigtes Königreich, Slg. 1994, I-2435 Rz. 55; *Oetker*, NZA 1998, 1193 (1196); EAS/*Oetker*/*Schubert*, B 8300 Rz. 487.
[530] EuGH v. 8.6.1994 – C-382/92 – Kommission/Vereinigtes Königreich, Slg. 1994, I-2435; Memorandum der Kommission zu den erworbenen Ansprüchen der Arbeitnehmer beim Übergang von Unternehmen, KOM (1994), 85 endg., NZA 1997, 697 (700); *Oetker*, NZA 1998, 1193 (1196); zur Umsetzung in Deutschland durch die Sanktionsmechanismen des BetrVG s. GK-BetrVG/*Oetker*, 11. Aufl. 2018, § 121 BetrVG Rz. 8 f. und § 119 BetrVG Rz. 11 ff. m.w.N.

§ 16
Dienstleistungsfreiheit und Arbeitnehmerentsendung

Der Autor *Heuschmid* hat die Abschnitte I bis II, der Autor *Schierle* den Abschnitt III verfasst. Beide Autoren tragen die gemeinsame Verantwortung für den gesamten Text.

I. Dienstleistungsfreiheit	16.1
1. Dogmatik der Dienstleistungsfreiheit	16.2
a) Anwendungsbereich	16.2
b) Abgrenzung zu anderen Grundfreiheiten	16.7
aa) Arbeitnehmerfreizügigkeit	16.7
bb) Niederlassungsfreiheit	16.11
c) Einschränkung durch die Übergangsregelungen in den Beitrittsverträgen	16.12
d) Beeinträchtigung	16.15
e) Rechtfertigung	16.20
2. Verhältnis zu anderen Normen des Primärrechts	16.30
3. Verhältnis der Dienstleistungsfreiheit zur Entsenderichtlinie	16.32
4. Sozialversicherungsrechtliche Implikationen der Entsendung	16.35
5. Entsendung und Arbeitserlaubnisrecht	16.42
6. Dienstleistungsrichtlinie	16.47
II. Entsendung und Arbeitskollisionsrecht	16.50
1. Grundsatz der freien Rechtswahl	16.53
2. Objektive Anknüpfung	16.55
3. Eingriffsrecht	16.60
a) Die Entsenderichtlinie als kollisionsrechtliche Regelung	16.63
b) Sonstige Eingriffsnormen im deutschen Recht	16.67
III. Entsenderichtlinie	16.69
1. Einleitung	16.69
a) Zweck der Entsenderichtlinie	16.69
b) Historische Entwicklung	16.71
c) Richtlinie 2014/67/EU zur Durchsetzung der Entsenderichtlinie	16.77
d) Richtlinie (EU) 2018/957 zur Änderung der Entsenderichtlinie	16.80
e) Vorschlag für verkehrsspezifische Regelungen im „Road Package"	16.82
2. Art. 1 und 2 Ents-RL	16.83
a) Unternehmen mit Sitz in der EU (Art. 1 Abs. 1 Ents-RL)	16.85
b) Vorliegen einer Entsendesituation (Art. 1 Abs. 3 Ents-RL)	16.91
c) Vorübergehender Charakter der Entsendung (Art. 2 Abs. 1 Ents-RL)	16.100
d) Ausnahmen (Art. 1 Abs. 2 Ents-RL) und nicht erfasste Sachverhalte	16.108
e) Unternehmen mit Sitz in Drittstaaten (Art. 1 Abs. 4 Ents-RL)	16.111
f) Monti-Klausel (Art. 1 Abs. 5 Ents-RL)	16.112
3. Art. 3 Ents-RL	16.113
a) Der harte Kern von Arbeits- und Beschäftigungsbedingungen (Abs. 1)	16.113
aa) Erstreckung der Arbeits- und Beschäftigungsbedingungen durch Rechts- und Verwaltungsvorschriften oder allgemeinverbindliche Tarifverträge	16.120
bb) Arbeitszeit- und urlaubsrechtliche Regelungen (Buchst. a und b)	16.126
cc) Sozialkassen	16.128
dd) Mindestlohnsätze/Entlohnung (Buchst. c)	16.130
(1) Zum Begriff Mindestlohnsätze/Entlohnung	16.130
(2) Vergleich des Entgelts im Herkunftsstaat mit dem fälligen Mindestlohn im Aufnahmestaat	16.143
(3) Öffentliche Auftragsvergabe	16.158
b) Ausnahmen (Abs. 2 bis 5)	16.164
c) Günstigkeitsprinzip (Abs. 7 Unterabs. 1)	16.170
d) Allgemeinverbindliche Tarifverträge (Abs. 8)	16.174
e) Leiharbeit	16.182
f) Erstreckung weiterer Arbeitsbedingungen aus dem Bereich der öffentlichen Ordnung (Abs. 10)	16.186
4. Art. 4 Ents-RL	16.191
5. Art. 5 Ents-RL	16.196
a) Nationale Kontrollmaßnahmen	16.198
b) Sanktionen	16.207
c) Gesamtschuldnerische Haftung	16.210
d) Nichtvorliegen einer Entsendesituation	16.216
6. Art. 6 Ents-RL	16.217

Schrifttum: *Barnard*, Posting matters, Arbeidsrett 2014, 1; *Bayreuther*, Arbeitsrecht: Mindestlohn entsandter Arbeitnehmer, EuZW 2015, 312; *Bayreuther*, Arbeitsrecht im Richtlinienvorschlag zur konzerninternen Versendung von Drittstaatsangehörigen (ICT-Richtlinie), ZESAR 2012, 405; *Bayreuther*, Begriff und Bestimmung des Mindestlohns im Entsenderecht, EuZA 2015, 346; *Bayreuther*, Inländerdiskriminierung bei Tariftreueerklärungen im Vergaberecht, EuZW 2009, 102; *Bayreuther*, Mindestlohnwirksame Leistungen im Geltungsbereich des Entsenderechts, EuZA 2014, 189; *Bayreuther*, Tariftreue vor dem Aus, Konsequenzen der Rüffert-Entscheidung des EuGH für die Tariflandschaft, NZA 2008, 626; *Brors*, Europäische Rahmenbedingungen für den neuen Mindestlohn und seine Ausnahmen, NZA 2014, 938; *Brors*, „vorübergehend", AuR 2013, 108; *Cremers*, Towards a European Labour Authority, 2018; *Cremers/Donders*, Freizügigkeit der Arbeitnehmer in der EU, 2005; *Csaki/Freundt*, Europarechtskonformität von vergabegesetzlichen Mindestlöhnen, KommJur 2012, 246; *v. Danwitz*, Die Rechtsprechung des EuGH zum Entsenderecht, Bausteine für eine Wirtschafts- und Sozialverfassung der EU, EuZW 2002, 237; *Däubler*, Der vergaberechtliche Mindestlohn im Fadenkreuz des EuGH – Auf dem Weg zu Rüffert II?, NZA 2014, 694; *Däubler*, Die Entsende-Richtlinie und ihre Umsetzung in das deutsche Recht, EuZW 1997, 613; *Däubler* (Hrsg.), Arbeitskampfrecht, 4. Aufl. 2018 (zit.: Däubler/*Bearbeiter*); *Däubler/Zimmer* (Hrsg.), Arbeitsvölkerrecht, Festschrift für Klaus Lörcher, 2013; *Däubler/Hjort/Schubert/Wolmerath*, Handkommentar Arbeitsrecht, 4 Aufl. 2017 (zit.: HK-ArbR/*Bearbeiter*); *Davies*, Posted Workers: Single Market Or Protection of National Labour Law Systems?, CLM Rev. 1997, 571; *Deinert*, Neues Internationales Arbeitsvertragsrecht, RdA 2009, 144; *Deinert*, Internationales Arbeitsrecht, 2013; *Eichenhofer*, Veränderungen in der EU-Koordinierung der sozialen Sicherheit, ZESAR 2013, 439; *Evju*, Die Zukunft der Tarifautonomie und das nordische Modell, EuZA 2010, 48; *Evju*, Introducing: Cross-Border Services, Posting of Workers, and Multilevel Governance, University of Oslo Faculty of Law Legal Studies Research Paper Series No. 2013-29; *Franzen*, Grenzüberschreitende Arbeitnehmerüberlassung – Überlegungen aus Anlass der Herstellung vollständiger Arbeitnehmerfreizügigkeit zum 1.5.2011, EuZA 2011, 451; *Franzen*, Die Lohnwucherrechtsprechung des BAG als Eingriffsnorm i.S.v. Art. 9 Rom I-VO bzw. § 2 Nr. 1 AEntG?, ZESAR 2011, 101; *Fuchs*, Die Beschränkung des Arbeitsmarktzugangs für Angehörige aus den EU-8-Staaten, ZESAR 2007, 97; *Glaser/Kahl*, Zur Europarechtskonformität kombinierter Tariftreue- und Mindestlohnklauseln in Landesvergabegesetzen, ZHR 2013, 643; *Hantel*, Der Schutz arbeitsrechtlicher Mindeststandards bei einem grenzüberschreitenden Arbeitnehmereinsatz innerhalb der EU, ZESAR 2014, 261; *Hantel*, Öffentliche Auftragsvergabe und unionsrechtliche Mindestarbeitsbedingungen, ZESAR 2016, 159; *Heuschmid*, Mitentscheidung durch Arbeitnehmer – ein europäisches Grundrecht?, 2009; *Heuschmid*, Vergabemindestlohn europarechtskonform, AuR 2016, 164; *Heuschmid/Ulber*, Unternehmensmitbestimmung auf dem Prüfstand des EuGH, NZG 2016, 102; *van Hoek/Houwerzijl*, Comparative study on the legal aspects of the posting of workers in the framework of the provision of services in the European Union, 2011; *van Hoek/Houwerzijl*, Complementary study on the legal aspects of the posting of workers in the framework of the provision of services in the European Union, 2011; *Houwerzijl*, Der Kommissionsvorschlag für eine Durchsetzungsrichtlinie vor dem Hintergrund strategischer Umgehung nationaler Mindestlöhne, AuR 2013, 342; *Houwerzijl*, Liability in subcontracting processes in the European construction sector, 2008; *Huber* (Hrsg.), AufenthG, 2. Aufl. 2014 (zit.: Huber/*Bearbeiter*); *Janda*, Die Durchsetzung der Rechte entsandter Arbeitnehmer, SR 2016, 1; *Jorens/Peters/Houwerzijl*, Study on the protection of workers' rights in subcontracting processes in the European Union, 2012; *Kainer*, Mindestlohnregelungen im Lichte der europäischen Grundfreiheiten, NZA 2016, 394; *Klaus*, Die rechtlichen Rahmenbedingungen für kurzfristige Entsendungen ins Bundesgebiet, ZAR 2014, 148; *Klein*, Regelungen zur Entsendung im europäischen Arbeits- und Sozialrecht im Vergleich, ZESAR 2015, 272; *Koberski/Asshoff/Eustrup/Winkler*, Arbeitnehmerentsendegesetz, 3. Aufl. 2011; *Koberski/Schierle*, Balance zwischen Dienstleistungsfreiheit und Arbeitnehmerschutz gewahrt? RdA 2008, 233; *Köbele/Cremers*, Europäische Union: Arbeitnehmerentsendung im Baugewerbe, 1994; *Körner*, Mindestlohnanforderungen im internationalen Arbeitsrecht, NZA 2007, 425; *Lind*, The Danish law on the posting of workers, University of Oslo Formula Working Paper No. 24, 2010; *Lorenz*, Arbeitnehmer-Entsendegesetz, Gesetzestext und Materialien, 1996; *Lüttringhaus*, Die „engere Verbindung" im europäischen und internationalen Arbeitsrecht, EuZW 2013, 821; *Magnus*, Die Rom I-Verordnung, IPRax 2010, 27; *Maier*, Unterbietung des Mindestlohns durch Tarifverträge, NZA 2009, 351; *Maier*, Fremdpersonaleinsatz im erweiterten Binnenmarkt zwischen Liberalisierung und Reglementierung, EuZA 2016, 72; *Mankowski*, Formelle Selbständige, Bescheinigung A 1 (früher E 101) und Arbeitnehmerbegriff im europäischen IZPR, EuZA 2016, 107; *Mankowski*, Die Unionsrechtskonformität des Mindestlohngesetzes – unter Berücksichtigung des grenzüberschreitenden Straßenverkehrs, RdA 2017, 272; *Molitor*, Studie Geschäftsmodell Ausbeutung, Wenn europäische Arbeitnehmer_innen in Deutschland um ihre Rechte betrogen werden, 2015; *Muller*, Information provided on the posting of workers, 2010; *Nassibi/Rödl/Schulten*, Perspektiven vergabespezifischer Mindestlöhne nach dem Regio-Post-Urteil des EuGH, Policy Brief WSI, Nr. 3/2016; *Kittner/Deinert/Zwanziger/Heuschmid* (Hrsg.), Arbeitsrecht Handbuch (zit.: HdB Arbeitsrecht/*Bearbeiter*); *Piffl-Pavelec*, Entsendung von Arbeitnehmern im Rahmen der Dienstleistungsfreiheit (Richtlinien-Entwurf), DRdA 1995, 292; *Preis/Temming*, Die Urlaubs- und Lohnausgleichskasse im Kontext des Gemeinschaftsrechts, 2006; *Räuchle/Schmidt*, Arbeitsrechtliche Bindungswirkung von Entsendeentscheidungen? – Eine Frage im Schnittpunkt von Europäischem Sozialversicherungs-, Entsende- und Arbeitnehmerüberlassungsrecht, RdA 2015, 407; *Riechert/Nimmerjahn*, Mindestlohngesetz, 2. Aufl. 2017; *Röbke*, Sozialstandards bei der Vergabe öffentlicher Aufträge in Berlin und Brandenburg, LKV 2011, 337; *Rödl*, Bezifferte Mindestlohnvorgaben im Vergaberecht, EuZW 2011, 292; *Rödl*, Europarechtliche Rahmenbedingungen für eine Reform des Arbeitnehmer-Entsendegesetzes, WSI Mitteilungen 2012, 517; *Ruchti*, Das ILO-Übereinkommen Nr. 94, 2010; *Sagan*, Mindestlohnwirksame Vergütung: Grundlohn- vs. Entgelttheorie, Besprechung des Urteils BAG v. 21.12.2016 – 5 AZR 374/16, RdA 2018, 121; *Schaub*, Arbeitsrechtshandbuch (zit.: Schaub/Bearbeiter); *Schlachter*, Grenzüberschreitende Arbeitsverhältnisse, NZA 2000, 57; *Schlachter*, Kollektive Rechte der Arbeitsmigration und Entsendung, Sui Generis, Festschrift für Stein Evju, 2016; *Schlachter/Ohler*, Europäische Dienstleistungsrichtlinie, 2008; *Schlegel*, Arbeitnehmerfreizügigkeit der EU-8 seit Mai 2011, AuR 2011, 384; *Schneider-Sievers*, Freizügigkeit für Arbeitnehmer und Unternehmen – der nationale Blickwinkel, RdA 2012, 277; *Scholz/Becker* (Hrsg.), Die Auswirkung der Rechtsprechung des Europäischen Gerichtshofs auf das Arbeitsrecht der Mitgliedstaaten, 2009; *Schubert*, Gutachterliche Stellungnahme zu den Aktivitäten der EU-Kommission bezüglich der Urteile des Europäischen Gerichtshofes zum Verhältnis sozialer Grundrechte und Binnenmarktfreiheiten, 2012; *Steiff/André*, Konsequenzen aus dem EuGH-Urteil zur Tariftreue, NZBau 2008, 364; *Thüsing*, Arbeitnehmer-Entsendegesetz, MiLoG und AEntG, 2. Aufl. 2016; *Thüsing*, Europäisches Arbeitsrecht, 3. Aufl. 2017; *Thüsing/Granetzny*, Noch einmal: Was folgt aus Rüffert, NZA 2009, 183; *Thym*, Umfang nationaler Kontrollmöglichkeiten bei der Arbeitnehmerentsendung, NZA 2006, 713; *Ulber*, Die Bindungswirkung von A1-Bescheinigungen bei illegaler Arbeitnehmerüberlassung, ZESAR 2015, 3; *Velikova*, Arbeitnehmerentsendung und Kollektivvertragssystem, 2012; *Wank/Börgmann*, Die Einbeziehung ausländischer Arbeitnehmer in das deutsche Urlaubskassenverfahren, NZA 2001, 177; *Wiesehügel/Sahl*, Die Sozialkassen der Bauwirtschaft und die Entsendung innerhalb der Europäischen Union, 1998; *Wittjen*, Tariftreue am Ende?, ZfBR 2009, 30.

I. Dienstleistungsfreiheit

Die Genese der **Entsenderichtlinie**[1] (Ents-RL) steht in **engem Zusammenhang** mit der Rechtsprechung des EuGH zur **Dienstleistungsfreiheit** sowie zur **Arbeitnehmerfreizügigkeit**. Deshalb ist vor der detaillierten Beschäftigung mit der Ents-RL zunächst deren primärrechtlicher Hintergrund auszuleuchten. Die Dienstleistungsfreiheit, die in den Art. 56 ff. AEUV geregelt ist, soll den grenzüberschreitenden Freiverkehr des Produktes „Dienstleistung" sicherstellen.[2] Der EuGH ordnete die Arbeitnehmerentsendung bislang nahezu ausschließlich der Dienstleistungsfreiheit zu (vgl. Rz. 16.3).[3] Die Dogmatik der Dienstleistungsfreiheit ist durch die Rechtsprechung des EuGH stark ausdifferenziert. Die Prüfungssystematik folgt dem bekannten Schema: Anwendungsbereich, Beeinträchtigung und Rechtfertigung. Daneben steht die Arbeitnehmerfreizügigkeit aus Art. 45 AEUV, die die grenzüberschreitende Mobilität des Produktionsfaktors Arbeit sicherstellen soll. Die Entsendung von Arbeitnehmern liegt quasi im Überschneidungsbereich beider Grundfreiheiten, je nachdem ob man die grenzüberschreitende Erstellung einer Dienstleistung oder die Arbeitnehmermobilität in den Vordergrund stellt.[4] Faktisch wirkt die Zuordnung zur Dienstleistungsfreiheit wirtschaftlich

16.1

---

1 Ents-RL bezeichnet die Richtlinie 96/71/EG des Europäischen Parlaments und des Rates v. 16.12.1996 über die Entsendung von Arbeitnehmern im Rahmen der Erbringung von Dienstleistungen (ABl. Nr. L 18 v. 21.1.1997, S. 1) in der durch die Richtlinie (EU) 2018/957 v. 28. Juni 2018 (ABl. Nr. L 173 v. 9.7.2018, S. 16) geänderten Fassung. Ents-RL (1996) bezeichnet die Richtlinie 96/71/EG in ihrer ursprünglichen Fassung.
2 Streinz/*Müller-Graff*, Art. 56 AEUV Rz. 1.
3 EuGH v. 27.3.1990 – C-113/89 – Rush Portuguesa, Slg. 1990, I-1417; kritisch: *Schlachter*, FS Evju, S. 565 f.
4 EuArbR/*Rebhahn*, Art. 56 AEUV Rz. 4.

asymmetrisch, da sie typischerweise Mitgliedstaaten mit niedrigen Arbeits- und Sozialstandards im Wettbewerb begünstigt.[5] Dadurch entsteht ein Spannungsfeld, das nach einem Ausgleich der kollidierenden Interessen verlangt. Fraglich ist bei Entsendekonstellationen daher typischerweise die Grenzziehung zwischen unionsrechtlich liberalisierten und mitgliedstaatlich reglementierten Arbeitsmarktzugang.[6] Während der EuGH die Entsendung anfangs ausschließlich der Dienstleistungsfreiheit zuordnete, mehren sich in der Literatur zuletzt die Stimmen, die jedenfalls auch eine Zuordnung zum Anwendungsbereich der Arbeitnehmerfreizügigkeit fordern (vgl. Rz. 16.7 ff.).[7] Sowohl Dienstleistungsfreiheit als auch Arbeitnehmerfreizügigkeit gehören zu den Fundamenten der grenzüberschreitenden Freizügigkeit innerhalb des Binnenmarktes der Union, die durch den EuGH sehr **extensiv**[8] ausgelegt werden (s. Art. 3 Abs. 3 Satz 1 EUV i.V.m. Art. 26 Abs. 2 AEUV). Beide Grundfreiheiten bilden den Rahmen, innerhalb dessen der EU-Gesetzgeber und die mitgliedstaatlichen Normsetzer zur Ausgestaltung der Arbeitnehmerentsendung befugt sind.

1. Dogmatik der Dienstleistungsfreiheit

a) Anwendungsbereich

16.2 Der **sachliche Anwendungsbereich** der Dienstleistungsfreiheit umfasst nach der Legaldefinition in Art. 57 Abs. 1 AEUV Leistungen, die in der Regel gegen Entgelt erbracht werden, soweit sie nicht anderen Freizügigkeitsvorschriften unterfallen. Dies verdeutlicht den Charakter der Dienstleistungsfreiheit als Auffangfreizügigkeit, die insbesondere Handlungen erfasst, die nicht schon von der Waren- und Kapitalverkehrsfreiheit geschützt sind.[9] Richtig erschließen lässt sich der Anwendungsbereich der Dienstleistungsfreiheit jedoch erst durch eine Zusammenschau der beiden Teilregelungen der Art. 56 und 57 AEUV.[10] Zu beachten sind dabei auch die über Art. 62 AEUV in Bezug genommenen Regelungen zur Niederlassungsfreiheit. Voraussetzung für die Eröffnung des sachlichen Anwendungsbereichs ist nicht zuletzt das Vorliegen eines grenzüberschreitenden Sachverhalts.[11]

16.3 Der Begriff „Dienstleistungen" in Art. 57 AEUV ist grundsätzlich weit zu verstehen. Insbesondere ist die Dienstleistungsfreiheit **nicht** auf den **Begriff des Dienstes i.S.d. § 611 BGB** reduziert. Demzufolge fallen auch Werkvertragsdienstleistungen, wie etwa Bauleistungen, in den Anwendungsbereich des Primärrechts (vgl. Art. 57 Unterabs. 2 AEUV).[12] Geschützt durch Art. 56 AEUV ist damit insbesondere auch das Recht von Unternehmen aus EU-Mitgliedstaaten, Dienstleistungen in einem anderen Mitgliedstaat der Union zu erbringen. Zu diesem Zweck können Unternehmen, etwa im Rahmen eines **Werkvertrags**, ihre eigenen Mitarbeiter vorübergehend in den anderen Mitgliedstaat entsenden, um dort Arbeiten auszuführen, die zur Erbringung der Dienstleistungen erforderlich sind.[13]

16.4 Die Dienstleistungsfreiheit gewährt ebenso wie andere Grundfreiheiten den daraus **Berechtigten** ein subjektives Recht, das in unterschiedlicher Erscheinungsform auftreten kann.[14] Gewährt werden die (aktive) Dienstleistungsfreiheit der Dienstleistungserbringer und die passive Dienstleistungsfreiheit

---

5 Der EuGH sieht dies sogar als legitim an: EuGH v. 18.9.2014 – C-549/13 – Bundesdruckerei, EuZW 2014, 942 ff. Rz. 34.
6 *Mair*, EuZA 2016, 71 (74).
7 *Mair*, EuZA 2016, 72 (78).
8 EuArbR/*Rebhahn*, Art. 56 AEUV Rz. 12; kritisch hierzu: Däubler/*Heuschmid*, Arbeitskampfrecht, § 11 Rz. 57 ff.
9 *Riesenhuber*, Europäisches Arbeitsrecht, § 3 Rz. 56.
10 Calliess/Ruffert/*Kluth*, Art. 57 AEUV Rz. 5.
11 EuGH v. 12.12.1974 – C-36/74 – Walrave, Slg. 1974, 1405 Rz. 4/10; Calliess/Ruffert/*Kluth*, Art. 57 AEUV Rz. 9 f. m.w.N.
12 EuGH v. 27.3.1990 – C-113/89 – Rush Portuguesa, Slg. 1990, I-1417.
13 EuGH v. 27.3.1990 – C-113/89 – Rush Portuguesa, Slg. 1990, I-1417; KOM (2012), 131 endg., S. 2; Calliess/Ruffert/*Kluth*, Art. 57 AEUV Rz. 17a; *Riesenhuber*, Europäisches Arbeitsrecht, § 3 Rz. 57; zu den Werkvertragsübereinkommen: *Velikova*, Arbeitnehmerentsendung und Kollektivvertragssystem, S. 133 ff.
14 EuGH v. 17.12.1981 – C-279/80 – Webb, Slg. 1981, 3305 Rz. 13.

der Dienstleistungsempfänger.[15] Inhaber der aktiven Dienstleistungsfreiheit sind neben den von Art. 56 AEUV berechtigten natürlichen Personen gem. Art. 62 i.V.m. 54 AEUV auch Gesellschaften mit der in Art. 54 AEUV bezeichneten Unionsverknüpfung. Unter Umständen können Drittstaatsangehörige aus der Dienstleistungsfreiheit eines Dritten begünstigt sein.[16] Das gilt etwa für Arbeitnehmer, die durch ein Unternehmen aus einem EU-Mitgliedstaat entsandt werden (vgl. Rz. 16.46 und 16.206). Diese Arbeitnehmer können aus der Dienstleistungsfreiheit des entsendenden Unternehmens ihre eigene „Annex-Freizügigkeit" ableiten.[17] Voraussetzung hierfür ist allerdings, dass der Arbeitnehmer ordnungsgemäß und dauerhaft im EU-Herkunftsstaat beschäftigt ist,[18] wobei das Erfordernis der dauerhaften Beschäftigung im Herkunftsland durch die Rechtsprechung des EuGH zunehmend relativiert wurde.[19]

Auf Verkehrsdienstleistungen i.S.v. Art. 100 AEUV findet die Dienstleistungsfreiheit hingegen keine Anwendung. Vielmehr gelten gem. Art. 58 AEUV i.V.m. Art. 92 AEUV spezielle Vorschriften.[20] 16.5

Zentraler **Adressat** der Dienstleistungsfreiheit sind die Mitgliedstaaten. Ungerechtfertigte Beschränkungen des freien Dienstleistungsverkehrs sowohl durch die Aufnahme- wie auch durch die Herkunftsstaaten sind nach Art. 56 ff. AEUV verboten. Auch die Organe der EU sind an die Dienstleistungsfreiheit gebunden.[21] Allerdings gelten hier spezielle Grundsätze (vgl. Rz. 16.34). Entgegen dem Wortlaut und dem historischen Zweck der Dienstleistungsfreiheit sind auch Private an die Dienstleistungsfreiheit gebunden.[22] 16.6

b) Abgrenzung zu anderen Grundfreiheiten
aa) Arbeitnehmerfreizügigkeit

Wie bereits eingangs angedeutet war von Anfang an umstritten, ob im Kontext der **Arbeitnehmerentsendung** die **Arbeitnehmerfreizügigkeit** im Hinblick auf die entsandten Arbeitnehmer anzuwenden ist (vgl. Rz. 16.1). Art. 45 AEUV gewährt allen, die innerhalb der Union grenzüberschreitend eine abhängige Beschäftigung aufnehmen, einen originären Anspruch auf Gleichbehandlung mit den Beschäftigten des Aufnahmelandes.[23] Nach ständiger Rechtsprechung des EuGH ist der Anwendungsbereich der **Arbeitnehmerfreizügigkeit** (Art. 45 AEUV) bei der grenzüberschreitenden Entsendung von Arbeitnehmern zur Erbringung von Dienstleistungen nicht eröffnet.[24] Vielmehr ordnet der Gerichtshof das Tätigwerden der entsandten Arbeitnehmer ausschließlich Art. 56 AEUV zu. Die betroffenen Arbeitnehmer können sich daher nicht auf die Arbeitnehmerfreizügigkeit berufen.[25] Der Gerichtshof nimmt die entsandten Arbeitnehmer folglich als **Sonderfall** vom Anwendungsbereich des Art. 45 AEUV aus.[26] Zur Begründung verweist er darauf, dass im Rahmen von Dienstleistungsverträgen entsandte Arbeitnehmer **keinen Zugang zum Arbeitsmarkt** des Aufnahmemitgliedstaates suchen, sondern typischerweise nach der Erbringung ihrer Tätigkeit in den Herkunftsstaat zurück- 16.7

---

15 EuGH v. 31.1.1984 – C-286/82 – Graziana, NJW 1984, 1288 ff.; Calliess/Ruffert/*Kluth*, Art. 57 AEUV Rz. 24 ff.; Streinz/*Müller-Graff*, Art. 56 AEUV Rz. 45.
16 Schwarze/Holoubeck, Art. 56, 57 AEUV Rz. 62.
17 ErfK/*Schlachter*, § 1 AEntG Rz. 4; *Thüsing*, Europäisches Arbeitsrecht, § 9 Rz. 6.
18 EuGH v. 9.8.1994 – C-43/93 – Vander Elst, Slg. 1994, I-3803 = EuZW 1994, 600.
19 EuGH v. 19.1.2006 – C-244/04 – Kommission/Deutschland, Slg. 2006, I-885 = NZA 2006, 199 ff.; ausf. Velikova, Arbeitnehmerentsendung und Kollektivvertragssystem, S. 171 ff.
20 Däubler/*Heuschmid*, Arbeitskampfrecht, § 11 Rz. 128; *Mankowski*, RdA 2017, 272 (281).
21 Grabitz/Hilf/Nettesheim/*Forsthoff*, Art. 45 AEUV Rz. 131; Streinz/*Müller-Graff*, Art. 56 AEUV Rz. 63.
22 Streinz/*Müller-Graff*, Art. 56 AEUV Rz. 63; kritisch: *Canaris* in Bauer/Czybulka u.a., Umwelt, Wirtschaft und Recht, S. 29 ff.; Däubler/*Heuschmid*, Arbeitskampfrecht, § 11 Rz. 84 ff.
23 *Schlachter*, FS Evju, S. 565.
24 EuGH v. 3.2.1982 – C-62/81 – Seco, NJW 1982, 1935 ff.; v. 27.3.1990 – C-113/89 – Rush Portuguesa, Slg. 1990, I-1417 Rz. 15; v. 9.8.1994 – C-43/93 – Vander Elst, Slg. 1994, I-3803 Rz. 21; v. 18.12.2007 – C-341/05 – Laval, Slg. 2007, I-11767 Rz. 56; *Franzen*, EuZA 2011, 451 (454).
25 Calliess/Ruffert/*Kluth*, Art. 57 AEUV Rz. 17a.
26 *Schlachter*, FS Evju, S. 565 f.

kehren.[27] Das hat zur Folge, dass den entsandten Arbeitnehmern auch die Rechte aus der **VO (EU) 492/2011**[28] (Freizügigkeits-VO) vorenthalten werden.[29] In dieser VO, die auf der Grundlage von Art. 46 AEUV erlassen worden ist, sind in Art. 7 Freizügigkeits-VO weitreichende Gleichbehandlungsrechte enthalten, die das Prinzip „gleiche Arbeitsbedingen für gleiche Arbeit am gleichen Ort" umsetzen.[30] Insbesondere sind Ungleichbehandlungen beim Entgelt unzulässig (Art. 7 Abs. 1 Freizügigkeits-VO). Regelungen in nationalen Arbeitsverträgen oder Tarifverträgen, die dagegen verstoßen, sind nichtig (Art. 7 Abs. 4 Freizügigkeits-VO). Im Ergebnis führt die vollumfängliche Zuordnung der Arbeitnehmerentsendung zur Dienstleistungsfreiheit zu einer weitgehenden Entrechtung der Beschäftigten.[31] Die Zuordnung zur Dienstleistungsfreiheit hat auch weitgehende Auswirkungen auf die **kollektiven Rechte** der Arbeitnehmer, die hierdurch erheblich eingeschränkt wurden.[32] Letzteres soll künftig durch Art. 1 Abs. 5 Ents-RL verhindert werden (vgl. Rz. 16.112).

16.8 Vor diesem Hintergrund verwundert es nicht, dass der **Ansatz des EuGH** zunehmender **Kritik** ausgesetzt ist.[33] So wird zu Recht bezweifelt, dass auch eine lang andauernde Entsendung (z.B. im Fall eines größeren Bauprojektes) keine Integration in den Arbeitsmarkt des Aufnahmestaates bewirken könne.[34] Ganz im Gegenteil ist anzunehmen, dass der **Arbeitsmarkt** des Aufnahmelandes durch eine Entsendung automatisch beeinflusst wird, da die entsandten Arbeitnehmer regelmäßig in Konkurrenz zu den inländischen Arbeitnehmern treten. So kommt es regelmäßig zu einer Beeinflussung des Lohnniveaus und der Chancen der Gewerkschaften, dieses durch kollektive Maßnahmen zu verbessern.[35] Auch entstehungsgeschichtlich gibt es in den **Vorarbeiten zu den EU-Verträgen** Anhaltspunkte, das Recht des Arbeitsortes bei Entsendungen anwendbar zu machen.[36] Auch sind die **Entscheidungen des Gerichtshofs**, aus denen die alleinige Zuordnung zur Dienstleitungsfreiheit abgeleitet wird, unter speziellen Bedingungen zustande gekommen.[37] Eine Entscheidung dahingehend, dass die Arbeitnehmerfreizügigkeit generell nicht anwendbar ist, wurde bislang noch nicht getroffen. Die pauschale Herausnahme der entsandten Arbeitnehmer aus der Arbeitnehmerfreizügigkeit kollidiert weiterhin mit den einschlägigeren **arbeitsvölkerrechtlichen Vorgaben** zur Arbeitsmigration aus Art. 19 Abs. 4 ESC,[38] Art. 6 ILO-Übereinkommen Nr. 97 sowie Art. 25 UN-Konvention zum Schutze der Rechte[39] der Wanderarbeitnehmer.[40] Aber auch systematische Erwägungen aus dem **Unionsrecht** selbst sprechen gegen den vom EuGH beschrittenen Weg. So soll bereits nach ErwGr. 5 der Freizügigkeits-VO Art. 45 AEUV „gleichermaßen Dauerarbeitnehmern, Saisonarbeitnehmern, Grenzarbeitnehmern oder Arbeitnehmern zustehen, die ihre Tätigkeit im Zusammenhang mit einer Dienstleistung ausüben". Es geht gerade darum, die grenzüberschreitende Arbeitsaufnahme i.S.v. Art. 45 AEUV zu erleichtern, indem man die Interessen der entsandten Arbeitnehmer schützt.[41] Ein Sonderregime für entsandte Arbeitnehmer ist folglich vom EU-Gesetzgeber nicht gewollt. Auch im sonstigen Primärrecht gibt es Anhaltspunkte, die gegen ein Sonderregime für entsandte Arbeitnehmer

---

27 EuGH v. 27.3.1990 – C-113/89 – Rush Portuguesa, Slg. 1990, I-1417 Rz. 15.
28 ABl. L v. 27.5.2011, 141 S. 1 ff.
29 EuArbR/*Windisch-Graetz*, RL 96/71/EG Art. 1 Rz. 25.
30 *Schlachter*, FS Evju, S. 565.
31 EuArbR/*Windisch-Graetz*, RL 96/71/EG Art. 1 Rz. 26.
32 *Schlachter*, FS Evju, S. 565 f.
33 *Preis/Temming*, Die Urlaubs- und Lohnausgleichskasse im Kontext des Gemeinschaftsrechts, S. 118; *Schlachter*, FS Evju, S. 565 ff.; EuArbR/*Rebhahn*, Art. 56 AEUV Rz. 18 ff.; *Rocca*, Posting of Workers and Collective Labour Law: There and Back Again, S. 4; *Mair*, EuZA 2016, 72 (78).
34 *Preis/Temming*, Die Urlaubs- und Lohnausgleichskasse im Kontext des Gemeinschaftsrechts, S. 118.
35 *Schlachter*, FS Evju, S. 565 (568).
36 EuArbR/*Rebhahn*, Art. 56 AEUV Rz. 20.
37 EuArbR/*Rebhahn*, Art. 56 AEUV Rz. 20.
38 Europäischer Ausschuss für Soziale Rechte v. 3.7.2013, Beschwerde Nr. 85/2012, LO und TCO gegen Schweden Rz. 134.
39 HdB Arbeitsrecht/*Heuschmid*, § 8 Rz. 36.
40 Ausf. *Schlachter*, FS Evju, S. 565 (573 ff.).
41 *Schlachter*, FS Evju, S. 565 (568).

sprechen. So kann bei der Entsendung aus einem Niedriglohnland nicht von einer Angleichung der Lebens- und Arbeitsbedingungen „im Wege des Fortschritts" i.S.v. Art. 151 AEUV gesprochen werden.[42] Nicht zuletzt scheint der Gerichtshof die Regelung des Art. 57 Unterabs. 3 AEUV nicht allzu ernst zu nehmen. Danach ist es zulässig, wenn die Dienstleistung im Aufnahmestaat „unter den Voraussetzungen (stattfindet), welche dieser Mitgliedstaat für seine Staatsangehörigen vorschreibt". Festzuhalten bleibt damit, dass gewichtige tatsächliche und rechtliche Überlegungen gegen das vom EuGH pauschal angewendete Sonderregime für entsandte Arbeitnehmer sprechen.

Einen anderen Ansatz verfolgt der EuGH hingegen bei der phänomenologisch der Arbeitnehmerentsendung zur Erfüllung eines Dienstleistungsvertrags vergleichbaren **grenzüberschreitenden Arbeitnehmerüberlassung**. Auch hier geht der Gerichtshof zwar davon aus, dass es sich bei der grenzüberschreitenden Arbeitnehmerüberlassung durch Leiharbeitsunternehmen um einen Anwendungsfall der **Dienstleistungsfreiheit** handelt.[43] Dies ist ein Befund, der im Einklang mit Art. 1 Abs. 3 Buchst. c Ents-RL steht, nach dem die grenzüberschreitende Arbeitnehmerüberlassung zu den durch Ents-RL geregelten Sachverhalten gehört (vgl. Rz. 16.96f.). Allerdings können sich in diesem Fall die betroffenen **Arbeitnehmer** auf die **Arbeitnehmerfreizügigkeit berufen**.[44] Aufgrund der Anwendbarkeit der Arbeitnehmerfreizügigkeit gewährt die Ents-RL den überlassenen Arbeitnehmern demzufolge auch mehr Rechte (Art. 3 Abs. 9 Ents-RL) als im Rahmen von Dienstleistungsverträgen entsandten Arbeitnehmern (vgl. Rz. 16.182ff.).[45] Dies hat der Gerichtshof zuletzt in der Entscheidung *Vicoplus*[46] noch einmal bestätigt. Zur Begründung dieser spezifischen Herangehensweise führt er an, die Arbeitnehmerüberlassung sei eine „Dienstleistung besonderer Art", die gerade darin bestehe, dem **Arbeitsmarkt des Aufnahmemitgliedstaates Arbeitnehmer** zuzuführen.[47] Auf die im Wege der Arbeitnehmerüberlassung entsandten Arbeitnehmer können daher auch die Art. 45 ff. AEUV sowie die Freizügigkeits-VO angewendet werden.[48] In der Entscheidung *Martin Meat* hat der EuGH den Tatbestand der grenzüberschreitenden Arbeitnehmerüberlassung anhand von drei Kriterien konkretisiert.[49] Erstens muss es sich bei der Überlassung von Arbeitskräften um eine gegen Entgelt erbrachte Dienstleistung handeln, bei der der entsandte Arbeitnehmer im Dienst des die Dienstleistung erbringenden Unternehmens bleibt, ohne dass ein Arbeitsvertrag mit dem verwendenden Unternehmen geschlossen wird. Zweitens muss das wesentliche Merkmal dieser Überlassung darin bestehen, dass der Wechsel des Arbeitnehmers in den Aufnahmemitgliedstaat der eigentliche Gegenstand der Dienstleistung des erbringenden Unternehmens ist. Drittens muss der Arbeitnehmer im Rahmen einer solchen Überlassung seine Aufgaben unter der Aufsicht und Leitung des verwendenden Unternehmens wahrnehmen. Diese Kriterien verdeutlichen bereits die Schwierigkeiten, die bei der Abgrenzung von grenzüberschreitender Arbeitnehmerüberlassung und Dienstleistungserbringung bestehen können.[50] Da **sich wertungsmäßig beide Konstellationen ähneln** – insbesondere kommt weder die Arbeitsmigration noch die Entsendung ohne die Zustimmung des betroffenen Arbeitnehmers zustande – spricht alles dafür, die Rechtsprechung des EuGH zur grenzüberschreitenden Arbeitnehmerüberlassung generell auf die grenzüberschreitende Entsendung auszudehnen. Die pauschale Herausnahme der im Rahmen von Dienstleistungsverträgen entsandten Arbeitnehmer aus Art. 45 AEUV kann nicht überzeugen. Entsandte Arbeitnehmer können sich daher auch in diesem Fall auf ihre Arbeitnehmerfreizügigkeit berufen.

---

42 EuArbR/*Rebhahn*, Art. 56 AEUV Rz. 19.
43 EuGH v. 17.12.1981 – C-279/80 – Webb, Slg. 1981, 3305 Rz. 10; v. 10.2.2011 – C-307/09 – Vicoplus, Slg. 2011, I-453 Rz. 30; EuArbR/*Rebhahn*, Art. 56 AEUV Rz. 10.
44 EuGH v. 27.3.1990 – C-113/89 – Rush Portuguesa, Slg. 1990, I-1417 Rz. 16; v. 10.2.2011 – C-307/09 – Vicoplus, Slg. 2011, I-453.
45 EuArbR/*Windisch-Graetz*, RL 96/71/EG Art. 1 Rz. 25.
46 EuGH v. 10.2.2011 – C-307/09 – Vicoplus, Slg. 2011, I-453 Rz. 30; v. 18.6.2015 – C-586/13 – Martin Meat, NZA 2015, 925 ff. Rz. 33.
47 EuGH v. 10.2.2011 – C-307/09 – Vicoplus, Slg. 2011, I-453 Rz. 30.
48 EuGH v. 10.2.2011 – C-307/09 – Vicoplus, Slg. 2011, I-453 Rz. 28 f.
49 EuGH v. 18.6.2015 – C-586/13 – Martin Meat, NZA 2015, 925 ff. Rz. 33; *Mair*, EuZA 2016, 72 (77 f.).
50 *Mair*, EuZA 2016, 72 (77 f.).

16.10 Wendet man die soeben dargestellten Grundsätze an, ist im Bereich der Arbeitnehmerentsendung ein Ausgleich der kollidierenden Rechtsgüter aus Art. 56 AEUV und Art. 45 AEUV zu suchen. In der Literatur wird überzeugend vorgeschlagen, auf den **Grad der Integration** der entsandten Arbeitnehmer in den Arbeitsmarkt des Aufnahmestaates abzustellen, der mit zunehmender **Dauer der Entsendung** verstärkt wird.[51] Kann das Freizügigkeitsrecht der Arbeitnehmer bei kurzen Entsendungen noch weitgehend durch die Dienstleistungsfreiheit verdrängt werden, erstarkt es bei zunehmender Dauer der Entsendung zu seinem vollen Gehalt in Form von Art. 45 AEUV und den damit korrespondieren sekundärrechtlichen Regelungen.[52] Die **Ents-RL** stellt genau diesen Rechtsgüterausgleich in Form eines **Kompromisses** des Unionsgesetzgebers dar. Zwar besteht nach dieser Richtlinie von Anfang an noch kein vollkommener Anspruch auf Gleichbehandlung mit den Beschäftigten des Aufnahmestaates, aber auch bei den Arbeitsbedingungen des Herkunftsstaates bleibt es nicht, vielmehr werden bestimmte, in Art. 3 Ents-RL festgelegte Arbeitsbedingungen (vgl. Rz. 16.113 f.) von Beginn an auch den entsandten Arbeitnehmern gewährt. Für die **Auslegung** der Ents-RL bedeutet dies, dass nicht nur Art. 56 AEUV zu berücksichtigen ist, sondern vielmehr auch **Art. 45 AEUV** eine **gewichtige Rolle** zukommt. Letzterer spricht für eine weitgehende Gleichbehandlung der entsandten Arbeitnehmer, soweit ein hinreichender Grad an Integration in den konkreten Arbeitsmarkt erreicht ist. Eine solche Integration ist spätestens nach **24 Monaten** anzunehmen (vgl. Rz. 16.57). Sofern ein Verstoß gegen Art. 45 AEUV vorliegt, ist das entgegenstehende Recht unangewendet zu lassen.[53] Arbeitsvertragliche oder kollektivvertragliche Regelungen sind hingegen nach Art. 7 Abs. 4 Freizügigkeits-VO nichtig. Von vornherein ausgeschlossen ist hingegen ein Sonderregime im Hinblick auf die **kollektiven Rechte** der entsandten Arbeitnehmer. Diese können in Entsendefällen nicht vorenthalten werden (vgl. Rz. 16.7).[54]

bb) Niederlassungsfreiheit

16.11 In **Abgrenzung** zur Dienstleistungsfreiheit setzt die **Niederlassungsfreiheit** eine „feste Einrichtung" in dem anderen Mitgliedstaat sowie eine dauerhafte Beteiligung am Wirtschaftsleben dieses Staates voraus.[55] Deshalb ist diese bei nur vorübergehenden Tätigkeiten auf dem Territorium des Aufnahmestaates regelmäßig nicht betroffen.

c) Einschränkung durch die Übergangsregelungen in den Beitrittsverträgen

16.12 Um Störungen auf dem Arbeitsmarkt beim Zusammentreffen unterschiedlicher Arbeits- und Sozialstandards in einzelnen Mitgliedstaaten zu verhindern, wurden in der Vergangenheit **Übergangsregelungen** in die Beitrittsverträge aufgenommen, die es den Mitgliedstaaten ermöglichten, einzelne **Grundfreiheiten zu beschränken**.[56] Diese Übergangsvorschriften gab es bereits in den Beitrittsverträgen im Zuge der Süderweiterung[57] in den 1980er Jahren. Auch im Rahmen der EU-Osterweiterung 2004 wurden Sonderregelungen in die Beitrittsverträge[58] aufgenommen.[59]

---

51 *Schlachter*, FS Evju, S. 565 (573 ff.); EuArbR/*Rebhahn*, Art. 56 AEUV Rz. 20; EuArbR/*Windisch-Graetz*, RL 96/71/EG Art. 1 Rz. 26.
52 *Schlachter*, FS Evju, S. 565 (568 und 577).
53 *Preis/Temming*, Die Urlaubs- und Lohnausgleichskasse im Kontext des Gemeinschaftsrechts, S. 124.
54 Europäischer Ausschuss für Soziale Rechte v. 3.7.2013, Beschwerde Nr. 85/2012, LO und TCO gegen Schweden unterstützt Rz. 134; *Schlachter*, FS Evju, S. 565 (568 und 577 ff.).
55 EuGH v. 25.7.1991 – C-221/89 – Factortame, Slg. 1991, I-3905 Rz. 20; v. 17.6.1997 – C-70/95 – Sodemare, Slg. 1997, I-3395 Rz. 24.
56 *Mair*, EuZA 2016, 72 (74).
57 *Fuchs*, ZESAR 2007, 97 (98 f.).
58 Vertrag v. 25.4.2005 über den Beitritt der Republik Bulgarien und Rumänien zur EU (ABl. Nr. L 157 v. 21.6.2005, S. 11) und Vertrag v. 9.12.2011 über den Beitritt der Republik Kroatien zur Europäischen Union (ABl. Nr. L 112 v. 24.4.2012, S. 7).
59 *Schneider-Sievers*, RdA 2012, 277.

Die Übergangsregelungen bezogen sich primär auf die **Arbeitnehmerfreizügigkeit**.[60] Insoweit sahen diese regelmäßig vor, dass die Altmitgliedstaaten die Arbeitnehmerfreizügigkeit im Verhältnis zu den Beitrittsländern in drei Phasen – dem sog. 2+3+2-Modell[61] – höchstens sieben Jahre beschränken dürfen. Von den Restriktionen, die sich aus den Übergangsregelungen ergaben, war auch die **grenzüberschreitende Arbeitnehmerüberlassung** betroffen, die, wie bereits dargelegt (vgl. Rz. 16.9), sowohl ein Fall der Arbeitnehmerfreizügigkeit als auch der Dienstleistungsfreiheit darstellt.[62] Daran ändert die rechtliche Einordnung der grenzüberschreitenden Arbeitnehmerüberlassung als Dienstleistung i.S.v. Art. 56 AEUV nichts.[63] Für die **2004 beigetretenen Mitgliedstaaten**[64] sind die Übergangsregelungen bereits am 1.5.2011 ausgelaufen.[65] Für **Bulgarien und Rumänien** liefen sie am 31.12.2013 aus.[66] Im Hinblick auf **Kroatien** wurde seitens der Bundesrepublik von den Übergangsvorschriften nur von Phase eins Gebrauch gemacht, so dass seit dem 1.7.2015 die Freizügigkeit vollständig gewährleistet ist. Im Verhältnis Österreich zu Kroatien bestehen hingegen gegenwärtig noch Einschränkungen.[67] Sollte es in Zukunft zu neuen Erweiterungen kommen, ist davon auszugehen, dass in die Beitrittsverträge wiederum Übergangsregelungen aufgenommen werden.

16.13

Die **Beschränkung** der **Dienstleistungsfreiheit** in Bezug auf entsandte Arbeitnehmer wurde regelmäßig als Annex zur Beschränkung der Arbeitnehmerfreizügigkeit ebenfalls nach dem 2+3+2-Modell und damit auf maximal sieben Jahre begrenzt.[68] Soweit die Mitgliedstaaten von dieser Beschränkungsmöglichkeit Gebrauch gemacht haben, ist die Entsendung von Arbeitnehmern nur eingeschränkt möglich. Insbesondere besteht die Möglichkeit, Arbeitsmarktbeschränkungen gegenüber Staatsangehörigen der Beitrittsstaaten aufrechtzuerhalten (vgl. Rz. 16.42 ff.). Gleichzeitig verbieten die Übergangsregelungen regelmäßig, den Status Quo der Beschränkungen zu verschlechtern (Stillstandsklausel) und verpflichten die Altmitgliedstaaten regelmäßig, bei der Entscheidung über die Zulassung zum nationalen Arbeitsmarkt Arbeitnehmern aus den Beitrittsstaaten vor Drittstaatsangehörigen den Vorrang einzuräumen (Unionspräferenzklausel).[69]

16.14

d) Beeinträchtigung

Die Dienstleistungsfreiheit verbietet verschiedene Arten von **Beeinträchtigungen**, sofern sie nicht gerechtfertigt (vgl. Rz. 16.20) werden können.[70] Beeinträchtigungen resultieren typischerweise aus der Erstreckung der Arbeitsbedingungen des Aufnahmelandes auf die entsandten Arbeitnehmer bzw. auf Maßnahmen zur Kontrolle und Überwachung. Verboten sind **Diskriminierungen** jeglicher Art. Das gilt zunächst für **unmittelbare Diskriminierungen**, die formal an das Merkmal der

16.15

---

60 Ausf. *Preis/Temming*, Die Urlaubs- und Lohnausgleichskasse im Kontext des Gemeinschaftsrechts, S. 141 ff.
61 Ausf. *Huber/Brinkmann*, § 13 AufenthG Rz. 5 ff.; ErfK/*Wißmann*, Art. 45 AEUV Rz. 18.
62 EuGH v. 27.3.1990 – C-113/89 – Rush Portuguesa, Slg. 1990, I-1417 Rz. 16; v. 10.2.2011 – C-307/09 – Vicoplus, Slg. 2011, I-453 Rz. 30; v. 18.6.2015 – C-586/13 – Martin Meat, NZA 2015, 925 ff. Rz. 30; dazu gerade beim EuGH anhängig: C-18/17.
63 EuGH v. 18.6.2015 – C-586/13 – Martin Meat, NZA 2015, 925 ff. Rz. 30.
64 Dazu gehören: Tschechische Republik, Estland, Lettland, Litauen, Ungarn, Polen Slowenien und die Slowakei. Im Verhältnis zu Malta und Zypern wurden keine Übergangsvorschriften erlassen, vgl. *Fuchs*, ZESAR 2007, 97 (99).
65 *Schlegel*, AuR 2011, 384.
66 Vgl. Annex VI und Annex II des Protokolls über die Bedingungen und Einzelheiten der Aufnahme der Republik Bulgarien und Rumäniens in die Europäische Union (ABl. Nr. L 157 v. 21.6.2005, S. 29).
67 In Österreich gelten die Übergangsregelungen hingegen noch weiter: *Mair*, EuZA 2016, 72 (79); dazu gerade beim EuGH anhängig: C-18/17.
68 EuArbR/*Rebhahn*, Art. 56 AEUV Rz. 21.
69 *Fuchs*, ZESAR 2007, 97 (100).
70 EuArbR/*Rebhahn*, Art. 56 AEUV Rz. 11; *Mankowski*, RdA 2017, 272 (277).

Staatsangehörigkeit anknüpfen.[71] In der Praxis handelt es sich typischerweise um Zulassungsmodalitäten, Ausübungsmodalitäten bzw. Umfeldregelungen.[72]

16.16 Eine unmittelbare Diskriminierung sah der EuGH etwa in § 1 Abs. 4 AEntG a.F.[73] In der Vorschrift war geregelt, dass alle von einem außerhalb Deutschlands ansässigen Arbeitgeber nach Deutschland entsandten Arbeitnehmer als ein Betrieb gelten, obwohl für in Deutschland ansässige Arbeitgeber ein abweichender Betriebsbegriff galt, der Voraussetzung für die Anwendung der Sozialkassentarifverträge war. Im Ergebnis wurden daher ausländische (Misch-) Betriebe schneller von den Sozialkassentarifverträgen des Baugewerbes erfasst. Die in Deutschland ansässigen Mischbetriebe wurden hingegen nur dann von den Sozialkassentarifverträgen des Baugewerbes erfasst, wenn zusätzlich die Arbeitszeit der in diesem Sektor beschäftigten Arbeitnehmer gegenüber der Arbeitszeit der in einem anderen Sektor beschäftigten Arbeitnehmer überwog.[74] Da keiner der im Primärrecht vorgesehenen Rechtfertigungsgründe eingriff, musste die Regelung unangewendet bleiben. Sie wurde mittlerweile aufgehoben.

16.17 Unzulässig sind auch **mittelbare Diskriminierungen**, sofern diese nicht gerechtfertigt werden können. Hierbei handelt es sich um Maßnahmen, die nicht an die Staatsangehörigkeit selbst, sondern an andere Merkmale anknüpfen, die aber typischerweise Angehörige aus anderen Mitgliedstaaten übermäßig betreffen.[75]

16.18 Eine mittelbare Diskriminierung sah der EuGH etwa darin, dass ein inländischer Arbeitgeber den durch einen für allgemeinverbindlich erklärten Tarifvertrag festgesetzten Mindestlohn durch den Abschluss eines Firmentarifvertrags unterschreiten kann, während dies einem Arbeitgeber, der in einem anderen Mitgliedstaat ansässig ist, nicht möglich ist (vgl. Rz. 16.176).[76] Diese Problematik wurde zwischenzeitlich durch § 8 Abs. 2 AEntG behoben.[77]

16.19 Darüber hinaus verbürgt die Dienstleistungsfreiheit, wie alle Grundfreiheiten, in Art. 56 ff. AEUV ein **Beschränkungsverbot**.[78] Danach sind Beschränkungen der Dienstleistungsfreiheit verboten, sofern sie geeignet sind, den zwischenstaatlichen Freiverkehr unmittelbar oder mittelbar, aktuell oder potentiell zu behindern oder die grenzüberschreitende Dienstleistungserbringung „weniger attraktiv" zu machen.[79] Das ist bei Entsendungen stets der Fall, wenn die Vorschriften des Aufnahmelandes zu den dort geltenden Arbeitsbedingungen vorgeschrieben werden.[80] Eine Beschränkung kann schon gegeben sein, wenn die Entsendung von Arbeitnehmern durch ein in der Union ansässiges Unternehmen im Aufnahmestaat von einer behördlichen Erlaubnis abhängig gemacht wird. Die Abgrenzung des Beschränkungsverbotes von der mittelbaren Diskriminierung ist oft nicht einfach, im Hinblick auf die Rechtfertigungsmöglichkeiten jedoch auch ohne Belang.[81]

---

71 Calliess/Ruffert/*Kluth*, Art. 57 AEUV Rz. 74; Streinz/*Müller-Graff*, Art. 56 AEUV Rz. 71.
72 Streinz/*Müller-Graff*, Art. 56 AEUV Rz. 75.
73 EuGH v. 25.10.2001 – C-49/98 – Finalarte, Slg. 2001, I-7831 Rz. 76 ff.
74 EuGH v. 25.10.2001 – C-49/98 – Finalarte, Slg. 2001 I-7831 Rz. 77; *Koberski* u.a., § 6 AEntG Rz. 4 ff.
75 Streinz/*Müller-Graff*, Art. 56 AEUV Rz. 77.
76 EuGH v. 24.1.2002 – C-164/99 – Portugaia Construcoes, Slg. 2002, I-787.
77 *Velikova*, Arbeitnehmerentsendung und Kollektivvertragssystem, S. 107; *Däubler/Lakies*, TVG, Anhang 2 zu § 5, § 8 AEntG Rz. 12.
78 EuGH v. 3.12.1974 – C-33/74 – van Binsbergen, Slg. 1974, 1299 Rz. 10; v. 24.3.1994 – C-275/92 – Schindler, Slg. 1994, I-1039 Rz. 53; *Däubler/Lakies*, TVG, Anhang 2 zu § 5 TVG Rz. 53; zur Kritik an der extensiven Auslegung der Grundfreiheiten: Däubler/*Heuschmid*, Arbeitskampfrecht, § 11 Rz. 58 ff.
79 EuGH v. 25.10.2001 – C-49/98 – Finalarte, Slg. 2001 I-7831 Rz. 28 ff.; *Riesenhuber*, Europäisches Arbeitsrecht, § 3 Rz. 60 m.w.N. aus der Rspr.; Streinz/*Müller-Graff*, Art. 56 AEUV Rz. 85 ff.
80 EuGH v. 15.3.2001 – C-165/98 – Mazzoleni und ISA, NZA 2001, 554 ff. Rz. 28 ff.
81 Calliess/Ruffert/*Kluth*, Art. 57 AEUV Rz. 76; Streinz/*Müller-Graff*, Art. 56 AEUV Rz. 84.

e) Rechtfertigung

Beeinträchtigungen der Dienstleistungsfreiheit können gerechtfertigt werden. Das gilt zunächst für **unmittelbare Diskriminierungen**. Zur Legitimation einer Maßnahme kann in diesem Kontext allerdings, soweit die Bereichsausnahme des Art. 62 i.V.m. Art. 51 AEUV (Ausübung öffentlicher Gewalt) nicht eingreift, lediglich auf den restriktiv ausgelegten[82] *Ordre-public*-Vorbehalt des Art. 62 AEUV i.V.m. Art. 52 AEUV zurückgegriffen werden.[83] Die Anforderungen an die Rechtfertigung sind daher bei unmittelbaren Diskriminierungen höher als bei den anderen beiden Formen der Beeinträchtigung.[84] Zum Teil geht der EuGH auch davon aus, dass eine unmittelbare Diskriminierung bereits dann gerechtfertigt werden kann, wenn die Ungleichbehandlung auf **objektiven Unterschieden** beruht.[85] Sofern derartige Unterschiede vorliegen, muss gleichwohl eine Verhältnismäßigkeitsprüfung vorgenommen werden.[86] Die Dogmatik des Gerichtshofs ist insoweit nicht kohärent.

16.20

Die Frage der unmittelbaren Diskriminierung spielte in der Vergangenheit im Verhältnis zum deutschen AEntG bereits eine Rolle. So sah die EU-Kommission in der Vorschrift des § 3 Abs. 2 AEntG a.F., nach der ausländische Leiharbeitsunternehmen den zuständigen Behörden nicht nur die Überlassung eines Arbeitnehmers an einen Entleiher, sondern auch den Wechsel eines Arbeitnehmers von einem Einsatzort zum anderen melden sollten, während inländische Leiharbeitsunternehmen dieser Verpflichtung nicht unterlagen, eine unzulässige unmittelbare Diskriminierung der EU-ausländischen Leiharbeitsunternehmen.[87] Eine Rechtfertigung nach Art. 46 Abs. 1 EG (heute: Art. 52 Abs. 1 AEUV) schloss der EuGH aus, so dass ein Verstoß gegen Art. 49 EG (heute: Art. 56 AEUV) zu bejahen war. Im Rahmen des ersten Änderungsgesetzes zum AEntG wurde die Meldepflicht auf den Entleiher übertragen. An der Unionsrechtskonformität der neuen Regelungen bestehen heute keine Zweifel mehr.[88]

16.21

Bei **mittelbaren Diskriminierungen** und sonstigen **Beschränkungen** der Dienstleistungsfreiheit ist eine Rechtfertigung unter erleichterten Bedingungen möglich.[89] Die Rechtfertigung erfolgt unter Rückgriff auf die in der Rechtsprechung des EuGH entwickelten **zwingenden Gründe des Allgemeininteresses**.[90] Auch bei Vorliegen eines solchen Allgemeininteresses sind Beeinträchtigungen jedoch nur zulässig, sofern sie **geeignet** und **erforderlich** sind.[91] Es kommt also auf eine Verhältnismäßigkeitsprüfung an.

16.22

Der EuGH hat in seiner Rechtsprechung bislang eine ganze Reihe von Allgemeininteressen anerkannt, die eine Beschränkung der Dienstleistungsfreiheit legitimieren können.[92] Das gilt zunächst für den **Arbeitnehmerschutz** als Ausprägung des Allgemeininteresses.[93] Zulässig nach dem Unions-

16.23

---

82 Schwarze/*Holoubeck*, EU-Kommentar, Art. 62 AEUV Rz. 1 ff.
83 EuGH v. 18.7.2007 – C-490/04 – Kommission/Deutschland, Slg. 2007, I-6095 Rz. 86; Calliess/Ruffert/*Kluth*, Art. 57 AEUV Rz. 74; ErfK/*Schlachter*, § 1 AEntG Rz. 9; *Preis/Temming*, Die Urlaubs- und Lohnausgleichskasse im Kontext des Gemeinschaftsrechts, S. 99.
84 EuArbR/*Rebhahn*, Art. 56 AEUV Rz. 11.
85 EuGH v. 19.12.2012 – C-577/10 – Kommission/Belgien, EuZW 2013, 234 Rz. 48; v. 25.10.2001 – C-49/98 – Finalarte, Slg. 2001 I-7831 Rz. 63, 64 und 73.
86 EuGH v. 19.12.2012 – C-577/10 – Kommission/Belgien, EuZW 2013, 234 Rz. 49.
87 EuGH v. 18.7.2007 – C-490/04 – Kommission/Deutschland, Slg. 2007, I-6095.
88 *Velikova*, Arbeitnehmerentsendung und Kollektivvertragssystem, S. 113; *Däubler/Lakies*, TVG, Anhang 2 zu § 5, § 3 AEntG Rz. 5.
89 *Preis/Temming*, Die Urlaubs- und Lohnausgleichskasse im Kontext des Gemeinschaftsrechts, S. 99.
90 EuGH v. 25.7.1991 – C-76/90 – Säger, Slg. 1991, I-4221 Rz. 15.
91 EuArbR/*Rebhahn*, Art. 56 AEUV Rz. 14.
92 Ausf. Schwarze/*Holoubeck*, EU-Kommentar, Art. 56, 57 AEUV Rz. 112 ff.
93 EuGH v. 25.10.2001 – C-49/98 – Finalarte, Slg. 2001 I-7831 Rz. 39 ff.; v. 23.11.1999 – C-369/96 – Arblade, Slg. 1999 I-8453 Rz. 61; ErfK/*Schlachter*, § 1 AEntG Rz. 7; *Riesenhuber*, Europäisches Arbeitsrecht, § 3 Rz. 64 m.w.N.

recht ist es deshalb insbesondere – wie in der Ents-RL vorgesehen – bestimmte Arbeitsbedingungen des Aufnahmemitgliedstaates auf die entsandten Arbeitnehmer zu erstrecken (vgl. Rz. 16.113 ff.).[94] Nicht ausreichend für eine Rechtfertigung sind hingegen Ziele rein wirtschaftlicher Art, wie der Schutz inländischer Unternehmen.[95]

16.24 Diese Problematik spielte in verschiedenen, die Bundesrepublik betreffenden EuGH-Verfahren eine Rolle. In dem Verfahren *Finalarte* war insbesondere thematisiert worden, dass die Gesetzbegründung des AEntG u.a. auf den Schutz der inländischen Bauwirtschaft hingewiesen hat. Der EuGH reagierte gelassen. Die Absicht des Gesetzgebers stelle nur einen Anhaltspunkt für die Zielsetzung des Gesetzes dar, sei aber nicht ausschlaggebend. Entscheidend sei vielmehr, ob die in Rede stehende Regelung bei objektiver Betrachtung den Schutz der entsandten Arbeitnehmer fördere.[96] Dies sei dann der Fall, wenn die entsandten Arbeitnehmer in ihrem Heimatland keinen vergleichbaren Schutz genießen und ihnen damit durch die zu überprüfenden Bestimmungen des Aufnahmestaates ein tatsächlicher Vorteil verschafft wird, der deutlich zu ihrem sozialen Schutz beiträgt.[97] Das streitgegenständliche deutsche Urlaubskassenverfahren lasse solche Vorteile erkennen.[98] Nicht zu beanstanden sei in diesem Zusammenhang, dass die nationale Regelung einen Urlaubsanspruch vorsieht, der über den durch die Arbeitszeitrichtlinie harmonisierten Anspruch hinausgeht, weil es sich hierbei lediglich um eine Mindestharmonisierung handle.[99] Letztendlich sei es allerdings Sache des vorlegenden Gerichts, die Vorteilhaftigkeit zu überprüfen.

16.25 In der neueren Rechtsprechung ist der Gerichtshof bei den zulässigen Allgemeininteressen großzügiger geworden. So hat er neben dem Schutz der entsandten Arbeitnehmer auch den Schutz eines „**fairen Wettbewerbs**" bzw. „**lauteren Wettbewerbs**"[100] als zwingenden Grund des Allgemeininteresses anerkannt.[101] Der Gerichtshof geht sogar von einer zulässigen „doppelten Zielsetzung" aus.[102] Neben dem Schutz des lauteren Wettbewerbs verfolgt die Ents-RL demnach auch den Schutz der entsandten Arbeitnehmer. Insbesondere die Bezugnahme auf den „lauteren Wettbewerb" ist bemerkenswert, da hierdurch erstmals übergreifende wirtschafts- und sozialpolitische Motive als zulässige Allgemeininteressen anerkannt werden, die über den individuellen Schutz der betroffenen Arbeitnehmer hinausgehen.[103] Konsequenterweise wurden daher auch der **Schutz der Arbeitnehmer** des Aufnahmemitgliedstaates **gegen** etwaiges **Sozialdumping**[104] und die **Bekämpfung** von **Schwarzarbeit** und **Sozialbetrug** als legitimes Allgemeininteresse anerkannt.[105] In der Entscheidung *De Clerq* sind die zulässigen Allgemeininteressen auf einem relativ aktuellen Stand zusammengefasst.[106] Nach um-

---

94 EuGH v. 3.2.1982 – 62/81 – Seco, Slg. 1982, 223 Rz. 14; v. 15.3.2001 – C-165/98 – Mazzeloni, Slg. 2001, I-2189 Rz. 28 f.; v. 24.1.2002 – C-164/99 – Portugaia Construcoes, Slg. 2002, I-787 Rz. 21.
95 *Riesenhuber*, Europäisches Arbeitsrecht, § 3 Rz. 64 m.w.N.
96 *Bayreuther*, EuZW 2015, 312 f.
97 EuGH v. 25.10.2001 – C-49/98 – Finalarte, Slg. 2001 I-7831 Rz. 42.
98 EuGH v. 25.10.2001 – C-49/98 – Finalarte, Slg. 2001 I-7831 Rz. 43.
99 EuGH v. 25.10.2001 – C-49/98 – Finalarte, Slg. 2001 I-7831 Rz. 57; v. 24.1.2002 – C-164/99 – Portugaia Construcoes, Slg. 2002, I-787 Rz. 23 ff.
100 EuGH v. 12.2.2015 – C-396/13 – Sähköalojen ammattiliitto ry, NZA 2015, 345 ff. Rz. 30.
101 EuGH v. 12.10.2004 – C-60/03 – Wolff & Müller, Slg. 2004, I-9553 Rz. 41; v. 18.12.2007 – C-341/05 – Laval, Slg. 2007, I-11767 Rz. 74; v. 12.2.2015 – C-396/13 – Sähköalojen ammattiliitto ry, NZA 2015, 345 ff. Rz. 30; *Bayreuther*, EuZW 2015, 312 f.; ErfK/*Schlachter*, § 1 AEntG Rz. 7.
102 EuGH v. 12.2.2015 – C-396/13 – Sähköalojen ammattiliitto ry, NZA 2015, 345 ff. Rz. 30; *Mankowski*, RdA 2017, 272 (282).
103 *Mankowski*, RdA 2017, 272 (282).
104 Zum Begriff: *Mankowski*, RdA 2017, 272 (278).
105 EuGH v. 18.12.2007 – C-341/05 – Laval, Slg. 2007, I-11767 Rz. 103 und 113; v. 19.12.2012 – C-577/10 – Kommission/Belgien, EuZW 2013, 234 Rz. 45; v. 15.6.2006 – C-255/04 – Kommission/Frankreich, Slg. 2006, I-5251 Rz. 46, 52; v. 3.12.2014 – C-315/13 – De Clercq u.a., NZA 2015, 290 Rz. 65.
106 EuGH v. 3.12.2014 – C-315/13 – De Clercq u.a., NZA 2015, 290 Rz. 65.

strittener Rechtsprechung des EuGH[107] kann schließlich auch der **Schutz von Grundrechten** ein legitimes Ziel darstellen.[108] Als Allgemeininteresse zu berücksichtigen ist auch die, nach hiesiger Ansicht den entsandten Arbeitnehmern zustehende, Arbeitnehmerfreizügigkeit in Art. 45 AEUV.[109]

Neben der Verfolgung eines Allgemeininteresses kommt es im Rahmen der **Geeignetheitsprüfung** darauf an, dass eine Maßnahme das geltend gemachte Allgemeininteresse tatsächlich fördert. Hierbei verbleibt den Mitgliedstaaten ein weiter Beurteilungsspielraum.[110] In der Praxis dürfte eine Rechtfertigung nicht nur wegen des weiten Beurteilungsspielraums, sondern auch wegen der großzügigen Verfahrensweise des EuGH selten scheitern.

16.26

Entscheidend für eine Rechtfertigung ist in der Regel die Frage der **Erforderlichkeit**.[111] Hier wendet der EuGH bei Maßnahmen, die bereits in der Ents-RL vorgezeichnet sind, einen weniger strengen Prüfungsmaßstab an als bei Maßnahmen, die autonom von den Mitgliedstaaten erlassen worden sind.[112] Die Erforderlichkeit ist zu bejahen, wenn die in Rede stehende Maßnahme für die Belastung des Dienstleistungsverkehrs das mildeste Mittel darstellt.[113] Soweit die Beschränkung durch das Recht des Aufnahmemitgliedstaats herrührt, sind die Belastungen, die dem Arbeitgeber dadurch in Form von Kosten und Verwaltungsaufwand entstehen, abzuwägen gegen den zusätzlichen Schutz, der den Arbeitnehmern zugutekommt.[114] In der Vergangenheit konstituierte der EuGH für die nicht in der Ents-RL enthaltenen Kontrollmaßnahmen ein sog. **Doppelbelastungsverbot**.[115] Danach dürfen die relevanten Interessen nicht schon durch Vorschriften geschützt sein, denen der Dienstleistungserbringer im Herkunftsstaat unterliegt. Das gilt etwa für bereits vorgenommene Kontrollen und Überprüfungen sowie Wiederholungen von bereits im Herkunftsstaat erfüllten gleichwertigen Voraussetzungen.[116] Zudem sollte den entsandten Arbeitnehmern durch die Regelung des Aufnahmestaates ein deutlicher Vorteil entstehen.[117] Diese Rechtsprechung kann aus praktischen Gründen nicht überzeugen, da sie eine Betrachtung der Rechtslage im jeweiligen Herkunftsstaat vorschreibt und damit eine einheitliche Regelung für Entsendungen im Aufnahmestaat unmöglich macht.[118] Abgesehen davon dürfte sich diese Rechtsprechungslinie spätestens seit der Durchsetzungsrichtlinie (vgl. Rz. 16.79) erledigt haben, die in ihrem Art. 9 einen ausführlichen, nicht abschließenden Katalog an zulässigen Kontrollmaßnahmen vorsieht (vgl. Rz. 16.199). Folglich ist das Recht der Mitgliedstaaten zu Kontrollen weitgehend harmonisiert und deshalb der Kontrolle anhand von Art. 56 AEUV entzogen (vgl. Rz. 16.33).

16.27

In einem Vertragsverletzungsverfahren machte die EU-Kommission etwa geltend, dass das deutsche Urlaubskassenverfahren eine Verletzung der Dienstleistungsfreiheit darstelle, weil ausländische Unternehmen selbst dann am Verfahren teilnehmen müssten, wenn ihre Arbeitnehmer nach den Rechtsvorschriften des Niederlassungsstaates einen im Wesentlichen vergleichbaren Schutz genießen würden.[119] Im Ergebnis wies der EuGH die Vorwürfe der Kommission zurück und billigte da-

16.28

---

107 EuGH v. 18.12.2007 – C-341/05 – Laval, Slg. 2007, I-11767.
108 Vgl. *Riesenhuber*, Europäisches Arbeitsrecht, § 3 Rz. 67 f.
109 *Preis/Temming*, Die Urlaubs- und Lohnausgleichskasse im Kontext des Gemeinschaftsrechts, S. 100.
110 Streinz/*Müller-Graff*, Art. 56 AEUV Rz. 110 mit zahlreichen Nachweisen aus der Rechtsprechung.
111 EuArbR/*Rebhahn*, Art. 56 AEUV Rz. 15.
112 EuArbR/*Rebhahn*, Art. 56 AEUV Rz. 15.
113 Streinz/*Müller-Graff*, Art. 56 AEUV Rz. 111.
114 EuGH v. 25.10.2001 – C-49/8998 – Finalarte, Slg. 2001 I-7831 Rz. 50.
115 EuGH v. 23.11.1999 – C-369/96 – Arblade, Slg. 1999 I-8453 Rz. 34 und 35; v. 19.12.2012 – C-577/10 – Kommission/Belgien, EuZW 2013, 234 Rz. 44; *Preis/Temming*, Die Urlaubs- und Lohnausgleichskasse im Kontext des Gemeinschaftsrechts, S. 100; Schlachter/Ohler/*Schlachter*, EUDL-RL, Art. 19 Rz. 34; EuArbR/*Rebhahn*, Art. 56 AEUV Rz. 15, der vom „Verbot eines Doppelschutzes" spricht.
116 *Preis/Temming*, Die Urlaubs- und Lohnausgleichskasse im Kontext des Gemeinschaftsrechts, S. 100.
117 EuGH v. 23.11.1999 – C-369/96 – Arblade, Slg. 1999 I-8453 Rz. 34 f.
118 EuArbR/*Rebhahn*, Art. 56 AEUV Rz. 15.
119 EuGH v. 18.7.2007 – C-490/04 – Kommission/Deutschland, Slg. 2007, I-6095.

mit die deutsche Rechtslage samt der dazu ergangenen Rechtsprechung.[120] Diesem Problem ist der Gesetzgeber mit § 5 Nr. 3 AEntG (§ 1 Abs. 3 Nr. 1 AEntG a.F.) begegnet. Hierdurch wird sichergestellt, dass ausländische Arbeitgeber nicht gleichzeitig zur Zahlung von Urlaubskassenbeiträgen an Einrichtungen im Staat ihres Sitzes herangezogen werden. Auf dieser Basis wurden verschiedene Freistellungsabkommen mit ausländischen Urlaubskassen abgeschlossen (vgl. Rz. 16.128 f.).[121]

Im Rahmen dieses Vertragsverletzungsverfahrens hat der EuGH zudem im Hinblick auf § 2 AEntG a.F. (heute § 18 AEntG) festgestellt, dass die Verpflichtung eines ausländischen Arbeitgebers, bestimmte Unterlagen (vgl. Rz. 16.203) für die Dauer der Beschäftigung im Inland in deutscher Sprache bereitzuhalten, nicht gegen das Unionsrecht verstößt.[122] Denn die Übersetzung der Unterlagen in die Sprache des Landes, in dem die Dienstleistung erbracht werde, ermöglicht wirksame Kontrollen, die dem Schutz der entsandten Arbeitnehmer dienen.[123]

16.29 Unproblematisch ist es daher, wenn die Mitgliedstaaten die in der Ents-RL vorgesehenen Arbeitsbedingungen auf der Basis der dort vorgesehen Mechanismen vorschreiben.[124] Soweit die Literatur vorbringt, dass die Ents-RL gegen die Dienstleistungsfreiheit verstößt[125], kann dem daher nicht gefolgt werden. Dies gilt erst recht, wenn man die entsandten Arbeitnehmer in den Schutzbereich von Art. 45 AEUV einbezieht (vgl. Rz. 16.7 ff.). Umstritten waren Maßnahmen, die über das in der Ents-RL vorgesehene Schutzniveau hinausgingen. So hatte der EuGH – entgegen dem Wortlaut von Art. 3 Abs. 7 Ents-RL (vgl. Rz. 16.170 ff.) – die Ents-RL in verschiedenen Entscheidungen „im Lichte der Dienstleistungsfreiheit" zunächst als abschließend ausgelegt.[126] Diese Rechtsprechung hat der Gerichtshof zwischenzeitlich mit der Entscheidung *Sähköalojen ammattiliitto ry* grundlegend nuanciert.[127] Danach können auch über Mindestarbeitsbedingungen der Ents-RL hinausgehende Schutzstandards festgelegt werden.[128] Vor dem Hintergrund der stärkeren Akzentuierung der sozialen Dimension der EU durch Art. 3 Abs. 3 EUV, Art. 9 AEUV sowie der EU-GRC im Vertrag von Lissabon ist dies nur konsequent.[129] Diese neue Großzügigkeit in der Rechtsprechung des EuGH zur Dienstleistungsfreiheit eröffnete dem EU-Gesetzgeber nunmehr die Möglichkeit, eine Überarbeitung der Ents-RL in Angriff zu nehmen (vgl. Rz. 16.80).

2. Verhältnis zu anderen Normen des Primärrechts

16.30 Neben dem Verhältnis zu den anderen Grundfreiheiten stellt sich die Frage, wie sich die Dienstleistungsfreiheit zu den **allgemeinen Freizügigkeitsregelungen** im AEUV verhält. Das gilt in erster Linie im Verhältnis zu **Art. 18 AEUV**. In diesem Kontext ist Art. 56 AEUV *lex specialis*, da Art. 18 AEUV nur „unbeschadet besonderer Bestimmungen" der Verträge gilt.[130] Die Grundfreiheit geht also vor, selbst wenn ihr Anwendungsbereich nur abstrakt eröffnet ist.[131]

---

120 Ausf. *Velikova*, Arbeitnehmerentsendung und Kollektivvertragssystem, S. 115 f.
121 *Koberski* u.a., § 5 AEntG Rz. 77 ff.
122 EuGH v. 18.7.2007 – C-490/04 – Kommission/Deutschland, Slg. 2007, I-6095 Rz. 63 ff.; *Koberski* u.a, § 18 AEntG Rz. 2 ff.; Thüsing/*Reufels*, § 18 AEntG Rz. 8; *Velikova*, Arbeitnehmerentsendung und Kollektivvertragssystem, S. 111 f.
123 EuGH v. 18.7.2007 – C-490/04 – Kommission/Deutschland, Slg. 2007, I-6095 Rz. 71.
124 EuArbR/*Rebhahn*, Art. 56 AEUV Rz. 15; *Heuschmid*, AuR 2016, 164 ff.
125 *Riesenhuber*, Europäisches Arbeitsrecht, § 6 Rz. 7.
126 EuGH v. 18.12.2007 – C-341/05 – Laval, Slg. 2007, I-11767; v. 3.4.2008 – C-346/06 – Rüffert, NZA 2008, 537 ff.; kritisch: *Zwanziger*, DB 2008, 294; *Kocher*, AuR 2008, 13; *Wißmann*, AuR 2009, 149; *Nagel*, AuR 2009, 155; *Velikova*, Arbeitnehmerentsendung und Kollektivvertragssystem, S. 216 ff.
127 EuGH v. 12.2.2015 – C-396/13 – Sähköalojen ammattiliitto ry, NZA 2015, 345 ff. Rz. 38 f.; EuArbR/*Rebhahn*, Art. 56 AEUV Rz. 16; *Heuschmid*, AuR 2016, 164 ff.
128 Vgl. dazu auch: *Heuschmid*, AuR 2016, 164 ff.
129 *Mankowski*, RdA 2017, 272 (280).
130 Streinz/*Müller-Graf*, Art. 56 AEUV Rz. 76.
131 EuGH v. 18.7.2017 – C-566/15 – Erzberger, NZA 2017, 1000 ff. Rz. 24 ff.; *Heuschmid/Ulber*, NZG 2016, 102.

Ähnliches gilt im **Verhältnis** zu der in **Art. 21 AEUV** spezifisch gewährleisteten unionsrechtlichen Freizügigkeit. Diese findet nur insoweit Anwendung, als eine Maßnahme nicht in den Anwendungsbereich von Art. 56 AEUV fällt. Bei der Feststellung eines Verstoßes gegen Art. 56 AEUV erübrigt sich daher eine gesonderte Prüfung des Art. 21 AEUV.[132]   16.31

3. Verhältnis der Dienstleistungsfreiheit zur Entsenderichtlinie

Eine wichtiger Aspekt bei der Auslegung der Ents-RL stellt deren **Verhältnis zur Dienstleistungsfreiheit** dar. Dahinter steht die Frage, ob Maßnahmen der Mitgliedstaaten lediglich anhand der Ents-RL oder zugleich auch anhand der Grundfreiheiten überprüft werden müssen. Dies ist regelmäßig zu bejahen, wenn nationale Regelungen EU-Sekundärrecht umgesetzt haben, wie es bei der Ents-RL und der Durchsetzungsrichtlinie der Fall ist. Konstellationen, die nicht in der Ents-RL geregelt sind, sind hingegen unstrittig anhand der Dienstleistungsfreiheit zu überprüfen.[133]   16.32

Dogmatisch überzeugend wäre es, im Bereich der Dienstleistungsfreiheit die aus dem Bereich der Warenverkehrsfreiheit stammenden **Grundsätze** konsequent anzuwenden.[134] Dort geht der EuGH in ständiger Rechtsprechung davon aus, dass alle Maßnahmen ausschließlich anhand der Richtlinie zu beurteilen sind, wenn es sich um eine **abschließend harmonisierende Richtlinienregelung** handelt.[135] Auch im Bereich der Dienstleistungsfreiheit greift der EuGH zuweilen auf diesen Ansatz zurück.[136] Die sachlich einschlägige Richtlinienregelung genießt insoweit als spezieller Rechtssatz Vorrang und verdrängt damit die Grundfreiheit als Prüfungsmaßstab weitgehend.[137] Handelt es sich dagegen lediglich um eine **Mindestregelung**, sind zusätzliche mitgliedstaatliche Vorschriften möglich, die allerdings im Einklang mit dem Primärrecht stehen müssen.[138] Ob es sich im Einzelfall um eine harmonisierende Regelung oder lediglich um einen Mindeststandard handelt, ist für die betroffene Unionsregelung jeweils im Einzelfall aus deren Formulierung, Zwecksetzung und Regelungskontext zu beurteilen.[139] Im Bereich der Ents-RL finden sich sowohl harmonisierende Regelungen als auch Mindestregelungen.[140] Vor diesem Hintergrund ist es deshalb nicht weiter verwunderlich, dass der EuGH die Ents-RL bisweilen „im Lichte" der Dienstleistungsfreiheit auslegt.[141] Da die Ents-RL überwiegend harmonisierende Regelungen enthält, dürfte dies jedoch die Ausnahme sein.[142] Festhalten kann man jedenfalls, dass die Rechtsprechung des EuGH zuletzt wieder etwas großzügiger (vgl. Rz. 16.29) und dementsprechend die deregulierende Wirkung der Dienstleistungsfreiheit zurückgedrängt wurde.   16.33

Vor dem Hintergrund, dass die Grundfreiheiten auch die Union verpflichten, ist die EU bei ihrer Rechtsetzung an die Grundfreiheiten gebunden.[143] Demzufolge muss die Ents-RL ihrerseits mit   16.34

---

132 Streinz/*Müller-Graf*, Art. 56 AEUV Rz. 134.
133 EuGH v. 23.11.1999 – C-369/96 – Arblade, Slg. 1999 I-8453 Rz. 34 ff.; EuGH v. 18.9.2014 – C-549/13 – Bundesdruckerei, EuZW 2014, 942 ff. Rz. 27 ff.; zum MiLoG: *Mankowski*, RdA 2017, 272 (283).
134 *Preis/Temming*, Die Urlaubs- und Lohnausgleichskasse im Kontext des Gemeinschaftsrechts, S. 176 f.; ähnlich: *Riesenhuber*, Europäisches Arbeitsrecht, § 3 Rz. 55; a.A. wohl EuArbR/*Rebhahn*, Art. 56 AEUV Rz. 13.
135 EuGH v. 8.11.1979 – 251/78 – Denkavit, Slg. 1979, 3369 Rz. 14; v. 11.7.1996 – C-427/93 – Bristol-Myers Squibb, Slg. 1996, I-3457 Rz. 25 f.; *Preis/Temming*, Die Urlaubs- und Lohnausgleichskasse im Kontext des Gemeinschaftsrechts, S. 177; *Glaser/Kahl*, ZHR 2013, 643 (648).
136 EuGH v. 17.11.2015 – C-115/14 – RegioPost, NZA 2016, 155 ff. Rz. 57.
137 EuGH v. 17.11.2015 – C-115/14 – RegioPost, NZA 2016, 155 ff. Rz. 57; *Glaser/Kahl*, ZHR 2013, 643 (648).
138 *Glaser/Kahl*, ZHR 2013, 643 (649).
139 Streinz/*Müller-Graff*, Art. 56 AEUV Rz. 101.
140 *Glaser/Kahl*, ZHR 2013, 643 (650); EuArbR/*Rebhahn*, Art. 56 AEUV Rz. 13.
141 EuGH v. 18.12.2007 – C-341/05 – Laval, Slg. 2007, I-11767; v. 3.4.2008 – C-346/06 – Rüffert, Slg. 2008, I-1989; Streinz/*Müller-Graff*, Art. 56 AEUV Rz. 63; vgl. dazu *Heuschmid*, Mitentscheidung durch Arbeitnehmer – ein europäisches Grundrecht?, S. 104.
142 EuArbR/*Rebhahn*, Art. 56 AEUV Rz. 13.
143 Grabitz/Hilf/Nettesheim/*Forsthoff*, Art. 45 AEUV Rz. 131; Streinz/*Müller-Graf*, Art. 56 AEUV Rz. 63.

primärem Unionsrecht im Einklang stehen.[144] Gleichwohl ist man sich weitgehend einig, dass die Prüfung von Sekundärrecht am Primärrecht anhand von anderen Kriterien erfolgen muss, als die Prüfung von Maßnahmen, die in den Verantwortungsbereich des autonomen mitgliedstaatlichen Gesetzgebers fallen.[145] Der Grund hierfür liegt darin, dass bei der Überprüfung von Sekundärrecht der komplexe Entstehungsprozess von abgeleitetem Unionsrecht einen zurückhaltenden Kontrollmaßstab abnötigt.[146] Zudem ist die Einhaltung des Grundsatzes des institutionellen Gleichgewichts (vgl. Rz. 1.82) zwischen Legislative und Judikative auf europäischer Ebene zu beachten.[147] Im Ergebnis verfügen die Gesetzgebungsorgane der Union deshalb bei ihrer Rechtsetzung über einen weiteren Ermessensspielraum als die Mitgliedstaaten.[148] Anders gesagt, die Prüfungsintensität ist beim Sekundärrecht geringer als beim autonomen mitgliedstaatlichen Recht. So lässt sich auch erklären, dass der EuGH bisher nur äußerst selten sekundärrechtliche Maßnahmen an den Grundfreiheiten hat scheitern lassen.[149] Das gilt auch für die Ents-RL, die der EuGH in seiner Rechtsprechung in der Vergangenheit implizit gebilligt hat.[150]

4. Sozialversicherungsrechtliche Implikationen der Entsendung

16.35 Weder die Dienstleistungsfreiheit noch die Ents-RL enthalten Regelungen hinsichtlich der Zuordnung der betroffenen Arbeitnehmer in die Sozialversicherungssysteme der betroffenen Mitgliedstaaten. Rechtsgrundlage für diese Frage ist die **Verordnung (EG) Nr. 883/04**[151] (Sozialversicherungs-VO), die am 1.5.2010 in Kraft getreten ist, und die Verordnung Nr. 1408/71 (EWG) weitgehend abgelöst hat. Die Verordnung basiert auf Art. 45, 48 AEUV.[152] Die Sozialversicherungs-VO wird durch die dazugehörende Durchführungsverordnung (EG) Nr. 987/2009[153] (Durchführungs-VO) flankiert.[154] Hierbei handelt es sich um die zentralen Rechtsquellen des koordinierenden EU-Sozialrechts. Dadurch sollen die Sozialversicherungsordnungen der Mitgliedstaaten dahingehend koordiniert werden, dass auf die von der Verordnung erfassten Personen stets nur das Sozialversicherungsrecht eines Mitgliedstaates anwendbar ist (Vermeidung der Doppelversicherung).[155] Zugleich soll sichergestellt werden, dass der Wanderarbeitnehmer keine Nachteile in seiner sozialen Sicherung erleidet.[156]

16.36 Der **persönliche Anwendungsbereich** der Sozialversicherungs-VO ist weit gehalten und erfasst Arbeitnehmer und Selbständige sowie Studierende, soweit sie Staatsangehörige eines Mitgliedstaates sind (Art. 2 Sozialversicherungs-VO). Darüber hinaus sind auch Staatenlose und Flüchtlinge einbezogen sowie Familienangehörige und Hinterbliebene, unabhängig von der Staatsangehörigkeit (Art. 2 Abs. 2 Sozialversicherungs-VO).

---

144 Schlachter/Heinig/*Deinert*, § 10 Rz. 31.
145 Grabitz/Hilf/Nettesheim/*Forsthoff*, Art. 45 AEUV Rz. 132; *Rödl*, EuZW 2011, 292 (295).
146 Grabitz/Hilf/Nettesheim/*Forsthoff*, Art. 45 AEUV Rz. 133.
147 Dies gelingt nicht immer: *Heuschmid*, Mitentscheidung durch Arbeitnehmer – ein europäisches Grundrecht?, S. 104.
148 EuGH v. 12.10.2004 – C-60/03 – Wolff & Müller, NZA 2004, 1211 ff.; Grabitz/Hilf/Nettesheim/*Forsthoff*, Art. 45 AEUV Rz. 135; *Rödl*, EuZW 2011, 292 (295); *Deinert*, Internationales Arbeitsrecht, § 10 Rz. 75.
149 *Heuschmid*, Mitentscheidung durch Arbeitnehmer – ein europäisches Grundrecht?, S. 104.
150 *Bayreuther*, NZA 2008, 626 f.; Schlachter/Heinig/*Deinert*, § 10 Rz. 31.
151 VO (EG) Nr. 883/2004 (ABl. Nr. L 166 v. 30.4.2004, S. 1).
152 Die Verordnung Nr. 1408/71 (EWG) gilt heute nur noch im Hinblick auf Dänemark und das Vereinigte Königreich; *Eichenhofer*, ZESAR 2013, 439; *Janda*, SR 2016, 1, (3).
153 VO (EG) Nr. 987/2009 (ABl. Nr. L 284 v. 30.10.2009, S. 1 ff.).
154 Beide Verordnungen sollen reformiert werden, vgl. Vorschlag der EU-Kommission v. 13.12.2016, COM(2016) 815 final.
155 EuGH v. 26.1.2006 – C-2/05 – Herbosch Kiere, ZESAR 2006, 225 ff. Rz. 21; *Schlegel*, AuR 2011, 384 (385); *Preis/Temming*, Die Urlaubs- und Lohnausgleichskasse im Kontext des Gemeinschaftsrechts, S. 68.
156 *Koberski* u.a., § 2 AEntG Rz. 15.

In **sachlicher Hinsicht** gilt die Verordnung gem. Art. 3 Sozialversicherungs-VO für alle Rechtsvorschriften, die folgende Zweige der Sozialversicherung abdecken: Leistungen bei Krankheit, Mutterschaft, Invalidität, Alter, Arbeitsunfälle und Berufskrankheiten, Sterbegeld, Arbeitslosigkeit, Vorruhestandsleistungen und Familienleistungen.

16.37

Nach der **Grundregel** in Art. 11 Abs. 3 Buchst. a Sozialversicherungs-VO gelten die Regelungen des Staates, in dem die Arbeitnehmer ihre Beschäftigung ausüben (*lex loci laboris*). Von dieser Grundregel enthält Art. 12 Abs. 1 Sozialversicherungs-VO eine **Ausnahme** für den Fall der Entsendung[157] von Arbeitnehmern. Danach gelten für Entsendungen für die Dauer von bis zu 24 Monaten weiterhin die sozialrechtlichen Vorschriften des Herkunftsstaates.[158] Hierdurch werden Entsendungen vereinfacht. Denn ohne die Regelung müsste das betroffene Unternehmen seine Mitarbeiter bei einer nur zeitlich begrenzten Tätigkeit im Sozialversicherungssystem eines anderen Mitgliedstaates anmelden, was einen unverhältnismäßigen Mehraufwand gegenüber der Fortgeltung der Vorschriften des Herkunftsstaates bedeuten würde.[159] Im Regelfall bleiben entsandte Arbeitnehmer daher vorübergehend in die sozialrechtlichen Systemen ihrer Herkunftsstaaten eingegliedert. Die Sozialversicherungsbeiträge sind deshalb an den zuständigen Träger im Herkunftsstaat des entsendenden Unternehmens zu leisten. Nach Art. 19 Abs. 2 Durchführungs-VO können Arbeitnehmer oder Selbständige das Vorliegen einer Entsendung im Sinne von Art. 12 Abs. 1 Sozialversicherungs-VO von der zuständigen Behörde des Herkunftsstaates, was üblicherweise ein Sozialversicherungsträger ist, durch eine **A1-Bescheinigung** (früher E101-Bescheinigung) bestätigen lassen.[160] Durch die Ausstellung dieser Bescheinigung erklärt der Sozialversicherungsträger des Herkunftsstaates mit Wirkung für den Sozialversicherungsträger des Aufnahmemitgliedstaates verbindlich das Bestehen bzw. Nichtbestehen einer arbeitsrechtlichen Bindung zwischen dem Unternehmen mit Sitz im Herkunftsstaats und dem entsandten Arbeitnehmer.[161] Eine Beitragspflicht des Entsendeunternehmens für die entsandten Arbeitnehmer zu den Sozialversicherungssystemen des Aufnahmemitgliedstaates ist bei Vorlage einer solchen Bescheinigung demzufolge ausgeschlossen.[162] Nach Art. 5 Abs. 1 Durchführungs-VO ist die Bescheinigung für den Träger der anderen Mitgliedstaaten verbindlich, sofern sie nicht von der zuständigen Stelle des ausstellenden Mitgliedstaats widerrufen worden ist.[163] Soweit der Dienstleistungserbringer seine gesamte Tätigkeit auf das Gebiet des Aufnahmestaates ausrichtet, ohne im Herkunftsstaat eine nennenswerte Geschäftstätigkeit auszuüben, findet Art. 12 Sozialversicherungs-VO keine Anwendung. Vielmehr ist in diesem Fall das Sozialversicherungsrecht des Aufnahmestaates anzuwenden.[164] Demzufolge sind Entsendungen aus einer Briefkastenfirma nicht von der Sonderregelung des Art. 12 Sozialversicherungs-VO erfasst.[165] Darüber hinaus ist das **Ablöseverbot** des Art. 12 Abs. 1 Sozialversicherungs-VO zu beachten. Dieses soll verhindern, dass Entsendeunternehmen durch wiederholte Entsendungen verschiedener Arbeitnehmer auf dieselbe Position dauerhafte Aufträge erfüllen, ohne dem Sozialversicherungsrecht des Aufnahmestaates zu unterfallen.[166] Demgemäß gilt die Sonderregelung für Entsendungen nicht, wenn ein Arbeitnehmer einen anderen Arbeitnehmer ablöst.[167] Das Ablöseverbot gilt auch dann, wenn ein Arbeitnehmer von unterschiedlichen Arbeitgebern zeit-

16.38

---

157 Dieser Entsende-Begriff deckt sich nicht vollumfänglich mit den Entsende-Begriff der Entsende-RL und der Rom I-VO, EuArbR/*Rebhahn*, Art. 56 AEUV Rz. 2 a.E.
158 EuGH v. 10.2.2000 – C-202/97 – FTS, EuZW 2000, 380 ff.; Schlachter/Ohler/*Schlachter*, EUDL-RL, Art. 19 Rz. 6.
159 *Preis/Temming*, Die Urlaubs- und Lohnausgleichskasse im Kontext des Gemeinschaftsrechts, S. 70.
160 *Koberski* u.a., § 2 AEntG Rz. 17.
161 Schlachter/Heinig/*Schreiber*, § 33 Rz. 72.
162 Schlachter/Ohler/*Schlachter*, EUDL-RL, Art. 19 Rz. 6.
163 *Räuchle/Schmidt*, RdA 2015, 407 f.
164 EuGH v. 10.2.2000 – C-202/97 – FTS, EuZW 2000, 380 ff. Rz. 43; v. 9.11.2000 – C-404/98 – Plum, Slg. 2000, I-9379 Rz. 21.
165 *Janda*, SR 2016, 1 (6).
166 *Koberski* u.a., § 2 AEntG Rz. 18; *Eichenhofer*, ZESAR 2013, 439.
167 EuGH v. 6.9.2018 – C-527/16 – Alpenrind Rz. 90; *Janda*, SR 2016, 1 (6).

lich versetzt zur Verrichtung derselben Tätigkeit entsandt wird.[168] Unerheblich ist es dabei, ob zwischen den Arbeitgebern personelle und organisatorische Verflechtungen bestehen.[169]

16.39 Umstritten ist die **Reichweite der Bindungswirkung der A1- Bescheinigung** für die Gerichte und Behörden des Aufnahmestaates.[170] Ausgangspunkt zur Beantwortung dieser Frage ist Art. 5 Abs. 1 Durchführungs-VO, nach dem die Bescheinigung solange wirksam ist, solange sie nicht von den Behörden des Herkunftsstaates widerrufen bzw. für ungültig erklärt worden ist. Die insoweit bestehende Bindungswirkung ist in tatsächlicher und rechtlicher Hinsicht umfassend. Sie bezieht sich nach ständiger Rechtsprechung des EuGH nicht nur auf die Behörden der Sozialverwaltung, sondern auch auf die Gerichte des Aufnahmestaates.[171] Insbesondere sind die Gerichte nicht befugt, die materielle Gültigkeit einer Bescheinigung zu überprüfen.[172] Anerkannt ist eine solche Bindungswirkung etwa für die inländischen Strafgerichte.[173] Die Bindungswirkung besteht selbst dann, wenn der sachliche Anwendungsbereich der Sozialversicherungs-VO offensichtlich nicht eröffnet ist.[174] Eine Bindungswirkung kann auch bestehen, wenn die Bescheinigung rückwirkend ausgestellt wird.[175] Nur **ausnahmsweise** geht der EuGH im Anschluss an seine Rechtsprechung zum Verbot von Betrug und Rechtsmissbrauch als allgemeinem Grundsatz des Unionsrechts vom **Entfallen der Bindungswirkung** aus.[176] Erforderlich ist hierfür allerdings, dass die Voraussetzungen einer Bescheinigung nicht vorliegen (objektives Element) und eine Betrugsabsicht besteht (subjektives Element). In diesem Fall können die betreffenden Bescheinigungen dem EuGH zufolge von einem Gericht des Aufnahmestaats außer Acht gelassen werden. Voraussetzung ist allerdings, dass der ausstellende Träger auf Basis konkreter Beweise für einen Betrug nicht innerhalb einer angemessenen Frist eine erneute Überprüfung vorgenommen hat.[177] Liegt kein solcher Betrug vor, bleibt nur das langwierige Verfahren[178] nach Art. 5 Abs. 2 bis 4 Durchführungs-VO, das mit der Anrufung der **Verwaltungskommission** endet.[179] Allerdings kann das der Verwaltungskommission vorgeschaltete Dialogverfahren (Art. 5 Abs. 2 Durchführungs-VO) in der Praxis durchaus auch einmal bis zu fünf Jahren dauern. Bei einer durchschnittlichen Entsendedauer von weniger als Monaten[180] hilft das daher oft nicht weiter. Aber selbst wenn die Verwaltungskommission am Ende zu dem Ergebnis kommt, dass die Ausstellung der A1-Bescheinigung rechtswidrig war, hat dies keine Auswirkung auf die Wirksamkeit der Bescheinigung.[181] Hält sich der ausstellende Träger des Herkunftsstaats folglich nicht an die Stellungnahme der Verwaltungskommission, bleibt dem Aufnahmestaat nur die Möglichkeit, ein Vertragsverletzungsverfahren vor dem EuGH einzuleiten. Unzulässig sind nach der Rechtsprechung des EuGH auch mitgliedstaatliche Regelungen, die vorsehen, dass im Fall eines durch ein nationales Gericht oder eine sonstige Behörde festgestellten

---

168 EuGH v. 6.9.2018 – C-527/16 – Alpenrind Rz. 99.
169 EuGH v. 6.9.2018 – C-527/16 – Alpenrind Rz. 100.
170 Schlachter/Heinig/*Schreiber*, § 33 Rz. 71 ff.; *Räuchle/Schmidt*, RdA 2015, 407 ff.; *Ulber*, ZESAR 2015, 3 ff.
171 EuGH v. 10.2.2000 – C-202/97 – FTS, EuZW 2000, 380 ff.; v. 26.1.2006 – C-2/05 – Herbosch Kiere, ZESAR 2006, 225 ff.; v. 27.4.2017 – C-620/15 – A-Rosa Flussschiff, ZESAR 2018, 174 ff.; v. 6.9.2018 – C-527/16 – Alpenrind Rz. 41 ff.; Schlachter/Heinig/*Schreiber*, § 33 Rz. 72.
172 EuGH v. 27.4.2017 – C-620/15 – A-Rosa Flussschiff, ZESAR 2018, 174 ff.
173 BGH v. 24.10.2007 – 1 StR 160/07, JZ 2008, 366 (368); BGH v. 24.10.2006 – 1 StR 44/06, NJW 2007, 233 (234).
174 EuGH v. 27.4.2017 – C-620/15 – A-Rosa Flussschiff, ZESAR 2018, 174 ff. Rz. 51.
175 EuGH v. 6.9.2018 – C-527/16 – Alpenrind Rz. 65 ff.
176 EuGH v. 22.11.2017 – C-251/16 – Cussens u.a., Rz. 27; v. 6.2.2018 – C-359/16 – Altun u.a. Rz. 55.
177 EuGH v. 6.2.2018 – C-359/16 – Altun u.a. Rz. 55.
178 Aktuelle Statistiken zu der Tätigkeit der Verwaltungskommission finden sich auf der Internetseite der EU-Kommission: http://ec.europa.eu/social/main.jsp?catId=1154&langId=en.
179 Schlachter/Heinig/*Schreiber*, § 33 Rz. 75; *Räuchle/Schmidt*, RdA 2015, 407 (409).
180 Vgl. Information der EU-Kommission: https://ec.europa.eu/commission/sites/beta-political/files/posting-workers_de.pdf.
181 EuGH v. 6.9.2018 – C-527/16 – Alpenrind Rz. 63.

Missbrauchs oder Betrugs einer A1-Bescheinigung diese unberücksichtigt bleiben darf.[182] Die Kontrolle und Durchsetzung des Unionsrechts in diesem Zusammenhang ist demzufolge dringend verbesserungsbedürftig.[183] Erfreulich wäre es daher, wenn ein **effektiveres Verfahrens** geschaffen werden könnte, in dem rechtswidrig ausgestellte A1-Bescheinigungen in einem vertretbaren Zeitraum von der Verwaltungskommission oder einem anderen Organ für ungültig erklärt werden können. Allerdings darf bezweifelt werden, dass die aktuell von der EU-Kommission forcierte Europäische Arbeitsbehörde[184] bzw. die Revision der Sozialversicherungs-VO und Koordinierungs-VO[185] hier tatsächlich eine spürbare Verbesserung bewirken werden.

Da eine A1-Bescheinigung allerdings lediglich die Tatsachen bestätigt, auf deren Grundlage sie ausgestellt wurde (Bestehen einer arbeitsrechtlichen Bindung zwischen dem entsendenden Unternehmen und dem betroffenen Arbeitnehmer), heißt das noch lange nicht, dass ihre inhaltliche Reichweite unbegrenzt ist. Vielmehr kann aus ihr **keine generelle arbeitsrechtliche Gestaltungsmacht** abgeleitet werden.[186] Deshalb bleibt auch bei Vorliegen einer A1-Bescheinigung § 10 Abs. 1 AÜG anwendbar.[187] Das gilt auch für die Frage, ob ein Gerichtsstand nach der EuGVVO in einer arbeitsrechtlichen Streitigkeit begründet werden kann.[188]

16.40

Da das Sozialversicherungsniveau und damit auch die entsprechenden Beiträge in den verschiedenen Mitgliedstaaten sehr unterschiedlich ausfallen, kann sich die Fortgeltung der Sozialversicherungspflicht im Herkunftsstaat ökonomisch als **Lohnnebenkostenvorteil** auswirken.[189]

16.41

5. Entsendung und Arbeitserlaubnisrecht

Eine Entsendung ins Inland ist nur möglich, sofern auch eine Arbeitserlaubnis besteht. Die rechtliche Situation variiert hier, je nachdem aus welchem Staat der entsandte Arbeitnehmer stammt.

16.42

Für **EU-Bürger** sind aufgrund der Arbeitnehmerfreizügigkeit Beschränkungen des Zugangs zum deutschen Arbeitsmarkt unzulässig. Auf Grund der **Dienstleistungsfreiheit** können Unternehmen aus anderen Mitgliedstaaten Arbeitnehmer ohne arbeitsgenehmigungsrechtliche Einschränkungen zur Verrichtung von Werkverträgen vorübergehend ins Inland entsenden. Soweit keine Übergangsregelungen bestehen, kann eine grenzüberschreitende Arbeitnehmerüberlassung durchgeführt werden. Allerdings bedarf der ausländische Verleiher einer inländischen Verleiherlaubnis nach § 1 AÜG. Diese Einschränkung der Dienstleistungsfreiheit hat der EuGH vor längerer Zeit in der Entscheidung Webb zugelassen.[190] Das Konzernprivileg des § 1 Abs. 3 Nr. 2 AÜG findet bei grenzüberschreitenden Konstellationen keine Anwendung.[191]

16.43

Eine unionsrechtskonforme **Sonderregelung** gilt für die Arbeitnehmerüberlassung im **Baugewerbe**. Nach § 1b Satz 1 AÜG ist der Verleih von Arbeitnehmern dort weitgehend verboten. Diese Vorschrift gilt auch für den grenzüberschreitenden Verleih von baugewerblichen Arbeitnehmern nach Deutschland. Eine Ausnahmeregelung besteht allerdings in § 1b Satz 3 AÜG.

16.44

---

182 EuGH v. 11.7.2018 – C-356/15 – Kommission/Belgien.
183 *Heuschmid*, NZA 16/2016, Editorial.
184 *Cremers*, Towards a European Labour Authority, S. 3 ff.
185 Vorschlag der EU-Kommission v. 13.12.2016, COM(2016) 815 final.
186 *Ulber*, ZESAR 2015, 3 (7).
187 *Ulber*, ZESAR 2015, 3 (9); *Räuchle/Schmidt*, RdA 2015, 407 (415).
188 *Mankowski*, EuZA, 107 (115).
189 *Schlegel*, AuR 2011, 384; *Däubler/Lakies*, TVG, Anhang 2 zu § 5 TVG, § 1 AEntG Rz. 22; *Preis/Temming*, Die Urlaubs- und Lohnausgleichskasse im Kontext des Gemeinschaftsrechts, S. 70; EuArbR/ *Rebhahn*, Art. 56 AEUV Rz. 18.
190 EuGH v. 17.12.1981 – 279/80 – Webb, NJW 1982, 1203 ff. – (zweiter Tenor).
191 *J. Ulber*, AÜG, § 1 Rz. 358.

16.45 Für Arbeitnehmer, die aus Mitgliedstaaten stammen, für die in den Beitrittsverträgen **Übergangsregelungen** im Hinblick auf die Freizügigkeit vereinbart wurden, gelten Sonderreglungen.[192] Zwar benötigen die Staatsangehörigen der Neumitgliedstaaten aufgrund der Unionsbürgerschaft für die Einreise in die Bundesrepublik kein Visum und für den Aufenthalt auch keinen Aufenthaltstitel i.S.d. FreizügG/EU bzw. AufenthG.[193] Allerdings wird ihnen gegenüber in den Branchen, in denen die Dienstleistungsfreiheit beschränkt ist (vgl. Rz. 16.14), das deutsche Arbeitsgenehmigungsrecht (für Drittstaatenangehörige) weiterhin aufrechterhalten. Grundsätzlich dürfen Staatsangehörige der neuen Mitgliedstaaten nach § 13 FreizügG/EU i.V.m. § 284 Abs. 1 SGB III eine Beschäftigung nur mit Genehmigung der Bundesagentur für Arbeit ausüben und von Arbeitgebern nur beschäftigt werden, wenn eine Arbeitsgenehmigung-EU vorliegt.[194] Diese ist nach § 284 Abs. 4 SGB III zu versagen, soweit es sich um eine Beschäftigung handelt, die keine qualifizierte Berufsausbildung voraussetzt. Ausnahmen in Form einer Arbeitserlaubnis-EU[195] sind nur aufgrund einer zwischenstaatlichen Vereinbarung oder von Werkvertragsübereinkommen[196] zulässig (§ 284 Abs. 3 SGB III i.V.m. § 39 Abs. 2 bis 4 und 6 AufenthG[197]), wobei in der Entsendepraxis die Werkvertragsübereinkommen[198] die größte Relevanz haben.[199] Auch die **grenzüberschreitende Arbeitnehmerüberlassung** war in Deutschland im Zusammenhang mit den Übergangsregelungen zur Arbeitnehmerfreizügigkeit eingeschränkt. Für Staatsangehörige, die unter das Regime der Übergangsregelungen fielen, galt die Einschränkung des § 6 Abs. 1 Nr. 2 Arbeitsgenehmigungsverordnung (ArGV) fort. Sie konnten keine Arbeitserlaubnis erhalten, um als Leiharbeitnehmer tätig zu werden.[200]

16.46 Auf der Basis von Werkvertragsübereinkommen entsandte **Arbeitnehmer aus Drittstaaten** benötigen weiterhin einen Aufenthaltstitel (§§ 4, 18 AufenthG). Da bei einer Zulassung ausländischer Arbeitnehmer zu einer Beschäftigung die wirtschaftlichen und arbeitsmarktpolitischen Interessen der Bundesrepublik zu berücksichtigen sind, kann ein Aufenthaltstitel, der zur Ausübung einer Beschäftigung berechtigt, gem. § 18 Abs. 2 AufenthG nur nach Zustimmung der Bundesagentur für Arbeit erteilt werden, es sei denn, es greifen Sondervorschriften ein (z.B. aufgrund einer RechtsVO nach § 42 AufenthG). Die Entsendesituation führt in diesem Kontext zu keiner anderen Bewertung.[201] Die Erteilung der Arbeitserlaubnis-EU richtet sich auch hier nach § 284 SGB III i.V.m. § 39 AufenthG. Im Fall der Entsendung von drittstaatenangehörigen Arbeitnehmern durch Unternehmen mit Sitz in einem anderen Mitgliedstaat benötigen diese ein sog. *„Vander Elst"*-Visum (vgl. Rz. 16.206). Das Visum kann nach § 21 Beschäftigungsverordnung (BeschV) ohne Zustimmung der Bundesagentur für Arbeit erteilt werden.[202] Für **türkische Staatsangehörige** gelten Sonderregelungen.[203] Ein spezielles Regelungsregime gilt seit neuestem aufgrund der einschlägigen EU-Richtlinien für Saisonarbeitnehmer[204] (§ 4 Abs. 3 i.V.m. § 39 Abs. 6 AufenthG) und für unternehmensintern entsandte Arbeitnehmer[205] (§ 19b ff. AufenthG) aus Drittstaaten.

---

192 Derzeit sind keine Übergangsregelungen in Kraft, vgl. Rz. 16.13.
193 *Preis/Temming*, Die Urlaubs- und Lohnausgleichskasse im Kontext des Gemeinschaftsrechts, S. 145.
194 Huber/*Brinkmann*, § 13 AufenthG Rz. 9; Schaub/*Koch*, § 27 Rz. 6.
195 Die Erteilung einer Arbeitsberechtigung-EU an entsandte Arbeitnehmer ist aufgrund von § 12a Abs. 1 Satz 2 ArGV ausgeschlossen.
196 Ausführlich zu den Werkvertragsübereinkommen: *Velikova*, Arbeitnehmerentsendung und Kollektivvertragssystem, S. 133 ff.
197 Huber/*Brinkmann*, § 13 AufenthG Rz. 9.
198 Vgl. die wichtigsten Werkvertragsübereinkommen: Bulgarien, BGBl. II 1991, 863 (geändert durch BGBl. II 1995, 90); Rumänien, BGBl. II 1991, 666 (geändert durch BGBl. II 1991, 822); Kroatien, BGBl. II 2003, 8.
199 *Schneider-Sievers*, RdA 2012, 277; *Fuchs*, ZESAR 2007, 97 (101).
200 Huber/*Brinkmann*, AufenthG § 13 Rz. 13.
201 Schlachter/Ohler/*Schlachter*, EUDL-RL, Art. 19 Rz. 37.
202 Ausführlich zu den aufenthaltsrechtlichen Rahmenbedingungen in Deutschland: *Klaus*, ZAR 2014, 148.
203 Schaub/*Koch*, § 27 Rz. 8.
204 RL 2014/36/EU, ABl. L 94/375.
205 RL 2014/66/EU, ABl. L 157/1.

6. Dienstleistungsrichtlinie

Eine **sekundärrechtliche Konkretisierung der Dienstleistungsfreiheit** findet sich in der Dienstleistungsrichtlinie 2006/123/EG (DL-RL).[206] Der politische Prozess, der zur Dienstleitungsrichtlinie führte, war sehr umstritten.[207] Zunächst war geplant, das Herkunftslandsprinzip festzuschreiben, also den Grundsatz, dass der Dienstleistungserbringer in anderen Mitgliedstaaten nach den Vorschriften seines Herkunftsstaates tätig und von den dortigen Behörden beaufsichtigt wird (vgl. Rz. 16.74).[208] Wegen mangelnder Praktikabilität und massiven Kontroversen wurde dieser Vorschlag niemals verabschiedet. Der Widerstand gegen die Dienstleistungsrichtlinie basierte insbesondere auch auf arbeitsmarktpolitischen Überlegungen. Insoweit wurde befürchtet, das Herkunftslandsprinzip könne einem Lohndumping Vorschub leisten, sei es im Rahmen der Dienstleistungserbringung durch entsandte Arbeitnehmer, sei es im Zuge einer Umgehung des Arbeitsrechts durch scheinselbständige Dienstleistungserbringer.[209] Man einigte sich stattdessen auf die heute gültige, deutlich abgeschwächte Version der Richtlinie.

16.47

In der nun **vorliegenden Version der Dienstleistungsrichtlinie** sind zunächst verfahrensrechtliche Vorschriften vorgesehen, die auf eine Vereinfachung von Verwaltungsvorschriften für grenzüberschreitende Dienstleistungen abzielen (Art. 5–8 DL-RL). Zudem finden sich in der Richtlinie auch Regelungen über die Niederlassungsfreiheit (Art. 9–15 DL-RL). Schließlich enthält die Richtlinie Bestimmungen über die Dienstleistungsfreiheit selbst (Art. 16–21 DL-RL). Im Gegensatz zum Entwurf ist die Überwachungszuständigkeit nicht mehr zwischen Herkunfts- und Aufnahmemitgliedstaat verteilt, sondern sinnvollerweise allein dem Aufnahmemitgliedstaat anvertraut (Art. 31 Abs. 1 DL-RL).[210]

16.48

Die Dienstleistungsrichtlinie enthält verschiedene **Regelungen in Bezug** auf das **Arbeitsrecht** und die Frage der **Entsendung**. Nach Art. 1 Abs. 6 DL-RL berührt die Richtlinie generell nicht das Arbeitsrecht.[211] Weiterhin ordnet Art. 3 Abs. 1 Buchst. a DL-RL den Vorrang der Regelungen der Ents-RL an.[212] Von diesem Vorrang ist auch die Durchsetzungs-RL (vgl. Rz. 16.79) erfasst.[213] Zudem ist die grenzüberschreitende Arbeitnehmerüberlassung vom Anwendungsbereich der Dienstleistungsrichtlinie ausgenommen (Art. 2 DL-RL). Schließlich bestimmt Art. 17 Nr. 2 DL-RL, dass Art. 16 DL-RL als Zentralregelung zur Dienstleistungsfreiheit auf Angelegenheiten der Arbeitnehmerentsendung keine Anwendung findet.

16.49

II. Entsendung und Arbeitskollisionsrecht

Welches Recht auf einen **Arbeitsvertrag** in einer **grenzüberschreitenden Konstellation** angewandt wird, ist prinzipiell eine Frage des internationalen Arbeitsrechts, d.h. des Arbeitskollisionsrechts als Teil des Internationalen Privatrechts. Früher war das Arbeitskollisionsrecht im EGBGB kodifiziert, das wiederum auf dem *Übereinkommen über das auf vertragliche Schuldverhältnisse anwendbare Recht* (EVÜ)[214] beruhte. Seit dem 17.12.2009 sind diese Bestimmungen durch die Vorschriften der **Verordnung (EG) Nr. 593/2008**[215] (Rom I-Verordnung) abgelöst worden, die gem. Art. 28

16.50

---

206 Richtlinie 2006/123/EG des Europäischen Parlaments und des Rates v. 12.12.2006 über Dienstleistungen im Binnenmarkt (ABl. Nr. L 376 v. 27.12.2006, S. 36).
207 EuArbR/*Windisch-Graetz*, RL/96/71/EG Art. 1 Rz. 19 ff.
208 *Preis/Temming*, Die Urlaubs- und Lohnausgleichskasse im Kontext des Gemeinschaftsrechts, S. 146 f.
209 *Körner*, NZA 2007, 233 (234 f.).
210 Schlachter/Ohler/*Schlachter*, vor Art. 19 Rz. 1.
211 *Mankowski*, RdA 2017, 272 (285); nicht nachvollziehbar insoweit die Schlussanträge von GA *Wahl* v. 8.5.2018 – C-33/17 Rz. 43 ff.
212 *Deinert*, Internationales Arbeitsrecht, § 10 Rz. 57.
213 EuArbR/*Windisch-Graetz*, RL/96/71/EG Art. 1 Rz. 21.
214 Schaub/*Linck*, § 7 Rz. 4.
215 ABl. Nr. L 177 v. 4.7.2008, S. 6 ff.

Rom I-VO jedoch nur Arbeitsverhältnisse erfasst, die ab diesem Datum zustande gekommen sind. Für Altverträge gilt weiterhin das EGBGB, das sich allerdings nicht wesentlich von der Rom I-VO unterscheidet.[216] Zuletzt hat der EuGH entschieden, dass die Rom I-VO auch auf vor dem Stichtag begründete Arbeitsverhältnisses angewendet werden kann, sofern ein solches Arbeitsverhältnis nach diesem Zeitpunkt grundlegend geändert wurde.[217] Soweit keine Änderungen eingetreten sind – bzw. explizit abweichende Entscheidungen des EuGH vorliegen – kann zur Auslegung auf die bisherige Rechtsprechung zum EGBGB zurückgegriffen werden.[218] Zweifelsfragen bei der Auslegung der Rom I-VO sind im Wege der Vorabentscheidung dem EuGH zu unterbreiten (vgl. Rz. 2.1 ff.).[219] Im Fall von Entsendungen i.S.v. der Ents-RL geht die Richtlinie den Regelungen der Rom I-VO als Sonderkollisionsrecht vor (vgl. Rz. 16.63 ff.).

16.51 **Anwendbar** ist die Rom I-VO auf **vertragliche Schuldverhältnisse**, die eine Verbindung zum Recht verschiedener Staaten aufweisen. Die arbeitsrechtlichen Regelungen finden sich in Art. 8 Rom I-VO, ergänzt durch Art. 9 Rom I-VO. Über den EU-Kreis hinaus gilt die Rom I-VO als sog. allseitige Kollisionsnormen auch im Verhältnis zu Drittstaaten (Art. 2 Rom I-VO).[220]

16.52 Art. 8 Rom I-VO ist lediglich auf „**Individualarbeitsverträge**" anwendbar, Kollektivverträge sind damit ausgeschlossen.[221] Der Begriff ist unionsautonom i.S. der Rechtsprechung des EuGH zu Art. 45 AEUV auszulegen. Essentiell ist die Erbringung von Leistungen für einen anderen während einer bestimmten Zeit gegen Entgelt als Gegenleitung und nach Weisung des anderen (vgl. Rz. 1.107 ff.).[222] Erfasst werden auch nichtige, aber in Vollzug gesetzte Arbeitsverhältnisse.[223] Grundsätzlich ist der Arbeitnehmerbegriff hierbei im Hinblick auf die spezifischen Schutzinteressen weit auszulegen.[224]

1. Grundsatz der freien Rechtswahl

16.53 Ausgangspunkt für die Bestimmung des Arbeitsvertragsstatuts ist der **Grundsatz der freien Rechtswahl** (Art. 3 Abs. 1, Art. 8 Abs. 1 Rom I-VO). Die Rechtswahl kann ausdrücklich oder konkludent erfolgen.

16.54 Kommt es zur **Rechtswahl**, ist zu beachten, dass diese durch das **kollisionsrechtliche Günstigkeitsprinzip** eingeschränkt ist. Danach darf die Rechtswahl nicht dazu führen, dass dem Arbeitnehmer der Schutz entzogen wird, der ihm aufgrund der zwingenden (internen) Arbeitnehmerschutzvorschriften des objektiv berufenen Rechts gewährt wird (Art. 8 Abs. 1 Satz 2 Rom I-VO, sog. objektive Anknüpfung; vgl. Rz. 16.55 ff.).[225] Diese zwingenden (internen) Arbeitnehmerschutzvorschriften sind dadurch gekennzeichnet, dass sie den Arbeitnehmer als unterlegene Vertragspartei schützen wollen.[226] Dabei ist der zwingende Charakter der Vorschriften nach den Grundsätzen derjenigen Rechtsordnung zu beurteilen, der sie angehören.[227] Nach herrschender Meinung ist der **Günstigkeitsvergleich als Sachgruppenvergleich** durchzuführen.[228] Im Ergebnis bleibt das Vertragsstatut das gewählte Recht. Dieses wird jedoch partiell durch das günstigere objektiv an-

---

216 HK-ArbR/*Däubler*, ROM I VO/EGBGB Rz. 5; Schaub/*Linck*, § 7 Rz. 6.
217 EuGH v. 18.10.2016 – C-135/15 – Nikiforidis, EuZW 2016, 940 ff. Rz. 37.
218 Früher waren primär nationale Gerichte mit der Auslegung des EGBGB/EVÜ befasst, der EuGH hat erst 2004 die Auslegungskompetenz zur Auslegung des EVÜ erhalten, ausf.: *Deinert*, Internationales Arbeitsrecht, § 2 Rz. 17 f.
219 *Deinert*, Internationales Arbeitsrecht, § 2 Rz. 17.
220 *Deinert*, Internationales Arbeitsrecht, § 9 Rz. 1; HK-ArbR/*Däubler*, ROM I VO/EGBGB Rz. 4.
221 HK-ArbR/*Däubler*, ROM I VO/EGBGB Rz. 12; *Riesenhuber*, Europäisches Arbeitsrecht, § 5 Rz. 11.
222 HdB Arbeitsrecht/*Heuschmid*, § 9 Rz. 4.
223 *Riesenhuber*, Europäisches Arbeitsrecht, § 5 Rz. 11.
224 *Deinert*, Internationales Arbeitsrecht, § 4 Rz. 23 ff.
225 *Deinert*, Internationales Arbeitsrecht, § 9 Rz. 53; *Janda*, SR 2016, 1, (3).
226 *Martiny* in MünchKomm/BGB, Art. 8 Rom I-VO Rz. 34.
227 *Deinert*, Internationales Arbeitsrecht, § 9 Rz. 54.
228 HdB Arbeitsrecht/*Heuschmid* § 9 Rz. 10.

geknüpfte Recht überlagert, so dass es im Ergebnis zu einem Mischrecht kommt.[229] Unbeschränkt ist die Rechtswahl damit nur möglich, soweit das Recht gewählt wurde, das auch nach objektiver Anknüpfung zum Zuge käme. In der Praxis ist daher zunächst das Vertragsstatut aufgrund der objektiven Anknüpfung zu bestimmen, um zu klären, ob davon durch Rechtswahl abgewichen wurde. Sofern dies geschehen ist, ist weiter zu prüfen, ob die zwingenden Bestimmungen des objektiv angeknüpften Rechts davon betroffen sind.[230] Soweit die Vorschriften nach Art. 8 Abs. 1 Satz 2 Rom I-VO günstiger sind, wird das gewählte Recht verdrängt.[231] Das objektiv anzuknüpfende Recht gilt an dessen Stelle.

2. Objektive Anknüpfung

Sofern die Arbeitsvertragsparteien keine Rechtswahl getroffen haben, kommt es allein auf die **objektive Anknüpfung** nach Art. 8 Abs. 1 Satz 2 Rom I-VO an.[232] Die objektive Anknüpfung in der Rom I-VO spielt damit in zweierlei Hinsicht eine Rolle. Zum einen ist sie Anknüpfungsregelung in Ermangelung einer Rechtswahl, zum anderen ist sie Ausgangspunkt des Günstigkeitsvergleichs, wenn eine Rechtswahl getroffen worden ist.[233] Die beiden Grundregeln in den Abs. 2 und 3 des Art. 8 Rom I-VO sind als sich gegenseitig ausschließende Alternativen konzipiert.[234] Die Anknüpfung nach Art. 8 Abs. 4 Rom I-VO kann nur im Ausnahmefall eingreifen.[235]

16.55

Nach der sog. **Arbeitsortanknüpfung** unterliegen Arbeitsverträge zunächst dem Recht des Staates, in dem oder von dem aus der Arbeitnehmer in Erfüllung seines Vertrages „**gewöhnlich seine Arbeit verrichtet**", Art. 8 Abs. 2 Rom I-VO. Hierzu hat der EuGH – noch in einem Altfall zum EVÜ aber schon im Hinblick auf die Rom I-VO – entschieden,[236] den Tatbestand der Arbeitsortanknüpfung aus Arbeitnehmerschutzgesichtspunkten weit auszulegen.[237] Zu beachten sei hierbei insbesondere, dass es auf den sozialen Kontext ankomme, in den der Arbeitnehmer eingliedert ist.[238] Deshalb komme es auf den Ort an, an dem der Arbeitnehmer seine berufliche Tätigkeit tatsächlich ausübt und, in Ermangelung eines Mittelpunkts der Tätigkeit, auf den Ort, an dem er den größten Teil seiner Arbeit ausübt.[239] Unproblematisch ist dies der Staat, in dem mehr als die Hälfte der Arbeitszeit verbracht wird.[240] Da der Anknüpfungspunkt nach dem Regelungsziel nicht der Arbeitsort, sondern der Arbeitsstaat ist, spielt es keine Rolle, wenn ein Arbeitnehmer seine Arbeitsleistung gewöhnlich an verschiedenen Orten in demselben Staat erbringt.[241] Sofern der Anfangs- und Endpunkt der vertraglich geschuldeten Tätigkeit in einem Land liegen, die Tätigkeit an sich aber in verschiedenen Staaten erbracht wird, kann auf Art. 8 Abs. 2 Rom I-VO („von dem aus") zurückgegriffen werden.[242]

16.56

---

229 Schaub/Linck, § 7 Rz. 12; Schlachter, NZA 2000, 57; Deinert, Internationales Arbeitsrecht, § 9 Rz. 62.
230 Deinert, Internationales Arbeitsrecht, § 9 Rz. 49.
231 Riesenhuber, Europäisches Arbeitsrecht, § 5 Rz. 22.
232 Däubler/Lakies, TVG, Anhang 2 zu § 5 TVG, § 1 AEntG Rz. 29; ausf. dazu: Deinert, Internationales Arbeitsrecht, § 9 Rz. 85 ff.
233 Deinert, Internationales Arbeitsrecht, § 9 Rz. 68.
234 Riesenhuber, Europäisches Arbeitsrecht, § 5 Rz. 16.
235 Lüttringhaus, EuZW 2013, 821.
236 EuGH v. 15.3.2011 – C-29/10 – Koelzsch, EuZW 2011, 302 ff. Rz. 46.
237 EuGH v. 15.3.2011 – C-29/10 – Koelzsch, EuZW 2011, 302 ff. Rz. 42.
238 EuGH v. 15.3.2011 – C-29/10 – Koelzsch, EuZW 2011, 302 ff. Rz. 42.
239 EuGH v. 15.3.2011 – C-29/10 – Koelzsch, EuZW 2011, 302 ff. Rz. 45; Deinert, Internationales Arbeitsrecht, § 9 Rz. 87.
240 EuGH v. 9.1.1997 – C-383/95 – Rutten, EuZW 1997, 143 ff.
241 BAG AP Nr. 31 zu Internationales Privatrecht – Arbeitsrecht; Deinert, Internationales Arbeitsrecht, § 9 Rz. 88.
242 EuGH v. 15.3.2011 – C-29/10 – Koelzsch, EuZW 2011, 302 ff.; v. 15.12.2011 – C-384/10 – Voogsgeerd, EuZW 2012, 61 ff., noch zu Art. 6 EVÜ; Deinert, RdA 2009, 145; HK-ArbR/Däubler, ROM I VO/EGBGB Rz. 16.

16.57 Für die Beurteilung des gewöhnlichen Arbeitsortes ist eine **vorübergehende Entsendung** in einen anderen Mitgliedstaat unerheblich, Art. 8 Abs. 2 Satz 2 Rom I-VO. Bei dieser Bestimmung handelt es sich lediglich um eine Klarstellung, nach der – vorbehaltlich anderer Vorschriften – bei vorübergehender Entsendung in einen anderen Mitgliedstaat kein Statutenwechsel stattfindet.[243] Der Regelungsgehalt ergibt sich bereits aus dem Verständnis des gewöhnlichen Arbeitsorts.[244] Hierdurch sollen vorübergehende Entsendungen vereinfacht werden, da die ansonsten drohenden häufigen Statutenwechsel zu erheblichen Problemen führen würden. Ungeklärt ist, was unter einer „vorübergehenden Entsendung" zu verstehen ist. In der Literatur wird dafür plädiert, in Anlehnung an Art. 12 Sozialversicherungs-VO von einem Höchstzeitraum von 24 Monaten auszugehen.[245] Für eine Grenze, die spätestens bei diesem Zeitraum liegt, spricht auch eine Auslegung i.S.v. Art. 45 AEUV (vgl. Rz. 16.10). Für Entsendungen innerhalb der EU wird Art. 8 Abs. 2 Satz 2 Rom I-VO durch die Ents-RL ergänzt (vgl. Rz. 16.64).[246] Soweit die Entsendung nicht mehr vorübergehend ist, also keine Rückkehr vorgesehen ist bzw. der Zeitraum von 24 Monaten überschritten wird, liegt ein veränderter „gewöhnlicher Arbeitsort" i.S.d. Art. 8 Abs. 2 Rom I-VO vor. In diesen Fällen kommt es zu einem Statutenwechsel. In der Regel ist dann das Recht des Aufnahmestaates anwendbar.

16.58 Soweit die Arbeitsortanknüpfung nicht eingreift, kann sich das anzuwendende Arbeitsvertragsstatut aus der **Niederlassungsanknüpfung** ergeben, also aus dem Recht des Staates, in dem sich die Niederlassung befindet, die den Arbeitnehmer eingestellt hat, Art. 8 Abs. 3 Rom I-VO.[247] Im **Verhältnis zur Arbeitsortanknüpfung** gilt die Niederlassungsanknüpfung nur **subsidiär**.[248] Der Anwendungsbereich der Niederlassungsanknüpfung ist aufgrund der Tatsache reduziert, dass die Arbeitsortanknüpfung auch eingreift, wenn die Arbeit regelmäßig von einem bestimmten Arbeitsort ausgeführt wird.[249] Noch nicht abschließend geklärt ist, was unter einstellender Niederlassung i.S.v. Art. 8 Abs. 3 Rom I-VO zu verstehen ist.[250] Zu einem EVÜ-Altfall, wohl aber auch schon mit Blick auf die Rom I-VO und vor dem Hintergrund der weiten Auslegung der Arbeitsortanknüpfung hat der EuGH entschieden, dass die einstellende Niederlassung nicht diejenige sei, die den Arbeitnehmer tatsächlich beschäftigt, sondern diejenige, in der die Einstellung vorgenommen wurde.[251] Dies widerspricht der bisherigen Herangehensweise in verschiedenen Mitgliedstaaten, wo auf die organisatorische Einbindung des Arbeitnehmers abgestellt wurde, um ein *Forum-shopping* durch die Arbeitgeberseite zu verhindern.[252] Aus Arbeitnehmerschutzgesichtspunkten wird man auf den **Ort** abstellen müssen, wo der Betrieb liegt, in den der **Arbeitnehmer nach Vertragsschluss anfänglich eingebunden** war.[253]

16.59 Ausnahmsweise kann das anwendbare Recht nach der sog. **Ausweichklausel** bestimmt werden, die eingreift, wenn zu dem Recht eines anderen Staats eine „engere Verbindung" besteht; Art. 8 Abs. 4 Rom I-VO.[254] Hierbei handelt es sich nicht um eine Auffangregelung mit einer dritten objektiven

---

243 *Deinert*, Internationales Arbeitsrecht, § 9 Rz. 110.
244 EuArbR/*Krebber*, VO 593/2008/EG Art. 8 Rz. 38.
245 HdB Arbeitsrecht/*Heuschmid*, § 9 Rz. 15.
246 EuArbR/*Krebber*, VO 593/2008/EG Art. 8 Rz. 38.
247 HdB Arbeitsrecht/*Heuschmid*, § 9 Rz. 20.
248 EuGH v. 15.3.2011 – C-29/10 – Koelzsch, EuZW 2011, 302 ff. Rz. 43; v. 15.12.2011 – C-384/10 – Voogsgeerd, EuZW 2012, 61 ff.; *Deinert*, Internationales Arbeitsrecht, § 9 Rz. 119; *Lüttringhaus*, EuZW 2013, 821.
249 *Deinert*, Internationales Arbeitsrecht, § 9 Rz. 120.
250 HK-ArbR/*Däubler*, ROM I VO/EGBGB Rz. 24.
251 EuGH v. 15.12.2011 – C-384/10 – Voogsgeerd, EuZW 2012, 61 ff.; kritisch: *Deinert*, Internationales Arbeitsrecht, § 9 Rz. 122.
252 *Deinert*, Internationales Arbeitsrecht, § 9 Rz. 122.
253 *Deinert*, Internationales Arbeitsrecht, § 9 Rz. 122; so wohl auch: ErfK/*Schlachter*, Rom I-VO Rz. 16.
254 HdB Arbeitsrecht/*Heuschmid* § 9 Rz. 21; HK-ArbR/*Däubler*, ROM I VO/EGBGB Rz. 25, vgl. BAG v. 29.10.1992 – 2 AZR 267/92, NZA 1993, 743.

Anknüpfung, sondern um eine Vorschrift, die ein von den Grundanknüpfungen abweichendes Ergebnis ermöglicht.[255] Die nach dem Wortlaut geforderte **Gesamtheit der Umstände** muss gegenüber der Regelanknüpfung **deutlich überwiegen**. Dabei kommt es nicht auf die Quantität der Umstände, sondern vielmehr auf deren Qualität an.[256] Im Ergebnis kann über die Ausweichklausel auch das Recht des gewöhnlichen Arbeitsortes ausgeschaltet werden.[257] Bei der Auslegung sind Arbeitnehmerschutzgesichtspunkte zu beachten. Die Letztentscheidung hat der EuGH im Urteil *Schlecker* den nationalen Gerichten überlassen.[258] Deshalb können die bislang von Literatur und Rechtsprechung entwickelten Kriterien weiterhin herangezogen werden. Hierzu gehören etwa die Staatsangehörigkeit der Parteien, die Vertragssprache oder die Währung, in der der Lohn zu zahlen ist.[259]

3. Eingriffsrecht

Das Arbeitsrecht kennt, wie andere Rechtsgebiete, Vorschriften, die auch dann anzuwenden sind, wenn an sich ein ausländisches Vertragsstatut nach den Regelungen des internationalen Privatrechts berufen ist.[260] Diese **Durchbrechung des Arbeitsvertragsstatuts** kann durch die Sonderanknüpfung von **Eingriffsnormen** erreicht werden.[261] Die Eingriffsnormen haben dann sowohl Vorrang gegenüber dem gewählten Recht als auch gegenüber Bestimmungen, die nach Art. 8 Abs. 1 Satz 2 Rom I-VO objektiv anzuknüpfen wären.[262]

16.60

Art. 9 Abs. 1 Rom I-VO enthält eine **Legaldefinition** des Begriffs „Eingriffsnorm". Danach handelt es sich um zwingende Vorschriften, deren Einhaltung von einem Staat als so entscheidend für die Wahrung seines öffentlichen Interesses, insbesondere seiner politischen, sozialen oder wirtschaftlichen Organisation, angesehen werden, dass sie ungeachtet des nach Maßgabe dieser Verordnung auf den Vertrag anzuwendenden Rechts auf alle Sachverhalte anzuwenden sind, die in ihren Anwendungsbereich fallen. Diese Legaldefinition ist auf das französische Konzept der *Lois de police* zurückzuführen, welches der EuGH bereits in *Arblade*[263] und später in *Kommission/Luxemburg*[264] verwandt hatte.

16.61

Besonders relevant ist die Frage, ob das **bisherige Konzept der Rechtsprechung** zu den Eingriffsnormen des EGBGB vor dem Hintergrund der jüngeren Legaldefinition in Art. 9 Abs. 1 Rom I-VO **aufrechterhalten werden kann**.[265] Danach war bislang maßgebend, dass eine Vorschrift nicht nur die „privaten" Interessen der Arbeitgeber und der Arbeitnehmer zum Ausgleich bringt, sondern dass sie darüber hinaus „öffentliche Gemeinwohlinteressen" realisieren will.[266] Für die Bejahung dieser Frage spricht jedenfalls, dass es kaum Widersprüche zwischen der bisherigen deutschen Dogmatik zum EGBGB und Art. 9 Abs. 1 Rom I-VO gibt.[267]

16.62

---

255 *Deinert*, Internationales Arbeitsrecht, § 9 Rz. 126.
256 *Lüttringhaus*, EuZW 2013, 821.
257 EuGH v. 12.9.2013 – C-64/12 – Schlecker, EuZW 2013, 825 ff.
258 EuGH v. 12.9.2013 – C-64/12 – Schlecker, EuZW 2013, 825 (Tenor).
259 *Riesenhuber*, Europäisches Arbeitsrecht, § 5 Rz. 16; HK-ArbR/*Däubler*, ROM I VO/EGBGB Rz. 25; kritisch zu den vom EuGH besonders gewichteten Kriterien Recht der betrieblichen Altersvorsorge, Steuerrecht und Sozialversicherungsrecht: *Lüttringhaus*, EuZW 2013, 821.
260 HdB Arbeitsrecht/*Heuschmid* § 9 Rz. 22 ff.
261 *Deinert*, Internationales Arbeitsrecht, § 10 Rz. 21.
262 Schaub/*Linck*, § 7 Rz. 18; *Deinert*, Internationales Arbeitsrecht, § 10 Rz. 41.
263 EuGH v. 23.11.1999 – C-369/96 – Arblade, Slg. 1999 I-8453.
264 EuGH v. 19.6.2008 – C-319/06 – Kommission/Luxemburg, NZA 2008, 865 ff.
265 *Deinert*, Internationales Arbeitsrecht, § 10 Rz. 25.
266 Zur Rechtslage unter Geltung des EVÜ: *Deinert*, Internationales Arbeitsrecht, § 10 Rz. 14.
267 *Franzen*, ZESAR 2011, 101 (105); *Magnus*, IPRax 2010, 27 (41); *Deinert*, Internationales Arbeitsrecht, § 10 Rz. 25.

a) Die Entsenderichtlinie als kollisionsrechtliche Regelung

16.63 Der **kollisionsrechtliche Gehalt der Ents-RL** war lange Zeit umstritten.[268] Mit der Einführung der Rom I-VO dürfte sich dieser Streit erledigt haben. Art. 3 Abs. 1 Ents-RL verpflichtet die Mitgliedstaaten zur Erstreckung eines harten Kerns an Arbeitsbedingungen (vgl. Rz. 16.113 ff.).[269] Die Erstreckung erfolgt, indem die Mitgliedstaaten sicherstellen, dass, unabhängig vom eigentlich zur Anwendung kommenden Arbeitsvertragsstatut, den in ihr Hoheitsgebiet entsandten Arbeitnehmern ein harter Kern an Arbeitsbedingungen garantiert wird. Anders ausgedrückt, die Mitgliedstaaten sind durch die Ents-RL verpflichtet, entsprechende Bestimmungen des nationalen Rechts als Eingriffsrecht auszugestalten.[270] Kollisionsrechtlich handelt es sich bei den in Art. 3 Abs. 1 Ents-RL aufgeführten Arbeitsbedingungen demzufolge um eine Konkretisierung des in Art. 9 Abs. 1 Rom I-VO verwendeten Begriffs der Eingriffsnormen.[271] Dies wird durch ErwGr. 34 Rom I-VO bestätigt. Dementsprechend ist die Ents-RL vorrangiges **Sonderkollisionsrecht** i.S.d. Art. 23 Rom I-VO.[272]

16.64 Damit stellt sich die Frage, welche **Konsequenzen** das über die Ents-RL erstreckte **Eingriffsrecht** i.S.d. Art. 9 Abs. 1 Rom I-VO auf das **Arbeitsvertragsstatut** der entsandten Arbeitnehmer hat. Grundsätzlich würden Arbeitnehmer, die vorübergehend nach Deutschland entsandt sind, wegen der Anknüpfung an das Recht des gewöhnlichen Arbeitsortes dem Arbeitsrecht des Herkunftsstaates unterstellt bleiben (vgl. Rz. 16.57).[273] Durch die Ents-RL kommt es hier zu einem **abweichenden Ergebnis**. Das eigentlich berufene Arbeitsvertragsstatut wird bei den in Art. 3 Abs. 1 Ents-RL aufgeführten Arbeitsbedingungen (vgl. Rz. 16.113) verdrängt, soweit eine Entsendung i.S.v. Art. 2 Ents-RL (vgl. Rz. 16.100) vorliegt.[274] Wenn also die Ents-RL eingreift, wird das unter Art. 8 Rom I-VO gewonnene Ergebnis modifiziert.[275] Soweit hingegen die Ents-RL keine sonderkollisionsrechtlichen Regelungen enthält, sind auf das Arbeitsverhältnis die Regelungen anzuwenden, die sich aus der Rom I-VO ergeben.[276] Letztlich entsteht ein Mischrecht aus ursprünglichem Arbeitsvertragsstatut und Eingriffsrecht. Für das deutsche Recht wird der Charakter der über das AEntG erstreckten Arbeitsbedingungen als Eingriffsrecht explizit in § 2 AEntG hervorgehoben.

16.65 Als Sonderkollisionsrecht zielt die Ents-RL darauf ab, die Rechtsvorschriften der Mitgliedstaaten zu **koordinieren**.[277] Die Richtlinie legt damit fest, welches Recht zwingend zur Anwendung kommt, sie bestimmt jedoch nicht den **materiellen Gehalt** des anzuwendenden Rechts. Harmonisiert wird durch die Ents-RL lediglich das Kollisionsrecht, wohingegen das anzuwendende Sachrecht weiterhin Angelegenheit der Mitgliedstaaten und der Tarifvertragsparteien bleibt.

16.66 Zu den in der Praxis **wichtigsten Arbeitsbedingungen**, die über Art. 3 Abs. 1 Ents-RL erstreckt werden, gehören die **Entgeltbedingungen**, die im MiLoG[278], im AÜG, in den Landestarifreuegesetzen und in allgemeinverbindlichen Tarifverträgen festgesetzt sind (vgl. Rz. 16.130 ff.).

---

268 *Preis/Temming*, Die Urlaubs- und Lohnausgleichskasse im Kontext des Gemeinschaftsrechts, S. 74 ff.
269 KOM (2012), 131 endg., S. 3.
270 *Deinert*, Internationales Arbeitsrecht, § 10 Rz. 59.
271 *Mankowski*, RdA 2017, 272 (277); *Schlachter*, FS Evju, 565 (572); HdB Arbeitsrecht/*Heuschmid*, § 9 Rz. 27.
272 *Deinert*, Internationales Arbeitsrecht, § 10 Rz. 76; ErfK/*Schlachter*, § 1 AEntG Rz. 5.
273 EuArbR/*Windisch-Graetz*, RL 96/71/EG Art. 1 Rz. 8; ErfK/*Schlachter*, § 1 AEntG Rz. 4; Däubler/*Lakies*, TVG, Anhang 2 zu § 5 TVG, § 1 AEntG Rz. 30; *Schneider-Sievers*, RdA 2012, 277; *Deinert*, Internationales Arbeitsrecht, § 9 Rz. 99.
274 Schlachter/Ohler/*Schlachter*, EUDL-RL, Art. 19 Rz. 4.
275 *Schneider-Sievers*, RdA 2012, 277.
276 EuArbR/*Windisch-Graetz*, RL 96/71/EG Art. 1 Rz. 15.
277 Vgl. ErwGr. 13 Ents-RL.
278 *Mankowski*, RdA 2017, 273 (277).

b) Sonstige Eingriffsnormen im deutschen Recht

Neben den in Art. 3 Ents-RL aufgeführten Arbeitsbedingungen gibt es noch **weitere Eingriffsnormen im deutschen Recht**. Grundsätzlich ist der Erlass von Eingriffsnormen Sache des jeweiligen Mitgliedstaats.[279] Hierbei sind jedoch die Grenzen der Grundfreiheiten zu beachten. Selbstredend können nicht alle zwingenden Vorschriften des Arbeitsrechts dem Eingriffsrecht zugeordnet werden, da ansonsten Art. 8 Abs. 1 Satz 2 Rom I-VO leerliefe.[280]

16.67

Zu den **Eingriffsnormen im deutschen Recht** zählen nach der bisherigen Rechtsprechung: Beschäftigungspflicht für schwerbehinderte Menschen (§ 71 SGB IX), Entgeltfortzahlung (§ 3 EFZG), Anspruch auf Zuschuss zum Mutterschaftsgeld (§ 14 MuSchG), Massenentlassungsrecht (§ 17 KSchG), Zustimmungserfordernis für die Kündigung eines schwer behinderten Menschen (§ 168 SGB IX).[281] Keine Eingriffsnormen sind hingegen: arbeitsrechtlicher Gleichbehandlungsgrundsatz, Entlohnungsvorschriften, Urlaubsgeld, Grundsätze des innerbetrieblichen Schadensausgleiches, Teilzeitanspruch gem. § 8 TzBfG, § 613a BGB, Befristungsrecht, allgemeiner Kündigungsschutz nach dem KSchG.[282]

16.68

III. Entsenderichtlinie

1. Einleitung

a) Zweck der Entsenderichtlinie

Die Ents-RL[283] vereinfacht die grenzüberschreitende Erbringung von Dienstleistungen im Binnenmarkt und **schützt vorübergehend entsandte Arbeitnehmer** im Aufnahmestaat. Zu diesem Zweck koordiniert die Richtlinie die kollisionsrechtlichen Bestimmungen der Mitgliedstaaten und definiert einen harten Kern von zwingenden Arbeits- und Beschäftigungsbedingungen, die im Aufnahmestaat anzuwenden sind (vgl. Rz. 16.63 ff.).

16.69

Damit soll sie für **fairen Wettbewerb** zwischen allen Dienstleistungserbringern sorgen und eine Abwärtsspirale bei den Arbeitsbedingungen der Arbeitnehmer im Aufnahmestaat verhindern. Dies ist geboten vor dem Hintergrund, dass die Union einer in hohem Maße wettbewerbsfähigen sozialen Marktwirtschaft, die auf Vollbeschäftigung und sozialen Fortschritt abzielt, verpflichtet ist (Art. 3 Abs. 3 EUV). Bei der Errichtung des Binnenmarktes ist die Union ihren sozialen Zielen verpflichtet, insbesondere die Beschäftigung zu fördern und die Lebens- und Arbeitsbedingungen zu verbessern, um dadurch auf dem Wege des Fortschritts ihre Angleichung zu ermöglichen (Art. 151 Abs. 1 AEUV). Wettbewerb im Binnenmarkt auf Kosten von Arbeits- und Beschäftigungsbedingungen ist mit diesen Zielen nicht vereinbar. Dies gilt ungeachtet der Tatsache, dass die Ents-RL ihre Rechtsgrundlage[284] in Art. 53 Abs. 1 i.V.m. Art. 62 AEUV hat, die zur Dienstleistungsfreiheit gehören (vgl. Rz. 16.2 ff. und Rz. 1.50). Die Beibehaltung dieser Rechtsgrundlage war in den Verhandlungen über die Richtlinie (EU) 2018/957[285] zwischen Rat und Europäischem Parlament umstritten. Das Europäische Parlament wollte die Richtlinie zusätzlich auf Art. 153

16.70

---

279 *Deinert*, Internationales Arbeitsrecht, § 10 Rz. 26.
280 Schaub/*Linck*, § 7 Rz. 16.
281 HdB Arbeitsrecht/*Heuschmid*, § 9 Rz. 25 f.; *Deinert*, Internationales Arbeitsrecht, § 10 Rz. 48.
282 *Deinert*, Internationales Arbeitsrecht, § 10 Rz. 49.
283 Ents-RL bezeichnet die Richtlinie 96/71/EG in der durch die Richtlinie (EU) 2018/957 geänderten Fassung. Ents-RL (1996) bezeichnet die Richtlinie 96/71/EG in ihrer ursprünglichen Fassung.
284 Die Ents-RL (1996) wurde bei ihrer Verabschiedung auf Art. 57 Abs. 2 und Art. 66 EG gestützt. Die Rechtsgrundlage wurde durch den AEUV inhaltlich nicht verändert. Zur Vereinbarkeit mit dem damals geltenden EG-Vertrag: *Däubler*, EuZW 1997, 613.
285 Richtlinie (EU) 2018/957 v. 28.6.2018 zur Änderung der Richtlinie 96/71/EG über die Entsendung von Arbeitnehmern im Rahmen der Erbringung von Dienstleistungen.

Abs. 1 Buchst. a und b i.V.m. Art. 153 Abs. 2 AEUV stützen. Letztlich konnte es sich damit aber nicht durchsetzen. Statt einer Änderung der Rechtsgrundlage wird der Arbeitnehmerschutz als Zielsetzung der Ents-RL nun durch Art. 1 Abs. 1a Ents-RL unterstrichen.[286] Zur Bedeutung der Arbeitnehmerfreizügigkeit im Kontext der Arbeitnehmerentsendung vgl. Rz. 16.7 ff.

b) Historische Entwicklung

16.71 Die Initiative der Europäischen Kommission für die Ents-RL (1996) entstand im Kontext der Bestrebungen von Kommissionspräsident *Jaques Delors* zur **Vollendung des Binnenmarktes** (vgl. Rz. 1.9). Um Bedenken hinsichtlich negativer sozialer Konsequenzen des Binnenmarktes zu begegnen, wurde das Europäische Sozialmodell weiterentwickelt und gestärkt. Im Jahr 1989 veröffentlichte die Kommission ein Aktionsprogramm[287] zur Umsetzung der Gemeinschaftscharta der sozialen Grundrechte vom 9.12.1989. Dort wurden die Arbeitsbedingungen von entsandten Arbeitnehmern als spezifisches Problem identifiziert, dem mit einer Initiative begegnet werden sollte. Große Bedeutung für die weitere Diskussion hatte das EuGH-Urteil in der Rechtssache *Rush Portuguesa*[288], das am 27.3.1990 erging (vgl. Rz. 16.3 ff. und Rz. 16.92).

16.72 Am 1.8.1991 legte die Kommission den **Vorschlag** für eine Richtlinie über die Entsendung von Arbeitnehmern im Rahmen der Erbringung von Dienstleistungen vor.[289] Der geänderte Vorschlag[290] vom 15.6.1993 berücksichtigte die Stellungnahmen des Europäischen Parlaments und des Wirtschafts- und Sozialausschusses. Nach schwierigen Verhandlungen im Rat wurde die Ents-RL schließlich am 16.12.1996 mit qualifizierter Mehrheit, gegen die Stimme des Vereinigten Königreiches und bei Enthaltung Portugals, verabschiedet.

16.73 Die Richtlinie war innerhalb von drei Jahren von den Mitgliedstaaten in nationales Recht **umzusetzen.** Wie in Art. 8 Ents-RL (1996) vorgesehen, wurde die Anwendung der Richtlinie durch die Mitgliedstaaten von der Kommission überprüft.[291] Die Kommission hat dem Rat keine Änderungen an der Richtlinie vorgeschlagen. Nach der EU-Osterweiterung wurde auch die Umsetzung der Richtlinie in den neuen Mitgliedstaaten untersucht.[292]

16.74 Der Vorschlag für die **Dienstleistungsrichtlinie**[293] (vgl. Rz. 16.44 ff.) im Jahr 2004 ließ den Streit über die Zulässigkeit nationaler Kontrollmaßnahmen bezüglich der Arbeits- und Beschäftigungsbedingungen entsandter Arbeitnehmer eskalieren, der zu diesem Zeitpunkt bereits Gegenstand zahlreicher EuGH-Verfahren war (vgl. Rz. 16.22 ff. und Rz. 16.200 ff.). In der geänderten Fassung des Richtlinienvorschlages[294] vom 4.4.2006 verzichtete die Kommission auf die besonders umstrittenen

---
286 Ratsdokument Nr. 6783/18 ADD1, S. 2 und 40.
287 KOM (1989), 568 endg.
288 EuGH v. 27.3.1990 – C-113/89 – Rush Portuguesa, Slg. 1990, I-1417.
289 KOM (1991), 230 endg. Zur Entstehung der Richtlinie u.a. *Evju*, University of Oslo Faculty of Law Legal Studies Research Paper Series No. 2013–29, S. 6 ff.; *Lorenz*, Arbeitnehmer-Entsendegesetz, Gesetzestext und Materialien, S. 9 und *Köbele/Cremers*, Europäische Union: Arbeitnehmerentsendung im Baugewerbe, S. 13.
290 KOM (1993), 225 endg.
291 Report from the Commission services on the implementation of Directive 96/71/EC of the European Parliament and of the Council of 16 December 1996 concerning the posting of workers in the framework of the provision of services, January 2003, verfügbar unter: http://ec.europa.eu/social/BlobServlet?docId=4621&langId=en. Zur Umsetzung in den Mitgliedstaaten auch *Cremers/Donders*, Freizügigkeit der Arbeitnehmer in der EU.
292 Implementation Report Directive 96/71/EC concerning posting of workers in the framework of the provision of services – New Member States, July 2007, verfügbar unter: http://ec.europa.eu/social/BlobServlet?docId=4622&langId=en.
293 KOM (2004) 2 endg./2.
294 KOM (2006) 160 endg.

Art. 24 und 25, mit denen nationale Kontrollmaßnahmen im Aufnahmestaat stark beschränkt werden sollten.[295]

Stattdessen legte die Kommission noch im selben Jahr **Leitlinien** für die Entsendung von Arbeitnehmern im Rahmen der Dienstleistungserbringung[296] vor, die neben der Zulässigkeit nationaler Kontrollmaßnahmen fortbestehende Defizite bei der Verwaltungszusammenarbeit und beim Zugang zu Informationen behandelten. In einer weiteren Mitteilung[297] berichtete die Kommission 2007 über das Ergebnis einer umfassenden Analyse der Lage in den Mitgliedstaaten. Mit einer Empfehlung[298] und der Formalisierung einer Expertengruppe[299] wurde im Jahr 2008 die Verbesserung der Verwaltungszusammenarbeit in den Vordergrund gerückt.

16.75

Dieser Prozess wurde ab Ende des Jahres 2007 durch die Diskussion um die **EuGH-Urteile Viking, Laval, Rüffert** und **Kommission/Luxemburg**[300] überlagert. Nun standen zwei ganz andere Fragen im Vordergrund. Wie ist die richtige Balance zwischen dem Streikrecht und den wirtschaftlichen Freiheiten? Und wie ist Art. 3 Ents-RL (1996) – also der materielle Kern der Richtlinie – richtig auszulegen?[301] In Folge der politischen Diskussion erkannte der damalige Kommissionspräsident *Barroso* Handlungsbedarf und kündigte im Jahr 2009 einen Vorschlag zum Entsenderecht an. Im Jahr 2010 griff auch der Bericht von *Mario Monti* zum Binnenmarkt[302] die Diskussion um die Urteile auf und empfahl zu handeln. Die Diskussion habe das Potential, insbesondere die Gewerkschaftsbewegung vom Binnenmarktprojekt zu entfremden. Mit Gesetzgebungsinitiativen in den Jahren 2012 (vgl. Rz. 16.77 ff.) und 2016 (vgl. Rz. 16.80 f.) versuchte die Kommission, den Konflikt zu befrieden.

16.76

c) Richtlinie 2014/67/EU zur Durchsetzung der Entsenderichtlinie

Am 21.3.2012 legte die Kommission ein **Entsendepaket** vor, zu dem ein Vorschlag für eine Richtlinie[303] zur Durchsetzung der Richtlinie 96/71/EG über die Entsendung von Arbeitnehmern im Rahmen der Erbringung von Dienstleistungen und ein Vorschlag für eine Verordnung[304] über

16.77

---

295 Zur gleichzeitigen Entwicklung der Rechtsprechung des EuGH zu den nationalen Kontrollmaßnahmen: *Thym*, NZA 2006, 713.
296 KOM (2006) 159 endg.
297 KOM (2007) 304 endg.
298 Empfehlung der Kommission v. 3.4.2008 zur Verbesserung der Verwaltungszusammenarbeit in Bezug auf die Entsendung von Arbeitnehmern im Rahmen der Erbringung von Dienstleistungen, ABl. C 85 v. 4.4.2008, S. 1.
299 Beschluss der Kommission v. 19.12.2008 zur Einsetzung des Expertenausschusses für die Entsendung von Arbeitnehmern 2009/17/EG, ABl. Nr. L 8 v. 13.1.2009, S. 26.
300 EuGH v. 11.12.2007 – C-438/05 – International Transport Workers' Federation and Finnish Seamen's Union, Slg. 2007, I-10779; v. 18.12.2007 – C-341/05 – Laval, Slg. 2007, I-11767; v. 3.4.2008 – C-346/06 – Rüffert, Slg. 2008, I-1989; v. 19.6.2008 – C-319/06 – Kommission/Luxemburg, Slg. 2008, I-4323. Ausführlich dazu: *Däubler/Heuschmid*, Arbeitskampfrecht, § 11 Rz. 57 ff.
301 SWD(2012) 63 final; ETUC, Revision of the Posting Workers Directive: Eight proposals for improvement, 2010; *Barnard*, Arbeidsrett 2014, 7; GA *Wahl* v. 18.9.2014 – C-396/13 – Sähköalojen ammattiliitto ry, Rz. 25–39, allerdings wird die von GA *Wahl* in Rz. 32 formulierte These, der EuGH hätte mit dem *Laval*-Urteil die Balance der Richtlinie zu Gunsten der Dienstleistungsfreiheit verschoben, vom EuGH so offenbar nicht geteilt. GA *Wahl* wollte daraus insbesondere eine äußerst restriktive Lesart des Begriffs „Mindestlöhne" in Art. 3 Abs. 1 Ents-RL ableiten. Dem ist der EuGH nicht gefolgt.
302 *Mario Monti*, A new strategy for the single market, At the service of Europe's economy and society, Report to the President of the European Commission José Manuel Barroso, 9.9.2010; verfügbar unter: http://ec.europa.eu/internal_market/strategy/docs/monti_report_final_10_05_2010_en.pdf.
303 KOM (2012), 131 endg. Zum Richtlinienentwurf *Houwerzijl*, AuR 2013, 342; *Schubert*, Gutachterliche Stellungnahme zu den Aktivitäten der EU-Kommission bezüglich der Urteile des Europäischen Gerichtshofes zum Verhältnis sozialer Grundrechte und Binnenmarktfreiheiten, S. 42 ff.
304 KOM (2012), 130 endg.

die Ausübung des Rechts auf Durchführung kollektiver Maßnahmen im Kontext der Niederlassungs- und der Dienstleistungsfreiheit gehörten.

16.78 Die sog. **Monti II-Verordnung** sollte klarstellen, dass das Streikrecht und die Dienstleistungsfreiheit gleichrangig sind, um der Sorge zu begegnen, dass im Binnenmarkt die wirtschaftlichen Freiheiten das Streikrecht aushebeln könnten.[305] Der Vorschlag für die Monti II-Verordnung wurde nach heftiger Kritik der Sozialpartner und einer Subsidiaritätsrüge nationaler Parlamente[306] gemäß Protokoll Nr. 2 über die Anwendung der Grundsätze der Subsidiarität und der Verhältnismäßigkeit zum AEUV von der Kommission zurückgezogen (vgl. Rz. 1.42).

16.79 Die **Durchsetzungsrichtlinie**[307] (Durchs-RL) sollte die Anwendung der Ents-RL in der Praxis verbessern, da die Kommission davon ausgeht, dass die anwendbaren Arbeits- und Beschäftigungsbedingungen im Aufnahmestaat von Entsendeunternehmen oft nicht eingehalten werden.[308] Die Durchs-RL wurde am 15.5.2014 verabschiedet. Sie war bis zum 18.6.2016 in nationales Recht umzusetzen (vgl. Rz. 16.90, 16.106, 16.194, 16.199, 16.209 und 16.212 ff.). Mit der Durchs-RL war allerdings die politische Diskussion um die Ents-RL keineswegs beendet. Bereits die politischen Leitlinien des damaligen Kandidaten für das Amt des Präsidenten der Europäischen Kommission *Juncker* sahen eine gezielte Überprüfung der Ents-RL vor, um sicherzustellen, dass Sozialdumping in der Europäischen Union keinen Platz habe. In der EU solle gleiche Arbeit am gleichen Ort gleich vergütet werden.[309]

d) Richtlinie (EU) 2018/957 zur Änderung der Entsenderichtlinie

16.80 Die Richtlinie (EU) 2018/957 ist am 30.7.2018 in Kraft getreten und bis zum 30.7.2020 in nationales Recht umzusetzen. Ausweislich des Vorschlags der Europäischen Kommission für eine Richtlinie zur Änderung der Ents-RL vom 8.3.2016[310] soll durch eine gezielte Überarbeitung der Ents-RL gegen „unlautere Praktiken" vorgegangen werden und der Grundsatz der gleichen Entlohnung für gleiche Arbeit am gleichen Ort gefördert werden.[311] Der Vorschlag bezieht sich ausdrücklich

---

305 Pressemitteilung der Kommission vom 21.3.2012, IP/12/267.
306 Gemäß Art. 5 EUV i.V.m. Protokoll Nr. 2 zum AEUV können nationale Parlamente innerhalb von acht Wochen nach Vorlage eines Rechtssetzungsvorschlages durch die Kommission eine begründete Stellungnahme abgeben, wenn Sie den Vorschlag für nicht vereinbar mit dem Subsidiaritätsprinzip halten. In diesem Fall haben folgende Parlamente bzw. Parlamentskammern eine begründete Stellungnahme abgeben: Folketing (Dänemark, 2 Stimmen), Riksdag (Schweden, 2 Stimmen), Chambre des Députés (Luxemburg, 2 Stimmen), Eduskunta (Finland, 2 Stimmen), Sejm (Polen, 1 Stimme), Assembleia da Republica (Portugal, 2 Stimmen), Sénat (Frankreich, 1 Stimme), Saeima (Lettland, 2 Stimmen), Chambre des représentants (Belgien, 1 Stimme), House of Commons (Vereinigtes Königreich, 1 Stimme), Kamra Tad-Deputati (Malta, 2 Stimmen) und Tweede Kamer (Niederlande, 1 Stimme), insgesamt 19 Stimmen. Das nötige Quorum von 18 Stimmen von 54 Stimmen wurde damit erstmalig in diesem Verfahren erreicht.
307 Richtlinie 2014/67/EU des Europäischen Parlaments und des Rates vom 15. Mai 2014 zur Durchsetzung der Richtlinie 96/71/EG über die Entsendung von Arbeitnehmern im Rahmen der Erbringung von Dienstleistungen und zur Änderung der Verordnung (EU) Nr. 1024/2012 über die Verwaltungszusammenarbeit mit Hilfe des Binnenmarkt-Informationssystems („IMI-Verordnung") (ABl. Nr. L 159 v. 28.5.2014, S. 11).
308 Im Bereich der Rechtsdurchsetzung bleibt weiterhin viel zu tun. Zu Deutschland: *Molitor*, Geschäftsmodell Ausbeutung, 2015.
309 *Jean-Claude Juncker*, Ein neuer Start für Europa: Meine Agenda für Jobs, Wachstum, Fairness und demokratischen Wandel, Politische Leitlinien für die nächste Europäische Kommission, 15.7.2014.
310 KOM (2016), 128 final, einschließlich der Folgenabschätzung SWD (2016) 52 final und SWD (2016) 53 final.
311 KOM (2016), 128 final.

nicht auf die Materie der Durchs-RL, zielt aber in dieselbe Richtung. Die Wirkungen der beiden Rechtsakte sollen sich gegenseitig ergänzen und verstärken.

Die Richtlinie (EU) 2018/957 ändert wesentliche Bestimmungen der Ents-RL (1996). Insbesondere wird in Art. 3 Abs. 1 Ents-RL (1996) der Begriff „Mindestlohnsätze" durch den Begriff „Entlohnung" ersetzt (vgl. Rz. 16.142) und der Katalog der Arbeits- und Beschäftigungsbedingungen erweitert (vgl. Rz. 16.114). Nach einer regelmäßigen Entsendedauer von 12 bzw. maximal 18 Monaten gelten künftig sämtliche zwingend anwendbaren Arbeits- und Beschäftigungsbedingungen des Aufnahmestaates mit Ausnahme der Vorschriften über die Begründung und die Beendigung des Arbeitsverhältnisses sowie Regelungen über Systeme der zusätzlichen Altersvorsorge (vgl. Rz. 16.118). Allgemeinverbindliche Tarifverträge i.S.d. Art. 3 Abs. 8 Ents-RL sind künftig auch außerhalb der Baubranche zwingend auf entsandte Arbeitnehmer anzuwenden (vgl. Rz. 16.124). Für die Entsendung im Straßenverkehrssektor soll durch Art. 2 der Richtlinie zur Änderung der Richtlinie 2006/22/EG bezüglich der Durchsetzungsanforderungen und zur Festlegung spezifischer Regeln im Zusammenhang mit der Richtlinie 96/71/EG und der Richtlinie 2014/67/EU für die Entsendung von Kraftfahrern im Straßenverkehrssektor 2006/22/EU eine lex specialis zur Ents-RL geschaffen werden. Die Anwendung der Richtlinie (EU) 2018/957 wird für diesen Bereich aufgeschoben (vgl. Rz. 16.82).

16.81

e) Vorschlag für verkehrsspezifische Regelungen im „Road Package"

Als Teil des sog. „Road Package" vom 31.5.2017 („Europe on the move") hat die Europäische Kommission einen Vorschlag für eine Richtlinie zur Änderung der Richtlinie 2006/22/EG bezüglich der Durchsetzungsanforderungen und zur Festlegung spezifischer Regeln im Zusammenhang mit der Richtlinie 96/71/EG und der Richtlinie 2014/67/EU für die Entsendung von Kraftfahrern im Straßenverkehrssektor vorgelegt.[312] Demnach sollen die zwingend anwendbaren Entlohnungs- und Mindesturlaubsregelungen des Aufnahmestaates für entsandte Fahrer im grenzüberschreitenden Güter- und Personenbeförderungsstraßenverkehr künftig keine Anwendung mehr finden, wenn die Entsendung im Kalendermonat maximal drei Tage dauert. Außerdem sollen abweichend von Art. 9 Durchs-RL spezifische Regelungen für Kontrollen gelten. Dem Richtlinienvorschlag der Kommission waren die Einleitung von Vertragsverletzungsverfahren gegen einige Mitgliedstaaten vorausgegangen, darunter Deutschland im Zusammenhang mit der Anwendung des MiLoG auf entsandte Fahrer (vgl. Rz. 16.109 f.). Die Vertragsverletzungsverfahren sind ebenso wie die Richtlinienverhandlungen bisher nicht abgeschlossen.[313] Sollte sich die Kommission durchsetzen, würden die Rechte entsandter Fahrer erheblich beschnitten. Bisher sind die Ausnahmen von den zwingend anwendbaren Arbeits- und Beschäftigungsbedingungen im Aufnahmestaat in Art. 3 Abs. 2 bis 5 Ents-RL eng begrenzt und ganz überwiegend optional ausgestaltet. Von einer Schwellenfrist für die Anwendung der Ents-RL wurde bewusst abgesehen.

16.82

2. Art. 1 und 2 Ents-RL

Art. 1 Ents-RL regelt den **Anwendungsbereich** der Richtlinie. Art. 2 Abs. 1 Ents-RL definiert den Begriff des entsandten Arbeitnehmers. Der Anwendungsbereich der Ents-RL lässt sich nur im Zusammenwirken der beiden Normen bestimmen. Wichtige Merkmale der Entsendung sind das Vorliegen einer echten Verbindung zwischen dem Entsendeunternehmen und dem Mitgliedstaat der Niederlassung (vgl. Rz. 16.85 ff.), das Vorliegen einer Entsendesituation (vgl. Rz. 16.91 ff.) und der vorübergehende Charakter der Entsendung (vgl. Rz. 16.100 ff.).

16.83

---

312 KOM (2017) 278 final.
313 Zuletzt war die bulgarische Ratspräsidentschaft mit dem Versuch gescheitert, einen gemeinsamen Standpunkt im Rat zu beschließen, und konnte lediglich einen Fortschrittsbericht vorlegen (Ratsdokument Nr. 9259/18 ADD4).

16.84 Über die Mitgliedstaaten der EU hinaus findet die Ents-RL auch Anwendung auf die Mitgliedstaaten des **Europäischen Wirtschaftsraums** (EWR),[314] Norwegen, Island und Liechtenstein, sowie auf Grund des bilateralen Freizügigkeitsabkommens[315] auf die Schweiz.

a) Unternehmen mit Sitz in der EU (Art. 1 Abs. 1 Ents-RL)

16.85 Die Ents-RL findet Anwendung auf Unternehmen mit **Sitz in einem Mitgliedstaat** der EU, die Arbeitnehmer im Rahmen der grenzüberschreitenden Dienstleistungserbringung in das Hoheitsgebiet eines Mitgliedstaates entsenden. Das Entsendeunternehmen muss in einem Mitgliedstaat niedergelassen sein. Die Ents-RL stellt an dieses Merkmal keine besonderen Anforderungen. Nach dem reinen Wortlaut würde daher irgendein Sitz in irgendeinem Mitgliedstaat ausreichen, um die Voraussetzungen des Art. 1 Abs. 1 Ents-RL zu erfüllen. Aus systematischen Gründen ist jedoch eine Niederlassung in dem Mitgliedstaat vorauszusetzen, aus dem die Entsendung erfolgt. Denn gem. Art. 2 Abs. 1 Ents-RL muss ein entsandter Arbeitnehmer normalerweise im Herkunftsstaat beim entsendenden Arbeitgeber arbeiten. Daher muss sowohl der entsandte Arbeitnehmer als auch das Entsendeunternehmen eine Verbindung zum Herkunftsstaat aufweisen.[316]

16.86 Welche Anforderungen an die **Verbindung zwischen Entsendeunternehmen und Niederlassungsmitgliedstaat** zu stellen sind, ist nicht abschließend geklärt. Im Hinblick auf die Niederlassungsfreiheit hat der EuGH festgestellt, dass der Niederlassungsbegriff im Sinne des AEUV die tatsächliche Ausübung einer wirtschaftlichen Tätigkeit mittels einer festen Einrichtung in diesem Staat auf unbestimmte Zeit impliziere. Daher setze die Niederlassungsfreiheit eine tatsächliche Ansiedlung der betreffenden Gesellschaft im Aufnahmemitgliedstaat und die Ausübung einer wirklichen wirtschaftlichen Tätigkeit in diesem voraus.[317] In diesem Zusammenhang hat der EuGH auch darauf hingewiesen, dass sich eine Beschränkung der Niederlassungsfreiheit mit Gründen der Bekämpfung missbräuchlicher Praktiken rechtfertigen lässt, wenn das spezifische Ziel der Beschränkung darin liegt, Verhaltensweisen zu verhindern, die darin bestehen, rein künstliche, jeder wirtschaftlichen Realität bare Gestaltungen zu dem Zweck zu errichten, der Steuer zu entgehen, die normalerweise für durch Tätigkeiten im Inland erzielte Gewinne geschuldet würde.[318]

16.87 Entsprechendes dürfte auch für **rein künstliche Firmenkonstrukte** gelten, die darauf gerichtet sind, arbeits- oder sozialrechtliche Bestimmungen im Aufnahmestaat zu umgehen. Insoweit dürften die Mitgliedstaaten jedenfalls die Möglichkeit haben, Maßnahmen gegen entsprechenden Missbrauch oder die Umgehung entsenderechtlicher Regelungen zu ergreifen und dazu auch die Dienstleistungsfreiheit zu beschränken. Das gilt insbesondere für den Umgang mit sog. Briefkastenfirmen.[319]

16.88 Die europäischen Sozialpartner sind sich in einer gemeinsamen Analyse einig, dass der Missbrauch von **Briefkastenfirmen**, die ihre künstliche Struktur allein dazu nutzen, die arbeits- und sozialrechtlichen Bestimmungen im Aufnahmestaat zu umgehen, eines der aktuellen Probleme bei der

---

314 Abkommen über den Europäischen Wirtschaftsraum, ABl. Nr. L 1 v. 3.1.1994, S. 3.
315 Art. 22 Abs. 2 Anhang I des Abkommens zwischen der Schweizerischen Eidgenossenschaft einerseits und der Europäischen Gemeinschaft und ihren Mitgliedstaaten andererseits über die Freizügigkeit v. 21.6.1999. Es gilt allerdings die Besonderheit, dass die EuGH Rechtsprechung nach Abschluss des Abkommens von der Schweiz bei der Auslegung der Richtlinie nicht berücksichtigt werden muss, vgl. Art. 16.
316 Mit guten Argumenten für eine weitere Auslegung: EuArbR/*Windisch-Graetz*, RL 96/71/EG Art. 1 Rz. 34 ff.; *Janda*, SR 2016, 1 (2).
317 EuGH v. 12.9.2006 – C-196/04 – Cadbury Schweppes – Slg. 2006, I-7995 Rz. 54.
318 EuGH v. 12.9.2006 – C-196/04 – Cadbury Schweppes – Slg. 2006, I-7995 Rz. 55.
319 Einige Mitgliedstaaten verfügen über Regelungen, die Entsendungen durch Briefkastenfirmen verhindern sollen, vgl. *van Hoek/Houwerzijl*, Comparative study, S. 45 f.

Umsetzung der Ents-RL (1996) darstellt.[320] Zumindest solchen Briefkastenfirmen dürfte es an der nötigen Verbindung zum Niederlassungsstaat fehlen.

Das **Sozialversicherungsrecht** (vgl. Rz. 16.35 ff.) ist an dieser Stelle klarer. Die Anforderungen an ein Entsendeunternehmen werden genauer definiert. Demnach muss ein Unternehmen gewöhnlich substantielle Aktivitäten im Niederlassungsstaat aufweisen, um Arbeitnehmer im Sinne des Sozialversicherungsrechts in einen anderen Mitgliedstaat entsenden zu können.[321] Auch eine Entsendung i.S.v. Art. 8 Abs. 2 Satz 2 Rom I-VO setzt eine reguläre wirtschaftliche Tätigkeit des Arbeitgebers im Entsendestaat voraus.[322] Denn ansonsten kann der Arbeitnehmer dort nicht gewöhnlich seine Arbeit verrichten. Beide Regelungen sind ein Indiz dafür, dass auch im Rahmen der Ents-RL Entsendeunternehmen eine wirtschaftliche Tätigkeit im Herkunftsstaat aufweisen müssen. 16.89

Daran knüpft auch die **Durchs-RL** an, um Missbrauch und Umgehung der entsenderechtlichen Bestimmungen im Aufnahmestaat, insbesondere durch Briefkastenfirmen, zu bekämpfen. Die zuständigen nationalen Kontrollbehörden sollen künftig bei der Anwendung und Durchsetzung der Ents-RL prüfen, ob ein Unternehmen eine ausreichende Verbindung zum Niederlassungsstaat hat. Dazu sind insbesondere wesentliche Tätigkeiten im Niederlassungsstaat erforderlich, die über internes Management und/oder Verwaltungstätigkeiten hinausgehen. Um das zu ermitteln, wird eine Reihe von möglichen Kriterien aufgezählt, die im Rahmen einer Gesamtbeurteilung des Sachverhalts berücksichtigt werden sollen. 16.90

b) Vorliegen einer Entsendesituation (Art. 1 Abs. 3 Ents-RL)

Die Richtlinie nennt **drei Entsendesituationen**, von denen eine für die Eröffnung des Anwendungsbereichs vorliegen muss. Die Tatbestände sind weit formuliert und tragen dem Bemühen Rechnung, möglichst alle relevanten Konstellationen zu erfassen. 16.91

Die **„Rush Portuguesa"-Situation**[323] (Buchst. a): Unternehmen entsenden einen Arbeitnehmer in ihrem Namen und unter ihrer Leitung in das Hoheitsgebiet eines Mitgliedstaats im Rahmen eines Vertrags, der zwischen dem entsendenden Unternehmen und dem in diesem Mitgliedstaat tätigen Dienstleistungsempfänger geschlossen wurde, sofern für die Dauer der Entsendung ein Arbeitsverhältnis zwischen dem entsendenden Unternehmen und dem Arbeitnehmer besteht. 16.92

In dieser Konstellation handelt es sich typischerweise um Werkverträge, die zwischen einem Unternehmen und einem Dienstleistungsempfänger geschlossen werden. Ob es sich bei dem Dienstleistungsempfänger um eine Privatperson, ein Unternehmen oder einen öffentlichen Auftraggeber handelt ist unerheblich. Unerheblich ist auch, ob der Arbeitnehmer von einem Generalunternehmer oder einem Unterauftragnehmer entsandt wird. 16.93

Innerbetriebliche Entsendung bzw. Entsendung innerhalb der Unternehmensgruppe (Buchst. b): Unternehmen entsenden einen Arbeitnehmer in eine Niederlassung oder ein der Unternehmensgruppe angehörendes Unternehmen im Hoheitsgebiet eines Mitgliedstaats, sofern für die Dauer der Entsendung ein Arbeitsverhältnis zwischen dem entsendenden Unternehmen und dem Arbeitnehmer besteht. 16.94

Der Tatbestand der innerbetrieblichen Entsendung bzw. der Entsendung innerhalb der Unternehmensgruppe hat, anders als die Entsendung im Rahmen der Werkverträge oder von Leiharbeitneh- 16.95

---

320 ETUC, Business Europe, Report on joint work of the European social partners on the ECJ rulings in the Viking, Laval, Rüffert and Luxemburg cases, 19.3.2010, https://www.etuc.org/sites/default/files/Joint_report_ECJ_rulings_FINAL_logos_19.03.10_1.pdf.
321 Art. 12 Verordnung (EG) 883/2004 i.V.m. Art. 14 Abs. 2 Verordnung (EG) 987/2009 und Entscheidung A2.
322 *van Hoek/Houwerzijl*, Comparative study, S. 45.
323 Der Richtlinienvorschlag, KOM (1991), 230 endg. spricht in Anlehnung an EuGH v. 27.3.1990 – C-113/89 – Rush Portuguesa, Slg. 1990, I-1417, von der *„Rush Portuguesa"*-Situation.

mern, in der Praxis bislang eher wenige Schwierigkeiten bereitet. Der Tatbestand wurde daher auch mit der Begründung in die Richtlinie aufgenommen, dass dadurch eine Umgehung der arbeitsrechtlichen Mindeststandards durch solche Konstellationen vermieden werden sollte.[324]

16.96 Die „Seco"-Situation[325] (Buchst. c): Unternehmen entsenden als Leiharbeitsunternehmen oder als einen Arbeitnehmer zur Verfügung stellendes Unternehmen einen Arbeitnehmer in ein verwendendes Unternehmen, das seinen Sitz im Hoheitsgebiet eines Mitgliedstaats hat oder dort seine Tätigkeit ausübt, sofern für die Dauer der Entsendung ein Arbeitsverhältnis zwischen dem Leiharbeitsunternehmen oder dem einen Arbeitnehmer zur Verfügung stellenden Unternehmen und dem Arbeitnehmer besteht.

16.97 Die Leiharbeit war zur Zeit der Verabschiedung der Ents-RL (1996) in den Mitgliedstaaten völlig unterschiedlich geregelt. In einigen Mitgliedstaaten war Leiharbeit vollständig verboten, während es in anderen kaum Beschränkungen gab und auch Unternehmen Arbeitskräfte überlassen konnten, die keine Leiharbeitsunternehmen sind. Der erste Halbsatz ist daher bewusst weit formuliert. Auf der anderen Seite sollte die Ents-RL (1996) keinerlei Auswirkungen auf die existierenden nationalen Regelungen zur Leiharbeit haben.[326] Mit der Ents-RL geht daher keine Erlaubnis einer, Leiharbeitnehmer in einen anderen Mitgliedstaat entsenden zu können, wenn die Leiharbeit dort Beschränkungen unterliegt.

16.98 Art. 1 Abs. 3 Unterabs. 2 Ents-RL regelt den Fall, dass ein entliehener Arbeitnehmer durch das Entleihunternehmen im Rahmen der grenzüberschreitenden Dienstleistungserbringung entsandt wird. In dieser Konstellation gilt das Verleihunternehmen als Entsendeunternehmen und muss die Einhaltung der Vorgaben der Ents-RL und der Durchs-RL sicherstellen. Dieser Fall war bisher nicht ausdrücklich geregelt und wird nun ausdrücklich der „Seco"-Situation gleichgestellt. Art. 1 Abs. 3 Unterabs. 3 Ents-RL verpflichtet das Entleihunternehmen, das Verleihunternehmen im Falle einer Entsendung rechtzeitig zu unterrichten.

16.99 Die drei Situationen haben als **gemeinsames Merkmal**, dass Unternehmen eigene Arbeitnehmer vorübergehend in einen anderen als den Mitgliedstaat entsenden, dessen Recht das Arbeitsverhältnis unterliegt. Der Arbeitnehmerbegriff richtet sich gem. Art. 2 Abs. 2 Ents-RL nach dem nationalen Recht des Aufnahmestaates. Für die Dauer der Entsendung muss ein Arbeitsverhältnis zwischen dem Entsendeunternehmen und dem Arbeitnehmer bestehen.

c) Vorübergehender Charakter der Entsendung (Art. 2 Abs. 1 Ents-RL)

16.100 Die Richtlinie definiert einen entsandten Arbeitnehmer gem. Art. 2 Abs. 1 Ents-RL als Arbeitnehmer, der während eines **begrenzten Zeitraums** seine Arbeitsleistung in einem anderen Hoheitsgebiet als demjenigen erbringt, in dem er normalerweise arbeitet. Die Entsendung muss daher von vorübergehendem Charakter sein. Sie muss von vornherein auf einen begrenzten Zeitraum angelegt sein und nicht auf Dauer. Die Richtlinie definiert diesen begrenzten Zeitraum nicht näher. Was eine vorübergehende Entsendung ist, muss daher durch Auslegung nach Sinn und Zweck der Ents-RL im Einzelfall ermittelt werden.[327] Die Ziele Arbeitnehmerschutz und Vereinfachung der grenzüberschreitenden Dienstleistungserbringung sind dabei zu berücksichtigen.

16.101 Nach der **Rechtsprechung** des EuGH sind bei der Feststellung des vorübergehenden Charakters der Tätigkeit einer Person, die Dienstleistungen im Aufnahmestaat erbringt, nicht nur die Dauer

---

324 KOM (1991), 230 endg.
325 Der Richtlinienvorschlag, KOM (1991), 230 endg. spricht in Anlehnung an EuGH v. 3.2.1982 – C-62/81 und C-63/81 – Seco, Slg. 1982, 223, von der „Seco"-Situation.
326 Erwägungsgrund 19 und Erklärung des Rates und der Kommission zu Art. 1 Abs. 3 Buchst. c bei Annahme der Richtlinie, Ratsdokument Nr. 9916/96 ADD 1.
327 Vgl. in diesem Sinne zur Auslegung des Begriffs „vorübergehend" in Art. 1 Abs. 1 Leiharb-RL *Brors*, AuR 2013, 108.

der Leistung, sondern auch ihre Häufigkeit, regelmäßige Wiederkehr oder Kontinuität zu berücksichtigen. Das Unionsrecht enthält allerdings keine Vorschriften, die eine abstrakte Bestimmung der Dauer oder Häufigkeit ermöglichen, ab der die Erbringung einer Dienstleistung in einem anderen Mitgliedstaat nicht mehr als eine Dienstleistung im Sinne des Vertrages angesehen werden kann.[328] Auf der anderen Seite fällt eine auf Dauer oder jedenfalls ohne absehbare zeitliche Beschränkung ausgeübte Tätigkeit nicht unter die Dienstleistungsfreiheit.[329]

Anders als im Arbeitsrecht gilt im Sozialversicherungsrecht[330] eine eher großzügige zeitliche Grenze für die Entsendung von regelmäßig zwei Jahren (vgl. Rz. 16.35 ff.). Für die arbeitsrechtliche Ents-RL wurde bewusst auf die Festlegung einer starren Grenze verzichtet, um ausreichende **Flexibilität** im Einzelfall zu gewährleisten. Auch bei der Entsendung gem. Art. 8 Abs. 2 Satz 2 Rom I-VO ist das Merkmal „vorübergehend" nicht genau definiert. ErwGr. 36 gibt lediglich den Hinweis, die Erbringung der Arbeitsleistung in einem anderen Staat als vorübergehend gelten sollte, wenn von dem Arbeitnehmer erwartet wird, dass er nach seinem Arbeitseinsatz im Ausland seine Arbeit im Herkunftsstaat wieder aufnimmt. Gute Gründe sprechen auch im Arbeitsrecht dafür, nach 24 Monaten nicht mehr von einer vorübergehenden Entsendung auszugehen (vgl. Rz. 16.57).

16.102

Der Wortlaut von Art. 2 Abs. 1 Ents-RL („Arbeitnehmer, der während eines begrenzten Zeitraums seine Arbeitsleistung in einem anderen Mitgliedstaat als demjenigen erbringt, in dessen Hoheitsgebiet er *normalerweise* arbeitet") deutet darauf hin, dass der entsandte Arbeitnehmer bereits **vor der Entsendung im Herkunftsstaat beschäftigt** gewesen sein muss und beabsichtigt ist, dass er seine Tätigkeit nach Rückkehr dort fortsetzt. Aus dem Wortlaut ergibt sich nicht direkt, dass der Arbeitnehmer beim Entsendeunternehmen im Herkunftsstaat beschäftigt sein muss. Dafür spricht allerdings der Zusammenhang mit Art. 8 Abs. 2 Rom I-VO. Denn dort knüpft die Entsendung an den Arbeitsvertrag an, der zwischen Entsendeunternehmen und entsandtem Arbeitnehmer besteht.

16.103

Ob die unmittelbare Entsendung eines Arbeitnehmers nach seiner Einstellung noch in den Anwendungsbereich der Ents-RL fällt, ist daher zweifelhaft und bislang nicht abschließend geklärt. Sofern eine **Weiterbeschäftigung nach der Entsendung** im Herkunftsstaat geplant ist und kein Missbrauch vorliegt, spricht viel für eine Entsendung und für die Anwendbarkeit der Ents-RL.[331] Erfolgt die Einstellung eines Arbeitnehmers jedoch nur für die Dauer der Entsendung, dürfte die Richtlinie nicht anwendbar sein. Das anwendbare Recht auf das Arbeitsverhältnis bestimmt sich dann nach den Regeln der Rom I-VO. Die objektive Anknüpfung (vgl. Rz. 16.55 ff.) dürfte in diesen Fällen zur Anwendung des Rechts des Aufnahmestaates führen. Im Übrigen ist auch denkbar, dass solche Arbeitnehmer Zugang zum Arbeitsmarkt des Aufnahmestaates suchen und dort beschäftigt sind, so dass ihnen hinsichtlich der Arbeits- und Beschäftigungsbedingungen gem. Art. 7 Verordnung (EU) Nr. 492/2011[332] Gleichbehandlung mit inländischen Arbeitnehmern zusteht.

16.104

---

328 EuGH v. 11.12.2003 – C-215/01 – Schnitzer, Slg. 2003, I-14847 Rz. 28, 31; v. 30.11.1995 – C-55/94 – Gebhard, Slg. 1995, I-4165 Rz. 39.
329 EuGH v. 7.9.2004 – C-456/02 – Trojani, Slg. 2004, I-7573 Rz. 28.
330 Art. 12 Abs. 1 Verordnung (EG) 883/2004. Zu den Unterschieden der Entsendebegriffe im europäischen Arbeits- und Sozialrecht vgl. *Klein*, ZESAR 2015, 272.
331 Vorbeschäftigungszeiten im Herkunftsstaat im Zusammenhang mit der Entsendung von Drittstaatsangehörigen von 6 bzw. 12 Monaten hat der EuGH als unvereinbar mit Art. 56 AEUV angesehen. EuGH v. 21.10.2004 – C-445/03 – Kommission/Luxemburg, Slg. 2004, I-10191; v. 21.9.2006 – C-168/04 – Kommission/Österreich, Slg. 2006, I-9041; v. 19.1.2006 – C-244/04 – Kommission/Deutschland, Slg. 2006, I-885. Vgl. ferner auch Art. 14 Abs. 1 der sozialversicherungsrechtlichen Verordnung (EG) Nr. 987/2009, der eine Einstellung im Hinblick auf die Entsendung erlaubt, vorausgesetzt die betreffende Person unterliegt unmittelbar vor Beginn ihrer Beschäftigung bereits den sozialversicherungsrechtlichen Rechtsvorschriften des Mitgliedstaats, in dem das Unternehmen, bei dem sie eingestellt wird, seinen Sitz hat.
332 Verordnung (EU) Nr. 492/2011 des Rates v. 5.4.2011 über die Freizügigkeit der Arbeitnehmer innerhalb der Union, ABl. Nr. L 141 v. 27.5.2011, S. 1.

16.105 Die Tatsache, dass die Bestimmungen über die **Begründung und Beendigung des Arbeitsverhältnisses** sowie Informations- und Mitbestimmungsrechte der Arbeitnehmer nicht zu den zwingenden Arbeits- und Beschäftigungsbestimmungen im Aufnahmestaat gehören und dies mit dem vorübergehenden Charakter der Entsendung begründet wird, spricht dafür, das Merkmal „vorübergehend" vor dem Hintergrund des Ziels des Arbeitnehmerschutzes nicht zu weit auszulegen.

16.106 Auch die **Durchs-RL** unternimmt in Art. 4 Abs. 3 nicht den Versuch, eine zeitliche Obergrenze für die Dauer der Entsendung einzuführen. Vielmehr werden Kriterien vorgegeben, die den Vollzugsbehörden der Mitgliedstaaten in der Praxis helfen sollen zu bestimmen, ob der Charakter der Entsendung im Einzelfall noch vorübergehend ist oder nicht. Dabei kann berücksichtigt werden, ob die Arbeit für einen begrenzten Zeitraum in einem anderen Mitgliedstaat verrichtet wird; zu welchem Datum die Entsendung beginnt; ob die Entsendung in einen anderen Mitgliedstaat erfolgt als denjenigen, in dem oder von dem aus der Arbeitnehmer seine Tätigkeit üblicherweise gemäß Rom I-VO ausübt; ob der entsandte Arbeitnehmer nach Erledigung der Arbeit oder nach Erbringung der Dienstleistungen, für die er entsandt wurde, wieder in den Mitgliedstaat zurückkehrt, aus dem er entsandt wurde, oder dies von ihm erwartet wird; die Art der Tätigkeiten; ob Reise, Verpflegung und Unterbringung von dem Arbeitgeber, der den Arbeitnehmer entsendet, bereitgestellt oder die Kosten von ihm erstattet werden; vorangegangene Zeiträume, in denen die Stelle von demselben oder einem anderen (entsandten) Arbeitnehmer besetzt wurde. Diese Kriterien liefern allerdings nur Anhaltspunkte und müssen weder kumulativ vorliegen noch sind sie abschießend zu verstehen.

16.107 Die **Richtlinie (EU) 2018/957** ändert weder den Begriff der vorübergehenden Entsendung noch das auf Arbeitsverhältnisse anwendbare Recht. Allerdings sind künftig nach einer Entsendedauer von regelmäßig 12 Monaten sämtliche zwingenden, in Rechts- oder Verwaltungsvorschriften oder allgemeinverbindlichen Tarifverträgen festgelegten Arbeits- und Beschäftigungsbedingungen des Aufnahmestaates mit Ausnahme der Vorschriften über die Begründung und Beendigung des Arbeitsverhältnisses sowie Regelungen über Systeme der zusätzlichen Altersvorsorge auf entsandte Arbeitnehmer anzuwenden (vgl. Rz. 16.118). Bei Entsendungen dieser Dauer ist außerdem zu erwägen, Regelungen der Arbeitnehmerfreizügigkeit auf entsandte Arbeitnehmer anzuwenden (vgl. Rz. 16.7 ff.).[333]

d) Ausnahmen (Art. 1 Abs. 2 Ents-RL) und nicht erfasste Sachverhalte

16.108 Vom Anwendungsbereich der Ents-RL ausdrücklich **ausgenommen** sind Schiffsbesatzungen von Unternehmen der Handelsmarine (Art. 1 Abs. 2 Ents-RL). Durch die in Art. 1 i.V.m. Art. 2 Ents-RL genannten Voraussetzungen scheiden darüber hinaus weitere Sachverhalte aus dem Anwendungsbereich aus. So sind Beamte oder Angestellte im öffentlichen Dienst nicht von der Richtlinie erfasst, da sie nicht von Unternehmen beschäftigt werden. Nicht erfasst von Art. 1 Abs. 3 Buchst. a Ents-RL sind regelmäßig Geschäftsreisende, die sich lediglich z.B. für die Vertragsanbahnung in den anderen Mitgliedstaat begeben und daher nicht „im Rahmen eines Vertrages" entsandt sind. Ebenso nicht erfasst werden Arbeitnehmer, die normalerweise im Hoheitsgebiet zweier oder mehrerer Mitgliedstaaten tätig sind und zum fahrenden oder fliegenden Personal eines Unternehmen gehören, das im eigenen Namen internationale Personen- oder Güterbeförderungen auf dem Schienen-, Land-, Luft- oder Wasserweg durchführt.[334] So können beispielsweise Angestellte von Ryanair, die in Marseille stationiert sind, nicht von Irland nach Frankreich entsandt werden.[335] Gleiches gilt für Arbeitnehmer, die zum nicht ortsgebundenen Personal eines Presse-,

---

333 Dazu auch: EuArbR/*Windisch-Graetz*, RL 96/71/EG Art. 1 Rz. 27.
334 Erklärung des Rates und der Kommission zu Art. 1 Abs. 3 Buchst. a bei Annahme der Richtlinie, Ratsdokument Nr. 9916/96 ADD 1. A.A.: *Mankowski*, RdA 2017, 273 (283–284).
335 Antwort der Kommission v. 15.11.2010 auf die schriftliche Frage des EP-Abgeordneten *Bennahmias*, P-8653/2010. Vgl. in diesem Zusammenhang auch EuGH v. 14.9.2017 – C-168/16 – Nogueira u.a., NZA 2017, 1477.

Rundfunk- oder Fernsehunternehmens oder eines Unternehmens für kulturelle Veranstaltungen gehören, das im eigenen Namen vorübergehend seine Tätigkeit im Hoheitsgebiet eines anderen Mitgliedstaates ausübt.[336]

Anwendbar ist die Richtlinie auf klassische **grenzüberschreitende Personen- oder Güterbeförderungen** sowie auf **Kabotage-Dienstleistungen**, bei denen Fahrten zwischen zwei oder mehreren Zielen im Aufnahmestaat durchgeführt werden. Umstritten ist, ob auch Transitfahrten von der Ents-RL erfasst sind.[337] Bei diesen Fahrten bezieht sich ein Teil der vertragsgemäßen Transportdienstleistung gerade auf den Transport durch den Transitstaat. Die Anwendung der zwingend anwendbaren Arbeits- und Beschäftigungsbedingungen des Transitstaates ist daher sachgerecht.[338] Die Anwendung der Richtlinie (EU) 2018/957 wird für die Entsendung im Güter- und Personenbeförderung auf der Straße aufgeschoben. Durch Art. 2 der Richtlinie zur Änderung der Richtlinie 2006/22/EG bezüglich der Durchsetzungsanforderungen und zur Festlegung spezifischer Regeln im Zusammenhang mit der Richtlinie 96/71/EG und der Richtlinie 2014/67/EU für die Entsendung von Kraftfahrern im Straßenverkehrssektor 2006/22/EU soll für diesen Bereich eine *lex specialis* zur Ents-RL geschaffen werden (vgl. Rz. 16.80 f.).

16.109

Eine Entsendung von kurzer Dauer begründet keine Ausnahme vom Anwendungsbereich der Ents-RL, auch wenn durch die Entsendung keine Wettbewerbsverzerrung im Aufnahmestaat droht[339] und der entsandte Arbeitnehmer nicht den Lebenshaltungskosten im Aufnahmestaat unterliegt.[340] Da der Wortlaut der Richtlinie solche Entsendungen erfasst, hätte der Gesetzgeber eine Ausnahme ausdrücklich vorsehen müssen.[341] Der Gesetzgeber hat allerdings explizit einen entsprechenden Vorschlag der Kommission für eine Schwellenfrist aus dem Richtlinienentwurf getilgt und die Ausnahmen von den zwingend anwendbaren Arbeits- und Beschäftigungsbedingungen abschließend in Art. 3 Abs. 2 bis 5 Ents-RL zumeist optional geregelt.[342]

16.110

e) Unternehmen mit Sitz in Drittstaaten (Art. 1 Abs. 4 Ents-RL)

Die Ents-RL findet zwar keine unmittelbare Anwendung auf Unternehmen mit Sitz in einem Drittstaat. Gemäß Art. 1 Abs. 4 Ents-RL darf solchen Unternehmen allerdings **keine günstigere Behandlung** zuteil werden, als Unternehmen mit Sitz in der EU. Deshalb sind die Mindestschutzbedingungen der Ents-RL gleichzeitig auch Mindestschutzbedingungen für entsandte Arbeitnehmer aus Drittstaaten.[343] Für die unternehmensinterne Entsendung von Drittstaatsangehörigen, die von einem Unternehmen mit Sitz in einem Drittstaat in eine Niederlassung in einem Mitgliedstaat entsandt werden, gilt die Richtlinie 2014/66/EU.[344] Für diese Arbeitnehmer gelten gem. Art. 18 Abs. 1 RL 2014/66/EU mindestens die in Art. 3 Ents-RL vorgesehenen Arbeits- und Beschäftigungsbedingungen.

16.111

---

336 Erklärung des Rates und der Kommission zu Art. 1 Abs. 3 Buchst. a bei Annahme der Richtlinie, Ratsdokument Nr. 9916/96 ADD 1.
337 Schlachter/Heinig/*Deinert*, § 10 Rz. 47.
338 *Mankowski*, RdA 2017, 273 (276). A.A.: *Sittard*, NZA 2015, 78 (81); EuArbR/*Windisch-Graetz*, RL 96/71/EG Art. 1 Rz. 70.
339 A.A.: EuArbR/*Windisch-Graetz*, RL 96/71/EG Art. 1 Rz. 73.
340 A.A.: *Sittard*, NZA 2015, 78 (81).
341 *Mankowski*, RdA 2017, 273 (283).
342 Dazu: EuArbR/*Rebhahn*, RL 96/71/EG Art. 3 Rz. 34–35.
343 *Riesenhuber*, Europäisches Arbeitsrecht, § 6 Rz. 10; *Pifft-Pavelec*, DRdA 1995, 292; SWD(2012) 63 final, S. 10.
344 Richtlinie 2014/66/EU des Europäischen Parlaments und des Rates v. 15. Mai 2014 über die Bedingungen für die Einreise und den Aufenthalt von Drittstaatsangehörigen im Rahmen eines unternehmensinternen Transfers (ABl. L 157 v. 27.5.2014, S. 1). Zu den arbeitsrechtlichen Bestimmungen des Richtlinienvorschlages: *Bayreuther*, ZESAR 2012, 405.

f) Monti-Klausel (Art. 1 Abs. 5 Ents-RL)

16.112 Art. 1 Abs. 5 Ents-RL enthält, wie bereits die Durchs-RL, eine sog. „Monti-Klausel". Die Vorschrift ist als Reaktion auf die EuGH-Rechtsprechung *Viking* und *Laval* zu verstehen (vgl. Rz. 16.76 ff.). Sie ist eine Mahnung des Gesetzgebers, die Ents-RL und die Dienstleistungsfreiheit grundrechtsfreundlich, insbesondere im Hinblick auf das Streikrecht und die Tarifautonomie, auszulegen.

3. Art. 3 Ents-RL

a) Der harte Kern von Arbeits- und Beschäftigungsbedingungen (Abs. 1)

16.113 Art. 3 Abs. 1 Ents-RL definiert einen „harten Kern"[345] von Arbeits- und Beschäftigungsbedingungen, die im Aufnahmestaat unabhängig von dem auf das jeweilige Arbeitsverhältnis anzuwendende Recht (vgl. Rz. 16.50 ff.) anzuwenden sind. Der Inhalt der Arbeits- und Beschäftigungsbedingungen in den Mitgliedstaaten wird durch die Ents-RL nicht harmonisiert. Vielmehr werden die kollisionsrechtlichen Regelungen der Mitgliedstaaten koordiniert und die anwendbaren zwingenden Bestimmungen im Aufnahmestaat festgelegt (vgl. Rz. 16.63 ff.).

16.114 Zum „harten Kern" gehören gem. Art. 3 Abs. 1 Buchst. a bis i Ents-RL:

- Höchstarbeitszeiten und Mindestruhezeiten;
- bezahlter Mindestjahresurlaub;
- Entlohnung einschließlich der Überstundensätze; dies gilt nicht für die zusätzlichen betrieblichen Altersversorgungssysteme;
- Bedingungen für die Überlassung von Arbeitskräften, insbesondere durch Leiharbeitsunternehmen;
- Sicherheit, Gesundheitsschutz und Hygiene am Arbeitsplatz;
- Schutzmaßnahmen im Zusammenhang mit den Arbeits- und Beschäftigungsbedingungen von Schwangeren und Wöchnerinnen, Kindern und Jugendlichen;
- Gleichbehandlung von Männern und Frauen sowie andere Nichtdiskriminierungsbestimmungen;
- Bedingungen für die Wohnverhältnisse in Unterkünften von Arbeitnehmern, wenn sie vom Arbeitgeber für Arbeitnehmer, die nicht an ihrem regelmäßigen Arbeitsplatz arbeiten, zur Verfügung gestellt werden;
- Zulagen oder Kostenerstattungen zur Deckung von Reise-, Unterbringungs- und Verpflegungskosten für Arbeitnehmer, die aus beruflichen Gründen nicht zu Hause wohnen; dies gilt ausschließlich für die Reise-, Unterbringungs- und Verpflegungskosten, die einem entsandten Arbeitnehmer entstehen, wenn er zu und von seinem regelmäßigen Arbeitsplatz in dem Mitgliedstaat, in dessen Hoheitsgebiet er entsandt wurde, reisen muss oder von seinem Arbeitgeber vorübergehend von diesem Arbeitsplatz an einen anderen Arbeitsplatz gesandt wird.

16.115 Durch die Richtlinie (EU) 2018/957 wurde in Buchst. c der Begriff „Mindestlohnsätze" durch den Begriff „Entlohnung" ersetzt. Die Buchst. h und i wurden neu in den Katalog aufgenommen. Unter den zwingenden Arbeits- und Beschäftigungsbedingungen sind die Entlohnung, die arbeitszeit- und urlaubsrechtlichen Regelungen sowie die Bestimmungen über Sicherheit und Gesundheitsschutz am Arbeitsplatz[346] von besonderer praktischer Bedeutung.

---

345 ErwGr. 14 Ents-RL spricht von einem „harten Kern" klar definierter Schutzbestimmungen, der vom Dienstleistungserbringer unabhängig von der Dauer der Entsendung des Arbeitnehmers einzuhalten ist.
346 Vgl. dazu *van Hoek/Houwerzijl*, Comparative study, S. 78 ff. und *van Hoek/Houwerzijl*, Complementary study, S. 135 ff.

Nicht zu den zwingenden anwendbaren Bestimmungen gehören insbesondere Vorschriften über die Begründung und Beendigung des Arbeitsverhältnisses sowie Informations- und Mitbestimmungsrechte der Arbeitnehmer. Nach der Begründung des Kommissionsvorschlages sollten diese Bestimmungen aufgrund des vorübergehenden Charakters der Entsendung nicht durch die Richtlinie berührt werden.[347]

16.116

Art. 3 Abs. 1 Unterabs. 1 und 2 Ents-RL verpflichtet die Mitgliedstaaten nicht zur Einführung von Mindestlöhnen, soweit solche nicht existieren.[348] Ebenso wenig verpflichtet Art. 3 Ents-RL die Mitgliedstaaten dazu, Allgemeinverbindlichkeitserklärungen bezüglich ihres Inhalts und ihres Anwendungsbereichs auszudehnen.[349]

16.117

Gemäß Art. 3 Abs. 1a Ents-RL sind künftig nach einer **Entsendedauer von zwölf Monaten** alle zwingend anwendbaren Arbeits- und Beschäftigungsbedingungen des Aufnahmestaates auf entsandte Arbeitnehmer anzuwenden. Ausgenommen sind lediglich die Vorschriften über die Begründung und Beendigung des Arbeitsverhältnisses sowie Vorschriften über Systeme der zusätzlichen Altersvorsorge. Nach einer begründeten Mitteilung des Entsendeunternehmens an die Behörden des Aufnahmestaates beträgt die Frist 18 Monate. Entsendet ein Unternehmen mehrere Arbeitnehmer hintereinander für dieselbe Tätigkeit an denselben Ort, werden die Zeiten bei der Berechnung der Entsendedauer zusammengerechnet. Bei der Klärung der Frage, ob „dieselbe Tätigkeit am selben Ort" ausgeführt wird, sind die Art der Dienstleistung, die ausgeführten Arbeiten und die Anschrift des Arbeitsortes zu berücksichtigen.

16.118

Die Mitgliedstaaten sind insbesondere durch Art. 5 Durchs-RL verpflichtet, die zwingend anwendbaren Arbeits- und Beschäftigungsbedingungen in klarer, transparenter, umfassender und leicht zugänglicher Art und Weise auf einer einzigen offiziellen **nationalen Website** zu veröffentlichen. Darüber hinaus legt Art. 3 Abs. 1 Unterabs. 3 Ents-RL ausdrücklich fest, dass die Mitgliedstaaten die die Entlohnung ausmachenden Bestandteile sowie die nach Art. 3 Abs. 1a Ents-RL zwingend anwendbaren Arbeits- und Beschäftigungsbedingungen auf dieser Website veröffentlichen müssen. Sofern die entsprechenden Informationen dort nicht veröffentlicht sind, soll dies gemäß Art. 3 Abs. 1 Unterabs. 5 Ents-RL bei der Sanktionierung von Verstößen berücksichtigt werden.

16.119

aa) Erstreckung der Arbeits- und Beschäftigungsbedingungen durch Rechts- und Verwaltungsvorschriften oder allgemeinverbindliche Tarifverträge

Bei der Erstreckung des „harten Kerns" von Arbeits- und Beschäftigungsbestimmungen differenziert die Ents-RL zwischen Arbeits- und Beschäftigungsbedingungen, die festgelegt sind durch:
– Rechts- oder Verwaltungsvorschriften (Art. 3 Abs. 1 Unterabs. 1, 1. Spiegelstrich Ents-RL) oder
– für allgemein verbindlich erklärte Tarifverträge oder Schiedssprüche i.S.d. Art. 3 Abs. 8 Ents-RL (Art. 3 Abs. 1 Unterabs. 1, 2. Spiegelstrich Ents-RL).[350]

16.120

Es handelt sich dabei um Eingriffsnormen i.S.v. Art. 9 Rom I-VO (vgl. Rz. 16.60 ff.).

Arbeits- und Beschäftigungsbedingungen, die durch **Rechts- oder Verwaltungsvorschriften** festgelegt werden, sind zwingend auch auf entsandte Arbeitnehmer anzuwenden.

16.121

---

347 KOM (1991), 230 endg.
348 Erklärung des Rates und der Kommission zu Art. 3 bei Annahme der Richtlinie, Ratsdokument Nr. 9916/96 ADD 1.
349 Erklärung des Rates und der Kommission zu Art. 3 bei Annahme der Richtlinie, Ratsdokument Nr. 9916/96 ADD 1.
350 *Hantel*, ZESAR 2014, 261 (316 f.), geht zu Unrecht davon aus, dass für die Überprüfung von Arbeits- und Beschäftigungsbedingungen, die durch für allgemein verbindlich erklärte Tarifverträge festgelegt wurden, im Bereich des Baugewerbes ein anderer Maßstab gilt als in anderen Branchen.

16.122 In Deutschland wird Art. 3 Abs. 1 Unterabs. 1, 1. Spiegelstrich Ents-RL durch § 2 AEntG umgesetzt, der die in Rechts- oder Verwaltungsvorschriften enthaltenen Regelungen über die in Art. 3 Abs. 1 Unterabs. 1 Ents-RL genannten Arbeits- und Beschäftigungsbedingungen auf entsandte Arbeitnehmer erstreckt.[351] Dazu gehören insbesondere auch der allgemeine Mindestlohn gem. § 1 MiLoG und die Lohnuntergrenze gem. § 3a AÜG als Mindestlohn für die Leiharbeit.

16.123 Werden Arbeits- und Beschäftigungsbedingungen durch **für allgemein verbindlich erklärte Tarifverträge** oder Schiedssprüche i.S.d. Art. 3 Abs. 8 Ents-RL festgelegt, sind sie nach bisheriger Rechtslage nur zwingend auf entsandte Arbeitnehmer anzuwenden, sofern sie Bauarbeiten betreffen, die der Errichtung, der Instandsetzung, der Instandhaltung, dem Umbau oder dem Abriss von Bauwerken dienen.[352] Für alle anderen Tätigkeiten stand es den Mitgliedstaaten bislang frei, ob sie die durch allgemeinverbindliche Tarifverträge festgelegten Arbeits- und Beschäftigungsbedingungen auf entsandte Arbeitnehmer erstreckten oder nicht (Art. 3 Abs. 10, 2. Spiegelstrich Ents-RL (1996)).

16.124 Diese Unterscheidung wird durch die **Richtlinie (EU) 2018/957** aufgehoben.[353] Künftig sind Arbeits- und Beschäftigungsbedingungen, die durch für allgemein verbindlich erklärte Tarifverträge oder Schiedssprüche im Sinne des Art. 3 Abs. 8 Ents-RL festgelegt wurden, zwingend auf entsandte Arbeitnehmer in allen Wirtschaftszweigen anzuwenden.

16.125 Art. 3 Abs. 1 Unterabs. 1, 2. Spiegelstrich Ents-RL wird durch §§ 3 bis 8 AEntG umgesetzt, die allgemeinverbindliche tarifvertragliche Arbeits- und Beschäftigungsbedingungen aus dem Katalog des Art. 3 Abs. 1 Unterabs. 1 Ents-RL auf entsandte Arbeitnehmer erstrecken. Dabei werden gem. § 5 Nr. 3 AEntG ausdrücklich auch die Einziehung von Beiträgen und die Gewährung von Leistungen durch Sozialkassen erfasst (insbesondere das Urlaubskassenverfahren der Bauwirtschaft). § 4 Abs. 1 AEntG enthält einen Katalog von Brachen,[354] in denen in allgemeinverbindlich erklärten Tarifverträgen festgelegte Arbeits- und Beschäftigungsbedingungen auf entsandte Arbeitnehmer erstreckt werden. Die Erstreckung erfolgt durch Rechtsverordnung gem. § 7 AEntG. In der Baubranche finden außerdem auch allgemeinverbindliche Tarifverträge nach TVG Anwendung. Ob die zwingende Wirkung eines Tarifvertrages aus einer Allgemeinverbindlichkeitserklärung gem. § 5 TVG oder einer Rechtsverordnung gem. § 7 AEntG folgt, ist aus Sicht der Ents-RL unerheblich. International zwingende Wirkung im Sinne des Internationalen Privatrechts (vgl. Rz. 16.60 ff.) erhalten die Normen allgemeinverbindlicher Tarifverträge bzw. durch Rechtsverordnung erstreckter tarifvertraglicher Regelungen durch § 3 AEntG.[355] Über den Katalog der Branchen des § 4 Abs. 1 AEntG hinaus können gem. § 4 Abs. 2 AEntG auch Tarifverträge in anderen Branchen gem. § 7a AEntG durch Rechtsverordnung erstreckt werden.

---

351 Zu den anwendbaren Einzelvorschriften in Deutschland vgl. *Koberski* u.a., § 2 AEntG Rz. 12.
352 Vgl. Anhang zur Richtlinie. Als von dieser Definition umfasste Tätigkeiten werden beispielhaft aufgeführt: Aushub, Erdarbeiten, Bauarbeiten im engeren Sinne, Errichtung und Abbau von Fertigbauelementen, Einrichtung oder Ausstattung, Umbau, Renovierung, Reparatur, Abbauarbeiten, Abbrucharbeiten, Wartung, Instandhaltung (Maler- und Reinigungsarbeiten) und Sanierung. Die Definition entspricht der Definition von Bauleistungen gem. § 101 Abs. 2 Satz 2 SGB III.
353 *Gagawczuk*, DRdA 2018, 329 (330).
354 Derzeit Baugewerbe, Gebäudereinigung, Briefdienstleistungen, Sicherheitsdienstleistungen, Bergbauspezialarbeiten auf Steinkohlebergwerken, Wäschereidienstleistungen im Objektkundengeschäft, Abfallwirtschaft einschließlich Straßenreinigung und Winterdienst, Aus- und Weiterbildungsdienstleistungen nach dem Zweiten oder Dritten Buch Sozialgesetzbuch und Schlachten und Fleischverarbeitung. Darüber hinaus werden auch in der Pflegebrache die Mindestentgeltsätze, die Dauer des Erholungsurlaubs, das Urlaubsentgelt und ein zusätzliches Urlaubsgeld nach §§ 10–13 AEntG erstreckt. Für die Arbeitsbedingungen im Gewerbe des grenzüberschreitenden Straßentransports von Euro-Bargeld stellt § 13a AEntG die Verordnung (EU) Nr. 1214/2011 über den gewerbsmäßig grenzüberschreitenden Straßentransport von Euro-Bargeld zwischen den Mitgliedstaaten des Euroraums einer Rechtsverordnung nach § 7 AEntG gleich.
355 *Koberski* u.a., § 3 AEntG Rz. 65.

bb) Arbeitszeit- und urlaubsrechtliche Regelungen (Buchst. a und b)

Höchstarbeitszeiten, Mindestruhezeiten und der bezahlte Mindestjahresurlaub sind Teil der zwingenden Arbeits- und Beschäftigungsbestimmungen im Aufnahmestaat. Die Einbeziehung dieser Vorschriften ist erforderlich, um das Ziel des fairen Wettbewerbes im Aufnahmestaat zu gewährleisten. Denn arbeitszeit- und urlaubsrechtliche Bestimmungen haben maßgeblichen Einfluss auf die Arbeitskosten. Trotz der gemeinsamen Mindeststandards der Arbeitszeitrichtlinie existieren nach wie vor erhebliche Unterschiede in den Mitgliedstaaten.[356]   16.126

Das Schutzniveau der Ents-RL ist **nicht auf die Mindeststandards der Arbeitszeitrichtlinie begrenzt**.[357] Die Begriffe Höchstarbeitszeiten, Mindestruhezeiten und bezahlter Mindestjahresurlaub sind weit auszulegen.[358] Zum bezahlten Mindestjahresurlaub gehören etwa Urlaubsdauer, Urlaubsentgelt, Urlaubsgeld, Urlaubsabgeltungs- und Entschädigungsansprüche sowie Beiträge zu Urlaubskassen (vgl. Rz. 16.128 ff.).[359] Die arbeitszeit- oder urlaubsrechtlichen Regelungen im Aufnahmestaat kommen allerdings nur zur Anwendung, wenn die Bestimmungen insgesamt günstiger sind als im Herkunftsstaat (vgl. Rz. 16.170 ff.).   16.127

cc) Sozialkassen

Beiträge zu Sozialkassen und ihre Leistungen gehören zu den zwingenden Arbeits- und Beschäftigungsbestimmungen.[360] Die Sozialkassen dürfen nicht mit der Sozialversicherung (vgl. Rz. 16.35 ff.) verwechselt werden. Unter den Sozialkassen sind die **Urlaubskassen** von besonderer praktischer Bedeutung.[361] Sie machen einen signifikanten Anteil der sozialen Absicherung der Arbeitnehmer im Baugewerbe aus.[362] Die Sozialkassen sind nicht ausdrücklich im Richtlinientext erwähnt. Bei Verabschiedung der Richtlinie haben dazu allerdings Rat und Kommission gemeinsam erklärt, dass unter Art. 3 Abs. 1 Buchst. b und c Ents-RL auch die Beiträge zu den tarifvertraglich oder gesetzlich geregelten einzelstaatlichen Sozialkassen und die Leistungen dieser Sozialkassen fielen, sofern diese nicht zum Bereich der sozialen Sicherheit gehörten.[363] Der EuGH hat die Verpflichtung der Arbeitgeber, Beiträge zu Sozialkassen zu bezahlen, als mit der Dienstleistungsfreiheit vereinbar gebilligt.[364]   16.128

Sozialkassen existieren in Belgien, Dänemark, Deutschland, Frankreich, Italien, Österreich und der Schweiz. Die Beiträge zu Sozialkassen im Aufnahmestaate müssen den Arbeitnehmern einen **tatsächlichen Vorteil** bringen, der zu ihrem sozialen Schutz beiträgt. Soweit Sozialkassen einen materiell- und verfahrensrechtlich vergleichbaren Schutz im Herkunftsstaat garantieren, dürfen Arbeitgeber im Aufnahmestaat nicht doppelt mit Beiträgen belastet werden (vgl. Rz. 16.27).[365] Dazu werden in der Praxis bilaterale Abkommen zwischen den Sozialkassen geschlossen.[366]   16.129

---

356 *van Hoek/Houwerzijl*, Comparative study, S. 72 f.; SWD(2010) 1611 final, Detailed report on the implementation by Member States of Directive 2003/88/EC concerning certain aspects of the organisation of working time.
357 EuGH v. 25.10.2001 – C-49/98 – Finalarte, Slg. 2001, I-7831 Rz. 59.
358 *van Hoek/Houwerzijl*, Comparative study, S. 72.
359 *Koberski* u.a., § 5 AEntG Rz. 26 ff.
360 A.A. offenbar *Hantel*, ZESAR 2014, 261 (317).
361 Zur Vereinbarkeit des deutschen Urlaubskassenverfahrens mit höherrangigem Recht: *Wank/Börgmann*, NZA 2001, 177.
362 *Koberski* u.a., § 5 AEntG Rz. 35 ff.
363 Erklärung des Rates und der Kommission zu Art. 3 Abs. 1 Unterabs. 1 Buchst. b und c bei Annahme der Richtlinie, Ratsdokument Nr. 9916/96 ADD 1.
364 EuGH v. 25.10.2001 – C-49/98 – Finalarte, Slg. 2001, I-7831 Rz. 53. Dazu auch *v. Danwitz*, EuZW 2002, 237.
365 EuGH v. 28.3.1996 – C-272/94 – Guiot, Slg. 1996, I-1905 Rz. 22; v. 25.10.2001 – C-49/98 – Finalarte, Slg. 2001, I-7831 Rz. 53; ausführlich zur Rechtssache *Guiot Wiesehügel/Sahl/Lorenz*, Die Sozialkassen der Bauwirtschaft und die Entsendung innerhalb der Europäischen Union, S. 46.
366 Die deutsche Urlaubskasse der Bauwirtschaft (ULAK) hat derzeit bilaterale Abkommen mit vergleichbaren Urlaubskassen in Belgien, Dänemark, Frankreich, Italien und Österreich. Bei den Kas-

dd) Mindestlohnsätze/Entlohnung (Buchst. c)

(1) Zum Begriff Mindestlohnsätze/Entlohnung

16.130 Die Ents-RL (1996) definiert den Begriff „Mindestlohnsätze" nicht selbst, sondern verweist auf **nationales Recht**. Gemäß Art. 3 Abs. 1 Unterabs. 2 Ents-RL wird er durch die Rechtsvorschriften und/oder Praktiken des Mitgliedstaats bestimmt, in dessen Hoheitsgebiet der Arbeitnehmer entsandt wird. Aus welchen Bestandteilen sich der Mindestlohn zusammensetzt richtet sich daher nach dem Recht des Aufnahmestaates.[367] Damit kann sich der Begriff der Mindestlohnsätze in den Mitgliedstaaten erheblich unterscheiden.[368] Gleiches gilt für den durch die Richtlinie (EU) 2018/957 neu eingeführten Begriff der „Entlohnung" (vgl. Rz. 16.142). Damit trägt die Ents-RL u.a. auch der Tatsache Rechnung, dass die Union für das Arbeitsentgelt, und damit insbesondere auch für den Mindestlohn, gem. Art. 153 Abs. 5 AEUV gerade keine Regelungszuständigkeit besitzt.

16.131 In Deutschland liegt die Regelungskompetenz für Löhne wegen des verfassungsrechtlich verbürgten Systems der Tarifautonomie (Art. 9 Abs. 3 GG) grundsätzlich bei den Tarifparteien. Aufgrund des MiLoG gilt in Deutschland seit dem 1.1.2017 ein Mindestlohn von 8,84 Euro je Zeitstunde.[369] Die Regelungen des AEntG, des AÜG und der auf ihrer Grundlage erlassenen Rechtsverordnungen gehen den Regelungen des MiLoG vor, soweit die Höhe der auf ihrer Grundlage festgesetzten Branchenmindestlöhne die Höhe des Mindestlohns nicht unterschreitet.

16.132 Der Begriff „Mindestlohnsätze" umfasst schon nach seinem Wortlaut **mehrere Mindestlöhne**. Die Mitgliedstaaten können daher nicht nur den untersten einheitlichen Mindestlohn auf entsandte Arbeitnehmer erstecken, sondern auch ganze Lohngitter, die beispielsweise in allgemeinverbindlichen Tarifverträgen vereinbart wurden.[370] Voraussetzung ist, dass die Lohnvorgaben zwingend und transparent, d.h. ausreichend zugänglich und klar, sind.[371] Auch können neben einem allgemeinen Mindestlohn branchenspezifische Mindestlöhne angewandt werden.[372] Dabei ist allerdings zu beachten, dass für den Dienstleistungserbringer erkennbar sein muss, welcher Mindestlohn im Einzelfall einschlägig ist.

---

sen in den Niederlanden und der Schweiz fehlt es derzeit an der Vergleichbarkeit. Vgl. dazu ausführlich *Koberski* u.a., § 5 AEntG Rz. 77 ff.
367 EuGH v. 7.11.2013 – C-522/12 – Isbir, EuZW 2014, 102 Rz. 37. Besprechung des Urteils einschließlich der Auswirkungen auf Deutschland: *Bayreuther*, EuZA 2014, 189. Für eine Einschränkung der Gestaltungsfreiheit der Mitgliedstaaten: GA Wahl v. 18.9.2014 – C-396/13 – Sähköalojen ammattiliitto ry, Rz. 66–76.
368 Eine Übersicht findet sich bei *van Hoek/Houwerzijl*, Comparative study, S. 62 ff.
369 Zu den Ausnahmen und Übergangsvorschriften vgl. §§ 22 und 24 MiLoG; *Brors*, NZA 2014, 938 (941), hält die Ausnahme von Beschäftigten von unter 18 Jahren für einen Verstoß gegen das europarechtliche Verbot der Altersdiskriminierung.
370 EuGH v. 12.2.2015 – C-396/13 – Sähköalojen ammattiliitto ry, NZA 2015, 345 Rz. 38–45. Für lediglich eine unterste Mindestlohngrenze zuvor GA Wahl v. 18.9.2014 – C-396/13 – Sähköalojen ammattiliitto ry, Rz. 79–83. Auch in der Literatur zuvor umstritten: Zustimmend *Koberski* u.a., § 5AEntG Rz. 3 ff. mit weiteren Nachweisen (teilweise auch ablehnend); zustimmend auch *van Hoek/Houwerzijl*, Comparative study, S. 62 f. mit einer Darstellung der Praxis in den Mitgliedstaaten; *Rödl*, WSI Mitteilungen 2012, 517 mit einer Analyse der EuGH-Urteile *Kommission/Luxemburg* und *Rüffert*; *Heuschmid*, AuR 2016, 164; *Bayreuther*, EuZA 2015, 346 (352). Zuvor kritisch *Bayreuther*, EuZA 2014, 189 (193), der allerdings die im deutschen Baugewebe übliche Differenzierung nach Ost und West sowie qualifiziert und nicht qualifiziert zulassen möchte.
371 EuGH v. 12.2.2015 – C-396/13 – Sähköalojen ammattiliitto ry, NZA 2015, 345 Rz. 44.
372 Bereits in *Finalarte* hat der EuGH entschieden, dass die urlaubsrechtlichen Regelungen des Bautarifvertrages neben den gesetzliche Regelungen des BUrlG Anwendung finden. Nichts anderes kann für die mindestlohnrechtlichen Regelungen gelten.

| 16.133 Für die **Einordnung in Mindestlohngruppen** und die **Art und Weise der Berechnung des Mindestlohns** (z.B. Stundenlohn oder Akkordlohn) ist das Recht des Aufnahmestaates maßgeblich.[373] Wird in einem Staat ein Mindestlohn durch eine tarifvertragliche Regelung festgelegt, so lassen sich die in diesem Tarifvertrag vorgesehenen Lohnregelungen nicht trennen von den Voraussetzungen für diesen Lohnanspruch, seine Höhe und seine Zusammensetzung. Derartige Voraussetzungen werden in tarifvertraglich geregelten Lohnfindungssystemen üblicherweise in eigenen ergänzenden Regelwerken über Lohngruppeneinteilungen näher bestimmt; diese enthalten z.B. Definitionen für Anwendungsvoraussetzungen (wie z.b. bestimmte Qualifikationen, Berufserfahrung etc.). Erst aus der Kombination dieser beiden Regelwerke ergibt sich der Mindestlohnanspruch in seiner konkreten Höhe. Diese die eigentlichen Lohntarifverträge ergänzenden Regelwerke stehen daher in einem untrennbaren inneren Zusammenhang mit den eigentlichen Lohnregelungen und haben damit als integraler Bestandteil der nationalen Lohnregelung Anteil am international zwingenden Charakter der tarifvertraglichen Mindestlohnregelung selbst. Die Lohngruppeneinteilungsregelungen des Herkunftsstaates, die sich zwangsläufig auf ein völlig anderes nationales Tarifregelwerk dieses Herkunftsstaates beziehen, lassen sich sowohl unter rechtlichen als auch unter betriebspraktischen Gesichtspunkten nicht anwenden auf einen tariflichen Mindestlohnanspruch des Aufnahmestaates.

Nach dem Wortlaut von Art. 3 Abs. 1 Unterabs. 1 Buchst. c können die Mitgliedstaaten **Überstundensätze** als Bestandteil des Mindestlohns definieren.[374] Dagegen gehören Beiträge für die zusätzlichen betrieblichen Altersversorgungssysteme nicht zum Begriff Mindestlohnsätze.[375]

Die Gestaltungsfreiheit der Mitgliedstaaten bei der Ausgestaltung des Begriffs Mindestlohnsätze im nationalen Recht ist durch die Dienstleistungsfreiheit begrenzt.[376] Leistungen für Übernachtung, Verpflegung und Reisekosten können nicht unter den Begriff Mindestlohnsätze gefasst werden.[377] Ebenso sind Leistungen bei Krankheit nicht vom Begriff des Mindestlohns umfasst.[378]

Dagegen kann der Aufnahmestaat **Tagegelder**, die als Zulage für die vorübergehende Abwesenheit von zu Hause gezahlt werden[379] und eine **Wegzeitenentschädigung**[380] für die Pendelzeit zwischen dem Unterbringungsort im Aufnahmestaat und dem tatsächlichen Einsatzort als Teil des Mindestlohnes definieren. Der bezahlte **Mindestjahresurlaub** ist während der Entsendung mit dem anwendbaren Mindestlohnsatz zu vergüten.[381]

---

373 EuGH v. 12.2.2015 – C-396/13 – Sähköalojen ammattiliitto ry, NZA 2015, 345 Rz. 40 und 43.
374 Ausführlich zu den Überstundensätzen im Sinne vom § 5 Nr. 1 AEntG *Koberski* u.a., § 5 AEntG Rz. 21 ff.
375 Art. 3 Abs. 1 Unterabs. 1 Buchst. c Ents-RL a.E.
376 EuGH v. 7.11.2013 – C-522/12 – Isbir, EuZW 2014, 102 Rz. 37.
377 EFTA Gerichtshof v. 8.4.2013 – E-2/11 – STX Norway Offshore Rz. 97. Die Auslegung von Unionsrecht unterliegt letztlich dem EuGH (vgl. Art. 111 EWR-Abkommen). Allerdings sind sowohl der EFTA-Gerichtshof als auch der EuGH einer möglichst einheitlichen Auslegung des EWR-Abkommens und der unionsrechtlichen Bestimmungen, die in ihrem wesentlichen Gehalt in das Abkommen übernommen wurden, verpflichtet (vgl. Art. 105 EWR-Abkommen). Ausführlich zur Rechtssache *STX Norway Offshore: Barnard*, Arbeidsrett 2014, 1 (8 ff.). Zu Unterbringungskosten und Essensgutscheinen: EuGH v. 12.2.2015 – C-396/13 – Sähköalojen ammattiliitto ry, NZA 2015, 345 Rz. 58–63.
378 EFTA Gerichtshof v. 8.4.2013 – E-2/11 – STX Norway Offshore Rz. 47. Das gilt zumindest, wenn wie in diesem Fall der vollständige Lohn des Beschäftigten weiterzuzahlen ist, der oberhalb des Mindestlohns liegt.
379 EuGH v. 12.2.2015 – C-396/13 – Sähköalojen ammattiliitto ry, NZA 2015, 345 Rz. 46–52; EFTA Gerichtshof v. 8.4.2013 – E-2/11 – STX Norway Offshore Rz. 88.
380 EuGH v. 12.2.2015 – C-396/13 – Sähköalojen ammattiliitto ry, NZA 2015, 345 Rz. 53–57.
381 EuGH v. 12.2.2015 – C-396/13 – Sähköalojen ammattiliitto ry, NZA 2015, 345 Rz. 64–69.

16.137 Eine automatische **Indexierung** der Mindestlohnsätze ist mit der Ents-RL vereinbar.[382] Auf der anderen Seite kann eine automatische Anpassung anderer Löhne als der Mindestlöhne an die Lebenshaltungskosten im Aufnahmestaat nicht von Entsendeunternehmen verlangt werden.[383]

16.138 Auch zivilrechtliche **Fälligkeitsregelungen** fallen als Bestandteil des Begriffs „Mindestlohnsätze" in die Regelungsautonomie der Mitgliedstaaten nach Art. 3 Abs. 1 Unterabs. 2 Ents-RL. Als Teil des arbeitsrechtlichen Anspruchs auf Zahlung des Mindestlohns bestimmen sie sich – ebenso wie die Höhe und Bestandteile des Mindestlohns – nach den nationalen Vorschriften und/oder Gepflogenheiten. Werden Mindestlohnsätze in allgemeinverbindlichen Tarifverträgen festgelegt, können auch die Parteien des jeweiligen Tarifvertrages, über die konkrete Ausgestaltung einer Fälligkeitsregelung flexibel entscheiden. Dies ergibt sich bereits aus der Natur des Arbeitsverhältnisses als einem Dauerschuldverhältnis, bei dem Arbeitnehmer und Arbeitgeber die einzelnen Leistungen immer von Neuem wiederkehrend erbringen und austauschen. Dabei tritt der Arbeitnehmer regelmäßig und immer wieder mit seiner Arbeitsleistung in Vorleistung. Der Arbeitgeber erfüllt seine Verpflichtung zur Lohnzahlung hingegen typischerweise nicht synchron, sondern im Nachhinein für einen in der Vergangenheit liegenden Zeitraum. Ohne grundsätzliche Fälligkeitsregelung bestünde gerade für entsandte Arbeitnehmer die Gefahr, dass das Gegenseitigkeitsverhältnis einseitig zum Nachteil des Arbeitnehmers verändert würde.

16.139 Entsandte Arbeitnehmer wären zwar während der Entsendung zur Arbeitsleistung verpflichtet. Umgekehrt würden sie aber noch nicht den Mindestlohn des Aufnahmestaates hierfür erhalten. Auch könnten sie nicht von der durch die Ents-RL vorgesehenen Möglichkeit Gebrauch machen, ihren Lohnanspruch auch im Aufnahmestaat gerichtlich geltend zu machen, weil sie mangels Fälligkeit noch keinen einklagbaren Anspruch auf Zahlung gegenüber dem Arbeitgeber hätten. Eine Fälligkeitsregelung trägt deshalb dazu bei, eines der zentralen Ziele der Ents-RL überhaupt zu erfüllen, nämlich ein Mindestmaß an Schutz für entsandte Arbeitnehmer zu gewährleisten, wozu insbesondere die tatsächliche Auszahlung des Mindestlohns gehört. Nur wenn der Arbeitnehmer in absehbarer Zeit nach Erbringung der Arbeitsleistung auch tatsächlich über seinen Lohn verfügen kann, ist er in der Lage, davon seinen Lebensunterhalt zu bestreiten. Fehlen dagegen Regelungen zur Fälligkeit, kann sich die Auszahlung des dem Arbeitnehmer zustehenden Lohns erheblich verzögern und dem Arbeitnehmer würde der mit der Ents-RL bezweckte Schutz entzogen. Zudem ist eine effektive staatliche Kontrolle der Einhaltung von Mindestarbeitsbedingungen ohne Fälligkeitsregelung praktisch unmöglich. Auch dies würde dazu führen, dass entsandten Arbeitnehmern der mit der Ents-RL bezweckte Schutz entzogen würde.

16.140 Art. 3 Abs. 1 Unterabs. 2 Ents-RL umfasst auch die mit dem Mindestlohnanspruch untrennbar verbundenen Modalitäten. Dazu zählen insbesondere die Regelungen über **Abtretung**[384] oder **Aufrechnung**. Denn die sachrechtliche Vereinbarung über die Abtretung einer Forderung kann keinem anderen Recht unterliegen als die zugrunde liegende Forderung selbst. Anderenfalls würde die Möglichkeit eines Gläubigerwechsels und damit die Verkehrsfähigkeit einer Forderung erheblich eingeschränkt, da der neue Gläubiger stets überprüfen müsste, ob nicht ggf. aus einer anderen Rechtsordnung ein Abtretungsverbot greift. Dies würde die Rechtssicherheit im europäischen Rechtsraum erheblich beeinträchtigen.

16.141 Dieses Ergebnis entspricht auch der Wertung der maßgeblichen Vorschriften der Rom I-VO (insbesondere Art. 12, 14 und 17), die allerdings aufgrund der Sonderanknüpfung nach Art. 9 Rom I-VO in Verbindung mit den Eingriffsnormen der Ents-RL nicht anwendbar sind. Die Regelungen der der Ents-RL gehen als Spezialregelung vor. Gleichwohl zeigt Art. 14 Abs. 2 Rom I-VO, dass

---

382 EuGH v. 19.6.2008 – C-319/06 – Kommission/Luxemburg, Slg. 2008, I-04323 Rz. 45.
383 EuGH v. 19.6.2008 – C-319/06 – Kommission/Luxemburg, Slg. 2008, I-04323 Rz. 47.
384 EuGH v. 12.2.2015 – C-396/13 – Sähköalojen ammattiliitto ry, NZA 2015, 345 Rz. 19–26. Ein Abtretungsverbot für Lohnforderungen im Herkunftsstaat bleibt im konkreten Fall im Zielstaat unangewendet, wenn dort die Übertragung einer Lohnforderung auf eine Gewerkschaft zugelassen ist.

auch der EU-Gesetzgeber die Gefahr einer Beeinträchtigung der Rechtssicherheit bei der Frage der Abtretbarkeit von Forderungen berücksichtigt hat. Nach Art. 14 Abs. 2 Rom I-VO bestimmt das Recht, dem die konkrete Forderung unterliegt, auch ihre Übertragbarkeit. Im Gegensatz zu anderen Vorschriften der Rom I-Verordnung wird bei Art. 14 Abs. 2 Rom I-VO ebenso wie bei der Frage der Aufrechnung nach Art. 17 Rom I-VO gerade nicht auf den Vertrag als Ganzes abgestellt, sondern auf die konkrete Forderung. Diese Unterscheidung ist deshalb erforderlich, weil bereits aufgrund der kollisionsrechtlichen Regelungen der Rom I-Verordnung selbst eine konkrete Forderung einem anderen Recht unterliegen kann, als der übrige Vertrag. Mit der Anknüpfung an die konkrete Forderung wird richtigerweise klargestellt, dass für die Frage der Abtretung einer Forderung das Recht Anwendung findet, dem die Forderung selbst unterliegt, auch wenn dieses Recht ggf. vom auf den übrigen Vertrag anwendbaren Recht abweicht. Damit haben auch die für die Abwicklung des Anspruchs maßgeblichen Regelungen Teil an der kollisionsrechtlichen Wirkung von Art. 3 Ents-RL und damit an der Wirkung als Eingriffsnorm i.S.d. Art. 9 Rom I-VO.[385]

Durch die **Richtlinie (EU) 2018/957** wird der Begriff „Mindestlohnsätze" durch den Begriff „**Entlohnung**" ersetzt und damit erweitert.[386] Der Begriff „Entlohnung" richtet sich – wie bisher der Begriff „Mindestlohnsätze" – nach dem nationalen Recht des Aufnahmestaates. Die Entlohnung umfasst dabei alle zwingend anwendbaren Gehaltsbestandteile. Für die Mitgliedstaaten wird die Möglichkeit geschaffen, die Entlohnung entsandter und im Inland beschäftigter Arbeitnehmer stärker anzunähern. ErwGr. 17 der Richtlinie (EU) 2018/957 führt in diesem Zusammenhang aus, dass besonders darauf zu achten sei, „dass die nationalen Systeme für die Festlegung der Löhne und Gehälter und die Freiheit der beteiligten Parteien nicht untergraben werden". Diese Änderung war bereits im Kommissionsvorschlag enthalten und soll das Prinzip „gleiche Bezahlung für gleiche Arbeit am gleichen Ort" stärken.[387] Gleichzeitig wird mit der Änderung die neuere EuGH-Rechtsprechung[388] festgeschrieben, die den Begriff „Mindestlohnsätze" bereits weit auslegt. Die Änderung führt allerdings nicht dazu, dass jeder Arbeitnehmer, der an einem bestimmten Ort eine bestimmte Tätigkeit ausübt, den gleichen Lohn erhalten muss. Die Überlegung, die Entlohnung entsandter Arbeitnehmer an ein Referenzunternehmen im Aufnahmestaat anzulehnen, hat die Kommission in ihrer Folgenabschätzung zum Richtlinienentwurf ausdrücklich verworfen.[389]

(2) Vergleich des Entgelts im Herkunftsstaat mit dem fälligen Mindestlohn im Aufnahmestaat

Ausgangspunkt für die Bestimmung des Mindestlohnanspruchs des Arbeitnehmers im Aufnahmestaat ist der dort festgelegte Begriff der Mindestlohnsätze. Von erheblicher praktischer Bedeutung ist die daran anschließende Frage, wie der Mindestlohnsatz im Aufnahmestaat mit dem Lohn, den der Arbeitgeber mit Sitz in anderen Mitgliedstaaten dem entsandten Arbeitnehmer tatsächlich zahlt, zu vergleichen ist. Es geht um die Frage, ob der Mindestlohnanspruch des entsandten Arbeitnehmers durch die Zahlung des Arbeitgebers erfüllt wurde und welche Bestandteile dabei anzurechnen sind. Insbesondere stellt sich die Frage, welche Zulagen und Zuschläge ein Mitgliedstaat als Bestandteile des Mindestlohns berücksichtigen muss, wenn er prüft, ob der Mindestlohnanspruch des entsandten Arbeitnehmers erfüllt wurde.

Die Ents-RL regelt die Frage der Anrechnung von Vergütungsbestandteilen auf den Mindestlohn nicht. Art. 3 Abs. 7 Unterabs. 2 Ents-RL enthält lediglich eine Spezialregelung zur Behandlung von **Entsendezulagen**. Diese sind auf den Mindestlohn anzurechnen, allerdings nur soweit sie nicht als

---

385 GA *Wahl* v. 18.9.2014 – C-396/13 – Sähköalojen ammattiliitto ry, Rz. 57, kommt für die Abtretung unter Anwendung von Art. 14 Abs. 2 Rom I-VO in Verbindung mit Art. 3 Abs. 1 Ents-RL zum selben Ergebnis.
386 *Gagawczuk*, DRdA 2018, 329 (330 f.).
387 *Jean-Claude Juncker*, Ein neuer Start für Europa: Meine Agenda für Jobs, Wachstum, Fairness und demokratischen Wandel, Politische Leitlinien für die nächste Europäische Kommission, v. 15.7.2014.
388 EuGH v. 12.2.2015 – C-396/13 – Sähköalojen ammattiliitto ry, NZA 2015, 345.
389 SWD (2016) 52 final, S. 27.

Erstattung für infolge der Entsendung tatsächlich entstandene Kosten, wie z.B. Reise-, Unterbringungs- und Verpflegungskosten, gezahlt werden.[390] Dabei ist es unerheblich, ob die Kosten für Reise, Unterbringung und Verpflegung vom Arbeitnehmer vorgestreckt und dann auf Antrag erstattet werden oder ob der Arbeitgeber die Kosten selbst trägt.[391] Die Richtlinie (EU) 2018/957 regelt neu, dass der Arbeitgeber solche Kosten in Übereinstimmung mit dem Recht bzw. der Praxis des Herkunftsstaates erstatten muss. Sofern unklar bleibt, ob es sich bei den Zahlungen des Arbeitgebers um Entsendezulagen oder Kostenerstattungen handelt, gilt die Zahlung gemäß Art. 3 Abs. 7 Unterabs. 3 Ents-RL insgesamt als Erstattung und ist damit insgesamt nicht auf den Lohnanspruch im Aufnahmestaat anzurechnen.[392]

16.145 Ausgangspunkt für die Frage der Anrechnung von Vergütungsbestandteilen ist daher ebenso wie bei der Definition des Begriffs Mindestlohnsätze das nationale Recht bzw. die einschlägigen Praktiken des Aufnahmestaates. Durch Auslegung ist zu ermitteln, welche Vergütungsbestandteile Teil der gesetzlichen oder tarifvertraglichen Mindestlohnvorgaben sind.[393]

16.146 Auch der EuGH[394] hat keine umfassenden Vorgaben für die Anrechnung von Vergütungsbestandteilen gemacht. Er hat lediglich festgestellt, dass diejenigen Zulagen und Zuschläge, die nicht durch die Rechtsvorschriften oder die Praktiken des Mitgliedstaats, in dessen Hoheitsgebiet der Arbeitnehmer entsandt wird, als Bestandteile des Mindestlohns definiert werden und die das Verhältnis zwischen der Leistung des Arbeitnehmers und der von ihm erhaltenen Gegenleistung verändern, jedenfalls nicht aufgrund der Ents-RL als Bestandteile des Mindestlohns betrachtet werden können. Zur Begründung führte der Gerichtshof aus, es sei völlig normal, dass der Arbeitnehmer, der auf Verlangen des Arbeitgebers ein Mehr an Arbeit oder Arbeitsstunden unter besonderen Bedingungen leistet, einen Ausgleich für diese zusätzliche Leistung erhält, ohne dass dieser bei der Berechnung des Mindestlohns berücksichtigt wird. Die Qualitätsprämien sowie Schmutz-, Erschwernis- oder Gefahrenzulagen, brauchten daher nicht auf die Verpflichtung des Arbeitgebers zur Gewährung des Mindestlohns angerechnet zu werden.[395]

16.147 Der EuGH hat damit das gemeinsame Grundverständnis der Mitgliedstaaten zum Ausdruck gebracht, dass es sich bei einem Arbeitsverhältnis um ein Austauschverhältnis handelt, bei dem die Leistungen von Arbeitnehmer und Arbeitgeber in einem **Gegenseitigkeitsverhältnis** stehen. Dabei erbringt der Arbeitgeber mit seiner Zahlung die Gegenleistung für die Arbeit des Arbeitnehmers. Die Zahlung erfolgt also, um die Leistung des Arbeitnehmers zu vergüten. Da der Arbeitgeber den Lohn (nur) bezahlt, um die Arbeitsleistung zu erhalten und gleichzeitig der Arbeitnehmer (nur) arbeitet, um die Bezahlung zu erhalten, beinhaltet der Begriff „Mindestlohnsätze" damit das – auch unionsrechtliche – Grundverständnis, dass sich die Leistungen von Arbeitnehmer (Arbeitsleistung) und Arbeitgeber (Bezahlung) gegenseitig bedingen und in einem Gegenseitigkeitsverhältnis stehen (Synallagma).

---

390 Zur Übernahme von Unterbringungskosten und Essensgutscheinen: EuGH v. 12.2.2015 – C-396/13 – Sähköalojen ammattiliitto ry, NZA 2015, 345 Rz. 58–63.
391 EuGH v. 12.2.2015 – C-396/13 – Sähköalojen ammattiliitto ry, NZA 2015, 345 Rz. 59.
392 Von der hier beschriebenen Regelung zur Nichtanrechnung von Zulagen und Erstattungen auf den Mindestlohn ist die Neuregelung in Art. 3 Abs. 1 Buchst. i Ents-RL zu unterscheiden. Nach dieser Regelung gehören Erstattungen von Reise-, Unterbringungs- und Verpflegungskosten, die sich auf die Reisen vom Arbeitsort im Herkunftsstaat zum Arbeitsort im Zielstaat und zurück beziehen, bzw. Reisen zu unterschiedlichen Arbeitsorten im Zielstaat, zu den zwingend anwendbaren Arbeits- und Beschäftigungsbedingungen des Zielstaates über die Regelungen zur Entlohnung hinaus (vgl. Rz. 16.114).
393 Zum Mindestlohnbegriff des Zielstaates vgl. Rz. 16.120 ff.
394 EuGH v. 14.4.2005 – C-341/02 – Kommission/Deutschland, Slg. 2005, I-2733; bestätigt durch EuGH v. 7.11.2013 – C-522/12 – Isbir, EuZW 2014, 102.
395 EuGH v. 14.4.2005 – C-341/02 – Kommission/Deutschland, Slg. 2005, I-2733 Rz. 40; v. 7.11.2013 – C-522/12 – Isbir, EuZW 2014, 102 Rz. 38 f.

Aus diesem Verständnis des Begriffs Mindestlohnsätze im Sinne der Ents-RL folgt, dass Zahlungen des Arbeitgebers, die **innerhalb des bestehenden Synallagma** erfolgen, dieses also nicht verändern, anzurechnen sind auf die Verpflichtung des Arbeitgebers zur Zahlung des Mindestlohns. Umgekehrt sind Leistungen, die das Verhältnis von Leistung und Gegenleistung verändern, nicht anzurechnen auf die Verpflichtung des Arbeitgebers, den Mindestlohn zu zahlen.

16.148

Wird ein Mindestlohnsatz in einem Tarifvertrag festgelegt, ist für die Bestimmung des Synallagmas der **Wille der Tarifvertragsparteien** maßgeblich, der durch Auslegung zu ermitteln ist. Das Austauschverhältnis, das durch die dafür zuständigen Tarifvertragsparteien ausgehandelt wurde, darf nicht durch Eingriffe Dritter gestört werden. Die Tarifvertragsparteien bestimmen in dem Tarifvertrag die Höhe der Mindestentgeltsätze (Lohn pro Arbeitsstunde), die der Arbeitgeber zu zahlen hat, und definieren damit im Rahmen der verfassungsrechtlich garantierten Tarifautonomie die Gegenleistung für die vom Arbeitnehmer zu erbringende Arbeitsleistung. Gleichzeitig bestimmen die Tarifvertragsparteien im jeweiligen Mindestlohntarifvertrag jedenfalls „mittelbar", welche Arbeitsleistungen mit dem Mindestentgeltsatz abgegolten werden sollen. Sie definieren damit die Gegenleistung für die vom Arbeitgeber zu zahlenden Mindestentgeltsätze sowie gleichzeitig das Verhältnis von Leistung und Gegenleistung.

16.149

Verlangt ein Arbeitgeber über die Normalleistung hinaus von einem Arbeitnehmer, dass er bei seiner Arbeit **besondere Erschwernisse** auf sich nimmt, wie z.B. Überstunden, Nachtarbeit oder Arbeit unter besonderen Gefahren oder Schwierigkeiten, so ist diese zusätzliche Leistung nicht durch das tarifvertragliche Grundgehalt abgegolten, sondern muss zusätzlich entlohnt werden. Eine Störung des Austauschverhältnisses liegt dabei nicht nur dann vor, wenn die Relation zwischen Entgelt und Arbeitszeit verändert wird, sondern auch dann, wenn die Relation zwischen Entgelt und der Art geleisteten Arbeit verändert wird.

16.150

Vom Arbeitnehmer darf also nicht verlangt werden, für dasselbe Geld mehr oder unter erschwerten Umständen zu arbeiten. Konsequenterweise dürfen dann auch nicht Zulagen und Zuschläge, die ihrer Zweckbestimmung nach den Gegenwert für ein Mehr an Arbeit darstellen, als Erfüllung des Mindestlohns gewertet werden.

16.151

> Die Auslegung der Ents-RL durch den EuGH bindet auch bei Inlandsfällen, soweit nationale und grenzüberschreitende Sachverhalte durch den Gesetzgeber gleich behandelt werden.[396] Der Formel des EuGH,[397] wonach Zulagen und Zuschläge, die im Aufnahmemitgliedstaat nicht als Bestandteile des Mindestlohns gelten und die das Verhältnis zwischen der Leistung des Arbeitnehmers und der von ihm erhaltenen Gegenleistung verändern, nicht als Bestandteile des Mindestlohns betrachtet werden, entspricht die **Rechtsprechung des BAG zur funktionalen Gleichwertigkeit**.[398] Bei der Anrechnung von Leistungen auf tariflich begründete Forderungen sei darauf abzustellen, ob die vom Arbeitgeber erbrachte Leistung ihrem Zweck nach diejenige Arbeitsleistung des Arbeitnehmers entgelten solle, die mit der tariflich begründeten Zahlung zu vergüten sei. Daher sei mit dem erkennbaren Zweck des tariflichen Mindestlohns, den der Arbeitnehmer als unmittelbare Leistung für die verrichtete Tätigkeit begehre, der zu ermittelnde Zweck der jeweiligen Leistung des Arbeitgebers, die dieser aufgrund anderer individual- oder kollektivrechtlicher Regelungen erbracht habe, gegenüberzustellen. Bestehe demnach eine funktionale Gleichwertigkeit der zu vergleichenden Leistungen, sei die erbrachte Leistung auf den zu erfüllenden Anspruch anzurechnen.[399] Das BAG prüft daher, welche „Normaltätigkeit" der tarifvertragliche Mindestlohn nach dem Willen der Tarifvertragsparteien entlohnen soll bzw. wel-

16.152

---

396 *Brors*, NZA 2014, 938.
397 EuGH v. 14.4.2005 – C-341/02 – Kommission/Deutschland, Slg. 2005, I-2733 Rz. 40; v. 7.11.2013 – C-522/12 – Isbir, EuZW 2014, 102 Rz. 38 f.
398 BAG v. 30.3.2004 – 1 AZR 85/03, ArbRB 2004, 337 – AP BetrVG 1972 § 112 Nr. 170 Rz. 45 f.
399 BAG v. 18.4.2012 – 4 AZR 139/10, ArbRB 2012, 367 – NZA 2013, 392 Rz. 28.

che Tätigkeiten der Mindestlohn gerade nicht entlohnen soll, z.B. weil gesonderte Zulagen vorgesehen sind. Je nachdem sind Zahlungen des Arbeitgebers auf den Mindestlohn anzurechnen oder nicht.[400]

16.153 Für den Mindestlohn nach dem MiLoG hat das BAG entschieden, dass Zulagen und Zuschläge regelmäßig auf die Erfüllung des Mindestlohnanspruchs anzurechnen sind.[401] Das Urteil beruht allerdings wohl zumindest auch auf einem Missverständnis der entsenderechtlichen Regelungen, insbesondere des EuGH-Urteils *Sähköalojen ammattiliitto ry*. Das entsenderechtliche Missverständnis des 5. Senats scheint dadurch zustande zu kommen, dass er bei der Analyse des EuGH-Urteils *Sähköalojen ammattiliitto ry* nicht sauber trennt zwischen der Möglichkeit des Aufnahmestaates, den Begriff Mindestlohnsätze zu definieren, einerseits und der Anrechnung von Lohnbestandteilen, sofern diese Lohnbestandteile im Aufnahmestaat nicht Teil der Mindestlohnsätze sind, andererseits.[402] In dem Abschnitt der Urteilsbegründung (Rz. 38–45) in der Rechtssache *Sähköalojen ammattiliitto ry*, auf die das BAG Bezug nimmt, geht es um die Frage, was der Aufnahmestaat als Teil der Mindestlohnsätze definieren kann. Es geht also darum, wie hoch der Mindestlohnanspruch des Arbeitnehmers nach finnischem Recht ist und gerade nicht um die Frage, welche Zahlungen der entsendende Arbeitgeber zur Erfüllung dieses Lohnanspruchs anrechnen kann. In *Kommission/Deutschland* ging es dagegen um die Frage der Anrechnung von Lohnbestandteilen, die in Deutschland nicht als Teil der Mindestlohnsätze definiert waren. In Deutschland war nur der (Grund-)Mindestlohn im Baugewerbe zwingend anwendbar. Deutschland hatte keinerlei Zulagen oder Zuschläge für allgemeinverbindlich erklärt. Daher stellte sich die Frage, ob Zulagen oder Zuschläge, die der entsendende Arbeitgeber nach arbeits-, tarifvertraglichen oder sonstigen Regelungen des Herkunftsstaates zahlte, auf die Erfüllung des Mindestlohnanspruchs anrechenbar waren. Der EuGH verneinte dies für Zulagen oder Zuschläge, die das arbeitsvertragliche Synallagma verändern (z.B. Zulage für Arbeit unter erschwerten Bedingungen).

16.154 Nur vor dem Hintergrund eines Missverständnisses dieser Systematik ist es wohl zu erklären, dass der 5. Senat dem EuGH eine Änderung („Fortentwicklung") seiner Rechtsprechung in der Rechtssache C-341/02 – *Kommission/Deutschland* – unterstellt, obwohl der EuGH ausdrücklich an dieser Rechtsprechung zur Anrechenbarkeit festhält[403], die er zudem ausdrücklich als seine „ständige Rechtsprechung" bezeichnet. An keiner Stelle der Urteilsbegründung des EuGH findet sich ein Hinweis darauf, dass er diese ständige Rechtsprechung ändern möchte.

16.155 Darüber hinaus ist nach der Rechtsprechung des EuGH davon auszugehen, dass ein **13. oder 14. Monatsgehalt** als Bestandteil des Mindestlohns zu berücksichtigen ist, sofern es während der Entsendung des Arbeitnehmers regelmäßig, anteilig, tatsächlich und unwiderruflich gezahlt und dem Arbeitnehmer zum vorgesehenen Fälligkeitsdatum zur Verfügung gestellt wird.[404] Diese Kriterien gelten auch für andere Sonderzahlungen, wie z.B. Jubiläumsprämien, Ergebnisbeteiligungen oder Weihnachtsgeld.[405]

---

400 BAG v. 18.4.2012 – 4 AZR 139/10, ArbRB 2012, 367 – NZA 2013, 392 Rz. 31; zur Anrechenbarkeit von Spätschichtzuschlägen und der Nichtanrechenbarkeit von Zulagen für Nachtarbeit und vermögenswirksamen Leistungen in der Abfallwirtschaft: BAG v. 16.4.2014 – 4 AZR 802/11, NZA 2014, 1277.
401 BAG v. 21.12.2016 – 5 AZR 374/16, ArbRB 2017, 68 = NZA 2017, 378; Ausführlich zur funktionalen Äquivalenz und zum Urteil des 5. Senats: *Riechert/Nimmerjahn*, § 1 MiLoG Rz. 99–117a; *Sagan*, RdA 2018, 121.
402 BAG v. 21.12.2016 – 5 AZR 374/16, ArbRB 2017, 68 = NZA 2017, 378 Rz. 22. Das BAG nimmt auf Ausführungen des EuGH in den Rz. 42, 44 und 68 Bezug, wobei sich die als wörtlich gekennzeichneten Zitate so überhaupt nicht im EuGH-Urteil finden.
403 EuGH v. 12.2.2015 – C-396/13 – Sähköalojen ammattiliitto ry, NZA 2015, 345 Rz. 36.
404 EuGH v. 14.4.2005 – C-341/02 – Kommission/Deutschland, Slg. 2005, I-2733 Rz. 31.
405 *Koberski* u.a., § 5 AEntG Rz. 16.

Tarifvertraglich vereinbarte pauschale Zahlungen, die die Anwendung einer neuen Lohntabelle antizipieren sollen und damit eine **Lohnerhöhung** als Gegenleistung für die Arbeit darstellen, sind als Bestandteil des Mindestlohns zu berücksichtigen.[406] Vermögenswirksame Leistungen sind regelmäßig nicht auf den Mindestlohn anzurechnen.[407] Sie dienen der Vermögensbildung beim Arbeitnehmer über einen längeren Zeitraum und unterscheiden sich daher vom Lohn im eigentlichen Sinne.

16.156

Beim Vergleich des anzuwendenden Mindestlohnsatzes und dem tatsächlich gezahlten Lohn ist auf den **Bruttolohn** abzustellen.[408] Für den Fall, dass der Mindestlohn im Aufnahmestaat oder das Entgelt, das nach dem auf das Arbeitsverhältnis anwendbaren Arbeitsrecht zu zahlen wäre, nicht pro Arbeitsstunde festgelegt ist, sind beim Vergleich die Relation zwischen Arbeitsentgelt und Anzahl der zu leistenden Arbeitsstunden sowie alle sonstigen Faktoren zu berücksichtigen.[409]

16.157

(3) Öffentliche Auftragsvergabe

Mindestlohnvorgaben bei der Ausschreibung öffentlicher Aufträge sind **grundsätzlich möglich**. Art. 18 Richtlinie 2014/24/EU[410] sieht ausdrücklich vor, dass die Mitgliedstaaten dafür sorgen müssen, dass bei der Ausführung öffentlicher Aufträge die geltenden sozial- und arbeitsrechtlichen Vorgaben eingehalten werden. Bereits zuvor eröffnete Art. 26 Richtlinie 2004/18/EG[411] die Möglichkeit, soziale Aspekte bei der Vergabe von öffentlichen Aufträgen zu berücksichtigen. Bei einzelstaatlichen Lohnvorgaben sind die Anforderungen der Ents-RL zu berücksichtigen.[412] Bei der öffentlichen Auftragsvergabe kann die Einhaltung von Mindestlöhnen gem. Art. 3 Abs. 1 Unterabs. 1 Buchst. c Ents-RL verlangt werden, die sich aus Rechts- oder Verwaltungsvorschriften oder allgemeinverbindlichen Tarifverträgen i.S.d. Art. 3 Abs. 8 Ents-RL ergeben.[413] Das schließt auch bezifferte Mindestlohnvorgaben in Vergabegesetzen ein.[414] Bei der öffentlichen Auftragsvergabe im Verkehrsbereich sind Tariftreueklauseln weiterhin möglich. Es gelten die besonderen Bestimmungen der Verordnung (EG) 1370/2007.[415]

16.158

---

406 EuGH v. 7.11.2013 – C-522/12 – Isbir, EuZW 2014, 102 Rz. 42.
407 EuGH v. 7.11.2013 – C-522/12 – Isbir, EuZW 2014, 102 Rz. 44.
408 EuGH v. 14.4.2005 – C-341/02 – Kommission/Deutschland, Slg. 2005, I-2733 Rz. 29.
409 Erklärung des Rates und der Kommission zu Art. 3 Abs. 1 Unterabs. 1 Buchst. c und Abs. 7 bei Annahme der Richtlinie, Ratsdokument Nr. 9916/96 ADD 1.
410 Richtlinie 2014/24/EG des Europäischen Parlaments und des Rates v. 26. Februar 2014 über die öffentliche Auftragsvergabe und zur Aufhebung der Richtlinie 2004/18/EG, ABl. Nr. L 94 v. 28.3.2014, S. 65.
411 Richtlinie 2004/18/EG des Europäischen Parlaments und des Rates v. 31.3.2004 über die Koordinierung der Verfahren zur Vergabe öffentlicher Bauaufträge, Lieferaufträge und Dienstleistungsaufträge, ABl. Nr. L 134 v. 30.4.2004, S. 114.
412 EuGH v. 3.4.2008 – C-346/06 – Rüffert, Slg. 2008, I-1989 Rz. 18. *Wittjen*, ZfBR 2009, 30, sieht dagegen die Richtlinie 2004/18/EG als Spezialregelung zur Ents-RL an.
413 Zu den Gestaltungsmöglichkeiten des nationalen Gesetzgebers s. u.a.: *Koberski/Schierle*, RdA 2008, 233; *Steiff/André*, NZBau 2008, 364; in der Auslegung der *Rüffert*-Entscheidung zu eng: *Thüsing/Granetzny*, NZA 2009, 183; *Bayreuther*, NZA 2008, 626.
414 EuGH v. 17.11.2015 – C-115/14 – RegioPost, NZA 2016, 155 Rz. 53–77; dazu *Heuschmid*, AuR 2016, 164 ff. Zuvor umstritten: Zustimmend *Rödel*, EuZW 2011, 292; ablehnend *Csaki/Freundt*, KommJur 2012, 246. In einem Verfahren, das keinen Bezug zur Ents-RL aufweist, hat der EuGH entschieden, dass die bezifferte Mindestlohnvorgabe des § 4 Abs. 3 i.V.m. § 9 Abs. 1 TVgG NRW nicht auf Nachunternehmer anwendbar ist, die eine Dienstleistung ausschließlich im Herkunftsstaat erbringen, EuGH v. 18.9.2014 – C-549/13 – Bundesdruckerei, EuZW 2014, 942 ff. Zu § 4 Abs. 3 TVgG NRW s. auch *Glaser/Kahl*, ZHR 2013, 643; zu beiden Verfahren ausführlich: *Däubler*, NZA 2014, 694.
415 Verordnung (EG) Nr. 1370/2007 des Europäischen Parlaments und des Rates v. 23.10.2007 über öffentliche Personenverkehrsdienste auf Schiene und Straße und zur Aufhebung der Verordnungen (EWG) Nr. 1191/69 und (EWG) Nr. 1107/70 des Rates, ABl. Nr. L 315 v. 3.12.2007, S. 1. Dazu *Bayreuther*, EuZW 2009, 102 und *Röbke*, LKV 2011, 337.

16.159 Das Thema Lohnvorgaben bei der öffentlichen Auftragsvergabe ist in der Ents-RL nicht erwähnt. Es bekam durch das Urteil des EuGH in der Rechtssache *Rüffert*[416] große Aufmerksamkeit. Diese Aufmerksamkeit bezieht sich zumindest in der europäischen Diskussion weniger auf die Folgen für das deutsche Vergaberecht, sondern auf die Unsicherheit, die das Urteil im Hinblick auf die Vereinbarkeit des ILO-Übereinkommens Nr. 94[417] mit der Ents-RL hervorgerufen hat.[418]

16.160 Das Urteil betraf zwar nicht das **ILO-Übereinkommen Nr. 94**, denn Deutschland hatte das Abkommen nicht ratifiziert, allerdings zielen die niedersächsische Tariftreueregelung, die der EuGH für unvereinbar mit der Ents-RL hielt, und Art. 2 des ILO-Übereinkommens Nr. 94 durchaus in die gleiche Richtung.[419] Im Kern geht es um die Frage, welchen Charakter Tarifverträge haben müssen, deren Einhaltung im Rahmen von öffentlichen Aufträgen verlangt wird. Während sich Art. 3 Abs. 8 Unterabs. 1 Ents-RL auf allgemeinverbindliche Tarifverträge bezieht, die von „allen" Unternehmen in einem Gebiet einzuhalten sind, verlangt Art. 2 Abs. 1 ILO-Übereinkommen Nr. 94 die Anwendung von Tarifverträgen, die für „wesentliche Teile" der Arbeitgeber und Arbeitnehmer in einem bestimmten Gebiet gelten. Die Anforderungen, die sich aus dem ILO-Übereinkommen Nr. 94 ergeben, könnten daher im Einzelfall höher sein, als es die Ents-RL erlaubt.[420] Das hängt allerdings maßgeblich vom jeweiligen nationalen Tarifvertragssystem ab. Eine generelle Unvereinbarkeit von ILO-Übereinkommen Nr. 94 mit der Ents-RL lässt sich aus dem *Rüffert*-Urteil nicht ableiten.[421]

16.161 Dennoch hat das Urteil bei einer großen Anzahl von Mitgliedstaaten für **ernste Irritationen** gesorgt. Denn bei Verabschiedung der Ents-RL hatten immerhin acht von damals fünfzehn Mitgliedstaaten das ILO-Übereinkommen Nr. 94 ratifiziert. Deutschland hatte das Abkommen zwar nicht ratifiziert, einzelne Bundesländer hatten aber zu diesem Zeitpunkt entsprechende Landesvergabegesetze, einschließlich Tariftreueregelungen. Das Verhältnis von Ents-RL zum ILO-Übereinkommen Nr. 94 und zum Vergaberecht war deshalb Gegenstand der Verhandlungen über die Ents-RL. Insbesondere wurde die ursprünglich vorgesehene obligatorische Schwellenfrist von drei Monaten aus dem Richtlinien-Entwurf gestrichen. Die betroffenen Mitgliedstaaten hielten damit ihre Vergabegesetze und ihre Verpflichtungen aus dem ILO-Übereinkommen Nr. 94 für mit der Ents-RL vereinbar.

16.162 Bis zu den Urteilen *Laval* und *Rüffert*[422] wurde die Richtlinie überwiegend dahingehend interpretiert, dass der Aufnahmestaat **günstigere Arbeits- und Beschäftigungsbedingungen** auf entsandte

---

416 EuGH v. 3.4.2008 – C-346/06 – Rüffert, Slg. 2008, I-1989.
417 Übereinkommen über die Arbeitsklauseln in den von Behörden abgeschlossenen Verträgen, 1949. Die folgenden EU-Mitgliedstaaten haben das Übereinkommen ratifiziert: Österreich, Belgien, Dänemark, Finnland, Frankreich, Niederlande, Spanien und Italien.
418 SWD(2012) 63 final, S. 37 f.
419 Grundsätzlich berücksichtigt der EuGH ILO-Normen bei der Auslegung von EU-Recht, vgl. dazu *Heuschmid/Klebe*, Arbeitsvölkerrecht, S. 336 (341 ff.).
420 *Däubler*, NZA 2014, 694 (699 ff.), kommt mit guten Argumenten zum Ergebnis, dass sich aus dem ILO-Übereinkommen Nr. 94 ein allgemeiner Rechtsgrundsatz des Inhalts ableiten lässt, dass die Mitgliedstaaten verpflichtet sind, bei öffentlichen Aufträgen Löhne und Arbeitsbedingungen vorzuschreiben, die nicht schlechter sind als die vergleichbarer Arbeitnehmer im Inland. Dann hätte das Sekundarrecht diesem allgemeinen Rechtsgrundsatz Rechnung zu tragen.
421 Im Ergebnis so wohl auch *Ruchti*, Das ILO-Übereinkommen Nr. 94, S. 268. Die Europäische Kommission hat keinen der betroffenen Mitgliedstaaten zur Kündigung des Abkommens aufgerufen, im Gegenteil: Im Juli 2008 – also nach dem *Rüffert*-Urteil – hat die Kommission die Mitgliedstaaten dazu aufgerufen, alle von der ILO als „up-to-date" eingestuften Übereinkommen zu ratifizieren, COM(2008) 412 final. Dazu gehört auch das Übereinkommen Nr. 94. Würde jedoch die Unvereinbarkeit des Übereinkommens mit EU-Recht durch den EuGH ausdrücklich festgestellt, könnten die Mitgliedstaaten gem. Art. 351 AEUV verpflichtet sein, das Übereinkommen unter Einhaltung der Kündigungsfrist zu kündigen. Vgl. dazu auch EuGH v. 1.2.2005 – C-203/03, Kommission/Österreich, Slg. 2005, I-935 Rz. 57–65, bezüglich ILO-Übereinkommen Nr. 45.
422 EuGH v. 18.12.2007 – C-341/05 – Laval, Slg. 2007, I-11767; v. 3.4.2008 – C-346/06 – Rüffert, Slg. 2008, I-1989.

Arbeitnehmer erstrecken durfte, soweit dies mit der Dienstleistungsfreiheit vereinbar war. In diesem Sinne interpretiert auch GA *Bot* in der Rechtssache *Rüffert* Art. 3 Abs. 7 Unterabs. 1 Ents-RL; ein verstärkter nationaler Schutz sei demnach zulässig.[423] Zwar bezieht sich Art. 3 Abs. 7 Unterabs. 1 Ents-RL zunächst auf günstigere Arbeitsbedingungen des entsandten Arbeitnehmers im Herkunftsstaat. Es gibt allerdings keinen Hinweis darauf, dass dadurch ein verstärkter nationaler Schutz ausgeschlossen sein sollte. Insofern muss sich der EuGH den vielfach erhobenen Vorwurf gefallen lassen, die Rechtsposition entsandter Arbeitnehmer verschlechtert zu haben[424] (vgl. Rz. 16.170 ff.).

In der Rechtssache ***RegioPost***[425] gibt der EuGH seine restriktive Haltung zu Lohnvorgaben im Bereich der öffentlichen Auftragsvergabe auf, auch wenn er sich in der Begründung Mühe gibt, sich nicht in Widerspruch zu *Rüffert* zu setzen. Im Hinblick auf die Beschränkung der Dienstleistungsfreiheit verwirft der EuGH insbesondere das damals schon fragwürdige Argument aus *Rüffert*, dass Mindestlohnvorgaben bei der öffentlichen Auftragsvergabe nicht für private Aufträge gelten und deshalb als Maßnahme zum Schutz der Arbeitnehmer nicht geeignet seien.[426] Auch die in *RegioPost* noch mit Verweis auf *Rüffert* erwähnte Beschränkung auf den untersten Mindestlohnsatz[427] wurde durch die Rechtsprechung *Sähköalojen ammattiliitto ry* aufgegeben (vgl. Rz. 16.132 ff.). 16.163

b) Ausnahmen (Abs. 2 bis 5)

Art. 3 Abs. 2 bis 5 Ents-RL sehen **Ausnahmen** von der Anwendung bestimmter zwingender Arbeits- und Beschäftigungsbedingungen vor. Die Ausnahmen betreffen die arbeitszeit- und urlaubsrechtlichen Regelungen sowie die Bestimmungen über die Entlohnung. 16.164

Die einzige verbindliche Ausnahme findet sich in Art. 3 Abs. 2 Ents-RL. Danach finden die Regelungen im Aufnahmestaat über bezahlten Mindesturlaub und Mindestlohnsätze keine Anwendung bei **Erstmontage- und/oder Einbauarbeiten**, die Bestandteil eines Liefervertrags sind, für die Inbetriebnahme der gelieferten Güter unerlässlich sind und von Facharbeitern und/oder angelernten Arbeitern des Lieferunternehmens ausgeführt werden, wenn die Dauer der Entsendung acht Tage nicht übersteigt. 16.165

Die Ausnahmen in Art. 3 Abs. 3 bis 5 Ents-RL sind **optional** ausgestaltet, d.h. die Mitgliedstaaten können die Ausnahmen vorsehen, müssen es aber nicht.[428] Art. 3 Abs. 3 Ents-RL erlaubt es, von der Erstreckung der Mindestlohnsätze abzusehen, wenn die Dauer der Entsendung einen Monat nicht übersteigt und es sich nicht um die Entsendung von Leiharbeitnehmern handelt. 16.166

Gemäß Art. 3 Abs. 4 Ents-RL können die Mitgliedstaaten vorsehen, dass durch allgemeinverbindlichen Tarifvertrag von den Mindestlohnsätzen abgewichen werden kann, wenn die Dauer der Entsendung einen Monat nicht übersteigt und es sich nicht um die Entsendung von Leiharbeitnehmern handelt. In diesem Zusammenhang können die Mitgliedstaaten auch eine Rückausnahme durch allgemeinverbindlichen Tarifvertrag von der Nichterstreckung nach Art. 3 Abs. 3 Ents-RL vorsehen. 16.167

---

423 GA *Bot* v. 20.9.2007 – C-346/06 – Rüffert, Slg. 2008, I-1989 Rz. 94.
424 Krit. Schlachter/Heinig/*Deinert*, § 10 Rz. 33–36; *Janda*, SR 2016, 1 (7 f.).
425 EuGH v. 17.11.2015 – C-115/14 – RegioPost, NZA 2016, 155. Dazu: *Nassibi/Rödl/Schulten*, Policy Brief WSI, Nr. 3/2016; *Hantel*, ZESAR 2016, 159; kritisch: *Kainer*, NZA 2016, 394.
426 EuGH v. 17.11.2015 – C-115/14 – RegioPost, NZA 2016, 155 Rz. 71–72.
427 EuGH v. 17.11.2015 – C-115/14 – RegioPost, NZA 2016, 155 Rz. 74–76.
428 Die Mitgliedstaaten haben von dieser Möglichkeit kaum Gebrauch gemacht, vgl. dazu Report from the Commission services on the implementation of Directive 96/71/EC of the European Parliament and of the Council of 16 December 1996 concerning the posting of workers in the framework of the provision of services, 2003, und zu den neuen Mitgliedstaaten Implementation Report Directive 96/71/EC concerning posting of workers in the framework of the provision of services, 2006, beide verfügbar unter: http://ec.europa.eu/social/posted-workers.

16.168 Die Mitgliedstaaten können außerdem gem. Art. 3 Abs. 5 Ents-RL von der Erstreckung der Mindestlohnsätze und des bezahlten Mindestjahresurlaubes absehen, wenn der Umfang der zu verrichtenden Arbeiten gering ist und es sich nicht um die Entsendung von Leiharbeitnehmern handelt. In diesem Fall muss der jeweilige Aufnahmestaat festlegen, was unter Arbeiten von geringem Umfang zu verstehen ist.

16.169 Deutschland hat von den optionalen Ausnahmen in Art. 3 Abs. 3 bis 5 Ents-RL keinen Gebrauch gemacht.

c) Günstigkeitsprinzip (Abs. 7 Unterabs. 1)

16.170 Gemäß Art. 3 Abs. 7 Unterabs. 1 Ents-RL steht Art. 3 Abs. 1 bis 6 Ents-RL der Anwendung von für die Arbeitnehmer günstigeren Beschäftigungs- und Arbeitsbedingungen nicht entgegen. Die Vorschrift bezieht sich nach der Rechtsprechung des EuGH in *Laval* und *Rüffert*[429] ausschließlich auf günstigere Beschäftigungs- und Arbeitsbedingungen im **Herkunftsstaat**, auf die auch ErwGr. 17 verweist, nicht jedoch auf günstigere Bedingungen im Aufnahmestaat. Art. 3 Abs. 7 Ents-RL lasse sich nicht dahin auslegen, dass er es einem Aufnahmemitgliedstaat erlaube, die Erbringung einer Dienstleistung in seinem Hoheitsgebiet davon abhängig zu machen, dass Arbeits- und Beschäftigungsbedingungen eingehalten werden, die über die zwingenden Bestimmungen über ein Mindestmaß an Schutz hinausgehen. Für die in ihrem Art. 3 Abs. 1 Unterabs. 1 Buchst. a bis g Ents-RL genannten Aspekte sehe nämlich die Ents-RL ausdrücklich den Grad an Schutz vor, den der Aufnahmemitgliedstaat in anderen Mitgliedstaaten ansässigen Unternehmen zugunsten der von diesen in sein Hoheitsgebiet entsandten Arbeitnehmern abzuverlangen berechtigt sei. Ferner liefe eine derartige Auslegung darauf hinaus, der genannten Richtlinie ihre praktische Wirksamkeit zu nehmen.[430]

16.171 Der EuGH geht davon aus, dass Art. 3 Ents-RL das Schutzniveau entsandter Arbeitnehmer **abschließend koordiniert**. Ein verstärkter nationaler Schutz im Aufnahmestaat ist nur in den Grenzen von Art. 3 Abs. 10 Ents-RL zulässig (vgl. Rz. 16.186 ff.).

16.172 Diese Auslegung des Günstigkeitsprinzips durch den EuGH ist **umstritten** und hat viel Kritik hervorgerufen.[431] GA *Mengozzi* und GA *Bot* hatten in Schlussanträgen eine gegenteilige Auffassung vertreten. Demnach habe die Vorschrift zwei Aspekte. Zum einen bedeute sie, dass der zwingende Charakter der im Staat der Leistungserbringung geltenden Schutzbestimmungen hinter der Anwendung der in dem Staat geltenden Vorschriften zurücktreten könne, in dem der Leistungserbringer niedergelassen sei, sofern diese Vorschriften für die entsandten Arbeitnehmer günstigere Arbeits- und Beschäftigungsbedingungen vorsehen. Zum anderen könnten die Aufnahmestaaten aufgrund des Art. 3 Abs. 7 Ents-RL in den Bereichen des Art. 3 Abs. 1 Ents-RL auch das Sozialschutzniveau verbessern, das sie den auf ihrem Hoheitsgebiet tätigen Arbeitnehmern garantieren wollten und das sie damit auf die in ihr Hoheitsgebiet entsandten Arbeitnehmer anwenden könnten. Die Bestimmung erlaube somit grundsätzlich einen verstärkten nationalen Schutz, der jedoch die Grenzen von Art. 56 AEUV zu beachten habe.[432]

16.173 In der hitzig geführten Diskussion um die Auslegung von Art. 3 Abs. 7 Ents-RL wird immer wieder behauptet, der EuGH hätte aus einer Mindestschutz- eine Höchstschutzrichtlinie gemacht. Das

---

429 EuGH v. 18.12.2007 – C-341/05 – Laval, Slg. 2007, I-11767 Rz. 80; v. 3.4.2008 – 346/06 – Rüffert, Slg. 2008, I-1989 Rz. 33.
430 EuGH v. 18.12.2007 – C-341/05 – Laval, Slg. 2007, I-11767 Rz. 80; v. 3.4.2008 – 346/06 – Rüffert, Slg. 2008, I-1989 Rz. 33.
431 Ausführlich *Velikova*, Arbeitnehmerentsendung und Kollektivvertragssystem, S. 216 ff.; SWD(2012) 63 final, S. 14 f. und 37 f.
432 GA *Bot* v. 20.9.2007 – C-346/06 – Rüffert, Slg. 2008, I-1989 Rz. 82–84. In diesem Sinne auch *Scholz/Becker/Kokott*, Die Auswirkung der Rechtsprechung des Europäischen Gerichtshofs auf das Arbeitsrecht der Mitgliedstaaten, S. 25.

stimmt zum Teil, führt aber auch in die Irre. Denn das Schutzniveau entsandter Arbeitnehmer wurde und wird nach wie vor maßgeblich durch die von den Mitgliedstaaten gem. Art. 3 Abs. 1 und Abs. 8 Ents-RL festgelegten Arbeits- und Beschäftigungsbestimmungen bestimmt. Die Auslegung des Günstigkeitsprinzips durch den EuGH hindert die Mitgliedstaaten nicht daran, ein hohes Mindestschutzniveau vorzusehen. Trotzdem haben die Urteile negative Auswirkungen auf den Arbeitnehmerschutz im Vergaberecht und problematische Auswirkungen auf das dänische und schwedische Tarifvertragssystem.[433]

d) Allgemeinverbindliche Tarifverträge (Abs. 8)

Die in Art. 3 Abs. 1 Unterabs. 1 Buchst. a bis i Ents-RL genannten Arbeits- und Beschäftigungsbedingungen können „durch für allgemein verbindlich erklärte Tarifverträge oder Schiedssprüche i.S.d. Abs. 8" festgelegt werden. Art. 3 Abs. 8 Ents-RL definiert, was unter „für allgemein verbindlich erklärten Tarifverträgen oder Schiedssprüchen" zu verstehen ist.

16.174

Für Mitgliedstaaten wie Deutschland, die über ein **System zur Allgemeinverbindlichkeitserklärung** von Tarifverträgen und Schiedssprüchen verfügen, war bisher ausschließlich Art. 3 Abs. 8 Unterabs. 1 Ents-RL anzuwenden.[434] Die Art. 3 Abs. 8 Unterabs. 2 und 3 Ents-RL (1996) fanden bisher nur Anwendung auf Mitgliedstaaten, die nicht über ein solches System verfügen, wie z.B. Dänemark oder Schweden. Nach Art. 3 Abs. 8 Unterabs. 2 Ents-RL können künftig auch Mitgliedstaaten, die über ein System zur Allgemeinverbindlichkeitserklärung verfügen, Tarifverträge oder Schiedssprüche im Sinne des Unterabs. 2 auf entsandte Arbeitnehmer anwenden.

16.175

Nach Art. 3 Abs. 8 Unterabs. 1 Ents-RL sind „für allgemein verbindlich erklärte Tarifverträge oder Schiedssprüche" solche Tarifverträge oder Schiedssprüche, die **von allen** in den jeweiligen geographischen Bereich[435] fallenden und die betreffende Tätigkeit oder das betreffende Gewerbe ausübenden Unternehmen einzuhalten sind. Der EuGH legt besonderes Augenmerk darauf, dass tatsächlich „alle" Unternehmen erfasst sind und ausländische Dienstleistungserbringer nicht schlechter behandelt werden.[436] Erlaubt das nationale Recht ein Abweichen nach unten von Mindestarbeitsbedingungen eines allgemeinverbindlichen Tarifvertrages durch Firmentarifverträge, so ist dies aus entsenderechtlicher Perspektive problematisch. Das gilt zumindest dann, wenn ausländischen Dienstleistungserbringern entsprechende Abweichungsmöglichkeiten nicht gleichermaßen offenstehen (vgl. Rz. 16.18).[437]

16.176

Außerhalb von Systemen zur Allgemeinverbindlichkeitserklärung von Tarifverträgen können Mitgliedstaaten nach Art. 3 Abs. 8 Unterabs. 2 Ents-RL Tarifverträge oder Schiedssprüche zugrunde legen, die für alle in den jeweiligen geographischen Bereich fallenden und die betreffende Tätigkeit oder das betreffende Gewerbe ausübenden gleichartigen Unternehmen allgemein wirksam sind. Alternativ oder kumulativ können sie Tarifverträge zugrunde legen, die von den auf nationaler Ebene repräsentativsten Organisationen der Tarifvertragsparteien geschlossen werden und innerhalb des gesamten nationalen Hoheitsgebiets zur Anwendung kommen. In beiden Fällen setzt die Anwendung eine Gleichbehandlung zwischen in- und ausländischen Unternehmen voraus.[438]

16.177

---

433 *Evju*, EuZA 2010, 48 (60).
434 EuGH v. 3.4.2008 – C-346/06 – Rüffert, Slg. 2008, I-1989 Rz. 27.
435 Zur Erstreckung regionaler Tarifverträge: *Rödl*, WSI Mitteilungen 2012, 517.
436 In EuGH v. 24.1.2002 – C-164/99 – Portugaia, Slg. 2002, I-787, erklärte der EuGH einen allgemeinverbindlichen Tarifvertrag für nicht auf entsandte Arbeitnehmer anwendbar, weil er eine Öffnungsklausel für Firmentarifverträge enthalte, die es erlaube, die Vorgaben des allgemeinverbindlichen Tarifvertrages zu unterschreiten. Der entschiedene Sachverhalt war allerdings rein hypothetischer Natur. GA *Wahl* v. 18.9.2014 – C-396/13 – Sähköalojen ammattiliitto ry, Rz. 60–65. Auch in EuGH v. 3.4.2008 – C-346/06 – Rüffert, Slg. 2008, I-1989 Rz. 39 störte sich der EuGH daran, dass der streitige Tarifvertrag nur für einen Teil der Bautätigkeit anwendbar war.
437 Zum selben Ergebnis kommt wohl *Maier*, NZA 2009, 351.
438 Zur Abschwächung des ursprünglichen Richtlinienentwurfes der Kommission und des entfallenen „erga omnes"-Erfordernisses: *Davies*, CLM Rev. 1997, 571 (580).

16.178 **Gleichbehandlung** in diesem Sinne wird in Art. 3 Abs. 8 Unterabs. 3 Ents-RL definiert und liegt vor, wenn für die inländischen Unternehmen, die sich in einer vergleichbaren Lage befinden, am betreffenden Ort oder in der betreffenden Sparte dieselben Arbeits- und Beschäftigungen i.S.v. Art. 3 Abs. 1 Unterabs. 1 Ents-RLgelten wie für die Entsendeunternehmen und diese Anforderungen ihnen gegenüber mit derselben Wirkung durchgesetzt werden können.

16.179 Die Anwendung von Tarifverträgen gem. Art. 3 Abs. 8 Unterabs. 2 Ents-RL erfordert nach der Rechtsprechung des EuGH eine entsprechende **Entscheidung des Mitgliedstaates**.[439] Dies leitet der EuGH aus dem Wortlaut von Unterabs. 2 ab, in dem es heißt „so können die Mitgliedstaaten auch beschließen". Erforderlich ist demnach wohl eine Festlegung auf die Anwendung von Unterabs. 2 in gesetzlichen Regelungen oder Verwaltungsvorschriften.

16.180 Im Hinblick auf das bis zu *Laval* in Schweden praktizierte Modell, die Lohnsätze von entsandten Arbeitnehmern in **Tarifverhandlungen** im Einzelfall festzulegen, hat der EuGH ausgeführt, dass ein Mitgliedstaat, in dem Mindestlohnsätze nicht auf eine in Art. 3 Abs. 1 und 8 Ents-RL (1996) vorgesehene Weise bestimmt werden, nicht berechtigt sei, nach dieser Richtlinie den in anderen Mitgliedstaaten ansässigen Unternehmen im Rahmen einer länderübergreifenden Dienstleistungserbringung abzuverlangen, von Fall zu Fall am Arbeitsort unter Berücksichtigung der Qualifikation und der Aufgaben der betroffenen Arbeitnehmer Verhandlungen zu führen, damit diese Unternehmen Kenntnis von den Löhnen erhielten, die sie an ihre entsandten Arbeitnehmer werden zahlen müssten.[440] Damit ist auch angesprochen, dass für Entsendeunternehmen klar erkennbar sein muss, welche Arbeitsbedingungen im Aufnahmestaat einzuhalten sind.

16.181 Die Rechtsprechung des EuGH[441] zu Art. 3 Abs. 8 Ents-RL kam insbesondere für Dänemark und Schweden überraschend und erforderte Änderungen an den nationalen Gesetzen und Praktiken.[442] Das war überraschend, weil insbesondere das dänische Modell bei den Richtlinienverhandlungen bekannt war und auf Grund der in den Richtlinienverhandlungen gefundenen Formulierungen unverändert beibehalten werden sollte.[443] Die Richtlinie (EU) 2018/957 betont im Zusammenhang mit der Einführung des Begriffs der „Entlohnung" (vgl. Rz. 16.142) die Zuständigkeit der Mitgliedstaaten und der Sozialpartner. In ErwGr. 17 der Richtlinie (EU) 2018/957 wird ausgeführt, dass besonders darauf zu achten sei, „dass die nationalen Systeme für die Festlegung der Löhne und Gehälter und die Freiheit der beteiligten Parteien nicht untergraben werden." Vor diesem Hintergrund scheint eine Weiterentwicklung der EuGH-Rechtsprechung auch zu Art. 3 Abs. 8 Ents-RL angezeigt.

e) Leiharbeit

16.182 Vorgaben zur **Leiharbeit** finden sich in Art. 3 Abs. 1 Unterabs. 1 Buchst. d, Abs. 1b und Abs. 9 Ents-RL. Darüber hinaus führt ErwGr. 19 aus, dass die Richtlinie weder die Verpflichtung zur rechtlichen Anerkennung der Existenz von Leiharbeitsunternehmen beinhalte, noch hindere sie die Mitgliedstaaten, ihre Rechtsvorschriften über das Zurverfügungstellen von Arbeitskräften und über Leiharbeitsunternehmen auf Unternehmen anzuwenden, die nicht in ihrem Hoheitsgebiet niedergelassen, dort aber im Rahmen der Erbringung von Dienstleistungen tätig seien.

16.183 Art. 3 Abs. 1 Unterabs. 1 Buchst. d Ents-RL nennt die Bedingungen für die Überlassung von Arbeitskräften, insbesondere durch Leiharbeitsunternehmen, als **Teil der anwendbaren Arbeits- und**

---

439 EuGH v. 18.12.2007 – C-341/05 – Laval, Slg. 2007, I-11767 Rz. 66.
440 EuGH v. 18.12.2007 – C-341/05 – Laval, Slg. 2007, I-11767 Rz. 71.
441 EuGH v. 18.12.2007 – C-341/05 – Laval, Slg. 2007, I-11767.
442 Ausführlich zu Dänemark *Lind*, Formula Working Paper No. 24 (2010), S. 12 ff. Kritisch zu den schwedischen Änderungen: Entscheidung des Europäischen Ausschusses für Soziale Rechte v. 3.7.2013, Beschwerde Nr. 85/2012, LO und TCO gegen Schweden.
443 *Evju*, University of Oslo Faculty of Law Legal Studies Research Paper Series No. 2013-29, S. 33 f. weißt in diesem Zusammenhang auf die Entstehungsgeschichte und die Streichung des Erfordernisses einer „Erga omnes"-Wirkung der Tarifverträge hin.

Beschäftigungsbedingungen im Aufnahmestaat. Art. 3 Abs. 1 Unterabs. 1 Buchst. d Ents-RL schließt inzwischen die Vorgaben der Leiharbeitsrichtlinie sowie in Deutschland des AÜG ein. Neben den anwendbaren Arbeitsbedingungen umfasst die Vorschrift auch mögliche Restriktionen. Demnach können Mitgliedstaaten, die für die Überlassung von Arbeitskräften bzw. Leiharbeit eine Erlaubnispflicht vorsehen, auch auf Entsende-Leiharbeitsunternehmen anwenden. Darauf bezieht sich auch ErwGr. 19. In diesem Zusammenhang sieht Art. 4 Leiharb-RL vor, dass die Mitgliedstaaten ihre Einschränkungen und Verbote der Leiharbeit überprüfen. Das Ergebnis der Überprüfung war der Kommission bis zum 5.12.2011 mitzuteilen. Beschränkungen sind nur aus Gründen des Allgemeininteresses gerechtfertigt, wozu insbesondere der Schutz der Leiharbeitnehmer, die Erfordernisse von Gesundheitsschutz und Sicherheit am Arbeitsplatz oder die Notwendigkeit, das reibungslose Funktionieren des Arbeitsmarktes zu gewährleisten und eventuellen Missbrauch zu verhüten, gehören.

Die **Lohnuntergrenze gem. § 3a AÜG** ist als Mindestlohn für die Leiharbeit auch auf nach Deutschland entsandte Leiharbeitnehmer anzuwenden. Das ergibt sich aus § 2 AEntG, der die in Rechts- oder Verwaltungsvorschriften enthaltenen Regelungen über die in Art. 3 Abs. 1 Unterabs. 1 Ents-RL genannten Arbeits- und Beschäftigungsbedingungen auf entsandte Arbeitnehmer erstreckt (vgl. Rz. 16.122). 16.184

Art. 3 Abs. 1b Unterabs. 1 Ents-RL bezieht sich auf das **Schutzniveau entsandter Leiharbeitnehmer im Aufnahmestaat** und bestimmt, dass für entsandte Leiharbeitnehmer die Bedingungen nach Art. 5 Leiharb-RL im Aufnahmestaat gelten. Das Entleihunternehmen muss das Verleihunternehmen gemäß Art. 3 Abs. 1b Unterabs. 2 Ents-RL über die entsprechenden im Unternehmen anwendbaren Arbeitsbedingungen informieren. Art. 3 Abs. 9 Ents-RL bezieht sich dagegen auf das **Schutzniveau entsandter Leiharbeitnehmer im Herkunftsstaat**. Die Regelung stellt klar, dass der Sitzmitgliedstaat des Verleihunternehmens „andere" Bedingungen zum Schutz von Leiharbeitnehmern garantieren kann als in Art. 3 Abs. 1b vorgesehen. Bei der Vorschrift handelt es sich um eine spezifische Günstigkeitsklausel. Vom Schutzniveau des Art. 5 Leiharb-RL im Aufnahmestaat kann nicht zum Nachteil des entsandten Leiharbeitnehmers abgewichen werden. 16.185

f) Erstreckung weiterer Arbeitsbedingungen aus dem Bereich der öffentlichen Ordnung (Abs. 10)

Gemäß Art. 3 Abs. 10 Ents-RL können die Mitgliedstaaten andere als die in Art. 3 Abs. 1 Unterabs. 1 Ents-RL genannten Arbeits- und Beschäftigungsbedingungen auf entsandte Arbeitnehmer erstrecken, wenn es sich um Vorschriften aus dem Bereich der **öffentlichen Ordnung** handelt, die Vorschriften für inländische und ausländische Unternehmen in gleicher Weise gelten und sie mit Art. 56 AEUV vereinbar sind. 16.186

Die Vorschrift ist nach der Rechtsprechung des EuGH **eng auszulegen**. Grundsätzlich sind die anwendbaren Arbeits- und Beschäftigungsbedingungen in Art. 3 Abs. 1 Unterabs. 1 Ents-RL wohl nahezu abschließend aufgezählt. Art. 3 Abs. 10 Ents-RL ist als Ausnahme von diesem Grundsatz eng auszulegen.[444] 16.187

Die Tragweite der Ausnahme kann von den Mitgliedstaaten **nicht einseitig bestimmt** werden. Vielmehr sind die Anforderungen hoch. Die Qualifizierung von nationalen Vorschriften durch ei- 16.188

---

444 EuGH v. 19.6.2008 – C-319/06 – Kommission/Luxemburg, Slg. 2008, I-04323 Rz. 31. Diese Auslegung durch den EuGH dürfte im Widerspruch zur Intention der Mitgliedstaaten stehen, die über diese Vorschrift die Erstreckung weiterer zwingender Arbeitsbedingungen im Sinne des internationalen Privatrechts ermöglichen wollten, vgl. dazu *Pifl-Pavelec*, DRdA 1997, 292 (295). Auch *Davies*, CLM Rev. 1997, 571 (583), weist auf den weiten Spielraum hin, den Art. 3 Abs. 10 den Mitgliedstaaten eröffnet.

nen Mitgliedstaat als Polizei- und Sicherheitsgesetze (vgl. Rz. 16.60) zielt auf die Vorschriften ab, deren Einhaltung als so entscheidend für die Wahrung der politischen, sozialen oder wirtschaftlichen Organisation des betreffenden Mitgliedstaats angesehen wird, dass ihre Beachtung für alle Personen, die sich im Hoheitsgebiet dieses Mitgliedstaats befinden, und für jedes dort lokalisierte Rechtsverhältnis vorgeschrieben wird.[445]

16.189 Der EuGH hat festgestellt, dass eine Erstreckung aufgrund von Art. 3 Abs. 10 Ents-RL für folgende Regelungen nicht in Frage kommt: Bestimmungen über den schriftlichen Arbeitsvertrag,[446] die automatische Indexierung der Entlohnung, soweit es sich nicht um Mindestlöhne handelt,[447] Regelungen über Teilzeit und Befristung[448] und die Regelungen über Tarifverträge, wie z.B. ihr Zustandekommen und ihre Durchführung.[449]

16.190 Zu Art. 3 Abs. 10 Ents-RL haben der Rat und die Kommission bei der Verabschiedung der Ents-RL (1996) erklärt, dass unter den Worten ‚Vorschriften im Bereich der öffentlichen Ordnung' die verbindlichen Vorschriften zu verstehen seien, von denen nicht abgewichen werden dürfe und die nach ihrer Art und ihrem Ziel den zwingenden Erfordernissen des öffentlichen Interesses gerecht würden. Diese Vorschriften könnten insbesondere das Verbot der Zwangsarbeit oder die Beteiligung der Behörden an der Überwachung der Einhaltung der Rechtsvorschriften über die Arbeitsbedingungen umfassen.[450]

4. Art. 4 Ents-RL

16.191 Art. 4 Ents-RL verpflichtet die Mitgliedstaaten zur Verwaltungszusammenarbeit. Dazu benennen die Mitgliedstaaten zuständige Stellen, sog. **Verbindungsbüros**.[451] Es handelt sich insbesondere um die für die Überwachung der in Art. 3 Ents-RL genannten Arbeits- und Beschäftigungsbedingungen zuständigen Behörden. Die Verbindungsbüros haben zwei Hauptaufgaben. Zum einen machen sie die anwendbaren Arbeits- und Beschäftigungsbedingungen gem. Art. 3 Ents-RL bekannt. Zum anderen beantworten sie Anfragen der Verbindungsbüros anderer Mitgliedstaaten, um die ordnungsgemäße Anwendung der Richtlinie zu gewährleisten und Verstöße aufzuklären.

16.192 Die Richtlinie macht keine Vorgaben, wie die **anwendbaren Arbeits- und Beschäftigungsbedingungen** bekannt zu machen sind. Regelmäßig wurden in dieser Hinsicht von Seiten der Kommission Defizite beklagt.[452] Nach einer Empfehlung der Kommission aus dem Jahr 2008[453] sollen die Mitgliedstaaten insbesondere nicht nur allgemein auf das Arbeitsrecht verweisen, sondern die anwendbaren Bestimmungen klar benennen. Das gilt insbesondere für Arbeitsbedingungen, die sich aus Tarifverträgen ergeben. Außerdem sollen die Informationen auch in andere Sprachen übersetzt und über das Internet zugänglich gemacht werden. Inzwischen verfügen alle Mitgliedstaaten über eine nationale Website[454],

---

445 EuGH v. 19.6.2008 – C-319/06 – Kommission/Luxemburg, Slg. 2008, I-4323 Rz. 29.
446 EuGH v. 19.6.2008 – C-319/06 – Kommission/Luxemburg, Slg. 2008, I-4323 Rz. 44.
447 EuGH v. 19.6.2008 – C-319/06 – Kommission/Luxemburg, Slg. 2008, I-4323 Rz. 55.
448 EuGH v. 19.6.2008 – C-319/06 – Kommission/Luxemburg, Slg. 2008, I-4323 Rz. 61.
449 EuGH v. 19.6.2008 – C-319/06 – Kommission/Luxemburg, Slg. 2008, I-4323 Rz. 68.
450 Ratsdokument Nr. 9916/96 ADD 1.
451 Die Verbindungsbüros der Mitgliedstaaten sind auf der Website der Generaldirektion Beschäftigung, Soziales und Integration veröffentlicht: http://ec.europa.eu/social/main.jsp?catId=726&langId=en bzw. als Übersicht im pdf-Format: http://ec.europa.eu/social/BlobServlet?docId=2151&langId=en.
452 SWD(2012) 63 final, S. 28.
453 Empfehlung der Kommission v. 3.4.2008 zur Verbesserung der Verwaltungszusammenarbeit in Bezug auf die Entsendung von Arbeitnehmern im Rahmen der Erbringung von Dienstleistungen, ABl. C 85 v. 4.4.2008, S. 1.
454 Die Seiten sind auf der Website der Generaldirektion Beschäftigung, Soziales und Integration verlinkt: http://ec.europa.eu/social/main.jsp?catId=726&langId=de. Dort ist außerdem zu jedem Mitgliedstaat ein Informationsblatt in deutscher, englischer und französischer Sprache verfügbar. Informationen

allerdings bestand auch bei diesen noch Verbesserungsbedarf.[455] Die Sozialpartner der Bauwirtschaft stellen für ihren Sektor umfangreiche Informationen zur Verfügung.[456]

Die Verpflichtung der Mitgliedstaaten im Rahmen der Richtlinie zusammen zu arbeiten ist umfassend. Die Behörden der Mitgliedstaaten **beantworten begründete Anfragen** anderer Verbindungsbüros. An die Begründung sind dabei keine besonderen Anforderungen zu stellen. In Art. 4 Abs. 2 Ents-RL wird beispielhaft auf Fragen verwiesen, die das länderübergreifende Zurverfügungstellen von Arbeitnehmern betreffen, einschließlich offenkundiger Verstöße oder Fälle von Verdacht auf unzulässige länderübergreifende Tätigkeiten. Außerdem wird die Zusammenarbeit bei der Anwendung von Art. 3 Abs. 10 Ents-RL genannt, also Arbeitsbedingungen, die sich aus Vorschriften im Bereich der öffentlichen Ordnung ergeben. Durch die Einfügung von Art. 4 Abs. 2 Unterabs. 1 Satz 3 Ents-RL wird klargestellt, dass das Verbindungsbüro des Herkunftsstaates nicht vorhandene Informationen ggf. auch bei anderen Behörden im Herkunftsstaat beschaffen muss.

16.193

Die **Durchs-RL** soll die bestehenden Defizite im Bereich der Verwaltungszusammenarbeit beheben. Dazu macht der Richtlinienvorschlag[457] in den Art. 5 bis 8 detaillierte Vorgaben zu Informationspflichten und zu Grundsätzen der Verwaltungszusammenarbeit. Art. 21 in Verbindung mit der IMI-Verordnung[458] schafft außerdem eine Rechtsgrundlage für die Nutzung des Binnenmarkt-Informationssystems. Durch die Nutzung einer spezifischen Anwendung des **Binnenmarkt-Informationssystems** (IMI)[459] soll die Verwaltungszusammenarbeit zwischen den Mitgliedstaaten für den Bereich der Arbeitnehmerentsendung vereinfacht und intensiviert werden. Die zuständigen Behörden der Mitgliedstaaten haben die Möglichkeit, direkt auf elektronischem Weg miteinander zu kommunizieren. Durch entsprechende Anfragen soll z.B. kurzfristig geklärt werden können, ob ein Entsendeunternehmen im Herkunftsstaat tatsächlich niedergelassen ist.

16.194

In Deutschland sind gem. § 16 AEntG die **Behörden der Zollverwaltung** für die Prüfung der Einhaltung der Mindestarbeitsbedingungen zuständig. § 20 Abs. 2 AEntG ermächtigt sie zur Verwaltungszusammenarbeit mit den zuständigen Behörden anderer Mitgliedstaaten.

16.195

5. Art. 5 Ents-RL

Nach Art. 5 Ents-RL sehen die Mitgliedstaaten **geeignete Maßnahmen** für den Fall der Nichteinhaltung der Richtlinie vor. Insbesondere stellen sie sicher, dass den entsandten Arbeitnehmern und/oder ihren Vertretern geeignete Verfahren für die Durchsetzung der Mindestarbeitsbedingungen zur Verfügung stehen. Damit sind zwei Aspekte angesprochen. Einerseits staatliche Maßnahmen zur Überwachung und Kontrolle der Einhaltung der anwendbaren Arbeitsbedingungen, wie z.B. eine Meldepflicht oder Inspektionen vor Ort. Andererseits kommen privatrechtliche Verfahren und Mechanismen in Betracht, die es den entsandten Arbeitnehmern ermöglichen oder erleichtern, ihre Ansprüche durchzusetzen.

16.196

---

zu Deutschland für Arbeitgeber: http://www.zoll.de/DE/Unternehmen/Arbeit/Arbeitgeber-mit-Sitz-außerhalb-Deutschlands/arbeitgeber-mit-sitz-ausserhalb-deutschlands_node.html und für Arbeitnehmer: http://www.zoll.de/DE/Privatpersonen/Arbeit/Arbeitnehmer/Mindestarbeitsbedingungen/mindestarbeitsbedingungen_node.html.

455 *Muller*, Information provided on the posting of workers, 2010, verfügbar unter: http://ec.europa.eu/social/main.jsp?catId=471&langId=de.
456 http://www.posting-workers.eu/.
457 KOM (2012), 131 endg.
458 Verordnung (EU) Nr. 1024/2012 des Europäischen Parlaments und des Rates v. 25.10.2012 über die Verwaltungszusammenarbeit mit Hilfe des Binnenmarkt-Informationssystems und zur Aufhebung der Entscheidung 2008/49/EG der Kommission („IMI-Verordnung").
459 Laut Kommission ist IMI eine sichere Online-Anwendung, die es nationalen, regionalen und lokalen Behörden ermöglicht, schnell und einfach mit Verwaltungen im Ausland zu kommunizieren. http://ec.europa.eu/internal_market/imi-net/about_de.html.

16.197 Abgesehen von der Gerichtsstandsklausel in Art. 6 Ents-RL beschreibt die Richtlinie die Maßnahmen bzw. Verfahren nicht näher. Die Mitgliedstaaten verfügen daher über ein **weites Ermessen** bei der Auswahl der geeigneten Maßnahmen und der Einrichtung von geeigneten Verfahren. Allerdings müssen sie dabei die Dienstleistungsfreiheit beachten.[460] Einigkeit bestand bei Verabschiedung der Ents-RL darüber, dass die Mitgliedstaaten nicht verpflichtet sind, zusätzliche Behörden für die Überwachung der Arbeits- und Beschäftigungsbedingungen vorzusehen.[461]

a) Nationale Kontrollmaßnahmen

16.198 Art. 5 und Art. 4 Abs. 2 Ents-RL implizieren zumindest, dass die Behörden der Mitgliedstaaten die **Einhaltung der Arbeits- und Beschäftigungsbedingungen** der Richtlinie überwachen und kontrollieren können. Die Zulässigkeit einer Reihe solcher nationalen Kontrollmaßnahmen war mehrfach Streitpunkt zwischen der Kommission und den Mitgliedstaaten und Gegenstand gerichtlicher Überprüfung durch den EuGH. Für viele Mitgliedstaaten sind die Kontrollmaßnahmen ein äußerst sensibles Thema, das Kernelemente ihres Sozialmodells berührt.[462] Die Maßnahmen sind in den jeweiligen nationalen Kontext eingebettet, teilweise werden auch die Sozialpartner mit Kontrollaufgaben betraut. Auch das Europäische Parlament hat nachdrücklich auf die Wichtigkeit effizienter Kontrollmaßnahmen hingewiesen.[463]

16.199 Inzwischen gibt es mit Art. 9 **Durchs-RL** eine ausdrückliche Regelung der zulässigen nationalen Kontrollmaßnahmen. Gem. Abs. 1 Unterabs. 1 sind grundsätzlich alle Verwaltungsanforderungen und Kontrollmaßnahmen zulässig, die notwendig sind, um die Einhaltung der Pflichten aus der Durchs-RL und der Ents-RL zu gewährleisten, vorausgesetzt, dass sie im Einklang mit dem Unionsrecht gerechtfertigt und verhältnismäßig sind. Abs. 1 Unterabs. 2 zählt die Kontrollmaßnahmen auf, die insbesondere zulässig sind. Die Liste orientiert sich grob an der bisher ergangenen Rechtsprechung des EuGH. Demnach können die Mitgliedstaaten eine einfache Erklärung, das Bereithalten von bestimmten Dokumenten einschließlich entsprechender Übersetzungen sowie die Benennung von Ansprechpersonen für die Behörden und die Sozialpartner vorsehen. Bei der Aufzählung handelt es sich – anders als im Richtlinienentwurf – um eine sog. offene Liste. Das heißt, dass die zulässigen Kontrollmaßnahmen nicht abschließend aufgezählt sind. Gem. Abs. 2 können die Mitgliedstaaten weitere Kontrollmaßnahmen vorschreiben, falls sich angesichts einer Sachlage oder neuer Entwicklungen abzeichnet, dass die bestehenden Verwaltungsanforderungen und Kontrollmaßnahmen nicht ausreichend oder effizient genug sind. Auch diese Kontrollmaßnahmen müssen gerechtfertigt und verhältnismäßig sein.

16.200 Vor Inkrafttreten der Durchs-RL prüfte der EuGH nationale Kontrollmaßnahmen unmittelbar auf ihre Vereinbarkeit mit der **Dienstleistungsfreiheit** (vgl. Rz. 16.20 ff.), da die Ents-RL keine ausdrücklichen Vorgaben zu Kontrollen machte. Nach der ständigen Rechtsprechung des EuGH kann insbesondere der Schutz der Arbeitnehmer nationale Kontrollmaßnahmen rechtfertigen, die erforderlich sind, um die Einhaltung der anwendbaren Arbeits- und Beschäftigungsbedingungen im Aufnahmestaat sicherzustellen.[464] Doppelbelastungen von Unternehmen im Niederlassungs- und Aufnahmestaat sind zu vermeiden. Insofern ist auch von Bedeutung, welche Informationen die Kontrollbehörden im Aufnahmestaat im Wege der Verwaltungszusammenarbeit von den Behörden des Niederlassungsstaates erlangen können, ohne dass dadurch die Wirksamkeit der Kontrollen beeinträchtigt wird.[465]

---

460 EuGH v. 12.10.2004 – C-60/03 – Wolff & Müller, Slg. 2004, I-9553 Rz. 30.
461 Erklärung des Rates und der Kommission zu den Art. 4 und 5 bei Annahme der Richtlinie, Ratsdokument Nr. 9916/96 ADD 1.
462 KOM (2007), 304 endg., S. 6.
463 Entschließung des Europäischen Parlaments zu der Anwendung der Richtlinie 96/71/EG über die Entsendung von Arbeitnehmern (2006/2038(INI)) v. 26.10.2006 Rz. 29 ff.
464 EuGH v. 23.11.1999 – C-369/96 – Arblade, Slg. 1999, I-8453 Rz. 38.
465 EuGH v. 23.11.1999 – C-369/96 – Arblade, Slg. 1999, I-8453 Rz. 61.

Bei den Entscheidungen des EuGH handelt es sich um **Einzelfallentscheidungen**, die im Kontext der nationalen Kontrollsysteme gesehen werden müssen. Die Gesetzgebung und Praxis der Mitgliedstaaten unterscheidet sich in diesem Bereich erheblich. Deshalb lassen sich die getroffenen Aussagen nicht immer verallgemeinern. Teilweise sind nur bestimmte Aspekte einer Maßnahme unverhältnismäßig, während sie in anderer Form durchaus zulässig sein kann.

16.201

Das Erfordernis einer **einfachen Erklärung** über die Entsendung von Arbeitnehmern vor Beginn der Entsendung ist mit der Dienstleistungsfreiheit vereinbar.[466] Eine solche Erklärung soll die Behörden des Aufnahmestaates in die Lage versetzen, Kontrollen effektiv zu organisieren. Sie erlaubt es, die Einhaltung der Arbeitsbedingungen während der Entsendung zu kontrollieren und Betrugsfälle zu verhindern.[467] Eilige Dienstleistungen dürfen nicht durch Fristen behindert werden, ggf. muss eine Erklärung unmittelbar vor Beginn der Entsendung genügen. Dagegen kann die Einholung einer Erlaubnis vor der Entsendung nicht verlangt werden. Ein Anmeldeerfordernis ist auch unzulässig, wenn es den Charakter eines Genehmigungsverfahrens hat. Das ist z.B. der Fall, wenn der Beginn der Entsendung erst nach Erteilung einer Registrierungsbestätigung erfolgen darf, die innerhalb von fünf Werktagen erteilt wird.[468]

16.202

Die Mitgliedstaaten können das **Bereithalten von bestimmten Dokumenten** vor Ort im Aufnahmestaat verlangen, um den Behörden die Kontrolle der Einhaltung der anwendbaren Arbeits- und Beschäftigungsbedingungen zu ermöglichen. Ausdrücklich gebilligt hat der EuGH in diesem Zusammenhang den Arbeitsvertrag, die Lohnabrechnungen, die Arbeitszeitaufzeichnungen und die Lohnzahlungsnachweise.[469] Für diese Dokumente kann außerdem eine Übersetzung in die Sprache des Aufnahmemitgliedstaates verlangt werden, da die Behörden vor Ort die Dokumente ansonsten nicht prüfen können.[470] Das Bereithalten der Dokumente kann frühestens ab dem Beginn der Entsendung[471] und maximal bis zum Abschluss der Erbringung der Werk- oder Dienstleitung im Aufnahmestaat verlangt werden.[472] Darüber hinaus kann gefordert werden, dass die Dokumente nach Ende der Werk- oder Dienstleistung an die Behörden des Aufnahmestaates übersandt werden.[473] Unverhältnismäßig wäre zu verlangen, dass die Unterlagen nach Ende der Entsendung bei einem Bevollmächtigten im Aufnahmestaat aufbewahrt werden müssen.[474] Während der Erbringung der Werk- oder Dienstleistung kann auch die Benennung eines entsandten Arbeitnehmers als Ansprechpartner für die Behörden verlangt werden.[475] Derzeit beim EuGH anhängig ist die Frage, ob Kontrollbehörden, die Verstöße gegen Melde- und Vorlagepflichten feststellen, vor Durchführung des Bußgeldverfahrens einen „Zahlungsstopp" gegen den inländischen Dienstleistungsempfänger verhängen dürfen. Durch die Maßnahme wird der Dienstleistungsempfänger verpflichtet, den ausstehenden Werklohn oder Teile davon mit schuldbefreiender Wirkung gegenüber dem

16.203

---

466 EuGH v. 7.10.2010 – C-515/08 – Santos Palhota, Slg. 2010, I-9133 Rz. 51 (m.w.N.). Der EuGH sieht in der einfachen Erklärung ein (zulässiges) milderes Mittel, während eine Kontrolle vor der Entsendung unverhältnismäßig ist. Auch eine Meldepflicht für Selbständige, die sich zur Dienstleistungserbringung in einen anderen Mitgliedstaat begeben, scheint der EuGH grundsätzlich für zulässig zu halten, wenn sie zur Durchsetzung der sozial- und steuerrechtlichen Verpflichtungen der betroffenen Personen notwendig ist, EuGH v. 19.12.2012 – C-577/10 – Kommission/Belgien, EuZW 2013, 234. Die konkrete, sehr umfangreiche Meldeverpflichtung für Selbständige im belgischen Limosa-System hielt der EuGH jedoch für unverhältnismäßig – Rz. 54 f.
467 EuGH v. 7.10.2010 – C-515/08 – Santos Palhota, Slg. 2010, I-9133 Rz. 53–54.
468 EuGH v. 7.10.2010 – C-515/08 – Santos Palhota, Slg. 2010, I-9133 Rz. 61.
469 EuGH v. 18.7.2007 – C-490/04 – Kommission/Deutschland, Slg. 2007, I-6095 Rz. 66.
470 EuGH v. 18.7.2007 – C-490/04 – Kommission/Deutschland, Slg. 2007, I-6095 Rz. 71.
471 EuGH v. 19.6.2008 – C-319/06 – Kommission/Luxemburg, Slg. 2008, I-4323 Rz. 95.
472 EuGH v. 18.7.2007 – C-490/04 – Kommission/Deutschland, Slg. 2007, I-6095 Rz. 66.
473 EuGH v. 7.10.2010 – C-515/08 – Santos Palhota, Slg. 2010, I-9133 Rz. 61.
474 EuGH v. 23.11.1999 – C-369/96 – Arblade, Slg. 1999, I-8453 Rz. 77; v. 19.6.2008 – C-319/06 – Kommission/Luxemburg, Slg. 2008, I-4323 Rz. 93.
475 EuGH v. 19.6.2008 – C-319/06 – Kommission/Luxemburg, Slg. 2008, I-4323 Rz. 91.

Dienstleistungserbringer an die Kontrollbehörden zu zahlen, um die Durchsetzung eventuell später verhängter Bußgelder abzusichern.[476]

16.204 Bei Maßnahmen, die in Richtung **Niederlassungserfordernis** deuten, ist die Rechtsprechung des EuGH restriktiv. So sah der EuGH das Erfordernis für ein Leiharbeitsunternehmen, seinen Sitz oder eine Zweigniederlassung im Aufnahmestaat zu haben, praktisch als die Negation der Dienstleistungsfreiheit an.[477] Ausländische Dienstleistungserbringer können auch nicht dazu verpflichtet werden, im Aufnahmestaat zu wohnen, dort über eine Zustellungsanschrift bei einem zugelassenen Bevollmächtigten zu verfügen oder eine natürliche Person mit Wohnsitz im Aufnahmestaat zu benennen.[478]

16.205 Die in Deutschland angewandten Kontrollmaßnahmen, insbesondere §§ 17 bis 19 AEntG, wurden in Vertragsverletzungsverfahren vom EuGH überprüft.[479] Ihre Vereinbarkeit mit Unionsrecht kann daher als gesichert gelten. Gemäß § 16 AEntG sind die Behörden der Zollverwaltung für die Prüfung der Einhaltung der Mindestarbeitsbedingungen zuständig.

16.206 In Bezug auf **Drittstaatsangehörige**[480], die regulär[481] bei einem Unternehmen mit Sitz in der EU beschäftigt sind, und von diesem im Rahmen einer Dienstleistungserbringung entsandt werden, dürfen die Mitgliedsstaaten wohl keine zusätzlichen Bedingungen oder Verwaltungsformalitäten vorsehen.[482] Dies gilt grundsätzlich unbeschadet der aufenthaltsrechtlichen Bestimmungen[483] sowie der Möglichkeit zu kontrollieren, ob die Entsendung von Drittstaatsangehörigen nicht für andere Zwecke als zur Dienstleistungserbringung missbraucht wird, beispielsweise dazu Arbeitnehmer im Aufnahmestaat zu vermitteln oder Dritten zu überlassen.[484] Entsandte Drittstaatsangehörige benötigen keine zusätzliche Arbeitserlaubnis im Aufnahmestaat (vgl. Rz. 16.42 ff.).[485] Das gilt auch für Leiharbeitnehmer.[486] Die Entsendung kann nicht unter die Bedingung der Erteilung einer Entsen-

---

476 GA *Wahl* v. 8.5.2018 – C-33/17 – Čepelnik, EWS 2018, 164, plädiert für einen Verstoß gegen die Dienstleistungsrichtlinie und die Dienstleistungsfreiheit.
477 EuGH v. 7.2.2002 – C-279/00 – Kommission/Italien, Slg. 2002, I-1425 Rz. 18; v. 16.6.2010 – C-298/09 – RANI Slovakia, Slg. 2010, I-81.
478 EuGH v. 6.3.2003 – C-478/01 – Kommission/Luxemburg, 2003, I-2351 Rz. 19; v. 23.11.1999 – C-369/96 – Arblade, Slg. 1999, I-8453 – Rz. 77.
479 EuGH v. 19.1.2006 – C-244/04 – Kommission/Deutschland, Slg. 2006, I-885; v. 18.7.2007 – C-490/04 – Kommission/Deutschland, Slg. 2007, I-6095.
480 Die Mitgliedstaaten konnten sich bisher nicht auf gemeinsame Vorschriften zur Entsendung von Drittstaatsangehörigen verständigen. Die Kommission hatte dazu bereits im Jahr 1999 einen Richtlinienvorschlag KOM (1999), 3 endg, ABl. C 67 v. 10.3.1999, S. 12, und im Jahr 2000 einen geänderten Richtlinienvorschlag KOM (2000), 271 endg, ABl. C 311E v. 31.10.2000, S. 187, vorgelegt. Der Vorschlag wurde später zurückgezogen: KOM (2004) 542 endg./2 v. 1.10.2004. Auch der Vorschlag für die Dienstleistungsrichtlinie, KOM (2006), 160 endg., enthielt in Art. 25 Vorgaben zur Entsendung von Drittstaatsangehörigen, die aus dem Entwurf gestrichen wurden.
481 Der EuGH v. 9.8.1994 – C-43/93 – Vander Elst, Slg. 1994, I-3803 Rz. 26, hatte von einer „ordnungsgemäßen und dauerhaften" Beschäftigung im Niederlassungsstaat gesprochen, später jedoch präzisiert, dass daraus nicht die Bedingung eines Wohnsitzes oder einer Beschäftigung von bestimmter Dauer abgeleitet werden kann, EuGH v. 19.1.2006 – C-244/04 – Kommission/Deutschland, Slg. 2006, I-885 Rz. 55.
482 KOM (2006), 159 endg., S. 8.
483 Allerdings macht der EuGH auch hier gewisse Einschränkungen. Eine Regelung des österreichischen Rechts, die die nachträgliche Legalisierung des Aufenthalts eines entsandten drittstaatsangehörigen Arbeitnehmers ausschließt und somit den Arbeitnehmer der Gefahr der Abschiebung aussetzt, ist mit der Dienstleistungsfreiheit nicht vereinbar. Die Visapflicht wird aber nicht in Frage gestellt. EuGH 21.9.2006 – C-168/04 – Kommission/Österreich, Slg. 2006, I-9041 Rz. 59–68.
484 EuGH v. 27.3.1990 – C-113/89 – Rush Portuguesa, Slg. 1990, I-1417 Rz. 17; v. 21.10.2004 – C-445/03 – Kommission/Luxemburg, Slg. 2004, I-10191 Rz. 39.
485 EuGH v. 9.8.1994 – C-43/93 – Vander Elst, Slg. 1994, I-3803.
486 EuGH v. 11.9.2014 – C-91/13 – Essent Energie Productie BV, NVwZ 2014, 1511.

debestätigung, die den Charakter eines Erlaubnisverfahrens hat, gestellt werden.[487] Auch das Visumsverfahren darf nicht zu einer vorausgehenden Kontrolle von arbeits- und sozialrechtlichen Bestimmungen genutzt werden.[488] Vorbeschäftigungszeiten im Herkunftsstaat von 6 oder 12 Monaten[489] können ebenso wenig verlangt werden wie ein unbefristeter Arbeitsvertrag im Niederlassungsstaat,[490] Ebenso verstößt das Erfordernis einer Bankbürgschaft, die ggf. die Kosten der Rückführung des Arbeitnehmers decken soll, gegen die Dienstleistungsfreiheit.[491]

b) Sanktionen

Wirksame, abschreckende und verhältnismäßige Sanktionen können Teil der Maßnahmen nach Art. 5 sein. Alle Mitgliedstaaten sehen straf- und/oder verwaltungsrechtliche Sanktionen bei Verstößen gegen bestimmte entsenderechtlichen Bestimmungen vor, allerdings in sehr unterschiedlichem Ausmaß.[492]

16.207

In Deutschland enthält § 23 AEntG Bußgeldvorschriften, § 21 AEntG sieht den Ausschluss von der Vergabe öffentlicher Aufträge vor.

16.208

Ein praktisches Problem im Zusammenhang mit Sanktionen ist ihre **grenzüberschreitende Durchsetzung**.[493] Auch der Rahmenbeschluss 2005/214/JI vom 24.2.2005 über die Anwendung des Grundsatzes der gegenseitigen Anerkennung von Geldstrafen und Geldbußen[494] hat hier nur unzureichend Abhilfe geschaffen. Denn je nach Sanktionssystem der beteiligten Mitgliedstaaten ist der Rahmenbeschluss nicht anwendbar.[495] Deshalb wurde durch Kapitel 6 der Durchs-RL ein Rechtsrahmen für die grenzüberschreitende Durchsetzung von finanziellen Verwaltungssanktionen und Geldbußen geschaffen.

16.209

c) Gesamtschuldnerische Haftung

Eine **gesamtschuldnerische Haftung** des Arbeitgebers und seines Auftraggebers, ggf. auch der gesamten Auftraggeberkette, ist eine geeignete Maßnahme i.S.v. Art. 5, um die Einhaltung der anwendbaren Arbeits- und Beschäftigungsbedingungen sicherzustellen. Bereits vor Verabschiedung der Durchs-RL verfügten acht Mitgliedstaaten sowie der EWR-Mitgliedstaat Norwegen über entsprechende Regelungen. Die Haftungssysteme unterscheiden sich allerdings in Umfang und Reichweite erheblich.[496]

16.210

---

487 EuGH v. 21.9.2006 – C-168/04 – Kommission/Österreich, Slg. 2006, I-9041 Rz. 53.
488 EuGH v. 19.1.2006 – C-244/04 – Kommission/Deutschland, Slg. 2006, I-885 Rz. 41.
489 EuGH v. 21.10.2004 – C-445/03 – Kommission/Luxemburg, Slg. 2004, I-10191 Rz. 32; v. 19.1.2006 – C-244/04 – Kommission/Deutschland, Slg. 2006, I-885 Rz. 63; v. 21.9.2006 – C-168/04 – Kommission/Österreich, Slg. 2006, I-9041 Rz. 50.
490 EuGH v. 21.9.2006 – C-168/04 – Kommission/Österreich, Slg. 2006, I-9041 Rz. 50.
491 EuGH v. 21.10.2004 – C-445/03 – Kommission/Luxemburg, Slg. 2004, I-10191 Rz. 47.
492 Umsetzungsberichte der Kommission zur Richtlinie 96/71/EG von Januar 2003 (alte Mitgliedstaaten) und Juli 2007 (neue Mitgliedstaaten), http://ec.europa.eu/social/main.jsp?catId=471. Nach Einschätzung der Kommission sind diese bisher jedoch nicht ausreichend, SWD(2012) 63 final, S. 29. Das hat die Kommission allerdings nicht veranlasst, in Art. 17 des Entwurfs für die Durchsetzungsrichtlinie Vorgaben für Sanktionen bei Verstößen gegen die Richtlinie 96/71/EG vorzusehen.
493 KOM (2007), 304 endg., S. 11.
494 ABl. Nr. L 76 v. 22.3.2005, S. 16.
495 Dazu ausführlich der Abschlussbericht des von der Kommission finanzierten Projektes CIBELES (Convergence of Inspectorates Building a European-Level Enforcement System), S. 154 ff., http://www.empleo.gob.es/itss/web/Sala_de_comunicaciones/Noticias/Archivo_Noticias/2011/11/20111122_not_web_port.html.
496 *Jorens/Peters/Houwerzijl*, Study on the protection of workers' rights in subcontracting processes in the European Union, 2012, http://ec.europa.eu/social/main.jsp?catId=471&langId=de; *Houwerzijl*, Liability in subcontracting processes in the European construction sector, Eurofound, 2008, http://www.eurofound.europa.eu/publications/htmlfiles/ef0894.htm.

Bei der Ausgestaltung der Haftungsregelungen müssen die Mitgliedstaaten die Dienstleistungsfreiheit beachten.[497]

16.211 Der EuGH hat in *Wolff & Müller*[498] die **Generalunternehmerhaftung gem. § 14 AEntG** (damals § 1a AEntG) überprüft und sie für mit der Dienstleistungsfreiheit vereinbar gehalten. Dabei stellt der EuGH insbesondere darauf ab, dass die Haftungsregelung für den entsandten Arbeitnehmer einen tatsächlichen Vorteil darstellt, da er neben dem Arbeitgeber einen zweiten Schuldner zur Durchsetzung seines Mindestlohnanspruchs erhält.[499]

16.212 Die **Durchs-RL** enthält in Art. 12 eine Regelung zur gesamtschuldnerischen Haftung.[500] Die Regelung soll es entsandten Arbeitnehmern erleichtern, insbesondere ihren Mindestlohnanspruch durchzusetzen. Bereits der Kommissionsvorschlag trug der Tatsache Rechnung, dass bisher nur wenige Mitgliedstaaten über entsprechende Regelungen verfügen, die zudem sehr unterschiedlich ausgestaltet sind. Deshalb war der Vorschlag für die Haftungsregelung in Reichweite und Umfang beschränkt und gleichzeitig äußerst flexibel ausgestaltet. Der Endfassung von Art. 12 ist ihr Kompromisscharakter noch deutlicher anzusehen.[501] Art. 12 Abs. 2 sieht zwingend die Haftung des Auftraggebers für die Mindestnettolöhne und Sozialkassenbeiträge (vgl. Rz. 16.128) der entsandten Arbeitnehmer seines direkten Unterauftragnehmers in der Bauwirtschaft vor, soweit diese Ansprüche im Zusammenhang mit dem Auftrag erworben wurden. Abweichend von Abs. 2 können die Mitgliedstaaten allerdings gem. Abs. 6 andere angemessene Durchsetzungsmaßnahmen ergreifen, die es im Rahmen direkter Unteraufträge ermöglichen, wirksame und verhältnismäßige Sanktionen gegen den Auftragnehmer zu verhängen, um Betrug und Missbrauch in Situationen, in denen Arbeitnehmer Schwierigkeiten haben, ihre Rechte durchzusetzen, zu bekämpfen. Optional können die Mitgliedstaaten gem. Abs. 4 auch strengere Haftungsregelungen vorsehen, insbesondere was den Haftungsmaßstab, die Einbeziehung der gesamten Auftraggeberkette sowie die Ausdehnung auf andere Branchen angeht.[502] Außerdem können die Mitgliedstaaten gem. Abs. 5 optional vorsehen, dass ein Auftragnehmer, der seinen im nationalen Recht festgelegten Sorgfaltspflichten nachgekommen ist, nicht haftbar gemacht wird.

16.213 In diesem Zusammenhang stellt sich auch die Frage, ob eine gesamtschuldnerische Haftung **nur für entsandte Arbeitnehmer** eingeführt werden kann. Denn haftet ein Auftraggeber nicht bei Be-

---

497 EuGH v. 12.10.2004 – C-60/03 – Wolff & Müller, Slg. 2004, I-9553 Rz. 34. In EuGH v. 9.11.2006 – C-433/04 – Kommission/Belgien, Slg. 2006, I-10653 Rz. 37 hielt der EuGH eine gesamtschuldnerische Haftung in Bezug auf Steuern für unverhältnismäßig. Die Regelung diente allerdings nicht dem Arbeitnehmerschutz.
498 EuGH v. 12.10.2004 – C-60/03 – Wolff & Müller, Slg. 2004, I-9553.
499 EuGH v. 12.10.2004 – C-60/03 – Wolff & Müller, Slg. 2004, I-9553 Rz. 40.
500 Eine Regelung für eine gesamtschuldnerische Haftung bei der Vergabe von Unteraufträgen gibt es außerdem in der Richtlinie 2009/52/EG des Europäischen Parlaments und des Rates v. 18.6.2009 über Mindeststandards für Sanktionen und Maßnahmen gegen Arbeitgeber, die Drittstaatsangehörige ohne rechtmäßigen Aufenthalt beschäftigen, ABl. Nr. L 168 v. 30.6.2009, S. 24. Außerdem enthält die Richtlinie 2014/36/EU des Europäischen Parlaments und des Rates vom 26.2.2014 über die Bedingungen für die Einreise und den Aufenthalt von Drittstaatsangehörigen zwecks Beschäftigung als Saisonarbeitnehmer, ABl. Nr. L 94 v. 28.3.2014, S. 375, in Art. 17 Abs. 3 eine optionale Regelung zur gesamtschuldnerischen Haftung bei der Vergabe von Unteraufträgen.
501 Das Europäische Parlament sprach sich in seinem Verhandlungsmandat für den Trilog für eine deutlich umfassendere und strengere Haftungsregelung aus, vgl. Bericht des Beschäftigungsausschusses, A7-0249/2013. Der Europäische Wirtschafts- und Sozialausschuss betonte in seiner Stellungnahme zum Richtlinienentwurf die Wichtigkeit der Regelung zur gesamtschuldnerischen Haftung und empfahl denjenigen Mitgliedstaaten, die über kein solches System verfügen, ein solches System nach Absprache mit den Sozialpartnern einzuführen (Punkt 4.10), ABl. C 351 v. 15.11.2012, S. 61.
502 Die Öffnungsklausel war bereits im Richtlinienentwurf der Kommission enthalten. In der Begründung wird ausgeführt, dass Mitgliedstaaten weitergehende Systeme der gesamtschuldnerischen oder der Kettenhaftung beibehalten oder einführen können, KOM(2012) 131 endg., S. 22.

auftragung eines inländischen Dienstleistungserbringers, könnte das Dienstleistungserbringer aus anderen Mitgliedstaaten benachteiligen. Die bestehenden nationalen Haftungssysteme gelten unterschiedslos für entsandte und im Inland beschäftigte Arbeitnehmer. Im Rahmen der Durchs-RL können allerdings auf Grund der Rechtsgrundlage lediglich Regelungen für entsandte Arbeitnehmer getroffen werden. Eine allgemeine arbeitsrechtliche Regelung für eine gesamtschuldnerische Haftung ist auf dieser Rechtsgrundlage nicht möglich.

Die Begründung zum Richtlinienvorschlag der Kommission[503] verweist auf *Finalarte*.[504] Dort hat der Gerichtshof darauf hingewiesen, dass die unterschiedliche Behandlung von ausländischen und inländischen Unternehmen durch **objektive Unterschiede** gerechtfertigt sein kann und nicht unbedingt eine gegen die Dienstleistungsfreiheit verstoßende Diskriminierung darstellt.[505] Hinsichtlich der Beurteilung der Erforderlichkeit einer solchen Regelung verfügt der EU-Gesetzgeber über einen weiten Ermessensspielraum (vgl. Rz. 16.34). Die Einführung der gesamtschuldnerischen Haftung auf EU-Ebene für entsandte Arbeitnehmer ist daher zulässig. 16.214

Für Deutschland ergibt sich durch Art. 12 Durchs-RL **kein Änderungsbedarf** an § 14 AEntG. 16.215

d) Nichtvorliegen einer Entsendesituation

Sofern bei Kontrollen festgestellt wird, dass ein Unternehmen fälschlicherweise oder in betrügerischer Absicht den Eindruck erweckt hat, dass die Situation eines Arbeitnehmers in den Anwendungsbereich der Ents-RL fällt, stellt der Mitgliedstaat gem. Art. 5 Unterabs. 3 Ents-RL sicher, dass der Arbeitnehmer in den Genuss der entsprechenden Gesetze und einschlägigen Tarifverträge kommt. Die betreffenden Arbeitnehmer dürfen dabei gem. Art. 5 Unterabs. 4 Ents-RL nicht schlechter gestellt werden als entsandte Arbeitnehmer. 16.216

6. Art. 6 Ents-RL

Art. 6 verpflichtet die Mitgliedstaaten, entsandten Arbeitnehmern die Möglichkeit einzuräumen, die Mindestarbeitsbedingungen der Richtlinie **im Aufnahmestaat einzuklagen**. Dies berührt allerdings nicht die Möglichkeit, gemäß den Vorschriften der Verordnung (EU) Nr. 1215/2012 vom 12.12.2012 über die gerichtliche Zuständigkeit und die Anerkennung und Vollstreckung von Entscheidungen in Zivil- und Handelssachen[506] in einem anderen Mitgliedstaat Klage zu erheben, insbesondere im Herkunftsstaat. 16.217

Die Gerichtsstandsregelung ist in Deutschland durch § 15 AEntG umgesetzt. Entsandte Arbeitnehmer können damit die ihnen nach dem AEntG zustehenden Arbeitsbedingungen auch gegen ihren ausländischen Arbeitgeber oder – soweit die Haftung nach § 14 AEntG greift – gegen dessen Auftraggeber vor deutschen ArbG einklagen. Die Klagemöglichkeit besteht auch für die gemeinsamen Einrichtungen der Tarifvertragsparteien, wie die Urlaubskasse der Bauwirtschaft. 16.218

---

503 KOM (2012), 131 endg., S. 22.
504 EuGH v. 25.10.2001 – C-49/98 – Finalarte, Slg. 2001, I-7831.
505 EuGH v. 25.10.2001 – C-49/98 – Finalarte, Slg. 2001, I-7831 Rz. 65.
506 ABl. Nr. L 351 v. 20.12.2014, S. 1.

§ 17
Europäisches Betriebsverfassungsrecht

I. Europäische Betriebsräte-Richtlinie 2009/38/EG	17.1
1. Gegenstand und Zweck der Richtlinie	17.1
2. Geltungsbereich	17.9
a) Territorialer Geltungsbereich	17.9
b) Gemeinschaftsweit operierende Unternehmen und Unternehmensgruppen	17.11
3. Wesentliche Begriffsbestimmungen	17.22
a) Länderübergreifende Angelegenheiten	17.22
b) Unternehmensgruppe	17.29
c) Arbeitnehmervertreter	17.40
d) Zentrale Leitung	17.44
e) Unterrichtung und Anhörung	17.46
4. Anwendbares Recht	17.54
5. Bildung eines besonderen Verhandlungsgremiums als Voraussetzung für die Errichtung eines EBR	17.63
a) Initiative der Arbeitnehmer- oder Arbeitgeberseite	17.64
b) Bildung und Tätigkeit des besonderen Verhandlungsgremiums	17.68
c) Informationserhebungsanspruch	17.84
6. EBR kraft Vereinbarung	17.92
a) Regelungsgegenstände der Vereinbarung	17.93
b) Mitbestimmungsrechte als erweiterter Vereinbarungsinhalt?	17.99
c) Vereinbarung zur Schaffung eines alternativen Unterrichtungs- und Anhörungsverfahrens	17.102
7. EBR kraft Gesetzes	17.105
a) Voraussetzungen für die Bildung eines EBR kraft Gesetzes	17.105
b) Größe und Zusammensetzung des EBR kraft Gesetzes	17.114
c) Zuständigkeiten und Rechte des EBR kraft Gesetzes	17.120
d) Amtszeit des EBR kraft Gesetzes	17.129
8. Gerichtliche Konflikte/Durchsetzung	17.135
9. Schutz vertraulicher Informationen	17.142
10. Schutz der EBR- und BVG-Mitglieder sowie Recht auf Fortbildung	17.155
11. Koordination mit Unterrichtungs- bzw. Anhörungsrechten nationaler Arbeitnehmervertretungen	17.160
12. Anpassungspflicht bei wesentlichen Strukturänderungen	17.163
13. Altvereinbarungen	17.178
14. Übergangsrecht	17.193
II. Rahmen-Richtlinie über die Unterrichtung und Anhörung der Arbeitnehmer 2002/14/EG	17.197
1. Gegenstand und Zweck	17.197
2. Anwendungsbereich	17.203
3. Unterrichtung und Anhörung von Arbeitnehmervertretern	17.210
4. Gegenstände des Unterrichtungs- und Anhörungsrechts	17.213
5. Vertrauliche Informationen und Schutz der Arbeitnehmervertreter	17.219
6. Durchsetzung	17.224

Schrifttum: *Ales,* Directive 2002/14/EC establishing a general framework for informing and consulting employees in the European Union – Synthesis Report, 2007; *Altmeyer,* Europäische Betriebsräte – Die aktuellsten Gerichtsurteile, AiB 2007, 503; *Annuß/Kühn/Rudolph/Rupp,* EBRG – Europäisches Betriebsrätegesetz, 2014 (zit.: AKRR/*Bearbeiter*); *Barnard,* EU Employment Law, 4th edition 2012; *Bayreuther,* Betriebsratswahl für das Luftfahrtpersonal von ausländischen Fluggesellschaften, NZA 2010, 262; *Blanke,* Europäisches Betriebsräte-Gesetz, 2. Aufl. 2006; *Bonin,* Die Richtlinie 2002/14/EG zur Unterrichtung und Anhörung der Arbeitnehmer und ihre Umsetzung in das Betriebsverfassungsrecht, AuR 2004, 321; *Carley/Hall,* The Implementation of the European Works Councils Directive, Industrial Law Journal 2000, 103; *Däubler/Kittner/Klebe/Wedde,* BetrVG – Betriebsverfassungsgesetz mit Wahlordnung, 16. Aufl. 2018 (zit.: DKKW/*Bearbeiter*); *Deinert,* Vorschlag für eine europäische Mitbestimmungsrichtlinie und Umsetzungsbedarf im Betriebsverfassungsgesetz, NZA 1999, 800; *Düwell,* Betriebsverfassungsgesetz, 5. Aufl. 2018 (zit. HK-BetrVG/*Bearbeiter*); *Erbs/Kohlhaas,* Strafrechtliche Nebengesetze, 211. Ergänzungslieferung 2018; *Fauser/Nacken,* Die Sicherung des Unterrichtungs- und Beratungsanspruchs des Betriebsrats aus §§ 111, 112 BetrVG, NZA 2006, 1136; *Fitting/Engels/Schmidt/Trebinger/Linsenmaier,* Betriebsverfassungsgesetz, 29. Aufl. 2018 (zit. Fitting); *Franzen,* Europarecht und betriebliche Mitbestimmung, FS Birk, 2008, S. 97; *Franzen,* Die EU-Richtlinie 2009/38/EG über Europäische Betriebsräte, EuZA 2010, 180; *Giesen,* Auskunftspflicht der „zentralen" Unternehmensleitung zur Errichtung eines Europäischen Betriebsrats – Besprechung des Urteils EuGH v. 13.1.2004 – Rs. C-440/00 (Kühne & Nagel), RdA 2004, 307; *Giesen,* Merkwürdiges Übergangsrecht bei der Reform des Europäischen Betriebsrats, NZA 2009, 1174; *Giesen,* EU-Richtlinienvorschlag zur Information und Anhörung der Arbeitnehmer, RdA 2000, 298; *Goette/Habersack/Kalss*, Münchener Kommentar zum AktG, Band 1, 4. Aufl. 2016 (zit.: *Bearbeiter* in MünchKomm/AktG); *Grabitz/Hilf/Nettesheim*, Das Recht der Europäischen Union, 63. EL Dezember 2017, Band I EUV/AEUV; *Habersack/Henssler*, Mitbestimmungsrecht, 4. Aufl. 2018 (zit.: HH/*Bearbeiter*); *Hanau/Steinmeyer/Wank*, Handbuch des europäischen Arbeitsrechts- und Sozialrechts, 2002; *Hohenstatt/Kröpelin/Bertke*, Die Novellierung des Gesetzes über Europäische Betriebsräte (EBRG): Handlungsbedarf bei freiwilligen Vereinbarungen?, NZA 2011, 1313; *Klocke/ Haas*, Aktuelle Probleme und Perspektiven für das Recht des Europäischen Betriebsrats, ZESAR 2018, 364; *Köck*, Zur neuen „Europäischen Betriebsverfassung im Arbeitsverfassungsgesetz", FS Tomandl, 1998, S. 213; *Kohte*, Auf dem Weg zur betrieblichen Informationsverfassung, FS 50 Jahre BAG, 2004, S. 1219; *Kolvenbach/Kolvenbach*, Massenentlassungen bei Renault in Belgien, NZA 1997, 695; *Konzen*, Auswirkungen der europäischen Rechtsentwicklung auf das deutsche Arbeitsrecht, ZfA 2005, 189; *Kunz*, Das Gesetz über Europäische Betriebsräte, AiB 1997, 267; *Lipinski/Reinhardt*, Kein Unterlassungsanspruch bei Betriebsänderungen – auch nicht bei Berücksichtigung der Richtlinie 2002/14/EG!, NZA 2009, 1184; *Lorenz/Zumfelde*, Der Europäische Betriebsrat und die Schließung des Renault-Werkes in Vilvoorde/Belgien, RdA 1998, 168; *Maiß/Röhrborn*, Unterrichtungspflicht des Unternehmers gegenüber dem Wirtschaftsausschuss gem. § 106 BetrVG, ArbAktuell 2011, 341; *Reichold*, Durchbruch zu einer europäischen Betriebsverfassung – Die Rahmen-Richtlinie 2002/14/EG zur Unterrichtung und Anhörung der Arbeitnehmer, NZA 2003, 289; *Richardi*, Betriebsverfassungsgesetz, 16. Aufl. 2018 (zit. Richardi/*Bearbeiter*); *Rose*, Die Rechtsprechung zum Auskunftsanspruch vor EBR-Gründung, Veröffentlichung der Hans-Böckler-Stiftung, November 2005; *Schaub*, Arbeitsrechts-Handbuch, 15. Aufl. 2013; *Schmidt*, Betriebliche Arbeitnehmervertretung insbesondere im Europäischen Recht, RdA Beilage zu Heft 5, 12; *Schubert*, Die Arbeitnehmerbeteiligung bei der Gründung einer SE durch Verschmelzung unter Beteiligung arbeitnehmerloser Aktiengesellschaften, RdA 2012, 146; *de Spiegelaere*, Too little, too late?, Evaluating the European Works Councils Recast Directive, 2016; *Stoffels*, Die Betriebsverfassung unter dem Einfluss des Europarechts, GS Heinze, 2005, S. 885; *Thüsing*, Zur neueren arbeitsrechtlichen Rechtsprechung des EuGH, NZA Beilage 2003, 41; *Thüsing/Forst*, Europäische Betriebsräte-Richtlinie: Neuerung und Umsetzungserfordernisse, NZA 2009, 408; *Völksen*, Unterlassungsanspruch des Betriebsrats bei interessenausgleichspflichtigen Betriebsänderungen, RdA 2010, 354; *Wedderburn*, Consultation and Collective Bargaining in Europe: Success or Ideology?, Industrial Law Journal 26 (1997), 1; *Weiler*, Richtlinie zur Information und Konsultation verabschiedet, AiB 2002, 265; *Weiss*, Arbeitnehmermitwirkung in Europa, NZA 2003, 177; *Wiese/Kreutz/Oetker/Raab/Weber/Franzen/Gutzeit/ Jacobs*, Gemeinschaftskommentar zum Betriebsverfassungsgesetz, 11. Aufl. 2018 (zit.: GK-BetrVG/Bearbeiter); *Willemsen/Hohenstatt/Schweibert/Seibt*, Umstrukturierung und Übertragung von Unternehmen, 5. Aufl. 2016 (zit.: WHSS/Bearbeiter); *Wolff*, Europäische Betriebsräte nach dem Brexit, BB 2016, 1784; *Zimmer*, Europäische Solidarität – Beispiele positiver Arbeit Europäischer Betriebsräte, AiB 2003, 620.

I. Europäische Betriebsräte-Richtlinie 2009/38/EG

1. Gegenstand und Zweck der Richtlinie

17.1 Die EBR-Richtlinie 2009/38/EG (EBR-RL) vom 6.5.2009 ersetzt unter dem gleichnamigen amtlichen Titel die Richtlinie 94/45/EG des Rates vom 22.9.1994 über die Einsetzung eines Europäischen Betriebsrats oder die Schaffung eines Verfahrens zur Unterrichtung und Anhörung der Arbeitnehmer in gemeinschaftsweit operierenden Unternehmen und Unternehmensgruppen[1].

17.2 Die EBR-Richtlinie 94/45/EG wurde in Deutschland erstmals durch das Gesetz über Europäische Betriebsräte (EBRG) vom 28.10.1996 umgesetzt.[2] Die durch die Neufassung der EBR-Richtlinie bedingten Änderungen wurden mit der geänderten Fassung des EBRG am 18.6.2011 in deutsches Recht umgesetzt. Die Umsetzung in Deutschland erfolgte damit etwas verspätet, da die Mitgliedstaaten gem. Art. 16 Abs. 1 EBR-RL die Änderungen der neugefassten EBR-Richtlinie bis zum 5.6.2011 in nationales Recht umzusetzen hatten. Die Überschreitung der Umsetzungsfrist in

---

1 ABl. Nr. L 254 v. 30.9.1994, S. 64. Obwohl die Europäische Gemeinschaft nicht mehr existiert (vgl. Kapitel 1, Rz. 1.15), legt dieser Beitrag den Begriff des „gemeinschaftsweit" operierenden Unternehmens zugrunde, da er sich nach wie vor in der EBR-RL und im EBRG findet.
2 EAS/*Oetker/Schubert*, B 8300 Rz. 28; AKRR/*Annuß*, Vorbem. EBRG Rz. 6.

Deutschland dürfte jedoch praktisch ohne Bedeutung sein, da sich insofern allenfalls Konsequenzen für Vereinbarungen ergeben könnten, die zwischen dem 5.6.2011 und dem 17.6.2011 geschlossen oder geändert wurden.[3] Solche Vereinbarungen sind jedoch nicht bekannt geworden.

Gestützt auf Art. 153 Abs. 1 Buchst. e AEUV zielt die EBR-Richtlinie darauf ab, die Maßnahmen der Mitgliedstaaten im Bereich der Unterrichtung und Anhörung der Arbeitnehmer zu unterstützen und zu ergänzen (ErwGr. 9 EBR-RL). Zu diesem Zweck stellt sie **europäische Rechtsvorschriften im Bereich der länderübergreifenden Unterrichtung und Anhörung** der Arbeitnehmer auf (ErwGr. 7 EBR-RL).

17.3

Ziel der EBR-Richtlinie ist ausweislich ihres Art. 1 Abs. 1 die Stärkung des Rechts auf Unterrichtung und Anhörung der Arbeitnehmer in gemeinschaftsweit operierenden Unternehmen und Unternehmensgruppen.[4] Hierzu soll gem. Art. 1 Abs. 2 Satz 1 EBR-RL in allen gemeinschaftsweit operierenden Unternehmen und Unternehmensgruppen ein Europäischer Betriebsrat (EBR) eingesetzt oder ein anderes Verfahren zur Unterrichtung und Anhörung der Arbeitnehmer geschaffen werden. Zweck der Richtlinie ist damit die Schaffung einer transnational besetzten europaweiten Arbeitnehmervertretung mit einer **Zuständigkeit für grenzüberschreitende Angelegenheiten** (vgl. Rz. 17.23 ff.) in grenzüberschreitend **operierenden Unternehmen bzw. Unternehmensgruppen**, die die nationalen Arbeitnehmervertretungsgremien in den Mitgliedstaaten der EU und den Vertragsstaaten des EWR ergänzen soll. Alternativ ermöglicht die EBR-Richtlinie die Einrichtung eines **dezentralen Anhörungs- und Unterrichtungsverfahrens**, welches an die Stelle eines EBR als ständiges europaweites Arbeitnehmervertretungsgremium tritt.

17.4

Anders als bei der Unterrichtungs- und Anhörungsrichtlinie[5] (UuA-RL) geht es bei der EBR-Richtlinie nicht um die Einführung von Mindeststandards für die Unterrichtung und Anhörung von Arbeitnehmern bzw. ihren Vertretungen. Vielmehr wird eine zusätzliche Unterrichtungs- und Anhörungsebene in bestimmten – nämlich grenzüberschreitenden (vgl. Rz. 17.23 ff.) – Angelegenheiten geschaffen. Diese neue Unterrichtungs- und Anhörungsebene schließt freilich nicht aus, dass die jeweilige Angelegenheit auch Unterrichtungs- und Konsultationsrechte auf nationaler Ebene auslöst. Deshalb bedarf es einer **Koordination der Unterrichtung und Anhörung** auf grenzüberschreitender europäischer und nationaler Ebene (vgl. Rz. 17.164 ff.).

17.5

Die EBR-Richtlinie beruht auf einem **gestuften Regelungssystem**. Die Errichtung und Rechte eines EBR sowie das Verfahren zur Unterrichtung und Anhörung sollen in erster Linie einer unternehmensspezifischen Selbstregulierung überlassen bleiben. Dementsprechend können die Arbeitnehmer- und Arbeitgeberseite auch ein anderes Unterrichtungs- und Anhörungsverfahren ohne Schaffung einer transnationalen Arbeitnehmervertretung vereinbaren. In der Praxis überwiegen jedoch Vereinbarungen zur Errichtung eines EBR. Nur subsidiär zu der sog. **Vereinbarungslösung** (Art. 5, 6 EBR-RL), wenn sich die Parteien nicht einigen können, greift eine gesetzliche Auffanglösung zur Einsetzung eines EBR kraft Gesetzes (Art. 7, Anh. I EBR-RL).

17.6

Derzeit gibt es etwa **1.150 aktive Europäische Betriebsratsgremien**.[6] Diese sind überwiegend für Unternehmen bzw. Unternehmensgruppen mit Sitz des herrschenden Unternehmens in Deutschland, den USA, in Frankreich und im Vereinigten Königreich errichtet.[7]

17.7

---

3 HWK/*Giesen*, EBRG Rz. 7, AKRR/*Annuß*, Vorbem. EBRG Rz. 7.
4 Vgl. zur Historie der EBR-Richtlinie und ihrer Vorgängerfassung ausführlich AKRR/*Annuß*, Vorbem. EBRG Rz. 1–5.
5 RL 2002/14/EG des europäischen Parlaments und des Rates zur Festlegung eines allgemeinen Rahmens für die Unterrichtung und Anhörung der Arbeitnehmer in der europäischen Gemeinschaft (ABl. Nr. L 80 v. 11.3.2002, S. 29).
6 Die Angabe beruht auf der Statistik des etui, s.: http://www.ewcdb.eu/stats-and-graphs (Stand: 15.10.2018).
7 Die Angabe beruht wiederum auf den Statistiken des etui, s.: http://www.ewcdb.eu/stats-and-graphs (Stand: 15.10.2018).

17.8 Mit der Verabschiedung der EBR-RL 2009/38/EG[8] am 6.5.2009 erfolgte die lang erwartete Revision der Alt-Richtlinie von 1994 (Richtlinie 94/45/EG). Die Neufassung der EBR-Richtlinie ist am 6.6.2009 in Kraft getreten. Die Vorarbeiten daran erfolgten parallel zu denen an der SE-Richtlinie 2001/86/EG und sollten helfen, die Nachteile für die Arbeitnehmer, die aus der zunehmenden Internationalisierung der Wirtschafts- und Unternehmensstrukturen folgen, auszugleichen[9]. Zu den wesentlichen Änderungen der Neufassung der EBR-Richtlinie gehören[10]:

– Eine Konkretisierung der Begriffe „Unterrichtung" und „Anhörung" und der mit ihnen verbundenen Verfahren,[11]

– eine Kodifizierung und Konkretisierung des durch den EuGH geprägten Informationserhebungsanspruchs im Zusammenhang mit der Errichtung eines EBR,[12]

– eine Koordination mit der Unterrichtung und Anhörung der nationalen Arbeitnehmervertretungen,[13]

– die Verpflichtung, bei wesentlichen Strukturänderungen auf Unternehmens- oder Konzernebene, Verhandlungen über eine Anpassung der bestehenden Vereinbarungen aufzunehmen.[14]

2. Geltungsbereich

a) Territorialer Geltungsbereich

17.9 Die EBR-Richtlinie gilt für die 28 Mitgliedstaaten der EU und die drei Vertragsstaaten des EWR (Island, Liechtenstein und Norwegen).[15] Alle erfassten Staaten sind gem. Art. 11, 16 EBR-RL verpflichtet, für ihre jeweiligen Territorien (zum anwendbaren Recht vgl. Rz. 17.56 ff.) die Richtlinie durch nationale Rechtsvorschriften umzusetzen.[16]

17.10 Die Befugnisse und Zuständigkeiten der Europäischen Betriebsräte bzw. die alternativen Verfahren zur Unterrichtung und Anhörung gem. Art. 1 Abs. 6 EBR-RL erstrecken sich im Fall eines gemeinschaftsweit operierenden Unternehmens **auf alle in den Mitgliedstaaten belegenen Betriebe des Unternehmens**, im Fall einer gemeinschaftsweit operierenden Unternehmensgruppe auf alle in den Mitgliedstaaten belegenen Betriebe der Unternehmen dieser Gruppe, und zwar unabhängig davon, ob der Rechtsträger des Unternehmens, zu dem der Betrieb gehört, in einem Mitgliedstaat oder einem **Drittland** ansässig ist. Die EBR-Richtlinie erwähnt Letzteres zwar nicht ausdrücklich. Jedoch folgt dies mittelbar aus Art. 4 Abs. 2 UAbs. 2 EBR-RL, wonach die Leitung des Betriebs eines nicht in einem Mitgliedstaat ansässigen Unternehmens die Funktion der fingierten zentralen Leitung übernimmt und der EBR-RL unterfällt. Nichts anderes kann insofern für Betriebe von nicht in einem Mitgliedstaat ansässigen Unternehmen gelten, die zu einer gemeinschaftsweit operierenden Unternehmensgruppe gehören. Eine Ausklammerung von EU/EWR-Betrieben eines Unternehmens mit Sitz in einem Drittstaat würde den Schutzzweck der Richtlinie unterlaufen und zu missbräuchlichen Gestaltungen zur Umgehung der Richtlinienverpflichtungen einladen. Der Begriff des Betriebs i.S.d. EBR-Richtlinie ist dabei nicht gleichzusetzen mit dem betriebsverfassungs-

---

8 ABl. Nr. L 122 v. 16.5.2009, S. 28.
9 Grabitz/Hilf/Nettesheim/*Benecke*, Art. 153 AEUV Rz. 77.
10 Vgl. die Übersicht über die durch die Neufassung der Richtlinie eingeführten Neuerungen bei *Giesen*, NZA 2009, 1174 (1174 f.).
11 HWK/*Giesen*, EBRG Rz. 8; *Fitting*, Übersicht EBRG Rz. 3.
12 HWK/*Giesen*, EBRG Rz. 8; *Fitting*, Übersicht EBRG Rz. 3.
13 *Giesen*, NZA 2009, 1174 (1175); *Fitting*, Übersicht EBRG Rz. 3.
14 Vgl. DKKW/*Däubler*, Vorbem. EBRG Rz. 16; *Fitting*, Übersicht EBRG Rz. 3.
15 Zu Auswirkungen und Handlungsbedarf infolge des sog. Brexit *Europäische Kommission*, Notice to Stakeholders – Withdrawal of the United Kingdom and EU Rules in the Field of Information and Consultation of Workers at Transnational Level v. 28.3.2018; *Wolff*, BB 2016, 1784.
16 HWK/*Giesen*, EBRG Rz. 24.

rechtlichen Betriebsbegriff. Vielmehr ist der Betriebsbegriff europäisch-autonom i.S.d. Richtlinienzwecke auszulegen.[17] Es bedarf hierfür keiner organisatorisch abgrenzbaren Einheit; es genügt die tatsächliche Beschäftigung von Arbeitnehmern in einem Mitgliedstaat.[18]

Durch Art. 5 des EM-Leistungsgesetzes vom 17.7.2017[19] wurde mit Wirkung zum 10.10.2017 ein neuer § 41a in das EBRG aufgenommen, der **Seeleuten**, die Mitglied des BVG oder des EBR sind, die Teilnahme an Sitzungen des Gremiums erleichtern soll, nötigenfalls durch neue Informations- und Kommunikationstechnik. Die Vorschrift beruht auf Art. 2 Nr. 2 der RL (EU) 2015/1794 vom 6.10.2015[20], mit der die EBR RL geändert wurde.[21]

17.10a

b) Gemeinschaftsweit operierende Unternehmen und Unternehmensgruppen

„Gemeinschaftsweit operierendes Unternehmen" bezeichnet ein Unternehmen mit **mindestens 1.000 Arbeitnehmern** in den Mitgliedstaaten mit jeweils mindestens 150 Arbeitnehmer in mindestens zwei verschiedenen Mitgliedstaaten (Art. 2 Abs. 1 Buchst. a EBR-RL).

17.11

Eine „gemeinschaftsweit operierende Unternehmensgruppe" meint gem. Art. 2 Abs. 1 Buchst. c EBR-RL eine Unternehmensgruppe, die

17.12

(i) „mindestens 1.000 Arbeitnehmer in den Mitgliedstaaten" hat,

(ii) „mindestens zwei der Unternehmensgruppe angehörende Unternehmen in verschiedenen Mitgliedstaaten" umfasst, wobei

(iii) „mindestens ein der Unternehmensgruppe angehörendes Unternehmen [...] mindestens 150 Arbeitnehmer in einem Mitgliedstaat und ein weiteres der Unternehmensgruppe angehörendes Unternehmen [...] mindestens 150 Arbeitnehmer in einem anderen Mitgliedstaat" hat.

Der Wortlaut des Art. 2 Abs. 1 Buchst. c Spiegelstrich 3 EBR-RL führt zu einer **Diskrepanz im Anwendungsbereich** der Richtlinie für gemeinschaftsweit operierende Unternehmen einerseits und gemeinschaftsweit operierende Unternehmensgruppen andererseits: Die Qualifikation als gemeinschaftsweit operierende Unternehmensgruppe setzt nach dem Wortlaut der EBR-Richtlinie voraus, dass mindestens zwei Unternehmen der Gruppe mit Sitz in verschiedenen Mitgliedstaaten jeweils 150 Arbeitnehmer in verschiedenen Mitgliedstaaten beschäftigen. Damit wird dem Wortlaut nach eine Unternehmensgruppe mit mehreren Tochtergesellschaften, die aber nur *zusammen* 150 oder mehr Arbeitnehmer in einem Mitgliedstaat beschäftigen, nicht erfasst, da die Unternehmen in diesem Fall nicht *jeweils* mindestens 150 Arbeitnehmer in *verschiedenen* Mitgliedstaaten beschäftigen.[22] Für ein gemeinschaftsweit operierendes Unternehmen kommt es hingegen (denklogisch) nicht darauf an, dass unterschiedliche Rechtsträger jeweils mindestens 150 Arbeitnehmer in verschiedenen Mitgliedstaaten beschäftigen. Ob der Richtliniengeber insoweit tatsächlich eine **Differenzierung** zwischen gemeinschaftsweit operierenden Unternehmensgruppen und gemeinschaftsweit operierenden Unternehmen beabsichtigt hat, ist fraglich. Sinn und Zweck der

17.13

---

17 Vgl. zum Betriebsbegriff des EBRG AKRR/*Annuß*, § 1 EBRG Rz. 7 m.w.N.
18 AKRR/*Annuß*, § 1 EBRG Rz. 7 mit dem Hinweis, dass eine tatsächliche Beschäftigung von Arbeitnehmern in einem Mitgliedstaat ausreiche, soweit diese Arbeitnehmer nicht vollständig dem Arbeitsrechtsstatut eines anderen Mitgliedstaats unterstehen. Danach sollen Fälle temporärer Entsendungen in einen Mitgliedstaat ausgenommen werden, d.h. nicht zur Begründung eines Betriebs i.S.d. EBR-Richtlinie in dem aufnehmenden Mitgliedstaat herangezogen werden können.
19 BGBl. I 2017, S. 2508.
20 ABl. 2015 L 263, S. 1.
21 *Fitting*, Übersicht EBRG Rz. 4a.
22 HWK/*Giesen*, EBRG Rz. 27, vgl. den dort genannten Beispielsfall 2. Mit Blick auf den Sinn und Zweck der Regelung wird für die deutsche Umsetzungsvorschrift in § 3 Abs. 2 EBRG teilweise eine korrigierende Auslegung im Sinne einer Bejahung einer gemeinschaftsweiten Tätigkeit auch in diesem Fall befürwortet, so DKKW/*Däubler*, § 3 EBRG Rz. 5 und AKRR/*Annuß*, § 3 EBRG Rz. 6.

Richtlinie sprechen dafür, dass es auch bei Unternehmensgruppen nicht darauf ankommt, welche Rechtsträger der Unternehmensgruppe die 150 Arbeitnehmer in einem Mitgliedstaat beschäftigen, und dass mindestens 150 Arbeitnehmer, die insgesamt bei einem oder in der Summe bei verschiedenen gruppenangehörigen Unternehmen in einem Mitgliedstaat beschäftigt sind, genügen. Eine **am Sinn und Zweck orientierte Auslegung** scheitert jedoch derzeit an der Grenze des Richtlinienwortlauts, so dass es bis auf Weiteres auf die Beschäftigung von mindestens 150 Arbeitnehmern durch *ein* gruppenangehöriges Unternehmen in einem Mitgliedstaat und von mindestens 150 Arbeitnehmern *eines anderen* gruppenangehörigen Unternehmens in einem *anderen* Mitgliedstaat ankommt.

17.14 Art. 2 Abs. 1 Buchst. c EBR-RL wurde durch den deutschen Gesetzgeber in § 3 Abs. 2 EBRG mit geringfügiger Abweichung entsprechend dem Richtlinienwortlaut umgesetzt und wirft mithin dieselbe vorgenannte Auslegungsproblematik[23] auf. Anders als die EBR-Richtlinie stellt § 3 Abs. 2 EBRG darauf ab, dass der Unternehmensgruppe „... mindestens zwei Unternehmen mit Sitz in verschiedenen Mitgliedstaaten angehören, *die jeweils*[24] mindestens je 150 Arbeitnehmer in verschiedenen Mitgliedstaaten beschäftigen." Nach der Richtlinie müssen zwei der Unternehmensgruppe angehörende Unternehmen jeweils mindestens 150 Arbeitnehmer in jeweils einem Mitgliedstaat beschäftigen, wobei es sich um verschiedene Mitgliedstaaten handeln muss. Der Wortlaut der EBR-Richtlinie verlangt dabei nicht, dass die beiden der Unternehmensgruppe angehörenden Unternehmen mit jeweils mindestens 150 Arbeitnehmern in einem Mitgliedstaat ihren Sitz in einem Mitgliedstaat haben. Nach dem Wortlaut der Richtlinie scheint es folglich zu genügen, wenn ein der Unternehmensgruppe angehörendes Unternehmen mit Sitz in einem Drittstaat mindestens 150 Arbeitnehmer in einem Mitgliedstaat beschäftigt. Allerdings ist zweifelhaft, ob der Richtliniengeber bewusst eine derartige Regelung treffen wollte. Möglicherweise hat der Richtliniengeber auch bei der dritten Voraussetzung implizit vorausgesetzt, dass es sich um Unternehmen mit Sitz in einem Mitgliedstaat handeln muss. Die Richtlinie ist daher insoweit unklar. Jedenfalls steht der eindeutige Wortlaut des § 3 Abs. 2 EBRG einer Auslegung im vorgenannten Sinne entgegen. Es genügt daher nicht zur Begründung einer gemeinschaftsweiten Tätigkeit, wenn ein gruppenangehöriges Unternehmen mit Sitz in einem Drittstaat mindestens 150 Arbeitnehmer in einem Mitgliedstaat beschäftigt.[25]

17.15 Aus Art. 3 Abs. 6 UAbs. 2, Art. 4 Abs. 2–4 EBR-RL folgt, dass die EBR-Richtlinie auch für Unternehmen mit Sitz außerhalb der EU bzw. des EWR und für Unternehmensgruppen mit herrschendem Unternehmen **außerhalb der EU bzw. des EWR** gilt, wenn die vorgenannten Arbeitnehmerschwellenwerte in den Mitgliedstaaten erreicht sind (vgl. Rz. 17.60 ff.).

17.16 Für die Berechnung der **Schwellenwerte** nach der Richtlinie kommt es gem. Art. 2 Abs. 2 EBR-RL auf die nach den einzelstaatlichen Rechtsvorschriften und/oder Gepflogenheiten berechnete Zahl der im Durchschnitt während der letzten zwei Jahre beschäftigten Arbeitnehmer, einschließlich der Teilzeitbeschäftigten, an (zum Arbeitnehmerbegriff i.S.d. EBR-RL vgl. Rz. 17.44).

17.17 Die nationale Umsetzungsvorschrift des § 4 **EBRG** stellt auf die Zahl der im Durchschnitt während der letzten zwei Jahre beschäftigten **Arbeitnehmer i.S.d. § 5 Abs. 1 BetrVG** ab. Die leitenden Angestellten i.S.d. § 5 Abs. 3 BetrVG werden daher in Deutschland für die Frage nach dem Vorliegen der Voraussetzungen für die Bildung eines EBR nicht mitberücksichtigt. Mit der Richtlinie ist das vereinbar, weil diese auf die nationalen „Rechtsvorschriften und Gepflogenheiten" verweist.

---

23 Vgl. DKKW/*Däubler*, § 3 EBRG Rz. 4 ff., der sich für eine am Sinn und Zweck der Regelung orientierte korrigierende Auslegung ausspricht; ebenso AKRR/*Annuß*, § 3 EBRG Rz. 6.
24 Hervorhebung diesseits.
25 *Fitting*, Übersicht EBRG Rz. 17 f.; GK-BetrVG/*Oetker*, § 3 EBRG Rz. 4.; a.A. AKRR/*Annuß*, § 3 EBRG Rz. 5; DKKW/*Däubler*, § 3 EBRG Rz. 4; *Blanke*, § 3 EBRG Rz. 9.

Zu ermitteln ist der Durchschnitt der während der letzten zwei Jahre beschäftigten Arbeitnehmer nach der Formel „Zahl der je Tag beschäftigten Arbeitnehmer dividiert durch 730 bzw. 731 (Tage)".[26] Die wohl herrschende Meinung zu § 4 EBRG will **entgegen dem Wortlaut** der Vorschrift nicht auf die durchschnittliche Arbeitnehmerzahl der letzten zwei Jahre, sondern auf den letzten Beschäftigtenstand vor der Einleitung des Verfahrens zur Bildung eines EBR abstellen, wenn es in der letzten Zeit vor dem Berechnungsstichtag erhebliche Änderungen gegeben hat.[27] Zum Teil wird für das deutsche Umsetzungsrecht vertreten, dass auch Schätzungen zulässig seien.[28] Da diese beiden Vorgehensweisen sowohl dem Richtlinienwortlaut als auch dem Wortlaut des § 4 EBRG widersprechen und zudem zu Rechtsunsicherheit führen, ist bei ihrer Anwendung jedoch Vorsicht geboten, wenngleich sie im Interesse einer praktischen und effizienten Handhabung der Berechnung liegen mögen.[29]

17.18

Auf Unternehmen in der Rechtsform der SE oder SCE findet die EBR-Richtlinie grundsätzlich keine Anwendung. Eine Ausnahme gilt, wenn das im Zuge der Gründung der SE oder SCE gebildete BVG beschließt, keine Verhandlungen mit der Unternehmensleitung aufzunehmen oder bereits aufgenommene Verhandlungen abzubrechen. In diesen Fällen lassen die SE-Richtlinie und die SCE-Richtlinie die Bildung eines EBR nach den Regeln der EBR-Richtlinie zu; vgl. Art. 13 Abs. 1 i.V.m. Art. 3 Abs. 6 SE-RL 2001/86/EG, Art. 15 Abs. 1 i.V.m. Art. 3 Abs. 6 SCE-RL 2003/72/EG.

17.18a

Der nationale Gesetzgeber hat die Regelungen der Art. 13 Abs. 1 i.V.m. Art. 3 Abs. 6 SE-RL 2001/86/EG, Art. 15 Abs. 1 i.V.m. Art. 3 Abs. 6 SCE-RL 2003/72/EG in §§ 16 Abs. 1 i.V.m. 47 Abs. 1 Nr. 2 SEBG bzw. §§ 16 Abs. 1 i.V.m 49 Abs. 1 Nr. 2 SCEBG inhaltlich übernommen, so dass auch in SE bzw. SCE mit Sitz im Inland die Bildung eines EBR nach den Vorschriften des EBRG möglich ist, wenn das im Zuge der Gründung der SE oder SCE gebildete BVG beschließt, keine Verhandlungen mit der Unternehmensleitung aufzunehmen oder bereits aufgenommene Verhandlungen abzubrechen.[30]

17.18b

Die EBR-Richtlinie regelt nicht, was geschieht, wenn **die gesetzlichen Voraussetzungen für die Bildung eines EBR entfallen**, beispielsweise weil die Beschäftigtenschwellenwerte unterschritten werden. Die Regelung dieser Frage ist daher den nationalen Rechtsordnungen überlassen.

17.19

Auch das deutsche Umsetzungsrecht enthält zu dieser Frage keine Regelung. Zum Teil wird angenommen, die EBR-Vereinbarung gelte dann als **freiwillige Vereinbarung**, die von Schwellenwerten unabhängig sei, fort.[31] Nach anderer, vorzugswürdiger Ansicht wird der EBR-Vereinbarung mit dem Entfallen der gesetzlichen Grundlage für die Errichtung eines EBR die Grundlage entzogen. Der zentralen Leitung steht dann nach den allgemeinen Grundsätzen über den **Wegfall der Geschäftsgrundlage**[32] ein Recht zur fristlosen Kündigung zu.[33]

17.20

Eine „EBR-Unternehmensgruppe" innerhalb einer „EBR-Unternehmensgruppe" ist nach der EBR-Richtlinie nicht vorgesehen. Der Europäische Betriebsrat wird nach der Vorstellung des Richtlinien-

17.21

---

26 *Fitting*, Übersicht EBRG Rz. 21; HWK/*Giesen*, EBRG Rz. 17; AKRR/*Annuß*, § 4 EBRG Rz. 1; GK-BetrVG/*Oetker*, § 4 EBRG Rz. 5.
27 *Fitting*, Übersicht EBRG Rz. 21; vgl. weitere Nachweise bei HWK/*Giesen*, EBRG Rz. 17; EAS/*Oetker*/*Schubert*, B 8300 Rz. 51 ff., nach denen bei dauerhaften, erheblichen Veränderungen sogar zukünftige Entwicklungen mitberücksichtigt werden sollen; a.A. AKRR/*Annuß*, § 4 EBRG Rz. 3.
28 DKKW/*Däubler*, § 4 EBRG Rz. 2; AKRR/*Annuß*, § 4 EBRG Rz. 1; HWK/*Giesen*, EBRG Rz. 17.
29 Vgl. HWK/*Giesen*, EBRG Rz. 17.
30 *Fitting*, Übersicht EBRG Rz. 5, 6.
31 *Blanke*, § 18 EBRG Rz. 17; a.A. *Fitting*, Übersicht EBRG Rz. 79, wonach der EBR ersatzlos entfällt, sobald eine der in § 3 EBRG genannten Voraussetzungen wegfällt.
32 Palandt/*Grüneberg*, § 313 BGB Rz. 25 ff.
33 DKKW/*Däubler*, § 18 EBRG Rz. 22; HWK/*Giesen*, EBRG Rz. 86; Erbs/Kohlhaas/*Wache*, § 18 EBRG Rz. 8.

gebers **nur auf der höchsten Ebene** der Unternehmensgruppe gebildet[34] (allerdings kann es bei wesentlichen Strukturänderungen vorübergehend zur Existenz mehrerer Europäischer Betriebsräte innerhalb einer Unternehmensgruppe kommen vgl. Rz. 17.177 ff.). Dies folgt aus der Definition der Unternehmensgruppe, wonach diese durch das herrschende Unternehmen bestimmt wird. Dies berührt freilich nicht die Parteiautonomie, so dass die Parteien im Vereinbarungswege die Errichtung mehrerer Europäischer Betriebsräte innerhalb einer Unternehmensgruppe vorsehen können.[35]

3. Wesentliche Begriffsbestimmungen

a) Länderübergreifende Angelegenheiten

17.22 Länderübergreifende Angelegenheiten sind gem. Art. 1 Abs. 4 EBR-RL solche, die das gemeinschaftsweit operierende Unternehmen oder die gemeinschaftsweit operierende Unternehmensgruppe insgesamt oder mindestens zwei der Betriebe oder der zur Unternehmensgruppe gehörenden Unternehmen in zwei verschiedenen Mitgliedstaaten betreffen.

17.23 Damit fallen nur **Angelegenheiten mit grenzübergreifendem Charakter** in den Zuständigkeitsbereich des EBR.[36] Die Frage, ob eine Angelegenheit grenzübergreifenden Charakter hat, wirft in der Praxis erhebliche Auslegungsschwierigkeiten auf. Zweifelsohne nicht länderübergreifend i.S.d. EBR-Richtlinie sind Maßnahmen, die sich auf einen Staat beschränken, und zwar in dem Sinne, dass die unternehmerische Entscheidung in diesem einen Mitgliedstaat getroffen und umgesetzt wird. Umgekehrt ist eine Situation, in der das herrschende Unternehmen über Maßnahmen entscheidet, die sich unmittelbar auf die Beschäftigten in zwei weiteren Mitgliedstaaten auswirken, und den Tochterunternehmen Anweisungen zur Umsetzung erteilt, als grenzübergreifende Angelegenheit zu qualifizieren.[37] Zweifelhaft ist die Charakterisierung als länderübergreifend jedoch, wenn die unternehmerische Entscheidung in einem Staat getroffen und in nur einem anderen Staat umgesetzt wird.

17.24 Für das deutsche Umsetzungsrecht, d.h. für § 1 Abs. 2 Satz 1 EBRG, nimmt die herrschende Meinung an, dass der grenzübergreifende Charakter auch in diesem zuletzt genannten Fall gegeben ist.[38] Von diesem geht offenbar auch die Begründung zum Entwurf des Zweiten EBRG-Änderungsgesetz aus, dort heißt es, dass eine grenzübergreifende Angelegenheit vorliegt, „[...] wenn Entscheidungen der zentralen Leitung, die sich auf die Arbeitnehmer in gemeinschaftsweit tätigen Unternehmen oder Unternehmensgruppen auswirken, außerhalb des Mitgliedstaats getroffen werden, in dem sie beschäftigt sind."[39] Für Unternehmen bzw. Unternehmensgruppen mit Sitz der zentralen Leitung außerhalb der EU bzw. des EWR regelt § 2 Abs. 2 Satz 2 EBRG, dass der Europäische Betriebsrat nur in „[...] solchen Angelegenheiten zuständig ist, die sich auf das Hoheitsgebiet der Mitgliedstaaten erstrecken, soweit kein größerer Geltungsbereich vereinbart wird." Dies wird im deutschen Schrifttum dahin interpretiert, dass es genügt, wenn sich die Angelegenheit, die außerhalb der EU/des EWR entschieden wird, auf nur einen Mitgliedstaat auswirkt.[40]

---

34 HWK/*Giesen*, EBRG Rz. 28; *Fitting*, Übersicht EBRG Rz. 31; AKRR/*Annuß*, § 7 EBRG, Rz. 1 (m.w.N.).
35 HWK/*Giesen*, EBRG Rz. 28; AKRR/*Annuß*, § 7 EBRG Rz. 2.
36 HWK/*Giesen*, EBRG Rz. 67; GK-BetrVG/*Oetker*, § 1 EBRG Rz. 3; DKKW/*Däubler*, Anh. 2 EBRG § 1 Rz. 4; *Gaul/Ludwig/Forst*, Europäisches Mitbestimmungsrecht, 2015, § 1 Rz. 95; *Fitting*, Übersicht EBRG Rz. 9.
37 Vgl. HWK/*Giesen*, EBRG Rz. 67.
38 HWK/*Giesen*, EBRG Rz. 67 mit weiteren Nachweisen zum Streitstand; vgl. auch *Hohenstatt/Kröpelin/Bertke*, NZA 2011, 1313 (1314).
39 BT-Drucks. 17/4808, 9.
40 DKKW/*Däubler*, Anh. 2 EBRG § 1 Rz. 4; *Gaul/Ludwig/Forst*, Europäisches Mitbestimmungsrecht, 2015, § 1 Rz. 95; *Fitting*, Übersicht EBRG Rz. 9; HWK/*Giesen*, EBRG Rz. 68; *Maiß/Pauken*, BB 2013, 1589; a.A. AKRR/*Annuß*, § 1 EBRG Rz. 6; WHSS/*Hohenstatt*, D Rz. 242.

Ob ein so **weitgehender Zuständigkeitsbereich** des EBR vom Richtliniengeber beabsichtigt war, ist fraglich. Die EBR-Richtlinie ist insoweit mehrdeutig. Gemäß **ErwGr. 11 EBR-RL** sollen die Verfahren zur Unterrichtung und Anhörung der Arbeitnehmer nach den Rechtsvorschriften und Gepflogenheiten der Mitgliedstaaten an die länderübergreifende Struktur der Unternehmen angepasst werden, damit es nicht zu einer Ungleichbehandlung der Arbeitnehmer kommt, die von Entscheidungen ein und desselben Unternehmens bzw. ein und derselben Unternehmensgruppe betroffen sind. Wenn die unternehmerische Entscheidung in einem Staat getroffen und in nur einem anderen Staat umgesetzt wird, droht aber keine Ungleichbehandlung von Belegschaften in verschiedenen Mitgliedstaaten i.S.d. ErwGr. 11 EBR-RL.

17.25

ErwGr. 12 EBR-RL könnte jedoch für die weite Zuständigkeit des EBR angeführt werden: Es sind geeignete Vorkehrungen zu treffen, damit die Arbeitnehmer gemeinschaftsweit operierender Unternehmen oder Unternehmensgruppen angemessen informiert und angehört werden, wenn Entscheidungen, die sich auf sie auswirken, außerhalb des Mitgliedstaats getroffen werden, in dem sie beschäftigt sind.

17.25a

ErwGr. 16 EBR-RL ist insoweit unklar. Danach sollten zur Feststellung des länderübergreifenden Charakters einer Angelegenheit sowohl der **Umfang ihrer möglichen Auswirkungen** als auch die **betroffene Leitungs- und Vertretungsebene** berücksichtigt werden. Angelegenheiten sollen als länderübergreifend zu qualifizieren sein, wenn diese das Unternehmen oder die Unternehmensgruppe insgesamt oder aber mindestens zwei Mitgliedstaaten betreffen. Des Weiteren bestimmt ErwGr. 16, dass dazu auch Angelegenheiten gehören, die **ungeachtet der Zahl der betroffenen Mitgliedstaaten** für die europäischen Arbeitnehmer hinsichtlich der Reichweite ihrer möglichen Auswirkungen von Belang sind oder die die Verlagerung von Tätigkeiten zwischen Mitgliedstaaten betreffen. Damit wollte der Richtliniengeber allerdings nur Angelegenheiten einbeziehen, die zunächst unmittelbar nur einen Mitgliedstaat betreffen, die aber aufgrund ihrer **mittelbaren Auswirkungen** einen grenzüberschreitenden Charakter erhalten.

17.26

Nach ErwGr. 15 EBR-RL muss für die Arbeitnehmer und ihre Vertreter die Unterrichtung und Anhörung auf der je nach behandeltem Thema relevanten Leitungs- und Vertretungsebene gewährleistet sein, wozu Zuständigkeiten und Aktionsbereiche des EBR von denen einzelstaatlicher Vertretungsgremien abgegrenzt werden und sich auf länderübergreifende Angelegenheiten beschränken müssen. Dementsprechend regelt Art. 12 Abs. 1 EBR-RL, dass die jeweiligen Zuständigkeiten und Aktionsbereiche der nationalen Arbeitnehmervertretungen einerseits und des EBR andererseits beachtet werden müssen. Eine derartige **Abgrenzung** würde nicht erreicht, wenn der EBR auch für Angelegenheiten zuständig wäre, die sich nur auf die Beschäftigung in einem Mitgliedstaat auswirken. Die Tatsache, dass die Entscheidung darüber in einem anderen Mitgliedstaat gefällt wird, bewirkt nicht automatisch, dass die Zuständigkeiten der nationalen Arbeitnehmervertretung entfallen. Es käme daher bei der oben genannten weiten Auslegung des Zuständigkeitsbereichs des EBR zu einer deckungsgleichen Überschneidung der Aktionsbereiche bei Angelegenheiten, die in einem Mitgliedstaat entschieden und in nur einem anderen umgesetzt werden.

17.27

Im Ergebnis sprechen die besseren Gründe **gegen eine weite Auslegung des Zuständigkeitsbereichs** des EBR in dem Sinne, dass bereits eine Entscheidung, die in einem Mitgliedstaat getroffen und in einem anderen Mitgliedstaat umgesetzt wird, zuständigkeitsbegründend wirkt. Wäre dies der Fall, würde praktisch bei jedem länderübergreifend tätigen Unternehmen bzw. jeder länderübergreifend tätigen Unternehmensgruppe jede Entscheidung der zentralen Leitung, die sich lediglich auf einen Betrieb in einem anderen Mitgliedstaat bezieht, die Zuständigkeit des EBR begründen. Diese bestünde neben der Zuständigkeit der nationalen Arbeitnehmervertretung, so dass es stets zu einer **Überschneidung der Zuständigkeiten** käme. Überdies besteht in einer solchen Situation kein Bedürfnis für eine grenzüberschreitende Regelung im Rahmen einer grenzüberschreitenden Arbeitnehmerbeteiligung, da lediglich die Belegschaft in einem Mitgliedstaat betroffen ist. Es ist Aufgabe der nationalen Gesetzgeber, etwaige Informationsdefizite, die sich daraus ergeben können, dass Entscheidungen auf Gesellschafterebene bzw. der Ebene des herrschenden Unternehmens getroffen werden, durch entsprechende Regelungen im nationalen Betriebsverfassungsrecht auszugleichen.

17.28

b) Unternehmensgruppe

17.29 Die EBR-Richtlinie versteht unter Unternehmensgruppen solche, die aus einem herrschenden und einem oder mehreren abhängigen Unternehmen bestehen; vgl. Art. 2 Abs. 1 Buchst. b EBR-RL. Art. 3 Abs. 1, Abs. 2 EBR-RL definiert den **Begriff des herrschenden Unternehmens** als „ein Unternehmen, das – z.B. aufgrund von Eigentum, finanzieller Beteiligung oder sonstiger Bestimmungen, die die Tätigkeit des Unternehmens regeln – einen beherrschenden Einfluss auf ein anderes, sog. abhängiges, Unternehmen ausüben kann".

17.30 Die Fähigkeit, einen beherrschenden Einfluss auszuüben, gilt gem. Art. 3 Abs. 2 EBR-RL bis zum Beweis des Gegenteils als gegeben, wenn „ein Unternehmen in Bezug auf ein anderes Unternehmen direkt oder indirekt

(i) die Mehrheit des gezeichneten Kapitals dieses Unternehmens besitzt, oder

(ii) über die Mehrheit der mit den Anteilen am anderen Unternehmen verbundenen Stimmrechte verfügt, oder

(iii) mehr als die Hälfte der Mitglieder des Verwaltungs-, Leitungs- oder Aufsichtsorgans des anderen Unternehmens bestellen kann".

17.31 Maßgebend für die Feststellung, ob ein Unternehmen ein herrschendes Unternehmen ist, ist **das Recht des Mitgliedstaats**, dem das Unternehmen unterliegt, Art. 3 Abs. 6 UAbs. 1 EBR-RL. Unterliegt das Unternehmen nicht dem Recht eines Mitgliedstaats, so ist das Recht des Mitgliedstaats maßgebend, in dem der Vertreter des Unternehmens oder, in Ermangelung eines solchen, die zentrale Leitung desjenigen Unternehmens innerhalb einer Unternehmensgruppe ansässig ist, das die höchste Arbeitnehmerzahl aufweist, Art. 3 Abs. 6 UAbs. 2 EBR-RL.

17.32 Für den Fall, dass mehrere der in Art. 3 Abs. 2 EBR-RL genannten Vermutungstatbestände für unterschiedliche Unternehmen erfüllt sind, sieht Art. 3 Abs. 7 EBR-RL eine **Kollisionsregel** vor. Danach gilt das Unternehmen, welches das unter Art. 3 Abs. 2 Buchst. c EBR-RL genannte Kriterium erfüllt, als herrschendes Unternehmen, solange nicht der Beweis erbracht ist, dass ein anderes Unternehmen einen beherrschenden Einfluss ausüben kann. Nach der EBR-Richtlinie gibt damit der Beherrschungstatbestand „Organbestellungsrechte" den Ausschlag.

17.33 **§ 6 Abs. 1 und 2 EBRG** setzen diese Richtlinienvorgaben um und bestimmen, dass ein Unternehmen, das zu einer gemeinschaftsweit tätigen Unternehmensgruppe gehört, als herrschendes Unternehmen gilt, wenn es unmittelbar oder mittelbar einen beherrschenden Einfluss auf ein anderes Unternehmen derselben Gruppe (abhängiges Unternehmen) ausüben kann. Auf die **Rechtsform** des herrschenden und abhängigen Unternehmens kommt es dabei nicht an.[41] Ein beherrschender Einfluss wird vermutet, wenn ein Unternehmen in Bezug auf ein anderes Unternehmen unmittelbar oder mittelbar

(i) mehr als die Hälfte der Mitglieder des Verwaltungs-, Leitungs- oder Aufsichtsorgans des anderen Unternehmens bestellen kann oder

(ii) über die Mehrheit der mit den Anteilen am anderen Unternehmen verbundenen Stimmrechte verfügt oder

(iii) die Mehrheit des gezeichneten Kapitals dieses Unternehmens besitzt.

Erfüllen mehrere Unternehmen eines der vorgenannten Kriterien, bestimmt sich das herrschende Unternehmen nach Maßgabe der vorgenannten in § 6 Abs. 2 Satz 1 EBRG bestimmten Rangfolge.

---

41 EAS/*Oetker*/*Schubert*, B 8300 Rz. 38, 40; HWK/*Giesen*, EBRG Rz. 19; GK-BetrVG/*Oetker*, § 6 EBRG Rz. 3.

Die Definition der Unternehmensgruppe in Art. 2 Abs. 1 EBR-Richtlinie entspricht im Wesentlichen der Definition in § 17 Abs. 1 AktG,[42] wonach für die Abhängigkeit eines Unternehmens genügt, dass „[...] ein anderes Unternehmen (herrschendes Unternehmen) unmittelbar oder mittelbar einen beherrschenden Einfluss [auf das abhängige Unternehmen] ausüben kann." Während der Konzernbegriff des § 18 Abs. 1 AktG die Zusammenfassung eines herrschenden und eines oder mehrerer abhängiger Unternehmen unter der einheitlichen Leitung des herrschenden Unternehmens voraussetzt, verzichtet der europäische Begriff der Unternehmensgruppe auf das Merkmal der einheitlichen Leitung; es genügt die Möglichkeit eines Unternehmens, Leitungsmacht auszuüben, um als herrschendes Unternehmen qualifiziert zu werden.[43] Unter Berufung auf die Richtliniendefinition in Art. 3 Abs. 1 EBR-RL („... oder sonstiger Bestimmungen") ist in der deutschen Kommentarliteratur umstritten, ob die Möglichkeit beherrschenden Einflusses i.S.d. Art. 6 Abs. 1, 2 EBRG weiter als § 17 Abs. 1 AktG zu verstehen ist, so dass auch lediglich schuldrechtliche Vertragsbeziehungen, z.B. Lieferanten-, Kunden-, Lizenz-, Franchise- oder Darlehensverträge, die Einflussnahmemöglichkeit begründen könnten, oder ob es sich – nach u.E. vorzugswürdiger Ansicht – um eine institutionell abgesicherte, d.h. gesellschaftsrechtlich vermittelte Einwirkungsmöglichkeit handeln muss.[44]

17.34

Der **Gleichordnungskonzern** i.S.d. § 18 Abs. 2 AktG wird von der EBR-Richtlinie nicht erfasst, da es hier an der Abhängigkeit fehlt.[45]

17.35

Dies hat auch das **BAG** in seinem Beschluss vom 30.3.2004[46] so gesehen und die Anwendung des EBRG auf Gleichordnungskonzerne i.S.d. § 18 Abs. 2 AktG abgelehnt.[47]

17.36

Umstritten ist, ob und ggf. unter welchen Voraussetzungen bei **Gemeinschaftsunternehmen** bzw. Joint Ventures eine mehrfache Gruppenzugehörigkeit angenommen werden kann.

17.37

Die Begründung des Gesetzesentwurfs zum EBRG in der Fassung vom 28.10.1996 lehnt eine Einbeziehung von Gemeinschaftsunternehmen in den Begriff der Unternehmensgruppe ab, wenn die Muttergesellschaften im gleichen Umfang (50/50) beteiligt sind und auch im Übrigen kein beherrschender Einfluss keiner der Gesellschafter (z.B. aufgrund von Satzungsbestimmungen) festgestellt werden kann.[48] Wenn sich die Gesellschafter durch einen Konsortialvertrag oder in sonstiger Weise zur gemeinsamen Ausübung von Leitungsmacht verbunden haben, wird allerdings im nationalen Mitbestimmungsrecht von der herrschenden Meinung eine mehrfache Konzernzugehörigkeit angenommen.[49] In diesem Fall wird man auch von einer mehrfachen Gruppenzugehörigkeit i.S.d. § 6 Abs. 1 EBRG ausgehen müssen.[50]

17.38

---

42 Ebenso AKRR/*Annuß*, § 6 EBRG Rz. 5; vgl. auch EAS/*Oetker/Schubert*, B 8300 Rz. 39, die von einem Unterfall eines verbundenen Unternehmens gem. § 15 AktG sprechen; a.A. bzw. etwas unpräzise HWK/*Giesen*, EBRG Rz. 20, der im Prinzip die Grundsätze des § 18 Abs. 1 AktG anwenden will.
43 EAS/*Oetker/Schubert*, B 8300 Rz. 39; vgl. auch HWK/*Giesen*, EBRG Rz. 19 f., der im Prinzip die Bedingungen des § 18 Abs. 1 AktG auch auf den europäischen Konzernbegriff anwenden will und gleichzeitig konstatiert, dass die Möglichkeit des beherrschenden Einflusses ausreicht.
44 S. ausführlich zum Streitstand AKRR/*Annuß*, § 6 EBRG Rz. 5 f., der sich im Ergebnis für das Erfordernis einer institutionell abgesicherten Einflussnahmemöglichkeit ausspricht.
45 HWK/*Giesen*, EBRG Rz. 20; *Blanke*, § 6 EBRG Rz. 4 f.; *Fitting*, Übersicht EBRG Rz. 29; Hanau/Steinmeyer/*Wank/Hanau*, § 19 Rz. 47; MüArbR/*Joost*, Bd. 2, § 274 Rz. 16 f.
46 BAG v. 30.3.2004 – 1 ABR 61/01, ArbRB 2004, 269 = NZA 2004, 863 (867).
47 GK-BetrVG/*Oetker*, § 6 EBRG Rz. 2; *Blanke*, § 6 EBRG Rz. 5.
48 BT-Drucks. 13/4520, 20; so auch HWK/*Giesen*, EBRG Rz. 19; vgl. auch EAS/*Oetker/Schubert*, B 8300 Rz. 41 m.w.N.; *Fitting*, Übersicht EBRG Rz. 30.
49 HH/*Habersack*, § 5 MitbestG Rz. 46; *Bayer* in MünchKomm/AktG, § 18 AktG Rz. 43.
50 A.A. AKRR/*Annuß*, § 6 EBRG Rz. 11, wonach paritätische Gemeinschaftsunternehmen lediglich als herrschende Unternehmen, nicht aber als abhängige Unternehmen in Betracht kommen sollen.

17.39 Nach teilweise vertretener Ansicht soll die Definition der Unternehmensgruppe in Art. 2 Abs. 1 Buchst. b, c EBR-RL auch Gemeinschaftsunternehmen einschließen, solange das Merkmal der **Abhängigkeit** des Gemeinschaftsunternehmens von den **Muttergesellschaften** erfüllt ist. Unter diesen Umständen solle dann jeder bei den herrschenden Unternehmen gebildete Europäische Betriebsrat das Gemeinschaftsunternehmen erfassen.[51] Dies werde durch ErwGr. 10 EBR-RL gestützt, wonach „[i]m Rahmen des Funktionierens des Binnenmarkts [...] ein Prozess der [...] Joint Ventures und damit einhergehend eine länderübergreifende Strukturierung von Unternehmen und Unternehmensgruppen statt[findet]." Diese Auffassung ist nach vorzugswürdiger Ansicht abzulehnen, da die Richtlinie von nur *einer* Gruppenzugehörigkeit ausgeht[52] und eine doppelte Repräsentation von Arbeitnehmern durch verschiedene Europäische Betriebsräte zu einer Überrepräsentation und ggf. praktischen Problemen führen würde, wenn die Europäischen Betriebsräte in den Unterrichtungs- und Anhörungsverfahren zu unterschiedlichen Ergebnissen kommen. In Betracht käme allenfalls eine differenzierende Lösung, wie sie für die Konzernzurechnung nach § 5 Abs. 1 MitbestG im nationalen Mitbestimmungsrecht vertreten wird. Danach erfolgt eine doppelte Zurechnung der Arbeitnehmer eines Gemeinschaftsunternehmens an beide Mutterunternehmen nur dann, wenn die einheitliche Leitung der beiden Muttergesellschaften (z.B. durch einen Konsortialvertrag) vertraglich abgesichert ist.[53]

c) Arbeitnehmervertreter

17.40 Arbeitnehmervertreter sind nach Art. 2 Abs. 1 Buchst. d EBR-RL die nach den Rechtsvorschriften und/oder den Gepflogenheiten der Mitgliedstaaten vorgesehenen Vertreter der Arbeitnehmer.[54]

17.41 Im deutschen Umsetzungsrecht sind mit dem Begriff der Arbeitnehmervertreter die nach dem Betriebsverfassungsgesetz gebildeten Arbeitnehmervertretungsgremien gemeint.[55] Sprecherausschüsse fallen demgemäß nicht unter den Begriff der Arbeitnehmervertretung. Dies folgt indirekt aus § 4 Satz 1 EBRG, wonach in „Betrieben und Unternehmen des Inlands [...] sich die im Rahmen des § 3 zu berücksichtigenden Arbeitnehmerzahlen nach der Anzahl der im Durchschnitt während der letzten zwei Jahre beschäftigten Arbeitnehmer i.S.d. § 5 Abs. 1 des Betriebsverfassungsgesetzes" errechnen. Wenn sich für Zwecke des EBRG die im Inland erfassten Arbeitnehmer nach Betriebsverfassungsrecht richten, muss dies konsequenterweise gleichermaßen für ihre Vertreter gelten. Dies wird ferner durch § 36 Abs. 2 EBRG bestätigt. Diese Vorschrift differenziert zwischen örtlichen Arbeitnehmervertretern und Sprecherausschüssen.

17.42 Der **Arbeitnehmer**-Begriff wird von der EBR-Richtlinie nicht definiert. Im Ergebnis bedeutet das Schweigen der Richtlinie, dass sie **keinen eigenen europäischen Arbeitnehmerbegriff** zugrunde legt.[56] Wer als Arbeitnehmer anzusehen ist, richtet sich dementsprechend nach dem Recht des jeweiligen Mitgliedstaats (vgl. Rz. 17.57 u. Rz. 1.107 ff.). Dies folgt indirekt auch aus Art. 2 Abs. 2 EBR-RL, wonach für die Zwecke der Richtlinie „die Beschäftigtenschwellen nach der entsprechend den einzelstaatlichen Rechtsvorschriften und/oder Gepflogenheiten berechneten Zahl der im Durchschnitt während der letzten zwei Jahre beschäftigten Arbeitnehmer, einschließlich der Teilzeit-

---

51 EAS/*Oetker/Schubert*, B 8300 Rz. 42; so auch DKKW/*Kittner*, § 6 EBRG Rz. 7 zum deutschen Umsetzungsrecht; a.A. HWK/*Giesen*, EBRG Rz. 20 unter Hinweis auf den Willen des deutschen Gesetzgebers, für jedes Unternehmen nur eine einzige Gruppenzugehörigkeit anzuerkennen.
52 So auch HWK/*Giesen*, EBRG Rz. 20 in Bezug auf § 6 EBRG.
53 Vgl. HH/*Habersack*, § 5 MitbestG Rz. 51; MüArbR/*Wißmann*, § 279 Rz. 16.
54 GK-BetrVG/*Oetker*, § 5 EBRG Rz. 4; AKRR/*Annuß*, § 5 EBRG Rz. 5; DKKW/*Däubler*, § 5 EBRG Rz. 2.
55 HWK/*Giesen*, EBRG Rz. 16; GK-BetrVG/*Oetker*, § 5 EBRG Rz. 4.
56 Vgl. AKRR/*Annuß*, § 1 EBRG Rz. 4, der im Grundsatz eine europarechtlich autonome Begriffsbestimmung für vorzugswürdig zu halten scheint, jedoch die Umsetzung des deutschen Gesetzgebers im Sinne eines nationalen Arbeitnehmerbegriffs anerkennt.

beschäftigten, festgelegt" wird. Dieser Verweis ist sowohl als Verweis auf das jeweilige mitgliedstaatliche Recht in Bezug auf die Zählweise als auch in Bezug auf die Qualifizierung als Arbeitnehmer zu verstehen. **Teilzeitkräfte** sind nach der Richtlinie voll, d.h. nach Köpfen zu berücksichtigen.

Nach § 4 Satz 1 EBRG sind die in Betrieben des Inlands beschäftigten Arbeitnehmer für Zwecke des Beschäftigtenschwellenwerts solche i.S.d. § 5 Abs. 1 BetrVG. Teilzeitbeschäftigte sind dabei wie Vollzeitbeschäftigte zu zählen.[57] Es kommt daher auch nach nationalem Recht auf **Kopfzahlen**, nicht auf Vollzeitarbeitsplätze („FTE") an. Für die Frage, inwieweit **besondere Arbeitsverhältnisse** (beispielsweise Arbeitnehmer in Mutterschutz, freigestellte Arbeitnehmer, Arbeitnehmer während der Kündigungsfrist) mitzählen, gelten die Grundsätze des Betriebsverfassungsrechts für die dort geregelten Schwellenwerte. **Leitende Angestellte** i.S.d. § 5 Abs. 3 BetrVG zählen im Inland nicht mit für die Berechnung der Schwellenwerte des § 3 EBRG und damit auch nicht für die Bestimmung des Anwendungsbereichs des EBRG. Leitende Angestellte können aber gem. § 11 Abs. 4 EBRG zu Mitgliedern des BVG bestellt werden. Der Begriff des Betriebs i.S.d. § 4 EBRG ist dabei nicht i.S.d. betriebsverfassungsrechtlichen Betriebsbegriffs zu verstehen; vielmehr ist der Begriff europäisch-autonom i.S.d. EBR-Richtlinie zu bestimmen[58] (vgl. Rz. 17.10). Leiharbeitnehmer sind gem. § 14 Abs. 2 Satz 4 EBRG auch im Entleiherbetrieb mitzuzählen. Wer im Ausland für Zwecke der Schwellenwertbetrachtung nach § 3 EBRG als Arbeitnehmer gilt, richtet sich nach dem Recht des jeweiligen Mitgliedstaats.[59]

17.43

d) Zentrale Leitung

Zentrale Leitung bezeichnet gem. Art. 2 Abs. 1 Buchst. e EBR-RL die zentrale Unternehmensleitung eines gemeinschaftsweit operierenden Unternehmens oder bei gemeinschaftsweit operierenden Unternehmensgruppen die zentrale Unternehmensleitung des herrschenden Unternehmens.

17.44

Etwas **abweichend** definiert **§ 1 Abs. 6 EBRG** die zentrale Leitung i.S.d. EBRG als „ein gemeinschaftsweit tätiges Unternehmen oder das herrschende Unternehmen einer gemeinschaftsweit tätigen Unternehmensgruppe." Das EBRG versteht damit unter der zentralen Leitung den **Rechtsträger des Unternehmens** als natürliche oder juristische Person und nicht das für das Unternehmen tätige Organ.[60] Nach anderer Ansicht soll das jeweilige nach der Unternehmensverfassung zuständige Organ die zentrale Leitung sein.[61] Letzteres scheint zwar dem Wortlaut der Richtliniendefinition eher gerecht zu werden. Allerdings dürfte die Wortlautgrenze des § 1 Abs. 6 EBRG einer Interpretation in diesem Sinne entgegenstehen. Nach einer vermittelnden Ansicht soll der Begriff der zentralen Leitung im EBRG abhängig vom konkreten Normzusammenhang zu verstehen sein, d.h. teilweise i.S. eines Verweises auf die der Leitungsebene angehörenden Personen (so etwa im Fall des § 1 Abs. 5 Satz 1 EBRG betreffend den Gesprächspartner im Rahmen der Anhörung) und an anderer Stelle i.S. eines Verweises auf den Rechtsträger (so etwa im Fall des § 39 Abs. 1 EBRG betreffend die Kostentragungspflicht).[62] Letztlich handelt es sich bei dieser Problematik um eine Frage der Aktiv- und Passivlegitimation und damit im Ergebnis um eine Frage der Durchsetzungsmodalitäten, die dem nationalen Recht überlassen sind. Nach der Konzeption des EBRG ist – wie auch sonst im Regelfall nach deutschem Recht – das Unternehmen aktiv- bzw. passivlegitimiert und damit zu verklagen.[63] Daher dürfte die Abweichung in der Definition der zentralen Leitung gleichwohl richtlinienkonform sein.

17.45

---

57 HWK/*Giesen*, EBRG Rz. 17; GK-BetrVG/*Oetker*, § 4 EBRG Rz. 2.
58 AKRR/*Annuß*, § 1 EBRG Rz. 7; *Blanke*, § 1 EBRG Rz. 11.
59 *Fitting*, Übersicht EBRG Rz. 22; DKKW/*Däubler*, § 3 EBRG Rz. 2; GK-BetrVG/*Oetker*, § 4 EBRG Rz. 9.
60 HWK/*Giesen*, EBRG Rz. 21; AKRR/*Annuß*, § 1 EBRG Rz. 16.
61 MüArbR/*Joost*, § 274 Rz. 28.
62 AKRR/*Annuß*, § 1 EBRG Rz. 14, 16.
63 HWK/*Giesen*, EBRG Rz. 21.

e) Unterrichtung und Anhörung

17.46 Der Begriff der **Unterrichtung** wird durch Art. 2 Abs. 1 Buchst. f EBR-RL definiert als „die Übermittlung von Informationen durch den Arbeitgeber an die Arbeitnehmervertreter, um ihnen Gelegenheit zur Kenntnisnahme und Prüfung der behandelten Frage zu geben; die Unterrichtung erfolgt dabei zu einem Zeitpunkt, in einer Weise und in einer inhaltlichen Ausgestaltung, die dem Zweck angemessen sind und es den Arbeitnehmervertretern ermöglichen, die möglichen Auswirkungen eingehend zu bewerten und gegebenenfalls Anhörungen mit dem zuständigen Organ des gemeinschaftsweit operierenden Unternehmens oder der gemeinschaftsweit operierenden Unternehmensgruppe vorzubereiten".

17.47 **§ 1 Abs. 4 EBRG** enthält eine **nahezu wortlautidentische Definition** des Begriffs Unterrichtung. Das EBRG überlässt zwar die Erfüllung dieser Informationspflicht der zentralen Leitung oder einer anderen geeigneten Leitungsebene. Inhaltlich bedeutet dies allerdings keine relevante Abweichung von der Richtliniendefinition. In beiden Fällen handelt es sich um die Erfüllung von Arbeitgeberpflichten i.S.d. Richtlinie.

17.48 **Anhörung** bezeichnet gem. Art. 2 Abs. 1 Buchst. g EBR-RL „die Einrichtung eines Dialogs und den Meinungsaustausch zwischen den Arbeitnehmervertretern und der zentralen Leitung oder einer anderen, angemesseneren Leitungsebene zu einem Zeitpunkt, in einer Weise und in einer inhaltlichen Ausgestaltung, die es den Arbeitnehmervertretern auf der Grundlage der erhaltenen Informationen ermöglichen, unbeschadet der Zuständigkeiten der Unternehmensleitung innerhalb einer angemessenen Frist zu den vorgeschlagenen Maßnahmen, die Gegenstand der Anhörung sind, eine Stellungnahme abzugeben, die innerhalb des gemeinschaftsweit operierenden Unternehmens oder der gemeinschaftsweit operierenden Unternehmensgruppe berücksichtigt werden kann".

17.49 **§ 1 Abs. 5 EBRG** übernimmt diese Definition (mit geringfügiger Abweichung) für das deutsche Umsetzungsrecht. Während die EBR-Richtlinie auf die Einrichtung eines Dialogs und den Meinungsaustausch „zwischen den Arbeitnehmervertretern und der zentralen Leitung oder einer anderen, angemesseneren Leitungsebene" abstellt, ist nach § 1 Abs. 5 EBRG die zentrale Leitung oder einer andere „geeignete Leitungsebene" das Gegenüber im Rahmen der Anhörung. Inhaltlich hat dieser Formulierungsunterschied jedoch keine Auswirkungen. Eine andere Leitungsebene ist nur dann geeignet, wenn sie i.S.d. EBR-Richtlinie unter Berücksichtigung der Gesamtumstände für Zwecke des Anhörungsverfahrens angemessener als die zentrale Leitung erscheint.[64]

17.50 Beide Definitionen sind in dieser Ausführlichkeit erst mit der Neufassung der Richtlinie in die EBR-Richtlinie aufgenommen worden.[65] Sie basieren auf dem gemäß ErwGr. 8 EBR-RL i.V.m. Art. 151 Satz 1 AEUV erklärten Ziel der EBR-Richtlinie, den sozialen Dialog zu fördern.

17.51 Die Vorgaben über die Art und Weise der Unterrichtung und Anhörung erinnern an die Unterrichtungs- und Beratungspflicht gegenüber dem **Wirtschaftsausschuss gem. § 106 BetrVG**. Gleichwohl sind die Begriffe **autonom auszulegen**, da der europäische Richtliniengeber nicht an das Betriebsverfassungsrecht gebunden ist.[66]

17.52 Bedeutsam für die ordnungsgemäße Erfüllung der Unterrichtungs- und Anhörungspflicht ist insbesondere der **Zeitpunkt**, der so gewählt sein muss, dass die zentrale Leitung die Meinung des EBR noch sinnvoll berücksichtigen und abwägen kann, bevor eine endgültige Umsetzungsentscheidung

---

64 AKRR/*Annuß*, § 1 EBRG Rz. 14; DKKW/*Däubler*, § 1 EBRG Rz. 12.
65 Der Begriff der Anhörung war bereits in der Richtlinie 94/45/EG definiert, jedoch ohne dabei die Anforderungen an die Modalitäten der Anhörung i.S.d. Neufassung der Richtlinie festzulegen.
66 Vgl. HWK/*Giesen*, EBRG Rz. 14.

getroffen wird.⁶⁷ Weitergehende Aussagen zum Zeitpunkt, in dem die Unterrichtung und Anhörung spätestens erfolgen muss, lassen sich weder der Richtlinie noch dem EBRG entnehmen. Anlehnungen an das Betriebsverfassungsrecht sind nur bedingt zielführend, weil der Unterrichtungsbegriff der RL und des EBRG im Betriebsverfassungsgesetz keine unmittelbare Entsprechung findet.⁶⁸ Die zentrale Leitung darf ohne Verstoß gegen ihre Pflichten Entscheidungen unter dem Vorbehalt der ordnungsgemäßen Unterrichtung und Anhörung der Arbeitnehmerseite treffen. Dieses Vorgehen bietet sich insbesondere für börsennotierte Unternehmen bei ad hoc mitteilungspflichtigen Angelegenheiten an, deren Geheimhaltung trotz der Verschwiegenheitspflicht der EBR-Mitglieder (vgl. Rz. 17.146 ff.) faktisch nicht immer sichergestellt werden kann.

Die Unterrichtungs- und Anhörungsrechte des EBR dürfen die **Entscheidungsprozesse des Unternehmens** nicht verlangsamen, wie ErwGr. 22 EBR-RL deutlich macht. Danach hat die Unterrichtung zu einem Zeitpunkt, in einer Weise und in einer inhaltlichen Ausgestaltung zu erfolgen, die dem Zweck angemessen sind, „[…] ohne den Entscheidungsprozess in den Unternehmen zu verlangsamen." Dies bedeutet, dass sich der EBR nach seiner Unterrichtung über die beratungspflichtige Angelegenheit **nicht unangemessen lange Zeit** nehmen darf, um hierzu eine Stellungnahme oder sonstige Äußerung abzugeben.⁶⁹ Nach **Ablauf einer angemessenen Frist** darf die Unternehmensleitung die Maßnahme auch ohne vorherige Anhörung des EBR umsetzen, ohne dass darin ein Verstoß gegen die Anhörungspflichten der Richtlinie zu erblicken wäre. Auf der anderen Seite muss die Unterrichtung mit angemessenem Vorlauf vor der Anhörung erfolgen, damit der EBR sich ordnungsgemäß auf die Anhörung vorbereiten kann.⁷⁰ In der Praxis werden häufig feste Fristen vereinbart, innerhalb derer eine Stellungnahme abgegeben werden muss, um Zweifel über den Abschluss des Anhörungsverfahrens zu vermeiden. 17.53

Anhörung bedeutet die Einrichtung eines **Dialogs in der Sache**, nicht nur eine schweigende Entgegennahme von Kommentaren der Arbeitnehmerseite. Beteiligte des Dialogs sind die zentrale Unternehmensleitung oder eine andere angemessene Leitungsebene und der EBR; Art. 2 Abs. 1 Buchst. g EBR-RL. Das Anhörungsverfahren muss den Arbeitnehmervertretern ferner gestatten, innerhalb einer angemessenen Frist eine **Stellungnahme** abzugeben; Art. 2 Abs. 1 Buchst. g EBR-RL. 17.53a

Die Anhörung muss erfolgen, **bevor** die zentrale Leitung **abschließend über die Maßnahme entscheidet**, weil der Zweck der Anhörung ansonsten nicht erreicht werden kann.⁷¹ Die zentrale Leitung darf Maßnahmen jedoch unter dem Vorbehalt der ordnungsgemäßen Beteiligung des EBR beschließen (vgl. Rz. 17.54). Ein Unterlassungsanspruch gegen Maßnahmen, zu denen das Unterrichtungs- und Anhörungsverfahren noch nicht abgeschlossen ist, steht dem EBR grundsätzlich nicht zu (vgl. Rz. 17.105, 17.132). 17.53b

§ 1 Abs. 7 EBRG bestimmt, dass die Unterrichtung und Anhörung des EBR spätestens gleichzeitig mit derjenigen der nationalen Arbeitnehmervertretungen durchzuführen ist. Diese auf ErwGr. 37 und Art. 12 Abs. 3 der EBR-Richtlinie beruhende sog. **Ansteckungsklausel**⁷² führt in der Praxis wegen der in anderen Mitgliedstaaten (z.B. Frankreich) zum Teil weit vorverlagerten Beteili-

---

67 *Fitting*, Übersicht EBRG Rz. 13; *Gaul/Ludwig/Forst*, Europäisches Mitbestimmungsrecht, 2015, § 1 Rz. 105; *Hohenstatt/Kröpelin/Bertke*, NZA 2011, 1313 (1314 f.); GK-BetrVG/*Oetker*, § 1 EBRG Rz. 9.
68 *Fitting*, Übersicht EBRG Rz. 13: „kommt dem betriebsverfassungsrechtlichen Begriff der Beratung nahe"; vgl. auch AKKR/*Annuß*, § 1 Rz. 13.
69 Vgl. hierzu *Barnard*, EU Employment Law, S. 669, die darauf hinweist, dass es sich bei der subsidiären Auffangregelung um einen Kompromiss handelt, der darauf gerichtet ist, Verzögerungseffekte für das Unternehmen durch zahlreiche Konsultationssitzungen zu vermeiden.
70 *Fitting*, Übersicht EBRG Rz. 12: „Erheblicher zeitlicher Puffer zwischen Information und eventueller Anhörung".
71 DKKW/*Däubler*, Anh. 2 EBRG § 1 Rz. 11 ff.; *Fitting*, Übersicht EBRG Rz. 13; *Gaul/Ludwig/Forst*, § 1 Rz. 105.
72 *Fitting*, Übersicht EBRG Rz. 15.

gungspflicht mitunter zu einer Beteiligung des EBR zu einem Zeitpunkt, in dem in anderen betroffenen Mitgliedstaaten nach nationalem Betriebsverfassungsrecht noch keine Beteiligungspflicht besteht.

Das EBRG geht in § 1 Abs. 5 Satz 2 über die Vorgabe der EBR-RL hinaus und begründet, wenn der EBR eine Stellungnahme abgibt, einen Anspruch des EBR auf eine mit Gründen versehene **Antwort**.[73] Formvorgaben für die Antwort der zentralen Leitung trifft das EBRG nicht, so dass insbesondere dann, wenn der EBR seine Stellungnahme innerhalb einer gemeinsamen Sitzung mit der zentralen Leitung abgibt, auch eine mündliche Erwiderung genügt.[74]

4. Anwendbares Recht

17.54 Die EBR-Richtlinie gilt wie alle EU-Richtlinien im Grundsatz nicht unmittelbar und bedarf der Umsetzung in nationales Recht (vgl. Rz. 1.113 ff.). Sie enthält **keine umfassende Kollisionsregel** zur Bestimmung des anwendbaren Rechts auf sämtliche Regelungsmaterien, sondern sieht über den Richtlinientext verteilt vereinzelte Bestimmungen über die jeweils maßgebliche Rechtsordnung vor.

17.55 Im Ausgangspunkt richtet sich das anzuwendende Recht nach dem **Sitz der zentralen Unternehmensleitung**. Dies folgt aus der Definition der zentralen Leitung in Art. 2 Abs. 1 Buchst. e EBR-RL, welche auf den der Geschäftsführung angehörenden Personenkreis abstellt,[75] sowie aus Art. 7 Abs. 1 EBR-RL und indirekt auch aus Art. 3 Abs. 6 UAbs. 2 EBR-RL. Nach diesem Recht richten sich insbesondere das Verfahren zur Bildung des EBR, das Verhandlungsverfahren einschließlich der Bildung, Größe und Zusammensetzung des besonderen Verhandlungsgremiums, die Anforderungen an eine EBR-Vereinbarung sowie die subsidiär geltende Auffangregelung für den Fall des Scheiterns der Verhandlungen.[76] Daneben greifen für einzelne Regelungsbereiche ergänzend die Rechtsvorschriften der übrigen Mitgliedstaaten, in denen das Unternehmen bzw. die Unternehmensgruppe Arbeitnehmer beschäftigt, insbesondere was die Bestellung und Entsendung von Mitgliedern in das besondere Verhandlungsgremium aus den jeweiligen Mitgliedstaaten angeht (vgl. Art. 5 Abs. 2 Buchst. a EBR-RL und vgl. Rz. 17.75 ff.). Dies gilt entsprechend für die Wahl bzw. Benennung der Mitglieder eines EBR nach der subsidiär anwendbaren Auffangregelung (vgl. Abs. 1 Buchst. b UAbs. 2 Anh. I EBR-RL). Auch in diesem Fall werden die Vertreter der einzelnen Mitgliedstaaten nach dem Recht des Mitgliedstaats gewählt oder ernannt, in dem sie tätig sind. Ferner richten sich der Arbeitnehmerbegriff und die Ermittlung der Zahl der Arbeitnehmer in einem Mitgliedstaat (z.B. für die Feststellung der Schwellenwerte) sowie der Begriff der Arbeitnehmervertreter nach dem jeweiligen mitgliedstaatlichen Recht (vgl. Art. 2 Abs. 2 EBR-RL).

17.56 § 2 Abs. 1 EBRG regelt den **Geltungsbereich des EBRG** und bestimmt, dass das Gesetz „für gemeinschaftsweit tätige Unternehmen mit Sitz im Inland und für gemeinschaftsweit tätige Unternehmensgruppen mit Sitz des herrschenden Unternehmens im Inland" gilt. Der Unternehmenssitz ist dabei nach dem Sitz der Hauptverwaltung des Unternehmens zu bestimmen.[77] Dies folgt aus der Richtliniendefinition der zentralen Leitung in Art. 2 Abs. 1 Buchst. e EBR-RL[78] sowie aus Art. 7 Abs. 1 EBR-RL. Danach kommt es auf den Sitz der zentralen Unternehmensleitung, d.h. der Geschäftsführung, an (vgl. auch Rz. 17.57). Gemäß § 2 Abs. 4 EBRG gilt das EBRG ferner „[...] für die Berechnung der Anzahl der im Inland beschäftigten Arbeitnehmer (§ 4), den Auskunftsanspruch gegen im Inland ansässige Unternehmen der Unternehmens-

---

73 HWK/*Giesen*, EBRG Rz. 14; DKKW/*Däubler*, § 1 EBRG Rz. 15.
74 *Fitting*, Übersicht EBRG Rz. 14; *Gaul/Ludwig/Forst*, Europäisches Mitbestimmungsrecht, 2015, § 1 Rz. 102.
75 Vgl. auch AKRR/*Annuß*, § 1 EBRG Rz. 14.
76 Vgl. *Carley/Hall*, Industrial Law Journal 29 (2000), 103 (106, 110).
77 AKRR/*Annuß*, § 2 EBRG Rz. 2; EAS/*Oetker/Schubert*, B 8300 Rz. 34; GK-BetrVG/*Oetker*, § 2 EBRG Rz. 2.
78 Vgl. AKRR/*Annuß*, § 2 EBRG Rz. 2, der diesen Schluss ferner aus Art. 4 Abs. 1 EBR-RL zieht.

gruppe (§ 5 Abs. 2 und 3), die Bestimmung des herrschenden Unternehmens (§ 6), die Weiterleitung des Antrags (§ 9 Abs. 2 Satz 3), die gesamtschuldnerische Haftung des Arbeitgebers (§ 16 Abs. 2), die Bestellung der auf das Inland entfallenden Arbeitnehmervertreter (§§ 11, 23 Abs. 1 bis 5 und § 18 Abs. 2 i.V.m. § 23) und die für sie geltenden Schutzbestimmungen (§ 40) sowie für den Bericht gegenüber den örtlichen Arbeitnehmervertretungen im Inland (§ 36 Abs. 2) auch dann, wenn die zentrale Leitung nicht im Inland liegt."

Auch das EBRG enthält damit keine vollständige und umfassende Kollisionsregel. Ob sich ein bestimmter Aspekt nach dem EBRG richtet oder ausländischem Umsetzungsrecht unterliegt, muss deshalb der jeweiligen Sachnorm und der Systematik entnommen werden. Beispielsweise ist die Frage, nach welchem Recht sich das Neuverhandlungsverfahren im Falle einer wesentlichen strukturellen Änderung richtet, nicht explizit geregelt. Aus der Regelungssystematik folgt jedoch, dass wiederum das EBR-Umsetzungsrecht des Mitgliedstaats maßgeblich ist, in dem das gemeinschaftsweit tätige Unternehmen bzw. das herrschende Unternehmen der gemeinschaftsweit tätigen Unternehmensgruppe ihren bzw. seinen Sitz hat.

17.57

Im Falle von gemeinschaftsweit operierenden Unternehmen oder Unternehmensgruppen, deren **zentrale Leitung außerhalb der Mitgliedstaaten** liegt, übernimmt gem. Art. 4 Abs. 2 UAbs. 1, Abs. 3 EBR-RL ein gegebenenfalls zu benennender **Vertreter innerhalb der Mitgliedstaaten** („Europazentrale") die Funktion der zentralen Unternehmensleitung für Zwecke des EBR-Rechts. In diesem Fall ist das nationale EBR-Umsetzungsrecht des Mitgliedstaats, in dem der Vertreter ansässig ist, „führend". Wenn es keinen mitgliedstaatlichen Vertreter der zentralen Unternehmensleitung gibt, gilt gem. Art. 4 Abs. 2 UAbs. 2, Abs. 3 EBR-RL die Leitung des Betriebs oder des zur Unternehmensgruppe gehörenden Unternehmens mit der höchsten Anzahl von Beschäftigten in einem Mitgliedstaat als zentrale Leitung (sog. **fingierte zentrale Leitung**, vgl. Art. 4 Abs. 4 EBR-RL). Der zentralen Leitung wird damit durch die Auswahl eines Vertreters eine Rechtswahlmöglichkeit und damit eine gewisse Gestaltungsmöglichkeit eingeräumt, die für die Praxis bedeutsam sein kann, da sich die nationalen Umsetzungsrechte im Detail durchaus unterscheiden. Darüber hinaus dürfte die zentrale Leitung damit die Möglichkeit haben, jederzeit einen anderen Vertreter zu benennen und hierdurch einen **Wechsel des anwendbaren Rechts** herbeizuführen.[79]

17.58

Maßgebend für die Feststellung, ob ein Unternehmen einer gemeinschaftsweit operierenden Unternehmensgruppe ein herrschendes Unternehmen ist, ist gem. Art. 3 Abs. 6 EBR-RL das Recht des Mitgliedstaats, dem das Unternehmen unterliegt. Unterliegt das Unternehmen nicht dem Recht eines Mitgliedstaats, so ist das Recht des Mitgliedstaats maßgebend, in dem der Vertreter des Unternehmens oder, in Ermangelung eines solchen, die zentrale Leitung desjenigen Unternehmens innerhalb einer Unternehmensgruppe ansässig ist, das die höchste Anzahl von Arbeitnehmern aufweist.

17.59

§ 2 Abs. 2 EBRG weicht konzeptionell von Art. 4 Abs. 2 EBR-RL ab. § 2 Abs. 2 EBRG bestimmt für den Fall, dass die zentrale Leitung nicht in einem Mitgliedstaat liegt, die Anwendbarkeit des EBRG in folgender **Abstufung:** Besteht eine nachgeordnete Leitung für in Mitgliedstaaten liegende Betriebe oder Unternehmen, findet das EBRG Anwendung, wenn die nachgeordnete Leitung im Inland liegt. Gibt es keine nachgeordnete Leitung, findet das Gesetz Anwendung, wenn die zentrale Leitung einen Betrieb oder ein Unternehmen im Inland als ihren Vertreter benennt. Wird kein Vertreter benannt, findet das Gesetz Anwendung, wenn der Betrieb oder das Unternehmen im Inland liegt, in dem verglichen mit anderen in den Mitgliedstaaten liegenden Betrieben des Unternehmens oder Unternehmen der Unternehmensgruppe die meisten Arbeitnehmer beschäftigt sind. Die vorgenannten Stellen gelten gem. § 2 Abs. 2 Satz 4 EBRG als zentrale Leitung. Nach dem Wortlaut des § 2 Abs. 2 EBRG ist die Benennung eines Vertreters ausgeschlossen, wenn es eine nachgeordnete Leitung in einem Mitgliedstaat gibt.

17.60

---

[79] WHSS/*Hohenstatt*, D Rz. 254, in Bezug auf § 2 Abs. 2 Satz 2 EBRG.

17.61 Die EBR-Richtlinie erwähnt das **Konzept einer „nachgeordneten Leitung"** nicht. Sie geht vielmehr alternativ von einem benannten Vertreter oder der Leitung des Betriebs oder des Unternehmens mit der höchsten Anzahl von Beschäftigten als fiktiver zentraler Leitung aus. Es könnten daher **Zweifel an der Richtlinienkonformität des § 2 Abs. 2 EBRG** angemeldet werden.

17.62 Allerdings spricht die EBR-Richtlinie auch keine expliziten sachlichen Beschränkungen in Bezug auf die Ernennung eines Vertreters aus. Mit Blick auf die Ersatzfunktion des Vertreters für die in einem Drittstaat ansässige zentrale Leitung ist jedoch anzunehmen, dass der Vertreter Leitungsaufgaben und -entscheidungen tatsächlich wahrnehmen und ausüben können muss.[80] Versteht man die **nachgeordnete Leitung gem. § 2 Abs. 2 EBRG als Vertreter i.S.d. Art. 4 Abs. 2, Abs. 3 EBR-RL**, muss diese quasi als „geborener" Vertreter der zentralen Leitung kraft ihrer Stellung als Europaleitung tatsächlich Leitungsaufgaben und -entscheidungen wahrnehmen und ausüben. Eine rein gesellschaftsrechtliche **europäische Zwischenholding** genügt für diese Zwecke nicht, wenn diese nicht auch tatsächliche Leitungsfunktionen i.S. eines europäischen zentralen Managements ausübt. Wird das Konzept der nachgeordneten Leitung richtlinienkonform i.S. eines Vertreters gem. Art. 4 Abs. 2, Abs. 3 EBR-RL interpretiert, muss es der im Drittstaat ansässigen zentralen Leitung – wenn mehrere Unternehmen bzw. Betriebe in Betracht kommen – unbenommen bleiben zu bestimmen, welche Leitung als Vertreter für Zwecke des EBRG gelten soll. Auf der Grundlage der vorgenannten Interpretation dürfte § 2 Abs. 2 EBRG trotz der konzeptionellen Abweichung von der Richtlinie als richtlinienkonform anzusehen sein.[81]

5. Bildung eines besonderen Verhandlungsgremiums als Voraussetzung für die Errichtung eines EBR

17.63 Das Verfahren zur Bildung eines EBR (bzw. zur Schaffung eines alternativen Unterrichtungs- und Anhörungsverfahrens) ist in Art. 5 EBR-RL geregelt. Voraussetzung für die Einrichtung eines EBR oder eines alternativen Unterrichtungs- und Anhörungsverfahrens ist danach zunächst die Bildung eines sog. besonderen Verhandlungsgremiums (BVG). Das BVG hat gem. Art. 2 Abs. 1 Buchst. i EBR-RL die Aufgabe, mit der zentralen Leitung die Einsetzung eines EBR oder die Schaffung eines anderen Verfahrens zur Unterrichtung und Anhörung der Arbeitnehmer nach Art. 1 Abs. 2 EBR-RL auszuhandeln.

a) Initiative der Arbeitnehmer- oder Arbeitgeberseite

17.64 Eingeleitet wird das Verfahren zur Bildung des BVG gem. Art. 5 Abs. 1 EBR-RL entweder durch eine Initiative der zentralen Leitung oder einen schriftlichen Antrag von mindestens 100 Arbeitnehmern oder ihrer Vertreter aus mindestens zwei Betrieben oder Unternehmen in mindestens zwei verschiedenen Mitgliedstaaten. Es genügt also ein Antrag von insgesamt 100 Arbeitnehmern, die sich auf zwei Betriebe oder Unternehmen aus zwei verschiedenen Mitgliedstaaten verteilen (z.B. Antrag von 30 Arbeitnehmern eines Betriebs in Deutschland und 70 Arbeitnehmern eines Betriebs in Frankreich). Für die **Schriftform** dürfte die Unterschrift von 100 Arbeitnehmern auf verschiedenen Urkunden mit der Formulierung des Antrags ausreichen. Im Interesse der praktischen Wirksamkeit der Richtlinie wäre es übertrieben, zu verlangen, dass eine einzige Urkunde über die mitgliedstaatlichen Grenzen hinweg in den Betrieben/Unternehmen in verschiedenen Mitgliedstaaten zur Unterschrift zirkulieren muss. Die Formulierung des Antrags muss auch nicht identisch sein, solange klar ist, dass die Anträge sich auf **dasselbe Ziel** – nämlich die Errichtung eines EBR oder eines anderen Verfahrens zur grenzüberschreitenden Unterrichtung und Anhörung für eine bestimmte Unternehmensgruppe bzw. ein bestimmtes Unternehmen – beziehen und sie in einem

---

[80] A.A. AKRR/*Annuß*, § 2 EBRG Rz. 6, der für die Benennung eines Vertreters genügen lassen will, dass er als Ansprech- und Verhandlungspartner für die Arbeitnehmer und ihre Vertretungen zur Verfügung steht.
[81] So im Ergebnis auch Hanau/Steinmeyer/Wank/*Hanau*, § 19 Rz. 42.

hinreichenden zeitlichen Zusammenhang gestellt werden. Die Arbeitnehmerzahlen aus mehreren Anträgen können dann addiert werden.[82]

Gemäß § 41 Abs. 6 Satz 2 EBRG kann das Antragsrecht auch von einem auf Grund einer Altvereinbarung bestehenden Arbeitnehmervertretungsgremium vor Auslaufen der entsprechenden Vereinbarung ausgeübt werden. 17.65

Auch wenn die Voraussetzungen für die Einrichtung eines EBR vorliegen (d.h. insbesondere die Schwellenwerte erfüllt sind), besteht ohne eine entsprechende Initiative **keine Pflicht zur Errichtung eines EBR**. Wenn von keiner Seite eine Initiative zur Verhandlung über die Bildung eines EBR unternommen wird, kommt es auch nicht zur Einrichtung eines EBR kraft Gesetzes. 17.66

Der Antrag gem. Art. 5 Abs. 1 EBR-RL bewirkt zugleich den Beginn der **Drei-Jahres-Frist** gem. Art. 7 Abs. 1 Spiegelstrich 3 EBR-RL, nach deren erfolglosem Ablauf das Verhandlungsverfahren spätestens endet und ein EBR gemäß den subsidiären Vorschriften des Anhang I EBR-RL (EBR kraft Gesetzes) zu errichten ist.[83] 17.67

b) Bildung und Tätigkeit des besonderen Verhandlungsgremiums

Im Falle einer entsprechenden Initiative der Arbeitgeber- oder Arbeitnehmerseite wird gem. Art. 5 Abs. 2 EBR-RL ein BVG eingesetzt. 17.68

Aufgabe des BVG ist es gem. Art. 5 Abs. 3 EBR-RL, mit der zentralen Leitung in einer schriftlichen Vereinbarung den Tätigkeitsbereich, die Zusammensetzung, die Befugnisse und die Mandatsdauer des EBR oder die Durchführungsmodalitäten eines alternativen Verfahrens zur Unterrichtung und Anhörung der Arbeitnehmer festzulegen. Dabei müssen die zentrale Leitung und das BVG nach Art. 6 Abs. 1 EBR-RL „im Geiste der Zusammenarbeit verhandeln, um zu einer Vereinbarung über die Modalitäten der Durchführung der in Art. 1 Abs. 1 EBR-RL vorgesehenen Unterrichtung und Anhörung der Arbeitnehmer zu gelangen." 17.69

Das BVG ist **keine ständige Einrichtung**. Mit dem Ende der Verhandlungen (durch Abschluss einer Vereinbarung, Ablauf der dreijährigen Verhandlungsfrist, Scheitern der Verhandlungen oder infolge eines Nichtverhandlungs- oder Abbruchbeschlusses des BVG gem. Art. 5 Abs. 5 EBR-RL) erlischt das Gremium, da seine Tätigkeit beendet ist. Eines Auflösungsbeschlusses des BVG bedarf es insoweit nicht.[84] 17.70

Die **Größe des BVG** richtet sich nach der Zahl der in den Mitgliedstaaten beschäftigten Arbeitnehmer des gemeinschaftsweit operierenden Unternehmens oder der gemeinschaftsweit operierenden Unternehmensgruppe. Pro Mitgliedstaat vermittelt jeder Anteil der in diesem Mitgliedstaat beschäftigten Arbeitnehmer, der 10 % der Gesamtzahl der in allen Mitgliedstaaten beschäftigten Arbeitnehmer entspricht, oder ein Bruchteil dieser Tranche Anspruch auf einen Sitz im BVG, Art. 5 Abs. 2 Buchst. b EBR-RL. Das bedeutet, dass zunächst auf jeden Mitgliedstaat, in dem Arbeitnehmer des Unternehmens bzw. der Unternehmensgruppe beschäftigt sind, ein Sitz im BVG entfällt. Ein Betrieb i.S.d. Betriebsverfassungsrechts ist nicht erforderlich; es genügt, dass in einem Mitgliedstaat nur ein einziger Arbeitnehmer beschäftigt ist.[85] Die Sitzzahl erhöht sich für jede vollen 10 % der Gesamtbelegschaft in den Mitgliedstaaten um jeweils einen weiteren Sitz. 17.71

---

82 Vgl. HWK/*Giesen*, EBRG Rz. 40; DKKW/*Däubler*, § 9 EBRG Rz. 3; GK-BetrVG/*Oetker*, § 9 EBRG Rz. 3.
83 Vgl. HWK/*Giesen*, EBRG Rz. 40; DKKW/*Däubler*, § 21 EBRG Rz. 5; Central Arbitration Committee, 24.10.2017 – EWC/15/2017 – ManpowerGroup Rz. 70 ff. vertritt zum Umsetzungsrecht des Vereinigten Königreichs (TICE), dass die Drei-Jahres-Frist einvernehmlich verlängert werden kann, ohne dass die Auffangregelung Anwendung findet.
84 Vgl. HWK/*Giesen*, EBRG Rz. 37.
85 Vgl. *Hohenstatt/Kröpelin/Bertke*, NZA 2011, 1313 (1315); AKRR/*Rudolph*, § 10 EBRG Rz. 2; HWK/*Giesen*, EBRG Rz. 42.

17.72 Die Wahl bzw. Bestellung der auf diese Weise ermittelten Zahl der BVG-Mitglieder je Mitgliedstaat erfolgt gemäß dem jeweiligen mitgliedstaatlichen Umsetzungsrecht, Art. 5 Abs. 2 Buchst. a UAbs. 1 EBR-RL. Hier weisen die mitgliedstaatlichen Rechtsordnungen zur Umsetzung der EBR-Richtlinie zum Teil erhebliche Unterschiede auf.

17.73 Beispielsweise werden die BVG-Mitglieder in Deutschland und Österreich durch die nationalen Betriebsräte gewählt bzw. bestellt. In Italien und Schweden sind regelmäßig die Gewerkschaften zuständig. Eine Urwahl der Arbeitnehmer ist in Großbritannien (es sei denn, es gibt ein sog. „consultative committee", welches die Belegschaft in Großbritannien für Informations- und Konsultationszwecke repräsentiert), Finnland, Irland und Norwegen vorgesehen. In Belgien, den Niederlanden und Dänemark sind primär die Betriebsräte zuständig, jedoch finden in Dänemark ersatzweise alternative Bestellungsmechanismen Anwendung (etwa durch Vertreter zur Sicherung der Gesundheit und Arbeitssicherheit, Gewerkschaften). In Frankreich, Spanien, Portugal und Griechenland sind in erster Linie die Gewerkschaften für die Bestellung verantwortlich, wobei es auch hier unter bestimmten Umständen zu einer abweichenden Zuständigkeit kommt.[86]

17.74 Art. 5 Abs. 2 Buchst. a, UAbs. 2 EBR-RL sieht weiter vor, dass die Arbeitnehmer der Unternehmen und/oder Betriebe, in denen **unabhängig vom Willen der Arbeitnehmer keine Arbeitnehmervertreter vorhanden sind**, selbst Mitglieder für das BVG wählen oder benennen dürfen. Dies betrifft den Fall, dass die nationalen Voraussetzungen für deren Einrichtung nicht erfüllt sind. Im Umkehrschluss verlangt die EBR-Richtlinie eine solche unmittelbare Wahl oder Bestellung nicht, wenn die Arbeitnehmer in einem Mitgliedstaat trotz Vorliegens der einschlägigen nationalen Voraussetzungen keine Arbeitnehmervertretung gebildet haben. In diesem Fall gestattet es die EBR-Richtlinie, vorzusehen, dass in diesem Mitgliedstaat keine BVG-Mitglieder gewählt werden können. Ob es richtlinienkonform ist, wenn das mitgliedstaatliche Recht auch für den Fall des Fehlens einer nationalen Arbeitnehmervertretung (wegen Untätigkeit der Arbeitnehmer) eine Urwahl vorsehen darf, ist nicht ganz eindeutig. Einerseits ließe sich argumentieren, dass eine dennoch erfolgende Repräsentation den Einfluss der BVG-Mitglieder der anderen Mitgliedstaaten schmälern würde. Allerdings ist zweifelhaft, ob der Richtliniengeber tatsächlich die Absicht hatte, dies auszuschließen. Es spricht mehr dafür, dass in diesem Punkt Regelungsfreiheit der Mitgliedstaaten bei der Umsetzung besteht und die Mitgliedstaaten insofern auch über die Richtlinie hinausgehen können. Dies folgt aus dem systematischen Zusammenhang mit Art. 5 Abs. 2 Buchst. a UAbs. 1 EBR-RL, wonach die Festlegung des Verfahrens zur Wahl oder Benennung der BVG-Mitglieder dem mitgliedstaatlichen Recht überlassen ist.

17.75 Nach § 11 Abs. 1, Abs. 2 EBRG werden die auf Deutschland entfallenden BVG-Mitglieder in gemeinschaftsweit tätigen Unternehmen vom **Gesamtbetriebsrat (§ 47 BetrVG)** bestellt. Besteht nur ein Betriebsrat, so bestellt dieser die Mitglieder des BVG. In gemeinschaftsweit tätigen Unternehmensgruppen werden sie von der **jeweils höchsten vorhandenen Arbeitnehmervertretung** bestellt, d.h. in erster Linie durch den Konzernbetriebsrat, wenn es einen solchen nicht gibt, in einer gemeinsamen Sitzung der Gesamtbetriebsräte, und wenn es auch nicht gibt, in einer gemeinsamen Sitzung der Einzelbetriebsräte. Besteht neben dem Konzernbetriebsrat noch ein in ihm nicht vertretener Gesamtbetriebsrat oder Betriebsrat, ist der Konzernbetriebsrat um deren Vorsitzende und um deren Stellvertreter zu erweitern; die Vorsitzenden und ihre Stellvertreter gelten insoweit als Konzernbetriebsratsmitglieder. Dies gilt entsprechend für Gesamtbetriebsräte: Besteht neben den Gesamtbetriebsräten bzw. einem Gesamtbetriebsrat noch mindestens ein in ihnen bzw. in ihm nicht vertretener Betriebsrat, nehmen der Vorsitzende dieses Betriebsrats und dessen Stellvertreter an der Bestellungssitzung teil; der Betriebsratsvorsit-

---

86 Vgl. zu den nationalen Bestellungsverfahren *Fulton* (2013), Worker representation in Europe, abrufbar auf www.worker-participation.eu/National-Industrial-Relations; s. auch die Übersicht über die Bestellungsverfahren bei *Carley/Hall*, Industrial Law Journal 29 (2000), 103 (111; 123 f. für Großbritannien).

zende und sein Stellvertreter gelten dann wiederum insoweit als Gesamtbetriebsratsmitglieder.[87] Die Bestellung in einer gemeinsamen Sitzung mehrerer Einzelbetriebsräte erfolgt ebenfalls in einer stimmgewichteten Abstimmung analog § 47 Abs. 7 BetrVG. Wenn nur ein Gesamtbetriebsrat oder nur ein Einzelbetriebsrat besteht, so hat dieser die Mitglieder des BVG zu bestellen. Theoretisch würden daher bei Bestehen nur eines inländischen Betriebsrats in einer gemeinschaftsweit operierenden Unternehmensgruppe die auf das Inland entfallenden BVG-Mitglieder durch die Mitglieder dieses einzig vorhandenen Betriebsrats bestellt.

Im Unterschied zu § 8 Abs. 7 SEBG, der die Wahl der BVG-Mitglieder für das Verhandlungsverfahren im Rahmen einer SE-Gründung regelt, sieht das EBRG **keine Möglichkeit einer Urwahl** vor,[88] und zwar auch nicht für den Fall, dass unabhängig vom Willen der Arbeitnehmer kein Betriebsrat besteht, namentlich weil die gesetzlichen Voraussetzungen für die Bildung eines Betriebsrats nach Betriebsverfassungsrecht nicht erfüllt sind. 17.76

Da das EBRG den Fall des Fehlens einer Arbeitnehmervertretung nicht regelt und insofern der Auslegung keine Wortlautgrenze gezogen ist, dürfte eine **richtlinienkonforme ergänzende Auslegung** möglich sein (vgl. Rz. 1.153 f.). Danach muss in Fällen, in denen im Inland kein Betriebsrat besteht, weil die Voraussetzungen des § 1 Abs. 1 Satz 1 BetrVG nicht erfüllt sind, für die im Inland beschäftigten Arbeitnehmer eine **Urwahlmöglichkeit** gegeben sein.[89] 17.77

Wenn hingegen die betriebsverfassungsrechtlichen Schwellenwerte für die Errichtung eines Betriebsrats erfüllt sind und die Arbeitnehmer gleichwohl keinen Betriebsrat gebildet haben, besteht keine Veranlassung, im Interesse der Richtlinienkonformität eine Urwahl zu ermöglichen, da Art. 5 Abs. 2 Buchst. a UAbs. 2 EBR-RL lediglich dann eine unmittelbare Wahl verlangt, wenn in Betrieben oder Unternehmen „unabhängig vom Willen der Arbeitnehmer" keine Arbeitnehmervertreter vorhanden sind (vgl. Rz. 17.74). 17.78

Zu Mitgliedern des BVG können im Inland gem. § 11 Abs. 4 EBRG auch leitende Angestellte i.S.d. § 5 Abs. 3 BetrVG bestellt werden. Eine **Mindestrepräsentation** der leitenden Angestellten oder von Gewerkschaftsvertretern im BVG ist jedoch nicht vorgesehen. 17.79

Ferner regelt § 11 Abs. 5 EBRG, dass **Frauen und Männer** entsprechend ihrem zahlenmäßigen Verhältnis bestellt werden sollen. Eine Bestellung, die dieser Vorgabe widerspricht, ist jedoch sanktionslos, da es sich um eine bloße Sollvorschrift handelt.[90] 17.80

Nachdem sich das BVG konstituiert hat, beruft die zentrale Leitung gem. Art. 5 Abs. 4 EBR-RL **eine Sitzung mit dem BVG** ein, um Verhandlungen über eine Vereinbarung zur Einrichtung eines EBR (bzw. der Schaffung eines alternativen Unterrichtungs- und Anhörungsverfahrens) aufzunehmen. Wie viele Sitzungen die zentrale Leitung und das BVG benötigen, um zu einer Vereinbarung zu gelangen, bleibt den Parteien überlassen. Die Zusammensetzung des BVG und der Beginn der Verhandlungen sind der zentralen Leitung und den örtlichen Unternehmensleitungen sowie den zuständigen europäischen Arbeitnehmer- und Arbeitgeberverbänden mitzuteilen, Art. 5 Abs. 2 Buchst. c EBR-RL. Die Richtlinie regelt nicht explizit, wem diese Mitteilung obliegt. Da jedoch auch die zentrale Leitung und die örtlichen Unternehmensleitungen zu informieren sind, dürfte die Mitteilung der Arbeitnehmerseite, d.h. dem BVG obliegen. 17.81

Vor und nach jeder Sitzung mit der zentralen Leitung ist das BVG gem. Art. 5 Abs. 4 UAbs. 2 EBR-RL berechtigt, zu tagen, ohne dass Vertreter der zentralen Leitung zugegen sind, und dabei die **erforderlichen Kommunikationsmittel** zu nutzen. 17.82

---
87 BAG v. 18.4.2007 – 7 ABR 30/06, ArbRB 2007, 293 = AP EBRG § 18 Nr. 1.
88 Ebenso das österreichische Umsetzungsrecht, s. hierzu *Köck*, FS Tomandl, 1998, S. 213 (225).
89 So auch EAS/*Oetker/Schubert*, B 8300 Rz. 98 mit dem Hinweis, dass eine Nachbesserung des EBRG mit Blick auf den geringen Anwendungsbereich nur formale Bedeutung hätte.
90 HWK/*Giesen*, EBRG Rz. 44.

17.83 Das BVG kann gem. Art. 5 Abs. 4 UAbs. 3 EBR-RL „bei den Verhandlungen Sachverständige seiner Wahl hinzuziehen, zu denen Vertreter der kompetenten [gemeint ist wohl der „zuständigen"[91]] anerkannten Gewerkschaftsorganisationen auf Gemeinschaftsebene gehören können, um sich von ihnen bei seiner Arbeit unterstützen zu lassen. Diese Sachverständigen können auf Wunsch des BVG den Verhandlungen in beratender Funktion beiwohnen."

c) Informationserhebungsanspruch

17.84 Gemäß Art. 4 Abs. 4 EBR-RL ist jede Leitung eines zu einer gemeinschaftsweit operierenden Unternehmensgruppe gehörenden Unternehmens sowie die zentrale Leitung oder die fingierte zentrale Leitung i.S.d. Art. 4 Abs. 2 UAbs. 2 EBR-RL des gemeinschaftsweit operierenden Unternehmens oder der gemeinschaftsweit operierenden Unternehmensgruppe dafür verantwortlich, die für die Aufnahme von Verhandlungen gem. Art. 5 EBR-RL erforderlichen **Informationen**, insbesondere die Informationen in Bezug auf die Struktur des Unternehmens oder der Gruppe und die Belegschaft, **zu erheben** und an die Parteien, auf die die Richtlinie Anwendung findet, **weiterzuleiten**. Diese Verpflichtung betrifft insbesondere die Angaben zu der in Art. 2 Abs. 1 Buchst. a und c EBR-RL erwähnten Beschäftigtenzahl. **Schuldner** dieses sog. Informationserhebungsanspruchs ist gem. Art. 4 Abs. 4 EBR-RL jede Leitung eines zu der Unternehmensgruppe gehörenden Unternehmens sowie die zentrale Leitung und eine fingierte zentrale Leitung, d.h. nicht nur die zentrale Leitung, sondern jede Leitung eines gruppenangehörigen Unternehmens ist zur Auskunftserteilung verpflichtet. Die Arbeitnehmervertretungen können daher gegenüber ihrer Unternehmensleitung einen umfassenden Informationsanspruch geltend machen mit der Folge, dass diese die erforderlichen Informationen von den übrigen gruppenangehörigen Unternehmen beschaffen muss.[92]

17.85 Gemäß § 5 Abs. 1 EBRG ist **Gläubiger des Informationserhebungsanspruchs** jede Arbeitnehmervertretung i.S.d. Art. 2 Abs. 1 Buchst. d EBR-RL. Damit ist jede nach deutschem oder ausländischem mitgliedstaatlichen Recht gebildete Arbeitnehmervertretung anspruchsberechtigt.[93] In Deutschland erstreckt sich dies auf den Konzern-, Gesamt- und Einzelbetriebsrat; der Sprecherausschuss ist keine Arbeitnehmervertretung i.S.d. EBRG.[94] Gewerkschaftsvertreter oder gewerkschaftliche Vertrauensleute sind ebenfalls nicht erfasst.[95] Schuldner des Auskunftsanspruchs gegenüber der inländischen oder ausländischen Arbeitnehmervertretung ist gem. § 5 Abs. 1 EBRG die zentrale Leitung. Daneben gewährt § 5 Abs. 2 EBRG einem inländischen Betriebsrat oder Gesamtbetriebsrat einen zusätzlichen Auskunftsanspruch gegenüber der örtlichen Betriebs- oder Unternehmensleitung (i.S. seines jeweiligen arbeitgeberseitigen Gegenübers[96]). Der Konzernbetriebsrat hingegen hat keinen Auskunftsanspruch nach § 5 Abs. 2 EBRG gegen die örtliche Leitung.[97] Die örtliche Leitung ist verpflichtet, die erforderlichen Informationen und Unterlagen bei der zentralen Leitung einzuholen. § 5 Abs. 3 EBRG statuiert eine Informationspflicht für alle im Inland ansässigen Unternehmen der Unternehmensgruppe und eine im Inland ansässige zentrale Leitung.[98] Daraus folgt ein Informationserhebungsanspruch des den Arbeit-

---

91 Die englische Fassung der EBR-Richtlinie spricht hier von „competent recognised Community-level trade union organisations" (Hervorhebung diesseits). Die Übersetzung als „kompetente" Gewerkschaftsorganisationen ist hier nicht ganz passend. Zutreffender wäre die Übersetzung mit „zuständigen" gewesen.
92 Vgl. *Barnard*, EU Employment Law, S. 666, unter Hinweis auf EuGH v. 15.7.2004 – C-349/01, ArbRB 2004, 305 – ADS Anker, Slg. 2004, I-6803 Rz. 56, 59 = NZA 2004, 1167.
93 HWK/*Giesen*, EBRG Rz. 30; vgl. AKRR/*Annuß*, § 5 EBRG Rz. 5; DKKW/*Däubler*, § 5 EBRG Rz. 2.
94 HWK/*Giesen*, EBRG Rz. 30; GK-BetrVG/*Oetker*, § 5 EBRG Rz. 4.
95 HWK/*Giesen*, EBRG Rz. 30; AKRR/*Annuß*, § 5 EBRG Rz. 5; a.A. DKKW/*Däubler*, § 5 EBRG Rz. 2.
96 HWK/*Giesen*, EBRG Rz. 33.
97 AKRR/*Annuß*, § 5 EBRG Rz. 7; DKKW/*Däubler*, § 5 EBRG Rz. 5; a.A. *Fitting*, Übersicht EBRG Rz. 41.
98 AKRR/*Annuß*, § 5 EBRG Rz. 9.

nehmervertretungen – nach inländischem oder ausländischem Umsetzungsrecht – auskunftsverpflichteten (im Inland oder in einem anderen Mitgliedstaat ansässigen[99]) Unternehmens gegenüber anderen Unternehmen der Unternehmensgruppe, wobei dieser Anspruch auch geltend gemacht werden kann, bevor eine Arbeitnehmervertretung ihrerseits ihren Anspruch aus § 5 Abs. 1 EBRG (bzw. nach einem anderen mitgliedstaatlichen Umsetzungsrecht) geltend macht.[100] Die Arbeitnehmervertretungen haben jedoch gemäß dem Wortlaut und der Systematik des § 5 EBRG unmittelbar keinen Anspruch aus § 5 Abs. 3 EBRG gegenüber den anderen Unternehmen.[101] Die entsprechende Verpflichtung der in anderen Mitgliedstaaten ansässigen Unternehmen zur Auskunftserteilung richtet sich nach dem jeweiligen mitgliedstaatlichen Umsetzungsrecht.[102]

Inhalt der Verpflichtung der Arbeitgeberseite aus Art. 4 Abs. 4 EBR-RL ist die Erhebung und Übermittlung der für die Aufnahme von Verhandlungen zur Bildung eines EBR erforderlichen Informationen. Dies sind insbesondere die durchschnittliche Gesamtzahl der Arbeitnehmer und ihre Verteilung auf die Mitgliedstaaten, die einzelnen Unternehmen und Betriebe, aber auch die Struktur des Unternehmens bzw. der einbezogenen Unternehmensgruppe.[103] Ferner dürfte sich der Informationserhebungsanspruch auch auf die Bezeichnung und Anschrift ausländischer Arbeitnehmervertretungen erstrecken.[104]

17.86

Gemäß dem Wortlaut des Art. 4 Abs. 4 EBR-RL greift die Informationspflicht an sich **nur bei Anwendbarkeit der EBR-Richtlinie**, d.h. bei Vorliegen der Voraussetzungen für die Errichtung eines EBR. Der **EuGH** hat sich in diesem Zusammenhang bereits dreimal mit deutschen Fällen befasst, in denen es um den Auskunftsanspruch von betrieblichen Interessenvertretungen gegenüber dem Arbeitgeber im Zuge der **Vorbereitung einer EBR-Gründung** ging. Die Interessenvertretungen, die eine EBR-Gründung beabsichtigten, wollten klären lassen, ob die Voraussetzungen für eine Gründung nach dem EBRG gegeben sind. In allen Fällen[105] verweigerte die zentrale Leitung die für die EBR-Gründung erforderlichen Auskünfte. Der EuGH entschied in allen drei Fällen, dass es „aus Gründen der praktischen Wirksamkeit der Richtlinie […] unerlässlich [ist], den betroffenen Arbeitnehmern Zugang zu den Informationen zu verschaffen, auf Grund derer sie feststellen können, ob sie einen Anspruch auf Aufnahme von Verhandlungen zwischen der zentralen Leitung […] und ihren eigenen Vertretern haben."[106] Diese Rechtsprechung wurde zwar nicht vollends in den Wortlaut der Neufassung des Art. 4 Abs. 4 EBR-RL inkorporiert. Allerdings wollte der Richtliniengeber dem EuGH auch keine Absage erteilen. Vielmehr wird von der Richtlinie vorausgesetzt, so dass zur Sicherung der praktischen Anwendbarkeit die Informationserhebungspflicht gem. Art. 4 Abs. 4 EBR-RL auch zur Prüfung der grundsätzlichen Anwendbarkeit der EBR-Richtlinie greift.[107] In der Regel wird gerade in kritischen Fällen die Gewissheit über die (Un-) Anwendbarkeit der EBR-Richtlinie erst dann bestehen, wenn die Informationen erhoben

17.87

---

99 Vgl. AKRR/*Annuß*, § 5 EBRG Rz. 8 unter Hinweis auf die Gesetzesbegründung.
100 HWK/*Giesen*, EBRG Rz. 34; *Fitting*, Übersicht EBRG Rz. 38; GK-BetrVG/*Oetker*, § 5 EBRG Rz. 6; DKKW/*Däubler*, § 5 EBRG Rz. 8.
101 HWK/*Giesen*, EBRG Rz. 34.
102 Vgl. AKRR/*Annuß*, § 5 EBRG Rz. 9; zum Recht des Vereinigten Königreichs vgl. Central Arbitration Committee, 20.1.2016 – EWC/13/2015 – Facilicom Services Group Rz. 72 ff.
103 HWK/*Giesen*, EBRG Rz. 31.
104 *Rose*, Die Rechtsprechung zum Auskunftsanspruch vor EBR-Gründung, Veröffentlichung der Hans-Böckler-Stiftung, November 2005, S. 4, abrufbar unter: http://www.boeckler.de/pdf/mbf_ebr_aus kunftsanspruch_2005.pdf (Stand: 15.10.2018).
105 EuGH v. 29.3.2001 – C-62/99 – Bofrost, Slg. 2001, I-2579 = NZA 2001, 506; v. 13.1.2004 – C-440/00, ArbRB 2004, 76 – Kühne & Nagel, Slg. 2004, I-787 = NZA 2004, 160; v. 15.7.2004 – C-349/01, ArbRB 2004, 305 – ADS Anker, Slg. 2004, I-6803 = NZA 2004, 1167.
106 Vgl. hierzu *Rose*, Die Rechtsprechung zum Auskunftsanspruch vor EBR-Gründung, Veröffentlichung der Hans-Böckler-Stiftung, November 2005, S. 1, abrufbar unter: www.boeckler.de/pdf/mbf_ebr_aus kunftsanspruch_2005.pdf (Stand: 15.10.2018).
107 Vgl. HWK/*Giesen*, EBRG Rz. 35.

und übermittelt wurden, d.h. der Anspruch faktisch erfüllt wurde. Daher ist Art. 4 Abs. 4 EBR-RL gemäß dem effet-utile-Grundsatz dahingehend auszulegen, dass auch in Fällen der Anwendungsungewissheit ein Auskunftsanspruch besteht. Nur so kann die praktische Wirksamkeit der Richtlinie gemäß dem Grundsatz des effet utile ermöglicht werden.[108] Dafür spricht auch ErwGr. 25 EBR-RL, wonach die Verantwortung eines Unternehmens oder einer Unternehmensgruppe bei der Übermittlung der zur Aufnahme von Verhandlungen erforderlichen Informationen derart festzulegen ist, dass die Arbeitnehmer in die Lage versetzt werden, festzustellen, ob das Unternehmen oder die Unternehmensgruppe gemeinschaftsweit operiert, und die zur Abfassung eines Antrags auf Aufnahme von Verhandlungen nötigen Kontakte zu knüpfen.

17.88 Das **BAG** hat den Informationsanspruch – bereits vor Neufassung der EBR-Richtlinie und des EBRG – entsprechend auch für den Fall anerkannt, dass die Anwendbarkeit des EBRG mit einer **gewissen tatsächlichen Wahrscheinlichkeit** gegeben ist.[109]

17.89 Auch eine **fingierte zentrale Leitung** gem. Art. 4 Abs. 4 EBR-RL unterliegt in vollem Umfang der Informationserhebungspflicht. Damit setzt die Richtlinie die Rechtsprechung des EuGH aus den Entscheidungen Kühne & Nagel[110] sowie ADS Anker[111] um. Die Unternehmen hatten sich bis zur Entscheidung durch den EuGH darauf berufen, dass ihre Konzernmütter, die außerhalb des EU/EWR-Gebietes ansässig waren, keine Informationen an sie weitergäben, so dass auch sie selbst keine Auskünfte erteilen könnten.[112]

17.90 Das BAG hat folgerichtig den Grundsatz aufgestellt, dass der Auskunftsanspruch nicht der Einwendung der **Unmöglichkeit aus § 275 Abs. 2 BGB** unterliege. Vielmehr könne sich die fingierte zentrale Leitung auch der Hilfe Dritter zur Erfüllung des Anspruchs bedienen. Der deutsche Gesetzgeber hat diese Rechtsprechung umgesetzt, indem er den Wortlaut des § 5 EBRG an Art. 4 Abs. 4 EBR-RL angepasst hat. Nunmehr handelt es sich nicht um eine Auskunfts-, sondern um eine Informationserhebungspflicht (vgl. § 5 Abs. 3 EBRG).[113]

17.91 Obgleich ein **im EU/EWR-Ausland ansässiges herrschendes Unternehmen** nicht den Verpflichtungen der EBR-Richtlinie bzw. der nationalen Umsetzungsgesetze unterfällt, besteht **faktisch ein Zwang zur Auskunftserteilung** auch für diese Gesellschaften, da die fingierte zentrale Leitung einer umfassenden Verantwortung unterliegt und im Rahmen ihrer Informationserhebungspflicht ggf. auch bei der nicht-europäischen Konzernmutter Informationen einholen muss, um ihren gesetzlichen Pflichten nachzukommen. Will das herrschende Unternehmen eine Pflichtverletzung durch und Sanktionen gegen seine Tochtergesellschaft vermeiden, muss sie daher die benötigten Informationen bereitstellen.

6. EBR kraft Vereinbarung

17.92 Ein EBR bzw. ein anderes Verfahren zur grenzüberschreitenden Unterrichtung und Anhörung ist vorrangig von der zentralen Leitung des Unternehmens bzw. der Unternehmensgruppe und dem arbeitnehmerseitig gebildeten BVG in einer Vereinbarung auszuhandeln. Die Parteien sind dabei

---

108 HWK/*Giesen*, EBRG Rz. 35.
109 BAG v. 30.3.2004 – 1 ABR 61/01, ArbRB 2004, 269 = NZA 2004, 863 (864, 867).
110 EuGH v. 13.1.2004 – C-440/00 – Kühne & Nagel, Slg. 2004, I-787 = NZA 2004, 160; vgl. hierzu ausführlich *Riesenhuber*, Europäisches Arbeitsrecht, § 28 Rz. 84 ff.
111 EuGH v. 15.7.2004 – C-349/01 – ADS Anker, Slg. 2004, I-6803 = NZA 2004, 1167.
112 EuGH v. 13.1.2004 – C-440/00 – Kühne & Nagel, Slg. 2004, I-787 = NZA 2004, 160; nachfolgend dazu BAG v. 29.6.2004 – 1 ABR 32/99, NZA 2005, 118; EuGH v. 15.7.2004 – C-349/01 – ADS Anker, Slg. 2004, I-6803; *Giesen*, RdA 2004, 307; Hanau/Steinmeyer/Wank/*Hanau*, § 19 Rz. 52 f.; *Thüsing*, NZA-Beilage zu Heft 16/2003, 41.
113 Umsetzung von Art. 4 Abs. 4 RL 2009/38/EG; vgl. auch HWK/*Giesen*, EBRG Rz. 22.

gemäß dem **Grundsatz der Gestaltungsfreiheit** im Wesentlichen frei, wie sie die grenzüberschreitende Unterrichtung und Anhörung ausgestalten wollen.[114] Sie können dabei der besonderen Situation und Struktur des Unternehmens bzw. der Unternehmensgruppe Rechnung tragen. Allerdings müssen sie den Vorgaben des Art. 6 EBR-RL gerecht werden.

a) Regelungsgegenstände der Vereinbarung

Die EBR-Richtlinie macht Vorgaben hinsichtlich der Regelungsgegenstände der Vereinbarung. Eine EBR-Vereinbarung hat danach folgende Themen zu adressieren und regeln:

17.93

– die von der Vereinbarung betroffenen Unternehmen der gemeinschaftsweit operierenden Unternehmensgruppe oder Betriebe des gemeinschaftsweit operierenden Unternehmens (Art. 6 Abs. 2 Buchst. a EBR-RL);
– die Zusammensetzung des EBR, die Anzahl der Mitglieder, die Sitzverteilung, wobei soweit als möglich eine ausgewogene Vertretung der Arbeitnehmer nach Tätigkeit, Arbeitnehmerkategorien und Geschlecht zu berücksichtigen ist, und die Mandatsdauer (Art. 6 Abs. 2 Buchst. b EBR-RL);
– die Befugnisse und das Unterrichtungs- und Anhörungsverfahren des EBR sowie die Modalitäten für die Abstimmung zwischen der Unterrichtung und Anhörung des EBR und der einzelstaatlichen Arbeitnehmervertretungen gemäß den Grundsätzen des Art. 1 Abs. 3 EBR-RL (Art. 6 Abs. 2 Buchst. c EBR-RL);
– der Ort, die Häufigkeit und die Dauer der Sitzungen des EBR (Art. 6 Abs. 2 Buchst. d EBR-RL);
– gegebenenfalls die Zusammensetzung, die Modalitäten für die Bestellung, die Befugnisse und die Sitzungsmodalitäten des innerhalb des EBR eingesetzten engeren Ausschusses (Art. 6 Abs. 2 Buchst. e EBR-RL);
– die für den EBR bereitzustellenden finanziellen und materiellen Mittel (Art. 6 Abs. 2 Buchst. f EBR-RL);
– das Datum des Inkrafttretens der Vereinbarung und ihre Laufzeit, die Modalitäten für die Änderung oder Kündigung der Vereinbarung und gegebenenfalls die Fälle, in denen eine Neuaushandlung erfolgt, und das bei ihrer Neuaushandlung anzuwendende Verfahren, gegebenenfalls auch bei Änderungen der Struktur des gemeinschaftsweit operierenden Unternehmens oder der gemeinschaftsweit operierenden Unternehmensgruppe (Art. 6 Abs. 2 Buchst. g EBR-RL);
– die Modalitäten für die Abstimmung zwischen der Unterrichtung und Anhörung des EBR und der einzelstaatlichen Arbeitnehmervertretungen (Art. 12 Abs. 2 EBR-RL).

Daneben impliziert Art. 13 Satz 1 EBR-RL, dass die Vereinbarung Anpassungsbestimmungen für den **Fall einer wesentlichen Strukturänderung des gemeinschaftsweit operierenden Unternehmens** oder der gemeinschaftsweit operierenden Unternehmensgruppe enthalten kann, jedoch nicht zwingend enthalten muss. Zwar sieht ErwGr. 28 EBR-RL vor, dass die Vereinbarungen über die Einrichtung und Arbeitsweise der Europäischen Betriebsräte die Modalitäten für ihre Änderung, Kündigung oder gegebenenfalls Neuverhandlung enthalten „müssen", „insbesondere für den Fall einer Änderung des Umfangs oder der Struktur" des Unternehmens oder der Unternehmensgruppe. Weder daraus noch aus Art. 6 Abs. 2 Buchst. g EBR-RL wird man jedoch aufgrund des **eindeutigen Wortlauts** des Art. 13 Satz 1 EBR-RL („fehlen entsprechende Bestimmungen") ein zwingendes Regelungserfordernis in Bezug auf strukturelle Änderungen ableiten können.

17.94

Gemäß **§ 17 Satz 2 EBRG** muss sich die Vereinbarung auf alle in den Mitgliedstaaten beschäftigten Arbeitnehmer erstrecken, in denen das Unternehmen oder die Unternehmensgruppe ei-

17.95

---

114 HWK/*Giesen*, EBRG Rz. 53; *Gaul/Ludwig/Forst*, Europäisches Mitbestimmungsrecht, 2015, § 1 Rz. 81, 91.

nen Betrieb hat. Dabei haben sich die Parteien nach § 17 Satz 3 EBRG darüber zu verständigen, ob die grenzübergreifende Unterrichtung und Anhörung durch die Errichtung eines oder mehrerer EBR oder durch ein anderes Verfahren zur Unterrichtung und Anhörung der Arbeitnehmer erfolgen soll.

17.96 Der deutsche Umsetzungsgesetzgeber hat die Vereinbarungsinhalte zur Errichtung eines EBR nahezu wortlautidentisch mit den Richtlinienvorgaben in § 18 Abs. 1 Satz 2 EBRG geregelt. Danach soll in der Vereinbarung insbesondere Folgendes geregelt werden:

- die Bezeichnung der erfassten Betriebe und Unternehmen, einschließlich der außerhalb des Hoheitsgebietes der Mitgliedstaaten liegenden Niederlassungen, sofern diese in den Geltungsbereich einbezogen werden;[115]

- die Zusammensetzung des EBR, Anzahl der Mitglieder, Ersatzmitglieder, Sitzverteilung und Mandatsdauer;

- die Aufgaben und Befugnisse des EBR sowie das Verfahren zu seiner Unterrichtung und Anhörung; dieses Verfahren kann auf die Beteiligungsrechte der nationalen Arbeitnehmervertretungen abgestimmt werden, soweit deren Rechte hierdurch nicht beeinträchtigt werden;

- Ort, Häufigkeit und Dauer der Sitzungen;

- die Einrichtung eines Ausschusses des EBR einschließlich seiner Zusammensetzung, der Bestellung seiner Mitglieder, seiner Befugnisse und Arbeitsweise;

- die für den EBR zur Verfügung zu stellenden finanziellen und sachlichen Mittel;

- eine Klausel zur Anpassung der Vereinbarung an Strukturänderungen, die Geltungsdauer der Vereinbarung und das bei ihrer Neuverhandlung, Änderung oder Kündigung anzuwendende Verfahren, einschließlich einer Übergangsregelung.

17.97 Der vorgenannte Katalog an Vereinbarungsinhalten stellt lediglich eine **Soll-Vorschrift** dar, während Art. 6 Abs. 2 EBR-RL keine Sollregelung statuiert, sondern von zwingenden Vereinbarungsinhalten ausgeht. Es bestehen daher **Zweifel an der Richtlinienkonformität des § 18 Abs. 1 Satz 2 EBRG**.[116] Überwiegend wird jedoch vertreten, dass eine richtlinienkonforme Auslegung möglich sei.[117] Teilweise wird angenommen, dass nur eine vollständige Vereinbarung eine solche i.S.v. §§ 17, 18 EBRG darstelle und das BVG daher so lange weiter bestehe, bis die Vereinbarung entsprechend vervollständigt wurde oder bis wegen Fristablaufs gem. § 21 Abs. 1 EBRG ein EBR kraft Gesetzes zu errichten sei.[118] Diese Auffassung ist jedoch mit dem Charakter einer Soll-Vorschrift nicht vereinbar. Wohl überwiegend wird vertreten, dass die Verhandlungspartner darüber entscheiden dürfen, ob und wie die genannten Regelungsgegenstände in die Vereinbarung aufgenommen werden, wodurch Art. 6 Abs. 2 EBR-RL und § 18 Abs. 1 Satz 2 EBRG auf die Funktion einer Checkliste reduziert wären.[119] Etwas enger wird auch argumentiert, dass zumindest die „wesentlichen" in Art. 6 Abs. 2 EBR-RL festgelegten Punkte geregelt sein müssten und bei offenen Fragen auf die subsidiären gesetzlichen Regelungen zurückgegriffen werden könne.[120] Der Unwirksamkeit einer Vereinbarung wegen des Fehlens einzelner

---

115 Die Möglichkeit einer Einbeziehung von Betrieben und Unternehmen außerhalb der EU/EWR-Mitgliedstaaten wird zwar nicht in Art. 6 Abs. 2 Buchst. a EBR-RL erwähnt, ist aber nach Art. 1 Abs. 6 EBR-RL zulässig („Ist in der Vereinbarung nach Artikel 6 kein größerer Geltungsbereich vorgesehen"). Diese Option könnte nach dem geplanten Austritt des Vereinigten Königreichs aus der EU, dem sogenannten Brexit, verstärkt Bedeutung gewinnen.
116 *Schmidt*, RdA-Beilage zu Heft 5/2001, 12; GK-BetrVG/*Oetker*, § 18 EBRG Rz. 2; Hanau/Steinmeyer/Wank/*Hanau*, § 19 Rz. 77, der jedoch § 18 EBRG als „Muss-Vorschrift" auslegt.
117 A.A. *Bachner/Kunz*, AuR 1996, 81 (85).
118 AKRR/*Rupp*, § 17 EBRG Rz. 17.
119 DKKW/*Däubler*, § 18 EBRG Rz. 4; GK-BetrVG/*Oetker*, § 18 EBRG Rz. 2.
120 So HWK/*Giesen*, EBRG Rz. 53, 55.

Regelungspunkte steht in jedem Fall die **klare Wortlautgrenze** der Sollregelung in § 18 Abs. 1 Satz 2 EBRG entgegen.

Die EBR-Richtlinie regelt nicht, welche **Rechtsfolgen** eine Vereinbarung nach sich zieht, die nicht sämtliche von der EBR-Richtlinie vorgesehenen Vereinbarungsinhalte enthält. Es ist den nationalen Umsetzungsrechtsordnungen überlassen, wie eine inhaltlich mangelhafte Vereinbarung zu behandeln ist (vgl. Rz. 17.141). In Betracht kommt insofern insbesondere, die relevanten Vereinbarungsmängel durch einen Rückgriff auf die subsidiär anwendbaren Auffangregelungen zu schließen. Die theoretisch ebenfalls denkbare Rechtsfolge einer Gesamtunwirksamkeit der Vereinbarung[121] würde bei Fehlen einzelner Regelungspunkte weder der Richtlinie, die ausweislich ErwGr. 7 EBR-RL auf eine Erhöhung der Zahl der EBR abzielt, noch dem Willen der Verhandlungspartner gerecht.

17.98

b) Mitbestimmungsrechte als erweiterter Vereinbarungsinhalt?

Es wird diskutiert, ob im Rahmen einer EBR-Vereinbarung über die Unterrichtungs- und Anhörungsrechte hinaus auch **Mitbestimmungsrechte i.S. eines Zustimmungserfordernisses bzw. Mitentscheidungsrechts** für den EBR begründet werden könnten. Solche Vereinbarungen stehen jedoch außerhalb des EBR-rechtlichen Regelungsrahmens, der funktional auf Unterrichtungs- und Anhörungsrechte sowie damit zusammenhängende Regelungsinhalte beschränkt ist.[122] Die Zulässigkeit einer Vereinbarung weitergehender Rechte des EBR richtet sich daher allein nach nationalem Recht.[123]

17.99

Nach deutschem Recht besteht **keine Möglichkeit**, Mitbestimmungsrechte eines EBR (i.S. eines Zustimmungserfordernisses zu der geplanten unternehmerischen Maßnahme) kraft Vereinbarung zu statuieren. Dem BVG fehlt hierfür die Legitimation.[124] Es hat gem. § 8 Abs. 1 EBRG entsprechend der Richtliniendefinition in Art. 2 Abs. 1 Buchst. i EBR-RL lediglich die Aufgabe, die Einsetzung eines EBR oder die Schaffung eines anderen Verfahrens zur Unterrichtung und Anhörung der Arbeitnehmer auszuhandeln. Gemäß Art. 1 Abs. 2 Satz 2 EBR-RL werden die Modalitäten der Unterrichtung und Anhörung der Arbeitnehmer so festgelegt und angewandt, dass ihre Wirksamkeit gewährleistet ist „und eine effiziente Beschlussfassung des Unternehmens oder der Unternehmensgruppe ermöglicht wird". Gegenstand der EBR-Richtlinie ist die grenzüberschreitende Unterrichtung und Anhörung in diesem Sinne. Daneben geht auch die Richtliniendefinition in Art. 2 Abs. 1 Buchst. g EBR-RL von einer alleinigen Entscheidungszuständigkeit der Unternehmensleitung aus („unbeschadet der Zuständigkeit der Unternehmensleitung"). Die Schaffung eines Gremiums, welches darüber hinaus die Befugnis hätte, über die Durchführung einer seitens der Unternehmensleitung geplanten Maßnahme (mit) zu entscheiden, würde den **sachlichen Anwendungsbereich der EBR-Richtlinie verlassen** und die Rechtsmacht des BVG gem. § 8 Abs. 1 EBRG bzw. Art. 2 Abs. 1 Buchst. i i.V.m. Art. 1 Abs. 2 EBR-RL übersteigen.[125]

17.100

---

121 Vgl. HWK/*Giesen*, EBRG Rz. 56 für das deutsche Umsetzungsrecht, der diese Rechtsfolge annimmt, wenn die Vereinbarung (z.B. aufgrund eines Verfahrensfehlers bei ihrem Abschluss) rechtswidrig ist. Das BVG solle dann weiter im Amt bleiben und eine neue Vereinbarung schließen können.
122 Vgl. Europäische Kommission, Bericht über die Durchführung der Richtlinie 2009/38/EG v. 14.5.2018, COM(2018) 292 final, S. 7: „While European Works Councils' rights to information and consultation apply to all transnational topics affecting workers' employment conditions, European Works Councils are not a negotiating body and so have a different objective than informing and consulting at local level, a process which aims to reach agreement between workers' representatives and the employer."
123 HWK/*Giesen*, EBRG Rz. 70; DKKW/*Däubler*, § 18 EBRG Rz. 13.
124 HWK/*Giesen*, EBRG Rz. 70; GK-BetrVG/*Oetker*, § 18 EBRG Rz. 7; EAS/*Oetker*/*Schubert*, B 8300 Rz. 147.
125 AKRR/*Rupp*, § 17 EBRG Rz. 19; vgl. auch *Fitting*, Übersicht EBRG Rz. 90b.

17.101 Die EBR-Vereinbarung selbst kann auch **Fragen der Durchsetzung von Rechten aus der Vereinbarung** regeln. Insbesondere kann sie eine – ausdrückliche oder konkludente – Rechtsgrundlage für einen durch Leistungsklage durchsetzbaren **Erfüllungsanspruch** auf Unterrichtung und Anhörung beinhalten.[126] Ein Anspruch auf Unterlassung von Maßnahmen, bezüglich derer ein Unterrichtungs- und Anhörungsverfahren noch nicht stattgefunden hat oder abgeschlossen ist, besteht ohne eine entsprechende Regelung in der EBR-Vereinbarung nicht,[127] sofern nicht ausnahmsweise das anwendbare nationale Recht einen Unterlassungsanspruch gewährt, wie dies z.B. in Frankreich der Fall ist (vgl. Rz. 17.140 ff.). Die Richtlinie selbst sieht keine bestimmten Rechtsfolgen bei einer Nichteinhaltung der Richtlinienvorgaben durch Arbeitgeber oder Arbeitnehmervertreter vor, sondern verpflichtet die Mitgliedstaaten in Art. 11 Abs. 2 EBR-RL dazu, angemessene Maßnahmen zu treffen.

c) Vereinbarung zur Schaffung eines alternativen Unterrichtungs- und Anhörungsverfahrens

17.102 Die zentrale Leitung und das BVG können in schriftlicher Form den Beschluss fassen, **anstelle eines EBR ein oder mehrere Unterrichtungs- und Anhörungsverfahren** einzurichten, Art. 6 Abs. 3 UAbs. 1 EBR-RL. Hierbei wird kein neues Arbeitnehmervertretungsgremium errichtet. Vielmehr können die existierenden nationalen Arbeitnehmervertretungen als Unterrichtungs- und Anhörungsadressat agieren.[128] In der Praxis wurde dieser Weg nach Erkenntnissen des European Trade Union Institute bis März 2016 nur neunmal beschritten.[129]

17.103 In der Vereinbarung zur Etablierung eines grenzüberschreitenden Unterrichtungs- und Anhörungsverfahrens ist festzulegen, **unter welchen Voraussetzungen und in welcher Zusammensetzung** die (nationalen) Arbeitnehmervertreter das Recht haben, zu einem Meinungsaustausch über die ihnen übermittelten Informationen zusammenzutreten, Art. 6 Abs. 3 UAbs. 2 EBR-RL. Gemäß Art. 6 Abs. 3 UAbs. 3 EBR-RL erstreckt sich die Informationspflicht bei einem solchen alternativen Unterrichtungs- und Anhörungsverfahren insbesondere auf **länderübergreifende Angelegenheiten**, welche **erhebliche Auswirkungen** auf die Interessen der Arbeitnehmer haben. Dem Wortlaut nach bezieht sich dies nur auf die **Unterrichtungspflicht**. Allerdings dürfte Art. 6 Abs. 3 UAbs. 3 EBR-RL dahin **teleologisch zu erweitern** sein, dass auch ein entsprechendes **Anhörungsrecht** der Arbeitnehmervertreter besteht. Das alternative Verfahren tritt an die Stelle eines EBR. Es ist deshalb nicht ersichtlich, weshalb die Arbeitnehmer im Rahmen eines alternativen Verfahrens weniger Rechte haben sollten als im Fall der Errichtung eines EBR.[130]

17.104 Für Vereinbarungen, die ein alternatives Unterrichtungs- und Anhörungsverfahren vorsehen, gelten die Inhaltsvorgaben des Art. 6 Abs. 2 Buchst. b (Zusammensetzung des EBR), Buchst. c (Befugnisse des EBR), Buchst. d (Ort, Häufigkeit und Dauer der Sitzungen des EBR), Buchst. e (Zusammensetzung, Bestellungsmodalitäten, Befugnisse und Sitzungsmodalitäten des engeren Ausschusses) und Buchst. f (finanzielle und materielle Mittel des EBR) EBR-RL folglich nicht. Um ein effektives alternatives Unterrichtungs- und Anhörungsverfahren zu schaffen, ist allerdings davon auszugehen, dass auch eine solche Vereinbarung einen **Mindestinhalt** analog Art. 6 Abs. 2 EBR-RL aufweisen muss. Insbesondere die zu beteiligenden nationalen Arbeitnehmervertreter, die Modalitäten und Gegenstände des Verfahrens, die Kostentragung sowie die Bereitstellung finanzieller und sachlicher Mittel sollten daher geregelt sein.[131]

---

126 HWK/*Giesen*, EBRG Rz. 71.
127 Vgl. LAG Köln v. 8.9.2011 – 13 Ta 267/11, ArbRB 2011, 338 = AiB 2012, 126; LAG Baden-Württemberg v. 12.10.2015 – 9 TaBV 2/15, NZA-RR 2016, 358 Rz. 34 ff.; Central Arbitration Committee v. 12.2.2018 – EWC/17/2017 Rz. 91; HWK/*Giesen*, EBRG Rz. 71; EuArbR/*Oetker*, Art. 11 EBR-RL Rz. 7 ff.; a.A. HK-BetrVG/*Blanke/Hayen*, § 29 EBRG Rz. 5.
128 Vgl. EuArbR/*Oetker*, Art. 6 EBR-RL Rz. 19; AKRR/*Rupp*, § 19 EBRG Rz. 3 ff.
129 *de Spiegelaere*, Too little, too late?, Evaluating the European Works Councils Recast Directive, 2016, S. 17.
130 So auch HWK/*Giesen*, EBRG Rz. 87.
131 Vgl. insoweit zum deutschen Umsetzungsrecht in § 19 EBRG: HWK/*Giesen*, EBRG Rz. 87.

7. EBR kraft Gesetzes

a) Voraussetzungen für die Bildung eines EBR kraft Gesetzes

Gemäß Art. 7 Abs. 1 EBR-RL finden die subsidiären Vorschriften, sog. **Auffangregelungen**, Anwendung, wenn (i) die zentrale Leitung und das BVG einen entsprechenden Beschluss fassen, (ii) die zentrale Leitung die Aufnahme von Verhandlungen binnen sechs Monaten nach dem ersten Antrag gem. Art. 5 Abs. 1 EBR-RL verweigert oder (iii) binnen drei Jahren nach dem entsprechenden Antrag keine Vereinbarung gem. Art. 6 EBR-RL zustande kommt und das BVG keinen Beschluss gem. Art. 5 Abs. 5 EBR-RL gefasst hat, keine Verhandlungen zu eröffnen oder bereits eröffnete Verhandlungen zu beenden. 17.105

Das EBRG setzt diese Vorgaben in § 21 Abs. 1 Satz 1, 2 im Einklang mit der Richtlinie um. § 21 Abs. 1 Satz 3 EBRG stellt ergänzend klar, dass die Regeln zum Eingreifen der gesetzlichen Auffanglösung auch dann gelten, wenn die Initiative zur Bildung eines EBR von der zentralen Leitung ausgeht. Art. 7 Abs. 1 EBR-RL setzt dies als selbstverständlich voraus. 17.106

Zu § 21 Abs. 1 Satz 1 EBRG wird z.T. die Ansicht vertreten, die beharrliche Weigerung der zentralen Leitung, die von § 5 Abs. 1 EBRG geforderten **Informationen zur Verfügung zu stellen**, stehe der Weigerung, Verhandlungen aufzunehmen gleich.[132] Diese Ansicht widerspricht sowohl der Systematik der EBR-Richtlinie als auch des EBRG, die dem BVG in Art. 4 Abs. 4 EBR-RL bzw. § 5 Abs. 1 EBRG für den Fall, dass sich die zentrale Leitung weigert, die erforderlichen Informationen zur Verfügung zu stellen, einen klagbaren Auskunftsanspruch einräumen. Die gerichtliche Durchsetzung dieses Informationsanspruchs ist die in der Richtlinie und dem EBRG vorgesehene Reaktion auf eine Weigerung der zentralen Leitung, nicht das Eingreifen der gesetzlichen Auffangregelungen.[133] Es steht einer Verweigerung der Aufnahme von Verhandlungen gemäß § 21 Abs. 1 Satz 1 EBRG allerdings gleich, wenn die (fingierte) zentrale Leitung entgegen einem **Antrag nach § 9 Abs. 1, 2 EBRG** nicht tätig wird, um die Bildung eines BVG im Sinne von § 9 Abs. 3, § 10 EBRG voranzutreiben.[134] **Untätigkeit** der zentralen Leitung erlaubt den nationalen Arbeitnehmervertretungen sechs Monate nach dem wirksamen Antrag auf Bildung eines BVG die Errichtung eines EBR kraft Gesetzes. Keine Untätigkeit in diesem Sinne liegt vor, wenn sich die Bildung des BVG trotz Bemühungen der zentralen Leitung verzögert.[135] In derartigen Fällen liegt keine Verweigerung vor. Teilweise wird vertreten, die zentrale Leitung müsse das BVG nach seiner Konstituierung entsprechend § 21 Abs. 1 Satz 1 EBRG mindestens alle sechs Monate zu Verhandlungen laden, um die Errichtung eines EBR kraft Gesetzes vor Ablauf der Drei-Jahres-Frist gem. § 21 Abs. 1 Satz 2 EBRG zu vermeiden.[136] Das ist mangels einer Regelungslücke abzulehnen. Gemäß § 8 Abs. 3 Satz 2 EBRG werden **Verhandlungstermine** zwischen der Leitung und dem BVG einvernehmlich festgelegt. Die Parteien sind dabei dem Grundsatz vertrauensvoller Zusammenarbeit nach § 8 Abs. 3 Satz 1 EBRG, aber keinem festen Fristenregime unterworfen. Vor Ablauf der Drei-Jahres-Frist gelten die Verhandlungen nach dem Wortlaut des § 21 Abs. 1 Satz 2 EBRG erst dann als gescheitert, wenn beide Seiten dies übereinstimmend erklären. 17.107

Die weit überwiegende Zahl der EBR in der Praxis beruht auf einer Vereinbarungslösung. Das European Trade Union Institute berichtet, dass bis März 2016 nur zwölf EBR auf Basis einer gesetz- 17.108

---

132 Blanke, § 21 EBRG Rz. 7; Kunz, AiB 1997, 267; a.A. GK-BetrVG/Oetker, § 21 EBRG Rz. 7; EAS/Oetker/Schubert, B 8300 Rz. 168.
133 EAS/Oetker/Schubert, B 8300 Rz. 168; AKRR/Rupp, § 20 EBRG Rz. 8.
134 BAG v. 29.6.2004 – 1 ABR 32/99, NZA 2005, 118 (123); ähnlich ArbG Berlin v. 15.7.2016 – 26 BV 4223/16.
135 Vgl. ArbG Berlin v. 15.7.2016 – 26 BV 4223/16, juris; a.A. offenbar Bittner, ZESAR 2017, 247 (249), die die Entscheidung so versteht, dass die zentrale Leitung hinsichtlich der Bildung des BVG und der Aufnahme von Verhandlungen einen Erfolg schulde.
136 HK-BetrVG/Blanke/Kunz, § 21 EBRG Rz. 2.

lichen Auffangregelung gebildet wurden.[137] Der Auffangregelung kommt gleichwohl eine große Bedeutung zu, da sie als Auffangtatbestand die Verhandlungspositionen der Verhandlungsparteien determiniert. Vor dem Hintergrund der Auffangregelungen des Anhang I der EBR-Richtlinie verhandeln die Parteien ihre **maßgeschneiderte EBR-Vereinbarung**.[138]

17.109 In Art. 7 Abs. 1 EBR-RL nicht ausdrücklich vorgesehen, in der Sache aber unzweifelhaft ist, dass das BVG und die zentrale Leitung die Bildung eines EBR nach näherer Maßgabe der gesetzlichen Auffangregelungen vereinbaren können. Bei dem auf dieser Grundlage errichteten Gremium handelt es sich allerdings streng genommen nicht um einen EBR kraft Gesetzes, sondern um einen **EBR kraft Vereinbarung**, der lediglich in seiner näheren Ausgestaltung den gesetzlichen Auffangregelungen entspricht.

17.110 Dies gilt gleichermaßen für Vereinbarungen nach dem deutschen Umsetzungsrecht gem. § 18 Abs. 1 Satz 1 EBRG.[139] Erklären die Parteien allerdings vor Ablauf der Drei-Jahres-Frist nach § 21 Abs. 1 Satz 2 EBRG übereinstimmend das Scheitern der Verhandlungen, ist keine Vereinbarung, sondern das Gesetz die maßgebliche Rechtsquelle.[140]

17.111 Ein EBR kraft Gesetzes ist auch zu errichten, wenn nach einer **strukturellen Änderung** i.S.d. Art. 13 Abs. 1 EBR-RL, die zur Neuverhandlung verpflichtet, keine Einigung zustande kommt oder ein anderer Tatbestand aus Art. 7 Abs. 1 EBR-RL eingreift. Dies folgt aus der Verweisung auf Art. 5 EBR-RL in Art. 13 EBR-RL.

17.112 Im deutschen Umsetzungsrecht ergibt sich diese Rechtsfolge aus § 37 Abs. 4, § 21 Abs. 1 EBRG.[141]

17.113 In allen Varianten setzt Art. 7 Abs. 1 EBR-RL für die Errichtung eines EBR kraft Gesetzes entweder eine **Initiative der Arbeitnehmerseite oder der zentralen Leitung** zur Errichtung eines EBR voraus. Ohne eine solche Initiative kann es nicht zur Bildung eines EBR kraft Gesetzes kommen. Dies gilt auch im Falle wesentlicher struktureller Änderungen.[142]

b) Größe und Zusammensetzung des EBR kraft Gesetzes

17.114 Der EBR kraft Gesetzes setzt sich gem. Abs. 1 Buchst. b Anh. I EBR-RL aus **Arbeitnehmern** des gemeinschaftsweit operierenden Unternehmens oder der gemeinschaftsweit operierenden Unternehmensgruppe zusammen, die von den Arbeitnehmervertretern aus ihrer Mitte oder, in Ermangelung solcher Vertreter, von der Gesamtheit der Arbeitnehmer gewählt oder benannt werden. Personen, die nicht in einem Arbeitsverhältnis mit dem gemeinschaftsweit tätigen Unternehmen oder einem Unternehmen der gemeinschaftsweit tätigen Unternehmensgruppe stehen (z.B. externe Gewerkschaftsvertreter), können nicht Mitglied eines EBR kraft Gesetzes sein. Gewählt oder benannt werden die Mitglieder des EBR kraft Gesetzes nach den Vorschriften des jeweils einschlägigen nationalen Rechts. Anders als bei den Mitgliedern des BVG sieht die EBR-Richtlinie für die Wahl der Mitglieder des EBR kraft Gesetzes bei Fehlen einer Arbeitnehmervertretung eine Urwahl vor, ohne dabei wie bei den BVG-Mitgliedern darauf abzustellen, aus welchen Gründen eine solche Arbeitnehmervertretung fehlt. D.h. auch bei Fehlen einer Arbeitnehmervertretung „abhängig vom

---

137 *de Spiegelaere*, Too little, too late?, Evaluating the European Works Councils Recast Directive, 2016, S. 17.
138 Vgl. *Carley/Hall*, Industrial Law Journal 29 (2000), 103 (105).
139 DKKW/*Däubler*, § 18 EBRG Rz. 4.
140 DKKW/*Däubler*, § 18 EBRG Rz. 6.
141 DKKW/*Bachner*, § 21 EBRG Rz. 3 ff.; GK-BetrVG/*Oetker*, § 37 EBRG Rz. 2; vgl. *Fitting*, Übersicht EBRG Rz. 100 ff.
142 EuArbR/*Oetker*, Art. 13 EBR-RL Rz. 9.

Willen der Arbeitnehmer", weil die Belegschaft eine solche trotz Vorliegens der gesetzlichen Voraussetzungen nicht gewählt bzw. bestellt hat, soll nach dem Wortlaut der EBR-Richtlinie eine Urwahl ermöglicht werden.

Das EBRG setzt Abs. 1 Buchst. b Anh. I EBR-RL in §§ 22 Abs. 1, 23 um. Danach werden die auf das Inland entfallenden EBR-Mitglieder entsprechend der Wahl der auf das Inland entfallenden BVG-Mitglieder bestellt (vgl. Rz. 17.75 ff.).[143]   17.115

Die Vorgabe aus Abs. 1 Buchst. b Anh. I EBR-RL (deutsche Fassung), dass die Mitglieder des EBR kraft Gesetzes „aus der Mitte" der bestehenden Arbeitnehmervertretungen zu wählen sind, hat in §§ 22 Abs. 1, 23 EBRG keinen Niederschlag gefunden. Sie dürfte jedoch auf einem **Missverständnis im Rahmen der Übersetzung** der Richtlinie beruhen. Die englische Fassung des Abs. 1 Buchst. b Anh. I EBR-RL bestimmt: „The European Works Council shall be composed of employees of the Community-scale undertaking or Community-scale group of undertakings elected or appointed from their number by the employees' representatives or, in the absence thereof, by the entire body of employees." Die Satzstellung der Richtlinienbestimmung in der englischen Fassung macht klar, dass sich die Vorgabe „from their number" auf die **Gesamtheit der Arbeitnehmer** des gemeinschaftsweit tätigen Unternehmens bzw. der gemeinschaftsweit tätigen Unternehmensgruppe bezieht und nicht auf die Arbeitnehmervertreter.   17.116

Auch eine **Urwahl der Mitglieder des EBR** kraft Gesetzes für den Fall, dass in den gemeinschaftsweit operierenden Unternehmen bzw. der gemeinschaftsweit operierenden Unternehmensgruppe im Inland keine Arbeitnehmervertretung besteht, ist in § 23 EBRG nicht vorgesehen.[144] Das Gesetz setzt vielmehr voraus, dass zumindest ein Betriebsrat besteht. Der Gesetzgeber des EBRG ging offenbar von einer De-minimis-Regelung aus, d.h., dass, wenn ein Betriebsrat nicht gebildet wurde die Arbeitnehmer in Deutschland nicht im EBR kraft Gesetzes vertreten sein müssen. Hierbei bestehen Zweifel an der Richtlinienkonformität (vgl. zu der ähnlichen Frage betreffend die BVG-Mitglieder vgl. Rz. 17.79 ff.).[145] Fehlt eine Arbeitnehmervertretung im Inland, haben die Arbeitnehmer im Inland in ergänzender richtlinienkonformer Auslegung die Möglichkeit, ihre EBR-Mitglieder durch unmittelbare Wahl zu ermitteln, da Abs. 1 Buchst. b Anh. I EBR-RL bestimmt, dass die EBR-Mitglieder „in Ermangelung solcher Vertreter von der Gesamtheit der Arbeitnehmer gewählt oder benannt werden".[146] Dies gilt, anders als bei der Wahl der BVG-Mitglieder, nicht nur für die Fälle, „in denen unabhängig vom Willen der Arbeitnehmer keine Arbeitnehmervertreter vorhanden sind" (vgl. Rz. 17.114).   17.117

Die Richtlinie lässt auch eine **Wahl leitender Angestellter** i.S.d. § 5 Abs. 3 BetrVG zu. Ob das EBRG dies ebenfalls zulässt, ist umstritten.[147] Jedenfalls gestattet § 23 Abs. 6 EBRG dem zuständigen Sprecherausschussgremium die Entsendung eines leitenden Angestellten, der mit Rederecht an den Sitzungen zur Unterrichtung und Anhörung des EBR kraft Gesetzes teilnehmen darf, aber selbst kein Mitglied des Gremiums ist. Die Entsendung ist zudem an die Bedingung geknüpft, dass dem EBR kraft Gesetzes mindestens fünf im Inland tätige Arbeitnehmer angehören.[148]   17.118

Gemäß Abs. 1 Buchst. c Anh. I EBR-RL werden die Mitglieder des EBR kraft Gesetzes entsprechend der Zahl der in jedem Mitgliedstaat beschäftigten Arbeitnehmer gewählt oder bestellt, so   17.119

---

143 *Fitting*, Übersicht EBRG Rz. 74; GK-BetrVG/*Oetker*, § 23 EBRG Rz. 3.
144 *Blanke*, § 23 EBRG Rz. 1, der sich allerdings auf der Grundlage einer richtlinienkonformen Auslegung für die Möglichkeit einer Direktwahl ausspricht.
145 GK-BetrVG/*Oetker*, § 23 EBRG Rz. 3.
146 So auch AKRR/*Kühn*, § 23 EBRG Rz. 9 f.
147 Dagegen EuArbR/*Oetker*, Anh. EBR-RL Rz. 3; GK-BetrVG/*Oetker*, § 22 EBRG Rz. 4; dafür DKKW/ *Bachner*, § 22 EBRG Rz. 1; *Fitting*, Übersicht EBRG Rz. 74; s. auch BT-Drucks. 13/5021, S. 8.
148 DKKW/*Bachner*, § 23 EBRG Rz. 2; GK-BetrVG/*Oetker*, § 23 EBRG Rz. 8; *Fitting*, Übersicht EBRG Rz. 74; *Blanke*, § 23 EBRG Rz. 6; Küttner/*Eisemann*, Europäischer Betriebsrat, Rz. 14.

dass ein Mitgliedstaat für jeden Anteil der in diesem Mitgliedstaat beschäftigten Arbeitnehmer, der 10 % der Gesamtzahl der in allen Mitgliedstaaten beschäftigten Arbeitnehmer entspricht, oder für einen Bruchteil dieser Tranche Anspruch auf einen Sitz hat. Einfacher lässt sich die **Sitzverteilungsregel** dahin fassen, dass auf jeden Mitgliedstaat, in dem Arbeitnehmer beschäftigt werden, mindestens ein Sitz entfällt und sich die Sitzzahl für jede vollen 10 % aller in den Mitgliedstaaten tätigen Arbeitnehmer um einen weiteren Sitz erhöht.[149]

c) Zuständigkeiten und Rechte des EBR kraft Gesetzes

17.120 Die Zuständigkeit des EBR kraft Gesetzes beschränkt sich auf **länderübergreifende Angelegenheiten** i.S.d. Art. 1 Abs. 4 EBR-RL (vgl. Rz. 17.23 ff.). Dies ergibt sich aus der Verweisung auf Art. 1 Abs. 3 EBR-RL in Abs. 1 Buchst. a Anh. I EBR-RL.

17.121 Gemäß Abs. 2 Anh. I EBR-RL ist der EBR kraft Gesetzes befugt, einmal **jährlich mit der zentralen Leitung zum Zwecke der Unterrichtung und Anhörung** auf der Grundlage eines von der zentralen Leitung vorgelegten Berichts über die Entwicklung der Geschäftslage und die Perspektiven des gemeinschaftsweit operierenden Unternehmens oder der gemeinschaftsweit operierenden Unternehmensgruppe zusammenzutreten.[150] Die **Unterrichtung** (vgl. Rz. 17.48) bezieht sich dabei gem. Abs. 1 Buchst. a Satz 2 Anh. I EBR-RL insbesondere auf die Struktur, die wirtschaftliche und finanzielle Situation sowie die voraussichtliche Entwicklung der Geschäfts-, Produktions- und Absatzlage des gemeinschaftsweit operierenden Unternehmens oder der gemeinschaftsweit operierenden Unternehmensgruppe.

17.122 Die **jährliche Anhörung** bezieht sich gem. Abs. 1 Buchst. a Satz 3 Anh. I EBR-RL insbesondere auf die Beschäftigungslage und ihre voraussichtliche Entwicklung, auf die Investitionen, auf grundlegende Änderungen der Organisation, auf die Einführung neuer Arbeits- und Fertigungsverfahren, auf Verlagerungen der Produktion, auf Fusionen, Verkleinerungen oder Schließungen von Unternehmen, Betrieben oder wichtigen Teilen dieser Einheiten und auf Massenentlassungen.

17.123 Der nationale Gesetzgeber hat diesen **Katalog von Unterrichtungs- und Anhörungsgegenständen in § 29 EBRG** nahezu wortlautgetreu übernommen.[151] Nicht übernommen hat er die Vorgabe aus Abs. 2 Anh. I EBR-RL, dass die jährliche Unterrichtung auf der Grundlage eines von der zentralen Leitung vorgelegten Berichts erfolgt.[152] Die zentrale Leitung hat jedoch gem. § 29 Abs. 1 EBRG dem Begriff der Unterrichtung aus § 1 Abs. 4 EBRG zufolge rechtzeitig[153] die für eine ordnungsgemäße Unterrichtung und Anhörung erforderlichen Unterlagen vorzulegen. Damit ist dem Anliegen des Abs. 2 Anh. I EBR-RL Genüge getan.

17.124 Treten **außergewöhnliche Umstände** ein oder werden Entscheidungen getroffen, die erhebliche Auswirkungen auf die Interessen der Arbeitnehmer haben, insbesondere bei **Verlegung oder Schließung** von Unternehmen oder Betrieben oder bei **Massenentlassungen**, hat der engere Ausschuss oder, falls nicht vorhanden, der EBR kraft Gesetzes gem. Abs. 3 Satz 1 Anh. I EBR-RL das Recht, darüber unterrichtet zu werden.[154] Er hat gem. Abs. 3 Satz 2 Anh. I EBR-RL ferner das Recht, auf Antrag unverzüglich mit der zentralen Leitung oder anderen geeigneten, mit Entscheidungsbefugnissen ausgestatteten Leitungsebenen innerhalb des gemeinschaftsweit operierenden Unternehmens oder der gemeinschaftsweit operierenden Unternehmensgruppe zusammenzutreten,

---

149 *Thüsing/Forst*, NZA 2009, 408 (411).
150 Hanau/Steinmeyer/Wank/*Hanau*, § 19 Rz. 91; *Blanke*, § 32 EBRG Rz. 1.
151 GK-BetrVG/*Oetker*, § 29 EBRG Rz. 1.
152 GK-BetrVG/*Oetker*, § 29 EBRG Rz. 6.
153 Vgl. zum Begriff „rechtzeitig" DKKW/*Däubler*, § 29 EBRG Rz. 57; GK-BetrVG/*Oetker*, § 24 EBRG Rz. 10 ff.
154 Vgl. zum nationalen Recht *Fitting*, Übersicht EBRG Rz. 90; GK-BetrVG/*Oetker*, § 30 EBRG Rz. 2 ff.

um unterrichtet und angehört zu werden. Wird das Unterrichtungs- bzw. Anhörungsrecht durch den engeren Ausschuss wahrgenommen, dürfen an der Sitzung mit dem engeren Ausschuss gem. Abs. 3 Satz 3 Anh. I EBR-RL auch die Mitglieder des EBR kraft Gesetzes teilnehmen, die von den Betrieben und/oder Unternehmen gewählt worden sind, welche unmittelbar von den infrage stehenden Umständen oder Entscheidungen betroffen sind.[155]

Die nationale Umsetzungsvorschrift des **§ 30 EBRG** entspricht diesen Vorgaben in vollem Umfang. Sie weist die Zuständigkeit für außergewöhnliche Umstände grundsätzlich dem **Ausschuss** nach § 26 EBRG zu. In den Angelegenheiten, die § 30 Abs. 1 Satz 2 EBRG ausdrücklich nennt, werden erhebliche Auswirkungen auf das Interesse der Arbeitnehmer unwiderleglich vermutet.[156] Die **Unterrichtung** muss rechtzeitig, also im Rahmen des Möglichen vor einer endgültigen Entscheidung, und unter Vorlage der erforderlichen Unterlagen erfolgen. In Bezug auf das nationale Umsetzungsrecht des Vereinigten Königreichs vertritt das Central Arbitration Committee, dass eine **Anhörung** im Einzelfall auch im Rahmen einer **Telefonkonferenz** erfolgen kann.[157] Das deutsche Umsetzungsrecht hingegen kennt hinsichtlich der Sitzungsteilnahme mittels Informations- und Kommunikationstechnologie nur die Sonderregelung für den Bereich der Seefahrt nach § 41a Abs. 2 EBRG. Im Umkehrschluss ist eine Anhörung im Anwendungsbereich des deutschen Auffangrechts jedenfalls dann in einer gemeinsamen **Präsenzsitzung** durchzuführen, wenn eine Seite dies verlangt. Im Schrifttum wird überwiegend vertreten, dass eine Anhörung gem. § 30 EBRG, ebenso wie die Unterrichtung, vor einer endgültigen Entscheidung stattfinden muss, soweit dies möglich ist.[158] Demgegenüber legt das Central Arbitration Committee die entsprechende Vorschrift im Recht des Vereinigten Königreichs unter ausdrücklicher Heranziehung der Intention der Richtlinie so aus, dass Entscheidungen getroffen und umgesetzt werden können, bevor der EBR bzw. der Ausschuss eine Stellungnahme abgegeben hat.[159]

17.125

Gemäß Art. 11 Abs. 1 EBR-RL haben die Mitgliedstaaten zu gewährleisten, dass die von den nationalen Umsetzungsgesetzen erfassten Unternehmen, Arbeitnehmer und Arbeitnehmervertreter den in der Richtlinie festgelegten Verpflichtungen tatsächlich nachkommen.[160] Dies schließt gem. Art. 11 Abs. 2 EBR-RL geeignete Maßnahmen für den Fall der Nichteinhaltung ein, insbesondere Verwaltungs- oder Gerichtsverfahren, mit deren Hilfe die Erfüllung der sich aus der Richtlinie ergebenden Verpflichtungen durchgesetzt werden kann.[161]

17.126

Diesen Verpflichtungen ist der nationale Gesetzgeber mit dem Erlass der **Straf- und Bußgeldvorschriften der §§ 42 ff. EBRG**, die auch für den EBR kraft Gesetzes gelten, nachgekommen. Insbesondere der Bußgeldtatbestand des § 45 Abs. 1 Nr. 2 EBRG und der Straftatbestand des § 44 Abs. 1 Nr. 2 i.V.m. § 42 EBRG sind hier relevant. §§ 29, 30 EBRG vermitteln darüber hinaus einen Erfüllungsanspruch auf Unterrichtung und/oder Anhörung[162], der vor den ArbG gem. § 2a Nr. 3b ArbGG im Beschlussverfahren geltend zu machen ist. Örtlich zuständig ist das Gericht, in dessen Bezirk sich die zentrale Leitung befindet, auf deren Ebene der EBR kraft Gesetzes eingerichtet ist, § 82 Abs. 2 Satz 1 ArbGG.

17.127

---

155 Vgl. zum nationalen Recht *Fitting*, Übersicht EBRG Rz. 91.
156 LAG Baden-Württemberg v. 12.10.2015 – 9 TaBV 2/15, NZA-RR 2016, 358 Rz. 32.
157 Central Arbitration Committee v. 12.2.2018 – EWC/17/2017 Rz. 72 f. zu Schedule 8(1) Transnational Information and Consultation of Employees Regulations 1999 (TICER), der Abs. 3 Satz 2 Anh. I EBR-RL umsetzt.
158 HK-BetrVG/*Blanke/Hayen*, § 29 EBRG Rz. 4; AKRR/*Kühn*, § 30 EBRG Rz. 17.
159 Central Arbitration Committee v. 12.2.2018 – EWC/17/2017 Rz. 91.
160 DKKW/*Däubler*, § 29 EBRG Rz. 2.
161 Hanau/Steinmeyer/Wank/*Hanau*, § 19 Rz. 99.
162 HWK/*Giesen*, EBRG Rz. 110; Hanau/Steinmeyer/Wank/*Hanau*, § 19 Rz. 99.

17.128 Ein **Unterlassungsanspruch** bis zum Abschluss des Unterrichtungs- bzw. Anhörungsverfahrens steht dem EBR kraft Gesetzes ebensowenig zu wie dem EBR kraft Vereinbarung.[163] Ein solcher Anspruch ist weder im EBRG noch in der EBR-Richtlinie vorgesehen (vgl. Rz. 17.140 ff.).[164]

d) Amtszeit des EBR kraft Gesetzes

17.129 Der EBR kraft Gesetzes ist eine **Dauereinrichtung ohne feste Amtszeit**. Dies ist in der Richtlinie nicht ausdrücklich angesprochen, ergibt sich aber mittelbar aus dem Fehlen einer die Amtszeit begrenzenden Regelung.[165] Die Amtszeit der Mitglieder des EBR kraft Gesetzes ergibt sich aus den jeweiligen nationalen Rechtsordnungen, die deren jeweilige Wahl oder Benennung regeln.

17.130 Die Dauer der Mitgliedschaft im EBR beträgt gem. § 32 Abs. 1 EBRG **vier Jahre** ab Bestellung. Diese Amtszeitregelung beansprucht für im Inland und in anderen Mitgliedstaaten beschäftigte Mitglieder gleichermaßen Geltung.[166] Die Bestellung der einzelnen Mitglieder für diesen Zeitraum (z.B. durch Betriebsräte, Gewerkschaften oder Urwahl) richtet sich nach dem Recht der Mitgliedstaaten, auf die die jeweils zu vergebenden Sitze im EBR entfallen. Versäumen die nach § 23 Abs. 1 bis 3 EBRG für die Wahl der auf das Inland entfallenden Mitglieder im EBR kraft Gesetzes zuständigen Arbeitnehmervertretungsgremien es, rechtzeitig vor dem Ende der Amtszeit neue Mitglieder zu wählen, werden die betreffenden Sitze mit dem Ende der Amtszeit der amtierenden Mitglieder vakant, bis die zuständigen Arbeitnehmervertretungen neue Mitglieder wählen.

17.131 Neben dem Ende der Amtszeit kann die Mitgliedschaft im EBR kraft Gesetzes auch **aus anderen Gründen enden**, z.B. durch Abberufung gem. § 23 Abs. 4 EBRG oder durch das Ausscheiden des Unternehmens, zu dem das Mitglied in einem Arbeitsverhältnis steht, aus der gemeinschaftsweit tätigen Unternehmensgruppe.[167] Zum nationalen Recht wird z.T. die Ansicht vertreten, dass Ende des Arbeitsverhältnisses bewirke für sich genommen noch nicht das Ende der Mitgliedschaft im EBR kraft Gesetzes.[168] Das überzeugt weder nach der Richtlinie noch nach dem nationalen Umsetzungsrecht. Mitglied des EBR kraft Gesetzes können gem. § 22 Abs. 1 EBRG bzw. Abs. 1 Buchst. b Anh. I EBR-RL nur Arbeitnehmer des gemeinschaftsweit tätigen Unternehmens bzw. der gemeinschaftsweit tätigen Unternehmensgruppe sein. Das Ende des Arbeitsverhältnisses mit dem gemeinschaftsweit tätigen Unternehmen bzw. mit einem gruppenangehörigen Unternehmen der gemeinschaftsweit tätigen Unternehmensgruppe führt daher zum Verlust einer Mitgliedschaftsvoraussetzung, nämlich der arbeitsvertraglichen Verbindung zu dem relevanten Unternehmen bzw. der relevanten Unternehmensgruppe.[169] Infolgedessen **endet** nach zutreffender Ansicht die EBR-Mitgliedschaft **automatisch**, es sei denn, es wird ohne zeitliche Unterbrechung ein neues Arbeitsverhältnis in demselben Mitgliedstaat mit einem anderen gruppenangehörigen Unternehmen begründet.

17.132 Nach richtigem Verständnis endet die Mitgliedschaft im EBR kraft Gesetzes ferner mit dem nicht nur vorübergehenden **Wechsel des Arbeitnehmers in einen anderen Mitgliedstaat**. Dies ergibt

---

163 GK-BetrVG/*Oetker*, § 30 EBRG Rz. 13; *Fitting*, Übersicht EBRG Rz. 90a; AKRR/*Kühn*, § 30 EBRG Rz. 25; a.A. DKKW/*Bachner*, § 30 EBRG Rz. 6.
164 LAG Köln v. 8.9.2011 – 13 Ta 267/11, ArbRB 2011, 338 = AiB 2012, 126; LAG Baden-Württemberg v. 12.10.2015 – 9 TaBV 2/15, NZA-RR 2016, 358; s. auch Central Arbitration Committee v. 12.2.2018 – EWC/17/2017 Rz. 91.
165 *Fitting*, Übersicht EBRG Rz. 76; GK-BetrVG/*Oetker*, § 32 EBRG Rz. 2.
166 Demgegenüber ordnet § 23 Abs. 1 Satz 6 SEBG für SE-Betriebsräte kraft Gesetzes nur für die im Inland beschäftigten Mitglieder eine Amtszeit von vier Jahren an und überlässt die Regelung der Amtszeit der übrigen Mitglieder den jeweils betroffenen anderen Mitgliedstaaten.
167 DKKW/*Däubler*, § 32 EBRG Rz. 2; *Fitting*, Übersicht EBRG Rz. 76; GK-BetrVG/*Oetker*, § 32 EBRG Rz. 3.
168 HWK/*Giesen*, EBRG Rz. 102.
169 AKRR/*Kühn*, § 32 EBRG Rz. 6.

sich daraus, dass die Mitglieder des EBR kraft Gesetzes Repräsentanten der nationalen Belegschaft sind, aus der sie stammen. Der Verlust des Amtes ist mit der primärrechtlich garantierten Arbeitnehmerfreizügigkeit des betroffenen Mitglieds gem. Art. 45 AEUV vereinbar.[170]

Gemäß Abs. 1 Buchst. f Anh. I EBR-RL hat der EBR kraft Gesetzes vier Jahre nach seiner Einrichtung zu prüfen, ob eine **Vereinbarung nach Art. 6 EBR-RL** ausgehandelt werden soll.[171] Fasst das Gremium einen entsprechenden Beschluss, so gelten die Art. 6, 7 EBR-RL entsprechend mit der Maßgabe, dass an die Stelle des BVG der EBR kraft Gesetzes tritt. Kommt in den Verhandlungen keine Einigung mit der zentralen Leitung zustande oder greift ein anderer in Art. 7 Abs. 1 EBR-RL genannter Tatbestand, so bleibt der EBR kraft Gesetzes im Amt.[172] Kommt demgegenüber eine Vereinbarung gem. Art. 6 EBR-RL zustande, endet die Amtszeit des EBR kraft Gesetzes.[173] Zum Zeitpunkt, in dem die Amtszeit des EBR kraft Gesetzes endet, verhält sich die Richtlinie nicht.

17.133

§ 33 Satz 3 EBRG bestimmt, dass das Amt des EBR kraft Gesetzes endet, wenn eine Vereinbarung nach § 17 EBRG geschlossen worden ist. Wird dies in dem Sinne verstanden, dass die Amtszeit des bestehenden EBR mit dem Abschluss der Vereinbarung endet, entsteht eine zeitliche Lücke zwischen dem Ende der Amtszeit des EBR kraft Gesetzes und der Konstituierung eines EBR kraft Vereinbarung. Teilweise wird deshalb vertreten, dass der EBR kraft Gesetzes im Amt bleibt, bis der EBR kraft Vereinbarung konstituiert ist.[174] Die Richtlinie ist zwar mangels ausdrücklicher Regelung der Frage für dieses Verständnis offen, der Wortlaut des § 33 Satz 3 EBRG steht dieser Auslegung aber entgegen.[175] Praktisch kann das Problem adressiert werden, indem die Parteien dem bestehenden EBR ein Übergangsmandat kraft Vereinbarung einräumen, bis sich der EBR auf Basis der neuen Vereinbarung konstituiert hat.[176]

17.134

8. Gerichtliche Konflikte/Durchsetzung

Gerichtliche Konflikte um die Bildung oder die Rechte eines EBR sind bislang eher selten. Das European Trade Union Institute unterhält eine Datenbank, die Informationen über entsprechende Verfahren auf nationaler und europäischer Ebene sammelt.[177]

17.135

Aus Art. 11 Abs. 2 EBR-RL geht hervor, dass die Geltendmachung des Anspruchs auf Unterrichtung und Anhörung auf dem Rechtsweg möglich sein muss. Problematischer ist die Frage, ob der Unterrichtungs- und Anhörungsanspruch eines EBR mittels eines **Anspruchs auf Unterlassung** der beabsichtigten unternehmerischen Maßnahmen bis zum ordnungsgemäßen Abschluss des Unterrichtungs- und Anhörungsverfahrens abgesichert werden muss. Hierzu schweigt die EBR-Richtlinie.

17.136

Sie überlässt diese Regelungsmaterie bewusst den nationalen Gesetzgebern. Gemäß Art. 11 Abs. 2 EBR-RL müssen die Mitgliedstaaten für den Fall der Nichteinhaltung der Richtlinie **geeignete Maßnahmen** vorsehen und insbesondere gewährleisten, dass Verwaltungs- oder Gerichtsverfahren vorhanden sind, mit deren Hilfe die Erfüllung der sich aus der Richtlinie ergebenden Verpflich-

17.137

---

170 Vgl. EuGH v. 18.7.2017 – C-566/15 – Erzberger, NZA 2017, 1000 Rz. 34 ff. zum Verlust eines Aufsichtsratsmandats nach dem MitbestG.
171 GK-BetrVG/*Oetker*, § 33 EBRG Rz. 8; *Blanke*, § 37 EBRG Rz. 1; vgl. zum nationalen Recht *Fitting*, Übersicht EBRG Rz. 80; Hanau/Steinmeyer/Wank/*Hanau*, § 19 Rz. 87.
172 GK-BetrVG/*Oetker*, § 33 EBRG Rz. 8; *Blanke*, § 37 EBRG Rz. 6.
173 GK-BetrVG/*Oetker*, § 33 EBRG Rz. 9; *Fitting*, Übersicht EBRG Rz. 80.
174 *Blanke*, § 37 Rz. 7 sowie die Vorauflage.
175 HWK/*Giesen*, EBRG Rz. 121; GK-BetrVG/*Oetker*, § 33 EBRG Rz. 9.
176 GK-BetrVG/*Oetker*, § 33 EBRG Rz. 9.
177 The european works councils database, http://www.ewcdb.eu/search/court-cases (zuletzt aufgerufen am 1.10.2018).

tungen durchgesetzt werden kann. Ferner gibt Art. 16 Abs. 1 Satz 1 EBR-RL den Mitgliedstaaten auf, Vorkehrungen zu treffen, um jederzeit in der Lage zu sein, die der EBR-Richtlinie entsprechenden Ergebnisse zu gewährleisten.

17.138 Es ist daher – wie regelmäßig bei der Umsetzung von Richtlinien – den nationalen Rechtsordnungen überlassen, die Beachtung und Durchsetzung der Unterrichtungs- und Anhörungsrechte zu regeln (vgl. ErwGr. 35 EBR-RL).[178] Hierbei sollten regelmäßig die entsprechenden innerstaatlichen Durchsetzungsmodalitäten der nationalen Arbeitnehmervertretungen den Maßstab bilden, d.h. die Verletzung von Richtlinienvorgaben sollte Rechtsfolgen nach sich ziehen, die das nationale Recht an vergleichbare Verstöße gegen nationales Recht knüpft.[179] ErwGr. 36 EBR-RL greift allerdings auch den unionsrechtlichen Grundsatz auf, dass die Rechtsfolgen im Falle einer Verletzung von Richtlinienvorgaben wirksam, abschreckend und verhältnismäßig sein müssen (vgl. Rz. 1.122). Dahinter darf das nationale Recht nicht zurück bleiben.

17.139 Bei der Wahl geeigneter Rechtsfolgen, welche die praktische Wirksamkeit der Richtlinie gewährleisten sollen, haben die Mitgliedstaaten auch die **Intentionen des Richtliniengebers** zu berücksichtigen. Dabei ist insbesondere ErwGr. 22 EBR-RL zu beachten. Danach setzt die Unterrichtung i.S.d. Richtlinie voraus, dass sie „[…] zu einem Zeitpunkt, in einer Weise und in einer inhaltlichen Ausgestaltung erfolgt, die dem Zweck angemessen sind, ohne den Entscheidungsprozess in den Unternehmen zu verlangsamen." In eine ähnliche Richtung zielt ErwGr. 14 EBR-RL, der einerseits betont, dass der EBR die Möglichkeit haben sollte, „rechtzeitig eine Stellungnahme vorzulegen", aber andererseits klarstellt, dass die „Anpassungsfähigkeit" des Unternehmens nicht beeinträchtigt werden darf. Das Central Arbitration Committee hat daraus die Formel abgeleitet: **„Management's „right to manage" is protected."**[180] Die Erwägungen des Richtliniengebers sprechen insoferen gegen einen Unterlassungsanspruch bei ungenügender oder nicht ausreichend frühzeitiger Unterrichtung und Anhörung. Es widerspräche in jedem Fall dem Ziel der Richtlinie, wenn die Umsetzung unternehmerischer Entscheidungen durch den EBR verzögert werden könnte, bis ein Gericht den ordnungsgemäßen Abschluss des Unterrichtungs- und Anhörungsverfahrens rechtskräftig festgestellt hat.

17.140 Die Frage, ob dem EBR ein Unterlassungsanspruch bezüglich der Durchführung der unternehmerisch geplanten Maßnahmen zusteht, solange das Unterrichtungs- und Anhörungsverfahren nicht abgeschlossen ist, stellte sich insbesondere in Frankreich des Öfteren. In dem Fall *Renault*[181] aus dem Jahr 1997 untersagten französische Gerichte dem Automobilhersteller, einen belgischen Standort vor Konsultation des EBR zu schließen. Ein Unterlassungsanspruch wurde anerkannt, obwohl er in der EBR-Vereinbarung bei Renault nicht vorgesehen war.

Bei *OTIS*[182] in Frankreich wurde 1998 ein zusätzliches Treffen des EBR mit der zentralen Leitung zwecks Unterrichtung gerichtlich durchgesetzt.

Bei *Panasonic*[183] in Frankreich schließlich gab die erste Instanz einer Unterlassungsklage wegen Verletzung der Unterrichtungs- und Anhörungspflicht statt. In der zweiten Instanz scheiterte der Anspruch an verfahrensrechtlichen Aspekten.

Ein Unterlassungsanspruch des EBR wurde im Jahr 2008 auch vom höchsten französischen Gericht im Fall *Gaz de France*[184] bestätigt.

---

178 Vgl. *Carley/Hall*, Industrial Law Journal 29 (2000), 103 (106): „[…] the nature of the enforcement mechanisms to ensure compliance with the Directive is also a matter for each Member State."
179 Vgl. auch *Carley/Hall*, Industrial Law Journal 29 (2000), 103 (116).
180 Central Arbitration Committee v. 12.2.2018 – EWC/17/2017 Rz. 91.
181 Vgl. *Kolvenbach/Kolvenbach*, NZA 1997, 695; *Lorenz/Zumfelde*, RdA 1998, 168.
182 Vgl. *Blanke*, § 32 EBRG Rz. 39; *Zimmer*, AiB 2003, 620; *Altmeyer*, AiB 2007, 503.
183 Vgl. *Blanke*, § 32 EBRG Rz. 39; *Zimmer*, AiB 2003, 620; *Altmeyer*, AiB 2007, 503.
184 Cour de Cassation v. 16.1.2008, No. P 07-10.597 – Gaz de France.

Im Fall *British Airways*[185] war die belgische Arbeitsgerichtsbarkeit 2006 zu einem entsprechenden Ergebnis gekommen.

Demgegenüber vertrat das Central Arbitration Committee in einer aktuellen Entscheidung betreffend *Oracle*, dass die Leitung Entscheidungen treffen und umsetzen kann, bevor der nach der gesetzlichen Auffangregelung des Vereinigten Königreichs gebildete EBR eine Stellungnahme abgegeben hat.[186]

In der deutschen Literatur wird teilweise vertreten, dass sich ein **Unterlassungsanspruch aus der Pflicht zur effektiven Umsetzung der EBR-Richtlinie** ergebe (vgl. ErwGr. 35 f., Art. 11 Abs. 2 EBR-RL).[187] Das LAG Köln hat jedoch einen Unterlassungsanspruch eines EBR wegen einer Verletzung von Unterrichtungs- und Anhörungsrechten im Zusammenhang mit einer Betriebsstilllegung zu Recht abgelehnt.[188] Die Anhörung des EBR war in dem zugrunde liegenden Fall zu einem Zeitpunkt erfolgt, in dem bereits mit der Umsetzung der Betriebsstilllegung begonnen worden war. Darüber hinaus waren dem EBR nicht die erforderlichen schriftlichen Unterlagen vorab zur Verfügung gestellt worden. Dennoch lehnte das LAG Köln einen Unterlassungsanspruch mit der Begründung ab, dass im EBRG eine dem § 23 Abs. 3 BetrVG entsprechende Regelung fehle. Es sehe lediglich ein **Bußgeld** nach § 45 EBRG von bis zu 15.000 Euro vor. Eine Übertragung der für das Betriebsverfassungsgesetz entwickelten Grundsätze sei nicht möglich. Insbesondere fehle es an einer Vergleichbarkeit der Anhörungs- und Unterrichtungsrechte eines EBR mit den Mitbestimmungsrechten gem. § 87 Abs. 1 BetrVG, bei denen ein Verstoß einen Unterlassungsanspruch zur Folge habe. Ähnliches gelte für die Übertragung der Grundsätze über einen Unterlassungsanspruch im Fall des § 111 BetrVG, sofern man diesen überhaupt anerkenne, denn ein solcher stehe im Zusammenhang mit dem Interessenausgleich, einem Mitwirkungsrecht, welches dem EBRG fremd sei. Das LAG Baden-Württemberg hat sich dieser Ansicht in einer jüngeren Entscheidung angeschlossen.[189] Es hat zudem darauf hingewiesen, dass der Deutsche Bundestag einer Beschlussempfehlung der SPD-Fraktion zur Einführung eines Unterlassungsanspruchs nicht gefolgt ist.[190] Dies zeige, dass der Gesetzgeber sich bewusst gegen einen Unterlassungsanspruch entschieden habe.[191] Selbst wenn die im EBRG vorgesehene Bußgeldsanktion nicht den Vorgaben der EBR-Richtlinie entsprechen sollte, verbiete sich aufgrund des entgegenstehenden Willens des Gesetzgebers eine richtlinienkonforme Auslegung.[192] Das zunächst auch beim BAG anhängige Verfahren[193] wurde durch einen Vergleich beendet. Es ist deshalb unentschieden geblieben, ob das BAG dem EuGH die umstrittene Frage, ob die EBR-Richtlinie von den Mitgliedstaaten zur Sicherung der Rechte auf Unterrichtung und Anhörung die Statuierung eines Unterlassungsanspruchs verlangt, gem. Art. 267 Abs. 3 AEUV zur **Vorabentscheidung** vorlegen müsste. Einerseits sprechen gute Gründe dafür, dass es an der erforderlichen Entscheidungserheblichkeit fehlt, weil ein Unterlassungsanspruch aus dem EBRG wohl nur durch Auslegung **contra legem** gewonnen werden könnte.[194] Eine sol-

17.141

---

185 ArbG Brüssel v. 6.12.2006, No. 73/06 – British Airways.
186 Central Arbitration Committee v. 12.2.2018 – EWC/17/2017 Rz. 91.
187 Schaub/*Koch*, § 256 Rz. 22; *Blanke*, § 33 EBRG Rz. 24; HK-BetrVG/*Blanke/Hayen*, § 29 EBRG Rz. 5 ff.; DKKW/*Däubler*, Vorbemerkung EBRG Rz. 23; *Klocke/Haas*, ZESAR 2018, 364 (367 f.); a.A. u.a. *Fitting*, Übersicht EBRG Rz. 90a; AKRR/*Kühn*, § 30 EBRG Rz. 25; EuArbR/*Oetker*, Art. 11 EBR-RL Rz. 7; GK-BetrVG/*Oetker*, § 30 EBRG Rz. 11 ff. m.w.N.
188 LAG Köln v. 8.9.2011 – 13 Ta 267/11, ArbRB 2011, 338 = AiB 2012, 126.
189 LAG Baden-Württemberg v. 12.10.2015 – 9 TaBV 2/15, NZA-RR 2016, 358 Rz. 34 ff.; s. auch GK-BetrVG/*Oetker*, § 30 EBRG Rz. 15.
190 BT-Drucks. 17/5184, S. 2; BT-Drucks. 17/5399, S. 2; BT-Protokoll 17/102, 11729 (C).
191 LAG Baden-Württemberg v. 12.10.2015 – 9 TaBV 2/15, NZA-RR 2016, 358 Rz. 47.
192 LAG Baden-Württemberg v. 12.10.2015 – 9 TaBV 2/15, NZA-RR 2016, 358 Rz. 48 f.; beachte aber *Fitting*, Übersicht EBRG Rz. 90a; GK-BetrVG/*Oetker*, § 30 EBRG Rz. 13 f. zur Möglichkeit einer prozessrechtlichen Anspruchssicherung in einstweiligen Verfahren.
193 BAG – 1 ABR 9/16.
194 LAG Baden-Württemberg v. 12.10.2015 – 9 TaBV 2/15, NZA-RR 2016, 358 Rz. 48; vgl. auch BVerfG v. 6.6.2018 – 1 BvL 7/14, 1 BvR 1375/14, NZA 2018, 774 Rz. 71 ff.

che würde nach der Entscheidung des EuGH in der Rs. *Association de médiation sociale* zur UuA-Richtlinie auch die primärrechtliche Unterfütterung der EBR-Richtlinie durch Art. 27 GRC nicht rechtfertigen.[195] Andererseits ist nicht auszuschließen, dass der EuGH das Verhältnis des Art. 27 GRC zur EBR-Richtlinie anders akzentuiert. Das spricht für eine Vorlagepflicht gem. Art. 267 Abs. 3 AEUV (vgl. Rz. 2.33). Die verbleibenden Zweifel legen eine Vorlage jedenfalls nahe.[196]

9. Schutz vertraulicher Informationen

17.142   Gemäß Art. 8 Abs. 1 EBR-RL müssen die Mitgliedstaaten vorsehen, dass den Mitgliedern des BVG und des EBR (bzw. den Arbeitnehmervertretern im Rahmen eines anderen Unterrichtungs- und Anhörungsverfahrens) sowie den sie gegebenenfalls unterstützenden Sachverständigen nicht gestattet wird, ihnen ausdrücklich als **vertraulich mitgeteilte Informationen** an Dritte weiterzugeben.

17.143   Nach § 35 Abs. 2 EBRG sind die Mitglieder und Ersatzmitglieder eines EBR verpflichtet, **Betriebs- oder Geschäftsgeheimnisse**, die ihnen wegen ihrer Zugehörigkeit zum EBR bekannt geworden und von der zentralen Leitung ausdrücklich als geheimhaltungsbedürftig bezeichnet worden sind, nicht zu offenbaren und nicht zu verwerten. Dies gilt auch nach dem Ausscheiden aus dem EBR. Die Verpflichtung gilt nicht gegenüber Mitgliedern eines EBR und den örtlichen Arbeitnehmervertretern der Betriebe oder Unternehmen, wenn diese auf Grund einer Vereinbarung oder nach § 36 EBRG über den Inhalt der Unterrichtungen und die Ergebnisse der Anhörungen zu unterrichten sind, gegenüber den Arbeitnehmervertretern im Aufsichtsrat sowie Dolmetschern und Sachverständigen, die zur Unterstützung herangezogen werden. Die Vertraulichkeitspflicht wird gem. § 35 Abs. 3 EBRG auf die Mitglieder und Ersatzmitglieder des BVG, die Arbeitnehmervertreter im Rahmen eines Verfahrens zur Unterrichtung und Anhörung nach § 19 EBRG, die Sachverständigen und Dolmetscher sowie die örtlichen Arbeitnehmervertreter ausgedehnt. Auch die **Ausnahmen von der Pflicht zur Vertraulichkeit** gelten gem. § 35 Abs. 4 EBRG entsprechend für das BVG gegenüber Sachverständigen und Dolmetschern sowie für die Arbeitnehmervertreter im Rahmen eines Verfahrens zur Unterrichtung und Anhörung gegenüber Dolmetschern und Sachverständigen, die vereinbarungsgemäß zur Unterstützung herangezogen werden, und gegenüber örtlichen Arbeitnehmervertretern, sofern diese nach der Vereinbarung über die Inhalte der Unterrichtungen und die Ergebnisse der Anhörungen zu unterrichten sind.

17.144   Die Verwertung eines Betriebs- oder Geschäftsgeheimnisses entgegen § 35 Abs. 2 Satz 1 oder 2 EBRG, jeweils auch i.V.m. § 35 Abs. 3 EBRG stellt gem. § 43 EBRG einen **Straftatbestand** dar, der mit Freiheitsstrafe bis zu zwei Jahren oder mit Geldstrafe bestraft werden kann.

17.145   Bedenklich erscheint, ob die gegenständliche Umsetzung in § 35 Abs. 2 EBRG der Richtlinienvorgabe in Art. 8 Abs. 1 EBR-RL hinreichend gerecht wird. Die Richtlinie erstreckt den Vertraulichkeitsschutz auf „ausdrücklich als vertraulich mitgeteilte Informationen". Der gegenständliche Vertraulichkeitsschutz ist damit weiter gefasst als der enge Begriff der Betriebs- und Geschäftsgeheimnisse nach deutschem Recht. Der Wortlaut der Richtlinie legt nahe, dass ein gewisses (wenn auch überprüfbares)[197] **Einschätzungsermessen der Unternehmensseite** bei der Klassifizierung als geheimhaltungsbedürftige Informationen und der Bestimmung des zeitlichen Umfangs des Geheimhaltungsbedürfnisses anzuerkennen ist. Vor diesem Hintergrund bestehen **Zweifel an der Richtlinienkonformität des § 35 Abs. 2 EBRG**.[198]

---

195 EuGH v. 15.1.2014 – C-176/12 – Association de médiation sociale, NZA 2014, 193 Rz. 48.
196 Vgl. *Sagan*, NZA 2016, 1252 (1257 ff.).
197 Vgl. Central Arbitration Committee v. 12.2.2018 – EWC/17/2017 Rz. 76 ff.
198 A.A. EuArbR/*Oetker*, Art. 8 EBR-RL Rz. 9; AKRR/*Rupp*, § 35 EBRG Rz. 7, nach dessen Ansicht der deutsche Gesetzgeber das berechtigte Interesse an der Geheimhaltungspflicht in zulässiger Weise konkretisiert hat.

Die Verpflichtung zur Vertraulichkeit besteht gem. Art. 8 Abs. 1 UAbs. 3 EBR-RL unabhängig vom Aufenthaltsort der genannten Personen und selbst **nach Ablauf ihres Mandats** weiter. Der Vertraulichkeitsschutz ist daher nicht wie eine Wettbewerbsbeschränkung territorial – etwa auf die EU und den EWR – begrenzt.

17.146

Gemäß Art. 8 Abs. 2 EBR-RL sieht jeder Mitgliedstaat vor, dass die in seinem Hoheitsgebiet ansässige zentrale Leitung in besonderen Fällen und unter den in den einzelstaatlichen Rechtsvorschriften festgelegten Bedingungen und Beschränkungen Informationen nicht weiterleiten muss, wenn diese die **Arbeitsweise der betroffenen Unternehmen** nach objektiven Kriterien **erheblich beeinträchtigen** oder ihnen schaden könnten. Dabei gestattet es Art. 8 Abs. 2 UAbs. 2 EBR-RL den Mitgliedstaaten, diese Befreiung von einer vorherigen behördlichen oder gerichtlichen Genehmigung abhängig zu machen.

17.147

Gemäß § 35 Abs. 1 EBRG besteht daher die Pflicht der zentralen Leitung, über die vereinbarten oder die gesetzlichen Unterrichtungsangelegenheiten zu unterrichten, nur soweit dadurch nicht Betriebs- oder Geschäftsgeheimnisse des Unternehmens oder der Unternehmensgruppe gefährdet werden. Eine behördliche oder gerichtliche Befreiung wird vom deutschen Umsetzungsgesetz nicht vorausgesetzt.

17.148

Die Umsetzung der Mitgliedstaaten in Bezug auf den **Schutz vertraulicher Informationen** variiert. So wird beispielsweise **im anglo-amerikanischen Rechtskreis** der Schutz von Unternehmensinformationen tendenziell groß geschrieben. Dementsprechend erfolgte die Richtlinienumsetzung in Großbritannien und Irland weitgehend im Unternehmensinteresse, indem der Kreis geschützter vertraulicher Informationen weit gezogen wird bzw. dem Unternehmen ein gewisser Ermessensspielraum bezüglich der Klassifizierung als vertraulich zugestanden wird.[199] Die Entscheidung der Leitung, dass bestimmte Informationen vertraulich zu behandeln sind, ist ihrerseits daraufhin überprüfbar, ob sie in sachlicher und zeitlicher Hinsicht vernünftig (*reasonable*) ist.[200]

17.149

Die **deutsche Umsetzungsregelung** hingegen beschränkt das Vertraulichkeitsprivileg auf Betriebs- und Geschäftsgeheimnisse. Dies entspricht im Wesentlichen der Einschränkung der Unterrichtungspflicht gegenüber einem Wirtschaftsausschuss gem. § 106 Abs. 2 BetrVG[201] (wobei es bei der zuletzt genannten Norm für eine Einschränkung der Unterrichtungspflicht zusätzlich auf eine konkrete Gefährdung der Betriebs- und Geschäftsgeheimnisse ankommt).[202]

17.150

Damit kommt dem anwendbaren Recht in Bezug auf den Schutz vertraulicher Informationen, welches sich nach dem Sitz der zentralen Leitung richtet[203], in der Praxis eine große Bedeutung zu.

17.151

Die Regelungen zum Schutz vertraulicher Informationen gem. Art. 8 EBR-RL gelten sowohl für EBR-Mitglieder (und Arbeitnehmervertreter im Rahmen eines anderen Unterrichtungs- und Anhörungsverfahrens) kraft Vereinbarung als auch für EBR-Mitglieder kraft Gesetzes.[204] Sie bilden eine zentrale Voraussetzung für eine vertrauensvolle Zusammenarbeit im Sinne von Art. 9 EBR-RL.

17.152

---

199 Vgl. *Carley/Hall*, Industrial Law Journal 29 (2000), 103 (118, 119). S. beispielsweise Regulation 24 (1) der *The Transnational Information and Consultation of Employees Regulations 1999* (UK) geändert durch die *Transnational Information and Consultation of Employees (Amendment) Regulations 2010*, sowie section 15(3) der irischen Umsetzungsvorschriften durch den *Transnational Information and Consultation of Employees Act 1996*, geändert durch die *European Communities (Transnational Information and Consultation of Employees Act 1996) (Amendment) Regulations 2011 (S.I. No. 380 of 2011)*.
200 Central Arbitration Committee v. 12.2.2018 – EWC/17/2017 Rz. 76 ff.
201 HWK/*Giesen*, EBRG Rz. 64.
202 *Fitting*, § 106 BetrVG Rz. 44 f.; DKKW/*Däubler*, § 106 BetrVG Rz. 62.
203 *Köck*, FS Tomandl, 1998, S. 213 (235).
204 Vgl. *Hohenstatt/Kröpelin/Bertke*, NZA 2011, 1313 (1316) zur deutschen Umsetzung.

17.153　Gemäß Art. 11 Abs. 3 EBR-RL haben die Mitgliedstaaten bei der Anwendung des Art. 8 EBR-RL Verfahren vorzusehen, nach denen die Arbeitnehmervertreter auf dem Verwaltungs- oder Gerichtsweg **Rechtsbehelfe** einlegen können, wenn die zentrale Leitung sich auf die Vertraulichkeit der Informationen beruft oder diese – ebenfalls nach Art. 8 – nicht weiterleitet.

17.154　Bei Sitz der zentralen Leitung im Inland sind derartige Streitigkeiten im arbeitsgerichtlichen Beschlussverfahren gem. **§ 2a Abs. 1 Nr. 3b ArbGG** auszutragen.

10. Schutz der EBR- und BVG-Mitglieder sowie Recht auf Fortbildung

17.155　Die Mitglieder des BVG, eines EBR (kraft Vereinbarung oder kraft Gesetzes) und die Arbeitnehmervertreter im Rahmen eines anderen Unterrichtungs- und Anhörungsverfahrens genießen gem. Art. 10 Abs. 3 EBR-RL den **gleichen Schutz und gleichartige Sicherheiten** wie die Arbeitnehmervertreter nach den innerstaatlichen Rechtsvorschriften und/oder Gepflogenheiten des Landes, in dem sie beschäftigt sind. Dies gilt gem. Art. 10 Abs. 3 UAbs. 2 EBR-RL insbesondere für die **Teilnahme an den Sitzungen** des BVG, des EBR und an allen Sitzungen im Rahmen eines anderen Unterrichtungs- und Anhörungsverfahrens sowie für die **Lohn- und Gehaltsfortzahlung an die Mitglieder**, die Beschäftigte des gemeinschaftsweit operierenden Unternehmens oder der gemeinschaftsweit operierenden Unternehmensgruppe sind, für die Dauer ihrer durch die Wahrnehmung ihrer Aufgaben notwendigen Abwesenheit.

17.156　In diesem Zusammenhang regelt § 40 EBRG, dass für die im Inland beschäftigten EBR-Mitglieder (kraft Vereinbarung oder kraft Gesetzes), BVG-Mitglieder und Arbeitnehmervertreter im Rahmen eines Verfahrens zur Unterrichtung und Anhörung die §§ 37 Abs. 1–5, 78, 103 BetrVG sowie § 15 Abs. 1 und Abs. 3–5 KSchG entsprechend gelten. Gremienmitglieder, die in anderen Mitgliedstaaten beschäftigt sind, unterfallen den dort jeweils geltenden Schutzbestimmungen.

17.157　Gemäß Art. 10 Abs. 4 EBR-RL müssen die BVG- und EBR-Mitglieder in dem Maße, wie dies zur Wahrnehmung ihrer Vertretungsaufgaben in einem internationalen Umfeld erforderlich ist, **Schulungen** erhalten, ohne dabei Lohn- bzw. Gehaltseinbußen zu erleiden.

17.158　Gemäß § 38 Abs. 1 EBRG kann der EBR (oder sein engerer Ausschuss) Mitglieder zur Teilnahme an Schulungs- und Bildungsveranstaltungen bestimmen, soweit diese **Kenntnisse vermitteln, die für die Arbeit des EBR erforderlich** sind.[205] Dieses Recht gilt gem. § 38 Abs. 2 EBRG entsprechend für das BVG und seine Mitglieder. Die Erforderlichkeit ist entsprechend § 37 Abs. 6 Satz 1 BetrVG zu beurteilen, auf den auch § 40 Abs. 1 Satz 2 EBRG verweist.[206] Demnach sind nur Schulungen, die unter Berücksichtigung der konkreten Verhältnisse zur Erfüllung der gegenwärtigen Aufgaben des EBR notwendig sind, im Sinne von § 38 Abs. 1 Satz 1 EBRG erforderlich. Bei den BVG-Mitgliedern bezieht die Erforderlichkeit sich nicht auf Arbeit des Europäischen Betriebsrats, sondern nur auf den enger begrenzten Zweck der Verhandlung einer Gründungsvereinbarung für einen EBR bzw. ein anderes Unterrichtungs- und Anhörungsverfahren.[207] Die einzelnen Gremienmitglieder können gem. § 40 Abs. 1 Satz 2 EBRG, § 37 Abs. 6 Satz 1 und 2 i.V.m. Abs. 2 BetrVG ohne Vergütungseinbußen an Fortbildungsveranstaltungen teilnehmen.[208] Nach der Begründung zum Gesetzesentwurf der Bundesregierung sollen derartige Fortbildungen auch Sprachkurse beinhalten können.[209]

---

[205] EuArbR/*Oetker*, Art. 10 EBR-RL Rz. 16 äußert Zweifel an der Richtlinienkonformität dieser rechtlichen Konstruktion.
[206] *Fitting*, Übersicht EBRG Rz. 105; GK-BetrVG/*Oetker*, § 38 EBRG Rz. 7.
[207] HWK/*Giesen*, EBRG Rz. 39.
[208] AKRR/*Rupp*, § 40 EBRG Rz. 16.
[209] BT-Drucks. 17/4808, S. 12.

§ 38 EBRG gilt für alle – d.h. auch die nicht inländischen – EBR-Mitglieder, wenn auf das Unternehmen oder die Unternehmensgruppe das EBRG Anwendung findet.[210]

17.159

11. Koordination mit Unterrichtungs- bzw. Anhörungsrechten nationaler Arbeitnehmervertretungen

Gemäß Art. 12 Abs. 1 EBR-RL ist die Unterrichtung und Anhörung des EBR mit der Unterrichtung und Anhörung der einzelstaatlichen Vertretungsgremien der Arbeitnehmer abzustimmen, wobei die jeweiligen Zuständigkeiten und Aktionsbereiche sowie die Grundsätze des Art. 1 Abs. 3 EBR-RL zu beachten sind. Dabei geht Art. 12 Abs. 2 EBR-RL davon aus, dass die Modalitäten für diese Abstimmung zwischen der Unterrichtung und Anhörung des EBR und der nationalen Arbeitnehmervertretungen in erster Linie durch eine Vereinbarung festgelegt werden.

17.160

Nur für den Fall, dass solche Modalitäten nicht durch Vereinbarung geregelt sind, haben die Mitgliedstaaten gem. Art. 12 Abs. 3 EBR-RL vorzusehen, dass der Prozess der Unterrichtung und Anhörung sowohl im EBR als auch in den einzelstaatlichen Vertretungsgremien der Arbeitnehmer stattfindet, wenn Entscheidungen geplant sind, die wesentliche Veränderungen der Arbeitsorganisation oder der Arbeitsverträge mit sich bringen können.

17.161

In diesem Zusammenhang bestimmt § 1 Abs. 7 EBRG, dass die Unterrichtung und Anhörung des EBR spätestens **gleichzeitig mit der der nationalen Arbeitnehmervertretungen** durchzuführen ist. Bei systematischer Betrachtung dürfte diese Bestimmung stets Geltung beanspruchen, d.h. unabhängig von einer etwa abweichend lautenden EBR-Vereinbarung.[211] Die Vereinbarkeit dieser Regelung mit Art. 12 Abs. 2 Satz 1 EBR-RL ist allerdings zweifelhaft, weil die Richtlinie von einer uneingeschränkten Vereinbarungsfreiheit hinsichtlich der Modalitäten für die Abstimmung mit den nationalen Unterrichtungs- und Anhörungsverfahren ausgeht, so dass auch eine andere Art der Koordination der Unterrichtungs- und Anhörungspflichten auf den beiden Ebenen möglich erscheint. Dafür und für die Priorität einer Vereinbarung spricht auch ErwGr. 37 EBR-RL. Danach bedarf es aus „Gründen der Effizienz, der Kohärenz und der Rechtssicherheit einer Abstimmung zwischen den Richtlinien und den im Gemeinschaftsrecht und im einzelstaatlichen Recht und/oder den einzelstaatlichen Gepflogenheiten festgelegten Ebenen der Unterrichtung und Anhörung der Arbeitnehmer. **Hierbei muss der Aushandlung dieser Abstimmungsmodalitäten** innerhalb jedes Unternehmens oder jeder Unternehmensgruppe **Priorität eingeräumt werden. Fehlt eine entsprechende Vereinbarung** und sind Entscheidungen geplant, die wesentliche Veränderungen der Arbeitsorganisation oder der Arbeitsverträge mit sich bringen können, **so muss der Prozess gleichzeitig auf einzelstaatlicher und europäischer Ebene so durchgeführt werden**, dass die jeweiligen Zuständigkeiten und Aktionsbereiche der Vertretungsgremien der Arbeitnehmer beachtet werden."[212] Das spricht dafür, § 1 Abs. 7 EBRG so zu verstehen, dass lediglich verhindert werden soll, dass der EBR erst beteiligt wird, wenn die Unterrichtungs- und Anhörungsprozesse auf nationaler Ebene bereits abgeschlossen sind.[213]

17.162

12. Anpassungspflicht bei wesentlichen Strukturänderungen

Mit der Neufassung der EBR-Richtlinie wurde in Art. 13 EBR-RL eine Anpassungspflicht im Falle von Strukturänderungen eingeführt. Wenn sich die Struktur des gemeinschaftsweit operierenden Unternehmens oder der gemeinschaftsweit operierenden Unternehmensgruppe wesentlich ändert

17.163

---

210 Hohenstatt/Kröpelin/Bertke, NZA 2011, 1313 (1316).
211 EuArbR/Oetker, Art. 12 EBR-RL Rz. 8.
212 Hervorhebungen diesseits; vgl. auch Central Arbitration Committee v. 12.2.2018 – EWC/17/2017 Rz. 91.
213 Vgl. EuArbR/Oetker, Art. 12 EBR-RL Rz. 7.

und entsprechende Bestimmungen in den geltenden Vereinbarungen fehlen oder Konflikte zwischen den Bestimmungen von zwei oder mehr geltenden Vereinbarungen bestehen, hat die zentrale Leitung gem. Art. 13 EBR-RL von sich aus oder auf schriftlichen Antrag von mindestens 100 Arbeitnehmern oder ihrer Vertreter in mindestens zwei Unternehmen oder Betrieben in mindestens zwei verschiedenen Mitgliedstaaten die Verhandlungen gem. Art. 5 EBR-RL, d.h. **Neuverhandlungen über eine EBR-Vereinbarung**, aufzunehmen.

17.164 Der **Begriff der wesentlichen Strukturänderung** wird durch die EBR-Richtlinie nicht definiert. ErwGr. 40 EBR-RL nennt als Beispiele „Fusion, Übernahme oder Spaltung". ErwGr. 28 EBR-RL stellt den Fall einer „Änderung des Umfangs" des Unternehmens oder der Unternehmensgruppe einer „Änderung der Struktur" des Unternehmens oder der Unternehmensgruppe gegenüber.[214] Daraus kann gefolgert werden, dass das bloße organische Wachstum eines Unternehmens bzw. einer Unternehmensgruppe grundsätzlich keine Strukturänderung darstellt.[215]

17.165 Die deutsche Umsetzung stimmt in § 37 Abs. 1 Satz 1 EBRG nahezu wörtlich mit Art. 13 UAbs. 1 EBR-RL überein. Sie ist aber in § 37 Abs. 1 Satz 2 EBRG um eine weitergehende **Konkretisierung anhand von Beispielen** bemüht. Danach gelten als wesentliche Strukturänderungen insbesondere

- Zusammenschluss von Unternehmen oder Unternehmensgruppen,
- Spaltung von Unternehmen oder der Unternehmensgruppe,
- Verlegung von Unternehmen oder der Unternehmensgruppe in einen anderen Mitgliedstaat oder Drittstaat oder Stilllegung von Unternehmen oder der Unternehmensgruppe,
- Verlegung oder Stilllegung von Betrieben, soweit sie Auswirkungen auf die Zusammensetzung des EBR haben können.

17.166 Im Einzelnen besteht noch **erhebliche Unsicherheit** darüber, wie der unionsrechtliche Begriff der strukturellen Änderung auszulegen ist und welche konkreten Sachverhalte er erfasst. Zwar nennt ErwGr. 40 EBR-RL als Beispielsfälle eine Fusion, Übernahme oder Spaltung. Allerdings folgt hieraus nicht, dass diese Fälle zwangsläufig eine wesentliche Strukturänderung darstellen.[216] Vielmehr ist der Erwägungsgrund in dem Sinne zu verstehen, dass die genannten Beispiele mögliche Ursachen einer wesentlichen Strukturänderung im Sinne von Art. 13 EBR-RL sind, ohne etwas darüber auszusagen, ob eine solche im Ergebnis vorliegt. Der Richtliniengeber wollte sicher keine Neuverhandlung für Fälle anordnen, in denen kein sachlicher Grund für eine Anpassung besteht, zum Beispiel wenn in einer Unternehmensgruppe zwei arbeitnehmerlose Gesellschaften verschmolzen werden. Ein bloßer Erwägungsgrund wäre dafür auch kein geeignetes normatives Werkzeug. Der Begriff der wesentlichen Strukturänderung nach Art. 13 EBR-RL ist **im Lichte von Sinn und Zweck der EBR-Richtlinie** wertend auszulegen.[217] Im Ausgangspunkt spricht das Interesse an einer effektiven und beständigen Wahrnehmung der Unterrichtungs- und Anhörungsrechte für die Beibehaltung der bestehenden Rechtsgrundlage für die Arbeit des EBR. Neuverhandlungen nach Art. 13 EBR-RL sollen die Ausnahme, **Kontinuität die Regel** sein. Das spricht für eine tendenziell **enge Aus-**

---

214 *Franzen*, EuZA 2010, 180 (195).
215 *Franzen*, EuZA 2010, 180 (195); a.A. DKKW/*Bachner*, § 37 EBRG Rz. 3; *Thüsing/Forst*, NZA 2009, 409 (411).
216 Im Zusammenhang mit dem nationalen Umsetzungsrecht wird teilweise ein Vergleich mit § 18 Abs. 3 SEBG gezogen, vgl. *Franzen*, EuZA 2010, 180 (195), der dabei jedoch darauf hinweist, dass die strukturelle Änderung i.S.d. EBR-Richtlinie eine wesentliche sein muss, während die strukturelle Änderung bei § 18 Abs. 3 SEBG geeignet sein muss, Beteiligungsrechte zu mindern. *Hohenstatt/Kröpelin/ Bertke*, NZA 2011, 1313 (1316) gehen zu Recht davon aus, dass § 37 EBRG inhaltlich anders zu verstehen sei als § 18 Abs. 3 SEBG.
217 Vgl. HWK/*Giesen*, EBRG Rz. 77.

legung des Begriffs der wesentlichen strukturellen Änderung.[218] Nur solche Änderungen in der Struktur des Unternehmens bzw. der Unternehmensgruppe, die eine **grundlegende Veränderung** gegenüber den Verhältnissen bei der Bildung des EBR bewirken, können eine Neuverhandlungspflicht auslösen, wenn sie dazu führen, dass **unter den konkret gegebenen Umständen nicht mehr sinnvoll** an dem geltenden Regelungswerk festgehalten werden kann. Der Sache nach geht es regelmäßig um Konstellationen, die im deutschen Vertragsrecht unter dem Stichwort „Störung der Geschäftsgrundlage" diskutiert würden. Das betrifft etwa die in Art. 13 EBR-RL angesprochene Möglichkeit, dass es – z.B. infolge einer Verschmelzung – zu einer **Kollision inkompatibler Regelungswerke** kommt.[219] Im Einzelfall kann Anpassungsbedarf entstehen, wenn die **personelle Zusammensetzung des EBR** infolge einer Strukturänderung nicht mehr hinreichend repräsentativ für die Verteilung der Belegschaft auf die Mitgliedstaaten ist.[220] Das ist bei Geltung der gesetzlichen Auffangregelung ausgeschlossen, weil Abs. 1 Buchst. c Anh. I EBR-RL eine dynamische Anpassung der Zusammensetzung des EBR an veränderte Verhältnisse erlaubt.[221] Wenn die Repräsentativität des EBR auf Basis des geltenden Regelwerks durch Neuwahl oder Amtsverlust von Mitgliedern wiederhergestellt werden kann, ist die strukturelle Änderung nicht so wesentlich, dass die Rechtsgrundlage des EBR zur Disposition gestellt werden müsste.[222] Sieht eine Vereinbarung eine dynamische Anpassung der Zusammensetzung des EBR an tatsächliche Veränderungen der geographischen Verteilung der Arbeitnehmerschaft vor, greift zudem die Prioritätsregel gem. Art. 13 EBR-RL. Im Zusammenhang mit dem geplanten **Austritt des Vereinigten Königreichs** aus der Europäischen Union, dem sogenannten Brexit, könnte es im Einzelfall zu Situationen kommen, in denen eine wesentliche strukturelle Änderung eintritt, falls bestehende Vereinbarungen durch die Veränderung der Rechtslage nicht mehr sinnvoll anwendbar sind (vgl. Rz. 17.185).[223]

17.167 Die überschießende Regelung in § 37 Abs. 1 Satz 2 EBRG ist allenfalls bei restriktiver Auslegung richtlinienkonform.[224] Es handelt sich nicht um eine Fiktion.[225] Wenn keine strukturelle Änderung im Sinne von Art. 13 EBR-RL vorliegt, darf der nationale Gesetzgeber eine solche nicht fingieren. Die Norm hat den Charakter einer **Vermutung**, wobei Wortlaut und Entstehungsgeschichte der Vorschrift für deren Unwiderlegbarkeit sprechen.[226] Soweit § 37 Abs. 1 Satz 2 EBRG auch bei enger Auslegung eine unwiderlegbare Vermutung aufstellt, die nicht mit der Richtlinie vereinbar ist, bedarf die Vorschrift deshalb einer teleologischen Reduktion.[227] Im praktischen Ergebnis stellen die in § 37 Abs. 1 Satz 2 EBRG genannten Beispiele nach vorzugswürdiger Ansicht nicht zwingend eine wesentliche Strukturänderung dar.[228]

17.168 Es wäre mit Sinn und Zweck der EBR-Richtlinie nicht vereinbar, wenn jeder der in § 37 Abs. 1 Satz 2 EBRG genannten Vorgänge – selbst unter Beteiligung von arbeitnehmerlosen oder von ihrer Arbeitnehmerzahl her unbedeutenden Gesellschaften – Anlass für ein Neuverhandlungs-

---

218 Ebenso bezogen auf § 37 EBRG AKRR/*Rudolph*, § 37 EBRG Rz. 7.
219 *Hohenstatt/Kröpelin/Bertke*, NZA 2011, 1313 (1317).
220 Vgl. für das inländische Umsetzungsrecht *Fitting*, Übersicht EBRG Rz. 101; *Hohenstatt/Kröpelin/Bertke*, NZA 2011, 1313 (1316 f.); GK-BetrVG/*Oetker*, § 37 EBRG Rz. 6; AKRR/*Rudolph*, § 37 EBRG Rz. 9 ff.
221 Vgl. zum nationalen Recht AKRR/*Rudolph*, § 37 EBRG Rz. 12; a.A. EuArbR/*Oetker*, Art. 13 EBR-RL Rz. 8.
222 AKRR/*Rudolph*, § 37 EBRG Rz. 14.
223 Vgl. *Wolff*, BB 2016, 1784.
224 HWK/*Giesen*, EBRG Rz. 76 f.; AKRR/*Rudolph*, § 37 EBRG Rz. 7 ff.
225 EuArbR/*Oetker*, Art. 13 EBR-RL Rz. 7; a.A. DKKW/*Bachner*, § 37 EBRG Rz. 3; HK-BetrVG/*Hayen*, § 37 EBRG Rz. 4.
226 EuArbR/*Oetker*, Art. 13 EBR-RL Rz. 7; BT-Drucks. 17/4808, S. 12: „In diesen Fällen ist von einem erheblichen Einfluss auf die Struktur des Unternehmens auszugehen."
227 Vgl. GK-BetrVG/*Oetker*, § 37 EBRG Rz. 5.
228 Ebenso AKRR/*Rudolph*, § 37 EBRG Rz. 7; vgl. auch *Hohenstatt/Kröpelin/Bertke*, NZA 2011, 1313 (1317), die vorschlagen, in bestimmten Fällen lediglich eine Neuverhandlung der Regelungen zur Zusammensetzung des EBR vorzusehen.

verfahren geben würde.²²⁹ Häufige Neuverhandlungen – jeweils inklusive neuer BVG-Bildung – würden das Anliegen der EBR-Richtlinie, eine dauerhaft handlungsfähige transnationale Arbeitnehmervertretung zu schaffen, untergraben. Daran ändert auch das Übergangsmandat des jeweils bestehenden EBR gem. Art. 13 UAbs. 3 EBR-RL bzw. § 37 Abs. 3 EBRG nichts. In der deutschen Kommentarliteratur wird insoweit vorgeschlagen, die in § 37 Abs. 1 Satz 2 Nr. 4 EBRG geforderte Voraussetzung, dass sich die Maßnahme auf die Zusammensetzung des EBR auswirken kann, auch für andere Strukturänderungen zugrunde zu legen.²³⁰ Mit anderen Worten ist der Relativsatz in § 37 Abs. 1 Satz 2 Nr. 4 a.E. EBRG auf alle in § 37 Abs. 1 Satz 2 EBRG genannten Fallgruppen zu beziehen. Das kann für eine richtlinienkonforme Auslegung der Vorschrift ausreichen, vermag dem Richtlinienzweck aber nicht in jedem Fall hinreichend Rechnung zu tragen. Denn eine Veränderung der Kennzahlen für die EBR-Zusammensetzung kann gerade in größeren Konzernen oft und schnell hintereinander eintreten, so dass durch dieses Kriterium allein noch keine hinreichende Einschränkung des Anwendungsbereichs von § 37 Abs. 1 EBRG zur Erhaltung einer gewissen Beständigkeit und effektiven Handlungsfähigkeit des transnationalen Arbeitnehmervertretergremiums erreicht wird. Vielmehr ist wertend darauf abzustellen, ob an dem bestehenden EBR bzw. der bestehenden EBR-Vereinbarung sinnvoll festgehalten werden kann oder nicht.²³¹ Insbesondere wenn die Repräsentativität des EBR nach einer strukturellen Änderung auf Basis der geltenden Vereinbarung durch schlichte Neubestellung der Mitglieder des EBR hergestellt werden kann, widersprächen Neuverhandlungen der Prioritätsregelung nach Art. 13 UAbs. 1 EBR-RL. Bei Anwendung der gesetzlichen Auffanglösung reicht eine Überprüfung nach § 32 Abs. 2 EBRG – direkt innerhalb, analog außerhalb des Zwei-Jahres-Turnus – aus, um eine Abs. 3 Buchst. c Anh. I EBR-RL entsprechende Zusammensetzung des EBR auch nach Vorgängen im Sinne von § 37 Abs. 1 Satz 2 EBR zu wahren.²³² In diesen Fällen ist § 37 Abs. 1 Satz 2 EBR richtlinienkonform zu reduzieren.

17.169 Aufgrund der **verbleibenden Auslegungsfragen und Meinungsverschiedenheiten** ist der Praxis anzuraten, diejenigen Fälle einer Strukturänderung, die eine Anpassungspflicht auslösen sollen, abschließend sowie möglichst konkret und klar in der EBR-Vereinbarung zu regeln.²³³ Der in Art. 6 Abs. 2 Buchst. g sowie Art. 13 UAbs. 1 EBR-RL verankerte **Vorrang von Verhandlungslösungen** räumt den Parteien insoweit viel Spielraum ein.

17.170 Fehlt eine einschlägige Anpassungsregelung für wesentliche Strukturänderungen in der EBR-Vereinbarung, greift die gesetzliche Neuverhandlungspflicht gem. Art. 13 UAbs. 1 EBR-RL. Danach wird auf Initiative der zentralen Leitung oder auf schriftlichen Antrag von mindestens 100 Arbeitnehmern oder ihrer Vertreter in mindestens zwei Unternehmen oder Betrieben in mindestens zwei verschiedenen Mitgliedstaaten ein **neues BVG** gebildet, mit dem die zentrale Leitung über eine neue EBR-Vereinbarung verhandelt. Der bestehende EBR ist selbst nicht initiativberechtigt.²³⁴ Allerdings gehören dem neu gebildeten BVG nach Art. 13 UAbs. 2 EBR-RL zusätzlich mindestens drei Mitglieder der von der Strukturänderung betroffenen bestehenden EBR an.

17.171 Führen die Neuverhandlungen nicht zu einer Einigung, bleibt es nicht bei der bestehenden EBR-Vereinbarung, sondern greift die **gesetzliche Auffangregelung** gem. Art. 7 i.V.m. Anh. I EBR-RL

---

229 HWK/*Giesen*, EBRG Rz. 76.
230 So HWK/*Giesen*, EBRG Rz. 77 f.; wohl auch *Fitting*, Übersicht EBRG Rz. 101.
231 Ähnlich – allerdings immer noch etwas weitergehend als nach diesseitiger Ansicht – AKRR/*Rudolph*, § 37 EBRG Rz. 9, der unter Strukturänderung dann nur versteht, wenn sie wesentlich ist und sich durch die Vereinbarung nicht mehr abgedeckte Auswirkungen auf die Zusammensetzung der Arbeitnehmerschaft hat. Dies soll dann der Fall sein, wenn die Parteien unter den neuen Bedingungen und unter Berücksichtigung der von den Parteien zu beachtenden Grundsätze die Arbeitnehmerbeteiligung anders geregelt hätten.
232 I.E. ebenso AKRR/*Rudolph*, § 37 EBRG Rz. 12; a.A. EuArbR/*Oetker*, Art. 13 EBR-RL Rz. 8.
233 Vgl. auch HWK/*Giesen*, EBRG Rz. 81 für das deutsche Umsetzungsrecht.
234 Vgl. HWK/*Giesen*, EBRG Rz. 83.

ein. Dies folgt aus der Rechtsfolgenverweisung in Art. 13 UAbs. 1 EBR-RL auf Art. 5 EBR-RL. In entsprechender Anwendung des Art. 7 EBR-RL gelangen daher die gesetzlichen Auffangregelungen (Anh. I EBR-RL) zur Anwendung, wenn (i) die zentrale Leitung und das BVG einen entsprechenden Beschluss fassen, (ii) die zentrale Leitung die Aufnahme von Verhandlungen binnen sechs Monaten nach dem Antrag auf Anpassung verweigert oder (iii) wenn binnen drei Jahren nach dem entsprechenden Antrag keine Vereinbarung gem. Art. 6 EBR-RL zustande kommt und das BVG keinen Beschluss nach Art. 5 Abs. 5 EBR-RL gefasst hat.

Das deutsche Umsetzungsrecht ordnet Entsprechendes in § 37 Abs. 4 EBRG an. 17.172

Während der Neuverhandlungen hat der bestehende bzw. haben die bestehenden EBR ein **Übergangsmandat**. D.h. es gelten grundsätzlich weiterhin die bestehenden EBR-Vereinbarungen, wobei die bestehenden EBR spezielle Regelungen für ein solches Übergangsmandat festlegen können (vgl. Art. 13 UAbs. 3 EBR-RL „[...] entsprechend den in einer Vereinbarung zwischen diesem/diesen [d.h. dem bestehenden bzw. den bestehenden Europäischen Betriebsräten] und der zentralen Leitung festgelegten etwaigen Absprachen."). Dieses Übergangsmandat besteht gem. dem Wortlaut von Art. 13 UAbs. 3 EBR-RL nur „während der Verhandlungen". Damit ist aber ersichtlich auch die Phase der Neubildung des BVG gemeint. Das **Übergangsmandat endet** nach dem Wortlaut in dem Zeitpunkt, in dem die **Neuverhandlungen abgeschlossen** sind.[235] Allerdings ist auch dies weit auszulegen, so dass die Richtlinie einer nationalen Umsetzung nicht entgegensteht, die das Übergangsmandat bis zur Konstituierung des neuen EBR fortbestehen lässt. 17.173

§ 37 Abs. 3 EBRG bestimmt – geringfügig, aber richtlinienkonform von der Richtlinie abweichend (vgl. Rz. 17.177) –, dass **für die Dauer der Verhandlung** jeder von der Strukturänderung betroffene EBR „bis zur Errichtung eines neuen EBR" im Amt bleibt (Übergangsmandat), und dass mit der zentralen Leitung vereinbart werden kann, nach welchen Bestimmungen und in welcher Zusammensetzung das Übergangsmandat wahrgenommen wird. Kommt es nicht zu einer solchen besonderen Vereinbarung mit der zentralen Leitung, wird das Übergangsmandat nach § 37 Abs. 3 Satz 2 EBRG durch den jeweiligen EBR entsprechend der für ihn im Unternehmen oder in der Unternehmensgruppe geltenden Regelung wahrgenommen. Je nach Art der wesentlichen strukturellen Änderung und der dadurch geschaffenen neuen Gruppenstruktur kann es bei einem Übergangsmandat zweier oder mehr bestehender EBR zu einer **Duplizierung von Beteiligungsrechten** nach den verschiedenen übergangsweise fortbestehenden EBR-Vereinbarungen kommen.[236] Das Übergangsmandat endet auch, wenn das BVG einen Beschluss nach § 15 Abs. 1 EBRG fasst, keine Verhandlungen aufzunehmen oder diese zu beenden.[237] 17.174

Solange streitig ist, ob die Voraussetzungen für Neuverhandlungen gem. Art. 13 EBR-RL vorliegen, oder das Initiativrecht zur Aufnahme von Verhandlungen durch die Berechtigten nicht ausgeübt wird, gilt die bisherige EBR-Vereinbarung weiter. Eines Rückgriffs auf das Übergangsmandat bedarf es insoweit nicht.[238] Bis das Initiativrecht zur Aufnahme von Neuverhandlungen ausgeübt – und im Streitfall rechtskräftig bestätigt – wird, gilt eine bestehende EBR-Vereinbarung weiter und bleibt der bestehende EBR im Amt. 17.175

Eine wesentliche strukturelle Änderung kann beispielsweise im Falle einer Fusion zweier Unternehmensgruppen, die jeweils einen EBR haben, zu einem **parallelen Übergangsmandat beider EBR** führen. Aus praktischen Gründen empfiehlt sich für einen solchen Fall eine spezielle „Über- 17.176

---

235 So auch HWK/*Giesen*, EBRG Rz. 84 mit dem Hinweis, dass die EBR-Vereinbarung dem bisherigen EBR ein zusätzliches Übergangsmandat für die Zeit zwischen Abschluss der Verhandlungen und Konstituierung des neuen EBR einräumen kann.
236 AKRR/*Rudolph*, § 37 EBRG Rz. 31.
237 Vgl. HK-BetrVG/*Hayen*, § 37 EBRG Rz. 6; EuArbR/*Oetker*, Art. 13 EBR-RL Rz. 13.
238 So HWK/*Giesen*, EBRG Rz. 85.

gangsvereinbarung" i.S.d. Art. 13 UAbs. 3 EBR-RL. Häufig wird es naheliegen, übergangsweise ein gemeinschaftliches Gremium zu bilden, das sich aus Mitgliedern beider EBR zusammensetzt. In der Praxis scheitern derartige Vereinbarungen aber häufig daran, dass keine Seite die Verhandlungen über eine neue EBR-Vereinbarung präjudizieren will. Die bestehenden EBR wollen regelmäßig die jeweils stärksten Rechte aus den bestehenden Vereinbarungen fortschreiben; die zentrale Leitung ist an einer Konsolidierung auf niedrigerem Niveau interessiert.

17.177 Die gesetzliche Neuverhandlungspflicht greift auch ein, wenn im Falle von Strukturänderungen mehrere EBR-Vereinbarungen einschlägig sind, die sich **widersprechende Anpassungsregelungen** enthalten. Für diesen Fall wird teilweise empfohlen, Kollisionsregeln in die EBR-Vereinbarungen aufzunehmen, um auf diese Weise Widersprüche zwischen den einschlägigen Anpassungsbestimmungen auszuräumen.[239] Derartige Kollisionsregeln sollen für den Fall wesentlicher struktureller Änderungen, die von der eigenen und der „fremden" EBR-Vereinbarung (unterschiedlich) erfasst werden, vorsehen, dass ausschließlich die EBR-Vereinbarung des im EU/EWR-Gebiet arbeitnehmerstärkeren Unternehmens bzw. der arbeitnehmerstärkeren Unternehmensgruppe Anwendung findet.[240] Dies löst jedoch nicht das **Problem „kollidierender Kollisionsregeln"**. Die Kollisionsregel der einen EBR-Vereinbarung kann nicht die Kollisionsregelung der anderen EBR-Vereinbarung überwinden. Wenn beide Vereinbarungen nicht ausnahmsweise deckungsgleiche Kollisionsregeln enthalten, wird daher dennoch ein Neuverhandlungsverfahren stattzufinden haben. Das Verfahren zur Neuverhandlung richtet sich nach dem Umsetzungsrecht des Sitzstaates des (neuen) herrschenden Unternehmens.

13. Altvereinbarungen

17.178 Gemäß Art. 14 Abs. 1 Buchst. a EBR-RL gelten die Verpflichtungen aus der EBR-Richtlinie nicht für gemeinschaftsweit operierende Unternehmen und gemeinschaftsweit operierende Unternehmensgruppen, in denen (i) eine für alle Arbeitnehmer geltende Vereinbarung oder Vereinbarungen, in der bzw. in denen eine länderübergreifende Unterrichtung und Anhörung der Arbeitnehmer vorgesehen ist, gem. Art. 13 Abs. 1 der Richtlinie 94/45/EG (bzw. Art. 3 Abs. 1 der Richtlinie 97/74/EG) abgeschlossen wurde bzw. wurden oder (ii) solche Vereinbarungen wegen Veränderungen in der Struktur der Unternehmen oder Unternehmensgruppen angepasst wurden.

17.179 Art. 14 Abs. 1 Buchst. a EBR-RL führt damit die bereits in Art. 13 der EBR-Richtlinie 94/45/EG vorgesehene Privilegierung sog. Altvereinbarungen, die bis zum 22.9.1996 geschlossen wurden,[241] fort. Für diese gilt auch die aktuelle EBR-RL grundsätzlich nicht. Allerdings verpflichtet Art. 14 Abs. 1 EBR-RL die Mitgliedstaaten, die in Art. 13 EBR-RL vorgesehenen Regelungen zu strukturellen Änderungen auch für Altvereinbarungen in nationales Recht umzusetzen. Dies ergibt sich aus dem Einleitungssatz zu Art. 14 Abs. 1 EBR-RL („Unbeschadet des Art. 13 [...]").

17.180 Dieser Verpflichtung ist der nationale Gesetzgeber in §§ 41 Abs. 1 Satz 1, 37 EBRG nachgekommen.

17.181 Ebenfalls privilegiert sind gem. Art. 14 Abs. 1 Buchst. a EBR-RL Vereinbarungen nach Art. 3 Abs. 1 RL 97/74/EG, die vor dem 15.12.1999 von Unternehmen und Unternehmensgruppen geschlossen wurden, die auf Grund der Einbeziehung von in Großbritannien und Nordirland liegenden Betrieben und Unternehmen erstmalig die Voraussetzungen für die Errichtung eines EBR erfüllten. Es bleibt abzuwarten, ob es eine entsprechende Regelung geben wird, die Vereinbarungen für die Zeit nach dem geplanten Austritt des Vereinigten Königreichs aus der Europäischen Union, dem sogenannten Brexit, aufrecht erhält.[242]

---

239 HWK/*Giesen*, EBRG Rz. 82; vgl. auch EuArbR/*Oetker*, Art. 13 EBR-RL Rz. 10.
240 So der Vorschlag von HWK/*Giesen*, EBRG Rz. 82.
241 Vgl. dazu *Wedderburn*, Industrial Law Journal 26 (1997), 1 (21 ff.).
242 Vgl. *Wolff*, BB 2016, 1784.

Nach Zahlen des European Trade Union Institute arbeiteten im März 2016 noch 42 Prozent der Europäischen Betriebsräte auf der Basis von Altvereinbarungen, auf die keine der EBR-Richtlinien Anwendung findet.[243] Eine **Analyse bestehender Altvereinbarungen** hat gezeigt, dass sich bei diesen in bestimmten Bereichen eine **gängige Praxis herausgebildet** hat. Dies betrifft insbesondere den auf Information und Konsultation gerichteten Zweck und Gegenstand, die Beratungsgegenstände, die Zahl der ordentlichen Sitzungen sowie Regelungen in Bezug auf außerordentliche Sitzungen zur Beratung außergewöhnlicher Umstände. Die Regelungen erinnern oftmals an die Auffangregelungen der Richtlinie, obgleich diese auf Altvereinbarungen keine Anwendung finden. Ein bedeutender Unterschied, den Altvereinbarungen im Vergleich zu den Auffangregelungen der Richtlinie (und folglich auch den neueren, der Richtlinie unterworfenen Vereinbarungen) aufweisen, betrifft die Einbindung von Gewerkschaften in Form von Gewerkschaftsvertretern in dem Gremium oder Rechten der Gewerkschaften bei der Bestellung der EBR-Mitglieder.[244] Ferner sehen zahlreiche Altvereinbarungen EBR in der Form gemischter Gremien vor, die sich aus Arbeitgeber- und Arbeitnehmervertretern zusammensetzen.[245] Große Unterschiede in der Ausgestaltung der Altvereinbarungen zeigen sich in den Regelungen zur Wahl bzw. Bestellung der EBR-Mitglieder sowie in der Sitzverteilung auf die Mitgliedstaaten.[246]

17.182

Voraussetzung für die **Qualifizierung als Altvereinbarung** ist, dass die Vereinbarung

17.183

(i) vor dem 22.9.1996 (bzw. dem 15.12.1999) geschlossen (nicht zwingend bereits – etwa durch Bestellung der EBR-Mitglieder – umgesetzt)[247] wurde,

(ii) sich auf alle Arbeitnehmer des Unternehmens bzw. der Unternehmensgruppe erstreckt und

(iii) ein Verfahren zur länderübergreifenden Unterrichtung und Anhörung vorsieht.

Vereinbarungen, die die vorgenannten Voraussetzungen nicht erfüllen, sind keine Altvereinbarungen. Sie unterfallen in vollem Umfang der EBR-Richtlinie.

Die Anforderungen des § 41 Abs. 1 Satz 2 EBRG an den persönlichen Geltungsbereich von Vereinbarungen aus der Zeit bis zum 22.9.1996 (bzw. 15.12.1999) für die Qualifizierung als Altvereinbarung sind nicht vollständig deckungsgleich mit denjenigen des Art. 14 Abs. 1 EBR-RL. Während Art. 14 Abs. 1 Buchst. a EBR-RL i.V.m. Art. 13 Abs. 1 RL 94/45/EG verlangt, dass die Vereinbarung für alle Arbeitnehmer des gemeinschaftsweit tätigen Unternehmens bzw. der gemeinschaftsweit tätigen Unternehmensgruppe gilt, verlangt § 41 Abs. 1 Satz 2 EBRG, dass die Vereinbarung sich auf alle in den Mitgliedstaaten beschäftigten Arbeitnehmer erstreckt und Arbeitnehmern in denjenigen Mitgliedstaaten eine angemessene Beteiligung an der Unterrichtung und Anhörung ermöglicht, in denen das Unternehmen oder die Unternehmensgruppe einen Betrieb hat. Werden in einem Mitgliedstaat nur einzelne Arbeitnehmer beschäftigt (z.B. ein einzelner Arbeitnehmer in einem Repräsentationsbüro), müssen diese also gem. § 41 Abs. 1 Satz 2 EBRG nicht gesondert in das Verfahren zur Unterrichtung und Anhörung einbezogen sein.[248] Vom Zweck des Art. 14 Abs. 1 EBR-RL her gesehen dürfte diese Abweichung sich im Rahmen der Richtlinie bewegen.

17.184

§ 41 Abs. 3 und Abs. 4 EBRG sehen Sonderregeln für die nachträgliche Einbeziehung von Arbeitnehmern in den Geltungsbereich und die Anpassung der Vereinbarung vor: Erfasst die am Stichtag (22.9.1996 bzw. 15.12.1999) bestehende Vereinbarung nicht alle Arbeitnehmer, konnten die Parteien deren Einbeziehung innerhalb einer Frist von sechs Monaten, also bis zum 21.3.

17.185

---

243 *de Spiegelaere*, Too little, too late?, Evaluating the European Works Councils Recast Directive, 2016, S. 17.
244 *Carley/Hall*, Industrial Law Journal 29 (2000), 103 (108).
245 *Carley/Hall*, Industrial Law Journal 29 (2000), 103 (108).
246 Vgl. *Carley/Hall*, Industrial Law Journal 29 (2000), 103 (108).
247 HWK/*Giesen*, EBRG Rz. 124.
248 HWK/*Giesen*, EBRG Rz. 127; AKRR/*Rupp*, § 41 EBRG Rz. 12 f.

1997 bzw. 14.6.2000 nachholen. Außerdem konnten und können am Stichtag bestehende Vereinbarungen auch zeitlich unbegrenzt an Änderungen der Struktur des Unternehmens oder der Unternehmensgruppe sowie der Zahl der beschäftigten Arbeitnehmer angepasst werden, ohne ihre Qualität als Altvereinbarung einzubüßen. Dies gilt jedoch gem. § 41 Abs. 4 Halbs. 2 EBRG nicht, sofern es sich um Anpassungen aufgrund wesentlicher Strukturänderungen i.S.d. § 37 EBRG handelt.

17.186 Eine Altvereinbarung muss nicht zwingend die Errichtung eines EBR vorsehen. Sie kann auch eine andere Art der grenzübergreifenden Unterrichtung und Anhörung regeln. Es muss sich lediglich um ein **funktionierendes System der Unterrichtung und Anhörung im weiteren Sinne** handeln.[249] Die Begriffe Unterrichtung und Anhörung der EBR-Richtlinie finden insoweit keine Anwendung.[250] Diese Anforderungen können nicht für die Klassifizierung als ein länderübergreifendes Unterrichtungs- und Anhörungssystem i.S.d. Art. 14 EBR-RL herangezogen werden. Andernfalls würde die Privilegierung von Altvereinbarungen leer laufen. Die in einer Altvereinbarung vorgesehene Unterrichtung und Anhörung ist daher im weiten Sinne im Einklang mit dem allgemeinen Sprachgebrauch zu verstehen. Danach müssen Informationen zur Verfügung gestellt werden und es muss ein Dialog zwischen den Beteiligten vorgesehen sein.[251]

17.187 Wer **Partei einer Altvereinbarung** sein kann, wird durch Art. 14 Abs. 1 EBR-RL, Art. 13 RL 94/45/EG nicht vorgegeben. Auf **Arbeitgeberseite** muss daher nicht zwingend die zentrale Leitung gehandelt haben.[252] Es genügt, wenn ein anderes Unternehmen der Unternehmensgruppe gehandelt hat, solange die Anforderungen zum Geltungsbereich und zum Unterrichtungs- und Anhörungsverfahren erfüllt sind. Auf Seiten der Arbeitnehmer muss die Vereinbarung nicht durch ein BVG geschlossen worden sein. Die Handelnden (typischerweise eine Arbeitnehmervertretung oder Gewerkschaft) müssen auch keine volle Repräsentativität besessen haben.[253] Problematisch könnten mit Blick auf das Demokratieprinzip allenfalls Vereinbarungen sein, die durch Vertreter einer Minderheit der Arbeitnehmer geschlossen wurden. Allerdings sieht der Wortlaut des Art. 14 EBR-RL und des Art. 13 RL 94/45/EG insoweit keine Einschränkung vor.[254] Richtigerweise kommt es deshalb allein darauf an, ob die Vereinbarung den übrigen Anforderungen des Art. 14 EBR-RL und des Art. 13 RL 94/45/EG genügt.[255] Es muss auch nicht lediglich eine Vereinbarung geschlossen worden sein. Wenn für ein Unternehmen oder eine Unternehmensgruppe mehrere Vereinbarungen geschlossen wurden, können diese ebenfalls privilegiert sein.

17.188 Es verstößt deshalb nicht gegen Art. 14 Abs. 1 EBR-RL, wenn § 41 Abs. 2 Satz 1 EBRG bestimmt, dass es der Qualifizierung als privilegierte Altvereinbarung nicht entgegensteht, wenn die Vereinbarung auf Seiten der Arbeitnehmer nur von einer im BetrVG vorgesehenen Arbeitnehmervertretung geschlossen wurde.[256] Auch § 41 Abs. 2 Satz 2 EBRG, demzufolge eine Mehrzahl von Vereinbarungen privilegiert sein kann, ist richtlinienkonform.[257]

17.189 Fraglich ist, ob die Unternehmen bzw. Unternehmensgruppen, für die eine Altvereinbarung gilt, bereits zum Zeitpunkt des Abschlusses der Vereinbarung die **Voraussetzungen und Schwellenwerte** i.S.d. Art. 1 Abs. 1 Buchst. a bzw. Buchst. c EBR-RL erfüllen müssen. Dies ist richtigerweise

---

249 Vgl. HWK/*Giesen*, EBRG Rz. 126.
250 So auch HWK/*Giesen*, EBRG Rz. 129 für das deutsche Umsetzungsrecht in § 41 EBRG.
251 HWK/*Giesen*, EBRG Rz. 129.
252 A.A. wohl EuArbR/*Oetker*, Art. 14 EBR-RL Rz. 8; HWK/*Giesen*, EBRG Rz. 128 für § 41 EBRG: der oder die Handelnden müssten Vertretungsmacht für die zentrale Leitung gehabt haben.
253 Vgl. HWK/*Giesen*, EBRG Rz. 128 für § 41 EBRG; EuArbR/*Oetker*, Art. 14 EBR-RL Rz. 8.
254 Vgl. zu dieser Problematik HWK/*Giesen*, EBRG Rz. 128 m.w.N.
255 In diesem Sinne auch HWK/*Giesen*, EBRG Rz. 128.
256 AKRR/*Rupp*, § 41 EBRG Rz. 5.
257 AKRR/*Rupp*, § 41 EBRG Rz. 7.

abzulehnen. Es widerspräche den Zielsetzungen der Richtlinie, Unternehmen bzw. Unternehmensgruppen, die die Beschäftigtenschwellenwerte gem. Art. 1 Abs. 1 Buchst. a bzw. Buchst. c EBR-RL knapp unterschreiten, aber eine Vereinbarung zur Einrichtung eines funktionierenden Unterrichtungs- und Anhörungssystems vorgesehen haben, die Privilegierung zu versagen. Aus dem Wortlaut des Art. 14 Abs. 1 EBR-RL ergibt sich ebenfalls nicht, dass die Unternehmen bzw. Unternehmensgruppen, für die eine Altvereinbarung gilt, bereits zum Zeitpunkt des Abschlusses der Altvereinbarung ein „gemeinschaftsweit operierendes Unternehmen" bzw. eine „gemeinschaftsweit operierende Unternehmensgruppe" i.S.d. EBR-Richtlinie sein müssen.[258]

Eine **Ausnahme von der Privilegierung** von Altvereinbarungen gilt in Bezug auf die **Neuverhandlungspflicht gem. Art. 13 EBR-RL im Falle wesentlicher struktureller Änderungen.** Diese Pflicht gilt gem. dem Wortlaut des Art. 14 Abs. 1 Satz 1 EBR-RL („Unbeschadet des Art. 13 […]") auch für Altvereinbarungen.[259] Dies wird zwar vereinzelt mit dem Hinweis auf die Mehrdeutigkeit des Begriffs „unbeschadet" in Frage gestellt,[260] ist jedoch mit Blick auf die englische Fassung der Richtlinie („Without prejudice to Article 13 […]") nicht zu bezweifeln.

17.190

Die **Anpassung einer Altvereinbarung** – sei es aufgrund einer strukturellen Änderung oder aus sonstigen Gründen – führt nicht dazu, dass diese ihre Privilegierung verliert und infolgedessen insgesamt der EBR-Richtlinie sowie den nationalen Umsetzungsvorschriften unterfällt. Bereits aus dem Wortlaut des Art. 14 Abs. 1 Buchst. a EBR-RL folgt, dass auch Altvereinbarungen privilegiert sind, die „[…] wegen Veränderungen in der Struktur der Unternehmen bzw. Unternehmensgruppe angepasst wurden". Erst recht können sonstige Anpassungen der Altvereinbarung, die lediglich einzelne Regelungen der Vereinbarung ergänzen oder ändern, nicht den Verlust der Privilegierung als Altvereinbarung zur Folge haben.[261] Dafür spricht auch Art. 14 Abs. 2 EBR-RL, wonach die betreffenden Parteien einer Altvereinbarung beschließen können, eine Altvereinbarung nach ihrem zeitlichen Ablauf weiter anzuwenden oder zu überarbeiten. Ein solche Verlängerung bzw. Überarbeitung ist auch nach dem 22.9.1996 (bzw. nach dem 15.12.1999) möglich.

17.191

Diese Sichtweise wird auch durch **ErwGr. 41 EBR-RL** gestützt. Solange die Anpassungspflicht nach Art. 13 EBR-RL nicht eingreift, sollen gem. ErwGr. 41 Satz 1 EBR-RL die geltenden Vereinbarungen weiter in Kraft bleiben können, „um deren obligatorische Neuverhandlung zu vermeiden, wenn sie unnötig wäre." Gemäß ErwGr. 41 Satz 2 EBR-RL sollen die Verpflichtungen, die sich aus der EBR-Richtlinie ergeben, auf Altvereinbarungen während ihrer Geltungsdauer weiterhin keine Anwendung finden. Dies bedeutet im Ergebnis, dass Altvereinbarungen grundsätzlich so lange außerhalb des Anwendungsbereichs der EBR-Richtlinie bleiben, wie dies die Parteien der Vereinbarung einvernehmlich wünschen,[262] und zwar auch nach einer Anpassung oder Ergänzung der Vereinbarung ungeachtet des Ausmaßes einer solchen Änderung. Die Parteien können die Altvereinbarung daher auch einvernehmlich um eine Anpassungsklausel i.S.d. Art. 13 Satz 1 Halbs. 2 EBR-RL zur Regelung wesentlicher struktureller Änderungen ergänzen. Die Altvereinbarung büßt dadurch nicht ihren Charakter als Altvereinbarung ein. Kommt es zu einer wesentlichen struktu-

17.192

---

258 A.A. offenbar HWK/*Giesen*, EBRG Rz. 124 in Bezug auf § 41 EBRG, nach dessen Ansicht ein späteres Hineinwachsen in den Anwendungsbereich des EBRG nicht genüge. Die betreffenden Unternehmen bzw. Unternehmensgruppen müssten vielmehr die Anwendungsvoraussetzungen des EBRG erfüllen.
259 Vgl. *Hohenstatt/Kröpelin/Bertke*, NZA 2011, 1313 (1317 f.) und HWK/*Giesen*, EBRG Rz. 9 jeweils in Bezug auf das deutsche Umsetzungsrecht in §§ 41, 37 EBRG.
260 *Franzen*, EuZA 2010, 180 (196 f.).
261 Vgl. auch *Hohenstatt/Kröpelin/Bertke*, NZA 2011, 1313 (1318), die dies allerdings von dem Ausmaß der nachträglichen Änderungen abhängig machen wollen. A.A. EAS/*Sagan*, B 1100 Rz. 180, der argumentiert, dass *e contrario* Art. 14 Abs. 1 Buchst. a Halbs. 2 EBR-RL jede Anpassung, die nicht wegen Veränderungen in der Struktur der Unternehmen oder Unternehmensgruppe erfolgt, der Vereinbarung die Qualifikation als Altvereinbarung entzieht.
262 *Franzen*, EuZA 2010, 180 (193).

rellen Änderung, die durch eine Anpassungsklausel der Altvereinbarung geregelt wird, greift entsprechend dem Willen des Richtliniengebers vorrangig die vereinbarte Anpassungsklausel („[...] und fehlen entsprechende Bestimmungen in den geltenden Vereinbarungen [...]"). Die gesetzliche Neuverhandlungspflicht gem. Art. 13 EBR-RL greift dann nicht ein.

14. Übergangsrecht

17.193   Art. 14 Abs. 1 Buchst. b EBR-RL dehnt die Privilegierung auf Vereinbarungen gem. Art. 6 RL 94/45/EG aus, die zwischen dem 5.6.2009, d.h. dem Datum des Erlasses der Neufassung der EBR-Richtlinie, und dem 5.6.2011, d.h. dem Tag des Ablaufs der Umsetzungsfrist, unterzeichnet oder überarbeitet wurden. Dies bedeutet, dass Vereinbarungen, die **zwischen dem 5.6.2009 und dem 5.6.2011** geschlossen oder überarbeitet wurden, nicht der Neufassung der EBR-Richtlinie unterliegen, sondern dem alten Recht der Richtlinie 94/45/EG und den hierzu ergangenen Umsetzungsvorschriften. Diese Vereinbarungen müssen gem. Art. 14 Abs. 1 Buchst. b EBR-RL nicht an das neue Recht angepasst werden.

17.194   Etwas unklar ist allerdings, für welche Vereinbarungen genau diese Privilegierung gelten soll. Einerseits bestimmt ErwGr. 41 Satz 3 EBR-RL, dass „[...] die vorliegende Richtlinie keine allgemeine Verpflichtung zur Neuverhandlung von Vereinbarungen, die gem. Art. 6 der Richtlinie 94/45/EG zwischen dem 22.9.1996 und dem 5.6.2011 geschlossen wurden" begründet. Andererseits regelt Art. 14 Abs. 1 Buchst. b EBR-RL, dass „[...] die sich aus dieser Richtlinie ergebenden Verpflichtungen nicht für gemeinschaftsweit operierende Unternehmen und gemeinschaftsweit operierende Unternehmensgruppen [gelten], in denen [...] eine gem. Art. 6 der Richtlinie 94/45/EG abgeschlossene Vereinbarung zwischen dem 5.6.2009 und dem 5.6.2011 unterzeichnet oder überarbeitet wird." Da der Wortlaut der Richtlinienbestimmungen den Erwägungsgründen vorgeht, ist davon auszugehen, dass das privilegierende Übergangsrecht tatsächlich nur für solche Vereinbarungen gilt, die zwischen dem 5.6.2009 und dem 5.6.2011 geschlossen oder überarbeitet wurden.

17.195   Vereinbarungen, die **zwischen dem 22.9.1996 und dem 4.6.2009** unterzeichnet wurden, unterliegen im Umkehrschluss den Maßstäben der neuen EBR-Richtlinie.[263] Allerdings konnten auch solche Vereinbarungen in den Genuss der Privilegierung nach Art. 14 Abs. 1 Buchst. b EBR-RL kommen, wenn sie in der Zeit **zwischen dem 5.6.2009 und dem 5.6.2011 „überarbeitet"** wurden. Damit ist jede Form der inhaltlichen oder formellen Änderung oder Ergänzung der Vereinbarung erfasst.[264] Wurde eine Vereinbarung in dem relevanten Zeitraum derart bestätigt, unterliegt sie nicht der Neufassung der EBR-Richtlinie, sondern der RL 94/45/EG.

17.196   Auch für privilegierte Vereinbarungen aus der Zeit zwischen dem 5.6.2009 und dem 5.6.2011 gilt jedoch – genauso wie für Altvereinbarungen von vor dem 22.9.1996 (bzw. vor dem 15.12.1999) – die **Anpassungspflicht wegen wesentlicher struktureller Änderungen** gem. Art. 13 EBR-RL. Jedoch gilt auch hier, dass die in einer EBR-Vereinbarung vereinbarten Anpassungsregelungen wegen struktureller Änderungen Vorrang haben vor den gesetzlichen Anpassungsvorschriften. Art. 13 EBR-RL lässt die „entsprechenden Bestimmungen" der Vereinbarung seinen eigenen Anpassungsregelungen vorgehen.[265]

---

263 DKKW/*Däubler*, § 41 EBRG Rz. 26; *Giesen*, NZA 2009, 1174 (1175); EuArbR/*Oetker*, Art. 14 EBR-RL Rz. 5.
264 *Giesen*, NZA 2009, 1174 (1176); EuArbR/*Oetker*, Art. 14 EBR-RL Rz. 5; a.A. HK-BetrVG/*Blanke/Hayen*, § 41 EBRG Rz. 18, die „wesentliche" Änderungen verlangen.
265 *Giesen*, NZA 2009, 1174 (1176, Fn. 13).

II. Rahmen-Richtlinie über die Unterrichtung und Anhörung der Arbeitnehmer 2002/14/EG

1. Gegenstand und Zweck

Die Richtlinie 2002/14/EG des Europäischen Parlaments und des Rates vom 11.3.2002 zur Festlegung eines allgemeinen Rahmens für die Unterrichtung und Anhörung der Arbeitnehmer in der Europäischen Gemeinschaft (UuA-RL)[266] wurde nach vierjähriger politischer Auseinandersetzung erlassen. Sie ergänzt als Rahmenrichtlinie über die Unterrichtung und Anhörung der Arbeitnehmer in der Europäischen Gemeinschaft (jetzt: Union) die spezifischeren Informations- und Konsultationsrechte der Arbeitnehmer bei Massenentlassungen und bei Betriebsübergängen sowie die EBR-Richtlinie. Sie wurde nach ihrer Verabschiedung als „Durchbruch zu einer europäischen Betriebsverfassung" gewürdigt.[267] Die **Frist zur Umsetzung** der UuA-Richtlinie lief am 23.3.2005 ab.

17.197

Die Richtlinie soll den **sozialen Dialog zwischen den Sozialpartnern** fördern. Der europäische Gesetzgeber versprach sich davon eine Steigerung der Wettbewerbsfähigkeit der Unternehmen und positive beschäftigungspolitische Effekte. Auslöser für die Erarbeitung der Richtlinie war der seinerzeit heftig kritisierte Beschluss eines französischen Automobilherstellers im Jahr 1997, ein Werk in Belgien ohne vorherige Unterrichtung und Anhörung der Arbeitnehmer zu schließen.[268] Diesem Hintergrund verdankt die Richtlinie die inoffizielle Bezeichnung „Renault-Richtlinie".[269]

17.198

Gegenstand der Unterrichtungs- und Anhörungsrichtlinie ist gem. Art. 1 Abs. 1 UuA-RL die Schaffung eines **allgemeinen Mindeststandards für die Unterrichtung und Anhörung der Arbeitnehmer**[270] zu den in Art. 4 Abs. 2 UuA-RL genannten Themen. Die Geltung günstigerer Regelungen auf mitgliedstaatlicher Ebene soll durch sie nicht verhindert werden.[271]

17.199

Die Unterrichtungs- und Anhörungsrichtlinie verpflichtet die Mitgliedstaaten dabei nicht, eine oder mehrere Arten der Arbeitnehmervertretung zu schaffen, sondern setzt deren Existenz voraus.[272] Damit trägt sie den großen Unterschieden im kollektiven Arbeitsrecht der Mitgliedstaaten Rechnung.[273]

17.200

Die Richtlinie konkretisiert das in **Art. 27 GRC** garantierte Recht auf Unterrichtung und Anhörung. Das ändert jedoch nichts an ihrem sekundärrechtlichen Charakter. Der EuGH hat zudem in der Rs. *Association de médiation sociale* klargestellt, dass, wenn eine nationale Bestimmung zur Umsetzung der Richtlinie mit dem Unionsrecht unvereinbar ist, Art. 27 GRC in einem Rechtsstreit zwischen Privaten nicht geltend gemacht werden kann, um diese nationale Bestimmung unangewendet zu lassen (vgl. Rz. 1.164).[274]

17.201

Der deutsche Gesetzgeber sah sich nicht veranlasst, Maßnahmen zur Umsetzung der Richtlinie zu ergreifen, weil die geltenden Rechtsvorschriften – insbesondere das **BetrVG**, das **SprAuG** sowie die **Personalvertretungsgesetze** – bereits den Anforderungen der Richtlinie entsprächen.[275] In der Literatur werden allerdings einige mögliche Umsetzungsdefizite diskutiert.[276]

17.202

---

266 ABl. Nr. L 80 v. 11.3.2002, S. 29.
267 *Reichold*, NZA 2003, 289 (299).
268 Vgl. *Kolvenbach/Kolvenbach*, NZA 1997, 695; *Weiler*, AiB 2002, 265; s. auch ErwGr. 6 UuA-RL.
269 HK-BetrVG/*Kohte*, RL 2002/14/EG Rz. 4 f.; *Weiler*, AiB 2002, 265.
270 Vgl. ErwGr. 18 UuA-RL.
271 ErwGr. 18 UuA-RL.
272 *Franzen*, FS Birk, 2008, S. 97 (98).
273 *Stoffels*, GS Heinze, 2005, S. 885 (893); EuArbR/*Weber*, Art. 2 UuA-RL Rz. 18.
274 EuGH v. 15.1.2014 – C-176/12 – Association de médiation sociale, NZA 2014, 193 Rz. 51.
275 Mitteilung der Kommission vom 17.3.2008 über die Überprüfung der Richtlinie 2002/14/EG in der EU, KOM(2008), 146 endg.; s. auch *Ales*, Synthesis Report 2007, S. 50 ff.
276 Vgl. *Reichold*, NZA 2003, 289 (292 ff.); *Konzen*, ZfA 2005, 189 (206 ff.); *Franzen*, FS Birk, 2008, S. 97 (101 ff.); Richardi/*Richardi*, Einl. BetrVG Rz. 41a; DKKW/*Däubler*, Einleitung BetrVG Rz. 253 ff.

2. Anwendungsbereich

17.203 Der Anwendungsbereich der Richtlinie erstreckt sich optional – je nach mitgliedstaatlicher Ausgestaltung – entweder auf **Unternehmen mit mindestens 50 Beschäftigten** oder **Betriebe mit mindestens 20 Beschäftigten**.[277] Art. 3 Abs. 1 UuA-RL überlässt den Mitgliedstaaten die Entscheidung, ob sie das Unternehmen oder den Betrieb zum Anknüpfungspunkt des sozialen Dialogs machen und wie sie die Schwellenwerte für die Beschäftigtenzahl berechnen wollen.[278]

17.204 Kleinere Einheiten wurden explizit ausgenommen, um einer Behinderung der Gründung und Entwicklung durch zu hohe administrative, finanzielle und rechtliche Auflagen entgegenzuwirken. Zum **Schutz kleinerer und mittlerer Unternehmen** erlaubt die Richtlinie daher den Mitgliedstaaten, Unternehmen mit weniger als 50 bzw. Betriebe mit weniger als 20 Arbeitnehmern auszuklammern.[279] Die Methode für die Berechnung der Schwellenwerte können die Mitgliedstaaten bestimmen, sie dürfen jedoch nicht bestimmte Arbeitnehmergruppen völlig unberücksichtigt lassen (z.B. jüngere oder subventioniert beschäftigte Arbeitnehmer).[280]

17.205 Die Möglichkeit, in Betrieben mit mindestens fünf aktiv und zugleich drei passiv Wahlberechtigten Betriebsräte zu wählen (§ 1 BetrVG), geht in zulässiger Weise zugunsten der Arbeitnehmer über die Anforderungen der Richtlinie hinaus.[281] Die Ausnahme gem. § 130 BetrVG für den öffentlichen Dienst ist unschädlich, soweit entsprechende Regelungen für die Bildung von Personalräten bestehen (z.B. § 12 BPersVG).[282]

17.206 Die in Art. 2 Buchst. a und b UuA-RL definierten Begriffe des Unternehmens bzw. des Betriebs erfassen prinzipiell nicht nur die **Privatwirtschaft**, sondern auch die **öffentliche Hand** sowie die **Kirchen**.[283] Gemäß Art. 3 Abs. 2 UuA-RL können die Mitgliedstaaten – unter Einhaltung der in der Richtlinie festgelegten Grundsätze und Ziele – jedoch spezifische Bestimmungen für Unternehmen oder Betriebe vorsehen, die unmittelbar und überwiegend politischen, koalitionspolitischen, konfessionellen, karitativen, erzieherischen, wissenschaftlichen oder künstlerischen Bestimmungen oder Zwecken der Berichterstattung oder Meinungsäußerung dienen, falls das innerstaatliche Recht Bestimmungen dieser Art zum Zeitpunkt des Inkrafttretens der Richtlinie bereits enthält. Nach überwiegender Auffassung in der Literatur genießen auch die nicht ausdrücklich genannten kirchlichen Einrichtungen **Tendenzschutz** in diesem Sinne.[284]

17.207 Die gem. § 118 Abs. 1 BetrVG eingeschränkte Geltung des BetrVG für **Tendenzbetriebe** ist nach überwiegender Auffassung durch den Vorbehalt in Art. 3 Abs. 2 UuA-RL gedeckt.[285] Schwieriger zu beurteilen ist die Frage, ob auch die vollständige Bereichsausnahme für Religionsgemeinschaften und ihre karitativen und erzieherischen Einrichtungen gem. § 118 Abs. 2 BetrVG richtlinien-

---

277 ErwGr. 19 UuA-RL.
278 *Reichold*, NZA 2003, 289 (292).
279 ErwGr. 19 UuA-RL.
280 EuGH v. 18.1.2007 – C-385/05 – CGT u.a., Slg. 2007, I-611 Rz. 41 = NZA 2007, 193; v. 15.1.2014 – C-176/12 – Association de médiation sociale, NZA 2014, 193 Rz. 29.
281 *Reichold*, NZA 2003, 289 (292 f.).
282 Die Ausführungen zum nationalen Recht beschränken sich im Folgenden auf das Betriebsverfassungsrecht.
283 *Reichold*, NZA 2003, 289 (293); s. auch *Giesen*, RdA 2000, 298 (299).
284 *Reichold*, NZA 2003, 289 (293); Richardi/*Thüsing*, § 118 BetrVG Rz. 188a ff.; GK-BetrVG/*Weber*, § 118 BetrVG Rz. 34 f.; APS/*Linck*, Mitarbeitervertretung im kirchlichen Bereich, Rz. 2; DKKW/*Däubler*, Einleitung BetrVG Rz. 254.
285 *Reichold*, NZA 2003, 289 (293); *Bonin*, AuR 2004, 321 (322); Richardi/*Thüsing*, § 118 BetrVG Rz. 1a; EuArbR/*Weber*, Art. 3 UuA-RL Rz. 16, GK-BetrVG/*Wiese*, Einleitung BetrVG Rz. 35; kritisch HK-BetrVG/*Kohte*, RL 2002/14/EG Rz. 31.

konform ist. In der Literatur wird dies überwiegend und zu Recht bejaht.[286] § 118 Abs. 2 BetrVG beinhaltet eine spezifische Ausprägung des Tendenzschutzes für Kirchen. Allerdings müssen auch kirchliche Einrichtungen auf Grund des Vorbehalts in Art. 3 Abs. 2 UuA-RL die „Grundsätze und Ziele" der Richtlinie hinreichend berücksichtigen. An diesen müssen sich insbesondere die Mitarbeitervertretungsgesetze der beiden großen Kirchen messen lassen.[287]

Eine **grenzüberschreitende wirtschaftliche Tätigkeit** der Unternehmen ist keine Voraussetzung für die Anwendbarkeit der Unterrichtungs- und Anhörungs-Richtlinie.[288] Sie erfasst – anders als die EBR-Richtlinie – auch rein nationale Sachverhalte. 17.208

Art. 3 Abs. 3 UuA-RL, der es den Mitgliedstaaten erlaubte, durch den Erlass besonderer Bestimmungen für die **Besatzung von Hochseeschiffen** von den Richtlinienbestimmungen abzuweichen, wurde gem. Art. 3 RL (EU) 2009/1794 gestrichen.[289] Die auf besondere Situationen bezogenen Informations- und Konsultationsverfahren des Art. 7 **Betriebsübergangsrichtlinie 2001/23/EG** (vgl. Rz. 15.185 ff.) und des Art. 2 **Massenentlassungsrichtlinie 98/59/EG** (vgl. Rz. 10.45 ff.) bleiben gem. Art. 9 Abs. 1 UuA-RL unberührt. Das Gleiche gilt für Unterrichtungs- und Anhörungsrechte auf Basis der Richtlinien über Europäische Betriebsräte (vgl. Rz. 17.1 ff.), die nur auf grenzüberschreitend tätige Unternehmen bzw. Unternehmensgruppen Anwendung finden.[290] 17.209

3. Unterrichtung und Anhörung von Arbeitnehmervertretern

Art. 4 UuA-RL statuiert Unterrichtungs- und Anhörungspflichten für den Arbeitgeber. Dabei versteht Art. 2 Buchst. f UuA-RL unter **Unterrichtung** „die Übermittlung von Informationen durch den Arbeitgeber an die Arbeitnehmervertreter, um ihnen Gelegenheit zur Kenntnisnahme und Prüfung der behandelten Frage zu geben." **Anhörung** bezeichnet nach Art. 2 Buchst. g UuA-RL „die Durchführung eines Meinungsaustauschs und eines Dialogs zwischen Arbeitnehmervertretern und Arbeitgeber." Daraus ergibt sich, dass der Begriff „Anhörung" nicht als bloß passives Zuhören, sondern vielmehr als **„Beratung"** zu verstehen ist.[291] Ferner lassen die Definitionen erkennen, dass Unterrichtungs- und Anhörungsrechte i.S.d. Richtlinie nur durch Arbeitnehmervertretungen i.S.v. Art. 2 Buchst. e UuA-RL wahrgenommen werden und **nicht durch einzelne Arbeitnehmer**.[292] 17.210

Arbeitnehmervertreter sind gem. Art. 2 Buchst. e UuA-RL die nach den einzelstaatlichen Rechtsvorschriften und Gepflogenheiten vorgesehenen Vertreter der Arbeitnehmer. Daraus wird zu Recht abgeleitet, dass die Richtlinie **keine mittelbare Pflicht zur Errichtung von Arbeitnehmervertretungen** normiert.[293] Sieht ein Mitgliedstaat die Möglichkeit zur Errichtung einer Arbeitnehmervertretung vor, machen die Arbeitnehmer davon aber keinen Gebrauch, besteht keine Informations- und Anhörungspflicht des Arbeitgebers gemäß den Anforderungen der Unterrichtungs- und An- 17.211

---

286 Vgl. *Reichold*, NZA 2003, 289 (293); *Bonin*, AuR 2004, 321 (322); Richardi/*Thüsing*, § 118 BetrVG Rz. 188a ff.; APS/*Linck*, Mitarbeitervertretung im kirchlichen Bereich, Rz. 2; GK-BetrVG/*Weber*, § 118 BetrVG Rz. 34 f.; a.A. *Weiss*, NZA 2003, 177 (183).
287 S. dazu Richardi/*Thüsing*, § 118 BetrVG Rz. 188d; HK-BetrVG/*Kohte*, RL 2002/14/EG Rz. 30.
288 Grabitz/Hilf/Nettesheim/*Benecke*, Art. 153 AEUV Rz. 86; *Reichold*, NZA 2003, 289 (290) m.w.N.
289 Die §§ 114 ff. BetrVG sowie § 33 SprAuG enthalten insoweit richtlinienkonforme Sonderregeln: *Bonin*, AuR 2004, 321 (322); EuArbR/*Weber*, Art. 3 UuA-RL Rz. 25.
290 Grabitz/Hilf/Nettesheim/*Benecke*, Art. 153 AEUV Rz. 86.
291 *Reichold*, NZA 2003, 289 (296); *Kothe*, FS 50 Jahre BAG, 2004, S. 1219 (1228 f.); HK-BetrVG/*Kohte*, RL 2002/14/EG Rz. 9; *Konzen*, ZfA 2005, 189 (206); *Franzen*, FS Birk, 2008, S. 97 (100).
292 *Reichold*, NZA 2003, 289 (295); EuArbR/*Weber*, Art. 2 UuA-RL Rz. 18; a.A. DKKW/*Däubler*, Einleitung BetrVG Rz. 256.
293 *Bonin*, AuR 2004, 321 (323); *Stoffels*, GS Heinze, 2005, 885 (898 f.); *Franzen*, FS Birk, 2008, S. 97 (100); *Reichold*, NZA 2003, 289 (294 f.); DKKW/*Däubler*, Einleitung BetrVG Rz. 256; so für den Richtlinienvorschlag KOM(1998) 612 *Giesen*, RdA 2000, 298 (300); Hanau/Steinmeyer/Wank/*Hanau*, § 19 Rz. 130.

hörungsrichtlinie.²⁹⁴ Dies bestätigt ErwGr. 15 UuA-RL, demzufolge nationale Regelungen unberührt bleiben, nach denen die konkrete Wahrnehmung des Rechts auf Unterrichtung und Anhörung eine kollektive Willensbekundung der Rechtsinhaber erfordert.

17.212 Daher ist es unionsrechtlich unbedenklich, wenn das deutsche Recht es **den Arbeitnehmern freistellt**, ob sie einen Betriebsrat wählen oder nicht.²⁹⁵ Umstritten ist jedoch, ob die Herausnahme der im **Flugbetrieb** beschäftigten Arbeitnehmer aus dem Geltungsbereich des BetrVG gem. § 117 Abs. 2 BetrVG, für die stattdessen eine Arbeitnehmervertretung auf Tarifvertragsbasis gebildet werden kann, mit der Richtlinie vereinbar ist.²⁹⁶ Das BAG hat sich zu dieser Frage noch nicht ausdrücklich geäußert. Es hat jedoch in einem Literaturverweis angedeutet, dass es zumindest dann von der Unionsrechtskonformität der Norm ausgeht, wenn die Unterrichtungs- und Anhörungsrechte der betroffenen Arbeitnehmer tatsächlich hinreichend tariflich geregelt sind.²⁹⁷ Teilweise wird vertreten, dass das BetrVG in richtlinienkonformer Auslegung auf den Flugbetrieb anwendbar sei, wenn keine tarifliche Regelung besteht.²⁹⁸ Nach überwiegender Auffassung ist eine solche Auslegung jedoch nicht geboten, weil Art. 5 UuA-RL auch den Sozialpartnern Umsetzungsbefugnisse einräumt und die Arbeitnehmer eine Tarifregelung über den Weg des Arbeitskampfes auch gegen den Willen der Arbeitgeberseite herbeiführen können.²⁹⁹

4. Gegenstände des Unterrichtungs- und Anhörungsrechts

17.213 Die Gegenstände der arbeitgeberseitigen Unterrichtungs- und Anhörungspflichten ergeben sich aus Art. 4 Abs. 2 Buchst. a–c UuA-RL. Sie umfassen

– die jüngste Entwicklung und die wahrscheinliche Weiterentwicklung der **Tätigkeit** und der **wirtschaftlichen Situation** des Unternehmens oder des Betriebs (Buchst. a);

– die **Beschäftigungssituation, Beschäftigungsstruktur** und die wahrscheinliche **Beschäftigungsentwicklung** im Unternehmen oder Betrieb und gegebenenfalls **geplante antizipative Maßnahmen**, insbesondere bei einer Bedrohung für die Beschäftigung (Buchst. b);

– **Entscheidungen, die wesentliche Veränderungen der Arbeitsorganisation oder der Arbeitsverträge** mit sich bringen können, einschließlich solcher, die Gegenstand der Betriebsübergangsrichtlinie sind (Buchst. c).

17.214 In Bezug auf die wirtschaftliche Situation (Buchst. a) reicht eine bloße Unterrichtung aus. Diese kann zum Beispiel über einen allgemeinen Geschäftsbericht erfolgen, der einen Überblick über Absatz, Umsatz, Gewinn, Geschäftsgegenstände, Produktion und die Position am Markt gibt.³⁰⁰ Informationen über die finanzielle Situation des Unternehmens müssen nicht offengelegt werden, insbesondere nicht durch Vorlage einer Bilanz.³⁰¹

17.215 Der **Zeitpunkt** sowie die **Art und Weise** der Unterrichtung und Anhörung haben nach Art. 4 Abs. 3 und 4 UuA-RL, vereinfacht gesprochen, **dem Einzelfall angemessen, zweckmäßig und ef-**

---

294 *Bonin*, AuR 2004, 321 (323); *Franzen*, FS Birk, 2008, S. 97 (100); a.A. *Reichold*, NZA 2003, 289 (294 f.); DKKW/*Däubler*, Einleitung BetrVG Rz. 256.
295 *Bonin*, AuR 2004, 321 (323); kritisch HK-BetrVG/*Kohte*, RL 2002/14/EG Rz. 35.
296 Dagegen z.B. HK-BetrVG/*Kohte*, RL 2002/14/EG Rz. 34.
297 BAG v. 24.6.2008 – 9 AZR 313/07, NZA 2008, 1309 Rz. 38.
298 *Fitting*, § 117 BetrVG Rz. 6 ff.; für eine verfassungskonforme Auslegung im Lichte des Art. 3 Abs. 1 GG mit gleichem Ergebnis DKKW/*Däubler*, § 117 BetrVG Rz. 11.
299 LAG Berlin-Brandenburg v. 30.10.2009 – 6 TaBVGa 2284/09, BB 2009, 2477; LAG Hessen v. 19.9. 2006 – 4/9 TaBV 56/06, BeckRS 2007, 41259; GK-BetrVG/*Franzen*, § 117 BetrVG Rz. 10; Richardi/*Thüsing*, § 117 BetrVG Rz. 2; a.A. ArbG Cottbus v. 24.9.2009 – 1 BVGa 7/09, BeckRS 2009, 73918; *Bayreuther*, NZA 2010, 262 (263); *Bonin*, AuR 2004, 321 (322); ErfK/*Kania*, § 117 BetrVG Rz. 1.
300 *Reichold*, NZA 2003, 289 (296); EuArbR/*Weber*, Art. 4 UuA-RL Rz. 5.
301 EuArbR/*Weber*, Art. 4 UuA-RL Rz. 5.

fektiv zu erfolgen. Die Unterrichtung muss es den Arbeitnehmervertretern dabei ermöglichen, die Informationen angemessen zu prüfen und gegebenenfalls die Anhörung vorzubereiten. Die Anhörung erfolgt gem. Art. 4 Abs. 4 Buchst. b UuA-RL auf der je nach behandeltem Thema relevanten **Leitungs- und Vertretungsebene**. Die Richtlinie statuiert kein Recht der Arbeitnehmervertreter, die Hilfe von **Sachverständigen** in Anspruch zu nehmen.[302]

Nach Art. 4 Abs. 4 Buchst. e UuA-RL erfolgt die Anhörung zu Entscheidungen, die wesentliche Veränderungen der Arbeitsorganisation oder der Arbeitsverträge mit sich bringen können (Buchst. c), mit dem **Ziel einer – nicht erzwingbaren**[303] – **Vereinbarung** über die entsprechenden Entscheidungen des Arbeitgebers. 17.216

Die **Unterrichtungs- und Beratungsrechte des Betriebsrats** nach dem BetrVG erfüllen die Anforderungen der Richtlinie im Wesentlichen und werden sogar vielfach durch Einräumung stärkerer Beteiligungsrechte übertroffen (vgl. §§ 80 Abs. 2, 90, 92 f., 102, 110, 111 f. BetrVG, § 17 Abs. 2 KSchG).[304] Jedenfalls dann, wenn in einem Unternehmen ein **Wirtschaftsausschuss** mit Rechten nach § 106 Abs. 2 und 3 BetrVG zu bilden ist, bestehen kaum Zweifel daran, dass die Unterrichtungs- und Anhörungsrechte i.S.d. Richtlinie umfassend gewährleistet sind.[305] In gegenständlicher Hinsicht ist den Unterrichtungs- und Anhörungsrechten gem. Art. 4 Abs. 2 Buchst. a UuA-RL mit § 106 Abs. 2 und 3 BetrVG Genüge getan.[306] §§ 92 f., 96 ff., 99, 102, 105 BetrVG, § 17 Abs. 2 KSchG erfüllen die Anforderungen des Art. 4 Abs. 2 Buchst. b UuA-RL und die Gegenstände des Art. 4 Abs. 2 Buchst. c UuA-RL sind durch § 90 und § 111 BetrVG abgedeckt.[307] 17.217

Da für Zwecke der inländischen Umsetzung zum Teil auf den Wirtschaftsausschuss gem. § 106 BetrVG zurückgegriffen werden muss, werden für den Fall, dass kein Wirtschaftsausschuss besteht, punktuelle **Zweifel an der Richtlinienkonformität** des nationalen Rechts geäußert.[308] Um diesen Rechnung zu tragen, wurde vorgeschlagen, den Schwellenwert nach § 106 Abs. 1 Satz 1 BetrVG für die Einrichtung eines Wirtschaftsausschusses von 100 auf 50 Arbeitnehmer im Unternehmen abzusenken oder den Betriebsrat in Unternehmen mit 50 bis 100 Arbeitnehmern zum Träger der Beteiligungsrechte nach § 106 BetrVG zu machen.[309] Der deutsche Gesetzgeber hat diese Anregungen bisher nicht aufgegriffen.[310] 17.218

---

302 *Reichold*, NZA 2003, 289 (295 f.); *Bonin*, AuR 2004, 321 (324).
303 *Reichold*, NZA 2003, 289 (297).
304 Vgl. *Reichold*, NZA 2003, 289 (298); GK-BetrVG/*Wiese*, Einleitung BetrVG Rz. 35; GK-BetrVG/*Oetker*, § 111 BetrVG Rz. 5.
305 *Reichold*, NZA 2003, 289 (298 f.); *Bonin*, AuR 2004, 321 (324); *Konzen*, ZfA 2005, 189 (206); *Franzen*, FS Birk, 2008, S. 97 (102 ff.); a.A. *Riesenhuber*, Europäisches Arbeitsrecht, § 28 Rz. 36.
306 *Franzen*, FS Birk, 2008, S. 97 (102).
307 *Franzen*, FS Birk, 2008, S. 97 (103), sieht insofern eine Umsetzungslücke im Rahmen des § 111 BetrVG, da nach der Richtlinie auch eine Unterrichtung über Betriebsübergänge, die mit einer wesentlichen Änderung der Arbeitsverträge einhergehen, gefordert sei. Nach deutschem Recht müsse eine solche nicht in jedem Fall erfolgen. Nur wenn eine Änderung der Arbeitsorganisation einhergehe, greife die Unterrichtungspflicht nach § 111 BetrVG. *Franzen* sieht jedoch in diesen Fällen eine ausreichende Umsetzung durch § 106 Abs. 3 Nr. 10 BetrVG als gewährleistet. HK-BetrVG/*Kohte*, RL 2002/14/EG Rz. 36 kritisiert zudem, dass Betriebsräte, die nach Beginn einer Betriebsänderung gewählt wurden, keine Rechte aus §§ 111 BetrVG geltend machen können.
308 *Reichold*, NZA 2003, 289 (299); *Franzen*, FS Birk, 2008, S. 97 (102 f.); zum Richtlinienvorschlag KOM (1998), 612 endg. *Deinert*, NZA 1999, 800.
309 *Reichold*, NZA 2003, 289 (299); *Bonin*, AuR 2004, 321 (324/326); *Konzen*, ZfA 2005, 189 (206); *Franzen*, FS Birk, 2008, S. 97 (105).
310 Nach einer großzügigeren Ansicht genügt insoweit eine Umsetzung durch §§ 43 Abs. 2 Satz 3, 110 Abs. 2 BetrVG oder eine richtlinienkonforme Auslegung der §§ 80 Abs. 2, 111 BetrVG, vgl. hierzu *Franzen*, FS Birk, 2008, S. 97 (102, 106).

5. Vertrauliche Informationen und Schutz der Arbeitnehmervertreter

17.219 Die Mitgliedstaaten haben nach Art. 6 Abs. 1 Satz 1 UuA-RL den Arbeitnehmervertretern gem. den in den einzelstaatlichen Rechtsvorschriften festgelegten Bedingungen und Beschränkungen die Weitergabe ihnen im berechtigten Interesse der Unternehmen oder Betriebe ausdrücklich **als vertraulich mitgeteilter Informationen** an Arbeitnehmer oder unbefugte Dritte zu verbieten. Diese Geheimhaltungspflicht gilt nach Art. 6 Abs. 1 Satz 2 UuA-RL unabhängig vom Aufenthaltsort der Arbeitnehmervertreter und auch noch nach Ablauf ihrer Amtszeit.

17.220 Die **Geheimhaltungspflicht** gem. § 79 Abs. 1 BetrVG bezieht sich lediglich auf **Betriebs- oder Geschäftsgeheimnisse**. In der Literatur wird die Richtlinienkonformität der Norm deshalb zu Recht angezweifelt.[311] Es erscheint zweifelhaft, ob der Vorbehalt zugunsten der „in den einzelstaatlichen Rechtsvorschriften festgelegten Bedingungen und Beschränkungen" auch die inhaltliche Reichweite des Vertraulichkeitsschutzes erfasst. Der Wortlaut der Richtlinie legt vielmehr nahe, dass geschützte vertrauliche Informationen nicht auf das enge Verständnis der Betriebs- und Geschäftsgeheimnisse beschränkt werden können und dass es einen weiteren Spielraum für die Klassifizierung als vertrauliche Informationen gibt (vgl. zu ähnlichen Bedenken mit Blick auf § 35 Abs. 2 EBRG Rz. 17.149).

17.221 Ferner bestimmt Art. 6 Abs. 2 UuA-RL parallel zu der Geheimhaltungspflicht der Arbeitnehmervertreter, dass die Mitgliedstaaten vorsehen, dass Arbeitgeber in besonderen Fällen und unter Beachtung der in den einzelstaatlichen Rechtsvorschriften festgelegten Bedingungen und Beschränkungen nicht verpflichtet sind, eine Unterrichtung vorzunehmen oder eine Anhörung durchzuführen, wenn diese Unterrichtung oder Anhörung nach objektiven Kriterien die Tätigkeit des Unternehmens oder Betriebs erheblich beeinträchtigen oder dem Unternehmen oder Betrieb schaden könnte.

Die nationale Regelung in § 106 Abs. 2 BetrVG („... soweit dadurch nicht Betriebs- und Geschäftsgeheimnisse gefährdet werden ...") erscheint wiederum enger als die Richtlinie, da hiernach die Einschränkung der Unterrichtungs- und Anhörungspflicht des Arbeitgebers nur bei einer Gefährdung von Betriebs- und Geschäftsgeheimnissen bestehen soll.

17.222 Die Mitgliedstaaten tragen gem. Art. 7 UuA-RL dafür Sorge, dass die **Arbeitnehmervertreter bei der Ausübung ihrer Funktion einen ausreichenden Schutz und ausreichende Sicherheiten** genießen, die es ihnen ermöglichen, die ihnen übertragenen Aufgaben in angemessener Weise wahrzunehmen. Sie genießen insoweit ein weites Ermessen.[312]

17.223 Der **Tätigkeitsschutz der Betriebsratsmitglieder** nach deutschem Recht genügt den Anforderungen der Richtlinie (vgl. § 15 KSchG, §§ 37, 38, 78, 103, 119, 121 BetrVG).[313] Das gilt auch für (sachgrundlos) **befristet beschäftigte** Betriebsratsmitglieder, deren Arbeitsverhältnis während ihrer Amtszeit endet und nicht verlängert wird.[314] Das Benachteiligungsverbot gemäß § 78 Satz 2 BetrVG – gegebenenfalls i.V.m. Schadensersatzansprüchen nach § 280 Abs. 1, § 823 Abs. 2 BGB – gewährt Betriebsratsmitgliedern unionsrechtskonformen Schutz vor Benachteiligung im Zusammenhang mit einer Befristung ihres Arbeitsverhältnisses.[315]

---

311 *Reichold*, NZA 2003, 289 (297).
312 Vgl. EuGH v. 11.2.2010 – C-405/08 – Holst, Slg. 2010, I-985 = NZA 2010, 286 Rz. 46 ff.
313 *Reichold*, NZA 2003, 289 (298); *Bonin*, AuR 2004, 321 (327).
314 BAG v. 5.12.2012 – 7 AZR 698/11, ArbRB 2013, 141 = NZA 2013, 515 Rz. 36 ff.
315 BAG v. 5.12.2012 – 7 AZR 698/11, ArbRB 2013, 141 = NZA 2013, 515 Rz. 47.

6. Durchsetzung

Die Modalitäten der Unterrichtung und Anhörung werden gem. § 1 Abs. 3 UuA-RL vom Arbeitgeber und von den Arbeitnehmervertretern im Geiste **der Zusammenarbeit** und unter gebührender Beachtung ihrer jeweiligen Rechte und gegenseitigen Verpflichtungen festgelegt bzw. durchgeführt, wobei sowohl den Interessen des Unternehmens oder Betriebs als auch den Interessen der Arbeitnehmer Rechnung zu tragen ist. Für den Fall der Nichteinhaltung durch den Arbeitgeber oder durch die Arbeitnehmervertreter haben die Mitgliedstaaten gem. Art. 8 Abs. 1 UuA-RL **geeignete Maßnahmen** sowie geeignete Verwaltungs- und Gerichtsverfahren zur Durchsetzung der sich aus der Richtlinie ergebenden Verpflichtungen vorzusehen. Ferner verlangt Art. 8 Abs. 2 UuA-RL angemessene Sanktionen im Falle von Verstößen.

17.224

> Betriebsräte und ihre Mitglieder unterliegen einerseits dem Gebot vertrauensvoller Zusammenarbeit gem. § 2 Abs. 1 BetrVG sowie dem Arbeitskampfverbot gem. § 74 Abs. 2 Satz 1 BetrVG. Das genügt dem Kooperationsgebot der Richtlinie. Andererseits enthält das BetrVG auch ein **ausreichendes Instrumentarium**, um ein Unterlaufen der Unterrichtungs- und Anhörungsrechte des Betriebsrats zu verhindern (z.B. §§ 23 Abs. 3, 113, 121 BetrVG), die vor den ArbG effektiv geltend gemacht werden können.[316] Ebenso wird Verstößen gegen die – unzureichend umgesetzte – Geheimhaltungspflicht der Arbeitnehmervertreter durch die Strafandrohung des § 120 BetrVG vorgebeugt.

17.225

> Die Pflicht zur effektiven Umsetzung der Unterrichtungs- und Anhörungsrichtlinie wird im Rahmen der fortwährenden Diskussion zu der Frage angeführt, ob dem Betriebsrat bei einer **Betriebsänderung** i.S.v. § 111 BetrVG ein **Anspruch auf Unterlassung** der Betriebsänderung bis zur Beendigung des Interessenausgleichsverfahren gegen das Unternehmen zusteht, den er gegebenenfalls im Wege einer einstweiligen Verfügung durchsetzen kann.[317] Befürworter eines Unterlassungsanspruchs merken an, dass seit dem Ablauf der Umsetzungsfrist für die Unterrichtungs- und Anhörungsrichtlinie am 23.5.2005 eine richtlinienkonforme Auslegung des § 111 BetrVG für dessen Anerkennung spreche.[318] Dieses Argument überzeugt jedoch nicht,[319] da die Unterrichtungs- und Anhörungsrichtlinie einen solchen Unterlassungsanspruch als Durchsetzungsinstrument nicht verlangt.[320] Die Auswahl geeigneter Durchsetzungsmaßnahmen liegt vielmehr bei den Mitgliedstaaten, die auch zu anderen Mitteln als einem Unterlassungsanspruch greifen können.

17.226

---

316 *Reichold*, NZA 2003, 289 (299); *Franzen*, FS Birk, 2008, S. 97 (105 f.); *Deinert*, NZA 1999, 800 (805); *Giesen*, RdA 2000, 298 (302 f.); einschränkend Hanau/Steinmeyer/Wank/*Hanau*, § 19 Rz. 134; *Bonin*, AuR 2004, 321 (327 f.).
317 Vgl. *Fitting*, § 111 BetrVG Rz. 130 ff.; Richardi/*Annuß*, § 111 BetrVG Rz. 166 ff.; GK-BetrVG/*Oetker*, § 111 BetrVG Rz. 269 ff.
318 LAG München v. 22.12.2008 – 6 TaBVGa 6/08, BeckRS 2009, 74014; LAG Schleswig-Holstein v. 15.12.2010 – 3 TaBVGa 12/10, BeckRS 2011, 68509; v. 20.7.2007 – 3 TaBVGa 1/07, NZA-RR 2008, 244; *Kothe*, FS 50 Jahre BAG, 2004, S. 1219 (1248 ff.); *Fauser/Nacken*, NZA 2006, 1136 (1142 f.); Richardi/*Annuß*, § 111 BetrVG Rz. 168; Schaub/*Koch*, § 244 Rz. 29a.
319 Vgl. auch *Lipinski/Reinhardt*, NZA 2009, 1184; *Völksen*, RdA 2010, 354 (363 f.); GK-BetrVG/*Oetker*, § 111 BetrVG Rz. 279 f.
320 *Riesenhuber*, Europäisches Arbeitsrecht, § 28 Rz. 34.

Stichwortverzeichnis

Bearbeiter: Klaus Thölken

Die angegebenen Zahlen verweisen auf die Randziffern.

A
A 1-Bescheinigung 16.38 ff.
- Reichweite der Bindungswirkung 16.39 f.

Abels (EuGH) 15.156 f.
Abercrombie & Fitch Italia (EuGH) 6.39
Abfindungen
- Altersdiskriminierung 6.95 ff.

Abler (EuGH) 15.51
Abtretung
- Mindestlohnsätze 16.140 f.

Achbita (EGMR) 4.89
Acté éclaire
- Vorlagepflicht 2.55 ff.

Adeneler (EuGH) 1.147
AEntG
- allgemeinverbindliche Tarifverträge in anderen Branchen 16.125
- Baubranche 16.44, 16.125
- deutschsprachige Unterlagen 16.28
- Gerichtsstandsregelung 16.218
- Rechts- und Verwaltungsvorschriften 16.122
- Sanktionen 16.208
- unmittelbare Diskriminierung 16.21
- Urlaubskassenverfahren 16.28
- Zulagen und Zuschläge 16.152 ff.

AGG
- Alter 6.11
- Altersabstandsklauseln und Altersdiskriminierung 6.143
- Altersbefristung 6.98
- Altersdiskriminierung, Rechtfertigungsnorm 6.48 ff.
- Altersgrenze 6.115, 6.127 f.
- Altersgrenze für Piloten 6.126
- Altersgruppenbildung bei Kündigung, altersdiskriminierende 6.91 ff.
- (kein) Anspruch auf Beschäftigungsverhältnis 5.273
- Behinderung 5.92, 5.99
- Benachteiligung 5.107
- Beschwerderecht 5.291
- Beseitigung einer Benachteiligung 5.267 f.
- betriebliche Altersversorgung und Altersdiskriminierung 6.131
- Bewerber 5.285 ff.
- Darlegungs- und Beweislast 5.307 ff.
- Differenzierung öffentlicher/privater Arbeitgeber 1.137
- Diskriminierungsmerkmale 5.60
- Einstellungshöchstaltersgrenze 6.64 ff., 6.128
- Entschädigungsanspruch 5.279 f., 5.282
- Geschlecht 5.76
- Höchstaltersgrenze bei betrieblicher Altersversorgung und Altersdiskriminierung 6.137 ff.
- Kausalzusammenhang 5.129 f.
- Kirchen 5.206 f.
- kollektive Rechtsverfolgung 5.299
- Kündigung, altersdiskriminierende 6.75
- Kündigungen 5.53 f.
- Kündigungsfristen-Regelung, altersdiskriminierende 6.77 f.
- materiell-rechtliche Ausschlussfrist 5.297
- Mindestaltersgrenze bei betrieblicher Altersversorgung und Altersdiskriminierung 6.136, 6.138 f.
- Nichtigkeit diskriminierender Maßnahmen 5.262
- Organmitglieder 5.43
- Persönlichkeitsrechtsverletzung 5.175
- präventive Maßnahmen 5.254 ff.
- ratierliche Berechnung der betrieblichen Altersversorgung und Altersdiskriminierung 6.140 ff.
- Schadensersatz 5.278
- sekundäre Behauptungslast 5.313
- Sozialauswahl bei Kündigung, altersdiskriminierende 6.85 ff.
- Sozialpläne 6.99 ff.
- Spätehenklausel und Altersdiskriminierung 6.144 ff.
- Stellenausschreibung, altersdiskriminierende 6.60 ff.
- Unkündbarkeit, altersdiskriminierende 6.79 ff.
- Unverfallbarkeitsalter bei betrieblicher Altersversorgung und Altersdiskriminierung 6.132 ff.
- Verfolgung von Verstößen 5.294

Aira-Pascual (EuGH) 15.50a

Akavan Keskusliitto (EuGH) 14.97 ff.
Akerberg-Fransson (EuGH) 3.19a ff.
AKT (EuGH) 12.26, 12.40
Albron (EuGH) 15.62 ff., 15.84
Alemo-Herron (EuGH) 15.131 ff.
Allgemeinverbindliche Tarifverträge
– Arbeitnehmerentsendung 16.174 ff.
Altersabstandsklauseln
– Altersdiskriminierung 6.143
Altersdiskriminierung 5.100 ff., 6.1 ff., 6.148 f.
– Abfindung 6.95 ff.
– Altersbefristung 6.98
– Altersgrenzen, allgemeine 6.114 ff.
– Altersgrenzen, spezielle 6.124 ff.
– Altersgruppenbildung bei Kündigung 6.91 ff.
– Altersstaffeln in Tarifverträgen 6.73 f.
– berufliche Anforderung 6.17 ff.
– Beschäftigungspolitik, Arbeitsmarkt, berufliche Bildung 6.22 ff.
– betriebliche Altersversorgung 6.129 ff.
– betriebliche Systeme der sozialen Sicherheit 6.43 ff.
– Betriebs- oder Unternehmenszugehörigkeitsdauer 6.68 ff.
– Cockpitpersonal 6.124 ff.
– deutsches Recht siehe AGG
– Einstellungshöchstaltersgrenze 6.63 ff.
– Kündigungsfristen 6.76 ff.
– öffentliche Sicherheit, Schutz der Rechte anderer usw. 6.14 f.
– Piloten, Altersgrenze 6.15
– positive Maßnahmen 6.57 f.
– Prüfungsschema 6.58
– Rechtfertigungsnormen 6.13 ff.
– Rechtsquellen 6.5 ff.
– Schutz jeden Alters 6.4
– Sozialauswahl bei betriebsbedingter Kündigung 6.85 ff.
– Sozialpläne 6.99 ff.
– Stellenausschreibung 6.60 ff.
– Unkündbarkeit 6.79 ff.
Altersgrenzen
– allgemeine ~ und Altersdiskriminierung 6.114 ff., 6.124 ff.
– Befristungsgrund 13.154 ff.
– Cockpitpersonal 6.124 ff.
– Piloten 6.15
Amtshaftung
– Verstoß gegen Vorlagepflicht 2.61 f.
Anbahnung eines Arbeitsverhältnisses
– Altersdiskriminierung 6.60 ff.
Andersen (EuGH) 6.95 ff., 6.107 ff.

Änderung von Arbeitsbedingungen
– Fiktion einer Kündigung bei „verschlechterndem" Betriebsübergang 15.146 ff.
– mögliche ~ bei Betriebsübergang 15.96
Anhörung
– Arbeitnehmervertretung 17.197 ff.
– europäische Sozialpartner 1.62
Anpassungsverfahren (Mutterschutz) 9.111 ff.
– Arbeitsplatzwechsel 9.117 ff.
– Beurlaubung 9.124 ff.
– Beweisregel 9.128
– einstweilige Umgestaltung 9.113 ff.
– bei Expositionsverbot 9.127
Anschlussverbot 13.180 ff.
Antidiskriminierungsverbände
– kollektive Rechtsdurchsetzung 5.298 f.
Antirassismusrichtlinie 5.27, 5.41 ff., 5.61 ff.
– Sanktionen 5.269 ff.
Anwendungsvorrang 1.31 ff.
Anzeigeverfahren bei Massenentlassung 14.124 ff.
– Anzeigepflichtiger 14.150 ff.
– Fehler 14.172 ff.
– formale Anforderungen 14.154 ff.
– Heilung von Fehlern 14.177 ff.
– Inhalt 14.135 ff.
– Sperrfrist 14.169 ff.
– zeitliche Reihenfolge von Anzeige und Massenentlassungsanzeige 14.107
– zeitliche Reihenfolge von Konsultationsverfahren und Massenentlassungsanzeige 14.161 ff.
– zeitlicher Ablauf 14.157 ff.
– Zeitpunkt der Anzeige 14.157 ff.
– zuständige Behörde 14.132 ff.
– zwingende Angaben 14.137 ff.
Äquivalenzgrundsatz 1.120 f.
Arbeitgeberbegriff
– Massenentlassung 14.30 f., 15.59 ff.
Arbeitgeberverbände
– Diskriminierungsverbot bei Mitgliedschaft/Mitwirkung 5.56
Arbeitnehmerbegriff 1.107 ff.
– Arbeitnehmerfreizügigkeit 1.111
– autonomer ~ 1.110 ff.
– autonomer/nationaler ~ 1.109
– Befristungsrecht 13.18 ff.
– Betriebsübergang 15.56 ff.
– Entgeltgleichheit 5.34 ff.
– Europäische Betriebsräte 17.42
– Grundrechtecharta 3.74
– Leiharbeit 12.15 ff.

922

- Massenentlassung 14.14 ff.
- Mutterschutz 9.42 ff.
- objektive Kriterien 9.49 f.

Arbeitnehmerentsendung
- A 1-Bescheinigung 16.38 ff.
- allgemeinverbindliche Tarifverträge 16.174 ff.
- Arbeitnehmerfreizügigkeit 16.1, 16.7 ff.
- Arbeitnehmerüberlassung und Arbeitnehmerfreizügigkeit, Vergleichbarkeit 16.9 f.
- Arbeitsbedingungen aus dem Bereich der öffentlichen Ordnung 16.186 ff.
- Arbeitserlaubnis 16.42 ff.
- Arbeitskollisionsrecht 16.50 ff.
- ausgenommene Arbeitnehmer und Sachverhalte 16.108 ff.
- Ausnahmen bei zwingenden Arbeits- und Beschäftigungsbedingungen 16.164 ff.
- deutsches Recht *siehe* AEntG
- Dienstleistungsfreiheit 16.1
- Drittstaaten-Arbeitnehmer 16.46
- Einschränkungen für beitretende Staaten 16.12, 16.14, 16.45
- Entlohnung 16.80 f.
- Entsendesituation 16.91 ff.
- Erstmontage-/Einbauarbeiten 16.165
- Fahrer 16.82
- gesamtschuldnerische Haftung 16.210 ff.
- Günstigkeitsprinzip 16.170 ff.
- „harter Kern" der Arbeits- und Beschäftigungsbedingungen 16.113 ff.
- Herkunftsstaat-Beschäftigung vor Entsendung 16.103
- Klage hinsichtlich Mindestarbeitsbedingungen 16.217 f.
- Kollisionsrecht 16.63 ff.
- kurze Dauer 16.110
- Leiharbeit 16.182 ff.
- Monti-Klausel 16.112
- nationale Überwachungs- und Kontrollmaßnahmen 16.198 ff.
- Nichtvorliegen einer Entsendesituation 16.216
- optionale Ausnahmen 16.166 ff.
- Sozialversicherungspflicht 16.35 ff.
- Sozialversicherungsrecht 16.89, 16.102
- Tarifverträge/Schiedssprüche 16.123 f.
- unmittelbare Entsendung nach Einstellung 16.104
- Unternehmenssitz in der EU 16.85 ff.
- Unternehmenssitz in Drittstaat 16.111
- vorübergehender Charakter der ~ 16.100 ff.
- zeitliche Obergrenze 16.106
- nach zwölf Monaten 16.118

Arbeitnehmerfreizügigkeit 1.48 f., 1.111
- Arbeitnehmerbegriff 1.111
- Arbeitnehmerentsendung 16.1, 16.7 ff.
- Dienstleistungsfreiheit, Abgrenzung 16.7 ff.
- Einschränkungen für beitretende Staaten 16.12 f.

Arbeitnehmerüberlassung
siehe Leiharbeit

Arbeitnehmervertretung
- Befristungen, Information und Konsultation 13.204 f.
- Begriff 17.211
- Betriebsübergang *siehe* Arbeitnehmervertretung bei Betriebsübergang
- deutsches Recht *siehe* BetrVG
- Durchsetzung der Unterrichtung und Anhörung 17.224 ff.
- Europäische Betriebsräte *siehe dort*
- Gegenstand der Unterrichtung und Anhörung 17.213 f.
- Konsultationsverfahren bei Massenentlassung 14.67 f.
- Koordination mit Unterrichtungs- und Anhörungsrechten Europäischer Betriebsräte 17.160 ff.
- Leiharbeitnehmer, Unterrichtung über Einsatz 12.122 f.
- Schutz der Arbeitnehmervertreter 17.222 f.
- Schwellenwerte, Berücksichtigung von Befristungen 13.200 ff.
- Stellungnahme des Betriebsrats bei Massenentlassungsanzeige 14.143 ff.
- Tendenzbetriebe 17.206 f.
- Unternehmens-/Betriebsgröße 17.203 ff.
- Unterrichtung und Anhörung 17.197 ff., 17.210
- Verschwiegenheitspflicht 17.219 ff.
- Vorschläge bei Massenentlassung 14.108 f.

Arbeitnehmervertretung bei Betriebsübergang 15.165 ff.
- Arbeitnehmervertretung, Begriff 15.168 ff.
- Aufrechterhaltung von Rechtsstellung und Funktion 15.176 ff.
- individuelle Information der Arbeitnehmer als Auffanglösung 15.210 ff.
- Information 15.185 ff.
- Information, Ausnahmemodell 15.186, 15.188, 15.201 ff.
- Information, Beschränkung auf Einheiten mit Kollegialorgan 15.209
- Information, Grundmodell 15.186 f., 15.193 ff.

- Information bei Planung durch Obergesellschaft 15.217 f.
- Konsultation 15.185 ff.
- Konsultation, Ausnahmemodell 15.186, 15.188, 15.201 ff.
- Konsultation, Beschränkung auf Einheiten mit Kollegialorgan 15.209
- Konsultation, Grundmodell 15.186 f., 15.197 ff.
- Konsultation bei Planung durch Obergesellschaft 15.217 f.
- nachwirkender Individualschutz der Mandatsträger 15.183 f.
- Rechtsstellung der Arbeitnehmervertreter 15.166 ff.
- Selbständigkeit der übertragenen Einheit 15.173 ff.
- Verlust des Selbständigkeit der übertragenen Einheit 15.179 ff.
- Verstöße gegen Informations- und Konsultationspflichten 15.219 f.

Arbeitsentgelt
- Altersdiskriminierung 6.73
- Arbeitszeitrichtlinie, keine Regelung des ~s 7.93
- Diskriminierungsverbot bei Befristung 13.74 ff.
- Entgeltgleichheit *siehe dort*
- Gleichbehandlung bei Leiharbeit 12.51 f.
- Mindestlohnsätze und Arbeitnehmerentsendung 16.130 ff.

Arbeitserlaubnis
- Arbeitnehmerentsendung 16.42 ff.
- Arbeitnehmerüberlassung 16.43 f.

Arbeitsleistung
- Urlaubsanspruch 8.18 ff.

Arbeitsplatz
- räumliche Entfernung zum ~ als Abweichung i.S.d. Arbeitszeitrichtlinie 7.245

Arbeitsplatzwechsel
- Mutterschutz 9.117 ff.

Arbeitsschutzrahmen-Richtlinie
- Mutterschutz und Arbeitnehmerbegriff 9.45 ff.
- Verhältnis zur Mutterschutzrichtlinie 9.37 ff.

Arbeitsunfähigkeit 8.34 f.

Arbeitsverhältnis bei Betriebsübergang 15.72 ff.
- Änderungen des Arbeitsvertrags 15.96
- Arbeitsverhältnis 15.76 f.
- Aufhebungsvertrag 15.95
- automatischer Übergang 15.73 ff.
- Eintritt des Erwerbers in Rechte und Pflichten 15.85 ff.
- erfasste Arbeitsverhältnisse 15.76 ff.
- Leih-~ 15.82 ff.
- Unabdingbarkeit 15.93 f.
- Zuordnung zur wirtschaftlichen Einheit 15.78 ff.

Arbeitsvertragsstatut
- Arbeitsortanknüpfung 16.56 f.
- Eingriffsnormen 16.60 ff.
- „engere Verbindung" als Ausweichklausel 16.59
- Entsenderichtlinie als kollisionsrechtliche Regelung 16.63 ff.
- Grundsatz der freien Rechtswahl 16.53 f.
- kollisionsrechtlicher Günstigkeitsvergleich 16.54
- Niederlassungsanknüpfung 16.58
- objektive Anknüpfung 16.55 ff.
- sonstige Eingriffsnormen nach deutschem Recht 16.67 f.
- vorübergehende Entsendung und Arbeitsort 16.57

Arbeitszeit
- Abweichungen bei bestimmten Diensten und Tätigkeiten 7.231 ff.
- Abweichungsbefugnis, Grenzen 7.281 ff.
- Abweichungsinstrument staatliche Regelung 7.288 ff.
- Abweichungsmöglichkeiten und Ausnahmen 7.221 ff.
- Arbeitnehmerentsendung 16.126 f.
- Begriff 7.97 ff.
- Begriff des EuGH 7.104 ff.
- Benachteiligungsverbot 7.304 ff.
- deutsches Recht *siehe ArbZG*
- Einwilligungserfordernis 7.297 ff.
- Eisenbahnverkehr 7.83
- Elternurlaub und ~arrangements nach dessen Ende 10.58 ff.
- EuGH zu Abweichungen und Ausnahmen 7.222 ff.
- Firmentarifverträge, abweichende 7.276 f.
- Flugpersonal 7.81 f.
- Gleichbehandlung bei Leiharbeit 12.47
- Informationspflichten 7.177a
- Intensität der Arbeit 7.113
- Jugendarbeitsschutz 7.87 ff.
- Mindestruhezeiten und wöchentliche Höchst~ 7.94 ff.
- mobile Arbeitnehmer 7.71 ff.
- Mutterschutz 7.84 ff.
- Primärquellen des ~rechts 7.37 ff.

- Rechtsquellen des ~rechts 7.31 ff.
- Reformvorhaben ~recht 7.338 ff.
- Seeleute 7.60 ff.
- Sicherheit und Gesundheitsschutz bei Gebrauch der Ausnahmevorschriften 7.314 ff.
- Straßenverkehr 7.74 ff.
- Tarifverträge, abweichende 7.267 ff.
- Umkleide- und Wegzeiten 7.138
- Urlaubsdauer bei Änderung 8.26 ff.
- Verjährung bei Verstößen 7.333

Arbeitszeitrichtlinie 7.1 ff.
- Abweichungsmöglichkeiten und Ausnahmen 7.221 ff.
- allgemeines Benachteiligungsverbot bei Berufen auf ~ 7.334 ff.
- Anwendungsbereich 7.50 ff.
- Ausstrahlungswirkung 7.326 ff.
- Entstehungsgeschichte 7.4 ff.
- Ermächtigungsgrundlage 7.44 ff.
- Reformvorhaben 7.338 ff.
- Sanktionen bei Verstößen 7.326 ff.
- subsidiäre Geltung 7.69 ff.
- Urlaub 8.1 ff.
- Zweck 7.2 f.

Arblade (EuGH) 16.200

ArbZG
- Anwendungsbereich, Herausnahme bestimmter Personengruppen 7.230
- Arbeitsbereitschaft 7.121
- arbeitswissenschaftliche Erkenntnisse bei Nacht- und Schichtarbeit 7.216
- Beladezeit 7.139
- Bereitschaftsdienst 7.132 f.
- Bereitschaftsdienst und Arbeitsbereitschaft 7.291 ff., 7.323 ff.
- Bezugszeitraum bis 12 Monate 7.258
- durchschnittliche wöchentliche Höchstarbeitszeit 7.173
- Einwilligung zur Verlängerung 7.300
- Fahrpersonal 7.80
- Gesundheitsuntersuchung 7.203 f.
- Luftfahrzeuge 7.82
- Nachtarbeit 7.188, 7.198 ff., 7.218
- Ruhepause 7.181
- Ruhezeit 7.158, 7.168
- Ruhezeit 11 Stunden 7.242 f.
- Ruhezeit, Unterbrechung 7.128, 7.154
- Schichtarbeit 7.191, 7.220
- Sicherheit und Gesundheitsschutz bei Gebrauch der Ausnahmevorschriften 7.316 ff.
- Tarifverträge 7.235
- Tarifverträge, abweichende 7.272, 7.274
- Umsetzungsdefizite bei Arbeitszeitrichtlinie 7.345
- Widerruf der Einwilligung zur Verlängerung 7.302
- wöchentliche Höchstarbeitszeit 7.160
- wöchentliche Ruhezeit 7.177

Asklepios (EuGH) 15.133 f., 15.136

Association de médiation sociale (EuGH) 3.39

Aufhebungsvertrag
- Arbeitsverhältnis bei Betriebsübergang 15.95

Aufrechnung
- Mindestlohnsätze 16.140 f.

AÜG
- Achtung des Gesamtschutzes von Leiharbeitnehmern 12.78 f.
- Arbeitnehmerüberlassung 12.21 f.
- Arbeitsentgelt, Gleichbehandlung 12.52
- aufeinander folgende Überlassungen 12.89
- Ausnahmen 12.37 f.
- Baugewerbe 12.41
- betriebsverfassungsrechtliche Stellung von Leiharbeitnehmern 12.120 f.
- Gleichbehandlungsgrundsatz 12.45, 12.56
- Leiharbeitnehmer, Unterrichtung der Betriebsrats über Einsatz 12.123
- Lohnuntergrenze bei nach Deutschland entsandten Arbeitnehmern 16.184
- Maßnahmen und Sanktionen 12.90 f.
- Rechtsgrundlagen der Arbeits- und Beschäftigungsbedingungen 12.54
- Sachgruppenvergleich 12.66
- Streikbrecher 12.42
- Tarifverträge und Gleichbehandlung 12.82, 12.84
- Überlassung zur Arbeitsleistung 12.25
- Übernahme durch den Entleiher 12.101 ff.
- Umsetzung der Richtlinie 12.4
- unternehmerische Freiheit 3.81
- Unterrichtung über offene Stellen 12.96 f.
- vergleichbare Arbeitnehmer 12.61 f.
- Vorbeschäftigungsklausel 12.88
- vorübergehende Überlassung 12.29 ff.
- zeitlicher Geltungsbereich 12.68
- Zugang zu beruflicher Bildung 12.117
- Zugang zu Gemeinschaftseinrichtungen und -diensten 12.112 ff.

Ausgleichsruhezeit 7.236 ff.

Auslegung
- Contra-legem-Judizieren, Verbot 1.151 ff.
- einzelstaatliche ~smethoden 1.149 f.
- durch EuGH 2.16 ff.

- Rechtsanwendung, Abgrenzung 2.18 ff.
- Rechtsfortbildung 1.153
- Regelungslücke 1.154
- richtlinienkonforme ~ 1.142 ff.
- richtlinienorientierte/gespaltene ~ 1.167

Auslegung des Unionsrechts 1.76 ff.
- Ausnahmevorschriften 1.94 f.
- autonome ~ 1.76 f.
- Erwägungsgründe 1.97
- historische ~ 1.96 ff.
- Methoden 1.81 ff.
- Normzweck 1.100 ff.
- Rechtsfortbildung 1.103 ff.
- Systematik 1.88 ff.
- Vorgaben des Primärrechts 1.91 ff.
- Wortlaut 1.85 ff.
- Zuständigkeit 1.78 ff.

Balkaya (EuGH) 8.11, 14.16, 14.20
Barbulescu/Rumänien (EGMR) 4.59 ff.
BDSG
- Betroffenenrechte 11.32
- Einwilligung 11.79 ff., 11.83 ff.
- Erforderlichkeit 11.44 ff.
- Erlaubnistatbestände und Unionsrecht 11.38 ff.
- Kollektivvereinbarungen 11.104 f.
- Öffnungsklausel und personeller Anwendungsbereich 11.98 ff.
- Öffnungsklausel und sachlicher Anwendungsbereich 11.96
- Speicherbegrenzung 11.69
- Treu und Glauben 11.53
- Verantwortlicher 11.29
- Verarbeitung 11.26 f.

Beamte
- Befristungen 13.20 ff.
- Streikverbot nach deutschem Recht 4.142 ff.

Bedingung
- Massenentlassung 14.62 f.

BEEG
- Adoptiveltern 10.30
- Behinderung/Langzeiterkrankung des Kindes 10.29
- Benachteiligungsverbot 10.66 f., 10.69 ff.
- Berufserfahrung 10.70 f.
- Elterngeld als Anreiz 10.17
- Elternzeit bei Geburt eines weiteren Kindes 9.165
- Elternzeit, vorzeitige Beendigung wegen Mutterschutz 9.62
- jedes Elternteil innerhalb von drei Jahren 10.16 f.
- Kündigung 10.69
- Kündigungsverbot 10.77 f.
- Kürzung des Urlaubsanspruchs 10.51 ff.
- Mehrlinge 10.11
- Rückkehrrecht 10.35 f.
- Sozialplanabfindung 10.45
- Teilzeitarbeit 10.60
- Unübertragbarkeit, Ausnahme 10.18
- Zusammenleben mit dem Kind 10.9

Beendigung des Arbeitsverhältnisses
- Altersdiskriminierung 6.75 ff.

Befristung 13.33 ff.
- Anschlussverbot 13.180 ff.
- Arbeitnehmer 13.18 ff.
- aufeinanderfolgende ~en 13.178 ff.
- bestimmte Branchen/Arbeitnehmerkategorien 13.135 ff.
- deutsches Recht siehe TzBfG (Befristung)
- Diskriminierungsverbot bei Befristung siehe dort
- Entfristung 13.184 f.
- erstmalige ~ 13.33
- Gesamtvertretungsbedarf 13.170
- günstigere Bestimmungen 13.207 f.
- Höchstdauer 13.173 ff.
- Information über freiwerdende unbefristete Arbeitsplätze 13.195, 13.197 f.
- Information und Konsultation der Mitarbeitervertretung 13.204 f.
- Kettenbefristungen 13.130 ff.
- Leiharbeit 13.26 ff.
- Massenentlassung 14.19, 14.62 f.
- Maßnahmen zur Missbrauchsvermeidung 13.129 ff.
- Nichtverlängerung als Verstoß gegen Kündigungsverbot bei Mutterschutz 9.182
- öffentlicher Dienst und Sanktionen 13.190 ff.
- sachlicher Grund 13.140 ff.
- Sanktionen bei Ketten 13.186 ff.
- Schwellenwert für Arbeitnehmervertretungen 13.200 ff.
- Senkung des Schutzniveaus 13.209 ff.
- Umsetzungsbestimmungen 13.206 ff.
- unionsrechtliche Regelungen 13.12 ff.
- unmittelbare Wirkung der Rahmenvereinbarung 13.50 ff.
- Verfahrensregeln 13.216
- Verschlechterungsverbot 13.209 ff.
- zeitlicher Anwendungsbereich 13.47 ff.
- Zugang zu Aus- und Weiterbildungsmöglichkeiten 13.196 f., 13.199

Befristungsrichtlinie
- Anwendungsbereich 13.17 ff.
- Aufbau 13.6
- Entstehungsgeschichte 13.1 ff.
- Rahmenvereinbarung 13.1 ff.
- Sinn und Zweck 13.9 ff.
- unmittelbare Wirkung der Rahmenvereinbarung 13.50 ff.
- Wirkung 13.8

Begründung des Arbeitsverhältnisses
- Altersdiskriminierung 6.60 ff.

Behinderung
- Begriff 5.91 ff.
- Diskriminierungsverbot 5.91 ff.
- Elternurlaub 10.26, 10.28 f.
- individuelle Beeinträchtigung 5.95
- Langfristigkeit 5.98
- positive Maßnahmen 5.241 ff.
- Teilhabehindernis am beruflichen Leben 5.96 f.

Belästigung/sexuelle Belästigung 5.173 ff.
- Belästigung 5.176 ff.
- sexuelle Belästigung 5.180 f.

Benachteiligungsverbot
- Arbeitszeitverlängerung 7.304 ff.
- bei Berufen auf Rechte der Arbeitszeitrichtlinie 7.334 ff.
- Elternurlaub 10.64 ff.

Bereitschaftsdienst
- Anwesenheit am Arbeitsplatz 7.122 ff.
- Arbeitszeitbegriff der Arbeitszeitrichtlinie 7.116 ff.
- inaktive Zeiten 7.129 ff.

Berg und Busschers (EuGH) 15.97 f.

Berlioz Investment Fund (EuGH) 3.23c

Berufliche Bildung
- Zugang für Leiharbeitnehmer 12.115 ff.

Berufsausbildungsverhältnis
- Nichtgeltung der Befristungsrahmenvereinbarung 13.44 ff.

Beschäftigungsbedingungen
- Betriebszugehörigkeitszeiten bei Befristung 13.110 ff.
- Diskriminierungsverbot bei Befristung 13.67 ff.
- „harter Kern" bei Entsenderichtlinie 16.113 ff.

Beschäftigungsverbot
- MuSchG 9.126

Besonderes Verhandlungsgremium
- Aufgabe 17.69
- Bildung und Tätigkeit 17.68 ff.

- Errichtung eines Europäischen Betriebsrats 17.63 ff.
- Größe 17.71
- Informationserhebungsanspruch 17.84 ff.
- Initiative 17.64 ff.
- Schutz der Mitglieder 17.155 f.
- Sitzungen 17.81 ff.
- Wahl/Bestellung 17.72 ff.

Betriebliche Altersversorgung
- Altersabstandsklauseln und Altersdiskriminierung 6.143
- Altersdiskriminierung 6.129 ff.
- Beiträge, Staffelung nach Alter und Altersdiskriminierung 6.147
- Betriebsübergang 15.137 f.
- Diskriminierungsverbot bei Befristung 13.111
- Höchstaltersgrenze und Altersdiskriminierung 6.137 ff.
- Mindestaltersgrenze und Altersdiskriminierung 6.136, 6.138 f.
- ratierliche Berechnung und Altersdiskriminierung 6.140 ff.
- Spätehenklauseln und Altersdiskriminierung 6.144 ff.
- Unverfallbarkeitsalter und Altersdiskriminierung 6.132 ff.

Betriebsbedingte Kündigung
- Altersgruppenbildung bei Kündigung, altersdiskriminierende 6.91 ff.
- Sozialauswahl, altersdiskriminierende 6.85 ff.

Betriebsbegriff
- Massenentlassung 14.32 ff.

Betriebsrat
siehe Arbeitnehmervertretung

Betriebsrat der Ruhrlandklinik (EuGH) 12.16

Betriebsübergang
- Arbeitnehmerbegriff 15.56 ff.
- Arbeitnehmerschutz 15.11 f.
- Arbeitnehmervertretung bei Betriebsübergang *siehe dort*
- Arbeitsverhältnis bei Betriebsübergang *siehe dort*
- betriebliche Altersversorgung 15.137 f.
- betriebsmittelarme/-reiche Branchen 15.41 ff.
- nach deutschem Recht *siehe* Betriebsübergang, § 613a BGB
- Formen der Übertragung 15.24 ff.
- Funktions-/Auftragsnachfolge 15.47 ff.
- grenzüberschreitende Sachverhalte 15.67 ff.

- Identitätswährung 15.36 ff.
- individuelle Information der Arbeitnehmer als Auffanglösung 15.210 ff.
- Information der Arbeitnehmervertretung *siehe* Arbeitnehmervertretung bei Betriebsübergang
- Informationspflicht 15.106
- Insolvenzverfahren *siehe* Betriebsübergang im Rahmen eines Insolvenzverfahrens
- internationales Privatrecht 15.68 ff.
- Kollektivverträge bei Betriebsübergang *siehe dort*
- Konsultation der Arbeitnehmervertretung *siehe* Arbeitnehmervertretung bei Betriebsübergang
- Kündigungsverbot bei Betriebsübergang *siehe dort*
- Leiharbeit 15.62 ff.
- öffentlich-rechtliche Körperschaft 15.60
- räumlicher Anwendungsbereich 15.66 ff.
- Rechtsstellung des Veräußerers 15.104 ff.
- Reformdiskussion 15.5
- Seeschiffe 15.20a f.
- Spaltung 15.33 ff.
- tatsächliche Fortführung 15.53 ff.
- Übergang auf einen anderen Inhaber 15.21 ff.
- Verschmelzung 15.30 ff.
- vertragliche Übertragung 15.26 ff.
- Widerspruch 15.97 ff.
- wirtschaftliche Einheit 15.16 ff.

Betriebsübergang, § 613a BGB
- Änderungskündigung 15.136
- Änderungsverbot bei Kollektivregelungen 15.118
- Arbeitnehmerbegriff 1.112a
- erhebliche Entfernung 15.71
- Günstigkeitsprinzip bei ablösenden Kollektivregelungen 15.127
- Identitätswahrung 15.17
- „Kern der Wertschöpfung" 15.52
- Kündigungsverbot 15.145
- persönlicher Anwendungsbereich 15.57
- rechtsgeschäftlicher Übergang 15.25, 15.29
- Rettungsdienst 15.43
- Schwellenwert 15.91
- Tarifverträge 15.113
- Übergangsmandat des Betriebsrats 15.181 f.
- Übernahmequote beim Personal 15.46
- Unterrichtung der Arbeitnehmer 15.216
- Veräußerung eines Schiffes 15.20b
- Widerspruch 15.153

Betriebsübergang im Rahmen eines Insolvenzverfahrens 15.155 ff.
- Ermächtigung zum Ausschluss des Inhalts- und Bestandsschutzes 15.158 ff.
- optionale Einschränkungen einzelner Schutzbestimmungen 15.161 ff.
- Sanktionen bei Missbrauch 15.164

Betriebsübergangsrichtlinie 15.1 ff.
- Anwendungsbereich 15.15 ff.
- Ermächtigungsgrundlage 15.6
- Richtlinie 2001/23/EG 15.4
- Richtlinie 77/87/EWG 15.2
- Richtlinie 98/50/EG 15.3
- Zielsetzung 15.7 ff.

Betriebszugehörigkeitsdauer
- Altersdiskriminierung 6.68 ff.
- Beschäftigungsbedingungen bei Befristung 13.110 ff.

BetrVG
- Altersdiskriminierung in Betriebsvereinbarungen, Schutz 6.12
- Durchsetzung der Unterrichtung und Anhörung 17.225 f.
- Flugbetrieb, Herausnahme 17.212
- Geheimhaltungspflicht 17.220 f.
- Interessenausgleich/Sozialplan und Massenentlassungs-RL 14.70
- Leiharbeitnehmer, Unterrichtung über Einsatz 12.123
- Massenentlassung als wirtschaftliche Angelegenheit/Betriebsänderung 14.111 ff.
- Schutz der Arbeitnehmervertreter 17.223
- Schwellenwerte und befristet Beschäftigte 13.203
- Tendenzbetriebe 17.207
- Unterrichtungs- und Beratungsrechte 17.217 f.
- Wirtschaftsausschuss 17.217 f.

Beurlaubung
- Mutterschutz 9.124 ff.

Beweislastverteilung
- behauptete Ungleichbehandlung 5.300 ff.

Bezugnahmeklauseln
- Betriebsübergang 15.128 ff., 15.135

Bezugszeiträume bei Arbeitszeit
- Abweichungen 7.256 ff.

Bosphorus (EGMR) 4.14
Bostock (EuGH) 3.14
Botzen (EuGH) 15.79
Boyle (EuGH) 9.162 f.
Brandes (EuGH) 8.26 f.
Brunnhofer (EuGH) 5.201

Bundesverfassungsgericht
- Sanktionierung eines Verstoßes gegen Vorlagepflicht 2.63 ff.
- Verletzung der Vorlagepflicht an den EuGH und „gesetzlicher Richter" 3.64 ff.

BUrlG 8.5
- Abgeltung 8.54 ff.
- Arbeitnehmer 8.12 ff.
- Befristung des Urlaubsanspruchs 8.51
- Freistellungsanspruch 8.8 f.
- Grundrecht auf bezahlten Jahresurlaub 3.77
- Krankheit 8.21, 8.35
- Kurzarbeit null 8.23
- Mehrurlaubsansprüche 8.52
- mutterschutzrechtliches Beschäftigungsverbot 8.37
- Organmitglieder 8.13 f.
- ruhendes Arbeitsverhältnis 8.22
- Teilzeitbeschäftigung 8.44
- Urlaubsdauer 8.25
- Urlaubsentgelt 8.39
- Urlaubsentgelt, Auszahlung 8.46
- Urlaubsentgelt, Berechnung 8.41 f.
- Wartezeit 8.17
- zeitliche Festlegung 8.33

C.I.L.F.I.T. (EuGH) 3.61
Cadbury Schweppes (EuGH) 16.86
Carratù (EuGH) 13.69, 13.81 ff., 13.208
Chartry (EuGH) 3.23 f.
Christel Schmidt (EuGH) 15.48
Coleman (EuGH) 5.186 f.
Costa (EuGH) 1.18
Cruciano Siragusa (EuGH) 3.20, 3.23

Dahlab/Schweiz (EGMR) 4.85
Danosa (EuGH) 14.15, 14.20, 8.11, 9.50, 9.68
Dansk Jurist- og Økonomforbund (EuGH) 6.95 ff.
Daseinsvorsorge
- als Abweichung i.S.d. Arbeitszeitrichtlinie 7.248

Datenschutz 11.1 ff.
- Betroffenenrechte 11.30 ff.
- Datenminimierung 11.64 f.
- Datenübertragbarkeit 11.33 f.
- deutsches Recht *siehe* BDSG
- Einwilligung 11.77 ff.
- Entwicklung 11.1 ff.
- Erlaubnistatbestände 11.37 ff.
- Europäische Menschenrechtskonvention 4.43 f., 4.59 ff.
- Grundbegriffe 11.22 ff.
- Grundrechte 11.14 ff.
- Kollektivvereinbarungen 11.103 ff.
- Konzern 11.109
- materielle Anforderungen an nationale Regelungen 11.106 ff.
- Meldepflicht 11.111 f.
- Öffnungsklausel 11.86 ff.
- Öffnungsklausel und personeller Anwendungsbereich 11.97 ff.
- Öffnungsklausel und sachlicher Anwendungsbereich 11.95 f.
- personenbezogene Daten 11.23 f.
- Rechenschaftspflicht 11.73 ff.
- Rechtmäßigkeit 11.36 ff.
- Richtigkeit 11.66 f.
- Speicherbegrenzung 11.68 ff.
- spezifischere Vorschriften 11.91
- Stammdaten 11.24
- Strukturprinzipien und Grundsätze 11.35 ff.
- Transparenz 11.55 f.
- Treu und Glauben 11.52 ff.
- Verantwortlicher 11.28 f.
- Verarbeitung 11.25 ff.
- Verbot mit Erlaubnisvorbehalt 11.36
- Verschlechterung 11.92
- Vertraulichkeit und Integrität 11.71 f.
- Vollharmonisierung 11.21
- Zweck 11.4 ff.
- Zweckbindung 11.57 ff.

Datenschutz-Grundverordnung 11.1
- Zweck 11.4 ff.

Dauerbeschäftigter
- befristet Beschäftigte 13.38 ff.
- Begriff 13.38

Decker (EuGH) 5.277
Del Cerro Alonso (EuGH) 13.63, 13.125
Delahaye (EuGH) 15.75
Della Rocca (EuGH) 13.26 ff.
Demir und Baykara (EGMR) 4.118

Dienstleistungsfreiheit 1.50
- Anwendungsbereich 16.2 ff.
- Arbeitnehmerentsendung 16.1
- Arbeitnehmerfreizügigkeit, Abgrenzung 16.7 ff.
- Arbeitnehmerüberlassung, grenzüberschreitende 16.9
- Beeinträchtigung 16.15 ff.
- Beschränkungsverbot 16.19
- Dienstleistungen 16.3

929

Stichwortverzeichnis

- Einschränkungen für beitretende Staaten in Bezug auf entsandte Arbeitnehmer 16.12, 16.14, 16.45
- Entsenderichtlinie, Verhältnis 16.32 ff.
- Erforderlichkeit von Beeinträchtigungen 16.27
- Freizügigkeitsregelungen, Verhältnis 16.30 f.
- Inhalt 16.4
- mittelbare Diskriminierung 16.17 f.
- Niederlassungsfreiheit, Abgrenzung 16.11
- Rechtfertigung von Beeinträchtigungen 16.20 ff.
- Richtlinie 16.47 ff.

Diskriminierungsverbot bei Befristung
- Anwendungsmodalitäten durch Mitgliedsstaaten 13.121 ff.
- Arbeitsentgelt 13.74 ff.
- Beschäftigungsbedingungen und Betriebszugehörigkeitszeiten 13.110 ff.
- betriebliche Altersversorgung 13.111
- Betriebszugehörigkeitszeiten, sachlicher Grund für Abweichung 13.118 ff.
- in Bezug auf Dauerbeschäftigte 13.38 ff.
- Bezugspunkt Beschäftigungsbedingungen 13.67 ff.
- Kausalität 13.92
- mittelbare Benachteiligung 13.89 ff.
- persönlicher Anwendungsbereich 13.61 ff.
- Pro-rata-temporis-Grundsatz 13.102 ff.
- Rechtfertigung durch sachlichen Grund 13.93 ff.
- Rechtsfolgen bei Verstoß 13.124 ff.
- Struktur 13.58 ff.
- unmittelbare Wirkung 13.52 ff.
- „vergleichbare Situation" 13.81 ff.
- Wechsel in Dauerbeschäftigung 13.63 ff.

Diskriminierungsverbot/Gleichbehandlung 1.63 f.
- Altersdiskriminierung *siehe dort*
- Antirassismusrichtlinie 5.27
- Anweisung zur Diskriminierung 5.182 ff.
- Anwendungsbereich 5.33 ff.
- Art. 19 AEUV als eigenständige Kompetenzgrundlage 5.22 ff.
- Aufgaben des Nichtdiskriminierungsrechts 5.1 ff.
- Aus- und Weiterbildung 5.55
- außerhalb von Beschäftigung und Beruf 5.30
- Befristung *siehe* Diskriminierungsverbot bei Befristung
- Behinderung 5.91 ff.
- Belästigung/sexuelle Belästigung *siehe dort*
- Berufsberatung 5.55

- Beschäftigungs- und Arbeitsbedingungen 5.48 ff.
- Beseitigung der Auswirkungen ungleicher Maßnahmen 5.263 ff.
- Beweislastverteilung 5.300 ff.
- deutsches Recht *siehe* AGG
- Dreiecksverhältnis 5.186 f.
- Entgeltgleichheit *siehe dort*
- Entlassungsbedingungen 5.52 ff.
- Erwerbstätigkeit 5.42 ff.
- ethnische Herkunft 5.63 ff.
- Gemeinsamkeiten zwischen allgemeiner Gleichbehandlung und Nichtdiskriminierung 5.6 ff.
- Geschlecht 5.69 ff.
- Geschlechterrichtlinie 5.26
- Gleichbehandlungsrahmenrichtlinie 5.28
- Mann/Frau, Kategorisierung 5.69 f.
- mehrdimensionale Diskriminierung 5.101 ff.
- Merkmale 5.56 ff.
- Mitgliedschaft/Mitwirkung in Arbeitnehmer-/Arbeitgeberorganisationen 5.56
- Mittelbare Diskriminierung *siehe dort*
- Nachtarbeit 7.210 ff.
- Nichtigkeit diskriminierender Maßnahmen 5.260 ff.
- präventive Maßnahmen 5.253 ff.
- Primärrecht 5.11 ff.
- Prüfungsabfolge 5.16
- Rasse und ethnische Herkunft 5.61 ff.
- Rasse, Begriff 5.61 f.
- Rechtfertigung von Diskriminierung *siehe dort*
- Rechtsdurchsetzung, individuelle 5.292 ff.
- Rechtsdurchsetzung, kollektive 5.298 ff.
- Religion 5.77 ff.
- Sanktionen bei Verstößen gegen Diskriminierungsverbot *siehe dort*
- Schichtarbeit 7.210 ff.
- Schutz vor Viktimisierung 5.289 ff.
- Schwangerschaft 5.71 ff.
- Selbständige, Gleichbehandlungsrichtlinie 5.29
- sexuelle Ausrichtung 5.87 ff.
- Sprache 5.67
- Staatsangehörigkeit 5.25, 5.68
- Tatbestand der Diskriminierung 5.104 ff.
- Transidentität und Intersexualität 5.74 ff.
- Unionsgrundrechte 3.73, 5.11 ff.
- Unmittelbare Diskriminierung *siehe dort*
- Unterschiede zwischen allgemeiner Gleichbehandlung und Nichtdiskriminierung 5.9 f.
- unterstelltes Merkmal 5.185

- Urlaubsdauer 8.30 f.
- Völkerrecht 5.31 f.
- Weltanschauung 5.77, 5.86
- Zugang zur Erwerbstätigkeit 5.45 ff.

Dominguez (EuGH) 1.164, 3.30
Draehmpaehl (EuGH) 5.277 f.
Dreiecksverhältnis
- Diskriminierungsverbot 5.186 f.

Drittwirkung
- Grundrechte 3.29 ff.
- Verhältnismäßigkeitsprüfung bei Grundrechten 3.46

EBRG 17.2
- Altvereinbarungen 17.188
- Anhörung 17.49, 17.53b
- Anpassungspflicht bei wesentlichen Strukturänderungen 17.165
- Arbeitnehmer-Schwellenwerte 17.17 f., 17.43
- Arbeitnehmervertreter 17.41
- außergewöhnliche Umstände 17.125
- Bestellung des Besonderen Verhandlungsgremiums 17.75 ff.
- Entfallen der Voraussetzungen 17.20
- erweiterte Mitbestimmungsrechte durch Vereinbarung 17.100
- Europäische Betriebsräte kraft Gesetzes 17.106 f., 17.110
- Europäische Betriebsräte kraft Gesetzes, Amtszeit 17.130 ff., 17.134
- Europäische Betriebsräte kraft Gesetzes, Bestellung 17.115 ff.
- Europäische Betriebsräte kraft Gesetzes, Sanktionen 17.127
- Europäische Betriebsräte kraft Gesetzes, Unterlassungsanspruch 17.141
- Europäische Betriebsräte kraft Gesetzes, Zuständigkeiten und Rechte 17.123
- Europäische Betriebsräte kraft Vereinbarung 17.95 ff.
- Geltungsbereich 17.56 f.
- Gemeinschaftsunternehmen 17.38
- gemeinschaftsweit operierende Unternehmen/Unternehmensgruppen 17.14
- Infomationsbeschränkungen 17.148, 17.150
- Informationserhebungsanspruch 17.85, 17.90
- Koordination der Unterrichtungs- und Anhörungsrechten mit nationalen Betriebsräten 17.162
- länderübergreifende Angelegenheiten 17.24
- Schulungs- und Bildungsveranstaltungen 17.158
- Schutz der Mitglieder 17.156
- SE/SCE 17.18b
- Übergangsmandat 17.174
- Unternehmensgruppe 17.33
- Unterrichtung 17.47, 17.53b
- Urwahl des Besonderen Verhandlungsgremiums 17.76 ff.
- Verschwiegenheitspflicht 17.143 ff.
- zentrale Leitung 17.45
- zentrale Leitung nicht in Mitgliedsstaat 17.60 ff.

Effektivitätsprinzip 1.120, 1.122 f.
Egenberger (EuGH) 4.64 ff., 5.208 ff.
Einheitliche Europäische Akte 1.7 ff.
Einstellungshöchstaltersgrenzen
- Altersdiskriminierung 6.63 ff.

Eisenbahnverkehr
- Arbeitszeit, Schutzvorschriften 7.83

Elternurlaub/Erziehungsurlaub 10.1 ff.
- Adoptiveltern 10.27, 10.30
- Anspruchsberechtigung 10.7 ff.
- Anwendungsbereich der Rahmenvereinbarung 10.5 f.
- Arbeitszeitarrangements nach Ende 10.58 ff.
- Aufrechterhaltung bestehender Rechte 10.38 ff.
- Behinderung 10.26, 10.28 f.
- Benachteiligungsverbot 10.64 ff.
- Dauer 10.13
- deutsches Recht *siehe* BEEG
- Erholungsurlaub 10.50 ff.
- Fernbleiben aufgrund höherer Gewalt 10.79 ff.
- Gratifikationen 10.47 ff.
- individuelles Recht 10.10 ff.
- kleine Unternehmen 10.24
- Kontakt der Vertragsparteien 10.63
- Kündigungsschutz 10.74 ff.
- langwierige Erkrankung 10.26, 10.28 f.
- Lebensalter 10.14
- Modalitäten für Inanspruchnahme 10.19 ff.
- Mutterschutz 9.59
- Probezeit 10.54
- Rückkehrrecht auf früheren Arbeitsplatz 10.31 ff.
- Schwangerschaft während des Elternurlaubs 9.164
- Sozialversicherungsrecht 10.56
- Status des Arbeitsvertrags 10.55
- tatsächliche Betreuung 10.8 f.
- Unterrichtungsfrist 10.25
- Unübertragbarkeit 10.15 ff.

Stichwortverzeichnis

- Urlaubsanspruch 10.50 ff.
- Wiedereinstieg in den Beruf 10.58 ff.

Elternurlaubs-Rahmenvereinbarung 10.3 ff.
- Anwendungsbereich 10.5 f.
- Bedeutung bei Auslegung der Mutterschutzrichtlinie 9.22 f.

Elternurlaubsrichtlinie 10.3

Elternzeit
siehe Elternurlaub/Erziehungsurlaub

Entbindung
- Mutterschutz 9.70 ff.

Entfristung 13.184 f.

Entgeltgleichheit 5.17 ff., 5.33 ff., 5.50 f.
- Arbeitnehmer 5.34 ff.
- Beweislastverteilung bei Entgeltdiskriminierung 5.301 f.
- Entgelt 5.37 ff.
- Entgelttransparenzgesetz 5.19, 5.303
- Rechtfertigung einer Entgeltdiskriminierung wegen des Geschlechts 5.200 ff.
- sonstige Arbeitsbedingungen 5.40
- unmittelbare Diskriminierung 5.116 ff.

Entlassungsbedingungen
- Nichtdiskriminierungsrecht 5.52 ff.

Entsenderichtlinie
- Anwendungsbereich 16.83 ff.
- Ausnahmen 16.164 ff.
- Ausnahmen vom Anwendungsbereich 16.108 ff.
- Dienstleistungsfreiheit, Verhältnis 16.32 ff.
- Entlohnung 16.80 f.
- Fahrer 16.82
- „harter Kern" der Arbeits- und Beschäftigungsbedingungen 16.113 ff.
- historische Entwicklung 16.71 ff.
- kollisionsrechtliche Regelung 16.63 ff.
- nationale Überwachungs- und Kontrollmaßnahmen 16.198 ff.
- Sanktionen 16.207 ff.
- Verbindungsbüros 16.191 ff.
- Zweck 16.69 f.

Erwerbstätigkeit
- Nichtdiskriminierungsrecht 5.42 ff.
- selbständige Tätigkeit 5.44

Erziehungsurlaub
siehe Elternurlaub/Erziehungsurlaub

Ethnische Herkunft
- Diskriminierungsverbot 5.63 ff.

EuGH
siehe Gerichtshof der Europäischen Union

Europäische Betriebsräte
- alternatives Anhörungs- und Unterrichtungsverfahren 17.102 ff.
- Altvereinbarungen 17.178 ff.
- Anhörung 17.48 ff.
- Anpassungspflicht bei wesentlichen Strukturänderungen 17.163 ff., 17.167 f.
- anwendbares Recht 17.54 ff.
- Arbeitnehmerbegriff 17.42
- Arbeitnehmer-Schwellenwerte 17.15 ff.
- Arbeitnehmervertreter 17.40 ff.
- Besonderes Verhandlungsgremium
siehe dort
- deutsches Recht siehe EBRG
- Entfallen der Voraussetzungen 17.19 f.
- erweiterte Mitbestimmungsrechte durch Vereinbarung 17.99 ff.
- gemeinschaftsweit operierende Unternehmen/Unternehmensgruppen 17.11 ff.
- kraft Gesetzes siehe Europäische Betriebsräte kraft Gesetzes
- Infomationsbeschränkungen 17.147 ff.
- Koordination mit Unterrichtungs- und Anhörungsrechten nationaler Arbeitnehmervertretungen 17.160 ff.
- länderübergreifende Angelegenheiten 17.22 ff.
- Schulungs- und Bildungsveranstaltungen 17.157 ff.
- Schutz der Mitglieder 17.155 f.
- Schutz vertraulicher Informationen 17.142 ff.
- Seeleute 17.10a
- Sitz der zentralen Unternehmensleitung 17.55 ff.
- Übergangsmandat 17.173 ff.
- Übergangsrecht 17.193 ff.
- Unternehmensgruppe siehe dort
- Unterrichtung 17.46 f., 17.50 ff.
- kraft Vereinbarung 17.92 ff.
- zentrale Leitung 17.44 f.

Europäische Betriebsräte kraft Gesetzes
- Amtszeit 17.129 ff.
- außergewöhnliche Umstände 17.124 f.
- gerichtliche Konflikte 17.135 ff.
- Größe und Zusammensetzung 17.114 ff.
- Sanktionen 17.126 f.
- Unterlassungsanspruch 17.140 f.
- Voraussetzungen für die Bildung 17.105 ff.
- Zuständigkeiten und Rechte 17.120 ff.

Europäische Betriebsräte-Richtlinie 17.1 ff.
- Gegenstand und Zweck 17.1 ff.
- SE/SCE 17.18a f.
- territorialer Geltungsbereich 17.9 ff.

Europäische Menschenrechtskonvention
4.1 ff.
- Arbeitsverhältnis 4.15 ff.
- Auslegung 4.4 ff.
- berufsbezogene Gesundheitsrisiken 4.45
- Datenschutz 4.43 f., 4.59 ff.
- Diskriminierungsverbot 4.149 ff.
- Eingriff in den Schutzbereich 4.46 f.
- EU-Recht, Verhältnis 4.10 ff.
- Gedanken-, Gewissensfreiheit 4.71 f.
- Geltung in Deutschland 4.26 ff.
- Glaubens- und Gewissensfreiheit und Grundrechtecharta 4.88 ff.
- Grenzen der Rezeption in Deutschland 4.30 ff.
- Harmonisierung der nationalen Arbeitsrechtsordnungen 4.34 ff.
- Koalitionsfreiheit 4.113 ff.
- Loyalitätsobliegenheiten im kirchlichen Arbeitsrecht 4.41 f., 4.52 ff., 4.64 ff.
- Meinungsfreiheit 4.96 ff.
- öffentlicher Dienst, Beschäftigungsverhältnis 4.16
- Privat- und Familienleben, Achtung 4.38 ff.
- Rechtfertigung des Eingriffs 4.48 ff.
- Rechtsschutzverfahren 4.20 ff.
- Religions- und Gewissensfreiheit in Deutschland und ~ 4.91 ff.
- Religionsfreiheit 4.71 ff.
- Sozialcharta, Verhältnis 4.7 ff.
- Versammlungs- und Vereinigungsfreiheit 4.113 ff.
- Verstoß gegen Vorlagepflicht 2.67

Eweida u.a./Vereinigtes Königreich (EGMR) 4.83 f., 4.86
EWG-Vertrag 1.1 ff.
Expositionsverbot (Mutterschutz) 9.130 ff.
- besondere Gefährlichkeit 9.130
- Schwangere/Stillende, Unterscheidung 9.131

Fälligkeitsregelungen
- Mindestlohnsätze 16.138 f.
Fernandez Martinez (EGMR) 4.68 ff.
Ferreira da Silva e Brito (EuGH) 3.62
Feryn (EuGH) 5.231
Finalarte (EuGH) 16.16, 16.24
Flugpersonal
- Arbeitszeit, Schutzvorschriften 7.81 f.
Francovich (EuGH) 1.160 f.
Freizügigkeit
- Dienstleistungsfreiheit, Verhältnis 16.30 f.
Fries (EuGH) 6.124

Fuchs/Köhler (EuGH) 6.122
Fuß (EuGH) 7.326, 7.328 f.

Gassmayr (EuGH) 9.214 ff., 9.224 f.
Gavieiro Gavieiro (EuGH) 13.20 f., 13.112
Gemeinschaftseinrichtungen/-dienste
- Begriff 12.105 ff.
- Ungleichbehandlung von Leiharbeitnehmern 12.109 ff.
- Zugang für Leiharbeitnehmer 12.104 ff.
Gemeinschaftsunternehmen
- Unternehmensgruppe 17.37 ff.
Georgiev (EuGH) 6.121
Gerichtshof der Europäischen Union
- Abweichung durch nationales Gericht 2.46
- Aufgaben 2.1 ff.
- Auslegung des Unionsrechts 1.79
- Besetzung 2.120 ff.
- gesetzlicher Richter i.S.d. GG 3.63 ff.
- Grundrechtsschutz 3.51 ff.
- Rechtsfortbildung 1.103 ff.
- Schlussanträge 1.80
- Vorabentscheidungsverfahren siehe dort
Geschlechterrichtlinie 5.26, 5.41 ff., 5.69 ff.
- Bedeutung bei Auslegung der Mutterschutzrichtlinie 9.19 ff.
- Sanktionen 5.269 ff.
Gesetzlicher Richter
- EuGH als ~ 3.63 ff.
Gesundheitsuntersuchungen
- Nachtarbeitnehmer 7.201 ff.
Gewerkschaften
- Diskriminierungsverbot bei Mitgliedschaft/Mitwirkung 5.56
Gleichbehandlung bei Leiharbeit 12.43 ff.
- Achtung des Gesamtschutzes von Leiharbeitnehmern 12.77 ff.
- Arbeitsentgelt 12.51 f.
- Arbeitszeit 12.47
- Ausnahme für nationale Tarifverträge 12.75
- Ausnahme bei unbefristeten Leiharbeitsverhältnissen 12.72 ff.
- Ausnahmeoptionen vom Gleichbehandlungsgrundsatz 12.69 ff.
- Gegenstände der ~ 12.46 ff.
- Gestaltungsspielraum bei Tarifverträgen 12.80 ff.
- Mindestgarantiecharakter des Gleichbehandlungsgrundsatzes 12.63 ff.
- normativ geltende Arbeitsbedingungen, Kollektivvereinbarungen 12.53 f.
- Pausen und Ruhezeiten 12.48

- Sachgruppenvergleich 12.64 ff.
- Vergleichsmaßstab 12.57 ff.
- wesentliche Arbeits- und Beschäftigungsbedingungen 12.44 ff.
- zeitlicher Geltungsbereich 12.67 f.

Gleichbehandlungsrahmenrichtlinie 5.28, 5.41 ff.
- Alter 5.100 ff., 6.6 ff.
- Behinderung 5.91 ff.
- Belästigung und sexuelle Belästigung 5.173 ff.
- Religion und Weltanschauung 5.77 ff.
- Sanktionen 5.269 ff.
- sexuelle Ausrichtung 5.87 ff.
- Wechselwirkung mit dem Primärrecht 6.10

Gleichbehandlungsrichtlinien 5.13 ff.

Gratifikationen
- Elternurlaub 10.47 ff.

Greenfield (EuGH) 8.26 ff.

Grenzüberschreitende Sachverhalte (VO)
- Verhältnis zu Mutterschutzrichtlinie 9.24 f.

Grundfreiheiten 1.48 ff.

Grundrechte
- Altersdiskriminierung, Verbot 6.5
- Anwendungsbereich 3.8 ff.
- arbeitgeberseitige ~ 3.79 ff.
- arbeitnehmerseitige ~ 3.71 ff.
- bezahlter Jahresurlaub 3.77
- Bindung der EU-Organe 3.9 ff.
- Bindung der Mitgliedsstaaten 3.12 ff.
- Datenschutz 11.14 ff.
- Drittwirkung 3.29 ff.
- Eigentumsrecht 3.83
- einzelne ~ 3.70 ff.
- Entwicklung 3.1 ff.
- Kollektivverhandlungen und -maßnahmen 3.78
- kollidierende ~ 3.47
- Konkretisierung durch Sekundärrecht 3.38 ff.
- Lissabon-Urteil 3.3
- Mangold-Beschluss 3.3
- Nichtdiskriminierung 3.73, 5.11 ff.
- praktische Konkordanz 3.46
- Prüfungsschema bei Verletzung 3.85
- Recht auf wirksamen Rechtsbehelf 3.68 f.
- Rechtsquellen 3.4 ff.
- Religionsfreiheit 3.84
- Schutz durch den EuGH 3.51 ff.
- Schutz durch nationale Gerichte 3.62b
- Solange-Rechtsprechung 3.2
- Ultra-vires-Kontrolle 3.3
- unmittelbare Wirkung 3.25 ff.
- unternehmerische Freiheit 3.80 f.
- Verhältnismäßigkeit bei Einschränkung 3.42 ff.
- Vorabentscheidungsverfahren 3.58 ff.
- Vorlagepflicht an den EuGH und „gesetzlicher Richter" 3.63 ff.
- Wesensgehaltsgarantie 3.48 ff.

Grundrechtecharta 3.5 ff.
- Anwendungsbereich der Unionsgrundrechte 3.8 ff.
- Arbeitnehmerbegriff 3.74
- Bedeutung bei Auslegung der Mutterschutzrichtlinie 9.10 ff.
- Drittwirkung 3.32 ff.
- Glaubens- und Gewissensfreiheit und Europäische Menschenrechtskonvention 4.88 ff.
- unmittelbare Anwendbarkeit 3.26 ff.
- verbindliche Wirkung 3.4

Güney-Görres (EuGH) 15.51 f.

Günstigkeitsprinzip
- Betriebsübergang 15.13
- Entsenderichtlinie 16.170 ff.

Gustafsson/Schweden (EGMR) 4.125

Haushalt
- Befristungsgrund 13.147 ff.

Heimann (EuGH) 8.19 f.

Heinisch (EGMR) 4.108 ff.

Hernández (EuGH) 3.23a

Herrschendes Unternehmen
- Massenentlassung 14.38 ff.

Hinterbliebenenversorgung
- Altersabstandsklauseln und Altersdiskriminierung 6.143
- Spätehenklauseln und Altersdiskriminierung 6.144 ff.

Historische Entwicklung
- Austritt des Vereinigten Königreichs 1.17a
- Einheitliche Europäische Akte 1.7 ff.
- EWG-Vertrag 1.1 ff.
- sozialpolitisches Aktionsprogramm 1.5 f.
- Unionsgrundrechte 3.1 ff.
- Vertrag von Amsterdam 1.12 f.
- Vertrag von Lissabon 1.15 ff.
- Vertrag von Maastricht 1.10 f.
- Vertrag von Nizza 1.14

Hochschule
- Befristung 13.157 f.

Höchstaltersgrenzen bei Einstellung
- Altersdiskriminierung 6.63 ff.

Höchstarbeitszeit
- durchschnittliche wöchentliche ~ 7.170 ff.

- EuGH 7.28 f.
- Mindestruhezeit 7.147 ff.
- tägliche ~ bei Nachtarbeit 7.192 ff.
- wöchentliche ~ 7.159 ff.

Hofmann (EuGH) 9.154
Hörnfeld (EuGH) 6.120
Huet (EuGH) 13.189

Inhaber
- Massenentlassung 15.59 ff.

Internationales Arbeitsrecht 1.67
- Arbeitnehmerentsendung 16.50 ff.
- Arbeitsvertragsstatut *siehe dort*
- Betriebsübergang 15.68 ff.

Inuit Tapiriit Kanatami (EuGH) 3.55
IR (EuGH) 4.64 f.

Jaeger (EuGH) 7.122
Jouini (EuGH) 15.27
Jugendarbeitsschutz
- Arbeitszeit, Schutzvorschriften 7.87 ff.

Junk (EuGH) 14.45
- Begriff 14.48

Kadi (EuGH) 3.11
Katsikas (EuGH) 15.99
Kettenbefristungen 13.130 ff.
- öffentlicher Dienst und Sanktionen 13.190 ff.
- Sanktionen 13.186 ff.
- zusätzliche Missbrauchskontrolle 13.159 ff.

KHS (EuGH) 8.50
Kiiski (EuGH) 9.59
Kirchliches Arbeitsrecht
- deutsches Recht und EGMR 4.67 ff.
- „Dritter Weg" im deutschen Recht und Europäische Menschenrechtskonvention 4.146 ff.
- Loyalitätsobliegenheiten 4.64 ff.
- Loyalitätsobliegenheiten und Europäische Menschenrechtskonvention 4.41 f., 4.52 ff.

Klarenberg (EuGH) 15.50
Koalitionsfreiheit
- Angehörige der Streitkräfte, Polizei, Staatsverwaltung, Sonderregel 4.135 ff.
- deutsches Recht und Europäische Menschenrechtskonvention 4.140 ff.
- Eingriff 4.126 f.
- Europäische Menschenrechtskonvention 4.113 ff.
- negative ~ 4.122 ff.
- persönlicher Schutzbereich 4.114 ff.
- positive ~ 4.117 ff.
- Rechtfertigung für Eingriff 4.128 ff.

Köbler (EuGH) 2.61 f.
Kollektivverträge
- Arbeitszeitrecht, Abweichungen 7.267 ff.
- Richtlinien 1.124

Kollektivverträge bei Betriebsübergang 15.107 ff.
- Ablösung 15.119 ff.
- Aufrechterhaltung 15.112 ff.
- Bezugnahme auf Kollektivverträge 15.128 ff.
- Grenzen/Ende der Aufrechterhaltung 15.115 ff.
- Voraussetzungen der Aufrechterhaltung der Arbeitsbedingungen 15.108 ff.

Kollisionsrecht
siehe Internationales Arbeitsrecht

Kommission/Deutschland (EuGH) 16.28, 16.146, 16.153 f.
Kommission/Griechenland (EuGH) 7.240 f.
Kommission/Luxemburg (EuGH) 16.188 f.
Kompetenzabrundungsklausel 1.68 ff.
Konsultationsverfahren bei Massenentlassungen 14.66 ff.
- Abschrift an zuständige Behörde 14.104 ff.
- Arbeitnehmervertretung 14.67 ff.
- andere Beteiligungsverfahren nach nationalem Recht 14.110 ff.
- Fehler im ~ 14.117 ff.
- formelle Anforderungen 14.91 ff.
- inhaltliche Anforderungen 14.79 ff.
- Konzernsachverhalte 14.98 f.
- mehrere Arbeitnehmervertretungen 14.71 ff.
- rechtzeitige Übermittlung von Angaben 14.100 ff.
- Sachverständigenhinzuziehung 14.77 f.
- Vorschläge der Arbeitnehmervertretung 14.108 f.
- zeitliche Reihenfolge von ~ und Massenentlassungsanzeige 14.107, 14.161 ff.
- zeitlicher Ablauf 14.94 ff.
- zweckdienliche Informationen der Arbeitnehmervertretung 14.85 ff.

Kontinuität der Dienstleistung oder Produktion
- als Abweichung i.S.d. Arbeitszeitrichtlinie 7.247

Konzern
- Datenschutz 11.109
- Konsultationsverfahren bei Massenentlassung 14.98 f.
- Unternehmensgruppe, Abgrenzung 17.34 ff.

Köpke/Deutschland (EGMR) 4.59 f., 4.62
Krankheit
- Mutterschaftsurlaub 9.161 f.

Krankheitsurlaub 8.34 f.
- Mutterschaftsurlaub 9.162

Kratzer (EuGH) 5.283 f.
Kristensen/Experian (EuGH) 6.147
Kücük (EuGH) 13.159 ff., 13.161 f., 13.174 f.
Kücükdeveci (EuGH) 1.163, 2.47, 3.7, 3.17 f., 3.38, 5.13, 6.78
Kündigungsfristen
- Altersdiskriminierung 6.76 ff.

Kündigungsschutz
- *siehe auch* Kündigungsverbot bei Betriebsübergang
- Elternurlaub 10.74 ff.
- Entlassungsbedingungen, Nichtdiskriminierung 5.52 ff.
- nachwirkender bei Betriebsübergang für Mandatsträger 15.183 f.

Kündigungsverbot (Mutterschutz) 9.169 ff.
- Abberufung eines Organs der Unternehmensleitung 9.180
- angemessene Sozialleistung 9.217 ff.
- Ausnahmen 9.188 f.
- Beginn 9.174
- behördliche Kündigungszustimmung 9.190 f.
- Beweislast 9.197
- Dauer 9.173 ff.
- diskriminierende Kündigung nach Geschl-RL 9.179
- Ende 9.175
- Entgeltfortzahlung 9.208 ff.
- Entgeltfortzahlung und Arbeitsplatzwechsel 9.209 ff.
- Entgeltfortzahlung und Beurlaubung 9.214 ff.
- erforderliche Maßnahmen 9.185 ff.
- Erhalt der mit dem Arbeitsvertrag verbundenen Rechte 9.199 ff.
- Massenentlassung 9.186
- Nichtverlängerung bei Befristung 9.182
- Ruhen des Arbeitsverhältnisses 9.61
- schriftliche Begründung einer Kündigung 9.192 ff.
- Schutz gegen Folgen widerrechtlicher Kündigung 9.195 f.
- Schwangere 9.171 f.
- Vorbereitung einer Kündigungsentscheidung 9.181
- Wöchnerin 9.171 f.
- Zweck 9.170

Kündigungsverbot bei Betriebsübergang 15.139 ff.
- fakultative Einschränkung 15.144 f.
- Fiktion einer Kündigung bei wesentlich verschlechterten Arbeitsbedingungen 15.146 ff.
- Reichweite 15.140 ff.

Landesarbeitsgerichte
- Vorlagepflicht EuGH 2.42 ff.

Langner/Deutschland (EGMR) 4.104 f.
Lautsi u.a./Italien (EGMR) 4.85
Laval (EuGH) 16.180 f.
Leiharbeit
- Arbeitnehmerbegriff 12.15 ff.
- Arbeitnehmerentsendung 16.182 ff.
- Ausnahmen 12.36 ff.
- Befristungen 13.26 ff.
- Betriebsübergang 15.62 ff., 15.82 ff.
- deutsches Recht *siehe* AÜG
- Gemeinschaftseinrichtungen und -diensten, Begriff 12.105 ff.
- Gleichbehandlung bei Leiharbeit *siehe dort*
- Leiharbeitsunternehmen 12.19
- Massenentlassung und ~nehmer 14.26 ff.
- Maßnahmen und Sanktionen 12.90 f.
- Übernahme durch den Entleiher 12.98 ff.
- Überprüfung von Einschränkungen und Verboten 12.39 ff.
- Unterrichtung der Arbeitnehmervertreter 12.122 f.
- Unterrichtung über offene Stellen 12.93 ff.
- Verbot nicht vorübergehender Überlassung 12.26 ff.
- zur Verfügung stellen, um unter Aufsicht und Leitung zu arbeiten 12.23 ff.
- Verhinderung missbräuchlicher Anwendung 12.85 ff.
- Vertretung der Leiharbeitnehmer 12.118 ff.
- wirtschaftliche Tätigkeit 12.33 ff.
- Zugang zu beruflicher Bildung 12.115 ff.
- Zugang zu Beschäftigung beim Entleiher 12.93 ff.
- Zugang zu Gemeinschaftseinrichtungen und -diensten 12.104 ff.
- Zugang zu Gemeinschaftseinrichtungen und -diensten, Ausnahmen 12.109 ff.

Leiharbeit, grenzüberschreitende
- Arbeitserlaubnis 16.43 f.
- Dienstleistungsfreiheit 16.9
- Einschränkungen für beitretende Staaten 16.12 f.

Leiharbeitsrichtlinie 12.1 ff.
- Anwendungsbereich 12.12 ff.
- Entstehungsgeschichte 12.2 f.
- Ermächtigungsgrundlage 12.9 f.
- Struktur 12.5 ff.
- Ziele 12.11

Leihmutterschaft
- Mutterschutz 9.77 ff.

Leitende Angestellte
- Massenentlassung 14.24 f.

Lewen (EuGH) 10.47 ff.

Lindqvist (EuGH) 11.19 f.

Maio Marques da Rosa (EuGH) 7.233
Mangold (EuGH) 1.163, 3.16, 5.13, 6.2, 6.37 f.
Marckx/Belgien (EGMR) 4.17
Márquez Samohano (EuGH) 13.157 f.
Marrosu (EuGH) 13.190
Marshall (EuGH) 1.135 f.
Martin Meat (EuGH) 16.9
Massenentlassung 14.1 ff.
- Ablaufplan 14.182
- Anwendungsbereich 14.13 ff.
- Anzeigeverfahren bei Massenentlassung *siehe dort*
- Arbeitgeberbegriff 14.30 f.
- Arbeitnehmerbegriff 14.14 ff.
- Bedingung, Befristung 14.62 f.
- befristetes Arbeitsverhältnis 14.19
- Begriff 14.42 ff.
- Betriebsbegriff 14.32 ff.
- Betriebsleiter 14.24
- deutsches Recht *siehe* Massenentlassung, §§ 17 ff. KSchG
- Fremdgeschäftsführer einer Kapitalgesellschaft 14.20 ff.
- herrschendes Unternehmen 14.38 ff.
- Inhaber/Arbeitgeber 15.59 ff.
- Konsultationsverfahren bei Massenentlassung *siehe dort*
- Kündigungsverbot im Rahmen des Mutterschutzes 9.186
- Leiharbeitnehmer 14.26 ff.
- leitende Angestellte 14.24 f.
- Praktikanten 14.18
- Tod des Arbeitgebers 14.64 f.
- Zweck des ~rechts 14.5 f.

Massenentlassung, §§ 17 ff. KSchG 14.8
- Anzeige 14.128 ff.
- Anzeigepflichtiger 14.151 ff.
- Arbeitgeberbegriff 14.31
- Bedingung, Befristung 14.63

- Begriff 14.47 ff.
- Beratung mit Betriebsrat 14.109
- Beratungspflicht gegenüber Betriebsrat 14.80
- Berufsgruppen, Information des Betriebsrats 14.86
- Beteiligung der Betriebsräte 14.68 ff., 14.72 ff.
- Beteiligung des Betriebsrats auch nach BetrVG 14.111 ff.
- Betriebsänderung und BetrVG 14.112 ff.
- Betriebsbegriff 14.35 ff.
- Betriebsleiter 14.24
- Betriebsrat, keiner 14.76
- fakultative Angaben bei Anzeige 14.149
- fehlerhafte oder fehlende Unterrichtung des Betriebsrats 14.120 ff.
- formelle Anforderungen für Unterrichtung des Betriebsrats 14.92 f.
- Fremdgeschäftsführer einer Kapitalgesellschaft 14.20 ff.
- Heilung von Fehlern im Anzeigeverfahren 14.180 f.
- herrschendes Unternehmen 14.40 f.
- Inhalt der Anzeige 14.141 f.
- Interessenausgleich und Anzeige 14.144 f.
- Kündigungsschutzklage 14.118
- Leiharbeitnehmer 14.26 ff.
- leitende Angestellte 14.24 f.
- Mitteilung an Agentur für Arbeit 14.105 f.
- rechtzeitige Konsultation des Betriebsrats 14.101 ff.
- Sachverständigenhinzuziehung 14.78
- Sanktionen bei fehlerhafter/fehlender Anzeige 14.175 f.
- Schriftform der Anzeige 14.156
- Schwerbehinderte 14.168
- Sonderkündigungsschutz 14.56 ff.
- Sperrfrist bei Anzeige 14.170 f.
- Stellungnahme des Betriebsrats 14.82 ff.
- Stellungnahme des Betriebsrats und Anzeige 14.143 ff.
- Tod des Arbeitgebers 14.65
- Verzicht des Betriebsrats auf Informationen 14.89 f.
- zeitliche Reihenfolge von Konsultationsverfahren und Anzeige 14.164 ff.
- zeitlicher Ablauf des Konsultationsverfahrens 14.96
- Zeitpunkt der Anzeige 14.158 ff.
- zuständige Behörde für Anzeige 14.133 f.
- Zweck 14.9 ff.

Massenentlassungsrichtlinie
- Anwendungsbereich 14.13 ff.
- Entstehungsgeschichte 14.1 ff.

Maties (EuGH) 10.40

Mayr (EuGH) 9.64 f.

Meinungsfreiheit
- Eingriff 4.100
- Europäische Menschenrechtskonvention 4.96 ff.
- kritische Meinungsäußerung am Arbeitsplatz 4.104 f.
- politische oder ideologische Einstellung 4.106 f.
- Rechtfertigung für Eingriff 4.101 ff.
- Schutzbereich 4.97 ff.
- Whistleblowing 4.108 ff.

Menschen mit Behinderung
- Mutterschutz 9.55 f.

Menschenrechtskonvention
siehe Europäische Menschenrechtskonvention

Milkova (EuGH) 5.241 ff.

Mindestlohnsätze
- siehe auch Arbeitnehmerentsendung
- 13. Monatsgehalt 16.155
- Abtretung/Aufrechnung 16.140 f.
- Anrechnung von Vergütungsbestandteilen 16.144 ff.
- Arbeitnehmerentsendung 16.130 ff.
- Bruttolohn 16.157
- Entlohnung 16.142
- Erschwernisse 16.150 f.
- Fälligkeitsregelungen 16.138 f.
- Mindestlohn, Begriff 16.132
- öffentliche Auftragsvergabe 16.158 ff.
- Tarifvertrag 16.149
- Vergleich der Entgelte 16.143 ff.

Mindestruhezeit
- Arbeitszeitrichtlinie 7.94 ff.
- Höchstarbeitszeit 7.147 ff.
- tägliche ~ 7.175

Mindesturlaub 8.24 f.

Missbrauchsverbot
- Befristung 13.56 f.

Mittelbare Diskriminierung
- Begriff 5.141
- besondere Benachteiligung 5.144 ff., 5.149 ff.
- Dienstleistungsfreiheit 16.17 f.
- Eignung der Differenzierung zur Erreichung des legitimen Ziels 5.167 ff.
- Entstehungsgeschichte 5.138 f.
- Erforderlichkeit der Differenzierung zur Erreichung des legitimen Ziels 5.170 ff.
- legitimer Zweck zur Rechtfertigung 5.161 ff.
- neutrales Differenzierungskriterium 5.142 f.
- Normzweck 5.140
- sachliche Rechtfertigung, keine 5.158 ff.
- statistischer Nachweis 5.151 ff.
- ungleiche Behandlung 5.142 ff.
- Vergleichbarkeit 5.145 ff.
- Vergleichsgruppen 5.145 ff.
- Verhältnismäßigkeit der Differenzierung zur Erreichung des legitimen Ziels 5.166 ff.

Mobile Arbeitnehmer
- Schutzvorschriften Arbeitszeit 7.71 ff.

Mono Car Styling (EuGH) 14.75

Mündliche Verhandlung
- EuGH 2.101 ff.

MuSchG
- Anwendungsbereich 9.51 ff.
- Arbeitsplatzwechsel 9.121 ff.
- Ausfallzeiten als Beschäftigungszeiten 9.207
- Beamtinnen usw. 9.39
- behördliche Kündigungszustimmung 9.191
- Beschäftigungsverbot 9.126
- Beweislast 9.129, 9.198
- Erhalt der mit dem Arbeitsvertrag verbundenen Rechte 9.203 f.
- Expositionsverbote 9.134 ff.
- Fehlgeburt und Kündigungsverbot 9.177
- finanzielle Absicherung Arbeitnehmerähnlicher 9.203
- Freistellung für Vorsorgeuntersuchungen 9.168
- Gefährdungsbeurteilung 9.97 ff., 9.102, 9.105
- Gefährdungsbeurteilung, Unterrichtung der Arbeitnehmerin 9.110
- Geschäftsleitungsmitglied und Kündigungsverbot 9.184
- Klagefrist 9.232
- Kündigungsverbot 9.172
- Kündigungsverbot, absolutes mit Erlaubnisvorbehalt 9.189
- Kündigungsverbot, Beginn/Ende 9.176
- Menschen mit Behinderung 9.56
- Mutterschaftsgeld 9.228
- Mutterschaftsurlaub 9.158
- Mutterschutzrichtlinie 9.33 ff.
- Nachtarbeitsverbot 9.140 f., 9.144, 9.148
- reformiertes ~ und Anforderungen der Mutterschutz-RL 9.237
- schriftliche Begründung einer Kündigung 9.194
- Schutz gegen Folgen widerrechtlicher Kündigung 9.196
- Schutzfristen 9.152

- Schwangerschaft 9.66
- Stufenverhältnis zwischen Maßnahmen 9.112
- Umgestaltung der Arbeitsbedingungen 9.115 f.
- Unterrichtung über Schwangerschaft 9.69
- Vorbereitung einer Kündigung und Kündigungsverbot 9.183

Mutterschaftsurlaub 8.36 f., 9.149 ff., 9.221 ff.
- absolutes Arbeitsverbot, kein 9.151
- Adoptivmütter 9.156 f.
- angemessene Sozialleistung 9.226 ff.
- Arbeitnehmerinnen 9.153
- mit dem Arbeitsvertrag verbundene Rechte 9.222 f.
- Bestellmütter 9.156 f.
- Dauer und Aufteilung 9.159 f.
- Entgeltfortzahlung 9.224 f.
- Jahresurlaub 9.163
- Krankheit 9.161 f.
- bei Schwangerschaft während des Elternurlaubs 9.164
- unmittelbare Diskriminierung 5.135 ff.
- Väter 9.154 f.
- Zweck 9.150

Mutterschutz 9.1 ff.
- Anpassungsverfahren (Mutterschutz) *siehe dort*
- Arbeitnehmerbegriff 9.42 ff.
- Arbeitnehmerbegriff und Arbeitsschutzrahmen-Richtlinie 9.45 ff.
- Arbeitsschutz 9.83 ff.
- Bedingungen für Anspruchsentstehung 9.229 f.
- betriebsbezogener 9.83 ff.
- deutsches Recht *siehe* MuSchG
- diskriminierende Kündigung nach Geschl-RL 9.179
- Erziehungsurlaub 9.59
- Expositionsverbot 9.130 ff.
- Freistellung für Vorsorgeuntersuchungen 9.166 ff.
- Kündigungsverbot (Mutterschutz) *siehe dort*
- „kurz nach der Entbindung" 9.70 ff.
- Leihmutterschaft 9.77 ff.
- Leitlinien für Risikobeurteilung 9.88 ff.
- Menschen mit Behinderung 9.55 f.
- Mutterschaftsurlaub *siehe dort*
- Nachtarbeit 7.84 ff., 9.138 ff.
- Rechtsschutz 9.231 f.
- Reformbestrebungen 9.25
- Risikobeurteilung (Mutterschutz) *siehe dort*
- ruhendes Arbeitsverhältnis 9.58 ff.

- Schwangerschaft 9.64 ff.
- Stillende 9.74 ff.
- Unterrichtung über Schwangerschaft 9.67 ff.
- Wöchnerin 9.70 ff.

Mutterschutzrichtlinie 9.1 ff.
- Anpassung der Anhänge 9.233
- Anwendungsbereich 9.41
- Arbeitsschutzrahmen-Richtlinie 9.37 ff.
- Auslegung 9.5, 9.8 ff.
- Elternurlaubs-Rahmenvereinbarung 9.22 f.
- Geschlechterrichtlinie 9.19 ff.
- Grundrechtecharta 9.10 ff.
- grenzüberschreitende Sachverhalte (VO Nr. 883/2004) 9.24 f.
- Kompetenzgrundlage 9.4 f.
- Schlussbestimmungen 9.234
- Struktur 9.6 f.
- Verhältnis zu anderen Richtlinien 9.17 ff.
- Verschlechterungsverbot 9.40
- Ziele 9.26 ff.

Nachtarbeit 7.183 ff., 7.192 ff.
- Abweichungen 7.264
- Ausgleichszeiträume 7.195 ff.
- Diskriminierungsverbot 7.210 ff.
- Gesundheitsuntersuchungen 7.201 ff.
- qualifizierte Schutzmaßnahmen 7.210 ff.
- tägliche Höchstarbeitszeit 7.192 ff.
- weitere Schutzvorschriften 7.201 ff.

Nachtarbeitsverbot
- nicht absolut 9.142
- Dauer 9.145 f.
- Freiwilligkeit 9.143
- gestufte Anpassung 9.147 f.
- Kinder/Jugendliche 7.89
- Mutterschutz 7.84 ff., 9.138 ff.
- Nachtarbeit, Begriff 9.139
- Wöchnerinnen 9.146

Nichtdiskriminierungsrecht
siehe Diskriminierungsverbot/Gleichbehandlung

Nichtigkeitsklage 3.51 ff.
Niederlassungsfreiheit 1.51
- Dienstleistungsfreiheit, Abgrenzung 16.11

Nierodzik (EuGH) 13.70 f., 13.84
NS (EuGH) 3.23a

Obst/Deutschland (EGMR) 4.53 ff.
Odar (EuGH) 6.110 ff.

Offene Stellen
- für Leiharbeitnehmer beim Entleiher 12.93 ff.

Öffentliche Auftragsvergabe
- Mindestlohnvorgaben und Entsenderichtlinie 16.158 ff.

Öffentlicher Dienst
- Arbeitszeitrichtlinie und spezifische Tätigkeiten 7.53 ff.
- Befristungen 13.20 ff.
- Befristungen und Sanktionen 13.190 ff.
- Koalitionsfreiheit und Angehörige der Streitkräfte, Polizei, Staatsverwaltung 4.135 ff.
- Europäische Menschenrechtskonvention 4.16

Organmitglieder
- Urlaubsanspruch 8.13 f.

Österreichischer Rundfunk (EuGH) 11.19 f.

Otero Ramos (EuGH) 9.88, 9.100 f., 9.103

Palacios de la Villa (EuGH) 6.37 f., 6.116 f.

Paloma Sánchez u.a./Spanien (EGMR) 4.105

Parris (EuGH)
- betriebliche Systeme der sozialen Sicherheit 6.46

Parvianen (EuGH) 9.208 ff., 9.217 ff.

Petersen (EuGH)
- Altersdiskriminierung 6.14

PflegeZG
- vorzeitige Beendigung wegen Mutterschutz 9.63

Poclava (EuGH) 3.23b

Positive Maßnahmen
- Rechtfertigung von Diskriminierung 5.235 ff.

Praktikanten
- Massenentlassung 14.18

Prävention
- gegen Diskriminierung 5.253 ff.

Prigge (EuGH) 6.15, 6.127

Probezeit
- Elternurlaub 10.54

Pro-rata-temporis-Grundsatz
- Diskriminierungsverbot bei Befristung 13.102 ff.

Pujante Rivera (EuGH) 14.19

Querschnittsklauseln 1.44

Rahmenvereinbarung über befristete Arbeitsverträge 13.1 ff.

Ratti (EuGH) 1.128 f.

Rechtfertigung von Diskriminierung 5.188 ff.
- allgemeine Rechtfertigungsgründe 5.197 ff.
- Altersdiskriminierung 6.13 ff.
- Befristungen, sachlicher Grund 13.93 ff.
- berufliche Anforderungen 5.216 ff.
- besondere Rechtfertigungsgründe 5.195 f.
- Entgeltdiskriminierung wegen des Geschlechts 5.200 ff.
- Kundenpräferenz 5.231 ff.
- mittelbare Diskriminierung 5.158 ff.
- positive Maßnahmen 5.235 ff.
- Prüfungsstruktur 5.189 ff.
- Religions- und Weltanschauungsgemeinschaften 5.203 ff.
- Struktur 5.216 ff.
- Verhältnismäßigkeit 5.226 ff.

Rechtsangleichung im Binnenmarkt 1.65 f.

Rechtsanwendung
- Auslegung, Abgrenzung 2.18 ff.

Rechtsetzung 1.38 ff.
- siehe auch Auslegung des Unionsrechts
- Arbeitsrecht, sekundäres 1.45 ff.
- Gleichbehandlung 1.63 f.
- Grundfreiheiten 1.48 ff.
- Grundsatz der beschränkten Einzelermächtigung 1.39
- internationales Arbeitsrecht 1.67
- Kompetenzabrundungsklausel 1.68 ff.
- ordentliches Gesetzgebungsverfahren 1.47
- Querschnittsklauseln 1.44
- Rechtsangleichung im Binnenmarkt 1.65 f.
- Sozialpolitik 1.52 ff.
- Subsidiaritätsgrundsatz 1.40 ff.
- Verhältnismäßigkeitsgrundsatz 1.43

Rechtsetzungsverfahren
- Anhörung der europäischen Sozialpartner 1.62

Rechtsfortbildung
- durch EuGH 1.103 ff.

Rechtsquellen
- allgemeine Rechtsgrundsätze 1.23 ff.
- Europäische Verträge 1.22
- Primärrecht 1.22
- sekundäres Unionsrecht 1.27

Rechtsschutz
- Europäische Menschenrechtskonvention 4.20 ff.
- individueller ~ bei Diskriminierung 5.292 ff.
- individueller ~ durch Nichtigkeitsklage 3.52 ff.

- Mutterschutz 9.231 f.
- Recht auf wirksamen Rechtsbehelf bei Grundrechten 3.68 f.

RegioPost (EuGH) 16.163

Religion
- Deutschland und ~sfreiheit und Europäische Menschenrechtskonvention 4.91 ff.
- Diskriminierungsverbot 5.77 ff.
- Eingriffe in die individuelle ~freiheit 4.75
- Eingriffe in die korporative ~freiheit 4.76
- Europäische Menschenrechtskonvention 4.71 ff.
- Grundrechte 3.84
- individuelle ~freiheit 4.72 f.
- Konflikte zwischen individueller und korporativer ~freiheit 4.77 ff.
- korporative ~freiheit 4.74
- Tragen religiöser Symbole 4.83 ff.

Religionsgemeinschaften
- AGG und Gleichb-RL 5.206 f.
- Rechtfertigung für Ungleichbehandlung 5.203 ff.

Richtlinie 1.53 f., 1.113 ff.
- Antirassismus 5.27, 5.41 ff., 5.61 ff.
- Äquivalenzgrundsatz 1.120 f.
- Arbeitszeit 7.1 ff.
- Urlaub in der Arbeitszeit-~ 8.1 ff.
- Befristung 13.1 ff.
- Betriebsübergang 15.1 ff.
- Dienstleistung 16.47 ff.
- Effektivitätsprinzip 1.120, 1.122 f.
- Elternurlaub 10.3
- Entsendung 16.32 ff., 16.69 ff.
- Europäische Betriebsräte 17.1 ff.
- Frustrationsverbot 1.115
- Geschlechter 5.26, 5.41 ff., 5.69 ff.
- Gleichbehandlung 6.6 ff.
- Gleichbehandlungsrahmen 5.28, 5.41 ff., 5.77 ff.
- Gleichbehandlungsrahmen und Belästigung und sexuelle Belästigung 5.173 ff.
- Gleichbehandlungsrecht 5.13 ff.
- grundrechtskonkretisierende ~ 1.163 f.
- innerstaatliche Wirkungen 1.124 ff.
- inzidente Horizontalwirkung 1.139 ff.
- Leiharbeit 12.1 ff.
- Massenentlassungen 14.1 ff.
- Mutterschutz 9.1 ff.
- Private 1.135 ff.
- Prüfungsschema 1.168
- rechtspolitische Bewertung 1.114
- Selbständige, Gleichbehandlung 5.29
- Sperrwirkung 1.117

- Staat 1.130 ff.
- Staatshaftung wegen fehlerhafter Umsetzung 1.160 ff.
- Tarifverträge 1.124, 1.134
- Transparenzgebot 1.119
- überschießende Umsetzung 1.165 ff.
- Umsetzung 1.118 f.
- unmittelbare Anwendung 1.125 ff.
- Unterrichtung und Anhörung der Arbeitnehmer, Rahmen-~ 17.197 ff.
- Vorwirkung 1.115 f.
- Zitiergebot 1.119

Richtlinienkonforme Auslegung 1.142 ff.
- Contra-legem-Judizieren, Verbot 1.151 ff.
- einzelstaatliche Auslegungsmethoden 1.149 f.
- Rechtsfortbildung 1.153
- Regelungslücke 1.154
- Vertrauensschutz 1.155 ff.

Risikobeurteilung (Mutterschutz)
- Anpassungsverfahren (Mutterschutz) *siehe dort*
- Beweislastverteilung 9.106
- erfasste Gruppen 9.93 f.
- Leitlinien 9.88 ff.
- Pflicht 9.95 f.
- Unterrichtung der Arbeitnehmerin 9.92, 9.107 ff.
- Wöchnerinnen 9.94

RMT/Vereinigtes Königreich (EGMR) 4.120 f., 4.130 ff.

Robinson-Steele (EuGH) 8.38

Rom I-VO
siehe Arbeitsvertragsstatut

Rosada Santana (EuGH) 13.73

Roselle (EuGH) 9.45

Rosenbladt (EuGH) 6.118 f.

Rückwirkungsverbot 1.156 ff.

Rufbereitschaft
- Arbeitszeitbegriff der Arbeitszeitrichtlinie 7.134 ff.

Rüffert (EuGH) 16.159 ff.

Ruhendes Arbeitsverhältnis
- Mutterschutz 9.58 ff.
- Urlaubsanspruch 8.20 ff.

Ruhepause 7.178 ff.
- Abweichungen 7.263
- Gleichbehandlung bei Leiharbeit 12.48

Ruhezeit 7.140 ff.
- Abweichungen von der täglichen ~ 7.261 f.
- Gleichbehandlung bei Leiharbeit 12.48
- wöchentliche ~ 7.166 ff., 7.176 f.

Sach- und Personenschutz
- als Abweichung i.S.d. Arbeitszeitrichtlinie 7.246

Sachlicher Grund bei Befristung 13.140 ff.
- Altersgrenze 13.154 ff.
- Haushalt 13.147 ff.
- Hochschulen 13.157 f.
- sozialpolitische Zwecke 13.152 f.
- Vertretungsbedarf 13.145 f.
- Voraussetzungen 13.141 ff.
- zusätzliche Missbrauchskontrolle 13.159 ff.
- zweistufige Prüfung durch das BAG 13.165 ff.

Sachverständige
- bei Massenentlassung 14.77 f.

Sähköalojen ammattiliitto ry (EuGH) 16.132 f., 16.140 f., 16.144, 16.153

Saisonbetriebe
- Abweichung i.S.d. Arbeitszeitrichtlinie 7.249

Sanktionen bei Verstößen gegen Diskriminierungsverbot
- Anforderungen an die Sanktionen 5.269 ff.
- Beseitigung der Auswirkungen ungleicher Maßnahmen 5.263 ff.
- Mindestanforderungen 5.251 f.
- Nichtigkeit diskriminierender Maßnahmen 5.260 ff.
- präventive Maßnahmen 5.253 ff.
- primär-/sekundärrechtliche Verbote 5.246 ff.
- reaktive Maßnahmen 5.259 ff.
- Schadensersatz 5.274 ff.
- Scheinbewerber 5.283 ff.
- Schutz vor Viktimisierung 5.289 ff.
- Verschlechterungsverbot 5.251 f.

Scattolon (EuGH) 15.27, 15.123 ff.

SCE
- EBR-Richtlinie, Nichtanwendbarkeit 17.18a f.

Schadensersatz
- Ungleichbehandlung 5.274 ff.
- Verstöße gegen Arbeitszeitrichtlinie 7.326 ff.

Schichtarbeit 7.183 f., 7.189 ff.
- Abweichungen 7.265
- Diskriminierungsverbot 7.210 ff.
- qualifizierte Schutzmaßnahmen 7.210 ff., 7.219 f.

Schriftliches Verfahren
- EuGH 2.94 ff.

Schultz-Hoff (EuGH) 8.48

Schüth/Deutschland (EGMR) 4.53 ff., 4.68 ff.

Schwangerschaft
- Diskriminierungsverbot 5.71 ff.
- Mutterschutz 9.64 ff.
- unmittelbare Diskriminierung 5.135 ff.
- Unterrichtungspflicht 9.67 ff.
- während des Elternurlaubs 9.164

SE
- EBR-Richtlinie, Nichtanwendbarkeit 17.18a f.

Seeleute
- Arbeitszeit 7.60 ff.
- Arbeitszeitrichtlinie 7.51
- Europäische Betriebsräte 17.10a

Selbständige
- Gleichbehandlung 5.29
- Mutterschutz 9.57

Sexuelle Ausrichtung
- Diskriminierungsverbot 5.87 ff.

Sexuelle Belästigung
siehe Belästigung/sexuelle Belästigung

Siebenhaar/Deutschland (EGMR) 4.79

Simmenthal (EuGH) 1.32

Sindicatul Pastorul cel Bun/Rumänien (EGMR) 4.113 ff., 4.147 f.

Sørensen und Rasmussen/Dänemark (EGMR) 4.122 ff., 4.126

Sorge (EuGH) 13.211 ff.

Sozialauswahl
- Altersdiskriminierung 6.85 ff.

Sozialcharta, europäische
- Europäische Menschenrechtskonvention, Verhältnis 4.7 ff.

Sozialer Dialog 1.71 ff.
- autonome Vereinbarungen 1.75

Sozialkassen
- Arbeitnehmerentsendung 16.128 f.

Sozialpläne
- Altersdiskriminierung 6.99 ff.

Sozialpolitik 1.52 ff.
- allgemeine Voraussetzungen für Rechtsetzung 1.53 f.
- Bereichsausnahmen 1.60 f.
- Katalog der Kompetenzen 1.55 ff.

Sozialpolitisches Aktionsprogramm 1.5 f.

Sozialversicherungspflicht
- bei Arbeitnehmerentsendung 16.35 ff.

Sozialversicherungspflicht-Verordnung 16.35 ff.

Sozialversicherungsrecht
- Arbeitnehmerentsendung 16.89, 16.102
- Elternurlaub 10.56

Spaltung
- Betriebsübergang 15.33 ff.

Spätehenklauseln
- Altersdiskriminierung 6.144 ff.

Sperrfrist
- Massenentlassungsanzeige 14.169 ff.

Spijkers (EuGH) 15.16, 15.37 ff.

Sprache
- Diskriminierungsverbot 5.67

Staatsangehörigkeit
- Diskriminierung 5.25, 5.68

Staatshaftung
- fehlerhafte Richtlinienumsetzung 1.160 ff.

Stellenausschreibung
- Altersdiskriminierung 6.60 ff.

Stillende
- Kündigungsverbot 9.171 f.
- Mutterschutz 9.74 ff.

Straßenverkehr
- Arbeitszeit, Schutzvorschriften 7.74 ff.

Streik, deutsches Recht
- Beamte, Streikverbot und Europäische Menschenrechtskonvention 4.142 ff.
- „Dritter Weg" der Kirchen und Europäische Menschenrechtskonvention 4.146 ff.
- Tarifbezogenheit und Europäische Menschenrechtskonvention 4.141 f.

Subsidiaritätsgrundsatz 1.40 ff.

Süzen (EuGH) 15.16 f., 15.49

Tarifverträge
siehe Kollektivverträge

Teilzeitarbeit
- Elternurlaub und ~ nach dessen Ende 10.58 ff.
- Urlaubsentgelt 8.43 f.

Tendenzbetriebe
- Unterrichtung und Anhörung der Arbeitnehmervertretung 17.206 f.

Tirol (EuGH) 8.26 f.

Tod
- Massenentlassung 14.64 f.
- Urlaubsabgeltung 8.55

Transparenzgebot 1.119

Trojani (EuGH) 16.101

TzBfG (Befristung) 13.4
- Anschlussverbot 13.180 ff.
- Arbeitsentgelt 13.79
- begrenzte Haushaltsmittel 13.150 f.
- Besitzstandswahrung nach § 17 13.91
- Betriebszugehörigkeitszeiten 13.114 f.
- Betriebszugehörigkeitszeiten, Ungleichbehandlung 13.120

- Diskriminierung bei Befristung und Wechsel in Dauerbeschäftigung 13.65 f.
- Diskriminierungsverbot bei Befristung 13.60
- Entfristung 13.194
- frühere Befristung bei Eingruppierung/Einstufung 13.117
- höchstens zwei Jahre/dreifache Verlängerung 13.176 f.
- Information über freiwerdende unbefristete Arbeitsplätze 13.197 f.
- Information und Konsultation der Mitarbeitervertretung 13.205
- Missbrauchskontrolle 13.167
- Pro-rata-temporis-Grundsatz 13.105 f.
- Pro-rata-temporis-Grundsatz und Angemessenheit 13.108
- sachgrundlose Befristung und Verschlechterungsverbot 13.215
- sachlicher Grund 13.143
- sachlicher Grund für Ungleichbehandlung 13.98 ff.
- Sanktionen 13.127 f.
- Teilzeitarbeitnehmer 13.30
- vergleichbare Situation bei Befristung 13.86 ff.
- vergleichbare unbefristet Beschäftigte 13.42 f.
- Zugang zu Aus- und Weiterbildungsmöglichkeiten 13.199

Übergangsmandat
- Europäische Betriebsräte 17.173 ff.

Umsetzung von Richtlinien
- Prüfungsschema 1.168
- Richtlinien 1.118 f.
- überschießende ~ 1.165 ff.

Unilever (EuGH) 1.139

Unión de Pequeños Agricultores (EuGH) 3.53

Union syndicale Solidaires Isère 7.237 ff.

Unionsrecht
- rechtlicher Charakter 1.18 ff.

Unkündbarkeit
- Altersdiskriminierung 6.79 ff.

Unmittelbare Anwendbarkeit 1.28 ff.
- Richtlinien 1.125 ff.

Unmittelbare Diskriminierung 5.108 ff.
- Anknüpfung an ein verpöntes Merkmal 5.127 ff.
- deskriptives Modell zur Feststellung der Vergleichbarkeit 5.119 ff.
- Entgeltdiskriminierung 5.116 ff.

- Kündigung Schwangerer nach Geschl-RL 9.179
- andere Person in einer vergleichbaren Situation 5.115 ff.
- Schwangerschaft und Mutterschaft 5.135 ff.
- Stillende 5.136
- Tatbestand 5.110 ff.
- ungleiche Behandlung 5.111
- verdeckte Anknüpfung an ein verpöntes Merkmal 5.131 ff.
- Vergleichsperson 5.123 ff.
- weniger günstige Behandlung 5.112 ff.

Unternehmensgruppe
- Begriff 17.29 ff.
- EBR-~ innerhalb EBR-~ 17.21
- Gemeinschaftsunternehmen 17.37 ff.
- Konzern, Abgrenzung 17.34 ff.

Unternehmenszugehörigkeitsdauer
- Altersdiskriminierung 6.68 ff.

Unterrichtung
- Arbeitnehmervertretung 17.197 ff.
- Schwangerschaft 9.67 ff.

Unterrichtungs- und Anhörungsrichtlinie 17.197 ff.
- Anwendungsbereich 17.203 ff.

Urlaub 8.1 ff.
- Arbeitnehmerentsendung und ~srecht 16.126 f.
- Arbeitsleistung 8.18 ff.
- Arbeitsverhältnis 8.10 ff.
- Befristung 8.47 ff.
- deutsches Urlaubsrecht siehe BUrlG
- Elternurlaub 10.50 ff.
- Gleichbehandlung bei Leiharbeit 12.49
- Mutterschaftsurlaub 9.163
- Rechtsnatur des ~sanspruchs 8.7 ff.
- ruhendes Arbeitsverhältnis 8.20 ff.
- Übertragung des Anspruchs 8.47 ff.
- Wartezeit 8.16 f.
- Zeitraum, Festlegung 8.32 ff.

Urlaubsabgeltung 8.53 ff.
- Tod 8.55

Urlaubsdauer
- Altersdiskriminierung 6.74
- Änderung der Arbeitszeit 8.26 ff.
- Gleichbehandlung 8.30 f.
- Mindesturlaub 8.24 ff.

Urlaubsentgelt
- Berechnung 8.38 ff.
- Fälligkeit 8.45 f.
- gewöhnliches Arbeitsentgelt 8.40 ff.
- Teilzeittätigkeit 8.43 f.

Valenza (EuGH) 13.116
Van Duyn (EuGH) 1.126 f.
Van Gend & Loos (EuGH) 1.28
Verbindungsbüros
- nach Entsenderichtlinie 16.191 ff.

Vereinigtes Königreich
- Austritt 1.17a

Vereinigungsfreiheit
siehe Koalitionsfreiheit

Verfahrenssprache 2.92 f.

Verfassungsrecht
- Sanktionierung eines Verstoßes gegen Vorlagepflicht 2.63 ff.

Verhältnismäßigkeitsgrundsatz 1.43
- bei Grundrechtseinschränkungen 3.42 ff.

Verordnungen 1.113
- Datenschutz 11.1 ff.
- grenzüberschreitende Sachverhalte 9.24
- Sozialversicherungspflicht 16.35 ff.

Verschlechterungsverbot
- Befristung 13.209 ff.
- Mutterschutz 9.40

Verschmelzung
- Betriebsübergang 15.30 ff.

Verschwiegenheitspflicht
- Arbeitnehmervertretung 17.219 ff.
- Europäische Betriebsräte 17.142 ff.

Vertrag
- von Amsterdam 1.12 f.
- von Lissabon 1.15 ff.
- von Maastricht 1.10 f.
- von Nizza 1.14

Vertragsverletzungsverfahren
- Verstoß gegen Vorlagepflicht 2.60

Vertrauensschutz
- richtlinienkonforme Auslegung 1.155 ff.
- Rückwirkungsverbot 1.156 ff.

Vertretung
- Befristungsgrund 13.145 f.

Vicoplus (EuGH) 16.9

Viktimisierung
- Schutz vor ~ 5.289 ff.

Vogt/Deutschland (EGMR) 4.106 f.

Völkerrecht
- Arbeitszeitrecht 7.32 ff.
- Nichtdiskriminierungsrecht 5.31 f.

Von Colson und Kamann (EuGH) 1.142

Vorabentscheidungsverfahren
- Adressat 2.14
- Auslegungsfragen 2.16 ff.
- Besetzung des EuGH 2.120 ff.
- Entscheidung des EuGH 2.111 ff.
- Erforderlichkeit der Entscheidung 2.29 ff.

- Gegenstand der Vorlage 2.15 ff.
- Grundrechte 3.58 ff.
- Gültigkeitsentscheidung 2.23
- Verfahren beim EuGH 2.91 ff.
- Verfahren beim nationalen Gericht 2.85 ff.
- Vorlagebeschluss 2.75 ff.
- Vorlageermessen 2.34 ff.
- Vorlagefrage 2.69 ff.
- Vorlagepflicht *siehe dort*
- Vorlagerecht durch Gericht 2.24 ff.
- Wirkung des Urteils 2.114 ff.
- Zweck und Bedeutung 2.5 ff.

Vorlagebeschluss 2.75 ff.

Vorlagefrage 2.69 ff.

Vorlagepflicht 2.39 ff.
- Abweichung 2.46
- acté éclaire 2.55 ff.
- Entfallen im Einzelfall 2.48 ff.
- fehlende Anfechtbarkeit 2.40 ff.
- Landesarbeitsgerichte 2.42 ff.
- Nichtanwendung nationalen Gesetzesrechts 2.47
- Verstoß 2.60 ff.

Vorsorgeuntersuchungen
- Mutterschutz, Freistellung für ~ 9.166 ff.

Wachauf (EuGH) 3.13

Wachdienst
- als Abweichung i.S.d. Arbeitszeitrichtlinie 7.246

Wartezeit
- Urlaubsanspruch 8.16 f.

Weltanschauung
- Diskriminierungsverbot 5.77, 5.86

Weltanschauungsgemeinschaften
- Rechtfertigung für Ungleichbehandlung 5.203 ff.

Werhof (EuGH) 15.130

Wesensgehaltsgarantie 3.48 ff.

Whistleblowing
- Deutschland 4.112
- Europäische Menschenrechtskonvention 4.108 ff.

Widerspruch gegen Betriebsübergang 15.97 ff.

Wirtschaftliche Einheit
- Betriebsübergang 15.16 ff.
- Seeschiffe 15.20a f.
- Zuordnung des Arbeitsverhältnisses und Betriebsübergang 15.78 ff.

Wirtschaftliche Tätigkeit
- Leiharbeit 12.33 ff.

WissZeitVG
- Missbrauchskontrolle 13.172

Wöchnerin
- Kündigungsverbot 9.171 f.
- Mutterschutz 9.70 ff.
- Nachtarbeitsverbot 9.146
- Risikobeurteilung 9.94

Wolf (EuGH) 6.63

Wolff & Müller (EuGH) 16.211

Zentralbetriebsrat LKH Tirol (EuGH) 10.50

Zitiergebot 1.119

Zusatzversorgung
siehe Betriebliche Altersversorgung

im Lesesaal vom 08. JAN. 2019 bis 08. Okt. 2024